摄影 / 李军

2017
中共山西年鉴

中 共 山 西 省 委 主办

中共山西省委党史办公室 编

中 央 文 献 出 版 社

《中共山西年鉴》编审委员会

张　葆　女，山西省妇女联合会主席

张九萍　女，中共晋城市委书记

陈永奇　中共阳泉市委书记

武　涛　山西省财政厅厅长

武宏文　中共大同市委副书记、代市长

岳普煜　中共临汾市委书记

胡玉亭　中共晋中市委书记

赵建华　中共山西省委组织部副部长、省委老干部局局长

钟启元　女，中共山西省委党史办公室副主任

耿彦波　中共太原市委副书记、市长

席小军　中共长治市委书记

黄　巍　共青团山西省委书记

阎根生　政协山西省委员会秘书长

《中共山西年鉴》编辑委员会

省市篇编委

《中共山西年鉴》编辑部

2016年9月1日，中共山西省委书记骆惠宁在武乡县革命老区看望老八路代表。

2016年12月19日，中共山西省委副书记、省长楼阳生在太原钢铁（集团）有限公司调研。

2016年11月21日，中共山西省委副书记、省委政法委书记黄晓薇在省高级人民法院调研。

2016年4月29日，中共山西省委常委、常务副省长高建民在太原市杏花岭区国税局调研。

2016年11月14日，中共山西省委常委、省政府党组成员孙绍骋在山西焦煤集团西山煤电调研。

中共山西省委常委、太原市委书记王伟中在迎泽区调研环境综合整治情况。

2016年9月1日至2日，中共山西省委常委、组织部长盛茂林在阳泉市调研“两学一做”学习教育情况。

2016年11月5日，中共山西省委常委、省纪委书记任建华主持召开省纪委十一届一次全会。

2016年9月6日，副省长罗清宇(2016年11月5日当选为省委常委)在晋城高平市调研医联体建设。

2016年3月14日，中共大同市委书记张吉福(2016年11月5日当选为省委常委)在大张高铁工程大同段调研。

2016年11月17日，中共山西省委常委、宣传部长王清宪在山西日报报业集团调研。

2016年11月29日，中共山西省委常委、统战部长廉毅敏走访民主党派。

2016年11月5日，中国共产党山西省第十一届委员会第一次全体会议在太原市举行，全会选举产生了十一届省委常委和书记、副书记。骆惠宁当选为中共山西省委书记，楼阳生、黄晓薇当选为中共山西省委副书记，高建民、孙绍骋、王伟中、盛茂林、任建华、罗清宇、张吉福、王清宪、廉毅敏当选为中共山西省委常委。

编 辑 说 明

《中共山西年鉴》是中共山西省委主办的一部大型资料工具书，按年度连续出版，及时跟进、准确忠实记录和全面反映中共山西省委一年来召开的重要会议、发布的重要文件、举行的重大活动、开展的重要工作和全省各部门、各市县党的建设和其他重要工作情况，为领导干部科学决策、指导工作提供有力借鉴，同时为广大读者了解山西、研究山西、建设山西提供服务。

《中共山西年鉴》2017版记录的时限范围是2016年1月1日至2016年12月31日。所收资料采用分类编排法，共设置13个栏目。本书资料主要由省委办公厅、各部门党委办公室和各市县提供，少部分转载自《山西日报》《前进》等。“党风廉政建设和反腐败斗争”栏目由省纪检委提供，“附录”部分由省市统计部门供稿，“中央领导关注山西”专栏排序按照政治局常委排前，其他中央领导按时间先后顺序编排，各部门工作概况中统计数字和领导成员名单以各部门所报资料为准。全书内容出版前由省保密局进行了保密审查。本年鉴只记载2016年发生的事件，动态变化将在下一年度体现。在年鉴组稿、编辑、印刷、出版过程中，得到了有关部门的大力支持和协助，在此，表示诚挚的谢意。

由于《中共山西年鉴》2017版内容涉及面广，编纂难度较大，加之编辑水平所限和个别单位未能按要求提供稿件，因此，所收资料疏漏之处难以避免，恳请广大读者批评指正，以便在今后的编辑工作中加以改进。

目　录

中央领导关注山西

中共山西省委工作概况

中国共产党山西省第十一次代表大会

重要会议

重要文献

“两学一做”学习教育

脱贫攻坚

供给侧结构性改革

党风廉政建设和反腐败斗争

（一）党风党纪文件

（二）纪检工作综述

省委工作部门工作概况

省人大常委会党组工作概况

省人民政府党组工作概况

省政协党组工作概况

省纪委工作概况

省高级人民法院党组工作概况

省人民检察院党组工作概况

省人民政府各厅局党组（委）工作概况

省直属事业单位党组（委）工作概况

群团组织党组工作概况

省管国有企业党委工作概况

中央部属单位党组（委）工作概况

驻晋部队党委工作概况

高等院校党委工作概况

市、县（市、区）委工作概况

论 坛

人 物

大事记要

附　　录

中央领导关注山西

李克强在山西考察时强调 顶住压力　振奋精神　在加快新旧动能转换中开拓发展新局面

1月4日至5日，中共中央政治局常委、国务院总理李克强在山西省委书记王儒林、省长李小鹏陪同下，在太原考察。

太原钢铁集团是全球最大的不锈钢生产企业。李克强来到这里，详细了解企业生产经营、产品结构调整、用工和效益等情况。他说，受产能过剩和需求收缩影响，钢铁行业形势十分严峻，当前要把去产能、促升级作为紧迫任务，痛下决心进行结构调整，既治标、又治本，既要采取多种方式出清落后产能，禁上新增产能项目；又要转变只在传统产业上做文章的观念，积极培育新产业、新业态等新动能。企业要发扬千锤百炼不怕难的精神，坚持做强主业，适应市场需求多元发展，深挖潜力，在技术、质量、管理上下功夫，以更多的优质产品扩大有效供给，在提质增效中重振雄风。

在山西焦煤西山煤电集团官地矿，李克强乘坐矿车下到几百米深的工作面实地察看，与正在作业的矿工交谈，他还拿起电话向地面值班室查问矿井瓦斯监测浓度，叮嘱大家把安全放在第一位。李克强说，煤炭工业是山西的支柱产业，为我国工业体系建设作出重要贡献，广大煤矿工人付出了艰辛努力。当前煤炭行业正面临产能严重过剩、价格大幅下跌等问题，处于历史上少有的困难时期。煤矿企业从业人员多、历史包袱重，要根据市场需要，主动压产减量，严控新增产能，同时通过创新拓展发展空间，促进富余职工转岗就业，政府也要多措并举创造环境。他要求随行的有关部门尽快拿出规范煤炭市场、降低企业成本的举措，共同努力让煤炭行业闯过严冬、打开新局。

清华科技园太原分园聚集了200多家高新技术和众创小企业。李克强走进三合盛节能技术服务公司，了解他们的技术创新点和市场应用情况。在众创空间，他走到一个个创业平台，兴致勃勃地观看创意产品，勉励创客们大胆往前闯，用自己的新点子打造新产业。李克强说，中国市场潜力巨大、预期向好，新的发展动能可以有效带动扩大就业，为传统动能改造提升创造良好条件，其源泉正是来自于创新驱动，来自于大众创业万众创新的蓬勃开展。政府要提供更有效的支持和便捷服务，不断释放亿万群众创业创新的智慧和激情。

杏花岭小北关棚户区大多是上世纪50年代建设的简易平房，已纳入今年棚改计划。李克强走进居民家中，询问他们是否了解相关政策，还有什么意愿。李克强说，棚户区不是一个现代化城市应该有的，群众这么迫切希望加快棚改，要持续加大这方面工作力度，让棚户区居民早日住进新楼房。同时要给群众更多选择，采取货币化安置等多种方式，把棚改和消化空置商品房结合起来，让那些有意愿的群众减少等待时间，尽快圆上多年的安居梦。

李克强还来到晋商博物馆，了解晋商文化和晋商精神。他说，晋商行走天下，之所以能在金融和贸易等方面领先和称雄，其商业文化的精华除了坚守诚信，还突出表现在善于“无中生有”，发现和创造商机。当前经济发展要应对各种风险挑战，企业经营要摆脱困境，都需要摒弃旧思维，走出创新路，发展新动能。

李克强希望山西全面贯彻落实中央经济工作会议精神，以新的发展理念和良好的工作状态，攻坚克难，顶住压力促调整，在加快结构性改革中实现升级发展。

国务委员兼国务院秘书长杨晶，国务院常务副秘书长肖捷和国家有关部委负责同志，省领导吴政隆、王伟中陪同考察。

（姚晋平　尚慧辉）

张德江参加山西代表团审议

3月10日上午，十二届全国人大四次会议山西代表团举行全体会议，审议全国人大常委会工作报告。中共中央政治局常委、全国人大常委会委员长张德江在山西代表团参加审议。

山西团代表、中共中央政治局委员、国务院副总理马凯参加审议。全团审议中，代表团团长王儒林主持并发言，副团长李小鹏、楼阳生、李政文发言，副团长胡苏平、高建民、吴政隆、刘杰参加审议。

全国人大常委会副秘书长信春鹰，全国人大常委会法制工作委员会主任李适时，全国人大常委会副秘书长沈春耀、韩晓武参加审议。全国人大常委会委托在山西团的全国人大常委会委员令狐安、张少琴、张平、郭凤莲四位同志听取意见。

申纪兰、任武贤、李晋平、王宇燕、李晓波代表分别发言，围绕精准扶贫奔小康、加强食品安全监管、从创新端发力推进供给侧结构性改革、扎实推进基层人大工作、创造新供给引领新需求等问题发言，提出加强食品安全源头监管、进一步完善创新驱动体制机制、把运城列入全国人大常委会立法联系点、注重解决产业安全和区域协调发展等方面的意见和建议。

在大家发言时，张德江就有关内容与发言代表进行了互动，并对山西煤炭产业如何走出发展困境、因地制宜提高农业效益和促进钢铁行业从品种、品质、品牌入手实现良性发展等方面提出指导性意见。

在听取代表发言后，张德江感谢代表们对全国人大常委会工作的支持和监督。他说，以习近平同志为总书记的党中央高度重视人大工作，作出一系列重要指示。人大要毫不动摇坚持党的领导，紧紧围绕党中央决策部署，以加强立法、监督等工作为重点，履职尽责，扎实奋进，为夺取全面建成小康社会决胜阶段伟大胜利提供法治保障。要发挥立法的引领和推动作用，遵循和把握立法规律，不断提高立法质量，以良法促进发展、保证善治。要加大对宪法法律实施和“一府两院”工作的监督力度，依法讨论和决定重大事项，支持和保证人大代表依法履职，密切同人大代表、人民群众的联系，推动人大制度和人大工作完善发展。张德江充分肯定山西省的工作，希望山西干部群众团结奋进、攻坚克难，实现“十三五”良好开局。

（刘　宇　尚慧辉）

王岐山在山西调研
监察体制改革试点工作时强调
实现对公职人员监察全覆盖
完善党和国家的自我监督

11月17日至18日，中共中央政治局常委、中央纪委书记、中央深化国家监察体制改革试点工作领导小组组长王岐山在省委书记骆惠宁陪同下，在山西就开展国家监察体制改革试点工作调研。他强调，要深入贯彻党的十八届六中全会精神，落实全面从严治党战略部署和深化国家监察体制改革的决策部署，构建权威高效的国家监察体系，推进国家治理体系和治理能力现代化。

王岐山指出，六中全会是全面从严治党的再动员、再出发，国家监察体制改革试点是落实全会精神的重大举措。十八届党中央从一开局就开启了“四个全面”的新实践。探索实践在前，总结提炼在后，三中、四中、五中、六中全会都是对经验的总结，又是新的动员和部署。国家监察体制改革是事关全局的重大政治改革，体现了全面深化改革、全面依法治国和全面从严治党的有机统一。要增强“四个意识”，提高政治站位，在思想和行动上同以习近平同志为核心的党中央保持高度一致，完成好改革试点任务，厚植党执政的政治基础。

王岐山强调，党的领导是中国特色社会主义最本质特征，深化监察体制改革要坚定“四个自信”。在坚持党的领导问题上必须旗帜鲜明，决不能含糊其辞、语焉不详。我国正处在深化改革、实践探索的变革时期，凡是有利于党的领导的就必须坚持和加强。全面依法治国是党的主张，要把党的领导贯穿于立法、执法、司法、守法全过程，使党的主张成为国家意志。

王岐山指出，监察委员会实质上是反腐败机构，监察体制改革的任务是加强党对反腐败工作的统一领导，整合行政监察、预防腐败和检察机关查处贪污贿赂、失职渎职以及预防职务犯罪等工作力量，成立监察委员会，作为监督执法机关与纪委合署办公，实现对所有行使公权力的公职人员监察全覆盖。加强党的建设、全面从严治党，严肃党内政治生活、强化党内监督是最重要的标本兼治，深化国家监察体制改革目的正是完善党和国家的自我监督，不断增强自我净化、自我完善、自我革新、自我提高能力。

王岐山强调，在北京、山西、浙江先行先试，充分体现了中央的信任。信任就是鞭策和考验，考校的是“四个意识”和担当精神。党委要担负起主体责任，一把手负总责，纪委是专责，要把认识统一到中央的要求上来，联系本地区实际，发现问题、解决问题，为改革全面铺开和制定国家监察法提供实践基础。有理想但不能理想化，要聚焦试点方案确定的任务，把握好动态平衡，防止过犹不及。在全国人大常委会就试点工作作出有关决定后，先完成检察机关反贪等部门的转隶，确保思想不乱、工作不断、队伍不散，推动人员融合和工作流程磨合。监察委员会履行监督、调查、处置职责，与执法、司法机关有机衔接、相互制衡，实现依规治党和依法治国有机统一。

中央纪委副书记吴玉良、杨晓渡同志，省委领导骆惠宁、黄晓薇、任建华、盛茂林、罗清宇同志陪同调研或参加座谈。

马凯参加山西代表团政府工作报告审议

3月5日下午，十二届全国人大四次会议山西代表团举行全体会议，审议李克强总理所作的政府工作报告。山西团代表、中共中央政治局委员、国务院副总理马凯和代表们一起审议，并作为国务院工作人员听取大家对报告的意见和建议。

马凯在参加山西代表团审议时说，政府工作报告总结工作客观实在，分析形势清醒准确，部署任务明确具体，贯穿了新发展理念，体现了直面问题、实事求是、敢于亮剑、开拓进取的精神，反映了全国各族人民的心声，令人鼓舞，催人奋进。去年山西全面贯彻党中央、国务院决策部署，坚决重塑政治生态，狠抓结构转型升级，千方百计扩大就业，努力改善人民生活，经济社会发展和改革取得了新成绩。今年要把推进供给侧结构性改革作为重中之重，努力做出一篇煤炭行业转型升级、脱困发展的好文章。要带头坚决压产减量，率先推进转型升级，持续释放改革红利，着力营造良好环境，帮助煤炭企业度过严冬，促进煤炭行业脱胎换骨，为实现我国由煤炭大国向煤炭强国转变作出贡献。

代表团团长王儒林主持会议并发言，代表团副团长李小鹏发言。王赋、岳普煜、董林、卜昌森、王云龙、李秋喜、熊继军、贾爱芹、辛珐等代表先后围绕着力化解过剩产能、推进完善政府和社会资本合作模式相关政策落实、降低煤炭企业运输成本、加快安全监管工作改革创新、关注支持资源型地区产业转型升级、健全完善食品药品安全监管体系、深化科技管理体制改革、协调推进医疗医保医药联动改革、加快科技创新金融支撑体系建设等方面提出意见和建议。

副团长楼阳生、胡苏平、高建民、吴政隆、刘杰、李政文与代表们一同参加审议。环境保护部部长陈吉宁、总工程师赵英民，国务院办公厅、国务院研究室、国家发改委、财政部等相关部门负责人到会听取审议意见。

（尚慧辉）

孟建柱会见李培斌同志先进事迹报告团时强调 时刻把百姓安危冷暖放在心头

5月12日，中共中央政治局委员、中央政法委书记孟建柱在人民大会堂会见山西省阳高县龙泉镇司法所原所长李培斌同志先进事迹报告团成员和李培斌同志亲属时强调，广大政法干警要认真学习李培斌同志先进事迹和崇高精神，对党和人民无限忠诚，时刻把百姓安危冷暖放在心头，恪尽职守，无私奉献，永远做人民群众的贴心人。

孟建柱说，李培斌同志30多年如一日，扎根基层、埋头苦干，直至因公殉职，年仅50岁。他在平凡的岗位上兢兢业业，用真情和汗水认真做好服务百姓的“小事”，作出了不平凡的业绩。他一心为民，把党和人民利益放在心中最高位置，真正做到了对群众比亲人还亲。他忘我工作，把一生都献给了他所热爱的司法行政事业。他清正廉洁、克己奉公，是一名真正的共产党人。他为党和人民奉献的一生，就是一本活生生的人生教科书，告诉我们一个人活着为了什么、应该怎么样活着。他不愧是司法行政干部的优秀代表，不愧是全国政法干警学习的榜样。

孟建柱要求，各级政法机关和广大政法干警要紧密结合“两学一做”学习教育，深入学习李培斌同志的先进事迹和崇高精神，学习他信念坚定的政治品格、心系群众的高尚情怀、恪尽职守的奉献精神、安贫乐道的崇高境界，为全面建成小康社会、实现中华民族伟大复兴中国梦作出新贡献。

国务委员、公安部部长郭声琨参加会见。

孙春兰在山西调研时强调 认真贯彻落实习近平总书记重要讲话 切实做好非公有制经济和宗教领域统战工作

6月5日至7日，中共中央政治局委员、中央统战部部长孙春兰在山西调研时强调，要深入学习贯彻习近平总书记在全国两会政协联组会和全国宗教工作会议上的重要讲话，进一步加强非公有制经济领域统战工作，促进“两个健康”发展，做好新形势下宗教工作，为全面建成小康社会凝心聚力。省委书记王儒林、省长李小鹏陪同调研。

调研期间，孙春兰考察了太原东杰装备有限公司、亚宝药业太原制药有限公司，深入太原清真古寺、桥头街基督教堂、五台山佛教寺庙等宗教活动场所看望宗教界人士，并召开两场座谈会，分别听取民营企业家和宗教界人士意见建议。

孙春兰充分肯定民营企业为山西经济社会发展作出的重要贡献，强调要正确认识我国经济发展大势，稳定发展预期。针对民营企业提出的市场准入、产权保护特别是投融资等方面的问题，指出要继续改善民营企业发展的法治环境、政策环境和社会环境，使民营企业家坚定信心办企业、搞实体经济。针对民营企业投资增速回落的问题，她希望民营企业抓住“十三五”规划实施的机遇，顺应供给侧结构性改革需要，加大技术创新力度，加快产业转型升级。她指出，各级统战部和工商联要切实加强对民营企业的服务，推动建立政企沟通协商机制和公共服务平台，为企业提供项目、信息、技术、咨询等服务。要宣传民营企业家致力创新创造、勇担社会责任的事迹，营造尊重支持民营企业和民营企业家的良好氛围。

孙春兰指出，山西是全国宗教工作重点省份之一，五大宗教齐全，信教人数众多。要坚持宗教中国化方向，以社会主义核心价值观为引领，正确阐释教义教规，引导信教群众爱国爱教、正信正行。对不同宗教领域存在的突出问题，要有针对性地分析解决、力求取得实效。要用法律调节涉及宗教的各种社会关系，引导宗教界人士和信教群众牢固树立国家意识、公民意识、法律意识。宗教团体自身建设和人才培养，对宗教健康发展至关重要，要充分发挥宗教团体、宗教院校、宗教活动场所等在人才培养方面的重要作用，培养一批高素质、符合时代要求的宗教界代表人士。

中央统战部副部长斯塔，中央纪委驻中央统战部纪检组组长苏波，省委领导吴政隆、孙绍骋、王伟中陪同调研。

（杨　文）

刘奇葆在山西调研时强调
努力推动哲学社会科学繁荣发展

6月16日至18日，中共中央政治局委员、中央书记处书记、中宣部部长刘奇葆在山西调研时强调，要认真学习贯彻习近平总书记哲学社会科学工作座谈会重要讲话精神，旗帜鲜明地坚持马克思主义在哲学社会科学领域的指导地位，树立正确的政治方向、价值取向和学术导向，努力推动哲学社会科学繁荣发展。省委书记王儒林、省长李小鹏分别陪同调研。

刘奇葆深入太原、长治、晋中、临汾等地，走访清华控股（太原）创新基地，山西广电传媒集团，山西日报报业集团，考察八路军太行纪念馆，深入武乡县大有乡李峪村、洪洞县大槐树镇秦壁村、临汾百里汾河新型经济带，就哲学社会科学发展、新闻宣传、基层文化建设、精神文明建设等工作调研，与基层干部群众座谈交流。

调研期间，刘奇葆召开座谈会，就学习贯彻习近平总书记在哲学社会科学工作座谈会上重要讲话精神听取意见。刘奇葆指出，坚持和发展中国特色社会主义必须高度重视哲学社会科学。要把马克思主义立场观点方法贯穿哲学社会科学各学科各领域，深化对习近平总书记系列重要讲话的研究阐释，深化对重大理论和现实问题的研究，加强对哲学社会科学工作者的马克思主义教育。要加快中国特色哲学社会科学建设，书写当代中国马克思主义新篇章。要将学习讲话精神与学习习近平总书记系列重要讲话精神结合起来，做到整体把握、融会贯通，更好地武装头脑、指导实践、推动工作。

刘奇葆在讲话中指出，山西在经历了塌方式腐败和经济断崖式下降的情况下，省委、省政府一手抓全面从严治党、推进反腐倡廉，一手抓经济社会发展、促进经济转型，各方面工作取得积极进展。在全国经济面临下行压力、山西自身面临前所未有困难和挑战的情况下，取得这样的成绩实属不易。我们相信，只要保持这样的势头，山西就一定能够克难前行，创造新的业绩。山西学习宣传习近平总书记系列重要讲话精神扎实有力，舆论引导主动有效，核心价值观培育成效明显，文化创作持续繁荣，宣传思想文化工作富有特色、成效明显，为推动全省经济社会发展作出了重要贡献。

刘奇葆在调研中指出，山西历史悠久，文化厚重。要礼敬中华文化，加大文物保护力度，培养非物质文化遗产传承人，延续中华历史文脉。要大力挖掘传承源远流长的民族民间文化、法治文化、廉洁文化和光耀千秋的红色文化，不断赋予新的时代内涵。要利用丰富的文化资源，开展爱国主义教育和法治、廉洁教育，加大公益广告宣传力度，推进城乡精神文明建设，大力弘扬社会主义核心价值观，培育向上向善向廉的精神力量和社会风尚。

刘奇葆非常关心省级媒体如何实现融合发展。6月16日下午，他专程来到山西广电传媒集团和山西日报报业集团，看望媒体工作者，听取情况介绍，实地了解我省媒体融合发展的具体实践。刘奇葆指出，推进媒体融合发展是巩固宣传思想文化阵地、壮大主流思想舆论的战略任务。要在大力推进中央主要媒体融合发展的同时，推动省级主流媒体加快融合发展步伐，建好融媒体中心，促进体制机制深度融合，培养全媒记者、全媒编辑和全媒管理人员，实现传统媒体和新兴媒体融为一体，合而为一，建设新型主流媒体和新型主流媒体集团，不断增强传播力、引导力、公信力、影响力。

中央文明办专职副主任、中宣部理论局局长夏伟东，文化部党组成员、国家文物局局长刘玉珠，国家新闻出版广电总局党组成员、中央人民广播电台台长阎晓明等陪同调研。

省领导楼阳生、胡苏平、吴政隆、王伟中出席座谈会或陪同调研。

（左燕东）

中共山西省委工作概况

省委书记　骆惠宁

2016年，在以习近平同志为核心的党中央坚强领导下，山西省委团结带领全省党员干部群众，持续贯彻落实党的十八大和十八届三中、四中、五中、六中全会精神，深入学习贯彻习总书记系列重要讲话精神和治国理政新理念新思想新战略，全面贯彻落实中央各项重大决策部署和习总书记对山西工作的指示精神，统筹推进"五位一体"总体布局，协调推进"四个全面"战略布局，忠诚担当，攻坚克难，确保了中央大政方针在山西得到全面正确有效的执行。

为把握好山西发展的正确方向，解决好山西面临的突出矛盾和问题，省委提出并实施"一个指引、两手硬"（坚定地以习总书记系列重要讲话精神为指引，做到着力构建良好政治生态、着力推动经济稳步向好两手都要硬）思路和要求。推动学用系列重要讲话不断深入，坚持理论联系实际，在解决重大问题上取得新成效。推动全面从严治党向纵深发展，全面构建良好政治生态，向着实现"大治"目标迈进。推动经济稳步向好，扭转了近几年持续下行态势，经济增长的质量和效益得到提升。省市县乡四级党委换届圆满成功，省第十一次党代会翻开了山西发展新的一页，干部群众焕发出新的精气神。目前，山西全面构建良好政治生态的大环境已经形成，坚定走转型发展之路的大环境已经形成，党员干部奋发干事创业的大环境已经形成。

十八届六中全会正式确立习近平总书记在党中央、在全党的核心地位，具有重大里程碑意义。六中全会一结束，省委即召开常委扩大会议、省委十届九次全会进行学习贯彻。在10月底召开的省第十一次党代会上，骆惠宁同志在报告中开宗明义指出，要牢固树立"四个意识"，在思想上拥戴核心，在政治上维护核心，在行动上紧跟核心，坚决与以习近平同志为核心的党中央保持高度一致，坚决维护以习近平同志为核心的党中央权威，坚决贯彻落实党中央确定的路线方针政策。在省委十一届一次全会、二次全会暨经济工作会议、全省"两会"、省委常委班子民主生活会等重要会议上，省委多次对坚定维护以习近平同志为核心的党中央权威作出部署，把维护核心、拥戴领袖作为坚定信念和职责使命。全省党员干部一致认为，明确习总书记为党中央的核心、全党的核心，是党之幸、国家之幸、民族之幸，只要我们始终在思想上政治上行动上与以习近平同志为核心的党中央保持高度一致，坚定不移以习总书记系列重要讲话精神为指引，就能战胜前进道路上的一切风险挑战，不断夺取新胜利。

省委在统揽全局过程中，重点抓了四件大事：

（一）深入学习贯彻习总书记系列重要讲话精神，把握正确工作方向。省委坚持把学好用好习总书记系列重要讲话作为看齐和忠诚的根本功课，持续跟进学习，持续深化理解，持续扎实践行，带领各级党组织和广大党员干部在融会贯通中把握要义、在学以致用中解决问题、在全面覆盖中整体提升。想问题、作决策、抓工作，自觉与系列重要讲话对表看齐，把系列重要讲话作为改造主观世界、破解山西难题的"金钥匙"。

在6月30日全省领导干部大会上，骆惠宁同志旗帜鲜明提出，办好山西的事情，一定要坚定地以习总书记系列重要讲话精神为指引，牢牢把握正确方向，这是管根本的。在学习贯彻习总书记"七一"重要讲话精神大会上，要求各级党员干部肩负起学习贯彻系列重要讲话的重大政治责任和历史担当，把学习成果转化为实践成效。10月中旬，省委在右玉县召开"学以致用，以用促学，把学习贯彻习总书记系列重要讲话精神引向深入"学习交流会，强调要准确把握科学体系、准确把握新理念新思想新战略、准确把握立场观点方法，紧密联系省情实际，从十个方面聚焦发力、破解难题：一是深刻领会习总书记治国理政新理念新思想新战略，把中国特色社会主义在山西坚持和拓展好；二是正确认识全面小康社会新的目标要求，确保与全国同步全面建成小康社会；三是以新发展理念引领经济发展新常态，走出一条资源型省份实现创新驱动、转型发展的新路；四是按照发展社会主义民主政治的要求，形成生动活泼、安定团结的政治局面；五是切实增强文化自信，加快文化强省建设步伐；六是恪守以人民为中心的发展思想，让广大群众有更多的获得感；七是牢固树立绿水青山就是金山银山的理念，实现生态美和百姓富的有机统一；八是落实全面深化改革的部署，为经济社会发展增添动力与活力；九是自觉坚持全面依法治国方略，推动形成良好的法治环境；十是深入贯彻从严管党治党方针，全面构建良好政治生态。这十个方面已经成为各级领导干部学用系列重要讲话的着力点，促进了习总书记系列重要讲话精神在山西落地生根。

省第十一次党代会报告把习总书记系列重要讲话作为贯穿全篇的灵魂和主线，特别是围绕以习总书记系列重要讲话精神为指引，在实现中国梦和全面建成小康社会中加快“山西步伐”，在推进转型升级中走出“山西路径”，在新一轮改革开放中彰显“山西气魄”，在全面构建良好政治生态中交上“山西答卷”，在坚持和发展中国特色社会主义中体现“山西担当”，进行了重点论述和部署。党代会报告既集中反映了我省学习贯彻系列重要讲话取得的成果，又对学习贯彻系列重要讲话作出新动员提出新要求，形成了解决山西重大问题、开辟山西发展新路的工作方略，进一步统一了全省党员干部群众思想，带动全省学习贯彻系列重要讲话达到新高度。

省委常委班子认真学习贯彻习总书记在中央政治局民主生活会上的重要讲话和中央《通报》精神，对照《准则》《条例》，坚持对表立标，召开了高质量的民主生活会。常委同志对照总书记强调的“15 个关键词”，逐条谈体会、找不足、明方向，剖析问题之严为多年来少有，受到一次深刻的思想洗礼，政治站位明显提高，开生活会的过程成为向习总书记看齐的过程，引深了对系列重要讲话的学习，进一步坚定了理想信念，增强了看齐、忠诚、担当的思想自觉和行动自觉。

全省各地各部门各单位把党委（党组）中心组作为学习龙头，扎实开展“两学一做”学习教育，注重联系十八大以来党和国家事业取得的巨大成就，联系山西发生的巨大变化引深学习，使全省人民在实际生活中切身感受到了讲话的真理力量。2017 年省委将召开第二次学习贯彻系列重要讲话精神交流会，引导广大干部更好用系列重要讲话指导工作，使系列重要讲话更加深入人心，为十九大营造良好思想舆论氛围。

（二）着力推动经济稳步向好，加快转型升级步伐。面对经济下行压力大、结构性矛盾突出的实际，省委全面认识和把握新常态，认真落实新发展理念和中央经济工作会议部署，切实加强对经济工作的领导，及时研究解决经济工作中的重大问题。省委 7 月份指出，经济问题如果长时间处理不好，就会转化为社会问题、政治问题，要全面贯彻党的基本路线，坚决有效改变经济严重困难局面，并明确提出下半年好于上半年、为明年进一步好转奠定基础的目标要求。省委召开市级经济发展推进会，强调全面贯彻新发展理念，积极适应和引领经济新常态。坚持以提高发展质量和效益为中心，培育壮大新动能，改造提升传统动能，加大创新驱动、转型升级力度。千方百计扶持实体经济，出台促进工业提质增效、降低企业成本的政策措施。改善发展环境，激发民营企业和民营企业家的创造活力，积极引进战略投资和转型项目。从 9 月份起，在全省开展“万名干部入企服务”“民营企业待办项目大起底”等活动，全省 1.4 万名干部入驻 4580 户企业，宣传有关政策，帮助企业解决问题 8800 多个，增强了企业发展信心。主动对接“一带一路”建设、京津冀协同发展等国家重大战略，开展系统定向招商，全年进出口总值增长 19%，首次突破千亿大关。经过全省上下努力，全省 GDP 增长 4.5%，比上年加快 1.4 个百分点；城乡居民人均可支配收入分别增长 5.9%、6.6%。全省经济开始发生一些标志性、转折性、趋势性变化，山西在克服困难中取得“十三五”扎实向好开局。

省委把供给侧结构性改革作为山西转型发展的必由之路、重大机遇和治本良方，与深化“国家资源型经济转型综合配套改革试验区”建设结合起来抓，以煤炭减产量、去产能为重点，取得突破性进展。省委主要领导同志多次深入重点产煤市调研，主持召开两次去产能推进会。全年压减煤炭产量 1.4 亿吨、占全国 39.1%，退出煤炭落后产能 2325 万吨，居全国首位，促进了全国煤炭供求关系改善，结束了全省煤炭行业连续 26 个月亏损局面，全省煤炭先进产能占比由 10% 提升到 16.9%。钢铁去产能任务提前完成。煤炭钢铁行业分流安置职工 31586 人。通过去库存，全省商品房库存消化周期较 2015 年底缩短 3.4 个月；通过去杠杆，化解企业债务风险，低成本债权市场融资同比多增 611.73 亿元，高成本表外融资同比少增 649.34 亿元；通过降成本，全年减轻企业负担 496 亿元。把补短板与培育发展动能结合起来，围绕重大基础设施、产业转型、城镇化、民生社会事业等领域谋划实施一批重大项目。年内扭转了全省 PPI 连续 54 个月下行局面，促进了发展条件改善和供给质量提高。

省委以深化转型综改试验区建设牵引经济转型升级。省第十一次党代会对深化转型综改试验区建设专门作出部署，强调用解放思想打开转型综改试验新天地，用先行先试擦亮转型综改试验这个金字招牌，用新发展理念和啃硬骨头的精神破解发展难题，推动能源产业向绿色低碳转变、产业结构向多元化中高端转变、发展动能向创新驱动转变、发展形态向园区化循环化转变、城乡统筹向一体化转变、经济增长向平稳健康可持续转变。着眼创新驱动、转型升级，大力实施战略性新兴产业培育、能源产业创新、传统优势产业提质、现代服务业发展、特色现代农业增效、“双创”孵化新产业新业态“六大工程”，进一步明确了转型综改主攻方向。为了打造转型综改主战场，召开全省开发区改革创新发展会议进行部署，制定《关于开发区改革创新发展的若干意见》，加快全省开发区整合、改制、扩区、调规，全面推行任期制、绩效制、聘用制“三制”改革，整合太原、晋中两市 8 个园区组建山西转型综改示范区，打造排头兵，全面推动开发区二次创新创业。省委全会对贯彻全国科技创新大会精神作出部署，实施创新驱动发展战略，围绕产业转型方向部署科技创新链。省委提出要打造一流人才政策，制定《关于深化人才发展体制机制改革的实施意见》，吸引更多创新人才向转型综改试验集聚。

（三）坚持全面从严治党，全面构建良好政治生态。省委坚决扛起全面从严治党主体责任，在前两年集中治理的基础上，省委于9月份召开全面构建良好政治生态推进会，确立“巩固、深化、提高”6字方针，提出5方面目标，即广大党员干部的理想信念更加坚定，党员标准牢固树立，忠诚干净担当成为思想自觉和行动自觉；全面从严治党的制度体系趋于完备，相关配套政策法规逐步健全，让制度真正成为治党、管权、治吏的硬约束；管党治党责任层层落实，进一步实现由“宽松软”走向“严紧硬”，由不敢腐走向不能腐、不想腐；广大干部从系统性塌方式严重腐败造成的阴影中彻底走出来，焕发出崭新的精气神，想作为、敢作为、善作为，整体素质和干事创业能力明显提升；党风政风社会风气根本好转，良好政治生态全面形成，党的建设和党领导的事业全面进步，山西美好形象得以确立。围绕上述目标，从6个方面作出了工作部署。

十八届六中全会召开后，省委及时传达学习习总书记在全会上的重要讲话精神，制定下发学习宣传贯彻意见，成立宣讲团分赴基层宣讲，新一届省委第一次中心组学习即专题学习《准则》和《条例》，在全省兴起学习宣传贯彻全会精神热潮。十一届省委带头严肃党内政治生活，完善了常委会议、书记专题会议、省委全会工作规则，精简议事协调机构53%。省委把贯彻六中全会精神与贯彻中央纪委七次全会精神结合起来，要求全省各级党组织和领导干部增强思想政治自觉，警惕那种觉得现在管得太严、管得太死，让党的纪律“松绑”的论调，警惕那种认为反腐败压倒性态势已经形成，应该“减减压、松口气、歇歇脚”的心理，警惕一些地方和部门对主体责任没有真正扛在肩上的现象。对标六中全会精神，以贯彻执行《准则》和《条例》为抓手，围绕加强思想教育、严明纪律、抓好选人用人、提高组织生活质量、推动党风政风好转、加强反腐败斗争、落实管党治党责任等作出具体部署，形成全面从严治党、构建良好政治生态的新格局，推动山西走向“大治”。

持续推进正风反腐，驰而不息反“四风”。全年共查处违反中央八项规定精神问题1710起，处理2424人。把“四种形态”作为一个整体统筹把握、科学运用，各级纪检监察机关实践运用“四种形态”共涉及37951人，其中谈话函询12728人、轻处分和组织处理21405人，分别占33.5%、56.4%。全省纪检监察机关共立案15983件，处分16762人。在全国率先完成巡视全覆盖，全面铺开市县巡察。认真贯彻十八届中央第十一轮巡视工作动员部署会议精神，省委换届后立即部署开展十一届省委首轮巡视和对市县的巡察工作。全省政治生态明显改观。纪检监察机关受理信访举报量，2015年以来连续8个季度总体上呈下降趋势，正风反腐取得重大阶段性成效。

扎实推进“两学一做”学习教育，加强基层组织和党员队伍建设。省委常委在“四讲四有”专题研讨、讲专题党课、参加主题党日活动等9个方面发挥带头示范作用。全省累计举办2960期培训班，培训基层党务骨干20余万人次。聚焦解决基层党建突出问题，查找到失联党员76022名，排查清理“五类人员”17460名，整改未按期换届基层党组织12977个，85867个党支部完成党费自查自改。对2644个软弱涣散农村基层党组织进行集中整顿。实施集体经济“破零”工程，全省有集体经济收入的村提高28.1%。积极推进“两个覆盖”专项行动，全省非公企业和社会组织党组织覆盖率明显提升。省委全会对加强国有企业党建工作和高校思想政治工作作出部署，对市委书记抓基层党建工作情况进行了述职测评。

省委把抓好监察体制改革试点作为牢固树立“四个意识”、向习总书记看齐的实际行动，准确领会中央的战略意图和改革的精髓要义，重大问题及时向中央深化监察体制改革领导小组及办公室请示汇报，先后在省委常委会、省委全会上对试点工作进行部署，按照中央绘制的蓝图认真抓好“施工”。省委明确省市县三级党委书记为第一责任人，骆惠宁同志担任省试点工作小组组长，一直把工作抓在手上。举办省市县三级书记试点工作培训班，深度组织学习培训，增强工作主动性。确立了转隶开局、平稳过渡、逐步深化的思路，省级先行，市县压茬推进。1月18日，省十二届人大七次会议全票选举产生省监察委员会主任，省人大常委会第35次会议全票通过了对副主任、委员的任命，省监察委员会已完成组建。1月19日，省监察委员会挂牌运行并召开第一次干部大会。春节假期上班第二天，省委召开市县试点工作推进会。市县试点工作正在扎实推进，3月底前将全部完成组建。改革试点启动以来，涉改单位思想认识到位、积极参与改革，各方面工作平稳有序，社会各界反映很好。目前正在进一步深化改革实践，重点探索纪检监察机关内部运行机制，形成衔接有序、监督有力、制衡有效的工作机制；探索国家监察与巡视监督、派驻监督有效结合的具体办法，形成监督合力，提升监察效能；探索纪法协调衔接机制，提升反腐败工作制度化、规范化和法制化水平；探索坚持双重领导体制，健全党委统一领导监察工作机制，切实把制度优势转化为治理效能，努力为制定国家监察法和改革在全国推开提供实践经验。

（四）统筹推进省市县乡四级换届，营造干事创业良好氛围。省委把换届作为树立鲜明导向、激发干事创业积极性的重要契机，把党的领导贯穿换届工作全过程，坚持“好干部标准”，先立规矩后选人，切实把好选人用人的政治关、作风关、能力关、廉洁关，坚持不廉洁的干部不能用、不作为的干部也不能用，一大批优秀干部走上领导岗位，营造了风清气正的选人用人环境。换届中，把贫困县党政正职不脱贫不调整、不摘帽不调离作为一条严肃的政治纪律和组织纪律，确保中央精神落实到位。对换届中违规违纪问题实行“零容忍”，切实防止“带病提拔”。换届后，各级领导班子结构年龄、经历、学历、专业等方面得到进一步优化，市党政班子中47岁以下干部由换届前的10.7%提高到21.2%，全日制本科学历干部由换届前的48.3%提高到74.7%，市县两级领导班子中有下一级党政正职经历的干部占到38.6%,乡镇领导班子具有2年以上乡镇工作经历的干部占到90.5%,共选拔2095名“三类人员”(乡镇事业编制人员、优秀村干部、大学生村官)进入乡镇领导班子。干部群众普遍反映,这次换届导向最好、纪律最严,是多年来风气最好的一次。

按照中央部署,在中央组织部直接指导下,扎实做好省党代会各项工作。10月31日至11月4日胜利召开省第十一次党代会,通过骆惠宁同志作的题为《以习近平总书记系列重要讲话精神为指引,忠诚担当,攻坚克难,为全面建成小康社会而奋斗》的报告,选举产生了十一届省委、省纪委,圆满实现中央人事安排意图,实现了讲出好报告、选出好班子、开出好会风、塑造好形象。党代会报告系统回答了过去五年怎么看、未来往哪个方向发展等重大问题,得到全省上下高度认同。这次党代会从思想上、政治上、组织上为全面正确有效地贯彻党的理论和路线方针政策,把中国特色社会主义在山西坚持和拓展好,提供了坚强保证和坚实基础。省内外社会各界对山西的看法发生新改观,社会舆论对山西形象和发展前景给予好评,形成有利于山西改革发展和扩大开放的良好环境。

着力激发干部干事创业积极性,坚持严管与厚爱相统一,强化“为官必为”意识,增强“为官会为”能力,追究“为官不为”责任,营造“为官愿为”环境。出台了激励干部担当作为干事创业、支持干部改革创新合理容错“两个办法”,明确6个方面绩效考评表彰和15种容错情形,为敢于担当的干部担当,对敢于负责的干部负责。从严加强干部日常监督管理,持续加大函询、诫勉力度,严格执行个人有关事项报告制度。推进干部能上能下,调整不适宜担任现职领导干部98名,努力营造能者上、庸者下、劣者汰的良好氛围,把严肃党内政治生活最终体现到调动广大党员干部积极性、推动事业发展上。面对困难和挑战,大力弘扬太行精神、吕梁精神、右玉精神等革命精神和时代精神,继承红色基因,激发了党员干部群众迎难而上、敢于胜利的磅礴力量和内生动力。

省委在抓好四件大事的同时,统筹抓了以下工作:

一是全面深化改革取得新进展。省委鲜明提出,山西发展相对落后,但改革决不能滞后,强调要以改革来破解发展难题,在改革开放中转观念、增本领、树新风、立形象,依靠攻城拔寨的改革闯出发展路子。按照中央全面深化改革的部署,统筹抓好经济、政治、文化、社会、生态文明建设和党的建设等领域改革。省委常委会及时研究重大改革事项,省委深改领导小组先后召开9次会议,第一时间传达习总书记在中央深改组会上的重要讲话精神,审议18项改革议题,出台16个改革类制度性文件,涉及转型综改、煤炭电力、生态环保、司法执法、群团工作等领域改革。对冬季清洁取暖、普遍推行垃圾分类制度、畜禽养殖废弃物处理和资源化、提高养老院服务质量、规范住房租赁市场和抑制房地产泡沫、加强食品安全监管等改革和工作作出部署,让人民群众有更多改革获得感。着力推进政府职能转变,抓好国企、财税、金融、社保等关键性改革,比如,针对山西国有企业资产负债率高、股权高度集中,企业治理不规范、机构臃肿、负担沉重,布局不合理、专业化不强,行政色彩突出等问题,省委主要领导带头开展调研,贯彻落实党中央、国务院关于深化国有企业改革的指导思想和基本原则,提出市场化取向、竞争力目标、专业化重组、股份制改造、现代化管理、科学化监管的思路,对深化国资国企改革作出部署,在优化国资布局结构、加快股权多元化步伐、促进产融结合、减轻企业办社会负担、完善现代企业制度和以管资本为主的监管机制等方面实施重大举措。下半年,为了提高干部推动改革的能力和水平,省委部署自上而下搞清楚中央重要改革事项落实情况、搞清楚全国同类改革的先进经验、搞清楚山西当下推动各项改革的着力点。在此基础上,对已经推出的重要改革举措,分析哪些操作性比较强、落实效果比较明显,哪些过于原则、不便于操作、收效不大,哪些与群众切身利益关系密切的改革举措接地气不够、群众获得感不强,然后统筹安排新提出的改革事项、需要修订完善的改革方案和需要督办落实的改革任务,进一步强化了全省改革氛围和态势。将省委改革办与省转型综改办合并重组,优化充实了省级层面的改革工作机构。

二是社会主义民主政治不断发展。坚持和完善人民代表大会制度,支持人大及其常委会依法履行职能。经中央组织部同意,加开省十二届人大六次会议,顺利补选省长、副省长。坚持和完善中国共产党领导的多党合作和政治协商制度,完善协商形式、提高协商实效,出台《关于加强人民政协民主监督的意见》。深入贯彻落实中央统战工作会议精神和统一战线工作条例,推动政党协商制度化、规范化,重大决策部署和重要人事安排及时与党外人士通报协商。加强非公有制经济领域统战工作,省市县三级领导干部和省直部门领导结对帮扶5000多户民营企业,打造“亲”“清”新型政商关系。召开全省宗教工作会议,提出加强新形势下宗教工作的具体意见,抓好宗教工作领域重点问题的解决,五台山佛教事务管理进一步加强,景区环境整治正有序推进。落实中央民族工作会议精神,推进民族团结进步创建活动。扎实做好援疆工作,完成中央下达的年度任务。制定群团工作改革方案。加快法治山西建设,全面推开司法体制改革。健全基层群众自治机制,完善基层民主管理制度。加强国防动员和后备力量建设,促进军民融合深度发展。

三是意识形态工作得到加强。以学习贯彻系列重要讲话精神为牵引,拓展马克思主义理论研究和宣传教育,建立重大思想理论文章撰写联席会议机制和重大题材新闻报道联席会议机制,在省级主流媒体开设“理论周刊”“理论天天学”等专版专栏,加大宣传普及力度,推动中国特色社会主义理论体系最新成果进机关、进企业、进农村、进社区、进学校。实施哲学社会科学创新工程,加快建设具有山西特色的哲学社会科学学科体系、学术体系、话语体系。建立意识形态领域情况分析研判机制,出台《党委(党组)意识形态工作责任制实施细则》,进一步细化各级党委(党组)主体责任,主动做好社会热点和突发事件的宣传引导,及时回应社会关切,传播主流声音,切实加强意识形态工作引导力管控力。突出抓好互联网建设和管理,大力推进网络生态综合治理,着力净化网络空间,互联网移动端的原创和传播能力明显提升。举办一系列文化旅游招商活动,积极开展对外宣传,全面展示山西新形象。加强社会主义核心价值观建设,深化群众性精神文明创建活动,组织开展纪念建党95周年和长征胜利80周年宣传教育。制定《"十三五"文化强省规划》,出台《关于繁荣发展社会主义文艺的实施意见》,推进文化事业和文化产业繁荣发展,推出一批文艺精品。

四是脱贫攻坚首战告捷,民生持续改善。把脱贫攻坚作为第一民生,将精准方略贯穿全过程,全力推进特色产业、易地搬迁、生态补偿等八大帮扶工程20个专项行动。省委、省政府集体约谈4个市和36个国定贫困县党政一把手,实行党政一把手责任"双签",省市县乡四级书记进驻贫困村,新增派1950名第一书记到贫困村任职,包村干部、第一书记和扶贫工作队2万多人奋战在脱贫攻坚第一线。在省委全会上对58个贫困县县委书记脱贫攻坚工作责任制落实情况进行述职测评。严格考核评估,抓好专项督查,强化大数据信息核查、调整充实帮扶队伍、开展业务培训、完善帮扶联动机制等举措,确保把精准方略落到实处。财政资金统筹整合实现贫困县全覆盖。全年实现57万贫困人口脱贫,1900个贫困村退出,贫困地区农民人均可支配收入同比增长13.7%,高于全省7.2个百分点,完成年度减贫目标,开局之年首战告捷。与此同时,坚持民生优先,在财政收入负增长情况下,民生支出不降低,民生支出占一般公共预算支出的82.5%。实现城乡居民收入增幅高于GDP增幅、农村居民收入增幅高于城镇居民收入增幅。坚持教育优先发展,加快推进教育基本公共服务均等化。积极应对经济下行带来的就业压力,实施大学生就业促进计划和创业引领计划,推进农民工返乡创业和就业困难人员帮扶,城镇新增就业46.46万人,城镇登记失业率3.52%。覆盖城乡的社会保障体系基本建成,综合参保率95%以上。城镇保障性安居工程提前完成年度目标任务,采煤沉陷区综合治理工作加快推进。落实"大健康"理念,在省委全会上对贯彻全国卫生与健康大会精神作出部署,初步建立起覆盖城乡的医疗卫生服务体系,城乡居民大病保险实现全覆盖。

五是生态文明建设迈出新步伐。树立"绿水青山就是金山银山"理念,把生态文明融入经济社会发展全过程。制定《山西省生态文明体制改革实施方案》。在全国率先对永久性公益林进行立法保护,全面加强森林资源管理。加快国土绿化步伐,全年造林401万亩。在完善"大水网"的同时,启动县域小水网工程,以汾河流域为重点的河流生态修复工作全面启动。下大气力狠抓节能降耗,加快焦化、电力、钢铁企业提标改造,发展节能环保产业,强化工业固废综合利用,全省万元GDP能耗超额完成下降3.2%的年度任务。城乡采暖"煤改电"试点顺利推进。加强大气、水、土壤污染治理,紧紧抓住"控煤、治污、管车、降尘"四个关键环节,努力改善大气环境。加强工业污水治理,狠抓农村生活污水和饮用水水源保护。推进农用耕地土壤污染修复试点示范工作。强化环境保护"党政同责、一岗双责",制定《山西省环境保护工作职责规定》。实施"铁腕治污行动",严厉打击各类环境违法行为。

六是社会大局保持安全稳定。省委牢固树立总体安全观,全面做好保稳定、护安全、促和谐工作,围绕坚决防止重大安全生产事故发生,坚决防止大规模群体性事件的发生,坚决防止重大安全隐患的积累和突发,狠抓工作措施落实。围绕G20峰会和党的十八届六中全会等重大活动和敏感节点,加强情报信息搜集研判,强化不稳定因素排查化解和处置,全力维护政治安全。全面推进平安山西建设,落实社会治安综合治理领导责任,健全完善社会治安防控体系建设,深入开展打黑除恶,全年破获各类刑事案件47991起,抓获犯罪嫌疑人27826人,加大了打击力度,人民群众的安全感和满意度进一步提升。开展食药、环保、安全生产等领域打击违法犯罪专项行动。深入开展社会稳定风险隐患大排查大整治活动,排查矛盾纠纷16.2万件,化解率达96.2%;全省进京非访量同比下降61.2%。毫不放松抓好安全生产,推动全省落实安全生产党政同责"五级五覆盖",安全生产形势持续稳定好转,全年各类生产事故起数、死亡人数分别下降3.28%、3.3%;煤矿百万吨死亡率下降32.9%。全省社会大局的稳定,为应对困难挑战、保证人民安居乐业营造了良好社会环境。

在谋划推动工作中,省委对标中央部署要求,高度重视健全和落实工作责任制,完善了包括抓供给侧结构性改革、履行党风廉政建设主体责任、党委书记抓基层党建、党管意识形态、推进法治建设等重大责任体系,促进了中央大政方针和省委决策部署的落地落实。

(省委办公厅)

中国共产党山西省第十一次代表大会

以习近平总书记系列重要讲话精神为指引 忠诚担当 攻坚克难 为全面建成小康社会而奋斗 中国共产党山西省第十一次代表大会隆重开幕

骆惠宁代表十届省委作报告 楼阳生主持大会

大会的主题是：高举中国特色社会主义伟大旗帜，深入贯彻习近平总书记系列重要讲话精神和治国理政新理念新思想新战略，忠诚担当，改革创新，凝心聚力，攻坚克难，为全面建成小康社会，不断塑造美好形象、逐步实现振兴崛起，开创我省各项事业发展新局面努力奋斗。

忠诚担当开辟治晋理政新境界，攻坚克难谱写全面小康新篇章。在全省上下认真学习贯彻党的十八届六中全会精神，以习总书记系列重要讲话精神为指引，全面构建良好政治生态，全力推进经济稳步向好的重要时刻，中国共产党山西省第十一次代表大会于10月31日上午在太原隆重开幕。骆惠宁同志代表十届省委作报告。他强调，山西正处于重要历史关头，面对时代发展的召唤，面对全省人民的期盼，我们要更加紧密地团结在以习近平同志为核心的党中央周围，坚定信念、迎难而上，不忘初心、继续前进，向着全面建成小康社会，不断塑造美好形象、逐步实现振兴崛起的宏伟目标奋勇前进，把中国特色社会主义在山西坚持和拓展好，以优异成绩迎接中国共产党第十九次全国代表大会召开。

开幕式气氛庄严热烈，代表精神振奋。主席台正上方悬挂着"中国共产党山西省第十一次代表大会"的巨幅会标，幕布正中十面鲜艳的红旗簇拥着金色耀眼的党徽。会场二楼的眺台上悬挂着"以习近平总书记系列重要讲话精神为指引，忠诚担当，攻坚克难，为全面建成小康社会而奋斗"的大型横幅。

大会执行主席骆惠宁、楼阳生、黄晓薇、薛延忠、胡苏平、高建民、孙绍骋、王伟中、盛茂林、任建华、牛仁亮在主席台前排就座。大会主席团成员和特邀代表也在主席台就座。

出席中国共产党山西省第十一次代表大会的代表700名、特邀代表3名，今天到会694名。大会由楼阳生同志主持。上午9时30分，楼阳生同志宣布大会开幕。全体起立，同唱《中华人民共和国国歌》。

在热烈的掌声中，骆惠宁同志代表十届省委向大会作题为《以习近平总书记系列重要讲话精神为指引，忠诚担当，攻坚克难，为全面建成小康社会而奋斗》的报告。报告共分八部分：一、过去五年工作和重要启示；二、沿着习近平总书记系列重要讲话指引的方向，开辟治晋理政新境界；三、认真贯彻落实新发展理念，以深化转型综改试验区建设牵引经济转型升级；四、发展社会主义民主政治，建设法治山西；五、坚定文化自信，建设文化强省；六、坚持民生优先，加强社会建设和治理；七、推动绿色发展，建设美丽山西；八、全面推进党的建设新的伟大工程，为开创党在山西事业新局面提供根本保证。

骆惠宁同志在报告中指出，刚刚结束的党的十八届六中全会，正式确立习近平总书记在党中央、在全党的核心地位，具有重大的里程碑意义。党的十八大以来，我们党在治国理政的道路上迈上了新征程、开创了新时代。重大成就的取得，从根本上讲，是有习近平总书记这一核心为我们掌舵。我们要牢固树立“四个意识”特别是核心意识、看齐意识，在思想上拥戴核心，在政治上维护核心，在行动上紧跟核心，坚决与以习近平同志为核心的党中央保持高度一致，坚决维护以习近平同志为核心的党中央权威，坚决贯彻落实党中央确定的路线方针政策。

骆惠宁同志指出，省十次党代会以来的五年是很不寻常的五年。五年来特别是党的十八大以来，省委团结带领全省干部群众，全面贯彻落实党的十八大和十八届三中、四中、五中、六中全会精神，深入学习贯彻习总书记系列重要讲话精神，统筹推进“五位一体”总体布局，协调推进“四个全面”战略布局，不断推动党的理论和路线方针政策在山西贯彻落实。2014年9月，党中央对省委领导班子进行改组性质的重大调整。调整后的省委认真落实以习近平同志为核心的党中央对山西工作的重要指示，提出并实施“五句话”总体思路，推进“六权治本”，确立“一个指引、两手硬”重大思路和要求，力促弊革风清，力行发展为民，不断激发干事创业积极性，推动构建良好政治生态向着“巩固、深化、提高”方向迈进，推动经济发展朝着“稳步向好、转型升级、振兴崛起”方向迈进，全省保持了政治稳定、大局稳定，各项事业取得新进展新进步。

骆惠宁同志强调，回首过去五年，成绩来之不易、教训极其沉痛、启示尤为深刻。全省各级党组织在关键时刻经住了考验，广大党员干部在重要关头经受了锻炼，对事关全局和长远的重大问题形成了高度共识。特别是必须更好担当起管党治党责任，全面构建良好政治生态，内聚人心、外树形象，更有信心、更有激情、更有力量地把党的建设和党的事业全面推向前进。必须紧紧抓住市场倒逼的历史机遇，坚定不移走上转型之路。实践证明，以习近平同志为核心的党中央关于山西党的建设和重大工作的决策要求是完全正确的，党中央在山西关键时刻作出的战略决策，为我们办好山西的事情提供了根本保证。只要我们始终在思想上政治上行动上与以习近平同志为核心的党中央保持高度一致，坚定不移以习总书记系列重要讲话精神为指引，就能战胜前进道路上的一切风险挑战，不断夺取新胜利。

骆惠宁同志强调，习总书记系列重要讲话开辟了马克思主义中国化新境界，深刻揭示了当今世界和当代中国发展变化的方向，是我们做好一切工作的根本遵循。要把学好用好习总书记系列重要讲话作为政治责任和历史担当，注重学以致用，着力解决问题，把学习成果转化为实践成效，丰富和发展治晋理政思路，把具有许多新的历史特点的伟大斗争在山西进行好。深刻领会系列重要讲话关于治国理政的奋斗目标，在实现中国梦和全面建成小康社会中加快山西步伐；深刻领会系列重要讲话关于新发展理念的重大思想，在推动转型升级中走出山西路径；深刻领会系列重要讲话关于全面深化改革的战略部署，在新一轮改革开放中彰显山西气魄；深刻领会系列重要讲话关于全面从严治党的新要求，在全面构建良好政治生态中交上山西答卷；深刻领会系列重要讲话所贯穿的强烈历史使命感，在坚持和发展中国特色社会主义中体现山西担当。

在谈到未来全省工作的总要求时，骆惠宁同志指出，要高举中国特色社会主义伟大旗帜，以马克思列宁主义、毛泽东思想、邓小平理论、“三个代表”重要思想、科学发展观为指导，深入贯彻习近平总书记系列重要讲话精神和治国理政新理念新思想新战略，统筹推进“五位一体”总体布局，协调推进“四个全面”战略布局，把握时代大势，回应实践要求，认真落实“一个指引、两手硬”重大思路和要求，统一思想行动，凝聚奋进力量，确保与全国同步全面建成小康社会，确保经济转型升级取得显著进展，确保良好政治生态全面有效构建，不断塑造美好形象、逐步实现振兴崛起。

骆惠宁同志在报告中提出未来五年乃至更长一个时期全省的奋斗目标：通过全省的共同努力，要塑造和展示山西文化璀璨、人才辈出的人文形象，创新驱动、结构优化的转型形象，充满活力、合作包容的开放形象，表里山河、生态美好的壮丽形象，以廉为荣、艰苦创业的清明形象，人民幸福、社会和谐的安康形象。通过全省的共同努力，今后五年，将我省打造成国内外有影响力的资源型经济转型综合配套改革试验区，现代装备制造、新材料、节能环保和信息产业基地，国家新型综合能源基地，世界煤基科技创新成果转化基地，中西部现代物流中心，富有特色和魅力的文化旅游强省，内陆地区对外开放高地，综合竞争力、人民生活水平和可持续发展能力明显提升；再经过一段时间的持续奋斗，使山西整体发展水平在我国中西部地区位次前移，在全国大局中发挥重要影响。

骆惠宁同志强调，要认真贯彻落实新发展理念，以深化转型综改试验区建设牵引经济转型升级。用新发展理念统领经济发展全局，适应、把握和引领经济发展新常态，把供给侧结构性改革作为经济发展和经济工作的主线，把资源型经济转型综合配套改革试验区作为推动经济转型发展的抓手，全力推动我省经济发展的动力结构、产业结构、要素结构和增长方式发生重大转变。要站在时代高度开创转型综改试验区建设新局面。转型综改试验是党中央、国务院赋予山西的重大使命，是一场深刻的革命，是山西的二次创业。供给侧结构性改革赋予了转型综改试验区新的内涵，在新的形势下，其战略地位和对全省的牵引作用进一步提升。我们要用啃硬骨头的精神，破解资源型地区创新发展难题、结构性矛盾突出地区协调发展难题、生态脆弱地区绿色发展难题、内陆地区开放发展难题、欠发达地区共享发展难题，完成转型综改试验区各项任务，加快实现能源产业向绿色低碳转变、产业结构向多元化中高端转变、发展动能向创新驱动转变、发展形态向园区化循环化转变、城乡统筹向一体化转变、经济增长向平稳健康可持续转变，使我省在未来经济发展中赢得主动。

骆惠宁同志指出，要构建多元化中高端现代产业体系，着力实施战略性新兴产业培育工程、能源产业创新工程、传统优势产业提质工程、现代服务业发展工程、特色现代农业增效工程、“双创”孵化新产业新业态工程“六大工程”。要用创新驱动培育新的动力源泉；把供给侧结构性改革作为转型升级的根本途径；提升城乡一体化发展水平；开创对内对外开放新局面。

骆惠宁同志强调，要坚持党的领导、人民当家作主、依法治国有机统一，推进社会主义民主政治建设和法治建设，更好调动人民群众积极性。一是保证和支持人民当家作主。二是提高法治建设水平。三是壮大共同奋斗的力量。加强国防动员和后备力量建设。

骆惠宁同志指出，要坚持中国特色社会主义文化发展道路，下大气力把文化资源优势转化为发展优势和竞争优势，加快文化强省建设步伐。一是牢牢掌握意识形态工作领导权和话语权。二是积极培育和践行社会主义核心价值观。三是极大丰富人民群众精神文化生活。四是着力推动文化改革创新发展。

骆惠宁同志强调，要从解决群众最关心最直接最现实的利益问题入手，促进经济发展和民生改善良性循环，确保民生福祉提升、社会政策托底、社会治理加强。第一，把脱贫攻坚作为第一民生，坚决打赢脱贫攻坚战。第二，千方百计增加城乡居民收入，努力扩大中等收入群体。第三，以改革创新思路破解民生重点难点问题，提高基本公共服务均等化水平。第四，树立总体安全观，全力维护社会稳定。

骆惠宁同志指出，要加大生态文明建设力度，把生态文明融入经济社会发展全过程，让绿色成为美丽山西“底色”。一是贯彻落实绿色发展理念。二是抓好生态环境建设重点工作。坚持节约用地，全面推进工业、建筑等领域节能，加强大气污染防治，强化土壤污染防治，推进城乡绿化广覆盖。坚持节约优先、系统治理，努力破解“水瓶颈”。三是强化生态文明制度保障。

骆惠宁同志强调，面对正在进行的具有许多新的历史特点的伟大斗争，面对治晋理政面临的新情况新考验，我们要认真实施党的十八届六中全会作出的各项部署，切实履行好全面从严治党使命。一是坚持严肃认真的党内政治生活。把落实《关于新形势下党内政治生活的若干准则》作为重要政治任务，实现党内政治生活的制度化、规范化和程序化。二是打造干事创业的高素质干部队伍和充满活力的人才队伍。建立激励干部干事创业机制、改革创新合理容错机制和推进干部能上能下机制，为敢于担当的干部担当，为敢于负责的干部负责。坚持党管人才原则，实施人才强省战略。三是锲而不舍加强作风建设。全面加强思想作风、工作作风、领导作风、干部生活作风建设。四是夯实党的事业发展的坚实根基。把加强“基层组织、基础工作、基本能力”建设作为战略举措抓紧抓实抓好。五是坚定不移推进党风廉政建设和反腐败斗争。认真落实《中国共产党党内监督条例》，加强对权力运行的制约和监督。着力构建不敢腐、不能腐、不想腐的体制机制，坚持有腐必反、有贪必肃，坚持无禁区、全覆盖、零容忍，党内绝不允许有腐败分子藏身之地。六是坚决落实全面从严治党主体责任。各级党组织要对本地区本单位的政治生态负责，切实增强管党治党意识和能力。

骆惠宁同志在报告中说，面对新形势新挑战，我们要增强在党言党、在党爱党、在党忧党、在党为党的责任意识，深入思考、着力解决党的建设中面临的新情况新问题。尤其是要有效防止党员特别是领导干部走向违纪违法，有效防止领导班子弱化甚至丢弃主体责任，有效防止一个地区一个单位政治生态出问题，健全把纪律和规矩挺在前面的长效机制，健全用制度治党、管权、治吏的长效机制，健全始终保持管党治党严紧硬的长效机制，使全面从严治党成为常态，使党内政治生活纯洁健康，努力建设政治生态的绿水青山。

骆惠宁同志指出，山西历史悠久、文化灿烂、资源丰富、前景广阔，在各个时期都做出突出贡献。今天，中华民族伟大复兴的中国梦召唤着我们，振兴崛起的历史使命激励着我们。对伟大的党和祖国，我们要无限忠诚；对山西这片红色的土地，我们要深怀敬畏；对淳朴勤劳智慧的山西人民，我们要充满热爱；对党和人民的崇高事业，我们要无私奉献。山西人民从来就有不畏艰险、百折不挠、敢于胜利的决心和勇气。面对具有许多新的历史特点的伟大斗争，我们要坚持革命理想高于天，坚持奋斗目标不动摇，以铁一般信仰、铁一般信念、铁一般纪律、铁一般担当，积极应对各种困难和挑战，殚精竭虑办好山西的事情，满怀信心创造山西的美好未来！

骆惠宁同志号召，让我们更加紧密地团结在以习近平同志为核心的党中央周围，团结带领全省人民顽强拼搏、锐意进取，向着全面建成小康社会，不断塑造美好形象、逐步实现振兴崛起的宏伟目标奋勇前进，以优异成绩迎接中国共产党第十九次全国代表大会召开！

骆惠宁同志的报告赢得了与会代表阵阵热烈的掌声。

列席本次大会的人员有：不是本次党代会代表的十届省委委员、候补委员和省纪委委员，曾担任过副省级以上职务的党内老同志，省直各部、委、办、厅、局和群团组织（含二级机构）的党员主要负责同志，省属事业单位、本科院校、省属国有企业及部分驻晋单位的党员主要负责同志，省人大、省政协各工作委员会和内设机构的党员主要负责同志，部分商会和非公企业负责人。

应邀参加今天开幕式的还有：各民主党派山西省委员会、山西省工商业联合会的主要负责人、无党派代表人士、宗教界代表人士张友君、王维平、王宁、周然、刘滇生、张复明、李武章、谢红、妙江等。我省六个民主党派省委会和省工商联还联合向大会发来贺信。

以习近平总书记系列重要讲话精神为指引
忠诚担当　攻坚克难　为全面建成小康社会而奋斗

——在中国共产党山西省第十一次代表大会上的报告

（2016年10月31日）

骆惠宁

同志们：

现在，我代表中国共产党山西省第十届委员会向大会作报告。

这次大会，是在全面建成小康社会决胜阶段召开的一次十分重要的会议。大会的主题是：高举中国特色社会主义伟大旗帜，深入贯彻习近平总书记系列重要讲话精神和治国理政新理念新思想新战略，忠诚担当，改革创新，凝心聚力，攻坚克难，为全面建成小康社会，不断塑造美好形象、逐步实现振兴崛起，开创我省各项事业发展新局面努力奋斗。

刚刚结束的党的十八届六中全会，正式确立习近平总书记在党中央、在全党的核心地位，具有重大的里程碑意义。党的十八大以来，我们党在治国理政的道路上迈上了新征程、开创了新时代。重大成就的取得，从根本上讲，是有习近平总书记这一核心为我们掌舵。我们要牢固树立"四个意识"特别是核心意识、看齐意识，在思想上拥戴核心，在政治上维护核心，在行动上紧跟核心，坚决与以习近平同志为核心的党中央保持高度一致，坚决维护以习近平同志为核心的党中央权威，坚决贯彻落实党中央确定的路线方针政策。

山西正处于重要历史关头，面临的挑战和考验前所未有。全省各级党组织和党员干部肩负着全面构建良好政治生态的重大责任，肩负着加快推进经济转型升级的重大任务，肩负着如期全面建成小康社会的重大使命。面对时代发展的召唤，面对全省人民的期盼，我们要坚定信念、迎难而上，不忘初心、继续前进，把中国特色社会主义在山西坚持和拓展好。

一、过去五年工作和重要启示

省十次党代会以来的五年是很不寻常的五年。五年来特别是党的十八大以来，省委团结带领全省干部群众，全面贯彻落实党的十八大和十八届三中、四中、五中、六中全会精神，深入学习贯彻习总书记系列重要讲话精神，统筹推进"五位一体"总体布局，协调推进"四个全面"战略布局，不断推动党的理论和路线方针政策在山西贯彻落实。2014年9月，党中央对省委领导班子进行改组性质的重大调整。调整后的省委认真落实以习近平同志为核心的党中央对山西工作的重要指示，提出并实施"五句话"总体思路，推进"六权治本"，确立"一个指引、两手硬"重大思路和要求，力促弊革风清，力行发展为民，不断激发干事创业积极性，推动构建良好政治生态向着"巩固、深化、提高"方向迈进，推动经济发展朝着"稳步向好、转型升级、振兴崛起"方向迈进，全省保持了政治稳定、大局稳定，各项事业取得新进展新进步。

经济在克服困难中前行。适应经济发展新常态，统筹稳增长、调结构、增动力，在经济下行压力加大情况下，大幅推进煤炭减产量、坚决去产能，促进全国煤炭市场发生积极变化，实现全省经济稳步向好。城乡区域发展协调性增强。科技进步综合指数上升。立体化交通体系加快形成，水利、电力等基础设施得到加强。城市建设迈上新台阶。

民生福祉持续增进。越是经济困难越关注民生。城乡居民收入稳步提高，220万贫困人口实现脱贫。教育事业协调推进，高校新区建成使用。社会保障体系不断完善。公共卫生服务体系逐步健全。平安山西建设深入推进，煤矿安全生产控制性指标居全国先进水平。

城乡人居环境不断改善。强化环境保护责任制，大气、水、土壤等污染防治扎实推进，节能降耗约束性指标全部完成。采空区、沉陷区、水土流失区修复治理力度加大。森林覆盖率明显提升。

民主法治建设进一步加强。完善地方性法规立改废机制，加强和改进人大监督工作，落实城乡按相同人口比例选举人大代表。巩固和发展最广泛的爱国统一战线，加强政协协商，健全协商民主制度。法治山西建设扎实推进。军民融合发展取得新成果。

文化强省建设迈出新步伐。推进社会主义核心价值体系建设，公共文化服务体系建设取得新进展，文化产业健康发展，优秀传统文化和红色文化得到弘扬，一批文艺精品在国内外产生广泛影响。宣传思想工作进一步加强。

改革开放深入推进。以经济体制改革为重点，统筹推进经济、政治、文化、社会、生态文明体制和党的建设制度改革。转型综改试验区建设不断推进，供给侧结构性改革成效初显。结束城乡二元户籍制度。主动对接“一带一路”等国家战略,成功举办中博会、能博会、太原论坛等会展和招商引资活动。

汲取系统性塌方式严重腐败沉痛教训,推动从严管党治党取得重大阶段性成效。加大正风反腐力度,形成“三个高压态势”,健全巡视巡察制度,扭转腐败多发蔓延被动局面,匡正选人用人导向,风清气正环境初步形成。扎实开展党的群众路线教育实践活动、“三严三实”专题教育、“两学一做”学习教育,基层组织建设得到加强。市县乡换届圆满成功,焕发出奋发进取新气象。

五年来的成绩,是党中央正确领导的结果,是全省各级党组织、广大党员和干部群众团结奋斗的结果,是社会各界积极努力的结果。在此,我代表中共山西省第十届委员会,向奋战在各条战线的广大共产党员和干部群众,向各民主党派、人民团体和各界人士,向中央驻晋单位,向驻晋部队指战员、武警官兵、公安民警,向所有关心、支持山西改革开放和现代化建设事业的同志们、朋友们,表示衷心感谢和崇高敬意!

在充分肯定成绩的同时,要清醒看到存在的问题和差距。主要是:经济总量性尤其是结构性问题突出,创新能力不强,新旧动能转换缓慢;生态建设任务艰巨,资源环境约束趋紧;贫困面仍然较大,基本公共服务供给不足;一些领域改革滞后,发展环境有待改善;一些领域存在道德失范、诚信缺失现象,法治建设有待加强;安全生产形势依然严峻;一些地方和单位党的领导弱化、党的建设缺失、全面从严治党不到位,一些干部担当意识、奋斗精神、创新能力有待进一步提升。这些有的是长期积累的,有的是新产生的,有的相互影响着。对所有问题我们都要正视,并采取有力措施加以解决。

回首过去五年,成绩来之不易、教训极其沉痛、启示尤为深刻。全省各级党组织在关键时刻经住了考验,广大党员干部在重要关头经受了锻炼,对事关全局和长远的重大问题形成了高度共识。

山西一段时间发生系统性塌方式严重腐败,政治生态出了问题,根本原因是省委没有履行党风廉政建设主体责任。在以习近平同志为核心的党中央坚强领导下,调整后的省委坚决扛起主体责任,坚持全面从严治党,严格执行党规党纪,党的建设呈现新气象。清除了腐败分子,净化了政治生态,全省党员干部队伍的先进性纯洁性有了新增强,全省人民的精气神有了新提升,全省改革发展进入新阶段。正反两方面经验警示我们,治国必先治党,治党务必从严,必须把严的要求贯穿管党治党全过程,以零容忍态度惩治腐败,同一切弱化先进性、损害纯洁性问题作坚决斗争。我们必须更好担当起管党治党责任,坚持重在建设、立破并举,思想建党和制度治党相结合,全面构建良好政治生态,内聚人心、外树形象,更有信心、更有激情、更有力量地把党的建设和党的事业全面推向前进。

山西一段时间经济遭遇断崖式下滑,固然有国内外大环境的影响,但我省经济结构不合理是主要原因。历届省委、省政府在推进经济转型上进行了艰辛探索,取得积极进展,但受多种因素制约,经济结构尚未发生根本性变化。全省上下经历了结构失衡、市场剧变带来的切肤之痛,对转型发展有了更深切认识,推进转型的紧迫感明显增强。当前煤炭市场有所回暖,无论煤价如何变化,决不能动摇转型的决心,必须彻底丢掉再现煤炭十年黄金期的幻想,紧紧抓住市场倒逼的历史机遇,坚定不移走上转型之路。只要我们准确把握世界新一轮科技革命大趋势和产业变革新机遇,充分激发全省干部群众中蕴藏的巨大创造力,就一定能在转型发展上取得重大突破,实现山西经济浴火重生、再振雄风。

实践证明,以习近平同志为核心的党中央关于山西党的建设和重大工作的决策要求是完全正确的,党中央在山西关键时刻作出的战略决策,为我们办好山西的事情提供了根本保证。只要我们始终在思想上政治上行动上与以习近平同志为核心的党中央保持高度一致,坚定不移以习总书记系列重要讲话精神为指引,就能战胜前进道路上的一切风险挑战,不断夺取新胜利!

二、沿着习近平总书记系列重要讲话指引的方向,开辟治晋理政新境界

奋进时代呼唤伟大的理论,壮阔事业需要科学的指引。习总书记系列重要讲话开辟了马克思主义中国化新境界,深刻揭示了当今世界和当代中国发展变化的方向,是我们做好一切工作的根本遵循。我们要把学好用好习总书记系列重要讲话作为政治责任和历史担当,持续跟进学习,持续深化理解,准确把握系列重要讲话的科学体系、新理念新思想新战略、立场观点方法,切实增强思想认同、理论认同、情感认同。我们要注重学以致用,着力解决问题,把学习成果转化为实践成效,丰富和发展治晋理政思路,让党员干部群众从实际生活的变化中感受到系列重要讲话的真理力量。我们要在学而信、学而用、学而行中不断提升自己、超越自己,积极应对重大挑战、抵御重大风险、克服重大阻力、解决重大矛盾,把具有许多新的历史特点的伟大斗争在山西进行好。

深刻领会系列重要讲话关于治国理政的奋斗目标,在实现中国梦和全面建成小康社会中加快山西步伐。实现“两个一百年”奋斗目标,实现中华民族伟大复兴中国梦,充分体现了我们党高度的历史担当和使命追求;全面建成小康社会是我们党确定的第一个百年目标,是实现中国梦的重要里程碑。山西是欠发达省份,面临小康决胜期、脱贫攻坚期、转型关键期、发展爬坡期、形象改善期“五期叠加”,在实现第一个百年目标历史进程中要不甘人后、加速前行。我们要按照中央对全面小康的基本要求,坚持以人民为中心的发展思想,着眼差距补短板,加大创新驱动力度,实现经济中高速增长,增强发展的协调性,如期完成脱贫攻坚任务,普遍提高群众生活水平和质量,显著提升公民素质和社会文明程度,总体改善生态环境,不断完善各方面制度体系,与全国同步全面建成小康社会,进而在实现第二个百年目标历史进程中谱写我省精彩篇章。

深刻领会系列重要讲话关于新发展理念的重大思想，在推动转型升级中走出山西路径。创新、协调、绿色、开放、共享的发展理念是针对我国经济发展进入新常态、世界经济复苏低迷形势提出的治本之策，集中反映了我们党对经济社会发展规律的新认识。山西要解决发展中面临的问题，关键取决于新发展理念能不能落地生根。从历史上看，我省经济在全国位次相对靠前的时期，也是对煤炭依赖相对较小的时期，随着一煤独大的形成，结构性矛盾突出，虽曾有过高速增长期，却难以持续，甚而在全国位次后移。资源型经济如何转型发展是世界性难题，是当前我国不少省份面临的问题，更是我省一道绕不开的坎。山西经济发展到今天，正处于一个重大历史拐点，到了发展动力深度转换、经济结构全面升级的新阶段，无论是煤炭产业还是整体经济都需要在转型创新中焕发新的活力。这个历史使命我们一定要担起来。山西经济转型已走了一段路，还要走很长的路，最紧要的是进一步把方向搞对头，进一步把转型发展的基础打好。要保持定力、持续用力，坚决跳出以往“市场好时无暇调整、市场差时无力调整”的怪圈，彻底摆脱对煤炭的过度依赖，充分发挥市场在资源配置中的决定性作用和更好发挥政府作用，形成促进转型发展的支撑条件和大环境，实现主动转型、创新转型、深度转型、全面转型，走出一条资源型省份创新驱动、转型升级新路，以局部的探索实践创造可借鉴可复制的发展模式。

深刻领会系列重要讲话关于全面深化改革的战略部署，在新一轮改革开放中彰显山西气魄。改革开放是决定当代中国命运的关键一招。今天发展和改革高度融合，发展前进一步就需要改革前进一步，改革不断深化才能为发展提供强劲动力。山西转型任务重，改革任务更重；发展相对滞后，但改革决不能落后。全省上下要以自我革命的勇气，争当改革的促进派和实干家，不断提高改革能力，敢于向积存多年的顽瘴痼疾开刀，以改革来破解发展难题，在改革开放中转观念、增本领、树新风、立形象，力求综改试验、行政审批、国企国资、生态文明、党的建设等领域改革走在前列，依靠攻城拔寨的改革闯出发展路子。改革和法治如鸟之两翼、车之双轮，要把法治山西建设摆到治晋理政全局来推进，确保在深刻变革中既生机勃勃又井然有序，逐步实现治理体系和治理能力现代化。

深刻领会系列重要讲话关于全面从严治党的新要求，在全面构建良好政治生态中交上山西答卷。我们党要经受住“四大考验”，战胜“四种危险”，面临的“赶考”远未结束。山西面临的“考试”难度大、任务重。我们要痛定思痛、以往鉴来，着眼大局、立足实际，保持“赶考”姿态、坚定“考好”决心，把正在经受和将要经受的各种“考试”考好。我们要在前两年打下的良好基础上，进一步确立“巩固、深化、提高”的方针，再经过一段时间的努力，在全面构建良好政治生态上取得新的更大进展：广大党员干部的理想信念更加坚定，忠诚干净担当成为思想和行动自觉；全面从严治党的制度体系趋于完备，相关配套政策法规逐步健全；管党治党责任层层落实，进一步实现由宽松软走向严紧硬；广大干部从系统性塌方式严重腐败造成的阴影中彻底走出来，焕发出崭新的精气神，整体素质和干事创业能力明显提升；党风政风社会风气根本好转，政治生态全面优化，美好形象得以确立。

深刻领会系列重要讲话所贯穿的强烈历史使命感，在坚持和发展中国特色社会主义中体现山西担当。坚持和发展中国特色社会主义，是实现中华民族伟大复兴的必由之路，需要一代又一代接续奋斗。习总书记系列重要讲话展现的以身许党许国、报党报国，勇作为、敢担当精神，为我们树立了光辉典范。山西面临的各方面任务十分繁重艰巨，越是困难多的时候，越考验我们的党性和意志。我们要直面山西前进中的重大问题，从系列重要讲话中汲取智慧和力量，牢固树立忧患意识和进取意识，站稳政治立场，坚定信仰追求，饱含为民情怀，弘扬务实作风，始终把责任扛在肩上，不断增强道路自信、理论自信、制度自信、文化自信，切实提高战略思维、历史思维、辩证思维、创新思维、底线思维能力，以担当品格和拼搏精神，把中国特色社会主义在山西坚持和拓展好。

全省要高举中国特色社会主义伟大旗帜，以马克思列宁主义、毛泽东思想、邓小平理论、“三个代表”重要思想、科学发展观为指导，深入贯彻习近平总书记系列重要讲话精神和治国理政新理念新思想新战略，统筹推进“五位一体”总体布局，协调推进“四个全面”战略布局，把握时代大势，回应实践要求，认真落实“一个指引、两手硬”重大思路和要求，统一思想行动，凝聚奋进力量，确保与全国同步全面建成小康社会，确保经济转型升级取得显著进展，确保良好政治生态全面有效构建，不断塑造美好形象、逐步实现振兴崛起。

通过全省的共同努力，要塑造和展示山西文化璀璨、人才辈出的人文形象，创新驱动、结构优化的转型形象，充满活力、合作包容的开放形象，表里山河、生态美好的壮丽形象，以廉为荣、艰苦创业的清明形象，人民幸福、社会和谐的安康形象。

通过全省的共同努力，今后五年，将我省打造成国内外有影响力的资源型经济转型综合配套改革试验区，现代装备制造、新材料、节能环保和信息产业基地，国家新型综合能源基地，世界煤基科技创新成果转化基地，中西部现代物流中心，富有特色和魅力的文化旅游强省，内陆地区对外开放高地，综合竞争力、人民生活水平和可持续发展能力明显提升；再经过一段时间的持续奋斗，使山西整体发展水平在我国中西部地区位次前移，在全国大局中发挥重要影响。我们要有这个信心，更应该有这个志气！

三、认真贯彻落实新发展理念，以深化转型综改试验区建设牵引经济转型升级

抓经济发展，必须明大势、掌大势、顺势而为。我们要用新发展理念统领经济发展全局，适应、把握和引领经济发展新常态，把供给侧结构性改革作为经济发展和经济工作的主线，把资源型经济转型综合配套改革试验区作为推动经济转型发展的抓手，以提高发展质量和效率为中心，全力推动我省经济发展的动力结构、产业结构、要素结构和增长方式发生重大转变。

（一）站在时代高度开创转型综改试验区建设新局面。深化转型综改试验是党中央、国务院赋予山西的重大使命，是一场深刻的革命，是山西的二次创业。供给侧结构性改革赋予了转型综改试验区新的内涵，在新的形势下，其战略地位和对全省的牵引作用进一步提升。我们要用解放思想打开转型综改试验新天地，用先行先试擦亮转型综改试验这个金字招牌，坚决克服创新发展意识不强、能力不足、作风不硬等障碍。我们要争取国家支持、用好省内事权、对标发达地区、鼓励基层探索，围绕转型发展提供制度供给和政策动力，营造活力充沛的转型生态，全面激发各类企业特别是资源型企业转型发展积极性，吸引更多先进生产要素向我省新兴产业集聚。我们要用啃硬骨头的精神，破解资源型地区创新发展难题、结构性矛盾突出地区协调发展难题、生态脆弱地区绿色发展难题、内陆地区开放发展难题、欠发达地区共享发展难题，完成转型综改试验区各项任务，加快实现能源产业向绿色低碳转变、产业结构向多元化中高端转变、发展动能向创新驱动转变、发展形态向园区化循环化转变、城乡统筹向一体化转变、经济增长向平稳健康可持续转变，使我省在未来经济发展中赢得主动。建设转型综改试验区是十分难得的历史机遇，我们要把准方向、扎实推进，只争朝夕、久久为功，在三晋大地成就这一宏伟大业！

（二）构建多元化中高端现代产业体系。要把产业转型升级作为转型综改试验区建设的首要任务，着力实施“六大工程”，构建具有鲜明省情特点的支撑多元、布局合理、链条高端的现代产业体系，在全国产业格局中重塑比较优势和竞争优势。实施战略性新兴产业培育工程。代表未来发展方向的战略性新兴产业，是必须千方百计抢占的制高点。以大数据、云计算、物联网、智能手机等为重点，加快发展信息产业，培育数字经济，建设智慧山西，实现“一化”促“四化”。依托独特资源电源条件，做大做强铝镁合金、半导体材料，加快石墨烯、碳纤维等前沿新材料产业化。以清洁生产、低碳技术为重点发展节能环保产业。加强前瞻布局，以市场换项目，发展新能源汽车产业。整合现有资源优势和产业基础，做大生物医药产业。现代煤化工要发挥专业团队优势，跨企业联合发展，尽快走出一条与石油基不同的差异化、高端化、规模化、国际化的煤基化工发展路子。实施能源产业创新工程。顺应能源革命要求，坚持煤炭清洁高效利用，大力发展新能源，形成多轮驱动、低碳绿色的综合能源体系，以能源结构优化促进工业转型升级。坚定不移推进煤炭去产能，提高先进产能占比和综合经济效益。加快三个千万千瓦级外送电基地建设。稳步提升煤层气抽采利用水平。扩大风电、光伏装机规模，推进大型水电项目建设，因地制宜开发生物质能、地热能。实施传统优势产业提质工程。紧盯同行业最高水平，持续加大技术改造力度，淘汰低端、提升中端、发展高端。下大力气推动“山西智造”，实施中国制造2025山西行动纲要，发展先进装备制造业，明显提升自主设计水平和系统集成能力。焦化产业加快实现“以焦为主”向“以化为主”转变，提高产品附加值。钢铁、铝等冶金产业推进精深加工。发挥军工企业技术优势，提高军民协同创新能力，建设军民融合产业基地。因地制宜发展轻工业，逐步解决轻重工业比例严重失衡问题。实施现代服务业发展工程。深入挖掘“地上”资源，高起点大手笔谋划文化旅游产业，在创新体制机制、重大项目开发上实现新突破，使文化旅游产业成为转型的新引擎新支柱。加快构建立体式现代物流产业格局。健全现代金融体系，发挥金融业作为关键性、基础性产业的作用，增强金融对实体经济的支持力度。促进养老服务业与健康、休闲等产业融合发展。引导消费向智能、绿色、健康、安全方向转变，以消费升级带动服务业快速增长。实施特色现代农业增效工程。调整农业生产结构，重点发展杂粮、草食畜、鲜干果、蔬菜、中药材等特色产业。以开发功能食品为重点，扩大农产品精深加工规模，建设全国小杂粮产地交易市场，加快发展休闲农业和乡村旅游。培育职业农民，壮大新型农业经营主体，创新农业社会化服务体制机制，发展多种形式的适度规模经营。扩大农业对外开放，提升“晋”字品牌知名度和市场竞争力。实施“双创”孵化新产业新业态工程。抢抓新旧动能转换机遇，在推动“双创”上不断推出新政策新举措，大力营造市场化、社会化“双创”氛围，构建一批低成本、便利化、全要素“双创”基地，积极发展众创众包众扶众筹，支持发展基于“互联网+”的新产业新业态。

推进“六大工程”，要善于从煤以外寻找战略支撑点，多做新动能新产业的文章。要运用大数据分析研究产业发展方向，挖掘市场需求这个最稀缺的资源，注意从我省巨量外流需求中寻找发力点，激发社会投资热情，外引内联谋划转型项目。要通过“接链补环”推动传统产业循环发展，依托园区推动新兴产业集群发展，实现企业成本和环境代价最优化。只要我们持续推进“六大工程”，就一定能使战略性新兴产业加快壮大，传统产业再造新优势，部分产业达到全国一流水平，山西在全国产业版图中的地位不断提升，为振兴崛起奠定坚实基础！

（三）用创新驱动培育新的动力源泉。牢固树立创新发展理念，不断推动理论创新、制度创新、科技创新、文化创新等各方面创新，建设具有山西特色的创新体系。全面实施创新驱动发展战略，构建以创新为导向的要素配置模式，彰显科技创新在全面创新中的核心地位，发挥科技创新对转型综改试验区的引领作用。立足我省产业转型方向部署科技创新链，设立新动能培育专项资金，注重引进消化吸收再创新，力争在煤炭清洁高效利用、煤层气勘探开发、智能制造、生物医药、新能源汽车、节能环保、信息产业等方面突破一批核心关键技术，催生产业变革。打通科技创新成果转化通道，建设技术和知识产权交易平台，建立全过程科技创新融资模式，完善首台（套）政策。推动现代科技与现代金融深度融合，鼓励发展创投引导基金，确保新技术能变成好项目，能得到大资本。完善创新服务体系，加强知识产权保护和标准质量建设。强化企业在创新决策、投入、转化中的主体地位，深化高等院校和科研院所体制机制改革，激活各类创新要素。加快山西科技创新城建设，打造带动全省的创新高地。山西人杰地灵、富有创新传统,一定能在崇尚创新、勇于创新中跟上时代进步潮流!

(四)把供给侧结构性改革作为转型升级的根本途径。坚决落实去产能、去库存、去杠杆、降成本、补短板任务,把改造提升传统动能与培育新动能结合起来,增强我省供给体系对市场需求的适应能力。在全面推进经济领域各项改革的同时,抓住多年想改但进展不快的难点问题,抓住对全省有牵引作用的重要事项,下大决心推动重大改革破题。要深化国企国资改革,增强发展动力。针对部分国有企业资产负债率高、股权高度集中等问题,进行资产全面评估,推进股权结构改革,新增和置换的国有资金资本主要用于支持转型发展。针对企业治理不规范、机构臃肿、负担沉重问题,完善现代企业制度,解决企业办社会问题,促进国有企业轻装上阵。针对布局不合理、专业化不强等问题,尽快完善国有资产管理体制,稳步推进国有企业整合,实施专业化重组、板块化经营。针对行政色彩突出等问题,推动国有企业实现管理创新、商业模式创新,面向国内外招聘高级管理人才。坚持党对国有企业的领导不动摇,更好发挥企业党组织的领导核心和政治核心作用,为做强做优做大国有企业提供坚强政治和组织保证。要创新开发区体制机制,拓展转型载体。我省各类开发区块头不大、活力不强、引领不足,必须尽快扭转这一局面。按照"整合改制扩区调规"的思路,加快提升存量、优化增量、做大总量,实现开发区发展战略新突破。对照省外先进开发区补差距,引进复制自贸区成功做法,提高开发区运营发展水平,充分发挥其改革开放窗口作用、转型升级示范作用。要加快建设服务型政府,优化市场环境。推进简政放权、放管结合、优化服务改革,在政务服务、政策支持、办事效率等方面勇创一流,开展优化投资营商环境专项行动,实行企业投资项目管理负面清单制度,试点市场准入负面清单制度。广泛推行"互联网+政务服务",推动机关干部入企服务常态化,提高服务市场主体的能力。

(五)提升城乡一体化发展水平。我省工矿型城镇特征明显,"三农"底子较薄,基础设施不够完善,县域经济活力不足。要牢固树立协调发展理念,完善城乡一体化体制机制,推进城乡融合发展,促进城乡共同繁荣。更加注重提高城镇规划建设水平。围绕"一核一圈三群"总体布局,进一步提升省会城市首位度,着力解决"一市一区"和"矿区郊区"等问题,加快发展中小城市和特色镇。坚持规划先行、多规合一,坚持建设管理并重,挖掘三晋文脉、依托山水景观、融入现代元素,努力打造一批人文城市、绿色城市、智慧城市。加快资源型城镇特别是资源枯竭型城镇转型,协调矿城发展,推进产城融合。更加注重以人为核心推进新型城镇化。加快推进符合条件的农业转移人口有序落户城镇,稳步推进城镇基本公共服务常住人口全覆盖,使农业转移人口与城镇居民有同等权利和义务,城镇承载管理水平明显提高。更加注重城乡基础设施建设。继续完善"铁公机",重点抓好"岸港网"建设。完善城市综合交通网络、地下综合管廊,建设海绵城市。推进路水电气网等向农村延伸,实现城市光纤到楼入户、农村宽带进乡入村。更加注重县域经济和农村改革发展。县域活则山西活,县域强则山西强。深入推进农村各项改革,破解"三农"难题,结合易地扶贫搬迁、生态建设等优化乡村布局。加强美丽宜居乡村建设,改善农村生产生活条件和公共服务。因地制宜发展特色产业、培育龙头企业,推动县域一二三次产业协调发展,吸纳农业转移人口就业创业。

(六)打造全方位多领域对内对外开放格局。山西发展不足,很大程度上是开放不足,必须大力提高全社会特别是领导干部的开放意识、开放素质和开放能力。要树立全球视野,立足国际国内两个市场、两种资源,坚持引进来和走出去协同,引资和引技引智并举,把山西经济纳入国际国内市场大循环。依托我省优势对接国家重大发展战略,带动全省形成东融南承西联北拓的开放格局。深度融入京津冀和环渤海经济区,对接长江经济带、珠三角经济区;推进晋陕豫黄河金三角区域、蒙晋冀长城金三角建设,加强与沿黄经济协作区、中原经济区的合作。积极扩大与"一带一路"沿线国家和地区的经济合作和人文交流,加强友城建设,持续开展山西品牌丝路行等活动。围绕产业转型升级,系统定向招商引资,培育外向型骨干企业,扩大优势产品和高附加值产品出口,鼓励先进技术设备、关键零部件等进口,鼓励优势企业走出去。切实做好外事、侨务、港澳、对台等工作。

山西民营经济创造了非凡业绩,作出重大贡献,也面临不少困难。山西转型升级的过程必然是民营经济大发展的过程,要倍加重视和支持民营经济发展。按照"亲""清"原则,打造新型政商关系。各级领导干部要坦荡真诚同民营企业接触交往,多办排忧解难的实事,帮助民营企业健康发展,引导民营企业家健康成长。实施晋商晋才"回乡"创业创新工程。历史上晋商曾开辟万里茶路,纵横欧亚九千里、称雄明清五百年,当代也一定会涌现更多诚实守信、开拓进取的新晋商,在对外开放、振兴崛起中再创辉煌!

四、发展社会主义民主政治,建设法治山西

随着经济社会深刻变革,发展更加广泛、更加充分、更加健全的人民民主,保证有法必依、执法必严、违法必究,显得越来越重要。要坚持党的领导、人民当家作主、依法治国有机统一,推进社会主义民主政治建设和法治建设,更好调动人民群众积极性。

(一)保证和支持人民当家作主。支持人大及其常委会依法行使立法、监督、决定、任免等职权,完善人大代表联系人民群众制度,加强县乡人大工作和建设,确保人民群众通过各级人民代表大会行使国家权力。坚持和完善中国共产党领导的多党合作和政治协商制度,支持人民政协围绕团结民主两大主题履行政治协商、民主监督、参政议政职能,加强政协协商与党委、政府工作的有效衔接,发挥作为协商民主重要渠道和专门协商机构的作用。着眼保证基层群众依法行使民主选举、民主管理、民主监督、民主决策权利,完善基层民主制度,健全居民村民监督机制,健全以职工代表大会为基本形式的企事业单位民主管理制度,加强社会组织民主机制建建

设。健全权力运行制约和监督体系，提高科学决策、民主决策、依法决策水平，确保人民赋予的权力为人民谋利益。

（二）提高法治建设水平。坚持科学立法、民主立法，发挥人大及其常委会在立法工作中的主导作用，健全立法起草、论证、协调、审议机制，健全立法机关和社会公众沟通机制，加强对设区的市立法工作指导。及时修改和废止不适应改革和经济社会发展要求的法规，加强转型升级、社会管理、脱贫攻坚、生态建设等重点领域立法，提高立法质量。深化行政执法体制改革，加快推进综合执法，切实做到严格规范公正文明执法。推动司法改革政策配套落实，完善司法管理体制和司法权力运行机制，确保审判机关、检察机关依法独立公正行使审判权、检察权，开展司法救助、法律援助和法律服务，努力让人民群众在每一个司法案件中都感受到公平正义。深入开展法治宣传教育，落实“七五”普法规划。各级党政机关要普遍建立法律顾问制度，提高法治化管理水平。各级党组织和党员干部要带头厉行法治，带头依法办事，推动形成办事依法、遇事找法、解决问题用法、化解矛盾靠法的社会环境。

（三）壮大共同奋斗的力量。牢牢把握大团结大联合主题，巩固统一战线共同的思想政治基础。重视发挥民主党派、工商联和无党派人士积极作用，加强党外代表人士队伍建设，做好知识分子和非公经济组织、社会组织、新媒体代表性人士工作，引导新的社会阶层人士为全面建成小康社会贡献力量。全面贯彻党的宗教工作基本方针，依法管理宗教事务，引导宗教和社会主义社会相适应。加强民族团结，促进各民族交流交往交融。支持工会、共青团、妇联等人民团体深化改革，依法依章程开展工作。

加强国防动员和后备力量建设，加强人民防空建设，支持驻晋解放军、武警部队改革和建设。促进经济建设和国防建设融合发展，扎实开展“双拥”工作，巩固军政军民团结。

我们要高扬人民民主光辉旗帜，弘扬社会主义法治精神，形成生动活泼、安定和谐、团结奋进的生动局面，为振兴崛起凝聚强大智慧力量，提供有力法治保障！

五、坚定文化自信，建设文化强省

山西五千年文明发展所孕育的优秀传统文化、在党和人民伟大斗争中孕育的革命文化和社会主义先进文化，是我省得天独厚的文化资源和精神标识。要坚持中国特色社会主义文化发展道路，下大气力把文化资源优势转化为发展优势和竞争优势，为经济社会进步提供丰润文化滋养，加快文化强省建设步伐。

（一）牢牢掌握意识形态工作领导权和话语权。落实意识形态工作主体责任，加强对意识形态领域重大问题的分析研判，加大对各级党组织抓意识形态工作的考核力度。深入宣传党中央治国理政新理念新思想新战略，宣传全省党员干部群众贯彻中央精神的好做法好典型，弘扬主旋律，传播正能量。加强思想舆论阵地管理，支持壮大主流媒体，不断提高思想舆论引导水平。完善互联网管理领导体制，加强网上思想文化阵地建设，依法净化网络环境，在新老媒体融合发展上实现新突破。实施哲学社会科学创新工程，拓展马克思主义理论研究和宣传教育，推动中国特色社会主义理论体系最新成果进机关、进企业、进农村、进社区、进学校、进军营，从理论与实际结合上回答山西改革发展面临的重大问题、干部群众关心的热点问题，以思想认识新飞跃打开工作新局面。

（二）积极培育和践行社会主义核心价值观。广泛开展理想信念教育，深化群众性精神文明创建活动，以弘扬传统美德为抓手推进公民道德建设工程，以立德树人为重点加强改进思想政治工作。厚植精神沃土，实施优秀传统文化传承工程和乡村文化记忆工程，加强文物和历史文化名城名镇名村等保护利用，加强传统戏曲、非遗项目和传统工艺保护开发。挖掘炎帝农耕文化、尧舜德孝文化、关公忠义文化、能吏廉政文化、晋商诚信文化等传统文化的时代价值。抓好红色资源保护利用，挖掘红色文化精神内涵，传承红色基因，大力弘扬太行精神、吕梁精神、右玉精神等宝贵精神财富，用革命精神滋养思想、激励行为。与时俱进发展社会主义先进文化，激发人民群众的创造活力。积极借鉴一切优秀文明成果，丰富发展三晋文化。

（三）极大丰富人民群众精神文化生活。开展深入生活、扎根人民主题实践活动，推出更多满足时代要求、深受人们喜爱的优秀文艺作品，打造“文化晋军”，更好以文育人、以文化人。构建现代公共文化服务体系，健全公共文化设施，完善政府购买文化机制，促进基本公共文化服务标准化均等化。深入开展文化惠民活动，推动全民阅读，组织优秀文化产品走进基层、走入景区、走到省外。引导文化资源向基层倾斜，加大文化扶贫力度，让人民群众有更多文化获得感。

（四）着力推动文化改革创新发展。坚持把社会效益放在首位、社会效益和经济效益相统一，深化文化体制改革，推动国有文化企业建立现代企业制度。完善文化经济政策，健全现代文化市场体系，发展多层次文化产品和要素市场。推动传统文化产业转型升级，创新文化业态，大力发展文化创意产业，促进文化与科技、信息、旅游、体育、金融等产业融合发展，省属文化企业集团要带头建成在全国有影响有实力的文化企业。扩大“华夏古文明、山西好风光”的影响和效应。加强对外文化交流和文化贸易，讲好山西故事，传播山西声音，展示山西形象。

山西人民在文化自信上有足够底气，在文化发展上更应有大的作为。我们要努力建设优秀传统文化传承转化区、革命文化保护弘扬区、社会主义先进文化创新发展区，为创造中华文化新辉煌作出更大贡献！

六、坚持民生优先，加强社会建设和治理

不断提高人民生活质量和水平，是我们一切工作的出发点和落脚点。我省民生整体水平还不高，公共服务和社会保障体系还不完善，贫困人口占比大、贫困程度深。要从解决群众最关心最直接最现实的利益问题入手，促进经济发展和民生改善良性循环，确保民生福祉提升、社会政策托底、社会治理加强。

（一）把脱贫攻坚作为第一民生，坚决打赢脱贫攻坚战。没有农村贫困人口的稳定脱贫，就没有全省的全面小康。要把脱贫攻坚摆在全省工作突出位置，贫困地区要以脱贫攻坚统揽经济社会发展全局。坚决把精准方略落实到识贫、扶贫、脱贫各个环节，做到目标任务细化量化实化，政策措施到村到户到人。全力推进特色产业扶贫、易地搬迁扶贫等八大帮扶工程及二十个专项行动，加快教育、医疗、低保等民生政策配套。提高扶贫资金使用效率，支持县级统筹整合各类涉农和扶贫资金，引导金融资金投入脱贫攻坚。严格落实脱贫攻坚责任制，对贫困县扶贫工作实行责任制"双签"。发挥好包村干部、驻村工作队、第一书记"三支队伍"作用，落实台账管理，做实基础工作。加强督查巡查和脱贫成效考核，健全贫困退出机制。在脱贫攻坚第一线考察识别干部，贫困县党政领导班子和领导干部主要考核扶贫实绩，用硬干部、硬作风落实硬任务。坚持扶贫与扶志扶智相结合，增强贫困群众脱贫奔小康的内生动力。动员全社会力量，褒扬扶贫济困的善行善举，形成众志成城推进脱贫攻坚格局。我省贫困地区多是革命老区，我们要用当年那样一种革命精神和必胜信念，打赢脱贫攻坚这场硬仗，确保稳定实现232万贫困人口"两不愁、三保障"，58个贫困县全部摘帽，与全省同步达小康。

（二）千方百计增加城乡居民收入，努力扩大中等收入群体。我省城乡居民收入与全国平均水平还有一定差距，必须下大力持续增加城乡居民收入，更好实现共享发展。以增加职工工资、促进农民增收、帮扶低收入群体为重点，构建工资性收入、财产性收入、经营性收入、转移性收入多渠道增收新格局，实现城乡居民收入与经济增长同步、农村居民收入增速快于城镇居民收入增速。提高劳动报酬在初次分配中的比重，健全以税收、社会保障、转移支付为主要手段的再分配调节机制，缩小城乡、区域、行业收入分配差距。探索以货币化方式推进部分民生工程。培育扩大中等收入群体，提高技术工人地位，实行以增加知识价值为导向的分配政策，提高科研人员成果转化收益分享比例，完善机关公务员和适应事业单位特点的工资制度。激发创富热情，壮大中小微企业创业群体。加强产权保护，增强人民群众财产安全感。在全社会倡导辛勤劳动、诚实劳动、创造性劳动，通过劳动创造美好生活。

（三）以改革创新思路破解民生重点难点问题，提高基本公共服务均等化水平。坚持普惠性、保基本、均等化、可持续方向，在加大政府对社会事业投入力度的同时，鼓励社会资本投入社会事业，实现共建共享相统一，提升城乡社区综合服务水平，推动基本公共服务更好惠及千家万户。深化教育领域综合改革，加大对贫困地区、薄弱学校教育投入和资源倾斜力度，抓好学前教育，推进义务教育均衡发展，统筹推进高中阶段教育，建立现代职业教育体系，提升高校创新和服务发展能力，健全支持民办教育发展机制，发展全民教育、终身教育，建设学习型社会。树立大卫生、大健康的观念，深化医药卫生体制改革，加快中医药发展，提升出生人口素质，全方位、全周期保障人民健康，推动全民健身和全民健康深度融合，打造"健康山西"。完善公共就业服务体系，加强经济政策与就业创业政策配套衔接，引导全社会转变就业观念，促进以创业带动就业。重视抓好高校毕业生、复转军人、农村转移劳动力、城镇就业困难人员的就业创业，搞好去产能职工分流安置。坚持男女平等基本国策，保障妇女儿童合法权益。深化社会保障制度改革，逐步实现城乡之间社会保险、社会救助、社会福利统筹衔接，发展残疾人事业，基本实现人人享有基础社会保障。创新养老模式，健全居家为基础、社区为依托、机构为补充、医养相结合的养老服务体系。深化住房保障制度改革，打通商品住房与棚改安置住房、公共租赁住房通道，推进棚户区改造货币化安置。用足用好政策资金和金融贷款等建设资金，加大保障性安居工程建设力度。2018年前完成城镇棚户区改造和采煤沉陷区搬迁安置任务；2020年前完成城中村改造和易地扶贫搬迁任务。

（四）树立总体安全观，全力维护社会稳定。准确把握安全形势新特点新趋势，强化忧患意识和责任意识，加强对各领域安全工作的领导。坚决维护国家安全和政治安全，高度重视经济安全，切实保障网络安全，扎实抓好公共安全。加强食品药品安全。做好防灾减灾救灾和应急处置。推进平安山西建设，创新完善立体化社会治安防控体系。全面加强安全生产工作，提高煤矿、非煤矿山、危险化学品、道路交通、油气管道等重点行业领域的安全治理能力，坚决防止重特大安全生产事故发生，构建安全监管新格局。创新社会治理体制，改进社会治理方式，实现政府治理和社会自我调节、居民自治良性互动。健全矛盾纠纷多元化解机制，深化信访工作制度改革，畅通群众诉求表达、利益协调、权益保障渠道，从源头上预防和减少社会矛盾产生。强化促一方发展、保一方平安责任，守住全社会系统安全底线，营造安全稳定的发展环境。我们要时刻把人民群众的安危冷暖挂在心头，以关爱之情、务实之举做好各项工作，努力让人民群众生活得更加殷实、更加幸福、更有尊严！

七、推动绿色发展，建设美丽山西

生态环境没有替代品，用之不觉、失之难存。山西集生态脆弱和增长粗放于一体，必须加大生态文明建设力度，把生态文明融入经济社会发展全过程，让绿色成为美丽山西"底色"。

（一）贯彻落实绿色发展理念。以生态文明理念统领经济社会发展全局全域，把低碳融入生产生活，把增绿变成行为习惯，推动产业发展生态化和生态建设产业化，促进资源节约和环境友好。实现环境质量明显改观，特别是在群众感受最直接的大气、水、土壤等质量问题上有明显好转，主要污染物排放明显下降，能源和水资源消耗、碳排放得到有效控制。资源利用效率大幅提高，夯实绿色、低碳、循环发展基础。山水林田湖得到系统修复保护，森林覆盖率和城市建成区绿化覆盖率明显提高。让透支的资源环境休养生息，提高人民群众生态福祉。

（二）抓好生态环境建设重点工作。以提高生态环境质量为核心，节约集约循环三管齐下，生态保护与修复治理统筹推进，严守资源消耗上限、环境质量底线、生态保护红线。坚持节约用地，划定永久基本农田，提高用地效率。全面推进工业、建筑等领域节能，促进能矿资源清洁高效利用，实施“绿色建筑”行动，大幅降低资源消耗强度。加快建立循环型工业、农业、服务业体系，促进生产和生活系统循环链接，构建覆盖全社会的资源循环利用体系。加强大气污染防治，加大重点行业废气治理力度，构建低碳交通运输体系。强化土壤污染防治，统筹实施采煤沉陷区采空区土地复垦整理、矿山地质和生态环境恢复治理等工程，提升土壤环境质量，培育沃土良田。沿流域按山系集中布局，以生态脆弱区、重要水源地为重点实施大规模植树造林，启动新一轮退耕还林，推进城乡绿化广覆盖，加强永久性生态公益林保护，持之以恒构筑京津冀绿色屏障。

山西水资源匮乏、水土流失严重、水生态环境脆弱，必须坚持节水优先、系统治理，努力破解“水瓶颈”。实施最严格的水资源管理，大力改善和提高城乡居民饮用水标准，推进阶梯式水价改革，开发推广节水技术，加强城市、工业中水回用，发展节水型农业，提高水资源使用效率。实施重点河流生态修复治理，多策并举修复地下水，促进地下水位持续回升。加快实施一批大型水利工程，加快大水网建设进度，启动县域小水网配套工程，用足用好黄河水，提高供水保障能力，开发空中云水资源，确保我省水安全。

（三）强化生态文明制度保障。用改革办法筑起“源头严防、过程严控、后果严惩”三道防线，构建产权清晰、多元参与、激励约束并重、系统完善的生态文明制度体系。严格落实主体功能区规划布局，实现国土功能定位全覆盖。健全自然资源资产产权制度，构建全面节约、环境监管、污染治理和生态补偿制度体系。完善资源性产品成本构成，逐步增加对重点生态功能区转移支付，对资源开采造成的生态环境问题实施综合补偿。培育环境治理和生态保护市场主体，推动绿色金融创新。建立健全污染者付全费、生态环境损害赔偿等制度。认真落实党政领导干部生态环境损害责任追究制度。我们要为人民群众提供更多优质生态产品，使绿色发展成为转型升级主旋律，永远唱响“人说山西好风光”，开创生态文明建设新时代！

八、全面推进党的建设新的伟大工程，为开创党在山西事业新局面提供根本保证

面对正在进行的具有许多新的历史特点的伟大斗争，面对治晋理政面临的新情况新考验，我们要认真实施党的十八届六中全会作出的各项部署，切实履行好全面从严治党使命。各级党组织和党员领导干部要锻造“自身硬”的品格，夯实能“打铁”的底气。

（一）坚持严肃认真的党内政治生活。严肃认真的党内政治生活，是我们党坚持党的性质和宗旨、保持先进性和纯洁性的重要法宝，是广大党员干部锤炼党性的大熔炉。党要管党必须从党内政治生活管起，从严治党必须从党内政治生活严起。党的十八届六中全会通过的《关于新形势下党内政治生活的若干准则》，围绕坚定理想信念、坚持党的基本路线、坚决维护党中央权威、严明党的政治纪律、保持党和人民群众的血肉联系、坚持民主集中制原则、发扬党内民主和保障党员权利、坚持正确选人用人导向、严格党的组织生活制度、开展批评和自我批评、加强对权力运行的制约和监督、保持勤政廉洁的政治本色12个方面分别提出明确要求、作出具体规定，是全面从严治党的重大制度创新。我们要把落实准则作为重要政治任务，以党章为根本遵循，以领导机关和领导干部为重点，坚持党的政治路线、思想路线、组织路线、群众路线，着力增强党内政治生活的政治性、时代性、原则性、战斗性。对准则阐述的重要观点我们要深刻领会，对准则提出的党内政治生活基本规范我们要严格执行，对准则反对和禁止的错误思想和行为我们要自觉抵制。要加强思想教育和理论武装，让准则精神融入党的建设各方面，推进党内政治文化建设，不断培厚良好政治生态土壤。要抓好严明纪律这个关键，坚持用铁的纪律从严治党，特别是各级党组织和党员领导干部必须担负起执行和维护政治纪律和政治规矩的责任，坚决维护党中央权威和党中央集中统一领导，党中央提倡的坚决响应、党中央决定的坚决执行、党中央禁止的坚决不做。要充分发挥党的组织生活作为党内政治生活的重要内容和载体的作用，使任何党员都不能游离于党的组织之外，更不能凌驾于党的组织之上，确保党的组织生活经常、认真、严肃。要高度重视解决党内政治生活存在的突出矛盾和问题，既要深入有效解决已经发生的突出矛盾和问题，又要有效防范新的矛盾和问题滋生蔓延、有效防范已经解决的矛盾问题反弹复发，实现党内政治生活的制度化、规范化和程序化。

（二）打造干事创业的高素质干部队伍和充满活力的人才队伍。艰巨的使命需要优秀的干部。抓好干部人才队伍建设是党执政能力的重要体现。要按照“好干部标准”，坚持德才兼备、以德为先，坚持五湖四海、任人唯贤，坚持事业为上、公道正派，严把政治关、作风关、能力关、廉洁关，确保每个环节都规范操作，把事业发展需要的好干部精心培养起来、及时发现出来、合理使用起来。考察考核干部既重政绩又重政德，格外关注干部履行管党治党责任情况，在重大原则问题上的立场，在对待人民群众根本利益上的态度，在推进事业发展中的贡献，在急难险重任务中的表现，在长期默默无闻工作中的境界，格外关心担当作为、创新创业、扎根一线、埋头苦干的干部。加强党政正职、关键岗位干部的培养选拔，拓宽社会优秀人才进入党政干部队伍渠道，加大后备干部和优秀年轻干部培养力度，重视培养选拔女干部、党外干部，完善干部交流制度。建立激励干部干事创业机制、改革创新合理容错机制和推进干部能上能下机制，为敢于担当的干部担当，为敢于负责的干部负责。强化“为官必为”意识，提高“为官会为”能力，追究“为官不为”责任，营造“为官愿为”环境，形成能者上、庸者下、劣者汰的选人用人导向。省市县乡四级换届后，新班子要有新气象新作为，新上任的干部要走好第一步，走好每一步。要认真贯彻中央政策要求，全面做好离退休干部工作。

实现转型创新发展必须树立新的资源观。山西地下地上

资源十分丰富，第一位的最可宝贵的资源是人才资源。只有激活人才资源，其他所有资源才能转化为发展优势。坚持党管人才原则，实施人才强省战略，大兴识才爱才敬才之风，最大限度地释放人才创新创造创业活力。深化人才发展体制机制改革，构建具有竞争力的人才制度优势，落实用人主体自主权，建立人才多元投入新机制，实行人才绿卡制度，改革人才评价机制，打通政企人才流动渠道。充分发挥市场在人才资源配置中的决定性作用，用好本土人才，重视草根人才，吸引外来人才，大力培养引进经济转型升级亟需的领军拔尖人才，促进创新要素向高端人才集聚，让每一个人才都有用武之地，都能通过自己的创造性劳动得到合理回报。

（三）锲而不舍加强作风建设。作风彰显党性，作风事关民心。要巩固党的群众路线教育实践活动、“三严三实”专题教育、“两学一做”学习教育成果，全面加强思想作风、工作作风、领导作风、干部生活作风建设。防范和查处各种隐形、变异的“四风”问题，把落实中央八项规定精神常态化、长效化。广大党员干部要始终把人民放在心中最高位置，把为人民造福作为最高追求，始终与人民群众坐在一条板凳上。不断增进群众感情，改进和创新联系群众方法，决不允许漠视群众疾苦，更不允许欺压群众、损害和侵占群众利益。不断推出先进典型、树立时代先锋，用各行各业共产党员鲜活感人的先进事迹引领风尚。对不担当、不作为、敷衍塞责的干部要严肃批评，直至组织处理和纪律处分。各级领导干部要以“永远在路上”的精神，对照党性要求看看理想信念是否坚定，对照革命先辈看看牺牲精神还有多少，对照群众期盼看看攻坚克难劲头足不足，做到勤政为荣、避事为耻、无私无畏，面对矛盾敢于迎难而上，面对危险敢于挺身而出，面对失误敢于承担责任，团结带领广大群众干出一番新事业。要大力弘扬右玉精神，始终坚持为人民谋利、为人民服务的政绩观，始终保持迎难而上、艰苦奋斗的英雄本色，始终保持久久为功、利在长远的实干精神，努力创造经得起历史检验的业绩。

（四）夯实党的事业发展的坚实根基。抓基层打基础是我们党的光荣传统，也是面对新形势新任务的迫切需要。必须把加强“基层组织、基础工作、基本能力”建设作为战略举措抓紧抓实抓好。着力推动基层组织全面加强。突出建强组织、配强干部、增强活力，深入推进各领域基层党组织建设，特别是结合脱贫攻坚加强贫困地区党的建设。扎实推进非公经济组织和社会组织党的组织和党的工作“全覆盖”。完善相关政策举措，引导干部到基层去、到艰苦地方去，构建重心下移、力量下沉、保障下倾的体制机制，确保基层党组织充满生机、坚强过硬，有资源、有能力为群众服务，以党的基层组织建设带动其他各类基层组织建设上水平。着力推动基础工作全面进步。基础工作薄弱问题在一些领域较为突出，必须沉下心来补好这一课。切实改变粗放型思维和工作方式，围绕明确职责、强化管理、锤炼作风，加强各级各类单位效能建设，推进精细化管理，形成系统完备的职能表、责任书、资料库、管理册、信息网，提高规范化建设水平。全面开展基础工作达标行动，实现事事有人管、人人有专责、处处见规范。着力推动基本能力全面提升。着眼提高政治素质、拓宽知识视野、增强业务本领、适应时代进步，建立基本能力准入机制，形成竞争择优向上氛围。强化基本能力精准培训，根据工作岗位不同，有针对性地提高通用知识和专业知识水平，提高把握政策、化解矛盾、处理复杂问题能力，做到人岗相宜，更有效地履行职责。“三基”建设事关治晋理政的能力和水平。我们要以改革精神、法治思维和创新办法，上下联动，出组合拳、打整体仗，把解决突出问题与全面提升水平结合起来，使“三基”建设扎实推进、大见成效。

（五）坚定不移推进党风廉政建设和反腐败斗争。反腐倡廉必须长抓不懈，拒腐防变必须警钟长鸣。要认真落实《中国共产党党内监督条例》，加强对权力运行的制约和监督，形成有权必有责、用权必担责、滥权必追责的制度安排，使积极开展监督、主动接受监督成为各级党员领导干部的自觉行动。坚持把纪律和规矩挺在前面，把“四种形态”作为一个整体统筹把握，切实运用好。各级党员领导干部要敬畏人民、敬畏组织、敬畏法纪，时刻牢记违纪不是小节、纪律就是底线，坚持拒腐蚀、永不沾，保持清正廉洁的本色。发挥巡视利剑作用，突出政治巡视定位，注重巡视成果运用。对领导干部履行经济责任实行审计全覆盖。强化派驻监督，发挥好“派”的权威和“驻”的优势。加强市县巡察工作，严肃查处侵害群众利益的不正之风和腐败问题。加强廉政文化建设和反腐倡廉教育，重视发挥典型案件警示教育作用。完善纪律检查体制，健全反腐败领导体制和工作机制。最大限度堵塞制度漏洞、铲除腐败滋生土壤，着力构建不敢腐、不能腐、不想腐的体制机制。坚持有腐必反、有贪必肃，坚持无禁区、全覆盖、零容忍，党内决不允许有腐败分子藏身之地！

（六）坚决落实全面从严治党主体责任。各级党组织要站在党的建设和党的事业发展高度，认真履行全面从严治党主体责任，党委书记要负好主责、首责、全责，班子成员自觉履行“一岗双责”，纪委认真履行监督执纪问责，建立横向到边纵向到底、以上率下层层落实的主体责任体系。各级党组织要对本地区本单位的政治生态负责，切实增强管党治党意识和能力，加大领导和统筹力度，真管真严、敢管敢严、长管长严，建设廉洁政治，把全面从严治党各项任务落到实处。要加强对主体责任落实情况的监督检查，对尽责者给予鼓励，对失责者严格追究。

面对新形势新挑战，我们要增强在党言党、在党爱党、在党忧党、在党为党的责任意识，紧密联系山西党的建设实际，从思想建党与制度治党、治标与治本、注重当前与抓好长远的结合上，深入思考、着力解决党的建设中面临的新情况新问题，在把握规律中创新思路，在积极探索中完善制度。尤其是要有效防止党员特别是领导干部走向违纪违法，有效防止领导班子弱化甚至丢弃主体责任，有效防止一个地区一个单位政治生态出问题，健全把纪律和规矩挺在前面的长效机制，健全用制度治党、管权、治吏的长效机制，健全始终保持管党治党严紧硬的长效机制，使全面从严治党成为常态，使党内政治生活纯洁健康，努力建设政治生态的绿水青山！

同志们，山西历史悠久、文化灿烂、资源丰富、前景广阔，在各个时期都做出突出贡献。今天，中华民族伟大复兴的中国梦召唤着我们，振兴崛起的历史使命激励着我们。对伟大的党和祖国，我们要无限忠诚；对山西这片红色的土地，我们要深怀敬畏；对淳朴勤劳智慧的山西人民，我们要充满热爱；对党和人民的崇高事业，我们要无私奉献。山西人民从来就有不畏艰险、百折不挠、敢于胜利的决心和勇气。面对具有许多新的历史特点的伟大斗争，我们要坚持革命理想高于天，坚持奋斗目标不动摇，以铁一般信仰、铁一般信念、铁一般纪律、铁一般担当，积极应对各种困难和挑战，殚精竭虑办好山西的事情，满怀信心创造山西的美好未来！

同志们，让我们更加紧密地团结在以习近平同志为核心的党中央周围，团结带领全省人民顽强拼搏、锐意进取，向着全面建成小康社会，不断塑造美好形象、逐步实现振兴崛起的宏伟目标奋勇前进，以优异成绩迎接中国共产党第十九次全国代表大会召开！

中国共产党山西省第十一次代表大会胜利闭幕 选出中国共产党山西省第十一届委员会和省纪律检查委员会 通过关于十届省委报告的决议和关于省纪委工作报告的决议

骆惠宁同志主持并讲话

中国共产党山西省第十一次代表大会在选举产生中国共产党山西省第十一届委员会、省纪律检查委员会，通过关于十届省委报告的决议和关于省纪委工作报告的决议后，11月4日在太原胜利闭幕。

骆惠宁同志主持闭幕式并作重要讲话。

上午9时，大会举行第二次全体会议。大会执行主席骆惠宁、楼阳生、黄晓薇、薛延忠、胡苏平、高建民、孙绍骋、王伟中、盛茂林、任建华、牛仁亮在主席台前排就座，大会主席团成员和特邀代表也在主席台就座。会议由黄晓薇同志主持。

今天大会应到代表700名、特邀代表3名，实到会689名。在总监票人和监票人监督下，到会的代表和特邀代表以无记名投票方式，选举出由81名委员、16名候补委员组成的十一届山西省委员会，选举出十一届山西省纪律检查委员会委员44名。

随后，大会举行第三次全体会议。大会执行主席骆惠宁、楼阳生、黄晓薇、薛延忠、胡苏平、高建民、孙绍骋、王伟中、盛茂林、任建华、牛仁亮在主席台前排就座，大会主席团成员和特邀代表也在主席台就座。会议由骆惠宁同志主持。大会通过了关于十届省委报告的决议，批准骆惠宁同志代表十届省委所作的报告。大会通过了关于省纪委工作报告的决议。

大会完成各项议程后，骆惠宁发表了重要讲话。他指出，中国共产党山西省第十一次代表大会，在大会主席团的领导下，经过全体代表的共同努力，圆满完成了各项议程。这次大会，以习总书记系列重要讲话精神为指导，总结了过去五年工作和重要启示，明确提出了治晋理政的总方略总要求和总目标，系统部署了今后五年的重点工作，选举产生了新一届省委和省纪委。这次大会，是一次凝聚共识、激励奋进的大会，是一次积极向上、风清气正的大会。会议期间，全体代表肩负全省共产党员和人民群众的重托，以饱满的政治热情和高度的负责精神，认真履行职责，发扬党内民主，为开好大会贡献了智慧和力量。

骆惠宁强调，这次大会从思想上、政治上、组织上，为全面正确有效地贯彻党的理论和路线方针政策，把中国特色社会主义在山西坚持和拓展好，提供了坚强保证和坚实基础。大会闭幕后，各级党组织要抓好学习宣传贯彻工作，激励全省党员干部群众共同为落实大会精神不懈奋斗。各位代表回到自己工作岗位后，要带头贯彻落实大会精神，充分发挥先锋模范作用。我们要用这次党代会焕发的崭新精神风貌，更好凝聚奋进力量，立足当前，面向未来，扎实做好各项工作。

骆惠宁指出，以这次大会为标志，山西的历史翻开了新的一页。让我们更加紧密地团结在以习近平同志为核心的党中央周围，团结带领全省广大党员和人民群众，开拓进取，顽强拼搏，为全面建成小康社会，不断塑造美好形象、逐步实现振兴崛起而努力奋斗！

列席今天大会的人员有：不是本次党代会代表的十届省委委员、候补委员和省纪委委员；曾担任过副省级以上职务的党内老同志；省直各部、委、办、厅、局和群团组织（含二级机构）的党员主要负责同志；省属事业单位、本科院校、省属国有企业及部分驻晋单位的党员主要负责同志；省人大、省政协各工作委员会和内设机构的党员主要负责同志；部分商会和非公企业负责人。

应邀参加大会的还有各民主党派山西省委员会、山西省工商业联合会的主要负责人、无党派代表人士、宗教界代表人士。

大会在雄壮的《国际歌》声中胜利闭幕。

中共山西省委十一届一次全会在太原举行

11 月 5 日，中国共产党山西省第十一届委员会第一次全体会议在太原举行。骆惠宁同志主持会议。

全会选举产生了十一届省委常委和书记、副书记，通过了省纪委十一届一次全会选举结果。骆惠宁当选为省委书记，楼阳生、黄晓薇当选为省委副书记，高建民、孙绍骋、王伟中、盛茂林、任建华、罗清宇、张吉福、王清宪、廉毅敏当选为省委常委。

出席会议的省委委员 80 人、省委候补委员 16 人，不是十一届省委委员、候补委员的省级党员负责同志，省纪委委员列席第二阶段会议。

新当选的省委书记骆惠宁发表重要讲话。他指出，到山西工作 4 个多月来，我已从心里融入山西人民。在山西发展的历史关头，我能与大家一起奋斗，深感荣幸。这次全会选举我担任省委书记，这是党和人民对我的信任和重托。我决心与全体委员一道，在以习近平同志为核心的党中央坚强领导下，认真履职，倾心倾力把工作做好，坚决不辱使命、不负重托。

骆惠宁指出，省第十一次党代会的胜利召开，在山西党的建设和党领导的事业发展史上具有重要意义。大会以习总书记系列重要讲话精神和治国理政新理念新思想新战略为指引，提出了今后五年的总体思路、目标要求和重大任务，全省上下在事关山西全局和长远的重大问题上形成高度共识，对山西省情和发展规律的认知和把握达到新的高度，展示了山西新形象。全省奋发向上的大氛围正在形成，转型发展的合力日益凝聚，开拓未来的信心明显增强。以这次党代会为标志，山西进入一个新的发展阶段。

骆惠宁强调，今后五年，是山西党的建设和各项事业发展十分关键的时期。我们的前景是光明的，但我们的任务是艰巨的。新一届省委要挑起全面建成小康社会这付担子，首先要把自身建设好。我们要高点定位，实点用力，带头贯彻党的十八届六中全会精神，带头树立忠诚干净担当的形象。第一，切实加强思想政治建设。坚持共产主义远大理想和中国特色社会主义共同理想，在学习领会习总书记系列重要讲话中汲取真理力量和人格力量，增强“四个意识”特别是核心意识、看齐意识，坚决与以习近平同志为核心的党中央保持高度一致，筑牢精神支柱和政治灵魂。坚定不移贯彻党的基本路线，任何时候都不能有丝毫偏离和动摇，把以经济建设为中心与坚持四项基本原则和改革开放统一于中国特色社会主义在山西的实践，用实际工作守护好这条生命线、幸福线。坚持严肃的党内政治生活，加强理论修养和党性锻炼，既要提高发现和解决自身问题的能力，建立纯洁健康的同志关系，又要提高政治敏锐性和鉴别力，营造昂扬向上的工作氛围，确保全省各项事业沿着正确方向前进。第二，切实加强治晋理政能力建设。落实党代会作出的重大部署，既需要迎难而上的勇气，更需要解决问题的本领。要坚持与时俱进，高度重视自身能力素质的提高。在思想层面，要进一步提高战略思维、创新思维、辩证思维、法治思维、底线思维能力，善于用马克思主义立场观点方法观察问题、分析问题、解决问题。在工作层面，要进一步提高统揽全局、协调各方、善谋善断、攻坚克难、开拓创新能力，始终牢牢掌握领导工作的主动权，不断提高执政水平。要如饥似渴地学习，毫不懈怠地实践，不断为治晋理政拓宽视野、提供滋养。第三，切实加强作风建设。从省委常委做起，全面加强全委会成员思想作风、学风、工作作风、领导作风、生活作风建设。时刻牢记，只有融入群众才能增添力量，只有服务群众才能实现价值，只有依靠群众才能创造奇迹。要贯彻好党的群众路线，把以人民为中心的发展思想体现到工作的方方面面。带头弘扬右玉精神，确立为人民谋利、为人民服务的政绩观，彰显迎难而上、艰苦奋斗的英雄本色，弘扬久久为功、利在长远的实干精神。当下的山西，担当精神尤为可贵。在重大原则问题上要站稳立场，在急难险重时刻要挺身而出，在履职尽责中要不遗余力，在改革攻坚中要不计个人得失。我们要以信念、人格、实干立身，创造经得住人民群众评价、经得起历史检验的业绩。第四，切实加强制度和纪律建设。要带头坚持党性原则，带头执行党内政治生活各项制度规定，严守党的纪律特别是政治纪律和政治规矩。要严格执行民主集中制这一根本组织原则。要按照《关于新形势下党内政治生活的若干准则》精神，进一步完善相关制度并严格执行。要把全面从严治党主体责任扛在肩上、抓在手上，认真贯彻《中国共产党党内监督条例》，激浊与扬清并举，在全面构建良好政治生态上不断取得新成效。每一位省委委员都要自觉遵守中央八项规定，争做“三严三实”的表率，以德养廉、用心守廉、干中显廉，做人要光明真诚，干事要求真务实，用权要廉洁规范，通过我们每个人的努力，让班子正能量充沛，在干部群众中树立良好形象。

骆惠宁指出，学习宣传贯彻省第十一次党代表大会精神是当前和今后一个时期的重要政治任务。各位省委委员要带头深入学习领会好报告精神，全面把握报告作出的总体部署，结合实际抓好落实。要把学习宣传贯彻大会精神，与学习宣传贯彻党的十八届六中全会精神结合起来，与谋划明年工作结合起来，把学习宣传贯彻大会精神的过程变成凝聚共识、共同奋斗的过程。通过大会精神的学习宣传和持续贯彻，使全省人民感受到事业的新进步、生活的新变化、山西的新形象。

骆惠宁要求，各级领导班子和领导干部要按照大会的部署，结合省委全年工作安排，抓紧做好当前各项工作。要按照省委常委会在研究三季度经济工作时作出的部署，多措并举，巩固和发展经济稳步向好势头。尤其是要抓好国企国资改革、开发区建设创新等重大改革的破题，深入推进“万名干部入企服务”，促进服务型政府建设，为做好明年工作奠定坚实基础。要激励干部干事创业、支持干部改革创新，有针对性地加强干部教育培训工作，激发干部内生动力，提高干部工作本领。要高度重视保障和改善民生，妥善安排好困难群众生产生活。坚持总体安全观，扎实做好社会治安综合治理工作，毫不放松地抓好煤矿安全生产，守住全社会系统安全底线。要抓住省党代会胜利召开带来的良好社会舆论环境和全省人民焕发出的崭新面貌，强化正面宣传、正面引导，推进山西美好形象的塑造。

骆惠宁强调，站在新的历史起点，我们要团结带领全省人民走好山西新的长征路。让我们更加紧密地团结在以习近平同志为核心的党中央周围，忠诚担当、攻坚克难，为把省第十一次党代表大会描绘的宏伟蓝图在三晋大地变为现实而努力奋斗。

十一届省委召开第一次常委会议　研究制定省委工作规则 对学习宣传贯彻党的十八届六中全会精神和省第十一次党代会精神进一步作出部署

11 月 7 日，新一届省委召开第一次常委会议，研究制定《十一届省委常委会工作规则》《十一届省委书记专题会议工作规则》《十一届省委全会工作规则》，讨论《中共山西省委办公厅关于认真贯彻落实〈中共中央办公厅关于认真学习宣传党的十八届六中全会精神的通知〉的意见》和《中共山西省委关于认真学习宣传贯彻中国共产党山西省第十一次代表大会精神的通知》。省委书记骆惠宁主持。

会议指出，制定《十一届省委常委会工作规则》《十一届省委书记专题会议工作规则》《十一届省委全会工作规则》，是新一届省委贯彻党的十八届六中全会精神，落实省第十一次党代会部署，加强自身建设、提高治晋理政能力的重大举措，体现了全面从严治党的要求，对提高省委领导水平和执政水平，确保全面完成省第十一次党代会提出的总体思路和目标任务，具有重要意义。工作规则对常委会的基本遵循、分工协调、组织原则、议事决策、决策实施、监督工作，省委全会工作原则、主要职责、运行程序等作出规定，同时对省委书记专题会议也作出具体规定。工作规则全面贯彻了《关于新形势下党内政治生活的若干准则》和《中国共产党党内监督条例》，既体现了很强的思想性原则性，又有可操作的具体规范和要求，使省委工作程序更加规范、运行更加高效、决策更加科学、监督更加到位、落实更加有力，有利于进一步提高省委总揽全局、协调各方、善谋善断、攻坚克难、开拓创新能力。规则强调要始终在思想上政治上行动上与以习近平同志为核心的党中央保持高度一致，坚持正确政治方向，坚持党的基本路线，坚持民主集中制，坚持科学决策、民主决策、依法决策，认真履行全面从严治党主体责任，坚持和健全民主生活会制度。规则要求从省委常委做起，省委委员、候补委员要带头加强思想政治建设，严肃党内政治生活，坚持率先垂范、以上率下，勇于担当、敢于负责，切实做到为民、务实、清廉，为全省党员干部群众作出示范。

会议指出，学习宣传贯彻好党的十八届六中全会精神，是当前和今后一个时期的重大政治任务。全省各级党组织要深刻领会、全面把握正式确立习近平总书记在党中央、在全党核心地位的重大里程碑意义，深刻领会、全面把握习近平总书记在全会上的重要讲话精神，深刻领会、全面把握《准则》和《条例》的基本要求，把思想和行动统一到全会精神上来。要充分发挥党委（党组）中心组和领导干部的示范带头作用，引导广大党员干部牢固树立“四个意识”特别是核心意识、看齐意识，自觉加强和规范党内政治生活，全面构建良好政治生态，为全面建成小康社会提供坚强保证。

会议强调，省第十一次党代会的胜利召开，在山西党的建设和党领导的事业发展史上具有重要意义。党代会报告是团结带领全省人民全面建成小康社会，不断塑造山西美好形象、逐步实现山西振兴崛起的纲领性文件。要兴起学习宣传贯彻省第十一次党代会精神热潮，全面把握、深刻领会报告主要精神，特别要深刻领会以习总书记系列重要讲话精神为指引，开辟治晋理政新境界的总方略总目标，深刻领会以深化转型综改试验区建设牵引经济转型升级的重大任务，深刻领会经济、政治、文化、社会和生态文明等方面的重要部署，深刻领会关于党的建设的新部署新要求。各地各部门要精心组织学习宣传，根据大会精神进一步完善工作思路、制度安排、工作举措，对报告提出的目标任务进行责任分解，纳入目标责任考核，年度工作部署和阶段性工作都要围绕贯彻大会精神展开，对重大部署要加强督促检查，确保把大会提出的目标任务落到实处，用改革发展成果来检验学习贯彻的实际成效。

会议审议通过《全省学习贯彻党的十八届六中全会精神和省第十一次党代会精神宣讲工作方案》。

中共山西省第十一届委员会书记、副书记、常委简历

骆惠宁同志简历

骆惠宁，男，汉族，1954年10月生，浙江义乌人，1970年9月参加工作，1982年3月加入中国共产党，在职研究生学历，经济学博士学位。现任十八届中央委员，山西省委书记。

1970.09–1971.10 安徽省马鞍山市郊区知青

1971.10–1972.11 安徽省马鞍山钢铁公司第二炼钢厂工人

1972.11–1978.10 安徽省马鞍山钢铁公司第二炼钢厂团委干事

1978.10–1982.08 安徽大学经济系政治经济学专业学习

1982.08–1985.05 安徽省政府办公厅正科级秘书

1985.05–1993.03 安徽省外经贸委引进处副处长，技术进出口处副处长、处长（其间：1988.09–1989.09 安徽大学外语系进修；1991.09–1992.06 安徽省委党校进修班学习）

1993.03–1995.04 安徽省外经贸委副主任、省外经贸厅副厅长

1995.04–1997.01 安徽省政府副秘书长、办公厅主任

1997.01–1998.02 安徽省政府秘书长

1998.02–1999.10 安徽省巢湖地委书记

1999.10–1999.12 安徽省委宣传部部长

1999.12–2003.04 安徽省委常委、宣传部部长（1999.09–2002.01 中国科技大学商学院管理科学与工程专业学习，获经济学硕士学位）

2003.04–2004.12 青海省委副书记（2000.09–2003.07 中国人民大学经济学院政治经济学专业学习，获经济学博士学位）

2004.12–2010.01 青海省委副书记、省委党校校长（兼）

2010.01–2013.03 青海省委副书记、省长

2013.03–2013.04 青海省委书记

2013.04–2016.06 青海省委书记、省人大常委会主任

2016.06– 山西省委书记

十七届中央候补委员，十八届中央委员，中共十六大、十七大、十八大代表，十一届、十二届全国人大代表。

楼阳生同志简历

楼阳生，男，汉族，1959年10月生，浙江浦江人，1976年8月参加工作，1981年11月加入中国共产党，在职研究生学历，工商管理硕士学位。现任山西省委副书记、代省长，省政府党组书记，省委党校校长（兼）。

1976.08–1978.03 浙江省浦江县知青

1978.03–1982.01 浙江师范学院数学系数学专业学习

1982.01–1984.02 浙江省龙游县龙游中学教师

1984.02–1986.01 共青团浙江省龙游县委书记（其间：1984.12–1986.01 兼任龙游县塔石区委副书记）

1986.01–1986.11 浙江省龙游县塔石区委书记

1986.11–1987.02 浙江省龙游县委组织部副部长

1987.02–1989.10 浙江省龙游县委常委、宣传部部长

1989.10–1989.11 共青团浙江省衢州市委副书记

1989.11-1991.11 共青团浙江省衢州市委书记

1991.11-1996.01 共青团浙江省委副书记(其间:1993.09-1994.07 中央党校一年制中青年干部培训班学习)

1996.01-1999.11 共青团浙江省委书记(1994.09-1997.06 浙江大学工商管理学院工商管理专业学习,获工商管理硕士学位;1998.11-1999.06 浙江省赴美国休斯顿大学经济管理研究班学习)

1999.11-2002.03 浙江省金华市委副书记、政法委书记(正厅级)、市委党校校长

2002.03-2003.02 浙江省金华市委副书记、市长

2003.02-2003.04 浙江省丽水市委书记

2003.04-2006.01 浙江省丽水市委书记、市人大常委会主任

2006.01-2008.01 浙江省丽水市委书记

2008.01-2008.02 浙江省政协副主席、省委统战部部长、丽水市委书记

2008.02-2009.01 浙江省政协副主席、党组副书记,省委统战部部长

2009.01-2010.02 海南省委常委、组织部部长

2010.02-2012.03 海南省委常委、组织部部长、省教育工委书记

2012.03-2012.05 湖北省委常委、组织部部长

2012.05-2014.06 湖北省委常委、组织部部长、省委党校校长

2014.06-2016.08 山西省委副书记、省委党校校长(兼)

2016.08- 山西省委副书记、代省长,省政府党组书记,省委党校校长(兼)

中共十五大、十七大、十八大代表,十届、十二届全国人大代表,十一届全国政协委员。

黄晓薇同志简历

黄晓薇,女,汉族,1961年5月生,辽宁海城人,1983年8月参加工作,1983年6月加入中国共产党,大学学历,工学学士学位。现任十八届中央纪委委员,山西省委副书记。

1979.09-1983.08 东北工学院物理系物理师资专业学习

1983.08-1995.10 辽宁省营口市纪委办公室干部、调研室科级检查员、党风管理室副主任、党风廉政建设室副主任

1995.10-1996.03 辽宁省营口市纪委党风廉政建设室主任(副处级)

1996.03-1998.05 辽宁省营口市站前区区委常委、区纪委书记

1998.05-2000.07 中央纪委办公厅信息处干部,副处级检查员、监察员,副处长

2000.07-2002.08 中央纪委办公厅信息处正处级检查员、监察员、副处长

2002.08-2003.06 中央纪委办公厅综合处正处级检查员、监察员、副处长

2003.06-2003.11 中央纪委办公厅综合处处长

2003.11-2007.11 中央纪委第七纪检监察室副主任

2007.11-2012.10 中央纪委第七纪检监察室主任

2012.10-2012.11 监察部副部长,中央纪委第七纪检监察室主任

2012.11-2013.05 中央纪委常委,监察部副部长,中央纪委第七纪检监察室主任

2013.05-2014.09 中央纪委常委,监察部副部长(其间:2013.05-2013.07 中央党校省部级干部进修班学习)

2014.09-2016.09 中央纪委常委,山西省委常委、省纪委书记

2016.09- 山西省委副书记

十八届中央纪委委员、常委。

高建民同志简历

高建民，男，汉族，1960年11月生，山西盂县人，1977年12月参加工作，1982年12月加入中国共产党，在职研究生学历，法学博士学位。现任山西省委常委、副省长，省政府党组副书记，山西行政学院院长（兼）。

1977.12-1978.03 盂县建材厂工人

1978.03-1982.03 山西大学中文系汉语言文学专业学习

1982.03-1982.12 榆次市委办公室干事

1982.12-1983.11 共青团榆次市委副书记

1983.11-1984.10 榆次市委副秘书长、市委办公室主任

1984.10-1991.01 共青团晋中地委副书记（其间：1986.09-1989.07 中央党校培训部三年制培训班脱产学习）

1991.01-1992.12 团省委调研室主任

1992.12-1993.03 团省委办公室主任

1993.03-1995.03 团省委副书记（其间：1993.10-1994.10 挂职任团中央宣传部副部长）

1995.03-1996.11 团省委副书记、党组副书记

1996.11-2001.01 团省委书记、党组书记（其间：1998.11-2000.11 天津财经学院工商管理专业研究生课程进修班学习）

2001.01-2006.02 晋中市委副书记（正厅级，其间：2002.03-2002.12 中央党校一年制中青年干部培训班学习；2001.09-2004.06 天津师范大学科学社会主义与国际共运专业学习，获法学博士学位）

2006.02-2006.10 朔州市委书记

2006.10-2006.11 山西省委常委、朔州市委书记

2006.11-2008.12 山西省委常委、宣传部部长

2008.12-2010.11 山西省委常委、秘书长

2010.11-2011.01 山西省委常委、秘书长，副省长

2011.01-2013.01 山西省委常委、副省长

2013.01- 山西省委常委、副省长，省政府党组副书记，山西行政学院院长（兼）

十二届全国人大代表。

孙绍骋同志简历

孙绍骋，男，汉族，1960年7月生，山东海阳人，1984年7月参加工作，1986年5月加入中国共产党，在职研究生学历，法学博士学位。现任山西省委常委、统战部部长。

1980.08-1984.07 山东大学中文系汉语言文学专业学习

1984.07-1987.04 民政部救灾救济司救灾处干部

1987.04-1989.03 民政部救灾救济司救灾处科员

1989.03-1992.03 民政部救灾救济司救灾处主任科员

1992.03-1994.08 民政部救灾救济司救灾处副处长

1994.08-1996.03 民政部救灾救济司一处处长

1996.03-1999.03 民政部救灾救济司副司长

1999.03-2001.06 民政部优抚安置局副局长（其间：2000.03-2000.07 中央党校地厅级干部进修班学习）

2001.06-2009.04 民政部优抚安置局局长（1998.09-2002.07 北京大学国际关系学院科学社会主义与国际共产主义运动专业学习，获法学博士学位；2007.03-2008.01 中央党校一年制中青年干部培训班学习）

2009.04-2009.09 民政部副部长、党组成员

2009.09-2012.08 民政部副部长、党组成员，全国双拥工作领导小组副组长、办公室主任，中央精神文明建设指导委员会委员（2010.12 免），国家国防动员委员会委员（2011.11 任，其间：2012.03-2012.06 国防大学国防研究班学习）

2012.08-2013.06 山东省副省长，国家国防动员委员会委员

2013.06-2014.09 山东省副省长

2014.09-2016.11 山西省委常委、统战部部长

2016.11- 山西省委常委、副省长，省政府党组成员

王伟中同志简历

王伟中，男，汉族，1962年3月生，山西朔州人，1987年4月参加工作，1983年10月加入中国共产党，研究生学历，管理学博士学位。现任山西省委常委、秘书长，省直机关工委书记（兼），太原市委书记。

1979.09–1984.09 清华大学水利工程系水资源工程专业学习

1984.09–1987.04 水利电力部水利水电科学研究院水资源研究所工程水文及水资源专业硕士研究生

1987.04–1988.07 水利电力部水资源办公室干部

1988.07–1991.08 水利部水资源司规划处干部、主任科员（其间：1990.01–1991.08 借调国家科委社会发展科技司工作）

1991.08–1992.05 国家科委社会发展科技司资源环境处主任科员

1992.05–1994.08 国家科委社会发展科技司综合资源处副处长

1994.08–1998.07 国家科委社会发展科技司生态环境处处长（其间：1995.03–1995.12 在美国能源部国家气候变化研究办公室做客座分析家）

1998.07–1999.03 科学技术部中国21世纪议程管理中心和生命科学技术发展中心代主任（正处级）

1999.03–2001.12 科学技术部中国21世纪议程管理中心和生命科学技术发展中心主任（副局级）

2001.12–2006.03 科学技术部中国21世纪议程管理中心主任（正局级，其间：2004.02–2006.02 挂职任云南省昭通市委常委、副市长）

2006.03–2010.04 科学技术部条件财务司、科研条件与财务司司长（1999.05–2006.07 清华大学公共管理学院管理科学与工程专业学习，获管理学博士学位；2008.03–2008.07 中央党校中青年干部培训一班学习）

2010.04–2014.09 科学技术部副部长、党组成员（其间：2012.08–2012.12 在哈佛大学肯尼迪政府学院做高级研究员）

2014.09–2015.08 山西省委常委、秘书长

2015.08–2016.10 山西省委常委、秘书长，省直机关工委书记（兼）

2016.10– 山西省委常委、秘书长，省直机关工委书记（兼），太原市委书记

盛茂林同志简历

盛茂林，男，汉族，1960年1月生，湖北黄石人，1975年3月参加工作，1981年12月加入中国共产党，中央党校大学学历。现任山西省委常委、组织部部长。

1975.03–1976.08 湖南省郴县知青

1976.08–1986.12 核工业部711矿钻探队工人、团总支书记、矿团委副书记、书记（其间：1984.09–1986.07 湖南省广播电视大学郴州分校干部专修科学习）

1986.12–1989.04 核工业部711矿党委委员、团委书记、办公室主任、政工办主任

1989.04–1991.06 共青团湖南省郴州地委副书记

1991.06–1991.11 共青团湖南省郴州地委书记

1991.11–1995.01 共青团湖南省委事业发展部部长、青少年发展基金会秘书长（其间：1993.02–1995.01 挂职任湖南省资兴市委副书记）

1995.01–1998.07 湖南省资兴市（县级）委书记（1994.07–1996.06 中国社会科学院研究生院财贸经济系商业经济专业研究生课程班学习；1995.09–1996.07 中央党校一年制中青年干部培训班学习）

1998.07–2000.04 湖南省郴州市委常委、资兴市（县级）委书记

2000.04–2003.02 湖南省郴州市委副书记

2003.02–2004.05 湖南省计划生育委员会主任、党组书记

2004.05–2007.04 湖南省邵阳市委书记（其间：2004.08–

2006.12 中央党校法律专业学习）

2007.04-2010.01 湖南省委组织部常务副部长

2010.01-2012.01 湖南省政府秘书长、党组成员，省政府办公厅主任

2012.01-2014.08 湖南省副省长

2014.08- 山西省委常委、组织部部长

任建华同志简历

任建华，男，汉族，1957年7月生，河南辉县人，1982年8月参加工作，1984年9月加入中国共产党，大学学历，法学学士学位。现任山西省委常委、省纪委书记。

1978.09-1982.08 郑州大学政治系政治专业学习

1982.08-1984.12 河南省洛阳市人民警察学校教师

1984.12-1985.07 河南省洛阳市人民警察学校政治理论教研室副主任

1985.07-1990.03 河南省洛阳市委组织部青年干部科副主任干事（其间：1988.07-1990.03 挂职任河南省洛阳市汽车修配总厂副厂长）

1990.03-1994.06 河南省洛阳市委组织部青年干部科科长、办公室主任

1994.06-1996.05 河南省洛阳市政府办公室副主任、党组成员

1996.05-1999.04 河南省栾川县委副书记、县长

1999.04-2001.09 河南省栾川县委书记（其间：1999.09-1999.12 河南省委党校第25期中青年干部培训班学习）

2001.09-2002.07 河南省新乡市委常委、统战部部长

2002.07-2003.04 河南省纪委干部管理室主任（副厅级）

2003.04-2006.04 河南省纪委常委、干部管理室主任

2006.04-2008.05 中央纪委干部室副主任

2008.05-2011.06 中央纪委干部室正局级纪律检查员、监察专员、副主任

2011.06-2015.07 中央纪委信访室主任

2015.07-2016.09 中央纪委驻国家发改委纪检组组长，国家发改委党组成员

2016.09- 山西省委常委、省纪委书记

罗清宇同志简历

罗清宇，男，汉族，1963年10月生，山西原平人，1986年7月参加工作，1986年6月加入中国共产党，大学学历，工学硕士学位。现任山西省委常委、副省长。

1982.09-1986.07 太原工业大学土木建筑系给排水专业学习

1986.07-1988.03 忻州地区建筑工程总公司组织干部科干事、技术员、项目负责人

1988.03-1993.03 忻州地区建筑工程总公司四分公司经理

1993.03-1995.04 忻州地区建筑工程总公司总经理、党委委员（其间：1994.12-1995.04 借调太旧高速公路建设总指挥部任指挥助理）

1995.04-1995.09 太旧高速公路建设总指挥部副指挥

1995.09-1996.02 太旧高速公路管理局党委第一副书记（正处级）

1996.02-1998.10 太旧高速公路管理局党委书记（其间：1996.06-1998.06 兼任原太高速公路建设总指挥部副总指挥）

1998.10-2000.07 省高速公路管理局党委书记（其间：1998.11-1999.08 兼任原平至大同高速公路建设指挥部总指挥；1997.04-1999.03 中国社会科学院研究生院财贸经济系财政学专业学习）

2000.07-2001.02 省高速公路管理局党委书记，太旧高速公路管理有限责任公司董事长

2001.02-2001.06 省高速公路管理局局长，太旧高速公路管理有限责任公司董事长

2001.06-2004.09 省文物局副局长、党组成员、总工程师，山西博物院筹建处主任（1998.09-2002.05 太原理工大学市政工程专业学习，获工学硕士学位）

2004.09-2008.03 省政府副秘书长、办公厅党组成员（其间：2006.03-2006.07 中央党校第 5 期半年制中青年干部培训班学习）

2008.03-2008.09 省政府副秘书长、办公厅党组成员，省无线电管理委员会常务副主任（正厅级，其间：2008.05-2008.08 省援川建房指挥部总指挥）

2008.09-2009.05 临汾市委副书记、代市长

2009.05-2012.01 临汾市委副书记、市长

2012.01-2016.03 临汾市委书记

2016.03-2016.05 山西省副省长，临汾市委书记

2016.05-2016.11 山西省副省长

2016.11- 山西省委常委、副省长

中共十八大代表。

张吉福同志简历

张吉福，男，汉族，1964 年 9 月生，天津人，1989 年 9 月参加工作，1985 年 3 月加入中国共产党，研究生学历，工学博士学位。现任山西省委常委、大同市委书记。

1982.09-1986.07 北京农业大学蔬菜专业学习

1986.07-1989.09 北京农业大学农产品储藏加工专业硕士研究生

1989.09-1997.03 北京市对外贸易进出口公司业务员

1997.03-1998.03 北京市对外贸易进出口公司业务七部经理

1998.03-2001.11 北京市对外贸易进出口公司经理（1997.09-2000.07 中国农业大学食品科学与工程专业学习，获工学博士学位）

2001.11-2003.03 北京市投资服务中心副主任

2003.03-2006.06 北京市投资促进局（北京市外商投资服务中心）副局长

2006.06-2010.03 北京市投资促进局（北京市外商投资服务中心）局长、党委副书记（其间：2007.03-2007.07 中央党校地厅级干部进修二班学习）

2010.03-2010.09 北京市平谷区委副书记、代区长（正局级）

2010.09-2013.03 北京市平谷区委副书记、区长

2013.03-2015.07 北京市平谷区委书记

2015.07-2016.11 大同市委书记

2016.11- 山西省委常委、大同市委书记

王清宪同志简历

王清宪，男，汉族，1963 年 7 月生，河北永年人，1983 年 7 月参加工作，1986 年 8 月加入中国共产党，研究生学历，经济学博士学位。现任山西省委常委、吕梁市委书记。

1979.09-1983.07 南开大学哲学系哲学专业学习

1983.07-1987.09 黑龙江日报社记者

1987.09-1990.07 中国社会科学院研究生院新闻系新闻业务专业硕士研究生

1990.07-1996.05 人民日报社经济部编辑、主任记者

1996.05-2000.01 中国改革报社副总编辑（副司级）

2000.01-2004.09 中国信息报社总编辑（其间：2000.09-2003.07 中国社会科学院研究生院政府政策与公共管理系国民经济专业学习，获经济学博士学位）

2004.09-2006.02 省政府副秘书长、研究室主任

2006.02-2008.01 省委宣传部常务副部长

2008.01-2008.04 省政府党组成员，省政府办公厅党组书记，省政府应急办主任

2008.04-2011.01 省政府秘书长、党组成员，省政府办公厅党组书记，省政府应急办主任

2011.01-2011.04 晋城市委副书记、代市长

2011.04-2013.02 晋城市委副书记、市长（其间：2012.03

-2012.07 中央党校中青年干部培训一班学习）

2013.02-2013.03 运城市委副书记、代市长

2013.03-2016.05 运城市委副书记、市长（其间：2014.06-2015.07 主持市委工作）

2016.05-2016.11 吕梁市委书记

2016.11- 山西省委常委、吕梁市委书记

十二届全国人大代表。

廉毅敏同志简历

廉毅敏，男，汉族，1964年3月生，山西平遥人，1989年8月参加工作，1984年7月加入中国共产党，研究生学历，理学博士学位。现任山西省委常委，省政府秘书长、党组成员，省政府办公厅党组书记。

1981.09-1986.07 清华大学精密仪器系光学仪器专业学习

1986.07-1989.08 山西大学物理系光电子专业硕士研究生

1989.08-1991.09 山西大学光电研究所助教、讲师

1991.09-1993.09 山西大学光电研究所副所长

1993.09-1996.12 省交通信息通信公司经理

1996.12-2000.10 省交通计算机通信中心主任，省交通信息通信公司经理

2000.10-2006.09 省科学技术厅副厅长、党组成员（其间：2003.07-2003.09 中组部赴美国哈佛大学公共管理培训班学习）

2006.09-2011.02 省科学技术厅厅长、党组书记（2001.09-2008.07 山西大学光电研究所光学专业学习，获理学博士学位；2008.03-2008.07 中央党校第24期中青年干部培训班学习）

2011.02-2011.03 太原市委副书记、代市长

2011.03-2013.02 太原市委副书记、市长

2013.02-2013.03 省政府党组成员，省政府办公厅党组书记，省政府应急办主任

2013.03-2016.11 省政府秘书长、党组成员，省政府办公厅党组书记，省政府应急办主任（2014.04 免）

2016.11- 山西省委常委，省政府秘书长、党组成员，省政府办公厅党组书记

十二届全国人大代表。

附一：

中国共产党山西省第十一届委员会组成人员名单
（2016.11.4—2016.12.31）

书　记：骆惠宁

副书记：楼阳生　黄晓薇（女）

常　委：高建民　孙绍骋　王伟中　盛茂林　任建华　罗清宇　张吉福　王清宪　廉毅敏

委　员：（按姓氏笔画为序）

马彦平　王　亚　王　成　王　宏　王　纯　王　赋　王一新　王立业　王立伟　王宇燕（女）　王安庞　王利波　王秀文　王建明　王联辉　卢建明　白秀平　师　帅　朱先奇　任建中　向二牛（土家族）　刘　杰　刘予强　刘志宏　刘志杰　刘润民　闫喜春　关建勋　江　涛　许大纯　孙大军　孙海潮　李凤岐　李正印　李建刚　李俊明　李晓波　李福明　杨　司　吴俊清　张　葆（女）　张九萍（女）　张文栋　张志川　张金旺　张建欣（女）　张瑞鹏　陈永奇　陈学东　陈振亮　武　涛　武宏文　岳普煜　郑连生　赵建平　赵雁峰　胡玉亭　胡苏平（女）　贺天才　耿彦波　郭长青　郭迎光　郭保民　郭海刚　席小军　盛佃清　董一兵　薛延忠　薛维栋

候补委员：（按得票多少为序，得票相同的按姓氏笔画为序）

吴海平　符惠明　汪　凡　张安顺　翟振新　霍红义　王　震　姜四清　阎俊生　翟　红　刘宏新　李中元　李晋平　王创民　郭　健　薛永辉

附二：

中国共产党山西省第十一届纪律检查委员会组成人员名单
（2016年11月4日—2016年12月31日）

书　记：任建华

副书记：陈学东　郝　权　孟　萧

常　委：李吉山　何　青　高金喜　王帅红　王成禹　孙京民

委　员：（按姓氏笔画为序）

马　彪　王　珍　王建成　王晓鹏　王增信
牛榆生　朱晓东　刘英魁　刘冀民　那志茂
李　政　李江龙　李曾贵　杨　宏　吴纪平
吴跃平　宋文斌　张晓永　张晓玲（女）张稳科
范晋昌　周计伟　周培斌　赵建平　赵建华
荣　彰　荣奋刚　相里岩　姚安政　党志峰
高向新　郭英杰　康吉仁　董赤凡

附三：

2016年山西省党员队伍建设情况和党组织情况

党员队伍建设情况。截至2016年底，全省共产党员总数243.63万名，比上年净增2.01万名。其中：妇女党员54.86万名，占党员总数22.52%，比上年增长0.6个百分点；大专以上文化程度党员100.29万名，占党员总数41.17%，比上年增长1.62个百分点；35岁以下青年党员54.1万名，占党员总数22.21%，比上年降低0.23个百分点。从职业分布上看，农牧渔民党员79.25万名，占党员总数32.53%；企事业单位管理人员、专业技术人员和工人党员82.09万名，占党员总数33.7%；党政机关党员21.18万名，占党员总数8.69%；学生党员2.83万名，占党员总数1.16%；离退休党员44.77万名，占党员总数18.38%；其他党员13.51万名，占党员总数5.54%。2016年，全省申请入党人数100.03万人，其中被党组织确定为入党积极分子的25.53万名，列为发展对象的7.27万名。

党组织情况。山西省党的各级地方委员会共有131个，其中，省级党委1个，市级党委11个，县（市、区）党委119个。党的基层党组织共有12.7万个，其中党委0.48万个，党总支0.69万个，支部11.53万个。全省共有农村基层党组织30309个，农民党员数96.15万名，占全省党员总数39.47%，村两委班子中，大专以上学历的占10.5%，村党组织书记和村委主任"一肩挑"的占26.4%；全省共选派9393名农村第一书记到党组织软弱涣散村和建档立卡贫困村任职。全省共有非公企业8.9万个，建立党组织1.3万个（单独建立党组织7821个、建立联合党组织5269个），覆盖非公企业4.08万个，党组织覆盖率为45.7%。全省共有社会组织1.3万个，建立党组织1774个，覆盖社会组织3261个，党组织覆盖率为24.4%。

重要会议

省委召开传达贯彻李克强总理考察山西重要讲话精神会议 1月7日，我省召开领导干部会议，传达贯彻中共中央政治局常委、国务院总理李克强考察山西重要讲话精神，对贯彻落实作出安排部署。省委书记王儒林主持会议并讲话。省委副书记、省长李小鹏传达李克强总理考察山西重要讲话精神。省政协主席薛延忠、省委副书记楼阳生出席会议。省委常委，省人大、省政府、省政协负责同志；省法院院长、省检察院检察长出席会议。

王儒林在讲话中指出，李克强总理长期以来对山西工作高度重视、十分关心，心里一直牵挂着老区人民，多次对山西工作作出重要指示和批示。在当前山西最困难、最需要关怀、最需要帮助的时候，李克强总理一行亲临山西视察，对山西各项工作作出重要指示、给予重要指导，特别是对省委、省政府提出的需要帮助解决的困难和问题，给予全力支持，充分体现了党中央、国务院和李克强总理对山西的高度重视、对全省人民的深切关怀，对全省干部是巨大鼓舞，对我省各项工作是极大促进，全省上下倍感振奋。

王儒林就我省贯彻落实李克强总理考察山西重要指示和讲话精神强调了八点意见。一要认真学习贯彻李克强总理考察山西重要讲话精神，切实把思想和行动统一到党中央、国务院工作部署要求上来。李克强总理此次考察是在山西改革发展脱困关键时期给予我们的及时指导和巨大支持，对全省上下进一步增强信心、振奋精神、明确方向，意义重大，至关重要。李克强总理在讲话中，充分肯定山西在抗日战争等历史时期和建国以后为全国作出的重大贡献，充分肯定省委、省政府的工作，对山西发展提出殷切期望和要求，语重心长、饱含深情，立意高远、内涵深刻，不仅对山西解决当前突出问题而且对今后长远发展提出明确要求，不仅对我们化解煤炭、钢铁过剩产能而且对全省各项工作都具有重要指导意义。2014年9月以来，省委、省政府对山西发展面临的困难问题，需要中央帮助解决的事项，多次向中央反映汇报，请求帮助支持，此次李克强总理对山西实地考察，对我们提出的意见建议全力支持，使我们倍感温暖。全省上下要把学习好、贯彻好、落实好克强总理在我省考察时的重要指示和讲话精神，作为一项重要政治任务，切实把思想和行动统一到以习近平同志为总书记的党中央的各项决策部署上来，进一步坚定信心、奋力拼搏，苦干实干、迎难而上，不断开创各项工作新局面。二要紧密结合山西实际，采取有效措施化解煤炭钢铁过剩产能。在严控增量方面，要严格控制现有生产煤矿核增能力，"十三五"期间，现有生产煤矿产能核定"只减不增"，严格控制新建煤矿新增能力，"十三五" 期间不再新上新建、扩建煤矿项目。在压缩存量方面，要通过进一步提高环保、安全、技术标准，对落后产能坚决依法依规淘汰关闭，依法依规处置僵尸企业。在主动减量方面，对于煤与瓦斯突出煤矿和水害严重煤矿按公告能力的80%组织生产，证照过期煤矿全部停止生产。同时要积极化解煤炭库存，鼓励兼并重组，提高产业集中度，推进煤电一体化发展，推动煤炭"六型"转变。对钢铁行业，也要加大淘汰落后产能力度，对焦炭、焦化、冶金、水泥等行业的各类不达标企业也要坚决淘汰。三要多措并举做好困难企业人员转岗安置工作，推动企业真正摆脱困境。越是经济下行期，越要兜牢民生底线，绝不能把职工推向社会，下岗失业，有关企业要采取在岗培训、轮岗轮休、停薪留职、内部退养等办法，稳定就业岗位，企业要积极搭建平台，创造条件，支持员工创新创业。各级政府部门要把困难企业职工减人转岗作为就业工作重点，积极稳妥地解决好困难企业人员转岗安置工作。要积极引导职工转变就业观念，努力形成鼓励创新创业的社会氛围。四要大力弘扬晋商精神，积极推动大众创业、万众创新。深入抓好科技创新、民营经济、金融振兴"三个突破"，最大限度地激发全省人民的创新创造热情。要摒弃旧思维，进一步发扬晋商敢为人先、"无中生有"的气魄，彻底从"一夜暴富"的思想中走出来，从过度依赖自然资源转向更多依赖人力资源。要发展新动能，努力改造提升传统产业，积极发展新兴产业，特别是大力发展"互联网+"，不断培育经济发展的新动力。要营造环境，积极学习沿海地区营造优良"双创"环境的做法，努力提供更便捷服务和宽松环境，加快培育尊重创新、尊重创业的"土壤"，不断释放广大群众创业创新的智慧和激情。五要以棚户区改造为重要抓手，不断保障和改善民生。我省棚户区改造走在了全国前列，但任务仍很艰巨，要把棚改放在民生工作的突出位置，加大对棚户区改造的金融支持，采取货币化安置等多种方式，把棚改和消化空置商品房结合起来，力争到2017年底，基本消除棚户区。各级各部门要学习借鉴太原市城中村改造的经验做法，坚定不移推进城中村改造，力争到2020年底基本完成现有城中村改造。六要坚定不移保障安全发展，全力维护社会大局和谐稳定。认真贯彻落实1月6日习近平总书记在中央政治局常委会会议上对全面加强安全生产工作提出的明确要求，认真落实全国安全生产电视电话会议精神和省政府安委会第一次全体(扩大)会议精神，把安全生产放在第一位，扎实落实安全生产责任制，堵塞各类安全漏洞，坚决防止发生重特大事故。要强化各个领域安全工作，加强社会舆情引导，做好春节期间安全等工作，提高省“两会”、全国“两会”安全保障能力，高度重视解决安全稳定面临的新情况、新问题。七要认真做好跟踪对接等工作，确保国家支持事项落到实处。对李克强总理明确表示给予支持的重点事项，省有关负责同志、各有关部门要及时跟踪对接，确保尽快落地。八要坚持马上就办、真抓实干，以优良作风确保今年各项工作有一个好的开局。要坚持“双学”，把以上率下作为基本工作方法，马上就办、真抓实干，一件事一件事地抓，一个项目一个项目地推，一个企业一个企业地帮扶，确保“冬季行动”落到实处，取得实效。

各市市委书记、市长；省直各单位和中央驻晋单位主要负责同志；驻太原本科院校主要负责同志；省管国有骨干企业主要负责同志；中央驻晋主要新闻媒体负责同志参加会议。

省委召开会议 传达学习习近平总书记在中央政治局“三严三实”专题民主生活会上的重要讲话精神 1月8日，省委召开会议，传达学习习近平总书记在中央政治局“三严三实”专题民主生活会上的重要讲话精神。省委书记王儒林主持会议并讲话。省委副书记、省长李小鹏，省委副书记楼阳生，省政协主席薛延忠出席会议，在晋的现职省军级以上党员领导干部参加会议。传达学习会后，省委常委又进行了集中学习讨论。

省委常委集中学习了习近平总书记重要讲话精神，并结合山西实际进行了认真讨论。王儒林在讲话中指出，中央政治局“三严三实”专题民主生活会，是一次深刻的党性检视和灵魂洗礼，充分体现了以上率下的原则，为全党作出了示范。习近平总书记在这次会议上的重要讲话，深入分析党风廉政建设形势，就中央政治局当好“三严三实”表率提出具体要求，讲话高屋建瓴、内容丰富、内涵深刻，对于进一步坚持全面从严治党，践行“三严三实”，全面加强党的思想建设、组织建设、作风建设、反腐倡廉建设、制度建设具有重要指导意义。

王儒林强调，要强化核心意识，自觉在思想上政治上行动上同以习近平同志为总书记的党中央保持高度一致，坚决服从党中央统一领导，坚决维护党中央权威，坚定不移在党中央坚强领导下，努力开创中国特色社会主义事业新局面。要强化看齐意识，更加自觉地向以习近平同志为总书记的党中央看齐，坚定正确的政治方向，自觉践行“三严三实”，全面贯彻党的十八大和十八届三中、四中、五中全会精神，坚决贯彻中央各项决策部署。

王儒林指出，一年多来，我们坚持“双学”，既认真深入学习习近平总书记系列重要讲话精神，又认真深入学习习近平总书记和新一届中央领导集体崇尚实干、勇于担当、廉洁自律的优良作风，取得了明显成效。下一步，要不断引深“双学”，坚持把“双学”作为重要政治任务，不断丰富“双学”内涵，完善“双学”落实机制，制定进一步推动“双学”的意见，在“学系列重要讲话”上深化，在“学优良作风”上“看齐”，从省委书记做起，从省委常委做起，为各级干部做标杆，形成一级学一级、一级抓一级、一级带一级的良好局面。要进一步清醒认识当前形势，坚定不移推进党风廉政建设，看到我省反腐败斗争面临的形势依然严峻复杂，反腐倡廉建设永远在路上，作风建设永远在路上，把一年多来抓党风廉政建设的经验，深入应用到经常性党风廉政建设中去，紧紧盯住党风廉政建设的新情况新变化，及时跟进应对措施，努力改进思想作风、学风、工作作风、领导作风、干部生活作风，使山西的风气全面好起来。

王儒林指出，当前，全省上下正在深入贯彻落实十八届五中全会、中央经济工作会议和省委十届七次全会、全省经济工作会议精神，积极应对经济下行压力，加快全面建成小康社会步伐，为实现弊革风清、促进富民强省努力奋斗。省委常委只有把自身建设搞好了，成为全省表率，才能领导好全省各项工作。要以上率下、真抓实干，用严和实的作风推动中央决策部署落到实处，紧密结合山西实际，以“马上就办、真抓实干”为主题强化执行力，确保“十三五”起好步、开好局。要强化政治定力，永葆共产党人政治本色，认真领会、贯彻落实习近平总书记对中央政治局同志提出的要求，对如何当好高级干部提出的要求。要以周永康、薄熙来、徐才厚、郭伯雄、令计划，以及金道铭、申维辰、陈川平、聂春玉、杜善学、白云、任润厚、令政策等反面典型为戒，当好“三严三实”的表率，自觉把“三严三实”要求体现到坚持坚定正确的政治方向上，体现到落实党中央重大决策部署上，体现到对分管方面的管理上，体现到严格要求自己上，坚持共产党人精神追求，培养高尚道德情操和生活情趣，自觉抵制权力、金钱、美色的诱惑，加强对亲属子女和身边工作人员的教育管理监督，树立新的省委常委班子干净干事、清正廉洁的良好形象。

王儒林强调，省委常委要在深刻学习领会习近平总书记重要讲话精神的基础上，对标中央政治局专题民主生活会标准，对照讲话精神，检查个人剖析材料是否进行了深刻对照检查，是否真正查摆了问题，是否深刻剖析出了根源，是否提出了科学管用的整改措施，做得不够的要及时进行修改完善，确保把省委常委班子“三严三实”专题民主生活会开成一个高水平、高质量的民主生活会。

省委常委班子举行"三严三实"专题民主生活会 按照中央要求，1月11日，省委常委班子用一整天时间召开"三严三实"专题民主生活会，深入学习贯彻党的十八大、十八届三中、四中、五中全会精神和习近平总书记系列重要讲话精神，特别是习近平总书记在中央政治局"三严三实"专题民主生活会上的重要讲话精神，认真开展批评和自我批评。省委书记王儒林主持会议并作总结讲话。省委副书记、省长李小鹏，省委副书记楼阳生，省委常委参加会议。省政协主席薛延忠列席会议。中央纪委、中央组织部有关负责同志到会指导。

省委对开好这次民主生活会高度重视，按照中央统一部署，认真研究制定工作方案，扎实做好会前各项准备工作。一是认真组织专题学习，重点学习党的十八大和十八届三中、四中、五中全会精神，认真研读习近平总书记系列重要讲话精神，在专题党课、4次专题学习研讨的基础上，举行了"三严三实" 专题民主生活会集中学习，1月8日又集中学习了习近平总书记在中央政治局"三严三实"专题民主生活会上的重要讲话精神，并进行了认真讨论，进一步统一了思想，深化了认识。二是通过召开座谈会、深入基层调研走访、发放征求意见表等形式，认真听取各方面意见。三是班子成员之间进行认真深入的谈心谈话，找准了问题、形成了共识。四是认真撰写发言材料，王儒林主持起草省委常委班子对照检查材料，省委常委会进行了讨论。常委同志亲自动手、认真撰写发言提纲，并结合中央政治局专题民主生活会、习近平总书记重要讲话精神进行深入思考、修改完善。

会上，王儒林代表常委会班子进行对照检查，从遵守党的政治纪律、政治规矩和组织纪律，落实"两个责任"，修身做人，用权律己，干事创业等方面，查找出抓政治纪律还不够严，反腐败责任压力层层传导还存在逐级递减，从严治吏还需要强化措施，抓基层组织建设力度不够，坚持"双学"不够具体深入，解决不作为、慢作为的措施还有待加强等18个问题，从理想信念、党性修养、权力观地位观利益观、道德品行等方面深入剖析原因，从强化核心意识、把纪律规矩挺在前面、全面从严治党、破解发展难题、保障改善民生、狠抓落实等方面提出努力方向和整改措施。

王儒林带头作个人对照检查，其他常委逐一进行对照检查，结合学习贯彻习近平总书记在中央政治局专题民主生活会上的重要讲话精神，按照"三严三实"要求，联系个人思想、工作、生活和作风实际，联系个人成长进步经历，坚持问题导向，深挖病根、查找病因，深入查找不严不实的突出问题，认真开展党性分析，严格进行自我批评，开展积极健康的相互批评，明确努力方向，提出整改措施，体现了严肃认真、团结和谐的氛围。

王儒林对此次专题民主生活会给予充分肯定。他指出，这次民主生活会围绕"三严三实"的主题，以中央政治局专题民主生活会为榜样，查摆问题不遮不掩，剖析原因到位深刻，开展批评态度诚恳，认领责任主动积极，整改措施务实明确，贯彻了中央要求特别是习近平总书记重要讲话精神，达到了统一思想、增进团结的目的，体现了严和实的要求，是一次较高质量的民主生活会。王儒林指出，开好专题民主生活会，是"三严三实"专题教育的重要内容，意义重大，十分重要。对照中央政治局民主生活会的高标准、严要求，对照以习近平同志为总书记的党中央的身体力行，我们还有不小的差距。党中央对我们寄予厚望，山西人民群众对我们充满期待，我们肩上的担子还很重，省委常委班子领导作用发挥好不好，"三严三实"表率作用发挥够不够，对山西走出困境，开创新局，至关重要。要进一步带头学习践行"三严三实"，在各个方面更好地为全省作榜样、当表率。他提出六个方面的要求。一要切实增强政治意识、大局意识、核心意识、看齐意识。自觉践行"三严三实"，自觉向党中央看齐，坚决在思想上政治上行动上同以习近平同志为总书记的党中央保持高度一致，坚决服从党中央集中统一领导，坚决维护党中央权威。二要进一步引深"双学"活动。一年多来的实践说明，我们坚持"双学"，既认真深入学习习近平总书记系列重要讲话精神，又认真深入学习习近平总书记和新一届中央领导集体崇尚实干、勇于担当、廉洁自律的优良作风，完全符合山西省情实际，得到了全省广大干部群众的拥护和支持，取得了明显成效。要坚持把"双学"作为重要政治任务，不断丰富"双学"内涵，完善"双学"落实机制，制定进一步推动"双学"的意见，在"学系列重要讲话"上深化，在"学优良作风"上"看齐"，形成一级学一级、一级抓一级、一级带一级的良好局面。三要坚持全面从严治党，深入推进反腐正风。坚持把纪律和规矩挺在前面，进一步压实"两个责任"，持续保持"三个高压态势"，采取有力举措遏制腐败增量、减少腐败存量，坚决实现弊革风清。持之以恒抓好从严治吏，推进干部能上能下，保护和调动各级干部干事创业积极性、主动性、创造性。深入推进"六权治本"，加强基层组织建设，营造廉洁发展环境。四要勇于破解发展难题，加快全面小康步伐。带头落实中央各项决策部署，着力应对经济下行压力，积极适应经济发展新常态，加快结构性改革，全面推进"六大发展"，努力实现"三个突破"，确保"十三五"开好局、起好步。主动对接"一带一路"，加强与京津冀等地区的合作，构建扩大开放新格局，着力推动政府行政管理体制、国有企业、煤炭管理体制等事关全局的改革。五要把民生放在更加突出的位置。重视困难群体，兜牢民生底线，加快棚户区和城中村改造，加大脱贫攻坚力度，防范化解社会稳定风险，认真抓好安全生产，维护社会大局稳定。六要以上率下、狠抓落实。13个省委常委，一举一动、一言一行关系全省大局。要时刻心中装着党和全省人民，先公后私、克己奉公，鞠躬尽瘁、死而后已，关键时候能豁得出去，为党和人民的事业奉献一切。要以身作则、率先垂范，大力推动"冬季行动"，马上就办、真抓实干，在全省营造苦干实干、积极作为的浓厚氛围。

王儒林强调，开好专题民主生活会，关键在整改，根本在实效。要按照中央要求，结合征求到的意见和查找出的问题，认真制定方案，建立问题清单、整改清单、责任清单。要以严和实的精神狠抓整改落实，建立台账，盯住不放，解决一个销号一个，对于突出问题要专项整治、重点攻克。要建立完善体制机制，把整改中的宝贵成果和有益经验制度化，推进学习践行“三严三实”长效化、常态化。

省委召开市委书记工(党)委书记抓基层党建工作专项述职会议 1月15日，省委召开市委书记、工(党)委书记抓基层党建工作专项述职会议。省委书记王儒林主持会议并讲话。他强调，要进一步强化从严管党治党责任，坚持问题导向，层层传导压力，强化基础保障，扩大基层覆盖，持续用力抓好基层党建工作，为全面建成小康社会、促进富民强省提供坚强组织保障。省委副书记、省长李小鹏，省委副书记楼阳生，省委常委、省委党建工作领导小组成员单位主要负责同志，中央组织部组织二局有关负责同志出席了会议。

会上，各市市委和省直工委、高校工委、国资委、国防工办、非公工委等进行了会议或书面述职，参会人员对各市市委书记和工(党)委书记抓基层党建工作情况进行了民主评议。中央组织部组织二局有关负责同志对我省基层党建工作取得的成绩给予充分肯定，指出了存在的问题，并提出指导性意见。

王儒林对各市市委书记和工(党)委书记抓基层党建工作逐一进行点评，对省直工委、省高校工委、省国资委党委、国防科技工业党委书记书面述职情况进行总体点评。他指出，2014年述职评议以来，全省各级认真学习贯彻习近平总书记系列重要讲话精神，认真贯彻落实中央对山西工作的指示要求和“五句话”总要求，从严落实“两个责任”，坚持把纪律规矩挺在前面，基层党建得到加强，取得比较明显的成效。同时要看到，我省基层党建工作中还有不少差距，有的管党治党的主体责任落实还不到位，有的抓党建和抓发展“两张皮”，有的抓乡促村力度不够，存在管不严、管不住的问题，有的对基层投入力度不大，村(社区)党组织运转经费和服务群众专项经费不足，个别地方还存在活动场所年久失修、作用发挥不好等问题，要高度重视，抓紧解决。

王儒林强调，抓基层党建关系到巩固党的执政基础和执政地位。各级党委(党组)书记要深刻认识抓好党建尤其是基层党建工作的重大意义，进一步强化从严管党治党的工作责任。要强化“主责主业”，党委(党组)书记要主动扛起“第一责任人”责任，督促班子成员履行好“一岗双责”，逐级把责任和压力传导下去。要强化工作合力，着力构建省市县乡村“五级联动”的落实体系，推动领导机关党建资源向基层流动、优秀人才到基层创业、社会公共服务向基层延伸。要强化考评问责，运用好述职评议会议成果，健全完善“以查问责、以考问责、以严问责”的基层党建考核问责机制，确保把党建责任真正立起来、严起来、落下去。

王儒林指出，要着力提升经济发展新常态下党建工作水平。要把握大势、深度融合，紧紧围绕协调推进“四个全面”战略布局、落实省委“五句话”总要求，适应经济发展新常态，紧紧围绕省委工作部署，把党建工作与中心工作统筹谋划，促进各项事业全面发展。要解放思想、改革创新，创建学习型党组织，推进党建工作方式、管理方法和体制机制创新。要管好方向、政治引领，着力加强对各类经济组织、群众组织的政治引领，引导党员干部强化纪律和规矩意识，自觉维护党的形象和威信，坚持在思想上政治上行动上同以习近平同志为总书记的党中央保持高度一致。要服务群众、凝聚力量，充分发挥基层党组织的战斗堡垒作用，打通服务群众的“最后一公里”，团结带领群众坚定不移跟党走。

王儒林强调，要切实解决当前基层党建工作的突出问题。农村党建要突出抓好三个重点，要以全省乡镇换届为契机，选强配好领导班子，配齐党建工作力量，提升基层党建队伍整体素质；实施村集体经济“破零”工程，力争2–3年内村村有集体收入；改造危旧狭小办公场所，利用2年时间完成改造任务，实现活动场所全覆盖。社区党建要重点强化基础保障，落实“三有一化”要求，确保全省社区活动场所面积、社区办公和活动经费年内全部达标，“两委”成员报酬明显增长。着力扩大非公经济组织和社会组织党的组织和党建工作“两个覆盖”。切实加强省直机关、高校、国有企业、军工企业等党建工作。

王儒林要求，要从严从实推进基层党建工作各项任务落实。要建立问题清单，把述职评议中自己找、上级点的问题，与群众日常反映的问题、“三严三实”专题民主生活会上查摆的问题结合起来，认真分析、深刻反思，逐项、逐单位、逐领域列出问题清单。要真查真整真改，针对问题清单制定整改清单、责任清单，限期抓好问题整改。要从严正风肃纪，坚持作风建设永远在路上，把党的纪律和规矩挺在前面，把基层干部侵犯群众利益问题专项整治与我省农村“两个专项治理”结合起来，着力解决群众身边的腐败问题，对顶风违纪、贪腐谋私、徇私枉法的坚决查处。要加大投入力度，坚持人往基层走、钱往基层投、政策往基层倾斜，建立稳定的经费保障制度，推动基层党建工作深入开展。

各市市委书记，市委常委、组织部长，省直工委、省高校工委、省国资委党委、省国防科技工业党委、省非公经济组织工委书记和组织部长，基层党员群众代表和有关部门同志参加了会议。

省委常委会召开会议 传达省部级主要领导干部专题研讨班、全国组织部长会议、市县乡领导班子换届工作会议精神 研究我省贯彻落实意见 1月22日，省委常委会召开会议，传达省部级主要领导干部学习贯彻十八届五中全会精神专题研讨班精神和全国组织部长会议、全国市县乡领导班子换届工作会议精神，研究我省贯彻落实意见。省委书记王儒林主持会议。

会议指出，习近平总书记在专题研讨班上的重要讲话，从理论和实践、时间和空间、历史和现实相结合的角度，对经济发展新常态、贯彻落实新发展理念、供给侧结构性改革等重大问题作出深刻阐述，讲话立意高远、内涵丰富，体现了历史深度、时代高度、发展维度的有机统一，是我们党对经济社会发展规律的新认识，马克思主义中国化的新成果，中国特色社会主义理论体系的新发展。会议提出五点贯彻落实意见：一要把学习贯彻习近平总书记研讨班重要讲话精神，作为当前一项重要政治任务，努力做到深学笃用、入脑入心、融汇贯通，切实把思想行动统一到总书记重要讲话精神上来。二要积极适应、把握、引领新常态，深入学习贯彻习近平总书记关于新常态的系列重要讲话精神，在新常态下积极作为、主动作为，努力打破坚冰，走出困境，努力做到因势而谋、因势而动、因势而进。三要牢固树立和自觉践行"五大发展"新理念，不断提升山西经济发展的质量和水平。要进一步强化创新，实施创新驱动发展战略，把创新作为引领发展的第一动力，大力推动科技创新、全面创新。要进一步注重协调，更加注重发展的整体性、协调性，着力解决区域、城乡、经济社会等不协调的突出问题。要进一步突出绿色，既要绿水青山，也要金山银山，促进人与自然和谐共生。要进一步厚植开放，在融入"一带一路"、京津冀协同发展等国家战略中寻找新的经济增长点。要进一步推进共享，坚持以人民为中心的发展思想，既要"做大"蛋糕，又要"分好"蛋糕，加快脱贫攻坚，努力实现共同富裕。要进一步抓好廉洁和安全发展，坚持发展必须廉洁，廉洁促进发展，牢牢把握山西安全发展所处的历史阶段和阶段性特征，切实抓好安全稳定各项工作，统筹推动"六大发展"。四要深化供给侧结构性改革，进一步激发经济发展活力和动力。从理论、实践上准确把握供给侧结构性改革的内涵要求，从山西实际出发，全面落实"三去一降一补"重点任务，严控增量、压缩存量、主动减量。五要苦干实干、狠抓落实，坚决把中央各项决策部署落到实处。坚持深化"双学"，坚持把以上率下作为基本工作方法。要着力解决不能为、不想为、不敢为等问题，推动干部能上能下，旗帜鲜明为干事创业干部撑腰鼓劲，为敢担当的干部担当，为敢负责的干部负责，激励干部苦干实干、积极作为。要积极开展"冬季行动"，大力弘扬"马上就办、真抓实干"的优良作风，对认准的事情、决定的工作要一抓到底。

会议强调，全省各级党组织要认真贯彻落实全国组织部长会议精神，加强思想政治建设，深入学习习近平总书记系列重要讲话精神，切实增强政治意识、大局意识、核心意识、看齐意识，自觉在思想上政治上行动上同以习近平同志为总书记的党中央保持高度一致。要坚持从严治吏，坚持"德才兼备、以德为先、以廉为基"的用人导向，完善干部选拔任用工作机制，促进能者上、庸者下、劣者汰。要着力深化作风建设，扎扎实实开展好"学系列讲话、学党章党规，做合格党员"学习教育，充分调动干部干事创业的积极性和创造性，新提拔的干部更要率先垂范。各级党委（党组）书记强化全面从严治党主体责任意识，把抓好党建作为最大政绩，一级抓一级，一级带一级，层层抓落实，为"十三五"开好局、起好步提供坚强组织保证。

会议指出，做好市县乡换届工作既关系当前、又影响长远，尤其对山西至关重要。各级党委要站在实现全面建成小康社会、全面从严治党的战略高度，高度重视，全力抓好市县乡领导班子换届工作。要严格把握中央政策，注重优化班子结构，选好干部、配强班子。要严明换届纪律，坚持把纪律和规矩挺在前面，坚持教育在先、警示在先、预防在先，坚持抓早、抓小。要严格执行中央"九严禁"要求，严查违规违纪问题，严肃进行追责问责，确保换届工作风清气正。要加强组织领导，认真总结我省干部选拔任用中的经验做法，加强对市县乡领导班子换届工作的指导。各级党委要切实履行主体责任，党委书记要担负起第一责任人的责任，各级组织部门要发挥职能作用，加强与纪检、宣传、统战、政法等部门的协作配合，人大、政府、政协的党组要在党委统一领导下，齐抓共管、形成合力，确保市县乡换届工作有序进行、圆满成功，努力把山西各级领导班子的底子打好。

省委常委会召开会议　学习贯彻中央政法工作会议精神和《中国共产党地方委员会工作条例》研究我省换届工作和省政协协商工作　审定省委常委会 2016 年工作要点　1 月 31 日，省委常委会召开会议，传达中央政法工作会议精神，研究我省贯彻落实意见；研究讨论《中共山西省委关于认真做好市县乡领导班子换届工作的通知》《省政协 2016 年度协商工作计划》，研究审定省委常委会 2016 年工作要点；学习贯彻《中国共产党地方委员会工作条例》。省委书记王儒林主持会议。

会议指出，习近平总书记对政法工作的重要指示，是当前和今后一个时期做好政法工作的基本遵循和行动指南。全省各级特别是政法部门要认真贯彻落实习近平总书记重要指示和中央政法工作会议精神，充分认识到我省社会稳定面临的严峻复杂形势，牢固树立忧患意识、责任意识、风险意识，切实维护社会大局稳定。要把防控风险、服务发展摆在更加突出位置，突出防范化解金融风险、债务风险、就业风险，深入推进社会治安防控体系建设，尽快补齐基层基础、社会共治、科技运用、法治保障等方面存在的短板，把服务群众的工作细化、具体化，为经济社会发展提供有力保障。要深入推进司法体制改革，在总结第一批试点经验的基础上，扎实推进各项改革试点、各领域改革工作，深入推进"六权治本"，突出抓好不能腐长效机制建设，努力营造良好法治环境。各级党委要加强和改善对政法工作的领导，加强政法机关领导班子和政法队伍建设，在换届中配好班子，为政法机关依法履责创造良好环境，开创全省政法工作新局面。

会议强调，新颁布的《中国共产党地方委员会工作条例》深入贯彻党的十八大和十八届三中、四中、五中全会精神，突出地方党委全面从严治党责任，健全地方党委发挥领导核心作用的制度基础，完善地方党委运行机制，是新形势下做好地方党委工作的基本遵循。各级党委要充分认识《条例》的重要意义，切实增强贯彻执行的自觉性和坚定性。要认真抓好《条例》的学习贯彻，省委常委要带头深入学习、带头落实《条例》精神，通过举办专题研讨班、培训班等方式，推动广大党员特别是党员领导干部深刻理解《条例》基本精神和主要内容，准确把握《条例》的各项规定，贯穿到地方党委工作全过程，确保党委在本地区充分发挥总揽全局、协调各方的领导核心作用。要加强组织领导，制定和完善省委工作规则，市县党委也要结合实际制定和完善工作规则。要加强对《条例》贯彻执行情况的督促检查，推动《条例》各项要求落实到位。

会议原则通过《中共山西省委关于认真做好市县乡领导班子换届工作的通知》，要求进一步修改完善后按程序印发实施。会议指出，市县乡领导班子换届工作事关重大，政治性、政策性很强，全省各级党委要认真学习贯彻落实《通知》精神，把加强党的领导贯穿换届全过程，发挥党委总揽全局、协调各方的作用，落实换届工作主体责任，确保换届工作顺利进行。要按照自下而上，同级党委在前换届的顺序进行。要做好党代会代表、人大代表和政协委员协商提名工作，严格人选资格条件，认真考察把关，切实提高代表、委员质量。要坚持"德才兼备、以德为先、以廉为基"的用人导向，选优配强党政正职，优化领导班子结构，特别要严格落实领导班子职数、回避等政策要求。要改进完善换届考察办法，坚持"六查""六个全程"等行之有效的做法，坚决防止"带病提名"。要把纪律和规矩挺在前面，加强教育引导，强化监督检查和责任追究，发现问题严肃处理，确保换届风清气正。

会议研究审定了省委常委会2016年工作要点，讨论通过了《省政协2016年度协商工作计划》。

省委召开全省市县乡领导班子换届工作会议 2月18日至19日，省委召开全省市县乡领导班子换届工作会议，学习贯彻习近平总书记重要讲话精神，贯彻落实全国组织部长会议和市县乡领导班子换届工作会议精神，研究部署我省换届工作。省委书记王儒林作重要讲话，省委副书记楼阳生主持会议，省委常委、纪委书记黄晓薇，省委常委、太原市委书记吴政隆，省委常委、秘书长王伟中，省委常委、组织部长盛茂林出席会议。

王儒林在讲话中指出，今年我省市县乡党委和纪委，县人大、政府、政协，乡人大、政府，部分市人大、政府、政协将进行换届，这是全省人民政治生活中的一件大事，是我省今年党建工作和组织工作的重中之重。党中央对换届工作高度重视，习近平总书记关于换届工作的重要指示和讲话，思想深刻，切中要害，具有很强的针对性和指导性，为我们做好换届工作指明了正确方向、提供了根本遵循。各级党委要认真学习贯彻，切实落实好中央和省委出台的各项措施，进一步强化政治意识、大局意识、责任意识、看齐意识。要深刻认识到，搞好换届是顺利实施"十三五"规划、全面推进"六大发展"的政治保证，是落实全面从严治党要求、净化政治生态实现弊革风清的组织保证，是加强市县乡领导班子建设、健全选人用人机制的有利契机，切实把思想和行动统一到党中央关于市县乡换届工作的决策部署上来。

王儒林强调，要坚持把加强党的领导贯穿全过程，确保换届平稳有序推进。一要总揽全局。各级党委要切实落实主体责任，党委书记要认真履行第一责任人的责任，对本地换届工作负全责、负总责。二要严格把关。严把选人用人标准关，坚持党管干部原则，认真贯彻好干部20字标准，按照"三严三实"要求，从政治上、作风上、能力上、廉洁上把好选人用人标准关。严把代表委员产生关，在推荐、提名、考察、协商等各个环节履行好把关责任，严格政治标准，严格身份认定，广泛听取意见。严把"两会"选举关，精心组织大会选举。三要搞好统筹。统筹好时间顺序，按照先乡后县再市自下而上，同级党委在前的顺序要求，倒排时序、压茬推进；统筹好人事安排，站在事业发展和领导班子长远建设需要的高度来选干部、配班子，拓宽各类优秀人才进入党政干部队伍的路子，统筹用好各类干部优质资源；统筹好代表委员结构，优化整体结构，提高参政议政水平。

王儒林指出，要准确把握换届的总体要求和重点任务，努力实现"四个好"目标。一要广泛凝聚各方力量，绘出一幅好蓝图，各级党委换届工作报告要全面系统地总结过去五年的工作，深入贯彻落实省委"五句话"总要求，提出今后五年发展目标和工作举措。二要严格标准，选出一批好干部，切实改进换届推荐考察工作，突出党委主导和组织把关，防止简单以票取人，切实把干部识准、选准；要认真落实选人用人各项制度，以换届为契机进一步推进"三个一批"工作，坚持"六查""六个全程"等行之有效的做法，坚决防止用人失察、带病提拔。三要着眼优化整体功能，配强一个好班子，着力选好配强党政正职，选拔政治素质过硬、能够驾驭全局、善于抓班子带队伍、公道正派、胸襟开阔、严于律己的优秀干部担任党政正职；要优化班子整体功能，做到合理搭配、增强合力，坚持以事择人、人岗相适，坚持老中青相结合的梯次配备，着力加强乡镇领导班子建设，畅通农村基层党组织带头人上升通道，积极做好妇女干部、党外干部的培养使用。要提高领导班子专业化水平，明确不同类型班子专业化配备重点，把握不同地方班子专业化配备需求，拓宽选配来源渠道，稳妥有序推进干部交流。四要坚决做到挺纪在前，换出一个好面貌。认真落实管党治党的主体责任，始终把正风肃纪牢牢抓在手上，严明纪律要求，坚决落实"9个严禁"，坚持把纪律和规矩挺在前面。要把监督检查贯穿到换届全过程和各方面，把监督关口前移，发挥巡视监督作用，畅通群众监督渠道。要严肃查处问责，对违反换届纪律的人和行为，不管是什么人，不管是什么情况，不管在什么位置，不管涉及面有多大，都要严肃查处，对查实的拉票贿选、跑官要官、买官卖官、跑风漏气、说情打招呼等违反换届纪律的问题，发现一起，查处一起，通报一起。

王儒林强调，各级各部门要加强统筹协调配合，确保圆满完成换届各项任务。要加强沟通协调，明确工作职责，形成上下联动、齐抓共管的工作格局。要强化思想引导，做好深入细致的思想政治工作，关心爱护干部，帮助解决实际问题。要统筹安排换届工作与日常工作，真正做到"两手抓、两不误、两促进"。要做好换届后续工作，把搞好换届工作与"两学一做"学习教育紧密结合起来，加强能力建设、作风建设、制度建设，为实现"十三五"目标提供坚强组织保证。

各市市委书记、市长，省直各单位主要负责同志，本科高等院校党委书记、校（院）长，省属国有企业董事长、党委书记、总经理，各县（市、区）委书记、县（市、区）长等在主会场参会，各市委组织部长、分管副部长，各县（市、区）委组织部长，以及有关单位部门（处室）负责同志在分会场参会。

省委常委会召开会议 传达贯彻习近平总书记在党的新闻舆论工作座谈会上的重要讲话精神和习近平总书记等中央领导同志关于信访突出问题重要批示精神 2月22日，省委常委会召开会议，学习贯彻习近平总书记在党的新闻舆论工作座谈会上的重要讲话精神，传达学习习近平总书记等中央领导同志关于信访工作和处理信访突出问题重要批示精神，研究我省贯彻落实意见。省委书记王儒林主持会议。

会议指出，习近平总书记在党的新闻舆论工作座谈会上的重要讲话，丰富和发展了党的新闻舆论工作理论，高屋建瓴、思想深刻、内涵丰富，具有很强的政治性、思想性和针对性，是指导做好新形势下新闻舆论工作的纲领性文献。各级党委、政府特别是宣传思想文化系统要深入学习贯彻习近平总书记重要讲话精神，牢固树立政治意识、大局意识、核心意识、看齐意识，把讲话精神贯穿宣传思想文化工作特别是新闻舆论工作全过程、各环节，推动讲话精神在全省落到实处。要进一步坚持党性原则，把正确政治方向摆在首位，党和政府主办的媒体必须姓党，引导广大新闻舆论工作者树立正确的价值导向，做到爱党、护党、为党，在思想上政治上行动上同以习近平同志为总书记的党中央保持高度一致，坚持党性和人民性相统一，把党的理论和路线方针政策变成人民群众的自觉行动，让主旋律和正能量唱主角，让新闻舆论工作始终方向正确、充满活力。要坚持团结稳定鼓劲、正面宣传为主，紧紧围绕党委、政府中心工作，切实履行党的新闻舆论工作的职责和使命，坚持正确舆论导向，做大做强正面宣传，积极稳妥做好热点问题舆论引导，把舆论监督和正面宣传统一起来，适应分众化、差异化传播趋势，推动传统媒体和新兴媒体融合发展，切实提高党的新闻舆论传播力、引导力、影响力、公信力。要加强和改善党对新闻舆论工作的领导，坚持党管媒体原则不动摇，坚持政治家办报、办刊、办台、办新闻网站，加强宣传文化单位领导班子建设，努力培养造就一支政治坚定、业务精湛、作风优良、党和人民放心的宣传思想工作队伍。

会议强调，习近平总书记等中央领导同志关于信访工作和处理信访突出问题重要批示精神，对于我们做好当前和今后一个时期信访工作，具有十分重要的指导意义。过去一年，全省各级特别是信访部门做了大量工作，信访工作总体平稳可控，信访秩序持续好转。全省各级各有关部门要深入学习领会习近平总书记等中央领导同志重要批示精神，深刻领会精神实质，准确把握经济新常态下信访工作面临的形势任务，切实把信访稳定工作做扎实。要综合运用法律、政策、经济、行政等多项措施，针对非法集资、拖欠农民工工资、征地拆迁、复退军人、沉陷区治理、基层涉纪等信访突出问题，深入开展信访积案大交办和专项治理，明确责任领导、工作目标和时限要求，确保信访突出问题得到有效解决。要加强对信访突出问题和社情民意的分析研判，有针对性强化对策措施，从源头上、根本上解决信访问题。要强化落实责任，各级党政主要领导都要履行做好信访工作第一责任人的职责，压实领导责任、属地责任、部门责任和首办责任，调动基层做好信访、化解矛盾的积极性，加强信访干部队伍建设，做好全国“两会”期间的信访维稳工作。

全省农村工作会议召开 2月27日，全省农村工作会议在太原召开。会议总结“十二五”时期我省“三农”工作，分析新常态下农业农村形势，安排部署了2016年和“十三五”时期农业农村工作。省委书记王儒林、省长李小鹏分别作出重要批示，省委副书记楼阳生出席会议并讲话，副省长郭迎光主持会议并作总结讲话，省人大常委会副主任田喜荣、高卫东，省政协副主席朱先奇、张璞在主会场或分会场出席会议。

王儒林批示指出，“十二五”时期，我省“三农”工作成效显著，为全省经济社会发展提供了重要支撑。同时，必须看到，农业仍然是经济社会协调发展的短腿，农村仍然是实现全面小康的短板。全省上下必须牢固树立“三农”问题重中之重的战略思想，适应引领经济发展新常态，贯彻落实发展新理念，全面深化农村改革，做好脱贫开发工作，破解“三农”工作难题。要加快转变农业发展方式，大力发展特色现代农业，积极发展“互联网＋农业”等新产业新业态。要不断拓宽工资性收入、财产性收入和转移性收入等农民增收新渠道，确保农村居民收入增速快于城镇居民。强化农村基层党组织建设，推动“六权治本”向乡村延伸，实现“乡村治、百姓安”。

李小鹏批示指出，要深入贯彻落实习近平总书记系列重要讲话精神，以新的发展理念为指引，把坚持农民主体地位、增进农民福祉作为农村一切工作的出发点和落脚点，持续加大惠农政策力度，着力推进农业供给侧结构性改革，加快发展特色农业、绿色农业和品牌农业，突出抓好“六个精准”“五个一批”等脱贫攻坚重大任务，全面改善农村人居环境，深化农村综合改革，支持农民创业创新，多渠道增加农民收入，确保我省与全国同步、农村特别是贫困地区与全省同步如期全面建成小康社会。

会议指出，“十二五”时期，我省“三农”工作总体呈现比较稳定的发展态势。面对经济发展进入新常态，全面建成小康社会进入决胜阶段的新形势，必须深入学习贯彻习近平总书记系列重要讲话精神，牢固树立“五大发展”理念，落实省委“六大发展”要求，坚持目标导向和问题导向，突出抓好“围绕全面小康、确保农民增收；适应新常态、落实新理念；转变农业发展方式、推动一二三产融合；加快四化同步、推动城乡一体；充分利用两个市场、两种资源；全面深化改革、加快机制创新”等六个方面的战略重点和主要任务，聚集发力，扎实工作，努力走出具有山西特色的“三农”发展之路。

会议强调，做好2016年全省“三农”工作，要全面贯彻党的十八届五中全会和中央农村工作会议精神，按照省委十届七次全会和全省经济工作会议的部署，以新的发展理念统领农业农村工作，突出重点，攻坚克难，为“十三五”经济社会发展开好局、起好步提供有力支撑。要以保证粮食安全为前提，积极推进农业供给侧结构性改革；以培育壮大新型农业经营主体为重点，加大组织创新；以农村产权制度改革为重点，进一步激发农村发展活力；以“六个精准”“五个一批”为重点，扎实推进脱贫攻坚首战首胜；以发展壮大乡村旅游为重点，培育壮大农村服务业；以发展农村电商为重点，扎实推进“互联网＋三农”；以资源整合和体制机制创新为重点，加快推进农业科技创新；以优化金融服务为重点，推进“三农”进军资本市场；以提高培训质量为重点，加大组织农民转移输出力度；以“一树二统三治四建五改”为重点，不断提高新农村建设水平；以生态修复和水利工程建设为重点，努力建设美丽山西；以防灾防疫防火防祸为重点，建立预测预报预案预警安全防范体系。

会议强调，抓好农村党风廉政建设和反腐败斗争永远在路上，必须压实农村党风廉政建设“两个责任”，继续严肃查处群众身边的腐败案件，深入推进“六权治本”向乡村延伸，实现“乡村治、百姓安”。全省各级各部门要深刻领会和把握省委省政府对“三农”工作的战略定位、总体规划和安排部署，切实加强党的领导，落实“重中之重”的要求，加大“三农”投入力度，加强农村法治建设，造就一支过硬的“三农”干部队伍，不断提升做好“三农”工作的能力和水平。

会议还讨论了《省委、省政府贯彻落实中央一号文件的实施方案》和《山西省“十三五”农业农村发展规划（讨论稿）》。

省委常委会召开会议　传达学习习近平总书记对学习毛泽东同志《党委会的工作方法》重要批示精神　研究讨论贯彻落实《中共中央关于加强和改进新形势下党校工作的意见》的实施意见　3月31日，省委常委会召开会议，传达学习习近平总书记对学习毛泽东同志《党委会的工作方法》的重要批示精神，学习毛泽东同志《党委会的工作方法》一文；研究讨论中共山西省委贯彻落实《中共中央关于加强和改进新形势下党校工作的意见》的实施意见。省委书记王儒林主持会议。

会上，省委常委围绕学习贯彻习近平总书记重要批示精神、毛泽东同志《党委会的工作方法》一文，交流了学习体会。会议指出，毛泽东同志的《党委会的工作方法》，是对党委会工作一般规律的深刻总结，具有历久弥新的理论价值和实践价值。习近平总书记的重要批示对重温这篇著作提出明确要求，体现了对党的科学思想和宝贵经验的传承、继承、发扬，体现了对提高地方党委领导能力、领导水平的高度重视，具有很强的现实针对性。全省上下要按照中组部关于《学习贯彻习近平总书记重要批示精神，加强党委（党组）领导班子建设的通知》和我省落实意见的要求，深入抓好学习。各级党委（党组）班子成员特别是主要负责同志要深入领会习近平总书记重要批示精神的深刻意义，把学习《党委会的工作方法》作为重要政治任务，切实增强思想自觉和行动自觉。要把《党委会的工作方法》纳入“两学一做”学习教育的重要内容，认真开展专题学习讨论，做到学深悟透、真懂真用，省委常委要先学一步、深学一层、带头践行，真正把握基本思想，吃透思想精髓，切实增强政治意识、大局意识、核心意识、看齐意识，做到政治强、作风正、敢担当。要认真贯彻落实中央要求，全面加强领导班子建设，认真贯彻执行民主集中制，健全完善党委（党组）工作制度和运行机制，不断提升我省各级党委（党组）领导班子的能力和水平，更好发挥总揽全局、协调各方的领导核心作用，为实现弊革风清、促进富民强省提供坚强政治和组织保证。

会议原则通过了中共山西省委贯彻落实《中共中央关于加强和改进新形势下党校工作的意见》的实施意见，要求进一步修改完善后按程序印发。会议强调，党校事业是党的事业的重要组成部分，是我们党的一大创举和政治优势。要深刻把握党校工作在党的事业发展全局中的重要作用，高度重视做好新形势下党校工作，各级各有关部门要认真贯彻落实中央、省委关于加强和改进党校工作的部署要求，做到党校工作只能加强、不能削弱，把我们党的这个独特政治优势保持好、发挥好。要坚持把党校姓党原则贯穿党校工作始终，高扬理想旗帜，强化看齐意识，严守政治纪律和政治规矩，在思想上政治上行动上自觉同以习近平同志为总书记的党中央保持高度一致，切实加强各级党校领导班子建设，确保党校工作始终沿着正确方向前进；突出主业主责，把党的理论教育和党性教育作为党校教学的首要任务，特别要强化党章党纪党规的教育；坚持服务党的中心工作，推进新型智库建设；坚持人才强校、从严治校，建设高素质师资队伍，把从严治党的要求体现到从严治校中，不断开创党校事业发展新局面。要切实加强和改善党委对党校工作的领导，各级党委要切实履行好办党校管党校建党校用党校的主体责任，党委书记要切实履行第一责任人的责任，把党校工作摆在更加突出的位置，纳入党委整体工作部署和党的建设总体安排，选优配强党校领导班子，强化基层基础保障。各有关部门要齐抓共管，抓好领导干部讲课制度落实，统筹调训培训工作，推动我省《实施意见》真正落到实处。

全省城市工作会议在太原举行　4月1日，全省城市工作会议在太原举行。会议深入学习贯彻中央城市工作会议精神特别是习近平总书记重要讲话精神，全面分析我省城市工作面临的形势和任务，对进一步做好城市工作作出安排部署。省委书记王儒林、省长李小鹏出席会议并作重要讲话，省委副书记楼阳生出席会议，省委常委、常务副省长高建民主持会议。省四大班子负责同志，省法、检两长出席会议。

王儒林在讲话中指出，要认真学习领会中央城市工作会议精神特别是习近平总书记重要讲话精神，把中央各项决策部署落到实处。我们要深刻认识到，城市工作举足轻重，对我省“六大发展”、全面小康意义重大；必须坚持问题导向，把握发展机遇，加快转变城市发展方式；必须尊重城市发展规律，统筹好空间、规模、产业三大结构，统筹好规划、建设、管理三大环节，统筹好改革、科技、文化三大动力，统筹好生产、生活、生态三大布局，统筹好政府、社会、市民三大主体，全面做好城市工作。

王儒林强调，要紧密结合山西实际，努力走出一条富有活力、和谐宜居、各具特色的现代城市发展之路。一要坚持科学布局，进一步用新发展理念完善我省城镇体系。要在“开放对接”上下功夫，与国家大的城市群搞好衔接，推动对外开放上水平、上台阶。要在“扩容提质”上下功夫，太原城市群要加大辐射带动力、提升影响力，积极支持晋北中部城镇群、晋南中部城镇群、晋东南中部城镇群等一体化发展，注重发挥区域性中心城市的带动作用。要在“城市转型”上下功夫，资源型城市必须坚持创新驱动，推动产城融合发展。要在“特色发展”上下功夫，针对县多县小的实际，重视发挥县城的带动作用，加快培育中小城市和特色小城镇。二是坚持规划先行，进一步打牢城市长远发展的坚实基础。要增强规划的科学性，创新城市规划理念，实施“阳光规划”和开放式规划。要增强规划的前瞻性，综合考虑城市功能定位等多种因素，合理安排生产空间、生活空间、生态空间布局。要增强规划的系统性，大力推进“多规合一”，科学编制乡镇、村庄总体规划。要增强规划的严肃性，严格执行城乡规划法规定的原则和程序，杜绝规划的随意性。三是坚持建设为基，进一步增强城市综合承载能力。要通过补齐设施短板，扎实推进上下统筹，加快补齐城市基础设施和公共服务设施短板，合理布局城市路网结构，畅通“毛细血管”，高度重视地下综合管廊建设。通过打造“海绵城市”，努力促进人水和谐。通过塑造特色风貌，全面彰显城市内涵，处理好旧区与新区、历史与现代的关系，深入挖掘三晋文化血脉，努力建设有历史记忆的城市。通过完善城市功能，不断提高宜居品质，注重保护自然山水格局和生态环境，加快推进既有居住建筑节能改造。四是坚持管理为要，进一步创新城市治理方式。坚持把“人民城市为人民”作为城市工作的出发点和落脚点，提高智慧化、数字化、精细化程度。要理顺管理体制，加快推进城市管理综合执法体制改革，着力解决好城市“多龙治水”的问题。要提升管理水平，深入开展城市交通“乱象”专项整治，出台长效管理机制，在市政管理、市容管理、社会管理、社会服务等方方面面都做好精细文章。要加强环境治理，强化城市污水治理，推进大气污染防治工作，力争到明年实现全省人居环境明显改善的目标。要创新管理方法，力争到 2020 年建成一批特色鲜明的智慧城市。要筑牢安全体系，始终把安全放在第一位，落实安全责任终身追究制，形成城市安全保障体系。要营造良好氛围，教育引导广大市民从自身做起、从小事抓起，自觉提升文明素养，共同维护城市良好形象。

王儒林指出，要围绕当前制约城市发展的突出问题，在体制机制、方式方法上加大改革创新力度。一要围绕“人”这个核心，加快推进户籍制度改革，促进有能力在城镇稳定就业和生活的农业转移人口有序实现市民化；促进基本公共服务均等化，逐步实现城中村居民和外来务工人员在子女上学、医疗、住房等方面享受与市民同等待遇；建立健全成本分担机制和激励机制。二要围绕“地”这个要素，着力抓好城市建设用地的集约高效利用，加快土地供给结构改革，建立城镇低效用地再开发激励机制，创新耕地占补平衡机制，加强土地市场体系建设，搞好搞活土地资本市场，完善土地管理制度，提高土地级差效益。三要围绕“钱”这个关键，积极创新城市发展投融资体制，一方面要以城市土地为平台，进一步创新“经营城市”理念，走出一条“以城建城、以城养城、以城兴城”的自我增值、自我发展的城市化道路；另一方面要积极拓宽城市建设投融资模式，多元化筹措建设资金，深化政府和社会资本合作，加强与开发性金融合作，探索研究 PPP 模式在城市基础设施建设中的应用及推广。四要围绕“房”这个民生，把化解房地产库存作为供给侧结构性改革的重要任务，加快完善支撑居民多层次住房保障体系，不断深化住房制度改革，多管齐下去库存，加快棚户区、城中村改造，确保到 2020 年底基本完成改造任务。

王儒林强调，要加强党对城市工作的领导，为做好城市工作提供坚强保障。各级党委要把城市工作摆上重要议事日程，主要领导要亲自抓，建立健全党委统一领导、党政齐抓共管的城市工作格局，建立城市工作联席会议制度。各级领导干部要努力成为城市工作的行家里手，培养一批懂城市工作的党政干部，加大城市工作专业人才培养引进力度。要建设廉洁城市，时刻把党的纪律和规矩挺在前面，保持反腐败的压倒性态势，同时标本兼治，把“六权治本”贯穿城市工作各环节、全过程，坚持依法执政、依法行政、依法治城。

王儒林强调，各级领导干部要坚持以上率下的基本工作方法，切实增强政治意识、大局意识、核心意识、看齐意识，向习近平总书记看齐，向党中央看齐。面对千头万绪的繁重任务，要大力弘扬夙夜在公、马上就办、真抓实干的优良作风，对标太原“城中村”改造、大同“冬季行动”的气势和精神，夜以继日、攻坚克难，努力破解发展中的难点和群众反映强烈的突出问题。要坚决反对脱离实际，反对形式主义、官僚主义，坚持从群众中来、到群众中去，坚持问题导向，能够发现问题、勇于提出问题的干部，是有能力的干部，是敢于担当的干部，我们需要这样的干部，要大力倡导深入实际调查研究，坚持一切从实际出发，实事求是，切实解决实际问题，不断改进工作作风，提高领导能力。

李小鹏指出，当前我省正处于全面建成小康社会的决胜阶段，处于新型城镇化深入推进的关键时期。面对经济持续下行的压力，加快发展仍是首要任务，抓好城市这个经济社会发展的“火车头”具有重要意义。要以改善城市人居环境为中心，进一步转变城市发展方式，优化城市空间布局，改善城市生态环境，创新城市管理体制，走出一条顺应城市发展规律、具有山西特色的现代化城市发展道路。一要着力提升城市规划水平。树立“协调、绿色、特色”的规划理念，加强规划管理，开展城市设计，贯彻“适用、经济、绿色、美观”的新时期建筑方针，让城市更具特色、更有内涵、更有品位。二要进一步完善城市基础设施。积极推进管线入地工程，稳步推进城市地下综合管廊建设。树立“窄马路、密路网”的城市道路布局理念，优化城市快速路、主次干路和支路级配，提高道路通达性。大力发展公共交通，加强自行车道和步行绿道建设，倡导绿色出行。积极推广装配式建筑,大力发展节能建筑。三要切实加强城市基本公共服务。完善促进基本公共服务均等化的公共财政体系,着力形成稳定增长的基本公共服务投入机制。统筹推进户籍制度改革,落实好居住证制度,实施差别化落户政策,有序推进农业转移人口市民化。加快城镇棚户区和城中村改造,充分利用开发性金融支持政策,实施政府购买棚改服务,缩短安置周期,满足群众多样化住房需求。四要突出城市产业支撑。优化城市产业结构,淘汰落后产能,发展壮大新兴产业,提升城市服务业规模和水平,着力培育发展各具特色的城市产业体系。坚持走集约、节能、低碳的城市化发展道路,实现企业集聚、项目集中、土地集约。积极化解房地产库存,促进房地产市场平稳健康发展。五要改善城市生态环境。树立山水园林城市观,科学设置开发强度,划定城市开发边界,加快综合性公园和城市绿道、绿廊建设,加强城市周边绿化,构筑城市"绿色屏障"。加强海绵城市建设,大幅度减少城市硬覆盖地面,大力建设雨水滞留设施,不断提高城市雨水就地蓄积、渗透比例。全面整治城市黑臭水体,加快推进饮用水源保护和备用水源保护区建设。强化城市保洁工作,加强垃圾处理设施建设,提高污水收集处理和再生水利用能力,推进大气污染防治工作,严厉打击各类环境违法行为。六要改革城市管理体制。创新城市管理方式,推进城市执法体制改革,全面提升城市精细化管理水平。着力打造智慧城市,通过智慧化促进城市科学发展。完善城市应急体系,保障城市安全稳定运行。

会议以电视电话会议的形式举行,省委、省政府副秘书长,省直各部门、中央驻晋单位主要负责同志,省人大、省政协相关专门委员会和工作机构负责同志,驻太原本科院校、省管国有骨干企业主要负责同志在主会场参加会议。

省委召开民营企业家座谈会 4月5日,省委召开民营企业家座谈会,深入学习习近平总书记在看望参加全国政协十二届四次会议的民建、工商联委员并参加联组讨论时的重要讲话精神,就推进民营企业发展听取意见建议。省委书记王儒林强调,要深入学习贯彻习近平总书记关于非公有制经济发展的重要讲话精神,毫不动摇鼓励支持引导民营经济持续健康发展,努力构建"亲""清"新型政商关系,为净化政治生态、促进富民强省作出更大贡献。省委副书记、省长李小鹏主持座谈会。省委常委、统战部长孙绍骋,省委常委、秘书长王伟中,省委常委、副省长付建华出席会议,省促进民营经济发展工作领导小组成员单位以及省直有关部门负责同志参加会议。

座谈会上,我省7位民营企业家代表结合企业发展实际,围绕学习贯彻习近平总书记重要讲话精神谈认识、谈体会,就加快发展高新技术、文化旅游、养老服务、中医药产业等提出意见建议。13位民营企业家做了书面发言。

在听取大家发言后,王儒林作了重要讲话。他强调,习近平总书记关于非公有制经济发展的重要讲话,科学回答了非公有制经济领域最紧要最现实的重大理论和实践问题,深刻阐明了我们党毫不动摇鼓励支持引导非公有制经济发展的一贯政策,充分彰显了对非公经济的高度重视和对非公经济人士的亲切关怀,对于坚持和完善我国基本经济制度、推动各种所有制经济健康发展,具有重大现实意义和深远历史意义。要把深入学习贯彻习近平总书记关于非公经济发展的重要讲话精神作为重要政治任务,深刻领会精神实质,准确把握政策要求,引导民营企业为开创弊革风清、富民强省新局面作出更大贡献。

王儒林指出,要办实事、解难题,全力推进民营经济发展。新的省委领导班子高度重视非公经济发展,把支持民营经济发展作为"三个突破"之一,出台了多项支持政策措施,在经济下行压力持续加大、全省面临诸多困难的形势下,广大民营企业主动转型、积极创新,为全省经济社会发展作出了突出贡献。也要清醒看到,我省民营经济发展面临一系列困难和问题,各级党委、政府要努力为民营经济发展做好全方位服务。一要围绕增强民营企业的获得感,坚决落实好中央和我省出台的各项政策措施。进一步完善《关于加快民营经济发展的意见》相关配套措施,切实解决好政策落地"最后一公里"问题,开展政策落实情况"回头看",对政策执行情况进行跟踪问效、考核评估,确保各项政策不折不扣落到实处。二要围绕提高民营企业的积极性,全力推动供给侧结构性改革。认真落实"三去一降一补"五大任务,加快转型升级步伐,自觉完善现代企业制度,不断做大做强。三要围绕强化民营企业的竞争力,切实解决"五大难题"。加快金融振兴,着力解决中小企业融资问题,加大金融支持实体经济力度,加大对小微企业提供无抵押、无担保贷款服务。要进一步破除制约因素,着力解决市场准入问题,继续清理规范民间资本准入的限制性政策,进一步降低行业准入门槛。要完善服务体系,着力解决企业技术、人才问题,加快民营企业转型发展服务、科技成果转化、知识产权交易信息、中小企业公共服务等平台建设。要大力建设和发展产权市场,着力解决民营企业不优不强的问题,积极引入社会和民营资本利用产权市场参与国企改制重组、发展混合所有制经济。要着力解决企业负担过重问题,降低企业成本,狠抓清费治乱减负,抓好民营经济"待批项目大起底",办好"民营企业进山西"活动,推动项目落地取得更大成效。

王儒林强调,要按照习近平总书记的要求,努力构建"亲""清"新型政商关系,为民营经济发展提供良好的政治和社会环境。一方面,民营企业家要坚定理想信念,做爱国敬业的典范,将个人命运、企业命运与国家命运、山西命运紧密联系在一起,在实现"中国梦"和山西富民强省的进程中谱写人生华章;要激发企业家精神,做创业创新的典范,继承弘扬晋商精神,增强危机感和忧患意识,自觉践行新发展理念,解放思想、放开手脚、大胆创新、积极作为、勇于进取;要树立法治意识,做守法经营的典范,牢记山西发生系统性塌方式腐败问题的沉痛教训,把守法诚信作为安身立命之本,牢固树立法律红线不可逾越、法律底线不可触碰的意识,做到真心尊法、主动学法、自觉守法、解决问题靠法;要履行社会责任,做回报社会的典范,积极参加光彩事业和公益慈善事业,积极投身脱贫攻坚，研究探索沿黄山区生态脱贫的有效途径。另一方面，各级领导干部要努力践行“亲”“清”要求，做支持服务民营经济的典范。要践行“亲”，坦荡真诚同民营企业接触交往，特别是在民营企业遇到困难和问题时更要积极作为、靠前服务，真心实意支持民营经济发展。践行“清”，同民营企业家的关系要清白、纯洁，坚决杜绝利益输送和权钱交易，有交集不能有交换，有交往不能有交易。各级党委、政府要把非公经济发展摆上重要议事日程，及时研究解决重大问题，各级主要领导干部要带头关心爱护、依法支持保护民营企业发展，各有关部门要加强协调配合，加快建立省市县三级领导联系民营企业机制，形成促进民营企业持续健康发展的工作合力。

李小鹏在主持座谈会时强调，要认真学习、深刻领会、全面贯彻落实习近平总书记重要讲话精神，坚决把思想和行动统一到中央的方针政策和省委、省政府的工作要求上来，认真落实全省民营经济发展推进大会和今天座谈会的精神，推动全省民营经济实现突破发展。要深刻认识民营经济在全省改革发展稳定大局中的重要作用，充分肯定民营企业的重要贡献，努力营造毫不动摇地鼓励支持和引导非公有制经济健康发展的浓厚氛围。要认真落实好现有各项政策，不断健全完善扶持民营经济的政策体系，扎扎实实帮助民营企业解决实际问题，推动各项政策落地、落细、落实，真正让民营企业从政策中增强获得感。要合力构建“亲”“清”新型政商关系，各级领导干部要清正廉洁、积极作为、靠前服务，依法合规、真心实意支持民营经济发展；广大民营企业家要争做合格的中国特色社会主义事业建设者，推动企业发展不断取得新成绩，努力为全省经济社会发展作出新的更大贡献。

省委常委会召开会议　传达中央“两学一做”学习教育工作座谈会精神　研究意识形态工作责任制　农村集体“三资”管理专项清理整治工作　4月8日，省委常委会召开会议，传达中央“两学一做”学习教育工作座谈会精神，研究我省贯彻落实意见，研究讨论我省《关于在全体党员中开展“学党章党规、学系列讲话，做合格党员”学习教育实施方案》《省委常委班子和省委常委同志“两学一做”学习教育工作安排》；研究讨论《山西省贯彻落实〈党委（党组）意识形态工作责任制实施办法〉实施细则》，听取全省农村集体“三资”管理专项清理整治工作汇报。省委书记王儒林主持会议。

会议强调，要深入学习贯彻习近平总书记关于开展“两学一做”学习教育的重要指示精神、中央“两学一做”学习教育工作座谈会精神，结合山西实际扎实开展学习教育，坚决把中央要求落到实处。要切实把全面从严治党落实到每一个支部，夯实“学”这个基础，抓住“做”这个关键，强化“解决问题”这个导向，突出“以上率下”这个基本工作方法，自觉向习近平总书记看齐，切实帮助群众解决实际困难，省委常委要走在前面、作出表率。要坚持分类指导，充分发挥党支部的作用，把学习教育的任务具体化、精准化、差异化。要加强组织领导，各级党委（党组）要把抓好学习教育作为一项重要政治任务，各级党组织书记要履行第一责任人责任，把开展学习教育与做好改革发展稳定各项工作结合起来，做到“两手抓、两手硬”。

常委会原则通过贯彻落实《党委（党组）意识形态工作责任制实施办法》实施细则，要求修改后按程序印发执行。会议强调，全省各级党组织要深入学习领会习近平总书记关于意识形态工作重要论述的内涵实质，深刻认识抓好意识形态工作的重要意义，认清意识形态工作的根本任务，把握正确政治方向，严明政治纪律和政治规矩，强化“四种意识”，在思想上政治上行动上同以习近平同志为总书记的党中央保持高度一致，壮大主流思想文化，大力培育和弘扬社会主义核心价值观，学习弘扬优秀传统文化，发扬优良传统，凝聚正能量，加强意识形态阵地管理。要加强组织领导，党委（党组）主要负责同志要带头抓、带头管，完善责任追究机制，为决胜全面小康提供坚强思想舆论保证。

会议强调，通过全省上下的共同努力，全省农村集体“三资”管理专项清理整治工作取得积极成效。同时要看到专项清理整治的成果是初步的，必须抓常、抓细、抓长，持续巩固农村集体“三资”管理专项清理整治成果。要抓紧制定《关于进一步加强农村集体“三资”管理规范化建设的意见》，着力推动农村集体“三资”管理制度化、规范化。要健全县乡农村经营管理体系，下功夫提升乡村治理水平，切实加强农村基层党建工作，全面推动“六权治本”向乡村延伸，实现“乡村治、百姓安”。要从实际出发，结合农村变迁趋势，积极稳妥解决农村面临的突出问题。

省委常委会召开会议　传达学习习近平总书记在网络安全和信息化工作座谈会上的重要讲话精神　研究讨论省属国有企业加强党的领导完善法人治理结构《实施办法》　4月21日，省委常委会召开会议，传达习近平总书记在网络安全和信息化工作座谈会上的重要讲话精神，研究我省贯彻落实意见，研究讨论《关于省属国有企业加强党的领导和完善法人治理结构的实施办法》。省委书记王儒林主持会议。

会议指出，习近平总书记在网络安全和信息化工作座谈会上的重要讲话，描绘了中国网络国家战略框架，提出了一系列新理念新要求新举措，为我们做好新时期网络安全和信息化工作提供了基本遵循。各级各部门要深入学习贯彻习近平总书记重要讲话精神，充分认识做好网络安全和信息化的极端重要性，加快推进我省网信事业安全健康发展。要积极适应互联网快速发展的新形势，大力发展互联网、繁荣互联网、用好互联网，让互联网在推动经济社会发展中发挥更大作用，更好地造福社会和人民。要始终贯彻以人民为中心的发展思想，加快网络建设，充分发挥网络引导舆论、反映民意的作用，正确对待网络舆论监督，各级领导干部要懂网用网，善于在网络上倾听人民声音、接受人民监督，着力推动互联网和实体经济深度融合发展。要正确处理网络安全和信息化发展的关系，加快构建关键信息基础设施安全保障体系，充分发挥各方面作用，净化网络空间，建设网络良好生态，共筑网络安全防线。各级党委要负起政治责任，加强对网络安全和信息化工作的领导，加强省市县三级网信工作领导和工作机构建设，不拘一格选人才、用精英，切实提高网络应用能力和水平。

会议强调，国有企业在我省发展全局中的地位举足轻重。要深入贯彻落实习近平总书记关于国有企业党的建设等一系列重要论述，全面加强党对国有企业的领导，充分发挥党委参与决策、带头执行、有效监督的政治核心作用。要以《实施办法》为指引，加快完善国有企业法人治理结构，特别是要坚持加强党的领导与完善公司治理机构的有机统一，明确国有企业党组织在公司治理中的法定地位，解决国有企业党的领导和党的建设弱化虚化淡化问题，明确国有企业党委会对"三重一大"事项的决策机制，规范董事会建设，提高法人治理的效果和质量。要坚决落实党管干部原则，选好配强国有企业领导班子，加快建立适应现代企业制度要求和市场竞争需要、能上能下的选人用人机制。要围绕党建抓发展、抓好党建促发展，充分发挥好党委的政治核心作用、基层党组织的战斗堡垒作用、党员的先锋模范作用，把党的政治优势、组织优势、群众工作优势，转化为企业的创新优势、发展优势、竞争优势，积极应对经济下行压力，深化国有企业改革，推动国有企业尽快走出困局。各级领导干部、各有关部门要主动深入企业，了解职工思想动态，积极帮助企业排忧解难，稳妥做好职工转岗安置保障等工作，推动企业持续健康发展。国有企业要坚定发展信心，深化改革创新，加大转型力度，为全省"六大发展"作出新贡献。

全省党校工作会议在太原召开 4月22日，全省党校工作会议在太原召开，深入学习贯彻习近平总书记在全国党校工作会议上的重要讲话精神和《中共中央关于加强和改进新形势下党校工作的意见》，结合山西党的建设和干部队伍建设实际，分析形势、明确任务，对全省党校工作作出部署。省委书记王儒林出席会议并作重要讲话，省委副书记、省长李小鹏主持第一阶段会议，省委副书记、省委党校校长楼阳生作总结讲话，省委常委、常务副省长、省行政学院院长高建民主持第二阶段会议。省领导胡苏平、黄晓薇、吴政隆、王伟中、付建华、盛茂林、冷杰松、牛仁亮出席会议。

王儒林在讲话中指出，习近平总书记在全国党校工作会议上的重要讲话，是指导做好新形势下党校工作的纲领性文献。新的省委高度重视党校工作，全省各级党校紧紧围绕中心工作，积极开展干部教育培训工作，为推动省委重大部署落实作出了重要贡献。要把思想和行动统一到全国党校工作会议精神特别是习近平总书记重要讲话精神上来，以习近平总书记重要讲话精神为统领，切实增强责任感和使命感，把党校工作抓紧抓好，为弊革风清、富民强省提供坚强政治保证。

王儒林强调，要坚持把"党校姓党"贯穿到党校工作始终，确保党校工作始终沿着正确政治方向前进。一要坚定不移坚持党性原则。要始终突出同以习近平同志为总书记的党中央保持高度一致这个关键，自觉、坚定、经常地向习近平总书记看齐、向党中央看齐，坚决维护党中央权威，切实把握严守党的政治纪律和政治规矩这个底线。二要坚定不移突出主业主课。紧密结合"两学一做"学习教育，增强理论教育和党性教育的针对性和实效性。抓理论教育重在突出抓好习近平总书记系列重要讲话精神的学习教育。抓党性教育重在学好党章和党规党纪。三要坚定不移提升科研能力。要发挥阵地优势，提升思想引领力，牢牢把握党校在意识形态领域中的"话语"权。要加强理论研究，提升科研影响力。要建设新型智库，提升咨政服务力。四要坚定不移推进人才强校。强化党校教师也姓党原则，实施党校系统"名师工程"，培养高素质党校教学骨干，创优师资管理机制，拓宽师资队伍渠道，优化师资队伍结构，特别要建立领导干部到党校讲课制度，吸引优秀人才到党校工作。五要坚定不移强化从严治校，要严以治校，守住政治纪律和政治规矩，不触碰纪律底线。要严以治教，在各个环节进一步严格管理，始终绷紧讲课有纪律这根弦，自觉维护党的威信、维护党中央权威、维护党校形象。要严以治学，坚决杜绝不正之风，强化培训结果运用。

王儒林指出，要加强和改善党委对党校工作的领导，为全省党校事业发展提供坚强保障。必须坚持党委办党校、党委管党校、党委建党校、党委用党校，强化党委领导责任落实。各有关部门要负起责任，支持党校解决困难问题，推动工作落实到位。要强化党校领导班子建设，结合省市县乡领导班子换届，选优配强党校领导班子。要强化干部调训培训统筹，严格调训纪律，落实干部培训要求，实现农村党员干部培训全覆盖。要强化基层基础保障，切实解决基础设施落后、基础工作薄弱、基层党校脆弱等问题。

李小鹏在主持会议时强调，要深入学习贯彻习近平总书记系列重要讲话特别是在全国党校工作会议上的重要讲话精神，迅速传达学习全省党校工作会议精神，进一步增强做好新形势下党校工作的使命感、责任感和紧迫感，发挥独特优势，聚焦中心工作，深化改革创新，不断开创我省党校工作新局面。要把党校姓党作为立校办学之本，以党校姓党统领教学科研管理一切工作，始终高扬党的旗帜，切实增强政治意识、大局意识、核心意识、看齐意识，坚决在思想上政治上行动上与以习近平同志为总书记的党中央保持高度一致。各级党委要认真履行办党校管党校建党校的主体责任，加强和改善党委对党校工作的领导；各级党校要坚持质量立校、从严治校，深化改革、加强管理，不断增强党校工作的生机和活力；党校教师要牢记身份，珍惜荣誉，以"三严三实"精神做好教学科研工作；党校工作人员要积极做党校姓党的践行者，共同推动我省党校事业不断迈上新台阶，为加快我省"六大发展"、全面建成小康社会作出新的更大贡献。

楼阳生在总结讲话中强调，各地各部门和各级党校要及时传达学习好会议精神，准确把握重点工作，按照"马上就办、真抓实干"要求，快速行动起来，不折不扣地贯彻落实好省委的决策部署。要结合工作实际，认真制定贯彻落实的具体办法和措施，切实做到情况要摸清，任务要具体，措施要有力，责任要落实。要坚持问题导向，以改革创新精神认真解决存在的突出问题，在补齐短板中不断推动全省党校事业健康发展。要强化组织领导，严格落实党委主抓主管的主体责任、相关部门齐抓共管的工作责任、各级党校管校治校的直接责任，不断提高全省党校工作科学化水平。

会上，太原市委副书记、党校校长王成，宁武县委书记任宁虎，省直机关党校校长尹桂郁，临汾市委党校常务副校长王天郎，长治市郊区区委党校常务副校长张彩霞分别发言。省委党建工作领导小组、省委干部教育工作领导小组成员单位主要负责同志，省直有关单位主要负责同志；省委党校校委成员，省直机关党校校长；部分省管国有骨干企业党校校长；各市、县(市、区)党校校长、常务副校长参加会议。

省委常委会召开会议　传达全国政法队伍建设工作会议精神　研究我省贯彻落实意见　5月12日，省委常委会召开会议，传达全国政法队伍建设工作会议精神，研究我省贯彻落实意见。省委书记王儒林主持会议。

会议指出，政法队伍承担着维护社会大局稳定、促进社会公平正义、保障人民安居乐业的重大责任。近年来，全省政法机关和广大政法干警围绕全省中心工作，在打击敌人、惩治犯罪、保护人民、维护国家安全和社会稳定、保障全省“六大发展”中，付出了辛勤努力，作出了重要贡献。习近平总书记关于政法队伍建设的重要指示，为加强政法队伍建设提供了根本遵循。全省各级党委特别是政法机关要把深入学习领会习近平总书记重要指示，与学习习近平总书记十八大以来对政法工作的一系列要求结合起来，确保全国政法队伍建设工作会议各项部署落到实处。

会议强调，要坚持从严治警，确保政法队伍忠诚可靠，坚持把思想政治建设摆在第一位，结合开展“两学一做”学习教育，严格落实“五个过硬”的要求，进一步增强全省政法干警的政治意识、大局意识、核心意识、看齐意识，扎实推进“六权治本”，把纪律挺在前面，着力解决人民群众反映强烈的不正之风，形成正风肃纪长效机制。要把能力建设作为一项重要任务，按照正规化、专业化、职业化方向，完善岗位练兵和人才培养机制，扎实开展“大练兵、大比武、大培训”活动，加强政法人才队伍建设，着力培养和造就一批政法专家和业务能手，充分发挥现代科技特别是信息网络和大数据的作用，不断提升执法办案水平。各级党委要加强和改进对政法队伍建设的领导，把政法队伍建设摆上重要议事日程，及时研究解决政法队伍建设中的重大问题，加强政法领导班子建设，把各级政法领导班子配齐配强，形成科学合理的年龄结构，加强基层基础建设，抓好乡镇综治专干和专抓副职的配备，解决好基层和偏远地区政法干警面临的实际问题。

省委中心组举行(扩大)学习报告会　李慎明作“讲规矩、有纪律”专题辅导报告　根据省委“两学一做”学习教育安排，5月12日，省委召开中心组(扩大)学习报告会，邀请全国人大常委会委员、内务司法委员会副主任李慎明作“讲规矩、有纪律”专题辅导报告。省委书记王儒林主持会议并讲话。省委副书记、省长李小鹏，省政协主席薛延忠，省委常委，省人大、省政府、省政协负责同志，省检察院检察长出席会议。

李慎明的报告既紧密联系实际，又有深刻的理论思考，思想性、针对性很强，对于我省深入开展“两学一做”学习教育具有重要意义，对于进一步守纪律、守规矩具有深刻启示。

就“讲规矩、有纪律”的学习主题，王儒林强调了四点意见。一要严明党纪党规，把加强纪律建设作为全面从严治党的治本之策。2014年9月以来，新的省委领导班子认真贯彻以习近平同志为总书记的党中央对山西工作的重要指示要求，认真落实王岐山同志代表党中央对山西在全面从严治党、严明党纪党规上“先走一步”的指示要求，推动我省反腐正风形成了压倒性态势。同时也要看到，加强纪律建设任重道远。全省各级党组织要以“两学一做”学习教育为新契机，“严”字当头，确保中央关于严明纪律和规矩的部署要求落到实处。二要推动依规治党，进一步把纪律和规矩立起来。新的省委领导班子根据中央精神，结合我省实际，提出“先走一步”“五个必须”“五个严格”“三个作用”“三条线”等落实党的纪律和规矩的要求，全省各级党员领导干部、广大党员要严格遵守。要扎实推进“六权治本”，加快在省、市、县、乡各个层面、各个领域拓展深化，形成不敢腐、不能腐、不想腐的长效机制。三要坚持“挺纪在前”，深入推进执纪监督问责。要强化纪律执行的严肃性，坚持纪律面前人人平等、遵守纪律没有特权、执行纪律没有例外，做到执纪如山、寸步不让，在“两学一做”学习教育中抓好中国共产党廉洁自律准则、中国共产党纪律处分条例的学习贯彻，运用好“四种形态”，抓早抓小、动辄则咎，严格做到“九个严禁、九个一律”，确保全省换届工作风清气正。要发挥纪律监督的震慑力，加强对党员干部的日常管理监督，积极探索强化党内监督的有效途径，充分发挥巡视的“利剑”和“尖兵”作用，着重抓好对各级党组织贯彻执行党的“六大纪律”，特别是政治纪律、政治规矩执行情况的监督检查。要推动纪律问责的常态化，坚持有责必问，问责必严，加大执纪问责的力度，既追究主体责任、监督责任，又上查一级，追究领导责任、党组织责任，完善和规范责任追究工作，把问责同其他监督方式结合起来，以问责常态化促进履职到位，促进党的纪律执行到位。四要强化纪律自觉，真正做到“纪律合格”。全省广大党员干部要强化“纪律意识”，深入学习领会习近平总书记关于严明党的纪律和规矩的重要论述，深入学习领会廉洁自律准则、党纪处分条例等党内法规，时刻对标道德高线、突出纪律红线、守住法律底线，自觉按照原则规矩办事，在任何时候、任何情况下都心有所畏、言有所戒、行有所止，特别是各级党员领导干部要严格对照党章要求，自觉以身作则，在讲规矩、有纪律上发挥表率作用，既要严格要求自己，又要对亲属和身边工作人员严格要求、严格管理、严格监督，当好政治上的“明白人”。

参加报告会的有省直各单位和中央驻晋单位主要负责同志，驻太原本科院校、省管国有骨干企业主要负责同志，中央驻晋主要新闻媒体负责同志，省委“两学一做”学习教育协调小组成员。

全省脱贫攻坚推进大会在太原召开 5月24日，全省脱贫攻坚推进大会在太原召开(见本书脱贫攻坚专栏内容)。

省委常委会召开会议 传达习近平总书记在哲学社会科学工作座谈会上的重要讲话精神 全国宗教工作会议精神 研究我省贯彻落实意见 5月26日，省委常委会召开会议，传达习近平总书记在哲学社会科学工作座谈会上的重要讲话精神和宣传文化系统专题会议精神，全国宗教工作会议精神，研究我省贯彻落实意见。省委书记王儒林主持会议。

会议指出，习近平总书记在哲学社会科学工作座谈会上的重要讲话，深刻阐述了哲学社会科学的历史地位和时代价值，回答了事关我国哲学社会科学长远发展的一系列根本性问题，是新形势下繁荣发展我国哲学社会科学事业的纲领性文献，对做好整个宣传思想文化工作具有重要指导意义，各级各有关部门要深入学习领会，自觉把思想和行动统一到讲话精神上来。要坚持马克思主义的指导地位，把马克思主义立场观点方法贯穿哲学社会科学各学科各领域，确保正确的政治方向、价值取向、学术导向，把马克思主义理论研究作为全省哲学社会科学的基础性工程，推动哲学社会科学创新发展。要切实担负起历史使命，围绕构建中国特色哲学社会科学这一战略任务，加强理论总结和创新，突出习近平总书记治国理政思想在山西的实践这个主题，不断提升理论研究水平，加快形成一批高水平研究成果。要加强和改进党对哲学社会科学工作的领导，各级党委要统筹繁荣发展和引导管理，以创新工程为抓手，加强研究基地建设，加强哲学社会科学队伍建设。

会议强调，习近平总书记在全国宗教会议上的重要讲话，科学分析了宗教工作面临的形势和任务，明确提出了中国特色社会主义宗教理论，深刻阐述了宗教工作的一系列重大理论和实践问题，各级各有关部门要准确把握讲话的精神实质，进一步高度重视宗教工作，切实用中央关于宗教工作的重大方针统一思想和行动，确保中央部署要求落到实处。要坚持中国化方向，积极促进宗教关系和谐，全面贯彻党的宗教工作基本方针，积极引导宗教与社会主义社会相适应，坚持用社会主义核心价值观引领和教育宗教界人士和信教群众，弘扬中华民族优良传统，抵御境外利用宗教进行渗透，提高宗教工作法治化水平。要全面做好宗教工作，着力提高管理水平，加强各宗教团体思想建设、组织建设、作风建设、制度建设，引导宗教界充分发挥积极作用。要加强和改进党的领导，各级党委要把宗教工作摆上重要议事日程，认真研究解决宗教工作中的重大问题，加强宗教部门工作队伍建设，全面提高宗教干部履职能力，配齐配强各级宗教部门领导班子，完善县、乡、村三级基层宗教工作网络建设，夯实打牢宗教工作基层基础。

山西省召开传达贯彻全国科技创新大会、两院院士大会、中国科协九次代表大会精神会议 6月2日，我省召开传达贯彻全国科技创新大会、中国科学院第十八次院士大会和中国工程院第十三次院士大会、中国科学技术协会第九次全国代表大会精神会议。省委书记王儒林主持会议并讲话，省委副书记、省长李小鹏传达习近平总书记在全国科技创新大会第一次全体会议上的讲话精神。副省长张复明传达李克强总理在全国科技创新大会第二次全体会议上的讲话精神，刘延东副总理在全国科技创新大会第三次全体会议上的讲话精神。省委副书记楼阳生、省政协主席薛延忠出席会议。省委常委，省人大、省政府、省政协负责同志，省检察院检察长参加会议。

王儒林在讲话中指出，这次大会是共和国历史上的又一次科技盛会，吹响了建设世界科技强国的号角，对实现中华民族伟大复兴的中国梦具有重大而深远的意义。习近平总书记的重要讲话，是指引我国科技事业发展的纲领性文献。要深入学习贯彻全国科技创新大会特别是习近平总书记重要讲话精神，全力推动创新驱动发展。要坚定不移把科技创新摆在发展全局的核心位置，着力补齐科技创新的短板；更加自觉地实施创新驱动发展战略，以科技创新推动全面创新；坚定信心，真抓实干、马上就办，持续发力、久久为功，努力走出资源型经济科技创新的新路子。要面向富民强省主战场加强科技供给，把改造提升传统产业作为立足点，把催生新兴产业作为突破点，把协调促进增绿增收作为着力点，把增进民生福祉作为落脚点，努力提升发展的内生动力和活力。

王儒林指出，要依靠科技创新、全面创新，进一步深化煤炭供给侧结构性改革。我省产业结构“一煤独大”，煤炭产业面临的困境，有市场问题，但更主要的是供给侧结构性问题。要及时调整煤炭产业的产品路线和技术路径，比如，与石油基产品相比，煤基产品没有优势的要调整化解，煤基产品有优势的要努力发展，煤基产品不可替代的要全力推进。要围绕通过科技创新，推进煤炭供给侧结构性改革深入调查研究，坚持狠抓落实，真正解决问题。要充分发挥山西煤炭科技研发优势，积极争取国家在煤炭转化、人才培养、重点学科建设等方面的倾斜支持，大力引进国内外煤炭科技研发力量和资源聚集山西，努力建设煤炭集成低碳清洁高效利用的研发中心。

王儒林强调，要千方百计抓好人才工作，培育符合创新发展要求的人才队伍。要慧眼“识才”，不唯学历、不唯资历、不唯权威、不唯身份，对有真才实学的及时引进、大胆启用。要真心“爱才”，对人才多看所长，少苛求所短，鼓励创新、宽容失败。要切实“敬才”，在全社会营造尊重劳动、尊重知识、尊重人才、尊重创造的浓厚氛围。要善于“用才”，为各类人才创新创造、大显身手搭建平台、创造条件。

王儒林指出，全省科技创新推进大会10个月以来，在科技厅及有关部门、广大科技工作者的共同努力下，我省科技体制改革取得显著成绩。要按照中央要求，着力深化改革创新，建立充满活力的科技管理和运行机制。要着力完善科技管理体制，确保科技计划、科技资金、创新项目协同发力。要着力激发科技创新主体活力，进一步强化企业技术创新主体地位。要着力提高科技投入，建立以财政投入为引导、企业投入为主体、金融市场为支撑的多元投入体系。要着力推进科技成果转化，完善产学研一体化机制。

王儒林要求，要加强组织领导，弘扬创新精神，汇聚全社会推进科技创新的强大合力。各级党委、政府要切实负起领导和组织责任，各级各有关部门要各尽其责，科技部门要抓好任务落实，对优秀科技干部要提拔重用。要深入开展各种形式的科普活动，特别要加强一线职工、农民群众的科技技能培训，在全社会营造讲科学、爱科学、学科学、用科学的良好氛围。

省委常委会召开会议　传达刘奇葆同志考察山西重要讲话精神　研究部署脱贫攻坚工作　6月21日，省委常委会召开会议，传达刘奇葆同志考察山西重要讲话精神，研究我省贯彻落实意见，研究讨论《关于坚决打赢全省脱贫攻坚战的实施意见》《全省脱贫攻坚战工作方案》。省委书记王儒林主持会议。

会议指出，中共中央政治局委员、中央书记处书记、中宣部部长刘奇葆亲临山西考察，带来了党中央对山西人民的亲切关怀。刘奇葆同志在哲学社会科学座谈会上的重要讲话和调研中的重要指导意见，对我省工作给予充分肯定，就推动哲学社会科学繁荣发展、媒体融合发展、基层文化建设等工作提出明确要求。全省上下特别是宣传思想文化系统要按照刘奇葆同志的要求，进一步深入学习贯彻习近平总书记系列重要讲话精神，特别是习近平总书记在哲学社会科学工作座谈会上的重要讲话精神，整体把握、融会贯通，把中央决策部署落到实处。要把握正确政治方向，着力推动哲学社会科学繁荣发展，坚持以马克思主义为指导，把马克思主义立场观点方法贯穿到各个学科，突出高校、社科机构研究人员重点，结合山西实际，推出更多成果，加强马克思主义教育，积极推进部校共建马克思主义学院，按照“六性”要求，加快推进中国特色哲学社会科学建设。要坚持党管媒体原则，全力推进媒体融合发展，全面落实我省推进媒体融合发展的实施意见，加快建设大数据、全媒体平台，省内主要媒体要整合各种媒介资源，推动信息内容、技术应用、平台终端、人才队伍共享融通，不断增强传媒力引导力影响力公信力。要加强组织领导，全面落实刘奇葆同志重要讲话、重要指示精神，统筹推进宣传思想文化建设，进一步活跃强化基层文化活动，大力宣传弘扬山西悠久的历史文化，大力发展文化旅游，各级党委要坚持一手抓繁荣发展、一手抓引导管理，深入实施哲学社会科学人才工程，推动农村文化健康繁荣发展。

会议讨论通过了打赢脱贫攻坚战《实施意见》和《工作方案》，要求按程序印发实施。会议强调，全省脱贫攻坚推进大会召开以来，各级各部门高度重视，积极行动，做了大量工作。下一步，要进一步加强领导、突出重点，坚持以脱贫攻坚统揽经济社会发展全局，把脱贫攻坚与生态文明建设紧密结合起来，既要改变贫困面貌，又要改变山河生态环境面貌，让贫困群众在建设生态文明的过程中增收脱贫致富，各地要结合实际，认真谋划，加大财政资金整合力度，把省委关于脱贫攻坚的重要思路和具体措施安排落实到村庄、地块、人头，坚决在“一个战场”打赢脱贫攻坚、生态治理“两个攻坚战”。要压实责任、推进落实，省级要加强统筹考核，各市要做好衔接协调，县委、县政府要承担主体责任，脱贫攻坚领导小组要切实发挥牵头作用，抓紧制定出台专项扶贫行动方案和2016年行动计划，严格实行脱贫攻坚报告制度，出台脱贫攻坚成效考核、贫困退出和评估办法。要坚持部门联动、合力攻坚，把脱贫攻坚作为“一把手”工程，在资金项目、政策措施和帮扶力量上向贫困地区重点倾斜，强化脱贫攻坚资源整合。要严格考核、强化督查，把参与支持脱贫攻坚作为考核各部门工作的重要内容，作为干部选拔任用的重要依据，加大督促检查力度，对脱贫攻坚工作责任不落实、推进不力、成效不明显的，严肃进行责任追究。

民营企业助推山西转型创新发展大会召开　6月28日，由省政府和全国工商联共同主办的民营企业助推山西转型创新发展大会在太原隆重举行。全国政协副主席、全国工商联主席王钦敏出席会议并致辞。中央统战部副部长、全国工商联党组书记、常务副主席全哲洙出席，省委副书记、省长李小鹏作主旨讲话。省政协主席薛延忠出席，省委常委、常务副省长高建民主持。

全国工商联副主席谢经荣、黄荣、安七一、杨启儒、王志雄、史贵禄、许健康、孙荫环、苏志刚、李河君、李彦宏、何俊明、张建宏、茅永红、周海江、徐冠巨、潘刚，省领导孙绍骋、付建华、王一新、刘杰、姜新文等出席会议。

王钦敏说，今年3月4日，习近平总书记在全国政协十二届四次会议民建、工商联界委员联组会上发表的重要讲话，对于引导广大非公有制经济人士坚定对中国特色社会主义的信念、对党和政府的信任、对企业发展的信心、对社会的信誉，推进多种所有制经济共同发展，具有重要的指引作用。习总书记提出要着力解决好与非公有制经济发展密切相关的五个问题，顺应了广大民营企业家的共同期盼和心声，是推动非公有制经济健康发展的“动力源”。总书记发表重要讲话不久，山西省就开展了一系列活动，召开了传达贯彻全国两会精神会议和促进民营经济发展工作领导小组会议，山西在学习贯彻总书记重要讲话方面抓得早、抓得实、抓得细。今天，我们在这里举办“民营企业助推山西转型创新发展大会”，既是深入贯彻落实习总书记重要讲话精神的具体行动，也是提振民营企业信心的重要举措。

王钦敏指出，近年来，山西省委、省政府正着力推进经济发展方式转变，促进产业结构转型升级，一方面，对传统的煤炭产业进行转型升级，延伸产业链条；一方面，大力培育装备制造、节能环保、文化旅游、特色食品、现代医药以及现代服务业等非煤产业。山西经济发展既有当前面临的困难，同时又是投资成本较低的时期，特别是有着吸引民间投资的巨大热情，这些都为推动民营经济在山西的发展创造了新的机遇。今天，现场签约的项目中，新兴产业的项目数是传统产业的4倍，新兴产业投资金额是传统产业的2倍，说明民营经济在新兴产业领域投资旺盛，正在践行新的发展理念。王钦敏希望更多民营企业走进山西、了解山西、投资山西、扎根山西，与山西3600万父老乡亲共同携手创造美好的未来。

李小鹏在主旨讲话中感谢全国工商联和民营企业对山西的关心、支持和帮助，并简要介绍了我省省情和经济社会发展情况以及投资环境、投资机会。他说，山西是中华民族和中华文明的重要发祥地之一、中国革命的老根据地和国家重要的能源基地，同时也是晋商故里、我国工商业的重要发祥地之一，自古就有从商重商安商富商的传统。

近年来，全省上下积极应对挑战，奋力攻坚克难，经济实力进一步增强，城乡面貌整体改观，生态环境持续改善，人民生活水平稳步提高，经济社会发展在克服困难中奋力前行。李小鹏指出，当前，投资山西正逢其时、潜力巨大、前景广阔。山西区位优势、资源优势、政策优势、产业优势、成本优势明显，交通、水利等基础设施完善，煤炭、电力等能源产业发达，政务和法治环境良好，扶持民营经济的政策措施完善、体制机制健全，来晋投资基础条件好、发展空间大。“十三五”时期，我们将深入学习贯彻习近平总书记系列重要讲话精神，以“五大发展”新理念为指针，着力建设国家新型综合能源基地，加快发展装备制造、新材料、新能源、节能环保、食品医药等战略性新兴产业和文化旅游、现代物流等服务业，不断增加公共产品和服务供给，深入推进国企改革、科技创新城建设和产业扶贫开发等工作，蕴含着无限商机，真诚欢迎广大客商来晋投资兴业、实现更好发展。我们将着力构建“亲”“清”新型政商关系，努力营造良好环境，让民营企业在山西放心创业、安心发展。

全联常委企业代表传化集团董事长徐冠巨、苏宁云商集团副总裁王哲先后进行大会发言。

大会最后举行项目集中签约仪式。本次大会共签约项目298个，总投资4152亿元。

我省召开全省领导干部会议　宣布中央关于山西省委主要领导职务调整的决定　6月30日，山西省召开全省领导干部会议。中央组织部副部长姜信治出席会议并宣布中央决定：骆惠宁同志任山西省委委员、常委、书记，王儒林同志不再担任山西省委书记、常委、委员职务。王儒林主持会议并讲话，省委书记骆惠宁，省委副书记、省长李小鹏讲话。省委副书记楼阳生、省政协主席薛延忠出席会议。

王儒林在讲话中说，我坚决拥护中央的决定，愉快服从组织的安排。骆惠宁同志政治上坚定，大局意识强；思路清晰，理论水平高，善于结合实际创造性开展工作；领导经验丰富，善于想大事、抓大事，驾驭全局和处理复杂问题的能力强；为人坦诚正直、公道正派，作风务实深入。我衷心希望大家像支持我一样支持惠宁同志工作。姜信治副部长在重要讲话中代表组织对我、对山西工作的肯定，是对我们的激励和鼓舞，对下步工作提出的要求，我们一定要认真贯彻执行。

王儒林说，我到山西工作虽然时间不算长，但我和山西广大干部群众结下深厚的永远都不会忘记的情谊。2014年9月以来，新的省委班子面对严峻形势和复杂问题，我们坚决与以习近平同志为总书记的党中央保持高度一致，坚决贯彻落实以习近平同志为总书记的党中央对山西工作的指示要求。我们始终坚持“深入学习贯彻习近平总书记系列重要讲话精神，净化政治生态，实现弊革风清，重塑山西形象，促进富民强省”。我们始终坚持深入推进党风廉政建设和反腐败斗争，形成并保持“三个高压态势”，同时认真把握和运用好中央提出的“四种形态”，坚持“六个区别对待”，充分体现了党的政策。我们始终坚持从严治党、从严治吏，努力把好干部选出来用起来。我们始终坚持两手抓，深入推进“六大发展”“三个突破”，努力做好“两篇大文章”，坚决打好脱贫攻坚和生态文明建设“两个攻坚战”。我们始终坚持“双学”，以上率下、夙夜在公。如果说我们取得了一些工作成绩，是以习近平同志为总书记的党中央坚强领导的结果，是3600万山西人民团结奋斗的结果，是省委、省人大、省政府、省政协领导班子齐心协力，老领导、老同志关心帮助，驻晋中直各单位各部门鼎力相助，驻晋部队和武警官兵携手共建，各民主党派、工商联、无党派人士共同努力的结果。我坚信，在惠宁同志为班长的省委坚强领导下，在小鹏同志等全省上下的共同努力下，今后山西人民的生活一定会越来越好。在山西工作的经历，将成为我一生中最宝贵的精神财富，我为能够成为一个山西人而感到骄傲和自豪。今后，无论身在哪里，我都将始终心系山西、永远祝福山西。

骆惠宁在讲话中说，我坚决拥护中央的决定。这次能到山西与大家一起共事，我很高兴，深感使命光荣、责任重大。我决心与大家一起努力，全面贯彻中央精神，继续把山西的工作做好，决不辜负党中央的重托和全省人民的期望。他说，王儒林同志临危受命来到山西，做了大量卓有成效的工作，倾注了全部心血，做出了重要贡献。以儒林同志为班长的省委一班人，认真贯彻中央要求，深入治理山西系统性、塌方式严重腐败，提出了“五句话”总体思路、“六大发展”“三大突破”“六权治本”等重要战略部署，各项工作呈现出新气象。当前，山西正处在全面建成小康社会的重要历史关头，既面临许多重大机遇，也面临许多困难挑战。办好山西的事情，一定要坚定地以习近平总书记系列重要讲话精神为指引，牢牢把握正确方向，统筹落实“五位一体”总体布局和“四个全面”战略布局，坚持省委近两年来的重大决策安排，努力把中国特色社会主义在山西坚持和拓展好。当下，关键是要按照全面从严治党的要求，持续推进党风廉政建设和反腐败斗争，着力构建良好政治生态，这一手要硬；关键是要自觉践行新发展理念，多策破解经济下行压力，着力推动经济稳步向好，这一手也要硬。我们的发展是以人民为中心的发展，人民对美好生活的向往就是我们的奋斗目标。全省各级党员领导干部都要奋发有为，团结带领广大人民群众，为确保山西与全国同步全面建成小康社会而扎实工作。

骆惠宁说，从今天开始，我就是一个山西人了。我将带着对党和人民高度负责的态度，怀着对山西的真诚感情来做工作，虚心向班子成员、向老同志、向基层干部和人民群众学习。我将全力做到，牢固树立“四个意识”，坚定地与党中央保持高度一致；全面执行民主集中制原则，勇于决断担当；带头清正廉洁，以实际行动作表率。请大家和社会各界对我进行监督。“人说山西好风光”。这里历史悠久、文化灿烂，人文精神得天独厚，是华夏文明的重要发祥地，是令人敬仰的革命老区；这里人民勤劳智慧、英勇顽强，为民族独立解放做出过重大牺牲，为国家建设发展做出过突出贡献；这里是我国重要的能源和工业基地，是国家资源型经济转型综合配套改革试验区，潜力巨大。我坚信，在以习近平同志为总书记的党中央坚强领导下，在以往工作的基础上，只要我们能够把各方面干事创业的积极性充分调动起来，坚持开拓创新，加倍不懈努力，山西一定能够重塑美好形象，实现振兴崛起。

李小鹏在讲话中表示，坚决拥护中央决定，一定积极配合、全力支持惠宁同志的工作，自觉接受省委的统一领导，带头维护省委的领导核心作用，带头维护以惠宁同志为班长的省委班子的团结，一如既往地履行好岗位职责，确保各项工作平稳有序。当前，全省经济社会发展正在克服困难中奋力前行，煤炭去产能减产量保增长等重点工作正处于“需要坚持一下的努力之中”，改革发展稳定任务十分繁重。各级各部门各单位特别是各级领导干部，要坚定立场，严守纪律，坚决拥护中央决定，以实际行动支持惠宁同志的工作，确保省委主要领导顺利交接、各项工作平稳过渡。要咬定目标、奋力攻坚，全面贯彻落实中央决策部署，扎实做好当前各项工作，确保全年经济社会发展实现更好水平。要“三严三实”、转变作风，坚持全面从严治党，认真开展“两学一做”学习教育，为各项工作顺利推进、各项目标顺利实现提供有力保障。要紧密团结在以习近平同志为总书记的党中央周围，深入学习贯彻习近平总书记系列重要讲话精神，认真践行“五大发展”新理念，着力深化改革、创新驱动、扩大开放，不断加快全面建成小康社会步伐，奋力开创全省各项工作新局面，努力向党中央、国务院和全省人民交一份合格的答卷。

现职省级领导干部，副省级以上老同志；省委委员、候补委员；各市市委书记、市长；省直单位主要负责同志；省属企事业单位和高等院校主要负责同志；中央驻晋单位主要负责同志；各民主党派、工商联主要负责同志参加会议。

省委中心组召开学习会 进一步把学习贯彻习总书记“七一”重要讲话引向深入 7月12日，省委中心组召开学习会，学习贯彻习总书记在庆祝中国共产党成立95周年大会上的讲话。省委书记骆惠宁主持并作重要讲话，强调要把学习习总书记“七一”重要讲话与系列重要讲话紧密结合起来，坚定不移用讲话统一思想、指导工作、解决问题、提升领导水平。省领导李小鹏、楼阳生、薛延忠出席。

学习会上，省委中心组成员在自学的基础上，联系各自工作实际，深入交流学习贯彻习总书记“七一”重要讲话的体会思考，骆惠宁、李小鹏、楼阳生、胡苏平、高建民、吴政隆、孙绍骋、王伟中、盛茂林作了发言。大家一致认为，习总书记“七一”重要讲话统揽全局、高瞻远瞩、催人奋进，是指导我们党奋力推进中国特色社会主义伟大事业和全面推进党的建设新的伟大工程的纲领性文献。大家一致表示，要深刻领会讲话的精神实质和深刻内涵，切实增强“四个意识”，自觉同以习近平同志为总书记的党中央保持高度一致，按照习总书记提出的不忘初心、继续前进的重大要求，坚决贯彻中央和省委重大决策部署，把中国特色社会主义在山西坚持和拓展好。

骆惠宁在学习会上指出，习总书记“七一”重要讲话，是当代最鲜活的马克思主义，是我们党在新的历史条件下进行具有许多新的历史特点的伟大斗争的政治宣言。我们要认真学习习总书记“七一”重要讲话精神，深刻认识具有许多新的历史特点的伟大斗争，准确把握其时代背景、前进方向、重大任务和本质特征，不断增强在新形势下为党和人民事业奋斗的自觉性。我们进行具有许多新的历史特点的伟大斗争，必须坚持以习总书记系列重要讲话为指引，在融会贯通、学以致用、全面覆盖上下功夫，自觉运用系列重要讲话解决山西的问题，让干部群众在实践中感受真理的力量。我们要全面正确有效贯彻好中央决策部署，把具有许多新的历史特点的伟大斗争在山西进行好，省级党员领导干部特别是省委常委会一班人要坚定理想信念，强化责任担当，为全省作出表率。

会议讨论了《中共山西省委关于深入学习贯彻〈习近平总书记在庆祝中国共产党成立95周年大会上的讲话〉的安排意见》。会议要求，全省各级党组织和广大党员干部要按照省委《安排意见》部署，深入学习贯彻习总书记“七一”重要讲话精神，进一步做好各方面工作。要抓好各级党委(党组)中心组专题学习，推动讲话精神进教材进课堂进头脑，面向基层做好宣讲工作，开展重大课题研究和理论阐释，为学习贯彻讲话精神营造良好舆论氛围。全省各个方面都要自觉以讲话精神为指导，奋发努力，开拓前行，为不断塑造山西美好形象、逐步实现山西振兴崛起而共同奋斗。

省委中心组成员参加了学习会。省人大常委会、省政协党组副书记，省政府秘书长，省委专职副秘书长，省纪委、省委办公厅、省委组织部、省委宣传部有关负责同志列席了学习会。

学习贯彻习近平总书记“七一”重要讲话精神暨全省“两优一先”表彰大会在太原举行 7月15日，学习贯彻习近平总书记“七一”重要讲话精神暨全省“两优一先”表彰大会在太原隆重举行。省委书记骆惠宁作讲话。省委副书记、省长李小鹏主持会议。省委副书记楼阳生宣读《中共山西省委关于表彰全省优秀共产党员、优秀党务工作者、先进基层党组织的决定》。

上午10时，大会开始。来自全省各行各业、在工作中取得优异成绩的100名共产党员、100名党务工作者和199个基层党组织，分别被授予“全省优秀共产党员”“全省优秀党务工作者”“全省先进基层党组织”荣誉称号。受到表彰的优秀个人和先进集体代表先后上台领奖，会场响起热烈掌声。

骆惠宁在讲话中代表省委向这次受表彰的优秀共产党员、优秀党务工作者、先进基层党组织表示热烈的祝贺和崇高的敬意。他结合山西实际，就学习贯彻习总书记“七一”重要讲话、系列重要讲话提出明确要求。他指出，习近平总书记

“七一”重要讲话,是全党在新的历史条件下进行具有许多新的历史特点伟大斗争的政治宣言,是指引我们党奋力推进中国特色社会主义伟大事业和全面推进党的建设新的伟大工程的纲领性文献。我们要深刻领会习总书记“七一”重要讲话精神,为实现中华民族伟大复兴中国梦作出应有贡献。要在深刻领会党的光辉历程和伟大历史贡献中增强清醒自信,在深刻领会近代以来我国社会发展的规律性认识中坚定前进方向,在深刻领会我们党所肩负的时代使命中永葆奋斗精神,进一步坚定“四个自信”,不断增强“四个意识”,自觉同以习近平同志为总书记的党中央保持高度一致。山西作为革命老区,在党领导革命、建设、改革的各个时期,都作出过宝贵奋斗和重大贡献。在新的历史阶段,我们要进一步弘扬光荣传统,深入总结长期以来形成的治晋理政有益经验,认真汲取一段时间出现的系统性、塌方式严重腐败的沉痛教训,深刻认识具有许多新的历史特点的伟大斗争的时代背景、前进方向、重大任务和本质特征,把中国特色社会主义在山西坚持和拓展好。当前,要紧紧围绕省委提出的“两个关键”,着力构建良好政治生态,着力推动经济稳步向好,切实做到两手硬,聚精会神地把各方面工作进一步做好。

骆惠宁指出,要坚持学习贯彻习总书记“七一”重要讲话与系列重要讲话相结合,把具有许多新的历史特点伟大斗争在山西进行好。习总书记系列重要讲话是不断发展的、开放的理论体系,这次“七一”讲话是其中的新篇章。我们要把山西各项事业推向前进,最根本的就是要以习总书记系列重要讲话为行动指针。全省各级党组织要继续以高度的政治担当和历史担当,把学习贯彻习总书记系列重要讲话精神不断引向深入,使之真正成为分析问题、解决问题的过程,让人们在实践中切实感受到系列讲话的真理力量。要进一步做到融会贯通,坚持读原文,掌握贯穿于讲话中的马克思主义立场观点方法和体现的政治立场、价值追求和崇高风范。要进一步推动学以致用,着力解决突出问题,防止学与用脱节,做到学思践悟相统一。要进一步实现全面覆盖,把学习贯彻系列重要讲话从领导干部这个“关键少数”向全体党员拓展、向基层组织延伸,推动系列重要讲话进机关、进企业、进农村、进社区、进学校、进军营。

骆惠宁强调,要学思结合,以思促学,结合山西省情,着力从6个方面深入思考,即如何坚定不渝以习总书记系列重要讲话为指引,用发展着的马克思主义武装头脑、指导实践;如何始终保持对远大理想和奋斗目标的执着追求,不断提升党性修养、思想境界和道德水平;如何毫不动摇贯彻党的基本路线,确保我省与全国同步全面建成小康社会;如何更加有效推进改革开放和法治建设,为山西发展注入不竭动力、提供坚实保障;如何充分发挥广大群众积极性主动性创造性,把为全省人民造福事业推向前进;如何自觉坚持从严管党治党,以勇于担当精神推进党的建设新的伟大工程。要使系列重要讲话精神入脑入心,成为改造主客观世界的强大思想武器。

骆惠宁强调,要大力弘扬理论联系实际的学风,以习总书记系列重要讲话精神为指引,着力在8个方面进一步推动工作,即进一步把山西工作放在国际国内的大背景下来审视与谋划,统筹推进“五位一体”总体布局,协调推进“四个全面”战略布局,牢牢把握正确方向,忠实履行岗位职责,向着实现“两个一百年”宏伟目标不断迈进;进一步践行新发展理念,增强定力、精准发力,全面推进供给侧结构性改革,有力有度有效落实好“三去一降一补”重点任务,发挥投资的关键作用,做好煤与非煤两篇大文章,培育新的经济结构,爬坡过坎,走出一条资源型地区创新驱动、转型升级的新路,实现我省经济浴火重生、重振雄风;进一步树立以人民为中心的发展思想,越是经济下行压力大,越要注重保障和改善民生,坚决打赢脱贫攻坚战,不断提高基本公共服务水平,坚持总体安全观,绷紧安全生产这根弦,守住全社会系统安全稳定的底线,让广大群众有更多的获得感;进一步深入挖掘我省5000多年文明发展中孕育的优秀传统文化,在革命战争年代形成的红色文化,坚持社会主义先进文化的前进方向,大力践行社会主义核心价值观,加快建设文化强省,持续为社会进步提供丰润的文化滋养;进一步清醒认识加强生态文明建设的重要性和必要性,以对人民群众、对子孙后代高度负责的态度和责任,真正下决心把环境污染治理好、把生态环境建设好,努力走向社会主义生态文明新时代,为人民创造良好生产生活环境;进一步全面深化各领域改革,扩大对内对外开放,充分发挥转型综改试验区建设对全省经济社会体制改革的牵引作用,敢于向积存多年的顽瘴痼疾开刀,坚决清除妨碍社会生产力发展的体制机制障碍,推进治理体系和治理能力现代化;进一步树立宪法法律权威,弘扬宪法精神,引导各级领导干部自觉尊法学法守法用法,不断提高运用法治思维和法治方式深化改革、推动发展、维护稳定、管党治党的能力和水平,确保权力在法治轨道上行使,积极推进法治山西建设;进一步保持党的先进性和纯洁性、提高执政能力和拒腐防变能力,以自我革命的政治勇气,着力解决自身存在的突出问题,祛病疗伤、激浊扬清,确保我省各级党组织始终成为坚强的领导核心。

骆惠宁指出,要深入贯彻全面从严治党要求,在“两学一做”中展示党员干部良好形象。要认真落实管党治党主体责任,坚持严字当头,把严的要求贯彻全过程,加强和规范党内政治生活,严肃党的政治纪律和政治规矩,全面净化党内政治生态。要从省委常委会抓起,从领导干部抓起,持之以恒加强作风建设,严格执行中央八项规定精神,紧盯“四风”隐形变异问题和重要时间节点,健全抓常抓细抓长的有效机制,推动作风持续好转。要以零容忍态度坚定不移地反腐败,把纪律和规矩挺在前面,推动党风廉政建设的压力向下传导,使不敢腐的震慑作用得到强化,不能腐、不想腐的效应日益显现,压倒性态势加快形成。

骆惠宁强调,要坚持好干部标准,使动力与压力、奖励与惩戒、能上与能下、严管与关爱相统一,把优秀干部精心培养起来、及时发现出来、合理使用起来。全体党员干部要坚守“三严三实”。要在全省强化“为官必为”意识,增强“为官会为”能力，追究“为官不为”责任，营造“为官愿为”环境，充分激发广大干部干事创业的积极性创造性，为担当的干部担当，对负责的干部负责。要扎实做好换届工作，严格换届纪律，确保换届风清气正。

骆惠宁指出，要认真抓好“两学一做”学习教育，进一步落实领导责任，坚持分类指导，抓在平常、融入日常，以上率下、上下联动，把全面从严治党落实到每个支部、落实到每名党员，确保“两学一做”学习教育取得预期成效。

骆惠宁指出，这次受表彰的优秀个人和先进集体是各行各业的杰出代表。全省广大共产党员和党务工作者要向他们学习，以他们为榜样，敬业奉献、创先争优，在各自岗位上发挥好先锋模范作用。

骆惠宁号召全省广大共产党员和各级党组织，紧密团结在以习近平同志为总书记的党中央周围，高举中国特色社会主义伟大旗帜，坚定信心、开拓进取，为不断塑造山西美好形象、逐步实现山西振兴崛起而努力奋斗。

李小鹏在主持会议时强调，要把学习贯彻习近平总书记“七一”重要讲话、系列重要讲话作为重大政治任务，按照骆惠宁书记的讲话要求，融会贯通、学以致用、全面覆盖，坚决在思想上政治上行动上与以习近平同志为总书记的党中央保持高度一致，坚决把“两个关键”、“两手硬”、不断塑造山西美好形象、逐步实现山西振兴崛起的部署落到实处。

省委常委，省政协主席，省人大常委会主持日常工作的副主任出席大会。省直各单位和中央驻晋单位主要负责同志，驻太原本科院校、省管国有骨干企业主要负责同志，全体受表彰对象参加大会。

省委召开常委会议　传达习总书记关于做好当前防汛抗洪抢险救灾工作的重要讲话　学习《中国共产党问责条例》　研究我省贯彻落实意见　7月22日，省委书记骆惠宁主持召开省委常委会议，传达习总书记关于做好当前防汛抗洪抢险救灾工作的重要讲话，学习《中国共产党问责条例》，研究我省贯彻落实意见。

会议指出，习总书记关于做好当前防汛抗洪抢险救灾工作的重要讲话，体现了真挚的为民情怀、强烈的责任担当，是当前防汛抗洪抢险救灾工作的总纲领，我们要坚决贯彻落实。会议听取了全省防汛形势汇报，充分肯定近期我省防汛和正在进行的灾后处置工作，指出，今年我省汛情来得早，持续时间长，强降雨量大，洪峰流量大。省委、省政府高度重视，超前部署，科学调度，省防指各成员单位通力协作，市县党政主要负责同志靠前指挥，各级干部群众团结奋战，取得了防汛抗洪的阶段性胜利。

会议强调，当前我省防汛抗洪抢险形势仍然十分严峻，要以习总书记重要讲话精神为指引，进一步有针对性地做好各项防汛抗洪工作。一要思想认识到位。立足防大汛、抢大险、救大灾，始终把人民群众的生命安全放在首位，强化担当意识，增强危机意识，打好主动仗。二要措施落实到位。紧紧盯住防汛工作中暴露出的薄弱环节，把重大风险隐患当成事故来对待，立即进行排查整改，尽最大努力减少损失；科学精准预报预警，完善应急预案，为防汛抗洪、群众转移争取更多时间；加强水库、中小河流特别是淤地坝等重点部位防范，不间断巡查，盯紧、盯死；对铁路、公路、民房等有险情工程抓紧除险加固，加强城市防洪排涝工作，妥善安置受灾群众。三要组织领导到位。省防指要牵头抓总，各级各部门要同心同力，动员基层干部群众齐上阵，确保安全度汛。会议强调，越是关键时刻越是对各级党组织、党员领导干部的考验。各级党政主要负责同志、领导干部要坐镇一线、强化担当，充分发挥基层党组织的战斗堡垒作用、共产党员的先锋模范作用，充分发挥驻军、武警部队、民兵预备役的突击队作用。要做好其他领域安全生产工作，守住省委提出的“三个坚决防止”底线。

会议强调，《中国共产党问责条例》以党章为根本遵循，聚焦全面从严治党，进一步规范和强化问责，唤醒责任意识，激发担当精神，体现了党的十八大以来管党治党理论和实践创新成果，为推动管党治党从宽松软走向严紧硬，从治标为主走向标本兼治提供了重要的思想武器，发挥了利器作用。一要切实增加贯彻《条例》的清醒自觉。目前，我省管党治党的形势依然严峻，任务艰巨繁重，要以《条例》为指针，压实管党治党的政治责任，不断开辟我省党的建设和党的事业的新境界。二要准确把握贯彻《条例》的鲜明导向。紧紧围绕坚持党的领导、加强党的建设、全面从严治党、维护党的纪律、推进党风廉政建设和反腐败斗争开展问责，切实解决目前存在的突出问题，以问责推动履职尽职。要紧密结合自身实际，想一想对全面从严治党的形势是否充分认清楚，想一想贯彻党的路线方针政策是否坚定不移，想一想加强作风建设和遵守党的纪律是否真正自觉，想一想履行岗位职责推动各项工作是否切实到位，以学习贯彻《条例》为动力和压力，积极把管党治党、治晋理政的责任担起来。三要充分发挥贯彻《条例》的表率作用。从各级党委(党组)、党的工作部门及其领导成员，各级纪委及其领导成员做起，带头学习遵守《条例》，用担当的行动诠释对党和人民的忠诚。主要负责人要以身作则、以上率下，班子成员要守土有责、守土尽责，切实履行好“一岗双责”，加快促进我省政治风清气正、经济浴火重生、事业全面进步。

省委召开常委会议　研究当前经济形势　部署下半年经济工作　7月30日，省委书记骆惠宁主持召开常委会议，听取省政府党组关于上半年全省经济形势的报告，研究部署下半年经济工作。骆惠宁作了重要讲话，他强调，要以习总书记系列重要讲话精神为指引，毫不动摇地贯彻党的基本路线，坚持“两手硬”，加强和改进党委对经济工作的领导。要充分肯定我省上半年经济社会发展取得的进步和所做的工作，着眼全国发展大势和山西发展历程，准确把握当前我省经济发展的重要特征，清醒地看到我省经济仍处于改革开放以来最困难的时期，积极改变这种状况，是全省3600万人民最热切的期盼，也是当前治晋理政最紧迫的任务。要进一步认清形势、凝聚共识，直面问题、迎难而上，综合施策、精准发力，全力巩固经济低位企稳回升态势，争取经济逐步好转，下半年好于上半年，为明年进一步好转奠定坚实基础。

会议形成高度共识。大家一致表示，省委常委会集中研究经济工作，进一步加强省委对经济工作的领导，十分及时、非常必要。6月底以来，省委鲜明提出"一个指引、两手硬"的重大思路和要求，贯彻中央精神，符合山西实际，顺应民心所向，正在转化为全省上下的共同意志和自觉行动。这次省委常委会，贯彻7月26日中央政治局会议精神，坚持省委提出的重大思路和要求，坚持问题导向和目标导向相结合，就着力推动经济稳步向好做出系统部署，对推进全省改革开放和全面小康社会建设具有重要意义。

会议认为，今年以来，面对复杂严峻的经济形势和持续较大的下行压力，全省上下以习总书记系列重要讲话精神为指引，坚决落实党中央国务院、省委省政府决策部署，坚持稳中求进工作总基调，主动适应经济发展新常态，坚定不移推进供给侧结构性改革，统筹稳增长、调结构、促改革、惠民生、防风险，上半年经济实现低位企稳、稳中有进、稳中向好，但稳中也有忧，经济社会发展正在克服困难奋力前行。低位企稳、稳中有进、稳中向好主要表现在，上半年全省地区生产总值同比增长3.4%，比一季度提高0.4个百分点，比上年同期提高0.7个百分点；农业、服务业分别增长1.4%和7.6%；全省固定资产投资增长10.6%，社会消费品零售总额增长6.4%，进出口总额增长4.7%，就业、物价、收入总体稳定；供给侧结构性改革全面推进，"三去一降一补"取得初步成效；全省规模以上工业增加值降幅收窄，部分主导产品价格稳中有升，新产业新业态加快发展；城乡居民人均可支配收入分别增长6%、6.5%，重点民生工程进展较好。稳中有忧主要表现在，上半年工业经济仍然负增长，一些企业经营困难；财政收入降幅扩大，一般公共预算收入下降7.4%；结构性融资难融资贵问题较为突出；城乡就业和增收压力加大，环境质量形势不容乐观。

会议指出，要全面客观辩证地看待当前经济形势，高度重视四个重要特征，即经济增长低位企稳，下行压力依然很大；新旧动能转换胶着，结构调整任务艰巨；民生刚性需求加大，财政保障能力减弱；积极因素不断积累，风险隐患也在积累。要从四个方面统一思想认识，即要肯定成绩，倍加珍惜来之不易的工作局面；增强定力，做好打攻坚战的思想准备；明确方向，紧紧抓住市场倒逼结构调整的重大机遇；坚定信心，努力实现山西经济稳步向好。

会议强调，要全力以赴做好下半年经济工作，争取下半年好于上半年，为明年进一步好转奠定坚实基础。要重点抓好八个方面工作。一要继续推进供给侧结构性改革，坚持煤炭减量化生产，努力提高煤炭企业的经济效益和竞争力。二要大力促进非煤工业发展，精心培育新的经济增长点，加快工业结构调整步伐。三要全力促进农业稳定增长，大力发展现代特色农业，力争秋粮获得好收成。四要充分发挥服务业带动作用，进一步加强分类指导，认真落实支持服务业发展"50条"等政策措施。五要在扩大投资规模的同时注重提高质量，加强对项目的谋划，努力提高我省投资品和服务的供应水平，促进民间投资较快增长。六要不断强化金融支持和财政保障，进一步加大金融对实体经济的支持力度，努力做好财政收支管理。七要进一步提高对内对外开放水平，改进招商引资工作，积极参与环渤海地区合作发展和"一带一路"建设。八要进一步保障和改善民生，做好高校毕业生就业创业等工作，做好城镇困难人员的生活保障，确保完成年度脱贫攻坚任务，多措并举增加城乡居民收入，毫不放松抓好安全生产，坚决守住安全稳定的底线。

会议指出，要重点谋划、统筹实施一批重大举措。要围绕创新驱动、转型升级，抓紧制定我省创新发展战略纲要，真正把创新摆在发展全局的核心位置；围绕完善煤炭、电力、煤层气和新能源的综合管理体制，加快推进国家综合能源基地建设；围绕非煤产业发展，进一步完善招商引资、产业集聚、要素支撑等政策措施，创新各类园区管理和运行机制，加快培育一批新兴产业和龙头企业；围绕健全军民融合发展工作机制，谋划实施一批带动引领作用强的军民融合发展项目，为我省经济发展提供新力量；围绕加快推进电力体制改革，形成我省电力竞争优势，更好开拓省内外用电市场；围绕煤炭供给侧结构性改革，优化煤炭供给结构，增强我省炼焦煤市场话语权和竞争力；围绕降低物流成本，深入研究我省运用大数据、云计算等平台，抓好智慧物流体系建设的政策措施等。

会议强调，各级党委必须充分发挥总揽全局、协调各方的领导核心作用，进一步加强和改进对经济工作的领导。要毫不动摇地贯彻党的基本路线，坚持以经济建设为中心，理直气壮地抓发展第一要务，努力提高领导经济工作的能力和水平，最大限度调动各级干部、企业家、创新人才的干事创业积极性和创造力，把广大干部群众的注意力引导到发展上来，坚决做到"两手硬"。要坚持社会主义市场经济改革方向，充分发挥转型综改试验区建设对全省经济社会发展改革的牵引作用，大胆解放思想、先行先试，以严和实的作风确保中央和我省各项改革措施落地生根，用改革的办法破解我省经济社会发展难题，不断激活内生动力，闯出发展新路。要坚持中国特色社会主义政治经济学重大原则，健全党委抓经济工作的制度与方法。省委常委会要定期研究经济工作，分析解决全省重大经济问题，全力支持政府工作，加强与人大、政协、各民主党派的沟通，加大对各市县抓经济工作的指导与督查。年底要对经济工作目标任务进行绩效考核，推动形成全社会共谋发展、各方面共促发展的强大合力和浓厚氛围。

会议要求，全省上下要进一步统一思想、凝心聚力，以钉钉子精神，把这次会议的各项部署落到实处，为推动经济稳步向好、逐步实现振兴崛起努力奋斗。

省委召开常委会议　传达全国"两学一做"学习教育工作座谈会、全国司法体制改革推进会精神，研究我省贯彻落实意见　决定近期召开省委十届八次全会　8月5日，省委书记骆惠宁主持召开省委常委会议，传达全国部分地区和部门"两学一做"学习教育工作座谈会、全国司法体制改革推进会精神，研究我省贯彻落实意见。

会议指出，开展“两学一做”学习教育是全党的大事，中央高度重视。我省“两学一做”学习教育启动以来，各级党组织精心组织、分类指导，广大党员立足本职、积极参与，全省已普遍开展两个专题的研讨，学习教育总体进展态势良好。但也存在学做结合不够紧密等问题。会议强调，要认真贯彻中央决策部署，按照省委提出的“一个指引、两手硬”的重大思路和要求，深入抓好学习教育各项工作，确保取得实效。一是坚持把学习贯彻习总书记系列讲话引向深入。市县和基层党组织都要注重学用结合，解决突出问题。年内推出一批好典型，让党员干部在武装思想、推动工作、改变本地面貌的过程中感受真理的力量。二是坚持问题导向。各级党组织、广大党员都要把自己摆进去，带着问题学、针对问题改。各级组织部门要认真抓好党员组织关系、党费收缴、党代表和党员违纪违法情况、基层党组织换届问题“四个集中排查”。三是坚持发挥党支部的主体作用。各级党委(党组)书记、所有党支部书记都要负起抓党建的责任，把学习教育融入日常，严格落实党内政治生活制度。四是坚持领导带头。各级党员领导干部要在学习教育中走在前列，自觉参加双重组织生活，充分发挥模范带头作用。五是坚持以“两学一做”促进各项工作。要通过学习教育，引导广大党员提振干事创业的精气神，进一步做好改革发展稳定工作，不断开创山西各项事业新境界。

会议指出，深化司法体制改革对于维护公平正义、加强法治建设、推进执政能力现代化、巩固党的执政地位，具有重要意义。我省司法体制改革试点开展以来，在制度体系建设、机构编制管理、干部管理、财物管理等方面做了大量工作，改革试点取得阶段性成效。要深入学习贯彻习总书记关于全面依法治国的重大战略思想，学习贯彻全国司法体制改革推进会议精神，统一思想、坚定信心，坚定不移推动司法体制改革全面深入开展。要做好全面改革试点前的准备工作，总结第一批试点经验，制定改革试点规划，推进员额制度、工资制度、职务序列等改革，完善司法责任追究制度，研究相关配套措施，形成整体效能。要加强组织领导，强化督察指导，明确任务分工，压实改革责任，党委政法委要发挥牵头协调作用，法院、检察院要落实好主体责任，统筹推进公安、国家安全和司法行政改革，确保各项改革任务全面落实，为全省改革发展营造良好法治环境。在试点过程中，要结合实际，积极探索通过司法体制改革加强基层法院、检察院建设的有效路子，守住维护社会公平正义的第一道防线。

会议决定，近期召开中国共产党山西省第十届委员会第八次全体会议，审议关于召开中国共产党山西省第十一次代表大会的决议和决定相关事宜。

中共山西省委十届八次全体会议在太原召开决定于10月召开省第十一次党代会 8月15日，中国共产党山西省第十届委员会第八次全体会议在太原召开。会议审议通过了《中国共产党山西省第十届委员会第八次全体会议关于召开中国共产党山西省第十一次代表大会的决议》，审议通过了有关换届文件和决定事项，原则批准了《中共山西省委全会工作规则》。会议强调要充分认识开好省第十一次党代会的重大意义，统筹做好各项筹备工作，以此为契机，把各方面干事创业的热情激发出来，以担当精神、改革勇气、务实作风，推动我省党的事业和党的建设取得新成绩。

全会由省委常委会主持，省委书记骆惠宁作重要讲话。省委副书记、省长李小鹏，省委副书记楼阳生，省政协主席薛延忠，省委常委胡苏平、高建民、黄晓薇、吴政隆、孙绍骋、王伟中、付建华、盛茂林出席会议。出席会议的省委委员62人。不是省委委员、候补委员的省人大、省政府、省政协党员负责同志，省军区、省武警总队主要负责同志，省纪委常务副书记，省委组织部常务副部长，大同市、忻州市、晋中市、运城市市委书记列席会议。

全会决定，拟于今年十月召开中国共产党山西省第十一次代表大会。

会议指出，即将召开的省第十一次党代表大会，将审议通过第十一次党代会报告，明确山西今后五年的发展方向，选举产生新一届省委领导班子。这次换届正处于决胜全面小康的重要节点，承载着谋划一方事业、选配一方执政骨干的使命，事关我省“一个指引、两手硬”重大思路和要求的落实，事关不断塑造山西美好形象、逐步实现山西振兴崛起，意义十分重大。要深刻认识到，开好这次党代会，是我省贯彻以习近平同志为总书记的党中央治国理政新理念新思想新战略的重要保证，是推动经济稳步向好、实现与全国同步全面建成小康社会的重要支撑，是我省深入贯彻全面从严治党要求、着力构建良好政治生态的必备条件。通过这次党代会，将牢固确立以习总书记系列重要讲话精神作为各项工作的指针，自觉在思想上政治上行动上与以习近平同志为总书记的党中央保持高度一致，确保党的理论和路线方针政策全面正确有效地贯彻，把中国特色社会主义在山西坚持和拓展好；将选出政治强、懂专业、善治理、敢担当、作风正的领导干部，配出结构优、功能强的省委班子，坚持发展第一要务，团结带领干部群众理直气壮抓发展、廉洁为民抓发展，汇集起决胜全面小康的强大力量；将进一步加强和改进党的领导，进一步坚定理想信念，进一步强化作风建设，深入推进党风廉政建设和反腐败斗争，持续地、全面地净化政治生态，真正把忠诚干净担当的形象立起来。

会议指出，要认真贯彻中央要求，统筹做好省十一届党代会筹备工作。要吃透中央精神、把握省情实际，注重改革创新、与时俱进，汇集各方意愿和智慧，科学提出我省未来五年的总体思路、奋斗目标和工作举措，努力起草一个继往开来、具有战略性操作性创新性的党代会报告，激励全省上下为开创山西各项工作新局面而共同努力。要坚持好干部标准，坚持德才兼备、以德为先，坚持五湖四海、任人唯贤，坚持事业为上、公道正派，切实把好政治关、作风关、能力关、廉洁关，格外关注干部的担当作为和创业能力，把党和人民需要的好干部选出来用起来，形成激励干事创业的鲜明导向。要坚持统筹协调，自下而上、上下结合、反复酝酿、逐级遴选，精心做好代表人事工作，使代表人选切实体现党的先进性和纯洁性，信念坚定，对党忠诚，模范遵守党章党规党纪。要坚持挺纪在前，认真执行“九严禁”要求等各项纪律规定，对违反换届纪律的人和事，发现一起，查处一起，确保换届工作风清气正，决不能让“带病提拔”在省委换届中发生。

会议强调，要以筹备省第十一次党代会为契机，全面推动各项工作。要认真落实今年以来省委的各项工作部署，坚决贯彻省委提出的“一个指引、两手硬”重大思路和要求。深入抓好省委第219次常委会议纪要精神的贯彻，全力巩固经济低位企稳回升态势，争取经济逐步好转。全面加强党的思想、组织、作风、反腐倡廉和制度建设，扎实抓好“两学一做”学习教育，做到从严管党治党不放松。充分发挥改革和法治“双轮驱动”作用，统筹推进政治、文化、社会、生态等各项事业不断取得新进展。

会议指出，要加强对重大问题的调查研究，在潜心悟透、把握规律中找出破解难题的答案，不断丰富治晋理政实践，为起草好党代会报告创造条件。要以问题为导向，有针对性采取措施，在解决突出问题上狠下功夫，盯住不放、一抓到底，努力使筹备党代会的过程成为破解难题、推动工作的过程，以工作的实际成效迎接党代会胜利召开。

会议强调，要进一步加强党的领导。充分发挥党组织在换届工作中的领导把关作用，增强政治担当，把党的领导贯穿到全过程，保障换届工作的正确方向；同时，强化对各方面工作的领导，认真贯彻《地方委员会工作条例》和《党组工作条例（试行）》，严格执行《中国共产党问责条例》，坚决杜绝干与不干一个样、干好干坏一个样，以严肃问责确保党的大政方针和省委决策部署落到实处。

会议号召，要紧密团结在以习近平同志为总书记的党中央周围，齐心协力做好这次省委换届工作，坚定信心，迎难而上，埋头苦干，为创造山西的美好明天而不懈奋斗！

在圆满完成各项议程后，会议在雄壮的国际歌声中闭幕。

全省市级经济发展推进会在太原召开 8月15日，全省市级经济发展推进会在太原召开。省委书记骆惠宁主持会议并讲话，他强调，各市要按照“一个指引、两手硬”的重大思路和要求，乘势而上、凝心聚力，进一步牢固确立以经济建设为中心的思想，进一步落实全面从严治党的要求，进一步营造奋发干事创业的浓厚氛围，把省委常委会的重大决策部署切实地落下去，努力实现经济稳步向好、政治风清气正，以良好状态迎接省十一次党代会胜利召开。省委副书记、省长李小鹏通报点评各市经济工作情况。省委副书记楼阳生，省领导高建民、黄晓薇、吴政隆、王伟中、付建华、盛茂林、姜新文出席会议。

6月底以来，省委在原有工作部署的基础上，进一步提出“一个指引、两手硬”的重大思路和要求。7月30日召开的省委常委会，集中研究部署了经济工作。目前，这些决策部署正在成为全省上下的高度共识和自觉行动。各市普遍认为，省委研究部署经济工作，抓住了治晋理政的第一要务，体现了对历史和人民的使命担当，并分别结合实际提出了一批做好下半年经济工作的举措，初步形成了加强经济工作的大氛围。

骆惠宁在讲话中指出，上半年，各市认真贯彻落实党中央、国务院和省委、省政府决策部署，推动市域经济出现一些积极变化。但市域经济的总量性、结构性问题十分突出，低位企稳向好的基础尚不牢固，总体上还比较低迷。各市党委要进一步增强贯彻党的基本路线的自觉性和坚定性，以高度的政治责任感加强对经济工作的领导，理直气壮抓发展，廉洁为民抓发展，进一步从观念能力作风上适应新形势的要求。

骆惠宁强调，各市要采取有力举措稳增长，结合实际贯彻落实省委常委会纪要提出的八个方面工作部署。要从三次产业精准发力。能否实现下半年好于上半年，关键看工业。要把当下工业上的发力点打到企业和项目上，在全省组织“万名干部入企服务活动”，开展“各类申报项目受理材料大起底”，向“上”争取政策和资金，向“下”主动提供服务。越是经济困难，越要自觉践行以人民为中心的发展思想，高度重视保障和改善民生，不断增进人民群众的获得感。

骆惠宁强调，要抓住市场倒逼结构调整的重大机遇，进一步把转型发展落实到规划和项目上。各市要加强对破解经济结构问题的研究，进一步提高转型发展的针对性、可行性和有效性。要把创新摆在发展全局的核心位置，进一步谋划并实施好煤基领域科技创新链、高新技术领域创新链，推动大众创业、万众创新，走出创新驱动、转型升级新路。要把功夫下在项目上，依托市场需求谋划项目，依托循环产业链谋划项目，依托龙头企业谋划项目。

骆惠宁强调，要进一步解放思想，用改革的办法破解难题、激发动力。要坚持社会主义市场经济改革方向，把深入推进供给侧结构性改革和加快资源型经济转型综改区建设紧密结合起来，发挥其对经济社会领域改革的牵引作用。各市党委要切实履行对改革的领导责任，各综改试点县、扩权强县试点县要承担起主体责任，各级领导干部都要成为改革的促进派和实干家。开放也是改革，开展向发达地区投资环境的全面“对标”行动，顺应新一轮科技革命和产业变革的趋势，用系统和定向的观点改进招商引资工作，大力推动近年来民企人晋招商活动签约项目的落地。要高度重视高新区和经济开发区管理体制和运行机制的改革，更好地发挥其改革试验田和开放排头兵作用。

会上，李小鹏从地区生产总值、规模以上工业增加值、固定资产投资等11个方面，通报点评了11个市上半年经济运行情况，总结经验、分析问题，表扬先进、鞭策后进，并对各市做好下半年经济工作提出建议和要求。他要求，各市要坚决把思想和行动统一到党中央对当前经济形势的分析判断上来，认真贯彻落实省委“一个指引、两手硬”的重大思路和要求，咬定年初省政府工作报告提出的目标任务，坚定信心、奋力拼搏，问题导向、精准施策，真抓实干、高效务实，全力以赴做好下半年经济工作。要九牛爬坡、个个出力，指标完成好的市要发扬经验、再接再厉，指标完成差的市要铆足干劲、迎头赶上，为实现“一季比一季好，下半年好于上半年，今年好于去年，为明年进一步好转奠定坚实基础”的目标奋力前行、努力奋斗。

太原市、大同市、晋中市、阳泉市、临汾市作了交流发言。各市市委书记、市长，省直有关部门主要负责同志参加会议。

山西省召开领导干部会议　就学习贯彻全国卫生与健康大会精神作出安排　8月25日，我省召开领导干部会议，传达全国卫生与健康大会精神，对贯彻落实工作作出安排。省委书记骆惠宁主持并讲话，他强调，要坚持把人民健康放在优先发展的战略地位，努力全方位、全生命周期保障人民健康，充分调动各方面积极性，努力建设健康山西。省委常委，省人大、省政府、省政协党员负责同志，省法院院长、省检察院检察长出席会议。

骆惠宁指出，在决胜全面建成小康社会的关键时期，中央召开新世纪以来的第一次全国卫生与健康大会，在我国卫生与健康事业发展史上具有里程碑意义。习近平总书记的重要讲话，从党和国家事业全局的战略高度，深刻阐释了建设健康中国的重大意义、指导思想、工作方针、目标任务和重大举措，集中反映了党中央关于卫生与健康事业发展的新思想新论断新要求，是指导健康中国建设的纲领性文献。我们要认真学习领会习总书记重要讲话和全国卫生与健康大会精神，深刻把握推进健康中国建设的重大意义，深刻把握我国卫生与健康工作方针，深刻把握坚持预防为主的丰富内涵，深刻把握全面深化医药卫生体制改革的重大举措，深刻把握发展健康产业的重要作用，深刻把握加强对卫生和健康工作领导的重大要求，切实把思想和行动统一到中央决策部署上来。

骆惠宁就学习贯彻全国卫生与健康大会精神作出安排。他强调，一要大力学习宣传。各级党委政府要按照统一部署，抓好传达贯彻。各级领导干部要静心研究会议精神，全面把握核心要义，用以指导工作，防止浅尝辄止。要统筹各类新闻媒体，把中央精神宣传到基层、宣传到群众当中。二要深入研究问题。坚持目标导向和问题导向，直面卫生与健康事业中的矛盾和问题，从山西发展的阶段性特征出发，加强顶层设计，在深入调研的基础上，编制好“健康山西2030”规划。三要全面深化医改。把医改作为推进我省卫生和健康事业发展的“牛鼻子”，放在全国大格局中审视与谋划，抓紧制定进一步深化医改的总体方案，努力在分级诊疗、现代医院管理、全民医保、药品供应保障、综合监管5项基本医疗卫生制度建设上形成特色和亮点。四要积极发展健康产业。这是经济新常态下推进供给侧结构性改革的客观要求，是调结构的重要切入点。要坚持创新引领，强化政策支持，大力促进医疗与养老、旅游、体育、文化的融合，积极发展健康养老、健康旅游、智慧健康、健身休闲运动和健康食品产业，满足群众多样化的健康需求。要利用好我省独特的中医药资源优势，着力打造中医药强省。

骆惠宁强调，各级党委政府要增强推进健康山西建设的责任感和使命感，主要负责同志要亲自抓，加强对重大卫生与健康问题的研究，明确方向，精准施策，务求取得实效。各部门要把保障人民健康作为经济社会政策的重要目标，系统梳理和完善政策，认真履行职责。要引导各类市场主体和社会力量积极投身卫生与健康发展，推动形成人民共建共享的良好氛围。年内，将召开全省卫生与健康大会，对推进健康山西建设进一步作出全面具体部署。

省卫计委、省体育局负责同志参加会议。

省委召开常委会议 研究部署省委巡视工作 健全社会治安综合治理责任制　8月29日，省委书记骆惠宁主持召开省委常委会议，听取2016年上半年省委巡视工作汇报，研究部署下一步巡视工作，审议我省健全落实社会治安综合治理领导责任制实施办法。

会议指出，今年上半年，我省巡视工作认真贯彻中央巡视工作方针，切实加强组织领导，坚持和深化政治巡视，从巡视管理、督办机制、队伍建设等方面完善工作体系，在全国率先完成巡视全覆盖，全面铺开市县巡察，扎实推进整改“回头看”，有效运用“四种形态”“两个责任”得到很好落实，省委巡视工作卓有成效，形成了一些特色和亮点。会议强调，要坚持以习总书记系列重要讲话精神为指引，全面落实《巡视工作条例》，把巡视工作作为着力构建良好政治生态的重要抓手，注重在深度挖掘和综合分析共性问题、发挥巡视治本作用上下功夫。要深化政治巡视，围绕坚持党的领导、加强党的建设，聚焦全面从严治党，剑指问题、倒逼改革、标本兼治，不断厚植党执政的政治基础。要按照“回头看、两步走”的部署，有重点、有针对地选择部分党组织杀“回马枪”，不断强化巡视监督的针对性。要强化市县巡察工作，总结推广试点经验，完善巡视巡察一体化格局，把全面从严治党要求落实到基层。

会议原则批准了《山西省健全落实社会治安综合治理领导责任制实施办法》。会议指出，按照中央要求，健全落实社会治安综合治理领导责任制实施办法，对于统筹我省大平安、大信访、大维稳、大安全，有效维护全省社会大局安全稳定具有重要意义。从责任内容、督促检查、表彰奖励、责任督导和追究等方面作出具体规定，可以形成职责明确、奖惩分明、衔接配套、务实管用的社会治安综合治理领导责任体系。按照“属地管理”和“谁主管谁负责”的工作原则，各级各部门领导干部特别是主要领导干部要切实扛起本地区本部门社会治安综合治理的政治责任，推动实施办法落地生根。

会议强调，各级党组织要按照中央要求，认真落实党风廉政建设“两个责任”、市县乡党委书记抓基层党建责任制、党管意识形态工作责任制等重大责任制度，更好担当、奋发有为，坚持全面从严治党，提高执行力，确保党的大政方针和省委决策部署落到实处。

中共山西省委召开党外人士通报协商会　8月29日，中共山西省委召开党外人士通报协商会，向各民主党派省委会、省工商联负责人和无党派代表人士通报中共中央关于山西省政府主要领导调整的决定，省委书记骆惠宁主持会议并讲话。他强调，各民主党派、工商联和无党派人士一致拥护中共中央决定，充分体现了高度的政治意识、大局意识和责任意识，希望充分发挥独特作用，加强民主监督，深入调查研究，继续团结奋斗。孙绍骋出席会议，盛茂林通报情况。

会上，民革省委会主委张友君、民盟省委会主委王维平、民建省委会主委王宁、民进省委会副主委张建豪、农工党省委会主委周然、九三学社省委会主委刘滇生、省工商联主席李武章、无党派人士代表谢红先后发言。大家一致表示，拥护中共中央关于省政府主要领导调整的决定。大家高度评价中共山西省委“一个指引、两手硬”等重大思路和要求，表示要认真履行职能，主动参政议政，积极贡献力量。

骆惠宁在讲话中充分肯定各民主党派、工商联和无党派人士长期以来为山西经济社会发展作出的重要贡献。指出山西是中华民族的发源地，是革命老区，也是国家的重要能源基地，在革命、建设和改革发展时期都做出过重大贡献。我们要尊重历史，热爱人民，珍惜人才，面向未来。中共山西省委将坚定不移地落实中央全面从严治党要求，努力推动构建良好政治生态向着“巩固、深化、提高”的方向发展，希望党外人士加强民主监督，做到肝胆相照。中共山西省委将坚定不移地贯彻中央新发展理念，努力推动经济发展朝着“稳步向好、转型升级、振兴崛起”的方向前进，希望党外人士深入调查研究，积极建言献策。

骆惠宁强调，山西正处于全面建成小康社会的关键时期。今年是“十三五”开局之年，也是改革发展脱困之年，大家要共同努力，团结奋斗。要围绕解决当下突出问题、长期战略问题出点子、建诤言，不求全、不求多，但求准、但求深。各民主党派、工商联要进一步加强自身建设，做到日常管理上有硬约束，工作推进上有硬任务，业绩考核上有硬指标，更好地发挥独特作用，促进我省民主政治建设和多党合作事业持续健康发展。

山西省旅游发展大会在大同召开 金秋迎盛事，嘉宾聚古城。8月31日，2016山西省旅游发展大会召开，来自海内外旅游业界嘉宾齐聚大同，领略文化名城风貌，共话旅游发展良策。代省长楼阳生出席主题会议并讲话。省领导张茂才、王一新、张璞出席。王一新主持，国家旅游局副局长王晓峰讲话。

2016山西省旅游发展大会由省政府主办，今年采取申办制，以“人说山西好风光”电视竞演方式进行，11个市书记市长亲自推介，最后大同市赢得承办权。此次大会由主题活动和系列活动组成，主题活动包括主题会议、山西精品旅游线路推介会和参观考察活动，系列活动包括中国旅游创新峰会、首届大同国际休闲体育旅游周、中国恒山登山节、方特欢乐世界狂欢节、第五届中国国际汽车旅游文化嘉年华、中国古都非遗文化博览会和古都夏季音乐节。

在出席主题会议时，楼阳生指出，加快把文化旅游业培育成我省战略性支柱产业，是经济发展规律使然、产业转型升级之要、发挥比较优势所在，对于深入学习贯彻习近平总书记系列重要讲话精神，落实省委“一个指引、两手硬”的重大思路和要求，走出资源型经济创新驱动、转型升级新路，具有重要意义。要主动适应经济发展进入新常态、大力推进供给侧结构性改革的新形势新任务，抢抓经济下行倒逼转型和旅游消费需求提速升级的重大机遇，大力推进文化旅游业改革发展，着力打造旅游目的地，加快把文化旅游业培育成我省战略性支柱产业，建设文化旅游强省。要牢固树立新的资源观，正确认识煤炭是宝贵的资源，但资源不等于煤炭、不仅限于煤炭，充分利用历史文化、自然生态、红色文化、人力资本等各类资源，用后发优势的理念做法把比较优势变为现实优势、竞争优势，加快形成新的增长动能。要积极发展“旅游业+”，推动旅游业与相关产业融合发展，促进旅游产业、旅游消费不断升级。要重点做好“安、顺、诚、特、需、愉”六字文章，让游客游得安全、顺心、满意、愉快，全面提高山西文化旅游业的美誉度。要大力推进景区体制机制改革，进一步理顺管理体制、经营机制和利益关系，加强管理班子和经营队伍建设，激发旅游市场主体活力，增强景区核心竞争力。要全力实施“五个一批”，包装一批旅游项目，引进一批战略合作者，培育一批经营主体，搭建一批旅游投融资平台，打造一批精品景区和旅游线路，推进旅游业不断发展壮大。要大力发展乡村旅游，实施乡村旅游富民工程，开发一批具有浓郁乡土气息的乡村旅游产品，带动农民脱贫致富。要切实抓好“八个加强”，采取加强规划引领、加强国际国内市场开发、加强旅游基础设施建设、加强旅游市场监管、加强智慧旅游建设、加强从业人员培训、加强宣传促销、加强组织领导等措施，加快我省文化旅游业改革发展步伐。楼阳生强调，我省文化旅游业大发展，必须坚持五大发展新理念，科学规划、合理开发、永续利用，不得破坏文物，不得破坏生态，不得粗制滥造，不得轻易落笔，不得权钱交易。他热忱欢迎海内外各界朋友到山西旅游观光、投资兴业，为不断塑造山西美好形象、逐步实现山西振兴崛起做出新的贡献。

王晓峰在讲话中充分肯定了山西发展旅游业所做的工作和取得的成绩。他说，旅游业已成为山西最具活力、最有特色的产业之一，希望山西大力推动全域旅游发展，构建以观光旅游为基础、休闲度假为主导、专项旅游为特色、新兴旅游为亮点的多元化旅游产品体系，培育一批具有世界级、国家级、区域级影响力的旅游产品。要全面深化旅游体制改革，建立旅游综合管理体制，加强旅游市场综合监管，促进旅游市场治理能力现代化。要推动完善旅游公共设施，全面推进厕所革命，加快智慧旅游建设，实现旅游产品、旅游服务、旅游环境等整体优化、综合提升。他表示，国家旅游局将一如既往支持山西旅游业改革发展。

主题会议上，新加坡华鼎集团董事长李良义、北京传奇文化集团董事长陈宗冰、山西宝华盛世国际旅行社总经理李志伟、太原铁路局局长赵春雷等企业嘉宾先后发言。

骆惠宁主持召开省委全面深化改革领导小组第二十二次会议 对综合行政执法体制改革和电力供给侧结构性改革作出部署 8月31日，省委书记、省委全面深化改革领导小组组长骆惠宁主持召开省委全面深化改革领导小组第二十二次会议，强调要认真学习领会中央全面深化改革领导小组第二十五次、二十六次会议精神，深入贯彻落实习总书记关于抓好改革落实的系统性要求，扎实推进综合行政执法体制改革和电力供给侧结构性改革。省深改领导小组常务副组长楼阳生出席会议。

会议审议并原则通过了《关于深化综合行政执法体制改革的指导意见》。会议指出，深化综合行政执法体制改革是党中央作出的一项重大改革部署，是我省建设法治政府、促进治理体系和治理能力现代化的重要举措。要把与人民群众生产生活关系密切的市场监管、卫生计生、文化旅游、资源环境、农林水利、交通运输、商务流通、安全生产、城乡建设、城市管理等10个方面作为重点领域，理顺权责关系，严格机构设置，加强队伍建设，规范执法行为，统筹协调、分步推进。到2020年前，理顺全省综合行政执法体制，有效解决目前行政执法中存在的多层执法、多头执法、重复执法、扰民执法等问题，更好地保障人民群众合法权益，有效维护经济社会秩序。

会议审议并原则通过了《山西省电力供给侧结构性改革实施意见》。会议指出，电力供给侧结构性改革是我省供给侧结构性改革的重要内容，对于破解当前经济下行压力，稳增长、调结构、培养后劲具有重大意义；山西作为全国电力体制综合改革试点省，必须带头改革攻坚，既解决自身电力产业发展的突出问题，又为全国提供可复制的经验。会议指出，要全面贯彻习总书记关于能源革命和供给侧结构性改革的重要论述精神，认真落实新的发展理念，调整优化电源电网结构，创新供用电模式，强化电力企业内部管理，提升供电服务能力和水平。会议强调，要主动适应全国电力产能过剩、需求不足的新形势，统筹电力供给侧和需求侧，把电力产业发展重心从规模扩张转到系统优化、提质增效上来，大力推进技术创新，淘汰落后产能，发电、输配电、用电三个方面共同努力，降低供电成本，提升我省电力竞争力，以电力供给的安全、可靠、高效、清洁、廉价、便捷，为全省经济稳步向好、转型发展提供有力支撑。

会议要求，要准确掌握各项改革的进展情况，学习借鉴改革先进经验，进一步聚焦深化改革的着力点，切实提高改革的针对性和实效性；要适时组织开展改革重点事项督察工作，确保已确定的改革任务如期完成，确保已经出台的改革举措落地见效，更好地用改革解决发展中的突出问题，更好地用改革管党治党，更好地用改革增进百姓福祉。

省委常委出席会议，省人大常委会副主任，省委全面深化改革领导小组各专项小组组长、副组长、联络员，改革办主任、副主任、成员，省委有关副秘书长、办公厅负责同志，省有关部门负责同志列席会议。

2016中国(太原)国际能源产业博览会开馆 9月6日下午，中国(太原)煤炭交易中心嘉宾云集，由山西省政府、国家商务部和科技部共同主办的2016中国(太原)国际能源产业博览会隆重开馆。省委书记骆惠宁宣布开馆，省委副书记、代省长楼阳生致辞。科技部副部长阴和俊、商务部国际贸易谈判副代表张向晨、国家能源局副局长李凡荣，省领导薛延忠、高建民、王伟中、付建华、牛仁亮、王一新、张复明等出席。王一新主持开馆仪式。

2016中国(太原)国际能源产业博览会，以“黑色煤炭绿色发展、高碳资源低碳发展”为主题，展区面积36000平方米，设8大展区，来自20多个国家和地区的368家企业、政府团组参展，集中展示了全球能源工业的新理念、新成果、新技术、新产品。

楼阳生在致辞时，代表省委、省政府和本届博览会组委会，对各位嘉宾参会参展表示欢迎和感谢。他说，能源是经济社会发展不可或缺的物质基础，是现代化生产的动力源泉。作为中国的煤炭大省和重要的能源基地，促进煤炭清洁高效利用，推动能源工业绿色低碳发展，是山西实现资源型经济创新驱动、转型升级、振兴崛起的必由之路、希望之路、光明之路。近年来，省委、省政府深入学习贯彻习近平总书记系列重要讲话精神特别是关于能源革命的重要论述，认真践行“五大发展”新理念，坚持“一个指引、两手硬”的重大思路和要求，统筹做好煤与非煤两篇大文章，着力推进煤炭消费革命、供给革命、科技革命、管理革命和对外开放，在煤炭管理体制改革、煤基科技创新、煤炭企业改革、化解过剩产能等方面进行了积极探索，积累了有益经验，取得了初步成效。促进煤炭清洁高效利用、实现能源工业绿色低碳发展是世界性课题。我们愿与全球致力于能源绿色低碳发展的国家、企业、科研机构、专家学者加强合作，协力推动全球能源工业持续健康发展。我们将精心组织，热忱服务，努力把本届博览会打造成为国家级、国际性、专业化的能源工业盛会，打造成为煤基低碳发展新理念的传播平台、新成果的展示平台、新技术的交易平台。

楼阳生热情邀请海内外朋友游览山西、携手山西、投资山西。他说，山西秀美的表里山河值得您常来游览，宜人的气候生态适合您常来度假，淳朴的老区人民欢迎您常来作客，开放的创业热土期待您交流合作，投资兴业。我们愿与海内外朋友携起手来，共创未来，共赢发展。

开馆仪式后，参会领导进入主展馆进行巡馆，先后到八大展区，与参展商亲切交流，仔细观看能源新技术、新产业、新产品展示，对我省能源产业发展取得的成绩给予肯定，希望进一步扩大展会影响，形成更多合作成果。

省委召开常委会议　传达全国党委中心组学习经验交流座谈会精神　研究法治政府建设工作 9月14日，省委书记骆惠宁主持召开省委常委会议，传达全国党委中心组学习经验交流座谈会精神，审议省委省政府关于贯彻落实中央《法治政府建设实施纲要(2015-2020年)》的实施方案。

会议指出，党委中心组是全党理论学习的“风向标”和“排头兵”，加强和改进党委中心组学习，大兴学习之风，是新形势下深化理论武装、加强思想建党的重要途径，是提升领导干部能力素养、锻造过硬执政骨干队伍的重要举措。要把深入学习贯彻习总书记系列重要讲话作为党委中心组学习的重中之重，深刻理解、准确把握系列讲话的时代背景、科学理论体系，吃透核心要义和精神实质，用系列重要讲话分析问题、指导工作、提升水平，真正成为行动的科学指南。要进一步开展集中研讨，加强学习交流，把学习贯彻系列重要讲话引向深入。会议强调，要切实抓好省委中心组学习，向中央政治局看齐，切实发挥示范带动作用。各级党委要结合“两学一做”学习教育，着力提高中心组学习的科学化规范化水平，确保各项学习任务要求落到实处。要强化阵地意识，守好中心组学习阵地，重点把好政治关。要注重总结推广中心组学习的典型经验，解决突出问题，不断提升质量，形成重视理论学习、崇尚理论学习的良好氛围。

会议原则通过了《中共山西省委山西省人民政府关于贯彻落实〈法治政府建设实施纲要（2015—2020年）〉的实施方案（草案）》。会议指出，深入推进依法行政，加快建设法治政府，对于落实全面依法治国方略，推进法治山西建设，为塑造山西美好形象、实现山西振兴崛起营造良好法治环境，提供有力法治保障，具有重大意义。要坚持巩固成绩、夯实基础，重点突破、补齐短板，分阶段抓好《纲要》任务落实，确保到2020年基本建成职能科学、权责法定、执法严明、公开公正、廉洁高效、守法诚信的法治政府。会议强调，法治政府建设也是重大改革。各级政府要依法全面履行政府职能，完善依法行政制度体系，不断推进行政决策科学化、民主化、法治化。要全面提高政府工作人员法治思维和依法行政能力，坚持严格规范公正文明执法，强化对行政权力的制约和监督，依法有效化解社会矛盾纠纷。要把党的领导贯彻到法治政府建设各方面，党政主要负责人要履行第一责任人职责，各地各部门要切实负起责任，抓好任务落实，推动法治政府建设不断取得新成效。

省委召开全面构建良好政治生态推进会 9月18日，省委在太原召开全面构建良好政治生态推进会，进一步分析全省管党治党形势，明确全面构建良好政治生态的方针、目标和重点任务。省委书记骆惠宁作重要讲话，他强调，各级党委（党组）要更好担当起管党治党的重大责任，同心同德、群策群力，内聚人心、外树形象，坚定不移地全面构建良好政治生态，营造干事创业大环境，调动广大党员干部积极性，更有信心、更有激情、更有力量地把党的建设和党领导的事业全面推向前进。省委副书记、代省长楼阳生主持会议。

骆惠宁在讲话中充分肯定近两年来我省全面从严治党取得的成效，他指出，2014年9月，党中央对山西省委领导班子进行了改组式重大调整。调整后的省委团结带领全省人民，深入学习贯彻习总书记系列重要讲话精神，认真落实中央关于全面从严治党决策部署和对山西工作的重要指示要求，确立并落实“五句话”总体思路，为修复政治生态做出了重要贡献。全省各级党组织积极履行管党治党责任，严的要求正贯穿到各项工作中；强化正风反腐，有效遏制了“四风”问题，扭转了腐败多发蔓延的被动局面；匡正选人用人导向，风清气正的选人用人环境初步形成；基层党组织建设明显加强，许多党员干部作出表率，各个方面齐心协力，党风政风和社会风气发生了积极变化，从严管党治党取得重大阶段性成效。通过修复政治生态，扬善惩恶、祛邪扶正，有力推动改革发展稳定各项工作取得新的进步。

骆惠宁在讲话中深刻分析了当前我省全面从严治党面临的形势。他指出，面对正在进行的具有许多新的历史特点的伟大斗争，面对治晋理政出现的新情况新考验，我们要有进一步解决问题的紧迫感，下气力全面构建良好政治生态，开辟山西各项事业的新境界。骆惠宁提出全面构建良好政治生态的方针和目标。他指出，要坚持重在建设、立破并举，坚持思想建党和制度治党相结合，在前两年打下的良好基础上，进一步确立“巩固、深化、提高”的方针，再经过一段时间的努力，在以下五个方面取得新的更大进展：广大党员干部的理想信念更加坚定，党员标准牢固树立，忠诚干净担当成为思想自觉和行动自觉；全面从严治党的制度体系趋于完备，相关配套政策法规逐步健全，让制度真正成为治党、管权、治吏的硬约束；管党治党责任层层落实，进一步实现由“宽松软”走向“严紧硬”，由不敢腐走向不能腐、不想腐；广大干部从系统性塌方式严重腐败造成的阴影中彻底走出来，焕发出崭新的精气神，想作为、敢作为、善作为，整体素质和干事创业能力明显提升；党风政风社会风气根本好转，良好政治生态全面形成，党的建设和党领导的事业全面进步，山西美好形象得以确立。

骆惠宁从六个方面提出了全面构建良好政治生态的重点任务，包括严肃党内政治生活，夯实良好政治生态的基础；严明党的纪律和规矩，筑牢良好政治生态的坚实防线；树立鲜明的选人用人导向，切实把好干部培养使用起来；锲而不舍加强作风建设，忠实践行党的为民宗旨；大力弘扬革命精神，不断激发克难制胜的内生动力；努力营造干事创业大环境，充分调动党员干部的积极性。他对每个方面存在的问题都做了具体分析，并有针对性地提出了重大政策措施和要求。他强调，要坚定“四个自信”，增强“四个意识”，坚决与以习近平同志为总书记的党中央保持高度一致，不断提高贯彻中央大政方针的全面性正确性有效性，在保证中央政令畅通的前提下，创造性地开展工作。他强调，要把严格管理干部和热情关心干部结合起来，把全面构建良好政治生态最终体现到调动广大党员干部积极性、推动事业发展上。全省上下要以强烈的政治责任感和历史使命感，团结一致、发奋图强，用各项事业发展的新成效，塑造山西政治清明、经济振兴、生态良好、民生安康、充满活力、开放自信的美好形象。

骆惠宁指出，在新的历史条件下，全省各级党组织要认真履行好全面从严治党的主体责任，同步推进党的思想、组织、作风、反腐倡廉和制度建设，为全面构建良好政治生态提供坚强保证。党委（党组）书记要做管党治党的书记，担好主责、首责和全责，班子成员要自觉履行“一岗双责”。各级领导干部要高标准严格要求自己，要有好的精气神，什么事情最需要办，就亲自去抓什么事情；什么问题最难办，就带头去解决什么问题，从省级负责人做起，一级抓一级、一级带一级，形成一带十、十带百、百带千万的强大效应。

楼阳生在主持会议时强调，全省各级党组织要认真学习、悉心领会骆惠宁书记的重要讲话，迅速把会议精神传达到每一个党支部、每一位党员干部，对照省委决策部署和具体要求，一件一件抓落实，一项一项抓兑现，切实把全面构建良好政治生态的成效体现在调动各方面积极性、推动事业发展上，做到理直气壮抓发展，廉洁为民抓发展，全力巩固经济企稳回升态势，努力实现下半年好于上半年，为明年进一步好转奠定坚实基础，加快全面建成小康社会步伐，不断塑造山西美好形象，逐步实现山西振兴崛起。

会上，太原市委、大同市委、吕梁市委、晋城市委、国土厅党组、太钢集团党委负责人分别作了交流发言。

省委常委、省政协主席、省人大主持日常工作的副主任，省法检两长出席会议。省委副秘书长、办公厅副主任，省纪委和省委组织部领导班子成员，省管国有骨干企业党委主要负责同志，各市市委书记、纪委书记、组织部长等参加会议。

省委中心组举行“讲道德、有品行”“讲奉献、有作为”专题学习讨论 按照中央和我省“两学一做”学习教育的安排，9月18日，围绕“讲道德、有品行”“讲奉献、有作为”的主题，省委中心组举行第三次集中学习讨论。省委书记骆惠宁主持会议。省委副书记、代省长楼阳生，省政协主席薛延忠，省委中心组成员参加会议，省直有关部门负责同志列席会议。

会上，围绕学习“讲道德、有品行”“讲奉献、有作为”的心得体会，孙绍骋、盛茂林分别作重点发言。大家一致认为，“讲道德、有品行”“讲奉献、有作为”是我们党对共产党员的重要要求，作为党员领导干部，要不断提升道德修养，保持干事创业、开拓进取的精气神，把合格党员的要求体现到思想、工作、作风等各方面，努力为全省干部群众作出表率。要下力气全面构建良好政治生态，始终保持崇高的理想，始终保持改革创新的勇气，始终保持艰苦奋斗的本色，把自己的奋斗奉献给党的事业，奉献给人民。

会议指出，党的十八大以来，习总书记多次就党员干部“锤炼品格、加强道德修养”作出重要论述，并以身作则为我们树立了新时期共产党人的道德典范。各级党员领导干部要带头向党中央和习总书记看齐，始终把立德、修德、践德作为人生必修课，崇德修身、固本培元。要注重从中华优秀传统文化中汲取营养，带头践行社会主义核心价值观，带头恪守社会公德、职业道德、家庭美德和个人品德，始终保持健康生活情趣和高尚道德情操。要坚持德行如一、知行合一，把正确的道德认知、自觉的道德养成和积极的道德实践紧密结合起来，常怀为民之德，保持勤勉之德，永葆清廉之德，切实把道德的力量体现到具体工作中。

会议指出，讲奉献、有作为，是我们党永恒不变的政治本色。进行具有许多新的历史特点的伟大斗争，贯彻落实省委“一个指引、两手硬”思路和要求，迫切需要广大党员特别是领导干部大力弘扬无私奉献精神，主动担当、积极作为。要坚持以人民为中心思想，推动改革发展成果更多更公平地惠及全体人民。要以敬畏之心对待肩负的职责和人民的事业，多向好的标杆看齐，朝着高标准严要求的方向努力迈进。各级党委要广泛接触干部，多与干部谈心谈话，特别是针对换届后干部思想实际做好思想政治工作，以更加奋发有为的精神状态履职尽责，为山西各项事业发展作出新的贡献。

省委召开常委会议 传达学习全国党委秘书长会议精神 研究我省贯彻落实意见 9月29日，省委书记骆惠宁主持召开省委常委会议，传达学习全国党委秘书长会议精神，研究讨论《关于加强和改进党委办公厅(室)工作的若干意见》。

会议指出，全国党委秘书长会议深入分析新形势新任务，对做好党委办公厅(室)工作提出明确要求。我们要准确把握党中央对当前形势的判断，深刻领会党中央重大决策部署，紧密结合山西实际，进一步提高党委工作的领导水平，进一步提高全省党委办公厅(室)工作的整体水平。会议充分肯定近年来党委办公厅(室)工作取得的新进展、新成效。会议指出，党委办公厅(室)是党委的综合办事机构，位处中枢，责任重大。要在增强“四个意识”上走在前、做在先，深入学习贯彻习总书记系列重要讲话精神，把政治过硬放在第一位，始终忠诚于党、忠诚于党的事业，围绕党委发挥“总揽全局、协调各方”作用搞好服务，让党和人民放心。要在围绕中心、服务大局上勇担当、有作为，紧紧围绕省委“一个指引、两手硬”重大思路和要求，围绕全面构建良好政治生态、营造干事创业良好环境，实现经济稳步向好、推进经济结构调整等中心工作，真正做到高水平参谋服务、高效率统筹协调、高质量督促检查、高标准运行保障。要在确保中央政令畅通、省委决策落实上强督查、见实效，强化抓落实的基本职责，准确把握抓落实的工作重点，完善重大决策部署落实报告制度，提高督查督办水平，严督实查、严格问效。要在班子队伍建设上严要求、树形象，加强思想政治建设，坚定理想信念，提高业务水平，打造一流队伍。完善措施、建章立制，使各方面都做到规范化、精细化、科学化。加强作风建设，讲纪律、守规矩，严约束、有操守，忠诚坚定，敢于担当，廉洁自律，无怨无悔，始终保持良好形象，为各部门和基层作出表率。各地各部门党委(党组)要对党委办公厅(室)干部政治上关心，工作上支持，不断提高干部干事创业的积极性。

省委在右玉召开学习交流会 注重学以致用着力解决问题 把学习贯彻习总书记系列重要讲话精神引向深入 10月15日，省委在右玉召开“学以致用，以用促学，把学习贯彻习近平总书记系列重要讲话精神引向深入”学习交流会。省委书记骆惠宁出席会议并作重要讲话，他强调，要更加坚定对习总书记系列重要讲话的真诚信仰和认真践行，进一步推动融会贯通、学以致用、全面覆盖，注重解决实际问题，促进山西各项事业不断取得新进步、展示新气象。

近年来，省委一直把学习贯彻习总书记系列重要讲话作为重大政治任务来部署安排，通过群众路线教育实践活动、“三严三实”专题教育、“两学一做”学习教育，以及“学习讨论落实活动”，学习贯彻工作取得了明显成效。省委召开这次学习交流会，旨在更好地用习总书记系列重要讲话精神武装头脑、指导工作，把学习贯彻引向深入，开辟我省发展新境界。

骆惠宁在交流会上指出，党的十八大以来，习总书记着眼于新的国际环境、新的发展阶段和新的风险考验，发表了一系列重要讲话，深刻揭示了当今世界和当代中国发展变化的根本方向，闪耀着强大的真理光芒，指引党和国家事业发展开创了新局面，得到了全党全国人民的衷心拥护和高度认同。要充分认识习总书记系列重要讲话的政治意义、理论意义、实践意义和世界意义，深刻领会系列重要讲话的科学内涵与核心要义，准确把握其科学体系、新理念新思想新战略和贯穿的立场观点方法，进一步提高学习贯彻的自觉性坚定性，精钻细研、学深悟透，切实感受系列重要讲话的真理力量。

骆惠宁指出，学习贯彻习总书记系列重要讲话，要坚持理论联系实际，在破解难题上下功夫。学习的成效有多大，关键要看与实际联系得紧不紧、问题解决得好不好。骆惠宁从战略和全局高度要求在10个方面进一步聚焦发力，并对每个方面存在的问题做了深入分析，从理论与实践的结合上提出了破解之道、明确了目标和措施。强调要深刻领会习总书记治国理政新理念新思想新战略，切实把我省工作放在国际国内大背景下来审视和谋划，把中国特色社会主义在山西坚持和拓展好；要正确认识全面小康社会新的目标要求，正视差距，补齐短板，确保与全国同步全面建成小康社会；要以新发展理念引领经济发展新常态，充分发挥综改试验区对转型升级的牵引作用，走出一条资源型省份实现创新驱动、转型发展的新路；要按照发展社会主义民主政治的要求，更好发挥各方面的积极性和创造性，形成生动活泼、安定团结的政治局面；要遵循建设社会主义文化强国的思路，切实增强山西文化自信，加快文化强省建设步伐；要恪守以人民为中心的发展思想，进一步保障和改善民生，守住全社会系统安全稳定底线，让广大群众有更多的获得感；要牢固树立绿水青山就是金山银山的理念，加大生态文明建设力度，实现生态美与百姓富的有机统一；要落实全面深化改革的部署，勇于在解决难题上先行先试、在扩大开放中转变观念，为经济社会发展增添动力与活力；要自觉坚持全面依法治国方略，把法治作为治晋理政基本方式，推动形成良好的法治环境；要深入贯彻从严管党治党方针，全面构建风清气正的政治生态，为加强党的建设、推进党的事业作出不懈努力。

这次会议也是省委中心组学习扩大会。骆惠宁指出，抓好党委（党组）中心组学习是新形势下加强思想建党、提升干部能力素质的重要举措。党委（党组）主要负责同志要切实担负起第一责任人的职责，每位中心组成员都要在学习交流中开阔思路、提升自己。要把提高中心组学习质量作为下一步的努力方向，着眼于解决思想上的问题、实践中的问题和能力上的问题，把学习系列重要讲话同坚定理想信念、自觉为党分忧结合起来，同有效落实中央重大决策部署结合起来，同全面提高领导能力和水平结合起来，真正做到学而信、学而用、学而行。要在突出理论学习的同时，结合工作需要加强专业知识的学习。要强化组织领导，加大制度约束，推动中心组学习进一步走向科学化规范化。要充分发挥党委（党组）中心组的示范带动作用，结合“两学一做”学习教育，把学习贯彻系列重要讲话从领导干部这个“关键少数”向党员群众拓展、向基层单位延伸，实现全覆盖。

这次学习交流会放在右玉召开，就是要重温习总书记关于“右玉精神”的重要指示，进一步弘扬右玉精神，切实奋发有为地把党和人民的事业做好。骆惠宁指出，要深刻领会习总书记关于“右玉精神”重要指示的深刻内涵，真正把“右玉精神”运用到实践中，更好地促进各项工作。要始终坚持为人民谋利、为人民服务的政绩观，更加自觉地把人民根本利益作为一切工作的出发点和落脚点，满怀对人民的赤诚之心，倾听呼声，排忧解难，全心全意为人民服务。要始终保持迎难而上、艰苦奋斗的英雄本色，拿出百折不挠的决心和勇气，不怕难、不怕苦，积极应对各种挑战，锐意进取，砥砺前行。要始终保持久久为功、利在长远的实干精神，以科学的态度抓工作，以“永远在路上”的精神干实事，扑下身子，锲而不舍，脚踏实地，把中央决策部署和省委重大安排贯彻落实好，努力创造经得起历史检验的业绩。

会前，骆惠宁等省领导和各地及有关部门负责同志来到右玉南山造林绿化基地，在绿化纪念碑前重温了习总书记关于“右玉精神”的重要指示，现场观摩了生态建设成果，感受从“不毛之地”到“塞上绿洲”的巨大变化。骆惠宁希望右玉县委继续传承“右玉精神”，坚持绿色发展，抓好脱贫攻坚，团结带领人民群众如期全面建成小康社会。

交流会上，26家地方和单位党委（党组）中心组作了书面交流发言，与会同志观看了右玉专题片。省四套班子负责同志，省法检两长；各市、省直有关部门负责同志等参加了学习交流会。

省委召开常委会议 传达贯彻全国有关会议精神 研究我省落实意见 研究讨论干部激励引导和合理容错“两个办法” 10月19日，省委书记骆惠宁主持召开常委会议，传达贯彻全国国有企业党的建设工作会议、全国社会治安综合治理创新工作会议精神，研究讨论激励干部担当作为干事创业办法（试行）、支持干部改革创新合理容错办法（试行）。

会议指出，习总书记在全国国有企业党的建设工作会议上的重要讲话，具有很强的战略性、思想性、针对性，要认真学习、深刻领会，切实把思想和行动统一到讲话精神上来。国有企业在我省经济社会发展中地位重要、作用突出，要进一步加强和改善党对国有企业的领导、加强和改进国有企业党的建设，推动国有企业深化改革，提高经营管理水平，在创新驱动、转型升级中做强做优做大。要紧密结合我省国有企业实际，有针对性解决国有企业党的建设存在的问题，充分发挥国有企业党组织的领导核心和政治核心作用。要把国有企业党的领导与现代企业制度紧密结合起来，把党的领导融入公司治理各环节，使党组织发挥作用组织化、制度化、具体化。要加强国有企业领导班子建设，扎实开展国有企业领导干部培训工作，使国有企业基层党组织成为坚强战斗堡垒。要加强国有企业党风廉政建设和反腐败工作，确保清廉兴企。要把国有企业党的建设工作纳入党的建设总体规划，国有企业党委要切实履行党的建设主体责任，不断增强企业发展活力和竞争实力。

会议指出，各级党委政府要深入贯彻全国社会治安综合治理创新工作会议精神特别是习总书记重要指示精神，全面落实社会治安综合治理领导责任制，以改革创新为引领，不断提高社会治理社会化、法治化、智能化、专业化水平，努力建设平安山西。要以信息化建设为平台，不断提高预测预警预防能力。完善社会治安防控体系，突出抓好重点领域专项整治，努力消除各领域安全稳定风险隐患。要推动网格化管理和社会化服务深度融合，进一步夯实基层基础，形成社会治安综合治理专群结合、群防群治新局面，进一步增强人民群众安全感，为全面建成小康社会提供良好社会环境。

会议指出，建立干部激励引导和合理容错机制，是贯彻落实中央精神和省委"一个指引、两手硬"重大思路和要求，是调动广大干部干事创业内生动力的重要举措。要通过健全机制、完善制度、制定措施，旗帜鲜明地支持干部干事创业，鼓励干部勇于改革，激励干部奋发有为，为担当的干部担当，对负责的干部负责，为干部队伍注入活力，为事业发展增添动力。

省委召开常委会议　传达贯彻党的十八届六中全会精神　决定中国共产党山西省第十一次代表大会 10 月 31 日在太原召开　10 月 28 日，省委召开常委会议，传达学习党的十八届六中全会精神，听取省第十一次党代会筹备工作情况汇报，讨论省第十一次党代会报告稿和省纪委向省第十一次党代会的工作报告稿。省委书记骆惠宁主持。

会议传达学习了习近平总书记受中央政治局委托作的工作报告、关于《关于新形势下党内政治生活的若干准则(讨论稿)》和《中国共产党党内监督条例(讨论稿)》的说明，习近平总书记在全会第二次全体会议上的重要讲话。会议指出，党的十八届六中全会专题研究全面从严治党问题，制定修订"准则""条例"，充分体现了党中央坚定不移推进全面从严治党的坚强决心和历史担当，实现了党内政治生活和党内监督制度化、规范化、程序化，为推进全面从严治党、提高党的创造力凝聚力战斗力提供了更加有力的制度保障。

会议强调，党的十八届六中全会正式提出"以习近平同志为核心的党中央"，反映了全党全军全国各族人民的共同心愿，是党和国家根本利益所在，是坚持和加强党的领导的根本保证，是进行具有许多新的历史特点的伟大斗争、坚持和发展中国特色社会主义伟大事业的迫切需要，具有十分重大而深远的意义。学习宣传贯彻好党的十八届六中全会精神，是当前和今后一个时期的首要政治任务。我们要更加紧密地团结在以习近平同志为核心的党中央周围，牢固树立政治意识、大局意识、核心意识、看齐意识，坚定不移维护党中央权威和党中央集中统一领导，继续推进全面从严治党，为实现"两个一百年"奋斗目标、实现中华民族伟大复兴的中国梦而不懈奋斗。

会议决定，中国共产党山西省第十届委员会第九次全体会议于 2016 年 10 月 29 日在太原召开。省委常委会将向省委十届九次全会建议，中国共产党山西省第十一次代表大会于 2016 年 10 月 31 日在太原召开。全省各级党组织、广大党员和人民群众，要更加紧密地团结在以习近平同志为核心的党中央周围，按照省委部署，为全面建成小康社会，不断塑造美好形象、逐步实现振兴崛起，开创我省各项事业发展新局面努力奋斗。

省第十一次党代会将选举产生新一届山西省委员会和山西省纪律检查委员会。

会议同意将省第十一次党代会报告稿和省纪委向省第十一次党代会的工作报告稿提交中共山西省委十届九次全体会议讨论。

省纪委十届七次全会在太原召开　审议通过省纪委向省第十一次党代表大会提交的工作报告　10 月 29 日，中共山西省第十届纪律检查委员会召开第七次全会，审议并通过省纪委向省第十一次党代表大会提交的工作报告。省纪委常委会主持会议。省委常委、省纪委书记任建华讲话。

全会指出，省第十次党代表大会以来的五年，是省委贯彻落实中央决策部署，着力推动管党治党从宽松软一步步走向严紧硬的五年，是全省党风廉政建设和反腐败斗争历经重大转折并不断引向深入的五年。2014 年 9 月，调整后的省委认真落实以习近平同志为核心的党中央对山西工作的重要指示，全省保持了政治稳定、大局稳定，各项事业取得新进展新进步。省纪委在中央纪委和省委的坚强领导下，切实加大惩治腐败力度，狠抓中央八项规定精神落实，坚决反对"四风"，有效遏制不正之风和腐败滋生蔓延势头，有力扭转正风反腐被动局面，党风发生了积极变化，推动从严管党治党取得了重大阶段性成效，为修复政治生态、推动经济稳步向好作出了重要贡献。

全会指出，在推进工作中，省纪委积极协助省委落实主体责任，各级党组织管党治党政治责任明显强化；减少腐败存量，遏制腐败增量，正风反腐工作的被动局面快速扭转；坚决落实中央八项规定精神、狠刹"四风"，作风建设取得重要进展；切实强化政治巡视，率先实现全覆盖，震慑、遏制和治本效应凸显；着力解决发生在群众身边的不正之风和腐败问题，基层党风廉政建设得到加强；准确把握运用"四种形态"，全面构建良好政治生态迈出重要步伐；扎实推进纪律检查体制机制改革，自身建设得到切实加强。

全会强调，即将召开的省第十一次党代表大会，是我省在全面建成小康社会决胜阶段召开的一次十分重要的会议，是全省人民政治生活中的一件大事。开好这次会议必将对全省党的建设和各项事业的发展产生重大而深远的影响。要更加自觉地把思想和行动统一到省第十一次党代表大会的精神上来，统一到省委的各项部署要求上来，按照省委“一个指引、两手硬”的重大思路和要求，坚持“巩固、深化、提高”的方针，强化监督执纪问责，推进全面从严治党，促进全面构建良好政治生态，为完成好省第十一次党代表大会提出的目标任务提供坚强纪律保障。

中共山西省委十届九次全体会议在太原举行 传达贯彻党的十八届六中全会精神 讨论通过十届省委向省第十一次党代表大会所作的报告和省纪委工作报告 中共山西省委十届九次全体会议，于10月29日在太原举行。全会由省委常委会主持。全会传达贯彻党的十八届六中全会精神，讨论通过了骆惠宁同志代表十届省委向省第十一次党代表大会所作的报告和省纪委工作报告。省委书记骆惠宁就学习贯彻党的十八届六中全会精神作了重要讲话。

出席会议的有省委委员58人。不是省委委员、候补委员的省人大、省政府、省政协党员负责同志，市委书记，省纪委常委列席会议。

全会指出，党的十八届六中全会是在全面深化改革、决胜全面小康的关键时刻，召开的一次十分重要的会议。党的十八大以来，习近平总书记带领全党全军全国各族人民开创了中国特色社会主义伟大事业和党的建设新的伟大工程新局面，取得了一系列重大成就，实现了党和国家事业的继往开来，赢得了全党全军全国各族人民的衷心拥护，受到国际社会高度赞誉。全会正式确立习近平总书记在党中央、在全党的核心地位，反映了全党全军全国各族人民的共同心愿，是党和国家根本利益所在，是坚持和加强党的领导的根本保证，是进行具有许多新的历史特点的伟大斗争、坚持和发展中国特色社会主义伟大事业的迫切需要，对于维护党中央权威、维护党的团结和集中统一领导，对于凝聚全党、团结人民、战胜挑战、破浪前进，对保证党和国家兴旺发达、长治久安，具有十分重大而深远的意义。全省上下要牢固树立“四个意识”特别是核心意识、看齐意识，在思想上拥戴核心，在政治上维护核心，在行动上紧跟核心，更加自觉地在思想上政治上行动上与以习近平同志为核心的党中央保持高度一致，不折不扣地把党中央各项决策部署贯彻落实好，不断开创党的事业和党的建设新境界。

全会指出，党的十八届六中全会专题研究全面从严治党重大问题，制定和修订《准则》《条例》，充分体现了党中央坚定不移推进全面从严治党的坚强决心和历史担当，对于实现党内政治生活和党内监督制度化、规范化、程序化，对于推进全面从严治党、提高党的创造力凝聚力战斗力，更好进行具有许多新的历史特点的伟大斗争，具有十分重要的意义。学习宣传贯彻好六中全会精神是当前和今后一个时期的重要政治任务。要全面落实中央关于认真学习宣传党的十八届六中全会精神的《通知》要求，抓好全会精神的学习贯彻，切实把思想和行动统一到全会精神上来。省级党员领导干部和省委全会组成人员要带头学习，带头宣传，带头贯彻。要切实加强对全省学习贯彻的组织领导，以县处级以上领导干部为重点，认真抓好广大党员干部的学习。各级党委(党组)中心组要把六中全会精神作为重点内容，列出专题进行讨论，联系实际解决问题。要把学习宣传党的十八届六中全会精神与“两学一做”学习教育结合起来，把全面从严治党落实到基层。要加强深度新闻宣传和理论研究阐释，集中开展宣讲活动，在全省上下形成学习贯彻六中全会精神的热潮。

全会要求，要把学习宣传贯彻党的十八届六中全会精神与促进改革发展稳定各项工作结合起来，坚定不移推进全面从严治党，全面构建良好政治生态，坚定不移推动经济稳步向好，加快创新驱动转型升级，为全面建成小康社会，不断塑造美好形象、逐步实现振兴崛起，开创我省各项事业发展新局面努力奋斗。

全会审议了省第十一次党代表大会报告稿，并表决一致通过。指出，省第十一次党代表大会是在山西发展重要关头召开的，是全省共产党员和干部群众政治生活中的一件大事。报告稿全面贯彻了习总书记系列重要讲话精神和治国理政新理念新思想新战略，全面贯彻了党的十八届六中全会的新部署新要求，充分体现了省委治晋理政的新思路，体现了省委强烈的政治责任和历史担当，揭示了山西时代方位和阶段性特征，反映了全省党员干部群众的共同心愿，具有很强的政治性、思想性、前瞻性、针对性，是一个求真务实、承前启后、进取创新的报告，对开创我省各项事业发展新局面具有重要指导意义。全会讨论了省纪委工作报告，认为报告符合中央和省委对党风廉政建设和反腐败斗争的部署和要求。

全会号召，全省各级党组织、广大共产党员和全体干部群众要紧密团结在以习近平同志为核心的党中央周围，同心同德，齐心协力，把山西省第十一次党代表大会开成一次统一思想、团结鼓劲的大会，开拓奋进、风清气正的大会。

中国共产党山西省第十一次代表大会 （见本书中国共产党山西省第十一次代表大会专栏）

全省脱贫攻坚干部帮扶工作会议召开 11月17日，省委、省政府召开全省脱贫攻坚干部帮扶工作视频会，围绕省第十一次党代会确定的脱贫攻坚目标任务，就加强帮扶力量、压实帮扶责任、完善帮扶机制、提升干部驻村精准帮扶工作满意度等工作作出进一步安排部署。省委书记骆惠宁对会议作出重要批示，省委常委、组织部长盛茂林出席会议并讲话，副省长郭迎光主持会议。

骆惠宁在批示中指出，各级党委政府必须深入贯彻省第十一次党代会精神，更加自觉地把脱贫攻坚摆在全省工作的突出位置，贫困地区要以脱贫攻坚统揽经济社会发展全局，其他地方也要把脱贫攻坚放在关系全局的高度来认识、把握、部署和推动。必须全面落实党委政府脱贫攻坚的主体责任，党政主要领导要扛起脱贫攻坚的第一责任，以更多的精力、更大的努力，真抓实抓，亲力亲为。必须抓牢脱贫攻坚的“四个关键”持续精准发力，把教育卫生民政三项兜底政策落细落实；把产业扶贫这个根本支撑做实做强；把易地扶贫搬迁这一超常举措抓紧抓好；把组织创新这一重要载体提上日程。必须充分发挥包村领导、驻村工作队和第一书记“三支队伍”的骨干作用，推进挂图作战，同贫困群众一道记账算账认账，提高群众对精准帮扶的满意度。

盛茂林在讲话中指出，去年以来，我省包村干部、驻村工作队和第一书记“三支队伍”围绕精准扶贫精准脱贫，做了大量工作，取得明显成效，但还存在干部帮扶作用发挥不够等突出问题。各级各单位党委（党组）必须站在讲政治、讲大局的高度，把做好干部帮扶工作作为推进脱贫攻坚的重要抓手，进一步提高思想认识，完善工作机制，压实工作责任，切实改进和加强干部帮扶工作，保证中央、省委脱贫攻坚战略决策和目标任务全面落实。一要选好配强工作力量。要坚持“硬抽人、抽硬人”，把驻村工作队员、第一书记选好配强；要坚决实行驻村帮扶干部专职抓帮扶，切实解决精力不集中的问题；要调整省市县第一书记派出主体的比重，使市派干部成为第一书记的主体；要优化驻村工作队组成结构，既要帮村更要帮户。二要聚焦主要任务。驻村工作队员、第一书记要把帮助建档立卡贫困户稳定脱贫并实现退出作为首要任务，围绕精准扶贫精准脱贫开展各项驻村工作，更好地把建强基层组织、发展村级集体经济、提升治理水平与精准扶贫精准脱贫统一起来。三要强化奖惩保障。要在脱贫攻坚第一线考察识别干部，让实绩突出、群众满意的驻村帮扶干部政治上有奔头，工作上有劲头；要真心关心支持，制定出台改善驻村帮扶干部工作条件和食宿、交通等方面的政策指导意见；派出单位要当好“后盾”，落实好生活补贴等措施，解决好住宿、取暖、吃饭问题。四要压实帮扶单位“两包三到”责任。要实行“双签”责任书制度，建立帮扶工作台账，对驻村工作队员、第一书记到岗履职存在问题以及工作不力、完不成任务的，既要追究驻村工作队、第一书记的责任，也要追究单位主要领导的责任。他强调，要加强干部帮扶工作的统一领导，省市县三级都要成立干部帮扶工作领导小组，并建立联席会议制度。要完善管理机制，驻村工作队员、第一书记驻村工作期间，由县（市、区）按照在编干部进行日常管理。

郭迎光在讲话中说，贯彻落实骆书记重要批示，首要的是把思想统一到批示精神上来，统一到“四个必须”上来。会后，各市县要立即召开常委会议，深入学习领会、坚决贯彻落实骆惠宁书记重要批示，把脱贫攻坚的地位确定下来，把主体责任扛起来，真抓实抓，亲力亲为。要对照“四个必须”的要求，对标对表，亲自安排，自查盘点。国家的考核既考结果，也考过程，因此不能留死角，不能留盲区，不能留短板，确保各项工作经得起上级考核，经得起群众评价。市县两级要迅速成立干部帮扶工作领导小组，在脱贫攻坚领导小组的统一领导下开展工作，这次会议确定的事项要靠小组的领导和推动来完成，一天都不能等。要抓紧安排部署第一书记调整选派、优化驻村工作队结构、驻村工作队帮扶到户、帮扶干部培训管理考核、“双签”责任书、加大宣传力度等五项工作、六件事，月底前要全部到位，基本完成任务。

省委召开常委会议　研究省第十一次党代会目标任务责任分解　对开发区改革创新发展和转型综改示范区建设作出部署　通过十一届省委议事协调机构调整设置方案　11月25日，省委书记骆惠宁主持召开省委常委会议，审定《关于落实省第十一次党代会报告目标任务的责任分解方案》，听取省政府党组关于《关于开发区改革创新发展的若干意见》和《关于建设山西转型综改示范区的实施方案》的汇报，通过《十一届省委议事协调机构调整设置方案》。

会议指出，骆惠宁同志在省第十一次党代会上的报告，提出今后五年治晋理政的总体思路和目标要求，对全省党的建设和党所领导的各项事业作出全面部署。把党代会精神特别是报告提出的目标任务落实好，事关全面建成小康社会，事关不断塑造美好形象、逐步实现振兴崛起，是全省各级各部门的重大任务。全省上下要增强责任感和使命感，以只争朝夕的精神、攻坚克难的意志、敢于胜利的信念，全力抓好报告目标任务的落实。要坚持五年一抓到底，分年度分阶段制定落实方案、细化工作措施，持续推进落实。省委常委和省人大、省政府、省政协班子成员要按照分工推进目标任务的落实，对分管领域落实情况负总责，及时协调解决落实过程中的重大问题。牵头单位要对重要任务的落实负主要责任，参加单位要加强协作配合。各部门各单位要建立健全协调推进机制和工作会商机制，对重点难点问题要合力攻坚化解。要定期向省委报告工作部署和落实情况，对重大事项和敏感问题要及时请示报告。加强督促检查，各部门各单位每半年进行一次自查，省委对重要目标任务落实情况进行督查和抽查。要把目标任务落实情况纳入考核指标体系，严格奖惩兑现。会议确定，将省第十一次党代会报告重点工作部署分解为109项目标任务，落实到各部门各单位。

会议原则通过《关于开发区改革创新发展的若干意见》。指出，推进开发区改革创新发展，是落实省第十一次党代会部署，深化转型综改试验区建设的重大战略举措，对于我省培育产业竞争新优势新动能，实现改革开放新突破，具有十分重要的意义。要按照“整合改制扩区调规”的思路，坚持问题导向，敢于先行先试，运用创新思维和市场机制，培育后发优势和新竞争优势，把开发区打造成行政管理体制的改革先锋、转型发展的重要载体、区域经济的强力引擎。要把转型升级、创新驱动作为开发区发展方向，创新开发区体制机制，提升自身发展活力和吸引力、辐射力、带动力。要做好顶层设计和规划引领，理顺所在地政府与开发区之间管理体制和利益关系，建立科学的用人机制和人才引进机制，创新投融资和运行体制，切实向开发区简政放权，加快开发区创新驱动绿色发展，通过系统定向招商引资上一批新项目好项目，打造产业集群。要进一步完善开发区考核制度，优化开发区发展环境，把开发区作为全省转型综改的主战场，充分发挥改革开放窗口作用，掀开山西开发区建设新的一页。

会议原则通过《关于建设山西转型综改示范区的实施方

案》。指出，依托太原都市区建设山西转型综改示范区，是全省转型发展的重要抓手和战略支点。要坚持改革创新，突出理念和机制创新，实施重大改革举措，推动集约集群发展，把示范区建设成为先行先试的配套改革先导区，战略性新兴产业创新发展高地，对内对外全面开放的综合平台，智慧化、低碳化的新型城区，管理规范、廉洁高效的样板区。在运行管理机制上要与国际国内先进做法接轨。园区内广大干部要从观念、能力、作风上来一个全面转变和提升，省直部门要全力支持，太原市、晋中市要协力推进，切实发挥好示范引领带动作用。

会议原则通过十一届省委议事协调机构调整设置方案，省委议事协调机构精简53%。会议指出，要着眼"五体一位"总体布局、"四个全面"战略布局，按照服务大局、精简高效、务实管用、转变作风的要求，对省委议事协调机构进行调整优化。各议事协调机构不仅要规范设置，更要着力提高议事能力和协调水平，转变运作方式，注重效能建设，有效推动中央和省委决策落实。

省十二届人大六次会议在太原举行 11月28日，省十二届人大六次会议在太原隆重举行。省委书记、大会执行主席、主席团常务主席骆惠宁主持第二次全体会议并讲话。通过全体代表选举，楼阳生当选山西省省长，孙绍骋当选山西省副省长。在圆满完成会议议程后，大会闭幕。

大会执行主席骆惠宁、胡苏平、牛仁亮、张建欣、周然、张茂才、田喜荣、高卫东、李仁和出席两次全体会议并在主席台前排就座；省领导楼阳生、薛延忠、黄晓薇出席大会并在主席台就座。

上午召开的第一次全体会议由大会执行主席、主席团常务主席牛仁亮主持。会议应出席代表549人，出席511人，符合法定人数。会议听取了省委常委、组织部长盛茂林作的候选人名单草案的说明。

当天下午召开第二次全体会议，出席代表509人，符合法定人数。会议表决通过选举办法和总监票人、监票人、总计票人名单后，以无计名投票方式进行大会选举，会场设有秘密写票处。

根据会议选举结果，楼阳生同志当选为山西省省长，孙绍骋同志当选为山西省副省长。代表们报以热烈掌声表示祝贺。随后，根据相关法律规定，楼阳生、孙绍骋分别单独进行宪法宣誓。宪法宣誓仪式由省十二届人大六次会议主席团组织。

骆惠宁在讲话中指出，会议期间，各位代表以高度的政治责任感，认真履行宪法和法律赋予的职责，圆满完成大会选举任务，顺利实现了中央和省委人事安排意图。会议开得团结民主、务实高效，风清气正、昂扬向上。

骆惠宁强调，山西正处于重要历史关头和新的发展起点。省第十一次党代会在新的高度上促进了全省党员干部群众思想统一，规划了美好蓝图、作出了战略部署，激发起全省人民干事创业的巨大热情，展示了山西新的形象、前景和自信，标志着山西发展翻开了新的一页。集思广益作一个好报告至关重要，同心协力实现大会提出的目标任务更为重要。贯彻落实党代会精神，是摆在我们面前的重大政治任务和历史使命。落实党代会精神，必须坚定不移以习总书记系列重要讲话为指引，从系列重要讲话中汲取智慧和力量，运用系列重要讲话贯穿的马克思主义立场、观点、方法，改造客观世界和主观世界，把落实党代会精神的过程变成解放思想、更新观念的过程，研究问题、理清思路的过程，忠诚担当、攻坚克难的过程。落实党代会精神，重在务实，贵在有恒，要以坚韧不拔的意志、敢于胜利的决心，咬定目标不放松，坚持五年一抓到底，分年度分阶段持续推进落实，各地各部门要按照省委对党代会报告目标任务的责任分解，坚持求真务实，扑下身子实干苦干；加强督促检查和考核工作，确保人人负起责任；健全协作配合机制，形成强大工作合力；鼓励基层创造性开展工作，及时总结推广好经验好做法。落实党代会精神，要突出改革创新的取向，牢固树立、自觉运用新发展理念，把创新作为引领发展的第一动力，用创新的思路、改革的办法、开放的举措，研究新情况、解决新问题、闯出新路子，推动经济转型取得显著进展，实现党的建设和党所领导的事业不断进步，为治理体系和治理能力现代化夯实基础。落实党代会精神，根本在充分调动全省人民的积极性创造性，要广泛深入宣传大会精神，把全省人民的思想和行动统一到大会确定的目标任务上来，把以人民为中心的发展思想贯穿到工作的方方面面，坚持一切为了人民、一切依靠人民，关心群众疾苦，维护群众利益，动员和激励全省人民为创造美好生活、建设美丽山西，共同艰苦奋斗，不断建功立业。

骆惠宁指出，人民代表大会制度是中国特色社会主义制度的重要组成部分。贯彻落实好省第十一次党代会精神，各级人大机关和人大代表具有十分重要的作用。希望各位代表带头宣讲、落实党代会精神，用好联系群众广泛的优势，完善联系群众机制，更好地发挥了解民情、反映民意、汇集民智的桥梁纽带作用，以民之所望为履职所向，切实把人民赋予的职责履行好，以自己的模范行为代表人民利益、增进人民福祉。

骆惠宁强调，在山西发展的新征程上，我们一定要紧跟时代潮流，拓宽发展视野，把握难得机遇。让我们更加紧密地团结在以习近平同志为核心的党中央周围，团结带领全省人民砥砺前进，为全面建成小康社会，不断塑造美好形象、逐步实现振兴崛起努力奋斗，以优异成绩迎接党的十九大胜利召开。

出席会议并在主席台就座的省党政军领导还有高建民、孙绍骋、王伟中、盛茂林、任建华、罗清宇、张吉福、王清宪、廉毅敏、郭迎光、王一新、张复明、刘杰、张璞、姜新文、左世忠、杨司、胡培禹，原省级领导申联彬、杜玉林、杨安和、李政文、张少华、靳善忠、安焕晓、郭海亮、王雅安、贠自博等。

全省开发区改革创新发展会议在太原召开 12月1日，省委省政府召开全省开发区改革创新发展会议。省委书记骆惠宁主持会议，并就推进开发区改革创新发展的努力方向、工作方针和重点要求作了讲话。省委副书记、省长楼阳生进行动员部署。会议强调，要以改革创新的勇气和智慧推进开发区建设。用全新的理念视野谋划定位，用全新的思路办法破解难题，用全新的体制机制增强活力，对开发区进行二次创新创业。

会议认为，推进全省开发区改革创新发展，是贯彻落实省第十一次党代会精神的重大举措。深化转型综改试验区建设，开发区是有力抓手；走出创新驱动、转型升级新路，开发区是必然选择。推进开发区改革创新发展，对于落实新发展理念和推进供给侧结构性改革，破解我省经济发展面临的难题，推动经济发展的动力结构、产业结构、要素结构和增长方式转变，具有重大而深远的意义。长期以来，我省开发区为全省经济社会发展做出了重要贡献，但总体上发展水平不高，块头不大、活力不强、引领不足，这些突出问题亟待解决。实现省第十一次党代会确定的创新驱动、转型升级战略部署，推动转型综改试验区建设取得显著进展，必须下大气力抓好开发区改革创新发展。

会议强调，推动新一轮开发区建设，要牢固树立新发展理念，坚持改革创新、转型升级的方向，实行对标一流、创新引领、市场取向、管理现代、产业为本、带动全域的方针；要推动全省开发区整合、改制、扩区、调规，促进山西产业版图的优化；要借鉴全国各类开发区成功范式，用全新的理念机制、市场化的办法建设管理开发区，致力先行先试、营造转型生态、培育后发优势；要举全省之力，把开发区打造成行政管理体制的改革先锋、转型发展的重要载体、区域经济的强力引擎和全省转型综改试验区的主战场。

会议指出，深化转型综改，必须切实践行“五大发展”新理念，深入贯彻落实省第十一次党代会决策部署，把开发区改革创新发展作为战略突破口，开辟主战场，打造大平台。要科学把握发展方向、目标定位、路径抓手，高起点谋划布局开发区改革创新发展。要立足创新驱动、转型升级，坚定不移推进开发区建设由资源依赖向创新驱动转变，由“小散低”向规模、集中、中高端转变，由同质竞争向差异化发展转变，由招商引资向选商引智转变，由重视硬环境向软硬环境并重转变，由政府主导向市场主导转变。要集中在开发区布局转型升级“六大工程”重大项目，真正把开发区建设成为新兴产业的集聚区、先行先试的试验田、对外开放的桥头堡、创新驱动的主引擎、绿色发展的先行区和全面小康的加速器。要抓紧落实整合改制扩区调规等关键举措，推行“三化三制”改革，加快建立专业化、市场化、国际化的开发区管理运行机制和领导班子任期制、全员岗位聘任制和绩效工资制等制度。要保持战略定力，扎扎实实地抓几年、干几年，加快实现开发区空间布局科学合理、营商环境明显优化、体制机制创新取得重大突破、创新力竞争力带动力显著增强。力争到2020年，开发区创造的增加值占到全省地区生产总值的25%以上，在现有基础上翻一番；再经过5年，占到全省的50%以上，成为全省经济的重要增长极和主引擎。

会议强调，要坚持目标导向和问题导向，着眼开发区提质增效、转型升级，立足破解瓶颈制约、解决突出矛盾，下大气力推进开发区改革创新。要坚持规划引领，抓紧制定修订开发区发展规划，把开发区空间布局一次调整到位，力争用5-10年时间，在全省形成“一市一国家级开发区、一县一省级开发区”的格局。要加快整合改制，以国家级和发展较好的省级开发区为主体，通过整合、共建、一区多园等模式拓展发展空间，理顺开发区与市县政府的关系，切实向开发区简政放权，深化开发区内部改革，着力构建活力迸发的开发区运行机制。要依法强化用地保障，坚持集约节约用地，盘活存量土地，优先保障开发区用地。要精心布局战略性新兴产业，重点布局数字经济、高端装备制造业、新材料、新能源、新能源汽车、节能环保、生物产业、现代医药、现代物流、文化旅游、会展创意等新兴产业项目，培育新的发展动能。要改变由政府投资开发建设基础设施和公共服务平台的单一模式，引进社会资本参与开发区建设。要高效精准招商引资，变招商引资为选商引资，建立项目跟踪服务机制。要实施一流的人才政策，研究打出一整套政策组合拳，尽快补上人才这个致命短板。要落实国家推广自贸区改革试点经验的要求，促进投资贸易便利化。要加大政策支持力度，财政金融、项目安排、基础设施、公共服务等政策都要向开发区倾斜。要全面构建开发区良好政治生态，努力打造高效透明的政务环境和公平公正的营商环境。

会议要求，要以涵盖太原、晋中两市的太原都市区为依托，加快建设山西转型综改示范区，努力在产业转型、创新驱动、体制改革、绿色发展、投资环境等方面，为全省转型综改作示范、立标杆，发挥好示范区在全省开发区改革创新发展中的排头兵作用。

会议强调，各级各部门要着眼全省发展大局，强化责任担当，加强组织领导，切实把思想和行动统一到省委省政府的决策部署上来，认真落实省委省政府《关于开发区改革创新发展的若干意见》和《关于建设山西转型综改示范区的实施方案》，深入研究解决重大问题，不因包袱重而等待，不因困难多而畏缩，不因有挑战而躲避。要深刻理解改革、坚定支持改革、积极投身改革。要形成省、市、县上下联动，部门、开发区、当地政府横向协同的工作格局。要坚持全面从严治党，严肃各项纪律，深入做好思想工作，理顺各方面关系，调动各方面积极性，激发出改革创新发展的内生动力。要推动政策向开发区优化、资源向开发区倾斜、人才向开发区集聚。各有关部门要用更大的“放”、更好的“管”和更优的“服务”，持续推动政府职能转变。要配强开发区领导班子，特别是选准用好“一把手”，在发展一线培养干部、识别干部、使用干部，认真落实省委出台的激励干部干事创业办法和改革创新合理容错办法，把开发区真正打造成各类人才建功立业的大平台。

会议强调，以这次会议为标志，我省开发区建设迈入了新阶段。各地各部门要以强烈的改革创新意识、只争朝夕的工作态度，加强领导，明确责任，强化措施，严格考核，上下同心办好开发区改革创新发展这件大事，奋力开创全省转型综改新局面，汇聚起促进开发区改革创新发展和全省转型升级的强大正能量。

省商务厅、省国土厅、山西转型综改示范区管委会筹备小组、大同市主要负责同志作了大会发言。会议以电视电话会议的形式召开，主会场设在省委会议厅，各市、县设分会场。省直有关部门班子成员或主要负责同志，省级以上开发区管委会主任在主会场参加会议；各市和县（市、区）党政主要负责同志、有关负责同志以及有关部门班子成员在分会场参加会议。

山西省召开深化监察体制改革试点工作培训会 12月2日至3日，我省深化监察体制改革试点工作培训会在省委党校开班。省委书记骆惠宁出席会议并作重要讲话。他强调，要充分认识深化国家监察体制改革的重大意义，把抓好改革试点作为牢固树立“四个意识”特别是核心意识、看齐意识的实际行动，坚定“四个自信”，提高政治站位，积极担负起这一光荣使命，勇于先行先试，善于探索创新，确保高质量按期完成试点工作任务，为改革全面铺开和制定国家监察法提供实践基础。

骆惠宁指出，深化国家监察体制改革，是以习近平同志为核心的党中央作出的重大决策部署。中央把我省确定为试点，充分体现了中央的信任。信任就是鞭策和考验。我们要切实把思想认识统一到中央精神上来，充分认识国家监察体制改革是推进政治体制改革的重大创新，是加强党对反腐败集中统一领导的必然要求，是实现国家治理体系和治理能力现代化的重要举措，通过改革试点推动监察理念思路、体制机制、方式方法的与时俱进，努力在党风廉洁建设和反腐败斗争中“先走一步”，加快全面构建良好政治生态，不断塑造山西美好形象。

骆惠宁指出，深化国家监察体制改革是一项政治性、政策性和操作性都很强的工作。要深入学习领会习总书记和王岐山同志的重要讲话精神，认真研究中央相关文件，准确领会中央的战略意图和改革的精髓要义。要全面把握监察体制改革试点工作的目标任务、监察委员会职能职责和权限手段、法律适用以及我省试点工作步骤和要求，按照转隶开局、平稳过渡、逐步深化的原则，整合行政监察和检察机关查处贪污贿赂、失职渎职以及预防职务犯罪等工作力量，成立监察委员会，完成检察机关反贪等部门的转隶，稳步推进全面融合和顺畅运转，形成集中统一、权威高效的国家监察体系，实现对所有行使公权力的公职人员监察全覆盖。

骆惠宁强调，各级党委要担负起主体责任，一把手要负总责，思想上十分清醒、政治上十分坚定、行动上十分自觉。各级纪委要担好专责，细致谋划、具体操作。省试点工作小组要加强对市县改革的指导、协调和服务。要加强学习研究，吃透中央精神，深入搞清楚监察体制改革的内涵、实质以及涉及的概念、政策、法律等，成为行家里手，准确、有效地推进工作。要全面摸清家底和情况，扎实细致地做好基础性工作，把思想政治工作贯穿改革始终。要善于发现和解决问题，循序渐进、由浅入深，逐步分析研究深化改革中出现的各种情况和问题，做到既坚决果断、又审慎稳妥。要坚持讲政治顾大局，各相关单位要相互支持、相互配合，确保思想不乱、人心不散、工作不断，确保中央决策部署落到实处。

黄晓薇主持了培训会，任建华就有关问题作了解答。与会同志进行了分组学习讨论。大家一致认为，省委举办这次培训会非常及时、十分必要。通过学习培训，提高了认识，明确了任务，把握了要求，增强了做好试点工作的责任感和使命感。大家纷纷表示，一定要站在党和国家工作全局的高度来把握和谋划这项工作，不折不扣地贯彻落实中央精神和省委部署，坚决把试点任务完成好，交出一份合格的答卷。

省领导王伟中、盛茂林、张吉福、牛仁亮、杨司出席培训会。省深化监察体制改革试点工作小组组成人员，省纪委监察厅班子成员，各市市委书记、纪委书记、检察院检察长，各县（市、区）委书记、纪委书记、检察院检察长，省检察院有关部门负责同志参加培训。

省委召开常委扩大会议　传达学习中央经济工作会议精神 12月17日，省委召开常委扩大会议，传达学习中央经济工作会议精神。省委书记骆惠宁主持并讲话。

骆惠宁指出，习总书记在中央经济工作会议上发表的重要讲话，总结了十八大以来的经济工作，深刻分析了国际国内经济形势，科学阐明了明年经济工作的主要目标和宏观政策，全面部署了深化供给侧结构性改革、加快推进关键性改革等重点工作，并对加强和改善党对经济工作的领导提出了明确要求，是一篇闪烁着真理光辉的中国特色社会主义政治经济学的重要文稿。李克强总理的重要讲话，回顾和总结了今年的经济工作，阐释和部署了明年经济工作的政策取向和目标任务。这次会议为做好明年经济工作指明了方向和路径，意义十分重大。我们要把思想和行动统一到中央决策部署上来，切实增强做好明年经济工作的信心和决心。

骆惠宁指出，要深刻领会中央经济工作会议精神实质，准确把握我省经济发展的方向。一要把握“稳中求进”工作总基调。这是治国理政的重要原则，也是做好经济工作的方法论。我们要坚持稳是主基调、稳是大局，在关键领域有所进取，在把握好度的前提下奋发有为，有效促进我省经济平稳健康发展，有效维护社会大局稳定。二要把握宏观经济政策的取向。中央关于明年经济政策的设计指向鲜明，丰富了十八大以来经济政策框架，将促使经济运行保持在合理区间。我们要结合省情实际，把这些政策措施运用好，为经济发展营造更加有利的条件。三要把握深化供给侧改革的部署。明年在深入推进“三去一降一补”的同时，还要抓好农业供给侧结构性改革、着力振兴实体经济、促进房地产市场平稳健康发展，牵住经济发展的“牛鼻子”。我们要切实增强供给侧结构性改革的自觉性、坚定性和有效性，巩固成果，乘势而上，不断取得新的进展。四要把握统筹推进经济工作的任务。会议提出进一步释放内需潜力、促进新动能发展壮大传统动能焕发生机、加强节能环保和生态建设、进一步织密扎牢民生保障网等。我们要推进政策协同配套，推动消费升级和有效投资良性互动、生态保护和经济发展协调共进，让人民群众有更多的获得感。五要把握关键性改革的举措。会议聚焦深化国企国资、产权保护、财税金融、养老保险改革和有重点地推进对外开放，深化了一批具有重大牵引作用的改革举措，进一步指明了改革的实现途径。我们要坚持用改革的办法解决经济社会发展中的突出问题，在细化改革举措、突破关键环节上下功夫，为经济发展不断增添动力和活力。六要把握加强经济工作领导的要求。会议提出各级领导干部特别是高级干部要把落实党中央经济决策部署作为政治责任，深入调研、加强学习、提高本领，抓住想干事、敢干事这两个关键点，健全正向激励机制，促进干部创造性开展工作，具有很强的针对性。我们要牢固树立"四个意识"，进一步从观念、能力、政策、方法和作风多个角度入手，提高全省各级干部的领导水平，更好营造干事创业的用人导向和从政环境。

骆惠宁强调，要认真抓好中央经济工作会议精神的贯彻，确保我省经济不断稳步向好。要进一步抓好党员领导干部的学习，深入调研，联系实际思考解决问题，把明年经济工作的思路、目标和措施谋划好，以人一之我十之的精神，更加奋发有为，确保中央大政方针得到正确有效贯彻，确保省第十一次党代会精神得到具体有效贯彻。

省级党员领导干部，省委工作机构、省政府组成部门主要负责同志参加会议。

省委召开常委会议　传达贯彻全国高校思想政治工作会议精神　安排部署我省选举出席党的十九大代表工作　决定召开省委十一届二次全体会议暨经济工作会议　12 月 17 日，省委书记骆惠宁主持召开省委常委会议，传达学习全国高校思想政治工作会议精神，研究我省贯彻落实意见，安排部署山西省选举出席党的十九大代表工作，决定近期召开省委十一届二次全体会议暨经济工作会议。

会议指出，习总书记在全国高校思想政治工作会议上的重要讲话，深刻回答了事关高等教育事业发展和高校思想政治工作的一系列重大问题，是指导做好新形势下高校思想政治工作的纲领性文献。刘云山同志对贯彻会议精神提出重大要求。我们要全面把握会议精神，并认真贯彻到我省高校工作中。要深刻认识做好高校思想政治工作的特殊重要性，适应新形势、解决新问题，把加强和改进高校思想政治工作作为重大政治任务和战略工程抓紧抓好。要牢牢把握社会主义办学方向，以立德树人为根本，以理想信念教育为核心，以社会主义核心价值观为引领，不断提高学生的思想水平、政治觉悟、道德品质、文化素养，培养中国特色社会主义合格建设者和可靠接班人。要把思想政治工作贯穿高校教育教学全过程，加强高校思想政治理论课教学体系建设，加强高校思想文化阵地建设和管理，加强教师队伍、思想政治工作队伍和党务工作队伍建设。要深入调查研究，坚持问题导向，推进高校思想政治工作改革创新。各级党委要牢牢掌握党对高校工作的领导权，把高校思想政治工作摆在重要位置，形成党委统一领导、各部门各方面齐抓共管的工作格局。高校党委要认真履行管党治党、办学治校的主体责任，把方向、管大局、作决策、保落实，坚持和完善党委领导下的校长负责制，加强基层党组织建设和党员教育管理，开创我省高等教育事业发展新局面。

会议通过《山西省选举出席党的十九大代表工作方案》。会议指出，选举出席党的十九大代表是一项十分重要的政治任务。要按照中央部署和要求，以党章为根本遵循，加强组织领导，突出政治标准和先进性，发扬民主、规范程序、严肃纪律，圆满完成党的十九大代表选举工作。

会议决定，12 月 28 日至 30 日，召开省委十一届二次全体会议暨经济工作会议。

省委中心组举行（扩大）学习报告会　沈晓初作"以开放引领改革，以改革释放活力"的专题报告　12 月 24 日，省委中心组举行（扩大）学习报告会。省委书记骆惠宁，省长楼阳生，省委副书记黄晓薇，省政协主席薛延忠，省委常委，省人大、省政府、省政协负责同志，省法院院长、省检察院检察长出席会议。省委常委、宣传部长王清宪主持会议。上海市发展和改革委员会主任、党组书记沈晓初作了题为"以开放引领改革，以改革释放活力"的专题报告。

报告会上，沈晓初从经济社会发展情况及其面临的主要问题、上海推进的一些重大改革任务、深化经济体制改革的主要体会三个方面，介绍了上海改革开放的经验和做法。报告深入、详实、实用，有针对性，操作性强，让与会同志对新形势下上海改革的背景，对上海推进改革的操作过程、方法、遇到的问题和解决的办法，对上海深化改革的体会，有了更深入的认识和把握。大家纷纷表示，上海在改革上的经验与做法、能力与视野，很值得我们学习和借鉴。

王清宪在主持会议时说，省第十一次党代会报告指出，我省发展正处在一个重要历史拐点，转型任务重，改革任务更重；发展相对滞后，但改革决不能落后。通过这次学习报告会，我们一定会进一步开阔改革视野、提高改革能力、强化改革担当，把省第十一次党代会确定的各项重大改革部署落到实处。

省委、省政府副秘书长，省直各部门和中央驻晋单位负责同志，驻太原本科院校、部分科研院所、省管国有骨干企业主要负责同志参加会议。

省委召开常委会议　传达学习中央农村工作和全国扶贫开发工作会议精神　研究明年经济工作目标任务和主要措施　审议通过我省群团工作改革方案　部署十一届省委第一轮巡视工作　12 月 27 日，省委书记骆惠宁主持召开省委常委会议，传达学习中央农村工作会议精神和全国扶贫开发工作会议精神，研究我省贯彻落实意见；分析全省经济形势，研究提出 2017 年经济社会发展目标任务、政策导向和主要措施；审议通过《中共山西省委群团工作改革方案》、省总工会共青团省委省妇联改革实施方案；传达学习十八届中央第十一轮巡视工作动员部署会议精神，研究讨论十一届省委第一轮巡视工作意见。

会议充分肯定 2016 年我省农村工作和扶贫开发取得的

成绩。指出，要认真学习贯彻中央农村工作会议精神，坚持新发展理念，把推进农业供给侧结构性改革作为农业农村工作的主线，培育农业农村发展新动能，提高农业综合效益和竞争力。要结合山西实际，全面推进农业结构调整，优化农业区域布局，加快建设特色农产品优势区，加大农业科技投入，强化龙头企业带动，着力发展功能农业、开发功能食品，推动资源、投入等向农业供给侧结构性改革聚焦，增加绿色优质农产品供给。要多措并举促进农民增收，培育新型农业经营主体和服务主体，高度重视农民外出务工的组织培训，完善强农惠农政策，深化农村产权制度改革，进一步增加农民家庭经营收入、务工收入、转移性收入、财产性收入。加快实施兴水增绿，统筹推进林业和生态建设，改善农村人居环境，促进农业可持续发展。会议强调，扶贫攻坚是第一民生，是最需要补的短板。要贯彻落实全国扶贫开发工作会议精神，进一步深化精准扶贫，着力夯实基础工作，创新扶贫工作机制，抓好突出难点问题的解决，做实干部驻村帮扶，进一步激发群众内生动力，强化脱贫攻坚支持保障体系。要严格落实脱贫攻坚责任制，加强组织领导，硬化推进举措，做到目标任务细化量化实化，政策措施到村到户到人，脱贫成效可考可信可靠，确保完成各项脱贫攻坚任务。

会议指出，今年以来，面对错综复杂形势和艰巨繁重任务，省委切实加强和改善对经济工作的领导，团结带领全省人民攻坚克难、转型发展，推动全省经济增长企稳回升，经济结构和增长方式有所优化，改革开放取得新进展，民生保障水平进一步提高，生态环境质量持续改善，实现了下半年好于上半年的工作目标。特别是经济发展的方向更加明确，稳步向好的基础不断巩固，干事创业的氛围日益浓厚。2017年将召开党的十九大，也是全面贯彻省第十一次党代会精神的起步之年，是供给侧结构性改革的深化之年，是山西走出经济困难局面的攻坚之年，做好经济工作意义重大。总的要求是，深入贯彻习近平总书记系列重要讲话精神和治国理政新理念新思想新战略，统筹推进“五位一体”总体布局，协调推进“四个全面”战略布局，认真贯彻中央经济工作会议精神和省第十一次党代会总体部署，坚持新发展理念，坚持稳中求进工作总基调，坚持深化供给侧结构性改革与深化转型综改试验区建设有机结合，坚持以提高发展质量和效益为中心，全面实施创新驱动、转型升级战略，全力促进经济稳步向好和社会和谐稳定，为塑造美好形象、实现振兴崛起奠定更加坚实的基础，以优异成绩迎接党的十九大胜利召开。

会议原则通过《中共山西省委群团工作改革方案》《山西省总工会改革实施方案》《共青团山西省委员会改革实施方案》《山西省妇联改革实施方案》。会议强调，群团工作改革是加强和改进新形势下党的群团工作的重要举措。要全面贯彻落实中央群团工作会议精神特别是习总书记关于群团工作改革的重要讲话精神，紧紧围绕保持和增强政治性、先进性、群众性这条主线，找准改革的着力点和突破口，优化领导班子结构，改革机构设置、管理模式和运行机制，推动力量配备、服务资源向基层倾斜，建设精简高效的群团机关、代表广泛的群团组织。要通过改革，重点解决新形势下工青妇工作中存在的突出问题，把群团组织建设得更加充满活力、更加坚强有力。各级党委要加强对群团工作的统一领导，统筹抓好四个方案的贯彻实施，确保改革有效衔接、顺利推进。省总工会、团省委、省妇联要扎实推进各项改革任务落实，更好发挥党和政府联系群众的桥梁纽带作用。

会议传达学习了十八届中央第十一轮巡视工作动员部署会议精神，对十一届省委第一轮巡视工作作出部署。会议指出，十一届省委巡视工作要以党的十八届六中全会精神为强大思想武器，提高政治站位，聚焦主要任务，总结运用十届省委巡视经验，科学统筹谋划。要突出问题导向，坚持挺纪在前，创新机制方法，提高政策水平，确保巡视质量，把全面从严治党不断引向深入。

中共山西省委十一届二次全体会议暨经济工作会议在太原召开 2016年12月29日至31日，中国共产党山西省第十一届委员会第二次全体会议暨经济工作会议在太原召开。

会议由省委常委会主持。省委书记骆惠宁在讲话中总结2016年全省经济工作，深刻分析我省面临的经济形势，提出2017年经济工作总体要求、主要目标和重大任务，对贯彻全国科技创新大会、全国卫生与健康大会、全国国有企业党的建设工作会议、全国高校思想政治工作会议精神进行部署，对做好2017年工作需要把握的重大问题提出要求。省委副书记、省长楼阳生对2017年经济工作作出具体部署。

会议认为，今年以来，面对错综复杂形势和艰巨繁重任务，我们全面落实党的十八大和十八届三中、四中、五中、六中全会精神，深入贯彻习总书记系列重要讲话精神和治国理政新理念新思想新战略，积极执行中央关于经济工作的决策部署，在继续实施“五句话”总体思路的同时，提出并落实“一个指引、两手硬”重大思路和要求，切实加强和改善对经济工作的领导，团结带领全省人民攻坚克难、转型发展，经济发展取得稳步向好的积极成效，实现了下半年好于上半年的工作目标。经济增长低位企稳回升，经济结构和增长方式有所优化，改革开放取得新进展，民生保障水平进一步提高，生态环境质量持续改善。全省经济正在发生一些标志性、转折性、趋势性变化，经济发展的方向更加明确，稳步向好的基础不断巩固，干事创业的氛围日益浓厚。这一局面的形成，实属来之不易，应该倍加珍惜。同时必须清醒看到，全省经济社会发展还有不少困难和问题，要进一步采取有力举措加以解决。

会议指出，要认清形势、把握大局，科学确定2017年经济工作主要目标和政策导向。2017年将召开党的十九大。2017年是全面贯彻省第十一次党代会精神的起步之年，是供给侧结构性改革的深化之年，也是山西走出经济困难局面的攻坚之年，做好经济工作意义重大。总的要求是，深入贯彻习近平总书记系列重要讲话精神和治国理政新理念新思想新战略，统筹推进“五位一体”总体布局，协调推进“四个全面”战略布局，认真贯彻中央经济工作会议精神和省第十一次党代会总体部署，坚持新发展理念，坚持稳中求进工作总基调，坚持深化供给侧结构性改革与深化转型综改试验区建设有机结合，坚持以提高发展质量和效益为中心，全面实施创新驱动、转型升级战略，全力促进经济稳步向好和社会和谐稳定，为塑造美好形象、实现振兴崛起奠定更加坚实的基础，以优异成绩迎接党的十九大胜利召开。做好2017年经济工作，要坚持稳中求进工作总基调，着眼于稳，要确保经济基本面稳定，确保社会大局稳定，确保安全生产形势总体稳定，确保社会舆情稳定；着眼于进，要在提高质量和效益前提下实现经济增长，坚定不移推进转型发展，加快推进改革创新，促进干部队伍能力提升。要确立合理的增长预期目标，认真贯彻中央提出的宏观经济政策，落实好积极有效的财政政策、稳健中性的货币政策，引导社会预期、增强发展信心，把各方面的积极性和创造力充分激发出来，推动转型发展取得实质性进展。

会议强调，要牵牢主线、开拓进取，全力抓好2017年经济社会发展重点任务。把深化供给侧结构性改革与深化转型综改试验区建设作为全省经济工作的主线，多策并举抓好落实，促进新发展理念在山西落地生根。

一是以事关结构调整的重要问题为着力点，深入推进“三去一降一补”。要把煤炭钢铁去产能与优化产业结构结合起来，解决好去产能涉及的重大问题，提高先进产能占比、优化产业结构，提高煤炭产业综合效益和竞争力。要把电力去产能与深化电力体制改革结合起来，构建煤、电、网、载能产业协同发展新格局，使山西的能源优势、电力优势转化为企业成本优势、经济发展优势。要把去库存与促进房地产平稳健康发展有机结合起来，打通去库存与棚户区和城中村改造之间的通道、去库存与农业转移人口进城购房之间的通道。要把去杠杆与提高金融服务实体经济水平结合起来，降低企业负债率，有序开展市场化债转股，大力发展直接融资。要把降成本与改善企业管理结合起来，政府通过优化政策环境等从外部降低企业成本，企业要从内部挖潜增效。二是以提高质量和核心竞争力为中心，全面振兴实体经济。围绕“六大工程”加速培育各类新的市场主体。鼓励引导企业加快传统产业技术改造。通过科技创新提升企业核心竞争力。抓好质量、品牌和标准建设。以服务企业常态化为抓手创优发展环境。三是以关键环节和重点领域改革为突破口，在深化经济体制改革中打造后发优势。积极稳妥推进财税和金融体制改革，推动财政预算改革和全过程绩效管理，推动地方金融机构改革。深化社保改革，全面实施全民参保登记计划，大力提升社保服务水平。推进开发区改革创新，与国际国内先进做法接轨，真正使开发区成为转型综改试验主战场。省转型综改示范区要切实发挥引领作用。深入推进“放管服”改革，进一步激发市场活力和社会创造力。牢牢把握中央提出的正确方向，深化我省国企国资改革，这是决定山西转型前途的关键一招。要把握市场化取向、竞争力目标、专业化重组、股份制改造、现代化管理、科学化监管的重大要求，制定国企国资改革实施方案，对看准的事情先行组织试点。四是以农业供给侧结构性改革为引领，促进农业增效农民增收和城乡一体化发展。把推进农业供给侧结构性改革落实到政策制定、工作部署、财力投放、干部培训各个方面。在推进功能农业发展上实现重大突破，把产品调特、品质调高、产业调强、结构调优。培育新型农业经营主体和服务主体，优化农业供给政策，深化农村产权制度改革。要提高城市建设管理水平和综合承载能力，开展宜居宜业城镇创建，加大美丽乡村建设力度。五是以适度扩大总需求为途径，进一步增添发展后劲和扩大对外开放。着力提高投资的有效性，突出产业转型升级、重大基础设施、城乡一体化、社会事业等四大方面有效投资，创新投资机制和方式。着力提升消费的带动力，以消费升级带动服务业升级，努力扩大本地产品消费，健全消费基础设施，创造良好消费环境。着力扩大经济外向度，积极参与“一带一路”建设，对接京津冀协同发展。围绕转型方向选大商、引好商。加快在我省推广上海自贸区可复制改革试点经验。六是以脱贫攻坚为重中之重，在增进民生福祉上有新进展。紧紧扭住脱贫攻坚责任制这个根本环节，坚持四级书记进村，把各项政策措施精准落实到位。严格退出机制。要千方百计促进就业和增收，精准服务促进就业，盯住重点援助就业，完善制度稳定就业，确保城乡居民收入增幅高于GDP增幅。完善基本公共服务体系，加大对社会事业投入力度。要加强社会管理和安全生产工作，加强矛盾排查化解，提高全社会安全生产治理能力。要加强生态环保工作，加快国土绿化步伐，扎实推进重点水利工程，严厉打击环境违法行为，提高人民群众生态福祉。

会议指出，要践行新发展理念，树立全新的资源观，建立以转型为导向的经济考核评价体系，发展目标设定要兼顾当前与长远、需要与可能，为转型和改革留足空间，夯实全面小康、振兴崛起基础，在经济增长回到合理区间的基础上，努力实现以质量和效益为中心的中高速增长、中高端发展。

会议指出，要深化供给侧结构性改革。既要坚决去产能、降成本、补短板，更要下大力气促转型、调结构、增动能。抓好工业品去库存和房地产去库存，有效防范地方政府债务风险。扎实推进异地搬迁、产业扶贫、生态扶贫、金融扶贫、劳动力培训等工作，确保如期脱贫。要抓好事关全局的关键性改革。加快开发区改革创新发展，深化国企国资改革，深化投融资体制改革，统筹推进财税、土地、标准化等改革。要培育壮大战略性新兴产业。实施大数据战略，发展数字经济，建设智慧山西，推进智能制造。加快发展装备制造业，积极发展新材料、新能源、新能源汽车、节能环保、生物医药、煤层气等新兴潜力产业。要积极推动大众创业、万众创新。既要扶优扶强，又要扶新扶小。完善创业创新支持政策体系，加强双创财政金融支持，创建双创示范基地，着力培育双创主体，形成大中小微企业协调发展的产业生态。要扎实做好“三农”工作。推动特色现代农业提质增效，推进农民承包土地所有权、承包权、经营权“三权分置”，推动贫困村脱贫、沉陷村搬迁、城中村改造、中心村提升、文化村发展旅游。要强化科技创新和人才支撑。聚焦产业、企业、企业家，聚合产业链、供应链、创新链、要素链、制度链，深化科技人才体制机制改革，大力推动科技创新，加快补齐人才短板。要加快把文化旅游业培育成战略性支柱产业。以“旅游+”为思路，创新旅游景区管理体制和经营机制，打造一流重点景区，发展旅游新业态和全域旅游，促进文化旅游融合发展。要大力发展现代服务业。为产业转型量身打造金融服务工具，加大对“三农”、中小微企业等薄弱环节的金融支持，有序发展类金融和互联网金融；加快发展咨询服务业，健全市场中介体系；推进现代物流业智慧发展、会展业提速发展、幸福产业提质升级。要进一步提高开放型经济水平。实施“东融南承西联北拓”战略；推动基础设施内通外联，继续优化提升“铁、公、机”，更加重视“岸、港、网”建设；注重选商引资，启动实施晋商晋才“回乡”创业创新工程，改进招商引资体制和考核机制；打造优势出口品牌，推动外贸转型升级。要加快城乡一体化进程。优化城镇空间布局，推行“五规合一”，推动太原都市区提档升级，推动区域中心城市和重点城镇发展，推进城乡规划编制、基础设施、公共服务、产业布局、制度安排“五个一体化”。要切实加强生态文明建设。加大环境污染治理特别是雾霾防治力度，坚持山水林田湖系统治理，推进生态文明制度创新。要下大气力发展社会事业、保障改善民生。做好社会救助、失业帮扶等兜底性民生工作。

会议强调，要坚持不懈狠抓安全生产，以铁的担当尽责，铁的手腕治患，铁的心肠问责，铁的办法治本，维护社会稳定大局，创造良好金融生态，坚决守住“三条底线”。要坚持问题导向，与中央要求“对表”、与发达地区对标、与国际通行惯例对接，持续系统推进“放管服效”改革，深化政府监管体制改革，推进综合行政执法和“双随机一公开”监管，发挥“两平台一张网”作用，推进政府部门内设机构、运行机制改革，加强经济领域重点立法，全面优化发展环境。要以“13710”工作制度为切入点，落实“一把手”抓落实的责任，加强政务督查，强化激励约束，推动各项任务全面落实。会议就做好年末岁初工作进行了安排，对保障“两节”期间群众生活、安全稳定、市场供应、农民工工资发放、农业生产和廉洁过节等提出明确要求。

会议强调，要加强和改善党委对经济工作的领导。把落实党中央经济决策部署作为政治责任。各级党委要履行领导经济工作的职能，议大事、抓大事，加强学习、善于学习。党委领导经济工作要加强制度化建设，提高法治化水平，增强专业化能力。要进一步营造干事创业的从政环境，形成能者上、庸者下、劣者汰的用人导向。

会议对做好2017年工作要把握的重大问题提出要求。一要学用系列讲话，增强“四个意识”。各级党组织和广大党员干部要牢固树立“四个意识”特别是核心意识、看齐意识，自觉同以习近平同志为核心的党中央保持高度一致，坚定不移地把以习近平同志为核心的党中央决策部署在山西贯彻落实好。认真学习领会习总书记在中央政治局民主生活会上的重要讲话精神，进一步坚定理想信念，严明政治立场，坚持党的基本路线不动摇，把“四个意识”进一步体现到行动上。二要深化改革攻坚，激发动力活力。通过改革推动体制机制创新，激活比较优势和后发优势。统筹抓好经济、政治、文化、社会、生态和党建等领域改革，加快有战略性、牵引性、实效性重大改革事项的步伐，把“供改”与“综改”紧密结合起来并作为我省改革的主抓手，力争2017年取得突破性进展。高标准如期全面完成深化国家监察体制改革试点任务。三要维护大局稳定，创造良好环境。深刻领会、认真落实习总书记关于总体安全观的思想与要求，统筹做好各领域安全工作，确保全省人民安居乐业，当好首都“护城河”。要加强宣传思想和舆论引导工作，把塑造美好形象、实现振兴崛起的新典型新进展新成效展示出来，把蕴藏在全省干部群众中的创业创新热情激发出来，汇聚起攻坚克难的磅礴力量。四要提升工作标准，创造一流业绩。面对新使命新要求，必须奋力加速前行，必须使全省工作标准来一个大的提升。要对照中央部署要求，明确改进工作的举措；对照发达地区和我省先进典型的好做法好经验，提升工作标杆，奋起直追，努力缩小差距；对照人民群众期盼，提升服务群众的能力和水平。时代呼唤更多志存高远、追求卓越的人，更多勇于担当、善于开拓的人，更多埋头苦干、甘于奉献的人。各级领导干部都要树立对标一流、争创一流的意识，养成学习思考、精深钻研的习惯，提高抓问题、作决策、打硬仗的本领，建立健全深入基层、深入群众的长效机制，团结带领全省人民在实现转型升级、振兴崛起中谱写新的篇章。

会议号召，做好2017年工作意义重大，任务艰巨。让我们紧密团结在以习近平同志为核心的党中央周围，众志成城，开拓进取，推动山西各项工作迈上新台阶，以优异成绩迎接党的十九大胜利召开。

会议就贯彻全国科技创新大会、全国卫生与健康大会、全国国有企业党的建设工作会议、全国高校思想政治工作会议精神作了部署。

会议审议通过了《十一届省委全会工作规则》。

会议期间，市委书记、工（党）委书记和贫困县县委书记就重要工作责任制落实情况进行了述职。

省委副书记黄晓薇，省政协主席薛延忠，省委常委高建民、孙绍骋、王伟中、盛茂林、任建华、罗清宇、张吉福、王清宪、廉毅敏，省委委员、候补委员出席会议。不是省委委员、候补委员的现职省级领导同志，27集团军、省军区、省武警总队主要负责同志；省委、省政府副秘书长；省纪委常委；省直各部门、中央驻晋单位和企业主要负责同志；各市、县（市、区）党政主要负责同志；省管国有企业、本科院校、省级以上开发区主要负责同志；部分科研院所负责同志；省第十一次党代会部分基层代表列席会议。

中共山西省委办公厅
关于印发《山西省推进领导干部能上能下
实施细则（试行）》的通知

晋办发〔2016〕2号

各市、县委，省委各部委，省直各委、办、厅、局党组（党委），各人民团体党组：

《山西省推进领导干部能上能下实施细则（试行）》已经省委同意，现印发给你们，请认真遵照执行。

中共山西省委办公厅

2016年1月8日

山西省推进领导干部能上能下实施细则（试行）

第一章　总　　则

第一条　为贯彻落实党中央关于全面从严治党要求，严明党的政治纪律和政治规矩，完善从严管理干部队伍制度体系，形成能上能下的选人用人机制，建设信念坚定、为民服务、勤政务实、敢于担当、清正廉洁的高素质干部队伍，根据《党政领导干部选拔任用工作条例》《推进领导干部能上能下若干规定（试行）》等有关规定，结合我省实际，制定本实施细则。

第二条　本实施细则所称推进领导干部能上能下，重点是解决干部能下问题。必须坚持党要管党、从严治党，坚持实事求是、公道正派，坚持人岗相适、人尽其才，坚持依法依规、积极稳妥，围绕我省提出的“深入学习贯彻习近平总书记系列重要讲话精神，净化政治生态、实现弊革风清、重塑山西形象、促进富民强省”的工作总体思路和要求，深入推进“三个一批”工作，着力解决为官不正、为官不为、为官乱为等问题，促使领导干部自觉践行“三严三实”要求，推动形成能者上、庸者下、劣者汰的用人导向和从政环境。

第三条　本实施细则适用于县级以上党政机关（含参照公务员法管理的事业单位）的领导干部。

乡（镇、街道）党政领导干部，参照本实施细则执行。

本实施细则主要规范对有关领导干部的组织调整。涉及违纪违法行为的，按照党的纪律规定和有关法律法规办理。

第四条　领导干部下的渠道，主要包括到龄免职（退休）、任期届满离任、问责追究、调整不适宜担任现职干部、健康原因调整、违纪违法免职、自愿辞职。工作重点是问责追究和调整不适宜担任现职干部。

第二章　到龄免职（退休）、任期届满离任、健康原因调整、违纪违法免职、自愿辞职

第五条　严格执行干部退休制度，干部达到任职年龄界限或者退休年龄界限的，应当按照有关规定程序办理免职（退休）手续。确因工作需要而延迟免职（退休）的，

应当按照干部管理权限，由党委（党组）研究提出意见，报上一级党组织同意。符合提前退休条件的，本人自愿提出申请，经任免机关批准，可以提前退休。

第六条 严格执行领导干部职务任期制度，任期年限、届数和最高任职年限，一般不得延长。确因工作需要延长的，履行相关程序。加强任期内考核和管理，经考核认定不适宜继续任职的，应当中止任期、免去现职，不得以任期未满为由继续留任。干部任期内免职按照有关规定程序办理。

第七条 干部因健康原因，无法正常履行工作职责一年以上的，应当对其工作岗位进行调整。严重影响工作的，应当根据实际情况及时进行调整。恢复健康后，参照原任职务层次作出安排。干部患有重大疾病，应及时向组织报告，不得隐瞒病情。

第八条 干部因违纪违法应当免职的，按照规定程序及时予以免职。对违纪情节较轻且认错态度好、工作表现好、敢于担当、积极作为的干部，给予改正错误机会，表现突出的不影响使用。

第九条 干部自愿提出辞去现任领导职务或者公职的，应当按照干部管理权限，经组织（人事）部门审核，由党委（党组）研究决定。干部提出辞职未经批准，不得擅离职守；擅自离职的，给予纪律处分。

第三章 问责追究

第十条 加大领导干部问责力度。按照《关于实行党政领导干部问责的暂行规定》，具有下列情形之一的，应当对有关领导干部实行问责：

（一）决策严重失误，造成重大损失或者恶劣影响的。

（二）因工作失职，致使本地区、本部门、本系统或者本单位发生特别重大事故、事件、案件，或者在较短时间内连续发生重大事故、事件、案件，造成重大损失或者恶劣影响的。

（三）政府职能部门管理、监督不力，在其职责范围内发生特别重大事故、事件、案件，或者在较短时间内连续发生重大事故、事件、案件，造成重大损失或者恶劣影响的。

（四）在行政活动中滥用职权，强令、授意实施违法行政行为，或者不作为，引发群体性事件或者其他重大事件的。

（五）对群体性、突发性事件处置失当，导致事态恶化，造成恶劣影响的。

（六）违反干部选拔任用工作有关规定，导致用人失察、失误，造成恶劣影响的。

（七）其他给国家利益、人民生命财产、公共财产造成重大损失或者恶劣影响等失职行为的。

第十一条 具有下列情形之一的，也应当对有关领导干部实行问责：

（一）落实从严治党责任不力，贯彻党风廉政建设责任制不到位，本地区本部门本单位或者分管领域在较短时间内连续出现违纪违法问题的；落实党建工作责任制不到位，本地区本部门本单位或分管领域出现党内政治生活不正常、干部管理失之于宽失之于软、干部有应免职情形而不予及时免职、基层组织普遍软弱涣散等严重情况的。

（二）法治观念淡薄，不依法办事，不按法定程序决策，或者依法应当及时作出决策但久拖不决，造成不良影响或者后果的；干扰司法办案造成严重后果的；经济责任审计中发现有重大问题或者对审计发现问题整改不力的；政绩观发生偏差，搞政绩工程、形象工程，导致本地区本部门本单位或分管领域工作违背发展规律、脱离自身实际，群众反映强烈，造成严重后果的；履行生态建设职责不力，造成生态环境和资源问题突出或者生态环境状况明显恶化，属于《党政领导干部生态环境损害责任追究办法（试行）》所列有关情形的。

（三）抓作风建设不力，不认真贯彻“三严三实”要求，本地区本部门本单位或者分管领域形式主义、官僚主义、享乐主义和奢靡之风比较突出的；落实上级改革部署不坚决，推进本地区本部门本单位重大改革态度消极、措施不力的。

（四）在干部选拔任用工作中任人唯亲、营私舞弊，本地区本部门本单位或者分管领域用人上不正之风比较突出，属于《党政领导干部选拔任用工作责任追究办法（试行）》所列有关情形的。

（五）对配偶、子女及其配偶和身边工作人员教育管理不严、约束不力，甚至默许其利用自身职权或者职务上的影响谋取不正当利益的。

第十二条 区分直接责任者、主要领导责任者、重要领导责任者，根据责任大小和《关于实行党政领导干部问责的暂行规定》中的从重、从轻情节进行问责处理。问责方式包括责令公开道歉、停职检查、引咎辞职、责令辞职、免职。

问责程序和被问责干部的工作安排，按照《党政领导干部选拔任用工作条例》《关于实行党政领导干部问责的暂行规定》和《山西省关于被问责党政领导干部工作安排的暂行办法》等有关规定执行。

第四章 调整不适宜担任现职干部

第十三条 对不适宜担任现职的干部应当进行调整。不适宜担任现职，主要指干部的德、能、勤、绩、廉与所任职务要求不符，不宜在现岗位继续任职。

干部具有下列情形之一，经组织提醒、教育或者函询、诫勉没有改正，被认定为不适宜担任现职的，必须及时予以调整：

（一）不严格遵守党的政治纪律和政治规矩，不坚决执行党的基本路线和各项方针政策，不能在思想上政治上行动上同党中央保持高度一致，不认真贯彻党委政府决策部署，有令不行、有禁不止的。

（二）理想信念动摇，在重大原则问题上立场不坚定，关键时刻经不住考验，或者散布有损党和国家形象言论，造成不良影响的。

（三）违背党的民主集中制原则，独断专行或者软弱涣散，拒不执行或者擅自改变党组织作出的决定，在领导班子中闹无原则纠纷的。

（四）组织观念淡薄，不执行重要情况请示报告制度，或者个人有关事项不如实填报甚至隐瞒不报，或者拒不服从组织决定的。

（五）违背中央八项规定精神，不严格遵守《中国共产党廉洁自律准则》《中国共产党纪律处分条例》等廉洁从政有关规定的。

（六）不敢担当、不负责任，为官不为、庸懒散拖，干部群众意见较大的；在面临急难险重任务和事关国家利益、人民生命财产安全等关键时刻表现较差的。

（七）不能有效履行职责、按要求完成工作任务，推进党委政府中心任务、重点工作不力，单位工作或者分管工作处于落后状态，或者出现较大失误的；能力不足，工作长期打不开局面，工作成效不明显的。

（八）品行不端，违背社会公德、职业道德、家庭伦理道德，造成不良影响的。

（九）配偶已移居国（境）外，或者没有配偶但子女均已移居国（境）外，不适宜担任其所任职务的。

（十）其他不适宜担任现职的情形。

第十四条 充分发挥"六查"在推进干部能上能下中的作用。组织（人事）部门要把干部"六查"作为日常基础工作，通过查档案、查个人有关事项报告、查民意、查业绩、查线索、查案件，对干部进行甄别。对档案造假、个人重大事项隐瞒不报、群众口碑差、工作表现平庸，以及纪检监察机关暂未查处且工作不在状态的"带病在岗"干部，党委（党组）要及时采取组织调整措施。

第十五条 充分发挥考核在推进干部能上能下中的作用。具有下列情形之一的，应当对有关领导干部进行组织调整：

（一）年度考核结果为不称职等次。

（二）年度考核结果为基本称职等次，经组织认定为不胜任现职的。

（三）年度考核民主测评基本称职以下得票率超过五分之一，或者连续两年在本班子中明显较差，或者在市、县"两会"对本级班子成员进行民主测评中连续两年在本班子中明显较差，经组织考核确属相形见绌的。

（四）由于履行职责不到位、工作任务不落实，单位在年度目标责任考核中连续三年被评为一般及以下等次，经组织认定负有直接责任或者主要领导责任的。

（五）试用期满考核不称职得票率或者不同意得票率超过三分之一，或者新选拔任用干部在干部选拔任用工作"一报告两评议"中民主评议不满意率超过三分之一，经组织认定为不胜任现职的。

结合领导班子换届集中调整不适宜担任现职干部。符合继续提名年龄的人选，干部群众对其评价较低或者确属人岗不适的，经组织认定，不再继续提名。

第十六条 充分发挥各类监督渠道在推进干部能上能下中的作用。纪检监察、巡视、行政效能督查、政法、审计、信访等部门要及时提供涉及领导班子和领导干部的有关情况，作为调整不适宜担任现职干部的重要依据。

第十七条 调整不适宜担任现职干部，一般按照以下程序进行：

（一）调整动议。组织（人事）部门要切实加强对干部的日常了解，综合干部"六查"结果和各方面情况，对领导班子和领导干部认真分析研判，根据组织认定和组织掌握的情况，及时提出调整不适宜担任现职干部的建议。

（二）考察核实。组织（人事）部门对拟调整干部的有关情况，有针对性地考察核实，作出客观公正评价和准确认定。考察核实应当注重听取群众反映，了解群众口碑。

（三）提出调整意见。党委（党组）或者组织（人事）部门根据考察核实结果，对不适宜担任现职干部提出具体调整意见。调整意见包括调整原因、调整方式等内容。提出调整意见前，应当与干部本人谈话，说明调整理由，听取其陈述意见。

（四）组织决定。党委（党组）召开会议集体研究，作出调整决定。作出决定前，应当听取有关方面意见。

（五）谈话。党委（党组）负责同志或者组织（人事）部门负责同志与调整对象进行谈话，宣布组织决定，认真细致做好思想工作。

（六）按照有关规定履行任免程序。对选举和依法任免的干部，按照有关法律法规规定的程序进行。

干部本人对调整决定不服的，可以按照有关规定申请复核或者向上级组织（人事）部门提出申诉。复核、申诉期间不停止调整决定的执行。

第十八条 对不适宜担任现职干部，应当根据其一贯表现和工作需要，区分不同情形，采取调离岗位、改任非领导职务、免职、降职等方式予以调整。对非个人原因不能胜任现职岗位的，应当予以妥善安排。从干部调整岗位的次月起，调整其级别和工资待遇。

第十九条 因不适宜担任现职调离岗位、改任非领导职务、免职的，一年内不得提拔；降职的，两年内不得提拔。影响期满后，对德才表现和工作实绩突出，因工作需要且经考察符合任职条件的，可以提拔任职。

第五章 责任与纪律

第二十条 在推进领导干部能上能下工作中，必须严明工作纪律，不得搞好人主义，不得避重就轻、以纪律处分规避组织调整或者以组织调整代替纪律处分，不得借机打击报复。

第二十一条 建立健全推进领导干部能上能下工作责任制，党委（党组）承担主体责任，党委（党组）书记是第一责任人，组织（人事）部门承担具体工作责任。要把推进领导干部能上能下作为全面从严治党、从严管理干部的重要内容，坚持原则、敢于负责，做到真管真严、敢管敢严、长管长严。正确把握政策界限，注意保护干部干事创业、改革创新的积极性，宽容改革探索中的失误。

第二十二条 对问责追究、不适宜担任现职调整暂未安排工作的干部，应根据实际情况适时重新明确其工作岗位或分工，也可酌情安排从事临时性、专项性工作。组织（人事）部门要加强对他们的关心帮助和跟踪了解，有针对性地加强教育管理。是中共党员的，要重新明确其所属的党支部，参加正常的组织生活。要坚持管人与管思想、管作风、管纪律相结合，督促指导他们改正错误，坚守岗位，认真履职，做出实绩。

第二十三条 各级党委（党组）及其组织（人事）部门要将干部能上能下与干部选任工作同督查、同报告，每年进行一次全面总结，查找问题，提出改进措施和意见建议，向上一级组织部门上报专题报告。巡视和选人用人工作专项检查，应把推进领导干部能上能下情况作为重要内容。对工作不力的，应当根据具体情况，严格追究党委（党组）及其组织（人事）部门主要负责人和相关责任人的责任。

第六章 附 则

第二十四条 各地各部门各单位党委（党组）可根据本实施细则，结合自身实际，制定完善相关配套制度和具体办法。

第二十五条 本实施细则自下发之日起施行。

政府工作报告

——2016年1月27日在山西省第十二届人民代表大会第五次会议上

李小鹏

各位代表：

现在，我代表省人民政府向大会报告工作，请予审议，并请省政协委员和其他列席人员提出意见。

一、“十二五”时期国民经济和社会发展回顾

“十二五”时期是我省发展很不平凡的五年。面对严峻复杂的经济形势和艰巨繁重的改革发展稳定任务，我们在党中央、国务院的坚强领导下，认真贯彻落实党的十八大、十八届三中、四中、五中全会精神和习近平总书记系列重要讲话精神，积极应对挑战，奋力攻坚克难，特别是2014年9月党中央对山西省委班子改组式调整以来，新的省委常委班子团结带领全省干部群众，按照“四个全面”战略布局和中央对山西工作的重要指示要求，坚持“深入学习贯彻习近平总书记系列重要讲话精神，净化政治生态，实现弊革风清，重塑山西形象，促进富民强省”的“五句话”总要求和总思路，全面从严治党，全面从严治吏，深入推进党风廉政建设和反腐败斗争，形成并始终保持惩治腐败、狠刹“四风”、打黑除恶“三个高压态势”，着力推进“六大发展”，全面实施“六权治本”，统筹做好煤与非煤“两篇大文章”，加快实施“革命兴煤”，大力推进煤炭“六型转变”，加快发展七大非煤产业，全力推动科技创新、金融振兴、民营经济发展“三个突破”，坚持两手抓、两手硬，为新形势下全省经济社会发展提供了科学思路、有力举措和坚强保证，各项工作稳中有为、稳中有进，经济社会发展取得新成就，全面建成小康社会迈出坚实的步伐。

五年来，我们千方百计稳增长，经济发展迈上新台阶。

有效扩大投资。紧紧围绕基础设施、产业转型、城镇化和生态环保、民生和社会事业等四个方面加强投资，特别是强力推动十大领域投资和十大标志性工程，“六位一体”推进重点工程建设。下放投资审批权限，鼓励社会资本参与基础设施类项目建设运营。5年政府投资2852亿元，带动民间投资28516亿元，全社会固定资产投资累计达到54241亿元，年均增长21.7%。

努力促进消费。积极开展“山西品牌中华行、丝路行、网上行”“美丽山西休闲游”等促进消费活动，完善城乡流通网络和社区服务网点，实施“宽带山西”专项行动，积极发展电子商务，社会消费品零售总额年均增长12.7%。

大力帮扶企业。实施煤炭、煤层气、低热值煤发电3个“20条”和减轻企业负担“60条”，采取金融支持、财政扶持和鼓励民营经济发展等一系列政策措施,落实小微企业减免税等优惠政策，共为企业减负900多亿元，其中2015年达501亿元。“一企一策”精准帮扶企业，帮助企业克服困难,着力破解民营经济发展九大难题，努力促进企业平稳运行和健康发展。

全省地区生产总值由2010年的9188.8亿元增加到12802.6亿元，年均增长7.9%；一般公共预算收入由2010年的969.7亿元增加到1642.2亿元，年均增长11.1%，我省经济实力进一步增强。

五年来，我们持续加强基础设施和城乡建设，经济社会发展增添新优势。

大力改善交通条件。太中银铁路、山西中南部铁路通道、大西高铁太原至西安段等建成通车，太原地铁2号线、阳泉北至大寨铁路、晋中至太原轻轨、大同至张家口铁路等一批重大项目开工建设，铁路新增营业里程1422公里。灵丘至平鲁、忻州至保德等一批高速公路建成通车，高速公路新增通车里程2025公里。新建改建国省干线公路2538公里、农村公路19065公里。吕梁机场、五台山机场、临汾机场建成通航。通达、便捷的立体化现代交通运输体系日益完善。

积极推进水利建设。35项应急水源工程全部建成投用，病险水库除险加固全面完成，“两纵十横、六河连通”的大水网工程完成总投资的60%，辛安泉供水工程实现通水运行。古贤水利枢纽工程前期工作积极推进。全省供水量由60亿立方米提高到75亿立方米。

不断完善电力设施。新增电力装机2795万千瓦，总装机达到6966万千瓦，其中水力、光伏、风能、燃气、煤层气发电装机由284万千瓦增加到1294万千瓦。晋电外送“两交一直”等一批重大项目加快建设，新一轮农网改造升级工程完成，新增110千伏及以上线路超过1万公里，新增变电容量4686万千伏安。

着力改善城乡面貌。实施城市人居环境改善四大工程，城市道路交通、管网等设施明显改善，棚户区、城中村改造步伐明显加快，建成城镇保障性住房102.5万套，其中棚户区改造完成61.2万套。城镇人均住房面积由2010年的28.02平方米增加到31.96平方米。新增城市绿化面积7800万平方米，新创建国家卫生城市6个。全省城镇化率年均提高1.39个百分点，达到55%。完成新一轮农村“五个全覆盖”工程，持续办好农村“五件实事”，实施农村人居环境改善四大工程，行政村街道全部硬化、亮化，建成各类农村饮水工程9685处，新建农村社区老年人日间照料中心3070个，实施采煤沉陷区治理搬迁9.3万户，易地搬迁特困群众44.5万人，改造农村困难家庭危房45.5万户。农村人均住房面积由2010年的28.69平方米增加到33.51平方米。

全省从城市到乡村，整体面貌正在发生显著变化，生产条件日益完善，人民生活更加便利，三晋大地充满生机、充满希望！

五年来，我们深入推进产业结构调整，发展方式转变迈出新步伐。

大力发展现代农业。每年出台10项惠农政策，省级补贴资金逐年增加，2015年达到83亿元。完成中低产田改造、高标准农田建设841万亩，农田实灌面积新增587万亩、达到2300万亩，实现了农民人均一亩水浇地。粮食连续5年获得丰收，总产年均达到127亿公斤，比“十一五”增长25.2%。“一村一品”“一县一业”发展步伐加快，七大产业翻番工程深入实施，农产品加工业销售收入2015年达到1422.6亿元，年均增长22.8%。完成新型职业农民培训20多万人。积极培育专业大户、家庭农场等新型农业经营主体，农业社会化服务体系不断完善。

推动传统产业升级改造。加快实施“革命兴煤”，大力推进“六型转变”，加快重组整合矿井改造，推进现代化矿井建设，形成3个亿吨级、4个5000万吨级的大型煤炭集团。加大煤炭就地转化力度，潞安煤制油等一批现代煤化工项目积极推进。大力推进煤电一体化发展，主力火电企业80%以上实现煤电联营。焦化企业兼并重组加快，户均产能由70万吨提高到200万吨以上。

加快培育新兴产业和服务业。围绕发展七大非煤产业，设立战略新兴产业发展投资引导资金，布局实施一批装备制造、新能源、节能环保等新兴产业项目，太重高速列车轮轴国产化、太钢T800级碳纤维等一批重大项目建成投产。非煤产业投资占工业投资比重由2010年的64.1%提高到2015年的80.2%，非煤产业增加值占工业增加值比重由42.4%提高到53.2%。装备制造业增加值占工业增加值比重由5.8%提高到10.4%。煤层气年抽采量由42.8亿立方米增加到101亿立方米，利用量由21亿立方米增加到57亿立方米，燃气使用人口由1186万人增加到1800万人。旅游总收入由1083.5亿元增加到3447.5亿元，年均增长26%。服务业占地区生产总值比重由37.3%提高到53%。

全省经济结构正在发生变化，转型效果正在逐步显现，只要我们坚持不懈调结构，就一定能够走出一条资源型地区转型发展的新路！

五年来，我们狠抓节能减排和环境保护，生态文明建设取得新成效。

全力推进节能降耗。淘汰落后钢铁产能1498万吨、焦炭3507万吨、水泥4085万吨、电力182万千瓦。实施1500项节能改造项目，推行合同能源管理，万元地区生产总值综合能耗超额完成下降16%的目标任务。万元工业增加值用水量下降27%。工业固废综合利用率达到65%。

全面改善环境质量。电力、钢铁、水泥等重点行业脱硫、脱硝、除尘改造任务全部完成。城镇集中供热率达到86.6%。淘汰黄标车、老旧车69.44万辆。太化等一批重污染企业关闭搬迁、加快改造。全省主要污染物排放总量显著下降，2015年环境空气质量综合指数比2013年下降15.7%，细颗粒物浓度累计下降27.3%。重点流域水污染防治成效明显，河流水质进一步改善。狠抓省城环境综合治理，关停污染企业322家，拔掉黑烟囱3.9万根，新增集中供热面积1亿平方米以上，省城环境质量明显改善。率先启动燃煤发电机组超低排放改造，完成改造容量1566万千瓦，改造后排放水平达到或优于燃气发电机组。累计核准开工低热值煤发电项目24个，总装机2129万千瓦，投产后每年可消耗煤矸石8400万吨，环境效益和经济效益十分显著。

持续加强生态建设。坚持不懈推进造林绿化，5年营造林2252万亩，森林覆盖率、林木蓄积量显著增加，吕梁山生态脆弱区治理步伐加快。治理水土流失面积1820万亩，全省地下水位连续8年持续回升，晋祠泉水位累计回升21米。汾河流域生态修复治理工程全面启动。

各位代表，生态环境是我省的短板，长期以来大规模、超强度的煤炭开采，在创造财富和为国家作出重要贡献的同时，也严重破坏了生态、污染了环境。但只要我们坚持不懈、久久为功，修复生态、保护环境，就一定能够重现山清水秀的美丽风光！

五年来，我们切实保障和改善民生，人民生活水平和质量有了新提高。

大力发展教育事业。实施义务教育标准化建设工程和农村薄弱学校改造计划，52个县（市、区）通过国家义务教育均衡发展评估认定。新建改扩建标准化公办幼儿园1049所，改造农村幼儿园2738所。进城务工人员随迁子女实现在就读地参加中考、高考。城乡特殊教育生均公用经费补助标准由310元、750元统一提高到5000元。全部免除中等职业学校学生学费，每年惠及50万学生。高职生均公用经费补助标准达到9000元。新增7所本科院校，11个设区市都有了本科院校和高等职业院校，10所高校、13万师生入驻高校新校区。

扎实推进医药卫生事业改革发展。县级公立医院综合改革实现全覆盖，太原、运城城市公立医院改革试点稳步推进。政府办基层医疗卫生机构和村卫生室全部实行基本药物制度。人均基本公共卫生服务经费由15元提高到40元，12类45项服务惠及城乡居民。新建和改扩建医疗卫生机构7435个，新增三级甲等医疗机构13所，山西大医院建成投用，省儿童医院新院区主体工程建设完工。

加快发展文化事业。大力弘扬我省优秀法治文化、廉政文化、红色文化，充分发挥思想引领、舆论推动、精神激励、文化支撑作用。省图书馆、科技馆、山西大剧院、山西体育中心建成投入使用，全省公共图书馆、文化馆、美术馆全部实现免费开放。政府购买公共演出服务全面推行。《山西文华》大型丛书编纂工程启动实施。舞剧《粉墨春秋》荣获“文华大奖”。首批112个乡镇开展乡村文化记忆工程试点。“强健体魄·阳光生活”等全民健身活动广泛开展，成功举办第14届省运会，我省体育健儿在伦敦奥运会等国际国内重大赛事上取得好成绩。

千方百计扩大就业。全面做好高校毕业生、农村转移劳动力、城镇困难人员、退役军人等群体的就业工作。实施大学生创业引领计划和离校未就业毕业生就业促进计划，政府连续两年购买基层公共服务岗位，吸纳13974名大学生就业。设立创业投资基金支持创业，实行劳动者创业“先贷后补”办法，开展创业型城市创建活动，建成省级大学生创业园和213个创业基地。实施缓缴困难企业社保费、降低社保费率、发放稳岗补贴等措施，鼓励企业吸纳更多劳动者就业。托底安置“零就业”家庭等困难人员22.9万人。5年城镇累计新增就业255.9万人，转移农村劳动力197.7万人。

着力增加居民收入。连续5年提高全省最低工资标准，年均增长13%以上。企业工资指导线基准线均在10%以上。为全省农户免费发放冬季取暖煤3347万吨、现金补贴24.3亿元，为领取保险金的失业人员发放取暖补贴。落实带薪年休假制度，提高机关、事业单位津补贴（绩效工资）和基本工资标准，并向基层倾斜。城乡居民人均可支配收入2015年分别达到25828元、9454元，“十二五”年均增长10.7%、12.4%。

大力推进扶贫开发。扎实推进百企千村产业扶贫、易地扶贫搬迁、金融扶贫、教育扶贫和劳动力就业培训等重点工程，启动实施光伏扶贫、乡村旅游扶贫和电商扶贫试点，统筹机关定点扶贫和领导干部包村增收，向全省贫困村选派第一书记，对建档立卡的7993个贫困村、119.2万贫困户做到驻村结对帮扶全覆盖。贫困地区生产生活条件不断改善，5年共有220万贫困人口实现脱贫。

切实加强社会保障。城乡居民基本养老保险制度统一实施。连续11年提高企业退休人员基本养老金水平，达到2630元，年均增幅10%以上。机关事业单位养老保险制度改革稳步推进。城镇职工医保、城镇居民医保和新农合三项基本医保实现应保尽保，城乡居民医保年人均财政补助标准由120元提高到380元，城乡居民大病保险和重特大疾病医疗救助制度实现全覆盖。城乡低保标准每人每月分别由235 元、98元提高到415元、234元，农村集中供养、分散供养的五保对象省级补助标准分别由1500元、1200元提高到2400元、1530元。为集中供养孤儿、散居孤儿每人每月补助1000元、600元。建立经济困难高龄与失能老年人补贴制度，惠及近18万老年人。对32.9万名贫困残疾人实施康复救助。五年来，我们逐年加大民生投入，切实办好惠民实事，人民群众得到了实实在在的好处！

坚持不懈抓好安全生产。始终牢记“三个决不能过高估计”，始终牢记“三个敬畏”。加强对安全生产的领导，坚决落实政府监管责任，落实企业安全生产主体责任。深入开展安全生产大检查。实施安全生产考核“一票否决制”，严肃查处事故，严格追究责任。“十二五”全省各类安全生产事故死亡人数比“十一五”下降29.99%。煤矿百万吨死亡率5年下降57.98%。

大力实施“六六创安”工程，加强社会治安综合治理，社会保持和谐稳定。全面完成食品药品监管体制改革任务，基层监管力量显著加强。支持四川茂县恢复重建任务圆满完成，投入资金21.6亿元，建成项目226个；对口援疆任务扎实推进，投入资金11.6亿元，支援项目102个，作出了山西人民应有的贡献。

五年来，我们加快改革开放和创新驱动，发展不断注入新动力。

以转型综改区建设为统领全面深化改革。国家部署的重大改革任务扎实推进，转型综改“十二五”后三年实施方案和年度行动计划顺利实施，一些重要领域改革取得突破性进展。煤炭管理体制改革迈出重大步伐。制定实施关于深化煤炭管理体制改革的意见，率先全面清理规范涉煤收费项目，实施煤炭资源税从价计征。煤焦公路销售体制改革扎实推进，所有行政授权、运销票据、检查站点全部取消。积极推进煤炭行政审批和证照管理体制改革，审批事项精简三分之一，审批时间缩短一半以上。出台煤炭资源矿业权出让转让管理办法，推进煤炭资源配置市场化。国有企业改革不断深化。率先推行省属国有企业财务等重大信息公开，交通企业及高速公路资产债务重组改革取得实质性进展，党政机关与所办企业脱钩改革、厂办大集体改革、省属企业负责人薪酬制度改革扎实推进。财税体制改革深入推进。健全预算管理体系，实施全口径预算管理，推进预决算公开，建立跨年度预算平衡机制，地方政府债务实现省级政府自发自还，营改增改革试点稳步实施。商事制度改革扎实推进。实现“先照后证”，推行“三证合一”“一照一码”，改革实施两年来，全省新登记市场主体年均达到24.88万户，是改革前的1.29倍。金融改革创新步伐加快。加大力度推进金融振兴八方面工作，加强与各金融机构战略合作，累计实现各类融资1.98万亿元。上市企业达到37家，在“新三板”挂牌企业33家。成立山西金融投资控股集团，农信社改制稳步推进。集中清理解决了一批金融领域突出问题，积极稳妥依法处置金融风险。农村改革稳步推进。集体林权主体改革任务基本完成，农村土地承包经营权确权登记颁证全面展开,小型水利工程产权和农业水价改革试点取得成效。

深入实施创新驱动发展战略。着力推进科技创新六大任务。制定实施创新驱动和低碳创新行动计划。山西科技创新城全面开工建设，中科院、清华大学等35个研发机构入驻，首批21个项目进入全面建设阶段。实施80个煤基科技重大专项，28个项目取得关键技术突破。潞安集团国家煤基合成工程技术研究中心获批，新增国家重点实验室3个，与2010年相比，高新技术企业由200个增加到721个，专利申请量由2.6万件增加到7.9万件。新引进海外高层次人才385名。

进一步扩大对外开放。深化区域合作和对外交流，与11个兄弟省份签署战略合作协议，与美国西弗吉尼亚州等正式建立友好省州关系。成功举办中博会、能博会、文博会、农博会、书博会、体博会、晋商大会，开展央企山西行等活动，招商引资成果丰硕。全省吸收省外投资实际到位1.78万亿元，是“十一五”时期的3倍；实际直接利用外资132亿美元，同比增长43.6%。进出口结构明显优化，高新技术产品出口占比达到47%。

五年来，我们扎实推进民主法治和政府自身建设，正在形成弊革风清、干事创业新局面。

严格执行人大及其常委会的决议、决定，积极支持人民政协履行职能。共办理人大代表建议3906件、政协提案3624件，向省人大常委会提请审议地方性法规草案36件，制定政府规章14件。完成第九届、第十届村委会换届选举。加强法治山西建设，完成“六五”普法任务。全面推行“六权治本”，制定实施政府建设三年规划和年度行动计划。新一轮政府机构改革全面完成，扩权强县、扩权强镇改革有序推进。十八大以来落实承接国务院取消、下放和调整的行政审批项目等事项375项，我省自行取消、下放和调整省级行政审批项目等事项441项，清理规范行政审批中介服务事项54项，取消职业资格许可和认定事项207项。省级政府部门权力清单、责任清单全部按期公布。省级政务服务平台、公共资源交易平台和全省政务服务网络基本建成。政府绩效第三方评估试点正式启动。省级党政机关公务用车制度改革基本完成。大幅压减“三公”经费，压缩部门一般性支出，节省的经费全部用于民生。深入开展党的群众路线教育实践活动、“三严三实”专题教育和学习讨论落实活动，狠刹“四风”，严惩腐败，推动反腐败斗争向基层延伸，一批领导干部违纪违法问题和交通、国土、煤炭等重点领域腐败案件受到严肃查处，一批不作为、慢作为的领导干部被问责，一批群众反映强烈的突出问题得到解决。从严治吏，全面加强干部管理监督，树立正确用人导向，积极稳妥推进“三个一批”，初步实现选人用人风清气正，弘扬了正气，凝聚了人心，为全省经济社会发展营造了良好的环境！

刚刚过去的2015年，是这5年中经济下行压力最大、改革发展稳定任务最重的一年。一年来，我们问题导向出实招，大刀阔斧减轻企业负担，深入推进煤炭管理体制改革，领导带头蹲点帮扶企业，工业降幅逐步收窄。我们目标导向抓倒逼，层层传导压力，采取周报告、月调度、进展公示、督查约谈等方法狠抓投资，固定资产投资增速超过全国平均水平4.8个百分点。我们突出重点攻难点，强力推动“三个突破”，加快发展七大非煤产业，全力稳定财政运行，牢牢兜住民生底线，稳妥化解风险隐患。经过全省上下顽强拼搏，经济运行中积极因素明显增多，“稳”的基础得到巩固；经济结构发生积极变化，民生得到进一步改善，改革创新开放亮点纷呈，“进”的态势趋向有力，经济社会发展在克服困难中奋力前行！

2015年，全省地区生产总值一季度、上半年、前三季度分别增长2.5%、2.7%、2.8%，全年增长3.1%；固定资产投资一季度、上半年、前三季度分别增长8.3%、12.8%、13.5%，全年增长14.8%；社会消费品零售总额增长5.5%；城镇、农村居民人均可支配收入均增长7.3%；全省城镇新增就业51.48万人，城镇登记失业率3.51%；居民消费价格上涨0.6%；各项约束性指标全面完成。

回顾这五年，我们深切感受到，推动山西经济社会持续健康发展，必须认真贯彻落实党的十八大、十八届三中、四中、五中全会精神和习近平总书记系列重要讲话精神，按照“五位一体”总体布局和“四个全面”战略布局，紧密结合山西实际，贯彻落实省委决策部署，不断完善发展思路，着力推动科学发展；必须始终把人民对美好生活的向往作为奋斗目标，高度重视、切实保障、着力改善民生，让人民群众得到更多实惠；必须坚持向改革要活力、向创新要动力、向开放要空间，使改革创新开放成为发展的根本推动力；必须坚持抓根本、打基础、利长远，抓好重大基础设施和民生工程建设，加快转变经济发展方式，不断增强可持续发展能力；必须全面从严治党，加强党风廉政建设和反腐败斗争，履行政府党组主体责任，把纪律和规矩挺在前面，加强政府自身建设，优化发展环境，努力打造敢于担当、乐于奉献的公务员队伍；必须坚持问题导向，创新工作方法，逢山开路、遇水搭桥，克服困难、解决问题，不断开创经济社会发展新局面。

各位代表，“十二五”经济社会发展取得的成绩来之不易。这是党中央、国务院亲切关怀、坚强领导的结果，是省委统揽全局、科学决策的结果，是省人大、省政协大力支持、有效监督的结果，是全省广大干部群众同心同德、团结奋斗的结果。在此，我代表省人民政府，向全省人民，向驻晋解放军、武警官兵、公安民警和中央驻晋单位，向尽心履职的各位人大代表、政协委员，向所有关心、支持、参与山西改革发展的海内外各界朋友，表示崇高的敬意和衷心的感谢！

在肯定成绩的同时，我们也清醒地看到，我省经济社会发展还存在不少困难和问题。从短期看，经济增速低于全国平均水平；煤炭价格持续下跌，2015年12月吨煤综合售价与2011年5月最高点相比，每吨下跌431.8元，下降65.8%；企业效益深度下滑，2015年煤炭行业累计亏损94.25亿元，同比减利增亏108.29亿元；工业企稳回升基础不牢，仍在负增长区间运行；各级财政普遍困难，2015年全省一般公共预算收入下降9.8%；金融运行偏紧，我省经济发展仍处于最困难时期。从长期看，经济发展规模不大、结构不优、质量效益不高等矛盾和问题仍然突出，“一煤独大”没有实质性改变，传统产业产能过剩；生态环境脆弱，科技创新能力不强，发展方式依然粗放；对外开放水平较低，招商引资精准性、有效性不够；安全生产形势依然严峻，社会稳定潜在风险较多；城乡区域发展不平衡，民生社会事业欠账较多，脱贫攻坚任务艰巨，全面建成小康社会需要付出艰苦努力。政府建设和干部作风与人民群众期盼还有差距，职能转变仍显滞后，依法行政理念尚未牢固树立，“四风”问题尚未根绝，“为官不为”问题较为突出，党风廉政建设和反腐败斗争任务繁重。对这些问题，我们必须予以高度重视，积极采取措施，认真加以解决。

二、“十三五”时期经济社会发展的指导思想和目标任务

“十三五”时期，是全面建成小康社会的决胜阶段。我国经济发展进入新常态。新常态下，经济增长速度要从高速转为中高速，发展方式要从规模速度型转向质量效益型，经济结构调整要从增量扩张为主转向调整存量、做优增量并举，发展动力要从主要依靠资源和低成本劳动力等要素投入转向创新驱动。新常态下，尽管我国经济面临较大下行压力，但发展的基本面、基本特征、基础和条件及前进态势没有改变，发展仍处于可以大有作为的重要战略机遇期。新常态下，战略机遇期的内涵和条件发生深刻变化，正在由原来加快发展速度的机遇转变为加快经济发展方式转变的机遇，正在由原来规模快速扩张的机遇转变为提高发展质量和效益的机遇。对我省而言，重要战略机遇期内涵变化又有其特殊之处：外部需求增速明显降低，改善供给、扩大内需特别是创新供给、创造需求成为振兴经济的必然选择；传统能源面临环境约束趋紧，推动煤炭清洁高效利用成为必然选择；煤炭产能过剩问题突出，多措并举化解煤炭过剩产能和加大省内转化利用力度成为必然选择；传统动能支撑弱化，新的动能尚在成长，通过深化改革、创新驱动，促进产业多元化成为必然选择；地方财政面临严峻考验，民生改善和脱贫任务艰巨繁重，鼓励大众创业万众创新，广开财源、广辟就业和增收渠道成为必然选择；对外招商竞争更趋激烈，创造良好发展环境，广交世界朋友、广聚天下资本、广揽四海人才成为必然选择。

根据省委十届七次全会精神及“十三五”规划《建议》，省政府编制了“十三五”规划《纲要（草案）》，明确提出了“十三五”时期我省发展的指导思想，即：高举中国特色社会主义伟大旗帜，全面贯彻党的十八大和十八届三中、四中、五中全会精神，坚持以马克思列宁主义、毛泽东思想、邓小平理论、“三个代表”重要思想、科学发展观为指导，深入贯彻落实习近平总书记系列重要讲话精神，按照“五位一体”总体布局和“四个全面”战略布局，坚持发展是第一要务，牢固树立并切实贯彻“五个发展”新理念，按照省委“五句话”总要求，推进创新发展、协调发展、绿色发展、开放发展、共享发展、廉洁和安全发展，以转型综改试验区建设为统领，以改革创新为动力，以转方式、调结构、增效益、提速度为基点，认识适应和引领经济发展新常态，着力做好煤与非煤两篇文章，化解过剩产能，扩大新兴产业规模，着力净化政治生态，着力建设文化强省，着力保障和改善民生，着力加强生态文明建设，确保如期全面建成小康社会。

今后五年我省经济社会发展的主要目标是：转型升级取得重大进展。到2020年地区生产总值和城乡居民人均收入比2010年翻一番，实现我省与全国同步、农村特别是贫困地区与全省同步全面建成小康社会的奋斗目标。京津冀清洁能源供应基地、国家新型综合能源基地和全球低碳创新基地建设取得积极进展。民生保障水平普遍提高。就业比较充分，公共服务体系更加健全，基本公共服务均等化水平显著提高，努力实现城乡居民收入增长与经济增长同步、农村居民收入增长快于城镇居民。现行标准下的贫困人口实现稳定脱贫，贫困县全部摘帽。安全生产形势向稳定好转坚实迈进。文化建设呈现新局面。文化发展主要指标、文化事业整体水平、文化产业综合实力明显提升，公

民素质和社会文明程度显著提高。生态建设实现稳步提升。主体功能区布局和生态安全屏障基本形成，能源和水资源消耗、建设用地、碳排放总量得到有效控制，主要污染物减排完成国家下达任务。改革开放迈出坚实步伐。资源型经济转型综合配套改革取得重大进展，重点领域和关键环节改革取得决定性成果，开放型经济和对外合作体制基本形成。民主法治建设成效显著。人民民主不断扩大，法治政府基本建成，司法公信力明显提高，社会治理能力和水平不断提升。

“十三五”规划《纲要（草案）》已印发各位代表，这里对主要任务作简要报告。

（一）推进创新发展，着力加快转型升级。发挥优势创抓机遇，抓住机遇创造需求，根据需求创新供给，围绕供给创优机制，提升改造老动能，培育发展新动力。发挥投资对经济增长的关键作用，发挥消费对经济增长的基础作用，发挥出口对经济增长的促进作用。做好煤和非煤两篇文章，实施“革命兴煤”“六型转变”，加快发展七大非煤产业，做优做强能源产业，优化提升现代载能产业，发展壮大装备制造业，培育发展新兴接替产业，大力发展现代服务业，加快发展现代农业，不断拓展产业、基础设施、区域等发展新空间。加快转型综改试验区建设，深化重点领域和关键环节改革，全力推进科技创新、金融振兴、民营经济发展“三个突破”。实施人才强省战略。

（二）推进协调发展，着力形成均衡发展格局。坚持发展经济和改善民生并重，促进经济社会协调发展。健全城乡发展一体化体制机制，推进新型城镇化，加快改变农村面貌，促进城乡、区域协调发展。培育和践行社会主义核心价值观，大力弘扬太行精神、吕梁精神、右玉精神和晋商精神，繁荣文化事业，发展文化产业，促进物质文明和精神文明协调发展。推动军民融合发展。

（三）推进绿色发展，着力建设美丽山西。加快建设主体功能区，构建科学合理的城市化格局、农业发展格局、生态安全格局。推动低碳循环发展，促进资源节约高效利用。实行最严格的环境保护制度，实施大气、水、土壤污染防治行动计划，推进城乡环境整治。构筑生态安全屏障，加大五大流域和重点矿区生态环境修复力度，推进林业“六大工程”建设。创新资源型地区生态文明制度建设，建立生态文明绩效评价体系和考核制度。

（四）推进开放发展，着力培育合作共赢新优势。创新对外开放体制环境，积极参与国家“一带一路”建设，加强与京津冀、环渤海经济圈协同发展，深化与中部省份和周边区域合作，推进“以煤会友”，加快开发区等各类开放平台建设，提高招商引资质量和水平，提升外贸核心竞争力，努力形成全面开放新格局。

（五）推进共享发展，着力保障和改善民生。扎实做好教育、医疗、就业、收入、住房、社会保障等民生工作，实施好城乡人居环境改善工程，促进人口均衡发展，提高城乡居民生活水平和健康水平，举全省之力坚决打赢脱贫攻坚战。

（六）推进廉洁和安全发展，着力营造良好发展环境。坚持发展必须廉洁、廉洁促进发展，始终保持惩治腐败、狠刹“四风”、打黑除恶高压态势，严格落实“两个责任”，深入推进“六权治本”，营造廉洁发展环境。强化安全生产红线意识，全面加强安全生产，夯实安全生产基础。加强和创新社会治理，健全公共安全保障体系，强化社会治安综合治理，依法打击严重刑事犯罪活动。推进科学立法、严格执法、公正司法、全民守法，加快建设法治山西。全面加强政府自身建设，加快转变政府职能，持续推进简政放权，提高政府效能。

各位代表，如期实现全面建成小康社会目标，承载着全省人民对美好生活的殷切向往。《纲要（草案）》经本次会议审议通过后，我们将全力抓好落实。我们坚信，通过全省人民的共同努力，我们一定能够夺取全面建成小康社会决胜阶段的伟大胜利！

各位代表，黑色煤炭绿色发展方兴未艾，新兴产业蓬勃发展多姿多彩，“六大发展”前景广阔，山西未来大有希望！

三、2016年工作安排

2016年是全面建成小康社会决胜阶段的开局之年，也是推进结构性改革的攻坚之年。我们要认真贯彻落实党的十八届五中全会、中央经济工作会议精神和习近平总书记在省部级主要领导干部学习贯彻十八届五中全会精神专题研讨班开班式上的重要讲话精神，按照省委十届七次全会和全省经济工作会议的部署，认识适应和引领经济发展新常态，坚持稳中求进总基调，坚持稳增长、调结构、惠民生、防风险，落实宏观政策要稳、产业政策要准、微观政策要活、改革政策要实、社会政策要托底的要求，着力加强供给侧结构性改革，去产能、去库存、去杠杆、降成本、补短板，努力实现“十三五”全省经济社会发展的良好开局。

综合考虑各方面因素，2016年我省经济社会发展的主要预期指标是：地区生产总值增长6%左右，全社会固定资产投资增长12%，社会消费品零售总额增长5.5%左右，城镇新增就业岗位40万个，城乡居民人均可支配收入增长6%左右和6%以上，一般公共预算收入下降7%，居民消费价格涨幅控制在3%左右，城镇登记失业率控制在4.2%以内。约束性指标：包括万元地区生产总值能耗、二氧化碳排放量、用水量，主要污染物减排，设区市空气质量优良天数比例，劣V类水体比例，新增建设用地降幅，农村贫困人口脱贫人数，城市棚户区住房改造数量，按照国家要求设置，完成国家下达任务。

把地区生产总值增长目标定为6%左右，主要考虑有，到2020年实现全面建成小康社会目标，需要保持一定的经济增速；尽管我省经济下行压力较大，但经济增长有一定基础；这样安排，也能充分发挥主观能动性，激励我们

“跳起来摘桃子”。全社会固定资产投资增长12%，主要考虑有，既要发挥投资对稳增长、调结构、惠民生的关键作用，又要为改善投资结构、提高质量和效益留下空间，投资增量应当保持在“十二五”平均水平，按此测算增速为12%。城镇居民人均可支配收入增长6%左右，农村居民人均可支配收入增长6%以上，体现人民群众收入增长要与经济增长同步的要求；农村居民收入增速快于城镇居民，有利于缩小城乡收入差距。一般公共预算收入下降7%，充分考虑了工业产品降价、为企业减负、结构性减税、非税收入减少等因素。这些主要指标，兼顾了需要与可能、当前与长远。实现这些目标，既有机遇，更有挑战，必须付出艰苦努力。

2016年，我们要重点抓好以下几个方面的工作：

（一）推进供给侧结构性改革，加快产业转型升级。

推动煤炭行业脱困转型。多措并举化解煤炭过剩产能，按照国家政策依法淘汰关闭一批，推动行业重组整合一批，减量置换退出一批，依规核减一批，搁置延缓一批，严控增量，主动减量，优化存量。精心组织煤炭企业合理生产，严格治理和打击违法违规煤矿建设生产经营行为。加强组织，搭建平台，推动产运销用各方面密切协同，促进煤炭销售。帮助困难企业妥善解决职工就业、工资、社保等问题。推动煤电联营、煤电铝联营、煤化联营、煤焦钢联营，构建煤电用产业链条，促进煤炭清洁高效利用。积极争取国家政策支持，加快煤炭行业脱困转型步伐。

促进能源产业清洁低碳、安全高效发展。在抓好煤炭转型升级的基础上，加快推进大容量、高参数、节能环保型发电机组及特高压交直流输电线路、智能化电网建设；加快推进煤矿瓦斯抽采全覆盖，加大煤层气开发利用力度，推动大容量联合循环瓦斯发电；加快推进风电、光伏发电和生物质能发电等新能源产业发展；加快发展煤基清洁能源。

推动现代载能产业绿色发展。坚持煤电铝材一体化发展，加大政策支持，优化资源配置，降低用电成本，发展精深加工，加快运城、吕梁两个百万吨级铝循环基地建设，构建南部、西部和中部三大铝工业产业集群。化解钢铁行业过剩产能，加强技术改造，促进优化升级，开发优质不锈钢、铝镁合金等新产品。发展煤基新材料和其他新型材料，促进材料工业由低端向高端发展。

做强做大战略性新兴产业。围绕“中国制造2025”山西行动纲要和我省新兴制造业三年推进计划，重点发展轨道交通、煤机、煤层气、电力、煤化工等装备制造产业。以技术、产品、装备、服务为重点，加快发展节能环保产业。积极发展特色食品、现代医药产业。大力发展电动汽车产业，优化产业布局，加强技术研发，创新融资机制，完善用电政策，加快建设充换电等配套设施；年内实现太原、晋中、晋城三个试点市公共服务领域和重点区域充换电设施全覆盖；在我省销售和生产的电动汽车都可享受国家和省级财政补贴。

加快发展现代服务业。推进旅游业改革发展，办好旅游发展大会，提升文化旅游品牌，深度开发旅游产品，促进旅游业向观光、休闲、度假并重转变。实施物流建设重大工程，推进物流载体和通道建设，打造物流产业链和产业集群。加快发展研发设计、检验检测、知识产权服务等高技术服务业。大力发展健康养老产业，鼓励社会资本建设服务设施，推广医养结合等模式，满足多样化需求。

积极发展新兴业态。实施“互联网+”行动计划，加快云计算、大数据、物联网、移动互联网等与现代制造业、现代农业、现代服务业深度融合，促进电子商务、工业互联网和互联网金融健康发展，发展分享经济。

精准帮扶企业。认真落实国家和我省一系列扶持政策，降低企业综合成本，减轻企业负担。加大帮扶企业力度，大力扶持中小微企业。积极稳妥处置“僵尸企业”，推进其重组整合或退出市场。推动企业加强管理、挖潜增效。

（二）充分发挥“三驾马车”作用，促进经济平稳健康发展。

加快重点领域投资和项目建设。提高投资的有效性和精准性，继续推进四个方面、十大领域投资和标志性工程建设，加快大张客专、太原地铁2号线、长临高速、低热值煤发电、电力外送通道、汾河流域生态修复等重大项目建设。加快推进太焦客专、大西客专原平至大同段、忻州—五台山—保定客运专线、古贤水利枢纽、太原电动汽车、晋中太阳能光伏组件、大同40亿立方米煤制天然气等项目前期工作，力争早日开工建设。创新投融资机制，完善政府和社会资本合作模式，鼓励社会资本参与基础设施、公共服务设施等建设。

进一步扩大消费。加强城乡流通基础设施建设，发展物流配送，推进连锁经营。加快推进电子商务进农村、进社区。继续开展“山西品牌中华行、丝路行、网上行”活动。扩大住房、信息消费，发展教育培训消费，培育健康养老消费，鼓励绿色低碳消费，推动旅游消费升级。

推进外贸转型升级。推动外贸向优质优价、优进优出转变，壮大不锈钢、机械制造、通信设备、特色农产品等出口主导产业，扩大先进技术设备、关键零部件进口。发展跨境贸易电子商务等新型业态，扩大服务贸易。加快航空口岸、铁路口岸、保税区等平台建设，提高贸易和投资便利化水平。

（三）切实做好“三农”和脱贫工作。

发展特色现代农业。落实好已出台的各项强农惠农富农政策，再出台10项新政策，新增补贴资金63.9亿元。推进农田水利、土地整治、中低产田改造和高标准农田建设，新增实灌面积50万亩，建设高标准农田200万亩。全面完成大水网工程输水隧洞建设，同步推进县域小水网配套工程，实现东山供水工程年内通水。优化农业区域布局，大力发展杂粮、干鲜果、设施蔬菜、草牧业、中药材等特色产业，推进农业产业化经营。启动财政金融支持特色农业发展工程。抓好农业科技创新行动计划，发展现代种业，健全社会化服务体系。培训新型职业农民10万人，启动精准培育试点。加快推进主要农作物全程机械化，加大电动农机具研发使用力度。加强农产品质量安全监管。

深化农村改革。扎实推进农村土地承包经营权确权登记颁证和农村产权流转交易市场建设。积极培育新型农业经营主体，发展多种形式的农业适度规模经营。加快推进集体产权制度、国有林场、水权制度、小型水利工程产权和农业水价改革，健全农业保险制度。推进农村承包土地经营权和农民住房财产权抵押贷款试点。做好第三次全国农业普查工作。

坚决打赢脱贫攻坚战。抓紧出台我省脱贫攻坚实施意见，制定实施全省“十三五”脱贫攻坚规划。坚持精准扶贫、精准脱贫，扎实开展建档立卡“回头看”，按照扶持对象、项目安排、资金使用、措施到户、因村派人、脱贫成效“六个精准”要求，创新脱贫攻坚机制，以集中连片特困地区为主战场，因地制宜实施发展生产、易地搬迁、生态补偿、发展教育和社会保障“五个一批”工程，加快改善贫困地区生产生活条件。严格落实“一把手”负总责的脱贫攻坚领导责任制，省委、省政府对扶贫开发工作负总责，抓好目标确定、项目下达、资金投放、组织动员、监督考核等工作；市级党委、政府做好上下衔接、域内协调、督促检查工作；县级党委、政府承担主体责任，县委书记和县长是第一责任人，做好进度安排、项目落地、资金使用、人力调配、推进实施等工作。落实行业部门扶贫责任，扎实抓好干部驻村帮扶工作，加大财政扶贫资金投入，引导社会资本投向贫困地区，形成专项扶贫、行业扶贫、社会扶贫“三位一体”的大扶贫格局。建立健全脱贫攻坚考核机制、贫困退出机制和第三方评估机制，对提前脱贫摘帽的贫困县“摘帽不摘政策”。今年确保完成50万贫困人口脱贫任务。

各位代表，摆脱贫困、全面小康，是人民群众的热切期盼，是党交给我们的历史使命。我们要立下军令状、打赢攻坚战，在全面建成小康社会的征程中，决不落下一个贫困村、决不落下一个贫困户！

（四）积极稳妥推进新型城镇化。

提高城镇化质量和水平。支持太原率先发展，加快太原晋中同城化步伐，推进晋中108廊带区域一体化发展。发挥“一核一圈”的引领和辐射作用，促进城镇组群协同发展。深入实施大县城战略，发展特色县域经济。提高城市规划、建设、管理水平，做好新型城镇化顶层设计与相关城市规划的衔接，加强城市地下和地上基础设施建设，加快棚户区和城中村改造，着力打造智慧城市，推进城市执法体制改革，加快“数字城管”建设，完善城市应急体系。

健全城镇化推进机制。加快户籍制度改革，推行居住证制度，促进有能力在城镇稳定就业和生活的农业转移人口举家进城落户。完善城镇基本公共服务，努力实现常住人口全覆盖。健全财政转移支付同农业转移人口市民化挂钩机制，建立城镇建设用地增加规模同吸纳农业转移人口落户数量挂钩机制。维护进城落户农民土地承包权、宅基地使用权、集体收益分配权，支持其依法自愿有偿转让。

统筹推进城乡人居环境改善。加快实施城市人居环境改善工程，推进城市道路、水气热管网、轨道交通、地下综合管廊、电力通信、防洪排涝等设施建设。新开工城镇保障性安居工程21.2万套，建成15万套，其中城中村改造开工7.5万户。提升生活污水和垃圾处理能力，强化大气污染防治，抓好园林绿化和环境卫生整治。加快推进农村人居环境改善，抓好农村水电路气和居民养老等基础设施建设，完成采煤沉陷区治理搬迁7.6万户、农村地质灾害治理4000户、农村危房改造10万户、易地扶贫搬迁10万人，解决68 万农民群众的安居问题。开展爱国卫生运动，启动11个农村垃圾治理示范县和7个农村生活污水治理示范县建设，完成36万座无害化卫生厕所新建改建任务。抓好100个省级美丽宜居示范村创建和70个重点古村落保护工作。

积极化解房地产库存。加强房地产用地供应管控，稳定房地产市场，鼓励房地产企业顺应市场规律，适当降低商品住房价格。放宽住房公积金提取条件，提高住房公积金使用率，鼓励城镇居民改善住房条件。研究制定购房补贴政策，支持农业转移人口在城镇购房。加大棚户区改造货币化安置力度。打通商品房和公租房供需通道，将公租房保障范围由城镇户籍家庭扩大到城镇常住人口家庭。积极发展住房租赁市场。

（五）大力推动文化强省建设。

构建现代公共文化服务体系。按照群众需求，深入开展“文化惠民在三晋”系列活动，实施基层公共文化服务提升工程，开展好各类基层文化活动。继续推动县级“三馆一院”、市级“五馆一院”建设，完善文化场馆管理和使用机制，提升文化设施服务能力。完成山西晋剧艺术中心、少儿图书馆和古籍保护中心主体工程建设，新建改扩建10个县级文化设施。继续做好《山西文华》丛书编纂工作。加大红色文化传承保护与开发力度。推进乡村文化记忆工程。加强文物和非物质文化遗产保护。

加快文化产业发展。实施重大文化产业项目，推进文化保税区、文化产业园建设。促进文化与金融、旅游、科技等融合发展，推进文化创意产业发展。支持转企改制国有文艺院团改革发展。

繁荣发展文化事业。坚持以人民为中心的创作导向，不断推出具有山西特色的文艺精品力作。强化文化艺术人才队伍建设和文化市场管理，深化公益性文化事业单位内部改革，发展新闻出版、广播影视、文学艺术事业。加快有线电视网络整合步伐。促进传统媒体与新兴媒体融合发展。推进新型智库建设。倡导全民阅读。加强网上思想文化阵地建设，净化网络环境。加强对外宣传和文化交流。

（六）着力改善民生和发展社会事业。

办好人民满意的教育。扩大学前教育资源，新改扩建农村幼儿园200所。推进义务教育学校标准化建设，力争再有28 个县（市、区）通过国家义务教育均衡发展评估认定。继续改善普通高中办学条件，加快推进高中教育教学改革。认真落实特殊教育提升计划。加快构建现代职业教育体系，加强实训基地建设。实施高等教育振兴计划，优化专业布局和学科建设，加大高层次人才培养力度。深化教育领域改革，稳步推进考试招生制度改革。促进教育公平。

提高人民健康水平。继续深化医药卫生体制改革，巩固县级公立医院综合改革成果，加快推进城市公立医院综合改革，引深基层医疗卫生机构综合改革。完善基本药物制度和公立医院药品采购机制。大力推进优质医疗资源下沉，创新医疗联合体建设运营模式，全面实施分级诊疗。提升中医药服务能力，提高公共卫生计生服务质量，强化重大疾病防控。全面实施一对夫妇可生育两个孩子政策。倡导全民健身，提高竞技体育水平，启动第二届青运会筹备工作。

着力稳定和扩大就业。完善创业扶持政策，推动大众创业、万众创新，深化创业型城市创建活动，鼓励发展众创、众包、众扶、众筹空间。通过加快发展服务业等劳动密集型产业、扶持发展中小微企业，开发更多就业岗位。引导和支持企业在化解过剩产能、克服运行困难过程中，采取多种办法稳定就业岗位。继续实行政府购买基层公共服务岗位、招聘农村特岗教师、“三支一扶”等措施，吸纳高校毕业生就业。做好农村转移劳动力、城镇失业人员、退役军人等群体就业工作，托底帮扶就业困难人员。加强对灵活就业、新就业形态的扶持。加强就业培训，推行终身职业技能培训制度，实施职业培训全覆盖计划。

努力增加城乡居民收入。依法推进企业工资集体协商，发布企业工资指导线，适时适度调整全省最低工资标准。调整机关事业单位基本工资标准，落实县以下机关公务员职务职级并行制度和乡镇工作补贴。继续发放农民冬季取暖补贴并探索新办法。多种渠道增加农民经营性、工资性、转移性、财产性收入。健全农民工工资支付保障机制。

完善社会保障体系。稳步推进机关事业单位、企业基本养老保险制度并轨运行，完善相关配套政策，继续提高退休人员基本养老金待遇水平。建立统一的城乡居民基本医疗保险制度，进一步提高财政补助标准。适当提高大病保险人均筹资水平和报销比例，合并实施基本医疗保险和生育保险。完善重特大疾病医疗救助政策。落实经济困难的高龄与失能老年人补贴以及百岁以上老年人补贴新标准。全面实施困难残疾人生活补贴和重度残疾人护理补贴制度。继续提高城乡低保标准，推动农村低保标准与国家扶贫标准相衔接。越是经济下行压力大，我们越要高度重视、切实保障、着力改善民生，把民生改善时时刻刻装在心、事事处处抓在手，让人民群众得到更多实惠！

加强和创新社会治理。创新城乡基层群众自治和社区治理，推进城镇社区“网格化”管理，做好社区矫正工作。关爱农村留守儿童、妇女和老人，加强未成年人社会保护。创新信访工作机制，有效调处化解矛盾纠纷。健全社会信用体系，强化市场监管，狠抓食品药品综合治理，推进可追溯体系和检验检测体系建设。深化公安改革，扎实推进“平安山西”建设，创新立体化社会治安防控体系。依法打击境内外敌对势力渗透破坏活动，始终保持打黑除恶高压态势，严打暴恐犯罪，有效防范和处置突发性事件。强化网络安全管理，推进网络社会治理。加强应急管理和防灾减灾能力建设。支持国防和军队建设，做好双拥和人防工作。

发展妇女儿童、老龄、慈善和红十字会等事业。加强气象、地震、科普、档案、参事、史志等工作。做好民族宗教、外事、侨务、港澳、对台等工作。继续做好对口援疆工作。

（七）加大力度推进生态文明建设。

推动低碳循环发展。实行能源和水资源消耗、建设用地等总量和强度双控行动，促进节能、节水、节地、节材、节矿。深入开展重点行业能效对标活动，推广清洁生产技术、工艺和装备。有效控制电力、钢铁、建材、化工等重点行业碳排放。开展循环经济重点领域示范创建，推动煤矸石、粉煤灰等大宗工业固废综合利用，加强废旧家电分类回收和再生资源回收利用。坚持公交优先，鼓励绿色出行，推动交通运输低碳发展。提高建筑节能标准，发展绿色建材，推广绿色建筑。

加大环境治理力度。推进多污染物综合防治和环境治理，实行联防联控和流域共治。加快燃煤发电机组超低排放和节能改造，持续推进燃煤小锅炉淘汰、煤炭清洁利用、重点行业污染治理、黄标车及老旧车淘汰和扬尘综合整治，有效预防重污染天气。开展重点流域生态环境综合整治和城市黑臭水体治理，加强地下水超采区综合治理，保障集中饮用水水源安全。加大土壤环境监测投入，开展污染场地环境风险评估制度建设和污染土地修复治理试点。加强农业面源污染防治。抓好中心城市环境综合整治，全省城市确保空气质量持续改善，太原市在全国空气质量重点监控城市中排名稳定前移。

筑牢生态安全屏障。加大力度推进造林绿化，强化森林资源保护，建立永久性公益林保护机制，推进退耕还林还草，深入实施林业“六大工程”，重点抓好吕梁山生态脆弱区林业建设，完成营造林400万亩。加快汾河流域生态修复步伐，编制实施桑干河等主要河流生态修复治理规划，实施京津冀生态屏障建设项目，推进矿山生态环境治理和地质灾害防治。

健全生态文明制度体系。落实我省推进生态文明建设实施方案，加快建立完善生态环境监管、环境保护督察、生态保护补偿、工作考核问责等制度体系。

各位代表，绿水青山就是财富，蓝天白云也是幸福。我们要咬定目标、锲而不舍，共创绿色财富、共享幸福生活！

（八）毫不放松抓好安全生产。

牢固树立安全发展理念。始终坚持人民利益至上，不断强化安全生产红线意识，牢记“三个决不能过高估计”

的基本判断，真正把安全生产作为生命线、高压线、责任线。越是经济困难的时候，越要紧绷安全生产这根弦，做到安全意识不松、投入标准不降、监管力度不减。

加强安全生产法治建设。严格实施安全生产法，坚持和完善近年来我省实施的一系列行之有效的安全生产制度措施，加快修订山西省安全生产条例，强化安全生产的法律和制度保障。

严格落实安全生产责任。按照“党政同责、一岗双责、失职追责”的要求，落实各级政府安全生产监管责任，切实做到管行业必须管安全、管业务必须管安全、管生产经营必须管安全。强化企业安全生产主体责任，切实加强现场管理。严格执行安全生产费用提取使用规定，保证必要的安全生产投入，不断改善安全生产基础设施和条件。年内完成煤矿瓦斯抽采管路改造任务。

抓好隐患排查治理。采用“四不两直”等方式，深入开展煤矿、道路交通、化工和危险化学品、油气输送管道、非煤矿山和尾矿库、水库、建筑施工和市政运营、特种设备、冶金工贸、消防等行业领域的安全生产大检查，坚决打击非法违法生产经营建设行为。

加强考核问责。严格落实目标责任考核“一票否决制”，继续实施企业重大隐患和事故挂牌督办及“黑名单”制度。严肃查处事故、严格责任追究，促进安全生产形势持续明显好转，并向稳定好转坚实迈进。

（九）进一步深化改革、创新驱动、扩大开放。

着力全面深化改革。落实国家部署的各项改革任务。抓好转型综改区建设，制定实施转型综改“十三五”方案和2016年行动计划。深化煤炭管理体制改革。落实煤炭行政审批制度改革意见，实施煤炭资源矿业权出让转让管理办法，建成煤炭信息监管平台，研究推进煤炭价格形成机制、销售体制、交易方式和储备机制改革，推动煤炭管理体制和管理能力现代化。分类推进国企国资改革。制定出台深化国有企业改革的实施意见，完善省属国有企业法人治理结构，深化国有企业财务等重大信息公开工作，组建国有资产管理公司和国有资本运营公司，积极稳妥发展混合所有制经济。做好同煤集团、晋能集团改革试点工作。着力解决国有企业办社会负担和历史遗留问题。深化集体企业改革。释放民营经济活力。落实我省加快民营经济发展的33条措施，从项目、财税、金融、用地、人才等方面加大支持力度，进一步放宽市场准入，鼓励民营企业依法进入更多领域。深化财税体制改革。加大预算统筹力度，实施省级中期财政规划管理，清理、整合、规范专项转移支付，增加一般性转移支付规模和比例。扩大预算公开范围。有效化解政府债务风险，做好政府存量债务置换工作，进一步完善政府债务风险评估和预警机制。推进国税、地税征管体制改革。加快金融改革发展。支持金融机构创新金融产品和融资模式，发展普惠金融和绿色金融。深化地方金融机构改革，积极推动金控集团改革发展，稳步推进农信社改革。加大直接融资比重，实施企业上市培育工程，鼓励中小企业登陆“新三板”。支持企业调整负债结构。防范化解金融风险。推进电力体制综合改革。推进输配电价改革，成立电力交易机构，建立完善电力交易机制，扩大大用户直供电范围，积极参与跨省、跨区电力市场建设和交易，向社会资本放开售电业务和增量配电投资业务，推动现代载能企业配套建设自备电厂。加大环保电价政策支持力度。同时，深入推进供销合作社、万家寨引黄工程体制、土地管理制度、价格机制等改革。

着力推进创新驱动。强化企业创新主体地位和主导作用，支持创新型企业发展，新建一批产业技术创新战略联盟。全力抓好科技创新城核心区建设，继续引进高端研发机构、优秀企业和标志性项目。支持高校建设大学科技园。推进煤基科技重大专项和重点研发计划。实施非煤科技重点研发计划，围绕产业技术重大需求，开展国际技术合作。深化科技管理体制改革，推动政府职能从研发管理向创新服务转变。完善科技资源开放共享机制，提高科研人员成果转化收益分享比例，鼓励引导社会资本参与科技创新项目。创新人才体制机制，瞄准“高精尖缺”培育引进各类人才。

着力扩大对外开放。积极参与“一带一路”建设，主动融入京津冀、环渤海，加强与周边及中部兄弟省份的交流合作，推动黄河金三角、长城金三角建设。面向全球推动“以煤会友”，发展国际友城关系。以“黑色煤炭绿色发展、高碳资源低碳发展”为主题，打造太原论坛。支持央企在晋发展壮大，吸引跨国公司进入山西，鼓励晋商回乡、民企入晋。发挥好园区的招商引资作用，积极引进战略性新兴产业项目。支持企业“走出去”，开展国际产能合作。

各位代表，我们要坚持深化改革不动摇、创新驱动不松劲、扩大开放不停步，让发展的活力不断迸发、发展的动力更加强劲、发展的空间更为广阔！

（十）加强政府自身建设。

加强党风廉政建设和反腐败斗争。认真贯彻落实习近平总书记在十八届中央纪委六次全会上的重要讲话精神和全会的各项部署，切实履行全面从严治党主体责任，严格执行廉洁自律准则和纪律处分条例，深入开展政府系统党风廉政建设和反腐败斗争。践行党的群众路线，落实“三严三实”要求，严格执行中央八项规定和国务院“约法三章”精神，持续狠刹“四风”，厉行勤俭节约，反对铺张浪费，严控“三公”经费，切实做到为民、务实、清廉。

加快职能转变。深化行政审批制度改革，全面清理规范行政审批中介服务，加强事中事后监管。如期公布市、县政府权力清单、责任清单。优化公共服务流程，省级政务服务中心和公共资源交易平台建成运行，构建全省政务服务一张网。大力推进注册登记便利化，深化“先照后证”改革。

严格依法行政。自觉接受人大及其常委会的监督和政协的民主监督，落实省政府加强与民主党派、工商联、无党派人士联系的意见，积极支持工会、共青团、妇联等群众团体开展工作。落实国家法治政府建设实施纲要，完善政府立法工作机制，健全重大行政决策机制，深化行政执法体制改革，推行综合执法，严格规范公正文明执法，推进政务公开，推行政府法律顾问制度。加强行政监察，完善审计制度。做好行政复议工作，启动“七五”普法，强化法律援助。

狠抓工作落实。切实转变工作作风，以服务理念、责任担当、创新精神全面抓好经济社会发展各项工作。建立“马上就办、真抓实干”工作机制，加强常态化督查，紧盯不落实的事，问责不落实的人，严查不作为的官。稳步推进政府绩效第三方评估工作，加强绩效考核，确保各项工作落到实处、取得实效。

各位代表，新的一年，我们面临的任务艰巨繁重，肩负的使命重大光荣。让我们更加紧密地团结在以习近平同志为总书记的党中央周围，在省委的坚强领导下，同心同德，真抓实干，实现“十三五”良好开局，为全面建成小康社会而努力奋斗！

中共山西省委办公厅
印发《关于加强和改进社会组织党的建设工作的实施意见（试行）》的通知

晋办发〔2016〕8号

各市、县委，省委各部委，省直各委、办、厅、局党组（党委），各人民团体党组：

《关于加强和改进社会组织党的建设工作的实施意见（试行）》已经省委同意，现印发给你们，请认真贯彻落实。

中共山西省委办公厅

2016年2月20日

关于加强和改进社会组织党的建设工作的实施意见（试行）

为全面贯彻落实中共中央办公厅印发的《关于加强社会组织党的建设工作的意见（试行）》（中办发〔2015〕51号），进一步加强党对社会组织的领导，不断扩大党在社会组织的组织和工作覆盖，激发社会组织活力，促进社会组织健康有序发展，现就加强和改进我省社会组织党建工作提出如下实施意见。

一、重要意义和总体要求

1、重要意义。社会组织主要包括社会团体、民办非企业单位、基金会、社会中介组织以及城乡社区社会组织等。随着改革开放不断深入，我省社会组织大量涌现、蓬勃发展，不仅成为我省社会主义现代化建设的重要力量、党的工作和群众工作的重要阵地，也是党的基层组织建设的一个重要工作领域。加强和改进社会组织党建工作，是促进社会组织健康发展的根本保证，是推进国家治理体系和治理能力现代化的迫切需要，是落实全面从严治党的内在要求，是夯实党执政的阶级基础和群众基础的重要保障。各级党委（党组）要深刻认识加强和改进社会组织党建工作的重要性和紧迫性，准确把握中央对加强社会组织党建工作的新要求，将社会组织党建工作纳入党建工作总体布局，以更加具体的举措、更加务实的行动，着力解决社会组织党建工作领导体制和工作机制不够健全、党组织和党建工作覆盖不够全面、党组织政治核心和战斗堡垒作用发挥不够充分、党组织书记和党务工作者队伍力量不足、党员教育管理和作用发挥不够到位、党建工作经费和场所设施等基础保障投入不够等问题，全面加强和改进社会组织党建工作，为推动我省“六大发展”、促进富民强省凝聚更加强大的社会力量，努力把我省社会组织党的建设工作提高到一个新水平。

2、总体要求。全面贯彻党的十八大和十八届三中、四中、五中全会精神，以马克思列宁主义、毛泽东思想、邓小平理论、“三个代表”重要思想、科学发展观为指导，深入学习贯彻习近平总书记系列重要讲话精神，紧紧围绕协调推进“四个全面”战略布局和贯彻落实省委“五句话”总要求，坚持党的领导与社会组织依法自治相统一，坚持从严从实，坚持问题导向，坚持分类指导，统筹谋划，积极作为，勇于创新，不断提升我省社会组织党的建设科学化水平，为促进我省经济社会持续健康发展提供强有力的政治和组织保障。

二、功能定位和目标任务

3、功能定位。社会组织党组织是党在社会组织中的战斗堡垒，发挥政治核心作用。其主要职责是：保证政治方向，团结凝聚群众，推动事业发展，建设先进文化，服务人才成长，加强自身建设。要突出党组织在社会组织中发挥贯彻党的路线方针政策、遵守国家法律法规、加强思想政治建设、服务党员群众等方面的作用，引导各类社会组织加强自身建设，提高自律性和诚信度，成为党和政府行政管理与基层群众自治有效衔接和良性互动的组织平台。

4、目标任务。进一步增强社会组织党组织创造力、凝聚力和战斗力，增强社会组织党组织的政治核心作用和政治引领作用，增强社会组织党组织的战斗堡垒作用和党员先锋模范作用。到2020年底，全省社会组织党建工作实现六个全覆盖。（1）管理体系全覆盖。省、市、县（市、区）要健全理顺非公经济组织和社会组织党建工作机构，做到社会组织党建工作有管理机构、有专人负责。（2）党组织设置全覆盖。加大社会组织党组织组建力度，有3名以上正式党员的全部单独建立党组织，不足3名党员且适合行业或区域管理的全部按行业建立党组织或联合建立党组织。暂不具备组建条件的，通过选派党建工作指导员、联络员或建立群团组织、依托业务主管单位开展党的工作，条件成熟时及时建立党组织。（3）工作力量全覆盖。每个社会组织党组织要配齐配强书记，规模较大的社会组织党组织有专门的党务工作者，暂不具备党组织组建条件的社会组织全部选派党建工作指导员。（4）党组织生活全覆盖。社会组织中的每名党员都编入支部参加活动，各项制度健全并得到有效执行。（5）党建工作经费全覆盖。建立并落实党费拨返制度、财政支持制度，多渠道解决经费问题，确保每个社会组织党组织都有正常开展活动的经费。（6）活动场所全覆盖。支持具备条件的社会组织建设党组织活动场所，使社会组织党组织有场所开展活动。

三、健全理顺管理体制和工作机制

5、健全党建工作机构。县级以上地方党委要依托党委组织部门和民政部门建立社会组织党建工作机构，已经建立非公有制企业党建工作机构的，要依托党委组织部门将其与社会组织党建工作机构整合为一个机构。其主要职责是：指导基层党组织建设、党员队伍建设、思想政治工作、党的群众工作和党风廉政建设；督促指导所属社会组织党组织按期换届，审批选出的书记、副书记；审核社会组织负责人人选；指导做好党的建设的其他工作。党委组织部门对同级社会组织党建工作机构进行指导，上级社会组织党建工作机构对下级社会组织党建工作机构进行指导。

6、理顺党建工作管理体系。按照“分级负责、条块结合、区域兜底”的原则，各级社会组织党建工作由省、市、县（市、区）非公经济组织和社会组织工委统一领导和管理。坚持属地管理的原则，城乡社区社会组织党建工作由街道、社区和乡镇、村党组织兜底管理；有业务主管单位的律师事务所、会计师事务所、税务师事务所、民办学校、民办医院以及金融担保中介服务组织、基金会、民办科研机构、农民专业合作社等社会组织党建工作，由业务主管单位党组织领导和管理，接受社会组织党建工作机构的指导。各地要按照有利于开展党的活动、加强党员教育管理的原则，理顺社会组织党组织隶属关系。

坚持谁主管谁负责、属地管理的原则，做到党建工作与业务监管工作同谋划、同部署、同检查、同考核。对不适合属地和行业主管部门归口管理的社会组织党组织，可在各级非公经济组织和社会组织工委指导下，依托民政、工商部门设立社会组织综合党委管理。

7、完善党建工作机制。各级党委组织部门、非公经济组织和社会组织工委要加强统筹协调，定期召开有关部门参加的社会组织党建工作会议，及时研究有关重要问题，部署重点任务。县级以上党委组织部门、非公经济组织和社会组织工委要建立健全直接联系制度，直接联系一批规模较大、人员较多、影响力强的社会组织党组织，及时了解情况、听取意见、加强指导。市、县（市、区）党委常委每人要联系1–2个社会组织党组织，通过深入调研、参加组织活动、帮助解决实际问题等方式，指导社会组织党组织开展工作，带头把联系点建成党建工作示范点。

四、实现党的组织和党的工作有效覆盖

8、建立党建工作台账。充分发挥民政、工商等职能部门和行业主管部门作用，结合注册登记和年检评估等工作，准确掌握社会组织的地域分布、实际规模、发展状况以及党组织和党员队伍情况，并建立相应的工作台账。坚持做到单位性质清、职工人数清、活动状况清、党员数量清、组织设置清、负责人身份清。健全省、市、县（市、区）、乡（镇、街道）四级党建工作台账，及时更新、动态管理。凡新成立的社会组织登记时，登记管理部门要同步登记党员职工情况，对具备条件的应督促其同步建立党组织。在年检时按照“六清”要求同步检查党建工作，在社会组织评估时同步将党建工作纳入评估重要指标。各级非公经济组织和社会组织工委要对本地区本部门管辖范围内的社会组织党组织组建情况进行定期摸底调研，及时掌握社会组织的党建工作动态，跟踪指导推动社会组织党组织建设工作。

9、优化基层党组织设置。本着应建尽建的原则，加大党组织组建力度。积极探索和完善社会组织党组织的设置模式，实现符合条件的应建尽建，不断扩大党组织的覆盖面。采取单独建、联合建、挂靠建等方式，实现符合条件的应建尽建。对规模较大、会员单位较多而党员人数不足的，可按照管理权限，经县级以上党委批准，建立党委。条件成熟的社会组织党组织，应设立党的纪律检查委员会或纪律检查委员。凡成立党组织的社会组织都要按期进行换届。社会组织变更、撤并或注销时，业务主管单位要及时掌握情况，党组织应及时向上级党组织报告，并做好党员组织关系转移等相关工作，其上级党组织应及时对社会组织党组织变更或撤销作出决定，明确隶属关系，加强同步指导。

10、实现党建工作创新。对社会组织聚集区域和孵化基地，要统筹规划、合理布局，统一建设区域性、开放性、

综合性的社会组织服务中心、党群活动中心或党建工作指导站，积极为社会组织在党组织组建、党员教育管理、活动开展等方面提供“一站式”服务。街道、社区和乡镇、村党组织要加强对城乡社区社会组织党建工作的指导。将社会组织纳入网格化管理，通过结对共建、双重管理等方式，整合社会组织党建与农村党建、社区党建、园区党建，实现资源共享、优势互补，使各领域党建工作相互融合、统筹推进。

五、强化党务工作者和党员队伍建设

11、加强党组织书记队伍建设。按照守信念、讲奉献、重品行、严律己、善协调，热爱党务工作和熟悉群众工作的标准，通过内部选举、组织选派和返聘等方式，选优配强社会组织党组织书记。党组织单独组建的，党组织书记一般应从内部选举产生。民办高校党组织书记的人选，由省委组织部和省高校工委组织选派。党组织联合组建的，党组织书记从社会组织的党员和机关党员干部中推荐，根据党内选举程序任职。提倡符合条件的社会组织党员负责人担任党组织书记。鼓励机关年轻优秀党员干部到社会组织挂职从事党务工作。规模大、党员数量多、社会组织党员负责人担任书记的党组织，应创造条件配备专职副书记。注重推荐优秀社会组织党组织书记作为各级党代会代表、人大代表、政协委员人选和劳动模范等各类先进人物人选。推荐社会组织负责人作为上述人选时，要征求被推荐人所在党组织、非公经济组织和社会组织工委意见。

12、加强党务工作者队伍建设。通过多样化选用、规范化管理、专业化培训、制度化激励等方式，努力建设一支素质优良、结构合理、数量充足、专兼职结合的社会组织党务工作者队伍。在社会组织相对集中的区域建立党建工作站，配备专职党务干部做好党务工作。建立党务工作者人才库，积极探索通过市场机制解决党务人才供需矛盾。建立党务工作者培训制度。把社会组织党务工作者纳入基层党务干部培训范围，依托各级党校、行政院校和高校开展培训。省级每年要重点做好300名左右市、县工委书记、副书记和基层党委（总支）书记的示范培训，市级主要做好基层党支部书记和专职党务工作者的集中轮训，县级主要做好党建工作指导员及其他党务工作者的集中轮训，每年累计要达到40学时。建立健全各级党务工作者职务变动报告制度和沟通联系机制。加大党建工作指导员选派力度，可根据有关政策选派退休或不担任现职党政领导干部到社会组织从事党建工作。建立健全考核评价和激励约束机制，推动广大党务工作者积极履行职责、充分发挥作用。

13、强化党员队伍建设。不断发展壮大党员队伍，按照“控制总量，优化结构，提高质量，发挥作用”的方针，实行社会组织党组织发展党员计划单列制度。把没有党员或仅有个别党员的社会组织作为重点,注重培养发展符合条件的社会组织负责人和业务骨干入党，对职工在50人以上和100 人以上的社会组织，党组织在届内要发展1名以上和3 名以上新党员。每年轮训党员一般要达到32个学时。建立不合格党员退出机制，保持党员队伍的先进性、纯洁性，增强党组织的凝聚力和战斗力。

14、严格党员教育管理服务。加强社会组织党员经常性教育，以党性教育为重点，广泛开展以党的知识、宗旨观念、理想信念、政治纪律和政治规矩为主要内容的政治理论系列教育活动。教育引导社会组织党员遵守党规党纪，自觉履行党员义务，接受党组织教育，服从党组织管理和监督；教育引导他们树立社会主义理想信念，努力成为中国特色社会主义事业的合格建设者。严格组织生活，抓好“三会一课”和民主评议党员工作，充分发挥教育、改进、提高党员的作用。强化党员组织关系管理，督促党员按规定转移组织关系。按照“一方隶属、参加多重组织生活”原则，组织暂未转移组织关系的党员积极参加社会组织党组织的活动。尊重党员主体地位，充分发扬党内民主，建立健全党内激励、关爱、帮扶机制，增强党员的责任感、荣誉感和归属感。

六、创新党组织发挥作用的途径和方法

15、健全党组织工作机制。推行社会组织党员管理层人员和党组织班子成员“双向进入、交叉任职”的做法，探索建立党组织书记参加或列席社会组织管理层重要会议制度、党组织与社会组织管理层沟通协商制度，促进党组织参与社会组织重要决策。充分发挥行业协会的组织和资源优势，探索开展“行业协会+会员组织”党建模式，探索建立行业协会和会员组织例会制度，加强行业内社会组织党组织互动交流。利用行业协会平台，整合行业资源，推进全行业党的建设。组织开展社会组织和非公有制企业党组织结对共建等活动，组织律师、注册会计师、注册税务师等专业人才为企业发展服务，促进非公经济组织和社会组织互促共赢。

16、推进基层党组织标准化建设。按照有坚强的领导班子、有优良的党员队伍、有完善的规章制度、有健全的保障机制、有明显的工作成效、有良好的社会评价的总体要求，加强社会组织党组织标准化建设。在“六有”的基础上细化不同类型社会组织的评估要求，指导党组织通过多种途径提升整体工作水平，确保党组织和党员政治核心、先锋模范、监督保障作用的发挥。坚持“抓两头、带中间”，省市县三级每年要选择一定数量基础较好的社会组织党组织列入重点培育对象，推动成为“党建强、发展强”社会组织党组织。在保持党组织隶属关系不变的基础上，由县级以上地方党委组织部门、非公经济组织和社会组织工委进行重点指导，发挥示范引领作用。每年倒排一批基础薄弱的社会组织党组织，进行重点帮扶，促其转化提高。

17、突出社会组织特点开展党建活动。按照围绕社会组织健康发展、贴近职工群众需求、突出社会组织特点要求开展党组织活动。坚持围绕大局、服务中心，将党组织活动纳入社会组织执业活动、日常管理和文化建设之中，

通过开展业务竞赛、岗位示范等主题活动，使党建工作与社会组织发展紧密结合、互促共进。创新思想政治教育方式，密切关注职工群众思想状况和实际需求，加强人文关怀和心理疏导，通过深化党员先锋岗、党员责任区、党员服务窗口、党员设岗定责、承诺践诺等活动，开展群众欢迎的活动、提供群众期盼的服务来团结群众、引导群众，切实增强党组织的吸引力和影响力。从社会组织从业人员的分布和需求特点出发，探索建立特色党员活动小组，发挥社会组织及从业人员专业特长。适应社会组织和党员特点创新活动方式，注重小型、灵活、多样，注重运用共产党员网、手机报等信息化平台，注重依托微信、微博等，探索开展网上党组织活动，加强线上互动、线下交流。坚持党建带群建、群建促党建，支持符合建团条件的社会组织建立团组织，引导青年坚定理想信念。充分发挥律师事务所等公益服务类和互助合作类社会组织青年的专长，建立青年志愿者服务队、青年专业服务小分队等，经常性地开展法律援助、助教义诊、政策咨询等志愿服务。

18、努力建设基层服务型党组织。引导社会组织建立健全自律诚信建设机制，加强诚信教育，强化诚信意识，提高诚信服务能力，树立诚信服务的公众形象。引导社会组织承接政府职能转移，开展社会公共服务，重视创设品牌化的公益服务项目。引导备案管理的社区社会组织发挥特长，参与社区管理和服务。加强区域性、综合性、开放性党群活动中心建设，为不同类型、各有专长的党员积极搭建网上网下服务平台。积极组建党员突击队或重大项目创新团队，在应对急难险重任务时发挥生力军和示范带头作用。健全党员联系职工群众、党组织结对共建等制度，推动基层服务型党组织建设常态化、长效化。

七、加强组织领导

19、落实领导责任。各级党委要加强对社会组织党建工作的领导，形成党委统一领导、组织部门牵头抓总、非公经济组织和社会组织工委具体指导、有关部门齐抓共管的工作格局。各级党委组织部门、非公经济组织和社会组织工委要落实党建工作责任制。将社会组织党建工作纳入党建工作总体布局,作为地方党委书记抓基层党建述职评议考核和相关部门领导班子、领导干部考核的重要内容，加强对社会组织党建工作的领导。切实加强对与行政机关脱钩的社会组织党建工作的领导，确保脱钩不脱管。各级民政、工商等登记管理机关要在社会组织申请设立、变更登记、年检评估等过程中，及时掌握有关信息，指导和督促社会组织落实党建工作，同时抓好党组织的归口管理及党建工作。各有关行业主管部门党委(党组)要把社会组织党建列入重要工作议程，定期研究部署，加强督促指导，切实履行职责。街道、乡镇工（党）委要全面承担属地社会组织党建工作的直接领导和指导责任，落实人员，加强督查，听取专题工作汇报，认真做好工作。

20、强化工作保障。社会组织党员缴纳的党费，全额下拨社会组织党组织，用于开展党建活动；各级留存党费可每年按照一定比例，直接补助或以奖代补支持社会组织党建工作。社会组织应将党建工作经费纳入本单位管理费用列支，可按照有关规定据实在社会组织应缴纳的企业所得税前扣除。省市县三级财政对社会组织党组织活动场所规范化建设要给予支持，努力实现有场所、有设施、有标志、有党旗、有书报、有制度的“六有”标准。单独组建党组织的社会组织，要建设固定的活动场所。联合组建党组织的社会组织，要依托区域或社区党员服务中心，确保社会组织党组织活动的正常开展。

21、加强宣传引导。各级各部门要充分发挥媒体的宣传引导作用，利用多种形式宣传中央、省委加强社会组织党组织建设的各项方针政策。各市、县（市、区）每年分别要培育和树立20个、10个左右“党建强、发展强”社会组织党组织，强化典型示范作用。注意培育和选树“双强”社会组织党组织负责人，定期宣传各类社会组织中涌现出的先进集体和先进人物。

22、大力推进创新。尊重基层首创精神，支持和引导各地各单位在社会组织党建体制机制、方式方法、载体平台等方面的创新实践，有效激发社会组织党建工作的生机活力。按照提高党建工作科学化水平要求，以有利于党建责任主体到位、党的自身建设加强、党组织和党员的作用发挥为主要标准，积极构建务实管用的长效机制，通过顶层设计、系统谋划、项目推进等，打造具有持久生命力的社会组织党建工作特色品牌，不断提升社会组织党建工作影响力。

中共山西省委关于加强和改进新形势下党校工作的实施意见

晋发〔2016〕15号

（2016年4月19日）

为深入贯彻全国党校工作会议精神特别是习近平总书记重要讲话精神，全面落实《中共中央关于加强和改进新形势下党校工作的意见》（中发〔2015〕35号），结合我省实际，提出如下实施意见。

一、切实增强新形势下加强和改进党校工作的使命感、紧迫感和责任感

（一）从党的事业全局出发切实增强做好党校工作的历史使命感。党校事业是党的事业的重要组成部分，是我们党的一大创举和政治优势。山西党校有着悠久的历史和光荣的传统，在不同历史时期为革命、建设和改革发展作出了重要贡献。在我们党协调推进“四个全面”战略布局，实现“两个一百年”奋斗目标和中华民族伟大复兴中国梦的历史征程中，在兴晋富民的伟大实践中，必须进一步发挥好党校为党员领导干部补钙壮骨、立根固本的重要作用，切实增强政治意识、大局意识、核心意识、看齐意识，为全面建成小康社会提供坚强的政治保证。

（二）从全面从严治党的要求出发切实增强做好党校工作的现实紧迫感。山西正处于重要历史关头，站在新的发展起点。在深入推进党风廉政建设和反腐败斗争，初步扭转系统性、塌方式腐败被动局面，党风政风和社会风气逐步好转的基础上，坚决贯彻中央全面从严治党要求，进一步净化政治生态、实现弊革风清，依然任重道远，加强对党员干部的党性教育一刻也不能放松。必须充分发挥好党校“三个阵地、一个熔炉”的重要作用，培养造就一支具有铁一般信仰、铁一般信念、铁一般纪律、铁一般担当的干部队伍。

（三）从党校发展需要出发切实增强做好党校工作的政治责任感。新形势下党校承担着繁重的教育培训任务和重大的政治责任。目前的主要问题是，有的地方党委没能履行好办党校管党校建党校用党校的主体责任；一些党校财政投入严重不足，办学经费没有保障；有的基层党校不具备基本的办学条件，甚至长期无独立校址或校址被挤占；有的地方干部调训不正常，党校长期无主体班次；有的党校定位不准，主业主课不突出，重知识技能培训、轻党的理论教育和党性教育，甚至有商业化、功利化倾向；有的党校办学标准不高、管理不严，教风学风校风不正；有的党校班子能力不足，教师结构不合理，人才“断层”等等。这些问题在各级党校不同程度不同方面存在，在县级党校尤为突出，必须坚持问题导向，认真加以解决。

二、指导思想和目标任务

（四）指导思想。全面贯彻党的十八大和十八届三中、四中、五中全会精神，以马克思列宁主义、毛泽东思想、邓小平理论、“三个代表”重要思想、科学发展观为指导，深入贯彻习近平总书记系列重要讲话精神，紧紧围绕“五位一体”总体布局和“四个全面”战略布局，牢固树立并切实践行新的发展理念，加快推进“六大发展”，巩固提升党校作为党委重要部门、培训轮训党员领导干部主渠道和党的哲学社会科学研究机构的重要职能，使党校成为党员领导干部践行“三严三实”，锤炼党性、磨炼意志、提升修养的神圣殿堂；成为宣传党的思想理论、路线方针政策的鲜明旗帜；成为学习研究马克思主义中国化最新成果、推进党的理论创新的坚强阵地；成为各级党委研究解决重大现实问题、有特色有影响的新型智库。

（五）目标任务。按照《中国共产党党校工作条例》《干部教育培训工作条例》和《中共中央关于加强和改进新形势下党校工作的意见》，“十三五”期间，要全面提高全省党校工作的科学化、规范化、标准化水平，建立健全与我省党的建设和经济社会发展相适应的职能明确、功能配套、保障有力、资源共享、特色鲜明的党校教育培训体系。

——干部培训更加规范。完善干部调训制度，实现干部应训尽训、计划科学统筹、主业主课突出、质量稳步提升。1—2年内，全省各级党校全部开设主体班，实现干部培训规范化和常态化。

——教学质量稳步提升。把质量立校作为党校工作的重要遵循，建立完善体现组织要求、岗位需要和干部成长需求，适应不同类型、不同层次干部教育培训的教学体系，打造科学化、特色化和开放式的教学新布局，加快形成以质量为办学导向的考核评价机制、激励约束机制、责任落实机制。省委党校在全国党校系统教学质量评估、精品课程建设中进入先进行列，市县党校和省直机关党校推出一批各具特色的教学品牌。

——师资队伍不断优化。建设一支学科齐全、优势明

显、结构合理的党校教师队伍。力争3—5年内，全省党校系统专职教研岗位占全校岗位总量比例达到60%以上，专职教研岗位中研究生学历达到60%以上。在省委党校重点培养教学名师和学科带头人，争取更多教师进入全国党校系统名师名课库；在其他各级党校培养一批教学骨干。

——科研和决策咨询水平显著提高。省委党校形成一批在全国有影响的重大科研成果，达到全国党校系统的中上游水平；市委党校和省直机关党校形成一批在全省乃至全国有影响的科研成果；鼓励县级党校科研出成果、进课堂。决策咨询成果转化率明显提高，围绕中心、服务大局的能力进一步增强。省委党校的决策咨询工作在山西智库建设中达到领先水平，在全国党校系统智库建设中达到中上游水平；其他各级党校的决策咨询工作全面展开。

——办学条件明显改善。提升省委党校办学条件，完善市委党校办学功能，解决一些县级党校无独立校址、无经费保障、无食宿条件和运转难维持、教研难开展、人才难稳定的问题，构建能够满足党校干部教育培训要求的设备完善、功能配套、运转顺畅的保障体系。

——从严治校落到实处。全面落实党校姓党的原则，严守政治纪律和政治规矩，严格落实中央八项规定精神，建立健全各项管理制度，从严教学管理、从严科研管理、从严教师管理、从严学员管理，净化教风、学风、校风。各级党校成为全面从严治党的桥头堡、排头兵。

三、牢牢把握党校姓党的根本原则

（六）强化看齐意识，坚定政治方向。党校的一切教学活动、一切科研活动、一切办学活动都要向党中央看齐、向习近平总书记看齐、向党的理论和路线方针政策看齐，在思想上政治上行动上同以习近平同志为总书记的党中央保持高度一致。以党的旗帜为旗帜、以党的意志为意志、以党的使命为使命，做到党的重大理论成果、重大战略部署及时进课堂，党中央和省委作出的决策迅速贯彻、关注的问题深入研究、交付的任务认真完成。

（七）强化规矩意识，严格政治纪律。加强党校干部和教师队伍的思想政治建设，把政治纪律和政治规矩作为第一要求，在党爱党、在党言党、在党忧党、在党为党。加强教学科研活动的规范约束，完整准确地宣传党的理论和路线方针政策，不得在党校讲坛、社会讲学、学术研究中散播与中央和省委要求相违背的言论。加强师德师风和学术道德建设，对师德师风不良或不适宜从事党校教学的，调整工作岗位或调离党校。

（八）强化熔炉意识，永葆政治本色。区别党校教育和普通国民教育，突出党校政治特征，突出党的理论教育和党性教育，强化新形势下党校“熔炉”的锤炼净化功能。通过全面系统扎实的理论武装和党性锻炼，着力解决“精神缺钙”问题，坚定党员干部对马克思主义的信仰、对中国特色社会主义和共产主义的信念、对党和人民的忠诚，在各种风浪和诱惑面前始终保持政治上的清醒和坚定，始终保持高尚的道德情操，始终保持共产党人的本色。

（九）强化话语意识，巩固政治阵地。巩固马克思主义在意识形态领域的指导地位，牢牢把握党校在意识形态领域中的“话语权”，及时跟进中央和省委重大决策部署，积极推进党的理论创新和政策创新，做到重大节点有声音、重大问题亮观点、重大时段搭平台，为党员干部提供正确引领和学理支撑。

四、把党的理论教育和党性教育作为党校教学首要任务

（十）突出主业主课。切实把提高党的理论教育和党性教育的成效作为提升办学水平的主要目标和衡量教学质量的首要标准。全省各级党校教学安排中，党的理论教育和党性教育课不低于总课时的70%，其中党性教育课不低于总课时的20%。

（十一）丰富教育内容。强化党的理论教育。坚持把马克思主义中国化最新成果作为理论教育中心内容，把马克思主义经典著作导读课作为重要课程，抓好马克思列宁主义、毛泽东思想和中国特色社会主义理论体系学习教育，引导学员系统掌握马克思主义基本原理和立场观点方法。把深入学习习近平总书记系列重要讲话精神作为重中之重，引导学员坚持读原著、学原文、悟原理，用讲话精神武装头脑、指导实践、推动工作。强化党性教育。深入开展理想信念教育、党的宗旨教育、党史国史教育、革命传统教育和道德品行教育、法治思维教育、反腐倡廉教育，引导学员提升政治修养、道德修养、法纪修养和作风修养。坚持先进典型示范教育与反面典型警示教育相结合、党性分析与组织生活相结合，增强教育的针对性和实效性。强化党章党规党纪教育。把党章教育作为党性教育的必修课，推动学员把党章作为加强党性修养的根本遵循。加强《关于党内政治生活的若干准则》《中国共产党廉洁自律准则》《中国共产党纪律处分条例》等党内法规及党内有关规章制度的学习教育，引导学员自觉用党规党纪规范言行。强化党的大政方针政策教育。把党的理论教育、党性教育与学习领会中央的路线方针和省委的决策部署结合起来，做好中央和省委重大战略部署、党和国家以及山西发展政策、国情和省情等的学习教育，引导学员自觉把思想和行动统一到中央精神和省委要求上来，运用科学理论指导实践、科学理念引领发展、科学方法推进工作。

（十二）创新教育方式。坚持解放思想、实事求是、与时俱进，弘扬马克思主义优良学风，注重理论联系实际，注重回答学员关心的热点难点问题。倡导和运用研讨式、案例式、体验式、情景模拟式和现场式等多种教学方式，重视运用网络信息技术，提高教学的吸引力感染力。注重用革命先烈、英雄人物、党的好干部的崇高风范和感人事迹教育干部。加强党性锻炼，组织学员深入到革命老区和贫困地区，增进群众感情，强化宗旨意识。深入开展思想剖析、民主评议和讨论交流，增强党性教育的针对性和长

效性，提高党性分析效果。制定全省党校系统理论教育和党性教育教学大纲，加强相应课程的教材建设。严格实行教案审核、集体备课、课前试讲等制度，对课堂教学进行科学评估并建立激励机制。

五、发挥山西优势办出党校特色

（十三）建设有山西特色的党性教育基地。从党性教育的实际需要出发，在全省规划布局一批反映山西发展不同历史时期光荣革命传统和艰苦奋斗精神的党性教育基地。从今年开始，省、市和有条件的县要依托现有基础条件，有重点地建设一批党性教育基地，力争到“十三五”末，打造若干在全国有影响、有特色的党性教育基地，成为各级党校延伸教学的重要阵地。

（十四）打造有影响力的科研品牌。围绕中国特色社会主义理论体系和事关山西改革发展的重大问题开展理论研究。密切跟踪省委全面从严治党、严格执行党规党纪“先走一步”的实践，特别是“六权治本”的生动实践，加强权力运行机制、社会治理机制的理论研究，力争走在全国前列；充分利用山西革命老区资源优势，加强山西地方党史、抗战史的专题研究，尽快形成一批研究成果，提升山西在党史研究、抗战史研究领域的影响力。积极参与国家社会科学基金项目研究，力争获得更多课题立项，在全国党校系统科研评奖中进入先进行列。巩固省委党校《理论探索》全国核心期刊的地位，进一步提升在全国思想理论阵地的品牌影响力。市县党校也要发挥自身优势，积极开展课题申报和理论研究。

（十五）积极推动党校智库建设。聚焦党和国家中心工作、党委和政府重大决策部署、山西经济社会发展热点难点问题，及时向各级党委反映重要思想理论动态，提出有价值的对策建议。当前要重点加强对积极适应把握引领新常态、贯彻新的发展理念、着力推动供给侧结构性改革，特别是加快推进“六大发展”、深入实施“六权治本”、率先实现“三个突破”，着力做好煤与非煤“两篇大文章”、加快转型综改试验区建设和全面建成小康社会等重大理论和实践问题的研究，形成高价值的决策咨询成果。鼓励教研人员深入实际进行专题调研，鼓励面向学员或社会开展问卷调查，鼓励学员参与智库建设，及时向当地党委、政府反映对策性研究成果。加强智库成果在决策中的转化应用，建立相应的奖励激励机制。建立全省党校系统智库建设协作机制，加强与全国各级党校和行政学院、高等院校、社会主义学院、科研院所的智库交流合作。各级党校都要建设成为党委、政府的重要智库。

六、全面推进党校科学化规范化标准化建设

（十六）明确培训分工。根据《中国共产党党校工作条例》和《干部教育培训工作条例》，省委党校主要培训轮训副厅局级党员领导干部、正县处级党员领导干部、乡（镇）党委书记和县处级党员领导干部中的厅局级后备干部；市委党校主要培训轮训副县处级党员领导干部、正乡科级党员领导干部和乡科级党员领导干部中的县处级后备干部；县（市、区）委党校主要培训轮训副乡科级党员领导干部和基层党员干部。

（十七）规范班次设置。党校的主体班次主要包括进修班、培训班、专题研讨班和师资培训班等。各级党校根据工作需要，开设和办好党校主体班次，省委党校每年不得少于10期，市委党校每年不得少于4期，县级党校每年不得少于2期。培训类班次，省委党校一般不少于3个月，市委党校一般不少于2个月，县（市、区）委党校一般不少于1个月；进修类班次一般不少于1个月；专题研讨班一般不少于5天。在一个任期内，乡镇（街道）党（工）委书记、村（社区）党组织书记分别由省委党校、市委党校集中轮训一次。

（十八）优化学科设置。各级党校要制定和完善学科建设规划，确定和优化重点学科与优势学科。加强中国特色社会主义理论体系为主的马克思主义理论学科和党性教育学科建设，强化哲学、政治经济学、科学社会主义、中共党史、党的建设等学科优势，逐步形成突出党校特色、满足干部培训需要的学科体系。加快学科建设成果的转化，把学科建设与课程开发、教材建设和名师名课培养结合起来。省委党校要按照国家有关学位研究生教育的标准，办好理论干部学历继续教育。

（十九）加强师资队伍建设。省委党校牵头实施全省党校系统“名师工程”，加强学科带头人培养工作，制定实施山西省党校系统马克思主义理论骨干人才计划，把培养高素质党校教学骨干纳入山西省人才发展规划，纳入全省宣传文化系统“四个一批”人才评选。建立专职教师知识更新机制、实践锻炼制度和蹲点调研制度，保证专职教师每年参加进修培训的时间累计不少于1个月，保证5年内所有骨干教师在上级党校轮训一遍。组织和安排教研人员到基层一线了解实际情况，强化对国情省情党情民情的认识，增强研究和解决实际问题的能力。拓宽教师来源渠道，选聘能胜任干部教育工作的领导干部、企业家、先进模范、专家学者，担任党校兼职教师。

（二十）推进办学设施标准化。根据《干部教育培训工作条例》规定和干部教育任务工作量，确定每年到党校参加培训轮训的规模，核定党校应当具备的硬件设施和后勤保障，确保各级党校办学需要。

（二十一）加强党校信息化建设。适应信息化社会要求，加强信息资源共建共享，充分发挥党校系统整体作用。打造具有党校特色的网上思想理论阵地，切实发挥党校思想引领作用。加强远程教育系统建设，为教学、科研和党员队伍学习教育提供更多更便捷服务。

七、积极推进党校管理体制机制创新

（二十二）创新师资管理。及时跟踪中央关于党校师资改革动态，积极探索既区别于公务员又不同于普通事业单

位的党校教师管理体系。分管教学科研的校领导和教学科研管理部门的主要负责人，一般从具有教学科研经验的人员中产生，允许转换教师身份、评聘专业技术职务。探索建立符合干部教育培训特点的师资准入和退出机制、师资考核评价体系、职称评定和岗位聘任办法，调整优化党校专业技术岗位结构比例。探索建立岗位等级、工作业绩与薪酬福利挂钩的激励机制，逐步完善党校绩效工资政策，增强党校教师岗位的吸引力。

（二十三）创新人才引进。坚持严格的政治标准和业务标准，注重从高等学校优秀毕业生中招聘青年教研人员，从高等学校和其他部门引进党校需要的优秀人才。新进党校教师应当具备硕士研究生以上学历及与党校干部教育要求相匹配的学科专业。对于特殊人才和急需人才，纳入省委人才引进规划，执行相关政策规定。严格执行公开招聘政策，避免把党校作为照顾性安排干部和解决就业安置的地方。

（二十四）创新学员管理。建立完善学员管理制度、民主生活会制度、学习考核制度和考察评议制度，重点考察学员的学习状况、党性修养、理论水平及遵守校规校纪等在校表现情况，并将考察结果作为了解掌握培养使用干部的重要依据之一。学员在校期间违反有关规定和纪律的，视情节轻重，给予批评教育、退学处理直至纪律处分。建立各级党委组织部门、学员派出单位和党校三方协作的跟踪反馈机制，对学员学习期满返回工作岗位后的思想工作变化进行定期检查和随时抽查，作为检验党校学习成效的重要依据。抓好班级临时党支部建设，选好配好支部班子，发挥好支部在学员管理中的重要作用。抓好班主任队伍建设，根据党校层级、编制和办学规模等，配置相应级别和数量的专职班主任，建立班主任目标管理制度，严格落实管理责任。

（二十五）创新业务指导。省委党校要制定对市县党校和省直机关党校业务指导的年度工作计划；制定全省党校系统干部培训班次及其培训目标建议清单、各种培训班课程设置建议清单，努力为下级党校培训师资和干部队伍力量，提高党校系统培训的规范性和科学性，促进全省党校系统特别是县级党校办学质量和水平提高。定期组织全省党校系统教学、科研、咨询等学术研讨。建立全省党校系统科研课题立项及成果评审奖励制度，定期组织开展全省党校系统教学科研成果的评估评奖。科学统筹党校系统资源，强化教学、科研、管理服务等方面合作。深入开展精品课示范教学，建立全省党校系统“师资资源库”和“名师名课库”，推动资源共享。

（二十六）创新县级党校办学体制。对全省县级党校办学条件、师资队伍、教学培训、学校管理等方面进行全面调查摸底。分级负责，分类施策，对基础条件较好的县级党校，重点加强管理，提升办学水平；对无独立校址以及基础薄弱、办学条件较差的县级党校，或抓紧建设、完善条件，或整合资源、加挂市级党校分校牌子。鼓励将同城的市辖区委党校和市委党校资源整合，由市委党校统筹安排培训任务和师资力量。今明两年，以县委党校为主体，整合县域各类干部教育培训机构和培训资源，实行对干部教育培训的集中统一管理。

八、加强党委对党校工作的领导和政策支持

（二十七）落实党委办党校的主体责任。各级党委要切实履行好办党校管党校建党校用党校的主体责任，党委书记要切实履行好办党校管党校建党校用党校的第一责任人的责任。要把党校工作纳入党委整体工作部署和党的建设总体安排，每年至少专题研究一次党校工作，研究解决党校改革发展中的重要问题。各级党委主要负责同志要把党校工作作为“一把手工程”，经常过问党校工作，每年至少一次到党校调研指导或与学员座谈。兼任党校校长的党委负责同志要认真履职尽责，做到时间到位、精力到位、工作到位。各级党委要切实发挥党校作用，给党校下达任务、安排工作，在进行重要决策、谋划重大发展和重大课题调研、讨论时，注重吸收党校人员参加。

（二十八）落实组织部门干部教育培训主管责任。认真组织调训，确保科级及以上干部每五年进同级党校培训一次、后备干部使用提拔须经相应党校培训。有计划、分步骤地调训农村党员干部，实现全省农村党员干部培训的全覆盖。对一些多年未参加培训的领导骨干和业务骨干，实行点名调训。

（二十九）加强党校领导班子建设。各级党委要从党的事业发展全局出发，选好配强党校领导班子。党校实行校务委员会领导体制。校长一般由同级党委书记或副书记兼任。选拔政治立场坚定、理论功底扎实、实践经验丰富、年富力强、开拓创新的优秀干部担任主持日常工作的副校长，可按同级党委部门正职领导干部选配并作为同级党委成员提名人选。优化领导班子结构，切实发挥领导班子的核心作用，要特别注重从优秀教师中选配党校领导干部。优化党校内部机构设置，突出教学科研功能。建立党校干部内外交流制度，有计划地组织安排一定数量的专职教师到党政机关、上级党校、基层一线挂职锻炼，畅通人才双向交流渠道。

（三十）建立和实行领导干部到党校讲课制度。省、市、县党政领导班子中的党员领导干部每人每年至少到同级党校主体班次讲一次课。县级以上党委和政府工作部门主要负责人，根据需要不定期到同级党校讲课。每年领导干部讲课总课时，占各级党校主体班次总课时的比例不低于20%。各级党委要把领导干部到党校讲课作为加强领导班子思想政治建设的重要内容，纳入经常性工作，作出制度性安排。

（三十一）保障党校基础设施建设和办学培训经费。按照党校办学设施标准化要求，由同级政府根据当地实际，列入年度基本建设计划。省级对革命老区和贫困地区党校基础设施建设给予重点倾斜支持。健全党校经费保障机制，党校办学经费纳入同级财政预算，实行培训任务和培训经费挂钩制度，每年由组织部门下达培训任务，由财政部门

根据国家有关标准规定据实拨付党校。各地可统筹中央、省级补助和自有财力加大对党校的经费投入。

（三十二）加强督导评估。由省委干部教育工作领导小组制定督导考评办法，定期对《中国共产党党校工作条例》《干部教育培训工作条例》和全国、全省党校工作会议精神的落实情况，组织开展督查，重点对培训规模和班次设置、教学质量和科研咨询水平、师资建设和课程建设、办学设施和经费保障等进行考评。考评结果要及时反馈到同级党委。

各级党委要切实加强和改进对党校工作的领导，括号中的责任单位要根据各自职能，认真履职尽责，抓好贯彻落实。

中共山西省委
印发《关于建立市县巡察制度的意见》的通知

晋发〔2016〕17号

各市、县委，省委各部委，省直各委、办、厅、局党组（党委），各人民团体党组，各高等院校、大型企业党委：

省委同意《关于建立市县巡察制度的意见》，现印发给你们，请结合实际认真贯彻落实。

中共山西省委

2016年4月23日

关于建立市县巡察制度的意见

为认真贯彻中央巡视工作方针，坚决落实习近平总书记关于“不断与时俱进，推动巡视向纵深发展，探索市县巡察，完善巡视工作网络格局”的重要指示，强化我省各级党委党要管党、从严治党的政治责任，加强对基层党组织和党员干部的监督，推动全面从严治党向基层延伸，依据《中国共产党巡视工作条例》，按照中央要求，现就建立市、县（市、区）巡察制度提出如下意见。

一、指导思想

深入贯彻党的十八大、十八届三中、四中、五中全会和习近平总书记系列重要讲话精神，认真落实中央巡视工作方针和《中国共产党巡视工作条例》，围绕“两四一聚三紧”，即增强“四个意识”，联系“四个全面”，聚焦全面从严治党，紧扣“六项纪律”，紧盯党的领导弱化、党的建设缺失、全面从严治党不力“三大问题”，紧抓重点人、重点事、重点问题“三个重点”，在政治高度上突出党的领导、在政治要求上抓住党的建设、在政治定位上聚焦全面从严治党。坚持依规治党要求，强化从严治党主体责任和监督责任，市巡察到县，县巡察到乡，加强对基层党组织和党员干部的监督。坚持问题导向、突出重点，剑指问题、倒逼改革，深入推进“六权治本”。

二、基本原则

在省委统一领导下，由市县党委分级组织实施。省委巡视工作领导小组加强组织领导，实现省市县巡视巡察上下联动。严格按照党章、巡视工作条例和中央、省委规定开展巡察工作，坚决把全面从严治党的主体责任压牢压实。坚持边巡边改，把群众路线贯穿巡察工作全过程。按照干部管理与监督相一致并压茬推进的要求，确定市县巡察监督职责，确保横向到边、纵向到底。对巡视巡察交叉重叠的对象，做到能合则合、需分则分，各有侧重、形成合力。

三、机构和人员

市县党委要参照省委巡视机构的组织架构，建立健全巡察机构。巡察机构编制原则上通过内部调剂解决。

（一）成立党委巡察工作领导小组。领导小组在同级党委领导下，对本地区巡视联络工作、巡察工作实施全面领导，对同级党委负责并报告工作，主要承担研究提出巡察工作安排、听取巡察情况汇报、研究巡察成果运用、管理和监督巡察组等职责。

（二）成立党委巡察工作领导小组办公室。办公室为同级巡察工作领导小组日常办事机构，主要承担巡视联络、统筹谋划、综合协调、组织指导、政策研究、制度建设、监督管理、督查督办、服务保障等工作。

（三）成立党委巡察组。市县党委根据实际需要成立若干巡察组，在领导小组领导下承担具体巡察任务。

四、范围和内容

（一）主要范围

市县党委分别巡察所管理的党组织，并按照压茬推进的原则，市巡察到县，县巡察到乡镇，根据问题线索情况，可下沉到村。

（二）主要任务

巡察工作是巡视工作的延伸和拓展，要围绕“两四一聚三紧”的政治定位区分层次确定巡察任务，强化问题导向，突出监督重点，把握基层特点，坚持边巡察边移交边整改，维护各级党组织的权威，厚植党执政的政治基础。

五、组织领导

（一）省委巡视工作领导小组发挥主导作用。在省委统一领导下，省委巡视工作领导小组负总责。加强顶层设计，强化组织领导，采取有效措施，试点先行、示范带动，有序推进、全面铺开。进一步充实省委巡视办力量，突出抓好全省巡察工作政策研究、制度建设、统筹协调、督导考核、机构建设指导和人员培训等工作。4月份，选择在晋城市及所辖6个县（市、区）、临汾市及所辖17个县（市、区）开展试点工作，在认真总结试点地区经验的基础上，其他市县有序全面铺开巡察工作。省纪委、省委组织部和省编办要认真研究解决巡察机构在运行过程中遇到的困难和矛盾，确保工作落实。

（二）市县党委要严格落实巡察工作责任。及时研究制定符合地方实际的具体实施办法并报省委巡视办备案。市委巡察工作领导小组应加强对县（市、区）委巡察工作领导小组的领导。领导小组组长是组织实施巡察工作的主要责任人，巡察组组长是巡察监督的第一责任人，被巡察单位党委（党组）书记是落实巡察整改工作的第一责任人。对主体责任缺失、监督责任缺位，有重大问题应当发现而没有发现、发现问题没有如实报告等问题，将严格追究责任。

（三）市县党委要提高认识加强领导。市县党委特别是主要负责同志要切实强化从严治党全覆盖、“一盘棋”意识，深刻领会省委决策的重大意义，自觉做到思想认识到位、领导力量到位、保障措施到位，做到健全组织快、建章立制快、展开工作快、取得实效快，积极探索既明确分工又相互配合的工作运转机制，尽快形成巡视巡察工作上下联动格局。市县党委巡察机构要主动与上级党委巡视巡察机构搞好组织对接、制度对接和工作对接，确保各项工作有序推进。

中共山西省委办公厅　山西省人民政府办公厅印发《关于提高公共文化服务水平的若干意见》的通知

晋办发〔2016〕26号

各市、县委，各市、县人民政府，省委各部委，省直各委、办、厅、局，各人民团体：

《关于提高公共文化服务水平的若干意见》已经省委、省政府同意，现印发给你们，请认真贯彻落实。

中共山西省委办公厅
山西省人民政府办公厅
2016年4月28日

关于提高公共文化服务水平的若干意见

为深入贯彻落实党的十八大和十八届三中、四中、五中全会精神，弘扬社会主义核心价值观，完善现代公共文化服务体系，促进基本公共文化服务标准化、均等化，保障广大人民群众基本文化权益，改善文化民生，促进“六大发展”，根据中共中央办公厅、国务院办公厅印发的《关于加快构建现代公共文化服务体系的意见》（中办发〔2015〕2号）精神，结合我省实际，提出如下意见。

一、加强公共文化设施建设

（一）按照城乡人口发展和分布，合理规划建设各类公共文化设施。充分发挥省级公共文化设施的示范引领作用，完善市、县两级公共图书馆、文化馆、博物馆（纪念馆）、美术馆、体育馆（场）、科技馆、剧（影）院以及青少年校外活动场所等设施。“十三五”期间实现市、县两级基本公共文化设施全面达标。补缺和完善乡镇（街道）综合性文化设施。在明确产权归属、保证服务接续的基础上，集合建设村（社区）综合性文化服务中心。加强文体广场建设，把简易戏台纳入村级公共服务平台建设范围。完善乡镇电影放映设施和广播电视户户通、应急广播村村响工程。完善乡镇（街道）、村（社区）健身场所和路径。完善国民体质监测设施。在文体广场和城乡人流密集地点设置公共阅报栏（屏）、公益广告牌。完善旅游集散地公共文化和科普服务设施。鼓励立足当地特色资源建设专题博物馆（纪念馆、美术馆、科技馆）、非物质文化遗产展示（传习）馆等设施。公共文化场所要为残障人士提供无障碍设施。

（二）抓好公共文化设施管理、运行和日常保障。突出公益性、基本性、均等性、便利性，落实公共文化设施管理和服务标准体系要求。深入推进公共图书馆、博物馆、文化馆（站）、纪念馆、美术馆、科技馆等免费开放工作。推进以现代建筑为馆址的博物馆、纪念馆向社会免费开放，各级各类公共体育设施免费或低收费开放。推动文物保护单位、非物质文化遗产保护利用设施、游泳馆、全民健身活动中心、工人文化宫、妇女儿童活动中心、青少年校外活动场所等创造条件免费开放。鼓励党政机关、国有企事业单位、学校内部文化设施和民间文化设施向社会免费或优惠开放。列入免费开放范围的公共文化设施，要规范服务项目和服务流程。

（三）推进公共文化服务机构数字化建设，运用新媒体拓展公共文化服务。加强公共文化大数据采集、存储和分析处理，建设山西文化云平台。促进优秀传统文化瑰宝和当代文化精品网络传播。统筹实施数字图书馆、数字博物馆、数字文化馆、数字美术馆、数字科技馆、公共电子阅览室、直播卫星广播电视公共服务、农村数字电影放映、健康在线网络化服务等项目，加快推进数字文化资源在智能社区中的应用。各级工会所属工人文化宫（俱乐部）及各企事业单位要将数字图书馆、数字电影放映、数字职工书屋、电子阅报屏等纳入职工文化活动阵地建设内容，与公共文化服务数字资源实现共建共享。

（四）完善公共文化政务信息发布、政策宣讲、应急科普和应急信息服务平台。促进文化与科技、旅游、金融等领域相关设施和服务平台的整合建设，提升公共文化服务整体效能。

二、推进公共文化服务均衡发展

（五）围绕看电视、听广播、读书看报、参加公共文化活动以及科普、健身等内容，维护群众基本文化权益，将戏曲演出纳入基本公共文化服务目录。根据经济社会发展水平，鼓励开展基本公共文化服务标准化、均等化试点工作。

（六）推动城乡公共文化一体化发展和文化资源合理流动，推进城乡“结对子、种文化”帮扶机制常态化。完善文化扶贫机制，从资金、项目、人才等方面加大对革命老区、贫困地区公共文化建设帮扶力度。在落实中央关于国家级扶贫开发重点县公益性文化建设项目取消县以下（含县）配套资金政策的基础上，逐步取消省定贫困县（区）以下（含县）配套资金。抓好矿区、移民新村、廉租保障房集中片区公共文化服务。重视少数民族聚集区公共文化建设。

（七）健全公益文化单位经常性送文化下基层制度。深入开展送戏、送电影、送书籍、送体育、送科技、送展览下乡以及进校园、进社区、进厂矿、进军营活动，扎实推进“高雅艺术进校园”活动。加大优秀物质和非物质文化遗产在城乡基层的展示宣传力度。各级政府购买的公共文化服务重点面向基层配送。

（八）注重向老年人、未成年人、残疾人、农民工、农村留守妇女儿童、生活困难群众提供公共文化服务，积极开展针对性较强的公益性文化艺术培训服务、演展和科普活动。将中小学生定期参观博物馆、美术馆、纪念馆、科技馆纳入教学活动计划。鼓励采用盲文、手语、字幕、视听读物等多种形式，为残障人士提供无障碍服务。鼓励有条件的地区实施文化低保工程。将进城务工人员纳入常住地基本公共文化服务保障范围，重视对农民工文化团体的扶持。

三、为广大群众提供更好的公共文化产品和服务

（九）依托传统民俗节日和特色文化资源，开展“文化走亲”“美丽乡村”“多彩社区”“文化老区行”“健身拜年”“科普每一天”“法治在身边”等活动。着眼于公众性、参与性、娱乐性、健康性，努力培育公共文化“一县（市、区）一品牌、一乡（镇、街道）一特色、一村（社区）一活动”，涌现更多富有特色的文化艺术之乡。通过交流展演等形式，为民间文化队伍提供展示提升平台。

（十）加大对跨部门、跨行业、跨地域公共文化资源的整合力度。通过院线、总分馆、行业联盟等形式，推进公共文化机构互联互通，实现文化资源共建共享。在县级以上城市推行公共文化服务“一卡通”。积极开展面向群众的咨询、讲座、培训、展演以及体质测试等文化体育服务。做好面向基层的文化流动服务和巡回服务。

（十一）以法治文化、廉政文化、红色文化为重点，创作和提供思想性、艺术性、观赏性有机统一的群众喜闻乐见的艺术作品。鼓励创作反映现实生活的作品，加强对重点艺术创作生产的扶持和引导。提升戏曲艺术服务群众的综合能力和水平，通过政府购买服务等方式，鼓励戏曲院团更多更好地深入基层演出。

（十二）深入开展“文化惠民在三晋”系列活动。组织开展歌咏歌舞、戏曲曲艺、诗歌朗诵、书法绘画等群众文化活动。加强农村文化、社区文化、企业文化、矿区文化、校园文化、军营文化、机关文化、大院文化、家庭文化建设，培育积极健康、多姿多彩的社会文化形态。开展爱国主义电影进寄宿制学校、进工地等活动。开展“强健体魄·阳光生活”全民健身活动。引导广场文化活动健康、规范、有序开展。实施“科普慧民工程”，建设公共科学文化传播服务体系。

（十三）深入实施“乡村文化记忆工程”和“汉语方言研究及有声资源建设工程”，系统挖掘保护、合理利用历史文化民俗方言资源。

（十四）建立群众文化需求反馈机制，开展“菜单式”

"订单式"公共文化服务，满足多层次多样化文化需求。创新文化服务，鼓励在城市实施"文化惠民（消费）卡"等服务方式。引导社会力量通过各种方式参与公共文化服务。

（十五）加强对文化类行业协会、民办非企业单位等文化非营利组织的引导、扶持和管理。有针对性地培育和发展社会组织，为政府购买公共文化服务培育多元承接主体。对符合登记条件的基层群众自办文化团体进行登记，达不到登记条件的实行备案。鼓励乡镇（街道）、村（社区）组建文化服务组织，发展乡村文化理事会和文化大院等民办文化。

四、建设结构合理、素质较高的公共文化队伍

（十六）加强对基层文化队伍的管理和使用。针对公益性文化事业单位实行免费开放后工作量大量增加、现有机构编制难以满足工作需要的实际情况，加大政府购买公益岗位力度。按照控制总量、盘活存量、优化结构、有增有减的要求，在现有编制总量内，可根据业务发展状况对公益性文化事业单位人员编制进行动态调整。设立城乡基层公共文化服务岗位，配置由公共财政补贴的工作人员，或运用政府购买基层公共服务岗位方式保障基层文化服务机构日常运行。乡镇（街道）文化服务机构配置1—2名专职工作人员。行政村（社区）综合性文化服务中心配备1名文化管理员，中心主任由"两委"确定1名成员兼任。发挥好社会体育指导员作用。推进文物保护员队伍建设。建立基层公共文化服务队伍激励和保障机制。

（十七）完善公共文化人才政策和措施，吸引各类优秀人才投身公共文化服务。重视发挥乡土文化能人、民族民间文化传承人和文化活动积极分子的作用。将公共文化服务专业人才培养纳入国民教育体系，推行公共文化服务持证上岗和定期轮训制度。扎实开展革命老区、贫困地区文化人才培养工作。

（十八）完善文化志愿者注册招募、服务记录、管理评价和激励保障等长效机制。弘扬志愿服务精神，鼓励艺术家、专家学者、体育明星等社会知名人士参加志愿服务，推动各类院团、院校等建立志愿服务下基层制度。开展好文化志愿者"边疆行"活动。

五、建立健全组织领导和协调保障机制

（十九）各级政府要把公共文化服务摆上重要议事日程，纳入经济社会发展规划。发改、财政、人社等有关部门要加大对公共文化服务的支持力度。文化主管部门和组织要充分发挥综合协调、督促推动作用。

（二十）制定公共文化服务考核指标，作为考核评价领导班子和领导干部政绩的重要内容，并纳入目标责任考核体系。探索实施公共文化服务第三方评价机制，增强公共文化评价的客观性和科学性。

（二十一）合理划分各级政府基本公共文化服务支出责任，建立稳定增长的公共文化服务财政保障机制，保障基本公共文化服务、重大文化惠民活动、文化低保工程等所需经费。

（二十二）转变公共财政投入方式，提高公共文化建设资金使用效益。健全政府向社会力量购买公共文化服务机制，落实现行鼓励社会组织、机构和个人捐助公益性文化事业所得税税前扣除政策规定，鼓励引导各类机构和民间资本投入公共文化设施建设和公共文化服务供给，形成以政府投入为主、社会力量积极参与的多元化公共文化服务投入机制。

中共山西省委　山西省人民政府
印发《关于省属国有企业加强党的领导和完善法人治理结构的实施办法》的通知

晋发〔2016〕18号

各市、县委，各市、县人民政府，省委各部委，省直各委、办、厅、局，各人民团体，省属国有企业：

省委、省政府同意《关于省属国有企业加强党的领导和完善法人治理结构的实施办法》，现印发给你们，请认真贯彻落实。

中共山西省委

山西省人民政府

2016年5月4日

关于省属国有企业加强党的领导和完善法人治理结构的实施办法

第一章 总 则

第一条 根据《中共中央国务院关于深化国有企业改革的指导意见》（中发〔2015〕22号）等文件和有关法律法规规定，制定本办法。

第二条 本办法适用于省属国有企业。

第二章 省属国有企业党委会

第三条 省属国有企业设立党的基层委员会（以下简称党委会）。党委会一般由7至11人组成，具体人数可根据省属国有企业实际情况由上级党组织批准增减。党委会由党委书记1人、党委副书记2人、党委委员（或常委）若干人组成，符合条件的董事会、监事会、经理层成员（不包括外部董事、外派监事）依照有关规定和程序进入党委会。

第四条 党委会主要职责是：

（一）确保党和国家路线方针政策在本企业的贯彻执行，确保企业坚持中国特色社会主义政治方向，确保党对国有企业的领导；

（二）发挥党组织领导核心作用和政治核心作用，把方向，管大局，作决策，保落实，研究企业“三重一大”事项，支持董事会、监事会和经理层依法行使职权；

（三）坚持党管干部和党管人才的原则，加强企业各级领导班子建设和人才队伍建设，建立完善适应中国特色社会主义现代企业制度要求和市场竞争需要的选人用人机制；

（四）履行从严管治党责任，落实党风廉政建设主体责任，支持纪委落实党风廉政建设监督责任，加强对履职行权的监督，建立健全权力运行监督机制；

（五）认真落实国有企业党建工作责任制，加强企业党组织的自身建设，发挥基层党组织的战斗堡垒作用和党员的先锋模范作用；

（六）全心全意依靠职工群众，领导企业思想政治工作、精神文明建设和企业文化建设，领导和支持工会、共青团等群众组织依照法律以及各自章程所确定的职责开展工作；

（七）负责上级交办事项的落实。

第五条 省属国有企业各级党组织按照中国共产党章程及有关规定设立并开展工作。

第六条 党委会按照民主集中制原则进行集体领导，对重大事项要集体研究。

第七条 坚持和完善双向进入、交叉任职的领导体制。党委书记、董事长由一人担任；设总经理一人，兼任党委副书记、副董事长；设专职党委副书记一人，兼任副董事长、副总经理，专门负责企业党的建设、干部队伍建设、职工思想政治工作等；设纪委书记一人，任党委委员（或常委），不分管除纪检监察以外的其他业务，专门履行监督职责。党委会成员与经理层其他成员适度交叉任职，部分经理层副职进入党委会。

第八条 加强和改进企业领导人员的管理方式。建立国有企业领导人员分类分层管理体制，上级党组织和国有资产监督管理机构按照管理权限，根据不同企业类别与层级，按照有关规定实行选任制、委任制、聘任制等不同的选人用人方式。实行董事会、监事会和党委会、经理层分类管理，董事会、监事会成员作为国有产权代表履行职责，确保企业决策权、监督权与执行权分开。

第九条 企业“三重一大”事项须经党委会研究后，按照法定程序由董事会作出决议，经理层执行，并保证落实。

第十条 推进工会、职代会民主监督职能融入法人治理结构，改进组织功能，并通过在职代会上民主选举职工董事、职工监事，发挥集思广益、决策咨询和民主监督的作用。健全和完善保证职工利益与企业整体利益有效协调机制，对涉及职工切身利益的重大事项、重要规章制度的制定，应当听取企业工会的意见。其中，对涉及职工切身利益的重大事项必须提请职代会审议通过。

第三章 省属国有企业股东会

第十一条 国有独资公司不设股东会，由国有资产监督管理机构行使股东会职权；国有资本控股公司、国有资本参股公司股东会由全体股东组成，由出资方委派股东代表参加会议。

第十二条 股东会主要职责是：

（一）审核、批准、修改公司章程；

（二）审议批准董事会、监事会或者监事的报告；

（三）按照管理权限，委派、选举和更换非由职工代表担任的董事，对董事会和董事履职情况进行评价，决定董事报酬事项；

（四）向公司派出监事会或监事；

（五）决定公司的经营方针和投资计划；

（六）审议批准公司的年度财务预算方案、决算方案和利润分配方案、弥补亏损方案；

（七）对公司增加或者减少注册资本和发行公司债券作出决议；

（八）对公司合并、分立、解散、清算或者变更公司形式和公司重组、股份制改造作出决议；

（九）对董事会重大投融资决策的实施效果进行跟踪监督；

（十）履行对公司国有资产保值增值情况进行监管等职

权；

（十一）批准公司的主业及调整方案，并主要从省属国有企业布局和结构调整方面审核公司的发展战略和规划；

（十二）《公司法》和公司章程规定的其他工作职责。

其中，重要的国有独资公司合并、分立、解散、申请破产等重要事项，审核后按照有关规定报省政府批准。

第十三条 依照《公司法》和公司章程的规定召开股东会会议。代表国有资产监督管理机构参加出资企业股东会会议的股东代表，应按照国有资产监督管理机构的指示发表意见、行使职权，维护国有资产的权益，并将履行职责的情况及时报告国有资产监督管理机构。

第十四条 加强对履行国有资产出资人职责机构派出的国有产权代表的管理。省属国有企业董事长、副董事长、董事（包括外部董事）、监事会主席、监事为国有产权代表，其中，职工董事、职工监事按公司章程选举产生，其他成员按照管理权限进行选派、推荐和管理。逐步开展总会计师由国有资产监督管理机构委派的试点工作。

第四章　省属国有企业董事会

第十五条 国有独资公司董事会一般由5至9人组成；国有全资公司、其他股权多元化公司应根据出资人协议、公司章程确定董事会人员组成。

国有独资公司、国有资本控股公司（包括绝对控股和相对控股）和国有资本参股公司（主要指具有实际控制力的混合所有制企业）董事会主要由董事长、副董事长、董事（含外部董事）、职工董事组成。

第十六条 董事会主要职责是：

（一）召集股东会会议，执行股东会的决议，并向股东会报告工作；

（二）决定公司的经营计划和投资方案；

（三）制订公司的年度财务预算、决算方案和利润分配方案、弥补亏损方案；

（四）制订公司增加或者减少注册资本以及发行公司债券的方案；

（五）制订公司合并、分立、解散或者变更公司形式的方案；

（六）决定公司内部管理机构的设置，制定公司的基本管理制度；

（七）决定聘任或者解聘公司总经理及其报酬事项；根据总经理的提名，决定聘任或者解聘公司副总经理、总会计师、总工程师、总经济师及其报酬事项；

（八）制订公司章程草案和公司章程的修改方案；

（九）决定公司的发展战略、中长期发展规划；批准公司的交易性金融资产投资和非主业投资项目；确定应由董事会决定的公司重大固定投资、对外投资项目的额度；批准额度以上的投资项目；

（十）依据规定制订公司的重大收入分配方案；涉及公司职工切身利益的有关方案，须经职工代表大会审议通过后董事会方可批准或作出决议；

（十一）决定公司的风险防控管理体系，并对公司实施情况进行有效监控；

（十二）根据党委会研究的意见，对企业“三重一大”事项作出决议；

（十三）《公司法》和公司章程规定的其他工作职责。

第十七条 依照《公司法》和公司章程的规定召开董事会会议。董事会决议的表决，实行一人一票，董事对董事会决议承担责任。董事会须制订议事规则，经股东会审核通过后实施。

第十八条 董事会应设立战略投资委员会、提名委员会、薪酬与考核委员会、审计与风险控制委员会等董事会专门工作机构，为董事会决策提供咨询意见和建议。

第十九条 实行外部董事制度，逐步增加外部董事比例占到董事会成员的多数。对开展规范董事会建设试点的企业，逐步落实董事会对经理层的选聘、考核评价、薪酬管理等职权，有效发挥董事会的作用。

第五章　省属国有企业监事会

第二十条 国有独资公司监事会一般由5至7人组成，国有全资公司、其他股权多元化公司应根据出资人协议、公司章程确定监事会人员组成。

监事会主要由外派监事和职工监事组成，职工监事的比例不得少于三分之一。加强和改进外派监事会制度。

国有企业监事会对董事会、经理层成员和其他高级管理人员履职行为进行监督。

第二十一条 监事会主要职责是：

（一）检查企业贯彻执行有关法律、行政法规和规章制度的情况；

（二）检查企业财务，对企业重大风险、重大问题提出预警和报告；

（三）检查企业的经营效益、利润分配、国有资产保值增值、资产运营等情况；

（四）检查企业负责人的经营行为，并对其经营管理业绩进行评价，提出奖惩、任免建议；

（五）《公司法》和公司章程规定的其他工作职责。

第二十二条 依照《公司法》和公司章程的规定召开监事会会议。监事会须制订议事规则，经股东会审核通过后实施。监事会主席负责督促、检查监事会决议的执行，直接向国有资产监督管理机构报告企业的重大问题；外派专职监事可以独立向国有资产监督管理机构报告企业经济运行中的重大问题。监事会成员可以参加或列席企业董事会、经理办公会以及与企业经营管理工作有关会议。

第二十三条 监事会不参与、不干预企业经营决策和管理活动。监事会应健全完善全面建立问题台账、全程实施动态监督工作机制，强化监督成果运用，构建和完善对出资企业有效监督的制度体系。

第六章 省属国有企业经理层

第二十四条 经理层一般设5至7人，由公司董事会决定聘任的总经理和4至6名副总经理组成。除此以外，企业可以设置总会计师、总工程师、总经济师，享受副总经理待遇，在总经理领导下负责某一领域的具体业务工作。经理层实行总经理负责制。

第二十五条 总经理主要职责是：

（一）主持公司的生产经营管理工作，组织实施董事会决议，并向董事会报告工作；

（二）组织实施公司年度经营计划和投资方案；

（三）拟订公司内部管理机构设置方案；

（四）拟订公司的基本管理制度，制定公司的具体规章；

（五）提请聘任或者解聘公司副总经理和总会计师、总工程师、总经济师；

（六）决定聘任或者解聘除应由董事会决定聘任或者解聘以外的负责管理人员；

（七）根据董事会决定，拟订公司经营计划和投资方案、公司年度财务预算方案、风险防控管理体系方案；拟订公司改革、重组方案和收入分配方案；

（八）根据董事会决定的公司经营计划和投资方案，批准经常性项目费用和长期投资阶段性费用的支出；

（九）《公司法》和公司章程以及董事会授予的其他职责。

第七章 建立健全市场化导向的选人用人管理机制

第二十六条 建立并落实企业领导人员任期制管理制度。企业党委会和董事会、监事会、经理层均实行任期制管理。董事、监事任期由公司章程规定，每届任期不得超过三年；总经理任期由董事会确定，每届任期为三年；党委会每届任期为四年。

第二十七条 健全企业领导人员交流制度。企业正职领导人员（党委书记、董事长、总经理），在同一职位任职超过3个任期，同时还能任满1个任期以上的，一般应进行交流；纪委书记、总会计师选拔任用时一般应交流任职。有计划地选派优秀年轻企业领导人员和后备人员到中央企业、省市党政部门以及情况复杂、困难较多的企业进行挂职锻炼。

第二十八条 完善企业领导人员综合考核评价办法，逐步建立分类考核评价机制。上级党组织和国有资产监督管理机构重点对企业党组织领导成员、董事会成员、监事会成员进行考核评价，企业董事会对经理层人员进行考核评价。

第二十九条 规范企业负责人薪酬激励机制。建立与国有企业领导人员选任方式相匹配、与企业功能性质相适应、与经营业绩相挂钩的差异化薪酬管理办法，合理调节不同行业之间薪酬差距，科学合理确定企业负责人薪酬水平，规范福利性待遇、履职待遇和业务支出。对市场化选聘的职业经理人实行市场化薪酬分配机制，根据其经营管理绩效、承担的风险和责任合理确定市场化的薪酬水平。

第三十条 推进经理层市场化选聘和职业经理人制度。以聘任制、任期制和经营目标责任制为主要内容，逐步对企业经理层成员实行契约化管理，形成能上能下、能进能出的选人用人机制。

第八章 组织保障

第三十一条 国有资产监督管理机构要加强组织领导，明确改革目标，推进各省属国有企业有序开展工作。省属国有企业要加快开展集团公司及所出资企业完善法人治理结构的各项工作。

第三十二条 加快推进开展完善法人治理结构试点工作。按照总体策划、试点先行、分步实施、突出重点、有序推进的原则，建立健全完善法人治理结构制度体系，及时总结经验并不断加以规范。

第九章 附 则

第三十三条 上级党组织和国有资产监督管理机构按照管理权限加强对省属国有企业领导人员的管理。省属国有企业纪委书记、副书记的提名和考察按照《省管企业纪委书记、副书记提名考察办法（试行）》（晋办发〔2015〕44号）等规定执行。

第三十四条 省属国有企业应当根据本办法，对公司章程进行修订。省属国有金融、文化类企业参照本办法执行，中央另有规定的依其规定执行。各市、县属国有企业依照本办法执行。

第三十五条 本办法自印发之日起施行。

中共山西省委 山西省人民政府
关于构建和谐劳动关系的实施意见

晋发〔2016〕19号

（2016年6月4日）

为构建和谐劳动关系，推动科学发展，促进社会和谐，根据《中共中央、国务院关于构建和谐劳动关系的意见》（中发〔2015〕10号），结合本省实际，提出如下实施意见。

一、指导思想和目标任务

（一）指导思想。全面贯彻党的十八大和十八届三中、四中、五中全会精神，深入贯彻习近平总书记系列重要讲话精神，认真落实省委、省政府决策部署，主动适应经济发展新常态，在我省推进创新、协调、绿色、开放、共享、廉洁和安全发展的进程中，坚持促进企业发展，坚持增进职工福祉，坚持正确处理改革发展稳定的关系，最大限度增加劳动关系和谐因素，最大限度减少不和谐因素，构建和发展和谐稳定的劳动关系，保障经济持续健康发展和社会和谐稳定。

（二）目标任务。加强调整劳动关系的地方性法规、体制、制度、机制和能力建设，强化党委领导责任、政府主导责任、企业主体责任，加快形成源头治理、动态管理、应急处理相结合的工作机制，实现劳动用工更加规范、职工工资合理增长、劳动条件不断改善、职工安全健康得到切实保障、社会保险全面覆盖、人文关怀日益加强，有效预防和化解劳动关系矛盾，建立规范有序、公正合理、互利共赢、和谐稳定的劳动关系。

二、依法保障广大职工的基本权益

（三）促进职工工资合理增长。完善工资指导线制度，及时发布劳动力市场指导价位和行业人工成本信息，建立健全反映劳动力市场供求关系和企业经济效益的工资决定和正常增长机制。全面贯彻落实《山西省企业工资集体协商条例》，推动各类企业开展工资集体协商，促进职工工资随企业效益改善而同步增长。深化国有企业负责人薪酬制度改革，合理确定企业负责人的薪酬结构和水平，使其薪酬水平与职工平均工资保持合理的倍比关系。根据经济发展、物价变动等因素，适时适度调整最低工资标准。坚持男女职工同工同酬，确保女职工在工资福利待遇方面享有与男职工平等的权利。加强工资支付监控，全面落实工资支付规定。进一步健全工资保证金和欠薪应急周转金制度，探索建立企业欠薪保障金制度，落实清偿欠薪的施工总承包企业负责制和用人单位用工实名制，强化日常巡查、专项检查和部门联合执法，加大对恶意拖欠工资案件特别是拒不支付劳动报酬犯罪重大案件的查处打击力度，保障职工特别是农民工按时足额领到工资报酬。推动各类企业委托银行代发农民工工资，在工程建设领域鼓励实行分包企业农民工工资委托总承包企业直接代发的办法。建立拖欠工资企业"黑名单"制度，定期向社会公开有关信息。人力资源社会保障部门建立企业拖欠工资等违法信息的归集、交换和更新机制，将查处的企业拖欠工资情况纳入人民银行企业征信系统、工商部门企业信用信息公示系统、住房城乡建设等行业主管部门诚信信息平台或政府公共信用信息服务平台。

（四）切实保障职工休息休假的权利。认真落实国家关于职工工作时间、全国年节及纪念日假期、带薪年休假等规定，指导督促企业特别是中小企业、民营企业依法安排职工休息休假。规范企业实行特殊工时制度的审批管理，企业因生产经营需要安排职工延长工作时间的，应与工会和职工协商，并按照《劳动法》的规定足额支付加班加点工资。加强对用人单位遵守工作时间和休息休假规定情况的监督检查和监察，依法查处随意延长工作时间、不支付加班工资、侵犯职工休息休假权利等违法行为。企业制定劳动定额标准，应当开展集体协商，并经过职代会讨论通过，确保90%以上的劳动者能在法定时间内完成工作任务。

（五）加强劳动安全卫生和女职工劳动保护工作。严格按照《安全生产法》《职业病防治法》《女职工劳动保护特别规定》《山西省女职工劳动保护条例》等法律法规，加强职业卫生日常监督检查，组织好年度安全生产相关领域专项监督检查工作，督促生产经营单位采用有效的职业病防护设施以及为从业人员提供符合国家标准或者行业标准的劳动防护用品。存在职业病危害的用人单位要依照法律法规要求，设置或者指定职业卫生管理机构或者组织，配备专职或者兼职的职业卫生管理人员；建立健全职业卫生管理制度和操作规程、职业卫生档案和劳动者健康监护档案、工作场所职业病危害因素监测及评价等制度，落实职业病预防措施；对劳动者进行上岗前的职业卫生培训和在岗期间的定期职业卫生培训，普及职业病防治的法律法规规章、操作规程和卫生常识，指导劳动者正确使用职业病防护设备和防护用品。有关部门对用人单位的职业危害监测情况、数据分析结论，要向企业职工公开。对不符合国家职业卫生标准的，责令用人单位整改。对从事接触职业病危害作业的劳动者，依法组织其进行上岗前、在岗期间和离岗时的职业健康检查，并将检查结果如实告知本人；为劳动者建立职业健康监护档案，对发现职业禁忌症的劳动者要及时调整工作岗位，对疑似职业病病人及时安排进行诊断，做好职业病病人的治疗、康复、定期检查和妥善安置。加大劳动安全卫生保护司法援助，同时工会要将用人单位劳动安全卫生状况作为重要监督内容。用人单位招用劳动者，除国家规定的不适合妇女的工种或者岗位外，不得以性别为由拒绝录用妇女或者提高对妇女的录用标准。用人单位不得在劳动合同中规定限制女职工结婚、生育的内容。用人单位不得因结婚、怀孕、产假、哺乳等情形，降低女职工的工资、辞退女职工或单方解除劳动合同。加强女职工和未成年工特殊劳动保护，最大限度地减少生产安全事故和职业病危害。

（六）积极推进社会保险全覆盖。认真贯彻落实《社会保险法》，逐步推进全民参保登记计划试点工作，将各类用人单位和职工依法全部纳入社会保险参保范围，努力实现应保尽保。以增强公平性、适应流动性、保证可持续性为重点，继续完善社会保险关系转移接续办法，落实广大职工特别是农民工的社会保险权益。依法强化社会保险费征缴，加强对企业从业人数和缴费基数的稽核，督促企业依法为职工缴纳各项社会保险费，鼓励有条件的企业按照法律法规和有关规定为职工建立补充保险。引导职工自觉履行法定义务，积极参加社会保险。

（七）加强对职工的职业教育培训。企业要依法履行职工教育培训和足额提取教育培训经费的责任，加强对职工的职业技能培训和企业技能人才队伍建设。鼓励职工参加学历教育和继续教育，提高职工文化知识水平和技能水平。提高技术工人待遇，完善职称评定制度。对于企业面向在岗技术工人开展的职业技能培训，根据取得技师、高级技师职业资格证书人数，政府部门按规定给予技师、高级技师培训项目补贴。进一步加大对企业首席技师、高技能人才创新工作室的支持力度。探索建立第三方职业培训供求预测制度，对于与地区重点支柱产业发展联系紧密、属于急需紧缺的职业（工种），政府给予全额补贴。

三、充分发挥劳动关系协调机制的作用

（八）深入推进实施劳动合同制度。认真贯彻落实《劳动合同法》《山西省劳动合同条例》等法律法规，加强对企业实行劳动合同制度的监督、指导和服务。重点在小微企业和非公企业开展完善劳动合同制度专项行动。在工程建设领域，坚持施工企业与农民工先签订劳动合同后进场施工，建立职工名册并办理劳动用工备案，全面实行农民工实名制管理制度，逐步实现信息化实名制管理。全省企业劳动合同签订率保持在95%以上。依法规范非全日制、劳务派遣、劳务承揽、劳务外包用工和企业裁员行为。在用工季节性强、职工流动大的行业推广简易劳动合同示范文本，从源头上规范劳动关系。对“互联网+”、电子商务、现代物流等新业态以及大众创业、万众创新局面下的劳动关系问题要加强研究指导。规范国有企业改革和产业结构调整过程中劳动关系处理工作。指导企业依法建立健全劳动规章制度，使企业的劳动用工管理有法可依、有章可循。在省级人社部门完善网上劳动用工备案的基础上，2018年之前在市、县（市、区）人社部门基本实现网上劳动用工备案，逐步实现对企业劳动用工的实时动态监管。

（九）全面推行集体协商和集体合同制度。认真贯彻落实《劳动合同法》《山西省劳动合同条例》《山西省企业工资集体协商条例》《集体合同规定》等法律法规规章，依法推动各类企业开展集体协商，订立集体合同。在非公企业、小微企业、同行业企业比较集中的区域，重点开展以工资为核心的区域性行业性集体协商。进一步建立健全各级工资集体协商目标责任考核制度，明确目标任务，对成绩突出的地区、单位和个人进行表彰激励。探索和推行恳谈会等形式，推进劳动关系双方沟通协商制度化。加强集体协商代表能力建设，提高协商水平。加强对集体合同履行情况的监督检查，促进集体合同得到全面落实。完善集体合同履行争议处理机制，凡属集体合同履行过程中的个别性、临时性问题，可通过企业和职工方的集体协商首席代表协商解决；凡属重大事项、全局性问题，应当通过双方代表集体协商解决。

（十）充分发挥劳动关系协调三方机制的重要作用。加强协调劳动关系三方基层组织建设，推动工业园区、乡镇（街道）和产业系统建立三方协调机制。充分发挥三方机制在事关劳动关系重大举措、重大事件、重大决策、重大纠纷中的协商沟通、建言献策、协调解决等重要作用。完善劳动关系三方年度例会制度，不定期开展专题协商，提高三方机制的活跃性。探索吸纳高校、科研机构中的劳动关系专家加入三方机制，为和谐劳动关系构建出谋划策。

四、加强企业民主管理制度建设

（十一）完善以职代会为基本形式的企业民主管理制度。开展职代会建制专项行动，重点解决国有改革改制企业、混合所有制企业、成规模非公企业没有依法建立职代会或者不按规定召开职代会的问题。加强对职工代表和企业民主管理师资力量的培训，提升职工代表自身素质和维护自身权益能力，提高以职工代表大会为基本形式的企业民主管理制度的运行质量。认真落实职工代表大会职权，充分发挥职工代表大会在企业发展重大决策和涉及职工切身利益等重大事项上的重要作用。工会组织每年都要对参

加职工代表大会的代表进行民主评议，职工代表都要进行履职情况述职，提高职工代表的代表性、履职力和责任心。积极推动小微企业建立区域（行业）职代会制度，扩大覆盖面，提高职代会建制率，提升职代会质量和实效。

（十二）进一步建立完善企务公开制度。全面贯彻落实《山西省企业民主管理条例》《企业民主管理规定》和省委办公厅、省政府办公厅《关于进一步深化创新厂务公开民主管理工作的意见》（晋办发〔2012〕12号），进一步巩固国有企业企务公开建制率，坚持国有企业改制重组过程中的公开、透明，积极稳妥推进非公企业企务公开制度建设。将企务公开与“六权治本”结合起来，国有及国有控股企业重点公开领导人员的薪酬、分红、股金等情况，非国有企业重点公开涉及职工切身利益的重大事项如劳动报酬、工作时间、休息休假、劳动安全卫生、劳动定额、计件单价、社会保险参保缴费、集体合同的签订履行等情况，使职工在确保知情权的前提下，加大监督的力度。通过开展创建企务公开民主管理示范单位活动，发现选树典型，发挥典型示范引导作用，规范企务公开民主管理制度的运行程序。完善公开程序，充实公开内容，拓展“二级公开”“三级公开”“点题公开”等公开形式，推进企务公开工作深入开展。

（十三）逐步建立职工董事、职工监事制度。按照《公司法》规定，在公司制企业建立职工董事、职工监事制度。两个以上的国有企业或者两个以上的其他国有投资主体投资设立的有限责任公司、国有独资公司的董事会成员中应当有公司职工代表，其他有限责任公司、股份有限公司的董事会成员中可以有公司职工代表，职工代表由公司职工通过职工代表大会、职工大会或者其他形式民主选举产生。有限责任公司、股份有限公司、国有独资公司的监事会，应当有适当数量的公司职工代表，比例不得低于三分之一，职工代表由公司职工通过职工代表大会、职工大会或者其他形式民主选举产生。依法推进职工董事职工监事制度建设，规范职工董事职工监事的产生、履职、述职程序。通过严格规范工作运行程序，保障职工代表、职工董事职工监事更好地行使权利、履行义务。

五、进一步加强劳动保障监察和劳动争议处理工作

（十四）加大劳动保障监察工作力度。加快推进劳动保障监察“网络化、网格化”管理，扩大日常巡视检查和书面审查范围，实现执法责任全覆盖。充分运用劳动保障监察管理信息系统，实现案件一点投诉、多点联动、网上办理。完善劳动保障监察执法程序，逐步建立劳动保障监察执法过程记录制度，并依法公开办理结果。完善劳动保障监察执法自由裁量权基准制度，严格限定和合理规范裁量权的行使。建立完善劳动保障监察政务公开和服务承诺制，公开执法依据、程序、职责等，严格落实执法责任制，主动接受社会监督。进一步畅通职工维权渠道，公开举报投诉电话、信箱、电子邮箱、信息平台等，并及时予以答复处理。加强对违法隐患的预警预报，健全劳动保障监察与其他政府部门各司其职、各负其责、相互配合、齐抓共管的工作机制。进一步完善行政执法与刑事司法衔接机制，明确案件移送标准和程序，加大对大案要案的综合查处力度，实施重大违法行为社会公布制度。

（十五）提高劳动争议调解仲裁效能。坚持预防为主、基层为主、调解为主的工作方针，推动各类企业普遍建立内部劳动争议协商调解机制，在大中型企业和劳动争议高发多发企业设立劳动争议调解委员会。支持工会、商会加强行业性、区域性劳动争议调解组织建设。推动乡镇（街道）、村（社区）依法建立劳动争议调解组织，大力加强专业性劳动争议调解工作，健全人民调解、行政调解、仲裁调解、司法调解联动工作体系，充分发挥协商、调解在处理劳动争议中的基础性作用。加快推进劳动人事争议仲裁机构实体化建设，加强调解仲裁队伍专业化建设，依法落实仲裁专项经费，提高仲裁社会服务水平，将大量的劳动人事争议化解在基层。加强仲裁与诉讼程序有效衔接，建立仲裁机构与法院定期沟通协商、疑难案件研讨、案件信息交流等制度，促进劳动争议案件法律适用标准和裁审尺度的一致。

（十六）有效防范和处置劳动关系群体性事件。加强对劳动关系形势的分析研判，建立劳动关系群体性纠纷的经常性排查和动态监测预警制度，及时发现和积极解决劳动关系领域的苗头性、倾向性问题，有效防范群体性事件。完善应急预案，明确分级响应、处置程序和处置措施。健全党委领导下的政府负责，有关部门和工会、企业代表组织共同参与的群体性事件应急联动处置机制，形成快速反应和处置工作合力，督促指导企业落实主体责任，及时妥善处置群体性事件。

六、努力营造构建和谐劳动关系的良好环境

（十七）大力支持和促进企业健康发展。加大行政审批事项取消调整力度，切实提高简政放权的含金量，最大限度释放市场活力。清理规范行政审批中介服务，引入竞争机制打破中介垄断，为企业清障减负。进一步规范行政审批行为，对保留的行政审批事项尤其是涉企行政审批事项，进一步精简行政审批环节，优化行政审批流程，探索跨部门联审联批，提高行政审批效率。全面推行权力清单制度。加强事中事后监管，构建行政监管、信用管理、行业自律、社会监督相结合的综合监管体系，为推进大众创业、万众创新，激发市场主体创造活力提供有力支撑。加大对企业的政策扶持力度，建立和实施涉企收费清单制度，形成减轻企业负担的长效机制。开展降低实体经济企业成本行动，降低制度性交易成本。降低企业税费负担，进一步正税清费，清理各种不合理收费，营造公平的税负环境。降低社会保险费，精简归并“五险一金”。加强和改善对中小企业的公共服务，着力缓解融资难、融资贵、创业难、用地难

等发展共性难题，帮助企业开拓市场，努力实现经济新常态下企业平稳健康发展。加强技术支持，引导企业主动转型升级，紧紧依靠科技进步、职工素质提升和管理创新，不断提升竞争力。通过促进企业发展，为构建和谐劳动关系创造物质条件。

（十八）教育引导企业经营者积极履行社会责任。加强广大企业经营者的思想政治教育，引导其积极践行社会主义核心价值观，牢固树立爱国、敬业、诚信、守法、奉献精神，切实承担社会责任。教育引导企业经营者自觉关心爱护职工，努力改善职工的工作、学习和生活条件，帮助他们排忧解难，加大对困难职工的帮扶力度。建立符合省情的企业社会责任标准体系和评价体系，营造鼓励企业履行社会责任的环境。加强对企业经营者尤其是中小企业经营管理人员的劳动保障法律法规教育培训，提高他们的依法用工意识，引导他们自觉保障职工合法权益。加快社会保障诚信评价制度建设，2020年之前基本建立用人单位完整的信用信息记录和诚信档案，对用人单位实行分类和动态监管。

（十九）加强对职工群众的教育关怀。引导职工树立正确的世界观、人生观、价值观，追求高尚的职业理想，培养良好的职业道德，增强对企业的责任感、认同感和归属感，爱岗敬业、遵守纪律、诚实守信，自觉履行劳动义务。引导职工正确对待社会利益关系调整，合理确定提高工资收入等诉求预期，以理性合法形式表达利益诉求、解决利益矛盾、维护自身权益。培育富有特色的企业精神和健康向上的职工文化，为职工构建共同的精神家园。注重职工的精神需求和心理健康，定期培训内部心理咨询师，及时了解掌握职工思想动态，有针对性地做好思想引导和心理疏导工作，建立心理危机干预预警机制。加强企业的职工文体娱乐设施建设，积极组织职工开展喜闻乐见、丰富多彩的文化体育活动，丰富职工文化生活。拓宽职工的发展渠道，拓展职业发展空间。

（二十）坚持用法治方式推进和谐劳动关系建设。全面贯彻实施国家及我省劳动保障法律法规政策规定，结合本省实际，积极推进劳动关系、社会保险、收入分配、人才开发、基本劳动标准、劳动监察等方面的立法和配套法规体系建设。把加强普法宣传教育作为一项长期的基础性工作，引导用人单位和劳动者在处理劳动关系纠纷中养成认真学法、办事依法、遇事找法、解决问题靠法的行为习惯。加强行政执法，严肃查处违法行为，及时解决存在的主要问题，促进各项劳动保障法律法规规章落到实处。

七、加强组织领导和统筹协调

（二十一）进一步加强组织领导。各级要加快健全党委领导、政府负责、社会协同、企业和职工参与、法治保障的和谐劳动关系构建工作体制。各级党委要统揽全局、把握方向，及时研究和解决劳动关系中的重大问题，把党政力量、群团力量、企业力量、社会力量统一起来，发挥人大监督、政协民主监督作用。各级政府要把构建和谐劳动关系纳入当地经济社会发展规划和政府目标责任考核体系，切实担负起定政策、作部署、抓落实的责任。各级人力资源社会保障等部门要认真做好调查研究、决策咨询、统筹协调、指导服务、检查督促和监察执法等工作。各级工会要积极反映职工群众呼声，依法维护职工权益，团结和凝聚广大职工建功立业。各级工商业联合会、企业联合会等企业代表组织要积极反映企业利益诉求，依法维护企业权益，教育和引导广大企业经营者主动承担社会责任。

（二十二）加强企业党、团、工会和企业代表组织建设。加强各类企业党建工作，重点在非公企业扩大党的组织，有3名以上正式党员、条件成熟的，要单独建立党组织；暂不具备单独组建条件的，要依托行业性协会、区域性商会、楼宇经营者、市场主办者、园区管理者和产业链的龙头企业联合组建党组织；联合党组织中具备单独组建条件的，要及时单独建立党组织。力争在2018年底前，实现党的组织对具备条件的非公企业全覆盖，三分之一以上非公企业党组织实现党建强、发展强的“双强”目标。坚持企业党建带群团建设，进一步加强非公企业团建工作，把驻晋的全国民营500强企业和山西省百强民营企业作为团建工作的重点，同时根据转方式、调结构的要求将非公企业团建工作积极向电商、物流、新媒体等新兴领域延伸和拓展。指导和支持企业党群组织探索适合企业特点的工作途径和方法，不断增强企业党群组织活力，充分发挥其在推动企业发展、凝聚职工群众、促进和谐稳定中的作用。加强基层工会联合会的规范化建设，尤其要抓好产业活动单位、农业企业、物流（快递）企业、家政服务企业以及网店等新业态的建会工作。突出抓好各类开发区（经济园区）和非公企业建会工作，把25人以上非公企业作为建会重点领域，对25人以下企业主要通过建立行业（区域）性基层工会联合会（联合基层工会）的形式进行覆盖。加强乡镇（街道）工会建设，大力推进符合条件的村（社区）规范建立工会组织，完善乡镇（街道）工会、村（社区）工会、企业工会“小三级”基层工会组织体系。充分发挥好工会与同级政府联席会议制度作用，加强与政府有关职能部门的沟通协调，推动形成齐抓共管合力。学习借鉴上海经验，探索安排部分公道正派、能力较强、有丰富党建和工会经验的机关事业单位国有企业已退休党员领导干部，自愿免费指导帮助民营企业开展党建和工会工作。加强基层企业代表组织建设，支持企业代表组织参与协调劳动关系，充分发挥企业代表组织对企业经营者的团结、服务、引导、教育作用。

（二十三）加强劳动关系工作能力建设。加强县级以上人力资源社会保障部门劳动关系工作，配备必要的工作力量。大力推进劳动关系协调工作进基层，完善乡镇（街道）、村（社区）的劳动关系工作职能，合理配置并整合劳动关系协调员、劳动争议调解员、劳动监察协管员队伍。加强劳动关系工作人员业务培训，提高队伍素质。各级政府要针对劳动关系队伍建设方面存在的问题，从力量配置、经费投入上给予支持，保障构建和谐劳动关系工作顺利开展。

（二十四）深入推进和谐劳动关系创建活动。把和谐劳动关系创建活动作为构建和谐劳动关系的重要载体，进一步完善和谐劳动关系单位的创建标准、评选办法和工作规程，切实做好和谐关系企业和工业园区的动态管理，提升构建和谐劳动关系工作的质量和水平。总结创建活动经验，扩大创建活动在广大企业特别是非公企业和中小企业的覆盖面，努力形成全方位、多层次的创建局面。按照相关规定，定期表彰和谐劳动关系先进单位，完善和落实支持激励政策。和谐劳动关系先进单位及其经营者在评选“五一劳动奖状（章）”“劳动模范”等荣誉时，在同等条件下优先推荐。

（二十五）加大构建和谐劳动关系宣传力度。充分利用新闻媒体、网站、微博、微信等，大力宣传构建和谐劳动关系的重大意义，宣传党和政府的方针政策和劳动保障法律法规，宣传构建和谐劳动关系取得的实际成效和工作经验，宣传企业关爱职工和职工奉献企业的先进典型，确保正确舆论导向，营造全社会共同关心、支持和参与构建和谐劳动关系的良好氛围。

中共山西省委　山西省人民政府
关于进一步加强城市规划建设管理工作的实施意见

晋发〔2016〕26号

（2016年8月23日）

为贯彻落实中共中央、国务院《关于进一步加强城市规划建设管理工作的若干意见》（中发〔2016〕6号），加强和改进我省城市规划建设管理工作，解决制约城市发展的突出矛盾和深层次问题，推进城市科学发展，提出如下实施意见。

一、重要意义

城市是经济社会发展和人民生产生活的重要载体，城市建设已成为现代化建设的重要引擎。把城市规划好、建设好、管理好，对促进以人为核心的新型城镇化发展，实现全面建成小康社会目标，不断塑造山西美好形象、逐步实现山西振兴崛起，具有十分重要的意义。改革开放以来，我省城市基础设施明显改善，公共服务水平不断提高，城市功能不断完善，综合承载能力得到较大提升，对于促进经济社会发展起到了重要的推动作用。但必须清醒看到，我省城市规划建设管理中还存在一些突出问题：整体规划前瞻性和科学性不高，缺乏科学的城市发展观；规划权威性和严肃性不强，行政命令干预城市规划、建设、管理的现象时有发生；基础设施水平不高，地下管线、管网、路网规模不足，结构不合理，配套不及时，不能满足城市发展需要；城市管理体制不顺，部门职责交叉，执法体制不适应城市管理需要，违法行为惩处力度不够，智慧化、数字化、精细化程度不高等等，严重制约了我省城市的可持续发展。各级党委、政府要深刻认识城市在经济社会发展、民生改善中的重要作用，切实增强做好城市规划建设管理工作的紧迫感和责任感，真正把城市工作放到经济社会发展的大格局、全面建成小康社会的大目标、贯彻落实五大发展理念的大进程中，尊重规律、创新理念、统筹推进，进一步做好我省城市规划建设管理各项工作。

二、总体要求

（一）指导思想。全面贯彻党的十八大和十八届三中、四中、五中全会及中央城镇化工作会议、中央城市工作会议精神，深入贯彻习近平总书记系列重要讲话精神，牢固树立并贯彻创新、协调、绿色、开放、共享的发展理念，坚持以人为本、科学发展、改革创新、依法治市，遵循城市发展规律，转变城市发展方式，提高城市治理能力，创新城市管理体制，着力解决“城市病”等突出问题，不断提升城市环境质量、人民生活水平和城市竞争力，努力打造一批富有活力、和谐宜居、具有山西特色的现代化城市，为实现山西振兴崛起目标提供有力支撑。

（二）总体目标。全面提高城市规划建设管理水平，深化城市领域改革，实现全省城镇化水平显著提升、城市空间布局进一步优化、城市发展质量不断提高、综合承载功能逐步完善、人居环境明显改观，建设幸福美好的共同家园。

三、强化城市规划引领

（三）提高规划科学性。创新规划理念，改进规划方法，把以人为本、尊重自然、传承历史、绿色低碳等理念融入城市规划全过程，增强规划对城市发展的战略引领和刚性调控作用。

坚持协调、开放发展理念，从区域、城乡整体的高度统筹城市发展。充分发挥我省承东启西的区位优势，对接京津冀、连通东中西，优化和完善“一核一圈三群”布局结构。加快太原、晋中同城化步伐，推进以太原都市区为核心的山西中部城市群建设，加快晋北城镇群与京津冀、晋南城镇群与关中城镇群、晋东南城镇群与中原城镇群的融合发展，形成内向集聚、外向开放的城镇体系格局。以市、县为单元，统筹城乡居民点和产业布局、基础设施和公共服务设施建设、生态环境和文化遗产保护。科学确定城市发展定位、发展规模与约束性指标，划定城市开发边界和生态红线，规划环城生态休闲区，引导人口、产业合理布局和设施共享，强化空间开发管制。省、市两级要进一步开展市县城乡总体规划试点，加强城乡总体规划与土地利用规划的衔接，推进两图合一和信息平台互联共享，实现一张蓝图干到底。有条件的城市可实行城乡规划管理和国土资源管理部门合一。

适应城市及产业转型发展要求，结合自然山水和文化遗产保护，调整优化城市用地布局和结构，完善城市功能，提升城市发展能力和人居环境。控制城市建设用地增量，盘活存量，保护基本农田，节约集约利用土地、水、能源等资源，建设绿色低碳城市。按照传承历史、体现地域特色的原则，逐步完善城乡地名标志体系。到2020年，市、县要完成新一版城镇体系规划和总体规划。加强城市规划管理人才培养，支持有条件的高等学校开设城市规划管理相关专业，鼓励高等学校设置城市规划管理专业方向，切实提高城市规划管理人才培养能力。

提高城镇控制性详细规划覆盖率，力争用2-3年时间实现全省县城以上城镇控规全覆盖。未编制控规的区域，不得进行建设。把美好宜居作为控规的重要目标，改变大量建设超高层住宅和容积率过高的状况。城市住宅建设要严格执行《城市居住区设计规范》规定的建筑密度和日照标准。创新控规编制方法，将控规编制单元与社区管理单元有机结合，大中城市可探索单元控规与地块控规分别编制，提高控规的可操作性。

（四）维护规划严肃性。强化规划法治意识，严格遵循城市规划制定和管理决策程序。城市规划修改必须严格执行法定条件和程序，不得通过下位规划改变上位规划。凡是违反规划的行为，都要严肃追究责任。

市、县全面推行城乡规划委员会和专家委员会制度。规划委员会的主要职责是协调区域城镇发展建设和跨部门涉及空间利用的规划，对重要规划和重大项目进行审查。专家委员会的技术审查是规划委员会、政府决策的重要环节和依据。凡是经规划委员会审查的重要规划和重大项目，必须经过专家委员会的技术审查。

强化规划监督与公开。建立和完善督察员制度，实现省对市、市对县规划督察全覆盖。总体规划审批机关要定期对规划实施情况组织第三方评估，市、县政府应当定期向同级人大常委会和规划审批机关报告规划实施情况。“十三五”期间建立省、市、县规划管理信息平台，并利用遥感监测等多种手段监督规划实施。严格执行规划公开公示制度，规划编制、实施及违法行为查处结果都要依法公开，提高公众参与度，让人民群众监督规划的实施。

加大违法建设治理力度。坚持疏堵结合、拆改结合、拆控并举，开展违法建设专项治理行动。利用5年左右的时间，全面清查并处理建成区违法建设。各地要摸清底数、界定范围，明确责任、分类处置，建立定期检查、日常巡查等长效机制，巩固治违成果，坚决遏制违法建设增量。

四、塑造城市特色风貌

（五）积极推进城市设计。城市设计是落实城市规划、指导建筑设计、塑造城市特色风貌的有效手段。加强总体城市设计工作，处理好用地布局和自然环境的关系、历史文化遗产保护和新区建设的关系，塑造城市特色风貌，体现地域特征。实施修补的老城区和集中开发建设的新区等重点片区要做好城市设计,城市设计的成果要纳入总体规划和控制性详细规划，并作为规划条件。制定我省城市设计导则和编制审批办法，培育城市设计和建筑师队伍。

（六）保护城市传统风貌。制定《山西省历史文化遗产保护条例》，加强对历史文化名城、街区和历史建筑等的保护。继续做好国家历史文化名城、中国历史文化街区的申报和省级历史文化名城、街区的公布工作。利用5年时间，完成全省所有城市历史文化街区、特色风貌区划定和历史建筑的普查、认定、挂牌和建档工作。

注重保护历史文化名城和街区的整体性格局和风貌，严格保护文物保护单位和历史建筑，完善基础设施和公共服务设施，改善人居环境。各级政府要切实担负起历史文化遗产保护的主体责任。探索建立社会多元参与的历史文化遗产保护机制，鼓励社会资本参与历史文化遗产保护。

对未公布为历史文化名城、街区的老城区，要通过有序实施城市修补和有机更新，保护传统空间肌理和风貌，保护特色街巷和历史记忆空间。维护加固老建筑、改造利用旧工业建筑与公共建筑，完善基础设施，提升公共服务水平，恢复老城区活力。

（七）提高建筑设计水平。贯彻“适用、经济、绿色、美观”的建筑方针，提高建筑设计水平。建筑设计方案在形体、体量、色彩、高度等方面要符合城市设计和控制性详细规划要求。提倡开展建筑群体城市设计和利用三维技术研究、审查建筑方案，使单体建筑与相邻建筑及周边环境相协调，使当地文化特色和建筑风格等“基因”得以延续和发扬。对城市重要地段的建筑和重要公共建筑要进行多方案比选。建立大型公共建筑工程后评估制度。完善建筑设计招投标决策机制，提高我省建筑市场的开放度，鼓励国内外建筑设计企业充分竞争，使优秀作品能够脱颖而出。

五、提升城市建筑水平

（八）推动工程质量责任落实。完善工程质量和安全生产管理制度，提高工程建设品质，落实建设、勘察、设计、施工、监理、图审、检测等七方主体质量安全责任，严格执行质量安全责任终身追究制度。强化政府对工程建设全过程的质量监管，加强施工单位自控、监理单位把关、检测机构验证、质监机构监督“四位一体”质量管控，规范参建单位质量行为，确保工程实体质量受控。加强职业道德规范和技能培训，建立注册人员执业信用评价制度，落实建筑施工专职质量管理人员考核任职制度，强化施工现场关键岗位人员教育培训，提高从业人员素质。深化建设项目组织实施方式改革，推广工程总承包制，在政府投资的房屋建筑和市政工程中开展设计、采购、施工、试运行一体化的工程总承包模式试点，提升工程质量和建设效率。加强建筑市场监管，严格执行建筑市场监督执法检查制度，加大对建筑工程转包、违法分包等违法违规行为的查处和曝光力度。推进建筑市场诚信体系建设，健全建筑市场信用管理和诚信评价制度，完善全省建筑市场监管与诚信信息平台。实行施工企业银行保函和工程质量责任保险制度，探索工程质量责任险逐步替代质量保证金的履约模式，开展大型公共建筑、地铁等政府工程投保重大工程保险试点工作，建立大型工程技术风险控制机制，鼓励用市场化手段促进企业持续改进和提高工程质量。

（九）加强建筑安全监管。落实企业安全生产主体责任和政府部门监管责任。实施工程全生命周期风险管理，重点抓好房屋建筑、城市桥梁、建筑幕墙、斜坡（高切坡）、隧道（地铁）、地下管线等工程运行使用的安全监管，做好质量安全鉴定和抗震加固管理，建立安全预警及应急控制机制。加强对既有建筑改扩建、装饰装修、工程加固的质量安全监管，严禁擅自变动房屋主体和承重结构等装修行为，督促房屋产权人对疑似存在安全隐患的房屋及时委托安全鉴定机构进行鉴定，加快建立房屋安全管理档案。全面排查城市老旧建筑安全隐患，采取有力措施限期整改，严防发生垮塌等重大事故，保障人民群众生命财产安全。研究制定危险房屋纳入棚户区改造的具体办法，明确工作程序和享受的优惠政策。完善老旧建筑安全管理相关法规制度，落实各方责任，逐步形成房屋产权人、使用人、物业、社区、街道、房屋管理部门等协调联动的管理机制。

（十）推广新型建造方式。大力发展装配式建筑，提高建筑工程科技水平，通过标准化设计、工厂化生产、装配化施工、一体化装修、信息化管理和智能化应用，实现建筑节能和绿色环保，减少建筑垃圾和扬尘污染，提升工程质量和建筑品质。组建省级装配式建筑技术研究中心，开展装配式建筑技术推广应用技术研究，制定装配式建筑设计、施工、验收和维护等地方标准规范。完善部品部件标准，实现建筑部品部件工厂化生产。鼓励建筑企业装配式施工，实施现场装配。加大政策支持力度，在土地出让时明确将装配式建筑建设比例纳入土地出让条件，鼓励金融机构加大对装配式建筑企业信贷支持力度，引导社会资本采用PPP模式参与装配式建筑生产基地建设。培育发展装配式建筑生产基地、示范项目和产业联盟，实现建筑产业集聚集约发展。新建政府投资工程和保障性安居工程率先采用装配式建造，鼓励房地产开发企业建设装配式住宅小区，力争用10年左右时间，使装配式建筑占新建建筑的比例达到30%。积极推广钢结构建筑，在政府投资的公共建筑、市政桥梁和保障性住房等项目倡导发展钢结构建筑。

六、加快节能城市建设

（十一）推广建筑节能技术。全面执行新建建筑65%节能标准，逐步推行新建建筑75%节能标准，积极开展超低能耗、近零能耗建筑和被动房建设试点。开展促进绿色建材生产和应用行动。到2018年，绿色建材生产比重明显提升，发展质量明显改善。重点做好保障性住房、政府投资公益性建筑和大型公共建筑等强制执行绿色建筑标准工作。推动绿色建筑集中示范区建设，示范区内新建建筑要全部按照绿色建筑标准进行规划、设计、施工、运行。各有关部门要积极出台支持绿色建筑发展的激励政策，通过财政激励、容积率奖励、减免配套费等多种措施，不断扩大绿色建筑标准的强制执行范围，到2020年，全省城镇绿色建筑占新建建筑比重达到50%以上。鼓励在绿色建筑集中示范区、低碳生态城（镇）、绿色重点小城镇建设中，将可再生能源建筑应用比例作为约束性指标，实施集中连片推广。扩大地源热泵、水源热泵、太阳能发电等成熟技术应用范围，继续在12层以下建筑和高层建筑逆12层，强制推广太阳能光热系统。大力推进工业余热、深层地热等技术的推广应用。深入开展建筑能耗统计、能源审计工作，建立城市建筑能耗监测平台，选择高耗能和典型建筑开展能耗实时监测，有序开展建筑能耗定额标准编制和实施。

（十二）实施城市节能工程。加快取缔城中村燃煤和排放不达标区域小锅炉，推广运用安全性好、经济性佳的电气混合锅炉和蓄热式电锅炉，建设一批清洁高效环保的城市热源，大幅提升集中供热普及率。推进集中供热企业技术升级，优化运营管理和服务质量，引入先进科技和手段，大幅提高供热系统效能。加大供热分户计量改造，新建建筑和完成既有建筑节能改造的必须实行按用热计量计价收费。推进城市照明节能工程，全面淘汰国家规定的高能耗、低能效照明产品，推广运用绿色、节能、高效的城市照明系统，强化城市照明自动化管理，鼓励采取合同能源管理模式，提高能源使用效率。积极推广老旧小区“三改、三提升”更新改造模式，推进既有居住建筑节能改造区域化、集成化、绿色化。各级财政要对既有建筑节能改造在资金安排上给予一定的倾斜，市县要创新投入方式，通过PPP模式筹集资金，完成下达的既有建筑节能改造任务。

七、健全城市公共服务体系

（十三）加快推进棚改安居。深化城镇住房制度改革，完善城镇住房保障制度，积极构建符合省情的住房保障和供应体系，满足居民多层次住房需求。坚持科学规划、分步实施、政府主导、市场运作的原则，稳步实施城镇棚户区和城中村改造，有序推进老旧住宅小区综合整治、危房和非成套住房改造，充分考虑居民就业、就医、就学和出行等需要，同步配套建设市政基础设施和公共服务设施。加快棚户区改造建设步伐，进一步完善政府购买棚改服务等方面政策措施，落实好税费减免政策。全面推进棚改货币化安置工作，落实好货币化安置比例不低于50%的目标要求。合理优化土地、立项、环评、规划、施工等环节审批流程，简化办事程序，缩短审批时限，提高审批效率。创新棚户区改造体制机制，全面实施政府购买棚改服务，推广PPP模式，构建多元化棚改实施主体，用好用足国开行、农发行等开发性金融的支持政策，力争到2017年底基本消除现有城镇棚户区，到2020年底基本完成现有的城中村和危房改造。同时，要加快公共租赁住房入住分配，确定公共租赁住房保障标准，将符合条件的外来务工人员纳入保障范围，健全准入和退出机制，加强运营监督和管理，确保分配公开公平公正。

（十四）推进地下综合管廊建设。城市新区、各类园区、成片开发区域新建道路必须同步建设地下综合管廊，老城区要结合旧城改造、地铁建设、管网更新、河道治理、地下空间开发、棚户区改造等，统筹逐步推进地下综合管廊建设。各市要抓紧编制地下综合管廊建设专项规划，建立健全项目库，明确五年项目滚动规划，并组织制定和实施年度建设计划。对于建有地下综合管廊的区域，各类管线必须入廊。管廊实行有偿使用，各市要结合实际，制定出台收费办法和管理制度，建立合理的收费、维护和运营机制，保障正常运行。用足用好国家开发性、政策性金融支持政策，鼓励社会资本投资建设和运营地下综合管廊。开展全省城市地下综合管廊试点工作，太原市和山西科技创新城等一批地下综合管廊项目要率先开工建设。到2020年，全省建成一批具有先进水平的地下综合管廊并投入运行，初步建立干线管廊、支线管廊和缆线管廊协调发展的格局。

（十五）完善城市道路系统。制定城市综合交通规划，充分考虑城市交通需求，开展交通运行情况分析，合理确定特定时期城市交通管理方案，建设快速路、主次干路和支路级配合理的道路网系统。控制道路宽度，加大道路网密度，加强道路微循环建设，打通“断头路”，提高城市道路畅通度。到2020年，城市建成区平均路网密度提高到8公里/平方公里，道路面积率达到15%。在城市建设项目（包含旧城区改造、公私建筑、停车场、道路、花园等）规划、验收时，引入交通影响评价机制，严格审验流程，充分考虑项目周边道路的承载能力，做到项目建设、使用与周边道路的承载力相匹配。道路建设要为自行车和步行留足空间，结合绿道、步行道等构建慢行系统。合理组织街区内部交通，减少机动车对居民生活的影响，有条件的街区可实行人车分离。新建住宅要推广街区制，原则上不再建设封闭住宅小区。新建大型公共服务建筑，要根据步行交通需求，设计专门的人行通道。加强城市静态交通设施建设，提高建设项目停车位配比。创新静态交通设施投资建设、运营管理、收益分配政策措施，鼓励社会资本参与，逐步缓解停车难问题。

（十六）大力发展公共交通。完善城市快速交通体系，加快公交专用道、公交首末站、公交停靠站和优先通行信号系统建设，保障公交车辆优先通行。加快公交运能增长，拓展公交线网，推进城市公交优先发展。加强城市综合交通枢纽及大型建设项目公共客运配套设施的规划建设，实现城市公共交通、出租汽车与火车站、长途汽车站、机场的顺畅衔接、便捷换乘。重点加快推进太原市地铁、太原晋中城际铁路等轨道交通建设。引入市场竞争机制，改革公共交通建设管理运营体制，创新公共交通重要节点、换乘点地上地下综合开发利用机制，鼓励社会资本参与公共交通建设和运营，增强公共交通运力。做好出租汽车港湾式停靠站点及综合服务区规划建设工作。推行城市公共自行车系统建设，大幅提高公共自行车服务城市的比例。到2020年，全省城市实现中心城区公交站点500米内全覆盖；初步建成适应全面建成小康社会需求的现代化城市公共交通体系。

（十七）完善公共服务设施。加强教育、医疗卫生等公共服务设施规划，合理确定公共服务设施建设标准，完善公共服务设施网络体系。加强社区公共服务设施和场所建设，按照规划配套建设中小学、幼儿园、超市、菜市场、社区养老、医疗卫生、文化服务等设施，大力推进无障碍设施建设。合理规划建设绿地、广场等公共活动空间及停车场、充电桩等设施。引导居民参与社区规划建设及治理，建设绿色、宜居、和谐社区。按照城市居民出行“300米见绿、500米见园”的要求，通过拆墙透绿、拆违建绿等措施，大幅增加城市中心区、老城区的街头绿地、小游园和公园绿地面积，提高公园绿地服务半径覆盖率，强化绿地服务居民日常活动的功能。加强植物园、动物园等专类公园建设。结合老旧公园提升改造，完善绿地功能，建设功能完善的防灾避险公园，打造精品公园。城市公园原则上要免费向居民开放。按照新型城镇化要求，深化户籍制度改革，促进农业转移人口市民化，积极推进城镇基本公共服务常住人口全覆盖，推进在城镇稳定就业和生活的农业转移人口在住房、教育、文化、医疗卫生、证照办理服务等方面与城镇居民享有同等权利和义务。

（十八）保障城市运行安全。加强市政基础设施建设，实施地下管网改造工程，全面改造超期服役和存在安全隐患的水气热等市政管网，消除“跑冒滴漏”。提高城市排涝系统建设标准，加快实施改造，消除城市易涝点。建立城市备用饮用水水源地，确保饮水安全。单一水源供水的设区城市要于2020年底前基本完成备用水源或应急水源建设。提高城市综合防灾和安全设施建设配置标准，加大建设投入力度，加强设施运行管理。强化公共消防安全监管，大力开展消防安全隐患排查整治，夯实城市公共消防安全基础。加强地震监测预报、震害防御和工程抗震设防监管，提高综合防范能力。健全城市抗震、防洪、排涝、消防、交通、应对地质灾害应急指挥体系，完善生命通道系统，加强城市防灾避难场所建设，增强抵御自然灾害、处置突发事件和危机管理能力。强化城市安全监管，完善应急管理体制机制和政策措施，做好突发公共事件应急处置。建立专业化、职业化的应急救援队伍，提升社会治安综合治理水平，形成全天候、系统性、现代化的城市安全保障体系。完善各类突发事件应急预案，定期开展抢险救援演练，构建快速有效的应急管理体系。

八、推进城市绿色发展

（十九）开展海绵城市建设。城市新区、各类园区、成片开发区域和旧城改造要全面落实海绵城市建设要求。各市要开展海绵城市建设排查摸底工作，制定专项规划和工作方案，建立项目储备制度，编制五年项目滚动规划与年度实施计划，全面推进海绵城市相关基础设施建设。加强城市水环境综合整治，发挥水体调蓄功能；优化城市公园绿地与广场建设，增强雨水渗透吸纳能力。改善城市道路排水，有效削减雨水径流；建设建筑与小区海绵体，促进雨水资源化利用；加快排水管网雨污分流改造，提高城市排水能力。到2020年，全省设市城市建成区20%以上的面积达到海绵城市要求，有效解决“逢雨必涝”“城市看海”等问题。

（二十）加强城市自然生态建设。制定并实施生态修复工作方案，有计划有步骤地修复被破坏的山体、河流、湿地、植被，积极推进采矿废弃地修复和再利用，治理污染土地，恢复城市自然生态。进一步优化城镇绿化布局，全面提升园林绿地综合功能，实现城市空间拓展与园林绿化同步推进。根据城市自然环境和基础条件，积极推进绿道、绿廊等建设，构建居民休闲休憩绿道网，实现城市内外绿地连接贯通，将生态要素引入市区。积极推进国家、省级森林城市创建工作，早日实现“让森林走进城市、让城市拥抱森林”的森林城市目标。按照“拓展城市外延、丰富城市内涵、提升城市品位、愉悦市民心情”的思路，加快推进全省城市外围绿带建设，每个市都要高标准、高品质打造城郊森林公园，努力构建城市外围城乡一体、协调发展的绿色生态圈。发展屋顶绿化、立体绿化等节约型绿地建设。加大古树名木保护力度。以创建园林城市为抓手，积极推进园林城市、国家生态园林城市创建，实现城市生态环境的整体提升。到2020年，全省城市人均公园绿地面积达到13平方米，城市绿地率达到37%。

（二十一）加大城市污水大气治理力度。强化城市污水治理，加快城市污水处理设施建设与改造，全面加强配套管网建设，提高城市污水收集处理能力。到2017年，太原市建成区基本实现污水全收集、全处理；到2020年，其他设区城市建成区力争实现污水全收集、全处理，全省设市城市再生水利用率平均达到25%以上。以强化城中村、老旧城区和城乡结合部污水截流、收集为重点，抓紧完成城市黑臭水体排查，制定实施整治计划，扎实推进城市黑臭水体整治工作。到2020年，全省设市城市建成区黑臭水体控制在10%以内。以中水洁厕为突破口，不断提高污水利用率。设区城市和有条件的县（市）要在主要街道规划建设中水管网、泵站等设施，逐步建成完善的中水供水系统。新建住房和单体建筑面积超过2万平方米的新建公共建筑应当安装建筑中水设施，老旧住房逐步实施中水利用改造。培育以经营中水业务为主的水务公司，形成合理的中水回用价格，鼓励按市场化方式经营中水。城市工业生产、道路清扫、车辆冲洗、绿化浇灌、生态景观等生产和生态用水要优先使用中水。

加大大气污染防治力度。按照国家关于大气污染防治考核办法及考核细则有关要求，认真组织各年度大气污染防治行动计划实施情况考核工作，强化奖惩问责。进一步加大电力、钢铁、水泥等重点行业二氧化硫、氮氧化物、烟粉尘减排工作力度，减少主要大气污染物的排放。对于位于城市建成区范围内且暂未纳入搬迁改造计划的重污染企业，各市要组织相关部门对该企业厂区及周边区域实施环境综合整治，制定工作方案，限期解决固定源排放以及物料运输扬尘污染等问题。进一步加大城市建成区燃煤锅炉污染控制，11个设区市城市建成区2016年全部淘汰10蒸吨/小时及以下燃煤锅炉、茶浴炉。加快淘汰黄标车，2016年底前全面完成全省黄标车淘汰任务。进一步强化施工工地扬尘污染控制，减少扬尘污染。按期供应国五标准车用汽柴油。到2020年，全省城市空气质量明显好转，重污染天气进一步减少，全省细颗粒物浓度比2015年下降20%左右。

（二十二）提升垃圾综合治理能力。建立政府、社区、企业和居民协调机制，通过分类投放收集、综合循环利用，促进垃圾减量化、资源化、无害化。加强垃圾处理设施建设，统筹城乡垃圾处理处置，推广焚烧发电、生物处理等综合利用处理工艺。加快太原、大同、晋中等城市生活垃圾分类和餐厨垃圾处理体系建设。强化城市保洁工作，完善垃圾收运网络。推进垃圾收运处理企业化、市场化，促进垃圾清运体系与再生资源回收体系对接。通过限制过度包装，减少一次性制品使用，推广使用燃气、太阳能等清洁能源，推行“净菜入城”等措施，从源头上减少垃圾产生。利用新技术、新设备，推广厨余垃圾家庭粉碎处理。完善激励机制和政策。到2020年，基本建立餐厨废弃物、建筑垃圾回收和再生利用体系，垃圾回收利用率达到35%以上。

九、创新城市治理方式

（二十三）推进城市治理法治建设。适应城市规划建设管理新形势和新要求，结合本地实际，狠抓覆盖城市规划建设管理全过程的地方法规规章立、改、废、释等配套工作。健全重大行政决策、法律顾问咨询、行政处罚裁量基准等制度，坚决杜绝领导干部干预规划建设管理及执法人员滥用自由裁量权的现象。加强行政执法监督，严厉惩处违法行为，强化责任追究，加大惩处力度，提高违法成本，积极推动城乡规划法律法规与党内法律法规及刑法的衔接，有效遏止规划违法行为的发生。

（二十四）推进城市执法体制改革。以理顺城市管理体制、全面推进城市综合执法为主要任务，制定符合我省省情、操作性强的实施意见。明确省级城市管理主管部门，科学划分城市管理部门与相关行政主管部门的工作职责。按照“执法重心下移”和“执法事项属地化管理”原则，指导各市、县（市、区）科学设置机构，强化队伍建设，完善配套制度，全面推进城市管理综合执法。建立数字化城市管理平台，全面提升城市管理和公共服务水平。到2017年底，完成全省城市管理领域的机构综合设置。力争在2020年形成地方法规、政府规章和标准基本完善，执法体制基本理顺，机构队伍建设明显加强，保障机制初步形成的城市管理综合执法工作新格局。

（二十五）健全城市治理机制。吸引社会力量和社会资本参与城市管理，鼓励各地通过政府和社会资本合作等方式，推进城市市政基础设施、市政公用事业、公共交通、便民服务设施等的市场化运营。推进网格管理，建立各级管理网络，将城市管理、社会管理和公共服务事项纳入网格化管理，明确网格管理对象、管理标准和责任人，实施常态化、精细化、制度化管理。发挥社区作用，加强社区服务型党组织建设，增强社区自治功能，培育社区社会组织，促进居民自治管理。畅通社会组织、市场中介机构和公民法人有序参与城市治理的渠道，形成多元共治、良性互动的城市治理模式。

（二十六）开展智慧城市创建工作。加快建设宽带、融合、安全、泛在的新一代信息基础设施和公共平台、数据库，依托政府数据统一共享交换平台，加快推进跨部门数据资源共享共用，推进数字城管、智慧管网、智能建筑、智慧医疗、智慧社保、智慧交通、智慧教育、智慧旅游、智慧社区等重点业务应用，强化重要信息系统和数据资源保护，提高网络治理能力，保障信息安全，提高宏观调控、市场监管、社会治理和公共服务精准性、有效性。太原、阳泉等10个国家智慧城市试点城市（县、区）政府要统筹协调相关部门加大智慧城市创建工作力度，没有被列入试点的其他市（县、区）也要积极学习、借鉴试点市（县、区）工作经验，参照国家智慧城市创建标准，研究制定智慧城市创建方案，并积极推进。各市要积极培育壮大智慧城市产业，利用智慧城市建设带来的巨大应用和服务需求，汇聚和发展云计算、物联网、大数据处理等信息技术产业，以及咨询、创意、教育培训、金融等智慧配套产业。到2020年，10个国家智慧城市试点城市（县、区）创建工作取得显著成效。

（二十七）提升市民文明素养。以文明城市创建为抓手，广泛开展城市文明主题宣传教育，大力推动社会主义核心价值观落地生根，不断提升市民的社会公德、职业道德、个人品德和家庭美德。全面发挥各级党组织和工会、共青团、妇联等群团组织的作用，积极引导新市民接受城市生活文明和生活方式的教育和培训，弘扬中华传统美德，促进新市民融入城市。将公约引导、信用约束、法律规制相结合，规范市民行为，持续推进诚信建设制度化、规范化。

十、全面抓好贯彻落实

（二十八）加强组织领导。各级党委、政府要总揽全局、统筹兼顾，将城市规划建设管理工作列入重要议事日程，主要领导亲自抓、分管领导具体抓，相关部门协同联动，形成党委统一领导、党政齐抓共管的城市工作格局。各地要围绕中央、省提出的总体目标，科学制订城市发展规划，明确城市规划建设管理的目标任务、重点工作和推进措施，集中力量突破重点难点问题。

（二十九）明确工作责任。各级党委、政府要进一步明确城市规划建设管理各项工作的责任单位，落实工作任务，把城市工作纳入经济社会发展综合评价体系和领导干部政绩考核体系，建立考核评价监督问责机制，层层传导压力，督促各地各部门抓好工作落实。

各地各部门要认真贯彻落实本意见精神，结合实际，制定具体实施方案，列出任务书、时间表、路线图，确保各项政策措施落到实处。省委、省政府将适时对贯彻落实情况进行监督检查。

中共山西省委　山西省人民政府 转发《关于在全省开展法治宣传教育的第七个五年规划（2016—2020年）》的通知

晋发〔2016〕27号

各市、县委，各市、县人民政府，省委各部委，省直各委、办、厅、局，各人民团体：

省委宣传部、省司法厅、省普法依法治理办公室拟定的《关于在全省开展法治宣传教育的第七个五年规划（2016—2020年）》（以下简称“七五”普法规划）已经省委、省政府同意，现转发给你们，请结合实际认真组织实施。

中共山西省委
山西省人民政府
2016年8月24日

关于在全省开展法治宣传教育的第七个五年规划（2016—2020年）

省委宣传部　省司法厅　省普法依法治理办公室

2016至2020年，是我国全面建成小康社会、基本建成法治政府的关键阶段，也是山西全面深化改革、推进国家资源型经济转型综合配套改革的攻坚阶段。组织开展全省第七个五年法治宣传教育工作，增强全体公民的法治观念、法治意识和全体党员的党纪党规意识，对于实现“塑造山西美好形象、实现山西振兴崛起”目标，服务山西“十三五”时期经济社会发展具有十分重要的意义。为做好第七个五年法治宣传教育工作，根据中共中央、国务院转发的《中央宣传部、司法部关于在公民中开展法治宣传教育的第七个五年规划（2016—2020年）》》（中发〔2016〕11号），结合我省实际，制定本规划。

一、总体要求

（一）指导思想。高举中国特色社会主义伟大旗帜，全面贯彻党的十八大和十八届三中、四中、五中全会精神，以马克思列宁主义、毛泽东思想、邓小平理论、“三个代表”重要思想、科学发展观为指导，深入贯彻习近平总书记系列重要讲话精神，统筹推进“五位一体”总体布局，协调推进“四个全面”战略布局，坚持创新、协调、绿色、开放、共享的发展理念，深入开展法治宣传教育，大力推进依法治理，坚决维护宪法法律权威，依法维护人民权益，维护社会和谐稳定，为“塑造山西美好形象、实现山西振兴崛起”营造良好法治环境。

（二）主要目标。坚持领导带头、服务群众、创新发展、注重实效的原则，扎实开展法治宣传教育工作，实现普法宣传教育机制进一步健全，法治宣传教育实效性进一步增强，依法治理进一步深化，领导干部运用法治思维和法治方式的能力明显提高，全民法治观念和全体党员党章党规意识明显增强，全社会厉行法治的积极性和主动性明显提高，守法光荣、违法可耻的社会氛围基本形成。

二、主要任务

（一）深入学习宣传党中央关于全面推进依法治国的重要理论。深入学习宣传习近平总书记关于全面依法治国的重要论述，宣传科学立法、严格执法、公正司法、全民守法的生动实践，使全社会了解和掌握全面依法治国的重大意义和总体要求。

（二）深入学习宣传以宪法为核心的中国特色社会主义法律体系。突出学习宣传宪法。坚持把学习宣传宪法摆在首要位置，在全社会普遍开展宪法教育，弘扬宪法精神，树立宪法权威。深入宣传依宪治国、依宪执政等理念，宣传党的领导是宪法实施的最根本保证，宣传宪法确立的国家根本制度、根本任务和我国的国体、政体，宣传公民的基本权利和义务等宪法基本内容，宣传宪法实施的重大意义。严格落实宪法宣誓制度，认真组织开展“12·4”国家宪法日集中宣传活动，推动宪法家喻户晓、深入人心，提高全体公民特别是各级领导干部和国家机关工作人员的宪法意识，教育引导一切组织和个人都必须以宪法为根本活动准则，增强宪法观念，坚决维护宪法尊严。

深入宣传中国特色社会主义法律体系。在按照全国“七五”普法规划大力宣传宪法相关法、民法商法、行政法、经济法、社会法、刑法、诉讼与非诉讼程序法等多个法律部门的法律法规的基础上，结合山西实际，强化宣传促进创新、协调、绿色、开放、共享发展的法律法规规章。强化宣传推进党风廉政建设和反腐败斗争、推动经济稳步向好的法律法规规章。强化宣传促进国家资源型经济转型综合配套改革试验区建设的法律法规规章。强化宣传促进环境保护、资源能源节约利用的法律法规规章。强化宣传促进婚姻和谐家庭和睦的法律法规。

（三）深入学习宣传党内法规。突出宣传党章，教育引导广大党员尊崇党章，以党章为根本遵循，坚决维护党章权威。大力宣传《中国共产党廉洁自律准则》《中国共产党纪律处分条例》《中国共产党问责条例》等各项党内法规，注重党内法规宣传与国家法律宣传的衔接和协调。坚持纪在法前、纪严于法，把纪律和规矩挺在前面，教育引导广大党员增强党规党纪意识，严守政治纪律和政治规矩，在廉洁自律上追求高标准，做党章党规党纪和国家法律的自觉尊崇者、模范遵守者、坚定捍卫者。

（四）推进社会主义法治文化建设。不断挖掘山西传统文化优势，自觉继承和弘扬“奉法国强”“令出惟行”“法不阿贵”“亲疏如一”“法与时宜”等三晋优秀法治文化，充分发挥法治文化在推动山西经济社会发展中的筑基铸魂作用。加强法治文化阵地建设，建立法治文化教育基地，因地制宜建设法治宣传橱窗、法治广场、法治公园，有条件的地方要建设宪法法律教育中心和法治实践基地。在政府机关、社会服务机构的服务大厅和服务窗口增加法治宣传教育功能。积极运用公共活动场所各类电子显示屏等设备，多角度宣传法律法规、传播法治资讯、解读法治热点事件、引导法治舆论。鼓励各类文化团体、组织和个人开展法治文艺创作，加强法治影视剧、法治动漫、法治公益广告、法治书画等法治文化产品的创作和推广。广泛开展群众性法治文化活动，将法治文化融入地方文化、行业文化、企业文化。发挥乡村、社区宣传文化骨干、民间艺人、文化能人的作用，深入开展法治文艺进乡村、进社区活动，推动群众性法治文化活动经常化、常态化。

（五）推进多层次多领域依法治理。深入开展多层次多形式法治创建活动，形成以法治县（市、区）创建活动为引领，以行业法治创建为支撑，以民主法治示范村（社区）、依法治理示范单位、诚信经营企业（商户）等基层法治创建为基础的法治创建活动体系，提高社会治理法治化水平。发挥行业规章、团体章程等社会规范在社会治理中的积极作用，支持行业协会商会类社会组织发挥行业自律和专业服务功能，强化社会组织对其成员的行为导引、规则约束、权益维护作用。

（六）推进法治教育与道德教育相结合。坚持依法治国和以德治国相结合，以法治体现道德理念，以道德滋养法治精神，促进实现法律和道德相辅相成、法治和德治相得益彰。大力弘扬社会主义核心价值观，弘扬中华传统美德，培育社会公德、职业道德、家庭美德、个人品德，为促进我省经济社会发展创造良好人文环境。强化规则意识，倡导契约精神，弘扬公序良俗，引导人们自觉履行法定义务、社会责任、家庭责任。建立健全公民和组织守法信用记录，完善守法诚信褒奖机制和违法失信惩戒机制。

三、对象和要求

法治宣传教育的对象是一切有接受教育能力的公民。结合山西实际，在做好全民法治宣传教育的基础上，重点加强对领导干部、青少年和基层群众的法治宣传教育。

（一）加强领导干部法治宣传教育。健全和落实各级党委（党组）中心组集体学法、领导干部任前法律考试、国家工作人员在线法治学习培训等制度。把宪法法律列为各级党校、行政学院、社会主义学院必修课，充分发挥领导干部在学法、守法、用法、护法方面的示范表率作用。把法治教育纳入干部教育培训总体规划，纳入国家工作人员初任培训、任职培训的必训内容，在其他各类培训课程中融入法治教育内容，保证法治培训课时数量和培训质量，切实提高领导干部运用法治思维和法治方式深化改革、推动发展、化解矛盾、维护稳定的能力。把尊法学法守法用法情况作为考核领导班子和领导干部的重要内容。把法治观念强不强、法治素养好不好作为衡量干部德才的重要标准，把能不能遵守法律、依法办事作为干部年度考核和任用考察时的重要内容。健全重大决策合法性审查机制，积极推行法律顾问制度，各级党政机关和人民团体普遍设立公职律师，企业可设立公司律师。

（二）加强青少年法治宣传教育。强化对中小学生的法治教育，将法治教育纳入国民教育体系，在中小学设立法治知识课程，确保课时、教材、师资、经费“四落实”，在中考中增加法治知识内容，引导青少年牢固树立爱国守法意识。强化对高等院校学生的法治教育，增强其法治观念和参与法治实践的能力。强化学校、家庭、社会“三位一体”的青少年法治教育格局，加强青少年法治教育实践基地建设和网络建设。开展法治宣讲、以案释法和主题知识竞赛、演讲比赛、模拟法庭等多种形式的校园法治文化、法治教育主题活动。在开学第一课、毕业仪式中有机融入法治教育内容。将法治教育纳入中小学教师培训计划，加强法治课教师、分管法治教育副校长、法治辅导员培训。各级党政机关、群团组织应将青少年法治教育纳入本单位普法工作内容，积极协助教育部门及学校开展青少年法治教育实践活动。

（三）加强基层群众法治宣传教育。加强村（居委会）干部法治培训，把法治学习列为村（居委会）党员培训的重要内容，着力提高村（居委会）干部和党员法律素质，使他们成为学法用法的带头人和基层民主法治建设的践行者。加强基层法治宣传队伍建设，积极发展“大学生村官”担任法治宣传员。大力开展“法治进乡村、进社区”活动，组织法治宣传员、志愿者、律师、人民调解员、法律服务工作者以及执法司法人员等，定期面向基层群众开展法治宣讲、释法咨询活动。进一步完善一村（社区）一法律顾问制度，充分发挥法律顾问的法治宣传优势。

四、工作措施

（一）建立完善法治宣传教育制度体系。坚持普法依法治理领导小组会议制度，每年召开一次领导小组会议，每半年召开一次领导小组办公室主任会议。坚持党委（党组）中心组学法制度，强化领导干部这一“关键少数”的法治意识。坚持领导班子和领导干部年度述法制度，促进领导干部自觉将学法与用法密切结合。坚持普法考试制度，不断提高法治宣传教育的实效性。坚持普法讲师团制度，为法治宣传教育工作提供师资保证。坚持法治宣传教育年度目标责任考核制度，充分发挥考核“杠杆”作用。坚持普法骨干培训制度，不断提高普法骨干的能力与水平。坚持法治报告会制度，省市县三级每年举办两次不同主题的法治报告会。

（二）健全普法责任制。加快法治宣传教育工作立法步伐，严格落实“谁执法谁普法”责任制。建立法官、检察官、行政执法人员、律师以案释法制度，在执法司法实践中广泛开展以案释法和警示教育，使案件审判、行政执法、纠纷调解和法律服务的过程成为向群众弘扬法治精神的过程。加强司法、行政执法案例整理编辑工作，推动相关部门面向社会公众发布司法、行政执法典型案例。落实“谁主管谁负责”的普法责任，各行业、各单位要在管理、服务过程中，积极主动开展法治宣传教育。各级宣传部门要积极推动公益普法制度的落实，引导各类媒体自觉履行普法责任，在重要版面、重要时段开辟法治专栏、开办法治专题节目、刊播普法公益广告、开设法治讲堂，针对社会热点和典型案（事）例开展及时权威的法律解读，积极引导社会法治风尚。各级文联、作协要组织挖掘三晋优秀法治文化，不断创作法治题材的文艺作品。各级党组织要切实履行学习宣传党内法规的职责，把党内法规作为学习型党组织建设的重要内容。

（三）推进法治宣传教育工作创新。创新工作理念，坚持服务党委和政府中心工作、服务人民群众生产生活，开展法治宣传效果评价，增强法治宣传教育工作的针对性和实效性。创新工作方式方法，坚持集中法治宣传教育与经常性法治宣传教育相结合，深化法律进机关、进乡村、进社区、进学校、进企业、进单位的“法律六进”主题活动。创新载体阵地建设，创办法治宣传教育刊物，加强普法网站和普法网络集群建设，坚持运用传统载体和新媒体及时宣传我省普法工作。

五、组织领导

（一）加强组织领导。各级党委和政府要把法治宣传教育纳入当地经济社会发展规划，纳入年度目标责任考核、综治考核和文明创建考核内容，每年听取法治宣传教育工作情况汇报，及时研究解决工作中的重大问题。完善党委领导、人大监督、政府实施的法治宣传教育工作领导体制，加强各级法治宣传教育工作领导机构建设。各级党委宣传部门、政府司法行政部门负责规划的实施。高度重视基层法治宣传教育队伍建设，配齐、配优专兼职人员，落实基本待遇、改善工作条件。

（二）加强工作指导。各级普法依法治理领导机构在每年第一季度要将上年度工作情况向党委（党组）报告，并报上级普法依法治理工作领导机构。各级普法依法治理领导机构办公室日常工作由同级司法行政部门承担，发挥规划指导、组织协调、考核评价职能。建立省市县三级普法依法治理联系点和普法培训基地。及时认真总结推广各地各部门开展普法依法治理的好经验、好做法，充分发挥先进典型的示范和带动作用，推进普法依法治理不断深入。

（三）加强经费保障。各级政府要把法治宣传教育相关工作经费纳入本级财政预算，切实予以保障，并建立动态调整机制。把法治宣传教育列入政府购买服务指导性目录。积极利用社会资金开展普法依法治理。

各市、省直各单位要根据本规划认真制定本地区本单位规划，深入宣传发动，全面组织实施，确保第七个五年法治宣传教育规划各项目标任务落到实处。

中共山西省委
关于把学习贯彻习近平总书记系列重要
讲话精神引向深入的指导意见

晋发〔2016〕31号

（2016年9月19日）

按照省委“一个指引、两手硬”的重大思路和要求，为将学习贯彻习近平总书记系列重要讲话精神引向深入，进一步融会贯通，进一步学以致用，进一步实现全面覆盖，提出如下指导意见。

一、重大意义

习近平总书记系列重要讲话，作为中国特色社会主义理论体系最新成果，作为马克思主义中国化最新成果，作为指导具有许多新的历史特点的伟大斗争的鲜活的马克思主义，是新的历史条件下我们党治国理政的行动纲领，是我们凝聚力量、攻坚克难的强大思想武器，是实现“两个一百年”奋斗目标和中华民族伟大复兴中国梦的行动指南。党的十八大以来，在习近平总书记系列重要讲话精神指引下，党和国家工作开辟了新境界，开创了新局面，进入了新阶段，正在向着“两个一百年”奋斗目标和中国梦坚定迈进。在这个新的历史征程中，山西要确保与全国同步全面建成小康社会，把中国特色社会主义在山西坚持和拓展好，必须进一步引深学习贯彻习近平总书记系列重要讲话精神，进一步用系列重要讲话精神武装头脑、指导实践、推动工作。这是新时期党的理论建设和政治建设的基本内容，是做好各方面工作的根本保证。

二、目标要求

一要进一步做到融会贯通。习近平总书记系列重要讲话，内涵丰富、思想深邃，形成了系统完备的科学理论体系。要在以往逐篇跟进学习的基础上，全面系统地学，融会贯通地学，坚持读原著、学原文、悟原理，深入学习把握系列重要讲话的时代背景和重大意义，深入学习把握系列重要讲话的鲜明主题和科学体系，深入学习把握系列重要讲话贯穿的治国理政新理念新思想新战略，深入学习把握系列重要讲话体现的立场观点方法，着力增强“四个意识”，坚决向党中央看齐。按照省委学习习近平总书记“七一”重要讲话精神暨全省“两优一先”表彰大会的要求，结合山西实际，深入思考如何坚定不渝以习近平总书记系列重要讲话精神为指引，用发展着的马克思主义武装头脑、指导实践；如何始终保持对远大理想和奋斗目标的执着追求，不断提升党性修养、思想境界和道德水平；如何毫不动摇贯彻党的基本路线，确保我省与全国同步全面建成小康社会；如何更加有效推进改革开放和法治建设，为山西发展注入不竭动力、提供坚实保障；如何充分发挥广大干部群众积极性主动性创造性，把为全省人民造福事业推向前进；如何自觉坚持从严管党治党，以勇于担当精神推进党的建设新的伟大工程等重大问题，努力把零散的感性理解上升为系统的理性认识，真正在深层次上提高思想理论水平和政治政策水平，丰富和完善治晋理政的重大思路，谋划好山西的事情。

二要进一步推动学以致用。习近平总书记系列重要讲话讲的都是我们正在做的事情、当前国内外发生的事情、人民群众关心和盼望的事情，是党中央指导全党全国工作的最新精神。学习系列重要讲话精神的目的，全在于应用；学习系列重要讲话精神的成效，要靠解决问题的实践检验。要大力弘扬理论联系实际的学风，坚持学用结合，做到学以致用，增强学习的针对性和实效性，以强烈的问题意识学习领会，以鲜明的目标导向贯彻落实，全面推动中央战略部署在山西落地生根，真正把系列重要讲话精神贯彻到各项重大决策部署和具体工作中。要以系列重要讲话精神为思想武器，提高发现问题、分析问题、解决问题的能力，提高开拓创新、攻坚克难、化解矛盾的能力，在解决改革发展稳定的重大问题、人民群众反映强烈的突出问题、党的建设面临的紧迫问题上取得新的突破。要紧密结合“两学一做”学习教育，对照系列重要讲话精神检视思想作风和精神状态，加强党性修养，提升思想道德境界，做到忠诚、干净、担当，推动省委提出的“八个进一步”（进一步把山西工作放在国际国内大背景下审视谋划，统筹推进“五位一体”总体布局，协调推进“四个全面”战略布局；进一步践行新发展理念，实现我省经济转型升级、浴火重生；进一步树立以人民为中心的发展思想，坚决打赢脱贫攻坚战，让人民群众共享改革发展成果；进一步挖掘和弘扬我省优秀传统文化和红色文化，坚定文化自信，建设文化强省；进一步治理污染，建设生态，为人民创造良好生产生活环境；进一步全面深化各领域改革，扩大对内对外开放，推进转型综改试验区建设；进一步推进法治山西建设，提高运用法治思维和法治方式治晋理政水平；进一步保持党的先进性和纯洁性，提高执政能力和拒腐防变能力，确保我省各级党组织始终成为坚强的领导核心）落到实处，真正把学习成效转化为治晋理政的实践成效。

三要进一步实现全面覆盖。坚持一手抓县处级以上领导干部这个重点，一手抓全体党员、广大干部群众的覆盖，抓住“两学一做”学习教育的契机，把学习贯彻系列重要讲话精神从领导干部这个“关键少数”向全体党员拓展、向基层组织延伸，努力实现全覆盖、齐参与，消除学习贯彻系列重要讲话精神存在的盲区、盲点，形成纵向到底、横向到边的“全省一盘棋”，更广泛地用系列重要讲话精神统一思想行动、凝聚奋进力量。

三、工作安排

（一）有效抓好各级党委（党组）中心组学习。全省各级党委（党组）中心组要强化“排头兵”“示范班”意识，按照进一步融会贯通、进一步学以致用的要求，围绕构建良好政治生态、推动经济稳步向好以及治晋理政的其他重要问题，精心谋划，精心组织，把形式和内容统一起来，注重效果，提高质量，带动全省学习走向深入。要带头融会贯通，在读原著、学原文、悟原理上作示范，坚持原原本本学、原汁原味学，深入领会，研机析理，努力吃透核心要义和精神实质；要带头学以致用，在真信、真用、真行上作示范，在强化问题导向、解决突出问题上作示范，以系列重要讲话精神为武器推动解决重大问题，加强党性修养和作风锤炼；要带头坚持制度、创新方法、突出效果，以运用科学理论研究解决实际问题的能力和成效来检验学习，确保学有所思、学有所悟、学有所获、学有所成。省委中心组要首先为全省树立榜样。

（二）精心举办学习交流会。全省各级党组织要普遍举办学习交流会，按照进一步融会贯通、进一步学以致用的要求，坚持问题导向和目标导向相结合，紧紧围绕全面推进"五位一体"总体布局、协调推进"四个全面"战略布局等党中央治国理政新理念新思想新战略，紧密联系构建良好政治生态、推动经济稳步向好治晋理政的重大任务，进行学习交流。领导机关要率先举办，领导干部要带头交流，同时注意发现和推广先进典型，请一些学习贯彻系列重要讲话精神行动好、效果好的单位和个人交流体会、介绍经验，以点带面推动全局。交流发言要有理论观点，有实践案例，有各自特点，大道理、小故事，起点高、落地实，总结自己，启迪他人。交流会提倡脱稿发言、创新出新，媒体要以创新方式进行报道，扩大影响。省委将于近期举办全省深入学习贯彻习近平总书记系列重要讲话精神交流会，检验学习成果，推动学习深入。

（三）扎实开展基层党组织学习和群众性学习。全省各级基层党组织，要以"两学一做"学习教育为契机，按照进一步融会贯通、进一步学以致用、进一步全面覆盖的要求，扎实组织好党员学习。要进一步深化学用结合，把学习贯彻系列重要讲话精神引向深入。进一步聚焦突出问题，以解决问题的成效检验学习教育成效。进一步发挥党支部作用，切实提高学习教育的质量和效果。进一步强化领导带头，推动学习教育向深度和广度拓展。精心组织开展好党组织的日常性经常性学习，注重典型引路。在抓好党内学习的同时，要采取举办读书活动、征文比赛、演讲比赛、知识竞赛、讲座讲堂等多种形式，推动广大干部群众参加到学习活动中，使学习贯彻系列重要讲话精神切实实现全面覆盖。

（四）在党校干部培训和高校思政教学中突出系列重要讲话主题。全省各级党校都要把系列重要讲话精神作为干部培训的基本内容和主要内容，精心设置课程，选派骨干教师授课。省委党校要发挥带头作用，在省管领导干部进修班、中青年领导干部培训班、正处级公务员班、全省党校系统师资培训班等各种班次，做到系列重要讲话精神专题教学全覆盖；对习近平总书记在全国党校工作会议重要讲话中提出的"13个如何"进行专题研究，纳入主体班课程；编写学习资料，举办学员论坛，深化学习研究。高校要把系列重要讲话精神作为师生理论学习和思想政治教学的重要内容，全面推进集体备课，编写示范教案，打造精品教学课件和视频，培育优秀教学团队，推广网络教学、专题教学等教学模式，推动系列重要讲话精神进课堂进教材进头脑。省委宣传部和省高校工委要继续组织好对高校党委宣传部长、思政课教师、辅导员和哲学社会科学教学科研骨干"四支队伍"的系列重要讲话精神培训。

（五）组织面向基层的宣讲和"送学"活动。按照进一步全面覆盖的要求，在全省开展"融会贯通、学以致用"系列宣讲和"送学"到基层活动。各级党委宣传部、党校、高校要密切配合，精心组织，选派通晓党的理论、了解基层情况、熟悉群众语言的优秀理论工作者和骨干教师，深入基层，广泛宣讲，推动系列重要讲话精神进机关、进企业、进农村、进社区、进学校，做到家喻户晓、深入人心。

（六）加强宣传，营造氛围。新闻媒体要深入宣传全省把学习贯彻系列重要讲话精神引向深入的进展动态、成效经验，发现和宣传先进典型，全方位立体式营造氛围，推动学习贯彻全覆盖，推动学习贯彻走向深入。要约请领导干部和理论工作者撰写文章，书面交流学习体会。山西日报、山西广播电视台要精心办好《理论周刊》和《理论天天学》节目，扩大影响力。新媒体要及时推送学系列重要讲话、用系列重要讲话的内容。

四、加强领导，精心组织，注重实效

全省各级党委要按照"一个指引、两手硬"的重大思路和要求，以高度的政治自觉和行动自觉，做好引深学习贯彻系列重要讲话精神的各项工作。要坚持领导带头、以上率下。各级领导干部要以身作则，率先垂范，带着深厚的感情学，带着执着的信念学，带着实践的要求学，坚持学而信、学而用、学而行，做到在学习上深一步、认识上高一筹、实践上先一着，真正走在前面。要精心制定工作方案，统筹落实好"三个进一步"的目标要求，确保学习贯彻系列重要讲话精神真正走向深入，收到实效。要把引深学习贯彻系列重要讲话精神与学习马列主义、毛泽东思想、邓小平理论、"三个代表"重要思想、科学发展观结合起来，与学习党的十八大和十八届三中、四中、五中全会精神结合起来，与"两学一做"学习教育结合起来，与做好当前各项工作结合起来，做到有机融合、相互促进。引深学习贯彻系列重要讲话精神要贯穿"实"的要求，从实际出发，出管用实招，扎实推进，务求实效，使系列重要讲话精神内化于心、外化于行，切实转化为广大干部群众的思想武器、行动指南和行为准则，转化为解决实际问题的能力和成效，在系列重要讲话精神指引下，坚定信心、迎难而上，为不断塑造山西美好形象、逐步实现山西振兴崛起而努力奋斗。

中共山西省委
关于繁荣发展社会主义文艺的实施意见

晋发〔2016〕42号

（2016年11月6日）

为深入贯彻落实习近平总书记在文艺工作座谈会上的重要讲话精神和《中共中央关于繁荣发展社会主义文艺的意见》（中发〔2015〕27号），结合我省实际，提出如下实施意见。

一、做好文艺工作的重要意义和总体要求

1、重要意义。文化是民族生存和发展的重要力量。一个民族的复兴需要强大的物质力量，也需要强大的精神力量。文艺是民族精神的火炬，是时代前进的号角，最能代表一个民族的风貌，最能引领一个时代的风气。实现中华民族伟大复兴，离不开中华文化繁荣兴盛，离不开文艺事业繁荣发展。文艺事业是党和人民的重要事业，文艺战线是党和人民的重要战线。党中央和省委历来高度重视文艺工作，在革命、建设和改革的各个时期，都充分发挥了文艺引领时代风尚、鼓舞人民前进、推动社会进步的重要作用。党的十八大以来，全省文艺战线深入学习贯彻习近平总书记系列重要讲话精神，高举社会主义核心价值观的旗帜，牢牢把握正确的方向导向，深化体制机制改革，加强人才队伍建设，聚焦中国梦的时代主题，创作推出了一大批思想性、艺术性和观赏性有机统一的优秀作品，为服务人民群众、服务全省工作大局做出了积极贡献。同时要看到，同形势和任务的要求比，同党和人民的期望比，文艺工作的任务还很繁重。特别是当前，我省正处在全面建成小康社会的重要历史关头，迫切需要文艺战线充分发挥以文化人、以文育人的独特作用，深入挖掘我省优秀传统文化和红色文化，大力弘扬革命精神，坚定文化自信，创作推出更多精品力作，唱响主旋律，积聚正能量，提振精气神，大力营造向上向善向廉的良好文化氛围，持续为社会进步提供丰润的文化滋养，鼓舞激励全省干部群众努力为不断塑造山西美好形象、逐步实现山西振兴崛起作贡献。

2、指导思想和基本原则。高举中国特色社会主义伟大旗帜，以马克思列宁主义、毛泽东思想、邓小平理论、“三个代表”重要思想、科学发展观为指导，深入学习贯彻习近平总书记系列重要讲话精神，深入贯彻落实党的十八大和十八大以来历次全会精神，深入贯彻落实省委关于加快建设文化强省的指示要求，坚持社会主义先进文化前进方向，全面贯彻“二为”方向和“双百”方针，紧紧依靠广大文艺工作者，坚持以人民为中心，以社会主义核心价值观为引领，以中国精神为灵魂，以中国梦为时代主题，以三晋优秀传统文化和红色文化为根脉，以创新为动力，以创作生产优秀作品为中心环节，深入实践、深入生活、深入群众，推出更多富有中国风格、中国气派和山西特色的优秀文艺作品，不断满足全省人民的精神文化需求，为开创山西各项事业的新境界、实现中华民族伟大复兴的中国梦，提供强大的价值引导力、文化凝聚力和精神推动力。

3、主要目标。以人民为中心的创作导向牢固树立，弘扬中国精神成为文艺的主基调，文艺工作的价值引导力显著提升。全面推进文学、戏剧、影视、音乐、舞蹈、美术、书法、摄影、曲艺、杂技、民间文艺等各文艺门类繁荣发展。科学规划，突出重点，潜心打磨，推出一批思想精深、艺术精湛、制作精良的优秀作品，逐步实现由“高原”到“高峰”的跨越。坚持重心下移，繁荣群众文艺，不断提高“走下去”服务基层、服务群众的水平。立足景区实际，因地制宜、因时制宜，打造更多特色鲜明的旅游演艺和展览展示项目，努力在“走进去”推动文化和旅游融合发展上取得明显成效。面向世界、面向受众，拓宽渠道、完善机制，推动更多优秀文艺作品“走出去”。加强马克思主义文艺理论与评论建设，构建起新的文艺评论格局。创新管理方式，规范传播秩序，引领网络文艺更加健康地发展。建好用好各类文艺阵地，管理和服务水平明显提升。加强人才队伍建设，优化人才队伍结构，培养一批有影响的拔尖人才和领军人物，打造一支充满活力、实力强劲的“文艺晋军”。

二、实施文艺繁荣发展“十大工程”

4、实施核心价值引领工程。深入推进习近平总书记系列重要讲话精神特别是在文艺工作座谈会上重要讲话精神的学习教育，引导全省文艺工作者深刻理解、准确把握讲话蕴含的新理念新思想新战略，做到真学、真懂、真信、真用。坚持学思结合、学用结合，牢固树立马克思主义文艺观和社会主义核心价值观，聚焦中国梦的时代主题，高

扬爱国主义旗帜，把以人民为中心的创作导向贯穿到文艺工作的各方面和创作生产的全过程，推出更多歌颂光明、抒发理想，鞭挞丑恶、抵制低俗，给人民信心和力量的优秀文艺作品。深入挖掘我省丰富的红色文化资源，传承红色基因，大力推动弘扬太行精神、吕梁精神、刘胡兰精神、西沟精神、大寨精神、石圪节精神、右玉精神等革命精神的文艺创作，鼓舞激励全省干部群众攻坚克难、奋发前行。广泛开展“深入生活、扎根人民”主题实践活动，引导全省文艺工作者虚心向人民学习、向实践学习，使作品始终保持人民的立场和生活的温度。制定支持文艺工作者长期深入生活的经济政策，健全长效保障机制，为他们蹲点生活、挂职锻炼、采风创作提供必要的工作条件和成果展示平台。完善考核激励机制，把深入生活纳入文艺单位目标管理和领导班子业绩考核，作为文艺工作者业务考核、职称评定、表彰奖励的重要依据。切实加强文艺理论评论工作，引导全省文艺工作者自觉坚持正确的创作方向、价值追求和审美标准。深入研究中国特色社会主义文艺理论，编好用好马克思主义文艺理论教材。各级党报党刊、电台电视台特别是文艺类报刊，要打造一批文艺评论的品牌栏目。注重运用手机、网络、移动终端等新兴媒体开展文艺评论，构建新的文艺评论格局。扶持重点文艺评论力量，发挥好文艺单位、新闻媒体、社科研究机构、高等院校等领域文艺理论评论人才的作用。省级成立文艺评论家协会，创办专门的文艺评论刊物。建立健全反映文艺作品质量的综合评价体系，加大社会效益评估考核权重，把政治导向、价值取向、艺术水准、审美情趣、群众口碑等作为评价的主要标准，引导全省文艺创作坚持把社会效益、社会价值放在首位，努力实现社会效益和经济效益、社会价值和市场价值相统一。

5、实施文艺精品创作工程。紧紧扭住创作优秀作品这个中心任务，把抓作品质量放在第一位，努力创作一批思想性、艺术性和观赏性有机统一的优秀文艺作品。立足我省文化文艺资源优势，综合考虑时代特点、形势需要、群众期待、发展基础和地域特色等因素，科学编制文艺作品创作生产规划，统筹推进现实题材、爱国主义题材、重大革命和历史题材、青少年题材、农村题材等作品的创作生产。重点扶持文学、戏剧、影视、音乐、舞蹈、美术、书法等艺术门类的发展，充分挖掘山西作为文化大省、文学大省、戏剧摇篮、民歌海洋、舞蹈故乡的巨大潜力，制定专项计划，健全激励机制，整合创作资源，改善创作条件，壮大骨干队伍，加强宣传推介，打造“文学晋军”新方阵，再创“三晋戏剧”新辉煌，实现“影视晋军”“黄河歌舞”和“三晋书画”等的新突破，推出更多承载中国梦想、弘扬中国精神、凝聚中国力量的新作大作。办好山西日报、山西广播电视台、山西新闻网、黄河新闻网等省级重点媒体的文艺类栏目节目。实施好原创文艺精品出版项目，加大对优秀文艺作品出版发行的扶持。把创新精神贯穿创作生产全过程，重点扶持文学、剧本、作曲等原创性、基础性环节，推动文艺与新技术、新业态、新模式、新媒体有机融合，不断提高文艺的原创能力和集成创新水平。深化全省性文艺评奖制度改革，切实发挥好我省“五个一工程”奖、“文化艺术政府奖”“广播影视奖”“赵树理文学奖”等重要奖项的示范激励作用，引导全省文艺战线集中力量、集中资源，用心、用情、用功打磨一批有筋骨、有道德、有温度的“高峰”之作、传世之作。

6、实施优秀文艺作品走下去工程。牢固树立服务基层、服务群众的意识，坚持重心下移，建立长效机制，努力把优秀文艺作品送到农村、工厂、矿山、社区、学校和军营等最基层的地方，让文艺发展成果更好地惠及基层群众。把各种文艺惠民措施纳入公共文化服务体系建设规划，加大政府对面向基层的文艺产品和服务的购买力度，加强基层文化设施建设，为优秀文艺作品走下去提供必要保障。认真做好戏曲进农村、进校园工作，确保每个农民、每个学生每年至少看一台优秀戏曲剧目。深入开展“我们的中国梦——文化进万家”“送欢乐下基层”“文化惠民在三晋”“周末大戏台”“乡村大舞台”“长风之夜”“周二剧场”、农村电影放映、农村寄宿制学校爱国主义教育影片放映等服务群众、服务基层文化惠民活动和展映展播展示活动，大力推动面向基层、面向群众的演艺院线、电影院线、文化超市建设，为优秀文艺作品走下去搭建更多平台、提供更多渠道。健全申报、审核、督查、考评和需求反馈等机制，开展“菜单式”“订单式”服务，切实把那些有生活、接地气、高品质、群众喜闻乐见的优秀文艺作品送到基层，不断提高服务基层群众的水平。广泛开展服务基层、服务群众先进集体创建活动，引导全省文艺单位主动走下去，在服务群众中拓展市场，构筑发展的新平台。

7、实施优秀文艺作品走进去工程。深入贯彻落实省委、省政府大力发展文化旅游业的战略部署，加强顶层设计，健全体制机制，完善配套政策，支持鼓励文艺单位和文艺工作者走进重点旅游景区（景点），打造一批主题突出、内涵丰富、特色鲜明、艺术水准高、游客喜闻乐见的优秀文艺作品，提高旅游的文化品位，增加旅游的文化含量，延伸旅游的产业链条，助推我省文化旅游业实现新突破，助推我省经济转型升级、浴火重生。总结推广大型实景演出《又见平遥》的成功经验，统筹考虑、科学布局，在部分重点旅游景区打造一批立得住、有特色、叫得响的演艺项目。支持鼓励晋剧、蒲剧、北路梆子、上党梆子等地方剧种，以及独具黄河黄土风情的民歌民舞民乐等演艺节目到景区（景点）驻场演出。支持鼓励文学、美术、书法、摄影工作者等，到景区（景点）开展采风创作、展览展销等活动。支持鼓励从事剪纸、刺绣、布艺、雕刻、漆艺、砚台、瓷器、青铜器等制作的工艺美术工作者，到景区（景点）成立个人工作室、开办专卖店。支持鼓励影视制作机构创作、播出、展映有关景区（景点）的影视剧、纪录片、微电影、微视频等。

8、实施优秀文艺作品走出去工程。深入研究国内外市场需求，总结已有成功经验，加大创作生产、宣传推介和资助扶持力度，努力推动我省优秀文艺作品走向全国、走向世界，展示山西文化、中国文化的独特魅力，拓展更广阔的发展空间。依托我省丰厚的文化文艺资源，面向国内外市场，有计划、有组织地打造一批受众欢迎、市场认可的优秀文艺作品，重点推动富有山西特色的音乐、歌舞、戏剧、书画、民间艺术等走出去。遴选部分有代表性的文学、图书、影视作品等，进行多语种翻译、出版、播映和展示。努力拓展走出去的渠道，支持我省优秀文艺作品积极参与“感知中国”“欢乐春节”等国家对外文化交流合作活动，积极参与国内外有影响的评奖活动、会展节庆活动。对在省外国外演出场次较多、影响较大的优秀剧目，给予必要奖励。在全国重点城市和部分国家举办山西文化季、文化周活动，积极争取承办全国性重要文艺活动和奖项评选，多渠道、多形式推介我省优秀文艺作品。外事、商务、旅游和外宣等部门要统筹协调，形成合力，支持鼓励文化单位和个人充分利用国内外各种交易会、洽谈会、展销会、旅游推介会及山西品牌中华行等经贸旅游文化交流渠道和活动平台，推动具有山西地方特色的优秀文艺产品走出去。加强与境外、涉外媒体的合作，构建科学有效的对外文化宣传机制。

9、实施群众文艺繁荣工程。制定繁荣群众文艺发展规划，健全群众文艺工作网络，发挥好基层文联、作协、文化馆（站）、群艺馆和工人文化宫等在群众文艺创作中的引领作用。壮大民间文艺力量，完善群众文艺扶持机制，扶持引导业余文艺社团、民营剧团、演出队、老年大学以及青少年文艺群体、网络文艺社群、社区和企业文艺骨干、乡土文化能人等广泛开展创作活动。创新载体形式，运用广播、电视、报刊和网络等多种媒体，充分展示群众文艺创作优秀成果。完善机构编制、学习培训、待遇保障等方面的政策措施，吸引优秀文艺人才到基层工作。组织专业文艺工作者到基层教、学、帮、带，鼓励艺术院校毕业生到农村中小学任教。推动文艺志愿者与基层文艺骨干“结对子、种文化”。广泛开展面向基层的公益性艺术培训、创作演出、展示交流等活动。积极推进城市文化广场和乡村农民文化活动中心的软硬件建设。鼓励群众文艺与旅游、体育等相关产业相结合。在社区、村镇、校园、企业、军营和网络阵地等，广泛开展优秀文化创建活动，引导群众文艺健康发展。

10、实施优秀传统文化和红色文化传承工程。坚守中华文化立场，根植三晋优秀传统文化和红色文化，积极构建优秀传统文化和红色文化传承体系，大力推动优秀传统文化和红色文化传承弘扬。坚持保护、研究、普及并重，通过政府扶持、政策引导、国民教育、民间传承、礼仪规范、社会参与和舆论宣传、文艺创作等方式，传承中华文化、红色文化基因。创造性转化、创新性发展传统文化中符合时代需要的思想理念、道德规范、价值追求，创作更多具有中华文化底色、鲜明中国精神、浓郁山西特色的文艺作品。建立三晋文化资源数据库，加强非物质文化遗产保护工作，加大对贫困地区、革命老区优秀传统文化和红色文化保护传承的投入力度，实施“乡村文化记忆工程”，总结好试点工作经验，抓好推广普及工作。加强对中华诗词、音乐舞蹈、书法绘画和曲艺杂技等的扶持，加快推进《三晋名人》《山西文华》等重点图书的编纂出版工作，精心制作反映炎帝文化、尧舜禹文化、佛教文化、黄河文化、关公文化、晋商文化、红色文化等的电视纪录片。扶持中华文化基因校园传承工作，深入推进文艺精品进校园、地方戏曲进校园、民歌民舞及其他非物质文化遗产进校园工作，建设一批中华优秀传统文化和红色文化教育基地。实施“山西戏曲传承发展振兴工程”，制定一批戏曲配套保障措施，推出一批戏曲精品力作，打造一批戏曲品牌，命名一批戏曲之乡，建设一批戏曲传承研究创作基地，确立一批省级戏曲创作演出重点院团和戏曲名家工作室，推出一批戏曲拔尖领军人物，培养一批青少年戏曲人才，出版一批戏曲文化书籍。加强对优秀传统文化和红色文化的发掘、梳理和研究，办好高平炎帝、临汾帝尧、运城舜帝、大同云冈、忻州五台山等文化旅游招商活动，办好武乡八路军文化旅游节等节庆活动，打造一批有影响、效果好的文化旅游品牌。

11、实施网络文艺扶持工程。坚持“重在建设和发展、管理、引导并重”的方针，推动网络文学、网络音乐、网络剧、微电影、网络演出、网络动漫等新兴文艺类型繁荣有序发展。支持优秀网络作品进行多种形式的版权开发和申报各级文艺评奖，鼓励推出优秀网络原创作品。实施优秀经典传统作品上网计划，鼓励作家艺术家积极运用网络推出具有山西风韵、格调健康的网络文艺精品，促进传统文艺与网络文艺创新性融合。充分发挥新媒体的独特优势，加强山西文艺网、山西作家网、山西演艺网、中国晋剧艺术网、山西数字文化共享平台等重点文艺网站的建设。积极运用微博、微信、移动客户端等载体，促进优秀文艺作品多渠道传输、多平台展示、多终端推送。搭建网络文艺人才交流展示平台，发挥网络作家协会等的积极作用，办好网络文艺人才培训班、研讨班，推出一批网络文艺创作的领军人物。加强内容管理，创新管理方式，规范传播秩序，让正能量引领网络文艺发展。

12、实施文艺阵地建设工程。加强领导，加强规划，加大投入，充分发挥报纸、期刊、电台、电视台、网络媒体、图书音像电子出版物等的积极作用，重点推介山西文艺成就、文艺活动、文艺精品、文艺名家和文艺队伍。办好《山西文学》《黄河》《名作欣赏》《戏友》《映像》等文艺刊物。建好用好剧场、电影院、文化馆（站）、群艺馆、美术馆、工人文化宫、文化广场、基层综合性文化服务中心等各类文艺阵地。支持建设各类专业性博物馆，鼓励企业、高校、民间组织和个人建立各具特色的专题博物馆。对民办非营利文化基础设施在资金、用地等方面予以扶持。因地制宜、因时制宜举办各种展映展播展演展览和品读鉴赏传唱活动，让优秀文艺作品走进基层群众特别是广大青少年。切实增强政治意识、责任意识、阵地意识，按照谁主管谁负责和属地管理原则，加强对各类文艺阵地、文艺单位和文艺协会等的管理，坚持正确的发展方向和工作导向。加强各类文艺作品、文艺演出的立项、采购、评审、发行等管理，把好文艺宣传和文艺管理的导向关、准入关、出口关，做到守土有责、守土负责、守土尽责，决不给错误文艺思潮和不良文艺作品提供传播渠道。

13、实施文艺人才培养工程。切实加强思想道德建设，着力培养造就文艺领军人物和高素质文艺人才，努力建设一支德艺双馨的“文艺晋军”队伍。深化马克思主义文艺观学习教育，引导全省文艺工作者成为党的文艺方针政策的拥护者、践行者，成为时代风气的先行者、先倡者。在全省文艺战线深化社会主义核心价值观学习教育，广泛开展职业道德职业精神教育，积极组织开展“做人民喜爱的文艺工作者”评选活动，引导全省文艺工作者打牢世界观、人生观、价值观的根基，明确是非、善恶、美丑的界限，秉持职业操守，树立良好形象，不断提高学养、涵养、修养。把思想道德品质作为文艺工作者职称评定、职务升迁以及评奖评优的重要衡量标准。牢固树立“人才是第一资源”的理念，深入实施文化名家暨“四个一批”人才工程，加大文艺领军人才、拔尖人才和青年文化人才培养支持力度。建立重大文化项目首席专家制度，加大文艺名家资助扶持和宣传推介力度。充分发挥老艺术家的传帮带作用，重视发掘和培养后备人才，形成完整有序的人才梯队。制定山西文艺人才培养规划，创新人才队伍建设体制，优化人才发展软环境。落实省级荣誉制度，对有突出贡献、成就卓著的文艺工作者授予“人民艺术家”称号。加强培训基地建设，做好各类文艺人才和管理干部的培训工作。完善文艺人才职称职务评聘措施和办法，支持特殊专业艺术人才的学历、职称认定。加强和改进专业艺术教育工作，加大扶持力度，优化专业结构，提高教学质量，培养高素质艺术人才。完善文艺人才交流和挂职锻炼制度，推动文艺人才有序流动。

三、加强和改进党对文艺工作的领导

14、党的领导是文艺繁荣发展的根本保证。各级党委要从建设文化强省、提升执政能力的战略高度，增强文化自觉和文化自信，把文艺工作纳入重要议事日程，加强宏观指导和督查落实，把好文艺方向，不断提高创作生产的组织化水平。各级政府要把文艺事业纳入经济社会发展总体规划和考核评价体系，制定本地支持文艺发展的具体措施，落实支持文艺发展的各项政策，不断加大文艺事业投入力度，确保中央和省委关于文艺工作的政策部署落到实处。各级党委宣传部门要发挥统筹指导作用，形成党委统一领导，宣传部门牵头抓总，文化、教育、新闻出版广电、文联、作协等部门和团体协同推进，社会各方面积极参与的文艺工作新格局。选好配强各级文艺单位领导班子，把那些德才兼备、熟悉文艺工作规律、能同文艺工作者打成一片的干部充实到领导岗位上来。各文艺单位的领导班子成员要加强思想政治建设，加强文艺理论学习，提高文艺素养，尊重文艺工作者的创作个性和创造性劳动，尊重文艺规律，发扬艺术民主、学术民主，努力成为领导文艺工作的行家里手。做好文艺界的党风廉政建设工作。

15、进一步完善文艺扶持政策。贯彻落实全面深化改革的要求，扎实推进文化事业单位改革，落实和完善对文化单位的配套改革政策，建立健全有利于出作品、出人才的体制机制。进一步健全现代文化市场体系，加快培育资本、人才、信息、技术和产权等要素市场，促进金融、科技、人才与文艺资源对接，支持有条件的骨干文化企业通过市场机制做大做强，发挥小微文化企业的积极作用，用市场力量推动精品力作生产。加大财政资金投入力度，省和各市设立文艺创作专项资金，做好山西省重点文艺作品扶持奖励工作的资金保障，把面向基层的公益性文化活动、重大文艺项目纳入公共财政预算。推动设立省级文化艺术发展基金，整合体制内外多种资源，促进文艺精品的创作生产。加大对国有文艺院团改革发展的扶持，加大对文学艺术报刊、网站、组织的扶持。用好各类专项资金和基金，把握方向，突出重点，向弘扬中国梦、弘扬社会主义核心价值观、弘扬中华优秀传统文化等方面的文艺创作倾斜。坚持政府引导和市场调节两轮驱动，创新资金投入方式，健全政府采购、项目补贴、贷款贴息、捐资激励等制度，落实公益性捐赠税前扣除等措施，鼓励和引导社会力量参与文艺创作生产和公益性文化活动，逐步建立健全文艺创作生产资助体系。重视各级各类学校艺术教育和青少年艺术素养养成，推动学校、企业、社会艺术教育资源和设施共建共享。修订、制定促进和保障文艺繁荣发展的法律法规。深化文化市场综合行政执法改革，深入开展“扫黄打非”，加强知识产权保护，维护文艺工作者和文艺机构合法权益。按规定申报创办“山西艺术节”，每两年组织一次，推动我省各文艺门类繁荣发展。

16、充分发挥文联、作协等人民团体的作用。各级党委和政府要加大对文联、作协等人民团体的支持保障力度，建立健全文联、作协组织，定期听取文联、作协工作汇报，有针对性地解决文艺发展和文联、作协等人民团体在工作中的实际困难和问题，保障基层文联、作协的人员力量和活动经费，支持其履行团结引导、联络协调、服务管理、自律维权的职能。加强对文联、作协等人民团体干部的培养、选拔、任用和交流，鼓励各行业、各部门、大专院校、大中型企业及城乡基层成立相关组织，配备专、兼职工作人员，积极开展文艺活动。全省各级文联、作协等人民团体要发挥党和政府联系广大文艺工作者的桥梁和纽带作用，改革创新、增强活力，改进工作机制、方法手段和工作作风，避免机关化、脱离群众现象，真正成为文艺工作者之家。扩大工作覆盖面，延伸联系手臂，做好对新文艺组织和文艺群体的团结、引导和服务工作，充分调动一切积极因素，为繁荣发展我省文艺事业、建设文化强省作贡献。

中共山西省委关于认真学习宣传贯彻中国共产党山西省第十一次代表大会精神的通知

晋发〔2016〕43号

各市、县委，省委各部委，省直各委、办、厅、局党组（党委），各人民团体党组，各高等院校、大型企业党委：

中国共产党山西省第十一次代表大会于10月31日至11月4日胜利召开。大会批准了骆惠宁同志代表十届省委作的题为《以习近平总书记系列重要讲话精神为指引，忠诚担当，攻坚克难，为全面建成小康社会而奋斗》的报告和省纪委工作报告，选举产生了中国共产党山西省第十一届委员会和纪律检查委员会。为深入学习宣传贯彻大会精神，把全省广大党员和干部群众的思想行动统一到省第十一次党代会精神上来，奋力开创全省各项事业发展新局面，特作如下通知。

一、充分认识学习宣传贯彻省第十一次党代会精神的重大意义

省第十一次党代会的胜利召开，在山西党的建设和党领导的事业发展史上具有重要意义。大会以习总书记系列重要讲话精神和治国理政新理念新思想新战略为指引，提出了今后五年的总体思路、目标要求和重大任务，全省上下在事关山西全局和长远的重大问题上形成高度共识，对山西省情和发展规律的认知和把握达到新的高度，从思想上、政治上、组织上为全面正确有效地贯彻党的理论和路线方针政策，把中国特色社会主义在山西坚持和拓展好，提供了坚强保证和坚实基础。以这次党代会为标志，山西进入一个新的发展阶段。骆惠宁同志的报告，高举中国特色社会主义伟大旗帜，以马克思列宁主义、毛泽东思想、邓小平理论、“三个代表”重要思想、科学发展观为指导，深入贯彻习近平总书记系列重要讲话精神和治国理政新理念新思想新战略，统筹推进“五位一体”总体布局，协调推进“四个全面”战略布局，把握时代大势，回应实践要求，认真落实“一个指引、两手硬”重大思路和要求，体现了强烈的政治责任和历史担当，指明了山西未来前进方向，是团结带领全省人民全面建成小康社会，不断塑造山西美好形象、逐步实现山西振兴崛起的纲领性文件。认真学习、广泛宣传、深入贯彻省第十一次党代会精神，对于进一步焕发崭新精神风貌，更好凝聚奋进力量，满怀信心创造山西的美好未来，具有重大现实意义和深远历史意义。全省各级党组织要以高度的政治责任感和历史使命感，认真组织学习宣传贯彻大会精神，引导党员干部群众把思想和行动统一到大会精神上来，不忘初心、继续前进，坚定不移地把大会确定的各项任务落到实处。

二、全面把握、深刻领会省第十一次党代会的主要精神

省第十一次党代会的主要精神集中体现在骆惠宁同志的报告中。要着重在以下九个方面深刻学习领会、把握精神实质。

一要深刻领会大会主题。大会主题是，高举中国特色社会主义伟大旗帜，深入贯彻习近平总书记系列重要讲话精神和治国理政新理念新思想新战略，忠诚担当，改革创新，凝心聚力，攻坚克难，为全面建成小康社会，不断塑造美好形象、逐步实现振兴崛起，开创我省各项事业发展新局面努力奋斗。报告强调，党的十八届六中全会正式确立习近平总书记在党中央、在全党的核心地位，具有重大的里程碑意义。必须牢固树立“四个意识”特别是核心意识、看齐意识，在思想上拥戴核心，在政治上维护核心，在行动上紧跟核心，坚决与以习近平同志为核心的党中央保持高度一致，坚决维护以习近平同志为核心的党中央权威，坚决贯彻落实党中央确定的路线方针政策。这充分反映了全省人民的共同心愿，是我们做好一切工作的根本保证。

二要深刻领会过去五年工作和重要启示。报告实事求是地总结了过去五年工作，指出成绩来之不易、教训极其沉痛、启示尤为深刻。五年来特别是党的十八大以来，省委团结带领全省干部群众，不断推动党的理论和路线方针政策在山西贯彻落实。在以习近平同志为核心的党中央坚强领导下，改组调整后的省委不辱使命，经过两年多不懈努力，取得了修复政治生态的重大成效和推动经济稳步向好的积极成效。今年下半年以来，省委提出并实施“一个指引、两手硬”重大思路和要求，围绕学习贯彻习总书记系列重要讲话、贯彻党的基本路线、推进供给侧结构性改革、全面构建良好政治生态、抓好市县乡三级换届等出台重大举措，全省奋发向上的大氛围已经形成。要充分认识

我省一段时间发生系统性塌方式严重腐败，根本原因是省委没有履行党风廉政建设主体责任，必须更好担当起管党治党责任，同一切弱化先进性、损害纯洁性问题作坚决斗争，全面构建良好政治生态。要充分认识我省一段时间经济遭遇断崖式下滑，主要原因是经济结构不合理，必须彻底丢掉再现煤炭十年黄金期的幻想，紧紧抓住市场倒逼的历史机遇，坚定不移走上转型之路。要充分认识以习近平同志为核心的党中央关于山西党的建设和重大工作的决策要求是完全正确的，党中央在山西关键时刻作出的战略决策，为办好山西的事情提供了根本保证。

三要深刻领会沿着习总书记系列重要讲话指引的方向，开辟治晋理政新境界的总方略总目标。报告总括我省学习贯彻习总书记系列重要讲话的最新成果，对开辟治晋理政新境界进行了专题论述和部署，提出未来五年治晋理政总方略，这就是深刻领会系列重要讲话关于治国理政的奋斗目标，在实现中国梦和全面建成小康社会中加快山西步伐；深刻领会系列重要讲话关于新发展理念的重大思想，在推进转型升级中走出山西路径；深刻领会系列重要讲话关于全面深化改革的战略部署，在新一轮改革开放中彰显山西气魄；深刻领会系列重要讲话关于全面从严治党的新要求，在构建良好政治生态中交上山西答卷；深刻领会系列重要讲话所贯穿的强烈历史使命感，在坚持和发展中国特色社会主义中体现山西担当。报告高举中国特色社会主义伟大旗帜，坚持统筹推进“五位一体”总体布局，协调推进“四个全面”战略布局，围绕全面建成小康社会，提出治晋理政总目标，包括确保与全国同步全面建成小康社会，确保经济转型升级取得显著进展，确保良好政治生态全面有效构建；包括塑造和展示山西文化璀璨、人才辈出的人文形象，创新驱动、结构优化的转型形象，充满活力、合作包容的开放形象，表里山河、生态美好的壮丽形象，以廉为荣、艰苦创业的清明形象，人民幸福、社会和谐的安康形象；包括今后五年，将我省打造成国内外有影响力的资源型经济转型综合配套改革试验区，现代装备制造、新材料、节能环保和信息产业基地，国家新型综合能源基地，世界煤基科技创新成果转化基地，中西部现代物流中心，富有特色和魅力的文化旅游强省，内陆地区对外开放高地，综合竞争力、人民生活水平和可持续发展能力明显提升，再经过一段时间的持续奋斗使山西整体发展水平在我国中西部地区位次前移，在全国大局中发挥重要影响。上述目标把握了山西时代方位、阶段性特征和发展方向，描绘了不断塑造山西美好形象、逐步实现山西振兴崛起的壮阔前景。

四要深刻领会认真贯彻落实新发展理念，以深化转型综改试验区建设牵引经济转型升级的重要部署。报告指出要站在时代高度开创转型综改试验区建设新局面，强调深化转型综改试验是一场深刻的革命，是山西的二次创业，要用解放思想打开转型综改试验新天地，用先行先试擦亮转型综改试验这个金字招牌，争取国家支持、用好省内事权、对标发达地区、鼓励基层探索，围绕转型发展提供制度供给和政策动力，破解“五个发展难题”，加快实现“六个转变”，营造活力充沛的转型生态，全面激发各类企业特别是资源型企业转型发展积极性，吸引更多先进生产要素向新兴产业集聚，使我省在未来经济发展中赢得主动。报告指出要构建多元化中高端现代产业体系，实施战略性新兴产业培育、能源产业创新、传统优势产业提质、现代服务业发展、特色现代农业增效、“双创”孵化新产业新业态“六大工程”，使山西在全国产业版图中的地位不断提升；用创新驱动培育新的动力源泉，构建以创新为导向的要素配置模式，发挥科技创新对转型综改试验区的引领作用；把供给侧结构性改革作为转型升级的根本途径，深化国企国资改革，增强发展动力，创新开发区体制机制，拓展转型载体，加快建设服务型政府，优化市场环境；提升城乡一体化发展水平，更加注重提高城镇规划建设水平，更加注重以人为核心推进新型城镇化，更加注重城乡基础设施建设，更加注重县域经济和农村改革发展；打造全方位多领域对内对外开放格局，立足国际国内两个市场、两种资源，坚持引进来和走出去协同，引资和引技引智并举，把山西经济纳入国际国内市场大循环。实施晋商晋才“回乡”创业创新工程。以上重要部署为加快创新驱动、转型升级明确了具体的思路、抓手和举措。

五要深刻领会发展社会主义民主政治，建设法治山西的重要部署。坚持党的领导、人民当家作主、依法治国有机统一，保证和支持人民当家作主，发展更加广泛、更加充分、更加健全的人民民主；支持人大及其常委会依法行使职权，支持人民政协围绕团结民主两大主题履行职能，提高法治建设水平，保证有法必依、执法必严、违法必究；壮大共同奋斗的力量，巩固统一战线共同的思想政治基础，更好调动人民群众积极性。加强国防动员和后备力量建设，巩固军政军民团结。

六要深刻领会坚定文化自信，建设文化强省的重要部署。牢牢掌握意识形态工作领导权和话语权，落实意识形态工作主体责任；积极培育和践行社会主义核心价值观，挖掘传统文化时代价值，传承红色基因；极大丰富人民群众精神文化生活，更好以文育人、以文化人，让人民群众有更多文化获得感；着力推动文化改革创新发展，完善文化经济政策，促进文化与相关产业融合发展。努力建设优秀传统文化传承转化区、革命文化保护弘扬区、社会主义先进文化创新发展区。

七要深刻领会坚持民生优先，加强社会建设和治理的重要部署。把脱贫攻坚作为第一民生，把精准方略落实到识贫、扶贫、脱贫各个环节，坚决打赢脱贫攻坚战；千方百计增加城乡居民收入，努力扩大中等收入群体，实现城乡居民收入与经济增长同步、农村居民收入增速快于城镇居民收入增速；以改革创新思路破解民生重点难点问题，深化教育领域综合改革，打造“健康山西”，促进以创业带动就业，深化社会保障制度改革，基本实现人人享有基础社会保障，提高基本公共服务均等化水平；树立总体安全观，推进平安山西建设，构建安全监管新格局，从源头上预防和减少社会矛盾产生，守住全社会系统安全底线，营造安全稳定的发展环境。

八要深刻领会推动绿色发展，建设美丽山西的重要部署。以生态文明理念统领经济社会发展全局全域，提高人民群众生态福祉；抓好生态环境建设重点工作，严守资源消耗上限、环境质量底线、生态保护红线，努力破解“水瓶颈”，确保我省水安全；强化生态文明制度保障，用改革办法筑起“源头严防、过程严控、后果严惩”三道防线，构建产权清晰、多元参与、激励约束并重、系统完善的生态文明制度体系，为人民群众提供更多优质生态产品，使绿色发展成为转型升级主旋律，开创生态文明建设新时代。

九要深刻领会全面推进党的建设新的伟大工程，为开创党在山西事业新局面提供根本保证的新部署新要求。报告强调要认真贯彻党的十八届六中全会精神，严格执行《关于新形势下党内政治生活的若干准则》和《中国共产党党内监督条例》，切实履行好全面从严治党使命。报告要求坚持严肃认真的党内政治生活，实现党内政治生活的制度化、规范化和程序化；打造干事创业的高素质干部队伍和充满活力的人才队伍，建立激励干部干事创业机制、改革创新合理容错机制和推进干部能上能下机制，强化“为官必为”意识，提高“为官会为”能力，追究“为官不为”责任，营造“为官愿为”环境；锲而不舍加强作风建设，把落实中央八项规定精神常态化、长效化，勤政为荣、避事为耻、无私无畏，大力弘扬右玉精神，努力创造经得起历史检验的业绩；夯实党的事业发展的坚实根基，把加强“基层组织、基础工作、基本能力”建设作为战略举措抓紧抓实抓好；坚定不移推进党风廉政建设和反腐败斗争，把“四种形态”作为一个整体统筹把握、切实运用好，严肃查处侵害群众利益的不正之风和腐败问题，着力构建不敢腐、不能腐、不想腐的体制机制；坚决落实全面从严治党主体责任，党委书记要负好主责、首责、全责。报告强调要从思想建党与制度治党、治标与治本、注重当前与抓好长远的结合上，深入思考、着力解决党的建设中面临的新情况新问题，有效防止党员特别是领导干部走向违纪违法，有效防止领导班子弱化甚至丢弃主体责任，有效防止一个地区一个单位政治生态出问题，健全把纪律和规矩挺在前面的长效机制，健全用制度治党、管权、治吏的长效机制，健全始终保持管党治党严紧硬的长效机制，使全面从严治党成为常态，使党内政治生活纯洁健康，努力建设政治生态的绿水青山。

省纪委工作报告按照党中央、中央纪委关于全面从严治党的战略部署和省委“一个指引、两手硬”重大思路和要求，坚持“巩固、深化、提高”的方针，在总结过去五年工作的基础上，对今后五年全省党风廉政建设和反腐败斗争作出系统部署。主要是加强党内监督，加强和规范党内政治生活；强化主体责任，层层推动全面从严治党落到实处；以坚持促深化，持之以恒加强作风建设；实践“四种形态”，真正把纪律和规矩挺在前面；深化基层党风廉政建设，坚决整治侵害群众利益的不正之风和腐败问题；坚持从严要求，建设忠诚干净担当的纪检监察干部队伍。

三、兴起学习宣传贯彻省第十一次党代会精神热潮，建立健全贯彻落实长效机制

（一）加强组织领导。学习宣传贯彻大会精神是当前和今后一个时期的重要政治任务。全省各级党组织要立即进行专题部署，制定周密学习计划和方案，提出具体要求，推动广大党员干部全面准确掌握大会精神。要把学习宣传贯彻大会精神与学习宣传贯彻党的十八届六中全会精神结合起来，与“两学一做”学习教育结合起来，与谋划阶段性工作特别是明年工作结合起来，把学习宣传贯彻大会精神的过程变成增强“四个意识”特别是核心意识、看齐意识的过程，变成坚定理想信念、做合格党员的过程，变成完善发展思路、凝聚奋进力量的过程。要加强工作指导，及时全面掌握进展情况，总结和推广好经验好做法，对遇到的疑惑和问题要及时阐释和解决，务求取得实效。

（二）精心组织学习宣传。省委要组建宣讲团，深入机关、企业、高校集中开展宣讲活动，各地要参照这一做法，深入城乡基层开展面对面宣讲，把大会精神讲清楚、讲透彻。要把大会精神列入各级党校、行政学院干部教育培训，做好培训轮训工作。要组织广大理论工作者开展深入系统学习研究，推出一批有深度、有分量、有价值的理论成果，解读好大会确定的治晋理政新方略新目标和新思路新举措。基层党组织要采取培训班、读书会、报告会、讲座等多种形式，组织好广大党员干部群众的学习，在贴近实际、贴近生活、贴近群众上下功夫，使大会精神家喻户晓、深入人心。党报、党刊、电台、电视台要围绕大会精神推出报道和评论，报道广大党员干部群众和社会各界对大会的热烈反响，反映各地各部门贯彻大会精神的实际行动。要做好网上宣传引导，通过微博、微信、移动客户端等新媒体平台集中推送，多角度、立体化解读大会精神，积极回应网民关切。要通过强化正面宣传、正面引导和大会精神的持续贯彻，使全省干部群众感受到事业的新进步、生活的新变化、山西的新气象，不断激发塑造美好形象、实现振兴崛起的强大正能量。

（三）坚持领导干部带头。各级党委主要负责同志要带头学习领会好报告精神，做到先学一步、深学一步。要重点抓好县处级以上领导干部的学习，组织撰写学习体会，加深对大会精神的理解和认识，提升学习质量和效果。要突出抓好党委（党组）中心组学习，列出专题进行学习研讨，力求学深学透、融会贯通。领导干部要带头宣讲，带头谈认识、谈体会，示范带动广大党员干部群众的学习。各级领导干部要注重把学习领会报告精神与研究解决改革发展稳定的重大问题、人民群众反映集中的突出问题、党的建设面临的紧迫问题结合起来，不断提高工作能力和领

导水平。

（四）采取有力举措狠抓贯彻落实。对报告提出的目标任务要进行责任分解，逐项落实到各地各部门，纳入年度目标责任考核。要着眼五年进行系统谋划，年度工作部署和阶段性工作都要围绕贯彻大会精神展开，定期不定期对贯彻落实情况进行“回头看”，确保大会精神落到实处，确保一张蓝图绘到底。对重大部署要用超常规举措推进落实，持续用力，加强督促检查。各地各部门要根据大会精神，紧密结合实际，进一步完善工作思路、制度安排、工作举措，用改革发展成果来检验学习贯彻的实际成效。

（五）按照大会精神做好当前各项工作。把大会精神落到实处，开好头、起好步至关紧要。要多措并举巩固和发展经济稳步向好势头，尤其抓好国企国资改革、开发区建设创新等重大改革的破题。要激励干部干事创业，支持干部改革创新，根据各级班子换届后的特点，有针对性地加强干部教育培训工作，以激发干部内生动力，提高干部工作本领。要高度重视保障和改善民生，妥善安排好困难群众生产生活。要坚持总体安全观，扎实做好社会治安综合治理工作，落实安全生产各项措施，守住全社会系统安全底线，为学习宣传贯彻大会精神营造良好环境和社会氛围。

各市各部门学习宣传贯彻省第十一次党代会精神的情况，要及时报告省委。

中共山西省委

2016年11月8日

中共山西省委　山西省人民政府
关于印发《山西省贯彻落实〈法治政府建设实施纲要（2015—2020年）〉的实施方案》的通知

晋发〔2016〕44号

各市、县委，各市、县人民政府，省委各部委，省直各委、办、厅、局，各人民团体：

省委、省政府同意《山西省贯彻落实〈法治政府建设实施纲要（2015-2020年）〉的实施方案》，现印发给你们，请结合实际认真组织实施。

中共山西省委

山西省人民政府

2016年11月14日

山西省贯彻落实《法治政府建设实施纲要（2015—2020年）》的实施方案

为全面贯彻落实中共中央、国务院印发的《法治政府建设实施纲要（2015—2020年）》（中发〔2015〕36号，以下简称《纲要》），深入推进依法行政，加快建设法治政府，结合我省实际，制定本方案。

一、指导思想和工作目标

（一）指导思想

全面贯彻落实党的十八大和十八届三中、四中、五中、六中全会精神，以邓小平理论、“三个代表”重要思想、科学发展观为指导，深入学习贯彻习近平总书记系列重要讲话精神，根据“四个全面”重大战略布局，贯彻落实省委“一个指引、两手硬”的重大思路和要求，围绕基本建成法治政府目标，深入推进依法行政，加快建设法治政府，为全面建成小康社会，不断塑造山西美好形象、逐步实现山西振兴崛起营造良好法治环境，提供有力法治保障。

（二）工作目标

强化政治意识、大局意识、核心意识、看齐意识，坚持巩固成绩、夯实基础，重点突破、补齐短板，积极推进和完成《纲要》提出的各项目标任务，并不断巩固完善、拓展延伸。2016年底前，认真做好《纲要》宣传贯彻的基础工作，力争在完善重大行政决策等规范政府共同行政行为的制度建设上取得初步成效。2017年底前，各项探索、试点工作全面铺开，取得阶段性成效。2018年底前，建立健全法治政府建设的主要制度和机制，基础性工作进一步夯实，力争在重点领域和关键环节取得明显进展。2019年底前，建立完善各项配套制度，长效机制初步建成，基本完成《纲要》确定的各项目标任务。到2020年基本建成职能科学、权责法定、执法严明、公开公正、廉洁高效、守法诚信的法治政府。

二、主要任务和具体措施

（一）依法全面履行政府职能

1、深化行政审批制度改革

深入推进简政放权、放管结合、优化服务工作。认真做好国务院取消和下放行政审批等事项的落实和衔接工作。结合我省实际，持续精简行政审批事项，对直接面向基层、量大面广、由市县实施更方便有效且具有承接能力的行政审批事项，一律下放到市县管理。重视做好市县承接下放行政审批事项的业务培训，提高市县承接能力。2016年再取消下放和调整一批省级行政审批项目等事项。取消不符合行政许可法规定的资质资格准入许可，取消不必要的职业资格许可和认定事项，降低制度性成本和创业门槛。研究建立职业资格目录清单管理制度，公布实施职业资格目录清单。规范行政审批行为，对行政审批事项实行目录化、编码化管理，全面推行一个窗口办理、并联办理、限时办理、规范办理、透明办理、网上办理，提高行政效能。2016年底前，省市两级政务服务平台、公共资源交易平台建成运行，并加快形成全省统一、规范、透明的综合性政务服务平台体系和公共资源交易体系，实现全省行政审批等服务管理事项“一站式”网上办理与“全流程”效能监督，对需要进入平台进行交易的公共资源，应进必进，杜绝场外交易。建立各级投资项目在线审批监管平台，推行投资项目网上并联审批。加快推进相对集中行政许可权改革工作，指导太原经济技术开发区和灵石县探索开展试点工作，力争形成可复制可推广经验。

严格控制新设行政许可。依法细化行政许可设定标准，完善行政许可设定审查程序，加强对新设行政许可事项的审查论证和监督管理。

全面清理规范行政审批中介服务。建立完善行政审批中介服务管理制度，规范中介服务范围和收费标准，加强对中介服务机构监管，实行中介服务清单管理并向社会公布，坚决整治“红顶中介”，推进中介服务行业公平竞争。2016年底前编制省政府部门行政审批中介服务事项清单并向社会公布。

2、大力推行权力清单、责任清单制度并实行动态管理

深入推行权责清单制度。在省市县三级政府部门公布权责清单基础上，建立完善清单动态管理制度。2016年制定《山西省政府部门权责清单动态管理办法》和《山西省政府部门行政职权运行监督管理办法》。依据有关法律法规规章适时调整权责清单，进一步完善权力运行流程图和风险防控图，强化对权力运行的制约监督。按照国务院统一部署，落实好市场准入负面清单制度。

建立行政事业性收费和政府性基金清单制度。取消一切不合法、不合规、不合理的收费和基金项目，对擅自增加收费和基金项目、提高征收标准、扩大征收范围的，责令停止执行，并依法追究相应责任。对行政事业性收费和政府性基金清单实行动态管理，及时更新并公布收费和基金项目目录清单。

3、优化政府组织结构

深化行政体制改革。优化政府机构设置、职能配置、工作流程，解决部门职能交叉、重叠、模糊不清等问题，理顺部门权责关系。创新行政管理方式，完善政府绩效管理。推进省市县三级政府事权规范化、法制化，强化省政府统筹推进区域内基本公共服务均等化职责，强化市县两级政府执行职责。

4、完善宏观调控

根据国家相关领域立法，健全发展规划、投资管理、城乡统筹等方面地方性法规、政府规章，加强发展战略、规划、政策、标准等的制定和实施。转变政府投资职能，强化企业投资主体地位，根据国家《政府核准的投资项目目录》，按照国务院关于深化投资审批制度改革的原则以及放管结合、优化服务的要求，结合我省基层政府承接能力，划分省市县三级政府投资核准管理权限，及时修订发布《山西省政府核准的投资项目目录》。深化重点领域价格改革，建立健全政府定价制度，推进价格体制改革，大幅缩减政府定价种类和项目，制定并公布政府定价种类和项目目录。

5、加强市场监管

深化商事制度改革。严格执行《山西省工商登记后置审批项目指导目录》，并加强动态管理。巩固扩大“三证合一、一照一码”改革成果，提高全省企业共享数据质量，积极推行“五证合一”，探索“多证合一”，做好个体工商户“两证合一”有关工作。修订《山西省市场主体住所（经营场所）登记管理办法》，进一步推进住所（经营场所）便利化。2016年底前，全面实施企业网上注册和名称核准全程电子化。开展企业简易注销试点工作，构建便捷有序的市场退出机制。建立完善企业法人库和小微企业名录库的信息互联互通机制。

创新市场监管方式。完善市场监管体系，清理废除妨碍市场统一和公平竞争的各种规定和做法，破除部门保护、地区封锁和行业垄断。实行“双告知”制度，建立市场主体信息公示、信息互联互通、“双随机”抽查等协同监管机制，切实加强事中、事后监管。2016年底前制定《关于贯彻落实〈国务院关于“先照后证”改革后加强事中事后监管的意见〉的实施意见》和《关于做好“双告知”工作加强事中事后监管的通知》，按照“谁审批、谁监管，谁主管、谁监管”的原则，建立健全登记注册、行政审批、行业主管相互衔接的市场监管机制，实现各有关部门依法履职信息互联互通、齐抓共管。

加强社会信用体系建设。加快建设信用信息共享交换平台，实行统一的社会信用代码制度。推进全省统一的市场主体信用信息公示（共享）“一张网”建设，不断完善系统功能，实现公示（共享）系统互联互通和省市县三级政府行政许可后续监管部门的全联通；加大省市县三级政府部门履职过程中产生的市场主体信用信息的归集、整合、公示力度，实现市场主体登记、行政许可、行政处罚、良好行为以及监管等信息的全覆盖。建立完善信用评价、失信惩戒和“黑名单”等行业信用管理制度，健全守法诚信

激励和违法失信惩戒机制,构建第三方信用评估评价机制。依法保护企业和个人信息安全。

6、创新社会治理

深入推进社会治安综合治理。健全落实社会治安综合治理领导责任制，完善立体化社会治安防控体系，深入推进“平安山西”建设。

加强重点领域社会治理。牢固树立安全发展理念，坚持问题导向，突出工作重点，依法加强对影响或危害安全生产、食品药品安全、生态环境、网络安全、社会安全等方面重点问题的治理，保障人民群众生产生活的安全感。全方位强化安全生产，加强安全生产制度保障，2017年底前完成《山西省安全生产条例》修订工作，积极推进《山西省煤炭管理条例》的修订；严格落实企业安全生产主体责任、政府部门安全生产监管责任和政府安全生产领导责任，加大安全生产目标责任考核和行政问责力度。推进食品药品安全追溯体系和检验检测体系建设,全过程保障食品药品安全。科学编制应急预案，提高公共突发事件防范处置和防灾救灾减灾能力。

完善社会组织登记管理制度。建立健全直接登记与双重管理相结合的社会组织登记管理制度。重点培育和发展行业协会商会类、科技类、公益慈善类、城乡社区服务类社会组织。大力推进政府向社会组织购买服务，适合由社会组织提供的公共服务和解决的事项，交由社会组织承担。认真贯彻落实《山西省志愿服务条例》，加强配套制度建设，支持和发展社会工作服务机构和志愿服务组织。监督规范和正确引导网络社团社群健康发展。

大力推进社会自治。加强宣传教育，积极指导支持，注重发挥市民公约、乡规民约、行业规章、团体章程等社会规范在社会治理中的积极作用。

7、优化公共服务

积极推进基本公共服务标准化、均等化、法定化。促进教育、卫生、文化等事业健康发展，强化政府促进就业、调节收入分配和完善社会保障职能，加快形成政府主导、覆盖城乡、可持续的基本公共服务体系。通过整合资源、优化流程、规范行为，提升公共服务能力，以标准化、制度化促进公共服务均等化。

大力促进公共服务提供主体和提供方式多元化。建立健全政府购买公共服务制度机制，公开政府购买公共服务目录，完善公开招标、邀请招标、竞争性谈判、询价等多元化购买公共服务方式，鼓励采用政府与社会资本合作模式，加强政府购买公共服务质量监管。

8、强化生态环境保护

加快建立和完善促进绿色发展、循环发展、低碳发展的生态文明地方性法规、政府规章及相关配套制度，抓紧修订《山西省环境保护条例》。深化资源型产品价格和税费改革，形成有利于促进企业转型升级和节能环保的价格体系。实行资源有偿使用制度和生态补偿制度，加快推进排污权有偿使用和交易。

改革生态环境保护管理体制，完善并严格实行环境信息公开制度、环境影响评价制度和污染物排放总量控制制度，加快推进排污许可制度改革，积极稳妥推进省以下环境监察监测垂直管理，全面贯彻执行《山西省环境保护职责规定》和《山西省环境保护督察方案》，促进各级党委、政府和相关部门落实环保责任。

建立完善生态环境保护责任追究制度和生态环境损害赔偿相关配套制度。制定贯彻落实中共中央办公厅、国务院办公厅印发的《党政领导干部生态环境损害责任追究办法（试行）》的实施细则，认真落实领导干部自然资源资产离任审计工作。

（二）完善依法行政制度体系

9、完善政府立法工作机制

完善政府立法程序。修订《山西省人民政府草拟地方性法规草案制定政府规章规定》，健全政府立法立项、起草、征求意见、论证、审查、协调、审议工作机制，推进政府立法精细化。实行向社会公开征集立法项目制度，制定政府年度立法计划。开展立法前调研、评估，实行立法项目论证制度。完善政府立法起草工作机制，综合性强、涉及多部门职责等重要行政管理的地方性法规、政府规章由政府法制机构组织起草，探索委托第三方起草地方性法规、政府规章办法，防止部门利益和地方保护主义法制化。完善政府立法协调工作机制，发挥政府法制机构在政府立法协调中的主导作用，对争议较大的重要立法事项，引入第三方评估，充分听取各方面意见，依法协调决定。建立政府立法前评估和立法后评估制度。坚持立改废释并举，对与上位法不一致、不协调或不适应改革和经济社会发展要求的地方性法规和政府规章，要及时修改或废止；完善政府规章解释程序，做好政府规章解释工作。

10、加强重点领域政府立法

政府立法坚持主动适应改革和经济社会发展需要，统筹兼顾、突出重点、急用先立，立法条件成熟的项目优先。围绕省委、省政府重大决策部署和深化改革重点任务，加快推进供给侧结构性改革、资源型经济综合配套改革、创新社会治理、促进安全生产、保障改善民生、保护生态环境、加强政府自身建设等领域的立法。对实践证明已经比较成熟的改革经验和行之有效的改革举措，要及时按照立法程序上升为政府规章、地方性法规。

11、提高政府立法公众参与度

完善政府立法征求意见机制，建立完善起草地方性法规草案和政府规章草案征求人大代表意见制度和政府立法协商制度，充分听取人大代表、政协委员、民主党派、工商联、无党派民主人士、人民团体和社会组织代表的意见建议。在政府立法中对涉及群众切身利益或各方面有较大意见分歧的，要采取座谈会、论证会、听证会、问卷调查等形式广泛听取社会公众意见。完善地方性法规、政府规章草案通过媒体向社会公开征求意见制度，除依法需要保密的外，都要通过网络、报纸等媒体向社会公开征求意见，期限一般不少于30日。健全公众意见采纳情况反馈机制。完善政府立法咨询论证机制，建立政府立法专家咨询论证库，对政府立法中涉及的重大利益调整问题，组织行政机关、社会团体、专家学者等开展咨询论证。

12、加强规范性文件监督管理

建立完善规范性文件制定程序，严格执行《山西省规范性文件制定与备案规定》和《山西省行政机关规范性文件制定程序暂行办法》，实行制定机关对规范性文件统一登记、统一编号、统一公布制度，严格落实合法性审查、集体讨论决定等制度。严格禁止规范性文件设定行政许可、行政处罚、行政强制等事项，不得减损公民、法人和其他组织合法权益或增加其义务。落实规范性文件公开制度，对涉及公民、法人和其他组织权利义务的规范性文件，必须按照法定要求和程序予以公布，未经公布的不得作为行政管理的依据。建立规范性文件异议审查制度，公民、法人和其他组织对规范性文件提出建议审查申请的，制定机关应当在收到建议审查申请书之日起30日内给予答复。加强规范性文件前置审查和备案审查，把所有规范性文件纳入备案审查范围，做到有件必备、有件必审、有错必纠。

13、建立政府规章和规范性文件清理长效机制

根据全面深化改革、经济社会发展需要，依据上位法立改废情况，及时做好政府规章和规范性文件清理工作。2017年底前，完成对现行政府规章和规范性文件的清理工作，清理结果向社会公布。实行规范性文件有效期制度。建立政府规章、规范性文件动态管理机制，对政府规章、规范性文件实行目录和文本动态化、信息化管理，各级政府及其部门要根据规范性文件立改废情况及时作出调整并向社会公布。

（三）推进行政决策科学化、民主化、法治化

14、健全依法决策机制

建立完善重大行政决策程序规定，明确决策主体、事项范围、决策程序、法律责任，规范决策流程，强化法定程序的刚性约束。2016年底前制定《山西省人民政府健全重大行政决策机制实施细则》。

15、增强公众参与实效

完善行政决策征求意见制度，对事关经济社会发展全局和涉及群众切身利益的重大行政决策，应当广泛征求社会公众意见，与利害关系人加强沟通，并注重听取人大代表、政协委员、人民团体、基层组织、社会组织的意见。建立行政决策公众参与平台，2016年底前，各级政府及其部门依托政府门户网站建立行政决策公众参与平台，对社会关注度高、涉及群众切身利益的决策事项，应当及时公开相关信息、进行解释说明，广泛征求公众意见，并及时反馈意见采纳情况和理由。建立重大民生决策民意调查制度，对文化教育、医疗卫生、资源开发、环境保护、公共事业等重大民生决策事项，要开展民意调查，广泛集中民智。

16、提高专家论证和风险评估质量

建立行政决策咨询论证专家库，制定决策咨询论证管理办法，优化决策咨询论证工作机制，组织专家、学者和科研院所等专业机构对专业性、技术性较强的决策事项进行论证，支持专家独立开展工作，逐步实行专家信息和论证意见公开制度。建立完善重大决策社会稳定风险评估机制，实行决策主体主导评估与委托第三方评估相结合，创新评估方法，提升评估实效。

17、加强合法性审查

完善合法性审查机制，认真贯彻落实《山西省重大行政决策合法性审查办法》，2016年底前，各级政府及其部门全面建立行政机关内部重大决策合法性审查机制，未经合法性审查或经审查不合法的重大决策，不得提交讨论。实行政府和部门法制机构负责人列席政府常务会议和部门领导班子办公会议制度。建立完善政府法律顾问制度，出台《山西省人民政府关于建立政府法律顾问制度的意见》，对现行《山西省人民政府法律顾问委员会工作规则》进行修订。各级政府及其部门要建立以政府法制机构人员为主体、吸收专家和律师参加的法律顾问队伍，将法律服务费用纳入政府及其部门年度财政专项预算，保证法律顾问在制定重大行政决策、推进依法行政中发挥积极作用。

18、坚持集体讨论决定

坚持重大行政决策必须经政府常务会议或者全体会议、部门领导班子会议讨论，由行政首长在集体讨论基础上作出决定。行政首长拟作出的决策与会议组成人员多数人的意见不一致的，应当在会上说明理由。建立重大行政决策档案管理制度，如实记录重大行政决策集体讨论情况和决定，并完整存档。

19、严格决策责任追究

建立重大行政决策后评估制度。决策机关作出重大行政决策后，应当适时跟踪决策执行情况和实施效果，根据实际需要进行重大决策后评估，并根据实际情况及时作出决策调整或停止决策执行的决定。

建立健全并严格实施重大决策终身责任追究制度及责任倒查机制。2018年底前出台《山西省重大行政决策责任追究办法》。加强监督检查，对决策严重失误或者依法应该及时作出决策但久拖不决造成重大损失、恶劣影响的，严格追究相关领导干部及责任人员的党纪政纪和法律责任。

（四）坚持严格规范公正文明执法

20、改革行政执法体制

合理配置执法力量。减少执法层次，整合执法队伍，推进执法重心向市县两级政府下移，充实基层执法力量。完善市县两级政府行政执法管理，建立健全管理制度，加强统一领导和协调，大力推进执法规范化建设。

推进综合行政执法。扎实推进综合行政执法试点工作，重点在市场监管、卫生计生、文化旅游、资源环境、农林水利、交通运输、商务流通、安全生产、城乡建设、城市管理等领域推行综合行政执法，积极探索跨部门综合执法，大幅减少市县两级政府行政执法队伍种类。2016年出台

《关于深化综合行政执法体制改革的指导意见》。

理顺城市管理执法体制。深入贯彻中共中央、国务院《关于深入推进城市执法体制改革改进城市管理工作的指导意见》(中发〔2015〕37号),建立健全城市管理执法配套制度,加强城市管理综合执法机构和队伍建设，着力提高执法和服务水平。2016年底前出台我省的实施意见。

理顺行政强制执行体制。按照国家统一部署和有关规定，制定我省理顺行政强制执行体制的实施意见，科学配置行政强制执行权，依法完善行政强制执行程序，提高行政强制执行效率。

健全行政执法与刑事司法衔接机制。建立健全并严格执行行政执法机关和司法机关信息共享、案情通报、案件移送制度，明确案件移送标准，完善案件移送程序。2017年底前制定健全我省行政执法和刑事司法衔接机制的实施意见。

21、完善行政执法程序

规范行政裁量权。建立完善行政裁量权基准制度，依法细化量化行政裁量标准，以行政处罚为重点,规范行政裁量范围、种类、幅度。2017年底前各级行政执法部门要建立完善行政处罚裁量基准制度和裁量标准，并根据法律法规规章立改废情况及时更新和公布。

建立行政执法全过程记录制度。分类制定行政执法程序规范，明确执法操作流程，重点规范行政许可、行政处罚、行政强制、行政征收、行政收费、行政检查等执法行为。2017 年底前，各级行政执法部门要编制完成行政执法操作流程规范文本，确保行政执法全过程记录制度落到实处。

健全行政执法相关配套制度。建立完善行政执法立案、调查取证、告知、听证、集体讨论等制度；建立完善行政执法权限协调机制，及时解决执法机关之间的权限争议，2018年底前制定《山西省行政执法争议协调处理规定》，研究建立异地行政执法协助制度；实行重大行政执法决定法制审核制度，未经法制审核或者审核未通过的，不得作出决定，2017年底前出台《山西省重大行政执法决定法制审核制度》。

22、创新行政执法方式

推行行政执法公示制度。在有条件的行政执法部门开展行政执法公示试点，2018年底前出台《山西省推行行政执法公示制度实施意见》。

加强行政执法信息化建设。行政执法部门要强化科技、装备在行政执法中的运用，根据本行业本部门执法特点，加快建立统一的行政执法信息平台，完善网上执法办案及信息查询系统；建立守法信用记录制度，积极搭建公民、法人和其他组织守法信用记录平台，完善守法诚信褒奖机制和违法失信行为惩戒机制。

积极推进文明执法。建立完善文明执法相关制度，推广运用说服教育、劝导示范、行政指导、行政奖励等非强制性执法手段，严格规范行政执法言行。

23、全面落实行政执法责任制

各级行政执法部门要结合已建立的权力清单、责任清单，按照“梳理执法依据、分解执法职权、明确执法责任”的要求，采用电子信息化手段，严格确定本部门及内设机构、执法岗位、执法人员的执法责任，实行动态管理，并向社会公布。健全执法评议考核机制和常态化责任追究机制，完善投诉举报、情况通报等制度，建立统一的行政执法监督网络平台，通过开展执法责任制抽查检查、执法案卷评查、执法评议考核等方式，切实加强对行政执法的日常监督，充分发挥执法责任制规范行政执法行为的重要作用。

24、健全行政执法人员管理制度

加强行政执法人员资格管理。严格执行《山西省行政执法条例》及《山西省行政执法证件管理办法》，2016年底前，各级行政执法部门对本部门行政执法人员进行一次严格清理，全面实行行政执法人员持证上岗和资格管理制度，未经执法资格考试合格，不得授予执法资格，不得颁发行政执法证。

建立完善行政执法人员考核制度。健全纪律约束机制，加强职业道德教育，强化行政执法培训，全面提高执法人员素质和执法水平。建立行政执法人员平时考核制度，科学合理设计考核指标体系，考核结果作为执法人员职务级别调整、交流轮岗、教育培训、奖励惩戒的重要依据。

规范行政执法辅助人员管理。研究制定执法辅助人员管理制度，明确其参与行政执法的适用岗位、身份性质、职责权限、权利义务、聘用条件和程序等，对行政执法辅助人员要严格管理，加强工作保障。

25、加强行政执法保障

维护行政执法的权威性和严肃性。各级党政机关和领导干部要支持行政执法机关依法公正行使职权，不得让行政执法人员做不符合法律法规规章规定的事情。对妨碍行政机关正常工作秩序、阻碍行政执法人员依法履职的违法行为，坚决依法处理。

加强行政执法财政保障。行政机关履行执法职责所需经费，由各级政府纳入本级财政预算，保证执法经费足额拨付。重视改善执法条件，合理安排执法装备配备、科技建设方面的投入。严格执行罚缴分离和收支两条线管理制度，严禁下达或者变相下达罚没指标，严禁将行政事业性收费、罚没收入同执法部门利益直接或者变相挂钩，严禁自收自支组织从事执法活动。

（五）强化对行政权力的制约和监督

26、健全行政权力运行制约和监督体系

加强对行政权力制约和监督的制度机制建设。建立完善制约和监督行政权力的配套制度，优化监督机制。起草政府规章和规范性文件，要有效落实公开行政权力运行流程、惩治和预防腐败、防控廉政风险、防止利益冲突等要求。根据有关法律法规，加强行政程序制度建设，严格规范作出各类行政行为的主体、权限、方式、步骤和时限。

加强政府诚信建设。加快政府守信践诺制度机制建设，发挥政府诚信建设示范作用。建立公务员诚信档案，将公务员个人有关事项报告、廉政记录、年度考核结果、违法违纪行为等信用信息纳入档案，把公务员诚信记录作为干部考核、任用和奖惩的重要依据。

27、自觉接受党内监督、人大监督、民主监督、司法监督

在党委对党风廉政建设和反腐败工作的统一领导下，各级政府及其部门党委（党组）要切实履行主体责任，主要负责人要强化第一责任人意识，对本级政府、本部门党风廉政建设负总责。各级政府要认真执行向本级人大及其常委会报告工作制度、接受询问和质询制度、报备政府规章和规范性文件制度。认真研究处理人大及其常委会对政府工作提出的审议意见，及时研究办理人大代表和政协委员提出的意见和建议。健全知情明政机制，政府相关部门要向政协定期通报有关情况，为政协委员履职提供便利、创造条件。严格执行行政诉讼法，2016年底前出台《山西省行政机关行政应诉办法》，明确行政应诉主体和行政机关负责人出庭应诉规定，完善行政应诉工作程序，健全行政应诉工作机制，积极配合和支持人民法院行政审判活动，尊重并自觉执行人民法院生效裁判。完善行政机关协查职务犯罪工作机制，积极配合检察机关开展监督工作。

28、加强行政监督和审计监督

完善政府内部层级监督。建立健全常态化、长效化内部层级监督制度和机制，加大上级行政机关对下级行政机关的监督力度，及时发现和依法责令整改存在的问题，提高行业系统自我纠错能力。

强化政府部门内部权力制约机制。对财政资金分配使用、国有资产监管、政府投资、政府采购、公共资源转让、公共工程建设等权力集中的部门和岗位，实行分事行权、分岗设权、分级授权，定期轮岗，强化内部流程控制，防止权力滥用。

加强行政监察。建立完善行政监察相关配套制度，不断优化工作机制。各级监察机关要切实履行监督责任，确保廉政建设各项任务落实。

完善审计制度。健全有利于依法独立行使审计监督权的审计管理体制，强化上级审计机关对下级审计机关的领导。建立具有审计职业特点的审计人员管理制度，完善审计监督机制。对公共资金、国有资产、国有资源和领导干部履行经济责任情况实行审计全覆盖。根据领导干部岗位性质、履行经济责任的重要程度、管理资金资源规模等因素，确定重点审计对象和审计周期，坚持任中审计和离任审计相结合。加强内部审计工作，充分发挥内部审计作用。

29、完善社会监督和舆论监督机制

强化社会监督。各级政府和部门要建立违法行政投诉举报制度，畅通举报箱、电子信箱、热线电话等监督渠道，方便群众投诉举报、反映问题，依法及时调查处理违法行政行为。

重视舆论监督。发挥报刊、广播、电视等传统媒体监督作用，重视运用和规范网络监督，建立健全网络舆情监测、收集、研判、报送、处置机制，推动网络监督规范化、法治化。各级政府和部门要认真核实、及时回应各种舆论监督提出的问题。

30、全面推进政务公开

完善政府信息公开制度。认真贯彻执行《中华人民共和国政府信息公开条例》及《山西省政府信息公开规定》，完善相关配套制度和机制，不断拓宽政府信息公开渠道，推进决策、执行、管理、服务和结果“五公开”。加强政府门户网站规范化管理，完善政府新闻发言人、突发事件信息发布等制度，做好对热点敏感问题的舆论引导，及时回应人民群众关切。

加大重点领域政府信息公开力度。积极推进财政预算、公共资源配置、重大建设项目批准和实施、社会公益事业建设等领域的政府信息公开，加强信息发布和解读，增强公开信息的有效性和有用性。

创新政务公开方式。运用“互联网＋政务公开”模式，发挥大数据作用，加强互联网政务信息数据服务平台和便民服务平台建设，提高政务公开信息化、集中化水平。

31、完善纠错问责机制

加强行政问责制度和机制建设。完善问责制度，健全问责机制，实现问责主体、事项、对象、程序、方式的规范化、制度化。增强行政问责的针对性和时效性，坚决纠正行政不作为、乱作为，坚决克服懒政、庸政、怠政，坚决惩处失职、渎职行为。

严格落实党风廉政建设责任制。坚持有错必纠、有责必问，对“四风”问题突出、发生顶风违纪问题或者出现区域性、系统性腐败案件的地方、部门和单位，既要追究主体责任、监督责任，又要严肃追究领导责任。

（六）依法有效化解社会矛盾纠纷

32、健全依法化解纠纷机制

构建维护群众利益制度体系。建立健全社会矛盾预警机制、利益表达机制、协商沟通机制、救济救助机制，及时收集分析和研判热点、敏感、复杂矛盾纠纷信息，加强群体性、突发性事件预警监测,强化依法应对和处置群体性事件机制和能力。

加强法治宣传教育。认真实施山西省“七五”普法规划，创新普法方式方法，组织开展好“依法行政宣传月”活动。大力宣传宪法和法律法规，重点宣传与人民群众生产生活密切相关的法律法规，积极引导公民、法人和其他组织依法表达诉求和维护权益，促进依法行政、公正司法，促进社会矛盾纠纷的有效化解。

33、加强行政复议工作

改革行政复议体制。积极推进行政复议委员会试点工作，探索整合行政复议职责。及时总结太原、晋城行政复议委员会试点工作，形成可复制可推广经验。健全行政复议案件审理机制，认真落实《山西省行政复议调解和解规

定》《山西省重大行政复议决定备案规定》等制度，加大实地调查和听证审理力度，办理重大疑难案件要注重听取政府法律顾问的咨询、论证意见。加强行政复议信息化建设，推进网上受理、办理行政复议案件。加强行政复议能力建设，认真落实《山西省行政复议工作规范化建设实施方案》，使行政复议机构设置、人员配备与所承担的工作任务相适应、相匹配；切实落实办案场所和有关装备保障，行政复议经费列入本级政府预算；加强行政复议培训工作，不断提升行政复议人员素质。着力提高行政复议办案质量，增强行政复议的专业性、透明度和公信力，充分发挥行政复议解决行政争议的重要作用。

34、完善行政调解、行政裁决、仲裁制度

健全行政调解制度。2018年底前制定《山西省行政调解规定》，明确行政调解范围，完善行政调解机制，规范行政调解程序。重点抓好劳动争议、交通事故赔偿、医疗卫生、学校意外伤害、资源权属、征地拆迁、物业管理、消费者权益保护等方面行政调解工作。健全行政裁决制度，完善行政裁决程序，强化行政机关解决同行政管理活动密切相关的民事纠纷功能，依法全面履行行政裁决职责。健全仲裁制度，加强对仲裁工作的指导，规范仲裁机构登记管理工作，提升仲裁公信力，充分发挥仲裁解决经济纠纷、化解社会矛盾、促进社会和谐的作用。

35、加强人民调解工作

强化指导职能，加大支持力度，健全人民调解组织网络，实现村委会、居委会人民调解组织全覆盖。加强人民调解员队伍建设，推进企事业单位、乡镇街道、社会团体、行业组织中人民调解组织建设。完善人民调解、行政调解、司法调解联动工作体系，完善多元化纠纷解决机制。

36、改革信访工作制度

打造“阳光信访”、责任信访、法治信访,保障合理合法诉求依照法律规定和程序能得到合理合法的结果。完善信访工作制度，规范信访工作程序，畅通群众诉求表达、利益协调和权益保障渠道，引导信访群众依法反映诉求，健全及时就地解决群众合理诉求机制，依法维护信访秩序。优化传统信访途径，实行网上受理信访制度。严格实行诉访分离，推进通过法定途径分类处理信访投诉请求，完善涉法涉诉信访依法终结制度。

（七）全面提高政府工作人员法治思维和依法行政能力

37、树立重视法治素养和法治能力的用人导向

抓住领导干部这个推进法治政府建设的“关键少数”，把严守党纪、恪守国法的干部用起来，把法治观念强不强、法治素养好不好作为衡量干部德才的重要标准，把能不能遵守法律、依法办事作为考察干部的重要内容。重视培养和使用法治素养好、依法办事能力强的干部。对特权思想严重、法治观念淡薄的干部要批评教育、督促整改，问题严重或违法违纪的，要依法依纪严肃处理。

38、加强对政府工作人员的法治教育培训

完善和落实领导干部学法制度。各级政府及其部门每年要制定领导干部学法计划，明确学法方式和主要内容，通过政府常务会议和部门领导班子会议学法、举办法治专题讲座等方式学习习近平总书记关于依法治国系列重要论述和中国特色社会主义法治理论，学习宪法和与所承担工作密切相关的法律法规，培育强化法治意识和依法办事习惯，提高领导干部运用法治思维和法治方式深化改革、推动发展、化解矛盾、维护稳定的能力。县级以上政府每年至少举办两期领导干部法治专题培训班，各级政府每年至少举办两期法治专题讲座。

加强政府工作人员法治教育培训。加大对公务员初任培训、任职培训中法律知识的培训力度。各级党校、行政学院、干部学院等要把宪法法律列为干部教育的必修课。

加强行政执法培训。完善和落实行政执法人员岗位培训制度，县级以上政府及其行政执法部门每年要组织开展行政执法通用法律知识、专门法律知识、新法律法规等专题培训，组织行政执法经验交流，着力提升行政执法队伍整体法律素质和执法能力。

39、完善政府工作人员法治能力考查测试制度

建立对领导干部任职前法律知识考查和依法行政能力测试制度。通过先行试点、总结推广、出台制度，对拟提拔任用的领导干部进行法律知识考查和依法行政能力测试，考查和测试结果作为领导干部任职的重要参考。加强对公务员法律知识考查和依法行政考核工作，优化公务员录用考试测查内容，增加公务员录用考试中法律知识比重，实行公务员晋升依法行政考核制度。

40、加强法治实践

努力营造办事依法、遇事找法、解决问题用法、化解矛盾靠法的良好法治环境，引导形成守法律、重程序、受监督的良好工作习惯。推动落实“谁执法谁普法”的普法责任制，建立完善行政执法人员以案释法制度。健全法律顾问工作机制，注重发挥法律顾问和专家的咨询论证、审核把关作用。通过生动的法治实践，大力培育和提升政府工作人员的法治思维和依法行政能力。

三、组织保障和落实机制

（一）加强党对法治政府建设的领导

各级党委要把党的领导贯彻到法治政府建设各方面，发挥好领导核心作用。各级政府要在党委统一领导下，谋划和落实好法治政府建设各项任务，主动向党委报告法治政府建设中的重大问题，及时研究解决制约法治政府建设的体制机制障碍。各级政府及其部门要结合本地本部门实际，抓紧抓好法治政府建设工作部署和落实，每年第一季度制定印发本年度法治政府建设重点工作计划、任务分解意见，明确责任单位、工作进度和可检验的成果形式。

加强政府及其部门法制力量建设。切实加强政府及其部门法制机构和队伍建设，特别是要健全市县两级政府法制机构，使法制机构设置、专职人员配备、工作基础设施装备及经费保障与所承担的工作任务相适应、相匹配。注

重加强对政府及其部门法制工作人员的培训教育，不断提高政府及其部门法制工作人员的思想政治素质和业务工作能力。

（二）落实第一责任人职责

强化第一责任人职责。党政主要负责人要履行推进法治建设第一责任人职责，把建设法治政府摆在工作全局的重要位置。对不认真履行第一责任人职责，本地区本部门一年内发生多起重大违法行政案件、造成严重社会后果的，依纪依规追究主要负责人的责任。

建立法治政府建设情况报告制度。从2016年起，市县两级政府每年第一季度要向同级党委、人大常委会和上一级政府报告上一年度法治政府建设情况。省政府每年第一季度要向省委、省人大常委会和国务院报告上一年度法治政府建设情况。政府部门每年第一季度要向本级政府和上一级政府有关部门报告上一年度法治政府建设情况。年度法治政府建设情况报告要通过报刊、政府网站等向社会公开。

（三）强化考核评价和督促检查

强化考核评价。各级党委要把法治建设考核纳入党政领导班子和领导干部综合考核评价体系，把法治建设成效作为衡量各级领导班子和领导干部工作实绩的重要内容。

加强督促检查。各级政府及其部门要领导和监督本单位模范遵守宪法法律，坚决查处执法违法、滥用职权等行为。结合法治政府建设年度重点工作，上级政府要加强对下级政府和同级政府部门法治政府建设情况的督促检查，通过开展定期检查和专项督查，对发现的问题提出整改意见，对工作不力、问题较多的，要及时约谈、责令整改、通报批评。

探索建立法治政府建设公众评价制度。聘请有关高校、科研单位等作为第三方评估单位，适时组织开展法治政府建设评估工作。2018年，选择有条件的设区的市政府、县级政府开展第三方评估试点，全面评估法治政府建设现状。推行法治政府建设群众满意度测评制度，各级政府及其部门要定期开展法治政府建设社会满意度测评，及时了解和回应社会公众关切。根据第三方对法治政府建设现状的评估和开展法治政府建设社会满意度测评，坚持问题导向，切实改进工作。

（四）加强理论研究、典型示范和宣传引导

重视发挥典型示范作用。组织开展建设法治政府示范创建活动，大力培育法治政府建设先进典型，认真总结好经验好做法，通过召开现场会、经验交流会等形式及时进行交流和推广，充分发挥先进典型的示范带动作用，整体推进全省建设法治政府工作。

切实加大宣传引导力度。加强推进依法行政、建设法治政府宣传工作，坚持正面引导，充分运用传统媒体和新媒体，广泛宣传法治政府建设目标、工作部署、先进经验、典型做法，正确引导舆论、凝聚社会共识，营造全社会关心、支持和参与法治政府建设的良好社会氛围。同时，要通报和曝光违法行政典型案例，分析原因，警示教育，吸取教训，改进工作。

积极推进理论研究创新。加强中国特色社会主义法治政府建设理论研究，坚持理论研究创新与实践创新相结合，坚持从实际出发，坚持问题导向，积极组织开展或参与课题研究，为加快推进法治政府建设提供理论支撑和决策参考。

各地、各部门要根据《纲要》和本方案，紧密结合实际，制定本地、本部门的实施方案和年度工作要点，统筹兼顾，突出重点，制定更为具体的落实措施，明确时间进度安排和可检验的成果形式。党政主要负责人要亲自抓落实，本方案中提出的各项工作任务除有明确时间要求外，都要争取在2019年底前完成。本方案在责任分工中除单独负责的外，列在首位的部门为牵头部门。相关部门要做好统筹协调工作，及时与其他责任部门进行沟通协商；其他责任部门要根据本部门职责，承担并履行好本方案确定的相关任务，同时要积极配合牵头部门开展工作，形成工作合力。省政府法制办要牵头做好督促检查。各地、各部门要切实加强组织领导，大胆实践，开拓创新，以更加奋发有为的精神状态，扎实推动法治政府建设不断取得新进展新成效，为基本建成法治政府、全面建成小康社会作出新的更大贡献。

中共山西省委办公厅　山西省人民政府办公厅印发《关于实行审计全覆盖的实施意见》的通知

晋办发〔2016〕54号

各市、县委，各市、县人民政府，省委各部委，省直各委、办、厅、局，各人民团体，各高等院校、大型企业：

《关于实行审计全覆盖的实施意见》已经省委、省政府同意，现印发给你们，请认真贯彻落实。

中共山西省委办公厅
山西省人民政府办公厅
2016年12月9日

关于实行审计全覆盖的实施意见

为认真贯彻落实中共中央办公厅、国务院办公厅印发的《关于完善审计制度若干重大问题的框架意见》及《关于实行审计全覆盖的实施意见》等相关配套文件，依法全面履行审计监督职责，结合我省实际，提出如下实施意见。

一、总体要求

（一）指导思想

全面贯彻党的十八大和十八届二中、三中、四中、五中、六中全会精神，以邓小平理论、“三个代表”重要思想、科学发展观为指导，深入学习贯彻习近平总书记系列重要讲话精神，紧紧围绕“五位一体”总体布局和“四个全面”战略布局，按照党中央、国务院及省委、省政府决策部署，全面履行审计监督职责，对公共资金、国有资产、国有资源和领导干部履行经济责任情况实行审计全覆盖，更好地服务于经济社会持续健康发展。

（二）目标要求

全省各级审计机关要建立健全与审计全覆盖相适应的工作机制，科学规划，统筹安排，分类实施，注重实效，坚持党政同责、同责同审，对依法属于审计监督范围的所有管理、分配、使用公共资金、国有资产、国有资源的部门和单位，以及党政主要领导干部和国有企事业领导人员履行经济责任情况进行全面审计，基本实现五年审计周期内的审计全覆盖，做到应审尽审、凡审必严、严肃问责。对重点部门、单位要每年审计，其他审计对象一个周期内至少审计1次，对重点地区、部门、单位以及关键岗位的领导干部任期内至少审计1次，对重大政策措施、重大投资项目、重点专项资金和重大突发事件开展跟踪审计；坚持问题导向，对公共资金、国有资产数量较大的重点部门、重点单位，对问题多、反映大的单位及领导干部要加大审计频次，实现有重点、有步骤、有深度、有成效的全覆盖。充分发挥审计监督作用，通过审计全覆盖，发现国家和我省重大决策部署执行中存在的突出问题和重大违纪违法问题线索，维护财经法纪，促进廉政建设；反映经济运行中的突出矛盾和风险隐患，维护国家经济安全；总结经济运行中好的做法和经验，注重从体制机制层面分析原因并提出建议，促进深化改革和体制机制创新。

二、主要任务

（一）对公共资金实行审计全覆盖

全省各级审计机关要依法对政府的全部收入和支出、政府部门管理或其他单位受政府委托管理的资金，以及相关经济活动进行审计。主要检查公共资金筹集、管理、分配、使用过程中遵守国家法律法规情况，贯彻执行国家及我省重大政策措施和宏观调控部署情况，公共资金管理使用的真实性、合法性、效益性以及公共资金沉淀等情况，公共资金投入与项目进展、事业发展等情况，公共资金管理、使用部门和单位的财政财务收支、预算执行和决算情况，以及职责履行情况，促进公共资金安全高效使用。

坚持以公共资金运行和重大政策落实情况为主线，将预算执行审计与决算草案审计、经济责任审计、自然资源资产离任审计、专项资金审计、重大投资项目跟踪审计等相结合，统筹安排审计项目计划，加强不同审计项目之间的成果共享；有效推动对重点部门和单位的重点监督，重点关注资金管理使用情况、业务流程以及权力运行情况，全面加强对资金管理分配使用关键环节的审计力度。

根据公共资金的重要性、规模和管理分配权限等因素，结合我省实际，将属于审计范围的部门、单位进行合理划分，确定重点审计对象，对具有筹集、管理、分配财政资金和重大投资项目资金权限的重点部门、单位实行每年必审；对资金量较大且具有资金管理分配权限的部门、单位实行2–3年审1次，一次审2–3年；对其他单位基本实现5年内至少审计1次，以促进宏观政策贯彻落实和公共资金安全，推动财政资金合规、高效使用。

（二）对国有资产实行审计全覆盖

全省各级审计机关要依法对行政事业单位、国有和国有资本占控股或主导地位的企业（含金融企业，以下简称国有企业）等管理、使用和运营的境内外国有资产进行审计。主要检查国有资产管理、使用和运营过程中遵守国家法律法规情况，贯彻执行国家及我省重大政策措施和宏观调控部署情况，国有资产真实完整和保值增值情况，国有资产重大投资决策及投资绩效情况，资产质量和经营风险管理情况，国有资产管理部门职责履行情况，以维护国有资产安全，促进提高国有资产运营绩效。

根据国有资产的规模、管理状况以及管理主体的战略地位等因素，结合我省实际，确定重点审计对象，以国有企业资产负债损益审计为重点，结合国有企业领导人员经济责任审计、专项审计、重大投资项目审计等审计项目，基本实现对属于审计范围的重点国有企业5年内至少审计1次。将行政事业单位国有资产管理使用情况纳入年度预算执行审计或其他专项审计的范围。

（三）对国有资源实行审计全覆盖

全省各级审计机关要依法对土地、矿藏、水域、森林、草原等国有自然资源，特许经营权、排污权等国有无形资产，以及法律法规规定属于国家所有的其他资源进行审计。主要检查国有资源管理和开发利用过程中遵守国家法律法规情况，贯彻执行国家及我省重大政策措施和宏观调控部署情况，国有资源开发利用和生态环境保护情况，相关资金的征收、管理、分配和使用情况，资源环境保护项目的建设情况和运营效果、国有资源管理部门的职责履行情况，以促进资源节约集约利用和生态文明建设。

根据国有资源的稀缺性、战略性和分布情况等因素，确定重点审计对象，科学安排审计计划，加大对资源富集和毁损严重地区的审计力度。对重点国有资源进行专项审计，将国有资源开发利用和生态环境保护等情况作为领导干部经济责任审计的重要内容，基本实现对属于审计范围的重点审计对象5年内至少审计1次。

（四）对领导干部履行经济责任情况实行审计全覆盖

全省各级审计机关要依法对各级党委、政府、审判机关、检察机关，各级党政工作部门、事业单位、人民团体等单位的党委（党组、党工委）和行政正职领导干部（包括主持工作1年以上的副职领导干部），国有企业法定代表人，以及实际行使相应职权的企业领导人员履行经济责任情况进行审计。主要检查领导干部贯彻执行党和国家经济方针政策、决策部署情况，遵守有关法律法规和财经纪律情况，本地区本部门本单位发展规划和政策措施制定、执行情况及效果，重大决策和内部控制制度的执行情况及效果，本人遵守党风廉政建设有关规定情况等，以促进领导干部守法、守纪、守规、尽责。

按照领导干部岗位性质、履行经济责任的重要程度、管理资金（资产、资源）规模等因素，对审计对象实行分类管理，确定审计重点，对党政主要领导干部、重要经济管理部门领导干部和国有企业领导人员，应当在任期内至少审计1次。坚持党政同责、同责同审，逐步推进党委、政府主要领导干部和高校书记、校长的同步审计，坚持任中审计和离任审计相结合，经济责任审计与财政审计、金融审计、企业审计、资源环境审计、涉外审计等相结合，实现项目统筹安排、协同实施。

进一步建立健全经济责任审计工作联席会议制度、经济责任审计情况通报制度、审计整改以及责任追究等结果运用制度。上级联席会议（领导小组）要加强对下级经济责任审计项目计划制定的监督和指导，充分发挥经济责任审计在干部监督管理使用中的作用。

三、保障措施

（一）建立健全保障机制

1.强化组织领导。各级党委、政府要加强对审计全覆盖工作的统一领导、统一部署、统筹协调，制定符合当地实际的审计全覆盖的实施办法，定期召开专题会议，总结审计全覆盖工作进展情况，研究解决审计全覆盖工作中的困难和问题，提出对策建议，保障审计机关依法独立行使审计监督权，推动审计全覆盖各项决策部署的贯彻落实。

2.完善推进机制。在党委、政府的统一领导下，进一步明确纪检监察、组织人事、司法机关、审计、主管单位等部门在审计全覆盖工作中的职责，各部门分工负责、密切配合，建立健全信息共享机制、整改联动机制和责任追究机制，把审计结果及其整改情况作为考核、奖惩的重要依据，形成推进审计全覆盖的工作合力。

（二）加强审计资源统筹整合

1.建立完善分行业、分领域审计对象数据库。根据审计全覆盖的要求，按照省、市、县分级管理模式，在省级审计机关建立审计数据库，并组织相关部门及市、县两级审计机关，全面摸清审计对象底数，分类确定审计重点和审计频次，力争在2年之内建立并逐步完善。

2.建立审计信息更新和审计对象动态管理机制。建立与主管部门的信息联网或联动机制，关注审计对象机构分合、领导人员变化、资金项目变动等情况，定期评估审计重要性，及时收集审计对象的工作流程、资金规模、收支管理、信息系统以及与其他单位业务关系和资金往来、审计情况及审计整改落实情况等相关数据，实时更新审计对象信息，全面动态地掌握审计对象的情况。

3.统筹编制审计项目规划与计划。坚持审计项目规划与政府履职周期相同步，审计重点与国家审计署五年工作发展规划要求相衔接，基本实现5年一个周期的全覆盖。结合当地党委、政府中心工作，突出年度审计重点，拟订年度审计项目计划，并结合审计工作开展情况，年中进行动态调整。构建审计项目管理平台，加强对审计全过程的控制。

4.充分利用内部审计和社会审计力量。通过国家审计和内部审计的有效对接，在国家审计的指导下，充分发挥内部审计的作用，不断加大内部审计工作力度，与国家审计共同构建审计监督体系。建立健全以审计机关为主导、以审计需求为导向、购买社会审计服务的制度。对购买的社会审计服务进行监督检查，确保审计质量，防范审计风险。

（三）创新审计技术方法

1.完善大数据审计工作机制，构建大数据审计工作模式。全省各级审计机关要完善大数据审计制度，推动大数据分析的广泛运用，通过建立多维分析模型、查询分析模型等方法，加大业务数据与财务数据、单位数据与行业数据以及跨行业、跨领域数据的综合比对和关联分析力度。建立健全数据定期报送制度，属于审计监督对象范围的部门、单位，要依法向审计机关提供与本单位、本系统履行职责相关的电子数据信息和必要的技术文档，不得制定限制向审计机关提供资料和开放计算机信息系统查询权限的规定，已经制定的应予修订或废止（国家法律法规有规定的除外）。审计机关要加大数据集中力度，对获取的数据资料严格保密。

2.全省各级审计机关要依托“金审工程”三期的建设，搭建功能完备、兼容性强、操作简便、分级保密、实时互动的审计数据系统和数字化审计平台。建立审计成果和信息共享机制。完善配套审计成果和信息共享办法，建立健全省、市、县各级审计机关之间的工作协调机制，推动全省各级审计机关、不同审计项目之间的沟通交流，实现审计成果和信息的及时共享。

3.探索建立审计实时监督系统，实施联网审计。系统采集财政、税务、社保、金融等重点部门、单位各类型业务系统数据，建立“资金跟踪+联网核查”的审计新模式，拓展重点部门、单位联网审计的广度和深度，助推实行审计监督全覆盖。

为经济社会转型发展提供更强的动力活力支撑

——全省转型综改试验区建设回眸

省发展改革委（省转型综改办）

山西省国家资源型经济综合配套改革试验区建设，凝聚着党中央、国务院对山西的亲切关怀和支持，承载着全省人民的热切期盼和厚望。2010年转型综改试验区获批、特别是2012年8月国务院批复我省转型综改试验《总体方案》以来，全省以综改试验区建设为统领和切入点，按照“总体方案—实施方案—年度行动计划”的推进思路，加强顶层设计，分年度滚动实施重大改革、重大事项、重大项目和重大课题，着力破解制约资源型经济转型的体制机制障碍，释放改革红利、市场潜力和创新活力。2013—2015年三年《实施方案》部署了“5111”重点任务，即50项重大改革、100项重大事项、100项重大项目、10个重大课题；近三年分别实施了“1235”“3675”和“2285”《行动计划》，“5111”任务全面落实，在事关经济转型发展的重点领域和关键环节体制改革和机制创新方面不断取得重要进展和突破，一批改革创新制度性成果落地实施。尤其是2015年以来，全省进一步加大综改的方案统筹、进度统筹、质量统筹，在深化煤炭管理体制改革、深化国资国企改革、深化户籍制度改革、推进农业农村改革、科技创新、金融振兴、行政审批制度改革、政府自身建设，以及减轻企业负担促进工业稳定运行等重点领域，出台落实了80多个改革方案和制度性成果文件，对全省稳增长、调结构、惠民生、防风险的促进作用，对推进山西“六大发展”、实施“六权治本”的引领作用不断显现。

一、重点领域改革进展

（一）煤炭管理体制改革持续深入。把深化煤炭管理体制改革作为促进煤炭产业健康发展、加快综合能源基地建设的根本举措，成立了煤炭工业深化改革稳定运行领导小组，出台了《关于深化煤炭管理体制改革的意见》，围绕到2017年基本实现煤炭管理体制和管理能力现代化的目标，部署了10方面32项具体任务，各项改革取得积极进展。煤炭清费立税改革成效显著。把清理规范涉煤收费作为突破口，2014年在全国率先取消了专门面向煤炭的省定行政事业性收费，取缔违规收费项目，规范保留的涉煤收费。同时，推进煤炭资源税从价计征改革，暂停征收煤炭开采企业矿山环境治理保证金和煤矿转产发展资金两项基金，通过三项改革，共减轻煤企负担321亿元，吨煤降低成本40元。煤炭销售体制改革全面完成。2014年12月起全部取消对相关企业的煤炭、焦炭公路运销管理行政授权，全部取消煤炭、焦炭公路运销票据，全部撤销省内煤炭、焦炭公路检查站和稽查点，涉及撤销的各类站点共1487个，已全部落实到位。煤炭运销体制改革后，煤企税费负担率由14.6%降至10.6%。煤电一体化改革持续深入。坚持企业自愿、市场主导的原则，以产权为纽带，采取多样化的模式推进煤电一体化，同时推动建立长期协作合同全覆盖的省内电煤供需管理模式，推进煤电关系由“背靠背”走向“肩并肩”。全省20万千瓦及以上主力火电企业中，80%以上已实现煤电联营，形成了“煤控电、煤参电、电参煤、组建新公司”等四类煤电联营模式。省调主力发电企业中，未实现股权联营的发电企业，全部与省内煤炭企业签订长协合同。煤炭行政审批和证照管理体制改革步伐加快。2015年重点推进煤炭行政审批制度改革，出台了改革方案，从煤矿项目审批的前期准备、核准、开工、竣工验收各阶段减少审批环节，规范审批行为，涉煤审批事项、审批环节和企业事务性负担均减少1/3，审批时间缩短一半以上。煤炭资源市场化配置改革启动实施。出台了《煤炭资源矿业权出让转让管理办法》，进一步规范煤炭资源出让、转让行为，优化煤炭资源配置，对一级市场招拍挂、共伴生矿业权一体配置、矿业权二级市场监管等作出制度性安排，自2016年1月1日起施行。煤矿建设和生产秩序逐步规范。理顺建设管理职能，将煤矿分散职能进行了统一整合，实现了初步设计、基本建设、竣工验收、生产经营、安全监管全过程的统一归口管理；严格控制煤炭产能，明确2020年前除在建矿井投产新增产能，以及对现有少数生产条件好的矿井重新科学核定产能外，一律不再增加新的产能。

（二）能源领域改革统筹推进。贯彻落实国家关于推动能源生产和消费革命的部署，我省全面加快综合能源基地建设步伐，2014年成立了综合能源基地建设领导小组，以推动能源革命为引领，打造升级版的清洁、高效、安全、可持续的现代能源产业体系。“三大工程”全面实施，“三大支撑”体系加快构建，配套改革同步推进。规范高效落实国家低热值煤发电项目核准委托。2013年国家能源局同意委托山西核准“十二五”时期低热值煤发电项目，这是国家电力项目审批制度改革的重大突破。我省创造性的落实核准委托，出台了低热值煤发电项目核准实施方案，对核准行为进行了优化创新，突出了优选科学化、门槛标准化、程序透明化、监督全程化特点。截至目前，国家委托我省的“1920万千瓦”低热值煤发电项目已全部核准完毕，如期开工建设。加快实施燃煤发电机组超低排放工程。2014年5月我省在全国率先实施全省范围的燃煤发电机组超低排放，突出体现了标准高、范围广、政策配套三大亮点。2015年进一步将改造完成时限由2020年提前至2017年底。预计改造任务全部完成后，全省火电机组二氧化硫排放将在2014年基础上削减70%、烟尘削减70%、氮氧化物削减50%，同时火电结构将进一步优化，淘汰老旧小容量机组近1000万千瓦，届时全省供电平均煤耗比2014年降低15克。一批外送电通道项目启动实施。经过努力争取，国家同意建设涉及我省的蒙西—天津南1000千伏特高压交流输电、陕北榆横—潍坊1000千伏特高压交流输电、晋北—江苏±800直流特高压、盂县电厂—河北辛集500千伏交流输电通道，项目建成后可新增外送电能力1450万千瓦等四条外送电通道，目前已有三条通道核准开工。山西省电力体制改革综合试点获国家批复。经过积极争取，2016年1月底，国家发改委、国家能源局正式批复我省试点实施方案，这是国家层面对我省转型综改试验区建设的又一重大改革试点授权。

（三）新兴产业培育促进机制加快构建。围绕做好煤与非煤两篇大文章，我省积极布局新兴产业发展。推动制造业转型升级。出台了新兴制造业三年推进计划和2015年行动计划，推进装备制造、新材料、节能环保、信息、食品、医药、轻工、纺织等八个新兴制造业加快发展，同时从引导产品研发和资金投向、创新招商引资模式等方面提出改革举措，推动新兴制造业成为我省产业转型升级重要支撑。加快旅游业改革发展。依托丰富的旅游资源，我省加快把旅游业打造成为新兴支柱产业，出台了促进旅游业改革发展的意见，部署了旅游业资源整合、旅游体制改革等重点任务。加快煤层气勘探、开采、利用步伐。出台《关于加快推进煤层气产业发展的若干意见》，从促进煤层气上、中、下游产业协调发展以及财政、金融等方面提出了一揽子政策措施；推进煤矿瓦斯抽采全覆盖工程，明确到2017年全省煤矿瓦斯综合治理工作体系全面建立完善，瓦斯抽采量达到113亿立方米、利用量达到65亿立方米。强化产业投资基金引导。政府注资24亿元，吸引96亿元社会民间资本，设立了战略新兴产业、文化产业、旅游文化体育产业投资基金，着力支持文化旅游、装备制造、新能源、新材料等产业发展壮大。

（四）国资国企改革全面推进。着眼于解决省属国有企业国有股一股独大、企业运行不透明等问题，2014年我省启动国资国企改革，出台了实施意见，部署了14项重点任务。2014、2015年分别出台了年度《行动计划》，国企财务等重大信息公开、国企负责人薪酬制度改革等任务全面推进。在全国率先推行国有企业财务等重大信息公开，打造“阳光国企”。把信息公开作为改革突破口，出台了省属国有企业财务等重大信息公开办法（试行）和实施细则，将重大信息公开贯穿于国有企业生命的全周期、经营活动的全过程，拓宽公众获取信息的渠道，扩大社会监督，构建起国有企业在社会监督下的运行机制。2014年度和2015年前三季度企业财务等重大信息已经公布完毕。积极推进国企负责人薪酬和履职待遇管理制度改革。出台了相关办法，薪酬制度改革实现了省属企业负责人薪酬分配的差异化、职业经理人薪酬分配的市场化。履职待遇管理制度改革重点围绕履职待遇、业务支出、预算管理、监督管理等作出明确规范，推动建立严格规范、公开透明的企业负责人履职待遇、业务支出管理制度体系。强化国企改革试点示范。部署启动同煤集团、晋能集团深化国有企业改革试点，在加快建立现代企业制度、探索发展混合所有制、打造现代企业集团等方面先行改革，发挥示范带动作用。省直机关直属企业的脱钩改革步伐加快。出台了工作方案，推动实现政企分开、政资分开，建立完善现代企业制度，实现经营性国有资产集中统一监管，力争2017年底全面完成。

（五）“三个突破”全面发力。近年来，我省着力推进金融创新、科技创新取得了积极的成效，特别是2015年以来，省委、省政府部署了科技创新、民营经济和金融振兴“三个突破”，相继召开推进大会作了动员和部署。全省各级各部门迅速行动，一批贯彻落实举措正在推出。科技创新方面，出台了关于实施科技创新的若干意见、深化省级财政科技计划（专项、基金等）管理改革方案、发展众创空间推进大众创新创业的实施意见，山西科技创新城建设加快推进。金融振兴方面，出台了促进山西金融振兴的意见、促进金融振兴2015年行动计划、金融改革发展总体规划（2015—2020年）、地方金融改革框架方案、加快多层次资本市场发展的实施意见等配套改革方案，改革取得积极成效，2015年全省社会融资总量逆势多增，直接融资规模首次超过间接融资规模；企业在“新三板”挂牌实现大突破，全年挂牌企业29家，比上年同期提高7倍；全省第一家全牌照大型地方金融投资控股集团——山西金融投资控股集团有限公司挂牌运营。民营经济方面，出台了关于加快民营经济发展的意见，正在筹备设立规模50亿元的民营企业创新转型投资基金。

（六）土地管理制度改革不断深入。近年来，我省积极推行城乡建设用地增减挂钩、矿业存量土地整合利用、露天采矿用地改革、工矿废弃地复垦利用等十项用地新机制，有效拓展了我省建设用地空间，据统计，十项用地新机制提供用地43.57万亩，为转型项目建设提供了有力的保障。为进一步创新用地机制，2014年初我省向国土资源部上报了转型综改国土资源管理制度改革专项方案，经过积极争取，有望近期获批复。

（七）生态保护修复机制逐步健全。我省在巩固和完善煤炭工业可持续发展政策措施试点的基础上，在建立健全生态环境保护与恢复治理补偿机制方面进行不懈探索，积累了宝贵经验。初步构建起煤炭开采生态环境补偿机制的政策框架体系。先后出台了煤炭开采生态环境恢复治理规划、矿山生态环境恢复治理保证金提取使用管理办法、煤炭开采生态恢复治理实施方案等系列配套文件，逐步建立健全了煤炭开采生态环境外部成本内部化机制、矿产资源开发“事前防范、事中监督、事后处置”的生态环境管理制度、环境污染损害司法鉴定制度等制度体系。目前，煤矿生态环境补偿机制正在向非煤矿山企业推广。创新机制推进重点生态工程效果显著。2011年全面启动实施的山西大水网建设工程进展顺利，与大水网相配套的小水网工程启动建设。汾河治理成效明显，前四轮大规模开发治理结束了汾河多年断流的历史，2015年启动了第五次汾河流域生态修复工作，将通过山水林田系统治理，变“输血”为“造血”，用15年的时间，重现汾河水系大好风光。晋祠泉复流工程进展顺利，难老泉水位由实施前距泉口9.03米上升到目前的6.34米，上升2.69米。新一轮采煤沉陷区治理顺利推进，2017年将全面完成1352个村、21.8万户、65.5万人的治理搬迁任务。近年来以每年100亿元的投入、近500万亩的速度大规模植树造林，成为全国森林资源增幅最大的省份之一。

（八）城乡统筹发展机制逐步健全。新型城镇化步入快车道。把新型城镇化作为稳增长的重大引擎，2014年以来连续两年实施了《新型城镇化重点任务》，2015年出台了新型城镇化规划，各项改革有序开展。户籍制度改革全面推进，太原晋中同城化取得明显进展，介休市等国家新型城镇化综合试点、阳泉和晋中市国家中小城市综合改革试点有序推进，晋中108廊带区域一体化发展示范区加快建设，全省“一核一圈三群”城镇体系框架继续完善，城镇化率逐年提高。农业农村改革逐步深入。出台了一系列改革举措文件，农村土地承包经营权确权颁证在试点基础上全面展开，2017年基本完成；土地流转、新型农业经营主体培育等工作扎实推进，农民合作社数量显著增加，排名全国前列。潞城市农村集体资产产权制度改革试点工作有序开展。泽州县首宗集体经营性建设用地已成功入市交易。改善城乡人居环境工程扎实推进。在相继实施农村两轮“五个全覆盖”“农村五件实事”基础上，2014年先后实施了改善农村人居环境和改善城市人居环境工程，探索形成整合资源、项目化管理、多元化融资的建设模式及配套政策，城乡人居面貌进一步改善。

（九）行政管理体制改革持续深化。行政审批制度改革进一步深化。将简政放权作为先手棋，大幅精简行政审批事项，省政府部门保留的行政许可审批项目减少到409项。政府自身建设全面加强。2014年完成省级政府机构调整和市县机构改革工作。2015年出台了全面加强政府自身建设三年规划（2015—2017年）和2015年行动计划，加快推进法治政府、服务政府、责任政府、廉洁政府、创新型政府和学习型政府建设。权力清单和责任清单制度全面推行。2014年率先启动推行权力清单制度，将其作为加强政府自身建设、实施“六权治本”的重要内容，2015年7月份公布了省政府部门权力清单，共精简权力事项5343项，保留52个部门和单位行政职权3090项，精减率达63%。9月底公布了省政府部门责任清单。综合性政务服务平台和公共资源交易平台建设加快推进。把两平台建设作为推动政府职能转变、提高行政监管和公共服务水平的重要抓手，印发实施了建设方案，省级政务服务平台初步建成运行，省市两级公共资源交易平台整合规范工作基本完成。投资体制改革持续深入。不断优化固定资产投资项目管理流程，前置条件和中间环节减少50%以上；大幅下放投资审批权限，下放审批工作量比例达60%；积极修订核准目录，出台2014年版、2015年版政府核准的投资项目目录，省级核准类项目减少幅度超过50%。同时，规范政府投资项目事中事后监管，从制度层面强化了项目竣工验收管理和项目稽查。加快铁路投融资体制改革，出台了深化铁路投融资体制改革加快推进铁路建设的实施意见。着力引导民间投资，出台了创新重点领域投融资机制鼓励社会投资的实施意见。推动政府与社会资本合作的PPP模式，2014、2015年分别发布了一批PPP项目。商事制度改革全面开展。在先行试点基础上，2015年10月起，我省与全国同步实施企业登记"三证合一、一照一码"制度，调动了大众创业、万众创新的热情和积极性，有效激发了市场主体活力。2015年全省新登记注册市场主体29.2万户，增长41.9%。

（十）开放型经济新体制正在形成。出台了《关于全面扩大开放的意见》《山西省关于加快构建开放型经济新体制的实施意见》。积极融入京津冀、环渤海地区合作发展，正在与国家有关部委深入对接具体事宜。不断拓展国际交流合作，积极参与"一带一路"建设，相关实施方案和项目清单已报国家；山西省正式纳入《中蒙俄经济走廊合作规划纲要》，参与走廊建设的方案已报国家发改委。以能源革命引领"以煤会友"，强化和拓展与德国北威州等世界主要产煤省州及相应城市在煤炭安全绿色开发、煤炭高效转化清洁利用等方面的务实合作。通关便利化改革加快推进，太原武宿综合保税区2013年底"开闸"运行，太原海关列入丝绸之路经济带海关区域通关一体化改革10个试点之一。出台了加强和改进口岸工作支持外贸发展的实施意见，努力打造全省对外开放"新高地"。"飞地经济"发展步伐加快，一批"飞地模式"园区、项目落地建设。

二、综合配套改革成效

（一）产业结构不断优化。一是三次产业比例逐步优化，服务业比重持续提高。2013年全省三次产业比例为5.9∶52.2∶41.9，服务业比重比2012年提高2.5个百分点，创2001年以来新高；2014年比例为6.2∶49.3∶44.5，服务业比重比上年提高2.6个百分点；2015年结构进一步优化为6.2∶40.8∶53，服务业增加值增长9.8%，比重比上年提高8.5个百分点，达到53%，在工业经济下行压力不断加大的情况下，拉动全省GDP增长3.7个百分点，成为经济增长的主要动力。二是经济增长对煤炭的依赖程度逐步下降。煤炭工业增加值占全省工业增加值的比例由2012年的57.8%下降至2015年的46.8%，三年下降了11个百分点。三是装备制造业成为全省工业增长的主要动力。装备制造业增加值占工业增加值的比例逐年提高，从2012年的7%提高到2013年的8.3%、2014年的9.3 %，2015年比例达到10.4%，首次超过10%。过去我们言必称煤焦冶电四大工业行业，现在已经转变为煤炭、电力、冶金、装备制造，行业排序和比重都有了很大的变化。

（二）传统产业升级步伐加快。煤炭产业统筹推进"革命兴煤"和"六型转变"，产业集中度、现代化程度和安全生产水平显著提高，煤炭资源回收率提高到80%以上；焦炭行业兼并重组加快，户均产能从70万吨提高到200万吨以上；冶金行业实行了比国家更高的准入标准，全省钢铁行业高炉容积从1000立方米以上提高到3200立方米，太钢集团技术中心研发实力和水平名列全国国家级技术中心第三名，不锈钢产能领先同类企业，品牌影响力全国同行业第一；电力行业结构不断优化，新能源电力装机规模从2012年末的607万千瓦扩大到2015年末的1294万千瓦，三年翻了一番多，占全省电力装机总规模的比例由10.4%提高至目前的18.6%；全省范围内燃煤发电机组超低排放改造加快推进，电力产业素质不断提高。

（三）投资结构不断优化。工业内部非煤产业投资占比由2012 年的67.4%提高到2015年的80.2%，三年提高12.8个百分点；第三产业投资占全省投资的比例保持在50%以上；战略性新兴产业投资占比持续提高，占全省固定资产投资的比重由2012年的46.4%提高到2015年的47.8%；民间投资持续发力，占全省投资的比例快速提高，由2012年的49.6%提高到2015年的60.8%。

（四）节能减排效果显现，生态环境显著改善。主要污染物减排近年来全部完成或超额完成国家下达任务，全省环境空气质量PM2.5平均浓度持续下降，近三年森林覆盖率年均提高1个百分点，全省地下水位连续8年持续回升，近三年平均回升2米左右，水质优良断面比例持续提高。

（五）城乡统筹发展步伐加快。城镇化率由2012年的51.26%提高到2015年的55%，城乡环境面貌发生巨大变化。城乡居民收入较快增长，2015年全省城乡居民人均可支配收入分别达到25828元、9454元，与2012年相比年均分别增长8.5%和10.2%，农民收入增速持续快于城镇居民，城乡居民人均收入比由2012年的2.86∶1缩小至2.73∶1。

（六）安全生产形势持续好转。煤炭百万吨死亡率由2012年的0.091下降至2013年的0.077、2014年的0.036，2015年维持在0.079的低水平。

三、突出重点，进一步引深全省转型综改

当前，我省经济和社会发展面临的形势依然严峻，主动适应和引领经济发展新常态，进一步把转型发展面临的"倒逼"压力转化为推进转型的"机遇"动力，是"十三五"时期全省转型综改试验区建设需进一步聚焦和着力的重大课题。进一步引深全省转型综改，要突出以下四点：

一是聚焦重点难点谋改革。全省要更加注重和坚持创新发展、协调发展、绿色发展、开放发展、共享发展、廉洁和安全发展，进一步突出资源型经济转型这一核心，抓住结构性改革这一关键，深化配套改革，在进一步强化需求侧结构改革的同时，更加注重在供给侧结构改革上精准发力，注重发挥优势创抓机遇、抓住机遇创造需求、根据需求创新供给、围绕供给创优机制。紧紧抓住产业结构优化升级、新兴产业培育壮大、节能环保产业发展、煤炭电

力等能源管理体制改革、矿产资源有偿使用制度改革、生态环境补偿机制创新、创新驱动战略载体培育、地方金融改革振兴、市场主体能力建设、开放合作支撑平台构建、行政管理体制改革等资源型经济转型面临的重点任务和焦点问题，着力“去产能、去库存、去杠杆、降成本、补短板”，协同配套谋划和推进重点领域改革不断深化，推动供给侧结构性改革取得新突破，有力有效破解结构性矛盾突出、经济下行压力大、抗风险能力弱等难题。

二是抢抓战略机遇推改革。更加注重提升主动对接、深度融入国家“一带一路”、京津冀协同发展、环渤海地区合作发展、装备制造2025、互联网+等重大战略的素质和能力，进一步激发“大众创业、万众创新”的动力和活力。作为国家级资源型经济转型综改试验区，我省肩负着全国改革试验田的重任，必须进一步提高大局意识和责任意识，更加积极主动大胆探索、攻坚克难，把重点领域具有标志性、引领性的改革创新抓紧抓实，创出亮点，改出成效，在建立完善支撑资源型经济转型的政策体系和体制机制上取得更大突破，努力为全国其他资源型地区转型发展创造更多可复制、可推广的经验和办法。

三是强化试点示范抓改革。近年来，中央有关部委在我省布局了多项改革试点和示范任务，2015年9月国家发改委在《关于进一步做好国家综合配套改革试验区工作的意见》中，针对山西转型综改试验区建设，进一步突出了“深化矿产资源有偿使用制度改革、建立生态环境保护修复治理责任机制和生态环境补偿机制、大力发展节能环保产业”等重点任务，我省要在推进这些试点示范任务的落实方面下更大的功夫，投入更多的精力，着力在煤炭资源市场化配置、生态环境治理修复补偿机制、节能环保产业、低碳试点、城区老工业区搬迁改造试点、光伏扶贫试点、现代农业示范区建设试点、农村水价综合改革试点、智慧城市试点等重点领域取得试点示范成效，逐步形成若干立得住、叫得响、可复制、能推广的试点经验和模式。同时，省级层面各领域面上的改革推进也要更加注重试点布局和典型引路，以确保改革推进有序有力有效。

四是加强省部合作促改革。要进一步重视利用好省部合作平台和有关部委的部际联席会议机制，在充分做实前期研究储备基础上，加大向国家相关部委对接争取力度，在全力争取煤层气矿业权审批改革试点、动力煤衍生品交易试点、农村水权制度改革试点等早日落地基础上，对需经国家授权的重大改革试验事项，认真制定改革方案上报国家有关部委，积极争取国家更多的改革政策授权支持。

“十三五”时期的五年，是国家批复的我省转型综改试验《总体方案》明确的第二阶段目标任务期，我们要更加积极地推进有利于引领经济发展新常态、有利于提高资源配置效率、有利于提高发展质量和效益、有利于管理能力和管理水平现代化的体制机制创新。针对我省在推进综改试验区建设中存在的突出问题，结合当前形势，初步提出“十三五”时期推进转型综改试验的总体思路：适应经济发展新常态，贯彻中央“四个全面”战略布局，落实我省“六大发展”总体要求，以资源型经济转型为主线，突出问题导向和发展导向，继续引深重点领域和关键环节改革，重点推进资源管理体制、接续替代产业培育机制、国资国企体制、生态文明建设体制、城乡统筹发展体制、开放型经济新体制、行政管理体制等方面的改革创新，同时强化要素支撑，继续深化土地、财税等体制改革，着力推进金融振兴、科技创新、民营经济“三个突破”，加快构建支撑资源型经济转型的体制机制和政策体系，确保《总体方案》明确的第二阶段目标任务如期完成，为我省经济社会转型发展提供更强的动力活力支撑，推动综改试验区建设取得更大的进展和成效。

近期工作主要是：

（一）部署下一阶段转型综改重点任务。贯彻党的十八届三中、四中、五中全会精神，紧扣省委十届七次全会的决策部署，树立落实创新、协调、绿色、开放、共享、廉洁和安全发展理念，按照中央和省委、省政府全面深化改革的工作部署，结合综改《总体方案》部署的第二阶段目标任务，坚持问题导向、发展导向，聚焦破解制约资源型经济转型的重大体制机制障碍，紧紧围绕深化能源领域管理体制改革、创新战略性新兴产业促进机制、健全生态环境修复治理机制、加快国资国企改革、实施科技创新、金融振兴、民营经济“三大突破”、加快新型城镇化、扶贫攻坚等重点，出台山西省转型综改试验“十三五”《实施方案》，部署好转型综改今后五年重点任务。

（二）同步制定落实2016年行动计划。按照“十三五”《实施方案》的部署，进一步突出重点，出台2016年行动计划。同时，进一步强化力量统筹、进度统筹、质量统筹，抓好年度改革任务落实，围绕破解资源型经济转型的体制机制障碍，在煤炭管理体制改革、新兴产业培育、国资国企改革、金融创新、科技创新、民营经济发展等领域，不断推出一批改革举措。

（三）进一步完善综改推进机制。进一步健全综改任务责任分工体系，完善年度任务分管省领导负责制、牵头部门负责制，督促牵头部门会同任务所涉及的各配合单位共同制定年度改革任务细化工作方案，明确细化任务的责任部门、责任领导和责任人，以及推进落实的序时进度节点、成果表现形式，确保各项任务牵头有力、配合有序、督察有据，推动各项任务全面落实。继续加强省直部门对市县改革的业务指导，推动市县改革形成新亮点、新经验。强化改革任务项目化管理，实施改革进展第三方评估，及时总结改革典型经验，不断推出可复制可推广的改革模式。

"两学一做"学习教育

中共山西省委办公厅印发《关于在全体党员中开展"学党章党规、学系列讲话，做合格党员"学习教育实施方案》的通知

晋办发〔2016〕20号

各市、县委，省委各部委，省直各委、办、厅、局党组（党委），各人民团体党组：

《关于在全体党员中开展"学党章党规、学系列讲话，做合格党员"学习教育实施方案》已经省委同意，现印发给你们，请认真贯彻落实。

中共山西省委办公厅

2016年4月13日

关于在全体党员中开展"学党章党规、学系列讲话，做合格党员"学习教育实施方案

根据《中共中央办公厅印发〈关于在全体党员中开展"学党章党规、学系列讲话，做合格党员"学习教育方案〉的通知》（中办发〔2016〕14号）、《中共中央组织部印发〈关于"两学一做"学习安排的具体方案〉的通知》（中组发〔2016〕10号）精神，结合我省实际，现就2016年在全体党员中开展"学党章党规、学系列讲话，做合格党员"学习教育（以下简称"两学一做"学习教育）提出如下实施方案。

一、总体要求

（一）指导思想。全面贯彻党的十八大和十八届三中、四中、五中全会精神，深入学习习近平总书记系列重要讲话精神，认真落实省委"五句话"总要求和省委十届七次全会精神，着力巩固拓展党的群众路线教育实践活动、学习讨论落实活动和"三严三实"专题教育成果，以面向全体党员深化党内教育、推动全面从严治党向基层延伸、保持发展党的先进性和纯洁性为根本要求，深刻汲取我省系统性、塌方式腐败惨痛教训，切实运用净化政治生态、推动弊革风清的实践经验，坚持区分层次、突出问题导向，进一步解决党员队伍在思想、组织、作风、纪律等方面存在的问题，为协调推进"四个全面"战略布局、贯彻落实五大发展理念，推动"十三五"开好局、起好步提供坚强组织保证。

（二）目标任务。开展"两学一做"学习教育，基础在学，关键在做。学党章党规，要着眼明确基本标准、树立行为规范，把尊崇党章、遵守党规作为基本要求，教育引导党员牢记入党誓词，牢记党的宗旨，牢记党员义务和权利，牢记党规党纪，牢记党的优良传统和作风，树立崇高道德追求，养成纪律自觉，守住为人、做事的基准和底线。学系列讲话，要着眼加强理论武装、统一思想行动，把用

习近平总书记系列重要讲话精神武装全党作为根本任务，深入领会系列重要讲话的丰富内涵和核心要义，深入领会贯穿其中的马克思主义立场观点方法，深刻理解党的科学理论既一脉相承又与时俱进的内在联系，坚定中国特色社会主义道路自信、理论自信、制度自信。做合格党员，要着眼党和国家事业的新发展对党员的新要求，教育引导党员进一步坚定理想信念，提高党性觉悟；进一步增强政治意识、大局意识、核心意识、看齐意识，坚定正确政治方向；进一步树立清风正气，严守政治纪律政治规矩；进一步强化宗旨观念，勇于担当作为，在生产、工作、学习和社会生活中起先锋模范作用，努力做讲政治、有信念，讲规矩、有纪律，讲道德、有品行，讲奉献、有作为的合格党员。

（三）基本原则。一是坚持把思想政治建设放在首位。以正面教育为主，把学党章党规和习近平总书记系列重要讲话作为基础，贯穿“两学一做”学习教育始终，教育引导党员读原著、学原文、悟原理，正本清源、固本培元，做到自觉尊崇党章、遵守党规，坚定自觉地在思想上政治上行动上同以习近平同志为总书记的党中央保持高度一致，经常主动向党中央看齐，向党的理论路线方针政策看齐，做政治上的明白人。二是坚持突出“学作风”的鲜明特色。深入学习以习近平同志为总书记的中央领导集体崇尚实干、勇于担当、廉洁自律的优良作风，坚持新的省委领导班子在净化政治生态、实现弊革风清、重塑山西形象、促进富民强省伟大实践中形成的好做法，经常性地检视和改进党员干部作风方面存在的突出问题，做到学用结合、知行合一，做到“马上就办、真抓实干”。三是坚持以上率下的基本方法。省委常委班子成员和各级党员领导干部要以身作则、率先垂范，带头做坚决在思想上政治上行动上同以习近平同志为总书记的党中央保持高度一致的表率，做坚决贯彻落实中央大政方针和各项决策部署的表率，做政治上勇于献身、敢于亮剑的表率，做执政为民、秉公用权、克己奉公的表率，做严格遵守党的纪律和规矩的表率，做到一级学一级、一级抓一级、一级带一级。四是坚持解决问题的根本导向。既抓思想引导又抓行为规范，区分普通党员和党员领导干部等不同对象，紧紧围绕中央方案指出的要着力解决的五个方面突出问题，结合农村社区、国有企业、非公有制经济组织和社会组织、机关事业单位、学校等不同领域、不同行业党员实际，推动党员干部把自己摆进去，真查真改、立行立改，做到见事见人、标本兼治。五是坚持强化堡垒阵地意识。强化党支部自我净化、自我提高的主动性，以党支部为基本单位，以“三会一课”等党的组织生活为基本形式，以落实党员教育管理制度为基本依托，着力推动党内教育从“关键少数”向广大党员拓展、从集中性教育向经常性教育延伸，确保把全面从严治党要求落实到每个党支部、落实到每名党员，促进基层党组织和党员在全省改革发展稳定各项事业中充分发挥战斗堡垒作用和先锋模范作用。

二、主要内容

“两学一做”学习教育不是一次活动，要突出正常教育，结合岗位实际，带着问题学、针对问题改，用心用力，抓细抓实，真正把党的思想政治建设抓在日常、严在经常。

（一）区分层次抓好“两学”。坚持把学习党章党规与学习习近平总书记系列重要讲话统一起来，突出党员和党员领导干部等不同对象，明确学习内容、范围和具体要求，切实增强针对性和实效性。

1、关于全体党员学习要求

（1）学习党章党规

学习《中国共产党章程》，深入领会党的性质、宗旨、指导思想、奋斗目标、组织原则、优良作风，深入领会党员条件和义务、权利，牢记入党誓词，明确做合格党员的标准和条件。学习《中国共产党廉洁自律准则》《中国共产党纪律处分条例》《中国共产党党员权利保障条例》等，掌握廉洁自律准则规定的“四个必须”“四个坚持”，掌握各类违纪行为的情形和处分规定。

（2）学习系列讲话

学习领会习近平总书记系列重要讲话的基本精神，学习领会党中央治国理政新理念新思想新战略的基本内容，掌握与增强党性修养、践行宗旨观念、涵养道德品格等相关的基本要求。学习《习近平总书记系列重要讲话读本（2016年版）》。学习系列讲话，主要领会掌握以下方面内容：①理想信念是共产党人精神上的“钙”，树立正确的世界观、人生观、价值观；②中国梦是国家的梦、民族的梦、人民的梦，是中华民族近代以来最伟大的梦想，核心要义就是国家富强、民族振兴、人民幸福；③中国特色社会主义是实现中华民族伟大复兴的必由之路，增强道路自信、理论自信、制度自信；④“四个全面”战略布局是新的历史条件下党治国理政总方略，自觉用“四个全面”引领各项工作；⑤坚持创新、协调、绿色、开放、共享发展是关系我国发展全局的一场深刻变革，按照新发展理念做好本职工作；⑥践行社会主义核心价值观，弘扬社会主义思想道德和中华传统美德；⑦全面从严治党是全体党员共同责任，必须落实到每个支部和每名党员。

2、关于县处级以上党员领导干部学习要求

（1）学习党章党规

系统学习领悟《中国共产党章程》，在全面把握基本内容的基础上，重点掌握党章总纲和党员、党的组织制度、党的中央组织、党的地方组织、党的基层组织、党的干部、党的纪律等章内容，深刻把握“两个先锋队”的本质和使命，进一步明确“四个服从”的要求，掌握党的领导干部必须具备的六项基本条件。

深入学习《中国共产党廉洁自律准则》《中国共产党纪律处分条例》《中国共产党地方委员会工作条例》《中国共产党党组工作条例（试行）》《党政领导干部选拔任用工作条例》等党内重要法规制度。重点掌握廉洁自律准则规定的“四个廉洁”“四个自觉”，掌握党纪处分工作原则以及各类违纪行为的情形和处分规定，掌握党的地方委员会和党组的职责、组织原则、运行机制，掌握党政领导干部选拔任用原则、条件、要求。

（2）学习系列讲话

以《习近平谈治国理政》和《习近平总书记重要讲话文章选编（领导干部读本）》为基本教材，学习《习近平总书记系列重要讲话读本（2016年版）》。深入学习领会习近平总书记系列重要讲话精神，领会关于改革发展稳定、内政外交国防、治党治国治军的重要论述，领会贯穿其中的马克思主义立场观点方法，领会贯穿其中的坚定信仰追求、历史担当意识、真挚为民情怀、务实思想作风。要注重整体把握，掌握内在联系，防止碎片化学习。

学习系列讲话，要注意围绕坚持和发展中国特色社会主义这个主题，着重领会以习近平同志为总书记的党中央治国理政新理念新思想新战略。①深入领会我们正在进行具有许多新的历史特点的伟大斗争，我国发展重要战略机遇期变与不变的深刻内涵。②深入领会坚定中国特色社会主义道路自信、理论自信、制度自信，决胜全面建成小康社会，实现“两个一百年”奋斗目标和中华民族伟大复兴的中国梦。③深入领会统筹国内国际两个大局，协调推进“五位一体”总体布局和“四个全面”战略布局。④深入领会创新、协调、绿色、开放、共享的发展理念，主动适应、把握、引领经济发展新常态，更加注重推进供给侧结构性改革，以新发展理念引领发展实践。着力实施创新驱动发展战略，着力增强发展整体性协调性，着力推进人与自然和谐共生，着力形成对外开放新体制，着力践行以人民为中心的发展思想。⑤深入领会全面深化改革，推进国家治理体系和治理能力现代化；使市场在资源配置中起决定性作用和更好发挥政府作用；毫不动摇坚持我国基本经济制度，推动各种所有制经济健康发展；推进“一带一路”建设、京津冀协同发展、长江经济带发展；全面依法治国，建设中国特色社会主义法治体系；发展社会主义民主政治，坚持中国特色社会主义政治发展道路；培育和践行社会主义核心价值观，增强文化自信、价值观自信，建设社会主义文化强国；树立总体国家安全观，尊重网络主权，构建全球互联网治理体系；把握党在新形势下的强军目标，全面实施改革强军战略等；不断推进“一国两制”事业，依法保障“一国两制”实践；构建新型大国关系，建设互利共赢的新型国际关系；坚持正确义利观，建设人类命运共同体。⑥深入领会全面从严治党要求，严守党的政治纪律和政治规矩，忠诚、干净、担当，强化正风反腐，坚持“老虎”“苍蝇”一起打等。⑦深入领会科学的思想方法和工作方法，观大势、定大局、谋大事；强化战略思维、辩证思维、系统思维、创新思维、底线思维；树立问题导向，注重防风险、补短板；牢记空谈误国、实干兴邦，一分部署、九分落实等。各级党委（党组）还要按照习近平总书记重要指示精神，把毛泽东同志《党委会的工作方法》纳入学习内容，全面加强领导班子思想政治建设、作风建设、能力建设。

（二）开展“四讲四有”专题讨论。每个季度，党委（党组）要以党委（党组）会、党委（党组）中心组等形式，党支部要召开全体党员会议，结合不同层次党员“两学”的具体内容和要求，围绕1个专题进行交流研讨。专题一：讲政治、有信念。重点围绕如何确保政治合格，做到对党忠诚，挺起理想信念的“主心骨”，做到在党言党、在党忧党、在党为党、在党爱党等开展研讨。专题二：讲规矩、有纪律。重点围绕如何确保执行纪律合格，强化“四个意识”，严守党的政治纪律和政治规矩，增强组织观念、服从组织决定，知敬畏、明底线、守规矩等开展研讨。专题三：讲道德、有品行。重点围绕如何确保品德合格，做到明大德、守公德、严私德，传承党的优良作风，弘扬中华传统美德，践行社会主义核心价值观，坚守共产党人的精神高地等开展研讨。专题四：讲奉献、有作为。重点围绕如何确保发挥作用合格，践行党的宗旨，保持为民本色，敢于担当、勇于负责，在推进改革发展稳定中当标兵、作模范等开展研讨。

通过深入学习讨论，有针对性地解决党员和党员领导干部在思想政治建设方面存在的突出问题。

1、全体党员重点解决的问题。（1）坚定共产党人理想信念。重点解决一些党员理想信念模糊动摇，精神空虚迷茫，有的甚至参加封建迷信活动、信仰宗教等问题。坚守党的信仰信念，牢记党的历史使命，把正确的理想追求转化为行动的力量，在生产工作学习和社会生活中起先锋模范作用。坚持正确政治方向，增强政治敏锐性和政治鉴别力，敢于同各种错误思想、错误言行作斗争。（2）牢固树立党的意识、党员意识。重点解决一些党员组织观念淡薄、组织纪律散漫，长期不参加组织生活、不按规定交纳党费，不起先锋模范作用，有的甚至不愿提党员身份，不辨是非，不守政治纪律和政治规矩等问题。始终牢记自己是一名共产党员，加强党性锻炼，听党话、跟党走，在党言党、在党爱党、在党护党、在党为党。（3）强化党的宗旨意识。重点解决一些党员群众观念淡漠、服务意识欠缺，为群众办事不上心不主动，有的甚至损害群众利益，假公济私、优亲厚友、吃拿卡要等问题。牢记全心全意为人民服务的根本宗旨，把人民放在心中最高位置，密切联系群众，真心对群众负责，热心为群众服务，在扶贫济困中发挥作用，用实际行动赢得群众信任和拥护。（4）积极践行社会主义核心价值观。重点解决一些党员律己不严、知行脱节，讲奉献、讲公德、讲诚信不够，有的甚至价值取向扭曲、道德行为失范，情趣低俗、贪图享乐等问题。切实加强道德修养，崇德向善、注重自律，把社会主义核心价值观内化为精神追求、外化为自觉行动，用模范行为影响和带动群众。（5）在推动改革发展稳定实践中建功立业。重点解决一些党员安于现状、进取心不强，精神不振、作风懈怠，只求过得去不求过得硬，有的甚至敷衍应付、逃避责任等问题。积极适应经济发展新常态，认真践行新发展理念，奋发有为干事创业，立足本职岗位做好工作。

2、县处级以上党员领导干部重点解决的问题。认真贯彻习近平总书记关于培养造就具有铁一般信仰、铁一般信念、铁一般纪律、铁一般担当的干部队伍要求，对照习近平总书记关于"七个有之""五个必须"等重要论述,增强政治意识、大局意识、核心意识、看齐意识,在思想上政治上行动上同以习近平同志为总书记的党中央保持高度一致;认真践行"三严三实"要求和好干部标准,做心中有党、心中有民、心中有责、心中有戒的表率。(1)带头坚定理想信念。针对在"举什么旗、走什么路"上的模糊认识,针对信仰缺乏、信念缺失、精神缺"钙"等问题,正本清源、固本培元,着力提升马克思主义理论素养,提升运用党的理论创新成果观察和分析问题的能力,保持对马克思主义和共产主义的坚定信仰、对中国特色社会主义的坚定信念,强化宗旨意识、践行群众路线,把理想信念体现到修身律己、为政用权、干事创业的方方面面,做远大理想和共同理想模范践行者。旗帜鲜明反对和抵制西方宪政民主、"普世价值"、新自由主义、历史虚无主义以及质疑改革开放和中国特色社会主义等错误思潮。(2)带头严守政治纪律和政治规矩。针对政治上的自由主义,不认真贯彻落实党中央决策部署,不认真结合实际贯彻落实党的路线方针政策,重大问题重要事项不请示不报告,针对当面一套背后一套、当"两面人",针对顶风违纪搞"四风",针对拉帮结派、搞团团伙伙等问题,认真汲取周永康、薄熙来、徐才厚、郭伯雄、令计划等违纪违法案件的深刻教训,知敬畏、明底线、守规矩,保持对党绝对忠诚的政治品格,做政治上的明白人,坚决维护党中央权威,维护党的团结统一。(3)带头树立和落实新发展理念。针对那些不适应、不适合甚至违背新发展理念的认识、行为、做法,针对那些一味拼资源拼投入、先污染后治理、重城市轻农村、重效率轻公平等片面发展、畸形发展的问题,坚持解放思想、与时俱进,树立对新发展理念的自觉自信,做到崇尚创新、注重协调、倡导绿色、厚植开放、推进共享。针对在经济发展新常态上的认识误区,深刻认识经济发展新常态的客观必然性,防止片面性、简单化,不能以是否对自己有利来判断新常态好坏;不能把新常态当作一个筐,什么都往里装;不能把新常态当作避风港,把工作不好做、没干好的原因都归结于新常态,为不干事、不发展找借口。积极推进供给侧结构性改革,落实好党中央确定的"五大政策支柱"和"五项重点任务"。(4)带头攻坚克难、敢于担当。针对大是大非面前不敢亮剑、矛盾问题面前不敢迎难而上、危机面前不敢挺身而出、失误面前不敢承担责任、歪风邪气面前不敢坚决斗争等问题,强化责任意识,敢于担当负责。针对新形势下不想为、不会为、不善为等问题,提升精气神、增长新本领、展现新作为,做到想干愿干积极干、能干会干善于干,以踏石留印、抓铁有痕的劲头抓落实,做改革发展的促进派和实干家。坚持求真务实、按规律办事,树立正确政绩观,努力创造经得起实践、人民、历史检验的实绩。(5)带头落实全面从严治党责任。针对管党治党不力、党建意识淡漠、党建工作缺失,针对主体责任、"一岗双责"落实不到位,把业务工作和党建工作割裂开来的问题,针对那些认为正风反腐影响经济发展等错误观点,树立全面从严治党永远在路上的思想,树立抓好党建是最大政绩、抓不好党建是不称职、不抓党建是失职的意识,坚持思想建党和制度治党紧密结合,强化依规治党意识,切实担负起管党治党责任。要自觉接受党内政治生活锻炼,坚持民主集中制原则,认真开展批评和自我批评,严格党员、干部日常管理监督,保持反腐败高压态势。持续深入改进作风,培育良好家风,管好子女家属和身边工作人员,按"亲、清"原则正确处理政商关系,营造风清气正的政治生态和从政环境。

(三)严肃党的组织生活。进一步完善"三会一课"、民主生活会和组织生活会等制度,用好批评和自我批评这一武器,推动党内生活各项制度规定规范化、经常化。

1、创新方式讲党课。讲党课一般在党支部范围内进行。党支部要结合专题学习讨论,对党课内容、时间和方式等作出安排。党员领导干部要在所在党支部讲党课,到农村、社区、企业、学校等基层单位党支部讲党课。组织党校教师、讲师团成员、先进模范到基层一线党支部讲党课。鼓励和指导基层党组织书记、普通党员联系实际讲党课。注重运用身边事例、现身说法,强化互动交流、答疑释惑,增强党课的吸引力和感染力。"七一"前后,党支部要结合开展纪念建党95周年活动,集中安排一次党课。

2、召开党支部专题组织生活会。年底前,党支部召开专题组织生活会,支部班子及其成员对照职能职责,进行党性分析,查摆在思想、组织、作风、纪律等方面存在的问题。要面向党员和群众广泛征求意见,严肃认真开展批评和自我批评,针对突出问题和薄弱环节提出整改措施。要组织全体党员对支部班子的工作、作风等进行评议。党小组可参照党支部要求,召开专题组织生活会。

3、开展民主评议党员。以党支部为单位召开全体党员会议,组织党员开展民主评议,对照党员标准,按照个人自评、党员互评、民主测评、组织评定的程序,对党员进行评议。党员人数较多的党支部,个人自评和党员互评可分党小组进行。结合民主评议,支部班子成员要与每名党员谈心谈话。党支部要综合民主评议情况和党员日常表现,确定评议等次,对优秀党员予以表扬;对有不合格表现的党员,按照党章和党内有关规定,区别不同情况,稳妥慎重给予组织处置。

4、召开领导班子专题民主生活会。今年县处级以上领导班子年度民主生活会以"两学一做"为主题进行。领导干部要结合参加"两学一做"学习教育,坚持把自己摆进去,把群众请过来,广泛征求意见,深入查找自身问题,严肃认真开展批评和自我批评,立说立行、真整真改,切实让干部群众看得见、感受得到、大多数人满意。

(四)严格党员日常管理监督。紧紧抓住全省基层党组织和党员队伍建设的薄弱环节和关键短板,边查边改、立行立改,做到抓在日常、严在经常。

1、集中开展党员组织关系排查。坚持把集中排查作为"两学一做"学习教育的一项重要基础性工作。开展"组织找党员、党员找组织"活动,采取核查党员身份信息、查找失联党员、规范组织处理、妥善开展处置、健全党员档案等措施,摸清"口袋"党员、失联党员情况,理顺党员组织关系,努力使每名党员都纳入党组织有效管理,参加学习教育。破解流动党员管理难题,突出农民工和大中专毕业生两个重点群体,探索流出地和流入地有效衔接、共同管理的工作模式,鼓励流动党员在创业地与家乡开展双向服务,发挥先锋模范作用。

2、切实加强党费收缴、管理和使用。开展党费收缴工作专项检查。对2008年4月中组部《关于中国共产党党费收缴、使用和管理的规定》印发以来的党费收缴工作进行认真自查,重点核查党员特别是国有企业、金融类企业实行年薪制人员中的党员是否按时足额交纳党费,交纳党费的基数核定是否准确。对发现的问题,要及时提出整改措施,进一步严格党费收缴标准。严格按照党费使用的范围,专款专用。把党费收缴、管理和使用情况作为党务公开的重要内容,每年向党员公布一次党费收缴、管理和使用情况。

3、建强基层党组织战斗堡垒。选好配强带头人,把党性强、作风好放在首位,下大力气解决一些村党支部书记"人难选、无人选"的问题。加大整顿软弱涣散基层党组织工作力度,对能力不胜任、群众不满意的及时进行调整,畅通出口,形成能上能下优胜劣汰的用人机制。强化基层基础保障,重点加强农村、社区活动场所建设,落实党建经费保障,实施村级集体经济"破零工程",确保有人管事、有场所议事、有钱办事。推动"六权治本"向乡村延伸,以"基层干部能操作,人民群众看得懂"为原则,以加强农村"三资"管理、方便群众办事为重点,完善村务管理制度机制,提高乡村治理水平。

4、持之以恒推进作风建设。严格落实中央八项规定精神,紧盯年节假期,紧盯隐形变异问题,完善立体监督网络体系,建立健全防止"四风"反弹长效机制。不断深化"冬季行动"成果,大力弘扬"马上就办、真抓实干"的优良作风,针对不作为、不会为、不善为,综合施策、立破并举,推动形成依法作为、敢于作为、善于作为的良好风尚。继续以农村"三资"清理、解决群众身边腐败问题为抓手,着力解决一些党员宗旨观念淡薄,特别是漠视群众疾苦、与民争利、执法不公、吃拿卡要、假公济私、损害群众利益,以及在人民群众生命财产安全受到威胁时临危退缩等突出问题。

5、把党的纪律和规矩挺在前面。从严落实"两个责任",紧紧牵住党组织主体责任这个"牛鼻子",坚持正风反腐,力度不减、节奏不变、尺度不松,推进全面从严治党压力向基层传导,延伸巡视监督,严肃责任追究,下大力气破解"波澜不惊、纹丝不动"的问题。始终坚持从严治吏,持续深入实施"三个一批""六查""六个全程""五必审""一倒查六整治"等一系列行之有效的办法措施,不断巩固和发展风清气正的选人用人环境。严明换届纪律,坚决落实"九个严禁",严厉查处不听招呼、顶风违纪的行为,特别是跑官要官、买官卖官、拉票贿选、干扰换届等行为,发现一起,查处一起,通报一起。坚持挺纪在前、纪严于法,抓住"关键少数",进一步加大执纪问责力度,加大对违纪行为的查处力度。同时,坚持惩前毖后、治病救人,妥善把握运用好监督执纪"四种形态",真正体现对党员干部的严格要求和关心爱护。

(五)启动"党员先锋行"主题实践活动。各级党组织要围绕充分发挥基层党组织的战斗堡垒作用和党员的先锋模范作用,深入开展"党员先锋行"主题实践活动。紧紧围绕全省中心工作,结合不同领域、不同行业实际,针对不同群体党员的实际情况,精心设计活动载体,提出具体目标任务,明确发挥作用的措施要求,教育引导广大党员时刻铭记自己的党员身份,立足岗位争作贡献。农村、社区围绕贯彻落实全省农村基层党建工作会议部署精神,聚焦加快脱贫攻坚、发展集体经济、实施"一带三创"等重要任务,重点落实党员设岗定责和承诺践诺制度,完善村务管理制度机制,抓好村务监督委员会建设,拓展深化"四议两公开"工作法,在带领群众增收致富,促进农村、社区繁荣发展稳定上发挥先锋模范作用。国有企业围绕省委加强供给侧结构性改革、加快科技创新、推动转型升级等重大决策部署,重点落实党员示范岗和党员责任区制度,在加快科技攻关、掌握核心技术、提高管理水平上发挥先锋模范作用。非公有制经济组织和社会组织围绕充分发挥党组织的政治核心作用和政治引领作用,突出抓好党的组织覆盖和党建工作覆盖,推动党员在企业生产经营和科学管理中发挥先锋模范作用。窗口单位和服务行业围绕增强服务意识,提高办事效率,规范权力运行,树立良好形象,重点落实党员挂牌上岗、亮明身份制度,在自觉接受群众监督、提升服务质量上发挥先锋模范作用。机关事业单位围绕模范履行岗位职责、服务人民群众,重点落实在职党员到社区报到、定点扶贫和结对帮扶、直接联系服务群众等制度,通过"网格化管理、组团式服务""包村包户精准扶贫"等多种形式,在为群众办实事做好事解难事上发挥先锋模范作用。学校围绕增强党的意识、自觉爱党护党为党,切实加强师德师风建设,着力在敬业修德、奉献社会上发挥先锋模范作用。

要突出围绕脱贫攻坚开展学习教育,以党建工作的新成效引领助推精准扶贫。以加强农村党支部建设为核心,选好配强贫困乡村两级领导班子,统筹协调农村党支部第一书记、包村领导和驻村帮扶工作队、社会组织参与扶贫。充分发挥广大党员在扶贫工作中的先锋模范作用,机关党员要按照对口帮扶要求,开展与贫困户"结对子"活动,帮助制定帮扶措施,协调解决所联系的贫困村存在的困难和问题。要把推进脱贫攻坚实绩作为选拔任用干部的重要依据,在脱贫攻坚第一线考察识别干部,激励各级党员干部到脱贫攻坚战场大显身手。

三、方法措施

开展"两学一做"学习教育,要讲究方法、注重实效,坚持融入经常,防止形式化、空泛化、走过场,防止"两张皮"。

1、领导机关领导干部带头示范。各级领导机关、领导班子、领导干部要以身作则、率先垂范,层层示范、层层带动,形成上行下效、整体联动的总体效应。领导干部要学在前、做在前,要求别人做到的自己首先做到,要求别人不做的自己坚决不做,不能搞"灯下黑""手电筒照人不照己"。严格执行双重组织生活等党内生活的各项制度,带头参加学习讨论,带头谈体会、讲党课、作报告,带头参加组织生活会、民主评议,带头履职尽责、立足岗位作贡献,发挥带学促学作用,推动整个学习教育扎实有效开展。

2、党支部充分发挥主体作用。"两学一做"学习教育要覆盖到每一个党支部、每一名党员。对基层党组织书记、组织委员、组织员等党务骨干普遍进行培训,帮助他们掌握工作方法,明确工作要求。基层党组织要根据实际情况,对党员提出自学要求;党支部书记要带头学习讨论,带头开展主题实践活动;每名党员要紧密联系个人思想工作生活实际,认真抓好个人自学,积极参加交流发言,立足岗位作贡献。

3、培养选树一批身边典型。把学习段爱平、李培斌等同志的先进事迹纳入"两学一做"学习教育的重要内容,教育引导广大党员以先进典型为榜样,立足岗位勤奋履职,争做优秀共产党员。采取巡回报告、在线互动、观看电视片等方式,大力宣传优秀乡镇党委书记等各行各业涌现出的模范人物先进事迹,激励基层党组织和广大党员干事创业、开拓进取、奋发作为。在纪念建党95周年活动中,集中评选表彰一批优秀共产党员、优秀党务工作者和先进基层党组织。

4、注重实效精心设计载体。开设"流动课堂",组织党校教师、讲师团成员、先进典型代表、专家学者、科技人员,深入农村、社区、机关、企业、学校流动办学、送教上门,做到哪里有党员,哪里就有学习教育课堂。组织党代表宣讲,发挥党代表工作室作用,大力宣传党的路线方针政策,倾听收集基层党员群众关心的热点难点问题和对有关工作的意见建议。基层党组织可根据实际情况,编印制作口袋书,运用微党课、微动漫、微视频等,开展学习教育。

四、组织领导

"两学一做"学习教育在省委常委会领导下进行,由省委组织部牵头组织实施,省纪委机关、省委宣传部、省委党校、省直各工(党)委配合做好相关工作。

1、层层落实责任。各级党委(党组)要把开展"两学一做"学习教育作为一项重大政治任务,尽好责、抓到位、见实效。各市、省直各部门(单位)党委(党组)要结合实际,作出部署安排,加强具体指导。县级党委要发挥关键作用,制定具体实施方案,加强督促指导把关,针对不同类型党员的实际情况和学习需要,提供适合的学习材料和时间、场地、经费等必要保障。基层党委要对所辖党支部进行全覆盖、全过程的现场指导,帮助党支部制定学习教育计划,派员参加党支部各项活动。各级党组织书记要承担起主体责任,不仅要管好干部、带好班子,还要管好党员、带好队伍,层层传导压力,从严从实抓好学习教育。

2、注重分类指导。县(市、区)党委和企业、学校等基层党委要根据不同领域、不同行业、不同单位特点,找准各领域党员干部需要解决的突出问题,对学习教育的内容安排、组织方式等提出具体要求和办法措施。对党员人数少、党员流动性强的党组织,可依托区域化党员服务中心,利用开放式组织生活等方式,组织党员参加学习教育。对流动党员,流入地、流出地党组织要加强协调配合,按照流入地为主的原则,把流动党员编入一个支部,就近就便参加学习教育。对离退休干部职工党员及年老体弱党员,既要体现从严要求,又要考虑实际情况,以适当方式组织他们参加学习教育。省直工委、省高校工委、省国资委党委、省国防科技工业党委、省非公经济组织和社会组织工委要发挥自身作用,对本行业学习教育作出具体安排。

3、强化督促检查。各级党委(党组)要采取定点监测、现场观摩、随机抽查、专项检查等方式,加强督促指导,推动学习教育深入开展。要分地区、分领域、分行业,有计划地巡回督导各地各单位基层党支部开展学习教育,及时发现和解决苗头性、倾向性、潜在性问题,确保贯穿从严要求、从实作风,坚决防止和杜绝形式主义。强化监督执纪问责,对组织不力、效果不好的要严肃批评,对搞形式、走过场的要严肃问责。

4、发挥媒体作用。针对党员多样化学习需求,充分利用共产党员网、手机报、电视栏目、微信易信和"三晋红e网"、远程教育网络、山西干部在线学院远程教育等平台,开发制作形象直观、丰富多样的学习资源,及时推送学习内容,引导党员利用自主学习、互动交流,扩大学习教育覆盖面。重视典型宣传,及时推介优秀共产党员、优秀党务工作者和先进基层党组织的先进事迹,营造比学赶超、争作贡献的良好风尚。把握好舆论引导的时机、力度和效果,更好发挥评论、言论的引导作用,营造良好舆论氛围。

5、搞好统筹协调。把开展学习教育与推动脱贫攻坚、"三个突破""六大发展"等省委重大决策部署统筹起来,与巩固拓展党的群众路线教育实践活动、学习讨论落实活动和"三严三实"专题教育成果衔接起来,与全面抓好省市县乡四级领导班子换届工作结合起来,切实把广大党员在学习教育中激发出的工作热情和进取精神转化为做好各项工作的强大动力,更好地凝聚改革共识,破解发展难题,促进社会稳定,真正做到两手抓、两不误。

各地区各部门各单位党委(党组)要根据中央、省委部署要求,结合实际制定具体实施方案。开展"两学一做"学习教育的情况,要及时报告省委。

省委召开“两学一做”学习教育视频会

——王儒林出席并讲话

4月18日，我省召开“两学一做”学习教育视频会，对开展“两学一做”学习教育作出安排部署。省委书记王儒林作重要讲话，他强调，要认真学习贯彻习近平总书记关于“两学一做”学习教育重要指示精神和中央的部署要求，结合我省实际，加强组织领导，扎实做好学习教育各项工作，确保取得实实在在的效果。省委副书记、省长李小鹏主持会议。省委副书记楼阳生出席会议。省四大班子负责同志，省法院院长、省检察院检察长出席会议。

王儒林在讲话中指出，要深刻认识到，开展“两学一做”学习教育是贯彻全面从严治党要求的重要部署，是推进思想政治建设常态化制度化的重大实践，是全面加强基层党组织和党员队伍建设的重要举措，是我们山西在从严治党、严明党纪党规上“先走一步”的重要契机。全省上下一定要认真学习贯彻习近平总书记重要指示精神，切实增强思想自觉和行动自觉，把开展“两学一做”学习教育作为今年我省党建工作的龙头任务，以强烈的责任意识、饱满的精神状态投入到学习教育中来。

王儒林强调，要结合我省实际，切实把“两学一做”学习教育的各项要求落实到实处。一要坚持“学为基础”，确保把党章党规和系列讲话学深学透、融会贯通，县处级以上党员领导干部要学得更深一些、要求更严更高一些。二要坚持山西特色，把“学作风”持续不断地深入下去。学作风，关键是向习近平总书记和中央领导集体看齐，特别要认真学习习近平总书记身体力行的“夙夜在公”精神，大力倡导和践行“马上就办、真抓实干”的优良作风，以更高的境界、更大的干劲、更实的作风投身到落实省委“五句话”总要求的实践中。三要坚持“做为关键”，努力实现以学促做、知行合一。要把“做合格共产党员”作为学习教育的着眼点、落脚点，对党忠诚、时刻看齐，自觉做到“政治合格”；严明纪律、清正廉洁，自觉做到“纪律合格”；修身立德、树好形象，自觉做到“品德合格”；干事创业、争做贡献，自觉做到“作用合格”。四要坚持问题导向，把解决问题贯穿学习教育全过程。聚焦突出问题，坚持立行立改，对个性问题要边学边改、即知即改，对共性问题要上下联动、专项整治。五要坚持“挺纪在前”，努力在全面从严治党、严格执行党纪党规上“先走一步”。严明党的政治纪律和政治规矩，切实做到“五个必须”，坚决做到“五个严格”，充分发挥“三个作用”，特别要把握好“三条线”，就是“对标道德高线，突出纪律红线，守住法律底线”。六要坚持“抓在日常”，突出经常性教育的特点，推动党的思想政治建设常态化制度化。要以党支部为基本单位，突出抓好机关、国有企业、农村三个重点。要以党的组织生活为基本形式，充分发挥组织生活的熔炉作用。要以落实党员教育管理制度为基本依托，健全完善党员日常教育管理措施。

王儒林指出，要加强组织领导，确保“两学一做”学习教育取得实实在在的效果。要强化管党治党主体责任，各级党委(党组)要切实履行主体责任，各级党组织书记和主要负责同志要切实担负起第一责任人职责，加强督促指导、巡回督导。要用好以上率下的基本方法，各级领导机关、领导班子、领导干部一定要走在前列、当好表率，带头参加学习教育，搞好联系指导，切实当好表率。要从严从实抓好关键动作，把深化学习研讨作为前提，把严格日常管理监督作为保障，把开展主题实践活动作为载体。

要结合实际加强分类指导，有针对性地安排学习教育任务，调动好基层单位的主动性创造性，高度重视舆论宣传。要坚持做到“两手抓两促进”，大力倡导实事求是，坚决反对形式主义、官僚主义，把学习教育成果体现和落实到“五句话”总要求和推动“六大发展”上来。

王儒林特别强调，作风建设无小事，要从点点滴滴的小事做起，从严贯彻执行中央八项规定精神，切实解决实际工作中不严不细不到位的问题。执行党的纪律和规矩必须有令则行、有禁则止，而且越往后越严，要坚定不移抓好落实。要坚持把以上率下作为基本工作方法，层层传导压力，压实“两个责任”。各级党政“一把手”在“两学一做”学习教育中都要把自己摆进去，认真反思，抓好整改。越是经济下行，越是在困难的时候，党员领导干部越要密切联系群众、以身作则，夙夜在公、崇尚实干、敢于担当、廉洁自律、率先垂范，把全省各级领导干部，把240多万党员带动起来，振奋精神、坚定信心，做好各项工作。

李小鹏在主持会议时指出，各级各部门各单位要深入学习贯彻习近平总书记重要指示精神，坚决把思想和行动统一到中央的决策部署上来，按照省委工作安排和王儒林书记的重要讲话要求，落实主体责任，精心组织实施，从严从实做好“两学一做”各项工作，特别是各级领导干部要以身作则，率先垂范，传导压力，压实责任，自觉接受监督，严格执行中央八项规定等各项要求，切实抓好工作落实，确保“两学一做”学习教育取得实实在在的成效。要从严从实加强思想建设，教育引导广大党员尊崇党章、遵守党规，以习近平总书记系列重要讲话精神武装头脑、指导实践、推动工作，切实增强政治意识、大局意识、核心意识、看齐意识，坚定理想信念，对党绝对忠诚，树立清风正气，勇于担当作为。要从严从实解决实际问题，着力解决党员队伍在思想、组织、作风、纪律等方面存在的问题，持之以恒纠正“四风”，推动党风不断好转。要从严从实建立长效机制，坚持抓在日常、严在经常，着力完善加强党员教育管理的长效机制。要把开展学习教育与做好改革发展稳定各项工作结合起来，在决胜全面建成小康社会各项工作中发挥好领导干部的骨干带头作用、党组织的战斗堡垒作用和党员的先锋模范作用，切实把学习教育的成效体现为经济社会持续健康发展的成果。

省纪委、省委组织部班子成员；省直各单位、中央驻晋单位主要负责同志；驻太原本科院校、省管国有骨干企业主要负责同志；中央驻晋主要新闻媒体负责同志；各市组织部长；省委“两学一做”学习教育协调小组成员在省主会场参加会议。各市、县（市、区）设分会场。

不忘初心　继续前进　不断开创山西各项事业新境界

——骆惠宁在学习贯彻习近平总书记“七一”重要讲话精神暨全省“两优一先”表彰大会上讲话摘要

7月15日，学习贯彻习近平总书记“七一”重要讲话精神暨全省“两优一先”表彰大会在太原隆重举行。省委书记骆惠宁作讲话。

骆惠宁在讲话中代表省委向这次受表彰的优秀共产党员、优秀党务工作者、先进基层党组织表示热烈的祝贺和崇高的敬意。他结合山西实际，就学习贯彻习总书记“七一”重要讲话、系列重要讲话提出明确要求。他指出，习近平总书记“七一”重要讲话，是全党在新的历史条件下进行具有许多新的历史特点伟大斗争的政治宣言，是指引我们党奋力推进中国特色社会主义伟大事业和全面推进党的建设新的伟大工程的纲领性文献。我们要深刻领会习总书记“七一”重要讲话精神，为实现中华民族伟大复兴中国梦作出应有贡献。要在深刻领会党的光辉历程和伟大历史贡献中增强清醒自信，在深刻领会近代以来我国社会发展的规律性认识中坚定前进方向，在深刻领会我们党所肩负的时代使命中永葆奋斗精神，进一步坚定“四个自信”，不断增强“四个意识”，自觉同以习近平同志为总书记的党中央保持高度一致。山西作为革命老区，在党领导革命、建设、改革的各个时期，都作出过宝贵奋斗和重大贡献。在新的历史阶段，我们要进一步弘扬光荣传统，深入总结长期以来形成的治晋理政有益经验，认真汲取一段时间出现的系统性、塌方式严重腐败的沉痛教训，深刻认识具有许多新的历史特点的伟大斗争的时代背景、前进方向、重大任务和本质特征，把中国特色社会主义在山西坚持和拓展好。当前，要紧紧围绕省委提出的“两个关键”，着力构建良好政治生态，着力推动经济稳步向好，切实做到两手硬，聚精会神地把各方面工作进一步做好。

骆惠宁指出，要坚持学习贯彻习总书记“七一”重要讲话与系列重要讲话相结合，把具有许多新的历史特点伟大斗争在山西进行好。习总书记系列重要讲话是不断发展的、开放的理论体系，这次“七一”讲话是其中的新篇章。我们要把山西各项事业推向前进，最根本的就是要以习总书记系列重要讲话为行动指针。全省各级党组织要继续以高度的政治担当和历史担当，把学习贯彻习总书记系列重要讲话精神不断引向深入，使之真正成为分析问题、解决问题的过程，让人们在实践中切实感受到系列讲话的真理力量。要进一步做到融会贯通，坚持读原文，掌握贯穿于讲话中的马克思主义立场观点方法和体现的政治立场、价值追求和崇高风范。要进一步推动学以致用，着力解决突出问题，防止学与用脱节，做到学思践悟相统一。要进一步实现全面覆盖，把学习贯彻系列重要讲话从领导干部这个“关键少数”向全体党员拓展、向基层组织延伸，推动系列重要讲话进机关、进企业、进农村、进社区、进学校、进军营。

骆惠宁强调，要学思结合，以思促学，结合山西省情，着力从6个方面深入思考，即如何坚定不渝以习总书记系列重要讲话为指引，用发展着的马克思主义武装头脑、指导实践；如何始终保持对远大理想和奋斗目标的执着追求，不断提升党性修养、思想境界和道德水平；如何毫不动摇贯彻党的基本路线，确保我省与全国同步全面建成小康社会；如何更加有效推进改革开放和法治建设，为山西发展注入不竭动力、提供坚实保障；如何充分发挥广大群众积极性主动性创造性，把为全省人民造福事业推向前进；如何自觉坚持从严管党治党，以勇于担当精神推进党的建设新的伟大工程。要使系列重要讲话精神入脑入心，成为改造主客观世界的强大思想武器。

骆惠宁强调，要大力弘扬理论联系实际的学风，以习总书记系列重要讲话精神为指引，着力在8个方面进一步推动工作，即进一步把山西工作放在国际国内的大背景下来审视与谋划，统筹推进“五位一体”总体布局，协调推进“四个全面”战略布局，牢牢把握正确方向，忠实履行岗位职责，向着实现“两个一百年”宏伟目标不断迈进；进一步践行新发展理念，增强定力、精准发力，全面推进供给侧结构性改革，有力有度有效落实好“三去一降一补”重点任务，发挥投资的关键作用，做好煤与非煤两篇大文章，培育新的经济结构，爬坡过坎，走出一条资源型地区创新驱动、转型升级的新路，实现我省经济浴火重生、重振雄风；进一步树立以人民为中心的发展思想，越是经济下行压力大，越要注重保障和改善民生，坚决打赢脱贫攻坚战，不断提高基本公共服务水平，坚持总体安全观，绷紧安全生产这根弦，守住全社会系统安全稳定的底线，让广大群众有更多的获得感；进一步深入挖掘我省5000多年文明发展中孕育的优秀传统文化，在革命战争年代形成的红色文化，坚持社会主义先进文化的前进方向，大力践行社会主义核心价值观，加快建设文化强省，持续为社会进步提供丰润的文化滋养；进一步清醒认识加强生态文明建设的重要性和必要性，以对人民群众、对子孙后代高度负责的态度和责任，真正下决心把环境污染治理好、把生态环境建设好，努力走向社会主义生态文明新时代，为人民创造良好生产生活环境；进一步全面深化各领域改革，扩大对内对外开放，充分发挥转型综改试验区建设对全省经济社会体制改革的牵引作用，敢于向积存多年的顽瘴痼疾开刀，坚决清除妨碍社会生产力发展的体制机制障碍，推进治理体系和治理能力现代化；进一步树立宪法法律权威，弘扬宪法精神，引导各级领导干部自觉尊法学法守法用法，不断提高运用法治思维和法治方式深化改革、推动发展、维护稳定、管党治党的能力和水平，确保权力在法治轨道上行使，积极推进法治山西建设；进一步保持党的先进性和纯洁性、提高执政能力和拒腐防变能力，以自我革命的政治勇气，着力解决自身存在的突出问题，祛病疗伤、激浊扬清，确保我省各级党组织始终成为坚强的领导核心。

骆惠宁指出，要深入贯彻全面从严治党要求，在“两学一做”中展示党员干部良好形象。要认真落实管党治党主体责任，坚持严字当头，把严的要求贯彻全过程，加强和规范党内政治生活，严肃党的政治纪律和政治规矩，全面净化党内政治生态。要从省委常委会抓起，从领导干部抓起，持之以恒加强作风建设，严格执行中央八项规定精神，紧盯“四风”隐形变异问题和重要时间节点，健全抓常抓细抓长的有效机制，推动作风持续好转。要以零容忍态度坚定不移地反腐败，把纪律和规矩挺在前面，推动党风廉政建设的压力向下传导，使不敢腐的震慑作用得到强化，不能腐、不想腐的效应日益显现，压倒性态势加快形成。

骆惠宁强调，要坚持好干部标准，使动力与压力、奖励与惩戒、能上与能下、严管与关爱相统一，把优秀干部精心培养起来、及时发现出来、合理使用起来。全体党员干部要坚守“三严三实”。要在全省强化“为官必为”意识，增强“为官会为”能力，追究“为官不为”责任，营造“为官愿为”环境，充分激发广大干部干事创业的积极性创造性，为担当的干部担当，对负责的干部负责。要扎实做好换届工作，严格换届纪律，确保换届风清气正。

骆惠宁指出，要认真抓好“两学一做”学习教育，进一步落实领导责任，坚持分类指导，抓在平常、融入日常，以上率下、上下联动，把全面从严治党落实到每个支部、落实到每名党员，确保“两学一做”学习教育取得预期成效。

骆惠宁指出，这次受表彰的优秀个人和先进集体是各行各业的杰出代表。全省广大共产党员和党务工作者要向他们学习，以他们为榜样，敬业奉献、创先争优，在各自岗位上发挥好先锋模范作用。

骆惠宁号召全省广大共产党员和各级党组织，紧密团结在以习近平同志为总书记的党中央周围，高举中国特色社会主义伟大旗帜，坚定信心、开拓进取，为不断塑造山西美好形象、逐步实现山西振兴崛起而努力奋斗。

在“学以致用　以用促学　把学习贯彻习总书记系列重要讲话精神引向深入”学习交流会上的讲话

骆惠宁

（2016年10月15日）

近年来，山西省委一直把学习贯彻习总书记系列重要讲话作为重大政治任务来部署安排，通过群众路线教育实践活动、“三严三实”专题教育、“两学一做”学习教育，以及“学习讨论落实活动”，全省学习贯彻工作取得了明显成效。今天召开交流会，就是要进一步推动学以致用、以用促学，把学习贯彻系列重要讲话引向深入，不断开辟山西工作新境界。

刚才，我们重温了习总书记关于“右玉精神”的重要指示，观摩了现场，观看了纪录片，看到了右玉的巨大变化。综观十八大以来我们党奋斗的实践，我们更加坚定了对习总书记系列重要讲话的真诚信仰和认真践行。下面，我讲几点意见。

一、深刻认识系列重要讲话的重大意义，进一步提高学习贯彻的自觉性坚定性

党的十八大以来，我国已踏上了一个新的历史征程，正在进行具有许多新的历史特点的伟大斗争。习近平总书记着眼于新的国际环境、新的发展阶段和新的风险考验，

发表了一系列重要讲话，深刻揭示了当今世界和当代中国发展变化的根本方向，闪耀着强大的真理光芒，指引党和国家事业发展开创了新局面，得到了全党全国人民的衷心拥护和高度认同。从政治意义上讲，系列重要讲话对如何在中国特色社会主义道路上实现民族复兴，作出了全面、深入、透彻的回答，顺应时代发展进步的潮流，彰显中国共产党的执政理念，集中体现了全党全国人民的共同愿望和根本利益，是我们党在新的历史条件下开拓前进的政治宣言，是全体党员干部向党中央看齐、与党中央保持高度一致、把握正确政治方向的行动指南。从理论意义上讲，系列重要讲话深刻阐述了事关党和国家前途命运的根本问题，进一步深化了我们党对共产党执政规律、社会主义建设规律、人类社会发展规律的认识，是党的科学理论最新成果，发展了21世纪马克思主义、当代中国马克思主义，开辟了马克思主义中国化新境界，为中国特色社会主义理论体系注入了新的内涵和时代精神，成为我们凝聚力量、奋发前行的强大思想武器。从实践意义上讲，系列重要讲话敏锐洞察当前国际国内形势，准确分析和把握战略机遇期的变与不变，直面改革发展稳定中的重大问题、人民群众反映强烈的突出问题和党的建设面临的紧迫问题，科学规划了在新的起点上发展中国、富强中国的一整套重大战略部署，创造性地提出一系列理念思路和政策举措，十分管用，对有效应对各种矛盾困难、推动社会发展进步起着根本的引领作用。从世界意义上讲，系列重要讲话鲜明阐述了我们党对世界重大问题的主张和看法，为解决人类面临的共同课题、实现合作发展提供了中国智慧、中国方案，展示了中国共产党人的宽广情怀，提升了我们党和社会主义中国的国际影响力，增强了中华民族的道路、理论、制度和文化自信，中国特色社会主义在全球化潮流和激烈国际竞争中，显现出强大生命力和巨大优越性。我们要充分认清习总书记系列重要讲话的重大意义，坚持用党的最新理论成果武装头脑、指导工作，推动山西各项事业不断取得新进步、展示新气象。

二、全面领会系列重要讲话的科学内涵与核心要义，切实把思想和行动统一到讲话精神上来

习总书记系列重要讲话内容广泛、博大精深，并且随着实践的发展不断在丰富，我们要持续跟进学习，持续深化理解。一要准确把握科学体系。习总书记系列重要讲话涵盖党和国家工作的各个方面，包括社会发展和人们生活的各个领域，涉及生产力与生产关系、经济基础与上层建筑各个环节，围绕坚持和发展中国特色社会主义这一主题、实现中华民族伟大复兴这个崇高奋斗目标精进展开，形成了系统完整、逻辑严密、相互贯通的理论体系。讲话与马克思列宁主义、毛泽东思想、邓小平理论、“三个代表”重要思想、科学发展观既一脉相承又与时俱进，既坚持了老祖宗，又讲了很多新话，富有深厚的历史文化底蕴，凸显着浓郁的中国特色、中国风格、中国气派。我们在学习过程中，一定要突出整体性，全面地而不是片面地、系统地而不是零碎地把握讲话的内在逻辑和科学体系，切实增强思想认同、理论认同、情感认同。二要准确把握新理念新思想新战略。在全面系统学习的基础上，我们要深刻领会系列重要讲话在治国理政重大问题上的新理念新思想新战略。比如，实现中华民族伟大复兴的中国梦，统筹推进“五位一体”总体布局、协调推进“四个全面”战略布局，创新、协调、绿色、开放、共享的新发展理念，适应、把握和引领经济发展新常态，加强供给侧结构性改革，发挥市场在资源配置中的决定性作用和更好发挥政府作用，推进国家治理体系和治理能力现代化，传承和弘扬中华优秀传统文化，牢牢掌握意识形态工作领导权和话语权，坚持总体国家安全观，建设中国特色社会主义法治体系，人民对美好生活的向往就是我们的奋斗目标，小康路上一个都不能少、一个都不能掉队，绿水青山就是金山银山，建设美丽中国、健康中国，全面推进党的思想、组织、作风、制度和党风廉政建设，“三严三实”，思想建党和制度治党相结合，政治建军、改革强军、依法治军，实施“一带一路”战略，构建以合作共赢为核心的新型国际关系，打造人类命运共同体，等等。这些都是新理念新思想新战略的基础性、标志性重大观点，是新理念新思想新战略在不同领域、不同层面的重要体现，是构成党的最新理论成果的“四梁八柱”，我们要精钻细研、学深悟透，切实在推动工作中感受系列重要讲话的真理力量。三要准确把握立场观点方法。习总书记系列重要讲话贯穿着坚定信仰追求、无畏责任担当、真挚为民情怀、务实思想作风，包含着深邃的哲理和实践的智慧，既部署“过河”的任务，又提供“桥和船”的指导，为我们认识问题、分析问题、解决问题树立了典范。讲话体现中国共产党人坚定的政治立场和政治品格，强调要不忘初心、继续前进，以身许党许国、报党报国，践行以人民为中心的发展思想，自觉肩负起对国家对人民的责任、勇作为、敢担当等；讲话运用辩证唯物主义和历史唯物主义基本原理，强调观大势、定大局、谋大事，树立问题意识、问题导向，防风险、补短板，提高战略思维、辩证思维、创新思维、法治思维、底线思维能力，以史为鉴、知古鉴今等；讲话坚持实事求是、群众路线、两点论与重点论相统一等思想方法和工作方法，强调必须一切从客观实际出发，树立马克思主义群众观，以重点突破带动整体推进，空谈误国、实干兴邦，一分部署、九分落实等。这些反映的正是马克思主义的立场观点方法，并且具有当今时代的新特点。掌握了这些立场观点方法，我们就能更加深刻地理解系列重要讲话的思想精髓，做到知其言更知其义，知其然更知其所以然，用于正确观察分析事物，增强工作的科学性、预见性、主动性和创造性。

三、着力解决突出问题，把学习成效转化为推进工作的实际成效

学习的目的全在于运用。习总书记系列重要讲话的一

个鲜明特点就是问题导向、直面问题。我们学习系列重要讲话，就是要奔着实际问题去、在破解难题上下功夫；学习的成效有多大，关键要看与实际联系得紧不紧、问题解决得好不好。当前，要针对山西省情，在以下10个方面进一步聚焦发力：一是深刻领会习总书记治国理政新理念新思想新战略，着力解决在新的历史条件下，准确把握我省在全国大局中所处方位、突出矛盾、发展目标等问题，切实把山西工作放在国际国内大背景下来审视和谋划，把握正确方向，统筹战略布局，落实“一个指引、两手硬”的重大思路和要求，把中国特色社会主义在山西坚持和拓展好。二是正确认识全面小康社会新的目标要求，着力解决发展不平衡、不协调、不可持续等问题，正视差距，补齐短板，坚决打赢脱贫攻坚战，普遍提高群众生活水平，显著提升人们素质和社会文明程度，逐步健全完善各方面制度体系，确保与全国同步全面建成小康社会。三是以新发展理念引领经济发展新常态，着力解决经济总量性尤其是结构性矛盾突出、创新能力不强、新旧动能转换迟缓等问题，充分发挥综改试验区对转型升级的牵引作用，全面推进供给侧结构性改革，实现经济稳步向好，着力构建多元化中高端的现代产业体系，走出一条资源型省份实现创新驱动、转型发展的新路。四是按照发展社会主义民主政治的要求，着力解决科学决策、民主决策、依法决策还不够，人民民主权利保障不充分等问题，改进领导方式和执政方式，健全权力运行制约和监督体系，尊重人民主体地位，保证人民当家作主，更好发挥各方面主动性、积极性和创造性，形成生动活泼、安定团结的政治局面。五是遵循建设社会主义文化强国的思路，着力解决我省文化资源挖掘创新不够、文化产业规模不大、文化资源优势没有转化为整体实力和竞争力的问题，践行社会主义核心价值观，弘扬民族精神和时代精神，切实增强文化自信，提高文化产品生产和服务能力，扩大山西文化的传播力和影响力，加快文化强省建设步伐。六是恪守以人民为中心的发展思想，着力解决我省民生整体水平不高、基本公共服务和社会保障体系还不健全等问题，进一步改善民计民生，加快发展各项社会事业，持续增加城乡居民收入，绷紧安全生产这根弦，守住全社会系统安全稳定底线，让广大群众有更多的获得感。七是牢固树立绿水青山就是金山银山的理念，着力解决生态环境脆弱、增长方式粗放、资源环境约束趋紧等问题，加大生态文明建设力度，完善和落实生态环境保护政策措施，强化生态文明制度保障，培育生态价值观，推动绿色发展，实现生态美与百姓富的有机统一。八是落实全面深化改革的部署，着力解决改革意识还不强、力度不大，一些改革措施没落地，对外开放不够等问题，勇于在解决难题上先行先试、在扩大开放中转变观念，统筹推进各项改革，力争在一些重点领域和关键环节上取得突破性进展，主动融入国家战略，全面开放、深度开放，为经济社会发展增添动力与活力。九是自觉坚持全面依法治国方略，着力解决法治化水平不够高、依法办事氛围不浓、运用法律解决问题的能力不足等问题，坚决维护宪法法律权威，把法治作为治晋理政的基本方式，推动形成办事依法、遇事找法、解决问题用法、化解矛盾靠法的良好法治环境。十是深入贯彻全面从严治党方针，着力解决一些地方和单位党的领导弱化、党的建设缺失、管党治党不严等问题，更好担当起党委（党组）主体责任，牢固树立“四个意识”，严肃党内政治生活，坚持正确用人导向，持续正风肃纪，把严格管理和关心爱护相统一，充分激发干事创业积极性，全面构建良好政治生态，为加强党的建设、推进党的事业作出不懈努力。上述都是我省面临的重要而紧迫的现实问题，我们要从理论与实践的结合中进一步寻求破解之道，不断推动问题得以更好解决，把具有许多新的历史特点的伟大斗争在山西进行好。

四、注重提高学习质量，充分发挥党委（党组）中心组的示范带头作用

近年来，全省各级党委（党组）中心组突出学习习总书记系列重要讲话这个主题，坚持集体学习和个人自学相结合，推动了理论学习的常态化。这次书面交流的26篇材料，反映了有关地方和单位中心组学习的成果，其中有不少好做法好经验。希望大家相互借鉴，取长补短。在肯定成绩的同时，还要看到中心组学习也存在一些值得注意的问题，有的对学习的重要性认识不足，看成软任务，不太当回事；有的传达文件多，听辅导报告多，读原文原著少，研讨交流少；有的问题导向不强，联系实际不够，没把自己摆进去，缺乏针对性；有的制度不健全、不完善，或者有明确规定无刚性约束，随意性较大。这些都影响了党委（党组）中心组学习的成效。抓好党委（党组）中心组学习是新形势下深化理论武装、加强思想建党的重要途径，是提升领导干部能力素质、锻造过硬执政队伍的重要举措。党委（党组）主要负责同志作为第一责任人，要想一想是不是对抓中心组学习足够重视了，摆上了重要位置；是不是亲自研究和设置议题，推动了学用紧密结合；是不是坚持了制度化规范化，把学习由“软任务”变成了“硬约束”。每位中心组成员也要想一想，是不是做到了静下心来研读原文，真正吃透系列重要讲话的思想精髓和核心要义；是不是能够在学习前围绕议题思考调研，在学习交流中开阔了思路；是不是坚持以系列重要讲话为指导，达到了科学谋划和推进工作的效果。

全省各级党委（党组）中心组，要把提高学习质量作为下一步的努力方向。要着眼于解决思想上的问题、实践中的问题和能力方面的问题，把学习系列重要讲话同坚定理想信念、自觉为党分忧结合起来，同有效落实中央重大决策部署结合起来，同全面提高领导能力和水平结合起来，坚持学以致用，以用促学，真正做到学而信、学而用、学而行。当今时代日新月异，知识更新很快，要在突出理论学习的同时，坚持干什么学什么、缺什么补什么，结合工作需要加强专业知识的学习，更好地适应岗位要求。制度

建设是抓好中心组学习的可靠保证。要制定完善我省党委（党组）中心组学习办法，强化组织领导，加大制度约束，开展督促检查，形成长效机制，推动中心组学习进一步走向科学化规范化。

党委（党组）中心组作为一个地方和单位的学习龙头，对党员干部的学习具有很强的引领性、示范性。要结合“两学一做”学习教育，充分发挥中心组学习的辐射带动作用，注重运用各类传统和新兴媒体，采取宣讲、报告会、“送学”活动等行之有效的方式，把学习贯彻系列重要讲话从领导干部这个“关键少数”向党员群众拓展、向基层单位延伸，到户到人，实现全覆盖，更广泛地统一思想行动、凝聚奋进力量，使系列讲话精神在基层、在群众中生根、开花、结果。

五、大力弘扬右玉精神，切实奋发有为地把党和人民的事业做好

习总书记关于“右玉精神”的重要指示，充分肯定了右玉事迹的可贵之处，揭示了“右玉精神”的本质内涵。我们要深刻领会，切实把“右玉精神”运用到实践中，更好地促进各项工作，把山西的事情办好。

一要始终坚持为人民谋利、为人民服务的政绩观。60多年来，右玉县历任领导班子牢记宗旨、问计于民、造福人民，干部群众打成一片植树造林，看不出谁是干部、谁是百姓，从求生存到谋发展，努力走出一条改变人民命运、让广大群众过上好日子的可持续发展之路，用行动诠释了正确的事业观、政绩观。现今，如期全面建成小康社会是全省人民共同的迫切愿望，是百姓的根本福祉所在。我们弘扬右玉精神，就是要牢牢把握中央关于全面建成小康社会的基本要求，坚定地贯彻党的基本路线，紧紧依靠和发动人民群众，为实现“两个百年”的第一步奋斗目标而努力。为此，一定要注意克服干部队伍中存在的宗旨意识淡薄、脱离群众、政绩观偏颇的问题。全体党员干部都要更加自觉地把人民根本利益作为一切工作的出发点和落脚点，满怀对人民的赤诚之心，倾听呼声，排忧解难，全心全意为人民服务，以坚强的党性彰显正确的政绩观。

二要始终保持迎难而上、艰苦奋斗的英雄本色。60多年来，右玉人民在“种活一棵树比养活一个孩子还难”的恶劣环境下，靠着“锄头加窝头、觉悟加义务”的苦干精神，凭着“一把铁锹两只手、干罢春夏与冬秋”的劲头，在高寒干旱的沙丘和荒山，在一个国定贫困县，克服了难以想象的艰难，硬是把风沙肆虐的“不毛之地”变成生态良好的“塞上绿洲”，书写了一部感天动地的奋斗史。当前，我省改革发展稳定和党建的任务都十分繁重，特别是经济发展处于改革开放以来最困难时期。我们弘扬右玉精神，就是要知难而进、迎难而上，勇于担当、善于作为、甘于吃苦奉献。为此，一定要摒弃我省干部队伍中存在的遇到矛盾绕着走、畏首畏尾、消极懈怠、贪图享乐等不良现象。全体党员干部都要拿出百折不挠、顽强拼搏的决心和勇气，不怕难、不怕苦，积极应对各种挑战，克服一切艰难险阻，奋发进取，砥砺前行。

三要始终保持久久为功、利在长远的实干精神。60多年来，右玉县各级干部薪火接力、矢志不渝，换届不换方向，换人不换精神，以“功成不必在我”的境界，一张蓝图绘到底，一任接着一任干，持之以恒、久久为功。目前，我们正在全力推动经济转型发展，全面构建良好政治生态。要看到，上述两件大事，都不可能一蹴而就，而需要持续努力。我们弘扬右玉精神，就是要既立足当前、又着眼长远，咬定目标不放松，切实把规划和部署变成实际行动，不达目的不罢休。为此，一定要注意防止干部队伍中存在的浮躁盲目、急于求成的心态和做表面文章、搞短期行为的现象。全体党员干部都要以科学的态度抓工作，以“永远在路上”的精神干实事，扑下身子，心无旁骛，锲而不舍，脚踏实地，聚精会神地创新创业，把中央决策部署和省委重大安排贯彻落实好，努力创造经得起历史检验的业绩。我们要以实际行动使“右玉精神”在全省发扬光大。

深刻认识开展“两学一做”重大意义

——一论扎实开展“两学一做”学习教育

党中央决定，今年在全党开展“学党章党规、学系列讲话，做合格党员”学习教育。这是中央深化党内教育作出的又一重大部署。昨天，省委召开视频会，对在我省全体党员中扎实开展学习教育进行了具体安排。全省各级党组织和共产党员，要切实把思想和行动统一到中央和省委部署要求上来，深刻认识开展“两学一做”学习教育的重大意义，切实增强思想自觉和行动自觉，确保学习教育取得实实在在的成效。

我省开展“两学一做”学习教育起步较早，在今年初省管主要领导干部专题研讨班上，省委就提出了开展“两学一做”学习教育的基本要求。随后不久，省委常委会审议通过了我省《实施方案》和《省委常委班子和省委常委

同志“两学一做”学习教育工作安排》。各市根据省委要求先行开展了试点，取得了积极成效，这些都为在全省党员中深入推进“两学一做”学习教育打下了良好基础。

开展“两学一做”学习教育，前提是认识要到位。只有“知”才能更好地“行”；只有认识深刻，学习教育才能取得令人满意的成果。因此，必须按照省委书记王儒林在视频会议上提出的要求，进一步提高思想认识，把握这次学习教育重大意义、基本原则、目标任务，把王儒林书记根据中央精神、结合省委班子一年多管党治党实践所提出的“四个深刻认识”贯穿学习教育始终。

深刻认识开展“两学一做”学习教育是贯彻全面从严治党要求的重要部署。在中华民族伟大复兴进入新的征程、在全面建成小康社会进入决胜阶段、在“十三五”规划进入全面实施的开局之年，开展“两学一做”学习教育凸显了党中央从严治党的深意。党的十八大以来，以习近平同志为总书记的党中央围绕全面从严治党作出一系列重大部署，打出一系列组合拳，党风政风为之一新，得到全党全国各族人民的衷心拥护。但目前的成效还是阶段性的，严肃党内政治生活、恢复发扬党的优良传统和作风的任务还很重，严明党的纪律和规矩、营造良好政治生态的任务还很重，加强党员干部教育、建设高素质干部队伍的任务还很重。特别是我们山西作为系统性、塌方式腐败重灾区，全面从严治党的任务更重。开展“两学一做”学习教育，就是坚持作风建设永远在路上，步步深入、环环相扣，以严肃的态度、严抓的韧劲，把全面从严治党的良好态势巩固发展下去，做到真管真严、长管长严。

要深刻认识开展“两学一做”学习教育是推进思想政治建设常态化制度化的重大实践。党的思想政治建设、纪律建设、作风建设必须常抓不懈，抓细抓常，久久为功。我们党通过开展群众路线教育实践活动和“三严三实”专题教育，党员干部队伍的思想政治素质有了新的提高。但也要看到，一些党员干部政治意识淡薄、政治责任感缺乏，信仰不真信、修身不真修、在党不言党、乱评乱议党的大政方针。这些问题在我省一些党员领导干部身上也同样存在。开展“两学一做”学习教育，就是按照思想建党和制度治党相结合的要求，立足于抓常抓细抓长，推动党内教育由集中性教育向经常性教育延伸，把思想政治建设融入日常的党内政治生活之中，是党在思想政治建设上的进一步深化，体现了党中央持续抓党的思想政治建设的坚强决心。

要深刻认识开展“两学一做”学习教育是全面加强基层党组织和党员队伍建设的重要举措。我们党的根基在基层，党的肌体细胞是党员。细胞合格，党的肌体就强健；基层有活力，党的事业就兴旺。群众往往是通过身边的基层党组织和党员干部的作风和作为来评价我们党的。如果从严治党不向基层延伸，党组织的战斗堡垒作用和党员的先锋模范作用发挥不充分，那么党的创造力、凝聚力、战斗力就会受到影响，党的好政策就无法真正落实到老百姓身上，老百姓就会逐步丧失对我们党的信任和支持。开展“两学一做”学习教育，就是要推动全面从严治党向基层延伸，进一步解决党员队伍在思想、组织、作风、纪律等方面存在的突出问题，让党的每一个细胞都健康起来、每一个组织都坚强起来，更好地保持党的先进性和纯洁性。

要深刻认识开展“两学一做”学习教育也是我们山西在从严治党、严明党纪党规上“先走一步”的重要契机。2014年9月以来，新的省委领导班子认真履行管党治党主体责任，坚定不移惩治腐败，修复和改善了政治生态，特别是坚决贯彻落实党中央对山西提出在全面从严治党、严明党纪党规上“先走一步”的指示要求，在保持“三个高压态势”“把纪律和规矩挺在前面”“六权治本”等方面取得了积极的成效，得到党中央和中央纪委的充分肯定。我们要把开展“两学一做”学习教育作为我们山西全面从严治党的一个重要契机和载体，按照党中央的要求努力在从严治党、严明党纪党规上“先走一步”。

开展“两学一做”学习教育，基础在学，关键在做。广大党员只有认真学习党章党规，才能牢记党员身份，增强党员意识，把握为人做事的基准和底线，做到在党爱党、在党言党、在党忧党、在党为党，才能明标准、立规范、守纪律，进一步坚定理想信念，提高党性觉悟。只有把握系列讲话的丰富内涵和核心要义，进一步增强政治意识、大局意识、核心意识、看齐意识，才能强化党员宗旨观念、激发担当精神，在生产、工作、学习和社会生活中发挥先锋模范作用。只有党员发挥应有作用，党的根基才能牢固，党才能有战斗力。我们相信，只要广大党员把学和做贯穿于“两学一做”学习教育的全过程，用党章党规规范约束自己的行为，用习近平总书记系列重要讲话精神指导自己的行动，就一定能成为新时期的一名合格共产党员，就一定能在自己的工作岗位上建功立业，为夺取全面建成小康社会决胜阶段新胜利、为实现富民强省目标，作出新的更大贡献！

山西日报评论员

夯实基础　抓实关键

——二论扎实开展“两学一做”学习教育

“两学一做”学习教育，基础在学，关键在做。我们要深入学习领会习近平总书记的重要指示精神，按照中央要求和省委部署，夯实“学”这个基础，抓住“做”这个关键，切实把各项要求不折不扣地落到实处。

夯实“学”这个基础，要确保把党章党规和系列讲话学深学透、融会贯通。习近平总书记指出，不懂马克思主义基本原理，不学习党的创新理论，不信奉党的政治主张，不是一名合格的共产党员；不履行党章规定的党员义务，不遵守党规党纪，也不是一名合格的共产党员。“两学一做”学习教育，学习是前提、是基础。学党章党规，要着眼明确基本标准、树立行为规范，把尊崇党章、遵守党规作为基本要求，教育引导党员牢记入党誓词，牢记党的宗旨，牢记党员义务和权利，牢记党规党纪，牢记党的优良传统和作风，树立崇高道德追求，养成纪律自觉，守住为人、做事的基准和底线。学系列讲话，要着眼加强理论武装、统一思想行动，把用习近平总书记系列重要讲话精神武装全党作为根本任务，深入领会系列重要讲话的丰富内涵和核心要义，深入领会贯穿其中的马克思主义立场观点方法，深刻理解党的科学理论既一脉相承又与时俱进的内在联系，坚定中国特色社会主义道路自信、理论自信、制度自信。

抓学习，要把握一个基本方法，就是要把学习党章党规与学系列讲话很好统一起来。在学系列讲话中加深对党章党规的理解，在学党章党规中深刻领悟系列讲话的基本内涵。一定要学深学透、融会贯通。

“学作风”是新的省委领导班子一直提倡的，是山西的特色。开展“两学一做”学习教育，要坚持把“学作风”持续不断深入下去。“学作风”是落实省委“五句话”要求，开创各项工作新局面的有力作风保证，对我们山西破解“立体性困局”具有很强的针对性、导向性。要进一步深入学习以习近平同志为总书记的中央领导集体“崇尚实干、勇于担当、廉洁自律”的优良作风，关键是向习近平总书记和中央领导集体看齐，坚持以上率下基本工作方法，长期坚持、不断深化。

抓住“做”这个关键，要把“做合格共产党员”作为学习教育的着眼点、落脚点，真正把合格的标尺立起来，把做人做事的底线划出来，把党的先锋形象树起来。新形势下合格党员的具体标准是“四讲四有”，即讲政治、有信念，讲规矩、有纪律，讲道德、有品行，讲奉献、有作为。学习教育中，每一名党员干部都要对照“四讲四有”来衡量自己、检视自己。一要对党忠诚、时刻看齐，自觉做到“政治合格”。二要严明纪律、清正廉洁，自觉做到“纪律合格”。三要修身立德、树好形象，自觉做到“品德合格”。四要干事创业、争做贡献，自觉做到“作为合格”。在任何岗位、任何地方、任何时候、任何情况下都牢记党的宗旨、铭记党员身份，积极为党工作。

“两学一做”，学为基础，做为关键。全省广大党员干部要把学与做统一起来，贯穿于“两学一做”学习教育的全过程，统一于尊崇党章、遵守党规和用习近平总书记系列重要讲话精神武装头脑、指导实践、推动工作的具体行动。特别要积极适应经济发展新常态，认真践行新发展理念，奋发有为地干事创业，在各自岗位上作出新的贡献，努力实现以学促做、知行合一。

山西日报评论员

带着问题学　针对问题改

——三论扎实开展“两学一做”学习教育

强化问题意识、坚持问题导向，是党的十八大以来全面从严治党的鲜明特点和成功经验。确保“两学一做”学习教育扎实开展取得成效，非常重要的一点，就是按照中央和省委部署要求，突出问题导向，把解决问题贯穿于学习教育全过程，学要带着问题学，做要针对问题改，进而把全面从严治党落实到每个支部、每名党员，更好地保持党的先进性和纯洁性。

近年来，我省先后开展了党的群众路线教育实践活动、“三严三实”专题教育和学习讨论落实活动及专项巡视，经过集中发力抓作风，党员队伍素质和基层党组织建设有了很大提升。但也要看到，与全面从严治党的要求相比，还存在许多问题，有的还很严重。比如，一些党支部领导地位缺失、党的领导弱化；一些农村干部宗旨观念淡薄、法治观念淡薄，以权谋私，为所欲为；一些基层党组织党内生活不正常，党内规章制度“上得了墙”，却“落不了地”；有的企业党组织擅自确定党费标准，一些党员领导干部长期未按规定交纳党费；一些党员干部精神不振、为官不为、不善为、不能为、不作为等。对这些存在问题，不能视而不见，不能讳疾忌医，更不能任其肆无忌惮。

“两学一做”学习教育，要聚焦突出问题，把发现问题、解决问题作为出发点和落脚点。带着问题学，才能学得深入；针对问题改，才能改得到位。党员和基层党组织存在的问题，中央方案指出了“五个着力解决”，省委书记王儒林在“两学一做”视频会上讲得很具体，省委实施方案明确了要重点解决的问题。学习教育中，各级党组织和党员干部要以这些问题为牵引，结合自身实际，认真对照细化，以严的精神剖析查找，真正把自己摆进去、把问题亮出来，找准“病根子”、开好“药方子”，有的放矢解决。切不可避重就轻、轻描淡写，更不能文过饰非、遮遮掩掩。

突出问题导向，关键是立行立改、解决问题。正视问题、查找问题是过程，最终目的是解决问题。对于学习教育要重点解决的问题，要建立整改台账，拿出可操作、可监督的整改措施，改好一个个具体问题，做好一件件具体事情，推动问题及时解决。对个性问题要边学边改、即知即改，对共性问题要上下联动、专项整治。要抓紧整顿软弱涣散党组织，对问题特别突出的，一律先整顿到位，再开展学习教育。要抓细抓小抓落实，从是否按时交纳党费、参加党的组织生活等具体问题着手，于细微之处见成效。要持之以恒纠正“四风”，继续抓好群众反映强烈的问题整改，抓好不严不实的突出问题整改。特别是对“为官不为”的问题，要区分情况、找准症结、辨证施治。同时要补齐制度短板，针对学习教育中查找的问题，以改革精神补齐制度短板，狠抓制度执行，真正使党的组织生活和党员教育管理严起来、实起来。

问题是时代的声音，“两学一做”是为了解决问题，解决问题才是最好的学习教育。各级党组织和党员在“两学一做”学习教育中，把问题导向贯穿全过程，坚持向问题发力，进一步解决好党员在思想、组织、作风、纪律等方面的问题，进一步解决好基层党组织的软弱涣散问题，让党的每一个细胞都健康起来、每一个组织都坚强起来，为实现弊革风清、富民强省提供坚强政治保证。

山西日报评论员

抓在日常　严在经常

——四论扎实开展“两学一做”学习教育

思想政治建设不可能毕其功于一役。“两学一做”学习教育不是一次活动，更不是一次集中教育、集中整治。中央已经明确，开展学习教育，就是要推动党内教育从“关键少数”向广大党员拓展、从集中性教育向经常性教育延伸。关键是真正把党的思想政治建设抓在日常、严在经常，绵绵用力、久久为功，不断加强日常化、经常性的学习教育，从严从实着力完善党员教育管理的长效机制。

坚持“抓在日常”，就是要突出经常性教育的特点。准确把握“经常性教育”这一基本定位，关键是要用好日常教育途径、教育方式，推动党的思想政治建设常态化制度化。首先要以党支部为基本单位。各党支部要切实履行好党章规定的职责任务，担负起从严管理党员的主体责任，结合实际对学习教育作出具体安排。党支部书记要了解党员在想什么做什么，摸清党员队伍存在哪些问题，掌握抓党员队伍建设的方法要求。要充分认识到这次学习教育面向全党、同步展开，层级多、领域广，具体情况千差万别。坚持从实际出发，一把钥匙开一把锁，防止“大水浸灌”。特别要针对农村、社区、企业、学校、机关以及非公经济组织和社会组织等不同领域、不同类型党组织的特点，联系不同群体党员的实际情况，把学习教育的任务具体化、精准化，真正使每一个党支部都严起来、强起来、硬起来，成为一个个坚固的战斗堡垒。

其次要以党的组织生活为基本形式。紧紧围绕规范开展学习、提高学习实效，组织每一名党员严格落实“三会一课”、组织生活会等制度，把党小组会坚持好，把支部党员会议组织好，把党课讲好，把专题组织生活会开好，充分发挥组织生活的熔炉作用，用好批评和自我批评这个“利器”，不断提高组织生活的质量和水平。

坚持“严在经常”，就是要真正把纪律挺在前面。当前，党员队伍中存在松散涣散、名不副实等一些情况。有的党员不像党员、不在组织、不起作用、不守规矩，如果任由下去，党的政治纪律成了摆设，就会形成“破窗效应”。针对这种情况，必须坚决整治，从严肃党员言行开始，严明党的政治纪律和政治规矩。王岐山同志曾要求“山西要在全面从严治党、严格执行党纪党规上‘先走一步’”。在“三严三实”专题教育中我们体现了这个要求，在“两学一做”学习教育中要进一步突出这个要求。

各级党委（党组）要认真总结2014年9月以来我省在全面从严治党、严格执行党纪党规上“先走一步”的做法，研究制定“把纪律挺在前面”的更有针对性和操作性的措施。切实做到“五个必须”，坚决做到“五个严格”，充分发挥“三个作用”，特别要把握好“三条线”，即“对标道德高线，突出纪律红线，守住法律底线”。对标道德高线，就是党员干部要做社会主义核心价值观的践行者、推动者、引领者，进一步坚定理想信念，提高道德素质，坚持自重、自省、自警、自励，以自己的模范行动塑造党在群众中的良好形象。突出纪律红线，就是坚持纪在法前、纪严于法，用党的纪律和规矩规范共产党员的言行，使党的纪律和规矩成为共产党员不可逾越的红线、高压线。守住法律底线，就是要全面依法治国，党员领导干部更要模范地遵守法律法规，决不能突破这个底线。

罗马不是一天建成的。“抓在日常、严在经常”，不能只靠嘴上、会上说说。习近平总书记在讲话中多次提到制度的重要性，各级党委（党组）要积极行动起来，尽快健全完善党员日常教育管理措施，真正让学习教育更有力地深入实际，推进党风持续改善，让党员日常工作的改进“看得见摸得着”，使全省党员队伍展现新面貌，使改革发展稳定各项工作迈上新台阶。

山西日报评论员

领导带头　以上率下

——五论扎实开展“两学一做”学习教育

“两学一做”学习教育是党建工作的龙头任务，组织开展“两学一做”学习教育，是各级党组织及其负责人的主体责任。扎实开展“两学一做”学习教育，关键就是坚持领导带头、以上率下。各级领导机关、领导班子、领导干部一定要走在前列、当好表率，既要以身作则、当好标杆，又要真抓善抓，做好组织者。

“县处级以上党员领导干部要在学习教育中作出表率，紧密联系领导工作实际，学得更多一些、更深一些，要求更严一些、更高一些，努力提高思想政治素养和理论水平。”这是习近平总书记对领导干部提出的明确要求。

“学得更多一些、更深一些”，这就要求领导干部，在全面、系统、深入上下功夫，既要通过学党章党规，切实提高做好领导工作所必需的政治素养和政策水平；又要通过学系列讲话，领悟好重大思想理论观点、科学的思想方法和工作方法，更好地用以指导和推动事业发展。特别是要按照习近平总书记重要批示精神，把毛泽东同志《党委会的工作方法》纳入学习内容，重温这篇光辉著作，学习掌握科学的工作方法和领导艺术，学习掌握其中蕴含的政治纪律和政治规矩，切实加强和改善党的领导。

“要求更严一些、更高一些”，这就要求领导干部不但要对照“四讲四有”来衡量自己、检视自己，做到政治合格、纪律合格、品德合格、作为合格。更要首先作出表率、立下标杆，紧密结合思想实际和工作实际，真正触及思想、触动灵魂，解决问题。要坚持我省特色做法“学作风”，向习近平总书记和中央领导集体看齐，坚持以上率下这个基本工作方法。

“两学一做”学习教育是在全体党员中开展，但领导干部这个“关键少数”的作用仍然十分关键，直接影响着学习教育的开展与成效。做合格共产党员，这是对全体党员的要求，对于领导干部来说不但要以身作则，率先做到带头坚定理想信念、带头严守政治纪律和政治规矩、带头树立和落实新发展理念、带头攻坚克难敢于担当、带头落实全面从严治党责任，还要既能领之、又能导之，通过层层示范、层层带动，上级带下级、班长带队伍，引领学习教育扎实有效开展，在全省形成上行下效、整体联动的良好氛围。特别是要认真学习习近平总书记身体力行的“夙夜在公”精神，大力倡导和践行“马上就办、真抓实干”的优良作风，坚决克服工作懈怠、干事无劲、庸碌无为的精神状态，以更高的境界、更大的干劲、更实的作风投身到落实“五句话”总要求的实践中。

山西日报评论员

用发展成效检验实效

——六论扎实开展“两学一做”学习教育

理论的学习重在指导实践。在全党开展“两学一做”学习教育，是党中央面向全体党员深化党内教育的又一重大部署。各级党组织要注意把开展学习教育与做好改革发展稳定各项工作结合起来，既围绕中心大局，又融入日常工作，促进学习教育成果切实转化为推进工作的实际成效，坚持两手抓、两促进，防止“两张皮”。

以行而求知、因知以进行。处理好学习教育与开展工作的关系，要避免借口工作任务繁重而放松学习教育，也要防止机械地开展学习教育停滞了日常工作。在党的群众路线教育实践活动和“三严三实”专题教育中，各级各地形成了不少教育与发展相互促进、相得益彰的好经验、好做法，在这次“两学一做”学习教育中，要保持下去，做到在学习教育中推动工作，在推动工作中深化学习，形成基层党组织和广大党员干部带领三晋人民干事创业、开拓进取的强大合力。

当前，我省经济下行压力仍在持续加大，省委、省政府积极适应经济新常态，做出推动“六大发展”、实现“三个突破”、奋力脱贫攻坚等各项重大决策部署。今年，还是“十三五”开局之年，是省市县乡四级领导班子换届之年。这样重要的历史时期，在全党开展“两学一做”学习教育恰逢其时。各级党组织要把抓好学习教育与做好中心工作统筹起来，科学安排、合理调配，切实把广大党员在学习教育中激发出的工作热情和进取精神转化为做好各项工作的强大动力，做到学以致用，知行并进。

开展学习教育，重在入脑入心。必须大力弘扬理论联系实际的优良学风，倡导实事求是，推动广大党员认识规律、把握规律，运用规律指导实际。各级党组织在组织学习教育时，切忌以文件落实文件、以会议落实会议，坚决反对形式主义、官僚主义、教条主义、本本主义。要从实际出发，突出实践特色，切实做到对本地区、本部门实际情况了然于胸，推动“两学一做”与自身工作实际紧密结合，强化政治意识、大局意识、核心意识、看齐意识，真正做到思想、行动、决策符合实际，善做善成。

实践性是党的作风建设的基本属性，要用推动发展的成效来检验学习教育的实效。各级党组织要把开展学习教育与巩固拓展党的群众路线教育实践活动、学习讨论落实活动和“三严三实”专题教育成果结合起来，尤其要把学习教育成果体现在树立新的发展理念上来，体现在提振信心、焕发精神上来，体现在敢为、能为、会为的新作为上来。通过学习教育，激发广大党员主动破解发展难题，在脱贫攻坚主阵地、经济建设主战场攻坚克难、建功立业，以苦干创造实绩，以实干造福人民，真正做到两手抓、两促进。

山西日报评论员

脱 贫 攻 坚

全省脱贫攻坚推进大会在太原召开

5月24日，全省脱贫攻坚推进大会在太原召开。省委书记王儒林作重要讲话，他强调，要坚持以脱贫攻坚统揽经济社会发展全局，把脱贫攻坚与生态文明建设紧密结合起来，在建设青山绿水的过程中实现增收脱贫，坚决打赢脱贫攻坚、生态治理攻坚战。省委副书记、省长李小鹏主持会议。国务院扶贫办副主任欧青平出席会议并讲话。省政协主席薛延忠、省委副书记楼阳生出席会议。省四套班子负责同志，省军区、武警山西总队主要负责同志，省法、检两长出席会议。

王儒林在讲话中强调了十个方面的问题。一要坚持以脱贫攻坚统揽经济社会发展全局。必须看到多年来我省扶贫工作取得显著成绩，更要看到我省是全国扶贫开发工作重点省份；“十三五”期间确保我省农村贫困人口实现脱贫，确保贫困县全部摘帽，是省委、省政府向党中央立下的军令状，是要确保完成的硬任务；我们必须进一步把全省干部群众的思想行动统一到习近平总书记扶贫开发重要战略思想和一系列重要指示要求上来，坚持以脱贫攻坚统揽经济社会发展全局，带领全省人民坚决打赢这场硬仗。二要把脱贫攻坚与生态文明建设紧密结合起来，这是确保贫困群众五年内增收脱贫的迫切需要，是彻底改善生存环境、拔掉“穷根”的迫切需要，是建设美丽山西的迫切需要，下决心打赢脱贫攻坚战、生态治理攻坚战，把习近平总书记提出的“绿水青山就是金山银山”在三晋大地变成生动实践。三要狠抓植树造林，实现荒山增绿农民增收。要完善政策，适当延续退耕补助，下大功夫抓好新一轮退耕还林还草，因地制宜种植特色经济林、新品种经济林，确保增加退耕还林收入。要加快宜林荒山绿化进程，力争用8年时间将全省宜林荒山全部造林，使贫困户在参与造林中增收。要强化森林资源管护，把贫困人口变为护林员和林业工人，实现稳定脱贫。要狠抓现有经济林提质增效，优化品种、提高品质、塑造品牌。要延伸生态产业链条，大力发展“森林康养”、旅游、林下经济。四要根治水土流失，兴水富民。大力度推进水土流失治理，力争用10年时间使全省治理度达到70%国家一级治理标准，治理投资要优先保证贫困地区贫困人口，吸纳贫困人口参与，把水保工程变成惠民工程。要多措并举修复水生态，全力抓好泉域保护、河流生态修复、地下水保护，改善贫困群众生存发展环境。要加快推进古贤、碛口两大水利枢纽工程，加快推进县域“小水网”工程，加快推进农村饮水安全巩固提升工程，形成脱贫增收新的增长点。五要突出发展产业，带动农民脱贫增收。要抓特色，宜农则农、宜林则林、宜草则草、宜果则果、宜牧则牧、宜旅游则旅游等，打造融合一二三产业、贯通上下游的全产业链。要抓龙头，大力支持龙头企业，充分发挥扶贫带动作用。要抓培训，加强涉农技术培训和实用技能培训、应时培训，培养更多真懂会干的农民。要抓销售，扶植企业创建产品品牌，下功夫推进电商扶贫。六要扎实推进易地扶贫搬迁，积极稳妥实施村庄撤并。要尊重群众意愿，充分听取群众意见，合理布局搬迁点和人口规模，让群众看到希望、凝聚共识；要防止引发新的矛盾，稳妥做好搬迁政策衔接工作，统筹做好采煤沉陷区贫困人口搬迁与易地扶贫搬迁衔接工作；要解决好后续发展问题，切实保护好搬迁群众土地承包经营权、宅基地使用权和集体收益分配权；要推动村庄撤并，全省选择2个市，每个市选择2个不同类型的县进行试点，取得经验，稳步推开。七要全力保障民生，确保政府兜底。要把提高农村教育水平放在突出位置，重视抓好贫困地区农村幼儿园建设，科学布局农村义务教育学校，支持中等职业学校职业技能培训；大力改善医疗卫生条件，调整完善村卫生室设置，加快推进县、乡、村三级医疗卫生服务网络标准化建设，加大医疗卫生对口支援力度；加大对“三留守”的关爱力度，对特困群体要精准落实社会保障政策；政府要确保兜住脱贫底线，2020年各地农村低保标准都要达到国家扶贫标准。八要统筹整合财政资金，用好用活金融资金。要加大扶贫资金整合力度，用好现有渠道财政资金，在58个贫困县全面开展财政资金整合试点，省直有关部门要积极主动放权，贫困县要全面提高资金统筹整合管理使用能力。要改革创新，充分发挥金融扶贫的重要作用，学习太原推进金融振兴的经验，政府要搭建平台、强化责任，做好项目前期工作，建立风险防控机制，树立山西良好信用形象。要完善收益保障机制，充分吸纳社会资金投入。九要切实加强监督执纪问责，坚决实现廉洁扶贫。对扶贫资金实行最严格的监管，坚决做到“零容忍”，各级党委、纪委要全面落实主体责任、监督责任。突出抓好扶贫领域“六权治本”，实现阳光扶贫。十要真抓实干，马上就办，坚决打赢脱贫攻坚战。要坚持加强作风建设抓落实，加强党的领导，突出问题导向，五级书记抓扶贫，所有干部齐努力，把贫困群众动员和组织起来。要坚持以精准为要义抓落实，精准解决扶持谁、谁来扶、怎么扶、如何退等问题。要选好用好领导干部抓落实，把贫困地区领导班子、领导干部选优配强，在脱贫攻坚主战场考验识别干部。要坚持以上率下抓落实，省四大班子、各级各部门、各类企业、社会组织都要积极行动起来，在全省形成全社会参与的大扶贫格局，把脱贫攻坚、治山治水与治“为官不为”结合起来，充分发挥大寨精神、右玉精神、大泉山精神、锡崖沟精神，起早贪黑，夙夜在公，努力创造让中央放心、让人民满意、能够经得起实践和历史检验的业绩。

李小鹏在主持会议时要求，坚决贯彻落实中央扶贫开发工作会议特别是习近平总书记的重要讲话精神，结合全省和各市、县脱贫攻坚“十三五”规划编制和落实工作，认真贯彻落实王儒林书记和欧青平副主任的重要讲话要求，总结经验、坚定信心，正视困难、鼓足干劲，以超常规的力度，众志成城打赢脱贫攻坚战。要以改革创新的精神推进脱贫攻坚，健全领导体制，完善工作机制，科学谋划部署，加强考核督查，确保各项工作务实高效推进。要坚持精准扶贫、精准脱贫，在精准施策上出实招、在精准推进上下实功、在精准落地上见实效。要深入开展“两学一做”学习教育，把通过学习教育焕发出来的热情转化为推动脱贫攻坚的强大动力，坚决完成今年脱贫50万人的任务，确保“十三五”期间58个贫困县全部脱贫摘帽、现有232万贫困人口全部脱贫，确保我省与全国同步、农村特别是贫困地区与全省同步全面建成小康社会。

欧青平在讲话中对我省对于脱贫攻坚的高度重视、有力举措、明显成绩给予充分肯定，对下一步工作提出指导意见。他指出，山西脱贫攻坚工作措施有力，成效令人鼓舞，值得认真总结、推广学习。要深入学习领会习近平总书记扶贫开发重要战略思想，进一步强化责任意识、攻坚意识、精准意识、创新意识、廉洁意识，建好扶贫开发大数据、融资、县级扶贫资金整合管理、扶贫政策落实、社会扶贫对接平台，把中央关于脱贫攻坚的政策措施坚决落实到位。

省委、省政府副秘书长，办公厅副主任；省直各单位、中央驻晋单位主要负责同志；驻太原本科院校、省管国有骨干企业主要负责同志；省扶贫办班子成员；中央驻晋主要新闻媒体负责同志在主会场参加会议。各市、县（市、区）设分会场，会议开到乡镇、街道一级。

中共山西省委　山西省人民政府
关于坚决打赢全省脱贫攻坚战的实施意见

晋发〔2016〕23号

（2016年7月12日）

为深入贯彻中共中央、国务院《关于打赢脱贫攻坚战的决定》（中发〔2015〕34号），全面落实全省脱贫攻坚推进大会精神，坚决打赢全省脱贫攻坚战，确保到2020年农村贫困人口实现脱贫、贫困县全部摘帽，实现全面建成小康社会目标，结合我省实际，提出如下实施意见。

一、重要意义

我省是全国扶贫开发工作重点省份。“十二五”以来，全省扶贫开发取得明显成效，到2013年底，全省建档立卡农村贫困人口329万，2014、2015两年减贫97万，贫困发生率从2010年的18.7%降低到2015年底的9.6%。贫困地区农村基础设施明显改善，公共服务有效提升，产业开发扎实推进，民生保障得到加强。但总体上看，我省贫困地区面积大、贫困人口多、贫困程度深、农民收入低的基本省情尚未彻底改变，全国14个集中连片特困地区中，我省有吕梁山、燕山——太行山两个；全省119个县（市、区）中，58个是贫困县，其中36个是国家扶贫开发工作重点县，21个是连片特困地区扶贫攻坚重点县。全省还有贫困村7993个，占全省行政村总数的28.3%。剩余的农村贫困人口80%以上集中分布在西部吕梁山黄土残垣沟壑区、东部太行山干石山区和北部高寒冷凉区三大区域，这些地方生态环境脆弱、产业发展滞后、基础设施薄弱、公共服务不足，是脱贫攻坚最难啃的“硬骨头”。当前我省经济下行压力仍然较大，财政收入减少，农产品价格下跌，新增就业岗位不足，打赢脱贫攻坚这场硬仗，任务艰巨，时间紧迫。

消除贫困、改善民生，逐步实现共同富裕，是体现中国特色社会主义制度优越性的重要标志，是促进全体人民共享改革发展成果的重大举措，是立党为公、执政为民的重要体现，是推动“六大发展”、促进富民强省、确保全面建成小康社会的必然要求。各级党委、政府一定要把思想和行动统一到中央及省委、省政府决策部署上来，坚持以脱贫攻坚统揽经济社会发展全局、带动经济社会全面发展，紧紧抓住脱贫攻坚这个“头等大事”和“第一民生工程”，带领全省人民咬定目标、坚定信心、苦干实干、奋发进取，坚决打赢脱贫攻坚这场硬仗。

二、总体要求

（一）指导思想

以习近平总书记系列重要讲话精神为根本遵循，全面贯彻落实党中央、国务院《关于打赢脱贫攻坚战的决定》，积极推进创新、协调、绿色、开放、共享、廉洁和安全六大发展，把精准扶贫、精准脱贫作为基本方略，按照“五个一批”脱贫攻坚的总路径，坚持以脱贫攻坚统揽经济社会发展全局，坚持脱贫攻坚与生态文明建设紧密结合，坚持脱贫攻坚与社会保障紧密结合，坚持脱贫攻坚与治“为官不为”紧密结合。以吕梁山、燕山-太行山两大集中连片特困地区为主战场，层层签订责任书，立下军令状，重点工程布局，专项行动推进，政策机制保障，各方合力攻坚，在“一个战场”上打赢脱贫攻坚和生态治理“两个攻坚战”。

（二）基本原则

坚持党委领导、政府主导。充分发挥各级党委总揽全局、协调各方的领导核心作用，严格执行脱贫攻坚“一把手”负责制，坚持省市县乡村五级书记抓脱贫。强化县级党委、政府主体责任，加强农村基层党组织建设，推动行业部门履行职责，引领市场、社会协同发力，构建合力攻坚的大扶贫格局。

坚持整体谋划、统筹协调。发挥社会主义制度集中力量办大事的优势，调动行业、部门力量打好脱贫攻坚“组合拳”。扶贫开发与各类资源配置有效对接，引导各种扶贫资源向贫困群众倾斜，建设项目向贫困地区布局，各方力量向脱贫攻坚汇聚，完善专项扶贫、行业扶贫、社会扶贫互为补充的脱贫攻坚工作机制。

坚持精准扶贫、精准脱贫。精准识别扶贫对象，深入分析致贫原因，分类制订帮扶规划，明确帮扶责任，落实帮扶措施，切实提高脱贫攻坚的针对性，增强贫困人口的获得感，确保做到扶真贫、真扶贫、真脱贫。

坚持目标导向、问题导向。紧紧围绕脱贫攻坚总体目标，以问题为“透视镜”，创新扶贫开发路径，由“大水漫灌”向“精准滴灌”转变；创新扶贫资源使用方式，由多头分散向统筹集中转变；创新扶贫开发模式，由偏重“输血”向注重“造血”转变；创新扶贫考评体系，由侧重考核地区生产总值向主要考核脱贫成效转变。

坚持生态优先、绿色发展。牢固树立绿水青山就是金山银山的理念。把生态保护和生态建设放在优先位置，把脱贫攻坚和生态文明建设紧密结合起来，统筹治山治水，协调增绿增收，积极探索生态脱贫、绿色发展新路子，切实把建设绿水青山的过程变成群众增收脱贫的过程。

坚持群众主体、激发内力。扶贫先扶志，治穷先治愚。处理好国家支持、社会帮扶和自身努力的关系，最大限度激发贫困地区干部群众内生动力，充分发扬右玉精神、大寨精神、大泉山精神、锡崖沟精神，变“要我脱贫”为“我要脱贫”，迎难而上、久久为功，走出艰苦奋斗、脱贫致富的新路子。

（三）总体目标

围绕补齐贫困短板、实现全面小康这一目标，到2020年，确保现行标准下232万农村贫困人口实现脱贫，58个贫困县全部摘帽，区域性整体贫困得到解决。稳定实现农村贫困人口不愁吃、不愁穿，义务教育、基本医疗和住房安全有保障，贫困地区农民人均可支配收入增长幅度高于全国平均水平，基本公共服务主要领域指标接近全国平均水平，确保山西与全国同步进入全面小康社会，贫困群众和全省人民同步进入全面小康社会。

（四）脱贫规划和工作要求

综合考虑贫困程度、贫困发生率、自然禀赋和“五大发展”理念引领下的新优势，先易后难，有序退出。贫困人口脱贫2016年50万人、2017年56万人、2018年55万人、2019年46万人、2020年25万人。贫困县摘帽2017年14个、2018年17个、2019年27个。

解决好“扶持谁”的问题，做实建档立卡工作，建立精准扶贫台账，实行动态化管理；解决好“谁来扶”的问题，落实好各级党委、政府的主体责任，压实省市县乡村五级书记第一责任，强化各级各部门干部帮扶责任，调动乡村两级干部和贫困群众积极性；解决好“怎么扶”的问题，针对致贫原因和脱贫需求，找准脱贫路径，明确扶贫方式，做到分类扶持、精准施策；解决好“如何退”的问题，建立完善考核、退出、评估脱贫成效评价机制，严格规范退出标准和程序，脱贫一个，销号一个，巩固一个。

三、实施精准脱贫攻坚八大工程

产业扶持、技能扶持、资本扶持和不断改善贫困地区基本生产生活条件的“3+1”工作路径，是近年来我省扶贫开发的探索创新和成功实践。要按照脱贫攻坚新要求，深化拓展“3+1”工作路径，全力推进、精准实施脱贫攻坚八大工程二十个专项行动。

（一）特色产业扶贫工程

1、特色农业扶贫行动。实现脱贫致富，归根到底要靠产业支撑。要突出发展产业，不断提升产业的规模化、标准化、专业化、信息化水平，形成融合一二三产业、贯通上下游的全产业链，带动农民增收脱贫。要抓特色，立足区域比较优势，明确产业主攻方向，因地制宜，突出特色，差异发展，错位竞争。吕梁山区域实施以核桃、红枣、苹果、梨等优质干鲜果为主的经济林提质增效工程和马铃薯等产业，太行山区域重点发展道地中药材和杂粮产业，北部贫困地区重点发展草牧业和优质杂粮产业。要抓龙头，千方百计培育壮大龙头企业，综合推进基地建设、加工转化、仓储物流、品牌创建等环节，建设发展一批贫困人口参与度高的特色农业、有机农业基地，发展一批带动贫困人口增收能力强的农民合作社、龙头企业和市场服务主体。要抓培训，全面强化涉农技术培训和实用技能培训，特别是要根据农产品生产、加工、销售的不同周期进行应时培训，使更多贫困群众成为新型农民。要抓销售，大力扶植企业创建品牌，争创中国驰名商标、农产品地理标志等，提升产品知名度，增强市场竞争力。到2020年，每个贫困县都建立起稳定带动贫困群众增收脱贫的“一县一业”产业开发体系，扶持115万左右的人口增收脱贫。

2、光伏扶贫行动。把发展光伏产业和精准扶贫结合起来，以国家扶贫开发工作重点县为主要区域，按照市场化运作、企业化运营的方式，通过建设村级光伏扶贫电站、户用光伏扶贫电站、农光互补电站和地面集中电站等多种形式，积极发展光伏产业，建成国家级光伏扶贫示范区。精确瞄准贫困村贫困户，建立完善光伏扶贫收益分配机制，重点帮助无劳动能力深度贫困人口兜底脱贫，支持贫困村增加集体经济收入。积极引导在贫困地区建设光伏电站的省内外企业，采取以大带小帮助建设村级和户用分布式电站、建设农牧一体化光伏电站、吸纳贫困劳动力就业增收等形式，支持扶贫开发。企业出资建设的光伏扶贫电站，可享受国家金融扶贫政策性贷款支持。同等条件下，优先支持省属企业为主的省内企业参与地面集中光伏扶贫电站建设。电网企业按照国家有关部门可再生能源发电补贴资金发放管理制度，优先将光伏扶贫项目补贴需求列入年度计划，确保按月足额结算电费和领取国家补贴资金。对尚未纳入国家可再生能源补助目录的项目，协助争取国家财政资金预结算。

3、旅游扶贫行动。依托贫困地区丰富多样旅游资源优势，发挥精品景区辐射作用，实施生态休闲和文化旅游“两村”建设为主的乡村旅游扶贫。整合行业部门资源，抓好旅游基础设施建设，提升公共服务能力。抓好乡村旅游扶贫人才培训，培育乡村旅游扶贫致富带头人，支持建档立卡贫困户参加农家乐等旅游服务技能培训。鼓励贫困村以土地使用权入股、联营等形式，与企业、个人共同开展乡村旅游扶贫。对开展乡村旅游扶贫的贫困村，优先给予整村推进项目支持。省级切块到县的扶贫资金，可用于乡村旅游扶贫项目补助和贷款贴息。到2020年，扶持300个左右的贫困村开展乡村旅游扶贫。

4、电商扶贫行动。统筹商务、农业、供销等领域，加快贫困地区物流配送体系建设，支持邮政、供销合作等系统在贫困村建立服务网点。抓好电子商务进农村综合示范县建设，实施农村电商扶贫网店创业示范工程，鼓励电商企业拓展农村业务，开展贫困地区特色产品网上销售，鼓励社会公众消费贫困地区和贫困群众生产的优质农特产品。加强电商扶贫人才培训，开展互联网为农便民服务，提升贫困地区农村互联网金融服务水平，扩大信息进村入户覆盖面。

（二）易地扶贫搬迁工程

5、易地扶贫搬迁行动。“十三五”期间，全省要完成45万贫困人口的搬迁任务，同步搬迁11万农村人口。坚持易地扶贫搬迁与新型城镇化、产业开发、旧村开发利用和村庄撤并、完善公共服务社会保障相结合的原则，统筹谋划、精心组织，尊重群众意愿，充分听取群众意见，把政策交给群众，决不能搞“强迫式”“运动式”搬迁。采取行政村就近安置、移民新村集中安置、依托城镇或工业园区安置、依托乡村旅游区安置、插花安置和货币安置等方式灵活安置，合理布局搬迁点和人口规模，不搞“一刀切”。稳妥做好建档立卡贫困人口与同步搬迁人口、新搬迁和旧搬迁政策的衔接工作，防止引发新的矛盾。对确需同步搬迁的其他农户给予支持，尽量实现自然村整体搬迁。解决好后续发展问题，完善搬迁后续产业支持政策，优先向安置区安排设施农业、养殖业、光伏发电和乡村旅游等资产收益性项目，对发展生产和自主创业的搬迁贫困户提供贴息贷款支持，切实保护好搬迁群众土地承包经营权、宅基地使用权和集体收益分配权，落实税收减免政策，出台就业培训、户籍迁移、社会保障、社区管理和公共服务等配套措施，确保搬得出、稳得住、有房住、有产业、有收入，融入新的生活，实现稳定脱贫致富。省扶贫开发投资公司承接易地扶贫搬迁项目资本金和国家开发银行、农业发展银行提供的长期低息贷款，为易地扶贫搬迁提供资金保障。鼓励各级政府统筹整合交通建设、农田水利、土地整治、地质灾害治理、林业生态等支农资金和社会资金，支持安置区配套公共设施和迁出区的生态修复。新增建设用地指标优先保障易地扶贫搬迁工程用地需要，城乡建设用地增减挂钩指标向易地扶贫搬迁任务重的县倾斜。着力解决我省行政村过小过散、难以有效配置生产要素、难以形成集聚效应等突出问题，结合易地扶贫搬迁，按照新型城镇化和新农村建设规划布局，积极稳妥推进行政村撤并，支持条件成熟的地方先行先试、取得经验、稳步推进。

6、改善人居环境行动。统筹做好采煤沉陷区治理搬迁与易地扶贫搬迁衔接工作。对易地扶贫搬迁和采煤沉陷区治理搬迁实施户均人数、户均搬迁成本、户均补助标准和户均个人负担“四统一”，统筹推进搬迁改造与产业发展、教育医疗、社会保障等公共服务事业发展、集体经济发展、搬出地生态修复治理和开发利用、农村基层组织建设和社会治理等工作，拓宽就业渠道，增加移民收入。积极争取国家支持，充分发挥财政资金引导作用，带动金融机构、社会资本参与投资，加快推进采煤沉陷区治理搬迁。到2017年，完成838个村、40万人搬迁任务，基本解决采矿破坏村的农民安居问题。农村危房改造要把建档立卡贫困户放在优先位置，及时足额落实各级补助资金。通过新建、加固等方式，引导帮助贫困户建设安全、节能、舒适的住房。探索采取建设集体公租房等多种方式，保障贫困户基本住房安全。到2017年，全面完成35.27万户危房改造任务。深入推进改善农村人居环境完善提质、农民安居、环境整治和宜居示范工程，建成一批美丽乡村，带动和促进贫困村基础设施明显改善，基本公共服务接近全省平均水平。

（三）培训就业扶贫工程

7、培训就业扶贫行动。以稳定就业为导向，统筹整合各类职业技能培训、认证、鉴定等资源，提高培训质量，支持农村贫困劳动力掌握实用技术或转移就业技能、取得职业资格证书。鼓励职业院校和技术院校招收贫困家庭子女，确保贫困家庭劳动力至少掌握一门致富技能。加快县级职教中心建设，支持中等职业学校结合当地产业特点，面向贫困家庭开展职业技能培训、农村实用技术和劳动力转移就业培训。把就近就地开展就业培训和提高劳务输出组织化程度结合起来，支持家政服务、物流配送、残疾人托养服务、养老服务等产业发展，拓展贫困地区劳动力外出就业空间。支持贫困地区建设县乡基层劳动就业和社会保障服务平台，支持用人企业在贫困地区建设劳务培训基地，开展订单定向培训，建立和完善输出地与输入地劳务对接机制。以吕梁护工、太行保姆和山西面食师培训等为重点，引导培训机构结合地方特色和市场需求，瞄准建档立卡贫困户劳动力开展精准培训，打造一批具有地方区域特色的劳务品牌，支持30万左右的贫困人口稳定就业增收脱贫。

（四）生态补偿脱贫工程

8、生态建设扶贫行动。狠抓植树造林，实现荒山增绿、农民增收，提升林业建设对脱贫攻坚的贡献率。完善退耕还林政策，适当延续退耕补助，保障贫困户收入不减。合理调整贫困地区基本农田保有指标，加大新一轮退耕还林还草力度，对新一轮退耕还林还草省里给予配套补助，新增退耕还林任务重点安排到贫困县，确保增加贫困人口退耕还林收入。因地制宜选好退耕林草品种，大力发展干鲜水果林、沙棘、柠条、双季槐、大叶槐等特色经济林和油用牡丹等新品种经济林，把种植中药材作为新一轮退耕还草的重点，提高新一轮退耕经济效益。加快宜林荒山绿化进程，抓紧编制林业扶贫“十三五”规划，调整植树造林规模和结构，最大限度吸纳贫困人口参与造林工程，对贫困户参加的造林专业合作社，采取议标的方式，优先支持其承包造林绿化工程。强化森林资源管护，整合各类林地管护项目，健全生态效益补偿制度，创新生态资金使用方式，重点加大对生态公益林的保护和管护，利用国家生态公益林、天然林保护、未成林造林地保护工程资金，支持当地有劳动能力的部分贫困人口转为护林员，贫困县的护林员岗位重点提供给建档立卡贫困户。抓好现有经济林提质增效，以改良品种、精细管护为重点，优化结构、提高品质、塑造品牌，支持贫困群众发展特色经济林产业，优先安排贫困户承担干果经济林提质增效示范项目。延伸生态产业链条，大力开拓森林旅游、森林康养等新型生态产业。加快发展林下经济，积极发展林禽、林蜂、林菜、林草、林药、林菌、林油、林粮等林业循环经济模式。加快发展速生丰产林、林木种苗花卉、林下资源开发，延伸林业产业链，抓好构树扶贫试点工作。积极争取国家生态建设保护资金，加大重大生态工程建设向贫困地区倾斜支持力度，加大贫困地区生态保护修复力度，组织实施好吕梁山生态脆弱区植被恢复等重点生态工程，抓好天然林保护。通过实施生态建设扶贫行动，支持和带动42万左右农村贫困人口增加收入稳定脱贫。

（五）社会保障兜底工程

9、农村低保扶贫行动。加大农村低保省级统筹力度，研究制定农村最低生活保障制度和扶贫开发政策有效衔接的实施方案，低保标准较低的地区要逐步达到国家扶贫标准；建立农村低保和扶贫开发数据互通、信息共享平台，确保符合条件的农村贫困家庭纳入低保救助范围。对农村低保家庭中的老年人、未成年人、重度残疾人等重点救助对象，提高救助水平。对于丧失和部分丧失劳动能力的农村贫困人口，必须由政府兜底脱贫，实现应保尽保。加大对特困人员特殊困难救助，提高农村特困人员供养水平，改善供养条件，加大临时救助制度在贫困地区落实力度。加快完善城乡居民基本养老保险制度，适时提高基础养老金标准，支持农村贫困人口参保续保，逐步提高保障水平。支持有条件的地方探索设立社会力量救助农村贫困老年人、贫困残疾人基金，构建政府部门救助资源、社会组织救助项目与特困户救助需求相衔接的帮扶信息平台，形成农村低保、特困人员供养、医疗救助、养老保险等制度为主体，社会力量参与为补充的新型社会救助体系，扶持50万左右无劳动能力深度贫困人口兜底脱贫。

10、特殊群体关爱行动。对农村留守儿童、留守妇女、留守老人及残疾人等特殊群体进行全面摸底排查，建立详尽完备、动态更新的信息管理系统，引导鼓励社会力量参与特殊群体关爱服务。加强儿童福利院、救助保护机构、特困人员供养机构、残疾人康复机构及托养服务机构、社区儿童之家等服务设施和队伍建设，建立家庭、学校、基层组织、政府和社会力量相衔接的留守儿童关爱服务网络。加快推进农村老年公寓、日间照料中心等设施建设，优先安排有意愿的特困人员集中供养。全面建立经济困难的高龄与失能老年人补贴、困难残疾人生活补贴和重度残疾人护理补贴制度。加大贫困残疾人康复工程、特殊教育、技能培训和托养服务实施力度。对无劳动能力、无收入来源的残疾人、孤寡老人、孤儿等特困群体，精准落实社会保障政策，让留守人员生产上有人扶持、生活上有人照顾、精神上有人慰藉。

（六）基础设施改善工程

11、交通扶贫行动。积极争取国家铁路网连接贫困地区重大交通项目向我省布局，加快推进铁路沿线煤炭集运站建设，规划建设好沿线贫困地区通往铁路站点的连接线。全面推进国家高速公路网贫困地区项目实施，构建贫困地区外通内联的交通运输网络。以县乡公路升级改造、通村公路窄路基路面拓宽改造为重点，加快贫困地区县乡公路改造，加大乡村旅游扶贫公路建设支持力度，推动一定人口规模的自然村通公路，推进乡（镇）汽车客运站和建制村汽车停靠点建设。省补助项目向贫困县倾斜，市、县两级要逐步加大对农村公路建设的投入。布局建设一批旅游公路，实施农村公路危桥改造工程、生命安全防护工程。到2020年具备条件的乡镇和建制村通班车，畅通贫困地区内部“微循环”，实现贫困地区交通外通内联、通村畅乡、班车到村、安全便捷。

12、水利扶贫行动。针对“水少、水脏、水远、水漏、水失”的问题，大力度推进水土流失治理，抓好淤地坝、农田灌溉等工程建设，最大限度吸纳贫困户参加。恢复和重建原有的水保专业队、农建专业队，在加强技术培训、符合相应条件后，允许他们承担除水保骨干淤地坝外的农建和水保建设任务。对吸纳贫困户参加的专业队，采取议标的办法，促进贫困人口增加工资性收入，把水保工程建成惠民工程。多措并举修复水生态，组织实施好沿黄水土保持等重点生态工程，全力抓好汾河等五大流域水生态治理修复项目，加快推进节水保护、调水补给、重建水系、恢复植被、涵养水源和污染防治等系统治理，实现“五年工程建设，十年自然修复”的目标。全力抓好泉域保护、地下水保护，特别是要把煤矿采空区酸化“老窑水”水质改良作为攻关重点，加强山洪防治体系建设，改善贫困地区群众生存发展环境。抓好重大水利工程建设，加快推进古贤、碛口两大水利枢纽工程、山西大水网和县域小水网建设，加大贫困地区抗旱水源建设、中小河流治理力度。农业灌溉投资重点投向贫困地区，小型农田水利、“五小”工程等重点向贫困村倾斜，使“大动脉”与“小血管”互联互通，打通老百姓特别是贫困地区群众用水“最后一公里”。加快推进贫困地区农村饮水安全巩固提升工程，提高农村安全饮水标准，加强饮水备用水源建设和水质监测工作，全面解决贫困人口饮水安全问题。坚持水利脱贫富民导向，在修复水生态和水利工程建设中，采取成立“专业合作社”等方式，组织贫困群众参与水利项目建设，最大限度吸纳贫困人口参加，形成脱贫增收新的增长点。

13、清洁能源和电力扶贫行动。以气化山西为抓手，加快推进贫困村生产生活用气设施建设。鼓励引导天然气、煤层气、焦炉煤气、煤制天然气、液化石油气等生产企业参与农村基础设施建设，推进燃气管网向贫困地区延伸。到2020年，具备条件的贫困村实现生活用气全覆盖。加快推进贫困地区农网改造升级，村级光伏扶贫项目接网工程优先纳入农村电网改造升级计划。制订实施贫困村通动力电规划，解决低电压、“卡脖子”、过负荷等问题，提升贫困地区电力普遍服务水平。增加贫困地区年度发电指标，提高贫困地区留存电量比例。理顺贫困地区水电自供区管理体制，实现各类用电同网同价。支持光伏扶贫发电设施接入电网运行，优先消纳光伏扶贫上网电量，并在电价收入结算时提供支持。到2020年，贫困地区生产生活用电得到全面保障。

14、以工代赈扶贫行动。加大以工代赈扶贫投入力度，重点投向集中连片特困地区，通过筑坝淤地、打坝造地、垫滩造地和中低产田改造，推进基本农田建设；实施以浅水井为水源的农田灌溉工程，建设截流（截潜流）、提水、引水及配套设施的小型农田水利工程；建设改造村与村之间以及村与干线公路的四级乡村公路，改善农村基础设施条件。实施草场建设工程，促进以牛羊等草食畜为主的养殖业发展，促进农业种植结构调整；实施工程措施和生物措施相结合的小流域治理项目，保护与合理利用水土资源；选择相互配套的以工代赈工程实施片区综合开发，加快解决制约发展的生产生活瓶颈。

（七）公共服务提升工程

15、教育扶贫行动。把提高贫困地区教育水平放在突出位置，统筹教育资金和项目向贫困地区倾斜。抓好国家支持的中西部地区农村幼儿园项目建设，健全学前教育资助制度，保障农村贫困家庭幼儿接受学前教育。科学布局农村义务教育学校，实施义务教育学校标准化建设工程和全面改善贫困地区义务教育薄弱学校基本办学条件项目，完善农村义务教育阶段学生营养改善工作机制。加快普及贫困地区高中阶段教育，全面改善贫困地区普通高中办学条件，率先实施建档立卡的家庭经济困难学生免除普通高中学杂费。落实职业教育免学杂费政策，让未升入普通高中的贫困家庭子女都能进入中等职业学校就读。建档立卡贫困户中接受中等职业教育的贫困生，全部免除学费并给予每生每年2000元生活补助，连续补助两年；接受高等职业教育的贫困生给予扶贫助学补助。实施乡村教师支持计划，特岗计划、国培计划向贫困地区倾斜，全面落实集中连片特困地区乡村教师生活补助政策。建立优质教育资源与贫困地区学校结对帮扶机制，推动城乡教师合理流动和对口支援。推进实施面向贫困地区定向招生专项计划和支援中西部地区协作计划，建立保障农村贫困地区学生上重点高校的长效机制，对考入高等院校的贫困户大学生做到应助尽助，对贫困家庭离校未就业的高校毕业生提供就业支持。到2020年，贫困地区所有中小学校舍设施达到省定标准，学前教育毛入园率达到80%以上，义务教育巩固率达到97%以上。

16、健康扶贫行动。大力改善医疗卫生条件，构筑城乡居民基本医疗保险、大病保险和医疗救助“三重医疗保障”，防止因病致贫、因病返贫现象。建立贫困人口健康档案，推动贫困家庭与乡村医生或乡镇卫生院医生签约服务。落实好新型农村合作医疗和城乡居民大病保险制度，对贫困人口大病实行分类救治和先诊疗后付费的结算机制。城乡居民基本医疗保险和大病保险制度对贫困人口实行政策倾斜，门诊统筹率先覆盖贫困地区，贫困人口参加城乡居民基本医疗保险个人缴费部分由财政给予补贴。降低大病费用实际支出，对城乡居民基本医疗保险和大病保险支付后仍有困难的，加大医疗救助、临时救助、慈善救助等帮扶力度。将贫困人口全部纳入重特大疾病救助范围。加强农村贫困残疾人康复服务，扩大纳入基本医保范围的医疗康复项目。全面完成县乡村三级医疗卫生服务网络标准化建设，贫困县至少有一家县级医院达到二级水平。帮助贫困县县级医院建立三级医院远程医疗系统，实行三甲医院（含军队和武警部队医院）对口支援贫困地区县级医院，二级医院对口支援贫困地区乡镇卫生院。调整完善村卫生室设置，支持相邻村庄共建中心村卫生室，实行医疗卫生流动服务，保证村医服务覆盖到每个农户。支持贫困地区实施全科医生和专科医生特岗计划，制定符合基层实际的人才招聘引进办法。逐步提高村医补助标准，支持符合条件的贫困地区乡村医生按规定参加城镇职工基本养老保险，加大贫困地区乡村医生参加新农保缴费补助和老年乡村医生退养补助力度。加大传染病、地方病和慢性病防控力度，提高疾病预防能力。到2020年，贫困地区公共卫生和基本医疗服务达到或接近全省平均水平。

17、科技扶贫行动。统筹整合农科教资源向贫困地区重点倾斜，解决特色产业开发和生态建设中的关键技术问题。加大技术创新引导专项基金对科技扶贫的支持。支持科技特派员到贫困地区开展创业式扶贫服务。鼓励大专院校、科研机构技术人员到贫困村开展科技扶贫服务。允许科技人员以技术入股组建科技服务组织，承包产业扶贫技术服务，采取“公司+科技+基地+农户”等形式，搞好进村到户科技扶贫技术服务。强化涉农技术和实用技能培训，强化贫困地区基层农技服务体系建设，建设全覆盖的农业科技信息服务网络，有效解决科技成果转化“最后一公里”问题。制定贫困地区人才激励政策，实施贫困地区革命老区人才支持计划，制订贫困地区本土人才培养计划，推进贫困村创业致富带头人培训工程。

18.文化和信息扶贫行动。大力推进贫困地区图书馆和文化馆、基层综合性文化服务中心和农家书屋建设，健全基层公共文化活动网络，配备服务管理人员，解决基层文化设施“空心化”的问题。支持贫困村有线电视、电话、邮政和互联网村村通，推进“四网融合”。采取政府补贴、企业减免和社会支持等方式，鼓励贫困家庭使用信息网络。落实国家电信普遍服务补偿政策，加快推进宽带网覆盖贫困村。

（八）社会力量帮扶工程

19、企业扶贫行动。按照坚持市场导向、促进农企双赢的要求，加大力度支持引导各类企业参与产业扶贫。按照精准扶贫的要求，完善企农利益联结机制，细化量化项目带动贫困人口增收脱贫的具体方式和目标任务。支持贫困地区农业龙头企业和省属国企、省内外知名企业开展项目合作，培育投资规模大、产业链条长、带动能力强的农业产业化龙头企业；鼓励支持省属企业通过产业延伸、协作配套、产业转移，将劳动密集型产业、企业向贫困地区转移，开展多种形式的产业扶贫。

20、社会扶贫行动。积极支持配合国家片区攻坚牵头联系单位和中央在晋定点帮扶单位开展脱贫攻坚活动；配合搞好中央企业定点帮扶太行、吕梁贫困革命老区县“百县万村”活动；支持军队和武警部队参与地方脱贫攻坚。支持省内有条件的市组织开展“富县帮穷县”活动。支持统战部门、各民主党派、工商联发挥优势，开展人才智力扶贫和“万企帮万村”等活动。支持工青妇等群团组织开展“三晋巾帼脱贫行动”“双心双实”工程等形式多样的精准帮扶活动。支持老促会、扶贫基金会、扶贫协会等社团组织发挥优势，参与支持脱贫攻坚。实施扶贫志愿者行动计划和社会工作专业人才服务贫困地区计划。发挥“10·17全国扶贫日”社会动员作用，不断壮大支持脱贫攻坚的社会力量。

实施精准脱贫攻坚八大工程，是确保打赢全省脱贫攻坚战的重大举措，是相互联系、有机结合的系统部署。特色产业开发和培训就业扶贫是重要的治本之策，易地扶贫搬迁和生态补偿脱贫是针对特定区域贫困人口的超常之举，基础设施改善和公共服务提升是解决区域性贫困的关键支撑，社会保障兜底和社会力量帮扶是实现“两个确保”目标的重要保障。各项行动牵头部门要制定行动方案，落实年度计划，出台政策措施，精心组织实施。

四、建立完善脱贫攻坚政策保障六大机制

（一）落实财政扶贫投入增长机制

发挥政府投入在扶贫开发中的主体和主导作用，确保政府扶贫投入力度与脱贫攻坚任务相适应。省级要逐步加大专项扶贫投入，确保年度财政扶贫资金投入总量和增幅保持“双增长”。扶贫开发任务重的市、县，新增财力要重点用于脱贫攻坚。财政收入增长的市、县，要保持财政扶贫投入总量和增幅“双增长”。财政收入负增长的市、县，要确保财政扶贫投入总量增长。严格落实国家在贫困地区安排的公益性建设项目取消县级配套资金政策，统筹中央补助资金，加大省级财政投资对下补助比重。

(二) 完善扶贫开发资源整合机制

加快改革财政资金管理使用机制，加大财政资金整合力度，在58个贫困县全面开展统筹整合使用财政涉农资金工作。按照“管总量不管结构、管任务不管项目、管监督不管实施”的原则，坚持按县整合，赋予贫困县整合使用自主权，所有用于58个贫困县的中央省市财政资金，要采取便于贫困县统筹安排使用的办法下达到县。坚持整合使用资金与脱贫成效紧密挂钩，以县为主体、脱贫攻坚规划为引领、重点扶贫项目为平台，把专项扶贫资金、相关涉农资金、社会帮扶资金捆绑使用，解决突出问题。省有关部门要积极主动放权，从根本上解决项目层层上报、资金带帽下达、资金投向固化、使用“碎片化”的问题，形成“多个渠道引水，一个龙头放水”的扶贫投入新格局，实现脱贫政策效益最大化。一般性转移支付资金、各类涉及民生专项转移支付资金和中央预算内投资要向贫困县和贫困人口倾斜，要明确一定比例农业综合开发、农村综合改革转移支付等资金用于贫困村。各部门安排的惠民政策、项目和工程要最大限度向贫困县、贫困村、贫困人口倾斜。

(三) 建立金融扶贫精准服务机制

发挥信贷市场融资主渠道作用，积极争取国家信贷投放和资金配置，争取更多长期的低成本扶贫再贷款配额并分配到贫困县，实施比正常支农再贷款更优惠的利率，支持贫困地区发展特色产业和贫困人口就业创业。合理确定扶贫再贷款使用期限，为地方法人金融机构支持脱贫攻坚提供中长期资金来源。重视发挥各类金融机构的作用，发挥资本市场和金融保险的作用，发挥政策性融资担保的作用，进一步优化脱贫攻坚金融服务。政府要搭建平台、强化责任，做好项目前期工作，抓好风险防控，落实好信贷资金“借、用、管、还”的机制，促进政策性、开发性、商业性、合作性金融机构增加对贫困地区信贷投放。商业性、合作性金融机构要加强与政策性、开发性金融机构协调配合，按照市场化原则加大对易地扶贫搬迁安置区贫困人口直接或间接参与后续产业发展的支持。省财政通过补助方式，全面推进农村“金融综合服务站”网点建设，鼓励农村信用社、农业银行、邮储银行等主要支农金融机构在符合建站条件的每个行政村建立1个服务站，实现农村金融服务全覆盖，满足农村地区多样化金融需求。深入推进金融富民扶贫工程，开展贫困户评级授信工作，支持金融机构为贫困户提供免担保、免抵押的扶贫小额信贷，由财政按基准利率贴息，确保符合条件的贫困户得到有效支持。积极探索农村土地承包经营权和农民住房财产权、林权等抵押担保贷款工作。对有稳定还款来源的扶贫项目，允许采取过桥贷款的方式，撬动信贷资金投入。加大创业担保贷款、助学贷款、妇女小额贷款、康复扶贫贷款力度。优先支持在贫困地区设立村镇银行、小额贷款公司等机构。支持贫困地区培育发展农民资金互助组织，开展农民合作社信用合作试点工作。支持贫困地区设立政府出资的融资担保机构，开展扶贫担保业务。发展扶贫小额信贷保险、农业种养业保险项目，扩大农业保险覆盖面，对贫困户保证保险费予以补助。支持贫困地区开展特色农产品价格保险，有条件的地方可给予一定保费补贴。

(四) 落实扶贫开发用地保障机制

调整完善贫困地区土地利用总体规划。新增建设用地计划指标优先保障扶贫开发用地需要，专项安排贫困县年度新增建设用地计划指标。省、市两级在安排土地整治工程和项目、分配下达高标准基本农田建设计划和补助资金时，要向贫困地区倾斜。连片特困地区和国家扶贫开发工作重点县实施易地扶贫搬迁，允许在省域范围内使用城乡建设用地增减挂钩指标，增减挂钩增加的土地收益，优先用于向投融资主体及项目实施主体购买易地扶贫搬迁服务。贫困县利用城乡建设用地增减挂钩项目实施产业扶贫开发，周转指标规模不受限制。符合国家项目报备条件要求的产业扶贫企业自行出资开发的新增耕地，全部用于企业新增建设用地的占补平衡，并可纳入新增耕地储备库，结余部分可在全省范围内有偿使用。鼓励土地承包经营权在公开市场向专业大户、家庭农场、农民合作社、产业扶贫企业流转。移民搬迁后空壳村宅基地、“四荒”地可用于产业扶贫开发基地建设。移民旧村宅基地复垦的，优先列入当地建设用地增减挂钩项目，置换出的土地指标优先满足移民新区建设用地。

(五) 探索资产收益扶贫机制

不改变用途情况下，财政专项扶贫资金和其他涉农资金投入设施农业、养殖、光伏发电、乡村旅游等项目形成的资产，具备条件的可折股量化给贫困村和贫困户，尤其是丧失劳动能力的贫困户。资产可由村集体、合作社或其他经营主体统一经营。强化监督管理，明确资产运营方对财政资金形成资产的保值增值责任，建立健全收益分配机制，确保资产收益及时回馈持股贫困户。支持农民合作社和其他经营主体通过土地托管、牲畜托养和吸收农民土地经营权入股等方式，带动贫困户增收。贫困地区水电、矿产等资源开发，赋予土地被占用的村集体股权，让贫困人口分享资源开发收益。鼓励探索对无劳动能力的贫困人口，将无指定用途的扶贫捐资或安排到户的扶贫资金，采取委托经营的方式，帮助其获得理财收益、分红收入。

(六) 强化资金项目监管机制

对扶贫资金和项目实行最严格的监管，对违规违纪行为坚决做到“零容忍”。按照任务、责任、资金、权力“四到县”的原则，财政专项扶贫资金切块到县，项目审批权限下放到县，省市两级重点抓好资金项目监管。探索建立扶贫资金安排与带动贫困人口增收脱贫的利益联结机制，各类扶贫项目的实施都要与带动贫困人口增收脱贫相挂钩，明确具体的带动方式、目标任务、考核要求。财政资金分配要奖优罚劣，沉淀资金坚决收回，形成提高扶贫成效的正确导向。严格执行财政扶贫项目招投标制度、政府采购制度和公告公示制度。实行脱贫攻坚项目终身负责制，项目实施主管部门要对资金使用和项目建设全程监管、跟踪问效，保障扶贫资金阳光运行、提高效益。

五、构建打赢脱贫攻坚战四个“三位一体”组织体系

（一）构建政府、市场、社会“三位一体”脱贫攻坚大格局

1.切实加强组织领导。严格落实“中央统筹、省负总责、市县抓落实、乡村具体实施”的工作机制。省级要抓好牵头抓总、目标确定、项目下达、资金投放、组织动员、监督考核等工作；市级要抓好上下衔接、域内协调、督促检查等工作，把精力集中在贫困县如期摘帽上；县级要抓好脱贫攻坚进度安排、项目落地、资金使用、人力调配和推进实施等工作；乡村两级要抓好精准管理扶贫对象、精准落实帮扶措施、精准实施扶贫项目、精准加强项目管理、精准反映扶贫信息等工作。各地要成立党政“一把手”任组长的脱贫攻坚领导小组，研究解决脱贫攻坚重大问题。各级党政主要负责同志要担负起第一责任人职责，切实把脱贫攻坚放在心中、抓在手上，亲自研究部署、督查推进、协调落实；相关部门单位要发挥各自职能作用，密切协同配合，形成工作合力，实行联动攻坚，做到五级书记抓扶贫，所有干部齐努力。要层层签订脱贫攻坚责任书，明确脱贫时间表，倒排项目工期，逐项推进落实。省级领导要以上率下联系国家扶贫开发重点县，包扶贫困村。相关部门要建立脱贫攻坚重点项目绿色审批通道，简化程序优先审批。健全工作机制，八大工程二十个专项扶贫行动要细化实化、明确路线图和时间表，建立部门联席会议制度，统筹力量、全力推进。

以县乡换届为契机，选好配强贫困县、贫困乡镇领导班子。脱贫攻坚期内保持贫困县、贫困乡镇党政主要领导相对稳定，表现优秀、业绩突出的就地提级，在担任上一级领导职务的同时继续兼任现职，并把主要精力放在脱贫工作上。要在脱贫攻坚主战场上锻炼干部、培养干部、考验干部、识别干部，把脱贫攻坚成效作为选用干部的重要依据，做到优者上、庸者下，能上能下。有计划选派厅局级后备干部到贫困县挂职任职。

切实加强各级扶贫机构和队伍建设。扶贫开发任务重的市、58个贫困县扶贫机构要强化职能、充实人员编制，确保与完成脱贫攻坚任务相适应。其他有扶贫任务的县也要有专门机构负责脱贫工作。有脱贫攻坚任务的乡镇要配备专职副乡镇长，设立扶贫工作站，落实人员编制，贫困村要确定扶贫信息员，确保脱贫攻坚工作有人组织、有人负责、有人落实。

2.充分发挥市场作用。发挥市场在脱贫攻坚资源配置中的决定性作用，积极推进“大众创业、万众创新”。立足区域资源优势，尊重市场规律，尊重基层创新，支持各地大胆探索龙头企业、专业合作组织、家庭农场、能人大户等市场主体带动扶贫对象增收脱贫的方式途径。大力推广政府和社会资本合作（PPP）的建设模式，激发市场主体活力和发展潜力，引导工商资本和社会资金投向贫困地区，参与植树造林、治沟造地、生态修复、土地整治和产业开发等。优化服务环境，简化审批程序，提高办事效率，落实好土地、税收和金融等方面的优惠政策，依法确立和保护合法权益，为市场主体参与脱贫攻坚营造良好的政务环境。建立政府引导、市场带动、农户受益、银行支持、保险参与的精准扶贫长效机制，强化利益联结，实现互利多赢。

3.广泛动员社会力量。鼓励和支持民营企业、社会组织、公民个人等参与脱贫攻坚。利用扶贫对象建档立卡的成果，建立社会扶贫信息网络平台，促进扶贫对象信息、脱贫需求与社会各界扶贫意愿、帮扶资源精准对接。通过政府购买服务等方式，推动社会组织打造社会扶贫精品项目。鼓励各类社会组织开展到村到户精准扶贫，引导社会扶贫重心下移。鼓励社会闲散资金在能人带动下组建私募基金，投入扶贫项目。完善社会扶贫激励机制，吸纳农村贫困人口就业的企业，按规定享受税收优惠、职业培训补贴等就业支持政策，落实企业和个人公益扶贫捐赠所得税税前扣除政策。疏通城镇居民帮助农村贫困人口渠道，搭建城乡互助的扶贫公益服务平台。构建社会扶贫信息网络和扶贫志愿者服务网络，探索发展公益众筹扶贫。对做出贡献的社会组织和社会人士给予荣誉表彰，激发社会各界和公民个人参与扶贫公益事业的积极性。

（二）建立完善考核、退出、评估“三位一体”脱贫成效评价机制

1、建立脱贫攻坚成效考核机制。与《山西省贫困县党政领导班子和领导干部经济社会发展实绩考核办法》相衔接，按照中央对省级党委和政府扶贫开发工作成效考核办法的要求，出台《山西省扶贫开发工作成效考核办法》，加强对市县和部门考核，加强对领导班子和班子成员考核。针对脱贫攻坚主要目标任务设置考核指标，把减贫成效、精准识别、精准帮扶和扶贫资金使用管理等作为重要内容。对完成年度计划、减贫成效显著的市、县给予奖励；对未完成年度计划及工作中出现问题的市、县党政主要负责人进行约谈，限期整改；情节严重造成不良影响的，实行责任追究。考核结果作为市、县党政主要负责人和领导班子综合考核评价的重要依据。

2、建立完善贫困退出机制。制定严格、规范、透明的扶贫对象退出办法，明确贫困县、贫困村、贫困人口退出标准、程序、核查办法，严格工作流程，做好数据核查和资料归档工作，做到全程公开、有序退出，接受社会监督。扶贫开发工作重点县退出，由县提出申请，市初审，省脱贫攻坚领导小组审定，国家扶贫开发工作重点县报国务院扶贫开发领导小组备案。重点县退出后，在脱贫攻坚期内原有扶贫政策保持不变。提前脱贫的人口，在脱贫攻坚期内扶持政策不变、扶持力度不减、帮扶力量不撤。

3、建立脱贫攻坚工作评估机制。评价精准扶贫、精准脱贫成效，既要看减贫数量，更要看脱贫质量，坚决杜绝“假脱贫”“被脱贫”“数字脱贫”。建立完善全省脱贫攻

坚进程动态监测机制，制定落实群众参与扶贫评价的具体办法，开展贫困地区群众扶贫满意度调查，委托科研机构、专业智库对脱贫攻坚进行评估，建立对扶贫政策落实情况和脱贫成效的第三方评估机制，增强社会公信力和诚信度。

（三）管好用好包村领导、驻村工作队和第一书记“三位一体”精准帮扶队伍

1、落实精准帮扶责任。完善干部驻村帮扶机制，发挥帮扶单位整体优势，压实单位包村帮扶责任，管好用好包村领导、驻村帮扶工作队和第一书记“三位一体”的精准帮扶队伍，建立单位包村、领导包带和工作队到村、党员干部到户、第一书记到岗的“两包三到”精准帮扶联动机制，实行干部驻村帮扶大队长牵头责任制，队长任期责任制和工作承诺制，大队长（副厅级）挂任县委副书记，队长（处级）挂任乡镇党委副书记。单位领导包扶村和派驻第一书记任职的贫困村，由单位负责包干脱贫。包村单位负责制订村级脱贫计划，统筹帮扶资源，确定帮扶措施；包村领导和驻村帮扶工作队负责组织落实帮扶措施，加强资金项目监管，搞好政策宣传和信息反馈等工作；第一书记重点履行好建强基层组织、推动精准扶贫、维护和谐稳定、为民办事服务、提升治理水平的工作职责，形成单位负总责、包村领导和工作队抓落实、第一书记抓基础的精准帮扶工作体系。

2、强化精准帮扶考核。建立驻村帮扶工作督查、包村单位通报、领导约谈、驻村帮扶工作队员和第一书记“召回”制度。对帮扶不到位、效果不明显的包村单位进行通报，包村领导进行约谈，限期整改。强化干部驻村帮扶和第一书记工作考核，对工作队驻村帮扶、第一书记任职帮扶、党员干部结对帮扶情况，台账管理，跟踪督查，定期通报，年底考核，做到帮扶对象、帮扶责任人、帮扶任务、帮扶措施和帮扶效果“五个落实”。

3、加强基层组织建设。选好配强贫困乡村两级领导班子，有针对性地选派政治素质高、工作能力强、熟悉“三农”工作的干部担任贫困乡镇党政主要领导；注重发挥大学生村官在脱贫攻坚中的积极作用，从优秀村党组织书记、大学生村官和县乡事业单位工作人员中充实乡镇领导干部。选派思想好、作风好、能力强、真心服务群众的优秀年轻干部、退伍军人、高校毕业生到贫困村工作。鼓励支持基层干部在脱贫攻坚中勇挑重担，探索创新，敢于作为。抓好村党组织为核心的村级组织配套建设，统筹各种职能建好用好村级党组织活动阵地，集中整顿软弱涣散村党组织。加强村党组织带头人队伍建设，做好“领头雁”培训工作，提升服务群众能力。贫困地区基层党建工作、述职评议考核要聚焦抓党建促脱贫攻坚。支持驻村工作队与贫困村支部联建党支部，积极探索建立联村党组织的有效途径。支持贫困村以集体资产运营、农村资源开发、产业园区建设等方式，增加村级集体经济收入。规范贫困村“两委”职责和村务决策程序，认真落实“四议两公开”制度，抓好农村廉政文化建设，推进农村依法治理，健全党组织领导的村民自治机制。倡导现代文明理念和生活方式，发挥乡规民约积极作用。把贫困村基层组织建设成为带领群众脱贫致富的坚强战斗堡垒。

（四）建立完善党政监督、社会监督、舆论监督“三位一体”脱贫攻坚监督体系

1、强化党政监督。建立脱贫攻坚年度报告制度和督查巡查制度，各市和省直相关部门每年要向省脱贫攻坚领导小组报告脱贫攻坚工作进展情况。党委、政府督查部门对各级各部门脱贫攻坚的政策落实、项目推进、资金使用、工作成效进行定期督查，同时选择重点部门、重点地区进行联合督查。通过明察暗访等方式，重点围绕扶贫对象准不准、脱贫需求清不清、帮扶措施实不实、资金使用严不严、指标数据真不真、脱贫成效好不好开展“六查”活动，督查结果向党委、政府及时反馈。对落实不力的提出责任追究建议。落实贫困县约束机制，杜绝不切实际的形象工程。全面落实党委主体责任和纪委监督责任，突出抓好扶贫领域的“六权治本”。强化纪检监察、审计、财政等部门监督职能，建立扶贫资金违规使用责任追究制度，推进脱贫攻坚领域反腐倡廉建设，对虚报冒领、截留私分、贪污挪用、挥霍浪费等问题，坚决从严惩处，确保实现廉洁扶贫。

2、重视社会监督。搭建脱贫攻坚社会监督信息平台，及时公布脱贫攻坚决策部署、政策落实、项目推进、资金使用和脱贫成效考核评估等重大事项，广泛征求意见，接受社会监督。发挥人大法律监督和政协民主监督作用，经常性组织人大代表、政协委员、民主党派和无党派人士调研脱贫攻坚工作，定期报告脱贫攻坚进展情况，听取意见建议。支持和引导社会组织、群众团体、中介机构关注和监督脱贫攻坚工作，建立扶贫资金项目群众监督员制度，鼓励群众对扶贫项目实施和资金使用进行监督，增加脱贫攻坚社会参与度，提高脱贫攻坚社会认可度。

3、支持舆论监督。坚持正确舆论导向，组织报刊、广播电视、网络等媒体，深入宣传中央和省委、省政府精准扶贫精准脱贫的决策部署和重大举措，宣传各地脱贫攻坚取得的显著成效、典型做法、成功经验，宣传社会各界关心支持脱贫攻坚的先进事迹，弘扬扶贫济困传统美德，凝聚合力攻坚正能量。支持新闻媒体对脱贫攻坚工作进行监督，建立重大涉贫事件处置反馈机制，督促各级党委和政府担当责任、改进作风、落实政策、完善措施，妥善处置涉贫事件，切实提高脱贫攻坚成效和社会满意度。完善扶贫开发法规规章，抓紧制定扶贫开发条例，健全贫困地区公共法律服务制度，保障贫困人口合法权益，为打赢脱贫攻坚战持续营造浓厚氛围。

中共山西省委办公厅　山西省人民政府办公厅印发《关于加大脱贫攻坚力度　支持革命老区开发建设的实施意见》的通知

晋办发〔2016〕38号

各市、县委，各市、县人民政府，省委各部委，省直各委、办、厅、局，各人民团体：

《关于加大脱贫攻坚力度支持革命老区开发建设的实施意见》已经省委、省政府同意，现印发给你们，请认真贯彻落实。

中共山西省委办公厅
山西省人民政府办公厅
2016年8月26日

关于加大脱贫攻坚力度　支持革命老区开发建设的实施意见

山西是抗日战争主要根据地，为抗日战争胜利和新中国建立作出了巨大牺牲和重大贡献。山西革命老区具有全省域、广覆盖的特点，大都在我省2个集中连片特困地区。新中国成立60多年特别是改革开放30多年来，老区的经济社会发生了巨大变化。但受自然、历史等多重因素影响，一些老区发展相对滞后，基础设施薄弱、人民生活水平不高等困难和问题仍然比较突出，脱贫攻坚任务相当艰巨。为进一步加大扶持力度，加快老区开发建设步伐，让老区人民过上更加幸福美好的生活，逐步实现山西振兴掘起，现提出如下意见。

一、总体要求

全面贯彻落实党的十八大和十八届三中、四中、五中全会精神，以邓小平理论、“三个代表”重要思想、科学发展观为指导，深入贯彻习近平总书记系列重要讲话和全国扶贫开发工作会议精神，坚持“五位一体”总体布局和“四个全面”战略布局，按照省委十届七次、八次全会和省委、省政府脱贫攻坚的决策部署，全面贯彻落实五大发展理念，以改变老区发展面貌为目标，以贫困老区为重点，更加注重改革创新，更加注重统筹协调，更加注重生态建设，更加注重开发开放，更加注重共建共享发展，进一步明确工作目标，加大扶持力度，实施精准扶贫、精准脱贫，着力破解区域发展瓶颈制约，着力解决民生领域突出困难和问题，着力增强自我发展能力，着力提升对外开放水平，坚决在“一个战场”上打好脱贫攻坚和生态治理“两个攻坚战”，推动老区全面建成小康社会，让老区人民共享改革发展成果。

到2020年，老区基础设施建设取得积极进展，特色优势产业发展壮大，生态环境质量明显改善，发展活力显著增强，老区农民人均可支配收入与全省农民人均可支配收入同步增长，基本公共服务主要领域指标接近全省平均水平，确保我省现行标准下农村贫困人口全面脱贫，贫困县全部摘帽，区域性整体贫困问题全面解决。

二、工作重点

按照区别对待、精准施策的原则，以重点区域、重点人群、重点领域为突破口，加大脱贫攻坚力度，带动老区全面振兴发展。

（一）以支持贫困老区为重点，全面加快老区小康建设进程。要把贫困老区作为老区开发建设的重中之重，充分发挥政治优势和制度优势，主动适应经济发展新常态，着力改善发展环境与条件，着力激发市场主体创新活力，推动相关资源要素向贫困老区优先集聚，民生政策向贫困老区优先覆盖，重大项目向贫困老区优先布局，尽快增强贫困老区发展内生动力。

（二）以扶持困难群体为重点，全面增加老区人民福祉。打破惯性思维，采取超常规举措，加快科学扶贫和精准扶贫，加大帮扶力度，提高优抚对象待遇水平，办好老区民生实事，使老区人民与全省人民一道共享全面建成小康社会成果。

（三）以集中解决突出问题为重点，全面推动老区开发开放。围绕重点领域和薄弱环节，明确工作思路，选准主攻方向，发扬太行精神、吕梁精神、右玉精神，使老区面貌明显改善，人民生活水平显著提升。

三、主要任务

（一）加快老区重大基础设施建设，进一步改善发展环境。大力推进长治至临汾、祁县至离石、右玉至平鲁等老区高等级公路建设，进一步完善老区高速公路网，加快实现老区“县县通高速”。深入实施老区通村公路完善提质工程，实现老区具备条件的建制村通硬化路、通客车。支持老区优先布局一批铁路项目并设立站点，大力推进大同至张家口、太原至焦作、原平至大同、忻州至保定等高速铁路建设。完善老区支线机场布局，逐步建设一批通用机场，加快推进朔州支线机场前期工作。进一步规范和强化老区电网结构，加大对集中连片特困地区电网布局力度。加快推进老区农网改造升级，完成新一轮农村电网升级改造，提升老区农网供电能力和供电质量。加快推动农村宽带网络建设，到2018年实现4G网络覆盖老区80%的行政村。加快实施山西大水网中部引黄、小浪底引黄、东山供水等工程，全面开展县域配套小水网工程建设；全力推进古贤水利枢纽工程、万家寨引黄配套工程等重大水利工程建设，着力推进病险水库水闸除险加固、灌区续建配套与节水改造等水利项目建设，加快推进采煤区地下水修复试点工作，支持小型农田水利、“五小”工程等向贫困老区县倾斜；加大老区抗旱水源建设、中小河流治理、水土流失治理力度。

（二）积极有序开发老区优势资源，切实发挥带动效应。着力推进老区煤炭及其相关产业向市场主导型、清洁低碳型、集约高效型、延伸循环型、生态环保型、安全保障型转变，加大对化解煤炭过剩产能的支持力度，提高煤炭就地转化率。优先支持老区发展大容量、高参数超临界、超超临界燃煤发电机组。增加贫困老区的发电企业年度电量计划，提高水电工程留存电量比例。稳步推进老区电力体制改革。在铝土矿资源丰富地区，坚持煤电铝材一体化发展，提高氧化铝就地转化率，推进铝深加工，发展循环经济，促进铝工业转型升级。建立先进装备制造研发设计平台，构建高效完备的先进装备制造业服务体系，加快提升老区轨道交通、煤机、电力、煤化工、环保等装备制造业竞争力。在具备资源禀赋的老区积极有序开发建设水电、风电、光伏发电和生物质发电等新能源产业，加快推进有条件的老区贫困县光伏扶贫开发工作，积极推进大同浑源、运城垣曲两个抽水蓄能电站前期工作。大力推进有条件的老区开发利用煤层气资源，积极支持瓦斯发电项目建设。

（三）着力培育壮大老区特色产业，不断增强“造血”功能。优化老区农业区域布局，大力发展小杂粮、干鲜果、设施菜、草牧业、中药材等特色产业。汾河平原区域的老区重点发展优质高效的粮食、水果和家禽等产业，上党盆地区域的老区重点发展优质杂粮、中药材和生猪产业，雁门关区域的老区重点发展草牧业和优质杂粮产业，太行山区域的老区重点发展道地中药材和杂粮产业，吕梁山区域的老区重点发展优质干鲜果和马铃薯产业。支持老区特色农产品加工业和全产业链开发，推出一批保健、养生、方便的功能性食品，打造一批山西特色名牌产品。重点支持老区建设农产品物流工程，围绕我省较为丰富的农产品资源，依托大型农产品批发市场和骨干农产品流通企业，建设具有较大规模的冷链物流集散中心、综合性加工配送中心、产地集配中心，发展农产品电子商务。引导社会资金和电子商务平台企业加大涉农电子商务的投入，提升老区电子商务水平，带动老区农民就业创业。积极建设老区农村物流末端网点，力争达到“县县有分拨、乡乡有网点、村村通快递”。探索保护传承与发展创新的融合路径，建立非物质文化遗产数据库，对老区传统美术、技艺、医药类项目进行生产性保护，支持传承人在继承非遗项目核心元素和典型特征的基础上创造性转化、创新性发展。优先在老区建设一批综合性非物质文化遗产展示馆或综合传习中心，深入挖掘文化资源，大力发展特色文化产业。积极打造太原–大同–灵丘–涞源–易县–涿州线、石家庄–西柏坡–涉县–长治–晋城线两条国家级红色旅游精品线路和石家庄–太原–忻州–大同–呼和浩特线、太原–石家庄–保定–北京线、渭南–晋中–阳泉–邢台–邯郸线三条抗战主题红色旅游精品线路，加大省际红色旅游深度融合式开发力度。精心打造大同–忻州–太原–晋中–阳泉、太原–文水–孝义–交口–石楼–隰县–永和、太原–长治–晋城等“红色两日游”省级红色旅游品牌线路和具有山西地域特色与代表性的“八路军抗战文化”“大寨艰苦创业文化”“右玉绿色生态文化”等不同时期的特色文化品牌。统筹保护老区相对集中并进入主题规划的历史文化遗址、遗存。抢救保护老区近现代重要史迹及代表性建筑。

（四）切实保护生态环境，着力打造永续发展的美丽老区。继续实施天然林保护、防护林建设、石漠化治理、防沙治沙、湿地保护与恢复、退耕还林、水土流失综合治理和坡耕地综合整治等重点生态工程，对25°以上陡坡梯田、25°以上未在册实际陡坡耕作地、采煤沉陷区及整村移民搬迁后腾退出来的和我省主要河流及一级支流源头汇水区的15°—25°非基本农田坡耕地等土地逐步纳入退耕还林实施范围。优先安排贫困老区新一轮退耕还林还草任务，支持老区开展各类生态文明试点示范。按照因地制宜、适地适树的原则，着力打造标准化、专业化、规模化的林业产业基地，加快宜林荒山绿化进程，投资造林重点向老区特别是贫困县倾斜。强化森林资源管护，优先把老区部分贫困人口转变为护林员即林业工人，以品种改优、精细管护为重点狠抓现有干果经济林提质增效，在大力发展干鲜水果林的同时，积极发展皂荚、双季槐、沙棘等特色经济林，通过试验示范稳妥引进油用牡丹等一些适宜我省区域发展的新品种经济林。深入挖掘“森林康养”和旅游度假产业，大力发展林禽、林蜂、林菜、林草、林药、林菌、林油、林粮等林下循环经济，延伸生态产业链条。推行企业带动、农民合作组织联动的机制，把投入到基地的建设资金折股量化到村到户，采取成立“专业合作社”等方式把老区贫困人口组织起来参加植树造林、治山治水，提高老区贫困人口的参与度和收益度。大力推广绿色建筑，促进传统建筑产业升级。优先发展公共交通，推广节能与新能源交通运输装备。大力推广节能农业生产设备。扎实推进低碳试点示范，逐步扩大低碳县试点范围。加快老区燃煤设施达标治理和清洁能源改造，积极推进农作物秸秆综合利用和禁烧工作。加大对汾河、桑干河、浊漳河、沁河、滹沱河、涞水河、御河、桃河等重点流域水生态修复和水体污染防治的支持力度。加大净化农产品产地和保护农村人居环境的工作力度。

（五）全力推进老区民生改善，提升基本公共服务水平。大力推进农村饮水“巩固提升”工程，确保老区城乡供水安全。全面改善老区义务教育薄弱学校基本办学条件，确保到2018年老区所有义务教育学校全部达到省定基本办学标准。进一步落实国家相关资助政策，确保适龄儿童和少年不因家庭经济困难而失学，并能接受良好的义务教育。逐步实行普通高中免费教育，2016年起在集中连片特困地区对建档立卡的家庭经济困难学生，率先免除普通高中和中等职业教育学（杂）费。支持老区中等、高等职业学校建设高职省级重点专业、中职省级重点专业和省级中等职业教育改革发展示范校。完善老区社会保障体系，建立与经济社会发展和人民生活水平相适应的城乡居民基础养老金正常调整机制，大力改善老区医疗卫生条件，加快推进县、乡、村三级医疗卫生服务网格标准化建设，加大老区贫困地区传染病、地方病、慢性病防控力度，保证村医服务全覆盖，稳步提高医保待遇水平。健全老区包含最低生活保障、特困人员供养、受灾人员救助以及医疗、就业、教育、住房、临时救助等专项救助在内的社会救助制度体系。积极构筑老区基本医疗保险、大病保险和医疗救助“三重医疗保障”，逐步提高老区贫困人口大病费用实际报销比例，加大老区医疗救助、临时救助、慈善救助等帮扶力度，以及农村“三留守”的关爱力度。加强老区公共文化体育设施和基层综合性文化服务中心建设，深入推进老区广播电视传输覆盖网络建设，实现广播电视户户通。

（六）大力促进转移就业，全面增强群众增收致富能力。大力加强老区人力资源和社会保障公共服务设施建设，到2020年，全面实现县级、乡镇级、行政村级劳动就业和社会保障综合服务平台全覆盖。建立健全城乡劳动者平等就业制度，完善职业培训、就业服务、劳动维权“三位一体”的工作机制，加强农民工输出输入地劳务对接，积极开展有组织的劳务输出，推进农村富余劳动力有序外出就业和就地就近转移就业。扎实推进“农民工职业技能提升计划——春潮行动”，提高农民工适应经济社会发展的就业创业能力。加大职业培训补贴资金投入，提高就业专项资金中用于职业培训的比例和补贴标准。加大老区创业就业政策支持力度，鼓励和支持外出务工人员返乡创业。支持老区发展返乡创业孵化基地和返乡创业园区，对达到规定条件的，优先推荐和列入省级孵化示范基地和省级创业示范园区范围，给予省级财政资金支持。

（七）深入实施精准扶贫，加快推进贫困人口脱贫。以吕梁、太行两大集中连片特困地区为主战场，坚持精准扶贫、精准脱贫基本方略，全面落实“六个精准”，因地制宜实施“五个一批”脱贫攻坚工程。扎实推进企业产业扶贫开发，坚持以项目为纽带，围绕农产品加工、特色农业开发、旅游开发等建设，谋划设计实施一批适合大企业参与的老区产业扶贫开发好项目、大项目。扎实推进老区易地扶贫搬迁，到2020年，完成全省包含老区在内45万建档立卡贫困人口和11万确需同步搬迁农户人口的搬迁任务，确保搬迁对象生产生活条件得到明显改善。支持老区贫困群众直接参与重大生态工程建设，探索有利于贫困老区和老区贫困人口的生态环境保护补偿机制。扎实推进贫困劳动力转移就业精准培训，鼓励老区贫困人口进入家政、物流、养老等领域就业。加大老区职业教育培训和贫困大学生资助力度，切实扩大教育扶贫受益面。提高老区农村低保标准，逐步实现低保线和贫困线“两线合一”。推动医疗救助等制度向老区贫困人口倾斜，有效防止因病致贫、因病返贫现象。坚持完善专项扶贫、行业扶贫、社会扶贫“三位一体”的大扶贫格局。

（八）积极创新体制机制，加快构建开放型经济新格局。支持老区开展农村集体产权制度改革试点，推广盐湖、新绛等地经验，在老区全面开展农村土地承包经营权、农民住房财产权抵押贷款试点。按照“保证生活用水、调控工业用水、稳定农业用水、维系生态用水”的水资源配置原则，以可控水资源量为基数对老区水资源的使用权进行四级分配，支持老区开展水权交易试点。加快老区扩大对内对外开放步伐，支持老区利用国际长期优惠贷款和优质智力资源，加快城乡基础设施、节能环保、医疗、教育、农业、林业、水利、扶贫等领域的建设发展。加快推进亚行贷款建设山西城乡水源保护和环境改善示范项目、山西能效与环境改善示范项目等。支持具备条件的老区设立省级经济技术开发区。

四、支持政策

（一）加强规划引导和重点项目建设。在编制实施国民经济和社会发展“十三五”规划等中长期规划时，对老区予以重点支持，积极谋划一批交通、水利、能源等重大工程项目，优先纳入相关专项规划。全面实施燕山-太行山、吕梁山集中连片特困地区区域发展与扶贫攻坚规划，加快落实规划项目与政策。推动大型项目、重点工程、新兴产业在符合条件的前提下优先向老区安排。

（二）持续加大资金投入。认真落实国务院关于支持贫困县整合使用财政涉农资金试点的意见精神，加大财政资金整合力度，全省58个贫困县全面开展试点，按照“管总量不管结构，管任务不管项目，管监督不管实施”的原则，按县整合，放权给县，形成“多个渠道引水，一个龙头放水”的扶贫投入新格局。积极争取国家有关部委进一步增加对我省老区的专项转移支付。加大省财政对老区的扶持力度，将贫困老区作为分配扶贫专项资金的重要因素予以重点倾斜。有条件的市、县也应安排专项资金，用以解决贫困老区生产生活中的特殊困难。对老区带动作用强、有助于形成县域经济整体竞争力的重大产业项目建设给予重点支持，优先申报和安排各级专项资金补助。搭建政府统借统还平台，落实好信贷资金“借、用、管、还”的机制，鼓励和支持社会资金投入扶贫开发。引导各类金融机构加大对老区开发建设的金融支持，建立健全信贷资金投向老区的激励机制。支持具备条件的民间资本在老区依法发起设立村镇银行等金融机构。鼓励保险机构开发老区特色优势农作物保险产品，对贫困老区开展特色农产品价格保险服务。

（三）强化土地政策保障。在下达年度新增建设用地计划指标时，重点向老区内国家扶贫开发重点县倾斜。支持有条件的贫困老区通过城乡建设用地增减挂钩机制开展易地扶贫搬迁，优先安排周转用地指标，允许将城乡建设用地增减挂钩指标在全省范围内使用。支持老区市、县开展土地利用总体规划调整完善工作，做好用地保障。在城镇建设易地扶贫搬迁安置区，安置住房中涉及集体公租房、集中供养福利院等符合国家划拨供地目录的建设项目通过划拨方式供地。支持有条件的老区开展工矿废弃地复垦利用试点。落实和完善农产品批发市场、农贸市场城镇土地使用税和房产税政策。

（四）完善资源开发与生态补偿政策。适当增加贫困地区光伏、风电等优势能源资源开发规模。合理调整资源开发收益分配政策，研究提高老区矿产、油气资源开发收益地方留成比例，强化资源开发对老区发展的拉动效应。确保增加退耕还林收入。通过提高公益林管护标准和补偿性收入，增加老区护林员收入，确保老区贫困人口稳定脱贫。支持将符合条件的贫困老区纳入重点生态功能区补偿范围。支持符合条件的老区启动实施湿地生态效益补偿和生态还湿。

（五）提高优抚对象优待抚恤标准。继续提高“三红”人员（在乡退伍红军老战士、在乡西路军红军老战士、红军失散人员）、在乡老复员军人等优抚对象抚恤和定期生活补助标准，研究其遗孀定期生活补助政策，保障好老无所养和伤病残优抚对象的基本生活。研究逐步提高新中国成立前入党的农村老党员和未享受离退休待遇的城镇老党员生活补助标准。严格落实优抚对象医疗保障政策，逐步提高医疗保障水平。鼓励有条件的地方实行优抚对象基本殡葬服务费用减免政策。优抚对象申请经济适用住房、公租房或农村危房改造的，同等条件下予以优先安排。加大优抚对象家庭成员就业政策落实力度，符合就业困难人员条件的要优先安排公益性岗位。组织机关、企事业单位面向老区定向招聘辅助人员。

（六）促进干部人才交流和对口帮扶。推进贫困老区与发达地区干部交流，加大省直机关、省属企业与贫困老区干部双向挂职锻炼工作力度，大力实施革命老区人才支持计划。进一步挖掘省级定点扶贫单位帮扶资源，逐步实现定点扶贫工作对贫困老区全覆盖。制定优惠政策，鼓励老区优秀青年入伍，引导优秀退役军人留在老区工作。加快建立和完善市级政府机关、企事业单位对口帮扶本市贫困老区的工作机制。

（七）切实加强组织领导。各级党委、政府要深入贯彻“一个指引、两手硬”的重大思路和要求，进一步增强责任感、紧迫感、使命感，把加快老区开发建设作为“一把手工程”，把扶持老区人民脱贫致富作为义不容辞的政治责任。要推动老区开发建设与贫困地区脱贫攻坚协调统一开展，坚持“中央统筹、省负总责、市县抓落实”的管理体制，建立“党委领导、政府负责、部门协同、社会参与”的工作机制，由省脱贫攻坚领导小组统筹指导，省直相关部门各司其职、各负其责，积极整合各级财力和各类资源，加快推进老区开发建设与脱贫攻坚工作。加大对老区脱贫攻坚工作的考核力度，实行年度报告和通报制度。按照国家和省有关规定表彰为老区建设发展作出突出贡献的先进典型，对推进工作不力的要强化责任追究。加强对各级老区建设促进会的指导，并给予必要的支持。

强化责任担当　精准扶贫脱贫
确保贫困地区与全省同步进入小康

——骆惠宁在吕梁、忻州调研脱贫攻坚

9月19日至22日，省委书记骆惠宁深入吕梁、忻州，看望老区人民，就推进脱贫攻坚进行调研，并主持召开座谈会。他强调，贫困县要坚持以脱贫攻坚统揽经济社会发展，贯彻精准扶贫精准脱贫方略，强化责任，不断研究和解决扶贫推进中出现的新情况新问题，扎实工作，确保贫困地区与全省同步奔小康。

吕梁、忻州都是革命老区，也是集中连片特困地区。老区人民生活怎样，面临哪些困难，脱贫攻坚进展如何，骆惠宁一直牵挂于心，并把脱贫攻坚包联县选在脱贫任务最重的临县。在临县南圪垛村，骆惠宁深入了解县、村扶贫情况。闻讯而来的乡亲们聚拢上来。“家有几亩地”“有没有养老保险”“医保能报销吗”“能不能吃上自来

水？”贴心的话语饱含着深情关怀。交谈时骆惠宁对大家说，到2020年所有贫困人口脱贫，是党对人民的承诺，我们要坚决兑现。

帮扶措施落实到位了没有，是骆惠宁十分重视的问题。调研中，他访农家、进大棚，看扶贫项目，考察移民新区，了解群众受益情况。来到刘玉恩家的小院，骆惠宁与大家围坐在一起拉家常。得知家中只有老两口且体弱多病，骆惠宁拉起刘玉恩老伴浮肿的手，关切地询问病情和看病负担，对随行的省有关负责同志说，要进一步深化医疗卫生体制改革，用医保资金撬动商业保险，提高大病支付保障能力，为解决因病致贫提供支撑。在刘祥福、张仲根家中，骆惠宁看房看炕看灶，接过扶贫手册仔细阅看，对帮扶一栏看得尤为认真。他对乡村干部说，精准扶贫措施不仅要到户，而且要动态评估效益，帮助有劳动能力的贫困户通过多种途径的发展实现脱贫，要记扶贫脱贫“明白账”，坚决防止形式主义。

骆惠宁十分关注发挥贫困村党支部、住村工作队、第一书记在扶贫中的作用。在五台县阳白村，他对村党支部带领群众建大棚、建酒厂、搞养殖，通过发展农业循环经济带动增收的做法给予充分肯定，并嘱咐他们进一步抓好“两学一做”学习教育和基层党建工作，充分发挥基层党组织的战斗堡垒作用。在南圪垛、西雷村，骆惠宁向第一书记和帮扶队员了解扶贫情况，与大家亲切交谈。听到经过一年的锻炼，大家已经开始熟悉农村工作了，骆惠宁很高兴。他语重心长地说，希望大家进一步深入群众，在脱贫攻坚一线锻炼成长。他还与随行有关负责同志讨论了如何进一步改进对第一书记和帮扶工作队队员的管理工作。

调研期间，骆惠宁主持召开座谈会，听取有关同志发言后，他指出，中央扶贫开发工作会议以来，省委省政府把脱贫攻坚作为重大政治责任，加强组织领导，注重顶层设计，细化政策措施，把脱贫攻坚与生态建设紧密结合起来，扶贫攻坚有序推进，取得良好开局。结合调研和座谈中了解到的问题，骆惠宁就深入推进脱贫攻坚提出五点要求。一要进一步贯彻好精准扶贫脱贫方略。新一轮脱贫攻坚成败与否，关键在于能否抓住“精准”二字，要把精准的要求体现到识别、帮扶、退出各个环节。探索运用大数据管理系统进行动态识别、动态调整。要因户施策，既要用好各项普惠政策，又要针对每一个贫困户制定具体帮扶措施。要记扶贫账，从开始到结束都要让老百姓心里明白，使群众认可信服。二要进一步提高扶贫资金的使用效率。各贫困县要健全统筹整合使用各类涉农和扶贫资金机制，加快推进项目实施，防止资金积压滞留。充分发挥金融平台作用，创新投融资体制，有效推进金融扶贫。依托龙头企业、合作社、专业大户、家庭农场等开展试点，积极探索资产收益分配模式，开拓贫困群众增收新渠道。三要进一步激发脱贫主体的积极性。树立鲜明导向，激励贫困地区干部在扶贫一线干事创业。宣传先进典型，营造浓厚氛围，引导贫困群众立志脱贫，变“要我脱贫”为“我要脱贫”。四要进一步深化涉及扶贫工作的相关改革。脱贫攻坚的过程也是深化改革的过程。要深入推进资金使用管理、教育公平、医疗保障、农村土地制度、农技人员绩效挂钩等领域的改革，逐步实现农村低保线与脱贫线的有机衔接。农村基层党建制度也要改革，推动力量下沉、保障下移，真正让基层党组织强起来。五要进一步落实好脱贫攻坚的领导责任。贫困县党委、政府要强化主体责任，包联领导也要扛起责任。要结合市县换届，进一步完善脱贫攻坚领导责任体系。要强化联点单位帮扶责任，会同所在地党组织加强对帮扶队员、第一书记的日常考核。

骆惠宁强调，集中连片特困地区是脱贫攻坚的“硬骨头”，要认真落实中央和省里有关政策，加大对集中连片特困地区交通、水利、电力等重要基础设施、重大生态工程、重点产业项目、劳动力培训转移等支持力度，不断改善脱贫攻坚的整体条件。

调研期间，骆惠宁还考察了离石区华为大数据中心、吕梁云计算中心和汾酒集团、五台山风景区管理工作。他对吕梁、忻州两市认真贯彻中央和省委工作部署，在各方面取得新的进步给予充分肯定。他要求两市有效调动干部干事创业的积极性，坚定不移推进脱贫攻坚，下大气力推动经济结构调整，坚持全面从严治党，全面构建良好政治生态。

时不我待　只争朝夕

——一论坚决打赢脱贫攻坚这场硬仗

打好打赢脱贫攻坚战是实现全面建成小康社会目标的重大任务，是省委、省政府向全省人民作出的庄严承诺。全省脱贫攻坚推进大会的召开，再度吹响了向贫困开战的进军号角，充分体现了我们对脱贫攻坚工作的高度政治自觉，表明了如期打赢脱贫攻坚战的信心和决心。我们要进一步统一思想、开拓创新，强化举措、形成合力，以强烈的紧迫感和责任感，确保脱贫攻坚开好局、起好步，为全面建成小康社会奠定坚实基础。

全省脱贫攻坚大会后，各地各部门紧紧围绕脱贫攻坚的新任务新要求，高度重视、迅速行动、扎实推进，取得了良好的效果。当下，全省上下攻坚拔寨、首战首胜的氛围日益浓厚。可以说，脱贫攻坚的开局之战打出了气势，凝聚了共识，彰显了决心。

成非常之事，必有非常之策。我省脱贫攻坚已经到了啃硬骨头、攻坚拔寨的冲刺阶段。脱贫攻坚越往后，成本越高、难度越大。当前脱贫攻坚面临新情况、新挑战，易地搬迁任务繁重、贫困村空心化和老龄化问题、个别贫困村靶向不够精准、公共服务依然滞后、贫困群体增收压力依然较大等。因此，我们必须对脱贫攻坚的艰巨性和复杂性要有清醒的认识，以明确的思路、精准的举措、超常规的力度，坚决打赢脱贫攻坚这场硬仗。

打好打赢脱贫攻坚战，加强党的作风建设是根本保证。习近平总书记在中央扶贫开发工作会议上强调，越是进行脱贫攻坚战，越是要加强和改善党的领导。各级党政一把手必须要把脱贫职责扛在肩上，抓在手上，既要运筹帷幄，也要冲锋陷阵，特别是县一级作为"一线指挥部"，更要力量统一、运转高效；要牢固树立全省一盘棋思想，把握好全局利益、部门利益、百姓利益的一致性，围绕脱贫攻坚的总体规划，最大限度整合资源，攥指成拳，聚焦发力；要充分调动各方力量，落实责任、传导压力，形成脱贫攻坚合力。

打好打赢脱贫攻坚战，精准扶贫、精准脱贫是决胜方略。脱贫攻坚，成败之举在于精准，制胜之道在于精准。按照习近平总书记强调的"六个精准"的要求，将精准扶贫精准脱贫的要求贯穿到脱贫攻坚的全过程，把真正的贫困人口弄清楚，把贫困人口致贫原因搞明白，把哪个贫困村发展什么、哪个贫困户怎么帮扶落实在具体行动上，变"大水漫灌"为"精准滴灌"；要坚持问题导向，精准施策、重点突破，集中力量解决好贫困突出问题，摒弃"样子扶贫、形式扶贫"和各种花拳绣腿。

打好打赢脱贫攻坚战，选好用好干部是关键要素。在脱贫攻坚的战场上，党员干部不仅是组织者、推动者，更是战斗员、主力军，其自身能力与素质尤为重要。要树立鲜明的用人导向，不拘一格选人用人，真正把能力强的优秀人才选拔到脱贫攻坚第一线；要加强脱贫攻坚队伍建设，特别是要选优配强一把手，让干部有信心有恒心，以抓铁有痕、踏石留印的韧劲，真情投入、扎根实干；要科学完善领导班子和领导干部考核评价体系，确保在脱贫攻坚第一线作出突出贡献的干部受重用有奔头。

今年是"十三五"脱贫攻坚的开局之年，也是集中力量打赢脱贫攻坚的首战之年。"好的开始是成功的一半"。只要我们拿出"敢教日月换新天"的气概，鼓足"不破楼兰终不还"的劲头，攻坚克难、乘势前进，就一定能如期实现脱贫攻坚的目标。

山西日报评论员

以脱贫攻坚统揽经济社会发展全局

——再论坚决打赢脱贫攻坚这场硬仗

"十三五"期间确保我省农村贫困人口实现脱贫，确保贫困县全部摘帽，是省委、省政府向党中央立下的军令状，是要确保完成的硬任务。在全省脱贫攻坚推进大会上，省委书记王儒林强调，我们必须进一步把全省干部群众的思想统一到习近平总书记扶贫开发重要战略思想和一系列重要指示上来，坚持以脱贫攻坚统揽经济社会发展全局，把脱贫工作作为头等大事，带领全省人民坚决打赢这场硬仗。铿锵有力，掷地有声。体现了省委一往无前、攻坚克难，坚决打赢脱贫攻坚这场硬仗的决心和勇气。

我省是全国扶贫开发重点省份，贫困面积大、贫困人口多、贫困程度深，这些年全省上下坚持把扶贫开发作为最大的民生工程，以吕梁山、燕山－太行山两大连片特困地区为扶贫开发的主战场，不断探索，不断拼博，成效显著，贫困人口明显减少，去年又有50万人脱贫。但是我们也要对面临的新情况和新挑战有一个清醒的认识，贫困地区生存发展条件异常恶劣，232万贫困人口是贫中之贫、困中之困，可以说脱贫攻坚啃的是"硬骨头"，攻的是"老大难"。时间紧迫、任务艰巨，只有采取超常规的办法措施，才能打赢脱贫攻坚这场硬仗。

坚持以脱贫攻坚统揽经济社会发展全局，就是要把脱贫攻坚作为"十三五"期间头等大事和第一民生工程抓在手上，紧锣密鼓推进落实中央和省委、省政府关于打赢脱贫攻坚战的决策部署。要强化全局观念和"一盘棋"思想，所有工作都要向脱贫攻坚聚焦，各种资源都要向脱贫攻坚聚集，各方力量都要向脱贫攻坚聚合，最大限度把各部门分散的项目、资金和资源整合起来，把政府的支持、市场的推动、社会的帮扶整合起来，形成脱贫攻坚的强大合力，在全省形成全社会参与的大扶贫格局，举全省之力，确保脱贫攻坚目标的实现。

坚持以脱贫攻坚统揽经济社会发展全局，就是要在脱贫攻坚中树立发展新理念。要把脱贫攻坚和推动"六大发展"结合起来，把脱贫攻坚纳入全省发展全局来谋划和推进，着力补齐经济社会发展短板；要把脱贫攻坚和应对经济下行压力相结合，加大脱贫攻坚投入，坚持龙头企业带动，培育新的经济增长点，提升群众增收致富的能力；要把脱贫攻坚和生态建设相结合，创新思路方法，统筹治山治水，把建设绿水青山的过程变成脱贫致富的过程，变成收获金山银山的过程，最终实现脱贫攻坚和生态环境建设的双赢。

坚持以脱贫攻坚统揽经济社会发展全局，就是要把脱贫攻坚与深化改革同步推进。要加大改革创新力度，强化体制机制保障，统筹整合财政资金，全力保障民生，加强监督执纪问责，坚决实行廉洁扶贫，着力破解重点难点问题。各级领导干部要坚持以上率下，弘扬马上就办、真抓实干的优良作风，形成五级书记抓扶贫、所有干部齐努力的氛围。要发挥广大基层干部群众的积极性、主动性、创造性，把干部群众的积极性调动起来，确保“十三五”期间我省58个贫困县全部摘帽，232万贫困人口全部脱贫。

人心齐，泰山移。脱贫攻坚的路上我们别无选择，必须立下愚公移山志，因势而谋，乘势而上，坚决打赢脱贫攻坚这场硬仗。

山西日报评论员

实现生态建设脱贫攻坚互促双赢

——三论坚决打赢脱贫攻坚这场硬仗

贫困人口是全面建成小康社会的“短板”，生态脆弱是生态文明建设的“短板”，贫困问题与生态脆弱相互交织。在全省脱贫攻坚推进大会上，王儒林书记提出，要坚持脱贫攻坚生态建设紧密结合，实现群众增收环境改善互促双赢。这是省委、省政府对省情、农情、致贫原因和经济社会发展深入研判做出的科学决策，是精准扶贫、精准脱贫基本方略在我省的重大实践。

左手一指太行山，右手一指是吕梁。我省山地丘陵面积大，占全省国土总面积的八成。生态环境脆弱，历史欠账较多。植被养护困难，蓄水保水能力不强，水土流失严重，尤其是沿黄一带，既是脱贫攻坚的主战场，又是生态环境的脆弱区。如何让生态与脱贫比翼双飞，实现可持续发展，成为一个关乎脱贫攻坚质量与效益的课题。

这些年，要发展还是要生态，两种观点各执一词。有人说，发展不可避免会破坏生态环境，宁慢毋快，否则得不偿失；也有人认为，为了摆脱贫困必须加快发展，付出一些生态环境代价是难免的。这两种观点都有失偏颇。实践证明，离开生态谈发展是竭泽而渔，离开发展谈生态则是缘木求鱼。

生态与脱贫能否“双赢”？答案是肯定的。习近平总书记指出：“绿水青山和金山银山决不是对立的，关键在人，关键在思路。”这表明，能不能做到经济发展与生态保护良性互动，首先取决于人的主观能动性，取决于思想上的重视程度。事实上，只要思路对头、路径对头、方法对头，完全能够实现生态与脱贫的互促双赢。在这一点上，石楼、右玉等地的探索实践可以佐证。无论是右玉的生态旅游产业，还是石楼的沟域经济发展，绿色这把钥匙打开了脱贫致富之门，让“百姓富”与“生态美”实现同频共振！

可以说，“生态建设”与“脱贫攻坚”有机结合，既是当前治贫之举，也是长远固本之道。然而，走好这条“双赢”之路，也绝非易事。

实现生态建设与脱贫攻坚互促双赢，需要放眼长远，统筹发展。在理念上，脱贫攻坚要把生态保护放在优先位置，不能以牺牲生态为代价，而要让更多贫困人口从生态建设和修复中得到实惠；在政策上，强化措施、因地施策，提高贫困群众的参与度和收益水平；在规划上，优化布局、延伸链条，大力发展森林康养、旅游、林下经济，打造产业融合；在机制上，改革创新，完善措施，调动企业、合作组织、造林大户积极性，构筑绿色屏障。对缺水的山西来讲，还要推动兴水富民，尤其是在水土管护、流域治理等方面，着力改善贫困群众生产生存发展环境。

实现生态建设与脱贫攻坚互促双赢，必须兼顾市场、协调推进。要找到市场对经济欠发达地区生态建设的有效需求，找到经济欠发达地区、贫困群众和产业发展之间的着力点。无论是精准扶贫“造血功能”的建设，还是生态建设的可持续发展，要把蓝图交给群众、把愿景交给群众，政府有为而不包办，让政府和市场两只手良性互动、互为补充。要调动资本、技术等各方力量，盘活绿色资源，将生态和产业融为一体，实现多方共赢。春秋时期，管仲在《管子·立政》中说：“草木不植成，国之贫，草木植成，国之富。”旌旗生风战鼓鸣。只要我们牢固树立习近平总书记关于脱贫攻坚、生态文明的发展新理念，坚持精准施策，创新扶贫方式，把治山治水治穷与建设美丽山西结合起来，就一定能打赢生态治理和脱贫攻坚这两场攻坚战。不负“青山”，方得“金山”，方有未来！

山西日报评论员

统筹整合财政资金　用好用活金融资金

——四论坚决打赢脱贫攻坚这场硬仗

打赢全面脱贫的攻坚战，在当前我省财政收入增速放缓背景下，如何放大财政资金使用效益、如何撬动更多社会资本投入扶贫开发至关重要。在全省脱贫攻坚推进大会上，省委书记王儒林强调，要统筹整合财政资金，用好用活金融资金；要加大扶贫资金整合力度，用好现有渠道财政资金，切实提高脱贫攻坚整体成效。

脱贫攻坚先易后难，越往后难度越大成本越高，必须加大投入力度，才能同打赢脱贫攻坚战的要求相匹配。这几年，从中央到地方，各级财政资金投入不断加码，但在资金分配使用上，各自为战、单打独斗，影响了资金的整体合力和使用效益。在基层采访，也常常听到干部群众诉苦，扶贫资金有限，一进村进户就“稀释”得差不多了，蜡烛费了不少，可就是不亮。

一方面是脱贫攻坚缺钱，一方面是有限的资金被分割。如何发挥财政资金“四两拨千斤”的作用？习近平总书记明确要求，要加大扶贫资金整合力度。4月12日，国务院又下发了支持贫困县整合使用财政涉农资金试点的意见，要求今年各省选择三分之一以上贫困县试点。事实上，涉农资金整合在我省早有实践，石楼“穷则思变”，按照“计划跟着规划走、项目跟着计划走、资金跟着项目走”的原则统筹整合资金，建设中心村集中实施移民搬迁效果明显。

统筹整合是一项重大革命，是“刀尖向内”的自我革命，难度可想而知。首先，要加大整合力度，用好现有渠道的财政资金。这方面，一是打破部门条块分割，按照扶贫规划统筹安排项目、统一使用资金，集中投入、合力攻坚；二是从体制机制改起，从源头抓起，建立“多条渠道进水、一个龙头出水”的项目整合机制和“各炒一盘菜、共办一桌席”的部门协作机制，实现扶贫资金效益的最大化。其次，要发挥资本市场和金融保险的作用，用好用活金融资金，同时要建立风险防控机制，绝不能只想借、不想还。易地搬迁是精准扶贫的主要做法之一，但需要投入的资金量很大。为了解决这个难题，去年省政府组建了山西扶贫开发投资公司，旨在打造全省脱贫攻坚的投融资平台，试图通过财政杠杆和金融政策的作用，撬动社会资本、金融资本投向扶贫开发。从目前情况来看，运行良好。

有了钱，关键要看怎么花。一是使用精准。扶贫资金，是贫困群众的“保命钱”，每一分钱都要用到贫困群众身上。习近平总书记提出扶贫要做到“六个精准”，其中之一就是资金使用精准；二是做好规划。不论哪一级的决策者，都要善于倾听民意、善于因地制宜，不要纸上谈兵、墨守成规。扶贫资金的使用，要坚持目标、问题导向，以规划引领投入。同时要为涉农资金“松绑”，把更多使用的自主权赋予贫困县。

钱有了，关键还要管好钱。如果使用管理不科学，监管不到位，跑冒滴漏堵不住，扶贫款“打水漂”的问题就难以避免，甚至出现“扶贫投入加上去，干部腐败倒下来”的尴尬。因此，要更严格、完善的制度设计，更公开、透明的监管考核。要确保扶贫资金落实到位，县乡村三级要建立公示制度，全面公开扶贫对象、资金安排、项目建设等情况，接受社会监督。要创新机制，对统筹资金管理使用的全过程实行审计监督，还可以引入第三方的监管、测评。

巧妇难为无米之炊。脱贫攻坚，资金是保障。各部门各单位需要互相协作、共同发力，以改革创新精神统筹整合财政涉农资金，为打赢脱贫攻坚战注入强劲动力。

山西日报评论员

加强监督执纪问责　实现廉洁扶贫

——五论坚决打赢脱贫攻坚这场硬仗

坚决打赢脱贫攻坚这场硬仗，既需要党委政府凝心聚力，党员干部奋发有为，社会各界众志成城，也离不开监督执纪问责、廉洁阳光扶贫的强力保障。为此，王儒林书记在全省脱贫攻坚推进大会上强调，要切实加强监督执纪问责，坚决实现廉洁扶贫，对扶贫资金实行最严格的监管，坚决做到“零容忍”。

我省是全国扶贫重点省份。全国14个集中连片贫困区我省就占了2个，而且232万贫困人口大多生存在条件异常恶劣的地方。能不能打赢这场脱贫攻坚战，不仅是增加投入的问题，还与正风反腐、领导干部的作风和廉洁状况密切相关。我们省在这方面存在的问题不可忽视，有的问题甚至触目惊心。

实施“六权治本”这场权力革命以来，全省上下形成了风清气正和干事创业的良好氛围，绝大多数党员干部心系群众、崇尚实干、敢于担当、清正廉洁。但也毋庸讳言，害群之马依然存在。就扶贫开发领域来说，由于扶贫对象量大面广、资金使用环节多、监管机制不完善，再加上有些地方扶贫信息不公开不对称，扶贫资金常常成为一些干部“蚕食”的对象。扶贫资金是贫困群众的“救命钱”，一分一厘不能乱花，更容不得动手脚、玩猫腻。坚决打赢脱贫攻坚这场硬仗，就必须对扶贫资金实行最严格的监管，在使用上做到一分钱掰成两半花，在执纪上贪占一分也要严肃查处。

坚决打赢脱贫攻坚这场硬仗，必须切实加强监督执纪问责，为脱贫攻坚保驾护航。坚决遏制扶贫领域腐败现象，是全面从严治党、厚植党的执政基础的必然要求，做好扶贫领域监督执纪问责工作，必须把纪律挺在前面，突出重点，精准发力。要加强监督，增强发现问题能力，多渠道收集问题线索。要严格执纪，以“零容忍”的态度快查严处群众反映强烈的扶贫领域腐败问题。要强化问责，把责任一级一级压实。“锄一害而众苗成，刑一恶而万民悦”，凡经查实的问题，不管涉及到什么人，都要坚决追究责任，决不搞下不为例、姑息迁就。

坚决打赢脱贫攻坚这场硬仗，必须全面落实各级党委的主体责任和纪委的监督责任，确保廉洁扶贫。落实好主体责任，核心是各级党组织领导班子成员特别是主要领导干部要当好党风廉政建设和反腐败工作的领导者、执行者、推动者，把党风廉政建设纳人脱贫攻坚总体布局去谋划和部署；落实好监督责任，关键要加强对扶贫开发资金和项目监管，形成省市县乡村上下联动和相关职能部门相互联动的监督机制，把监督覆盖到脱贫攻坚的各个环节和方面。

坚决打赢脱贫攻坚这场硬仗，必须突出抓好“六权治本”，实现阳光扶贫。在扶贫领域开展“六权治本”，就是要标本兼治，织密扎牢制度的笼子，建立起不敢腐、不能腐的长效机制。反腐倡廉的核心是制约和监督权力，各级领导干部要把党的纪律和规矩挺在前面，实施“六权治本”，筑牢纪律和法治“两条防线”，坚持“法无授权不可为、法定职责必须为”，坚决杜绝“不作为”“乱作为”等行为，对庸政懒政怠政慢政等行为严肃处理、坚决问责；同时，建立完善党政监督、社会监督、舆论监督“三位一体”监督体系，实施扶贫资金违规使用责任追究制度，对虚报冒领、截留私分、贪污挪用、挥霍浪费扶贫资金等问题，坚决从严惩处。

打铁须火旺，风正好扬帆。让我们按照省委省政府的战略部署，乘当前“六权治本”向基层延伸的强劲东风，力抓廉洁扶贫、阳光扶贫，建立一支既勇于干事创业，又切实廉洁干净的干部队伍，确保扶贫资金使用更精准、更到位，把每一分钱都用在“刀刃上”，凝聚和带领全省人民在脱贫攻坚的征程中，向着全面小康的彼岸，攻坚克难，破浪前行！

山西日报评论员

以真抓实干　马上就办精神抓好落实

——六论坚决打赢脱贫攻坚这场硬仗

我省脱贫攻坚已进入啃硬骨头、攻坚拔寨的冲刺期。完成好全省脱贫攻坚推进大会省委省政府提出的目标、任务，关键在于抓落实。一分部署，九分落实。我们只有真抓实干，马上就办，把责任牢牢扛在肩上，把任务紧紧抓在手上，把措施条条落到实处，才能一步步把蓝图变成现实，如期实现全面小康目标。

坚持加强党的作风建设抓落实。真抓实干由作风始，要拿出马上就办的干事劲头，把党的优良作风充分体现在脱贫攻坚主战场上。实践证明，热衷搞花架子、做表面文章，不可能求得发展；出现半拉子工程、项目久推不进，多与领导干部作风有关。扶贫攻坚千难万难，最难莫过于调动贫困群众积极性。只是做做样子、喊喊号子，不付出真感情，得不到真信任，带领群众脱贫致富奔小康也就成了空谈。各级干部必须扎根基层，扑下身子，让群众看到勇于奉献的精神，看到真抓实干的作风，看到马上就办的劲头，才能把群众的力量凝聚到一起，把各项扶贫措施落到实处。抓落实首先要在加强党的作风建设上做足文章，做给群众看、带领群众干。

坚持以“精准”为要义抓落实。真抓实干必须以精准为指向，务必做到扶贫对象精准、项目安排精准、资金使用精准、措施到户精准、因村派人精准、脱贫成效精准，切实解决好扶持谁、谁来扶、怎么扶、如何退的问题。脱贫攻坚是一项综合工程，越是任务艰巨繁复，越要讲究科学施策、有的放矢。首先要把帮扶对象摸准，精准识别贫困村、贫困户，摸清致贫原因，帮扶措施到人。项目安排要综合考虑资源优势、产业基础、市场基础、技术支撑等种种因素，找准项目实施与群众受益的结合点，构建起有效的利益联结机制。各类各级资金要加大向贫困地区、贫困人口的倾斜力度，通过整合使用提高资金的使用效应。制定帮扶措施则要从建档立卡户的需求出发，因村施策、因户施策、因人施策，力拔“穷根”。选派包村住村干部，力求做到能力、特长与所帮扶村的需求相对应，把责任心强、能力突出的干部派到贫困村。要把有没有补齐贫困地区短板，有没有把支柱产业做大做强，有没有帮扶贫困群众脱贫致富，作为检验是否真抓实干的标准，最终做到脱贫成效精准。

坚持选好用好领导干部抓落实。选优配强贫困地区领导班子、领导干部，提拔重用特别优秀、业绩突出的党政干部。要在脱贫攻坚主战场上考验干部，识别干部，把能否真抓实干作为评价干部的重要标准。用一贤人则贤人毕进，见贤思齐就蔚然成风。要把政治素质好、工作能力强的干部选派到贫困地区，让他们成为带动群众致富的领头羊和主心骨。尤其是基层党组织，配好一名好书记，就能带出一个真抓实干的好班子，就能找到一条脱贫攻坚的好路子。还要在保障激励和监督管理等方面入手，形成能者上、庸者下的机制，紧紧围绕脱贫攻坚这一中心工作加强党的建设，发挥组织优势，激发广大党员干部干事创业的热情。

坚持以上率下抓落实。不能以上率下的领导不是好领导，领导干部必须有身先士卒的勇气，向我看齐的底气和以上率下的正气。以上率下既是领导干部应有的品质，更是我党的重要工作方法。在脱贫攻坚的征程中，各级领导班子、领导干部只有以身作则，才能产生强大的示范效应，有力推进各项工作落到实处。有道是上行之，下效之。各级领导干部要有看齐意识，层层树立标杆、作出示范，形成强大的引导力量。更要把脱贫攻坚、治穷治山治水与治“为官不为”紧密结合起来，压实作风，凝聚人心，形成上下同心的良好局面。

五年脱贫，一诺千金。净化政治生态、重塑山西形象，需要我们各级领导干部和广大党员起早贪黑、夙夜在公；治理自然生态，建设美丽山西，需要我们各级领导干部和广大党员起早贪黑、夙夜在公；完成脱贫任务、实现全面小康目标，更需要我们各级领导干部和广大党员起早贪黑、夙夜在公。我们唯有以上率下作出表率，真抓实干马上就办，起早贪黑夙夜在公，才能凝聚民心，调动各方面的积极性，形成全社会参与的扶贫大格局，众志成城打赢脱贫攻坚这场硬仗。

山西日报评论员

2016年全省脱贫攻坚工作情况

山西省扶贫办公室

2016年是脱贫攻坚的开局之年。省委省政府坚持把脱贫攻坚作为第一民生，摆在全省工作突出位置，紧紧围绕50万贫困人口脱贫的年度目标任务，扎实推进精准扶贫精准脱贫。特别是6月底以来，突出目标导向问题导向，强化党委领导，落实各方责任，以强有力举措持续发力，脱贫攻坚首战告捷。

——减贫目标任务圆满完成。2016年我省实现57万贫困人口脱贫，1900个贫困村退出。贫困地区农民人均可支配收入6623元，增幅高出全省平均水平2.4个百分点。

——贫困人口识别更加精准。扎实开展建档立卡“回头看”，全省新识别进入72.5万人，出列92.1万人。省级层面开展大数据信息核查比对，出列11.9万人。贫困识别从基本精准做到更加精准。

——因村因户帮扶深入落实。压实单位帮扶责任，调整加强帮扶队伍，36个国定贫困县省市两级派驻第一书记达到60%以上；推进贫困村挂图作战，帮扶政策措施精准落实到村到户，贫困群众对帮扶工作满意度明显提高。

——资金使用管理成效突出。中央财政扶贫资金投入21.62亿元，比上年增幅49%；省级财政扶贫资金投入21.07亿元，比上年增加10.09亿元，增幅92%；统筹整合使用财政资金实现58个贫困县全覆盖。开展解决财政扶贫资金结余结转督导工作，2015年前结余结转资金全部盘活使用，2016年各级安排到县的财政专项扶贫资金结余结转率在4.7%以下。

——“五个一批”工程扎实推进。特色产业扶贫：小杂粮、中药材、干鲜果等七大特色农业带动33万贫困群众增收；光伏扶贫惠及1800个贫困村、5.7万贫困户；旅游扶贫在132个村试点示范，带动2830户就业增收；本土电商乐村淘、农芯乐等覆盖3929个贫困村，带动3.5万贫困人口综合增收。易地扶贫搬迁：安置10万贫困人口、2.5万同步搬迁人口的工程项目进展顺利，80个县、542个集中安置点全部开工，竣工率64%。2017年项目前期工作全面铺开。生态保护扶贫：退耕还林带动7.53万贫困户户均增收3400元；1526个造林扶贫合作社吸纳贫困人口4.2万人；29.7万亩干果经济林提质增效惠及4.39万贫困户；13563名贫困劳动力转为护林员，月收入1000元。精准培训就业：精准培训11.77万贫困劳动力，吕梁护工、天镇保姆培训1.87万人，输出8103人，人均收入3万元以上。社会保障兜底：低保标准低于国家扶贫标准的县从91个减少到11个，民政、教育、健康和残疾人帮扶精准到户的24项政策得到认真落实。

一年来，省委省政府高位推动、持续发力，重点工程布局、专项行动推进、政策机制保障、各方合力攻坚，全省上下形成首战首胜的浓厚氛围。

一、强化领导责任持续发力

省和11市102个县成立党政主要领导担任“双组长”的脱贫攻坚领导小组，层层签订责任书。省委省政府出台脱贫工作成效考核、贫困退出和督查巡查办法。省第十一次党代会进一步强调，贫困县党政领导班子和领导干部主要考核扶贫实绩，用硬干部、硬作风落实硬任务。36名省领导联系贫困县帮扶贫困村贫困户，实现36个国家扶贫开发重点县（片区县）全覆盖。骆惠宁书记带头联系贫困人口最多、脱贫任务最重的临县，楼阳生省长带头联系太行老区左权县。今年省市县乡党委换届后，“双签”脱贫攻坚责任书。省市县乡四级党政一把手既签订“十三五”脱贫攻坚主体责任书，也签订帮扶责任书。58个贫困县县委书记向省委全会述职脱贫攻坚责任制落实情况并组织测评。全省9410个单位和部门主要领导签订了驻村帮扶责任书。坚持问题导向，高位推动突出问题集中整改。省委常委会、政府常务会、领导小组会多次专题研究部署，省委书记、省长集体约谈4市、36县党政一把手。骆惠宁书记深入吕梁、忻州专题调研，就解决突出问题多次听取汇报、作出重要批示。楼阳生省长深入左权、静乐、山阴等县，就易地搬迁、特色农业新技术推广扶贫等实地调研，亲力亲为推动落实。郭迎光副省长主持召开领导小组专题会26次，协调工作推进，盘点落实。全省两次组织四级书记进村入户，一线发现问题、一线解决问题，11名市委书记、99名县委书记、990名乡镇书记深入3301个贫困村，集中解决问题13800 多个。全省11名市委书记、58名县委书记每人调研指导一个造林扶贫合作社，有力推动生态扶贫工作。12月27 日，省委常委会专题学习全国扶贫开发工作会议精神，强调要严格落实脱贫攻坚责任制，深化精准扶贫，夯实基础工作，加强组织领导，硬化推进举措，确保完成脱贫攻坚任务。

二、抓好顶层设计精心部署

省委省政府深入贯彻中央打赢脱贫攻坚战的决定，紧密结合山西实际，制定出台实施意见，以吕梁山、燕山—太行山两大连片特困地区为主战场，统筹行业部门和社会力量，在全省组织实施特色产业扶贫、易地搬迁扶贫、培训就业扶贫、生态补偿脱贫、社会保障兜底、基础设施改善、公共服务提升和社会力量帮扶八大工程20个专项行动；建立完善财政扶贫投入增长、扶贫开发资源整合、金融扶贫精准服务、扶贫开发用地保障、资产收益扶贫和强化资金项目监管六大政策保障机制；构建政府、市场和社会，考核、退出和评估，包村领导、驻村工作队和第一书记，党政监督、社会监督和舆论监督四个“三位一体”的组织保障体系。每项任务都明确了牵头部门，负责制订行动方案，落实年度计划，细化政策措施，抓好推进落实。八大工程20项行动方案、六大政策保障机制实施办法和四个“三位一体”组织保障制度全部出台，付诸实施。编制出台全省“十三五”脱贫攻坚规划、吕梁、太行两大片区规划。

三、落实精准方略始终不渝

省委省政府把落实精准方略作为刚性要求，贯穿识贫、扶贫、脱贫全过程。围绕识真贫，扎实开展建档立卡“回头看”，落实“八不进”、坚持民主评议和“两公示一公告”制度，实行支部书记、村委主任、第一书记和驻村工作队长签字，省级层面开展大数据信息核查比对，对发现的问题线索开展专项核查，全省抽调5.5万名干部，深入1.3万个村、6.7万户，逐条逐户逐人核查比对，核实6.48万条，对涉及的21.8万人,坚持原则，实事求是，分类处理，出列11.9万人、保留6.6万人、脱贫3.3万人。开展扶贫对象动态管理工作，集中推进帮扶项目、帮扶资金、帮扶责任人信息录入和脱贫标注，贫困识别实现基本精准、比较精准、更加精准到动态管理的升级，工作重点实现了精准识别到精准帮扶、精准退出的统筹推进。围绕真扶贫，省委省政府明确要求，以帮扶工作的精准度，提升群众的满意度，以干部帮扶的责任感，提升群众的获得感。全省选派1.16万包村领导，2.8万驻村工作队员，9395名第一书记，组织25.6万名党员干部开展帮扶工作，落实“两包三到”精准帮扶联动机制（单位包村、领导包带，工作队到村、党员干部到户、第一书记到岗），推动帮扶责任人和帮扶对象精准对接。开展村级挂图作战，挂好“五张图”（贫困现状、致贫原因分析、脱贫目标任务、帮扶政策措施和组织保障），记好“三本账”（脱贫计划进展、帮扶措施落实和帮扶工作成效），为贫困户量身定制帮扶政策牌，推动帮扶政策措施和帮扶对象精准对接。在全省开展社会保障政策督导落实专项行动，对教育扶贫、健康扶贫、民政扶贫和残疾人帮扶24项到户到人政策落实情况，开展县内自查、市内交叉检查和省级随机抽查。出台支持贫困户发展特色农业特惠补贴、劳动力职业培训补贴、以工代赈劳务报酬等12个方面的精准到户政策措施，明确牵头部门和帮扶干部责任，推动精准落地。围绕真脱贫，对贫困县、贫困村、贫困户退出标准、退出程序、公告公示、群众认可等做出具体规定和要求。组织开展58个贫困县2016年度贫困退出验收、脱贫成效考核和第三方评估工作。组织30个成员单位，对58个贫困县开展年度脱贫成效考核综合督查。

四、特色产业扶贫多管齐下

落实五大发展理念，挖掘区域比较优势，开展特色产业扶贫。特色农业扶贫，因地制宜发展特色农业产业，杂粮、中药材、干鲜果等七大特色农业带动33万贫困群众增收。特别是针对扶企不扶农、扶富不扶穷、产业不带贫的突出问题，出台《推进特色产业精准扶贫的若干政策》15条，坚持产业项目紧联、扶贫资金紧跟、扶持政策紧随贫困户，着力完善利益联结机制，呈现出岢岚“借羊还羊”、广灵“菌棒托管”、阳曲“借鸡还蛋”等许多新模式。乡村旅游扶贫，在7993个建档立卡贫困村开展旅游资源摸底，确定791个旅游资源村。出台乡村旅游景区标准、客栈标准，在132个村开展试点示范，省级投入1.28亿用于基础设施、文化设施建设，培训1500人，辐射贫困村320个，带动2830个贫困家庭户均增收700元。电商扶贫，省级投资1.8亿，开展电子商务进农村综合示范，11个贫困县进入全国示范县。在贫困地区建成县级运营中心51个。8个贫困县与京东合作、19个与苏宁云商合作开展电商扶贫。我省本土电商乐村淘在全国600个县建成6.5万个村镇电商体验店，覆盖省内40个贫困县、1900个贫困村，全年销售总额突破30亿；农芯乐覆盖51个贫困县、2029个贫困村。企业产业扶贫，出台企业产业扶贫精准对接贫困村贫困户实施意见，重点完善利益联结机制，带动2935个贫困村、50.9万农户，吸纳13.6万贫困劳动力综合增收。

五、超常举措攻坚靶向突破

从省情出发，采取超常举措，重点解决特困区域山庄窝铺多、生态环境弱、产业发展难的问题。易地扶贫搬迁，出台规划、实施方案和指导意见，严守政策红线与标准底线、兼顾贫困户与同步搬迁户利益诉求、统筹采煤沉陷区搬迁与易地扶贫搬迁政策衔接。组建投融资平台，承接资金75.39亿元，创新支持搬迁政策体制和机制。全省围绕搬迁对象精准率、项目开工率、投资完成率、工程竣工率、居民入住率、群众满意率等指标，集体约谈，专项督查，现场推进，领导组坚持一周一通报、半月一排队、每月一督查、年底总考评，工程进展明显加快。截止年底有搬迁任务的80个县、542个集中安置点全部开工，竣工346个，竣工率64%。2017年有任务的85个县从10月份开始全面铺开前期工作。生态保护扶贫，实施退耕还林奖补、造林绿化投工、森林保护就业、经济林增效和林产业增收“五项措施”。退耕还林重点安排到贫困县贫困户，除国家补助外，省级每亩再补助800元；上一轮退耕还林，省级按每年每亩90元的补助延长5年；提前启动2017年120万亩退耕还林任务，按照要求，将国家每亩补助500元和省级配套补助150元兑现到退耕贫困户。采取议标形式，支持贫困人口达到60%的扶贫造林合作社优先承包造林工程。贫困县80%的护林员岗位提供给贫困户，国家林业管护资金全部用于36个国定贫困县新聘用贫困劳动力。每年在贫困县实施干果经济林提质增效100万亩，每亩补助200元。汪洋副总理肯定了我省的做法，批示在全国总结推广。贫困劳动力就业培训，支持各地统筹整合资源，精准对接贫困劳动力和劳务市场需求，创新培训方式，拓展就业渠道，做好跟踪服务，培训11.77万贫困劳动力。吕梁护工、天镇保姆、灵丘阿姨帮、五台泥瓦工等特色劳务品牌市场叫好，首批102名山西护工在北京14家三甲医院就业。资产收益扶贫，率先从光伏扶贫突破，省政府出台光伏扶贫指导意见和资产收益分配指导意见，省级安排资金3.69亿元，支持贫困县建设村级电站783座，地面集中电站10座，积极探索资产收益路子，涌现出“天镇模式”“方山模式”和“临汾模式”等各具特色的电站建设和资产收益分配方式。借鉴光伏扶贫经验，在长治市和隰县等17个贫困县开展特色农业、林业、供销和农机等资产收益扶贫试点工作，依托村集体经济组织加专业合作社、农机合作社、供销合作社和林业合作社，带动贫困户增收。

六、落实社保政策精准聚焦

瞄准最需要的地方、最应该帮助的人、最应该解决的问题，把社会保障政策用足用好用活、落地落实落细。针对因病致贫问题，为180万农村贫困人口建立电子健康档案，认定医保扶贫对象20.96万。新农合资助贫困人口100万人次，8405万元，基本医保、大病保险和重特大疾病医疗救助实现贫困人口全覆盖。贫困人口就医免除普通门诊挂号费，太原、朔州、长治市实现县域内就医“先诊疗后付费”。贫困人口大病保险起付线由10000元降到5000元，报销比例提高2-3个百分点，慢性病补偿提高10%；33种重大疾病纳入救助范围，个人支付费用降至10%，贫困户孕产妇在县域内住院的正常分娩费用全免。针对因学致贫因贫失学问题，贫困户子女学前教育每生每年1000元生活补助，落实义务教育“两免一补”政策，率先对建档立卡家庭经济困难学生免除高中学杂费，对贫困户学生接受高等教育和职业教育资助做到全覆盖，72.89万贫困家庭学生受益。针对农村特困群体，推进农村低保和扶贫开发两项制度政策衔接、标准衔接、对象衔接、管理衔接，80个县提高补助标准，45.96万贫困人口享受低保补助。发放困难残疾人生活补贴5250万元，17.5万人受益。积极探索保险精准扶贫。推出贫困户大病医疗补充保险和意外伤害保险专属特惠产品，大病医疗补充保险缴费18元最高可获20万元赔付，意外伤害保险缴费50元最高可获5万元赔付。在贫困人口最多的临县开展创建保险精准扶贫示范县。43个县采取以县统保、政府补贴、社会捐赠和农户自缴等模式，支持98.7万贫困人口参加医疗补充险、96.7万贫困人口参加意外伤害险。

七、扶贫资金管理重在绩效

发挥财政扶贫资金对脱贫攻坚的支撑保障作用。持续加大财政扶贫投入。2016年中央和省级安排财政扶贫资金426903.89万元，比上年增加172132.78万元，增幅68%。其中：中央资金216190万元（不含中央彩票公益金），比上年增幅49%；省级安排资金210713.89万元（预算安排110713.89万元、农村扶贫公路建设债券资金10亿元），比上年增幅92%。加上省级投入易地扶贫搬迁资金14.76亿元，脱贫攻坚总投入达到358313.89万元，占中央安排我省财政扶贫资金的165.7%。全面开展统筹整合使用财政资金。省政府出台统筹整合使用财政资金实施精准扶贫的意见，在58个贫困县全面启动统筹整合使用财政资金工作，涉及9类83项105亿元资金。通过以县制定整合方案和资金管理办法、加大资金保障力度、健全工作协调机制、示范带动、专项督查等措施，提高了资金使用精准度。截止12月中旬，共整合各类资金17.11亿元。创新资金管理分配使用机制。实行“一因素三挂钩”原则，在采取因素法分配，切块到县的基础上，与盘活滞留资金、扶贫成效奖励和重点工程项目相挂钩。中央彩票公益金项目引入竞争机制确定项目县。出台财政专项扶贫资金绩效考评办法，聘请第三方和专家对102个县（区）2016年财政专项扶贫资金使用管理情况开展绩效量化评价，绩效评价结果纳入地方党委政府扶贫成效考核重要内容。加快盘活结转结余资金。集中开展清理结转结余扶贫资金督导落实行动，倒查资金、倒查项目、倒查管理办法、倒查责任，破除政策障碍，畅通拨付渠道，加快支付进度，到年底，2015年及前财政专项扶贫资金全部盘活使用，2016年各级安排到县的财政专项扶贫资金结余结转率4.7%，102个县账面余额全部在10%以下。出台阳光扶贫廉洁扶贫九条规定。从识贫扶贫脱贫入手，聚焦重大事项和重点环节，建立管进管退、管人管事、管钱管物的制度体系，实行事前事中事后全程监督，责任追究“零容忍”。

八、政策要素支撑综合施措

在金融扶贫上，与农发行、国开行签订协议，“十三五”贷款投放规模分别为350亿和300亿，目前已分别投放75.06亿元和94.16亿元。银行业金融机构特色扶贫贷款余额130.33亿元，比上年增加60.8亿元。出台加强扶贫小额信贷意见，金融机构按乡镇包干，开展贫困户评级授信，探索小额信贷委托经营等模式，58个贫困县发放扶贫小额贷款27.5亿元。在用地保障上，省政府出台贫困县单列扶贫项目建设用地、保障土地增减挂钩、36个国定贫困县和贫困老区增减挂钩节余指标省内流转使用等8项政策，保证脱贫攻坚用地需求，增加土地收益。在人才支持上，从高等院校、科研院所选派44名专业技术人才，到36个国定贫困县挂职副县长2–3年，主抓重点产业，主攻突出难题；优化驻村工作队组成结构，每支工作队逐步做到有一名专业技术人员，推动产业扶贫。为脱贫攻坚任务重的八个市派驻金融服务专员。

九、驻村帮扶工作从严从实

省第十一次党代会明确要求，用硬干部、硬作风落实硬任务。省委省政府出台完善干部驻村帮扶机制9项措施，在全省集中开展驻村帮扶督导落实专项行动、明查暗访和满意度测评等工作。加强统一领导，省市县充实加强干部驻村帮扶工作领导小组，组织部长、政府分管领导任正副组长，组织部门挂帅，统筹驻村工作队和第一书记管理工作。充实帮扶力量，省直机关新增派320名、市级新增派1630名第一书记到任务重的贫困县贫困村任职，省市两级派驻36个国定贫困县的第一书记达到60%以上。加强队伍管理，除“双签”责任书外，省市县派出的驻村工作队和第一书记全部实行属地在编管理，驻县大队长挂任县委副书记，工作队长挂任乡镇副书记，工作队员全脱产。严格执行督查巡查、包村单位通报、领导约谈、工作队员和第一书记召回制度，工作不力的追责问责，全省召回第一书记346名。保障工作条件，省市县三级为驻村工作队、第一书记安排专项经费，明确补助标准，改善驻村条件，开展定期体检，办理人身保险，确保人到、心到、责任到、支持到。

十、社会力量协同合力攻坚

发挥政治优势和制度优势，协同社会力量推进精准扶贫。八大工程20项行动牵头部门，各司其职，协同配合，推动落实。省人大常委会专题审议、专题询问，省政协常委会专题协商、专题调研，中央26家在晋定点帮扶单位高度重视倾力支持，组织开展电商扶贫、就业培训、劳务输出等精准帮扶系列活动效果显著。14位挂职副县长为吕梁山货携手代言，组织贫困地区农特产品走进中直机关。驻晋部队团以上单位结对帮扶贫困村，工商联开展“千企帮千村”，1500多户民营企业结对帮扶1600多个贫困村，累计投资65.7亿元，捐资助困助学4200万元，帮助3万名贫困劳动力就业增收。团省委实施“双心双实”工程，省妇联开展“三晋巾帼脱贫行动”。58个贫困县县医院都有两家以上省市三级医院对口帮扶、专家兼职任职、290名技术骨干长期驻点。88所省级示范高中对口帮扶贫困县67所普通高中，60所职业院校对口帮扶58所贫困县职教中心。太原市城六区和开发区集中帮扶娄烦、阳曲两个贫困县，全年各城区拿出财政收入的1%共计1.33亿元。各机关、企事业单位对口帮扶两个县的15个贫困乡、157个贫困村。吕梁市组织孝义、汾阳、文水等3个县结对帮扶3个最贫困的临县、岚县和石楼县。加大脱贫攻坚宣传报道力度，山西日报、山西电视台等开设“走进贫困县”“决战贫困”专栏专题，开展“精准扶贫基层行”采访报道，以“唤起社会各界帮扶意识，激发贫困群众内生动力”为主题，组织开展全国扶贫日活动，动员社会各界到贫困地区义诊、线上线下助销农产品、评选推荐脱贫攻坚奖等活动，全国人大代表申纪兰、国家人社部挂职干部王剑辉分别获得全国脱贫攻坚奋进奖和贡献奖，形成脱贫攻坚浓厚氛围。

供给侧结构性改革

中共山西省委　山西省人民政府
关于印发《山西省煤炭供给侧结构性改革实施意见》的通知

晋发〔2016〕16号

各市、县委，各市、县人民政府，省委各部委，省直各委、办、厅、局，各人民团体，各高等院校、大型企业：

省委、省政府同意《山西省煤炭供给侧结构性改革实施意见》，现印发给你们，请认真贯彻落实。

中共山西省委
山西省人民政府
2016年4月24日

山西省煤炭供给侧结构性改革实施意见

煤炭产业是我省的支柱产业。当前，煤炭产能严重过剩、价格持续大幅下跌、企业亏损严重、职工收入下降等已成为影响全行业可持续发展、甚至影响全省经济社会发展大局的突出问题。究其原因，主要是供需失衡、管理落后、清洁高效利用不足。解决好煤炭问题，必须坚持远近结合、标本兼治、统筹推进、综合施策。要全面贯彻落实党的十八大和十八届三中、四中、五中全会精神，深入学习贯彻习近平总书记系列重要讲话精神特别是关于能源革命和供给侧结构性改革的重要论述，按照党中央、国务院部署，贯彻落实宏观政策要稳、产业政策要准、微观政策要活、改革政策要实、社会政策要托底的要求，着力去产能、去库存、去杠杆、降成本、补短板，全力推动全省煤炭供给侧结构性改革，实现煤炭产业“六型”转变，促进全省“六大发展”。

一、有效化解过剩产能

（一）严禁违法违规生产建设煤矿。对违法违规生产建设的煤矿按照国家要求依法实施联合惩戒。对于国家发改委发改电〔2016〕167号文件列出的我省未履行核准手续、擅自建设生产的16座煤矿，立即停产停建。在全省开展大检查，对所有未核准的煤矿项目和各类证照不全的生产煤矿坚决依法依规停建停产。坚决打击私挖滥采和超层越界开采等违法违规行为。

牵头单位：省发改委、省煤炭厅、省国土厅

配合单位：省环保厅、省水利厅、省国资委、山西煤监局，各市、县（市、区）政府

（二）严格执行276个工作日和节假日公休制度。全省所有煤矿要严格按照276个工作日规定组织生产，原则上法定节假日和周日不安排生产。对于生产特定煤种、与下游

企业机械化连续供应及有特殊安全要求的煤矿企业，可在276个工作日总量内实行适度弹性工作日制度。

牵头单位：省发改委、省煤炭厅

配合单位：省国资委、山西煤监局，各市、县（市、区）政府

（三）优化存量产能、退出过剩产能。按照依法淘汰关闭一批、重组整合一批、减量置换退出一批、依规核减一批、搁置延缓开采或通过市场机制淘汰一批的要求，实现煤炭过剩产能有序退出。到2020年，全省有序退出煤炭过剩产能1亿吨以上。同时，要坚持生态优先，依法妥善处理现有矿区与已设立或划定的风景名胜区、自然保护区、城镇规划区、泉域水资源保护区和饮用水源地保护区等的关系，确保各类生态系统安全稳定。

牵头单位：省发改委、省煤炭厅

配合单位：省财政厅、省人社厅、省国土厅、省环保厅、省住建厅、省水利厅、省林业厅、省国资委、省工商局、省政府金融办，各市、县（市、区）政府

（四）严格控制煤炭资源配置。“十三五”期间，我省原则上不再新配置煤炭资源。2016年起，暂停出让煤炭矿业权，暂停煤炭探矿权转采矿权。

牵头单位：省国土厅

配合单位：省煤炭厅

（五）从严控制煤矿项目审批。“十三五”期间，我省原则上不再批准新建煤矿项目，不再批准新增产能的技术改造项目和产能核增项目，确保全省煤炭总产能只减不增。

牵头单位：省发改委、省煤炭厅

配合单位：省国土厅、省环保厅、省住建厅、省水利厅、省林业厅

二、加大煤炭企业改革力度

（六）加强党的领导，完善法人治理结构。在省属国有煤炭企业率先贯彻落实省委、省政府《关于加强省属国有企业党的领导完善法人治理结构的实施意见》。积极推进同煤集团、晋能集团等改革试点工作。

牵头单位：省国资委

配合单位：省委组织部、省煤炭厅

（七）开展资本投资（运营）公司试点工作。在省属国有煤炭企业集团开展国有资本投资（运营）公司试点工作。

牵头单位：省国资委

配合单位：省煤炭厅、省工商局

（八）深化企业三项制度改革。建立健全企业员工公开招聘、竞争上岗的市场化用人制度，实现企业员工能进能出；推进职业经理人队伍建设，变身份管理为岗位管理，实现干部能上能下；完善企业内部考核评价机制，严格与绩效挂钩考核，实现职工薪酬能高能低。激励员工通过诚实劳动、创新创业和提高劳动生产率，实现企业增效和个人增收。鼓励支持资源枯竭煤矿发挥人才、技术和管理等优势，实施跨区域、跨行业、跨所有制创业创新发展。

牵头单位：省国资委

配合单位：省人社厅、省煤炭厅、省工商局，各市、县（市、区）政府

（九）分离办社会职能。充分认识企业分离办社会职能的紧迫性和复杂性，“十三五”期间，所有具备条件的企业都要加快推进分离办社会职能工作，暂时不具备条件的也要积极创造条件，依法依规稳妥推进。推动省属国有煤炭企业医疗保险、工伤保险和生育保险实行属地社会管理。将企业医疗机构纳入当地医药卫生体制改革规划。幼儿教育机构要移交当地政府管理。省属国有煤炭企业承担的矿区、职工家属生活区供水、供电、供暖（供气）和物业管理等社会职能，要逐步分离移交当地政府，实行社会化管理。

牵头单位：省人社厅、省国资委

配合单位：省教育厅、省国土厅、省煤炭厅、省住建厅、省卫计委、省工商局，各市、县（市、区）政府

（十）推进厂办大集体改革。通过合资、合作、出售、员工持股等多种方式，将国有煤炭企业厂办大集体改革为面向市场、产权清晰、自负盈亏的法人实体。对不具备重组改制条件或长期停产歇业、资不抵债、不能清偿到期债务的厂办大集体，依法实施关闭或破产。改革中要充分重视、依法保障职工的合法权益。

牵头单位：省国资委

配合单位：省人社厅、省国土厅、省工商局，各市、县（市、区）政府

（十一）强化企业管理。煤炭企业要全面加强管理。省属国有煤炭企业要率先完善机制、提质增效，切实增强综合竞争力。加强企业党的建设，加强党风廉政建设，加强反腐败斗争。加强安全生产管理、成本管理、债权债务管理、法律事务管理，主动防范、有效化解、稳妥处置各类风险。

牵头单位：省国资委

配合单位：省煤炭厅、省财政厅、省司法厅、省安监局、省政府金融办、山西煤监局

三、进一步完善煤炭市场机制

（十二）完善煤炭价格形成机制和价格自律机制。积极探索建立能够正确反映市场供求关系、资源稀缺程度和环境损害成本的煤炭价格形成机制。充分发挥行业协会作用，倡导诚信建设，引导企业自律，建立煤炭价格自律机制。在潞安集团、阳煤集团、晋煤集团开展建立完善价格自律机制试点。建立健全煤炭价格监管机制，规范煤炭市场价格秩序，特别要严厉打击偷税漏税、价格欺诈等非法违法经营行为。

责任单位：省发改委

配合单位：省煤炭厅、省经信委、省财政厅、省地税局、省国税局、中国（太原）煤炭交易中心、省煤炭工业协会

（十三）创新煤炭交易机制。充分发挥煤炭交易平台的信息、物流、金融等服务功能，培育完善全省煤炭现代交易综合服务体系。争取国家煤炭期货交易试点。积极探索建立包括现货交易、期货交易、短期协议、中长期协议等交易新机制。

牵头单位：省煤炭厅

配合单位：省经信委、省国资委、省政府金融办、中国（太原）煤炭交易中心

（十四）探索建立煤炭战略储备体系。根据煤炭特点，深入研究、科学论证、稳步试点，探索建立煤炭资源储备、产能储备和现货储备有机衔接的储备体系。

牵头单位：省发改委

配合单位：省国土厅、省财政厅、省煤炭厅、省政府金融办、中国（太原）煤炭交易中心

四、加强煤炭安全清洁高效生产和消费

（十五）提高安全生产和现代化水平。深刻汲取同煤集团“4·19”和“3·23”事故教训。2016年要对省属五大煤炭集团公司所属重组整合煤矿开展不少于一个月的以安全隐患排查治理为重点的停产停建整顿。深化煤矿安全重点整治，严格落实企业安全生产的主体责任和政府的监管责任，确保改革过程中安全责任体制不削弱、安全责任不悬空。落实煤矿挂牌管理责任制，生产煤矿要全部达到安全质量标准化要求，坚决遏制煤矿重特大事故。

严格限制开采高硫、高灰、低发热量煤炭。鼓励推广充填开采、保水开采、无煤柱开采等新技术。加快现代化矿井建设步伐，实施机械化、自动化改造，减少入井人数，提高劳动生产率，提高综采水平，实现减人增效。

牵头单位：省煤炭厅

配合单位：省安监局、山西煤监局、省国资委、省科技厅，各市、县（市、区）政府

（十六）推进煤炭绿色低碳消费。全力推进晋北、晋中、晋东三个国家级千万千瓦级现代化大型煤电外送基地建设。到2020年全省燃煤发电机组就地转化原煤2亿吨左右。加快华北、华中、华东输电通道建设，加大配电网建设与改造力度。千方百计扩大省内用电需求。稳步推进现代煤化工产业发展。

牵头单位：省发改委、省经信委

配合单位：山西电力公司，各市、县（市、区）政府

（十七）建设新一代综合监管平台。加快山西煤炭综合监管信息平台设计、研发和建设，2016年底前初步投入使用。

牵头单位：省煤炭厅

配合单位：山西煤监局、中国（太原）煤炭交易中心

五、加快煤炭产业科技创新

（十八）实施煤基科技重大专项和重点研发计划。以煤炭的清洁、高效利用为重点，实施一批重大煤基低碳科技创新项目，力争在“十三五”期间有一批自主技术率先突破。围绕煤炭深加工产业链、创新链，构筑我省政产学研合作对接平台，带动和提升我省煤炭产业自主创新能力。

牵头单位：省科技厅

配合单位：省煤炭厅、省财政厅、省教育厅

（十九）加快建设山西科技创新城。引进一批国家级、省级重点实验室和工程技术研究中心等创新平台，引进一批高端研发机构和人才，引进一批优秀企业和标志性项目，将山西科技创新城打造成低碳发展的新高地。

牵头单位：省科技厅

配合单位：省煤炭厅、省财政厅、省教育厅、省人社厅

（二十）设立山西煤炭清洁利用投资基金。重点支持煤电一体化、现代煤化工、煤层气（瓦斯）抽采利用、碳交易及碳减排等项目。

牵头单位：省财政厅

配合单位：省发改委、省科技厅、省煤炭厅、省政府金融办

六、以煤会友扩大对外开放与国际交流合作

（二十一）充分发挥“太原能源低碳发展论坛”平台作用。将原中国（太原）能源产业博览会及其低碳发展高峰论坛，整合为“太原能源低碳发展论坛”，使其成为低碳发展新理念的传播平台、新成果的展示平台和新技术的交易平台。

牵头单位：省科技厅、省商务厅

配合单位：省发改委、省煤炭厅、省教育厅、省政府外侨办、中国（太原）煤炭交易中心

（二十二）深化与世界各产煤国家的交流合作。积极稳妥扩大与全球主要产煤国家、“一带一路”国家及金砖国家产煤省（州）的友好交往，建立友城关系。

牵头单位：省政府外侨办

配合单位：省发改委、省经信委、省煤炭厅、省商务厅

（二十三）推进煤焦国际产能合作。在重点区域展开煤焦国际产能合作。通过推动建设一批具有较强辐射带动作用的重大合作项目，带动装备、技术和服务出口，逐步实现产品输出向产业输出转型。

牵头单位：省商务厅

配合单位：省发改委、省经信委、省煤炭厅、省政府外侨办

七、千方百计做好职工分流安置、转岗培训等民生工作

（二十四）全力做好就业安置工作。把职工安置作为化解过剩产能工作的重中之重，坚持企业主体作用与社会保障相结合，细化措施方案，落实保障政策，切实维护职工

合法权益。充分尊重职工、全力依靠职工推进改革，安置计划不完善、资金保障不到位以及未经职工代表大会或全体职工讨论通过的职工安置方案，不得实施。

千方百计稳定岗位、稳定就业。积极支持企业通过转型转产、多种经营、主辅分离、辅业改制等方式，多渠道分流并妥善安置富余人员。鼓励企业利用现有场地和资源培育创业孵化基地、创业园区等扩大就业的新载体。

加强独立工矿区就业困难人员就业援助。对符合就业困难条件的人员要全部建档立卡，及时提供“一对一”就业援助服务。

牵头单位：省人社厅

配合单位：省财政厅、省煤炭厅、省国资委，各市、县（市、区）政府

（二十五）实施带薪转岗教育培训。企业要对分流安置人员实施带薪培训。在此基础上选拔一批优秀年轻矿工实施带薪转岗教育，完成培养计划、经考试考核合格后返回原企业工作，在企业转产转型和创业创新中发挥好带头人作用。

牵头单位：省教育厅、省国资委

配合单位：省人社厅、省财政厅、省煤炭厅，各市、县（市、区）政府

（二十六）符合条件人员可实行内部退养。对距法定退休年龄不足5年、再就业有困难的职工，在职工自愿选择、企业同意并签订协议后，可实行内部退养，由企业为其发放生活费并缴纳基本养老保险费和基本医疗保险费，达到退休年龄时正式办理退休手续。

牵头单位：省人社厅

配合单位：省财政厅、省煤炭厅、省国资委，各市、县（市、区）政府

（二十七）加大采煤沉陷区治理力度。按照综合规划、全面推进、加快建设的原则，以解决采煤沉陷区人居环境突出问题为重点，全面实施搬迁安置、生态修复、土地复垦等综合治理，恢复和改善采煤沉陷区生态环境。重点改善采煤沉陷区群众的生产生活条件，鼓励创新创业，建设新型现代化小城镇或新社区。

牵头单位：省发改委、省农业厅、省住建厅

配合单位：省国土厅、省煤炭厅、省环保厅、省林业厅、省人社厅、省民政厅，各市、县（市、区）政府

八、进一步优化政策环境

（二十八）抓好现有政策的落实到位。对于近年来国家和我省在深化企业改革、促进煤炭行业平稳运行、减轻企业负担、推进产业结构调整等方面出台的一系列政策措施，都要确保全面落实，充分发挥政策效应。同时要加大督查力度，严肃追责问责。

牵头单位：省煤炭厅

配合单位：省政府办公厅督查室、省直各相关部门

（二十九）进一步制定出台新的政策。积极争取国家加大对我省煤炭产能置换、清洁高效发展、企业职工分流安置等方面的政策、资金、项目支持力度，加快制定我省与国家政策配套的实施意见。抓紧出台《山西省安全生产条例（修订）》，制定煤炭资源矿业权转让特别收益金征收使用办法，建立矿山生态环境恢复治理责任机制等，研究制定降低社会保险费率的办法，研究继续缓缴2016年度社会保险费、采矿权价款，免缴2016年度省属煤炭企业国有资本收益金，继续暂停提取煤炭开采企业矿山环境恢复治理保证金和煤矿转产发展资金等政策措施。创新完善政银企合作办法，帮助企业解决资源价款补缴、债权债务处置等困难和问题。

牵头单位：省发改委、省煤炭厅

配合单位：省财政厅、省国土厅、省人社厅、省国资委、省政府法制办、省安监局

（三十）加大金融支持力度。积极引导金融机构坚持区别对待、有扶有控的原则，对技术设备先进、产品有竞争力、有市场、有效益的优质煤炭企业继续给予信贷支持。积极争取各金融机构总部的支持，切实发挥地方金融机构作用，依法稳妥推进债务处置，力争做到应核尽核。对主动退出产能的煤炭企业优先给予支持。

鼓励金融机构通过债转股、并购贷款、定制股权产品等方式，帮助煤炭企业重组债务，优化资产负债结构，降低杠杆率。支持优质煤炭企业上市融资、再融资和利用发行企业债券、公司债券等债务融资工具，通过并购债、永续债、债贷联动以及债贷基组合等新型融资产品筹集资金。

牵头单位：省政府金融办

配合单位：省国资委，各金融企业

一分部署，九分落实。省政府成立推进煤炭供给侧结构性改革工作领导小组。各牵头单位要积极会同各配合单位加快制定实施细则推进落实。各市、县（市、区）政府及各企业要按照中央和省的部署，认真贯彻执行。把握好改革的力度和节奏，把工作做深、做细、做实，全力维护职工队伍稳定和社会大局稳定。

加强舆论引导工作。新闻宣传部门认真组织各类媒体搞好政策解读，加强舆情监控，积极回应和正确引导社会关切。各级政府和各相关部门要重视对新媒体、自媒体和公众信息平台的引导，营造良好舆论氛围，汇聚改革正能量，确保改革积极稳妥顺利进行。

坚决打赢这场攻坚战

——一论山西煤炭供给侧结构性改革

近70年来，煤的问题一直是山西最大的省情，煤炭产业牵一发而动全身。

新常态下，山西的供给侧结构性改革主要是煤炭的供给侧结构性改革。4月24日，省委、省政府为此印发《山西省煤炭供给侧结构性改革实施意见》（晋发〔2016〕16号，以下简称《意见》）。这是山西煤炭史上的一件大事，更是山西发展史上一次影响深远的重大决策。

重大之策，须知来龙去脉。今年以来，省委、省政府认真贯彻落实党中央、国务院的一系列决策部署，将深化煤炭产业供给侧结构性改革作为2016年工作的重中之重。省委书记王儒林、省长李小鹏高度重视、亲力亲为。省政府集中精力组织起草了《山西省煤炭供给侧结构性改革实施意见》。

推进煤炭供给侧结构性改革，既是全面贯彻落实党的十八大和十八届三中、四中、五中全会精神，贯彻落实习近平总书记系列重要讲话精神和李克强总理视察山西重要指示精神的实际行动，又是落实国家“三去一降一补”重点任务、支持全国宏观调控政策、保障国家能源安全的具体举措，同时也是我省煤炭产业扭亏脱困、转型发展的现实需要。这对于实现煤炭“六型转变”，促进全省“六大发展”，建成小康社会意义十分重大。

《意见》出台，是贯彻中央要求、抓住政策机遇的需要，机不可失、时不再来。习近平总书记提出能源革命的战略思想和推进供给侧结构性改革的重要论述，就是要推动能源消费、供给、科技、管理革命以及加强对外合作。中央经济工作会议提出了“宏观政策要稳、产业政策要准、微观政策要活、改革政策要实、社会政策要托底”的要求，明确要求着力“去产能、去库存、去杠杆、降成本、补短板”。今年1月4日，李克强总理在山西调研时强调，当前煤炭行业处于历史上少有的困难时期，煤矿企业从业人员多、历史包袱重，要根据市场需要，主动压产减量，严控新增产能，通过创新拓展发展空间，促进富余职工转岗就业，政府也要多措并举创造环境，规范煤炭市场、降低企业成本，共同努力让煤炭行业闯过严冬、打开新局。2月5日，国务院出台了《关于煤炭行业化解过剩产能实现脱困发展的意见》，安排部署了化解煤炭过剩产能的一系列政策措施。我们必须抓住这一重要的政策“窗口期”，认真贯彻落实中央的决策部署，取得实质改革成果。

《意见》出台，是应对严峻局面、实现行业脱困的需要，形势所迫、不得不为。山西是全国的煤炭大省，煤炭是山西的支柱产业。目前煤炭行业已进入需求增速放缓期、过剩产能与库存消化期、环境制约强化期、结构调整攻坚期“四期并存”的发展阶段。过去需求旺、效益好，“一俊遮百丑”。现在价格大幅下跌，矛盾问题“水落石出”，煤炭产业正陷入严重困境，行业亏损面达到90%以上，安全生产投入严重不足、隐患加大，煤炭工业的负增长对全省经济发展和社会稳定造成了很大压力。概括来讲，从行业层面看，“两降一升”，即产销量下降、价格下降、库存上升；从企业层面看，“两升一降”，即应收账款上升、负债率上升、效益严重下降。从企业职工民生的层面看，“两欠一升”，即拖欠工资、欠缴保险、不稳定因素上升。究其原因，供需矛盾突出是基础，政府、行业、企业管理落后是关键，清洁高效利用问题没有真正解决是根本，同时国际大宗商品价格持续走低也对煤炭行业陷入困境产生了重大影响。在这种背景下，通过加快推动煤炭供给侧结构性改革实现脱困发展意义重大、尤为迫切。

《意见》出台，是立足我省实际、推进“煤炭革命”的需要，势在必行、行必有果。省委、省政府提出了要全面推动煤炭产业向“六型”转变、走“革命兴煤”之路，举全省之力做好煤炭这篇大文章。2014年以来，全省陆续推出“煤炭20条”“煤炭17条”、煤炭行业清费立税改革、煤焦公路运销体制改革、“企业减负60条”、煤炭行政审批制度改革、煤炭资源市场化配置改革等一系列政策措施，特别是去年《关于深化煤炭管理体制改革的意见》的出台实施，全面拉开了“革命兴煤”的大幕。

作为一项复杂的系统工程，我省煤炭各项改革必须前后呼应、持续加力、步步为营、环环紧扣、整体运筹、综合施策、形成合力、一抓到底。山西要切实增强推进煤炭供给侧结构性改革的紧迫感和责任感，统一思想、上下同心，抢抓机遇、乘势而上，积极稳妥、持续发力，坚决打赢煤炭供给侧结构性改革攻坚战。

这就需要我们用辩证唯物主义的观点看问题：煤价下跌并非单是坏事，市场倒逼确可闯出新路；企业人多不是包袱，职工就是宝贵财富；产能过剩是当前最大的问题，是结构性改革的主要矛盾和矛盾的主要方面，去产能、减产量虽然是治标之策，却能为治本争取时间和空间。因此，我们要坚决去产能、减产量，同时要坚决拓市场、强管理、降成本、保安全、保稳定。

综合观察，此次煤炭供给侧结构性改革，三大特点尤为突出。其一，山西坚决贯彻以习近平为总书记的党中央的决策部署，煤炭去产能，不含糊、不打折，山西带头干、顾全大局地干、不怕自我牺牲地干，山西旗帜鲜明、态度坚决，向党中央做出重大承诺，去产能1亿吨以上；其二，煤炭去产能，是痛苦的过程，更是孕育希望的过程，将给山西换来重大的生机、活力和动力，也必将实现从落后到先进、从劣势到优势、从政府主导到市场主导的转变，化蝶重生；其三，煤炭全行业参与推动，标本兼治、综合施策。山西所有的煤炭企业都将参与改革转型，所有的煤矿工人都可能承受改革带来的压力和活力。

如上所述，山西化解煤炭过剩产能，是市场经济条件下的一次产能革命，需要摒弃传统的产业思维，更要从思想上进行一次观念的刷新。既要用法律手段又要用市场手段；既要严格执行国家政策又要主动作为。当前和今后一个时期，山西将积极稳妥地践行煤炭供给侧结构性改革，扎实有效地完成去产能的任务。

惟其艰难，才更显勇毅；惟其笃行，才弥足珍贵。当我们解决好了煤炭的供给侧问题，就是“革命兴煤、煤炭革命”的收效之日；当我们做好了煤炭这篇大文章，就是山西形象彻底改变之时。

山西日报评论员

化解过剩产能是根本

——二论山西煤炭供给侧结构性改革

煤炭，是山西经济社会发展的一个“风向标”。

在供给侧结构性改革五大任务中，去产能首当其冲，对山西而言，煤炭去产能无疑是第一位的。随着省委、省政府《山西省煤炭供给侧结构性改革实施意见》的出台，在大自然的春天里，山西煤炭迈出了行业脱困升级的艰难步伐。

创新呼唤改革，改革迸发活力。抓住化解过剩产能这个根本，是山西煤炭供给侧结构性改革的“当头炮”。只有积极稳妥地化解过剩产能，加快市场出清，才能将宝贵的资源要素从产能过剩的、增长空间有限的产业和“僵尸企业”中释放出来，提高有效供给，创造新的生产力。

国家去产能大盘敲定，煤炭大省山西主动加压。由于煤炭产业产能的快速扩张，到2015年末，全国煤矿总规模达到了57亿吨，市场需求不足，产能严重过剩。今年2月国务院印发的《关于煤炭行业化解过剩产能实现脱困发展的意见》提出，从2016年开始，用3年至5年的时间，煤炭行业再退出产能5亿吨左右、减量重组5亿吨左右。自己的孩子舍不得打，这是实情，但在国策面前，自己的孩子必须自己抱。面对大局，我省制定的目标是，到2020年，有序退出煤炭过剩产能1亿吨以上。

如何完成这个目标？依托一套“组合拳”。这套“组合拳”坚持严控增量、压缩存量、主动减量的原则，主要体现在产能结构的调整和产量结构的调整上。各级政府一定要有这个担当。

一是煤炭产能结构的调整。按照依法淘汰关闭一批、重组整合一批、减量置换退出一批、依规核减一批、搁置延缓开采或通过市场机制淘汰一批的要求，实现煤炭过剩产能的有序退出。在这个过程中，做到保护先进产能，淘汰落后产能；保护合法产能、打击非法违法产能；保护优质煤，限采劣质煤；保护生态环境，力推低碳发展。比如，按照环保、能耗、质量、安全、技术的尺子来裁量，对于长期停建缓建、未开工、资源枯竭、开采高硫高灰煤、灾害严重、安全开采条件差、扭亏无望的煤矿，按照国家政策依法淘汰关闭。比如，加大对优势产能、优势企业的政策支持，促进煤炭行业内部以及煤炭与上下游相关行业重组整合，减少矿井和主体数量，提高行业集中度。这样，我省不仅有力地配合了全国化解煤炭过剩产能的大局，而且在化解中进一步优化了存量产能结构，为煤炭产业升级转型布好了“局”、做好了“眼”。

二是煤炭产量结构的调整。按照国务院的要求，严格执行276个工作日和节假日公休制度。我省已按照全年作业时间不超过276个工作日的规定，对562座生产煤矿的生产能力进行了重新核定，实行减量化生产，杜绝超能力生产。与此同时，从源头抓起，对所有未核准的煤矿项目和各类证照不全的生产煤矿坚决依法依规停建停产，对私挖滥采和超层越界开采等违法违规行为坚决打击。多管齐下，煤炭产量调控的效果将会很快显现。

我省还明确了严控增量的鲜明态度，“十三五”期间，原则上不再新配置煤炭资源，不再新审批煤矿项目，从而确保全省煤炭总产能只减不增。

这一套化解过剩产能的“组合拳”，将对全国煤炭市场的供求关系产生较大影响，既顾全大局、主动承担责任，又为山西煤炭行业依法合规生产、安全高效生产和可持续发展奠定了良好基础。

沉舟侧畔千帆过，病树前头万木春。化解过剩产能，是一场硬仗，也是一场持久战。面对困局，我们别无选择、居危求变。好在作为去产能的主体，我们的企业也在逐渐明朗自己的“时间表”“路线图”“任务书”，这将形成去产能的巨大合力。比如，大同煤矿集团“十三五”期间拟关闭退出12座矿井，化解产能1255万吨，今年的目标是关闭退出5座矿井，化解产能660万吨。或者说，我们有些产能是过剩产能，但不是落后产能，对全国、全省的大局而言，舍是必须的，舍是为了得。煤炭企业必须要有这个境界。

山西日报评论员

抓住企业改革这个关键

——三论山西煤炭供给侧结构性改革

改革以求变、创新以图强，殊途同归，其致一也。

在我省“革命兴煤”、向深化煤炭供给侧结构性改革大步进发之际，抓住企业改革这个关键，进一步推动科技创新、全面创新尤为重要。

以时间为轴，山西正处于前所未有的经济困顿之时；以空间为轴，我省正承受煤炭发展的最大压力。推进“六型”转变、深化煤炭供给侧结构性改革，对全省煤炭产业而言绝不是“拉一把”“托一下”的权宜之计，而是彻底改变“资源负累”、重启“资源富源”的关键举措，更是关系全省未来发展走向的决定性战略部署。只有如此，才能助推煤炭行业闯过寒冬、打开新局。

改革是良方，有大有小；创新是力量，有轻有重。

就我省煤炭企业本身而言，要在市场的决定性作用和政府的引导性作用之下，依靠自身的主动性实现全行业扭亏脱困，必须将改革深化下去，必须将创新全面铺开。

一方面要改革。通过改革加强党的领导、完善公司法人治理结构，是贯彻落实党中央、国务院指示精神的重大举措，是全面推进依法治企、实现国有企业现代化的内在要求，是深化国有企业改革和完善国有资产管理体制的重要内容。要加强煤炭企业改革力度，优化企业组织结构，深化企业三项制度改革，实现“企业员工能进能出”“干部能上能下”“薪酬能高能低”，以有效增强企业活力，提高企业综合竞争力。

去年，我省臻选同煤集团、晋能集团作为深化国企改革试点，由此明确了国有煤炭企业改革坐标并加速进行。今年，省属国有煤炭企业率先贯彻落实省委、省政府《关于加强省属国有企业党的领导完善法人治理结构的实施办法》，就是以最困难的企业为突破口，在企业内部推动一场“牵一发而动全身”的结构性变革，实现党的领导与公司治理结构的有机统一，使我省众多煤炭航母能以更适宜的身份参与市场竞争，增强可持续发展动力。

另一方面要创新。最核心的是科技创新、全面创新。资源不是山西的原罪，煤炭资源的原料惯性输出、科技创新不够才是问题的根本。当下，煤价不如沙、吨煤利润微乎其微的现状正是我省煤炭的残酷写照。由此可见，“科技兴煤”在我省远未实现，亟需用科技力量把煤炭链条延长起来，最大限度提高煤炭的附加值。

改变既往的经济惯性岂能奢望一朝一夕？创新从何着手、如何发力、效果几何？煤炭安全生产、低碳发展、体制机制创新、煤炭副产品开发、人才队伍建设……这些方面无不迫切，无不重要。

目前，我省已经充分认识到科技创新的重要性，更认识到煤炭行业全面创新的紧迫性。2014年，我省出台国家创新驱动发展战略山西行动计划（2014–2020年）和《山西省低碳创新行动计划》等一系列政策措施，提出由“煤老大”向“煤科老大”的转变，力争到2020年创新型山西建设取得显著成效，低碳创新发展成为主导模式，煤基产业自主创新能力大幅提高，重点领域核心关键技术取得突破，形成创新驱动发展新格局。2015年，我省再次提出，全省煤炭行业通过全方位创新着力破解制约煤炭改革发展的难题，推动全省煤炭产业“六型”转变，把我省建设成为全国性的煤炭行业科技创新大省。

唯改革者进，唯创新者强，唯改革创新者胜。刚刚出台的《山西省煤炭供给侧结构性改革实施意见》将改革和创新有机结合起来，为下一阶段工作指明了方向，绘出了路线图。只要我们坚持改革，全面创新，充分发挥“改革破难题，创新促发展”的集成效应，就能打赢这场煤炭供给侧结构性改革攻坚战，促使山西煤炭产业破茧成蝶。

山西日报评论员

抓住安全生产这个红线

——四论山西煤炭供给侧结构性改革

发展是第一要务，安全是第一责任。

安全生产，事关人民群众生命财产，事关改革发展稳定大局。重视安全生产，怎样强调都不为过；抓好安全生产，任何时候都不能疏忽。当前，山西煤炭供给侧结构性改革的大幕已经拉开，我省提出，要在推进改革的同时毫不放松抓好安全生产，安全生产是一条不可逾越的红线。因为，没有安全，任何发展都无从谈起。

山西之长在于煤，煤炭生产的特殊性决定了安全生产的重要性，安全生产的重要性决定了我们抓好安全生产的态度和决心。我省是煤炭生产大省，每天都有40万左右煤矿职工在井下生产。可以设想一下，这是一个何等壮观和震撼的场面，拥有一个良好的安全环境显得多么的重要。因此说，安全是我省发展的最大前提，也是头号民生问题。没有煤矿安全生产，就不能保证职工群众生命和国家财产安全，就难以实现"革命兴煤"和煤炭产业"六型"转变；没有煤矿安全生产，就难以做好煤炭这篇大文章、实现"六大发展"和富民强省目标。

党的十八大以来，新一届中央领导集体抓安全生产的力度空前，相继提出了"红线"意识、法治意识、"一岗双责"等。省委、省政府将安全生产工作提高到了前所未有的高度，从省政府1号文件全文贯穿"安全第一"，到加强安全生产工作领导，从积极推进长效机制构建，到强化政府监管责任和落实企业主体责任，"三个绝不过高估计""三个敬畏""四不两直"动态检查、"百日安全生产活动"全覆盖等理念、做法已深入基层、全面铺开。

这是一个了不起的变化。我省煤矿安全生产形势的明显好转，极大地鼓舞了广大干部职工做好安全生产工作的信心，为山西转型发展创造了良好的安全环境。

就当前山西煤炭供给侧结构性改革而言，省委书记王儒林明确提出，要抓住安全生产这个红线，深刻汲取事故教训，切实做到安全生产警钟长鸣，常抓不懈。

安全是红线，安全是底线。安全生产再一次被赋予应有之义。

抓住红线，守住底线，要求我们必须坚决贯彻落实习近平总书记的重要指示，"发展决不能以牺牲人的生命为代价，这必须作为一条不可逾越的红线"，始终把煤矿安全生产放在首位，常抓不懈。正确认识安全为了发展、发展必须安全的辩证关系，大力实施安全发展战略，把安全生产与转方式、调结构、促发展紧密结合起来，全力实现煤炭产业"六型"转变，全面落实省委、省政府提出的各项要求，从根本上提高安全发展水平。

抓住红线，守住底线，要求我们必须严格落实企业安全生产的主体责任和政府的监管责任，确保改革过程中安全责任体制不削弱、安全责任不悬空。要在落实政府监管责任上更严更实，坚持把政府的监管责任放在首位，落实"党政同责、一岗双责、失职追责"的要求，做到管行业必须管安全、管业务必须管安全、管生产经营必须管安全。要在落实企业主体责任上更严更实，严格落实各企业的法定责任，大企业、大集团要高标准、严要求，做保障安全生产的标杆和表率。要在安全监管上更严更实，深入排查治理隐患，严厉打非治违，严明检查纪律，严格监管执法，加强对停产半停产企业特别是停建缓建煤矿的监管。

抓住红线，守住底线，要求我们在夯实基层基础上更严更实。推进安全标准化建设，创新安全生产技术，强化应急救援管理，加强职工培训和职业健康工作，提高依法治安能力和基层监管水平。严格执行安全生产目标责任和重大事故"一票否决制"，严格追究事故责任单位和责任人员的责任，推动各项举措落到实处、收到实效。

综上，增强安全发展理念，牢固树立安全生产红线意识，持之以恒地健全安全长效机制，持之以恒地强化安全责任落实，才能从根本上夯实煤矿安全生产基础，构筑经济发展安全屏障。也唯有如此，才能确保全省经济社会安全稳定，推进实现"六大发展"，实现富民强省。

山西日报评论员

抓住安置职工这个难点

——五论山西煤炭供给侧结构性改革

随着《山西省煤炭供给侧结构性改革实施意见》出台，标志着事关全省、甚至全国能源走势的煤炭供给侧结构性改革在我省正式进入了实施阶段。

煤炭供给侧结构性改革的实质是淘汰落后产能、化解过剩产能、整合优质产能，这必然牵涉到众多煤炭从业人员的转岗分流和再就业。安置和分流职工等民生保障工作无疑成了煤炭供给侧结构性改革首先要面对和必须下力气解决好的一个大问题。

众所周知，山西是煤炭大省，煤炭是山西的支柱产业，而煤炭又是典型的劳动密集型产业。山西煤炭行业从业人员将近百万，仅省属五大煤炭集团的职工人数就多达70万余众。他们是一支特别能战斗的铁军，是山西支柱产业的“支柱”，保障了国家的能源供应，创造了“黄金十年”山西经济的辉煌。

煤炭去产能，人的问题成为最大难点。因为职工安置不纯粹是经济问题，还是个社会问题，关系到千千万万职工的生计和家庭的命运，关系到煤炭去产能目标和改革任务能否顺利完成，更关系到新常态下山西经济社会稳定的大局。

志不求易，事不避难。问题是工作的导向和着力点，我们只有认准问题，勇敢地面对困难，才能想方设法解决好问题和困难。

省委、省政府胸怀全局，直面难题，要求把职工安置作为化解过剩产能工作的重中之重，坚持企业主体作用与社会保障相结合，细化措施方案，落实保障政策，千方百计做好职工安置工作。

做好职工安置工作，必须以人为本，尊重职工、依靠职工，调动广大煤炭职工的积极性。我省明确要求，对于调研不细致、安置计划不完善、资金保障不到位，以及未经职工代表大会或全体职工讨论通过的职工安置方案，不得实施。必须依法保障、充分保护好职工的合法权益。

做好职工安置工作，必须发挥企业党组织和党员的模范带头作用。要把中央和省委、省政府化解过剩产能的决策部署向职工讲深讲透，认真分析职工的具体情况，有针对性地提出职工分流、安置意见或建议。广大党员在改革中要敢于为企业分忧，发挥模范带头作用。一个支部一个堡垒，一名党员一面旗帜。党员的一言一行就是指挥棒，就是方向标，职工和群众会看在眼里，记在心上，并体现在行动中。

做好职工安置工作，必须充分发挥企业的主体作用。企业是过剩产能的载体，去产能之战能否打好，关键在于企业。企业要稳定岗位、稳定就业。通过转型转产、多种经营、主辅分离、辅业改制等方式，多渠道分流并妥善安置去产能带来的富余人员。内部退养是安置职工的途径之一，但是，企业务必根据自身实际制定具体措施，保证公平公正、阳光操作，把国家的政策落实好。

做好职工安置工作，必须加强和实施分流安置前的带薪培训。选拔一批优秀年轻矿工实施带薪转岗教育，完成培养计划、经考试考核合格后返回原企业工作，在企业转产转型和创新创业中发挥好带头人作用。要加强工矿区就业困难人员就业援助。对符合就业困难条件的人员要全部建档立卡，及时提供“一对一”就业援助服务。

做好职工安置工作，必须千方百计改善矿区职工生产生活条件，加大采煤沉陷区治理。按照综合规划、全面推进、加快建设的原则，以解决采煤沉陷区人居环境突出问题为重点，全面实施搬迁安置、生态修复、土地复垦等综合治理，恢复和改善采煤沉陷区生态环境。重点改善采煤沉陷区群众的生产生活条件，鼓励创新创业，建设新型现代化小城镇或新社区。

为有牺牲多壮志，敢教日月换新天。

新常态下，山西面临煤炭化解过剩产能的阵痛和严峻考验，只要我们确立新思维，辩证看问题，遵循“企业人多不是包袱，职工就是宝贵财富”的理念做好职工安置工作，煤炭职工一定能够理解、支持和配合，并以实际行动融入到这次轰轰烈烈的煤炭供给侧结构性改革洪流中，继续为山西煤炭事业和经济社会发展做出新的贡献。

山西日报评论员

党风廉政建设和反腐败斗争

（一）党风党纪文件

中共山西省纪委办公厅
关于强化监督责任　确保廉洁文明过节的通知

晋纪办发〔2016〕1号

省纪委各派驻纪检组：

根据中央和省委有关通知精神，省纪委印发了《关于加强2016年元旦春节期间监督执纪问责工作确保廉洁文明过节的通知》（晋纪发〔2015〕8号），对加强节日期间监督执纪问责工作作出安排部署，近期还将组织专项检查组开展明查暗访。根据省纪委领导指示精神，现就省纪委派驻纪检组强化监督责任、确保廉洁文明过节有关工作进一步提出如下要求：

一是认识要高。各派驻纪检组要切实高度重视，把元旦、春节期间狠刹"四风"、严肃查处违反中央八项规定精神问题，作为抓住节点、正风肃纪的一项重大任务，作为落实十八届中央纪委六次全会和省纪委十届六次全会精神、深化作风建设的具体举措，作为全覆盖后各派驻机构全面履行监督责任、开展监督执纪问责的一个重要切入口，认真研究部署，积极采取措施，狠抓工作落实，以踏石留印、抓铁有痕的精神把作风建设抓到底、抓到位。

二是措施要实。各派驻纪检组要把驻在部门和综合监督单位落实中央八项规定精神、狠刹"四风"工作紧紧抓在手上，立即行动起来，马上开展工作，以"严细深实"的态度，坚持把工作落在实处，不能以文件落实文件，更不能以文件和会议代替监督检查。要坚持把纪律和规矩挺在前面，紧盯节日期间易发多发突出问题，通过各种形式向党员干部发信号、打招呼、提要求；采取专项检查、随机抽查、个别谈话、明查暗访等具体的措施，集中开展监督检查，积极实践监督执纪"四种形态"，做到小错提醒、动辄则咎。特别是对于中央和省委明令禁止的公款吃喝、公款旅游、公车私用、公款购买赠送年货节礼及违规参加老乡会、校友会、战友会等方面问题，必须扭住不放、一寸不让，以零容忍的态度，发现一起查处一起，不断释放越往后越严的强烈信号。

三是督促要严。要积极督促驻在部门党组（党委）自觉履行全面从严治党的主体责任，真正把落实中央八项规定精神和狠刹"四风"作为全面从严治党的重要内容。要督促党委（党组）主要负责人亲自过问、部署和检查节日期间纠正"四风"和严守中央八项规定精神工作，切实做到守土有责、守土尽责。

四是责任要明。强化问责追究，节日期间各派驻纪检组驻在部门和综合监督单位及其下属单位发生"四风"问题和违反中央八项规定精神等违规违纪问题的，要严肃追究党组（党委）的主体责任和派驻纪检组的监督责任。对落实中央八项规定精神、狠刹"四风"不力，或者失职渎职，对严重违规违纪问题压制不查、隐瞒不报、袒护包庇甚至当"说客"的，也要严肃追究。

中共山西省纪委办公厅

2016年1月28日

中共山西省纪委办公厅
关于全省纪检监察系统开展好“冬季行动”的通知

晋纪办发〔2016〕2号

各市、县（市、区）纪委，省直纪工委、省高校纪工委、省国资委纪委、省国防工业纪委，省纪委各派驻纪检组，省直各部门内设纪检组（纪委），省直属事业单位纪检组：

全面深入开展“冬季行动”，是省委、省政府狠抓落实的重大举措。省纪委常委会要求，全省各级纪检监察机关不仅要在各级各部门的“冬季行动”中认真履行监督执纪问责职责，同时也要抓好机关自身“冬季行动”各项任务的落实。按照委领导要求，现将开展好系统“冬季行动”的有关要求通知如下。

一、认真研究部署全年工作。全省各级纪检监察机关要认真学习贯彻习近平总书记在十八届中央纪委六次全会上的重要讲话精神、十八届中央纪委六次全会精神和省委十届七次全会、省纪委十届六次全会精神，紧密结合实际提出贯彻落实意见，对推进2016年党风廉政建设和反腐败工作作出具体部署。特别要把“冬季行动”的要求融入学习贯彻中央纪委六次全会和省纪委十届六次全会精神的各项工作中，保持过去一年来纪检监察干部队伍起早贪黑、苦干实干的干劲韧劲，继续用好以上率下、压实责任的基本方法，踩着不变的步伐，认真履职尽责，狠抓任务落实。

二、及时报送监督监察情况。全省各级纪检监察机关要按照省委、省政府《“冬季行动”工作方案》的要求，聚焦主责主业，强化执纪监督，对在“冬季行动”中的负面典型进行严肃问责和查处，并点名道姓通报曝光。省纪委党风政风监督室要了解掌握各市纪委承担本市“冬季行动”监督监察工作的有关情况，对全省纪检监察系统开展“冬季行动”监督监察、问责曝光的有关情况进行定期汇总。

三、开展“冬季行动”督办。各市纪委要按照省、市两级党委、政府“冬季行动”安排部署的具体要求，结合工作实际，列出“冬季行动”实事，细化具体任务，明确时间表、责任人，制定出具体翔实的机关“冬季行动”工作方案。省纪委办公厅督查处将对照工作方案和任务进度对各市纪委机关进行抽查督办，对落实不力的将给予通报批评。

四、加强媒体宣传报道。全省各级纪检监察机关要及时报道本地本单位的行动进展情况。省纪委办公厅要加强全省纪检监察系统开展“冬季行动”的信息收集和报送；宣传部要对全省系统学习贯彻情况、行动进展情况、典型经验做法进行宣传报道。省纪委监察厅机关各厅部室要按照工作职责，加强与联系地区和部门的沟通联系，加强对市级纪委对口单位开展“冬季行动”的工作指导。

五、报送要求

1. 请各市纪委和省直各派驻机构将学习贯彻和安排部署情况于2月3日前报送省纪委办公厅。各市纪委通过内网邮箱报送，省直各派驻机构将纸质材料和电子版光盘各1份通过机要交换报送。

2. 请各市纪委于2月1日前，将承担本市“冬季行动”监督监察工作的有关情况报送省纪委党风政风监督室。同时，自2月1日起每周一12:00前，请将各市“冬季行动”监督监察进展情况、问责曝光和真抓实干、马上就干典型人物事例等有关情况报送省纪委党风政风监督室。

3. 请各市纪委于2月2日前将市纪委机关开展“冬季行动”工作方案和任务分解报送省纪委办公厅。同时，请在每月底前报送市纪委机关“冬季行动”开展情况和创新性特色性工作，在2月底前报送阶段性工作情况、4月底前报送“冬季行动”工作总结。

中共山西省纪委办公厅
2016年1月28日

中共山西省纪律检查委员会
关于六起党员领导干部违反中央八项规定精神问题的通报

晋纪通〔2016〕1号

2016年春节将至,为了坚决防止公款吃喝、收受礼品礼金、大操大办、出入私人会所等“四风”问题反弹，进一步严明纪律，强化警示，形成震慑，现将6起违反中央八项规定精神典型问题通报如下：

晋中市人大常委会原副主任郭绍华公款报销应由个人承担的住宿费用问题。2014年1月和8月，在党的群众路线教育实践活动期间，郭绍华利用职务上的便利，将应当由个人支付的住宿费用866元在下属单位公款报销。经省纪委常委会议2015年10月15日研究，决定给予郭绍华党内警告处分。

山西晋煤集团公司副总工程师王建武违规使用公务用车问题。2014年9月，王建武以到湖北办理公务为名，向机关公务车辆运营管理中心申请公务用车，前往湖北省枝江市参加婚礼。经晋煤集团公司党委常委会议2015年9月21日研究，决定给予王建武党内严重警告处分。

运城市临猗县委常委、组织部长王功成违规中午饮酒问题。2014年12月20日，王功成在参加临猗县县管主要领导干部学习讨论落实活动专题研讨班期间，中午接受他人邀请吃饭并违规饮酒，开会迟到且在会议期间打瞌睡，造成了不良影响。经运城市纪委常委会议2015年10月13日研究，决定给予王功成党内严重警告处分。

长治医学院附属和平医院人事科科长李发贵为其子结婚大操大办问题。2015年1月，李发贵先后分3次共设宴19桌为其子操办婚礼并收受管理和服务对象礼金。经长治医学院附属和平医院党委会议2015年12月29日研究，决定给予李发贵党内警告处分。

山西省阳泉第二监狱一监区教导员、党支部纪检委员张银为其子结婚大操大办问题。2015年8月至10月，阳泉第二监狱一监区教导员、党支部纪检委员张银分4次为儿子操办婚宴，并收受亲属以外人员礼金。经阳泉第二监狱党委会议、监狱长办公会议2015年10月27日研究，给予张银撤销党内职务、行政撤职处分，给予履行主体责任不力的阳泉第二监狱一监区监区长、党支部书记王绞平党内警告处分。

太原市古交市地税局党组成员、副局长雷平新违规使用公车外出办私事问题。2015年2月，太原市古交市地税局党组成员、副局长雷平新违规使用公车外出办私事，发生交通事故。经太原市地方税务局党组会议2015年3月6日研究，免去雷平新党组成员、副局长职务。经古交市委常委会议2015年5月13日研究，给予雷平新留党察看一年处分，给予履行主体责任不力的古交市地税局党组书记、局长贺志栓党内警告处分，对履行监督责任不力的纪检组长邵强进行诫勉谈话，责令其作出深刻检查。

以上6起典型问题，严重违反中央八项规定精神，且发生在党的十八大以后，有的甚至发生在2014年9月新的省委领导班子调整以后，属于不收敛不收手、顶风违纪行为。对于以上人员的严肃查处和公开曝光，充分体现了各级党组织驰而不息、狠刹"四风"、严肃问责和把纪律挺在前面的坚定决心和鲜明态度。全省广大党员干部要充分认识落实全面从严治党要求的极端重要性和紧迫性，切实强化纪律和规矩意识，抓早抓小，防微杜渐，举一反三，警钟长鸣。

一、增强党性，严格自律。全省广大党员干部一定要以高度的政治自觉，加强党性锻炼，追求高标准毫不动摇，守住纪律底线一寸不让。要把遵规守矩当成作风问题和党性问题，当成密切联系群众的关系问题和关系人心向背的最大政治问题；把能否坚持不懈改进作风，当成对党和人民是否忠诚的尺子，严格执行中央八项规定精神，坚决反对"四风"，不能越雷池半步，不能有丝毫含糊。要正确对待作风养成，培育良好家风，在管好自己的同时，严格要求配偶、子女和身边工作人员。

二、坚持"双学"，强化担当。各级党委（党组）要坚持"双学"，主动向中央和省委看齐，强化主体责任，加强纪律建设，切实加大对本区域、本部门、本单位党员干部的教育、管理和监督工作力度，教育引导党员干部认真落实中央八项规定精神，自觉抵制"四风"。要把狠刹"四风"作为履行全面从严治党主体责任的重要任务，特别是党委（党组）书记，要做管党治党的书记、狠刹"四风"的书记，把狠刹"四风"工作紧紧抓在手上，做到敢管敢严、真管真严、长管长严。各级纪委（纪检组）要强化监督执纪问责，坚持挺纪在前，用好"四种形态"，抓住"关键少数"、重点部位、关键环节，严防紧盯、一抓到底，真正让纪律生威、铁规发力。特别是要加强节日期间的监督检查，对违纪行为，发现一起，查处一起；对"四风"问题，看见就抓，露头就打；对典型问题，公开曝光。越往后执纪越严、处理越重，进一步强化不敢、震慑、知止氛围。

三、保持高压，立体防控。必须不折不扣地坚决贯彻落实"坚持坚持再坚持，把作风建设抓到底"的要求，始终保持狠刹"四风"高压态势，经常抓、抓经常，抓出习惯。要以抓铁有痕、踏石留印的精神，紧盯春节假期，一个节点一个节点坚守，执纪如山、一抓到底。要创新方式方法，充分发挥税务、旅游、审计等部门职能作用，充分利用群众"四风"随手拍、一键通、网络微信等监督举报平台，形成立体网络监控体系，让顶风违纪行为成为过街老鼠、人人喊打。要紧盯隐形变异，任凭不正之风"七十二变"，都要揪出来，有多少就处理多少，严防"四风"问题反弹回潮。

四、一案双查，从严问责。干部犯错误，领导有责任。要坚持"一案双查"，用好问责利器，形成问责常态。对履行主体责任、监督责任不到位的，对专项监督检查中敷衍塞责的，对弄虚作假、发现问题隐瞒不报袒护包庇的，对本地区、本部门、本单位发生严重顶风违纪问题的，对有令不行、有禁不止的，对违反中央八项规定精神、依然故我搞"四风"问题的，在严肃追究当事人责任的同时，还要严肃追究有关领导干部的责任。

中共山西省纪律检查委员会

2016年2月2日

中共山西省纪律检查委员会
关于杨永辉、吕荣对抗组织审查等严重违纪问题的通报

晋纪通〔2016〕2号

经省委批准，省纪委于2015年7月15日，对省经信委原总工程师、党组成员杨永辉涉嫌严重违纪问题进行立案审查；2015年8月6日，对太原市阳曲县委原书记吕荣涉嫌严重违纪问题进行立案审查。目前，二人均已被给予开除党籍、开除公职处分，其涉嫌犯罪问题被移送司法机关依法处理。

杨永辉，男，汉族，1968年10月生，山西平陆县人，大学学历，1991年7月参加工作，1996年6月加入中国共产党。2008年12月，任省经委（省经信委）投资与规划处处长；2013年6月，任省经信委总工程师、党组成员。

杨永辉严重违反政治纪律，对抗组织审查。2007年1月至2015年7月，将陆续收受的2700余万元钱款存入用情妇关某某开设的股票账户隐匿，掩盖其违纪违法问题。2014年4月至2015年7月，杨永辉迫于高压反腐形势，惧怕违纪违法问题败露，与给其送钱物的人员串通，通过提前退款时间，编造互不认识、没有收送钱物等虚假事实，订立攻守同盟。省纪委针对其问题线索，5次找他谈话，核实有关问题，但杨永辉一直拒不承认客观事实，而是向组织说假话，对调查人员的教育帮助拒不接受。在省纪委对其立案审查并采取“两规”措施初期，杨永辉仍心存侥幸，企图大事化小，对有关问题拖延搪塞，避重就轻，甚至装疯卖傻，辱骂看护人员。直到铁证摆在面前，才丢掉幻想，开始陆续交代有关问题。经审查，杨永辉严重违反政治纪律、严重违反中央八项规定精神、严重违反组织纪律、严重违反廉洁纪律、严重违反生活纪律、严重违反国家法律法规规定，对抗组织审查，接受可能影响公正执行公务的宴请活动，不按规定如实报告个人有关事项，长期借用国企车辆，包养情妇，利用职务上的便利，在企业经营等方面为他人谋取利益，索取、收受财物折合共计1582.17万元。

吕荣，男，汉族，1961年11月生，山西五台县人，在职研究生学历，1982年12月参加工作，1985年5月加入中国共产党。1998年3月，任太原市小店区委常委、政法委书记；2006年12月，任太原市信访局副局长、局长；2011年6月，任太原市阳曲县委副书记、县长；2012年7月，任阳曲县委书记。

吕荣多次欺骗组织，对抗组织审查。2011年底，吕荣以其父名义购买了价值1319.22万元的五套商铺，后担心被组织发现，将商铺变更在其同学名下。2014年9月，与吕荣有不正当利益往来的张某某被组织审查，吕荣害怕其问题败露，遂将上述购房合同和一张400万余元的银行卡交给其同学，安排其同学伪造与其父合伙理财的证据，并订立攻守同盟。为进一步掩盖其违纪违法问题，吕荣逐个约见给他送钱的人，认为可以信任的就串通在组织审查时拒不承认，认为关系一般的就退还部分钱款。在组织对其初核、找他谈话期间，吕荣多次口头、书面向组织提供虚假情况，编造其个人大额财产来源系其父与他人合伙做生意所得，欺骗组织、企图蒙混过关。在接受组织审查期间，吕荣仍然百般狡辩，对审查工作进行“软对抗”。经审查，吕荣严重违反政治纪律、严重违反组织纪律、严重违反廉洁纪律、严重违反国家法律法规规定，对抗组织审查，长期参与迷信活动，在干部选拔任用等方面为他人谋取利益、收受财物，违规为其司机安置工作，收送礼金，违规从事营利活动，利用职务上的便利，在企业经营等方面为他人谋取利益，收受财物折合共计1506.97万元。

杨永辉、吕荣身为党员领导干部，心无党性、目无党纪，对党不忠诚不老实，特别是在组织已经掌握其严重违纪问题、多次找他们谈话的情况下，不是相信组织、依靠组织，主动交代自己的问题，而是心存侥幸、执迷不悟，违背誓言，通过串通造假、转移赃款、伪造证据等手段，干扰、妨碍、对抗组织审查，妄图瞒天过海、蒙混过关，完全丧失了一名共产党员的起码品格，在侥幸心理作祟下自己放弃了组织多次给他们主动谈清问题的宝贵机会，最终被开除党籍、开除公职，移送司法机关，接受法律的审判，完全是咎由自取。对二人的严肃查处，彰显了省委全面从严治党的坚强决心，体现了党章党规党纪的权威性和严肃性。事实再次表明，任何对抗组织的行为都是不自量力，任何党员对党组织失去忠诚和敬畏之心都必然会走向反面。全省各级党组织和广大党员干部要从中汲取深刻教训，切实引以为戒。

第一，增强“四个意识”，坚决做到对党绝对忠诚。对党忠诚、永不叛党是每名共产党员面对党旗的庄严宣誓，对党忠诚老实、言行一致是党员必须履行的基本义务。杨永辉、吕荣背离党的要求，丧失党性观念，不仅严重违纪违法，而且面对自己的问题，不是珍惜组织给的机会，主动交代、真诚悔过，争取宽大处理，而是欺骗组织，对抗审查，是典型的对党不忠诚不老实，其根子在于党性观念

淡漠，信仰缺失、信念动摇、心中无党。杨永辉在悔过书中讲，“回顾自己的入党誓词，要遵守党的纪律，时刻准备为党献出自己的生命，自己做到了吗？”“结果是我背叛了党和人民”。吕荣不信马列信鬼神，长期与巫婆往来密切，烧香拜佛，在谈话人员对其进行思想政治教育时，还“宣扬佛法”、谈神论鬼，是典型的叛党离党。对共产党人来讲，丧失了党性，就没有了根、丢掉了魂，歪风邪气就会近身附体。广大党员干部要增强党性，必须牢固树立政治意识、大局意识、核心意识、看齐意识，向以习近平同志为总书记的党中央看齐、向党的理论和路线方针政策看齐，认真开展“两学一做”学习教育，自觉增强“三个自信”，坚定理想信念。要时刻牢记对党的承诺，经常重温党章和入党誓词，始终坚定入党时的初衷，坚守自己的誓言，永葆共产党人本色，防止封建流毒和歪风邪气的侵蚀。要把对党忠诚体现在时时事事处处，知行合一、表里如一，始终做到爱党、信党、护党、跟党走。

第二，把政治纪律摆在首位，带动其他纪律执行到位。政治纪律是最重要、最根本、最关键的纪律，在党的全部纪律中是打头、管总的。杨永辉、吕荣对抗组织审查，首先违反的就是政治纪律。杨永辉被采取“两规”措施的前一天，还在想方设法转移违纪所得；吕荣即使到审查的最后阶段，仍不彻底悔过。为了保住自己的不义之财，不惜践踏纪律、对抗组织。在他们眼里，纪律为无物，规矩是儿戏。正是由于不讲政治纪律、不守政治规矩，与党越来越远、与金钱越来越亲。正是由于纪律约束松弛，贪欲之门大开，二人走上了严重违纪违法的不归路。不管违反哪方面纪律，最终都会侵蚀党的执政基础，都要从讲政治的高度去审视、去警戒。政治纪律是纲，纲举才能目张。广大党员干部要始终把政治纪律和政治规矩放在第一位，严格对照检视修正自己，切实做到“五个必须”。要深入学习贯彻廉洁自律准则和党纪处分条例，内化于心、外化于行，以严明的政治纪律带动其他纪律挺起来、严起来，执行到位，有效地厚植党执政的政治基础。

第三，坚持宽严相济、区别对待，督促引导党员干部坚定跟党走信念。惩前毖后、治病救人是我们党的一贯方针，宽严相济、区别对待是我们党教育挽救干部的重要原则。在对杨永辉审查初期、对吕荣审查期间，组织上在已经掌握二人大量的严重违纪违法证据的情况下，并没有放弃教育挽救他们的机会，通过讲党的政策、做思想政治工作，让他们主动交代问题，为自己争取宽大处理。但是二人对党不报恩，对组织不领情，对纪律不敬畏，想方设法对抗组织审查，结果必然是依纪依法受到严惩。各级党委、纪委要准确把握党的政策，坚持宽严相济、区别对待，运用好监督执纪“四种形态”，认真贯彻省委提出的“四条意见”和“六个区别对待”，对有问题的干部，要历史地辩证地处理好“宽”与“严”的关系，对相信组织、依靠组织，主动通过组织解决问题、继续紧跟组织干事创业的干部，要最大限度地体现党的政策，从轻从宽予以处理。同时要严厉惩治极少数，对不接受组织挽救、不警醒悔过、对抗组织审查的，一查到底，一律从严从重处理，决不姑息，始终保持高压态势，进一步强化震慑效应，使纪律审查的过程成为教育挽救干部的过程。广大党员干部要对标廉洁自律准则，奋力奔向高标准，对照党纪处分条例，坚守纪律底线。有问题的党员干部一定要认清形势，消除侥幸心理，纠正错误的预判，老老实实向组织交代，放下包袱，争取主动，珍惜组织提供的难得的悔过自新的机会，听党的话、跟党走。

全省各级党组织和广大党员干部要紧密结合“两学一做”学习教育的部署要求，结合学习贯彻中央纪委六次全会和省纪委六次全会精神，对照检查，举一反三，坚守“铁一般信仰、铁一般信念、铁一般纪律、铁一般担当”，为落实省委“五句话”总要求、促进山西“六大发展”做出新的贡献。

中共山西省纪律检查委员会
2016年3月18日

中共山西省纪律检查委员会关于四起发生在群众身边的不正之风和腐败问题的通报

晋纪通〔2016〕3号

去年以来，全省各级纪检监察机关坚持以“五账工作法”为抓手，强化监督执纪问责，严肃查处了一批十八大以后不收敛不收手侵害群众利益的不正之风和腐败问题。为进一步严明纪律，现将4起问题通报如下。

晋中市祁县昭馀镇西关村原村委主任刘德义贪污等问题。2013年至2015年，刘德义利用职务之便，虚报水渠清淤工程，贪污工程款8万元；私设小金库，并挪用10万元用于个人经营活动；违反中央八项规定精神，用村集体资金5.85万元组织有关人员公款国内旅游。此外，刘德义还存在其他违纪问题。经祁县纪委常委会议2015年6月10日研究，决定给予刘德义开除党籍处分。

长治市长子县宋村乡段家庄村原党支部书记赵长青贪

污等问题。2014年至2015年，赵长青利用职务之便，以虚列支出手段贪污公款1.51万元。此外，赵长青还存在其他违纪问题。经长子县纪委常委会议2015年6月4日研究，决定给予赵长青开除党籍处分。

吕梁市离石区田家会街道办事处原党工委书记张兴平违规收受礼金、挥霍浪费等问题。2013年至2015年，张兴平违规收受可能影响公正执行公务的礼品、礼金等折合共计6.74万元；违反中央八项规定精神，长期借用车辆供自己和家人使用，公款支出烟酒、招待费95.5万元。此外，张兴平还存在其他违纪问题。经离石区纪委常委会议研究，并报离石区委常委会议2015年12月23日批准，决定给予张兴平开除党籍、开除公职处分。

晋城市沁水县农业综合开发局副局长王身强利用职权和职务影响为亲戚违规谋取利益问题。2014年，沁水县农业综合开发局实施巩固退耕还林成果种植中药材项目，王身强明知其亲戚史某不符合条件，通过打招呼等方式为史某违规获得5万元补助资金提供帮助。经沁水县纪委常委会议2015年12月8日研究，决定给予王身强党内严重警告处分。

群众身边的不正之风和腐败问题损害的是老百姓切身利益，啃食的是群众获得感，挥霍的是基层群众对党的信任。各级党委特别是县乡党委要认真落实全面从严治党向基层延伸的要求，严格履行主体责任，层层传导压力，坚持问题导向，下大气力防止“微腐败”造成“大祸害”。各级纪检监察机关要认真履行监督责任，把纪律和规矩挺在前面，运用监督执纪“四种形态”，坚持和深化“五账工作法”，厘清问题底数，研判当前形势，突出工作重点，对性质严重、影响恶劣、群众反映强烈、十八大以后仍然不收敛不收手的问题要快查快处。要加大通报曝光力度，发挥震慑警示作用，形成并保持基层正风反腐高压态势。

中共山西省纪律检查委员会
2016年3月28日

中共山西省纪律检查委员会
关于印发《关于运用“五账工作法”进一步查处发生在群众身边不正之风和腐败问题的工作方案》的通知

晋纪发〔2016〕4号

各市纪委：

为进一步强化监督执纪问责，推进从严治党、正风反腐向基层延伸，切实加强基层党风廉政建设，现将《关于运用“五账工作法”，进一步查处发生在群众身边不正之风和腐败问题的工作方案》印发你们，请认真贯彻落实。

中共山西省纪律检查委员会
2016年4月8日

关于运用“五账工作法”进一步查处发生在群众身边不正之风和腐败问题的工作方案

为进一步贯彻落实《中共山西省纪律检查委员会关于认真实施“五账工作法”，持之以恒解决发生在群众身边“四风”和腐败问题的通知》(晋纪发〔2015〕7号)要求，进一步强化全省各级纪检监察机关解决发生在群众身边不正之风和腐败问题的工作措施和方式方法，进一步推进从严治党、正风反腐向基层延伸，切实加强基层党风廉政建设，制定如下工作方案。

一、总体要求

深入贯彻落实党的十八大、十八届三中、四中、五中全会和习近平总书记系列重要讲话精神，认真落实十八届中央纪委六次全会和省纪委十届六次全会工作部署，把纪律挺在前面，运用“四种形态”，强化监督执纪问责，深入推进“五账工作法”，着力解决发生在群众身边的不正之风和腐败问题，让正风反腐给人民群众带来更多获得感，实现“乡村治、百姓安”。

二、工作任务

运用“五账工作法”，解决发生在群众身边不正之风和腐败问题，由各级纪委党风政风监督室总协调，信访室、案件监督管理室、各纪检监察室、案件审理室、办公厅、宣传部各司其职，各负其责。

（一）建账。各级纪委要在对十八大以来基层涉纪信访问题线索进行大起底，澄清问题底数的基础上，每个月都要逐件梳理登记涉及基层干部的涉纪信访问题线索，建立台账；要与地方信访部门建立工作联动、信息共享机制，主动沟通承接涉纪信访问题线索，并纳入纪委信访台账管理，使“建账”成为常态。信访室要逐月将台账及时送交党风政风监督室备查。

建账责任单位：各级纪委信访室；建账责任领导：信访室主任；建账时限要求：每月1日–3日建立上月台账。

（二）对账。各级纪委要做好上下对接工作，主动认领上级纪委督办、交办和转办的涉纪问题线索，认真核对，明确任务，杜绝疏漏，上下确认。要逐级逐件对照印证，积极处置办理，做到上下统一，准确无误，清楚明白，责任落实。信访室要将对账情况及时反馈党风政风监督室。

对账责任单位：各级纪委信访室；对账责任领导：信访室主任；对账时限要求：每月4日–6日。

（三）查账。各级纪委要根据建立的台账下查一级，推动落实。定期对下级纪委问题线索办理情况进行跟踪督办，不定期开展专项督查和重点抽查，及时发现解决问题；每月10日前报告上月问题线索查核处置情况，每季度书面报工作完成情况分析报告。纪检监察室要全面履行纪检监察职能，对涉纪信访问题线索查核处置加强指导；对重点案件跟踪督办，及时对案件“回头看”，认真对待重复涉纪信访事项，多措并举推进工作落实，保证案件查办的进度和质量。上级纪委要根据工作进展情况，通过约谈下级党政主要负责同志和纪委书记等方式，层层对账，把责任和压力传导延伸到基层。

查账责任单位：各级纪委党风政风监督室、纪检监察室；查账责任领导：党风政风监督室主任、纪检监察室主任；查账时限要求：每月、每季。

（四）销账。县乡纪委要加强发生在群众身边不正之风和腐败问题查办工作，区分轻重缓急，逐案研究分析，逐案明确办理部门、责任人和办理时限，逐案销号，做到“事事有着落，件件有回音”。案件审理室要严把质量关，切实做到事实清楚、证据确凿、定性准确、处理恰当、手续完备、程序合法。案件监督管理室负责协调纪检监察室案件查办工作，特别是对线索清楚、可查性强、有利于增强群众获得感的案件优先办理；对办结的案件，要及时进行销账管理，并在每月10日前将线索查核处置及结案情况归口上报上级纪委案件监督管理室。上级纪委案件监督管理室要将情况及时通报同级纪委党风政风监督室。

销账责任单位：各级纪委案件监督管理室；销账责任领导：案件监督管理室主任；销账时限要求：每月1日–6日。

（五）交账。各级纪委要以严细深实的作风，以人民群众满意的效果，向同级党委和上级纪委“交账”，压牢压实“两个责任”，促进主体责任落实和由惩到治的转变。对工作不力、进展缓慢的进行约谈，对压案不报、有案不查，甚至袒护包庇的，严肃追究主体责任和监督责任。

交账责任单位：各级纪委常委会；交账责任领导：纪委主要负责人；交账时限要求：每年12月底。

三、保障措施

（一）各级纪委工作例会要将“五账工作法”落实情况作为重要内容，定期听取工作进展汇报，推动解决群众身边不正之风和腐败问题工作落实。

（二）要对下级纪委查处发生在群众身边不正之风和腐败问题工作情况每季度通报1次，不断加大力度，持续保持高压态势。

（三）要加大责任追究力度，既要对下级纪委实施“五账工作法”，解决涉纪信访问题线索工作不到位、效果不明显的实行问责，又要对纪检监察机关内部相互推诿扯皮、推动工作落实不力的部门进行问责，确保以严的纪律、实的作风，强力推进“五账工作法”落实。

（四）各级纪委党风政风监督室要加强内部协调，全面掌握情况，及时研究“五账工作法”推进落实过程中出现的问题，提出工作建议。

各级纪检监察机关要把解决发生在群众身边的不正之风和腐败问题作为党风廉政建设工作的重要内容，坚持把“常、长”二字贯穿解决群众身边的腐败问题的全过程，坚持把“五账工作法”贯穿解决群众身边腐败问题的全过程，坚持把督查指导贯穿解决群众身边腐败问题的全过程，踩着不变的步伐，持之以恒长期抓、抓长期，让人民群众确实感受到反腐败工作的实际成效。要强化监督执纪问责，以实现弊革风清和最大限度地提高人民群众的获得感为目标，严肃查处侵害群众利益的行为。

中共山西省纪律检查委员会

2016年4月8日

中共山西省纪律检查委员会 关于四起落实“两个责任”不力　受到责任追究典型问题的通报

晋纪通〔2016〕4号

2014年9月以来，在新的省委领导班子的坚强领导和示范引领下，全省各地各部门党组织不断加大问责力度，推动了全面从严治党主体责任的落实。为进一步夯实管党治党责任，督促各级党委（党组）特别是一把手强化责任担当，现将近期查处的4起责任追究问题通报如下。

一、省煤炭地质局原党委书记潘增武对下属单位班子成员违法问题未按规定落实党政纪处分受到责任追究。2011年11月，省煤炭地质局下属115院原党委书记闫全福、院长王刚、副院长谢平安三人被一审判处刑罚后，省煤炭地质局仅对上述人员进行了岗位调整，未按规定及时给予党政纪处分。特别是2014年1月终审判决下达后，仍无动于衷，后在巡视组督促下才给予闫全福等三人相应的党政纪处分。潘增武作为党委书记，负有直接责任。此外，潘增武还存在违反中央八项规定精神等问题。经省纪委常委会议2016年2月4日研究，决定给予潘增武党内严重警告处分，降低其享受的退休待遇。

二、晋煤集团勘察设计院公司董事长兼总经理褚东生、专职纪检员贾晓勇等8人因下属单位发生违反中央八项规定精神问题受到责任追究。2013年至2015年间，晋煤集团勘察设计院公司所属泽祥公司在端午节、中秋节等节点为中层以上领导干部及职工违规发放购物卡、烟酒等福利。同时，该公司还存在违规组织中层以上领导干部公款聚餐、公款组织职工旅游等问题。2015年10月至11月，泽祥公司原经理侯吉胜受到留党察看一年处分，并被解聘；公司党支部原书记牛育文受到撤销党内职务处分；公司原副经理杜李受到党内严重警告处分，并被免职；公司原副经理何世英受到行政记大过处分，并被免职。勘察设计院公司党总支书记董冀芝、公司副总经理李晋分别受到党内警告处分。因履行主体责任不力，勘察设计院公司董事长兼总经理褚东生受到党内警告处分。因履行监督责任不力，贾晓勇受到党内警告处分。

三、朔州市发改委原党组副书记、主任赵养力，纪检组长侯林虎和市人社局党组书记李恒仁、纪检组长吴正洲等7人因下属单位人员涉嫌违纪违法问题受到责任追究。2011年7月至2015年2月间，朔州市发改委下属单位市散装水泥办公室负责人马爱斌、市人社局下属单位农村养老保障服务中心工作人员薛宝玉违规创办山西和利创业投资有限公司，非法吸收公民存款1.8354亿元，在社会上造成了恶劣影响。马爱斌、薛宝玉已被公安机关依法逮捕。市发改委副调研员邱士义受到党内严重警告处分，市人社局副局长孙彬、农村养老保障服务中心主任郭建荣分别被诫勉谈话。2015年3月，因履行主体责任不力，赵养力受到党内严重警告处分，李恒仁受到党内警告处分；因履行监督责任不力，侯林虎受到党内警告处分，吴正洲被诫勉谈话。

四、长治市屯留县国土局党组书记、局长郭志强，纪检组长徐国民因下属人员违规操办暖房事宜问题受到责任追究。2015年12月，屯留县国土局接连发生两名工作人员李萍、尹慧违规操办暖房事宜，并收取礼金。经屯留县监察局2016年1月18日局长办公会议研究决定，分别给予李萍、尹慧降低岗位等级处分。2016年1月，因履行主体责任不力，郭志强受到党内警告处分；2016年2月，因履行监督责任不力，徐国民受到党内警告处分。

以上4起问题，有的对违反中央八项规定精神和“四风”问题不抓不管，导致养痈遗患、放任自流；有的对管党治党心不在焉，当“老好人”，尸位素餐，对下属疏于管理，对违规违纪问题不闻不问，听之任之，等等。尽管情节不尽相同，但都说明部分基层党组织和主要负责同志仍存在思想认识上不去、责任担当不起来、工作措施不配套等问题，根子都是这些地方和单位党的领导弱化，党委（党组）一把手责任担当缺失，管党治党不力。对以上4起问题的严肃处理，充分体现了省委坚持有责必问的坚定决心和鲜明态度，释放了管党治党务必从严的强烈信号。全省各级各部门一定要深刻汲取教训，举一反三，引以为戒。

一、主责是首责，守土须尽责。管党治党主体责任是山西由乱到治最有力的抓手，也是履行好监督责任的重要前提和保证。全面从严治党，根子在党委，关键看书记。各级党委（党组）书记要牢固树立管党治党是本职、不管党治党就是严重失职的观念，坚决纠正不抓党风廉政建设的倾向，坚持以上率下，不断增强“四种意识”，严格落实“四个亲自”，敢管敢治、严管严治、长管长治，决不能做“糊涂官”，决不允许占着位置不干事。今年是全省的换届年，要进一步严肃政治纪律和组织纪律，加大监督和查处力度，做好问责工作，以问责常态化促进履职到位，促进党的纪律执行到位，确保换届风清气正。

二、挺纪在前，运用好“四种形态”。各级纪检监察机关要找准在全面从严治党中的职责定位，突出加强党的领导这个根本，担负起监督责任，以眼里不揉沙子的认真劲儿，敢于瞪眼黑脸，勇于执纪问责。要带头尊崇党章，把维护党章和其他党内法规作为首要任务，严肃查处违反党章党规党纪的行为。要正确把握运用好监督执纪“四种形态”，加强对党员、干部的日常管理监督，抓早抓小，防微杜渐，真正体现组织的严格要求和关心爱护，推进管党治党真正从宽松软走向严紧硬。

三、用好问责利器，严肃责任追究。要坚持“一案双查”，细化完善相关工作规程，加大责任追究力度。对党的领导作用不发挥、贯彻党的路线方针政策走样、管党治党不严不实、选人用人失察、换届过程中发生严重问题、“四风”和腐败现象反弹回潮、巡视整改不力的地方、部门和单位，既追究主体责任、监督责任，又上查一级追究领导责任、党组织责任，做到问责一个、警醒一片。要加大典型问题曝光力度，形成问责的常态化、长效化机制，持续释放越往后执纪越严、处理越重的强烈信号，推动全面从严治党主体责任落到实处。

中共山西省纪律检查委员会

2016年4月19日

中共山西省纪律检查委员会
山 西 省 监 察 厅
印发《关于加强扶贫领域监督执纪问责的工作方案》的通知

晋纪发〔2016〕5号

各市、县纪委、监察局，省直纪工委、省高校纪工委、省国资委纪委、省国防工业纪委，省纪委各派驻纪检组，省直各部门内设纪检组（纪委）：

现将《关于加强扶贫领域监督执纪问责的工作方案》印发给你们，请结合实际认真贯彻落实。

中共山西省纪律检查委员会

山 西 省 监 察 厅

2016年5月23日

关于加强扶贫领域监督执纪问责的工作方案

打赢脱贫攻坚战是实现全面建成小康社会目标的重大任务，我省是全国扶贫开发重点省份，脱贫工作任务艰巨。为加强扶贫领域监督执纪问责工作，以严明的纪律为我省打赢脱贫攻坚战提供坚强纪律保障，根据中央纪委部署和省委要求，制定本方案。

一、总体要求

（一）指导思想

全面贯彻党的十八大和十八届三中、四中、五中全会精神，深入学习习近平总书记系列重要讲话精神，认真落实十八届中央纪委六次全会精神，牢固树立政治意识、大局意识、核心意识、看齐意识，切实增强做好扶贫领域监督执纪问责工作的政治责任感和使命感，突出查处、整治，推动落实“两个责任”，以廉洁扶贫助推精准扶贫，保证脱贫攻坚政策落实到位，保证资金、项目、干部“三安全”，保证贫困群众切实得到实惠。

（二）基本原则

挺纪在前。脱贫攻坚是一项政治责任。要从讲政治的高度把守纪律、讲规矩贯穿扶贫领域监督执纪问责的各个环节。监督要早，防止小问题酿成大错误；惩处要严，使纪律始终成为带电的高压线；问责要真，推动主体责任和监督责任全面落实。

问题导向。按照纪检监察机关的职能定位，在及时发现问题、敢于报告问题、严肃查处问题、推动解决问题上下功夫、见成效。

严实标准。坚持和深化“五账工作法”，按照“情况明、数字准、责任清、作风正、工作实”的要求，吃透脱贫攻坚相关政策，厘清相关部门的职能责任，扎实做好问题线索处置台账管理等基础性工作，紧盯腐败易发多发环节，充分发挥正风肃纪对脱贫攻坚的保障作用。

标本兼治。以零容忍的态度严肃查处扶贫领域顶风违纪腐败问题，同时发挥纪律审查治本功能，剖析案例、分析原因、查找对策，督促有关职能部门健全制度，加强监管，推动全面从严治党向基层延伸。

二、工作重点

1、扶贫领域的虚报冒领、截留私分、贪污挪用、挥霍浪费等问题；

2、扶贫领域克扣群众财物、拖欠群众钱款等问题；

3、在办理扶贫事务时吃拿卡要、刁难甚至欺压群众等问题；

4、在项目安排、资金落实中以权谋私、执法不公或优亲厚友、显失公平等问题；

5、在项目推进、资金拨付中消极应对，推诿扯皮，造成不良影响等问题；

6、在工作中弄虚作假，搞“数字脱贫”等问题；

7、未完成年度减贫任务的问题；

8、扶贫领域其他违纪违规问题。

三、工作内容

（一）强化精准监督，确保监管到位

1、多渠道收集问题线索。各级纪检监察机关要加强与信访、巡视（巡察）、审计、督查、财政、发改、扶贫办等职能部门的沟通协作，高度重视职能部门的专项检查以及日常工作中发现的问题线索，依纪依规分类处置。

2、创新监督方式。充分利用互联网、手机客户端、微信等现代信息技术，搭建高效便捷举报平台，及时掌握问题线索。增强工作敏感性，积极关注媒体反映曝光的问题，妥善处置，及时回应。

3、直接到基层群众中听取意见。县、乡纪委要充分发挥与群众联系紧密的优势，采取进村入户等方式，到最基层，到第一线直接听取群众意见，及时了解实际情况、掌握问题线索。

4.注重分析研判，实施跟踪监督。各级纪检监察机关要建立扶贫项目监督工作台账，掌握扶贫资金流向和项目审批情况，确定重点监督环节和人员。要通过监督的再监督，督促各级党委切实落实主体责任，政府职能部门切实落实监管责任，确保扶贫资金投入到哪里，监管的探头就指向哪里，检查的触角就延伸到哪里，实现对扶贫资金监管的全程化、全覆盖。监督过程中，既要紧盯可能发生腐败的环节，防止“微腐败”造成“大祸害”，也要紧盯脱贫攻坚工作中的“慵懒散浮拖”等为官不为行为，敢于执纪问责，及时报告情况。

（二）强化严格执纪，确保查处到位

1.坚持和深化“五账工作法”。严格执行《关于运用“五账工作法”进一步查处发生在群众身边不正之风和腐败问题的工作方案》（晋纪发〔2016〕4号）明确的职责和时限要求，规范处置包括扶贫领域在内的群众身边不正之风和腐败问题线索，切实做到对扶贫领域的每一条问题线索都不放过，每一个腐败案件都严肃查处，每一分违纪资金都追缴、退还到位。省、市、县纪检监察机关信访室、党风政风监督室、案件监督管理室等要明确专人负责群众身边腐败问题线索的建账、对账、查账、销账、交账工作，做到件件有回音，事事有着落。

2.省、市纪委要加大扶贫领域腐败问题的直查和督办力度。省纪委第一至第四纪检监察室每年都要根据联系地区信访举报和其他渠道掌握的扶贫领域问题线索，选择一批直接调查处理。其他纪检监察室对联系部门扶贫领域的重要问题线索也要直接查处。省纪委党风政风监督室每年要从移交给市、县纪委的扶贫领域信访举报件中，筛选问题比较集中或典型的线索开展多轮次、滚动式的督办。要通过直查、督办，释放省纪委始终以“零容忍”态度严查扶贫领域违纪问题的信号，在基层形成正风反腐的强大震慑。各市纪委要参照省纪委的做法，开展直查和督办工作。

3.县、乡纪委要把查处侵害群众利益的不正之风和腐败问题作为主要工作任务。特别是要把扶贫领域正风反腐作为重中之重，对扶贫领域的问题线索第一时间处置，对扶贫领域的案件安排最精干力量及时查处。

4.运用好“四种形态”，掌握好宽严相济政策。各级纪检监察机关要把纪律和规矩挺在前面，对扶贫领域出现的苗头性、倾向性问题早打招呼，早提醒、早处理。对有问题能够相信组织，主动交代、积极配合的，要体现党的“惩前毖后，治病救人”的政策。对不听招呼，不收手、不知止，顶风违纪的绝不客气，坚决从严查处。

（三）强化严肃问责，确保整改到位

1.坚持一案双查。解决扶贫领域的不正之风和腐败问题，关键是要通过问责，把压力层层传导下去，把责任一级一级压实。各级纪检监察机关对扶贫领域的案件要快查严处，既要查清当事人的违纪事实，也要查找监管不力、主体责任不落实的责任。对“两个责任”落实不力导致扶贫领域腐败问题频发，或者对突出问题整治不力、走过场以及查处问题不认真、责任处理不到位等问题，要加大问责力度，严肃追究有关党委、纪委的责任。职能部门对职责范围内有关扶贫领域的严重违纪违法问题应该发现而没有发现，或者发现后不报告、不移送的，也要严肃问责。

2.对整改情况进行“回头看”。省纪委每年根据扶贫领域查处的典型案例，确定一批重点县，对县委针对扶贫领域发生违纪问题举一反三开展整治的情况进行“回头看”。一看县委对主体责任的认识是否到位，抓扶贫领域正风反腐工作的政治意识是否坚定；二看全面排查是否到位，存在的问题是否查清查透；三看问责震慑是否到位，对扶贫领域严重违纪违法问题是否发现一起，查处一起，是否进行公开曝光，用身边事教育身边人；四看堵塞监管漏洞是否到位，是否按照“六权治本”要求建立务实管用制度，是否着眼脱贫攻坚新任务，抓早抓小，防患未然。通过“回头看”，推动县委落实主体责任，扎实深入、持之以恒抓扶贫领域正风反腐工作，有效防范再次发生严重违纪违法问题。各市纪委要参照省纪委的做法，加大工作力度，把“回头看”覆盖到所有县。

四、工作要求

（一）加强组织领导，确保工作实效。脱贫攻坚是场攻坚战，也是场持久战。各级纪检监察机关要把保证打赢脱贫攻坚战作为重要政治责任，结合实际，突出重点，严密部署，持续发力，坚决整治和查处扶贫领域的不正之风和腐败问题，让群众切身感受到正风反腐的实际成果。

（二）加强沟通协调，形成工作合力。要提前谋划，主动与有关职能部门对接，发挥职能部门优势，拓展问题线索渠道。要落实省纪委碰头会部署，纪检监察机关各室既要各司其职、各负其责，又要密切配合、形成合力。各纪检监察室要将扶贫领域问题作为工作重点，工作中发现的涉及扶贫领域问题线索，同时抄送党风政风监督室；案件监督管理室要对有关数据进行汇总；案件审理室要将此类问题案件的审理情况进行统计；信访室每月除将群众身边腐败问题台账抄送党风政风监督室外，须将其中的扶贫领域具体问题线索一并抄送；党风政风监督室要加强督促指导，规范党风政风信息系统填报，充分利用台账和系统形成的大数据优势，加强分析研判，增强工作的针对性和有效性。

（三）做好舆论引导，营造工作氛围。广泛宣传扶贫领域监督执纪问责的工作部署和工作成效，激发群众监督正能量，引导群众积极有序参与，掌握话语权。加大扶贫领域腐败问题通报曝光频次和数量，凡是比较典型的都要通报曝光，要细化通报内容，防止千篇一律，实现通报曝光的政治效果和社会效果。

中共山西省纪律检查委员会 印发《关于认真抓好“五项工作”切实加大扶贫领域正风反腐力度的安排》的通知

晋纪发〔2016〕6号

各市、县纪委，省直纪工委、省高校纪工委、省国资委纪委、省国防工业纪委，省纪委各派驻纪检组，省直各部门内设纪检组（纪委）：

现将《关于认真抓好“五项工作”切实加大扶贫领域正风反腐力度的安排》印发给你们，请结合实际认真贯彻落实。

中共山西省纪律检查委员会

2016年5月26日

关于认真抓好“五项工作” 切实加大扶贫领域正风反腐力度的安排

打赢脱贫攻坚战是实现全面建成小康社会目标的重大任务，是“第一民生工程”，是“头等大事”。近年来，全省纪检监察机关运用“五账工作法”，不断强化监督执纪问责，坚决查处了一批扶贫领域严重违纪违法问题。发生问题的主要原因是，一些基层党员干部法纪意识不强、一些职能部门监管不力，关键是县委全面从严治党主体责任落实不力，抓扶贫领域正风反腐工作不力。当前，财政扶贫资金大幅增长，按因素法分配切块到县统筹整合使用，项目审批权也下放到县，县一级是脱贫攻坚的前线指挥部，也是抓廉洁扶贫的关键之关键，根本之根本。为推动扶贫领域的正风反腐工作，为打赢脱贫攻坚战提供坚强纪律保障，省纪委决定抓好“五项工作”，紧盯一批扶贫领域重点县，以点带面，推动全省各级党组织落实全面从严治党主体责任，严肃查处，全面整治，扎实解决扶贫领域的不正之风和腐败问题。

一、对发生过典型违纪问题的县整改情况“回头看”

根据扶贫领域查处的典型案例，每个市确定1个县作为第一批“回头看”重点县，分别是阳曲、浑源、右玉、保德、中阳、榆社、盂县、沁县、陵川、乡宁、万荣11个县，对县委针对扶贫领域发生违纪问题举一反三进行整改的情况进行“回头看”。一看县委对主体责任的认识是否到位，抓扶贫领域正风反腐工作的政治意识是否坚定；二看全面排查是否到位，存在的问题是否查清查透；三看问责震慑是否到位，对扶贫领域严重违纪违法问题是否发现一起，查处一起，是否进行公开曝光，用身边事教育身边人；四看堵塞监管漏洞是否到位，是否按照“六权治本”要求建立务实管用制度，是否着眼脱贫攻坚新任务，抓早抓小，防患未然。通过“回头看”，推动县委落实主体责任，扎实深入、持之以恒抓扶贫领域正风反腐工作，有效防范再次发生严重违纪违法问题。

任务安排：重点县所在市纪委要细化标准，认真组织对重点县整改情况的“回头看”。对应发现问题没发现问题、应严肃处理没严肃处理、应纠正未纠正等整改不力的要提出问责建议。市纪委“回头看”情况报告、县委的整改报告于6月30日前报省纪委。省纪委将通过实地调研、听取汇报、明察暗访等方式对“回头看”情况进行检查。

二、对举报问题线索集中或典型的县重点督办

从近期举报线索中筛选问题比较集中或典型的娄烦、平鲁、和顺、平定、壶关、垣曲6个县作为第一批重点督办县（举报线索另行通知），督促县委落实主体责任，组织力量认真核查，针对突出问题举一反三，采取专项整治、集中排查、完善制度等措施进行综合整治，实现以案促改，由惩到治。

任务安排：重点县所在市纪委要通过指导办案、约谈等方式督促重点县做好问题线索核查、综合整治等工作，对调查情况和处理意见要审核把关，并确保整改到位，县纪委调查报告、县委整改报告于7月31日前报省纪委。省纪委将对整改情况进行抽查。

三、对举报的重要问题线索直接查办

根据信访举报，省纪委第一批首先对反映隰县、柳林2个县的扶贫领域有关举报线索直接查办（举报线索另行通知），释放省纪委始终以“零容忍”态度严查扶贫领域违纪问题的信号，在基层形成正风反腐的强大震慑。

任务安排：省纪委第三、第四纪检监察室要组织精干力量快查严处，要坚持“一案双查”，既要查清当事人和监管部门的违纪事实，也要查找主体责任和监督责任不落实的问题，要分析案件发生的规律和深层次原因，总结查办扶贫领域案件工作特点。要督促县委落实主体责任，举一

反三开展全面整改。要以案代训，帮助联系地区纪检监察机关提升办案能力。查办过程中，要与党风政风监督室及时沟通，统一掌握量纪平衡。实行“一案三报告”，调查报告、剖析报告、工作报告在结案10日内抄送党风政风监督室。市纪委配合做好调查工作，督促县委在结案1个月内将整改情况报告报省纪委。

四、对财政扶贫资金量大的县跟踪监督

根据2016年省财政扶贫发展资金预算指标分配的总体情况、易地扶贫搬迁、易地扶贫搬迁基础设施补助、易地扶贫搬迁后续产业发展、以工代赈、以光伏产业为主的整村推进等6个具体项目情况，分别选择资金分配量大的临县、天镇、武乡、五寨、吉县、五台6个县作为今年跟踪监督重点县（见附件2），督促县委落实主体责任、有关职能部门落实监管责任，抓早抓小，严防“扶贫投入加上去，干部贪腐倒下来”。

任务安排：重点县所在市纪委要指导重点县纪委深化“五账工作法”，建立扶贫项目监督工作台账，掌握切块到县扶贫资金流向和项目审批情况，确定重点监督环节和人员。要约谈县委书记，要求县委针对扶贫资金规模扩大的新形势，结合案件查处、巡视巡察、审计监督、信访举报等反映的扶贫资金监管存在的问题，提前谋划，细化措施，确保扶贫资金在“最后一公里”的安全。6个具体项目涉及到的省财政厅、省发改委、省农业厅（扶贫办）等纪检组也要建立扶贫项目监督工作台账，督促驻在部门加强扶贫资金监管。监督过程中，既要紧盯可能发生腐败的环节，防止“微腐败”造成“大祸害”，也要紧盯落实脱贫攻坚任务中的“慵懒散浮拖”等为官不为行为，敢于执纪问责，及时报告情况。

五、对中央纪委党风政风监督室督办的3个县重点推动提升

将今年中央纪委党风政风监督室重点督办的芮城、阳高、河曲3个县确定为重点推动提升县，督促县委引深整改工作，巩固整治成果，总结工作经验，发挥示范、带动作用。

任务安排：重点县所在市纪委要制定具体工作方案，按照中央纪委党风政风监督室“关键是督促县委落实主体责任”的要求，落实“六权治本”向基层延伸的部署，推动县委夯实主体责任，持之以恒把整改和整治工作抓下去，确保中央纪委和省纪委抽查不发生问题。

为确保“五项工作”扎实开展，提出以下工作要求：

（一）加强组织领导，确保工作实效。各级纪检监察机关要把保证打赢脱贫攻坚战作为重要政治责任，切实抓紧抓好。要把纪律挺在前面，突出查处、整治，督促县委落实主体责任，解决好扶贫领域的不正之风和腐败问题，让群众更切身地感受到正风反腐的实际成果。

（二）突出重点，持续发力。脱贫攻坚是场攻坚战，也是场持久战。省纪委将根据“五项工作”的进展情况，持续、分批开展“回头看”、督办、直接查办等工作。各级纪检监察机关要坚决完成本方案的重点任务，同时结合实际，严密部署，全面抓好本地区、本部门扶贫领域的监督执纪问责工作。

（三）提高工作标准，做实基础工作。坚持和深化“五账工作法”，做好线索处置台账、扶贫项目监督工作台账、问题整改台账等基础性工作，规范党风政风监督信息统计系统填报。要充分利用以上台账和系统形成的大数据优势，综合分析研判，加强工作指导。

（四）增强发现问题能力，多渠道收集问题线索。驻省委办公厅、省政府办公厅、省发改委、省财政厅、省农业厅（扶贫办）、省审计厅等有关部门纪检组要将本部门涉及扶贫领域的专项检查、督查、审计以及日常工作中发现的问题线索及时抄送省纪委党风政风监督室。省纪委信访室每月除将群众身边腐败问题台账报送党风政风监督室外，须将其中的扶贫领域具体问题线索一并抄送；纪检监察室工作中发现的涉及扶贫领域问题线索，同时抄送党风政风监督室。

（五）强化问责工作，层层压实责任。对扶贫领域腐败问题频发，或者对突出问题整治不力、走过场以及查处问题不认真、责任处理不到位等问题，要严肃追究有关党委、纪委的责任。职能部门对职责范围内的严重违纪违法问题应发现未发现，以及发现后不报告、不移送的，也要严肃问责。

中共山西省纪律检查委员会
关于四起落实全面从严治党主体责任不力被问责典型问题的通报

晋纪通〔2016〕5号

为进一步夯实管党治党政治责任，督促我省各级党组织和党的领导干部增强担当意识，切实履职尽责，现将近期查处的4起落实全面从严治党主体责任不力被问责典型问题通报如下。

一、山西能源交通投资有限公司党委委员、副总经理兼物产集团党委书记、董事长荣建民，党委委员、纪委书记、董事赵铁贵因下属三个公司发生严重违纪问题被问责。2016年2—5月，物产集团民丰公司董事长、党委书记、纪委书记、总会计师等6人，进出口公司原总经理等4人，木材公司原总经理，共11人分别因挪用公款、给企业造成重

大损失等原因受到党政纪处分。2016年5月，因履行主体责任和监督责任不力，荣建民和赵铁贵均受到党内警告处分。

二、运城市公安局调研员张立强因原单位人员严重违纪违法问题被问责。2013年至2015年间，临猗县公安局法制室原主任陆某以各种名义向本局部分民警和有关社会人员借款300余万元，大部分借款期满未还；2015年1月起，陆某未缴纳党费、未参加党的组织生活，且无法联系。根据《中国共产党章程》第一章第九条之规定，2015年11月16日陆某被所在党支部除名；根据《行政机关公务员处分条例》第十九条第七款之规定，2015年12月1日陆某被开除公职。目前，公安机关正在对陆某诈骗案立案侦查。2016年5月，因履行主体责任不力，运城市公安局调研员、时任临猗县公安局党委书记、局长张立强受到党内警告处分。

三、石楼县卫计局局长温建宏等人因下属单位长期违规使用办公用房问题被问责。石楼县卫计局下属罗村镇卫生院先后两任院长刘某、梁某长期超标准使用办公用房。刘某、梁某分别受到党内严重警告处分。2016年5月，因履行主体责任和监督责任不力，石楼县卫生系统党总支书记、原卫生局局长史建平，卫计局局长温建宏和纪检组长王文珍均受到党内警告处分。

四、山西煤炭运销集团益德煤业有限公司党支部书记、董事长路庆威，纪检书记王旭亮因单位人员违规使用公车问题被问责。2016年元旦期间，经路庆威同意，该公司董事杜某驾驶公车回乡过节并报销相关费用共计4000元。杜某受到党内严重警告、行政记大过处分，并退赔公车私用全部费用。2016年3月，因履行主体责任不力，路庆威受到党内警告处分；因履行监督责任不力，王旭亮被诫勉谈话。

以上4起典型问题，尽管情节不尽相同，但问题发生的原因，根本在于本地区本部门党的领导弱化，党委（党组）缺乏担当意识，管党不力、治党不严。对这4起典型问题的严肃处理再次说明，有权必有责、有责要担当、失责必追究。各级党组织和领导干部必须从中汲取教训，引以为戒，强化责任意识，激发担当精神，在思想认识、方法措施上紧跟中央部署，真正把管党治党的政治责任扛在肩上、落实到位。

全省各级党组织要牢固树立政治意识、大局意识、核心意识、看齐意识，自觉向以习近平同志为总书记的党中央看齐，较真碰硬，切实履行全面从严治党主体责任，用实际行动诠释对党忠诚。各级党员领导干部特别是主要负责人要强化对党员干部的日常管理，抓早抓小、动辄则咎，对各种歪风邪气要敢抓敢管、坚决抵制，切实维护党规党纪的严肃性和权威性，真正把纪律立起来、严起来。要认真学习贯彻《中国共产党问责条例》，把问责作为全面从严治党的重要抓手，坚持"一案双查"，坚持有责必问、问责必严，通过问责倒逼责任落实，使管党治党真正从宽松软走向严紧硬。

中共山西省纪律检查委员会

2016年7月28日

中共山西省纪委办公厅
关于2017年元旦、春节期间开展监督检查的通知

晋纪办发〔2016〕18号

各市纪委、监察局，省直纪工委，省纪委各派驻纪检组：

2017年元旦、春节将至，为深入贯彻落实中央八项规定精神、纠正"四风"，现就"两节"期间开展监督检查有关事项通知如下：

一、监督检查时间

2017年1月1日至2月12日。

二、监督检查方法

全省各级纪检监察机关采取自查和上级检查相结合、普遍检查和重点抽查相结合的方式进行。

（一）自查

全省各级纪检监察机关根据要求采取明察暗访、个别谈话、随机抽查、接受举报、查阅账目等方法自行组织开展监督检查。各市、县（市、区）、乡（镇）纪委，省直各单位纪检监察机关分别负责本地区、本单位、本系统的监督检查；各省属国有企业、高校、金融机构纪检监察机关分别负责对本机关及所属管理单位的监督检查。

（二）明察

相关纪检监察机关联合财政、审计等部门抽查部分单位财务账目；借助当地税务部门对大型商场（超市）、高档酒店、大型娱乐场所、烟酒（食品）专卖店、礼品商行等重点场所例行巡查进行检查；到已经实行车改单位检查封存情况，未实行车改的单位检查节日封存情况；联合房产管理部门检查领导干部办公用房面积等。

（三）暗访

相关纪检监察机关借助公安、工商等部门治安、经营证照的检查，暗访党员领导干部在私人会所聚餐情况；借助交警部门监控点录像，检查公车私用情况；借助旅游、文物等部门节日旅游检查，暗访利用职权接受免费接待等

问题。

（四）督导

各级纪检监察机关通过查阅相关资料，核对数据台账、询问了解相关情况等方法，督促指导各地区各部门各单位节点开展纠正“四风”工作情况。

三、监督检查重点及内容

结合本地区本部门本单位实际和平时掌握情况，针对易发多发的重点领域和薄弱环节，自行确定监督检查的重点。

（一）对贯彻落实中央八项规定精神情况进行督促检查

1.节点期间贯彻中央八项规定精神和纠正“四风”工作的主体责任落实情况；2.纪委（纪检组）两节期间开展监督检查的情况；3.联动协作重点部门监督检查发现“四风”问题线索等情况；4.“四风”随手拍接受监督举报及办理等情况。

（二）对可能存在的“四风”问题进行检查

针对元旦春节假期特点及当前出现的“四风”隐性变异新动向新表现，重点检查以下8个方面的内容：

1. 公款购买赠送年货节礼、违规收送礼品礼金问题。

重点检查：公款购买赠送烟花爆竹、烟酒等年货节礼；公款购买、印制、邮寄、赠送贺年卡、明信片等物品；公款购买、赠送充值卡、有价证券和各种支付凭证；利用现代物流快递、以礼品册和提货券代替实物商品、利用电子商务提供微信红包、电子礼品预付卡等隐匿手段进行公款送礼等违规问题。

2. 公款搞联谊宴请、部门之间走访送礼等问题。

重点检查：以总结会、团拜会、联欢会、同乡会、校友会、战友会等名义，用公款搞各种名目的走访联谊等活动；以部门之间对接工作、走访名义，用公款搞所谓的“慰问”活动等违规问题。

3. 年底突击花钱，违规发放津补贴等问题。

重点检查：巧立名目违规发放各类津贴补贴；接受下级单位、管理服务对象发放的奖金；违规向关联单位（企业）转移好处，再由关联单位（企业）以各种名目给机关职工发放津贴补贴；为单位领导、财务人员等特殊群体报销应由个人支付的各类费用；擅自提高奖金标准、扩大奖励范围等问题。

4. 违规配备使用公务用车问题。

重点检查：执行节假日公车封存制度情况；以各种名义借用、调用、换用下属单位、国有企事业单位、管理服务对象、有可能影响公正执行公务的个人车辆的问题；公车私用、私车公养等问题。

5. 违规公款吃喝、接待问题。

重点检查：转移到单位食堂、农家乐，以及公款雇人做饭、吃喝玩乐；通过单位食堂下账，购买数额较大的高档烟、酒、茶，以及为单位报销违规接待费用；向各类酒店以会议费等形式拨付资金，变相接待；将大额消费拆分开具发票，“化整为零”逃避检查等问题。

6. 公款国内、出国境旅游（利用公权力旅游）问题。

重点检查：以培训、开会等工作为名故意延长时间和绕道公款旅游；利用职权由私营企业主安排、费用转嫁到下属单位或企业等形式的旅游；接受可能影响公正执行公务的旅游、健身、娱乐活动；个人及家庭旅游时，利用公权力让旅游地（点）免门票、免费提供食宿、提供车辆服务等问题。

7. 大办婚丧喜庆事宜。

重点检查：将宴席化整为零，采取分批次、分地点、故意错开数天或数周，变相大操大办；只收礼不办酒席；大办谢师宴、升学宴等问题。监督检查原则不到酒店现场。

8. 楼堂馆所违规问题。

重点检查：弄虚作假超标准、超面积使用办公用房的各种变异形式，比如：在房间多放桌椅，伪装成多人一起办公，实际只有领导干部一人办公；分割房间作为走廊或会客室，却“名不副实”，造成“二次浪费”等问题。

四、工作要求

（一）突出监督检查效果。坚持教育在先、警示在先、预防在先，充分运用中央纪委和省纪委通报的典型案例，做好警示教育。要结合实际制定工作方案，精心组织检查，抽调财务、审计人员对未覆盖到的单位进行重点检查，着力发现“四风”典型问题，以滴水穿石、锲而不舍的韧劲，把纠正“四风”工作往深里抓、往实里做。

（二）强化联动协作机制。各地区各部门各单位严格按照省委《关于加强联动协作全面监督“四风”问题的工作方案》，充分发挥联动协作部门的职能作用，在业务工作检查中主动发现“四风”问题线索，并按照程序和规定逐级报送。省级联动协作13个重点部门于2017年2月13日前，将两节期间发现的“四风”问题线索径报省纪委党风政风监督室。

（三）严肃责任追究。各级纪检监察机关要加强对中央八项规定精神落实情况的监督检查，督促各级党委（党组）落实主体责任，加强“两节”期间的教育引导，对有令不行、有禁不止的党员干部，要依纪依规依法严肃处理并追究责任。对问题严重、造成恶劣影响的，不仅要处理违纪者本人，还要追究相关领导责任。

（四）及时总结分析。要针对少数党员干部违纪行为趋于隐匿，一些地方和单位工作措施不得力，一些制度操作性不强、约束力不够等问题，深入分析原因，研究提出对策。各级纪检监察机关要进一步创新工作方式方法，深挖细查“四风”隐性变异问题，仔细甄别，善于发现，及时查处。各市纪委、监察局，省直纪工委，省纪委各派驻纪检组要将开展监督检查工作情况形成书面报告，于2月13日前报送省纪委党风政风监督室。

中共山西省纪委办公厅

2016年12月13日

（二）纪检工作综述

2016年山西省党风廉政建设和反腐败斗争综述

2016年以来，全省各级党组织深入学习贯彻党的十八届六中全会精神和习近平总书记系列重要讲话精神，致力在全面从严治党、严格执行党规党纪上“先走一步”，坚决贯彻落实省委“一个指引、两手硬”重大思路和要求，把握“巩固、深化、提高”方针，强化管党治党政治责任，加快全面构建良好政治生态，持续保持反腐败斗争压倒性态势，为开创各项事业新局面提供了有力保证。在中央纪委和省委领导下，全省各级纪检监察机关牢固树立“四个意识”，认真落实“两个责任”，聚焦监督执纪问责，深入开展正风反腐工作。特别是换届后，新一届省纪委常委会坚持把学习贯彻党的十八届六中全会和省第十一次党代会精神作为首要政治任务，围绕中心、服务大局，高点定位、实点用力，忠实履行党章赋予的职责，不断引深党风廉政建设和反腐败斗争，为全面建成小康社会，不断塑造美好形象、逐步实现振兴崛起提供了重要纪律保证。

一、深入贯彻中央和省委决策部署，全力抓好深化监察体制改革试点相关工作

2016年10月，中央将山西确定为深化监察体制改革试点地区之一。省纪委在省委和省深化监察体制改革试点工作小组的领导下，全力以赴担好专责，精心组织，细致谋划，扎实做好试点方案的组织实施和任务落地。统一思想，凝聚改革共识。省委常委、省纪委书记、省深化监察体制改革试点工作小组副组长、办公室主任任建华同志及时召开省纪委常委会进行专题学习研究，并在省纪委十一届一次全会上作了专门部署，要求各级纪检监察机关和广大纪检监察干部，站在政治和全局的高度看待改革，把思想和行动统一到中央精神和省委部署要求上来。成立机构，精心组织实施。按照省试点工作小组的要求，从省纪委监察厅、省检察院等机关抽调专门力量，在工作小组办公室内设立综合组、法律组、组织组和市县指导组，明确了职责、压实了责任。任建华同志多次主持召开座谈会，摸清相关情况，研究推进工作，抓好任务落实。目前，办公室内设各工作组都按照各自职责有序开展工作。精心研究，制定实施方案。根据中央《通知》精神和《试点方案》要求，贯彻王岐山同志在山西视察调研精神，精心研究制定《山西省深化监察体制改革试点工作（第一阶段）实施方案》，对工作原则、目标任务、方法步骤、工作要求、保障措施等各方面的工作作了进一步的细化和完善。加强沟通，形成工作合力。省纪委和省检察院密切沟通配合，全省纪检和检察院两个系统的编制、人员、职能、案件量等情况已基本摸清，对涉改人员的思想状况已总体掌握，为推进改革提供了坚实基础。坚持标准，严格纪律要求。在全省纪检监察机关严明党的纪律，加强思想政治工作，确保人心不乱、工作不断，确保反腐败力度不减、节奏不变。

二、积极协助省委落实主体责任，各级党组织管党治党政治责任明显强化

省委坚决扛起主体责任，统揽全局、领导有力，及时研究解决正风反腐重大问题。省委主要领导坚持以上率下，带头担好全面从严治党主责、首责、全责，召开全面构建良好政治生态推进会。省委书记专题会议及时听取巡视情况汇报，逐个研究落实整改巡视发现的问题。省纪委认真履行监督责任，协助省委准确把握全面从严治党面临的形势和推进方向，及时研究解决正风反腐重大问题。先后向省委提交扶贫领域、领导干部家风等方面的重点分析报告，配合省委全面督查“两个责任”落实情况，限期整改发现的问题。组织部分市委书记、市政府党组书记及省直部门、省管国有企业、高等院校党委（党组）书记向省纪委全会述纪述廉述作风述责任，强化责任担当。严明换届纪律，落实“九个严禁”，严格廉政审查，做好党员领导干部党风廉政意见回复和党委、纪委书记签字确认工作，为全省换届提供纪律保障。加大问责力度，倒逼责任落实。全省有1401名领导干部因落实“两个责任”不力被问责，其中厅级干部13名、处级干部150名。

三、减存量遏增量，切实加大正风反腐工作力度

在中央纪委和省委的领导下，认真落实“既抓严肃惩治，又抓教育引导，总体压茬推进，稳步转入常态”的工作方略，下功夫减存量遏增量。坚持把党的十八大后不收敛不收手，问题严重、群众反映强烈，现在重要岗位可能还要提拔使用的党员领导干部作为纪律审查重点。严肃查处了省新闻出版广电局党组书记、局长齐峰，省煤炭厅党组成员、副厅长杨茂林，垣曲县委书记史凯等腐败分子。全省各级纪检监察机关共立案15983件，结案15817件，处分16762人，移送司法机关322人。认真贯彻党的“惩前毖后、治病救人”方针，因势利导，综合施策，积极教育帮助有问题干部主动讲清纠正问题，综合考虑问题性质、认错态度和现实表现等

因素，稳妥处理，为能够认清问题、真诚悔错、积极工作的干部提供机会和平台，使有问题的干部相信组织、依靠组织，既受警醒，又满怀希望，为推进党的事业聚集了更多正能量。

四、坚决落实中央八项规定精神、狠刹“四风”，作风建设取得新进展

把落实中央八项规定精神作为全党必须遵守的政治纪律，紧抓不放、一寸不让。出台《关于加强联动协作全面监督“四风”问题的工作方案》，统筹协调十多个有关职能部门，充分发挥行业特点优势，紧盯“四风”易发环节、多发部位与重要节点和隐形变异问题，深挖“四风”问题线索，严肃查处违纪行为。狠抓领导干部这个“关键少数”，从严查处，强化震慑，不断释放越往后执纪越严的强烈信号。全省共查处违反中央八项规定精神问题1710件，处理2424人；全省共通报曝光违反中央八项规定精神问题921起1632人，释放出越往后越严的强烈信号。

五、不断强化政治巡视，率先实现全覆盖，震慑、遏制和治本效应凸显

创新思想观念，坚持政治巡视定位，聚焦全面从严治党，制定出台《深化政治巡视25条》，从政治上考量实行年薪制的国企党员干部不按规定标准少交党费的问题，督促22家省属国有企业党员领导干部补缴党费8930.7万元。创新组织管理，制定出台《“一长两员三库”建设管理办法》，从纪检、组织、审计等部门抽调人员组建巡视组长库、工作人员库、专业人员库。创新方式方法，实施常规巡视、专项巡视、对村巡察“三剑齐发”。创新巡视宣传，直指问题，加大压力，倒逼整改，增强震慑效应；创新成果运用，建立捆绑责任机制，实施巡视意见“双反馈”、巡视整改“双责任”、整改情况“双报告”、整改报告“双审核”、整改结果“双公开”的“五双”工作模式。2016年上半年山西省在全国率先实现全覆盖。全面铺开市县巡察。巡视、巡察发现问题、形成震慑的作用得到充分发挥。

六、着力解决群众身边的不正之风和腐败问题，基层党风廉政建设得到进一步加强

深化以县、乡纪委为主体，市纪委一线督办，省纪委统筹督导的工作机制，按照省市县乡四级纪委建账、对账、查账、销账、交账“五账工作法”，上下联动，推进工作，着力解决群众反映强烈的问题。加强扶贫领域监督执纪问责，在全省首批选择28个县重点推进，坚决遏制扶贫领域不正之风和腐败现象。严格依纪依规开展纪律审查，及时发现并纠正个别基层单位监督执纪尺度把握不准的苗头和倾向。省纪委对37件典型案例进行公开通报曝光。

七、准确把握运用“四种形态”，全面构建良好政治生态迈出重要步伐

坚持把“四种形态”作为全面从严治党的重大举措来抓，着重在运用第一种形态上下功夫，努力使谈话提醒、函询诫勉、红脸出汗成为常态。在强调第一种形态的同时，不放松第二、三、四种形态，尤其是严肃查处不收敛不收手的“极极少数”，切实维护纪律的严肃性。坚持具体情况具体分析，实事求是地实施“四种形态”之间的转化。坚持在发案单位党组织领导成员会上宣布纪律处分，让与会人员把自己摆进去，剖析原因，查找问题，提出整改措施，努力取得惩治极少数、教育警醒大多数的政治和社会效果。

八、扎实推进纪律检查体制机制改革，自身建设得到切实加强

聚焦监督执纪问责，持续深化“三转”。派驻机构全覆盖调整方案正在组织实施。全省各县（市、区）全部完成了县级纪委内设机构改革任务。认真组织开展“三严三实”专题教育和“两学一做”学习教育，开展“学思践悟·岗位练兵”，大力提升队伍素质。省市县乡纪委换届圆满完成。努力建设忠诚担当型、团结进取型、清正廉洁型的“三型”班子。坚持信任不能代替监督，从省纪委机关抓起，以上率下、自上而下，严立规矩、严守纪律、严抓管理、严格监督。出台《过问干预监督执纪问责工作的报告备案规定（试行）》，规范纪律审查涉案款物管理，健全完善线索处置集体研判、谈话函询工作程序等制度，拓展审理监督的内涵和外延，探索监督、执纪分离机制，强化权力制约，严格依纪依规文明执纪。坚持以零容忍态度清除害群之马，防止“灯下黑”。全省共立查纪检监察干部违纪案件137件，处分152人，教育了干部，纯洁了队伍，树立了纪检监察干部忠诚干净担当的良好形象。

（李　鹏）

省委工作部门工作概况

省委办公厅工作概况

省委秘书长　罗清宇

2016年，省委办公厅在省委的坚强领导下，认真贯彻“一个指引、两手硬”重大思路和要求，深入贯彻骆惠宁书记对办公厅工作的“四点希望”，全面贯彻落实全国和全省党委秘书长会议精神，主动对标中办，积极履职尽责。省第十一次党代会前，王伟中同志主持办公厅工作，提出“讲政治、谋大事、强能力、建机制、转作风”的要求。省委换届后，罗清宇同志主持办公厅工作，提出“讲政治、讲责任、讲纪律、讲作风、讲奉献、讲团结、讲形象”的新要求。厅领导班子团结带领全厅广大干部职工，着力提高“三服务”水平，全力推动中央和省委重大决策部署贯彻落实，为不断塑造美好形象、逐步实现振兴崛起作出了积极贡献。

一、加强思想政治建设，坚持正确政治方向

加强思想政治建设，是全面从严治党的首要任务，是做好办公厅工作的重要保证。省委办公厅深入扎实开展“两学一做”学习教育，坚持厅中心组带头、各支部跟进、覆盖所有党员，组织厅中心组集体学习研讨12次、“学习大讲堂”4场，深入学习党章党规和习近平总书记系列重要讲话精神，认真开展“四讲四有”专题学习讨论，开展党章党规知识竞答，举办“做合格共产党员、做合格办公厅人”主题演讲比赛。认真学习贯彻十八届六中全会精神，学习和践行《关于新形势下党内政治生活的若干准则》和《中国共产党党内监督条例》，把严肃党内政治生活贯穿到办公厅工作的方方面面。牢固树立“四个意识”特别是核心意识、看齐意识，更加紧密地团结在以习近平同志为核心的党中央周围，在思想上拥戴核心，在政治上维护核心，在行动上紧跟核心，确保办公厅干部队伍始终听党指挥、对党绝对忠诚，做到任何情况下政治信仰不变、政治立场不移、政治方向不偏。省委办公厅及时传达、深入贯彻省第十一次党代会精神，深刻领会骆惠宁书记提出的治晋理政总方略总要求。认真学习贯彻习近平总书记和栗战书同志对党委办公厅工作的重要指示精神，学习贯彻全国和全省党委秘书长会议要求部署，学习贯彻骆惠宁书记对省委办公厅的“四点希望”和罗清宇秘书长“七个讲”要求，教育引导全厅党员干部进一步坚定理想信念，加强党性修养，坚决贯彻执行中央和省委的要求部署，以实际行动当好省委的“坚强前哨”和“巩固后院”。

二、围绕省委要求部署和全省中心工作履职尽责

一是精心组织协调，为开好省第十一次党代会搞好服务。省委办公厅把筹备和开好省第十一次党代会作为全年工作的重中之重。按照省委部署，在骆惠宁书记直接领导下，组织起草党代会报告，经过深入调查研究，多次进行修改，征求各方意见，省委集体讨论，顺利完成报告起草任务。报告坚持以习近平总书记系列重要讲话精神为指引，顺应全省人民群众期待，实事求是总结过去五年工作，珍惜来之不易的良好局面，为山西未来发展指明了方向，标志着对山西省情特色和发展规律的认识达到了新的高度，既展示了学习贯彻习近平总书记系列重要讲话精神的新成果，又是对深入学习贯彻习近平总书记系列重要讲话精神的新动员，受到全体代表和社会各界的好评。积极做好会议组织协调和服务保障，累计推演会议流程120项，完善细

节230个，分解任务800人（次），高强度、高质量完成文件证件印制分发工作，协调组织、新闻、生活等各组圆满完成党代会各项服务工作。会议期间，罗清宇秘书长亲自指挥，实地检点查看，确保了大会各项活动无缝衔接、有序进行。

二是坚持以文辅政，努力当好省委参谋助手。把为省委搞好政务服务摆在突出位置，优化机构设置，充实工作力量，强化分领域负责、分板块研究，实行全方位配合、高层次统筹。在重要文稿起草中，深入阐释省委“一个指引、两手硬”重大思路和要求，全面阐述省委治晋理政新理念新思想新战略，组织起草省委十一届一次全体会议、省委十一届二次全体会议暨经济工作会议、省十二届人大六次会议等重要会议文稿。全年共起草、修改、整理各类文稿530余篇、280余万字。充分发挥信息工作服务党委决策功能作用，全年编发《山西信息》1566期、调研报告80期；向中办报送信息1139篇，中办采用100余篇，中央领导批示30余件。扎实开展网民留言办理工作，落实反馈网民留言2783件，荣获人民网“全国网民留言办理工作先进单位”和“网民留言办理工作10周年贡献奖”。

三是认真安排部署，切实保障省委高效运转。圆满完成党和国家领导人来晋考察重大服务保障任务，组织召开全省性会议170余次，组织省委常委活动300余次，安排保障省委领导调研考察活动100余次，办结各地各部门请示报告140余件。制定完善《十一届省委全会工作规则》《十一届省委常委会工作规则》《省委书记专题会议工作规则》，精简省委议事协调机构53%。召开全省党委秘书长会议，出台《关于加强和改进党委办公厅（室）工作的若干意见》，进一步规范了各方面的制度和程序。制定《关于加强值班应急和突发事件信息报告工作的通知》，着力解决值班信息报告迟慢、程序不当等问题。协助省委妥善处置突发事件，办理省级领导、各市各部门各单位主要负责同志外出报备。积极向中办汇报工作、争取支持，坚持省级班子秘书长联席会议制度，加强对市县和省直相关部门的业务指导。

四是强化督查督办，努力推动各项工作落实。充分发挥督查对抓落实的促进作用，根据省委安排，制定《关于落实省十一次党代会报告目标任务的责任分解方案》，分解目标任务109项；制定《关于制定国民经济和社会发展第十三个五年规划的建议重要举措分工方案》，分解任务122项；制定《中共山西省委常委会2016年工作要点任务分解方案》，分解任务67项。认真抓好中央和省委主要领导同志关注事项的督查督办。创新督查方法，实施督查“报告+清单”制度。全年开展决策督查9次、专项督查调研5次，督办落实省委常委会议议定事项40项、领导批示交办事项33件，办结政协提案66件，提案单位和提案委员均表示满意或基本满意。加强厅内督查，推动秘书长班子各项决议决定的落实。

五是严格公文办理，全力保障中央和省委政令畅通。改进发文审核，提高发文质量，印发省委和省委办公厅文件405件、其他文件31件。加强党内法规制度建设，审核制定党内法规23部，向中央报备法规文件66件，完成各级各部门规范性文件审查备案工作，举办全省党内法规专题研讨班。规范发文立户，提高文件收发管理水平，做好领导批示件落实反馈工作，全年办理来文来电866件，传递分发文件资料100余万份。完成机要交通信息化试点建设，安全收投件5000余件，连续24年无事故，被中办交通局评为业务考核优秀单位。加强文书档案管理，方便查阅使用，谋划数字化建档工作。把保密要求纳入文件管办全过程，细化涉密人员分类，严格计算机等保密设备管理。

六是强化责任意识，提升综合服务保障水平。将全天候、全方位服务理念贯穿后勤工作全过程。加强机关大院规划管理，注重提升文化品位，整顿人员和车辆通行秩序，组织实施路面重铺、廊亭水系改造、园林绿化种建养管、门禁和车辆智能识别系统完善等工程。严格财务管理，强化审计监督，不断提升财务管理科学化水平。严格办公用品采购，核实登记固定资产使用配备情况，完成会议室服务保障任务。落实老干部待遇，从家访慰问等入手，用心用情做好老干部工作。彭真纪念馆发挥教育示范基地作用，全年接待参观纪念人数28.6万余人次。强化创新服务，推动食堂、洗理实行“一卡通”。餐饮、文印积极向外拓展业务，文秘培训职能得到进一步发挥。幼教坚持安全第一，提高教学质量，继续创优品牌。全面完成机关车改，提升应急机动车服务能力，认真谋划事业单位车改。卫生保健注重改善医疗条件，提供优质体检和医疗服务。

七是加强指导监督，扎实推动厅管单位工作。认真贯彻落实中央对台工作会议精神，深化晋台经贸文化交流，打造“华夏文明看山西”交流品牌，成功举办“海峡两岸神农炎帝文化交流活动”，积极组织考察恳谈，推动项目签约落地。加强涉台事务管理，指导开展群众性涉台教育，依法维护台胞权益。罗清宇秘书长主持召开新调整后的省委保密委员会第一次全体会议，组织制定《关于贯彻落实〈中共中央关于加强和改进保密工作的意见〉的实施意见》，积极开展保密宣传教育，加强涉密网络测评和信息监管，严格保密资格审查和资质认证，严肃查处泄密案件，加强保密科技创新，确保党和国家秘密安全。制定印发《山西省党政机要密码工作“十三五”规划》，升级改造全省党政机要密码通信网络和电子政务内网，统筹抓好“603”项目、全省电子文件交换系统、党委视频会议系统建设，被中办机要局评为业务考核优秀达标单位。严格执行中央和省委关于改进公务接待工作的各项规定，完善接待制度，严肃工作纪律，严格审核经费支出，务实节俭搞好接待，积极宣传展示山西良好形象。

三、加强自身建设，树立良好形象

一是加强干部队伍建设。着眼于更好地为省委服务，优化整合内设机构，厘清理顺工作职能。完善年度目标责任考核办法。抓好党务培训和法规、机要、保密等专项培训。坚持正确选人用人导向，统筹抓好不同层级干部选拔使用，加强厅内干部交流轮岗。积极参加领导干部对口联系民营企业和万名干部入企服务活动。

二是夯实基层基础工作。把“三基”建设作为支部党建的重要抓手，制定基层党组织书记主体责任清单，认真排查党员组织关系，规范党费收缴，开展党建检查考核，落实“支部建在处室”要求，44个基层党组织完成换届、新设、分立调整等工作。

三是严明纪律作风。厅主要领导切实履行第一责任人职责，对有关人员进行诫勉谈话，并作出组织处理。与新提任领导干部集体谈话。针对驻厅纪检组反馈的问题建议，组织有关处室单位认真查找廉政风险点，全厅层面研究提出8项整改举措，制定《党风廉政建设专题研究制度》等5项制度，及时堵塞制度漏洞。

四是积极开展精神文明创建活动。落实中央和省委群团工作会议精神，充分发挥机关工会、共青团和妇联作用，不断丰富干部职工文化体育生活，组织参加省直机关纪念红军长征胜利80周年朗诵比赛，积极筹建省委办公厅学雷锋志愿服务队，倡导全厅党员干部积极参加“送温暖、献爱心”等社会捐助活动。扎实开展法治宣传教育，被中宣部、司法部、全国普法办表彰为“六五”普法先进单位。

五是深入推动下乡扶贫工作。抽调5名同志组建2016年驻村帮扶工作队，派出7名同志担任农村“第一书记”。积极争取项目资金，大力发展光伏发电和种植养殖产业，加强道路交通基础设施建设，精准实施便民惠民工程，完成帮扶点从沁县到临县的调整交接工作。

厅领导班子高度重视自身建设，自觉与以习近平同志为核心的党中央保持高度一致，带头贯彻落实中央和省委重大决策部署；加强理论武装，带头参加中心组理论学习；坚持党的民主集中制，形成团结奋进、干事创业氛围；严守党的纪律规矩，坚持廉洁自律；带头弘扬求真务实、雷厉风行的作风，身先士卒参与省委重大工作任务保障，提高工作质量和效率，努力为全厅党员干部作出表率，为做好办公厅各项工作提供坚强保证。

（刘　斌　朱颖杰）

附：省委秘书长、常务副秘书长、副秘书长、省委办公厅主任、副主任名单

省委常委、秘书长：王伟中（11月离职）
罗清宇（11月任职）

省委常务副秘书长、省委办公厅主任：
姜新文（9月离职）
张瑞鹏（9月任职）

省委副秘书长、省委政策研究室主任：
李福明（9月离职）
王利波（9月任职）

省委副秘书长、省委省政府信访局局长：李体柱

省委副秘书长、省委防范办主任：冯　征

省委副秘书长、省委农村工作领导组专职副组长：
王　纯（9月离职）

省委副秘书长（正厅长级）：储祥好（10月任职）

省委副秘书长（正厅长级）：宋　伟（9月任职）

省纪委驻省委办公厅纪检组组长：张建华

省委副秘书长：毛益民

省委办公厅副主任：曹荣湘　宋惠民

省委组织部工作概况

省委组织部部长　盛茂林

2016年，山西省各级组织部门深入学习贯彻习近平总书记系列重要讲话精神，在中组部指导和省委领导下，按照全国全省组织部长会议精神、省委“一个指引、两手硬”重大思路和要求、省第十一次党代会精神，以落实全面从严治党要求为主线，把握大局大势，突出工作重点，聚焦主业、精准施策，埋头苦干、奋力拼搏，推动干部、组织、人才、自身建设等各方面工作取得积极成效。

一、扎实开展“两学一做”学习教育，推动学习教育融入日常、抓出实效

认真贯彻中央和省委安排部署，按照“全覆盖、常态化、重创新、求实效”要求，在“学”为基础、“做”为关键上狠下功夫，推进学习教育在全省12.6万个基层党组织、241.6万名党员中同步开展。一是突出领导带头。省委常委会集体审议《实施方案》，定期研究推进情况。省委常委同志始终坚持“九个带头”，以上率下，树标立规。省委书记骆惠宁同志到任不久，就专题听取全省学习教育情况汇报，作出了“五个坚持”的重要指示。11月8日，新一届省委中心组召开学习会，把《关于新形势下党内政治生活的若干准则》作为第一次学习内容，集体交流学习体会。全省各级党组织和党员领导干部以高度的政治自觉投身学习教育，形成上行下效、整体联动效应。二是突出真学实学。全省各级党组织和广大党员坚持把习近平总书记系列重要讲话作为各项工作的指针，着力在真学、深学、实学上下功夫。累计举办2960期培训班，培训基层党务骨干20余万人次。各级党组织围绕“四讲四有”普遍开展专题研讨。各级党组织围绕“六个如何”“八个进一步”，

以“学习贯彻系列讲话，解决若干突出问题”为主题，层层组织开展了学习交流。10月15日，省委在右玉召开了“学以致用，以用促学，把学习贯彻习总书记系列重要讲话精神引向深入”学习交流会，重温了习总书记关于“右玉精神”的重要指示并进行了现场观摩，进一步坚定了对习总书记系列重要讲话的真诚信仰和认真践行。三是突出解决问题。各级党组织牢固树立鲜明的问题导向，聚焦基层党建突出问题，着力补齐基层党建“短板”。经过深入细致排查，已查找到失联党员76022名，纳入组织管理65502名；排查清理“五类人员”17460名，已处分处理16194名，占93%；排查未按期换届基层党组织12977个，已整改10231个，占79%；全省85867个党支部已完成党费自查自改，占支部总数的75%。四是突出典型引领。以纪念建党95周年为契机，对全省100名优秀共产党员、100名优秀党务工作者和199个先进基层党组织进行表彰。深入挖掘、广泛宣传李培斌同志先进事迹，充分发挥典型的引领示范作用。五是突出严督实导。坚持常态化督查和随机调研相结合，组成督查调研组对学习教育推进情况开展督查调研，定期了解各地各单位推进情况。各地各部门对学习教育进行回顾检视，发现问题列出清单，认真抓好整改。六是突出成效转化。坚决贯彻十届省委第219次常委会议精神和全省市级经济发展推进会精神，组织开展万名干部入企服务工作，选派14477名党员干部深入4580家企业一线，以严实作风为企业排忧解难，各级入企服务小组摸查企业反映的问题8812个，已解决和承诺办结问题8278个，问题解决率达93.94%。

二、以换届为契机进一步狠抓从严治吏，旗帜鲜明地树立正确用人导向

坚定不移落实好干部标准，充分发挥党组织领导和把关作用，严格按制度规矩办事，坚决防止“带病提拔”，一大批忠诚干净担当的好干部被选拔任用到各级领导岗位。一年来，省委常委会研究任免干部1076人次，其中提拔重用450人。特别是圆满完成了省市县乡四级领导班子换届，涉及5416个班子，近2万名干部，整个过程平稳有序、风清气正，总体实现了“绘出好蓝图、选出好干部、配出好班子、换出好面貌”的预期目标。基层干部群众普遍反映，这次换届工作成效最实、纪律最严、风气最好。一是坚持和加强党的领导。各级党委高度重视换届工作，全面落实从严治党要求，充分发挥党委统揽全局、协调各方的作用，切实履行主体责任。省委多次召开常委会议，专题研究部署换届工作，骆惠宁同志专题听取换届工作情况汇报，组织召开常委会议研究换届事宜，并与新任县委书记进行集体谈话。省委常委、组织部长盛茂林同志就换届工作先后赴11个市、48个县进行深入调研。各级党委充分发挥领导核心作用，党委书记均担任了换届工作领导小组组长。二是围绕事业发展优化领导班子配备。各级组织部门提前开展分析研判，广泛开展谈心谈话，反复酝酿人事安排初步方案，确保选优配强各级领导班子。全省提拔重用了一批优秀县委书记和优秀乡镇党委书记，围绕脱贫攻坚为沿黄贫困地区选配了一批熟悉农业、水利、林业的专业干部，统筹掌握使用了一批“长江学者”“百千万人才工程”干部，注重从省直、高校等单位为地方选配优秀干部，选派了44名科技挂职副县长和19名金融挂职副县长。换届后各级领导班子经历、学历、专业等方面结构得到进一步优化。市县两级领导班子中有下一级党政正职经历的干部占到38.6%，乡镇领导班子具有2年以上乡镇工作经历的干部占到90.5%。三是坚决防止干部“带病提拔”。严把代表委员入口关，严格落实中央明确的十种不得提名为代表委员情形，建立代表委员推荐提名人选联审制度，总体上把握“三看”，即看有没有问题、看有没有代表性、看履职能力如何。扎实开展“六查”，认真落实中央“凡提四必”要求，全省共查核干部档案2.9万人次，征求有关部门意见2.4万人次，查核个人有关事项报告2.2万人次，有449人被取消选拔或提名资格。改进推荐考察，突出党组织的领导把关作用，全面推行先个别谈话推荐后会议推荐的方式，有效防止简单以票取人。四是大力推进干部能上能下。认真贯彻中央《规定》和我省《实施细则》，结合换届进行有益探索。对符合继续提名年龄条件，但群众口碑不好、工作不在状态或确属人岗不适的干部坚决调整，积极营造能者上、庸者下的干事创业氛围。换届中共调整不适宜担任现职领导干部98名，其中，厅级干部9名，县委书记13名，其他处级干部20名，科级干部56名。五是严格纪律严肃风气严厉查处。全省上下始终把换届纪律和规矩挺在前面，各级组织部门深入开展“一片一书”等换届纪律专题学习。全省共组建922个督查组，对各地执行换届纪律情况进行监督检查。开展突出问题专项整治，全省共整改消化超职数配备干部9530名，完成整改消化任务的99.35%，新的超职数配备干部现象基本得到遏制。深刻吸取辽宁省拉票贿选案教训，对换届中违规违纪问题实行“零容忍”，发现一起查处一起。全年共查核选人用人案件356件，其中，诫勉21人，组织处理45人，给予党政纪处分4人。六是从严干部日常监督管理。持续加大函询、诫勉力度，在用好“四种形态”的第一种形态上下功夫，切实发挥函询和诫勉的警示教育作用，2016年，省委组织部共提醒14人，函询309人，诫勉34人。严格执行个人有关事项报告制度，全省共受理个人有关事项抽查核实委托1.7万余人，780名干部因不如实报告或隐瞒不报被给予了组织处理或党政纪处分。强化经济责任审计监督作用，对12名审计对象提出处理建议。严格因私出国（境）管理监督，对40名违规持有因私出国（境）证件的省管干部进行函询和纠正，对6名未经审批出国（境）的省管干部给予诫勉。七是充分调动干部干事创业积极性。认真贯彻省委全面构建良好政治生态推进会精神，制定出台《山西省激励干部担当作为干事创业办法（试行）》《山西省支持干部改革创新合理容错办法（试行）》，旗帜鲜明地支持干部干事创业，鼓励干部担当作为，激励干部奋发有为，把全面构建良好政治生态最终体现到调动广大党员干部积极性、推动事业发展上。

三、大力开展新理念新思想培训，努力提升各级干部的政治素质和专业化能力

全面深化干部教育培训改革，努力提升干部教育培训质量，为推动全省改革发展和干部健康成长提供精神动力。一是深入推进习近平总书记系列重要讲话精神学习培训。把“两学一做”学习教育内容列为各级党校、行政学院和干部教育培训机构的必学内容，深入开展学习习近平总书记系列重要讲话精神和党章、党规党纪、党的优良传统、党风廉政建设等教育培训。二是扎实开展新理念新思想教育培训。举办省管主要领导干部专题研讨班，组织436名省管主要领导干部进行集中培训和深入研讨，确保中央决策部署在山西落地生根。狠抓换届后新任职领导干部专业能力提升，突出“一把手”这个关键，对县乡主要领导和高校班子成员普遍进行任职培训，对市县两级政府副职进行集中培训，培训干部1400多人。三是创新形式开展精准培训。围绕推进金融振兴，分3期对1500名机关、企业处级和中层干部进行集中培训，在全省掀起学习金融、研究金融、运用金融热潮。抓好网络学习培训，依托山西干部在线学院，对市县两级3600多名领导干部进行专业知识网络培训。进一步加大组织调训力度，点名调训各级领导干部700多人；全省共举办专题研修班次302个，培训各级各类干部21629人；联合42个省直厅局举办91期培训班次，培训干部10450人；全年共完成“送教下乡”444场，培训基层干部120000多人。四是着力加强主渠道主阵地建设。制定出台《关于进一步加强全省党性教育基地建设的实施意见》，重点支持右玉、武乡、大寨3个省级基地建设。认真贯彻全国、全省党校工作会议精神，研究制定《关于推进县级党校办学体制改革的指导意见》，创新县级党校办学体制。

四、持续用力抓好基层党组织建设，不断夯实从严治党、富民强省的组织基础和工作基础

一是不断压实抓基层党建的主体责任。充分发挥省委党建工作领导小组及其办公室的职能作用，牵头抓好全省党建工作重点任务落实。认真抓好《中国共产党地方委员会工作条例》《中国共产党党组工作条例（试行）》的贯彻落实。认真做好市县乡党委书记抓基层党建工作述职评议考核，形成书记抓、抓书记的党建工作格局。二是紧紧围绕打赢脱贫攻坚战，进一步强化农村基层党组织建设。以乡镇换届为契机，选优配强领导班子，新提任乡镇党委书记404名、乡镇长605名，共选拔2095名“三类人员”（乡镇事业编制人员、优秀村干部、大学生村官）进入乡镇领导班子。全面加强贫困地区基层党组织建设，新配备及调整贫困村党组织书记343人，增派320名省直单位优秀干部担任农村第一书记，第一书记总数达到9393名，选聘442名大学生村官到贫困村任职。大力实施集体经济“破零”工程，全省有集体经济收入的村共16672个，较2015年增加7861个，提高28.1个百分点。积极整顿软弱涣散党组织，按倒切10%左右的比例在全省确定2644个软弱涣散农村基层党组织进行集中整顿，目前已全部完成。强化基层基础保障，为64736名正常离任、累计任职9年以上且年满60周岁的村党组织书记发放生活补贴共计2700余万元；下拨省管党费238.7万元，为部分年满65周岁、曾担任过村党组织书记且当前生活特别困难的老党员发放生活补助。深入贯彻省委《关于实施“一带三创”全面加强农村基层党组织建设的意见》，以“一带三创”为抓手，构建省市县乡村“五级联动”抓基层党建工作责任体系。三是加强薄弱环节和新兴领域党建工作。集中推进“两个覆盖”专项行动，全省非公企业和社会组织党组织覆盖率分别达到45.7%、24.4%。印发《进一步加强全省城市社区活动场所和公益性服务设施建设的若干意见》，配套出台《扶持补助办法》，加强社区基础保障，提升社区党组织服务群众能力。深入贯彻落实全国国有企业党的建设工作会议精神，扎实推进国有企业党建工作。圆满完成部分高校党委换届工作，全面实施高校教师党支部书记“双带头人”培育工程，进一步加强机关党建工作，统筹推进其他领域党建工作。四是从严加强党员队伍建设。按照控制总量、优化结构、提高质量、发挥作用的总要求，研究制定《山西省“十三五”期间发展党员工作规划》，严格执行从严发展党员“5+1”工作制度，全省全年共发展党员43658人。突出基层党组织书记、“两新”组织党员、新党员、流动党员和党员教育管理队伍等五类重点对象，分层分类开展教育培训。注重从思想、工作、生活上关心党员，全年下拨党费2491.6万元，组织开展走访慰问生活困难党员、老党员和老干部活动。

五、大力加强人才队伍建设，为实现富民强省提供有力人才支撑

一是创新人才发展体制机制。认真贯彻落实中央《关于深化人才发展体制机制改革的意见》，广泛征求意见建议，研究制定我省《实施意见》，在落实用人主体自主权、改革事业单位编制和人事管理模式、健全人才培养机制、创优科研环境、高层次人才引进服务保障、职称制度改革、创新人才流动政策等方面提出了一系列具有现实意义的改革举措，实现了许多重大突破和创新，省委常委会研究审议后下发。二是调整完善重大人才政策。开展《山西省中长期人才发展规划纲要（2010—2020）》中期评估工作。出台《关于调整山西省引进海外高层次人才“百人计划”相关政策的通知》和《山西省引进支持海外高层次人才创业创新团队暂行办法》，不断完善政策体系，有效调动和激发各类人才的创造活力。三是统筹推进人才队伍建设。推荐申报国家“千人计划”12人，10人入围专家评审阶段。推荐申报国家“万人计划”青年拔尖人才项目13人，全部入围专家评审阶段。组织开展我省第九批“百人计划”申报评审工作和我省第四批青年拔尖人才评选工作。2016年，新增享受国务院特殊津贴专家55人、省级学术技术带头人151名、新兴产业领军人才51名、三晋技术能手55名、社会工作专业人才983名。

六、深化党的建设制度改革，把依规治党要求贯彻落实到管党治吏全过程

按照“坚持问题导向、突出主干制度、重在务实管用、着力抓好执行”思路，认真贯彻落实省委党的建设制度改革专项小组决策部署，在高质量推进改革文件制定的同时，狠抓已出台改革制度的落实，扎实推动我省党的建设制度改革不断深化。一是统筹安排，明确任务。统筹结合中央和省委全面深化改革领导小组《2016年工作要点》和我省党建工作实际，研究制定《党的建设制度改革专项小组2016年工作计划》，确定13项具体任务，明确各项任务的牵头单位、责任人、预计完成时间，做到了任务条目化、进度节点化。二是强化领导，协调推进。组织召开2次省委党的建设制度改革专项小组会议，及时传达中央和省委有关改革的新精神新要求、讨论审议各项改革制度、研究确定推进改革任务落实的具体要求和措施。把握时间节点，全面推进改革任务落实，50项改革制度已出台38项，均在全省各级稳步推进实施。三是开展督察，督促落实。就《全面贯彻好干部标准树立正确用人导向从严管理干部的决定》落实情况进行重点督察。结合“两学一做”学习教育、换届风气督察等工作，对干部、基层党建、人才工作等3个方面9项改革制度，特别是对省委关于做好干部工作的6个重要文件的落实情况进行督察，形成了《关于开展党的建设制度改革专项督察的情况报告》。通过加强督促检查，层层传导压力，推动改革举措精准落地、见到实效。

七、持续推进“从严治部”，打造过硬队伍、建设模范部门

深入贯彻落实中央和省委要求，紧紧围绕打造忠诚干净担当过硬队伍、建设“讲政治、重公道、业务精、作风好”模范部门这个鲜明主题，持续推进从严治部，全省组工干部队伍进一步纯洁，“四种意识”进一步强化，纪律规矩进一步严明，为党委选人用人把关守门更加尽职尽责，严守党的政治纪律、强化政治担当的表率作用进一步增强。一是带头开展“两学一做”，组工干部的政治定力进一步增强。充分发挥党支部的主体作用，严格党员日常教育管理，积极推动支部生活常态化、规范化。省委常委、组织部长盛茂林同志以身作则、以上率下，亲自撰写讲稿，带头为部机关全体党员讲党课，部务会成员坚持以普通党员身份参加所在支部组织生活，与支部党员一起学习讨论、一起查摆解决问题。各级组织部门深入学习领会习近平总书记系列重要讲话中蕴含的治国理政新理念新思想新战略，自觉在思想上政治上行动上与以习近平同志为核心的党中央保持高度一致。二是建设过硬班子队伍，组织部门的战斗力进一步增强。制定出台并严格落实《从严加强组工干部队伍建设的意见》，以更高标准选拔配备各级组织部长，选优配强组织部门领导班子，特别是注重常务副部长的选配。严把干部入口关，各级组织部门严格标准、程序选拔组工干部，省委组织部面向全省公开选调了19名工作人员。统筹推进干部交流，省委组织部全年共对外交流干部10名，部内处室之间交流干部22名。同时，加大年轻干部选拔力度，提任35岁左右副处级干部8名，部机关干部平均年龄为40岁，其中35岁以下干部占到46%，干部队伍结构进一步优化。三是狠抓专业能力提升，组工干部的执行力进一步增强。省委组织部不断加大对年轻干部的培训力度，举办新入部人员培训班。各级组织部门突出加强年轻干部和新入部人员培训，开展经常性的岗位练兵、业务竞赛，优化实践锻炼途径，切实加强专业化能力建设，努力打造具有很强执行力的职业型、专家型干部队伍。四是严明纪律作风，组工干部的规矩意识进一步增强。省委组织部带头落实党风廉政建设主体责任，着力完善“一岗双责”的党建工作格局，率先在省直机关中成立党建工作领导小组，完善了“支部建在处室、处长一岗双责”机制，坚持和完善提醒、函询、诫勉谈话和新提任干部廉政谈话制度。召开部机关党风廉政建设工作会议，签订党风廉政建设责任书。修订印发《各处室岗位风险点与防范措施》，严格重要岗位、关键环节的廉政风险防控措施，把压力落实到每个“末梢神经”。各级组织部门加强经常性警示教育，严格执行“十严禁”、个人重大事项报告、外出请假报备等制度，教育引导全省组工干部始终保持如履薄冰、如临深渊的思想警觉。

山西省目标责任考核工作得到进一步改进、干部援疆工作得到进一步加强，干部日常管理、信息化建设、老干部工作、党建研究和考试测评、党员电化教育、机关服务管理等各项基础性工作也取得了新的进展。

（李宏翔）

附：省委组织部部长、常务副部长、副部长、部务委员名单

省委常委、组织部部长：盛茂林

常务副部长：孙大军

副　部　长：张　健（5月离职）　白秀平（5月任职）
陈跃钢　张　葆（女，9月离职）
陈学东（11月离职）　张晓峰（11月任职）
赵建华（.11月任职）

部 务 委 员：赵建华（11月离职）　罗　民（5月离职）

省纪委驻省委组织部纪检组组长：贾文儒

部 务 委 员：赵忠保（9月任职）

省委宣传部工作概况

省委宣传部部长　王清宪

2016年，在省委的正确领导下，全省宣传思想文化战线认真学习贯彻习近平总书记系列重要讲话精神和中央、省委重大决策部署，围绕中心、服务大局，牢牢抓住“两个巩固”根本任务，忠诚担当、履职尽责，理论武装不断加强，舆论宣传扎实有效，核心价值观建设持续深化，文艺创作成果丰硕，文化改革发展深入推进，意识形态管理鲜明有力，各项工作都取得了显著成效，为山西省改革发展稳定做出了重要贡献。

一是围绕把学习贯彻习近平总书记系列重要讲话精神引向深入这个首要政治任务。充分发挥党委中心组理论学习示范带动作用，承办了省委在右玉召开的“学以致用，以用促学，把学习贯彻习近平总书记系列重要讲话精神引向深入”学习交流会；建立重大思想理论文章撰写联席会议机制，围绕宣传阐释省委治晋理政重大理论和现实问题，在省级主流媒体开办理论学习专题专栏，组织力量在中央主要媒体发表了一批重头理论文章；集中开展党的十八届六中全会和省第十一次党代会精神宣讲活动，进一步坚定广大干部群众的道路自信、理论自信、制度自信、文化自信；出台了《党委（党组）意识形态工作责任制实施细则》，建立并实施意识形态领域情况分析研判机制，意识形态工作引导力管控力明显提高。突出抓好互联网建设和管理，大力推进网络生态综合治理，着力净化网络空间，互联网移动端的原创和传播能力明显提升，涉晋网络舆情管控进一步加强，受到中宣部、中央网信办的肯定。

二是围绕省第十一次党代会，精心策划组织，整合各类媒体，突出鲜明导向，强化传播创新。统筹会前、会中、会后三个阶段，同步部署新闻宣传、网络宣传和社会宣传，中央驻晋和省内媒体、传统媒体和新媒体联动，形成了全方位、多角度、立体化、大规模的宣传声势，全面展示了大会盛况，准确传递了省委声音，营造了良好的社会氛围，充分发挥了新闻舆论在外塑形象、内聚力量中的特殊作用，受到省委充分肯定。

三是围绕省委治晋理政总方略总要求总目标，创新性建立并发挥重大题材新闻报道联席会议机制的作用。把能够体现“山西步伐”“山西路径”“山西气魄”“山西答卷”“山西担当”的中央关心、社会关切、舆论关注、省委重点部署的中心工作作为选题方向，组织动员中央和省内主要新闻媒体集中发力、上下呼应，围绕供给侧结构性改革、煤炭去产能、脱贫攻坚、从严治党、生态环境治理、乡镇换届等工作，11月以来，中央主要新闻媒体刊播涉及山西省的正面报道200多篇，许多重头报道刊发在关注度高、影响力大的重要媒体的重要版面、重要时段、重要栏目，形成了持续报道山西的强大正面舆论热度和良好的社会反响，充分展示了在省委“一个指引、两手硬”重大思路和要求统领下，以省第十一次党代会为标志，山西翻开了崭新一页的新气象、新风貌。

四是围绕加强社会主义核心价值观建设，广泛开展“图说我们的价值观”“我们的节日”等系列主题宣传活动，不断引深核心价值观宣传教育。规范大众传媒及社会媒介公益广告刊播工作。制定了《关于加强爱国主义教育示范基地工作的意见》，大力实施红色及抗战遗存本体保护和内容展示工程，深入开展纪念建党95周年和长征胜利80周年宣传教育，弘扬了爱国主义精神。加大道德模范、先进典型的选树宣传力度，组织开展第六届山西道德模范评选表彰宣传活动、“山西好人”推选活动，李培斌入选全国“时代楷模”，24人荣登“中国好人榜”。深化拓展群众性精神文明创建活动，组织召开了全省农村精神文明建设经验交流会，选树了一批美丽乡村建设典型。广泛开展志愿服务活动，参加第三届中国青年志愿服务项目大赛暨2016年志愿服务交流会，取得一个金奖、12个银奖的历史最好成绩。

五是围绕推进文化改革发展，出台山西省“十三五”文化强省规划以及支持文化企业改革发展、提高公共文化服务水平等一批政策性文件。完成165个贫困村的综合文化服务中心示范工程建设，提前完成广播电视直播卫星户户通工程，广泛开展送文化下基层、戏曲精品进校园、文艺精品进景区、农村电影放映等系列文化惠民活动，完成了全省可移动文物普查。运城宇达、太原唐是、睿信传媒3家文化企业在“新三板”挂牌。全省文化产业增加值同比增长12.1%，高于全国增速1.1个百分点。深入推动重大现实题材、本土题材创作生产，打造了晋剧《党的女儿》、话剧《热泉》、民族管弦乐《山西印象》和专题片《右玉的县委书记们》《火种》等一批优秀作品，电视剧《于成龙》作为开年大戏在央视一套黄金时段播出，晋剧《于成龙》获国家舞台艺术精品扶持项目，组织进行了第11届全省精神文明建设“五个一工程”评奖表彰活动和“赵树理文学奖”评奖工作。“三晋新锐作家群”势头强劲，山西文学影响力持续提升。

六是围绕塑造山西对外形象，积极开展对外宣传，突出风光山西、人文山西、转型山西、品牌山西等主题，举办了“洋眼”看山西、知名作家看山西、中国民航带您看山西等“看山西”系列文化宣传推广活动，成功举办海峡两岸神农炎帝文化、尧帝文化、舜帝文化、云冈文化旅游招商系列活动和第11届网络媒体山西行活动以及第16届平遥国际摄影大展、第27届关公文化旅游节、第6届武乡八路军文化旅游节等重大文化活动，组织参加第12届深圳文博会、第11届北京文博会等国家级文化产业博览交易会，积极做好山西品牌中华行、丝路行、山西旅发大会等重大对外活动宣传，传播了山西声音，展示了山西形象。

（王　正）

附：省委宣传部部长、常务副部长、副部长名单

省委常委、宣传部部长：胡苏平（女，11月离职）
王清宪（11月任职）

常务副部长、省社科联主席：李高山（9月离职）

常务副部长：李福明（9月任职）

副部长、省文明办主任：王　蕾（女，12月离职）

副部长：刘英魁　杨茂林（6月任职）　董晓林

驻部纪检组长：吴照曲

省委统战部工作概况

省委统战部部长　廉毅敏

2016年，全省统战系统认真学习贯彻习近平总书记系列重要讲话精神，在中央统战部的指导和省委的领导下，按照全国统战工作会议精神，省委"一个指引、两手硬"重大思路和要求，省第十一次党代会精神，紧紧围绕全省工作大局，凝心聚力、履职尽责、开拓创新、扎实苦干，圆满完成了各项任务，统一战线各领域工作呈现出蓬勃发展的新态势。

一、认真贯彻中央、省委统战工作会议精神，统一战线重大决策部署得到落实

一是加强组织领导，全面落实《条例》有关精神。省委成立了以骆惠宁书记为组长的统一战线工作领导小组，全省11个市也全部成立以市委书记为组长的统战工作领导小组。实现了省、市、县三级统战部长由同级党委常委担任全覆盖。下发了《在全省各级党组织中设置统战委员的通知》，明确要求全省各级党组织全部设立专职或兼职统战委员。落实党政领导干部与党外代表人士联谊交友制度，17名省领导与33名党外代表人士联谊交友。二是召开有关会议，推动重点工作贯彻落实。牵头筹备召开了全省宗教工作会议，研究制定贯彻落实俞正声主席来晋调研重要指示精神21条实施意见以及贯彻落实全国宗教工作会议的25条具体举措。俞正声主席、孙春兰部长作出重要批示，要求中央统战部《统战工作》刊登并印发全国。三是加大督查力度，推动各项工作全面落实。配合中央统战工作领导小组对我省进行督查，2016年10月，省委统战工作领导小组组成7个督查组，对各市和有关部门进行了督查，形成《督查报告》，将按程序上报省委；起草并以省委名义向中央报送了《中共山西省委关于中央统战工作领导小组反馈意见的整改情况报告》，圆满完成了中央统一战线工作领导小组反馈意见的整改落实。

二、强化理论武装和政治引导，统一战线共同思想基础进一步巩固

通过举办学习讲堂、知识讲座、专题报告会等形式，组织统一战线广大成员深入学习贯彻习近平总书记系列重要讲话精神，学习党的十八大及十八届三中、四中、五中、六中全会和省第十一次党代会、全省经济工作会议等重要会议精神，坚持以科学理论武装头脑、指导实践、推动工作。组织5次"民主党派学习讲堂"，听课人数700余人。深入开展"坚持和发展中国特色社会主义学习实践"活动，全面加强思想建设，增进政治共识；在非公有制经济人士中开展"四信"教育活动，进一步提振信心，引导他们做爱国、敬业、创新、守法、诚信、贡献的典范。在全省党外代表人士中组织推动开展"学习讲话、学习作风、跟党奋进"活动（简称"双学一跟"活动），全省各级共举办"双学一跟"培训班、专题讲座、报告会、知识竞赛、演讲比赛等主题实践活动300余场次，参加活动的党外代表人士达3.5万余人次。中央统战部《统战工作》全文转发了我省开展"双学一跟"的做法。

三、加强政党协商和各民主党派自身建设，多党合作水平稳步提升

一是加强政党协商。协助省委制定下发了《关于加强政党协商的实施意见》及年度政党协商计划，推动政党协商制度化、规范化建设。协助省政府制定了《关于在政府工作中加强与民主党派工商联和无党派人士联系的意见》，全方位促进党外人士知情明政、参政议政。召开党外人士协商座谈会10次。二是做好省市级民主党派换届。制定了《关于协助各民主党派做好市级组织换届工作的意见》《关于协助省级民主党派做好换届工作的意见》等指导性文件，协助各民主党派形成了省市级换届工作的座谈会纪要，以及省级组织民主推荐座谈会纪要和省级组织届末述职、民主评议的座谈会纪要。6次赴中央统战部、民主党派中央沟通情况、交换意见、三方协商，圆满完成6个省级民主党派届末述职和民主评议、民主推荐工作。61个市级党派组织换届正有序推进。三是进一步加大党外干部安排使用力度。选配1名党外干部担任高校领导班子正职、4名担任副职，42名党外干部担任乡镇（街道）行政正职。11个市除1名政协副主席外，119个县（市、区）除2名政协副主席外，其余全部落实同级职务的党外干部享受同等待遇的规定。四是支持党外人士参政议政、

民主监督。支持各民主党派、工商联、无党派人士开展专题调研，形成调研成果154件，提出建言献策课题300余篇；支持民主党派成员履行监督职能，向有关部门推荐30名党外代表人士担任特约人员。同时，山西社会主义学院建设进展顺利，主体建筑已基本封顶，配套工程正稳步推进。

四、全力推动民营经济突破发展，统一战线服务中心大局成效显著

按照省委“一个指引、两手硬”的重大思路和要求，坚持围绕中心服务大局，全力推动民营经济突破发展。一是创新开展民营企业“待批项目大起底”，改善民间投资环境。帮助民营企业加快完善和办理相关项目手续，有效解决了一大批“卡壳”项目。共梳理待批项目2745件，办结1956项，有效促进了全省民间投资快速增长。上半年全省民间投资完成2880.3亿元，同比增长14%，增速快于全国11.2个百分点。此项活动受到了国务院民间投资督查组的高度评价，7月25日国家发改委将此纳入了《各地促进民间投资典型经验和做法》印发全国。二是推动领导干部联系民营企业，为民营企业排忧解难。制定出台了《全省领导干部联系民营企业工作方案》，省市县三级领导干部和省直部门领导结对帮扶5000余家民营企业。省领导率先带头走访了所联系的民营企业，围绕“亲”“清”二字，真心实意同企业家交朋友，切实为企业排忧解困，人民日报对此给予高度评价。三是做好“民企入晋”相关工作，搭建转型创新平台。以承办全国工商联常委会为契机，召开了民营企业助推山西转型创新发展大会，开展了全国工商联常委企业全覆盖走访活动，在省外举办了10场招商推介活动，会议签约808个新兴产业项目，投资意向近9700亿元，吸引了更多民营企业关注山西、投资山西。四是完善“政银企”合作机制，有效破解融资难题。协调金融机构累计向769家信用良好的民营企业发放989笔无抵押、无担保贷款6.78亿元。协调省财政厅建立了50亿元民营企业创新转型基金，向基金主管部门推荐了170个重点民营项目。完善金融支持重点民营企业筛选认定管理机制，与金融部门共同推出66家民营企业作为金融机构第二批重点扶持对象。会同国土、住建部门，从源头解决民营企业无土地房产抵押难题，为861户民营企业办理土地手续和房产证书，盘活“冬眠”资源。五是建立考核督查机制，推动政策措施落实。将民营经济增加值等3个主要指标和推进民营经济发展工作纳入全省年度目标责任考核体系，调动各级各部门推进民营经济发展的积极性；邀请相关部门组成调研检查组，对各地贯彻落实全省民营经济发展推进大会精神情况进行专项检查，有力推动了民营经济政策措施的贯彻落实。六是积极参与脱贫攻坚，在精准扶贫中实现共赢。引导民营企业参与“千企帮千村—精准到户”扶贫行动和山西光彩事业“中阳行”等行动，1555户民企和商会与1642个建档立卡贫困村建立结对帮扶，带动4.8357万户10.5146万贫困人口摆脱贫困，捐资助困助学助残4200多万元，解决就业3万多人。其中，“中阳行”招商引资项目62个，投资52.26亿元，捐款捐物2666.88万元。同时，省职教社积极开展温暖工程去产能待岗职工技能培训，帮助200余名职工实现再就业。

五、加强民族宗教工作，统一战线维护和谐稳定功能进一步增强

一是深入贯彻全国宗教工作会议精神。召开全省宗教工作会议，起草《关于加强和改进新形势下宗教工作的实施意见》。二是加大培训力度，推动宗教教职人员素质能力提升。制定《山西省宗教教职人员三年培训工作规划方案》，计划用3年时间对全省宗教教职人员轮训一遍。与省委组织部、省委党校、省宗教局联合举办“全省宗教工作专题培训班”，对换届后的市县宗教工作分管领导、宗教部门主要负责人进行集中培训；举办全省宗教教职人员培训班，对150余名代表人士进行培训；举办天主教、基督教教徒聚居村“两委”主干培训班。三是加强维稳工作力度，推动解决宗教领域重点难点问题。举办全国讲经讲道交流大会、中斯文化交流、五台山佛教论坛等系列活动；成立了山西省法显文化研究会，服务国家“一带一路”战略；开展恒山景区宗教环境综合整治，开放北岳恒山道教活动场所；圆满完成天主教长治教区主教祝圣工作，受到中央统战部、国家宗教局的好评。四是做好少数民族聚居村扶贫和少数民族流动人口工作。对少数民族聚居村进行精准扶贫，到户到人。对全省流动少数民族人口进行调研，着力提高少数民族流动人口服务管理水平。积极参加全国少数民族文艺会演，获得剧目金奖和最佳编剧奖。

六、着力深化港澳台海外和党外知识分子统战工作，统一战线凝心聚力渠道持续拓宽

港澳台海外统战工作方面，以根祖文化、晋商文化、关公文化等为纽带，先后邀请接待了香港、澳门、台湾以及荷兰等地的10个团组近200人次来晋参访。开展了“晋港青年汇·山西机遇行”香港青年学生山西实习活动，为来自香港15所高校的30名青年学生提供了实习岗位。连续举办19届台湾教师“山西古文化之旅”和13届“2016年台湾青年千人夏令营山西分营”等参访活动。在香港举办了山西投资推介会，协助香港山西商会筹办“山西节”活动等。申请中华海联会专项资金150万元，在阳曲县、神池县、壶关县建设30所海联卫生室。

党外知识分子工作方面，深入开展调查研究，形成《高校统战工作调研报告》，中央统战部《调研参考》全文刊登；召开全省高校统战工作会议，起草了《关于加强高校统战工作的实施意见》，拟以省委文件下发；开展了归国留学人员“报国创业活动”，举办“百城同台”海归人才招聘会，积极支持归国留学人员创业创新。成立了山西省新的社会阶层人士联谊会，聘请6名法律界人士担任统一战线法律顾问，探索建立新的社会阶层联谊联席会议制度，加强与律师、新媒体从业人员、网络意见人士的联系。

七、进一步强基固本，统战部门自身建设取得新成效

一是认真落实全面从严治党主体责任。深入落实中央“八项规定”精神，全面加强党的思想、组织和作风建设。坚持党风廉政建设与统战业务同谋划、同部署、同落实、同考核。坚持挺纪在前，筑牢思想防线。坚持“三重一大”决策制度。年初召开党风廉政建设大会，签订《党风廉政建设责任书》，层层压实全面从严治党主体责任。认真完成基层党建七项重点任务，对9个支部支委进行了改选，进一步完善《党支部工作制度》，党内政治生活更加严肃。认真对照巡视反馈意见，采取38项具体举措强力推进，巡视整改工作取得明显成效。二是认真开展“两学一做”学习教育。结合“两学一做”学习教育活动，创新开展“让服务对象感受到统战干部受教育成果”工作，进一步提升办事效率。加强干部思想政治教育，全年组织中心组学习13次、干部集体学习16次，各支部开展集中学习200余次，举办党风廉政建设、法治教育等专题讲座5次。在全省统一战线举办了“两学一做”“双学一跟”知识竞赛和演讲比赛等，部机关呈现出朝气蓬勃、积极向上的良好风貌。三是进一步加强理论研究、宣传和信息工作。采取课题申报、重点立项、适当资助的方式，吸引高校、科研院所的专门研究人员参与统战理论研究工作，全年收回结项课题59篇，其中一篇获全国统战理论政策研究二等奖。统战宣传协调省内和中央驻晋主流媒体进行深度报道，提高了统一战线的社会关注度和认知度。完善工作机制，精心编辑信息专报、《每周汇报》和《统战工作日志》等信息刊物，积极反映情况、研究问题、交流经验、服务决策。2016年度，统战部获全国统战信息工作二等奖，侯国柱同志被评为全国统战工作优秀信息员。统战部报送的《山西开展民营经济“待批项目大起底”力促民间投资逆势增长》和《文化浸润　以僧管僧　专项治理　搭建五台山涉藏工作重要平台》获2016年度全国统战工作实践创新成果奖。四是加强机关精神文明建设。深入开展定点扶贫、精准帮扶，选派优秀干部参加万名干部入企服务，得到群众好评。组队参加省直机关广播体操比赛、运动会，热心为离退休老干部提供服务，组织开展节日慰问，加强安全、保密、档案、机要等工作，机关精神文明创建达到新的水平。

（侯国柱）

附：省委统战部部长、常务副部长、副部长、巡视员、副巡视员名单

省委常委、统战部部长： 孙绍骋（11月离职）
廉毅敏（11月任职）

常务副部长： 郭海刚

副部长、省工商联党组书记： 杨临生

副部长、省宗教局（民委）局长（主任）： 高　键（7月离职）
刘国庆（8月任职）

副部长、山西社会主义学院党委书记： 张云泽

副部长： 夏振贵（7月离职）　王云龙（7月任职）

巡视员： 王宝生（7月离职）　王建新（9月离职）

副巡视员： 孙建军　王晓霞（5月任职）
张云虎（5月任职）

省委政法委工作概况

省委政法委书记　黄晓薇

2016年，省委政法委深入贯彻党的十八大和十八届三中、四中、五中、六中全会精神，深入贯彻习近平总书记系列重要讲话精神，认真落实省委各项决策部署，锐意进取，真抓实干，圆满完成了年初确定和省委交办的各项任务，推动全省政法综治工作不断取得新进展。

一、加强思想政治建设，深入开展“两学一做”学习教育

一是深入学习贯彻党的十八大和十八届三中、四中、五中、六中全会精神，学习贯彻习近平总书记系列重要讲话精神，学习贯彻省委第十一次党代会和骆惠宁书记重要讲话精神，坚定“四个自信”，强化“四个意识”，始终在思想上政治上行动上同以习近平总书记为核心的党中央保持高度一致。二是开展“两学一做”学习教育活动，开展了“六个一”活动，制作“每日三问”宣传卡片，制作党员心得体会专栏，开展“学习党章党规知识竞赛”活动，编印《习近平总书记关于政法工作和政法队伍建设的重要论述摘编》，持续推进学习教育。三是加强机关党的建设，制定党支部“三会一课”、理论学习、民主生活会和组织生活会、检查、谈心、汇报、支部选举、民主评议党员等制度；严格落实中心组学习制度，每月集中学习一次；严格落实组织生活会制度，委领导以普通党员身份参加了支部生活会，带头接受群众监督；完成了部分支部换届工作。

二、深化平安山西建设

一是围绕防控风险、服务发展主题，在全省部署推进社会稳定风险隐患大排查大整治活动，重点围绕暴力恐怖和维护政治安全、防范化解区域性金融风险、网络安全、强化公共安全管理、治理社会治安突出问题、严防发生群体性事件、加强矛盾纠纷排查化解、消除欠薪欠保分流安置隐患、做好利益诉求群体维稳工作等15个方面开展大排查大整治，全省各级各部门排查各类风险隐患26万余个，整治率达到

93.5%。二是健全完善社会治安防控体系建设，出台山西省《加强社会治安防控体系建设的实施意见》《健全落实社会治安综合治理领导责任制实施办法》。深入推进打黑除恶专项斗争，开展社会治安重点整治，加强消防安全、道路交通安全、重点物品和寄递物流等重点行业管理，努力维护公共安全。深化基层社会服务管理平台建设，加强综治网格化和信息化建设，配备618名乡镇(街道)综治专抓副职和1503名综治专干，群防群治队伍达到40余万人，综治基层基础得到进一步加强。三是突出抓好党的十八届六中全会和G20峰会安保维稳工作，维护国家安全和山西省社会政治稳定。开展严打暴力恐怖活动专项行动，建立矛盾纠纷排查调处工作领导组月例会制度和社会治安形势分析研判机制，开展进京非正常上访专项治理，针对性地做好应急处置和综合治理工作。构建县、乡、村矛盾纠纷多元调解体系，全省调解员队伍达10万余人，调解成功率达到96%以上。

三、推进法治山西建设

一是深化司法体制改革。在长治市等1市8县(市、区)开展试点工作的基础上，全面推开司法体制改革工作。目前，司法改革制度体系基本建立，省级层面制定出台包括总方案、法检分方案和机构编制统一管理、财物上划、债务清偿等“1+8”制度体系。试点单位司法人员分类管理格局初步形成，推动省法官检察官遴选委员会集中遴选2864名员额法官、2385名员额检察官；一次性招录法官助理、检察官助理等司法辅助人员966名。以法官检察官为主体的司法责任制开始运行，推动新型办案团队成为办案主体，法官检察官办案质量、效率明显提升。推动试点单位人、财、物上划省级统一管理，各试点法院检察院财务预算管理已与省财政对接。二是加强执法规范化建设。建立落实领导干部及内部人员干预司法、过问案件处理记录、通报和责任追究制度。健全完善行政执法与刑事司法衔接机制，开展打击环境污染违法犯罪“百日会战”专项行动，严厉打击环保、食药、安全生产等重点领域违法犯罪活动。三是推进涉法涉诉信访制度改革。落实依法处理涉法涉诉信访问题的实施意见“1＋8”制度体系，建立健全律师参与化解和代理涉法涉诉信访案件制度，开展积案清理、依法治访等专项活动，推动涉法涉诉信访纳入法治化轨道。四是深化执法司法公开，制定出台《全省政法系统“阳光司法”工程五年规划》，推动执法司法权在阳光下运行。五是全面履行省委法治建设领导小组办公室职能。协调理顺了省委法治建设领导小组办公室的隶属关系，指导市、县继续推进法治建设领导体制、运行机制调整；制定《2016年法治山西建设工作要点》，对全省法治建设进行部署；推动全省初步形成了以“三重一大”决策机制、监督管理机制、严惩滥用权力机制为重点的制度体系。

四、全面加强政法队伍建设

一是开展政治轮训。以“提升政法委系统领导干部思想政治素养”为主题，举办2期全省政法综治干部理想信念暨党性教育专题培训班。二是组织开展“大练兵、大比武、大培训”活动，推动形成以实战为标准的业务培训机制。三是继续深入开展“一村(社区)一警”联系走访活动，强化政法干警联系群众、服务群众长效机制。四是发挥先进典型引领作用。举办“李培斌同志先进事迹报告会”，弘扬李培斌精神，打造过硬政法队伍。向中央政法委推荐选送全省政法系统10个先进，在全国范围进行宣传。五是加强人才培养工作。根据《山西省法律人才互聘工作实施办法》精神，先后选派25名法律业务专家到高校担任兼职教授、研究生实践导师，从高校选聘5名法学专家、教授到政法单位挂职交流，促进了政法实务部门与高校法律人才互聘工作。六是严格落实《因公牺牲伤残干警救助管理办法》。共完成救助因公牺牲伤残干警11人次，发放救助金97万元。七是深入开展政法领域党风廉政建设和反腐败斗争。在全省政法系统组织开展“把纪律挺在前面”专项活动，派出联合督察组进行明查暗访，对违纪单位或个人进行处理，继续保持狠抓纪律作风建设的高压态势。

五、加强政法宣传工作

完善政法宣传舆论引导工作联席会议制度，积极做好政法网络舆情的监测、引导与应对处置。推进山西长安网建设，全年发布各类信息11109条，向中国长安网报送2441条。创办开通了“山西政法”微信、微博，加大政法综治工作新媒体建设和宣传力度。

六、加强机关纪律作风建设

组织学习党的廉洁自律准则和纪律处分条例，进一步提高领导干部和机关党员干部的廉洁自律意识。2016年开展经常性党风廉政教育6次。针对省委第十四巡视组反馈的4个方面13个问题，明确整改措施、完成时限，建立“建账”“交账”“销账”制度，按时全部完成了整改任务。规范机关工作，集中出台了《省委政法委机关党建工作制度》《省委政法委机关纪委工作制度》等制度，政法委机关纪律作风建设得到不断加强。

（史竹涛）

附：省委政法委书记、常务副书记、副书记、省委法治办主任、秘书长、政治部主任、综治办副主任、省委法治办专职副主任、副巡视员名单

省委常委、政法委书记：王建明(11月离职)

省委副书记、政法委书记：黄晓薇(11月任职)

常务副书记：边晋南(10月离职) 闫喜春(10月任职)

副书记：薛永辉(10月离职) 闫喜春(10月离职)

省委法治办主任(兼)：闫喜春(5月任职)

秘书长：邓彩彪

政治部主任：袁振旭

综治办副主任：姚鸿波 刘永生

省委法治办专职副主任：周 涛(5月任职)

副巡视员：何炳文(9月离职)

省委政策研究室工作概况

省委政策研究室主任　王利波

2016年，在省委的坚强领导下，在省委主要领导和秘书长的直接关心指导下，室领导班子深入学习贯彻党的十八大、十八届三中、四中、五中、六中全会精神和习近平总书记系列重要讲话精神，全面贯彻“一个指引、两手硬”重大思路和要求，团结带领全室干部职工，紧紧围绕省委重大决策部署，充分发挥政研室、改革办双重职能，真抓实干，奋力拼搏，超额完成了年初确定的各项目标任务，在服务大局中迈出新步伐、取得新成绩。

一、深入学习贯彻习近平总书记系列重要讲话精神，始终与党中央保持高度一致

（一）坚持不懈抓好理论武装。把加强理论学习作为全室工作的政治任务和重要内容，充分利用中心组统一学、支部集中学、党小组交流学、个人在线学等多种形式，推动理论学习常态化。2016年，中心组共集中学习研讨21次，重点学习习近平总书记系列重要讲话精神和治国理政新理念新思想新战略，坚持读原文、学原著、悟原理，掌握贯穿于讲话中的马克思主义立场观点方法和体现的政治立场、价值追求和崇高风范。同时，专题学习了骆惠宁书记的“6·30”和“7·15”讲话、右玉讲话、省第十一次党代会报告等。立足政研室实际，将中心组学习范围扩大到处级，很好地发挥了中心组的带动作用。各支部制订了系统详细的学习计划，筛选学习内容，规定学习时限，明确组织责任，保证了集中理论学习时间固定、内容丰富、成效明显。

（二）扎实开展“两学一做”学习教育。室领导班子把“两学一做”学习教育作为2016年全室工作的龙头任务和重要抓手，集体研究制定了室机关“两学一做”学习教育实施方案和工作安排。具体学习教育过程中，着力在融会贯通、学以致用、全面覆盖上下功夫，通过思考“6个如何”、践行“8个进一步”、聚焦“10个方面”，思学结合、以思促学，做到思学践悟相统一，从领导干部这个“关键少数”向全室党员群众拓展和延伸，更广泛地统一了思想行动、凝聚了奋进力量。先后与新华社山西分社联系编写了“两学一做”学习资料在机关电子屏幕滚动播出，制作了“两学一做”专题展板上墙展示，两次组织部分党员干部到八路军纪念馆、彭真纪念馆开展主题党日活动，深入开展“党员先锋行”主题实践活动，组队参加党章党规知识竞赛活动，等等。政研室的“两学一做”活动先后3次被山西机关党建网和省直工委《党的生活》杂志做了宣传报道，第四党支部被省直机关学习教育协调小组选为“建强基层党组织”典型。

（三）巩固拓展“三严三实”专题教育成果。持续用力抓好“四风”突出问题和不严不实问题的整改工作，对整改落实情况认真开展“回头看”。同时，对专题教育的成功经验和有效做法进行了认真总结，把成功做法经验化、零星探索系统化、有效措施制度化，从坚定信念、改进作风、规范行为等各个层面进一步引深拓展专题教育，以严和实的作风，推动践行“三严三实”常态化、长效化。

二、围绕中心、服务大局，文稿起草任务圆满完成，调查研究成果丰硕

文稿起草方面，坚持胸怀大局、把握大势，深入钻研、摸清情况，精益求精、注重实效，着力提高文稿的思想性、指导性和针对性，努力做到与上级精神同步、与领导思路合拍、与省情实际相符，全年牵头或参与完成各类讲话文稿60余篇、300余万字。其中，讲话方面主要有，省委主要领导在全国“两会”、全省城市工作会议、脱贫攻坚推进大会、宗教工作会议、市委书记推进经济工作座谈会、上半年经济分析会、省委全会和经济工作会上的讲话和省第十一党代会报告、赴太原地区调研的讲话、在晋城中村煤业透水事故现场的讲话、与新任县委书记集体谈话时的讲话，以及在全面深化改革领导小组历次会议上的讲话，等等。同时，为省委代拟了关于进一步深化“双学”、学习贯彻习近平总书记“七一讲话”等实施意见。这些文稿的质量受到省委领导的高度肯定，得到各方面的好评。

调查研究方面，围绕省委中心工作和重大部署，着眼于努力发现问题、重在提出建议，全年深入基层开展调研120余人（次），完成了一系列重大课题调研任务。其中，《调查与分析》刊发31篇，主要有：《关于我省严肃党内政治生活的问题分析及对策建议》《关于我省县乡村三级基层党组织落实“两个责任”情况的调研报告》《关于有效调动全省党员干部干事创业积极性的调研报告》《我省推动供给侧结构性改革情况及建议的报告》《2016年全省上半年经济形势分析及下半年经济形势预测》《我省资本市场发展应从“小”抓起》《关于提升我省煤炭话语权问题的调研报告》《发展文化旅游业、打造开放东大门——阳泉市文化旅游业发展调查》《搭建引智平台推动科技创新——关于太原市院士工作站建设情况的调研报告》《关于我省人口城镇化情况的调研报告》《关于新时期驻村精准扶贫的调研报告》《我省甲醇产业发展现状及对策研究》《用足用好公积金 改善民生促发展——对我省公积金管理

运行情况的调查与思考》《关于晋中市统筹推进城乡义务教育一体化改革发展的调研报告》《关于大同市委贯彻落实中共山西省委第十届委员会第219次常委会精神的情况报告》等。《情况与建议》刊发20篇，主要有：《晋中市脱贫攻坚与建议》《关于加快推进我省盐业体制改革工作的几点建议》《圣点世纪科技股份有限公司创业成功的启示与建议》《关于扩大农村气化覆盖的建议》《加强城市安全建设已成为当务之急》等。上述研究报告，有的得到省领导批示肯定，有的已经进入决策。

舆论宣传方面，继续办好《山西工作》，办刊质量逐步提升，全年共印发12期，选编稿件160多篇，为阐释中央和省委政策、推广基层经验、营造舆论氛围等提供了良好平台。11月份，专门编辑印发了省第十一次党代会特刊，宣传了党代会精神，体现了党刊的政策性、权威性，受到有关领导和各方面好评。

三、充分发挥改革办职能作用，努力推动全面深化改革工作迈上新台阶

一是抓统筹。制定出台省委全面深化改革领导小组《2016年工作要点》，协调推动各专项小组分别出台了年度改革工作计划，提出170项具体改革任务和举措。截至12月底，共推动出台改革类制度性文件137个。此外，按照骆惠宁书记要求，协调各专项小组形成了《全面深化改革“三个搞清楚”情况报告》。二是抓重点。围绕转型综改试验区建设、国企国资改革、开发区二次创业创新、财税和金融体制改革、社保改革、“放管服”改革等关键环节和重点领域的改革，积极做好前期调研、会议审议、成效评估、进度督察等工作，以关键性、牵引性改革的“一子落”带动“全盘活”。三是抓落实。把加强改革督察作为推动改革落地见效的重要抓手，出台了《全面深化改革督察工作实施办法（试行）》，制定了《中共山西省委全面深化改革领导小组2016年上半年督察工作方案》，对中央和省委出台半年以上的15个重大改革方案的落实情况进行了重点督察，组织各专项小组、省直相关部门和各市结合自身工作实际开展了各类改革督察。同时，与省考核办密切配合，年初对11个市和90多个省直单位申报的改革考核指标进行了审核，年终组织了对11个市的改革指标考核评价。四是抓服务。筹备召开5次省委全面深化改革领导小组会议，审议通过14个改革制度性文件，并认真做好选定提审议题、制定会议方案、起草领导讲话、协助安排会务、印发会议纪要、撰写新闻通稿等工作。出台了《省委全面深化改革领导小组审议的重大改革类文件报审办法（试行）》，促进了审议工作常态化制度化。积极配合完成了中央改革办对我省的电力体制改革专项督察工作和改革试点加强规范工作。五是抓交流。全年接收和处理各类改革信息12139条次，编印《山西改革信息》71期，向中央改革办报送各类信息293件次，有3篇在中央改革办《改革情况交流》单独刊发，有9条次被中央改革办《改革情况交流》采用。

四、切实加强领导班子、干部队伍和机关内部建设，干事创业的氛围日益浓厚

（一）认真贯彻执行民主集中制。坚持把集体领导和个人分工负责结合起来，重大事项均提交室主任办公会议，按照“集体领导、民主集中、个别酝酿、会议决定”的议事决策规则讨论决定，有效保证了班子决策的科学性和民主性。班子成员既履行分工、各负其责，又顾全大局、密切配合，集体决策之后的事都是不折不扣执行，始终保持了团结一致、勤勉敬业的良好氛围。

（二）积极做好干部选拔任用工作。坚持正确选人用人导向，全年共外输处级干部2名、推荐提拔处级干部6名、安置军转干部1名、选调科级以下干部3名。在整个干部选拔任用过程中，严格按照《干部任用工作条例》规定的程序、方法和步骤，在室主任办公会议反复酝酿讨论的基础上，认真制定工作方案，严格选拔程序、严肃选拔纪律，公开方法步骤，努力做到选准用好干部，在机关营造了公道正派、风清气正的环境。

（三）深化“六型”机关建设。不断强化党员干部职工的学习意识、廉政意识、服务意识、创新意识、法治意识和效能意识，努力造就一支政治坚定、业务精湛、作风清正、服务优质、纪律严明的党员干部队伍。加大干部学习培训力度，分6个批次选派27名党员干部分别参加了北大、清华等一流高校的干部选学。积极与“清华同方中国知网”联系对接合作，将政策研究、全面深化改革等有关内容纳入服务范围。深入开展“七五”普法工作，着力提升依法办事能力。积极开展“冬季行动”，提出“马上就办、创优争先”新目标，以新作风展示了新形象。有三名同志被选派参加“万名干部入企服务工作”，受到企业欢迎。积极开展“送温暖、献爱心”活动，争取资金对部分生活困难党员进行了资助慰问。

（四）做好精准扶贫工作。认真做好党员干部结对帮扶贫困户工作，全室干部职工与静乐县堂尔上乡3个村197户贫困户建立结对关系，人均帮扶5—6户。所有党员干部都赴扶贫点进行了实地对接，首次对接每人捐款400元。帮助乡政府解决冬季取暖费5万元，挤出15万元委托省规划院为3个帮扶村制定实施美丽乡村建设总体规划。

五、坚持全面从严治党，切实加强机关党的建设，扎实推进党风廉政建设工作

（一）认真履行“两个责任”。调整健全全室机关党风廉政建设领导小组，组织召开全室党风廉政建设推进大会，制定落实“两个责任”清单，做到主体明确、责任到人。自觉主动接受省纪委驻省委办公厅纪检组、省直工委纪工委的监督指导，坚持把纪律挺在前面，严守党的政治纪律和政治规矩，邀请省纪委驻省委办公厅纪检组参加室主任办公会议，在干部选拔任用、大额财务支出方面进一步加

强了监督。

（二）切实加强机关党建工作。调整健全室机关党建工作领导小组，完善了室主要领导负总责、分管领导分工负责、机关党委推进落实、处室负责人“一岗双责”、基层党组织抓好落实的党建工作格局。选举组建了5个在职党员支部，支部书记全部由处长（主任）担任，充实了基层党组织力量。强化党建理论研究，我室撰写的《理论武装头脑，深入调查研究》被省委组织部“党员先锋行”典型经验汇编一书选用，《加强党建工作，展示支部风采》被推荐至省直工委《“建功十三五、支部创六星”主题实践活动先进典型》丛书。顺利完成机关工会委员会换届选举工作。在今年“七一”期间，组织表彰了2个先进党支部、12名优秀党员和3名优秀党务工作者。

（三）强化日常教育管理监督。持续推动中央八项规定精神贯彻落实，紧盯重大节假日等重要时间节点，抓住干部选拔任用、党员干部本人及近亲属婚丧喜庆事宜，抓早抓小抓细，主动加压、防微杜渐。政研室全年没有任何党员干部受到党纪政纪处分或违法违纪处理，也没有任何群众举报或来信来访反映问题的事件。同时，做好机关党员干部个人有关事项报告的汇总、整理和上报以及抽查核实等相关工作，2016年抽查核实处以上干部15人，抽查比例达75%，其中随机抽查核实3人，重点抽查核实12人。

（四）积极开展巡视整改。积极配合完成省委专项巡视四组对政研室为期3个月的专项巡视，对巡视组的反馈意见和整改建议高度重视，严格责任落实，认真逐项整改，力求从根本上解决问题。经过2个月的整改，已全部按要求完成了整改任务，得到巡视组的高度肯定。在巡视反馈时，巡视办和巡视组负责同志谈到，省委政研室不存在违反财经、廉洁纪律的情况，这在历次巡视中还是首例，这充分反映出省委政研室履行“两个责任”比较到位。

（贺高明）

附：省委政策研究室主任、副主任、省委深化改革办专职副主任、副巡视员名单

省委副秘书长、省委政策研究室主任、中共山西省委全面深化改革领导小组办公室常务副主任：

李福明（9月离职）　王利波（9月任职）

副主任：梁若皓　加年丰

省委深化改革办专职副主任：刘东光

副巡视员：魏爱军　赵付忠（5月离职）

省直机关工委工作概况

省直机关工委书记　罗清宇

2016年，省直工委认真贯彻落实中央和省委的决策部署，聚焦党建主业，落实党建主责，把握全面从严治党主线，突出服务中心、建设队伍两大任务，全面加强机关党的思想、组织、作风、反腐倡廉和制度建设，为推动我省经济社会发展提供了坚强保障。

一、坚持理论武装，学习贯彻习近平总书记系列重要讲话精神进一步深化

按照“两学一做”学习教育总体安排部署，发挥省直工委牵头抓总的职能作用，督导省直机关各级党组织和广大党员坚持问题导向、创新形式载体、落实学习内容、狠抓问题整改，学以致用、用以促学，把学习贯彻习近平总书记系列重要讲话精神不断引向深入。坚持以党组（党委）中心组和处级以上干部为重点，以《习近平总书记系列重要讲话读本》《习近平总书记重要讲话文章选编》为基本教材，采取集中学习与个人自学、专题研讨与辅导讲座相结合等形式，组织省直机关党员干部读原著学原文悟原理。全年共编发6期《中心组学习动态》和2册《中心组理论学习成果汇编》，交流经验、展示成果，带动基层党组织和党员干部加强政治理论学习。开展“党章党规宣讲”，发挥“文源讲坛”“晋·道大讲堂”等学习品牌效应，邀请省内外专家学者为省直机关党员干部作辅导报告100余场次。编写《新编机关党建实务300问》一书发放省直机关党组织，组织省直机关8万多名党员干部开展“做合格党员”演讲比赛和党章党规知识竞赛，深入开展省直机关第五届读书月活动，增强学习的针对性和实效性。注重总结推广学习教育中的先进典型，编发了《省直机关“两学一做”学习教育典型案例》，供各单位学习借鉴，同时向省委学习教育协调小组推荐了15个典型案例。充分发挥省直党校主阵地、主渠道作用，把党的十八大、十八届三中、四中、五中、六中全会精神和习近平总书记系列重要讲话精神，以及省第十一次党代会精神列入培训内容，先后组织6期处级干部进修班和中青年干部培训班、14期新党员和入党积极分子

培训班，共培训各类党员3951人。注重加强舆论引导和思想政治工作，落实思想政治工作定期分析报告制度，开展机关干部思想状况调研，全年共召开了三次省直机关舆情形势分析会，分析研判机关干部的思想动态，形成书面材料上报省委。通过《山西机关党建网》《党的生活》《省直文明网》《山西画报·省直文明创建版》等载体，弘扬主旋律、传播正能量。

二、围绕重点任务抓党建，基层党组织基础进一步夯实

一是扎实推进基层组织规范化建设。围绕“失联党员排查、党费收缴管理使用、党组织换届”等基层党建七项重点任务，按照《机关基层组织工作条例》和省委《实施意见》，结合“两学一做”学习教育，全年指导和督促25个省直单位完成了基层组织换届选举和届中调整，配齐配强了机关“两委”书记，推动机关党支部书记由处室负责人担任，“支部建在处室、处长一岗双责”工作机制得到了有效落实。总结推广“党支部工作法”，开展机关党支部工作典型经验征集活动，遴选36个省直单位典型经验汇编成册印发各单位。以《党支部工作记录本》的形式建立了支部工作台账，并统一印发到8000多个基层党支部，为规范党支部日常工作起到了督导促进作用。开展了规范党费收缴使用管理专项整治，各单位补交2008年4月以来因各种原因欠交的党费2700余万元，党员党性观念和党费管理水平都得到了显著提高。通过党员组织关系集中排查，共找回1323名失联党员，发现1180名口袋党员，已按照组织程序进行了相应处理。

二是召开山西省直机关纪念建党95周年表彰大会。6月27日召开了省直机关纪念建党95周年表彰大会，时任省委副书记楼阳生出席会议并讲话。省委常委、常务副省长高建民，省委常委、省纪委书记黄晓薇，省委常委、组织部长盛茂林出席会议。省委常委、秘书长、省直机关工委书记王伟中主持会议。大会表彰了省直机关157个先进基层党组织、224名优秀共产党员、167名优秀党务工作者，3名受到表彰的先进基层党组织、优秀共产党员、优秀党务工作者代表作了大会发言。七一期间先后在省委会议厅、省行政办公中心礼堂举办了三场“做合格党员”演讲报告会，号召向合格党员学习，从各单位遴选出的来自省直不同行业的优秀党员代表作演讲报告，千余名党员干部参加听讲、接受教育。

三是组织召开省直机关党代表会议。10月17日召开省直机关党代表会议，选举产生了91名省直机关出席省第十一次党代会代表，圆满完成了省委交给的任务。

四是开展党务干部培训。着力抓好“三会一课”等组织生活制度落实，各级领导干部带头讲党课、带头参加所在支部组织生活会，推动形成了以上率下的良好局面。以机关党建理论和党建业务为主要内容，4月起组织省直部门300余名机关党委书记、专职副书记和机关纪委书记进行了党务干部培训。突出支部书记这个关键环节，安排省直机关党校举办了10期党支部书记轮训班，培训了1895名骨干力量，提高了支部书记履行“一岗双责”的能力。

三、加强党风廉洁建设，省直机关政治生态进一步优化

组织省直机关党员干部认真学习十八届六中全会精神，学习《准则》和《条例》，学习省委的贯彻意见，对广大党员进行了全面从严治党的再动员再部署。坚持把纪律和规矩挺在前面，5月出台了《关于落实“两个责任”，实施“六定”制度的通知》，在省直机关全面推行定期报告、定期分析、定期约谈、定期督查、定期检查、定期研判制度，确保“两个责任”落实到位。严格执行中央八项规定，持之以恒纠正“四风”，紧盯春节、中秋等重要时间节点，先后派出12个督查组对省直机关进行明察暗访和专项检查，发现问题线索39条，及时进行了督促整改，并向省纪委报告了监督检查情况。积极探索实践“四种形态”，注重日常监督，坚持抓早抓小，2016年，省直纪工委共受理各单位机关纪委上报的案件77件（次），处理违纪党员干部57人。其中，约谈、函询8人，警告、严重警告党内轻处分28人。

四、自觉服务中心工作，机关党建推动发展的能力进一步提升

一是深入推进“六型机关”建设。在省直机关广泛开展了学习型、廉洁型、服务型、创新型、法治型、效能型机关建设活动，省直机关把“六型机关”建设作为服务大局的重要抓手，融入本部门中心工作，与转型综改试验区建设、重点工程项目、行政效能建设、脱贫攻坚等重点领域改革和重大工作任务紧密结合，引领省直机关转作风、强服务、提效率，努力做到党建工作与部门中心工作目标同向、安排同步、工作同力、效果翻倍。注重总结推广好的经验和做法，12月6日召开了省直机关推进“六型机关”建设经验交流会，六个单位的机关党委书记交流发言。

二是扎实开展“建功十三五、支部创六星”主题实践活动。6月印发活动方案以来，省直各单位结合自身实际，按照“六星支部”的18条具体标准和目标任务，把主题实践活动与“两学一做”学习教育、“党员先锋行”活动、服务型党组织建设结合起来，与中心任务结合起来，引导基层党组织和广大党员在加强机关党建、转变工作作风、推进重点工作上建功，涌现了一大批抓党建、促发展的优秀基层党组织，基层组织创造力、凝聚力和战斗力进一步增强，党建工作与中心工作“两张皮”的问题得到了有效解决。

三是下大力抓好脱贫攻坚工作。把驻村帮扶工作作为一项严肃的政治任务和转变干部作风的头等大事来抓。结合扶贫联系点五寨县新寨乡的实际情况，加强农村党支部建设，瞄准贫困村、贫苦户，实施精准扶贫。工委领导先后20余次带队开展结对帮扶，组织机关干部与贫困户开展

"结对子"活动，突出抓好就业培训、产业扶持等工作，因地制宜开展光伏发电、农产品电商等精准扶贫项目，较好地完成年度扶贫任务。

五、加强检查考核，省直机关党建工作责任进一步落实

一是落实主体责任。组织省直机关各级党组织认真贯彻落实新修订的《省直机关党的工作责任制的规定》，推动省直机关成立党建工作领导小组，加强对机关党建工作的统一领导，建立部门党组、机关党委、机关纪委、机关党支部的责任清单，督导各级党组织层层落实述职评议考核工作机制。12月召开省直机关党组织书记述职评议会议，对现场和书面述职的机关党委书记进行点评测评，通过以考促建，推动书记抓、抓书记，倒逼各级党组织主要负责人认真履行抓党建的主体责任，层层传导压力，确保全面从严治党向基层延伸。

二是加强文明单位创建考核。按照新修订的文明单位创建管理规定和考核指标内容，通过提高文明单位创建的准入门坎，强化创建的责任意识和标准意识，坚持把日常工作、平时创建、动态管理作为考核的重点，采取张贴公示、与被考核单位签订双向廉洁承诺书等办法，强化对考核工作的监督，提高考核的公正性。2016年，共命名省直文明单位302个、省直文明单位标兵409个，撤消了2个单位的荣誉称号，降低了13个单位的荣誉等级，黄牌警告10个单位，通报批评2个单位，暂停资格处理9个单位，有效发挥了文明单位考核在推动省直机关党建工作中的"指挥棒"和"风向标"作用。

三是完善党的工作责任制考核。根据省委要求，深入开展调研，适时掌握和动态跟踪省委、省政府重大工作部署推进落实情况。组织制定省直机关党的工作责任制考核方案和考核指标赋分标准，按照实事求是、客观公正的原则，对参加全省统一考核的省直92个责任部门进行考评打分，并将考核结果与省直机关评先选优、文明单位评比等挂钩，推动省直机关党建工作责任落实到位。

六、加强精神文明建设，践行社会主义核心价值观的理念进一步增强

一是深入开展精神文明创建活动。以深化"践行社会主义核心价值观"主题活动为引领,大力弘扬我省优秀的法治文化、廉政文化、红色文化,社会主义核心价值观有效融入机关文化、行业文化、企业文化和校园文化。在加强考核的基础上，更加注重日常创建工作，深化公民道德建设"五个一"品牌活动，组织开展省直机关第三届道德模范、第二批十佳优秀志愿服务组织和十佳优秀志愿者评选活动，积极拓展群众性精神文明创建活动，组织省直机关广泛开展"送温暖、献爱心""青年理想畅谈"等主题活动，汇聚推动社会发展的强大正能量。

二是注重活跃机关文化生活。精心打造"共享好时光"文化活动平台，举办省直第九套广播操比赛，开展"家风家教你我他"主题征文，结合纪念建党95周年、红军长征胜利80周年，组织开展了书画摄影、朗诵、演唱等7项群众性文化活动，充分展现了省直机关广大党员干部良好的精神风貌。

三是注重党群共建。发挥群团组织的作用，以心理健康服务、"菜单式"体育比赛、省直机关鹊桥联谊活动、省级劳模疗养、困难职工帮扶、金秋助学等10项具体工作为载体，积极为基层党组织和广大党员办实事、办好事，受到了机关党员干部的普遍欢迎。

七、加强法治建设，工委机关依法行政、按章办事的意识进一步提高

认真学习贯彻习近平总书记关于全面依法治国的重要论述，按照省委《2016年法治山西建设工作要点》和省委法治办的部署要求，6月成立了省直工委机关推进法治建设领导小组及领导组办公室，明确职责任务，制定工作计划，把法治建设纳入工委年度目标责任考核内容，与业务工作同部署、同检查、同落实。坚持把领导干部作为法治建设的重点，通过领导示范带头，带动大家学法用法。结合"两学一做"学习教育和工委的工作职能，以强化党内法规学习为重点，采取领导授课、专家辅导、在线选学等多种形式深化学习效果。按照年度法治目标任务，对照省委巡视组提出的问题，新修订完善了14项规章制度，为工委依法决策、按章办事提供了制度保障。制定《工委机关开展"七五"普法教育实施方案》，12月8日举行了"七五"普法教育启动仪式，对今后五年工委机关普法宣传教育进行了动员部署，聘请专家进行法治讲座，组织干部职工进行法律知识测试，进一步增强了干部职工的法治观念和学法意识。

（阎鹏飞）

附：省直机关工委书记、常务副书记、副书记、委员、副巡视员名单

省委常委、秘书长，省直机关工委书记：

王伟中（11月离职） 罗清宇（11月任职）

常务副书记：杨增武（10月离职）

王 宏（10月任职）

副书记：王 宏（3月任职，10月离职） 王建成

工委委员、省直纪工委书记：王 宏（3月离职）

郭宏魁（3月任职）

工委委员、省直党校校长：尹桂郁

副巡视员：周淑俊（1月离职） 单福光（5月离职）

省委巡视工作办公室工作概况

省委巡视办主任 赵建平

2016年，在省委和中央巡视办的领导下，省委巡视机构认真贯彻中央巡视工作方针，全面落实《巡视工作条例》，按照省委提出的“一个指引、两手硬”重大思路和要求，不断推动巡视工作向纵深发展，在推动全面从严治党、构建良好政治生态、不断塑造美好形象、逐步实现振兴崛起的过程中发挥了“尖兵”和“利剑”作用。习近平总书记、刘云山同志对我省巡视工作予以批示肯定，王岐山、赵乐际、赵洪祝等中央领导同志多次对山西省巡视工作予以批示肯定。山西省巡视发现的国企干部党费问题成为全国“两学一做”的规定动作。省委巡视办在中央巡视工作会议上介绍经验，中巡办《巡视参考》先后3次全文刊登我省深化政治巡视25条等做法。人民日报、中央电视台《新闻联播》《焦点访谈》栏目、中央广播电台以及中国纪检监察报等中央主流媒体对我省巡视工作多次进行了深度报道。省劳动竞赛委员会授予省委巡视机构“五一劳动奖状”，对11名巡视干部予以记功表彰。

一、担当履行主体责任，紧握管党治党利器

省委全面担当、认真履行全面从严治党和巡视工作主体责任，定期召开常委会研究巡视工作，省委书记专题会认真听取了十届省委第十三、十四、十五轮专项巡视情况汇报，提出明确处置意见和工作要求。王岐山同志对山西省书记专题会认真听取巡视情况报告的做法给予充分肯定。省委书记骆惠宁同志到任不久即优先安排听取巡视情况汇报，明确指出，要紧紧围绕省委提出的“一个指引、两手硬”重大思路和要求，不断深化政治巡视，逐步完善巡视巡察工作网络格局，不断净化政治生态，厚植党执政的政治基础。省委巡视工作领导小组把巡视工作作为精品工程，精心组织、靠前指挥，先后召开10次领导小组会议，学习研究贯彻中央和省委新精神新要求，及时认真听取巡视情况汇报，精心动员部署巡视工作。省委常委、省纪委书记任建华同志到任当天就到巡视机构与巡视干部进行交流，并提出巡视工作要讲政策、讲策略、讲效果，压紧夯实“两个责任”的明确要求。

二、坚持和深化政治巡视，厚植党执政的政治基础

省委巡视机构紧跟中央精神，始终牢记政治巡视要求，不断深化、细化、具体化。2016年初，将“两四一聚三紧”和“四个着力”的要求予以细化，制定出台了《省委深化政治巡视25条》和《政治巡视共性问题了解及巡视报告撰写指导（参考）》，细化了30个方面的检查内容，深化政治巡视实践，受到省委和中央巡视办的肯定。贯彻落实十八届六中全会、省十一次党代会精神和“两准则”、“四条例”，结合山西实际，研究制定了《进一步深化政治巡视的指导意见》（35条），将中央精神、省委要求、党章党规党纪相关规定进行归纳整合，增强操作性，既可作为巡视中发现问题的清单，又可作为撰写报告、汇报问题的指导，还有利于被巡视党组织对照衡量自身情况，加强自查自纠、即知即改工作。针对巡视中发现不按规定缴纳党费的问题，督促省国资委监管的22家企业补缴党费8930.7万元，督促省直工委补缴欠交党费3770余万元，进一步唤醒了党员干部的党章意识，体现了深化政治巡视的要求。

三、慎始慎终善作善成，率先完成巡视全覆盖

坚持慎始慎终、善作善成，圆满完成十届省委巡视全覆盖工作。组织14个巡视组巡视了省委宣传部、统战部、政法委等50个党组织。十届省委第十三、十四、十五轮专项巡视中，发现了许多党员干部的问题线索。至十届省委第十五轮专项巡视，已全面完成对省管11个市119个县（市、区）、81个省直单位、52个事业单位、19个国有骨干企业、66个高校五大板块共348个党组织的巡视，实现了巡视监督无遗漏、无死角、无盲区，巡视利剑的震慑遏制效应持续释放，治本作用更加凸显。

四、延伸巡视监督触角，全面铺开市县巡察

2016年4月制定出台了《关于建立市县巡察制度的意见》，在选取晋城、临汾2市及所辖县区和全省11个县先行试点的基础上，领导小组分别于4月和6月召开市县巡察工作试点会、推进会，全面铺开，加快推进。各市县巡察机构全部成立，市县巡察办共500人，分别平均6人、3.7人，市县两级组建382个巡察组，2102人，平均每组5.5人，全省共建立市县巡察“一长两员三库”354个、8634人。各市县普遍出台了《关于建立巡察制度的意见》《“一长两员三库”管理办法》等制度规范。11个市及57个县已经完成首轮巡察，382个巡察组共巡察933个党组织。市县巡察覆盖36个县、290个乡镇、93个村、508个市直县直单位，发现了一批党的领导弱化、党的建设缺失、全面从严治党不力方面的问题。通过边巡边改，一批违纪党员干部受到惩处，一批侵害群众切身利益的问题得到整改，唤醒了基层党员干部在党言党、爱党护党的政治意识，推动了各级党组织失责必问、问责必严，厚植了

党执政的政治基础。

五、“回头看”强化“两个责任”，推动整改落地见效

2016年4月，领导小组组织对272个党组织开展整改“回头看”，督促被巡视党组织“主体责任”和省领导“捆绑责任”落实到位，确保做到巡视整改“事事有回音、件件有着落”。回头看期间，74%的被巡视党组织成立了由主要负责人挂帅的工作机构，主要负责人亲自研究解决重点难点问题，共批示4678次，平均批示18次以上。各省委常委、副省长就分管部门巡视整改做出批示共178次，平均达到11次，推动了整改落地见效。省委巡视组反馈问题5478个，总体整改完成率达到95.5%。通过巡视整改，被巡视党组织依规依纪处理相关问题线索，开展各类专项治理4457次，实施各类改革措施3059项，巡视震慑遏制治本、倒逼改革、促进发展的作用得到充分发挥。

六、对村巡察成效显著，全面从严治党向基层延伸

2015年5月，省委巡视组对问题比较突出、群众反映强烈的18个村进行了巡察。2016年6月，领导小组专门派出2个小组对巡察过的18个重点村整改情况进行深入了解。省委巡视组对18个村共反馈问题126项，已整改116项，完成92%。通过立行立改、全面整改，这些村共挽回经济损失1420.96万元，处理问题干部104人，移交司法机关34人，修订各种制度396项，为群众办实事、办好事233件。基层干部群众对农村巡察工作普遍予以高度评价，将去年五月份开展的巡察称作“五月的希望”。巡察取得明显成效，《中国纪检监察杂志》专门介绍了我省的做法。

七、完善整改督办机制，用足用好巡视成果

研究制定了《关于加强巡视督办 推动“件件有着落、事事有回音”的意见》，建立健全“五账挂号”、问题线索办理情况反馈、整改情况了解督促、落实整改责任考核评价4项督办机制，进一步提高了成果运用的科学化、规范化水平。强化问题线索分类移交。2016年向省纪委移交问题线索234件；向省委组织部移交问题线索39件；向政法部门移交问题线索6件，为执纪审查、职务犯罪侦查提供了重要线索。向省委组织部回复干部选任意见47批701人次，为省委选人用人、换届工作顺利进行提供了重要参考。

八、打造大数据铁笼，加强巡视基础建设

适应巡视深入发展、标本兼治的新形势新要求，构建大数据平台、打造巡视数据化铁笼。完成1850卷275500页巡视档案的系统归档、电子录入工作，十届省委届内全覆盖巡视档案全部实现规范化、电子化管理。成立了由省委巡视办、省审计厅、省财政厅3家部门有关人员组成的联网采集电子数据工作小组，全面启动联网采集电子数据项目，将联网采集省财政厅部门预算管理、转移支付资金管理和监控、政府采购管理、专项资金管理等18个业务系统数据，可为深化巡视工作提供自动监测、预警分析和人工核查等大数据支持。顺利完成办公场所搬迁，基础设施显著改善。加强沟通协调，后勤保障水平和效率明显提升。

（杨　帆）

附：省委巡视工作办公室主任、副主任、专员名单

省委巡视工作领导小组成员、省委巡视办主任： 赵建平

副主任： 闫志强　刘精英

省委巡视办副厅长级巡视专员： 郝点亮（5月任职）

省委党校工作概况

省委党校校长　盛茂林

2016年，校院坚持政治立校、质量兴校、管理强校，围绕省委省政府中心工作，立足职能定位，全面落实全国全省党校工作会议精神和省委《实施意见》，各项工作取得显著成绩。

一、校院基本情况

中共山西省委党校创建于1949年9月1日，山西行政学院于1994年11月经省政府批准成立并于1995年6月正式挂牌。省委党校与山西行政学院合署办公，实行“一套人马、两块牌子”的校院合一体制。省委党校是在省委直接领导下培养党员领导干部和理论干部的学校，是省委的重要部门，是培训轮训党员领导干部的主渠道，是党的哲学社会科学研究机构。山西行政学院为省政府直属的正厅级单位，是培训公务员、培养公共管理人员和政策研究人员、开展社会科学研究和决策咨询的机构，是公务员教育培训的主渠道，是公共行政理论和政府管理创新研究的重要基地，是省政府决策咨询的智库。省委党校实行校委负责制，现任校长由省委常委、组织部部长盛茂林同志兼任；山西行政学院在管理体制上同省委党校一致，现任院长由省委常委、常务副省长高建民同志兼任。常务副校院长王联辉同志主持校院日常工作。校院占地253亩，总建筑面积12万多平方米；下设处级单位36个，其中参公管理部门15个，事业编制的教学科研部门19个，所属事业单位2个；在职人员370余人，其中正处级45人，副处级50

人，教授15人，研究员3人，副教授56人，副研究员7人，享受国务院特殊津贴专家1人，全国宣传文化系统“四个一批”人才1人，山西省宣传文化系统“四个一批”人才6人，“山西省学术技术带头人”9人；校院办有CSSCI来源期刊《理论探索》，山西省一级期刊《中共山西省委党校学报》，山西省一级报纸《山西党校报》；建有校园网和数字图书馆局域网，拥有30余万册图书和3.6万余种报刊。

二、坚持正确办学方向，扎实推进各项工作

（一）深化教学改革，提升培训质量。校院共举办各类培训班次90余期，轮训培训学员1.1万余人次，加上送学任务，有近6万余人次接受了校院的轮训培训，干部教育培训工作覆盖全省。教学安排上突出主业主课，确保主体班中党的理论教育、党性教育不低于总课时的70%，积极推动习近平总书记系列重要讲话精神、党的十八届六中全会精神、省第十一次党代会精神进课堂、进教材、进学员头脑。教学内容中加强党的理论创新成果研究，新增教学专题占到主体班教学的五分之一。创新培训方式，互动式、案例式、体验式教学成为常态。领导干部上讲台制度有效落实，全年共举办外请报告30余场。完善学科体系建设规划，制定《2016—2020年学科建设规划》。加强制度建设，修订《关于进一步规范外出讲学 严肃课堂纪律的意见》，出台《精品讲义、精品课程、精品教材等三个奖项的评选办法》《推进校院教学、科研、咨询深度融合工作安排意见》等规章制度。

（二）加强科研管理，全面提升科研思想引领力和影响力。获准立项3项国家社科基金项目，连续15年获得国家级课题立项。获准立项2项全国党校系统重点调研课题、16项省社科规划课题、5项省软科学课题和5项省社科联重点课题，精选立项21项院级课题，首次完成全省党校行政学院系统66项课题合作立项研究工作，课题申报取得新进展。全年以校院理论研究中心名义在《人民日报》《山西日报》《前进》等报刊共发表10篇文章。教研人员全年撰写论文200多篇，其中在国家级一类重点报刊发表18篇论文，二类发表9篇，在《山西日报》《前进》发表26篇，《新华文摘》全文转载1篇。在山西省第九次社会科学研究优秀成果评选中，共有10项成果获奖。在省社科联2015年度“百部(篇)工程”评奖活动中，获二等奖2项，三等奖3项。主办全省党校行政学院系统纪念建党95周年理论研讨会。

（三）打造新型智库，提升咨政服务力。全年完成并上报《决策建议报告》14期，全部受到省委省政府领导批示。其中受到省委书记、省长批示的有10篇次，其他副省级领导批示31人次，有2项建议成果被有关部门采纳，成为具体工作行动部署，为贯彻落实省委“一个指引、两手硬”重大思路和要求发挥了较好的决策咨询作用。积极承担省领导交办的课题3项，上报的报告受到领导肯定。

（四）行政后勤保障稳步提升。依法推进综合教学楼项目建设，完成新建操场、道路及管网改造，加大对地下车库、礼堂、供热管网等基础设施建设和维护力度。后勤服务严格质量考核制度，圆满完成各类班次接待服务任务，满意率高达98%。认真开展并顺利完成校院固定资产清查工作；加强预算管理，全面实现收支管理规范化，推进政府采购全覆盖，实现财政票据电子化。完成教务、学员管理系统和短信平台三大系统应用落地任务，网络信息化建设取得新成绩。落实政策待遇，实现老干部活动室的扩建提档，开通离退人员信息服务系统，老干部工作服务水平进一步提升。

（五）积极稳妥推进干部选任工作。出台《校院正处级干部选拔任用工作方案》，完成17名正处级领导干部的选任。稳步推进副处级干部的选任工作，确立“五审六查”人员名单。对4名正处级干部、11名副处级干部进行了岗位调整，对13名科级干部进行了职务调整，对7名军转干部职务进行了确定。

（六）加强学员管理。细化“1+9”学员管理制度体系，严格执行外出考察规定，强化入学教育，重新编印《学员手册》，签订《廉洁自律承诺书》。成立学风督查督导组，实施纪律检查通报制度。组织学员到党性教育和反腐倡廉警示教育基地现场教学，强化遵守校规校纪情况考核考察，为组织人事部门提供选人用人第一手资料。加强班主任队伍建设，切实增强责任意识和问责意识。

（七）全面落实全国全省党校工作会议精神。经省委同意，4月22日全省党校工作会议在我校召开，《中共山西省委关于加强和改进新形势下党校工作的实施意见》正式颁布实施。会后，校院通过制定《贯彻落实省委＜实施意见＞任务分解建议方案》，提出8方面、60项任务，召开全省党校系统常务副校长座谈会，举办全省党校系统贯彻落实党校工作会议精神专题培训班、市县党校骨干教师培训班，对党校系统“十三五”规划草案征求意见，分赴各地对地方党校贯彻落实督促指导等方式扎实做好贯彻落实工作。同时，积极与省委组织部、省人社厅、省编办等部门对接联系，深入推进“三个探索”、党性教育基地建设、县级党校办学体制改革等工作。

（八）推进法治校院建设。调整校院法治建设领导小组，召开校院委会议专题研究部署依法治校，启动了“七五”普法工作，制定校院“七五”普法规划。把法治教育列为各类培训班次重要教学模块，加大科研课题中法治类选题范围。落实“三重一大”决策机制，依法依规办事规。组织法治宣传教育，开展“宪法活动日”宣传活动和送法下乡活动。

（九）集中开展巡视整改和“严纪律转作风树形象”教育整顿活动。成立巡视整改工作领导小组，制定下发《整改工作方案》，将巡视组反馈意见和整改建议分解细化为7大问题、18个具体问题和76项目标任务，并逐一落实各项整改任务，巡视整改获得省委省政府领导和省委巡视办认可。作为巡视期间主动整改立行立改的自选举措，校院开展“严纪律转作风树形象”教育整顿活动，集中解决校院委管理层面存在的“宽、松、软”、部门支部落实层面存在的“僵、空、慢”、干部职工作风层面存在“庸、懒、散”等问题，梳理出28个问题，制定防范措施545条，活动取得明显成效。

三、强化机关党建工作，深化党风廉政建设

（一）扎实开展“两学一做”学习教育。4月28日召开全校动员大会，制定印发《校院“两学一做”学习教育实施方案》，稳步推进学习教育。全年召开校院委会议14次、25次中心组学习活动，校院班子成员带头围绕“四讲四有”专题讲党课，按规定过好双重组织生活；开展集体学习、专题讨论、讲专题党课等各种支部活动140余次；组织教师开展对外宣讲48人次，培训党员干部近万人。科社教研部与开元社区党支部签协议结对子送党课下社区，受到中国网、山西广播电台宣传报道，被选树为“两学一做”学习教育先进典型。

（二）扎实开展文明和谐创建工作和各种党务活动。严格执行新修订的省直文明单位创建管理规定和考核指标体系，深化社会主义核心价值观教育，持续推进“讲文明除陋习树新风”活动。制定实施《党建工作责任制》《进一步落实党校姓党根本原则实施办法》《校院2016年机关党建工作要点》《基层党建重点工作任务清单》等规章制度，出台《党支部工作细则》，规范党支部工作。41个基层党组织全部换届，完成所有党员身份核查、党费核定收缴工作。组织了党务知识测试和演讲比赛，开展了建功“十三五”、支部创“六型”主题实践活动。高标准开展了创先争优活动，全年表彰先进基层党组织5个、优秀党员和党务工作者58人，1个党支部和3名党员受到省直工委表彰，选派21名党支部书记、5名新党员、4名入党积极分子参加了省直机关党校培训学习。

（三）落实“两个责任”，强化党风廉洁建设。以制度建设为抓手推进党风廉洁建设，出台《校院2016年党风廉政建设工作任务分解意见》《2016年下半年落实党风廉政建设“两个责任”工作方案》《进一步贯彻落实中央八项规定精神纠正“四风”问题实施意见》。签定《廉政责任书》，机关党委书记对34个支部书记进行集体约谈。全力支持派驻纪检组各项工作，严格落实约谈、跟踪、监督、提醒制度，主动沟通征求指导。深化巩固党支部“一岗双责”，各支部设立纪检委员，实现党风廉政建设与业务工作同安排同部署同落实同督查。

（孟国丽）

附：省委党校校长、常务副校长、副校长、副巡视员、校委委员名单

省委副书记、省委党校校长： 楼阳生（11月离职）

省委常委、组织部长，省委党校校长： 盛茂林（11月任职）

常务副校长： 王联辉

副　校　长： 刘明星　田忠宝　王浩学　薛勇民（10月任职）

副 巡 视 员： 赵继光

校 委 委 员： 郭　彩（10月离职）

山西行政学院院长、副院长名单

省委常委、常务副省长，山西行政学院院长： 高建民

常务副院长： 王联辉

副院长： 刘明星　田忠宝　王浩学　薛勇民（10月任职）

副巡视员： 赵继光

省委党史办公室工作概况

省委党史办公室主任　于若洁

2016年，中共山西省委党史办公室认真学习贯彻习近平总书记系列重要讲话精神，牢固树立政治意识、大局意识、核心意识、看齐意识，按照省委提出的“一个指引，两手硬”重大思路和要求，围绕省第十一次党代会作出的重要部署和总体要求，坚持党史工作“一突出、两跟进”，坚持政治立室、从严治室、依规治室和能力强室，统筹做好党史研究、党史宣传教育、党史纪念活动、党史资料征编、党史资源运用、党史咨询服务等各项工作，取得了党史工作新成绩。

一、认真贯彻落实中央和省委的指示精神

（一）深入学习贯彻习近平总书记系列重要讲话精神和党的十八届六中全会精神搞好理论武装

党史办结合实际，始终把认真学习贯彻习近平总书记系列重要讲话精神作为本年度首要政治任务，与学习贯彻党的十八大和十八届三中、四中、五中、六中全会精神紧密结合起来，与开展“两学一做”学习教育紧密结合起来，全面准确把握其中的思想内涵和精髓要义，自觉贯彻落实到党史各项工作中。针对党史业务工作需要，重点学习习近平总书记在哲学社会科学工作座谈会上的重要讲话精神和《习近平总书记系列重要讲话读本》《习近平论中国共产党历史》等，坚持领导带头学、集体集中学、专题讨论学、学以致用学，及时学习传达骆惠宁书记在太原调研座谈会上的讲话、省第十一次党代会精神等。理论学习，对党史部门来说是首要武装、根本武装，广大党史工作者思想政治素质有了新的提升，推动党史部门整体工作呈现出新变化。2016年，共组织中心组成员学习24次，组织党员干部集中学习8次。

（二）贯彻落实全国党史研究室主任会议精神

全国党史研究室主任会议结束后，室主要领导即向省委分管领导作了会议情况的专题报告，省委常委、秘书长王伟中批示：“要认真学习贯彻好栗战书同志的重要讲话精神，贯彻好全国党史研究室主任会议精神，不断提高山西省党史研究的水平。向获奖单位和个人表示祝贺，望再接再厉，再创佳

绩。”5月13日，全省党史办公室主任会议召开。这次会前，省委书记王儒林就山西省党史工作作了重要批示：“全省党史系统认真贯彻习近平总书记关于党的历史和党史工作重要论述精神，积极围绕中心，主动服务大局，为实现弊革风清、促进富民强省发挥了特殊重要作用，应予充分肯定。”会上，传达学习贯彻中央领导同志重要讲话精神和中央党史研究室主任曲青山所作的工作报告，传达省委领导关于山西省党史工作的批示要求，总结2015年全省党史工作，于若洁主任从认真学习贯彻全国党史研究室主任会议精神，做好当前和今后一个时期山西党史工作提出了要求，并安排部署了2016年六项重点工作任务。会上，宣读了人力资源和社会保障部、中央党史研究室联合表彰全国党史系统先进集体和先进工作者决定，山西省《党史文汇》编辑部、黎城县委党史研究室杨尚军获此殊荣。会议表彰了荣获省人力资源和社会保障厅、省委党史办公室2014-2015年全省党史系统先进集体和先进工作者。山西省本年度有10项研究成果获得全国党史部门党史优秀成果奖，其中有《中国共产党山西历史(1949—1978)》(第二卷)获特别奖，《山西抗战历史贡献》获一等奖，《齐云在太行》《毛泽东与山西抗战特殊局面的开创》《山西红色文化的形成脉络和内涵价值》《中共山西年鉴(2015版)》获二等奖，《中国共产党平定县历史(1926—2000)》《山西：敌后抗战的战略支点》《任弼时与山西解放战争时期的土改运动》《晋中抗战记忆》电视系列纪录片获三等奖。

(三)深入开展“两学一做”学习教育，扎实推进巡视整改工作

根据省委的部署，党史办公室在开展“两学一做”学习教育方面，紧密联系实际，认真制定实施方案和行动路线图，成立了领导小组，重点抓好理论中心组学习，主题党课与专题研讨、集中学习与党员自学有机结合，形成了任务清晰、措施具体、目标明确、可具体操作的实施计划。2016年，共组织各类学习教育活动32次，重点组织学习了《习近平总书记系列重要讲话读本》《习近平总书记论中国共产党历史》、党的十八届六中全会精神等，进一步增强了“四个意识”。传达学习了省委书记骆惠宁在省十届八次全会上的讲话、省第十一次党代会精神等，增强了做好新形势下党史工作的责任感和使命感。先后组织全体党员干部到太钢渣场、太重集团、八路军纪念馆、太原第一监狱参观，观看《忏悔录》，把知和行的教育有效结合在一起，充分调动了广大党员干部自觉融入学习教育的积极性和主动性。

按照省委安排，省委第九巡视组对省委党史办进行了为期3个月的专项巡视，针对巡视组反馈的问题和意见建议，室领导班子强调，要坚决把整改落实作为一项严肃的政治任务来抓，坚持把巡视组反馈的问题和意见作为一面“镜子”，正视自身存在的问题，坚持从领导班子抓起，从各处(部)的负责人抓起，落实好巡视整改各项任务，集中时间、集中精力、集中人员，按照“条条要整改、件件有着落”的要求，不折不扣抓好整改，切实做到以巡视促整改、以巡视促发展，确保巡视整改任务落到实处。党史办把巡视反馈意见细化分解为若干具体内容，制定了《省委党史办公室巡视整改工作实施方案》，并对原有规章制度进行了修订完善，同时制定出台了《领导班子加强民主集中制建设的意见》《财务内部控制制度》等一批规章制度，形成党风廉政建设、人事工作与履职考核、内部管理、党史业务共四类46项制度。省委的专项巡视和党史办巡视整改工作，使全室广大党员干部接受了一次“政治体检”，查找到问题，剖析到原因，进一步明确了努力方向，落实好整改措施，即知即改、立行立改，极大促进了思想政治建设、机关内部建设和各项工作开展。

二、围绕中心开展党史资政工作

一是承担了省委部署的屯留抗大一分校旧址布展提纲的撰写工作；《卓绝的岁月—中共中央西北局林家坪镇南圪坨村旧址史迹陈列》提纲审阅、修改工作；习仲勋在吕梁、晋绥边区革命纪念馆(蔡家崖)《晋陕联防保卫党中央》的布展提纲、布展内容等工作。

二是协调联系参与省政府在京组织的《山西省“十三五”时期红色文化传承保护与开发规划》论证会，提交了该规划中的专项子规划《山西红色文化史料征集整理编纂与研究利用规划》。

三是圆满完成了陪同省委领导调研工作。2016年9月，于若洁主任陪同骆惠宁书记赴革命老区长治市、吕梁市部分县区调研；陪同罗清宇秘书长赴吕梁、忻州调研。调研期间，省委党史办于若洁主任就红色遗址保护开发利用交流了工作意见，发挥资政作用，受到省委领导的充分肯定。

四是做好有关涉及党史题材审读审核工作。2016年，审读省新闻出版广电局编撰《山西抗战事略》，30万字；参与山西省庆祝中国共产党成立95周年文艺晚会《颂歌献给党》审核节目；参与省妇联纪念建党95周年编辑的微信《烽火太行》的策划、文稿审核等工作。

五是科学谋划，做好规划编制。围绕贯彻落实中办发〔2016〕55号文件精神，组织撰写了《2016—2020年山西党史工作规划》。省委书记骆惠宁作出重要指示，为山西党史工作提供了强有力的指导。在编制十三五党史规划过程中，党史办坚持以宽广的视野来把握党史事业的长远发展，组织力量，起草了党史工作五年规划，并广泛征求各方面意见和建议，修改完善后报经省委同意，以省委办公厅名义转发。

三、稳步推进党史研究和资料征编工作

一是在推进完成中央党史研究室和省委安排部署的课题任务方面。按照中央党史研究室和华国锋在山西资料征集研究工作小组意见，《华国锋年谱(山西部分)》和《华国锋在山西》的资料征集和编写作了较大补充修改，字数分别增加到40万字和20万字左右。11月份，中央党史研究室华国锋传记和年谱课题组到山西省专门召开了课题研讨会议。编纂完成《抗日战争时期中国人口伤亡和财产损失调研丛书》山西B卷本书稿的阳泉、吕梁、晋城、临汾市卷统编、审定工作。编写出版《中国共产党山西历史大事记(1924-2016)(简

本)》,15万字。参与完成了中央党史研究室主持、中共甘肃省委党史研究室牵头的《图说长征·大会师》卷的编写工作,为该书提供了1936年红军东征的有关历史资料,包括概述、大事记和80余张图片。

二是在专题资料征编方面。加强对中国特色社会主义时间段历史研究,即时跟进历史、记载历史,完成了《改革开放实录(山西部分)》系列专题研究任务,2016年研究撰写了《改革开放以来山西水利事业发展回顾》《农村联产承包责任制在山西的实践》《改革开放以来山西交通的发展与回顾》《改革开放以来山西电力工业发展回顾》4个专题共计8万余字,上报送审。编写完成了《2015年山西党史大事记》送审稿和《2016年山西党史大事记》初稿。推进《党和国家领导人视察山西》《老同志回忆改革开放新时期山西的发展(口述史)》、社会主义建设时期山西的发展有关专题史料和口述史编写。同时,编撰出版《卫恒文集》,89万字。

四、积极抓好重大党史纪念活动和党史宣传教育工作

重点围绕纪念红军东征80周年、红军长征胜利80周年、中国共产党成立95周年党史重大事件活动为主题,做好宣传教育工作。2016年,山西党史网累计转载中央关于党史工作的最新指示、讲话以及中央党史研究室专家的文章共193篇;山西党史微信公众号结合党史重大事件、党史重要人物纪念日开展主题宣传。针对近年来历史虚无主义思潮泛滥,山西党史微信公众号开设了"反对历史虚无主义"专栏,主动发声,批驳错误观点,澄清历史事实,传播正能量,发表和转载文章300余篇、图片270余张,关注人群跨各行各业,用户遍及全国28个省、市,文章点击量保持持续上升势头,宣传覆盖面和宣传效果居全国同类微信号前列。与八路军研究会、省委宣传部协作拍摄电视连续剧《黄崖洞》,12月在黎城县谷堆坪村开机。协助省委宣传部、省广播电视台联合摄制6集红色教育纪录片《火种》。下属单位党史书刊开发发行中心,继续在扩大党史书刊发行、"开发"上下功夫,为开展党史宣传教育搞好服务,组织编写出版了《中共山西历史》青少年读本,取得良好的社会效益和经济效益。

进一步办好党史期刊和党史年鉴,《党史文汇》突出可信、可读、可鉴、可存办刊特色,扩大了党史宣传覆盖面。2016年围绕红军长征胜利80周年、红军东征胜利80周年、中国共产党成立95周年这三大主题,在刊物上设置专栏,组织精品文章,有效安排和推进这些重大纪念活动,宣传活动有声有色、重点突出,取得明显效果。全年编辑发行12期。编辑出版《中共山西年鉴》(2016版),积极发挥了总结宣传现实实践,做好资政服务的作用。

五、贯彻全面从严治党决策部署,推进机关全面建设上水平

根据中央精神和省委统一部署,党史办在组织广大党员深入开展"两学一做"学习教育活动中,坚持把"做合格党员"作为"两学一做"的落脚点,认真学习党章党规和习近平总书记系列重要讲话,坚持把思想建设放在首位,进一步增强了坚定理想信念、站稳政治立场、加强党性锻炼、做合格共产党员的思想自觉和行动自觉。突出问题导向,强化纪律意识,严格遵守党的政治纪律和政治规矩,严格落实"两个责任",坚持落实中央八项规定,坚持反对"四风"抓出常态抓出长效,推动党史部门思想政治建设、遵守纪律和良好风气养成有了新进步。以开展"两学一做"学习教育和省委巡视组在省委党史办进行专项巡视的重要契机,进一步完善机关各项制度,严格执行制度,用制度管人管事,加强内部管理,推动机关建设上到一个新水平,机关面貌生了新变化,全室上下"用心谋事、专心干事、规矩办事、团结共事"的氛围进一步形成。2016年,党史办参加了省直工委举办的第九套广播体操和省妇女体协举办的"庆祝三八妇女节健身活动"比赛,双双获得金奖,还举办了纪念红军长征胜利80周年诗歌朗诵演唱会、庆国庆小歌会、党建知识竞赛等有益干部职工身心健康的文体活动。积极组织有关党史业务人员参加中央党史研究室培训学习和省委党校、省直分校、浙江大学等培训学习。

(杨子晋)

附:省委党史办公室主任、副主任、副巡视员名单

主　　任: 于若洁

副 主 任: 钟启元　巨文辉

副巡视员: 王雷平

省委老干部局工作概况

省委老干部局局长　赵建华

2016年,省委老干部局认真学习贯彻《关于进一步加强和改进离退休干部工作的意见》(中办发〔2016〕3号,以下简称中办发3号文件)、全国老干部工作"双先"表彰大会精神,围绕省委总体工作部署,牢牢把握为党和人民事业增添正能量的价值取向,突出重点,狠抓落实,各项工作取得了新进展新成效。

一、围绕学习贯彻中办发3号文件,进一步凝聚做好老干部工作合力

(一)老干部工作摆上更加重要位置。省委、省政府对中办发3号文件高度重视,7名省领导分别作出重要批示和

指示，省委书记骆惠宁在省第十一次党代会上强调“要认真贯彻中央政策要求，全面做好离退休干部工作”，省委常委、组织部部长盛茂林主持召开部务会专题研究贯彻落实意见。将老干部工作纳入了各市和省直单位2016年度目标责任考核指标体系，列入省委党建工作领导小组2016年工作要点。省委进一步健全了老干部工作领导小组。各市和省直单位结合实际贯彻中办发3号文件精神，进一步把老干部工作摆上位置，纳入总体布局，加强督查考核，全面落实中央政策规定和省委要求。

（二）层层组织学习，深入推进文件贯彻落实。下发通知，对我省学习贯彻中办发3号文件精神作出安排。先后召开全省老干部局长学习贯彻中办发3号文件精神座谈会和省直单位老干部处长分片座谈会，邀请中组部老干部局领导出席并作中办发3号文件精神专题解读。对市县贯彻落实中办发3号文件精神情况进行了督查调研。指导各级老干部工作部门采取专题辅导、座谈讨论、培训学习等多种形式，特别是利用QQ群、微信平台等网络途径，广泛宣传，学习讨论，进一步把握老干部工作的新任务新要求。省委老干部局组织力量起草了我省贯彻落实中办发3号文件的实施意见稿。各级组织部门、老干部工作部门着眼解决实际问题，研究制定了贯彻3号文件的具体措施，取得了初步成效。

二、突出正能量价值取向，着力加强离退休干部“两项建设”

（一）进一步加强离退休干部政治理论学习和思想引导。下发《关于组织离退休干部党员参加“两学一做”学习教育的指导意见》。指导基层老干部工作部门丰富学习形式，组织离退休干部学习党章党规，学习习近平总书记系列重要讲话精神、十八届六中全会精神和省第十一次党代会精神。举办全省离退休干部党支部书记“两学一做”专题培训班，组织2次省直厅局级离退休干部理论学习专题报告会；市县两级共举办离退休干部党支部书记及理论骨干培训班286次，培训13395人次，举办理论学习报告会、辅导讲座、座谈会、研讨会等1119场次，组织老干部理论骨干开展宣讲活动988场次。进一步加强离退休干部情况通报工作，举办2次省级老领导情况通报会，省直单位和市县党政领导向老干部通报经济社会发展或其他情况390多次。

（二）进一步加强离退休干部党建工作，增强党组织凝聚力战斗力。下发指导意见，积极稳妥推进各市和省直单位建立离退休干部党委、党工委试点工作，探索加强离退休干部党建工作的方法和举措。目前各市已确定离退休干部党委试点13个、党工委试点7个。落实省直机关事业单位975个离退休干部党支部年度工作经费487.5万元，全省90%的市、县（市、区）已将离退休干部党支部工作经费足额列入财政预算。拨出15.64万元省管党费为全省5200多个离退休干部党支部征订发放《离退休干部党支部学习参考》。进一步完善离退休干部党支部“三会一课”、组织生活会、民主评议党员等制度，严肃党的组织生活，严格离退休党员日常管理监督，进一步提升了离退休干部党组织的凝聚力、战斗力。

（三）加大工作力度，深入推进为党和人民事业增添正能量活动。建立月报告制度，逐月汇总市县和省直单位开展正能量活动的做法经验，在省委老干部局“三刊一网”刊登宣传。召开全省离退休干部为党和人民事业增添正能量活动推进会。开展“点亮正能量——山西省老干部为党的事业增添正能量群英像”宣传活动。配合中组部老干部局开展离退休干部“我看从严治党新气象”专题调研工作。指导市县两级精心设计了339个活动载体，进一步引深正能量活动。多措并举开展网上正能量活动，举办全省第二期离退休干部网宣员骨干培训班，开通了山西离退休干部网宣员微信群，全省老干部网宣员队伍已发展到2000余人。在全省老干部中开展了以“讲述励志故事，传递耆年力量”为主题的网上宣讲活动，从各地选送的作品中选出80件优秀作品进行了集中录制展播。

三、深化服务管理，努力让广大老干部共享改革发展成果

（一）健全完善离休干部“三个机制”，深化离退休干部服务管理工作。印发《关于完善省直单位离休干部医疗保障管理的通知》（厅字〔2016〕6号）。省委老干部局、省财政厅、人社厅、卫计委等部门联合召开视频会议，部署启动省直单位处以下离休干部医药费单独统筹工作。驻并省直单位1100余名处级以下离休干部单独统筹工作已基本入轨。在全省经济下行、财政资金紧张的严峻形势下，各地各部门确保了离休干部医药费、生活补贴、护理费和抚恤金的落实。举办2016山西第十届老年健康产业博览会。进一步贯彻《关于推进利用社区资源做好离退休干部服务工作的意见》精神，整合社会服务资源和社区资源，做好离退休干部服务管理工作。

（二）扎实做好走访慰问和困难帮扶工作。春节、重阳节期间，省领导走访慰问了省级老同志及遗偶。在山西电视台、《山西日报》等媒体播发《省委省政府致全省离退休干部的慰问信》。按照中央有关文件精神，对分布在全省7个市12个省直单位的20名老红军、8名老红军的遗偶及家属进行走访慰问，发放了慰问金和纪念章。采取上门走访慰问和委托老同志原单位代为慰问两种形式，对安置在外省（市）的99名离休干部进行了慰问。省财政拨出专项资金，集中为省直单位离休干部住宅过道和卫生间安装扶手。省委老干部局春节和重阳节前对87名有特殊困难的老同志进行了帮扶救助，发放救助金41.2万元。市县两级党委政府共帮扶特困离退休干部5300多名，发放帮扶资金922.9万元。

（三）加大财政对国有改制、破产和困难企事业单位离休干部生活待遇保障力度。省财政对国有改制、破产和困难企业落实离休干部医药费和统筹外生活补贴给予支持，年内落实省直困难企事业单位离休干部统筹外生活补贴2360万元，解决省直厅局所属驻并外困难企事单位离休干

部医药费465万元。新增加2个困难企业13名离休干部统筹外生活补贴纳入省财政负担。

（四）进一步推进老干部学习活动阵地建设，开展丰富多彩的文体活动。省发改委继续对贫困县老年大学建设给予专项补助。各市县新建成老干部活动中心6个、老年大学4个，改扩建老干部活动中心18个，投入资金4029万元。认真办理回复省人大代表“关于抓好老年教育，扩大老年大学规模的建议”，得到相关人大代表的肯定。山西老年大学成功申报“全国示范老年大学”。各级老干部工作部门举办了丰富多彩的老干部文体活动。围绕纪念建党95周年和红军长征胜利80周年主题，省委老干部局开展了“风景这边独好”离退休干部诗歌合唱交响音乐会演出活动、省城老年文体艺术节、省城老干部诗歌合唱展演活动、慰问老同志晋剧名家演唱会、省直老干部趣味运动会等8项系列活动，在社会上引起较大反响。市县老干部工作部门组织开展离退休干部文体活动1075场次，展示了广大离退休干部的阳光心态和时代风采。

四、落实从严要求，加强部门自身建设

（一）以“两学一做”学习教育为契机，加强干部作风建设和能力建设。树立了“两学一做”先进典型王焕杰同志，在全省组织部门、老干部工作部门部署开展向王焕杰同志学习活动。通过新闻媒体对王焕杰先进事迹进行广泛宣传，编排了话剧《初心》，将王焕杰先进事迹搬上舞台。举办王焕杰先进事迹巡回报告会，开展征文活动，教育引导老干部工作人员弘扬“安专迷”精神。举办全省老干部局处长培训班，开展“不忘初心、传承作风、强基固本、永葆奋斗精神”传帮带活动，组织工作人员分赴北京大学、浙江大学参加自主选学培训。全省举办老干部工作人员各类培训190余次。选派工作骨干参加定点扶贫工作和万名干部入企服务活动。收集整理1978年以来老干部工作政策文件340份，汇总编辑了《老干部工作政策选编》。

（二）以评选全国老干部工作“双先”典型为契机，营造学习先进、争当先进氛围。按照中组部、人社部部署，精心组织开展全国老干部工作先进集体和先进工作者评选表彰工作。经过自下而上、严格程序、层层遴选，太原市委老干部局等3个先进集体，山西大学尹奇同志等9名先进个人受到中组部、人力资源社会保障部表彰。其中，尹奇同志被授予“全国优秀老干部工作者”荣誉称号。

（三）以省委专项巡视为契机，进一步构建部门良好政治生态。省委老干部局站在政治的、全局的高度对待专项巡视工作，对巡视发现问题主动认责认改，以“三项整顿”（基层党组织整顿、纪律整顿、内部管理整顿）为抓手进行全面整改。针对存在问题，局机关和局直单位共新建93项、修订472项制度，制作流程图139个，排查361个党风廉洁风险点，明确了483项防范措施，扎紧了制度笼子，风清气正的政治生态进一步形成。（马召钰）

附：省委老干部局局长、副局长、巡视员、副巡视员名单

省委组织部副部长、老干部局局长：

陈跃钢(12月不再兼局长)　赵建华（12月任职）

省委老干部局副局长、山西老年大学校长：张晓光

副 局 长：郑兰珍（11月离职）　岳卫东

王小丽（女，11月任职）

巡 视 员：郭世卿　郑兰珍（11月任职）

副巡视员：张建成　李树林

省委省政府信访局工作概况

省委省政府信访局局长　李体柱

2016年面对“五期叠加”的省情实际，信访工作承受了较大的压力和挑战，信访形势复杂严峻。在省委、省政府的坚强领导下，在“一个指引、两手硬”重大思路和要求的引领下，在各级各部门的大力支持下，省信访局团结带领信访系统广大干部，自觉担当、攻坚克难，控新治旧、创新奋进，以“钉钉子”的精神破解难题、推动工作，取得了显著成效，信访形势平稳可控、持续向好，形成了“一呈现三下降四提升”的良好局面。“一呈现”，即省、市、县三级信访总量呈现2:3:5的“正金字塔”结构，信访下行趋势明显。全省信访总量同比下降16.4%。“三下降”，即进京正常上访、进京非正常上访、省委省政府门前上访实现“三下降”，信访秩序持续好转。“四提升”，即“事要解决”成效、服务大局能力、从严治党水平和干部队伍素质明显提升。全省信访事项办理率97%，办结率95.6%，化解率81.7%。在党的十八届六中全会、G20峰会、全国全省“两会”等关键节点和重大关头经受住了考验，受到中央联席办、国家信访局和省委、省政府的肯定和表扬。

一、深入开展“一交办三治理”，为信访形势持续好转奠定坚实基础

省委、省政府高度重视开展信访积案大交办暨重复信访事项、重点领域信访突出问题、信访秩序专项治理，先后召开省委常委会、全省信访工作会、“一交办三治理”动员会、安全稳定风险隐患排查整治会部署和推进，继续采取“省委常委包市、副省长和法检两长包领域”“五账工作法”、包市督导等有效做法，将“一交办三治理”纳入到“两学一做”学习教育之中。抽调厅级干部组成7个专项督导组，强化对“一交办三治

理”督促指导；多次召开专项治理汇报会、研判会，跟踪下发实施方案、操作细则、进度通报等12个文件通知，组织7次业务对接培训，推动“一交办三治理”工作取得明显成效。省交办信访积案和重复信访事项1246件，结案化解1054件，结案化解率为85%。特别是利用中央解决特殊疑难信访问题补助资金，撬动各级投入专项经费，解决了157个疑难复杂信访问题，带动地方化解了300多件“骨头案”“钉子案”。长治市创新听证制度，通过听证的办法复查复核9案，全部息诉罢访。针对非法集资、涉军群体、房地产领域、劳动保障等重点领域信访突出问题，分别组织专题调研、联合会商，推动建立了处置非法集资信访问题沟通对接机制、涉军群体动态跟踪教育疏导机制，完善了农民工工资信访问题联动化解机制，推动住建、国土等五部门联合开展了房屋权属登记遗留问题专项治理，农民工工资、非法集资、房地产领域等信访问题高发态势得到有效遏制。进京非访治理取得明显成效，同比下降61.2%。省委、省政府门前秩序有效好转，同比分别下降43.8%和29.8%。

二、聚焦阳光信访、责任信访、法治信访，加快改革破题

阳光信访做到“一深两通三创新”：“一深”，即深化信访信息系统的推广应用，接入单位重点向省直部门系统和街道乡镇延伸，从7531个增加到8114个，基本实现全覆盖目标。大同市市县两级投资100多万元改造升级了信访信息系统。“两通”，即全面开通省、市、县三级手机信访APP和微信信访公众号，进一步畅通诉求表达渠道，让群众信访更方便、更快捷。“三创新”，即创新网上信访受理办理，建立简易信访事项快办、初网办理定期通报、网上积案随有随交工作机制，对群众诉求做到快响应、快回复、就地办，对群众不满意的，及时提醒、回访、督办，全省共受理办理网上信访事项11696件次，同比上升47.8%。创新开展“清网行动”，从5月份开始，对2015年以来未按规定办结的信访事项进行集中清理、限时办结，各级各部门运用信访信息系统的规范化水平明显提高。创新“开门办信访”，筛选出16个典型信访案件，由信访挂职干部带案督导，“民生大接访”记者全程参与、全程跟踪、全程监督、全程公开，借助媒体力量和舆论引导作用，推动问题解决。《民生大接访》栏目全年播出节目222期，涉及信访事项180件，推动彻底化解92件，导入法定途径或司法程序51件。责任信访突出“三抓”：抓体系完善，落实中办、国办《信访工作责任制实施办法》，修订了我省责任追究实施细则，临汾市深入开展了“责任信访解民忧”主题活动，吕梁市出台了加强信访工作的“十条意见”，全省上下层层压实属地责任、部门责任、领导责任，明确了问题化解、教育稳控、依法处理和责任追究“四个责任”。抓压力传导，改进督查通报方式，注重各市各部门重点工作落实、信访事项规范办理和群众满意度督查和通报，组织开展了5次较大规模的信访联合督查。太原市实行精准高效的量化督查，倒逼工作责任落实。抓逐级走访落地，推动领导干部接访下访、阅批来信常态化，完善联合接访、干部陪访、信访代理机制，压实属地和基层责任，引导信访下行，12个县达到“三无”标准。法治信访建立完善“三项机制”：建立了律师参与信访工作机制，会同省司法厅在全省各级信访部门普遍建立法律顾问制度，律师进驻大厅接访，对重点案件、重点人员实行“一案一律师”“一对一教育化解”。忻州市全面推广动员社会力量参与信访工作，80%的省市交办案件都有一名社会力量参与。朔州市建立心理咨询服务参与信访工作制度，通过心理咨询师提供服务，16名长期上访人员息诉息访。完善了依法分类处理信访投诉请求工作机制，34个省直部门、11个市、119个县相应职能部门全部出台责任清单，省、市、县三级全面推行依法分类处理信访诉求。晋中市创新访调对接，将人民调解、行政调解、司法调解、行政仲裁、行政复议、行政裁决及第三方调解“七大渠道”合为一体，引导群众通过法定途径解决问题。完善了信访违法行为依法处置机制，加强与综治、维稳、公安等部门协调联动，对滋事闹访、恶意缠访、以访牟利，严重影响社会秩序的违法犯罪行为，坚决予以打击，树立了“非访不但不利于事情解决，还要受到法律追究”的正确信访导向。

三、围绕大局扎实履职，有效发挥信访工作职能作用

一是进一步完善“日动态、周提醒、旬研判、月通报、季点评、年考核”机制，加强对来信来访反映问题的综合分析研判，共编发每日情况等信息报告182期、周信访动态分析28期，月信访情况通报12期、季度信访形势分析4期，重点案件特殊群体研判报告5期，办理群众给省委书记省长来信6265件，对苗头性、事关全局性和稳定性的问题进行了预警研判，及时提交有关部门决策处理。运城市建立联动预警机制，每天对重点群体动向、重点人员失控信息碰头对接，跟进制定对策，及时落地查人。晋城市对11个领域存在的不稳定因素进行了深入摸排和分析研判，及时采取措施，预防和减少了群体性越级上访发生。二是按照全省安全稳定风险隐患大排查大整治工作推进会要求，积极开展信访矛盾隐患大排查大化解，共排查化解各类信访矛盾隐患2165件。针对非法集资、住建领域、采煤沉陷区治理和涉军群体、泛亚、e租宝等突出信访问题和重点群体，召开各种协调会、会商会等159次，提供预警信息、下发通知电报、报送情况报告共737份，向有关责任部门和省委、省政府提出解决问题的具体建议，避免了多起群体性事件发生。深入内蒙、河南、广东等6省（自治区）21个县（区），协调化解省外“三跨三分离”案件25件；指导临汾、大同、吕梁、忻州等地协调化解省内“三跨三分离”案件46件。三是圆满完成了党的十八届六中全会、G20峰会、全国全省“两会”等重要时期和关键节点的信访工作任务，特别是G20峰会期间，实现到杭州“零上访”；省十一次党代会期间，实现重点人员“零失控”，为促进我省乃至首都北京的社会和谐稳定发挥了积极的作用。太原市信访局、吕梁市信访局被国家信访局表彰为G20峰会信访工作先进集体，省信访局驻京处处长等3名同志获得先进个人嘉

奖。四是精准开展扶贫攻坚，采取厅级领导干部包村、工作队驻镇、第一书记驻村、党员干部结对帮扶等办法，因村施策，制定个性化帮扶脱贫方案，组织机关干部下乡10批109人次，与贫困户一一对接到位。先后争取资金185万元，在5个村种植高标准核桃林142亩，争取到2个光伏扶贫指标，在大端村新建千头猪场1座，并开发白玉河旅游漂流项目；在汉家沟村发展养羊产业，并发放土鸡苗2000只；在蒲沟村种植双季槐70亩，并协调联系省信用联社投资购买全套耕地设备并包销所产小米；在邓庄村成立种植合作社、养殖合作社；在贾家沟村对村内道路进行重新整修；大端村已通过整村脱贫第三方验收。

四、从严落实"两个责任"，坚定不移推进党风廉政建设

一是对照"四个意识"标杆，严格党内政治生活和组织制度。一把手担任局党建工作领导组组长，切实履行一把手"第一责任人"职责，局领导班子成员在支部过双重组织生活、机关党委委员联系支部、党支部书记全部由处长兼任，强化局领导班子成员和各支部书记"一岗双责"意识。完善中心组学习平台建设，中心组理论学习单列计划，与局长办公会分开组织开展，规范局长办公会研究党务工作机制，严格落实机关支部"三会一课"制度，协调推进全局党建、业务工作两促进、两不误。二是强化日常监管。召开全局党风廉政建设大会，研究部署全年党风廉政建设工作，与各支部签订党风廉政建设责任书，并印发了《局领导干部述职述廉制度》《党风廉政建设"三必须十严禁"》《关于对关键岗位进行监督的办法》等制度。设立了专职机关纪委书记，定期开展对重要岗位重要人员廉政提醒谈话，坚持挺纪在前，加强机关纪委履行监督职能的自觉性和主动性。修订完善机关财务管理办法和内部管理各项制度，规范流程，完善机制，强化了对不良作风的刚性约束，按原则办事、按规矩用权意识显著增强。三是强化廉洁自律。深入开展廉洁从政警示教育活动，组织机关干部观看了省纪委《贪与悔》专题警示教育片，组织全体党员干部开展《关于新形势下党内政治生活的若干准则》《中国共产党党内监督条例》的学习研讨，严明政治纪律和政治规矩。一把手对局领导班子成员和厅级领导逐一进行廉政谈话，局领导班子成员约谈分管处室的处级干部，处室负责人约谈工作人员，教育引导广大党员干部不断增强自身免疫力，筑牢拒腐防变的思想防线。四是全力支持配合省委巡视工作，不折不扣抓好整改。对巡视反馈的3个方面10个问题，认理、认账、认责、认罚、认改、认干，制定32项整改措施，修订完善制度11项，诫勉提醒、个别谈话14人次，对巡视反馈的26件举报问题线索也逐一进行认真的核实处理，做到了"事事有回音，件件有落实"。

五、深入开展"两学一做"学习教育，进一步加强领导班子和信访干部队伍建设

一是精心组织实施。制定工作方案，召开动员大会，落实局中心组和干部理论学习年度计划，每周五以支部为单位组织专题学习，每月一次全局机关干部学习交流会，每季度一次专家学者讲堂，组织广大党员干部认真学习《党章》、习近平总书记系列重要讲话精神、党的十八大、十八届三中、四中、五中、六中全会精神。局中心组、各支部分别围绕"四讲四有"4个主题进行专题讨论，剖析问题，立行立改，按省委要求完成了各个环节学习教育任务。二是开展活动推进。推行局领导班子成员定期接待群众来访，以上率下，转变作风，服务群众。组织机关党员干部到爱国主义教育基地黄崖洞兵工厂重温入党誓词，接受爱国主义和革命传统教育，开展了"党章党规"知识测试活动。选派机关干部到上海交大、哈尔滨工业大学、中山大学、清华、北大进行专题研修47人次。举办了全省信访工作专题研讨班，对换届后市县分管领导、信访局长和省直重点单位分管领导、信访部门负责人180余人进行集中培训。三是培树典型带动。在全省信访系统深入开展向优秀信访干部李培斌同志学习活动，推动各级各部门加强信访干部队伍建设，3个市信访局长被提拔为副厅级市领导，4个市信访局长被交流到市直重要部门任职，忻州市连续5任市信访局长被任命为县(市、区)长，极大地调动了信访干部的积极性，充分体现了省委"为敢于担当的干部担当、为敢于负责的干部负责"的精神，全省信访系统形成了积极作为、干事创业的浓厚氛围。陵川县信访局支部书记郎富淋被国家信访局确定为"最美信访干部"候选人，22名优秀信访干部先进事迹在《山西青年报》等媒体宣传推广。省信访局连续6年被省委省政府考核为优秀单位，连续9年被评为省直文明单位标兵。

(杨卫兵)

附：省委省政府信访局局长、副局长名单

省委副秘书长、省信访局局长： 李体柱

省政府副秘书长、省信访局副局长： 白秀平(5月离职)

副局长： 王进军(5月离职)　张建平(7月离职)
赵培明　薛建军　郝钦新(5月任职)
郭泽兵(7月任职)

省人大常委会党组工作概况

党组书记　王儒林

2016年，是全面建成小康社会决胜阶段的开局之年，山西省改革发展任务十分繁重。以骆惠宁书记为班长的省委班子，提出并实施“一个指引、两手硬”重大思路和要求，团结带领全省人民攻坚克难、转型发展，全省各项事业取得新进展新进步。在省委的坚强领导下，省人大常委会党组全面贯彻党的十八大和十八届三中、四中、五中、六中全会精神，深入学习贯彻习近平总书记系列重要讲话精神，紧紧围绕“五位一体”总体布局、“四个全面”战略布局和“一个指引、两手硬”重大思路和要求，认真履行职责，积极发挥党组把方向、管大局、保落实作用，确保中央省委重大决策部署贯彻落实，确保地方国家权力机关作用充分发挥。

一、把学习贯彻习近平总书记系列重要讲话精神引向深入，坚持用讲话精神指导实践、推动工作

省人大常委会党组坚持把学习好、领会好、贯彻好习近平总书记系列重要讲话精神作为一项重大政治任务，持续跟进学习、持续深化理解、持续推进落实。

一是全面学习领会重要讲话精神。党的十八大以来，习近平总书记发表了一系列重要讲话，涉及改革发展稳定、内政外交国防、治党治国治军各个方面，立意高远，博大精深，贯穿着马克思主义世界观和方法论，体现出高度的政治责任、鲜明的人民立场、严谨的求实精神，是武装头脑、指导实践、推动工作的强大武器和科学指南。2016年，习近平总书记在纪念建党95周年、党的十八届六中全会等重大场合相继发表了一系列重要讲话。常委会党组始终把学习贯彻习近平总书记系列重要讲话精神作为坚定理想信念、提升理论水平、增强素质本领、加强作风修养的重要途径和首要任务，坚持在紧跟、深学上下功夫，在融会贯通、领会实质上下功夫，在实干、笃行上下功夫，原原本本学原著，逐章逐篇悟原理。2016年，常委会党组共组织集体学习14次，组织4次专题研讨，3次邀请专家学者深入解读习近平总书记重要讲话精神，深刻领会把握讲话的丰富内涵、思想精髓和核心要义，切实做到真学真懂、真信真用。

二是按照省委要求持续引深学习。省委高度重视习近平总书记系列重要讲话精神的学习，把学好用好讲话精神作为政治责任和历史担当，强调学以致用、以用促学，先后召开学习贯彻习近平总书记“七一”重要讲话暨全省“两优一先”表彰大会，右玉学习交流会，印发《中共山西省委关于把学习贯彻习近平总书记系列重要讲话精神引向深入的指导意见》。省第十一次党代会报告，以习近平总书记系列重要讲话精神为指引，提出加快“山西步伐”、走出“山西路径”、彰显“山西气魄”、交上“山西答卷”、体现“山西担当”，总括了学习贯彻习近平总书记系列重要讲话的最新成果，提出立足当前、面向未来的治晋理政总方略。省人大常委会党组及时学习，认真讨论，结合实际研究制定了《中共山西省人大常委会党组关于把学习贯彻习近平总书记系列重要讲话精神引向深入的实施意见》，明确指导思想、目标要求、职责任务，强化组织领导、具体措施、氛围营造，推进学以致用、融会贯通、全面覆盖。

三是结合人大工作深化理解。习近平总书记多次就坚持和完善人民代表大会制度、加强和改进人大工作、推进社会主义民主法治建设发表重要讲话、作出重要指示。习近平总书记在庆祝中国共产党成立95周年大会上再次强调，要长期坚持、全面贯彻、不断发展人民代表大会制度。常委会党组把习总书记重要讲话和指示，作为做好人大工作的重要遵循，深化对加强和改进新形势下人大工作的思考和认识，切实增强加强人大工作和建设的紧迫感和责任感，坚持党的领导、人民当家作主、依法治国有机统一，认真

履行宪法法律赋予的职责，努力推动人大工作与时俱进、完善发展。

二、坚决贯彻落实中央省委决策部署，保持人大工作正确政治方向

2016年，常委会党组带头遵守党的政治纪律和政治规矩，不断强化“四个意识”特别是核心意识、看齐意识，在思想上拥戴核心、在政治上维护核心、在行动上紧跟核心，坚决与以习近平同志为核心的党中央保持高度一致，坚决维护以习近平同志为核心的党中央权威。

一是坚决落实中央和省委决定，确保重要人事安排意图顺利实现。按照省委要求，集中精力、集中人员，在较短时间内筹备组织了省十二届人大六次会议。会议期间，坚持党的领导、充分发扬民主、严格依法办事，圆满完成补选省长、副省长任务，常委会会议决定任命2名副省长。

二是坚持重大问题、重要事项及时向省委请示报告，保证省委总揽全局、协调各方的领导核心作用。召开常委会党组会议12次，机关党组会议42次，研究常委会和机关建设中的“三重一大”等重要问题，就立法计划、地方性法规、决定决议草案、出台指导全省各级人大的工作意见、省人代会筹备工作等重大事项向省委请示报告工作30余次，省委常委会议3次听取省人大工作汇报，每次省委都作出明确指示要求，给予有力的领导和支持。

三是深入贯彻落实省委重大决策部署和骆惠宁书记重要讲话精神。省第十一次党代会规划了美好蓝图、作出了战略部署，标志着山西发展翻开了新的一页。围绕落实省第十一次党代会精神，常委会党组研究制定《关于贯彻落实省第十一次党代会精神2017年工作方案》，对省第十一次党代会报告中涉及人大牵头的5项任务，参加的15项任务进行了认真梳理、深入研究，细化为32项具体工作事项，明确了每项工作完成目标，划定了时间进度，确定了责任单位、责任人，形成了齐抓共管、有序推进的良好局面。省委对人大工作高度重视，骆惠宁书记到山西工作后，两次到省人大机关调研指导，对加强人大立法、监督、决定任免、代表工作和常委会党组自身建设等方面，提出明确要求。围绕骆惠宁书记在人大调研时的指示精神，常委会党组研究制定《关于贯彻落实省委对人大工作要求的意见》，从严守政治纪律、政治规矩，破解经济下行难题，加强文化建设，加强生态文明建设，建设法治山西，常委会自身建设等6个方面，提出加强人大工作和建设的16条措施，进一步明确了努力方向和工作举措。全面构建良好政治生态推进会是省委推进全面从严治党的重大举措，围绕会议提出的全面构建良好政治生态“六字方针”“五大目标”和“六项任务”，研究制定《中共山西省人大常委会党组关于贯彻全面构建良好政治生态推进会精神的实施意见》，从认真依法履行职责，推进法治山西建设，为全面构建良好政治生态提供支撑；严格履行全面从严治党主体责任；坚持以上率下，自觉以身作则，切实抓好常委会党组自身建设等3个方面提出13条措施，努力构建人大机关风清气正的良好政治生态。

三、坚持围绕中心、服务大局，充分发挥地方国家权力机关作用

2016年，常委会党组坚持发挥领导核心作用与常委会领导班子依法履行职责相统一，按照省委“一个指引、两手硬”重大思路和要求，紧紧围绕深化供给侧结构性改革、推进转型综改试验区建设、实施创新驱动、转型升级战略，统筹推进立法、监督、决定、任免和代表工作。全年召开省人大常委会会议10次，主任会议25次，圆满完成年度工作任务。

一是充分发挥立法的引领推动作用。坚持党对立法工作的领导，全年共完成地方性法规13件次，其中制定5件，修订3件，修正4件次，废止1件。审查批准设区的市地方性法规23件，审查报备规范性文件53件。坚持把每一项立法放在全省工作大局中审视和把握，贯彻省委大安全底线要求，修订了《山西省安全生产条例》,进一步强化基层安全生产监管责任；贯彻落实绿色发展理念，修订了《山西省环境保护条例》，抓住我省环保工作中的突出问题，适应新变化、提出新对策;把原计划2017年出台的永久性生态公益林保护条例，提前到2016年出台,多层次、多方位织密永久性生态公益林的法律保护网。着眼实施大数据战略、推进智慧山西建设，制定出台《山西省通信设施建设与保护条例》；着眼支持和推进我省老龄事业的健康发展，全面修订《山西省实施<中华人民共和国老年人权益保障法>办法》。坚持立法决策与改革决策相衔接，从破除影响和制约我省企业发展的机制体制障碍出发，废止了《山西省乡镇企业条例》，努力为我省经济社会发展提供法制保证。

二是围绕经济社会发展大局加强监督。全年共听取和审议“一府两院”专项工作报告16项，专题询问1项，满意度测评1项，开展执法检查4项，组织31次专题调研。针对预算执行审计查出的问题，常委会专门听取整改情况的报告，监督查出问题的解决。围绕经济转型升级，常委会听取审议省政府关于全省供给侧结构性改革推进情况的报告、综改区建设情况报告、科技创新情况报告和开发区改革创新发展情况报告。围绕美丽山西建设，常委会听取审议2015年度环境状况和环境保护目标完成情况专项工作报告，连续第23年开展“三晋环保行”。贯彻省委关于打赢脱贫攻坚战的决策部署，听取审议脱贫攻坚报告并开展专题询问；召开全省财政专项扶贫资金管理使用情况座谈会，督促有效提升扶贫资金管理使用绩效。着眼推进乡镇医疗卫生改革、改善农村医疗卫生条件，听取审议农村医疗卫生工作情况报告并进行满意度测评。着眼加快法治山西建设，听取审议“六五”普法开展情况报告，作出关于开展“七五”普法的决议。特别是为提升监督实效，由常委会牵头起草，出台了《山西省各级人大常委会监督司法工作办法》和《山西省各级人大常委会专题询问办法》，为全省各级人大

进一步加强对权力运行的制约和监督提供了制度遵循。

三是认真行使重大事项决定权和人事任免权。全年常委会共作出决定18项，决议2项，有效推动中央和省委决策部署和政策措施的贯彻；决定任免、任免和批准任免国家机关工作人员272人次，使党组织推荐的人选经过法定程序成为国家机关工作人员；组织10次宪法宣誓仪式，进一步增强了任命人员的宪法意识、责任意识和公仆意识，为我省经济社会发展提供了重要组织保障。

四是积极改进和创新代表工作。省十二届人大五次会议期间代表提出的19件议案、895件建议全部办结，重点督办了14件建议。深入开展五级人大代表专题调研，由常委会副主任分别带队，组成6个调研组，围绕全省贯彻省十二届人大五次会议决议等六个方面课题，深入11个市26个县（市、区），组织1100多人次、召开41场座谈会，实地调研9个园区、24个项目工地、102个企业、21个农村和社区，形成调研报告供省委决策参考。认真贯彻骆惠宁书记关于加强对新当选人大代表培训工作的要求，出台《关于加强全省市县乡代表培训学习的意见》，举办“人大制度和法律知识”答题竞赛，电视竞赛，8.8万名代表参与答题，11支代表队参加电视决赛，21家媒体全程报道，宣传了人大制度，展示了代表风采。组织代表议案建议网上办理，开展“两优一先”评选表彰活动，激发了代表履职热情，促进了代表建议落实。

五是加强对市县人大工作的指导。继2015年确定7个市行使立法权后，2016年确定阳泉、朔州行使立法权，11个市实现立法权全覆盖。依法指导全省县、乡两级人大换届选举，及时出台指导意见，认真组织专题培训，保证换届选举风清气正、规范有序、如期完成。组织全省市县人大主任150余人在上海国家会计学院培训，提高市县人大主任运用法治思维和法治方式开展工作的能力；举办全省人大立法、备案审查、财经监督、内务司法、城建环保、新闻宣传、民族宗教侨务外事等13个专题培训班，培训各级人大干部1300余名，帮助市县人大理清工作思路，提升队伍素质；召开省市人大秘书长联席会议，传达贯彻全国、全省党委秘书长会议精神，制定出台《关于提升省市两级人大常委会办公厅服务保障工作水平的意见》；开展中发〔2015〕18号文件及省委实施意见落实情况调研，推动县乡人大工作和建设不断加强。成立人大智库，为新形势下做好人大工作提供智力支持。

四、深入开展“两学一做”学习教育，全面加强基层党组织建设

开展“两学一做”学习教育，是党中央着眼推动全面从严治党向基层延伸作出的重大决策部署，是真正把党的思想政治建设抓在日常、严在经常的重要举措。常委会党组坚决把抓好“两学一做”学习教育作为年度党建工作的头等大事，作为面向全体党员深化党内教育的重要实践，摆在突出位置，加强组织领导，全面加强基层党的建设。

一是周密部署、严密组织。成立专门的学习教育领导小组及办公室，制定常委会党组“两学一做”学习教育实施方案，指导机关党组、机关党委和各党支部细化学习教育计划和具体措施，深入思想发动，层层传递压力。为营造浓厚氛围、提供有力保障，购置学习书籍1500册，整理印发学习教育资料选编3000余册，编发学习教育专题《情况通报》22期。党委会党组、机关党组组织集体学习42次；各党支部组织集中学习215次，开展专题研讨84次，党组织书记讲党课22次；机关党员干部紧贴个人思想和工作实际撰写心得体会460余篇。

二是创新方式、注重实效。为了增强学习教育的针对性有效性，在武乡县八路军纪念馆、彭真生平暨中共山西太原支部旧址纪念馆挂牌成立机关党员第一批党性教育基地，分期组织200多名党员进行实地教育；举办党章党规知识竞赛、主题演讲比赛；结合纪念红军长征胜利80周年，组织党员干部到石楼红军东征纪念馆参观，进行爱国主义和革命传统教育，通过直观生动的实地教育和系列活动，大家思想上真正受到触动，灵魂上得到净化提升。始终坚持问题导向、学做相长，要求大家切实把自己摆进去、把职责摆进去、把实际思想和工作摆进去，带着具体问题学、对着突出问题改，各党支部组织召开“学习贯彻系列讲话、解决若干突出问题”学习交流会22次，解决问题42条，确保了学习教育成效。

三是党建带群建、群建促党建。充分发挥群团的桥梁纽带作用。注重加强对群团工作的领导，机关2次召开联席会议，选举产生直属机关工会联合会第一届委员会。各群团组织以精神文明创建活动为抓手，开展了近年来内容最丰富、参与人数最多、活动水平高、影响广泛的精神文明创建系列活动。工会举办第四届职工运动会，组织参加省直机关菜单式体育比赛，持续开展“送温暖、献爱心”活动，累计捐款5万余元；机关团委组建青年书法学习班，举办公文写作培训班，开展主题征文、演讲会、读书写作兴趣小组和志愿者助学服务活动；机关妇委会举办健康知识讲座，组织女性体检，组建女子健身队，组队参加省直机关广播操比赛、秧歌比赛，开展巾帼定点扶贫和实地教育，都体现了时代特征，展现了人大特色，进一步增强了群团影响力和机关凝聚力。省人大机关连续10年被省直文明委评为文明单位标兵，连续6年被省文明委授予省级文明单位称号。

四是转化成果、推动工作。进一步加强基层组织建设，夯实组织基础。结合机构、人员调整，对党支部重新划设，加强事业单位党支部建设。首次组织21个党支部书记大会述职评议，组织民主评议党员，进行党费收缴工作自查、党员组织关系集中排查整治，2次开展基层党建工作全面检查，组织118名党务干部集中培训，推动党内生活规范、制度落实。广泛开展“建功十三五、支部创六星”主题实践活动，结合庆祝建党95周年组织“创先争优”评选表彰，营造比学赶超的浓厚氛围。一年来，党组的领导核心作用、

机关党委的实施主体作用、基层党支部的战斗堡垒作用、党务干部的推动执行作用和广大党员的先锋模范作用，在服务保障常委会依法履职、万名干部入企业服务、脱贫攻坚驻村帮扶和“六型机关”建设中，得到有效发挥。

五、认真履行管党治党主体责任，构建良好政治生态

常委会党组始终把抓好党建工作作为最大的政绩，认真学习贯彻党的十八届六中全会精神，严格执行《关于新形势下党内政治生活的若干准则》《中国共产党党内监督条例》等党内法规，推动全面从严治党。

一是加强组织领导。常委会党组认真落实党建工作责任制，出台《加强机关党建工作的意见》，召开党建工作大会，组织签订廉政建设责任书，推动各级党组织切实肩负起主体责任，推动各级党组织书记切实履行好第一责任人职责；制定《常委会党组工作规则》，认真贯彻民主集中制，紧紧围绕学习贯彻中央和省委精神、常委会党组建设、常委会依法履职等内容，印发文件50件。机关党组2015年11月成立后，常委会党组及时指导成立机关党建工作领导小组，制定机关党组工作规则、理论学习、民主生活会等11项制度，健全由机关党组书记负总责、党组成员分工负责、机关党委推进落实、行政一把手及党员副秘书长兼任支部书记的“一岗双责”党建工作责任体系。机关党组先后2次召开党建工作领导小组会议，研究制定党风廉政建设主体责任实施意见、主体责任清单，召开机关、事业单位党风廉政建设大会，组织签订《党风廉政建设责任书》《廉洁自律承诺书》。围绕更好地管党治党，对党支部落实“两个责任”情况专项检查，3次听取贯彻落实问责条例、监督条例、党内政治生活若干准则情况报告；4次召开机关党组、秘书长会议，全面排查廉政风险点并制定防控措施，机关上下形成了从严治党、齐抓共管的良好格局。

二是加强常委会组成人员思想政治建设。紧紧围绕中央和省委重大决策部署、省情实际和常委会议议题，举办7次专题讲座，提升组成人员思想政治水平；每次常委会结束，都要对落实中央和省委的重大决策部署作出安排、提出要求；常委会会议重要人事任免，都要召开通报会，讲清人事安排意图、讲清人选情况，每次代表大会召开前，都要对组成人员提出要求，引导组成人员带头坚决维护和执行中央和省委的决定，带头依法履职，带头遵守会议纪律，以模范言行影响和带动其他代表。

三是筑牢思想防线。注重抓好党性党风党纪教育，围绕学习贯彻党内法规，邀请省委党校教授做党章专题辅导，开展以“学准则、学条例、做守纪律楷模”为主题的《廉洁自律准则》和《纪律处分条例》知识问答活动；《关于新形势下党内政治生活的若干准则》《中国共产党党内监督条例》出台后，第一时间作出安排部署、组织集体学习，进一步筑牢了严守纪律和规矩的思想防线；围绕绷紧廉洁自律之弦，集中开展典型教育活动，机关纪检组、机关纪委集中力量编印下发《违纪案例选编》，组织党员干部观看《焦裕禄》《尹灵芝》《申纪兰》等先锋模范教育片，观看《作风建设永远在路上》《警钟长鸣》《贪与悔》警示教育片，组织《违法违纪领导干部忏悔录汇编分析》专题讨论，通过正反面教材，进一步增强了防腐拒变的意识和能力。

四是严格监督执纪。积极支持省纪委派驻机关纪检组和机关纪委开展工作，制定《落实监督责任的实施意见和责任清单》《谈话函询的实施办法》《领导干部廉洁档案管理办法》等规定，认真做好领导干部个人有关事项填报和重点核查核实、离任经济责任审计、信访举报、纪检案件调查核实工作，及时组织干部选用资格审查、新任职处长廉政谈话，加强重要时段和关键节点的预防提醒。严肃监督执纪问责，约谈党支部3个、处级干部16人次、处以下干部职工17人次，党支部与党员干部谈话谈心64人次，协助省纪委和省直纪工委、配合派驻纪检组执行处分决定1人，完成处理党员处分建议1人。特别是2016年，省人大机关首次接受省委专项政治巡视，在为期3个月的巡视中，积极配合做好谈话了解、资料查阅、实地查看、测评考试等环节的工作；对巡视反馈的3类23个问题，3次召开巡视整改工作领导组会议，5次召开机关党组专题会议，6次召集有关人员专项工作碰头会，2次召开机关通报会，细化整改措施，建立整改台账，全面完成了整改工作。

五是加强干部队伍建设。按照好干部五条标准，着力培养造就一支高素质的干部队伍，指导机关党组制定机关处级干部选拔任用工作规程、事业单位领导人员选拔任用方案，完善选人用人机制。注重强化干部日常考核，分两批组织处级领导干部和事业单位班子成员集中述职评议，并将结果与选拔任用挂钩，公开选任处级干部45名，平职交流20名，对事业单位5名班子成员进行选任和交流任职，树立了正确的用人导向。积极深化事业单位改革，分7批完成4个事业单位工勤人员竞聘上岗工作，激发了队伍活力。注重加强教育培训，组织42名干部参加选调培训、47名干部参加素质提升专题研修班、19名新进和新任职人员岗前适应性培训，干部整体素质得到提升。

（姜 伟）

附：省人大常委会党组书记、副书记、成员名单

书 记：王儒林

副书记：李政文（1月离职） 胡苏平（女，11月任职） 牛仁亮 张建欣（女，1月任职）

成 员：安焕晓（女，1月离职） 张茂才 田喜荣 高卫东（1月任职） 李仁和

省人民政府党组工作概况

党组书记　楼阳生

2016年，省政府党组在省委的坚强领导下，深入学习贯彻党的十八大、十八届三中、四中、五中、六中全会精神和习近平总书记系列重要讲话精神，坚决落实党中央、国务院各项决策部署，按照省委“一个指引、两手硬”重大思路和要求，全面落实省第十一次党代会总体部署，坚持党组发挥领导核心作用与支持依法履职相统一，坚定不移推进供给侧结构性改革，坚定不移实施创新驱动、转型升级战略，统筹稳增长、促改革、调结构、惠民生、防风险等工作，实现了下半年好于上半年，2016年好于2015年的目标，全省经济社会发展和政府自身建设取得新的成绩。

一、加强政治领导，强化“四个意识”，始终增强与中央和省委保持高度一致的政治自觉和行动自觉

一是坚持学习先行，不断夯实党组班子的思想政治基础。党组始终把习近平总书记系列重要讲话和治国理政新理念新思想新战略作为根本遵循、工作指南、行为准则，作为长期重大政治任务，与学习党的十八大、十八届三中、四中、五中、六中全会精神相结合，与“两学一做”学习教育活动相结合，坚持深入系统学，原原本本学，带着问题学，党组全年进行集体学习研讨14次，兼任常委职务的班子成员参加了省委中心组专题研讨，政府系统各党组（党委）普遍开展了扎实有效、形式多样的学习研讨，切实在学思践悟、融会贯通中坚定理想信念，提高政治站位，坚定政治方向，真正内化于心，外化于行。

二是坚持核心看齐，始终在思想上政治上行动上与习近平同志为核心的党中央保持高度一致。党的十八届六中全会正式确立了习近平总书记在党中央、在全党的核心地位。2016年9月，省政府党组主要领导同志调整变动后，楼阳生同志在主持召开的第一次党组会议上明确提出，坚决与以习近平同志为核心的党中央保持高度一致，坚决服从党中央集中统一领导，就是要做到号令坚决听从，思想坚决贯彻，决策坚决执行，权威坚决捍卫；明确要求,省政府党组是省委派出的，要自觉接受省委领导，不折不扣贯彻落实省委治晋理政的重大战略思路和各项决策部署。

三是坚持挺纪在前，切实筑牢政府系统廉洁自律的防线。省政府党组把严守党的政治纪律和政治规矩放在首位，坚决反对“七个有之”，切实做到“五个必须”。带头尊崇党章，严格遵守廉洁自律准则和纪律处分条例等各项党内法规，严守道德高线和纪律底线。召开省政府廉政工作会议，对政府系统党风廉政建设和反腐败工作作出部署。严格遵守《关于新形势下党内政治生活的若干准则》，严格执行“三会一课”、民主生活会等党内组织生活制度。高质量召开了2016年度省政府党组班子民主生活会。楼阳生同志参加指导了2016年度省政府办公厅党组班子民主生活会，楼阳生同志和王纯同志参加了支部民主生活会。严格落实《中国共产党党内监督条例》要求，在抓好对班子成员自身监督的同时，加强对政府系统党员干部和公务员的教育、管理和监督。大力支持纪检监察机关开展执纪监督问责。

四是坚持担当负责，努力形成真抓实干狠抓落实的有效机制。全年省政府共召开党组会议21次。对党中央国务院重要方针政策、重大决策部署、重要会议精神，对省委的重要会议精神、重点工作部署和重大决定，省政府党组都是在第一时间传达学习，第一时间部署落实。严格执行民主集中制原则，制定出台了《省政府党组工作规则》，坚持集体领导和个人分工负责相结合。认真落实省政府党组每季度向省委常委会议报告全省经济社会发展重大问题工作制度。省第十一次党代会结束以后，省政府党组专题进行了学习，研究制定了具体贯彻落实意见，省政府领导班子成员结合分管工作进行了责任分工。

二、积极履职尽责，强化责任担当，确保党中央、国务院和省委重大决策部署在政府工作中落地生根、开花结果

2016年下半年以来，以骆惠宁书记为班长的省委提出并确立“一个指引、两手硬”重大思路和要求，推动构建良好政治生态向着“巩固、深化、提高”方向迈进，推动经济发展朝着“稳步向好、转型升级、振兴崛起”方向迈进。省政府党组坚决贯彻落实省委的战略部署，坚定不移地走转型综改、创新驱动之路，实现全省经济发展战略重点的转移。2016年，经过全省上下的不懈努力，GDP增速前三季度分别增长3%、3.4%、4%，逐季加快，全年增长4.5%。经济运行中的趋势性、标志性积极变化显著增加，稳住了经济发展的基本面。全省经济运行低位企稳、稳步向好，实现了省委提出的下半年好于上半年，2016年好于2015年，为2017年进一步好转奠定坚实基础的目标。重点抓了以下工作：

一是扎实推进供给侧结构性改革。省委鲜明提出，要把供给侧结构性改革作为经济工作的主线和转型升级的根本途径。省政府党组坚决落实“三去一降一补”重点任务，果断退出煤炭产能2325万吨，淘汰钢铁产能82万吨，率先实施减量化生产，全年压减煤炭产量1.4亿吨，占全国总量的39%。

二是倾力开辟转型综改主战场。骆惠宁书记强调，要以改革创新的勇气和智慧推进开发区建设，把开发区改革创新发展作为深化转型综改的战略突破口。省政府党组按照开发区“整合、改制、扩区、调规”思路，按国土面积的2%左右谋划布局开发区建设，满足未来至少15年发展需要。整合成立山西转型综改示范区，打造开发区建设的排头兵。

三是加快培育经济新动能。省第十一次党代会要求，要把产业转型升级作为转型综改试验区建设的首要任务，着力实施“六大工程”，构建多元化中高端现代产业体系。省政府党组积极抢抓新经济布局、区域竞争力重构的历史机遇，加快布局数字经济、高端装备制造、新材料、煤层气等战略性新兴产业，部署推进金融、咨询、物流、会展等现代服务业发展，启动实施文化旅游业“五个一批”工程。推进科技创新城建设，实施石墨烯储能技术等科技重大专项，着力打造转型升级新引擎。

四是积极推进重点领域改革。坚持以重点领域和关键环节突破带动改革全局。稳步推进同煤、焦煤等国企改革试点，扎实推进电力体制改革综合试点。成功争取国土资源部委托我省行使煤层气审批登记权力。推进农村“三块地”改革试点，抓好泽州集体经营性建设用地入市改革试点。推广PPP模式，设立煤炭供给侧改革基金。全面实施企业“五证合一”和个体工商户“两证整合”。

五是全方位构建开放合作新格局。积极实施“东融南承西联北拓”对外开放战略，主动对接京津冀，在文化旅游、能源供应、现代农业等方面达成一批重大合作事项。加强“铁公机”“岸港网”等基础设施建设，太焦客专、原大客专等项目开工建设，大同航空口岸临时开放，中鼎物流园正式运营。与中信银行、信达资产、华融资产、建设银行等金融机构签署战略合作协议，中铝、联通、东航、华为、苏宁、阿里巴巴等一批知名企业来晋寻求新的合作项目，成功举办太原能源低碳发展论坛等重大对外交流活动，外界投资山西的信心和我省经济的活跃度明显增强。

六是千方百计扶持实体经济。按照省委要求，省政府把工作的着力点放在支持实体经济健康发展上，做好顶层设计，努力提高经济发展的质量和效益，增强金融对实体经济的支持力度。坚持多措并举全力帮扶实体经济，开展万名干部入企服务和各类项目受理大起底，实施工业提质增效“20条”、降低实体经济企业成本“44条”，有效降低企业成本。开展煤企集体京城路演，帮助我省企业降杠杆、防风险、渡难关,企业发展信心进一步增强。

七是下决心打赢脱贫攻坚战。省政府党组把脱贫攻坚作为第一民生，制定“十三五”脱贫攻坚规划，全面实施精准扶贫八大工程二十个专项行动，在58个贫困县开展统筹整合使用财政资金试点，加大特色产业扶贫力度，精准培训贫困劳动力11.77万人，对10万贫困人口实施易地扶贫搬迁，55万贫困人口实现脱贫，1600个贫困村有序退出。

八是持续改善民生。坚决落实省第十一次党代会要求，更加重视经济下行时期的民生保障。积极做好高校毕业生、农村转移劳动力、城镇困难人员、退役军人等群体就业工作，安置煤炭钢铁去产能转岗职工3.16万人。提高城乡居民医保、低保标准和退休人员基本养老金。城乡居民大病保险实现全覆盖。城镇保障性安居工程新开工21.74万套、建成17.4万套。谋划部署高校“1331”工程。

九是狠抓生态环境保护和安全生产。持续加大山西生态文明建设力度，在全国率先对永久性公益林进行立法保护，大力推进汾河流域综合治理，完成营造林400万亩。实施“铁腕治污”专项行动，加强大气、水、土壤污染治理，淘汰黄标车及老旧车14万辆。以“四铁”要求狠抓各领域安全生产，各类生产安全事故起数和死亡人数分别下降3.28%、3.3%，煤矿百万吨死亡率下降30%以上。

三、落实主体责任，强化自身建设，为有效发挥把方向、管大局、保落实作用提供坚强保证

一是更加注重党的建设。在省政府党组主要领导同志调整后的第一次政府全体（扩大）会议上，楼阳生同志明确提出，各级政府及其部门党组（党委）要把讲政治放在首位，永葆对党和人民的忠诚，始终在思想上政治上行动上与以习近平同志为核心的党中央保持高度一致。要坚持在省委领导下开展工作，自觉维护省委的团结统一，不折不扣地落实中央和省委的各项决策部署，不断加强人民政府、法治政府、效能政府、担当政府、廉洁政府建设。同

时要求省政府办公厅要强化“四个意识”、强化基本基础、强化业务能力、强化纪律作风，强化各级党组（党委）全面从严治党的主体责任、党组书记的第一责任、党组成员一岗双责的分管责任和党员的责任。政府系统全面落实党建工作责任制，持续加强意识形态工作，持续加强和改进思想政治工作，坚持用社会主义核心价值观凝魂聚力。持续加强政府系统精神文明建设，在政府系统大力选树道德模范、精神文明标兵，省政府办公厅连续多年被评为精神文明标兵单位。

二是更加注重依法行政。落实国务院法治政府建设实施纲要和我省实施方案，建设法治山西。加强经济领域政府立法，深入推进相对集中行政许可权改革试点，在市场监管、卫生计生、文化旅游、商务流通、城乡建设、城市管理等六个领域全面推开综合行政执法体制改革。探索建立行政执法全过程记录、重大行政执法决定法制审查、行政执法公示等制度。全面推开“双随机、一公开”。扎实开展“七五”普法，加强法律援助工作。

三是更加注重民主决策。严格执行我省《关于健全重大行政决策机制的意见》，对“三重一大”等重要事项都集体研究决定，做到依法决策、科学决策、民主决策，充分调动各方面的积极性和创造性。自觉接受人大、政协的民主监督，主动向人民代表大会及其常委会报告工作，严格执行人大决议决定，积极支持人民政协履行职能。对政府重大事项主动听取各民主党派、工商联、无党派人士和社会的意见和建议。

四是更加注重优化服务。深化“放管服效”改革，行政职权、行政审批事项、行政审批中介服务事项大幅减少。省市县三级政务服务平台和省市两级公共资源交易平台基本建成并投入运行，行政审批“两集中、两到位”全面推行。全面实施企业“五证合一”和个体工商户“两证整合”。稳妥推进政府部门“大处（室）制”改革，省政府办公厅已带头启动实施，将原有25个处室精减为23个，调整综合设置，优化了功能结构。

五是更加注重狠抓落实。强化政务督查，围绕国务院出台的重大政策措施和省委省政府的重点工作任务落地生根，开展27次专项督查；围绕我省重点工作任务推进完成，以逐月督查、逐季择项核对的形式对政府工作报告安排的重点工作落实情况进行了督查。在省政府办公厅率先建立并实施“13710”工作制度，下一步要在全省政府系统全面推开。政府绩效第三方评估加快推进。

（丰俊杰）

附：省人民政府党组书记、成员名单

书　记：李小鹏（8月离职）　楼阳生（8月任职）

成　员：高建民　付建华（11月离职）

张建欣（女，1月离职）

廉毅敏（11月离职）　孙绍骋（11月任职）

郭迎光　王一新　刘　杰（11月离职）

罗清宇（4月任职，11月离职）

王　赋（12月任职）　王　纯（11月任职）

省政协党组工作概况

党组书记　薛延忠

2016年，在省委的坚强领导下，省政协党组坚持以习近平总书记系列重要讲话精神和中央大政方针为指引，深入学习贯彻省委“一个指引、两手硬”的重大思路和省第十一次党代会精神，全面落实从严治党各项部署要求，认真履行主体责任，进一步加强政协思想政治、纪律作风、反腐倡廉、制度机制建设，政协各项事业取得新的进步、实现新的发展。

一、深入学习贯彻习近平总书记系列重要讲话精神，牢牢把握人民政协正确方向，着力夯实团结奋斗的共同基础

省政协党组始终把思想政治建设放在首位，自觉以科学理论武装头脑、引领事业，以中央大政方针和省委决策部署统一思想、汇聚力量。

深入学习贯彻习近平总书记系列重要讲话精神和治国理政新理念新思想新战略，把学习系列重要讲话同学习党的十八大和十八届三中、四中、五中、六中全会精神相结合，同中央关于人民政协工作的部署要求相结合，努力把握要义、学思践悟，进一步增强了同以习近平同志为核心的党中央保持高度一致的思想自觉、政治自觉、行动自觉，坚定对中国特色社会主义的道路自信、理论自信、制度自信、文化自信，始终不渝地坚持党对人民政协事业的领导，充分发挥领导核心作用，确保中央大政方针政策和省委决策部署在人民政协贯彻落实。

狠抓广大政协委员和机关干部的理论学习，坚持把习近平总书记系列重要讲话精神和治国理政新理念新思想新战略作为理论学习的重中之重，紧紧抓在手上，持续深入推进。狠抓中央精神和省委决策部署的学习贯彻，紧紧围绕省委“一个指引、两手硬”的重大思路和要求，治晋理政总方略及目标任务、战略举措，统一思想认识，凝聚奋进力量，团结引领参加人民政协的各党派团体和各族各界人士，共同致力于山西改革发展和全面建成小康社会的伟大事业。

2016年，省政协党组组织中心组学习12次，常委会集体学习3次，开展专题交流12次，组织机关干部集体学习48次，集中培训政协委员和各级政协干部1400余人次。

二、认真贯彻十八届六中全会精神，牢固树立“四个意识”

党的十八届六中全会正式提出“以习近平同志为核心的党中央”，确立了习近平同志是党中央的核心、全党的核心，反映了全党全军全国各族人民的共同心愿，是党和国家根本利益所在，是坚持和加强党的领导的根本保证，对于进行具有许多新的历史特点的伟大斗争、坚持和发展中国特色社会主义伟大事业具有十分重大而深远的意义。省政协党组始终把维护习近平总书记核心地位作为最大的政治，把维护核心、拥戴领袖作为职责使命和坚定信念，组织广大政协委员和机关党员干部，认真学习贯彻十八届六中全会精神，牢固树立“四个意识”特别是核心意识、看齐意识，更加紧密地团结在以习近平同志为核心的党中央周围，更加坚定地维护以习近平同志为核心的党中央的权威，更加自觉地在思想上政治上行动上同以习近平同志为核心的党中央保持高度一致。自觉向习总书记看齐、向党中央看齐、向党的理论和路线方针政策看齐、向党中央决策部署看齐，努力开创政协事业新境界。

三、切实履行主体责任，全面落实从严治党各项部署要求

省政协党组认真履行全面从严治党主体责任，认真落实中央和省委全面从严治党的各项部署要求，重点抓了以下几项工作：

（一）扎实开展“两学一做”学习教育。一是根据中央精神和省委部署，结合政协实际，认真制定“两学一做”方案，对各

个环节主要任务进行细化，提出目标要求，并切实加强领导，精心组织实施。二是狠抓了党章党规、系列讲话的学习。及时跟进、组织学习习总书记“七一”重要讲话、纪念红军长征胜利80周年大会讲话和骆惠宁书记在全省学习贯彻“七一”重要讲话精神暨“两优一先”表彰大会上的讲话、右玉学习交流会上的讲话，坚持党组中心组带头学习与抓机关各级党组织和党员干部学习相统筹、个人自学与会议专题交流相结合，在把握核心要义、学思践悟、提升思想境界上下功夫。三是注重突出问题解决，在“做”上见成效。对照“四讲四有”标准，针对机关一些党员干部存在的“松浮庸怠”问题，按照政治合格、纪律合格、品德合格、作用合格的要求，强化措施，严格管理，认真解决，取得良好成效，党员干部思想觉悟得到提升，精神面貌有了新的变化。四是严格落实中央和省委党建工作的相关规定，对党员组织关系、党费收缴等情况进行了排查，机关基层党组织基础工作中存在的薄弱环节和突出问题得到了整改。

（二）严明党的纪律规矩。认真学习贯彻十八届六中全会精神，从严加强党的纪律规矩。一是党组带头并认真组织机关各级党组织、党员干部学习中国共产党《廉洁自律准则》《纪律处分条例》《问责条例》《关于新形势下党内政治生活的若干准则》《党内监督条例》，开展党纪教育专题辅导，进而增强了党员干部遵守政治规矩意识和各项纪律的意识。二是认真落实“三会一课”和“双重民主生活会”制度，精心组织党组民主生活会和机关各级组织生活会，针对思想作风纪律等方面存在的不足和问题，运用批评和自我批评武器，开展积极健康的思想斗争，促进问题解决，进一步营造了团结和谐、正气充盈的党内关系和工作氛围。三是严格要求政协委员，进一步加强政治上的自我约束，严守宪法法律、政协章程和各项纪律规矩，树立政协委员应有的良好形象；要求政协委员中的共产党员特别是党员领导干部，增强党的意识，严守党的纪律规矩，在政协组织中更好发挥先锋模范作用。

（三）不断加强作风建设。深入贯彻落实中央八项规定精神和省委关于改进作风的系列部署，牢固树立作风建设永远在路上的思想，在抓常抓细抓长上狠下功夫。一是针对政协领导参加各方面邀请活动不够规范的问题，制定相关规定，严格报批程序，保证了中央和省委相关规定的贯彻落实。二是针对有些调研不够深入、建言未能精准的问题，制定改进措施，着力提升调查研究和咨政建言的质量。三是针对有些委员纪律观念淡薄、参会率低的问题，制定了《委员履职工作规则》，加强委员履职服务管理，严肃了履职风纪。

（四）深入推进党风廉政建设。认真贯彻落实中央和省委关于党风廉政建设和反腐败工作的各项部署，强化党组书记第一责任、党组成员“一岗双责”，紧密联系实际，针对性采取措施，着力加强政协党风廉政建设。一是针对政协机关干部普遍存在“政协不是权力机关，没有行政权力，没有滋生腐败的条件和土壤”的错误认识，开展形式多样的廉政警示教育活动，观看警示教育片，进行学习交流，增强了思想上防范不良风气侵袭的警觉和正风肃纪行动上的自觉。二是充分发挥省纪委派驻机关纪检组重要作用，积极支持他们履行职责、实施监督、严格执纪问责。三是高度重视并大力支持省委专项巡视组对省政协机关的巡视工作，党组召开专门会议听取机关党组整改汇报，严肃提出要求，强化整改责任，限期解决问题，推进整改落实。

（五）加强干部队伍建设。一是认真落实新时期“好干部”标准，坚持正确的选人用人导向，坚持任人唯贤、人岗相适，公正选拔使用干部，公开遴选优秀干部，形成了风清气正的选人用人氛围，调动了广大干部奋发向上、开拓创新的工作热情。二是加强干部的教育管理，注重优化知识结构，提升工作能力，培养优良作风，勇于担当作为，积极为政协事业发展贡献力量。

（六）加强意识形态工作、思想政治工作和精神文明建设。党组认真贯彻中央和省委关于加强意识形态工作、思想政治工作和精神文明建设的部署要求，结合实际抓好落实。一是始终坚持党对意识形态工作的领导，切实加强理论武装，引导广大委员和机关干部自觉践行社会主义核心价值观，进一步巩固了马克思主义在意识形态领域的指导地位，进一步巩固了团结奋斗的共同思想基础。二是以“两学一做”学习教育为载体，以理想信念教育为核心，全面加强政协机关思想政治建设。抓好党支部书记学习培训，充分发挥基层党组织作用，开展“身边事教育身边人”活动，典型引导带动，机关思想政治工作实效性得到增强。三是加强精神文明创建活动，坚持推进学习型、廉洁型、服务型、创新型、法治型、效能型“六型”机关建设，积极培育团结向上、文明和谐的政协机关文化，省政协机关连续11年被评为省直机关文明和谐单位标兵，荣获山西省文明单位称号。

四、紧紧围绕全省大局履行职能，为推进山西改革发展、实现全面建成小康社会目标贡献力量

省政协党组始终把围绕中心、服务大局作为履职的重要原则，紧紧围绕省委中心工作，科学制定并精心组织实施年度协商工作计划，充分发挥人民政协协调关系、汇聚力量、建言献策、服务大局的作用，为全面建成小康社会，不断塑造美好形象、逐步实现振兴崛起汇集正能量。

一是聚焦中心任务，积极致力经济稳步向好、构建良好政治生态。围绕省委、省政府关于推进山西省改革发展、优化政治生态的重大部署，组织开展视察调研活动40余批次，组织召开重要协商会议13次，省委、省政府领导同志、职能部门负责同志和政协委员、群众代表2100人次参加协商，互动交流、共商大计，委员的合理化建议得到积极回应和采纳，展现了协商民主的生机活力，凝聚了推进事业的强大合力。

二是发挥政协优势，促进民生改善、社会和谐稳定。认真做好提案征集办理工作，征集提案959件，立案办复862件。收集社情民意信息4800余篇，其中26篇受到中央领导同志和省领导的高度重视。省政协机关蝉联全国政协系统信息工作先进单位。针对经济下行压力下的民生关切，通过主席会

议等形式,就高校毕业生就业创业、困难企业职工收入、农民职业技能培训、特殊困难群体社会保障等事关民生的22件重要提案开展办理协商,引起职能部门高度重视,促进了相关问题解决。发挥团结功能、促进社会和谐。切实加强同各民主党派、工商联和无党派人士的团结合作,主席班子成员与党派团体负责人座谈交流,听取工作意见建议。

三是加强民主监督,助力省委、省政府既定重大部署落实。根据形势和需要,重点围绕省委、省政府关于民营经济发展重大部署贯彻落实情况,组织省市县三级政协联动,开展了专项视察监督活动。主席班子成员率相关常委、委员,分赴11市、38县(市、区)103户民营企业,实地了解省委、省政府部署、举措在基层落实的情况,听取企业发展中面临的困难问题以及工作建议,属于市县层面研究解决的问题,及时向当地政府作了反馈;属于省级层面研究解决的问题,召开专题协商会,就基层反映的关于减轻企业负担、强化金融支持、落实相关政策、优化发展环境等6方面意见建议及89个具体问题,向省分管领导和相关职能部门进行反馈,引起高度重视,由此助推了省委省政府相关部署贯彻落实,促进了民营经济健康发展。结合实践,积极完善知情明政、沟通协调、办理反馈、权益保障、组织领导等5个方面的工作机制,实现了民主监督有计划、有题目、有载体、有成效。

五、加强自身建设,严格政治生活,坚持以上率下

一是坚持民主集中制。制定了党组工作规则,完善党组议事和决策程序,进一步提高党组工作科学化水平。严格执行重大问题重要事项请示报告、领导干部个人有关事项报告等制度,自觉按纪律、规矩、程序办事。二是严格党内政治生活。把严格党内政治生活作为党组同志锤炼党性、提高思想觉悟的熔炉。抓好严明纪律、净化政治生态这个关键,带头自觉遵守政治纪律和政治规矩,负起执行纪律和规矩的主体责任,真正成为维护党的核心的模范、遵守政治纪律的模范、廉洁自律的模范。三是坚持以上率下。带头讲学习,自觉以学习习近平总书记系列重要讲话统领工作、指导实践。带头严纪律,自觉认真贯彻党章和准则、条例,严格遵守政治纪律政治规矩和各项纪律要求。带头改作风,坚持不懈反对"四风"、大力弘扬优良传统,坚守正道、弘扬正气,始终保持共产党人应有的政治本色和良好形象。带头守清廉,努力做到凡是要求别人做的自己首先要做到,要求别人不做的自己坚决不做,严格遵守廉洁从政各项规定,从严要求家属子女和身边工作人员,自觉接受党章党规党纪的刚性约束,接受党员、干部和群众的监督。带头勇作为,努力做到担当任事,尽职尽责,为党和人民事业做出积极贡献。

(邢艳军)

附:省政协党组书记、副书记、成员名单

书　记: 薛延忠

副书记: 李雁红(1月离职)　王建明(11月任职)
朱先奇(1月任职)

成　员: 李悦娥　张　璞(1月任职)
姜新文(1月任职)　阎根生

省纪委工作概况

省纪委书记　任建华

工作概况见“党风廉政建设和反腐败斗争”专栏中2016年纪委工作综述。

附：省纪律检查委员会书记、副书记、常委名单

省委常委、省纪委书记：黄晓薇（女，9月离职）　任建华（9月任职）

副书记：迟耀云（常务副书记，9月离职）　陈学东（常务副书记，11月任职）
冯改朵（女，11月离职）　郝　权　孟　萧（5月任职）

常　委：孟　萧（5月调职）　李吉山　孙兴武（11月离职）　何　青
高金喜（11月任职）　王帅红（11月任职）　王成禹（11月任职）
孙京民（11月任职）

省高级人民法院党组工作概况

党组书记　左世忠

山西省高级人民法院现有党员538名，1个党总支，37个党支部。2016年，在省委的坚强领导下，省高院深入学习贯彻党的十八大和十八届三中、四中、五中、六中全会精神和习近平总书记系列重要讲话精神，认真落实全面从严治党要求，根据《中国共产党党和国家机关基层组织工作条例》、省委《实施意见》和“省直机关2016年党建工作要点”安排以及省委、省直工委的有关通知要求，按照“抓党建带队建促审判”工作思路，结合法院工作实际，扎实开展“两学一做”学习教育，以专项检查治理工作为重点，大力加强基层党组织建设，以健全完善党建制度为保障，全面规范机关党建工作，机关党的思想政治建设、组织建设、制度建设和党风廉洁建设进一步增强，机关党建整体水平进一步提升，为推动法院各项工作的开展提供了坚强的思想政治和组织保证。

一、扎实开展“两学一做”活动，提升党员政治素质

（一）扎实开展“两学一做”学习教育。把“学党章党规、学系列讲话，做合格党员”学习教育作为首要的政治任务。一是加强组织领导。成立了“两学一做”学习教育办公室，先后召开全院党员干警“两学一做”学习教育动员大会及党支部书记动员大会，印发《开展“学党章党规、学系列讲话、做合格党员”学习教育实施方案》，制定了《山西省高级人民法院“两学一做”学习教育活动安排》《党外代表人士中开展“双学一跟”活动的意见》，制定学习计划，并结合时事政治和党的重大决策，及时安排部署重要学习内容，发出《关于深入学习贯彻〈骆惠宁同志在学习贯彻习近平总书记“七一”重要讲话精神暨全省“两优一先”表彰大会上的讲话〉的通知》等7项学习通知。邀请专家学者作专题辅导，广泛开展“党章党规宣讲”“党章党规知识竞赛”和“做合格党员演讲”等活动，充分调动了广大干警学习积极性；二是丰富学习形式。为党员干警订购《中直党建》等5类党建刊物，提供10余种3600册学习资料和580本理论学习笔记。利用局域网开设“两学一做”学习教育专栏、利用微信开设“两学一做”学习教育群、党建工作群等学习教育平台，加强了学习教育交流研讨，强化了学习教育效果。三是坚持以上率下。领导干部坚持带头“双学”，主动深入基层党组织、党员干警中，带头讲党课、搞宣讲、作辅导。全年先后组织中心组理论学习16次，专题理论宣讲13场；四是注重典型引路。结合纪念建党95周年，对优秀党务工作者和优秀共产党员进行表彰，以先进事迹报告会的形式，让受表彰的优秀党员、优秀党务工作者、先进党支部代表现身说法讲党课；五是突出学做结合。认真开展“四讲四有”专题学习讨论，其中，中心组专题讨论4次，各党支部专题讨论均5次。多次召开“学习贯彻系列讲话、解决若干突出问题”学习交流会，着力解决党员队伍存在的突出问题，特别是解决不作为、不会为、不善为等问题，引导广大干警用党员标准严格要求自己，做“四讲四有”合格党员；六是严格督促检查。机关党委不定期对各党支部学习教育情况进行检查督导，及时掌握学习动态，并对学习讨论进展情况进行阶段性总结报告。先后2次组织检查各党支部的会议记录、个人学习笔记、心得体会撰写情况，并将检查情况在党支部书记大会上讲评，规范了支部会议记录格式，有效促进了学习教育效果。

（二）着力抓好中心组和党员干警理论学习。坚持以理论学习为先导，制定了高院《2016年度党组中心组及干部理论学习计划安排》，不断强化思想理论武装，打牢全面从严治党思想根基。一是深入学习贯彻党的十八届三中、四中、五中、六中全会精神、习近平总书记系列重要讲话精神和省委十届七次全会精神、省第十一次党代会及省委书记骆惠宁

同志重要讲话精神，深刻理解全面推进改革、依法治国和全面从严治党的目标任务和重大意义，进一步增强使命感和责任感，使广大干警始终保持政治上的坚定、思想上的清醒、方向上的正确、行动上的自觉；二是坚持开展“每月一看”活动。2016年在院局域网视频点播栏目播放《“两学一做”专题教育》《榜样》等共11部专题教育片，由各党支部组织观看后每个党员干警写出观后感；三是严格落实各项学习制度。强化落实中心组学习制度，每周二、五集体学习制度，学习计划制度、读书笔记制度、个人自学制度、学习交流制度等，形成用制度促进学习的长效机制，把学习的“软指标”变成“硬任务”，做到学习有计划、人人有笔记、重点内容有心得，切实提高了党员干警理论素养；四是坚持领导干部带头学习。以领导干部的模范行动，带动全体党员干警形成注重学习的良好风气，真正做到学以立德、学以增智、学以致用，努力建设学习型机关、学习型部门、学习型领导班子。2016年，机关党委收到中层以上领导干部撰写的心得体会和理论文章一百余篇，立案二庭正处级审判员耿转成等两位同志撰写的题为“在‘两学一做’中锤炼合格人民法官”入选省直工委《全省机关党建研讨交流会材料汇编》。

二、全面落实从严治党，夯实基层组织建设

（一）积极开展党组织换届工作，不断夯实组织基础。根据《党章》和《基层组织工作条例》的规定，结合机关干部人事调整，先后对院机关党委、纪委以及1个党总支和35个基层党支部进行了换届改选，新增加1个机关党支部、2个离退休党支部。一大批优秀干部被选配充实到机关党委、机关纪委和支部班子中，为党组织输送了新鲜的血液。党支部书记中有3名副厅级干部，为党建工作的深入开展奠定了坚实的组织基础。

（二）认真排查党员组织关系，严格党员日常管理。结合“两学一做”学习教育，把党员组织关系集中排查作为从严治党的一项重要任务，科学周密谋划、严格组织落实，并以此为契机，进一步严格党员日常教育管理监督，着力将每名党员都纳入党组织的有效管理，确保工作落实。经过前期认真细致的排查清理，省法院机关党员情况已做到“三清”（底数清、人员清、分布清）。对于新接收的党员及时函告编入党支部开展组织活动，不存在失联党员。机关党委根据排查情况，及时进行整改，进一步建立健全了院机关各党支部党员管理台账，对党员台账中信息不全的，进行了补录，对存在差错的，核实后作出更改，对党员组织关系转出未收到回执的积极联系有关单位党组织或本人，进行函询；对组织关系转入未及时发出回执的情况，督促承办人员按时发出回执，确保了党员各类信息登记准确，专人管理，规范有序。

（三）深入开展党费收缴专项检查，规范党费收缴管理。高度重视党费收缴工作，始终把党员按时、按比例交纳党费作为加强基层组织建设和加强党员教育管理、增强党性观念的一项重要内容，坚持把党费收缴工作同严格党的组织生活结合起来，同党员教育结合起来，同民主评议党员结合起来，通过对党员进行经常性的交纳党费教育，引导广大党员干部不忘初心，自觉履行党员义务，增强自觉、按时、足额交纳党费意识。全院共计393人补缴了党费，共计补缴党费226000元。同时认真核查了高院2008年至2015年应上缴和实际上缴省直工委党费数额，向省直工委补缴党费173499元。严格落实党务公开制度，在院局域网党务公开栏目对2015年党费收缴使用情况进行了公示。为进一步规范高院党费收缴使用和管理，制定出台了高院《关于进一步规范党员交纳党费的通知》《党费收缴、使用和管理办法》，明确了机关党员干部、事业单位党员、工人编党员、离退休党员等不同序列党员的党费交纳基数，确保党费收缴标准统一有据，做到足额收缴、严格管理、规范使用。

（四）抓严抓实党员干部理论学习“灯下黑”专项整治，推进学习教育长足发展。围绕“两学一做”学习教育以及本年度党员干部政治理论学习教育情况，认真开展了机关党员干部学习教育“灯下黑”问题专项整治，针对党员干部学习教育思想重视程度不够好、组织生活质量不够高、批评与自我批评开展不够实、组织生活与审判结合不够紧等问题，从增强坚定理想信念的紧迫感、增强学习教育的创新性、增强党内生活的制度化和凝聚力等四个方面提出了解决的对策，进一步加大落实力度，切实把学习教育工作引向深入，达到预期的目的和效果。

三、抓好主体责任落实，提高党建整体水平

（一）认真履职，全面落实党建工作责任制。牢固树立“把抓好党建作为最大政绩”的意识，围绕如何更好地落实党建工作责任制，切实提高党建工作整体水平，加强领导、强化责任，积极推进党组书记负总责、分管领导分工负责、机关党委推进落实、处室负责人“一岗双责”的党建工作格局。一是统一思想认识。年初，经党组会研究决定，成立了党建工作领导小组，办公室设在机关党委，各有关部门为办公室成员部门，以便于党建工作统一领导，不断增强抓好党建工作的紧迫感、责任感和使命感。二是明确细化责任。在2016年制定工作计划时，将有关工作任务分解落实到各党委委员和党支部，在制定与党建工作有关的其他工作计划时，也均以责任分解表的形式予以落实，确保任务明确，履职到位。强化落实机关党建工作责任制，确保各部门“一把手”既抓审判业务又抓党建工作，加强对党员干警的教育、管理和监督。

（二）健全制度，大力加强党支部规范化建设。根据形势任务和省委巡视工作整改意见，对极个别党支部功能作用发挥得不够好，组织生活不规范、不经常，对党员干警的教育不够、管理不严、监督不力等，坚持从完善各项制度入手，制定下发了高院《中心组理论学习制度》《机关支部委员会成员工作职责》等制度规范，严格落实“三会一课”制度、组织生活会、民主评议党员、领导干部双重组织生活等

党内生活制度，提高了党内政治生活的政治性原则性，增强了党组织的凝聚力、战斗力。为规范机关党建工作，全年共制定出台各项制度文件39项，其中制度规范11项、落实党务公开3项、活动方案14项、其他11项。

（三）创先争优，充分发挥党支部战斗堡垒作用。一是深入开展“建功十三五、支部创六星”主题实践活动，把加强党的五大建设和服务中心的业绩作为“六星支部”创建的评价标准，始终坚持“围绕审判抓党建，抓好党建促审判”的工作思路，激励广大党员积极投身改革发展实践，立足岗位建功立业。二是开展“党员先锋行”主题实践活动，坚持以便民利民惠民为导向，不断完善立案信访等窗口服务功能。积极开展送法进农村、进校园、进企业活动，扎实服务人民群众，促进了党建与审判工作的有效结合，进一步夯实了组织基础，充分发挥了党支部的战斗堡垒作用和党员的先锋模范作用。

（四）加强培训，着力提升党员干部素养。全年培养入党积极分子16名，发展新党员4名，预备党员转正3名；先后选派10名党支部书记参加省直机关党支部书记轮训班，3名党务干部参加省直机关党务干部培训班，6名处级干部参加省直机关党员处级干部进修班，2名科级干部参加中青年党员干部培训班，6名新党员参加了省直机关新党员培训班，4名入党积极分子参加了省直机关入党积极分子培训班；先后5次召开党支部书记会议，对新任党支部书记和党务干部进行上岗培训、座谈交流，切实提升了机关党建工作水平。

四、依法审理各类案件，服务经济稳步向好

（一）加强刑事审判，维护国家安全和社会稳定。一是严惩危害国家安全和严重危害人民生命财产安全犯罪，与公安、检察机关密切配合，对暴力恐怖、黑恶势力、涉枪涉爆、故意杀人、抢劫等犯罪坚决依法打击。二是严惩国家工作人员职务犯罪，始终保持“老虎”“苍蝇”一起打的惩治腐败高压态势。对原县处级以上职务犯罪罪犯的减刑、假释、暂予监外执行实行备案审查，一律上网公示，坚决杜绝“有权人”“有钱人”被判刑后减刑快等问题。三是严惩涉众型犯罪，依法审理了非法吸收公众存款、非法集资等案件以及与民生密切相关的危害食品药品安全、制假贩假等犯罪案件。四是坚持打击犯罪与保障人权并重，严把案件质量关，严防冤错案件发生。

（二）加强商事审判，依法调节经济关系。一是针对经济下行、企业生产经营出现较大困难的情况，省高院专门成立破产案件审判庭，建成全省法院破产重整案件信息平台，依法妥善审理涉及吕梁联盛集团等企业清算、破产案件，推动“僵尸企业”清理处置，扶持帮助一批企业渡过了难关。二是有效应对增速放缓、结构调整新常态，依法规范市场经济秩序，保障各类市场主体公平竞争，依法审结买卖合同、建设工程、房地产、金融借款、股权转让等各类纠纷案件，通过正确认定合同效力，惩治恶意违约行为，积极营造投资发展良好法治环境。三是加强对互联网金融、银行卡纠纷、保险理赔纠纷、电子商务、知识产权等案件的专题调研与指导，依法审结了各类金融纠纷案件，运用司法手段，积极支持金融振兴、科技创新，助力创新驱动发展。

（三）加强民事审判，服务保障民生。一是积极为人民群众提供更加优质便捷司法服务，升级改造诉讼服务中心，健全山西法院诉讼服务网，实现了网上预约立案、递交材料、调阅卷宗、申诉信访等，切实方便了群众诉讼。二是密切关注人民群众最关心最直接最现实的利益问题，积极开展家事审判方式改革试点，依法保护未成年人、妇女、老年人等弱势群体的合法权益；审结了涉及教育、医疗、住房、劳动争议、拆迁补偿等纠纷案件；为农民工讨薪等案件开辟“绿色通道”；做好司法救助工作，为经济确有困难当事人缓、减、免诉讼费用，发挥了司法救助的帮危济困作用。三是注重源头化解群众身边的矛盾纠纷，全省中、基层法院广泛建立了征地拆迁、劳动争议、交通事故、村矿（企）矛盾、医患纠纷、环境污染“六大领域”诉调对接的联调机制，努力减轻群众诉累，使矛盾纠纷消除于萌芽状态、化解于基层。

（四）加强行政审判，监督促进依法行政。一是全面实施行政案件集中管辖、异地审理，有效消除行政诉讼原告对公正司法的合理怀疑，提高了司法公信力。二是不断健全完善司法与行政良性互动机制，推动落实行政机关负责人出庭应诉制度，行政机关负责人出庭应诉率明显提升。三是切实履行司法审查职责，并通过发布行政审判白皮书、司法建议、典型案例等方式，促进行政机关完善行政行为。

（五）加强执行工作，进一步破解“执行难”。一是开展集中执行“雷霆”行动和执行大会战，加大对执行义务人违法犯罪行为处罚力度，对拒不执行生效裁判或暴力抗拒执行的人员予以司法拘留，涉嫌犯罪的，移送公安机关立案侦查，构成犯罪的，依法判处拒不执行判决、裁定罪。二是抓好司法查控工作，执行案件信息全部录入人民法院执行案件流程管理系统，法院网络查控系统对接省内169家银行，为方便、快捷查询、冻结、划扣被执行人财产提供了良好的保障。三是加大对失信被执行人的信用惩戒，参与山西社会信用体系建设，与公安、工商、金融、房管等部门信息共享，对失信被执行人公开曝光，予以联合惩戒，促使被执行人主动履行了义务。

五、深化司法体制改革，促进公正司法

（一）稳步推进以司法责任制为核心的四项基础性改革试点。积极探索完善司法责任制，以员额制法官为主体组建新型办案团队，明确司法权力运行的“正面清单”和“负面清单”，以及办案责任和责任追究办法，确保放权到位、责任可究。严格标准与程序，经统一考试、考核，圆满完成全省法院2863名员额制法官遴选工作。同时，人员分类管理、职业保障等其他配套改革也正在同步推进。

（二）进一步强化审判管理和监督制约。在案件数量迅猛增长的压力下，全省法院更加注重提高审判质量效率，按照司法规律加强审判管理，着力发挥内在监督机制的效应。认真抓好审判流程管理和绩效考核，依托信息技术建立了信息管理平台，加强对立案、分案、开庭、裁判、执行、归档等各个节点的监控。省高院先后制定《案件流程管理办法》和《年度岗位目标管理考核办法》，从案件流程管理的内容、范围、监督方式、主体机构与人员、职责以及结果运用等方面全面规范工作规程，明确相关责任，加大预警、催办、督办力度，及时通报网上案件办理和裁判文书上网情况。同时，每周例会有讲评，每月有通报，年终有考核，形成了“全覆盖、全渗透、全量化、全挂钩”的目标管理考核评价机制，考核结果在法官入额遴选中得到充分运用。

（三）大力实施阳光司法工程。狠抓信息化建设，积极拓展审判流程公开、执行信息公开、裁判文书公开和庭审直播公开四大平台应用，创新了移动终端的信息公开服务，利用微信、微博、手机APP等多种渠道，加强与公众的互动、沟通。建立安全的信息交互传输平台，实现法院内网与互联网的数据对接，达到了审判信息一次录入、多种用途、资源共享。省高院作为首家省级法院入驻新浪网开展庭审直播，8名法官走进山西经济广播的“大法官开庭”栏目，被最高法院评为华北地区标杆。在满足当事人知情权、自觉接受监督的同时，倒逼法官提高司法能力和办案效率。

（四）积极开展以审判为中心诉讼制度和涉法涉诉信访制度改革。结合山西实际，以推进庭审实质化为重点，确定10项刑事诉讼制度改革重点项目，在35个法院开展了刑事案件繁简分流和轻案快办机制、刑事辩护制度完善、健全非法证据排除程序等改革试点，对做好以审判为中心的刑事诉讼制度改革进行了有益探索。完善诉访分离机制，推广远程视频接访，引导信访群众理性表达诉求，依法维护权益。开展了“抓信访秩序、清信访积案”专项活动，依法打击信访活动中的违法犯罪行为，维护正常工作秩序。

六、强化党风廉洁建设，不断加强反腐倡廉

（一）深化党内法规和纪律教育。认真贯彻落实全面从严治党要求，开展了遵守党章党规和严格党内政治生活集中教育，组织干警认真学习中国共产党《党章》《准则》和《条例》等规定，进一步提高纪律意识和规矩意识，引导党员干部把党规党纪印在心上，切实增强贯彻执行党内法规的思想自觉和行动自觉，做严格遵守党规党纪和各项规章制度的模范，确保廉政教育常抓不懈，廉洁司法警钟长鸣。

（二）坚持把纪律挺在前面。一是按照省委政法委从严治警、以规管警的部署，开展了“把纪律挺在前面”专项活动，不断强化干警的纪律观念。持续抓好中央“八项规定”精神和反“四风”要求的落实，在每次重要节假日前召开党支部书记廉政教育专题会议，开展专项检查，进行明察暗访，将纠正“四风”等作风建设融入党员干警日常管理，院机关作风建设得到进一步加强。二是按照省直工委“关于对党代会代表和党员违纪违法未给予相应处理排查清理”的工作部署，认真开展集中排查，并研究制定了省法院《关于违纪党员进行党纪处分的程序规定（试行）》，进一步强化和规范了党员干警违纪处分程序，形成和保持对违纪的震慑和高压态势，从机制上夯实了党风廉洁建设的根基，从严治党、从严管理党员的氛围逐步形成。

（三）严格落实“两个责任”。认真学习贯彻《关于省直机关基层党组织和纪检组织落实党风廉政建设“两个责任”指导意见》，健全完善责任分解、检查考核、倒查追责工作机制，层层传导压力。充分履行机关纪委监督责任，加大对问题线索的排查处置和纪律审查力度，始终保持反腐败高压态势，确保“两个责任”落到实处。

七、搞好精神文明创建，推进机关文化建设

（一）积极推进精神文明建设。围绕建立社会主义核心价值观、实现中华民族伟大复兴的“中国梦”，坚持把抓文明和谐创建作为机关党建的重要抓手。按照省文明委、省直文明委创建实施意见、创建管理办法和目标责任考核要求，进一步加强日常动态管理和中期督查指导，积极开展了一系列内容丰富、形式多样、健康有益的文明创建活动，强化了各部门参与文明创建工作的积极性，激发了每名干警创建的工作热情。开展了道德模范评选表彰、“家风家教大家谈”征文、系列捐款、金秋助学、省级以上劳模疗休养、鹊桥联谊会等活动；积极参加省直机关第九套广播体操比赛，获得一等奖；组织参加省直机关“三晋友谊杯”乒乓球比赛，获得优秀组织奖和优异的比赛成绩；组织参加省直机关“菜单式体育比赛”活动；组织参加省直机关“两学一做”主题演讲比赛和纪念长征胜利80周年朗诵比赛，均获得二等奖；举办了庆祝建党95周年系列活动，对6个先进党支部、23名优秀党务工作者、92名优秀共产党员进行了表彰；多位同志分别被省直工委等授予“优秀共产党员”“优秀党务工作者”等荣誉称号。开展了“高举旗帜跟党走”主题党建交流活动；举办了《中国梦》为主题的诗朗诵，一系列活动的开展极大地丰富了党员干警文化生活，增强了机关党建工作的活力。

（二）充分发挥群团组织作用。坚持把群团建设纳入机关党建工作部署，充分发挥工青妇等群团组织的职能优势和作用，以服务大局为工作重点，以组织引导群众、联系服务群众为基本职责，广泛开展形式多样的文体活动和社会公益活动，不断增强群团组织吸引力凝聚力战斗力。机关工会为困难党员职工建档立卡，定期开展困难帮扶活动；机关团委组织青年干警到扶贫点开展主题团日活动；开展送法进农村、进校园、进企业活动，扎实服务人民群众；妇工委组织参加省妇联庆祝三八妇女节省直机关健身比赛，荣获金奖。这些活动促进了干警间交流沟通、团结协作，展示了机关干警健康活泼、积极向上、精诚合作、开拓进取的良好精神风貌。

（三）扎实开展统战工作。认真做好统一战线思想政治引领，建立了机关党外人士信息数据库，两次召开党外代表人士“积极作为、紧跟党走”交流座谈会，强化了“双学一跟”学习教育效果，精神文明建设取得新成果。

（马云跃）

附：省高级人民法院党组书记、副书记、成员名单

书　记：左世忠

副书记：朱　明　刘冀民

成　员：吴秋霞（女）　张　炜　张　勇　袁振民　方剑峰

省人民检察院党组工作概况

党组书记　杨　司

2016年，在省委和最高人民检察院的正确领导下，全省检察机关认真贯彻落实党的十八大、十八届三中、四中、五中、六中全会和省第十一次党代会精神，始终坚持以习近平总书记系列重要讲话精神为统领，紧紧围绕省委"一个指引、两手硬"重大思路和要求，全面履行法律监督职责，扎实推进司法体制改革，坚持以全面从严治党带动全面从严治检，着力加强过硬队伍建设，各项检察工作都取得了新发展新成效。

一、贯彻全面从严治党要求，着力加强机关党的建设

坚决贯彻党中央关于全面从严治党的部署要求，认真落实管党治党主体责任，着力加强机关党的建设，确保检察工作正确的政治方向。

（一）加强思想政治建设。始终坚持把政治建设摆在首要位置，把牢政治方向，打牢思想根基。

1、坚持把开展"两学一做"学习教育作为一项重大政治任务，教育和引导全体检察人员坚定理想信念，坚定不移地做中国特色社会主义事业的建设者和捍卫者；组织开展"两学一做"学习教育专题研讨会4次，班子成员和各部门负责同志面对面交流学习体会，聚焦问题，明确方向，锤炼了党性，坚定了信仰。

2、坚决贯彻落实中央和省委的重大决策部署，自觉把检察工作置于党的绝对领导之下，确保了党的路线、方针、政策在检察机关得到不折不扣的落实。党的十八届六中全会和省第十一次党代会召开之后，及时组织开展专家授课、专题研讨等活动，教育和引导全体检察人员牢固树立"四个意识"，特别是核心意识、看齐意识，在思想上拥戴核心，在政治上维护核心，在行动上紧跟核心，坚决维护以习近平总书记为核心的党中央权威，始终保持了检察工作正确的政治方向。

3、坚持以身边事教育身边人，着力增强思想政治工作的时代性和感召力，组织"党员先锋行"先进人物事迹巡回报告会，弘扬"全国先进工作者"王拥政等3名检察英模"干一行、爱一行、精一行"的奉献精神，激发了广大检察干警立足本职、干事创业的奋斗热情。全省检察机关有20个先进集体、18名先进个人受到省委和最高人民检察院的表彰。

（二）加强基层党组织建设。始终坚持以党建带队建，夯实党建工作基础，推动中央、省委关于党建工作的部署要求落地生根。

1、将全面从严治党的要求贯穿检察工作的始终。坚持将机关党建工作与检察中心工作同研究、同部署、同检查，努力把党建工作融入到检察工作，特别是执法办案的各个环节，充分发挥基层党组织的战斗堡垒作用和共产党员的先锋模范作用，为检察工作的圆满完成奠定了坚实的组织基础。认真落实《中国共产党党组工作条例（试行）》，严格执行民主集中制相关规定，共召开党组会45次，将"三重一大"事项无例外进行集体研究，提高了党组决策的民主化、科学化水平；党组中心组集中组织学习12次，认真学习贯彻党的路线方针政策，着力提高党组把方向、管大局、保落实的能力水平，推动了检察工作的深入开展。

2、加强省院机关党建领导力量。经请示省直工委同意，决定由省院党组副书记、副检察长崔国红同志担任机关党委书记。调整充实了一名懂党建，有丰富基层党建经验的同志担任机关党委专职副书记，为做好机关党建工作奠定了良好的组织基础。

3、坚持问题导向，增强对下指导的针对性实效性。2016年上半年，省院政治部对基层院建设情况进行了认真调研，汇总了党的建设、领导班子建设、队伍结构等8方面48个问题。省院进一步聚焦问题，全面落实领导干部定点

联系、业务部门对口指导基层工作机制，整合力量，明确重点，有针对性地帮助基层解决了大量实际问题。

（三）严格落实“两个责任”。坚持把“两个责任”贯穿到管党治党、从严治检的全过程。

1、强化组织领导。2016年，党组书记、检察长杨司认真履行第一责任人责任，主持党组会、检察长办公会研究党风廉政建设有关工作9次，对党风廉洁建设有关工作作出批示30余件。严把干部选拔任用关，按照程序选拔任用了61名处级领导干部，协助省委对6个市检察院检察长进行了调整，做到严格程序、风清气正。

2、强化监督执纪问责。正确运用“四种形态”，坚持抓早抓小抓预防，积极开展廉政谈话、提醒谈话、函询谈话等活动。对新任职的领导干部开展任前廉政谈话70余人次，对46名正处以上领导干部开展廉政谈话；针对举报反映，对8名干警进行了函询谈话。

3、强化正风肃纪工作。按照中央“作风建设永远在路上”的要求，坚持不懈、锲而不舍抓好中央八项规定精神的落实，重点针对“四风”隐形变异的新动向、新形式，在重大节假日等重要时间节点，对全省检察机关开展明察暗访和专项督察30余批次，查处和纠正违纪违规苗头或事项20余项，持续保持了正风反腐的高压态势，进一步净化了检察机关的政治生态。

二、强化管理，接受监督，不断提高公正司法能力

牢固树立“监督者更要接受监督”的理念，自觉接受外部监督，保障检察权依法正确行使。

（一）不断强化内部监督制约。加强案件全程监督，依托统一业务应用系统受理流转案件44642件，监管刑事诉讼涉案款1.78亿余元，监督纠正超期办案、侵害诉讼权利等不规范情形446件次，同比下降87%。坚持案件质量评查常态化机制。评查案件3697件，增强了监督的针对性和有效性。同时，投资9000余万元，着力推进电子检务工程建设，为提升监督工作信息化水平创造了条件。

（二）自觉接受人大监督和政协民主监督。牢固树立“接受人大监督就是对人民负责”的理念，坚持把检察工作置于人大监督之下，共向各级人大及其常委会报告工作220次，召开人大代表座谈会136次，邀请人大代表视察工作187次，办理代表建议、人大常委会转交办案件163件。认真落实最高检关于全国人大代表跨省视察检察工作的部署，圆满完成了山西、湖北两省全国人大代表交叉视察工作。主动接受政协民主监督，认真办理政协委员提案，邀请政协委员视察工作，虚心听取意见和建议。

（三）认真接受其他机关和社会各界监督。邀请人民监督员参与案件听证、庭审、执法检查、案件评查等活动，监督“十一类案件或事项”99件103人。深化“阳光检察”工程，广泛开展“检察开放日”活动，全省检察机关组织召开新闻发布会305次。加强检察门户网站和“两微一端”建设，公开案件程序性信息39029条，重要案件信息2737条，终结性法律文书14730份。

三、全面落实年度工作任务，各项检察工作取得新成绩

全省检察机关紧紧围绕中央和省委决策部署，主动服务全省经济社会发展大局，全面履行法律监督职能，深入推进司法体制改革，推动了检察工作科学发展、创新发展。

（一）积极服务保障全省工作大局，着力促进经济稳定向好。全省检察机关主动将检察工作融入省委重大战略部署，科学谋划服务大局的思路、任务和措施，为经济社会发展提供了有力的司法保障。

1、全力维护社会和谐稳定。依法打击各类刑事犯罪活动。坚持把化解矛盾贯穿执法办案始终，广泛开展便民接访活动，促进了社会和谐稳定。

2、积极服务转型综改试验区建设。依法查办国企领域职务犯罪案件189件267人，确保国有资产依法安全使用；加大知识产权保护力度，办理假冒注册商标、侵犯著作权等刑事案件90件145人；积极服务美丽山西建设，依法起诉破坏环境资源保护犯罪案件138件234人。

3、积极服务民营经济发展。出台服务民营经济发展的实施意见，严格落实平等保护原则，着力保护民营企业家干事创业的积极性。严格执行“八项禁令”、“十个不准”，最大限度减少办案对企业正常生产经营活动的影响，努力为企业发展营造良好的法治环境。

4、积极服务国家精准扶贫战略。紧盯征地补偿、退耕还林等重点领域，查办职务犯罪案件352件539人；全面推行“互联网+阳光百姓工程”，对扶贫项目、扶贫资金实行网上全程动态监督，全省检察机关共监督中央、省、市、县四级财政涉农资金280多亿元，努力促进扶贫资金安全高效使用。骆惠宁书记、楼阳生省长对此分别作出重要批示，给予充分肯定。

（二）充分发挥反腐败职能作用，努力促进形成良好政治生态。坚决贯彻落实中央、省委关于反腐败斗争的决策部署，坚持惩防并举，努力促进形成不敢腐、不想腐、不能腐的良好政治生态。

1、保持办案力度不减。突出查办发生在领导机关和领导干部中的职务犯罪，严肃查办不作为、乱作为等渎职侵权犯罪，反渎职侵权工作名列全国第四，受到最高检通报表彰。

2、更加注重发挥预防作用。认真贯彻落实《山西省预防职务犯罪工作条例》，紧密结合办案，制作预防报告698件，提出预防建议569件，推动建立制度708件；完善警示教育基地建设，通过以案说法等形式，对国家工作人员进行警示教育和宣传3532次，受教育人数达10万余人次。三是实现良好办案效果。依法保障犯罪嫌疑人合法权益，从严把握证据标准，2016年移送起诉的职务犯罪案件，未出现1起无罪判决；严格落实办案安全责任制，未出现一起

办案安全事故；加强网络舆论引导，主动及时回应社会关切，未出现一起舆情炒作事件。最高人民检察院对山西工作给予充分肯定。

（三）坚持“两个转变”监督理念，着力构建法律监督新格局。积极适应以审判为中心的诉讼制度改革，主动转变监督理念，着力破解监督难题，努力促进司法公正。

1、强化源头监督，构建新型检警关系。完善介入命案工作机制，并向重大、疑难、复杂案件延伸，引导公安机关依法取证、高标准取证。2016年共介入侦查822件，提出意见建议647次，公安机关采纳626次。其中，介入命案引导侦查138次，提出取证意见和建议112次，公安机关采纳105次。在全省市、县两级公安机关设立侦查监督检察室151个，实现了检警信息共享和对侦查活动监督的全覆盖。

2、强化配合制约，构建新型检审关系。严把证据关、事实关、程序关，防止案件“带病”进入审判程序。健全案件繁简分流机制，建议适用简易程序1609件。强化刑事审判监督，提出抗诉497件，监督纠正审判活动违法728件次。不断完善多元化民事诉讼监督格局，提出抗诉55件，办理支持起诉2087件，督促履行职责487件。

3、强化权利保障，构建新型检律关系。不断完善律师执业权利保障机制建设，努力解决律师执业过程中遇到的突出问题。共接待律师阅卷4807次，听取律师意见312件，监督纠正有关单位阻碍律师行使诉讼权利98件。

4、强化执行监督，维护法律权威。严格落实“减假暂”同步监督机制，对不符合法定条件或违反法定程序的，提出书面检察建议498人。扎实开展“集中清理判处实刑罪犯未执行刑罚”专项活动、财产刑执行专项检察活动，监督收监执行137人，监督纠正财产刑执行不当153人次。监督纠正监狱、看守所违法情形5789件次。查办发生在监管场所的职务犯罪案件31件。

（四）精心谋划，统筹兼顾，扎实推进司法体制改革。坚持科学放权与强化监督相结合，研究出台了《关于落实司法责任制的实施意见》以及各业务条线的14个权力清单，明确了责任主体和权力边界，为全面落实司法责任制提供了制度依据。根据中央和省委的部署要求，在全省130个检察院全面推开司法体制改革，并圆满完成资格审查、民主推荐、业务考核、遴选考试等规定程序。经省法官检察官遴选委员会审核，已确定入额检察官2385名。

（五）全力配合做好监察体制改革试点工作。省院党组坚决贯彻中央、省委关于深化监察体制改革的决策部署，把此项改革当作一项重大政治任务来抓。通过召开党组会、全省电视电话会等形式，统一思想认识，强化政治担当，坚决支持改革，确保改革顺利进行。认真做好反贪污贿赂、反渎职侵权、职务犯罪预防等部门的机构、编制、人员、装备、案件线索、档案资料等情况的调查摸底工作，积极参与各级监察委员会的筹备工作，提早研究监察委员会与检察机关案件移送衔接机制，为圆满完成监察体制改革试点工作任务做了大量卓有成效的准备工作。

（尹桂珍）

附：省人民检察院党组书记、副书记、成员名单

书　记：杨　司

副书记：崔国红（11月任职）　荣　彰

成　员：严奴国　秦文峰　胡克勤　王国宏　王海林　郭　普　李国敏（9月任职）

省人民政府各厅局党组（委）工作概况

省人民政府办公厅党组工作概况

党组书记　王　纯

2016年，省政府办公厅党组在省委、省政府坚强领导下，深入学习贯彻党的十八大和十八届三中、四中、五中、六中全会精神，认真落实习近平总书记和李克强总理关于办公厅工作的重要指示批示精神，强化"四个意识"、强化基本基础、强化业务能力、强化纪律作风、强化四个责任，团结带领办公厅全体干部职工履职尽责、狠抓落实，圆满完成年初确定的各项目标任务。

一、加强统筹协调，全力推动重大决策部署实施

紧紧围绕省委、省政府稳增长、调结构、惠民生、防风险的工作部署，勇于担当，主动作为，加强沟通协调，着力推进我省煤炭供给侧结构性改革、转型综改示范区建设等重点领域改革。围绕固定资产投资、重大项目开工、"民企入晋"招商引资、承接沿海地区产业转移、太原论坛、发展国际友城、脱贫攻坚、改善城乡人居环境、采煤沉陷区治理、万名干部入企服务等全局性重点工作进行了多维度、深层次的密集协调，确保了各项重点工作的扎实有序开展。

二、创新督查机制，狠抓重大决策部署贯彻落实

围绕《政府工作报告》的目标任务、省政府重点工作、省领导指示批示精神进行督查，着重对李克强总理年初考察山西时的重要指示落实情况进行专项督查，参与配合国务院督查11次，牵头实施专项督查16次，形成问题清单208项、不落实典型事项清单33项，对20人进行了问责，努力破除政策落实"中梗阻"，打通抓落实"最后一公里"。完善抓落实工作机制，建立省政府"13710"工作制度，开通"13710"电子督办系统，对省政府重要决策部署进行电子台账管理，实现交办、督办、考核、奖惩全程责任跟踪，有效提升了政府执行力和公信力。主动跟进服务，办理人大代表建议838件、政协提案830件，为人大依法监督、政协民主监督提供有力的服务保障。

三、深入调查研究，为省政府科学决策提供高效服务

面对新形势新问题新常态，服务省政府领导深入一线开展了煤炭供给侧结构性改革、安全生产、大数据、金融工作、开发区建设、新材料新产业、国资国企改革、采煤沉陷区治理等调研活动400余次，形成了《关于当前山西经济形势和供给侧结构性改革的报告》《山西省简政放权、放管结合、优化服务改革情况的调研报告》《资源型地区发展新经济培育新动能实践与探索》等一批高质量的调研文稿，为省政府科学决策提供了有力依据。研究室全年承担起草文稿180余篇、120余万字；编报《上报国办信息》48期、300余篇，《晋政信息》212期、750余篇，以文辅政成效明显。

四、优化完善机制，提高办文办会质量水平

按照于事简便、于法周延的原则，优化公文处理程序，严格公文审核把关，全年共办理各类文件5717件。有序推进文件清理工作，印发了《山西省人民政府文件清理工作方案》，编制完成了2001—2012年省政府待清理文件清单，初步明确1092件省政府文件失效或废止。进一步规范省政府会务、政务接待等活动的组织流程，不断提高服务省政府相关会议、政务活动的能力和质量，全年共组织承办省政府各类会议137次，接待各级领导来晋督查调研228批次。

五、强化应急值守和信息报告,科学高效处置突发事件

严格落实领导带班、24 小时值班和节假日双岗制度,规范突发事件信息报告内容和流程,召开全省应急管理工作座谈会,举办 2 批全省应急培训,组织开展《山西省突发事件应急预案管理办法》实施情况专项检查,认真做好应急预案的动态管理工作,协助省政府高效、快速、妥善处置了同煤集团同生公司安平煤矿"3·23"事故、临猗县"4·12"氯气瓶泄露事件等 197 件突发事件。

六、加强政务服务平台和电子政务建设,大力推进政府信息公开

大力推进政务服务平台建设,2016 年 6 月省政务大厅正式运行。加强政府网站和电子政务建设,省政府网站升级改造完成,新版网站已正式上线运行。积极推进政府信息公开工作,印发了《山西省 2016 年政务公开工作要点》,省属国有企业财务重大信息公开工作顺利推进,开全国国有企业信息公开先河。网络舆情监测、网民留言办理、社情民意调查等工作扎实完成。

七、以"两学一做"学习教育为引领,不断加强党的建设和法治建设

一是扎实开展"两学一做"学习教育。分类制定省政府党组、省政府办公厅党组、省政府办公厅的学习教育方案,召开了学习教育工作推进会,组织服务省政府党组集中学习 16 次,办公厅党组集中学习 30 次,机关 39 个党支部学习教育内容全部完成,党员领导干部的理想信念更加坚定,纪律规矩意识进一步增强,学习教育取得良好效果。二是严格落实党风廉洁建设各项要求。厅党组班子坚持全面从严治党,严格履行"两个责任",积极支持省纪委驻厅纪检组发挥作用,机关党委(纪委)按照党章忠诚履职,巩固了党组统一领导、党政齐抓共管、机关党委(纪委)牵头负责,突出工作重点,狠抓任务落实的良好态势。三是切实加强基层党组织和机关自身建设。认真落实《机关基层组织工作条例》,加强党组织关系排查和党费收缴等各项工作,党组织工作规范化水平进一步提升。积极开展创先争优活动,对办公厅先进典型进行表彰,党员模范带头作用充分发挥。积极推进办公厅机关机构改革,不断改进工作作风,优化工作流程,提升工作效能,着力打造政治型、学习型、服务型、创新型、效能型机关,努力把办公厅建设成为让党和政府放心、让人民群众满意的"前哨"和"后院"。四是深入推进法治建设。印发执行《关于在省政府办公厅机关、厅属事业单位工作人员中开展法治宣传教育的第七个五年规划》和《省政府办公厅工作人员学法用法制度建设实施方案》,对办公厅法治建设的总体目标、工作原则、工作安排等进行了全方位规划,切实提升了办公厅工作人员法治素养和依法办事的能力。

(许大伟)

附:省人民政府办公厅党组书记、副书记、成员名单

书　记:廉毅敏(11 月离职)　王　纯(11 月任职)
副书记:王　纯(9 月任职,11 月离职)
成　员:白秀平(5 月离职)　张金旺(12 月任职)
闫晨曦　刘德政　郭　立
盛佃清(10 月离职)　刘　星　李秋柱
高建军　王文保(11 月任职)　李文慧
梁敬华　武健鹏　丁纪岗(5 月任职)

省发展和改革委员会党组工作概况

党组书记　王　赋

2016 年,是"十三五"规划的开局之年,面对复杂严峻的经济形势和繁重艰巨的改革发展任务,省发改委党组深入学习贯彻党的十八大、十八届五中、六中全会精神,认真落实省委、省政府各项决策部署,勇于担当、积极作为,党建工作和业务工作均取得新进展新成绩。

一、扎实开展"两学一做"学习教育活动,持续狠抓全面从严治党

发改委党组坚持把抓好党建作为最大政绩,严格落实党要管党、从严治党要求,扎实开展"两学一做"学习教育,持续狠抓领导班子和干部队伍建设,不断提高履职能力。

(一)以"两学一做"学习教育为龙头,大力加强思想政治建设。2016 年,省发改委坚持把"两学一做"学习教育作为党建工作的龙头任务,超前谋划,主动作为,努力做到"规定动作做到位,创新动作有特色",积极有序地推进"两学一做"学习教育的深入开展。学习党章党规和总书记系列重要讲话,做到"八个弄清楚":弄清楚党的最高理想和最终目标是实现共产主义;弄清楚党的宗旨是全心全意为人民服务;弄清楚"四个服从"的重要原则、党员的八项义务和领导干部的六项条件;弄清楚加强党的建设的"四项要求"、"五大建设"内容、"三型政党"目标和基层党组织的九项任务;弄清楚习近平总书记关于"两个一百年"奋斗目标和中华民族复兴中国梦;弄清楚总书记系列讲话贯穿始终的辩证唯物主义和历史唯物主义的基本立场、观点和方法;弄清楚总书记系列讲话中蕴藏的坚定政

治立场、崇高信仰追求、强烈责任担当、深厚为民情怀；弄清楚总书记的治国理政方略等重要思想。深化学习教育，坚持“三个结合”。一是与贯彻宣传落实中央的重大战略部署相结合。2016年，省发改委有7位党组成员分别就分管领域中央、省委省政府的重大战略决策进行领学，基本上平均1个月1个专题。二是与发改委的中心任务和工作职能相结合。坚决推进供给侧结构性改革，调结构、转方式；改造提升传统产业，加快培育战略性新兴产业；坚决化解过剩产能，清理“僵尸企业”等工作，在贯彻落实中不断深化认识。三是与个人思想实际相结合。不断增强“四个意识”，做到思想上高度认同，行动上积极自觉，工作上努力奉献。

（二）以压实责任为根本，严格落实党风廉政建设主体责任。根据2016年党建工作的要求，研究修订了《中共山西省发展和改革委员会党组关于落实全面从严治党主体责任的责任清单》，推行党组书记是全委全面从严治党的第一责任人，班子其他成员对全面从严治党工作负分管领导责任，各党委、总支、支部、各处、室、部门、委属各单位各尽其责，上下结合，无缝隙全覆盖的主体责任工作机制。以“三书一报告”做到明责明廉，向班子成员、基层党组织发出党风廉政建设《责任分工告知书》，签订《履行主体责任承诺书》，根据工作进展发出《任务落实督办书》；定期汇总信访举报、涉腐舆情等信息，形成《党风廉政建设情况报告》；加强和规范党内政治生活，要求各基层党组织全面梳理党章党规对于组织生活的各项要求，明确功能定位，细化标准要求，将工作中的好做法好经验上升为制度，不断完善“三会一课”、民主生活会、党员评议等制度；加强党内监督，强化自上而下的监督，主要负责人是第一责任人，同时又把责任传导给所有班子成员，压给各基层党组织主要负责人，确保监督责任落地生根；严格执行《问责条例》，强化“一案双查”，2016年，给予委机关1名副处干部开除党籍和公职处分，对1名处级干部进行了诫勉谈话，对40名干部进行了约谈。

（三）以整治突出问题为重点，持续提升党建工作水平。按照中央和省委的部署，紧紧抓住7项基层党建重点任务，一项一项推进，一项一项落实，总体工作基本完成，成效明显。一是党员组织关系集中排查工作基本完成。主要做了集中摸排、联系查找，对75名(含45名学生党员)失联党员进行了登记造册，对6名不合格党员进行了处置。二是对党代会代表和党员违纪违法未给予相应处理情况排查清理。经排查，都及时完成处理工作，没有此类情况。三是认真做好基层党组织按期换届检查工作。30个党组织29个都已经按时换届，只有旅游学院党委（2016年6月份到期）因省委组织部近期要对其主要负责同志进行人事变动，推迟半年进行，这个情况已上报省直工委并征得同意。四是稳妥开展党费收缴工作。这项工作涉及每个支部、每名党员，省发改委采取“两下两上”的办法进行核实，目前计算工作已结束，结果待支部和个人核实后即可补交，按照省直工委的要求2016年12月底按时完成。五是集中开展推进非公企业和社会组织“两个覆盖”专项行动。此项工作已完成，对隶属发改委的11个社会组织进行了调研，只有3个社会组织有党员，但党员人数都少于3人，不具备成立独立党支部的条件，也不具备成立联合党支部的条件。目前这些党员的组织关系有的在原退休单位，有的在社区，都能正常参加组织生活 。六是深入推进抓党建促脱贫攻坚工作。选派8名有能力有经验年青干部做第一书记，每个有帮带能力的党员至少结对帮扶1户建档立卡贫困户。七是抓严抓实机关党员干部学习教育。制定并下发机关党员教育“灯下黑”专项整治方案，确保各基层党组织在学习教育中有的放矢；开展笔记展评活动，收缴“两学一做”学习教育笔记，选取优秀的学习笔记进行集中展评；开展“学党章党规、学系列讲话”知识竞赛，以赛促学。

二、勇于担当主动作为，全力做好发展改革工作

充分发挥综合经济部门职能，认真履职尽责，坚定不移推进供给侧结构性改革，统筹推进稳增长、促改革、调结构、惠民生、防风险各项工作。

（一）坚定不移推进供给侧结构性改革，促进产业转型升级。认真履行省钢铁煤炭行业化解过剩产能实现脱困发展领导组综合协调办公室职责，下大力气抓好供给侧结构性改革重点任务推进落实，推动产业转型升级，促进经济提质增效。一是全面落实“三去一降一补”五大任务。去产能任务提前完成。2016年压减炼铁产能82万吨，退出煤炭产能2325万吨，均比国家要求提前完成。在全国率先实行276个工作日减量化生产，全年规上原煤产量8.16亿吨，比上年减少1.37亿吨，下降14.4%，占全国的39.5%，为改善全国煤炭市场供求关系发挥了关键作用、作出了突出贡献。国家验收抽查组充分肯定了我省化解过剩产能工作，认为我省“高度重视、组织有力，真抓实干、真去真退，程序总体齐全、验收基本规范”。降成本成效明显。牵头制定我省降低实体经济企业成本实施方案(44条)，以省政府文件印发全省执行。降低用能成本，2016年先后两次降低全省一般工商业销售电价，减轻企业电费负担11.7亿元。对万家寨引黄工程供工业用水实行限价政策。对煤炭交易费、焦炭现货交易手续费实行减半收取政策，减轻企业和用户负担约3400万元。扩大小微企业行政事业性收费免征范围。2016年，我省规模以上工业企业主营业务成本下降6.6%，每百元主营业务收入中的成本84.64元，下降2.63元。补短板力度加大。围绕重大基础设施、产业转型、城镇化和生态环境治理、民生社会事业等领域谋划实施了一批重大项目，补齐经济社会发展短板。2016年，高技术产业投资、基础设施投资分别增长14.4%、11%，分别占全省固定资产投资的4.2%、18.6%，同比提高0.5个、1.7个百分点；产业扶贫投资完成260.3亿元，占年度计划的108.5%。同时，积极配合相关部门推进去库存、去杠杆工作。二是统筹推进国家新型综合能源基地建设。煤炭产业，把去产能与提升先进产能占比结合起来，

向国家上报20座煤矿的产能置换方案或化解过剩产能方案。其中18个项目方案已获国家复函确认，新增产能1.228亿吨每年，使我省先进产能占比由10%提高到16.9%。电力产业，2016年底全省发电装机容量达到7640.16万千瓦。加快蒙西～晋北～天津南、榆横～晋中～潍坊、晋北～江苏、盂县电厂～河北南网等4条外送电通道建设，蒙西～天津南输电通道已于11月24日建成。新能源产业，截止2016年底，全省新能源装机容量达到1752.24万千瓦。其中风电、光伏装机突破1000万千瓦，达到1067.56万千瓦，占全省发电总装机的14%。煤层气产业，先后批复太原东山复线、河津－运城、榆林－济南线平遥、保德－三岔、怀仁－左云－右玉等管道项目。2016年煤层气(煤矿瓦斯)抽采量107.4亿立方米，利用量62亿立方米。现代煤化工产业，2016年11月16日国家发改委核准潞安煤制油项目，已基本完成主体工程及设备安装。同煤与中海油煤制天然气项目核准所需17个专篇均取得批复。焦煤甲醇制烯烃项目部分长周期设备已订货。三是推动新兴产业快速发展。装备制造业，持续推进轨道交通装备、煤机装备、煤层气装备、电力装备、煤化工装备、新能源汽车重大项目布局，2016年审批的太重集团风力发电机组关键零部件智能化工厂、比亚迪太原新能源汽车生产基地等项目开工建设。2016年，装备制造业增加值同比增长6.5%，占规上工业增加值的11.3%，同比提高0.9个百分点。现代服务业，编制“十三五”服务业发展规划，实施加快发展生活性服务业促进消费升级的方案、进一步支持服务业发展的50条措施，部署推进文化旅游、金融、物流、会展等现代服务业发展。2016年，全省服务业增加值增长7%，拉动GDP增长3.7个百分点。

(二)坚持以转型综改为牵引，全面深化改革扩大开放。一是推动转型综改工作。研究制定全省转型综改实施方案(2016-2020年)，印发2016年“2455”行动计划。落实改革任务“一事一表”、“一月一报”制度，试行改革任务的项目化管理、分类推进和第三方评估制度，推动重点领域改革不断取得新的进展和突破。二是推进牵头改革任务。电力体制改革方面。积极推进14个专项试点方案的制定，《山西省售电侧改革实施方案》及《山西省电力交易机构组建方案》已经省政府办公厅印发，2个专项试点方案通过了领导组审议。山西电力交易中心有限公司正式挂牌成立，44家售电公司在工商部门登记成立。加快推进增量配电业务试点工作。价格改革方面。稳步推进资源性产品价格、服务价格和收费制度改革。推进输配电价改革，调整环境保护、资源补偿收费政策，建立健全农业水价形成机制，制定我省城市地下综合管廊实行有偿使用制度的实施意见，将现行对小微企业免征的18项行政事业性收费扩大到所有企业和个人。生态文明体制改革方面。牵头起草了《山西省生态文明体制改革实施方案》，省委、省政府印发全省执行。放管服“四个平台”建设方面。积极推进省级公共资源交易平台、投资项目在线审批监管平台、信用信息共享交换平台、12358价格监管平台的建设和应用，目前四平台已全部上线运行。三是深化区域合作。牵头制定出台我省融入环渤海地区发展的实施意见。与河南、陕西两省发改委积极协调相关市人民政府，形成《晋陕豫黄河金三角区域合作协调机制方案》。建立蒙晋冀合作区联席会议制度，蒙晋冀三省(区)发改委已联合向国家发改委呈报了《关于请审定<蒙晋冀(乌大张)长城金三角合作区规划>的请示》。牵头起草省政府与北京、天津、河北的全面深化合作框架协议。

(三)积极扩大有效投资，切实优化投资发展环境。一是推进重点领域项目建设。充分发挥重点领域投资带动作用，推动重太焦客专、原大高铁等一批重点项目开工建设。二是着力加强投资管理。加快项目审批进度，不断优化项目审批流程。截止2016年底，全委共审批、核准、备案项目460项，涉及总投资4708亿元。强化项目储备管理，推动条件成熟的项目及时出库，全省储备项目4700多个，计划总投资约15.8万亿元。出台实施《山西省重大建设项目稽察办法》，加大对重大项目依法监督管理力度。牵头会同各市、18个省直部门在全省组织开展了为期100天的“各类受理项目大起底”活动，共分类办理解决632个项目难题，有力推动一批项目手续办结、开工建设，持续深化投资领域“放管服效”改革，优化发展环境。三是深化投融资体制改革。研究制定《深化投融资体制改革实施方案》。提出我省清理规范报建审批事项工作方案，将全省投资项目开工前的报建事项由58项减至36项，向省直17个有关部门印发了贯彻落实通知并抓紧协调推进。下放投资项目备案权限，除跨市项目及国家明确要求由省级备案的项目外，企业固定资产投资备案权限下放至设区的市(扩权强县试点县、省级转型综改试点县)发展改革委(局)。四是积极推广PPP模式。印发在重点领域积极推广政府和社会资本合作模式的通知。组织建立PPP项目库，截至2016年底全省已有159个PPP项目纳入国家发改委项目推介库，700余个PPP项目列入国家重大建设项目库，省市两级公开发布了522个PPP项目。

(四)加强生态文明建设，提升绿色发展能力。一是持续推进循环经济相关试点示范工作。牵头编制《山西省“十三五”循环经济发展规划》，推进太原不锈钢园区循环化改造，积极推动孝义市循环经济示范城市创建工作，加快太原市餐厨废弃物处理试点进展。二是加强应对气候变化协调能力。编制实施“十三五”控制温室气体排放规划，积极参与全国碳排放权交易市场，积极推进低碳试点示范工作。牵头举办2016太原能源低碳发展论坛分论坛—低碳城市论坛。三是加快推进主体功能区战略。组织编写《山西省省级空间规划研究报告》并上报国家发改委。选择14个县(市)、镇开展“多规合一”试点工作。完善我省国家重点生态功能区产业准入负面清单。

(五)准确把握价格工作着力点，保持价格平稳运行。推进政府定价项目清单化，修订《山西省价格听证目录》。建立公平竞争审查制度，起草在市场体系建设中建立公平竞争审查制度的实施意见。实行省级公立医院医药价格改革听证，开展价格市场化程度测算，清理价格规范性文件，依法办理价格行政复议。深入推进旅游景区门票价格专项整治，开展涉企、医疗、教育、银行收费检查和涉煤执法专项整治。2016年,CPI平均上涨1.1%,明显低于全国平均水平。

(六)紧扣补短板兜底线,扎实做好重点民生工作。一是加快实施采煤沉陷区治理提速工程。2016年自加压力新启动实施7.6万户、21万人搬迁任务。截至2016年底,采煤沉陷区治理搬迁安置已开工乡镇151个,开工率达101.3%。二是扎实推进脱贫攻坚。争取国家下达我省易地扶贫搬迁中央预算内资金7亿元,2016年10月底前,有易地搬迁任务的80个县已全部开工建设。争取国家以工代赈投资2.21亿元,下达省级预算内投资1亿元,支持贫困县实施一批切实能够改善农村生产生活条件的基础设施项目。争取国家下达我省11个市55个贫困县光伏扶贫建设规模指标58.4万千瓦,光伏扶贫工作全面铺开。三是支持科教文卫等社会事业发展。教育领域争取中央预算内投资4.17亿元,医疗卫生领域5.83亿元,文化、养老、社会福利、体育、旅游基础设施等领域3.57亿元。四是切实抓好援疆工作。编制我省"十三五"对口支援新疆经济社会发展规划,全年安排援疆项目43项,2.51亿元援助资金在2016年5月8日全部下达,是计划和资金下达最早的援疆省份之一。组织新疆昌吉州发改系统40名干部来晋培训。五是认真抓好油气管道保护、新能源行业安全生产。在全省范围内组织开展油气输送管道保护大检查、新能源行业安全生产大检查,监督企业落实主体责任,及时查找整改问题隐患,保持安全生产形势总体稳定。

(七)强化规划编制和政策研究,充分发挥参谋助手作用。科学编制我省国民经济和社会发展"十三五"规划纲要,被国家授予"优秀成果奖"。统筹推进68个专项规划编制。按月牵头组织召开经济形势分析联席会议,加强经济运行监测预警,提出合理化建议,为省政府决策提供支撑。在供给侧结构性改革、转型综改、新型城镇化、生态文明建设、区域合作和对外开放、服务业发展、新消费等方面研究制定了一系列政策措施

(八)积极沟通对接,全力争取国家支持。全年争取中央预算内投资80.4亿元、国家专项建设基金217.4亿元。争取我省成为国家电网覆盖范围内首个全省域电改综合试点;争取国土资源部委托我省行使部分煤层气勘查开采审批登记;支持在我省开展煤炭交易体制改革试点、完善煤炭价格形成机制和价格自律机制等;争取国家下达我省2016年光伏发电规模指标220万千瓦,规模居全国第一;国家正式核准潞安高硫煤清洁利用油化电热一体化示范项目;积极向国家反映山西诉求,其中,进一步控制煤炭进口规模、全国统一标准用市场化法治化手段淘汰煤炭落后产能、研究出台煤矿"减量重组"等重大政策诉求和建议得到国家层面高度重视。

(黄庆东)

附:省发展和改革委员会党组书记、副书记、成员名单

书　记:王　赋

副书记:姜四清

成　员:李永平　赵友亭　程泽业　刘　锋　胡景善　王增信　魏茹生　李海生

省经济和信息化委员会党组工作概况

党组书记　张华龙

2016年,省经信委全面落实省委、省政府各项决策部署,狠抓稳增长、促转型、调结构、增动能、推融合各项工作。特别是下半年以来,认真贯彻"一个指引、两手硬"重大思路和要求,奋力开拓,积极作为,完成了全年主要目标任务,党风廉政建设、领导班子和干部队伍建设取得了新的成效,实现了"十三五"良好开局。

一、聚焦重点任务,推进供给侧结构性改革

一是强化顶层设计,分类指导推动。认真贯彻落实煤炭供给侧结构性改革实施意见及配套实施细则。制定实施钢铁行业化解过剩产能实现脱困发展实施方案、电力供给侧结构性改革实施意见、促进建材工业稳增长调结构增效益实施方案,研究提出焦化行业供给侧结构性改革实施意见,促进传统产业提质增效。

二是聚焦重点任务,精准务实推进。全力推进去产能,完成全年压减82万吨炼铁产能任务。发布全省重点工业产品推荐目录,引导省内重点工程使用省内产品,推动工业企业去库存,2016年,全省工业企业产成品存货同比下降8.5%。多措并举降成本,全年减轻企业负担496亿元。2016年,全省规上工业企业主营业务成本同比下降6.6%。在补齐产业发展短板的同时,积极推进岸、港、网建设。推进"单一窗口"建设,推动建设电子口岸关检"三个一"公共服务平台;协调争取国家部委将大同、运城、忻州航空口岸和太原铁路口岸列入国家"十三五"口岸发展规划。协调推动中鼎物流园实现当年开工、当年开园,建成国内首个铁路、公路、水路、航空"多位一体"的多式联运智慧物流港。继续实施"宽带山西"2016专项行动,固定宽带家庭普及率由55%提高到66%;推进三网融合,全省新增IPTV用户90万户。

二、加强运行调控,全力以赴稳定工业增长

一是加强政策指导。研究出台"工业20条"、推进非煤产

业平稳较快增长工作方案等,促进工业稳增长。2016 年,全省规模以上工业增加值增长 1.1%,同比回升 3.9 个百分点,实现了省政府下达的年度目标任务;实现利润 208.7 亿元,同比减亏增利 267.1 亿元;非煤产业增加值同比增长 4.4%,连续 8 个月正增长;非煤产业占工业增加值比重 56.2%,同比提高 3 个百分点。

二是强化运行调控。依托行业、企业、地市监测分析平台,加强 300 户重点企业监测调度。建立消费品工业运行监测系统,进一步完善运行监测调度体系。推动企业复工复产,截至 2016 年底,规上工业企业开工率达到 87.7%,高于 2015 年同期 2.8 个百分点。层层分解任务,逐级落实责任,逐月通报进度,督促各市完成目标任务。

三是服务帮扶企业。组织开展“冬季行动”和经信系统重点企业重点项目帮扶活动。牵头组织开展全省万名干部入企服务工作,全省共派驻干部 14477 名、深入 4580 户企业开展入企服务,推进解决和承诺办结问题 8278 个,问题解决率达 93.94%。入企服务工作动员力量之大、服务范围之广在我省历史上前所未有,短时间内形成了服务企业的鲜明导向,有效提振了各类企业的发展信心。

三、深化结构调整,努力推动产业转型升级

一是强化规划引领。制定出台中国制造 2025 山西行动纲要,编制完成全省工业和信息化“十三五”发展规划以及配套的 9 个重点行业专项规划,制定实施装备制造、新材料、节能环保、信息等八大新兴产业 2016 年行动计划。全省战略性新兴产业增加值占规模以上工业比重 12.6%,同比提高 1.2 个百分点。

二是突出项目带动。制定 2016 年工业转型升级推进项目计划,重点推进 1023 个工业转型升级项目,有 350 个项目建成投产或部分投产。筛选推动 110 个新兴产业项目,启动实施“新兴产业百项龙头工程”。开展“工业项目受理大起底”活动,共受理项目申报事项 3012 项,已全部办结。分解下达 2016 年新兴产业投资目标任务,定期调度新兴产业投资项目。

三是抓好重点行业。推动铝工业发展壮大。组织开展电解铝企业电力直接交易专场,降低企业用电成本约 19.2 亿元,全省电解铝行业扭亏为盈。推进中润吕梁轻合金基地建设,一期 50 万吨电解铝项目正式开工。推动新能源汽车产业发展,制定推进新能源汽车发展政策和工作考核评价体系,开展专项督查;组织召开整车与零部件企业对接会;推进太原比亚迪新能源汽车产业基地开工建设,电动总装生产线已建设完成。太原市在全国率先将出租车全部更换为纯电动汽车,临汾市率先实现市域公交电动化。制定开展消费品工业“三品”专项行动的实施意见,从增品种、提品质、创品牌三个方面提升消费品有效供给能力和水平。

四是提升创新能力。加强技术中心建设,省级企业技术中心新增 18 户、达到 239 户。搭建行业创新平台,行业技术中心新增 3 户、达到 17 户。推进政产学研用合作,全省研究生教育创新中心达到 43 户,覆盖省内 9 所高校及 60 余户骨干企业。强化技术创新项目管理,遴选 117 个重大技术创新项目,启动实施“百项重点项目技术创新计划”。

五是推进集聚融合发展。支持中小企业产业集群发展壮大,全省形成 40 多个产业特色鲜明、比较优势突出的产业集聚区。整合军民资源,筹建省军民融合产业孵化基地,建设国家级军民融合示范区。

四、狠抓节能减排,全面推进绿色发展

一是抓好节能降耗攻坚。分解下达各市年度节能指标,按季发布节能目标完成情况晴雨表,督促各市按序时进度完成年度节能目标。规范能评流程,对 15 个重点投资项目进行节能评估和审查,推进钢铁、化工和水泥行业及火电企业能效对标活动。加快制修订节能标准,对 32 项能耗限额强制性地方标准开展清理评估。推进晋中市甲醇汽车试点顺利通过国家验收。推进城乡采暖“煤改电”试点工作,试点市县完成居民改造 4374 户。2016 年全省单位地区生产总值能耗下降 4.22%,超预定节能目标 1.02 个百分点。

二是强化工业固废综合利用。分解下达各市工业固废综合利用率任务。推进 75 个工业清洁生产技术改造和资源综合利用重点项目建设。组织召开 2016 亚洲粉煤灰及副产石膏处理与利用技术国际交流大会。推进国家级朔州工业固废综合利用基地通过国家工信部评审验收。2016 年,大宗工业固废综合利用率为 66.4 %。

三是推进燃煤机组超低排放改造。对通过环保验收的改造机组下达奖励电量 58.63 亿千瓦时,累计对 25 户企业的 51 台机组、2113 万千瓦装机容量下发奖补资金 74620 万元。全年完成改造机组 32 台,容量 1523 万千瓦,超额完成改造 1000 万千瓦机组的年度任务。瑞光热电厂被国家能源局授予“国家煤电节能减排示范电站”称号,并在全国加以推广。

五、促进两化融合,提升信息化发展水平

一是启动实施大数据战略。推动成立山西省大数据发展领导小组。研究提出促进大数据发展应用的规划纲要、实施方案、行动计划和若干政策,围绕数据资源、数据产业、数据应用、数据安全四个领域,推动大数据产业发展和推广应用。对我省各部门信息中心进行摸底调查,推动省直厅局对接国家级对口大数据项目。

二是推进两化融合管理体系贯标。推荐 18 户企业申报“两化融合管理体系贯标试点企业”,全省新认定国家级两化融合管理体系贯标试点企业 8 户、达到 26 户。培育两化融合管理体系咨询服务机构,山西省电子信息技术应用促进中心通过工信部专家评选考核。

三是实施“互联网 + 工业”行动。研究制定深化制造业与互联网融合发展实施方案,认真落实“互联网 + 工业”实施意见,在网络基础设施升级、融合创新发展、绿色发展和安全发展四个方面发力推进。培育工业云平台,推动太钢建设工业云服务平台。

四是加快发展信息产业。发布鼓励工业企业建设分布式光伏发电项目实施方案，举办电子信息技术、智能制造专题培训。完善电子信息产业项目库和专家库，完成15家软件企业退税核查，税收优惠1500余万元。组织产业交流活动，推动长治LED产品展示会顺利召开。2016年，电子信息制造业实现工业总产值801.1亿元，同比增长16.1%；软件和信息技术服务业实现营业收入40.7亿元，同比增长7.1%。

五是推进经济社会领域信息化。开展“信息化推进三晋行”活动，推动全省420余处公共场所开通“i-Shanxi”无线网络服务。推动山西北斗卫星导航省级数据中心建设，落实省政府与浪潮集团的云计算战略合作协议。加强信息安全工作，推进“信息技术服务外包安全要求”和“信息化工程安全建设和管理规范”两个地方标准发布。

六、深化改革开放，加强对外合作交流

一是深化电力体制改革。印发电力交易机构改革实施方案和售电侧改革实施方案，修改完善大用户直接交易实施方案。组建电力交易机构，推动成立了山西电力交易中心有限公司。组织开展电力直接交易六批次，完成交易电量429亿千瓦时，是2015年全年交易规模的2.38倍，年内累计可为电力用户降低用电成本52亿元。积极推进售电侧改革，培育多元化的售电主体，截至2016年底，备案并在工商部门登记成立的售电公司已有48个，注册总资本91.18亿元。

二是加强行政审批制度改革。成立行政审批管理处并及时进驻省政务服务中心。制定行政审批管理办法，优化审批流程，对全部20项审批事项（含40个子项）进行流程再造，深化审批事项事中事后监管制度建设。落实简政放权要求，精简下放5亿元以上的固定资产投资项目备案，取消发电机组增容试验结果认定。截至2016年底，行政审批窗口共受理业务59件，办结47件，做到无差错、无超时、无违纪。

三是加大招商引资力度。成立制造业专题招商工作领导组，编制印发制造业招商工作方案，加强项目推介，承办山西省新兴产业重点项目推介对接会，举办2016年重点产业（新疆）推介对接活动。制定贯彻落实支持承接加工贸易产业转移若干政策措施工作推进方案，加大支持承接产业转移力度。

七、强化政治担当，落实主体责任，坚定不移推进党的建设

一是加强思想政治建设。深入开展“两学一做”学习教育。成立领导小组，制定实施方案和详细计划，组织知识竞赛、演讲比赛和实地践学等形式多样的活动，领导班子成员带头讲党课、参加所在支部学习。深入开展“党员先锋行”主题实践活动，把开展反思整改提高、落实巡视整改要求、推动万名干部入企服务等工作嵌入进去，较好实现了以学促做、知行结合。抓好中心组和党员干部理论学习，党组中心组集中学习16次，机关各支部集中学习每月不少于1次，重点学习了习近平总书记系列讲话精神及《廉洁自律准则》《纪律处分条例》等。

二是坚定履行全面从严治党主体责任。成立了委“全面从严治党工作领导组”，提升全面从严治党的政治自觉和行动自觉。严格落实党组主体责任，在2016年年初全省经信工作会上把党风廉政建设与业务工作一同进行了安排部署。全年召开23次党组会议、7次全委党员干部大会，研究部署党风廉政建设工作。委党组与各处室、行办、直属单位负责人层层签订党风廉政建设责任书，从党组书记到每一名公务员全员签订廉政承诺书。严格落实监督责任，旗帜鲜明地支持驻委纪检组履行职责，党组书记经常与驻委纪检组长沟通交流，研究加强监督的有效对策，为纪检组开展监督执纪问责创造有利条件。严格落实领导干部“一岗双责”责任制，坚持做到既抓业务又抓党务，既管事又管人，有力推动了党风廉政建设和业务工作的协调推进。严肃认真开展廉政约谈，委党组书记与机关处室、各行办和直属单位负责同志进行了2次集体约谈，与新提职和任职的56名干部进行了集体谈话。继续保持惩治腐败高压态势，对委机关和所属单位4名违纪人员给予了纪律处分；集中2个月时间，在全委开展了“汲取系列腐败教训，反思整改提高”专项行动；认真开展巡视整改“回头看”工作，进一步深化整改成果。

三是强化对基层党的领导。委领导带头参加各单位民主生活会和组织生活会，对7个单位党建工作情况进行了专项督查。建党95周年之际，对先进基层党组织、优秀共产党员和优秀党务工作者进行了表彰。加强精神文明建设，开展“迎接建党95周年，为党旗增光添彩”健步走、“六星支部创建”、“读书月”等多项活动。认真组织党费收缴和党员清查工作，对全委各级党组织2008年以来党费收缴情况及党员入党手续、参与组织活动等情况进行清查。做好离退休干部工作，召开离退休党员大会，选举产生了离退休党总支委员，组织离退休干部开展“两学一做”和“做合格党员、发挥正能量”系列活动。在省直工委举办的“六型机关”建设经验交流会上，经信委作了典型发言。

八、加强机关建设，推进法治建设，为工业和信息化工作提供有力支撑

一是强化机关自身建设。认真执行中央八项规定，持续推进作风建设，紧盯重要时间节点，严防“四风”问题反弹。践行“马上就办、真抓实干”优良作风，积极推进“冬季行动”，全面完成9个方面、33项重点任务。深入开展绩效管理，编制《2016年工作推进手册》，全面提升工作效能。贯彻落实“13710”工作制度，推动全委重点工作落实。加强目标责任考核过程管理，相关经验做法受到省考核办充分肯定，并在省直机关交流推广。

二是深入推进依法行政。落实《2016年法治山西建设工作要点》，坚持把依法行政列入重要议事日程和绩效考核内容。认真组织开展法制学习，制定了委党组法制学习计划，党组成员扎实开展了党内法规专题学习。组织委机关和直属单位学习宪法、法律和党内法规，机关干部法律意识得到了进

一步增强。扎实开展依法行政宣传活动，组织开展了依法行政宣传月活动和国家宪法日宣传活动，发放宣传资料800余份，取得了良好的社会效果。启动“七五”普法工作，制定了省经信委开展法治宣传教育第七个五年规划，着力提高干部运用法治思维和法治方式推动工业经济发展的能力和水平。开展规范性文件法规审核，对《燃煤发电机组超低排放改造项目省级奖补资金管理暂行办法》《电力需求侧管理项目管理办法》等规范性文件进行了审核，有力地保障了依法行政和政务公开。推动工业和信息化立法工作，修改完善《无线电管理条例》并通过省人大常委会第一次审议，《大数据应用促进办法》《新型墙体材料促进办法》列入省政府规章2017年立法预备项目。规范权力运行流程，进一步完善了权力清单和责任清单，明确了65项权力事项，建立了71项工作流程，初步建立了“职能科学、权责法定、廉洁高效”的权力运行机制。建立完善制度规范，完善了78项制度规范，把公众参与、专家论证、风险评估、合法性审查和集体讨论决定作为重大决策必须程序，对管人、管钱、管项目、管规矩的环节作了进一步规范，党组决策更加科学严谨。

三是加大干部队伍教育监督管理力度。加强干部教育培训，选派2位省管干部和26名处、科级干部参加了国家行政学院、省委党校举办的研修班、轮训班；认真开展干部选学，66名干部赴中山大学选修了《工业转型升级培训班》；开展干部在线学习，全委214人参加了在线学习；开展联合培训，207名干部参加了促进工业转型升级培训班。扎实做好干部选任工作，严格执行《党政领导干部选拔任用工作条例》，按照动议、民主推荐、考察、讨论决定、任职公示等程序，共选拔任用干部56名，其中提拔处级干部14人；配合省委组织部完成了4名省管干部的推荐、考察工作。认真做好个人有关事项填报及核查工作，应报实报228人，重点抽查82人，随机抽查23人，函询5人。

（董晨阳）

附：省经济和信息化委员会党组书记、成员名单

书　记：张华龙

成　员：朱　鹏（7月离职）　冀明德（5月离职）
陈官虎（10月离职）　周礼仁（2月离职）
温元伟（9月离职）　李　政（2月任职）
卢秋生（9月任职）　张占祥（9月任职）
李东洪（7月任职）　冯志君（10月任职）

省教育厅党组工作概况

党组书记　张文栋

2016年，在省委、省政府正确领导下，省高校工委、教育厅党组深入学习贯彻习近平总书记系列重要讲话精神和十八届五中、六中全会精神及省第十一次党代会精神，按照省委“一个指引、两手硬”的重大思路和要求，认真贯彻落实省委、省政府和教育部工作部署，求真务实，开拓创新，推动教育事业改革发展取得新成效。

一、深入学习贯彻十八届五中、六中全会精神和习近平总书记系列重要讲话精神

全省教育系统深入学习贯彻党的十八届五中、六中全会精神，坚持以习近平总书记系列重要讲话精神武装头脑、指导实践、推动工作，始终在思想上政治上行动上与以习近平同志为核心的党中央保持高度一致。省高校工委、教育厅多次召开党组会议、中心组学习会议和厅务会议，学习传达习近平总书记“七一”重要讲话、党的十八届六中全会、省委十届九次全体会议、全省十一次党代会等重要精神，并对宣传、贯彻和落实工作进行安排部署。围绕学习党章党规和习近平总书记系列重要讲话精神，省教育厅开展了领导班子成员、厅机关各党支部书记、各直属单位党员领导干部讲党课活动，分别选取不同专题讲授党课。各地各校将学习讲话精神作为首要政治任务，结合自身工作实际，通过日常教学、专题培训、校园网、微信等传统和新媒体手段，做到领导班子带头学、教师自觉学、组织学生学，让讲话精神进课堂、进教材、进头脑，做到真学、真懂、真信、真用。

二、认真开展“两学一做”专题教育，把全面从严治党要求落到实处

在厅机关、直属单位和高校深入开展“两学一做”学习教育，制定了学习方案，成立了协调小组和工作机构，规范例会、半月报、工作通报和宣传报道制度，遴选基层党务干部和大学生参加“两学一做”专题培训班，从深从细抓好督促检查，及时纠正解决问题，总结推广经验做法，不断把教育系统“两学一做”学习教育引向深入。一是坚持领导带头、率先垂范。厅党组严格落实中心组学习制度，深入开展“讲政治、有信念，讲规矩、有纪律，讲道德、有品行，讲奉献、有作为”专题

研讨，高校工委、厅领导经常性深入分管单位、处室讲党课，基层党组织书记也结合业务工作开展丰富多样的党课教育活动。2016年，厅党组共开展集中学习22次，各级党组织开展党课培训90余次，起到了引领带动的作用。二是坚持以讲促学、以赛促学。邀请多位省、部领导和专家学者就深化"两学一做"学习教育进行专题辅导，利用道德讲堂、干部在线学院等平台助推学习教育融入经常，开展党章党规知识竞赛等活动，不断丰富学习形式及内容，党员干部学习讲话精神和守纪律讲规矩的自觉性得到进一步增强。三是坚持创先争优、典型激励。开展党员先锋行、支部创六星、重温入党誓词和"两优一先"评比表彰活动，激励党员干部做合格党员、当时代先锋。四是坚持以学促做、学以致用。举办"学习贯彻系列讲话、解决若干突出问题"、党性分析、党员评议等主题活动，机关所有支部及党员以"转作风、提效率、促服务"为宗旨，在意见征集、考察调研、相互批评的基础上，共征集建议117条并积极整改，切实把学习教育融入日常工作。通过学习，教育系统各级领导干部进一步增强了"四个意识"，特别是核心意识、看齐意识，坚定了理想信念，强化了责任担当，更加坚定地维护以习近平同志为核心的党中央的权威，更加扎实地把党中央的各项决策部署落到实处。

三、严格落实"两个责任"，保持教育系统风清气正发展环境

认真学习落实《准则》和《条例》要求，严格落实"两个责任"，修订完善"两个责任"的实施意见和责任清单。组织召开落实"两个责任"集体约谈会，对问题反映较多、考核排名靠后、干部受到党政纪处分的单位主要负责同志及时进行约谈，让咬耳扯袖、红脸出汗成为常态。及时召开党组会议和专题会议传达中央和省委有关通报精神，积极开展警示教育活动。支持驻厅纪检组严肃查处违反中央八项规定精神问题13起，处理违纪干部18人，对17起违反中央八项规定精神的典型问题进行了通报曝光。认真落实"一岗双责"，强化问责追责，驻厅纪检组和各高校纪委先后对63名落实"两个责任"和履行"一岗双责"不到位的责任人予以责任追究，对7起落实主体责任不力的典型问题进行了通报曝光，不断保持反腐败高压态势，营造了教育系统风清气正的发展环境。

四、进一步加强高校领导班子建设，全面提升高校党的建设水平

加强高校领导班子建设，指导13所高校完成了党委换届工作，所属本科高校领导班子和高职院校正职领导干部绝大多数已基本调整到位，其他领导班子的调整充实工作也在积极推进中，高校领导班子的凝集力和战斗力进一步增强。会同省委组织部举办"全省高校深化'两学一做'暨领导干部素质能力提升研讨班"，省领导楼阳生、盛茂林、张复明等同志和教育部副部长杜玉波出席会议并作专题辅导，努力提升高校领导干部办学治校能力。指导高校严格落实党委领导下的校长负责制，制定《山西省高等学校实行领导班子任期制办法》《山西省高等学校领导班子任期目标责任考核实施细则》，健全完善校、院两级会议制度和议事规则，不断强化党委的领导核心作用。联合省委组织部印发《关于实施"双带头人"培育工程。进一步加强高校教师党支部书记队伍建设的意见》，选优配强教师党支部书记，高校基层党组织建设得到全面加强。及时对所属高校开展党员组织关系集中排查工作进行安排部署，确保各高校党员全覆盖无遗漏、调离学校的教职工党员全覆盖无遗漏和各高校毕业生全覆盖无遗漏。召开全省高校统战工作会议，统战工作思路和方向进一步明确。

五、深入贯彻全国高校思想政治工作会议精神，切实提高高校思想政治教育工作质量

深入贯彻中央、省委关于进一步加强和改进新形势下高校宣传思想工作的意见精神和全国高校思想政治工作会议精神，指导各校根据实际制定出台实施办法，启动高校思政工作调研，全省高校宣传思想工作制度体系和工作机制进一步完善。建立省委、省政府领导联系高校和上讲台开展思想政治教育工作制度。严格高校课堂、论坛和讲座管理，牢牢把握党对高校意识形态领域工作的主动权和领导权。举办高校宣传思想工作暨哲社工作"四支队伍"骨干培训班，培训高校宣传部长、学生工作骨干、思政课教师和哲社教师350余人，有效提高了高校思政队伍的整体素质。与中宣部形势报告杂志社合作在南开大学共同举办形势政策课教师培训暨第十五届高校思政部主任论坛。启动全省高校思想政治理论课集体备课工作，组织开展辅导员职业能力大赛，有效提升了高校思政工作队伍能力水平。积极推动高校传统宣传媒体与网络新型媒体深度融合，高校工委与山西日报共建的"晋青春"频道正式上线运行，在山西新闻网开通《高校影视城》频道，利用网络媒体展示校园文化，宣传办学成果，为山西高等教育改革发展营造了良好氛围。

六、深入推进中小学生德育和心理健康教育，保持全省教育系统安全稳定

结合中国共产党建党95周年、长征胜利80周年等重大事件和重要时间节点，在全省中小学广泛开展爱国主义教育活动，组织了"山西好风光"美图大赛活动、中小学生主题班会征集活动、"我给祖国写封信"主题征文活动、第五届中小学生艺术展演、首届青少年校外活动场所陶艺成果展示等活动，把社会主义核心价值观和优秀传统文化教育融入学校教学和管理各环节。推进德育精细化改革，开展文明校园创建活动，在全省范围内推广太原市和晋中市德育工作经验。组织全省中小学心理健康教育骨干教师培训工作，推广晋中市心理健康教育示范区经验，实施全省第二批中小学心理健康特色学校创建活动，有效提升我省学生心理健康教育工作水平。推动各级各类学校广泛深入开展宪法教育，遴选四名学生参加全国"学宪法讲宪法"演讲比赛，获初中组全国特等奖

好成绩。起草《进一步加强示范性县级青少年活动中心配套实践基地建设和管理的意见》，进一步增强了示范性综合实践基地服务质量。

推动出台《校车安全管理条例》实施办法，切实保障乘坐校车学生及幼儿人身安全。与各高校签订《安全工作责任书》,将安全生产目标责任分解落实到基层单位。认真组织开展防灾减灾活动,各地各学校积极开展集中观看防灾减灾科普影片、进行防灾减灾应急演练、举办防灾减灾知识竞赛等活动,全面提升我省广大师生的防灾减灾综合防御能力。进一步加强学校安全隐患排查整治,2016 年共组织开展四次学校安全工作大检查，通过全面排查整治学校基础设施、技术装备、校园及周边环境、防控手段等方面存在的安全隐患以及学校安全体制机制、制度建设、安全管理组织体系、责任落实、事故查处等方面存在的薄弱环节,有效防范和遏制了重大事故的发生,切实维护了学校安全稳定局面。教育厅被中国教育学会评为“2015—2016 年度安全教育实验区全国示范单位”。

七、坚决贯彻中央和省委省政府重大决策部署,努力办好人民满意的教育

基础教育方面。一是进一步扩大学前教育资源。全年争取中央和省财政专项资金 4.31 亿元,通过多种方式引导、鼓励和支持扩大学前教育资源。新改扩建 203 所农村幼儿园,顺利完成第二期学前教育行动计划目标任务,小店区、芮城县被确定为全国学前教育改革发展实验区。出台《城镇住宅小区配套建设幼儿园管理和使用实施办法》《山西省城镇住宅小区配套建设幼儿园管理和使用实施办法（试行)》等办法,开展普惠性民办幼儿园认定和奖补工作,推动城镇新建住宅小区配建幼儿园工作,努力扩大公益普惠性学前教育资源覆盖面。二是推动义务教育均衡发展。各级财政共投入 15.9 亿元推进“全面改薄”项目建设,累计有 106 个县(市、区)通过义务教育学校标准化建设省级督查,又有 33 个县通过国家义务教育均衡发展督导评估验收。统一城乡义务教育学校生均公用经费标准,建立城乡统一、重在农村的义务教育经费保障机制。继续实施农村义务教育学生营养改善计划,我省 21 个国家试点县 95%以上的学校实现食堂供餐。为 35 个贫困县乡村中小学招聘 1582 名特岗教师,落实集中连片特困县 2.6 万乡村教师生活补助 1.11 亿元,保持乡村教师队伍相对稳定。开展教育联盟、集团化办学等办学模式改革,区域内义务教育阶段学校校长、教师交流比例分别达到 22%和 13%。三是提升普通高中和特殊教育发展水平。加快普通高中教育多样化发展，积极争取下达省级补助资金 1.48 亿元,保障公办普通高中顺畅运行。指导各地落实残疾儿童少年“一人一案”,保障残疾儿童少年受教育权益。促进不同阶段特殊教育协调发展,三类残疾儿童少年入学率达到 90%以上。

职业教育方面。投入资金 4.81 亿元,立项建设实训基地项目和重点专业项目 278 个,切实加强职业教育基础能力建设。目前全省建成或在建的实训基地和重点专业项目达到 652 个,职业院校实训条件得到显著改善。研究制定《山西省职业院校管理水平提升行动计划实施方案》，开展职业教育专项督查,进一步提升职业院校管理水平。举办山西省第十届职业院校技能大赛和第八届中等职业学校“文明风采”竞赛活动,进一步提升学生的职业技能水平和人文素养。成功举办 2016 年全省职业教育活动周,省、市、校三级活动同期开展,全省职业院校全部参加,共举办各类活动 300 多场,营造了学生、家长、社会广泛参与职业教育的良好氛围。开展煤炭企业职工带薪转岗教育培训,为推动全省煤炭供给侧结构性改革发挥了积极作用。

高等教育方面。深入贯彻落实国务院“双一流”建设方案,召开高校提升“三个能力”建设研讨会,组织起草了《关于实施“1331 工程”促进高等教育振兴崛起的意见》,积极争取省财政每年新增 1 亿元用于支持“1331 工程”。新增山西警察学院、山西能源学院等 2 所本科院校,积极推进山西中医药大学去筹和山西艺术学院筹建工作,高校结构优化取得进一步突破。围绕转型综改需求,新增新能源科学与工程、能源经济等 67 个本科专业,立项一批服务产业创新学科群,遴选支持 22 个高校协同创新中心，高校专业服务产业契合度和科技创新能力进一步提升,一批创新成果广泛应用于企业并取得良好的经济和社会效益。深化高校综合改革,指导山西大学、太原理工大学、山西农业大学启动综合改革试点。深入推进地方高校转型发展,遴选确定太原工业学院、山西传媒学院、山西工程技术学院等 6 所高校开展应用型转型试点。成功举办第二届山西省“互联网 +”大学生创新创业大赛,从省级一等奖项目中遴选出 14 个项目参加全国总决赛，共获得国家级银奖 1 项,铜奖 13 项。

教师队伍建设方面。制定《关于高等学校吸引、稳定高层次人才的若干意见》,修订《“三晋学者”支持计划实施办法》,新增“三晋学者”和“青年三晋学者”特聘教授 41 人。新增“长江学者”特聘教授 1 人。评审第三批“131”领军人才 132 名。扩大教育对外交流与合作,全省各级各类学校出国留学人员共计 1241 人,同比增长 13%,来晋留学人员达到 848 人次,比上年翻了一番。

教育精准扶贫方面。出台《山西省教育扶贫行动方案》《2016 年教育扶贫行动计划》,全面实施贫困学生关爱、农村薄弱学校改扩建、农村教师队伍支持、贫困家庭劳动技能提升、帮困助学、督导检查保障六项行动,强力推进教育扶贫攻坚工作。组织普通本科高校、职业院校、示范高中和优质幼儿园开展对口帮扶,提升贫困地区学校办学质量。实施农村贫困地区定向招生专项计划,免除普通高中建档立卡家庭经济困难学生学杂费,落实职业教育免学费政策,安排 500 万元资助 7000 余名家庭经济困难高校新生，基本实现家庭困难学生资助全覆盖。厅机关和直属单位与方山县积翠乡实行党员干部与贫困户一一对口帮扶,被省委下乡办评为扶贫工作优秀单位。

（张建伟）

附：省教育厅党组书记、成员名单

书　记：张文栋

成　员：张俊龙(9月任职)　张卓玉　王　云

张培良　孙世新　任月忠　马　骏　王晓鹏

省科技厅党组工作概况

党组书记　张金旺

2016年，省科技厅党组深入学习贯彻习总书记系列重要讲话精神和治国理政新理念新思想新战略，以加强党的建设统领全部科技工作，全面贯彻落实党的十八大和十八届三中、四中、五中、六中全会和全国科技创新大会、省第十一次党代会精神，按照“一个指引、两手硬”重大思路和要求，以改革激活力，以创新促发展，圆满完成省委省政府赋予的各项任务。全省有效发明专利拥有量大幅增长22.1%，达到9896件。高新技术企业增长25%以上，总数达到936家，两年翻了近一番。技术合同交易额大幅增长，总数达到238.55亿元。实现了“十三五”科技工作的良好开局。

一、深入学习贯彻习近平总书记系列重要讲话精神，全面加强党的建设

(一)全面贯彻落实中央和省委省政府决策部署。坚持把习近平总书记系列重要讲话作为党组中心组学习的首要内容，强化“四个意识”，增强领导班子始终与以习近平同志为核心的党中央保持高度一致的自觉性和坚定性。2016年，全年共召开厅党组(扩大)会37次，及时研究解决全面从严治党、创新驱动发展有关问题。

(二)深入开展“两学一做”学习教育。制定了《“学党章党规、学系列讲话，做合格党员”学习教育实施方案》。先后组织党组中心组学习15次，专题研讨6次，9名厅领导和10余名处级干部在不同范围讲授了党课。依托清华大学、省委党校对厅系统150余人次进行培训。全面加强基层党建，调整配齐了直属单位领导班子，加强了目标责任考核，所有党委(支部)书记进行了述职述廉。认真施行党务公开，补缴党费30余万元。建立产业扶贫新模式，对口帮扶5个贫困村，派出5名第一书记，全年实现454人脱贫，作为两家省直单位之一在全省做了典型交流发言。积极开展“冬季行动”，重点工作任务快速推进。选派27名干部入企服务，帮助企业解决了一批困难和问题，学习教育取得明显成效。

(三)全面落实从严管党治党责任。坚持把抓党建作为最大的政绩，厅党组与所有直属单位的党政“一把手”签订了党风廉政建设责任书，班子成员分别与72名党员干部开展了廉政谈话。在厅系统认真开展了巡视“回头看”。2016年提拔副处以上干部22名，全部严格按照程序，树立了正确选人用人导向。坚持反腐败高压态势，结合春节、五一、中秋、国庆等重要时段、重要节点，加大反“四风”力度，明察暗访开展专项监督检查。厅系统没有发现违反八项规定的行为。

二、加强法治政府建设，深入推进依法行政

2016年，围绕建设法治政府目标，制定出台了《山西省科学技术厅2016年法治建设工作要点》《山西省科学技术厅依法行政工作2016年实施方案》《山西省科学技术厅全面加强自身建设2016年行动计划》。健全完善了法治建设领导体制和工作机制，建立完善“三重一大”决策、监督机制。所有审批事项全部进驻省行政事务大厅。

三、大力推进科技管理体制机制改革，全面激发科技创新活力

认真落实全国科技创新大会和省党代会精神，厅领导班子以上率下，以身作则，全力推进创新驱动、转型升级。

(一)科技管理体制机制改革迈出重要步伐

一是省级财政科技计划管理改革顺利实施。科技计划管理厅际联席会议常态化运行，战略咨询与综合评审委员会及8个行业领域专家组正式组建；新的5大类计划完成优化整合，统一的科技管理信息系统上线运行；《山西省科技计划管理办法》“1+7”配套管理制度正式出台，基本构建了我省科技计划管理的新体制。科技部评估中心等已完成阶段性评估，改革走在了全国前列。

二是科技管理部门职能改革逐步推进。全面加强了战略规划、政策设计、法治保障、专项布局、过程监管等职责，突出了创新环境营造、资源开放共享、科技服务业发展、科技报告共享等工作。首批遴选6家项目管理专业机构，承接具体科技项目管理。科技部门管理职能正逐步从研发管理向创新服务转变。

三是科技领域放管服效改革深入推进。出台《山西省科研项目和科技活动经费管理办法》，下放了预算调整权限，首次对横向项目经费管理提出指导性意见。下放科技成果使用、处置和收益权，按照不低于50%的比例奖励科技成果完成人和为科技成果转化做出贡献的人员。有效激发了科研人员创新的积极性。

(二)科技重大专项与重点研发项目取得重大成果

围绕装备制造、新能源汽车、新能源、电子信息、节能环保、现代农业等战略性新兴产业，编制创新链，凝炼并实施各类项目300余个。修订了煤基科技创新链(2016版)，新实施21个重大项目。围绕“大规模储能技术及产业化”“高压柱塞泵核心技术”等方向，立项实施12个项目。国产笔尖钢打破国外技术垄断。新能源汽车、新型生物有机肥、速效生物农药

等实现产业化。煤层气工厂化钻井作业技术将支撑我省煤层气产业发展壮大。超低排放循环流化床锅炉将有效降低燃煤锅炉污染物排放。世界第一台合成气蒸气联产气化炉将解决“三高”煤气化的世界性难题。为培育新产业、新动能提供了有力支撑。

(三)科技创新平台和能力大幅提升

一是企业创新主体地位更加鲜明。2016年立项的科技重大专项和重点研发计划,企业牵头实施的项目占到75%以上。全省R&D经费投入132.5亿元,其中企业投入占比达到79.3%。高新技术企业增长25%以上,总数达到936家,民营科技企业新认定115户。

二是科技创新平台更加优化。山西科技创新城新签约入驻中冶工程技术中心等8个项目，累计引进一流研发机构42家。共开工项目51项,累计完成投资95亿元。科技创新城已纳入山西转型综合改革示范区统一整合,进入新的发展阶段。

晋煤、太重两个企业国家重点实验室建设全面启动。新组建煤气化技术及装备等6个产业技术创新战略联盟;新建省级重点实验室6个,科技创新团队8个,工程技术研究中心5个;支持建设科技基础条件平台28个,试点建设省重点科技创新平台3个。

三是基础研究水平不断提升。全省26个单位、330个项目获国家自然科学基金资助,经费总额达到1.1亿元。我省单位牵头承担的国家“煤基低碳联合基金”重点项目4项、培育项目9项,经费1676万元。

四是科技成果转移转化进一步加强。进一步完善科技成果转移转化体系,与省教育厅联合制定了《关于促进高等院校科技成果转化的若干意见》。加大科技成果转化支持力度,全年实施154个科技成果转化引导专项项目。全省技术合同交易额大幅增长,总数达到238.55亿元。

(四)创新生态不断优化

一是创新创业活力进一步激发。出台了《扶持众创空间发展专项资金管理办法(暂行)》,首批投入1000万元专项资金。新认定省级科技企业孵化器8家,省级众创空间66家,创业孵化场地达48.95万平米,聚集创客1.74万多名,种子基金规模达5.49亿元。举办了第五届中国创新创业大赛(山西赛区)比赛。

二是科技资源实现开放共享。出台了大型科研设施与仪器等科技资源向社会开放共享的实施意见及管理办法,科技资源开放共享平台启动运行,已纳入管理单位104家,仪器总数达2416台(套),总价值15.6亿元。在太原、阳泉等5个市开展了创新券试点。出台《山西省科技计划(专项、基金等)科技报告管理办法》,

三是科技金融融合发展。鼓励引导各类资本参与科技创新项目,与国家基金委、振东集团、晋煤集团、潞安集团成立的4支联合研究基金发挥了较好的示范效应，新立项87个项目。依托山西省科技创新创业服务大平台,组织17家金融机构,赴运城、晋城和临汾3个市,面向180多家高新技术企业和民营科技型企业,开展投融资和新三板挂牌对接服务。

四是知识产权保护与维权服务更加完善。深入实施知识产权战略,出台了《关于新形势下推进知识产权强省建设的实施意见》《山西省专利奖励办法》。全省有效发明专利拥有量大幅增长22.1%,达到9896件。加强“12330”维权援助举报投诉平台建设,加大专利行政执法保护工作,共查处假冒及各类专利纠纷88件。

五是科学普及和创新文化建设更加扎实。新认定48个省级科普基地,举办了全省科普讲解大赛。以“创新引领共享发展”为主题,成功举办2016年山西省科技活动周,组织了“大众创业万众创新”成果展;省级以上重点实验室、科普基地全部向社会开放,接待各类参观人员1.6万余人。

(五)科技服务民生取得新成效

一是科技扶贫扎实推进。制定出台了《山西省科技扶贫行动方案》,重点实施科技特派员创新创业服务、人才培养培训及农业科技信息化三大工程,选派“三区”人才915人深入一线开展技术服务,33家“星创天地”通过科技部备案,科技成为全省脱贫攻坚的重要支撑。

二是科技创新支持农业高效发展。渗水地膜机械化穴播杂交谷子大面积示范实现单产超千斤。“晋麦100”等新品种通过国家审定。晋汾白猪动物新品种入选年度国家农业主推品种。杂交大豆制种、杂粮高效生产关键技术取得新进展。甘薯产业化关键技术选育、引进新品种12个，试产各类机械175台,辐射带动专用薯生产基地2万亩。

三是科技创新促进民生改善。“城市空气质量改善技术”对识别城市大气污染防治重点提供了决策参考。“汾河流域水华污染防控技术”有效解决了汾河水体水华现象。围绕食品安全、公共安全、水、气、医疗卫生等领域,新立项支持了一批具有国内(国际)先进水平和良好市场潜力的创新产品和项目。

(六)太原能源低碳发展论坛成功举办

主论坛上,楼阳生省长发表主旨演讲,诺贝尔奖获得者等8位嘉宾演讲。三个平行论坛及2016低碳发展专家咨询委员会年会、低碳知识科普讲座等活动同期举办。美、俄、德等18个国家和地区,19所国外大学和科研机构,26家国外知名企业代表,61家国内知名企业,2000余人参加论坛,一批国际合作项目签约。

(毕世伦)

附:省科技厅党组书记、成员名单

书　记:张金旺(11月离职)

成　员:张新伟　李秀林　李　敏(9月任职)　牛青山(9月任职)　张克军(9月任职)

省公安厅党委工作概况

党委书记　刘　杰

2016年是全面建成小康社会决胜阶段的开局之年，也是“十三五”规划正式实施和推进结构性改革的攻坚之年。在省委、省政府和公安部的坚强领导下，省公安厅党委团结带领全省公安机关和广大公安民警，全面贯彻党的十八大和十八届三中、四中、五中、六中全会精神，以习近平总书记系列重要讲话精神为指引，以建设平安山西为载体，以深化公安改革为动力，以推进“四项建设”为基础，进一步提升了公安工作和队伍建设水平，为全省经济社会发展营造了安全稳定的环境。2016年12月1日至3日，国务委员、公安部长郭声琨在山西视察调研期间，对我省公安工作和公安队伍建设给予充分肯定。

一、大力加强思想政治建设

省公安厅党委牢牢抓住政治理论学习不放松，严格落实党委中心组学习制度，紧紧围绕习近平总书记系列重要讲话和党中央、省委重大决策部署，先后组织了18次中心组集中学习，并适时开展了理论热点、工作部署、规章制度、重要文件和讲话的集中研讨。通过坚持不懈地学习讨论，使班子成员进一步增强了“四个自信”，牢固树立了“四个意识”特别是核心意识、看齐意识，确保了从思想上政治上行动上同以习近平同志为核心的党中央保持高度一致。按照中央和省委的统一部署，在全省公安机关部署开展了“两学一做”学习教育。省厅成立了“两学一做”学习教育协调小组及办公室，制定了学习教育实施方案和各专题工作安排，指导厅机关和全省公安机关开展学习研讨活动。厅党委坚持以上率下，深入开展“四讲四有”专题学习讨论。在厅机关组织开展了“做合格党员”主题演讲比赛、“两优一先”表彰、专题讲座报告会、“党员先锋行”主题实践、“亮出党员身份、佩戴警徽上岗”活动、“我是共产党员·我为党徽添光彩”主题征文、“两学一做”在线知识竞答等一系列形式多样、内容丰富的活动，在公安网开设“两学一做”学习教育专栏，共刊发系列辅导66期，学习教育简报116期，提升了学习教育效果。为肃清周永康流毒影响，在全省公安机关开展了全面彻底清理有关周永康图文内容工作。2016年12月13日，省厅召开党委扩大会暨党委中心组理论学习会，要求全体党员民警结合“两学一做”学习教育，坚决与周永康划清界限，并联系自身实际，认真做好对照摆查工作，从九个方面全面彻底肃清周永康流毒影响，确保公安队伍绝对忠诚、绝对纯洁、绝对可靠。

二、深入推进“平安山西”建设

全省公安机关紧紧围绕全国全省“两会”、G20峰会、党的十八届六中全会、省十一次党代会等重要会议和重大活动，全面落实打、防、管、控各项工作措施，确保了全省社会大局持续稳定。认真组织开展严厉打击暴恐极端犯罪专项行动，建立多警种合成作战机制，推进涉恐人员管控动态化、重点目标等级化、社会面防控网格化、应急指挥扁平化、现场处置可视化“五化建设”，有效提升了反恐防暴水平，全省没有发生暴恐案事件。2016年12月26日至27日，国家反恐怖督导组在我省督导检查，对我省反恐怖工作给予了高度评价。

全年共立刑事案件129005起，同比下降1%，破获各类刑事案件47991起，同比提高9.2%，抓获各类刑事犯罪嫌疑人27826人，同比提高5.4%。危害严重的八类案件同比下降12.7%，命案侦破率达到97.44%。组建了省、市两级反欺诈中心，建立了警银、警信协作配合、快速联动工作机制，共破获电信网络诈骗案件3475起，查处违法犯罪人员376人，帮助群众挽回经济损失1973万元。大力开展打击“盗抢骗”犯罪专项行动，破获“盗抢骗”案件27858起，破案数同比提高8.5%。共破获经济犯罪案件2256起，挽回和避免经济损失5.8亿元。在“猎狐行动”中，从6个国家和地区抓获在逃境外犯罪嫌疑人17名，缉捕率达到55%，位居全国前列，多次受到公安部通报表扬。部署开展深化打黑除恶、缉枪治爆、铲除黄赌毒“三大战役”，共打掉恶势力犯罪集团220个，抓获犯罪嫌疑人1218人；大力整治非法制贩、持有枪爆物品问题，实现了爆炸事故和死亡人数连续9年双下降；组织开展“利剑斩毒”专项行动，共破获毒品犯罪案件946起，抓获毒品犯罪嫌疑人1116人，缴获各类毒品1344.7公斤，查处吸毒人员13807人。部署开展“利剑”行动，依法打击群众深恶痛绝的食品药品犯罪，共侦办案件680起，涉案金额1.3亿余元。全省公安机关接待处理信访事项同比下降6.47%。深入开展消防、道路交通等安全隐患排查整治，全省火灾、道路交通事故均保持下降态势。

三、大力推进公安队伍正规化建设

一是认真贯彻落实全国公安队伍建设工作会议精神。全国公安队伍建设工作会议结束后，省厅党委迅速组织传达学习会议精神，及时向省委、省政府主要领导汇报了会议精神及我省贯彻落实意见。2016年11月11日，公安厅召开了全省公安工作暨队伍建设会议，分析研判当前队伍中存在的突出问题，并要求各级公安机关领导干部强化责任担当，狠抓执行力养成，坚持政治建警、素质强警、从严治警、从优待警，以深化公安改革为契机，努力解决制约公安事业发展的机制性、体制性问题，进一步提升公安队伍的能力和水平。

二是大力推进市、县公安机关主要领导“进班子”。全省11个市公安局局长中,由市政府副职兼任的7人。全省119个行政区划县(市、区)公安局中,由政府副职兼任的100个,占总数的84.1%;推动落实中的19个,占总数的15.9%。

三是推进招录体制改革。在2016年省级统一招录中,精心设置职位要求,将面向公安院校公安专业毕业生的招录计划比例提高至计划总量的63%。稳妥推进公安英烈子女招录工作常态化,通过积极争取,分别为全省高速交警和公安英烈子女追加66名和7名招录计划,并采用职位单列、报名单列、考务单列的方式开展公安英烈子女招录工作,有效缓解高速交警警力紧张和公安英烈子女就业困难等问题。特殊人才招录机制逐步成熟。省警专实现了专升本,“山西警察学院”首批本科生顺利招生入学,为提高公安教育质量奠定了基础。

四是强化干部监督管理工作。认真开展领导干部个人有关事项报告工作,完成了442名处级干部和211名正科级干部个人有关事项报告填报、汇总及信息录入。按照省委组织部领导干部个人有关事项抽查核实机制要求,对44名干部开展了随机抽查和重点核查。积极配合省委组织部完成42批3.1万余名干部个人事项核查工作。

四、狠抓党风廉政建设和反腐败工作

一是强化主体责任。2016年,厅党委修订完善了《关于落实党风廉政建设党委主体责任和纪委监督责任的实施办法》,明确由各级公安机关政工部门负责党委主体责任的组织协调工作,纪委负责监督责任的具体落实,推动形成环环相扣、层层传导的责任体系。“两个责任”清单明确提出了党委主体责任的11项28条共性任务和班子成员的50项个性任务,列明了纪委监督责任的10项共性任务和班子成员的19项监督要求,每一项任务都明确了责任领导、责任单位、完成标准、落实时限,确保“两个责任”落到实处,见到实效。出台了《关于进一步扎实推进县级公安机关党风廉政建设“两个责任”落实的指导意见》,着力解决基层公安机关“两个责任”落实过程中层层递减的问题。工作中,副省长、厅党委书记、厅长刘杰同志率先垂范,年内先后为厅机关党委干部讲授党课3次,对党风廉政建设做出批示34次,批办线索13起,年初与厅党委班子成员、各市公安局党委书记及厅直各单位主要负责同志就落实主体责任签字背书。党委班子其他成员对分管部门反腐倡廉工作逢会必讲,年内分别带队,先后组织两个轮次对“两个责任”落实情况进行检查。在厅党委的带动下,全省各级公安机关落实党风廉政建设的主动性和自觉性不断提升,“两个责任”的落实效果明显提升。

二是坚决纠正四风,深化作风建设。2016年,省厅联合督察组先后对11个市105个县级公安机关342个基层所队,286处密集场所和旅游景点进行了明察暗访。对督导检查发现的问题,及时下发通报,要求全省各级公安机关认真对照检查,举一反三,加强整改,坚决防止类似问题再次发生。及时向省纪委移送发现涉及党员领导干部和国家工作人员疑似违反中央八项规定精神和“四风”方面的问题线索235条。省厅纪委查处了厅直属第一公安局二分局吴玉民违规使用警车问题,就省公安厅监管总队私设“小金库”问题专门下发通报,有效发挥了查处一案、教育一片的治本功效。9月21日,中央纪委和省纪委就省公安厅落实八项规定和纠正“四风”工作进行专题调研,并给予充分肯定和认可。

三是坚持正风肃纪,开展全面清理工作。在全省公安机关开展对公安民警违规从事营利活动、利用职权职务影响为家属及特定关系人的经营活动谋取利益问题全面清理工作,全省各级公安机关共计4万余名民警进行了申报,并对发现的问题进行认真整改。在全省消防部队开展了干部近亲属涉及消防事项申报及真实性承诺工作,共有1535名干部进行了申报承诺,并按干部管理权限存入个人廉政档案,作为今后廉政评价和选人用人的重要参考依据,对发现的问题进行了及时通报,52名未规范填报的干部作出书面检查。公安部党委委员、驻部纪检组组长邓卫平同志批示肯定。

四是坚持挺纪在前,践行“四种形态”。认真贯彻落实中央纪委“四种形态”要求,以落实《山西省公安机关党员领导干部勤政廉政谈话实施办法》为基础,年内先后对26名处级干部进行了函询、约谈、诫勉谈话,全省公安机关组织处理的人数创历史新高。坚持惩前毖后、治病救人的原则,特别是在目前我省系统性塌方式腐败问题得到有效遏制的前提下,在案件核查过程中始终把轻处分作为大多数,教育党员民警相信组织、依靠组织,给出路、留机会,有效挽救了一批干部。如在“5·29”大同市公安机关部分民警涉嫌充当赌场“保护伞”专案核查中,先后有87名涉案人员主动向组织说明问题,主动上缴违纪金额37.6万元。初步拟定给予党政纪处分38人,给予诫勉谈话33人,其余人员以批评教育为主。

五、不断推进机关文化建设和精神文明建设

一是深入开展精神文明创建活动。积极动员全厅民警职工参与文明创建,不断丰富完善创建工作形式和内容,严格落实创建工作“六个好”标准,有效提高创建工作水平。2016年,厅机关的精神文明创建工作实现了从“文明单位”向“文明单位标兵”的跨越。精心组织元宵节游艺活动、“三八”妇女节系列活动、纪念五四青年节“弘扬五四精神,吹响青春号角”主题团日活动;开展“家风家教你我他”主题作品征集、“革弊正风、廉洁发展”和“信念·品德·奉献”主题读书征文活动;组队参加省直机关“强健体魄·阳光生活·共享青运”2016年省直机关第九套广播体操比赛、省直机关“弘扬长征精神决胜全面小康”主题朗诵比赛、“两学一做”主题演讲比赛、全省公安系统乒乓球选拔赛、武装越野选拔赛,其中,广播体操比赛夺得最高奖项金奖、“两学一做”主题演讲比赛赢得一等奖优异成绩。为7位民警申报了省直机关“大病救助”慰问金,为35位民警职工申请了困难帮扶。指导山西省看守所、省公安厅幼儿园、直属第一公安局成立工会,完善工会组织机构。

二是活跃公安宣传文化,大力传播山西公安正能量。共

组织专题新闻发布110余次，发布新闻通稿180余篇，专题新闻发布会6场，在《人民公安报》累计发稿310条（篇），在中央台播出新闻50余条，指导《警方周刊》编辑部先后排版出报38期，与山西日报新媒体中心合办的联合后台编辑部累计编辑、更新“公安频道”192余期，上传稿件1780篇，共计约100万余字。策划、制作推送了“210工程建设五年巡礼”专题片、《不忘初心，奋勇前行：进步与发展中的山西公安》等大批较高质量和专业水准的专题宣传片。紧密围绕宣传节点，精心组织策划了“山西公安贺岁形象片”等宣传片，“我们在党旗下集结”等主题宣传图文宣传专辑，开展了以“天涯共此时·山西公安邀您同赏美好中秋月”为主题的“随警宣传”主题联动直播。省厅政务“双微”共集聚“粉丝”298.7万，发布政务信息16734条（篇），制作H5作品39部。在公安部组织的第二届“三微”大赛中，我省参赛作品《毒战》《礼物》《五台山民警风雪救援台顶被困人》分别荣获纪实微视频类作品一等奖、微电影类作品一等奖、最佳编剧奖和微博类作品三等奖。

三是积极推荐选树模范典型。2016年，全厅1个集体荣获省“三八红旗集体”称号、1个集体荣获“山西省五一巾帼标兵岗”称号、2名同志荣获省“三八红旗手”称号、1名同志荣获省“巾帼建功标兵”称号；2个集体被省直机关劳动竞赛委员会授予“山西省直机关五一劳动奖状”；3名个人被授予“山西省直机关劳动模范”。

四是积极履行社会职责，坚持社会公益活动。以开展“警民情深　共享书香”捐赠书籍活动、赴武乡县大有乡捐赠慰问活动、赴狄村小学开展“警民携手，共建平安校园”学雷锋志愿服务活动、“博爱一日捐”捐款148390.5元、“送温暖、献爱心”社会捐助活动捐款135254.60元等形式，以实际行动表达爱心、携手助困，体现了民警职工团结互助、扶贫济困、助人为乐的传统美德和高度的社会责任感。

（王瑞成）

附：省公安厅党委书记、副书记、委员名单

书　记：刘　杰

副书记：成振林（11月离职）　汪　凡（11月任职）

委　员：周培斌　边智慧　张立刚　李喜春　段绪忠　安占功　贾继武　李　柏　郭齐鸣

省监察厅工作概况

厅长　冯改朵

2016年，在中央纪委和省委的坚强领导下，省纪委监察厅领导班子团结带领全省各级纪检监察机关和广大纪检监察干部，认真履行党章赋予的职责，聚焦中心任务，突出主责主业，强化监督执纪问责，坚持全面从严治党，深入推进党风廉政建设和反腐败斗争，全面构建良好政治生态，为全面建成小康社会，不断塑造美好形象、逐步实现振兴崛起提供了重要纪律保证。

一、深入学习贯彻党的路线方针政策和习近平总书记系列重要讲话精神，扎实开展“两学一做”学习教育

省纪委监察厅领导班子把学习贯彻党的十八大和十八届三中、四中、五中、六中全会精神，学习贯彻习近平总书记系列重要讲话作为重要政治任务，认真学习贯彻省十一次党代会精神，进一步增强了“四个意识”特别是核心意识、看齐意识，增强了贯彻落实党中央、中央纪委和省委决策部署的自觉性和坚定性。组织开展“两学一做”学习教育活动，委厅中心组集中学习19次19天，委厅领导严格执行双重组织生活会制度，主要领导带头为全体机关干部讲党课，起到了以上率下的作用。机关各党支部严格落实“三会一课”制度，扎实开展“四讲四有”专题讨论，坚定了理想信念，提高了政治站位，增强了责任意识。完善学习制度，印发了《2016年委厅中心组和党员理论学习安排》《2016年机关党委工作要点》。丰富学习载体，为机关各党支部、巡视机构党总支发放《习近平总书记系列重要讲话读本》《中国共产党章程》《关于新形势下党内政治生活的若干准则》等16类约5000余册理论学习资料；在省纪委监察厅网站开设学习专栏。拓宽学习形式，在纪念建党95周年举办“学党章党规”演讲暨知识竞赛活动。

二、认真落实中央和省委决策部署，全力抓好深化监察体制改革试点相关工作

2016年10月，中央将山西确定为深化监察体制改革试点地区之一。省委加强组织领导，成立工作机构，及时安排部署，精心实施推进，坚决担负起这一重大使命。省纪委在省委

和省深化监察体制改革试点工作小组的领导下,全力以赴担好专责,扎实做好试点工作的组织实施和任务落地。统一思想,凝聚改革共识。及时召开省纪委常委会进行学习研究,在省纪委十一届一次全会上作了专门部署。组织学习岐山书记在晋视察指导的重要讲话精神,协助省委举办了省市县三级深化监察体制改革试点工作培训班,与会同志吃透了中央精神,明确了目标任务,进一步把准了试点工作的方向和着力点。成立机构,认真组织实施。从省纪委监察厅、省检察院等机关抽调专门力量,在工作小组办公室内设立综合组、法律组、组织组和市县指导组,明确了职责、压实了责任。任建华同志多次主持召开办公室会议和工作座谈会,摸清相关情况,研究推进工作。精心研究,制定实施方案。以中央方案为依据,紧密把握试点定位,坚持正确方向,突出改革重点,注重操作管用,经反复讨论研究,及时得到中央领导小组办公室指导,已形成并上报。方案把功夫下在"施工"上,把关键环节和重要节点拎出来,将试点任务细化为具体事项,明确了时间表和路线图,形成了便于操作的施工图。共同发力,积极稳妥推进。省改革试点办公室、省纪委、省检察院等单位密切沟通配合,按照转隶开局、平稳过渡、逐步深化的思路,整体推进试点工作。注重内涵发展,合理设置组织架构,在转隶中不增加机构、不增加职数、不增加编制;强化制度保障,实现顺畅高效运转,初步制定了"一个办法、一个规范、一个意见、一幅流程图、一套文书模板"等制度;注重分类指导,着力解决实际问题,对全省范围涉改的机构编制、干部职数、人员数量和身份、案件线索和办理等情况进行核实,建立了台账,制定了市县指导意见。在全省纪检监察机关严明纪律,确保人心不乱、工作不断。截至12月底,我省改革试点工作态势良好,正在有力、有序、有效地推进。

三、积极协助省委落实主体责任,各级党组织管党治党政治责任明显强化

省委坚决扛起主体责任,统揽全局、领导有力,省委主要领导坚持以上率下,带头担好全面从严治党主责、首责、全责。省纪委认真履行监督责任,协助省委准确把握全面从严治党面临的形势和推进方向,及时研究解决正风反腐重大问题。先后向省委提交扶贫领域、领导干部家风等方面的重点分析报告。配合省委全面督查"两个责任"落实情况,派出7个督查组对全省11个市、10个省直部门、5个省属国有大型企业和5个本科院校共31家单位进行了实地督查,并将督查发现的问题和整改建议形成了专项督查报告,限期整改发现的问题。以"三定三查三报告"为抓手,进一步解决"两个责任"落实中存在的问题。组织部分市委书记、市政府党组书记及省直部门、省管国有企业、高等院校党委(党组)书记向省纪委全会述纪述廉述作风述责任,强化责任担当。严明换届纪律,落实"九个严禁",严格廉政审查,做好党员领导干部党风廉政意见回复和党委、纪委书记签字确认工作,为全省换届提供纪律保障。加大问责力度,倒逼责任落实。全省有1401名领导干部因落实"两个责任"不力被问责,其中厅级干部13名、处级干部150名。

四、坚决落实中央八项规定精神、狠刹"四风",作风建设取得新进展

把落实中央八项规定精神作为全党必须遵守的政治纪律,紧抓不放、一寸不让。出台《关于加强联动协作全面监督"四风"问题的工作方案》,统筹协调十多个有关职能部门,充分发挥行业特点优势,抓住"四风"易发环节、多发部位与重要节点,紧盯隐形变异问题,深挖"四风"问题线索,严肃查处违纪行为。部门联动协作机制得到中央纪委党风政风监督室的充分肯定。狠抓领导干部这个"关键少数",从严查处,强化震慑,不断释放越往后执纪越严的强烈信号。全省共查处违反中央八项规定精神问题1710件,处理2424人。

五、准确把握运用"四种形态",全面构建良好政治生态迈出重要步伐

坚持把"四种形态"作为全面从严治党的重大举措来抓,印发《关于进一步推动实践监督执纪"四种形态"的有关要求》,努力使谈话提醒、函询诫勉、红脸出汗成为常态。在强调第一种形态的同时,不放松第二、三、四种形态,尤其是严肃查处不收敛不收手的"极极少数",切实维护纪律的严肃性。实事求是地实施"四种形态"之间的转化,提升综合效果。坚持在发案单位党组织领导成员会上宣布纪律处分,让与会人员把自己摆进去,剖析原因,查找问题,推动整改,努力取得惩治极少数、教育警醒大多数的政治和社会效果。全省各级纪检监察机关共运用"四种形态"处理40642人次。其中,第一种形态23669人次,增长230.8%,占"四种形态"处理总人数的58.2%;第二种形态13368人次,下降25.0%,占32.9%;第三种形态2519人次,下降23.7%,占6.2%;第四种形态1086人次,下降18.3%,占2.7%,"四种形态"合理结构性特征进一步显现。

六、不断强化政治巡视,率先实现全覆盖,震慑、遏制和治本效应凸显

创新思想观念,坚持政治巡视定位,聚焦全面从严治党,制定出台《深化政治巡视25条》,从政治上考量实行年薪制的国企党员干部不按规定标准少交党费的问题,督促22家省属国有企业党员领导干部补缴党费8930.7万元。创新组织管理,制定出台《"一长两员三库"建设管理办法》,从纪检、组织、审计等部门抽调人员组建巡视组长库、工作人员库、专业人员库。创新方式方法,实施常规巡视、专项巡视、对村巡察"三剑齐发"。创新巡视宣传,直指问题,加大压力,倒逼整改,增强震慑效应。创新成果运用,建立捆绑责任机制,实施巡视意见"双反馈"、巡视整改"双责任"、整改情况"双报告"、整改报告"双审核"、整改结果"双公开"的"五双"工作模式。今年上半年山西省在全国率先实现全覆盖。及早谋划十一届省委巡视工作,第一轮巡视已经启动。全面铺开市县巡察。巡视、巡察发现问题、形成震慑的作用得到充分发挥。

七、减存量遏增量，切实加大正风反腐工作力度

认真落实“既抓严肃惩治，又抓教育引导，总体压茬推进，稳步转入常态”的工作方略，下功夫减存量遏增量。坚持把党的十八大后不收敛不收手，问题严重、群众反映强烈，现在重要岗位可能还要提拔使用的党员领导干部作为纪律审查重点。严肃查处了省新闻出版广电局党组书记、局长齐峰，省煤炭厅党组成员、副厅长杨茂林，垣曲县委书记史凯等腐败分子。全省纪检监察机关共立案15983件，结案15817件，处分16762人，移送司法机关322人。认真贯彻党的“惩前毖后、治病救人”方针，积极教育帮助有问题干部主动讲清纠正问题，综合考虑问题性质、认错态度和现实表现等因素，稳妥处理，为能够认清问题、真诚悔错、积极工作的干部提供机会和平台，使有问题的干部相信组织、依靠组织，为推进党的事业聚集了更多正能量。

八、着力解决群众身边不正之风和腐败问题，基层党风廉政建设得到进一步加强

深化以县、乡纪委为主体，市纪委一线督办，省纪委统筹督导的工作机制，按照建账、对账、查账、销账、交账“五账工作法”，上下联动，推进工作，着力解决群众反映强烈的问题。加强扶贫领域监督执纪问责，在全省首批选择28个县重点推进，坚决遏制扶贫领域不正之风和腐败现象。严格依纪依规开展纪律审查，及时发现并纠正个别基层单位监督执纪尺度把握不准的苗头和倾向。全省共查处侵害群众利益的不正之风和腐败问题5682件，处理5912人；查处扶贫领域问题1335件，处理1344人；省纪委对37件典型案例进行公开通报曝光。

九、扎实推进纪律检查体制机制和普法依法治理工作，自身建设得到切实加强

聚焦监督执纪问责，持续深化“三转”。派驻机构全覆盖调整方案正在组织实施。全省各县（市、区）全部完成了县级纪委内设机构改革任务。开展“学思践悟·岗位练兵”，大力提升队伍素质。省市县乡纪委换届圆满完成。推进普法依法治理工作。成立委厅普法依法治理领导小组，坚持中心组集体学法制度，共组织法律专题学习4次。坚持干部法制学习、培训和任前法律考试制度。丰富学习形式，向机关党员发放《中华人民共和国宪法》《国家安全法》等学习资料；邀请法律专家围绕“职务”犯罪进行法治专题讲座，提高了机关干部以法治思维和法治方式推进监督执纪问责的能力。努力建设忠诚担当型、团结进取型、清正廉洁型的“三型”班子。从省纪委机关抓起，以上率下、自上而下，严立规矩、严守纪律、严抓管理、严格监督。出台《过问干预监督执纪问责工作的报告备案规定（试行）》，规范纪律审查涉案款物管理，健全完善线索处置集体研判、谈话函询工作程序等制度，拓展审理监督的内涵和外延，探索监督、执纪分离机制，强化权力制约，严格依纪依规文明执纪。坚持以零容忍态度清除害群之马，防止“灯下黑”。全省共立查纪检监察干部违纪案件137件，处分152人，教育了干部，纯洁了队伍，树立了纪检监察干部忠诚干净担当的良好形象。

（李　鹏）

附：省监察厅厅长、副厅长名单

厅　长：冯改朵（女）

副厅长：何　青　王成禹

省民政厅党组工作概况

党组书记　薛维栋

2016年，在省委、省政府的正确领导下，民政厅党组深入贯彻落实“一个指引、两手硬”的重大思路和要求，积极服从和服务于全省经济社会发展大局，认真践行“以民为本、为民解困、为民服务”的工作宗旨，围绕全省经济社会发展大局，开拓创新，锐意进取，全面推动工作落实，年度各项目标任务圆满完成。

一、深入贯彻落实中央和省委省政府决策部署，切实履职尽责，年度各项工作任务全面完成

厅党组认真贯彻落实中央和省委、省政府关于民政工作的部署要求，以省目标责任考核任务为重点，突出“兜底线保民生、创新社会治理、支持国防和军队建设、提高公共服务水平”的工作职责，加大改革创新力度，全省民政工作实现新的发展和进步，在调节社会利益、化解社会矛盾、促进社会公平、维护社会稳定方面发挥了重要作用，为我省经济社会发展作出积极贡献。

（一）养老服务工作全面加强。着力推进养老机构改革，制定印发了《关于开展养老机构公建民营试点工作的实施方案》，进一步提高社会力量参与发展养老服务业的积极性，有效激发公建养老机构活力，更好地发挥公建养老机构的“托底”作用。积极做好养老扶老工作，指导各市建立经济困难的高龄与失能老年人补贴及百岁以上老年人补贴文件，按照标准和程序落实了补贴资金。下拨省级补助资金3000万元，1000个新建农村老年人日间照料中心项目全部完工。完善残疾人保障制度，提请省政府印发《关

于全面建立困难残疾人生活补贴和重度残疾人护理补贴制度的通知》，对困难残疾人两项补贴范围和补贴标准进行提标扩面，11个市均出台配套文件，下拨困难残疾人生活补贴资金5250万元，提高了困难残疾人和重度残疾人生活水平。

（二）社会救助工作稳步推进。按照中央关于推进农村低保标准与国家扶贫标准有效衔接的要求，从1月1日起，全省统一提高城乡低保保障标准各20元，在此基础上，指导各地积极完善低保标准动态调整机制，目前，全省城乡低保平均保障标准分别达到每人每月439元、270元，比上年末分别提高24元、36元，全省103个县（市、区）农村低保标准达到或超过了2855元的扶贫标准，占全省涉农县的90.4%，超额完成了省政府确定的70%的目标任务。提请省政府出台《关于进一步健全完善特困人员救助供养制度的实施意见》，指导各地完善医疗救助制度，全面开展重特大疾病医疗救助工作，推进城市“三无”人员救助和农村五保供养城乡统筹发展，困难群众基本生活安全网更加密实。协调推动农村低保与扶贫政策有效衔接，提请省脱贫攻坚领导组印发了《农村低保扶贫行动实施方案》和《山西省2016年农村低保扶贫行动计划》，确保了兜底脱贫工作有序开展。争取中央各类社会救助补助资金49.9亿元，为保障困难群众的基本生活提供了资金保障。到9月底，全省共保障城市低保对象55万人、农村低保对象119万人、农村五保供养对象15.3万人，累计有71.1万人得到不同形式的医疗救助，实施临时救助11.4万户次。

（三）自然灾害救助及时有效。针对2016年我省发生了多年未遇的严重洪涝、风雹等自然灾害情况，民政厅提前部署，快速响应，迅速汇总报送灾情，及时派出工作组赶赴重灾县查看灾情，指导救灾工作，先后启动省级四级救灾应急响应1次、三级救灾应急响应2次。特别是在全国首次针对风雹灾害启动救灾应急响应，受到民政部充分肯定，高度赞扬这是一次创新性工作，也是实事求是根据受灾群众因灾造成的生活困难作出的正确决策。争取中央救灾资金3.38亿元、中央预算内投资2200万元，加上省、市、县财政投入，全年累计下拨救灾资金4亿多元及大量救灾物资，救助受灾群众249万人，紧急转移安置6.56万人。出台了《关于在全省推行精准化救灾工作的指导意见》，修订完善了《山西省自然灾害救助应急预案》，印发了《关于支持引导社会力量参与救灾工作的指导意见》，救灾减灾制度体系进一步完善。联合省发改委、省财政厅等8个部门下发了《关于加强自然灾害救助物资储备体系建设的指导意见》，全面布局、重点推进，着力构建“省-市-县-乡”纵向衔接、横向支撑的四级救灾物资储备体系。争取中央资金1517万元，支持吕梁市、隰县、万荣、绛县、岚县5个救灾物资储备库建设。组织开展了全国防灾减灾日、国际减灾日主题宣传活动。创建全国综合减灾示范社区28个、省级综合减灾示范社区81个。培训基层灾害信息员2000多人，灾情直报系统覆盖全部乡镇。

（四）城乡社区治理水平不断提升。强力推进城市社区综合服务设施建设，会同省委组织部、财政厅等10个部门联合下发了《进一步加强全省城市社区活动场所和公益性服务设施建设的若干意见》和《扶持补助办法》，决定每年筹措7000万元，扶持社区活动场所和公益服务设施建设，加快社区建设提档升级，本年度90个项目的验收工作已全部完成。督促指导各地出台了社区协商工作实施意见。阳泉郊区“‘六议两公开+全员承诺’织密乡村‘法治’‘德治’围栏”的创新经验，荣获民政部“中国社区治理十大创新成果”提名奖。85个县、808个乡镇开展了农村社区建设试点。起草了《关于深入推进“三社联动”加强社区治理和服务创新的意见》，在阳泉召开了“三社联动”创新社区治理机制现场会，进一步明确了创新社区治理机制、构建“三社联动”模式的工作思路和重点任务。组织了城乡社区干部培训班13期，培训人员达1600余人。

（五）社会组织管理服务工作进一步规范。印发《全省性行业协会商会与行政机关脱钩试点总体方案》，第一批脱钩试点工作全面展开，我省把党建工作纳入行业协会商会脱钩的重要内容，把带行政事业编制的行业协会作为脱钩重点，制定出台了相关配套文件，脱钩任务圆满完成，受到民政部充分肯定。完成912家社会组织年检，并结合年检开展了涉企社团收费清理规范工作。配合省财政厅等部门对涉企收费进行了专项检查，没有发现强制入会和强制培训、收费、展览、展销、评比、表彰等情况，也没有代收行政事业费的情况。

（六）双拥优抚安置政策全面落实。全省11个市、县被命名为新一届“全国双拥模范城（县）”，1个单位、2名个人被评为“全国爱国拥军模范单位”和“全国爱国拥军模范”。下发《关于调整部分优抚对象等人员抚恤和生活补助标准的通知》，各级认真落实配套资金，及时准确足额把抚恤金和生活补助发放到优抚对象手中。根据全省职工平均工资变动等情况，及时提高一至四级伤残人员护理费标准，提标幅度平均达到8.5%。建立了优抚对象数据核查规范化、常态化工作机制。积极配合省委、省政府隆重举办了“9.30”烈士纪念日公祭活动。通过优化改进退役士兵安置计划，推行“阳光安置”，开展退役士兵安置工作专项督查，安置符合安排工作条件的退役士兵2252人，6058名自主就业退役士兵参加了职业教育和技能培训。军休干部接收安置工作全部完成。

（七）区划地名工作稳步推进。落实第二次全国地名普查任务资金1.7亿元，省市县民政部门上下联动、多措并举，在保证质量前提下，圆满完成本年度“二普”工作80%的目标任务。结合我省实际，对行政区划设置现状、存在问题等进行分析论证，提出行政区划调整优化的意见建议，并向省政府提交了《山西省行政区划调整优化落实方案》。对泽州县政府驻地变更事宜进行了调研审理，提请省政府上报国务院审批。省界冀晋线和省内4条市级、41条县级界线的联检工作全部完成。深入推进平安边界建设，全年没有发生边界纠纷和群体事件。

（八）殡葬管理工作深入推进。圆满完成清明节安全保障、祭扫服务和宣传引导工作，开展了纪念老一辈革命家签名倡导火葬60周年系列宣传活动，转发了民政部等9部委《关于推行节地生态安葬的指导意见》。

（九）农村留守儿童关爱保护制度框架基本建立。对全省农村留守儿童进行了摸底排查，建立了详细的台账信息。出台了《山西省人民政府关于加强农村留守儿童关爱保护工作的实施意见》，建立了省政府分管领导任召集人的联席会议制度，为进一步保障农村留守儿童权益提供了政策支持和组织保障。牵头开展了脱贫攻坚“特殊群体关爱行动”，提请省脱贫攻坚领导小组印发了《山西省特殊群体关爱行动实施方案》，制定了《山西省2016年特殊群体关爱行动计划》，认真开展摸底排查，为7.79万留守儿童、2.82万留守妇女、9.36万留守老人、12.9万农村贫困残疾人建立了台账。

二、深入开展“两学一做”学习教育，不断强化思想政治建设，党员干部“四个意识”进一步增强

（一）“两学一做”学习教育深入开展。厅党组把开展“两学一做”学习教育作为一项重大政治任务，认真谋划，精心组织，扎实开展。厅党组以身作则，发挥示范和带领作用，带头学习理论，带头落实践行，以上率下，带动了厅机关和直属事业单位学习教育活动的顺利开展。薛维栋厅长以“讲政治、有信念、做合格党员”为题，为机关全体公务员和直属单位班子成员上了一次党课。厅党组围绕四个专题集中进行深入学习研讨，党组成员逐个谈学习情况，讲心得体会。在厅党组的示范带动下，各支部认真制定“两学一做”学习教育时间安排和学习计划，不断丰富教育内容，创新教育形式，通过领导讲党课、个人自学、集中宣讲、专题交流研讨，开展“党员先锋行”主题实践，举办党章党规知识竞赛等活动，进一步净化了党员干部的思想灵魂，厅领导班子和党员干部牢固树立“四个意识”，强化使命担当，自觉在政治上思想上行动上与以习近平同志为核心的党中央保持高度一致。

（二）中心组和党员干部理论学习不断强化。制定印发了《关于加强厅机关党员干部学习教育的措施》和《2016年中心组和干部理论学习安排意见》，严格落实中心组集体学习有关要求，围绕党的十八大、十八届三中、四中、五中、六中全会精神、习近平总书记系列重要讲话，特别是六中全会和省十一次党代会等本年度中央和省委省政府重要会议、文件精神的学习贯彻，及时组织厅党组中心组集体学习，全年共组织24次，并多次将参会人员扩大到厅机关全体党员和厅直单位党政负责人。党中央、国务院和省委、省政府召开的重要会议、印发的重要文件、出台的重要制度、作出的重要批示，都及时召开干部大会传达学习，各处室（单位）以支部为单位，组织在全体党员中开展深入学习讨论，确保把全体党员干部思想和行动都统一到党中央、国务院和省委、省政府的决策部署上来。为各党组织和党员干部发放了大量的学习资料和书籍，开展了民政干部能力素质培训、现代民政讲坛、处级干部进修、中青年干部培训、干部在线学习等多种形式的学习。我们结合实际，从2013年开始搭建起由“75”后年轻干部组成的“民政青年读书会”平台，厅党组书记薛维栋、党组成员吴建强每期进行学习辅导和点评，读书会采取处长授课、交流心得体会、演讲等多种形式，结合平时小组集体学习和个人自学，内容涵盖政治理论、党性修养、民政业务、法律法规、个人修为、能力提升等，有效激发了青年干部学理论、学业务、多读书的兴趣和热情。

（三）宣传教育和思想引导进一步加强。注重加强和改进对意识形态领域各项工作的领导，扎实落实思想政治工作季度分析报告制度，在节假日、敏感日和重大活动期间，及时向党员干部提要求、打招呼，并通过微信、短信等平台加强引导，弘扬主旋律、传播正能量，使党员干部进一步树立正确的世界观、人生观和价值观，发扬清正廉洁、勤政为民的工作作风。

三、进一步落实主体责任，坚持全面从严治党，党的建设、法制建设、干部队伍建设呈现新的局面

（一）党建工作全面加强。厅党组认真贯彻落实新的党建工作责任制，对党建和党风廉政建设多次进行专题研究部署，制定下发党建工作要点，明确党建工作思路和具体任务。出台《民政厅党组工作规则（试行）》，加强厅党组自身建设，规范厅党组工作职责。健全了各处室（单位）基层党组织，推动厅直单位成立党建工作领导机构，进一步完善了党组书记负总责、分管领导分工负责、机关党委推进落实、处室（单位）负责人“一岗双责”的党建工作格局，为加强党的建设提供了组织保障。机关和厅直各党组织认真推进党建七项重点任务，扎实开展基层党组织组建、改建、换届、党员组织关系集中排查，党费缴纳清查、补缴等工作，进一步加强了基层党组织规范化建设。召开党组织书记抓基层党建工作述职评议大会，听取36个党组织书记抓基层党建工作述职，并进行现场评议，党建工作“述评考”有效开展。积极开展创先争优活动，召开庆祝建党95 周年暨“创先争优”表彰大会，对评选出的7个“厅直先进基层党组织”和101名“优秀共产党员”、“优秀党务工作者”进行了表彰。同时，有1个基层组织和4名党员受到省直工委表彰。注重党务干部队伍建设，为机关党委增加了编制和工作人员，开展了支部书记轮训。加强对统战和群团工作领导，全面梳理党外人士资料，开展了困难职工、困难党员、老党员慰问及困难职工帮扶等活动。高度重视老干部工作，将老干部工作列入年度工作要点，及时向老干部传达重要文件、会议精神，通报民政工作情况，组织开展各类活动，充分发挥老干部的经验优势，在推动

民政重点、难点工作中发挥积极作用。

（二）党风廉政建设和作风建设不断加强。认真落实全面从严治党主体责任，下发了《关于落实两个责任实施六定制度的通知》，为推动机关党风廉政建设和反腐败斗争深入开展严明了制度。配齐配强了机关党委和各支部纪委书记（委员），充分发挥机关纪委监督责任，切实加强了机关正风反腐工作。深入学习《廉洁自律准则》《纪律处分条例》《问责条例》《关于新形势下党内政治生活的若干准则》和《中国共产党党内监督条例》等党内法规。组织干部集中观看警示教育片，邀请有关专家作专题辅导，使党员干部受警醒、明底线、知敬畏。坚持把纪律和规矩挺在前面，严格执行婚丧喜庆等领导干部个人重大事项请示报告制度，开展“工作秩序涣散纪律松弛”专项整治，及时调查处理信访案件，加大对党员干部执行“八项规定”的督促检查。不断加强精神文明创建工作，以文明和谐单位创建工作的检查验收为契机，认真查找和改进存在的不足，进一步提升精神文明建设工作水平。

（三）法治建设水平明显提升。厅党组不断强化对法治工作的领导，调整法治建设领导机构，明确年度法治工作任务，将法治建设纳入对各市民政局的考核评估项目，经常听取法治工作汇报，研究法治建设重点问题。配合省人大、省政府法制办，完成《山西省实施<中华人民共和国老年人权益保障法>办法》全面修订工作。严格落实规范性文件合法性审查制度。大力推进领导干部和公务员学法用法，完善学法用法制度，落实党组（中心组）学法和领导干部述法要求，举办法治报告会3次、《慈善法》培训班2期，在青年干部中开展了“学法讲法”活动。认真组织“依法行政月”和“12.4”国家宪法日暨全国法治宣传日活动，广泛宣传宪法以及慈善法、山西省实施《老年人权益保障法》办法等民政专业法律法规。出台民政系统“七五”普法规划，全面启动“七五”普法工作。全年安排50余名执法人员参加了法律知识更新、法治能力提升等培训，全面完成行政执法人员执法证件审核注册工作。扎实推进执法规范化建设，强化对自由裁量权的约束，制定了《行政处罚自由裁量权适用规则（试行）》和《行政处罚自由裁量权基准（试行）》。不断加强党务政务公开，全年在门户网站发布信息976条。健全完善“三重一大”决策机制，出台了《重大行政决策公众参与制度》，对厅25项内部职权进行了初步梳理。严格按照权力清单、责任清单和运行流程图，规范行政许可等各项权力运行。建立随机抽查事项清单和执法检查人员名录库，并在门户网站进行了公示，不断强化事中事后监督。深化行政审批改革，行政审批事项和相关工作人员进入省政务服务中心，取消了全省性社会团体和基金会分支机构、代表机构设立、变更、注销登记行政审批项目，进一步提高了行政效率。

（四）干部队伍建设进一步加强。严格执行干部选任有关规定，规范选人用人程序，加强选人用人监督，按照“信念坚定、为民服务、勤政务实、敢于担当、清正廉洁”二十字好干部标准，全年共选任处级干部28名，其中，厅机关正处级领导干部4名、调研员4名、副处级领导干部4名、副调研员3名；选任厅直单位正处级领导干部4名、副处级领导干部8名。另外还交流处级领导干部3名，配合组织部完成了1名正厅级领导干部的推荐工作。在干部选任工作中，厅党组严格按制度规定选人用人，充分发挥领导把关作用，把好动议关；坚持发扬民主，把好推荐关；严格用人标准，把好考察关。严格执行干部选拔任用工作“十不准”纪律规定，全面推行试用期制和任前公示制，严格遵守干部选拔任用工作纪律，并由纪检部门对干部选任工作进行全程监督，没有发现违反组织人事纪律的问题。组织年度新任处级干部进行了宪法宣誓。加强民政系统干部培训，全省共培训7926人次。厅机关、直属单位干部队伍结构进一步优化，民政系统干部能力素质进一步提高，凝聚力、战斗力进一步增强。

（李春伟）

附：省民政厅党组书记、成员名单

书　记：薛维栋

成　员：王卫东（女）　许富昌（10月离职）

李太平　高玉厚　尹也刚　吴建强

省司法厅党委工作概况

党委书记　薛永辉

2016年，在省委、省政府、司法部的坚强领导和大力支持下，省司法厅党委团结带领全省广大司法行政干警职工和全体法律服务工作者，全面贯彻落实党的十八大和十八届三中、四中、五中、六中全会精神，深入贯彻习近平总书记系列重要讲话精神和治国理政新理念新思想新战略，充分发挥司法行政职能作用，积极主动担当，忠诚履职尽责，推动了司法行政事业改革新发展，为维护社会稳定、服务经济发展、促进公平正义作出了积极贡献。

一、充分发挥法律保障作用，维护社会和谐稳定取得新业绩

一是监狱戒毒场所保持持续安全稳定，全省监狱连续10年实现了“四无”目标，连续17年实现无狱内重特大案件，全省戒毒系统实现第十个“六无”目标，全省监所企业安

全生产周期创下历史最好水平。二是扎实开展社区矫正“漏管脱管虚管”专项整治和执法检查专项活动，最大限度地堵塞了管理漏洞，全省社区服刑人员重新犯罪率低于全国平均水平，探索出的好经验好做法，在中央政法工作会议和全国司法厅(局)长会议上得到孟建柱、吴爱英同志的充分肯定。三是认真开展安置帮教“除隐患强基础保稳定”专项攻坚行动，对5946名重点安置帮教对象落实一人一策帮扶，接送率、安置率、帮教率均大幅提高。四是聚焦重点改革发展领域和民生热点、难点领域开展矛盾纠纷排查化解，累计调解纠纷16.2万余件，调解成功率96.2%。五是开展“信访积案百日攻坚”专项活动和涉法涉诉进京非访集中清理专项活动，有效化解了一批信访积案。六是大力推进律师参与化解信访案件工作，会同省信访局为全省各级信访部门普遍聘请了法律顾问。

二、充分发挥法律服务作用，服务经济发展取得积极成效

一是部署开展了法律服务六大发展、促进山西经济振兴崛起等专项行动，新组建50余个法律服务团队，为全省2200多个重点项目提供了全方位、一站式法律服务。骆惠宁、楼阳生和刘杰同志分别作出批示，予以充分肯定。2016年，全省律师共代理诉讼案件8.9万余件、非诉业务4.4万余件，公证员共办理公证17万余件，基层法律服务工作者共代理诉讼案件1万余件，非诉业务近4千件，司法鉴定机构共办理司法鉴定案件3.7万余件。二是全省法律援助远程视频服务系统二期建设稳步推进，司法行政工作信息化水平进一步提升，在全国司法行政信息化建设推进会上受到表扬，14个兄弟省市先后来我省学习观摩。三是重点领域改革任务推进顺利，人民监督员选任管理方式改革全面推进，圆满完成了80名省级人民检察院人民监督员选任工作；行政审批制度改革和“双随机一公开”监管方式改革同步推进，司法厅被省政务服务中心确认为“样板示范单位”；深入开展律师事务所模范党支部、标准化党支部创建活动，律师行业党的领导进一步加强，得到司法部、全国律协和省委组织部充分肯定；启动公证机构设置重新调整工作，执业区域整合试点在忻州、吕梁两市顺利推进。

三、充分发挥法治宣传作用，普法依法治理工作创新开展

一是我省“六五”普法任务圆满完成，“七五”普法全面启动。二是贯彻落实中央深化改革领导小组审议通过的《关于完善国家工作人员学法用法的意见》，完善了国家工作人员学法用法制度各项工作。三是“谁执法谁普法”责任制得到进一步落实，普法依法治理的社会影响力不断扩大，翼城县拍摄普法短剧的经验在中央综治委南昌会议上交流推广。四是创新法治文化建设的载体与形式，运用山西司法行政网、《山西司法》、微信公众号等载体和资源，大力挖掘和弘扬了我省源远流长的法治文化。五是以“法律六进”为载体，广泛开展了“送法下乡”活动，加强了农村、社区法治宣传教育，引导群众树立起“合法权益合法表达、合法权益依法维权”的观念。

四、充分发挥全面从严治党统领作用，司法行政系统党的建设、反腐倡廉建设和队伍建设全面加强

一是全系统坚持学用结合、边学边用，组织了“四讲四有”专题研讨，部署开展了“向李培斌同志学习、公正执法作表率、法律服务我争先、我是党员我带头”等四个专项活动，“两学一做”学习教育成效明显，被《法制日报》头版刊登交流。二是切实履行党风廉政建设“两个责任”，共查处违法违纪案件33件，处分53人，其中处级11人，科级及以下42人，进一步形成了反“四风”、反腐败斗争的压倒性态势，不敢腐的局面已经形成，党风廉政建设取得新成效。三是认真做好干部队伍选配和监督管理，正确的选人用人导向进一步树立，队伍建设得到切实加强，在全国司法行政系统队伍建设会议上作了经验交流。四是李培斌先进事迹宣传反响强烈，通过举办专题报告会、演讲比赛、主题征文、拍摄专题片等活动，进一步掀起了学习宣传李培斌同志先进事迹高潮。李培斌同志先进事迹得到中央组织部、中央宣传部、中央政法委、司法部、省委、省政府、省委政法委充分肯定，孟建柱同志亲切接见李培斌同志先进事迹报告团成员，引起社会强烈反响。

司法厅顺利组织实施司法考试，实现了全省考务组织实施“零失误”、条形码“零漏贴”和试卷“零雷同”。全国有6个省份做到了“零失误”、条形码“零漏贴”和试卷“零雷同”，司法厅是其中之一。厅直院校整体工作平稳有序开展，态势良好。基层法律服务工作者队伍快速壮大，增幅达46%。全省司法鉴定监督管理全面加强，工作经验两次被司法部推荐在《法制日报》刊登。扶贫攻坚工作顺利开局，省厅所帮扶的3个行政村实现整村脱贫。离退休干部管理、理论研究、计财装备、新闻宣传、政务公开、机要保密、应急管理、后勤保障等各项工作都取得积极成效。

（杨铁保）

附：省司法厅党委书记、委员名单

书　记：崔国红（11月离职）　薛永辉（11月任职）

委　员：王化清　张玉良（11月离职）　句轶旺

张晓玲（女，10月离职）　翟新山

周　涛（5月离职）　王　伟　白　震

省财政厅党组工作概况

党组书记 武 涛

2016年，省财政厅党组在省委的坚强领导下，团结带领全厅干部职工，按照省委“一个指引、两手硬”的重大思路和要求，严格执行《中国共产党党组工作条例（试行）》，认真贯彻省第十一次党代会和省委十一届二次全会精神以及中央和省委的决策部署，扎实开展“两学一做”学习教育，坚持标本兼治、抓常抓长，严肃党内政治生活，推动全面从严治党向纵深发展，风清气正、干事创业的政治生态进一步形成。

一、加强思想建设，扎实开展“两学一做”学习教育

“两学一做”学习教育是面向全体党员深化党内教育和加强党的思想政治建设的重要实践。2016年，省财政厅党组在党的群众路线教育实践活动和“三严三实”专题教育的基础上，按照基础在学、关键在做的要求，把学习教育作为全面从严治党的重要抓手。坚持有序推进。根据学习教育实施方案每三个月制定一次学习教育时间表，督促各党支部结合实际量化细化、认真落实。在积极参加省直机关活动的同时，为引深学习教育，先后举办了6期专题讲座、党员干部“读书月”、“做合格党员”演讲比赛、“来自基层的报告”、“党章党规知识竞赛”和书画比赛，隆重举行了“纪念建党95周年大会”。坚持以上率下。厅党组以习近平总书记系列重要讲话精神为指引，坚持逢会必学，学原著读原文悟原理，学而信学而思学而行，带头开展“四讲四有”专题学习讨论，厅领导带头讲党课，厅党组书记、厅长武涛于7月29日为全厅党员干部讲授了题为《统一思想，凝心聚力，改革创新，攻坚克难》的党课。坚持问题导向。结合“党员先锋行”主题实践活动，组织各党支部认真开展“学习贯彻系列讲话，解决若干突出问题”主题活动，认真解决财政改革发展和机关党建工作中急需解决的问题。全厅57个党支部580余名党员着眼应对经济下行压力、化解财政收支矛盾、帮助企业转型脱困和统筹整合财政资金助力脱贫攻坚等年度重点工作任务深入查摆问题，逐条检视整改，解决问题5项63条。坚持担当作为。2016年，面对财政收入减少和支出需求刚性增长双重挤压、财政收支矛盾持续加剧等压力，厅党组坚持“紧日子、保基本、调结构、保战略”的基本原则，积极争取中央支持，安排专人赴财政部进行了9轮对接，厅领导8次带队，恳切反映我省财政运行困难，千方百计赢得中央支持理解，取得了“四个百亿”的积极成效。同时，加大资金统筹力度，调整优化支出结构，增加对市县财力性转移支付，大力减税降费减轻企业负担，积极推进供给侧结构性改革，全力补短兜底改善民生，持续深化改革提升资金效益，发挥财政对经济社会发展的调控促进作用，多措并举确保了全省财政经济稳步运行。2016年，全省一般公共预算收入完成1557亿元，为预算的101.9%，下降5.2%，超额完成下降7%的收入目标任务，为全省经济实现低位企稳、稳中有进、稳中向好，实现下半年好于上半年的工作目标做出了积极贡献。学习教育的扎实开展，进一步增强了全厅广大党员的“四个意识”和争做“四讲四有”合格党员的思想与行动自觉，坚决维护以习近平同志为核心的党中央权威，增强了财政工作的政治性、法治性、科学性，坚决贯彻中央和省委的各项决策部署，确保政令畅通，为全面从严治党营造了浓厚氛围、奠定了坚实基础。截至2016年底，厅机关连续六年保持“山西省文明单位标兵”、连续十三年保持“省直文明单位标兵”、继续保持“全国文明单位”称号；厅属15个单位中，1个为省文明单位，13个为省直文明单位标兵，1个为省直文明单位。

二、夯实组织基础，严肃党内政治生活

加强基层党建是落实全面从严治党的“牛鼻子”，抓基层打基础就是强基固本。厅党组牢固树立党的一切工作到支部的鲜明导向，充分发挥其教育管理党员的主体作用和管到“人头”的优势，努力把党支部建成战斗堡垒和“党员之家”。健全基层党群组织。坚持将党支部建在处室，党支部书记和行政负责人“一岗双责”一肩挑的做法，2016年57个党支部全部换届，严格按照省委组织部、省委统战部和省直工委的要求配齐配强了支部委员。同时坚持党建带群建，全厅基层工青妇组织全部换届，工会小组、妇女小组和团支部成为党支部的坚强助手。严肃党内政治生活。严肃党内政治生活是全面从严治党的根本性基础工作。厅党组认真贯彻《关于新形势下党内政治生活的若干准则》《中国共产党党内监督条例》，正确处理公与私、义与利、是与非、正与邪、苦与乐的矛盾，自觉把讲政治贯穿于党性锻炼全过程，让政治觉悟在党性修养和党内生活锻炼中不断提高，在工作实践和斗争磨砺中不断坚定。认真落实《县以上党和国家机关党员领导干部民主生活会若干规定》，厅党组于2017年1月8日召开了民主生活会，会上认真开展了批评与自我批评。厅党组全体成员抱着端正严肃的态度，逐一进行个人对照检查，既从工作中找差距，又从思想上、党性上找根源，直面问题、深挖根源，抛开面子、抓住要害，实事求是、不遮不掩。在相互批评时，坦率真挚、直言不讳，真刀真枪、点准穴位，体现出了对工作、对同志高度负责的精神。民主生活会召开后，针对会议讨论结果及征求意见情况，对照查摆出的问题，围绕省委“一个指引，两手硬”的重大思路和要求，形成了改进措施和努力方向。厅领导除认真参加厅党组民主生活会和所在党支部组织

生活会外，还指导分管处室（单位）的党支部组织生活会，切实增强党内政治生活的政治性时代性原则性战斗性，使每个党支部都成为激浊扬清的战斗堡垒，使每个党员都成为扶正祛邪的战斗员。严格执行民主集中制。按照《山西省财政厅党组工作规则》要求，对重大决策、重要干部任免、重大项目安排事项，厅党组都要按照集体领导、民主集中、个别酝酿、会议决定的原则作出决定。2016 年厅党组共召开会议 19 次，主要涉及人事调整、机构变动、机关党建、党风廉政建设等方面事项。加强日常教育监督管理。强化党内监督，重在日常、贵在有恒。厅党组坚持书记抓、抓书记这个“关键少数”。党支部书记坚持严管厚爱，严格执行“三会一课”制度，带头营造良好政治生态，有个“婆婆嘴”，常念监督经，不仅管好八小时以内，而且管好八小时以外，敢于较真，抓早抓小，真管真严、敢管敢严、长管长严，使咬耳扯袖、红脸出汗成为常态，让正常的批评和自我批评成为党内政治空气的清洁剂，让党员干部在相互提醒和督促中进步成长。同时尊重党员主体地位，让党员感到在党内不仅有义务、有责任、有奉献，还有尊重、有关怀、有依靠，切实感受到党组织的温暖。

三、强化主体责任，全面落实从严治党要求

全面从严治党说到底是责任问题，特别是落实主体责任更为关键。强化全面从严治党主体责任。厅党组牢固树立“党务是第一业务、抓好党建是最大政绩”的理念，成立厅党建工作领导小组，厅党组书记、厅长武涛担任组长，对全厅党的建设各项工作实施统一领导、统筹规划。认真贯彻《中国共产党党组工作条例》《省直机关党的工作责任制的规定》和厅党组《关于落实党风廉政建设主体责任的实施意见》，进一步细化了厅党组、党组书记、班子成员和各处室（单位）主要负责人的“一岗双责”主体责任，将责任层层分解、压力层层传导，传给每一个党支部，传到每一名党员，形成一级抓一级、层层抓落实的责任体系和工作格局。实行“双会双目标双考核双述职”机制。一是落实好年度全省财政工作会议和全省财政反腐倡廉建设工作会议精神，二是根据会议精神，结合省考核办下达的公共目标，制定好当年的党建工作目标和党风廉政建设工作目标，三是对这两个目标严格落实、严格考核、严格奖惩，四是实施好处级党员领导干部上对党组、下对党员双述职制度，接受双向监督。通过科学的机制把责任一级一级扛起来，把压力一级一级压下去，确保工作职责和权力运行延伸到哪里，主体责任的压力就层层有效传导到哪里，确保财政资金和财政干部 “两个安全”。加强作风建设和廉洁教育。厅党组带头执行中央八项规定精神，切实改进作风。加强学习调研，全年集体学习 16 次，下基层调研 60 余次。加强对违反中央八项规定精神问题的监督检查，五一、端午，中秋、国庆，元旦、春节等重要节点，驻厅纪检组和厅机关党委向全体干部职工发送廉政提醒短信，同时明察暗访及时发现问题，严防“四风”反弹回潮。厅机关每天两次工间操前播放《廉洁自律准则》，进行正面教育；定期播放廉政教育片，加强警示教育。严格执行领导干部报告个人有关事项制度，省管干部和处级干部全部按要求报告了个人有关事项，并录入省委组织部系统数据库。实践好“四种形态”。厅党组大力支持驻厅纪检组监督执纪问责。驻厅纪检组坚持挺纪在前、统筹运用“四种形态”特别是第一种形态。对新提任的处级干部先后两次进行了任前廉政谈话，对所有处级干部逐人逐项建立了动态管理廉洁档案。2016 年通过召开党组会议、处级干部会议、党支部专题会议、全省财政系统反腐倡廉建设工作会议和举办全省市县财政局长履行主体责任专题培训班等相互关联、有序推进、标本兼治的措施，进一步营造了干事创业的工作氛围和风清气正的财政上下级关系，推进了主体责任和监督责任的落实。

四、坚持好干部标准，树立正确的用人导向

为切实做到公道正派、选贤任能，树立正确的用人导向，厅党组在干部选拔任用工作中认真做到“四个坚持”。一是坚持先立规矩，后动干部。在动议前，依据省委关于干部选拔任用、从严管理干部的一系列政策规定，认真贯彻各级党委（党组）在干部选拔任用工作中严格执行民主集中制的办法，研究制定了一系列制度规定和干部交流选任工作方案。二是坚持挺纪在前，警钟长鸣。在干部选任工作中，重点强调不准跑官要官等“十不准”纪律，坚决防止无视党的政治纪律和政治规矩的“七个有之”现象发生，营造风清气正的工作氛围。三是坚持德才兼备，明确导向。坚持好干部标准，坚持任人唯贤、注重实绩、群众公认，有效运用个别谈话、征求意见、干部德能考核考察正反向测评等手段，试行到服务单位延伸考察等办法，全面准确地考察了解干部，切实将民主推荐、平时考核、年度考核、一贯表现和人岗相适等因素综合分析，既看工作能力又看长期贡献，既考虑资历年龄又考虑梯队建设，旗帜鲜明地选拔讲大局、敢担当、有本事、能吃苦、守清廉的干部，格外关注那些长期默默奉献、不事张扬、不争名利的干部，为敢于担当的干部担当，对敢干负责的干部负责。四是坚持严把关口，防止带病提拔。认真做好干部个人有关事项报告重点核查、档案任前审查等“六查”工作，对考察对象个人有关事项报告核查比对情况、执行党纪政纪情况、计生情况、档案审核等情况分别由相关负责同志签字背书，防止带病提拔。2016 年，厅党组共选拔任用 41 名正副处级干部（处长 8 名、副处长 25 名、处级非领导职务 8 名），交流轮岗 71 名处级干部，公开招录 8 名公务员，机关任职满 7 年的副处长基本全部轮岗，全厅处级领导班子基本配齐，干部队伍结构梯次得到有效改善。厅党组认真落实省委骆惠宁书记“谋划一批推进供给侧结构性改革的举措”和楼阳生省长“财政要当好管家、理好财，要理大财”的指示要求，积极发挥参谋作用，提出了设立供给侧改革发展基金、促转型增动能基金和对国有煤炭等省属企业进行清产核资等“九个一千亿”工作方案，提出了一流人才投入、完善大病医保和促进农村低保线和脱贫线有效衔接、支持保障“三基”工作等工作建议，根据骆惠宁书记的指示，贯彻省委“激励”和“容错”两个办法精神，研究提出了提高干部收入待遇若干政策措施。目前各项工作正

在积极推进落实。

五、加强内部控制，深化财政改革

财政部门管资金分配，负责相关政策制定，财政干部容易成为“攻关”的对象和“围猎”的目标。2016年，厅党组继续坚持“自我革命”，努力从机制上做到不能腐。制定了《山西省财政厅内部控制基本制度(试行)》，包含10个专项内部控制办法，梳理出55个一级流程、86个二级流程、166条控制目标、1018个风险点、662条控制措施，形成了“1+10+N”三层级内控制度体系。认真清理整合专项转移支付，2016年省本级一般公共预算安排的专项转移支付数额减少60个，降幅21.5%。加强预算绩效管理，2016年对50个重点项目和民生项目开展绩效评价，对72个重点项目开展绩效跟踪监控，根据绩效评价结果，取消和压缩了14个专项资金项目。进一步加大财政预决算信息公开力度，公开内容进一步细化，公开范围进一步扩大，透明度进一步提高。上海财经大学公布的《2015中国透明度报告》中，我省预决算财政信息公开程度在全国31个省份中排名第三，位居全国前列。

(姚　强)

附：省财政厅党组书记、副书记、成员名单

书　记：武　涛

成　员：常国华　黄　庙　高向新

胡志国　武志远　胡双明(5月离职)

省人力资源和社会保障厅党组工作概况

党组书记　白秀平

2016年，省人力资源和社会保障厅党组坚决贯彻落实省委“一个指引、两手硬”重大思路和要求，团结带领全体干部职工，攻坚克难，争优创优，各项工作取得新进展、改革创新迈出新步伐、党建工作取得新成果，实现了“十三五”良好开局。

一、各项工作取得新进展

(一)全力以赴促进城乡就业创业。2016年，我省城镇新增就业46.46万人，完成目标任务的116.2%；转移农村劳动力34.36万人，完成目标任务的114.5%；城镇登记失业率3.52%，低于4.2%的控制目标。实施大学生就业创业促进计划，应届高校毕业生就业率达92.3%。煤炭钢铁去产能分流安置职工3.16万人，安置率达99.8%，受到国务院通报表扬。取消职业资格许可和认定事项242项。建立各类创业孵化基地和创业园区122个，带动就业11.3万人。太原、晋城、运城市加大资金投入、优化创业环境，创业带动就业效果明显。实施职业培训全覆盖计划和新生代农民工职业技能提升计划，完成各类培训84.4万人次。密集开展系列公共就业服务活动，托底安置就业困难人员4.5万名，保持了就业局势的总体稳定。

(二)多措并举提高城镇居民收入。全省城镇居民人均可支配收入达到27352元，增长5.9%。通过促进就业创业扩大了工资性收入群体、发布鼓励企业工资增长指导线标准、提高机关事业单位工资标准、调整6项社保待遇标准、保障农民工工资发放等一系列促进城镇居民增收措施，全年共调整29条待遇标准线，增加城镇居民收入408亿元，受益人数3445万人，年人均增收1184元。其中社保基金增加支出55.6亿元，受益人数674万人，年人均增收825元。在城镇居民增收的6个百分点中，人社工作工资性和转移性收入贡献了6.1个百分点。

(三)着力推进社会保障制度改革。全省城镇职工基本养老、城乡居民基本养老、城镇基本医疗、失业、工伤、生育保险参保人数达759.3万人、1549.6万人、1121.1万人、415.2万人、576万人、458.5万人，分别完成全年任务的102.7%、100.6%、100.5%、101.3%、100.7%、100.2%。启动了机关事业单位养老保险制度改革，初步搭建起社会统筹和个人账户相结合、以职业年金为补充的制度体系。城乡居民医保制度整合取得重大突破，省市县三级共127个新农合机构全部快速划转移交人社部门管理，创造了理顺我省管理体制用时最短的新纪录，得到了国家有关部门的高度评价。实施“五缓两降三补贴”政策，降低企业人工成本24.3亿元。全民参保登记试点范围扩大到7个市。累计制发社会保障卡2592万张，基本实现了参保人员人人持卡。全年各项社会保险参保人数和基金征缴均超额完成目标任务，其中综合参保率达95%，基金增收达到4.6%。

(四)深化人才发展体制机制和人事制度改革。一是积极配合省委组织部研究提出“人才发展体制机制改革30条”。二是全年新选拔享受政府特殊津贴专家57名、“三晋学者”40名、山西省学术技术带头人151名、新兴产业领军人才52名，新增高技能人才9.2万人，引进外国专家1500人次。三是圆满完成党政机关公务员考录任务，全省共招录公务员4144人。实施了国家工作人员宪法宣誓制度。建立了事业单位岗位动态调整机制，完善事业单位公开招聘制度，公开招聘事业单位工作人员6865人。四是圆满完成深化国防和军队改革期间军转干部安置任务，全面实行量化考核、积分选岗，共安置军转干部813名。落实各项解困政策，军转干部已成为全省改革发展稳定的重要生力军。

(五)构建维护社会稳定工作机制。一是及时处置上访“苗头”。通过法定途径和程序分类处理信访事项，开辟网上信访信息平台，畅通投诉渠道，关注重点群体和群众合理诉求，妥善处置突发性群体上访事件，有效控制化解了矛盾纠纷。二是全面治理农民工欠薪。明确了以企业为主体、市县政府属地管理、相关部门协同监管的农民工工资支付保障责任体系，健全了解决欠薪问题的预防、处理、惩戒工作机制。吕梁、晋城两市开展了"无欠薪市"创建活动。省厅向社会公布62起重大欠薪违法案件，有效遏制了欠薪高发势头。三是积极处置投诉争议纠纷。科学有机衔接监察、调解、仲裁工作机制，全年有效处置举报投诉案件3228件，结案率达100%；劳动人事争议立案8813件，结案率达97.4%。

（六）全面推进依法行政。深化行政审批制度改革，严格按照"两清单、两张图"运行权力，切实作到法定职责必须为、法无授权不可为。加强规范性文件合法性审查，完善重大行政决策机制。全面落实行政执法责任制，大力推行"双随机一公开"。妥善处理涉法事务，受理行政复议28件，行政诉讼52件，出庭应诉48次，全部胜诉。人社领域全年简政、放权和改革创新事项达到30多个。

二、改革创新迈出新步伐

（一）加强班子队伍作风建设。适应山西发展翻开新的一页新形势，先后出台了落实全面从严治党主体责任、领导干部联系基层、加强规范财务资金（基金）管理、厅属事业单位人事管理、规范行政审批行为改进基本公共服务、厅机关印章管理"六个决定"一是健全了厅党组、各级党委（支部）、基层党组织三级党建和反腐败主体责任体系，对日常政治学习、组织生活、谈心谈话、批评与自我批评等工作形成制度化、报表化管理。二是组织全厅208名处级以上干部"一对一"联系市县人社局、省属企事业单位，帮助基层解决725个实际问题。三是对全厅122个银行账户进行实时监控，共抽查1300余户次，涉及资金160余亿元，核实资金异常变动账户8次，涉及资金300余万元，有效防范了资金运行风险。四是下放厅属事业单位用人自主权，编制内新进人员和科级以下干部聘任由单位自主决定。五是规范行政审批行为，将全厅17项行政审批事项全部转入省政务服务中心窗口统一受理、集中办理，实行"阳光审批"。六是加强厅机关印章管理，封存停用各处室印章、专用章44枚；对保留的46枚印章逐枚确定适用事项、批准权限、保管责任人。同时，坚持正确的用人导向，提拔交流了一批作风过硬、业务精通、群众公认度高的干部，凝聚起全厅干部职工改革创新、干事创业的强大正能量。

（二）创新就业制度。一是出台了贫困县试行劳务输出"员工制"管理的实施意见。提出将58个贫困县中"建档立卡"的青壮年劳动力组织起来，实行公司化运作、员工制管理，签订劳动合同，参加社会保险，政府给予补贴，扩大有组织劳务输出，实现农村贫困劳动力农转非、民转工、村转城"三个转变"，彻底帮助农村贫困劳动人口走上稳定就业、可持续增收脱贫的光明大道。这一制度模式受到国务院扶贫办高度重视并总结推广，以此推动我省"吕梁护工""天镇保姆""晋中面食"等劳务品牌在产业发展上做强做大。二是探索创新矿区就业模式。山西焦煤集团先行先试，组建劳务公司，搭建就业管理服务平台，采用"异地就业、属地保障"的办法，依法建立规范分流安置职工或异地就业人员的劳动关系和社保关系，其它煤炭集团也普遍进行探索发展。此项工作国家发改委作为全国去产能经验给予充分肯定和积极评价。三是积极支持配合转型综改示范区人事管理体制机制创新。人社厅研究推出了《关于深化转型综改示范区人力资源管理的意见》，全面落实省委、省政府领导提出的打造专业化、市场化、国际化的人力资源管理运行机制，引入竞争激励机制，试行领导班子任期制、全员岗位聘任制和绩效工资制，力争在示范区首先形成干部能上能下、人员能进能出、工资能高能低、充满生机活力的人力资源管理制度。

（三）强化理论研究和政策储备。重点在深化人才发展体制机制改革、事业单位人事薪酬社保制度改革、扩大中等收入群体、解决矿区职工及其子女就业难、开展劳务输出员工制管理试点、规范灵活就业人员劳动关系和社保关系、提高机关事业单位工资收入、分类解决社保欠费、规范行政审批等13个方面超前部署课题、研究储备了一批政策措施，其中5项成果已转化为政策措施，进入实施操作状态。此外，建立了厅校（院）战略合作协同创新机制，破解人社领域改革发展难题，促进干部素质全面提升。加强与驻晋金融、保险机构和医疗（药）机构的深度合作。

三、落实全面从严治党主体责任取得新成果

（一）扎实开展"两学一做"学习教育。厅党组坚持以上率下，班子成员参加专题研讨70余次，带头讲党课12次。各党支部采取个人自学、集中学习、专题辅导、交流研讨、警示教育、测试答题等多种形式，组织党员深入学、系统学、跟进学，全部完成了规定篇目的学习，开展了"四讲四有"四个专题学习研讨，集中学习时间平均达60小时。广泛开展了"党员先锋行""建功十三五、支部创六星"主题实践活动，在建党95周年之际，隆重表扬了106名"优秀共产党员"、14名"优秀党务工作者"和15个"先进基层党组织"，召开了先进典型事迹报告会，有效激发了党员内生动力。

（二）创新全面从严治党工作方法。建立了全面从严治党的责任体系，进一步明确了厅党组、厅党组书记、厅领导班子成员、基层党委（支部）、基层党组织书记各自承担的责任，建立了落实主体责任管理台账和考核评价制度，逐级签订《党风廉政建设责任书》《党员廉政承诺书》，层层传递责任、传导压力。共召开支部大会、支委会、党小组会811次，讲党课193次，组织民主生活会88次、组织生活会119次、支部工作例会659次，开展党员思想分析、党性党风教育、党员述职评议和党风廉政建设活动452次。同时，加强案件查办，抓早抓小苗头，给予党纪政纪处分1人、函询2人、诫勉3人、廉政约谈45人。

（三）认真落实"一岗双责"。成立了厅党建工作领导小组，形成了党组书记负总责、党组成员分工负责、机关党委推进落实、监管处室主要负责人"一岗双责"的党建工作格局。

厅党组书记白秀平同志自觉履行“第一责任人”职责,先后主持召开了13次厅党组会和中心组学习会,传达学习中央和省委全面从严治党有关要求,研究全厅党建重大问题。厅党组成员按照职责分工,对分管领域的党建工作紧抓不放,均为分管处室单位的党员领导干部讲了党课,参加了所在党支部的民主生活会。

(四)建立年度工作报告制度。组织58个厅机关处室和直属单位主要负责人向厅党组报告工作,主要内容为年度目标任务完成情况、履行职责情况、重点工作落实情况、人社业务政策研究储备情况、党风廉政建设以及执行“八项规定”情况、自身建设情况和2017年工作思路,接受全厅干部评议,展现了良好的精神风貌。

(五)以强化基层党建助推脱贫攻坚。认真落实骆惠宁同志在我厅扶贫点五台东雷乡调研讲话精神,按照“全厅包乡、领导包村、党员包户、因户施策、责任到人”的思路,选派8名干部组成扶贫工作队、选派8名干部担任农村第一书记,协助乡党委加强11个贫困村基层党组织建设,因地制宜帮助发展特色高效农业,更新基础设施改善农村人居环境,为全乡争取扶贫资金3000余万元。厅党组书记白秀平同志先后4次到扶贫点检查指导工作,多次召集扶贫工作队和驻村“第一书记”进行座谈,鼓励大家扎根基层,为全省扶贫攻坚做出应有的贡献。 (潘建亲)

附:省人力资源和社会保障厅党组书记、成员名单

书　记:张　健(5月离职)　白秀平(5月任职)

成　员:李建刚(10月离职)　王建文　李广禄

刘海芸(女)　姚　逊(7月离职)

张其光(10月离职,挂职)

贺德孝(11月任职)

省国土资源厅党组工作概况

党组书记　许大纯

2016年,省国土资源厅党组坚持以习近平总书记系列重要讲话精神为指引,按照省委“一个指引、两手硬”重大思路和要求,以服务深化供给侧结构性改革和综改试验区建设为主线,按照“强化资源保障保护、全面打造法治国土、着力建强干部队伍、创新推进党建工作”的总体思路,坚持党建统领全局、全面推进改革创新,积极构建“一统一大一融”(“一统”即党建统领全局;“一大”即构建大党建工作格局;“一融”即促进党建与业务深度融合)党建工作新模式,扎实开展“两学一做”学习教育,深入推进“六型机关”建设,对标先进、争创一流,为全省经济社会发展提供了有力资源保障。

一、以“两学一做”为载体,开创具有国土资源部门特色的“大党建”工作格局

厅党组始终坚持把学习习近平总书记系列重要讲话作为一项重要政治任务,始终牢固树立抓好党建是本职、不抓党建是失职、抓不好党建是不称职的理念,积极探索具有国土资源特色的“大党建”格局。

一是坚持党建统领全局,党建与业务深度融合,积极构建“大党建”路径。出台《山西省国土资源厅机关党委工作机构设置方案》,创新机关党委组织架构,明确机关党委10人编制,设组织室、宣传室、纪检室,室主任均为副处级干部担任。圆满完成了机关党委和纪委换届,在组织机制上建立了“大党建”格局,为强化党建工作提供了有力保障。

二是创新党建载体。年初先行一步,在省委部署“两学一做”学习教育之前,集中开展为期一个月的“学系列讲话精神,谋工作落实之策”专题学习讨论,为“两学一做”奠定了基础。“两学一做”实施清单式管理,各项任务得到细化落实。深入开展“家风建设”“党员先锋行”“我为国土添风采,做向上向善好青年”分享会等主题实践活动,领导干部讲党课等方式,全体党员干部的政治意识和大局观念得到进一步强化。认真组织学习贯彻习近平总书记系列重要讲话精神引向深入专题活动,通过经验交流会、知识问答、“习近平用典”书画展等活动进一步检验成效,保证了学习效果,促进了思想认识升华。

三是创新党建抓手。坚持党建与业务深度融合,形成党建引领业务工作落实、业务推进党建工作具体化的良好局面。把“党建引领”融入扶贫工作,建立“党组织+产业基地+合作社+贫困户”和“一户、一策、一党员”党建扶贫互促机制,实施土地利用规划计划指标、生态退耕、增减挂钩、土地整治项目资金、零星小块地开发、采煤沉陷区土地复垦、占补平衡指标异地交易、资源惠民等8项政策组合拳,并率先在扶贫点岢岚县实施。全省首宗城乡建设用地增减挂钩结余指标流转、耕地占补平衡指标交易成功签约,岢岚县通过3宗指标交易,收益近3000万元。

二、以落实主体责任为核心,推进全面从严治党取得新成效

一是深化细化主体责任内涵。省厅层面,厅党组履行全系统全面从严治党主体责任,履行党风廉政建设和反腐败斗争的主体责任和监督责任。驻厅纪检组履行全系统监督责任,抓监督执纪问责,监督厅党组特别是党组书记履行主体责任和监督责任落实情况,并向省纪委报告;监督厅领导班子成员、市局局长、厅机关处长、厅属各事业单位“一把手”和

开发区分局局长履行主体责任和监督责任的情况，并向厅党组报告。市、县局层面，明确了同样的责任分解制度。

二是配齐配强纪检干部队伍。配齐15个厅属事业单位和17个开发区分局纪检干部，加大纪检干部培训力度，着重提升"会监督"能力。

三是建立健全责任落实机制。落实处级以上领导干部主体责任公开承诺并签字背书，厅主要领导严格落实每月与机关处室和厅属事业单位负责人廉政谈话和落实主体责任谈话制度，其他厅领导落实"一岗双责"，层层落实主体责任的局面初步形成。厅党组与驻厅纪检组共同抓好"监督责任"落实，共同明确9项监督重点内容、14项监督措施和责任追究情形，修订了支持纪检工作相关办法，形成主体责任、监督责任同频共振、协调共进的良好局面。

三、以建强干部队伍为根本，积极重塑国土资源部门新形象

厅党组坚持好干部标准，围绕培养一批"积极进取、主动作为、敢于担当、勤政廉洁"国土资源干部队伍要求，坚持固本培元，采取积极措施，狠抓工作落实。

一是及时调整补充一批干部。坚持德才兼备、以德为先、以廉为基，省委选拔4名副厅级干部，厅党组在系统内调整选用61名处级干部。特别是厅机关考试择优选拔9名副处长，公开招录遴选13名公务员、20名事业单位干部，突出择优选拔招录鲜明导向，干部队伍建设得到有力加强。

二是健全干部管理机制。出台厅管干部选拔任用工作暂行办法、干部挂职锻炼和学习培养管理办法，制定市局班子成员调整动议内部操作办法、厅机关人员编制和处级领导职数配备规定，核实完善全系统49家单位的机构人员编制信息，规范干部任职宣布程序、干部任前公示、退休干部免职程序，干部管理规范化水平显著增强。

三是着力提升干部能力素质。深入开展"能力建设年"活动，举办国土课堂36期，着力提高干部责任担当、依法行政、落实执行、崇廉拒腐"四种能力"。部署"人才＋项目"计划，开展"1+3"联学联做，健全科研项目管理、重点人才培养激励制度，着力建设一支"业务精通、技术过硬、勇于创新、敢于担当"的专业技术人才队伍。厅党组通过调整选用干部、激励干部主动担当，形成了干事创业的氛围，塑造了良好的部门形象。

四、以把握"四种形态"为导向，保持反腐败斗争高压态势

研究制定《厅党组工作规则》，"一把手"带头按原则办事、按程序办事，凡是"三重一大"事项，都要经过党组会议酝酿讨论决定。按照"强主体、抓重点、重监督、严惩处"工作思路，抓住"关键少数"落实全面从严治党主体责任，组织召开全系统党风廉政建设述纪述廉述作风述责任会议，随机抽选5名"一把手"向厅党组、驻厅纪检组"四述"，当场质询提问、红脸出汗，约谈32名处级干部，营造了真抓真管、严抓严管的氛围。建立领导干部廉洁档案，对344名副处级以上干部实行廉政动态管理。在全系统开展5轮落实中央八项规定交叉检查，绷紧了作风建设常态化这根弦。强化监督扰纪问责，严厉惩处腐败问题，2016年，全系统党政纪和组织处理299人，公开通报78起违纪典型案件，始终保持了反腐败斗争的高压态势。

五、以党建工作为统领，全面构建国土资源部门良好政治生态

厅党组率先垂范，提高政治站位、增强政治定力，严格遵守党的纪律和规矩，牢固树立政治意识、大局意识、核心意识、看齐意识，坚决与党中央和省委保持高度一致。创新抓党建、扎实抓业务、严格管干部，形成了良好的工作局面。经过努力，中央八项规定精神在全系统得到坚决落实，党的纪律建设全面加强，腐败蔓延势头得到有效遏制，反腐败斗争压倒性态势已经形成，国土资源部门不敢腐的目标初步实现，不能腐的制度日益完善，不想腐的堤坝正在构筑，各级党员干部的廉洁自律意识明显增强，法治化的国土资源管理制度体系日趋完善，全系统政治生态持续明显好转，初步形成了政令畅通、风清气正的政治生态。选送的"树清廉家风、建廉洁国土"案例荣获全国机关党组织"两学一做"最佳案例，也是山西唯一入选最佳案例。省内主流媒体"两学一做"专题率先集中报道了国土资源厅清单式管理、家风建设等工作方法。省委全面构建良好政治生态推进会、全省组织部长会以及省委举办省管干部学习贯彻党的十八届六中全会精神专题研讨班上，国土资源厅作为唯一的省直部门作了典型发言。

（程广勇）

附：省国土资源厅党组书记、成员名单

书　记：许大纯

成　员：郭英杰　彭东晓　周际鹏　武耀文　袁同锁　葛建生（10月离职）

省环保厅党组工作概况

党组书记　郭长青

2016 年，省环保厅党组带领全体党员干部深入学习贯彻党的十八届三中、四中、五中、六中全会和习近平总书记系列重要讲话精神，坚决贯彻省委、省政府工作部署，深入开展“两学一做”学习教育，认真落实全面从严治党主体责任，坚持以环境质量改善为核心，狠抓各项指标任务的完成，努力开创我省生态环境保护工作新局面。

一、深入开展“两学一做”学习教育，统一干部队伍思想

一是强化组织领导。厅党组研究制定了“两学一做”学习教育实施方案和重点工作清单，明确了各项工作任务的责任单位和时间节点，坚持“围绕中心工作，注重分类指导，突出学为基础，注重做的实践”的基本思路，提出了“三个到位、四个坚持”的工作要求，即：确保思想发动到位、责任落实到位、分类指导到位，坚持把党的思想政治建设放在首位，坚持突出“学作风”的鲜明特色、坚持以上率下的基本方法，坚持强化堡垒阵地意识，多措并举推进学习教育。

二是注重理论学习。把深入学习习近平总书记系列重要讲话精神作为首要政治任务，印发了《2016 年山西省环保厅党组中心组理论学习暨干部理论学习的安排意见》。重点组织学习了《习近平系列讲话》《党章》《廉洁自律准则》《党纪处分条例》《问责条例》等党内法规和省第十一次党代会精神。采取专题研讨、集中学习、专家辅导等方式，在学会、学透、学活上下功夫。全年共组织中心组集体学习 12 次，领导班子学习研讨会 4 次。组织开展了“四讲四有”专题集中学习研讨，4 名厅党组成员作了核心发言，20 名处级干部进行了交流发言，250 余人次参与了专题学习讨论。开展了纪念建党 95 周年“党在我心中”主题座谈会。进一步加强干部教育培训工作，制定了 2016 年度环保业务培训计划，积极组织广大党员干部开展在线学习，组织了“生态文明与环境保护”专题网络培训。

三是体现实践特色。通过开展平凡岗位建功立业、作风纪律整顿和解决群众反映强烈的突出环境问题三项专门活动，提振干部队伍精神状态。在平凡岗位建功立业方面，组织党员干部深入到市级、县级基层部门蹲点调研、建言献策，开展“党员先锋行”主题实践活动，重点在行政审批、“12369”环保热线、信访接待等窗口服务单位引导党员履行岗位职责，发挥先锋模范作用，培养选树了一批身边典型。在作风纪律整顿方面，通过教育引导、查摆问题、整改提高、民主评议、严格奖惩等方式，重点聚焦解决不讲政治、不顾大局，作风拖拉、纪律松弛，不愿作为、不负责任等突出问题，使机关工作作风明显向好。在抓好群众反映强烈的突出环境问题方面，厅党组制定环境信访大起底、大排查、大化解工作方案，开展重复信访事项、突出信访问题、信访秩序专项治理，省本级排查化解积案 75 起、直接受理信访案件 548 件，各市排查化解积案 200 余件，受理 12369 热线举报电话 9778 件、受理微信及网络举报 1863 件，全部及时办理，群众举报监督参与不断增强。

二、进一步夯实工作基础，全面提升机关党建工作水平

一是加强自身组织建设。充实了厅党建领导小组，印发了《2016 年党建工作实施方案》《省环保厅 2016 年党的工作要点》。设立党费专户，设计制作了独具环保特色的《党费证》，党员人手一本，成为党员的第二张“身份证”。印发了《关于规范厅级党员领导干部组织生活的通知》，厅领导干部以普通党员身份参加支部活动成为常态。

二是强化机关精神文明建设。以 3 月 5 日学雷锋纪念日、6.5 环境日为节点，组织人员进行植树造林、生态文明建设的宣传等活动。承担了省直机关菜单式体育比赛跳绳分项的组织工作。荣获省直机关“第九套广播体操比赛”铜奖、围棋比赛“体育道德风尚奖”。

三是积极开展扶贫工作。继续抓好脱贫攻坚工作，指导宁武县东马坊乡 6 名第一书记工作。动员全厅党员职工为该乡小学捐赠学习用品、向贫困大学生捐款，走访慰问困难家庭。

四是创新开展群团工作。有 10 个单位被评为省级青年文明号，3 名同志被省直工委评为优秀共产党员、优秀党务工作者，2 名同志被评为省直机关劳动模范。

三、全面落实从严治党主体责任，深入推进党风廉政建设

一是认真落实全面从严治党主体责任。全年召开厅党组会 30 次，其中专题分析研判反腐败斗争形势、研究部署党风廉政建设和巡视整改工作的有 20 次，基本做到了逢会必谈、逢会必讲。厅党组书记、分管厅领导和处室、直属单位负责人签订《落实党风廉政建设主体责任书》32 份。特别是：制定了《分管厅领导落实主体责任规定》，分管领导认真落实从严治党要求；细化了《基层党支部落实党风廉政建设主体责任清单》，列出了支部书记定期分析思想状况、定期开展谈心活动等 10 个方面的主体责任，并印发《党风廉政建设主体责任笔记本》，专门记录各支部书记落实主体责任的重点工作；召开

述纪述廉述作风述责任大会，厅党组书记、纪检组长对“四述”对象落实主体责任情况进行点评和质询，起到了红脸出汗的效果。通过进一步把管党治党的任务一级一级明确，把责任一级一级压实，强化了从严治党主体责任。

二是高度重视巡视整改。厅党组高度重视省委专项巡视第一组反馈的巡视意见，坚决把巡视整改作为全厅首要重大政治任务来抓。制定了《省委专项巡视一组反馈意见整改方案》，把巡视反馈意见细化为9大类24项具体任务，明确分管领导、承办部门、承办人和完成时限，印发了巡视整改任务清单；对照《整改方案》，每周一调度，十天一汇报，半个月一次党组会；按时向省委巡视组上报整改报告，在厅网站与省纪检委网站同步发布巡视整改情况的通报。目前24项整改任务中，19项已经完成，在落实两个责任、加强作风纪律整顿和执法监管、清退津补贴等5项取得积极进展、正完善长效机制。环保厅党组将持续聚焦重点整改任务，确保巡视整改任务件件有回音，事事有着落

三是用好用活“四种形态”。进一步强化监督执纪，减少腐败存量、遏制腐败增量工作取得积极进展。全年厅党组、纪检组共开展警示性约谈、任前廉政约谈30余人次，对领导干部个人事项申报不实的8名干部进行了诫勉谈话，对单位违规发放津补贴负有领导责任的1名干部进行了诫勉谈话。在进一步引深“以案说廉、以案促廉”反思剖析活动的基础上，积极稳妥处理刘向东案件涉案干部。

四是持之以恒抓作风。组织党员领导干部集体学习《中国共产党问责条例》，邀请有关专家就《中国共产党廉洁自律准则》和《中国共产党纪律处分条例》进行培训。紧盯重要时间节点，突出重点领域环节，立足常态长效反“四风”，抓好中央八项规定精神的执行落实。紧扣节前提醒、节中监督、节后反馈三个环节，向全体党员发送廉政短信、微信，并采取明察暗访、专项检查、随机抽查等方式，抓好每个节点。组织全厅党员赴太原第一监狱参加廉政警示教育，观看《权力不可任性》警示教育片。进一步筑牢了党员干部的思想道德防线，切实增强党员干部拒腐防变能力，全面从严治党工作不断深入。

四、聚焦中心工作，努力实现全省环保事业新发展

一是积极推进生态环保领域改革创新。省委省政府审议并出台了《山西省环境保护督察实施方案(试行)》《山西省环境保护工作职责规定》和《开展全省环境保护大检查的通知》“三个文件”，进一步理清各级党委、政府及相关职能部门的环境保护工作职责，强化环境保护“党政同责、一岗双责、部门履职、失职追责”，形成高位推动的合力，得到了环保部的肯定。按照要求，省环境保护督察组开展了对长治、晋城、阳泉、临汾的环保督察，得到环保部的充分肯定，走到了全国前列。同时，生态保护红线划定、环评制度改革、排污许可制度创新、排污权交易改革都取得了积极进展。

二是扎实打好“三大战役”。在大气污染防治方面，实施20条强化措施，全面完成了我省2016年大气污染防治行动计划各项任务。其中，淘汰燃煤小锅炉、城镇集中供热、原煤洗选、淘汰黄标车及老旧车方面超额完成目标责任书任务。特别是11月进入采暖期后，针对我省连续出现高强度、大范围雾霾情况，省环保厅出台《山西省应对重污染天气调度令实施办法》，先后发布1—9号调度令，积极采取各项应对措施。省市县三级联动开展重污染天气应对工作，实行最严的应急减排措施，有效缓解了空气重污染程度，污染指数实际监测结果比预测降低约12%，PM2.5浓度降低约15%。在水污染防治方面，全面贯彻落实《水污染防治行动计划》《山西省水污染防治工作方案》。出台水污染防治二十条强化措施，推进23条重点河流污染综合治理工程和汾河流域生态综合整治项目。在8个县(市)471个村庄开展农村生活污水综合利用试点工作，筛选6个断面，争取中央资金7643万元组织实施农村环境综合工程。在土壤污染防治方面，完成《山西省土壤污染防治工作实施方案》编制并经省政府印发。积极推进农用耕地土壤污染修复试点示范工作，争取中央财政资金9015万元，开工建设太原市小店区和忻州市忻府区两个耕地土壤修复国家试点项目。启动了土壤环境质量详查前期准备工作。

三是强化环境执法监管。严格执行新《环保法》，积极探索行政执法与刑事司法衔接机制，开展严厉打击环境污染违法犯罪行为专项行动，始终保持打击环境违法行为的高压态势，2016年查处按日计罚、查封扣押、移送司法机关案件数分别是2015年同期的1.3倍、4.4倍、1.8倍。推进违法违规建设项目清理，全省8644个违法违规建设项目已清理完成92%。认真开展环保大检查，各市按照省委省政府安排部署，紧紧围绕五个方面30项具体内容认真开展自查自纠。省环保厅先后两次对各市自查自纠情况进行了两轮巡查，督促解决了一大批重点环境问题。全省各市(县、区)均出台环境监管网格化实施方案，建立一级网格11个、二级网格119个、三级网格1457个，并通过政府门户网站向社会进行了公开。全面推行污染源日常环境监管“双随机”抽查执法，累计实施2万余次。特别是2016年全省深入开展了“铁腕治污行动”，10天时间内查处四类典型违法案件103件，罚款837万元，取缔土小企业87家，对10名责任人进行了责任追究等。

（赵琳琳）

附：省环保厅党组书记、成员名单

书　记：郭长青

成　员：刘　军　游　炜　王学东　刘大山

省住房和城乡建设厅党组工作概况

党组书记　李栋梁

工作概述

2016年，中共山西省住房和城乡建设厅党组带领住建系统干部职工，以党的十八届三中、四中、五中、六中全会精神为指导，认真贯彻中央城市工作会议精神及省委"一个指引、两手硬"重大思路和要求，全面落实省政府工作部署，紧紧围绕年初确定的奋斗目标，上下协同，群策群力，创造性地推进工作，以规划为引领全面统筹城乡发展，以改善城市人居环境为统领协调推进城市基础设施、保障性安居工程、城中村改造、城市生态建设，以综合执法体制改革为抓手全面加强城市管理，以去库存为重点推进房地产业稳定发展，以提质增效为目标协调推进各项工作，以正风反腐为抓手深入推进党风廉政建设，全面提升住建事业发展水平，圆满完成了各项目标任务，为促进全省经济稳步发展作出了重要贡献。

城乡规划

围绕"一核一圈三群"城镇布局，加大各类规划编制力度，完成了《山西省城镇体系规划》(草案)和《孝汾平介灵城镇组群空间规划》，14个市、县开展了城市总体规划修编，设区市、县级市和县城控规覆盖率分别达到100%、70%、60%，城乡规划体系不断完善。积极推进城市设计和"多规合一"工作，运城市完成了总体城市设计试点，太原市启动了"五规合一"试点，开辟了城乡规划编制的新领域，提升了城乡规划的质量和水平。

出台实施了《城乡规划公开公示实施办法》，强化了全社会对规划编制实施管理的监督。运用卫星图斑比对、专项检查等手段，对规划实施依法进行严格监督，及时发现和制止违法违规建设行为。组织开展了城市建成区违法建设专项治理，共查处违法建筑547.5万平方米，有效维护了规划的权威性和严肃性。

改善城市人居环境

围绕设施提升、城市安居、城中村改造和环境提质"四大工程"，继续推进城市人居环境改善工作，设立了PPP投资引导基金，分解投资计划，层层压实责任，加强统筹调度，狠抓项目建设，完成投资3104.2亿元，同比增长8.7%，约占全社会固定资产投资的22%，为全省经济企稳、民生改善作出了积极贡献。

城市建设和管理

城市建设质量和运营管理水平不断提高，综合承载能力进一步提升。全省新建和改造城市道路1461公里、各类市政管网8030公里，新增绿化面积2190万平方米，均超额完成年度计划。重点推进了城市地下综合管廊、海绵城市建设和黑臭水体整治，出台政策措施，强化资金支持，开展督查检查，开工城市地下综合管廊41.8公里，开工建设了太原市长风商务区、汾河景区，吕梁市新区生态治理工程，长治市三河一渠综合治理工程等一批海绵城市项目，完成19条黑臭水体整治。全省城市用水普及率、污水和垃圾处理率等主要指标均比上年有明显提升。全省城市市政基础设施建设完成投资720亿元，市政设施水平持续提升，城市环境面貌显著改善。进一步强化城市市容环境卫生管理，积极推进城市管理执法体制改革，对相关法规规章进行了认真清理，公布了市、县城市管理执法部门权责清单，在晋中市开展了改革试点，城市管理迈上了新台阶。

保障性安居工程建设

全省新开工城镇保障性住房21.81万套，其中城市棚户区改造12.65万套，城中村改造8.6万套；基本建成保障性住房17.63万套；完成投资523.26亿元，各项指标均完成年度任务，棚户区改造既改善了城市面貌和城镇中低收入家庭住房条件，又促进了商品房去库存。

房地产去库存

认真贯彻国家和我省"三去一降一补"供给侧结构性改革决策部署，出台实施了加快化解房地产库存和培育发展住房租赁市场等一系列政策措施，有力促进了住房消费，带动了开发投资，化解了市场风险，推动了房地产市场平稳健康发展。全省完成房地产开发投资1597.4亿元，同比增长6.9%，商品房销售2061.1万平方米，同比增长29.4%。截至2016年底，全省商品房待售面积1761万平方米，消化周期10.3个月，较上年底缩短3.4个月，商品房库存量和消化周期实现"双下降"，销售价格保持总体稳定。

村镇建设

加快改善农村困难群众住房条件，完成了10万户农村危房改造和1万户农房抗震改建。稳步推进农村垃圾治理，建设垃圾中转站123个，创建达标村10624个，累计配备保洁员9万名，监管员1.5万名，垃圾清运车辆4.4万辆，完成投资10.3亿元，启动了11个农村垃圾治理示范县建设，在全国率先开展了县域农村垃圾治理专项规划编制，农村环境面貌得到明显改善。扎实推进特色小城镇建设，确定了50个镇作为重点培育对象，开展了专题培训，阳城县润城镇、昔阳县大寨镇、汾阳市杏花村镇列入全国特色小镇名录。编制各类村镇规划129项，完成了56个传统村落保护项目，150处村落被公布为第四批中国传统村落，239个村庄被公布为第一批国家级绿色村庄，村镇建设迈出新步伐。

建筑业发展

紧紧围绕“建筑业增加值同比增长5.5%、力争7.5%”的工作目标，建立了定期分析调度制度，及时对建筑业运行情况进行跟踪监测，对重点企业实行分级帮扶，提升企业资质等级，增强综合竞争力。加快发展装配式建筑，太原、大同启动了2个省级建筑产业园区建设，着力推进建筑业转型升级。全面清查工程建设领域保证金，有效减轻企业负担，强化市场监管，加快诚信体系建设，创造良好市场环境，促进了建筑业健康发展。全省完成建筑业产值3318.5亿元，同比增长13.2%；实现建筑业增加值895.6亿元，同比增长5.7%，占全省GDP比重6.9%，继续发挥了支柱产业作用。

工程质量安全

严格落实质量终身负责制，加强对工程质量全过程监管，深入开展了工程质量治理“两年行动”，工程质量水平明显提升。高度重视安全生产，组织开展了春季复工、雨季汛期等重点时段安全生产督查检查，集中开展了起重机械、脚手架、模架支撑体系和城镇燃气安全隐患排查整治，累计排查各类隐患1376项，有效防范和遏制了重特大事故发生，全省房屋建筑和市政工程安全生产事故起数和死亡人数实现“双下降”。

建筑节能

加强新建建筑节能监管，探索建立了贯穿规划、设计、施工、验收、运行全过程闭合式监管体系，新建建筑节能65%标准执行率达到100%。积极推广应用太阳能光热、地源热泵等节能新技术，可再生能源建筑应用面积达到新设计建筑面积的64%。开展了绿色建筑集中示范，新增执行绿色标准建筑面积2011万平方米、二星级绿色建筑面积147万平方米。深入推进既有居住建筑节能改造，新开工改造项目1154万平方米。建筑节能的深入实施，有力推动了城市绿色、循环和低碳发展。

住房公积金

进一步健全完善住房公积金制度，严格规范缴存标准，阶段性适当降低缴存比例，持续加大提取和贷款发放力度，全省新增住房公积金缴存额271.24亿元，同比增长20.7%；提取178.78亿元，同比增长5.35%；发放个人住房贷款228.69亿元，同比增长52.87%，个贷率由年初的60.62%提高到78.56%，住房公积金贷款占全省新增住房贷款的47.5%，为帮助职工改善住房条件、支持住房消费和稳定房地产市场发挥了重要作用。

党风廉政建设

全省住建系统各级党组织按照中央和省委关于全面从严治党和深入推进党风廉政建设与反腐败工作的部署要求，全面落实主体责任，坚持把党风廉政建设和反腐败工作与业务工作同部署、同推进、同检查、同考核，健全完善规章制度，细化明确工作任务，层层传导压力，坚持抓早抓小，严查违纪行为，深入开展城乡规划实施、房地产开发、建筑工程招投标、住房公积金监管、行政审批等专项整治，扎实开展“两学一做”学习教育，严格执行中央八项规定精神，坚决抵制“四风”，持续改进作风，推动全面从严治党向纵深发展，在全系统营造了良好的政治生态。

基层党组织建设

成立了厅直机关党建工作领导小组，开展了对《中共共产党党组工作条例(试行)》的自查和整改落实，并形成了专项报告；根据全厅人事调整工作，及时对基层党支部的党务干部进行调整和补充；在全厅范围内全覆盖式的开展了党员组织关系排查、党费收缴、基层党组织按期换届、非公有制企业和社会组织党的组织和工作覆盖、党代会代表和党员违纪违法未给予相应处理情况、抓党建促脱贫攻坚和抓严抓实机关党员干部学习教育七个方面的排查，逐一进行了自查和整改；积极组织15名新党员和45名党支部书记分批参加省直工委组织的培训；开展了厅直机关“七一表彰”活动。

扶贫工作

厅党组高度重视扶贫工作，印发了《中共山西省住房和城乡建设厅党组关于印发〈2016年干部下乡驻村和领导干部包村增收工作方案〉的通知》，成立下乡工作领导组，制定年度工作方案。自开展工作以来，紧紧围绕发展农村经济这一中心，扎实开展了驻村工作，进一步密切了党群、干群关系，全面推进各帮扶村经济发展，先后在各村推广了渗水地膜、富硒高钙等科学种田模式，有效达到增产增收的效果。积极协调当地有关部门，使8个帮扶村的饮水入户工程得到了实施。从厅直机关优秀年轻干部、事业单位的优秀干部中择优选派8名干部到河曲县前川乡8个村担任驻村第一书记，大力宣传党的扶贫开发各项政策，带领贫困村开展精准扶贫工作，协调落实金融资金，促进贫困村、贫困户脱贫致富。

（王　鲲　米玉婷）

附：省住房和城乡建设厅党组书记、成员名单

书　记：李栋梁

成　员：郭燕平　李锦生　郝耀平　姚少峰　翟顺河　张学锋　王淑敏

省交通运输厅党组工作概况

党组书记　李正印

2016 年,在省委、省政府的正确领导下,全省交通运输系统广大干部职工要认清形势,提振精神,迎难而上,锐意进取,认真贯彻落实习近平总书记系列重要讲话精神,牢固树立和落实新发展理念,按照省委提出的"一个指引、两手硬"的重大思路和要求,攻坚克难、奋发进取,交通运输改革发展稳定取得新成绩。

交通基础设施网络进一步完善。2016 年,全省交通建设完成投资 228.7 亿元,为年计划的 101.6%。高速公路在建规模达到 496.5 公里,通车里程达到 5265 公里;普通国省干线完成新改建里程 477.5 公里,二级以上公路比重达到 86.3%;农村公路建设完成通村公路 4419 公里,"通返不通"问题正在得到治理。全省新增公路通车里程 1106 公里,达到 14.21 万公里,公路密度达到 90.89 公里 / 百平方公里。省交通运输厅会同省发改委、省旅游局联合编制印发《山西省旅游公路建设规划(2016–2020 年)》,计划用 5 年时间,投资 184 亿元,建设农村旅游公路 4120 公里,从根本上打通全省景区"最后一公里",为全省建设旅游经济强省提供坚强交通保障。

交通扶贫攻坚扎实推进。省政府与交通运输部签署了"加快贫困地区交通运输发展共建协议"。省交通运输厅制定实施交通扶贫行动方案和 2016 年行动计划,以 58 个贫困县为主战场,全面推进交通扶贫项目建设,2016 年完成投资 124 亿元。省交通运输厅定点扶贫的 6 个贫困村已有 3 个整体脱贫。

交通运输改革不断深入。一是高速公路建设事权改革取得重大突破。省政府批准并印发《关于进一步推进全省高速公路建设的意见》,确定"国高网省建、省高网市建"的建设模式,形成统一规划、分层负责、省市共建的发展格局,运城、吕梁、太原 3 市启动了 4 个省高网项目建设,有 1 个项目已正式开工。二是投融资体制改革迈出新步伐。完成和顺至榆社、忻州至阜平、忻州环城 3 条已建成高速公路的经营权实质性转让工作,收回投资 150 亿元,全省经营性高速公路里程达到 1176 公里,占高速公路里程的 22%,比 2015 年提高 3.85%;完成祁县至离石等 4 个高速公路 BOT 项目投资人招标工作,筛选出 24 个高速公路项目列入全省 PPP 项目库,其中 5 个项目完成咨询机构招标程序;阳城至蟒河等 5 个高速公路 BOT、BT 项目建设进展顺利,2016 年完成投资 64.4 亿元,占全省高速公路总投资的 54.7%,社会投资首次超过政府投资,成为高速公路投资的主力军。改变政府投资方式,采取"政府购买服务 + 委托建设"的方式,择优选择省路桥集团利用农发行政策性贷款落实农村旅游公路建设资金,2016 年开工建设旅游公路 24 个项目 203.7 公里。债务结构进一步优化,2016 年表外融资利率同比下降 1%,节约利息支出 6.9 亿元。三是"放管服"改革不断深化。取消省级交通运输行政权力 3 项,36 项交通运输行政审批事项全部进入省政务中心,2016 年受理和认领行政审批事项 5.35 万件,全部在规定时间内办结;交通建设项目招投标全部进入省公共资源交易中心,完成招标项目 438 个,节约投资约 4 亿元。推行了信用信息归集公示、"双随机一公开"、失信联合惩戒等事中事后监管机制。四是积极推进城市出租汽车行业改革。制定深化出租汽车行业改革实施方案及网约车经营服务管理实施细则,督促指导城市人民政府严格落实出租汽车管理主体责任,加强调查研究,及时回应社会关切,合理引导社会预期,促进网约出租车有序发展、巡游出租车稳定发展,方便城市居民出行。

交通运输服务管理水平进一步提升。一是公路建设养护管理进一步加强。高速公路、干线公路、农村公路优良路率分别达到 99.6%、80.84%、76.41%。二是城乡公共交通服务能力进一步提高。新增更新城市公交车 4100 多辆,新增公交运营线路网 1283.2 公里,2016 年运送旅客 15.6 亿人次,城市公交出行分担率平均达到 24.5%,比 2015 年提高 1%。忻州、晋中、阳泉、临汾、长治、吕梁 6 市基本实现城市公交"一卡通"。建制村通客车率达到 90%。三是运输服务转型升级步伐加快。鼓励发展多式联运、甩挂运输、物流联盟等先进物流组织方式,支持山西中鼎物流园建设多式联运示范工程。积极推进驾培模式改革,全省 74%的驾驶员培训学校实行先培训后付费或计时收费。制定实施"三减两免""新三减"差异化收费优惠政策,认真落实"绿色通道"、节假日小型客车免费通行等惠民政策,为运输企业减负 25.02 亿元,有力推动运输业发展。2016 年,全省完成营业性公路货运量 10.2 亿吨、货物周转量 1452.1 亿吨公里,分别增长 12%和 5.6%;完成客运量 1.87 亿人、旅客周转量 141.1 亿人公里,分别下降 15.3%和 14.2%;水路运输完成客运量 142.2 万人、旅客周转量 1041.1 万人公里,分别增长 30.1%和 9.9%。全省车辆通行费收入 170.9 亿元,增长 36.1%。按时发布收费公路公报。四是节能减排成效进一步显现。全省新增纯电动公交车 4000 辆,占新增更新新公交车总数的 97%,更新电动出租车 9000 余辆,太原、阳泉、临汾、晋城打造绿色公共交通体系成效明显。全省淘汰营运黄标车 8.44 万辆,圆满完成省政府下达的指标。19 对高速公路服务区 38 座电动汽车快充站、15 个普通干线公路服务区建成投运,12 对高速公路服务区 24 座 LNG 加气站正在加紧建设。

安全生产基础进一步夯实。省交通运输厅连续三年每年以厅1号文件对安全生产工作做出安排部署，各级交通运输部门主动履行政府监管责任，推动企业落实安全生产主体责任，全行业抓住道路运输、公路桥隧运营、公路工程施工、水上交通等重点领域，深入开展安全生产大检查，共排查出一般安全隐患8074项，整改7939项，整改率98%。强化道路运输安全监管基层基础工作，建立道路运输省、市、县三级安全监管台账，9403户运输企业全部建档入账并落实安全监管单位和安全监管责任人。继续加强公路安保防护设施建设，实施公路安全生命防护工程3712.8公里，完成危桥改造18座。启动新一轮治超，会同公安等有关部门联合开展整治违法超限超载行为专项行动，全省公路货运超限超载率始终控制在0.2%以内，继续保持全国领先地位。积极推进安全生产风险管理试点工作，在工程建设、道路运输等六大领域取得积极进展，提升全系统安全生产预警预控能力。加强信访维稳、社会综治与反恐工作，维护行业安全稳定。

党的建设、党风廉政建设和行业文明建设得到加强。一是强化党的思想政治建设。坚持用习近平总书记系列重要讲话精神武装头脑、指导实践、推动工作，强化“四个意识”，扎实开展“两学一做”学习教育，组织“四讲四有”“学习贯彻系列讲话解决若干突出问题”等专题研讨，开展“党员先锋行”主题实践活动，推动学习教育取得实实在在的成效。二是全面加强党的组织建设。认真贯彻《中国共产党党组工作条例（试行）》，严格执行民主集中制和“三重一大”事项集体决策制度，对“三重一大”事项实行目录管理。加强领导班子和干部队伍建设，积极推进“三个一批”试点工作，改进选人用人机制，充实基层领导班子，全年调整处级以上干部113人（次）。召开厅直属机关委员会第二次代表大会，选举产生新一届党委和纪委。指导357个基层党组织完成换届工作。三是从严抓实党风廉政建设。认真落实党风廉政建设两个责任，始终以“零容忍”的态度惩治腐败，对216件（次）问题线索按规定进行分类处置，依纪依规妥善处理“3·08”案件涉案人员。驻厅纪检组对多个厅属单位进行巡查调研，及时发现问题、解决问题。持续保持“四风”整治高压态势，紧盯年节假期和关键少数，下发廉洁过节的通知要求，组织开展多层次的明察暗访，严防“四风”反弹。深入推进交通运输法治政府部门建设，“不能腐”的制度笼子进一步扎紧。加强重点建设项目、预算资金管理和领导干部经济责任审计，有效预防违规问题的发生。加强执法监督，开展公路执法专项督查、涉企收费专项清理和典型案件调查约谈，巩固全省基本无公路“三乱”成果。四是深入开展文明创建活动。与新华网联合开展“寻找最美山西交通人”活动，选树出梁荣、范凤翔等16名先进典型。全行业涌现出一批全国、省级劳动模范和先进集体。此外，科技创新、交通战备、交通教育、新闻宣传、离退休人员管理、后勤服务、史志编辑等各项工作均取得新进步。

（师国梁　陈瑞丽）

附：省交通运输厅党组书记、副书记、成员名单

书　记：李正印（11月离职）

副书记：唐　晋（11月主持工作）

成　员：张晓玲（10月任职）　袁清茂　秦红保　雷天才　李贵顺（5月任职）　戴　飞（2月离职）　郜玉兰（5月离职）　宋文斌（7月离职）

省水利厅党组工作概况

党组书记　潘军峰

2016年是全面贯彻党的十八大和十八届三中、四中、五中、六中全会精神的重要一年，也是“十三五”的开局之年。省水利厅党组深入学习贯彻习近平总书记系列重要讲话精神，按照省委总体要求和省直工委党的工作会议精神，把握全面从严治党主线，夯实基层组织基础，突出服务中心、建设队伍两大任务，紧紧围绕年初水利工作会议的安排部署，突出抓好大水网攻坚和河流生态修复两个重点，全面加强党的思想、组织、作风、反腐倡廉和制度建设，为强力推进农田水利、农村饮水、水保生态三大任务，全面提升水资源管理、水库安全运行与河道管理、防汛抗旱减灾、水利改革创新四项能力，持续推进水利改革发展各项工作向前迈进，提供了坚强的组织保证和政治保障，党建工作扎实有序，成效明显。

一、加强理论武装，全面提升党员干部思想政治建设

第一，深入开展“两学一做”学习教育。一是坚持学为基础，确保思想认识到位。2月，中央《“两学一做”学习教育实施方案》下发后，厅党组立即进行了动员部署。3月11日组织召开了学习教育筹备会议。4月18日省委召开“两学一做”学习教育视频会议后，厅党组再次进行了专题研究和安排部署，成立协调小组、制定《省水利厅“两学一做”学习教育实施方案》。4月28日，召开了动员部署会、协调小组会。厅属314个基层党组织、3584名党员学习教育迅速、全面展开。厅党组采用集中学习和个人自学相结合，并邀请专家作辅导解读，多种形式对党员干部补精神之钙、固思想之元。二是落实精学深学，以学促做全面提高。围绕“四讲四有”主题，紧扣党章规定，党组成员带头写心得体会，结合工作实际谈感触讲收获，专题学习研讨。过程中深入开展了读书月、征文、知识竞赛、演讲比赛等系列活动，依托网站、党建QQ群、微信群、电子屏等平台，及时传达党的十八届六中全会、省十

一次党代会等精神，拓宽学习渠道，营造学习氛围，提升党员思想政治水平。三是深入开展“党员先锋行”主题活动。按照全面推进大水网建设、汾河流域生态修复、水利脱贫攻坚“三项重点工作”部署安排，印发《关于在厅直各级党组织开展“奋战一百天、岗位做贡献”主题活动的通知》，号召各级党组织调动党员干部积极性，发挥领导核心和战斗堡垒作用，凝聚力量，攻坚克难、勇挑重担。把抗灾救灾一线作为“两学一做”的现场和考场；印发《关于在防汛抗洪工作中充分发挥党组织战斗堡垒和党员先锋模范作用的通知》，强化担当，不畏危险，全力奋战在抗洪抢险一线，防汛抗洪取得重大胜利；召开了纪念建党95周年暨“两优一先”表彰大会，全体党员重温入党誓词、新党员向老党员献花、对涌现出来的先进集体和先进个人进行了表彰；举办了以“我心中的合格党员”为主题的“两学一做”学习教育演讲比赛，身边人讲身边事，树立了水利战线合格党员形象，激励广大党员立足本职、创先争优、争做“合格党员”。

第二，抓好中心组和党员干部理论学习。结合“两学一做”学习教育，强化中心组在学习中的示范引领作用，坚持讲课辅导与集中学习交流相结合，全年共集中学习与研讨时间累计16天。按照省委组织部落实基层党建重点任务推进会精神，研究制定了《省水利厅厅直系统机关党员干部学习教育实施方案》，从指导思想、目标任务、内容方法、措施要求4个方面做出安排部署。制定《厅直系统党员干部学习教育“灯下黑”问题整改方案》，明确工作目标、整治重点和工作要求。十八届六中全会、省十一次党代会召开后第一时间组织党员学习会议精神，邀请省委党校专家进行了专题解读。

第三，加强舆论引导和思想政治工作。加强和改进对意识形态领域各项工作的领导，利用《山西水利》和网站进行宣传教育和思想引导，结合落实党风廉政建设“六定”制度，认真落实思想政治工作定期分析报告制度，印发党员思想状况调查问卷，在节假日、敏感日和“两会”等重大活动期间，以电话形式问询了解厅直单位干部职工思想状况，全力做好防范和维稳工作。

二、落实全面从严治党，强力推进党风廉政建设

一是强化执纪问责，把纪律和规矩挺在前面。2月3日，全省水利系统党风廉政建设工作会议在太原召开。年度工作中坚持问题导向，把问责作为全面从严治党的重要抓手。厅直机关党委坚持纪严于法、纪在法前的要求，严格分类处置问题线索，对出现的苗头性、倾向性问题及时进行约谈、函询、诫勉。在积极配合上级纪检部门查办案件的同时，加大对违纪案件的查办力度，制定了《厅直机关纪委处置信访党员干部违规违纪事件的处置预案》；加大对项目管理人员利用职权插手干预工程建设违纪违规问题的查处力度，开设举报投诉专栏，设立举报邮箱和电话，接受各级水利部门和社会各方面的举报和监督。明确提出，凡是涉及全省水利改革发展的重大问题决策、重要干部任免、重大项目安排、大额资金使用“三重一大”问题，均提交厅党组会或厅长办公会集体研究决定。

二是认真学习贯彻党内法规，全面推进惩防体系建设。结合“两学一做”学习教育，深入学习中国共产党《廉洁自律准则》《纪律处分条例》《问责条例》《党内监督条例》《关于党政领导干部廉洁从政的若干准则》，通过集中研讨、专家解读、学习培训、观看警示教育片等，深化党内法规和纪律教育。认真贯彻落实中央《建立健全惩治和预防腐败体系2013-2017年工作规划》和省委实施办法，全面推进惩治和预防腐败体系建设。扎实开展廉政法规教育、岗位廉政教育和警示教育，引深廉政文化进机关活动，组织开展优秀廉政党课讲座，加大廉政文化建设示范点创建和推广力度。

三是强化主体责任，加强从严治党“两个责任”的落实。认真贯彻落实《关于省直机关基层党组织和纪检组织落实党风廉政建设“两个责任”指导意见》，落实厅党组《关于进一步落实党风廉政建设主体责任的意见》《关于进一步落实党风廉政建设监督责任的意见》，着力健全和完善责任分解、检查考核、倒查追责等工作机制，逐级传导压力，层层传递责任。印发《关于贯彻省直工委落实两个责任实施“六定”制度的通知》，建立了定期报告、分析、谈心、督查、检查、研判“六定”制度，将之作为扎实推进全面从严治党“两个责任”落实的重要抓手。印发《关于对厅直系统落实党风廉政建设等工作情况开展督查的通知》，组成5个督查组，对厅直单位党建工作25个内容全面开展监督检查，找问题，补“短板”。对收集汇总的问题，分析原因，认真解决，提出整改措施。组织召开厅直党组织书记集体谈心会，围绕落实党风廉政建设工作督查情况等内容进行集体谈心。通过认真分析存在问题原因，探讨研究整改措施。

四是持续保持惩治腐败的高压态势。2016年，驻厅纪检组开展了案件线索大起底工作，集中梳理十八大以来的问题线索，筛查出暂存和留存线索12件，均按照案件线索进行了分类处置，减存量、遏增量。收到信访举报和上级交办的问题线索85件，重复34件，受理51件，均按问题线索处置有关要求和监督执纪“四种形态”处理原则进行了处置，其中初核9件(其中初核转立案3件)，谈话函询12件，转办26件，了结4件。

五是加强党员干部作风建设。巩固拓展“三严三实”专题教育成果，持续抓好“三严三实”专项整治。在围绕“严以修身、严以律己、严以用权”开展专题研讨，厅直各级党组织书记讲党课，厅属各单位认真组织了“三严三实”专题民主生活会和组织生活会。针对查摆出的不严不实问题，各级党组织进行了认真整改。派出9个考核组对厅直各单位进行年度中期考核，并由厅直机关纪委组成督查小组对厅直各单位党风廉政建设、执行中央八项规定和干部队伍建设情况等进行督查。扎实开展“两学一做”学习教育，持续巩固“三严三实”成果，着力打造铁一般信仰、铁一般信念、铁一般纪律、铁一般担当的干部队伍，为水利改革发展做出更大的贡献。加强工作秩序工作纪律专项整治方面，明确落实责任、细化工作流程、严格依法行政、提高落实质量、强化督查落实、严格追责

问责,采取不打招呼直接到被查单位摄像、拍照、现场询问、查看有关记录等方法,对厅机关及30多个直属单位工作人员在岗履职、值班巡查情况进行了明查暗访。

三、紧紧围绕七项重点任务,全力推进机关基层党组织建设

按照中央、省委部署要求,厅直机关党委立足基础工作,加大《机关基层组织工作条例》的贯彻执行力度,狠抓七项重点工作任务,着力补齐基层党建的"短板",不断夯实党建基础。

一是加大《条例》贯彻执行力度。除组织厅直党组织书记参加省直工委举办的培训班外,自行举办了3期党务干部培训班,重点抓好新任党务干部学习贯彻《条例》的教育培训,开展贯彻落实《条例》自查,抓好整改落实。

二是扎实做好七项重点党建任务,加强基层党组织规范化建设。紧紧围绕党员组织关系、违纪违法党员处理、基层党组织按期换届、党费收缴、非公企业和社会组织"两个覆盖"、抓党建促脱贫攻坚、抓严抓实机关党员干部教育七项重点任务,不断加强基层党组织规范化建设。完善"支部建在处室、处长一岗双责"机制,机关处室全部单独成立支部,处长任支部书记。强化党员领导干部"一岗双责",对基层党组织书记随调随换,避免出现党建无人抓现象。完善支部记录本登记制度,加强支部和党员管理的信息化建设。加强党员发展和教育管理,组织79名入党积极分子、2015年新入党的68名党员参加了省直工委培训。以落实"三会一课"、组织生活会、民主评议党员、领导干部双重组织生活等党内生活制度为基本依托,着力推动党内教育从"关键少数"向广大党员拓展、从集中性教育向经常性教育延伸,确保把全面从严治党要求落实到每个党支部、每名党员。制作党支部工作职责牌,统一发放至每一个基层党支部,进一步强化基层党组织的政治功能、服务功能和党员的先锋模范作用。厅直系统共有党组织314个,党员3584名(在职2594名,离退休990名),通过核查党员身份信息、查找失联党员、健全党员档案等措施,摸清了"口袋"党员、失联党员情况,理顺了组织关系。排查中做到了每个党支部、每名党员全覆盖。对存在的党员档案不完善、党员组织关系转出后没有在规定时间收到回执等问题,进行了整改。在2015年对厅机关党委和纪委进行换届选举基础上,2016年将厅直党组织换届改选作为重点工作来抓。重新制作、统一发放使用《中国共产党党员党费证》,要求各级党组织、每名党员按照《严格规范由党员持党费证主动向组织交纳党费的通知》规定,收缴和交纳党费,党费收缴工作圆满完成。在全面推进水利脱贫攻坚"3211"工程中,党员领导干部以身作则、率先垂范带头结对帮扶,精准扶贫,发挥第一书记作用,以抓好党建促进脱贫攻坚。厅党组书记、厅长潘军峰和其他几位厅领导任组长,分别帮扶有关村庄。驻村工作队队员、5个村的第一书记到村、到岗开展帮扶工作。每个贫困户均一对一分解到厅直属单位,各单位"一把手"作为帮扶责任人,做到了每个贫困户都有党员精准结对帮扶。另外,按照省委组织部落实基层党建重点任务推进会精神,及时召开会议研究讨论,制定学习和专项整治方案,抓严抓实机关党员干部学习教育;对无违纪违法党员处理情况进行了排查,省水利厅2016年无违纪违法党员处理;按要求完成非公企业和社会组织"两个覆盖"工作,对11个社会组织党建工作进行了摸底调查。

三是开展创先争优活动。为纪念中国共产党成立95周年,结合"两学一做"学习教育,开展了"两优一先"评选表彰活动。省水利厅1人荣获省级优秀党务工作者、3个党组织荣获省直机关先进基层党组织、4人荣获省直机关优秀共产党员、4人荣获省直机关优秀党务工作者称号。组织召开了纪念建党95周年暨"两优一先"表彰大会,对厅直10个先进基层党组织、50名优秀共产党员、10名优秀党务工作者进行了表彰。

四、深入推进"六型机关"建设,加强机关自身建设

一是继续推进"六型机关"建设。将学习型、廉洁型、服务型、创新型、法治型、效能型"六型机关"建设作为党组织服务水利中心工作的重要抓手,作为党建重点之一,纳入党建责任制考核、党组织书记述职评议考核、文明单位创建考核的重要内容,做到与水利中心工作任务同部署、同落实。各单位结合实际,细化"六型机关"建设方案和措施,在完成水利工作任务的同时,按照方案积极推动"六型机关"建设内容的完成。认真贯彻落实省直工委"建功十三五,支部创六星"主题实践活动要求,明确思路,完善机制,针对不同领域、不同岗位、不同群体党员的实际情况,精心设计活动载体,组织和动员广大党员干部积极投身水利"十三五"改革发展实践,在本职岗位上建功立业。

二是着力推进精神文明建设和文化建设。持续开展"践行社会主义核心价值观"主题活动和"弘扬核心价值观"系列教育,组织开展主题宣传、教育、文化活动。弘扬优秀法治文化、廉政文化、红色文化与水利文化,将社会主义核心价值观贯穿机关党的各项建设,融入党员管理的日常工作,成为引领水利发展的强大正能量。严格执行省直文明单位创建管理规定和考核指标体系,持续推进"讲文明、除陋习、树新风"活动和省直机关公民道德建设"五个一"活动,积极参加了省直机关"家风家教你我他"征文活动,报送征文100余篇。组织参加省直机关举办的"弘扬长征精神,决胜全面小康"主题朗诵比赛和"两学一做"学习教育演讲比赛,选送的5个节目中,1个荣获三等奖、4个荣获优秀奖。进一步建设和完善机关文化长廊,加大厅直单位"职工书屋"建设力度,营造风清气正、干事创业的工作氛围。

五、认真落实党建责任制,不断加强机关党建工作领导

一是认真落实《省直机关党的责任制的规定》。从总体要求、责任体系、责任内容等方面细化贯彻《规定》要求。成立了

由厅党组书记任组长的党建工作领导小组,从体制机制上整合党建工作资源,明确党建工作职责,强化对党建各项工作的统一领导、统筹规划和推动落实,在厅直系统形成了党组织书记负总责、班子成员"一岗双责"、相关部门协同落实的党建工作格局。厅党组书记认真履行党建第一责任人的职责,其他党组成员根据分工做好职责范围内的党建工作,形成聚精会神抓党建的浓厚氛围。厅党组书记兼任厅直机关党委书记,在党的工作会议上亲自部署全年党建工作,对重点党建工作亲自督办,使机关党建工作站位更高、要求更严、与水利中心工作结合更加紧密。同时加强对群团工作的领导,重视对党外干部、人才的培养使用,凝聚各方面力量,全面抓好党建工作。

二是不断完善述职评议考核。按照"述职述党建、评议评党建、考核考党建、任用干部看党建"的要求,聚焦"明责、履责、考责、问责",坚持真述、细评、严考,年初做好布置,中期督促检查,年终厅直机关党委书记向厅直各级党组织述职并接受评议,厅直党组织书记向厅直机关党委、本单位党员述职并接受评议。各支部民主评议党员。通过述职评议,总结工作,学先进,补差距,查漏洞,弥补不足,基层党建工作生动有效。

三是着力加强统战和工青妇工作。加强工会组织建设,增强工会凝聚力。通过开展"劳动竞赛"等活动,培养和发现在水利建设中做出突出贡献的先进集体和优秀个人。厅劳动竞赛委员会联合省农林水工会开展以大水网工程建设单位为主体、参建单位参加的劳动竞赛活动,20多个参建单位获农林水"五一奖状"等先进单位、30余人获"五一奖章"等先进个人称号。深入开展扶贫济困送温暖活动。继续开展扶贫济困送温暖活动,筹集52.6万元,对厅机关及厅直单位360余户困难职工进行了慰问;开展了走访慰问生活困难党员和老党员活动,慰问106名党员,送去18.12万元,让他们真切感受组织的关怀和温暖。发挥团组织引领作用,坚持党建带群建。7月20日召开了省水利厅第五届团代会,健全了团委组织。持续开展"青年文明号"创建、青年志愿者、雷锋志愿服务活动,在24个青年文明号集体全部通过复核验收的基础上,又积极申报了2个集体。开展妇女工作,着力提升妇女综合素质,参加省妇联组织的各项活动和妇儿工委举办的"山西省全国两纲中期评估督导汇报会",国务院对山西水利妇女儿童饮水安全工作给予了很高评价。参加省妇联、省妇儿基金会组织的"保护我们的孩子·绿丝带行动"关爱困境儿童捐赠活动,向兴县扶贫点学校捐赠了1000元的图书。完善了党外人士数据库建设。

六、组织保证和政治保障,水利工作取得辉煌成就

一是大水网攻坚取得重大进展。全年完成隧洞掘进及管道铺设257.2公里。隧洞掘进已累计完成629.1公里。辛安泉供水工程实现通水,东山供水工程具备上水条件,中部引黄和小浪底引黄两大泵站地下洞群及厂房开挖快速推进。与大水网骨干工程相配套的县域小水网全面启动。

二是以汾河流域为重点的河流生态修复扎实推进。汾河中游核心区15座干流蓄水闸坝基础工程完工。沿汾6市按照"一市一重点、一县一工程"的布局和思路,分别制定了汾河流域生态修复2016~2018年3年项目滚动规划。汾河太原段综合治理三期等一批重点工程扎实推进。

三是民生水利发展基础进一步夯实。全省完成农田实灌面积2352万亩。新建和改扩建农村饮水安全工程909处,巩固和提升了44.5万农村人口的饮水安全标准。完成了36个国定贫困县、51.43万户建档立卡贫困户的饮水安全入户调查,全面启动实施了水利脱贫攻坚"3211"工程,全省完成水土流失治理面积547.46万亩。中央安排的65处抗旱规划引调提水工程全面建成。

四是防汛抗洪工作取得全面胜利。2016年成功抗御了"7·19"等各类汛情险情,全省600座水库、18161座淤地坝无一垮坝,主要河流均未决口,重要城市和重要基础设施安全度汛,防汛抗洪抢险救灾工作取得全面胜利。

五是最严格的水资源管理制度进一步落实。全省万元地区生产总值用水量较上年度下降1.1%,全年压减地下水开采量1.28亿立方米,全省地下水位持续回升。晋祠泉复流工程扎实推进,难老泉地下水位较年初上升1.96米,已累计上升23.38米,目前距泉口仅剩4.38米。

六是重点水利工程争取国家支持取得重大突破。大水网中部引黄供水水源工程列入国家172项重大水利工程;地下水修复列入国家"十三五"规划纲要,作为京津冀晋区域地下水修复试点;桑干河治理纳入国家《永定河综合治理与生态修复总体方案》,成为京津冀协同发展的重要组成;水利部会同省政府联合批复《汾河流域生态修复规划(2015~2030年)》。该《规划》涉及河流水系整治、水资源配置、地下水压采、植被恢复及水土保持、泉域及源头保护、水污染防治等六大类380个项目,总投资1130亿元。这是全国第一个由水利部主导批复的全流域生态修复规划。

(梁述杰)

附:省水利厅党组书记、成员名单

书　记: 潘军峰

成　员: 李　力　解放庆(11月离职)　白小丹　王玉明　张建中

省农业厅党组工作概况

党组书记　关建勋

2016年，省农业厅党组认真学习贯彻党的十八大、十八届三中、四中、五中、六中全全和习近平总书记系列重要讲话精神，扎实开展“两学一做”专题教育，积极推进党的建设、法治建设、主体责任落实，全面完成各项工作任务。

一、认真贯彻落实十八大和十八届三中、四中、五中、六中全会及习近平总书记系列重要讲话精神，扎实开展“两学一做”专题教育

厅党组始终把全面贯彻落实十八大和十八届三中、四中、五中、六中全会精神，深入开展“两学一做”学习教育作为当前和今后一个时期重要的政治任务来抓。召开“两学一做”学习教育部署会议，制定实施方案，扎实做好每一个步骤、每一个环节工作。厅领导坚持以上率下、以身作则，带头学习、带头讨论、带头剖析、带头整改。厅党组书记、厅长关建勋在全厅副处以上党员干部会上讲了党课，班子成员在分管领域党员干部会上讲了党课，完成“四讲四有”专题研讨，组织10个督导组，对全厅机关、事业单位及离退休党支部学习教育情况进行督导检查，开展了“两学一做”党章党规知识竞赛和专题演讲赛。全年党组中心组集中学习17次累计13天，举办“三农大讲堂”20次。坚持以学促做、知行合一，深入推进“三农工作零距离、干部素质上台阶”活动，厅领导带队分赴100个村1万多户建档立卡贫困户，开展产业精准扶贫进村入户调研；组织200多名处级党员干部，与临县大禹乡10个驻村帮扶联系点的400贫困户，开展结对帮扶活动，处级以上党员干部共深入扶贫点118人次，确定45个扶贫项目；组织新入职的28名年轻干部开展了为期三个月的驻村帮扶实践锻炼，选派58名党员干部任驻村第一书记，推进精准扶贫。

二、落实全面从严治党主体责任，深入推进机关党建和法治建设

厅党组牢牢抓住主体责任落实这个“牛鼻子”，层层落实责任、层层传导压力，全面推动管党治党走向“严实硬”。

逐层落实主体责任。年初召开机关党建暨全省农业系统党风廉政建设工作会议，制定了党建及党风廉政建设责任分解方案，将任务分解落实到班子成员和各个单位。制定了党组主体责任落实清单25项、党组书记责任清单15项、班子成员责任清单12项。厅党组每季度都听取班子成员主体责任落实情况汇报，针对存在的问题，提出落实主体责任的要求和改进措施。全年党组书记与班子成员、处站长谈心谈话40余人次。班子成员严格落实“一岗双责”，定期听取分管单位主体责任落实情况汇报，发现问题，及时纠正。全年其他班子成员与分管单位负责同志谈心谈话120余人次。加强对基层党组织落实主体责任情况的督查，对落实不力的3名支部书记进行了约谈，并通报全厅，基层党支部书记主体责任意识明显增强。

积极推进机关党建。厅党组始终把抓好党建作为最大的政绩，将责任扛在肩上、落实在行动上。一是加强党建组织领导。成立了全厅党建工作领导组，完成了厅机关党委、纪委和基层党组织换届工作，强化基层支部和机关纪委队伍建设，调整配备党委、支部书记6人，明确了党建主体责任人。党组及党组成员每季度对厅属单位进行一次党风廉政建设自查活动。二是开展基层党组织规范化建设。新成立党支部2个，整顿撤并党支部5个，新发展党员8名。规范补交了1134名党员党费。开展了“建功‘十三五’支部创‘六星’”主题实践活动，指导规范党支部“三会一课”等党务工作。厅直机关党委被省委表彰为“全省先进基层党组织”，2个党支部荣获省直机关“先进基层党组织”称号，5名党员分获省直机关“优秀共产党员”和“优秀党务工作者”称号。三是推进精神文明创建。充分发挥工、青、妇等群团组织作用，机关精神文明和文化建设再上新台阶。厅机关被命名为省级文明单位，省直文明标兵单位达到19个，省直文明单位达到13个；5个单位、13名个人新获全国农业先进集体和先进个人称号，2人分获全省五一劳动奖章和省直五一劳动奖章；“三农大讲堂”再获省直机关第二批“十佳文明讲坛”，厅政务网站获得省直机关第一批“十佳文明网站”称号。

从严加强干部管理和队伍建设。坚持德才兼备，以德为先，调整机关事业单位处级干部35名，其中选拔任用23人，岗位交流12人，得到了干部群众的普遍认可。公开遴选6名公务员、招聘24名事业单位工作人员。强化专业技术人才培养，5人被评为省学术技术带头人，10人获推广研究员资格，17人获副高专业技术职务任职资格。与省委组织部联合，分两批在农业部党校举办了全省农业系统专题培训班，培训副处以上干部200多名。认真落实干部个人事项报告抽查制度，对203名处级干部个人有关事项报告进行核查，对未如实报告的13人进行函询及补报。加强干部管理，重新修订干部因公外出报告请销假制度和工作人员因私出国（境）管理办法。

持之以恒纠正“四风”。通过建章立制为反“四风”提供保障，完善了会议管理、公务用车、公务接待、公务出差、办公用品管理等30多项内控制度，推动“四风”由集中整治、专项治

理向常态治理、长期治理转变。全年“三公”经费同比下降12%。继续保持狠刹“四风”的高压态势,在重要时间节点,以下发文件、微信通知、明察暗访等方式,对党员干部早提醒、严监督,“四风”问题持续好转。

强化执纪问责。驻厅纪检组对13件问题线索进行初核,对1人收受他人钱款问题立案审查,给予其党内警告处分、调离工作岗位的组织处理。对反映晋城、长治等地5个县级农委违规发放农技推广补助的问题,指导两市农委开展调查,对当事人诫勉谈话,责令退还并作出书面检查。机关纪委对1名违纪干部给予党内严重警告处分,对1名不能正常履行职责并造成不良影响的处级干部进行了诫勉谈话,对违反干部请销假制度的1名处级干部进行了谈话及批评教育,对违反财经纪律的两名干部启动了问责程序,对上级转办的6封举报信认真核实。

推进农业法治建设。将农业法治建设列入农业系统年度目标责任考核范围,3次配合省人大常委会,就贯彻落实《种子法》和《山西省农作物种子条例》进行调研检查。扎实推进“六权治本”,制定出台了《关于进一步推进“六权治本”工作的实施意见(试行)》,建立了基层农村集体“三资”管理等11项重点事权清单和10个重要权力运行流程图。深化行政审批制度改革,新成立了行政审批处进驻省政务服务中心受理业务,对原分散在各处室的行政审批职能进行归并集中,取消审批事项7项、规范4项、保留51项,全年办结审批事项830件,全部做到“零超时”。强化资金项目监管,在全省农业系统开展了“农业项目资金监管规范年”活动,完善了项目资金申报、审批、检查、验收和绩效考评等各项制度,实现了项目、环节、人员监管全覆盖。在全厅内组织开展了两次财务内审工作,自查自纠、补塞漏洞、完善制度,受到楼阳生省长的肯定和表扬。

三、落实新发展理念,全力推进农村改革和农业现代化建设

2016年,厅党组认真贯彻落实省委“一个指引、两手硬”的重大思路和要求,凝心聚力,攻坚克难,努力推进农业结构调整和发展方式转变,全省农业农村经济呈现出总体平稳、稳中有进的发展态势。农牧渔业增加值完成827.1亿元,增长2.9%;农民人均可支配收入突破万元大关,达到10082元,增长6.6%;粮食总产达到131.85亿公斤,增长4.7%,为历史第二高产年份;农产品加工企业实现销售收入1520亿元,增长6.9%。重点开展了以下几方面工作:

一是推进农业结构调整。制定了农业结构调整实施方案,召开全省杂粮、草牧业推进会,举办全国性的中药材研讨和考察交流活动。大力调减“镰刀弯”等非优势区玉米面积,启动实施雁门关农牧交错带示范区建设,加大药食同源项目推进力度,加快发展杂粮、草食畜、水果、蔬菜、中药材等特色产业,进一步优化我省农业产业结构。全年调减籽粒玉米163万亩,新发展设施蔬菜12万亩,新建和改造老果园61万亩,新发展中药材75万亩,雁门关区新增种草120万亩。全省蔬菜、水果、中药材产量分别达到2300万吨、910万吨和26.4万吨,同比增长2.2%、3.4%和14.8%;肉、蛋、奶产量分别达到241万吨、141万吨和136万吨,同比增长5%、4%和2%。扎实推进朔州市草牧业和粮改饲试点,受到农业部肯定。

二是提升农产品质量安全水平。大力推进农业标准化生产、质量安全追溯体系建设、农产品质量安全县创建,新制定农业标准30项,登记认证“三品一标”达到1733个,其中地理标志登记农产品数达到119个。蔬菜、水果、畜产品例行监测合格率分别达到97.6%、100%、100%,受到农业部表扬。特别是以出口倒逼农产品质量提升,扩大了出口规模,全年农产品出口额达到4.29亿美元,增长19.8%。运城苹果出口美国、秘鲁。

三是加强农业安全生产和环境治理。深入开展“六大”专项整治,狠抓春秋两季动物集中免疫,积极开展绿色防控和统防统治,全年没有发生重大动物疫情和农作物重大病虫危害。紧紧围绕“一控两减三基本”目标,大力推进农业面源污染治理。建设高标准农田节水示范区22个,推广农田节水技术290万亩;推广精准化配方施肥示范面积107万亩,化肥用量连续两年减少;建立病虫害统防统治与绿色防控融合示范基地20个,农药用量增幅控制在0.6%,超额完成5%的控制目标;开展畜禽养殖废弃物综合利用,改造粪污处理设施1000个,建设专业化病死畜禽无害化中心16个;启动13个农作物秸秆综合利用试点。推进草原建设和保护,建设草地242万亩,完成草地保护311万亩。

四是推进一二三产业融合发展。按照“做优一产、做强二产、做活三产”思路,推动农工融合、农商融合、农旅融合。开展农业企业大帮扶活动,搭建了政证银企项目对接平台,促进了农业企业转型升级和产业融合。2016年大象集团销售收入达到101亿元,成为我省首家过百亿的农业企业。成功举办了山西(运城·临汾·吕梁)特色农产品北京展销会,引进了王老吉、牧原、国药等一批知名企业。王老吉集团在孝义投资22亿元建设顶养系列大健康产业园区,已有产品面世。大力培育发展农村电商,推动100个省级农业龙头企业实现网上销售,培育了500个以电商为主要营销手段的新型农业经营主体,乐村淘、贡天下等一批农产品电商企业快速成长,全年网上销售各类农产品16亿元。推进休闲农业与乡村旅游发展,创建省级以上休闲农业和乡村旅游示范县32个、示范点180个。

五是深化农村改革。出台我省《关于深化农村改革综合性实施方案》,召开深化农村改革孝义现场会,农村改革步伐明显加快。推进农村土地制度改革,基本完成了土地承包经营权权属调查工作。全省115个县级农村产权流转交易市场全部建成。农村土地经营权流转面积818万亩,流转率16.8%。推进经营制度改革,深入开展“358”示范社创建,认定家庭农场9612个。推进资产收益扶贫,出台全省开展资产收益扶贫试点指导意见,在长治市和17个贫困县进行试点。加强了朔州、祁县农村改革试验区试验成果的总结提炼,加大了潞城市农村集体资产股份权能改革试点力度,完成了太谷

现代农业示范区改革与建设试点任务。

六是加快农业科技创新推广。实施新型职业农民培育工程，在8个县启动新型职业农民精准培育试点，全省完成新型职业农民培训10.47万人，超额完成年度任务。继续深化基层农技推广体系改革与建设，在全省105个县实施基层农技推广补助项目，基本实现全覆盖。启动实施了以太谷为中心的“山西农谷”建设。开展了农业科技创新行动计划，组建山西农业科技创新联盟，依托省农科院，完成了山西农业科技成果转化交易信息平台建设，农业科技水平进一步提升。

七是努力改善农村人居环境。充分发挥牵头协调作用，强力推进完善提质、农民安居、环境整治、宜居示范“四大工程”，以省政府文件出台了2016年行动计划，将任务分解到部门和市县，多次召开领导组会，开展专项督查，推进责任落实。全年“四大工程”累计完成投资256亿元，完成年度任务的101.2%，在11个县启动农村垃圾治理试点，在8个县启动农村污水综合利用试点，实施36万座农村厕所改造，创建300个省级美丽宜居示范村，建成98个农村公共浴室。与农发行签订省部行战略合作协议，争取政策性贷款36亿元，拓宽了融资渠道。

八是狠抓特色农业产业扶贫。厅党组把特色农业产业扶贫工作紧紧抓在手上，出台特色产业扶贫行动方案和行动计划，组织开展“一卡一库一培训”专项行动，全面宣传落实贫困户特色农业特惠补贴政策，建立农业产业扶贫项目库，强化技术培训。召开平顺现场推进会，总结推广振东中药材、大象生猪等一批可推广、可复制的产业扶贫范例。2016年全省产业脱贫达到31万余人。

（马小波）

附：省农业厅党组书记、成员名单

书　记：关建勋

成　员：陈明昌　赵志杰　茹栋梅（女，8月任职）
王进仁　吴志宏（9月任职）
张和平（9月任职）　郭建文
穆晓彤（1月任职）

省林业厅党组工作概况

党组书记　任建中

2016年，省林业厅党组认真贯彻落实党的十八大和十八届三中、四中、五中、六中全会精神，深入学习贯彻习近平总书记系列重要讲话精神，紧紧围绕省委“一个指引、两手硬”的重大思路和要求，严格落实党风廉政建设“两个”责任，深入开展“两学一做”学习教育，全面加强党的建设，深入推进反腐倡廉，全省林业系统政治生态进一步优化，为自然生态的山清水秀提供了坚强保证。

一、坚持全面从严治党，政治生态成效明显

（一）“两个责任”得到进一步落实。山西省林业厅党组高度重视党风廉政建设工作，厅党组书记、厅长任建中对党风廉政建设提出明确要求，并提出了“敬业、担当、自律、奉献”的八字从政标准。在2016年全省林业局长暨党风廉政建设工作会议，厅党组书记与机关处室、驻并单位和省直林局主要负责人签订了《党风廉政建设和反腐败任务目标责任书》。山西省林业厅印发了《2016年党风廉政建设和反腐败工作责任分解意见》和《2016年党风廉政建设和反腐败工作要点》。机关各处室、厅直各单位都把党风廉政建设作为一项重要工作来抓，层层签订责任书，细化任务，压实责任，建立起一级对一级负责、层层抓落实的责任体系。各级党组织书记牢固树立不抓党风廉政建设就是严重失职的责任担当意识，坚持党风廉政建设与业务工作同部署、同落实、同检查、同考核。各级纪检监察部门，认真落实转职能、转方式、转作风的“三转”要求，加强监督执纪问责，为全省林业系统政治生态优化做出了积极的努力。

（二）反腐倡廉的制度体系进一步完善。山西省林业厅党组把制度建设作为党风廉政建设的一项根本性的工作来抓，通过制度的建立和完善，细化管理，堵塞漏洞，扎牢和织密反腐倡廉的制度“笼子”。在原有“六个十”制度的基础上，山西省林业厅党组出台了《关于认真落实省纪委十届六次全会精神严格落实“两个责任”全面加强从严治党从严治吏的实施意见》，并进一步从规范行政审批、强化资金管理、改进工作作风、提升服务水平、推进廉政建设、严格人事管理等多个方面进行了细化和规范，完善了预算控制、收入支出控制、政府

采购控制、资产管理控制、建设项目控制、合同管理控制等制度。对退耕还林、生态保护、专业合作社建立、经济林发展等方面都提出了明确的廉政要求。林业审批事项全部按要求进驻省政务服务中心。

(三)自律意识、作风建设进一步加强。山西省林业厅党组把加强廉政教育,提高廉洁自律意识,筑牢拒腐防变的思想防线作为把好第一道关的重要工作来抓,把严格贯彻中央八项规定精神、纠正"四风"作为干部队伍建设的重中之重。在"两学一做"学习教育中,把党风廉政建设作为重要的着力点,通过认真学习习近平总书记系列重要讲话精神,增强对从严治党重要性的认识。通过学习《党章》、党纪党规增强党员领导干部的自律意识、纪律观念;通过广泛开展"四讲四有"专题研讨交流,厅直系统党员领导干部讲党课200余次,专题研讨交流120余次,在全省林业系统树立"敬业、担当、自律、奉献"的从政标杆。坚持一年一度的岗位廉政教育培训,对厅直系统156名副处以上党员领导干部进行集中培训,聘请有关领导、专家进行辅导,不断提高他们的责任意识、自律意识和廉洁从政的自觉性。举办两期党务纪检干部培训班,培训人员120名。在落实中央八项规定精神和纠正"四风"问题上,坚持持之以恒与突出重点环节和时间节点相结合,在元旦、春节期间,抽调纪检、财务人员,组成4个检查组对各单位落实中央八项规定精神情况进行专项检查。在重要节假日期间,下发廉洁过节通知,编发廉洁短信,检查车辆封存情况,有效地遏制了违纪违规问题的发生,杜绝了"四风"问题的反弹。在干部管理上,对新提任的干部坚持有提必谈、有提必讲,并及时送达《经济责任告知书》,人人签订《领导干部廉洁自律承诺书》《经济责任承诺书》。

(四)监督执纪问责力度进一步加大。牢固树立作风建设永远在路上的思想,坚持把纪律规矩挺在前面,狠抓监督执纪问责。各级党委的纪检书记基本做到了该转全转、应转尽转,使纪检队伍聚焦主业、维护稳定的作用得到了保证。在案件的办理上,充分运用"四种形态",对苗头性问题及时提醒、约谈相关人员,进一步强化了党员领导干部讲规矩、守纪律、保底线的意识,有效避免了更大违纪违法问题的发生;对线索集中、群众反映强烈的问题,坚持有案必查,有力地震慑了违规违纪违法行为;在干部选拔调整过程中,凡是群众反映的问题线索,一律严格审查,严防"带病提拔"问题发生。组织新提任的正处级领导干部进行了首次宪法宣誓。2016年,山西省林业厅共受理信访举报95件,处置问题线索41件,给予党纪政纪处分9人,谈话函询8人。

二、坚持增绿增收,林业工作再上台阶

(一)国土绿化质效凸显。坚持把加快造林绿化、补齐生态短板作为林业建设的首要任务,突出治理重点,提升质量效益,完成营造林400.04万亩。全省将50%以上的造林任务安排布局在生态最为脆弱、群众期待迫切的四大重点区域,吕梁山生态脆弱区2/3的规划治理任务已经完成,环京津冀生态屏障区倾力构建绿色生态防护体系,重要水源地植被恢复区致力维护华北水塔与母亲河的生态安全,交通沿线荒山绿化区集中打造了一批纵横交错的绿色生态景观廊道,全省重点区域生态质量明显改观。朔州市继续沿重点区域布局造林工程,新旧工程衔接,规模效益兼备。晋中市造林规模更为集中,连片治理率达到75%以上。各地以改善人居环境为重点的绿色创建工作扎实推进,绿化村庄500个,5个行政村被授予"全国生态文化村"称号,黎城、陵川县被省政府命名为"林业生态县",生态县总量达到42个,"推窗见绿、出门见林"正在逐步变为现实。太原市市县财政投资6亿多元,组织五城区开展森林城市创建。在注重造林数量的同时,更加追求造林质量的全面提升。未成林管护投入资金总量达到5000万元,项目化管护的成效日益凸显;制定出台《山西省人工造林失败地核定办法》,为恢复重建、巩固提升造林成果提供了政策依据;《森林抚育规程》地方标准在全国率先发布,抚育中幼林、修复退化林、改造灌木林共125.6万亩。晋城市财政投资200万元实施低效林提质示范工程1000亩,造管并举成为实实在在的行动。国家林业局在我省召开全国退化林分改造现场会和森林经营管理研修班,全面推广我省经验做法。春季造林期间,由厅领导带队深入11个市和9个省直林局对220项工程进行集体督查。省政府在运城市召开全省造林绿化现场推进会,运城、忻州和黑茶林局被授予"全省造林绿化先进市(局),连续11年一个市一个市地现场观摩,一年一年地扎实推进,奋力保持林业良好的发展势头。

(二)林业扶贫显见成效。大力实施林业扶贫攻坚"五个一批"工作,在修复生态中造福百姓,在扶贫攻坚中发展林业。制定出台了一揽子管用适用的扶贫政策措施,将贫困县新一轮退耕还林补助标准增加到1500元。2017年退耕还林任务采取借用引黄资金、融集金融资金的办法提前启动实施,120万亩预计划全部落地,102万亩任务已经签订合同,惠及贫困户16.45万人,正在将补助资金兑现到户,贫困群众的获得感明显增加。将贫困县造林投资标准由500元提高到800元,全部由扶贫攻坚造林专业合作社采取议标的方式承揽实施。长治市政府出台了支持扶贫攻坚造林专业合作社发展的意见,忻州市政府对涉林扶贫项目、林业扶贫政策进行细化落实。在政策的引领下,造林合作社如雨后春笋不断涌现,数量达到2188家,社员达到6.9万人,吸纳贫困劳力5.5万人。吕梁市组建合作社658个,成为全省组建最多的市。各地将60%的护林员岗位提供给建档立卡贫困户,吸纳贫困人口1.3万人。29.7万亩低质低效干果经济林得到品种改良和综合管理,增产30%以上,增收5300万元,深受贫困群众欢迎。省厅选派7名处级干部挂任吕梁山区贫困县副县长,增派70名干部担任贫困村第一书记,派出20个督导服务工作组深入贫困县开展了4轮督导服务,有效保障了扶贫政策的精准落实。厅扶贫工作队帮助平顺县杏城镇组建9个造林合作社,对口承揽9个省直林局营造林工程。汪洋副总理对我省林业扶贫攻坚工作给予高度肯定,并做出重要批示,要求国家林业局、国务院扶贫办将山西创造的经验在全国推广。林业厅代表我省在全国荒漠化地区扶贫工作座谈会

上作了典型发言,展示和宣传了省委省政府推进林业扶贫攻坚的决心和力度。

(三)资源保护继续强化。继续狠抓林业“三防”体系建设,多措并举保障森林资源安全。全面强化森林防火的网格化巡查和定点看护制度,全省共接到热点138个,发生火情44起,森林火情、火灾发生次数、受灾面积比去年均有下降,没有发生重特大森林火灾。林业有害生物防治工作扎实有效,联合冀豫陕蒙四省区建立联防联治机制,全省有害生物成灾率控制在1.5‰,低于4‰的控制目标。天然林保护工程在国家“四到省”综合考核中位列全国第三。全省林地保护“一张图”建设扎实推进,林地变更调查工作全面完成。着力推进光伏等重大项目林地使用制度改革创新,310件资源管理行政许可事项全部按时办结。健全资源有偿使用和补偿制度,收缴森林植被恢复费2.59亿元。国家、省级挂牌督办的8起案件全部侦结。组织开展“双打行动”“绿剑行动”“净网行动”等专项行动,查处各类破坏森林和野生动物案件3322起,为国家挽回经济损失2500余万元,有效遏制了破坏森林资源违法犯罪势头。加强自然保护区等环境敏感区的管理,完成国家级自然保护区的生态环境监测。新增省级森林公园5处。新批建国家湿地公园3处,2处晋升为国家湿地公园,42%的湿地纳入保护范围。全方位推进古树名木保护的普查、宣传、标准制定等工作,600株濒危古树得到抢救性保护。全省林业多位一体的综合保护体系进一步健全,森林资源稳定增加。

(四)林业产业迈出新步。坚持以强化管理、优化结构、提高品质为重点,新发展各类特色经济林70万亩,改造低质低效经济林50万亩,着力塑造具有山西特色的干果经济林品牌。组织专家为58个贫困县确定适宜发展的经济林树种,引进选育核桃、仁用杏抗寒品种10个,积极拓展北部高寒地区经济林树种选择范围。临汾市因地制宜发展经济林,形成古县核桃、安泽连翘、蒲县构树等一批产业基地。全省林木种苗结构不断优化,特色经济林和乡土树种苗木比重明显加大。花卉种植面积2.44万亩,销售额达到4.86亿元。成功举办第四届山西苗木及花卉博览会。森林旅游全面加速,年接待旅游人数1590.56万人次,较上年增长25%,实现门票收入2.71亿元。宁武县入选“全国森林旅游示范县”,成为我省第一处森林旅游示范点。全省林业总产值达到490多亿元,连续四年增速达到10%以上。林业产业成为助力经济转型的新业态和促进富民增收的新引擎,为精准扶贫提供了广阔的空间和渠道。

(五)科技和信息化支撑有力。充分发挥科技对林业的支撑作用,全面加大资源管理信息化、困难地造林、乡土珍稀树种繁育等八大重点领域的科技攻关。7项鉴定成果中,5项达到国际先进水平,2项在同领域处于领先水平。“太行山中南部造林树种选择研究”获省科技进步二等奖,2项成果获国家发明专利。制定地方标准10个,建立科技培训基地2个,科技示范园16个。组建了1300人的全省干果经济林技术服务团队,成立了26支省级技术服务指导组,初步形成省、市、县三级林业科技培训体系,培训林农5万余人次。科研基础平台不断完善,5个省级森林生态定位监测主站全部建成,5个副站初具规模。成立了国家林业局华北乡土树种工程技术研究中心和食用林产品监测检验中心,科技创新方向和重点更加贴近生产。林职院新申请成立3个教学专业,完成21个专业人才培养方案和两个省级重点专业建设任务,职业教育能力不断提升。林业信息发布、林业政务公开、信息安全维护等工作扎实有效,发布动态信息1664条。《山西年鉴(林业部分)》编纂完成。中央电视台、山西电视台等媒体发布新闻70余条,发表稿件510多篇,全方位讲述林业故事、展示建设成效、提振精神面貌。

(六)重点改革稳步推进。国有林场改革主体改革任务全面完成,走在了全国前列。11个市、省直林局及其所管辖的单位全部定性为公益一类,改革方案全部编制报批完成。省直林局新批建12个副处级中心林场和2个国家级湿地公园,98名事业编制民警转为政法编制。省财政补贴资金达到3亿多元。12520万元债务全部化解,与其他省份相比债务额度最大。阳泉市主体改革任务全面完成,走在全省前列。在改革红利的激发下,省直林局排头兵的作用发挥的更为充分。杨树林局的苗木转型战略、管涔林局的局地联防共建、五台林局的信息化建设、黑茶林局的扶贫攻坚、关帝林局的多元化发展、太行林局的精细化管理、太岳林局的森林抚育、吕梁林局的储备式造林、中条林局的阔叶树造林都各具特色、亮点纷呈,具有改革创新的前瞻性、破解难题的操作性、学习借鉴的实用性,呈现出和谐稳定、持续向好的发展态势。集体林权制度配套改革不断深化。投资1100万元对78个合作社进行扶持,全省林业合作组织达到5573个。扶持林下经济中药材种植示范基地44个,累计达到13.15万亩。林地经营权流转、抵押贷款试点工作在古县、乡宁县全面铺开,林地蕴藏的资源优势正在转化为经济优势。将5720万亩公益林纳入保险范围,联合保监局制定《山西省政策性公益林保险理赔细则》,与财政厅确定四家保险公司分区开展森林保险,获得理赔资金2000多万元,森林保险为林地资源保驾护航的兜底作用进一步显现和发挥。

(七)体制机制更趋灵活。积极搭建融资平台,切实保障林业建设资金需求。山西林业开发投资有限公司作为林业投融资的承贷主体,已经省政府批复成立,与农发行山西分行签署了战略合作框架协议,为林业扶贫提供不低于150亿元的授信。大同、阳曲等市县也开始了林业融资工作。围绕贫困群众“稳受益、不返贫”,积极探索资产性收益机制,选择隰县、大宁等五个贫困县和9个省直林局开展林业资产性收益试点,鼓励贫困群众以林地经营权、林木所有权和政府补助资金入股经营,分享全产业链带来的经济收益,努力实现“资源变资产、资金变股金、农民变股东”。融资平台的搭建、资产性收益机制的全面创新,将成为林业保持快速高效发展态势、增强改革动力活力、激活林业生态要素的动力源泉。

(冀瑞平)

附：省林业厅党组书记、成员名单

书 记：李永林(5月离职) 任建中(5月任职)

成 员：常光明 谢 璞(8月离职) 张云龙 赵 炜(9月任职) 尹福建(9月任职) 李 更

省商务厅党组工作概况

党组书记 孙跃进

2016年是“十三五”规划的开局之年，是决胜全面小康的开局之年，也是全面推进商务系统“三大战略”“五项改革”的攻坚之年。2016年，全厅深入学习贯彻习总书记系列重要讲话精神，按照“一个指引、两手硬”重大思路和要求，全面落实从严治党的主体责任，深入开展“两学一做”学习教育，用理想信念凝聚人，用过硬作风塑造人，用事业平台感召人，用科学机制选用人，用教育培训提高人，在“十大行动”中闯关夺隘，奋然前行；在“十大工程”中披荆斩棘，勇毅笃行，在“十项重点工作”中抓要害、点穴位、打靶子，其中两项约束性指标均超额完成，其他八项工作亮点频现，成效显著，用实际行动向省委、省政府交上了满意的答卷。

一、基本情况

山西省商务厅组建于2004年4月，是省政府管理国内外贸易和国际经济合作的组成部门，主要承担全省对外贸易、内贸流通、利用外资、开发区建设、外经合作的指导和协调，以及省际间的交流合作等职能。内设24个职能处室，下设省投资促进局等11个事业单位。此外，商务厅还负责综合协调和指导全省开发区的有关工作。

截止2016年底，山西省商务厅直属机关党委共有121个各级基层党组织，其中党委10个，总支7个，支部104个，共有党员2200余名。

二、党对商务工作的领导进一步加强

一是严格履行从严治党主体责任。成立了以厅党组书记担任组长的省商务厅党建工作领导小组，进一步加强了对全厅党建工作的统一领导。以“双述双评”的方式，认真开展基层党建述职评议考核工作，进一步推动全面从严治党向基层延伸，不断提高全厅党建工作水平。结合商务重点工作，积极开展“党员先锋行”主题实践活动，教育引导党员干部铭记自己的党员身份，立足岗位作贡献，不断发挥好党支部的战斗堡垒和党员的先锋模范作用。坚持正面激励导向，严格按照好干部标准和组织程序，选拔任用干部56名、轮岗交流32名，形成了选人用人风清气正、干事创业的良好局面。

二是深入开展“两学一做”学习教育。以中心组理论学习、支部集中学习为主要形式，以商务大讲堂、“每月一本书”读书活动为有效载体，组织全厅党员干部认真学习党的十八大、十八届六中全会和省第十一次党代会精神，学习党章党规，学习习近平总书记系列重要讲话精神。厅党组中心组和全厅各党支部围绕“四讲四有”开展专题研讨。厅党组书记、厅长孙跃进带头主讲，中心组成员积极发言，广泛研讨，深入交流，以上率下，示范引领。全厅每个党支部以“三会一课”为载体，每名党员结合自身实际，积极参加学习研讨，深刻剖析存在的问题和不足，取得了良好效果。开展了“学讲话、转作风、促工作”学习交流会、“学系列讲话、做合格党员”主题征文、“学讲话、谈感悟、重行动”主题演讲等三项主题活动，形成了以学促做的氛围。

三是加强基层党组织建设。建立实施了党建工作亲自抓、比着抓、务实抓、长效抓四项工作制度，即厅机关及直属单位一把手带头做表率，亲自抓党建；厅直党组织之间交流学习，比着抓党建；结合业务工作见效能，务实抓党建；深化组织和制度建设，长效抓党建。完成了厅机关各支部的换届选举工作，选配党性观念强、综合素质强的处长担任支部书记，对部分厅直属单位党组织书记、委员进行了调整，打牢组织基础。从严从实抓落实，通过创新工作思路、加强日常管理、认真排查摸底、集中自查互查，完成了七项基层党建重点任务。扎实开展双述双评，考评结果在适当范围予以通报，并作为年底评先选优和干部使用的重要依据。对考评结果靠后的党组织书记，厅机关党委进行约谈，指出存在的问题，帮助改进提高。切实加强群团组织建设，厅机关市场秩序处杨竏同志的家庭被中央文明办评为第一届全国文明家庭，被全国妇联授予2016年全国“最美家庭”称号。

四是深入推进党风廉政建设。制定了省商务厅2016年党风廉政建设和反腐败工作安排和分解意见，认真落实省商务厅关于进一步落实两个责任的“六定”制度；与厅直属单位、机关处室签订了《党风廉政建设责任制责任书》。厅党组书记与厅机关处长、厅直属单位主要负责人进行了集体约谈。强化廉政教育，举办了3期廉政专题讲座。严明组织纪律，严格执行请示报告和个人重大事项报告制度。严格执行《党政领导干部选拔任用工作条例》，把握政策，注重程序，强化审核措施，做到干部档案“凡提必审”，个人有关事项报告“凡提必核”。学思践悟、悟懂通透，持续保持遏制腐败的高压态势，让广大干部职工在全面从严治党中增加获得感。

五是不断强化作风建设。对厅机关及直属单位在党的群众路线教育实践活动、“三严三实”专题教育查摆出来的问题，认真组织了“回头看”，特别是结合省委巡视组提出的存在的习惯“关门工作法”、重视“口头工作法”、热衷“陪同工作法”等问题，进行了认真的排查梳理，进一步完善工作措施。在“冬季行动”中，厅全体领导与20多个省直有关部门负责人带领厅机关所有处室、厅直单位负责人、13个重点商贸企业和电子商务企业负责人，按照“走上去、走下去、走出去、走进去”的原则，先后深入全省11个市、76个县（市区）、175家企业，答疑解惑、协调推进、帮助解决基层和企业159个具体问题，对基层商务工作全面起底。把“六型机关”建设作为落实“一个指引、两手硬”重大思路和要求、改进机关作风建设的重要举措，努力解决党建工作与业务工作“两张皮”，有效助推了各项商务事业的发展，取得了积极成效。

三、各项商务工作任务圆满完成

一是两大指标均超额完成。2016年，面对消费和进出口市场下行压力，商务厅积极采取针对性措施，抓重点企业、抓重点行业、抓督查落实，实现了消费和进出口增速稳步向好。全省社会消费品零售总额同比增长7.2%，超过省政府目标1.7个百分点；全省出口同比增长20.6%，增速居全国第一，超过省政府目标19.1个百分点。

二是开发区成为转型升级新动能。2016年12月1日，省委、省政府召开了全省开发区改革创新发展电视电话会议，骆惠宁书记主持会议并作了重要讲话，楼阳生省长对全省开发区改革创新发展进行了全面、具体部署，全省13000多人在各市、县分会场参加了会议。商务厅代省委、省政府起草了《中共山西省委　山西省人民政府关于开发区改革创新发展的若干意见》，通过对全省开发区整合、改制、扩区、调规，把开发区作为转型综改的主战场、产业转型升级的重要载体、创新驱动发展的新动能引擎，推动开发区改革创新发展。在全省开发区实行“三制”（领导班子任期制、全员岗位聘任制和绩效工资制），开发区管委会可根据实际自行制定人事和薪酬制度改革方案，受到了国家有关部委的充分肯定。2016年，商务厅统筹规划全省各类开发区布局，编制完成了《山西省开发区总体发展规划》，组织各开发区编制“十三五”发展规划和产业发展规划，并确立1-3个主导产业。积极推动符合条件的开发区扩区和设立，已报省政府批准设立了左云、原平等4个省级经济技术开发区；批准了运城经济开发区、太原不锈钢产业园区等3个省级开发区扩区。推动解决了清徐、祁县、孝义开发区的编制机构问题。

三是招商引资成果丰硕。全省招商引资签约项目2226个，到位资金6513.4亿元。先后在北京、南京、厦门、天津、上海、深圳、西安、重庆、济南和香港举办了10场招商推介对接活动，开展了全覆盖对接全国工商联110家常委企业活动，举办了全国民营企业助推山西转型创新发展大会，共签约项目298个，总投资4152亿元。重点举办了2016中国（太原）国际能源产业博览会，共签约14个重大项目。积极承接加工贸易产业转移，出台了支持承接加工贸易产业转移的若干政策措施，太原富士康手机区外保税维修项目、侯马电子产品区域性运营中心和生产基地等重大项目落地，有力推动了我省的转型发展。

四是“山西品牌中华行、丝路行、网上行”促进了山西品牌建设。山西品牌行系列活动历时四年，中华行实现了对全国省会城市的全覆盖，成为一项全国聚焦、各省市学习借鉴的活动。2016年以来，“山西品牌中华行”举办了合肥、济南、长沙、贵阳、沈阳、银川、拉萨、杭州等十站，现场销售4300万元，签约6.8亿元。“山西品牌丝路行”共举办5站综合性展、5站专业展，现场成交8亿元，我省对“一带一路”沿线国家出口同比增长近50%。“山西品牌网上行”全年开展了14场活动，提高了我省红枣、核桃、苹果等特色产品的市场占有率。“三行”活动宣传了山西的良好形象，带动了农民致富，促进了脱贫攻坚。

五是参与“一带一路”建设实现“五个一”。我省是全国唯一由商务部门牵头“一带一路”建设的省份。商务厅克服困难，主动作为，参与“一带一路”建设实现了“五个一”。一是形成了一套顶层设计，制定了年度工作要点、各市参与“一带一路”建设工作方案的指导意见等文件；二是开展了一系列经贸合作，与哈萨克斯坦、蒙古国、阿尔巴尼亚的合作方共签署了五个项目合作协议，永济电机在印度设厂；三是进行了一系列人文交流，组织《粉墨春秋》《千手观音》剧组赴加拿大等国家交流演出；四是推进了一批建设项目，晋蒙黄河大桥、右玉至平鲁、神池至岢岚等高速公路项目建设顺利推进，太原至焦作铁路项目开工建设，文化保税区建设项目完成施工设计；五是建立了一个领导体系，成立了以副省长为组长的领导小组，下设了对外经贸交流工作等5个专业工作小组。2016年11月29—30日，商务部在重庆召开推进“一带一路”建设工作座谈会。我省作为6个典型发言省份之一，作交流发言。

六是现代流通体系建设更加完善。电子商务实现突破发展，省政府与苏宁控股签署战略合作协议。加快推进电子商务进农村，努力争取到15个国家级电子商务进农村综合示范县，获得资金支持3亿元，重点推动县域电子商务服务网络体系建设，实现农村网销1.3亿元，带动就业4065人；探索形成具有我省特色并向全国推广的乐村淘农村电商模式、粮易模式和贡天下农产品上行模式，成为农村电商模式的输出省。农产品流通基础设施得到加强，在商务部组织的全国考评中成绩名列第二并在山东举办的全国性会议上介绍经验。有序推进冷链物流建设，开展农产品冷链物流标准化示范，形成了一批有特色的冷链物流标准体系。推动跨区域农产品流通基础设施建设，我省两家企业成为全国首批公益性农产品批发市场、公益性农产品零售企业。太原市被列为全国城市共同配送和智慧物流试点城市。推动餐饮业转型升级，制定了《山西刀削面制作规范》，成为我省历史上第一个标准。举办了2016中国食品餐饮博览会暨山西面食节，我省获得“中国面食之都”的荣誉称号。

七是外贸竞争新优势更加突出。“一对一”精准帮扶省外供货出口企业，促进我省近100家生产企业省内自营出口，涉及出口额10亿美元。以特色农产品出口为突破点，扶持外贸空白县实现进出口零突破。大力培育外贸综合服务企业、跨境电子商务等外贸新业态,推动太原市成功获批跨境电子商务试点。全省外贸结构进一步优化,装备制造等机电产品出口占比较上年同期提高 11.49 个百分点,高新技术产品进口占比较上年同期提高 13.59 个百分点。加快服务贸易发展,建立了山西省加快发展服务贸易联席会议制度,认定了 10 家山西省文化出口重点企业和 4 个文化出口重点项目。

四、依法行政服务能力不断提升

一是全面推进法治建设。厅领导带头学法、知法、懂法、守法、用法,举办了两期法律知识专题讲座,不断强化法律观念,自觉依法行政,不断提高依法办事能力。坚持重大改革和工作开展于法有据,用法治引领和规范商务发展。中央编办、商务部确定我省忻州市、晋中市、晋城市为综合行政执法体制改革试点市,形成了 22 项可复制推广成果。忻州市试点改革工作被评为优秀等级。在 2016 年 3 月 24 日召开的全国商务综合行政执法体制改革试点工作推进会上,忻州市作了大会交流发言。为了贯彻落实中央编办、商务部和省委省政府文件精神,出台了《关于推进市、县商务综合行政执法体制改革的实施意见》,提出了"试点先行,全面推进"的改革总体思路,率先在全国全面推进市、县商务综合行政执法体制改革。

二是深化行政审批制度改革。贯彻落实"两集中、两到位"要求,厅行政审批处进驻了省政务服务中心。制定了关于在审批事项中进一步明确职责优化服务的制度,加快推进商务职能转变。建立完善商务行政权力运行监管体系,对商务厅 46 项商务行政权力逐一制定廉政风险防控图,认真析解权力运行的关键环节,有针对性地查找出 135 个廉政风险点,其中内贸流通领域 97 个,外经贸领域 38 个,并落实到具体岗位和责任人,确保行政权力规范行使。下放了两项行政处罚权,取消了三项行政审批,规范了 13 项中介服务事项。建立了执法检查随机抽查事项清单、检查对象名录库和执法检查人员名录库、制定了随机抽查工作细则。

三是加强资金项目管理。制定了《山西省商务厅项目资金内部管理办法》,明确职责,规范流程,加强绩效评价,不断改进项目资金管理。整合省级外经贸专项资金,将内贸资金整合为省级服务业发展引导专项资金,增强了资金统筹的全局性和资金使用的灵活性。建立了流通设施重点建设、外贸领域、电子商务、服务贸易、企业走出去等项目储备库,不断提高资金使用效率。与招商银行签订战略合作协议,组织银企座谈会,积极探索政银企合作新平台。

(要宏锋)

附:省商务厅党组书记、副书记、成员名单

书　记:孙跃进

副书记:张跃建(11 月离职)

成　员:张　文　牛榆生　刘　进(11 月离职)　王来平　李志胜　赵贵全

省文化厅党组工作概况

党组书记　刘润民

2016 年,省文化厅党组深入贯彻落实党的十八大、十八届三中、四中、五中、六中全会精神和习近平总书记系列重要讲话特别是关于文艺工作的重要讲话精神,认真贯彻落实省第十一次党代会部署,紧紧围绕省委"一个指引、两手硬"重大思路和要求,谋划推动文化事业和文化产业改革发展,圆满完成年度工作任务,全省文化发展呈现良好势头。

一、深入学习习近平总书记系列重要讲话精神,扎实推进党风廉政和法治建设

深入学习习近平总书记系列重要讲话精神。厅党组把学习习近平总书记系列重要讲话精神放在首位,精心组织安排,认真学习交流,自觉在思想上政治上行动上同以习近平同志为核心的党中央保持高度一致。2016 年厅党组中心组集体学习 15 次、专题讲座 5 次。党的十八届六中全会召开后,厅党组召开扩大会议进行专题学习,邀请省委党校教授对省直文化系统党员干部作专题辅导。通过学习,省直文化系统 1000 余名党员干部进一步增强了政治意识、大局意识、核心意识、看齐意识。

深入开展"两学一做"学习教育。党组成员以上率下,把学习教育作为加强思想建设、增强党性修养、提高能力素质的好机会。机关党委坚持每月制定学习计划、编印学习资料、召开专题讲座,还举办了基层先进人物事迹报告会,组织观看警示教育片。85 个基层党组织开展研讨交流、专题调研和专题党课 300 余次。通过"两学一做"学习教育,省直文化系统党员干部进一步坚定了理想信念,营造了勇于担当、干事创业的良好氛围。

全面落实党风廉政建设主体责任。党组书记发挥第一责任人作用,党组成员在分管范围内发挥主要责任人作用,以落实党建责任为抓手,以加强基层党建为重点,狠抓思想、组织、作风、制度和反腐倡廉工作,切实担负起党风廉政建设主体责任。一是厅党组认真学习传达中央、中纪委和省委、省纪委关于党风廉政建设的会议、文件精神 12 次,严格执行干部任免制度、"三重一大"民主决策制度等。二是召开党建工作暨党风廉政建设会议,签订党风廉政建设责任书,将党风廉

政建设列入领导班子、领导干部目标管理。三是成立党建工作领导组，厅党组书记担任机关党委书记，机关纪委书记专人专职，完善党组书记负总责、分管领导分工负责、机关党委推进落实的党建工作格局。四是完善“支部建在处室、处长一岗双责”机制，实现事业单位党组织建设全覆盖，开展党员组织关系集中排查和党费收缴专项检查，摸清党员队伍基本情况，规范党费收缴。五是严格执行中央八项规定，抓住重要时间节点，强调廉洁自律，部署自查自纠，开展明察暗访，持之以恒纠正“四风”。六是把2015年巡视问题长效整改与“两学一做”学习教育紧密结合，对厅属单位整改情况进行“回头看”，列出清单，制定措施，落实责任，确保解决问题前后呼应、持续推进。

稳步推进法治建设。一是狠抓依法行政，组织编制党纪条规汇编和文化系统适用法律法规汇编，完善行政机关内部重大决策合法性审核机制，在重大行政决策、重大事项审议、较大金额合同签订等程序中引入政府法律顾问环节。二是编制印发省文化厅《关于开展法治宣传教育的第七个五年规划》，为文化系统“七五”普法奠定基础。三是深入开展“六权治本”。制订实施《“六权治本”目标责任分解方案》，建立考核评价机制。编制省文化厅行政处罚裁量标准适用准则和裁量权基准，确定权力范围和裁量标准。四是严格执行“两清单”“两张图”，落实“放管服效”政策，进一步整理规范审批文书和审批流程，实现文化行政审批办理进度和办理结果网上实时查询，全程在线监督，全年完成审批业务184件。

二、文化政策体系不断完善

编制印发山西省《“十三五”文化改革发展规划》《“十三五”红色文化传承保护与发展规划》，其中红色文化规划是全国第一个省级红色文化专项规划。贯彻落实中办、国办《印发〈关于加快构建现代公共文化服务体系的意见〉的通知》《关于转发文化部等部门关于做好政府向社会力量购买公共文化服务工作意见的通知》等重要文件精神，牵头起草印发我省《关于提高公共文化服务水平的若干意见》《关于做好政府向社会力量购买公共文化服务工作的实施意见》《关于进一步加强对外和对港澳台文化工作的实施意见》《关于实施山西省戏曲传承发展振兴工程的意见》《关于进一步深化文化市场综合执法改革的实施意见》等文件。基层综合性文化服务中心建设、文化文物单位文创产品开发等文件正在会审会签。

三、艺术事业蓬勃发展

学习贯彻习近平总书记在文艺工作座谈会上的重要讲话精神，继续开展“深入生活、扎根人民”主题实践活动。紧扣“中国梦”主题，大力挖掘山西文化资源优势，启动《党的女儿》《槐树情》《印象山西》《绿色征途》《法显》《晋文公》《北魏孝文帝》等7部重点剧目创作，其中《党的女儿》《印象山西》已立于舞台，其他项目正在推进中。一批优秀剧目获国家级奖励，晋剧《于成龙》入选2016年度国家舞台艺术精品扶持工程十大重点扶持剧目，话剧《生命如歌》荣获全国少数民族汇演金奖，舞蹈《扫街》荣获第十一届中国艺术节“群星奖”舞蹈类比赛第一名。围绕纪念建党95周年，举办七一晚会、剧目展演、送戏下乡等活动，弘扬主旋律、传播正能量。积极申请国家艺术基金，29个项目获立项，资助总额2471万元，戏曲剧目、小戏、小品三类立项数量位居全国第一。根据文化部开展全国地方戏曲剧种普查工作要求，开展全省地方戏曲剧种剧团普查，基本摸清全省戏曲底数，受到国家地方戏曲普查办表扬。加强文化人才培养，举办文化艺术人才培训班，完成2016年度山西省艺术科学规划课题立项评审。

四、公共文化服务水平进一步提高

督导朔州市完成第二批国家公共文化服务体系示范区创建，督导晋中市、大同市通过第二批示范项目验收，启动晋中市第三批示范区创建。完善政府购买公共文化服务机制，落实省级政府购买公共演出服务资金1100万元，组织省直文艺院团进社区、进军营、进校园、进乡村演出600余场。发挥省级重点文化设施示范带动作用，山西大剧院全年演出296场，观众超过19万人次。省图书馆日均接待读者6200余人次，举办各类讲座、展览等200余场。省群艺馆、山西画院、山西书法院等组织公益演出、展览、培训近300场，受惠群众20余万人次。着力打造文化惠民品牌，长风之夜、周二剧场、龙城剧场等演出深受群众欢迎。健全公共文化设施，山西晋剧艺术中心主体工程封顶，省少儿图书馆和省古籍保护中心建设扎实推进，10个县级两馆建设达标任务顺利完成，省市县三级公益文化设施建设达标率预计达到82.45%，比2015年增加约2个百分点。组织乡镇综合文化站资源利用情况调研，全面掌握我省乡镇综合文化站现状。圆满完成第三届“山西省文化强县创建工作先进单位”评选。发挥文化部门优势，推进扶贫工作，与11个贫困村、1292户贫困户实施“精准结对”，为对口扶贫点虎鼻乡新建3个文化活动中心，免费送戏25场，扶持开展光伏发电、农产品种植及加工等项目。

五、文化产业取得新突破

实施重点工程带动，山西文化保税区累计完成投资2.2亿元，山西省文化产业园5个示范馆完成主体工程建设。紧紧围绕发展非煤产业目标，加快推进文化旅游业发展，制定《关于大力推进文化旅游业和文化创意产业发展的工作方案》《关于推进演艺、非遗进景区的指导意见》《关于创建山西省文化旅游大县的指导意见》等文件。搭建展示平台，推动项目合作，组织近百家文化企业和投资公司进行投融资路演，组织文化企业参加国家级国际性文化产业博览会，推介项目200余个。参加2016山西品牌丝路行和中华行。加强与大型企业合作，与晋能集团共同推进山西文化云平台建设，与保利文化集团、中国文化传媒集团签订合作协议。深化供给侧改革，在太原市启动文化消费试点，发放30000张文化消费卡。筹备成立山西文化企业协会。

六、非遗保护迈上新台阶

探索和创新乡村文化资源保护新路子,继续实施“乡村文化记忆工程”,遴选318个乡镇开展第二批试点工作。“晋中文化生态保护实验区”顺利完成文化部检查评估。认真开展非遗法贯彻落实情况自查,通过文化部抽查评估。在全国率先完成国家级非遗代表性传承人抢救记录试点工作,受到文化部表扬。组织10余项优秀非遗项目参加第四届中国非遗博览会,展示山西非遗大省良好形象。广泛开展“文化遗产日”系列活动,组织非遗进校园、进军营、进社区,营造非遗保护发展的良好社会氛围。实施2016年中国非遗传承人群研培计划,对290名非遗传承人进行培训。拓展宣传阵地,推进山西省非遗展示馆建设。

七、文化市场管理服务进一步完善

开展综合执法提升工程,贯彻落实中办、国办《关于进一步深化文化市场综合执法改革的意见》,开展全省文化行政综合执法改革摸底调查,探索文化市场分级分类管理和“双随机、一公开”模式,推动实现跨部门、跨行业综合执法。文化审批15个项目进入省政务服务平台,制定《简化优化公共服务流程方便基层群众办事创业工作方案》。落实文化部《关于推动文化娱乐行业转型升级的意见》,印发我省配套实施方案,将转型升级工作拓展到全省文化娱乐行业。推动互联网上网服务行业转型升级,行业整体形象、社会评价明显改善。强化文化市场监管,组织开展交叉检查与暗访抽查,完成文化市场技术监管和服务平台建设,经营场所录入和网上激活率达98%以上。

八、文化交流和文化援疆亮点突出

组织艺术团体赴加拿大、葡萄牙、瑞士、台湾、香港等国家和地区参加“中华风韵”“欢乐春节”等活动,深受当地观众和华人、华侨好评。积极开展与“一带一路”沿线国家和地区的人文交流,按照省政府“山西品牌丝路行”工作安排,赴匈牙利、捷克、波兰和哈萨克斯坦、格鲁吉亚、白俄罗斯开展文化交流合作。全年共完成文化交流项目20余个,300余人次。开拓山西海外文化阵地,省图书馆与毛里求斯中国文化中心、山投集团晋非经贸公司签署框架协议,启动毛里求斯中国文化中心图书室建设。落实全省援疆工作部署,举办“山西艺术精品新疆行”系列活动,组织优秀剧目赴疆巡演40余场,开展书画名家交流和非遗精品展示展演。

(邹文姣)

附:省文化厅党组书记、成员名单

书　记: 张瑞鹏(10月离职)　刘润民(11月任职)

成　员: 张　健　赵银邦　郑中夏　王舒袖(女)　贾新田　李　力　李荣钢　李培勇(3月离职)

省卫生和计划生育委员会党组工作概况

党组书记　李凤岐

2016年,省卫生计生委党组坚持以党的十八大、十八届三中、四中、五中、六中全会和习近平总书记系列重要讲话精神为统领,坚决贯彻党中央、国务院和省委、省政府决策部署,深入践行“依法治理、深化改革、大兴人才、强化基层、正风肃纪、服务民生”的工作理念,统筹推进卫生计生事业改革发展,圆满完成了各项年度任务,实现了“十三五”良好开局。12320调查显示,群众对全省卫生计生服务满意度达96%,对省级医疗卫生机构满意度达95.2%。在省人大常委会开展的全省农村卫生工作满意度测评中,满意率达100%。

一、对标党章党规,以系列重要讲话为指引,统一思想行动、凝聚奋进力量

卫计委党组扎实开展“两学一做”学习教育,对标党章找差距,学以致用促整改,团结带领全委广大干部职工,始终在思想上政治上行动上与党中央和省委保持高度一致,凝聚起保障人民健康、建设健康山西的强大力量。一是强化理想信念教育,不断增强“四个意识”。坚持把思想政治工作摆在重要位置,贯穿于全省卫生计生事业改革发展的全过程、各环节,严格落实“三会一课”制度,通过党组(委)书记讲党课、进行专题讨论、召开民主生活会和组织生活会等方式,进一步增强了全委各级领导干部的政治意识、大局意识、核心意识、看齐意识,进一步坚定为人民健康服务的宗旨。二是强化系列讲话学习,不断增强“三个自信”。坚持把学习习近平总书记系列重要讲话作为一项重大政治任务,进一步增强道路自信、理论自信、制度自信,尤其是深入学习习近平总书记在全国卫生与健康大会上的重要讲话,确定了21个调研课题,形成了16万字的调研报告,集全委智慧,编制了《“健康山西2030”规划纲要》和《山西省进一步深化医药卫生体制改革的意见》,坚定走中国特色卫生与健康发展道路,探索实现全民健康的山西路径。三是强化精神文明建设,不断增强“三个能力”。坚持把精神文明建设和文化建设作为卫生计生领域“两学一做”学习教育的重要抓手,引导全系统大力弘扬“敬佑生命、救死扶伤、甘于奉献、大爱无疆”的职业精神,增强服务群

众健康的能力、破解改革难题的能力、提升发展水平的能力，卫生计生系统思想政治建设等21项工作在全国作了经验交流。新农合支付方式改革等14项工作得到国家卫生计生委充分肯定。实施妇女儿童发展纲要等20项工作受到上级表扬表彰。基层卫生岗位练兵和技能竞赛等9项工作在全国考核竞赛中取得优异成绩。

二、全面加强党建，以落实主体责任为抓手，推进反腐倡廉、树立行业新风

委党组坚持“抓党建、带队伍、促发展”，认真贯彻全面从严治党总要求，构建了党组书记负总责、分管领导分工负责、机关党委推进落实、处室负责人“一岗双责”的党建新格局，以省委巡视“回头看”为契机，积极探索落实“两个责任”的有效途径，着力解决党风廉政建设反腐败工作中存在的难点和盲点。一是在强基固本上下功夫。认真落实基层党建八项重点任务，深入开展党员组织关系排查和党费收费专项检查，按期完成了基层组织换届工作，基层党建工作基础更加扎实。二是在警示教育上下功夫。通过观看警示教育片、预防职务犯罪讲座、重要节假日廉政提醒等多种方式，增强各级干部的廉政意识，新提任干部任职前谈话52名，诫勉谈话4人，约谈党委班子1个。三是在正风肃纪上下功夫。严格落实医疗卫生行风建设“九不准”工作要求，进一步深化医务人员收受红包回扣专项整治，组织对15所三级医院进行了行业巡查。四是在执纪问责上下功夫。依纪问责了山东济南非法经营疫苗系列案件有关责任人，对省直某医院部分医务人员收受红包案件进行严肃问责。五是在典型树立上下功夫。开展三晋“好医院、好医生、好护士”宣传推选活动，大宁县“摩托村医”贺星龙当选“中国网事·感动2016”年度人物。六是在促进发展上下功夫。注重发挥基层党组织和广大党员在“三好一满意”、服务百姓健康行动、志愿者服务、健康扶贫等活动中的战斗堡垒作用，服务基层群众80万余人次。

三、强化法治建设，以推进依法行政为核心，完善治理体系、提升治理能力

卫计委领导班子深入贯彻落实“六权治本”要求，将卫生计生法治建设与业务工作同部署、同推进、同考核，集体研究法治建设5次，制定了贯彻《法治政府建设实施纲要（2015—2020年）》实施方案，确保卫生计生依法行政工作有载体、有标准、可检验。一是推进地方卫生计生立法。在全国首批完成人口和计划生育条例修订任务，确保全面两孩政策顺利落地。积极推动《山西省医疗纠纷预防与处理办法》列入2017年省政府规章立法计划。二是规范重大行政决策行为。扎紧制度的笼子，出台实施细则，细化了重大行政决策事项范围和具体操作要求，召开委务会议31次、党组会议26次、主任办公会议58次，对“三重一大”事项进行集体研究、集体决策。三是规范行政职权运行流程。建立了权力清单和责任清单动态调整机制，动态管理和监督行政职权运行全流程，实行痕迹管理，行政职权基本实现网上全过程运行。四是加强卫生计生法治宣传教育。在省直部门中较早启动“七五”普法工作，委党组中心组和委机关集体学法各2次，并将法律法规纳入卫生计生管理干部培训班内容。五是进一步深化行政审批制度改革。推进简政放权放管结合优化服务改革工作，再取消审批事项6项，清理涉及行政许可审批事项的中介服务3项。六是全面强化卫生计生综合监督执法。建立完善了“双随机”抽查、行政执法全过程记录和行政处罚自由裁量等制度，大力整治医疗服务秩序，查处医疗违法案件1861件。

四、全面深化改革，以保障人民健康为目标，破解发展难题、提升服务质量

（一）全面深化医药卫生体制改革，不断减轻群众就医负担。全面巩固县级公立医院改革成果，积极推进示范工作；太原、运城、晋中、阳泉、长治5个城市公立医院改革试点市全部取消了药品加成；15所省级公立医院取消了一半药品加成，启动实施新的医疗服务价格。城乡居民大病保险实现全覆盖，城乡居民基本医保制度实现整合。在全省所有二级以上公立医院实行了药品耗材试剂阳光采购，基本药物面向基层配送率达93%。引资29亿元新办民营医疗机构801所，新增床位6064张。积极推进医养融合，太原、大同、吕梁被列入国家级医养结合试点单位。初步整合了人口健康信息资源。启动了山西健康产业园项目建设。巩固壮大城市医联体55个，建成县乡医联体631个、医院社区医联体255个，帮助基层新增或拓展医疗业务200余项。开展了新农合按病种分级诊疗工作，分级诊疗新格局逐步形成。

（二）全面推进计生服务管理改革，有效满足群众生育意愿。在全国首批完成人口和计划生育条例修正工作，对生育一孩、二孩实行登记制度，再生育审批权下放至乡级并简化了程序。初步估算，2016年全省人口出生率提高了约1个千分点，基本符合我省全面两孩政策实施预期。加强妇女儿童医疗卫生服务体系建设，建成市县级危重孕产妇救治中心132个、危重新生儿救治中心125个，创建省级规范化基层妇儿门诊100个、妇幼健康优质服务示范县20个，3个县区被评为全国示范县。全省新增产科床位557张、儿科床位589张，基本满足了群众需求。坚持和完善计生目标管理责任制，扎实开展计生基层基础发展年活动，24个县区被评为全国计生优质服务先进单位。召开晋中现场会，推动了卫生计生深度融合、创新发展。106.8万户（人）计生家庭享受奖扶政策，为计生特殊家庭开通了就医“绿色通道”，为116万名计生家庭成员办理了意外伤害医疗保险，流动人口婚育证明实现电子化，流动人口卫生计生服务均等化由41个试点县（市、区）扩展到全省所有县（市、区）。

（三）大力提升医疗卫生服务质量，切实维护群众身体健康。大力实施科教兴医战略，申报确立各类科研项目824项，16项科研成果达国际先进水平。新创建省级临床重点专科50个、县级临床重点专科40个。深入推进百千万卫生人才培养工程，遴选高端领军人才195名、骨干精英人才824名、

基层适宜人才5989名，全省选派各类人才海外研修197人次，国内研修7439人次。加大招才引智力度，与北上广地区和国外知名机构签订合作项目151项，柔性引进院士7名、海外高层次专家8名、国内顶尖医学专家49名。建成了省级预约诊疗服务平台，服务患者94万人次。创建国家级群众满意的乡镇卫生院108所、省级中医药特色基层医疗卫生机构207个、社区卫生服务提升工程示范单位27所。人均基本公共卫生服务经费由40元提高到了45元。建立了防治重大疾病工作厅际联席会议制度，启动了陆空立体紧急医学救援网络建设，全省未发生重大和特别重大突发公共卫生事件。10个乡镇(县城)有望进入国家卫生乡镇(县城)行列。启动健康扶贫工程，将贫困县县乡医疗卫生机构全部纳入医联体建设，开展了妇产科和儿科巡回医疗，培训"山西护工"494名。

(王　鹏)

附：省卫生和计划生育委员会党组书记、成员名单

书　记：王进喜(9月离职)　李凤岐(9月任职)

成　员：杨建勇　郭晋刚　刘中雨(9月任职)

武　晋(5月任职)　冯立忠　李跃珍(女)

省审计厅党组工作概况

党组书记　王　亚

2016年，省审计厅党组深入学习贯彻党的十八大、十八届三中、四中、五中、六中全会精神和习近平总书记的系列重要讲话精神，深入贯彻落实省委"一个指引、两手硬"的重要思路和要求，落实全面从严治党要求，贯彻中央八项规定精神，持而不息纠正"四风"，不断加强党的建设、作风建设、制度建设和廉政建设，充分发挥审计监督在党和国家监督体系中的重要作用，取得明显成效。

一、坚持"四个推进"，认真落实全面从严治党主体责任

一是推进全面从严治党。厅党组始终坚持把管党治党作为最大政绩、第一位的工作来抓。坚持完善责任体系，实行"一把手"总责制、党组成员分责制、处室领导主责制、审计组长负责制的"四级责任制"，形成了科学定责、具体明责、严格考责、压力传导的党建工作落实链条，推动了各党支部切实肩负起主体责任、党组书记切实履行好第一责任人职责。坚持发挥考核"指挥棒"作用，把党建工作纳入机关目标责任考核体系，提高考核权重，加大考核力度。坚持开展党内经常性教育，充分利用红色资源、扶贫联系点、警示教育基地等开展革命传统教育和警示教育，增强了党员的党性意识。

二是推进机关党的建设。坚持把党建工作与审计业务工作融为一体，与审计业务同部署、同落实、同检查、同考核。扎实抓好机关党的基层组织建设，对27个支部进行换届，健全组织机构。强化日常监督，开展全厅党员组织关系集中排查，党员交纳党费和参加组织活动情况检查，增强党员意识。坚持民主集中制，对三重一大事项和审计发现的重大问题实行集体研究、集体决策。落实民主生活会、组织生活会和"三会一课"等制度，广大党员的政治意识不断增强。深入开展"两学一做"学习教育，全年厅党组中心组集中学习14次8天，围绕"四讲四有"4个专题集中学习研讨，提交研讨稿40多篇，创新方式讲党课28次，各党支部书记和党员撰写心得体会200多篇，推动了学习教育制度化经常化常态化。对全体党员进行了党章知识测试。组织38个党支部书记参观了高君宇烈士纪念馆，推动学习教育深化深入。

三是推进党风廉政建设。坚持抓住"关键少数"，厅党组书记、厅长王亚同志认真履行党风廉政建设第一责任人职责，对党风廉政建设重要问题亲自研究、亲自部署、亲自协调、亲自督办，全年主持召开党风廉政建设工作会1次，专题研究分析部署会6次，制定了《2016年审计机关党风廉政建设工作要点》和《2016年党风廉政建设和反腐败工作任务分解表》，确保党中央和我省党风廉政建设要求落到实处。坚持健全完善制度，进一步完善厅领导班子成员党风廉政建设主体责任落实情况向驻厅纪检组报告、"双举报箱"、审计公示、廉政承诺等制度，开展审计廉政风险排查，加强对"八不准"审计工作纪律和廉政规定执行情况的检查，为120名干部建立廉政档案，防微杜渐、抓早抓小，解决突出问题，防止"四风"反弹。加强廉政警示教育，组织处级以上领导干部集中观看《忏悔录》，以郝素珍腐败问题为反面典型开展为期1个月的集中反思剖析和警示教育活动，提交反思剖析报告170多份。严格监督执纪问责，采取明察暗访、审计回访、跟踪检查、调查问卷等形式，跟踪监督检查审计项目廉政情况，对涉嫌违反请销假制度和财产申报不实等6起违规违纪问题做出处理，释放出越往后执纪越严的强烈信号。

四是推进干部队伍建设。坚持正确的用人导向，完善干部选拔任用、考核激励和培养培训制度，严格选拔程序，充分发扬民主，选拔任用了60多名处级领导干部，对20多名处级领导干部进行了轮岗交流。加强思想政治教育，大力弘扬审计核心价值观和"四气"审计精神，切实落实"实""高""新""严""细"的工作作风，正在研究制定加强审计队伍思想作风建设的意见，打造过硬的纪律作风。运用网络教学、案例教学、模拟实验室等方式，采取全省性审计项目混合编组、有计划交流轮岗、以审代训等方式，举办培训班15期，培训770多人次，提高了审计实战能力和职业化水平。

二、坚持完善工作机制，全力推进“两个责任”落实

一是建立了以党组为中心的组织工作机制。健全落实“两个责任”的责任链条，实行“一把手”总责制、党组成员分责制、处室领导主责制、审计组长负责制的“四级责任制”，做到主要领导全面抓、“一岗双责”全覆盖、责任压力全承担，形成层层传导压力、层层狠抓落实的局面。坚持班子成员、支部书记每年向党组述职述廉述纪述作风的“四述”报告制度。完善领导干部报告个人有关事项、重大事项随时报告等制度，建立了《党员干部直接联系群众工作制度》、谈心谈话制度，厅领导带头过双重组织生活，密切了党群干群关系。

二是建立了以责任为核心的工作落实机制。制定厅党组关于加强党建工作和落实党风廉政建设主体责任“两个意见”，形成了统一领导、分工负责、相互协调、齐抓共管的领导体制。制定党风廉政建设主体责任清单，明确了党组责任8类22项。修订厅党组会、厅长办公会、审计业务会的议事规则和议事程序，做到三重一大事项、审计发现的重大问题集体研究、集体决策。修订党建和党风廉政建设考核办法，增强了党建考核权重。

三是建立了以权力为轴心的风险防控体系。依法确定权力11项，编制了“一清单、两张图”。制定审计现场管理办法，实行严格的审计实施方案编制和组织实施制度、严格的审计底稿编制和审核制度、严格的证据获取和核准制度，做到全程监控、全程留痕、全程追责。实行“审计项目开展情况周报”“工作动态日报告”制度，加强过程控制，对项目进展、查出问题、重大线索实行动态报告、动态跟踪、动态考核。制定《审计操作指南》《预算执行审计向导》《省管领导干部经济责任审计规程》《案件线索移送办法》《执法过错责任追究》《行政处罚信用信息公示》等制度25项，构建了规范审计权力运行和审计业务管理的制度体系。制定审计廉政风险防控办法，排查风险点50多个，建立了以岗位为点、程序为线、制度为面，环环相扣的廉政风险防控机制。

三、坚持依法审计，积极有效发挥审计作用

2016年，全省共审计单位5259个，查出违规金额1027.24亿元，促进增收节支165.57亿元。

一是持续跟踪政策，推动重大政策措施落地见效。按照国务院要求和审计署统一部署，组织市县审计机关持续开展对11个市本级和119个县(市、区)贯彻落实国家和我省重大政策措施情况的跟踪审计，重点关注我省去产能、去库存、去杠杆、降成本、补短板任务落实及其他相关领域政策措施的贯彻情况和效果，抽查政府部门、单位和项目474个，涉及资金164.77亿元。

二是深化财政审计，促进提高财政资金使用绩效。贯彻绩效审计理念，开展对14个省级部门2015年预算执行和20个部门单位2014、2015年财务收支情况的审计，延伸审计二、三级预算单位133个，并依法向省人大常委会报告2015年度省本级预算执行和其他财政财务收支的审计情况，向社会公告。对审计发现问题的，持续跟踪督促被审计单位列出清单、建立台账，采取措施、认真整改，整改情况已向省政府报告。

三是维护保障民生，促进重点专项资金整合增效。对农业综合开发、城乡低保补助、水利基础设施建设、抚恤救助等20项专项资金进行了审计，延伸审计单位995个，抽查项目申报资料920多个，涉及专项资金28.71亿元。持续开展城镇保障性安居工程跟踪审计，促进追回和归还资金630多万元，整改违规分配使用住房等510多套。开展对世界银行贷款中国农村卫生发展等11个外资项目的公证审计，提高外资利用水平。

四是促进经济结构调整，提高政府投资建设项目效益。对天镇至大同等7条高速公路和省农科院迁建、省级社保服务中心项目竣工决算进行审计，对山西科技创新城、对口援疆、大水网项目、省儿童医院新建项目开展跟踪审计，揭示了部分项目投资超概算、虚报冒领骗取建设资金、损失浪费、违规招投标等工程建设领域的突出问题，促进优化经济结构、提高投资绩效。

五是维护经济安全，防范企业金融领域风险隐患。对国新能源、省经贸集团、省投资集团等3户企业2014年、2015年资产负债损益进行审计，重点关注企业国有资产的真实、完整和保值增值情况、资产负债损益情况、重大投资决策和投资绩效情况、发展潜力和风险隐患情况，促进国有企业深化改革、提质增效。对晋商银行以及市属国有金融机构2014年、2015年资产负债损益进行审计，关注资产负债损益、经营管理、业务创新、法人治理及内部控制等情况，促进金融机构提高管理水平、依法合规经营。

六是监督制约权力，增强领导干部依法行政意识。对45名省管领导干部进行经济责任审计，任中审计占94%。坚持党政同责、同责同审，对朔州、长治2市市委书记与市长开展经济责任同步审计，更好地监督、评价、鉴证“一把手”经济责任履行情况，促进领导干部依法行政、履职尽责。开展对朔州市市长和清徐、沁源县县长自然资源资产审计试点，促进领导干部依法履行自然资源资产管理和环境保护责任。

七是推进反腐倡廉，严肃揭露重大违纪违法问题。始终坚持问题导向，严肃揭露和查处重大违纪违法，向司法、纪检及相关部门及时移送案件线索，增强查处的威慑力。同时，还抽调1500多人次配合和协助巡视、纪检监察和司法机关查处了一批腐败案件，发挥了审计的独特优势和专业作用。

八是强化分析研判，注重揭示体制机制制度性问题。密切关注改革措施的推进和协调配合情况，关注体制性障碍和制度性缺陷，提出解决突出问题和推动长远发展的建议，促进改革深化和制度创新。提交审计报告和信息6351篇，提出审计建议8800条，促进建立健全制度措施312项。

（宁丽丽）

附：省审计厅党组书记、成员名单

书　记：王　亚

成　员：闫建科　姚安政　南春林(3月任职)
王银燕(女，3月任职)　张红谱(女，9月任职)
李建国(9月任职)　高爱平(9月离职)

省政府外事侨务办公室党组工作概况

党组书记　张志川

2016年，全省外事侨务系统深入贯彻落实党的十八大、十八届三中、四中、五中、六中全会、中央外事工作会议和省委第十一次党代会精神，科学谋划、主动作为，服务总体外交战略，服务山西发展，紧紧全省中心工作，进一步加强外事归口管理，统筹谋划和全面推进对外交流与合作，为国家总体外交和我省经济社会发展作出了积极贡献，多次受到中央有关部委表彰。

一、扎实推进党的建设、法治建设和机关建设

着力加强党的建设和党风廉政建设。全面落实主体责任，分解2016年党风廉政建设和反腐败工作任务。将党的建设、党风廉政建设和反腐败工作与业务工作同部署、同落实、同检查、同考核，切实做到两手抓、两手硬。推动基层党组织建设规范化，完善机关党建工作制度和保障措施。以“两学一做”为重点，组织中心组学习15次15天、党员学习60余次、支部活动20余次。坚持把纪律和规矩挺在前面，按照政治纪律、政治规矩和规章制度办事。开展多种形式的廉政警示教育。自觉接受纪检机关的监督，全力支持纪检机构开展工作。

配合省委专项巡视工作，抓好巡视反馈意见的整改落实。巡视意见反馈后，立即召开办党组专题会议，对巡视组反馈中指出的问题逐条认真学习，提出框架性整改意见，党组书记履行第一责任人责任，班子成员履行“一岗双责”，牵头认领整改任务，带领分管处室反复研究反馈意见、针对性提出整改建议，办党组在充分综合各方面意见的基础上，研究制定并印发了《中共山西省人民政府外事侨务办公室关于对巡视情况反馈意见的整改方案》，详细制定了整改任务清单、责任清单、推进步骤和时间表。召开巡视整改工作动员大会，进一步统一思想，提高全办党员干部对巡视整改工作极端重要性的认识，根据《整改方案》的分工，进一步传导压力、压实责任，做到层层推进、责任到人，确保各项整改任务按计划节点顺利完成。

针对巡视意见，共梳理分解问题26个，制订整改措施37项，制定和修订制度11项，补交党费2.88万元。

认真学习贯彻省十一次党代会精神，科学分解工作任务，加强过程管理和督查落实。牢固树立人大和政协意识，经常向省人大报告工作，积极开展民主协商，认真办理人大代表建议和政协提案，自觉接受人大和政协监督。认真贯彻2016年法治山西建设工作要点，完善法治建设领导机构，着力健全党组依法决策、科学决策、民主决策机制。认真开展“七五”普法工作。完善“两清单”“两张图”，全面梳理职权事项，依法依规处理涉外涉侨事务和机关行政后勤管理等工作。坚持党务公开，政务公开，加强对关键环节的监督。狠抓精神文明建设，办机关连续6年被评为“省直文明单位标兵”。

二、加强对外工作统筹谋划和归口管理

加强党对外事工作的集中统一领导。加强对外开放顶层设计。全面梳理世界主要产煤国家产煤省州和我省友城建设情况，制定出台加快我省国际友城建设的文件。着力提高我省领导干部的开放意识、开放素质和开放能力，组织外交部地方外事巡回培训、外交外事知识进党校等专题培训，对省委党校学员、外事系统干部、省直厅局外事干部850余人次。

三、全面深化对外交往

精心保障省级人员率团访问27个国家和地区，加强了与相关国家地区在煤炭清洁高效利用、经贸、友城、文化、旅游等领域的务实合作，确定了韩国全罗南道2016年合作项目，与俄罗斯滨海边疆区正式建立政府间联系，深化与伊尔茨克州的务实合作，与俄罗斯恰克图就晋商老照片鉴定、数字化和出版合作、教育和旅游合作、加强政府间交流达成共识，在宣传山西、增进友谊、招商引资、加深合作等方面取得了重要成果。

全力助推太原论坛。共邀请匈牙利索尔诺克州州长、美国能源部首席助理部长等21位重要外宾，占论坛重要外宾数量81%；指导和成功接待30个国家和地区的229位外宾，安排省领导外事活动23场，对凸显论坛“国际性”发挥重要作用。

加强国际友城建设。我省与韩国全罗南道正式结好准备工作基本就绪，与美国怀俄明州、德国北威州建立友好省州关系准备工作取得实质性进展，与哈萨克斯坦巴浦洛达尔州、捷克西里西亚州、印度贾坎德邦、蒙古中戈壁省正式成为友好合作伙伴。

积极服务国家总体外交战略。协办“中国中部国际产能合作论坛暨企业对接洽谈会议”。成功争取到全国友协与德国城市联合会合作举办的“资源依赖地区的转型与可持续发展研讨会”承办权。积极组织有关部门参加第五届中印论坛、

第十三次中国市长访日等双边、多边活动。

落实国家“一带一路”战略规划。积极参与中蒙俄、中巴、中国—中亚—西亚等主要经济走廊和涉外重大互利合作项目建设，紧盯国家“一带一路”产能合作战略重点，依托我省能源、矿产、装备制造、地质勘探、建筑工程等优势资源，研究产能政策，拓宽信息渠道，促进经济合作，推动我省优势产能和优秀企业、名优“特产”走出去。

搭建对外交往平台，推动外事资源向经济资源转化。与省发改委牵头在美组织召开两国政府官员、专家和企业家代表70余人参加的“中国（山西）—美国（怀俄明州）煤层气研讨会”。组织有关厅局就煤炭、电力等领域发展与美国摩根士丹利代表团进行座谈交流。与蒙古中戈壁省、南戈壁省在矿产开发、畜牧加工方面达成合作意向。促成与匈牙利欧亚联谊总会就在匈合作共建老陈醋博物院、在欧洲市场销售老陈醋、合作开办中医院和开展中医药产业合作等达成共识。促成“荷兰奶业发展中心”落户山西。促成与河边郡政府和美国华人总会签署经贸合作协定。协助开展“山西品牌丝路行——韩国站”活动，扩大山西品牌的影响力。协助在武宿国际机场开通口岸签证业务，为境外人士来晋交流、旅游、创业提供便利。协助推进中国国际晋商大会召开，与国际晋商代表建立广泛的联系，为“晋商助晋”奠定基础。

精心完成美国能源部代表团、外国驻华使节团等来自75个国家和地区党宾、国宾及重要团组56批次、1366人次接待任务，安排省领导外事活动33场。积极组织参与、协办第五届中印论坛、中国中部国际产能合作论坛、山西品牌丝路行等重要活动。与蒙古中戈壁省、南戈壁省在矿产开发、畜牧加工方面达成合作意向。促成与匈牙利欧亚联谊总会就老陈醋销售、中医药产业、畜牧业开展合作等。

四、加强外事和涉外管理工作

继续加强因公临时出国管理。严格执行因公临时出国各项政策规定。牵头或参与制定《关于加强和改进教学和科研人员因公临时出国管理工作的指导意见》等文件，主动提供政策指导和信息服务，鼓励企业、高校、科研院所等市场主体扩大对外交流。集中外事资源服务太钢、太重等大型国企走出去参与国际竞争，支持各市走出去推介产能优势，助推“山西品牌丝路行”活动。在全国率先启动因公出国（境）网上申报系统，实现让信息多跑路、让人少跑腿，大幅度优化流程、提高效率。加大对民营企业走出去支持力度，扩大APEC卡宣传，受理上报90人申办资料。

加强涉外管理工作机制建设，妥善处置领保和涉外案件13件、涉外媒事件10件次。代办领事认证2031份，办理1270人次外国人来华审批手续。

五、扎实做好侨务港澳工作

关爱侨界民生。落实全省老年困难归侨专项补助政策，列入今后年度财政预算，办理答复涉侨省人大代表建议15件，走访慰问困难归侨侨眷41户，发放补助补贴21.96万元，组织110名归侨参加职业技能培训，处理归侨侨眷来信来访32次，审核办理三侨生证明25份。调动优秀侨务资源服务经济社会发展，积极组团参加“华创会”，组织辽宁侨商山西行活动，争取境外基金会捐赠款物11.96余万元，支持贫困学校和乡村医院建设。讲好中国故事，弘扬三晋文化。成功承办184名华裔青少年参加的“中华大乐园——柬埔寨金边营”活动和25个国家、210名华教杰出人士参加的“2016杰出人士、华文学校校董华夏行”活动。推荐47名教师赴海外讲学、支教。

六、深化晋港澳交流合作

高层访问有突破。现任澳门特首崔世安访晋，这是在任港澳特首首次访晋，时任省委常委、统战部长孙绍骋访问港澳，这是我省在任省领导自原省长于幼军之后首次正式访问港澳。港澳高级别代表团参访我省。全国港澳部分政协代表团、香港山西商会代表团、香港高级公务员团、澳门检察院代表团先后访晋。举办省港澳办与省政协港澳委员座谈会，精心接待香港全国政协委员考察团和澳门检察院代表团，分3批组织62名外事干部赴香港澳门进行学习交流访问，取得良好效果。

七、加强干部培训

以开阔眼界、凝聚共识、提升素养为目标，始终把干部培训作为队伍建设的的重要抓手。2016年，共组织外事干部培训三次：年初，利用全省外事工作会议的机会，组织省外侨办、各市外办和省直外事干部150余人进行了四个专题培训；4月份，外交部巡回培训中，对省委党校主体班学员、省外侨办干部和省直外事干部200余人进行了四个专题培训；9月19日至20日举办的为期两天的外交部“外交外事知识进党校活动”中，外交部9位领导和专家围绕6个专题对省委党校主体班学员、各市外办负责人、省直单位外事工作负责人和省外侨办工作人员近500人进行了系统的培训。通过培训，全省外侨干部外事意识、开放意识、外事能力进一步得到提高。

（武志明）

附：省政府外事侨务办公室党组书记、成员名单

书　记：张志川

成　员：韩日裕　武绍忠　田亦军　鞠　振

省煤炭工业厅党组工作概况

党组书记　向二牛

2016年，面对煤炭经济形势更加复杂严峻的情况，省煤炭厅党组按照省委、省政府的决策部署，全面加强党的建设，认真开展“两学一做”学习教育，深入贯彻落实中央八项规定精神，落实“两个责任”，将党建工作与业务工作深度融合，以党建促工作，有力保障了煤炭工业的健康发展。

一、认真开展“两学一做”学习教育，为推动各项工作提供坚强保障

厅党组认真贯彻中央和省委关于开展“两学一做”学习教育有关要求，把“两学一做”学习教育作为党建工作的头等大事进行谋划。一是按照省委下发的“两学一做”学习教育方案，认真学习研究，制定下发了《山西省煤炭工业厅开展“两学一做”学习教育实施方案》，明确了“两学一做”学习教育的指导思想、目标任务、基本原则、方法措施、组织保障等，组织召开了“两学一做”学习教育动员会进行全面安排部署。二是发挥厅领导班子和各级领导干部的示范带头作用，2016年，厅中心组集体学习14次，深入学习习近平总书记系列重要讲话精神、《党章》《条例》《准则》等党规党纪。围绕“讲政治、有信念”“讲规矩、有纪律”“讲道德、有品行”“讲奉献、有作为”四个主题，厅党组分别举行了四次专题研讨。厅主要领导及厅班子各位成员分别作了专题研讨交流发言。三是围绕学习党章、党规，提升党务素质，学习十八届六中全会及省十一次党代会精神，邀请省委党校、省直纪工委的专家领导进行了四次专题辅导，帮助广大党员学深学透党章党规和系列讲话精神，掌握中央和省委的重要精神，四是开展实地考察学习。组织厅机关、厅直属单位党支部书记和党务工作者70余人前往全国“党建工作管理”先进单位山西省煤炭地质物探测绘院现场观摩交流。五是加强宣传、营造氛围，在办公楼的走廊，制作“两学一做”专题展板，在《山西煤炭信息网》开辟“两学一做”专栏，宣传上级精神和学习教育情况，学习先进典型，交流经验做法。六是党的十八届六中全会、省十一次党代会召开后，组织党员干部现场收看大会实况，第一时间学习会议精神，及时开展了学习辅导。

通过“两学一做”学习教育多种形式的学而思、思而践、践而悟，使大家在思想上受到了洗礼，筑牢了信仰之基、补足了精神之钙。全厅党员干部牢固树立“四个意识”，特别是核心意识和看齐意识，思想更加统一，作风更加扎实，工作和精神面貌呈现出朝气蓬勃、积极向上的良好风貌。

二、以“全面加强党的建设”为引领，深入研究新思路，科学谋划新路径，以思想自觉促进行动自觉，扎实推进两个责任的落实

(一)加强组织建设，认真落实“两个责任”。

一是加强了组织建设。按照省直工委和厅党组的要求，完成了基层党组织换届工作。机关严格按照“支部建在处室、处长一岗双责”要求，以处室为单位建立了基层党支部；厅直属单位基层党组织明确了一名领导分管党建工作，有条件的基层党组织设立了纪检委员。厅机关和直属单位基层党组织除个别外，均已完成换届工作。

二是强化了领导部署。按照省委办公厅2016年1号文件精神，成立了党建工作领导小组，厅党组书记、厅长担任组长。厅党建工作领导小组及时召开了会议，研究安排部署党建工作，明确厅党组书记在党风廉政建设上负总责，厅领导班子成员按工作分工，谁分管谁负责。班子成员认真落实全面从严治党责任，始终把党风廉政建设的责任扛在肩上，抓在手上，落实在行动上；各级基层党的组织牢牢抓住主体责任这个“牛鼻子”，做到守土有责、守土负责、守土尽责，形成了层层落实责任，层层传导压力，一级抓一级，层层抓落实的工作格局。

三是狠抓了工作落实。厅党组坚持把党建工作与业务工作同部署、同检查、同落实，年初在充分调研分析的基础上，同步出台了“安全一号”文件和“党建一号”文件，为做好全年各项工作提出了新思路，谋划了新路径。紧紧围绕中央和省委安排部署的基层党建七项重点工作，以查促改、以查促建，推动完成了基层党组织按期换届、党员组织关系排查、党费收缴、抓党建促脱贫攻坚、党员干部学习教育等专项整治工作。特别在省委巡视领导小组《关于开展巡视“回头看”工作的通知》下发后，厅党组高度重视，就如何开展巡视整改“回头看”工作进行了安排部署；成立了巡视整改“回头看”工作领导小组，制定了实施方案，进行了任务分解，把责任和任务分解到分管领导、责任处室和具体责任人，并对巡视整改“回头看”落实情况逐项进行审查、核实并签字，以严的标准、严的要求和严的纪律抓好巡视整改“回头看”工作，确保了巡视整改“回头看”工作在厅党组的统一领导下扎实推进。

(二)健全规章制度，严格落实“两个”责任。

一是完善了规章制度。印发了《党风廉政建设和反腐工作任务分解》《关于落实党风廉政建设主体责任的实施办法》《关于落实党风廉政建设监督责任的实施办法》《厅党组落实党风廉政建设主体责任考核办法(试行)》，制定下发了廉政监督卡、廉政报告卡等6类10项监督卡制度。

二是建立了责任体系。从党组书记、党组成员至各级基层党组织书记全部建立责任制，明确了责任内容，包括厅党组、机关党委、机关纪委、党支部各自职责。

三是认真落实“两个责任”。厅党组专门召开会议，专题研究部署落实“两个责任”的总体思路、工作要求和推进措施。厅领导班子成员结合分工建立了基层党建工作联系点制度，督促推动党建和党风廉政建设各项工作的开展；各处室按照“支部建在处室、处长一岗双责”的要求，党支部书记由处室的党员主要领导担任，处长必须坚持业务工作和党建工作两手抓，并将党建工作作为年终考核评优的具体内容。

四是签订了党风廉政建设目标责任书。厅党组书记与机关处室和直属单位主要负责人签订了《党风廉政建设目标责任书》，按照“谁主管，谁负责；一级抓一级，层层抓落实”的要求，认真履行“一岗双责”，进一步明确党风廉政建设的责任。

三、把供给侧结构性改革作为推动煤炭转型升级的根本途径，全力推进去产能、调结构、稳增长，做出了积极成绩

按照省委、省政府推进供给侧结构性改革决策部署，省煤炭厅认真履职尽责，狠抓贯彻落实，积极推进各项重点工作。

一是全力化解煤炭过剩产能。按照省委、省政府的要求，把化解煤炭过剩产能与减量化生产相结合，与推进煤炭结构调整升级、加快煤炭先进产能建设相结合，在深入摸底调研、充分研究论证的基础上，编制了《实施方案》，与国家签订了目标责任书，开展了试点并在全省推广，与相关市和集团采取“一矿一签”和“三方共签”的方式，逐矿签订目标责任书，压实任务，压实责任。关闭退出煤矿 25 座，退出能力 2325 万吨，全部通过省级和国家联合验收。

二是严格实行减量化生产。按照省政府《关于加强全省煤矿依法合规安全生产的紧急通知》，全省煤矿从 4 月 1 日起在全国率先实行 276 个工作日生产制度。组织开展了违法违规煤矿停建停产专项行动，对未履行核准手续擅自组织生产建设的 16 座煤矿采取了停产停建措施，对国有重点煤炭集团所属的 207 座重组整合煤矿开展了不少于 1 个月的停产停建整顿，对全省所有生产煤矿重新核定了产能。督促企业严格执行政策，科学合理组织生产，全省煤炭市场形势从 5 月份起发生了积极变化，国家明查暗访督查组对我省工作给予充分肯定。

三是加快煤炭先进产能建设。进一步推进安全高效和一级安全质量标准化煤矿建设，积极发展先进产能。同时，积极争取国家有关部委出台了减量置换政策，对我省已经开工建设但手续不全的先进产能煤矿项目进行了认真研究，向国家上报了 18 个减量置换方案，全部通过国家能源局批复。2016 年已经形成先进产能 2000 万吨。

四是释放煤炭先进产能增产增效。抓住国家释放先进产能政策的有利机遇，积极向国家争取，分 5 批筛选 489 座煤矿参与产能释放，月度最大增加产量 990 万吨。

通过化解煤炭过剩产能、实行减量化生产、发展先进产能等综合施策，改善了全国煤炭市场供求关系，促进了煤炭经济回暖。煤炭价格结束了从 2011 年 5 月到 2016 年 4 月连续 59 个月的下跌势头，煤炭行业结束了从 2014 年 7 月到 2016 年 9 月连续 26 个月亏损局面，全省煤炭经济逐步趋稳回升，有力促进了全省经济的企稳向好，对全省经济下半年好于上半年起到了积极的作用，也为 2017 年好于 2016 年打下了坚实基础。

四、加大煤矿安全监管力度，提升煤矿安全管理水平，推动煤矿安全生产形势向稳定好转发展

始终把安全生产放在第一位，深入贯彻习近平总书记关于安全生产的重要指示精神，认真落实骆惠宁书记“三个坚决防止”和楼阳生省长“以铁的担当尽责、铁的手腕治患、铁的心肠问责、铁的办法治本”重要要求，以“遏制煤矿重特大事故”为目标，以落实“两个主体”责任为基础，以瓦斯治理和水害防治为重点，扎实推进煤矿安全生产。

一是狠抓煤矿瓦斯治理。全力实施瓦斯抽采全覆盖工程，瓦斯抽采量 107.5 亿立方米，利用量 60.9 亿立方米，超额完成年度计划目标任务，全部完成了 100 万米井下非金属瓦斯抽采管路改造任务；二是狠抓煤矿防治水。开展了“十排查、十整治”煤矿防治水专项整治行动，对全省 502 座资源整合矿井开展了水患补充调查；三是狠抓煤矿重大灾害防治。围绕瓦斯、水害、防灭火、冲击地压、提升运输方面和顶板、煤尘等 7 个重点，开展重大灾害排查整治；四是开展了建设矿井安全专项检查；五是积极推进 11 座千人矿井减人提效工作，已经全部控制在千人以内；六是深化安全质量标准化建设，全省所有生产煤矿都达到二级及以上标准，累计建成 129 座现代化矿井；七是严格执行“不放心煤矿”挂牌制度。全省共有 46 座煤矿被列为省级“不放心煤矿”，到年底 33 座煤矿已完成整改销号；八是加强基层基础建设，加大应急管理力度，加大劳动用工管理力度；九是深刻汲取省内外重特大煤矿事故教训，推进“双随机、一公开”工作，深入扎实开展了煤矿安全生产大检查。

通过不懈努力，全省煤矿安全生产形势总体稳定好转，呈现出“事故起数死亡人数，较大及以上事故，百万吨死亡率”三下降。

五、积极应对复杂多变的煤炭市场，推动全省煤炭经济在逆势中实现平稳发展

认真贯彻落实国家和省委、省政府各项决策部署。一是加强煤炭经济运行的宏观调控和分析预测。定期分析全省销量、库存、价格情况，对日常运行中出现的一些苗头性、倾向性的问题及时予以协调解决；二是引导企业开发适销对路的新产品，焦煤集团、阳煤集团、晋煤集团应用现代新技术、新工艺，开展科技创新，开发煤炭新产品，增加市场竞争力；三是推动落实分煤种、分区域的协商机制，2016 年共组织召开 5 次全省煤炭经济运行协商会议，整体维护了全省煤炭企业的利益；四是鼓励煤炭企业与电力等用户建立长期战略合作关系。督促煤炭企业签订中长期供货合同，为稳定煤炭市场

起到了积极作用。

六、大力推进煤炭法治建设

(一)全面加强煤炭法治工作。一是调整充实了法治建设领导机构,健全完善了法治建设领导体制和工作机制,加强煤炭厅法治建设。二是制定了2016年的法治工作要点,推进煤炭厅依法行政工作的法制化、程序化和规范化。三是加强煤炭立法工作,完成了《山西省煤炭管理条例》修改,完成了《山西省安全生产条例》等17件立法项目的审查。制定了《山西省煤炭监管信息平台运行管理办法(草案)》。四是落实领导班子和领导干部年度述法制度,开展了3次法律专题辅导。五是出台了煤炭厅"七五"普法规划并启动实施。

(二)深入推进依法行政工作。制定了重大行政决策规定,健全了重大行政决策机制,落实了党务政务公开制度。认真做好行政职权事项调整"放管服",加强事中事后监管;对"两清单、两张图"进行回头看,及时调整更新,依法规范行政审批。 (赵 江)

附:省煤炭工业厅党组书记、成员名单

书 记:向二牛

成 员:杨茂林(9月双开) 牛建明
武建森(7月去世) 胡万升 王宇魁
李 方 苗还利 武玉祥(5月任职)
戴子平 徐忠和

省国有资产监督管理委员会党委工作概况

党委书记 朱晓明

2016年,省国资委党委按照中央和省委省政府决策部署,开展"两学一做"学习教育,落实全面从严治党主体责任,推动国企国资改革发展,力促国有经济稳中向好,各项工作取得新的进展。

一、加强党对国有企业的领导

省国资委党委牢固树立"抓好党建是最大政绩"的理念,着力发挥党委的政治核心作用,全省国资系统各级党组织从严落实管党治党主体责任,严守政治纪律和政治规矩,全面加强国有企业党的建设。积极开展"两学一做"学习教育,坚持党委中心组集中学习和班子成员带头讲党课,采取专题研讨、讲座、宣讲、知识竞赛、"微党课"等多种方式,丰富学习形式。贯彻落实党的十八届六中全会和全国国有企业党建工作会议精神,开展了国有企业党建工作专题调研,起草了贯彻落实中办发〔2015〕44号文件的实施意见和我省国有企业党建工作责任制实施办法,制定实施了"六定"制度、党委议事规则制度、落实主体责任情况定期检查和分析通报制度,开展了企业党委书记抓党建专项述职,对国有企业落实党建工作"四对接、四同步"情况开展了专题调研。加强企业领导班子和领导人员管理,改进考核方式,首次开展企业领导人员个人工作绩效考核,开展了领导职数管理、领导人员选拔任用和任职回避制度执行情况督导检查,对34565名省属企业管理人员进行排查,清理未经批准兼职人员90人。加强企业人才队伍建设,制定并落实《关于创新省属企业人才体制机制的意见》。推进基层党的建设和思想政治工作,开展党费收缴、组织关系、违规兼职取酬、软弱涣散基层党组织和"灯下黑"问题专项整治。

二、推进党风廉政建设和反腐败工作

省国资委党委严格落实"两个责任",修订了《关于落实党风廉政建设党委主体责任的意见》,明确提出9项刚性要求,完善并落实党委约谈制度。支持纪委"三转",充实纪委人员力量,贯彻"两个为主"要求,配合纪律检查体制改革,委纪委改为省纪委驻委纪检组。驻委纪检组组织了企业党风廉政建设监督责任述责大会,严格实行"一案双查",全年追究主体责任给予处分57人,组织处理114人;追究监督责任给予处分7人,组织处理23人;对省属企业36起党风廉洁建设责任追究典型案例进行通报,并约谈相关领导。坚持挺纪在前,全年谈话131人,同比增长89.9%;函询72人,同比增长44%。加大纪律审查力度,全年共接收信访举报3630件,处置问题线索1335件,初步核实线索1119件,立案650件,处分1139人。深化"四风"整治,省属企业查处违反八项规定案件92件,给予党政纪处分109人,组织处理110人。做好巡视整改,实施专项治理,处理兼职取酬问题15个,收缴补缴党费8930.73万元。

三、推动企业运行企稳向好

2016年,省国资委党委在省委、省政府的坚强领导下,主动作为,将稳增长作为工作的重中之重,初步遏制了经营业绩下滑局面。强化投资拉动,提高省属企业项目投资的精准性和有效性,全年完成投资1296亿元,完成率104.3%,其中,90个省重点工程完成投资635.9亿元,完成率111.7%;高度重视招商引资项目储备,参加了5场国内重大招商推介活动,全年招商引资在建项目29个,引资338.9亿元。省属企业加强同行业企业之间业务协同、互助合作,晋煤将煤层气业务资产注入太原煤气化上市公司,在化解上市公司退市风险;同煤加强指标跨省合作,抢(增)发电量113.5亿度,创造经济价值8亿元;潞安通过互相参股、股权置换、股权转让等方式,构建煤电一体化新格局;国际能源与新奥集团合作,探索综合能源增值服务、分布式能源,寻找新的增长点。紧盯

市场变化，变革营销模式，着力拓展国内外市场，太钢成为我省首个海关AEO企业和首批外贸综合服务企业培育对象；焦煤推进全省炼焦煤集中统一销售，打造“焦煤在线”电子商务平台；晋煤启动煤化工交易中心，搭建现货电子商场交易平台，争取尿素市场定价权；太重、建工主动对接“一带一路”，抢占国外市场；能投建立“物流+服务”营销模式；山煤发挥进出口牌照作用，参与我省“中西部现代物流中心”建设；汾酒“文化+品牌”联动，突破营销瓶颈。

2016年，全省国资系统实现营业收入1.2万亿元，同比下降14.9%；实现利润总额15.7亿元，同比增长51.2亿元；上交税金490.2亿元，同比下降5.9%。其中，省国资委监管企业完成营业收入1.17万亿元，同比下降13.7%；实现利润总额34.6亿元，其中12月份实现11.7亿元；实现利税512.6亿元，同比增长14.3%；实现增加值1817亿元，同比下降12.7%；资产总额达到2.05万亿元，同比增长4.8%；所有者权益4210.6亿元，同比增长4.2%。整体上，企业经济运行下半年好于上半年，为明年进一步好转打下了基础。

四、持续深化国有企业改革

省国资委党委按照省委、省政府统一部署，强化问题导向，加快改革步伐。对国资国企改革进行了两轮调研，牵头起草了调研总报告，形成了我省国资国企改革实施意见的雏形。起草了《省国资委监管企业功能界定与分类方案》；出台了两类公司试点实施细则，选择焦煤集团开展了改组国有资本投资公司试点；黄河万家寨集团改制工作基本完成，初步建立了法人治理结构。完善法人治理结构，制定了《省属企业加强党的领导和完善法人治理结构实施办法》和《省属企业外部董事管理办法》，在焦煤、同煤和晋能集团下属6户二级企业开展了经理层市场化选聘和任期制、契约化管理试点。深化企业财务等重大信息公开，公开的深度已经深入到省属企业四级子公司，公开的宽度已经扩展到全省11个市。鼓励省属企业通过股权收购、资产重组、增资扩股等方式发展混合所有制经济，在汾酒、中条山、建工集团开展混合所有制改革试点，在10户省属企业下属国有控股混合所有制企业开展员工持股试点。深化企业分配制度改革，出台了《省属企业负责人薪酬管理暂行办法》；起草了外部董事薪酬管理办法；制定了深化企业三项制度改革的实施细则，改进工资总额管理办法；制定了省属科技型企业股权和分红激励实施细则，在晋能集团清洁能源公司进行了研发团队股权激励试点。着力解决历史遗留问题，起草了《山西省加快剥离国有企业办社会职能和解决历史遗留问题工作方案》；同煤集团分离企业办社会职能试点工作取得积极进展；15家省属企业的543户大集体企业，已有7家326户改革总体方案批复实施，改革面60%；煤焦公路销售体制改革职工转岗分流有序推进，截至2016年底已经安置27362人，安置率80.7%；省直机关所属企业脱钩改革继续推进，2016年又有2户企业宣告破产、2户企业实施注销；全年为32户特困企业的2.2万余名职工解决医保补助费用2315.6万元，受惠职工人数和补助资金总额均为历年最多。

五、加快推进供给侧结构性改革

省国资委党委引导省属企业顾全大局、主动担当，认真贯彻落实省委、省政府“三去一降一补”决策部署，推动供给侧结构性改革取得重要进展。坚决淘汰落后产能，钢铁企业退出产能82万吨；煤炭企业退出产能2130万吨，占全省的92%，关闭煤矿23座，占全省的92%，分流安置职工20166人。严格执行276个工作日和节假日公休制度，全年减产煤炭7300万吨，约占全省减产量的60%，占全国的24%，为改善我国煤炭供求关系做出了突出贡献。省属企业不断加大去杠杆和风险防控力度，妥善应对重大债务及资产损失风险。全年通过债券市场直接融资约1700亿元，发行可交换公司债券融资40亿元，A股定增融资35.5亿元；煤炭企业开展集体赴京路演和百名行长（经理）进煤企等活动；非煤企业出资成立了全国第一家省级信用增进投资公司；太钢、焦煤、同煤和阳煤开展市场化债转股；交投组建山西高速公路PPP项目投资平台；路桥参股太原农村商业银行，启动融资租赁业务。多管齐下、持续发力，深化对标管理，加强绩效考核，加强成本费用管控，省属企业全年营业成本同比下降15.8%，快于收入降幅2.1个百分点；销售费用同比下降8.1%。太钢、山煤营业成本降幅超过30%，国新能源降幅高达49.8%；阳煤开展“降本增效、补漏止血”专项行动，压缩成本157亿元；中条山推进对标管理，劳动生产率提高7.6%。推进传统产业升级，培育壮大新兴产业，着力补齐短板。省属煤炭企业加快现有煤矿的先进化升级改造和安全高效现代化矿井建设，提升先进产能占比；太钢T800H高端碳纤维填补了国内生产空白；煤炭企业金融板块成为共性增长点；国新能源等企业大力发展燃气产业，全省气化率56%；山煤全面推进碳基新材料制备项目。

六、提升科技创新能力

省国资委党委坚持实施创新驱动发展战略，不断加强创新能力建设，科技创新水平明显提高。搭建科技创新平台。省属企业8个山西科创城项目开工建设，全年完成投资13.49亿元；焦煤建成了双创基地，吸引25家企业入驻，与山西联通合作建立“能源云”数据中心；阳煤以院士工作站为平台，瞄准煤炭行业技术前沿组织技术探索；潞安依托国家煤基合成工程技术研究中心，推进主导技术、核心技术攻关；晋煤建立创新创业园区，搭建以“首席专家”、“大师工作室”为载体的创新平台；国际能源建成国家级工程研究中心；国控设立全省首个3d打印院士工作站；中条山积极推进国家级企业技术中心创建工作；经贸在各市建立创投公司，参与吕梁、太原大数据安全应用等新兴产业投资，支持我省煤层气、焦炉煤气生产金刚石等技术就地转化。省属企业在重要领域、关键环节掌握了一批核心技术，创新能力明显提升。太钢成功研发并生产笔头钢260吨，制定了《笔头用易切削不锈钢丝》行业标准；焦煤创新项目获得中国工业大奖；同煤获得省部级以上科技进步奖41项,3个项目成功获批国家“十三五”重点专项课题;阳煤“晋华炉”为“三高煤”综合利用提供了新方法、新手段;“晋煤炉”工业示范装置建设全面启动;太重授权专利127项,其中发明专利73项。

七、强化国有资产监督管理

省国资委党委认真履行职责,不断改进监管方式,积极推进以管资本为主加强国资监管。厘清监管边界,突出国资监管职能定位,研究国资监管法规体系,修订完善了具有国资特色的“两单两图”,公开了权力清单、责任清单;全面清理规范性文件,共清理出文件115份,宣布废止的文件17份,予以修改的文件13份,继续有效的文件85份。改进监管方式,组织开展应收款项清理专项工作和融资贸易、库存管理专项整治,全面排查贸易业务风险,严控融资性贸易业务;开展财务决算管理分类审核,推动企业加强问题整改和基层企业管理;坚持经济运行分析例会制度,持续强化运行监测,准确把握省属企业经济运行态势。强化服务意识,协调解决全省万名干部入企服务工作反馈的企业问题和困难;推进国资监管信息公开,公开了企业年度经营业绩考核结果、企业负责人职务变动信息;密切关注经济运行中资金管理,协调有关部门保障企业资金需求,确保资金链安全。加强监督检查,起草了《关于加强和改进企业国有资产监督 防止国有资产流失的实施意见》和《关于进一步加强和改进省属国有企业监事会工作的意见》,全年完成全面监督检查报告6份、专项报告及总报告23份、一事一报告14份、季度报告及季度总报告28份、整改评估报告8份,下达整改意见书5份,整改建议函9份。推行“全面建立问题台账,全程实施动态监督”的监督工作机制;制定了《监事会年度监督检查报告指引》,实施报告预审制度,确保报告质量;开展了企业负责人履职待遇和业务支出情况专项检查;完成了省政府部署的2次全面督查;审计省属企业投资过亿建设项目520个,涉及金额3444亿元;对2户企业领导人员进行了经济责任审计。强化监督成果运用,将监事会发现的问题和风险分送委内职能处室,监事会主席联席会议邀请委内相关处室列席。

八、积极履行企业社会责任

省国资委党委在全力以赴稳增长、促进国有资产保值增值的同时,积极引领省属企业履行社会责任。按照国有资本收益共享机制的要求,省本级国有资本收益的30%调入一般公共预算,用于民生支出。大力实施产业扶贫,省属企业共实施产业扶贫项目40个,完成项目投资49.7亿元,发展了晋能黄花、阳煤果品等带动效应明显的农产品项目,实施了光伏扶贫、土地复垦等生态扶贫项目,产生了良好的经济效益和社会效益。积极做好煤炭、钢铁企业去产能和煤焦公路销售体制改革过程中,职工转岗分流安置工作,全力保障职工合法权益。省属企业尤其是煤炭、钢铁企业严格落实环保责任,推进节能减排和污染防控项目建设,提高绿色发展水平,太钢废水资源化循环利用技术及应用成果获冶金科学技术奖评审一等奖,太原垃圾电站年处理城市垃圾50万吨,有效改善了环境质量,黄河万家寨集团积极做好农村生活污水治理。坚持安全发展理念,完善安全责任体系,加强隐患排查与治理,注重安全技术培训,煤炭生产百万吨死亡率远低于全国平均水平。黄河万家寨集团、水务集团全力保障城市用水安全;高速、交投、路桥集团严格执行鲜活农产品“绿色通道”及节假日小客车免费通行政策,确保改革红利惠及广大人民。构建完善帮扶救助长效工作机制,积极做好困难职工帮扶救助工作。

(匡德龙)

附:省国资委党委书记、常务副书记、副书记、委员名单

书　记: 朱晓明

常务副书记: 渠性轩(5月离职)　曹慧昌(9月任职)

副书记: 李天太

委　员: 高建国(9月,免去省国资委党委副书记职务,保留党委委员;任省纪委正厅级检查员、驻省国资委纪检组组长)马　进　张宏永　宋世华　刘　峰

省地方税务局党组工作概况

党组书记　卢晓中

2016年,全省地税系统认真贯彻省委省政府和总局各项决策部署,全面落实“十三五”时期“1437”工作思路,紧紧围绕全年总体工作要求,勇于担当、主动作为,有效推动了各项工作开展。特别是省委“7·30”会议以来,认真落实“一个指引、两手硬”重大思路和要求,紧盯工作中存在的突出矛盾和问题,坚定依靠改革创新,不断推出破困举措,实现了“十三五”地税事业的良好开局,为我省振兴崛起做出了积极贡献。

一是扎实开展理论学习,提高履职尽责能力。2016年,省局党组中心组共进行了23次集中学习,班子成员分批参加了省里和总局组织的各类培训,同时结合“两学一做”学习教育,系统学习了党的十八大,十八届三中、四中、五中、六中全会精神和习近平总书记系列重要讲话精神。通过精读原著、专题研讨、交流讨论、撰写心得等方式,进一步强化理论学习,补足精神之“钙”,坚定了理想信念,增强了政治定力,为全面贯彻落实中央和省委省政府要求,推进地税事业科学发展奠定了坚实基础。

二是全面开展“两学一做”学习教育,汇聚了落实全面从

严治党的强大正能量。按照中央要求和省委部署，全系统深入开展了“两学一做”学习教育。学习教育开展以来，各级党组高度重视、精心组织，基层支部抓在日常、严在经常，广大党员积极响应、踊跃参与。在学习教育过程中，坚持把领导带头贯穿始终，党员领导干部带头学系列讲话、学党章党规，带头参加中心组学习、开展学习研讨，带头到所在支部讲党课、参加双重组织生活，带头严肃党内政治生活、开展批评与自我批评，有效带动了全体党员在争做合格党员中不忘初心、在全面履职尽责中继续前进。坚持把发挥支部主体作用贯穿始终，全面落实“三会一课”等制度，开展党组织书记培训和党建述职评议考核，组织“我要学党章党规”在线答题、“我来讲党课”、“我是好党员”系列活动，开展专题组织生活会、民主评议党员工作，达到了激活“神经末梢”、畅通“毛细血管”的目标。坚持把解决问题贯穿始终，区分普通党员和党员领导干部两个层面，认真查摆解决存在问题，开展“学习贯彻系列讲话，解决若干突出问题”学习交流，进行党员组织关系集中排查、党费收缴等专项检查。通过学习教育，全体党员对中央治国理政新理念新思想新战略的领会更加深刻，“四个自信”、“四个意识”明显增强，争做合格党员的决心更加坚定；党建工作中的突出问题逐步解决，党支部组织党员、教育党员、管理党员的主体作用得到加强，全面从严治党向基层延伸取得明显成效。

三是精心实施“组织收入攻坚年”活动，交出了严峻形势下圆满完成任务的精彩答卷。2016年，面对我省经济持续下行、“营改增”全面落地给组织收入带来的重重压力和严峻挑战，省局党组以鲜明的态度明确工作导向、坚定信心决心，以求实的作风科学研判形势、积极主动作为，以严格的督查层层传导压力、强化责任担当，引导全系统不断深化“组织收入攻坚年”活动。3月份为了确保首季“开门红”，在全系统组织了大规模督查调研活动；5月份为了确保实现“双过半”，结合“营改增”在全省开展了营业税税源清查；10月份，又提出“决战四季度，大干七十天”的要求，开展了组织收入及资源税改革专项督查，在全系统凝聚了攻坚克难的强大合力，有效促进了组织收入工作开展。在省局的严格要求下，市县地税部门牢固树立科学组织收入理念，始终坚持组织收入原则，严格收入规划管理，加强经济税收分析，完善重点税源监控及风险管理机制，综合运用税源监控、稽查检查、欠税清缴等手段，不断完善强征管、堵漏洞、挖潜力的制度措施，在严峻形势下较好地完成了组织收入任务。2016年，全系统累计完成各项收入838.51亿元，其中各项税收累计完成743.20亿元，其他非税收入完成95.32亿元。税收中地方级收入完成612.76亿元，完成“营改增”调整后计划的101.53%，为我省经济转型升级、民生改善提供了坚强的财力保障。

四是不断推进核心业务改革创新，税收管理与纳税服务水平实现稳步提升。2016年，地税局认真贯彻中央深化征管体制改革要求，提请省委省政府出台我省国地税征管体制改革实施方案，同时又制定出台了《关于进一步深化地方税收改革与管理的意见》，努力突破主体税种缺失、“以票控税”手段缺失等工作瓶颈，推动税收管理向信息管税、合作管税和综合治税转变。认真落实税制调整政策，切实加强地方税种管理。“营改增”试点任务全面完成，二手房交易及出租房代征增值税和代开发票工作进展顺利。煤炭资源税征管不断强化，资源税全面改革有序推进。在全国率先启动车船税联网征收问题名单处理功能，土地增值税清算管理软件试点和土地使用税“以地控税”试点持续扩大，房产税和土地使用税登记全面完成，非居民企业税收管理和反避税工作逐步加强。所得税风险管理成效明显，企业所得税预缴和汇算清缴不断规范，个人所得税全员全额扣缴申报管理和年所得12万元以上个人自行申报管理全面强化。不断加强国地税合作，全面推进合作管税。落实《国地税合作工作规范》，确定15个示范区进行试点。开展办税服务厅互派共建，全省地税进驻国税大厅的110个，与国税共建联合办税厅25个、共同进驻政府政务大厅的30个，基本实现联合办税服务全覆盖。建成国地税网上服务平台，实现国税增值税、消费税与地税附征税费的联合征收。积极推进联合开展税收分析、联合加强大企业管理服务、联合开展纳税信用评定、联合进行税务稽查等工作，总局确定的51项合作事项中，37项基本合作事项全部落实，14项创新合作事项中有7项取得明显进展。广泛开展“互联网＋税务”行动，全面推进信息管税。落实新的《税收征管规范》和《纳税服务规范》，修订山西地税业务操作指南。推进分级分类管理和税收风险管理，推送风险任务13.93万条。开展金税三期应用系统换版，创造了两个月高质量完成换版任务的先例，总局王军局长先后4次批示给予表扬。推进行政审批改革，抓好“放管服”落实工作，在省政务中心设立地税窗口，规范税务行政审批事项。深化“便民办税春风行动”，推进办税便利化改革，完善首问负责、限时办结、预约办税、延时服务、24小时自助办税、财税库银联网缴税等服务机制，推出办税事项“二维码”一次性告知、合理简并纳税人申报次数等多项便民措施，实现税务登记等3大类15项涉税事项省内通办，改造升级12366热线，建成山西地税纳税服务微信平台，加强网上办税厅建设，开办网上纳税人学堂，开展纳税人满意度调查，对发现问题坚决进行整改。积极拓展跨部门税收合作，全面推进综合治税。推动《山西省税收保障办法》制定，巩固“三证合一”改革成果，开展“两证整合”试点，推行实名办税制度，拓展纳税人统一社会信用代码功能，促进诚信纳税。推进“税银互动”助力小微企业发展，全省金融机构累计向2107户诚信纳税企业发放贷款58.07亿元，得到省委省政府和总局肯定。

五是全面深化依法行政工作，法治地税建设取得新的进展。按照中央推进行政审批改革和省委加强法治建设的要求，地税局会同省国税制定《山西省税务系统规范税务行政处罚裁量权实施办法》和《执行基准》。推进法治税务示范基地建设，巩固法律顾问成果，推行公职律师制度，开展税收政策评估管理，加强重大税务案件审理，及时调整地税部门权力清单，公开检查事项清单。组织规范性文件清理，加强涉税政策把关审核，开展税收执法督察，对234人次进行了批评教育、书面检查、通报批评等“轻追究”。全面落实支持小微企业发展等各项结构性减税政策，开展优惠政策执行情况检查，全年为纳税人减免税收66.98亿元，其中促进小微企业发展减免税收1.81亿元，有效服务了大众创业、万众创新。加强法治宣传教育，深入开展税收宣传月和“七五”普法等活动。继续完善“一级稽查”改革与分类分级稽查管理制度，强化稽查工作联动机制，推行“双随机、一公开”检查方式，全年查补收入23.61亿元，查处百万元以上案件33件，曝光涉税违法案件69件，查处违法受票企业381户，移送发票违法案件2起，全系统依法行政和依法管理水平不断提高。

六是认真落实“两个责任”，全面从严治党取得新的成效。2016年，针对税收政策变化较大的实际，不断加强干部教育培训，强化干部自主选学和在线学习，层层开展“岗位大练兵、业务大比武”活动，在全国税收业务大比武中取得团体第8名的好成绩。完善专业人才库，选拔了38名专业骨干和190名岗位能手，举办各类培训班1278期，培训干部8.59万人次。严肃组织人事纪律，严格机构编制管理，推进事业单位改革，开展干部交流轮岗和公务员考录，提拔交流32名处级干部，公开考录294名公务员。落实我省“13710”工作制度，实现组织绩效与个人绩效“双轮驱动”，在全省目标责任考核中连续6年被评为优秀单位，省局班子连续6年评为“好”等次，多项工作19次得到省领导和总局领导表扬性批示。召开全系统精神文明创建暨基层建设推进会，推进“六型机关”建设，开展创建“三型”组织、选树“三型”标兵等主题实践活动，积极参加我省精准扶贫和万名干部入企服务工作，119个单位和3名个人获得省部级以上表彰。落实党风廉政建设“两个责任”，有序推进内控机制建设，完成省委巡视“回头看”，出台了《进一步加强全省地税系统基层党风廉政建设的意见》等一系列制度，进一步织密了制度笼子，建立起落实全面从严治党要求的制度体系和工作机制；制定出台了党风廉政建设约谈办法，实现约谈制度“全覆盖”，开展工作推进约谈、问题导向约谈、告诫警示约谈1.5万人次，使咬耳扯袖红脸出汗成为干部监督管理的常态；完成对29个县局的巡视，对发现问题及时进行问责追责，进一步形成巡视威慑的新常态；强化监督执纪问责，加大执纪审查力度，处理违纪违法干部101人，其中给予党纪政纪处分74人，给予撤职以上重处分8人；坚持把纪律和规矩挺在前面，深挖“四风”隐形变异新动向，扎实开展专项检查、专项督察和专项审计，正风肃纪取得明显成效。

（徐　鸿）

附：省地方税务局党组书记、成员名单

书　记：卢晓中

成　员：刘建光　张澎湧　马爱锋　薛延孝

卫爱平　李晋芳(5月任职)

省工商行政管理局党组工作概况

党组书记　董　岩

山西省工商行政管理局为山西省人民政府直属机构，内设16个处室和机关党委、离退休人员工作处。现有基层党组织19个，党员124名。2016年，省工商局党组按照省委“一个指引、两手硬”重大思路和要求，紧密结合服务中心任务和队伍建设实际，以“两学一做”学习教育为契机推进思想作风建设，以完善惩防体系为重点推进党风廉政建设，以全面从严治党为基准落实主体责任，牢牢把握政治思想方向，创新商事制度改革理念，明确市场监管重点任务，全局上下形成凝心聚力、求真务实、廉洁自律、奋勇争先的良好工作格局。

一、加强政治思想教育，筑牢理想信念意识

一是学习贯彻《党组工作条例》。将《条例》列为中心组学习的重要内容，组织班子成员进行了2次专题集中学习，并研究制定了《中共山西省工商行政管理局党组工作规则(暂行)》，确保《条例》各项规定落到实处。二是扎实开展“两学一做”学习教育。以支部为基本单位，以“三会一课”为基本形式，以落实党员日常教育管理制度为基本依托，认真组织开展“两学一做”学习教育，教育引导全局党员干部强化“四个意识”，做到“四讲四有”。2016年，基层党组织开展各类学习活动1000多次，利用短信平台、微信公众号推送信息100余条，发放学习资料2000余套，设置“两学一做”宣传版面38块，新闻宣传报道50余条，专题学习研讨175次。开展“党员先锋行”等主题实践活动，注册大厅、12315指挥中心等窗口单位全面推行党员挂牌上岗制度。三是认真学习贯彻六中全会和省党代会精神。局党组中心组先后5次封闭式专题学习六中全会精神，四次专题学习省第十一次党代会精神；确定“坚持固本培元、加强理想信念教育，增强四个意识、坚决维护中央权威，规范政治生活、强化党内监督责任，严明政治纪律、保持清廉政治本色，贯彻发展理念、优化投资营商环境”等五个专题，进行学习讨论。四是启动“七五”普法教育，全面推进新形势下的法治建设和法治宣传教育工作。健全规范行政执法权系列制度，加强系统法制机构建设，开展执法检查和案卷评查。完善行政复议制度，做好行政复议、行政诉讼工作。围绕省局重大改革和重大执法行动、行政决策提供法治

支撑，充分发挥合法性审查和参谋助手作用。

二、严格履行主体责任，把抓党建作为最大政绩

（一）以“从严治党”为龙头扎实推进机关党建。一是建立完善党组书记负总责、分管领导分工负责、机关党委具体推进落实、处室负责人“一岗双责”的机关党建工作机制。二是进一步强化“四个意识”。春节上班第一天，机关全体党员重温入党誓词、集体学习党章。举行“七一”纪念活动，隆重表彰创先争优先进集体和先进个人，党组书记带头讲党课。深入开展向李保国、李培斌学习活动，树典型、学典型、扬正气，进一步激发了党员干部争做合格党员、积极谋事创业热情。三是认真落实《中国共产党基层组织工作条例》，坚持“三会一课”、组织生活会、班子成员参加双重组织生活会、民主评议党员等制度。四是紧紧围绕中心工作，开展“党员先锋行”和“建功十三五、支部创六星”主题实践活动，注册大厅、12315指挥中心等窗口单位全面推行党员挂牌上岗制度。

（二）以“两个覆盖”为抓手扎实推进非公党建。一是集中推进非公企业党的组织和工作覆盖专项行动，党组织覆盖率进一步提高。二是认真指导非公企业党组织开展“两学一做”学习教育，搭建活动载体，丰富活动内容，进一步增强了党组织的凝聚力和影响力。三是加强教育培训，省局举办“两学一做”示范性非公企业党组织书记、非公党建工作指导员、非公党建工作业务骨干三个培训班。

（三）以“一岗双责”为关键推进党风廉政建设。一是抓组织落实。召开全省工商和市场监管部门党风廉政建设工作会议，以《尊崇党章　挺纪在前　强化责任　坚定不移推进党风廉政建设和反腐败斗争》为题进行全面部署。党组多次召开专题会议，听取汇报，研判形势，研究措施，安排部署。二是抓责任落实。全面落实从严治党“两个责任”和“一岗双责”，党组成员定期不定期约谈分管处室主要负责人，加强监督检查，确保责任到位。三是抓重点整治。严格执行八项规定，狠刹“四风”和整治不严不实问题。认真开展治理涉企乱收费、公车管理、办公用房、执行工作纪律、落实政务值守规定等情况的专项检查。四是抓警示教育。组织处以上干部观看警示片，元旦春节、五一、中秋、国庆节，专门下发通知，编发短信微信，提醒廉洁过节。严格培训纪律，实行“三承诺”制度。五是抓监督问责。对新任党支部书记进行谈话，对新任处级领导干部进行廉政谈话；对1名处级干部给予撤销党内职务处分，对4名处级干部进行谈话。

三、提升综合素质能力，加强干部队伍建设

一是加大教育培训力度，创新观念，提高素质。在国家工商总局行政学院、广东中山大学、厦门大学等地举办了30余期工商干部业务培训班，全系统累计近4000人次参加了培训，有效促进了干部知识的更新和素质提高；联合省委组织部在省委党校举办了深化商事制度改革和加强事中事后监管培训班，市、县（区）两级政府分管工商工作的副市长、副县（区）长参加培训，以更加有力的举措深化“放管服效”改革；选派25名干部赴沿海工商部门进行了60天实践锻炼，理念和业务得到有效提升，取得了很好的培训效果。二是推进机关干部队伍的调整补充配备工作。结合省局机关干部队伍实际，分批次选拔调整机关和事业单位共计23名处级干部；积极配合商事制度改革工作，完成了企业注册管理处和企业监督管理处两个内设机构的名称变更和职能调整，及时对两个处室涉及的7名处级干部重新进行了履职任命，调整配备8名工作人员充实力量，为不断深化商事制度改革提供了干部和队伍保障；加大对机关执法窗口和执法一线干部力量倾斜，不断提高执法效能和办事服务质量，保证各项工作正常有序开展。三是加强队伍管理，努力提升干部监督工作水平。按照《领导干部报告个人有关事项的规定》要求，及时组织开展副处以上领导干部个人事项填报工作，专人专项对103名副处级以上干部的报告事项逐一进行了审核和信息录入。四是召开专题民主生活会。通报了2015年度民主生活会整改措施落实情况和本次民主生活会征求意见情况，准确剖析存在问题，并充分开展批评和自我批评，达到了解决矛盾、改进作风，加强党内监督、促进党内团结，帮助干部健康成长、增强党组凝聚力和战斗力的目的。

四、落实省委决策部署，推动重点工作任务完成

（一）在简政放权上取得新突破，进一步便利了工商登记。以登记注册更加便利为目标，推进简政放权，简化登记流程，优化了投资营商环境。一是在“三证合一”的基础上，将社保证和统计证纳入证照改革，从9月1日起，实施了企业“五证合一”登记；从9月30日起，实施了个体工商户营业执照、税务登记证“两证整合”，分别比国务院要求的时间提前1个月和2个月。二是推进工商登记注册便利化改革，全省实现了名称登记全程电子化办理和内资企业网上注册登记，企业领取营业执照的时间由15个工作日缩短为3个工作日，走在了全国前列。三是配合去产能的政策导向清理“僵尸企业”，研究完善简易注销办法，指导太原市局开展未开业、无债权债务企业简易注销试点。

（二）在放管结合上取得新进展，进一步强化了事中事后监管。一是起草并以省政府名义印发《关于“先照后证”改革后加强事中事后监管的实施意见》《关于做好“双告知”工作加强事中事后监管的通知》，坚持“谁审批谁监管，谁主管谁监管”的监管原则，厘清了“照”“证”衔接过程中相关部门的监管职责，为部门间网络互联互通、信息归集共享、监管联动响应提供了政策保障。二是建成国家企业信用信息公示系统（山西）“一张网”，实现了省、市、县三级政府48个业务线条共50余家政府部门的网络互联、信息共享，归集公示了全省193万余户市场主体的登记信息和各类行政许可、行政处罚信息40余万条，为实施信用监管、部门协同监管奠定了坚实基础。三是2015年度全省企业年报公示率达90.12%，高于全国88.32%的平均水平，排名全国第13位。四是开展“双随

机一公开"抽查工作,全系统抽查市场主体 25255 户,有效提高了监管效能。五是加大执法办案力度。集中整治公用企业限制竞争行为,查处各类经济违法案件 240 件。严厉打击虚假违法广告,查处违法案件 206 件。加大商标行政执法力度,立案 323 件,结案 306 件,移送司法机关 4 件。严厉打击传销,查办案件 12 起,捣毁传销窝点 569 个。强化网络商品和服务监管工作,建成山西网络交易诚信系统。开展合同格式条款专项整治活动、开展"红盾护农"行动,切实加强农资、成品油、汽车、旅游市场监管。六是强化消费维权,对 979 组不合格商品向社会进行了公示,查处侵权案件 1466 件,为消费者挽回经济损失 1035.7 万元。

(三)在优化服务上取得新成效,进一步提升了服务水平。一是按照省委、省政府要求开展入企帮扶活动,22 名干部深入到 21 户企业,立足职能,热情帮扶,赢得好评。局领导走访联系民营企业,帮助解决实际困难。扎实做好干部驻村精准帮扶工作,认真选派"第一书记",有关工作被新华社报道。二是大力实施商标品牌战略,积极引导企业注册商标、争创品牌、提升竞争能力,全年注册商标 10689 件、认定著名商标 459 件。三是发挥职能作用,充分运用股权质押、商标权质押、动产抵押、拍卖备案等方式,帮助企业融资 244 亿元。

(曹廷殿)

附:省工商行政管理局党组书记、成员名单

书　记:董　岩

成　员:马联社(5 月离职)　王亦兵

马春生(5 月离职)　胡凤莲(女)

吕惠兰(女)　田永明(9 月任职)

武小勤(9 月任职)

省质量技术监督局党组工作概况

党组书记　常高才

2016年,全省质监工作坚持以习近平总书记系列重要讲话精神为指引,认真贯彻落实省委、省政府和国家质检总局一系列部署要求,紧紧围绕全省工作的中心点、经济社会发展的需求点、人民群众的期盼点,以提高发展质量和效益为中心,加大力度抓质量,毫不松懈保安全,千方百计促发展,踏踏实实打基础,充分发挥职能作用,不断提高支撑服务保障水平,较好地完成了各项工作任务。

一、强化班子队伍建设,履职尽责能力不断增强

(一)高度重视学习。抓好"两学一做"学习教育,深入学习《关于党内政治生活的若干准则》《中国共产党廉洁自律准则》《中国共产党党内监督条例》和《中国共产党纪律处分条例》以及习近平总书记系列重要讲话、骆惠宁同志在学习贯彻习近平总书记"七一"重要讲话精神、省第十一次党代会等重要精神;印发了《2016年党组中心组和干部理论学习的安排意见》,组织开展党组中心组和机关干部集中学习27次,专题党课辅导2次,组织观看了《国家底线》《榜样》等主旋律节目和《贪与悔》《永远在路上》《打铁还需自身硬》等反腐败专题片,做到了正面引导,反面警示,使大家思想上保持高度警觉,固化为行动自觉。

(二)深入推进精神文明建设。认真执行党建工作责任制,制定并落实年度工作要点。加强思想政治建设、组织建设和质监文化建设,积极组织党务干部参加省直工委举办的业务理论培训,组织干部职工参加省直工委举办的各项文体活动并获得有关奖项。深入推进精神文明建设,局机关和直属单位全部获得文明单位表彰,其中,省级文明单位1个,省直标兵单位8个,省直文明单位6个。

二、深化党风廉政建设,坚守党的政治纪律和政治规矩

(一)着力加强组织领导。坚持把党风廉政建设作为事关质监事业健康发展的首要任务,摆上重要位置。为了把主体责任落到实处,局党组成立了省局党建工作领导组,出台了《省局机关及直属单位党的工作责任制实施办法》,构建了省局党组、机关党委、机关纪委、机关及直属单位党支部(总支)的责任体系,完善了党组书记负总责、分管领导分工负责、机关党委推进落实、各处室支部书记和各直属单位党政负责同志全面扛起"主体责任",认真履行"一岗双责"的党建工作格局。纪检监察机构"三转"之后,及时调整党风廉政建设领导机构,局机关党委、机关纪委较好地承接了党风廉政建设和反腐败工作的各项日常任务,加大组织协调和推进落实力度。各直属单位均确定了纪检人员,做到了层层有人抓、有人管。全年召开的42次党组会中有26次涉及到党风廉政建设内容;年末组织考核检查,查找不足,整改完善,兑现奖惩。

(二)大力推进制度建设。坚持以制度建设巩固反腐倡廉成果,着力从根本上堵塞漏洞、规范行为。形成了党风廉政建设和业务工作同步发展的良好局面。制定了《省局党组工作规则》《"三重一大"事项集体决策制度》《行政审批改革工作推进方案》《关于加快推进双随机抽查规范事中事后监管工作实施意见》等新的制度,为各项工作的开展,特别是为

党风廉政建设提供了制度保障。

（三）切实严明纪律作风。坚持把守纪律讲规矩放在更加重要位置，大力强化纪律的刚性约束，紧紧围绕落实中央八项规定精神，采取一系列措施，驰而不息纠正“四风”，特别是盯住节假日重要节点，各直属单位、各处室党组织重点对违规收送礼品礼金、违规发放津补贴，违规使用公务用车等8个方面问题进行了自查。省局机关党委和机关纪委抽调办公室、人事处、宣教处等部门人员成立检查组，采取明察、暗访、检查、抽查等方式强化监督检查。在干部选拔任用工作中，严格执行“九个严禁”，做到严明纪律、公平公正、群众认可。广开信访举报渠道，通过省局门户网站廉政建设专栏，公布举报电话、联系地址、电子邮箱，密切关注涉纪涉腐网络舆情等多种途径，提高主动发现问题线索的能力，进一步扩大案件线索来源，对发现的问题线索严格查核，对已经查实的违纪行为进行严肃处理。

三、加强质量管理，提升质量供给水平

一是积极推进质量强省战略。牵头制定并组织实施《山西省贯彻实施质量发展纲要2016年行动计划》，重点任务目标基本完成。认真开展中国质量奖评选表彰工作，向国家质检总局推荐优势企业参评，太原重工股份有限公司获中国质量奖提名奖。深入开展质量强市示范城市建设，太原市制定了实施方案，建立了质量联席会议制度；晋城市开展了企业质量诚信承诺、城市质量精神宣传、聘任首批质量监督员等活动。积极开展政府质量奖励，我省6个市建立了市长质量奖。扎实推进质量统计分析工作，对全省制造业产品质量合格率进行调查统计；联合省政府研究室、山西大学商务学院等单位，组织开展了全省产品质量状况分析工作。全面开展“质量月”宣传活动。

二是深化名牌战略。大力推进“全国知名品牌创建示范区”建设，指导汾阳市白酒集中产区等6家单位开展创建工作，指导大同云岗旅游示范区完成考核验收并命名，指导洪洞大槐树寻根祭祖园有限公司等两个园区向总局递交申请，其中一个园区通过文审答辩。认真组织开展品牌评价工作，遴选亚宝药业等8家企业上报总局参加测评。配合省商务厅等部门，广泛开展“山西品牌中华行”和“山西品牌丝路行”宣传活动，努力提高山西品牌的影响力和市场占有率。进一步完善名牌评选工作机制，修订了《山西省名牌产品评选办法》。

三是落实质量考核。积极发挥省质量强省领导组办公室牵头组织协调作用，将今年各项考核工作任务分解落实到各部门，圆满完成了国务院考核组对我省质量工作的实地核查。完善了考核制度，将质量工作纳入了省委、省政府对各市和省直部门年度目标责任考核内容，并将考核结果作为领导班子和领导干部考核评价和奖惩的依据。

四是突出产品质量安全监管。围绕农资、建材、儿童用品、成品油和汽车配件等重点领域，扎实开展了“质监利剑”行动和“双打”专项行动，特别是精心组织开展了“农资打假下乡”和“进千村、入千户、抽千样”活动，严查假冒伪劣农资坑农害农行为。共出动执法人员4.3万人次，检查企业5715家，查处违法案件456起，查获假冒伪劣产品货值2400余万元，挽回经济损失622.69万元。进一步加强农资、建材和日用消费品等产品质量的监督抽查，首次开展电子商务和消防产品及器材产品质量监督抽查，共抽查78类12052 批次产品，总体合格率为92.8%，其中我省产品合格率超过95%。加大监督抽查后处理力度，发布监督抽查通报21 期，发出不合格产品处理通知单120份，不合格产品企业全部限期整改落实。

四、发挥技术基础作用，加强质量基础建设

一是大力推进标准化工作。调整充实了省标准化工作领导小组，成员单位由37个增加至59个。召开了山西省标准化工作领导小组第一次全体(扩大)会议，出台了《全省推进标准化改革发展2016年行动计划》《山西省标准化体系建设发展规划(2016—2020年)》《地方标准管理办法》等一系列政策文件，明确了今后一个时期标准化工作的目标任务和措施要求。对全省42项现行强制性地方标准进行整合精简，审查发布112项地方标准。深入推进标准化试点示范项目建设，目前我省共创建标准化示范市7个，国家级试点示范项目148 个，省级项目106个，在建的国家级项目16个。

二是扎实开展计量工作。筹备成立了长度、热学、力学、电学、化学等5个专业计量技术委员会。继续加强社会公用计量标准建设，全省新建标准70项。深化“计量惠民生、诚信促和谐”双十工程，着力加强对医疗卫生、加油机、眼镜制品、民用四表等重点领域计量器具的监督检查，严厉打击计量欺骗违法行为。对18家企业98批次商品实施包装计量监督抽查，全省1150家出租汽车公司、超限超载检测站、计量收费站和供水、供电、供气、供热公司实现诚信计量自我承诺。完成638家重点用能单位能源计量审查、15 家中小企业计量保证能力评定和家用电磁灶等3种用能产品185批次的能源效率标识计量监督专项抽查。完成2家企业测量管理体系认证和10家中小企业计量保证能力评定。

三是不断加强认证认可工作。深入开展强制性认证产品质量安全整治和流通领域童车、轮胎类产品市场监督抽查等专项行动，扎实开展检验检测机构资质认定和日常监管，监督检查食品农产品、建材与建筑等重点领域的125家获证检验检测机构，对320家检验检测机构分别进行了11个参数的能力验证。建立了自愿性认证管理体系行政监管专家库，采用“双随机”方式检查获证企业82家。

四是进一步提高检验检测能力。山西质监检验检测园区一期工程即将竣工验收。3个已建成的国家质检中心运行状况良好，5个获批筹建的国家质检中心正在加紧建设，1个拟申请筹建的国家级质检中心已通过初审。对全省21个已授权、6个已批准筹建和6个拟申报的省级质检中心（站）

进行了督导考察。向总局申报的2个项目批准立项，申报山西省科技厅项目6项，重点实验室1个，推荐申报的国家总局技术装备改造项目5项。

五、加强特种设备安全监管，保持全省安全形势稳定

组织召开了全省特种设备安全工作会议，向11个市和18个省直有关部门颁发了2016年特种设备安全工作目标任务书，定期召开全省特种设备安全工作例会，政府统一领导、企业全面落实、质监专业监管、部门各负其责、社会共同参与的工作机制得到进一步巩固。重点围绕油气输送管道质量安全监管、电梯安全、锅炉安全开展了3场攻坚战。检查长输油气管道3680千米，对部分没有按要求定期检验、注册登记的正在积极协调相关部门进行整改；共检查锅炉5835台，发现存在隐患锅炉666台，已落实整改516台，强制报废150台；开展15年以上老旧电梯主要零部件报废综合治理，已完成综合治理70%，对去年年底摸底未完成整改的1784台电梯进行建档，现已完成整改1614台，正在整改147台，继续挂牌督办23台。针对大型游乐设施、客运索道等16项重点领域开展专项整治。面对特种设备量大面广，增长迅猛，隐患不断产生的复杂情况，不断创新监管思路，强化监管措施，对全省23万台（套）特种设备、300余万只气瓶、8000多公里压力管道实施了有效监管，特种设备安全形势逐年好转，从2013年至今未发生人员伤亡事故。

六、开展行政审批制度改革，推进简政放权优化服务

加大简政放权力度，省级质监行政审批项目由原来的12项精减为现在的10项。制定了《行政审批改革工作推进方案》，按照“凡批必进，应进必进”的要求，将行政审批项目全部进驻省政府服务平台，实现“一个窗口对外、一站式审批、一条龙服务”“大厅之外无审批”。全年共受理行政审批事项786件，办结696件，提前办结率100%。

（刘俊琪　王冬洁）

附：省质量技术监督局党组书记、成员名单

书　记：常高才

成　员：张岐云　王国强　高　航　尹乃明
田永明（9月离职）

省新闻出版广电局（版权局）党组工作概况

党组书记　李海渊

2016年，省新闻出版广电局党组深入学习宣传贯彻习近平总书记系列重要讲话精神和治国理政新理念新思想新战略，牢固树立“四个意识”，深入贯彻省第十一次党代会精神，深入贯彻落实省委省政府坚定文化自信、建设文化强省决策部署，坚持正确政治方向和宣传导向、创作导向、出版导向，推动各方面工作取得新进展、新成效，为全省经济社会发展，特别是文化强省建设做出了积极贡献。

一、加强思想政治建设，坚定正确政治方向

一是学用系列讲话，树牢“四个意识”。把深入学习贯彻党的十八大、十八届三中、四中、五中、六中全会精神和习近平总书记系列重要讲话精神作为理论学习重中之重，组织党组中心组理论学习（扩大）会议19次，干部大会3次，学习内容涵盖了党的十八届历次全会精神、习近平总书记系列重要讲话精神、“四个全面”战略布局、新发展理念、省委治晋理政总方略和“一个指引、两手硬”重大思路和要求。深化“两学一做”学习教育，全局3个党委4个党总支57个党支部837名党员实现了重点学习内容全覆盖。通过加强思想理论武装，坚定了“四个自信”，树牢了“四个意识”，站稳了政治立场。二是贯彻大政方针，理清工作思路。深入贯彻党中央、国务院和省委、省政府关于增强文化自信、推动文化改革发展的部署要求，紧扣文化强省建设主题，紧密结合全省新闻出版广电改革发展实际，用时2个月开展了党组成员领题调研活动。调研涉及精品生产、行业监管、公共服务、人才培养、融合发展、产业振兴等6大课题。在深入调查研究基础上，确定了大力推动内容生产创新、公共服务创新、媒体传播创新、产业业态创新、人才机制创新、管理治理创新的“六大创新”工作思路。三是坚持正确导向，营造良好舆论氛围。组织省内报刊、广播、电视媒体深入宣传阐释习近平总书记治国理政新理念新思想新战略和省第十一次党代会精神。全力做好《习近平谈治国理政》《习近平总书记系列重要讲话读本（2016年版）》等理论读物发行工作。大力宣传省第十一次党代会精神和省委治晋理政总方略，推出了

一大批新闻报道、精品图书、栏目节目，宣传展示山西步伐、山西路径、山西气魄、山西答卷、山西担当。大力宣传社会主义核心价值观，积极传播我省红色文化，创作发行播映一批节目栏目、影视剧、图书音像出版物、网络视听作品及公益广告，放映红色主题电影 2.8 万场，开展“红色的魅力”主题阅读系列活动，唱响了最强音，展示了新形象，营造了好氛围。

二、狠抓工作落实，新闻出版广播影视业全面发展

一是实施精品工程，繁荣内容生产。实施图书、电影、电视剧、动画片、纪录片、广电节目等重点创作生产计划，完成新书出版 2377 种、电影 26 部、电视剧 2 部 78 集、微电影 44 部，确定年度图书、音像电子出版物重点选题 103 种。评选产生第一届山西出版奖图书奖 110 种、音像电子网络出版物奖 18 种、印刷复制奖 24 种。评选创优栏目 10 余档，《歌从黄河来》等多档节目受到总局通报表彰，3 条公益广告片入选总局公益广告专项资金扶持项目。评选出《大同铜器》《关爱留守儿童》等 19 部优秀网络视听作品，其中 2 部入选全国优秀作品。《中华佛教史》等 4 种图书和音像电子制品获第六届中华优秀出版物奖，《土地志》获第十六届华表奖，《于成龙》在央视一套、八套播出。《山西文华》大型丛书累计出版 24 种 164 册。二是提升公共服务，推进文化惠民。农村公益电影放映 33.69 万场，农村寄宿制学校爱国主义教育影片放映 2.2 万场。农家书屋补助资金落实 3931 万元，为 13138 个农家书屋补充更新出版物 99.9 万册，补充更新报刊音像产品 9.2 万份。组织开展“人间四月读书天”朗诵音乐会、“书香漫晋”、“少儿报刊阅读季”等一系列阅读活动，推荐读物 300 余种。广播电视直播卫星户户通新增用户 10.1 万户、总数达到 51.3 万户，全省 53 个无线发射台站基础设施全面改造，中央广播电视无线数字化覆盖工程全面展开，广播电视安全播出保障有力。三是推进科技创新，加快融合发展。完成广电干线网络升级改造，光传输网(OTN)系统投入运行，省级网络传输系统具备了开展三网融合的业务运营条件，交互式网络电视(IPTV)用户突破 150 万，高清电视用户达 40 余万。省市广播电视播出机构采编系统全部实现数字化。省级报纸、广播、电视实现传统媒体与新媒体同步刊播。22 家出版企业取得网络出版许可证，8 家企业取得网络视听节目许可证。新设立数字印刷企业 16 家。四是深化行业改革，激发发展活力。省市县三级行政管理部门大力简政放权、优化服务，省级取消 11 项行政审批事项，82 项行政职权事项全部纳入省政务中心窗口受理。推行“双随机、一公开”监管方式，规范市场执法行为。非时政类报刊出版单位转企改制基本完成，税收优惠政策得到落实。对非公文化企业、实体书店给予政策扶持，争取中央和省级各类财政资金扶持 7235 万元。推动图书出版“走出去”，实现版权输出 26 种。城市数字影院新增 51 家、银幕 197 块，数字影院总数达 205 家、银幕 882 块，96 个县有 76 个建成数字影院。全省电影票房收入 6.33 亿元，同比增长 7.29%。五是加强人才建设，提升队伍素质。1500 余人参加广播电视编辑记者资格考试，320 余人通过全省出版职业资格登记注册考核。举办学习宣传贯彻习近平总书记在新闻舆论工作座谈会上的重要讲话精神专题培训班 3 期，开展“彰显工匠精神 提升图书质量”主题活动。组织行政执法、编辑出版、新闻采编、安全播出、软件正版化等各类业务培训和职业技能教育，举办平版制版、发行员、有线机务员、电影放映员、报刊编校、传输发射技术能手 6 项技能大赛，推荐 5 人参加全国新闻出版领军人才评选。六是强化阵地管理，规范行业秩序。开展打击新闻敲诈和假新闻专项行动，查办案件 28 起。抽查 18 家报刊出版单位采编流程，对 6 家单位主要负责人进行诫勉谈话。巩固中央新闻单位驻地方机构清理整顿成果。开展印刷市场和出版物发行市场专项检查。开展广播电视播出机构传播经营秩序专项治理行动，规范省台和 6 个市级台开办频道频率、变更播出呼号、调整节目设置等问题，关停了 4 个市的 7 个频道频率，查处违规广告播出 1800 余条次。开展境外卫星电视专项整治行动，出动检查人员 9610 人次，收缴非法卫星电视地面接收设施 4385 套件。组织开展“护苗 2016”“清源 2016”“净网 2016”“秋风 2016”等“扫黄打非”专项行动，查缴各类非法出版物 14.36 万件，处置涉黄涉非有害信息 53 万余条，查办“扫黄打非”案件 200 余起。开展“清朗”行动，关闭涉及政治和淫秽色情网站 7 家。加大版权执法力度，开展“剑网”行动，查办各类较大侵权盗版案件 50 起。组织实施全省政府机关软件正版化考核工作，登记作品版权 328 件，登记版权贸易合同 40 件。

三、深入贯彻《准则》《条例》，推进全面从严治党

省新闻出版广电局党组认真履行党风廉政建设主体责任，班子成员分工负责分管领域党风廉政建设，党风廉政责任制得到全面落实。一是抓思想教育。毫不放松加强党员干部理论武装、党性教育、警示教育和道德教育，制定年度计划，进行安排部署，为全体党员发放学习资料，强化党务干部培训和党员培训，教育引导全体党员干部筑牢信仰之基，补足精神之钙，把稳思想之舵。二是抓严明纪律。以身边案例为鉴，通过召开干部大会、党组扩大会议、党建工作会及开展述纪述廉述责任述作风“四述”活动等形式，认真反思剖析、深刻汲取教训，引导党员干部不断增强“四个意识”。三是抓用人导向。落实“好干部”标准，引导干部保持良好精神状态。结合工作需要和空缺岗位对局机关 9 名处长、18 名副处级干部进行配备交流。全面启动局属单位班子配备工作，完成 3 个较大直属单位主要负责人选任。四是抓基层组织建设。落实“三会一课”、组织生活会、领导干部双重组织生活、民主评议党员、谈心谈话等制度。局党组成员均严格做到以普通党员身份参加所在党支部组织生活。五是抓党风廉政建设。党组成员率先垂范，严格履行“一岗双责”，层层传导压力，开展落实主体责任监督检查，党组成员专题听取分管处室单位负责人汇报，党组听取每位成员汇报。加强对各单位、各处室权力运行监督，强化财务支出监管和经济责任审计，内控制度

建设、清产核资、“小金库”自查等工作全面完成。坚持把纪律和规矩挺在前面，持续加强廉政文化建设和反腐倡廉教育，驰而不息抓作风建设，促进党风政风行风不断好转。六是抓党内监督责任落实。建立局党组、机关党委、各单位党委(总支、支部)监督责任体系，制定党组成员职责清单，加强对所辖范围内遵守党章党规党纪情况的监督。局党组主动接受和服从驻局纪检组的监督，充分发挥局机关纪委监督执纪作用。充分保障党员知情权和监督权，鼓励支持党员在党内监督中发挥积极作用。

(丁耿彪)

附：省新闻出版广电局(版权局)党组书记、成员名单

书　记：齐　峰(2月涉嫌违纪接受组织调查)
李海渊(8月任职)

成　员：田奇越　薛　荣　李和林　安　洋　吕芮宏
邢瑞峰

省体育局党组工作概况

党组书记　苏亚君

2016年“十三五”开局之年，山西群众体育牢牢把握全民健身上升为国家战略的机遇，体育公共服务能力进一步增强；竞技体育紧紧围绕参加里约奥运会，竞技水平和实力稳步提高；体育产业紧紧抓住供给侧结构性改革的政策利好，体育消费和产业实力不断提升；体育科技教育、宣传乃至机关工作扎实践行“三严三实”和“两学一做”学习教育，自身建设得到加强。

一、体育系统学习教育活动、党风廉政建设和自身能力建设不断加强

(一)学习教育活动扎实开展。按照省委、省政府统一安排部署，在全省体育系统积极开展“两学一做”专题教育和“三严三实”学习教育活动，通过区分层次抓好“两学”、开展“四讲四有”专题讨论、严肃党的组织生活、启动“党员先锋行”主题实践活动、开展“以案为鉴警示教育年”主题活动，广大党员领导干部进一步增强“四个意识”，在严明政治纪律、严守政治规矩、自觉抵制歪风邪气等方面取得明显成效。

(二)党风廉政建设不断加强。落实党风廉政建设“两个责任”，以审计、省委巡视组巡视中发现问题的专项整改和“回头看”为重点，进一步压实细化党建责任和廉政责任，强化巡视整改形成的高压态势，有效推动党风廉政建设和党建重点工作的完成。各级体育部门和全体党员干部依法行政意识、团结协作意识、服务大局意识明显增强，体育系统凝聚力和战斗力进一步提高。

(三)体育法治建设大力推进。开展“七五”普法工作，制定印发《山西省体育系统法治宣传教育第七个五年规划(2016—2020年)》，召开全省体育系统“七五”普法工作动员会，组织“依法行政宣传月”、国家宪法日和全国法治宣传日等重要节点的法治宣传活动。省体育局进一步加强依法治体组织建设，推进政府规章和政府文件清理，完成审批事项进驻政务中心相关工作。

(四)“十三五”规划编制顺利完成。《山西省“十三五”体育事业发展规划》《山西省全民健身实施计划(2016-2020年)》正式发布。在此基础上，省体育局编制竞技体育、体育产业、青少年体育、体育法治、体育科技教育文化宣传、体育人才、体育彩票、航空体育等8个配套分规划，全省体育“2+8”十三五规划体系形成。各市、县也相继编制本级体育事业发展规划和全民健身实施计划。

二、群众体育、竞技体育和体育产业等各项工作取得新成绩

2016年，全省体育系统抓住全民健身上升为国家战略机遇，加强公共体育服务职能，促进全民健身与全民健康深度融合；坚持竞技体育奥运驱动战略和精品战略，不断完善人才选拔、培养、激励、保障机制，竞技体育实力明显提升；坚持改革创新，培育扶持职业体育、健身娱乐、竞赛表演、体育用品等市场；坚持依法治体、科教兴体、人才强体。

(一)群众体育公共服务能力效能提升

1. 公共体育设施建设持续推进。围绕建设城市社区15分钟健身圈，采取有效措施，扎实推进公共体育设施建设。在全省范围内支持建设全民健身中心11个，乡镇农民体育健身工程41个，社区多功能运动场21个；资助每市建设1个笼式足球场，1个多功能健身场地，配备新型健身路径463套；资助太原市汾河健身长廊100套高质量移动式篮球架，健身环境明显改善。

2.全民健身活动深入开展。围绕“强健体魄·阳光生活·共享青运”主题，按照“春舞、夏泳、秋赛、冬跑”四大板块，广泛开展主题鲜明、群众喜闻乐见的全民健身活动。省市两级先后开展迎新年健步行、冬泳入水、8·8全民健身日等一系列全民健身活动400多项，形成太原国际马拉松赛、汾河龙舟赛、五老峰登山节、乌金山冰雪节、云竹湖垂钓大赛、晋中国际柔力球大会、太谷形意拳国际大会、右玉赛马等知名群体活动品牌，民间自发组织的骑行、健步、登山、球类等健身活动此起彼伏，贯穿全年。这些活动贴近生活、各具特色、受众广泛、影响持久。

3.群众健身队伍不断壮大。城乡居民的体育健身意识普

遍增强，体育人口稳步增长，每周参加3次及以上体育锻炼的人数显著增加。全年培训各级社会体育指导员5300多名，全省社会体育指导员队伍进一步壮大。

4.青少年阳光体育活动取得实效。大力开展校园足球特色学校和试点县的普及和建设，全省483所学校被命名为全国校园足球特色学校，吕梁孝义市与太原迎泽区被命名为全国校园足球试点县；全面启动全省校园足球四级联赛，全年比赛2000多场次，参赛青少年学生超过万人次，参加校园足球骨干队伍培训的体育教师、教练员、裁判员和管理人员1500多人次。组队参加全国青少年“未来之星”冬季和夏季阳光体育大会，展示三晋阳光少年体育风采，取得运动成绩和精神文明双丰收。在太原举办全省青少年阳光体育大会，广大青少年参与其中，享受体育的快乐。

（二）竞技体育整体竞争实力稳步提高

1.里约奥运会取得佳绩。在第31届里约奥运会上，山西5名运动员大力弘扬三晋儿女奋发向上的精神品格，顽强拼搏，奋勇争先，共夺得2枚银牌、1个第5名和1个第8名，其中董栋获得男子蹦床网上个人银牌，郝佳露获得女子重剑团体银牌，王智伟获得男子50米手枪第5名，王路敏获得古典式摔跤59公斤级第8名。在全国31个省市自治区中，参赛人数排列第17位，奖牌排列第18位。

2. 全运会备战稳步开展。以打好第十三届全运会为目标，切实加强运动队管理，全力推进备战，努力提升训练水平，强化服务保障措施，对标先进，寻找不足，提升成绩。2016年本省运动员共获得国际比赛金牌6枚，国内大赛金牌15枚、银牌19枚、铜牌25枚。武杨、方玉婷、裴星茹等优秀运动员取得优异成绩，竞技水平和实力得到进一步历练和提高。

3.二青会筹备扎实推进。经过前期精心准备，2016年省政府第133次常务会研究通过《第二届全国青年运动会筹备委员会工作方案》，召开二青会筹备委员会第一次会议，楼阳生省长作重要讲话，对二青会筹备工作做出重要指示和全面部署，标志着二青会筹备工作全面启动。动员会后，筹委会积极推动工作，迅速落实集中办公场所，抽调精干人员成立先期工作机构；竞赛项目布局方案初步形成，二青会队伍组建初具规模；二青会筹备工作新闻发布会召开，筹备氛围日趋浓厚。

4.足球改革发展工作取得初步成果。省委全面深化改革领导小组第20次会议通过《山西省足球改革实施意见》，省政府出台《关于推进山西省足球改革发展的实施意见》，建立山西省足球改革发展部门联席会议制度，省发改委等部门联合印发足球中长期发展和近期场地建设的两个规划，省市两级足协改革迈出实质性步伐。

5.积极承办体育赛事。2016年先后承办全国古典式摔跤锦标赛、全国田径大奖赛、全国击剑冠军赛、全国BMX冠军赛等一系列重要赛事，锻炼办赛队伍，积累办赛经验。CBA、WCBA延续火爆球市，带动篮球运动氛围不断升温。各市县积极承办精品赛事，大寨中国汽车拉力赛、晋中榆社环云竹湖全国山地自行车赛等各项赛事圆满成功。

6.后备人才体系日趋完善。在全省范围内开展“2017—2020年周期国家高水平体育后备人才基地”创建工作，大同市体校、潞城市业余体校等9所体校获得批准，数量较以往成倍增长。对36个国家和省级后备人才基地进行资金扶持和政策倾斜，组织1000多名教练员参加国家和省级专业培训。发挥全省青少年体育竞赛杠杆作用，举办全省田径、游泳、乒乓球等9项锦标赛和少儿摔跤分龄赛等赛事，体育后备人才体系建设日趋完善。

（三）体育产业发展规模效益持续提升

1.体育健身休闲产业规模扩大。体育健身休闲服务产品供给能力明显增强，服务项目和内容更加多样化。冬季运动方兴未艾，全省滑雪市场迅速扩大，晋中乌金山李宁国际滑雪场建成并投入运营，成为本省大众滑雪服务业的标杆。竞赛表演市场稳步发展，汾酒男篮、兴瑞女篮等一批职业化体育俱乐部发展态势良好。体育产业与文化产业、旅游产业融合发展。组团参加2016年在新疆举办的中国体育文化?体育旅游博览会，展示山西深厚的体育文化底蕴和丰富的体育旅游资源。

2.体育产业专项调查扎实推进。协调和联手省统计局，按照2016年全国体育产业专项调查统一部署，调查全省体育产业发展规模、结构与布局，系统了解新兴体育产业发展状况，进一步建立和完善体育产业基础数据库，为准确核算体育产业增加值等核心指标提供可靠的基础数据。

3. 场馆建设运营水平不断提高。山西体育中心正式揭牌，文化、体育、健身、商务活动密集开展，全民健身、专业训练、赛事活动、体育产业、旅游观瞻和应急避险六大功能得到初步发挥，运营管理更加规范，社会影响不断扩大，服务水平不断提高，打造了一支体育场馆管理专业队伍。山西射击射箭训练基地于2016年1月18日开工建设，主体完工。省体育博物馆、省全民健身中心、太原滨河体育中心乃至全省各市、县一大批体育场馆在节假日免费或低收费开放，取得较好社会效益。

4.航空体育产业服务更加完善。抓好跳伞、航模、热气球等航空体育项目的训练工作，承办2016年全国热气球锦标赛、全国航空航天模型锦标赛。贯彻落实国家体育总局《航空体育产业发展规划》要求，大力推进航空科普和航空营地活动，开展飞播造林、防火灭虫、人工增雨等通用航空服务。

5.全省体育彩票销量稳步增长。全省体育彩票销售机构适应市场变化，服务市场发展，增强业务管控，提高管理效益，拓展销售渠道，提升品牌影响，狠抓重点产品，扩大销售规模，2016年全省体育彩票累计销售23.29亿元，比上年增长11.72%。

（王宏德）

附：省体育局党组书记、成员名单

书　记：苏亚君

成　员：杨凤楼（11月离职）　李振生（5月离职）
李世杰（3月离职）　杜　荣（女）
赵晓春（5月任职）　王　福（5月任职）

省统计局党组工作概况

党组书记　翟振新

2016年,在省委、省政府的正确领导下,省统计局党组带领全局党员干部深入学习贯彻十八大和十八届三中、四中、五中、六中全会精神,深刻领会习近平总书记系列重要讲话精神,认真落实省第十一次党代会精神,牢固树立"四个意识",始终把抓好党建作为最大政绩和第一责任,坚持服务中心、建设队伍两大任务,以全面落实"两个责任"为抓手,以扎实推动"两学一做"专题教育为载体,切实把机关党建、党风廉政建设与统计业务同部署、同推进、同落实、同考核,以更大的气力、更大的决心推进全面从严管党治党,为持续深化"五大统计"建设、构建具有山西特色的现代统计体系、服务山西振兴崛起提供了更加有力的政治保障、做出了积极的贡献。

一、围绕全面从严管党治党,以上率下、多措并举,着力提升机关党建水平

(一)严格落实"两个责任"。一是全面落实局党组主体责任。适应全面从严管党治党新形势,建立局党建工作领导小组,制定《党建工作领导小组工作制度》,党组书记与党支部书记、处室单位负责人签订《"一岗双责"责任书》,党支部书记、处室单位负责人与所属党员干部签订《党员履职责任书》,构建和完善党组书记负总责、分管领导分工负责、机关党委推进落实、支部书记和处室(单位)负责人"一岗双责",以上率下、层层落实、级级推进的党建工作新格局,推进全面从严治党延伸落实到每个支部、每名党员,深入推进机关党建、党风廉政建设和反腐败工作。二是全力推进省委专项巡视整改工作。切实履行巡视整改主体责任,开展为期两个月的集中学习教育整顿,实施"五账挂号",19项整改措施全部落地见效,为全省统计改革发展提供了坚强的政治保障。三是始终把纪律和规矩挺在前面。采用统计信息内网、"统计大讲堂"、专家深度解读等多种形式开展党规党纪教育;建立党风廉政建设、党员廉政档案和廉政情况定期报告制度,严格执行请示报告和个人重大事项报告制度;坚持不定期开展工作纪律执行明查暗访,对大额资金使用、重大招投标项目等机关纪委全程监督;注重抓早抓小、抓细抓常,有效运用谈心谈话、提醒谈话等手段,突出咬耳扯袖、红脸出汗,对党员干部中的苗头性、倾向性问题,及时进行约谈提醒、严肃批评,发现问题严肃问责、及时处理;主动配合接受派驻纪检组的指导监督,落实"两责合一",合力推进正风肃纪,共同推动全局党风廉政建设和反腐败工作深入开展。四是始终保持反"四风"高压态势。局党组对各处室单位主要负责人、新晋处级干部、新入职党员干部进行集体廉政谈话。重要时间节点,采取会议部署、短信提醒、督促检查等方式,坚决杜绝"四风"反弹和隐形变异问题。局党组敢于较真亮剑,严肃执纪问责,严厉查处违纪违规行为,风清气正的统计发展环境进一步优化,全面从严治党的正能量进一步聚集。

(二)扎实推进"两学一做"学习教育。一是以上率下抓实党课教育。以局党组书记讲党课为引领,局领导班子成员在分管范围讲党课,支部书记召开党员大会讲党课,使广大党员干部普遍受到深刻的思想政治教育。二是创新机制抓牢学习教育。坚持以党组中心组为示范引领学,班子成员以身作则带动全局学习教育深入开展;坚持以"四小八有"机制为保障,优化组织模式促进学。三是扎扎实实开展专题研讨。局党组中心组率先垂范,各党支部积极跟进,党员干部特别是处以上党员领导干部围绕四个专题,谈认识、查不足、明整改,凝聚起坚定信念、严守党纪、奋发作为、敢于担当的正能量。四是坚持问题导向立行立改。开展党员干部"灯下黑"专项整治,实现学习教育全覆盖;紧贴教育主题,结合工作实际,深入反思对照;开展"查、述、晒",精准梳理、直面问题,强化绩效导向;全程贯穿"党员先锋行""支部创六星"主题实践,学思践悟、以学促做,积极推进学习成果转化。

(三)以基层党建重点任务为抓手,进一步夯实党建组织基础。以支部为主体,做到"五查五看",党员组织关系全部厘清、理顺。同步启动党员违纪违法排查清理,无党员违纪违法现象。2016年1月以来党员党费收缴核实先期顺利完成,2008年4月以来党费收缴专项检查,加强分类指导,查询历史记录、对照工资明细、逐人认真核实,圆满完成专项检查,切实强化党员意识。落实"两包三到"联动帮扶机制,筹集、争取各类扶贫资金120万元,1名驻村第一书记荣获中共岢岚县委"优秀共产党员"荣誉称号,"抓党建促脱贫攻坚"取得显著成效。及时调整充实机关党委、党支部班子成员因工作变动出现的空缺。党建重点工作任务全面落实,有力的推动支部书记进一步落实"一岗双责",支部"三会一课"和党员领导干部双重组织生活制度更加规范,基层组织规范化建设取得新的成效。

(四)以典型榜样激励干部成长成才,打造高素质党员队伍。以纪念"七一"建党为平台,2个先进党支部、5个先进党小组、28名优秀共产党员、16名优秀党务工作者受到表彰,局机关党委荣获省直机关先进基层党组织,机关第九党支部荣获省委表彰的先进基层党组织,1名同志荣获省直机关优秀党务工作者,1名同志荣获省直机关优秀共产党员;以评选推荐省直五一劳动奖状(奖章)、全省巾帼文明岗称号、"三八"红旗手、"三八"红旗集体为契机,树立典型引路、

争先创优导向，营造担当作为、实干立身浓厚氛围；致力公开选拔人才，通过年度公务人员招考，进一步优化干部结构；强化岗位练兵、倡导岗位建功，组织召开“五四”青年座谈，扎实推进“党员先锋行”“支部创六星、建功十三五”主题实践活动，认真践行“两学一做”要求，影响和带动青年干部担当作为，争做“四讲四有”合格党员。

二、围绕推进统计改革创新发展，全力推进“六型机关”建设

学习型机关建设形成体系。以学习贯彻习近平总书记系列重要讲话为重点，形成以中心组学习为龙头，处级以上干部为重点，党支部、党小组、处室单位为基础的全员学习格局，打造集中学习以“新”激发人，统计大讲堂以实用引导人，在线学习以兴趣涵养人，研讨会交流以塑造思想改造人，各类学习培训以延伸覆盖带动人等五大载体为主导的多维度学习体系。统计大讲堂荣获“省直机关十佳文明讲坛”称号，局“学习型机关建设”作为省直七家单位之一在省直机关推进“六型机关”建设经验交流会上作了发言。廉洁型机关建设坚实推进。坚决贯彻落实局党组主体责任，全面修订全局性制度措施，为推动廉洁性机关建设提供组织保障。服务型机关建设进展顺利。统计门户网站全面改版，调度指挥平台功能集聚，党务信息公开透明，统计新闻发布规范透明，专业调查、普查数据周到提供，政务信息及时推送，为政府、社会公众提供优质服务。创新型机关建设势头正劲。深化统计体制机制改革，深化统计方法制度改革，紧密契合经济发展形势，落实国家、省委部署，积极推进创新型机关建设，以新产业、新业态、新商业模式为代表的“新经济”统计监测不断得到改进和加强。法治型机关建设坚强有力。认真组织“弘扬宪法精神，建设法治统计，推进依法普查”大型法治宣传活动，扎实开展“数据造假、以数谋私”专项治理，深入企业调研督查，严肃查处统计上弄虚作假行为案件，荣获全国“六五”法治宣传教育先进单位，统计法治建设得到国家统计局和省法制办充分肯定。效能型机关建设成效显著。第三次全国农业普查、创新统计监测服务、保障统计数据客观权威2016年“三大行动计划”步履坚实、成果丰硕，“八个全覆盖”夯实基层基础，“五大统计”建设持续深入推进，统计专业调查在全国业务工作评比中摘金夺银，得到国家统计局高度评价，统计工作受到省委省政府充分肯定，连续6年荣获全省目标责任考核优秀单位等。

三、围绕提升层次水平，丰富载体、注重质量，大力推进精神文明创建

一是着眼提升统计公信力，打造文明诚信环境。调整充实学雷锋志愿服务队，发出“树清廉家风、创最美家庭”倡议，认真执行领导干部婚丧嫁娶事宜报告制度，持之以恒开展社会主义核心价值观、统计职业道德教育宣传。二是着眼活跃文化氛围，创新推进载体多元化。成立老干部合唱队，重要节假日上门慰问老党员、困难党员；推广工间操练习，组队参加“菜单式”体育比赛，省直机关广播操比赛获银奖，“三八”节10人带球射门接力比赛获金奖；赴岢岚兴建“统计林”，深入走访结对帮扶对象，党性修养、理想信念不断强化。三是着眼强化责任担当，扶贫济困、办实事温暖人心。重大节日上门慰问特困职工，积极为3名困难家庭子女争取“金秋助学”金，积极响应“博爱一日捐”、“送温暖、献爱心”捐助活动，体现统计人的社会责任和担当。省统计局精神文明创建工作始终走在省直机关前列，连续18年荣获山西省文明单位称号。

（毛永峰）

附：省统计局党组书记、党组成员名单

书　记： 翟振新

成　员： 荆红社　卢永良　张晓东

王德才（1月任职）

省安全生产监督管理局党组工作概况

党组书记　霍红义

2016年，我省认真学习习近平总书记、李克强总理等中央领导同志关于安全生产工作的重要讲话和指示批示精神，坚决贯彻落实党中央、国务院关于安全生产的决策部署，以防范和遏制重特大事故为目标，狠抓各项制度措施落实。1-12月份，全省安全生产形势持续稳定好转，呈现出“五个双下降”的态势。一是各类生产安全事故总起数、总死亡人数双下降。全省共发生各类生产安全事故2182起，死亡1512人，同比事故减少55起、33人，分别下降2.46%和2.14%。二是较大事故总起数、总死亡人数双下降。全省共发生较大事故37起，死亡139人，同比事故减少2起、14人，分别下降5.13%和9.15%。三是采矿业事故起数、死亡人数双下降。全省共发生事故26起，死亡55人，同比事故减少11起、27人，分别下降29.73%和32.93%。其中，煤矿发生事故19起，死亡44人，同比事故减少14起、33人。煤矿百万吨死亡率为0.0530，同比减少0.0260，下降32.91%。四是交通运输和仓储业事故起数、死亡人数双下降。全省共发生事故2056起，死亡1335人，同比事故减少78起、42人，分别下降3.66%和3.05%。五是商贸制造业事故起数、死亡人数双下降。全省共

发生死亡事故31起,死亡37人,同比事故减少7起、12人,分别下降18.42%和24.49%。

(一)突出统筹安排。省委、省政府高度重视安全生产工作,多次召开省委常委会、省政府常务会、省安委会、省政府安全例会等会议,统筹安排全省安全生产工作,确保人民群众生命和财产安全。省政府新年召开的第一个会是安委会全体会议,已连续坚持8年;坚持以一号文件部署安全生产工作。2016年,在坚持每季度一次安委会的基础上,以上率下实行了安全生产工作月例会制度,由分管安全的副省长主持召开会议,及时分析研判形势,解决问题、部署工作。按照省政府一号文件要求,全省各级都建立并实施了安全生产例会制度,上一级安委办定期派人参加下一级安全例会,指导督促工作落实。

(二)突出党政领导齐抓共管。省委、省政府主要领导同志带头落实安全生产党政同责要求,安排部署工作,及时解决重大问题。7月2日,晋城沁和能源集团中村煤矿发生透水事故后,骆惠宁书记第一时间赶赴事故现场,指导抢险救援工作,并对抓好安全生产工作作出了重要指示。7月7日和7月11日,根据骆惠宁书记的指示要求,省委分别组织召开了全省安全稳定风险隐患大排查大整治形势分析会和工作推进会,其中对安全生产工作提出了明确具体的要求。楼阳生省长主持召开的第一个省政府常务会议就研究部署安全生产工作,在研究同煤集团同生安平煤业“3·23”重大事故调查处理意见时,提出了“以铁的担当尽责,以铁的手腕治患,以铁的心肠问责,以铁的办法治本”的安全生产工作要求。11月28日、29日,骆惠宁书记、楼阳生省长分别对全省安全生产工作作出重要批示。12月8日,省委常委、副省长孙绍骋写给省煤炭厅、省安监局、山西煤监局主要负责人一封信,要求各级、各部门以高度负责的精神,动脑筋、想办法,千方百计把省委、省政府的安排落实到基层,确保全省安全生产形势持续稳定好转。各级党政领导经常采取“四不两直”方式深入基层企业督查检查,及时解决重点难点问题,推动安全生产工作有效落实。

(三)突出监管责任落实。始终把政府监管责任放在首位,按照“党政同责、一岗双责、齐抓共管、失职追责”的要求,全省基本落实了安全生产党政同责“五级五覆盖”。11个市、119个县(市、区)以及所有开发区(园区)、乡镇和有工矿企业的行政村,都制定出台了安全生产党政同责的规定。大力推广晋中市经验做法,以工商注册企业名录明确安全监管责任部门。目前,全省工商注册企业监管责任基本都落实到了相关部门。

(四)突出企业主体责任落实。按照“五落实五到位”的要求,督促企业严格落实主体责任。多数大中型企业都制定并落实了党政同责、一岗双责制度。推动企业严格落实“班组日查、车间周查、厂矿月查、集团公司季查”制度,及时发现和消除隐患。针对生产安全事故绝大多数是由违章指挥、违章作业、违反劳动纪律“三违”行为导致的问题,在全省集中开展了反“三违”专项行动,督促企业健全完善安全管理制度和安全作业规程,强化职工教育培训,树立正面典型,严惩“三违”行为。

(五)突出安全生产大检查。深刻吸取同煤集团同生安平煤业“3·23”重大事故教训,从5月1日开始,在全省各行业领域开展了为期5个月的安全生产大检查。截止10月底,全省共排查一般隐患250572条,已整改245006条,整改率为97.78%;排查出重大隐患18条,已整改16条,整改率88.89%。未整改的5566条一般隐患和2条重大隐患都做到了整改责任、措施、资金、时限、预案“五落实”。特别是对去年安全大检查发现但未及时得到整改的5869条存量隐患,采取列出清单、挂牌督办、跟踪整改、复查验收、逐项销号等措施,大力推进整改治理。除有2条整改难度大、工程复杂的隐患在按计划进行整改外,其余已全部整改销号。10月下旬以来,根据全国安全生产电视电话会议精神和国务院安委办通知要求,又在全省部署开展了新一轮安全生产大检查,切实加强岁末年初安全生产工作。

(六)突出安全生产专项整治。坚持问题导向,在煤矿、道路交通、危险化学品、油气输送管道、金属非金属矿山和尾矿库、建筑施工等9个行业领域继续深化专项整治。全省煤矿系统以“十排查、十整治”为主要内容扎实开展防治水专项行动,共排查出一般隐患241915条,整改率98%,责令8座煤矿停产整顿,3座煤矿停建整顿,25个采掘作业点停止作业。晋济高速岩后隧道“3·1”特大事故发生后,全省安排专项资金4.3亿元,对隧道基础设施进行完善改造。大力推进油气输送管道隐患整治,中石油西气东输临汾蒲县、浮山段改线工程正在加紧施工。4月和9月份,省安委办先后两次派出督查组,对各市、各有关部门开展专项整治等省政府一号文件和省安委会部署的重点工作进行了督查。

(七)突出遏制重特大事故。根据国务院安委办《关于印发标本兼治遏制重特大事故工作指南的通知》精神,省政府以遏制煤矿重特大事故为重点,专门召开会议,研究部署我省遏制煤矿重特大事故工作。省安委会制定下发了遏制重特大事故工作实施意见,煤矿、非煤矿山、危险化学品、冶金工贸、道路交通等重点行业领域都制定出台了遏制重特大事故工作方案。阳泉市被国家确定为首批遏制重特大事故11个试点城市之一,省市两级高度重视,积极推进试点工作。

(八)突出地方性立法。新修改的《安全生产法》颁布实施后,省人大将《山西省安全生产条例》修订列入2016年重点立法项目。省政府连续两年把修订条例作为重要工作写入省政府一号文件。省安监局协同省人大、省政府法制办,通过广泛调研、论证等,对《山西省安全生产条例》进行了修订。7月13日,省政府常务会研究通过;12月8日,山西省第十二届人民代表大会常务委员会第三十二次会议修订通过。修订后的《山西省安全生产条例》,自2017年3月1日起施行。

(九)突出安全生产宣传培训和警示教育。省委宣传部、省安监局等八部门建立了联席会议制度,联合下发了安全生产宣传教育实施意见。认真组织以“强化安全发展观念,提升全民安全素质”为主题的第15个安全生产月活动,在全省广泛开展了安全生产咨询日、三晋安全行、安全在我心中演讲比赛、安全知识竞赛等八项活动。在山西电视台、山西日报开设了专题专栏，广泛开展宣传教育活动，中央电视台报道了我省咨询日活动有关情况。针对换届后，一批新任领导走上主管安全生产的工作岗位，11月25日至27日，省安监局会同省委组织部，组织各市、县分管安全生产工作领导和各市安监局长共200余人进行了一期安全生产集中培训，提高了参加培训人员抓安全工作的能力。省政府连续两年召开"3·1"特大事故警示教育电视电话会议，省安委办针对国内外发生的较大以上典型事故，及时下发了28份事故通报。煤炭厅、交通运输厅、安监局等部门拍摄典型事故案例，下发基层，开展警示教育，以事故教训推动安全生产工作。

（关永革）

附：省安全生产监督管理局党组书记、成员名单

书　记：霍红义

成　员：牛建华　王天庆　谷　明　杨振中

省旅游发展委员会党组工作概况

党组书记　盛佃清

2016年，省旅发委党组按照省委"一个指引、两手硬"重大思路和要求，认真贯彻落实党中央、国务院，省委、省政府关于文化旅游的一系列重大决策部署，采取有力措施，扎实推进各项工作，超额完成年度各项旅游经济指标，各项工作都取得了积极的成效。全省共接待入境旅游者、国内旅游者分别为89.97万、4.43亿人次，同比增长6.07%、23.11%；实现旅游总收入4247.12亿元，同比增长23.19%。

一、狠抓党的建设，筑牢全面从严治党的根基

精心组织，扎实开展"两学一做"专题教育。党组始终把深入学习贯彻党的十八大、十八届三中、四中、五中、六中全会和习近平总书记系列重要讲话精神，作为党组政治生活的主题、自身建设的主课和指导全省旅游业发展的主线。做到坚持理论学习，强化党性觉悟，坚持课题调研，提高能力素质，坚持学用结合，增强学习实效，从而坚定了"四个自信"，强化了"四个意识"。委党组召开了1次民主生活会、2次学习教育推进会，组织了4个专题的研讨。委领导3次为全体党员讲授了党课，94次到基层调研。选送45名干部积极参加党务干部、处级党员干部和后备干部培训班，组织各市、县498名干部进行了2期全省旅游改革发展培训班。组织党员进行革命传统教育、重温入党誓词等活动，对优秀共产党员、优秀党务工作者和先进基层党组织进行了表彰。

问题导向，深入推进机关党建和党风廉政建设。按照巡视组反馈意见，细化任务，认真整改，制定了委党组班子成员主体责任和问题清单，层层签订党风廉政建设目标责任书，修订了《关于实行党的工作责任制实施办法》等9项规章制度。调整了支部设置，实现了"支部建在处室"。对党费收缴情况进行了认真自查，追补部分迟交、少缴党费38534.60元。组织处级以上党员干部观看警示教育片，认真开展党员组织关系集中排查，对4名违纪干部给予了党纪处分。

以学促做，切实加强作风和自身建设。进一步巩固和拓展"三严三实"和"两学一做"专题教育成果，把作风建设作为常态化工作，研究制定了《贯彻落实"13710"工作制度实施办法》和《重点工作督办暂行办法》。严格执行"八项规定"，坚决纠正"四风"，在重大节假日期间进行监督检查，全委未发生违纪问题。以争创省直精神文明标兵单位为目标，扎实开展"六型机关"建设各项活动，省质监所、后勤中心和信息中心分别被评为省直文明单位标兵、省直文明单位。

二、深入推进依法治旅工作，全面规范权力运行

扎实推进《山西省旅游条例》修订工作，完成第12稿修订，即将进入法律审核程序。组织开展"依法行政宣传月"活动和执法培训，对现有的制度进行清理规范，改进完善。强化决策监督，把公开贯穿于"三重一大"决策全过程，明确28项行政权利清单、责任清单、流程图和风险防控图及问责依据，制定了《机关财务管理办法（试行）》。将行政审批事项全部集中到山西省政务服务中心，进一步简化行政审批事项，规范旅行社设立备案、出境游业务报批审核工作，取消了领队审批。

三、加快推进旅游业转型升级，加快把文化旅游业培育成战略性支柱产业的步伐

省旅发大会申办电视竞演引发社会广泛关注，旅游业发展的定位和要求进一步明确。2016年旅游发展大会申办创新地采取电视竞演的方式进行，录制了《人说山西好风光》系列节目，开书记市长"电视真人秀"之先河。一经播出，各类媒体、网络和社会反响热烈，好评如潮。活动全面展示了山西新形象、宣传山西旅游资源，收到了共赢的效果，掀起了全社会全方位助力旅游热潮。通过竞演，大同市获得2016旅游发展大会主办权。8月31日，以"山西旅游大联欢——让旅游快乐起来"为主题的旅游发展大会在大同隆重召开。楼阳生省长出席大会并作了重要讲话，明确提出把文化旅游业培育成战略性支柱产业，并对旅游业发展提出全面系统的工作部署和要求，具有重要的指导意义。为推动全省旅发大会精神落到实处，起草并报请省政府印发了《2016山西省旅游发展大

会主要任务分工方案》，组织对11个市和24个省直相关部门的落实大会精神情况进行了专项督查。

全面启动旅游景区景点体制机制改革创新，把激发市场主体活力列为头等大事。为全面深化文化旅游业改革发展，激发市场主体活力，起草并报请省委、省政府出台了《关于推进旅游景区(景点)体制机制改革创新的意见》，明确了景区景点体制机制改革重点、方法、路径等。对各市确定的首批149家景区景点进行了调查摸底并明确改革创新方向，召开了全省旅游景区体制机制改革工作会、推进会，举办了改革培训班。制定下发了《关于推进旅游景区(景点)体制机制改革创新工作的实施意见》，委领导带队分组赴各地进行了专项督导。

"十三五"旅游发展蓝图绘就，全省旅游规划体系渐近完善。"十三五"是我省文化旅游发展的重要战略机遇期，《山西省"十三五"旅游业发展规划》经反复征求各地、各部门意见，省政府于2016年12月印发实施。截止目前，各市都制订了旅游总体规划，74个县(市、区)制订了县域旅游规划，省、市、县三级总体规划体系基本形成。在规划的基础上，积极推进全域旅游示范区创建，我省2市、18县被国家旅游局公布为全国全域旅游示范区创建单位，掀开全域旅游创建工作帷幕。

努力扩大旅游消费，新业态不断出现和成长。起草并报请省政府办公厅印发了《关于进一步促进旅游投资和消费的实施意见》，提出了五个方面二十四条扩大旅游投资和消费的具体措施，吸引相关产业与旅游业融合发展。国家5A级旅游景区创建工作有新进展，雁门关、太行山大峡谷两景区已通过了国家旅游局评审验收，进入整改和公示阶段，洪洞大槐树景区通过了景观质量评审，芦芽山景区已进入景观质量评审序列。组织旅游商品企业参加了全国旅游商品博览会、旅游商品大赛，获得1银2铜的好成绩。继续开展省级旅游度假区创建工作，新评审确定了汾阳市贾家庄、永济市水峪口和太谷县美宝山庄等8个省级旅游度假区。

乡村旅游扶贫工程有序推进，旅游成为脱贫致富的优势产业。联合省委组织部、省扶贫办开展了乡村旅游资源和旅游扶贫调查，动员省内11家有资质的规划单位为32个乡村旅游扶贫试点村编制了旅游扶贫发展规划，积极支持并争取中央、国家旅游局和省级财政8160万元专项资金用于乡村旅游发展。在浙江大学、山西大学、汾阳市贾家庄组织310名旅游重点县、乡负责人进行了培训，省旅游培训中心分片区对贫困村经营和服务人员约1000人进行了6期专题培训。推进乡村旅游标准化建设，制订了《山西省乡村客栈标准(试行)》《山西省乡村旅游景区标准(试行)》。

持久开展旅游营销，手段和方法有新探索。"重主流"，省、市两级联合在中央电视台和凤凰卫视等主流电视媒体，在北京西客站大屏、太原至北京高铁、北京公交车站站牌等广告媒体和微博、微信、互联网等新媒体进行宣传营销。"走出去"，分别在上海、海南、深圳等9个重点客源市场举办了推介会，组织参加了法国巴黎、俄罗斯、韩国首尔、香港等国际旅游展和国际旅游交易会。"请进来"，依托国家旅游局驻外办事处和上海、南昌、韩国全罗南道等25个国内外山西旅游营销店邀请省外、境外旅行商来山西考察踩线。举办了第二届中国·山西"一带一路"国际文化旅游暨第三届国际旅行商采购大会。组织国家旅游局、北京大学、清华大学、中青旅、腾讯、百度、凤凰网等机构专家就提升我省旅游形象召开座谈会，建言献策。

大力开展市场秩序整治，全省旅游安全平稳可控。起草并报省政府出台了《关于加强旅游市场综合监管的实施意见》，联合相关职能部门在旅游重点时段、重点区域开展了旅游市场专项检查，解决扰乱旅游市场秩序、侵害旅游者权益等突出问题。建立了旅游投诉受理机制，出台了《旅游投诉首接负责制》。不定期邀请媒体、社会监督员等开展随机抽查和明察暗访，市场综合整治步入常态化和长效化。3次对五台山旅游市场进行了专项督查，对4家4A景区给予警告处罚，吊销了1家4A景区资质。加强文明旅游引导和管理，成立了山西省旅游志愿者总队，开展了"爱我大美山西、讲好山西故事"志愿者活动。牢固树立"红线"意识，确保旅游安全。不断强化安全生产监管责任，组织市县旅游管理部门83名负责人进行了安全培训；督促旅游企业严格落实安全生产主体责任和管理制度，抓好重点领域和环节的监管，组织开展旅游安全大检查、安全隐患排查治理等活动和专项行动；完善应急救援体系，修订了应急预案，健全旅游安全预警机制，全年未发生旅游安全责任事故。

旅游基础设施建设有新进展，旅游便利化水平不断提高。为推动"厕所革命"，2015年省政府决定用3年时间全省新建、改建1000座旅游厕所。当年完成了737座。2016年，通过组织现场推进会、与各市签订目标责任书、分组分片互查暗访等方式，继续推进"厕所革命"，新建、改建旅游厕所797座，两年共计完成1534座，提前完成了省政府三年计划目标任务。晋中、吕梁和晋城3个市受到国家旅游局表彰。为解决"最后一公里"及乡村公路等级不高等问题，省旅发委联合省交通厅按照《山西省农村旅游公路建设规划(2016-2020年)》，启动了建设全省农村旅游公路4120公里工作，预计投资184亿元。进一步加强智慧旅游公共服务设施建设，我省6家5A级景区视频监控系统首批接入国家旅游局应急指挥平台。继续实施高速公路旅游标志牌安装工程，利用省级专项资金1000万元在全省28条高速公路上建设45个景区200余块旅游标志牌。加强旅游集散中心、停车场、自驾营地体系、旅游信息等公共服务设施建设，提升了旅游便利化水平。

(刘殿柱)

附：省旅游发展委员会党组书记、成员名单

书　记：盛佃清(10月任职)

成　员：操学诚(10月任职)　李　贵　王　琳

省宗教事务局党组工作概况

党组书记　刘国庆

民族宗教工作是党和政府工作的重要组成部分。2016年，在省委、省政府的正确领导下，省宗教局（省民委）党组把讲政治作为最根本和第一位的要求，切实提高政治站位，坚决履行党组把方向、管大局、保落实的重大政治责任，全面贯彻落实党的民族宗教工作方针政策，维护全省民族团结、宗教和睦，服务全省经济社会建设大局。

一、全面履行党建主体责任，构建民族宗教工作良好政治生态

（一）以习近平总书记系列重要讲话精神为根本遵循，深入学习贯彻十八届六中全会精神和省第十一次党代会精神。深入学习贯彻习近平总书记系列重要讲话精神和党的十八大、十八届三中、四中、五中、六中全会精神，坚定自觉地落实全面从严治党要求，牢固树立政治意识、大局意识、核心意识、看齐意识，坚决与以习近平同志为核心的党中央在思想上政治上行动上保持高度一致，坚决维护党中央权威，坚决贯彻落实党中央确定的路线方针政策。深入贯彻落实省第十一次党代会精神和省委"一个指引、两手硬"的重大思路和要求，进一步认清形势，提高认识，强化责任担当，不断增强贯彻中央和省委决策部署的自觉性。

（二）深入开展"三严三实"专题教育、"两学一做"学习教育，强化政治思想教育，严肃党内政治生活。以党组书记带头讲党课启动，制定《实施方案》，印制学习资料，开展中心组学习讨论，组织专题研讨和学习交流。联系民族宗教工作实际和干部工作作风，党组班子和各处室、各岗位都对自身存在主要问题和努力方向有了明晰认识，着力推进深入调研、强化培训、排查矛盾、攻坚克难，围绕重点领域、重点环节，开展专项整治，重点工作有所突破，责任担当意识明显增强。扎实推进"两学一做"学习教育。开展讲党课、党日活动、手抄党章、"四讲四有"专题研讨等系列活动，着力解决机关党员干部在思想、组织、作风、纪律等方面存在的问题。严格"三会一课"制度，召开党组民主生活会和支部组织生活会，真正把党的思想政治建设抓在日常、严在经常，保持党员先进性和纯洁性。

（三）加强班子建设，增强凝聚力战斗力。进一步完善《山西省宗教事务局（省民委）党组工作规则》，坚持党的民主集中制原则。重大事项决策、重要干部任免、重要项目安排、大额资金使用等"三重一大"事项，主要领导与班子成员之间、班子成员相互之间，主动征求意见，充分协商沟通，集体研究决定。严明政治纪律和政治规矩，加强监督检查，坚决克服组织涣散、纪律松弛的现象，确保党组决策有效落实，政令畅通。坚持深入实际、深入基层、深入群众。领导班子深入地市调研督查30余人次，深入场所近200处，召开座谈会50多场，为扎实做好全省民族宗教工作奠定了坚实基础。

（四）扎实推进党风廉政建设和反腐败工作，全面加强纪律和作风建设。召开党风廉政建设大会，编制落实党风廉政建设主体责任清单、监督责任清单和行政权力清单。各基层支部负责人签字背书，做出承诺，严格逐项落实责任清单各项任务。按照中央和省里有关规定，严格执行公务接待、公务外出、办公用房、公车使用、会议活动、廉洁过节等规定。实时公布机关经费预决算情况，每个季度对"三公"经费开支情况进行公示。严格执行省委清退借调人员、借用办公住房、一把手不直接分管人、财、物等一系列规定。组织开展少数民族发展资金、寺观教堂修缮资金使用情况专项检查。加强廉政警示教育，不断强化干部的"高压线""红线"意识，抓小、抓早、抓常、抓长。

（五）主动诚恳接受监督。党组在履行主体责任的过程中，始终坚持正确处理与监督责任的关系，促进"两个责任"互动。把省委专项巡视第三组专项巡视问题整改作为一项重要政治任务抓好落实，查找根源、举一反三、补齐短板，确保事事有回音、件件有落实。积极支持省纪委驻省委统战部纪检组开展监督工作，按照驻部纪检组的要求，认真协助解决办案中的困难和问题，为纪检组开展工作创造条件、提供便利，对腐败问题敢于亮剑，绝不姑息迁就；实行政务、党务公开，定期在公网上公布相关情况，主动接受社会监督；创新开展"让服务对象感受到民族宗教干部受教育成果"工作，促进服务质量有效提升。

二、落实中央和省委关于民族宗教工作的重大决策部署，切实做好新形势下全省民族宗教工作

（一）贯彻落实全国和全省宗教工作会议精神扎实有力。对全省宗教工作基本情况、依法管理宗教事务、抵御境外利用宗教渗透、工作体制机制及工作责任制、宗教团体建设、互联网宗教等宗教工作方面的重点、难点、热点问题开展大调研，形成了总调研报告和10份分报告上报省委。起草《中共山西省委、山西省人民政府关于加强和改进新形势下宗教工作的实施意见》。顺利完成恒山岳门湾庙宇群道教活动场所交接工作，受到宗教界人士好评；指导省伊斯兰教协会做好朝觐组织服务工作；指导长治市圆满完成天主教长治教区助理主教祝圣工作，受到中央统战部和国家宗教局肯定；依法做好宗教教职人员认定备案、宗教团体登记、宗教活动场所

审批、大型宗教活动申报工作和宗教活动场所财务、安全、卫生、防疫等常态化监督管理工作,切实维护全省民族宗教领域安全稳定。

(二)贯彻落实中央和全省民族工作会议精神成效突出。深入推进民族团结进步创建“进机关、进企业、进社区、进乡镇、进学校、进场所”“六进”活动,新增全国民族团结进步创建示范单位3个、全国民族团结进步教育基地1个。扎实推进少数民族经济发展,协调争取财政资金帮助少数民族聚居村改善基础设施建设和发展优势产业。2016年少数民族贫困村由过去的23个减少到11个。召开了少数民族流动人口服务管理工作经验交流会,指导各市加强社区民族工作,促进各民族交流交往交融。组织参加第五届全国少数民族文艺会演,我省参演话剧《生命如歌》取得剧目金奖。

(三)基层基础建设得到加强。健全完善宗教工作协调机制,调整充实省宗教工作领导小组成员单位至23家。开展民族宗教领域风险隐患大排查大整治,针对排查出的3大类8个方面17个风险隐患开展专项督查,推动整改整治。开展少数民族聚居村经济社会发展基本情况、基督教向大学园区渗透情况、宗教团体建设情况、宗教活动场所建筑安全、活动安全、消防安全情况等调研,找准问题,推动解决。会同省委组织部、省委统战部、省委党校举办“全省宗教工作专题培训班”。制定落实《全省宗教教职人员三年培训规划方案》,举办第一期全省宗教教职人员培训班,强化对宗教界的政治引领。

(茅立新)

附:省宗教事务局党组书记、成员名单

书　记:高　键(8月离职)　刘国庆(8月任职)

成　员:卫望军(10月离职)　侯文禄　郭征宇　滕德刚　白　源(5月任职)

省文物局党组工作概况

党组书记　王建武

2016年,全省文物系统以习近平总书记系列重要讲话精神和加强文物工作的重要论述为指引,深入学习领会《国务院关于进一步加强文物工作的指导意见》和全国文物工作会议精神;以省委“一个指引、两手硬”的重大思路和要求为指引,认真贯彻落实《山西省人民政府关于进一步加强文物工作的实施意见》和全省文物工作会议精神,坚持严格遵循文物工作方针,围绕中心,服务大局,主动作为,善谋敢干,全省文物工作在保护中得到发展,在发展中得到保护。

一、坚决贯彻落实党中央国务院和省委省政府关于文物工作的决策部署

一是科学谋划文物保护各项工作,全面提升文物保护工作水平。为贯彻落实习近平总书记、李克强总理重要指示批示精神,落实全国文物工作会议部署要求,局党组积极筹备全省文物工作会议,报请骆惠宁书记对全省文物工作作出了重要批示,报请省政府核定公布了第五批省级文物保护单位,报请省政府印发了《关于进一步加强文物工作的实施意见》。2016年9月26日,省政府在太原召开了全省文物工作会议,省长楼阳生、国家文物局局长刘玉珠、副省长张复明出席会议并作了重要讲话。全省各市认真落实会议精神,绝大多数都召开了会议,出台了文件,落实了责任。

二是认真贯彻落实领导指示批示精神,有效破解文物保护工作难题。围绕贯彻落实中央和省级领导同志对文物工作的指示批示精神,局党组重点加强了永乐宫壁画保护,科学评估全省文物保护工作并形成了专题报告,认真研究了文物密集区体制改革试点、晋商博物馆筹建和动员社会力量参与文物保护利用“文明守望工程”等重点工作,初步形成了破解文物保护难题的新抓手。

二、着力加强党的建设

(一)扎实开展“两学一做”专题学习教育。按照中央要求和省委部署,局党组制定了学习教育实施方案,成立

了协调小组办公室，召开了学习教育动员会，印发了重点工作任务清单，对学习教育进行了周密部署和精心安排。一是围绕“两学”，以支部为单位，采取全面学和专题学、集体讨论和个人自学相结合的方式，认真开展了一系列学习教育活动，仅局党组中心组集体学习就达到21次，增强了学习教育的针对性和实效性。二是围绕“四讲四有”连续开展了4个专题研讨，有针对性地解决了党员和党员领导干部在思想政治建设方面存在的突出问题。三是围绕“一做”，启动了“建功十三五，支部创六星”主题实践活动，安排部署了加强基层党建7项重点工作任务，深化了局直系统精神文明创建和领导干部驻村帮扶工作，举办了讲党课专题辅导报告会，集中观看了警示教育片，进一步增强了党员干部明规矩、守底线、做表率的意识。

（二）专项巡视整改工作初见成效。按照省委巡视工作安排，局党组积极配合巡视组完成了为期三个月的专项巡视。在配合省委完成专项巡视整改的过程中，局党组对巡视反馈的问题不遮掩、不避丑，对巡视中发现的六个方面共40个问题进行了细化分解，提出了117项整改措施，制定了整改工作台账，充分体现了局党组的使命意识和责任担当。

（三）全面落实从严治党的主体责任。主体责任是否得到落实在全面从严治党中起着牵头管总的重要作用。一是召开了年度党风廉政建设和反腐败工作会议，签订了党风廉政建设责任书，绷紧了廉政建设的这根弦。二是制定了落实全面从严治党主体责任和监督责任清单、局领导班子成员和局机关纪委书记职责清单，出台了《关于实行党的工作责任制实施办法》等10项制度，进一步健全了责任体系和制度保障。三是召开了领导干部“三严三实”专题民主生活会，成立了由一把手担任组长的党建工作领导小组，落实了“支部建在处室、处长一岗双责”的工作要点和“三会一课”、书记讲党课、党组成员过双重组织生活等制度，完成了年度局直机关党委书记和支部书记抓基层党建工作述职评议考核，党组织的战斗堡垒作用得到了体现。四是按照省纪委安排对文物景点开展了查纠“四风”联动协作检查，配合省文化厅纪检组依法依规对违纪案件和线索进行了调查核实，通过有效的检查问责机制，进一步压紧压实了管党治党的责任。

三、法治建设的工作水平不断提高

（一）文物保护法规体系建设不断完善。一是在与省政府法制办的共同努力下，《山西省文物建筑构件保护办法》正式经省政府公布生效，成为今后依法推进文物保护的又一个新路径，这在全国尚属首次，得到了国家文物局的充分肯定。二是对全省社会力量参与文物保护的案例进行了收集整理和分析研判，在此基础上先行以部门规范性文件形式出台了《山西省社会力量参与文物建筑保护利用暂行办法》。

（二）文物依法行政基础工作不断夯实。一是按照行政审批制度改革要求，设立了行政审批处，制定了进驻全省政务服务平台实施方案，开展了“两清单、两图表”回头看工作，确保22个审批项目全部纳入政务服务平台办理，真正实现了“一个窗口受理，一站式办结”。二是先后印发了《山西省市县级博物馆建设导则》《山西省古建筑日常养护工程实施意见》《山西省文物保护专项补助资金管理办法》《关于加强我省文物安全工作的意见》，全省文物保护行业标准和技术规范不断健全。

（三）文物普法宣传教育工作有效开展。一是制定了2016年度法治工作要点和局党组中心组学法计划，出台了“七五”普法规划，召开了“七五”普法启动大会，举办了普法专题辅导报告，做到了把法治建设工作与文物保护工作结合起来，同步推进。二是坚持有效利用文物保护节庆日，积极开展了“长城公开课”等一系列文物保护法制宣传和科普教育等活动，全省上下文物保护的法治氛围日益浓厚。

四、文物保护年度重点工作任务圆满完成

（一）可移动文物普查工作圆满收官。2016年是普查工作的收官之年。经过五年不懈努力，全省403家国有文物收藏单位共收藏文物3220550件，第一次较为完整地摸清了全省国有可移动文物的家底，登记数量在全国排名第四。2016年12月30日，“厚重山西——山西第一次全国可移动文物普查成果展”在山西博物院与观众见面。

（二）世界文化遗产保护工程有序推进。平遥古城内72号和69号墙体抢险加固工程已完成90%。云冈石窟第3窟和第21至30窟的岩体加固设计方案已按国家文物局意见修改完善。五台山殊像寺抢险维修工程和佛光寺东大殿护坡抢险加固工程完工，南山寺善德堂修缮工程设计方案已按国家文物局意见修改完善，塔院寺白塔修缮方案已编制完成，重点寺庙的文物价值研究和展示工作正在进行。对遗产地保护工程的持续实施和文物价值的深度挖掘，有效发挥了文化遗产在展示山西形象上的“金色名片”效应。

（三）古建筑保护工作扎实推进。105处南部早期古建筑保护工程的本体修缮全部完工，其中101处通过了竣工验收。应县木塔加固保护工程正在按照国家文物局批复的施工深化和优化设计方案组织施工。由中央和省财政安排的国省保和重要市县保古建筑的维修抢险工程正在有序实施。沁水窦庄和湘峪、介休张壁等古村落整体保护工程进展顺利，2015 年启动的45处院落已完工38处。首批420处国省保古建筑日常养护工程已经实施，由省本级财政每年专项列支1000万元用于古建筑日常养护，这在全国也是首创。

（四）长城保护工作不断加强。贯彻落实国务院和省政府长城保护会议精神，全省历代长城保护范围及建设控制地带已经划定并报省政府公布、报国家文物局备案。《山西省长城保护规划》已编制完成。明长城繁峙平型关、阳高县镇边堡、大同镇城等重要点段的保护修缮工程正在实施。大同新荣区得胜堡等6处重要点段保护修缮方案已上报

国家文物局审批，其中3处已批复。认真配合国家文物局长城保护专项督察行动，组织开展了省内交叉检查，对自查发现案件进行了重点督办，在全国15个长城沿线省份督察评分中位列第四。

（五）红色文物遗存保护展示工作成效显著。2016年省级安排了1990万元用于17处红色及抗战遗存本体保护，已完工13处，其余4处正在实施；安排了860万元对3个红色文化展览进行展陈提升，2016年底，红军东征纪念馆基本陈列展陈提升工程已经完工，八路军总部王家峪旧址纪念馆“八路军总部在太行”完成了数字化展示，八路军太行纪念馆“八路军将领馆展陈提升”陈列大纲已完成编制并报省委宣传部审核。

（六）重要遗址的考古发掘成果丰硕。2016年共组织实施考古发掘31项，其中主动性考古发掘12项，配合基本建设考古发掘14项，其他抢救性考古发掘5项，有效保护了一大批珍贵文物。在遗址发掘方面，比较重要的有三处，一是对晋阳古城遗址西北部二号建筑基址群的发掘，发现了“隋代晋阳宫”记事残碑，揭示了不同时代同一区域的不同建筑类型，基本厘清了晋阳古城从早到晚的完整地层，对于建立该地区魏晋——宋的时代序列提供了样本。二是对蒲州故城城墙遗址的考古发掘，为确定北朝至唐代蒲州城的规制布局、探讨蒲州城址的沿革变迁以及建设蒲州故城国家考古遗址公园都具有十分重要的意义。三是对河津固镇一处宋金时期瓷窑址的考古发掘，填补了山西地区无相关制瓷遗迹的空白，为今后研究宋金时期的制瓷工艺及技术提供了重要依据，大大推进了山西陶瓷考古工作的发展。在考古成果展示方面，推出了晋国三论，即《晋国之脉》《晋国之变》和《晋国之风》，引起了较大的社会反响。

（七）文物合理利用途径不断拓展。一是博物馆事业取得新发展。在博物馆建设方面，太原市和运城市新建博物馆即将向公众开放，临汾市博物馆和陶寺遗址博物馆正在编制展陈大纲。山西博物院法人治理结构模式逐步规范，大同市博物馆理事会建设试点工作正在有序推进。在陈列展览方面，由台湾高雄科工馆和山西省民俗博物馆等合作推出的“无锁不谈”精品展相继在太原、晋城、大同三地巡回展出，由山西博物院策展的“山西古代艺术展”先后在西藏和俄罗斯成功展出，由山西省民俗博物馆策展的“钗钿花容——清代女子饰品展”入选了2016年度《中国博物馆展览海外推介目录》，极大丰富了当地民众的精神文化生活。二是文博单位文创产品开发迈出了新步伐。按照国家推动文化文物单位文化创意产品开发的有关精神，起草完成了我省实施意见和试点工作意见，编辑整理了16个文创产品开发的典型案例，成功申报了山西博物院为全国文创产品开发试点单位，优选确定了7家文博单位为省级第一批试点单位，初步拟定与中国（太原）煤炭交易中心和太原国家高新技术开发区签署战略合作协议。三是文物保护单位“互联网+智慧旅游景区APP平台”建设工作正式启动。联合省委台办、省旅游委共同印发了《关于开展互联网+智慧旅游景区APP建设的通知》，对平台建设工作进行了安排部署，近期将确定文物保护单位建设名单，整个项目于2017年底结束。

（八）文物安全监管和执法督察工作不断加强。一是在继续坚持常规性和重要节点文物安全检查不放松的前提下，重点部署开展了为期四个月的夏季消防安全大检查和为期五个月的今冬明春火灾防控工作。二是在全省部署开展了“文物法人违法案件专项整治行动”，指导督办了各类文物违法案件22起，有效遏制了文物法人违法案件的频发态势。三是按照国家文物局督促加强平遥古城保护管理工作的要求，会同有关部门成立了专项督查组，对平遥古城保护管理问题进行了实地调查核实并提出了整改措施和完成时限，全面整治古城内违法建设问题。

（王振华）

附：省文物局党组书记、成员名单

书　记：王建武

成　员：刘正辉　黄继忠　赵　炜（2月离职）

省粮食局党组工作概况

党组书记　丁文禄

2016年在局党组及省直工委的领导下，认真贯彻落实党的十八大和十八届三中、四中、五中、六中全会精神，深入学习贯彻习近平总书记系列重要讲话精神，紧紧围绕局党组提出的“靠理想感召、靠发展凝聚、靠制度规范、靠纪律约束”的要求，突出服务中心、建设队伍这两大任务，抓住管党治党责任落实这个关键，推动机关党建工作实现新突破、取得新发展，为完成“十三五”粮食目标任务提供坚强思想政治和组织保证。

一、深入开展“两学一做”学习教育，强化党员意识

一是制定实施方案和专题学习计划。制定了《山西省粮食局关于在全体党员中开展“学党章党规、学系列讲话，做合格党员”学习教育方案》和4个专题学习计划，局党组书记、局长丁文禄对“两学一做”学习教育进行了动员部署。二是利用正反两方面典型事例激励广大党员干部树形象、做表率，

守住廉洁自律底线。将《“两学一做”学习教育先进典型案例导读》《共产党人风采录》和学习河北省柏乡粮库活动相结合，用先进事例鞭策党员干部立足本职、勤政为民。组织机关党员干部和局直单位班子成员观看了《中国共产党廉洁自律准则》和《中国共产党纪律处分条例》和《贪与悔》《永远在路上》警示教育辅导录像，用反面典型事例警示教育党员干部守纪律、讲规矩。传达学习了中央、省委通知精神和《中共中央关于对郭伯雄严重违纪案件及其教训的通报》等。三是落实了讲党课制度。把学习转化为成果，7月15日，局党组书记、局长丁文禄结合自身学习《习近平总书记在庆祝中国共产党成立95周年大会上的讲话》体会，给局机关全体党员、局直单位科级以上党员干部做了辅导。局各级党组织书记也在七一前落实了给党员讲党课、做辅导要求。四是以党组中心组学习带动党员干部学习。各党组织在党员干部读原著、学原文、悟原理上的基础上，按照“两学一做”学习教育4个专题和《习近平总书记在庆祝中国共产党成立95周年大会上的讲话》中不忘初心、继续前进8个方面进行了专题研讨，在支部研讨的基础上，党组中心组吸收部分党员参加学习研讨。五是认真学习贯彻省委书记骆惠宁重要指示，深化“两学一做”学习教育。一是召开学习教育推进会。把理论学习不够全面、党建工作方法不新、好人主义、不敢担当、不敢较真碰硬、压力传导不够、制度规范存在差距、监督手段效果不明显等作为主要问题，要求各党组织列出“问题清单”，依据问题清单，列出责任清单及整改清单。二是选树了“贸易学校党委”“交易中心交易部”“扶贫第一书记李俊”为学用先进典型，用先进典型事迹去教育人、感召人。三是组织开展演讲比赛。组织由各市粮食局、山西粮油集团、中储粮山西分公司、局直各单位和局机关各处室参加的“爱粮、敬粮、兴粮，做合格党员”演讲比赛活动，通过“讲身边人、讲身边事”的方式，讲述学习习总书记系列重要讲话的体会；讲述身边人爱岗敬业、无私奉献的先锋事迹等，激发广大党员、干部干事创业热情和做好粮食工作的信心，在全省粮食系统构建起一种昂扬向上、奋发有为的粮食文化。

“两学一做”学习教育中，粮食局开展的“热爱粮食岗位、敬畏粮食安全、振兴粮食事业”党员先锋行主题实践活动受到省委“两学一做”学习教育督导组的肯定，做法被省委组织部转发，分别被《山西日报》《山西组织工作》《党的生活》报道。

二、落实管党治党责任，抓好基层党建重点任务落实

一是对党员组织关系进行排查。积极开展“组织找党员、党员找组织”活动，摸清“口袋”党员、失联党员情况，理顺党员组织关系，使每名党员都纳入党组织有效管理。共发现98名失联党员，找回89名，开除党籍3名，还有6名学生党员正在查找之中。二是对党员党费收缴进行了检查。对2008年至2016年5月底局直机关党费上缴数额与省直工委组织部进行了核对，摸清了底数；对党员缴纳党费基数进行了核定，使党员清楚该缴纳多少党费；对党员缴纳党费数额进行自查。公示了2015年度党费收缴、管理和使用情况。三是督促各基层党组织按期换届。党委先后2次召开会议进行部署，截止2016年11月底，完成换届党支部10个，未换届4个，这4个机关党支部因党组未确定处室领导。四是对党代表、党员违纪违法进行了处理。1名直属单位主要领导因工作失职被免职；1名违反八项规定处级干部受留党察看一年处分；5名失职失察干部被追责；1名省级劳模被取消资格。所有受处分的党员干部中，有2名是党代表。五是抓党建促脱贫攻坚。落实精准扶贫计划，机关党员干部逐一与所在乡68户贫困户进行对接，提出脱贫计划；选送5名优秀干部到永和县打石腰乡任第一书记驻村帮扶，重新核实贫困户对象，使贫困户对象从248人下降至67人，受到所在乡村民及党委的好评；2016年10月，粮食局《落实两包三到，突出行业特色，确保扎实有效推进脱贫攻坚工作》作法在全省干部驻村精准帮扶推进会上进行了交流。六、抓机关党员干部学习，防止“灯下黑”。印发了《2016年山西省粮食局党组中心组和干部理论学习意见的通知》，把习近平总书记系列重要讲话等作为主要学习内容。突出处级以上领导干部这个重点，党组中心组集中学习时间24次12天，到课率98%以上。截止2016年11月底，机关干部参加在线学习，人均完成64.21学时。开展“两学”活动，与山西大学联合举办了《领导干部综合能力提升》专题培训。组织15名同志参加了省直党校的学习培训。对机关干部和直属单位班子成员学习笔记进行了展评。办公室党支部、财会处共产党员洪源、机关党委专职副书记陈隽永同志被省直工委七一表彰，陈隽永同志并代表被表彰的167名优秀党务工作者在“七一”表彰大会上发言。

三、以“热爱粮食岗位、敬畏粮食安全、振兴粮食事业”主题实践活动为抓手，提升党员干部履职尽职能力

一是热爱粮食岗位，做到知本知初。积极开展“学先进典型、学业务活动”，提升干部职工履职能力和业务水平；组织开展“学党章党规、学系列讲话”网上答题和现场竞赛答题活动，使党员对党的知识更加了解；利用“世界粮食日”开展“爱粮节粮宣传周活动”，进行粮食减损增效宣讲；组织全省粮食行业“爱粮、敬粮、兴粮，做合格党员”主题演讲活动，用典型事例激励人、鼓舞人。二是敬畏粮食安全，做到明责守底。始终绷紧粮食安全这根弦，把规矩和纪律挺在前，出台了《山西省粮食安全责任制考核办法》，一个完整的粮食安全责任制考核评价体系即将建成；组织省际间粮食产销衔接活动，确保粮食流通安全；深入推进“粮安工程”建设，确保基础设施安全。着力抓好安全储粮和储备管理，建立了省级储备粮管理岗位职责。三是振兴粮食事业，做到担当奉献。按照党组提出的“靠理想感召、靠发展凝聚、靠制度规范、靠纪律约束”的“四靠”要求，抓班子、带队伍，匡正选人用人导向，激励干事创业，推进事业发展；组织党员、干部深入粮食生产、流通一线、农民家中、田间地头、粮食收储库点实地调研，解决存在

的困难和问题。（陈隽永）

附：省粮食局党组书记、成员名单

书　记：丁文禄

成　员：马　珩　吕苛青(9月离职)　薛愿兵
　　　　宋林根(9月任职)　李春泽(5月离职)

省人民防空办公室党组工作概况

党组书记　孙　群

2016年，在省委省政府省军区的坚强领导下，省人民防空办公室团结带领全省人防系统广大干部职工认真学习贯彻党的十八大，十八届三中、四中、五中、六中全会精神和习近平总书记系列重要讲话精神，深入落实第七次全国人民防空会议精神，按照省委"一个指引、两手硬"重大思路和要求，紧紧围绕"战时防空、平时服务、应急支援"使命任务，坚持"强基础、抓规范、提能力"工作思路，真抓实干、开拓创新，各项建设取得了长足进步，实现了"十三五"开门红。

一、扎实抓党建，认真夯实人防建设思想政治基础

（一）深入开展"两学一做"学习教育。成立了党组书记挂帅的领导机构，制定了详实的教育方案和学习计划。坚持"学"字当先，以学促行，把《中国共产党章程》《关于新形势下党内政治生活的若干准则》《中国共产党廉洁自律准则》《中国共产党纪律处分条例》《中国共产党问责条例》《中国共产党党内监督条例》和习总书记系列重要讲话精神作为重点，组织集中学习、专题研讨和考试测评，不断引深学习教育；坚持领导先行、以上率下，党组中心组全年集体学习18次，每位办领导分别给全体党员讲授了党课；坚持问题导向、"做"出实效，开展"誊写党章""对照入党誓词，争做合格党员""我为山西人防发展献计策"等主题实践活动，全体党员积极献计献策，在对标先进、解决"热难点"问题中推进人防工作；坚持统筹推进、学贯相长，把学习贯彻第七次全国人防会议精神、十八届六中全会精神、省第十一次党代会精神与学习教育有机结合，融合进行，不断强化政治意识、大局意识、国防意识、责任意识。

（二）认真落实全面从严治党主体责任。以省委专项巡视整改为契机，制定修订《省人防办机关党的工作责任制的规定》《办党组关于落实党风廉政建设党组主体责任的实施办法》《办党组关于坚持把纪律和规矩挺在前面的30条要求》《办党组从严治党主体责任约谈工作规定(试行)》等制度规定，完备全面从严治党制度体系。调整充实办党建工作、党风廉政建设和反腐败工作领导小组，任命专职机关纪委书记，强化全面从严治党的组织领导。建立"两个责任"清单和《廉政档案》，签订《从严治党责任书》，聘请党风政风监督员，切实把责任压实压牢。开展"廉政警示教育月"、"违反规定接受现金、有价证券、支付凭证大起底"和"庸政懒政怠政整治"等专项活动，邀请专家辅导授课，召开专题组织生活会，加强廉政提醒和检查，进行诫勉谈话、函询、约谈，进一步强化法律观念和纪律规矩意识。

（三）健全建强基层党组织。建立办领导班子成员联系基层党建工作制度，定期走访调研、指导工作、解决问题。制定《机关处室(直属单位)负责人"一岗双责"规定》，把支部建在处室、直属单位，由处室、直属单位负责人担任支部书记，补全配强支部班子。落实"三会一课"、思想汇报、民主评议党员等组织生活制度，建立周五支部集中学习制度，组织支部书记培训和述职，开展党员组织关系排查和党费收缴管理专项治理，进一步提高基层党建质量。开展弘扬核心价值观教育、群众性文化活动和"送温暖、献爱心"募捐活动，加强"六型机关"建设。

二、科学谋发展，积极推开人防改革步伐

（一）多措并举，积极宣贯全国人防会议精神。第七次全国人民防空会议召开后，及时向省委常委会议和省长办公会议作了专题汇报，向全省人防系统传达了会议文件精神，并利用《山西人防》杂志、山西人防网和新媒体进行广泛宣传。认真对接国家"十三五"规划，结合我省"十二五"建设情况，制定了"推进六大工程建设、促进六大融合发展、提升六种基本能力"为主要任务的人防建设"十三五"规划。

（二）建章立制，加快推进法治人防建设。向省人大、省政府提出《山西省人民防空工程建设条例》《山西省人民防空工程维护管理办法》修订意见。制定修订《中共山西省人民防空办公室党组工作规则》《中共山西省人民防空办公室党组会议议事规则》《山西省人民防空办公室主任办公会议议事规则》《中共山西省人民防空办公室党组"三重一大"事项决策规定》《山西省人民防空办公室购买服务项目合法性审查程序》等各项规范性文件，认真开展重大行政决策事项合法性审查。取消人民防空信息系统综合集成资格初审和中型及以下单建人防工程、防空地下室施工图设计文件审批等事项，取消防空地下室易地建设费减免审批。制定廉政风险防控图和行政职权运行流程图，建立行政执法事项和市场监管执法事项两个"随机抽查清单"。调整普法领导小组，完善我省人民防空法治宣传教育第七个五年规划。完成省第十二届人民代表提案建议回复工作。组织全办干部职工依法行政培训，不断提高依法履职能力。

（三）创新驱动，着力构建融合式发展新局面。建立了山西省深入推进人民防空改革发展军政联席会议制度，在省级层面搭建人民防空工作议事协调平台，为形成上下联动、齐抓共管人民防空良好局面提供制度支持。提出构建山西省人民防空指挥能力评估体系。同时，人民防空改革发展重点领域也取得了突破性进展。以法治化为基础的防空防灾志愿者组织规范化建设试点成果斐然。与经济社会有关数据库互联互通的应急数据中心建设扎实推进，受到国家人防办充分肯定。

三、强力促落实，各项重点工作任务圆满完成

（一）人防"六大工程"建设扎实推进。人防指挥通信体系建设方面，省人防办修订了《山西省防空袭方案》《山西省人防工程突发事件应急预案》；各市完成防空防灾等突发事件应急保障预案、与毗邻城市签订人防指挥通信跨区支援协议；国家人防重点城市基本完成人防卫星通信系统入网建设任务；省市县三级完成指挥通信业务集训和应急救援演练，极大地提升了队伍的快速反应及应急处置能力。城市人口疏散方面，积极开展疏散基地建设规划。城市综合防护工程建设方面，认真落实结合民用建筑批建人防地下室要求，全年全省共批建防空地下室约145万平方米。人防指挥工程建设顺利推进，省人防地面应急指挥中心投入使用；太原人防基本指挥所工程完工。大力开展人防工程质量普查，进一步掌握底数，查找问题，强化措施。重要经济目标防护方面，结合我省新型综合工业基地的定位和产业发展趋势，广泛开展重要经济目标调查和防护机制建设研究。防空防灾宣传教育方面，推动人防教育纳入了省委党校教学课程、领导干部国防教育培训课程。省防空防灾体验馆开始试运行。结合5.12防灾减灾日、9.18防空警报试鸣日等重要时间节点，持续推进防空防灾宣传教育进社区、进企业。全年全省受教育人数达260万人次。人防队伍建设方面，按照"忠诚干净担当"要求，树立正确选人用人导向，认真落实领导干部个人事项报告制度，实施干部管理精细化工程，认真打造新时期人防建设干部队伍。严格落实人防主管部门领导干部双重管理规定，结合换届工作，省办协助当地党委，对大同等4个市人防部门主要负责人进行了任免。大力加强离退休人员教育管理，认真落实离退休人员各项待遇，组织开展敬老爱老和"为党的事业增添正能量"活动，全体离退休人员积极发挥余热，为人防建设发展建言献策。

（二）"冬季行动"成果斐然。一是对接国家和省重大改革政策，推进人防部门管理的国企改革。已完成了企业《职工安置方案》、破产申请、法院立案等工作，进入破产实质性程序。二是全面排查人防安全隐患，确保公共安全。召开会议专题部署，逐级签订《人民防空安全管理责任书》，建立人防工程竣工验收和平时使用情况月报制度，推进《人防工程平时使用证》试点建设。三是完善信访工作机制，解决群众信访诉求。制定了《山西省人民防空办公室信访工作制度》，规范信访工作。四是推进"六权治本"。完成了省办各处室权力清单和责任清单编制，绘制了权力运行流程图和廉政风险防控图，加强流程管理和信息化建设，推进行政工作全过程留痕。五是推进人防系统"强基础、抓规范、提能力"。确定了"强基础、抓规范、提能力"的人防工作思路，开展规范化人防机关建设，对各市"十二五"期间和2015年度人防工作进行评估，聘请第三方评估公司对人防国有资产进行评估，制定了《山西省人民防空办公室公务员平时考核办法》，开展数字档案室建设试点，建立办领导包市督查重点工作机制，不断提高人防持续发展能力。

（三）扶贫开发工作成效显著。针对贫困村实际，实施动态帮扶管理，确保所有贫困户有人帮、有人扶。争取资金300余万元，为贫困村打凿人畜吃水井1眼，平整土地520亩，修建生活生产路3500米。开展"就业扶贫"，与企业合作，开辟贫困青年就业新渠道。开展"结对扶贫"，让贫困村2所小学、30名学生与太原市2所小学、27户家庭结成帮扶对子。开展"爱心扶贫"，为251名白内障患者免费治疗，为3所小学募捐建设资金5万元余元，为学生募集生活费约4.5万元、爱心图书500余册、衣物20000余件。开展"营养扶贫"，联合中国农村杂志社，为2300名学龄前儿童发放价值74万余元的奶粉，让利2300余万元。开展"能力扶贫"，加强贫困村党支部、村委会自身建设，开展抄学党章、重温入党誓词活动，组织学习中央、省委有关农村发展、精准扶贫的各项政策，落实党务村务公开公示制度，强化脱贫信心，形成扶贫开发的良好局面。

（温　珏）

附：省人民防空办公室党组书记、成员名单

书　记：孙　群

成　员：刘　涛　张　铭　薄文杰

省政府法制办公室党组工作概况

党组书记　王卫星

2016年,在省委、省政府的坚强领导下,省政府法制办党组深入学习贯彻党的十八大和十八届三中、四中、五中、六中全会精神,深入学习贯彻习近平总书记系列重要讲话精神,按照省委"一个指引、两手硬"的重大思路和要求,围绕省委、省政府重要决策部署,认真落实全面从严治党主体责任,严格遵守党的政治纪律和各项廉政规定,扎实开展"两学一做"学习教育,持续推进作风建设,积极牵头推进依法行政,扎实做好政府法制工作,较好的完成各项工作任务,取得明显成效。

一、突出重点领域,服务发展大局,努力提高政府立法工作和规范性文件审查质量

坚持贯彻落实五大发展理念,加强重点领域立法,服务保障全省深化改革。全年按计划完成了6件地方性法规草案、5件省政府条例草案(实际完成7件)的审查送审工作。如,为加快汾河流域兴水增绿,重现母亲河秀美风光,创制性制订了《山西省汾河流域生态修复与保护条例(草案)》,为我省实施汾河流域生态修复重大战略工程提供重要制度保障;为改善我省脆弱的生态环境,保护林业生态红线,制订了《山西省永久性生态公益林地保护条例(草案)》,该条例属全国首例立法,受到国家林业主管部门的表扬和省委省政府领导的高度肯定;为促进人口均衡发展,落实全面两孩政策,修订了《山西省人口和计划生育条例(修订草案)》,明确规定依法办理结婚登记的夫妻可以享受婚假30日;符合条例规定生育子女的,女方在享受国家和本省规定产假的基础上,奖励延长产假60日,同时男方享受护理假15日。该条例草案在省人大常委会审议时全票通过;为加强我省文物构件的保护和管理,制订并以省政府令出台了《山西省文物建筑构件保护办法》,这是我国首次就文物建筑构件保护进行的立法,具有示范作用,受到了国家文物局主要领导和省政府主要领导的高度肯定。

严格规范性文件合法性审查,努力发挥政府法制机构的法律顾问作用,为我省转型升级、创新驱动构建合法、统一、有效的制度保障和营造良好政务环境。依法审查了《关于开发区改革创新发展的若干意见》和《关于建设山西转型综改示范区实施方案》等文件草案,针对"开发区控制性详细规划""土地使用权出让"的许可权下放问题,提出了通过立法或者省人大常委会决定授权的建议,同时提出改革开发区行政执法体制的建议,积极服务省政府领导决策。

2016年,共审核以省政府及省政府办公厅名义发文的规范性文件草案87件,审查省政府及省政府办公厅清理的文件1922件,对现行有效的115件省政府规章进行了清理,前置审查省直部门规范性文件草案126件,备案审查设区市政府报送的规范性文件145件。加强规范性文件备案审查监督检查,并对全年规范性文件审查备案情况进行了通报。办理省政府领导批办件和涉法事务78件,办理国家法律法规等征求意见件34件,办理省人大代表、省政协委员议案提案9件。

二、强化组织领导,加强督促指导,积极牵头推进依法行政

2016年初,根据省委、省政府加强法治政府建设工作部署和要求,制订了《省政府法制办2016年工作要点》,安排部署了年度政府法制工作任务,明确了牵头推进依法行政重要工作。全面总结了2015年全省依法行政工作情况,起草、报送并提请省政府向社会公开了《山西省2015年法治政府建设情况报告》;依据《纲要》,立足我省实际,起草并以省委省政府晋发〔2016〕44号文件印发了《山西省贯彻落实〈法治政府建设实施纲要(2015-2020年)〉的实施方案》。实施方案对我省法治政府建设作出全面部署,明确了责任分工,提出了时间表、路线图和成果载体;统筹协调,充分准备,与省委组织部在省委党校联合举办了2期领导干部依法行政专题研讨班,全省160余名处级和科级干部参加了学习研讨;为提升全省行政执法人员整体法律素质,举办11期法律知识更新培训班,培训全省各级各部门行政执法人员1875人;与中国政法大学联合举办了"法治政府建设"专题培训班,培训市县部门法制工作人员135人;组织召开了依法行政经验交流工作座谈会,省发改委、省司法厅、太原市法制办等12个省直单位和部分市县政府法制机构发言交流,相互借鉴经验,取得良好效果;2016年底组织开展了"深入推进依法行政,加快建设法治政府"督促检查,对3个市和9个省直部门进行了抽查检查,结合各市各部门报送的工作总结,起草了《2016年全省法治政府建设情况报告》。

三、深化行政执法体制改革,加强行政执法监督,促进行政机关严格规范公正文明执法

坚持按行业系统组织开展行政执法案卷评查,督促指导省交通运输厅在全省交通运输系统系统开展行政执法案卷评查工作,通过案卷评查静态执法检查,规范动态执法行为,有效促进了全省交通运输系统执法规范化建设。组织开展《山西省行政执法条例》《山西省行政执法证件管理办法》落实情况专项检查,在组织指导各市和省直执法部门开展自查

基础上，集中进行抽查检查，督促指导各市和省直执法部门严格实施“一条例一办法”。深化行政执法体制改革，加快推进综合执法。与省编办共同牵头，指导太原、晋中两市开展相对集中行政许可权改革试点工作。参与研究起草了以省委省政府文件印发的《关于深化综合行政执法体制改革的指导意见》；配合省住建厅开展城市执法体制改革工作，参与研究起草了《山西省开展城市执法体制改革改进城市管理工作推进方案（草案）》；跟踪指导晋中市、忻州市五台山风景名胜区管委会开展综合执法改革试点工作；与省编办共同牵头，督促指导太原经济技术开发区和晋中灵石县开展相对集中行政许可权改革试点工作。深入推进规范行政处罚裁量权工作，督促指导省直行政执法部门认真落实《山西省规范行政处罚裁量权规定》。省直主要执法部门基本完成规范行政处罚裁量权基准制度制定工作。与省审改办共同牵头开展清理规范省政府部门行政审批中介服务，圆满完成了编制和公布省政府部门行政审批中介服务事项清单；与省审改办共同推进“双随机一公开”加强事中事后监管工作，审查了48个省直部门报送的“随机抽查事项清单”和“行政执法检查人员名录库”。加强行政执法人员资格核查、资格认证考试和日常监管。全年共督促指导各市、县政府法制机构和省直部门对23998名拟申领行政执法证件人员进行了资格认证审查，为符合执法资格条件的21019人发放了山西省行政执法证。

四、加强行政复议和应诉工作，推进仲裁工作健康发展，依法化解行政争议和纠纷

认真履行行政复议和行政应诉职责，充分发挥行政复议解决行政争议的重要作用，努力做到“定纷止争”“案结事了”。全年省本级办理行政复议申请112件，办理行政应诉案件108件。与去年同期相比，今年行政复议、行政应诉案件数量有所增加上升。为缓解《行政诉讼法》修订实施后工作任务加重的矛盾，积极协调省编办增设了行政复议应诉二处，配齐了工作人员。为认真贯彻新修订的《行政诉讼法》，健全行政应诉工作制度，促进行政机关负责人出庭应诉，依法有效化解行政争议和纠纷，组织起草并以省政府办公厅文件印发了《山西省行政机关行政应诉办法》。积极推进行政复议体制改革，跟踪指导太原市、晋城市行政复议委员会试点工作，努力形成可复制可推广经验。

加强与我省8个仲裁委员会的联系沟通，积极推进全省仲裁工作健康发展。梳理总结并向国务院法制办报送我省自仲裁法颁布以来贯彻实施仲裁法的情况报告。认真做好我省各仲裁委员会对仲裁机构登记和仲裁收费管理工作有关意见建议材料的汇总报送、仲裁案件情况统计等工作。按照国务院法制办有关会议通知，有关负责同志赴重庆参加了2016年度全国仲裁工作年会。

五、加强政府法制宣传和理论研究，为深入推进依法行政营造良好环境

统筹安排、督促指导，在全省组织开展了第六个“依法行政宣传月”活动和“法治书刊送基层”活动，精心组织了“12·4”法制宣传活动。坚持办好机关“法治道德讲坛”，全年举办10次，内容涵盖党纪党规教育、法治政府建设、知识产权法、心理健康教育等主题。高度重视“七五”普法工作，编制了“七五”普法规划，成立了“七五”普法领导组，召开了“七五”普法启动大会，编纂了《“七五”普法参考资料选编》，为扎实推进“七五”普法工作奠定了坚实基础。通过政府法制网站、编印《政府法制工作简报》等积极宣传报道全省政府法制工作动态，交流各地各部门推进依法行政好经验好做法。全年编写信息95篇，编印《政府法制工作简报》12期，完成了2015年度山西省法规规章汇编印刷出版工作。在大同市承办了2016年度环渤海区域政府法制工作研讨会，并提交论文参加研讨。承担了省法学会《环渤海区域法治政府建设的共性与地方性问题研究》《加强地方政府立法程序建设问题研究》和《重大行政决策风险评估机制研究》3项课题，全部结题。编辑出版了《〈法治政府建设实施纲要（2015-2020年）〉学习问答》。通过上述活动，不断加大政府法制宣传，推进法制理论研究和实践探索，浓厚依法行政社会氛围，强化机关工作人员法治观念和能力。

六、全面落实法治建设工作部署，狠抓制度建设，积极推动法治政府建设

认真贯彻落实省委常委会2016年工作要点任务分解方案、法治山西建设重要举措工作规划2016年度工作任务、《政府工作报告》任务分工等重要文件，成立了办法治建设领导小组及其办公室，制定了具体工作制度和年度法治建设工作要点及其分工方案，在每次办务会上总结检点工作，安排督促下一步工作，研究解决重要问题。坚持加强依法行政制度建设，为完善政府立法工作机制，起草并以法制办文件印发了《山西省政府规章立法后评估办法》，研究起草了《山西省委托第三方起草地方性法规和政府规章的办法（草案）》；为推进行政决策科学化、民主化、法治化，由法制办负责起草，分别以省政府及省政府办公厅文件印发了《山西省重大行政决策合法性审查办法》《山西省人民政府健全重大行政决策机制实施细则》，法制办负责起草的《山西省重大行政决策责任追究办法（草案）》，已报送省政府审定；为构建全省政务服务“一张网”，规范政务服务行为，加快转变政府职能，法制办负责起草了《山西省政务服务管理办法（草案）》，以省政府办公厅（晋政办发〔2017〕4号）文件印发；完成了《关于加强市县（区）政府法制机构和队伍建设的意见（草案）》的起草任务。积极推进行政审批制度改革，配合省编办指导开展优化简化“两张图”工作，推进省市县三级政府部门“两清单”回头看。坚持用制度管人、管事、管权，全面梳理法制办职权事项，编制印发了职权事项清单和职权事项工作流程图，建立完善了机关工作制度。实行工作月计划、月小结、月报告，加强了工作绩效考核。积极推行政府法律顾问制度，起草了《关于在全省推行政府法律顾问制度的意见（代拟稿）》，报送省政府审定，同时修改完善了《山西省人民政府法律顾问委员

会工作规则(草案)》。

七、坚持加强机关自身建设，为推进政府法制事业提供坚强组织保证

一是扎实开展“两学一做”学习教育。办党组坚持把“两学一做”学习教育作为重要政治任务摆到全办工作首位，按照中央和省委部署，积极开展，扎实推进。及时召开了全办“两学一做”学习教育动员大会，制定了《“两学一做”学习教育实施方案》和具体工作安排。班子成员先后为全体干部讲党课，办机关党委和各支部认真组织集体学习，邀请省纪委驻办公厅纪检组领导、省委党校教授等作了5次辅导报告，开展了4个专题的学习研讨，29名支部党员代表作了交流发言。通过组织开展“党员先锋行”主题实践活动，进行党章党规知识测试，举办“两学一做”征文活动，参加省直属机关“两学一做”主题演讲比赛和纪念长征胜利80周年朗诵比赛等方式，学做结合，以学促做，进一步增强了全办党员党章党规意识，强化了全办党员遵章守纪、担当奉献的责任感和使命感。

二是不断强化政治理论和业务知识学习。坚持理论武装头脑，提高政治素养。全年精心安排党组中心组理论学习16次，坚持办务会传达学习重要会议和文件精神，按计划组织全办党员干部集体学习和个人自学，班子成员带头学习宣讲，并采取“走出去，请进来”的方式进行培训和辅导。全办人员深入学习贯彻党的十八大、十八届三中、四中、五中、六中全会精神和习近平总书记系列重要讲话精神，学习省第十一次党代会精神，深刻领会并认真贯彻中央“四个全面”战略布局和省委“一个指引、两手硬”的重大思路和要求，在思想上政治上行动上同党中央保持高度一致，坚持思想上拥戴核心、政治上维护核心、行动上紧跟核心，始终把习近平总书记系列重要讲话精神作为政府法制工作的根本遵循，牢固树立“四个意识”，努力适应新形势新任务新常态。加强政府法制业务知识学习。按照省委组织部工作安排，扎实做好干部自主选学工作，加强干部在线学习督促检点，定期通报学习情况。全办党员干部紧密结合岗位工作，坚持边干边学，不断提升业务水平，全办学习风气日益浓厚。

三是持续推进领导班子和干部队伍作风建设。坚决把政治纪律和政治规矩挺在前面，严格遵守中央八项规定和我省四个实施办法，加强教育警钟常鸣，监督检查防微杜渐，坚决反对“四风”。采取明查暗访办法，紧盯假节日重要时间节点，采取突击检查办法，严查日常工作纪律执行情况，始终保持对“四风”问题的高压态势。巩固拓展“三严三实”专题教育成果，以严和实的作风推进各项工作任务的落实。认真执行民主集中制，在提出立法项目建议、审查重大疑难行政复议与应诉案件、办理省政府领导批办的重大涉法事务以及内部重要人事工作、大额财务支出等重大事项上，班子成员注重沟通商议，坚持党组会集体研究决定。按照省委“万民干部入企服务”工作部署，选派了6名干部分赴6个煤矿企业，积极为企业“送政策、解难题、促发展”。加强政府法制工作调查研究，制定了《办领导基层调研制度》。积极开展“冬季行动”，加强工作督促检点，按时总结报送“冬季行动”月报告，并制定了《关于建立引深“冬季行动”长效机制的意见》。机关作风建设不断得到加强，风清气正的氛围日益浓厚。

四是着力加强机关党建工作。积极推进机关党建工作规范化建设，研究制定了《党组及领导班子成员责任清单负面清单》《领导干部双重组织生活会制度》等，印发了《2016年党的工作要点》，定期对各支部落实党建工作责任制、“三会一课”落实情况进行监督检查。针对部分支部党员人数少的问题，及时对支部进行了合并改选。认真开展党员组织关系大排查活动，严格党费收缴工作，增强了支部生活的组织性、严肃性和战斗性。积极推进“六型机关”建设，组建了“学雷锋志愿服务队”和“文明传播小组”，组织开展了“读书月”活动，每位党员干部都撰写了读书体会。组织开展庆“六一”献爱心捐赠活动，为帮扶联系点捐赠儿童图书900余册，文具70余套。选派3名同志参加了省直工委举办的“弘扬长征精神决胜全面小康”主题朗诵比赛，并对参赛选手进行了表彰。通过以上活动积极培育和践行社会主义核心价值观，凝聚做好政府法制工作的正能量。办党组高度重视并认真落实省委专项巡视组的巡视反馈意见，及时研究制定落实整改措施，具体问题已全面整改到位，制定和完善了相关工作制度，并向省委巡视办及驻省政府办公厅纪检组报送了《省政府法制办党组落实专项巡视整改情况报告》。认真落实党中央、省委省政府扶贫攻坚、精准扶贫重大决策，办领导多次带队赴帮扶点进行慰问，走访贫困户，广泛听取意见，深入调查研究，确定帮扶计划和帮扶项目，扎实推进帮扶工作。帮扶点袁家里村的帮扶工作成效得到国家扶贫巡视组的充分肯定。

五是坚持强化党风廉政建设。牢固树立“抓不好党风廉政建设就是失职，抓不好党风廉政建设就是渎职”的理念，努力营造全面从严治党的浓厚氛围。年初召开2016年党风廉政建设大会，安排部署了全年党风廉政建设工作，主要领导与各处室主要负责人签订了2016年党风廉政建设责任书，形成了一级抓一级、层层抓落实的党风廉政建设责任链。坚持加强制度建设，编制了《省政府法制办党支部主体责任清单》《党组及领导班子成员责任清单负面清单》，制订了《2016年党风廉政建设和反腐败重点工作》《党组集体领导和个人分工负责制度》《党员意见建议办理规定》等，明确了党支部的各项责任，实行了违法违纪案件“一案双查”制度。认真落实党风廉政建设主体责任和监督责任，严格执行《廉政谈话制度》《诫勉谈话制度》，对违纪人员严格按照《问责条例》《纪律处分条例》进行约谈和处分。坚持定期与班子成员、支部书记谈心谈话，将压力传导到每个支部、每名党员，推动从严治党责任全面落实，形成政府法制工作与党风廉政建设两手抓两手硬的良好局面。（陈永生　黄菊荣）

附：省政府法制办公室党组书记、成员名单

书　记：王卫星

成　员：李云涛　刘钢柱(10月离职)

省国防科学技术工业办公室党委工作概况

党委书记 冯志君

2016年，省国防科技工业党委按照省委“一个指引、两手硬”的重大思路和要求，坚持新发展理念，狠抓核心能力结构调整，深入推进军民融合发展，全面提升基层党建水平，努力推动国防科技工业持续稳定发展。

一、强化两个责任，推动压力层层传导

一是推动党建主体责任落实。牢固树立“抓好党建是最大政绩”的理念，坚持“抓书记、书记抓”，年初与基层单位党政一把手签订党风廉政建设责任书，年底对党建责任制落实情况进行考核，并强化考核结果运用，及时通报有关军工集团。认真开展基层单位党委书记抓党建专项述职，对基层党建问题点评，推动党委书记切实好履行第一责任人职责。强化督促检查和考核问责，对基层党建工作落后、问题突出的单位进行约谈。

二是加大执纪问责力度。始终把查办案件作为党风廉政建设的重要措施，坚持把纪在法前、纪严于法的要求贯穿于执纪审查全过程，做到有案必查、有腐必反、有贪必肃。1至11月份，立查党员违纪案件16件，结案16件，共处分党员26人，其中开除党籍3人，留党察看3人，撤销党内职务1人，党内严重警告8人，党内警告10人，免于党纪处分1人。

三是正确把握“四种形态”，坚持抓早抓小。坚持把纪律和规矩挺在前面，坚持法纪分开，抓早抓小，发现苗头及时提醒。截至11月底，对1名厂级领导、2名直属领导、2名企业中层干部进行了诫勉谈话，对1名直属单位领导、2名厂级中层干部进行了提醒谈话，起到了查处一个、警醒一片的良好作用。

二、坚持思想建设，坚定党员干部理想信念

一是坚持党委中心组学习示范带动。结合“两学一做”学习教育，全年开展中心组学习17次，深入学习党的十八届三中、四中、五中、六中全会精神和习近平总书记系列重要讲话精神，认真学习《中国共产党监督工作条例》等重要党内法规，认真学习领会省委“一个指引、两手硬”的重大思路和要求。推动两级中心组学习科学化规范化，制定《2016年山西省国防科技工业党委中心组学习要点》，深入基层开展中心组参学督学，进一步凝聚了军工思想共识，激发了创新发展的活力。

二是贯彻落实意识形态责任制。加强领导，成立由党委书记担任组长的意识形态工作领导小组。健全机制，制定《山西省国防科技工业落实意识形态工作责任制落实办法》，进一步明确意识形态工作的具体制度、责任部门。组织考核，将意识形态工作作为党的建设的重要内容，纳入全省国防科技工业党建责任制考核，纳入基层领导班子和领导干部目标管理。

三是大力弘扬军工文化。开展“坚守军工魂、共筑军工梦、当好军工人”主题实践活动，举办“纪念人民军工创建85周年”系列活动，以“航天梦中国梦”为主题开展首个“中国航天日”纪念活动。支持“军工文化教育基地”“军工文化建设示范单位”等红色文化教育平台，中北大学军工文化艺术团创作舞台剧《太行花》圆满完成首演、巡演，顺利通过教育部、文化部组织的“国家文化基金项目”评估验收，提升了军工文化软实力。

三、加强“三基”建设，提升基层党组织建设水平

一是扎实开展“两学一做”学习教育。坚持以支部为单元，广泛开展学习教育，全系统基层党支部集中学习6000多次，支部书记讲党课1200(人)次，省国防科技工业党委班子成员和企事业以上领导干部讲党课300多(人)次。坚持以学为基，着力抓好两个层面的学习教育，即抓好全系统全体党员和中层以上(处级)党员领导干部两个层次的学习教育。坚持以上率下，发挥党员领导干部的模范带头作用，省国防科技工业党委班子成员每人联系一个企事业党委、深入一个基层支部，各军工企事业单位班子成员每人联系一个支部、深入一个班组。坚持在“做”上下功夫，以“担当军工使命，争创一流佳绩”为主题，开展“党员先锋行”实践活动。晋西集团、884厂、淮海集团、中信机电等单位，因企制宜，创新载体，开展“党员创新工程”“党员示范岗”“领导干部传帮带、提升技能与素质”等实践活动，把学习教育转化为具体的工作成果。

二是加强基层领导班子建设。深入掌握基层班子建设情况，主动加强与军工集团沟通，认真履行干部协管职能，协助中央军工集团公司完成20个单位共105人的选任调整交流任务。严格干部选拔任用，完成4个直属单位4名副职选任工作，酝酿启动国防科工办机关处级岗位干部选任。

三是推进基层党建重点任务。认真贯彻省委组织部要求，党员组织关系排查失联党员1231名，取得联系1008名；通过党费收缴使用管理专项检查，补缴党费1599万元；指导15个基层党委换届，按期换届率达到94%。省国防科技工业党委班子成员深入基层党委中心组参学督学，对基层党建存在问题进行督促和指导。两次进行集中调研活动，对基层党建工作情况有了更加系统的掌握，夯实基层党建更有了针对

性。

四是加强党员干部日常管理。召开全省国防科技工业系统纪念建党95周年暨“两优一先”表彰大会,对100名优秀共产党员、99名优秀党务工作者和60个先进基层党组织进行表彰。长治清华机械厂党委获全国先进基层党组织光荣称号,5个军工企事业单位评为全省先进基层党组织,3名个人评为全省优秀共产党员和优秀党务工作者。加强干部教育培训,举办基层党务骨干示范培训,组工干部专业能力提升培训。完成干部人事档案专项清理工作。

四、围绕中心抓党建,全省军工经济实现新发展

一是军工经济继续保持平稳增长。全省军工面对持续加大的经济下行压力,在克服困难中奋力前行,全省军工实现销售收入455.52亿元,增长8.2%,完成增加值93.14亿元,增长8.7%,实现利润4.7亿元,增长9.9%,职工收入55204元,增长6.96%,实现了“十三五”良好开局。

二是军工核心能力建设得到新提升。加强“绿色通道”建设,严格科研和固定资产投资项目的发布、申报、监督、验收,实施改革改制、管理提升、人才队伍提质和文化品牌建设等四项工程。突出创新驱动发展,加大低浓度瓦斯发电、永磁同步电机、高端碳纤维等关键技术攻关。616厂“低浓度煤层气发电机组研制及示范”和884厂“矿用隔爆型永磁同步变频调速一体机研制”列入全省科技重大专项,太钢成为航空和航天T800级碳纤维材料应用研制单位。获得国家科技奖3项,国防科技奖15项,省科学技术奖1项,组织评选2016年度全省国防科技工业创新奖18项。授权专利598项。我省承担的重点军品型号研制任务进展顺利,太航仪表公司等7个单位圆满完成“神舟十一号”和“天宫二号”重大科技专项研制配套任务。

三是军民融合深度发展取得新成效。强化顶层设计,编制发布《山西省国防科技工业军民融合深度发展“十三五”规划》,努力形成全要素、多领域、高效益的军民深度融合发展新格局。突出产业融合,落实我省与国防科工局以及和6个军工集团的战略合作协议,筹划“军民融合在山西”活动,基本做到一个集团规划布局一两个产业、围绕项目发展一批企业。强化与太原等市建立合作协同机制,支持太原市轨道交通及高端装备制造基地等9个军民结合产业基地建设。实施高端装备智能制造、高分辨率对地观测、北斗导航、两化融合和信息安全等五大专项,培育装备制造、数字经济、节能环保、新材料、新能源、现代服务业等六个优势领域。616厂高浓度燃气机组在阳煤集团顺利通过满载性能考核,低浓度瓦斯燃气机组示范工程在焦煤集团屯兰矿启动。电科二所“微电子陶瓷器件数字化车间”项目成功入围工信部2016智能制造综合标准化与新模式应用项目。全省北斗地基增强系统基站基本建成,北斗卫星应用产业发展方案正加紧实施。通过40个重点项目建设,努力打造高铁车轴、微组装设备、活性炭多元化应用、核与电磁防护检测、北斗导航地基增强系统、高端铜材、碳化硅第三代半导体、T800碳纤维等以战略性新兴产业为主的产业布局。

四是和谐军工建设更加扎实。按照“四铁要求”全力抓好安全生产,深入开展军工、民爆行业安全生产大检查和隐患排查治理,排查整改隐患317项,整改率100%,对军工单位外部安全距离隐患进行了再梳理再整改。严格安全生产和重大安全生产事故风险“一票否决”,对575厂“7.19”事故和104厂“8.3”事故责任人分别给予党纪政纪处分,责令未取得武器装备科研生产许可的平顺工业园区停产。推动军工和民爆安全标准化建设,持续加大安全投入,民爆雷管炸药生产线实现连续化、自动化、智能化生产,本质安全度不断提升。全力维护稳定大局,强化责任落实,加强源头预防,深入开展矛盾纠纷排查、信访积案化解,保持了全系统职工队伍整体稳定。全力强化保密保卫监管,狠抓反奸防谍、安全保卫、安全保密责任制落实,强化武器装备大型实验和武器弹药押运安全保卫能力建设,加强科学定密,加强安全保密日常管理、涉密人员管理,完成20家武器装备科研生产单位保密资格审查认证、8家单位保密资格复查、13家涉密业务咨询服务单位备案工作,安全保密保卫基础不断夯实,全年未发生失泄密事件。

(赵登斌)

附:省国防科学技术工业办公室党委书记、副书记、委员名单

书　记:朱　鹏(7月离职)　冯志君(10月任职)

副书记:李章贺　史国兵　齐建伟　段万乐

委　员:温国贵(9月离职)　安　华(9月任职)　王树峰

省中小企业局党组工作概况

党组书记　李东洪

2016年,山西省中小企业局党组按照省委“一个指引、两手硬”重大思路和要求,积极贯彻省委、省政府的各项决策部署,坚持问题导向、服务为本,真抓实干、主动作为,各项工作取得积极成效。

一、强化责任担当，全面从严治党，坚定不移推进党风廉洁建设

一是从严落实主体责任。严格落实党风廉政建设责任制，坚持把党风廉政建设同中心工作同部署、同落实、同检查、同考核，做到了“两手抓、两手硬”。以局党组1号文件印发《关于2016年党风廉政建设责任制及任务分解意见》，研究制定《落实党风廉政建设主体责任清单》，分层分级明确责任，完善保障机制。局党组与派驻纪检组共同抓好“监督责任”的落实，科学运用“四种形态”，强化监督执纪问责，注重抓早抓小、防微杜渐，坚决查处违纪违法问题，形成了主体责任、监督责任同频共振、协调共进的良好局面，全系统政治生态得到持续好转。

二是强化思想政治建设。坚持以习近平总书记系列重要讲话精神为指引，局党组率先垂范，严格遵守党的纪律和规矩，牢固树立“四个意识”特别是核心意识、看齐意识，坚决与以习近平同志为核心的党中央保持高度一致。深入开展“两学一做”学习教育，通过专题党课辅导、开展警示教育和集中学习讨论，党员干部思想认识进一步提高，党性修养进一步增强。

三是加强干部队伍建设。着力强化理论武装，深入学习贯彻习近平总书记系列重要讲话精神，认真学习贯彻党的十八届六中全会、省第十一次党代会精神，努力以科学理论武装头脑、指导实践、推动工作。着力提升善作为的本领，在清华大学举办“全省中小企业系统领导干部领导力提升培训班”，组织全系统150名领导干部参加培训，进一步提升了指导服务中小企业发展的能力素质。坚持不懈强化作风建设，严格执行中央八项规定，持之以恒纠正“四风”，扎实开展专项整治，干部作风得到根本转变。

四是抓好专项巡视整改。坚决把巡视整改落实工作作为重大政治任务来抓。针对省委专项巡视反馈的问题和意见，坚持问题导向和目标导向，深入查找问题根源，通过专项整改整治、完善制度措施、严格执纪问责等有效手段，巡视整改落实工作取得阶段性成效。一些长期积累的历史遗留问题得到了清理解决，干部职工党性观念和规矩意识不断增强，作风得到明显改善，为做好各项工作提供了有力保障。

二、加强法治建设，推进权力公开，努力提高依法行政水平

一是加强机关法治建设。启动“七五”普法工作，制定《省中小企业局开展法治宣传教育的第七个五年规划》，明确了主要目标和任务，着力提高机关干部运用法治思维和法治方式推动中小企业发展的能力和水平。开展法治宣传活动，加强对领导干部和工作骨干的法治培训，教育引导全局党员、干部增强法治意识，弘扬法治精神，自觉按法定权限、规则、程序办事，不断提高依法行政水平。

二是深入推进权力公开。全面梳理单位、系统内部所有职权事项，对已公布的“两清单”、“两张图”、3类10项行政权力事项和40个权力风险点进行了“回头看”，进一步优化工作流程，规范行政行为。严格对照权力清单，梳理了中小企业局法律法规规章规定的检查事项，制定了“山西省中小企业局随机抽查事项清单”，进一步规范权力事项。

三是不断完善制度措施。按照“科学管用、系统整合，立足当前、着眼长远”的原则，对原有制度进行全面梳理，针对存在的不足，修订完善了《重大决策五大程序实施细则》等各类规章制度32项，扎紧织密制度的“笼子”，用制度管人、管事、管作风，以制度规范权力运行流程，形成了较为完整的制度体系。

三、坚持求真务实，努力开拓进取，全面完成2016年度各项目标任务

2016年，省中小企业局紧紧围绕全省创新驱动、转型升级战略部署，改革创新、攻坚克难，多措并举、综合施策，全省中小企业发展工作取得了“十三五”良好开局，为全省经济发展、扩大就业、民生改善作出了积极贡献。

（一）狠抓政策落实，优化中小企业发展环境

一是推动政策有效落地。围绕创优中小企业发展环境，在认真落实近年来国家和我省出台的一系列政策措施的基础上，突出抓好《关于加快民营经济发展的意见》《关于进一步支持小型微型企业健康发展的措施》的贯彻落实，推动各项扶持措施在中小微企业落地生根、见到实效，让中小微企业真正从政策落实中增强获得感。

二是加强政策调查研究。对标一流，借鉴先进省市发展经验，组织调研考察组，分别赴浙江、广东、重庆三地就创业创新、转型升级等课题开展学习交流，积极做好政策研究与储备。深入开展政策落实“回头看”，综合评估政策落实效应，为中小企业提供政策分析与利用支持。

三是加大政策宣传力度。以“扶持小微、助力成长”为主题，深入企业宣讲解读政策、推广经验做法，先后组织“送政策、送专家、送服务”三送活动14场，开展“送法律进企业”活动5场，服务企业1500余家，中小微企业扶持政策的社会知晓率进一步提高。

四是积极开展帮扶指导。作为促进民营经济发展工作领导小组成员单位，积极发挥协调作用，组织参与多项调研检查活动，建立健全领导干部联系帮扶中小企业、民营企业工作机制，省、市、县三级选派精兵强将，深入开展干部入企服务，践行“亲”“清”新型政商关系，宣传解读政策、开展专题调研、组织供需对接、实施跟踪辅导，帮助解决困难，累计帮扶企业5000余家。

（二）实施“双创”工程，推动大众创业万众创新

一是开展双创示范县建设。充分发挥市、县政府整合资源、聚集要素、缩短流程、提高效率的作用，探索建立政府扶持中小微企业发展的新机制，安排专项资金6540万元，支持全省8个“中小企业创业创新基地示范县”建设，引领带动中小企业创业创新发展。

二是推进小微企业创办。建立完善创业辅导师队伍，依

托全省375个小微企业服务站，开展创业培训和创业辅导，不断壮大中小微企业总量。2016年，新创办小微企业8.59万户，为全省经济发展注入了新活力。

三是加强创业基地建设。召开全省中小企业创业基地现场会，规范创业基地建设，提升综合服务水平。太原清控创新基地被国家工信部评为第二批国家级小型微型企业创业创新示范基地。2016年，新认定省级中小企业创业基地19个，全省省级中小企业创业基地达到100个，厂房面积3762.26万平方米，带动投资391.55亿元，入驻企业4056户，吸纳就业11.76万人，取得了明显的经济效益和社会效益。

四是推动企业技术创新。实施创新能力提升计划，开展产学研合作，引导中小企业改造升级和科技创新。支持新建省级中小企业技术中心45个，全省省级中小企业技术中心达到203个，拥有全国领先技术125项、发明专利258项、实用新型专利739项、外观设计专利274项。

五是组织开展双创活动。组织中小企业"双创活动周"成果展览展示活动，举办"山西省中小微企业创业创新转型升级"高峰论坛，激发中小企业创业创新活力。推荐50个项目参加2016年"创客中国"创新创业大赛，2个项目入选大赛前200名，荣获优秀组织奖。组织"四新"中小企业评价活动，174家中小企业入选2016年山西省"四新"中小企业。

(三)改善融资服务，缓解中小企业融资困难

一是深化政银企保合作。组织召开多场次、多层次的金融产品推介会、银企洽谈会，实施客户推荐制，有效提高供需对接成功率。全年各级中小企业管理部门向金融机构推荐中小微企业1800多户，达成融资担保合作意向410亿元。

二是推广创新融资模式。积极推广"助保贷"等有效融资模式，为各市拨付2016年创新中小微企业融资模式奖励资金1亿元，省市县三级政府累计投入资金16.67亿元，共为1883户中小企业发放贷款70亿元，杠杆效应明显。大力开展银税合作，累计向2400余户优质纳税小微企业投放贷款79.14亿元，纳税信用真正转化成了扶持企业发展的"真金白银"。

三是加强担保体系建设。为开展中小微企业担保业务业绩突出的担保公司进行担保业务补助，共下达担保补助资金2830万元。享受补助的33户担保机构共为2537户中小微企业提供担保贷款105亿元。

四是加大信贷支持力度。鼓励和引导银行业金融机构创新金融产品和服务方式，加大对小微企业的信贷支持力度，进一步缓解小微企业融资困难。安排专项资金1000万元，对57户银行业金融机构进行风险补偿补助。

五是推动企业直接融资。实施《中小企业规范化改制三年行动计划》，落实资金奖励政策，建立挂牌企业资源库。围绕中小企业股权融资、改制上市，举办3期培训班，累计有760余户成长型中小企业参加培训。全年新推动33户中小企业在"新三板"挂牌，全省在"新三板"挂牌中小企业达到65户。

(四)坚持分类指导，助推中小企业转型升级

一是组织编制发展规划。围绕"十三五"谋篇布局，做好顶层设计，组织编制《山西省"十三五"中小微企业发展规划》，提出了"十三五"时期的发展目标、主要任务和保障措施，明确了以提高中小微企业发展质量和效益为中心，以提高创业创新能力为主线，完善政策体系，改善公共服务，优化发展环境，促进健康发展的总体思路。

二是推进"小升规"企业培育。完善"小升规"企业培育库，强化跟踪监测与帮扶指导，安排专项资金进行奖励，推动小微工业企业规范升级。2016年，全省有313户小微企业进入规模以上工业企业行列，成为工业经济发展的新骨干。

三是推动产业集群发展。编制《山西省中小企业产业集群发展规划(2016-2020)》，推动产业集群转型升级，引导中小企业集群化发展。安排专项资金2860万元，对稷山印刷包装等6个产业集群进行奖励。全省已形成40多个产业特色鲜明、比较优势突出、具有一定竞争力的中小企业集聚区。

四是推进固定资产投资。积极配合全省"各类项目受理大起底"工作，实施"一月一跟踪、一月一分析、一月一汇报"的推进机制，研究解决固定资产投资工作推进过程中存在的困难和问题。2016年，全省中小微企业在建项目1153个，完成固定资产投资788.55亿元，超额完成省政府下达的720亿元的年度目标任务。

(五)创新服务方式，强化中小企业公共服务

一是推进公共服务平台建设。积极构建"1+11+24"平台网络体系(1个省级枢纽平台、11个市级综合服务窗口平台、24个产业服务窗口平台)，整合服务资源，完善服务功能，基本形成了互联互通、资源共享、服务协同、覆盖全省的中小企业公共服务平台网络。截止2016年底，省级枢纽平台共入驻中小微企业11143户，发布服务需求260项；入驻服务机构达758家，发布服务项目1559项、服务活动1194条，线下各类服务6738项。在全国已建成的29个平台网络中我省综合排名位居前列。

二是加快培育示范平台。新培育认证省级中小企业公共服务示范平台14家，全省国家级和省级示范平台达91家，在信息服务、创业辅导、融资担保等方面，为中小企业提供了专业性服务，发挥了示范带动作用。

三是切实加强人才培训。与清华大学合作，建立"山西省小微企业经营者素质提升工程培训基地"、"山西省中小企业产学研合作培训基地"。实施"3个1"经营者素质提升工程，着力构建我省多层次、广覆盖的中小微企业公益性人才培训体系，全省中小企业整体素质进一步提升。组织开展2016年度全省非公有制(乡镇)企业高级职称评审工作，212人获得高级工程师任职资格，全省非公企业专业人才队伍进一步壮大。

四是推动企业品牌建设。安排专项资金对2015年获得国家驰名商标(3件)和山西省著名商标(301件)的中小企业进行资金奖励，引导广大中小企业树立品牌意识，创建自主品牌，增强市场竞争力。

五是帮助企业开拓市场。先后组织125户中小微企业、

300多种产品，参加第13届中国国际中小企业博览会、第9届APEC中小企业技术交流暨展览会、第12届中俄蒙中小企业商品展览会等大型展会，累计签约22项，签约金额4110.8万元。荣获第9届APEC中小企业技展会最佳组织奖。

六是强化经济运行监测。依托省市县乡"四级联动"和全面统计、19个直报县、22个产业集群、1500户重点企业、200户企业手机快速调查"五位一体"的运行监测体系，及时了解企业发展动态，强化预测预警分析，为各级各部门科学决策提供依据，引导企业积极应对经济下行压力，实现持续健康发展。

（眭鹏飞）

附：省中小企业局党组书记、成员名单

书　记：李东洪（7月任职）

成　员：闫龙江　武晨阳（女）　冯志山（4月任职）

省食品药品监督管理局党组工作概况

党组书记　赵光国

2016年，省食品药品监督管理局认真贯彻落实省委、省政府和国家食品药品监督管理总局的部署要求，以提高食品药品质量安全管理水平为核心，强化基层基础，加强机制建设，加大监管力度，狠抓责任落实，全省监管工作不断加强，没有发生重大食品药品安全事故，各项工作都取得了明显成效。

监管体制改革

按照国务院和省政府的改革要求，省食品药品监督管理局在省、市、县、乡四级监管机构全部到位的同时，全面落实国家总局提出的"四有两责"，按照"有人、有岗、有责、有手段"的要求，重点抓住乡镇执法人员装备到位差、基层检测检验能力弱的问题，加强督促检查指导，推进监管人员、执法装备尽快到位。全省共设立乡镇食品药品监管站1002个，核定编制5913名，已到位4592人，配备独立办公场所843个、执法车辆536辆、快检设备1196套，涌现出一批标准化、规范化乡镇站。全省新设置专门的稽查执法机构131个，2300人，10个地级市、96个县（市、区）的公安部门专门成立了食品药品犯罪侦查机构，有食药警察465名，基本形成省、市、县三级大稽查格局。

食品安全监管

省食品药品监督管理局坚持问题导向，围绕重点品种、重点单位、薄弱环节和难点问题等，集中开展专项整治，一些突出问题得到有效治理。抓住乳制品、肉制品、酒类、食醋、食用油等重点品种和学校食堂、建筑工地食堂、旅游景区饭店、集体用餐配送单位以及中央厨房等重点单位，采取全面排查、突击抽查、重点检查、随机督查等方式，先后组织开展了包装饮用水市场、农村食品市场、酒类销售市场、学校及其周边餐饮安全、旅游景区餐饮服务等专项整治，共检查食品生产经营单位409104家，责令整改56515家，停产停业1471家，立案6479起，一些突出问题得到有效解决。

药品、医疗器械安全监管

严格实施新版GMP、GSP药品质量规范，完善全过程管理，进一步提高药品质量。药品注册环节，以物料采供管理、生产工艺管理、质量控制管理、质量标准执行等为重点，组织开展了药包材生产企业、医疗机构制剂质量标准执行、高风险品种执行新版药典等专项监督检查，进一步提高企业质量标准意识。药品生产环节，以整治非法购进原辅料、质量检验不严格、记录不真实等问题为重点，集中开展了复方肝浸膏制剂、促肝细胞生长素、胸腺肽等药品生产企业和第二类精神药品原料药、药品类易制毒化学品原料药等特殊药品的专项检查，对检查发现的问题立即监督整改。药品流通环节，以整治购销管理不规范、冷链管理不严格等问题为重点，组织开展了打击购销"回收"药品、药品流通领域违法经营等专项整治。医疗器械方面，组织开展了注射用透明质酸钠、经营企业冷链管理、体外诊断试剂、定制式义齿质量安全等专项整治。2016年全省共检查药械生产经营单位120710家，责令整改17149家，停产停业65家，立案查处4059家，药械市场秩序进一步规范。

监管方式创新

省食品药品监督管理局不断探索创新监管手段，在监管深度上下功夫，着眼于发现深层次问题，防范区域性、系统性风险。2016年，按照风险级别与监管能力相匹配的原则，明确县局对辖区内监管对象实施100%全覆盖检查。市局对药品、医疗器械、保健食品、化妆品生产企业监督检查覆盖面要达到100%，对食品生产企业监督检查不少于30家。省食品药品监督管理局采取质量体系检查的办法开展监督抽查，每个监管处室全年监督抽查企业不少于15家，深入核查企业生产经营过程以及账目等情况，从更深层次查找发现漏洞和问题，直接检查各类企业138家，发现问题隐患678个，全部整改到位，有效防范了安全风险。特别是采取飞行检查、交叉检查、延伸检查、抽查检查等方式，对全省332家药品批发企业进行了质量核查，将证、票、货、账、款联系起来，抽取若干品种开展上下游延伸检查，从数据中发现问题，全省共立案查处 2845 件，罚没款 743.48 万元，分别比上年增长 104.68%、131.57%，收回 GSP 证书 37 张，撤销 GSP 证书 71 家，吊销经营许可证 1 张。全省药品流通领域整治的举措得到国家总局高度评价，毕井泉局长专门作出批示："山西的经验对全国有借鉴意义"。

监管技术支撑体系建设

省食品药品监督管理局加快推进市县检测检验能力建设，共实施食品安全检(监)测能力建设项目 12 个，已下达中央预算投资 1.998 亿元，完成投资 1.356 亿元，太原市、运城市项目建设已经完工并投入使用。古交、孝义等 8 个县(市)被列入全国检测检验资源整合试点，柳林、祁县、稷山等一批县级检测检验中心正在抓紧建设，基层检测检验能力得到加强。积极推进市级检验机构扩项认证，太原、朔州、晋中、阳泉、晋城、运城检验机构药品全检率达到 90%以上，基本满足药品常规检验需要，太原、运城、忻州食品检验参数达到 60 个以上，全省检验检测能力有了明显提高。

省食品药品监督管理局把监督抽检作为发现问题、防控风险的重要手段，在国家总局抽检监测"四统一"的基础上，实施"六统一、四集中、五公开"，即统一制定计划、统一组织实施、统一数据汇总分析、统一结果利用、统一核查处置、统一纳入考核，实行集中抽样、集中检验、集中公布、集中整治，对抽检结果每周公开、质量分析每月公开、核查处置全部公开、风险解析定期公开、消费警示及时公开，增强了抽检工作的针对性、靶向性和有效性。2016 年，省级共抽检食品 6800 批次，核查处置不合格产品 311 批次，问题发现率 4.57%，食品生产企业覆盖率、核查处置率达到 100%。坚持每周公开抽检结果，发布抽检公告 44 期，核查处置公告 12 期，受到媒体和社会高度关注和广泛好评。市县两级监管部门克服困难，积极落实食品监督抽检责任，11 个市局全部开展了食品及食用农产品抽检工作，完成抽检 5396 批次。针对抽检发现的桶装饮用水铜绿假单胞菌超标、白酒中添加甜蜜素、水产品中检出硝基呋喃、鲜鸡蛋中检出氟苯尼考等问题，在全省范围开展集中整治，及时消除了安全隐患。全年组织完成药品监督抽验 6729 批次，不合格 126 批次，合格率为 98.13%；组织开展红花注射液、舒血宁注射液等高风险品种跟踪抽验 246 批次，不合格 7 批次，合格率为 97.35%；开展中药材、中药饮片染色熏蒸专项抽验 651 批次，发现并处置了染色、二氧化硫及总灰分超标等问题。抽检医疗器械 490 批次、保健食品化妆品 1018 批次，发布监管公告 6 期，核查处置不合格产品 113 批次，防范了药械风险。

案件查处

案件查处是执法部门监管力度的重要体现。2016 年，全省持续加大案件查处力度，采取挂牌督办、定期通报、督查考核等有效措施，保持严查重处的高压态势。全年共查处各类案件 12729 起，罚没款 4374 万元。特别是加强行刑衔接，与公检法部门联合出台了行政执法与刑事司法衔接工作办法实施细则，对联合办案、案件移送、立案监督、认定鉴定等作出具体规定。2016 年，与公安部门联合办案 280 余次，通报案件线索 180 余条，移送涉刑案件 91 起，协助公安部门完成涉案物证鉴定 110 批，查处了山西滨海药业非法经营疫苗案，高东、朱林江等人生产销售假药案，罗钟等人销售有毒有害食品案等一批重大案件，有力震慑了违法违规行为。

食品可追溯体系建设

省食品药品监督管理局坚定不移地把监管信息化作为工作重点，加大推进力度。在省级层面，重点完善覆盖"四品一械"的监管业务信息系统，围绕行政许可、行政执法、监督抽检、产品追溯、信用管理，加强设施设备及系统建设，全省一体化食品药品投诉举报信息化平台正式上线运行，食品经营许可系统全面启用，已办理食品经营许可 67093 件。在市县层面，吕梁、忻州、运城市级监管平台建成并开始应用，介休、孝义、柳林、万柏林、稷山等一批县局监管平台也已投入使用，正在向乡镇站拓展延伸。

把监管信息化作为食品追溯体系的重要支撑，在肉制品、乳制品、白酒、食醋等重点品种上取得经验的同时，采取试点先行、逐步推开的办法，鼓励更多有条件的企业建立以信息化为基础的快捷的追溯体系，全省共有 181 家乳制品、肉制品、白酒、食醋、食用油生产企业，应用二维码识别技术，率先建立了信息化质量安全追溯系统。选择美特好超市为试点，开发了集基本信息、行政执法、日常监管为一体的食品流通追溯信息化平台，为食品经营企业建立追溯系统树立了样板。特别是白酒追溯体系建设被国家总局列为试点，吕梁汾阳市在 36 家白酒生产企业建立了信息化追溯体系，汾酒集团采用电子射频、在线赋码和电子标签等先进技术，建成了白酒信息化追溯系统，初步实现了产品可追溯、公众可查询、风险可防控。

食品安全城市创建

食品安全城市创建是国务院部署的一项重点工作，是推动食品安全工作的重要抓手。自 2015 年起，全省遴选出食品安全工作基础较好的太原、晋中、长治、晋城、运城 5 个市和 13 个县，开展首批省级创建试点，通过全省动员部署、制定标准对照创建、各级联合督查指导、以奖代补经费补助等措施，创建工作整体有推动，点上有典型，涌现出晋中介休市、吕梁孝义市、阳泉盂县等一批亮点突出的市县。2016 年 5 月，太原市、运城市被列为第三批国家级食品安全城市创建试点后，认真贯彻全国食品安全"两个创建"工作现场会精神，全面落实国家部署，学习借鉴兄弟省市的经验做法，加大创建工作力度。太原市从组织管理、监督执法、企业责任、应急管理、社会共治五个方面入手，推动乡镇站所建设、检验能力建设和追溯体系建设等工作取得明显成效。运城市由市委书记直接挂帅，市委、人大、政府齐抓共建，以建设智慧食药信息平台建设、基层站所标准化建设、食品生产企业认证达标、餐饮业明厨亮灶、食品作坊提质达标、放心早餐工程、食品安全社区创建、农产品百园千村和果品提质增效工程等“八大工程”为抓手，推进食品安全治理能力明显提升。国家食品药品监管总局《食品药品监管简报》第83期专刊介绍了运城市的做法。

制度建设

省食品药品监督管理局把制度建设作为加强监管工作的重要基础，积极建立完善科学合理的管理制度和运行机制，不断提升安全保障水平。进一步规范执法行为，梳理了19项随机抽查重点事项，建立了市场主体名录库和省级行政执法检查人员名录库，深入推进食品药品监管执法“双随机、一公开”，确保行政执法公平公正。制定出台了《食品药品行政处罚裁量权适用规则》和《食品药品行政处罚自由裁量权基准》，明确了行政处罚裁量的程序规定，缩减了裁量空间，规范了行政处罚裁量行为。严格落实食品药品安全举报奖励办法，2016年全省共受理投诉举报21568件，同比增长35.4%，兑现举报奖励15起共51.62万元，省食品药品监督管理局一次性奖励匿名举报人20万元。进一步扩大食品药品安全责任保险制度试点，全省有814家食品药品企业投保，保险金额达127.8亿元，进一步增强了保险的风险控制和社会管理功能，社会共治格局逐步形成。

党风廉政和干部队伍建设

省食品药品监督管理局始终把党的建设摆在突出位置，以“两学一做”学习教育为龙头，引深学习习近平总书记系列讲话。组织处以上干部集中观看了《贪与腐》警示教育片，邀请省委党校郑文靖教授作了专题辅导，不断深化党员干部思想政治教育，大力加强领导班子和干部队伍建设，着力打造忠诚干净担当的食品药品监管队伍。出台了党组落实党风廉政建设主体责任的实施意见，实行党风廉政建设一票否决。严格执行民主集中制，制定并实施了党组工作规则、重大行政决策“五步法”、“三重一大”事项集体决策等制度，有效提高了民主决策、科学决策水平。健全完善了权力清单、责任清单，配套制定了有关行政审批监督、随机抽查、处罚自由裁量等76项制度，把权力关进制度的笼子。加强简政放权，分三批将食品生产许可24大类81个申证单元审批项目下放到了市级，将所有审批事项、监督抽检情况、核查处置及案件查办情况及时向社会公开，让权力在阳光下运行。

医药产业发展

省食品药品监督管理局以换发《药品生产许可证》为契机，大力推动企业兼并重组，实施资源整合，提高了产业集中度，增强了山西制药企业的核心竞争力。2016年全省医药产业呈现出健康快速发展的势头，工业产值近300亿元，增长速度是全省最快的产业之一。一批企业发展迅猛，在国内外市场有了较强的影响力和竞争力，威奇达药业、亚宝药业、振东制药进入全国百强，在亚宝药业、振东制药、仟源制药成功上市的基础上，康宝生物等一批企业也即将上市。一些优势产品在全国市场占据了主导地位，克拉维酸钾全国销量第一，药用空心胶囊销量全国第一，红花注射液全国销量第一，土霉素原料药、复方苦参注射液、丁桂儿脐贴、银杏达莫注射液、舒血宁注射液在全国占有较大的市场份额，全省医药产业发展呈现出勃勃生机。

（杨晓锋）

附：省食品药品监督管理局党组书记、成员名单

书　记：赵光国

成　员：贠亚明　刘蓉华（女）　郭宏魁（3月离职）
刘建国　张少杰　王德立（3月任职）

省扶贫开发办公室党组工作概况

党组书记　刘志杰

2016年，省扶贫办领导班子团结带领全办干部职工认真学习贯彻党的十八届三中、四中、五中、六中全会和习近平总书记一系列重要讲话精神，坚决贯彻落实省第十一次党代会精神、省委“一个指引、两手硬”重大思路和要求，深入开展“两学一做”学习教育，严格履行党风廉政建设“两个责任”，着力加强党的建设和法治建设，扎实推进脱贫攻坚重点工作，全年实现57万贫困人口脱贫，超年度目标14%，1900个贫困村有序退出，贫困地区农村居民人均可支配收入6032元，同比增长9%，高出全省平均水平2.4个百分点，年度脱贫目标任务圆满完成，首战之年实现良好开局。

一、贯彻落实打赢脱贫攻坚战的决策部署，全面完成年度脱贫攻坚目标任务

2016年是脱贫攻坚的开局之年。省扶贫办领导班子坚决贯彻落实中央和省委省政府决策部署，紧紧围绕50万贫困人口脱贫的年度目标任务，扎实推进精准扶贫精准脱贫，首战之年实现良好开局。资金使用管理，出台阳光扶贫廉洁扶贫九条规定。中央财政扶贫投入21.62亿元，比上年增长49%；省级财政扶贫投入21.07亿元，比上年增加10.09亿元，增幅92%；统筹整合使用财政资金实现58个贫困县全覆盖。开展解决财政扶贫资金结余结转督导工作，2015年前结余结转资金全部盘活使用，2016年各级安排到县财政专项

扶贫资金结余结转率在4.7%以下。易地扶贫搬迁，安置10万贫困人口、2.5万同步搬迁人口的工程项目进展顺利，80个县、542个集中安置点全部开工，竣工率64%，投资完成率78%，均超过60%的序时进度要求。干部驻村帮扶，组织省直178支工作队及所在单位领导开展精准帮扶，投入帮扶资金4.1亿元，实施帮扶项目1345个。企业产业扶贫，全年完成投资260.8亿元，占年度目标任务的108.7%，全省685家企业共带动2935个贫困村、50.9万农户发展生产基地，吸纳13.6万贫困劳动力就业增收。光伏扶贫，建设村级电站783座，地面集中电站10座，惠及1800个贫困村、5.7万贫困户。旅游扶贫，支持132个贫困村试点示范乡村旅游扶贫，带动2830户就业增收。贫困劳动力精准培训，全省累计培训11.77万贫困劳动力，其中扶贫系统培训完成5.47万人，完成年度目标任务的109%，其中吕梁护工、天镇保姆等扶贫劳务品牌市场叫好。"雨露计划"教育扶贫，全年资助贫困大学生7370人，中高职贫困生41897人，实现应助尽助。扶贫小额信贷，58个贫困县新增贷款16.6亿元，5万贫困户受益。

在完成各项年度目标任务的同时，领导班子积极发挥统筹协调作用，坚决落实省委省政府决策部署，全省脱贫攻坚呈现出良好势头。一是强化领导责任持续发力。省和11市102个县成立党政主要领导担任"双组长"的脱贫攻坚领导小组，出台脱贫成效考核、贫困退出和督查巡查办法，结合省市县乡党委换届，"双签"脱贫攻坚责任书，压实主体责任和帮扶责任，集中精力抓好脱贫攻坚。二是抓好顶层设计精心部署。制定出台打赢全省脱贫攻坚战实施意见、完成"十三五"脱贫攻坚规划、吕梁太行两大片区规划、全省滚动脱贫规划，协调行业部门出台脱贫攻坚八大工程20项行动计划，六大政策保障机制实施办法和四个"三位一体"组织保障制度，并全部付诸实施。三是落实精准方略始终不渝。扎实开展建档立卡"回头看"，全省出列92.1万人，新识别进入72.5万人。在省级层面开展信息核查比对，出列11.9万人。落实干部驻村精准帮扶"两包三到"联动机制和9项措施，开展村级挂图作战精准帮扶，推动帮扶责任人和帮扶对象、帮扶政策措施两个"精准对接"。出台贫困退出实施办法，开展脱贫成效第三方评估，确保脱贫成效群众满意、社会认可。四是特色产业扶贫多管齐下。落实"五大发展"理念，挖掘区域比较优势，组织开展特色产业扶贫。除光伏扶贫、旅游扶贫外，杂粮、中药材、干鲜果等七大特色农业带动33万贫困群众增收，电商扶贫覆盖3929个贫困村，带动3.5万贫困人口增收。五是超常举措攻坚靶向突破。易地扶贫搬迁，出台实施方案、指导意见和总体规划，组建投融资平台，兼顾贫困户与同步搬迁户利益诉求、围绕搬迁对象精准率、项目开工率、投资完成率、工程竣工率、居民入住率、群众满意率等指标，扎实推进易地扶贫搬迁。生态保护脱贫，实施退耕还林奖补、造林绿化投工、森林保护就业、经济林增效和林产业增收"五项措施"，汪洋副总理肯定了山西省做法并批示在全国推广。资产收益扶贫，率先从光伏扶贫突破，出台光伏扶贫指导意见和资产收益分配指导意见，支持贫困县开展光伏扶贫项目建设，探索资产收益路子。借鉴光伏扶贫试点经验，在长治市和隰县等17个贫困县开展资产收益扶贫试点工作，国务院扶贫办刘永富主任多次对我省光伏扶贫项目予以肯定。六是落实社保政策精准聚焦。组织开展民政、教育、健康和残疾人帮扶四方面24项政策到村到户督导落实专项行动，与省人寿保险公司合作，推出贫困户大病医疗补充保险和意外伤害保险专属特惠产品，支持43个县的98.7万贫困人口参加医疗补充险、96.7万贫困人口参加意外伤害险。七是强化要素支撑综合施措。与农发行、国开行签订协议，"十三五"贷款投放规模分别为350亿和300亿。配合国土部门出台保证脱贫攻坚用地需求8项政策。配合组织部门选派44名专业技术人才，到36个国定贫困县挂职副县长，推动产业扶贫。八是社会力量扶贫合力攻坚。主动接受人大依法监督和政协民主监督，专题报告脱贫攻坚工作，接受脱贫攻坚专题询问；支持26家中央定点帮扶单位和驻晋部队、工商联、团省委，省妇联等开展多种形式的精准帮扶活动；组织医院、学校对口帮扶贫困县，支持太原、吕梁等市开展"富县帮穷县"活动；以"唤起社会各界帮扶意识，激发贫困群众内生动力"为主题，组织开展全国扶贫日活动；全国人大代表申纪兰、国家人社部原挂职干部王剑辉分别获得全国脱贫攻坚奋进奖和贡献奖。

2016年，扶贫办领导班子坚持以上率下，攻坚克难，干部职工加班加点、勤奋敬业，多数同志放弃节假日休息，用扎实工作和无私奉献投身脱贫攻坚。全年召开综合性会议和专项工作会议20多次，领导小组全体会议和专题会议30次，收到领导批示208件，人大代表建议和政协委员提案63件，制发脱贫攻坚领导小组文件56件，脱贫攻坚领导小组办公室文件32件，省扶贫办文件149件，情况通报18件，编发脱贫攻坚简报53期，信息48期。2016年9月份国务院第三次大督查组对我省脱贫攻坚给予肯定。骆惠宁书记在省委常委会上指出我省脱贫攻坚开局良好，并对扶贫干部、驻村工作队和第一书记表示慰问。楼阳生省长、盛茂林部长、郭迎光副省长、王一新副省长等省领导先后到省扶贫办调研指导工作，给予肯定和鼓励。全年省级以上媒体报道2824多条，其中《人民日报》、中央电视台等国家级媒体883多条，营造出全社会支持脱贫攻坚的浓厚氛围。

二、扎实开展"两学一做"学习教育，全面加强机关党的建设和干部队伍建设

省扶贫办领导班子以开展"两学一做"学习教育为抓手，按照原则性更强、方法性更活、时代感彰显的原则全面推进机关党的建设和干部队伍建设，着力提高干事创业的积极性和主动性。

一是抓好"两学一做"，加强机关党建。制定出台《山西省2016年扶贫开发工作要点》和《2016年机关党的工作要点》，对扶贫工作和机关党建同安排、同部署；完成机关党委、纪委换届，选举产生了新一届党委委员和纪委委员。围绕"学党章党规、学系列讲话，做合格党员"，着力打造"1234"机关党建新特色。"1"、"2"就是开展"两学一做"学习教育。将"两学一

做”列入党建工作龙头任务，全年组织党组中心组学习16次，召开“两学一做”研讨会4次，领导班子成员带头谈心得，讲体会，把从严治党的要求落实到每个支部，把率先垂范的要求落实到每个党员领导干部，把做合格党员的要求落实到每个党员，把“善做善成”落实到每项具体工作。“3”就是适应脱贫攻坚新的形势任务，教育引导党员干部转观念、转思维、转作风，用心用情用力，主动作为，扎实工作，勇敢承担起实施脱贫攻坚的政治责任、经济责任、社会责任。“4”就是开展“四看四比”活动，即“看大局、比奉献”，在全省面对中心任务有没有大局观，配合完成工作怎么样；“看位置、比支持”，在全国，看处室工作在同行中的排名，争取到多少支持，得到过多少肯定；“看思想、比作风”，在机关内部，看思想观念转变快不快，工作作风实不实；“看服务、比形象”，对部门、对系统、对基层，看服务态度好不好，良好形象有没有。省扶贫办开设“扶贫大讲堂”、每季开展能力素质测试，建立“信息周报”和“双周计划”制度，定期分析存在问题，研究推进措施，倒逼提升工作能力。

二是坚持集体领导，加强班子建设。修订完善省扶贫办《党组工作规则》，明确党组议事内容，实行清单管理。坚持党的民主集中制原则，严格执行《重大事项民主决策办法》，对重要干部任免、重大事项决策、重大扶贫项目安排和大额扶贫资金使用上，集体讨论研究决定。严格执行集体领导下的分工负责制，班子成员既按照分工履行好自己职责，又缺位补位支持全局工作。2016年在省委省政府的关怀支持下，班子成员全部明确为副厅级。特别是在“两学一做”学习讨论会上，班子成员对照“四讲四有”要求，交流心得，沟通思想，达成共识，自我批评揭短亮丑，互相批评开诚布公，进一步形成了心齐气顺、团结共事良好氛围。

三是坚持正确导向，培养使用干部。按照干部选拔任用工作“一报告两评议”要求，2016年，省扶贫办党组严格落实党政干部选拔任用条例规定，严格按照信念坚定、为民服务、勤政务实、敢于担当、清正廉洁的要求，凭德才兼备、凭工作实绩、凭群众认可，提拔使用干部。

四是弘扬善做善成，厚植扶贫文化。把“善作善成”作为引领全省扶贫系统的核心价值文化，引导党员干部职工善学善思、政治坚定，至诚至真、团结干事，至微至显、以上率下，善做善成、勇于担当，为打赢脱贫攻坚战提供价值引导力、文化凝聚力和精神推动力。以“冬季行动”为契机，全办上下加班加点，不计得失，一级做给一级看，一级带着一级干，通过“班子率处站、机关带系统、重点牵全局、冬季促全年”，马上就办、真抓实干，形成攻坚克难抓工作、善做善成比奉献的浓厚氛围。在全省“冬季行动”总结会上，省扶贫办作为两个省直机关代表之一，进行了典型发言。“七一”期间，党组书记、主任刘志杰为全办党员干部讲授“誓言永恒、不忘初心，信仰常在、接力济困，脱贫攻坚、善做善成”的专题党课，开展“建功‘十三五’、支部创六星”“党员先锋行”主题实践活动。开展全国扶贫系统先进集体和先进工作者推荐评选活动，方山县扶贫办、天镇县扶贫办主任分获全国先进集体和先进工作者称号，“善做善成”正在成为扶贫系统的文化认同和自觉行动。

五是坚持依法行政，建设法制性机关。深入贯彻落实十八届四中全会精神，成立党组书记任组长、班子成员任副组长的依法行政工作领导小组，制定年度依法行政工作计划和法治工作要点，把依法行政纳入目标管理，与主要工作目标同时分解下达，同时监督落实、检查验收。组织开展依法行政宣传月活动，启动实施“七五”法治宣传教育工作。主动做好政务信息公开，依法处理信访事件。

三、严格落实全面从严治党主体责任，深入推进党风廉政建设

一是加强领导落实责任。严格落实党组主体责任，把党风廉政建设作为“一把手工程”，将党风廉政建设与业务工作同步部署、同步推进、同步督查、同步考核。办党组与各党支部签订了党风廉政建设和反腐败工作责任书，将党风廉政建设列入全办年度目标责任考核总结重要内容，全年研究党风廉政工作11次，党组中心组学习党风廉政建设内容5次。党组书记对群众信访举报亲自过问、亲自协调，亲自督办。班子成员严格履行“一岗双责”，督导分管处站党风廉政建设工作，形成“一把手负总责、分管领导各负其责，班子成员齐抓共管”的领导体制和工作机制。

二是加强教育严格管理。坚持把党的政治纪律和政治规矩挺在前面，组织党员干部专题学习《廉政准则》《纪律处分条例》，观看警示教育片《贪与悔》等，及时传达违反“八项规定”精神典型案例通报，并组织讨论。抓住“中秋”“国庆”等时间节点，重申“八项规定”精神，坚决防治“节日腐败”。将《扶贫领域违法案件警示录》发放到全省扶贫系统和7993个贫困村，配合省检察院开展“精准扶贫 廉洁为民”专题警示宣传教育基层行活动，市县乡村四级干部4000多人接受教育，在市县电视台播放宣传片，教育引导干部职工增强廉政意识，筑牢反腐防线。

三是强化措施抓好整改。配合省纪委出台扶贫领域监督执纪问责工作方案，加强扶贫领域执纪问责。与省检察院联合安排部署集中整治和加强预防扶贫领域职务犯罪专项工作。围绕围绕省委专项巡视组反馈指出的突出问题，坚持问题导向，明确整改措施，各项整改任务已经全部完成。配合审计部门，对扶贫资金管理使用等进行跟踪审计，审计发现问题都按要求全部整改。

四是领导带头做好表率。班子成员以身作则，严格执行办公用房和公务用车有关规定，公务接待和下乡调研轻车简从，吃自助餐，住标准间，自觉缴纳食宿费；秉公用权，不在扶贫项目资金上打主意、谋好处。严格落实领导干部报告个人事项制度，严格管好家属子女和身边工作人员。主动接受群众监督，带头树立了扶贫队伍廉洁自律良好形象。

（刘世锋）

附：省扶贫开发办公室党组书记、成员名单

书　记：刘志杰
成　员：张玉宏(7月任职)　张晓红(女,12月离职)
　　　　柴全管(5月离职)　张伟勤　张建成

省公安厅交通管理局党委工作概况

党委书记　贾继武

山西省公安厅交通管理局（山西省公安厅交通警察总队),是省公安厅依法管理全省城乡道路交通的职能部门,为副厅级建制机构,承担着对全省各级公安交警部门进行业务指导和督促检查的职能,同时,承担省道路交通安全领导小组办公室、省文明交通行动计划领导小组办公室的工作。2016年,在省委、省政府和省公安厅、公安部交管局的正确领导下,交管局党委团结带领全省公安交警认真贯彻落实党的十八大和十八届三中、四中、五中、六中全会精神,紧紧围绕全省工作大局,奋发有为,扎实工作,有力维护了全省道路交通安全形势的持续稳定,保障了全省道路交通安全畅通,为全省经济社会发展和安全生产工作作出了重大贡献。

一、认真组织政治理论学习

全省公安交警在局党委的带领下,始终把政治理论学习摆在突出位置,通过集体学习和个人自学等多种形式认真学习党的十八大和十八届三中、四中、五中、六中全会精神以及习近平总书记系列重要讲话,更加自觉地在政治上思想上行动上与以习近平同志为核心的党中央保持高度一致,更加自觉地在工作中贯彻落实党的路线、方针、政策,更加自觉地加强党性修养和党性锻炼,不断提升政治理论水平、驾驭复杂局面和解决实际问题的能力。

二、扎实开展“两学一做”学习教育

“两学一做”学习教育开展以来,交管局认真贯彻落实中央和省委、省政府工作部署,精心组织实施,通过制定学习教育实施方案,召开“两学一做”学习教育大会,对全体公安交警进行动员部署。局党委中心组分别围绕“四个专题”举行学习研讨,各单位党组织以“三会一课”等党的组织生活为基本形式,联系实际开展“四个专题”学习讨论,举办了知识竞赛、专题讲座、“为你读党章”“七一”专题党课和铭记历史缅怀先烈等系列活动,扎实开展学习讨论、征求意见、对照检查、查摆剖析、反思整改等各个环节的工作。

三、推进全省道路交通安全形势持续稳定

充分发挥道路交通安全领导小组办公室的职能作用,各级公安交警部门全面开展分析研判、及时发布预警通报、积极推进隐患整改、突出重点挂牌督办、深入部署安全检查,全面推进道路交通安全工作的扎实开展,维护了全省道路交通安全形势的总体稳定。

四、全力排查整治道路交通安全隐患

将道路交通安全隐患排查作为预防事故的重要举措贯穿全年,共排查道路交通事故多发点、段66处,全部以道路交通安全领导小组名义向各市政府下发隐患整改督办通知,同时抄送交通、安监部门,函告省高管局,对其中3处存在重大交通安全隐患的路段,提请省人民政府进行挂牌督办。

五、集中整治道路交通违法行为

部署开展查处无证驾驶、超速行驶、客车超员、货车超载等严重违法行为的集中整治行动,通过整治,全省严重交通违法行为数量显著下降,城市和主要国省道、高速公路通行秩序明显好转。

六、圆满完成道路交通安保任务

全体民警放弃节假日休息、全力以赴，圆满完成春运、“两节”、清明、五一、端午、中秋、国庆等节假日和“两会”、高考、中考以及G20峰会和太原能源低碳发展论坛等各类重要活动的交通安保工作任务，特别是在冰雪恶劣天气下,广大公安交警顶风冒雪,不顾个人安危,指挥疏导交通,积极救助群众,涌现出了一大批先进集体和先进个人,受到各类媒体和社会各界的广泛好评。

七、加强重点车辆及驾驶人源头管理

认真排查“营转非”大客车、大型公路客运车、大型旅游客运车、危险货物运输车、校车逾期未检验、未报废以及B2以上驾驶人逾期未审验、未换证等情况,通过排查,各类交通安全隐患在源头上得到有效遏制,全省“营转非”大客车同比下降26.74%。

八、全面推进公安交警“四项建设”

进一步加强机动车缉查布控系统建设和卡口联网应用工作,持续推进公路交通安全防控体系、指挥中心监控平台和高速公路交通管理科技项目的建设和应用,目前全省共布建路面卡口3024套,建成省级指挥中心1个,市级指挥中心15个和县级指挥中心122个,执法服务站289处,全年布控信息154万余条,拦截检查车辆44.8万辆次,有效提升了路面管控能力。积极推进城市道路交通信号灯配时智能化和交通标志标线标准化建设。推动全省公安交警执法记录仪使用

管理工作，大力加强执法监督。开展内部规范性文件梳理工作，积极推动行政审批事项进驻省政务服务平台。

九、深入开展交通安全宣传教育

在综合运用广播、电视、报刊等传统媒体的基础上积极搭建“双微”“微直播”“微电影”“手机APP”等新媒体模式，开展形式多样的交通宣传提示和教育活动。全年共在各类媒体发稿8200余篇，手机短信平台推送信息2000余万条，拍摄视频短片60余部，发放宣传品160余万份，特别是重点加强了农村交通安全宣传教育工作，在广大农村地区开展交通安全大喇叭建设，广泛普及交通安全法律法规，推送交通安全常识，收到良好的社会效果。

十、深化公安交管改革和社会服务

认真落实省政府要求，积极协助环保等部门，大力推行《大气污染防治行动计划》，强化机动车污染防治，认真开展数据核查，严格把握标准，进行系统注销，扎实推进全省黄标车、老旧车淘汰工作。各市车管部门全部完成配合环保部门淘汰黄标车及老旧车的工作任务。此外，为新能源汽车开设了专用号牌号段，推出免收新能源汽车牌证费用、推进减半征收新能源重型货车高速公路通行费等措施，大力推动新能源汽车产业发展。深入推进互联网综合服务平台建设和应用工作，注册用户通过互联网平台办理补换领牌证、机动车检验预约、驾驶人考试预约等各类机动车和驾驶人业务392余万笔，通过互联网处理交通违法行为4.7万余笔。完成跨省异地缴纳交通违法罚款业务上线工作，实现跨省异地交款12.6万余笔，缴款人分别来自全国28个省市，极大地方便了广大驾驶人就地就近办理违法缴款业务。积极推进交通事故快速处理快速理赔工作，“五一”“国庆”假期，在全省高速公路设置7处流动快处快赔受理点，共受理交通事故576起，涉及车辆1178辆，有效缓解了交通拥堵。

十一、不断提升队伍规范化建设水平

坚持不懈加强作风建设，扎实开展重点警种专项整治、“把纪律挺在前面”专项活动，切实加强队伍的教育和管理，认真落实领导干部重要事项请示报告等制度，加强交警网校应用管理，开展各类教育培训。积极协调省人社厅，为高速二、三、四支队新招录76名民警，完成189名高速交警科级领导干部试用期满考核工作。

十二、大力加强党风廉政建设

严格执行中央和省委、省政府改进工作作风、密切联系群众的各项规定，狠抓“两个责任”落实，认真完成整改任务，制定出台党风廉政建设主体责任实施办法、责任清单，修订《党风廉政建设责任制监督考核办法》，各单位负责人签订党风廉政建设责任书，扎实开展秩序、事故、车管等重点领域“正风肃纪、规范执法、纯洁队伍、重塑形象”专项整治活动，形成并保持“马上就办，真抓实干”的工作作风。

十三、认真落实各项从优待警和保障措施

配合做好深化公安改革调研工作和警衔津贴调整发放工作，进一步理顺高速交警财务管理体制，积极落实公安经费保障，加强基层警用装备的配备发放，做好全省公安交警人身意外伤害、医疗保险理赔工作。

（杜　虹）

附：省公安厅交通管理局党委书记、副书记、委员名单

书　记： 贾继武

副书记： 马玉川

委　员： 张顺喜（9月离职）　杨有才　张亚云　郭丙福　武小彪（10月任职）

省直属事业单位党组(委)工作概况

山西广播电视台党委工作概况

党委书记　郭　健

2016年，在省委的正确领导和省委宣传部的直接指导下，山西广播电视台深入学习贯彻习近平总书记系列重要讲话精神和中央、省委省政府重大决策部署，围绕中心，服务大局，牢固树立“四个意识”，牢牢把握正确的政治方向和舆论导向，坚持“百姓情怀、文化品格、山西底蕴、创新精神”的办台理念，扎实推进党风廉政建设和反腐败斗争，认真落实“两个责任”，舆论引导、节目创新创优、事业产业、党的建设等各方面工作呈现良好局面。

一、牢牢把握正确舆论导向，精心组织重大宣传报道，营造了良好舆论氛围

2016年，山西广播电视台紧紧围绕习近平总书记系列重要讲话精神和党中央治国理政新理念新思想新战略，紧紧围绕省委“一个指引、两手硬”的重大思路和要求，紧紧围绕省委治晋理政总方略和新举措，聚焦中国梦、“四个全面”战略布局、供给侧结构性改革、煤炭去产能、脱贫攻坚、从严治党、生态环境治理等主题主线，聚焦党的十八届六中全会、李克强总理视察山西、全国和全省“两会”、省第十一次党代会、省委十一届二次全会暨全省经济工作会议等重要会议、重大活动和重要时间节点，相继推出《凝聚信心扬帆十三五》《迎接党代会共谋新发展》《党代会精神在基层》《振兴崛起一线行动》《煤炭供给侧结构性改革助力山西经济发展》等专栏，制作《十三五·新征程》《右玉的县委书记们》《华夏文明看山西》等主题宣传片，为不断塑造美好形象、逐步实现振兴崛起营造了良好的舆论氛围。全年在中央电视台、中央人民广播电台各栏目、各时段播发663条新闻，其中在央视《新闻联播》发稿96条，数量和质量都有了明显提升，形成了正面持续宣传山西的舆论热度，取得了良好的社会反响。

二、坚持传承和弘扬中华优秀文化，推进节目自主创新，节目品牌影响力持续增强

2016年，全台共有320余件作品获国家级、省级及行业大奖，获奖作品数量和质量再创近年来新高。许凌云同志获第十四届长江韬奋奖，电视评论《反腐重在依法治权》和电视消息《山水画换进度表优劣公开晒排名》获得中国新闻奖。山西卫视晚间自办文化节目带获得了“小成本、大情怀、正能量”的赞誉，得到国家新闻出版广电总局、业内同行和广大观众的充分认可。其中，《人说山西好风光》实现了省委、省政府中心工作与人民群众关注家乡发展的“同频共振”，形成现象级影响力，获总局广播电视创新创优节目表彰和“TV地标”年度上星频道最具创新影响力节目。《歌从黄河来》着力打造全国民歌电视节目第一平台，荣获电视文艺“星光奖”大奖。《走进大戏台》推出《伶人王中王》全国戏曲名家巅峰汇特别节目，使传播优秀戏曲文化的品牌电视栏目得以升华。《中国民歌夜》《中国民歌春晚》《中国戏曲公开课》《戏曲春晚》等形成品牌效应，《中国民歌春晚》获中视协2016春节晚会最佳作品奖和十佳文化传承春晚。2016年9月，国家新闻出版广电总局在山西召开广播电视节目自主创新座谈会，研究和推广山西台的有益经验。

三、积极推进媒体融合，大力拓展传播覆盖，加快构建新型主流媒体

按照中央和山西省推进媒体深度融合发展的要求，山西

广播电视台成立了媒体融合发展领导小组，出台《山西广播电视台传统媒体与新兴媒体融合发展实施方案》，按照移动优先发展战略，加快建设新媒体“三微一端”。2016年，山西卫视全国覆盖首次突破9亿，达到9.22亿人口，比2015年增加9200万人口，增长10%；交通广播实现全省主要城市和大运高速公路同频覆盖；新闻综合广播和农村广播实现全省十一个市全覆盖。技术中心、地球站和网络集团圆满完成全年重要保障期及日常的安全播出任务。山西广电中心工程建设项目取得初步设计批复、建设用地规划许可、土地使用证等，已经基本具备了全面开工建设的条件。

四、坚持全面从严治党，培育良好政治生态，开创全台党的建设新局面

（一）坚决落实全面从严治党的主体责任和监督责任，严格落实“一岗双责”工作责任制。台党委对各级党组织和领导干部落实“一岗双责”、坚持“三会一课”、民主评议党员等制度提出明确要求，制定下发了《年度工作目标责任制考核办法》，把党建工作作为各部门各单位的一项硬指标，纳入考核体系统筹推进。制定下发《山西广播电视台党委关于落实党风廉政建设纪委监督责任的责任清单》《关于落实两个责任实施“六定”制度的通知》等，为全台广播电视事业产业持续健康发展提供了强有力的政治保证和纪律保证。

（二）深入开展“两学一做”学习教育，进一步夯实党员干部思想政治基础。山西广播电视台深入扎实开展“两学一做”学习教育，台党委定期带头开展集中学习，每季度开展“四讲四有”专题研讨，党委委员带头为分管部门讲党课，各部门紧跟台党委学习步骤，每两周组织开展一次支部党员集中学习。学习教育期间，山西广播电视台组织开展了党章党规知识竞赛、“我是党员看我的” 党员示范岗等各类主题活动，承办了省直机关“两学一做”主题演讲比赛，并推出广播电视理论宣传节目《理论天天学》，充分发挥广播电视媒体在学习教育中的理论宣传主渠道作用。

（三）巩固基层组织规范化建设，充分发挥全台各级党组织的战斗堡垒作用。一是开展党员组织关系集中排查。从2016年3月起，全台各级基层党组织按照在岗党员、离岗党员、调离支部党员、离退休党员等4个大类、7个小类进行摸底排查。二是组织开展全台基层党组织换届选举工作。根据全台机构设置和党员分布情况的变化，及时调整部分党（总）支部设置。三是严格规范党费收缴工作。按照《关于中国共产党党费收缴、管理和使用的规定》，从严、从实、从细全面测算全台党员月交纳党费标准，各级党组织和全体党员严格执行党费交纳标准。四是开展纪念建党95周年表彰先进活动。7月1日组织召开先进基层党组织、优秀共产党员、优秀党务工作者表彰大会，对10个先进基层党组织、70名优秀共产党员、10名优秀党务工作者予以表彰。五是积极开展新党员、党务干部和入党积极分子学习培训。全年共组织各类学习培训共17个批次。

（四）坚持用好“四种形态”，坚决正风肃纪，严格责任追究。根据省直工委通知要求，台纪委对全台党代会代表和党员违纪违法情况进行排查清理，经排查，无党代会代表违纪违法情况。2016年，全台按有关纪律规定处理干部12人，其中，移送司法机关1人，诫勉谈话3人，约谈4人，经济处罚1人，通报批评3人。台党委已对违法党员作出开除公职处理，并提交开除党籍的处理意见报省直纪工委批复同意。

（五）按照省委巡视组巡视反馈意见要求，进行了严格整改，并集中开展了巡视整改“回头看”。台党委认真分析研究，对已完成的8项整改任务进行了全面“回头看”梳理，对技术采购、广告经营、新闻采访等重点环节进行了专项整治，对6项阶段性任务进一步研究细化整改措施，对巡视整改后留下的5条线索和又转来的11条线索进行了认真调查核实，细化并制定整改措施39条，制定和修订制度15项，开展专项治理3次。

（六）提升群团工作水平，推动全台精神文明创建工作。2016年，全台各类“扶贫济困送温暖”活动共慰问困难职工和困难党员30余人。全台组织开展了女性健康义诊活动、第二届劳动技能大赛、“追忆红色五月拓展青春梦想”主题实践活动、职工健步走活动、职工趣味游泳运动会、第四届职工登山活动，组队参加了省直机关广播体操比赛并以96.1分的佳绩荣获本次大赛金奖第一名，参加省直机关“第四届省直机关鹊桥联谊活动”和第五届“读书月”读书征文活动，进一步丰富了职工的精神文化生活，强化了精神文明建设。

（刘晓海）

附：山西广播电视台党委书记、委员名单

书　记：郭　健

委　员：张敬民　王树勋　邢书良　李占鳌　张晋斌　王　雷　王惠跃

山西日报报业集团党委工作概况

党委书记　郭玉福

2016年，山西日报报业集团党委深入学习贯彻落实习近平总书记系列重要讲话精神和中央、省委重大决策部署，按照省直工委的要求，带领集团广大干部职工牢记职责使命，攻坚克难，担当作为，认真开展“两学一做”学习教育，扎实推进新闻宣传、媒体融合、经营发展、从严治党等各项工作，为我省改革发展稳定提供了强大的舆论

支持和保障。

一、充分发挥主流媒体的作用,为塑造美好形象、实现振兴崛起、开辟治晋理政新境界营造出良好舆论氛围

2016年,集团所属各媒体以习近平总书记提出的做好党的新闻舆论工作“48字”职责使命为指针,坚持正确政治方向,坚持正确舆论导向,坚持正确新闻志向,坚持正确工作取向,坚持在中心工作中找命题、找切入点,用足用活用好手中的全媒体资源,以战斗的姿态积极抢占舆论的制高点,不断壮大主流阵地、放大主流声音,讲好山西故事,塑造山西形象,为开辟治晋理政新篇章凝聚正能量。2016年6月,中央政治局委员、书记处书记、中宣部部长刘奇葆来报业集团调研时,对此给予了充分肯定。

山西日报完成了新一轮改版,在全国省级党报中第二家创办了《理论周刊》,高扬旗帜、引导舆论。全年围绕省委、省政府中心工作,深度挖掘、深刻阐释,连续推出重大主题策划报道。特别是去年下半年以来,紧紧围绕省委“一个指引、两手硬”重大思路和要求,出色完成了省第十一次党代会重大战役性报道,并在深入推进党代会精神宣传方面进行了全方位的一系列重大主题报道,注重体现党报的政治责任感,力求达到宏观前瞻性和温暖贴近性相结合。省党代会刚一结束,按照省领导和部领导重要指示,山西日报举全社之力推出“深入学习宣传贯彻省党代会精神”系列评论9篇,准确阐释省第十一次党代会精神,动员全省人民把思想统一到党代会精神上来,推动全省上下将党代会描绘的美好蓝图变为现实。这组评论导向正确、言辞达意,富有思想性和战斗力,省委和省委宣传部给予肯定,并被山西广播电视总台山西新闻联播、山西新闻广播和各市党报等媒体以及各大主流新闻网转载。同时,在新闻的第二落点上做文章,打造了一系列优秀栏目,刊发了一批优秀稿件。如《万名干部入企服务》系列报道、《供给侧结构性改革一年间》系列报道,《决战贫困》系列报道和《山西干部干事创业渐成气候》等,准确地传递了省委的声音,为全省改革发展营造了积极向上的舆论氛围,站到了舆论引导的制高点,发出了主流媒体的主流声音。稿件有思想、有温度、有品质,部分稿件受到省委主要领导和宣传部领导的批示或口头表扬。

各子报子刊、新闻网集体发出同期声,形成集群效应,在各个层面营造声势,结合自身特长,做了卓有成效的宣传工作。

集团各新媒体以话题、专题、快讯、图说、动漫、视频等丰富形式,全面准确、形象生动地对省委、省政府重大决策部署进行深度阐释解读,起到了“网上党报”的重要作用。

二、积极组织开展集团“两学一做”学习教育

根据中央关于在全体党员中开展“两学一做”学习教育的要求部署,按照省委、省直工委的统一安排,集团党委把学习教育作为重要的政治任务抓紧抓实抓好,由机关党委牵头负责,成立了“两学一做”学习教育领导组,建立起联络员制度,确保集团“两学一做”学习教育扎实开展。

(一)集团党委带头学习,举行了有针对性的中心组学习会19次。集团党委书记、社长郭玉福带头发言、带头撰写心得体会,认真组织班子成员的集中学习和“四个专题”(讲政治、有信念;讲规矩、有纪律;讲道德、有品行;讲奉献、有作为)的研讨会,充分发挥了领导干部的带头作用,真正起到了引领示范作用,在集团营造了浓厚的学习氛围。

(二)集团机关党委强化组织,加强引导,要求各党总支、党支部突出“学”这个基础和“做”这个关键,科学制定计划和安排,并对每个党员提出自学要求,引导全体党员学原文、读原著,学深弄懂,融会贯通,并自觉把学习教育成果转化为做好本职工作的强大动力,推动集团各项事业健康发展。学习教育期间,机关党委在集团各基层党组织中开展了“建功十三五、支部创六星”活动,下发学习书籍学习资料3000余册,使“两学一做”学习教育真正取得实效。

三、认真抓好基层党组织的各项工作

(一)对入党积极分子进行教育和培养。2016年省直工委分配给集团发展党员名额17名,机关党委在年初就对各党总支、党支部的培养发展对象有关情况进行详细了解和指导。5月25日机关党委召开专题会进行研究,确定了17名预备党员,并及时组织17名新党员分批到省直分校接受学习培训,圆满完成学习任务。

(二)对党员组织关系进行集中排查。排查工作以党支部为单位,党支部书记为负责人,对本支部党员进行集中摸底排查。集团机关党委将党员组织关系排查工作作为抓党建的一项重要内容,及早安排、统一部署,各支部高度重视,认真组织,支部书记亲自参与工作,及时解决本支部在排查中遇到的困难和问题,确保排查工作顺利开展。

(三)根据中央和省委关于加强和改进党员干部教育培训的安排部署,认真组织参加了省直工委举办2016年省直机关党员干部的培训班和党支部书记轮训班,集团共安排1名处级干部和12名支部书记参加了培训学习。

(四)为全体党员发放了党费证,进一步增强党员的党员意识、自觉缴纳党费的意识,不断加强党性观念,争做合格党员。

(五)根据省直工委《关于省直机关规范党费收缴、使用和管理及专项检查的通知》文件精神,结合集团实际情况和正在开展的“两学一做”学习教育,于11月18日下发机关党委文件《关于进一步规范集团党费收缴工作的通知》,对集团所属党总支、党支部全体党员交纳党费的标准进行重新核定。为确保此项工作顺利完成,机关党委成立审核小组,对此项工作给予具体指导把关,有力地保证了党费收缴的准确性和严肃性。本次集团共有892位党员补缴党费总额为681653.25元。其中,247805元上缴至省直工委。

(六)抓好各基层党组织换届工作。基层党组织换届选举

工作是严肃党内民主生活的一项重要内容，是加强基层党组织领导班子建设，增强基层党组织的创造力、凝聚力和战斗力，进一步强化党支部的主体责任，充分调动广大党员的积极性、主动性、创造性的重要举措。10月28日机关党委（机关纪委）专门研究集团各基层党组织换届工作的有关事宜，11月2日下发《关于基层党组织进行换届选举的通知》文件，正式启动换届工作。通过推荐支部委员候选人、广泛征求各支部党员意见、召开党员大会投票选举等程序，各党总支、党支部已选举产生新一届支部委员会，这次换届后，机关党委下辖2个党总支、49个党支部，管理和服务党员1025名。

四、开展纪念中国共产党成立95周年系列活动

2016年是中国共产党成立95周年，是“两学一做”学习教育的实施之年。根据省委“两学一做”学习教育的统一部署和省直工委有关文件精神，集团机关党委高度重视，就纪念“七一”系列活动多次专门召开会议进行研究，要求把系列活动当作深入开展“两学一做”学习教育的重要内容、当作一项紧迫的政治任务抓细抓好抓出成效，并以此为契机全面加强集团党建工作，为集团创新发展提供强有力的组织、作风和人才保障。

（一）6月29日，集团“纪念中国共产党成立95周年暨表彰大会”隆重召开。会上，预备党员进行了入党宣誓，老党员重温了入党誓词。集团党委对1个省直先进基层党组织、2名优秀共产党员和2名优秀党务工作者进行大张旗鼓地表彰；20名年度优秀共产党员、8名优秀党务工作者和8个先进基层党组织获得表彰。

（二）集团各基层党组织积极开展丰富多彩的党日主题活动，如讲党课、抄写党章、观看红色电影、入党宣誓活动、参观红色教育基地、举办文艺演出等。系列纪念活动进一步增强了集团广大党员的宗旨意识、党章意识和党员意识，进一步坚定共产主义理想和中国特色社会主义信念，广大党员纷纷表示将紧密团结在以习近平同志为核心的党中央周围，始终牢记责任和使命，不忘初心，继续前进！

五、推进党风廉洁建设取得新成效

2016年以来，在集团党委正确领导下，机关党委认真履行党风廉洁建设主体责任，机关纪委认真履行党风廉洁建设监督责任，严格按照党要管党，从严治党的要求，充分运用专家辅导、警示教育、支部活动等载体，强化监督执纪问责，压实“两个责任”，在党风廉洁建设和反腐败斗争方面取得了新成效。

（一）做好经常性教育工作。3月份在集团处级以上领导干部中开展了《中国共产党纪律处分条例》和《中国共产党廉洁自律准则》的答题活动，近150名处级以上领导干部参加了答题活动。6月7日组织了集团党委中心组（扩大）学习会，集团处级以上领导干部近120余人参加，共同观看了《沉的痛教训、无尽的追悔、真切的警示——违纪违法领导干部忏悔录汇编分析》和《贪与悔》董洪运等五人违纪违法案件警示录，重点学习了对党员领导干部的六条启示。

（二）抓好信访举报工作。高度重视信访举报工作，着力提高信访件办理质量，确保“件件有着落、事事有回音”。全年共受理群众来信来访1件，都已按照程序，组织专人进行了了解核实并进行了回复。

（三）持之以恒纠“四风”。进一步推进作风建设，以党员领导干部为重点对象，节假日、双休日为重点时段，大力开展正风肃纪工作。严格执行公务接待、公车改革制度和公费外出各项规定。集团党员中没有发现任何违纪行为。

六、扎实做好精神文明创建工作

（一）认真开展先进集体和个人的推荐评选工作。推荐山西法制报社为省直机关先进集体，荣获省直“五一”劳动奖状；推荐杨改民、张云、王涛等获评为先进个人。推荐山西日报编辑中心党支部为省直机关先进基层党组织；评选李晋豫、韩瑞彪为省直优秀共产党员。初晓琴、常兴华等同志被评为省直优秀党务工作者，王利红当选为省直机关精神文明标兵。

（二）组织报送省直机关第五届“读书月”优秀体会文章。理论评论部王早霞《有效市场＋有为政策＝成熟市场经》《官员勿在百姓面前失语》列入选送范围。

（三）组织参加省直工委宣传部关于开展“家风家教你我他”主题征文活动。理论评论部王秀娟撰写的《积善之家有余庆》被选中报送。

（四）认真组织集团干部职工为各地受灾群众捐款，参加人员989名，捐款为38040元。

（丁　婕）

附：山西日报报业集团党委书记、副书记、委员名单

书　记：郭玉福

副书记：丁伟跃

委　员：李蜀昌（5月离职）　张　宁　冯爱民　席永明　焦玉强　任灵杰　张巨霖（9月任职）　张占鹰（9月任职）　李志刚　李　伟

省政府发展研究中心党组工作概况

党组书记　李劲民

2016年,山西省人民政府发展研究中心(以下简称"中心")领导班子认真学习领会党的十八届历次全会精神和习近平总书记系列重要讲话精神,贯彻落实省第十一次党代会精神及省委"一个指引、两手硬"重大思路和要求,扎实开展"两学一做"学习教育,全面加强党的建设,落实从严治党主体责任,强化决策咨询服务,圆满完成了省委、省政府交给的各项任务。

一、认真学习贯彻中央和省委精神,扎实开展"两学一做"学习教育

按照省委统一部署,省政府发展研究中心成立了"两学一做"和"双学一跟"学习教育活动领导小组,开展了全覆盖的学习。强化党组中心组的示范引领作用,班子成员带头讲党课、搞宣讲、作辅导。重心下沉,充分发挥党支部主体作用,各支部结合实际制定并执行日常具体的学习计划。班子成员以普通党员身份自觉主动地融入小组和支部,与同志们集体过组织生活。认真开展"四讲四有"专题学习讨论,在学习教育中不断增强政治意识、大局意识、核心意识、看齐意识,自觉同以习近平同志为核心的党中央保持高度一致,自觉维护党中央权威,当政治上的明白人。坚持严肃认真的党内政治生活。把落实《条例》和《准则》作为重要政治任务,着力增强党内政治生活的政治性、时代性、原则性、战斗性。全年共组织中心组(扩大)专题学习26次,机关党委、党支部集体学习18次,集中开展专题讨论8次。

认真学习贯彻省第十一次党代会精神及省委"一个指引、两手硬"重大思路和要求,统一干部思想,凝聚发展共识。我省在经过政治生态集中治理优化后,经济发展正处于一个重大历史拐点,大量的问题迫切需要研究解决,经济转型、改革创新需要理论创新,这是考验我们的责任与担当的关键时期。"中心"作为省政府的重要智库,聚焦山西发展命题孜孜精研。比如"中心"部分同志参与了省第十一次党代会报告、全省经济工作会议讲话和政府工作报告等重要文稿的起草工作,在综改、供给侧结构性改革、简政放权、优化环境等方面为省委和政府决策发挥了咨询作用。党代会后,李劲民同志作为省委宣讲团成员,先后赴吕梁、晋中和宣传口作了3场专题报告,解读省委的重大政策,受到了广大干部群众的欢迎。

二、强化党的领导,提高党建工作水平,落实全面从严治党主体责任

在深入开展"两学一做"学习教育、加强思想政治建设的基础上,"中心"班子始终坚持把纪律和规矩挺在前面,强化党建工作责任制,坚决落实党风廉政建设主体责任,加强干部队伍建设,积极开展机关文化和精神文明建设,在作风建设常态化和基层党组织规范化建设方面取得了明显成效。

抓好巡视整改工作。按照省委统一部署,2016年3月至6月,省委专项巡视组对"中心"进行了政治巡视。中心党组围绕巡视组提出的问题和意见,逐条逐项对照检查,列出清单,从"人、事、因、制"等角度采取了整改措施,解决了一些问题,堵塞了一些漏洞,整改工作已经取得了阶段性成效。下一步工作,一是坚持以习总书记系列重要讲话精神和治国理政新理念新思想新战略为指引,牢记习近平总书记对智库建设的殷切期望,学思践悟,指导工作。二是加强意识形态工作责任制工作,牢牢把握意识形态工作主导权。三是持之以恒地加强作风建设,盯住关键节点,强化问题整改。

不断推进党风廉政建设和反腐败斗争。健全反腐败领导体制和工作机制,制定了落实党风廉政建设"两个责任"清单和工作任务分解方案,党组书记与各处室签订了党风廉政建设责任书,建立了副处以上干部廉洁档案,强化对领导干部的制约和监督。不断加强廉政文化建设和反腐倡廉教育。组织参观廉政教育基地,组织集中观看廉政教育警示片,加强警示教育。中心配备了专职的纪检干部。对违纪干部进行了党纪政纪处分。高度重视机关和下属单位存在的廉洁风险点和薄弱环节,努力做到敢管敢严、真管真严、长管长严。

强化工作纪律和财经纪律。开展了党员组织关系摸查、党费统计收缴等工作。进一步强化了工作纪律要求,严格执行考勤制度,开展经常性、不定期的明察暗访。严格执行节假日值班制度。组织开展了中心固定资产全面清查工作,聘请专业机构进行清产核资,并将清查情况上报了省财政厅。进一步严格政府采购、差旅费报销、课题经费管理使用管理。

加强干部任用和管理。2016年,按照省委选拔干部的新规定,中心配合省委组织部调整提拔了2名省管干部。选拔了8名副处级干部和2名科级干部晋升,进一步优化了干部队伍结构,增强了干部队伍活力。

把精神文明创建与抓整改结合起来。良好的单位文化对于提振干事创业气氛有积极的促进作用。坚持两手抓、两不误,积极开展精神文明创建活动,切实把中心干部的思想和行动凝聚到山西发展研究上来。在第四届"读书月"活动中有3人获奖,在第九套广播体操比赛中获得金奖,在弘扬长征精神主题朗诵比赛和"两学一做"主题演讲比赛中荣获优秀奖,中心还获"省直文明单位标兵"称号。

三、认真履行职责，圆满完成年度工作目标任务

加强了全省重大经济问题和突出矛盾的调研，扎实开展决策咨询服务。

圆满完成内刊出刊工作。报送《省长专阅》13 期，《决策咨询研究建议》15 期，《调查研究报告》出刊 84 期，均超额完成了年初确定的目标任务。整理撰写经济运行分析、我省沿黄贫困地区生态脱贫建议等 10 余份。参与制定一批重要政策性文件，组织对 20 余项文件提出修改意见。一年来，“中心”向省委省政府提交的研究材料获得领导批示 18 件次，直接向省领导汇报 5 次。

积极开展政策解读工作。制定了《关于进一步加强信息发布和政策解读工作实施方案》，明确“中心”政策解读的职责、任务、平台和机制。两次组织了全省供给侧改革专题辅导等大型讲座。在省内外媒体上发表解读文章 30 余篇次。出版了 4 本政策解读专著，其中《山西推进精准扶贫政策研究》被列为中部地区扶贫培训班指定教材。

组织开展重大课题研究工作。围绕全省经济社会发展中的重点、难点、热点问题进行中长期研究和跟踪研究，组织开展煤炭供给侧结构性改革研究、推进新型智库建设研究、健全行政决策机制研究、全面建成小康社会的艰巨性和复杂性研究、民营经济问题研究等重大课题研究工作。研究报告全部完成，一些研究报告受到省领导的高度肯定。

牵头完成政府绩效第三方评估工作。这是我省首次进行政府绩效第三方评估，标志着政府决策向科学化民主化又迈进了重要一步。在向国内有关机构调研学习的基础上，研究出台了开展政府绩效第三方评估的有关制度，较好组织完成了“新建改扩建农村幼儿园”和“山西省行政村街道亮化工程”两个项目的评估工作。

完成省委省政府交办的重要文稿起草等工作。中心组织骨干力量参与起草省第十一次党代会报告，参加全省经济工作会议讲话和政府工作报告的起草工作。一年来，中心还承担并完成了省委、省政府领导交办的其他材料的整理撰写工作 12 次。

扎实开展驻村扶贫和入企服务。根据省委的要求，在驻村扶贫工作队的基础上，委派了中心 2 名同志担任第一支书，进行驻村精准扶贫。帮助强化了村支部建设，编制“十三五”脱贫攻坚规划，帮助改造危房 75 户，引进太阳能发电和肉牛、蛋鸡养殖等项目，落实扶贫资金 65 万元，受到国务院督查组和省有关部门的高度肯定。“中心”四位领导带队到扶贫村开展了“关爱儿童，共筑梦想”六一帮扶主题活动，《中国经济时报》和《山西日报》进行了报道。抽调了 10 名干部参与全省入企服务活动，发挥了“中心”干部熟悉政策、善于研究的优势，把政策带过去，把问题带上来，帮助企业梳理并解决发展中存在的实际问题和困难，受到帮扶企业、所在地市和有关部门的赞誉，所在小组被评为“优秀小组”，2 人被评为“全省万名干部入企服务先进个人”。

四、开展普法教育，不断推进法治建设

重视法治建设和法制宣传，不断完善制度，强化管理，严格执行。有序推进法治建设。健全了推动法治建设的领导体制和工作机制，对法治建设领导小组、领导组办公室组成人员及工作职责进行了调整。起草制定了《关于开展法治宣传教育的第七个五年规划》《“七五”保密法治宣传教育规划》《2016 年度学法计划》，组织普法教育专题培训，领导班子带头开展并参加普法培训，先后就《宪法》《行政法》《中国共产党纪律处分条例》《中国共产党廉洁自律准则》《旅游法》等给全体干部职工做了 5 次普法专题讲座。

进一步完善内控机制。主要是加强了内部制度建设，健全了重大决策机制，强化绩效管理等工作。制定了《贯彻落实“三重一大”事项集体决策制度实施细则》《全面推进单位内部控制建设工作实施方案》《关于进一步加强对下属杂志社管理的意见》《跟踪问效考核评价工作机制落实方案》等制度性文件，并严格执行。（王展波）

附：省政府发展研究中心党组书记、成员名单

书　记：李劲民

成　员：王岳红（女）　王凤鸿

省地方志办公室党组工作概况

党组书记　张志仁

2016 年，是“十三五”的开局之年，是加快全面建成小康社会的重要一年，对地方志工作来说，是全面贯彻落实国务院《全国地方志事业发展规划纲要（2015-2020 年）》和山西省人民政府《山西省地方志事业发展规划纲要（2015-2020 年）》的起始之年。2016 年，地方志坚持以邓小平理论、“三个代表”重要思想、科学发展观为指导，深入学习贯彻习近平总书记系列重要讲话精神，按照省委、省政府的决策部署，围绕中心，服务大局，坚持依法治志，积极为全省经济和社会发展提供智力支持。

一、学习贯彻党的十八大、十八届三中、四中、五中、六中全会精神和习近平总书记系列重要讲话精神，树立方志文化自信，增强方志文化自觉

党组以中心组学习为龙头，认真学习贯彻党的十八大、

十八届三中、四中、五中、六中全会精神和习近平总书记系列重要讲话精神，尤其是关于地方志工作的重要论述，进一步增强了文化自信。通过不断学习，进一步明确地方志的价值和活力不仅在于修志存史，还在于对历史智慧与文明的记述与传承，更在于育人与资政，在于服务国家发展大局。2016年，地方志进一步树立了方志文化自信，不断提高方志文化自觉，发挥地方志在“四个全面”总体布局中的作用，全面推进地方志从一项工作向一项事业转型升级，努力把地方志事业做大、做强。

根据中央和省委要求，研究制定了《关于在全体党员中开展“学党章党规、学系列讲话，做合格党员”学习教育实施方案》，发挥中心组龙头作用，通过集中学党章、读原著、作笔记，解问题、领要义，“四讲四有”“七一”重要讲话专题研讨、邀请国家行政学院专家辅导、党章党规知识竞赛和郭诚文书法展、建立微信工作群等，进一步提高了广大党员干部的思想自觉和行动自觉。

按照省委“一个指引、两手硬”的重大思路和要求，全面落实《各市和省直单位2016年度目标责任考核指标》，研究制定了《2016年度目标责任分解实施细则》，列出责任清单，形成层层负责的工作机制。在确保年度目标责任完成的基础上，认真落实省人民政府《山西省地方志事业发展规划纲要(2015-2020年)》，全力推进“到2020年，完成第二轮修志规划任务，实现省、市、县三级综合年鉴全覆盖”的地方志“两全”目标任务的完成。

二、认真落实全面从严治党主体责任，不断加强党的建设、法治建设，提高党的建设和依法治志的水平

紧紧围绕“四个全面”战略布局，坚持党要管党、从严治党，认真落实“两个责任”，特别是通过开展“两学一做”学习教育，进一步加强党的思想建设、组织建设、作风建设、党风廉政建设和法治建设，广大党员干部的“四个意识”进一步增强，工作作风进一步转变，为地方志事业发展提供了坚强的思想保证和组织保证。

一是加强思想政治建设。通过中心组学习、邀请专家辅导和干部培训等多种方式方法，认真学习党的十八大和十八届三中、四中、五中、六中全会精神，学习贯彻习近平总书记系列重要讲话精神，不断坚定理想信念，在思想上政治上行动上同与习近平同志为核心的党中央保持高度一致，进一步增强核心意识、看齐意识，切实增强全面从严治党的思想自觉和行动自觉。

二是加强党风廉政建设。坚持把严明党的政治纪律和政治规矩摆在首位，修订完善了《党组会议事规则》，调整了党风廉政建设责任制领导小组，全面推进从严治党。通过《廉洁自律准则》《纪律处分条例》《问责条例》《党内监督条例》《关于新形势下党内政治生活的若干准则》等的学习贯彻，通报典型案件，组织观看警示片等，全办党员干部的纪律和规矩意识不断提高。

三是加强作风建设。以整顿会风会纪为抓手，严格执行省政府“13710”工作制度，提高行政效率。严格执行中央八项规定，强化日常监督，抓重要时间节点明查暗访，持之以恒反对“四风”，进一步促进了作风建设。

四是加强机关基层党组织建设。不断强化党支部书记的责任意识，结合“两学一做”学习教育，组织支部书记学习骆惠宁书记在省第十一次党代会上提出的“加强‘基层组织、基础工作、基本能力’建设”的严格要求，充分发挥党支部的战斗堡垒作用。机关党委建立微信工作群，及时发布党的最新理论等近400条，深化了全办党员教育。同时，党组在研究党建工作时，机关党委委员、机关纪委委员、支部书记列席，进一步提高了支部书记的责任感和履职能力。开展创先争优活动，一名优秀共产党员、一名优秀党务工作者和一个先进基层党组织受到省直工委的表彰。

五是加强机关自身建设。弘扬方志文化，推进“六型机关”建设，不断深化社会主义核心价值观教育和精神文明创建工作，在省直机关第九套广播体操比赛中荣获银奖。开展献爱心活动，为灾区捐款9950元。7月15日，地方志办公室成功承办了第一次全国年鉴工作会议。中国社会科学院副院长、中国地方志指导小组常务副组长李培林出席会议并讲话。中指组领导对地方志办公室承办会议中周到、细致的工作给予赞扬。

六是加强机关党建工作领导。在3月成立机关党建工作领导小组，加强对党建工作的领导。由于主要领导的变动，10月又调整机关党建工作领导小组，不断完善党组书记负总责、分管领导分工负责、机关党委推进落实、处室负责人“一岗双责”的党建工作格局。按照省直工委要求，12月中旬机关党委书记、各党支部书记相继进行述职评议考核工作，强化“一岗双责”的考核。通过对机关党建工作的领导，机关党建工作上了一个新台阶，营造了创先争优的良好氛围，机关党建与业务工作两促进。

七是全面推进法治建设。调整法治建设领导小组，召开“七五”普法启动大会，开展党学法讲法用法，邀请山西大学鲍善冰教授作《法治政府建设与法治建设》的专题讲座等。认真落实《地方志工作条例》《山西省地方志工作条例》，坚持依法治志，努力推进地方志事业上新台阶。

八是深入推进“六权治本”。修订了《党组会议事规则》《主任办公会议制度》《内部控制基本制度》等16项制度，不断完善以“三重一大”决策机制、监督管理机制、严惩滥用权力为核心的制度体系，更好实现用制度管人管事管权。

三、严格执行“两个条例”，认真落实“两个纲要”，全面完成2016年度目标责任考核工作任务指标，全面推进“两全”目标任务的完成

根据2015年8月25日国务院办公厅印发的《全国地方

志事业发展规划纲要(2015—2020年)》和2016年1月7日省人民政府办公厅印发的《山西省地方志事业发展规划纲要(2015—2020年)》精神，全面落实《各市和省直单位2016年度目标责任考核指标》，研究制定了《2016年度目标责任分解实施细则》，列出责任清单，形成层层负责的工作机制。通过召开推进会、撰稿人培训会、篇目讨论会、初稿研讨会、评审会、专家论证会，多次深入省志承编单位和市县组织发动、督促指导等多种方式方法，全力推动2016年度考核任务的完成。

(1)组织编纂完成《民政志》《人物志》(下)和《证券志》《煤炭志》《商务志》5部省志，共计734万字，由中华书局出版。

(2)加强对市县志工作的指导检查，完成《忻州市志》《阳泉市志》《岢岚县志》《祁县志》《大同县志》《忻府区志》《长治郊区志》《永和县志》《右玉志》9部市县志的评审，超额1部，审核出版了《隰县志》《平遥县志》《绛县志》《左权县志》4部县志。

(3)按照中国精品年鉴工程的要求，高质量完成《山西年鉴(2016)》组稿、编纂任务，150万字，由方志出版社出版。《史志学刊》按时编辑出版6期，成为史志研究的学术交流平台。

(4)全面深化改革，与省政府发展研究中心联合研创《山西省情报告(2016)》，35万字，由社会科学文献出版社出版。

在此基础上，奋力拼搏，超额完成了《人物志》(中)和《楹联志》《古戏台志》3部省志，由中华书局出版。组织编纂完成了《晋东南地区志》(上下)，由方志出版社出版。以上4部书，共计900余万字。

(杨建中)

附：省地方志办公室党组书记、成员名单

书　记：李茂盛(7月离职)　张志仁(7月任职)

成　员：赵群虎　刘益龄

省农业科学院党委工作概况

党委书记　李　斌

2016年，院党委在省委、省政府的坚强领导下，团结带领全院广大党员和党外知识分子、科研人员，认真贯彻落实中央和省委的决策部署，按照“一个指引，两手硬”的工作思路，坚持全面从严治党，认真履行党风廉政建设主体责任，积极发挥政治核心作用，党建工作和服务院中心工作都取得了重大进展，彻底扭转了“主体责任严重缺失”的局面，为促进农业科技创新、服务现代特色农业、科技助力“脱贫攻坚”提供了坚强的思想、政治和组织保证。

一、加强党的领导，认真落实全面从严治党主体责任

院党委新班子自觉担负起党要管党、从严治党的主体责任，扭住不放，一抓到底。一是把党建工作摆在首要位置。牢固树立“抓好党建是最大的政绩，不抓党建是严重失职”的理念，和中心工作同谋划、同部署、同落实，把党建工作考核纳入领导班子和领导干部年度考核内容。二是构建全面从严治党责任体系。层层分解责任，印发了《院党委责任清单》，各基层单位也按照要求出台了党组织主体责任清单，并进行了签字背书，实现责任体系全覆盖、无死角。三是明确党政工作关系。出台院党委《工作规则》，严格党内监督，明确院(所)长是单位法人，院(所)里重大事项由院(所)长主持的党政联席会研究决定；各级党委(总支、支部)为院(所)政治核心，要认真履行全面从严治党主体责任，积极发挥政治核心作用，配合服务院中心工作，保障各项事业健康发展。四是加强考核检查。对29个基层单位和1个下属企业进行了党的工作责任制落实情况考核，通过重点检查巡视整改、督查整改等重点任务责任落实，带动全面责任的落实。

二、加强思想建设，进一步补足精神之钙

院党委始终把思想建设作为加强党建工作和全面从严治党的首要任务。一是开展“两学一做”学习教育，在引深学习上下功夫。深入学习贯彻党的十八届三中、四中、五中、六中全会精神和习近平总书记系列重要讲话精神，学习省第十一次党代会精神和骆惠宁书记的重要讲话，学习中央和省委有关农业科技工作的指示要求，各单位开辟专题专栏，做到

了“五个一”。每个支部制定一份学习计划,每周组织一次集中学习,每个领导作一次党课辅导,每人做好一本读书笔记,每个党员撰写一篇学习心得。邀请省内外领导和专家来院作专题辅导报告,编印《两学一做应知应会》下发至基层支部和每个党员。二是开展特色学习活动,在增强学习实效上下功夫。各基层单位结合各自实际,开展手抄党章活动、参观红色革命教育基地、开展“我是共产党员、我要敬业奉献”等党员先锋号活动,开展“展青年风采、筑多彩梦想”学雷锋志愿服务活动,做到学思践悟,学用相长。三是开展“信念、品德、奉献”系列活动,在唤醒党员意识上下功夫。举办“科技创新与科研诚信”等精品专题讲座;举办优秀征文和心得体会评比工作,对评选出的30篇优秀征文和心得体会进行表彰,并推选3篇上报省直工委。四是加强和改进中心组学习,在以学促学上下功夫。院党委中心组全年集中学习13次,4位院党委委员深入基层解读十八届六中全会和省第十一次党代会精神,发挥先学一步、带学促学作用。五是联系实际学习,在推动学用结合上下功夫。农科院参加了省委在右玉召开的“学以致用,以用促学,把学习贯彻习总书记系列重要讲话精神引向深入”学习交流会,会上印发了农科院《以科技支撑现代农业发展》的经验交流材料。在院党委的引领带动下,全院党员干部形成了抓学习、促教育、转观念、提素质的良好氛围。

三、加强基层组织建设,进一步发挥战斗堡垒作用

基层党组织是党的全部工作和战斗力的基础,2016年,主要抓了6项工作。一是组织关系集中排查。严格按照应查尽查、全员覆盖的要求,查找失联党员,依照党章规定除名两名失联党员。二是基层党组织按期换届工作。属省直20个基层党组织全部按期完成了换届工作,院机关6个职能处室由副职担任书记的党支部全部进行改选,改由处室正职担任支部书记,把“一岗双责”落实到位。三是党费收缴专项检查工作。全院50个基层党组织,需补交党费的1023人按规定要求按时足额补交了党费,共补交82万余元。四是非公企业和社会组织“两个覆盖”专项行动。要求3个院占股份企业按规定成立了党组织,为其理顺党员的组织关系。五是抓党建促脱贫攻坚工作。主动作为,先后组织召开7次专题会议部署调研工作,从20个单位20多个专业中抽调224名科研人员组成13个调研组,完成了35个贫困县的脱贫产业规划调研工作,受到省委领导的肯定和郭迎光副省长的批示表扬。组织150多名党员干部深入到定点扶贫点太原市娄烦县柴厂村和石裕村进行摸底建档,结对帮扶,实施精准扶贫。六是开展创先争优表彰活动。2016年的“七一”前夕,院党委表彰了十八大以来涌现出的先进基层党组织、优秀共产党员和优秀党务工作者,授予8个单位“先进基层党组织”、68名同志“优秀共产党员”、20名同志“优秀党务工作者”称号。

四、从严选任管理监督干部,建设高素质干部队伍

院党委按照习总书记指出的“要把从严管理干部贯彻落实到干部队伍建设全过程,管理要全面、标准要严格、环节要衔接、措施要配套、责任要分明。”切实加强干部选任管理监督工作。一是严格按照好干部标准选拔任用干部。重新修订了《山西省农科院院管干部选拔任用暂行办法》,明确“九种干部不用”,分三批推荐选拔任用干部,提拔正处干部7名、副处干部24名,调整交流7名,选派科技副县长12名,干部调整工作平稳有序。二是严格干部年度考核。对院属30个下属单位和18个机关处室的领导班子和领导干部进行年度考核,全院150名所处级领导干部参加了述职述廉,广大干部职工参加了民主测评,对测评结果差的干部进行了诫勉谈话。三是抓好干部培训教育。组织57名处级干部赴中山大学进行了为期一周的“领导干部综合管理能力提升中山大学高级研修班”培训,组织67名机关支部书记和基层党务干部在省委党校省直分校进行了为期一周的集中培训,大大提高了党员干部的理论水平和能力素养。四是全面加强对领导干部的管理监督。责令未按要求上报巡视整改“三个清单”的单位党政领导公开检查。认真贯彻落实《党员领导干部报告个人有关事项的规定》,所有副处以上领导干部认真填写了《2016年度领导干部个人有关事项报告表》。同时,严格执行干部离任审计制度,对下属单位4名行政主要领导进行了任期经济责任审计。

五、以巡视整改为契机,加强党风廉政建设和反腐败斗争

院党委新班子高度重视省委巡视组反馈意见,按照“聚焦问题、积极整改,举一反三、以点带面、惩防并举、以防为主,标本兼治、务求实效”的原则,直面问题、动真碰硬,不折不扣推进整改落实。一是加强组织领导,统一思想认识。新班子自觉扛起巡视整改的主体责任,院所两级党组织都成立了整改领导小组,将整改责任压实到位。并采取多种举措增强全院干部职工重视整改、真抓真改的责任感和自觉性,在全院营造凝心聚力抓整改、抓好整改促发展的良好局面。二是深入推进整改和开展巡视整改“回头看”。对省委巡视组《巡视整改反馈意见》的问题及提出的整改要求,逐条对照分析,毫不松懈抓好院巡视《整改方案》要求的整改任务后续落实工作,对尚未完成的整改事项紧盯不放、限期整改、务求实效;对涉及长远的机制体制整改事项,脚踏实地,一步一步抓严抓实。巡视整改“回头看”期间,全院违规发放的津补贴坚决予以清退,共清退违规发放的补贴和奖励5905585.39元,并对当事人和责任领导做出相应处理。三是实践“四种形态”,强化执纪问责。通过组织全院纪检干部业务知识培训、选齐配强基层单位纪检干部、增强院纪委工作力量等措施解决院所两级纪委人员不足、职能弱化、业务生疏等问题。全力

支持院纪委对“十八大”以来受理的问题线索、巡视组和省委督查室反馈的问题进行调查落实，把握“四种形态”的处理原则，根据情节轻重，分别给予党纪政纪处分和批评教育、诫免谈话等组织处理。四是强化制度建设，构建拒腐防线。2016年为全院“建章立制、提升素质”年，院党委带头做好制度设计、制度制定、制度完善、制度衔接工作。修订完善院《党委会会议制度》《党政联席会议事规程》《“三重一大”决策制度实施办法》等29项规章制度，新制定出台了院党委《工作规则》《关于完善财务报销手续的规定》等20项规章制度。各基层单位在年底前都提交管理制度手册，院所两级初步构建起防、管、惩的内控制度框架体系。五是进一步规范内部治理。修订了院《学术委员会章程》和《加强学科发展指导意见》，健全完善学术咨询和监督机制，建立了科研项目决策、执行、评价相对分开、互相监督的项目管理机制，建立了全院统一协调的仪器设备共享管理平台，启动建设了山西省农业科技成果信息交易平台。

六、加强精神文明建设，营造良好的工作氛围

院党委积极开展精神文明创建活动，以践行社会主义核心价值观为根本，弘扬正气、树立新风，努力构建文明和谐院所。

（一）扎实开展精神文明建设。深入开展核心价值观教育，不断深化“六型院所”建设，加强对基层单位文明单位创建工作的指导和日常管理，2016年完成了26个文明单位的申报工作，全院共有省直文明标兵单位1个、文明单位17个。

（二）以党建带统战、带群团工作，扎实做好老龄工作。强化党委统战责任意识，扎实落实中央和省委统一战线重大决策部署，完善党外干部队伍人才数据库建设，组织开展“双学一跟”学习活动，发挥党外人才作用，做到“四个纳入”和“三个带头”。支持群团组织依照各自章程独立负责地开展工作，发挥桥梁纽带与党的助手作用。关心老干部生活，认真落实离退休干部政治和生活待遇，开展好“敬老月”活动。

（三）扎实做好综合治理工作。制定了《山西省农科院健全落实社会治安综合治理领导责任制实施细则》，调整院综治委组成人员，进一步明确综治工作职责。扎实做好节假日和重大活动期间的防范和维稳工作，认真落实各项安全防范措施，发现问题及时排除。加强和改进保密工作，进一步完善保密规章制度，深入开展保密自查自评工作，认真落实保密工作目标责任制。

（李海燕）

附：省农业科学院党委书记、副书记、委员名单

书　记：李　斌

副书记：刘惠民（2月离职）　乔雄梧（1月任职）

邢亚静（女）

委　员：聂安全

省社会科学院党组工作概况

党组书记　李中元

山西省社会科学院是中共山西省委、山西省人民政府直属的全额拨款事业单位，是全省最大的综合性哲学社会科学研究机构。

2016年，在省委、省政府和省委宣传部正确领导下，山西省社会科学院院领导班子团结带领全院党员干部和科研人员，认真学习贯彻习近平总书记系列重要讲话特别是在哲学社会科学工作座谈会上的重要讲话精神，贯彻落实党的十八大和十八届三、四、五、六中全会，省第十一次党代会精神，充分发挥省委、省政府“思想库”“智囊团”职能作用，奋力推进哲学社会科学创新工程和现代新型智库建设，各项工作取得了较大成绩。

一、巡视整改工作取得阶段性成效，全院干事创业形成新气象

2016年，根据省委统一安排，省委专项巡视十二组对社科院院进行了专项巡视。3月20日巡视组向社科院党组反馈了巡视意见后，社科院在全院开展了巡视整改工作。院党组先后八易其稿制定巡视整改方案，将巡视反馈意见中的四个方面13个问题具体分解为40项整改任务95项整改内容，逐项明确责任领导、责任单位、整改时限，同时确定了2个重点整改单位和5个专项整改任务。经过两个月的整改，95项整改内容中10项立整立改，79项完成整改，6项列为长期整改任务持续深化。为强化执纪监督问责，巩固整改成果，随后开展了为期一个月的整改落实“回头看”活动。通过集中整改和整改落实“回头看”，全院党员干部、科研人员纪律和规矩意识明显增强，干事创业的积极性、主动性不断提高，履职尽责的担当意识、责任意识、自觉意识明显提升，作风、学风发生可喜变化，全院上下形成奋发有为的新气象。

二、深入开展“两学一做”学习教育，为推动各项工作持续健康有序发展提供坚强有力的思想保证

2016年，社科院党组书记、院长李中元在党组中心组（扩大）学习会上作题为《认真学习党章 严格遵守党章》的专

题辅导,拉开全院"两学一做"学习教育序幕。按照中央、省委要求,结合社科院具体实际,制定了《关于在全院党员中开展"两学一做"学习教育实施方案》并于4月19日召开了全院"两学一做"学习教育动员大会。围绕"两学一做"学习教育及"四讲四有"主题,院党组共召开党组中心组专题学习会19次、专题研讨10次。党组成员、省管干部以身作则,带头作专题辅导,全院处以上干部认真准备、积极发言,推动了整个学习教育活动深入扎实开展。全院各支部(总支)书记按照党组要求切实履行学习教育主体责任,把抓好学习教育作为一项重要的政治任务,制定学习计划,周密安排部署,下大力气推进,确保学习教育取得明显成效,为推动各项工作持续健康有序发展提供了坚强有力的思想保证。

三、坚决把纪律和规矩挺在前面,不断强化主体责任

社科院党组始终把落实主体责任作为重大政治任务,认真贯彻落实习近平总书记关于党风廉政建设和反腐败工作的一系列重要讲话精神,坚决贯彻执行中央、中纪委、省委、省政府、省纪委和省直纪工委关于加强党风廉政建设的各项部署要求,深刻汲取张建武案件教训,从党要管党、从严治党的高度出发,从关键少数着眼,聚焦党风廉政建设和反腐败工作的中心任务。2016年制定了《中共山西省社会科学院党组议事决策制度》《中共山西省社会科学院党组工作细则》。《党组议事决策制度》对党组议事决策的原则、范围、程序和责任都作了详细规定;《党组工作细则》详细规定了党组、党组书记、党组成员的具体职责和工作要求。与此同时,社科院党组还出台了《山西省社会科学院党支部和部门负责人履职不力行为问责暂行办法》和《山西省社会科学院诫勉谈话制度》。为检验支部和支部书记工作成效,社科院机关党委组织全院19个支部(总支)书记进行述职述廉。2016年院成立党建工作领导小组,由党组书记、院长担任组长,院机关党委书记担任副组长,相关职能处室负责人任成员,对全院党建工作进行统一领导、统筹规划和具体落实,进一步强化了全面从严治党主体责任。

四、解放思想、改革创新,积极推进哲学社会科学创新工程,加快地方新型智库建设

为学习借鉴地方社科院哲学社会科学创新工程的先进经验和做法,2016年社科院班子成员先后赴湖南、山东、江苏、河北、上海、浙江等社科院进行实地考察,利用参加全国社科院系统会议、各种研讨会的机会与兄弟社科院进行学习交流,还特邀山东社科院党组书记唐洲雁来院作专题报告。在广泛调研深入学习基础上,2016年社科院制定了《山西省社会科学院2016～2017年度哲学社会科学创新工作行动计划》,对推进哲学社会科学创新工作作出具体安排。在全院新一轮管理岗位竞聘续聘工作启动并完成五级岗位续聘竞聘工作的基础上,2016年通过岗位竞聘申报、资格审查、民主征求意见、结构化面试、拟任干部"六查"、确定考察对象考察等六个环节,完成了第二轮五、六级管理岗位、专业技术岗位和工勤技能岗位的竞聘续聘工作。为进一步整合山西省智库资源,加强地方特色新型智库建设,由社科院牵头,联合山西大学、省委党校等高校、科研机构筹备成立山西省智库发展协会(三晋智库联盟),筹备工作得到省委宣传部、省民政厅大力支持,得到全省各界广泛关注。

五、团结协作、锐意进取、勇于担当,积极为省委省政府献计献策,形成一批有价值的决策建议

社科院党组始终把加强思想政治建设放在首位,不断强化领导班子和全院干部群众团结协作、锐意进取、勇于担当意识。围绕省委省政府交付的重大课题、社会关注的热点问题、经济社会发展的重大理论和现实问题,围绕省委骆惠宁书记在省第十一次党代会上提出的"五个山西、六个转变、六大工程"等治晋理政新理念新思想新战略,通过"冬季行动"、"暑期集中调研"、专题调研等形式,组织调研组深入实际、深入基层、深入群众,有的放矢进行调研,形成了一批有价值的调研成果,多项成果得到省委省政府主要领导的批复。经省委宣传部批准,2016年"山西经济社会发展重大研究课题"纳入山西省哲学社会科学规划课题体系,并建立了省社科基金项目与重大研究课题的对接机制。在强化应用研究的同时,逐年加大基础理论研究资助力度,目前《马克思主义中国化在山西的理论与实践》《山西全面建成小康社会的理论与实践》《山西廉政文化探究》等10余部基础理论研究成果已送交山西人民出版社。由社科院承担的国家重大语言学工程项目《语海》确定2017年交付出版。据不完全统计,2016年共完成课题108项,其中包括山西经济发展重大课题10项、省哲学社会科学规划课题16项、省软科学课题2项、省社科联课题14项等,发表论文约150余篇,出版专著10余部,总字数约2000万字。李中元同志牵头完成的《山西城乡生态化建设研究》荣获山西省科技进步三等奖。在2016年全省第九次社会科学研究优秀成果评奖中,社科院共获一等奖1项,二等奖2项,三等奖3项,优秀奖3项,科研成果质量进一步提高。

六、围绕解决实际问题,着力提高科学决策能力、组织领导和管理协调能力、解决突发事件和复杂问题能力

2016年,社科院领导班子始终坚持以人为本、问题导向,围绕解决全院改革发展中的重点、难点问题和干部职工普遍关心的实际问题,着力提高科学决策能力、组织领导和管理协调能力、解决突发事件和复杂问题能力。结合"两学一做"学习教育和巡视整改工作,始终坚持重大事项、重大决策主动与干部、职工进行通报;在推动旧院改造和新院建设工作上,克服种种困难,持续加快新院建设步伐,目前新院科研

行政楼和科研办公楼已进入全面验收阶段，图书馆主体工程已经完工，春节过后即开始内装修，预计5月中旬搬入新院办公。

七、坚持党要管党、从严治党，持之以恒反“四风”，支持纪检监察执纪问责

省社科院始终深入贯彻落实党要管党、从严治党要求，充分调动广大党员干部、科研人员的积极性，在完成各项工作任务的具体实践中考验锻炼干部，培养使用人才；注重班子团结和班子建设，坚持对班子成员高标准、严要求，班子的凝聚力、战斗力、向心力得到进一步提升；坚持把八项规定和省委实施办法作为一面镜子，全院党员干部以身作则，从自身做起，坚持狠刹“四风”；始终重视和支持纪检监察开展工作，定期听取工作汇报，及时解决问题，对纪检监察依纪依法履行职能、开展调查给予积极支持和配合，为纪检监察更好履职尽责创造了良好条件。巡视整改期间，纪检监察和专项巡视整改共约谈50余人次，对全院正风肃纪起到了切实的教育和推动作用。（杨亚琳）

附：省社会科学院党组书记、成员名单

书　记：李中元

成　员：潘　云　杨茂林（5月离职）　景世民　宋建平　张建武（7月因严重违纪被双开）

山西社会主义学院党委工作概况

党委书记　张云泽

2016年，山西社会主义学院党委深入学习贯彻习近平总书记系列重要讲话精神，深入开展“两学一做”学习教育，认真学习贯彻省第十一次党代会精神，坚决贯彻落实省委“一个指引、两手硬”重大思路和要求，坚持党要管党、从严治党，认真落实党建工作责任制，积极发挥社会主义学院党外代表人士教育培训主阵地作用，迎难而上，勇于担当，圆满完成了各项工作任务。

一、深入贯彻党的十八届六中全会和省第十一次党代会精神，在思想上政治上行动上与以习近平同志为核心的党中央保持高度一致

2016年，院党委把学习贯彻习近平总书记系列重要讲话和党的十八大以及十八届三中、四中、五中、六中全会精神作为重要政治任务，指导和推动学院各项工作，不断增强全院党员干部和教职工的“四个意识”特别是核心意识和看齐意识，坚决维护党中央权威，在思想上政治上行动上同以习近平同志为核心的党中央保持高度一致。贯彻落实省第十一次党代会精神，按照省委“一个指引、两手硬”重大思路和要求，努力为全省不断塑造良好形象、逐步实现振兴崛起发挥积极作用。在教学实践中，把学习宣传十八届六中全会和省第十一次党代会精神作为党外人士培训班的重要课程，推动中央方针政策和省委决策部署进学院、进课堂、进头脑。学习贯彻省委关于统战工作的安排部署，对如何发挥社会主义学院党外人士教育培训主阵地作用进行研究安排。积极落实关于构建亲清政商关系、促进非公有制经济发展的要求，学院领导班子成员深入朔州应县的4个民营企业，了解掌握情况，帮助解决困难。把推进脱贫攻坚作为重要责任，成立学院精准帮扶工作领导小组，制定出台《关于建立“两包三到”精准帮扶联动机制的实施意见》，选优配强驻村工作队长、队员和第一书记，全年6次召开党委会、党政联席会专题研究扶贫工作。领导班子带头深入扶贫村镇调研慰问，党员干部开展入村结对帮扶，3次组织赴神池县龙泉镇3个村慰问特困群众和“五保户”，全年投入项目帮扶资金45万元。

二、扎实开展“两学一做”学习教育，引导争做新形势下“四讲四有”合格共产党员

按照省委及有关部门的部署，把开展“两学一做”学习教育作为加强党的思想政治建设的重要任务来抓。抓组织，制定工作方案，召开动员大会，形成了领导干部带头、全体党员参加的良好格局。抓学习，制定党委中心组和干部理论学习年度计划，党委中心组全年集中学习13次，各支部坚持周学习制度，党委书记、支部书记讲党课10人次。抓讨论，党委中心组、各支部分别围绕“讲政治、有信念，讲规矩、有纪律，讲道德、有品行，讲奉献、有作为”4个主题组织专题讨论，进一步深化认识。抓教育，“五四”前夕召开青年党员干部和教师座谈会，组织观看廉政警示片《贪与悔》，与广东社院共同开展“两学一做”学习教育，赴武乡八路军太行纪念馆、昔阳大寨等教学基地参观学习。抓活动，“七一”前夕开展优秀共产党员、优秀党务工作者、先进党支部评选表彰活动，举办庆祝建党95周年知识竞赛、手抄党章和纪念红军长征胜利80周年活动，组队参加全省统一战线“两学一做”“双学一跟”知识竞赛。通过“两学一做”学习教育，全院党员干部的“四个意识”进一步增强、“四个自信”进一步树立，“让服务对象感受社院干部受教育成果”取得积极成效。

三、全力支持配合省委巡视工作，不折不扣抓好整改

2016年上半年，省委专项巡视十一组对我院进行了为期3个月的巡视。院党委和干部职工把这次巡视看作一次“政治体检”，当作促进学院工作的难得契机。院党委认真学

习巡视工作条例和有关领导讲话，全院干部职工大力支持、积极配合巡视组工作，坚持做到人随叫随到、物随要随给、事随交随办，保证了巡视工作的顺利进行。对于巡视组反馈指出的三个方面 12 个突出问题，院党委完全认同、诚恳接受，把抓好整改作为学院工作的重中之重，第一时间向省委分管领导作了汇报，向干部职工进行传达，成立巡视整改工作领导组和办公室，制定了整改工作方案。根据巡视反馈意见，梳理分解问题 20 个，制定整改任务及措施 35 项，全力以赴抓好整改。经过 2 个月的集中整改，制定、修订制度 19 项，开展专项治理 5 次，诫勉、提醒、个别谈话 30 余人次，办理驻部纪检组函询、初核等 7 人次，处室负责人集体廉政谈话 4 次，党纪处分 3 人。整改中既重视抓具体问题的解决，更重视抓长效机制的建设，对巡视移交的问题线索也逐一核实处理，做到了"事事有回音，件件有落实"。

四、以目标责任考核为抓手，全面推进学院各项工作

（一）圆满完成省委统战部下达的培训任务。探索建立培训协商对接机制，召开专题座谈会，上门征求各民主党派省委和统战系统相关单位的意见建议，提高教学培训的针对性和实效性。全年举办各类培训班 12 期，培训近 800 人次，圆满完成了省委统战部下达我院的培训任务。同时还积极服务基层，应邀选派教师 5 批 13 人次到市县授课，服务对象覆盖 4 市 14 县区，有效发挥了培训主阵地作用。

（二）加强教学培训基本建设，科研水平进一步提升。讨论起草了《山西社会主义学院关于学科课程体系建设的意见》，首批确定 9 门重点学科课程；扎实推进学院兼职教师库建设，建立首批 34 名兼职教师名单；制定《关于建立我院干部教育培训现场教学基地的意见》，确定首批 10 个现场教学基地，并对武乡八路军太行纪念馆等 3 个基地进行了挂牌；投资购置教辅图书，专款购买知网服务，满足教师教学科研和干部成才需要；申报并完成省委统战部立项的 4 项科研课题，其中 2 项获经费资助、1 项作为优秀成果受到表彰；教师在省级以上刊物发表论文 11 篇；编发《教学科研资讯》6 期。

（三）大力实施队伍素质提升工程。制定学院《关于加强教师队伍建设的意见》《干部职工继续教育管理办法》，建立处级干部教育培训档案，选派干部教师到复旦大学、中央社会主义学院等院校学习培训，组织开展教师"冬季大练兵"活动，组织省管干部、处级干部和新考录参公人员参加相关学习培训，支持青年干部在职读研深造，要求干部参加在线学习，提升了教职工队伍整体素质。

（四）高标准办好《山西社会主义学院学报》。以《山西社会主义学院学报》为平台和窗口，组织刊发统战理论研究热点稿件，宣传党的统战方针政策，全年编辑出版《学报》4 期，刊发文章 60 余篇，《学报》继续保持"山西省一级（优秀）期刊"水平，在第二届全国社院学报评奖活动 5 个奖项中荣获"优秀学报""优秀主编""优秀编辑"和"优秀装帧设计"4 个奖项。

（五）发挥山西中华文化学院职能，促进中华文化交流传播。举办 2 期中华文化大讲堂，组织召开"全省国学传播机构负责人座谈会"，与台北山西同乡会共同举办"晋台文化交流座谈会"，发起并协助有关部门成立了"山西省法显文化研究会"，应邀为省直机关党校等单位宣讲中华优秀传统文化课，选派干部教师参加"中华文明与人类共同价值""香港青年的困境与出路"等国际国内学术研讨会，1 篇论文荣获国际学术研讨会征文二等奖。

（六）深化精神文明创建活动。学习弘扬中国共产党领袖和历史名人良好家风，开设道德讲堂，举行读书交流座谈会。选派青年教职工参加省直机关广播操比赛并荣获银奖，组织女职工进行健康体检，组织单身职工参加省直机关"鹊桥会"，积极开展"送温暖，献爱心"捐助活动。

五、加强学院党的建设，履行全面从严治党主体责任

（一）强化党建工作责任制。成立党建工作领导小组，制定学院《党的工作责任制实施办法》，提出 2016 年党建工作要点并进行了任务分解。强化了党委书记第一责任人责任，建立完善了领导班子"一岗双责"工作格局。

（二）加强基层党建工作。围绕加强基层组织建设，狠抓 7 项重点工作的落实。开好党员领导干部民主生活会，围绕"两学一做"学习教育，对照"四讲四有"标准，从"四个合格"方面查问题、找原因、提措施，不断增强党内政治生活的政治性、原则性、战斗性和时代性。完成党组织书记述职评议工作，落实党组织书记抓党建"第一责任人"责任。完善学院党支部工作制度，推动支部组织生活规范化、经常化，开展了民主评议党员和专题组织生活会，开展严肃的批评与自我批评。支部组织党员到中共太原支部旧址、黄坡烈士陵园等教育基地接受教育。组织参加省直机关党务干部培训班，提高专兼职党务干部能力素质。按照要求对党员组织关系进行了排查，改选了离退休人员党支部，2016 年 6 月初，完成了 2008 年 4 月至 2016 年 5 月期间党费不足部分的补缴工作。党员领导干部积极参加双重组织生活会，带头讲党课，推动支部落实"三会一课"制度。

（三）履行全面从严治党主体责任，坚定不移抓好党风廉政建设。调整了学院落实党风廉政建设责任制领导组，制定了 2016 年度党风廉政建设责任制任务分解意见，推进党委主要负责同志、班子成员建立职责清单。年初召开学院党风廉政建设工作会议，全年召开 9 次党委会和党政联席会议专题研究党风廉政建设工作，组织处级以上干部签订 2016 年党风廉政建设责任书，组织全体在职党员签订廉政承诺书，制定印发学院廉政谈话制度。严格执行中央八项规定，做好重大节假日廉洁节俭安全文明过节的部署和监督检查工作，防止"四风"变异和反弹。严格执行领导干部外出报备、个人重大事项报告等制度，发挥党政领导班子核心作用、领导干部表率作用和党员先锋模范作用。

（四）支持配合驻部纪检组履行监督责任。主动接受省纪

委驻省委统战部纪检组监督和省直纪工委指导，及时向纪检组汇报工作，主动向纪检组报备资料，重要会议邀请纪检组参加。制定学院《关于贯彻省委统战部纪检组综合监督单位纪检工作会议精神的实施意见》，落实纪检组“纪律检查建议书”所涉及党建问题。依照规定和程序，对纪检组移交的违纪党员案件及处分建议积极办理，对移交的问题线索逐项核实处理。

六、全面加强法治建设，推进依法依规治院

（一）开展法治教育，严格依法办事。调整学院法治建设领导组，制定学院“七五”普法规划，启动“七五”普法工作。围绕做好档案工作、保密工作和“七五”普法工作，共举办3次法治讲座。调整学院保密委员会，完成2016年部门预算公开及“三公”经费公开，完成行政事业单位国有资产清查工作。

（二）加强学院管理体制机制和制度创新，推动学院正规化建设。把依法依规治院作为重要工作来抓，结合巡视整改，全面加强制度建设，强化制度执行。一是制定完善《党的工作责任制实施办法》《廉政风险防控办法》等党的工作制度，二是制定完善《党委会议事规则》《党政联席会议事规则》《“三重一大”决策制度》等领导班子议事决策制度，三是制定完善《内部控制审计实施办法》《公务用车使用管理暂行规定》《财务管理规定》《采购管理暂行办法》等内控管理制度，明确了各处室职责，理顺了处室之间的工作关系，探索创新体制机制，有效防范廉政风险。

（郭变桃）

附：山西社会主义学院党委书记、委员名单

书　记：张云泽

委　员：李祥熙　胡晨光

省档案局（馆）党组工作概况

党组书记　阎默彧

2016年，省档案局党组在省委的正确领导下，按照国家档案局的总体部署和要求，以习近平总书记系列重要讲话精神为指引、以“四个意识”为标杆、以党章党规党纪为尺子，认真贯彻省委“一个指引、两手硬”的重大思路和要求，抓深思想建设、抓紧组织建设、抓实作风建设、抓严反腐倡廉建设、抓牢制度建设，以高度的政治责任感和使命感，全面推进机关党的思想建设、组织建设、作风建设、制度建设和反腐倡廉建设，为全省档案工作服务“塑造山西美好形象、实现山西振兴崛起”的大局做出了积极的努力。

一、履行抓基层党建工作情况

2016年，全局党员共139人，其中，在职党员70人，离退休党员69人。机关在职党员6个党支部，离退休党员2个党支部，共有8个党支部。

（一）扛稳压实从严治党责任

为落实好“两个责任”，年初，机关成立了由阎默彧同志担任组长的党建工作领导小组，通过抓书记、书记抓，进一步加强机关党建工作的统一领导。制订《中共山西省档案局党组关于党的工作责任制的规定》，明确了局党组、机关党委、机关纪委和机关党支部的责任，阎默彧同志对机关党建工作亲自抓、负总责，其他党组成员分工把关、各负其责，机关党委具体部署实施，各党支部认真落实，形成上下贯通、层层负责的责任链条。2016年，阎默彧同志亲自主持召开了4次党组会议，专题分析、研究、解决机关党建工作中遇到的困难和问题，督促检查党建工作落实情况。机关党委全年共召开了全委会议18次。

（二）全面规划机关党建工作

为全面规划、扎实推进机关党建工作，制订《山西省档案局2016年开展全面从严治党行动方案》，《方案》从严明治党责任、严正党风党性、严肃党内生活、严纠“四风”问题、严格干部监督、深化文明创建等方面，明确6大块18项工作任务，将工作任务层层分解，责任落实到人。机关党委及时跟进，加强对各项任务落实情况的检查督办。

（三）不断完善党建工作考核

省档案局多年来坚持以“联述联考联评”为抓手，深化机关党建工作述职考评机制，每年年底，机关党委对一年来党建工作履职情况向省直工委和机关全体党员述职，接受省直工委的考核和全体党员的评议，2016年增加了党支部书记的述职评议，按照省直工委的统一部署，截止12月10日，各党支部认真组织，如期完成党支部书记在本支部的述职。

二、党建工作进展情况

（一）加强理论学习，抓好重点任务

1、抓好“两学一做”学习教育

党组把“两学一做”学习教育作为今年机关干部理论学习的龙头任务，成立了由阎默彧同志任组长的学习教育领导小组。制定了机关“两学一做”学习教育实施方案，组织全体党员学习了党章，学习了《中国共产党纪律处分条例》《中国共产党问责条例》《中国共产党党内监督条例》，学习了《关于新形势下党内政治生活的若干准则》《中国共产党党员领导干部廉洁自律准则》等重要党规党纪，学习了习近平总书记系列重要讲话精神；学习了段爱平、李培斌同志先进

事迹等。组织了2次“党章党规知识竞赛”；各党支部认真组织了“讲政治、有信念”等四个专题的研讨交流；在学习的基础上，围绕“做合格党员的要求”，开展了“支部创‘六星’、党员先锋行”主题实践活动，在严格落实“规定动作”的同时，各党支部结合党员实际，拓宽学习渠道：有的党支部邀请老党员讲党课，有的党支部开展读书交流会，有的党支部组织入党积极分子参加学习教育等。柳杨同志参加了省直工委举办的“两学一做”学习教育主题演讲比赛，荣获二等奖；张若帆、段丽婧两位同志参加省直机关“长征精神”朗诵比赛，获得好评。

2、抓紧机关干部理论学习

省档案局高度重视对干部职工的思想理论武装，年初制订了《山西省档案局党组中心组和干部理论学习安排》。2016年共组织中心组专题学习17次，学习天数17天，出勤率达100%。继续强化习近平总书记系列重要讲话精神的学习教育，制订《省档案局机关学习宣传贯彻党的十八届六中全会和省第十一次党代会精神实施方案》，对全局六中全会精神和省党代会精神的学习部署作出了周密安排，各党支部有序组织推进六中全会精神的学习贯彻。组织了骆惠宁书记讲话精神的学习等。10月，机关全体处级干部在山西大学参加了“领导干部人文素质和能力提升培训班”全封闭学习。组织了法制学习培训，进一步办好“山西兰台大讲堂”，加强档案业务培训学习。完成“干部在线”的学习任务。2016年共选送处级干部4人，党支部书记4人、科级干部1人，新发展党员1人、入党积极分子1人参加省直工委的集中培训学习。

3、抓实机关基层党建7项重点任务的落实

机关基层党建7项重点任务是2016年机关党建工作的重要内容，具体完成情况：一是完成对机关在册党员党组织关系集中排查，重新核对党员信息，完善了党员档案。二是通过与原监察室工作人员调查了解，查阅机关违法违纪案件查处台账等方式完成了机关党代会代表和党员违纪违法未给予相应处理情况的自查。三是完成了机关党支部换届选举。四是制订《机关党费收缴工作专项检查实施方案》，完成党费的自查自纠。五是通过抓好机关派驻“第一书记”工作，促进扶贫点党建工作，促脱贫攻坚。六是将党员干部学习教育“灯下黑”问题专项整改与“两学一做”学习教育结合起来，强化党员干部学习教育。

（二）严肃政治生活，夯实支部建设

2016年，局党组把抓基层打基础作为机关党建工作的首要任务，完成党支部换届选举工作，重新调整了党支部设置，党支部由原来的6个增加为8个，配齐配强了党支部领导班子，建立了“支部建在处室，处长一岗双责”的工作机制。新履职的各位党支部书记认真制定支部工作计划和“两学一做”学习计划，按照《机关党的组织生活制度》等制度规定，认真落实“三会一课”，党组成员能够以普通党员的身份按时参加所在党支部活动，讲党课共计16次，党支部书记讲党课共计6次。机关党委对各党支部活动情况定期督导，将存在问题以书面形式反馈到各党支部。各位党支部书记任职以来，认真履职，创新性地开展工作。

（三）强化问题导向，勇于探索创新

利用网络优势创新学习形式。2016年机关党委在省档案局门户网站“晋档在线”上开设“两学一做”专栏，定期推送学习信息。通过不断丰富学习内容，引导全体党员提高学习的兴趣。建立机关党建微信群“山西省档案局党员之家”，作为局机关全体党员学习、宣传党的理论路线、方针、政策，开展讨论、交流心得体会的平台，已有在职党员、离退休党员和入党积极分子93人加入。

三、抓基层党建工作取得的实效

（一）开好组织生活会，解决党员自身突出问题

2016年7月，新换届的党支部相继召开了“两学一做”专题组织生活会。每位党员围绕“做合格共产党员”，从党性原则、宗旨意识、工作作风、精神状态等方面进行深刻反思，开展批评与自我批评；10月，各党支部召开巡视整改专题民主生活会，全体党员把自己摆进去，从机关存在的共性问题查找个性问题，做好自身整改。党组成员以普通党员的身份参加了所在支部的活动，认真过好组织生活。

（二）强化反腐倡廉，构建机关良好政治生态

认真贯彻落实全面从严治党要求，真正把“两个责任”放在心上、扛在肩上、抓在手上。制订《山西省档案局2016年党风廉政建设责任制分工》，出台党风廉政建设的“责任清单”和“问题清单”，使各项工作从“软任务”变成“硬指标”。全力支持机关纪委对上级交办举报线索的初核，组织班子成员及各处室负责人签订《党风廉政建设责任书》，处级以上党员干部签订《廉政承诺书》，建立了《处级干部廉洁档案》，从细从严执行各项制度。认真贯彻八项规定，抓住职工婚丧喜庆、出国（境）等及时进行提醒教育，抓住元旦春节等重要时间节点开展教育和检查，2016年端午节前阎默彧同志与机关12位主要处室负责人进行了廉政提醒谈话，与新任职的7名正处级干部进行了任前集体谈话。加强档案业务工作廉政风险点的查找与防控，把反腐倡廉融入档案业务工作当中，进一步规范档案业务指导，自觉接受社会监督。

（三）提升党建水平，巩固巡视整改工作成果

2016年，省委专项巡视八组对省档案局进行专项巡视，指出了在坚持党的领导、加强党的建设和全面从严治党3个方面存在的问题。作为机关党建第一责任人，阎默彧同志主持机关整改工作，制订了《中共山西省档案局党组专项巡视整改工作方案》，确定11项整改任务和38条整改措施，明确每项整改任务的工作职责。指导推进各项整改任务的落实。

四、统筹党建工作和档案业务工作，真正做到“两手硬”“两促进”

局党组始终坚持党建工作和档案业务工作“两手抓”

“两手都要硬”，以党建工作促进档案业务工作，以档案业务工作取得的成效检验党建工作成果。2016年，通过抓好党建工作，极大地推动和促进了档案工作，各项业务建设取得新的成绩。

积极推动出台《山西省重大活动档案管理办法》。10月20日起正式实施。该“办法”的出台，标志着山西省重大活动档案管理步入法制化、标准化轨道。

以专项督查为抓手，强化档案法治建设。积极争取省政府同意，省政府办公厅下发通知，组织省发改委、经信委、财政厅、档案局等单位对全省11个市的49个机关、团体、企事业单位的档案管理工作进行了专项督查，形成“一报告、两清单”，由省政府向各市下发整改通知，有效推进了全省档案事业的发展。

加强档案馆库建设，夯实各项档案基础业务建设。一批市、县级档案馆竣工投入使用，尚未建成新馆的市、县加快工作进度，争取早日建成。2016年，太原市档案馆等4个市级档案馆通过了省一级馆验收，平定县档案馆等8个县（市、区）级档案馆通过省二级馆验收。全省已有121个市县级档案馆实现了等级管理，各级综合档案馆的基础设施和业务水平再上新台阶。

机关档案工作、农业农村档案工作、企事业单位档案工作、重大建设项目档案管理工作全面推进。档案宣传、教育工作取得新进展。其中，“山西兰台大讲堂”、档案馆爱国主义教育基地、档案馆中小学社会实践教育基地、脱贫攻坚档案管理等工作走在了全国的前列。档案局还顺利完成档案行政审批事项进驻省政务服务平台工作。

（孔跃宏）

附：省档案局(馆)党组书记、成员名单

书　记：阎默彧

成　员：王保国　邢利民　孔凡春　党志峰（5月离职）

省煤炭地质局党委工作概况

党委书记　卫洪平

2016年，中共山西省煤炭地质局委员会深入学习贯彻党的十八大、十八届三中、四中、五中、六中全会精神和习近平总书记系列重要讲话精神，按照全面从严治党要求，落实中央、省委决策部署和省直工委工作安排，聚焦党建主业，落实党建主责，取得了明显成效。

一、扎实推进“两学一做”学习教育

一是按照省委要求，结合实际制定《实施方案》。设计“六个一”自选动作，引导全局党组织和党员引深学党章党规、学系列讲话，做合格党员；对各单位“两学一做”学习教育推进情况进行专项督查，督促整改落实；制定学习贯彻十八届六中全会和省十一次党代会精神《方案》，突出“两个全覆盖”“五个带头”和“四个抓手”，强化责任分解，确保全局党员干部尤其是局、院领导班子成员真正把思想和行动统一到中央和省委决策部署上来，不断推动全面从严治党向纵深发展。

二是向中心任务聚焦，为全局发展聚力。局党委中心组充分发挥标杆、引领作用，各级党组织书记带头讲党课，基层党支部积极推行普通党员讲党课，有效调动了党员学习提升的主动性；局属物测院依托“党代表工作室”，经常性解决党员群众实际问题，各党支部之间围绕工作目标任务公开承诺、挑战应战，党建工作融入经济发展特色明显；物测院在首届全国物探技术大比武中夺魁；各单位立足工作实际，突出技术攻关，全局共获得知识产权20件，“党员先锋行”主题实践活动取得明显成效。

三是落实省委、省政府重大部署。把岢岚县温泉乡帮扶脱贫工作放到局党委更加突出位置来抓，通过深入调研、听取“第一书记”汇报、查找工作差距和帮扶干部作风上存在的突出问题，使帮扶干部增强了在帮扶脱贫中锤炼党性、密切党群干群关系的自觉性，与结对帮扶的贫困户全部精准对接，并制定了分类帮扶脱贫措施。局党委专题听取入企服务干部工作汇报，从政治高度和塑造煤炭地质局美好形象的角度，对入企服务干部提出要求，对党性强、作风硬、工作成效明显的同志大力表扬，传递党建正能量。21名入企干部共帮助企业解决122个实际问题，较好地完成了省委交给的任务,《山西信息》《山西日报》均刊登了煤炭地质局的做法。

二、全面加强领导班子及干部队伍建设

一是突出局党委班子的引领作用。按照全面从严治党要求和煤炭地质局工作实际,引深学习研讨,邀请专家作“全面从严管党治党,构建良好政治生态”的专题辅导,进一步提升了班子全面从严管党治党的政治意识、责任意识;从认真组织召开党委会议抓起,规范议事决策程序,严格落实民主集中制,确保了班子凝聚力、决策力、战斗力;在班子成员分管领域实行例会制度,压实“一岗双责”,增强了党建工作合力;完成与省纪委驻省煤炭工业厅纪检组的工作对接,局党委摆正位置、亮明态度,党政主要负责人带头履职尽责,自觉接受省纪委驻省煤炭工业厅纪检组和全局各级党组织、党员群众的监督。

二是加强基层班子建设。针对年度党建考核和党建大检查中发现的问题,两次对各院党委(总支)书记和纪委书记集中约谈,积极推动基层单位全面执行书记约谈制度,开展党组织书记述职评议工作,进一步压实党组织书记抓党建责任,确保党建主体责任延伸到基层;坚持运用好“四种形态”尤其是“第一种形态”,对个别单位负责人和班子成员进行约谈和提醒谈话,进一步增强了班子成员抓党建和党风廉政建设工作的思想自觉、行动自觉,强化了齐抓共管的党建工作格局。

三是加强干部队伍建设。严格落实干部个人有关事项报告制度,坚持按比例对干部个人有关事项报告抽查核实,对报告存在问题的及时按规定进行函询、处置;针对干部年龄结构不合理、年轻干部培养工作滞后等问题,按程序研究确定后备干部人选上报省委组织部,加强了后备队伍建设;成立法治建设领导机构,完善法治制度建设,把法治建设纳入绩效考评体系,启动全局“七五”普法,推进全局干部职工学法用法,干部法治意识不断强化;健全保密机构,配置保密人员,党员干部保密意识显著提高;注重干部综合素质提升,在选派干部参加省委组织部组织的干部选学外,通过坚持举办“地勘讲坛”,组织业务培训等,逐步建立了干部教育培训长效机制。

四是严格党员日常教育管理。从“三会一课”、领导班子民主生活会、党支部组织生活会、党员民主评议抓起,进一步严肃和规范了党内政治生活;开展党员组织关系集中排查,将失联党员重新纳入组织有效管理,为部分长期异地居住的离退休党员理顺了组织关系,全局党员管理基础性工作不断完善;严把党员“入口关”,有效保证了新发展党员的政治质量;对2008年4月以来党费缴纳情况全面自查,完成党费补缴工作,全体党员党的意识和组织观念进一步增强。

三、严格落实党风廉政建设“两个责任”

一是坚持问题导向。局党委召开专题会议,认真反思局领导班子思想认识不到位、责任担当意识不强、管党治党要求不严的严重危害,结合省委巡视反馈问题整改“回头看”工作,进一步明确整改责任和整改期限,严格整改销号制度,确保整改工作取得实效。

二是持之以恒反对“四风”。全局党员人手一册《廉洁自律准则》《纪律处分条例》《党内监督条例》,认真学习领会,始终做到心中有戒;认真落实中央八项规定精神,坚持开展日常党风廉政教育和警示教育,在预防警示上下功夫,通过多种载体,密集廉政提示,强化纪律规矩意识;突出抓住中秋、国庆、春节等重要节点,严明纪律要求,组织明查暗访,有效防止了“节日病”反弹回潮。

三是完善日常监督管理。局党委着眼“抓住常态、注重多数、盯紧极少数”,坚持关口前置,防范廉政风险。局、院层层签订廉政责任书,确保廉政建设责任落到实处;全面启动内控体系建设,扎紧扎密制度笼子,规范权力运行;强化审计监督,坚持对负有经济责任的干部开展任中审计,主动对政府投资项目和价款项目进行审计,堵塞监管漏洞;在建立处级干部监督档案基础上,各院全面建立科级干部监督档案;对党务、政务公开内容进行专项检查,确保公开事项件件落实;严格落实“两个责任”“六定”制度,定期分析党员思想状况,把解决思想问题和解决实际问题相结合,取得明显效果。

四、凝聚创新驱动、转型发展合力

一是保障民生。面对地勘经济持续下行压力,局党委重点督促各院保工资、保稳定,并投入资金帮扶困难职工、困难党员和慰问老党员。落实党政同责、行政首责、一岗双责、齐抓共管的安全生产责任体系,坚持开展钻机标准化建设,改善野外生活条件;坚持强化安全培训,落实钻机安全生产挂牌责任制,提升安全生产管理水平;不断加大安全投入,强化安全检查和隐患排查,保证了干部职工生命健康安全。

二是强化宣传引导,集聚发展正能量。进一步加强门户网站、《晋煤地勘通讯》、道德讲堂、“地勘讲坛”等宣传阵地建设,强化舆论引导;将社会主义核心价值观教育贯穿到全局各项工作之中,大力宣传老一辈地质人献身煤炭地质事业的事迹,在全局树起“三光荣”“四特别”地勘精神标杆;组织“七一”表彰、“优秀女职工”和“爱岗敬业好青年”评选宣传,突出典型引领带动,有效集聚了正能量,营造了党员立足岗位创先争优、干部职工同心协力谋发展的良好氛围,全局各项工作取得明显成效:在纪念建党95周年之际,局属物测院党委荣获“全国先进基层党组织”称号,1个基层党组织和6名同志受到省委组织部、省直工委表彰。局机关晋级省“文明单位”;6名同志先后获得“五一劳动奖章”、“三晋技术能手”等省部级表彰;1名同志获得第二届“金罗盘”奖;局“地勘讲坛”入选省直首批“十佳文明讲坛”。

五、地质工作对全省转型发展的服务能力稳步提升

一是积极巩固地勘服务基础职能。根据局《矿业权价款地质勘查项目管理办法》,严把项目质量关,确保价款地质勘查项目保质保量如期完成。2016年,共完成省级矿业权价款

地质勘查项目11个，其中，提交煤炭地质勘查报告10件，提交煤炭资源量167.58亿吨，包括新发现资源量114.9亿吨，提高级别52.68亿吨；提交《山西省沁水煤田榆社——武乡煤层气页岩气普查报告》，完成深部煤层气勘探关键技术及储层特征研究，建立评价体系，为深部煤层气勘探开发提供可靠地质依据。

二是积极服务新能源开发利用。通过地质普查、综合开发技术攻关，实现深部煤层气勘查开发技术突破，为摸清全省新能源奠定基础，提供技术支撑。承担的省煤基重点科技攻关项目《煤层气、页岩气资源潜力综合评价与共探共采选区研究》，为全省深部煤层气、页岩气勘探开发树立示范标杆。《山西省沁水煤田榆社——武乡区块煤层气页岩气普查地质报告》，估算煤层气资源量2414亿立方米，页岩气资源量3041亿立方米。

三是积极拓宽社会地质服务领域。主动对接社会经济发展新需求，推进延伸业服务向城建、铁路、水利、生态建设等方面拓展。完成朔州市朔城区、岢岚县等"一区、四县、三乡"235个村庄、64万多亩的农村土地确权工作。绘制336幅地下管线图，完成潞城市、朔州市3317.635公里的地下管线普查项目，成为山西省新农村建设和地下管网建设的主要承担单位。同时积极开展地名普查、采空区治理、地下水监测等工作，服务社会发展和经济建设的能力进一步增强。

四是积极转变矿井地质服务思路。开展井下物探、煤矿水害防治、抢险救援等工作，完成煤矿应急救援系统技术研究，开展井下复杂环境超前探测，组织参与潞安、晋能等煤业集团矿井灭火工作。立足《山西煤中微量元素的赋存规律与评价》项目实施方案，完成大同、平朔、轩岗等10个煤矿采样分析，形成《国内外煤炭中共伴生矿产资源利用研究》报告，为发掘煤炭综合利用价值、推进煤炭产业转型发展提供技术支撑，受到省委省政府高度重视。

五是全力提升煤炭地质科技创新水平。实施创新驱动发展战略，通过地质报告评奖、实用性生产技术推广应用、技术骨干担当科技创新带头人等举措，构建科技创新机制。局属物测院成为全省首家"地球物理院士专家工作站"建站单位、国内首个地球物理产学研科技创新平台；局属研究院"煤与煤系气地质勘查山西重点实验室"获准成立，成为全省煤炭及新能源产业绿色、低碳、循环理论和技术研究的科研高地；"渠丽珍创新工作室"自主研发出"干酪根"提取装置，获省总工会"五小"竞赛二等奖；完成地下管线系统功能模块设计和功能实现，编著《山西省地下管线普查、信息化建设、管线综合规划编制工作指南》，获得国家知识产权，为实现全省城市管网建设的集中统一管理和共建共享，进行了技术储备。

2016年，全局实现总收入11.09亿元，资产总量21.91亿元，在地勘经济持续下滑的大环境下，各项工作保持了稳中有为、稳中有好的良好态势，全局干部职工的获得感进一步增强。

（赵晓彦）

附：省煤炭地质局党委书记、副书记、委员名单

书　记：卫洪平（9月任职）

副书记：王学军　王宏伟

委　员：黄岑丽（女，8月离职）　李兴武　张晓峰　宋　儒

省地质勘查局党委工作概况

党委书记　翁金明

山西省地质勘查局是省政府直属的正厅级事业单位。全局共有职工1.1万余人，县级事业单位19个，分布于省内各地。建局以来，通过几代地质人艰苦卓绝的奋斗，勘查评价了山西的62个主要矿种，发现煤、铝、铜、金、铁、锰等140余处大中型矿产地。全局现有基层党组织149个（包括13个党委、6个党总支、118个党支部）。党员2678人，在职党员1383人。

2016年，在省委、省政府的坚强领导下，局党委认真贯彻党的十八大和十八届三中、四中、五中、六中全会和省第十一次党代会精神，深入学习贯彻习近平总书记系列重要讲话精神和治国理政新理念新思想新战略，按照省委"一个指引、两手硬"重大思路和要求，地勘经济稳步发展，党建工作扎实推进，干部作风进一步转变，为全局各项工作任务的有序推进提供了坚强的思想政治组织保证。

一、领导班子和干部队伍建设不断加强

深入开展"两学一做"学习教育。局党委突出日常教育，结合地勘局点多线长面广、党员分散的工作实际，开展了系列工作。先后召开了全局视频动员大会、推进会，下发了实施方案、重点任务清单、成立了领导组，开展"四讲四有"四个专题的学习讨论、"学习系列重要讲话、解决若干突出问题"学习交流会。在区分普通党员和队处级以上党员、离退休党员抓好"两学"基础上，创新方式讲党课，认真开展领导班子专题民主生活会、党支部组织生活会和民主评议党员。局属单位深入开展"党员先锋行"主题实践活动，广泛开展"党章党规知识竞赛""做合格党员演讲"等活动，引深学习教育。通过一个时期的学习教育，全局广大党员理想信念进一步坚定，政治意识、大局意识、核心意识、看齐意识进一步增强，清风正气进一步树立，更加严守政治纪律政治规矩，更加勇于担当作为，在全局生

产、工作中发挥了先锋模范作用。

领导班子和干部队伍建设不断加强。局党委严格党内政治生活,认真贯彻执行民主集中制,班子成员精诚合作,党政领导齐抓共管,自觉维护班子的权威,局党委科学决策、民主决策、依法决策水平不断提高。局党委中心组带头执行政治理论学习制度,全年组织党委中心组学习19次。对局属各单位领导班子进行充分综合分析研判,完善部分单位领导班子,新组建211队党委班子,新设立山西省地勘局后勤服务中心、装备中心、培训中心三个党总支委员会。按照好干部标准和德才兼备、以德为先、以廉为基的用人导向,分13批次调整交流正处级干部26人、副处级干部38人,干部队伍知识结构、年龄结构进一步优化。严格干部管理,补充完善了274份处级干部档案材料,强化了处级干部因私护照管理,开展了领导干部个人事项报告工作。加强干部培训教育,坚持开展干部在线理论学习,先后组织51人参加了各级党校政治理论和业务培训。

二、基层党组织建设扎实推进

基层党组织不断加强。贯彻全面从严治党要求,强化党委管党治党主体责任,成立局党建工作领导组。完成了局属17个党委(总支)换届选举和局第三次党员大会准备工作,组织开展了出席省十一次党代会代表推荐工作,局长、党委书记翁金明当选为党代表。在全局开展2016年度党委书记抓基层党建工作述职评议考核工作。组织全局23名干部参加全省为期2个月的万名干部入企服务工作,召开了动员会和总结会。对全局党外人士、无党派代表和民主党派进行摸底,在全局各基层党组织中设置统战委员。开展了党费收缴工作专项检查,督促各单位设立了党费专用账户,为全体党员发放了党费证,按照规定补缴了2008年4月至2015年12月欠交党费。开展了建功"十三五",支部创"六星"活动,向省直工委推荐了3个先进党支部案例。组织开展了纪念建党95周年系列活动,召开"七一"表彰大会,对全局先进党组织和优秀共产党员、党支部书记、党务工作者进行了表彰。

加强了党员队伍建设,在全局开展党员组织关系集中排查工作,将5名失联党员纳入组织管理,对5名由于个人原因长期不能参加组织生活的党员做出退党处理;各级党组织遵循发展党员"十六字"方针,注重在优秀年轻干部和一线生产技术骨干中发展党员,党员队伍结构进一步优化,新发展党员32名。对近三年入党的65名党员和30名入党积极分子进行集中培训;对党代会代表和党员违纪违法未给予相应处理情况进行排查;开展党内关怀工作,对全局建国前老党员、困难党员进行慰问。加强了党员干部理想信念教育,引导党员干部为实现"地勘事业跨越发展"而努力奋斗。

三、党风廉政建设深入开展

党风廉政建设深入开展。将党风廉政建设纳入全局总体责任目标,与经济工作同部署、同检查、同落实、同考核。通过召开干部廉政大会和推进会、签订责任书、下发责任分解意见、拉出责任清单、督查指导、典型引导等方式,明确了责任,传导了压力,确保了"两个责任"落到实处。加强干部廉政警示教育和案例剖析工作,建立了干部廉政档案,与48位新任、转任的处级干部进行了集体廉政谈话,签订了廉洁从业承诺书。巩固拓展"三严三实"专题教育成果,积极开展了"三严三实"专项整治,开展了巡视整改"回头看"工作,配合省审计厅完成了对地勘局2015年度预算执行审计工作,对审计中提出的问题,做到了能及时纠正的及时纠正,应上缴国库的及时上缴国库,对体制原因存在的问题向有关部门进行报告,并提出了整改措施,地勘局立整立改的做法得到了审计组的肯定。配合省审计厅对地勘局2015年预算审计工作。持之以恒反对"四风",持续开展各个重要节点的监督检查和纠风工作,对顶风违纪行为严肃查处。积极开展了"冬季行动",开展工作秩序、工作纪律专项整治,解决庸、懒、散、推、拖等突出问题。

法治建设全面推进。按照2016年法治山西建设工作要点,认真落实法制建设各项工作任务,建立健全了党委党组推动法治建设的领导体制和工作机制,加强了相关办事机构建设,进一步明确工作职能,强化制度保障,有效提高了各级党委的履职能力。对局属单位落实领导班子和领导干部年度述法提出了要求,明确在述职中必须汇报学法用法工作情况。全面启动了"七五"普法工作,制定下发了全局"七五"普法实施方案,对"七五"普法工作出了详细安排部署。注重强化法治教育培训,开展了"国家宪法日"宣传活动,组织相关人员参加了省政府法制办"强化法治思维,提高执法能力"专题培训班,干部职工的法律理念和法制思维显著提高,学法、尊法、守法、用法的自觉性和主动性明显增强。认真执行保密法,严格履行保密工作责任制,全年未发生失泄密事件。

四、文明创建工作深入推进

文明创建工作深入推进。深入开展社会主义核心价值观教育和精神文明创建工作,开展了"道德讲堂进工地"等多种教育形式,在全局积极培育和践行社会主义核心价值观,全面提高职工道德素质,形成了知荣辱、讲正气、作奉献、促和谐的良好风尚。配合省直文明委对地勘局2015年文明单位验收工作,4家单位获文明单位标兵,10家单位获文明单位。开展2014-2015年度局级文明单位评比表彰。指导局属14家单位和志愿者注册"志愿山西"学雷锋志愿服务队;积极参加省直工委"弘扬长征精神决胜全面小康"朗诵比赛和"两学一做"演讲比赛,获组织奖和个人三等奖。对2015年对外宣传先进单位和个人给予了表彰。积极引导各单位开展对内宣传报道,各单位宣传工作者全年在局网站发稿800余篇,图片2600余幅,及时报道了各单位工作进展情况。重视离退休工作,加大了活动场所建设力度,保证了离退休职工各项待遇的落实。

工团组织作用进一步发挥。坚持执行职工代表大会和队务公开制度,有效保障了职工民主管理、民主决策、民主监督权利。关心职工生活,建立健全了困难职工信息档案,向特困家庭发放各类救助资金20余万元、送温暖资金80余万元。积极开展职工互助医疗帮扶工作,全局8个单位近4000名职工参加了由全国总工会、省总工会组织的"在职职工互助保障活动”体系。大力弘扬劳模精神，激发广大职工立足岗位争当模范，二勘院荣获山西省五一劳动奖状。组织开展形式多样的文体活动，在省总、省直工会举办的乒乓球、书法、摄影等比赛中均取得佳绩，展现了地勘队伍良好精神风貌。

（李耿为）

附：省地质勘查局党委书记、副书记、委员名单

书　记：翁金明

副书记：李俊敏

委　员：韩晋生　潘海燕（女）　卫继周　马敦民　李德胜（1月离职）　王润福（1月任职）　赵得权（5月离职）

省农机局党组工作概况

党组书记　左义河

山西省农机局共有基层党组织51个，其中党委4个，党总支部5个，党支部42个，共有党员608名。

2016年，全省各级农机部门在省委省政府的正确领导下，以“兴农机、强农业、富农民”为工作出发点和立足点，以转变农机化发展方式为主线，凝心聚力、砥砺奋进、开拓创新、主动作为，全省农机化工作取得了明显成效，为农业农村经济发展实现“十三五”良好开局提供了坚实支撑。

一、全省农机化发展和农机化工作情况

2016年，全省各级农机部门认真贯彻落实国家和省强农惠农政策，精心组织重要农时季节农机作业，大力推进农机社会化服务体系建设，狠抓农机安全生产，全省农机化事业呈现出健康、稳定、持续发展的良好态势。主要表现在：农机装备结构进一步优化。全省农机总动力达到1744.3万千瓦，比上年增加42.3万千瓦，增幅2.5%。其中，50马力以上大中型拖拉机保有量达到5.6万台，比上年增加3367台，增幅6.4%，占拖拉机新增量的92.5%；玉米联合收割机达到2.3万台，比上年增加1928台，增幅9.2%，占联合收获机新增量的82.1%；畜牧业、设施农业、林果业、农产品初加工等机械协调发展，农业机械向多功能、高效能、复式作业机械快速增长，为山西省现代农业建设提供了强有力的装备支撑。农机作业水平再创新高。全省机耕、机播、机收面积分别完成271.5万公顷、260.6万公顷、182.9万公顷，机耕、机播、机收水平分别达到77.6%、69.8%和49%，与上年相比分别提高了1.7个、1个和1.5个百分点。全省主要农作物耕种收综合机械化率达到66.6%，比上年提高1.4个百分点，超出全国平均水平1.6个百分点。其中，小麦耕种收综合机械化率达到89.2%，比上年提高0.4个百分点；玉米耕种收综合机械化率达到79.5%，比上年提高1.5个百分点。农机化经营效益持续增加。全省农机化经营总收入达到91.1亿元，纯收入达到42.8亿元，为粮食增产、农民增收、农业增效、农村劳动力转移提供了坚强保障。农机安全生产形势稳中向好。全省发生2起一般农机事故，继2014年之后第二次实现农机安全生产零死亡，各项指标均低于省政府下达的农机安全生产考核指标，农机安全生产形势稳中向好。

概括起来，我们主要抓了以下八个方面的工作：

（一）扎实推进率先实现农业机械化综合示范县乡村创建活动。投入2500万元，扶持25个示范县、126个示范乡和502个示范村开展创建活动。共建设机耕道155公里，机库棚1.3万平方米，培训技术和管理人员2000多人次；为农机具安装GPS设备800多台（套），引进先进适用机具140余台（套）。25个示范县农机总动力达到589.9万千瓦，占全省农机总动力的33.8%；主要农作物耕种收综合机械化率达到73.5%，超出全省平均水平6.9个百分点。其中，10个县已基本建成率先实现农业机械化综合示范县。

（二）在全国率先开展电动农机奖补试点工作。2016年，省政府将电动农机奖补列入十项强农惠农富农政策，并安排5000万元专项资金。在我省无电动农机生产企业、无电动农机产品、无电动农机技术标准，在国内没有可供参考经验的情况下，迎难而上，积极作为，在全国率先开展电动农机奖补试点。工作中，以省政府办公厅名义出台《关于推进电动农机发展的实施意见》；在太原、大同等7个市12个县创建13个省级电动农机技术装备应用示范点，带动市县创建45个电动农机技术装备应用示范点；筛选26家农机生产企业54个电动农机新产品，列入电动农机奖补产品名录；制定《电动农机新产品奖补工作实施方案》，在20个试点县开展电动农机新产品奖补工作。

（三）扎实推进“1+6”主要农作物全程机械化。在继续抓好小麦全程机械化的基础上，重点示范推广玉米、马铃薯、高粱、胡麻、莜麦、谷子等六大农作物耕、种、管、收等机械化生产主要环节急需机具和技术。2016年，共建设全程机械化示范点70个。全省玉米全程机械作业面积达到101.3万公顷，比上年增加1.7万公顷，增幅1.7%，玉米耕种收综合机械化率达到79.5%；马铃薯全程机械化作业面积达到9.2万公顷，比上年增加0.6万公顷，增幅6.9%，马铃薯生产综合机械化率达到76.3%。高粱、胡麻、莜麦、谷子全程机械化作业面积达到4.7万公顷。芮城县成为全国首批28个基本实现主要农作物全程机械化示范县之一。

（四）精准、规范、高效落实农机购置补贴政策。2016年，山西省共落实中央财政农机购置补贴资金3.962亿元，补贴

5万户农民购买6.2万台件农机具。为确保补贴资金真正落到实处、惠及农民,一是进一步缩小补贴范围,将补贴品目由57个缩减为46个,集中资金补贴我省主要农作物全程机械化以及丘陵山区农业机械化发展所需机具,并倡导各市对免耕播种机等6个品目实行敞开补贴。二是适度降低机具补贴比例,缓解资金紧张矛盾,尽可能满足农民购机需求,提高普惠程度。三是鼓励有条件的市、县将补贴机具的核实任务和补贴资金的受理工作下放到乡镇进行,为购机户提供方便。四是农机购置补贴辅助管理系统实行"实名制AB角"管理,做到权责明确、互相监督。五是进一步加大农机购置补贴信息公开力度,对补贴产品、补贴产品生产企业和经销企业以及补贴资金使用进度等情况进行实时公示,全方位接受社会监督。六是进一步规范农机购置补贴产品产销、购买与核实行为,先后对30家违规产销企业进行了处理通报。

(五)圆满完成农机深松整地作业任务。一是制定了《山西省农机深松整地作业实施规划(2016–2020年)》,对"十三五"期间全省农机深松整地作业进行了全面部署。二是督促检查了2013~2015年全省农机深松整地作业补助资金兑付情况,对补助资金兑付不及时的市县进行了通报。三是以省政府办公厅名义印发了《关于做好农机深松整地工作的通知》,启动农机深松整地作业进度月报和作业集中期周报制度,定期向各市人民政府通报当地农机深松整地作业进展情况。四是安装农机深松整地作业监控设备1208台(套),远程监测作业面积占到实际补助面积的37%,增强了农机深松整地作业质量监管的准确性和权威性。2016年,全省共完成农机深松整地作业面积22.7万公顷,其中实施农机深松整地作业补助面积7.7万公顷。

(六)大力培育新型农机化经营主体。从培育现代农业新型农机化经营主体出发,以"诚信、规范、创新、共赢"为发展理念,采取健全组织机构、完善章程制度、资金项目倾斜、创建农机化示范社场户等措施,在全省培育农机示范合作社41个、示范家庭农场35个、示范农机大户62个,全省农机专业合作社和农机大户分别达到2450个和7271个。成功举办了山西省农机手大赛和第三届中国农机手大赛北方联赛,选派48名优秀农机手参加了全国总决赛,长治市屯留县农机手王旭东荣获全国农机手大赛季军,12名农机操作手被评为"全国百强机手"。9个农机专业合作社被农业部认定为全国农机示范合作社。山阴县泰和农机合作社理事长陈永和荣获"全国20佳理事长"称号。

(七)强化农机化新技术新机具示范推广和科研开发。全省共组织各类新技术新机具现场演示活动160余次,各类技术培训班200多期,培训农机技术人员、农机操作手以及农民3.6万人次。其中,第十一届北方现代农业装备推广展示交易会被评为"2016年度中国十佳优秀特色展会"。组织国家863课题中的柠条饲料制粒智能化温控系统研究等5个项目通过省级科技成果鉴定,均达到国际先进水平。15个科研项目列入2016年度现代农机装备引进试验项目,均取得显著成果。"玉米丰产方机收秸秆还田技术推广"项目获农业部2014~2016年度全国农牧渔业丰收奖农机技术推广成果奖三等奖。马铃薯全程机械化生产技术示范推广项目获得农村技术承包二等奖。省农机化技术推广总站获得全国农业技术推广成果三等奖。2名农机化技术推广人员获得全国农业技术推广贡献奖。

(八)狠抓农机安全生产。严格按照安全生产"党政同责、一岗双责、失职追责"和"管行业必须管安全、管业务必须管安全、管生产经营必须管安全"的要求,集中开展了农机安全生产大检查、打非治违专项整治、"反对违章指挥、违章作业和违反劳动纪律"专项行动,共发送"一信三书"("一信":致广大农机手的一封慰问信;"三书":注册登记告知书、检验告知书和隐患排查治理告知书)2万多份,排查拖拉机、联合收割机1.5万多台次,排查整改各类隐患2742项。免征拖拉机号牌费、行驶证费、登记证费、驾驶证费和安全技术检验费等费用130多万元。太谷县被评为省级"平安农机"示范县,6名同志被评为全国"为民服务争先创优"示范岗位标兵。2016年,全省新注册登记拖拉机、联合收割机1.4万台,检验6万台,新训新考驾驶员5833人,期满换发驾驶证3978人。

二、认真履行党组主体责任,坚持贯彻落实从严治党要求,全面加强党的建设

一是严格落实党建工作责任制。成立以党组书记、局长任组长的党建工作领导组,制定印发党建工作要点,组织召开党建工作部署会,切实加强对局直系统党建工作的组织领导。二是深入开展"两学一做"学习教育。制定"两学一做"学习教育实施方案,以讲党课的方式召开动员部署会,坚持以"学"为前提、以"学作风"为特色、以"做"为关键、以"解决问题为导向"、以"经常性"为特点、以"挺纪在前"为要求,引导广大党员干部对照要求找不足,盯着问题抓整改。三是切实加强基层组织建设。先后组织和指导局直系统2个党委、2个党总支、20个党支部完成换届、调整、改选工作;新发展5名党员;组织20名党务干部参加了省直工委组织的培训;新提拔31名处级干部,招录20名事业单位工作人员;组织130多名干部职工到高校进行干部专题研修。四是促进作风建设常态化。严格执行中央八项规定、持之以恒反对"四风";在重大节假日前夕,及时对党员干部提出要求,发送警示短信;认真落实处级干部个人重大事项报告制度;及时对新任职干部进行任前谈话,2016年8月份按照驻农业厅纪检组的安排,对机关处级干部进行了任职廉政谈话;切实加强对机关日常工作秩序的监督检查。五是扎实开展"冬季行动"。在局直系统开展为期4个半月的"冬季行动",大力弘扬苦干、实干作风。共确定77项具体工作任务,均按期圆满完成。六是积极开展精神文明建设。坚持弘扬正气、提振精神,局党组做出向"全国十佳农技推广标兵"武乡县农机推广站站长李跃文同志学习的决定,并向全省农机系统下发了倡议书;在全省农机系统选树了10个先进集体和10名先进个人;对局直系统9个先进基层党组织、44名优秀共产党员、27名优秀党务工作者进行了表彰。七是加快推进扶贫开发

工作。在全省开展农机合作社资产收益扶贫试点工作，要求各市下达贫困县的农机社会化服务建设项目资金不低于各市资金总量的70%，用于农机合作社资产收益性扶贫，并按照“保底收益+按股分红”的分配方式，保证贫困户拥有稳定收益。同时，还整合各类资金179.3万元，解决定点帮扶村的实际困难，加快当地脱贫进程。

三、坚持制度引领，加强普法宣传，扎实推进法治建设

一是加强组织领导。成立了法治建设工作领导组，形成一把手亲自抓、分管领导直接抓、责任处室具体抓的工作机制。制定了2016年全省农机法治建设工作要点，明确了法治建设总体思路和具体工作任务。二是完善工作制度。制定了《山西省农机局领导班子和领导干部年度述法制度》《山西省农机局行政处罚自由裁量权基准制度》《山西省农机局规范性文件制定和备案管理办法》等制度，积极构建法治建设长效机制。三是继续推进“六权治本”。重新梳理调整农机局权力清单，并在山西农机化信息网公开“两单两图”（权力清单、责任清单、行政职权运行流程图、廉政风险防控图）；制定《进一步推进“六权治本”工作方案》，全面梳理机关各处室、直属各单位内部职权事项，规范运行流程、完善监管制度，不断推进机关内部风险防控体制机制。四是加强法治教育。制定了《山西省农机局第七个五年法治宣传教育规划（2016—2020年）》《山西省农机局关于强化国家工作人员学法用法的实施方案》，组织开展了宪法宣传日及农机法律法规宣传咨询活动和《山西省农业机械化条例》颁布施行十周年座谈会，为全局干部职工发放《七五普法公务员法律知识读本》和《宪法学习读本》等普法教材，不断增强干部职工的法治意识和法治观念。五是扎实开展地方性法规清理工作。对农机化现行有效地方性法规进行梳理，完成2个政府规章及5个政府文件的清理工作。六是认真落实省人大代表建议、省政协委员提案办理回复工作。认真落实4件省人大代表建议、3件省政协委员提案，并及时回复，代表和委员的反馈率、满意度均为100%。

（秦永红）

附：省农机局党组书记、成员名单

书　记：左义河

成　员：姚建忠　侯振全　王五明　张建中　张本源

中国煤炭博物馆党委工作概况

党委书记　李希海

2016年，中国煤炭博物馆党委以习近平总书记系列重要讲话精神为指引，深入学习贯彻党的十八大、十八届三中、四中、五中、六中全会精神和山西省第十一次党代会精神，扎实开展“两学一做”学习教育，切实推进党的建设各项工作，积极开展精神文明创建活动，为煤博馆各项工作顺利进行提供了有力保障。

一、扎实开展“两学一做”学习教育

为确保“两学一做”学习教育取得实实在在成效，馆党委从指导思想、目标任务、学习内容、时间安排、方法措施、具体要求和组织领导等方面制定了详细的《实施方案》，从学习时间、学习内容、方法措施等方面制定了详细的学习计划。动员大会上，要求领导干部当好标杆以上率下，党员们要紧抓“学”这个基础，突出“做”这个关键，切实加深对党章党规和习近平总书记系列重要讲话精神的理解领悟和把握，争做“四讲四有”合格党员。

（一）积极营造开展活动的良好氛围。充分利用内外网、微信群、专题板报对“两学一做”的重大意义、相关知识、具体内容进行宣传，积极营造良好的学习教育氛围。

（二）认真开展学习活动。通过集中学习、个人自学等方式，全体党员认真学习了党章、党规、条例、准则、习近平总书记系列重要讲话精神、山西省第十一次党代会、省委书记骆惠宁、煤炭厅党组及厅直属机关党委重要文件精神等内容。通过学原著、读原文、做笔记、写心得、党章党规知识答题等方式，全体党员进一步领会了党的基本理论知识及“两学一做”的深刻内涵。

（三）做好“四讲四有”专题研讨各项工作。馆党委从学习教育启动时就对四个专题的研讨时间做出了具体安排，并通过微信群、电话、专题会议等多种方式及时指导、督促各支部按时保质完成了专题研讨。班子成员、中层干部、普通党员都认真撰写了发言提纲。班子成员在中心组学习时进行了研讨，也以普通党员身份在所在支部进行了研讨。

（四）组织三个层次的党课。学习教育中，班子成员、支部书记和普通党员都在所在支部讲了党课。七一期间，结合建

党95周年活动,党委书记为党员们讲了专题党课。

(五)创新支部党建工作。煤炭博物馆所属的10个党支部,由于所从事的工作性质各不相同,党建工作的形式亦各有特色。展览公司党支部在党员队伍建设方面,采取了"压担子、搭台子、架梯子、结对子、做样子"等措施,创造性地开展工作。中煤公司是煤炭博物馆对外形象的窗口,启动了由党员、团员青年带头担当安全员负责游客安全,并持续开展"微笑服务标兵"评比活动,每月从一线职工中优选出两名微笑标兵,给予精神及物质方面的双激励。有的党支部在学习时使用PPT进行讲解,有的让每位党员领读,有的针对不同主题指定党员当主讲人,这些措施,不仅增强了学习兴趣,提高了学习效果,还有效锻炼了党员在课堂上的胆量。在庆祝建党95周年之际,煤炭博物馆向全体党员发出了"从自身做起,从小事做起,每人做一件好事,做一日义工,做一日志愿者"的倡议,使学做结合进一步落在实处,目前,党员同志们参加义务劳动、义务加班已呈常态。

(六)做好2016年度班子专题民主生活会各项准备工作。按照上级党委有关开好年度专题民主生活会要求,制定了民主生活会方案,向各公司、各处室下发了"关于征求对馆领导班子及班子成员意见的通知",将归纳的意见建议及时反馈馆党委和班子成员,开展了谈心谈话活动,班子成员根据意见建议,认真撰写发言提纲,党委书记主持起草班子的对照检查材料,并对班子成员的发言提纲进行审核把关。在做好民主生活会准备工作的同时,及时向上级组织部门上报召开民主生活会的请示。

二、认真完成党的建设各项工作

(一)做好思想建设的各项工作。一是做好理论学习的安排部署工作。2016年,制定并下发了《2016年馆党委中心组和党员干部职工理论学习安排》,使党委中心组和党员干部的学习更加制度化和规范化。二是紧抓中心组(扩大)学习。组织中心组(扩大)集中学习12次,及时对有关会议、讲话精神进行了重点宣传学习,使领导干部先学一步,学深一点,真正起到以上率下作用。三是督促各支部完成学习任务。一年来,先后7次对支部书记进行培训,组织10个基层支部书记参加了煤炭厅直属机关党委组织的学习培训,组织5名副处级干部和2名党务工作者参加了省直党校的学习培训,为各党支部发放书籍8种共计80余本,为全体党员发放书籍6种共计1000余本,为全体党员发放了笔记本。组织观看了警示教育片,走进红色基地接受教育。这些措施,有效提高了学习效率,提高了党员干部职工的政治素质。

(二)做好组织建设的各项工作。一是做好党员的组织发展和日常管理工作。严格按照16字方针,发展2名新党员,为2名预备党员履行了转正手续。对全体党员信息做到"资料完备、信息准确、统计精准"。二是完成党员组织关系集中排查专项工作。按照"不漏一个支部,不漏一名党员"的工作要求,指导各党支部认真开展了党员组织关系梳理排查,确保了信息核实工作横向到边、纵向到底、不留死角,真正做到了排查工作全覆盖。三是完成党代会代表和党员违纪违法未给予相应处理排查清理专项工作中。四是完成各支部换届选举专项工作。馆党委不仅指导各支部认真完成换届筹备工作,还在换届选举时全程进行监督,确保换届选举程序规范。五是完成党费收缴专项工作。2016年,煤炭博物馆在党费的收缴和管理上,做到了按时收取,严格标准,账款对应,专人保管。2016年,按照上级党委有关党费收缴工作专项检查督查的要求,认真核算了全馆党员自2008年到2015年底近8年的党费补交额,按时完成了党费补交工作。六是积极推进抓党建促脱贫攻坚工作。煤炭博物馆积极响应号召推荐了第一书记,每月听取第一书记的工作汇报,及时对第一书记的工作给予支持和指导,还制定了2项力所能及的具体扶贫措施。七是开展"创先争优"活动。七一前夕,在全馆开展了评选表彰先进党支部、优秀共产党员和优秀党务工作者的活动。在做好全馆"七一"表彰活动的同时,还组织煤炭博物馆评选出的先进党支部代表、优秀党务工作者及优秀共产党员参加了煤炭厅纪念建党95周年暨创先争优表彰大会。八是完成支部书记党建述职评议工作。督促各支部书记在本支部进行述职并进行了民主测评,又组织党组织书记在全馆一定范围内进行了述职评议。

(三)做好对内对外宣传工作。一是做好对内宣传工作。通过编发简报、制作宣传板报等方式,在馆内对文博主业、文明创建等事件进行及时宣传报道。二是做好对外宣传工作。向山西省委主办的大型党史工具书《中共山西年鉴》、山西省地方志编辑出版的《山西年鉴》、山西省直文明委、山西省文物局、太原市委宣传部等部门提供煤博馆在党建、科学文化教育、爱国主义教育基地建设等方面工作开展情况。三是做好征文征集活动。为进一步贯彻落实党的十八大关于建设优秀传统文化传承体系,弘扬中华优秀传统文化,在全馆开展了"家风家教你我他"主题征文活动。四是做好专题节目《榜样》的学习宣传工作。要求各支部组织党员观看专题节目《榜样》,并将学习情况形成文字材料及时上报。

三、加强党风廉政建设和作风建设

2016年与各支部书记签订《党风廉政建设责任制责任书》,将主体责任落实到各党支部,督导支部书记认真履行党风廉政建设工作职责。积极听取党风廉政建设工作汇报,主动开展廉政谈话,坚决支持纪检监察部门开展监督执纪问责工作。对于信访或函询案件,要求相关部门积极开展工作,有理有据、实事求是地做出相应处理。在作风建设方面重点抓住领导干部这个关键少数,并通过年度考核,激励和鞭策干部认真履职尽责。通过对干部重大事项申报情况进行抽查以及发现的相关问题开展批评教育和诫勉谈话,以相关案列警示教育全体党员干部严肃对待。通过组织观看警示片、忏悔录实现警钟长鸣,使党员干部时时遵守"八项规定"并主动抵制"四风"蔓延。

四、认真做好精神文明建设各项工作

一是做好社会主义核心价值观的宣传教育。出台了《中国煤炭博物馆贯彻落实〈关于培育和践行社会主义核心价值观的意见〉的实施意见》，同时还通过板报、网络等宣传方式，使广大职工从国家、社会、个人三个层面全面理解富强、民主、文明、和谐、自由、平等、公正、法治、爱国、敬业、诚信、友善的意义。二是开展读书月活动。设立了阅览室，购置了新书，使职工们在书香中受到熏陶感染，自觉把社会主义核心价值观内化为自身的精神追求。三是持续开展"五个一"(一堂、一队、一牌、一桌、一组)品牌建设。通过举办道德讲堂、组织志愿服务队以关爱他人、关爱社会、关爱自然等志愿服务活动为重点开展活动、制作文明提示牌、刊发"讲文明树新风"公益宣传专刊、组织文明传播小组传播文明信息，切实将"五个一"品牌建设落在实处。四是通过主题活动、专题报道等方式多方位多角度传播煤炭文化，展示煤炭文明。五是开展丰富多彩的文明创建活动。六是开展慰问困难职工、老党员及"送温暖 献爱心"活动。七是组织职工健康体检。八是加强综合治理，建设和谐文明小区。

五、充分发挥工会和共青团的作用

2016 年，馆党委坚持党建带群建，注重发挥工会、共青团的优势和作用，引导工会、共青团围绕中心工作履行自身职责，发挥自身优势。2016 年，工会和团委开展了形式多样、内容向上的文体活动，不仅丰富了职工的生活，陶冶了情操，还有效地增强了工会和团委的组织凝聚力，激发了职工们的活力和激情。

六、进一步推动文博主业和经营工作

2016 年，煤炭博物馆围绕一级博物馆建设，在文物征集、藏品管理、学术研究及教育功能拓展等方面开展了积极有效的工作。在基本陈列对外开放、汽车经营、会展服务等方面圆满完成了年初制定的任务。

(张晓玲)

附：中国煤炭博物馆党委书记、委员名单

书　记：李希海

委　员：胡高伟　马召源

省城镇集体工业联合社党组工作概况

党组书记　李荣钢

山西省城镇集体工业联合社(简称省城联社)是集体经济联合组织，主要职能是对全省城镇集体经济改革发展进行"指导、维护、监督、协调、服务"。2016 年度省城联社机关党委所属党员 551 人，其中：在职党员 254 人，离退休党员 231 人，其他党员 66 人。共有基层党委 5 个、党总支 8 个、党支部 12 个。

2016 年是"十三五"规划的开局之年，省城联社党组贯彻落实党的十八届三中、四中、五中、六中全会精神，全面深化改革、依法治社、依德治业，结合全省城联系统和工美行业实际，以推进落实集体企业改革和发展混合所有制经济为指导，以二轻行业管理向集体资产监管运营转型发展；以传统手工业、手工技艺、工艺美术向文化产业、旅游产业融合发展为突破口，围绕一个中心，突出两条主线，落实三大任务，坚持"四权"原则，完成五项指标，推进百强项目建设，打造手工技艺、工艺美术品牌展会，开创了全省城镇集体经济改革发展新局面。2016 年全省城联系统和工美行业完成工业总产值 95 亿元，工业增加值 35 亿元，销售收入 98 亿元，利税 9.8 亿元。

一、建强组织　配强干部　增强活力　全面强化基层组织

2016 年省城联社党组主要工作：一是严格落实党建工作责任制，学习贯彻《省委办公厅关于印发〈省直机关党的工作责任制的规定〉的通知》(晋办发〔2016〕1 号)和全省机关党的工作会议精神、省第十一次党代会精神，完善党组书记负总责、党组成员"一岗双责"，机关党委协调推进、各处室和各直属单位负责人具体落实的党建工作格局.调整了省城联社党建工作领导小组，形成了抓书记、书记抓的新格局，进一步加强了机关党建工作的统一领导。二是做好省城联社各基层党组织按期换届工作，按照换届程序都进行了换届选举。2016 年 11 月 30 日召开了省城联社直属机关第三次党员代表大会，选举产生了第三届机关党委、机关纪委，强化了机关党委、机关纪委班子建设和工作机制建设，有力提高了党组织的凝聚力、感召力和战斗力，使党组织的战斗堡垒作用得

到进一步增强。三是结合“两学一做”学习教育,坚持“三会一课”,严肃党内政治生活,在学习教育中创新方式,开展基层党组织书记联组讲党课和党组书记带头讲党课,2016年共组织各支部联组学习8次。党组书记李荣钢以《学党章、知党情、践行誓词》为题做“两学一做”专题教育党课,以普通党员身份参加机关第一党支部组织生活会,与大家一起接受党内组织生活的洗礼,同支部党员深入交流交心、听取意见建议。其他党组班子成员也以普通党员身份,分别参加所在党支部的组织生活会,以实际行动落实党内生活准则,推进党的基层组织生活常态化、制度化、规范化。四是完善述职评议考评考核制度。各基层单位党组织书记紧紧围绕履行党建工作主体责任“两学一做”学习教育、党建工作七项重点任务等情况逐一作了述职报告,剖析原因,分析存在的突出问题,提出加强和改进工作的思路措施。在2016年度基层党组织书记抓党建工作述职评议考核大会上,省城联社党建工作分管领导对发言单位党建工作进行了点评,参会人员对各单位党组织书记抓党建工作进行了现场测评,测评结果作为2016年度基层党建工作考核的重要组成部分。

二、与时俱进 谋求发展 力求实效 做到有为有位有发展

2016年,省城联社党组紧紧围绕习近平总书记系列重要讲话精神和省委省政府重大决策部署及重要会议精神,落实《山西省政府工作报告》《山西省人民政府重点工作目标责任分解》《关于加快民营经济发展的意见》等重要文件中明确提出的“深化集体企业改革”和“积极发展混合所有制经济”等目标任务,草拟了《关于推进全省城镇集体企业改革促进民营经济发展的意见(建议稿)》,使集体资产权属、职工基本权益的保障、债务、产权及股权在改革中更加量化、更具操作性。根据国务院《关于推进文化创意和设计服务与相关产业融合发展的若干意见》和省政府《关于印发山西省推进文化创意和设计服务与相关产业融合发展的行动计划的通知》的精神,探寻全省城联系统和工美行业八条转型融合发展的路径,草拟了《全省城联系统和工美行业转型发展实施意见(建议稿)》和《关于加快山西省工艺美术产业发展的意见(建议稿)》。省城联社先后成为“省政府促进中小企业发展协调小组成员单位”“省委省政府信访突发事件联席会议成员单位”“省委省政府促进民营经济发展领导小组成员单位”等,为推进集体企业及各项工作提供了必要的保障条件。

强加干部培训和实践能力锻炼,扩大省城联社党组中心组学习成员和学习内容,在内部实行上挂下派挂职锻炼,机关干部先后有26人次在直属单位挂职,直属单位和系统市、县城联社在省城联社机关挂职11人次。2016年选派2名年轻干部到扶贫村任第一书记;5名干部参加由省委组织的万名干部入企服务工作;1名干部到团省委挂职锻炼。组织全省城联系统各级各类干部和企业经营管理人员于2016年7月31至8月6日在哈尔滨工业大学参加学习培训,举办全省城联系统工美行业小微企业扶持政策解读培训班和工艺美术高级研修班。结合岗位开展学法用法活动,印发《省城联社“七五”普法工作规划》,强化学习与履职相关的法律知识和业务政策知识,做到人岗相宜。利用重大节点日,如:7月1日党日开展学《党章》,面对党旗重温入党誓词;12月4日普法日,学习《中华人民共和国城镇集体所有制企业条例》《物权法》《中华人民共和国企业国有资产法》《中华人民共和国企业国有资产监督管理条例》等;人事干部重点学习《事业单位人事管理条例》《党政领导干部选拔任用工作条例》《中华人民共和国劳动合同法》《中华人民共和国社会保险法》以及工资制度改革等业务法规政策;党务干部重点学习《基层党组织工作条例》《党的工作责任制》等党内法规政策;财务干部重点学习《会计法》《审计法》等业务法规政策;工美集团重点学习《传统工艺美术保护发展条例》《非物质文化保护条例》以及国家和省关于文化建设的相关法律法规;直属企业重点学习《公司法》《企业安全生产法》《劳动合同法》等相关法律法规,不断提高运用法律手段治理联社事务的水平。

三、明确职责 强化管理 锤炼作风 全面夯实基础工作

一是开展了党员党组织关系集中排查工作,经排查,对超过6个月未与党组织联系、且经多方努力确实无法取得联系的6名党员,依照相关规定程序,按自行脱党予以除名。二是开展了党代会代表违纪违法未给予相应处理情况的集中排查清理工作,对1人终止党代表资格、3人停止党代表资格。三是按照中组部《关于中国共产党党费收缴、使用和管理的规定》要求,开展清缴补缴党费工作,对没有足额交纳党费的党员进行了补交,共补缴党费10.36万元。四是结合全省城镇集体企业实际和巡视整改要求,着手起草《关于加强和改进集体企业党的建设工作的意见(建议稿)》,进一步加大非公有制企业、社会组织党建工作力度,扩大党组织和党的工作覆盖面,省城联社现有4个社会组织,有2个已建立党组织。五是认真落实“两个责任”,印发《机关党委落实党风廉政建设主体责任清单》《机关纪委落实党风廉政建设监督责任清单》和《省城联社关于2016年党风廉政建设和反腐败主要工作任务》,举行了2016年党风廉政建设责任书签定仪式,与机关处(室)主要负责人和直属企事业单位党政主要责任人分别签署了《省城联社2016年度党风廉政建设责任书》,对中层(科级)以上的党员干部建立了《省城联社领导干部廉洁档案》,对照《准则》进行了逐条执行情况承诺,进一步加强作风建设和党风廉政建设,立足实际夯实作风建设,多措并举,紧抓作风和廉政建设。六是加强文明建设,营造干事创业的良好氛围,坚持不懈做好创建工作。开展“重温入党誓词”、举行“歌党恩、颂党情、永远跟党走”诗歌朗诵会,举行省城联社党章党规知识竞赛活动、慰问困难党员等纪念建党95周年活动。在2016年度精神文明建设工作动员大会上与各处室签订《责任书》,省城联社机关、省二轻文教事业发展中心继续保持了文明和谐单位标兵荣誉称号,进一步巩固创建成果。

四、提高素养 拓宽视野 增强本领 不断提升基本能力

省城联社首先以建设学习型党组织为基础，坚持党组中心组学习制度。2016年组织了20次党组中心组(扩大)学习会，围绕习总书记系列重要讲话精神和党内法规开展集中学习8次；支部联组学习8次。对60名基层党组织书记、纪检书记、纪检委员单元式培训2次；开展“两学一做”警示教育7次，围绕“四讲四有”开展专题研讨3次；印发“两学一做”学习教育专讯13期。其次是明确了工作重心要转型，机关必须先转身，提出“依法治社，以德兴业”，经营管理服务“三位一体”的治社理念和主导思想，继承发扬城镇集体企业从五十年代创立时树立的“自力更生、自主经营、自负盈亏、自我管理、自谋发展”的“五自方针”精神，对机关干部提出适应转型发展需要的系列要求：增强“五种能力”，即：组织协调能力；文字口语表达和办文办事办会能力；调查研究指导实施工作能力；经营管理服务三位一体能力；不同岗位履职能力。树立“五种风气”，即：讲学习善思考的风气；讲原则守纪律的风气；说实话办实事的风气；高标准严要求的风气；保清廉树品德的风气。对直属企事业单位的领导干部提出树立“依法治企，以德兴企”的理念，增强“五种能力”，即：增强经营管理服务三位一体的能力；增强组织协调策划驾驭市场竞争，开拓单位生存空间的能力；增强挖掘自身潜力，争取外部支持，解决单位实际困难的能力；增强自主创新、创品牌、树诚信、争佳绩的能力；增强应用新技术、新理念、新知识、新政策解决本单位实际问题的能力。同时，面对部分直属单位身陷困境、难以为继的局面，坚持以改革的成果维护稳定，换取发展的时间和空间。解决困难企业从“老有所养，病有所医，失而有救，最低工资和最低生活费”等职工基本保障权益和银行利息、税费拖欠等问题入手，对有发展前景的企业，坚持“抓住所有权，放活经营权，强化监督权，提升收益权”的“四权”进行重组改革。属经营型企业，坚持股权改革“参股不控股，不持大股”的原则；属资产经营型企业，坚持“控股持大股”的原则。坚持做政治上清醒，经济上清楚，作风上清白的“三清”干部。面对“五位一体”的难题，破解省城联社机关和直属单位以及全省城联系统在生存、维稳、解困、改革、发展中的五大难题。

五、完成目标责任 推进企业改革 轻装上阵谋发展

省城联社贯彻落实省委、省政府决策部署，推进集体企业改革，发展混合所有制经济，做到中心工作、重点工作和业务工作统筹兼顾。一是落实好省政府每年制定的目标责任制，以文件形式《全省城联系统和工美行业落实省政府目标责任分解工作的通知》分解到各市城联社、各有关处(室)和直属单位，并进行严格认真考核。二是按照《全省“项目成效年”工作实施方案》和《全省“项目提质增效年”工作实施方案》，就项目储备、签约、落地、开工、建设和投产“六位一体”进行跟踪督查，在全省城联系统和工美行业开展“百强项目建设”活动，建立了项目库，对招商项目、新建项目、在建项目、竣工项目进行常态化管理和服务。三是发展混合所有制经济，推进集体企业改革，2016年底集体企业混合所有制改革率达50%以上，在年度目标责任考核项目中增加了主要经济指标考核和保稳定、保民生的项目。四是通过创办《山西城联信息》《山西工美行业通讯》山西省城镇集体工业联合社和山西工艺美术协会网站，开通微博微信、电子显示屏和《山西城联党建》《山西城联组工·社保》《山西城联投资》《山西城联道德讲堂》《山西工美行业会员之家》《山西工艺美术集团》《山西黄河画院画廊》等微信群，广泛宣传贯彻中央和省委省政府重大决策部署和重要会议精神、中小微企业政策、文化产业政策等重要文件精神，及时向全省城联系统和工美行业传达。五是召开全系统行业会议为全省城联系统和工美行业改革发展出谋划策。2016年召开了全省城联社主任工作年会，对全省城联系统和工美行业“十二五”规划的实施进行认真总结，科学谋划“十三五”规划，扎实推进全省城联系统、工美行业和机关自身建设及直属企事业单位改革、发展、维稳、解困、生存各项工作。

2016年省城联社党组从机关财务有限的经费中筹措资金75万元，帮助山西省太行锯条厂解决了在2002年职工退休时替企业垫缴的养老保险金的企业部分，向争取省人社厅解决了山西省太行锯条厂八十年代农民协议工参保问题。

六、做强工美行业 促进文化旅游 力争融合发展

于2013年12月12日注册的山西工艺美术集团有限责任公司，现已组建4个分公司：山西工美集团进出口有限公司、山西太行山夕阳红休闲渡假村(有限公司)、山西工美集团工艺美术创作基地(有限公司)、山西木偶皮影演艺研究院(有限公司)和山西黄河美术馆，创建了全国总工会授予的《劳模创新(荣誉)工作室》、山西黄河美术馆、山西工美少年红文工团、山西省图书馆山西工美少年红非遗传承展示基地、荣获省级文化产业示范基地等，并注册《晋艺工坊》商标和《乐艺淘》电子商务中心。

2016年山西工美集团各项工作步入正轨，组织机构和经营平台初步完善，利用大集团和省级文化产业示范基地，整合山西工艺美术市场，组织和参加了省内外、国际各类展会，提升了山西工艺美术的影响力。目前工美集团正制订连锁专卖网络体系标准、内部规章管理制度和经营体系及山西手工艺品、艺术品连锁专卖和电子商务线上线下相互配合的营销体系，为规模化、专业化经营奠定扎实的基础。

紧抓山西省大力发展文化产业、文化旅游业的契机，宣传山西特色工艺美术，将山西非物质文化遗产中的传统工艺和手工技艺带出娘子关、走出国门、走向世界。组织参加了首届山西艺术精品新疆行系列活动、晋善晋美——山西省非物质文化遗产精品展、中国工艺美术大师作品暨国际博览会等国内、国际艺术精品和创意产业博览会，不断扩大山西工艺美术行业的影响力。2016年先后开展“走出去”自办、承办、

参与国内外重大展演活动 29 场，其中：国内 26 场，国外 3 场；“引进来”活动 28 场，合计 57 场次。根据省委宣传部“文艺进景区”活动中工艺美术作品进景区的具体要求，山西工美集团已对 5 个景区：山西非物质文化遗产云冈石窟展演中心，山西非物质文化遗产五台山展演中心，山西非物质文化遗产平遥古城展演中心，山西非物质文化遗产晋祠展演中心，山西非物质文化遗产山西红色廉政文化武乡展演中心进行了实地调研和市场分析，设立了山西非遗进景区标准化的进驻流程。与平遥县达成协议在中国推光漆艺博物馆院内（平遥古城内东大街 103 号，面积 216㎡）设立山西非物质文化遗产平遥古城展演中心，与太原市教育局合作承担了太原市优秀文化艺术进校园“双百工程”暨非物质文化遗产走进校园活动，完成 30 场次。

努力营造人才培育和传承良好氛围，全面开展“五寻行动计划”，通过召开新闻发布会、《山西日报》刊登公告，动员各行各业征集资料，开展“寻找老行当、老手艺、老品牌、老字号、老艺人行动计划”，助推全省城联系统、二轻行业、手工业抓老创新工作。与省妇联联合举办第三届“三晋巧姐”手工艺品评选展，与省人社厅、省文化厅、省总工会联合举办了山西省工艺美术第二届“唐都杯”漆器技能大赛，与省人社厅、省文化厅、省总工会、省中小企业局联合举办了山西省工艺美术第三届“平定刻花瓷奖·神工杯”陶瓷职业技能大赛和山西省工艺美术第三届“唐都奖·神工杯”漆器职业技能大赛。通过竞赛、创意和设计，形成我省文化产业发展的新优势，营造人人皆可成才、人人尽展其才的良好氛围。培养和扶持能够继承传统技术工艺的能工巧匠。与省总工会、省人社厅联合创建了山西省传统工艺(手艺)大师创新工作室。被省总工会命名大师工作室 17 个，被人社厅命名大师工作室 5 个，并分别对 18 个大师工作室给予 5 万元的补助经费。

（冯晓东）

附：省城镇集体工业联合社党组书记、成员名单

书　记：李荣钢

成　员：杨晋才　杨润梅(女)

省供销合作社联合社党组工作概况

党组书记　狄重阳

2016 年，在省委、省政府和全国总社的正确领导下，全省供销社深入学习贯彻党的十八届三中、四中、五中、六中全会和习近平总书记系列重要讲话精神，按照省委“一个指引、两手硬”的重大思路和省委、省政府《关于深化供销合作社综合改革的实施方案》（晋发〔2016〕8 号文件）要求，深入推进综合改革，进一步密切与农民的利益联结，进一步激发内生动力和发展活力，在服务农民生产生活、促进农民增收致富中发挥了独特作用，为塑造山西美好形象、实现山西振兴崛起作出了新的贡献。

一、加强组织协调，综改推进工作强劲有力

晋发 8 号文件出台后，标志着全省供销社综改顶层设计全面完成。紧接着省政府召开电视电话会议，印发《2016 年行动计划》，为全省深化供销合作社综合改革吹响了进军号、绘就了时间表和路线图。全系统迅速行动，抢抓机遇，凝聚力量，不断加大推进力度。一是完善了各项配套措施。为进一步突出改革内容任务化、项目化，增强改革的针对性和可操作性，省社制定印发了《关于全面贯彻落实〈实施方案〉的指导意见》《综合改革试点县工作推进方案》等 10 个文件，与晋发 8 号文件、《2016 年行动计划》形成我省供销合作社综合改革“1+1+10”的组合拳。编制完成了省社“十三五”发展规划，为省社未来五年的改革发展指明了方向。二是健全了工作机制。省社组成 7 个宣讲督导组，分赴各市及试点县对综合改革工作目标、重点任务进行宣讲。对试点县综合改革实行省社领导包市、处室包县，市级社一把手负责、分管领导落实、相关科室配合，县级社组织实施的工作机制。已有 10 个市委市政府出台了综合改革实施办法，全面助推综合改革。三是积极协调部门联动。积极协调有关部门，建立部门联动机制，省委组织部、省财政厅、省农业厅、省扶贫办、省金融办等相关部门对供销社综合改革都给予大力支持，确保各项扶持政策落实落地。四是坚持走出去与请进来相结合。省社领导分别带队赴山东、重庆、陕西等兄弟省社学习综合改革、农业社会化服务、精准扶贫等工作经验。并

邀请省内外专家到供销社调研指导工作,为综合改革提供了实践依据和智力支撑。五是狠抓试点突破。差异化选择了25个综改试点县,提出了“5+N”的工作思路,形成了闻喜县供销社建设惠农服务中心、潞城市供销社开展土地托管服务、高平市供销社经营服务一体化、山阴县泰和牧业专业合作社开展规范资金互助的典型经验,对全系统综合改革起到了引领作用。得到了总社王侠主任、楼阳生省长、郭迎光副省长的高度肯定和多次批示。

二、做大经济规模,各项指标任务圆满完成

2016年,面对全省经济下行压力逐渐增大的严峻形势,全省供销社系统坚持问题导向、自加压力的原则,采取目标倒逼、市场倒逼的办法,全力破解发展难题,着力冲击增长瓶颈,圆满完成了年初确定的目标任务。全系统购进总额完成519.7亿元,同比增长21.9%;销售总额完成567.6亿元,同比增长23.8%;汇总实现利润2.15亿元,同比增长6.7%。经济总量增幅在全国供销系统排名前5位,综合绩效考核前移了4个名次。建设惠农服务中心120个,新建、改造基层社58个,规范发展农民专业合作社示范社62个,分别完成任务数的150%、193%和124%;农村电子商务覆盖全省58个贫困县,8个农民专业合作社内部资金互助业务有序开展,全部100%完成任务;确保食盐安全,碘缺乏病地区碘盐覆盖率98.07%,合格碘盐食用率96.39%,分别超过目标任务的3.07%和6.39%。

三、提高农民参与度,基层组织改造取得突破

全省供销社始终把基层组织作为开展为农服务的前沿阵地和深化改革、加快发展的关键来抓,按照“强化合作、农民参与、为农服务”的要求,因地制宜推进基层组织改造,取得明显成效。一是基层组织的数量和覆盖面明显提升。全省基层供销社达到1167个,乡镇覆盖率达到97.6%;领办创办专业合作社1580个,牵头成立农民专业合社联合社9个;农村综合服务社(中心)达到8969个。二是基层组织经营规模和发展质量得到增强。全省基层供销社营业收入达到67.3亿元,同比增长7.95%;农民专业合作社经营收入由2015年的24.84亿元增加到29.8亿元;农民综合服务社销售总额由2015年的19.01亿元增加到22.9亿元。三是基层组织与农民的联结更加密切。全省基层供销社发展农民社员9.75万户,专业合作社8.8万户,共计18.55万户、55.65万人,同时带动农户13.6万户。四是基层组织的经营范围和服务领域逐步扩大。经营范围新增瓜果蔬菜、米面粮油等副食品和文化、体育、药品等生活用品;服务领域除农资和日用品外还开展了电话预约、养老幼教、红白理事、城乡环境卫生清洁等服务项目。

四、创新服务体系,为农惠农工程成效明显

各级供销社全面构建农业社会化服务体系,建设速度快、服务效果好、社会效益大、政府认可度高,取得了农民满意的阶段性成果。一是全面推进平台建设,“农业社会化服务惠农工程”扎实推进。通过新建或改造一批为农民提供土地托管、智能配肥等为主要内容的惠农服务中心(站)、庄稼医院,搭建起综合配套、功能清晰、高效便捷的为农服务平台。2016年共建设惠农服务中心120个,惠农服务站1159个,庄稼医院148个。二是努力扩大服务规模,逐步开展农业适度规模经营。围绕破解“谁来种地,地怎么种”问题,全省供销社依托基层社、农资企业、惠农服务中心(站)等组织,为农民和各类新型农业经营主体提供耕、种、管、收、加、贮、销等环节的系列化、个性化土地托管服务。全系统土地托管、流转、服务面积达到470.3万亩。三是更加注重科技兴农,农业技术服务培训成效突出。省社举办了庄稼医生培训班,为指导农民科学种植提供了人才和科技支撑。各级社也采取多种形式,聘请农科专家、技术人员开展施肥技术、种植管理等多种形式的培训活动。四是不断加快产业融合发展,农产品加工和流通水平得到提升。各级供销社积极创新流通模式,强化产销衔接,加强新网工程、农业综合开发等项目库建设,重点建设、改造、升级了5个骨干农产品批发市场,促进了农产品深加工、精加工和转化增值。

五、加快经营转型,“线上线下”格局初步形成

全系统积极拓展为农服务经营领域,推进金融和商业模式创新,把电子商务与全系统实体网络资源相结合,加快经营服务网络的结构调整和转型升级,不断完善农村现代流通服务网络。一是大力发展农村电子商务。省社制定了全面推进农村电子商务发展的行动计划和省级电商公司与市县供销合作社合作经营指导意见,加快推进全省供销社系统电商网络建设。供销“农芯乐”商城作为省级电商运营平台,发挥了强有力的带动指导作用,对接总社“供销e家”,16个县级电商惠农工程项目争取到中央扶持资金9400万元,使我省成为全国供销电商重点支持的5个省份之一。全系统发展专业电商公司108个,207个企业和专业合作社开展电商业务,建设县级电商管理服务中心102个,实现了58个贫困县全覆盖,县级电子商务覆盖率达到86%,建设村级体验店9500多个,覆盖贫困村2054个,帮助贫困地区销售农产品近3000万元,解决贫困人口就业2000余人,实现线上销售额7.63亿元。二是稳步开展农村合作金融服务。省社选择了8个专业合作社积极稳妥开展资金互助业务,参加资金互助合作农民664户,可用互助资金1940万元,为社员提供互助资金2900多万元。省供销社设立的投资公司成立至今,对接股权及债权投资项目58个,已完成投资项目19个,累计投资金额达1.24亿元。三是社有企业转型取得明显成效。山西农资集团和省盐业公司创新特色小杂粮、干鲜果品、中药材一二三产业融合发展,通过建设晋北小杂粮深加工基地项目、平遥晋药堂中医药健康养生文化旅游一条街项目,扎实推进山西特色小杂粮、干鲜果品、中药材深度开发。省盐业公司开展的“城乡一体化”建设工程取得较好的效果,目前已在全省11个市级区域全部运营开来,并延伸至运城、吕梁、阳

泉、朔州、长治、晋城的部分县级区域,累计实现销售额 4788 万元。

六、开展"两学一做",党风作风建设扎实推进

全系统各级党组织深入开展"两学一做"学习教育,认真落实"两个责任",狠抓党风和作风建设,广大干部职工干事创业的热情空前高涨,为推动供销社综合改革营造了良好的政治生态,提供了坚强的政治保证。认真贯彻落实中央"八项规定",坚持不懈纠正"四风"。注重发挥监事会、纪检、审计等部门的监督作用,加强对"三重一大"制度落实情况、试点县专项资金、农业综合开发等财政资金使用情况的监督检查,开展综合改革专项资金绩效评价工作,确保党和政府的惠农政策以及省社党组重大决策部署在全系统落到实处。坚持依法治社,运用法治思维和法治方式化解综改中的问题和困难。严格选人用人,切实加强干部队伍建设,把严的要求、严的措施、严的纪律贯穿到干部队伍建设的日常工作过程中。严格落实"13710"工作制度,真正做到马上就办、真抓实干。

(樊　莉)

附:省供销合作社联合社党组书记、成员名单

书　记: 狄重阳

成　员: 王义升　李俊德　李　海　王彤宇　高建忠　郝利才

群团组织党组工作概况

省总工会党组工作概况

党组书记　王立业

2016年，在省委和全总的坚强领导下，省总工会党组全面深入贯彻习近平总书记系列重要讲话精神，贯彻落实省第十一次党代会精神，按照“一个指引、两手硬”的重大思路和要求，坚持围绕中心、服务大局，履职担当、奋发有为，团结带领职工群众为不断塑造山西美好形象、逐步实现山西振兴崛起作贡献，各项工作取得新进展。

省总工会工作得到省委省政府和全总的充分肯定。2016年初，中央政治局委员、全国人大常委会副委员长、全总主席李建国同志作出重要批示：“山西省总工会在全省企业中开展群众性小发明、小创造、小革新、小设计、小建议竞赛活动的经验，可供各地工会学习借鉴。”全总党组书记、副主席、书记处第一书记李玉赋同志批示：“山西省总工会在省委、省政府的重视指导下，在喜荣同志的带领下，组织全省企业开展‘五小’竞赛活动，抓得认真扎实，搞得有声有色，请经济技术部调研总结，宣传推广山西省总的成功经验和做法。”11月30日，省委书记骆惠宁同志率领全体省委常委出席省工会十三大开幕式，这在山西省工运历史上是第一次，省委副书记、省长楼阳生同志为全体代表作经济形势报告，省委副书记、政法委书记黄晓薇同志代表省委作了祝词，用实际行动表达了省委省政府对全省工会和广大职工的重视、支持与厚爱。11月23日，黄晓薇副书记到省总工会调研，指出：“省总工会工作非常丰满、非常充实，很实惠。‘五小’竞赛体现了工会的大局观，‘五小’不小，是为大局服务。”全总副主席李玉赋同志出席省工会十三大开幕式并致辞，在省总工会机关调研时，称赞机关建设在全国各级工会中处于中上水平。

一、深入贯彻习近平总书记系列重要讲话精神和中央、省委重大决策部署

充分发挥党组的领导核心作用。坚决贯彻落实中央、省委的决策部署，严格执行省总党组向省委请示、报告重要工作的制度，主动与省委沟通协调，共同研究解决工会工作遇到的问题。全面落实党建工作责任制，深化“两学一做”学习教育，严明党的政治纪律和政治规矩，坚持不懈纠正“四风”。强化省总党组对工会工作的领导，定期听取市级工会工作汇报和意见建议，加强对市县工会及省级产业工会领导班子和领导干部的协管，配齐配强省总机关部门和直属单位领导班子，研究制定省总改革方案，确保中央、省委关于工会工作和群团改革的各项要求落到实处。

强化党组中心组学习的示范引导作用。省总工会修订完善《省总工会党组中心组学习制度》，2016年共学习13次。党组中心组成员发挥示范引领作用，带头深入学习贯彻党的十八届六中全会、习近平总书记系列重要讲话精神和省第十一次党代会精神，学原文，学作风，带头树立“四个意识”，特别是核心意识、看齐意识，坚定不移拥戴核心、维护核心、紧跟核心。通过学习升华思想、锤炼党性，凝聚力量、推动工作，把学习成果转化为推动工会改革创新发展的生动实践，转化为从严管党治党、严肃党内政治生活的实际成效。

引导广大职工听党话跟党走。组织机关干部职工集体学习讲座3次，为全体机关党员干部发放《中国共产党章程》《习近平总书记系列重要讲话读本（2016年版）》《中国共产党问责条例》等15本学习书目。把学习宣传贯彻习近平总书记系列重要讲话精神和中央、省委有关精神向基层和职工延伸，运用网络、微博、微信等新媒体，设计职工群众喜闻乐见的形式，推动学习宣传活动进工厂、进车间、进班组，教育引

导广大职工理解、支持、参与改革,凝聚推动改革发展的强大正能量,夯实党执政的阶级基础和群众基础。

二、持续加强工会系统党建工作和省总机关建设

坚持把党建和中心工作一起谋划部署考核。省总党组牢固树立抓好党建是最大政绩理念,始终把学习贯彻习近平总书记系列重要讲话精神和中央、省委有关精神作为首要政治任务,坚持正确政治方向。制定出台《山西省总工会直属机关党务干部培训制度》《关于进一步加强和规范省总领导班子成员参加"双重组织生活"的实施意见》《关于进一步严肃和规范省总直属机关党的组织生活的通知》等制度,提升机关党建工作制度化、规范化水平。召开山西省总工会直属机关第七次党员代表大会,选举产生了新一届直属机关委员会、纪律检查委员会,配齐配强党务干部,完成省总直属机关党委换届工作和机关各支部换届工作。发展预备党员5名,表彰优秀共产党员、优秀党务工作者70名,充分发挥党员先锋模范作用。

扎实开展"两学一做"学习教育。通过中心组扩大会议、全体党员会议的形式,扎实开展"两学一做"学习教育,高质量广覆盖完成"四讲四有"专题学习讨论,开展"五个一"主题学习活动,精心设计党员"两学一做"笔记本、"三会一课"的记录本,规定动作做到位,自选动作重实效。省委"两学一做"学习教育督导组认为省总工会有做法、有亮点,并总结经验推荐上报中组部。将开展"两学一做"学习教育作为巩固拓展"三严三实"专题教育成果的有效手段,持续抓好"三严三实"专项整治。

切实加强省总机关建设。加强机关干部队伍建设,坚持公平公正、竞争择优的原则,顺利完成副厅级后备干部、正处级后备干部及副处级后备干部选配工作,以风清气正的选人用人导向激发机关干部干事创业的热情。制定下发《省总工会机关工作人员考核办法》《省总工会机关工作人员考勤考纪办法》《省总工会机关工作人员带薪年休假实施办法》,进一步加强机关管理,提高机关工作效能。健全联系服务职工的长效机制,选派22名干部深入全省各个市、县的22户企业进行入企服务,选派8名"第一副主席"到基层工会任职,为基层和职工群众解决实际问题,不断密切与职工群众的联系。继续按照省委要求做好"六权治本"工作的综合协调工作,定期向"六权治本"涉及到的部门收集反馈情况。

三、从严抓好党风廉政建设和法治工会建设

全面加强党风廉政建设。省总党组定期听取纪检组的工作建议,党组主要负责同志带头抓党风廉政工作。坚持"系统抓、抓系统"的工作方法,在省总工会十二届九次全委会上第一次将党风廉政建设作为一个专门章节来论述和部署,及时专题传达学习中央纪委、省纪委全会精神,第一次召开全省工会党风廉政建设大会。坚决落实好党组主体责任和一岗双责,省总党组与省总直属机关各支部、总支、党委签订《党风廉政建设责任书》,开展党风廉政主体责任谈心谈话工作,部门负责人与部门处级以上干部进行廉政谈话。大力支持经审组织依法依规开展工会经费审查审计监督工作,严肃工会财经纪律。大力支持纪检组处理案件,坚持一案双查,寸步不让。落实整改巡视反馈意见,进一步理顺干部人事管理关系。

始终把纪律和规矩挺在前面。组织党员集中学习《中国共产党廉洁自律准则》《中国共产党纪律处分条例》《关于新形势下党内政治生活的若干准则》《中国共产党党内监督条例》,瞄准高线、守住底线、不碰红线。制定下发并严格执行《山西省总工会关于贯彻执行〈山西省各级党委(党组)在干部选拔任用工作中严格执行民主集中制的办法(试行)〉实施细则》,坚决把用人权力的制度笼子扎牢扎紧。

强化监督执纪问责。充分运用"四种形态"做深做实执纪监督。组织机关党员与老干部观看《贪与悔》等警示教育影片,通过交流讨论、书写心得体会等方式真正做到知敬畏、受警醒、明底线。抓住元旦、春节、端午等重要时间节点,对节日期间严格执行"八项规定",坚决反对"四风"问题进行细化、明确要求,及时运用文件、会议、电话通知、短信平台等形式打招呼、敲警钟,5次开展明察暗访,杜绝违法违纪现象发生。处置问题线索和信访举报11件,做到事事有回音、件件有着落。机关各支部配备正处级的纪检委员,负责本支部纪检工作。

坚持不懈推进法治工会建设。加大源头参与力度,在22件政策法规制定和修改中积极代表广大职工表达诉求、提出工会的意见及建议,在《山西省人口与计划生育条例》立法中提出的"30天婚假"建议被采纳。开展"女职工维权行动月"活动、《山西省女职工劳动保护条例》知识竞赛活动,推动《山西省女职工劳动保护条例》相关内容纳入女职工专项合同。制定"七五"普法规划,开展"12·4"国家宪法日暨法制宣传日活动,加强普法骨干培训,推进普法工作。

四、全面完成工会工作年度目标任务

(一)主动服务全省转型升级大局,引领职工在改革发展第一线建功立业。

深化"五小"竞赛活动。2016年,全省"五小"竞赛活动参赛企事业单位由去年的1.48万余家增加到2.02万余家,参赛职工由去年的228万人增加到492.4万人,竞赛重点示范企业由去年的436家增加到1093家,收集竞赛成果10.5万项,产生直接经济效益53.7亿元。全省劳模(大师)创新工作室达到1132个,在推动实施"大众创业、万众创新"中发挥了平台和引领作用。

发挥劳模示范带动作用。召开山西省"五一"表彰大会,隆重表彰了433个先进单位(集体)和先进个人,向全总推荐了49个先进集体和个人。开展寻访、选树"三晋工匠"活动,向全总、省网信办、媒体集中推荐宣传30名,被中央电视台播出宣传3名,被《工人日报》"大国工匠"专栏采用2名。以"弘扬劳模精神,实现富民强省"为主题,开展劳模宣传月活动,组织"十百千"劳模重点宣传、劳动服务社会"四送"活动,

在全社会营造学习劳模、争当劳模的良好氛围。

引导职工培育和践行社会主义核心价值观。举办以“向劳动者致敬”为主题的山西省“五一”文艺晚会，组织开展“社会主义核心价值观劳模故事大讲堂”活动、职工合唱音乐会、全省首届“工人好歌曲”原创歌曲大赛、“中国梦·劳动美”第二届全省职工摄影展、纪念红军长征胜利80周年书画展、全省首届职工羽毛球大赛，开展培育好家风——女职工在行动主题实践活动。总结推广太原市职工文体义务辅导站经验，切实加强职工思想引领。筹建山西省工会系统新媒体联盟，全省各级工会共开设有影响网络平台80余个，进一步完善了职工思想教育线上线下联动机制。

（二）突出维权重点，在构建和谐劳动关系中充分发挥工会组织作用。

持续深入开展“农民工有困难找工会，拿不到工资找工会”专项行动。省总压缩经费开支，用节余资金建立起规模1.5亿元的农民工讨薪应急周转金，建立起全省工会统一联动工作机制，大张旗鼓地帮助农民工追讨欠薪。及时与省人社厅等部门对接，参加全省农民工工资支付情况专项检查和联席会议，工会保障农民工工资支付影响进一步扩大。2016年，全省工会共受理农民工欠薪来访事件110件，涉及3550余人，追回欠薪34件，共计981.53万元。

以推行集体协商和集体合同制度为重点，推动健全劳动关系协调机制。组织开展“集体合同与工资集体协商月”活动，推动单独开展工资集体协商的建会企业90%以上达到合格标准。全省共签订综合性集体合同4.86万份，覆盖企业99780户，覆盖职工477万人。签订工资专项集体合同5.23万份，覆盖企业10.5万户，覆盖职工524万余人。阳城县旅游行业和阳泉市城区商贸行业工资集体协商两个先进典型被全总录入2016年《集体协商案例选编》。

以健全完善职代会制度为重点，大力推动企业民主管理工作提质扩面。对全省企事业单位民主管理工作进行交叉检查，参与组织第九次全国企业民主管理工作调研检查，继续在全省开展厂务公开、职代会建制专项行动，推进厂务公开制度化、规范化，完善公开程序，充实公开内容。完善职工队伍稳定情况即时报告和定期研判制度，重视发挥工会信访和维权热线作用，扎实做好节假日、敏感日和重大活动期间的防范和维稳工作。

深化“安康杯”竞赛，构筑安全生产第一道防线。各级工会把促进企业安全发展、保障职工安全健康权益作为重要工作目标，立足我省实际，形成建立井口群众安全工作站、女工服务站等具有山西特色的经验做法，构筑起安全生产的职工群众防线。“安康杯”参赛企业由14975家增加到17985家，参赛行业由国有、集体企业，进一步向非公企业、中小企业和非生产性企业延伸。召开“2015—2016年度全省安康杯竞赛总结表彰暨经验交流会议”，对表现突出的先进经验进行了总结推广。

（三）切实做好帮扶服务工作，让广大职工群众共享改革发展成果。

扎实开展“金秋助学、冬送温暖”活动。“金秋助学”活动期间，全省各级工会共筹集资金2907.1159万元，发放助学款2881.0359万元，资助困难职工子女上学10487人。“两节”送温暖活动期间，全省各级工会组织共筹措慰问款物总额7746.1万元，慰问困难企业1360家，走访慰问困难职工家庭128475户。

扎实开展“一县一年一主题，一年解决一问题”活动。出台《关于开展“一县一年一主题、一年解决一问题”活动的方案》，各级工会更多地关注就业、社保、工资、福利等职工劳动经济权益问题，推动工会保障工作品牌和项目纳入法治化和制度化轨道。全省共建立“妈咪小屋”328家，已建成“爱心驿站”“户外劳动者歇脚点”379个。

扎实开展精准扶贫和对口援疆，彰显工会社会责任。完善领导班子成员包扶贫困村、派驻工作队员和第一书记驻村帮扶、党员干部与贫困户结对帮扶等制度，领导班子定期带队下乡，帮扶资金投入比上年度增加33%，帮扶措施更加精准，包扶村贫困户人均收入由上年的2500元提高到2016年的4000元。2016年，对口援疆投入640万元。

（四）积极推进工会工作改革创新，不断加强工会组织自身建设。

以改革的精神召开省工会十三大。2016年11月30日至12月3日，山西省工会第十三次代表大会召开。大会深入贯彻习近平总书记系列重要讲话精神，将党的十八届六中全会和省第十一次党代会精神落细落实在工会工作五年部署中，把全省职工智慧和力量凝聚到中央、省委确定的目标任务上来。大会在会风会纪上主动与省党代会对表，按规定程序推选代表并进行廉政审查，设立会风会纪组全程监督，将全面从严治党要求落实到大会全过程。省工会十三大代表及两委组成充分体现了中央、省委关于群团组织改革的要求，更加突出代表性、群众性、广泛性。会议共有正式代表700人（实到参会代表670人），结构比较合理，来自基层一线的代表有482人，占68.8%。新一届省总工会两委组成大幅提高一些职工、劳模的比例，委员中先进模范人物和一线职工43名，占26.6%，比省总十二届高24.1%。常委会中，新增1名一线职工、3名基层工会主席。

有力有序推进工会改革。制定《山西省总工会改革实施方案》（送审稿），出台《山西省总工会联系基层“六个五”工作制度2016年行动方案》，制定《山西省总工会关于选派“第一副主席”的实施意见》。推动省地税局下发《关于下达2016年度规费征收计划的通知》，与省财政厅联合签发《关于省级行政事业单位缴纳工会经费的通知》，推动工会经费使用财税库银横向联网系统进行管理。推进县、乡工会领导班子换届和主席高配工作。

加强工会组织建设。组织实施“工会组建月暨农民工入会”集中行动，重点推进农民工集中的园区企业、大型建筑项目、物流（快递）业、家庭服务业、农业专业合作组织等五大领域建会工作，截至2016年11月底，全省累计净增基层工会组织258个，累计新发展会员225597人，新发展农民工会员

222731 人。总结推广非公企业工会主席“公选直管”、工会主席民主直选经验，出台《关于深入开展深化“三双”、落实会员“四权”活动的意见》，加强“职工之家”建设，全省基层“六有”工会 45837 个，达标率 77%，比去年提高 5%。

加强工会干部教育培训。以开展“素质提升年”活动为主线，组织全体机关干部参加“山西干部在线学院”学习，制定“1+2”一揽子培训计划(“1”是“十三五”全省工会干部培训规划，“2”是制定《2016 年全省工会干部教育培训工作计划》和《2016 年全省工会干部特色培训班计划》)，省总举办各类培训班 56 期，直接培训各级工会干部 4641 人，组织省、市总和省级产业工会特色班 37 期，培训工会干部 2765 人，将省职工活动中心作为新的培训基地成功举办培训 13 期，培训工会干部 1301 人，全省各级工会共培训工会干部 31000 人次。推动培训向一线职工延伸，如省总所属机冶建工会组织本系统 50 多名职工(劳模、大师)创新工作室带头人先后在全省 20 个企业开展 50 多场、200 多个学时的技术培训，培训职工 2 万余人。

其他工作取得新成效。工运研究、资产监管、产业工会、信访、信息、督查、统计、离退休干部管理等各项工作也都有声有色，取得新的发展。

(冯　千)

附：省总工会党组书记、成员名单

书　记：郭新民(9 月离职)　王立业(9 月任职)

成　员：辛旭光　王兴旺　王　荣(女，9 月离职)　张亚琳　李亮军　韩丽珍(女，9 月任职)　宋海兵

共青团山西省委党组工作概况

党组书记　赵雁峰

共青团山西省委机关系统共有 3 个党委，7 个党总支，25 个党支部，459 名党员。2016 年，全省各级团组织在省委和团中央的坚强领导下，紧扣“四维”工作格局，按照“四力一化”工作要求，坚持推进改革，强化思想引领，主动融入大局，着力凝聚青年，狠抓自身建设，各项工作在改革创新中取得新发展。

一、党的建设情况

(一)强化理论武装，扎实推进思想政治建设

深入开展“两学一做”学习教育，认真制定学习计划，有序开展专题研讨。通过中心组学习、主题读书班、专家辅导报告等形式，组织机关系统党员干部认真学习党的十八大、十八届三中、四中、五中、六中全会精神和习近平总书记系列重要讲话精神，增强“四个意识”特别是核心意识、看齐意识。认真学习省第十一次党代会精神，按照省委“一个指引、两手硬”重大思路和要求，切实把思想和行动统一到省委决策部署上来。强化理论研究工作，编印出版《山西青年工作蓝皮书：新媒体凝聚新青年》。

(二)夯实“两个责任”，全面落实党风廉政建设

圆满完成省委专项巡视组对团省委的专项巡视，按照“一个问题、一个整改方案、一套工作组、一名责任领导、一抓到底”的整改机制，狠抓整改落实工作，得到省委充分肯定。严格落实党建工作责任制，召开年度党风廉政建设工作会议，制定贯彻落实“两个责任”的《主体责任清单》《考核评价实施细则》。坚决配合省纪委派驻纪检组工作，组织开展“联述联评联考”工作，机关系统 80 名处级干部建立廉洁档案，确保“两个责任”落地落实。

(三)抓好建章立制，持续巩固机关党组织建设

认真落实从严治党主体责任，成立由党组书记任组长的党建工作领导小组，研究出台《团省委党建工作领导小组 2016 年工作要点》《中共共青团山西省委党组工作规则》。严格落实“三会一课”、民主评议党员、领导干部双重组织生活等制度，进一步规范党内政治生活。认真开展“党员组织关系排查”“党费收缴”“基层党组织换届”“党代会代表和党员违纪违法未给予相应处理”专项检查工作。党组成员定期开展督导检查，切实推动机关党组织建设各项工作落到实处。

(四)坚持从严治团，切实加强机关作风建设

稳步推进“四个化”问题专项整治行动，推动形成长效机制。完善《关于加强党员干部日常监督管理工作的实施办法》《领导干部办理婚丧喜庆等事宜的报告制度》，抓住重要时间节点，开展违反中央八项规定专项督查，持之以恒反对“四风”。在机关系统开展警示教育，组织开展廉政谈话，观看廉政警示教育片，切实做到真管真严、敢管敢严、长管长严。

二、2016 年工作情况

(一)推进共青团改革坚定有力

积极与团中央“对表”、与上海重庆试点地区对标，起草完成《共青团山西省委员会改革实施方案》，省委常委会已审议通过。加强“青年之声”互动社交平台建设，覆盖省市县三级及部分高校、企业，开通线上平台 185 个，组建线下联盟 35 个，直接联系服务青少年 14 万余人次，开展“智慧团建”试点，“互联网 + 共青团” 的工作新格局初步形成。落实“8+4”“4+1”“1+100”等直接联系青年制度，团干部走进青年已成常态。提高团省委全委会、常委会基层一线比例，团的代表性、广泛性不断增强。

(二)思想政治引领扎实深入

深入开展习近平总书记系列重要讲话精神宣讲、“学党

史、感党恩、跟党走”“与信仰对话”“四进四信”“我的中国梦”等教育实践活动，扎实推进“高校青年马克思主义者培养工程”，累计培训3.2万人次，青少年对党的认同感进一步增强。深化社会主义核心价值观培育和践行，广泛开展中华优秀传统文化进校园、常态化学雷锋、“从小争做中国好网民”等活动，全省选树36名向上向善好青年，开展巡回分享活动56场。网络引导持续加强，巩固发展网络评论员、网络宣传员、网络文明志愿者3支队伍，加强全省476个团属官方微博、微信矩阵建设，成立山西省青少年新媒体协会，创新开展山西青年网络文化行动，充分运用网络新媒体唱响主旋律、传播正能量。

（三）服务大局成效明显

发挥“创青春”系列赛事的带动作用，营造浓厚创业氛围，引导更多青年积极投身创业实践；成立山西青年创新创业投资联盟和山西青年创新创业基金，发放农村青年创业小额贷款20.14亿元，发放城市青年创业小额贷款3421笔，全国第四家开设“青年创业板”，挂牌企业107家，搭建融资平台，努力解决青年创业资金难题；探索PPP模式打造“山西青创大厦”，开展青年技能培训2.41万人次，组织上岗见习8579人次，青年创业就业服务网络进一步完善。深化青年文明号、青年岗位能手、服务安全生产“五个一”工程等品牌工作，团结引领广大青年在经济社会发展中发挥生力军作用。以58个贫困县建档立卡贫困青少年为重点，推进电商培育、人才帮扶、助学助困、就业创业四大扶贫工程，选派金融干部到58个贫困县团委挂职，推广“24小时自助便利店创业项目”，深化“共青团劳务输出大篷车”活动，培训贫困青年4.2万人次，实现输出就业1.27万人次，积极为全省打赢脱贫攻坚战贡献力量。

（四）服务青少年工作不断深化

编制发布《山西省“十三五”青少年发展规划》。发挥“预防青少年违法犯罪”专项组组长单位作用，牵头起草我省《深化预防青少年违法犯罪工作的实施意见》，并以省委办公厅、省政府办公厅名义联合印发。覆盖31所高校举办第六届山西省大学生模拟法庭大赛，面向全省3200余所学校推广每周一期的“守护青春”青少年法治广播节目，多角度推进青少年法治宣传教育。依托12355青少年服务平台，提供青少年电话热线、网络咨询、中高考心理减压等专项服务6万余人次。建立人大代表、政协委员青少年事务联络点，青少年利益诉求表达渠道进一步畅通。广泛开展希望工程、青年志愿者助残“阳光行动”、“小桔灯梦想课堂”等活动，试点实施“阳光校园”驻校社工、“助力·朝阳”行政处罚未成年人教育矫治等政府购买服务项目，加强青少年事务专业人才队伍建设，服务青少年健康成长措施更加多样，效果更加明显。

（五）基层组织和基层工作活力不断增强

圆满完成县乡村三级团组织集中换届，传统领域团建进一步巩固。新建非公企业、青年社会组织、行业协会团组织1354个，新建青少年综合服务平台276家，新兴领域团建进一步拓展。推进“团干部＋社工＋志愿者”队伍建设，狠抓工作内容、品牌活动、运行机制、活动阵地建设，基层团组织活力进一步增强。

（六）团干部队伍素质整体提升

严格团干部选配管理工作，匡正选人用人风气，树立正确干部导向，市、县两级团干部配备率分别达到85.2%、79.2%。持续加强“四化”问题专项整治，严格团干部考核监督，锤炼团干部过硬作风。强化团干部理论学习与业务培训，把党中央治国理政新理念新思想新战略融入“两学一做”学习教育全过程，团干部队伍整体素质得到提升。

全省团的工作得到省委和团中央的高度重视，省领导骆惠宁、楼阳生、黄晓薇等先后就共青团工作作出重要批示，团中央书记处第一书记秦宜智、书记处书记汪鸿雁莅晋调研给予充分肯定。在2016年全团重点工作评价中，山西省共青团改革、网络新媒体工作被评为优秀，青年创新创业大赛、APP大赛、职业技能大赛荣获全团优秀组织奖。

（赵舒悦）

附：共青团山西省委党组书记、成员名单

书　记：赵雁峰

成　员：安　华（9月离职）　马皖东　刘　娟（女）　马慧健

省妇女联合会党组工作概况

党组书记　张　葆

2016年，在省委和全国妇联的正确领导下，在省政府的重视支持下，全省各级妇联组织认真学习贯彻党的十八大和十八届三中、四中、五中、六中全会精神，深入学习贯彻习近平总书记系列重要讲话精神，贯彻中央、省委加强和改进党的群团工作的决策部署，以省第十一次党代会精神为指针，坚持“妇女所急、党政所需、妇联所能”的工作定位，团结凝聚全省广大妇女为实现山西省“十三五”良好开局贡献巾帼力量，各项工作取得了新成绩。

一、破解难题夯实基础，妇联组织改革工作有进展

认真贯彻落实中央省委群团工作会议精神，针对妇联系统存在的“四个化”问题，开展专项整治活动，深入基层调研，

广泛征求意见，逐条整改落实。按照省委群团改革工作部署，根据《全国妇联改革方案》要求，多方调研，集中多层次意见建议，制定《山西省妇联改革实施方案》。出台《关于基层妇联组织深化改革的指导意见》《关于推进乡镇（街道）妇联组织区域化建设改革创新的实施意见》，与省委组织部联合下发《关于加强党建带妇建 创建"六有"基层妇联组织的实施意见》，全面部署基层妇联组织改革工作。在全省各市妇联积极开展乡镇（街道）妇联组织区域化建设试点工作，扩大了村级妇联组织的覆盖，增强了基层妇联组织的辐射带动作用。抓好村（社区）妇代会改建妇联、市县乡三级妇联配备兼职副主席、配齐配强乡镇妇联干部三个方面的工作。截至2016年底，全省94.32%的村、93.19%的社区完成了"会改联"工作。全省市县乡三级妇联兼职副主席共增加了5744名，比2015年增加了8.3倍。全省乡镇、街道妇联新增执委17603名，村、社区妇联新增执委247482名。加强了基层妇联工作力量，达到了妇女工作妇女群众做的效果。

二、凝心聚力把牢方向，强化思想政治引领有成效

各级妇联组织始终把认真学习贯彻党的十八大、十八届三中、四中、五中、六中全会精神和习近平总书记重要讲话精神作为重要政治任务。省十一次党代会召开后，及时举办全省市、县妇联主席培训班，部署贯彻落实工作，使省党代会精神成为推动妇女事业科学发展的强大动力。实施山西省女性文化学堂项目，各级妇联举办女性文化学堂专场讲座达1200余场，受惠妇女达15万人次。在全省广大妇女和家庭中开展"三晋巾帼心向党"群众性主题教育活动，引导广大妇女学党史、听党话、跟党走，做党的好女儿，筑牢团结奋斗的共同思想基础。截至目前，省妇联建有官方网站、官方微博、官方微信公众号。8个市妇联、10个县妇联建有官方网站，11个市妇联、46个县妇联建有官方微信公众号，省市县三级妇联集体入驻今日头条，已初步形成了以"半边天网"、"山西半边天"官方微信公众号为龙头，以市级妇联所属网络及新媒体为骨干，以县级妇联所属网络和新媒体为基础的网络及新媒体宣传矩阵。运用"半边天"网站和微信资源，吸引近80万妇女参与"巾帼心向党"系列网络主题宣传活动。精心策划开展"党史故事接力"传播活动，制作微信作品"烽火太行"。开展"山西半边天优秀团队"风采展评活动，网上展出优秀团队100个，投票总数达120万张，充分展示了山西省优秀女性群体蓬勃向上的精神面貌。加强妇女网评和妇联网宣两支队伍建设，开展网络引导和舆论斗争，弘扬网上主旋律，筑牢广大妇女听党话、跟党走的思想根基。

三、引领妇女创业创新，在全面建成小康社会进程中有作为

推动省政府出台《关于支持妇女手工制品产业发展的意见》，以全省旅游发展大会、平遥国际摄影大展为契机，推进妇女手工艺品业与旅游业、文化创意和设计服务的融合发展，不断增强"三晋巧姐"工作品牌影响力。举办第二届"晋嫂"家政服务技能大赛，组织"春风送岗位"女性专场招聘会，创建全国"巾帼脱贫示范基地"，举办妇女手工编织、巾帼电商创业骨干培训班，有效提升了服务妇女创业创新工作水平。全年组织各级各类妇女创业竞赛58场次，新建女性创客空间、创客服务平台、孵化器34个。选树巾帼文明岗100个，巾帼建功标兵150名，全省涌现出省级三八红旗手140人，三八红旗集体87个，引导各行业妇女为经济社会发展建功立业。出台《关于开展"三晋巾帼脱贫行动"的意见》，与省扶贫办联合召开电视电话推进会议，结合10·17扶贫日活动，向全省各级妇联组织和妇女姐妹发出"凝聚巾帼力量 助力精准脱贫"的倡议。全省举办针对建档立卡贫困妇女的技能培训班369期，培训妇女23512人；全年共帮助766名妇女获得小额担保贷款6262.5万元；通过发展妇女手工艺产业、巾帼家政、巾帼电商等带动35567名贫困妇女实现就业增收。为全省905名贫困"两癌"患病妇女争取救助金905万元。继续实施"母亲邮包""母亲水窖""春蕾计划""恒爱行动"等公益项目。依托山西省妇女儿童发展基金会实施"幸福启航"系列公益项目，举办"保护我们的孩子·绿丝带行动"关爱困境儿童捐赠活动，加大特困妇女儿童救助力度，为贫困地区的广大妇女儿童送去关爱和温暖。

四、推进家庭文明建设工作，贯彻落实"三个注重"有深化

推动寻找三晋"最美家庭"活动不断向机关、企事业单位、部队和社会组织拓展，推选出50名好军嫂、50名优秀兵妈妈和50户最美军人家庭，推选出103户三晋"最美家庭"家庭，25户家庭当选为全国"最美家庭"。进一步深化"五好文明家庭"创建工作，有3户家庭获全国五好文明家庭标兵荣誉称号，25户家庭获全国五好文明家庭荣誉称号，推选3户家庭获全国文明家庭荣誉称号，以好的家风支撑起好的社会风气，把社会主义核心价值观落细落小落实到每个家庭之中。在全省范围内开展"最美家庭最美家风"巡讲活动，各市共讲182场，4万余人次受益。与省委组织部、省直工委、省文明办联合开展"树清廉家风·创最美家庭"活动，各级党政机关参与清廉家风建设的干部达16万人，以清廉家风建设推动党风廉政建设，持续带动社会风气向善向上。推动《山西省家庭教育促进条例》纳入2017年省人大立法计划，完成"十二五"时期家庭教育工作总结。推动市、县两级家庭教育（网络）指导服务中心建设，命名山西省家庭教育指导服务示范基地，夯实了基层家庭教育工作基础。实施"伴随成长"公益项目，开展"我爱我家·同悦书香"亲子阅读教育实践活动，组织148场家庭教育骨干培训，组织家庭教育公益巡讲3963场，传播科学家庭教育知识。

五、源头参与机制保障，维护妇女儿童权益有拓展

开展"建设法治山西·巾帼在行动—维权服务进社区、进

家庭、到身边”活动，宣传活动覆盖达18万人。制定妇联系统“七五”普法规划，启动“七五”普法工作，举办维权骨干培训，引导妇女群众自觉尊法学法守法用法。发挥省法规政策性别平等咨询评估委员会作用，积极参与《山西省实施〈中华人民共和国老年人权益保障法〉办法》等与妇女权益有关的法律法规的修改。积极配合国务院“两纲”中期评估督导组完成对山西实施妇女、儿童纲要情况的督导，顺利完成山西妇女、儿童发展“十二五”规划终期评估。科学编制省“十三五”妇女、儿童发展规划，强化对市县规划编制的指导，切实推动妇女儿童事业与经济社会同步协调发展。充分依托“妇女之家”“妇女维权站”、12338妇女维权热线、信访接待室、妇女儿童维权合议庭等基层维权阵地，开展维权服务工作，2016年全省妇联系统共接待处理信访案件4084件，结案率达100%。建立完善婚姻家庭矛盾纠纷调解机制，全省共建立婚姻家庭矛盾纠纷调解机构17719个，排查矛盾纠纷5047件，整治率达95%。深化“平安家庭”创建工作，推选出100户省级平安示范家庭，在平安山西建设中发挥妇联组织作用。

六、提高素质改进作风，妇联干部工作水平有提升

妇联干部的履职能力和综合素质的高低决定妇联工作水平和作用的发挥，省妇联把市、县、乡、村四级妇联主席示范培训班抓在手上，共培训基层妇联干部近1200人次。举办妇联干部维权、新闻宣传、家庭教育骨干等培训班，切实提高妇联干部专业化、社会化服务水平，为基层妇联工作的顺利开展提供强大的人才队伍保障。结合“学党章党规、学系列讲话，做合格党员”学习教育，扎实开展“下基层、访妇情、办实事”活动，设计发放2万份调查问卷，深入基层妇女群众开展调研，召开基层妇联干部座谈会，分析掌握妇情民意，准确把握妇女需求。坚持做好定点帮扶工作，积极为村民解决实际困难。举办主题开放日活动，来自全省的近百名村妇代会主任走进省妇联机关。制定妇联干部直接联系妇女群众工作制度，更好联系服务广大妇女群众。切实增强全面从严治党的责任感和紧迫感，把全面从严治党的政治责任抓在手上、主体责任扛在肩上，规范“三重一大”集体决策制度和党组议事制度，为进一步抓好全省妇联系统的党风廉政建设，做好新形势下妇女工作提供坚强政治保证。

（谢元元）

附：省妇女联合会党组书记、副书记、成员名单

书　记： 王维卿（女，9月离职）　张　葆（女，9月任职）
副书记： 李　菲（女）
成　员： 韩丽珍（女，9月离职）　刘一平（女）
吴　波（女）　任晋阳（女）

省作家协会党组工作概况

党组书记　杜学文

一、认真学习贯彻习近平总书记系列重要讲话精神，用讲话精神武装头脑

一是认真组织中心组学习。修订中心组学习制度，各支部结合实际组织了4个专题的讨论，机关干部在线学习时间名列全省第三。党组书记带头讲党课，坚持以身边事教育身边人，组织机关作家、编辑做专题党课讲座，对入党誓词和党章党规有了更加深刻的认识。二是丰富途径开展“三课堂一实践”活动。“三课堂”就是依托党校资源推出重点课堂，利用新媒体推出指尖课堂，引导省作协“南华·青年作家沙龙”和“南华视野·女子读书会”的学习推出精品课堂；“一实践”就是将学习与社会实践相结合。具体是组织班子领导参加省管干部进修班和延安干部学院专题研修班学习，组织20余名党员干部参加中国作协、省委宣传部、省直工委等组织的培训学习，在省作协微信群每天至少推出一条学习信息，组织党员干部到双塔烈士陵园重温入党誓词，到汾阳贾家庄学习马烽先生深入生活等活动，一批学习文章在线上线下发表。三是加强对广大作家学习的组织引导。组团参加中国作家协会第九次全国代表大会，聆听习近平总书记的重要讲话，杜学文、张锐锋、吕新、刘慈欣当选为中国作协第九届全委会委员。编辑出版汇集学习习总书记重要讲话精神心得体会的论文集《让文学紧贴大地》。

二、坚持“出作品、出人才”的工作中心，进一步推进我省文学事业繁荣发展

一是开展“深入基层、扎根人民”主题实践活动。坚持开门办“会”，与省环保厅、省直工委、省工艺美术协会、省社科联、山西大学、山西农大、晋城市委宣传部等联合举办活动，多渠道组织作家采风采访了解社情，推荐作家申报重点项目，根据作家选题，支持作家赴湄公河、三峡、黄河沿岸等地深入生活，发挥创作基地的积极作用，紧密联系脱贫攻坚工作深入生活。二是深化“中国梦”主题创作。围绕重大时间节点积极策划引导创作，“双百工程”“晋军新方阵”第三辑出版等重点创作工作顺利推进，积极发挥文学刊物阵地作用，推荐作家申报重点扶持工程，推进山西作家经典化进程。三是

认真组织"赵树理文学奖"评奖活动。完善各项评奖程序,严格评奖纪律,端正评奖作风,共评出年度内各类获奖作品与个人36项。四是加强文学理论和评论建设。实施签约文学评论家制度,加强文学评论队伍建设,针对赵树理诞辰110周年等热点现象开展评论,整合省内各类媒体资源形成宣传合力,在京召开"再造中华审美——新世纪三晋新锐作家群创作研讨会",中国作协主席铁凝同志出席会议并讲话,中国作协副主席李敬泽同志主持会议,北京及山西的著名评论家、作家,新闻媒体记者80余人出席会议,对山西近年来涌现出来的更年轻一代作家的创作进行了研讨。会议在全国文学界产生了广泛影响,三晋新锐作家群引起广泛关注,极大地推动了山西省的文学创作。五是发现新人、培养领军人物。加强对签约作家、签约评论家和网络作家的组织引导,做好各类培训工作,发挥专业委员会的优势开展活动,重视基层文学工作,山西文学创作呈现出百花齐放、各领风骚的良好局面,《人民文学》主编、著名评论家施战军认为,"山西文学生态合理、功力了得,是中国文坛的缩影。"

三、加强党风廉政建设和"四化"整治,作风转变、服务提升

一是加强了党的建设。坚持落实中央八项规定,认真开展"两学一做"学习教育,积极落实主体责任和监督责任,坚持"一岗双责",签订党风廉政建设责任书和廉洁自律承诺书,调整党建领导小组,利用省委巡视契机,边整边改推进工作,思想上和组织上都进一步得到了加强。二是提升了机关的服务水平。专项整治"四化"倾向,加强制度保障,向基层的一线人民学习,纠正机关化、行政化、娱乐化、贵族化苗头,切实保持和增强了作协组织的政治性、先进性和群众性。三是推进了其他工作。法治建设、精神文明创建、干部队伍建设、老干部工作、定点帮扶、调研等工作都取得进展,在省老干工作通报中被评为优秀等次,连续三年保持省直机关"精神文明建设标兵单位"称号,调研成果受到省委宣传部的表彰。

通过积极认真履行联络、协调、服务的职能,2016年作家协会文学新人不断涌现,中青年作家优秀作品接连不断,老作家笔耕不辍,呈现出繁荣活跃的创作态势。据不完全统计,一批优秀作品在《人民文学》《收获》《中国作家》《诗刊》等全国具有较大影响力的刊物发表。有20余篇(次)小说、散文、诗歌被《小说选刊》《新华文摘》《小说月报》等选刊转载。《下弦月》《同声四调》《流水四韵》《今夜无人入睡》《潘家铮传》《耕读世家》《水土中国》等作品引起较大关注,《寻找巴金的黛莉》《墨子传》被翻译成英文、韩文版,《大涸公河》被加拿大的报纸连载。多项作品获得文学奖项,如刘慈欣获得凤凰卫视等主办的"影响世界华人大奖"、第十届中国作家榜金奖——年度致敬作家。张二棍获《诗刊》"陈子昂诗歌奖"、首届华语青年作家奖。石头获第二届《人民文学》诗歌奖。鲁顺民获"冰心散文奖"。李燕蓉获"《中国作家》新人奖"。段崇轩、王春林获"第十五届中国当代文学优秀成果奖"。其余还获得《小说选刊》《中国作家》《莽原》《安徽文学》《山东文学》等刊物年度奖和"林斤澜杰出短篇小说奖""冰心文学奖""徐霞客游记文学奖""蔡文姬文学奖""张爱玲文学奖"、中国微型小说年度奖等奖项。（许小登）

附：省作家协会党组书记、副书记、成员名单

书　记： 杜学文

副书记： 罗向东

成　员： 张锐锋　梁跃进

省科学技术协会党组工作概况

党组书记　许富昌

一、着力加强党的建设,营造风清气正、干事创业良好环境

（一）深入贯彻落实中央和省委、省政府重大决策部署,切实转化为服务中心大局的自觉实践。紧紧围绕全国"科技三会"精神和省委"一个指引、两手硬"重大思路和要求,面向全省科协系统和广大科技工作者,深入开展各种形式的宣讲教育活动,举办了6期科协干部和科技工作者培训班,组织了5场科学道德和学风建设宣讲活动,把全省广大科技工作者、科协工作者的智慧和力量凝聚到山西转型升级、振兴崛起大业中来。在科协系统开展了为期半年的"机关化、行政化、贵族化、娱乐化"问题教育整顿工作,进一步转变了工作作风、改进了工作方式方法,增强了科协组织的政治性、先进性、群众性。

（二）全力抓好从严治党工作。坚持问题导向,扎实开展了巡视和审计整改工作,全面落实"两个责任"和"一岗双责",严格财经纪律,严格执纪问责,确保整改工作落实到位、收到实效。强化基层党组织建设,将党支部建在机关处室,并设置基层党委统筹抓好直属单位党建工作,机关党委现设3个党委、22个支部,有266名党员。深入开展"两学一做"学习教育,着力解决党员队伍在思想、组织、作风、纪律等方面存在的问题,改作风、树正气、提效能,确保在思想上政治上行动上同以习近平同志为核心的党中央保持高度一致。加强制度建设和党务公开、政务公开,新制定各种规章制度20余项,做到用制度管权、靠制度管人、按制度办事,建立健全党风廉政建设长效机制。

（三）研究推进科协系统改革。全面贯彻落实中央下发的《科协系统深化改革实施方案》,深入开展调研,广泛征

求意见，突出问题导向，从学会治理结构和治理方式、服务科技工作者体制机制、科技类社会公共服务提供机制等方面进行改革设计，推动开放型、枢纽型、平台型科协组织建设。

二、发挥科协特色优势，全力推动实施创新驱动发展战略

（一）助力创新驱动发展。10月中旬承办了2016年全国大众创业万众创新活动周山西省分会场活动，展出创新创业项目228个，开展路演7场计58个项目，举办座谈交流会7场，接待观众近2万人，掀起了创新创业新热潮。在太原、晋城等地举办企业技术创新方法培训班，培养一线创新工程师210名，帮助企业解决技术难题40项，产生专利成果21项；实施完成“金桥工程”项目45项，企业获经济效益2.3亿元，节约资金1.3亿元，年增利税1亿元；实施科技信息服务企业创新项目，覆盖409家企业，有900余人接受专利技术应用培训和知识产权巡讲；开展技术合同登记，完成技术交易额1.41亿元，为企业免税845万元。组织科技工作者参加全国科技工作者创新创业大赛、全国企业创新方法大赛，荣获全国特等奖1个、一等奖3个、二等奖4个、三等奖5个和优秀组织奖。选派了16名干部入企服务，聚焦问题精准服务，促进企业转型发展。全省科协系统累计建立院士工作站58个，仅太原市累计建立院士工作站45个，引进院士54名及专家团队252名，开展科技合作攻关项目168项。

（二）开展科普惠农精准服务。着力推动农村科普信息化建设从1.0、2.0升级到3.0，中标承担了“科普中国·乡村e站”建设项目，中国科协将其作为新时期服务“三农”的重要模式在全国推广。加强农村科普示范体系建设，累计建成科普惠农中心服务站31个，新培育50个优秀农技协和50个农村科普示范基地。深入推进基层科普行动计划，有98个基层科普先进单位、18个农村科普带头人受到国家和省级表彰，获财政奖补资金2050万元。96110等三条热线免费服务群众4.9万人次，组织农科110专家深入基层开展服务120场次。在方山县麻地会乡扎实开展下乡住村工作，突出科技引领，4个包扶村得到全面发展，连续四年受到省扶贫办的表彰。精心打造“农村微课堂”微信平台，强化权威发布、精准对接和线下服务，全年发布信息1078期。

（三）搭建学术交流平台。实施精品学术活动择优资助项目，重点对综合学术交流活动、前沿高端学术活动、新观点新学说学术沙龙等13项活动予以支持。开展第十八届山西省优秀学术论文评选，收到论文1118篇，涵盖数理、工业、农业、卫生等30个学科，评出特等奖3篇、一等奖45篇、二等奖146篇，三等奖282篇，着力培育新的学术增长点。省级学会共举办高端学术交流会议56场，参与科技人员4000多人，促进学科交叉融合，助推全面创新。

（四）建设新型智库。制定《山西省科协智库工作“十三五”规划》，组织开展了科协系统决策咨询能力综合培训和专题培训。历时两年组织开展山西省科技成果转化现状调研，在调查、分析、研究基础上，形成《山西省科技成果转化现状调研报告》。围绕科技创新体系建设、科技人力资源建设、新业态经济等领域，组织开展了12个调研课题研究，为党和政府科学决策提供服务。

三、发挥科普主力军作用，推动公民科学素质稳步提升

（一）深入贯彻国务院《全民科学素质行动计划纲要》。围绕“十三五”末山西省具备科学素质的公民比例达到9%的目标，推动全民科学素质建设被纳入山西省国民经济和社会发展“十三五”规划，编制并推动省政府出台《山西省全民科学素质行动计划纲要实施方案（2016—2020年）》。组织召开全省全民科学素质工作电视电话会议，实施“山西互联网＋科学素质行动”，加强重点任务落实情况的指导和督促，建立新一轮全民科学素质共建机制。

（二）打造科普品牌活动。深入开展“全国科普日”暨“科普三晋”系列活动，有展览展示、互动体验、微信知识竞赛、科普教育基地开放等多种活动，受众100余万人次。举办了第五届“中国科普摄影大赛”，组织优秀作品参加了平遥国际摄影大展和赴上海、新疆和北京等地巡展。“科普每一天”公交楼宇科普电视覆盖省城2600余辆公交车、1000多个公共场所。“山西科学讲坛”举办45场，被省直工委评为“省直机关十大学习品牌”和“省直机关十佳文明讲坛”。精心组织开展了山西省青少年科技创新大赛、青少年机器人竞赛、青少年高校科学营、青少年科学调查体验等11项青少年科普活动，共计1000多所学校、47万余名中小学生参加活动。

（三）加强现代科技馆体系建设。省科技馆全年开放254天，播放科普电影1646场，组织科学实验和科学表演536场，接待观众100余万人次。流动科技馆深入51个县（市、区）进行“体验科学”巡展，科普大篷车行程1.49万公里、巡展36站，受众36万人次。在汾西、繁峙、阳高、临县、岚县的5所中学建立了农村中学科技馆，为大同、中阳、临县、岚县、长子5个市县申请配发了科普大篷车。

（四）科技传媒建设成效显著。山西科技传媒集团致力推动传统科普媒体和新兴科普媒体的深度融合，努力建设集报刊、网络、影视、手机、互动等多种传播手段于一体的融媒体平台。编创科普影视、图书、挂图、动漫、游戏等340套件，制作科普节目2084分钟，数据存储总量110TB；精心举办“科学之春”科学传播新闻发布会，评选揭晓山西省十大科学新闻、十大科学传播人物、十大科学传播事件等；举办“专家与媒体面对面”活动10期；举办第二届山西省科技传播论坛、首届山西省大学生创新创意大赛，与山西电视台合办《农科110》电视节目，与省电台合办农科110广播节目，在全省61个市县开通《科普大篷车》电视节目，着力推进科普资源共建共享。

四、坚持以科技工作者为本，为科技工作者提供优质服务

（一）密切与科技工作者的联系。按照中央“六个哪里”的要求，统筹推进企业、园区、高校科协组织建设，特别是抓好科技工作者较为集中的非公经济组织科协建设，新增高校科协1个、园区科协2个、企业科协20个，把更多的科技工作者吸引凝聚到党的周围。组织了省级学会党建工作全面调研，掌握了基本情况；开展了团体会员登记工作，确认135家省级社团为省科协首批团体会员。定期组织召开科技工作者座谈会，加强科技工作者状况专项调查，及时掌握科技工作者群体的需求与关切，听取和反映科技工作者的意见与建议。

（二）拓宽服务科技工作者渠道。认真组织开展了第七届“山西省十佳中青年优秀科技工作者”的评选，表彰了10名来自基层一线的科技领军人物，山西省有5名科技工作者荣获“全国优秀科技工作者”。优化“山西省科学技术协会网”，扎实办好“山西科协”“创响山西”等微信，建设“山西省科技工作者之家平台”“山西省科协科技人才库”，举办第三届山西省科技·人才·创新论坛，引导广大科技工作者大胆创新创业。

（三）加大科技人物宣传力度。通过各种传播手段，大力宣传山西省的优秀科技工作者和创新团队。在《科学导报》《山西科技报》《山西科协》期刊开设科技人物宣传专版，编印《创新路上——山西省优秀科技工作者采访录》《创新争先谱华章——第七届山西省十佳中青年优秀科技工作者和全国优秀科技工作者事迹选编》等专辑，举办“山西优秀科技工作者风采展”等，充分展示山西省优秀科技工作者的科学精神、骄人业绩和时代风采，为塑造山西美好形象作出贡献。

（王继龙）

附：省科学技术协会党组书记、成员名单

书　记：杨伟民（11月离职）　许富昌（11月任职）

成　员：王德贵　崔　忠（11月离职）
郝建新

省文学艺术界联合会党组工作概况

党组书记　李太阳

2016年是山西省改革发展全面推进、取得丰硕成果的一年，也是山西省文艺事业呈现新变化、新气象，文联工作取得新进展、新成效的一年。省文联全面贯彻落实党的十八大和十八届三中、四中、五中、六中全会精神，深入学习习近平总书记系列重要讲话、特别是文艺工作座谈会和全国十次文代会重要讲话精神，深刻领会中央、省委群团工作会议精神，坚决贯彻《中共中央繁荣发展社会主义文艺的意见》、省委《关于繁荣发展社会主义文艺的实施意见》和省十一次党代会治晋理政重大决策部署，全面落实省文联八届四次全委会既定的工作任务以及省委、省政府下达的年度考核目标任务，深入开展“两学一做”学习教育活动，坚持从严治党，加强党风廉政建设和法治建设，坚持以人民为中心的工作导向，大力弘扬社会主义核心价值观，突出文艺界行风建设，为繁荣发展山西文艺事业、塑造山西美好形象做了大量工作，取得了实实在在的成效。

一、关于落实党风廉政建设责任制情况

（一）深入学习贯彻习近平总书记系列重要讲话精神，坚定理想信念和政治立场。认真学习领会党的十八大、十八届三中、四中、五中、六中全会精神，深入持久的把学习贯彻习近平总书记系列重要讲话精神和省十一次党代会精神作为最重要的政治任务，坚决在思想上、政治上、行动上同党中央和省委保持高度一致。认真进行“两学一做”学习教育，积极参加省委组织的学习研讨，主动组织党组中心组学习，结合文联工作实际，准确把握和贯彻落实中央和省委的最新决策部署，进一步贯彻落实党中央关于繁荣发展社会主义文艺、加强改进党的群团工作和省委的实施意见以及省十一次党代会治晋理政总方略的重大部署。通过深入学习，政治理论上有了新认识，思想觉悟上有了新提高，更加自觉地担负起繁荣发展山西文艺事业的崇高使命。

（二）强化团结引导能力，更大力度服务人民，推动山西文艺事业的繁荣发展。省文联党组班子成员以习近平总书记的系列重要讲话精神为指引，紧紧围绕中央和省委、省政府

工作大局，围绕省十一次党代会提出的“五个山西”、“五个文化”、“三个精神”、“六个形象” 等治晋理政总方略的具体内容，一是务实有效地推进“深入生活、扎根人民”主题实践活动，开展文艺志愿服务，面向革命老区、贫困地区、厂矿乡村等基层一线，组织扶贫攻坚文艺小分队，为脱贫攻坚加油鼓劲。深入开展文艺支教、文艺培训，加大对农村和欠发达地区的文艺帮扶力度，深入开展书法公益流动大讲堂、电影周末艺术沙龙、曲艺家送欢乐、舞蹈志愿辅导、杂技空竹进社区、公益摄影讲座等文艺惠民活动，形成山西省文艺志愿服务的规模效应和强大合力，促进文艺志愿服务多样化、常态化、制度化。二是精心实施“中国精神·中国梦”主题文艺创作活动，集中推出一批歌颂党、歌颂祖国、歌颂时代、歌颂三晋儿女的优秀文艺作品。精心组织文艺精品的展演展示、宣传推介，持续开展一系列重大主题文艺活动。三是积极推进文艺界行风建设和人才队伍建设，倡导德艺双馨。把行风建设和人才队伍建设作为一条主线贯穿到全年工作之中，加大对中青年文艺人才的发现举荐、教育培训、资助扶持、宣传推介力度，积极组织申报青年文艺创作扶持计划资助项目，积极推荐“四个一批”文艺人才和全国文艺志愿者个人会员，在全省范围内选派9批共15名优秀青年文艺人才参加中国文联举办的各种高级研讨培训班，举办文艺骨干培训班，持续举办艺术沙龙。对在艺术沙龙人才培训活动中做出突出成绩的14位辅导老师和组织工作者进行了表彰。

（三）遵守廉洁自律规定，严格执行中央八项规定精神。

山西省文联党组严格遵守并贯彻执行党规党纪，坚决抵制歪风邪气，坚决反对“四风”，做到自重、自警、自省、自励，树立高度的责任感和敬业奉献精神。积极履行党风廉政建设一岗双责，严格遵守法律和制度，以法治思维和法治方式，推动各项规定和要求在自身和文联工作中落实。没有违反规定收送现金、有价证券和支付凭证及贵重物品。党组成员没有利用职务上的便利相互请托，为子女或特定关系人在就业或从事中介活动等方面提供便利，谋取不正当利益。没有违反规定在本机关或下属单位设立“小金库”。没有跑官要官行为，以及借选拔任用干部之机为自己或他人谋取私利。没有利用婚丧嫁取、子女上学等事宜大操大办、借机敛财。没有违反规定超标准配车等行为。

二、关于2016年工作情况

（一）深入学习贯彻习近平总书记系列重要讲话精神，牢固树立“四个意识”，全面落实从严治党

1、切实加强政治理论武装。把学习贯彻习近平总书记系列重要讲话精神和中央、省委关于文艺工作、群团工作和繁荣发展社会主义文艺的一系列重大部署，作为首要的政治任务。通过组织召开中心组学习、支部学习、文艺沙龙、文联系统专题培训班和组织观看教育片《贪与悔》《永远在路上》，给每位党员发党建读物，通过微信群开展党员教育活动等多种形式，深入领会讲话精神，准确把握中央和省委关于繁荣发展文艺的新思想新论断新要求，扎实推进文艺工作和文联工作。

2、深入开展“两学一做”学习教育。成立“两学一做”学习教育领导组，制定《省文联关于认真学习贯彻省委书记骆惠宁对进一步深化“两学一做”学习教育重要指示要求的实施方案》和《省文联“两学一做”学习教育支部学习时间表》，学习《中国共产党章程》《习近平总书记系列重要讲话读本》《中国共产党廉洁自律准则》《中国共产党纪律处分条例》《习近平关于党风廉政建设和反腐败论述摘编》和《习近平关于严明党的纪律和规矩论述摘编》。各党支部严格按照学习时间表和学习内容组织学习，同时扎实开展“四讲四有”专题研讨，加强遵守党纪警示教育。深抓重点任务整改，制定《省文联深化“两学一做”学习教育开展活动清单》和《省文联关于“五个着力解决”问题清单及整改措施》，对相关问题进行全面整改。严格规范党内政治生活，坚持“三会一课”等基本制度，不断强化党员干部的“四个意识”。

3、扎实有效推进党建工作。坚决落实党风廉政建设，全面落实两个责任。完善规章制度，制定了《省文联2016年机关党的工作要点》《关于成立省文联党建工作领导小组及组织机构的通知》《省文联中心组及党员干部2016年理论学习计划安排》。认真贯彻民主集中制原则，主要领导充分发挥表率作用，带头开展谈心交心活动，带头遵守制度，带头执行决议，带头维护纪律，班子成员讲党性讲大局讲原则，大事开会碰头，小事相互通报，充分发挥班子成员集体领导作用。加强反腐倡廉建设，坚决支持纪委落实监督责任，建立了《省文联关于落实党风廉政建设党组主体责任和机关纪委监督责任的意见》和《省文联2016年度落实党风廉政建设责任制工作任务及〈责任分解〉》，认真执行中央八项规定，严格执行文艺评奖、财务管理、公务接待等规定，确保党风廉政建设的各项任务落到实处。

4、切实作好普法依法治理工作。建立健全重大决策合法性审查机制和集体讨论机制，领导干部终身责任追究制和责任倒查机制、法律风险评估机制，汇编《文联工作制度》，依法行政，通过山西文艺网等形式将有关政务和法规向社会公开，切实增强依法行政的公信力。坚持把法治教育纳入全年的理论学习中，认真组织干部职工学习有关文件、阅读相关书籍、观看法治教育片，把普法依法治理工作作为长期的基础性工作，纳入整体工作之中。重点对公务员尤其是领导干部进行“应用型”教育，坚持把法治学习与本职工作相结合，认真学习贯彻《中国文联法律志愿服务法律知识100问》，提高干部职工的法律法规水平。坚持普法工作与制度建设相结合，不断完善集体学法培训制度、检查督促制度等多项工作制度；坚持普法工作与实际工作相结合，组织挖掘三晋优秀法治文化，创作法治题材文艺作品；坚持普法工作与宣传教育相结合，充分利用全国法治宣传日、法治宣传月、法律法规颁布纪念日等，创新法治宣传教育形式，发挥宣传标语、新媒体的重要作用，使普法工作落到实处。

（二）围绕党和政府工作大局，坚持以人民为中心，坚定文化自信，塑造美好形象

1、大力实施“深入生活、扎根人民”主题文艺实践活

动，切实在“服务人民”上下功夫。省文联广泛开展“深入生活、扎根人民”“送欢乐下基层”“到人民中去”等主题文艺实践活动。组织动员老中青文艺工作者通过开展采风创作、文艺支教、公益演出、辅导培训、展览展示等多项活动，深入农村、学校、厂矿、社区及生产一线，扎实进行文艺志愿服务。截至2016年，各艺术门类的3500多名文艺工作者在全省各地开展了300余次服务基层的文艺活动，为广大人民群众创作书法、美术、摄影作品上万幅，有20余万人直接受益，以实际行动践行了总书记重要讲话精神。

2、精心组织“中国精神·中国梦”主题文艺采风创作活动，切实在“创新求精”上下功夫。省文联坚持把创作优秀作品作为文艺工作的中心环节，围绕纪念建党95周年、长征胜利80周年，重点推出了一批弘扬社会主义核心价值观和爱国主义精神的精品力作。我们收集整理了《力群文集》《山西电影电视发展史》《山西抗战歌曲》图书，创作了大型交响乐《信仰的力量》，编辑出版了《山西省获奖摄影作品集》，举办了捐赠红色书籍《历史巨人毛泽东画传》和“红色印记”全省文联系统干部职工书法美术摄影展、“霞光满天”省文联离退休干部职工书画摄影作品展、“画为心声”山西省中国画学会理事（顾问）作品展、“为人民抒怀”朗诵音乐会、电影《东方欲晓》招待会等活动。同时各文艺家协会举办了形式多样、内容丰富的文艺活动，聚焦今日山西的宏图伟业，弘扬时代楷模的感人故事，把高质量的艺术作品奉献给广大人民群众。

3、积极探索文联组织新职能新定位新要求，切实在“改进工作”上下功夫。省文联认真贯彻落实中央和省委关于加强党的群团工作的重大部署，不断增强文联组织的吸引力影响力引导力。2016年年初，在省委宣传部的有力指导和换届领导组的精心组织下，在广泛征求各方面意见，省文联用一周时间集中完成了对11个文艺家协会的换届工作，文联组织建设得到了进一步加强。此次换届工作由于严格按照有关文件规定和章程要求，所以整个换届做到了风清气正，取得了圆满成功，得到了文艺界和社会各界的充分肯定。同时省文联还大力推进信息化建设，推进山西文艺网资源数字化进程，加强微信公众号建设，初步形成“网上文联”新格局。省文联还充分延伸工作手臂，畅通联络渠道，创新组织形式，加强对新文艺组织、新文艺群体的团结引导，使之成为繁荣山西文艺事业的有生力量。

（樊丽红）

附：省文学艺术界联合会党组书记、副书记、成员名单

书　记：李太阳

副书记：石跃峰

成　员：和　悦　靳　忠　李剑斌

省工商业联合会党组工作概况

党组书记　杨临生

2016年，省工商联党组认真学习贯彻落实党的十八大和十八届三中、四中、五中、六中全会精神和习近平总书记系列重要讲话精神，紧紧围绕省委“一个指引，两手硬”的重大思路和要求，团结带领广大非公经济人士和工商联干部坚定信心、鼓足干劲，全面促进“非公有制经济健康发展、非公有制经济人士健康成长”。

一、认真学习贯彻习近平总书记系列重要讲话精神，教育引导非公经济人士健康成长

组织各级工商联、省级商会认真学习贯彻落实习近平总书记在全国政协民建、工商联界委员联组会上的重要讲话精神。组织开展构建“亲”“清”政商关系的专题培训和系列教育活动，推进全省领导干部联系民营企业工作，省市县三级领导干部和省市两级主要部门负责人结对帮扶近5000家民营企业，省工商联在全面联系指导的基础上派出9名优秀干部入驻企业排忧解难。继续开展以“守法诚信、坚定信心”为重点的理想信念教育实践活动，引导教育非公经济人士“对中国特色社会主义的信念、对党和政府的信任、对企业发展的信心、对社会的信誉”教育。组织全省非公经济人士开展学讲话、学作风、跟党奋进的“双学一跟”活动，凝聚了发展共识。

按照习近平总书记提出的“注重对年轻一代非公有制经济人士的教育培养”要求，组织年轻企业家开展“听党课·进军营”和实地考察交流活动，向全省发出《信义固本创新制胜——寄语全省年轻一代民营企业家》的号召，引导青年企业家继承发扬老一代民营企业家的创业精神和“听党话、跟党走”光荣传统。

二、贯彻落实“两个责任”，推进机关党风廉政建设

充实调整了省工商联党建和党风廉政建设责任制工作领导小组成员，进一步加强对党建和党风廉政建设工作的领导。坚持机关党委纪委每月研究、每季度向会党组汇报党风廉政建设情况、以及与省委统战部纪检组联系的工

作机制。每季度召开专题会议，研究机关党建和党风廉政建设工作。

修改完善了《党风廉政建设党委主体责任和纪委监督责任实施意见》，制定了《省工商联关于加强对党政“一把手”监督的规定》及重要岗位监督规定、《党风廉政建设制度》等一系列党建和党风廉政建设规章制度，从制度层面确保全面从严治党主体责任的贯彻执行，进一步强化履行“一岗双责”和“两个责任”措施。

在会领导与会领导之间、领导与部门负责人之间、领导与群众之间、党委书记与基层党组织书记之间广泛开展了谈心谈话，做到经常扯袖子、揪耳朵，及时提醒，防患于未然。同时引深廉政文化进机关进家庭活动，坚持做好节假日等重要节点的党风廉政建设，组织开展全面的明察暗访活动，确保了严守“八个严禁”，防止“四风”反弹工作部署落到实处。组织机关党员干部集中收看廉政警示纪录片，集中学习《忏悔录汇编分析》，大力倡导廉洁奉公、诚实守信、爱岗敬业、公道正派的廉政文化。

三、组织开展“千企帮千村精准扶贫”行动

组织各级工商联、民营企业、商会组织全力推进“千企帮千村——精准到户”扶贫行动。联合省农业厅、省国资委出台了《山西省特色农业产业扶贫企业推进工作方案》，联合农发行山西分行起草了《金融支持精准扶贫行动战略合作协议》，初步构建了多部门联动扶贫的格局。全年共推动全省1500多户民营企业、商会与1500多个建档立卡贫困村建立了结对帮扶关系，其中855户民营企业建立了帮扶台账信息，形成了一批扶贫产业，带动了5万余贫困户，实现了企业发展和贫困户脱贫增收的“双赢”目标，省脱贫攻坚领导小组对振东制药等多家民营企业进行了表彰。与省委统战部、省光彩会共同开展了“山西光彩事业中阳行”活动，会上集中签约了14个协议项目，拟投资总额19.76亿元。69家民营企业和商会组织为中阳县捐款捐物共计2666.88万元；11家商会与11个贫困村结成了帮扶对子；4家用工企业与中阳县达成了1000余人的就业协议。以实际行动贯彻落实了中央和省委省政府关于脱贫攻坚的部署要求。

四、开展经济服务，着力推动民营经济发展

积极推动贯彻落实省委省政府《关于加快民营经济发展的意见》和配套政策措施，开展多层面经济服务活动，着力破解发展难题。编印了《民营经济发展学习政策》300问，免费发放给民营企业；在山西日报、中华工商时报等主流媒体开设了50多期专版，建立“晋联通”微信公众号，全方位开展政策解读和宣传。联合省金融办发布了66家重点扶持民营企业名单。2016年共投放贷款79.14亿元，受益企业超过2400家。向省民营企业创新转型投资基金理事会组织推荐了127个备选民营项目。在民营经济“待批项目大起底”活动中。共受理民营企业待批项目2745项，办结1956项，办结率71.26%。共为861家企业办理3.5万亩土地和243.5万平米房产手续。国家发展改革委下发的《各地促进民间投资典型经验和做法》，将“待批项目大起底”活动作为典型经验和做法在全国进行推广，中央统战部对这项活动进行了表彰。

在省政府的统一组织领导下参与承办了全国工商联十一届八次常委会议在太原召开的相关会务组织和招商引资工作，在会前开展了全国工商联110家常委企业全覆盖走访活动，摸底了22家全联常委企业在晋投资生产经营情况，针对异地山西商会、全联常委企业在晋投资项目、民营企业反映的70项突出问题，协助省委省政府召开了解决民营企业反映问题集中协调会，把任务分解到有关地市和省直部门，积极推动问题的解决。协助省委省政府召开了民营企业助推山西转型创新发展大会和10场系列招商活动，大会共签约项目298个，总投资额4152亿元，其中100亿元以上项目7个。为山西省民营企业与国内知名民营企业搭建了交流合作的平台，让全国知名民营企业家走进山西、了解山西、投资山西，为以后全省改革开放、招商引资提供了广阔的发展空间。同时开展了晋商文化寻根溯源、经贸合作洽谈等“重走万里茶路”系列活动，进一步加强对外联系，扩大了晋商文化影响。

五、发挥指导作用，强化基层组织建设

大力推进“五好”县级工商联建设，研究制定了“五好”县级工商联创建工作方案考评细则，全省共创建“五好”县级工商联43家，2016年有21家被全国工商联确认为“五好”县级工商联，基层工商联的工作水平得到进一步提升。

加强对商会组织的指导和服务，探索中国特色商会建设。制定了《省级商会会长、秘书长联席会议制度》，推动商会规范化建设。指导省级商会建立党组织，以商会党建为抓手，加强对民营企业的服务和引导。组织企业家执委开展届中述职和履职考评工作，充分提高了执常委的履职意识和履职能力。山西省广东商会和山西省古玩协会荣获2016年度“创新中国特别奖”。各级工商联也创造性的开展了商会组织工作，组织了商会会长述职考评活动，通过述职，达到了互相促进，互相学习的目的，提高了商会的管理水平。取得明显的成绩。

（冯学亮）

附：省工商业联合会党组书记、成员名单

书　记：杨临生

成　员：樊秀清　郎宝山　赵淑芊　梁　荣

省残疾人联合会党组工作概况

党组书记　李亚明

2016 年，省残联认真学习贯彻党的十八大和十八届三中、四中、五中、六中全会精神，认真学习贯彻习近平总书记系列重要讲话精神，深入贯彻落实省第十一次党代会精神，按照省委、省政府的部署和中国残联的要求，科学谋划，突出重点，扎实工作，超额完成了全年的各项目标任务，受到了省委、省政府和中国残联的充分肯定，得到了全省广大残疾人和社会各界的广泛好评。

省委书记骆惠宁在省第十一次党代会上指出，发展残疾人事业，基本实现人人享有基础社会保障。省委副书记、省长楼阳生在省委十一届二次全体会议暨经济工作会议上指出，实施残疾人精准康复服务行动。省委副书记、省长楼阳生就康复扶贫试点工作批示："很实、很具体。体现了精准要求，请抓好落实。"在省残联扶贫助残方案上批示："赞成并请抓好落实。"全国助残日期间，省委常委、常务副省长高建民等 6 位省领导与省城各界群众共同观看了中国残疾人艺术团"我的梦"大型公益演出。省委常委、秘书长罗清宇在省级残疾人就业基地西山福利厂调研时强调，各级、各有关部门要认真贯彻落实关于加快推进残疾人小康进程的意见，帮助残疾人共享经济社会发展成果。省人大常委会副主任张茂才在省残联直属事业单位调研时指出，省残联工作有创新、有特色、有亮点。省政府副省长郭迎光在扶贫助残方案上批示："这五个全覆盖和六项行动计划很好。要持续抓，不断检查，不断推动，确保落实，不少一户。"省政协副主席朱先奇在省残联参加"爱耳日"活动时，对省残联的工作给予充分肯定。中国残联副理事长程凯、党组成员相自成来我省出席会议和调研指导工作时，对山西省精准扶贫、就业援助、康复救助和"一店三基地"建设等工作给予充分肯定。全年省部级领导来省残联调研指导工作和出席会议 15 人次，省领导的重要批示 20 件。人社部、中国残联在太原召开了 2017 年就业援助月暨东北等困难地区就业援助现场推进会，省残联就残疾人就业援助工作作了典型发言。省委、省政府领导和中国残联领导的关心支持，给广大残疾人以极大的鼓舞，激发了残疾人工作者的干事创业热情。

一、坚持问题导向，扎实开展"两学一做"学习教育

（一）加强领导，班子带头践行"四讲四有"

一是成立了以党组书记、理事长为组长，班子其他成员为副组长，相关责任部（室）负责人为成员的学习教育领导小组，确保"两学一做"学习教育有组织、有计划、有步骤地开展；二是印发了《实施方案》，对学习教育提出了具体安排；三是及时召开了省残联"两学一做"学习教育动员部署会议，全面安排部署"两学一做"学习教育活动；四是邀请高校教授上了《党章是全党必须遵循的总规矩》专题党课；五是召开了处级干部集中学习会，观看了《贪与悔》警示教育片，学习了《违纪违法领导干部忏悔录汇编分析》；六是在纪念建党 95 周年党日活动中，机关党委书记带头讲了党课《重温党的历史 争做合格党员》，重温入党誓词，观看《党的女儿》；七是以支部为单位开展学习，11 个支部组织党员开展集中学习 79 次，进行"四讲四有"专题讨论 31 次，交流发言 260 人次，处以上领导干部交流发言 80 余人次；八是注重发挥党组中心组学习的示范带动作用，党组全年共学习 25 次 17.5 天，做到了党组带动党支部，党支部带动党员；九是组织 10 个党支部共 113 名党员、20 名申请入党积极分子进行了党章党规知识测试（闭卷），领导班子成员以普通党员的身份参加了测试；十是组织开展了"学习贯彻系列讲话，解决若干突出问题"学习交流会，加强了支部学习交流。

（二）压实责任，从严从实抓好学习教育

在两学一做学习教育过程中，各级党组织书记勇于承担"一把手"责任，管干部、带班子，管党员、带队伍，层层传导压力，从严从实抓学习教育。一是党组把开展"两学一做"学习教育作为一项重大政治任务，尽职尽责；二是机关党委以"两学一做"为主题对党务干部进行培训，推动从严治党各项工作的全面落实；三是党支部发挥关键作用，采取多种学习教育形式，确保每名党员都纳入党组织有效管理。

（三）加大宣传，深入拓展学习教育平台

一是充分利用微信、网络平台，及时推送丰富多样的学习资源；二是引导党员利用网络自主学习、互动交流，扩大学习教育覆盖面；三是在省残联门户网站建立了"两学一做"学习教育专栏，加强舆论引导，营造了良好氛围。

二、加强党建领导，全面完成年度重点工作任务

（一）全面从严治党，落实主体责任

按照《省直机关党的工作责任制规定》，成立了以党组书记为组长的党建工作领导小组。由党组书记任组长，承担党建工作第一责任人责任；机关党委书记和纪检组组长任副组长，机关相关部（室）负责人为成员的省残联党建工作领导小组，领导组下设办公室，具体负责日常工作的组织、监督、检查，办公室主任由机关党委专职副书记兼任。领导小组对省残联党建各项工作实施统一领导、统筹规划、推动落实，领导机关及直属事业单位党组织工作，指导本系统基层党建工

作。逐步完善党组书记负总责，党组成员分工负责，直属机关党委推进落实，基层党组织主要负责人“一岗双责”的党建工作责任体系，健全落实全面从严治党要求的工作格局。

（二）加大排查力度，推进基层组织建设

一是排查党员组织关系。以支部为单位，全面进行了排查工作，达到了每个支部、每名党员全覆盖。在排查过程中，完善了党员名册、党员档案等基础资料。二是排查党组织按期换届情况。抽调专人组建筹备组，在充分征求老干部支部党员意见的基础上，召开了中共山西省残疾人联合会机关老干部支部党员大会，选举产生了中共山西省残疾人联合会机关老干部支部委员会。三是排查党代会代表和党员违纪违法未给予相应处理的情况，协助纪委调查，提供相关材料。

（三）开展专项检查，加强党费收缴管理

一是对 2015 年前机关党委党费收缴账目进行了清查；二是对 2015 年度党费收缴管理和使用情况进行了通报；三是开通了“中共山西省残疾人联合会直属机关委员会党费专用存款账户”；四是下发《省残联机关党委关于开通党费专用存款账户的通知》；五是按照党费缴纳标准核定了各支部 2016 年党员工资基数、党费交纳基数；六是按照党费缴纳标准核定了各支部 2008–2015 年党员补交党费数；七是对支部组织委员进行了专题培训，各支部建立党费收缴台账，指定专人负责党费收缴工作；八是印发了《中共山西省残疾人联合会直属机关委员会党费收缴使用管理制度》，对党员、党支部、机关党委在党费收缴管理使用做了明确规定；九是按照“党费收缴工作专项检查督查调研清单”开展了党费收缴工作的自查、检查。

（四）紧抓基层党建，促进脱贫攻坚

一是第一书记抓党建化解矛盾促进脱贫。选派的 2 名第一书记在长治市武乡县祥良村和老凹村，认真履行了第一书记职责，联系实际，入户调研，一年多来共计走访农户 200 多人次，解决各类纠纷矛盾十余件，增强了村民对党组织的信任和信心。二是扶贫工作队选项目投入资金促进脱贫。按照“养好一群鸡，种好一棚菜，植好一坡树，办好一个（挂面）厂，建好一个（合作）社，搞好一个（文化活动）站”的思路，对武乡县蟠龙镇老凹村、祥良村开展精准扶贫，通过采取帮助贫困户养鸡、种树、加工挂面，落实“四项政策”等措施，去年，两村贫困户已全部摘帽脱贫。

三、强化“两个责任”，狠抓党风廉政建设工作

（一）牢固树立“四个意识”，认真落实巡视整改任务

根据省委统一部署，2016 年 3 月 28 日至 2016 年 6 月 30 日，山西省委专项巡视二组对山西省残疾人联合会进行了巡视。2016 年 9 月 30 日，省委专项巡视二组向山西省残疾人联合会党组反馈了巡视意见。按照省委的规定和巡视二组要求，会党组对照反馈意见，认真研究分析，印发了《中共山西省残疾人联合会党组印发〈关于省委巡视二组巡视反馈意见的整改落实方案〉的通知》，提高政治站位，细化责任措施，狠抓整改落实。共梳理出 3 个方面 15 项整改任务，涉及的 21 个具体问题都得到了有效解决，长期问题都建立完善了相应的工作机制。

（二）坚持把纪律挺在前面，全面落实“两个责任”

一是与党员干部及部（室）单位负责人分别进行约谈：省纪委驻民政厅纪检组分别约谈了省残联机关处以上干部；机关纪委对科级以下党员干部开展了预防教育书面谈话；召开了落实党风廉政建设主体责任集体约谈会议。二是直属单位“一把手”落实党风廉政建设主体责任：召开了直属事业单位“一把手”履行党风廉政建设主体责任述职会；填写了《领导干部廉洁档案》并存档。三是开展支部党建工作专项督查：2016 年，通过查阅资料、座谈交流、个别谈话、实地查看相结合的方式，分别对 7 个直属事业单位党支部的党建工作进行了专项督查。

（三）以《准则》《条例》为标尺，严格执行党规党纪

一是严明政治纪律，严肃党内政治生活，严格执行民主集中制，自觉做到了“四个服从”，敢于动真碰硬；二是始终坚持选人用人标准，从严管理监督干部，严肃查处选人用人上的不正之风和腐败问题；三是不断加强作风建设，以最严格的标准、最严厉的举措纠正“四风”，维护群众利益，防止“四风”反弹；四是依法行使职权廉洁从政，坚持书记抓、抓书记，使“一把手”真正把责任担起来。

（四）加大专项整治力度，推进反腐败工作取得实效

一是拓展互联网举报平台推进反腐败工作，在省残联官网建立了“省纪委驻民政厅纪检组举报电话、举报信箱”专栏；二是调查处理信访举报反映的问题，发挥了信访举报的问题线索主渠道作用；三是开展违规办证整治行动，下发了《关于核查市县级残联工作人员办理残疾人证情况的通知》，在全省残联系统开展了一次系统内工作人员违规办理残疾人证的整治行动，对不符合条件办理残疾人证的进行了收回注销和批评教育。

四、敢于真抓实干，加快推进残疾人小康进程

（一）整合资金，加大对贫困残疾人康复救助力度

全省共投入资金 9236.4 万元，对 10.2 万名贫困残疾人实施了康复救助。其中：国家和省级投入资金 6338.3 万元，救助贫困残疾人 55143 名（包括：为 613 名 0—6 岁聋儿植入电子人工耳蜗、适配助听器及机构康复训练，对 432 名脑瘫儿童、1545 名智力残疾儿童和 74 名孤独症儿童实施了机构康复训练；为 304 名成年听力残疾人适配了助听器；为 400 名肢体残疾人安装了大、小腿假肢；为 3000 名贫困白内障患者实施了复明手术；对 2170 名贫困精神病患者服药和住院给予了救助；为 46605 名贫困残疾人适配了基本型辅助器具）。同时，市、县两级共投入资金 2898.1 万元，对 47844 名贫困残疾人实施了康复救助。

（二）提标扩面，全面落实残疾人“两项补贴”制度

省残联积极推动残疾人“两项补贴”制度“提标扩面”，2015 年底，省政府决定全面建立困难残疾人生活补贴和重度残疾人护理补贴制度，新“两项补贴”制度从 2016 年 1 月

1日起实施。困难残疾人生活补贴范围由城乡低保家庭中残疾等级为一级的贫困残疾人，扩大到城乡低保家庭中的所有持证残疾人，由县级民政部门负责发放；重度残疾人护理补贴范围由城乡低保家庭外残疾等级为一级的残疾人，扩大到所有持证重度残疾人，由县级残联负责发放。补贴标准由每人每月40元提高到50元。各级残联严格执行补贴范围和标准，严格残疾人证管理，补贴资金专款专用，按时足额全部发放到位。到年底统计，全省共为17.16万名困难残疾人发放了生活补贴，发放金额8074万元；为26.76万名重度残疾人发放了护理补贴，发放金额1.62亿元。

（三）上下联动，大力推进"一店三基地"建设

按照省委、省政府的要求，为了加大对残疾人的就业援助力度，省残联、省财政厅联合出台了《山西省残疾人实训基地　残疾人就业创业基地　农村残疾人扶贫基地及盲人按摩示范店建设实施方案》，省财政拨款1100万元支持省级"一店三基地"建设。各市、县（市、区）积极探索适合当地的"一店三基地"运行模式，落实本级补贴政策，扶持当地残疾人就业。去年新建基地116个（省级74个、市级37个、县级5个）、盲人按摩示范店149个（省级79个、市级67个、县级3个），共安置2672名残疾人就业（其中按摩店安置盲人428名），辐射带动3051名残疾人就业增收。到目前为止，全省已建成基地237个、盲人按摩示范店265个，共安置5748名残疾人就业，辐射带动9000多名残疾人就业增收。

（四）精准服务，创新残疾人扶贫工作机制

一是对贫困残疾人进行精准识别。配合扶贫部门对农村贫困残疾人建档立卡工作进行了"回头看"。对于符合建档立卡条件的残疾人贫困户，及时与当地扶贫部门对接后纳入了建档立卡范围，努力实现全国残疾人基本服务状况和需求专项调查数据与贫困人口数据库的动态衔接和数据共享。二是开展精准康复扶贫试点。在5个市的8个县进行了精准康复扶贫试点，对832名持证残疾人给予精准康复救助。三是开展农村基层党组织助残扶贫工程。安排省级补助资金300万元，帮扶3000户贫困残疾人家庭从事种养加等项目。

（五）多措并举，加大残疾人就业援助力度

联合人社部门开展"就业援助月"活动，全省残疾人就业服务机构共走访残疾登记失业人员家庭5035户，登记失业残疾人员13377人，组织召开残疾人专场招聘会49次，实名制纳入年度培训6577人，帮助1396名残疾登记失业人员实现就业。通过按比例就业、社区公益性岗位等途径安置残疾人7351名。完成城镇残疾人职业技能培训4825人、创业培训679人、岗位提升培训548人、雇主培训1079人、电子商务培训360人、农村残疾人实用技术培训11441人。

（六）依法依规，做好残疾人信访维权工作

各级残联共接待残疾人来信来访约1.8万人（件）次，省、市残联全部开通了"12385"残疾人服务热线。对170个残疾人法律救助案件给予补助。为7588名残疾人发放机动轮椅车燃油补贴197.28万元，为1420户残疾人家庭实施了无障碍改造。全省共有1227名下肢及听力残疾人考取了驾驶证。在全省范围内推动《无障碍环境建设条例》的贯彻落实。对山西大剧院和武宿机场的无障碍环境建设情况进行了检查，为两个单位配备了轮椅、腋杖、手杖等辅具，先后举办了4期手语培训班，培训工作人员360名。做好市、县（市、区）人大、政协换届中残疾人、残疾人亲友和残疾人工作者的推荐工作。

（七）扎实工作，确保全面完成各项目标任务

一是残疾人社保覆盖面不断扩大。符合低保条件的残疾人基本实现"应保尽保"，城乡居民基本医疗保险基本实现全覆盖。二是康复基础工作得到加强。培训康复管理干部和专业技术人员、社区康复协调员4440人次。在4个单位开展职业院校残疾人康复人才培养改革试点，在3个县级市、区开展了创建国家残疾预防综合试验区试点工作。三是残疾人教育工作全面推进。省彩票公益金助学项目资助残疾大学生179名、残疾研究生24名、残疾人家庭子女大学生238名，共资助175.3万元。开展了适龄"三类"残疾儿童少年义务教育入学情况统计工作，配合教育部门做好入学工作。实施了残疾人事业专项彩票公益金助学项目（学前阶段）等工作。四是残疾人事业宣传和残疾人文化体育进一步活跃。组织举办全省残疾人事业好新闻评选活动。省级广播专题节目和电视手语节目各播出35期。组织开展了第二十六次"全国助残日"、"残疾人文化周""残疾人健身周""全国特奥日"等活动，举办全国青少年校园足球特奥融合组竞赛山西省海选赛，进行了全省残疾人运动员选拔，组织参加全国性残疾人文化、体育比赛。对6000户贫困重度残疾人家庭开展了体育关爱进家庭项目。五是基础设施建设步伐加快。中央补助我省6个残疾人基础设施建设项目2693万元。到目前为止，省市、县（市、区）三级共建成94个残疾人服务设施，在建的康复中心、托养中心28个。六是专项调查动态更新扎实有效。全省共完成调查村（社区）30544个，调查残疾人825984人，其中入户调查801616人，电话调查24368人，入户率为97.05%。七是基金募捐稳步推进。全年共募集资金物资1594.32万元，实施公益救助项目（活动）12个，救助残疾人5030人次。首次成功举办"爱在路上·善行三晋"大型助残徒步公益活动；省政府副秘书长闫晨曦等领导与社会各界群众共3000余人参加了活动，筹集资金50.26万元。

（王凤萍　柳　田）

附：省残疾人联合会党组书记、成员名单

书　记：李亚明

成　员：温万一　刘　晔

省社会科学界联合会党组工作概况

党组书记 王 蕾

2016年，在省委和省委宣传部的坚强领导下，全省社科界深入学习贯彻习近平总书记系列重要讲话精神和中央的决策部署，紧紧围绕省委"一个指引、两手硬"的重大思路和要求，坚持以马克思主义为指导，锐意进取、开拓创新，在理论武装、学会管理、课题研究、学术交流、社科普及、社科优秀成果评奖等各项工作上都取得了长足的进步，省市社科联积极发挥"桥梁纽带、组织协调、管理服务"的作用，各项工作都取得了显著的成绩，为服务党和政府科学决策，促进山西省改革、发展、稳定做出了重要的贡献。

一、认真学习贯彻习近平总书记系列重要讲话精神和党的十八届六中全会精神，加强理论武装，把牢政治方向

组织全省社科界深入学习党的十八届六中全会和习近平总书记系列重要讲话精神，深入学习省第十一次党代会精神，贯彻落实省委的重大决策部署，举办了省城社科界学习"5·17"讲话座谈会、学习"七·一"重要讲话专题研讨会等，通过专家座谈，深度解读，畅谈体会，引导社科工作者进一步坚定中国特色社会主义道路自信、理论自信、制度自信和文化自信，坚定"四个意识"特别是核心意识、看齐意识。开展社科理论宣传普及和研究阐释，全省社科理论工作者在《求是》《红旗文稿》《人民日报》《光明日报》及《山西日报》《前进》等报刊发表了多篇理论文章；积极推进中央及省委决策部署的学习贯彻，晋中市社科联举办了学习《习近平总书记在哲学社会科学工作座谈会上的讲话》理论研讨会；省中国特色社会主义理论研究会召开"学习十八届六中全会精神理论研讨会"，省世界经济学会举办习近平总书记"七·一"讲话辅导讲座，三晋文化研究会召开学习"习近平总书记纪念红军长征胜利80周年讲话"座谈会，省《资本论》研究会举办"供给侧结构性改革与山西经济发展"研讨会，省中共党史人物研究会召开"中共山西地方党组织创建历史"研讨会；省哲学学会、五台山研究会、省企业文化研究会、省孝文化研究会等举办了多种形式的学术研讨会。这些学术活动为净化山西省政治生态、塑造美好形象、实现振兴崛起发挥了重要作用。加强党的创新理论研究，一批研究中国特色社会主义理论体系的课题获得国家社科基金项目和省社科规划项目立项，96项社科研究成果获得全省第九次社科研究优秀成果一、二等奖，理论研究逐步深入。

二、切实强化社科类社会组织管理，加强学会党建工作，提高服务水平

习近平总书记在中央党的群团工作会议上的重要讲话，是社科类社会组织全面从严治党的基本遵循。目前山西省有118个社科类社会组织即学会研究会，已经成为山西省社会主义现代化建设的重要力量和群众工作的重要阵地，成为党的基层组织建设的一个重要工作领域。根据习近平总书记讲话精神和中央及省委关于加强和改进社会组织党的建设工作的精神，按照党的领导与社会组织依法自治相统一的原则，2016年对省级社科类社会组织党的建设情况进行摸底调研，开展党建工作试点。7月份，举办了全省社科类社会组织党建工作专题培训班。在省委组织部的领导下，在前期扎实工作的基础上，有18个学会率先成立了党支部。

与此同时，在学会研究会成立、换届、年检时严格审查，将成立党组织作为新学会的前置条件。认真执行《学术活动申报制度》，明确要求各学会举办的各类报告会、研讨会、讲座、论坛等学术活动首先要导向正确，全年审批37项学术活动，严把学会活动政治关和学术关。全年没有发现一个学会、研究会存在违反政治纪律和政治规矩的现象，确保党的领导在学会、研究会工作中的贯彻落实。在省民政厅组织的2016年度社会组织年检工作中，社科类社会组织审核通过率达到80%以上。在9月召开的全国社科联第十七次学会工作会议上，山西社科联交流了学会工作经验，获得了兄弟省市社科联同行的赞誉。省老年学学会、省微影协会、省科学社会主义学会、省孝文化研究会、太原市社会科学界联合会荣获"全国社科联先进学会"，朔州市社科联主席熊高德等5名同志被授予"全国社科联优秀学会工作者"荣誉称号。

三、围绕省委省政府的部署要求开展课题研究，促进成果转化，提供决策参考

围绕中央的重大部署和省委治晋理政的总方略总要求总目标，以及山西经济社会发展实践、山西历史文化的传承创新等社会关切、舆论关注、群众关心的思想、理论问题深入开展课题研究，坚持问题导向，组织课题攻关，推出了一批有价值、高质量的研究成果。《习近平治国理政思想的干部认同问题研究》《山西红色文化底蕴对法治山西建设的影响》《山西综改区财政管理体制改革研究》《山西贫困地区新农村建设研究》等研究成果，具有较高的针对性、学术性、借鉴性，得到社会各界的普遍好评。许多社科专家直接参与了

省党代会、省人大、政协两会的文稿起草，将研究和决策有机结合，并积极解读党代会、人代会报告，开通了理论与实践、决策与工作、领导与群众的交流渠道。省社科联联合中国先秦史学会、山西师范大学，在临汾市召开了“山西与古中国”学术研讨会，曹定云、李健民等41名全国和省内先秦史的知名专家学者齐聚尧都古城，共同探讨“古中国”在山西这块历史的沃土上演变发展的历史文化脉络及其灿烂文化，参加这次研讨会的专家学术影响大、代表性广泛，研讨深入，成果丰硕，社会反响强烈，为塑造山西美好形象打下了良好的基础。

四、以奖励促激励圆满完成社科评奖工作，严格评价标准，发现培养人才

在省委省政府和省社科评奖领导组的高度重视和领导下，山西省第九次社会科学研究优秀成果评奖工作圆满完成。共评出278项优秀成果，其中一等奖27项，二等奖69项，三等奖97项，优秀奖85项，经公示后得到社会的普遍认可，公示期间没有收到任何不同意见。《科学发展观对马克思主义发展理论的新贡献》《中国人为什么接受马克思主义：发生学的再思考》《煤矿安全行为管理系统研究》《生态社会学》《基于可耗竭资源开发的区域经济发展模式研究》等一批优秀成果获得一等奖，这些成果涉及社会科学范畴的各个学科，分布在政治、经济、文化等诸多学科和领域，不仅有社会科学的传统学科、优势学科、专业学科，还有许多新兴学科、边缘学科和交叉学科。本次获奖成果呈现出涵盖范围广、创新能力强、实际应用价值较高、可持续发展状态良好的特点，反映了山西社科界的整体实力，展现了全省社科研究繁荣发展的局面。圆满完成了2015年度“百部(篇)工程”评审工作，2016年度“百部(篇)工程”申报工作也已结束，届时将组织相关领域专家评委进行评审。

五、充分发挥社科普及平台的作用，加强规范管理，创新工作模式

充分发挥山西社科网和《学术论丛》《山西社科界》的作用，加大科普宣传力度。“一网两刊”全年共发表各类社科研究普及文章125篇。启动了省级社科普及基地建设工作，12月25日，省社科联、省文化厅在省图书馆联合举行了山西省首个“社科普及宣传基地”授牌仪式，并向省图书馆首批捐赠了《山西社科研究与普及书系》十卷本共500套；与省图书馆共同主办《文源讲坛》，推荐知名社科专家主讲，全年共举办38场讲座，场场爆满。经过认真调研，借鉴吉林、湖北、湖南等兄弟市社科联的经验，结合山西实际，出台了《山西省社会科学普及宣传基地管理办法(试行)》。继续策划、资助《山西社科研究与普及书系》出版，组织编写出版了《千古先贤介子推》口袋书，对山西历史名人进行了推介。大力推进社科普及立法，助力法治山西建设。在各方面的大力支持下，山西省社科普及立法工作取得重大进展，已列入省级立法预备项目。此外，10月份在湖南长沙召开的全国第十八次社科普及工作经验交流会上，山西省交流了科普工作经验，有5位学者被评为“全国优秀社科普及专家”，5位同志被评为“全国优秀社会科学普及工作者”，《走进晋城》等6部科普作品被评为“全国优秀社会科学普及作品”。

(杜伟琴)

附：省社会科学界联合会党组书记、副书记、成员名单

书　记：王　蕾(女，1月任职)

副书记：王纪山

成　员：王志超　王崇德

省归国华侨联合会党组工作概况

党组书记　王维卿

2016年，省侨联在省委的坚强领导下，认真学习贯彻党的十八大和十八届三中、四中、五中、六中全会及省第十一次党代会精神，深入学习习近平总书记系列重要讲话，贯彻落实中央和省委党的群团工作会议精神，紧密围绕省委“一个指引、两手硬”重大思路和要求，深入开展“两学一做”学习教育，着力加强班子和机关自身建设，充分发挥侨联组织独特优势，助力山西省经济社会发展，圆满完成工作任务。

一、认真履职，服务经济社会发展

(一) 发挥独特优势，助力山西省经济发展

积极主动服务，支持山西省涉侨企业发展。开展涉侨企业调研，详实了解涉侨企业的生产经营情况和发展规划、存在的问题和难点。组织20余家涉侨企业参加“中国侨联新侨创新创业成果展”“中国·海拉尔第十二届中俄蒙经贸洽谈暨商品展销会”和“第二届中国(深圳)华人华侨产业交易会”。达到了交流、宣传、展示的目的，部分技术和产品得到推广。组织参加全国侨商社会组织负责人高级研修班和全国侨商社会组织工作会议，太原市侨商联合会、晋中市归国留学人员商会被授予“全国优秀侨商社会组织”称号。

开展人才项目对接活动，拓宽招才引智的方式和渠道。支持举办“国际晋商会长参与‘一带一路’建设推进会”，10余个国家和地区、20余个省份的晋商会长、商协会会长及侨界、工商界人士近300人参加活动。举办“2016年海外

高层次人才山西行活动”，邀请相关专业领域内具有影响的海外高层次人才来晋开展技术指导、学术讲座和项目对接，活动达成合作意向30项。积极帮助渠志灿博士、银小龙博士、李灵宏博士等海外侨胞来晋投资创业。协助开展“重走万里茶路”活动，促进晋商关注山西、投资山西，构建互惠共赢的民间经贸合作。

（二）拓展海外工作和新侨工作

加强海外工作，拓展海外工作渠道。与19个海外侨（社）团签订友好合作协议，省侨联签约海外侨（社）团总数达40家，为开展招商引资、招才引智建立了海外信息与工作服务平台。充实了省侨联重点联系海外侨团信息库和省侨联重点联系海外侨领信息库。接待新加坡文创晋商考察团、海外藏胞归国代表人士参访团、南非企业家协会、海外高层次人才山西行活动交流团等4个团组及13批海外侨（社）团、侨领100余人次来访。

积极搭建平台，服务新侨创新创业。第二批命名11家“山西省新侨创新创业示范基地”，“双创示范基地”达到18家。举办“第二届海归创业论坛”和“新侨创新创业示范基地交流活动暨新侨团体座谈会”。组织参加中国侨联第六届新侨创新创业成果交流系列活动，山西省14个成果、团队、企业及个人获奖，省侨联获组织奖。推荐4名新侨创业人士加入“中国侨联新侨创新创业联盟”。指导举办2016 SRA 明星公益慈善盛典。

支持涉侨团体“走出去”开展活动，进一步汇聚侨心侨力。举办“山西在港人员联谊会第五届年会”，促进在港澳山西籍新侨与港澳深三地涉侨团体和企业增进交流、共享资源、分享机遇。支持省海外人员亲属联谊会在美国、英国、北京组织开展以“乡情”为主题的联谊活动，通过民间渠道，拓展和集聚海外侨务资源。促成山西省女企业家协会赴南非开展对接交流考察活动。

（三）加强和拓展对外宣传工作，开展文化交流活动

多措并举开展对外宣传工作。发挥“互联网+侨联宣传工作”作用，引导海外侨胞讲述山西好故事、传递山西好声音。全年省侨联国际信息网站发布信息550余条，微信公众平台按照“一月一市、一周两县、一周一文化一景点”的节奏，介绍山西省经济社会以及人文、历史和旅游景点信息1300余条，同时在“山西侨联之友”微信群转发。向46家海外华文媒体投送山西经济社会和山西侨界动态稿件180篇。组织参加“第三届世界华侨华人摄影展”，报送作品104 幅。

开展创建“中国华侨国际文化交流基地”活动。积极组织开展“中国华侨国际文化交流基地”创建工作，全省先后有18个单位和机构申报，中国侨联确认洪洞县大槐树寻根祭祖园、曲沃县晋国博物馆、万荣县李家大院、永济市蒲州历史文化旅游区、泽州县大阳古镇五个单位和机构为“中国华侨国际文化交流基地”。目前，山西省“文化交流基地”已达9家。

开展侨史资料的挖掘、研究、出版工作。正式出版《海外晋人》一书，收录47位20世纪在海外的山西籍华侨华人代表人士的人生经历和心路历程，人物涉及美国、德国、法国、英国等11个国家，全书约30万字，图片120余幅。

（四）积极参与社会建设

继续开展“走基层、访侨户、凝心聚力助发展”走访调研活动。赴全省各市侨联和部分县（市、区）侨联机关进行调研，了解基层侨联组织建设情况和近年来工作开展情况，征求基层侨联对省侨联工作的意见和建议。会同省外侨办在全省范围内开展侨情调研活动，全面了解全省归侨的基本情况，重点掌握困难归侨的生活状况。全省各级侨联按照“三位一体”帮扶机制，全年入户看望慰问归侨侨眷和新侨代表467人，发放慰问金（品）20余万元。

“四种模式”助推精准帮扶。大病救助：对全省范围内共计22名白血病、尿毒症患者和一、二级残疾及瘫痪在床的特困归侨侨眷给予总计76000元的大病救助。“造血”帮扶：针对有就业创业愿望的城镇下岗失业或待业、农村困难归侨侨眷及其子女的脱贫愿望，在归侨侨眷集中的4个市举办了5期侨界群众职业技能培训班。政策兜底：促成正式下发《关于为困难老年归侨发放生活补助的通知》，为山西省60岁以上困难归侨每月发放200元生活补助。健康扶贫：开展了“山西省侨爱送温暖医疗队体检活动”，为省城归侨侨眷免费进行健康体检和医疗咨询。

积极参政议政。召开“2016年侨界参政议政座谈会”，为侨界群众表达意愿、建言献策搭建平台，为侨界省人大代表和政协委员参政议政提供素材。2016年侨界省人大代表、政协委员共提交《山西省急需留学人员一站式服务平台》《关于支持归国留学人员创业就业的建议》等提案议案40余篇。9篇侨情专报被中国侨联采用并报送党和国家领导人。

二、加强法治建设，促进侨界和谐

（一）加强组织领导。成立党组书记任组长的机关法治建设领导小组，制定并完成年度法治建设工作计划和党组中心组年度学法计划。深入学习宣传党章和党内法规。

（二）加强法制建设，依法维护侨益。调整法律顾问委员会，健全完善系列制度。组织参加中国侨联“法治中国你我同行”——“一带一路”相关省份侨界群众法治学习活动。开展专题法治讲座，对全省侨联干部进行集中法治培训。

（三）广泛开展法治宣传活动。出台《关于在全省归侨侨眷中开展法治宣传教育的第七个五年规划》，通过省侨联微信等平台宣传《宪法》和涉侨法律法规。

三、加强侨联组织自身建设，不断夯实侨联事业发展基础

（一）深入推进全省侨联组织改革工作。贯彻落实党中央关于加强和改进侨联工作的决策部署及中央和省委党的群团工作会议精神，紧紧把握中国侨联改革动员大会精神，

组织起草了《山西省侨联改革实施方案(建议稿)》。省侨联机关组成调研组赴全省9个市征求基层侨联、侨界群众和涉侨企业对《方案》的意见建议,同时征求省直13个部门和单位的意见建议。

(二)扎实开展各项活动。一是认真开展机关化、行政化、贵族化、娱乐化问题教育整顿活动。通过领导点、同志帮、群众提,查找出省侨联组织和机关存在的五个方面问题,通过认真梳理、分析原因,制定了15项整改措施。二是开展“冬季行动”,圆满完成“冬季行动”各项工作任务。三是在侨界党外代表人士中开展“学习讲话,学习作风,跟党奋进”的“双学一跟”活动,在全省侨联组织开展“让侨界群众感受到侨联干部受教育成果”活动。

(三)认真做好干部教育培训工作。举办2016年全省侨联系统干部培训班、新侨工作培训班,组织11名机关干部分别参加复旦大学、中山大学和浙江大学专题研修班。选派各级侨联干部20余人次参加中国侨联及全省各类教育培训活动。

四、落实主体责任、确保清正廉洁,努力建设开拓创新、团结干事的领导集体和机关干部队伍

(一)加强领导班子和干部队伍建设。认真执行《省侨联党组工作规则》,修订《山西省侨联“三重一大”事项细化及决策办法》《山西省侨联机关干部外出请假报备工作制度》《省侨联机关干部兼任社会团体职务管理实施办法》,严格执行民主集中制原则。严格执行每月党组中心组和每周机关集体学习制度,周密制定学习计划并认真落实。认真贯彻《党政领导干部选拔任用工作条例》等制度,加强干部监管力度。

(二)深入推进“两学一做”学习教育。制定《关于在机关全体党员中开展“两学一做”学习教育实施方案》。紧紧围绕“学党章党规、学系列讲话、做合格党员”目标任务,坚持把学习党章党规与学习习近平总书记系列重要讲话统一起来,分别以党组中心组(扩大)学习会和机关党支部党员会议的形式,结合不同层次党员“两学”的具体内容和要求,围绕“四讲四有”开展了四次专题研讨。认真筹备专题民主生活会。

(三)认真落实巡视要求,着力做好巡视整改工作。紧紧围绕“两四一聚三紧”,严肃认真对待巡视工作,积极主动配合巡视工作,自觉接受巡视组的巡视和监督。扎扎实实做好巡视整改工作。成立巡视反馈问题整改工作领导小组,制定了《关于落实省委专项巡视六组反馈意见的整改方案》《关于落实省委专项巡视六组反馈意见的责任分解》,细化提出16项具体整改措施,逐项明确整改责任领导、责任部门、责任人和整改时限,做到事事有着落、件件有回音。按照整改工作时限完成《省侨联党组关于专项巡视整改情况的报告》和《省侨联党组书记组织落实专项巡视整改情况的报告》,上报省委专项巡视六组和省巡视办。

(四)认真落实主体责任和“一岗双责”。认真落实党风廉政建设党组主体责任、党组书记第一责任和班子成员“一岗双责”,严格执行《省侨联党组落实党风廉政建设主体责任具体措施》。坚持把党风廉政建设纳入全年工作总体规划,把党风廉政建设和反腐倡廉教育纳入党员、干部年度教育计划并认真落实。全年没有出现违法违纪现象,没有私设小金库,无公款出国(境)旅游等事项。班子成员不存在违反规定用车和超标准占用办公住房及不及时转移工资关系等情况。

(五)开展下乡住村和扶贫工作。制定了省侨联2016年扶贫工作计划和三年精准扶贫规划,机关16名党员干部结对帮扶中阳县63户建档立卡贫困户。省侨联领导带队10批次前往包扶村开展帮扶工作。入户走访结对帮扶贫困户80余户,填写《入户走访日志》和《建档立卡贫困户帮扶手册》,逐一核实相关信息,发放“连心卡”和“惠民政策明白卡”。与省硒产业协会联系沟通,为宣化庄村百亩核桃树施富硒肥,提高核桃品质。支持驻村“第一书记”开展工作。 (张志龙)

附:省归国华侨联合会党组书记:王立业(10月离职)
王维卿(女,10月任职)

省红十字会党组工作概况

党组书记 盛佃清

2016年是“十三五”开局之年,更是山西省全面贯彻“一个指引、两手硬”重大思路和要求,不断塑造美好形象、逐步实现振兴崛起的关键一年。在省委、省政府的坚强领导下,省红十字会党组认真学习贯彻党的十八大、十八届三中、四中、五中、六中全会精神和习近平总书记系列重要讲话精神,深入开展“两学一做”学习教育,积极发挥党和政府联系困难群众的桥梁纽带作用,各项工作取得新成效。

一、认真学习贯彻习近平总书记系列重要讲话精神,牢牢把握发展红十字事业的政治方向

会党组高度重视党员干部思想政治建设,坚持把学习贯彻习近平总书记系列重要讲话精神作为首要政治任务,坚持以上率下、带头学习,通过27次党组中心组集中学习、63次支部分头学习、6次领导干部讲党课、集中轮训、干部在线学习等形式多样的系统学习,进一步强化了党员干部坚定理想信念、保持政治本色、深化作风建设、增强干事

创业的责任感和使命感。通过对党的十八大、十八届三中、四中、五中、六中全会精神以及省十一次党代会精神的学习，特别是学习党中央和国务院关于加强和改进红十字工作的部署要求，以及省委、省政府对山西省红十字工作的重要指示批示精神，使广大干部职工更加坚定了在新形势下推进中国特色红十字事业发展的信心和决心，进一步增强了服务社会、改善民生的责任感和使命感。加强干部教育培训，认真落实年度干部教育培训工作计划，为党员干部购买和编印了学习资料160余册，全年组织党员干部职工参加学习培训70余人次，人均学时150余小时。

二、深入开展“两学一做”学习教育，作风建设不断取得新成效

深入开展“两学一做”学习教育，研究制定了实施方案和工作安排，成立了学习教育领导小组，召开了党员会议部署学习教育，5次召开党组扩大会，组织党员领导干部开展集中学习和“四讲四有”专题研讨，省人大常委会副主任、省红十字会会长张建欣就学习教育工作专门进行了督导并作出部署要求，党组书记作了题为“坚持党的领导，推动红十字事业科学发展”的党课辅导，支部以“三会一课”为载体加强学习，班子成员在所在党支部也作了党课辅导，组织全体党员参观了麻田八路军总部旧址、重温了入党誓词，开展了党章党规党纪知识竞赛活动，集中观看学习了党建教育片《信仰》《榜样》，并结合《贪与悔》等反面典型教育和专题研讨等一系列学习教育，使党员干部更加坚定了理想信念，锤炼了党性修养，进一步增强了政治纪律和政治规矩意识。扎实开展了“四个化”问题专项整治，突出问题整改到位。认真开展了“冬季行动”，10项工作任务全部完成。积极推进精准扶贫工作，班子成员5次深入帮扶村开展基层党组织帮建活动、扶贫帮困送温暖活动、送医下乡义诊活动以及实地调研帮扶项目，积极筹措项目资金60万元，在帮扶村实施修路和生计项目。狠抓“八项规定”落实，始终保持纠治“四风”的高压态势，研究制定了值班及工作人员请销假、安全与卫生管理等工作制度，进一步强化办公秩序管理，高标准落实制度，营造了风清气正、干事创业的良好氛围。

三、全面加强党的建设，从严落实“两个责任”

全年专题研究安排党风廉政建设工作5次，做到廉政工作逢会必讲，凡重要会议安排必提要求。召开了2016年度全省红十字工作暨党风廉政建设工作会议，对全省红十字会系统2016年党风廉政建设和行风建设工作作出部署，会党组与机关和直属单位负责人签订了《党风廉政建设责任书》，各市红十字会签订了《行风建设工作目标管理承诺书》，压紧压实“两个责任”。扎实做好节假日廉政风险防范工作，坚持节假日向党员干部发廉政短信。建立了处级以上干部《廉洁档案》，认真做好2016年处级以上干部个人事项申报工作和个人申报重点抽查工作，依法合规选调处级干部1名。2016年全年无违法违纪违规案件。

全面配合好省委巡视组和省审计厅对红十字会的专项巡视以及2014–2015年财务收支情况的专项审计，严肃认真对待巡视和审计反馈问题，张建欣会长专门到省红十字会调研督导整改工作。研究制定了整改方案，细化了问题清单、任务清单和责任清单，明确了巡视的3个方面、7项问题和22项整改措施以及审计的4个方面、14项问题和56项整改措施，推动各项反馈问题整改到位。通过巡视和审计工作，使全省红会系统责任意识进一步强化、工作机制进一步健全、能力水平进一步提升。

加强机关党建工作，成立了党建工作领导小组，会党组全年听取汇报并专题研究党建工作5次，机关党总支召开会议研究部署党建工作22次，对全会党员组织关系进行了集中排查，全年新转入党员4名，共有党员23名，无流动党员和失联党员。严格党费管理，建立了党费专户，圆满完成了2016年度党费收缴和上交工作，从严开展了党费自查工作，对存在问题加强整改，全体党员自觉主动补交了2008–2015年党费0.73万元。抓好基层党建7项重点任务全部按要求完成。加强精神文明创建，积极打造“六型机关”，修缮美化了办公环境，开展了丰富多彩的职工文化体育活动，荣获省直机关广播体操比赛铜奖；广泛发展红十字志愿者，全省新增登记注册红十字志愿者900余人，累计达到8900余人，新建“山西省红十字宣传无偿献血志愿服务队”和“山西省红十字社区志愿服务队”，全省累计达到140余支，开展了探索人道法、艾滋病同伴教育、急救知识进校园、关爱孤寡老人和残障儿童等志愿服务活动；组织干部职工参加“博爱一日捐”和“送温暖献爱心”捐款活动，全年累计捐款4643元，机关党总支被评为“2016年度省直机关先进基层党组织”称号，备灾救护中心荣获“省直机关五一劳动奖状”称号，我会连续第4年荣获“省直机关文明单位标兵”称号。

四、扎实推进“三救、三献”核心业务，积极发挥人道救助独特作用

建立健全红十字应急救援体系，增强红十字会备灾救灾能力。圆满完成了《山西省红十字会自然灾害救助应急预案》修订工作，健全了应急救灾物资储备网络管理制度，制定印发了《山西省红十字会备灾救灾仓储网络运行协调机制》，对8个备灾救灾物资库进行挂牌，完成备灾救灾仓库巡查及物资翻垛，确保救灾物资安全；主动承接总会127万元备灾救灾物资在山西省储备。认真做好非常规突发自然灾害应对工作，特别是积极应对2016年夏天山西省部分地区发生的暴风洪涝灾害，及时组织开展了灾害救援，协调总会并拨付省红会救灾物资，向阳泉、晋城、长治等市受灾地区实施灾害救助，罗清宇副省长专门作出重要批示给予肯定。救灾工作结束后，专门组成回访抽查小组，对救灾救助物资发放和使用情况进行了回访和评估，受助群

众满意。承办了2016年中国红十字赈济救援队（山西）培训班；加强省红会赈济救援队建设，为救援队配备了装备和服装，组织举办了2016年赈济应急救援队培训和桌面演练，向太原铁路局捐赠了100个救灾应急包。开展了形式多样的应急救护知识普及活动，联合省教育厅开展了“全省中小学红十字应急救护知识专题教育活动”，通过学校安全教育平台，139万名中小学生参加了应急救护知识答题活动，参与率达36.17%，受到总会领导、省教育厅肯定，广大学生及家长以及社会各界跟贴留言好评10万余条，该项活动系全国红会系统首创。积极争取在5A/4A景区援建红十字救护站，在铁路、煤矿、旅游、国企、外企、酒店、学校、社区、户外人群、红十字志愿者等领域累计培训合格红十字初级救护员10853名，超额完成年度目标任务。

提高红十字会人道救助能力，对困难群体实施精准救助。积极开展博爱募捐活动，全省各级红十字会接受捐赠款物1400余万元，全部用于对因灾因病致困群众的救助；持续开展“博爱助医工程”项目，投入救助金540余万元，对全省260余名贫困白血病、先心病、足内翻等患儿，74名省直单位大病致困职工以及5000个特困家庭实施精准救助，张建欣会长出席“博爱送万家”等救助活动，倡导全社会支持参与红十字人道救助工作；积极拓宽救助领域，在大同市启动“看得见的幸福”救助项目，投入救助金100余万元，为贫困家庭白内障患者、儿童青少年斜视患者共500例实施免费手术；在长治、晋城实施了红十字总会与红新月会国际联合会在我国开展的新一轮唯一耐药结核病防治项目；加强对人道救助工作研究，深入基层群众对精准救助工作进行调研。

加强无偿献血、造血干细胞捐献、遗体和人体器官捐献工作，搭建爱心奉献平台。继续稳步推进无偿献血宣传动员工作；完成了国家2016年分配山西省的3000人份造血干细胞志愿者入库任务，累计入库志愿捐献者数据达8.44万人份，全年实现造血干细胞捐献17人，累计137位志愿者成功捐献，其中1人向韩国患者捐献，朔州市实现零的突破；按照总库部署全面实施入库志愿者回访项目，回访志愿者数量已达到4900余人份；全年实现公民逝世后人体器官捐献43例，使121位脏器衰竭患者获得新生，累计救助脏器衰竭患者172位。

五、切实加强依法治会，努力推动红十字事业规范化发展

召开了第六次全省会员代表大会，省委、省政府主要领导接见了会议代表并合影留念，选举产生了新一届领导集体，审议通过的《山西省“十三五”红十字事业发展规划》，经省政府批准同意，列入政府专项规划，由省发展改革委和省红十字会联合印发实施，为全国红会系统仅有的两家之一。全面启动了“七五”普法工作，研究制定了“七五”普法规划、年度法治建设工作要点和领导干部学法计划，通过党组会、办公会等部署法治建设工作，加强党员干部法治培训，会领导参加了“强化法治思维、提高执法能力”法律知识更新培训。争取省编办支持，下发文件指导和推动县级红十字会管理体制理顺工作，已有99个县级红十字会理顺管理体制，理顺率达到83%，居全国中上水平；召开了省直团体会员工作座谈会，为省直团体会员颁授了标牌，推进红十字会员工作规范化管理，走在全国红会系统前列；对全省59家红十字冠名机构进行了清理整顿，取消了不符合红十字医疗机构冠名要求的31家。全面加强建章立制工作，今年研究制定各项工作制度16项，与上年度制定出台的制度共计40余项工作制度汇编成册，促进制度有效落实。会党组高度重视年度目标任务考核工作，精心部署、全员参与、健全机制、精细管理，研究制定了《关于进一步加强年度目标责任考核工作的意见》，扎实做好任务分解、信息报送、效能督查等工作，我会考核信息报送工作受到省考核办肯定，并在省直单位考核工作信息报送培训会上作了交流发言。强化考核结果运用，以考核促业务，加强跟踪问效，及时通报，督办落实，引导党员干部将精力用在工作、将功夫下在平时，形成你追我赶、竞相发展的良好态势。认真开展对市级红十字会目标管理考核工作，并通过向各市委市政府通报考核情况，促进市级红十字会工作有效开展。

（侯晓俊）

附：省红十字会党组书记、成员名单

书　记：盛佃清（10月离职）

成　员：白　冰（女）

省管国有企业党委工作概况

太原钢铁(集团)有限公司党委工作概况

党委书记　李晓波

太原钢铁（集团）有限公司（简称太钢，英文简称TISCO）是集矿山采掘和钢铁生产、加工、配送、贸易为一体的特大型钢铁联合企业，也是全球不锈钢行业领军企业。

太钢坚持以新制胜，重点产品批量应用于石油、化工、造船、集装箱、铁路、汽车、城市轻轨、大型电站、“神舟”系列飞船等重点领域和新兴行业，20多个品种国内市场占有率第一，30多个品种成功替代进口，笔尖钢、高锰高氮不锈钢、AP1000第三代核电用挤压不锈钢C型钢等新产品满足市场急需，为我国关键材料的国产化发挥着重要作用。

太钢秉持绿色理念，全面构筑“绿色矿山、绿色采购、绿色物流、绿色制造、绿色产品、绿色产业”六位一体的绿色发展体系，成功实施了干熄焦、煤调湿、焦炉煤气脱硫制酸、烧结烟气脱硫脱硝制酸、高炉煤气联合循环发电、高炉煤气余压发电、饱和蒸汽发电、钢渣处理、膜法工业用水处理、城市生活污水处理、酸再生等一大批节能减排和循环经济项目，主要节能环保指标居行业领先水平，是中国钢铁企业绿色发展标杆企业和国家工业产品生态设计试点企业。

太钢致力于转型升级，建设资源保障基地和钢材延伸加工基地，构建具有国际竞争力的钢铁上下游产业链；发展新材料、现代金融、医疗健康、工程技术、国际贸易等多元支柱产业，打造起点高、成长快、前景好的新增长极，实现多元业务与钢铁主业的协同发展；推进国际化经营，同美、德、法、英、日、韩、澳大利亚等80多个国家和地区保持稳定的经济贸易关系，不锈钢材出口量保持国内第一。

近年来，太钢获得“中国工业大奖”“首届中国政府质量奖提名奖”“全国质量奖”“全国循环经济先进单位”“全国自主创新十强”“国家技术创新示范企业”“全国最具社会责任感企业”“全国模范劳动关系和谐企业”“全国企业文化建设先进单位”“全国绿化模范单位”等多项荣誉。

太钢集团党委下属基层党委37个，直属党总支7个，直属党支部4个，基层党总支34个，基层党支部550个。全公司共有党员总数24082名，在岗党员总数11517名。

2016年，太钢各级党组织认真落实党的十八大和十八届三中、四中、五中、六中全会精神，深入学习贯彻习近平总书记系列重要讲话精神，围绕生产经营建设中心任务，充分发挥党组织的领导核心和政治核心作用，坚定不移推进全面从严治党，努力完成上次党委全委会部署的工作任务，推动公司各项事业迈上新征程、跃上新高度。2016年，面对复杂多变的市场形势，太钢抓机遇、迎挑战、避风险，生产经营稳健运行，经营绩效显著改善。全年生产粗钢1028.18万吨，同比增长0.25%，其中不锈钢412.21万吨，同比增长2.58%；生产钢材964.42万吨，同比增长0.13%，其中不锈钢材378.46万吨，同比增长3.98%；产销率100%；出口钢材115.97万吨，同比下降9.29%，其中不锈钢材83.85万吨，同比增长3.30%，创历史新高。实现营业收入706.28亿元，同比下降22.25%；实现税金31.49亿元，同比增长67.79%；实现利润12.88亿元，同比扭亏为盈。

“两学一做”学习教育深入开展。把学习教育作为重大政治任务，坚持学为基础，围绕学党章党规、学系列讲话，认真组织系统性专题学习，开展两级党委中心组学习，广大党员积极参加“四讲四有”专题研讨，认真查摆问题，撰写心得体会，自觉主动向党中央看齐，向党的路线方针政策看齐。坚持做为关键，大力开展党员先锋行、“承诺践诺评诺”、领导干部“三联三促”等特色主题实践活动，共确立联系项目312个，推动了各级领导干部走基层、转作风、解难题，促进教育管理党员责任抓在日常、融入经常、落到实处。

巡视整改取得阶段性成效。以高度的政治责任感推进巡视整改工作，对巡视反馈意见诚恳接受、认理认账、认责认改。深入查找症结，太钢党委及各级党组织认真召开反思剖析会、专题民主生活会，主要领导带头开展自我批评，班子成员主动认领问题、承担责任、深刻反省。坚决抓好整改，针对四个方面10大类问题，列出128项整改任务，制定6个专项整治方案，实行闭环管理、销号整改，确保件件有落实、事事有回音。针对巡视组移交的信访举报线索，共查办涉纪类举报32件，党纪政纪处分15人，组织处理20人，下发整改监察建议书4份，巡视整改取得初步成效，公司干部职工在思想上、政治上、作风上接受了严格检验，广大党员牢固树立了党的意识、提升了党性修养。

党风廉政建设责任逐级落实。制定落实“两个责任”的实施意见，建立党建工作监督检查问责机制，对落实“两个责任”不力的，给予党纪政纪处分3人，组织处理13人，做到有责必问、失责必究。纪检监察部门聚焦主责主业，把握运用“四种形态”，加大纪律审查力度，全年立案58件，党纪政纪处分76人，组织处理136人，保持了反腐倡廉高压态势。紧盯时间节点，驰而不息纠正“四风”，坚决查处个别干部违规办理十二岁生日宴等违纪行为。持续深化“三转”，组织开展“岗位练兵”活动，围绕重点领域和关键环节强化纪律监督，提高了经营管理效能，营造了风清气正环境。

形势任务教育扎实有效。认真学习贯彻党的十八届六中全会精神和省第十一次党代会精神，结合公司“两会”确定的奋斗目标和重点任务，开展学习宣讲和专题辅导，凝聚发展共识。开展“危机·信心·行动”主题大讨论，深入发掘践行“用户至上”核心价值观典型案例，组织10余场巡回演讲，传递了“把不可能变成可能、不满意变成满意、不认可变成认可”的理念，着力引导全员破除“四种倾向”，坚定发展信心。组织开展“弘扬工匠精神、争当能工巧匠”主题宣传教育活动，发动全员找寻“我身边的能工巧匠”，选树了一批一丝不苟、精益求精、尽责至善、尽善尽美的太钢工匠。集中力量发现、总结和宣传太钢品种质量、绿色发展等各层面的典型案例，增强传播效应，扩大受众范围，展示了美丽太钢、科技太钢、精品太钢，塑造了太钢良好的内外部形象。

基层组织建设不断加强。组织修订党的组织生活、换届选举及党员教育、日常管理等制度，不断完善党建工作制度框架体系。开展党建工作自查和集中检查，排查出192名失联党员，处置不合格党员26人。修订换届选举工作细则，226个到届党组织全部按期完成换届。规范党费管理，开展党费核查，要求每名党员按时足额交纳党费。坚持双向培养原则，严格按照程序，全年发展党员172名，党员结构更趋优化。秉承关心和爱护党员的优良传统，走访慰问老党员、生活困难党员189人，发放慰问金32.28万元。

企业文化建设成果丰硕。以敬业度评估结果为依据，开展职工思想状况调研分析，组成诊断小组到重点单位帮教指导，推动引导各层级找准问题、分析原因，采取措施提升职工敬业度。深化“感动太钢人物”评选宣传活动，15名职工获评感动人物，近4万名职工及家属参与评选，弘扬了真善美，唱响了主旋律。结合企业实际，开展文明单位创建活动，推动文化与管理融合发展，峨口铁矿、技术中心、营销部等5家单位成为山西省和省属企业文明单位标兵。培养选树宣传劳模先进，组织劳模先进事迹报告会4场。鼓励和支持群众性职工文体活动，积极营造健康向上的企业文化氛围。完善帮扶救助体系，实现困难职工精准帮扶，发放救助金1575.37万元。太钢获评“企业文化创新三十标杆企业”。

职工群众主体作用充分发挥。深入开展创新创效活动，广大职工提出“金点子”合理化建议2.5万余条，完成创新成果638项，有力推动了公司改革发展。30个职工创新工作室立足现场实际，共完成创新课题300余项，职工创造活力得到充分激发。炼铁厂3号烧结机、炼钢二厂北区2号转炉分别获评全国“冠军炉”和“优胜炉”。太钢代表队获得“鞍钢杯”全国钢铁行业职业技能竞赛团体第二名。转炉炼钢工吕涛荣获“中华技能大奖”，是钢铁行业仅有的两名获奖者之一，登上了高技能人才的巅峰，成为大国工匠。积极调动职工参与企业民主管理、维护合法权益，全年指导二级单位开展职工代表巡视活动91次。推进员工心理援助计划（EAP），培养专业人才107名，新建“关爱小屋”6个，服务职工3000余人次。深化领导干部民主接待日活动，职工群众反映的20个问题全部予以答复处理。

太钢认真落实稳定工作责任，把问题处理在基层，化解在萌芽状态，全年接待上访30批122人次，创历史新低。加强统战工作，党外人士积极为公司改革发展建言献力。共青团、治安保卫、民兵武装等方面都结合自身特点扎实开展工作，取得明显成效，发挥了积极作用。

（张小虎）

附：太原钢铁（集团）有限公司党委书记、副书记、常委名单

书　记：李晓波

副书记：王新平　韩瑞平

常　委：高祥明　周宜洲(12月离职)　张志方　王继光　谢　力（9月任职）

山西焦煤集团有限责任公司党委工作概况

党委书记　武华太

2016年，山西焦煤集团生产原煤9151万吨、炼焦精煤4312万吨、焦炭928万吨、化工产品315万吨，发电141亿度，生产煤总销量8845万吨，实现销售收入1690亿元，增加值315亿元，税费79亿元。2016年底，山西焦煤集团共有152个党委、350个党总支、3126个党支部，党员60125名。

一、党建工作

山西焦煤集团党委认真落实省委“一个指引、两手硬”重大思路和要求，积极发挥领导核心和政治核心作用，把方向，管大局，保落实，努力开创党建工作新局面。

（一）牢固树立“四个意识”，党的领导坚实有力。集团公司党委进一步强化政治意识、大局意识、核心意识、看齐意识，深入学习贯彻习近平总书记系列重要讲话精神，特别是关于国企改革和国企党建工作的重要论述，加强了党对企业的政治领导、思想领导、组织领导。集团公司党委先行一步，“三重一大”事项由党委（常委）会前置研究讨论，再由董事会、经理层决策和执行，加强党的领导与完善公司法人治理得到了新发展，党组织内嵌到了公司治理结构中，发挥作用逐步组织化、制度化、具体化。党委定期召开会议，围绕安全生产、提质增效、改革创新、转型升级，分析研判形势，强化战略引领，履行了把方向、管大局、保落实职责。

（二）扎实开展“两学一做”，组织建设深入推进。集团公司党委以上率下，各级党组织认真开展“两学一做”学习教育，组织各具特色的党内活动，引导广大党员立足岗位作贡献。开展了党委书记抓基层党建述职评议考核，压实了第一责任。抓基层、打基础、补短板，77个软弱涣散党组织完成整改、达标晋级。集中梳理党组织关系，规范了党费收缴、使用和管理。开展建党95周年、长征胜利80周年系列活动，在改革发展稳定中，党组织战斗堡垒作用、党员先锋模范作用进一步展现。

（三）围绕改革发展大局，思想教育深入开展。集团公司党委组织了10次中心组学习，开展了“七一”讲话、十八届六中全会等4次大型专题学习。各级党委书记带头上党课，增强了党员在党意识。建立意识形态工作责任制，加强了意识形态分析研判、汇总报告和考核评价。广泛开展“提质增效、转型升级”大讨论，凝聚改革发展共识。开展“讲焦煤故事、选焦煤好人、树焦煤形象”系列活动，组织“最美一线员工”评选，加强了正向激励引导。

（四）严格标准规范程序，选人用人风清气正。坚持新时期好干部“20字”标准，严格选拔程序，注重任前“六查”，坚持“六个全程”“五个必审”，把好“六关”，严、紧、实的要求体现在了干部选任全过程。清理干部职数，中层干部减少6%，实配干部减少9%，纠正了27名干部违规兼职。“三个一批”甄别处理75人，调整退出12人，掌握优秀干部71人。拓宽用人渠道，组织了财务、金融人员公开选拔，财务、担保公司人员公开招聘。撤销合并日照等4个机构。

（五）全面落实“两个责任”，党风廉政从严从紧。挺纪在前，狠抓党风廉政建设不放松。深化政治巡视，开展了省委专项巡视等“回头看”，跟踪问题整改。坚持新任干部“廉洁谈话”，组织了销售、贸易系统敏感岗位“廉洁提醒谈话”，强化事前预防。持之以恒纠“四风”，查办了7起顶风违纪行为，处理处分10人。清查各级班子成员履职待遇不规范行为。立案125件，撤职以上重处分59人。运用监督执纪“四种形态”，宽严相济，区别对待，不敢腐、不能腐、不想腐氛围进一步形成。

（六）发挥桥梁纽带作用，群团工作成效显现。贯彻落实集团公司党委群团工作会议精神，制定专项方案，明确工作抓手，推进整改落实。积极搭建创业服务平台，建立了全省首家国企“双创”基地，27户企业入驻，吸引转岗职工102人。工会组织“面对面、心贴心、实打实”服务基层，以拖欠工资和“五险一金”为维权重点，沟通各方，处置矛盾，化解风险。推广深化“3110”帮扶机制，网络化办公，星级化建设，精准帮扶。“五小创新”产生成果1300余项，实现效益3.5亿元。职工（劳模）创新工作室规范建设，23个工作室建成授牌。职工技能竞赛、“安康杯”竞赛、“导师带徒”等深入开展，提升队伍素质，服务安全生产。企业文化建设、精神文明建设、统一战线、机要保密、档案、离退工作、后勤保障等方面，也取得了新进展。

二、其他工作

（一）全面开展六大攻坚。一是开展隐患整治攻坚。强化红线意识和底线思维，深入开展“重大隐患整治攻坚年”活动，紧紧围绕六大关键领域，加强排查治理，整改隐患4.7万条，销项重大隐患68条。完成49.8万米非金属瓦斯管路改造。建成安全质量标准化一级矿井28座。原煤百万吨死亡率0.066。二是开展提质促销攻坚。紧跟市场变化，创新营销，扬价增收，商品煤综合售价同比增长11%，通过新开发用户增加销量902万吨，煤炭货款回收率110%。外采统销614万吨。推进“互联网+营销”，“焦煤在线”交易1133万吨。带头与14家战略用户签订长协，市场影响力得到提升。三是开展降本增效攻坚。推行“阿米巴”管理，深入实施四大工程，对标挖潜降本。坚持“量入为出”，煤炭应收账款比年初下降34%，可控费用同比下降4%。审计项目295项，节约工程造价2亿元。效能监察实现成果2.8亿元。优化了“4+1”绩效考核方案。四是开展结构优化攻坚。积极主动去产能，7座关闭矿井退出落后产能490万吨/年，5356名职工全部转岗安置。固定资产投资124亿元，40项重点工程和32项重大项目顺利推进。非煤产业稳步发展，21.68兆瓦光伏发电项目获得备案，产业扶贫投资完成4.4亿元。金融板块快速发展，组建了资本投资公司和融资担保公司，开展融资租赁业务16亿元。五是开展三改双创攻坚。积极推进国有资本投资公司改组试点工作。深入推进三项制度改革，推行中层以上干部薪酬制度改革，职工总数、在岗人数、中层以上干部职数实现“三个下降”。建立6.3亿元重大技术攻关奖补资金。华晋科研项目荣膺中国工业大奖，西山参与项目荣获国家科技进步二等奖。六是开展和谐稳定攻坚。坚持改善民生，持续推进矿区环境整治改善。建成保障性住房80万平方米7318户，提取支付各类社保基金61亿元。千方百计确保了一线职工工资正常发放。加强了信访稳定和困难帮扶工作。

（二）继续深化八大工程。一是循环经济园区关键项目取得突破。斜沟矿、庞庞塔矿产能置换方案取得批复。古交电厂三期进展顺利，一二期供热改造完成。古交、晋兴水泥项目取得环评、能评批复。临县园区铁路专用线进展顺利。洪洞园区100万吨/年甲醇项目完成环评能评报告编制。二是减亏增效工程深入开展。以焦化、焦炭、盐化3户企业为重点，制定切实可行的扭亏脱困方案，焦化板块减亏增效5.4亿元。三是闲置资源资产盘活取得进展。盘活设备1314台（套）3.5亿元。发挥洗选站台富余能力配洗配售，增销炼焦精煤49万吨。低效无效股权清理迈出步伐。四是富余人员转岗分流安置成效明显。深入实施“六个一批”，搭建专业平台，转岗分流2.85万人。与滴滴出行签订战略合作协议。五是优化融资结构降低金融杠杆。加强筹融资，19.5亿元贷款“短转长”；扩大直接融资规模，创新产品融资66亿元，融资成本降低7%。焦化资产重组取得突破，爱钢登陆新三板。与建设银行签订了全省首单市场化债转股协议。西山、汾西、霍州3户企业债转股历史遗留问题有望彻底解决。六是整合煤矿有序建设。6座整合矿井完成生产能力公告，增加产能750万吨/年。4座矿井组织了竣工验收。3座矿井进入联合试运转。5座矿井关闭退出。七是低成本扩张稳步推进。加强与上下游产业战略合作，一批重大对外合作项目推进顺利。八是文化引领发展能力进一步提高。以宣传贯彻李克强总理指示精神为重点，加强形势任务宣传教育和舆论引导，开展形式多样的职工文化活动，营造了共渡难关氛围。

（杨士元）

附：山西焦煤集团有限责任公司党委书记、副书记、常委名单

书　记：武华太

副书记：邓保平（8月离职）　金智新（8月任职）
李堂锁（8月离职）　王廉敏（5月任职）

常　委：曹晨明（8月离职）　李建胜（8月离职）
王绍进（8月任职）　薛道成（8月离职）
胡文强（8月任职）

大同煤矿集团有限责任公司党委工作概况

党委书记　张有喜

同煤集团的前身是大同矿务局，成立于1949年8月30日。1998年从煤炭部下放到地方，成为省属国有企业。2000年7月，改制为大同煤矿集团有限责任公司。2002年重组了原轩岗矿务局。2005年12月实施债转股后，成为了由7家股东共同出资的国有企业。同煤集团现有二级党委70个，直属党（总）支部26个，党员56514人，子分公司、二级单位170多个，其中包括大同煤业、漳泽电力2个上市公司和1个财务公司，产业分布7省18市。同煤集团是全国亿吨级动力煤大集团之一，煤炭产销量稳居行业前三，是山西省最大的发电企业，煤电深度融合的特大型国有现代化能源集团，2016年世界500强排名第322位。

2016年，同煤集团全面贯彻落实党的十八届五中、六中全会及省第十一次党代会精神，紧紧围绕省委“一个指引，两手硬”的重大思路和要求，在省委、省政府和省国资委的坚强领导下，以“两新”战略为统领，紧扣全年“安全、稳定、创新、改革、发展”工作任务，坚定不移地推进供给侧结构性改革和深化企业改革，奋力实现了“十三五”的良好开局。

一、从严落实“两个责任”，全面加强国企党建工作

同煤集团始终坚持把加强党的建设纳入企业发展战略，充分发挥党建引领优势、管控作用和保障功能，把方向、管大局、保落实，把党的政治优势转化为强大的发展优势。

（一）扎实开展“两学一做”学习教育。按照中央和省委要求，制定了《“两学一做”学习教育实施方案》，“两学一做”学习教育启动会以来，积极开展了“四讲四有”专题讨论，集团公司领导和中层以上领导干部全部参加研讨，在全体党员中开展了“学党章党规、学系列讲话”100题知识测试活动，有效保证学习教育的覆盖面和时效性。成立了10个学习教育督导小组，深入基层单位督导180余次，整理汇总各类共性

问题62个，提出整改意见建议30余条。对于发现的问题，采取支部制定清单、党委具体要求、集团复查验收的形式，逐条进行整改，确保“两学一做”学习教育扎实推进，取得实效。

（二）不断夯实基层组织基础。持续优化各级党组织机构设置，坚持新建项目延伸到哪里，党的组织机构就设在哪里。制定了《集团公司党委关于认真做好各级党组织换届选举工作方案》，编印了《党的基层组织选举工作流程图解》，完成了基层党组织换届选举工作。继续深入开展“干部上讲台、培训到现场”和“党委书记讲党课”活动，各级领导干部授课5000多人次。党员教育管理常抓不懈，在全集团范围内开展了党员档案清查、党费收缴专项检查、党员组织关系集中排查等工作，开展了软弱涣散基层党组织排查工作。

（三）全力推进领导班子和干部队伍建设。严格选拔任用程序，制定出台了《大同煤矿集团有限责任公司中层干部选拔任用工作议事规则》，成立了集团公司“人事酝酿小组”，进一步体现了民主集中制原则。坚持民主、公开、竞争、择优，拓宽选人用人渠道。2016年，积极引入市场机制，面向全国招聘金融投资、煤矿管理方面的高级经营管理人才，不断优化企业管理者队伍结构。出台了《关于开展干部作风考核的实施意见》，明确了3大方面18项考核内容，着力解决各级领导干部不作为、不会为、不能为的问题。

（四）持续抓好宣传思想工作。开展了“讲形势、讲困难、讲任务”形势任务教育活动，做到报纸天天见、电视日日播、网站时时登，使煤炭市场形势家喻户晓、人人皆知，进一步统一了思想、稳定了人心、提振了士气。围绕企业改革、干部作风等当前员工关注的焦点问题，开展了员工思想状况调研，为集团公司决策提供了有力依据。加强网上舆情信息的收集研判，及时准确掌握员工群众思想动态，加强热点、难点问题的正面引导，积极为员工群众答疑释惑，解决问题。

（五）深入开展精神文明建设。持续推动“百里煤海文明大创建”活动和“道德同煤·你我同行”道德建设“六个一”活动，开展了“传承家教家风、弘扬家庭美德”活动。集团公司精神文明建设工作在省属企业宣传统战部长会议上做了经验介绍，省属企业精神文明建设推进会在同煤召开，进一步提升了“道德同煤”品牌的知名度和影响力。17人荣获首届省属国有企业“百名道德模范”及提名奖，2人分别入选“山西好人”和“中国好人”，高新革、刘丽红家庭荣获“第十届全国五好文明家庭”荣誉称号，集团公司再次荣获省级文明标兵单位。

（六）大力加强党风廉政建设。召开了党风廉政建设工作会，制定了集团公司党风廉政建设责任分解意见，明确了班子成员和相关职能部门任务分工，确保了责任落实。与二级单位党组织签订了《党风廉政建设目标责任书》，配齐了纪委书记、纪检员，逐级明确任务，压实责任，不断推动主体责任向基层延伸，进一步形成全链条、闭环式的责任落实体系。制定了《集团公司加强党风廉政建设落实“两个责任”考核办法及考核标准（试行）》，围绕落实“两个责任”和班子成员“一岗双责”，细化量化了考核内容和考核标准。

二、培育“3+2”核心竞争力，助推企业做强做优做大

同煤集团深入贯彻落实供给侧结构性改革的各项部署，培育形成了“3+2”核心竞争力，构建了煤与非煤两脚发力，蹄疾而步稳的良性发展模式。

（一）打造千万吨级安全高产高效矿井集群。充分发挥千万吨矿井的效益支撑作用，建成投产的千万吨矿井产量占集团总产量45%以上，2016年千万吨矿井集群实现利税53亿元。东周窑、马道头、北辛窑、梵王寺4座煤矿产能置换方案，已经获得国家发改委批复，正按规定开展土地使用、资源开采、环境保护、安全生产等手续的办理。

（二）建设深度融合的煤电一体化基地。以建设高参数、大容量、超低排放的坑口电厂为重点，变输煤为输电，把一次能源转变为清洁的二次能源，走出了一条煤电一体化发展的新路。抢抓大同矿区、漳电太原工业新区110KV输变电工程增量配电试点机遇，成功获得国家发改委、能源局批准，入围第一批试点企业，促进了煤电一体化进一步深度融合。塔电二期项目并网发电，漳泽百万项目开工建设，阳高热电、朔州热电快速推进。积极融入“一带一路”，主动“走出去”开展国际产能合作。

（三）建设高科技、高效益、高品位的循环经济园区。按照“集约、绿色、多元、低碳”的要求，加快延伸煤炭产业上下游产业链，实现高碳资源低碳发展、黑色煤炭绿色发展，建成5大产值百亿级的高科技、高效益、高品位循环经济园区。

（四）大力发展金融产业。构建了以财务公司为中心，以上海融资租赁公司、香港融资租赁公司、和晋融资担保公司、大友资本投资公司为主体的金融产业板块，形成以融资、担保、租赁等为一体的资本运作体系，金融产业板块布局基本完成。金融板块2016年实现利润8亿元，不仅使企业生产经营有了稳定的资金支持，而且为项目建设提供了可靠的资金保障，实现了企业资金链条良性循环。

（五）打造现代物流产业。以商贸联动为核心，重点推进“四网一港”通道建设，以股权参股通道，以通道连接市场，全力构建煤电路港航的物流板块格局，形成了大营销、大贸易、大物流的立体式现代物流产业格局。积极开展煤炭期货业务，降低经营风险。实施生产、加工、运输全过程配煤，制定“一对一”装船配煤方案，实现了增收目标。

三、深入践行办企宗旨，关爱员工惠及民生

尽管经济下行，但同煤集团始终以民为本、牢记宗旨，做到了关爱员工力度不减、热度不降，兑现惠民承诺，践行国企责任。

（一）丰富员工生活，提升生活品质。持续深入推进“文体设施设备大转移，文化体育活动大贴近”工作，精心举办了庆祝建党95周年、“中国梦·同煤情”职工文艺汇演等系列文化活动，全年选送73批1800名员工外出疗休养，新建的20个老年活动中心实现社区全覆盖，员工群众精神文化生活日

益丰富。

(二)坚持齐抓共管,彰显群团作用。举办了同煤青年"互联网+"创客行动大会暨青年创业者年会,在恒安新区设立了"大同煤矿百邦众创空间服务中心",搭建集劳务输出服务、家政服务、创业服务于一体的青年创业就业平台,对外输送待业青年1404名,有效缓解了企业的就业压力。

(三)共享发展成果,践行惠民宗旨。连续6年开展了"党政工团大行动,环境治理献爱心"活动,环境面貌焕然一新。完成了11.8万人(次)的健康体检。在恒安新区设立了社保服务大厅,实施了网络系统升级改造工程。持续加大帮扶力度,积极发挥帮扶中心职能,全年帮扶慰问各类困难人员3.6万人(次),发放临时困难补助、大病救助金、助学金、慰问金共计2400万元,让员工群众充分感受到了集团公司的关怀和温暖。

(冯志富)

附:大同煤矿集团有限责任公司党委书记、副书记、常委名单

书　记: 张有喜

副书记: 郭金刚(8月任职)　刘　敬(8月任职)

常　委: 文生元(8月任职)　吴跃平

王　宏(8月离职)　蒋　煜(8月任职)

靳　华　刘文彦(8月任职)　陈旭忠

山西晋城无烟煤矿业集团有限责任公司党委工作概况

党委书记　贺天才

2016年,是晋煤集团发展史上极不寻常的一年。2016年,面对市场极度疲软、资金极度紧张、经营极度困难的严峻考验,晋煤集团各级党组织团结带领广大党员和职工群众,紧紧围绕企业中心工作,认真落实从严管党治党责任,为企业改革创新、逆势突围,实现"十三五"良好开局提供了有力保证。

一、坚持把方向、保落实,党委的政治核心作用得到有效发挥

扎实开展"两学一做"学习教育。晋煤集团各级党组织深入学习贯彻习近平总书记系列重要讲话精神,党的十八届六中全会、省第十一次党代会精神,不折不扣贯彻执行党和国家的路线方针政策和中央、省委的重要决策部署,认真开展党员"六个一"、党员干部"八个一"、手抄党章党规、"四讲四有"专题讨论等活动,进一步增强广大党员干部的"四个意识",特别是核心意识和看齐意识,增强搞好国有企业的信心和责任感,使企业改革发展始终保持正确方向。

深入开展形势任务宣传教育。针对市场形势变化,组织开展基层巡回宣讲,对职工群众关切的热点话题面对面进行解疑释惑,引导广大职工群众深刻认识改革创新、转型升级的必要性和紧迫性,自觉摒弃煤炭黄金十年期形成的惯性思维,树立与经济发展新常态相适应的新理念、新预期,为企业深化改革奠定思想基础。

始终把服务安全生产作为党组织工作的出发点和落脚点。深化安全文化建设,推动安全宣传教育进区队、入班组、到人头,层层选树在安全生产、改革创新、提质增效等方面表现突出的优秀党员,营造浓厚的安全文化氛围。在纪念建党95周年之际,隆重举办"党员先锋、晋煤脊梁"先进事迹报告会,发挥典型引路作用。大力开展"党员示范岗""党员包保责任区"等创建活动,积极动员广大党员向先进模范看齐,在关闭落后产能、加快先进产能建设、调整产品结构、创新工艺技术上当先锋、做表率,全力推动企业发展质量和效益的提升。

积极探索企业党委发挥政治核心作用的有效途径。在坚持和巩固党委参与企业重大决策有效做法的基础上,研究制定晋煤集团《党委会议事规则(试行)》《"三重一大"事项决策实施办法》等重要制度,在融资担保、项目建设、股权投资、选人用人等重大事项上,坚持按制度要求科学决策、民主决策、依法决策,使党委发挥政治核心作用更加制度化和规范化。

二、坚持抓基层、打基础,党组织的凝聚力和战斗力得到有效增强

把企业党组织换届作为加强基层党建工作的重中之重来抓。按照"四同步、四对接"要求,党组织换届工作进行统筹安排与协调推进,配齐配强基层党组织班子和党务骨干力量,尤其是选拔一批年富力强、既懂党建又懂生产经营的复合型干部走上政工岗位,基层党组织换届率达到100%。共配备66名直属党组织书记、58名副书记、65名纪委书记(专职纪检员)、816名专(兼)职支部书记,党建骨干队伍的年龄、学历、知识结构更趋合理,促进基层党组织班子和政工队伍的年轻化、专业化。

加强和规范党内政治生活。企业各级党组织认真贯彻执行《准则》《条例》,严明政治纪律和政治规矩。各级党组织书记带头讲党课,其他班子成员深入所联系单位讲专题党课。两级党委领导班子认真开展"两学一做"专题民主生活会,对照"四个合格"要求,开展严肃认真的批评与自我批评,增强党内政治生活的政治性、时代性、原则性、战斗性。坚持把全面从严治

党要求落实到党员日常管理中，认真开展党员组织关系集中排查和党费收缴工作专项检查，进一步规范“三会一课”、党费收缴等制度，加大对不合格党员的处置力度，推动党内政治生活更加经常、认真、严肃。

坚持党建工作与企业生产经营同部署、同推进、同考核。在晋煤集团“十三五”规划中，对党建工作作出专篇部署。全面开展2016年度党建工作专项述职，组织修订《晋煤集团领导班子和领导干部综合考核评价管理办法》，提高党建工作考核所占权重，把抓党建的成效作为考核评价各单位党组织书记的重要依据。认真落实全国国有企业党的建设工作会议精神，形成紧扣企业实际的党建责任考评体系，使党建工作由“软指标”变为“硬约束”，为从严推进党建责任落实提供制度保障。

三、坚持重培养、严管理，干部队伍素质得到明显提升

突出加强干部教育培养。充分利用“干部上讲台、培训到现场”、晋煤大讲堂、在线党校等载体，开展对习近平总书记系列重要讲话、新发展理念、国企改革、党规党纪等重要内容的专题培训，全面提升企业各级领导干部党性修养和理论素养。加强领导干部实践锻炼，全年对169名处级领导干部进行轮岗交流，激发干事创业热情。高度重视省委省政府组织开展的“万名干部入企服务”活动，组织各级领导干部主动与入驻晋煤集团服务工作组进行对接，进一步提高领导干部的政策理论水平、协调解决问题能力。

严把选人用人政治关、廉洁关。进一步匡正选人用人风气，制定下发《晋煤集团干部选拔任用工作“负面清单”》，明确45个禁止事项，严格执行“五必审、六必查”，对瞒报个人有关事项的拟提拔任用人员直接取消考察资格，暂缓使用。注重后备干部队伍建设，先后选拔一批优秀干部，为基层单位补充部分安全生产和技术管理力量，配强领导班子。

严格干部管理监督。研究制定《晋煤集团受党纪政纪处分或组织处理领导干部管理办法》，进一步健全从严管理、监督干部的制度体系；从严落实干部编制管理，持续开展超职数配备干部专项整治，坚持对科队级干部调整配备进行严格监管；认真开展领导干部经商办企业专项整治，加大对领导干部个人有关事项报告的抽查力度，对存在瞒报、漏报行为的领导干部，下发《函询通知书》，按规定进行严肃处理，推动从严管理监督干部成为常态。

四、坚持强责任、抓整改，政治生态得到明显优化

紧抓主体责任落实这个“牛鼻子”。建立健全领导班子成员落实“一岗双责”台账资料管理制度，修订完善“两个责任”《实施意见》和《责任清单》，开展基层党组织负责人、纪委书记“四述”工作。学习借鉴山西省委、山西省国资委党委开展“两个责任”督查经验，对基层党组织落实“两个责任”情况进行全覆盖检查，将发现的302条问题以及整改建议进行一对一反馈，要求限期整改，以强有力的考核督促各级党组织主动履行“两个责任”。

深入开展巡视整改落实。将山西省委专项巡视反馈的4个方面13条问题5条意见建议梳理细化分解为4个方面35条问题83项整改措施，逐条逐项整改落实，按要求提交整改报告和“回头看”工作自查报告，并将巡视整改情况在媒体进行公开发布。把解决具体问题和构建作风建设长效机制结合起来，开展股权转让、物资采购等7个专项整治活动，新建和修订“三公”经费管理、招投标管理办法等53项制度，制定出台“三重一大”决策事项、损害职工利益等5个负面清单，进一步扎紧制度笼子。

驰而不息正风肃纪。加强对纪委“三转”工作的领导和支持，为晋煤集团本部和基层单位及时补充配齐纪检干部，支持纪检队伍回归“专岗专责”、聚焦“主责主业”提供有力保障。坚持开展典型案例学习、预防职务犯罪宣讲等党风廉政警示教育活动，持续筑牢党员干部拒腐防变思想防线。实践监督执纪“四种形态”，修订完善《党风廉政信息反馈制度》《党风廉政约谈实施细则》等7项制度，用制度推动红脸出汗常态化。坚持零容忍整治“四风”，全年对16起违反中央八项规定精神和违规违纪的典型案件公开曝光，对“两个责任”落实不力的58名党员领导干部给予党纪政纪处分和组织处理，保持正风肃纪的高压态势。

五、坚持重民生、树正气，和谐企业建设得到持续加强

以践行社会主义核心价值观为统领，大力营造崇德向善、见贤思齐的良好风气。各级领导干部带头加强家风家教建设，以实际行动弘扬共产党人的政治本色。开展“图说我们的价值观”“讲文明、树新风”等群众性主题教育活动，11名职工入选省属企业“百名道德模范”，8名职工入选晋城市“百名德孝模范”。组织开展形式多样的群众文艺活动，由职工自编自演的《问月》《生日》《雷雨》等剧目，在职工群众中引起热烈反响，展示晋煤人蓬勃向上的精神风貌。

坚持做好得人心、暖人心、稳人心的工作。在企业经营异常艰难的情况下，各级领导干部顾大局、讲奉献，带头落实“守底线、保一线、做贡献”的工资分配政策，通过狠抓冗员分流、减人提效，千方百计保障职工群众切身利益，确保职工年均收入水平总体平稳；积极维护职工合法权益，五届三次职代会审议通过17项涉及企业重大决策和职工切身利益的议案；改善企业职工家属和周边地区居民的就医条件，建成投用总医院门诊大楼；坚持做好困难职工的帮扶工作，全年共发放慰问救助金1042万元，资助困难职工子女上学185名，帮扶大病类职工家庭149户，使困难职工家属充分感受到晋煤大家庭的关爱和温暖。

扎实开展社会治安风险隐患大排查大整治活动。积极开展重大决策社会稳定风险评估，认真做好重大节假日和敏感时期的安保工作，确保全国、省、市“两会”、G20峰会等重大会

议期间的政治稳定。严格落实信访工作责任制，开展"一交办三治理"活动，全面落实领导包案和"五包"措施，全年接待职工群众来访2180人次，同比下降9%，有效预防重大风险的发生。

晋煤集团各级党组织团结带领广大党员和职工群众，积极应对严峻复杂的市场挑战，推动企业生产经营保持总体平稳，重点领域实现历史性突破。一是经济运行稳中有进。在煤炭、尿素、甲醇、煤层气等主要产品价格比上年分别下降6%、22%、5%和17%的不利形势下，全年完成营业收入1509亿元，上缴税费69.53亿元，实现利润3.20亿元，实现"十三五"的良好开局。二是产业结构持续优化。非煤产业实现营业收入1323亿元，占总收入的比例达到87.7%，晋煤集团"一核四翼"产业布局更为优化。三是提质增效成效凸显。通过突出效率效益导向，狠抓减人提效、降本增效、创新创效，原煤工效比上年提高0.33吨/工，月最高至13.5吨/工，创造历史最好水平；生产成本大幅下降，晋煤集团本部商品煤成本361.8元/吨，比上年降低31.7元/吨，较历史最高点降低235.2元/吨，降幅近40%；尿素生产成本1021元/吨，比上年下降313元/吨，降幅23.46%，较历史最高点降低820元/吨，降幅达44.54%。四是改革创新成果丰硕。煤气化股份重组上市于2016年12月30日圆满完成资产交割，晋煤集团拥有了全国第一家煤层气全产业链上市公司；开展建企以来力度最大、范围最广的人力资源配置重大改革，全年共精减分流结构性冗员1.5万余人，三年来累计精减结构性冗员3万余人，央视《焦点访谈》栏目对晋煤集团推进供给侧结构性改革、抓好员工分流工作进行积极、正面的访谈和报道，在社会各界引起热烈反响；创新创业方兴未艾，2016年获得省部级科技奖励22项，14家二级公司获得国家高新企业认证，双创园区建成运行，为职工群众创新创业搭建起专业服务平台。五是企业形象充分彰显。积极主动参与"2016太原国际能源产业博览会""山西煤炭企业北京路演""百名行长、经理走进晋煤"等大型活动，圆满承办第十六届国际煤层气暨页岩气研讨会，向国内外充分展示晋煤集团改革创新、转型升级的新成果和新风貌；通过精准的方案、高效的组织和快速的行动，成功解救中村煤业"7·2"透水事故8名被困矿工的生命，开创国内外煤矿事故救援的又一成功范例，彰显国企的责任和担当。

（高　鹏）

附：山西晋城无烟煤矿业集团有限责任公司党委书记、常务副书记、副书记、常委名单

书　记：贺天才

常务副书记兼纪委书记：王良彦（9月离职）

副书记：张虎龙

常　委：李鸿双　都新建（12月离职）

王　毅　王茂盛

太原重型机械集团有限公司党委工作概况

党委书记　王创民

2016年，太重集团公司党委以党的十八大和十八届三中、四中、五中、六中全会精神为指导，深入学习贯彻习近平总书记系列重要讲话精神，持续开展"两学一做"学习教育，深入组织全员开展太重核心价值观学习践行考评工作，坚持围绕中心、服务大局，强化"两个责任"，为集团公司持续健康发展提供了坚强的思想保证、政治保证、组织保证、纪律保证、舆论支持、精神动力和人才支撑。

一、围绕强化管党治党，突显三个作用，促进企业健康发展

太重集团3月份召开党建工作会议，提出全年党建工作的总要求是"强化管党治党，突显三个作用"，确定了围绕一条主线，落实两个责任，突出五个重点，具体抓好十方面工作的工作思路措施。通过不断强化管党治党，全面树立"政治意识、大局意识、核心意识、看齐意识"四个意识，认真落实抓从严治党、抓党风廉政建设的主体责任，始终找准工作切入点，不断强化"融入中心大局、服务转型增效"的意识、力度和成效。各级党组织充分发挥政治核心作用，党支部的战斗堡垒作用和全体党员的先锋模范作用也逐渐凸显，不断营造了太重风清气正、人人思进、干事创业的良好风气。

二、扎实推进"两学一做"学习教育，取得了突出成效

一是突出真学实学。各级党组织严格按照"两学一做"周学习计划开展学习讨论，累计发放《习近平总书记系列重要讲话读本》等书籍4000余本；5月举办了党组织书记、党务干事培训班，分两期对公司280余名党务工作人员进行了培训。两级党组织中心组全年累计学习3000余次做实了理论基础。

二是突出解决问题。结合巡视反馈的三类二十五项问题的整改开展"回头看"工作，确保件件有着落，事事有回音，对巡视移交的15个问题线索全部完成了纪律审查和核实回复工作；扎实推进党员组织关系集中排查和党费收缴工作等4项重点任务，查找失联党员175名，其中132名纳入了组织

管理，取消1名预备党员资格，5名因出国出境办理了停止党籍，32名自行脱党除名，2名开除党籍；261个基层党支部全部完成党费自查自改工作。

三是突出典型引领。“七一”前夕，多个党组织和个人受到省委、省国资委表彰；7月1日组织召开了公司党委“两创”表彰大会，对先进党组织和优秀个人进行了表彰，并首次对在基层党建工作中表现突出的党支部书记进行了表彰；11月召开了公司“两学一做”学习教育暨核心价值观建设交流推进会，通过经验交流和表彰14个先进单位及10名先进个人，进一步把全体干部职工的思想和行动统一起来，大力凝聚起太重人应对新常态、实现新发展的强大正能量。

三、加强基层党组织和党员队伍建设，夯实了组织工作基础

一是党组织的组建、换届工作。全年新组建1个党总支、4个党支部，5个直属党委和16个基层党组织完成了换届选举工作；完成集团公司第四次党代会的相关筹备工作。

二是探索党组织书记集中述职的工作机制。召开直属党组织书记述职考评会，由5个直属党组织书记向集团公司党委进行了抓基层党建工作述职，并进行现场测评。

三是做好党员发展工作。举办了积极分子、预备党员培训班，在培训合格的入党积极分子中发展党员71名。

四是做好党员帮扶慰问工作。在春节和“七一”前夕，分别对325名老党员、困难党员、老干部进行走访慰问，发放慰问金25万余元。

四、加强领导班子和干部队伍建设，提升了核心作用

一是规范子公司领导班子的配备。明确了太原重工、太重煤机、太重榆液三大子公司设纪委，并配备专职党委书记和纪委书记。

二是坚持抓好干部教育培训工作。严格按照《2016年度干部教育培训工作计划》开展干部教育培训工作，重点选派25名中层领导干部参加了在天津大学举办的为期22天的中层干部管理能力提升高级研修班；完成第十一期青年后备干部选拔工作，选拔出23名青年后备干部送天津大学进行培训，进一步提升后备干部的素质能力。

三是不断完善干部管理的规章制度。修订完善了《太重集团关于领导干部选拔、任免及管理的若干规定》，制定了《太重集团领导干部职数管理整改实施方案》，进一步规范了集团公司管理的中层领导干部的职数配备、选拔、考核、待遇等管理规定。

四是加强对干部的经常性监督。以核查领导干部个人有关事项报告为基本手段，重点对中层领导干部填写《2016年领导干部个人有关事项报告表》进行核查；全年对调整岗位的12名中层干部进行了重点核实，对22名中层干部进行了抽查核实，对存在漏报问题的7人进行了通报批评；严格按照领导干部谈心谈话工作计划，自上而下广泛开展经常性谈心谈话工作，全年谈话194人次。

五、推进人才队伍管理与建设，发挥了关键作用

一是加强制度建设。制定了《关于加强高层次人才管理考核的实施办法（试行）》，就促进各级党组织强化服务人才意识、营造重视人才氛围、促进人才作用发挥提出了一系列措施，为保障高层次人才作用发挥创造条件。

二是加强高层次人才培养。先后组织推荐了2016年山西省新兴产业领军人才人3名；推荐省学术技术带头人5名，其中4人人选；推荐山西省青年拔尖人才人1名。

三是加强人才工作机制的建立。定期召开人才工作专题会议，研究人才工作规划、制定人才工作计划、探讨人才工作措施、创新人才工作方法，确定了高技能领军人才的评选程序，拟定了经营管理创新人才基层组织推荐、申报材料初审、实地考察、面试答辩、综合评价的评选程序。

六、推进企业文化与核心价值观建设工作，营造了良好生态

持续深入推进太重核心价值观铸魂工程，抓强文化建设、增强文化自信，收获了培育人、强管理、提品质的显著成效。一是强化核心价值观学习教育。编印下发了《文化手册》《太重创业发展故事集》《太重核心价值观读本》，并组织各单位通过多种形式开展学习交流，营造形成了尊崇价值观的浓厚氛围。

二是强化核心价值观践行考评。持续抓好核心价值观每个季度的日常性和全面性考评，逐步建立形成了核心价值观常态化践行考评机制，趟开了企业文化建设与管理相结合的路子，形成了“一个闭环工作流程，全员按月考评和按季度选树典型两个重点，抓分解转化、抓典型选树、抓正面激励三个抓手”的工作机制。

三是营造自觉学习践行核心价值观的浓厚氛围。组织召开了核心价值观建设交流推进会，推出践行太重核心价值观宣讲团人物专题宣传片6期，继续开展了“学习践行太重核心价值观十大典型人物”票选活动，营造形成了全员自觉践行核心价值观的浓厚氛围。

七、强化思想政治和精神文明建设工作，凝聚了企业合力

在建党95周年之际，组织了以“抒发爱党情怀、共筑太重伟业”为主题的征文研讨活动，征集到各单位报送的文章140余篇；不断增强搞好企业思想文化工作的专业性，新聘请17名同志为特约研究员，12名同志为评论员，形成了20余项高质量的课题研究成果；继续组织开展了职工思想状况问卷调查；《太重文化》季刊不断提高办刊质量，为集团公司热爱理论研究的职工提供了重要平台。

制定下发2016年度《精神文明建设方针目标措施》，修订了《文明创建工作管理办法》；完成了省属企业文明单位的申报推荐工作和省属企业“百名道德模范”的推荐评选工作，

集团公司有七位同志成功入选；完成了集团公司文明单位、百佳文明太重人、感动用户售后服务标兵的评选、表彰工作；在前进路和生活区设置核心价值观宣传栏 21 块，加强对核心价值观的宣传力度；更新完善展览馆的版面及设施，全年接待参观人员 1 万余人次。

八、认真抓党风廉政建设，营造了风清气正环境

一是充分履行监督责任。各级党组织层层签订了《党风廉政建设目标责任书》，党组织书记与班子成员分别签订了《履行党风廉政建设"一岗双责"目标责任书》；对集团中层领导干部所在的 61 个党组织落实党风廉政建设"两个责任"和"一岗双责"情况进行了调研检查，对太重煤机、太重榆液、太重滨海三个党委进行了重点检查，检查中运用提醒谈话、诫勉谈话 79 次。

二是强化党风廉政建设宣传教育。围绕"两学一做"学习教育开展党风廉政建设教育宣传月活动；对领导干部和廉政风险点岗位人员开展专题教育，组织学习了《中国共产党廉洁自律准则》《中国共产党纪律处分条例》等内容，观看了《失控的自由人》《贪与悔》等警示教育片。

三是持续推进作风建设。紧盯"年、节、假日"等关键节点和重点时段，通过专题会议强调、明察暗访监督、廉政短信提醒等形式，层层传导压力，推进中央"八项规定"精神落地生根；开展了规范非生产性支出和降低应收账款效能监察工作，有效防止出现违规违纪问题。四是注重"四种形态"运用。全年各级党组织和纪检书记、委员运用提醒谈话 411 次，诫勉谈话 15 次，函询 8 次，通报批评 14 次，党政纪处分 28 人。

（徐永健）

附：太原重型机械集团有限公司党委书记、副书记、常委名单

书　记：王创民

副书记：丁永平

常　委：张志德　王　敏　张克斌　田　兵

晋能集团有限公司党委工作概况

党委书记　王启瑞

2016 年，是实施"十三五"发展战略的开局之年，是集团公司"1255"战略的起步之年。2016 年，集团公司党委切实增强管党治党意识，紧紧围绕从严治党这条主线，全面加强集团公司党的建设各项工作，聚精会神抓研究谋划、抓部署推动、抓督促落实，努力提高党建工作科学化水平，为集团战略落地和改革发展提供坚强的政治保障。

一、坚持全面从严治党，积极构建良好的政治生态

（一）坚持履职尽责，全面落实从严治党责任。严格履行从严治党第一责任人职责，坚持党对国有企业领导这一重大政治原则不动摇。把党建工作摆上重要位置，与中心工作一起谋划、一起部署、一起考核。将建立党的组织、开展党的工作作为集团改革的重要内容，在研究制定《晋能集团改革方案》中，把坚持党的领导、加强党的建设作为方案的重要部分，通盘谋划、统筹安排、同步推进。把党建工作总体要求纳入公司章程，进一步明确了党组织在公司法人治理结构中的职责权限，细化了党组织发挥作用的工作原则和组织程序。同时要求其他党员领导人员严格履行各自职责，共同形成抓党建的合力。

（二）坚持思想建党，全面加强党的思想理论建设。"理论上清醒，政治上才能坚定"。2016 年，集团党委始终坚持把思想理论建设放在首位，注重从思想上建党，坚持政治理论学习不放松，拧紧思想上的总开关，党委常委带头组织和参加学习，带头参加双重组织生活，以上率下，严字当头、实字托底，时刻提醒自己不忘初心、不断前行。

（三）坚持制度管党，从密扎住管党治党制度"笼子"。进一步推进制度建设，建立健全党内各项规章制度，完善集团党建工作体系，强化责任刚性要求，推动各级党组织和党员干部不折不扣按照党内政治生活准则和党的各项规定办事。同时，组织了专项督查活动，重点对 2015 年以来集团下发的各项制度的执行情况进行专项检查、跟踪落实，以严的标准、实的措施，让党规制度真正成为红线、高压线，充分释放其引领和推动作用。

二、加强干部队伍建设，努力打造发展的中坚力量

（一）狠抓领导班子建设。一是加强思想政治建设，坚持党委中心组理论学习制度，在集团公司牢固树立向党中央看齐的政治意识，不折不扣坚守政治纪律和政治规矩，2016年共组织党委中心组学习7次。二是坚持民主集中制原则，严肃党内政治生活，集团领导班子成员经常组织开展交心谈心，严肃认真开展批评与自我批评的组织生活会。三是从内部运行体制和机制上规范班子成员的行为，严格贯彻落实《党委会议事制度》《“三重一大”实施办法》等制度，增强领导干部依法治企，按规则办事的意识。

（二）狠抓干部队伍建设。坚持党管干部，从“选、用、管”全方位推进干部人事制度改革，树立正确的选人用人导向。严肃干部选拔任用的操作规程，实行全程纪实制度，对干部选任工作进行“痕迹管理”。进一步加强和规范了年度述职述廉，严格“一报告两评议”工作。进一步加强了对干部报告个人有关事项的管理，认真开展抽查核实对比工作，严把政策，严肃处理。2016年对2015年度干部报告个人有关事项进行抽查，对查出的存在瞒报漏报情况的31人进行了相关处理。

（三）狠抓人才队伍建设。坚持党管人才，实施人才兴企战略，推进人才资源信息中心建设，建立“三支人才”队伍库，精确掌握人才信息，精准定位人才需求。集团公司有各类经营管理高级人才6614人，专业技术人才11957人，高技能操作人才23884人，高技能人才3520人。扎实推进员工素质提升工程，对集团学习培训资源进行整合优化，构建了三级安全培训体系，建立了“三条线”人才培训和激励机制。全系统仅2016年就组织各类培训3000余期，总计20万人次。

三、加强基层组织建设，切实提供坚强的组织保证

（一）强化组织覆盖。坚持党组织建设与企业改革同步谋划、同步推进。根据组织结构、管理体制和党员人数变化情况，及时调整和设立党组织，消灭基层组织空白点。严格基层组织生活，开展专项集中整顿，重点对党支部“三会一课”、民主评议党员等制度执行情况进行督查和指导，并建立了长效机制，动态掌握情况。

（二）加强队伍建设。一是配齐配好各级党组织书记，确保基层党组织书记不缺位，确保带头人“政治强、本领强、作风强、廉洁强、敢担当”，打造过硬的基层党组织带头人队伍。二是注重培养党务干部队伍，加强党性修养和业务培训，不断提升党务工作者能力素质水平，努力使集团的党务干部都成为党性强、素质好、作风正的业务骨干。2016年，集团系统共有专兼职党务干部300余名，其中集团公司本部有专职党务工作者62名。三是充分发挥党员的先锋模范作用。结合“两学一做”学习教育，着眼于保持党的先进性和纯洁性，努力提高党员队伍教育管理科学化水平，增强集团公司党员队伍的生机和活力。四是高度重视发展党员工作。把发展党员工作摆上重要议事日程，纳入党建责任制，作为党建工作述职、评议、考核和党务公开的重要内容。严格按照发展计划2016年发展党员52名。不断加强入党积极分子培养教育力度，鼓励优秀员工积极向党组织靠拢。截至2016年，国资委直管的集团党组织共有入党申请人477人，经过培养教育，360人被列为入党积极分子。

（三）创新活动载体。广泛开展党内主题实践活动，以“岗、区、队”创建为基础载体，以煤矿、电厂为重点，基层党支部利用主题党日活动时间，广泛开展岗位描述、手指口述、技术比武、党员示范岗、“两学一做安全读书行”等活动，有效增强了基层党组织的感召力。“七一”前夕，围绕纪念建党95周年开展了红色教育、表彰先进等系列活动，引导党员立足岗位建功立业，充分发挥了党组织的战斗堡垒作用和党员先锋模范作用。

（四）扎实开展“两学一做”。2016年5月，集团公司“两学一做”学习教育全面展开，全系统参学单位929个，参学党员18000余人。集团各级党组织措施得力、方法得当，把学习教育不断引向深入。有的开展“送学上门”，有的成立党员技能工作室，有的变单一为多样、变灌输为互动、变封闭为开放，以灵活多样的学习形式使基层组织生活更加丰富多彩。目前，集团公司各级党组织累计开展集中学习7432次，支部书记讲党课累计740人次，参加主题实践活动党员数12000人次。在学习教育中，集团公司党委瞄准问题、从严从实，有序推进了几个专项工作。一是严格落实党员组织关系集中排查工作，对6名失联党员分别作出自行脱党除名处置。二是严格落实党费自查自纠和补缴工作，在时间非常紧、任务非常重的情况下，克服困难，加班加点，按时保质完成了补缴任务。三是严格落实基层党组织换届工作，系统梳理了党委换届工作流程，编制了集团公司党代会工作手册；充分做好换届人选酝酿工作，与省委组织部和省国资委党委沟通酝酿换届人选，集团公司党委拟于年底前完成换届。四是严格落实党代会代表和党员违纪违法处理工作。1人终止省党代会代表资格、全国人大代表资格；1人停止党代会代表资格；5人给予党纪处分或组织处理。五是严格落实精准扶贫工作。按照对口帮扶要求，集团公司各级党委成立了扶贫帮扶工作队，全面推进了定点扶贫、定点帮扶工作。积极开展企业职工党员与贫困户“结对子”活动，帮助制定帮扶措施，协调解决联系贫困村存在的困难问题。已建立扶贫联系点184个，确定扶贫项目37个，深入扶贫点27次。

四、加强党风廉政建设，营造风清气正的发展环境

（一）不断压实“两个责任”。2016年初召开党风廉政建设工作会议，专题研究部署“两个责任”落实工作，签订《党风廉政建设目标责任书》，明确主体责任和监督责任，细化责任清单，把责任明确到人头。年中组织召开半年纪检监察工作会，及时传达学习上级精神，分析工作情况，解读政策法规，安排部署任务。严格落实日常谈话、任前谈话、诫勉谈话制

度，同时开展纪委书记向同级党委班子成员进行廉政提醒工作，加强对同级党委的监督。积极推行党风廉政建设约谈，2016年集中时间针对落实"两个责任"不力、基层矛盾处理不善、违反程序使用干部、不按规定招投标等难点热点问题约谈了20人次，要求被约谈人定期向集团党委和纪委汇报主体责任落实情况，效果比较明显。

(二)持续保持纪律审查高压态势。聚焦查办案件和以案治本，不断加强对集团各级党员干部违纪违法案件的查处。强化问题线索管理，推行上下联动、左右联动、内部联动"三个联动"纪律审查机制，注重依法取证，不断提升集团办案质量。2016年，集团共立案46件，给予重处分13人，轻处分61人，诫勉谈话49人，批评教育46人。通过从重从快坚决查处违纪问题，在系统内形成了反腐高压态势，集团各级廉洁意识和纪律意识显著增强。

(三)深入开展内部巡视和效能监察工作。在探索推行边巡视、边整改、边汇总、边回头的一体式巡视工作机制的同时，特别加强了对巡视中所发现问题的及时整改。2016年以来，有针对性地对反映问题较多的单位进行了专项巡视，发现有关"三重一大"、组织人事、党风廉政建设等方面问题36个。约谈相关负责人并提出33条整改意见，要求限期整改。修订出台了《效能监察实施办法》和《效能监察项目考核和奖惩办法》，采取考核、总结、表彰和曝光几管齐下的方式发挥监察实效，集团多年来效能监察工作偏弱的状况得以改善。

(四)加大反腐倡廉教育力度。利用多种载体，扎实开展"反腐倡廉教育宣传月"活动，开设纪检监察宣传专栏，加强作风建设和警示教育。结合实际开展专题学习，组织各级中层副职以上人员观看警示教育片、上警示教育课、剖析典型案件，使党员干部知"红线"，守"底线"，进一步提高了广大干部拒腐防变能力和廉洁自律意识。通过短信、电话、会议、报纸等不同方式给各二级公司党政领导和纪委书记警示提醒，逐级传达纪律规矩，营造节日廉洁文化氛围，取得了较好效果。

(五)加强对重点领域和关键环节的监督检查。融入中心，突出重点，紧盯人、财、物，采取有效措施，强化煤炭销售、工程建设、对外投资、财务管理等重点领域和关键环节的监督检查。通过听取汇报、翻阅资料、随机走访、查阅账目，明察暗访、受理举报、不定期抽查等方式，重点对34个二级单位和39个集团机关部室进行了跟踪督查，全系统共查出整改问题218个。

五、加强企业文化建设，努力创建和谐企业

(一)围绕塑形抓文化。实施理念培育、行为规范和形象工程建设，塑造晋能企业新形象。加强企业文化融合，同举"晋能"一面大旗，同喊"晋能"一个口号，不断深化各企业之间、各产业之间的文化融合。深入挖掘晋能文化特质，不断丰富和发展"尽你所能、尽我所能、晋能"的企业核心理念，把全员自我价值的实现体现在再塑晋能辉煌的过程中，形成企业文化长久持续的生命力。

(二)围绕改革抓宣传。围绕改革中心任务，紧盯集团战略目标，集团公司党委加强了对新形势、新发展、新要求的宣传报道和舆论引导。一是坚持正面舆论导向，突出基层一线和先进典型的报道。二是办好《晋能》报、《晋能安全》期刊、晋能网和微信新闻，对内凝聚力量，对外树立品牌形象，拓展了全媒体新闻宣传新格局。2016年以来，集团有30余篇报道在国家、省级报刊、网站刊发，其中《山西日报》《山西经济日报》、山西电视台、《科学导报煤炭周刊》、新华网、人民网等做了专题专版报道。一系列报道充分展示了集团广大干部职工在企业困难情况下锐意改革、拼搏奋进、爱岗敬业、默默奉献的精神风貌，展现了集团改革创新、文化引领、砥砺前行的新理念、新举措、新成就，为加快集团改革发展和塑造企业良好形象、增强职工凝聚力提供了强有力的思想保证、精神动力和舆论支持。三是整合集团网络媒体资源，建设集团网站群，统一门户、统一形象、统一管理，提高了使用互联网服务企业发展的能力和安全运维水平。四是加强网络舆情监测，健全完善新闻发言人制度，提高了突发事件新闻应对能力和水平，营造了企业改革发展的良好舆论氛围。五是加强精神文明建设，紧密结合集团改革发展实际，倡导文明新风，创新创建内涵，优化内外环境，党政工团齐抓共管，全员积极参与，深入开展精神文明创建活动，充分发挥文明单位的示范引领作用。目前，集团已创建"全国文明单位"5个、"省级文明单位标兵"28个、"省级文明单位"47个、"省属企业文明单位标兵"52个、"省属企业文明单位"83个。

(三)围绕合力抓工团。充分发挥工会组织联系职工群众的桥梁和纽带作用、企业民主政治建设的重要支柱作用、职工合法权益维护者的作用，推进了基层工会组织建设，基本实现了工会组织全覆盖。召开了一届二次职工代表大会，闭会期间，职工代表参与了对集团领导班子廉政建设和履职尽责的评议活动。集团对职工代表提出的153份提案全部进行了研究和答复，部分提案被采纳。广泛开展了以"五小"竞赛为主要内容的劳动竞赛活动，共征集"五小"项目上千项，节约资金、增加效益6千多万元，在提质增效、提升管理、提高素质上见到实效。职工文化阵地建设进一步加强。2016年，新建、完善"职工书屋"、职工文化体育活动中心8个，"职工书屋"、职工文化体育活动中心总数达到230多个，基本覆盖了各级企业的机关、煤矿、站点等。进一步加强了对共青团工作的领导，根据共青团组织的特点和优势，充分发挥党的助手和后备军作用，共青团工作得到不断发展。

(四)围绕发展抓稳定。高度重视综治维稳工作，严格落实维稳工作责任制，健全了应急管理体制机制，建立"领导信访接待日"制度，重点做好矛盾纠纷排查，畅通职工意愿反映渠道，努力把问题解决在基层，化解在萌芽。2016年共接待上访55批次3266人次，同比下降9%，通过积极有效应对，较好地协调处理了这些上访事件，保证了集团的安全稳定。

（周　凯）

附：晋能集团有限公司党委书记、副书记、常委名单

书　记：王启瑞

副书记：王建设（12月离职）　王廉敏（5月离职）

常　委：李国彪　刘世文　韩振贵

杨培成（5月任职）

山西省黄河万家寨水务集团有限公司党委工作概况

党委书记　樊安顺

2016年，山西省黄河万家寨水务集团有限公司党委认真学习贯彻党的十八大和十八届三中、四中、五中、六中全会精神，深入学习贯彻习近平总书记系列重要讲话，特别是在全国国有企业党的建设工作会议上的重要讲话精神，全面落实省委"一个指引、两手硬"的重大思路和要求，按照省委省政府关于引黄市场化改革的决策部署，紧紧依靠广大干部职工，牢牢把握深化体制改革这条主线，坚定不移推进全面从严治党，全力抓好工程建设、供水运营、市场拓展、投融资等各项工作，全面完成年度工作任务。

一、坚持以学为基，深入开展"两学一做"学习教育

（一）以学习党章党规和习近平总书记系列重要讲话为重点开展学习活动

集团公司党委按照中央和省委要求，成立学习教育协调小组，制定实施方案，全面部署、深入动员、精心组织、层层落实，扎实开展"两学一做"学习教育。发放《习近平总书记重要讲话文章选编》118册、《习近平总书记系列重要讲话读本(2016年版)》300册；党支部累计集中学习392次；支部书记讲党课87人次；召开专题党课报告会1次；开展专项督导2次。一是党委班子带头学。党委中心组集中学习14次，重点学习《条例》《准则》，学习《习近平总书记重要讲话文章选编》，深刻领会讲话的基本精神和党中央治国理政新理念新思想新战略，不断增强"四个自信"。二是专题研讨引深学。党委班子和各支部分别召开"四讲四有"4个专题研讨会，班子成员人人发言，支部党员交流互动，进一步强化忠诚意识、规矩意识、干净意识和担当意识。三是党员干部跟进学。通过组织党员集中学习和自学，深入学习党章党规，学习《习近平总书记系列重要讲话读本(2016年版)》等必读篇目，支部做好学习记录，党员记好读书笔记。四是警示大会廉政学。组织副处以上领导干部观看警示教育片《贪与悔》，切实增强尊崇党章、敬畏党纪、廉洁从政、从严治家的自觉性。五是抓住关键重点学。召开党委中心组专题研讨会，及时传达贯彻党的十八届六中全会和省十一次党代会精神，组织党员认真学习《关于新形势下党内政治生活的若干准则》和《中国共产党党内监督条例》，坚持严肃认真的党内政治生活，坚决维护党中央权威，坚决贯彻省委部署和要求。

（二）以学深悟透为着力点把学习贯彻习近平总书记系列重要讲话精神引向深入

党委中心组召开把学习贯彻习近平总书记系列重要讲话精神引向深入学习交流会，班子成员结合各自分管工作，就如何运用讲话精神指导工作进行讨论交流。各支部通过学习交流会、微党课、知识竞赛等形式开展学习活动，做到进一步融会贯通，进一步学以致用，进一步全面覆盖。

（三）以落实党建重点任务为抓手加强基层党组织建设

开展党员组织关系集中排查工作，核实党员信息602人，给予1名长期失联党员按自行脱党予以除名的组织处置。出台集团公司《党费收缴、使用和管理的实施办法》，开展党费收缴工作专项检查，39个支部的587名党员补交党费99.7万元。

（四）以争做合格党员为目标发挥党支部战斗堡垒作用和党员模范带头作用

生产一线党支部设立"党员先锋岗"，党员签订"两学一做"承诺践诺书，以党员志愿者行动、生产班组建设为载体，开展岗位创先争优、无私奉献社会的"党员先锋行"活动。召开"七一"表彰大会，对11个先进党支部、59名优秀共产党员和38名优秀党务工作者进行了命名表彰，营造学先进、赶先进、争先进的良好氛围。

二、坚持从严治党，深入落实两个责任

集团公司党委修订完善《党委主体责任实施办法》《党风廉政建设报告制度》等多项党风廉政制度；党委书记分别与39名党支部书记签订年度《党风廉政建设目标责任书》，并就落实主体责任进行了集体约谈；其他班子成员分别与分管部门的52名副处级干部进行党风廉政建设谈话，督促落实"一岗双责"；印发《关于落实全面从严治党向基层延伸要求的通知》，层层传导落实"两个责任"的责任与压力。围绕巡视指出的问题，召开各类会议22次，制定整改措施79项，制定和修订制度22项，挽回经济损失1018.57万元。

集团公司纪委深入推进"三转"，就10项党风廉政制度的学习贯彻层层约谈，累计谈话91人；对集团公司4起违纪违法案件进行通报，对转办的公车私用线索进行了立案处理；把握运用"四种形态"，采取约谈、谈话函询、书面提醒、诫勉谈等多种方式，促进了兼职取酬的清理；紧盯"四风"问题，每逢假日节点必发通知必强调，全面开展监督检查，持续不断抓好作风建设。

三、坚持稳中求进，扎实推进改革发展各项工作

（一）积极推进体制改革。年初成立集团公司党委和纪委，组建董事会、经理层和监事会，法人治理结构初步确立；加强内控制度建设，成立专门工作组，修订完善党委议事规则，起草董事会议事规则等10多项核心制度。按照省政府清产核资、审计和资产评估的要求，完成清产核资及审计报告。

（二）着力抓好生产运行。认真贯彻落实楼阳生省长"四个铁"安全生产要求，不断规范和细化安全生产各项工作，成功实现投运以来的首次四机联合运行，各主要生产指标稳定良好，未发生任何安全生产事故。2016年完成供水2.93亿立方米，其中南干线向汾河流域生态补水1.5亿立方米，向太原城市供水0.92亿立方米；北干线供水向大同、朔州供水0.51亿立方米。

（三）有序推进工程建设。清徐原水直供工程完成41.6公里PCCP管道生产，向阳煤太化的供水主管线全部贯通，工程主体具备通水条件，运行准备工作基本就绪。阳曲供水工程，施工单位已进场进行开工准备，部分地段占地手续已经办理并移交施工单位，具备开工条件。左云供水工程，泵站二期扩机工程前期准备工作正在抓紧进行。

（四）努力扩大供水市场。积极开辟新的水务市场，按照以地级市为中心，辐射到县区水务市场的思路，与晋中、阳泉等市县进行接洽，争取提供水务一体化服务。充分发挥"万家寨引黄"品牌效应，为南水北调大宁管理处、山西大水网泵站公司管理处等进行生产运行培训；接受黑龙江鸡西辰能水务有限公司委托，提供规程编制、生产人员培训和代运行服务。

（五）不断拓展投融资渠道。广辟多元化投融资渠道，通过向政策性银行申请专项建设基金和中长期贷款，解决资金短缺问题。清徐、阳曲两个供水工程的国开行专项建设资金已经申请到位；国家发改委已同意左云供水工程和泵站二期扩机工程使用国开行专项建设基金贷款。

（六）继续强化企业经营管理。严格执行经济运行方式，不断优化申同嘴水库水位和机组运行方式，科学安排年度输水计划，努力降低运行成本。狠抓设备检修和技术改造，认真开展水工建筑物隐患排查和整改消缺，设备设施的运行可靠性不断提高。

四、坚持道德引领，提升精神文明创建工作水平

（一）凝聚道德力量。强化社会主义核心价值观教育，利用内部《快报》《引黄工程》报、LED显示屏等宣传媒介，及时向干部群众宣传党的路线方针政策和省委的重大决策部署。利用"引黄工程展厅"，广泛宣传引黄人前仆后继、无私奉献、不畏艰难、敢于担当、造福于民的精神。举办"青春杯"男子篮球赛、"健康杯"乒乓球赛和"黄河杯"中国象棋比赛，组织纪念建党95周年文艺汇演等文体活动，丰富职工精神文化生活。在团员青年中开展"手抄党章、团章·学思践悟"100天和"学雷锋—向孤残儿童献爱心""传递温暖，敬老助困"等志愿服务活动，引领文明新风尚。

（二）加强民主管理。深化党务、政务公开，干部任用、吸收预备党员、表彰先进、爱心捐款等事项一律进行公示，使广大干部职工充分享有知情权、监督权和参与权。倾听职工意见，关心职工生活，保障职工群众的民主权利。开展"情系职工送温暖帮扶"春节慰问活动，组织473名干部进行年度常规体检，321名女职工进行妇科体检。

（三）建设平安单位。按照"一交办三治理"及"社会治安风险隐患大排查大整治"要求，开展矛盾纠纷、劳动关系等隐患排查工作；健全完善规章制度和突发性事件应急预案，完善视频监控系统，实施"天眼工程"；健全消防应急预案，定期维护更新消防设施器材，定期组织疏散逃生、灭火演练。强化应急值班管理，加强反恐应急值班，有效预防暴力恐怖事件；强化汛期安全管理，坚持汛期24小时值班制度，备足防汛物资，确保安全度汛。开展交通安全宣传教育，加强车辆管理，杜绝酒后驾驶、疲劳驾驶等违章行为，全年安全行驶53万公里。

（四）创造舒适环境。开展环境卫生综合整治，定期清理办公区、生活区杂草树叶、灰尘、水渍，实现绿化、美化、净化、亮化、香化。合理布局羽毛球场、篮球场、健身器材，图书室、老干部活动室等设施完备。不断加强小区物业、生活管理，提升服务水平，提升住宅小区品味和档次，为广大干部职工创造了温馨舒适的工作生活环境。

（温　捷）

附：山西省黄河万家寨水务集团有限公司党委书记、副书记、委员名单

书　记： 樊安顺

副书记： 贯伟智　李俊刚（9月任职）

委　员： 兰康杰（9月任职）　呼运平（9月任职）　蔡开东（9月任职）

山西能源交通投资有限公司党委工作概况

党委书记　武　强

一、企业党组织情况

2016年，山西能投公司共有基层党组织393个，其中基层党委30个、总支部26个、支部337个；其中能投公司党委直属基层党委7个、直属党支部7个。现有党员7884名。

二、2016年主要工作成效

2016年，面对山西经济持续下行的困难局面，公司上下认真贯彻省委"一个指引、两手硬"重大思路和要求，振奋精神、主动作为，全面落实"十三五"发展战略，扎实推进稳增长、调结构、抓改革、防风险、促和谐，圆满完成了主要指标任务，各项工作在克服困难中稳步前行，实现了下半年好于上半年的工作目标。表现在：

——企业效益稳定向好。实现营业收入219.83亿元，完成省国资委下达指标170亿元的129.31%；利润总额1.63亿元，完成省国资委下达指标1.5亿元的108.67%；增加值20.84亿元，完成省国资委下达指标17.34亿元的120.18%，实现了下半年好于上半年的工作目标。

——结构调整步伐加快。制定了公司《八大新兴产业三年行动计划及2016年推进方案》，完成转型项目投资20.86亿元，新兴产业占到利润总额的76.56%。优化调整经营结构，着力推动传统产业提档升级，非煤业务利润比重持续提高，较2015年提高了26个百分点。

——发展动能加速集聚。积极提高技术创新能力，玄武岩产品获批实用新型专利12项，山西煤层气公司获得"高新技术企业"认定。新业态新模式不断呈现，山西商品"1+5"平台型在线供应链金融服务模式荣获"电子商务与供应链融合创新奖"。设立了前海融资租赁公司，参股了晋商信用增进公司，金融服务链条得到了延伸拓展。

——集团监管不断强化。健全了内控管理体系，完善了5大类20小类148项管理制度。强化了经营风险、财务风险、法律风险和安全风险防控，依法治企和可持续发展能力积极提升。健全了审计监督、监事会监管体系，完善了民主监督机制，严格实行财务等重大信息公开。

——和谐共享持续改善。综合实力再上新台阶，连续三年入围中国服务业500强，2013-2015年第四任期被省国资委考核为A类企业。企业文化建设展现特色，公司荣获了"2016年度全国企业文化建设典范企业"。积极承担社会责任，推动了太焦、大原等准公益性客专铁路项目建设，加大下乡驻村帮扶力度，完成产业扶贫投资1.53亿元。群众性精神文化活动深入开展，和谐发展水平进一步提升。

三、2016年党建工作

2016年，公司党委认真贯彻中央管党治党各项决策部署，按照省委"一个指引、两手硬"的重大思路和要求，把全面从严治党作为重大政治责任，把提高效益、增强竞争力、实现国有资产保值增值作为公司党委坚持党的领导、加强党的建设的出发点和落脚点，推动公司党建和党风廉政建设工作取得了新进展新成效。

一是坚持融入中心，凸显了党委的核心作用。强化了战略引领，公司党委讨论研究了"十三五"发展规划、《现代物流发展中长期规划(2015-2020)》及《"十三五"科技创新发展规划》，明确了以后的发展方向、具体路径和支撑项目。公司深化企业改革领导组深入贯彻中央和省委深化改革系列文件，提出了全面深化改革发展"1361"思路。召开了公司经济形势分析暨创新发展、提质增效推进大会，贯彻落实新一届省委治晋理政新思路新方略，促进了全年各项任务指标的圆满完成，实现了下半年好于上半年目标。

二是强化学习教育，夯实了从严治党思想根基。突出了理论学习，坚持召开了22次党委中心组学习会议，举办全系统十八届六中全会、省十一次党代会宣讲报告会，开展了4期中层以上干部培训，进一步增强了党员干部"四个意识"。加强党性教育，开展了"两级班子讲党课"，实施了"党员先锋行"活动。开办了党建QQ群、党建微平台等，广泛宣贯党建和发展新理念，凝聚了从严管党治党的思想共识。

三是严格干部管理，推进了干部队伍建设。严格规范选人用人程序，修订了《公司干部选拔任用规定》，出台了《干部人事酝酿小组议事规则》。加强干部日常监督管理，出台《领导干部任职与公务回避暂行规定》，开展了企业管理人员兼职专项清理和任职回避清查。建立了谈心谈话制度，全年全系统累计开展集体约谈213人次、谈心谈话83人次、任前廉政谈话314人次。抽查核实189名干部个人申报事项，对发现问题的47名党员干部给予了批评教育或诫勉谈话。按照20个字"好干部"标准，选拔了33名干部充实到总部部室和子公司领导岗位。加大双向交流力度，选派总部8名优秀年轻干部到三级子公司挂职锻炼。

四是抓基础强机制，激发了党建工作活力。严格执行《准则》《条例》，领导班子带头落实"三会一课"制度，公司班子成员带头讲党课10余次，指导各子公司党组织认真开好年度民主生活会。坚持民主集中制，修订完善党委会议事规则，严格落实"三重一大"决策制度。扎实推进党建7项重点任务，对标国家开发投资公司，细化各类工作流程38项，健全完善了5大类148项内控制度。建立了党建工作定期研究、定期报告、定期督查、定期考核机制，推行了党建工作台账式管理，健全了党建目标责任考核制度。创新党建工作载体，选树了汽运集团“特色党支部”建设、能源产业集团“135”党建工作法、经建投集团“学思践悟”廉政教育等一批先进典型，不断绽放基层党建活力。

五是驰而不息反“四风”，巩固了作风建设成果。公司党委纪委坚持把违反中央八项规定精神作为监督执纪重点，针对“四风”隐形变异问题，紧盯重要节点，开展了公款吃喝、公款旅游和私设“小金库”等专项整治，查处4起违反中央八项规定问题。修订了《企业负责人履职待遇、业务支出管理》，规范领导人员履职待遇、公务用车、办公用房、业务支出等标准和审批流程。总部机关推行“首办负责制”“限时办结制”和“13710”工作制度，推进了“六型”机关建设，促进了工作效能的积极提高。

六是强化责任落实，保持了反腐倡廉高压态势。严格落实了4个方面76项整改措施，按时完成了巡视整改任务。建立责任清单制度，细化了50项主体责任清单和45项监督责任清单。健全廉洁风险防控机制，出台了《加强廉洁从业风险防控体系建设的意见》。公司党委书记与班子成员签订了“一岗双责”责任书，明确了党风廉政建设工作职责。开展了“两个责任”述责会议及落实情况专项督查，对7名落实“两个责任”不力的干部给予党纪政纪处分。强化纪检监察干部队伍建设，出台《纪检监察干部监督管理办法》，修订《关于进一步加强纪检监察工作的实施意见》。实践运用“四种形态”，加大案件查办力度，开展问题线索“大起底”，对51名干部分别给予党纪政纪处分或组织处理。

七是实施文化强企，促进了和谐共享发展。开展“点赞最美能投人”选树活动，举办了职工文艺汇演、职工篮球赛、五小竞赛等文化建设活动，不断聚集企业改革发展正能量。全系统有31个集体14名个人荣获省级表彰，创建了精神文明单位25个，公司总部荣获“2016年度全国企业文化建设典范企业”，连续三年入围中国服务业500强，2013—2015年第四任期被省国资委考核为A类企业，公司综合实力迈上新台阶。扎实开展产业扶贫、对口扶贫，筹集60万元资金走访慰问困难党员、困难职工，维护了和谐稳定大局。

（周海波）

附：山西能源交通投资有限公司党委书记、副书记、委员名单

书　记： 武　强

副书记： 刘　波　张广明

委　员： 于喜东　梁润德　荣建民　邢海洋　潘来喜　赵敏崎（9月离职）　薛　烨（女）　赵石岗　谷建春

山西省农村信用社联合社党委工作概况

党委书记　崔联会

山西省农村信用社是由省委、省政府直接领导和管理的地方性金融机构，也是全省发展历史最久、机构员工最多、业务规模最大、覆盖范围最广、支农力度最强、金融服务最方便快捷的农村金融机构。

2016年，全省各级农信社在省委、省政府的坚强领导下，紧紧围绕“一个主题”“五个全面”战略部署，扎实推进实施“十项工程”，各项工作稳中有进、稳中有为。

一、全面加强系统党建工作，认真落实“两个责任”

一是加强党委班子建设，提升科学决策能力，发挥好引领改革发展的“火车头”作用。始终将加强省联社党委班子建设，放在突出位置来抓，充分发挥省联社党委班子在抓党建、带业务、促发展上的引领作用。一方面，狠抓政治理论学习。借助“两学一做”学习教育，深入学习贯彻党的十八届六中全会精神，习近平总书记系列重要讲话精神和治国理政新理念新思想新战略，认真落实省第十一次党代会的安排部署，贯彻执行党的路线、方针、政策和最新理论创新成果，提高理论指导实践能力，促进各项工作又好又快发展。一年来，持续引深“学习型机关、服务型机关”建设，借助省联社“农信大讲堂”这一载体，全年共组织省联社党委中心组学习17次，中心组成员作报告30余次、讲党课10余场。学习内容不仅包括习近平总书记系列重要讲话、十八届六中全会精神、党委会的工作方法、省第十一次党代会精神、互联网金融与转型、未来银行发展趋势、当前投融资领域的热点问题及投融资体系分析等内容，在加强理论学习中坚定了理想信念、提高了政治素养、提升了思想境界。另一方面，坚持民主集中制原则。正确处理党委会、社员大会、理事会、经营管理层“三会一层”的关系，严格遵守各项议事规则，确保班子成员各司其职、各负其责、团结协作，相互尊重、相互支持、相互配合、相互信任，做到了不缺位、不越位，不集权、不越权。2016年，先后组织召开社员大会1次、党委会24次、理事会4次、各类专门会议30余次，对事关系统性、全局性、战略性的改革发展、转型提质、人事任免、风险防控、党风廉政建设等重大问题进行研究、决策、部署，并结合全省农信社改革发展实际，提出了具体的工作思路和工作措施。

二是认真履行好党委主体责任和纪委监督责任。一方面，强化党委主体责任。2016年，系统上下层层签订了《党建目标责任书》和《党风廉政建设目标责任书》。在历次召开的工作会议上，省联社党委反复强调要认真履行好党委（党组）主体责任和纪委监督责任，坚持“一岗双责”，做到两手抓、两手硬。另一方面，强化纪委监督责任。年初召开纪检工作专题会议，聚焦系统内党风廉政建设和反腐败中心工作，履行好各级纪委及纪检监察部门的监督、执纪、问责等职责，在全系统着力形成不敢腐、不能腐、不想腐的长效机制。

二、全面推进体制机制改革，加快建设“现代金融企业集群”

认真落实省委、省政府金融振兴推进会精神，以及《关于促进山西金融振兴的意见》，按照《山西省农村信用社改制化险、达标升级实施方案》，坚持挂牌开业一批、审核申报一批、适时启动一批的“三个一批”原则，确定了2016年度县级机构改制化险、达标升级的“一改两升”工作目标。截止2016年末，已有48家机构改制成功，占到全省县级机构的44%。改制后的农商行存贷款总额分别占到全省县级行社的56.35%、58.33%，股本金占全省县级行社的83.19%，经营利润占全省县级行社的73.29%，已成为山西农信迈向现代金融企业集群的“领头雁”。特别是省委、省政府高度关注的高平联社改制这一“难问题”，已成功挂牌开业；太原城区联社改制这一“大问题”，借助多方力量，采取多种措施，积极推进，确保实效。

在化解高风险社方面，采取“抓标杆社、抓高风险社、带中间社；大带小、好帮差、强扶弱”的工作措施，按照政府主导、监管引领、自身努力、行管支持、多方参与的“五位一体”工作模式，实施“高风险行社资金扶持计划”，全年安排专项扶持资金77.5亿元，帮助21家高风险行社加快改制化险步伐。

三、全面引深“转型提质”，取得了改革发展的新成效

一是各项业务稳中有进。截至2016年底，全省农信社资产总额、存贷款余额、农业贷款总额、小微企业贷款余额、上缴税收均稳居全省金融机构之首。其中：资产总额9872.47亿元，较年初净增1181.84亿元；各项存款余额6330.28亿元，较年初净增680.04亿元；各项贷款余额3727.16亿元，较年初净增106.25亿元。涉农贷款一直占全部贷款的80%以上，余额达3224.23亿元。实现各项收入509.56亿元，同比增收19.81亿元；实现经营利润141.51亿元，同比增加3.02亿元。股本金余额375.79亿元，较年初净增63.77亿元，增幅为20.44%。上缴地方税金38.91亿元，为全省金融机构最多。各项监管指标总体平稳，系统风险可控。

二是管理水平持续提升。建立“小法人、大系统”“小银行、大平台”的管理体制，充分发挥好省联社的“服务、指导、协调、管理”行业职能，通过优化整合资源，打造“金融政策的传导平台，业务发展的指导平台，风险控制的依托平台，员工全面发展的提升平台，科技信息的支撑平台，资金营运的发展平台”，集中力量办好基层社办不了、办不成、办不好的事。进一步健全完善精细化的权力清单和管理流程，厘清省、市、县三级机构的管理职能、职责边界和职权范围，健全完善“四会一层”运行机制，健全完善权力清单及管理流程，不断提升精细化、规范化、流程化、差异化管理水平。不断提升信贷、财务管理水平，提升整体管理水平、降低违规操作和经营风险、提高盈利水平和经营效益。全年发起和参与组建债委会77户，减少超比例贷款22户。推动规范财会管理，稳步推进“营改增”工作。逐步完善柜面业务，实施了2万余名柜面人员等级评定工作。建立健全行业制度，全年共审核规范性文件61项、订立48项、修订2项、废止2项，现行有效的为386项，进一步形成了覆盖各项业务的行业管理制度。

三是创新能力不断增强。加快电子银行发展，与百度（百付宝）等3家快捷支付公司合作，推出企业网银批量转账、手机银行充值缴费、微信银行理财查询等6项功能，上线了反钓鱼监测产品，启动了银联云闪付、跨境电商平台合作等工作，试点开展利农商城惠农平台；加快业务创新步伐，发行同业存单机构达到23家，完成银行卡国密项目，拓展了社保卡、居民健康卡、校园卡、自行车一卡通等IC卡应用，新开发“便宜贷”“光伏贷”、脱贫贷、出租贷、林权抵押等贷款业务；启动国际业务代理、大额存单、芯片存折（存单）等项目建设。提升科技支撑能力，建成了“一主三备”的灾备体系，理顺科技服务流程，开展科技服务需求对接，为基层提供了有力的科技支撑。

四、全面提升服务水平，充分发挥支持经济社会发展金融主力军作用

全省农信社立足自身定位，牢记服务“三农”根本宗旨，坚持“深耕三农，细作小微，精准扶贫，倾力重点”的原则，全力支持地方经济发展，充分发挥地方金融主力军作用。

一是坚持“深耕三农”。截至2016年底，涉农贷款余额达到3224.23亿元，占到各项贷款的86.5%，较年初净增144.42亿元，农户贷款余额达到1150.11亿元。农信社坚持以“信用工程”创建为载体，评定信用户268万户，创建信用村6790个。在此基础上，采取“一次核定、随用随贷、余额控制、周转使用”的方式，投放农户小额信用贷款173.76亿元。同时，推出了土地收益权抵押贷款、林权抵押贷款、农机具购置贷款、设施农业抵押贷款等新业务品种。扶持了支持了1186户农业龙头企业、1692户农民合作社、1759户专业大户、90户家庭农场等新型农业经营主体。全省各机构均开办福农卡，27家机构开办林权抵押贷款，9家机构试点土地承包经营权抵押贷款。

二是坚持“细作小微”。截止2016年底，小微贷款余额达

到 2120.89 亿元，占全部贷款的 56.9%，较年初净增 153.84 亿元；小微贷款增速达到 7.82%，高于各项贷款增速 4.89 个百分点，高于大中型企业贷款增速 7.28 个百分点；申贷获得率 99.71%，高于上年同期 0.4 个百分点。农信社全面布局专营机构，按照单列信贷计划、单独配置人力资源和财务资源、单独评审、单独会计核算的“四单原则”，加大小微企业支持力度。截止 2016 年底，在全省设立各类小微企业专营机构 179 个，发放的小微企业贷款余额达 767.84 亿元，占到全辖小微企业贷款总额的 36.20%。对于符合风控条件、诚信良好的客户，给予“贷款到期后无需偿还本金办理续贷手续”的便利，而且主动降低利率水平，帮助客户渡过经营难关。

三是坚持“精准扶贫”。认真落实楼省长在山西农信助力精准脱贫工作推进会上提出的“全省农信社要当好金融助力脱贫攻坚的主力军、排头兵”的重要指示精神，扎实做好精准扶贫工作。共发放精准扶贫贷款余额达 114.98 亿元，其中，面向建档立卡贫困人口发放贷款余额 28.72 亿元，支持户数达 4.49 万户；5 万元以下免抵押、免担保贷款 9.82 亿元，支持户数 3.26 万户；发放产业扶贫贷款 49.72 亿元，带动建档立卡贫困人口达 5.93 万人。工作中，农信社构建了“七专”(即：制定专项规划，打造专业队伍，单列专项规模，开发专门产品，提供专优利率，建立专门档案，实施专项考核)扶贫工作机制。

四是坚持“倾力重点”。根据省政府下发的全省重点工程项目，积极支持转型综改试验区、循环经济园区和生态工业园区建设。将信贷资源优先向有政策支持、有产业优势、信用良好的企业(项目)倾斜配置。先后支持省属煤炭企业、金控集团、交通厅等发债达 239.58 亿元；支持省属七大煤业集团投放贷款 66.83 亿元；支持省政府重点工程项目 41 个，投放贷款 21.49 亿元；支持五台山风景名胜区改造提升工程、太化园区搬迁改造项目等山西省转型综改标杆项目 4 个，投放贷款 23.5 亿元。

五、全面防控案件和各类风险，坚守住了不发生系统性、区域性风险的底线

要求全省各级农信社始终牢记案件防控第一责任，树立全面、全员、全程防控风险理念，采取动态、差别、立体式防控风险办法，坚持人防与机防、内防与外防、全面防与重点防相结合，充分发挥各级、各条线、各部门的职能作用，有效防控信用风险、市场风险、流动性风险、道德风险、科技风险、声誉风险等；有效借助政府、社会、司法等多方面力量，建立起了上下联动、纵横交错、内外互动的风险防控体系；进一步加大稽核、安保检查及业务条线检查力度，加大对查出问题、监管意见的督导整改力度，加大对直接和间接责任人的处罚和处理力度，有效解决了屡查屡犯、查而不改、重查轻处等问题；积极开展廉政文化建设，加大案件查办力度，做好信访维稳工作，最大限度地发现风险苗头、堵塞隐患漏洞、防范案件发生，确保全系统坚决守住了不发生案件和大的风险的底线。

牢固树立“大风险”管控理念，把防控信用风险作为重中之重来抓。抢抓全省开展集中清收公职人员、农村党员干部逾期拖欠农信社不良贷款工作的有利契机，持续开展集中清收内部人员及其家属逾期拖欠农村信用社不良贷款、借冒名贷款排查整改等工作。借助我省华融晋商资产公司这一平台，加大不良资产的清收、处置和盘活力度，持续保持了不良贷款余额、占比“双降”目标。

同时，通过广泛发动各级政府、监管部门、社会各界、员工家属等多种力量，有效借助舆论、媒体、公众等多种载体，形成上下联动、人人参与、共同防范的“防火墙”和“监督网”；从制度、流程、科技、监督、惩处等方面入手，形成多层次、全方位、立体式的风险防控机制；加大重点业务、重点岗位、重点人员风险核查、问责力度，坚持抓早、抓小、抓苗头，全方位防控信用、操作、市场、流动性、合规、科技、声誉等风险，确保系统上下安全稳定。

(雷鹏锋)

附：山西省农村信用社联合社党委书记、副书记、委员名单

书　记：崔联会

副书记：王再升

委　员：邢亮喜　高之岩　王忠泽　李鸿飞　聂宏伟(5 月任职)

中央部属单位党组（委）工作概况

省气象局党组工作概况

党组书记　柯怡明

2016年，在省委、省政府和中国气象局的正确领导下，全省气象部门认真学习贯彻党的十八大和十八届中央历次全会精神，扎实开展“两学一做”学习教育，坚持“重基础、强服务，转作风、善管理，增能效、求发展”的工作思路，认真规划“十三五”气象发展，扎实推进各项工作，圆满完成了各项任务。

一、气象事业得到长足发展，为地方经济社会发展做出突出贡献

2016年，全省气象部门认真做好各项气象服务工作，不断推进防灾减灾体系建设，全面推进气象现代化，深化气象改革，推进气象法治建设，加强科技创新和人才工作，加强气象部门党的建设，各项工作有声有色。

（一）气象防灾减灾和气象服务工作成效显著

气象防灾减灾服务成绩突出。2016年我省气候异常，出现20余次重大灾害性天气，省局启动气象灾害应急响应9次，发布预警信号14000余次，报送决策服务材料709期，省领导批示39次。积极参加G20杭州峰会气象保障服务，全力做好晋城沁水煤矿透水事故、11.21京昆高速平阳段重大事故的应急救援气象服务，圆满完成8.12朔州高铁开工仪式等重大活动气象保障，得到各级领导及社会各界的充分肯定。

气象防灾减灾体系不断完善。省政府办公厅修订印发《山西省气象灾害应急预案》。省局建立了气象灾害预警信息实时通报制度，与交通、国土、水利、农业、林业、环保等20多个部门签署合作协议。突发事件预警信息发布系统与国土、林业、环保、农业、地震等9个部门实现信息对接。由气象部门牵头，安监、国土、水利、交通、煤炭、地震、测绘等部门参与的预警信息“一张图”建设第一期建设任务圆满完成。太原、阳泉作为试点，将防灾减灾气象服务融入智慧城市建设。

专业气象服务不断加强。加强军地合作，为太原卫星发射中心提供军事航天气象服务保障。与省旅游局合作建设山西省山岳型景区旅游气象服务系统，省市县三级气象、旅游部门联合推进旅游文化产业发展。与省高管局签订了交通气象服务合作协议，与地方海事局共同开发山西省地方海事局服务系统，与太原铁路局共同开发铁路气象服务系统，交通气象服务领域不断拓展延伸。为国电山西分公司提供全网输电线精细化数值预报产品，能源气象保障服务能力得到提升。

气象为农服务积极推进。太原、大同、运城农业气象试验站建设纳入《山西省加快转变农业发展方式实施意见》重点任务。全省40余个县开展玉米和冬小麦政策性农业保险气象服务。各地气象部门与农业部门联合开展特色农业气象服务。有36个县继续承担中央财政“三农”气象服务专项建设任务，气象为农服务“两个体系”得到有效落实。

人工影响天气成绩突出。省人工影响天气领导组办公室与各市政府签订人影安全责任书，将人影安全工作纳入各市安全生产总体部署。2016年，全省共组织飞机人工增雨作业139架次，开展地面增雨作业186次，增雨总量超过30亿立方米。开展地面人工防雹作业255次，防雹保护面积2万平方公里。

（二）气象现代化建设全面推进

认真做好规划落实工作。《山西省“十三五”气象发展规划》经山西省人民政府同意，正式印发；气象内容写入《山西省国民经济和社会发展第十三个五年规划纲要》。积极推动《山西省“十三五”气象发展规划》确定的六项重点工程落实，

生态文明建设人工影响天气保障工程和现代农业气象服务工程正在争取立项。

预测预报预警业务水平不断提高。推进精细化格点预报业务建设，强化灾害性天气短时临近实时监测、预报预警和天气联防工作。2016 年，全省暴雨 24 小时预报准确率为 25.6%，暴雨预警时间提前量较 2015 年提高 30.2 分钟。

综合观测和信息系统得到加强。109 个国家站均实现了双套自动站运行，完成了新旧站业务切换工作。提升农业气象、环境气象、旅游气象观测能力，新建农田(温室)小气候观测站 28 个，大气电场监测站 10 个。五寨、太原新一代天气雷达建设进展顺利。CIMISS 系统投入业务运行，统一了省内数据环境，建立了虚拟化资源池，业务流程得到优化，气象信息传输能力得到提升。加快推进气象信息资源集约整合建设，省级信息网络资源整合取得明显进展。

应对气候变化工作扎实开展。积极做好应对气候变化和气候资源开发利用决策服务，向省委省政府提交了《山西省气候变化监测公报》《山西省空中云水资源分析评估及人工影响天气工作报告》等决策材料。与住建部门联合开展暴雨强度公式编制和城市内涝风险预警信息发布工作，成果应用于《排水防涝设施建设规划》。积极推进温室气体监测评估中心建设。

(三)气象改革不断深化

气象行政审批制度改革扎实推进。按照省政府统一部署，省级气象行政审批事项全部进驻省审批政务大厅，气象行政审批及时办结率 100%。清理规范了省、市、县三级防雷行政审批中介服务、施放气球、人影作业资格认定等事项。

气象服务体制改革稳步推进。稳步推进防雷减灾体制改革，省市两级均成立了气象灾害防御技术中心，理顺了防雷检测运行机制。强化防雷安全监管，制定了《山西省气象局随机抽查规范事中事后监管办法》，完成防雷安全重点单位名录库、执法人员名录库和施放气球重点企业(单位)名录库建设，开展防雷事中事后监管。与住建部门联合发文完成了建设工程防雷许可职责的划分及工作的交接。

气象业务科技体制改革不断深化。我省作为全国 2 个试点省之一，落实全国气象部门科技创新大会精神，深入推进省气象科研所改革。加强科研项目过程化管理，建立科技成果转化机制。制定业务准入办法，推进科研成果业务转化，年内 7 个业务系统通过业务准入。

(四)气象法治和规范化建设继续强化

气象法制和标准化建设深入开展。积极推进气象立法工作，《山西省气象设施和探测环境保护办法》列入省政府 2017 年立法计划。省局建立了法律顾问制度，专业律师团队常年为省局提供经常性法律咨询服务。加强气象标准化建设，气象标准化纳入全省标准化发展规划。国家级“山西省人工影响天气防灾减灾公共服务标准化试点”建设顺利通过中期评估。积极主动申报承担行业、地方标准制订任务。

气象内部规范化管理水平进一步提高。强化部门安全生产和维稳工作。开展“安全生产月”活动 2 次。安全生产大检查 6 次，安全生产责任制得到严格落实。开展省局内部控制体系建设，规范各项行政管理工作运行。开展超职数配备领导干部规范工作，从严规范管理领导职数。推动组建山西省防雷减灾办公室。

(五)科技创新和人才队伍建设得到加强

创新驱动和科技引领作用不断显现。召开全省气象部门科技创新大会，明确科技人才队伍建设思路和气象科技创新体系建设思路。组建了山西省人工影响天气防灾减灾标准体系建设创新团队。建立了山西省气象科技咨询专家库。获批国家自然科学基金项目 1 项，省科技厅项目 5 项，参与项目获省部级一等奖 1 项、二等奖 1 项，核心期刊发表论文 44 篇，获批专利 2 项，软件著作权 5 项。

干部人才队伍建设进一步加强。聚焦“选干部配班子”，年内交流提任处级干部 42 人。选派 19 名干部挂职锻炼和交流。制定印发《山西省气象局首席专家选拔考核办法（试行）》，评选“首批省局首席专家”5 人。招聘本科以上毕业生 38 名，大气科学类专业和硕士研究生比例不断提高。选派 54 名业务人员进行全方位、多形式的技术交流、访问进修、实习锻炼、对口支援等工作。

二、突出重点、创新方法、注重实效，气象部门党的建设全面加强

(一)进一步加强党的思想建设

从严从实抓好“两学一做”学习教育。制定并下发《山西省气象部门开展“两学一做”学习教育工作方案》和《计划表》，成立了“两学一做”学习教育协调小组，在气象部门内网开设“两学一做”学习教育专栏，供全省气象部门各级党组织学习交流。党组中心组共召开了 12 次党组中心组学习会议，在学习教育上做表率。全面学习中央、省委“两学一做”文件、领导讲话《学习方案》等内容。先后召开“讲政治、有信念”“讲规矩、有纪律”“讲道德、有品行”“讲奉献、有作为”四个专题学习讨论。组织召开了全省气象部门专题党课视频会议、“学习系列讲话、解决若干突出问题”专题研讨交流会，并通过开展读书月、“两优一先”推选及表彰、党章党规知识竞赛等活动，不断引深学习教育。为各支部发放习近平总书记系列讲话书籍、党组织工作丛书、《胡锦涛文选》1 至 3 卷等学习用书；为所有党员发放《中国共产党章程》《中国共产党廉洁自律准则》《中国共产党纪律处分条例》《关于新形势下党内政治生活的若干准则》《中国共产党党内监督条例》等学习资料，专门定制了山西省气象局“两学一做”学习教育记录本，用以学习党章党规、系列讲话，记录学习心得，展示学习教育成果。印发了《山西省气象局党组关于认真学习贯彻十八届六中全会精神的通知》，制定了学习十八届六中全会精神实施方案，发放了十八届六中全会辅导学习用书。

抓好党支部学习和党员干部的教育培训。加强处级以上党员干部教育培训，2016 年，先后两次举办党支部书记培训班和学《党章》，学系列讲话，学《准则》《条例》培训班。积极组织参加省直机关党校组织的支部书记、处级干部、青年干部

及入党积极分子培训。积极做好党支部书记选配、考核和教育培训，所属各党支部书记均由党员领导负责人担任，出现人事调动等情况，及时改选保证支部工作的连续性。局领导作为普通党员积极参加所属党支部的学习教育活动，每年组织支部书记述职考核评议，纪检部门定期对支部书记进行约谈。

结合重大时间节点，开展主题教育活动。结合纪念中国共产党成立95周年、红军长征胜利80周年，深化革命传统和爱国主义教育，开展了"七一"困难党员慰问、"八一"观看红色教育影片并慰问退伍老战士、纪念建党95周年表彰大会、纪念红军长征胜利80周年诗词演唱会，组织机关党员赴革命老区开展革命传统教育等。举办了11期文化讲堂，举办了全省气象部门"践行核心价值观、同心共筑中国梦"演讲比赛，和省总工会联合开展了全省气象部门业务技能比赛等活动。

（二）进一步加强党的组织建设

积极推进省局党组党建工作领导小组工作。落实党组党建工作领导小组办公室职责，对全省气象部门党支部规范化建设、党员干部学习教育内容、党员活动开展进行指导。目前，全省气象部门有党组的单位均成立了党组党建工作领导小组。把党建工作纳入对各单位领导干部和领导班子的考核内容，纳入汛前检查、汛期服务检查内容，纳入了"两优一先"党员评议内容。

完善记录留痕工作。整理完善了党建工作档案，建立健全了省局机关党委关于党建制度、党费收缴管理使用、党员组织关系接转、党组织换届、发展党员、党员教育培训、党员民主评议、落实"两个责任"、党建督查检查、党委会议纪要等方面的档案以及基层党建重点任务落实情况、道德模范评选、"两优一先"评选等专项档案。完善支部记录本登记，落实"三会一课"、组织生活会、党员民主评议和党员干部双重组织生活会等制度，强化支部工作留痕管理。

开展党员组织关系集中排查，进一步规范党组织关系接转手续。3月至7月底，按照年初省直工委关于做好党员组织关系集中排查的相关通知要求，省气象局机关党委集中开展了党员组织关系排查工作，制定并下发党员组织关系排查统计表，并在规定时间将排查结果上报了省直工委。通过此次排查，完善了党员信息表、异地党员登记表，规范了党组织关系接转手续，目前省局接转的所有党员介绍信手续齐全，不存在失联党员。

开展党费收缴专项检查，规范党费收缴标准。下发通知并制定《党费收缴自查自纠表》要求局属各党支部对2008年4月以来党费收缴进行自查，经过认真审核党费补缴数额，积极开展补缴工作，目前补缴工作已全部完成。同时，及时规范了党费收缴标准，保证党费随工资变动随时调整。

建立健全党建规章制度。2016年，出台了《中共山西省气象局直属机关党委工作规则（试行）》《山西省气象局直属机关党建工作目标责任考核实施细则》《山西省气象局党建工作责任制的规定》《关于加强党费缴纳工作的通知》等文件，进一步明确了党建责任，细化了党建考核，规范了党费收缴使用。出台了《山西省气象局直属机关党委关于开展党员干部学习教育"灯下黑"问题专项整治工作方案》，对党员干部学习教育"灯下黑"问题整改提出了具体意见和措施，进一步规范了局属各支部党员学习教育。

（三）进一步加强精神文明建设

深化核心价值观教育。深入开展"践行社会主义核心价值观"主题活动，举办了全省气象部门"弘扬核心价值观·同心共筑中国梦"演讲比赛。通过演讲使社会主义核心价值观深入人心，进一步推动了气象文化建设，弘扬了正能量。

开展道德模范评选活动。组织开展了首届山西省气象部门道德模范评选，选出道德模范10名，道德模范提名奖9名，开了首届山西省气象部门道德模范表彰和首场事迹报告会。用身边人、身边事教育激发干部职工干事创业的热情，大力弘扬正能量，在全省气象部门营造创先争优的良好氛围。

深化精神文明创建工作。印发了全省精神文明创建工作要点，调整补充了文明委组成人员。严格执行省直文明单位创建管理规定和考核指标体系，组织召开精神文明创建工作促进会，对考核指标体系进行了分解，积极组织2016年文明单位申报工作及检查验收工作，省气象信息中心晋升为2015年度省直文明单位标兵。

（四）进一步加强对统战和群团工作的领导

进一步做好党外知识分子工作。转发了在党外代表人士中开展"双学一跟"活动的意见，开展了党外人士统计工作，完善了党外人士信息统计。

积极推进工会工作。对机关工会进行了换届选举。大力开展职工喜闻乐见活动，活跃氛围凝聚力量。举办了迎新春文艺晚会、春季植树活动、省直第九套广播操比赛、职工体检、发放职工生日蛋糕、开展中秋和春节慰问等。积极参加中国气象局、省直机关工会组织的调研工作。

大力加强青年工作。对局团委进行了换届选举。结合重要时间节点，开展青年教育和志愿活动。多次组织开展学雷锋做好事志愿活动，14支志愿服务队100多位志愿者参加。五四青年节期间，召开青年干部职工座谈会。组织团员青年进行了拓展训练、赴五台山气象站参观学习，促进了团员青年的团队意识，加深了对艰苦气象台站的了解。团委干部年内组织团员集中学习1次，团委委员集中学习2次。积极落实新出台的团费收缴使用和管理规定，按照要求及时规范并收缴了本年度团费。

进一步加强妇联工作。开展了"3·8"妇女系列活动，举办了女职工书法、绘画、摄影手工艺品等才艺作品展，开办了健康与养生知识讲座，落实了女职工健康体检，积极推选参加省妇联"巾帼建功"评比，充分发挥妇女半边天作用。

三、加强反腐倡廉工作，推进党风廉政建设

2016年在省委和中国气象局的领导下，全省气象部门党风廉政建设工作紧紧围绕山西气象事业发展的工作思路，通过转职能、转方式、转作风和落实好监督、执纪、问责的要

求，切实强化党风廉政建设监督责任落实，全省气象部门党风廉政建设和反腐败工作取得新的成效。

(一)强化责任担当，主动协助党组落实主体责任

夯实思想基础，强化责任意识。1月27日至28日，召开2016年全省气象工作会议暨党风廉政建设会议，对2016年党风廉政建设和反腐败工作进行了全面部署。层层签订《党风廉政建设主体责任责任书》和《山西省气象部门领导干部“十项承诺”书》，明确细化了“两个责任”各项要求，在前期制定党风廉政建设“两个责任”清单的基础上，制定出台了省局党组领导班子成员党风廉政建设主体责任和监督责任台账，将全年党风廉政建设重点任务纳入责任台账进行管理。

开展政治理论学习，深刻领会上级精神。2016年，以党组中心组会议及其他形式，将中央纪委五次、六次全会，省第十一次党代会精神、省纪委十届五次、六次全会以及全国气象部门党风廉政建设工作会议精神纳入到应学与必学的内容。深入学习贯彻习近平总书记反腐倡廉建设系列重要讲话精神以及《廉洁自律准则》和《纪律处分条例》《问责条例》《关于新形势下党内政治生活的若干准则》《党内监督条例》。邀请省纪委、省委党校等单位领导、学者到省局作专题辅导报告。

强化工作协同机制，落实好各项决策部署。省气象局坚持党风廉政建设和反腐败工作与全面推进气象现代化、深化气象改革工作一同谋划、一同部署；一同落实、一同考核。出台了2016年度《党风廉政建设和反腐败工作实施意见》和《任务分解表》，将党风廉政建设和反腐败工作明确到责任人、责任单位，实行台账式管理。继续强化“一岗双责”的管理机制、“一述双报”的述廉机制、“一考双评”的考核机制，重点检查考核各单位党风廉政建设“两个责任”落实情况。

加强巡视整改工作，突出整改工作效果。制定了《中共山西省气象局党组对中央第九巡视组专项巡视整改实施方案》及其责任台账，将整改工作细化为22项整改任务、75项整改要求、185项具体措施，确保每项工作、每个问题，都有专人负责。3月15日，召开了全省气象部门中央专项巡视反馈意见整改落实工作推进会，就如何做好巡视整改方案的落实进行动员和再部署。3月28日，听取所分管领域专项巡视整改工作推进情况。7月13日，召开专项巡视整改阶段性工作总结，并对后期重点工作进行部署。10月13日，听取各内设机构、各直属单位专项巡视整改工作进展情况。10月28日，听取了各市局专项巡视整改工作落实情况。省气象局已经按照巡视整改实施方案责任台账中的时间节点完成了阶段性整改事项。

开展廉政教育，创建廉洁氛围。组织开展了以“学习贯彻《准则》和《条例》”为主题的第15个党风廉政宣传教育月活动。开展了结合支部建设的专题学习和“三会一课”教育，结合身边人、身边事为题材的“以案说纪”警示教育、专项整治、学习讨论落实、征文、演讲、书画展等形式的反腐倡廉宣传教育。

加强纪检监察组织体系建设，建设忠诚、干净、担当的干部队伍。重新组建山西省气象局党组纪检组，进一步强化纪检组的监督、执纪、问责的工作职责。印发了《中共山西省气象局党组关于进一步加强纪检监察组织体系建设的实施意见》，从管理体制、工作机制等方面就如何加强纪检监察组织体系建设进行了明确。2016年，在省局直属单位选拔1名六级职员，在市局选拔、充实6名处级干部主要从事纪检监察方面的工作。组织全省气象部门落实党风廉政建设主体责任和监督责任培训，提高了各级纪检干部监督执纪问责的能力和水平。

(二)强化执纪问责，严格落实监督责任

紧盯重要节点，注重抓早抓小。2016年春节前夕，开展了落实“十个严禁”情况的监督检查。在各单位主要负责人集中现场签订“十项承诺”的基础上，制定了遵章守纪“承诺书”，按照分级管理，引导所属各级党员领导干部签订，做到“一级带一级”“一级抓一级”。局党组纪检组相继在春节、五一、中秋、国庆等重要时间节点向全省气象部门各级领导干部和全体党员发送廉政提醒短信。做到早提醒、早警示，严格要求，严格管理，严格检查。

抓好“四风”集中检查，督促问题整改落实。省气象局对各单位在“四风”问题集中检查工作中承担的任务进行了分解，明确“四风”问题集中检查的内容及工作方式，于2016年3月中旬至4月上旬组成4个分别由局领导带队、“四风”问题集中检查工作组组成的检查组对11个市局、13个直属单位、21个县局进行了抽查。在各单位自查和省局的抽查中发现，一些单位还存在清理办公用房尚不彻底，存在变相超标现象，个别县局仍然在办公或业务用房摆放床铺。少数干部仍然存在惯性思维和特权思想，对一些“四风”问题不敏感。2016年，涉及上述问题的单位已经通过督促相关单位认真落实主体责任等措施进行了认真的整改。

强化巡视巡察监督作用，层层传导压力。根据《中国共产党巡视工作条例》和《中共山西省委印发〈关于建立市县巡察制度的意见〉的通知》精神，制定了《关于推进市级气象部门对县级气象部门巡察工作的实施意见》。6月3日，就市对县的巡察工作与各市局主要负责人、市局党组纪检组组长进行研讨；9月初，组织开展巡察工作培训，并对市对试点县的巡察工作予以安排部署；10月28日，专门听取各市局主要负责人对开展市对县的巡察阶段性工作汇报；11月中旬，各市局相继完成对试点县巡察工作。

开展专项督查，落实上级部署。9月中旬—10月中旬组织专门力量对13个直属单位、7个市局、15个县局就有关专项工作完成情况进行督察检查。督察检查的范围涵盖了预付卡清理、办公用房清理、公务用车管理、“两个责任”落实、县账市管、基层党建、议事决策程序等7个方面的内容。在专项督查检查工作中，省局检查组就检查出的问题现场向有关单位予以反馈、提出整改要求；在专项督查检查工作之后，省局党组纪检组就督查检查的结果向全省气象部门通报，同时督促相关内设机构加强对所分管领域内问题的整改工作。在下发《2016年廉政风险防控工作方案》的基础上，省局党组纪检组要求机关各内设机构进一步梳理管理、制度、党风廉政

建设风险点，召开专门会议对风险进行分析，提出整改措施。

强化审计监督，规范财务管理。加强了对主要领导干部的经济责任审计和财务收支、建设项目等常规审计，加强了对审计结果整改落实情况的跟踪检查。对朔州、忻州、吕梁三个市局所属的34个县局进行全覆盖审计，2017年将完成剩余5个市局所属的39个县局全覆盖审计。这也是首次开展直接对县级气象局的审计。

实践“四种形态”，加强执纪问责。积极实践好“四种形态”，对谈话、约谈、提醒等形态的监督方式进行梳理和分析，及时发现苗头性的问题；采取函询、约谈等方式了解、核实相关问题线索情况，发挥对有关人员扯袖警示的作用，促进当事人警醒。5月、7月，分别对市局主要负责人、党组纪检组组长，内设机构主要负责人，省局直属事业单位主要负责人进行集中约谈。2016年通过各种形式及时转发和通报部门内外各类典型案件20余次，重点开展以“身边人、身边事、身边案”的警示教育，不断增强案例警示教育的效果。督促指导市气象局查办违规案件1起，针对被地方纪委查处的2起基层单位违纪案件，及时发文通报全省气象部门，要求认真组织学习，积极开展警示教育。 （杨 柳）

附：省气象局党组书记、成员名单

书 记：柯怡明

成 员：张洪涛 梁亚春 王欣璞 秦爱民（8月任职）

省地震局党组工作概况

党组书记 郭星全

地震活动

2016年山西地区共发生M≥1.0级地震187次。其中，1.0–1.9级地震149次，2.0–2.9级地震30次，3.0–3.9级地震5次，4.0–4.9级地震3次，最大地震是3月12日运城市盐湖区4.4级地震。

地震活动特点：2016年山西地区共发生3.0级以上地震8次，其中忻定盆地1次，太原盆地2次，临汾盆地1次，运城盆地3次，东部山区1次，地震频度与活动强度均为近5年以来最强。

2016年山西省3.0级以上地震目录

序号	发震日期	发震时刻	纬度	经度	震级M	深度KM	震中位置
1	20160312	111409	35.00	110.90	4.4	5	运城市盐湖区
2	20160315	001424	35.01	110.88	3.0	5	运城市盐湖区
3	20160327	035851	34.99	110.86	3.5	5	运城市盐湖区
4	20160407	044948	38.87	112.91	4.1	16	忻州市原平市
5	20161104	034108	37.63	113.60	3.2	5	晋中市昔阳县
6	20161118	072258	37.66	112.52	3.4	7	太原市小店区
7	20161214	024509	36.66	111.91	3.4	6	临汾市霍州市
8	20161218	110850	37.59	112.48	4.3	5	太原市清徐县

震情跟踪

2016年，山西省地震局继续牵头开展晋冀蒙三省联防工作，制定《山西省2016年度震情监视跟踪工作方案》和《晋冀蒙交界协作区2016年度震情监视跟踪工作方案》；召开各类会商会76次，其中，年度会商会1次，年中会商会1次，周、月会商会52次，临时、紧急、加密、应急会商会19次、晋冀蒙协作区震情跟踪专题会商会3次、晋陕豫交界地区震情专题会商会1次，向省委、省政府报送《震情反映》12期，有效把握全年震情趋势。晋冀蒙交界区强震化短临跟踪专项完成跟踪区监测台阵的运行。

台网运行

2016年，山西数字测震台网57个台站，总体运行率98.49%。山西前兆台网36个台站，仪器总数122台套，全年平均运行率99.69%，数据连续率99.67%，完整率99.04%，预处理完成率100%。山西地震信息台网21个节点，全年网络综合运行率99.745%。

监测台网基础建设

2016年，山西省地震局组织完成“国家地震烈度速报与预警工程（山西分项）”1101个地震预警台站的勘选任务，包括81个基准站、159个基本站及861个一般站。行程21.2万公里，产出测试数据9.1G，现场影像图7280张，专业图表件

1930份,形成勘选报告1064份;组织完成省财政市县骨干台站优化改造项目,包括省地震局9个台站,市县12个台站;继续在全省推进"一市一年新增一个前兆手段"的建设目标,全年各市新增前兆观测项目8个。

科技工作

2016年,山西省地震局共争取省部级科研项目17项,下达局属科研项目36项;获批中国地震局地球物理研究所《中国地震科学台阵探测—华北地区中部》野外观测项目之子专题《山西南部区域野外观测项目》。在全省地震系统推广由省地震局承担的《山西省测震台网自动补数系统研制》和《山西地区中小地震的震源机制解研究》两项成果的应用。

抗震设防要求管理

2016年2月19日,山西省地震局召开抗震设防联席会议,围绕省人大常委会《关于〈山西省建设工程抗震设防条例〉执行情况的调研报告》,研究解决全省抗震设防工作中存在的问题。

2016年,山西省地震局两次派出检查组开展抗震设防专项检查,重点检查太原、大同、朔州、忻州、临汾、运城6市的建设工程抗震设防情况和《山西省建设工程抗震设防条例》执行情况。

震害防御基础探查

2016年,山西省地震局继续开展城市活断层探测、地震小区划、震害预测等震害防御基础工程项目,完成太原市强震危险区大城市地震灾害情景构建项目,临汾市、晋中市震害预测项目,交城断裂交城断探测项目和太原市田庄断裂探测和经济开发区地震动小区划,"山西省及周边1:50万地震构造图"填图工作。

行政审批改革

2016年,山西省地震局印发《山西省地震局关于撤销山西省地震安全性评定委员会的通知》和《山西省地震局关于贯彻落实国务院清理规范投资项目报建审批事项实施方案有关要求的通知》。地震安全性评价改为涉及安全的强制性评估,不列入行政审批事项,省地震局不再审批地震安全性评估报告,各市县及相关安评资质单位要严格按照"需开展地震安全性评估的建设工程目录(暂行)"规定范围开展地震安全性评估服务和监管工作。

第五代《中国地震动参数区划图》

2016年6月1日正式实施。第五代区划图中,提高山西省47个县约2.7万平方公里的设防烈度,其中,八度高烈度设防区面积3.42万平方公里,占全省总面积的21.82%;七度区烈度区面积8.78万平方公里,占全省总面积的56.03%;六度低烈度区面积为3.47万平方公里,占全省总面积的22.15%。

5月25日,山西省政府新闻办举行媒体通气会,省地震局就第五代《中国地震动参数区划图》的颁布实施和涉及山西省的地震区划进行解读。晋中、吕梁、阳泉、朔州、晋城、临汾市通过新闻发布、专项培训、集中宣传等活动开展全市范围的宣贯和实施工作。

市县管理

2016年1月,山西省地震局完成2015年度市县防震减灾目标考核工作;2月,印发2016年度各市防震减灾目标考核评分细则;10月,召开2016年度防震减灾目标任务推进会;12月,完成2016年度市县防震减灾目标考核工作。

2016年,山西省地震局共认定省级防震减灾示范县(市、区)12个、省级防震减灾科普教育基地10个、省级防震减灾示范社区29个和省级防震减灾示范学校38个。10个社区被中国地震局认定为国家地震安全示范社区。

法制工作

2016年7月,山西省地震局成立《中小学防震减灾示范学校评价规范》地方标准起草组;8月9日,讨论草稿;8月17日,征求各市地震局意见形成初稿;10月20日,召开地方标准初审会;11月22日,召开地方标准技术审查会;12月27日,山西省质量技术监督局批准发布山西省地方标准《中小学防震减灾示范学校评价规范》(DB14/T1267-2016)。

科普宣传

2016年,山西省地震局出台《关于进一步加强防震减灾科普工作的指导意见》。"5.12"国家防灾减灾日、"7.28"唐山地震纪念周期间,山西省地震局组织开展防震减灾科普知识宣传活动,累计展出展板3000余块、条幅2000余条,发放各种资料近100万份(含书籍、宣传页、宣传单、光碟、挂图、手册等)。"7.28"唐山地震纪念周,山西省地震局和运城市政府联合开展纪念唐山地震40周年暨"平安中国"防灾宣导千城大行动主题宣传活动。

地震应急准备

2016年,山西省地震局制定《晋冀蒙交界地区应急准备工作方案》《山西省2016年地震重点危险区专项抗震救灾应对工作方案》《山西省地震局2016年地震现场工作方案》《山西省地震系统2016年重点危险区地震专项预案》。2月、5月,山西省地震局先后与山西能监办、省交通运输厅签订框架合作协议和合作意向书。10月,山西省地震局、省公安厅、省交通运输厅共同召开地震应急车辆通行暨交通管制管控座谈研讨会,讨论制定《山西省地震应急通行联动方案》。

地震应急避难场所

2016年,山西省新增两个Ⅱ类应急避难场所。截止2016年底,山西省已建成符合国家标准的应急避难场所Ⅰ类3个、Ⅱ类9个、Ⅲ类8个。

应急准备检查

2016年，山西省防震减灾领导组3次派出检查组对太原、大同、朔州、忻州、临汾、运城6市的地震应急准备工作进行检查。检查组由山西省地震局、省发改委、省民政厅等10余个部门专家联合组成，重点检查防震减灾领导机制建设、地震应急预案建设、地震应急救援队伍建设、应急避难场所建设管理、各类地震次生灾害隐患排查情况和应急物资(帐篷、食品、药品等)储备等情况,共实地查看52个基层点。

地震应急演练

2016年5月12日,山西省防震减灾领导组办公室和省减灾委办公室联合组织开展2016年地震信息联动演练,23个省直厅局参加演练。6月29日,山西省防震减灾领导组在武警山西总队清徐训练基地开展省级地震专业救援队伍技能比武大赛,省军区、武警山西总队、省公安消防总队三支省级地震专业救援队伍共180人参赛。7月26日,省地震局组织开展2016年全省地震系统应急演练,省、市、县地震局和各地震台应急人员参加演练。

应急救援培训

2016年4月14日,山西省地震局举办市级地震现场队伍培训班，各市地震局应急管理人员和现场工作人员共50余人参加培训;10月19日,举办2016年市县地震应急管理培训班,各市、县地震部门应急管理人员共170余人参加培训;6月,组织省军区、省武警、省消防三支省级地震救援队伍和太原蓝天、绿舟、天龙三支志愿者队伍骨干共30人,参加中国地震搜救中心在国家地震紧急救援训练基地组织的地震救援技能培训。

地震应对处置

2016年，山西省共发生3次4级地震,5次3级地震,山西省地震局均第一时间启动应急响应,及时公开震情灾情信息、召开紧急会商会,派出现场工作队共计100人,对66个村进行灾害调查、损失评估等现场科考工作。

运城市盐湖区4.4级地震发生后，山西省委书记王儒林、省长李小鹏、中国地震局副局长修济刚均作出指示,分管副省长付建华在省抗震救灾指挥部听取山西省地震局关于地震及震后处置情况汇报。

《山西省“十三五”防震减灾规划》(以下简称《规划》)

2016年5月18日,山西省发改委、省地震局联合印发实施(晋发改规划发〔2016〕311号)。7月7日,山西省地震局举行新闻发布会对《规划》进行说明和解读。《规划》紧扣“融合式发展”主题,围绕提升防震减灾综合能力、推动“六大发展”为主线,明确提出以提升防震减灾治理能力、公共服务能力、基础能力、科技创新能力为主要任务,以实施地震烈度速报与预警工程、省市县级地震台网优化升级、农村民居地震安全及区域震害防御基础探查探测、煤基产业开采监测与地震安全重点实验室建设等重点工程项目为支撑,阐明“十三五”期间山西防震减灾的发展目标、发展任务、发展重点和政策取向。

山西省防震减灾领导组会议

2016年1月18日，山西省召开省防震减灾领导组会议,会议传达贯彻2016年国务院防震减灾联席会议精神,总结2015年全省防震减灾工作，分析震情形势，安排部署2016年重点工作任务。省防震减灾领导组组长、省委常委、副省长付建华主持会议并作重要讲话。各市分管副市长和省防震减灾领导组有关单位分管领导共40余人参加会议。付建华副省长签发并下达2016年各市防震减灾目标责任状。

2016年4月22日,山西省召开省防震减灾领导组部分成员单位会议,省委常委、副省长付建华主持会议并讲话。6个市政府、17个成员单位参加会议。会上,省地震局通报近期全省及国内外地震形势,总结全省地震应急准备及地震应急处置工作；运城市政府汇报盐湖区4.4级地震处置工作；省民政厅汇报相关应急准备情况。

山西省委常委、副省长孙绍骋调研防震减灾工作

2016年12月19日,山西省委常委、副省长孙绍骋到省地震局调研,实地察看山西地震台网中心,了解地震台网建设情况及当前地震监测速报能力,听取省地震局防震减灾工作汇报,就进一步做好防震减灾工作提出要求。

(和　炜)

附：省地震局党组书记、成员名单

书　记：樊　琦(女,6月离职)　郭星全(6月任职)

成　员：郭跃宏　郭君杰　史宝森　田　勇

省国家税务局党组工作概况

党组书记　胡　军

2016年，在山西省委、省政府和国家税务总局的坚强领导下，全省国税系统认真贯彻落实党的十八大和十八届三中、四中、五中、六中全会精神，深入学习贯彻习近平总书记系列重要讲话精神，以全面从严治党为统领，认真履行党组主体责任，增强“四个意识”，发挥表率引领，全面加强思想建设、组织建设、作风建设、制度建设和党风廉政建设，充分发挥党组总揽全局、协调各方的领导核心作用，为税收现代化建设提供了坚强的政治和组织保障。

一、聚焦全面从严治党，党建工作再迈新台阶

一是扎实开展“两学一做”，持续加强思想建设。把开展“两学一做”学习教育作为党建工作的龙头任务，坚持以党支部为基本单位，以“三会一课”等党的组织生活为基本形式，以落实党员教育管理制度为基本依托，把全面从严治党要求落实到每个党支部和每名党员。

二是以机关支部重组为抓手，持续加强组织和制度建设。围绕省局机关虚拟化运行的“一办八中心”模式，以中心为单元设置党支部，形成“党组成员+处级干部+普通干部”的支部工作新机制。以建立完善党建工作基础资料为出发点，以各党支部、党小组“四本三单两盒一表”为抓手，夯实省局机关党建工作基础。大力推行“1+3+9”党建模式，实现党建工作和税收业务工作融合发展。制定下发《山西省国家税务局党建工作责任制》《关于从严从实加强和改进全省国税系统党建工作的十条措施》，“教育+制度”同向同时发力，形成叠加效应。

三是密切联系基层，持续加强作风建设。大力弘扬为民务实作风，坚持求真务实、埋头苦干，察实情、讲实话，鼓实劲、出实招，办实事、求实效。认真落实领导干部基层联系点制度，加强与广大纳税人和基层干部职工的联系，推动联系群众工作常态化。

二、精益求精决战决胜，营改增试点带来发展新契机

一是主动汇报，形成合力。积极向省委省政府汇报，取得理解和支持。省政府成立山西省全面推开营改增试点工作领导小组，建立有24个省级部门参加的协同推进营改增工作机制，发挥各地、各部门工作合力，统筹推进营改增工作。

二是打好“开好票”第一场战役。与地税部门主动对接，充分利用金税三期集中版优势，实现涉税数据整体迁移。积极发挥传统媒体的覆盖优势，广泛宣传，营造良好氛围。组织专门团队深入营改增纳税人，手把手辅导开票操作，确保会开票。

三是打好“报好税”第二场战役。全面推行网上申报平台升级版，对营改增纳税人申报时的相关附表实现自动生成；全面优化纳税服务，实行预约办税、延时办税、绿色通道办税、设置应急办税厅等，为顺利申报提供快捷便利服务；开展全方位政策宣传和申报培训，逐项逐栏讲解申报表填写及相关政策，确保纳税人能填报、会填报、快速准确申报。

四是打好“分析好”第三场战役。及时成立营改增税负分析工作组，积极做好身份界定，编制下发《营改增试点纳税人身份界定修改规则参照表》《营改增试点纳税人身份界定操作手册》《总分支机构身份界定操作手册》。分行业开展营改增税负分析和政策辅导工作，打通上下游抵扣链条，规范增值税发票开具和取得，确保纳税人应抵尽抵，应免尽免，实现税负只减不增。

五是决战“改进好”第四场战役。分四大行业成立政策专项辅导团队，实现国税、地税、企业、社会四方对企业生产经营流程、营改增政策的共享共用共治，使纳税人充分享受营改增制度红利。

三、坚持从严从实从细，各项税收工作展现新面貌

一是抓严抓实组织收入工作。面对依然严峻复杂的组织收入形势，全省国税系统严格恪守税收工作原则，对组织收入工作进行针对性部署，并把加强税收分析作为风险应对、服务决策、统筹组织收入工作的重要抓手，在全局范围内开展税收形势、税收风险、政策效应、经济运行4类分析，更好地服务领导决策和经济社会发展大局。强化风险管理，加大清欠和税务稽查力度，严格落实各项税收优惠政策，坚持依法征收。2016年全省国税收入共完成1045亿元。

二是更高层次更高水平推进依法治税。深入推进法治建设，制定税收保障办法，与省直27个厅局会商修改完善，现已列入2017年省政府规章制定正式项目；建立公职律师队伍和法律顾问派出制度，依托省税务干部学校建立法治税务实训基地并正式投入使用；积极开展法治税务示范基地建设，有效发挥了先进典型的示范引领作用。全力抓税收环境净化，周密部署开展打击发票违法犯罪活动，严厉查处虚开虚抵增值税专用发票犯罪案件；进一步完善税收“黑名单”制度，利用全省信用信息共享平台实现部门奖惩

联动。

三是全面深化国税地税征管体制改革。把落实《深化国税、地税征管体制改革方案》作为“一把手”工程，作为与组织收入工作同等重要的“一号落实工程、一号督查事项、一号考核任务”，确保各项改革任务有部署、有督促、有考核、有落实。联合省地税局代起草《山西省深化国税、地税征管体制改革实施方案》，确定4个方面31类改革事项，经省委办公厅、省政府办公厅审核同意，于10月11日联合印发。拓展联合办税服务厅纳税服务，联合推进纳税服务和税收征管规范化管理，联合推进税务稽查，建立“双随机、一公开”监管机制，联合服务大企业，共享涉税数据，共同开展风险分析、应对，联合开展管户核查工作。

四是稳步推进各项税收改革。全力做好金税三期换版工作，实现10月1日金税三期优化版顺利运行。启动数字人事信息上线工作，顺利实现2017年1月1日上线运行。大力推进税务稽查改革，实现税务稽查资源整合，整体推进税务稽查现代化建设。建立中西部地区第一支专职反避税精英团队—太原反避税工作部。与太原市局共同建立“大企业税收风险管理团队”，探索构建“省局统筹、大企业集团所在地市局承接、各层级税务机关联动”的全省一体化工作机制，提升大企业税收管理效能。

五是创新创优纳税服务工作。从纳税人需求出发，集群智群力研发打造基于互联网、高效便民的“山西税务网上申报平台升级版”，并初步打通国税、地税办税端口，实现增值税、所得税为主体，城市维护建设税、教育费附加并行征收等申报办税事项的一网打尽。2017年1月1日起，在全省范围内推行税务认定、申报纳税、优惠办理等6大类31个办税事项的省内通办，使纳税人不再受地域限制，就近自主选择办税服务厅办理涉税事项，在更广范围和更深层次上便利纳税人，服务全省经济转型发展。

六是服务地方经济发展大局。积极参加全省“万名干部入企服务”活动，选派一批政治素质过硬、政策水平高、懂经济的国税干部，集中两个月时间深入规模以上工业企业一线解决实际困难，开展个性化服务。不折不扣落实税收优惠政策，全省国税系统共减免各类税收194.08亿元，共办理出口退税42.83亿元，办理免抵调库10.68亿元。深入开展“银税互动”，持续释放政策红利，缓解中小微企业融资难题。大力开展“税军互动”“税学互动”，激发大众创业万众创新多元主体活力。

四、严格履行主体责任，党风廉政建设呈现新格局

一是厘清责任边界，清单明责。将履行“两个责任”与推动税收业务工作同部署、同落实、同检查、同考核，省局党组重申和明确了各级党组、党组书记、党组成员以及职能部门的主体责任，各级纪检监察部门的监督责任，层层传导压力、逐级压实责任。严格执行党组书记是党风廉政建设的第一责任人；党组成员根据工作分工，履行“一岗双责”，对职责范围内的党风廉政建设负主要领导责任的要求，进一步明确省局党组、党组书记、党组成员及机关各单位主要负责人“任务清单”，增强系统的组织执行力。

二是坚持上下联动，切实履责。将党风廉政建设和反腐败工作转化为具体工作项目，对任务和责任进行量化分解，明确分管领导、牵头单位、配合单位、完成时限和责任人，实现党风廉政建设与分管业务工作两手抓、两促进。

三是健全监督链条，强力督责。全系统纪检监察部门进一步转职能、转方式、转作风，集中精力抓好党风廉政建设和反腐败工作主业。省局构建了办公室统筹安排、各职能部门具体落实、纪检监察监督检查、绩效考核跟踪评价的体制机制，确保“两个责任”真正落到实处。健全党风廉政建设责任考核体系，将考核指标分级分类分解到各级国税机关党组和机关各处室，强化过程监控评价。加大领导督查、执法监察、效能监察工作力度，2016年由局领导带队，先后4次深入基层单位，就“两个责任”落实等重点工作进行全面督查，下发督查情况通报，明确整改时限和要求。

四是注重抓早抓小，依规问责。认真落实《中国共产党问责条例》，实践运用监督执纪“四种形态”，严肃查处违纪违规案件，释放出“失责必问、问责必严”强烈信号。制定《约谈办法》和《函询办法》，发现错误苗头及时进行谈话提醒、批评教育、函询诫勉。

五是发挥利剑作用，震慑有力。严格落实全面从严治党要求，突出抓早抓小，做到真管真严、敢管敢严、长管长严，让守纪律讲规矩成为全省国税系统全体党员干部的思想自觉和行为自觉。

五、严管善待倾情带队，税务铁军彰显新形象

一是以严格的制度管好人。先后制定出台班子建设、综合考核评价等多个制度办法，扎紧人事管理的制度“笼子”。抓好单位主要负责人离任经济责任审计，对市局党组书记离任检查1人次，对县（区）局党组书记离任检查16人次。认真执行领导干部报告个人有关事项制度，全省国税系统110余名处级以上领导干部均按要求述职述廉。

二是以严密的程序选好人。按照组织纪律要求，实施选拔任用县局长候选人“三考评一公认”办法，确定群众公认、业绩突出、程序公开、结果上墙的选拔方式。2016年，共选拔任用处级干部9人。

三是以广阔的视野用好人。坚持分级分类培训导向，大力开展“岗位大练兵、业务大比武”活动。建立纳税服务、税收风险管理等7个专业人才库，选拔市县两级中青年后备干部419名。制定促进机关干部成长交流办法，探索省局机关和市县局干部“双向挂职”交流模式，与北京市国税局签订《互派挂职干部合作协议》，开展首期40名互派干部的交流挂职尝试，探寻激发干部队伍活力的新途径。建立和完善“逢会必测、逢训必测”和众创众包“两大机

制”，在全系统营造主动学习、敢想敢创的良好氛围。

（安 耀）

附：省国家税务局党组书记、副书记、成员名单

书 记：胡 军

副书记：王德平（3月离职）

成 员：贾志坚 范扎根 王宏晋 牛新文
张鹏飞 李树茂 沙 宏 朱东宏

国家统计局山西调查总队党组工作概况

党组书记 刘顺国

2016年，山西调查总队党组紧紧围绕国家统计局、省委省政府工作部署和工作要求，紧密结合山西国调工作实际，始终坚持以习近平总书记系列重要讲话精神为指引，坚持党建工作、业务工作“两手抓、两手硬”，认真贯彻落实中央领导同志对统计工作的重要指示批示精神，以提高数据质量作为共同的行业价值追求，从“十个着力”入手，精准发力、持续用功，各项工作取得新成效。

一、着力系统党建，全面落实管党治党各项要求

坚持党要管党、从严治党，提升党建工作站位，筑牢党建工作根基，为国调事业健康发展提供坚强保障。一是抓思想，铸忠诚。举办全省国调系统履行主体责任培训班、党务知识培训班，总队党组书记作专题辅导，总队党组理论学习中心组全年集体学习研讨16次，进一步提升了对全面从严治党的认识和履行“一岗双责”的能力。二是建制度，打基础。制定完善《中共国家统计局山西调查总队党组工作规则》《贯彻落实全面从严治党要求的实施意见》等9 项党建工作制度。三是强机制，增动力。印发《中共国家统计局山西调查总队党组关于充实党建工作领导小组及小组领导分工的通知》，建立《国家统计局山西调查总队领导分管市县国调队工作制度》，形成严抓细管的“一岗双责”格局。四是搭平台，创载体。结合山西国调实际，构建党建“动车化”平台，将党建工作与党员干部成长的需求、价值实现的需求、美好理想的需求紧密结合起来，让干部职工全员参与到党建具体工作中来。组织开展“两优一先”评选活动，举办了“立足岗位争做合格党员”演讲比赛，开展了以“接受廉政教育、弘扬革命传统”为主题的支部社会实践活动。

二、着力担当实干，切实履行“两个责任”使命

将党风廉政建设作为常态的重点工作，始终将纪律和规矩挺在前面，以严实的作风、有力的举措推动“两个责任”落实。一是提升站位。总队党组坚持把党风廉政建设“两个责任”落实放在全面从严治党的大背景下来思考谋划、放在保障国调事业健康发展的前提下来研究布局，从政治和全局的高度把握形势、分析问题、谋划工作。二是做好表率。始终坚持将党风廉政建设放在心上，扛在肩上，抓在手上，主动研究部署，定期听取汇报，严格督促检查，推进“两个责任”落细落准落实。三是抓在实处。制定印发党建工作年度要点、党风廉政建设年度要点并形成“责任清单”，压紧压实管党治党责任。推进纪检监察机构、纪检监察干部“三转”，充分发挥纪检监察网络队伍的监督作用。四是强化巡察。成立总队党组巡察工作领导小组，全年完成3轮对4个市队、12个县队的巡察工作。

三、着力系统管理，全面落实制度治队各项规定

坚持“先学规矩再办事，先立规矩后办事”，完善制度机制，依制规范管理，真正把从严治队落到实处。一是完善管理制度。全年新建和修订制度共29项，使系统管理有矩可遵、有章可循。二是健全管理机制。完善干部选拔任用机制，使干部评优评先和选拔任用有据可依、公开透明，形成靠德才表现和工作业绩竞争的良性机制。三是力促管理规范。牢固树立“制度治队”理念，认真贯彻落实国家统计局和总队制定的各项管理制度，从严从细做好人、财、物、数管理，保障国调事业健康发展。

四、着力基层基础，认真履行保障数据质量职能

始终把国家调查方法制度作为基本准则，结合国调工作实际，规范业务流程，筑牢基层基础，抓好调查管理，确保调查数据真实准确、完整及时。一是规范业务流程。深入落实《山西国调系统业务规范化标准》，制定实施《山西国调系统统计调查数据质量评估管理办法》。二是夯实基层基础。认真开展基础工作和数据质量检查，推动培训重心下移，提升源头数据采集能力。三是创新工作举措。实施《规模以下工业和服务业调查企业零报告制度》，制定《山西国调系统调查回访制度》，向调查对象发送《统计调查法律事务告知书》。组织开展“住户调查数据质量提升年”和“畜禽农耗调查台账落户质量年”活动。

五、着力优质服务，充分发挥国家调查服务作用

坚持以新状态适应新常态，以新作为引领新常态，在全面高质量完成国家调查任务的基础上，立足服务，精准发力，较好地发挥了服务经济社会发展和民生改善的职能作用。一是客观反映新常态。全年总队共编印国调信息、报告518篇，被省委、省政府采用235篇，部分对策建议在有关部门制定相关政策时被采纳。二是高效服务宏观决策。全年总队共组织开展45次约稿调研，调研报告被国家统计局《每日调查》采用14篇、省委省政府采用88篇次。编发的经济类信息分析在省级以上采用416篇（次），国家统计局和山西党政领导批示14篇，有7篇得到中央领导批示。三是精心锤炼国调精品。定期编印《山西国调报告》《山西国调信息》《山西国调数据》、课题研究报告等国调品牌产品，精心编印《“十二五”山西民生调查资料汇编》和《百题调研优秀报告集》，助力党政科学决策和经济社会发展。

六、着力法治建设，全面落实依法治统各项部署

按照国家统计局依法治统总体部署，着力防范数据造假、弄虚作假，力促法治建设再上新台阶。一是坚持以上率下，周密安排部署。总队党组先后五次召开专题会议，研究部署法治工作，切实担负起遏制统计造假的政治责任。二是健全工作机制，细化责任分工。修订完善15项法规制度，规范统计执法流程，规范全省统计违法案件查处行为。三是创新执法机制，高效开展工作。建立统计执法检查与专业数据质量检查相结合的联动机制，变被动执法为主动执法。四是加大执法力度，形成常态震慑。全省国调系统全年共对770家调查单位进行了执法检查，对90家违法单位进行了立案查处，对近40家违法单位给予了行政警告并处罚款，对16起典型统计违法案件进行了通报。

七、着力技术升级，稳步提升系统信息化水平

扎实推进信息化基础设施建设，带动全系统信息化水平迈上新台阶。一是强化基础，提高信息化建设水平。基本完成总队中心机房、省级数据中心、省级网络中心和全系统网络建设、省市视频会议系统建设。二是抓住重点，做好信息化安全管理。推进全系统客户端实名制注册工作，开展网络基础知识和信息安全管理技术培训，提升全系统网络管理和网络安全技术水平。三是积极主动，发挥信息化技术作用。充分发挥总队内网的宣传窗口和办公平台作用，确保各专业调查数据、信息传输安全顺畅。积极推进遥感测量方法在第三次全国农业普查中的应用，取得良好成效。

八、着力文明创建，努力营造干事创业良好环境

坚持制度治队与以德治队相结合，巩固深化文明创建成果，营造干事创业良好环境。一是完善机制，保障文明创建成效。以“文明创建全员化”为目标，制定总队文明创建年度工作规划，促进创建活动深入、有序开展。二是周密推进，拓展文明创建内涵。举办“山西国调讲堂”，开展“家风家教你我他”主题征文活动，举办“我为国调添光彩”征文比赛，总队干部职工在省直机关健身舞比赛中勇夺“金奖”，参加省直机关举办的“菜单式”运动会获得多个奖项。三是创优环境，营造干事创业氛围。明确将“数据质量”作为共同的行业价值追求，提出“脚穿百姓鞋，走实调查路，搞准调查数”的持久作风要求，树立“德才兼备，以德为先，想干事的有机会，能干事的有舞台，干成事的有激励”的正确用人导向，将干部职工的心思、激情和才华凝聚到干事创业上来。

九、着力“两学一做”，有效提升国调队伍综合素质

按照党中央要求和国家统计局党组、山西省委部署，把“两学一做”作为推动国调事业发展的新机遇，严密组织，周密安排，确保“两学一做”学习教育取得实实在在的成效。一是高度重视，周密部署。精心制定学习教育实施方案，对“两学一做”作出具体安排，形成了齐抓共管的工作格局。二是细化措施，带学促学。总队党组精心制定理论学习计划，班子成员带头学习、带头讲授专题党课，使带学促学成为新风，产生了上行下效、整体联动的效应。三是围绕目标，创新方法。做精自选动作，做优创新动作。举办全省国调系统“两学一做”培训班。组织“两学一做”学习教育主题演讲比赛。在全省国调系统开展“抵制以数谋私，杜绝以数敛财”大讨论活动。四是立足实际，讲求实效。始终坚持问题导向，带着问题学，针对问题改，推进全省国调系统党的领导和党的建设不断加强，队风队纪和工作作风持续好转。五是强化督导，传导压力。成立“两学一做”学习教育督导组，确保“两学一做”学习教育质量和效果。

十、着力巡视整改，加强党的领导和党的建设

以习近平总书记系列重要讲话精神为指引，坚决按照国家统计局党组部署和要求，认真履行巡视整改主体责任，从严从实从速狠抓巡视整改工作。一是提高认识，精心组织推动。总队先后召开11次党组会议、2次常务会议、7次领导小组会议，研究整改工作重大事项，部署推动整改落实。二是压实责任，逐条逐项整改。制定整改方案和整改安排，确立了106项整改措施，明确整改责任、任务和要求，全力以赴抓好整改。三是立行立改，开展专项治理。开展了“党的建设乏力、基层党建工作薄弱”“全省国调系统组织人事管理”和“贯彻落实中央及国家统计局党组关于惩治在统计上弄虚作假的部署要求不到位”专项治理。四是建章立制，构建长效机制。着力构建全面从严治党长效机制，全面推进党的建设和国调事业持续健康发展。

（张树伟）

附：国家统计局山西调查总队党组书记、成员名单

书　记：刘顺国

成　员：包超英（女）　程海营　张继德

王润拴（10月任职）

审计署驻太原特派员办事处党组工作概况

党组书记　庄　军

2016年，在国家审计署党组的坚强领导下，太原特派办深入学习领会十八届三中、四中、五中、六中全会和习近平总书记系列重要讲话精神，认真贯彻中央经济工作会议和全国审计工作会议精神，严格落实署党组各项工作部署，坚持创新驱动战略，积极转变思维方式，紧紧围绕统筹推进“五位一体”总体布局和协调推进“四个全面”战略布局，依法履行审计监督职责，将创新、协调、绿色、开放、共享的发展理念融入到审计工作中，融入到特派办发展上，推动各项工作提质增效，各项工作取得了新的成效。

一、严格依法履职尽责，审计业务工作取得新成绩

2016年，太原特派办牢固树立科学审计理念，自觉融入经济社会发展大局，积极主动履职尽责。一是持续开展政策落实跟踪审计。推动山西、内蒙两省（区）在完善政策，拨付资金，落实配套资金，加快项目实施进度方面取得良好效果。审计重点关注了“三去一降一补”任务的落实和中央精准扶贫政策措施的贯彻情况和效果，其中关于山西省煤炭行业化解过剩产能的审计得到了山西省政府领导的充分肯定。审计发现扶贫建档立卡人员疑点线索，山西省政府有关领导作出重要指示，山西省扶贫主管部门初步已核实完毕，为山西省打赢脱贫攻坚战奠定了扎实基础。二是不断深化财政审计。在某海关预算执行、关税及进出口环节税征管等情况审计中共查出问题金额数亿多元；在某省收费公路资金管理使用情况审计中，审计报告反映各类问题十几种。三是加强领导干部经济责任审计，促进领导干部依法行政、依法用权，取得良好效果。四是强化民生审计。在某省工商保险和医疗保险基金审计，以及安居工程审计中查出的工伤保险基金先行支付制度未落实、农村危房改造实施未达到政策效果等多项重大问题，督促该省有关部门核查不符合农村危房改造政策户，追回已拨付资金。五是积极探索领导干部自然资源资产离任审计。在某市主要领导干部自然资源资产审计中，发现的毁林问题得到了及时整改。六是严肃查处重大违法违规问题。审计发现在国有煤矿改制过程中违规操作造成损失，某公司领导人员涉嫌受贿造成国有资金损失等多个重大违法违规问题。

二、聚焦全面从严治党，党建和党风廉政建设发展取得新局面

一是深入学习贯彻党的十八届六中全会精神。办分党组研究制定了21项学习和宣传计划，专门针对班子建设、队伍建设等8个不能回避的问题开展了集体讨论，并组织专人对各党支部贯彻落实全会精神进行监督检查。二是以学促做开展“两学一做”学习教育。制定了学习教育实施方案和6大项19个主题的学习计划表，全年组织了15次中心组学习、专题学习和专题研讨，3次组织全体党员干部参加党章党规知识测试，其中“紫光阁”网站在线答题和办内部测试全体在职党员参与率达到100%，审计署专网党章党规测试人均达到90分以上，编发了15篇先进人物专访，1名同志荣获“中华魂”红色文化经典学习诵读活动二等奖，3名同志撰写的学习感言入选“两学一做”优秀学习感言，4篇材料入选“我眼中的共产党员”宣传活动先进事迹材料。三是严格落实巡视整改工作。积极配合署党组第七巡视组开展巡视工作，突出问题导向，认真总结和主动查找工作中，特别是落实全面从严治党存在的问题，积极整改落实。根据中央第二巡视组反馈巡视情况，办分党组书记亲自组织整改工作，已全部整改完毕，并从建立长效机制方面出台了制度，将临时党支部工作纳入党建和党风廉政建设监督管理信息平台。四是统筹谋划党风廉政建设工作。制定了党风廉政建设工作计划和《落实党风廉政建设主体责任台账》，细化了责任，完善落实全面从严治党责任清单等制度，开展“五位一体”审计现场综合检查，坚持组织年度审计回访，强化了审计项目督查。驻办纪检组长及机关党委人员组成监督组坚守审计点，同时层层设置廉政监督员，将日常监督与集中检查相结合，实现了对审计项目全过程跟踪监督。

三、狠抓干部队伍建设，队伍精神面貌出现新气象

一是加强领导班子建设，认真贯彻民主集中制原则，做到了协商于决策之前，行动于决策之后。二是加强处级干部队伍建设，严格按照程序组织了处级干部选拔任用工作，提任处级干部6名；开展了干部轮岗交流工作，全办总体轮岗比例近4成。三是加强青年干部队伍建设，进一步完善了审计实务导师制，选派94名干部参加专业培训和3名优秀干部交流锻炼等。四是加强思想作风建设。2016年，特派办一方面继续开展“塑造新形象、进位勇争先”主题实践活动，全面总结分析太原办发展的阶段性特征，研究改

进措施。活动开展以来得到署领导的一致肯定。另一方面深入开展作风整顿。通过邀请离退休老干部讲课、宣传办内先进典型等形式，加强了优良传统教育；通过审计现场随时强调廉政、保密等各种纪律，强化了优良作风的养成；通过深入细致的思想政治工作、监督考核等，大力营造了干事创业、攻坚克难的浓厚氛围。

四、着力加强创新工作，为促进全面发展增添新动能

一是创新党建党风廉政建设工作。组织开发了党建和党风廉政建设监督管理信息平台，探索运用信息化手段解决“一手硬、一手软”现象，对各党支部（临时党支部）进行了全流程实时管理和监督。该平台已被中央国家机关工委宣传部、研究室、《紫光阁》杂志社和信息中心联合开展的党建信息化案例征集活动评选为“优秀案例”。二是创新审计研究工作。建立情报中心，整合多源数据，加大数据分析应用力度，将情报中心的建立定位于打造我办审计事业发展的新引擎。开展政策研究工作，不断完善资料收集途径，紧紧围绕审计工作目标，结合地域特色和项目特色做大文章，形成审计成果。三是创新审计组织管理模式。在审计项目中，开展“以岗定人，多点多线，网格化管理”的审计现场管理，加强定期检查、过程提醒和评估督办，实现审计项目统一管理，在审计实践中取得良好效果。四是创新机关管理工作，探索干部培训培养方式，创新思想政治工作方法和干部个人考核机制。

（陈　华）

附：审计署驻太原特派员办事处党组书记、成员名单

书　记：庄　军

成　员：张晓霞（女）　杨卫东　刘　宇

王　华　安志蓉（女）

太原铁路局党委工作概况

党委书记　江　涛

2016年，太原铁路局党委坚持以党的十八大和十八届三中、四中、五中、六中全会精神为指导，深入学习领会习近平总书记系列重要讲话精神，坚定不移地贯彻落实山西省委、中国铁路总公司党组决策和路局第一次党代会部署，主动适应新常态，全面加强党的建设，依靠党政工团各级组织和广大党员、干部职工，努力推进全局安全稳定、改革发展，为实现“十三五”良好开局提供了政治、思想和组织保证。

一、扎实开展“两学一做”学习教育

铁路局党委把“两学一做”学习教育作为深入推进全面从严治党、促进改革发展、战胜各种挑战的重要举措和强大动力。加强组织领导，细化实施方案，先后8次召开专题会议进行研究部署，推动学习教育向广大党员拓展，向职工群众延伸。两级领导班子成员自觉参加组织生活，带头讲党课，与党员一起深入学习研讨、一起查摆解决问题。坚持打牢学的基础，落实4个专题安排，认真学习党章党规、系列讲话，按照有认识、有体会、有不足、有分析、有措施的标准开展集中研讨。坚持以学促做，以“不看党徽识党员，只看行动辨党员”为目标，细化“四讲四有”合格标准，组织党员承诺践诺，选树“学·做”典型在全局巡回宣讲。坚持严督实导，4个局派协调督导组严格把关，定期组织开展“回头看”，扎实推进党员组织关系排查、党费收缴检查等4项重点任务，保证学习教育质量。通过学习教育，进一步巩固和拓展了党的群众路线教育实践活动和“三严三实”专题教育成果，规范了党内政治生活，增强了党性观念，坚定了理想信念，激发了全局4.9万余名共产党员不忘初心、继续前进的行动自觉。

二、抓好党委中心组学习

铁路局党委把中心组学习作为把握大势、紧跟大局、统一思想、提高能力的重要平台。规范完善路局党委中心组学习管理制度，严肃考勤纪律和党委书记签阅学习笔记，严格落实每月两次集中、两次自学的要求。聚焦政治理论学习，坚持读原著学原文悟原理，把学习和讨论结合起来，党政正职带头谈体会，班子成员积极发言，组织报台专题报道，展示学习成果、接受群众检验，为基层领导人员和党员干部作出示范。去年，路局党委中心组围绕党章党规、系列讲话以及党中央治国理政新理念新思想新战略，集中学习研讨26次，其中扩大学习会6次。局属单位党委中心组学习日趋规范，各级党组织政治理论学习也深入持久地开展起来，广大党员干部参加理论学习更加自觉和主动，“四个意识”特别是核心意识、看齐意识不断增强，推进改革发展的信心和决心更加坚定。

三、加强领导班子和干部人才队伍建设

铁路局党委把领导班子和干部人才队伍紧紧抓在手上，确立“有过硬政治素质、有坚定组织观念、有科学决策程序、有称职担当能力”的要求，着力固牢太铁大厦的每条“钢筋”。落实民主集中制原则，修订完善决策“三重一大”事项制度，提升领导班子把握形势、突出重点、掌控局面的能力。坚持重人品、重台阶、重经历、重实绩、重公论，严格“凡提四必”要求和个人有关事项报告制度，先后调整领导人员225人次，配备党群领导人员54人。坚持党校姓

党，发挥主阵地作用，抓好党员干部教育培训，先后举办全局党政正职、新任职领导人员、党支部书记和青年骨干大学生党员培训班等党员干部培训31批4231人次，主体班次达到26%。实施“人才强局”战略，召开人才表彰会，培养物流专业人才352人，全局中高级专业技术人员达到5839人，高技能人才占到操作技能人员的52.5%，骨干队伍支撑作用进一步增强。

四、深入推进干部作风建设

铁路局党委坚持作风建设永远在路上，不断巩固执行中央八项规定精神的成果。扎实整改中央专项巡视通报问题，集中两个月时间开展“回头看”，通过梳理、完善、修订、健全，扎紧制度的“笼子”。落实山西省委部署和铁路总公司新一届党组《关于深入贯彻落实中央八项规定精神的决定》，细化实施办法，抓好检查督促，促使党员干部树立为民务实清廉和忠诚干净担当的作风形象。严格干部日常管理监督，组织开展运输站段领导人员专项联合调研，全面考察了解干部思想和工作作风情况。倡导“向前走一步、没有结合部”的理念，两级领导班子成员带头在全局营造团结、民主、和谐的工作氛围。推行系统负责、岗位负责、专业负责、逐级负责和机关服务、基层自立，各级干部探索实践“教练式检查、积分式考核、担保式返奖”的管理方式，改变简单的查、被动的盯，大力减少对基层的干扰，有的放矢地深入现场、提供指导、搞好服务，密切党群干群关系，凝聚起太铁团结奋进的强大合力。

五、抓好各级党组织建设

铁路局党委把党的基层组织建设作为党建基础不断夯实。强化两级党委的主责主业意识，逐级开展党组织书记抓党建述职评议考核，组织召开全局党建工作座谈会，理清工作思路，推动责任落实。加强两级党委会建设，召开路局第一次党代会，选举产生了党委班子和纪委班子；认真落实总公司党组要求，指导完成基层党委换届工作。规范政工经费管理使用，加强工程建设领域党建工作，开展“工程管理和党建工作标准化”达标升级竞赛，推动基层党建基础得到加强。贯彻落实《铁路企业党支部建设纲要》，深化党支部建设“三年基础工程”，动态优化党支部设置，选优配强党组织书记，严格“三会一课”制度落实，分系统打造标准化党支部样板15个，启动实施王家湾全路党员教育示范基地建设。加强党员教育管理，广泛开展创岗建区、“三无”竞赛等活动，实现党员“两违率”控制在5%以内的目标。15个党组织、17名党员受到山西省委和铁路总公司党组“七一”表彰。

六、深化宣传思想文化工作

铁路局党委把宣传思想文化工作运用到引导方向、激励斗志、优化环境的火热实践中。深入学习宣传社会主义核心价值观，精心组织庆祝建党95周年、纪念长征胜利80周年系列活动，开展主题党日、歌咏大会等革命传统教育。大力弘扬新时期铁路精神和“大秦铁路·重载精神”，凝聚起“负重争先、务实创新”的强大力量。积极培育“我的安全我做主”理念，树立职工的安全幸福观，深入开展“转观念、闯市场、增效益”主题教育，推出一批创新创效创业品牌，安全、经营、服务文化建设得到深入推进。大力选树宣传先进人物和感人事迹，太原站杨静、太原南站李静、大西供电段王养国等一批典型脱颖而出，123名职工荣获省部级以上荣誉称号，形成了先进倍出、群星璀璨的生动局面，使职工群众学有榜样，赶有方向。推行“必谈必访”工作方法，建好职工网上家园，提升思想政治工作覆盖面和影响力。讲好太铁故事，加强舆论引导，塑造了太铁良好形象。

七、推进党风廉政建设和反腐败斗争

铁路局党委坚持“运输安全、干部安全”两手抓，以担当的精神践行主体责任，教育引导党员干部走大道、进正门。落实中央纪委六次全会精神和山西省纪委、铁路总公司党组纪检组部署，健全党风廉政建设责任制，细化责任清单，加强考核问责，推动“两个责任”落实。开展“守纪律、讲规矩”教育，建成党风廉政教育网络基地，组织纪检监察干部专题培训和835名局管领导人员廉政考试。聚焦主责主业，加快“三转”步伐，推进纪检监察组织内设机构和职能调整，健全完善两级机关廉政风险内控机制和权力清单制度。以“查办、解脱、保护”为方向落实“四种形态”，推行违纪违规问题专题民主生活会制度，抓好谈话函询和教育提醒工作，加大典型问题通报力度，全年对17名局管领导人员进行谈话函询，点名道姓通报14起典型问题。坚持执纪必严、违纪必究，给予党的纪律和企业纪律处分102人，对履行党风廉政建设责任不力的5名领导人员严格问责，形成有效警示，营造了风清气正的发展环境。

八、积极做好新形势下群众工作

铁路局党委认真落实党中央群团工作会议精神和总公司党组部署，加强对群团工作的领导，坚持把群团建设纳入党建工作总体部署，研究制定新形势下加强党建带团建工作意见，加强政治领导、思想领导、组织领导。支持工会、共青团组织依法依章程独立自主开展工作，广泛开展“双百”争创、“五小”竞赛、职工运动会和“双创”立功竞赛、“青创杯”创新创效创业成果展示等活动。深化民主管理，落实职工代表大会制度，积极推进厂务公开和党务公开，举办劳模先进座谈会、职工代表恳谈会，广泛开发群众智慧。推进“三线”建设，投入1243万元整治“八小”设施，3449万元用于帮扶救助工作。建成路局职工服务中心，注册职工70818人，累计受理职工诉求1306件，相关部门及时给予办理或答复，先后办结1289件，办结率达98.7%，使职工的话有人听、事有人办、建议有人采纳成为常态。推进信访问题精准化解，建成视频接访系统，引导职工依法合规表达诉求，路局连续七年实现总公司信访“零考核、零扣分”。加大治安综治和反恐怖工作力度，强化公安部门打击防范职能，确保了铁路沿线治安稳定。同时，统战、保密、武装、关工委、老干部、学协会、军交等部门也做了大量工作，发挥了积极作用。

九、坚持抓好党建促发展

铁路局党委充分发挥党组织的领导核心和政治核心作用，团结带领各级组织和广大党员、干部职工，和衷共济、拼搏奉献，推动各项重点工作取得新的进步。全局安全基础不断夯实，安全生产特别是高铁和旅客安全保持持续稳定，顺利实现了安全年。大宗货物运量止跌回升，集装箱运输翻了一番，全局货物发送量完成5.12亿吨，创历史最高水平。客运工作实现新的突破，旅客发送量达到7120.7万人，再创历史新高。资产经营开发效果显著，全局非运输业务完成营业收入114.3亿元、利润6.5亿元。现代物流建设加快推进，“天网”“地网”双网并行，中鼎物流园按期建成投入使用，打造了国内首个铁路主导多式联运标志性工程。路网结构更加完善，全年完成建设投资113.78亿元，大张、太焦、原大等一批建设项目进展顺利，圆满完成中国标准动车组试验和运用考核。职工生产生活条件进一步改善，兑现19件实事项目，职工平均工资同比增长4.8%，获得感、幸福感不断增强。全局上下呈现出“党建不断加强、作风明显转变、安全有序可控、经营业绩优良、建设实现‘三保’、民生持续改善、队伍保持稳定、社会形象良好”的发展态势。

（于　洋　高　毅）

附：太原铁路局党委书记、副书记、委员名单

书　记：江　涛（2月任职）

副书记：赵春雷　郭家宏　支　斌

委　员：张锁明　丁永民　俞　蒙（10月任职）　王全献（10月任职）　杨占虎（10月任职）　刘　枫（10月任职）　邢　东（10月任职）　郭善宏（10月任职）　王金虎（10月任职）　董跃峰（10月任职）　刘全新（10月任职）

省煤矿安全监察局党组工作概况

党组书记　卜昌森

2016年，面对全省煤矿安全风险因素急剧增加的严峻形势，山西煤矿安全监察局党组团结全局干部职工，深入学习党的十八届五中、六中全会精神，认真贯彻落实“两学一做”学习教育，在国家安全监管总局、国家煤矿安监局、省委省政府的正确领导和大力支持下，攻坚克难，务实创新，持续加强自身建设，大力提升依法行政水平，抓源头、严执法、强基础、重预防、治根本，通过与各市地、各部门和各煤炭企业的共同努力，杜绝了特别重大事故的发生，全省煤矿安全生产形势保持了总体稳定的局面。

一、以科学研判形势为引领，广泛凝聚共识、积蓄精神力量

2016年，山西煤矿安全监察局党组在深入调查研究的基础上提出，2016年将是山西乃至全国煤矿生产安全风险最大的时期，随时都处在事故多发的临界点、易发期。局党组认为，全省煤炭行业将继续处在生存发展煎熬期、生产接续紧张期、结构调整阵痛期、历史遗留问题凸显期、产能集中释放期、安全风险加剧期的“六期交融”之中，安全生产将面临“七大风险”即：经济低位运行带来的系列风险、资源整合矿井潜在隐患突出、国有企业多元化发展带来新的安全风险、老矿井安全风险急剧增加、瓦斯治理和水害防治任务更加艰巨、在煤炭供给侧结构性改革过程中“去产能”潜在安全风险、煤价反弹加剧安全生产压力。

实践表明，局党组的判断完全准确。在这一判断引领下，全局广大干部职工达成了“进一步强化红线意识和底线思维”“事在人为、路在脚下、安全在人管”“非常时期需要非常勇气、非常担当”“宁听骂声、不听哭声”“履行国家安全监察与服务地方经济发展双重使命”的广泛共识，为切实履行好煤矿安全监察职责、促进山西煤炭产业安全发展奠定了扎实的思想基础，积蓄了宝贵的精神力量。

二、以党的十八届五中、六中全会精神为引领，全面开展“队伍素质提升年”活动

一是大力强化政治理论学习。通过党内“三会一课”

"山西煤监大讲堂"、解放思想更新观念大讨论和举办"使命·担当·创新"主题演讲等形式，坚定理想信念，增强政治意识、大局意识、核心意识、看齐意识。2016年，共举办各类主题党课122次、山西煤监大讲堂等各类专题讲座（含视频）14次，充分发挥了"没有牌子的党校"的作用。二是大力强化纪律规矩教育。突出加强各级领导班子民主集中制教育，着力提高了领导班子解决自我问题的能力。突出加强党员干部队伍的党性教育，深入开展"两学一做"学习教育，着力培育对党忠诚、个人干净、勇于担当的煤监队伍。三是大力强化机关文化建设。采取每季度召开一次现场交流会的形式，大力推动了机关文化建设。省局和各监察分局（站）都培育了具有本单位特色的机关环境文化。此外，还创办了山西煤监文化月报《灯塔》，组织开展了一系列干部职工喜闻乐见的文体活动。四是大力强化团队精神培育。强力灌输"简单·阳光·坦诚""使命·担当·创新"等团队文化理念和"事不避难、义不逃责，守土有责、守土尽责等团队责任理念。对全系统208名监察人员进行了拓展训练，组织开展了主题演讲，激发了广大干部职工建功立业的激情。五是大力强化典型选树工作。以国家安全监管总局五年一次的评选全国安全监管监察先进集体和个人为契机，推出了1个先进基层党组织、1名优秀共产党员、1名优秀党务工作者、1个"五一"劳动奖状获得单位、1名"五一"劳动奖章获得个人，表彰了10个先进集体、42名优秀公务员、31名优秀工作者。

三、以创新提效为引领，全面履行国家监察职责使命

（一）坚持严守红线。一是认真贯彻落实党中央、国务院关于安全生产的指示精神，牢固树立安全红线意识和底线思维，扎实开展煤矿安全监察工作，突出抓好促进企业的主体责任、相关部门的监管责任和地方党委政府的领导责任落实。二是积极传播煤矿安全生产正能量，在山西广播电视台播放安全生产主题公益广告，弘扬"发展绝不能以牺牲安全为代价这条不可逾越的红线"理念。三是组织全省煤矿事故警示教育巡回宣讲，加大煤矿安全形势教育和煤矿事故警示教育的力度。

（二）坚持依法监察。坚持"法定职责必须为，法无授权不可为"，实现"两个转变"，即"煤矿企业安全检查员到煤矿安全国家监察员的转变"和"监管监察不分向履行国家监察职责的转变"。编印了《山西煤监局煤矿安全监察执法文书制作规范及模板（试行）》，组织开展了执法监督检查、执法文书突查、执法案卷评查、优秀案卷点评和执法案卷巡展等系列活动。

（三）坚持载体创新。进一步坚持抓好"三项监察"执法计划、切实提高监察执法质量和效果的同时，大力实施监察执法载体创新，每季度召开一次监察执法座谈会，总结推广监察执法创新经验。推广实施源头式监察、宣教式监察、授课式监察、审计式监察、解剖式监察、交互式监察和积分式监察，增强了监察执法的针对性和实效性。

四、以建立双重预防性机制为引领，全力遏制重特大事故

扭住遏制煤矿重特大事故的"牛鼻子"，持续发力，久久为功。一是认真总结历史规律，深刻汲取事故教训。统计分析建国以来全国全省发生的煤矿重特大事故，总结规律、剖析根源，进行了11场次、听众累计8000人的专题宣讲，敲响"后人哀之而不鉴之，亦使后人复哀后人"的警钟。二是大力推动严格落实企业主体责任。提出了抓住"两个关键人（矿长和总工程师）"和"三个关键团队（以矿长为首的安全生产管理团队，以总工程师为首的工程技术管理团队，以区队长、班组长、安监员为主的现场管理团队）"，加大责任监察力度，聚焦不落实的事、追究不落实的人。三是坚持把隐患当事故来查处。督促指导企业建立安全风险分级管控和隐患排查治理双重预防性机制，围绕瓦斯、水害等重大致灾因素，深入排查，对隐患早排查、早处置，筑牢防范和遏制重特大事故的"防火墙"。四是突出加强重点监察。盯住安全基础薄弱的不放心矿井、安全周期长思想容易麻痹矿井、停产停建矿井、资源整合矿井、经济形势特别困难的衰老矿井，加大监察监控力度，把监察的重点放在技术监察上，查大系统、治大隐患、防大事故。五是坚持重典治乱、重拳出击、重兵防守。针对年初特别是7月份以来全国全省煤矿安全严峻形势，开展了山西煤监"利剑行动"，剑指一切非法违规生产建设行为，除值班值守人员外，全体监察人员一律下矿监察执法。六是坚持严格责任追究。严肃查处每一起事故，严查瞒报事故。全年共查结事故14起，追究责任275人，其中处级干部43人，厅局级干部5人；追究刑事责任41人，行政处分159人，党纪处分64人，行政处罚93人。

五、以法治建设为引领，全面提升依法治安工作水平

一是组织开展了第15个"安全生产月"活动，开展了新安全生产法实施两周年、职业病防治法宣传周等集中宣传活动，营造了依法治安的浓厚氛围。二是继续大力推动依法行政、依法治安工作，加大了执法监督力度，规范和完善行政许可、行政处罚的流程。三是继续大力推动煤矿法治企业建设，加大对遵法守法模范企业的选树力度的同时，对违反国家安全生产法律法规的企业和个人，坚持"两个不管"，即不管涉及到什么人、不管涉及到的人有什么背景，都坚持一查到底，绝不姑息。

六、以政治保证为引领，全面加强党的建设特别是党风廉政建设

认真按照国家安全监管总局党组的安排部署和省委的要求，突出落实党组织和纪检组织的"两个责任"，突出落

实各级党政领导的“一岗双责”，突出加强党的基层组织建设和党员队伍建设，突出抓好党风廉政建设和反腐倡廉工作。一是以“两学一做”学习教育为契机，党的建设全面加强。认真开展“两学一做”学习教育，突出“基础在学、关键在做、以上率下”。组织召开了全局第三次党员代表大会，选举产生了第三届局直属机关党委和直属机关纪委，48个党总支和支部完成了换届、支委调整工作，机关党的建设得到了全面加强。二是以中央巡视问题整改为动力，强化了全面从严治党。局党组把抓好巡视问题整改作为推动全局全面从严治党、进一步转变干部作风、切实增强党的凝聚力和战斗力的关键举措，认真落实自身全面从严治党的主体责任，积极支持纪检组认真落实全面从严治党的监督责任。局党组制定了《贯彻落实全面从严治党要求的实施意见》，把全面从严治党的最新要求贯穿到党的建设的方方面面。三是以反腐倡廉为重点，进一步加强了党风廉政建设。坚持两个“天字号”，把“廉政为天”作为实现“安全为天”的前提和基础，坚持不懈地抓党风、促廉政、塑形象。组织全体监察人员到监狱煤矿接受了一次刻骨铭心的廉政警示教育，用身边的人和事教育身边的人，给广大党员干部敲响了警钟。四是以落实党管干部原则为核心，进一步加强了选人用人工作。坚持树立既要煤矿安全监察促进煤矿安全生产政绩，也要干部成长成才政绩的“两大政绩”观，倡树“让想干事的人会有机会，能干事的人会有舞台，干成事的人会有地位，不干事的人会有危机”的用人导向，疏通了变“相马”为“赛马”“自己提拔自己”“干部能上能下”的用人机制。

（张建涛）

附：省煤矿安全监察局党组书记、成员名单

书　记：卜昌森

成　员：梁云祥　徐占成　贾师文
赵文才（5月离职）　杨谦禄（6月离职）
王怀科

中华人民共和国太原海关党组工作概况

党组书记　吴海平

2016年，太原海关党组深入贯彻党的十八大，十八届三中、四中、五中、六中全会和习近平总书记系列重要讲话精神，落实全国海关关长会议部署和山西省委省政府要求，带领全关同志深入推进“以改革引领发展、以法治筑牢根基、以党建统筹队伍”三大工程“落实年”的各项工作，从严管理队伍，深化改革创新，优化监管服务，各项工作平稳有序推进。

一、业务运行概况

全年完成税收入库15.02亿元，同比增长32.92%，圆满完成税收预测数；审核报关单17214份，同比增长52.9%；监管进出口货运量263.1万吨；监管进出境航班及包机3128架次，监管进出境旅客40万人次。

二、支持服务山西省全面扩大开放成效卓著

支持山西2016年进出口增速居全国第一。加强实际监管，强化关区业务运行管控，打击虚假贸易，营造良好外贸环境，2016年山西省进出口总值1099亿元人民币，自金融危机以来首次突破千亿元大关，同比增长20.5%，进出口增速居全国第一。积极为山西开放型经济发展建言献策。完成三个省领导课题，得到山西省省委书记骆惠宁、省长楼阳生和副省长王一新等省领导的高度评价。《中共山西省委　山西省人民政府关于开发区改革创新发展的若干意见》《关于建设山西转型综改示范区的实施方案》等文件充分采纳吸收该关建议。全力支持山西省承接加工贸易产业转移，促成苹果手机全球维修项目落户太原。出台《太原海关支持山西省承接加工贸易产业转移工作方案》。针对富士康苹果手机维修项目，该关积极主导、把握方向、解读政策、规范流程，短时间内先后攻克涉及政策审批、监管办法、操作流程、系统平台等方面的难题。9月2日商务部和海关总署联合批复富士康（太原）公司成为全国唯一一个区外维修和工单式核销并行的企业，年产值超100亿的富士康苹果手机维修项目成功落地。支持山西开放平台建设取得重大突破。大同、运城、五台山机场航空口岸和太原

铁路口岸正式列入国家口岸发展“十三五”规划。运城海关、晋城海关相继开关。长治海关筹建有序推进。助推太原市开展跨境电子商务。8月18日，首批商品在太原武宿综合保税区顺利通关。主动服务山西省开放型经济发展。与天津海关签署合作备忘录，助推山西融入京津冀协同发展国家战略、环渤海经济圈。扶持山西省重点企业、重点项目，争取到太钢集团2016年知识产权海关保护总担保。落实结构性减税政策，全年减免两税2.03亿元人民币。

三、履行把关服务职责　狠抓内陆强关建设

（一）坚持从严治党，关区党建工作水平不断提升。关党组切实履行党建主体责任。认真贯彻落实全国海关党的建设工作会议精神，召开党建工作会议部署关区党建工作。组织党组中心组学习13次。制定出台《关于坚持从严治党努力加强干部队伍建设的实施意见》等12项规章制度。出台落实党风廉政建设主体责任党组书记和党组成员责任清单。连续14年被评为“山西省直文明单位标兵”。扎实开展“两学一做”学习教育。贯彻落实党的十八届六中全会精神。开展专题学习研讨、“党章党规”知识竞赛、“百日抄党章”“党建活动日”等活动，隶属大同海关党支部代表该关参加华北片区海关文化协作区党章党规知识竞赛，取得第二名的好成绩。组织全体党员重温入党誓词。隆重表彰关区“两优一先”先进集体和优秀个人、设立22个“党员示范岗”。机场海关党支部分别被山西省委和海关总署授予“先进党支部”。机关党委统筹推进关区党建工作。认真落实党员组织关系、党费收缴管理等党建“7项重点任务”。制定“党建活动日”“学习责任清单”“党内民主评议”等制度规范。将支部书记党建工作联述联评联考列入年度考核项目。在现场业务处开展“支部建在科上”试点工作。“互联网+党建”工作被《山西日报》等媒体刊登。“两个责任”落地生根。出台《太原海关党组成员开展党风廉政建设重要工作约谈办法》，关党组成员约谈20人次。出台加强监督16条和纪检监察、党风廉政、督查审计联系配合实施意见。内控“免疫系统”作用突出，内外部审计查发问题和整改落实效能增强。自觉运用监督执纪“四种形态”，特别是第一种形态，抓早抓小抓常抓细。关区廉政态势继续保持平稳。认真打好脱贫攻坚战。关党组成员、各党支部包干包户、结对帮扶开展“精准扶贫”，全年使用自有扶贫资金25.76万元，监督使用省委专项资金20万，16户如期脱贫，占全部贫困户的16.7%。

（二）坚持依法行政，切实履行监管职责。综合治税成效明显。圆满完成税收预测数，强化税收风险防控能力，审价补税1043万元，稽查追补税244万元，归类补税44万元。法治根基更加牢固。修订《太原海关规范性文件管理办法》《太原海关规章制度管理办法》，完善关区规范性文件和规章制度管理。继续精简行政执法领域内部核批事项。实际监管职责履行到位。随机选择布控查验占比95.64%。旅检渠道首次查获管制刀具、象牙饰品和仿真武器。虚假贸易打击有力，外贸环境稳定有序。

（三）落实总署重大决策部署，各项业务工作稳步推进。业务改革继续深化。接受申报一体化报关单17195份，货值526.2亿元人民币。深入推进“三互”大通关建设。优化关检合作“三个一”，接受“一次申报”报关单17265份。完成汇总征税项下报关单40份。所有业务现场实现通关作业无纸化全覆盖，无纸化报关单占比达到95.62%。谋划部署关区业务建设。召开关区业务建设专题工作会议，出台《太原海关党组关于加强业务建设的意见》，理清了思路，确立了原则，明确了目标和措施。“放管服”改革落实到位。坚决落实中央深化“放管服”改革的工作要求，在重点领域和关键环节发力，保留4项属于总署正面清单的收费项目，坚持正面清单管理。各业务现场设置“海关行政审批受理窗口”，全面施行“一个窗口”审批受理制度，简化企业办理程序。推出“关企合作平台”，实现关企良好沟通互动。下放行政审批权限，取消暂时进出境行政审批事项。实施企业信用管理，统一社会信用代码改革取得阶段性成果。

（四）保持打私高压态势，缉私业务取得历史性突破。查缉毒品实现零的突破。

（五）严管厚爱，加强队伍建设，保障水平不断提升。坚持科学选人用人，完善干部梯次，提高队伍素质。继续推进“瘦上强下”，开展人员交流4批次，交流干部31人。开设“并关课堂”微信平台，远程视频授课和微信线上授课相结合，构建“特色式培训”新模式，组织各类培训36期、1500余人次、人均参训30学时。文化育人营造和谐氛围。出台《太原海关党组关于加强和改进关警员身心健康保护工作的指导意见》，建立关警员心理健康档案和心理援助机制。“并关政工”微信平台订阅覆盖率超过90%。开展“走进剧场”活动，组织关警员2900余人次，100余次欣赏主旋律剧目演出、观看体育赛事和收听收看专家讲座。综合保障推进有力。全面完成关区二级预算单位车改工作。综合保障一体化试点稳步推进。政务信息、政策研究、舆情监测处置、政务公开、值班应急、“12360”热线、机要保密、档案管理等工作水平稳步提升。科技应用和保障作用凸显。后勤服务水平不断提升。

（李建鸿）

附：中华人民共和国太原海关党组书记、成员名单

书　记： 吴海平

成　员： 许乾峰（9月离职）　武书明（1月任职）

虞　阳　林跃飞　赵锦芳（11月任职）

太原铁路公安局党委工作概况

党委书记　董跃峰

2016年，太原铁路公安局坚持以党的十八届六中全会精神、全国政法工作会议、全国公安厅局长会议、全路工作会议精神为指针，以“两学一做”学习教育为引领，以深化公安改革“四项建设”为载体，主动适应经济发展、深化改革、依法治国和从严治党的新常态，紧紧围绕“五个过硬”总要求和公安局第二个“三年规划”目标，充分发挥打击、防范、服务职能作用，着力推进打防管控一体化建设，圆满完成了G20杭州峰会、十八届六中全会等重大安保任务，为服务山西经济社会发展、旅客群众平安出行提供了和谐稳定的治安环境。

2016年，公安局被山西省直文明委评为“省直文明单位标兵”，1个基层单位被公安部命名为“全国公安机关执法示范单位”，1个基层单位被铁路公安局（公安部十局）评定为“铁路公安机关执法示范单位”，1个单位荣获“山西青年五四奖状”荣誉称号，1名民警荣获全国铁路总工会“火车头奖章”，1名民警荣获“全路优秀共青团员”荣誉称号；微电影《礼物》在全国公安民警“三微”大赛中荣获微电影一等奖和最佳编剧奖；微电影《乘警故事》《铁警尚成书》分别荣获全国职工微影视大赛银奖、铜奖以及最佳编剧奖；纪录片《鹰眼神探》荣获第22届中国纪录片“十优”长片奖；荣获全路模拟爆炸案件练兵考核第一名；参加“规范执法·青春圆梦”全路青年民警知识竞赛获得片区赛和总决赛第一名；荣获铁警铸忠诚“星光杯”全路公安微电影大赛特别奖、一等奖、三等奖，最佳编剧奖，最佳剪辑奖，最佳男演员奖及优秀组织奖七项大奖；情景剧《承诺》、舞蹈《传承》荣获全路公安舞蹈小品大赛二等奖；公安局党委连续11年被路局评为“先进党委”，公安局领导班子连续4年被路局评为“学习型领导班子标杆”，同时被路局评为“宣传思想文化工作先进单位”。

一、坚持学习与实践并重，围绕“两学一做”正党风

公安局党委把开展“两学一做”作为重要政治任务，突出“学”这个基础，落实“做”这个关键，深入推进争做“四讲四有”合格党员活动，进一步提升了“两学一做”学习教育成效。一是精心部署抓推进。各级党组织以书记专题党课起步开局，层层召开部署会议，对全局2936名党员做到了全覆盖动员。公安局、处32名党委委员既在所在党支部又深入32个联系点党支部讲授党课，达到党课教育和动员部署的双重效果。二是紧扣主题抓学习。购置3000本习近平总书记系列重要讲话读本，在公安网开通“两学一做”专题学习板块，编辑刊载10本电子书、6部党课视频及各类上级精神、领导讲话，信息简报、它山之石130篇文章，有效丰富了学习范围。局、处领导班子、副处级领导干部和党支部书记坚持先学一步、学深一步，带头落实“四严四有”，系统学习规定篇目，开展四次专题集中学习讨论，进一步增强了广大党员的党性观念和规矩意识。三是学做结合抓成效。各级党组织结合党员“创岗建区”活动，积极开展争做“四讲四有”合格党员活动，认真细化每名党员“四讲四有”合格党员的具体标准，将其纳入党员先锋岗和红旗责任区的考核体系，并利用各种形式在党员和群众中公开。广大党员在岗位工作中戴党徽、亮身份，积极践行“党员身份亮出来、党员承诺做出来、党员形象树起来”，开展义务劳动120个次、爱民便民活动156个次，强化了党性观念，弘扬了优良传统。

二、坚持传统与创新并驱，做实思想政治工作增长点

全局各级公安机关始终把加强和改进思想政治工作摆上首要位置，坚持定期政治理论学习制度的同时，积极适应时代变化和民警思想特点，加大机制、方式、手段创新力度，筑牢思想政治建设基石，进一步坚定理想信念，铸造忠诚警魂。一是重视思想引领。重新修订公安局《思想政治工作规范》，制定政治理论学习等11项制度，落实常态化理论学习、形势报告和党风党纪教育制度。同时，围绕第一个“三年规划”的圆满收官，编缉专题画册《奋进之旅》，拍摄制作专题片《奋进》，编写宣讲动员提纲，开展“讲、学、看、论、写”专题学习活动。二是重视党建牵引。按照“十个一”标准，推动所有基层党（总）支部年内全部达到“党员标准化活动室”。修订《发展党员工作操作规程》，规范落实“三会一课”、民主评议党员、双重组织生活、主题党课等党内制度，进一步提高民主生活会、组织生活会质量。三是重视实践激励。强化战时思想政治工作机制，围绕各时期重点工作任务，相继部署开展“三比三看三争当”“组织作用在所队、党员作用在岗位”以及以“铁警铸忠诚、党员当先锋”为内容的七个一系列主题实践活动，进一步筑牢了干部“忠诚、为民、公正、廉洁”的人民警察核心价值观和高举旗帜、听党指挥、忠诚使命的思想根基。

三、坚持管理与宣传并举，助推队伍正规化建设换挡升级

全局公安机关认真贯彻落实上级部署要求，把队伍正规化建设作为公安工作的主线，重点围绕“八个突破”的

工作目标，着力构建一支政治坚定、执法为民、勇于奉献、敢于担当、清正廉洁的高素质太铁公安队伍。一是以实战练兵提升战斗力。将2016年作为“实战化训练提升年”，以“四个提升”为目标，全面部署开展全员实战训练，共举办各类培训班8期，培训干部民警1352人次。广泛开展比武竞赛活动，通过实行随机抽查抽选抽考，推动全员练、全员考、全员比。9月28日，公安局在武警山西总队训练基地举办全局队伍正规化建设汇报演练，并利用两天时间组织全局13个大站派出所的65名干部民警进行了实战练兵考核，评出集体、个人奖项63个，对成绩突出的5个集体和10名个人予以记功嘉奖，提振了队伍士气，检验了素质能力。二是以内外宣传聚合向心力。严守传统媒体阵地，积极探索“互联网+公安思想政治工作”新模式，紧密围绕铁路公安中心工作开展宣传策划，精心策划宣传专题，切实对接社会需求，在重要时间节点抢占主流媒体阵地。准确把握新媒体时代公安工作和队伍建设的新特点，充分运用微博、微信、微视、微电影等多种形式，发好公安正面声音，正确引导社会舆论。公安局、处两级开办了微博“太铁警方在线”和微信公众号“太原铁警”“大同铁警在线”“临汾铁警在线”，开设了“警民直通车”、网上心理按摩室、“爱有回声”等栏目，努力打造网络民生警务。三是以纪律作风强化执行力。始终把纪律挺在前面，坚持监督执纪问责力度不减、标准不降、尺度不松，全局党风廉政建设和队伍纪律作风有序可控、持续稳定。先后制定出台党风廉政建设四项制度，对加强全局党风廉政建设进行总体规划，扎紧了制度的笼子；部署“学廉守纪保安全”“廉政建设教育月”“严教育、肃警纪、强管理、塑形象”为主题的纪律作风教育整顿等活动，开展公务用枪、执法办案、警用车辆三项清查整顿，对排查出的重点人员逐一制定相应风险防范措施，明确责任部门、责任领导，全体干部民警纪律意识进一步增强。四是以爱警惠警融合凝聚力。自筹资金为民警办理团体意外伤害补充保险；落实《民警子女就学就业咨询奖励办法》，对61名民警子女予以奖励，对4名重困民警子女发放“金秋助学”资助金；对全局转制前因工（公）负伤的71名残疾民警，发放2016年度残疾抚恤金。同时，大力加强办公设施设备升级更新和“八小工程”建设，统筹下拨“小药箱”和“三小”建设专项资金等。大力加强警营文化建设，部署开展“八个一”系列警营文化活动，重点策划中国文联、中国美协文艺志愿服务团“送欢乐下基层”走进太铁一线民警慰问活动，先后举办了一系列文体活动，建设了一批“创作点”，培养了一批“文艺骨干”。大力开展立功创模活动，6月30日，公安局在太原工人文化宫召开“七一”总结表彰大会，对10个先进党支部、51名优秀共产党员、22名优秀党务工作者以及8个党内优质品牌和立项攻关优秀成果隆重表彰，掀起了“学先进、赶先进、争当先进”的热潮。

四、坚持安全与服务并轨，有效维护管内政治治安稳定

始终围绕“保安全、保畅通”这一中心任务，持续强化重点人、事、物管理，全面加强站、车、线治安防控，管内政治治安保持了持续稳定。一是反恐防暴形成常态。持续推进人防、物防、技防和反恐装备建设，协调路局完成了管内大西高铁14个高铁车站全封闭、硬隔离、防冲撞建设工作；为值乘动车和进京、进杭列车安装对射视频探头，为重点车站和高铁车站配备反恐装备756件；自筹资金为基层补充手持暴恐音视频查缉平台等装备848件，进一步提升了基层实战单位应急处突装备保障水平。二是安全防范全面覆盖。查获各类危险、违禁品116411起，特别是查获毒品1812起18187克，同比分别上升了93%、18%，创历史新高。检查发现各类消防隐患2880件，判定重大火灾隐患2处，办理消防行政案件77起，行政拘留2起2人，罚款39.492万元，杜绝了火灾事故的发生。三是线路治安保持平稳。排查线路治安隐患8624件，其中排查处置重大水害险情隐患47件，防止发生重大行车事故5起，受到了路局通报表彰。清理各类线路闲杂人员1.5万人次，危行和防撞停车分别比去年下降25.7%、3.9%，42个派出所实现线路治安“六无”；特别是大西高铁治安平稳，取得了“零铁路交通事故、零危行、零拆割盗”的良好成绩。四是查缉破案再创佳绩。破获刑事案件170起，抓获犯罪嫌疑人92名，打掉犯罪团伙4个成员17名；抓获网上逃犯2086名，同比上升71.5%。特别是迅速破获“11.27”破坏铁路交通设施案，及时消除了现实危害，受到了铁路总公司陆东福总经理以及铁路公安局、路局领导的肯定表扬。五是民警队伍展现新貌。不断巩固党的群众路线教育实践活动和“三严三实”专题学习教育成果，深入开展“两学一做”学习教育，取得良好效果。2016年，1名同志被追授全国公安系统“二级英模”和“人民铁道卫士”，3个集体、8名个人荣立二等功，46个集体、90名个人荣立三等功，75个集体、208名个人获嘉奖。民警违纪、旅客投诉持续下降，队伍保持了健康稳定。

（白　侠）

附：太原铁路公安局党委书记、副书记、委员名单

书　记：董跃峰

副书记：关六斤

委　员：马跃进　张文魁　刘来有　朱彦红　刘建兵　张国顺

驻晋部队党委工作概况

省军区党委工作概况

党委书记　郭志刚

2016年是省军区上下适应新体制、经受新考验、实现新发展的重要一年，总体呈现稳中有进、进中有喜的良好局面。"稳"的是面对国防和军队改革的现实考验，面对工作任务叠加、领导力量薄弱的现实矛盾，各级党委班子和广大党员干部坚守阵地、负重前行、担当有为，全区保持了高度稳定和集中统一；"进"的是按照稳中求进的工作总基调，坚决贯彻中央军委和习主席决策部署，正确把握改革与发展的关系，集中精力抓备战训练、抓整风整改、抓基层建设，各项工作取得了新的进步；"喜"的是抓住了省军区改革的难得机遇，不等不靠，前瞻思考，坚持有利于改革、符合改革主旨的工作看准了就抓紧推进，一些制约发展的矛盾和问题在减存量、遏增量上成效明显，部队建设朝着强军目标迈出了坚实步伐。过去的一年，重点抓了以下工作：

（一）向举旗铸魂聚焦，大力加强思想政治建设。紧紧围绕维护核心、看齐追随，扭住政治建军这个立军之本，扎实做好从思想上政治上牢牢掌控部队的工作。紧跟习主席步伐突出抓了纪念建党95周年大会、纪念红军长征胜利80周年大会、十八届六中全会、以及军委规模结构和力量编成改革工作会议等重要讲话的学习宣传贯彻，在深入开展"学讲话、学作风"活动中进一步强化了官兵"四个意识"。2016年，省军区先后组织24次常委会和党委中心组带机关学习讨论，形成10期《会议纪要》下发指导部队。贯穿全年统筹推进"两学一做"学习教育和改革强军主题教育活动，广大党员干部普遍经受了一次深刻的党性洗礼和思想整风，不断汇聚了拥护支持改革的正能量。把全面彻底肃清郭伯雄、徐才厚流毒影响作为严肃政治任务，扭住思想清理这个根本、组织清理这个关键，从灵魂深处深挖思想病根，全区正师以上现职领导干部都按"五个讲清"要求，向组织递交了个人自查报告，进一步纯洁了思想、纯正了作风。着力打好意识形态领域主动仗，加强网上舆情实时监控和动态研判，妥善处置涉军敏感问题，确保了部队始终与党中央、中央军委和习主席保持高度一致。

（二）向应急应战聚焦，深入推进战备训练落实。坚持改革不误备战，备战护驾改革。突出常态狠抓日常战备工作落实，调整规范军师团三级值班秩序和应急指挥处置，定期组织电话抽查、交接班和拉动演练，确保了改革期间指挥不间断。聚焦实战深化使命课题研练，各级首长机关的组织指挥能力得到进一步提高。着眼强能广泛开展群众性岗位练兵，作为改革之年凝神聚气、保持正常秩序、带动全面建设的重要抓手，全年4次组织党委议训，深入开展3大类14个专业的群众性岗位练兵活动，并结合庆祝建军89周年组织集训成果演练，省"四大班子"领导现场观摩指导。2016年严密组织岗位练兵比武竞赛和年度战备训练考核，全面检验练兵成效，树立了向战斗力聚焦的鲜明导向。共出动6万余人次圆满完成晋城中村煤矿溃坝救援、汾河新绛河津段堤坝加固、太原太榆退水渠漫溢、阳泉娘子关镇山体滑坡等60余起抢险救灾行动，转移安置受困群众7500余人，挽回经济损失近亿元。

（三）向作风建设聚焦，始终保持整风整改正风肃纪的高压态势。认真履行"两个责任"，鲜明提出把抓好省军区系统行业风气清理整治作为党委工程、主官工程，强势推进审计整改、全面停止有偿服务、不合理住房清理等重难点工作。迎接军委经济责任审计，本着对历史、单位和官兵高度负责，从严自查、主动整改，省军区清退各类违规款项1651.45万元。

审计中，相关单位党委领导坚持“新官理旧账”，带头推进整改，得到军委审计组充分肯定。通报移交有关问题后，省军区专门成立审计整改领导小组和专项调查组，依纪依规、稳妥推进问题整改和对相关责任人处理。同时注重纠建并举，先后修订完善省军区机关《接待费管理补充规定》《部门以上领导干部公寓住房装修和设备配置管理暂行办法》等，做到了整治一个问题，跟进一项制度，管好一个领域。全面停止有偿服务，首算“政治账”，再算“经济账”，按照“到期一项、关停一项、打结一项”的原则，坚决关停161个可控托底项目和55个复杂敏感项目，没有发生军地纠纷或上访事件。全军“天津会议”召开后，省委骆书记、楼省长高度重视，主动关心过问，亲自挂帅任职，军地双方迅速对接，建立起联合工作运行机制。不合理住房清理，坚持党委统抓，从省军区领导机关抓起严起、自上而下推进，坚持“一人一房一策”、以人找房、以房找人，既讲感情又讲原则，采取超常手段和措施攻坚克难，取得阶段性成果。2016年全区认定不合理住房287套，清退249套，评估待补交房款20套。从严执纪监督，突出“关键少数”和关键领域，紧盯重要时节和敏感时段，深入推进《准则》《条例》学习贯彻，常态化开展明查暗访，驰而不息反“四风”正作风。坚持有案必查、执纪必严，专题组织纪检干部培训，建立“四个监管”系统，实践运用“四种形态”，2016年共研究党纪政纪处分8人，诫勉谈话和组织函询7人，对4起违规违纪问题在全区通报，纪委职能作用发挥进一步凸显。

（四）向军民融合聚焦，不断巩固发展新型军政军民关系。深刻理解推动军民融合深度发展的重大战略意义，不断拓宽国防动员以融合挖潜力、兵役工作以融合解难题、脱贫攻坚以融合求作为的内容和形式。强化专司主营意识，完成省国动委领导成员组成调整、国防动员潜力数据采集整理和75个梯队部队过境机动保障等工作，国防动员支援保障力明显增强。统筹重点领域军民融合，协调引进世界领先的石墨烯高科技项目和保利防务科技项目，助推了山西军民融合产业园建设。着眼解决“当兵冷、征兵难”难题，提交省委议军会审议通过调整义务兵家庭优待金标准和保障办法，完成征集任务数14000人，全国征兵“五率”量化考评排名前十。贯彻全国军转安置工作会议精神，推动改革期间我省转业安置优惠政策出台和落实，当好转业干部“娘家人”，《解放军报》头版头条予以报道。探索建立市县两级国动委第一主任、主任任职宣布制度，先后组织二期“全省县处级领导干部国防专题研究班”，开通省市县三级微信公众号91个，推出“军营快闪”活动，扩大了国防教育的覆盖面和影响力。积极响应党中央、中央军委和省委省政府号召，专题组织召开驻晋部队参与脱贫攻坚工作座谈会、推进会，按照“点对点、一对一”精确扶贫思路和“不让一名军烈属在致富路上掉队”理念，共同吹响参与脱贫攻坚的集结号。全区共投入资金1694.6万元，重点援建143个贫困村178个项目，定点帮扶135所学校6812户贫困家庭，接力资助1827名贫困生。充分发挥省军区协调优势，抓住全国双拥模范城县命名评比契机，军地联合督导相关优抚政策落实。八一前，省委省政府专门召开军地协调会，研究解决涉及驻晋部队建设的13个难点问题，进一步密切了军政军民关系。

（五）向基层一线聚焦，进一步推动部队建设全面发展进步。始终坚持“三重”工作指导，以基层稳定确保全局稳定，以基础巩固确保改革顺利推进。注重保持抓基层的连续性，突出精准帮建。逐级建立帮建基层机制，突出帮带班子、帮理思路、帮解难题，省军区帮建组先后4次集中下部队，拉单推进22个疑难棘手问题解决。年底，逐级开展党委班子和干部考核评定，达到了以考促建的目的。全面开展部团达标活动，优中选优评选先进部团，全区95%部团达标，23%部团被评为先进，部团考评的“指挥棒”作用不断强化。下力纠治整组虚假之风，组织整组验收试点，调整组建省民兵应急大队，系统规范非公经济组织党管武装工作，民兵预备役基层建设质量进一步提升。坚持保障中心、服务基层，全年请领下拨各类经费9亿元，申请干休所综合整治计划8430万元，开展健康体检、为部分水质不达标单位免费安装净水器等一系列惠兵工程，受到基层欢迎。注重典型示范引领，激发动力活力。在全区广泛开展“迎改革、改作风、树典型、学典型”活动，军师团三级上下协力，确定对象、对口培养、总结宣扬，涌现出一批先进典型单位和个人。省军区以“新气象、正能量、促实干”为主题，召开全区部队建设先进典型事迹汇报会，通报表彰36个先进典型单位和个人，发挥了很好的示范引领作用。省军区统一筹划部署开展先进典型部团观摩学习，组织6支女子民兵班与三军仪仗大队开展“三学”活动，持续把学典型活动引向深入，产生了良好效果。注重守住安全发展底线，严防问题发生。着眼改革之年特殊政治要求，专题召开党委全会推动工作落实，强化党委主体责任、主官第一责任。吕梁民兵装备仓库发生山体滑坡险情后，省军区第一时间向上报告，成立指挥机构进驻现场指导，举一反三督导各级展开拉网过筛式大排查，促进了全区武器装备安全管理。紧紧扭住17项重点管控要素和薄弱环节，深入开展学法规用法规守法规、隐患排查、百日安全等活动，积极推进107名民兵武器装备仓库超龄职工移交安置，3次突击检查共查出各类问题330余个，下发整改通知单60余份，有力促进了安全工作末端落实，在全国省军区系统安全稳定工作量化排名第二。

此外，机要要讯、保密档案、学生军训、新闻宣传、老干部移交、随军家属就业、营房建设等工作，也都取得了可喜成绩。

（杜占甫）

附：省军区党委第一书记、书记、副书记、常委名单

第一书记： 王儒林（7月离职） 骆惠宁（7月任职）

书　　记： 郭志刚

副 书 记： 冷杰松（5月离职）

常　　委： 李　毅　于占唐　喻　军　吴国志　傅永国　谢新宁（5月离职）

武警山西省总队党委工作概况

党委书记　李清涛

2016年，总队党委紧跟习主席思想步伐，紧盯武警党委首长最牵挂、部队建设最急切、全体官兵最期盼的大事，注重在"学理论、强班子、抓基层、建队伍、保中心"上下功夫，各项任务完成圆满，部队建设呈现出稳步发展、向上跃升的良好态势。

政治引领更加鲜明。深化古田政工会"下篇文章"，抓实中心组学习、理论轮训和经常性学习，持续用习主席系列重要讲话精神加强政治贯注。融合推进两项重大教育，官兵维护核心、看齐追随更加自觉。盘活用好128个爱国主义教育基地，深入开展政治干部比武、"强能增效""带新促老"活动，大力弘扬正能量，官兵精神面貌发生深刻变化，部队经受住了郭徐流毒影响、各种雾霾浸染的严峻考验。

练兵备战更加扎实。深入推进"五防一体化""六化"建设，治理隐患435处，处置险情15起，连续19年执勤无事故。对照"广西集训"要求，加快落实方案体系、编携配装、指挥手段建设、防暴巡逻车配备、任务通联和兵力调整优化，战备水平明显提升。贯彻"八落实""六种组训模式"，精确实施分类指导，灵活运用训练载体，着力破解"三个短板"，实战能力稳步增强。2016年累计用兵4.4万余人次，圆满完成临时勤务和重大任务703起，三场维稳战役取得完胜。

部队秩序更加正规。广泛开展法治教育训练、条令条例学习和法治军营创建活动，官兵法治思维和意识得到强化。制定手机、车辆、保密等6个方面20余项细则规范，大抓"三库"整治，刚性落实"八严六禁"和密切内部关系"双六条"，抓安创安成效明显。坚持安全基础建设、重难点问题治理"两手抓"，常态组织安全督导检查，有力促进了部队安全稳定。

基层基础更加巩固。落实武警党委1号文件，组织《纲要》培训，推广"三帮一带"经验，出台《指导意见》和"两个办法"，规范抓建秩序。扭住"三个源头""三个一线"，加强基本队伍建设。大力表彰先进典型和优秀军属，安排专项疗养，协调随军家属就业，激发官兵建功基层热情。组织4批次当兵蹲连、精准帮建，22个中队成功"摘帽"。各级大抓基层导向更加鲜明，按纲抓建理念不断固化，部队建设更有质量。

综合保障更加有力。加强物资前置预储，健全联供联保机制，优化"一组五队"模块功能，战时保障能力在抗洪抢险等任务中得到检验。组织财务大清查"回头看"，全面停止14个可控托底对外有偿服务项目。深化"伙食精细管理年"活动，搞好医疗巡诊、被服调号、营房巡修等常态服务，11个支队、96个中队实现就地医疗，4个支队公寓房建设进度加快。后勤服务保障效能进一步增强，平时战时均能跟得上、保到位。

从严治党更加深入。全面彻底肃清郭徐流毒影响，抓实"两个清理"，颠倒的思想观念、价值标准、工作作风逐步扭转。以课题式研讨为抓手，学好用好民主集中制，规范党内生活，不断强化懂规矩守规矩的意识和能力。紧盯征接新兵、士官选取、干部任用、经费开支等具体事，从严正风肃纪，促进正气上升、生态好转。各级党委班子一心一意干事业，遵守规矩严要求，务实作风树形象，较好发挥了领导核心作用。

（武月兴）

附：武警山西省总队党委第一书记、书记、副书记、常委名单

第一书记： 刘　杰（副省长、山西省公安厅厅长兼总队第一政治委员）

书　　记： 刘振所（5月离职）　李清涛（7月任职）

副 书 记： 曾友成

常　　委：（按姓氏笔画排序）
王树海（11月离职）　王殿元
刘全义（11月任职）　李汉中　李善勇
邹天剑（3月任职）　陈玉东（7月任职）
夏家亮（7月离职）　穆瑞国

省公安消防总队党委工作概况

党委书记　彭建宏

2016年，中共山西省消防总队在省委省政府、公安部消防局和省公安厅党委的坚强领导下，紧紧围绕"抓基础、保稳定、谋发展"整体工作思路，坚持问题导向、坚持责任推进，化困难压力为动力，变风险挑战为机遇，真抓实干、奋力拼搏，全省消防工作和部队建设展现出良好的发展态势，我省连续两年没有发生较大以上火灾，连续33年没有发生重特大火灾事故，夏季消防检查工作被部消防局评定为"优秀"，"明厨亮灶"工程在全国消防部队进行推广，山西消防政务头条获评全国十大"最具影响力消防头条号"。2016年度，全省共发生火灾6217起，死亡16人，受伤10人，直接财产损失7407万元。放火死亡2人，受伤1人。全省消防部队接警出动14068起，出动人员160284人次，车辆28351辆次，营救、疏散人员22152人次，抢救财产价值2.9亿元。

抢抓机遇谋发展。搭乘中央城市工作会议和我省"六大发展"(廉洁发展、转型发展、创新发展、绿色发展、安全发展、统筹发展)战略快车，推动将消防工作纳入了《山西省国民经济和社会发展第十三个五年(2016-2020)规划纲要》,《山西消防事业"十三五"发展规划》也即将获批下发，省政府先后5次召开会议专题部署消防工作，研究解决消防难题，提供了坚强有力的组织领导保证。

持续应战稳形势。省综治办将消防安全网格化管理纳入了平安建设内容和综治服务管理平台。夏季消防检查、冬春火灾防控和文物古建筑、易燃易爆及煤化工专项治理等工作深入推进，"四长"(支队长、参谋长、防火监督处处长和大队长)包保责任制等一系列行之有效的举措，有力地促进了基层的防火、灭火水平，全省整改火灾隐患24.8万处，挂牌督办重大火灾隐患74家，执法案卷合格率由74%上升到92%，建成8903个微型消防站、26座消防文化主题文化公园、45个科普教育基地，火灾防控水平整体提升。

聚焦实战谋打赢。坚持新训源头保质量、基层指挥员比武提水平、熟悉训练打基础、实战演练谋打赢，全省狠抓战斗力建设，开展了5次总队级跨区域灭火救援演练、88次支队级演练，组织242名官兵进行比武竞赛，掀起了全员练兵的热潮。乡镇专职消防队建设，政府专职消防队员持证上岗，作用凸显，远程指挥部、现场指挥部、前沿指挥部"三位一体"智能化灭火救援指挥系统基本构建完成，电子沙盘制作走在全国消防部队前列。

着眼长远促发展。在财政预算大幅压缩的情况下，全省新开工建设消防站15个，欠账率由"十二五"末的32.8%缩小至27%；完成了总队疗养所维修改造工作，5个支队建成训练基地并投入使用，7个支队建设完成战勤保障大队；全年新建市政消火栓5010个，建有率及完好率分别达到98%、97%；全省共新增各类消防车84辆，个人防护及抢险救援器材约2.5万件套。

狠抓思想政治建设。"两学一做"学习教育和改革强警主题教育内容扎实、方式创新，多次受到省厅好评。学习贯彻党的十八届六中全会精神注重实效，部署开展肃清"流毒"行动坚决，全省消防部队以"公安消防党旗红"主题活动和基层党组织示范建设为载体，深入抓党建、促队建，坚定理想信念，增强"四个意识"；以巩固"三清"成果、深化党风廉洁建设为内容，弘扬好作风，激发正能量，先后有172个集体、1578名官兵受到各种表彰奖励。

狠抓部队建设。坚持从严治警，坚持达标创建和督查访察"两手抓"，强化经常性管理和安全防事故工作，90%的基层大队、中队在正规化创建活动中达标；坚持管理创新，方法创新，以"大队管中队"为牵引，强化基层经常性思想工作和日常管理；坚持挺纪在前，执纪从严，纪律处分、组织处理5人，停职1人，调离岗位2人，谈话约谈9人，责成作出检查、批评教育57人，辞退专职消防员1人；坚持深化消防执法腐败问题集中整治，率先在全国组织进行涉消事项申报，得到中央纪委驻公安部纪检组组长邓卫平同志批示肯定。

（张静琮）

附：省公安消防总队党委书记、副书记、常委名单

书　记：孟应新(11月离职)　彭建宏(11月任职)

副书记：王　勇

常　委：刘振山(6月离职)　唐国忠(11月离职)
王　政　李俊丰　李红斌　朱　江　管廷忠
赵春阳(8月任职)　胡海生
张华东(8月任职)　王治平

高等院校党委工作概况

山西大学党委工作概况

党委书记　师　帅

2016年，在省委、省政府的正确领导下，在省高校工委、教育厅的指导帮助下，学校党委坚定不移以习近平总书记系列重要讲话精神为指引，坚决贯彻落实省委“一个指引、两手硬”重大思路和要求，带领全校广大党员和师生员工，以加强党的建设为统领，以深化改革为动力，以提高质量为核心，解放思想、开拓创新，学校党的建设和各项事业取得了明显成效。

一、坚持以习近平总书记系列重要讲话精神为指引，不断加强思想建设，提高政治素质和理论修养

及时跟进学习。坚持用党的十八届六中全会和省第十一次党代会精神武装党员、教育师生，全年校党委中心组组织开展专题集中学习28次，组织各分党委、直属党支部、党总支中心组开展专题学习12次。

全面系统学习。坚持把学习贯彻习近平总书记系列重要讲话精神与学习贯彻党的十八大、十八届三中、四中、五中、六中全会精神、学习贯彻省第十一次党代会精神和做好学校当前各项工作结合起来，做到学而懂、学而信、学而用。

丰富载体学习。邀请党的十八届六中全会中央宣讲团成员、中央马克思主义理论研究和建设工程首席专家等为师生进行辅导，拓展学习视野、丰富学习内容。

二、深化“两学一做”学习教育，推动全面从严治党向基层延伸，保持发展党的先进性和纯洁性

坚持以上率下。党员领导干部带头以普通党员身份参加所在支部的组织生活会，带头讲党课、带头学习。校领导讲专题党课16次，全校289名基层党组织书记也按要求讲了党课。

突出分类指导。选拔校内文史哲政法等专业专家组成导师团，从不同专业视角解读系列讲话重要精神。举办中层干部、支部书记、辅导员、思政课教师、学生党员等不同层次的培训班。

注重突出效果。启动“党员先锋行”主题实践活动，针对不同群体党员实际情况，提出党员发挥作用的具体要求，教育引导党员在不同岗位发挥好先锋模范作用。中央电视台、中央人民广播电台、山西日报和山西卫视对相关活动进行报道。

切实解决问题。围绕党员服务教学科研、服务师生、服务社会实践活动，建成师生综合服务中心，为师生提供“一站式”办公和“一条龙”服务。

三、全面提升宣传思想工作水平，围绕“两个巩固”，牢牢掌握意识形态工作领导权主动权

强化顶层设计，全面构建宣传思想政治工作大格局。制定出台《关于进一步加强和改进新形势下宣传思想工作的实施办法》，完善宣传思想工作体制机制。定期研判学校宣传思想工作形势，组织开展校内师生思想状况调查研究。

培育和弘扬社会主义核心价值观教育。坚持育人为本、

德育为先，在校园文化建设中大力弘扬社会主义核心价值观，把培育和践行核心价值观贯穿于教育教学、课外活动、网络空间、文化氛围、管理服务等育人全过程。举办纪念红军长征胜利80周年“信仰的力量”系列活动。

扎实推进中国特色社会主义理论体系进教材进课堂进头脑。把系列重要讲话作为思政课教学的重要内容，切实用讲话精神武装师生头脑。与省委宣传部联合建设马克思主义学院。推进教学方法改革，实行教师集体备课和专题授课制度，提高思想政治理论课的教学质量和对大学生的影响力、感召力和凝聚力。

四、把立德树人作为根本任务，加强和改进思想政治工作，切实履行好肩负的责任和使命

强化责任担当，强化履职尽责。认真贯彻习近平总书记在全国高校思想政治工作会议上的重要讲话精神，始终坚持社会主义办学方向这面旗帜管总，坚持不懈传播马克思主义科学理论，坚持不懈培育和弘扬社会主义核心价值观，坚持不懈促进学校和谐稳定，坚持不懈培育良好校风学风。完成全国青马工程研究培训基地各项工作任务。

巩固阵地建设，找准工作载体。建好课堂阵地，抓好教室、教材、教师三个关键，推进习总书记系列重要讲话进教材、进课堂、进头脑。坚持课堂讲授有纪律，出台课堂论坛讲座管理办法，净化课堂话语空间。建好文化阵地，充分利用山西优秀传统文化和革命文化宝贵资源，打造校园文化育人品牌；发挥综合性大学优势，开展红色文化研究，反哺山西文化传承创新。建好网络阵地，开设“君宇网”思政教育主题网站和校园微信公众号，扩大网络育人的覆盖面和影响力。坚持正面宣传和舆情监管两手抓，理直气壮用正面声音和先进文化占领网络阵地。

改进工作方法，增强工作实效。坚持理论和舆论“两论”相结合，认真开展马克思主义理论学习，增强“四个意识”的理论自觉，增强广大师生对中国特色社会主义的政治认同、思想认同、情感认同。坚持行路和引路相结合，树立“做好领路人，先做行路人”的理念，强化思政工作队伍培训提升。坚持主导和多样相结合，坚持马克思主义指导地位，牢牢把握领导权话语权管理权主动权。

五、胜利召开学校第四次党代会和第五届教代会，凝聚全校党员师生智慧，谋划“十三五”发展

胜利召开学校第四次党代会。大会全面回顾学校第三次党代会以来的主要工作，进一步明确了今后五年的奋斗目标和主要任务。会议选举产生中共山西大学第四届委员会和中共山西大学纪律检查委员会，为学校党的建设和改革发展提供坚强组织保障。

胜利召开学校第五届教代会。会议听取审议学校工作报告、财务工作报告，选举产生第八届工会委员会和工会经费审查委员会，在大会的指引下，全校教职工创新实干，开拓奋进，为加快建成区域特色鲜明的高水平研究型大学的办学目标积极奋斗。

六、强化政治和服务两个功能，扎实推进基层组织建设，不断提升基层党组织的战斗力和凝聚力

强化基层党组织建设。结合“两学一做”学习教育，全面启动院系级党委换届工作。开展院系级党组织书记抓基层党建述职评议考核工作。以纪念建党95周年为契机，对先进基层党组织、优秀共产党员和优秀党务工作者进行表彰。

不断加强干部队伍建设。坚持党管干部原则，进一步完善干部选拔任用办法，全面推行干部任期目标责任制，加强干部年度考核、届中和届满考核。规范执行中层干部请假制度，严格执行领导干部报告个人有关事项工作制度。完善干部因公因私出国（境）管理制度。8名中层干部到地市、高校和党校担任领导职务，5名专业技术干部赴贫困县挂职担任副县长。

做好党员发展教育和培养管理工作。出台《党校工作条例》，推动校内二级党校规范化建设。提高发展党员质量。做好党员组织关系排查工作，对全校在册党员的组织关系进行全面排查，切实规范党员组织关系管理。

七、认真落实“两个责任”，科学运用“四种形态”，不断完善学校惩治和预防腐败体系

做好巡视整改和“回头看”工作。对照省委巡视组反馈意见和工作要求，将省委专项巡视第四组指出的4方面突出问题和4方面意见建议，分解为4方面17个问题52项整改任务。按照“事事有回音、件件有着落”的标准和要求，扎扎实实开展整改工作。按照省委巡视组要求，扎实推进巡视整改“回头看”工作，确保各项整改措施落实到位。

党风廉洁建设深入推进。修订完善党委主体责任实施意见和纪委监督责任实施意见，召开党风廉政建设工作暨警示教育大会，与全校中层以上干部进行集体约谈。开展党风廉政督导调研，加强招标、招生、基建、干部选拔任用、三公经费等重点领域和关键环节的监督检查。

驰而不息纠正“四风”。紧盯春节、中秋等传统节日和重要时间节点，及时下发通知，召开专题会议，在全校范围内开展自查自纠工作。对全校25个院系开展预算执行情况进行调研，对预算执行单位财务支出情况加强行政监察，推动党风廉洁建设向纵深发展。

八、凝聚各方共识，形成工作合力，促进学校各项事业和谐快速跨越发展

认真做好精神文明建设工作。发挥道德讲堂、约题学术讲座等文化平台的教育功能，引导师生树立坚定的理想信

念，举办约题讲座 15 次。

不断加强山大智库建设。主动对接我省经济社会发展重大需求，推进“山大智库”建设顶层设计。成立党建研究中心，推出《智库报告》专刊。面向全校各级党组织征集党建研究论文，筹划组织出版《高校党建研究》专刊。

积极推进精准扶贫工作。发挥学校综合优势，对帮扶村实地调研，逐一落实结对帮扶工作。增派 3 名青年干部赴基层担任村党支部第一书记，助力农村脱贫。

深入开展平安校园建设。加强校园综合治理和平安校园建设，加强学校安全稳定评估排查和隐患整改。针对性开展电信防诈骗宣传，有效遏制了电信诈骗犯罪在山西大学的高发势头。升级校内机动车智能识别系统，确保了良好的校园交通秩序。

不断提升统战工作水平。与省委统战部共建山西省统一战线理论研究基地。学校荣获国家民委第四批全国民族团结进步创建活动示范单位和山西省统战理论政策研究先进单位。

扎实做好离退休工作。认真落实老同志的政治待遇和生活待遇，及时向离退休老同志通报学校发展情况。尹奇同志被评为全国老干部工作先进个人。吴长福和张文郁两位老教授荣获“中国俄语教育杰出贡献奖”。

充分发挥工会工作的桥梁和纽带作用。加强校院两级教代会制度建设，充分发挥教代会民主管理和民主监督的作用。继续打造“三维”文体活动模式，丰富教职工的文化生活。

（武晋维）

附：山西大学党委书记、副书记、常委名单

书　记：师　帅

副书记：贾锁堂　李思殿　丁耀武（7 月任职）

常　委：李富明　杨　军（9 月任职）
高　策（9 月任职）　殷　杰（9 月任职）
韩勇鸿（9 月任职）　程芳琴（9 月任职）
张天才（9 月任职）

太原理工大学党委工作概况

党委书记　吴俊清

2016 年，太原理工大学党委深入学习贯彻党的十八大、十八届三中、四中、五中、六中全会精神和习近平总书记系列重要讲话精神，认真贯彻落实学校第二次党代会精神，按照“以学生发展为中心”的办学理念，以一流党建工作统揽全局，以全面深化改革引领发展，深入开展“两学一做”学习教育，大力实施五大战略工程，学校各项事业蹄疾步稳、持续向好，年度任期目标顺利完成。

一、突出党委领导核心，班子管党治党办学治校能力得到新提升

（一）贯彻党的教育方针，坚持党要管党、从严治党

校党委始终坚持社会主义办学方向，紧紧围绕立德树人根本任务，坚持把想大事、议大事、抓大事作为工作方针，注重从全局和战略高度研究学校改革发展重大问题，在谋划学校发展过程中发挥定向把关作用，把党的政治优势和组织优势转化为学校的改革优势和发展优势。9 月，学校胜利召开了第二次党代会。大会明确了建设“高水平、国际化、创新型大学”的奋斗目标，确定了十项战略任务，选举产生了新一届校党委和校纪委，成为新时期引领学校事业腾飞的强力引擎。核准发布了实施学校《“十三五”事业发展规划纲要》，出台了《一流大学与一流学科建设指导意见》，确定了“十三五”目标任务和“双一流”建设“两步走”战略。使理工大学到底要“办成什么样的大学，如何办成这样的大学”这个根本问题在全校上下统一了思想，凝聚了共识，真正把工作的重心放在加强党建、深化综改和创新驱动上，促进了各项工作科学发展和办学水平整体提升。

校党委牢牢把握意识形态工作的主动权，出台《进一步加强和改进新形势下宣传思想工作的实施意见》和《意识形态工作责任制实施细则》，把意识形态工作责任落实到学校工作的各个层面和各个领域，切实肩负起意识形态工作的主体责任，进一步巩固了马克思主义在高校意识形态领域的指导地位和全校师生团结奋斗的共同思想基础。

按照“围绕中心抓党建、抓好党建促发展”的基层党建工作思路，出台《基层党委落实党建工作责任制实施办法》《基层党委党建工作责任书》《基层党建工作考核办法》等制度，

从制度层面进一步明确基层党组织的职责、目标和任务，努力构建责任明确、运转有序、保障到位的党建工作机制，促进基层党建工作的制度化、规范化和科学化，为推进全面从严治党、推动学校科学发展提供保障。

（二）贯彻执行党委领导下的校长负责制，坚持依法治校

制定《贯彻执行普通高等学校党委领导下的校长负责制实施办法》，修订完善党委常委会和校长办公会议事规则、"三重一大"决策实施办法、学院党政联席会议实施细则、干部任职管理规定；校党委全委会审议通过了党委常委会、全委会和书记专题会议工作规则，规范了决策程序，细化了决策事项，明确了决策责任，进一步推进党委决策民主化科学化制度化。

始终坚持以学校章程为基本遵循，优化运行模式，理顺体制机制，办学效益和管理效能提高到了一个新的水平。继续加强学术委员会建设，修订了《学术委员会章程》，充分发挥其在人才引进、学科发展等方面的积极作用，积极推动学术自由与严厉打击学术不端行为，现代大学制度建设迈出了坚实步伐。

高度重视统战工作，及时向各界人士征询意见、通报校情；重视工会、共青团、学生会和教授委员会等组织建设，不断健全全校师生参与民主管理和监督的工作机制。

（三）加强干部队伍建设

一是探索并不断规范干部选任工作，积极推进任期制。立足学校发展实际，出台《关于干部任职管理的若干规定（试行）》，制定中层干部交流调整的方案和安排，确保用人导向正确、评价科学合理、考察全面准确、程序严格规范。启动了4个批次的中层干部2016年换届调整工作。全年完成159人次的中层正职轮岗与提任，其中，提任中层干部33人，轮岗交流126人次。目前，干部人心思进，呈现出良好的精神面貌，为建设"双一流"提供了坚强保障。二是制度先行，规范干部管理与监督。出台《领导干部谈心谈话及进行提醒函询诫勉实施办法》，修订《处级班子和处级干部年度考核办法(试行)》等制度性文件，进一步规范对干部的监督和管理。全年批评教育32人，组织处理20人。三是学习典型，做好干部教育培训。全年邀请专家学者和先进典型作报告66场，参训人数达到8322人次。四是通过"三个结合"提升干部考核科学化水平。将日常工作考核与年度测评相结合、本单位评价与相关干部评价相结合、定性评价与定量评价相结合，科学合理开展2015年度干部考核评价工作。对考核结果较差的5个班子和14名干部进行了谈话提醒。五是将选拔推荐党外人士纳入干部队伍建设总体规划，努力建设一支数量稳定、结构合理、素质优良的党外代表人士队伍。

（四）深入开展"两学一做"学习教育活动

通过组织开展专题培训，开发专题学习网站，建立学习教育情况和经验做法月报制和网络交流分享制，开展"两学一做"知识竞赛、演讲、征文、"中国梦·我的梦"教育实践、"两优一先"表彰和困难党员慰问活动，全员联动、多措并举，深入开展"两学一做"，保证学习教育活动扎实推进，取得实实在在的成效。

（五）统筹推进巡视整改工作的落实

深入落实"两个责任"，坚持问题导向，紧盯重点环节和重点问题，通过召开专题会议、约谈督促等形式，层层传导压力实现上下联动，确保各项整改任务按要求、按计划顺利推进。针对巡视反馈的问题，学校从建章立制入手，倒查制度缺陷，查堵管理漏洞，加强制度建设，固化整改成果。整改过程中共制（修）订了147项规章制度，内部管理得到规范；全校上下联动，完成了清产核资工作，强化了资产管理；扎实推进清理借款专项行动，有效清理了呆账死账。推动网上报销，理顺并规范了财务管理工作。多措并举促使巡视反馈问题件件有着落，事事有回音，巡视整改取得显著实效，得到了省委巡视组和学校师生员工的认可。

二、加强"三基"建设，基层党的建设工作体现新特色

（一）加强基层党组织建设

校党委注重党建工作顶层设计。在深入调研的基础上，结合实际，出台党建工作"三大工程"实施方案：即"党组织引领工程""党支部工作创新计划"和"党员党性锤炼工程"，分别从基层党委、党支部和党员三个层面，强化基层党委政治核心和引领发展作用的发挥，提升党支部的活力和凝聚力，引导党员提升党性修养，确保学校党建工作走在时代前列，走在高校前列。

（二）出台《学院党政联席会议实施细则（试行）》等制度，明确了院级"三重一大"决策范围，将学院党政联席会议制度执行情况作为重要指标列入教学单位日常工作考核范围，实现了党政联席会议的制度化、规范化和公开化。

为调动基层党组织的积极性和主动性，发挥群众的首创精神，面向全校开展党建工作立项研究，为党建工作创新发展提供源源不断的动力。推动立德育人和教学科研"双促进"，以党性教育和能力培育为重点，启动教师党支部书记"双带头人"培育工程，选拔确定82名"双带头人"教师党支部书记，为服务学校教学科研等中心工作提供坚强的组织保证。

三、抓实宣传思想政治工作，精神文明建设呈现新气象

（一）加强理论学习与宣传工作

完善健全《党委中心组理论学习制度》，确保各项学习任务落细落实。全年组织校党委中心组理论学习9次，安排教职工理论学习和形势政策教育9次；坚持"统筹规划、集中管理、统一发布、讲求时效"，出台《新闻发言人制度》，完善对外宣传的工作体系和运作机制；着力构建网络宣传新阵地，改版扩建校园网、完善理工大新闻APP、开通微信公众平台，确保新闻常更常新受欢迎；高度重视舆情引导工作，全年报送各类信息1361余条；全年各级主流媒体报道新闻、专题、专

访140余篇。一系列的深度报道,产生了很好的社会反响,有力提升了我校的社会影响力。

(二)创新大学生思想政治教育

校党委不断加强大学生思想政治教育工作的针对性和有效性,坚持以学生发展为中心,以学风建设为关键,大力弘扬社会主义核心价值观,充分发挥发挥思政课的主渠道作用,努力构建"全员育人、全过程育人、全方位育人、全课程育人、全媒体育人"的思想政治工作新格局。

进一步加强思想引领、学风建设、学生资助、科技实践、勤工助学、志愿服务、校园文化、心理健康、安全教育、网络育人等平台建设,为学生学习生活、成长成才提供科学管理和优质服务的系统体系逐步完善,促使"以学生发展为中心"办学理念在全校上下基本形成共识。

(三)加强精神文明与校园文化建设

坚持把培育和践行社会主义核心价值观贯穿于精神文明建设全过程。围绕学校"一体两翼,两区齐飞"多校区办学格局,出台《文化建设行动计划 2017-2020》,力求通过实施精神文化、制度文化、行为文化和形象文化等四大文化建设工程,培育彰显具有理工大特色的大学精神和共同价值观,提升理工大文化内涵的吸引力,以文化人、以文育人,培养全面发展的人才。学生在全国大学生机械创新设计大赛、全国大学生数学建模竞赛、国际水中机器人大赛、中国机器人大赛等各项赛事均取得了国家级一等奖的优异成绩。全年参赛77项,获国家级一等奖20项,质量数量再创历史新高。校男篮第五次挺进CUBA中国大学生篮球联赛总决赛,为学校再次争得了荣誉。

四、全面落实"两个责任",党风廉政建设取得新进步

(一)落实党风廉政建设责任制

全校各级党组织和党员紧跟中央全面从严治党战略部署,把落实主体责任作为重大政治任务。各级领导干部不断增强党风廉政建设的责任意识,加强对党风廉政建设和反腐败工作的组织领导,做到了常研究、常部署、常督促、常检查,真正把党风廉政建设主体责任放在心上、扛在肩上、抓在手上,自觉肩负起党风廉政建设的政治责任,做党风廉政建设的领导者、组织者、执行者,通过抓党风来促政风、改作风、转校风。

坚持将落实"两个责任"纳入学校党建总体布局和学校年度工作中。在落实"两个责任"推进党风廉政建设工作会议现场,校党委书记吴俊清代表校党委与学校领导班子成员、基层单位党政负责人,各分管校领导与分管单位负责人分别签订《党风廉政建设工作责任书》。校领导班子主要负责同志高度重视党风廉政建设和反腐败工作,重要工作亲自部署、重大问题亲自过问;其他班子成员根据任务分工积极主动、认真落实"一岗双责",把党风廉政建设的各项要求融入到分管业务工作中。广大党员干部和教职工廉洁自律意识明显增强,明辨是非能力和拒腐防变能力显著提高。

校党委支持校纪委全面落实党风廉政建设监督责任,加大纪检监察干部队伍建设。学校第二次党代会纪委换届,产生了新一届纪委委员13名,较上届纪委增加6名纪委委员。进一步加大正风肃纪工作力度,加强重点领域和关键环节的监督检查,完善惩治腐败体系建设,确保反腐倡廉建设和学校发展同频共振、和谐相生。

(二)认真落实中央八项规定精神,坚持不懈反"四风"

全校上下在办公用房、公务接待、公务用车、婚丧嫁娶等方面积极贯彻落实中央八项规定精神,纪检监察部门始终把严查节假日期间"四风"问题作为一项重要工作来抓,在"五一"、中秋、国庆、元旦、春节等节假日前夕,通过开会、发文、发短信、明察暗访等常态工作方式,认真进行提醒打招呼,加强监督检查。2016年,全校未发现违反中央八项规定精神和"四风"方面的突出问题,作风建设取得了较好的成效。

(三)严格违规违纪线索处置,严肃案件查办

校党委领导和支持校纪委开展案件查办工作。2016年,校纪委强化信访举报线索处置,按照处理程序和"四种形态"的工作要求,不断改进执纪方式与工作方法。全年处置信访举报线索的情况是:校纪委共计接到各类信访举报线索37件,经调查核实,办结36件(其中立案1件),移交巡视组1件。共处理20人次,其中,开除党籍1人,取消退休待遇1人,给予党内警告4人,行政警告5人,组织处理9人(免职2人,诫勉谈话2人,约谈4人,批评教育1人),函询谈话70人次。对于经核实所反映的线索不属实的问题,及时予以澄清;对属于日常工作层面的问题,也及时与相关同志谈话,疏导思想情绪,指出努力方向。

五、科学谋划顶层设计,学校各项事业开启新征程

2016年,在校党委的正确领导下,学校从顶层设计入手,科学谋划战略目标和具体路径,提出了未来五年围绕一个目标(冲击"双一流")、坚持一个理念(以学生发展为中心)、狠抓五大战略工程(学科攀升战略工程、人才培养战略工程、科技创新战略工程、人才强校战略工程、国际化战略工程)的定位、目标和任务。一年来世纪学府捷报频传:学校第二次党代会,吹响了冲击国内一流高校的冲锋号;"十三五"规划、综改方案,勾勒出百年老校未来发展的新画卷;学科攀升、人才培养、科技创新、人才强校和国际化五大战略工程深入实施。获批3个"优势学科攀升计划"建设项目和3个"服务产业创新学科群建设计划"项目,位居全省第一;工程学、材料学、化学等三个学科进入ESI全球排名前1%,发布了《一流大学与一流学科建设工作指导意见》,争进"双一流"基础雄厚、目标明确、路径清晰。大数据学院正式成立,基础学院建设加紧筹备,通过工程教育专业认证的专业数量逐年增加;研究生选拔机制改革深入推进,生源质量有效提高。科技成果成绩喜人,获批国家自然科学基金重点项目3项、优秀青年基金项目1项,并且首次获批国家重点研发计划课题;高水平论文、专利授权等较同期实现增长。科研平台建设迈

上新台阶，获批2个国家地方联合工程实验室，认定通过全省唯一的省级重点协同创新中心；学校顺利获得武器装备科研生产单位二级保密资质，将更好为国防军工研发做出贡献。人才队伍建设取得新突破，高素质师资队伍加速构建。对外交流合作不断加强，国际化办学的层次和水平显著提升。学校各项事业都取得了长足的进步。

（李济民）

附：太原理工大学党委书记、副书记名单

书　记：吴俊清

副书记：黄庆学　沈兴全　刘润祥（7月任职）

常　委：翟　健（9月任职）　李晋平（9月任职）
吕永康（9月任职）　吴斗庆（7月任职）
树学峰（7月任职）　梁卫国（7月任职）
李　明（7月任职）

山西农业大学党委工作概况

党委书记　陈利根

中共山西农业大学委员会下设19个基层党委、12个党总支、151个党支部，共有党员3160名。2016年，在省委、省政府的正确领导下，在省高校工委和教育厅的关心支持下，经过全校上下的共同努力，基本完成了年初确定的各项任务。

一、以习近平总书记系列重要讲话精神为指引，不断加强党建科学化水平

一是深入贯彻中央精神。农业大学坚持每月一次的党委中心组学习雷打不动，全年组织校党委中心组学习17次，9次扩大到了科级以上干部。党的十八届六中全会和全国高校思想政治工作会议召开后，及时对学习贯彻两个会议精神分别作了安排，组织全校副科级以上干部、团干辅导员、思想政治理论课教师进行了为期3天的学习贯彻十八届六中全会精神专题培训，对《准则》和《条例》进行了详细解读；组织各学院党委书记、副书记和相关职能部门负责人，集体学习了《习近平总书记在全国高校思想政治工作会议上的讲话》，在全校范围内开展了不同层次的思政调研65场次，探索构建大思政格局。

二是扎实开展“两学一做”。坚持规定动作不走样，针对不同层次的党员分别明确了学习内容、学习范围和具体要求；全校183个党组织共进行专题研讨732次，校院两级党员领导干部都在所在党支部讲了党课；在党外人士中还开展了“双学一跟”活动。坚持自选动作有创新，组织开展了“师生为主体，服务挺在前”机关作风建设活动，给每名党员都发放了笔记本，要求大家抄写《党章》《条例》和《准则》。科技三农党支部荣获全国高校“两学一做”支部风采展示活动教工支部一等奖。

三是切实加强顶层设计。成功召开了第五次党代会，选举产生了新一届党委班子和纪委班子，提出了“12355”发展战略和加强学校党的建设的具体要求；制定了学校《“十三五”发展规划》和《综合改革试点方案》，并邀请中国农业大学、西北农林科技大学、南京农业大学等6所大学的专家对《规划》和《方案》进行了论证，5月30日，正式印发《规划》，并将《方案》报省教育厅审核。

四是认真做好思政工作。印发了《关于培育和践行社会主义核心价值观的实施意见》和《意识形态工作责任制实施办法》，加强了思政工作制度建设；开展了“三结合”思政课教学研究与实践；举办“校友导航——成功者之路”报告会40场、青年人文素质大讲堂30场；选树了一批道德模范和创业典型；实施了辅导员队伍提升计划；持续推进思政工作进公寓、进社团、进网络；坚持送党报校报进教室、进学生公寓；围绕建党95周年和长征胜利80周年等重要历史纪念日开展了爱国主义教育系列活动。与省扶贫办联合组织了“走进乡土乡村，助力精准扶贫”社会实践活动，受到了团中央的表彰。

五是努力夯实基层组织。深入开展“双带头人”培育工程，对40名新选举产生的“双带头人”进行了网络培训，建立了教工支部书记激励保障和管理考核等机制。不断加强党支部规范化建设，认真落实“三会一课”制度，连续5年按照党员人均100元设立基层党建活动经费；根据省委组织部《关于开展基层党建重点任务督查调研的通知》要求，结合学校实际进行了清理排查。针对未收到组织关系介绍信回执的2271名毕业生党员，坚持具体问题具体分析，对每个人都进行了妥善处置。在各级党员领导干部的带领下，全校党员全部补交了2016年党费，共1000987元。全校151个党支部全部按时进行了换届。

二、以推进全面从严治党为抓手，切实推动党风廉政建设

一是完善机制，推进责任落实。把“两个责任”细化到各级组织和每名领导干部身上，2016年印发了《2016年党风廉政建设及反腐败工作要点》，与各部门、各单位签订了《党风廉政建设责任书》，与校院两级党政班子成员、校纪委委员、基层纪检委员逐一签订了《责任清单》。按照“六权治本”要求，针对86项工作，梳理出229个廉政风险点，确定了风险等级，并明确了相应的防控措施。将党风廉政建设纳入学校年度重点目标任务考核指标体系，一起述职、一起测评。纪委

书记牵头，对各基层党委、各部门、各单位“两个责任”和“一岗双责”落实情况进行了调研检查。

二是加强教育，筑牢思想防线。为校党政领导、中层干部发送了《中国共产党问责条例》《中国共产党党内监督条例》《关于新形势下党内政治生活的若干准则》等学习资料。通过党风廉政网站、校报、校园广播、微信等各种媒介平台，大力宣传党风廉政建设新政策、新规定、新经验；通过编印《警钟长鸣》，针对学校实际刊发典型案例，对全校党员干部和教职工进行警示教育。开展了校园廉政文化作品、“清风山西”微视频征集活动，共推荐41件作品参加了全国高校廉洁教育系列活动。

三是强化监督，用好“四种形态”。围绕管理抓监督，重点在资产清查、大操大办、办公用房等方面加强了监督检查；围绕节点抓监督，在元旦、春节、五一、端午、国庆、中秋等节点，不断重申中央八项规定精神，在纠正“四风”上持续用力。对在日常管理监督中发现的问题，轻的就提提领子、扯扯袖子，重的就打手板、敲警钟。2016年，查办案件1件，对3个处级领导班子、4名处级干部进行了提醒或诫勉谈话，给予2个处级领导班子全校通报批评，分别给予3名正处级干部党内警告处分、行政警告处分和全校通报批评。

三、以建设特色鲜明、全国知名教学研究型大学为目标，积极推进学校改革发展

一是人才培养质量稳步提升。全面开展生物科学大类招生。大学生创业园和“互联网+”农业创业园，被认定为省级“众创空间”。10个项目获省级教改立项。继续推进“2+1+1”校企联合人才培养模式实践。软件学院的校企合作人才培养模式得到了社会的肯定，就业率达到100%。向新西兰、爱尔兰、波兰等国选派了20名交换生和1名研究生。通过与兄弟院校进行高等教育自学考试合作，开辟了培养双专业复合型人才的途径。全年招收本科生5950人，硕士研究生576人，博士研究生47人。本科生年终就业率达到了90.75%。

二是学科专业建设扎实推进。本硕统筹培养模式，由动物医学专业拓展到了农学专业；将卓越农林经济管理实验班调整到经济管理学院，并以一本A批次招生。畜牧学入选省“优势学科攀升计划”，循环富碳作物学科群入选省“服务产业创新学科群建设计划”；新增2个本科专业；聘任了新一届研究生教育督导委员会；建设完成了专业学位研究生课程案例库；6个省级研究生教育创新中心被认定为省级联合培养基地。

三是科技创新发展势头良好。381个项目列入各级各类科技计划，其中国家、部委项目立项28项。获得各类科研成果奖励18项，取得各类成果175项。发表学术论文859篇，其中SCI收录论文124篇。2个团队分别入选“省科技创新重点团队”和“省科技创新培育团队”。新增5个省部级平台、基地，1个项目入选2016年农业部现代种业提升工程项目，1个中心入选省第二批高校协同创新中心。全年承办、主办各级学术会议13个，举办学术报告165场。学报影响因子和学科排名显著提升。

四是社会服务水平明显增强。新增社会服务项目经费5235万元，比2015年增长了116%。确定了“互联网+”现代农业项目实施方案。与太谷县、金谷公司签订了《中试基地建设协议》，5个领域6个《规划》初稿完成，7个种植业项目进入中试基地。新增5个社会服务综合精品示范基地、25个产业示范精品基地、40个产业示范基地、13个社会服务品牌服务团队和135亩科研示范基地。积极筹建山西功能农业研究院、山西功能食品研究院，推进了“农谷”科创城建设工作。

五是师资队伍建设再上台阶。修订了《关于博士研究生来校工作暂行办法》，提高了引进博士的科研启动费、住房补贴、安家费标准。全年共引进博士33名，紧缺专业硕士61名，专任教师校外学缘比例达到59.4%。获批“131”工程领军人才6人。引进全职博士后7名，在职3名。4名教授入选山西省“青年三晋学者”。4人入选山西省学术技术带头人。在全省教学能力测试中，农大教师合格率达到95.9%。全年共评审教授8名、副教授43名、讲师24名、辅系列10名。评选“晋农新秀”45名。

六是后勤保障水平得到加强。完成了崇实楼及其附属配套工程、微藻燃油工程实验室、北院家属楼屋顶维修和棚户区改造等基础设施建设项目；对学生宿舍2号、3号楼、韩氏楼进行了维修；拓宽了南北院主要道路；完成了资产清查和产权登记材料上报工作。谷园三层餐厅重新开张；对南院的弱电架空线路进行了地埋处理。全校教学科研仪器设备及行政办公固定资产增加11315台套，增加值4693.34万元；大型仪器开放累计超过20000小时；对实验室实验常用气体进行了集中管理。新增纸质图书2.3万册，对古籍图书进行了整理。对1200余卷文书档案、33795份学生档案、6650份人事档案进行了归档。完成了崇实楼的网络布线和图书馆无线覆盖的扩充，实现了教务系统与数据中心的集成。全年总收入6.6亿元，比上年增收17%。完成审计及审签项目113个，审计资金总额203381万元。附属学校被评为“全面深化基础教育改革创新项目优秀实验基地”。进一步完善了安全工作保障体系、安全教育体系、隐患消除体系，保证了学校稳定和全校师生员工的人身安全及学校财产安全。

四、特色与亮点工作

一是国字号荣誉多。学校被评为“全国首批深化创新创业教育改革示范高校”；荣获“中国大学新媒体百强之优秀高校”；被评为“全国教育系统关工委先进集体”；被授予“全国模范职工之家”荣誉称号；获批国家级实验教学示范中心1个；入选“国家级精品资源共享课”1门；一名教师荣获“全国五一劳动奖章”；学报自然科学版被评为“中国高校优秀科技期刊”；在各类创新创业大赛中共获得国家级奖14项。国家级媒体先后6次对农大进行集中宣传报道。

二是突破性工作多。学校被列入省高等教育综合改革试点高校；山西农业大学基金会正式成立；国家艺术基金项目实现了突破；综合教学楼项目获得“中西部高校基础能力建

设工程”支持；成团选派36名骨干教师赴新西兰梅西大学进行了为期6个月的研修，此项工作受到国家留学基金委充分肯定，被称为“农大模式”；首次招收了伊朗籍博士留学生；全职引进了印度籍博士后。积极参与“一带一路”建设，加入“丝绸之路农业教育科技创新联盟”；积极开展山西省脱贫工作成效第三方评估工作，完成了36个国定贫困县、22个省级贫困县、1个非贫困县的脱贫工作成效报告，为农业大学社会服务开辟了新渠道。

三是连续性成绩多。省科学技术一等奖连续4年不断线；连续4届被评为“文明单位”；连续4年获得“平安校园”荣誉称号；科研经费连续突破4000万元、6000万元、7000万元大关，2016年项目合同经费突破1.2亿元，到位经费突破1.1亿元。经费收入连续4年增长，2016年增幅达17%。

（闫海冰）

附：山西农业大学党委书记、副书记、常委名单

书　记：陈利根

副书记：赵春明　齐利平（7月任职）
马建平（7月任职）

常　委：尉安英（7月任职）　李宏全（10月任职）
赵水民（7月任职）

山西医科大学党委工作概况

党委书记　李凤岐

中共山西医科大学委员会下设6个二级党委，14个党总支，3个直属党支部和251个党支部，共有党员5775名。

2016年，山西医科大学党委深入贯彻党的十八大、十八届三中、四中、五中、六中全会和习近平总书记系列重要讲话精神，认真落实省第十一次党代会、全国全省高校党的建设工作会议精神和全国高校思想政治工作会议精神，紧紧围绕学校“十三五”事业发展规划的总体部署和年度工作要点安排，凝心聚力，攻坚克难，党建工作科学化水平不断提升，学校各项事业发展长足进步。

一、“两学一做”学习教育扎实深入

严格按照中央、省委和省高校工委的安排部署，坚持学做结合，强化问题导向，注重以上率下、分类指导，精心组织全校23个基层党组织和全体党员深入开展“两学一做”学习教育。召开推进会，明确了目标要求、途径方法和重点任务。制定实施方案，成立了协调小组，建立完善了例会制度、旬报制度、报告制度、督导制度和宣传报道制度。创新学习载体，建立了专题网、开展了示范培训、集中研讨、结对共建等。校党委通过听取汇报、专题调研、巡回督导、随机抽查、民主生活会、组织生活会等，及时掌握基层组织学习教育进展情况、问题建议等，不断深化学习教育成果，全面推进从严治党向基层延伸、纵深发展，切实推进学习教育常态化制度化。

二、思想政治教育全面加强

坚持用马克思主义理论化最新成果武装全校师生，创新形式、丰富内容、拓展载体，切实把思想政治建设抓在日常严在经常。校党委中心组全年集中学习12次，各基层党委中心组均进行了深入学习。编印下发学习读本15期1500余本，购买发放《中国共产党的九十年》等多种理论学习书籍，编辑下发视频学习光盘720余张。制定实施了《关于进一步加强和改进新形势下宣传思想工作的实施办法》和《党委意识形态工作责任制实施细则》。认真贯彻落实全国高校思想政治工作会议精神，坚持以立德树人为中心环节，成立了马克思主义学院，启动了博士研究生思想政治理论课课程改革试点工作，有效发挥了思想政治理论课主渠道作用，不断强化了以学生和青年教师为中心的思想政治工作体系。按照社会主义核心价值观要求，通过加强大学文化建设，建立思想政治教育实践基地，实施“青马工程”等，实现了全领域、全方位、全过程育人。

三、基层党建重点任务切实推进

严格落实党建工作责任制，召开了2016年度基层党组织书记抓党建工作专项述职评议考核工作会议，开展了全校基层党组织按期换届专项检查。实施了教工党支部书记“双带头人”培育工程，建立健全教师党支部书记选拔任用和培训管理机制，确保立德树人和教学科研双促进。扎实做好党代表日常管理，对工作调动、组织关系转出的35名同志，停止执行学校第五次党代会代表职务。严把党员“入口关”，新发展党员616名，预备党员转正553名，集中培训659名重点发展对象。加强了晋祠学院党建工作，在发展党员指标给予政策倾斜，对晋祠学院“两学一做”学习教育进行了督查调研。全覆盖、零遗漏地开展了党员组织关系集中排查，建立了党员信息库和2007年以来转出组织关系党员的接转信息查询库。开展了党费收缴专项检查。坚持以党建带团建，完善团员推优入党机制，增强党组织在青年团员中的凝聚力。开展了“党员先锋行”“总支书记谈廉、分管领导谈规、支部书记谈心”等活动。以庆祝建党95周年为契机，表彰了30个先进基层党组织、100名优秀共产党员、30名优秀党务工作者，在全校营造了崇尚先进、学习先进、争当先进的氛围。

四、领导班子和干部队伍建设卓有成效

大力推进学校领导班子建设，切实提高领导科学发展能力。认真执行党委领导下的校长负责制，坚持"三重一大"集体决策制度，及时调整班子成员分工，进一步完善议事决策规则程序，全年召开党委（扩大）会议39次，校长办公(扩大)会议33次，党政联席会议7次。围绕学校发展热点、重点和难点问题，通过务虚会、专家咨询会和教代会等，强化科学民主决策能力。召开了2016年度民主生活会，班子成员经常开展谈心谈话，构建了团结协作共谋发展的良好局面。通过深入基层调研、联系基层单位、直接联系师生等，不断完善密切联系群众的长效机制，提高了领导班子的群众工作能力。切实做好干部选任工作，6名同志被选拔到副厅级岗位任职，1名正处级女干部入选省妇女干部人才库，2名正处级干部入选巡视工作专业人员队伍，1名同志到繁峙县挂职担任副县长，3名科级干部到宁武县农村担任第一书记。认真开展干部教育工作，推荐选派22名干部参加中央党校、省委党校、国家教育行政学院、省高校工委等组织的调训学习。扎实抓好干部监管工作，完成了学校和第一、第二医院领导班子及省管干部年度考核。对2015年底开展的干部选拔任用工作进行了报告。

五、作风建设驰而不息不断深化

校党委持续深化作风建设，认真抓好中央八项规定精神的落实，严防"四风"问题反弹，坚持筑牢思想防线与扎紧制度篱笆两手抓、两手硬。紧盯元旦、春节、中秋等重要节点，传达好上级纪律要求，强化对党员干部提醒教育。加大监督检查力度，通过明察暗访、随机抽查、查阅账目、个别谈话、重点提醒等方式，严防违规公款消费、公车私用、违规发放津补贴或福利等问题发生，对党员干部中出现的苗头性问题，抓早抓小、敢抓敢管，以严查推动实改。深入开展作风建设"回头看"，持续深化好家风建设，推动全校党员干部以身作则、以规立家、从严治家，形成了驰而不息纠"四风"、锲而不舍树"新风"的良性互动。

六、党风廉政建设"两个责任"协同落实

认真落实党风廉政建设主体责任和监督责任，不断完善党风廉政建设和反腐败工作的长效机制。制定了年度党风廉政建设工作要点和责任分解意见，签订了年度责任书，召开了全校处级以上干部党风廉政主体责任集体约谈会。通过集体学习、观看警示片、参观廉政基地、"清风山西"微视频比赛等强化廉政教育，营造了风清气正的校园环境。严格执行党务公开、校务公开制度，主动接受监督，全年依据信息公开目录发布各类信息2658条。认真践行监督执纪"四种形态"，在保持常规监督的同时，实施巡视回头看等专项监督，强化对新校区建设、基础设施维修工程、设备招投标、招生考试、人员招聘等重点领域、关键环节的报备督查，召开了严肃招投标工作纪律提醒集体约谈会。加大谈话函询力度，全年约谈47人次，函询16次。畅通师生反映问题渠道，及时处置各类问题线索，全年共接收信访举报22件，已办结19件。

七、安全稳定工作持续强化

校党委不断强化对安全稳定工作的组织领导，年初召开了安全稳定工作专门会议，明确了年度工作目标、重点任务和具体措施。根据校内人事变动，及时调整保密委员会、安全稳定领导组、综合治理工作领导组等机构成员。严格执行保密工作要求，制定了"七五"保密法治宣传教育规划，顺利通过省国家保密局年检。严格落实安全制度，签订了综合治理和消防安全目标责任书，加强应急演练，狠抓重要节点、重大活动期间校园安全稳定，多次开展综治专项行动，全面排查整治隐患，强化舆情监控和宣传教育，被评为2016年度省平安校园创建先进单位、综合治理先进单位。

八、学校各项事业全面发展

牢固凝聚全校师生、民主党派、离退休人员和广大校友等各方力量，全面加强对学校各项工作的领导和推动。学生在学位论文评比、临床技能竞赛、创新创业大赛、志愿服务大赛、体育竞赛中硕果累累。全年学科与科研经费首次突破亿元大关，达到1.24亿元，自主知识产权的原创科研成果跻身国际前沿。人才团队层次水平不断提高，多人入选各类人才项目、在各级教学竞赛中成绩优异。附属医院和教学基地医教研协调发展，医疗技术水平和服务质量稳步提升。充分挖掘学科专业和人才资源优势，在扶贫、司法鉴定、送教下乡、志愿服务、产学研协同等社会服务工作中，取得了良好的社会效益。坚持依法治校，深化内部管理改革，持续改善办学基本条件，不断扩大对外合作交流，学校教书育人环境全面优化，办学水平和办学质量稳步提高。

（尚　虹）

附：山西医科大学党委书记、副书记、委员名单

书　记：李凤岐

副书记：段志光　王　军　贺培凤（女，7月任职）

委　员：顾昭明（1月离职）　党志峰（5月任职）
张　辉（女，8月任职）　李汝德　王斌全
刘越泽（女）

山西师范大学党委工作概况

党委书记　符惠明

2016年是“十三五”开局之年，也是学校深化综改的起步之年和党委换届之年，大事要事多，发展任务重。2016年，校领导班子团结带领广大师生，深入学习贯彻习近平总书记系列重要讲话精神，认真落实省委“一个指引、两手硬”的重大思路和要求，注重加强顶层设计，扎实推进三项改革，突出抓好干部队伍，全面落实从严治党，大力改善办学条件，各项工作有进有为，实现了“十三五”的良好开局。

一、抓战略谋划，注重加强学校顶层设计

科学发展，必须规划先行，谋定而动。2016年，师范大学深入贯彻党中央治国理政和省委治晋理政的新理念、新方略，准确研判发展形势，认真抓好理论学习成果转化，立足自身，对标先进，系统做好学校发展的整体谋划和顶层设计。这是师范大学校领导班子2016年工作的重中之重，也是事关学校“十三五”发展全局的一项关键任务。

2016年，胜利召开了第五次党代会和五届一次教代会，编制发布了“十三五”发展规划，系列关乎学校改革发展的重要文件相继出台，使我校的“十三五”追赶行动计划从初步设想变为务实方案。师范大学按照“低头看5年，抬头看15年，仰头看35年”的时间表，总体规划了学校三个阶段的中长期发展战略，确定了建成特色鲜明的高水平师范大学这一振奋人心的建校百年发展目标。师范大学运用战略性眼光、前瞻性思考和制度性设计，科学确定了“十三五”规划的约束性指标、扩展性指标和突破性指标，并通过“三项改革”，激活学校发展的动力引擎，拉开学校的改革框架。根据国家“双一流”建设方案和山西省学科攀升计划，创造性地提出“一体两翼，多点协同”的学科发展布局，确立了“高峰凸显，高原提升，平原崛起”的学科发展路径，以及“选择性卓越，提前进入”的学科发展思路。师范大学将学科发展布局与学校空间发展布局一同谋划，整体设计，同步推进，在新校区高标准、高起点、高要求规划了2万平米卓越教师能力提升综合实训平台，同时将省政府部署的2千平米教师安全能力发展中心，纳入新校区综合实训平台建设体系，使之成为当今同类高校新校区空间发展布局的一大亮点、一大特色、一大品牌。

特别是，党代会、教代会的胜利召开，使学校顶层设计在师生中形成广泛共识，凝聚起学校改革发展的强大向心力和正能量，干部教师的精神面貌、工作干劲为之一新，工作成果进一步显现。

二、抓主体责任，真正做到扛稳抓牢做实

全面从严治党，是学校改革发展的坚强保障。2016年，师范大学严格按照省委“一个指引，两手硬”重大思路和要求，一手聚焦发展抓第一要务，一手聚力党建抓第一责任，做到两手抓，两手硬。特别是抓住“两学一做”学习教育契机，全面落实从严治党主体责任，创新工作机制，履行党建使命，夯实发展根基。

注重加强基层党建工作顶层设计，通过系统调研形成了“围绕中心抓党建，抓好党建促发展”的党建工作理念。2016年初，师范大学设计了五个党建专题，在全校进行了纵向深度调研，形成了专题调研报告，并且从基层党组织覆盖的四个层面，分别开展专题研讨。针对查找出的部分教师支部规模偏大，支部书记配备参差不齐，党员教育管理游离学校中心工作之外，日常党建存在高空作业等问题，厘清了学校基层党建工作思路，认识到基层党建是“最后一公里”，必须有载体，必须接地气，必须有抓手。所以，师范大学强调基层党组织必须围绕学校立德树人的根本任务，结合日常教学科研等重要环节，全面抓好党建各项工作。

扎实开展“两学一做”学习教育。针对调研发现的问题，先从组织建设入手，遴选6个学院试点，将原有8个教师党支部按专业或科研创新团队设置为22个支部，并按照省“双带头人”培育工程要求选配党支部书记，新选配的22个教师党支部书记中，教授6名，具有博士学历的副教授16名，含杰青1名。目前基层党组织换届已完成，“双带头人”工程实现了全覆盖。在“两学一做”学习教育中，师范大学坚持将规定动作与自选动作相结合，引导基层在“做”上下功夫。历史学院围绕学校“三项改革”，推行“党建＋项目”管理，助推课堂教学改革取得显著效果；生命学院卓越教师党支部，“做”字当头，率先变革实验课教学，指导学生获得全国师范生教学技能大赛特等奖重大突破。物理学院学生第一党支部，着重培育以“学术竞赛、科技创新”为主题的“矢志成才”党员先锋岗，形成学生党建工作品牌，受到省委“七一”表彰。

强化拿纪律管作风的作用。针对领导干部部分存在不作为、慢作为、纪律观念淡薄等问题，召开了中层正职集体约谈会，签订《廉洁从政承诺书》，出台专门意见，整治慵懒散拖。严肃干部监督检查，对未按规定如实报告个人事项的处级干部，进行了函询和诫勉谈话。同时，对党员组织关系清理、党员违纪违法未处理、党费补缴等工作进行了集中排查，严格组织处置，确保党内风清气正。

时刻紧抓班子自身廉政建设，在班子内部积极倡导健康、民主、廉洁的风气，班子成员都能严格规范自己的言行，严格遵守党的政治纪律，牢固树立四个意识，自觉贯彻《准

则》《条例》,认真履行一岗双责,在思想上政治上行动上同党中央保持高度一致,做到令必行、禁必止。班子成员带头执行中央"八项规定"等廉洁自律方面的各项规定,工作力求做到公开、公正和透明,没有违反规定、以权谋私和违法乱纪问题,做到了廉洁勤政。

三、抓关键少数,营造谋事创业良好氛围

路线决定之后,干部就是决定因素。2016 年,在省委的关心支持下,学校配齐了校领导班子,顺利实现"两委"换届,选举产生新一届"两委"委员和常委班子,学校实行了常委制,制定了党委常委会议事规则,保障了顶层决策的科学化、民主化、规范化。在积极谋划、组织、推动学校新一轮改革发展的同时,着力解决了学校干部队伍中存在的动力问题、活力问题和能力问题。

确立了"让想干事的人有机会,让能干事的人有舞台"的鲜明用人导向,在校级领导班子充实调整、学校"两委"委员酝酿以及学校中层和科级干部调整工作中,这一导向都得到充分体现。在校内干部调整前,我们通过调研,先立规矩,再行调整,增强了干部工作透明度。同时,加大了干部交流力度,注重用好各个年龄段干部。这一用人导向,既畅通了干部流动渠道,又激发了干部为官必为、干事创业的内在动力。

不断提升各级领导班子的理论素养,自觉运用理论学习成果去把握大局、辨明方向、明晰思路、推动工作。2016 年,师范大学深入学习党章党规和习近平总书记系列重要讲话精神,认真学习省委书记骆惠宁同志、省长楼阳生同志关于治晋理政的一系列重大思路和要求,围绕"四讲四有"开展深入研讨,坚定理想信念,牢固树立"四个意识",及时跟踪研究国家和山西高等教育的改革精神以及兄弟院校的改革动态。我们坚持每次常委会会前学法制度、每月一次党委中心组研学制度、校院两级中心组学习等制度,在事关学校改革发展的许多重大战略问题上达成共识,诸多学习成果都转化成为整体推进学校发展的决策思想、基本思路和工作措施。

遵循"从认识到实践,再从实践到认识"循环认识规律,通过"请进来、走出去、进课堂"对全校中层干部进行了系统培训。第一阶段,邀请北师大、华中科大等高校领导和专家来校作报告,分享他们在人才培养、科研服务、深化改革等方面的成功经验;第二阶段,组织全校中层正职带着问题,分五组赴华东、华中等五地 15 所高校实地学习取经,并安排部分干部到兄弟高校进行为期一个月到半年的挂职学习;第三阶段,组织全校正处级以上干部,到中央党校接受"两学一做"提升培训。这种层层递进的培训成果已开始转化成广大干部的实际工作成效。

四、抓改革创新,全面推进校内三项改革

深化综合改革是学校事业发展的动力引擎。2016 年,始终坚持把改革放在更加突出的位置来抓,全面启动了校内"三项改革",在推进过程中做到了重大改革集体研究、问计师生,改革方案充分讨论、严格把关,关键环节亲自推进、分工协调,促进学校立德树人各项工作不断实现新的突破。

实施了以课堂教学改革为突破口的人才培养模式改革,确定了 5 大关键领域、18 个改革项目,遴选了 5 个教改试点学院和 23 名课改教师,立项建设了 12 个优势专业、30 门优质课程、20 项教改创新课题,年度经费投入 800 余万元。设立了大学生学科竞赛基金 100 万元,鼓励学生参加全国全省各类学科竞赛,并在校内实施年度大学生写作、演讲、书画三项赛事,以凸显师范教育主体办学特色。在拔尖创新人才培养模式探索方面,成立了实体化管理运行的莳英学院,全程探索从学生的二次选拔机制到课堂教学改革、课程改革、能力提升、国际视野,到荣誉吸引、资源倾斜、政策激励,再到动态调整、淘汰机制等等,努力形成我校完整的拔尖人才培养链。

实施了以引进高端人才和高水平团队为突破口的重点学科建设路径改革,立项建设了 3 个学科群、4 个重点学科、6 个重点学科方向,"十三五" 前三年将投入建设经费 5400 余万元。围绕"人才强校战略"制定了高端人才引育规划与实施方案,先后协议柔性引进科学院院士特聘教授 1 人、工程院院士特聘教授 1 人、"千人计划"特聘教授 1 人。其中,中科院孙九林院士指导师范大学地理专业教师团队,已获得科技部重大专项课题 1 项,"千人计划"裴正明教授已遴选第一批 2 名生物学科的青年教师到美国杜克大学开展为期 1 年的合作研究。同时,还出台了校内拔尖人才"莳英学者"教学和科研奖励计划。

启动了以分类管理考核为突破口的校院两级管理机制改革,制订出台了《山西师范大学关于深化校院两级管理体制机制改革的实施意见》,推动教学科研、教师聘任、学生管理以及有关服务保障等管理重心下移,进一步扩大学院管理自主权。同时,转变机关部门职能定位、管理理念、管理方式,强化服务意识,提高服务效率,促进学校刚柔相济的管理机制和管理特色的形成。

经过一年的努力,"三项改革" 的引擎拉动效应充分显现。2016 年,学校获批 1 个省级协同创新中心、1 个省级服务文化产业创新学科群、1 个省级培育协同创新中心。国家基金项目立项数有较大幅度提高,其中国家社科基金项目 18 项,较上一年翻了一番,在全国地方师范大学中从上一年度第 30 位上升到第 10 位。化学学科 1 名教授再次入选高被引学者榜单,是全省 5 位上榜学者之一。获第五届全国教育科学研究优秀成果奖三等奖 1 项;获第九届全省社科优秀成果奖 26 项,其中一等奖 7 项。在第三方评估的研究生教育学科排名中,师范大学戏剧与影视一级学科被确定为五星级学科,列全国同类学科第三;民族体育教育二级学科列全国同类学科第九位。

五、抓民生改善,全力改善学校办学条件

回应师生关切,解决实际问题,是领导班子的一项重要工作。一年来,校领导班子想师生之所想,急师生之所急,下大力气改善师生工作学习和生活环境,为学校各项事业发展

提供了更加有力的保障。

2016 年，顺利完成了生命学院本科实验室、教工食堂、学术交流中心改造等系列重点工程，新增了一批文科博导和学术带头人工作室，建设了网络教学平台，购置了学生学习成绩和学籍证明自主打印服务系统，改善了办公、研究和学习条件，极大地方便了师生员工，赢得了师生赞誉。设立多处“师生交流空间”，与导师制所确定的“师生共同时间”相互配合，为师生交流讨论提供了良好环境。加大对实验小学的投入力度，全年共投入 250 余万元，用于操场改造、教室粉刷及多媒体设备安装，教学条件和育人环境进一步改善，减轻了年轻教职工的后顾之忧。在国家政策允许的范围内，进一步提升教职工福利待遇，每位教职工平均年增收约 7600 元。主动加强与省市两级政府对接，积极推进新校园建设，学校整体搬迁项目列入省 2017 年重点工程，是全省教育领域唯一的省级重点工程项目。

与此同时，学校其他方面工作也取得长足进步。国际化办学取得良好进展，首次招收学历留学生 14 名，24 名学生完成赴日本教育实习，在重点学科建设方式改革框架内已派出 5 名青年教师出国进行合作研究。大学生创新创业教育成绩显著，在省级以上大学生各类学科竞赛中共获奖 180 余项，其中获得第二届中国“互联网 +”大学生创新创业大赛铜奖 1 项。学生教育管理及招生就业工作有效开展，共面向全国 28 个省市招录新生 4101 人，生源质量大幅提高，毕业生就业率达到 91.49%。依法治校和民主管理扎实推进，学校章程得到全面落实。完成了清产核资工作，国有资产管理进一步科学化、规范化。财务运行状况良好。平安和谐校园建设取得新成效，完成了门禁系统改造升级，校园交通更加畅通有序。

2016 年，山西师范大学实现了“十三五”良好开局，为建设特色鲜明的高水平师范大学奠定了更为坚实的基础。

（王志宏）

附：山西师范大学党委书记、副书记、委员名单

书　记：符惠明

副书记：卫建国　薛耀文　高　峰（7 月任职）

常　委：刘奎生（10 月任职）　郝勇东（10 月任职）
许小红（女，10 月任职）　车文明（10 月任职）

山西财经大学党委工作概况

党委书记　尹天五

2016 年，是山西财经大学艰辛探索的一年，是凝心聚力的一年，是拼搏奉献的一年，也是“十三五”的开局起步之年。以这一年为标志，山西财经大学的发展已经站在了一个新的历史起点上。2016 年，在省委、省政府的正确领导下，坚定不移地以习近平总书记系列重要讲话精神为指导，立足财大实际，面向世界未来，紧紧围绕“建房、挖人、正风、铸魂”战略重点，紧紧围绕建设忠诚财大、创新财大、包容财大、实力财大、文明财大、幸福财大的主要任务，高举旗帜、立德树人，改革创新、攻坚克难，“三五工程”即“办好五件实事”“力争五个突破”“实现五个变样”基本完成，各项工作都取得了长足进展，结出了累累果实。

一、大视野绘制宏伟蓝图，发展道路更加科学

2016 年 1 月，省委对财大领导班子进行了调整。新班子上任后，如何在过去发展的基础上进一步加快发展、创造新的辉煌，是新领导班子首先思考、研究和探索的重大问题。校党委按照世界眼光、战略思维的要求，审视了国际国内形势，特别是高等教育发展的新趋势，深刻分析了财大的校情和发展阶段，特别是财大发展面临的深层次矛盾、困难和问题，集全校师生员工智慧，提出了内涵发展与外延扩张并重、“两手抓、两手硬”的方法要求，科学绘制了“十三五”的宏伟蓝图，提出了“五个必须”的基本原则、“四大战略”的总体布局、“六个财大”的主要任务、“八大工程”的重点项目和“五项建设”的根本保障，为力争跻身全国财经类大学十强，建设有特色高水平国内一流财经大学指明了正确方向，提供了基本遵循，山西财经大学发展的道路更加科学。

二、大举措强化从严治党，五大建设强力推进

2016 年，校党委始终把用习近平总书记系列重要讲话精神武装师生作为首要政治任务，坚持高举旗帜不动摇，坚持增强“四个意识”不动摇，坚持用系列讲话精神武装师生不动摇，全年举行校党委中心组学习 15 次，先后邀请省内外多位知名专家进行专题辅导，努力让党的创新理论成为师生员工的思想灵魂、精神旗帜和强大武器。135 个基层党支部换届完毕，教工党支部书记中“双带头人”占到 90%以上，实现了党的建设和教学科研“双促进”。旅游管理学院分团委被评

为全国高校"活力团支部"。坚持把主体责任记在心上、扛在肩上、抓在手上,用理论的旗帜导航、用历史的警钟醒神、用严惩的威慑治标、用制度的约束治本、用文化的养成治魂,实行党风廉政建设考核一票否决,推动"两个责任"落地生根。强化运用"四种形态"、紧盯关键时间节点,严格正风肃纪,从严执纪问责,特别是突出运用第一种和第二种形态。2016年,财大共收到问题线索28件,办结率达到100%;学校主要领导约谈了4个基层单位19名班子成员,有关职能部门约谈干部10名,坚决维护了纪律和规矩的严肃性,推动学校政治生态进一步改善。

三、大规模交流选拔干部,队伍结构显著优化

能否实现"十三五"的战略目标,关键在党,关键在人,关键在干部。为此,校党委高度重视干部的培养、选拔、推荐工作。校党委认为,这是学校教育事业发展的迫切需要,是领导规律的必然要求,也是关爱干部的具体体现。2016年共向省委推荐副厅级干部6名,其中1名担任副市长,5名在高校任职。通过不到20天的紧张筹备,在国庆节前风清气正地召开了第二次党代会,完成了校党委换届。国庆节长假后,用不到3个月的时间,高效率、高质量地推动了处级干部的交流选拔工作。目前,共交流使用干部100多名,其中选拔任用处级干部45名,平级交流处级干部68名,还有多名处级干部交流选拔工作正在进行之中,处级班子结构进一步优化,干部队伍活力进一步激发。

四、大力度推动改革发展,前进动力持续增强

2016年,校党委全面推进深化改革,成立全面深化改革领导组,健全完善规章制度20多项,新设立科研机构11个,撤并单位部门3个,筹建单位部门3个。特别是以阳光服务大厅建设为全校改革的突破口,总体设计,加快推进,着力打造优质高效、方便快捷、全国一流的现代化服务大厅,实现"一站式"服务。财大始终把发展作为第一要务,在教学科研、人才培养、教师队伍、基础设施、管理服务、安全稳定等各方面都取得了显著成效。入选优课联盟(UOOC)课程1门。获得国家自然科学基金、国家社科基金和教育部人文社科基金项目共20项,在项目数量、资金资助上实现了历史性的突破。入选山西省高等学校中青年拔尖创新人才和优秀青年学术带头人5人。引进博士和专业技术人员58人,是历史上引进博士最多的一年。财大大学生创业团队"楼梯间"的业绩突出,受到李克强总理接见和肯定。加大了校园治安巡逻和防控力度,治安事件大幅下降,平安校园建设和安全稳定工作得到了上级有关方面的充分肯定,顺利通过了"平安校园"检查验收,财大被评为太原市反恐重点项目三级达标单位。

五、大气魄丰富校园文化,正风铸魂成效初显

学校党委紧紧围绕"十三五"正风、铸魂这两大战略重点,大力推进校园文化建设,着力铸就具有财大特色、财大风格、财大气派的大学文化、大学精神和大学灵魂。2016年,在全校党员中开展"两学一做"学习教育的同时,在全校师生员工中开展了"一学一养"主题活动,即学系列讲话,养浩然正气。目的就是要充分发挥好"两学一做"的引领作用、辐射作用和带动作用,让科学思想、先进理念、新风正气深入到财大各个层次、各个方面、各类人群,实现教育全覆盖。主要是以"五风建设"和"唱诵做"活动为主要载体。"五风建设"就是抓党风、带政风、正教风、促学风、严考风,特别是财大实行了近年来最严格的考风考纪,通过严格的考风倒逼学风、通过良好的学风倒逼教风乃至师德师风,校风学风明显好转。"唱诵做"就是唱正气歌、诵正气文、做正气人。用文化的渗透力推动师生员工崇德向善。2016年,向全校推荐歌颂真善美的歌曲60首、文章60篇,组织征文、演讲、书画、摄影等活动30余次,成功举办体育运动会、开学典礼、毕业典礼、65周年校庆等大型活动,通过电子屏、道旗、标语、宣传栏广泛宣传中央精神、优秀人物、名言警句等,积极传播正能量、弘扬主旋律。特别是山西日报组织的科学理论三晋行把我校作为全省第一站,交流研讨、解疑释惑、传播真理;省书法家协会组织20多位知名书法家走进财大,用中国书法的精髓、智慧、风采、魅力传播优秀传统文化。全校上下新风正气正在春风化雨、润物无声地形成,师生员工的精神面貌正在发生着深刻变化。

六、大爱心办好五件实事,师生利益切实获得

办好五件实事即建住宅、盖书房、扩食堂、美校园、增福祉。这是学校党委对全校师生员工做出的庄严承诺,也是学校全年工作的重中之重。可以说,五件实事既定任务全部完成。建住宅,就是建设两栋高层职工住宅,现已招了标、分了房,项目工程正在加紧建设;盖书房,就是新建图书馆,目前手续已办理齐全,就要破土动工;扩食堂,就是在南院新建了学生食堂,缓解了食堂资源不足、吃饭拥挤的问题;美校园,就是对校园环境进行了改造整治美化;增福祉,就是积极解决师生利益问题,出台了教职工节日慰问办法,出台了校内绩效工资增长机制方案,大幅提高了低收入群体绩效工资的增长比率,让他们共享改革发展成果,增强他们的获得感。

七、大担当面对历史旧账,遗留难题逐步破解

学校遗留问题多,比如学生非正常死亡问题、告状打官司问题、办学纠纷问题、硕博楼房产证问题、旧房腾退问题、干部人事问题、建设发展问题,等等。新班子认为,新官要理旧账。解决历史遗留问题,解决复杂难题,特别是解决涉及职工的利益问题,往往矛盾大、困难多,但只要是为了学校的长远发展,为了最广大教师的利益,财大领导班子就不回避、不退缩,直面矛盾、直面问题、直面挑战、不怕碰硬、不怕攻坚,同时也讲科学、讲策略、讲艺术,实事求是、公平公正、理性有序地逐步解决了一些问题。2016年,财大解决了两栋高层住宅的建房分房问题和博学楼底商退租问题,解决了学生公寓、图书馆、实验室等的消防安全隐患问题,全面清理了研究生逾期学籍问题,正在积极推进租用云水榭阶梯教室问题、

教职工腾旧房问题、华商学院办学纠纷问题、财大公园土地资金退还问题，正在加快解决编制外用工问题。历史遗留问题的积极解决，理顺了情绪，化解了矛盾，鼓舞了士气，增强了信心，财大的发展生态进一步优化。

八、大情怀做好驻村帮扶，精准扶贫效果明显

精准扶贫工作事关全局，意义重大。2016 年，校党委以高度的历史的责任感和崇高的人民信仰、用啃硬骨头的精神和攻坚拔寨的勇气，从长远考虑、从现实出发，汇聚力量、统筹谋划和精准推进扶贫工作。遴选 2 名处级干部和 2 名正科级干部组成扶贫工作队，新增 3 名、调整 1 名下乡驻村"第一书记"，选派 2 名优秀专业技术职务人员担任挂职副县长。严格执行"两包三到"联动帮扶机制，组织校领导和全体正处级干部 80 余人次，深入扶贫帮扶点对 22 户贫困户开展精准扶贫、结对帮扶。2016 年，共发放慰问金 22600 元、物资 11000 余元，修建护村坝 114 米，筹资 10 万元整治村容村貌。在故城镇西渠村实施扶贫项目精准到每一个贫困户，户均增收 3000-5000 元，人均增收 1000-2000 元；在故城镇南沟村通过"企业 + 合作社 + 贫困户"的模式持续促进农民增收，2016 年贫困户收入稳定超过国家扶贫标准，确保了建档立卡贫困户脱贫，同时带动其他农户致富。立足建立稳定脱贫长效机制，申报了西渠村 100KW 光伏发电站项目，项目总投资 100 万元，该项目建成后，将成为西渠村长期稳定的重要收入来源，可以真正实现由输血扶贫向造血扶贫的转变。

（芦　博）

附：山西财经大学党委书记、副书记、常委名单

书　记：尹天五

副书记：刘维奇　顾昭明　张兔元

常　委：王新淮　卢庆山　杨有振　杨俊青

中北大学党委工作概况

党委书记　李忠人

2016 年，学校党委、行政深入贯彻落实党的十八大和十八届三中、四中、五中、六中全会精神，认真学习贯彻习近平总书记系列重要讲话精神，按照省十一次党代会部署，立足使命，深化改革，谋划新篇，较好地完成了年度既定 63 项主要工作任务，各项事业保持了稳步前进的良好态势。

一、"两学一做"学习教育活动深入开展

面向广大党员，将学习教育与学校中心工作结合，立足办学实际，突出活动特色，全力打造中北特色党建品牌。坚持知行合一、真学实做，按照时间节点开展了"四讲四有"专题讨论，深入进行了"我为什么入党"专题思想交流教育和"党员先锋行——我是党员·我行"主题活动、校领导班子成员深入党支部讲党课活动等，逐一整改解决了一批师生反映的突出问题。着力改进机关工作作风，深入落实联系服务师生制度、联系专家制度、全程全员服务科研制度等，大力践行"服务就是管理"的工作理念。

二、领导班子和领导干部队伍建设不断强化

以思想政治建设为核心，以《准则》和《条例》为遵循，以领导班子和党员领导干部为重点，严肃党内政治生活。以问题为导向，不断完善和改进校院两级中心组理论学习制度。坚持"五个强化、五个过硬"和"五讲"，不断强化领导班子解放思想、敢于担当、破解难题的意识。坚持贯彻民主集中制，班子决策的科学性和效率不断提高。

坚持从严要求，不断提升干部队伍素质。出台了中层领导班子和干部年度、任期考核办法，开展了中层领导班子和干部考核。完善了干部监督机制，实现了对干部的从严要求、从严教育、从严管理和从严监督。

坚持党管人才，建立健全协调资源、服务人才的机制，为全校各类人才的引进、培养、成长创造条件。立足服务地方，积极做好人才挂职工作、人才推荐工作，推荐 3 名挂职副县长人选，新增派 3 名干部赴五寨县任驻村第一书记，选派 8 名干部与教师参加我省"万名干部入企服务"活动；向江苏省人才办推荐"科技镇长团"副团长 1 名、团员 2 名，分别赴江苏省靖江市、连云港市开展工作。

三、基层党组织建设全面加强

开展了教工党支部书记"双带头人"培育工程，2016 年新选配"双带头人"6 人。加强了"党员之家"和党建工作示范点的建设工作，共验收 15 个基层党员之家。对基层党组织按期换届进行专项检查，对部分党组织设置进行了调整，全校 170 个基层党支部全部完成换届。认真开展党员组织关系集中排查，共排查处置失联党员 8 名。严格落实"三会一课"制度，将"三会一课"和教学科研等结合起来进行。严格党员发展工作，严把党员入口关，2016 年共发展党员 1251 名。全面开展了补缴党费工作。党建信息化建设和党校网络建设不断加强，开通"中北党建"微信公众平台。

四、宣传与思想政治教育工作成效明显

加强大宣教格局建设，牢牢把握意识形态领域的领导权管理权话语权。继续打造基层教师典型访谈栏目"师范"，加强"看中北、中北文化传媒"等新媒体建设，扎实推进以"太行精神"为核心的品牌校园文化创建活动，强化精神文明建设。学

校不断加强大学生思想政治教育工作，把理想信念教育和核心价值观践行作为重点推进，构建了全过程育人、全员育人、全方位育人和全环境育人新格局。2016年共成功举办各类报告与论坛41余场，举办主题班会566场以上；坚持党建带团建，开展了“高举团旗跟党走 践行核心价值观”“与信仰对话”校园访谈等系列主题教育活动。光明日报以《为师之范在于真》为题，对中北大学创新思想政治教育工作做了专门报道。

五、党风廉政建设和反腐败工作扎实开展

扎实推进党风廉政制度体系建设，制定、落实了主体责任实施意见和年度党风廉政建设任务分解实施意见，与各二级单位签订了责任书，各级领导干部“一岗双责”意识不断增强。全面支持纪委履行监督、执纪、问责工作，推进监督执纪“四种形态”规范化，严肃查处违纪违规行为，对于上级转办件以及校内申诉件等进行了全面细致的调查处理。深入开展廉洁自律与警示教育工作，加强纪律宣讲力度。建立了提醒制度、谈话制度，2016年共提醒谈话61人次、约谈干部10人次。

六、年度重点工作成效明显

成功召开了中北大学第二次党代会，提出了建设创新发展引领、具有鲜明特色和重要影响的教学研究型大学的“十三五”奋斗目标，确立了三步走的“百年百强”中北梦；科学制定了《中北大学“十三五”事业发展规划》，明确了“一条主线、两个服务面向、三个转变、四个创新体系、五大发展理念”和30项重点任务；成功签署了省部共建协议；隆重举行了建校75周年系列纪念活动，重点举办了18名院士参加的“军民融合与科技创新”院士研讨会和各类学术报告160余场，成立了中北大学教育发展基金会和校友之家，举办了建校75周年校史展、科技成果展、创新教育实物展和校友风采展，进一步凝聚了发展力量，提升了学校的知名度和影响力；完成了全校办公办学用房调整，基本实现“一院一楼”；完成了学校资产清查工作；推动了定点扶贫工作取得了阶段性成效。

七、学科专业建设全面加强

制定出台了《中北大学一流学科建设方案》，启动实施了“优势学科攀升计划”“学科整体提升计划”和“特色学科建设计划”。成功申报山西省重点学科建设项目5项，获批4个国防特色学科，争取专项经费5430万元。投入建设经费1920万元，支持20个校级学科项目建设。组织完成教育部第四轮学科水平评估工作。

八、教学质量提升工程深入实施

启动了2017版本科培养方案修订工作，全面落实工程认证标准和本科专业质量标准，推进实施金字塔式的人才培养体系。开展优势专业建设工作，3个专业成功申报为省级优势专业。投入1325万元，支持10个新办专业和学科基础实验平台、专业实验室建设。两门课程成为第一批“国家级精品资源共享课”，1个实验教学中心获批国家级实验教学示范中心。投入335万元资助各类创新创业活动，建成12个服务创新创业教育的创新实践平台。成功申报国家级大学生创新创业训练项目10项、省级项目30项。在大学生各类学科竞赛中，获国家级奖励204项、省部级奖励420项。国防教育和国防生培养工作扎实推进，成立了太原陆军预备役高炮旅中北大学指挥二连，被教育部评为“国防教育特色学校”。2016年，学校新增山西省研究生教育创新中心1个。获评山西省研究生教育优秀导师1人，山西省优秀学位博士论文1篇、优秀学位硕士论文7篇。

九、科技创新能力持续增强

出台了《中北大学科研项目经费管理办法》等制度。获国家科技部“万人计划”中青年科技创新领军人才1项，承担科技部国家重点研发计划“数字诊疗装备研发”专项2项。获批国家自然科学基金委项目48项，较2015年增长50%。获国家艺术基金1项。SCI论文收录397篇，授权专利156项，其中发明专利136项，实施专利转让10项。获山西省科技奖8项，新增山西省协同创新中心2个。科研经费到款2.4亿元。大力推进产学研用合作，与多家单位签署了战略合作协议，科技成果转化效益达到5000余万元。

十、“人才强校”工程亮点突出

首次获批2016年度长江学者特聘教授1人。新增“双聘院士”1人，学科带头人1人，引进“985”“211”和海外院校毕业的优秀博士毕业生70余人。获批三晋学者1人、青年三晋学者5人，3人入选省级优秀青年学术带头人，各类人才项目入选人数持续增加。获博士后科学基金面上项目一等资助1项。新增艺术学副教授评审权。

十一、开放式办学全面推进

大力推进国际交流合作平台和体系建设，新增友好合作伙伴6个，新建中外联合机构2个，签订中外合作协议12项。派遣教师出国留学、培训、参加学术和文化交流34人次。短期外国专家和团组来校交流合作122人次。留学生公寓楼正式启用，招收外国留学生43名。新办国际实验班1个。

十二、办学基础条件不断改善

2016年交付使用项目3项、在建项目2项、新申请项目1项。完成新北区二期221亩土地征地工作、三期500亩征地进展顺利。“数字化校园”一期工程顺利验收，“一卡通”项目建设启动，并完成了试运行。新增纸本图书50627册，中外文数据库试用开通12个。

十三、现代大学治理体系日益完善

以《中北大学章程》为总纲，修订完善了系列制度31项。推进校院两级管理重心下移，推动学院出台绩效激励机制和发放办法。进一步加强学术组织建设，充分发挥学术委员会等各级各类学术组织的作用。积极推进把权力关进笼子的制度

化建设，依法依规确权确责，进一步优化了权力运行流程图、风险防控图。

十四、平安和谐稳定校园创建成效显著

强化“党政同责、一岗双责”，落实安全管理责任制。制定并落实安全工作例会、考核等制度，进一步健全完善了安全工作运行机制。大力开展安全宣传教育活动，全年进行安全演练36次，师生安全意识不断强化，安全防范能力不断提升，全年未发生重大安全事件。正确处理改革、发展、稳定的关系，不断营造安定团结向上的氛围，维护稳定发展的局面。

十五、民生工程惠及师生

扎实推进民生工程，教职工人均收入稳步增长。怡丁苑棚户区484套住房顺利竣工并交付使用，极大地改善了教职工住房条件。落实好老同志政治、生活待遇，“中北大学老年大学”挂牌成立，学校被评为“全国关心下一代工作先进集体”。重视子弟教育工作，积极引进优秀人才加强附属学校领导班子建设，全力推进附属学校综合楼项目建设。

（王建军）

附：中北大学党委书记、副书记、常委名单

书　记： 李忠人

副书记： 刘有智　安建平　薛　智（7月任职）

常　委： 王瑞芬（7月任职）　曾建湖　白培康　雷锋斌（8月任职）　赵贵哲（8月任职）　潘晋孝（8月任职）

山西中医学院党委工作概况

党委书记　马存根

山西中医学院是山西省重点建设高校、山西省人民政府和国家中医药管理局共建高校、教育部首批卓越医生（中医）教育培养计划改革试点高校。学校现有6个基层党委、6个党总支、6个直属党支部，共有基层党支部75个，党员人数1835人。

2016年，学校深入学习贯彻党的十八大、十八届三中、四中、五中、六中全会精神，全面贯彻落实习近平总书记系列重要讲话精神、党中央治国理政新理念新思想新战略以及省委“一个指引、两手硬”重大思路和要求，主动适应中医药振兴发展新形势，按照全省卫生计生和教育工作的部署安排，围绕大学筹建、专项巡视整改、“两学一做”学习教育、校院两级管理、“十三五”规划实施、筹备召开党代会为重点，全面推进学校内涵建设，各项事业取得新成绩。

一、以大学筹建为中心，推进学校各项重点工作

（一）大学筹建成效显著。学校组建了筹建领导组及具体的工作机构。研究制定了《筹建山西中医药大学工作方案》《省局共建一期项目实施方案》等一系列重要文件，召开筹建工作动员会和推进会，坚持“全面达标、增量明显、强化特色、重点突破”的原则，进一步明确学校发展定位和人才培养目标，转变发展理念，加强科研投入，大力推进内涵建设、师资队伍建设和学科专业建设，筹建工作成效显著。

（二）巡视整改圆满完成。省委专项巡视第十二组意见反馈以来，学校党委不讲条件、不打折扣，全面认理、认账、认责、认罚、认改、认干，全力以赴抓好整改落实。完成了《山西中医学院省委专项巡视整改工作方案》所确定4大类13个方面34条具体问题的整改任务，先后出台修订制度30余项。将巡视组移交的问题线索全部办结，对已查实确实构成违规违纪的9人给予严肃处理，做到了事事有回音、件件有着落。

（三）第十三届传运会成功举办。成立了筹备领导组及具体的工作机构，制定了全国中医药院校第十三届传统保健体育运动会筹备工作方案，全力推进竞赛组织、后勤保障、资金筹措、大型活动及志愿者、宣传、安全保卫、会务接待等各项筹备工作。来自全国26所高等中医药院校的308名运动员同场竞技、共享盛会，赢得了国家局、兄弟院校和社会各界的广泛赞誉。

（四）“十三五”规划编制完成。在充分调研、论证、征求意见的基础上，编制完成了学校《“十三五”事业发展规划（2016~2020）》，并经四届四次教代会表决通过，省教育厅同意备案。

（五）校院两级管理有序推进。学校以“校院两级管理”为主要内容，出台实施《校院两级管理体制实施办法（试行）》不断深化内部管理体制改革，充分发挥二级学院办学主体作用。以“岗位绩效”为主要内容，出台实施《岗位绩效改革实施方案（试行）》，不断深化收入分配制度改革。各二级学院研究制定具体的实施细则，逐步完善激励、竞争、考核和约束机制，激发全校教职工工作的积极性和创造性。

（六）依法治校进程加速推进。以《章程》核准实施为契机加快现代大学制度建设步伐，完成党务、行政、教学、科研、学生等五个分册400余项制度汇编，进一步完善党委领导下的校长负责制、学术委员会制度、民主监督制度，着力构建现代大学治理体系，为全面推进党建工作和学校建设提供了强有力的制度保障。

二、以党委换届为契机，党的建设全面加强

（一）党委换届工作圆满完成。成立了筹备工作领导组，

基本完成了基层党组织的换届工作。成功召开第四次党代会，选举产生了新一届“两委委员”，确立了“挺进博士授权单位方阵和建设高水平中医药大学”的奋斗目标，绘就了学校未来五年的发展蓝图。新一届领导班子坚持把党委领导下的校长负责制和民主集中制落在实处，严肃党内政治生活，强化理论武装，班子的办学治校能力得到了有力提升。

（二）“两学一做”学习教育有效开展。制定了学习教育实施方案，成立了校领导联系点和协调小组，详细安排部署了党课、专题讨论、民主生活会等学习教育内容。校党委中心组先后召开“四讲四有”4次专题学习讨论，以及校院两级领导班子民主生活会。在学习教育中注重选树党员先锋模范，评选表彰了首届“双十佳”优秀教师和优秀教育工作者。

（三）思想建设不断加强。全年举办党委中心组学习10余次。强化理论武装，扎实推进宣传思想政治工作，深入学习贯彻习近平总书记系列讲话精神，完善校院两级中心组和教职工理论学习，深入贯彻全国卫生与健康大会、全国高校思想政治工作会议以及第四次党代会精神，汇编完成《媒体中的山西中医学院2016》。

（四）组织建设有力提升。紧紧围绕基层党建重点任务，认真开展党员组织关系集中排查、党费收缴专项检查等工作。加强对基层党组织书记抓党建工作的述职评议和考核力度，把党建工作“述职评议考核”结果与基层党组织年度目标责任考核结果相结合，形成上下联动，齐抓共管的党建工作新格局。严把发展党员入口关，发展新党员189名，转正党员155名。

（五）党风廉政建设大力增强。深入贯彻《条例》和《准则》等党内法规，召开2016年党风廉政建设大会，签订了《党风廉政建设责任书》。确认了党风廉政建设专员，聘任了监督员。坚持问题导向，推进“两个责任”落实，认真开展监督执纪问责，按照“谁主管，谁负责”的原则，一级抓一级，层层抓落实。各单位、部门切实担起责任，切实把惩治和预防腐败工作融入到学校改革、建设、发展的全过程。“一岗双责”进一步落实。

（六）加强党的作风建设。建立完善了学校处级干部《廉政档案》。通过组织观看警示教育片、专题辅导、重大节日廉政谈话，深入贯彻落实中央“八项规定”精神，坚决纠正“四风”。

（七）做好统战和离退休工作。组织各民主党派、无党派人士认真开展“两学一跟”活动，开展同心系列品牌活动。全心全意为民主党派和无党派人士服务，创造民主、和谐、团结的氛围。深入贯彻落实中央《关于进一步加强和改进离退休干部工作的意见》，进一步加强离退休干部工作，认真落实政治生活待遇。

（八）大学文化建设再创佳绩。获批全国中医药文化宣传教育基地，傅山文化研究中心获批省高校人文社会科学重点研究基地。实施文化上墙项目，营造校园文化氛围。组建了国医大师吕景山教授学术思想传承发展中心。积极开展“传统保健体育运动社区行”活动。举办高雅艺术进校园和戏曲精品进校园活动。

（九）加强校园安全稳定工作。建立了校园警务室。以平安校园建设为契机，强化“三防“建设，加大校园视频监控投入力度，基本实现了学生公寓等单体建筑视频监控的全覆盖。组织开展了消防疏散演练，签订了安全稳定工作责任书，深入开展安全隐患排查与整治工作，确保校园和谐稳定。

三、以创新创业教育为契机，教学质量稳步提升

（一）创新创业教育体系初步构建。制定了《创新创业教育改革实施方案》及配套制度，成为山西省深化创新创业教育改革示范高校。组织开展了校级教学改革项目评审，立项40个。获批省教育厅教学改革创新项目5项，“大创”项目20项。完成回访工作，中医学专业通过认证，教学质量达到国家本科医学教育标准。推进全校本科人才培养方案修订工作。正式加入山西高等医学教育资源联盟。

（二）教学基本建设不断加强。新增生物制药、药物分析2个本科专业。92名教师入选“十三五”国家级规划教材的主编、副主编、编委。《方剂学》《生物化学》《温病学》《中医诊断学》4门课程建设成为中国医学教育慕课联盟优秀在线课程。加强网络资源课程建设，网络课程增至22门。首次向社会发布了本科教学质量报告。

（三）高层次人才建设实现突破。国家级学术带头人和国家级教学名师实现零的双突破，1人被评为“新世纪百千万人才工程”国家级人选、教育部新世纪优秀人才，1人被评为国家级教学名师，2人获批省级学术技术带头人，2人获批国务院特殊津贴专家；柔性引进“千人计划”“长江学者”、973首席专家施福东教授，复旦大学神经病研究所肖保国教授为中西医结合一级教授；全职引进集美大学张希春教授；新增省级名老中医18名、省卫生人才培养工程高端领军人才31人。引进博士研究生7人，硕士18人。

（四）加强师德师风建设。举办2016年中青年教师教学基本功竞赛。组织参加第四届“中医药社杯”全国高等中医药院校教师发展论坛暨青年教师教学基本功竞赛，第二届“中医药社杯”高等学校中药学类专业青年教师教学设计大赛暨第一届教师发展论坛等省内外比赛获得优异成绩。举办“名师讲堂”11次，选派多名教师参加各级各类教学培训会议。70余名教师参加了全国中医药行业高等教育“十三五”规划教材数字化教学师资研修班。

（五）加强研究生教育工作。获批省级研究生教育改革项目6项、省级研究生科技创新项目3项，获批省级研究生联合培养基地4个。积极推进中西医结合一级学科授权工作。

（六）完成各层次招生工作。招收研究生249名、本科生1806名、高职生149名、成人496名、留学生42名。积极推进国家政府奖学金生接收院校申报工作。

（七）两级教学管理亮点凸显。各二级教学单位推进校院两级管理的具体实践，开展了富有特色的活动。医药管理学院联合振东集团开展“导师制”实践教学，突出个性化培养，拓展和完善学生知识结构。护理学院积极拓展省外实习医

院，抓好实践教学质量提升。中西医结合临床学院成功举办了十周年办学成就活动。

四、强化科技创新力度，学科建设与国际合作取得新成绩

（一）科研水平大幅提升。组织申报科研课题296项，立项95项，获得各级各类科研经费1139.5万元。结题验收30项。组织实施2016年度山西省重点研发计划"中药产业链项目"，主持或作为主要技术依托单位申报的8个项目获得立项，

（二）加强学科建设。中西医结合基础学科在省教育厅组织的重点学科评估中获评"优秀"等级，成为省重点建设学科。"针灸优势治疗技术基础研究项目"获得省教育厅重点学科建设项目专项资助。2个山西省科技创新团队顺利通过验收，进入新一轮建设。

（三）推进对外交流与合作。联合国内多所中医药院校在澳大利亚阿德莱德大学创立"全球传统医学研究院"，召开中华中医药学会对外交流分会年会暨中医药国际化产学研合作学术研讨会。加入中俄中医药创新发展联盟，与俄罗斯传统医疗委员会、俄罗斯圣彼得堡中医院、荷兰运动与康复中心在教学、医疗、培训等方面开展深度合作。英国阿斯顿大学与学校签署合作备忘录。牵头组建"一带一路"医院协作小组，将针灸、推拿、康复等特色技术逐步推广到欧亚大陆。承办发展中国家针灸技术培训班3期，培养来自一带一路沿线国家学员87名。

五、搭建素质教育平台，学生综合能力显著提升

（一）加强辅导员队伍建设。做好业务辅导员和本科生导师的选拔，以医药管理学院为试点，积极探索双导师制。获全国中医药高等教育学会学生工作研究会课题立项2个，省级辅导员精品课题1项。组织参加全省辅导员技能大赛获三等奖，1人荣获全国中医药院校优秀辅导员称号。

（二）推进素质教育体系建设。推进文明修身工程，加强大学生文明行为规范的教育力度。系统持续地进行新生国防教育及军事技能训练等入学教育，精心组织开展各类仪式教育。继续坚持做好早操、宿舍卫生、自习督察等日常教育与管理工作。继续实施"青马工程"。举办第十五届校园科技文化节、学生社团精品活动月等校园文化活动。

（三）继续做好学生资助和评选表彰工作。多方筹措社会助学金430万元，受奖助学生398人。落实免费主食关爱工程和贫困生营养鸡蛋工程。1864人次获综合奖学金，2386人次获学习优秀奖学金。评选表彰三好学生688名，优秀学生干部1095名，文明宿舍144个，优秀班集体及优良学风班44个。

（四）大力开展创业就业工作。大力开展创业教育、创业竞赛、项目孵化，提高学生创新创业素质。获省"大创"项目20个，校级立项50个。搭建毕业生创业就业微信平台，先后多次举办大、中型毕业生就业洽谈会。实施毕业生就业一把手工程。本科生首次就业率达69.51%。

六、推进校院两级管理，精细化管理水平不断提升

（一）强化人事管理。组建山西中医学院教师高级专业技术职务评审委员会（库），推荐晋升教授4人、副教授1人、图书系列副研究馆员1人、实验师3人。评审通过副教授9人、讲师13人。启动养老保险征缴工作，保障教职工切身利益。

（二）强化财务和审计工作。加快预算执行进度，认真做好内部控制基础性评价工作。开展"十三五"期间校内重点项目规划编制申报工作，建立了项目库。实施新校区工程建设全过程跟踪审计，坚持前移审计关口，主动参与学校经济管理活动，完成了老干部活动室地面改造工程等审计工作。

（三）做好设备采购及资产清查工作。开展2016年国有资产清查，摸清了"家底"，确保每项资产"帐、卡、物"相符。完成了45个项目近1500万元的采购任务，有力保障教学科研学科建设。

（四）民主管理日益加强。召开四届三次、四次教代会，将教职工代表大会制度落到实处。做好代表提案的督办工作，为教职工参与学校重大事项决策以及解决职工切身利益提供了良好的途径。举办"写家书·传亲情"系列文体活动，不断丰富职工的文化生活。

（五）大力实施精准扶贫。增派了3名优秀干部赴临县担任"第一书记"，并设立专项扶贫资金20万元。充分利用中医药优势，定期派医疗卫生人员进行义诊，为贫困老百姓解决疾苦。推荐2名专业技术人员挂职贫困县科技副县长。

七、加强条件建设，综合服务能力不断增强

（一）加强科研条件建设。科研实验中心纳入山西省科技资源开放共享网络管理服务平台，并面向晋中创世植物研究院等单位与企业开展了科研检测服务。加强与山西振东基赛生物科技有限公司合作。积极推进"第三方检测实验室"的认证工作。积极推进实验动物中心建设。

（二）加快图文信息化建设。图书馆于2016年6月正式开馆。建成了山西中医药科技文献共享服务平台，搭建完成了虚拟化数据中心。

（三）后勤服务能力持续提升。坚持"管理有序、保障有力、服务有效"的原则，实现了日常工作平稳推进，重点项目顺利完成。积极争取40余万元，用于家属区美化、亮化工程改造，进一步改善了居住环境。

（四）推进新校区工程竣工验收。在加快上湖蓄水及周边景观绿化铺装等工程的同时，完成16个单体的综合验收和消防验收，其中涉及各单体图审备案、设计变更、热计量、节能、安全等验收64项。

（五）加强博物馆条件建设。夯实硬件环境，改善基础条件。做好藏品修复，加强标本养护。编撰博物馆文化宣传画册，并完成了《博物馆馆藏精品集萃》中医药史馆内容的编排设计工作，着力打造博物馆文化名片。全年接待各类社会团

体近500个、各界人士万余人次。完成《山西中医药发展史图解》和《傅山研究集成》定稿并交付出版。

（郭宏鹏）

附：山西中医学院党委书记、副书记、委员名单

书　记：张俊龙（9月离职）　马存根（9月任职）
副书记：马存根（9月离职）　冯　海
　　　　高建军（7月任职）
委　员：郭文平　王新塘（8月任职）
　　　　冀来喜（12月任职）　闫敬来（8月任职）
　　　　郝慧琴（9月任职）　杨　波（8月离职）

太原师范学院党委工作概况

党委书记　张惠元

2016年，在各级领导的关怀指导下，太原师范学院党委团结带领全校师生，深入学习贯彻习近平总书记系列重要讲话，深刻领会十八届六中全会和全国高校思想政治工作会议精神，认真落实省委“一个指引、两手硬”的重大思路，遵照学校第二次党代会和“十三五”规划目标任务要求，真抓实干，全面推进学校发展。

一、2016年学校发展的基本情况

2016年，校党委牢固树立“抓好党建是最大政绩”的理念，落实党建责任制，始终坚持社会主义办学方向、坚持党委领导下的校长负责制和民主集中制，不断完善议事规则和议事制度，修订出台了《中共太原师范学院委员会常务委员会议事规则(试行)》《中共太原师范学院委员会全委会议事规则(试行)》《太原师范学院二级院系党政联席会议议事规则》。班子成员公心为上成共识，主动沟通比制度。大力加强基层党组织建设，顺利完成换届工作，强化校院(系)两级班子建设。坚持学为基础，做为关键，扎实开展“两学一做”学习教育。认真学习贯彻全国高校思想政治工作会议精神，坚持立德树人之根本，深化社会主义核心价值观的培育和践行。

2016年，全校上下进一步认真落实《太原师范学院章程》，制定实施《太原师范学院“十三五”发展规划》，明确办学定位，着力顶层设计，统筹改善办学条件，全力实施人才战略，积极探索教授治学的有效途径。优化人才培养方案，深化教育教学改革，加强专业建设，强化创新创业教育。大力加强学科科研工作，加强科研团队和平台建设，深化科研体制机制创新，科研创新能力显著提升。重视引进和发挥各类人才作用，改进人才培育工作，营造良好的工作环境，教授人数达108人，博士人数达146人。履行大学职能，服务全省经济社会发展，积极参与精准扶贫，加强协同创新平台和智库建设。努力维护学校安全稳定，平安校园建设成效显著。以行知精神为抓手，大力加强精神文明与校园文化建设，营造良好的育人生态。

二、突出抓好三件大事

（一）圆满召开学校第二次党代会

9月29日，在上级组织的大力支持和全校党员的共同努力下，学校隆重召开了第二次党代会，顺利完成换届。党代会上张惠元同志代表第一届党委作了题为《内涵发展，团结进取，开启建设特色鲜明的教学研究型师范大学新征程》的报告，报告是学校今后加强党建和改进各方面工作一个总的、纲领性文件。报告全面回顾了学校第一次党代会以来取得的发展成就，深刻总结了五年多来学校工作的宝贵经验和重要启迪，冷静分析了面临的新挑战、新机遇，科学谋划了学校发展远景规划及“三步走”发展战略，重点部署了今后五年的主要任务和目标是努力挺进全省高校“第一方阵”，大会选举产生了新一届党委、纪委领导班子，与此同时全校25个党总支、一个直属党支部、108个任期已满的党支部完成换届。二次党代会的胜利召开进一步夯实了师院基层党建基础，充分调动起全校广大党员的积极性和创造性，增进了全校师生的凝聚力和向心力，为全校奋力推进各项事业的健康发展提供了强有力的组织保障。

（二）扎实开展“两学一做”学习教育

“两学一做”学习教育开展以来，校党委高度重视，坚持组织引导和督促核查相结合，成立了四个检查督导小组，坚持统筹规划和创新方法相结合，梳理工作思路，确保学习教育取得实效。

坚持学为基础。要求全体领导班子成员带头导读导学，全体中层定期交流心得体会，坚持学习全覆盖，不落不少一名党员。坚持把党章党规、习近平总书记系列重要讲话精神做为重要学习内容，还着重学习了党的十八届六中全会精神，全国高校思想政治工作会议精神和我省党的十一次代表大会精神，深入学习《准则》和《条例》，读原著、学原文、悟原理、见实效。

坚持做为关键。为确保“两学一做”学习教育取得实效，开展了“组织找党员、党员找组织”活动，开展“党员先锋行”主题实践活动，要求党员领导干部过好双重组织生活会，进一步完善党支部“三会一课”。进行民主评议党员，评选表彰了13个先进基层党组织116名优秀共产党员和21名优秀党务工作者。认真实施教师党支部书记“双带头人”培育工程试点工作，“双带头人”张彩凤同志做为全省高校两名代表之一，被授予山西省百名“优秀共产党员”荣誉称号。在全省高校深化“两学一做”暨领导干部素质能力提升研讨班上，太原师范学院“双带头人”培育工程试点工作做为唯一的代表汇报了经验和体会，受到时任省委副书记楼阳生，时任省委常委、组织部长盛茂林的充分肯定和表扬。

通过一系列举措，学校“两学一做”学习教育取得了阶段性成效，在全校营造出学党章党规，学系列讲话，争做合格党员的浓厚氛围。

（三）科学谋划学校“十三五”改革发展

“十三五”，是学校在新一轮高等教育综合改革中迎头赶上、提升进位的关键时期。太原师范学院坚持以提高质量为核心，促进内涵式发展为出发点和落脚点，立足发展实际，坚持问题导向，深入调查研究，广泛发挥师生智慧，集思广益、融会贯通，科学编制了《太原师范学院“十三五”发展规划》。“十三五”规划集中体现了学校二次党代会精神，是对党代会确立的“三步走”战略和“六大工程”的深化和延伸。《规划》进一步明确了学校建设思路定位和重点任务，制定了“八大任务”和“六大重点建设项目”，为学校未来五年发展明确战略措施和实现路径，成为引领学校发展和师生前进的纲要性文件。

2016年，是“十三五”的开局之年、关键之年。太原师范学院进一步分解任务，制定任期目标、年度目标，积极推进落实。狠抓人才队伍建设，修订规章制度，加大招才引智力度，全体校领导亲自带队上门招聘人才，取得显著成效。创新人才培养模式，坚持立德树人，努力构建思政工作大格局，太原师范学院官微，行知青年微信公众号在全省高校和全省高校团委榜单中名列前茅。推行“一系一品，一生一技”，新华网、中国教育报先后专题报道了我校行知舞蹈团受邀在北京人民大会堂参加“百花迎春”中国文学艺术界2017春节大联欢演出的情况。学生主持的“晋作古典家具的传承与创新研究”创新项目获批国家级大学生创新创业项目。影视艺术创作作品获第十七届大学生原创影片公益短片类二等奖。2016年我校生源质量稳步提升，文科录取分数线超省内二本线24分，理科超26分。科研成果数量和质量稳步上升，共获批纵横向项目69项，发表省级以上研究论文391篇。山西城乡统筹发展协同创新中心和山西腐植酸工程技术研究中心等工作不断进步，产学研成果喜人。在培训教育行政干部、校长、园长和学科教师等方面，不断发挥智库和独特作用，服务社会经济建设的能力持续提升。积极推进教职工周转房、河道等在建项目，完善办公教学资源有效利用和调整分配，努力改善师生员工工作学习和生活条件。

三、扎实推进党风廉政建设和反腐败工作

2016年，学校认真强化“两个责任”，落实校系（院）两级主体责任。充分发挥党委书记第一责任作用，班子成员自觉履行“一岗双责”，明确每个成员职责和责任，分工和分管。

坚持以学为基，深刻领会全面从严治党的新要求。立足为每一名党员树起道德标杆，使《准则》和《条例》真正入脑入心。不断引深全面从严治党的举措，日常学习中，坚持汇报与交流相结合，谈认识和谈收获相结合，谈举措和谈实效相结合，力求做到求实务实知行合一，学做统一。坚持落实为要，努力取得全面从严治党的新实效。在推进全面从严治党上，决不搞虚的，要落在实处。党代会换届前，及时下发了《关于加强党代会期间换届风气监督的通知》，在省外高校在晋美术测试、学校招生、基建等每一项重大工作中都严格进行各个环节的警示教育和监督。坚持执纪问责、咬耳扯袖成常态，及时约谈、函询和诫勉谈话，坚决维护党纪的严肃性，全面提升领导班子和广大党员干部全面从严治党的责任意识。

（刘晓峰）

附：太原师范学院党委书记、副书记、常委名单

书　记：张惠元

副书记：梁吉业　王川龙（9月任职）
程太生（6月任职）

常　委：杨全平（9月任职）　郭丕斌（9月任职）
王卫平

市、县(市、区)委工作概况

中共太原市委工作概况

市委书记　王伟中

在党中央和省委、省政府的正确领导下，中共太原市委领导班子全面落实党的十八大和十八届三中、四中、五中、六中全会精神，深入学习贯彻习近平总书记系列重要讲话精神和治国理政新理念新思想新战略，按照省第十一次党代会部署和省委“一个指引、两手硬”重大思路和要求，自觉践行五大发展新理念，全力实施创新驱动、转型升级，努力实现“两个走在前列”。

一、坚持以习近平总书记系列重要讲话精神为指引，全面加强理论武装

把学好用好习近平总书记系列重要讲话作为政治责任和历史担当，深入学习习总书记“七一”重要讲话精神，按照省委右玉学习交流会议部署，组织召开市委常委会议、中心组学习会和全市干部大会，认真学习贯彻系列重要讲话的科学体系和治国理政新理念新思想新战略，切实增强“四个自信”。把学习宣传贯彻党的十八届六中全会和省第十一次党代会精神作为重大政治任务，印发认真组织开展学习宣传贯彻六中全会精神的《实施意见》和贯彻落实省党代会精神通知的《意见》，将六中全会和省第十一次党代会精神纳入干部培训内容，组建宣讲团分赴全市集中宣讲46场，市级新闻媒体围绕精神解读、理论研究、学习贯彻情况等方面推出系列宣传报道，迅速掀起了学习宣传贯彻热潮。全市各级党组织和广大党员干部牢固树立“四个意识”特别是核心意识、看齐意识，始终在思想上政治上行动上与以习近平同志为核心的党中央保持高度一致，坚决贯彻党中央确定的路线方针政策，结合太原实际深入落实省党代会提出的治晋理政总方略总要求总目标，努力把学习成效转化为“两个走在前列”的生动实践。

二、坚持以经济建设为中心不动摇，着力推动创新驱动、转型升级

切实加强和改善党对经济工作的领导。深入贯彻落实十届省委第219次常委会议精神、骆惠宁书记在太原地区调研时重要讲话和省委十一届二次全会暨经济工作会议精神，深刻认识把握中央和省委对经济形势作出的重大判断、对经济工作作出的重大部署，积极适应全省经济工作思想方法的重大调整，按照“下半年好于上半年、为明年进一步好转奠定基础”的基本要求，每季度分析研判经济工作，针对性地找差距、补短板，努力推动经济稳步向好。全市地区生产总值增长7.5%，社会消费品零售总额增长8.1%，规模以上工业增加值增长7.0%，外贸进出口总额增长24.8%，外贸出口总额增长26.4%，一般公共预算收入增长3.1%，城乡居民人均可支配收入分别增长6.9%和7.1%，目标责任考核主要指标完成情况走在全省前列。

积极推进供给侧结构性改革。有力有度有效落实“三去一降一补”，坚决淘汰落后产能，关闭退出矿井2座，退出产能195万吨；将去库存与棚户区和城中村改造相结合，探索打通安置房与商品房之间通道，全市商品住房销售面积增长61.87%，商业用房销售面积增长3.34%，写字楼销售面积增长128.93%，全市城区商品住房消化周期保持在合理区间；发挥金融对实体经济的支撑作用，加强与国开行等战略合作，争取低息、中长期资金支持；利用多层次资本市场，推进企业改制、挂牌、上市，新增“新三板”挂牌企业24家；开展“降低实体经济企业成本行动”，累计为企业减负65亿元。构

建多元化中高端现代产业体系,信息产业、高端装备制造业、新材料三大基地建设扎实推进,富士康手机制造及维保、太重风电等重大项目进展顺利,新兴接替产业增加值增长13.2%,占全市规模以上工业比重达到70.9%。现代服务业发展加快,华润万象城、华强华夏文明传承园等重点项目有序推进,服务业增加值占到GDP的62.6%。都市现代农业提质增效,宝迪、润恒等农业产业化项目进展加快。全力推进科技创新,新建国家地方联合工程实验室3个,新认定高新技术企业233家,高新技术产业增加值增长10.5%;全市有效发明专利拥有量增长21.2%;技术合同成交额增长126%;成功举办2016中国计算机大会。

着力增强城市整体功能。加强城市基础设施建设,全年安排重大项目136项,完成投资462.5亿元,其中,道路桥梁建成215.86公里,完成投资220亿元。五一路、滨河西路南延、摄乐大桥等重点工程竣工通车,轨道交通2号线全面开工。新改建供水管网157公里、供热管网278.5公里,既有建筑节能改造工程完成518万平方米。公园绿地、人行天桥、地下通道、停车场、公厕建设等城市专项工作扎实推进。提升城市精细化、信息化、智能化管理水平,研究城市管理体制创新,推动城市管理重心下移,加强智慧城市建设,交通违法行为专项整治等工作成效明显。加快城中村、棚户区改造,全年启动改造31个村,近两年完成54个村整村拆除;开工保障性住房46046套,基本建成41316套,棚改货币化安置率50.3%,超额完成省定任务。

深化改革、扩大开放。积极推进转型综改示范区建设,制定出台《太原市开发区改革创新发展工作实施方案》,深入推进开发区整合、改制、扩区、调规,启动23.3平方公里起步区,示范区建设进入实质性推进阶段。着力推进关键环节和重点领域改革,承接落实中央和省委省政府部署的财税和金融体制改革、司法体制改革试点、国资国企、社保、公务用车等各项改革工作。深化行政审批制度改革,市、县两级行政权责清单向社会公布,48个具有审批服务职能的部门将全部进驻为民服务中心,市直11个部门29个事项共压缩审批时限49个工作日。组织开展“万名干部入企服务”等活动,积极对接企业实际需求,帮助解决困难,受到省通报表扬。进一步支持民营经济发展,继续开展小微企业创业创新基地城市示范建设,“双创”工作深入推进,构建创业创新载体191个,新增各类市场主体6.49万户、增长27.18%。做好系统定向招商引资,积极争取国家有关部委支持,全力推动富士康全球维保项目落户太原。

加大省城环境质量改善力度。继续抓好“五大工程”“五项整治”,太古长输供热项目和南部热电联产清洁能源项目建成投用,新增供热能力5000万平方米;关停西山矸石电厂等污染企业,30万千瓦以上机组全部完成超低排放改造;淘汰老旧机动车和黄标车47193辆,8292辆出租车全部更换为纯电动车。出台《大气环境质量冬防严控十二条措施》,加强恶劣天气应急管理,全市二级以上天数232天。生态环境治理力度进一步加大,启动汾河南延三期工程建设,推进黑臭水体治理。新增造林32.48万亩,和平公园、晋阳街公园和一批小游园建成开放,建成区绿化覆盖率、绿地率、人均公园绿地面积分别达到41.6%、36.6%和11.86平方米。

三、发展社会主义民主政治,推进法治太原建设

加强和改进对人大、政协工作的领导,全面启动市人大、政府、政协换届选举工作。支持和保证人大及其常委会充分发挥代表作用,不断加强自身建设,依法行使职权,探索实践委托第三方起草法规草案,修订、制定地方性法规4件。支持市政协发挥协商民主重要渠道和专门协调机构作用,更好履行政治协商、民主监督和参政议政职能。巩固和发展最广泛的爱国统一战线,切实做好对台、侨务等工作,召开全市宗教工作会议。协助民主党派做好换届工作。全面推动军民融合发展,荣获全国双拥模范城“八连冠”。

推进法治太原建设,印发《法治太原建设五年(2016–2020年)规划》,完善司法管理体制和司法权力运行机制,制定深化公安改革《意见》等配套政策,全面启动“七五”普法工作,县级法律服务中心、乡镇(街道)法律服务站实现全覆盖。

四、切实保障、改善民生,全力维护社会和谐稳定

加大脱贫攻坚力度。把脱贫攻坚作为“头号工程”,将精准要求落实到识贫、扶贫、脱贫各个环节,全力抓好责任制双签、四级书记联动、群众满意度测评、产业扶贫等重点工作,加大“城区包乡、单位包村”对口帮扶力度,龙头企业、专业合作社与贫困户利益联动机制作用进一步发挥,异地搬迁项目全部开工、完工率67%,实施产业扶贫项目89个、投资25.3亿元,全年脱贫2万余人。

积极发展民生事业。坚持以人民为中心的发展思想,将发展和民生更加紧密结合,民生支出347.3亿元,占全市一般公共预算支出的81.9%。推动创业再就业,城镇新增就业9.89万人,城镇登记失业率3.46%。大力推进教育事业标准化、均衡化、优质化发展,新建续建市属学校23所,公办小学和初中实现90%以上学区就近入学。扎实推进公立医院综合改革,市直医院全部实行药品零差率销售,继续推进“百院兴医”工程,市中心医院新建等项目加快推进。城镇职工基本养老、城镇基本医疗、失业、工伤、生育保险等基本全覆盖。新建74个社区养老服务中心和78个社区老人日间照料中心。加强城乡公共文化基础设施建设,举办惠民演出371场。二青会相关筹备工作正式启动,成功举办太原国际马拉松等赛事。

全力保障社会和谐稳定。牢固树立总体安全观,坚决贯彻骆惠宁书记“三个坚决防止”的要求。认真落实“党政同责、一岗双责、企业(单位)主责、失职追责”,按照管行业必须管安全、管业务必须管安全、管生产经营必须管安全和谁主管谁负责的要求,全面加强煤矿、非煤矿山、危化品、交通运输

等重点领域的安全监管，发现各类隐患近2万个，99.9%完成整改。加大社会治安综合治理力度，创新立体化社会治安防控体系，组织开展各类整治专项行动。打掉黑恶势力犯罪团伙45个，破获刑事案件14146起，群众的安全感和满意度进一步提升。信访工作取得新成效，省交办案件化解率99%，重大不稳定因素化解率88%，信访总量、进京非访、赴省集体访、赴市集体访呈现出“四下降”的良好态势。

五、坚持全面从严管党治党，积极构建良好政治生态

扎实推进“两学一做”学习教育。市委主要负责同志坚持以上率下，市委常委以身作则，不断突出“学”这个基础，继续引深学习贯彻习近平总书记系列重要讲话精神；切实强化“做”这个关键，带动广大党员在融会贯通、解决问题上下真功夫，切实增强“四个自信”，争做“四讲四有”合格党员。解决涉及基层群众的实际问题2.5万多个。

坚持全面从严治党。认真学习贯彻《关于新形势下党内政治生活的若干准则》《中国共产党党内监督条例》，研究制定十一届市委常委会工作规则、书记专题会议工作规则、全会工作规则，不断增强党内生活的政治性、时代性、原则性和战斗性。市委主要负责同志坚持“四个亲自”，带头落实主体责任，班子成员认真履行“一岗双责”，层层压实责任，全年问责落实不力党员领导干部127人。按照省委的部署，扎实稳妥推进深化监察体制改革试点工作。市县两级巡察机构组建完成，第一轮巡察工作取得明显成效。驰而不息狠刹“四风”，查处违反中央八项规定精神问题134个、处理257人。坚持有腐必反、有贪必肃，探索实践监督执纪“四种形态”，抓早抓小、动辄则咎，受理检举控告5089件(次)，处置问题线索2410件，谈话函询703件，初核1410件，立案1004件，结案1006件，给予党纪政纪处分997人。不断加大对侵害群众利益的不正之风和腐败问题的整治力度，查处群众身边腐败问题254个、处理453人；查处扶贫领域违纪案件43个、处理89人。

加强基层党组织和干部队伍建设。扎实推进“三基”建设，围绕基层组织全面加强、基础工作全面进步、基本能力全面提升，集中整顿229个软弱涣散基层党组织、转化率100%，培训农村“两委”主干、第一书记、大学生村官等3000余人，287个村实现村集体经济“破零”，占无集体经济收入村数的50.9%。全市共建立非公经济组织党组织2060余个、社会组织党组织690余个。市委召开基层党建述职评议考核会议，进一步压实基层党建责任，推动问题整改。严格落实中央和省委换届要求，圆满完成市级党委领导班子和县、乡领导班子换届工作。坚持新时期“好干部”标准，树立正确用人导向，提拔任用市管干部252名，消化超职数配备干部490名，对675名市管干部的个人有关事项进行了重点核查和随机抽查。研究出台《太原市激励干部担当作为干事创业实施办法(试行)》和《太原市支持干部改革创新合理容错实施办法(试行)》，充分调动广大党员干部干事创业的内生动力，全面构建良好政治生态取得明显成效。

(张晓茜)

附：中共太原市委书记、副书记、常委名单

书　记：吴政隆(10月离职)　王伟中(10月任职)
副书记：耿彦波　王　成(7月离职)
任在刚(9月任职)
常　委：任在刚(9月调职)　汪　凡(11月离职)
王建生(9月离职)　李吉山　张明星
陈河才(7月离职)　任玉和(7月离职)
张文广(7月任职)　薛东晓(9月任职)
王立刚(9月任职)　刘文华(9月任职)
李　浓(女，9月任职)

中共小店区委工作概况

区委书记　车建华

2016年，小店区深入贯彻省委省政府、市委市政府重大决策部署，统筹推进“五位一体”总体布局，协调推进“四个全面”战略布局，深入践行五大发展理念，坚决实施“一个指引、两手硬”的重大思路和要求，坚定不移地把“两个走在前列”作为总要求，坚持发展第一要务，全面落实稳增长、促改革、调结构、惠民生、防风险系列政策措施，坚持着力构建良好政治生态与着力推动经济稳步向好并举，统筹抓好“十三五”开局之年各项工作，全区经济社会发展呈现良好态势。

一、坚持创新引领，增强经济发展活力

2016年1—10月份，全区固定资产投资额完成182.38亿元，占全市比重11.8%，同比增长14.4%，在全市十个县(市、区)排名中，总量排第二，增速排第二；一般公共预算收入完成20.24亿元，占全市比重17.9%，同比增长10.7%，在全市十个县(市、区)排名中，总量排第一，增速排第三；一般公共预算支出完成24.93亿元，占全市比重16.2%，同比增长23.8%，在全市十个县(市、区)排名中，总量排第一，增速排第二。前三季度全区地区生产总值完成260.1亿元，占全市比重12.5%，同比增长6.8%，在全市十个县(市、区)排名中，总量排第三，增速排第六；服务业增加值完成197.3亿元，占全市比重14.6%，同比增长5.7%，在全市十个县(市、区)排

名中，总量排第三，增速排第七；社会消费品零售总额完成307.4亿元，占全市比重25.2%，同比增长2.6%，在全市十个县(市、区)排名中，总量排第二，增速排第十。

一是坚持政策引领。出台《关于推动全区设施蔬菜规模化发展的意见》，设施蔬菜发展取得新突破；组织制定《关于加快特色商业街区建设的实施意见》，以政府"看得见的手"助力市场"看不见的手"，助推亲贤街等7条特色商业街区的健康发展；从区级层面探索PPP模式，制定《关于在市政基础设施建设中引入PPP模式的实施意见》，充分吸收民间资本参与公共服务和基础设施建设，已在新农科北路建设中引入了PPP模式。

二是加快项目落地。扎实做好重点项目招商、审批、服务等方面工作。进一步完善重点工作推进制度，协助项目单位加快推进土地、规划等手续办理，及时研究解决项目推进中清表、道路、水电基础设施建设等实际困难和问题，切实推进项目进展，先后服务科创城、汾酒文化商务中心等77项省市重点项目。重点抓好"六位一体"指标完成，其中项目储备、项目落地、项目签约3项指标1—8月已超额完成全年目标任务(项目储备2016年计划完成4947亿元，1—8月完成4949亿元；项目落地2016年计划完成149亿元，1—8月完成274亿元；项目签约2016年计划完成240亿，1—8月完成288亿元)；项目开工已完成144亿元(2016年计划完成239亿元)；项目建设已完成108亿元(2016年计划完成244亿元)；项目投产已完成103亿元(2016年计划完成226亿元)。

三是下大力气招商引资。把引进外部要素资源作为加快经济结构调整和经济发展的有效途径，集聚加快发展的正能量。多次组织人员外出开展招商活动，借鉴经验、结合实际制定我区优惠政策。截止11月底，小店区实际引进外来到位资金达到113.75亿元，已完成全年目标任务的142.19%，比去年同期增长121.4%，在十县区排名第一。通过会审的签约项目7个，总投资额293.3亿元，已完成全年总目标任务的122.21%，比去年同期增长120.7%，十县区排名第二。

四是大力扶持"双创"。组织制定《关于深入实施创新驱动发展战略的实施意见》，开展双创城市示范工作，建成双创服务中心；出台《关于扶持鼓励企业孵化园建设实施细则(试行)》《关于扶持鼓励商贸企业集聚区建设实施细则(试行)》《关于扶持鼓励众创空间和科技孵化器建设实施细则(试行)》《关于扶持小微企业创业基地建设实施细则(试行)》4个专项扶持政策，安排专项资金8276万元，鼓励发展众创空间、小微企业创业基地、科技孵化器、商贸企业集聚区、微型企业孵化园五大类载体，建立创业创新示范基地试点；山西工商学院众创空间、和空间等5个众创空间被认定为升级众创空间，山大艺道和新创空间被认定为国家级众创空间。从外省引进山西籍电商企业"吉中世纪购物"回乡创业。

五是现代服务业进一步发挥中流砥柱作用。华宇百花谷、滨河时尚购物广场等一批城市综合商业体加快建设。"帝企鹅"电商孵化园年内投入运营。邦荟网荟网、百度外卖、每天惠山西运营中心、山西乐活等知名电商落户小店，形成网店集聚区。全国最大020观赏鱼类电商平台山西龙巅休闲文化电商广场正式启动。发展200余家物流企业，设立5个较大型物流园区。万科物流、中邮物流已正式签约并完成选址等建设前期工作。

六是民营经济活力不断增强。出台《小店区干部入企工作方案》，派驻96名干部深入企业，帮助企业出谋划策、解决实际问题，协助2户民营企业办理完善土地使用手续。至2016年10月，全区民营企业、中小微企业累计发展到2万余户，个体工商户累计达到2.9万户，累计吸纳就业14.4万人，占全区从业人员总数的13.19%。民营经济增加值完成143.31亿元，营业收入408.78亿元，利润总额15.26亿元，上缴税金28.21亿元，实现固定资产投资59.62亿元。2016年还培育年销售收入达到1亿元的"小巨人"企业1户(山西精英科技有限公司)，科腾环保、山西创美建筑安装2家新三板企业成功上市。

七是都市现代农业发展提速。全区以发展都市现代农业为主攻方向，以发展特色高效农业、健康畜牧养殖业、休闲观光农业、农产品产业化为重点，农业收益持续增加，粮食生产、肉蛋奶蔬菜产量保持稳定增长。2016年预计农业增加值增幅3%以上；全区农民人均收入预计完成19933元，同比增长7.5%。全区农产品销售收入预计完成45.89亿元。全区农业投资预计完成3.8亿元；粮食产量完成6.2万吨；预计全年蔬菜产量27.2万吨；预计肉类产量4020吨，预计完成年计划的100.5%；预计蛋类产量4010吨，预计完成年计划的100.25%；预计奶类产量40080吨，预计完成年计划40000吨的100.2%。新建集中连片日光温室基地480亩，20个休闲观光农业园区预计接待60万人次，销售收入6600万元。

二、不断提升城市建设和城市管理水平

一是不断完善基础设施建设。积极服务市政道路建设，太行路南延、太茅路、马练营路等6条道路完成征地拆迁任务，地铁2号线等7条道路征地拆迁正在稳步推进。投资660万元，完成亲贤街微循环太行东苑二路、怡和巷、晨光东街、昌盛西街电力入地工程、社会福利院门前道路等5条小街巷改造任务。农村公路和生命防护建设完成里程30公里。采用PPP模式的农科北路正施工。太榆退水渠改造工程完成规划工作。投资1702万元建设农田水利设施，改善灌溉面积1.17万亩。26个小区7公里的老旧供水管网及"一户一表"改造正在稳步推进。投资1000余万元实施农村饮水安全保障工程。

二是全力推进城中村和棚户区改造。始终保持"开弓没有回头箭"的政治定力，坚持"四个分离、四个带头、四个保证"的工作方法，多渠道筹集改造资金。2016年8个村整村拆除改造拆除任务全部完成，拆除总量156.64万平方米，排全市第一。6个村涉及3968户、2223处宅基地、32处公建，总面积166.15万平方米。已签协议1620户，拆除宅基地

1131处、公建13处，拆除面积90.251万平方米，除坞城外都已确定开发商，加快确定的今年6个村的整村拆除和去年8个村的回迁安置房建设，采用全货币化方式安置6700套。启动铝材厂、肉联厂棚户区改造并加快推进。

三是城乡综合整治进一步加强。以创建全国卫生城市为引领，加强城乡统筹，加大市政公用设施和公共服务设施建设。完成主次干道两侧裸露通道综合整治8万平方米，裸露地面硬化5万平方米，破损路面整治6800平方米。继续推进星级单元创建活动，创建三星级及以上单元119个。认真落实垃圾分类收运处理要求，西温庄中转站建成运行。严控违法建设，拆除各类违法建设7046平方米。积极开展城乡清洁提档升级工程，清理垃圾死角1995处，清理城市"牛皮癣"22万余处。129条道路进行机扫冲洗和清洗作业。12000多个门店实施生活垃圾上门收集全覆盖。整治裸露地面、高切坡、高边坡21万平方米。

四是环境质量持续改善。把改善环境质量作为重大民生工程。6个城边村燃气改造完成收尾和完善工作。90家城中村小洗浴全部使用清洁能源和可再生能源。洁净煤推广使用11.38万吨，占全市总量的40%，实现两个"全覆盖"。彻底取缔6家"土炼油"作坊，淘汰黄标车和老旧车辆6926辆。全面推进清洁供热全覆盖，实行建成区20吨及以下燃煤采暖锅炉清零行动，拆除107个单位160台，完成拆除任务的74.1%。秸秆综合利用预计完成12.5万亩。治理水土流失1000亩。1—11月，全区二级以上优良天数236天，优良率为70.4%。与去年同期相比，二级以上天数增加14天。环境空气质量综合指数6.89，较去年同期6.97下降1.14%。

五是生态建设提档升级。继续推进东山"五龙城郊森林公园"建设。2016年环城百万亩森林建设工程提档升级完成2000亩。新建游园5个，完成5块街头绿地建设工125100平方米，单位附属绿地新增10110平方米，居住区绿地新增15600平方米，垂直绿化新增250延长米，重点建设正阳街等5条林荫路。积极服务好服务好财大公园、和谐公园、东蔞公园建设。西里解等3个省级改善农村人居环境村庄绿化任务圆满完成。

六是发展环境不断优化。坚持把优化发展软环境作为"衣领子"、硬任务，进一步打造高效政务环境，进一步完善市场运营环境，努力营造亲、清政商关系。一批大项目落地进度加快。整合现有资源，优化窗口设置，提高服务效率，推动政务高效运行。截至11月底，政务服务中心累计办理事项76.54万余件，居全市之首。全区10个街乡便民服务中心和156个村居便民服务点已都走上健康运行轨道，截至11月底共办理事项4.82万件次。

三、始终坚持以人民为中心的发展思想

一是全力以赴对口帮扶。实施精准扶贫、精准脱贫，投入帮扶资金2500万，抽调14个部门对口帮扶阳曲县14个贫困村。确定了10大类39项脱贫产业项目，已实施13项。时刻把阳曲贫困群众的安危冷暖挂在心头，为群众硬化道路、安装太阳能路灯，解决了出行难、饮水难、灌溉难、医疗难等亟需解决的困难。协力应对阳曲县农产品滞销困境，全区企事业单位累计帮销各类农产品20余万斤、树苗5000余株。开展企业家"一对一"对口帮扶，引进鹏飞种植有限公司、鸿新农产品有限公司等多家企业与贫困村签订购销合同，为粮农菜农缓解销售压力；协调多家院校和医疗机构为贫困学生免除学费、提供就业岗位，开展免费义诊、为贫困病患群众免费送医送药，切实从低保、教育、健康等方面兜底帮扶。

二是持续增进民生福祉。新建2个"15分钟便民商圈"，新增新太康菜市场等3家肉类蔬菜流通追溯体系企业试点，管理规范52家平价菜店。实施老旧小区供水管网"一户一表"改造3268户，管线改造11.57公里。老旧供热二次管网改造22.29公里。实现生活垃圾无害化处理率达100%，推进500千伏龙城变电站等电力基础设施项目的续建、新建工程。实施农村安全饮水工程，让更多人喝上放心水。大力推进保障性安居工程建设，新建开工保障性住房12176套，完成全年目标任务的148.3%，开工率全市第一。完成既有居住建筑节能改造125.62万平方米。农村危房改造完成年度任务的100%。出台《新建小区配套学校优质化发展的实施意见》，开展集团化办学，恒大小学西校区、正阳街小学、八一小学龙城小区投入使用，增加学位4800个。51中等3所学校新建教学楼基本开工建设，汾东中学正办理建设手续。启动实施12所学校节能环保建设，中小学直饮水设备实现全覆盖。解决外来人员子女有5100多人就近入学。丰富群众文化生活，开展140多场文艺演出，举办7场体育比赛，建成15块塑胶篮球场。20个养老中心和16个日间照料中心场所已基本完成。有序推进县级公立医院改革和医联体建设，基本药物和耗材实现集中采购。1—11月份，全区共保障城乡低保对象16425户次，26711人次，累计发放保障金1320万元，城乡医疗救助3636人次，发放救助金723.万元，临时救助698户次，发放救助金56万元。城镇登记失业率控制在4%以内，1—11月城镇新增就业人数14132人，各项保险基金收入共63435.68万元。率先在全市推行80—89周岁老人高龄保健津贴普惠化发放。全面落实两孩基本国策。五保对象纳入大病救助范围，除新农合报销比例外100%予以保障。

三是坚守安全生产红线。准确把握安全形势新特点新趋势，强化忧患意识和责任意识，坚持"党政同责、一岗双责、失职追责"，强化"红线"意识，深化重点行业专项整治，坚决消除事故隐患。1—11月份，共排查企业(单位)18650个次，发现安全隐患5249条，完成整改5247条，整改率99.96%。全部彻底整改。开展疫苗、处方药销售等重点品种专项监督检查，抽检食品、药品、食用农产品375批次。开展消防检查3624家，整改隐患4791处，责令"三停"40家，罚款174.6万元，拘留44人，消除了一大批火灾隐患和消防安全违法行为。第一批4个街乡20个村"两站两员"建设全部到位，有效防止了重大交通安全事故发生。

四是迎难而上维护信访稳定。深刻理解推进新型城镇化中以人为核心的理念，直面问题，机制上分类化解、多元化

解,制度上源头预防、压实责任、再造流程、狠抓落实,末端处理与前端治理相结合,抓早抓小抓苗头,以事要解决为核心,以控旧治新为目标,不断提高各类不稳定因素化解能力。2015年,小店区信访化解量排全市第一。2016年1—10月,全区来信来访共518批次,同比下降52%;办结信访案件445件,办结率86%;提前发现重大信访隐患47起,化解41起,化解率87%。中央交办案件和省专项活动交办案件办结率100%,其中息诉率达到85%以上,市重大不稳定因素交办案件结案率达85%以上,网上转办信访案件办结率达到100%。

五是全面加强社会管控。深入开展"打黑除恶专项斗争深化年"活动,组织开展"除村霸、保民安"转型行动。至11月底,全区共破获各类刑事案件2494起,抓获各类作案嫌疑人1344人;查处治安案件30200起,治安拘留2791人;查获犯罪集团35个,抓获成员147人;处置群体性事件107起,维护了辖区社会治安的和谐稳定。建立社区(村)群防群治队伍596支,不断壮大群防群治力量。深入开展社会治安风险隐患大排查大整治活动,全区共排查各类风险隐患3691个,已整治3636个,整治率达98.5%。

四、坚持落实管党治党责任情况

时刻紧紧牵住主体责任这个"牛鼻子",切实增强区委班子管党治党的意识和能力,加大领导和统筹力度,真管真严、敢管敢严、长管长严,建设廉洁政治,以"永远在路上"的精神把全面从严管党治党各项任务不折不扣落到实处。

(一)深入学习贯彻习近平总书记系列重要讲话精神。坚持沿着习近平总书记系列重要讲话精神指引的方向,持续跟进学习、深化理想,做到思想认同、理论认同、情感认同,不断增强"四个意识"特别是核心意识、看齐意识,坚决做到在思想上拥戴核心,在政治上维护核心,在行动上紧跟核心,坚决维护习近平总书记在全党的核心地位,更加自觉地在思想上政治上行动上同以习近平同志为核心的党中央保持高度一致。全面贯彻落实党的十八届六中全会精神,把学习宣传贯彻全会精神摆上重要位置,纳入重点工作部署,强化组织领导,分层次组织学习,分阶段开展宣传,确保取得实实在在的成效,推动《准则》和《条例》各项要求在小店区落地生根。认真学习贯彻省第十一次党代会精神,认真学习、原文学习大会报告,全面理解和准确把握报告的精神实质和丰富内涵,坚持学以致用、学有所获,紧密联系本部门、本单位工作实际,把学习成果转化为推动工作的强大动力。

(二)以上率下落实主体责任。区委始终坚持管党治党"严紧硬",以上率下,层层传导压力,努力使全面从严治党成为常态,使党内政治生活纯洁健康,努力建设政治生态的绿水青山。区委书记带头负主责、首责、全责,区委常委以上率下、区级班子成员层层落实,自觉履行"一岗双责",从严抓好分管领域"两个责任"落实。在不设党委的76个区直单位,明确由行政一把手履行主体责任,指定一名班子副职履行监督责任。建立区、街(乡镇)、村(居)三级落实"两个责任"体系,对全区101个单位落实"两个责任"每年开展2次专项检查,对累计发现的8个方面问题,压实责任,抓实整改。

(三)全力支持纪委工作。领导和支持区纪委履行监督责任,聚焦主业,加快"三转",全面完成9个内设机构调整,调整人员6人,增加行政编制7个,总数达到28人。为全部10个街乡纪委配备了专职副书记和纪检干事,增加办案经费100万元;为区纪委增加行政编制7名,总数达到28名;与街乡党委书记分别谈话,确保街乡纪委书记不分管纪检监察以外的工作;研究制定了针对群众反映非党村居干部问题线索的处置办法。成立区委反腐败协调小组,完善相关工作制度,增强办案合力,一批突出问题有效解决。

(四)持续深入正风反腐。一是坚持挺纪在前。1—11月,受理信访举报290件次,其中,来信155件次,来访62件次,来电7件次,网上举报65件次,其他方式1次。信访举报总量、涉纪总量、新增量分别是290件、256件、83件,比去年同期下降48.1%、24.25%、16.2%。坚持问题线索集中管理,集中研判问题线索4批87件105人,其中区管干部34件40人,重要线索优先处置,案管室负责督办落实。2016年以来,线索处置183件,了结85件,谈话函询32件,初核142件,立案113件,处分104人,其中党纪处分98人、政纪处分7人、双重处分1人;组织处理11人,其中诫勉谈话8人,通报批评2人,其他组织处理1人,持续保持了对腐败的有力震慑。二是坚决防止"四风"反弹。抓住重要时间节点,通过明察暗访、个别谈话等方式,对全区进行全覆盖监督检查。至2016年底,共检查单位304个(次),出动1200余人次,发现问题90个,责令78个单位进行全面整改;对违反中央八项规定精神及"四风"问题严肃处理,党政纪处分14人,诫勉谈话5人,对35个单位主要领导进行了约谈,书面检查37人。中秋、国庆期间开展纪律作风专项监督检查,共发现违反工作纪律21人,党政纪处分2人,书面检查25人。三是扎实开展巡察工作。4个巡察组完成对区卫计局、北格村、搪瓷厂、坞城街道的巡察工作,共张贴巡察公告52张,设立举报信箱6个,收到信访举报11件,发出民主测评表224份,接待来访群众74人,听取专题汇报4次,列席被巡察单位相关会议4场,个别谈话107人次,查看账目、查阅会议纪要、机关制度等资料300余册。期间,区委巡察工作领导小组分别召开例会、对接会、阶段汇报会及"回头看"座谈会,第一轮巡察工作综合报告已经形成。

(五)扎实开展"两学一做"。一是坚持以上率下。成立协调小组和职能机构,区委书记带头讲党课,启动学习教育,全区各级党组织及时跟进,精心组织,扎实推进"两学一做"学习教育。突出学是基础,邀请专家作专题辅导106场;分级实施基层党务骨干培训,区级示范培训100余人,各党(工)委培训1600余人,实现基层党务骨干和党组织书记全覆盖。全区各级党组织4次专题讨论全部完成,期间,结合小店区实际情况,增加"正风肃纪""学习贯彻系列讲话、解决若干突出问题"2次专题研讨。二是坚持分类指导。坚持以督促学、以督促做。派出2个督导组,对全区区直机关单位和街道乡镇开展动态巡查，完成3轮督导，指导各级党组织学先进、补短板，及时以通报形式反馈督导情况，及时总结推介各领域基层组织鲜活作法。三是坚持严在日常。规范清理党组设置，批准成立党组27个，并指导规范工作规则。严把新一届“两代表一委员”以及各类候选人政治关、素质关，严明换届纪律，区乡两级换届工作风清气正；政协委员增加交纳党费、参加组织活动及“两学一做”“双学一跟”情况考察等。制发《小店区农村（社区）组织关系接转办法（试行）》，实行转入审查和公示制度。建立“主题党日+”长效机制，确定每月第一周周四为全区各级党组织“主题党日+”，进一步增强组织活力，规范党内生活，提升党员意识。四是坚持学做结合。全区开展党员先锋行单位298个，参加主题实践活动党员7106人，一线作为、创先争优，以实际行动在推动“两个走在前列”实践中创先争优、担当作为。在夏季防汛抢险中，充分发挥基层党组织战斗堡垒作用和党员先锋模范作用，教育引导党员干部冲在一线，受到受灾群众广泛好评。650名党员干部入企帮扶，分解65项措施以“钉钉子”精神抓落实，帮助26家企业解决具体问题79个，累计273亿元的35项项目相继落地。69名党员干部带头拆除自己和亲属在城中村的宅基地142处，全区党员在创建全国文明城市工作中累计24563人次参加志愿服务活动，各级党组织和党员干部表率示范、引领跟进，助力服务发展，党员党性意识和学习教育成果经受住了实践检验，全区学习教育收到实效，初步实现“四个进一步”预期目标。

（六）抓实抓好“三基建设”。一是不断夯实基层组织建设。采取建“五清”台账，扩大组织工作覆盖面，依托楼宇、园区推动组建等措施，新组建党组织39个，规范党组织20个，坚持优化创新组织设置，扩大组织覆盖，4个村（居）党支部升格为党委，进一步形成了科学严密的基层组织体系。按照全市两年完成村级场所达标改造部署，小店区自加压力，预算190万元力推1年完成。截止2016年底，20个场所改造升级完成16个，超额完成6个。经过两年投入2亿元实施达标改造，全区78个社区场所全部达200㎡，其中75个达300㎡以上，建成1000㎡以上中心社区6个。152个远程教育站点实现100%改版升级。从2016年起，区级机关、事业单位按党员每人每年100元预算党建工作经费，纳入各单位行政经费预算。社区办公活动经费按户数划分最低11万元，最高13万元，领先全市水平。52个城中村社区干部待遇、办公经费服务群众经费和党组织建设经费比照城市社区标准，全部纳入区财政全额保障范围。村级管理费转移支付按村人口数最低达11.5万元、最高达到19万元，稳妥解决了村“两委主干”以外班子成员的生活补贴和工作经费，为强化党建、建设队伍、服务中心、服务群众夯实了基础保障。二是不断强化基础工作。坚持培训到位、排查到位、妥处到位，开展排查工作。核查党员档案9371份，排查失联党员278名，取得联系党员228名，对排查未取得联系的48名党员，已启动处置程序，按自行脱党处置党员5名。坚持区乡同步、严格程序，采取互通信息、联合审查、上下印证方式，组织13个重点部门、20个党（工）委进行全面排查，清理党员41名，暂停执行人大代表职务党员12名，撤销政协委员资格党员4名，做到应清尽清、不漏一人。采取“三步走”（摸清底数、精准施策、健全机制）方式，逐一核实、建立台账、约谈加压。排查出9个未按期换届基层党组织，及时组织实施换届。在此基础上，进一步建立了工作动态提醒台账的长效机制，确保到期换届基本规定落到实处。以党支部为基本单位，对在册党员及2008年4月以来调离支部党员的工资、实缴党费情况做到底数清，情况明。发挥支部主体功能，坚持自查自改、测算数额、组织补缴270余万元，核算、补缴工作提前完成，并作为主题党日规定动作之一，把每月第一个星期四自觉交纳党费制度固定下来。三是不断提升基本能力。“领头雁”培训覆盖村两委干部、第一书记、大学生村官和骨干党员，共培训1080人次。充分发挥党校教育干部主阵地作用，从2016年开始每年制定全区干部轮训教学计划，由区委常委带头主讲，已完成3个轮次近500人的教育培训工作。同时，积极新建新区委党校，建成后可以有效扩大教学规模、丰富教学形式，进一步提高各级干部把握政策、融入群众、化解矛盾、处理复杂问题能力，做到人岗相宜、有效履职。

（吴　轩）

附：一、中共小店区委书记、副书记、常委名单

书　记：车建华

副书记：杨继承（7月离职）　李卫平（7月任职）
宋晓丽（女，5月任职）

常　委：张振鹏　张　耀（5月任职）
霍存柱（5月任职）　任效杰
王建文（5月任职）　丁晓旭（7月任职）
张建春　张志中（8月任职）
肖　莉（女，12月任职，挂职）
张建平（8月离职）　武润生（5月离职）
李恩星（5月离职）
李卫平（5月任职，7月调职）
宋晓丽（女，5月调职）

二、乡镇（街道）党（工）委书记名单

坞城街道

书　记：魏志刚

营盘街道

书　记：郭国权

北营街道

书　记：张渊学

平阳路街道

书　记：张志中

黄陵街道

书　记：侯继保

小店街道

书　记：荣杰峰

龙城街道

书　记：姚卫民

西温庄乡

书　记：李明全

刘家堡乡

书　记：李勇彪

北格镇

书　记：雍志斌

中共迎泽区委工作概况

区委书记　冯原平

迎泽区是1997年太原市区划调整后成立的城乡一体化的城区，辖迎泽、柳巷、文庙、桥东、庙前、老军营六个街道办事处和郝庄镇，86个城市社区、9个村改居、19个村。现有基层党组织1077个，其中，党委25个，党总支116个，党支部936个，党员11919人。总人口达60.39万人，总面积117平方公里，建成区22平方公里，是全市面积最小的城区。

2016年，是实施“十三五”规划和全面建成小康社会决胜阶段的开局之年，也是迎泽区建设“省城首善之区”的起步之年。一年来，区委在市委、市政府的坚强领导下，深入学习习近平总书记系列重要讲话精神和治国理政新理念、新思想、新战略，认真学习贯彻党的十八大，十八届三中、四中、五中、六中全会精神和省、市第十一次党代会精神，坚决落实“一个指引、两手硬”和“两个走在前列”的重大思路要求，强化政治意识、大局意识、核心意识、看齐意识，进一步加强和改善党对经济工作的领导，主动适应经济发展新常态，以扎实开展“两学一做”学习教育为契机和动力，深入推进“双学双促”专项行动，攻坚克难，苦干实干，全区经济持续保持平稳较快增长势头，政治、文化、社会、生态文明和党的建设全面加强，创新驱动、转型升级取得新突破。

经济发展的方向更加明确，质量和效益进一步提高。坚持以新理念引领发展新实践，进一步明晰发展思路，科学规划建成区、城乡结合部地区和东山地区“三个板块”的功能定位和产业布局，积极探索中心城区创新驱动、转型升级新路径。持续推进传统服务业提质改造，实施柳巷智慧商圈建设，对朝阳商圈及周边街巷进行综合整治和业态提升，促进了核心商圈多元业态集成发展。大力发展新兴产业，积极承接产业转移，精准招商引资，签约落地了华润地产、红星美凯龙城市家居、万科紫院、张家河特色小镇旅游等一批重大项目，厚植发展优势，培育了一批新的经济增长点。大力扶持民营经济和小微企业创业创新发展，积极筹备红十字口腔医院上市，为9个“双创”项目融资2500万元，解决了一批小微企业融资难问题。深化商事制度改革，优化审批服务，全面推行“五证合一”，率先实行个体工商户营业执照“两证整合”，进一步营造了亲、清的政务环境。2016年，全年地区生产总值完成602.2亿元，同比增长6.6％；服务业增加值完成521.3亿元，同比增长6.4%；社会消费品零售总额完成440.2亿元，同比增长10.8%；固定资产投资完成218.2亿元，同比增长14.3%；城镇常住居民可支配收入预计达到30195元，同比增长6.5%；农村常住居民可支配收入预计达到19192元，同比增长6.8%；公共财政预算收入完成13.9亿元。主要经济指标处于省市前列。

城中村改造取得突破性进展，城市建设管理水平迈上新台阶。坚持把城中村改造作为补短板、破解空间制约的重大发展战略工程和头号民生工程，全面开展2015年6个整村拆除重点村的“清零”行动，完成了郝庄、双塔、赵北峰3个村的收尾工作。启动并基本完成2016年确定的郝家沟、店坡、马庄3个城中村整村拆除，实现了中环以内城中村全部拆除目标。加快回迁安置项目建设，建成19万平方米，新开工25.08万平方米，王家峰村实现了全部回迁安置目标。高度重视城市建设与管理，组织实施了五一路、迎泽大街下穿火车站通道、轨道交通2号线建设及18条小街巷改造的房屋征收工作。围绕“五城联创”，扎实开展9项专项整治，对2个片区和19条背街小巷进行高标准综合整治，累计拆除违法建设17余万平方米。持续开展露天烧烤等环境顽疾治理，升级改造公厕83座，在全区528条街道增加人工保洁次数，在123条主次街道全面推行机械化水冲洗作业，小广告整治工作经验在全市推广。建成区燃煤采暖锅炉实现全部清零，既有居住建筑节能改造完成96.68万平方米。新建5个游园和5个绿地，新增绿化面积1.6万平方米，绿化补植14条街道，完成了5条道路林荫化提档升级。新增造林3000亩，高标准建成森防通道9.76公里。城乡生态环境明显改善。

文化建设取得新成果，区域软实力明显提升。采取多种形式组织开展弘扬社会主义核心价值观的宣传教育，持续深入开展了“我们的节日”“道德讲堂”“讲文明树新风”等群众性精神文明创建活动，激发了全区人民团结奋进的强大正能量。整理完善新沟刘家大院、三清观、益源庆醋坊等文物单位的有关资料，为保护开发奠定了基础。完成26个社区体育健身活动场所建设，文体设施建设实现全覆盖。广泛开展了形式多样的广场文化及文化惠民基层行活动，让人民群众有更多的文化获得感。

着力保障人民安居乐业，民生福祉持续增进。自觉践行以人民为中心的发展思想，全力推进一批群众要求强烈、感受明显的民生实事和民生项目落地，提前完成城镇新增就业任务和基本医疗保险、失业保险等参保任务。覆盖城镇职工、城镇居民、农村居民三类重点人群的社会保障体系初步构建。社会救助和社会福利精准化服务水平进一步提升,按时足额发放了低保金、医疗救助金、高龄保健津贴、残疾人生活补贴等各类款物。新开工建设保障性住房6992套,人民群众的幸福感不断增强。着力提升公共服务水平,实施了3所中学校舍改造和1所幼儿园建设,成为全省唯一一家通过全国中小学校责任督学挂牌督导创新县区。启动了一批区级医疗机构和社区卫生服务中心改造工程,拓宽护理上门服务项目,设立80个"医养结合"床位,实施15个社区养老服务中心和17个社区(农村)老年人日间照料中心建设,基层卫生计生养老服务能力不断提高。持续强化社区建设提档升级,社区活动场所全部达到200平方米以上标准。深入开展"双拥在基层"活动,扎实推进国防动员和民兵基层建设,营造了爱国拥军、爱民奉献的良好社会氛围。扎实开展对口帮扶娄烦县静游镇扶贫工作,扶贫攻坚开局良好。

全力维护社会和谐稳定,人民群众安全感进一步提升。认真贯彻国家总体安全观,严格执行《迎泽区安全生产党政同责一岗双责失职追责暂行办法》,扎实开展"反三违"、安全稳定风险隐患大排查大整治、"除隐患、保平安"专项整治,所有城市社区和160家重点单位实现消防"微型站"全覆盖。扎实做好信访稳定工作,推动书记大接访、领导接待日活动,开展大接访47次,接待来访群众209批次1490人,进一步畅通群众诉求表达渠道。认真开展"信访积案大交办暨重复信访事项专项治理",化解了一批不稳定因素。大力推进"平安迎泽"建设,开展"三大战役"等专项行动,社会面发案率持续降低。

民主法治建设深入推进,安定团结的政治局面更加巩固。支持区人大、区政协依法依章程履行职责。区人大及其常委会围绕重点项目建设、民生社会保障、城中村改造等重点工作开展了一系列监督、视察、调研活动,严格程序任免了一批国家机关工作人员,依法履职水平进一步提高。区政协坚持团结和民主两大主题,围绕服务业转型发展和民生实事工作开展调查研究,主动建言献策,发挥了协商民主重要渠道作用。发挥统一战线优势,积极帮助解决民营企业发展中的困难和问题,助推迎泽区民营经济发展。全面落实了民族宗教"月巡""约谈"制度。区总工会坚持"4+1"组建模式,巩固和扩大了工作覆盖面。团区委实行"1+100"直接联系青年制度,迎泽街道区域化团建成为全国首批示范项目。区妇联推动解决了一批妇女群众关心关注的问题,接待了国家妇儿办调研并受到好评。

党的建设扎实推进,管党治党责任进一步落实。牢固树立抓好党建是最大政绩的理念,高度重视理论武装,着力加强理论阵地建设,创刊编辑出版《迎泽之窗》,为干部理论学习、工作指导、交流经验提供了载体平台。深入开展"两学一做"学习教育,区委中心组集中专题学习12次,专题讨论4次,深入基层讲授专题党课38次,举办了全区首期干部主体培训班,学习贯彻习近平总书记系列重要讲话精神不断引向深入。落实"关键在做"要求,扎实开展"双学双促"专项行动,区级领导以上率下,推动解决突出问题456项。着力推动基层基础工作全面进步,实现13个软弱涣散基层党组织转化升级,7项重点任务全面落实,14项重点工作全面完成。充分发挥片区党组织、楼宇党组织、协会党组织孵化兜底作用,进一步提升了非公经济和社会党组织工作覆盖面。在全市首家试点建成迎泽区服务群众工作信息平台,有效解决了服务群众"最后一公里"问题。严格落实"九个严禁"纪律要求,圆满完成区镇两级换届工作。落实新时期"好干部"标准,树立"德才兼备、以德为先、以廉为基"的用人导向,全面调整干部8批次133人次,全部完成了超职数配备干部整改消化任务。稳步推进"三个一批",对403名科级以上干部进行"五查",实现区管科级干部个人重大事项报告"全覆盖"。

党风廉政建设和反腐败斗争取得新成效。一是层层传导压力。区委主要领导全年批办党风廉政建设和反腐败工作13次,约谈部门主要领导14人次,区委常委会40次专题研究全面从严治党工作,6次专题剖析典型案例。召开党(工)委书记履行基层党建工作责任专项述职评议考核和履行"两个责任"述责大会,通过现场述责、质询、点评、测评,进一步增强了各党组织履行"两个责任"的意识。二是扎实开展谈话函询。坚持抓早抓小,对2015年以来经初核查否的19名区管干部和9名农村两委主干进行了谈话函询,起到了及时制止和纠正小错,防止酿成大错的作用,解决了一批重信重访问题。三是严肃查处群众身边的腐败问题。组织开展财经纪律执行情况专项检查,对发现的41条问题线索移交巡察联组进行了核实。持之以恒纠正"四风",高密度开展明察暗访,加大重要时间节点的监督检查,严肃查处了一批违规违纪问题。四是加强纪律审查力度。联组巡察56家单位,向下延伸基层单位46个。一年来,全面落实从严治党要求,营造了良好的政治生态环境。

(苏卫国)

附:一、中共迎泽区委书记、副书记、常委名单

书　记:刘文华(7月离职)　冯原平(7月任职)

副书记:李　慧(女,5月任职)　杨敦勤(7月任职)
冯原平(7月离职)　阎生华(5月离职)

常　委:贾津生(5月任职)　孙劲松(5月任职)
曹　炬　赵树文(5月任职)
李　锦(女)　王国栋(5月任职)
侯　森(5月任职)　尹亮君
侯富田(5月离职)　张志勤(5月离职)
裴耀军(5月离职)　秦　琦(5月离职)
刘锦春(女,5月离职)

二、镇(街道)党(工)委书记名单

迎泽街道

书　记:田　华(女)

桥东街道

书　记:樊世勋

文庙街道

书　记：孟晋忠

庙前街道

书　记：秦宇星

柳巷街道

书　记：王孝兵(11月任职)

刘锦春(女,5月离职)

老军营街道

书　记：张　彬(女,11月任职)

闫晓琴(女,11月离职)

郝庄镇

书　记：畅耀宗(3月任职)

尹晓平(3月离职)

中共杏花岭区委工作概况

区委书记　张　磊

2016年,中共杏花岭区委深入学习贯彻习近平总书记系列重要讲话精神，全面落实省委“一个指引、两手硬”的重大思路和要求,贯彻落实市委“两个走在前列”的工作部署，坚持全面从严治党，统筹推进全区经济、政治、文化、社会以及生态文明建设和党的建设，各项事业保持平稳发展。

一、坚持以习近平总书记系列重要讲话精神为指引,深入学习贯彻省委、市委各项决策部署

坚持以习近平总书记系列重要讲话精神为指引,将深入学习贯彻党的十八届三中、四中、五中、六中全会精神与省、市第十一次党代会精神结合起来,和“两学一做”学习教育结合起来。特别是紧紧围绕省委“一个指引、两手硬”的重大思路要求和市委推进“两个走在前列”的各项工作部署,及省委骆书记、市委王书记在各次会议上的重要讲话精神开展认真学习。不断深化全区各级党员干部对总书记系列重要讲话精神和治国理政新理念新思想新战略的理解把握,进一步找准前进方向,把握工作脉搏,有力地推动了全区各项工作的开展。

在深入学习领会的同时,区委也将贯彻落实中央决策精神和省委、市委工作部署作为当前最重要的任务,认真研究谋划,制定下发了《关于贯彻落实十届省委219次常委会议精神及市委相关安排部署的实施方案》《关于贯彻落实省第十一次党代会精神和市委安排部署实施意见》等工作文件,并且结合“两学一做”学习教育,围绕“关键在做”的总体要求,突出各项重点工作和目标任务完成,从9月下旬开始,在全区各级党组织和广大党员中开展“百日行动”,并将此作为下半年工作的主要抓手,充分动员全区上下,对标全年目标,紧扣自身职责,鼓足干劲,奋发作为。区四大班子领导同志率先垂范,深入一线,针对城中村改造、棚户区改造、经济指标完成等9方面21项重点难点工作开展集中攻坚；各级党组织按工作职责,分解任务,自订清单,倒排工期,狠抓推进落实;全区广大党员踊跃投身“万名党员先锋行”活动,深入基层、结合实际,为群众办实事、解难事。同时采取“月中观摩、月底交账、月初点评”的推进机制,将各单位在“百日行动”中的任务完成情况纳入年度考核的重要内容，公开测评打分，成绩直接计入考核评分;将党员干部在“百日行动”中的表现作为评价的重要依据,树立起“干实事、多干事、比担当、比实绩”的鲜明导向,推动全区广大党员干部群众干事创业。活动开展以后,取得了很好的效果,至年底,全区城中村、棚户区和道路改造新动迁2200余户,32.2万平方米,实现了8个动迁项目“清零”,有效开展了万达广场、山医大二院周边社会环境综合整治,经济产业发展、指标完成、文教事业发展、民生保障、安全稳定等各方面工作顺利推进,全区各级党组织实现工作清单项目“归零”970项。全区各级党员积极下基层、访民情、办实事,在机床北社区,区主要领导与街道、社区干部对小区全部居民进行了入户调查,征求他们对社区建设的意见建议,对群众反映的节能改造施工、道路不通、废弃铁路影响出行等5项长期存在的问题年内全部解决。全区党员累计下基层、访民情13300人次，为群众办实事、解难事5046件,解决了一大批涉及群众切身利益的突出问题。活动开展以来,就“百日行动”相关情况,省市各类报纸刊登报道46篇,电视新闻媒体报道25条,市委办公厅《太原信息》刊发15篇,区委编发《百日行动专刊》79期,整个活动家喻户晓,深入人心,全区上下比学赶超、担当作为的氛围不断形成,党员干部真抓实干、推动工作的信心和活力得到有效激发,人民群众的的认可度和积极性不断增强,不仅有效保证了2016年各项任务目标的完成,更为做好2017年的工作打下了坚实的基础。

二、坚持“发展为民,发展惠民”的工作理念,扎实推进全区经济社会发展各项工作

2016年是“十三五”的开局之年。区委坚决贯彻中央和省委、市委的决策部署要求,结合杏花岭区实际,认真研究制定了《太原市杏花岭区国民经济和社会发展第十三个五年规划纲要》,就全区未来五年建设发展进行了总体性、全局性的规划安排。在区第五次党代会上进一步提出“建设和谐宜居、富有活力、崇文重教、文明幸福的现代城区”的总体目标,以此为基础扎实推动经济社会各项事业全面发展,努力实现了

“十三五”的良好开局。

2016年全区地区生产总值完成509.18亿元，同比增长7.6%；服务业增加值完成413.33亿元，同比增长5.6%；社会消费品零售总额完成204.43亿元，同比增长9.9%；规模以上工业增加值完成14.16亿元，同比增长49.5%；一般预算收入完成14.75亿元，完成调整任务数的101.2%。城乡居民人均可支配收入分别完成30463元和16816元，分别增长7.2%和6.6%。

（一）城市建设改造取得显著成效

坚持从弥补“设施老旧、空间受限”这个老城区建设发展的最大瓶颈出发，将城中村改造、棚户区改造和城市道路改造作为改善环境、拉大空间、增强功能、推进发展的重大战略工程、发展工程、惠民工程，全力加以推进。在城中村改造上，坚持从硬骨头啃起，将总面积43.6万平方米，涉及2230户居民的杨家峪村作为攻坚重点，集中力量加以推进，现已动迁2055户36.85万平方米，完成总任务的96.1%，并积极引入国内知名开发企业碧桂园参与改造，目前一期工程已经开建，二期工程已经签约，其余中涧河、伞儿树、柏杨树3个村也随道路改造完成动迁5.5万平方米，全区城中村动迁总量42.35万平米。在棚户区改造上，一手抓新项目推进，一手抓原有项目“清零”。新启动了小北关、山机十六宿舍等6个棚改项目，特别是李克强总理1月4日来小北关棚户区调研时的指示，全区上下按照总理指示，迅速行动，仅用40天就基本完成动迁，6栋回迁安置楼已全部启动建设。其余的5个棚户区中南河湾全部完成动迁，教场巷、凯旋街、精营东边街和山机十六宿舍基本完成动迁，全区棚户区改造动迁总量达19.93万平方米。大力推进近三年启动的15个棚户区项目动迁扫尾工作，完成了小东关等9个项目“清零”。高度重视回迁安置，全年新启动安置房5199套，已建成2340套，其中国樾龙城湾是全市自2013年大规模启动改造以来第一个开始回迁的项目，目前已有1612户居民入住新居。在城市道路改造上，全力推进五一路、卧虎山路、凯旋街等3条道路改造，五一路从2月25日启动动迁到7月9日全线通车，仅仅用时144天，创造了我市市政道路动迁改造的新记录，堪称城市有机更新的精品力作，在全省“冬季行动”总结会上，小北关棚户区、五一路改造都得到了楼阳生省长的表扬。卧虎山路于12月底建成，凯旋街正在施工，全年道路改造动迁总量达到31.52万平方米。更为重要的是，这几条道路的打通，和东峰路、建设路、中环路一道构成了杏花岭区东北部地区骨干路网，实现了广阔东山和城市中心的拓展衔接，为杏花岭东、北部地区发展开辟了“黄金走廊”，对杏花岭区长远发展意义重大。同时完成了小东门街、城坊东街等17条小街巷改造动迁。全区动迁总量达到93.8万平方米，与去年相比翻了一倍。

（二）创新驱动、转型升级迈出坚实步伐

坚决贯彻落实省委、市委“创新驱动、转型升级”的部署要求，努力推动经济产业发展提质增效。一是坚持以现代服务业作为全区经济发展的重心，狠抓重点项目推进，推动以总部经济、楼宇经济、城市综合体、现代物流等现代服务业态发展。万达5A级写字楼已入驻企业240家，富力商业综合体已于12月底开业。立足城区优势，将“大众创业、万众创新”作为厚植发展基础，全区培育双创示范基地22个。大力推动工业转型，积极服务东山华能2F燃机热电联产项目。大力推动现代都市农业发展，孔雀庄园、鸿泰昌养殖园等项目初见规模。坚持一手抓“挖潜”，一手抓“开放”，努力谋划全区经济产业长远发展，一方面组织着手制定东山地区综合开发规划，努力释放东山发展潜力，为全区发展提供新的动力源和增长极。另一方面加大招商引资力度，区主要领导、分管同志和部门负责同志多次赴省内外实地考察，与碧桂园、红星美凯龙、传化物流、宜家等国内知名企业洽谈对接，为全区发展形成有效的项目接续。

（三）社会民生事业不断改善

坚持把保障和改善民生作为工作的出发点和落脚点，把发展和民生更紧密地结合起来。养老、医保和低保实现制度全覆盖。坚持办好民生实事，杨家峪东沟村、中涧河乡丈子头两个采煤沉陷区安置项目已全部开工。持续改善社区建设水平，制定《杏花岭区社区工作阵地建设项目的实施方案》，2016年首批启动了锦绣苑、职工新街等8个社区的示范化建设改造，其中锦绣苑、胜利东街社区改造后将达到1200平方米，职工新村、卧虎山、赛马场西等社区将达到800平方米。持续发展卫生事业，全面推开县级公立医院综合改革，加快实施区中心医院综合楼建设。扶持养老服务业发展，建成城市养老中心9个、日间照料中心建设11个，其中三桥街道社区联合养老服务中心面积达1800平米，设有床位100张，辐射覆盖周边五个社区，惠及周边老年人口4784人。扎实开展对口帮扶脱贫攻坚，落实拨付娄烦县帮扶资金2000万元，区四大班子领导带头，37个单位对口帮扶到村，扎实开展工作，至年底，全区各级干部累计驻村帮扶3000余天次，协助贫困家庭销售土豆30万斤，实施和推动高粱种植，肉羊、肉牛养殖，农业旅游等多个扶贫项目，实现了13个村，1039户，3086人脱贫，圆满完成全年任务。

特别是在区五次党代会后，全区着力实施“文教兴区”发展战略，开拓思路、创新办法，努力推动教育文化事业向高质量、高水平发展。在基础教育事业发展上，坚持“扬长补短”，扎实做好“拓面、提质、改革”三篇文章，深入推进“大学区管理制”改革，开展名校集团化办学，高标准建成五一路小学富力城分校、新建路小学富力华庭分校和职工新村小学，并顺利招生开学，新增优质小学学位近1000个，有效实现优质小学资源拓面，薄弱小学提质升级，在“做强长板”上取得阶段性成果；制定出台了《太原市杏花岭区初级中学改革方案》，全面实行校长目标责任制管理，明确提出在“十三五”期间打造1所全市领先中学、2所全市优秀中学，三年后中考成绩全市排名保五争三的提质目标，在“补齐短板”上走出坚实一步。在文化事业发展上，深挖老城资源，积极对接《太原市历史文化名城保护规划》，配合市相关部门对普光寺、圆通寺、文殊寺等文化古迹进行了保护修缮。与247厂对接，落实推进占地50亩的“1898工业文化产业园”建设,全区人民期盼已久的区文体活动中心建设进入前期准备阶段,有望在2017年启动建设。

(四)城乡管理水平不断提升

坚持建管并重的工作思路,提升城市管理和公共服务的能力和水平。持续加强公厕、垃圾中转站等基础设施和设备建设,努力提升日常管理水平。集中开展露天烧烤等专项整治,市下达的337处露天烧烤点全部整改。以占道车辆和摊点清理、交通线位和设施布设、地名标志标识完善、交通秩序优化为重点,政法、公安、交通、城管、街乡联合作战,对山医大二院、万达广场、市中心医院等重要点位周边进行全面规范整治,共清理违停车辆800余台,规范停车位500余个,整治占道经营278处,取缔违章摊点83处,并进行不间断管控,有效维护整治成果。结合小街巷改造,强化街面秩序整治,做到改造一条、整治一条、长效管理一条。加强农村地区环卫管理,在人员配备、设备保障、日常管理等方面持续完善,农村环境整体面貌得到有效改善。

(五)生态环境质量持续改善

把握“治污”和“增绿”两大抓手,切实加强生态环境建设。深入推进“五项工程”和“五项整治”,全年拆除燃煤锅炉90台,在全市率先实现建成区内燃煤锅炉“清零”,新增清洁供热面积272.9万平米,惠及居民21000余户,扎实开展洁净焦炭推广、黄标车和老旧车淘汰、餐饮摊点治理等工作。2016年全年辖区二级以上优良天气达247天,比去年同期增加26天。持续推动生态绿化,完成东山地区绿化干果经济林、退耕还林薪炭林、生态林建设1.614万亩。大力推进建成区绿化,新建5个城区内小游园,其中新道街游园、北大街东游园、北沙河西出口游园已正式对外开放。

(六)安全稳定形势不断巩固

把“保平安、保稳定、保安全”作为全区的重要基础性工作来抓。建立和健全社会治理综合防控体系,持续推进“平安省城”建设,深入开展“六安联创”,大力推进“雪亮工程”建设,在全市率先试点组建出租车平安志愿者队伍。严格落实安全生产责任制,深入开展风险隐患大排查大整治。坚持信访案件“五包一”责任制和区领导值班接访制度等信访工作制度机制,大力推进积案化解,2016年省“一交办三治理”活动交办6件信访积案全部办结,市71件重大不稳定因素已化解62件,全区赴京非访同比下降92.2%,赴省、赴市集体访同比下降56%、30%。有效保证了十八届六中全会、省党代会等重大会议期间的信访秩序。

三、坚持全面从严治党永远在路上,深入推进全区党的建设

(一)扎实开展“两学一做”学习教育

围绕“基础在学”,坚持领导带头,突出问题导向,认真抓好学习讨论。全区集中学习3657次,区四大班子讲党课56次,全区领导干部讲党课903次。将学习教育作为持续深入推进党的思想政治建设和作风建设的重要举措,作为严肃党内政治生活、严明党的政治纪律、政治规矩的重要抓手,努力把学习教育成效转化为推动工作的强大动力。紧扣“关键在做”,以“百日行动”作为工作落实的重要载体抓手,用实际行动检验学习教育成果。

(二)坚决落实管党治党的政治责任

坚持把党建作为主责主业,认真落实主体责任,层层传导压力。认真学习贯彻中央和省委、市委关于全面从严治党的各项决策部署特别是党的十八届六中全会精神,着力规范党内政治生活、加强党内监督,制定出台了五届区委全会、常委会、书记专题会议工作规则等制度文件。落实党风廉政建设主体责任,区委书记对党风廉政建设重要工作亲自部署、重大问题亲自过问、重点环节亲自协调、重要案件亲自督办。区委常委会每月研究党风廉政工作,向30名市管干部发放《落实主体责任提醒卡》,对全区未设纪检组织的52个部门和单位全部指定一名班子成员负责纪检工作。加大问责力度,2016年以来共对4名落实“两个责任”不力的领导干部进行了责任追究,用问责倒逼“两个责任”在全区的深入落实。贯彻《党组工作条例》要求,规范设立24个区直党工委,并按规定配备了班子成员。

(三)保持正风反腐高压态势

认真贯彻新修订的《廉洁自律准则》《纪律处分条例》,坚持无禁区、全覆盖、零容忍,持续保持高压态势,综合运用“四种形态”。2016年以来,全区纪检监察机关共受理问题线索130件,办结124件。在办结的问题线索中,核实了结51件,谈话函询38件,立案查处34件,了结1件,党政纪处分33人,组织处理10人。落实《巡视工作条例》和省、市相关部署,认真开展巡察工作,成立了区委巡察工作领导组,组建相关机构,突出政治定位,坚持问题导向,分两批对10个单位开展巡察。

(四)着力加强干部队伍建设管理

扎实推进区、乡两级换届,5月中旬完成了中涧河、小返两个乡换届。8月17日至25日相继召开了区党代会、人代会、政协会,顺利产生了新一届区委、人大、政府、政协领导班子,整个换届严格落实了省、市委“四个好”的工作要求,组织部门牵头对958名区党代表、人大代表、政协委员初步人选进行了资格审查,依法撤销了2名党代表、7名人大代表、1名政协委员的当选资格,整个换届期间,没有发生一起违反换届纪律的人和事,真正换出了新风、换出了干劲。贯彻落实《党政领导干部选拔任用工作条例》,认真落实新时期“好干部”标准,深入实施“三个一批”,树立“从一线选干部、以实绩选干部”的用人导向,注重从城中村、棚户区改造、道路改造、信访稳定等干事创业一线发现干部、培养干部,2016年,共调整各级干部11批271人次,提拔、重用134人次,其中在城市改造、信访稳定等重点工作中提拔使用干部24名。严格按制度和规矩选人用人,共对372名干部进行了“五查”,对提拔、重用干部开展了全程纪实。

(五)努力夯实基层党建

贯彻中央要求和省委、市委部署精神,将全区基层党建

工作细化为5类16个项目,把握重点,推进落实。抓好基层党建主体责任落实,深入开展"联述联评联考",优化区级组织设置,开展"党建联合会"试点,实现非公经济组织和社会组织建设"两个全覆盖"。推动全面从严治党向基层延伸。进一步加大基层阵地建设和投入保障力度,强化基层队伍建设,持续开展党员发展、教育培训、不合格党员处置、软弱涣散组织整顿等工作,不断强化基层党建活动载体,在全体党员中开展"五个一"活动,持续引深在职党员组团服务,在城改、棚改等重点工作中积极发挥党员作用,为全区各项工作开展提供坚实组织基础。

(六)加强民主法治建设

切实加强党对人大、政协工作的领导,支持和保证人大及其常委会依法履行职权、开展工作,支持政协履行政治协商、民主监督、参政议政职能。统战、民族、宗教、老干部等工作进一步加强。顺利完成团委换届,各人民团体、各民主党派的优势和作用进一步发挥,合力进一步增强。大力推进党内民主、党务公开、政务公开、村务公开,基层民主建设不断强化。深入推进军民融合深度发展,实现双拥模范区"九连冠"。加强和改进区委对法治建设的领导,紧紧围绕严格执法、公正司法、全民守法三个主题,扎实开展依法监督、依法行政、公正司法工作,党员干部法治思维和依法办事能力明显提高,全民法治意识和法律素质普遍增强,各类社会主体合法权益得到切实保障,法治环境明显改善,全区治理体系和治理能力现代化水平稳步提升。

(游　佳)

附:一、中共杏花岭区委书记、副书记、常委名单

书　记:李　浓(女,7月离职)　张　磊(7月任职)
副书记:李文权(7月任职)　张　磊(7月离职)
　　　　李京京(5月任职)
常　委:刘晓黎(女,5月任职)　梁　勇(5月任职)
　　　　王富强(5月任职)　张农寿
　　　　马彦明(5月任职)　潘　侠(5月任职)
　　　　杜　燕　岳志强(8月任职)
　　　　程有录(1月离职)　王晋章(5月离职)
　　　　张振国(5月离职)　杨天玉(5月离职)
　　　　翟永清(5月离职)

二、乡(街道)党(工)委书记名单

三桥街道
书　记:付彦军
敦化坊街道
书　记:李　桢
巨轮街道
书　记:冯立君(12月离职)
涧河街道
书　记:李洁亮(12月离职)
鼓楼街道
书　记:姚静忠(12月离职)　梁计恭(12月任职)
杏花岭街道
书　记:任文忠(2月离职)　张毓民(2月任职)
坝陵桥街道
书　记:李秋生(12月离职)　张爱兰(女,12月任职)
大东关街道
书　记:陈向琰(女,12月离职)
职工新街街道
书　记:冯志刚
杨家峪街道
书　记:常　青(5月离职)　李秋生(12月任职)
中涧河乡
书　记:田　景(4月离职)　田建胜(4月任职)
小返乡
书　记:韩　伟

中共尖草坪区委工作概况

区委书记　李贵增

中共尖草坪区委深入学习贯彻习近平总书记系列重要讲话精神,坚决贯彻省委"一个指引、两手硬"的重大思路和要求,认真落实骆惠宁书记对太原提出的"两个走在前列"要求,紧紧围绕建设"实力强、百姓富、环境美、人气旺"的总目标,以人文生态休闲区、创新转型产业区、现代宜居都市区"三区"建设为主线,抓项目强支撑,兴产业促增收,惠民生建和谐,强党建转作风,全区经济社会发展稳步向好的基础不断巩固,多项工作进入国家、省、市先进行列,共获得市级荣誉11项,省级荣誉16项,国家级荣誉7项。

尖草坪区在经济形势持续下行的不利局面下,坚持"稳中求进"的工作总基调,全区GDP、规模工业增加值、服务业增加值、固定资产投资四项指标扭转了增速下行态势,降幅较上半年分别收窄2.6、3.5、2.2和0.8个百分点,社会消费品零售总额和一般公共预算收入两项指标呈两位数增长,分别增长10%和10.2%,实现了下半年好于上半年、为2017年进一步好转奠定了基础。全区三次产业占比为1.5∶60.4∶38.1。特别是一般公共预算收入突破7亿元关口,提前并超额完成任务,增速排名全市十县区第二,是全市为数不多实现正增长的县区，为全区各项工作正常运转提供了重要保证。重点抓了五个方面工作。

一、创新驱动兴产业，打牢转型升级发展基础

区委坚持以“项目建设年”为抓手，引项目、扶企业，以科技创新推动结构调整，以项目引领带动产业升级，增强了产业发展后劲。

(一)现代都市农业发展步伐加快。区委坚持以推动“国家农业公园”建设为目标，编制了《旅游总体规划》《汾河都市现代农业示范区总体规划》，重点打造汾河湾休闲都市农业品牌，举办了“山西省首届帐篷音乐嘉年华”、花展、西梅采摘等活动。九牛牧业连锁销售专营店达到60个，省城商超销售网点达到1600个。我区被国家农业部评为“全国休闲农业和乡村旅游示范县(区)”。

(二)工业经济在下行逆境中企稳。不断打造产业发展新引擎，新能源汽车产业园已完成调规，石墨烯孵化器和众创空间正在进行方案设计，全年共发放双创企业帮扶资金1080.8万元。积极扶植百一机械、东杰智能等新兴产业壮大规模，累计完成投资5.5亿元，成为全区工业转型发展的支柱产业。全年申请专利授权103件，技术合同登记额完成1.22亿元。加大企业帮扶力度，全力支持京丰铁路电务器材扩大规模，现正进行规划选址。培育发展了太原恒晋减震科技有限公司等具有自主知识产权核心技术的5家创新型企业。积极推动企业到“新三板”挂牌上市，九牛牧业已领取股份公司营业执照，石化工贸正在审计之中。全区民营企业增加值完成53.17亿元，上缴税金8.6亿元。

(三)商贸业初步实现规模化发展。坚持以产城融合为发展方向，科学规划产业布局，推动第三产业繁荣发展。山西锦绣国际装饰城1号馆已投入运营。晋东小商品一期已开业。新引进北京融创、富力天禧城、万科太原小镇、万科公园里4个新建项目，将在三给片区形成一个居住面积达千万平方米的公园式宜居住宅新城，可在三年内形成近240亿元的固投和近30亿元的税收。

二、区区融合添活力，探索综改试点发展路径

区委坚持把改革创新作为解决发展问题的“总钥匙”“总开关”，靠改革激发新活力，靠创新重塑新动力，为全区经济社会持续健康发展不断积聚正能量。

(一)加快推动两区融合步伐。充分发挥草坪区和不锈钢园区的政策和区位优势，成立领导组，高起点布局不锈钢深加工业、装备制造业、现代物流业、环保科技产业和新能源产业五大产业，培育两区发展新动能。以全领域合规、全方位交融为特征的两区融合体制机制改革初步方案已报省审批，利益分成、运作机制等方案正在修改完善中。

(二)有序推进转型综改和扩权强县试点。牢牢把握“双试点”机遇，全面深化改革。调整成立了区委全面深化改革领导小组，召开会议初步酝酿了2016年的改革工作要点。深化农村改革，基本完成全区农村土地改革承包经营权确权登记颁证工作。扩权强县下方事项实现无缝承接，发改、环保、工商等部门运用扩权事项共办理项目1112项。特别是在创新融资方面，运用BOT、政府购买、PPP等模式，为大、小东流、西流融资10亿元，极大地推动了城改步伐。

三、建管并重强基础，构建产城融合发展格局

坚持立足当前，着眼长远，建设与治理并举，服务与管理并重，不断提升城市形象，改善人居环境。

(一)基础设施建设加快推进。圆满完成了16条道桥工程的征拆任务，累计拆除61.58万平方米。卧虎山快速路、摄乐桥已顺利通车。农村公路提质工程和生命安全防护工程全面竣工。确定了七大公园的建设任务，金桥、小东流等公园征拆清表工作全面完成。

(二)城中村和棚户区改造取得新成绩。出台了《城中村改造实施细则(试行)》，编制了《改造图册》，加快城中村“清零”扫尾工作，累计拆除78.96万平方米。特别是在西流城中村改造中，仅28天就全部完成了580个院落的协议签订，创造了全市城改的“西流”速度。全面完成棚户区改造任务，共开工6551套，建成6622套，完成投资25.8亿元，分别为年任务的101%、104%和140%。

(三)城乡管理水平不断提高。新购置环卫车辆10台，新建垃圾中转站8座，对23座公厕进行了改造和维修。开展了城建城管领域环境大整治百日铁腕行动，累计拆除违建10万平米，通道整治2.36万处。认真贯彻落实市委关于城市管理全面提升行动的要求，敢打难仗、善打胜仗、能打硬仗，主动将市里划定的7公里铁路延长到13公里，将市里要求打造的1个示范片区增加为2个。完成了高铁沿线191户棚户区的动迁工作，对铁路沿线垃圾清运与地面平整一次性整治到位，对占道经营，私搭乱建、乱设广告和生活垃圾实行一体化清理整治到位。积极应对环保部督查，开展铁腕行动，受到了环保部的高度认可。

(四)生态建设有效推进。深入开展全面改善省城环境质量工作，先后关停搬迁污染企业31家，拆除分散燃煤锅炉、小火炉、土小锅炉663台，减少燃煤5.5万吨，洁净焦炭覆盖到村村户户。引深城乡清洁工程，对柴村迎宾路两侧116个临街门店实行了生活垃圾上门收集，改善了环境面貌。环境空气质量继续位列城六区第一。持续打造北部生态屏障，完成绿化造林1.1万亩，新建了5个街头绿地和5个游园。全区绿化覆盖率、绿地率和人均公共绿地面积均有提升。

四、民生优先增福祉，共享经济社会发展成果

按照“人民对美好生活的向往就是区委的奋斗目标”的要求，在经济下行压力大的情况下，民生投入不降反升，2016年投入10.4亿元，同比增长10.3%。

(一)社会事业均衡发展。建立完善社会保障体系，做到应保尽保。落实就业扶持政策，城镇新增就业8502人，失业率控制在3.25%以内。持续推进劳动用工监督调处，清理拖欠工资809人次、1472万元。完善养老服务体系，市老年福

利院和荣军院项目的征拆工作基本完成，5个社区养老服务中心和4个老年日间照料中心正在抓紧建设。新认定市特色示范校12所。太原外国语新校区已开工建设。成立了以区中西医结合医院为核心、10所基层医疗机构为基础的区域医联体。省人民医院项目清表已完成。全面实施两孩政策，圆满完成了新一轮创国优工作。

（二）安全稳定形势平稳。坚守安全红线，落实"三个坚决防止"要求，健全"党政同责、一岗双责、失职追责"的安全生产责任体系，全年未发生较大以上安全生产事故。实行信访"五包一"+"双包"责任制度，开展信访案件"大排查大起底大交办大化解"活动，有效化解多起群众矛盾，中央、省交办案件化解率达100%。建立了以"民警+群众+科技"为核心的社会治安防控体系，综合破案率同比提高12.9%。

（三）精准帮扶落到实处。紧盯对口帮扶娄烦县马家庄乡脱贫任务，成立帮扶领导组，组建工作队，建立"一户一袋"精准识别档案，送达慰问金和扶贫专款723万元，各乡街开展慰问10余次，捐赠各类物品价值15万元，完成4个村497户1546人的整村脱贫，杜家庄、进善两村232户703人预脱贫。

五、严管严治抓党建，夯实党的事业发展根基

区委始终把管党治党作为最大的政治，坚持坚定信念不动摇，严管队伍不懈怠，为全区经济社会和各项工作持续健康发展提供了坚强保障。

（一）抓学习明方向，时刻牢记政治责任。扎实开展了"两学一做"学习教育，进行了5次专题讨论和学习交流，组织中心组学习31次、各类宣讲80余次，全区1万余名干部参加理论考试两次，各级党委、党组全年共组织学习600余次。启动副科级干部五年轮训计划，首批31名干部轮训工作已全部完成，培训农村社区两委主干246人。创新开展"双学双找双提升"集中学习调研落实活动，促进了全区干部主动思考、积极推动工作。深入开展"万名干部入企"服务活动，收集全区31家规上企业，解决问题103件。

（二）强班子带队伍，强化队伍保障力度。分三批调整干部111人次，其中新提拔16人，平职交流95人。全面完成了超职数干部的消化工作。探索推行"双选双推双考双票决"，在全区范围内选拔乡街主干和政府工作部门负责人，把选拔使用干部的过程作为教育培训锻炼干部和有效提升干部基本能力的过程，干部的履职自觉性明显增强。

（三）压责任打基础，加强基层组织建设。扎实推进"联述联评联考"，压实管党治党责任，下派9名第一书记，整顿软弱涣散基层党组织14个。全区社区活动场所全部达到200平方米标准并落实了工作经费，补缴党费90多万元。创新基层工作模式，在农村社区设立了安全监管员、信访调解员、环保监督员和"两违四抢"专管员"四大员"，压实工作责任，夯实基层基础。

（四）抓案件严问责，加强党风廉洁建设。区委班子带头履行"一岗双责"，约谈落实不力的党（工）委书记21人次。区纪委逐条对照各单位"两个清单"，逐级签订责任监督告知书，实现了监督全覆盖。全年立案93件，处分79人，营造了风清气正的良好氛围。

（张　宇）

附：一、中共尖草坪区委书记、副书记、常委名单

书　记：郭建发（7月离职）　李贵增（7月任职）
副书记：李贵增（7月离职）　李　颖（女，5月离职）
　　　　卢俊峰（5月任职）　金林平（5月任职）
常　委：金林平（5月调职）　王春龙（5月离职）
　　　　景德奎（5月离职）　李崇斗
　　　　孙　泉（5月任职）　朱　蓉（5月任职）
　　　　张桂芝（5月任职）　祁向东（5月任职）
　　　　荆　峰　王国权

二、乡镇（街道）党（工）委书记名单

柴村街道
书　记：高　伟（4月离职）　杜秋梅（女，4月任职）
上兰街道
书　记：陈文生
新城街道
书　记：郝晓中
南寨街道
书　记：王为民
尖草坪街道
书　记：王玉贵
迎新街街道
书　记：宋国旺
光社街道
书　记：王　鹏
古城街道
书　记：田永胜
汇丰街道
书　记：侯　岳
马头水乡
书　记：李瑞清
柏板乡
书　记：史海俊（4月离职）　史宝儒（4月任职）
西焉乡
书　记：张建宏
向阳镇
书　记：魏新红（4月离职）　魏贵宝（4月任职）
阳曲镇
书　记：张玉和（4月离职）　王正宏（4月任职）

中共万柏林区委工作概况

区委书记 常 青

2016年，中共万柏林区委全面贯彻党的十八大和十八届三中、四中、五中、六中全会精神，深入贯彻习近平总书记系列重要讲话精神，围绕“五位一体”总体布局和“四个全面”战略布局，认真落实省、市第十一次党代会精神，按照“一个指引、两手硬”的重大思路和要求，团结带领全区广大干部群众，坚持发展第一要务，坚定信心，真抓实干，不忘初心，继续前进，扎实推进经济社会全面协调可持续发展，保持了经济发展、政治安定、社会进步、人民安居乐业的良好局面。

一、全面加强党的建设，提高总揽经济社会发展能力

认真贯彻党要管党、从严治党的方针，切实加强常委班子的执政能力建设和先进性建设，确立“坚定信心，迎难而上，全力推进产业强区、生态大区、服务新区建设，率先实现振兴崛起全面建成小康社会”的工作主基调和奋斗总目标，统一了思想，凝聚了共识，为实现“十三五”各项目标任务提供坚强的政治保证。

围绕提高执政能力和先进性建设，不断加强领导班子和干部队伍建设。坚持把思想建党作为全面从严治党的首要任务，扎实开展“两学一做”学习教育，各级党组织负责人讲党课530余人次，各级党员干部的“四种意识”不断强化；培训各级干部629人次、党员7540余人，调整4批50名干部，消化和转岗47名超领导职数配备的干部，圆满完成了王封乡党委和区级领导班子换届工作；不断健全领导干部年度考核、监督、管理制度，积极落实激励干部担当作为的合理容错纠错机制，充分调动全区干部敢于担当、善于作为的积极性和创造性。

加强“三基”建设，夯实各项事业进步的组织基础。完成了区直属党（工）委和党组的规范设立工作，建立了区、乡（街）两级基层党建工作清单制度，集中培训农村（社区）书记、主任150余名，有效开展党费收缴专项检查，深入推进党建“双百示范”活动，全区基层党组织的凝聚力、吸引力和战斗力不断增强。

切实加强党的领导，有力促进民主政治建设。坚持将法治建设与经济社会发展同部署、同推进、同考核，积极支持人大、政府、政协履行职责，推动办理各类建议和提案310余件。坚持巩固和发展最广泛的爱国统一战线，促进工会、共青团、妇联、科协等群团组织发挥自身优势和作用，大力扶持民营经济发展壮大，扎实开展国防教育和“双拥”工作，维护民族、宗教领域和谐稳定，按期完成区工会、团组织的换届工作。

二、坚持五大发展理念，推动经济稳步向好发展

主动认识、把握、引领新常态，认真贯彻“五大发展”理念，统筹好改革、发展、稳定的关系，实现了“十三五”良好开局。

大力推进产业强区建设，切实提升区域综合竞争力。全年完成全区地区生产总值352.77亿元，增长0.1%；服务业增加值172.75亿元，增长7.4%；社会消费品零售总额224.48亿元，增长4.8%；一般公共预算收入17.48亿元，增长13.7%；农村居民人均可支配收入13916元，增长7.2%；固定资产投资等多项经济指标完成绝对量排名全市前列，全区经济基本面持续平稳向好发展。特别是全年民营企业营业收入实现820亿元；全区78个重点工程项目完成投资262.83亿元；招商引资完成年度目标任务的100.6%。

大力推进生态大区建设，扎实提高可持续发展能力。加强“五大工程”“五项整治”等改善省城环境质量的工作，依法依规开展背街小巷、老旧社区、集贸市场、露天烧烤等专项治理；完成提档升级造林1.58万亩、中幼林抚育9.5万亩；全区绿地率、绿化覆盖率分别达35.64%、41.72%；全区二级以上优良天数为255天，城六区排名第二。

大力推进服务新区建设，夯实全区振兴崛起的基础。深入开展“干部入企服务”和“各类项目受理大起底”活动，积极承接省、市取消和下放行政权力事项93项；四分之三的城中村完成整村拆除，改造数量和拆除总面积居全市前列；全年民生支出占全区公共财政预算支出的87.6%；发放各类救助金4000余万元，完成保障房建设7689套；给娄烦县拨付2000万元帮扶专项资金和100万驻村工作经费；受理信访案件410案1729人次，化解389案、化解率达95%；打掉犯罪团伙40个；全年未发生一起重特大安全生产责任事故。

三、从严管党治党，切实加强党风廉政建设

始终坚持标本兼治、综合治理、惩防并举、注重预防的方针，驰而不息地把党风廉政建设推向深入。

强化主体责任落实。坚持把落实党风廉政建设作为重要的政治责任，切实加强对党风廉政建设和反腐败工作的领导，召开区委常委会29次、专题会议12次，对党风廉政建设和反腐败工作作出研究部署；区委书记亲自约谈3名班子成员和区管主要领导干部；全体常委认真履行“一岗双责”，对分管范围内的党风廉政建设高度重视、强化督导、紧抓不放，起到了以上率下的示范作用。

加强纪委监督责任。加大对纪委工作的领导、支持力度，做好监察体制改革前期的各项准备工作，确保监察体制改革工作审慎稳妥推进。充分运用监督执纪“四种形态”，从领导干部这个“关键少数”抓起，强规矩、守纪律，抓早抓小，全年开展谈话函询44人次，立结案61件，党政纪处分61人，移送司法机关5人，挽回经济损失164.68万元，极大地震慑了违纪违法行为。

持之以恒正风肃纪。坚持把纪律和规矩挺在前面，严格执行中央八项规定精神，紧盯中秋、春节等重要节点，对违规收送节礼等“四风”问题开展持续检查，发现问题线索45个。积极推进巡察工作，首轮巡察共发现并移交问题线索24个，第二轮巡察已经启动。加强涉纪信访举报受理工作，受理涉纪信访举报574件，同比下降50.64%，持续形成惩治腐败的高压态势。

（尹鹏鸿）

附：一、中共万柏林区委书记、副书记、常委名单

书　记：王静恩（7月离职）　常　青（7月任职）
副书记：杨俊民　马金安（1月离职）
袁尔铭（5月任职）
赵　晔（女，3月离职，挂职）
常　委：常福元　张宝军（5月离职）
袁尔铭（5月调职）　郭海燕（女，5月离职）
陈永哲（5月离职）　张　彤（5月任职）
岳元春（5月任职）　杨宏林
姚丽蓉（女，5月任职）　戴　刚
刘爱国（5月任职）

二、乡（街道）党（工）委书记名单

王封乡
书　记：闫晋宏
小井峪街道
书　记：王立学
西铭街道
书　记：王爱军
化客头街道
书　记：让志亮
东社街道
书　记：王　辉
千峰街道
书　记：王丽芬（女）
下元街道
书　记：高建军
和平街道
书　记：王金生（主持工作，5月离职）
兴华街道
书　记：梁红根
万柏林街道
书　记：李润赦
南寒街道
书　记：陈永哲
杜儿坪街道
书　记：张文会
白家庄街道
书　记：柳丽辉
长风西街街道
书　记：翟建武（10月离职）
神堂沟街道
书　记：张　莹（女）

中共晋源区委工作概况

区委书记　杨继承

2016年，中共晋源区委深入贯彻党的十八大和十八届三中、四中、五中、六中全会精神，按照省委“一个指引、两手硬”重大思路和要求，落实市委实现“两个走在前列”的总体部署，坚持一手抓全面从严治党不放松，一手抓发展第一要务不动摇，活力晋源、宜居晋源、魅力晋源、法治晋源建设取得初步成效。

一、深入学习贯彻习近平总书记系列重要讲话精神，用讲话精神武装头脑、指导实践、推动工作的思想自觉和行动自觉更加坚定

区委坚定地以习近平总书记系列重要讲话精神为指引，全年组织中心组（扩大）学习会21次、常委（扩大）会21次，深入学习党的十八大和十八届三中、四中、五中、六中全会精神，省、市党代会精神和省委骆惠宁书记、市委王伟中书记讲话精神，进一步强化“四个意识”，特别是核心意识和看齐意识。扎实开展“两学一做”学习教育，区委书记带头讲党课作报告，带头参加学习讨论，举办党校主体班培训等专题教育，培训教育干部3000余人次，全区各级干部对习近平总书记系列重要讲话的思想认同、理论认同、情感认同得到进一步升华，沿着习近平总书记系列重要讲话指引方向不断前进的自觉性更加坚定。

二、推进全面从严治党，着力构建良好政治生态、协调推进“四个全面”的政治保障更加有力

严谨规范抓好区镇两级换届，在全市率先圆满完成区镇两级换届工作，市委提名的区级领导干部全部满票当选，党代会、人代会、政协会明确了按照省委“一个指引、两手硬”重大思路和要求，落实市委实现“两个走在前列”的总体部署，认真践行创新、协调、绿色、开放、共享发展新理念，建设活力晋源、宜居晋源、魅力晋源、法治晋源，奋力开创经济、政治、文化、社会、生态文明和党的建设崭新局面，在太原市“两个走在前列”中争先进位，为“塑造山西美好形象，实现山西振兴崛起”作出新的更大贡献的发展思路，并转化成为全区上下的共同意志和自觉行动。

严格落实“两个责任”。先后召开区委常委会等各类会议45次研究党风廉政建设工作。层层传导压力，对因违法犯罪被给予留党察看处分的8人变更为开除党籍处分。基本完成3个镇(街)和1个区直单位的巡察工作。

坚持严肃认真的党内政治生活，严格落实《关于新形势下党内政治生活的若干准则》和《中国共产党党内监督条例》，着力构建清清爽爽的同志关系，规规矩矩的上下级关系，进一步提高了党内政治生活的政治性、时代性、原则性、战斗性。

加强基层党组织和基层政权建设。坚持抓基层、打基础、强基本，强化正向引领，研究制定出台一批制度办法，在全市率先举办了全区“三基”建设暨农村治理专题培训班。13个软弱涣散基层党组织全部整顿转化。大力发展农村集体经济，集体经济收入10万元以上的村占农村总数的49%。姚村社区被评为山西省文明社区，东院村被评为全省先进基层党组织。积极推进非公组织和社会组织“两个覆盖”，全部完成了符合组建条件的116个非公企业、7个社会组织党组织建立工作。

全力激发各方面干事创业的激情。重大事项、重大决策集思广益、共同研究、集体决定，形成了区委统一领导、政府具体推进，人大、政协各司其职，四大班子心往一处想、劲往一处使的良好氛围。鼓励干部勇于改革，激励干部奋发有为，严格按照“信念坚定、为民服务、勤政务实、敢于担当、清正廉洁”的标准选干部，全年共调整干部10批次125名。从严干部管理监督，优化考核指标体系和奖惩兑现机制。落实干部能上能下、充实一线狠抓落实、后备干部队伍建设机制。积极帮助企业排忧解难，构建“亲”“清”的新型政商关系。

始终保持惩治腐败和狠刹“四风”的高压态势。2016年，全区纪检监察机关立查案件50件，处分党员干部50人。累计查处发生在群众身边的腐败问题30件，处理党员干部30人。累计查处违反中央八项规定精神问题9件11人。积极实践“四种形态”，抓早抓小、动辄则咎，2016年以来，谈话函询49件，占处置总数的29.9%。

加强思想宣传文化工作。常委(扩大)会专题研究宣传工作5次，及时传达学习中央、省委和市委关于意识形态工作的有关要求，及时做好社会舆情分析研判，妥善处置网络舆情23起。深入宣传党中央治国理政新理念新思想新战略，宣传新晋源、唱响主旋律、凝聚正能量、导扬新风尚。创新对外宣传途径和方式，大力倡导社会主义核心价值观，弘扬社会主义新风尚。加大文物保护和非物质文化遗产传承保护工作。

加强党对群团工作的领导。建立健全群团联席会议制度、群团工作督查考核制度，积极做好团委、工会、工商联等换届筹备工作，工青妇等群团组织的积极作用得到进一步发挥。加强党管武装工作，扎实开展“双拥”工作，军政军民团结得到进一步巩固。区人武部被中央军委国防动员部授予先进人武部党委荣誉。

三、认真贯彻落实新发展理念，全力推动经济稳步向好的动力更加强劲

适应、把握和引领经济发展新常态，大力招商引资，推进项目建设，积极开展稳增长、促改革、调结构、惠民生、防风险各项工作。2016年，地区生产总值完成57.16亿元，同比增长9.1%，在全市排名第三；社会消费品零售总额完成36.58亿元，同比增长26.1%，在全市排名第一；固定资产投资完成194.56亿元，同比增长17.1%，在全市排名第二；服务业增加值完成32.74亿元，同比增长10.6%，在全市排名第二；规模以上工业增加值完成3.88亿元，同比增长20.1%，在全市排名第二。

狠抓招商引资。积极承接北京非首都功能产业转移，组建招商引资团队积极到北京、上海、广州、杭州等发达城市招大引强。已与传化、首创、北控、万科、保利、富力、当代置业、红星美凯龙、北汽等大企业、大集团达成合作意向，已有8个项目签订合作协议。不断优化法治环境、政务环境、人文环境、市场环境，先后接待洽谈企业80余家次，传化物流项目不到一个月的时间，土地收储相关手续基本办理完毕，工程已经开工。

推进产业转型。着力实施现代都市农业增效工程，“晋农之窗”完善设施即将投入运行，黄楼沟生态农业园区扎实推进，新恢复晋祠水稻种植500亩。着力实施战略性新兴产业培育工程，新兴工业投资比重超额完成年度目标，投资22亿元的国新晋药项目开工建设。着力实施现代服务业发展工程，北汽集团山西首家直营店鹏龙星徽正式开业。着力实施文化旅游业兴区工程，以将晋源全域特别是晋祠等景区打造成国际性旅游目的地为目标，大力培育文化旅游支柱产业。晋阳湖东岸已初现雏形，明太原县城修复工程城墙修复全线合拢，蒙山大佛景区改制工作迈出实质性步伐。着力实施传统优势产业提质工程，选派36名干部组建12个服务小组，重点对12家区属规模以上企业开展入企服务，解决困难问题25件。着力实施“双创”孵化新产业新业态工程，新增小微企业646户、营业收入达110亿元，鸿升众创空间、千诚信企业孵化园等9个小微企业双创基地建设不断加快，已投入运

营的创新空间8个，入驻企业178户。

强化重点工程服务保障。实行书记、区长牵头抓总、党政分管领导分包项目制度，主要领导定期研究推动，包联领导主动作为、现场办公，分管副区长例会调度、解决问题，全力保障滨河西路南延、新晋祠路改造、环湖东路、长兴南街、东区五条道路及综合管廊项目等省市重点工程的征拆工作，开工31项，完工12项，完成征拆任务2503处，拆除面积约59.9万平方米，移植树木约102万棵。

全面深化改革。承接落实中央和省委、市委部署的改革任务，探索推进符合晋源实际的创新性改革事项，加快推进2016年一批重大改革事项47项。努力完成监察体制改革试点任务。深化简政放权、放管结合、优化服务改革。

四、积极统筹城乡发展、保障改善社会民生，党群干群关系更加密切

坚定不移推进城中村和棚户区改造。坚持以人为本、依靠群众两个原则，采取“一村一本明白账，一村一个好方案，一村一班好领导、一村一支硬队伍，一村一个好品牌”的“五个一”工作措施，区委以上率下、定期研究、全面推进；区级领导挂帅出征、例会调度、一线指挥；镇(街)领导牢记使命、不等不靠、带队攻坚；各城中村信心坚定、勇往直前、全力实施；各职能部门强化服务、主动作为、无缝对接。区经济建设投资公司已完成融资13.4亿元，打破了城中村改造的资金瓶颈。城北村50天、棘针村40天、贾家庄村55天完成整村拆除，南堰、吴家堡、西寨完成扫尾清零，城中村整村拆除工作名列全市前列，城中村各项手续办理有力推进，已拆迁城改回迁安置房建设快马加鞭。抢抓东区五条道路及综合管廊项目建设机遇，以北河下为切入点，启动晋源东区整体规划改造建设，目前已与万科签订新城东区连片开发框架协议。积极推进棚户区改造，新建开工保障性住房完成市下达任务101%，基本建成住房完成102%，投资完成148.52%。

提升城乡管理服务水平。精益求精提高城乡管理服务水平，为群众提供更加精细公共服务。编制完成姚村镇、晋祠镇总体规划。全面完成晋源东区五条管廊建设征拆保障任务。深入开展城乡清洁工程，创建省级达标村25个，三星级单元19个，省级容貌示范街1条。

健全完善社会保障体系。城镇职工基本养老、失业、工伤、生育保险参保人数超额完成任务。城镇登记失业率控制在3.12%。累计发放各类救助金5507.21万元，城乡低保标准由每月505元提高到每月530元。建成社区养老服务中心3个、城市社区日间照料中心4个、农村日间照料中心4个。区老年福利院和采煤沉陷区安置小区建设扎实推进。

均衡优质发展教育卫生事业。完成幼儿园改造升级、中小学老旧校舍改造等工程。成成中学、市二外建设进展顺利，太师一附小、二附小、四附小、青年路小学等优质教育资源引进工作扎实推进。深化医药卫生体制改革，全方位、全周期保障人民健康。省儿童医院完成主体工程，市人民医院与区人民医院合作共建项目一期工程完成主体封顶，力争2017年全面投入使用。扎实推进乡村医生签约服务，累计签订服务协议13178份，个性化服务协议92份，签约人数45234人。

五、加强生态文明建设，绿色发展的底色更加彰显

持续改善省城环境质量。扎实开展“五大工程、五项整治”，拆除燃煤锅炉26台，淘汰老旧机动车和黄标车1022辆，置换洁净煤38431吨，拔掉城中村黑烟囱1281根，继续推进城边村气化工作。

大力开展生态环境治理。完成提档造林1.3万亩，体育公园投入使用，昌宁公园完工，西寨公园、庞家寨公园正在进行前期方案设计、规划审批工作，完成街头绿地6个，绿化面积1.2万平方米。完成裸露地面综合整治53处、25.7万平米。完成水土流失治理面积1.26万亩，完成天然林生态管护面积8.29万亩。高质量保障服务太山景区、太原植物园、晋阳湖综合改造等市级生态园林景观建设。

六、提升社会治理能力，社会和谐稳定的基础更加牢固

毫不松懈抓好安全生产工作。以道路交通、化工和危险化学品、建筑施工和市政运营、特种设备、冶金工贸、消防安全等行业领域为重点，区级领导带队开展安全生产大检查、专项行动，检查企业2274家次，排查治理隐患3899条。

加大信访维稳力度，重大不稳定因素案件化解率95%，中央和省要结果案件100%息诉化解。换届以来，涉纪信访和越级访人次、批次均大幅度下降，信访秩序明显向好，矛盾化解在基层、吸附在当地的势头初显。

深入推进“平安晋源”建设。扎实推进社会治安综合治理创新工作。公安机关查处破获各类案件4415起；检察院受理各类案件404起，立查职务犯罪案件10件，侦结率100%；法院审结案件2506件，审限内结案率89.7%，人民群众安全感和满意度大幅提升。

加强和改进党对法治晋源建设的领导。全面实行政务公开，细化完善权力清单和责任清单，加快建设廉洁高效的法治政府。深入推进司法公开，营造全民尊法学法守法用法的社会氛围。

七、加强民主政治建设，推进发展的合力更加蓬勃

坚持和完善人民代表大会制度。加强和改进对人大工作的领导，支持人大及其常委会依法履行职责。组织依照法定程序选举产生的72名国家工作人员进行了宪法宣誓。坚持和完善中国共产党领导的多党合作和政治协商制度。支持区政协履行政治协商、民主监督、参政议政职能。坚持和巩固发展最广泛的爱国统一战线，支持民主党派、工商联和无党派人士积极参政议政，建言献策。民族宗教领域和谐稳定。

（李田婧）

附：一、中共晋源区委书记、副书记、常委名单

书　记：王立刚（7月离职）　杨继承（7月任职）

副书记：李永强　张奇峰（1月离职）
卢俊峰（1月任职，5月离职）
刘锦春（女，5月任职）

常　委：相　辉（5月任职）　李志民
康建斌（5月任职）　李福贵（5月任职）
陈　晋（5月任职）　梁晓明
李茂生（5月任职）　张　彤（5月离职）
高二虎（5月离职）　李卫平（5月离职）
纪　元（5月离职）

二、镇（街道）党（工）委书记名单

义井街道

书　记：温志勇（3月离职）　杜俊霞（女，3月任职）

金胜镇

书　记：江金魁（3月离职）　刘太文（3月任职）

罗城街道

书　记：马静斌（3月任职）

晋源街道

书　记：张　仕

晋祠镇

书　记：温志勇（3月任职）

姚村镇

书　记：钮宝林（3月任职，9月离职）

中共古交市委工作概况

市委书记　贾慕权

2016年，中共古交市委深入学习贯彻习近平总书记系列重要讲话精神，认真贯彻落实十八届三中、四中、五中、六中全会和省、太原市第十一次党代会精神，全面落实省委"一个指引、两手硬"、太原市委"两个走在前列"的重大要求，积极推进经济、政治、文化、社会、生态文明建设和党的建设，各项工作取得了新进展、新成效。

一、抓改革、促转型，着力增强古交经济发展活力

（一）全面深化改革创新。稳步推进6大类42项重大改革事项，大力推进"先照后证""五证合一、一照一码"，运用"PPP"融资模式成功运作第二污水处理厂等项目，利用"助保贷""助力贷"等平台累计为34户中小企业发放贷款3.3亿元，8家企业进入太原市"新三板"后备企业库，积极推动"大众创业、万众创新"，新增各类市场主体1217户，全市小微企业营业收入完成27亿元。加大对外开放和招商引资力度，与北京首创、中新房等企业集团签订合作框架协议，签约资金142.4亿元。全年完成地区生产总值26.39亿元，一般公共财政预算收入5.33亿元，实现了"十三五"良好开局。

（二）全力抓好重点项目。坚持"一产转方式、二产转结构、三产转方向"，大力实施项目牵动战略，加快推进产业转型升级。25座地方煤矿，实现5座生产、1座联合试运转、8座复工建设，生产原煤300万吨；兴能电厂一二期供热改造和盛顺物贸纸面石膏板一期、山西饮领沙棘系列产品项目等项目建成投产，中广核古交阁上48兆瓦风力发电、太原盈捷玻璃年产3000吨微纤维玻璃棉等项目即将建成。"乐村淘"等17户电商企业运行平稳，红豆山庄被评为国家3A级景区。

（三）切实强化安全监管。贯彻落实总体国家安全观和省委"三个坚决防止"的要求，牢固树立"古交经济就是安全经济"的理念，全面加强煤矿、非煤矿山、森林防火、食品药品、民爆物品、道路交通等领域的安全监管，大规模开展安生生产隐患整治10次，整改隐患和问题7290条，着力构建安全监管新格局，为转型发展奠定了安全基础。

二、抓统筹、重协调，着力推进城乡一体化发展

（一）稳步推进"三农"工作。提升改造农村公路70.37公里，打造了马铃薯种薯、中药材等5个特色产业种植基地，总规模7000余亩。重点打造20个现代农业园，休闲农业与"农家乐"累计接待游客8.7万人次，营业收入2050万元。培训新型职业农民837人，补贴粮食种植面积10余万亩，补贴农机具43台件。

（二）着力提升城市宜居水平。加强城市基础设施建设，组织实施了火山片区市政道路、火山二桥、第二污水处理厂、市食品综合检验检测中心等基础设施建设项目，滨河北路拓宽改造工程建成通车，通过太古长输供热管线实现向太原市主城区供热2600万平方米，金牛大街地下空间综合利用项目完工并投入运营。深入开展城乡清洁工程，清理规范煤堆、料堆、垃圾堆649处，粉刷建筑立面3万多平方米，平整河道1.2万余平方米。马兰镇入选第三批国家城镇化综合试点。

（三）持续改善人居环境质量。以创建国家园林城市为契机，继续实施"三环生态圈"战略，全面建成金牛森林公园，植树造林5.6万亩。汾河市区段河道综合治理一期工程竣工、

二期工程全面开工，御道川水库主体工程完成招标。加大污染防治力度，坚决打好大气、水、土壤污染防治三大战役，关停取缔23家违规企业，万元地区生产总值能耗降幅预计3.5%。全年二级以上优良天数达到288天（其中一级天41天），优良率78.7%。

三、抓民生、推共享，着力提高人民群众的幸福感

（一）社会各项事业全面进步。完成6所中考标准化考点考场、9所学校运动场地塑胶化建设，向社会公开招聘80名中小学、幼儿教师。推广科技研发成果3项，6家企业被认定为太原市科技型小微企业，拥有授权专利17项。对市中心医院和市妇幼院进行提档，21个村级卫生室全部完成标准化建设，连续10年被评为山西省卫生城市。

（二）社会保障工作扎实推进。城镇新增就业人数4573人，登记失业率3.78%。五大社会保险参保人数全部完成目标任务。城市和农村低保分别提高到每人每月525元和400元，全年发放低保金4200余万元，支出医疗救助金、临时救助金630余万元。建成保障性住房2091套、新开工100套，完成农村危房改造623套。圆满完成对革命老区岔口乡的扶贫帮困任务，764名贫困帮扶对象人均纯收入达到4339元以上。

（三）采煤沉陷区综合治理有序推进。按照“一年试点，三年完成”的总体部署，采取统一安置和自主选择安置两种方式，加快推进采煤沉陷区综合治理。累计建设镇城底、西塔、木瓜会等9个安置项目、3567套住房，为1784户发放安置补贴1.01亿元。

四、抓法治、创和谐，着力提升全市人民的整体素质

（一）加快建设文化强市。积极践行社会主义核心价值观，引导全市人民群众遵德守礼、崇德向善，评选出“最美乡村（社区）”10个，古交市康巨才家庭荣获“全国最美家庭称号”。扎实开展纪念建党95周年、红军长征胜利80周年、学雷锋志愿服务等活动，组织完成薛氏宅院古楼维修、《古交遗韵》出版发行等工作，146个“农家书屋”全部免费开放。

（二）积极推进民主法治。全力支持人大、政府、政协开展工作。加强党对统一战线工作的领导，重视发挥民主党派、工商联和无党派人士的作用，引导各民主党派开展“双学一跟”活动。深入推进“六权治本”，编制完成“两清单”“两张图”，全面推行政务公开，同时扩大覆盖面，有力推动“六权治本”向乡村延伸。扎实开展“双拥”工作，巩固军政军民团结。支持工会、共青团、妇联、老龄等群团组织开展工作，桥梁纽带作用得到充分发挥。

（三）加强和改进社会治理。坚持把社会和谐稳定作为社会治理的基本目标和重大任务，始终保持“打黑除恶”高压态势，排查调解各类矛盾纠纷2132件，查处治安案件574起，破获刑事案件249起。强化信访维稳工作，坚持抓早抓小抓苗头，及时妥善处置群体性事件和个体极端事件，全年开展书记、市长大接访23次，接访54案，化解52案，化解率96%；市级领导共接访150案，办结135案，办结率90%；“一交办三治理”和重大不稳定因素化解率100%，中央、省和太原市要结果的案件办结率100%。

五、抓党建、保廉洁，着力提高干事创业的浓厚氛围

（一）深入开展“两学一做”学习教育。按照省委、太原市委的部署要求和古交市《实施方案》，认真组织全体党员开展“两学一做”学习教育，深入学习党章党规和习近平总书记系列重要讲话，举办了“四讲四有”和“学习贯彻系列讲话、解决若干突出问题”专题研讨会，扎实开展“党员先锋行”等系列主题活动，全市党员干部的“四个意识”不断增强，“四个自信”进一步坚定，先锋模范作用得到充分发挥。

（二）严肃党内政治生活。深入学习贯彻《新形势下党内政治生活的若干准则》，严格贯彻民主集中制原则，认真落实“三会一课”、组织生活会、党员领导干部民主生活会、党员领导干部双重组织生活等制度。组织市委中心组学习及科级干部“每月一讲”24次，组织召开市委常委班子民主生活会2次、市委常委会38次，市级党员领导干部带头讲党课39次，基层党组织书记讲党课1000余次，党内政治生活的政治性、时代性、原则性、战斗性进一步提高。

（三）坚定不移推进党风廉洁建设和反腐败斗争。认真落实《廉洁自律准则》《纪律处分条例》《问责条例》《党内监督条例》等党内法规，约谈基层党组织负责人26人（次），对5个党委、1个党组和19名领导干部进行了问责。加大执纪审查力度，全年立案查处案件118件，党政纪处分120人。持之以恒纠正“四风”，查处“四风”问题线索10案22人，全市党风政风进一步好转。

（四）着力加强基层组织和干部队伍建设。严明换届纪律，严格落实“九个严禁”，圆满完成市乡两级换届任务。整顿24个软弱涣散基层党组织，新发展党员143名，58个村实现集体经济“破零”。全面加强党员活动场所建设，农村“两委”主干基础报酬、无收入的建国前老党员生活补贴全部发放到位。深入开展“三个一批”工作，选好配强“一把手”，进一步优化基层班子结构，调整干部5批次146人，其中交流调整95人，提拔51人。

（五）积极营造干事创业环境。贯彻“三个区分开来”要求，制定出台《古交市推进领导干部能上能下实施办法（试行）》等制度，营造“能者上、庸者下、劣者汰”的从政环境。坚持党管人才原则，健全完善人才入库制度，不断提高人才工作水平，同时强化宣传舆论引导，鼓励创新、宽容失败，最大限度地激发全市干部群众的主动性和创造性，凝聚起全社会干事创业的正能量。

（胡　雷）

附：一、中共古交市委书记、副书记、常委名单

书　记：常·青（8月离职）　贾慕权（8月任职）

副书记：翟永清(5月任职) 乔建伟(8月任职)
程顺旺(5月离职) 贾慕权(8月离职)
常 委：李秀斌(5月任职) 王 镭
张 军(女,5月任职) 卫向东(5月任职)
张吉祥(8月任职) 张 麒(5月任职)
许 军(8月任职) 孙劲松(5月离职)
王富强(5月离职) 郝淑贞(女,5月离职)
陈晋忠(5月离职) 丁晓旭(8月离职)
王志刚(8月离职)

二、乡镇(街道)党(工)委书记名单

河口镇
书 记：武卫伟
镇城底镇
书 记：弓梅梅(女)
马兰镇
书 记：阎 伟
嘉乐泉乡
书 记：裴宏瑞
梭峪乡
书 记：李勇存
岔口乡
书 记：覃宇泉
常安乡
书 记：张 荣(女)
原相乡
书 记：张 敏
邢家社乡
书 记：陈志明
阁上乡
书 记：李开明
东曲街道
书 记：王志刚
西曲街道
书 记：邢武晓
桃园街道
书 记：张全荣
屯兰街道
书 记：程巨发

中共清徐县委工作概况

县委书记 韩良会

2016年，全县上下深入贯彻党的十八大和十八届三中、四中、五中、六中全会精神，认真学习贯彻习近平总书记系列重要讲话精神，不断激发建设全省综合实力强县的强大正能量，着力构建良好政治生态，推进经济稳步向好发展，争当实现太原“两个走在前列”的排头兵。

一、深入学习贯彻党的十八届六中全会和省市党代会精神，“四个意识”更加牢固

坚持把学习宣传贯彻党的十八届六中全会和省市十一次党代会精神作为重大政治任务，并将其与贯彻落实习近平总书记系列重要讲话精神相结合，纳入“两学一做”学习教育之中。县委先后召开2次常委(扩大)会、3次中心组(扩大)会安排部署、学习研讨。省委党校教授专题辅导，市委宣讲团分别宣讲，县级宣讲团宣讲108场。县四大班子成员人人撰写体会文章，并进行了交流发言。组织召开“学习贯彻系列讲话，解决若干突出问题”工作交流会，选取6个党组织大会发言，23个党组织书面交流，梳理找准了8个进一步努力的方向，逐一分析，逐项破题，推动了学习系列讲话向基层延伸，增强了全县广大党员干部与以习近平同志为核心的党中央保持高度一致的自觉性，提升了干事创业的积极性。

二、坚持稳中求进总基调，基本实现下半年好于上半年目标

坚持问题导向和目标导向相统一，综合运用县级领导包项目、外出考察学习、“各类申报项目受理材料大起底”“百名干部入企服务”等工作机制和方法，积极破解企业、行业和实体经济发展难题。编制开发区扩区总体规划，经济开发区机构获批，圆满完成“西二村”整村拆除，阳煤化工新材料园区实现试生产。华阳燃气建成投产，“民用清洁焦产学研基地”在亚鑫焦化挂牌。东于、李家楼煤矿正式投产。17项重点工程完工。全面落实结构性减税和普遍性降费政策，煤、焦、钢铁、铸造等企业加快技术创新，规上工业增加值逐月增长。

启动沿海地区加工贸易产业梯度转移招商工作，主动承

接一电厂等项目加快落地，签约亿元以上项目6个。省市县三级重点工作扎实推进。打造四个众创空间、两个众创基地和一个孵化园，入驻小微企业101家。加快推进电子商务进农村综合示范项目，全县电子商务交易额约6.8亿元，同比增长56%。

开工建设白石沟提水灌溉工程，加快推进规模化节水灌溉增效示范区、小型水利重点等农田基础设施建设，改善节水灌溉面积7.21万亩，荣获2016年度山西省农田水利基本建设"红旗县"。新发展农民专业合作社30家，家庭农场3家。圆满完成高标准农田建设项目1.2万亩。建成设施蔬菜3207亩，创建部级标准园1个。全面推进农业产业化经营，企业销售收入54.96亿元。

2016年，全县地区生产总值122.5亿元，同比增长6.9%；服务业增加值44.8亿元，同比增长7.8%；规模以上工业增加值21.7亿元，同比增长12.8%；固定资产投资74.5亿元，同比下降18.5%；社会消费品零售总额55.8亿元，同比增长10.6%；一般公共预算收入6.4亿元，同比增长4.1%。城镇常住居民人均可支配收入28492元，同比增长6.4%；农村常住居民人均可支配收入16752元，同比增长6.8%；总的来看，经济发展呈现缓中趋稳、稳中有进、进中向好的良好态势。

三、坚持协调发展理念，城乡统筹发展迈出新步伐

修编县城控规、县城排水防涝、县城城市污水处理设施和城市再生水利用专项规划。全县首个综合性公园东湖公园开园。完成县城8条街巷改造工程。国道307清徐段改线绕城段通车，年度计划实施的县乡村公路改造提升工程全面完工。集中力量推进滨河西路、引黄入清、供暖管线征地拆迁工作，滨河西路及连接线工程同步完工。启动文源东路、县域南部通道等市政道路建设规划设计工作。与首创集团合作，采取PPP模式推进市政基础设施建设，对4个项目编制规划设计。实施徐沟、孟封百镇建设和东于全国重点镇建设工程。省警官学院、太原幼师建成招生。市青少年实训基地主体完工，太原卫校启动征地程序。

整合国土、住建、市容、应急分队等力量，组建成立县乡两级综合执法队，依法依规协助拆除违章建筑64个，拆迁面积近4万平方米。深入开展美丽宜居示范村三级联创活动，集中财力打造1个省级、4个市级、10个县级示范村。扎实开展全国文明城市创建工作，完成省市县三级2014—2015年度文明乡（镇、街办）、文明村、文明单位标兵、文明单位、文明社区申报和复查验收工作，其中荣获市级文明单位42个，占全县41.17%。

四、厚植绿色发展优势，大力推进生态文明建设

编制《清徐县县域农村生活垃圾治理专项规划》，列入全省农村生活垃圾治理示范建设项目。在河东、河西地区分别布局日处理290吨、460吨的压缩转运站各1座，逐步健全县域生活垃圾收运处理体系。扎实推进国家森林城市创建，绿化村庄48个，育苗面积8000亩，基本完成造林任务。实施创建国家卫生县城专项整治，在柳湾村开展垃圾分类试点，创建城乡清洁四星级单元20个，三星级单元143个，省级示范达标村61个。

坚决整治环境隐患和重大环境问题。集中力量开展环保攻坚战。焦化行业提标改造工程基本完工，完成25个各类有机废气治理项目，取缔严重污染环境的"十小"企业、非法洗煤企业116家。设立高污染燃料禁燃区。在乔武和西高白两个村开展"煤改电"试点工作，开展清洁焦锅炉试点，燃料置换分散燃煤锅炉3336台，发放洁净焦6700吨，新增清洁能源供热面积4万平方米。淘汰黄标车984辆，100辆出租车完成油气双燃料更新，12个畜禽养殖场实施粪污治理项目，II级以上优良天数达到173天。

五、坚持系统性谋划，推动改革任务精准落地

制定《清徐县经济开发区改革创新发展方案》，将食醋园区并入开发区一体发展。美锦能源完成重大资产重组，百澳绿洲成功登陆新三板，水塔醋业、紫林醋业已双双进入申报期，康镁上市积极推进。山西爱融汇融资担保有限公司通过省金融办批复。与清徐农商银行合作，注资30万元，成立全县首个慈善基金。开展助保贷工作，累计贷款8470万元。

深入推进"双随机一公开"、企业"五证合一"、个体工商户"两证整合"等制度，市场主体达到14755户。挂牌成立全市第一家不动产登记中心。按照"对标市级要求"，对230余个事项全面梳理，实现行政审批系统流程和权力运行流程的全面对接。建立中介目录库38个，为60余个各类投资项目完成100余次中介机构的抽取。完成公共资源交易52项，涉及金额3.24亿元。

大力实施品牌带动战略，驰名商标3件，著名商标45件，累计达到997件，在全省县市中排名第一。依法依规推进农村土地确权，177个村完成摸底、测量。成立县农村土地流转服务中心，累计流转土地面积87100亩。深入推进农业供销体制改革，农村日用消费品配送中心、五处惠农服务站和一个庄稼医院投入运行。采用特许经营的方式，县城供暖体制顺利改革；与太原供水集团合作，并入太原供水网，县城居民吃上了质量更优的安全水、放心水。

六、坚持共建共享，持续提升公共服务质量和水平

充分发挥财政保基本、兜底线、促和谐作用，累计发放低保金、救助金、优抚金等共5400余万元。完成低收入农户冬季取暖货币化补贴，对全县1679户2328个贫困人口建档立卡，并筛选出74户作为产业扶贫对象，开展精准扶贫。启动20个村的采煤沉陷治理及4个村的地质灾害搬迁安置工作。建成保障房941套，新建开工915套，鑫盛苑小区12幢楼房主体封顶。建成6个农村老年日间照料中心、2个城市

社区养老服务中心和2个城市社区老年日间照料中心。

以健康清徐建设为牵引,深化医疗卫生体制改革,县域内就转诊率由33%提高到70%,受到国家卫计委的充分肯定。加固改造5所学校,新改扩建3所初中学校、6所幼儿园,顺利通过全国义务教育发展基本均衡县验收。

坚持把安全生产和社会稳定放在重中之重的位置,认真落实骆惠宁书记"三个坚决防止"的要求,煤矿瓦斯治理国家工程研究中心山西分中心落户清徐。配备农村食品安全员436名。扎实开展打击盗抢骗、全警追逃、"夏季攻势""冬季攻势"等系列专项行动,治安形势持续好转。牢牢把握信访工作的主动权,实现了信访关键指标"四下降"。

七、促进文化旅游融合发展,文化自信的基础更加牢固

全面落实意识形态工作领导责任制,成立县互联网信息中心。拓宽宣传渠道,清徐报社荣获山西省先进报社金牌奖。积极践行社会主义核心价值观,进一步推进红白理事会规范运行。组织开展"醋都之春"品牌节庆活动,举办首届网络春晚,送戏下乡46场、公益电影2200余场。组织开展"迎国庆体育竞赛""美丽清徐人"等评选活动,推选身边好人102名,最美人物132名,道德模范89名,齐保林、贾晋卿入围第六届山西道德模范评选。

实施传统优秀文化传承保护工程,深入挖掘我县忠文化的时代价值。启动《乡村旅游发展规划》编制工作,投资7500万元,打造体现清徐特色的"醋都、葡乡、菜园子和非物质文化遗产""清徐一日游"精品线路四条。紫林醋工业园、六味斋(云梦坞)成功入选国家4A景区,三晋奇石博物馆、清泉山庄入选国家3A景区,在全省县域中名列第一。全年接待游客156.68万人/次,同比增长5.12%;旅游总收入1.53亿元,同比增长7.51%。

八、坚持全面从严治党,政治生态更加清明

县委充分发挥总揽全局、协调各方的领导核心作用,支持人大及其常委会依法履行职能,支持政府依法行政,支持政协加强政治协商、民主监督和参政议政。加强与各民主党派、工商联、无党派人士和人民团体合作共事。加强党管武装,不断推进国防动员、民兵预备役和人民防空工作持续开展。认真贯彻落实党内法规条例,制定出台《县委常委会工作规则》《县委书记专题会议工作规则》《关于加强人民政协民主监督的实施意见》等规章制度。编制法治清徐五年规划和法治宣传七五规划,公正司法和法治社会建设有力推进。出台《关于进一步加强党校工作的意见》,党校选址规划进展顺利。

深入开展"两学一做"学习教育,按照"四讲四有"要求,县委常委带头学习,分三次开展专题研讨。以基层党建7项任务为重点,加强党组织和流动党员管理,排查失联党员327名,给予除名处理4名。严格执行《党费收缴制度》,补交党费36万元。督促未按期换届的23个党组织及时组织换届。成立非公经济和社会组织工委,培养选树20个高标准非公党组织先进典型。9个百名以上党员的村全部成立村级党委。

坚持正确的选人用人导向,按照"四个好"目标要求,将严肃换届纪律贯穿始终,认真组织实施并圆满完成县党代会、人代会、政协会和乡镇换届工作。制定《清徐县推进领导干部能上能下实施办法(试行)》,完善纠错容错机制,推动形成能者上、庸者下、劣者汰的用人导向和从政环境。

把加强"三基"建设作为战略举措,"领头雁"培训430余名。31个软弱涣散党组织全部完成整顿,8个无场所村和31个危旧狭小场所村完成改造,24个社区场所全部达标。建立"破零"台账,实行月报制度,98个村集体经济"空壳村"实现"破零"。确定每月26日为全县党员活动日,以"固定党日7+"为载体,党员组织活动更加规范健全。

牢固树立"四个意识",全面贯彻《关于新形势下党内政治生活的若干准则》《中国共产党党内监督条例》,认真负好主责、首责、全责,成立深化国家监察体制改革试点工作小组,统筹推进试点工作。组建3个县委巡察组,首轮巡察单位4个。制定"两个责任"问题清单和整改清单,对落实"两个责任"不力的11名党委(党组)书记和基层纪委(纪检组)书记进行责任追究,党政纪处分2人,组织处理9人。紧盯"四风"新形式、新动向,不断加大监督检查和明察暗访力度,查处违反中央八项规定精神、"四风"问题8件,给予党政纪处分10人,组织处理4人。全县累计处置问题线索225个,谈话函询60件,立案审查116件,结案116件,给予党政纪处分113人,挽回直接经济损失168.67万元。

(张国良)

附:一、中共清徐县委书记、副书记、常委名单

书　记:韩良会

副书记:王琳玉　白晋虎(5月离职)
姚宇韧(4月离职,挂职)　田文浩(5月任职)

常　委:杨保恒(5月离职)　王耀武(5月离职)
郭云贞(5月离职)　张桂芝(女,5月离职)
田文浩(5月调职)　刘贵江(5月任职)
邢蕴武　吴英志(5月任职)
陈永哲(5月任职)　王京明
陈晓勇(5月任职)　白进联(女,5月任职)
宋新海(12月任职,挂职)

二、乡镇(街道)党(工)委书记名单

清源镇

书　记:王国庆

马峪乡

书　记:靳秀发(10月离职)

东于镇

书　记:郭　彬

柳杜乡

书　记:贾宏俊

西谷乡

书　记：陈　晋

王答乡

书　记：陈晓勇

孟封镇

书　记：岳免立

徐沟镇

书　记：武晓俊

集义乡

书　记：董隽杰

东湖街道

书　记：赵四顺

中共阳曲县委工作概况

县委书记　刘晋萍

2016 年，中共阳曲县委团结带领全县干部群众，坚决贯彻省委“一个指引、两手硬”的重大思路和要求，积极落实市委“两个走在前列”工作部署，坚持以脱贫攻坚统揽经济社会发展全局，大力实施十八项重点工程，扎实推进党的建设、经济社会和民生事业发展，各项工作取得新成效。

一、扎实开展“两学一做”，坚决同以习近平同志为核心的党中央保持高度一致

“两学一做”学习教育开展以来，县委中心组先后组织集中学习 34 次，认真学习党章党规，学习习近平总书记系列重要讲话精神，深入开展“四讲四有”专题研讨，建立“送学下乡”制度，33 名县领导深入基层讲专题党课 78 人（次），开展“七一”党建活动月、“戴党徽明身份”等活动，全县党员先锋模范作用更加突显，党员意识明显增强。

在全县各级党组织开设“周末学堂”，坚持“周周一小时，人人都参与”，为“两学一做”搭建了“学”的平台，建立了良好的学习机制，形成了浓厚的学习氛围，把习近平总书记治国理政的新理念新思想新战略和中央、省市县委的各项决策部署传达到每一个阵地、每一名党员、每一位群众，实现党员学习全覆盖。县乡村三级共组织“周末学堂”2800 余期，参学干部群众 8 万人（次），贫困群众在学习中增智增技，进一步提振脱贫致富的信心和决心，广大党员干部逐步形成学习自觉，进一步增强了政治意识、大局意识、核心意识、看齐意识，确保在思想上、政治上、行动上始终同以习近平同志为核心的党中央保持高度一致。

二、坚持全面从严治党，着力加强基层党组织建设

县委认真落实全面从严管党治党要求，牢固树立“抓好党建是本职，不抓党建是失职，抓不好党建是渎职”的理念，做到党建工作和中心工作同谋划、同部署、同考核。全面落实“两个责任”清单，严格“一岗双责”和“一案三查”，真正将主体责任落到实处。县委常委会专题研究党风廉政建设工作 4 次，典型案例剖析 2 次，先后两次听取人大、政府、政协、法院、检察院党组主体责任落实情况汇报，层层传导了压力。建立领导干部工作“周报告”制度，及时掌握干部的思想工作动态，并进行谈话提醒，咬耳扯袖，推动工作落实。

坚持作风建设永远在路上，持续开展专项督查和明察暗访，全年查处违反中央八项规定精神问题 11 件 12 人，坚决查处和惩治侵害群众利益的不正之风和腐败问题 86 件 86 人。始终把纪律和规矩挺在前面，正确把握运用监督执纪“四种形态”，主动交代问题 51 人。积极落实“13710”工作制度，政府效能大为提升，干部作风明显改进。扎实推动监察体制改革试点工作，认真落实市委巡察二组反馈意见的整改工作，开展两轮县级巡察，把从严治党的要求延伸到各个基层组织和全体党员之中，确保中央和省市委各项决策部署在阳曲落地生根。

以基层党建 7 项任务和 14 项重点项目为抓手，认真开展党员组织关系集中排查、基层党组织换届和整顿软弱涣散党组织等工作。深化“领头雁”培训，县乡村共举办培训班 151 次，培训人数达 5300 余人。全面落实基层党建工作经费，村均运转经费达到 8.1 万元，建设党员之家、村民之家 20 个，消除了阵地空白点。全县 117 个村级活动场所、11 个社区活动场所、78 个远程教育终端站点全部实现升级达标。店子底村被市委组织部命名为首批太原市红色教育基地。全县 101 个无集体经济收入村，有 51 个实现“破零”，夯实了基层党建工作基础。

坚持“九个严禁、九个一律”，风清气正完成县乡换届，与 10 个乡镇班子进行集体谈话，实现了“形成一个好报告、配强一个好班子、选出一支好队伍、换出一个好风气”的目标。严格执行《党政领导干部选拔任用工作条例》，坚持“凡提必查”，广泛征求各方面意见，注重在青龙镇拆迁和脱贫攻坚等重点工作中发现、锻炼和使用干部。全年调整干部 9 批 299 人次，一批政治上靠得住、作风上过得硬、人民群众信得过的干部走上领导岗位，树立了正确的用人导向。

三、加快经济社会协调发展，全面建设美丽阳曲

牢固树立五大发展理念，围绕经济强县，积极落实“三去

一降一补”要求，大力实施重大产业培育工程、招商引资扩量工程、双创示范基地建设工程、工商企业翻番工程、全域旅游示范县创建工程，经济发展稳中有进。围绕“百姓富”，坚持以脱贫攻坚统揽经济社会发展全局，按照“规划引领、项目带动、资金整合、分步实施、精准施策”的思路，统筹整合资金1.5亿元，9个贫困村脱贫摘帽，3454户8299人精准退出，圆满完成了年度任务。围绕“环境美”，实施城乡综合管理工程、基础设施提质工程、生态造林工程，开展大气污染防控行动，完成新阳大街既有建筑节能改造，抓好广告牌匾整治及道路美化绿化，有序推进市场、广场、停车场和公共厕所“三场一所”建设，不断补足公共基础配套的短板。围绕“风气正”，坚持以党风带政风促民风，充分发挥党员干部的示范带动作用，先后选派三批次48名优秀党员担任“第一书记”，派驻39名经验丰富的科级党员干部担任脱贫指导员，选派三批次360名机关、乡镇干部投入到青龙镇拆迁工作当中，党员干部作风的变化，逐步带动形成了乐于奉献、积极向上、诚实守信的社会风尚。围绕“社会文明程度高”，全面推动“五城联创”，实施全民素质提升工程、“诚信阳曲”建设工程，精神文明建设成果丰硕。加快发展教育卫生事业，突出社会救助体系建设，城乡低保实现应保尽保，确保群众共享发展成果。严格按照“党政同责、一岗双责、失职追责”要求，层层压实安全生产责任，工矿商贸领域实现“零”死亡，全县安全生产形势平稳可控。

四、树牢依法执政理念，扎实推进法治阳曲建设

积极支持人大依法监督“一府两院”工作，加强法律法规专项执法检查，对十八项重点工程、环境保护等工作进行视察，有力促进了相关工作的顺利开展。积极支持政协围绕中心开展政治协商、民主监督、参政议政，广泛听取党外人士的意见和建议，鼓励委员就重大问题建言献策，充分发挥了民主协商的重要渠道作用。

高度重视法治建设，深入推进“一村（社区）一法律顾问”工作，“七五”普法启动实施。加快行政审批制度改革，三级政务服务体系基本建成，取消行政审批事项12项，承接下放行政审批事项10项，取消各类前置条件30项。编制廉政风险防控图、流程图和办事指南表，实现“行政权力进清单、清单之外无权力”，进一步树立法治政府形象。

扎实推动平安建设，组建社会治理大数据中心，形成了县级社会服务指导中心、11个乡镇中心、128个村级中心、372个网络终端配置的四级管理平台。开展社会治安风险隐患大排查大整治，荣获“2016年全国创新社会治理优秀城市”称号，连续三年群众安全感和满意度测评排全市第一。坚持每周一党政主要领导大接访，实现了信访工作“只做减法，不做加法”的目标。

五、突出县委领导作用，凝聚最广泛发展力量

高度重视思想建设和意识形态工作，建立意识形态领域分析研判机制，县委常委会议专题听取12个党工委意识形态工作汇报。广泛开展培育和践行社会主义核心价值观系列活动，全民素质在教育中提升。坚持正确舆论导向，在中央和省市媒体发稿、转稿3700余篇。县官网、阳曲电视台、《今日阳曲》、阳曲微讯以及十个乡镇的微讯平台，围绕中心工作、重点工程、社会热点开展多角度、多层次的宣传报道，进一步扩大了阳曲的影响力和美誉度。

充分发挥统战优势，以人大、政协换届为契机，提高党外代表、党外委员比例，保障党外人士的政治权利。依法管理和维护阪寺山“三大瞻礼”活动，规范基督教、佛教等其他宗教活动，巩固和发展最广泛的爱国统一战线。积极引导非公企业参与精准扶贫，县工商联荣获“创新中国”工商联工作特别奖。进一步发挥工会、共青团、妇联等群团组织的作用，增强了县委的凝聚力。

（韩书霞）

附：一、中共阳曲县委书记、副书记、常委名单

书　记： 刘晋萍（女）
副书记： 裴耀军（5月任职）　王剑峰（5月任职）
常　委： 白　洪（5月任职）　杜小灵（5月任职）
刘玉伟　谭国栋（5月任职）
杨　波　王志勇（8月任职）
韩　勇（5月离职）　刘国伟（5月离职）
何爱萍（女，5月离职）　高保民（5月离职）
李云竹（5月离职）　姚丽蓉（女，5月离职）

二、乡镇党委书记名单

黄寨镇
书　记： 王秀生（9月离职）
孙国锋（10月任职，12月离职）
王庆丰（12月任职）

泥屯镇
书　记： 荣素青（8月离职）　裴云峰（8月任职）

大盂镇
书　记： 王庆丰（12月离职）

东黄水镇
书　记： 王福刚（4月离职）　狄学明（4月任职）

高村乡
书　记： 侯爱英（女，6月离职）　姬发军（6月任职）

侯村乡
书　记： 王向正（9月离职）　王建兵（10月任职）

凌井店乡
书　记： 孙国锋（9月离职）　庞美文（10月任职）

杨兴乡
书　记： 白　洁（女，3月任职）

西凌井乡

书　记：游胜文(3月任职)

北小店乡

书　记：闫文革(3月离职)　刘紫霞(3月任职)

中共娄烦县委工作概况

县委书记　薛东晓

2016年，中共娄烦县委深入学习贯彻习近平总书记系列重要讲话精神和治国理政新理念新思想新战略，全面落实省委"一个指引、两手硬"的重大思路和要求，紧紧围绕市委"两个走在前列"的目标要求，以脱贫攻坚统揽经济社会发展全局，攻坚克难，积极作为，经济社会发展呈现稳中有进、稳中向好态势，实现了"十三五"良好开局。全年地区生产总值完成18.34亿元，增长33.3%；固定资产投资完成30.63亿元，增长12.84%；规模以上工业增加值完成3.79亿元，增长187.1%；服务业增加值完成9.36亿元，下降2.6%；社会消费品零售总额完成4.37亿元，下降0.6%；农民人均纯收入完成6033元，增长9%；公共财政预算收入完成2.65亿元，下降7%。

一、适应经济发展新常态，转型发展步伐加快

脱贫攻坚势头良好。始终把脱贫攻坚作为头等大事和第一民生工程，坚持以脱贫攻坚统揽经济社会发展全局，着力打好"主动战"、下好"先手棋"、当好"排头兵"，全年有43个村出列、12275人脱贫退出，超额完成了省市下达的任务。凝心聚力抓攻坚。抽硬人、硬抽人，选调18名机关干部与原单位脱钩，充实县脱贫攻坚指挥部力量，并新增5个工作组，全县8个乡镇、117个贫困村全部成立工作站和工作室。建立县、乡、村三级责任体制，层层签订目标责任书，立下"军令状"，明确时间表，实行挂图作战。每个乡镇固定3名县级领导，定期督查排名、专题点评、批评问责、推动工作，形成了横向到边、纵向到底、职责清晰、条块结合的领导体系和指挥体系。多措并举促脱贫。狠抓特色产业，种植板蓝根和枸杞等中药材1.5万亩，沙棘、油用牡丹等5000亩，新发展18户养殖龙头，向7028户贫困户发放特色农业特惠补贴285.2万元。推进生态脱贫，有16家脱贫攻坚造林专业合作社参与造林4.25万亩，带动2432名贫困人口人均增收3280元。拓宽"两输"渠道，共输出特色农产品370万斤，输出贫困劳力15259名，发放外出务工奖励2524.3万元。强化兜底保障，全面落实民政、教育、健康、残疾人扶持政策，共救助贫困人口12833人次，发放救助金3022.3万元。加快易地扶贫搬迁，启动实施了4个乡镇、6个村、704户、1819人的易地扶贫搬迁工程，项目竣工率和资金支付率均达60%以上。管好用好扶贫款。加大资金投入力度，县财政投入扶贫资金1776.5万元、增长233%，整合各类涉农资金1.4亿元。加快资金拨付进度，2015年前财政结余的5743万元专项扶贫资金全部清零，2016年度6381万元专项扶贫资金结余236万元，超额完成任务。严抓驻村真帮扶。实行"两包三到"联动机制，组织县乡干部全部进村入户帮扶。为第一书记落实帮扶资金409万元，安装办公电话121部。组织驻村工作队向贫困户发放应知应会手册5万余本、宣传挂历1.5万余份，帮扶政策牌2万张。制定驻村帮扶工作队和"第一书记"管理制度，实行"一月一督查一通报"，先后督查37次，通报批评驻村单位24个，调整不胜任的"第一书记"7名。

转型发展稳步推进。农业发展方式不断优化，大力发展马铃薯主导产业和肉驴、核桃、中药材、食用菌等特色产业，推动农业向多样化、特色化、产业化方向迈进。种植马铃薯8万亩，产值2.45亿元，带动农民人均收入1149元。引进新品种、推广新技术，因地制宜发展特色产业，种植中药材、沙棘、油用牡丹和葡萄等2万余亩，全县"一村一品"专业村79个，培育农业龙头、农民合作社470个。全年现代农业完成投资3.55亿元，农产品加工销售收入完成4.18亿元。工业经济转型稳步推进，煤炭、选矿等传统产业转型升级进展顺利，马家岩煤矿技改升级基本完工，山西陆海洗煤厂投产见效，实现利税2000万元。大力发展光伏、风电等新兴产业，建成村级分布式光伏电站16个，总规模4.75万KW的皇姑山风电项目开工建设，全县工业新兴产业投资比重10%。生态旅游业不断壮大，充分挖掘"一山一水一伟人"生态文化资源，先后打造生态景观点10个，扶持发展农家乐旅游67家，全年接待游客5万余人次。

生态建设持续加强。抓住太原市创建国家森林城市的机遇，不断加大荒山、通道、环城造林绿化力度，完成营造林8.7万亩，全县绿化率48.7%，森林覆盖率29%。认真落实国家新一轮退耕还林政策，启动了21690亩新一轮退耕还林前期工作。水源保护不断加强，6个汾河水库生态保护项目已完工3个、在建3个。建成环水库道路监控预警监测系统，覆盖库周55公里。加大环境综合治理力度，节能减排指标稳定达标，万元GDP能耗下降3.2%，万元工业增加值用水量下降10.8%，六项污染指数平均值全部达国家Ⅱ级新标准，县城环境空气质量持续保持良好，二级以上优良天气数310天。

城乡面貌日趋改善。持续加大县城建设力度，提升功能，改善环境，增加宜居度，实施了火车站—县城连接线等建设项目，县城新增绿地面积2.2万平方米，绿化覆盖率43.7%，人均绿地面积11.8平方米。县城集中供热面积达160万平方米，供热普及率92%；污水处理日均4550吨，出水水质保持Ⅰ级A类标准，中水回用率100%。实施城乡住房安居工程，新开工保障房100套，基本建成218套。启动了采煤沉陷

区3个村945户2744人的治理搬迁安置工程，实施了9个村5000余人饮水安全工程，完成农村贫困家庭危房改造100户，提质改造农村公路59.9公里。创新城乡清洁工作机制，县城保洁面积扩大到40万平方米，46个村2000个改厕任务全部完成。

改革创新步伐加快。推进市场监管机制改革，全面实行“五证合一、先照后证”，全年登记企业103户、农民合作社177户、个体工商户1368户。加快政务服务体系建设，设立8个乡镇便民服务中心、19个便民服务点、126个便民服务代办点。扎实推进行政审批制度改革，33家窗口单位321项办理事项实现“一个窗口”受理、“一站式”审批。积极推进依法行政，编制公布了政府行政职权清单事项2501项、责任事项18109项，承接上级下放行政职权事项201项，取消15项。清理和规范工商登记前置改为后置审批事项40项，规范中介服务事项18项。深化财税体制改革，“营改增”全面推开，建立国税、地税联合办税平台，移交管户信息454户。积极推进小微企业“双创”工作，累计发放富民贷3055.91万元，完成全年任务量的102.1%，增长38.9%。开展干部入企服务工作，解决问题36个。

社会事业全面进步。优先发展教育事业，完成26所中小学运动场地塑胶化改造，新建幼儿园2所，顺利通过国家义务教育均衡县评估验收。加快城乡公共卫生服务体系建设，县城综合性医院新建工程即将投入使用，全县医疗卫生机构基本药物配备率和使用率均达95%以上，新农合参合率99%。持续加大社会保障力度，统筹抓好低保、医疗、临时救助等工作，农村低保补助标准提高到每人每月320元，医疗救助比例由过去的50%提高到60%。城镇基本养老、工伤、失业、生育保险全部完成市下达任务。全年新增就业人数1605人，城镇登记失业率3.95%。实施移民后期扶持项目40个，发放后期扶持直补金1213.5万元。文化体育事业进一步发展，117个贫困村活动场所完成升级维护，组织开展文化下乡120余次，群众文化生活日益丰富。

社会大局和谐稳定。严格落实“党政同责、一岗双责、失职追责”的安全生产责任体系，狠抓重点行业和领域安全综合治理，排查整改安全隐患2656条，安全生产形势持续向好，全年没有发生重大安全生产事故。加大信访积案化解和矛盾纠纷排查调处力度，省市交办信访案件办结率95%。持续开展“平安娄烦”建设，全县94%以上村庄(社区)实现“零发案”，群众安全感和满意度得到进一步提升。

民主法治有序推进。制定出台《十届县委全会议事决策规则》《十届县委常委会议工作规则》《十届县委书记专题会议工作规则》，有力推进决策民主化、科学化。坚持和完善人民代表大会制度，支持县人大及其常委会围绕全县中心工作依法履行职能，加强监督工作，听取和审议专项工作报告，开展执法检查。坚持和完善党领导下的政治协商制度，支持县政协依照章程履行政治协商、民主监督、参政议政职责。大力推进依法治县，加快法治娄烦建设，全面开展“七五”普法教育，完善法律援助“绿色通道”，县乡村三级人民调解组织调处各类矛盾纠纷1105件，创建省级规范化司法所8个。推进农村民主管理，全县村务公开率、村务监督委员会组建率均达100%。

宣传文化不断加强。持续加强意识形态引导和管理，巩固和发展健康向上的主流舆论，大力培育和践行社会主义核心价值观，不断深化中国特色社会主义理论体系和中国梦宣传教育。切实抓好公民道德建设和未成年人思想道德建设，大力开展文明单位、文明乡镇、文明窗口等创建工作，完成1.6万人志愿者注册登记，组织实施了“中国梦·讲文明树新风”公益性宣传、道德讲堂等活动，引导全县上下弘扬社会正气。不断强化网络舆情监管，健全应急处理机制，及时掌握社会热点，舆情收集研判、处理突发事件的能力不断提高。立足脱贫攻坚，紧扣时代主题，积极抢占主阵地、打好舆论主动仗，累计发布信息80余篇。

二、坚持党要管党、从严治党，不断加强党的建设

扎实开展“两学一做”。把开展“两学一做”学习教育作为推动全面从严治党向基层延伸、保持党的先进性和纯洁性的重大举措，坚持抓示范引领、抓全面覆盖、抓学习效果，通过“两学一做”，提升思想，推动工作。县委常委以身作则、率先垂范，带头学习研讨，带头讲好党课，带头深入基层调研指导。常委班子共集中学习7次、研讨交流36人次。各基层党组织集中学习1893次，交流研讨852人次，召开专题民主生活会323次。紧盯“关键在做”的要求，把学习教育与脱贫攻坚大局结合起来，将脱贫作为“两学一做”的实践基地和攻坚战场，将“两学一做”作为脱贫的方向引领和动力引擎，督促广大党员干部践行“四讲四有”标准，发挥党员干部的先锋作用。全县26名县级领导、119个县直机关单位和1100余名党员干部结对帮扶117个贫困村34333个贫困人口，帮助群众脱贫、带动群众致富。组织开展“党员先锋行”“八联”互助等活动，慰问党员1568人次，制定帮扶措施140个，办实事134件。始终聚焦问题，坚持立行立改，常委会带头查找在思想认识、服务群众、工作作风和政治生态等方面存在的突出问题86个，开展部分基层党组织不按规定交纳党费等专项整治工作，逐一制定问题清单，明确整改时限，实行销号管理，确保问题整改到位。

强化思想政治教育。始终把学习贯彻党的十八大、十八届三中、四中、五中、六中全会精神和习近平总书记系列重要讲话精神作为重要政治任务，牢牢坚守县委中心组这一思想理论核心阵地，组织集中学习23次。积极教育引导广大党员干部坚定理想信念，增强政治修养和理论素养，牢固树立“四个意识”，特别是核心意识和看齐意识，做到思想上拥戴核心、政治上维护核心、行动上紧跟核心，坚决与以习近平同志为核心的党中央保持高度一致。党的十八届六中全会和省、市十一次党代会召开后，县委迅速行动，精心谋划，就学习宣传和贯彻落实会议精神作出部署，提出38项落实任务，分解到21名县级领导和38个县直牵头部门。组织县四大班子、

各单位一把手开展宣讲216场次，推动了全会精神和省、市党代会精神深入基层、深入人心，确保了中央和省、市各项决策部署落地生根。

不断夯实基层基础。着力推动基层组织全面加强，围绕扶贫攻坚，突出建强组织、配强干部、增强活力，有138个村“两委”主干领办合作社，637名党员承担致富项目，培育党员致富带头人421人，76个村实现集体经济“破零”。着力推动基础工作全面进步，全面完成了中组部7项重点任务和市委12项重点工程，组建非公经济组织和社会组织81个，整顿农村软弱涣散党组织14个。增加村级党建经费56.8万元，落实机关党建经费22.3万元，为“第一书记”落实经费409万元。升级改造村级场所9个，完成社区达标建设3个，升级改版远程站点88个。着力推动基本能力全面提升，组织735名干部参加在线学习，集中培训村干部1300人次。探索开展“主题党日+”活动，实行“8+X”模式，统一内容、统一组织，覆盖6700多名党员，强化了党员党性意识。

加强干部队伍建设。围绕脱贫攻坚选好干部、配强班子，圆满完成县乡换届选举，乡镇班子中有基层工作经历的达80%以上，大专学历以上87%。出台《干部精准脱贫攻坚考核细则》，引导干部深入基层、深入脱贫一线，先后调整使用干部201人次，为贫困村选派第一书记117名。强化党员管理，排查流动党员361名、理顺党员关系88名，补缴党费60余万元，培养入党积极分子310名。

三、夯实“两个责任”，正风肃纪、反腐败的高压态势逐步形成

层层传导压力，推动“两个责任”落地生根。县委认真落实党风廉政建设主体责任，常委会17次专题研究部署党风廉政建设和反腐败工作，剖析反思案例7件。坚持层层传导压力，推动“两个责任”向基层延伸，分批组织8个乡镇党委书记开展述纪述廉述作风述主体责任，在全县65个单位各确定1名班子成员负责党员廉政建设工作，督促指导96个部门单位制定责任清单，对19个乡镇、部门“一把手”开展了约谈，对落实“两个责任”不力的14名党员领导干部进行了责任追究。

驰而不息抓作风建设，党风政风明显好转。坚持抓早抓小，动辄则咎，严肃查处顶风违纪行为。突出重点领域、关键岗位，查办扶贫领域案件46件，处分党员干部59人，分5批对31起扶贫领域典型案例进行通报曝光。紧盯重要时间节点，查处违反中央八项规定精神和发生在群众身边“四风”问题线索46件。及时解决群众诉求，全年受理处置涉纪信访举报113件，同比下降45.4%。

坚持把纪律挺在前面，保持惩治腐败高压态势。积极支持纪委履行监督责任，推进纪检监察机关落实“三转”要求，县纪委牵头或参与的议事协调机构由93个精简为8个，精简率91%。认真践行“四种形态”，开展谈话函询87件92人次，是去年的4.2倍，8名党员干部主动交代问题，涉及金额12万余元，上缴廉政账户7.3万元，给予诫勉谈话、通报批评等组织处理163人，其中科级干部102人。率先在全市建立县级巡察制度，分批对11个单位开展巡察，发现问题53个，立案查处9起，通报曝光典型问题10个。持续加大案件查办力度，形成威慑，全年共立案审查68件，党政纪处分73人，组织处理120人。

（李爱民）

附：一、中共娄烦县委书记、副书记、常委名单

书　记：薛东晓

副书记：李树忠　程顺安（5月离职）
李贵军（5月任职）　袁文峰（4月离职，挂职）
张　强（8月任职，挂职）

常　委：刘贵江（5月离职）　尹达恒（5月任职）
任同珍（女）　李贵军（5月调职）
赵生魁（5月任职）　纪根有（4月离职）
刘仍雁（4月任职）　赵树文（5月离职）
王文生（8月任职）　冯永魁（8月离职）
郭建生（8月任职）　王剑峰（8月离职）

二、乡镇党委书记名单

娄烦镇

书　记：胡俊强

静游镇

书　记：刘俊奎

杜交曲镇

书　记：苏效忠

天池店乡

书　记：郝爱国

米峪镇乡

书　记：段尚君

马家庄乡

书　记：郭建生

盖家庄乡

书　记：曹文杰

庙湾乡

书　记：李亚晋

中共大同市委工作概况

市委书记　张吉福

2016年,中共大同市委常委会认真贯彻落实习近平总书记系列重要讲话精神和党的十八大、十八届三中、四中、五中、六中全会精神,按照省委"一个指引、两手硬"的重大思路和要求,统筹推进"五位一体"总体布局,协调推进"四个全面"战略布局,大力推进"136"发展战略,经受住了巨大的困难压力和复杂的风险考验,"十三五"规划顺利起步,美丽富裕幸福大同建设深入推进,经济社会呈现出平稳向好的发展态势。

一、深入学习贯彻党的十八届六中全会精神,自觉同以习近平同志为核心的党中央保持高度一致

大同市委把贯彻落实党的十八届六中全会精神作为首要政治任务,深入学习贯彻习近平总书记系列重要讲话精神和治国理政新理念新思想新战略,引导各级党组织和党员干部牢固树立"四个意识",坚决维护以习近平同志为核心的党中央权威和集中统一领导,在思想上政治上行动上同以习近平同志为核心的党中央保持高度一致。抽调出39名政治素质过硬、理论功底扎实的领导干部组成市委宣讲团,深入各县区宣讲六中全会精神。同时,结合《准则》《条例》和《公报》中提出的12项重点工作,按照职能分工,将任务分解到市纪委、市委组织部、市委宣传部、市委办公厅等部门,派出专项督查组对全市贯彻落实情况进行检查,并将查找出的问题纳入整改落实范畴,聚焦重点问题,狠抓薄弱环节,切实抓好整改。把扎实开展"两学一做"作为贯彻落实十八届六中全会的重要抓手,在分层分类、全覆盖上下功夫,通过以上率下"带"、精准指导"学"、典型引领"做"、聚焦问题"改"、从严标准"督"等措施,有效地推动了"两学一做"学习教育的扎实开展。市委常委会召开六次专题会议研究部署,建立了"1+2+6"学习清单,开展了"六个一"活动,组织了14期"读党书、论责任、抓落实"干部大培训,"两学一做"学习教育活动领导干部共查摆问题1.6万个,集中督查500多个党支部,全市广大党员干部"四个意识"进一步增强,宗旨意识更加牢固。

二、坚持稳中求进工作总基调,努力保持经济平稳向好发展

2016年,面对经济的下行压力,全市上下同心同力,攻坚克难,适应新常态、把握新常态、引领新常态,在抢抓机遇中稳发展,在结构调整中促转型,有效遏制了经济断崖式下跌,实现了止跌企稳回升。全市地区生产总值完成1025.3亿元,增长1%;固定资产投资完成1212.8亿元,增长5.9%;公共财政预算收入完成88.9亿元,下降3.8%;城镇、农村常住居民人均可支配收入分别达到26273元、8217元,分别增长6.1%、6.6%。

全面落实"三去一降一补"任务。通过发展高产高效现代化矿井提高先进产能占比、延伸煤炭产业链、发展新型煤化工产业等多种方式,不折不扣去煤炭产能,化解落后产能375万吨,消减煤炭产量2976万吨,占全省的20.8%。通过政府回购、积极争取国开行投资、加大政策支持和引导力度、放宽户口准入、提高公积金缴存使用率等途径,刺激消费需求,去除房地产存量,全市商品房销售面积385.1万平方米,同比增长26.7%,商品房库存面积512.85万平方米。把化解政府性债务作为去杠杆的重点,加大金融创新力度,着力减债务、换债务和延债务,争取到15.4亿元国家专项建设基金和121亿元地方政府债券支持,极大降低了政府性债务。严格落实国家和省出台的一系列减负政策措施,进一步深化行政审批制度改革,加大简政放权力度,累计减轻企业负担60多亿元。

全力推进项目建设。以对接京津冀为抓手,大力开展招商引资,强化项目签约和项目落地,启动了2016冬季行动暨双环行动,在建项目进度加快,落地项目进展顺利,签约项目有序推进。大张高铁超额完成年度投资量,大乌高铁列入铁总"十三五"规划,大同中关村科技园、"双创园"等项目正在开展前期工作。

做大做强煤炭产业。大力发展煤炭循环经济,特别是以塔山工业园为引领,加快推进煤制气、煤制烯烃等煤化工项目,打造具有国内外先进水平的现代煤化工基地。目前,金庄千万吨矿井已经完成产能置换,左云煤制气项目、同煤浑源2×35万千瓦低热值煤发电、同煤大唐三期1×66万千瓦低热值煤发电、国电湖东一期2×100万千瓦等项目、大唐御东2×35万千瓦等项目正在有序推进。

大力发展非煤工业。围绕优势和特色产业布局,强化关键技术研发、实现重点领域突破、走出技术"低端锁定",实现新能源、装备制造、医药食品、节能环保、新材料等产业升级突破,电动车、瓦斯发电、电供热、电储能、轨道交通设备、煤机制造、通用航空等新兴业态落地布局。广灵润广卧羊场、阳高下深井、灵丘黄崖尖、浑源密马鬃梁、左云小京庄等五个在建风电项目总装机容量29.65万千瓦,总投资24亿元,已完成投资3.1亿元。100万千瓦光伏发电项目正在申报。装配式绿色建筑集成产业基地、通航产业园正在建设。医药、冶金、食品、化学、建材、电力等六大行业增长稳定,预计全年非煤

工业增加值增长12.5%，占规上工业增加值比重达到50%以上。

发展壮大文化旅游业。把文化旅游产业作为战略性支柱和龙头，积极筹建旅游发展委员会，研究制定了加快旅游业发展的意见、文化旅游产业发展三年行动计划和促进旅游业改革发展实施意见，成立了文化旅游产业改革领导小组，设立了2亿元的旅游产业发展基金和1亿元的旅游发展奖励基金，免费开放了古城墙景点，开通了大同—太原旅游专列，签订了会展中心、古城墙大型实景旅游演出和文旅综合体验、潘家园(大同)古玩市场、文化旅游综合体和房车旅游露营地4个文旅项目合作协议，并积极推动总投资上百亿元的恒山全域旅游项目和大同—北京旅游专列开通，全年旅游总收入达到363.33亿元，同比增长29.22%。特别是举全市之力积极申办并成功承办了2016山西省旅游发展大会，在全省乃至全国打响了“天下大同”这一旅游品牌。

积极发展现代服务业。推动商贸物流向综合物流体系转变，逐步构建海铁空路联运模式。大力推进电子商务发展，电商物流快递园部分完工，6家快递企业入园并已开始正常运营，市区200个网点已完成80%，通过末端网点建设实现了全市100多个乡镇全覆盖。推动金融产业做大做强，设立了中小微创投基金管理试点，探索设立民间资本投资服务中心和民间资本管理公司，稳步推进大同绿色银行建设项目和区域绿色能源交易中心建设项目。养老养生等新型服务业态开始起步，三农养老产业基地、文瀛湖康养产业生命园等项目前期工作全面启动。

着力推进现代农业。强化“三农”顶层设计，出台了《关于落实发展新理念加快农业现代化实现全面小康目标的实施方案》及4个实施意见，编制了市县两级《农牧交错带示范区建设规划（2016—2020年）》《粮改饲指导意见》《特色农业扶贫行动方案》。统筹种植业发展格局，在稳定粮食产能的基础上，以粮改饲为突破口，推进种养结合、农牧结合，着力构建粮经饲统筹发展格局，呈现出粮食作物减、经济和饲料类作物增，主导作物减、特色作物增“两减两增”的明显趋势。放大农牧交错带优势，年内建成标准化养殖小区200个，累计达到920个，畜牧业经济从规模扩量为主向科技兴牧、规模经营、产业链条延伸三线并重转变。大力发展设施农业，新增设施农业面积2.38万亩，累计突破27万亩，改建设施农业0.9万亩，促进了设施农业的提质增效。做大做强特色农业，发挥比较优势，加快推进全国优质杂粮基地建设、实施省中药材崛起和退耕还药工程、促进食用菌产业、黄花产业健康发展，完成现代农业投资215亿元，达省任务的135%。粮食产量达22.5亿斤，再创历史新高。预计农村常住居民人均可支配收入增长6%以上。

三、全面深化各项改革，释放创新发展活力

深入推进重点领域改革。加快综改试验区建设，30个省市级转型综改重大项目完成投资195亿元。不断深化国企改革，完成同煤集团“三供一业”分离移交摸底工作并在全省率先完成框架协议签署工作，组建了国有资本投资运营公司，经建投、经发投、金控公司、文旅集团正在筹建。积极推进财税改革，“营改增”试点全面实施。推进金融机制创新，启动了国家级绿色金融创新试验区申报工作，30亿元旅游文化产业发展基金、30亿元定向债企业债券已上报交易所待批，启动了市级融资租赁公司注册登记工作，农商行组建进入清产核资阶段，华青股份成功登陆新三板。稳步推进社保改革，机关事业单位养老保险制度改革完成基础数据采集、预扣个人缴费等工作，新农合职能和经办机构完成整体划转移交，实现了城乡居民基本医疗保险制度整合。探索启动开发区改革，按照“整合、改制、扩区、调规”的思路，整合了医药园区、塔山工业园、装备制造园、新能源产业园，力争在5年内打造398平方公里的开发区。此外，农村土地制度、旅游管理体制机制、综合行政执法体制、国有林场改革、供销社改革、电力改革等多领域改革持续深化，农村土地确权稳步开展，国有林场改革方案获省批复，市本级和7个县完成流程再造和不动产权证书首发。

全力开展对接京津冀。牢牢抓住“一带一路”建设的战略机遇和大同被纳入“京津冀协同发展”规划纲要的政策机遇，主动对接国内外500强和行业龙头企业，积极承接功能疏解和产业转移，不断加快对接京津冀发展大同的步伐。先后组织50个招商小分队赴北京、上海、广州等地，与120家企业精准对接，推荐并力促一批环保、商贸、文化旅游、养老养生、光伏发电、采煤沉陷区治理等大项目签约落地。全市累计签约项目206个，总投资1915.5亿元。万昌物流二期、大连万达、上海文通等项目建设进展顺利，华阳玛里纳陆港项目已开工建设，晋北国际物流园区项目前期工作有序推进。电商产业园区正式运营，网库、京东等大批电商品牌进驻，迪卡侬、大龙网华北总部落户大同。

大力实施创新驱动。充分发挥科技创新对转型的引领作用和乘数效应，围绕战略新兴产业布局，构建以企业为主体、市场为导向、产学研紧密结合的技术创新体系。加快装备制造、医药工业、石墨烯创新等科研产业园区建设，加大基础学科、产业共性技术、重点领域核心技术的投入力度，与中关村集团、清华科技园、农业科技城共建科技创新基地，联手打造“创业苗圃—孵化器—科技园—科技城”科技产业链条，成立了“中国国际技术转移中心大同合作中心”，启动大同大学科技园创建工作。全市现有国家级技术中心2户，省级企业技术中心12户，市级企业技术中心28户。

四、坚定不移推进全面从严治党，着力构建良好政治生态

严格落实党要管党、从严治党的各项要求，把守纪律讲规矩作为不能触碰的红线，不断压实“两个责任”，加大干部考核、监督、管理力度，深入开展党风廉政建设和反腐败斗争，以零容忍态度惩治腐败，弛而不息纠正“四风”，全市政治生态得到进一步净化，风清气正的良好风气正在形成。

加强纪律教育。把学习贯彻党章、《准则》和《条例》作为

重要政治任务，纳入各级党组生活和各级各类党员干部培训班，作为"两学一做"学习教育重要内容，融入发展党员、培训干部各个环节，列入反腐倡廉"六个一"教学课程。

压实"两个责任"。市委带头落实全面从严治党主体责任，第一时间传达贯彻中央、中央纪委、省委、省纪委关于全面从严治党的重大决策部署和要求，召开专题会议，听取建议并及时研究重大事项、重点工作、重要案件。市委书记认真履行第一责任人职责，亲自接待处理涉纪信访、批办重要案件，亲自约谈县区和市直单位主要负责人，深入基层督导工作。以强化问责追究倒逼责任落实，坚持"一案双查"，全市共问责追究 226 人，其中：因"两个责任"落实不力问责追究 74 案 117 人和 8 个单位，追究主体责任 98 人、监督责任 19 人，党政纪处分 33 人、诫勉谈话 51 人、批评教育 5 人、作出书面检查 28 人；因工作失职问责 109 人，党政纪处分 76 人，持续释放压实"两个责任"的强烈信号。

保持反腐败高压态势。坚持有腐必惩，有贪必肃，全年共受理信访举报 1997 件次，立案 642 件，结案 640 件，处分违纪党员干部 639 人，给予撤职以上重处分 145 人，移送司法机关 13 人。准确把握运用监督执纪"四种形态"，加大党纪处分、组织处理力度，充分发挥谈话函询在处置问题线索中的重要作用，共处置问题线索 3411 条，谈话函询占比 29.11%。

防止"四风"反弹。始终把落实中央八项规定精神作为严肃的政治问题，把加强作风建设作为密切联系群众的重要任务，把贯彻廉洁自律准则作为改进作风的重要抓手，积极创新监督方式，深挖细查"四风"问题，全市共查处违反中央八项规定精神问题和"四风"问题 76 起 121 人，党政纪处分 69 人。

加强领导班子建设和干部队伍建设。坚持德才兼备、以德为先和好干部 20 字标准，以市县乡三级领导班子换届为契机，注重导向选用，注重分析研判，注重从严立规，注重预防监督，在"先、破、严"上精准发力，严把人选的政治关、品行关、作风关、廉洁关，加大优秀年轻干部培养使用力度，加大从基层一线培养选拔干部的力度，市县乡三级领导班子换届工作圆满完成，涉及 453 套班子 1300 多名干部。

加强干部教育管理。依托平型关、大泉山等 4 个理想信念教育基地，加强干部理想信念教育；通过分类培训与集中轮训、理想信念与能力提升、课堂教育与现场教学、网络组班与自主选学"四结合"，举办培训 210 班次、培训干部 2.7 万人次，加强干部综合素质教育；针对换届后干部履职能力与新岗位新要求不适宜问题，落实省委骆惠宁书记关于加强"三基"建设的要求，举办了 14 期"读党书、论责任、抓落实"专题培训班，培训干部 3000 余人，加强干部履职能力教育。

创新干部考核体系。进一步创新考核办法，在"一报告两办法"基础上，推行"三分法"考核体系（客观指标、主观指标和综合加减分），采用"一县区一考核""一部门一考核"的办法，突出国家省市重点工程、招商引资、脱贫攻坚、信访维稳等核心任务、重点指标和亮点工作，破解考核结果失真失实、考核内容不够科学、考核结果运用不理想的问题，实现考核的有效性、科学性、针对性，调动和激发了干部干事创业激情。

启动市县巡察。研究成立了市委巡察工作领导小组，制定了《巡察工作实施办法》，成立了市委巡察办并选配了班子，制定了巡察工作相关制度。首轮巡察派出 4 个巡察组，巡察大同县、浑源县、灵丘县 3 个贫困县和市农委、市扶贫办，市县两级共发现"三大问题"及"四风方面"共性问题 237 件，提出整改意见 166 条。

推进监察体制改革。把监察体制改革作为政治体制改革的首要任务，成立了大同市深化监察体制改革试点工作领导小组，确定了组长和相关成员，并下设了办公室，集中人员、集中办公，有序开展改革试点各项准备工作。

五、内凝力量外塑形象，推动宣传思想文化建设不断繁荣

营造良好舆论氛围。综合运用报纸、广播电视、网络媒体等宣传媒介，通过市委宣讲团深入基层宣讲，通过党校、市民大讲堂等宣传阵地开展大规模的培训教育，党员干部群众的政治觉悟和思想意识进一步提高，对党的大政方针、惠民政策理解得更加全面、更加深刻。大同日报、大同广播电视台以及网络媒体对省、市委的发展意图进行了深入的、连续的宣传报道和解读阐释，确保了舆论宣传导向不变形、不走样，营造了全市上下同心同力，共谋发展的强大舆论氛围。

强化价值观宣传教育。围绕社会主义核心价值观抓宣传教育，一些典型人物、模范事迹通过新闻媒体和艺术作品进行全景展示，大型话剧《热泉》、历史舞台剧《平城赋》、晋剧《河清海晏》《看，大泉山变了样子》等精品剧目，在社会上起了很好的示范作用。

丰富群众文化生活。开展了千场大戏、万场电影文化惠民活动，精心打造新年音乐会、古都灯会等大型节庆活动，加强农村广播电视、乡镇综合文化站、农家书屋、农村电影放映工程、文化信息资源共享工程、村级文化阵地建设，极大地丰富了基层群众的文化生活，公共文化服务水平进一步提升。

加强文化交流合作。通过多种形式增强与京津冀地区的文化交流与合作，与北京文化公司合拍的电影《莫斯科离大同不远》入围了北京国际电影节，出版的《史前的桑干河文明》在北京举办多场讲座，与北京相关单位合作举办的画展、书法交流展、国际摄影文化展、音乐节等，极大提升了大同的文化知名度。

六、发展社会主义民主政治，深入推进全面依法治市

坚持和完善人民代表大会制度，加强和改进对人大工作的领导。积极支持市人大及其常委会依法行使各项职权，加强和改进立法，制定地方性法规 1 件，修订 1 件，开展立法调研 2 件。支持人大及其常委会及时行使人事任免权，不断加强自身建设。支持人大及其常委会依法履行监督职责，听取

和审议专项工作报告，开展执法检查、专题询问、跟踪督办。

积极支持市政协履行职能，支持政协围绕全市工作大局和中心工作开展专题调研、积极建言献策、实行民主监督。巩固和发展最广泛的爱国统一战线。充分发挥统战优势加强民族宗教工作，爱国宗教团体建设进一步加强。加强和改进侨务工作。

坚持和完善政务公开、村务公开、厂务公开等办事公开制度，不断扩大基层民主。支持工会、共青团、妇联等人民团体充分发挥作用。坚持党管武装原则，深入开展双拥共建活动，完善军地齐抓共管国防后备力量建设机制，提高国防动员能力，实现军民融合式发展。

扎实开展普法宣传教育，深化社会法治实践活动。进一步推进执法司法规范化建设。市、县两级法院启用了审判流程公开、裁判文书公开、执行信息公开三大信息公开平台；检察机关实行"阳光办案模式"，建立了申诉案件公开听证、重信重访案件公开审查等制度；公安机关积极推进办案信息公开、法律文书公开、服务窗口公开三项建设；司法行政机关制定了《行政权力公开透明运行工作制度》，推行了公证业务接待窗口"一站式"服务。同时，加大对执法司法活动的监督。认真贯彻落实相关规定，并组织开展专项督查，推动了各项规定的有效执行。开展了为期5个月的涉法涉诉进京集中清理专项活动，省交办的25个进京非访案件全部清理完毕。加大了依法治访力度，全年依法处置非访重点案件19人，批捕15人。同时，抽调专门力量组成案件评查组，对10起重点信访案件进行了集中评查。全面依法治市建设上了新台阶。

七、聚力脱贫攻坚，切实保障和改善民生

打响脱贫攻坚战。严格落实"六个精准"和"五个一批"的要求，实施了"六大行动"，构建了"五大机制"，全面打响了脱贫攻坚大决战。易地搬迁促脱贫。坚持易地扶贫搬迁与产业开发、城镇化建设、美丽宜居示范村建设、乡村旅游开发、沉陷区综合治理相结合，在设施农业、畜牧养殖、光伏发电和乡村旅游等项目上优先向安置区安排，确保了搬得出、稳得住、可发展、能致富。培植产业促脱贫。争取到300个村的光伏扶贫建设指标，有321个村级光伏电站基本竣工，具备并网发电条件，将直接惠及6240户深度贫困人口；全市企业产业扶贫项目达75个，完成投资24.9亿元；建成电商扶贫终端网点36个，天镇县被列入国家"2016年电子商务农村综合示范县"。干部驻村促脱贫。积极开展市县乡三级干部进村入户促脱贫暨五大专项行动，中央、省、市、县四级扶贫工作队达到798支，包村驻村干部711人，第一书记862人，实现贫困村挂职全覆盖。政策兜底促脱贫。探索"金融机构＋农业企业＋贫困户"的小额贷款模式，以贫困户为贷款主体、金融机构采取受托支付的方式将贷款发放给企业，累计发放贷款9785.79万元，资助1万名贫困家庭子女完成学业，培训新型职业农民4400人，组织专场招聘会25次，跨区域组织劳务输出贫困人口670人。

办好民生实事。积极扩大基本公共服务有效供给，市公共财政预算支出用于民生支出达83.3%，各项社会事业稳步推进，年初确定的公共自行车等"十二件民生实事"全部办结。坚持教育优先战略，促进教育公平均衡发展，新改扩建5所幼儿园完工，二十一中综合教学楼投入使用。实验小学分校主体完工。落实就业创业扶持政策，城镇新增就业4.28万人，转移农村劳动力人数2.52万人。农村低保标准与国家扶贫标准正式并轨，企业退休人员工资实现"十二连增"。公立医院改革进展顺利，城镇居民基本医疗保险和新农合参保率达到98%。

完善城市功能。坚持规划建设管理并举，把打造区域性中心城市作为推进城市建设的出发点和落脚点，切实完善城市功能，改善人居环境。推进古城复兴。围绕活起来火起来的目标，坚持"五态合一"的思路，全方位推进古城建设开发。西城墙主体合龙，护城河全线贯通，钟楼和太平楼主体完成，代王府中轴线复建、明堂遗址公园进入扫尾阶段。特别是积极引入晋商联盟、北辰集团、鼎盛盈科等一批企业参与古城建设，潘家园古玩市场、南瓮城广场、《天下大同》文化旅游体验综合体、府衙修复、中华老字号商城等项目正在有序推进。加快新城提质。坚持规划引领，统筹要素资源，完善配套保障，加快产城融合发展。太阳宫项目已验收移交，会展中心奠基，东客站、御东集中地下停车场、图书馆加快建设，大剧院、体育中心、美术馆采取PPP模式正在积极推进。完善基础设施。按照架起"连心桥"、畅通"微循环"、打开"断头路"、建设"便民路"的思路，积极推进城市基础设施建设。新建续建城市道路60.38公里，新建改造供热管网215.7公里、供水管网30公里、燃气管网61.3公里。建成5座城市停车场和10座过街天桥。13项小街小巷新建工程全部通车。北环桥、武定东桥、清远北桥、清远南桥建成通车。改造老旧住宅小区584.62万平方米，72123套。保障性住房开工59898套，建成97869套(含续建)。

切实维护社会稳定。在安全生产方面，严格落实"党政同责、一岗双责、齐抓共管"的安全生产责任制，大力推进"四级五覆盖""五落实五到位"，扎实开展安全隐患大排查和"非法违法"专项整治，生产经营性事故同比下降12.5%，未发生重特大安全生产事故。在信访维稳方面，强化首都护城河作用，创新信访工作机制和手段，发挥信访大厅和网上信访作用，紧盯重点领域、重点问题、重点人群，开展了信访积案"一交办三治理"专项活动，全年共发生进京非正常上访314人次，同比下降33.5%。在社会治安综合治理方面，开展了严打整治"百日行动"，深挖"保护伞"，铲除"黄赌毒"，全市共打掉涉黑涉恶团伙36个，查处"黄赌毒"案件1592起，破获涉枪涉爆案件10起，破获侵财案件1724起，取缔传销窝点977处，社会综合治安情况明显好转。

八、加强环境治理力度，全面提升生态文明水平

坚持绿色发展理念，全力推进生态文明建设，全面提升市域生态环境，持续改善空气质量，真正把"美丽大同"打造

成大同市的城市名片。

增绿。坚持“生态有为”理念,加大环城、景区、交通干线、河道水系等重点区域的绿化力度,整合京津风沙源、坡耕地综合治理,重点小流域综合治理等项目,完成荒山造林22.77万亩。村庄绿化工程全面铺开,绿化县乡村通道163.5公里。城市建成区新增绿化面积116.78万平方米,建成区绿化覆盖率、绿地率和人均公园绿地面积分别达40.96%、36.84%和15.27平方米/人。

净气。坚持建、管、治并重的原则,深入实施大气污染防治行动计划,突出控煤、抑尘、管车等综合性监管措施,建立区域污染防控机制,市区7个火电厂共计717万千瓦机组达到国家排放标准,全市空气质量保持稳中有升的良好态势。全市二级以上良好天数达到314天,其中一级天数62天,排名位居全省第一,主要污染物排放治理指标全面完成。

治水。按照兴水、增绿、造景、治污并重的原则,坚决打好治污水、保供水、抓节水、防洪水“四水共治组合拳”。编制了《御河流域生态修复与保护规划》和《桑干河流域生态修复与保护规划》。以御河、十里河治理为契机,实施了御东污水处理厂湿地工程等六大湿地建设工程,水环境质量呈现好转趋势,Ⅲ类及以上优良水体比例达到18.18%。深入推进农村生活污水防治,19个农村生活污水防治工程正在进行项目竣工验收,大同县污水处理厂提标改造工程通水试运行,浑源县污水处理厂主体工程完工。

减排。坚决落实控制温室气体排放行动目标,抓好重点领域节能减排,积极推进清洁煤、煤转电、煤制气、煤化工产业,全面完成了主要污染物排放治理指标。完成3家电力企业燃煤机组超低排放改造,淘汰黄标车和老旧车12586辆。27项重点节能项目,累计完成投资20.14亿元,2016年实现节能量11.28万吨标准煤。

九、凝心聚力抓党建,推动基层组织建设全面进步

夯实党建主体责任。全面履行加强和规范党内政治生活、加强党内监督的领导责任,自觉担当起全面从严治党的政治责任。坚持从严治党“书记抓、抓书记”的工作思路,全面压紧压实第一责任人责任,各级党委(党组)书记是全面从严治党的主体,必须对党负责、对本地区本单位的政治生态负责、对干部健康成长负责;班子成员必须履行好“一岗双责”,加强对本机关本单位的监督管理,强化对本系统的日常监督管理。强化责任担当,对不正之风和腐败问题,该纠正的要坚决纠正,该查处的要坚决查处。层层压实责任,把责任传导给每一个领导干部,把要求落实到每一个共产党员,使全面从严治党各项要求在大同市落地生根。

加强基层党组织建设。扎实推进农村、城市社区、机关、企事业单位、非公有制经济和社会组织等领域党建工作。加强基层党组织带头人队伍建设,从严发展、教育、管理党员,创新流动党员管理。围绕提升单元战斗力,实施了基层党建“12345”工程,启动了“强腰行动”,制定完善了三级书记述职述廉述评机制,出台了《县(区)委和部门党组(党委)书记基层党建工作责任清单》,配套实施了难点工作、焦点问题“一把手”亲自主抓的“县委书记项目工程”,有效解决了基层党组织软弱涣散的问题。

推进党员服务群众常态化。积极开展市县乡三级干部进村入户促脱贫暨五大专项行动,认真落实单位包村、领导包带和工作队到村、党员干部到户、第一书记到岗的“两包三到”联动帮扶机制,充分发挥“三支队伍”精准帮扶作用。组织开展“干部入企服务活动”和“各类申报项目受理材料大起底活动”,帮助企业解决市场开拓、项目建设、扭亏增盈、生产要素等方面的实际困难。市级层面共选派干部457名,对全市116家规模以上企业,全部实现派驻。

十、不断强化常委会自身建设

中共大同市委常委会高度重视自身建设,充分发挥领导核心作用,把“领导推动”四字法作为最基本的工作方法,要求全市党员干部做到的,市委常委首先做到。一是发挥表率作用。深入学习习近平总书记系列重要讲话精神,严格贯彻落实《条例》《准则》要求,制定出台了《十五届大同市委全会工作规则》《十五届市委常委会工作规则》《十五届市委书记专题会议工作规则》,努力做忠诚的表率、团结的表率、为民的表率、务实的表率、清廉的表率。二是严肃政治生活。从市委班子做起,从市委常委做起,聚焦突出问题,强化工作措施,着力在落细落实上下功夫,加强和改进中心组学习制度,提升制度化规范化水平,带动全市各级党组织大兴学习之风;严格落实民主集中制,严格落实“三重一大”事项集体决策等;开展经常性的批评和自我批评;增强组织纪律性,认真落实“三会一课”、民主生活会、组织生活会、谈心谈话等制度,确保党的组织生活经常、认真、严肃。三是带头改进作风。坚决贯彻中央和省委的决策部署,认真落实基层工作联系点制度、下乡住村包村增收制度、包重点项目制度、包信访案件制度,主动深入基层调查研究、指导工作,深入群众帮助解决实际问题。全市广大干部群众跟党走的信心更加坚定,思想和行动更加统一,贯彻落实中央、省委决策部署更加坚决。

(段　军)

附:中共大同市委书记、副书记、常委名单

书　记:张吉福(11月任省委常委)

副书记:马彦平　刘国庆(7月离职)
高　键(7月任职)

常　委:王克建(8月离职)　姚生平(8月离职)
马　斌(8月离职)　卫洪平(7月离职)
赵向东　郜向华　黄岑丽(女,8月任职)
张　韬(7月任职)　卫　国　孙利仁
杨勤荣(9月任职)　朱晓东(7月任职)

中共大同市城区区委工作概况

区委书记　张　韬

2016年是全面建成小康社会决胜阶段的开局之年，也是推进结构性改革的攻坚之年。一年来，大同市城区紧紧围绕全区"一个核心、两个目标、三个方向"整体发展思路，全力构建大同市核心区，着力打造大同首善之区、华北一流发展环境，统筹建设现代服务业示范区、城市管理示范区、幸福大同示范区。全区各项事业呈现出良好发展态势。

一、全面转型发展，打造现代服务业创新区

一是经济发展平稳向好。全年地区生产总值144.85亿元，增速为7.5%；固定资产投资完成105.93亿元，增速为12.7%；规模以上工业增加值完成11.5亿元，增速控制在一10%以内；社会消费品零售总额完成241.96亿元，增速为7.8%；城镇常住居民人均可支配收入完成29200元，增速为7.1%；一般公共预算收入完成3.53亿元，增速为—7.99%，好于预期。项目建设有力推进。重点工程"六位一体"年度目标任务基本完成。8月换届以来，全区筹划、引进、落地项目123个、总投资591.4亿元，已落地项目43个、总投资119.8亿元。产业转型加快实施。非煤工业、第三产业取得突破性进展，出台发展康养产业实施意见，完成30个老年日间照料中心及健康主题公园建设。二产、三产结构比预计为30：70，产业结构进一步优化。民营经济蓬勃发展。成功获批全省中小微企业创业创新基地示范区，吸引一批双创项目落户。全年新登记市场主体4074户，其中企业220户、个体工商户3854户。民营经济税收完成7亿元，增速为2.04%。

二是转型综改深入推进。城区以综改区建设为统领，科学编制五年实施方案和年度行动计划，整合编制、人员、业务资源，形成经济管理"5+5+5"体制机制。成立国有独资企业"大同市有道城市发展投资有限公司"，作为政府的投融资平台。完善义务教育入学制度，推进公办学校标准化建设。健全基层医疗卫生服务网络，加强医疗联合体建设。成立物业管理公司，接管改造后的无物业老旧小区。推进医药卫生体制改革，组织8家药企与社区卫生服务机构签定购销合同书，积极推进分级诊疗。

二、坚持问题导向，构建城市管理引领区

一是市政建设稳步提质。基础设施进一步完善。承接94座公共空间建设任务，总投资5700余万元，已完成地基建设。协助推进4个便民市场建设，完工3个，在建一个。装备水平进一步提升。投资1340万元，购置大型环保车辆11部，新建垃圾转运站3座，道路机械化清扫率达78%，生活垃圾无害化处理率达99%。投资450万元建设智慧环卫。生态环境进一步改善。对396.5万平方米绿地实行作业、管理、监督的网格化管理。升级改造燃煤锅炉8台，废弃3台。推广环保型煤，发放"暖心环保型煤"680吨，发放专用炉具680台。完成PM2.5和PM10年度控制目标任务，空气质量优良天数比例达300天以上。

二是房屋征收、老旧小区改造平稳推进。完成征收9667户、60.57万平方米，安置5990户、55.82万平方米，签订货币化补偿协议688户，相继完成和平里小区、联通大楼、宇鑫大厦等征收任务。成立房屋征收指挥中心，出台《平房同屋异产补偿标准》《楼房货币补偿价格》《私下买卖房屋办理征收手续办法》等系列政策。完成廉租住房实物配租392套，货币补贴875.64万元。投资7.18亿元对82个老旧小区开展综合整治，开工率117%，完成率116%。

三是古城保护修复加快推进，古城发展成效初显。古城墙合龙，城区积极筹办"中国·大同古都灯会"，组织实施古城内外街景、文物景点灯光亮化工程，开展冰雪冰雕、3D光影秀、年货大集、五国马戏等丰富多彩的主题活动，吸引游客来同。签约古城东北隅文化旅游项目（总投资65亿元）、潘家园（大同）古城文化商业项目（总投资3亿元）；落地博纳影业等4个项目。

三、立足利民为民，建设幸福大同示范区

一是民生保障持续改善。推进社区办公场所和活动设施达标升级，解决办公用房18处，争取建设用地32块，实现138个社区办公用房平均面积200平方米以上。引导35家社会组织、3.5万名社工参与社区服务。投入1500万元落实社区两委干部待遇。教育文化取得突破。顺利通过"全国义务教育发展基本均衡县（区）"国家验收；投资1.98亿元新建或改扩建5所小学、2所幼儿园。招聘小学教师118人；举办尊师重教表彰大会，对271名教育工作者和22名热心教育企业家予以表彰。民生保障全面进步。制定破产企业职工安置方案，理顺了企业与社保在安置职工方面的关系。实行刷卡就医用药，区域内即时结算。人均基本公共卫生服务经费补助标准从35元提高到40元。城镇居民养老保险、医疗保险参保人数，职工养老保险、医疗保险参保人数，生育保险、工伤保险参保人数，失业保险缴费人数进一步提高。为1.58万户城市低保对象发放低保金1.3亿元。全面实施两孩政策，人口出生率4.68‰，人口自然增长率4.25‰。开展医疗卫生、食品药品专项检查，保障群众健康。

二是社会治理成效显著。矛盾隐患妥善化解。对2013年至2015年遗留的符合安置条件的65名退役军人进行安置，多方面解决涉军信访人员诉求。坚持领导干部接访下访制度，区级领导接访60批、316人，95%的问题得到解决或当场答复。加强调解员队伍建设，建立4个民间人民调解组织。规范社区矫正工作，加强对社区服刑人员的教育和管理。治安防控强力推进。安全生产总体稳定。对25家直接监管生产经营单位、12家烟花爆竹零售点、43家液化气站点进行安全检查；与21家危化、机械、冶金工贸等重点行业企业签订安全承诺书，签订率达100%。

四、全面加强党的建设和干部队伍建设

一是扎实开展"两学一做"学习教育活动。把学习教育列入党建任务、责任清单，逐层逐级推进。25名县级党员领导干部和52名党委(党组)书记以普通党员身份，分别到所在支部、联系点参加学习讨论600多次。区四套班子、各基层党组织从五个方面查摆各类问题1895个，建立问题台账，列出整改清单，已整改1623个；排查出党员个人存在问题20930个，已整改15962个。

二是圆满完成四套班子换届工作。严格换届工作纪律，营造风清气正的换届环境，区委、人大、政府、政协换届工作圆满完成。新一届领导班子成立后，以区四套班子一把手为组长成立优化环境促进发展领导组，设立了7个优化环境工作组；建立县级领导包联、党政班子成员工作动态日报告制度；严格执行"13710"工作机制，确保上级要求快速落实；建立项目高速审批"绿色通道"、工作联动机制，先后召开5次项目推进会和3次政银企对接会，组织20余家企业参加承接津京冀及沿海地区加工贸易产业转移座谈会、宣讲优惠政策，帮助企业转型发展出谋划策。制定《关于对创优环境加强监督检查的八条意见》《优化环境促进发展实施意见》等7项制度，签订《优化环境促进发展责任状》。

三是全面提升基层党建工作水平。明责任。细化、量化区街社三级书记抓党建责任清单20项；确定了区委书记项目4个、街道书记项目30个；建立"四个一"督促机制，确保党建责任落实。强素质。培训社区干部、骨干党员1100余名；开展党费核查，明确基数、核定金额，严格执行党费交纳日制度；选树推荐了省市先进基层党组织8个、优秀党务工作者和党员18人。严标准。推进社区场所达标攻坚战，除古城内20个社区外，118个社区达标率72%。在确保社区经费10万元的基础上，为各社区增加2500元、非公党组织列支16万元党建经费。四是优服务。持续引深在职党员进社区活动。全年共开展各类活动2064场次，走访慰问7204户，为群众办实事好事1321件，累计金额90余万元。

四是不断加强党风廉政和纪律建设。以深化监察体制改革试点建设为抓手，扎实推进各项工作。深入落实中央八项规定精神、狠刹"四风"。派出5个检查组，采取暗访、抽查和突击检查方式，对全区各级党组织在纠正"四风"方面安排部署、开展工作、纪委(纪检组)监督检查等情况进行重点检查。区委成立了巡察工作领导小组和巡察工作领导小组临时办公机构，对20家单位进行巡查。严查发生在群众身边的腐败问题。加强对民生领域监督执纪问责，严肃处理在办理涉及群众事务时生冷硬推、吃拿卡要甚至欺压群众的违纪行为。2016年，全区纪检监察机构共立案20件，结案20件，给予党纪政纪处分20人。

(朱嘉庆)

附：一、中共大同市城区区委书记、副书记、常委名单

书　记：祁学峰(7月离职)　张　韬(7月任职)
常　委：来　彦(5月离职)　董建中(7月任职)
　　　　王丽萍(女，5月任职)
常　委：唐　胜(5月离职)　王建成(5月离职)
　　　　董建中(7月调职)　李润军(5月离职)
　　　　姚志强(5月任职)　苏　坡(5月任职)
　　　　曹葆春　罗士彬　李文清(5月任职)
　　　　薛晓明　李文瑞(5月任职)
　　　　徐文俊(5月任职)

二、街道党工委书记名单

东街街道
书　记：韩守国(9月任职)
西街街道
书　记：刘翰龙
南街街道
书　记：王殿武(9月离职)　石晨东(9月任职)
北街街道
书　记：任根德
南关街道
书　记：崔　峰
北关街道
书　记：李文杰(女，9月任职)
新建南路街道
书　记：刘　顺(9月离职)　白明芳(9月任职)
新建北路街道
书　记：田德禹(9月离职)　王建军(9月任职)
振华南街街道
书　记：白静玲(女)
新华街街道
书　记：王　强(9月离职)　王殿武(9月任职)
向阳里街道
书　记：郭进宝
大庆路街道
书　记：夏　强
老平旺街道
书　记：王红峰(9月离职)　赵瑞春(9月任职)
西花园街道
书　记：王鸿宾

开源街街道
书　记：杨亚锋

中共大同市矿区区委工作概况

区委书记　赵　宇

2016年，大同市矿区区委认真学习贯彻习近平总书记系列重要讲话精神和党的十八大，十八届三中、四中、五中、六中全会精神，以“四个全面”战略布局为统领，深入贯彻落实山西省委“一个指引，两手硬”重大思路和要求，在大同市委市政府坚强领导下，按照“136”重大部署，凝心聚智、振奋精神、开拓进取、攻坚克难，各项工作取得新进展，经济社会呈现平稳发展。

一、加强区委对经济工作领导，奋力推动经济企稳健康发展

2016年，矿区经济发展在克服困难中前行。矿区区委加大对经济工作领导，把握经济发展阶段性特征和趋势性变化，从制约发展短板着眼，多元驱动发展，分散突围解困。通过狠抓项目建设，推动煤机制造业转型升级，繁荣发展商贸服务业，引进“互联网+”等新型业态，应对经济下行压力取得新成效，经济发展呈现缓中趋稳态势。全区地区生产总值实现正增长，规模以上工业增加值增长2.5%，固定资产投资增长5%，社会零售品销售总额增长6%，城镇居民可支配收入增长5%。

一是优化经济结构，培育经济发展新动能。争取国家政策支持，获批国家独立工矿区；2016年招商引资项目签约49个，签约资金37.43亿元；新建、续建永盛皮带机等项目7个；新发地农产品批发冷链物流园及商户配套住宅项目等3个重点商贸物流项目完成投资4.35亿元，完成全年任务；累计引进和洽谈重庆迪迪科技逛客派、杭州求是同创徽脉等20个互联网项目，先后建成3个青年“双创基地；承接青岛收获电气有限公司、沈阳辽通电气有限公司投资建设项目2个。

二是推进项目建设。2016年，储备项目投资额519.78亿元，完成年度目标任务129.95%；签约项目投资额37.44亿元，完成年度目标任务124.8%。落地项目投资额19.74亿元，完成年度目标任务100.97%；开工项目投资额15.9亿元，完成年度目标任务100.82%；建设项目完成投资18.6亿元，完成年度目标任务103%；项目投产投资额14.88亿元，完成年度目标任务100.2%。

三是服务民营企业。选派13个服务小组深入企业一线，听意见、讲政策、解疑难，帮助企业解决问题31个；为501家微型企业和个体工商户申请邮储银行小额贷款8485万元，为3家企业申请“助力贷”900万元。矿区挂牌企业3家，其中隆达煤机挂牌E板，汇林煤运挂牌Q板，云雁石化挂牌培育板；大源药业公司、富达昌煤机公司获“省级技术研发中心”认证；组织1家企业申报高新技术企业。组织2家企业申报市级科技 计划项目，获30万元项目资金。2016年完成民营经济增加值79125万元，同比增长1.74%。

二、立足社会服务管理，聚力夯实民生保障基础

2016年，矿区财政总支出80%以上用于民生改善。

一是提高社会保障水平。2016年实现城镇新增就业3050人，城镇登记失业率控制在4%之内；全年临时救助困难人员397人次58.72万元，医疗救助低保对象1915人次283.68万元；优抚安置政策，优抚对象抚恤金、义务兵优待金、退役军人自主就业一次性经济补助金发放到位；完成1458套老旧小区综合整治项目和50套公租房项目开工任务。

二是提升医疗卫生服务水平。建立食品药品应急指挥中心和8个基层食品药品监管站；同煤集团总医院、二医院、三医院与辖区内21家矿区社区卫生服务中心、13家矿区社区卫生服务站建立医疗联合体；矿区中医医院牵头与矿区平泉、和顺等5家社区卫生服务中心组建中医医疗联合体，建成5家中医馆；平盛路社区卫生服务中心被评“省级中医药特色基层医疗卫生机构”；开展“社区卫生服务提升工程示范单位”活动，2家社区卫生服务中心获“省级示范单位”表彰，3家获市级表彰。新平旺社区卫生服务中心成为山西省首批、大同市首家获“全国百强社区卫生服务中心”称号基层医疗机构；全年引进资本2000多万元，3所民营医院落户矿区。

三是提升教育水平。投资400余万元改扩建4所公办幼儿园，出台《矿区幼儿园办园基本标准》等9项制度。组织遴选520名教师分批次赴东北师大学习培训，50余名校长赴西南大学进行校长素质培训。

四是维护社会安全稳定。研究制定《关于进一步加强信访工作的若干意见》。全年化解信访案件52件。市交办各类信访案件4件，办结3件，化解1件。进京非访按信访事项责任主体统计，矿区10人次，较上年同期13人次下降23%；先后开展严打整治“百日行动”“冬季严打”专项行动，立各类刑事案件2081起，破获564起，破案率提高15%。查处治安案件4311起，查处5568人。

三、强化社会主义民主政治和文化法治建设，全力营造良好发展氛围

矿区区委发挥总揽全局、协调各方领导核心作用，以民主政治汇聚合力，以思想文化激发动力，以法治建设约束权力，全力营造矿区良好发展环境。

一是推进民主政治建设。全年办理人大代表建议、意见38件，办复率100%；办理提案76件，办复率100%；为16个具备条件街道和新社会组织、非公经济党工委配备统战委员。

二是开展精神文明创建活动。全年上报群众身边善行义举和好人好事58件。矿区区委授予4位群众"见义勇为好市民"荣誉称号，中央电视台、大同电视台、《大同日报》等媒体进行报道。

三是丰富群众精神文化生活。实施矿区文化馆、图书馆免费开放制度。打造书香矿区，开展"传递书香、见证成长"等活动，送书进社区、学校、军营，倡导全民阅读。组织"迎新年、展风采"书画摄影展、纪念建党95周年书画展和职工拔河比赛、乒乓球比赛等文体活动，开展"文化惠民、服务基层"志愿服务，"文化进万家、廉政社区行"文艺汇演等系列活动。

四是提高依法治区水平。出台《大同市矿区重大行政决策实施细别》《大同市矿区政府部门行政职权运行监督管理办法》等制度。完成矿区31个部门"权责清单"和街道、社区"服务清单"编制工作，向社会公布。

四、坚持全面从严治党管党，推动政治生态持续改善

矿区区委以干部清正、政府清廉、政治清明为目标，加强和改进党的建设，为推动经济社会发展提供组织保障。

一是开展"两学一做"学习教育。采取"寄学＋互联网学"，邮寄学习资料500余册，通过QQ群、微信群和微信公众号，发出送学信息10000余条。全区开展集中学习1139次，撰写心得体会2万余篇，组织各类培训45次，培训党员、干部4236人次。查摆班子问题2976个，整改1447个，查摆党员个人问题26641个，整改12629个。

二是加强领导班子和干部队伍建设。完成矿区领导班子换届工作；全年配合省市委组织部选调、调训县处级干部22人次，参加各类学习培训班14期；举办文秘骨干培训班，直接培训576名干部，街道延伸培训社区干部1140名；调整科级干部9批146人次，整改混岗科级干部9人，消化超职数配备干部14人。

三是夯实基层组织建设。组织召开基层党建工作现场会，建立"书记项目"58个；整顿软弱涣散党组织18个，组织推动378个未按期换届党组织换届；矿区116个社区活动场所面积达200平方米以上，其中500平方米以上社区达23个。办好事实事1200余件，慰问困难家庭500余户，为居民解决实际困难和问题600多个。

四是狠抓党风廉政建设和反腐败斗争。全区因落实"两个责任"不力问责4人；开展明察暗访，查处违反中央八项规定精神和"四风"问题7起，党纪处分2人，诫勉谈话2人，谈话函询3人。运用监督执纪"四种形态"，加大谈话函询比例，全区纪检监察机关谈话函询比例占案件总数24%；全区纪检监察机关查办案件25件，立案18件，结案18件，处分违纪党员干部18人，其中给予党纪处分14人，党政纪双重处分4人，政纪处分4人，乡科级干部10人，挽回经济损失7.34万元。

（武新田）

附：一、中共大同市矿区区委书记、副书记、常委名单

书　记：刘勇军（7月离职）　赵　宇（7月任职）
副书记：逯禾红（7月任职）　马曙光（8月离职）
　　　　郭普跃（7月任职）
常　委：幸学武（4月离职）　靳文军（4月任职）
　　　　苏　海（4月离职）　王建平（4月任职）
　　　　赵　雄　石　忠（4月离职）
　　　　张　田（4月任职）　马晓峰（女，4月离职）
　　　　姚文章（4月任职）　陈晓琳（女）
　　　　杨培孝　杨琮圣（4月任职）

二、街道党工委书记名单

新胜街街道

书　记：赵　耀

新平旺街道

书　记：王丽娟(女)

煤峪口街道

书　记：李佃士

永定庄街道

书　记：范爱君

同家梁街道

书　记：王有成

四老沟街道

书　记：王　权(4月离职)　宋　桢(4月任职)

忻州窑街道

书　记：李延军(4月离职)　张　瑞(4月任职)

白洞街道

书　记：张万祥

雁崖街道

书　记：于亚铭

挖金湾街道

书　记：刘　健

晋华宫街道

书　记：白继明(4月离职)　贯　鹏(4月任职)

马脊梁街道

书　记：陶　飞

大斗沟街道

书　记：付　启(4月离职)　张霁彤(4月任职)

王村街道
书　记：郭　金
姜家湾街道
书　记：王　俊（4月离职）　魏　广（4月任职）
新泉路街道
书　记：李松吾
民胜街道
书　记：力日才
口泉街道
书　记：李　刚
马口街道
书　记：李晓东
燕子山街道
书　记：王　洋（3月任职）
杏儿沟街道
书　记：董　青
青磁窑街道
书　记：宋　河（4月离职）　白继明（4月任职）
平泉路街道
书　记：仝占强
四台沟街道
书　记：杨圣河
和瑞街街道
书　记：李长春
和顺街街道
书　记：董占成
清泉街街道
书　记：高　鹏
平盛路街道
书　记：王军文

中共大同市南郊区委工作概况

区委书记　薛明耀

2016年，区委团结带领全区干部群众，主动适应经济发展新常态，抓改革、促发展、惠民生、保稳定、强作风、反腐败，各项工作都取得了新的成绩。

一、立足全面从严治党，构建良好政治生态，党建引领发展的旗帜更加鲜明

一是抓思想建设，以先进的理念引领发展。认真组织学习贯彻习近平总书记系列重要讲话精神，中央、省、市开展工作的新思路、新举措，特别是十八届六中全会精神和《关于新形势下党内政治生活的若干准则》《中国共产党党内监督条例》等。通过强化学习、反复思考、认真讨论，班子成员政治意识、大局意识、核心意识、看齐意识不断增强，全区经济社会发展的思路不断完善，班子整体素质得到进一步提高。扎实开展"两学一做"学习教育。区委把开展"两学一做"学习教育作为一项重大政治任务，先后3次召开常委会、6次召开推进会，专题研究部署"两学一做"学习教育工作，印发了《关于在全区党员中开展"学党章党规、学系列讲话，做合格党员"学习教育实施方案》，从严、从实、谋划部署"两学一做"学习教育，始终做到"四个坚持"，"两学一做"学习教育成效显著。坚持活动开展，精心组织了"4+4"专题研讨、"一党章两条例"经典诵读、党员先锋行主题实践、对标李培斌先进典型学习和"主题党日"等活动，引导党员、干部入脑入心；坚持问题导向，狠抓问题整改，全区1.3万多名党员共查摆问题66213个，已整改63000多个；坚持学做结合，由区委书记带队，深入10个乡镇开展主题调研，围绕口泉地区提质振兴"13122"行动，确定16个具体项目，分别由区级领导牵头负责；坚持示范引领，常委班子成员始终坚持学在前，做在前，干在前，切实发挥带头示范作用，推动了整个学习教育扎实有效开展。

二是抓民主集中，以强大的合力共谋发展。进一步健全完善了区委全会和常委会议事规则和决策程序、党委班子成员分工负责制、党委重大事项请示报告等7项制度，坚持重大事项、重点工作一律提交会议研究决定，严肃党内政治生活，创新开展"三会一课"，激发组织生活活力，以改为重补齐短板，以做为本争当先锋，把发扬民主的过程变成了统一思想、凝聚合力、推

动工作的过程,最大限度地激发了常委班子的凝聚力和战斗力。扎实开展普法宣传教育,支持人大、政府、政协按照各自职能积极履行职责,依法按章开展工作,形成了区委统揽全局,政府依法行政,人大、政协有效监督、积极参与的良好工作格局。坚持和完善政务公开、村务公开等制度,统战、武装等工作全面进步,工会、共青团、妇联等人民团体桥梁纽带作用充分发挥。组织全区科级以上干部观看《热泉》《太行乳娘》等大型精品话剧;开展2期科级以上集中轮训班,并由区委组织部、宣传部、党校组成十八届六中全会、省市党代会精神宣讲团,在十个乡镇开展宣讲活动,营造了全区上下同心同力、共谋发展的舆论氛围。

三是抓干部管理,以鲜明的导向助推发展。精心组织,制定出台《实施方案》和工作流程,明确64项具体任务;严明纪律,创造性推出"一会三谈一承诺",全区1300多名干部签订了承诺书,编制印发纪律要求宣传材料共2200余份;制定《加强换届后乡镇党委班子建设的实施意见》,以换届为契机,选优配强乡镇领导班子,实现换届后的乡镇领导班子平稳交替。坚持一线发现、培养、使用干部。出台了《选派新提拔干部、后备干部到全区中心工作一线锻炼实施方案》,抽调100多名年轻干部参与拆迁、信访维稳等全区中心工作,提拔重用优秀年轻干部52人。强化对农村"两委"主干的监督管理。制定了《关于进一步加强重点村干部管理的办法》,突出经济总量大、人口多、矛盾突出的41个重点村,对农村"两委"主干的监督管理得到有效加强。全面纠正"三超两乱"问题。采取免职、改任非领导职务等措施,累计完成172名超职数干部的整改消化工作。

四是抓基层党建,以坚实的基础巩固发展。区乡村三级党组织建立基层党建"三个清单",分类建立问题清单59项、任务清单108项、责任清单112项,切实把基层党的建设"软任务"变成"硬指标"。集中整治软弱涣散基层党组织。确定了19个村、2个机关事业单位为整顿对象,推行"五位一体"整顿模式,确定28个帮扶区直部门,抽调69人组成19个驻点工作组,选派41名农村第一书记驻村,有针对性地开展帮扶和指导,助力整治软弱涣散和脱贫攻坚工作。发展壮大集体经济。区委开出政策推动、增强后劲、优化结构、整合资源"四连方",通过党建引领、组织保障、项目建设、盘活资源、帮扶共建"五大举措",实现帮扶全覆盖,造血拔穷根。南郊区25个集体经济薄弱村全部实现"破零"目标,村集体经济收入在5万元以上村达到169个。深入推进"支部大院(楼)"建设,按照"巩固示范典型,整修危旧狭小,确保功能发挥"的整体思路,区、乡、村三级投入3000余万元,集聚议事决策、文化娱乐、医疗服务、信息交流、购物消费、强身健体、矛盾调节、卫生洗浴、村民集会"十大功能",重点对口泉乡、平旺乡、西韩岭乡62个村级组织活动场所进行了规划、新建、改建和扩建,培育农村党建示范群,夯实党在农村的执政基础。

五是抓廉洁建设,以优良的作风保障发展。进一步夯实"两个责任",年初召开了区纪委全会,对全年党风廉洁建设和反腐败斗争工作作出安排部署,先后听取了法、检、公三个部门党组(党委)、10个乡镇党委落实"两个责任"情况汇报以及区委各工作部门党风廉洁建设工作汇报。换届后,新的区委班子成员分别结合各自分工,对各乡镇以及区直部门落实管党治党政治责任情况开展了调研督导。扎实推进区委巡察工作,成立了巡察工作领导小组和4个巡察组,对涉及扶贫领域的西韩岭、古店、高山三个乡镇以及农委、林业局、水务局三个部门开展首轮巡察,共发现问题63条。坚决查处群众身边腐败问题,对强占掠夺、吃拿卡要、贪污挪用等突出问题,特别是发生在扶贫领域虚报冒领、截留私分、挥霍浪费等腐败问题和不正之风进行严肃查处。全年全区各级纪检监察机关共查处群众身边腐败问题23件,给予党政纪处分23人。四是坚持把纪律挺在前面,严格执行线索处置"五类标准",正确把握运用监督执纪"四种形态"。切实做到抓早抓小抓苗头。全年全区纪检监察机关共受理问题线索300件,其中谈话函询91件、立案71件,了结83件次,给予党政纪处分70人。同时,加大谈话力度,四套班子成员开展各类谈话共计80余批次。持之以恒强化作风建设,紧盯关键节点,特别是换届期间迎来送往等方面开展监督检查和明察暗访。全年共开展全区范围内监督检查3次,共查处违反中央八项规定精神案件4件,给予党纪处分6人。有序推进监察体制改革,成立了改革试点工作领导小组,确定了组长和相关人员,并下设了办公室,集中人员、集中办公,有序开展改革试点各项工作。目前,改革试点方案已报市改革试点工作小组待批。

二、立足项目引领带动,加快产业调整步伐,全区经济发展的基础更加牢固

2016年,全区GDP完成380亿元;规模以上工业增加值完成246亿元;固定资产投资完成266亿元,同比增长8.4%;社会消费品零售总额完成105亿元,同比增长7%;公共财政预算收入完成8.12亿元,同比减少26.92%,超出年初下达任务7.28个百分点;城镇常住居民人均可支配收入完成23696元,同比增长6.7%;农村常住居民人均可支配收入完成13321元,同比增长6.5%。

一是新型工业在转型中升级壮大。紧紧围绕转型综改示范区建设,强化项目引领、政策引领和要素保障,全面推进工业新型化。全年新上、续建各类重点项目162项,其中新上97项,续建65项,亿元以上95项。采煤沉陷区高山—云冈片区50万千瓦光伏发电项目一期工程已建成并网发电,60万吨烯烃、2×66万千瓦坑口电厂二期低热值煤发电、国新能源大同液化调峰储备集散中心等项目正在建设中,国投塔山2×66万千瓦二期扩建、同煤大唐热电三期66万千瓦热电联产等项目正在做前期工作,全区初步形成了以煤电一体化、煤化工、新能源、新材料为主的新型工业体系。塔山循环经济园区初具规模,目前园区入驻企业27个,全年实现产值172.5亿元,上缴税收38.1亿元,产业集聚力和经济辐射带动力明显增强,成为全省规模最大的循环经济园区。加大招商引资力度,积极对接京津冀,共签约重点项目20个,总投资额384.91亿元;北京中关村软件园孵化器山西创新培育

基地等8个项目正在洽谈中。

二是现代农业在优化中提质增效。发展设施农业1413.48亩，全区温棚总栋数达12326栋，设施农业面积达2.3万亩。新建、改扩建天和牧业等养殖园区25个，奶牛存栏2.5万头，肉羊饲养量42万只，肉、蛋、奶产量分别达1.82万吨、1.55万吨、10万吨。共完成饮水安全工程15处、农田水利节水灌溉建设工程4处、高标准农田建设1万亩、十里河大同市矿区吴官屯至云冈湾河道治理6.57公里；农业机械总动力达37.06万千瓦，农业综合机械化水平达69%。积极扶持牧同乳业、博润苑等一批农业龙头企业发展壮大。

三是第三产业在突破中强势攀升。商贸物流初具规模。万达广场、阳光车城主体已完工，新旺国际商贸城、先锋村商业综合体等一批项目正在做前期工作，同时，积极实施"互联网+"行动计划，加快构建电商平台，以义乌小商品城为主体的"云中购"电商平台得到蓬勃发展，已有1600户商户实现了线上线下互动。全区各类大型商贸市场达65个，年交易额60亿元，占到全市的2/3。文化旅游蓬勃发展。大同方特欢乐世界、魏都生态水上乐园都已投入运营，大西山生态旅游观光区建设工程初具规模。9月底成功举办了2016中国山地自行车公开赛大同亮马台分站赛，全区乃至大同市的知名度和影响力全面提升。

四是改革创新在实践中不断深化。按照省、市要求，围绕"三去一降一补"任务，积极推进供给侧结构性改革，取得了显著成效。去产能方面，严格执行国家相关规定，关闭1座、缓建7座矿井，压减煤炭产能444.64万吨。去库存方面，与市政府达成回购意向544套，计划采煤沉陷区安置1302套，合计可去库存1846套、14.9万平方米。去杠杆方面，积极协调驻区各大银行为53个重点项目投放贷款68.29亿元。降成本方面，认真贯彻执行全省减轻企业负担促进工业稳定运行60条措施，减轻企业负担15.3亿元。补短板方面，主要围绕重点产业、基础设施和民生方面的短板做了一些工作。扎实开展了土地、金融、工商、科技、医药五项改革，为全区经济发展增添了后劲活力。共流转土地1.5万亩，6个乡镇、122个村、2.6万户、28.82万亩的农村土地确权登记颁证工作全面完成；通过推行"前置变后置"、企业由"三证合一"到"五证合一"，个体工商户"两证整合"等措施，激发了市场活力，2016年全区各类市场主体新登记6158户，达35205户，其中民营企业新增523户、达2405户，个体工商户新增5541户，达32219户，成为推动经济发展的有力支撑；科技创新成效明显，专利申请量达70件；医药卫生体制改革不断深化，新农合整体移交人社部门进展顺利。

三、立足保障改善民生，着力增进群众福祉，社会发展的动力更加强劲

一是人居环境得到新改善。采煤沉陷区治理取得实质进展，坚持易地搬迁与脱贫攻坚、产业开发、生态环境修复等相结合，在全区畜牧养殖、光伏发电、乡村旅游等项目布局上向沉陷区倾斜，确保了群众能够搬得出、稳得住、可发展、能致富。2016年共完成拆迁安置1766户，其余已全部列入2017年搬迁计划。城中村改造稳步推进，重点实施了天锐益城、北城云阁2个项目；区直管楼、古店钢厂生活区等7个旧住宅区、2665户、21.7万平方米的改造工程基本完工，年内完成保障性住房4163套。口泉中心区建设进展顺利，目前已累计投资8.8亿元，完成"四纵两横"6条5.6公里的道路建设任务，同步完成水、电、气、暖等配套工程；区国防动员指挥中心已投入使用，区法院审判大厅已竣工，时庄安置工程主体已完工。农村路网不断完善，完成古店—圣水沟、博润苑—G208等乡级道路改造12.52公里、通村公路完善提质80公里、安全生命防护工程28公里，极大地改善了城乡基础设施条件。房屋土地征收稳步推进。完成房屋征收3198户、47.01万平方米，为大同市城市建设和重点项目建设做出了应有的贡献。生态建设力度持续加大。完成国家级营造林0.771万亩，实施了总面积1.4万亩的大西山生态绿化工程，村庄绿化6个，林地总面积达57.8万亩，森林覆盖率达21.14%。积极推动"两河流域"生态综合治理，十里河入御河交汇处湿地公园项目正在实施中。进一步加大了大气污染防治、水环境治理、土壤及生态环境整治力度，环境质量明显改善。

二是社会事业取得新进步。按照"五个一批"和"六个精准"的要求，认真谋划、精心组织，通过实施产业扶贫、民政兜底等一系列政策措施，2016年完成5个贫困村、585户、1289人的脱贫任务。教育事业全面发展。累计投资约7600万元，在46所义务教育阶段学校和3所普通高中实施了标准化建设，新建西水磨、仝家湾2所幼儿园；顺利通过省政府义务教育均衡发展验收，南郊区在全省接受验收的33个县区中名列第一。社会保障水平不断提升。完成城镇新增就业2561人，失业再就业421人，帮助困难人员就业161人，转移农村劳动力922人，城镇登记失业率控制在4.2%以内；新建农村老年日间照料中心11个，安置转业士官和城镇退役士兵24人，出台了《关于购买服务岗位(优先安排"两参"人员)的意见》，全区110名"两参"人员生活得到保障；养老、医疗、工伤、失业保险应缴尽缴，农村、城市低保应保尽保。

三是平安创建取得新成效。始终把安全生产作为大事来抓，建立健全了区、乡、村、企四级监管网络，先后开展了5次大型的安全生产大排查，消除各类安全隐患6167处，有效遏制了重特大事故的发生，全区安全生产形势平稳向好。强化社会综合治理。严厉打击各种违法犯罪，深入开展了"平安大同七号"、严打整治"百日行动""冬季专项整治"等专项行动，破获各类刑事案件510起，人民群众安全感和满意度得到明显提升。扎实做好信访工作。制定出台了《关于做好矛盾纠纷排查和初信初访事项办理工作的办法》《处理信访事项工作制度》等制度，妥善解决了一大批群众反映强烈的热点、难点问题，全区共办结信访积案91件，办结率100%；国家和省市交办案件24件全部办结。2016年全区进京非访总数40人次，总体形势平稳可控。

（王　超）

附：一、中共大同市南郊区委书记、副书记、常委名单

书　记：薛明耀

副书记：任希杰(7月任职)　李广林(7月离职)

周　灏(5月任职)　张　团(5月离职)

常　委：杨志文(5月任职)　王　玺　张建军

石　忠(5月任职)　马晓峰(女,5月任职)

刘中文(5月任职)　王富祥(7月任职)

李有清(5月离职)　明海君(5月离职)

周　灏(5月调职)　王义萍(女,5月离职)

张　军(5月离职)　冯彦春(7月离职)

二、乡镇党委书记名单

新旺乡

书　记：魏毓思(4月任职)　刘中文(4月离职)

马军营乡

书　记：李　徽(4月任职)　杨建中(4月离职)

水泊寺乡

书　记：张志强(4月任职)　李鹏飞(4月离职)

古店镇

书　记：郭恒勇(4月任职)　苗泽田(4月离职)

平旺乡

书　记：韩光华

西韩岭乡

书　记：乔正南

口泉乡

书　记：李森林

云冈镇

书　记：杜　军

高山镇

书　记：王纵驰(4月任职)　魏毓思(4月离职)

鸦儿崖乡

书　记：李培荣(4月任职)　李　徽(4月离职)

中共新荣区委工作概况

区委书记　邓志蓉

2016年，中共新荣区委全面贯彻党的十八大和十八届三中、四中、五中、六中全会精神，以“五位一体”和“四个全面”战略布局为目标，深入学习贯彻习近平总书记系列重要讲话精神，牢固树立“五大发展”理念，牢牢把握全省“一个指引、两手硬”战略要求和市委全面推进“136”发展战略，抓住“五件大事”，围绕“五区建设”，同心同力，聚焦发展，为打造实力新荣，提升活力新荣，彰显魅力新荣，构建幸福新荣奠定坚实基础。

区委常委会重点抓了六件大事：一是胜利召开区第九次党代表大会，进一步明确目标、找准路径。二是深入贯彻经济发展新理念，综合实力进一步提升。2016年，地区生产总值预计完成20亿元，同比增长4.2%；财政总收入和一般预算收入预计分别完成32654万元、13000万元；规模以上工业增加值预计完成3.9亿元，同比增长4.1%；固定资产投资预计完成82.1亿元，同比增长12.5%；社会消费品零售总额预计完成10.2亿元，同比增长6.6%；城镇居民人均可支配收入达到22029元，同比增长6.9%；农民人均纯收入预计达到8139元，增长6.7%左右。三是深入开展全区“百日行动”，激发干事创业的新活力。四是全力推进脱贫攻坚工作，确保脱贫攻坚任务全面完成。到年底完成16个村，5300人脱贫任务。启动实施了五个整村推进项目。兑现教育补助资金12.5万元。完成了新荣镇、破鲁堡乡两个电商扶贫项目。易地扶贫搬迁10人已全部落实到户到人。五是区乡两级换届工作圆满完成，形成团结奋进的政治氛围。选出的24名区级领导干部，平均年龄49.6岁，妇女2名，非党领导干部3名；选出67名乡镇领导干部，妇女7名。选出的新一届31名人大常委和25名政协常委，党外人士分别占到25.8%和60%；妇女分别占到25.8%和36%。六是扎实开展“两学一做”学习教育，党员干部展现新风貌。

一、聚焦转型发展第一要务，实力新荣建设成效显著

一是进一步夯实煤炭产业发展基础。在确保唐山沟、甘

庄两座主体煤矿安全稳产的同时,全力推动小梁沟、北辛窑、上深涧三座煤矿的复工复产。大力延伸煤炭产业链,发展煤炭洗选业,运泰煤业108万吨、屹玮煤炭180万吨洗煤项目已开工建设,全区煤炭洗选企业达到15家,洗选能力近1400万吨。

二是大力推进非煤支柱产业培强做大。依托炭素产业和石墨资源优势,培育壮大石墨、炭素、制造、新能源四大支柱产业,促进产业结构优化升级。重点完成了全区石墨资源基础资料编辑工作,制定了石墨资源开发利用总体规划,启动了石墨资源的配置工作。与山西大同大学、同煤集团组团考察学习了湖北、江苏等地国内最先进的柔性石墨制备技术、石墨烯产业发展科技前沿、石墨烯园区建设等情况,为新荣区发展石墨产业借鉴了先进的发展理念。建成了新成新材料年产10万条电力机车受电弓碳滑条项目、投资2亿元的30万吨生物质洁净型煤建设项目、投资2亿元的堡子湾2万千伏分布式光伏发电等项目。大力推进投资5亿元的大同国际柔性石墨+石墨烯创新科研产业园项目、投资6亿元的镇川堡6万千瓦风电项目、宇林德石墨设备生产线和石墨电极机加工生产线项目、投资5亿元的天然气综合利用项目、投资2亿元的新成新材料年产2万吨锂电池电解液项目等项目,进一步坚实了炭素、石墨、制造、新能源四大支柱产业培强做大的产业基础。

三是大力推进特色农畜产业区建设。依托新荣区农业产业发展独特的地理气候条件和全省优质羊肉、优质小杂粮重要产地优势,大力发展黍子、谷子、豆类、胡麻、莜麦等特色小杂粮种植和牛、羊、鸡、猪等畜禽特色养殖,以特色化带动产业化,促进现代化。全区粮食总产量达到5430万公斤,其中:特色小杂粮产量2100万公斤,种植面积稳定在20万亩左右。积极培育集体经济组织,新建农民专业合作社17个,省级示范社2个,市级示范社5个;完成棚圈建设2.5万平方米,建成标准化养殖小区20个,全区肉牛、奶牛、猪、羊、鸡饲养量分别达到2.5万头、0.49万头、7.85万头、26.02万只、23.8万只,特色农牧产业发展呈现良好的增长势头。大力推进投资1.5亿元的利国种鸡养殖项目、投资1.5亿元的郭家窑万头肉牛养殖项目、投资6700万元的郭家窑乡油用牡丹籽皮推广项目、投资4990万元的郭家窑乡中药材种植、农产品加工等项目,为全力打造京津冀健康杂粮食品生产基地和优质肉蛋奶供应地打下坚实的基础。

二、狠抓改革开放第一动力,活力新荣建设成效显著

一是供给侧结构性改革深入推进。积极淘汰落后产能,稳妥推进企业优胜劣汰,清理僵尸企业,实现市场出清,大力推进工农化肥厂、新荣水泥厂两个“僵尸企业”的改组和破产工作,出台了破产意见,各项工作稳步推进。积极争取中央去产能、处置“僵尸企业”的专项奖补资金,妥善安置职工。贯彻落实国家“去产能”政策,严格执行煤炭产业276个工作日制度,预计全年产量247万吨,比去年减少24.5%。此外,主动去“库存”,对区址存量商品房进行回购,安置采煤沉陷区综合治理迁出来的群众。

二是体制机制改革创新加快实施。以转型综改试点区建设为突破口,创新体制机制改革,扎实推动各项综改工作。深化行政审批制度改革,彻底清理了行政审批事项和非行政许可项目,全面推进行政部门“两单两图”工作,共精简1276项。推进光伏发电项目使用林地改革,华润新能源元墩村和中能华泰河东窑林光一体化项目并网发电。深化商事制度改革,实施了个体户“二证合一”、企业“五证合一”改革。完善小微企业金融服务组织体系,新增小微企业152个。推进农村土地承包经营权确权登记颁证工作,制定了《新荣区2016年农村土地承包经营权确权登记颁证工作方案》,完成权属调查村140个,调查承包户23847户,实测承包地面积50.1万亩。深入开展干部入企服务工作,成立了5个服务小组进驻5个企业,为企业“送政策、解难题、促发展”,帮助企业处理问题13项。

三是招商引资工作成效显著。紧紧围绕石墨、炭素、清洁能源、装备制造、仓储物流等产业,“以建平台、强支柱、延链条、壮集群”为路径,加强“四个园区”建设,进一步创新招商模式,提升招商实效。主动与省、市部门对接,积极和向上级相关部门争取资金、项目、政策,专门成立了区四套班子带队的招商引资小分队,赴长三角、湖北、江苏等地,瞄准省内外大企业做文章,努力引进龙头项目。制定了《新荣区招商引资优惠政策及奖励暂行办法》,就土地、资源、财政收费、奖励、服务配套等方面在区级权限范围内给予最优惠的条件。全年完成18个招商引资项目,签约项目45亿元。

三、树立绿色生态第一要求,魅力新荣建设成效显著

一是持之以恒抓好造林绿化工程。坚持山上治本和身边增绿相结合,依托御河、淤泥河“两河”流域治理工程,加大环城周围、景区景点、交通干线、区乡公路、河道水系、荒山荒坡绿化力度,全年累计完成造林1.1万亩,其中:完成“两山”造林2000亩、工程固沙5000亩,巩固退耕还林1000亩;“两网”绿化交通沿线荒山绿化2000亩,“两林”富民工程1000亩,村庄绿化5个,全区生态环境得到有效保护,形成了城、村、水、路、林交相辉映的生态大景观。

二是生态保护建设全面加强。大力实施“碧水蓝天”工程,搞好节能减排工作,完成了区工程公司、会议中心2台20吨锅炉的二次除尘脱硫改造和新荣中学20吨新锅炉替代淘汰小锅炉工程,严格执行国家的产业政策和刚性约束指标,万元GDP综合能耗降幅下降3.2%。投资5亿元的亿讯新能源PPP煤改电供热工程项目取得特许经营权。深入开展环境保护大检查和“铁腕治污”专项行动,共立案查处环境违法案件9起,查处群众信访案件46起,辖区环境质量和人民群众的幸福指数进一步提高。

三是城乡人居环境显著提升。按照“一河两区”的空间布局,编制完成了城市供水、排水、供热工程的专项规划。突出

环境整治,开展市容市貌“百日行动”集中整治,彻底解决“脏乱差”问题。完成清理各类垃圾4.8万立方米,清理野广告1.3万条,整治违停车辆561辆次。创建了长城西街保洁示范街、迎宾路容貌示范街。进一步加强区乡基础设施建设,投资1670万元,完成42.52公里农村公路窄路面拓宽工程。投资1980万元建设了日处理能力87吨的垃圾转运站。维修区址主干道路面损毁处153处。投资1622.4万元,完成1170户农村危房改造任务。完成张士窑新水源地建设,全区新建水源工程33处,节水工程20处,维修养护水库6座,小流域治理1.5万亩。

四、突出民生改善第一关切,幸福新荣建设成效显著

一是多措并举,进一步加大民生保障力度。扎实推进民生保障工程建设。采煤沉陷区工程完成822套,国有工矿棚户区29栋楼完成主体封顶,异地扶贫搬迁10户任务全部落实到户到人,农村危房改造完成1170户,完成率100%。全面落实国家和省、市出台的各项再就业优惠政策,全年城镇新增就业1020人,就业困难人员实现就业185人,各类失业人员就业920人,农村劳动力转移就业550人,城镇登记失业率控制在4.2%的目标之内。全力做好社会保障工作,城镇职工医疗保险和城镇居民医疗保险参保人数达29466人,失业保险参保人数达7700人,工伤保险参保人数达11890人。建立了以城乡最低生活保障为主体,为3092名城市低保发放低保金1059万元,10243名农村低保户发放低保金2887万元,945名农村五保户发放供养金115万元,按时足额发放了优抚对象、两参退役人员、义务兵优待金等补助款。

二是多元供给,进一步提高公共服务水平。深入推进教育教学改革,大力实施文教兴区工程,进一步改善办学条件,促进城乡义务教育均衡发展,对区一小、区二小、新荣中学等12所学校进行维修。加大公办幼儿园建设力度,发展普惠性学前教育,投资100万元,改扩建堡子湾乡得胜村幼儿园和花园屯乡镇川村幼儿园。大力保障教育公平,对1237名特困寄宿生进行生活补贴15万元,资助家庭经济困难儿童、孤儿和残疾儿童15.7万元。积极推进大学生生源地助学贷款,为1503名大学生共办理贷款922万元。大力推进医疗卫生体制改革,完善基本药物制度和公立医院药品采购机制。区医院使用的药品全部实行实际阳光采购、零差率销售,使用基本药物品种数和金额分别为39%、41%。提升新农合保障和服务水平,人均筹资标准提高到540元,政策范围内住院报销比例不低于75%。

三是多点发力,大力推进美丽宜居示范村建设。制订了《新荣区改善农村人居环境2016年行动计划》,实施好完善提质、农民安居、环境整治、宜居示范“四项工程”,着力抓好破鲁堡乡八墩村、西村乡畅家岭村、上深涧刘安窑村、新荣镇安乐庄村四个村的美丽宜居示范工作。投资18万元完成了安乐庄、八墩、畅家岭三个村的污水处理工程。投资12万元,完成了安乐庄村48户改厕任务。投资75万元完成了4个村的绿化、示范村规划和八墩村人畜饮水工程。

五、加强创新管理第一抓手,平安新荣建设成效显著

一是毫不放松抓好安全生产。按照总体安全观和“三个坚决防止”的要求,构建“党政同责、一岗双责、齐抓共管”的安全生产机制,认真开展安全生产大检查和安全生产专项整治活动,检查各类生产企业231次,排查各类隐患1320条。特别是深刻汲取江西丰城发电厂“11·24”特别重大坍塌事故教训,对全区煤矿、非煤矿山、尾矿库、危险化学品、烟花爆竹等行业领域进行安全生产大检查,全区安全生产形势持续稳定向好。

二是社会综合治理进一步加强。强力推进严打整治“百日行动”,紧盯打黑除恶、铲除黄赌毒、治爆缉枪、打击侵占犯罪、打击非法传销五个重点,多措并举,精准打击,在全区形成严厉打击突出违法犯罪的浓厚氛围。全区刑事案件立案93起,破案47起;抓获,抓获网上逃犯60人,打掉恶势力团伙1个,查处黄赌毒行政案件73起。充分发挥乡镇、矛盾纠纷调处中心、村、社区调委会作用,积极开展矛盾纠纷排查和敏感时期重点人员管控工作,共排查各类矛盾纠纷282起,调处579起,有力的维护了社会和谐稳定。

三是信访维稳工作成效显著。深入开展领导干部接访包案制,制定了《区级领导接待群众来访办法》《区级领导信访包案办法》。全年共接待群众来访79批720人次,其中,区级领导接待群众来访66批565人次。特别是在全国“两会”、省“两会”、十八届六中全会、省第十一次党代会和G20会议期间,做到了思想、工作、措施“三到位”,实现了“三个坚决防止”的工作目标,全区信访形势继续保持良好态势。

六、突出主体责任第一关键,党风廉政建设成效显著

区委始终把抓好党风廉政建设主体责任扛在肩上、抓在手上,抓住“明责、督责、考责、追责”四个环节,从严从实抓好党风廉政建设。

一是“明责”,层层传导压力。按照《区委关于落实党风廉政建设责任清单和纪委监督责任清单》中,区委59项主体责任和纪委37项监督责任,对各级党委(党组)、主要负责人、班子成员分别履行的集体责任、第一责任和“一岗双责”作了进一步明确和划分,将年度任务分解到区级领导、牵头部门和协办单位,进一步明确责任范围、责任内容、工作要求和主要措施,形成了“职责明确、各有担当”的工作格局,做到一级抓一级,层层抓落实。

二是“督责”,强化日常督导。区委坚持定期听取党风廉政建设工作专题情况汇报,研究部署工作。1—11月份,区委先后召开8次中心组学习会议,专题学习党风廉政建设的部署和有关文件讲话精神;召开7次常委会听取研究党风廉政建设和反腐败工作。区委书记先后7次对全区党风廉政建设重点工作进行了批示,对32个部门单位党政主要负责人就

落实主体责任进行了约谈。区委书记和纪委书记专门就党风廉政建设情况多次深入乡镇进行了专题调研。区纪委对各乡镇和区直部门就“两个责任”落实情况进行监督检查,26家区直机关设立了党组,解决了区直机关履行主体责任时责任主体缺失的问题。

三是“考责”,提升履责实效。提高了党风廉政建设在全区目标绩效考核中的分值比重,对落实“两个责任”实行定性定量的考核,提升考核实效。特别是在换届后,为进一步加强对各级领导班子的学习教育和监管力度,制定了《新荣区纪委强化监督实施意见》《新荣区党员干部问责实施办法(试行)》和《新荣区党员干部容错免责实施办法(试行)》。

四是“追责”,推动责任落实。全年共问责追究主体责任7人,监督责任1人,给予党内警告1人,行政警告2人,诫勉谈话5人。把扶贫领域监督执纪问责工作作为解决群众身边不正之风和腐败问题的重中之重,突出重点、“五账”管理、精准监督、严肃执纪、强化问责,有力保障全区脱贫攻坚工作顺利进行。1—11月,全区共查处群众身边不正之风和腐败问题6件,党纪处分5人,给予开除党籍2人,留党察看2人,党内严重警告1人,党内警告1人。查处扶贫领域问题2件,给予留党察看1人,严重警告1人。

七、全面落实从严治党第一责任,党的建设成效显著

区委始终高度重视党的建设,牢固树立“党建是第一责任”的理念,把全面从严管党治党贯穿发展的全过程,党的建设各项工作取得新成效。

一是坚持不懈抓好理论武装,切实提高思想政治水平。高度重视自身理论武装工作。严格执行党委中心组学习工作,全年开展集中学习13次。扎实开展干部教育培训,以学习贯彻习近平总书记系列重要讲话精神、十八届六中全会精神、省市区党代会精神为主题开展宣讲,培训各级党员干部1250人次。扎实开展“读党书、论责任、抓落实”干部大讲堂活动,7名乡镇党委书记和17名局长围绕培训心得作了交流发言。积极做好新闻外宣工作。开通“新荣零距离”微信公众号,推送消息68期448条,累计发布新闻条数1026条,7个乡镇微信公众号全部开通运行。在大同市电视台播出新闻82条,市级以上报刊发表稿件及图片125篇。成功举办“魅力新荣”摄影系列活动。圆满完成党报党刊征订任务。推动文化事业全面发展。稳步推进“文化惠民”工程,努力做好“两馆”免费开放工作,精心组织开展“送电影下乡”、晋剧大剧场、拔河比赛等群众性文艺活动,为加快建设“四个新荣”提供了有力的思想保证、舆论支持和精神动力。

二是强化组织抓落实,全面落实党建责任。成立了由区委书记任组长的党建工作领导小组,建立了党建联点制度,设立了书记项目16个。运用“三点一线”工作法对“两学一做”学习教育和基层党建工作情况进行督查。收集到基层党建问题20多个,为群众办好事实事30多件,解决实际难题20多件。将基层党建经费纳入财政预算,落实“一定三有”政策,建立了农村“两委”干部待遇正常增长机制,离任村干部生活补贴制度,村干部年度目标考核制度。

三是把握重点抓整治,强化基层组织建设。着力整顿软弱涣散农村基层党组织,全面完成14个软弱涣散村级组织集中专项整顿工作。注重“第一书记”管理,对43名第一书记进行了考核,8名第一书记被评为考核优秀。严格党员日常管理。全年共发展新党员78名,培训基层党支部书记180余人次,开展了党员组织关系集中排查、党代会代表和党员违纪违法未给予相应处理排查清理、党费收缴工作专项检查,共排查出失联党员227名,终止党代会代表资格24人、被暂停执行人大代表职务党员1人。制定了党费收缴巡查制度、“党员交纳党费日”制度,规范党支部218个,规范党员3564人,补交党费5.11万元。

四是夯实基层打基础,全面发挥党建作用。注重培训教育。对302名农村“两委”主干、第一书记和大学生村官组织开展了“领头雁”培训工作。实施“破零攻坚”,发展壮大农村集体经济。出台《关于发展壮大农村集体经济的指导意见》,全区140个行政村中有集体经济的86个,其中1至5万元的20个,5万元以上的66个。探索“党组织+”模式,推动农村精准脱贫。建立了县级领导联点、单位联村、科级干部联村包户、乡镇班子成员联村包户、乡镇干部联户的“五联五在村”工作机制。采取“党组织+帮扶”,有4个建档立卡贫困村、1319户贫困户全部脱贫。

五是严格制度抓管理,全面加强队伍建设。规范干部选任工作,完善干部选任制度。制定了《新荣区推进领导干部能上能下实施细则(试行)》,全年共调整5批次119名干部,其中提拔40名,平调交流55名,免职24名。建立健全制度,从严管理干部。制定了《外出请假报备制度》《周工作规划制度》《考察学习报告制度》。特别是以《区级领导住夜制度》为抓手,进一步转变工作作风,加强经验交流,推动各项工作加快落实。

(金　明)

附:一、中共大同市新荣区委书记、副书记、常委名单

书　记:董志刚(7月离职)　邓志蓉(女,7月任职)
副书记:解廷师(7月离职)　李继忠(7月任职)
　　郝守农
常　委:姚夏冬　景　珍(5月离职)
　　袁润德(5月任职)　靳文军(5月离职)
　　郭云峰(5月任职)　樊　青
　　王利军(5月任职)　陈亚庚(6月离职)
　　杨卫海(6月任职)

二、乡镇党委书记名单

新荣镇
书　记:兰　敏(4月离职)　高　泽(4月任职)
破鲁堡乡
书　记:王利军(4月离职)　金　宏(4月任职)

上深涧乡

书　记：张志军（4月离职）　王永刚（4月任职）

郭家窑乡

书　记：张建国（4月离职）　徐建国（4月任职）

西村乡

书　记：王永军（4月离职）　张建国（4月任职）

花园屯乡

书　记：秦　勇

堡子湾乡

书　记：王晓媛（4月离职）　王志清（4月任职）

中共大同市开发区党工委工作概况

2016年，区党工委坚持以习近平总书记系列讲话精神为指导，围绕全区中心，攻坚克难，扎实工作，并严格按照市委要求，积极开展"两学一做"学习教育活动，全区党的建设、经济建设、精神文明建设及其他各项社会事业都有了新的进展。

一、认识到位，措施有力，扎实开展"两学一做"学习教育

按照省、市委和区党工委的安排部署，组织实施"两学一做"学习教育，坚持把思想建设放在首位，重点在做上见实效。一是认真"学"。全区县处级以上领导干部带头主动学习，既参加中心组集中学，又严格执行双重身份标准，参加各自党支部的学习讨论，带头谈体会、讲党课。2016年，区党工委中心组共组织学习12次，组织召开专题研讨会4次，主题学习研讨会5次，讲党课28人次。全区各支部明确主题集中讨论交流学习，做到自学有笔记、有心得，讨论有主题、发言有提纲，查摆整改问题有清单。全区各级党组织共查摆问题5952个，已整改5469个。组织全区党员干部聆听了李培斌同志先进事迹报告、观看了《党的女儿》和由李培斌先进事迹创作的现代歌舞剧《热泉》，区属支部书记和优秀党员去大泉山参观教育并重温了入党誓词，有效地激发了全区党员干部向时代楷模学习，自觉践行"党章"要求，做"四讲四有"的合格党员的热情。二是抓实"做"。两委班子成员深入开展了"三包一定"（包企业、包项目、包岗位）创建活动，制定工作目标，明确需要解决的问题和要取得的效果，努力营造亲商爱民的良好氛围；持续抓好"三联五解"和党员进社区活动，切实为群众办好事、办实事，解决实际困难。全区共帮助解决实际困难153件。各基层党支部结合工作实际，分别开展了"亮明身份明职责""三亮三比""岗位作贡献，合格见行动""学先进争当先锋，促发展争做贡献"主题实践活动。基层各支部把交纳党费、全体党员集中学习和"主题党日"有机结合起来，推动了组织生活经常化，支部主体作用长效化。

二、德能兼训，从严治吏，注重提升干部队伍素质

一是注重精准培训，延伸干部教育。以深入学习贯彻党的十八届五中、六中全会精神和习近平总书记系列重要讲话精神为重点，坚持"缺什么补什么"的原则，以山西干部在线学院、大同党建网和远程教育网为依托，坚持理论培训与专业知识培训、组织调训与干部选学、实体培训与网络培训相结合，开展好精准化教育培训。举办专题讲座5场，并且专门邀请了日报社主编张旭、党校副校长雷忠厚和市委宣传部刘阔为全区广大党员干部做了一场学习党的十八届六中全会精神和省市党代会精神的宣讲报告会；把理论教授辅导和农业技术专家辅导有机结合起来，举办农村"领头雁"培训班1期；针对开发区的发展与整合，与商务局联合举办了开发区"贸易专业知识"培训班、邀请省委党校教授讲解了《开发区的创新与发展》；配合区纪工委举办了《中共共产党纪律处分条例》《中共共产党廉洁自律准则》专题辅导讲座；对年内确定的30名入党积极分子进行了培训；举办了《中国共产党问责条例》专题培训班；加强在线学习督促，使学员完成学习任务平均率达100%。

二是强化制度落实。严格落实提醒谈话、函询诫勉和领导干部重大问题、重要事项向上级党组织请示报告等制度。坚持和完善干部选拔任用以及干部监督各项工作制度，充分落实群众的知情权、参与权、选择权和监督权。完成了对出席省市党代表大会共8名党代表的考察选举工作。

三是从严干部日常监督管理。按照干部考核监督等规定，开展了干部日常工作纪实、目标责任考核、个人事项报告、经济责任审计等工作。出台了《2016年度目标责任考核指标制定工作安排意见的通知》，印制了全区目标责任考核指标分解手册。同时，加强档案管理，确保档案安全。

三、落实责任，改进服务，提升基层组织建设水平

一是突出党建引领，着力实施基层"强腰行动"。机关党建上，在加强"两学一做"学习教育的基础上，出台了《关于做好2016年度基层党组织书记抓党建工作述职评议考核有关事项的通知》，开展了全区基层党组织书记的述职测评及考核工作；落实了《关于实施"强腰行动"，推动农村基层党建责任落实的意见》，建立了各级书记抓基层党建工作责任清单制度；出台了《关于进一步严格党内组织生活的通知》，全区各基层党组织都召开了民主生活会和组织生活会，并派出督查组对各基层党组织的党内组织生活进行了抽查、指导和规范；出台了《中共大同开发区工委关于突出问题导向全面加强基层党建的若干意见》，聚焦基层党建重点难点问题，强化基层党组织的政治功能和服务功能。非公企党建上，健全理顺非公企业党建工作体制机制。成立非公和社会组织党委，

出台了《集中推进非公有制企业和社会组织党的组织和工作覆盖的实施方案》。按照单独组建、联合组建、地域相邻挂靠等途径在全区正常经营151户企业中，组建非公党组织59家，覆盖率已达要求的65%，党的工作覆盖正常经营企业达到100%。党建工作融入非公企业的管理，企业生产发展和企业文化建设中，推行"三同时"工作法，开展"比特色、比服务、比实效""三争创六争当""三评三服务""党员先锋行"等主题实践活动。农村党建上，对村干部补贴实行统筹发放，"两委"村正职干部年平均报酬增幅26%。离任村正职干部的待遇，从2013年的每人每月130元提高到每人每月160元。街道选派1名机关干部、两名大学生村官、1名挂职干部到村担任党组织第一书记，通过发挥政策、信息、思想观念上的优势，有力推动了两村整顿转化和新农村建设。

二是突出规范程序，加强党员队伍和党费收缴的管理。强化党员发展管理。按照《关于认真开展党员组织关系集中排查的实施方案》的要求，在全区党员中进行了排查，找到失联党员31人，共发展新党员 28名。加强党费收缴工作。下发了《关于进一步认真做好全区党费收缴管理工作的通知》和《开展党费收缴工作专项检查的通知》，已规范了党支部68个，补交党费44491元。七一期间开展了纪念建党95周年专题党课、党日活动、文艺汇演、"学党章、学系列讲话"知识竞赛等多种活动，并表彰了省级优秀党员1名、市级优秀党员3名、区级优秀党员65名，市级先进基层党组织1个、区级先进基层党组织15个，为全区各基层党组织和广大党员树立了标杆。

四、改革创新，创优环境，打造对外开放发展新高地

2016年，区委认真贯彻落实国家、省市决策部署，特别是认真贯彻省市党代会提出的"五大方略""六大工程""开发区改革创新"等精神，积极应对经济下行压力加大的严峻形势以及体制机制不顺等突出问题，以转型升级、创新发展为主题，牢牢抓住招商引资、项目建设、产业升级、改革创新、环境优化等重点工作不松劲，明确任务，完善举措，开拓创新，扎实工作，经济社会继续保持平稳较快增长态势。2016年，全区地区生产总值完成45.62亿元，同比增长7.9%;社会消费品零售总额完成24亿元，同比增长6%；规模以上工业增加值完成17.52亿元，同比增长28.4%；固定资产投资完成85亿元，同比增长13%；进出口总额完成20196万美元，同比增长0.72%，其中出口完成20155万美元，同比增长1.41%，占全市出口总额的82%；公共财政预算收入完成4.16亿元，同比增长4.92%，经济发展迈上了新台阶。

五、挺纪在前，强化力度，持续推进党风廉政建设

一是强化审查力度。把握实践监督执纪"四种形态"，及时召开纪工委会议，集体研究决定处置方式，严格按照拟立案、初核、谈话函询、暂存、了结五类方式处置问题线索，不断提升纪律审查工作水平。全年共处置案件线索23件，同比增长109%；直接了结5件，谈话函询10件；初步核实8件，其中立案5件，同比增长25%，结案5件，给予党纪处分5人，同比增长66.7%；其中科级干部4人，撤职以上重处分2人，组织处理1人，诫勉谈话1人。全区上下始终保持了正风反腐的高压态势。二是加大监督力度。按照市纪委阶段性重点工作安排，管委会主要领导、纪工委书记、基层党组织负责人（部门负责人）对全区副处级以上党员领导干部、正科级干部、所属关键岗位共180人进行了个别约谈，对约谈中发现的问题线索及时进行函询，极大地增强了全区党员干部遵规守纪的意识。同时，建立完善覆盖全区党员干部的新《廉洁档案》，由一年填写一次调整为半年填写一次，增加了需要自我检查的内容和需要组织审查的内容，由以往的13个信息采集表增加到30个，制定了《廉洁档案》管理办法，使《廉洁档案》电子化，每半年集中抽查20%，凡案件中涉纪涉访人员必审查《廉洁档案》，凡党员干部提拔、评先评优必审查《廉洁档案》。三是加大教育力度。开展了党员干部党纪政纪集中教育活动及学《党章》、学《廉洁自律准则》、学《纪律处分条例》、学《问责条例》教育活动，印发了《中国共产党廉洁自律准则》宣传画600余张；编写了4辑《党风廉政教育读本》和3辑《"两学一做"教育读本》，党员干部人手一册，为全区各级党组织开展纪律教育提供专门教材。对全区党员干部党风廉洁建设理论教育进行阶段性考试，并纳入《廉洁档案》内容。发行了11期的《大同开发区廉苑》，已成为全区党员干部讨论学习党的路线方针政策，研讨党风廉洁建设的舆论平台和文化阵地。

六、注重导向，树立形象，不断加大对外宣传力度

扩大对外宣传，树立良好形象。2016年，区委加强与上级新闻媒体沟通、联系，不断拓宽用稿渠道，形成电视、报纸、网站"三位一体"的宣传格局。建立了网络评论员队伍，形成一支开发区微博团队，进行信息发布，与网民深度交流，营造了安定的舆论环境。年内，共接待省、市记者20余人次；在各级媒体共发稿80余条，在大同新闻网及开发区政府网、开发区招商网站共发布新闻信息50余条，充分发挥了舆论引导作用。在大同申报山西省旅游发展大会期间，支部动员宣传部每一位党员走进企业、农村、社区、商铺等，进行宣传、动员，发动广大干部群众为家乡投票，并安排人员通过下乡走访、电话通知、微信、QQ平台转发等多个途径将活动任务迅速准确宣传到位，全区共投票13000票，为大同赢得2016山西省旅游发展大会贡献了一份力量。

七、提高收入，改变面貌，大力促进农村工作

一是助推经济发展，各项补贴到位。城南街道采取各种措施为农民减少投资，引导科学种田，鼓励发展特色种植业、养殖业，充分利用区位优势，运输业不断上规模，鼓励村民自主择业，在建筑业、劳务输出、劳务分包收入进一步提高，增

加商业收入，解决剩余劳动力，两村农民的纯收入增加了10%。年内为两村发放暖心煤煤款补助的总户数3063户，共920700元。全年共发放50岁以上的农民生活补助金5548520元。开发区农村离任干部生活补贴发放6人次，共15600元。

二是推进城乡清洁工程建设，提高环境卫生质量。与管辖区域所有的企事业单位、临街个体商户签订了门前五包责任书，农村社区市场设置逐步规范，垃圾密闭存放，及时处理。两村花大力气整治村庄死角卫生，平整路面，投资购置清洁工具。旧村变新貌、小区整洁一新，建立健全清洁工程各项规章制度，任务明确、责任到人，城乡清洁卓有成效。

八、整治有序，和谐创建，不断推进全区社会各项事业

一是总工会加强组织建设，提高履职能力。新建重点工会组织8家。吸纳工会会员2721名，其中农民工会员1216名。积极推进厂务公开民主管理工作、稳步推进签订集体合同和工资集体协商工作。推进了“女职工特病保险”工作，558名女职工参加了此保险；43家企业签订《女职工特殊权益专项集体合同》，签订率达50%。组织开展各项活动。组织开展了免费健康体检活动、“《山西省女职工劳动保护条例》宣传月启动仪式暨大型咨询月活动”“送清凉”下基层活动，免费赠送价值50000元的书籍1000余本，发放冰糖、茶叶价值共6万余元；组织职工观看《白毛女》；慰问困难职工75名，发放慰问金5500元；在第十期大病互助活动中，共有2412人参加，上缴金额75500元，赔付大病人员14人，补偿金达83812元；帮扶特困职工子女发放助学救助金10000元；组织女职工参与建功立业工程932人，组织岗位练兵、技术比武3场，参赛女职工400人，组织职工参与女职工素质提升工程349人。

二是信访工作坚持畅通渠道，排查化解，加强源头预防。2016年全区进京非访赴省集体访零件次，信访事件结案率100%。到市来区上访总量虽然很少，但都涉及全区热点问题。上访对象以村民和企业职工为主，反映内容重点是村民占地补偿等问题和企业劳资纠纷等问题。对于合法合理的诉求，都已协调解决，上访人都表示满意。对于个别没有政策依据的诉求，也给予了耐心细致的相关解释说明，让他们自愿息诉罢访。

三是社会综合治理坚持严打整治，平安创建，确保稳定局势。开展严打整治“百日行动”。通过张贴管理通告、提供黑恶犯罪线索通告、散发宣传单、清查宾馆、旅店、KTV、网吧、麻将馆等治安复杂场所、排查重点单位、走访入户、摸排出租房屋、清查流动人口等措施办法，出动警力1332人次，出动车辆590台次，使严打整治取得一定成果。同时加速天眼工程建设，把严打、严管、严防、严治有机地结合起来，继续深化平安创建活动。

（李　伟）

附：一、中共大同市开发区党工委书记、副书记、委员名单

书　记：(空缺)

副书记：雷雪峰

委　员：李义明　陈巨有　李守林(6月离职)

二、街道党工委书记名单

城南街道

书　记：胡少振

中共阳高县委工作概况

县委书记　冯晓雷

2016年，中共阳高县委深入学习贯彻习近平总书记系列重要讲话精神，认真落实党中央决策部署和省第十一次、市第十五次党代会精神，按照省委“一个指引、两手硬”重大思路要求和全市“136”发展战略，确立并坚持“356”发展思路，凝心聚力、攻坚克难，勇于担当、积极作为，推动各项工作取得新进步新成效，实现了“十三五”良好开局。获得“中国最美养生休闲旅游名县”“全国防沙治沙先进集体”“全省农田水利基本建设‘禹王杯’先进县”等荣誉。

一、坚持全面从严治党，着力构建良好政治生态

一是深入推进“两学一做”学习教育。把“两学一做”作为管党治党的重要抓手和契机，聚焦“学为基础、做为关键”，大力引导和促进全县党员牢固树立“四个意识”，做政治、纪律、品德、作用合格的党员，各级党组织和党员干部共查摆整改问题6万多条。县委常委班子以上率下、带头示范，深学实讨严改，共开展集体学习32次，安排个人自学7个专题，请进专家教授辅导3次，整改问题20多个。注重用身边优秀党员的精神事迹教育激励全县党员干部，大力开展弘扬李培斌、赵晋国精神活动。

二是压紧压实管党治党责任。制定县委常委班子及班子成员落实党风廉政建设主体责任、履行抓基层党建责任清单，带头把党建和党风廉政建设摆上突出位置。把党建和党风廉政建设纳入目标责任考核，并实行考核前移，分期分批听取了乡镇党委、县直党组(党委)抓党建和党风廉政建设情况汇报并进行测评。对管党治党不力的基层党委(党组)、纪

委(纪检组),严肃追究责任,倒逼责任落实,县委共对9个党委(党组)、纪委(纪检组)进行问责,追究了27名领导干部的责任。

三是强力推进正风反腐。以涉农、扶贫领域资金管理使用为重点,加大执纪监督问责力度,严肃惩处发生在群众身边的不正之风和腐败问题。聚焦党员干部关键少数,积极运用"四种形态",大力减存量遏增量。全县纪检监察机关立结案80件,党政纪处分79人,组织处理责令辞职1人,移送司法机关5人。查处违反八项规定精神和"四风"问题2件2人,全部给予党内警告处分,同时约谈诫勉相关领导3人。

四是切实加强和改进党的建设。按照省委"三基"建设、市委"强腰行动"要求,坚持"整顿转化、延伸覆盖、活动引领"来加强基层组织建设,整顿转化软弱涣散支部25个,在"两新"组织、非公企业党组织中开展了"创、比、争"活动;开展了基层党建问题大调研大排查大梳理,针对发现的6个领域29个突出问题,制定了《突出问题导向全面加强基层党建的实施意见》,拿出77条破解之策;开展了村级党组织"1+6"、困难企业党组织"1+5"创建活动,充分发挥了基层组织政治和服务两大功能。

五是严肃换届纪律匡正选人用人风气。严格落实干部选拔任用和监督管理责任,严把责任关、政策关、纪律关,县乡换届圆满完成,干部精神面貌为之一新,担当干事氛围更加浓厚。

二、坚持抓好发展第一要务,努力保持经济稳中有进

切实加强和改进党对经济工作的领导,努力促增长、调结构、育动能,实现了经济稳步向好。全年完成地区生产总值30.3亿元,同比增长4.9%;规模以上工业增加值完成4.15亿元,同比增长7.2%;公共财政预算收入完成10857万元,超预算任务5.4%;固定资产投资完成97.6亿元,同比增长13.4%;社会消费品零售总额完成11.5亿元,同比增长7.6%;城镇居民人均可支配收入完成19352元,同比增长6.8%;农村居民人均可支配收入完成6730元,同比增长7.5%。其中固定资产投资、农村居民人均可支配收入两项增幅全市排名第一;公共财政预算收入、城镇居民人均可支配收入两项增幅全市排名第三。

一是坚持引项目抓项目,着力壮大工业经济。全力招商引资争取项目,强化各类项目起底受理、干部入企服务等工作,累计新引进亿元以上项目5个。全力推进项目建设,铺开工业项目9个,新增规模以上工业企业1家。特别是引进的同煤阳高低热值煤热电项目,建成投产后年可消耗低热值煤305万吨,年发电量35亿千瓦时,年供热量326万吉焦,实现销售收入13.5亿元、利税1亿元以上,年底项目土建施工结束,开始设备安装。

二是注重提质增效,着力发展现代农业。设施蔬菜规模持续扩大,新增日光温室、移动大棚2040亩,全年蔬菜总产量40万吨,总产值7.5亿元。小群体大规模养殖格局进一步完善,全年猪、羊、牛饲养量分别达98万头、75万只、6.9万头,特别是引进了正大集团新型农牧食品绿色循环综合示范暨产业扶贫合作项目。生态经济提质增量,完成造林绿化4.53万亩,集中连片新发展优质杏果经济林1.35万亩。保障粮食生产安全,全年粮食总产5.3亿斤。

三是用足用活县域优势,着力发展新兴产业。充分挖掘运用特有温泉资源、生态资源优势,新引进和川旅游、德丰影视城等项目,举办了杏花节、古韵长城摄影节等系列活动,推动阳光99、佳润农林、玉安生态等加快续建扩建,康养旅游产业发展步入新阶段。民营经济发展壮大,新增小微企业206户,建设商标培育基地5个,发展知名品牌9个,推荐省著名商标1件。

三、坚持优先保障和改善民生,人民生活质量和水平显著提高

一是实施"五个五"工作法,实现脱贫攻坚首战首胜。以脱贫攻坚统揽经济社会发展全局,在落实"六个精准""五个一批"政策中形成了精准识别精准退出"五步认定"、脱贫攻坚"五个结合"、扶贫助困"五种模式"、夯实各级"五个责任"、重点强化"五个保障"的"五个五"工作法,探索出脱贫攻坚的阳高路径。发展了寒富苹果、油桃、黄花等种植产业6500亩,壮大了肉羊、黑土猪等特色养殖产业规模,集中建成了覆盖60个贫困村的光伏扶贫电站,发放扶贫金融贷款3278万元,使2469户6914人有了保障增收的产业。大力开展精准帮扶,精选优派扶贫工作队、第一书记,深入开展三级干部进村入户促脱贫暨五大专项行动,持续推动全县干部"结亲戚、心连心、助脱贫"活动落到实处。到年底,有28个贫困村、4918户9890口贫困人口退出贫困行列。

二是加大民生投入力度,大力发展社会事业。教育事业硬件条件进一步改善,新建改建6所中小学、幼儿园,为一中、四中添置现代教育技术装备;招聘补充68名普高、职高和农村特岗教师。卫生计生事业投入不断增加,落实新农合政府筹资部分费用、乡村卫生院室基本药物补助经费,完善预防保健、重大传染病防治等公共卫生服务体系,改善和提高二孩生育服务水平。大力促进就业,城镇实现新增就业1154人,就业困难人员就业258人。大力完善社会保障,提高低保保障标准,加大"五保"救助供养力度,使弱势困难群体共享发展成果。

三是加大城乡建设力度,着力提升宜居康居品质。对暄阳街、众和路两条主干道进行了改造,完成东关区域排水管网、阳和公园基础设施建设,县城建设投资达到1.2亿元。开展美丽乡村建设,实施城乡环境清洁工程,完成3840户危房改造。完善城乡路网,全力配合大张高铁阳高段建设和省道积大线、长神线改线,完成百公里农村公路改造和安全生命防护工程。

四是及时回应群众关切,大力排查化解社会矛盾。强化重大决策风险评估制度的执行和落实,拓宽社情民意收集反映渠道,认真听取、及时回应群众呼声。抓好社会服务管理平

台的运行,健全各类基层调解组织,及时调处矛盾纠纷1300多件,化解率96%。依法加强信访工作,一手抓群众合理诉求的解决,妥善化解历史遗留问题;一手抓依法打击缠访闹访,引导群众依法表达诉求,上级交办的信访案件全部办结。

四、坚持激发活力提升效力,深入推进重点领域改革

立足县一级职能和权责实际,以精简程序、优化运行、提高效率、快捷服务为目标推进一系列改革。深化行政审批制度改革,研究制定项目并联审批意见,加大政务大厅服务能力建设和进驻单位扩面。启动行政监察体制改革。改革投融资途径渠道,成立阳高普惠城投、强力源投资等公司,为承接项目、争取信贷建立融资平台。推进供销社综合改革,鼓励和发展一批电子商务平台。实施农村土地制度改革,完成6个乡镇123个行政村土地承包经营权确权登记领证工作,采取多种形式鼓励农村土地依法流转、高效利用、合理增值。深化扩权强镇改革,在罗文皂镇、王官屯镇进行试点,下放7项权限。开展不动产登记前期工作,完成部门职能整合。推进司法体制改革,法官检察官遴选工作基本完成。此外,转型综改、省级低碳试点、教育医疗等方面改革也都取得实质性进展。

五、坚持发展社会主义民主政治,巩固加强统战各方面工作

坚持和完善人民代表大会制度和政治协商制度,加强和改进对人大、政协工作的领导,全力支持和保障人大、政协依法履行职责,使人大的法律监督、工作监督、重大事项决定职能和政协的政治协商、民主监督、参政议政作用发挥得更加充分。

加强和改进统一战线工作。强化对统一战线工作的领导,配齐配强基层工作力量,健全完善机构制度。做好党外干部和党外人士工作,加大培养推荐力度,促进他们实现成长、发挥作用。抓好民族宗教工作,开展和谐寺观教堂创建,组织宗教人士开展慈善活动。做好民营经济管理服务,加强工商联工作,组织开展非公经济人士理想信念和社会主义核心价值观教育。组织非公经济等方面人士开展捐助捐赠,助推脱贫攻坚。

县委大力加强依法治县工作,建设法治政府,加大普法教育,推进阳光司法;落实安全生产党政同责,健全责任体系,加大监督力度;做好生态建设、环境保护工作,用心用力打造天蓝水清气洁的生态底色;坚持党管武装,深入开展双拥共建;高度重视新形势下党的群团工作,有效发挥了群团部门的职能作用。

(韩　伟)

附:一、中共阳高县委书记、副书记、常委名单

书　记: 冯晓雷

副书记: 邢　斌(7月离职)　丁国华(7月任职)
李晓红(女,4月离职)　李东升(4月任职)
郭　永(5月任职,挂职)

常　委: 白　宝(4月离职)　袁润德(4月离职)
王成武(4月离职)　李东升(4月调职)
王进波(6月离职)　孟德昌
李　霞(女,4月任职)　徐碧洋(4月任职)
兰学欣(4月任职)　曹　锋(4月任职)
李雁侠(4月任职)　蔡杰锋(6月任职)

二、乡镇党委书记名单

龙泉镇

书　记: 闫志文(4月离职)　孟永泉(4月任职)

罗文皂镇

书　记: 孙富纯(4月离职)　王德军(4月任职)

王官屯镇

书　记: 高　文(4月离职)　张智文(4月任职)

北徐屯乡

书　记: 吕福军

大白登镇

书　记: 徐碧洋(4月离职)　佘天东(4月任职)

狮子屯乡

书　记: 孟永泉(4月离职)　王文虑(4月任职)

长城乡

书　记: 张智文(4月离职)　吴海军(4月任职)

下深井乡

书　记: 李建新(4月离职)　张　广(4月任职)

东小村镇

书　记: 何昌利

马家皂乡

书　记: 李　刚(4月离职)　孙　福(4月任职)

古城镇

书　记: 王德军(4月离职)　闫东斌(4月任职)

鳌石乡

书　记: 佘天东(4月离职)　尉武华(4月任职)

友宰镇

书　记: 孙　福(4月离职)　宋　庚(4月任职)

中共天镇县委工作概况

县委书记　王建江

2016年，中共天镇县委深入贯彻习近平总书记系列重要讲话精神，全面贯彻落实党的十八大及十八届三中、四中、五中、六中全会精神，紧扣省委“一个指引、两手硬”总体部署和市委“136”发展战略，团结和带领广大干部群众，抢抓机遇、爬坡过坎，真抓实干，统筹推进经济、政治、文化、社会、生态文明和党的建设，各项工作取得新成效。完成地区生产总值22.02亿元，同比增6.4%；固定资产投资81.34亿元，同比增8.3%；社会消费品零售总额9.46亿元，同比增6%；规模以上工业增加值2.94亿元，同比增2.8%；财政总收入1.61亿元，同比增6.8%；公共财政预算收入7600万元，同比减11.8%；城镇居民人均可支配收入19889元，同比增6.6%；农村居民人均可支配收入6044元，同比增6.4%。

一、坚持以党的建设为第一责任，落实“五位一体”布局，党的自身建设有了新加强

一是抓学习、强党性，大力加强思想政治建设。把开展“两学一做”学习教育作为党建龙头工程，突出问题、从严、整改和效果“四个导向”，建立问题和整改清单，项目化管理、工程化推进，逐项整改落实，营造了争做“四讲四有”合格党员的浓厚氛围。把学习贯彻十八届六中全会精神作为重要政治任务，发挥县委理论学习中心组龙头作用，采取领导干部带头学、宣传骨干引导学、专题输导集中学等方式，掀起学习贯彻热潮。

二是抓班子、带队伍，凝聚干事创业正能量。严肃换届纪律，圆满完成县乡党委、人大、政府和县政协换届工作。坚持“好干部20字”标准，形成风清气正、见贤思齐的干部选任机制。落实党员领导干部诫勉谈话、日常监督管理等制度，防止“带病提拔”，推进领导干部“能上能下”。统筹整合人力资源，对年轻干部交流轮岗、识别锻炼。开展公务员素质建设年活动，培训干部3400余人次。

三是高标准、严要求，从严落实“两个责任”。从严落实主体责任，制定党风廉政建设目标考核细则，细化为10大板块。实践落实“四种形态”，在全市率先制定落实主体责任约谈工作实施办法，督促干部规矩做事，本分做人。扎实开展首轮巡察工作，移交问题线索12个。突出廉洁扶贫，严肃处理违纪违规行为，起到警示震慑作用。强化纪律审查，立案68件，给予党纪政纪处分68人。

四是抓节点、重常态，持之以恒纠正“四风”。强化正风肃纪，紧盯春节、中秋等重要节点，严查顶风违纪、“四风”变异问题，给予党纪处分38人。在县电视台开办贯彻落实“准则、条例”访谈专栏，47名乡镇党政负责人和县直单位“一把手”作出公开承诺。制定出台《党政领导干部容错试错办法》，在从严治党上前紧一步，在容错试错上后松一步，营造出鼓励探索、宽容失误的良好氛围。

五是夯基础、提服务，大力加强基层组织建设。加强农村带头人队伍建设，选派第一书记参加省、市培训班，开展“领头雁”培训1700余人。整顿软弱涣散基层党组织，投入帮扶资金100余万元，30个基层党组织实现整顿转化，群众满意率达90%以上。强化基层基础保障，130个村集体经济“破零”，维修配套14个村级组织活动场所，完成143个远程教育站点线路改造。

二、坚持以转型发展为第一要务，全力抓好五项重点工作，县域经济实力有了新攀升

一是抓招商、引项目，着力建设新型工业基地。大力发展以风力、光伏发电为主的新能源产业项目，新能源发电并网装机总量达到447MW，持续打响“中国新能源产业百强县”品牌。发展新技术产业，总投资1.88亿元的北辰正方住宅产业化生产基地项目全面开工建设，完成钢结构车间主体，正在安装生产线设备。狠抓招商引资，发挥蚂蚁效应，积极对接京津冀、辐射上广深，实质性落实了4大领域13个项目，工业项目发展势头良好。

二是强基地、打品牌，着力打造特色农业基地。做强特色种植。成功创建国家级出口小杂粮质量安全示范区，常规玉米种植减少8.4万亩，杂粮种植上到20.2万亩。同煤宏丰农业园区推进展示区、生产区等建设；汇地公司栽植温室冬枣300栋6.4万株，平谷蜜桃160栋3.6万株，亩均收入3—4万元。做大规模养殖，新建扩建22个规模养殖小区，发展家庭牧场177个；中地万头奶牛科技园存栏荷斯坦奶牛1.06万头，日产奶量180吨。做精农副加工，26家农副产品加工企业销售收入4亿元，新申报省级龙头企业2家、市级7家；农民专业合作社上到1082户。做深销售渠道，17家北京蔬菜直营店销售收入近亿元，30个汇地农业体验店销售收入600万元。

三是家园、提品位，着力推进塞外边城建设。启动滨河北街新建工程，实施学府西街等8处街巷硬化和排水管网建设。18.44万平方米九岸花城小区项目完成主体工程；完成老旧小区改造600套4.8万平方米。集中供热面积达到143万平方米。实施生活垃圾无害化处理场项目，县城主次街道保洁率实现全覆盖。京新高速、大张高铁全面开工，完成67.4公里省县乡道路改造。

四是挖内涵、抓基础,着力发展文化旅游产业。把文化旅游产业作为非煤产业突破口,启动南洋河核心区3.9公里生态修复工程,48.7公里古长城旅游路建设已完成“工可”和施工图设计。镇宁堡综合旅游开发项目有序推进,实施了仿古门楼、荒山绿化等。李二口等13个村列入“全国乡村旅游扶贫重点村”,推进新平堡镇水泉夭4个农家乐和农家客栈建设。

五是补短板、提总量,着力推进生态文明建设。坚持治山治水、增绿增收并重,投资3310万元,实施荒山、村庄、通道、园区、机关企事业单位等五大绿化工程,总面积4.4万亩,全县森林覆盖率上到12.44%。边城沙漠公园规划建设生态保育、科研监测等4大区域;米薪关国家沙漠公园通过国家林业局规划评审。实施京津风沙源治理工程,完成坡改梯1.1万亩,新增灌溉面积6820亩,解决了4400人饮水安全问题。实施污水厂提标改造工程,日处理污水上到1万吨,淘汰10万吨以下燃煤锅炉4台。

三、坚持把改善民生作为第一关切,重点抓好六大工程,社会保障水平有了新提升

一是脱贫富民工程。推进农村危房改造,新建住房4978间,完成2311户4421人安置任务。抓好光伏扶贫,建成地面集中电站40MW、村级电站12MW、户用光伏电站12.6KW,在全省率先实现贫困村光伏扶贫全覆盖。落实电商扶贫,在97个村设立体验店。推进金融扶贫,发放富民贷、强农贷3200多万元。做好劳务输出,开展家政服务培训8000多人,4300人在北京、天津等地就业,人均年收入3.4万元以上。开展生态扶贫,组建34个扶贫攻坚造林专业合作社,入社成员703人,涉及贫困人口638人。

二是精神文明创建工程。引深以“崇德、守信、勤俭、文明”为主题的弘德教育工程,启动第二届“感动天镇”十大模范人物评选表彰活动,王振国、杨河芬入选2016年中国好人榜单。加强思想道德建设,广泛开展政策“下基层、进万家”活动,深入推进文明和谐创建,开展“边塞文化年”主题活动。发展文化体育经营户100多户,

三是教育强县工程。新城东北校分校主体工程完工,完成两所幼儿园建设。招聘49名特岗教师和20名研究生学历高中教师。按照集团式办学思路,统筹整合教育资源,破解优质生源外流、校舍资源闲置等问题。高考成绩再创辉煌,二本以上达线469人,一本达线114人,还有许多优秀学生被重点知名院校录取。

四是社会保障工程。统筹推进社会保险工作,建成18个农村老年人日间照料中心,抓好乡镇敬老院管理。加强低保动态管理,全县共有农村低保1.87万户3.27万人,实现应保尽保,为3600多人次发放救助640万元。

五是就业增收工程。开展农民实用技能和就业技能培训4480人。新增城镇就业人数1130人,失业人员、困难家庭再就业人数1611人,转移农村富余劳动力2134人。常年外出务工人数保持在2.2万人以上。

六是医疗卫生工程。推进基本公共卫生服务均等化,服务项目扩展到12类44项;新农合参合率99.4%,重大疾病保障扩大到20种,补偿限额提高到14万元。加强基层医疗卫计服务体系建设,完成22个村卫生室建设任务。

四、坚持把安全稳定作为第一职责,突出抓好五大任务,努力营造平安天镇和谐新环境

一是民主法治不断加强。支持人大依法行使职权,支持政协民主监督、参政议政;加强民主党派和无党派人士团结合作,加强民族宗教工作;完善“三务”公开等民主议事、决策和监督机制,支持工、青、妇等人民团体开展工作;深入开展双拥共建活动,推进军民融合发展。

二是法治建设扎实推进。启动“七五”普法,推进“六网覆盖”工程,加强矛排化解力度,引深“一村一警”;县乡村巡逻实现常态化,处置治安隐患1.2万件;落实法治天镇建设五年规划,加强法治政府建设,推进严格执法、公正司法、全民守法,法治天镇建设有了新进展。

三是平安创建成效明显。扎实开展“百日行动”,侦破2个恶势力犯罪团伙,查处刑事案件63起,破获侵财类案件13起,抓获逃犯47人,有效打击犯罪嚣张气焰。开展“大排查、大接访、大化解、大防控”活动,开展党政领导干部坐班接访,接待群众来访2042批次,化解率94%;依法打击非访闹访49人次,维护了社会稳定。

四是安全生产势头良好。深入开展安全生产大检查大整治,排查隐患2081条,全部进行整改。推进高危行业责任人承诺制和尾矿库安监挂牌制,加强事故警示教育,130多人接受安全生产培训,未发生重大安全事故。

(刘　佳)

附:一、中共天镇县委书记、副书记、常委名单

书　记: 姚振华(7月离职)　王建江(7月任职)

副书记: 刘川楠　王　伟(4月任职)
范振凯(4月离职)　张存建(7月任职,挂职)

常　委: 姜　荣　梁　军　高　伟(4月任职)
贺胜利　张建明(4月任职)
宋桂珍(4月任职)　王　兴(4月任职)
周永波(7月任职)　姚文章(4月离职)
王继武(4月离职)　王　伟(4月调职)
王剑辉(8月离职,挂职)

二、乡镇党委书记名单

玉泉镇

书　记: 薛志远

谷前堡镇

书　记: 王　林(4月任职)　郝世国(4月离职)

卅里铺乡

书　记: 杨宝英(4月任职)　王　林(4月离职)

南河堡乡

书　记：郑佃文(4 月任职)　赵良斌(4 月离职)

米薪关镇

书　记：宋　奕

贾家屯乡

书　记：刘振云(4 月任职)　郑佃文(4 月离职)

赵家沟乡

书　记：高平福(4 月任职)　高学东(4 月离职)

南高崖乡

书　记：吴志峰(4 月任职)　杨宝英(4 月离职)

张西河乡

书　记：高学东(4 月任职)　杨景利(女,4 月离职)

逯家湾镇

书　记：姜　高

新平堡镇

书　记：宋君太(4 月任职)　张建明(4 月离职)

中共大同县委工作概况

县委书记　王凤瑞

2016 年，中共大同县委认真贯彻落实党的十八大及十八届三中、四中、五中、六中全会和习近平总书记系列重要讲话精神,紧紧围绕“建设美丽、富裕、幸福大同县”目标,以党的建设为统领,以脱贫攻坚为抓手，全方位打响火山、黄花、生态三张牌,建好“四大园”,统筹推进经济、政治、文化、社会、生态文明和党的建设，全县经济平稳向好,社会民生持续改善,各项工作取得显著成绩。

一、全力推进美丽富裕幸福大同县建设,全县经济社会发展取得了新成效

2016 年,全年地区生产总值完成 27.5 亿元,增速 6.6%;规模以上工业增加值完成 3.6 亿元,增速 7.3%;固定资产投资完成 89.6 亿元，增速 15.4%；社会消费品零售总额完成15.8 亿元,增速 6.1%;公共财政预算收入 1.593 亿元,增速-7.78%;城镇居民人均可支配收入 18300 元,增速 7.2%;农村居民人均可支配收入 8200 元,增速 6.8%。

(一)始终坚持精准发力理念,全面推进脱贫攻坚。2014年全县建档立卡确定贫困村 80 个,贫困人口 42800 人,经过建档立卡“回头看”确认已有 14100 人脱贫。2015 年,全县仍有贫困村 71 个,贫困人口 28700 人,分别占全县村数、农业人口数的 40.5%和 20.5%。2016 年，有 19 个村摘贫困帽,6900 人脱贫。针对全县贫困人口状况,县委坚持精准发力理念,面向未来,立足实际,科学制订每村、每户的脱贫规划,建设 35 个黄花产业中心村、10 个火山文化旅游中心村、13 个生态产业中心村、5 个都市特色型产业中心村。一是产业脱贫。重点是发展黄花产业,通过政策扶持、搞好服务、龙头带动等措施,新栽黄花 5 万亩,全县达到 15 万亩,贫困人口人均 1 亩。二是易地搬迁脱贫。大同县多数贫困人口居住在边山峪口，需要搬迁 2.58 万人。农村危房改造已经实施 9980户,抗震改建实施了 3900 户。今年总投资 2.54 亿元,实施易地扶贫搬迁 4560 人、农村危房改造 2130 户和抗震房改建2700 户。已经竣工 150 户,完成主体建设 400 户,其余正在进行主体建设，完成投资约 1.27 亿元，年底可达到居住条件。三是探索实施生态脱贫。树立“有为生态”的理念,5 年内通过林业生态建设实现脱贫 4018 人,占到 14%。其中,荒山造林 20 万亩,实现脱贫 1507 人;森林管护从 30.7 万亩增加到 50.7 万亩,实现脱贫 587 人;经济林提质增效 2.5 万亩,实现脱贫 330 人;新增经济林 5 万亩,实现脱贫 1212 人;林下种植 10 万亩，实现脱贫 270 人,2016 年探索种植了 800 亩黄芪;林业养殖实现脱贫 112 人。

(二)突出抓好工业经济和项目建设,着力推动产业转型。总投资 300.3 亿元的十个大板块 49 个新建项目,预计完成投资 48.5 亿元,总投资 13.3 亿元的 11 个续建项目,预计完成投资 3.61 亿元。“六位一体”重点工程项目储备、签约、落地、开工、建设、投产分别完成 1334.34 亿元、285.6 亿元、86.03 亿元、62.52 亿元、66.03 亿元、48.6 亿元。总投资 8.3 亿元的森源激光再制造项目、誉瑞硅微粉加工项目、积德益食品加工项目、大同以琳盛驰矿泉水 4 个项目即将投产运行;总投资 42 亿元的骏腾屠宰项目、大同瑞城装配式绿色建筑集成产业基地项目、玄武岩岩棉生产项目、通用航空产业园4 个项目正在建设,已完成投资 3.6 亿元;总投资 4.5 亿元的煜森铁路非标制造、LED 项目、大连冰山冷冻维修 3 个项目,已具备开工条件;大同纺织园区、晋北铁路物流园、国电湖东2×100 万 KW 热电、大同联合熊猫光伏电站及太阳能板组件生产项目等一批投资大、带动能力强的新兴项目即将全面启动。

(三)做大做强黄花等主导产业,不断加快产业富民步伐。继续大力发展黄花产业,2016 年“一县一业”黄花新增 1万亩,总面积达到 10 万亩,实现收入 2.8 亿元。同时,采取“公司 + 农户”的形式,与市经建投公司共同出资 1 亿元,成立了宜民产业发展公司,采取土地流转的方式发展壮大黄花产业,为全县黄花产业大发展搭建了广阔平台。新增设施大棚 1597 亩,露地蔬菜达到 3 万亩,杂粮、林果均达到 10 万亩。全县生猪、牛、肉羊、鸡饲养量达到 21.7 万头、4.73 万头、55.8 万只、195.4 万只,规模养鸡、养羊达到 200 万只、33.3 万只,肉蛋奶产量达到 1.89 万吨、1.28 万吨和 0.95 万吨。

(四)着力抓好城乡基础设施建设,推动城乡一体发展。总投资 1.29 亿元的 2014—2016 年 702 套公租房项目楼房

基础建设已经完成；总投资1.3亿元的65公里5条县乡道路全部开工，4条道路已经完工，即将通车运行；总投资2779万元的污水处理厂提标改造、垃圾转运站建设工程投入试运行。2014年城市棚户区改造项目已建成464套；2015年城市棚户区改造项目、2014—2016年公租房项目正在施工建设中。营坊沟、邢庄、北石山等7个省、市美丽宜居示范村完成投资8830万元。

二、坚持以提升党建科学化水平为重点，全面加强党的建设

(一)“两学一做”学习教育取得实效。县级党员领导干部带头讲党课，积极参加所在支部的组织活动。采取分类施学、书记领学、专家辅导学等多种形式组织党员学习。对年老体弱党员，印制了“口袋书”“趣味漫画”等资料；抽调理论骨干组成“巡回宣讲团”深入基层宣讲。以李培斌、赵德清、白继跃为榜样，组织开展了“学习身边人，做好手中事”承诺践诺活动。县委派出督导组，详细列出督促指导清单，加强督查指导，发现和解决问题。各级党组织和广大党员列出问题清单、整改清单，建立问题整改台账，积极整改。各基层党组织查摆问题1832条，已整改1210条；党员查摆问题29501条，已整改14830条。

(二)基层党建工作扎实推进。一是强化三项功能，激发组织活力。严格规范“三会一课”制度和民主(组织)生活会制度。全县统一印发了7种《记录簿》，把每月1日固定为“支部主题党日”和“党员缴纳党费日”。在全县培育了各类示范点42个，配套基层组织工作经费468.5万，为409名农村两委离任主干发放生活补贴49.78万元。提高农村在职两委主干工作报酬，人均达到1.56万元。集中解决了11个村的活动场所“危旧小”问题和8个社区办公场所面积不达标问题。二是推进党建工作常态化。全年共排查失联党员115名，取得联系党员109名，对6名确认失联党员按处置程序予以除名。以县直机关事业单位为重点，全县447个基层党组织都按期完成了换届任务。全力推进非公企业和社会组织“两个全覆盖”。全县97个非公企业组织覆盖率达到72%；全县15个社会组织，组织覆盖率达到100%。通过“八大途径”发展集体经济。截至11月底，全县175个行政村，有116个村实现了集体经济“破零”，53个村达到5万元以上。三是从严监督管理干部。2016年，共对34名干部进行了离任经济责任审计。建立了电话、短信、信访和来访“四位一体”举报平台，建立完善了“买官卖官问题特别监督档案”，采取个别谈话与集体谈话相结合等形式，为干部调整涉及人员打好“预防针”。扎实开展超职数配备干部消化工作，平级交流25人，免去违规设置的或兼职职务18人，职务与职级并行65人。截至9月22日，全县超职数配备干部全部消化完毕。

三、认真落实主体责任，全面推进党风廉政建设

一是从严要求，形成了严抓严管的工作常态。始终坚持把党风廉政建设与经济社会发展同研究、同部署、同推进、同检查、同落实。2016年，县委常委会先后6次对“两个责任”落实、严格执行“八项规定”等党风廉政建设重要问题、重要事项进行研究。积极实践运用“四种形态”，2016年，县委书记谈话340人次，县长谈话84人次，县纪委书记谈话293人次，其他县委班子成员谈话295人次。各乡镇(街道)党委书记、县直部门党组书记谈话1107人次。全县各级纪检监察机关共约谈666人次，在对党员干部日常监督、谈话函询、初步核实中发现错误苗头、轻微违纪的现象或问题，批评教育351人次，廉政谈话118人，诫勉谈话51人次，建议免职处理3人。县巡察工作于6月14日启动，首轮派出的3个巡察组于6月17日全面进驻被巡察单位，开展对许堡乡、党留庄乡、县住建局和扶贫办4个单位的巡察工作。共发现问题线索30条，其中党的领导弱化方面7条，党的建设缺失方面9条，全面从严治党不到位方面14条。

二是从严教育，进一步筑牢各级干部反腐倡廉思想防线。始终把党风党纪教育作为全县党员干部思想建设的重要内容，持之以恒，常抓不懈。县委中心组每季度至少安排一次党风廉政专题学习，各单位每月至少安排一次廉政教育。县委党校在每次的干部培训中，都把廉政教育作为培训学习的必修课。特别是结合“两学一做”活动开展，认真学习了习近平总书记系列重要讲话以及十八大以来中央一系列从严治党规章制度，开展了专题讨论。

三是从严监督，坚持对违纪违法行为保持高压态势。全县共查处违反中央八项规定精神和“四风”问题8起，处理25人，其中党纪处分10人，组织处理15人，点名公开通报曝光5起。2016年，全县纪检监察机关共立案46件，处分党员干部45人，其中科级干部9人，挽回经济损失10万多元；给予党纪处分36人，占48%；组织处理30人，占比40%；给予撤职以上重处分9人，占12%。同时，加大对侵害群众利益的不正之风和腐败问题查处力度，全县纪检监察机关查处侵害群众利益的不正之风和腐败问题20件，处分党员干部20人，其中科级干部2人，农村两委主干12人，撤职以上重处分7人，其中，查处扶贫领域案件5件，党纪处分5人。

(焦新东)

附：一、中共大同县委书记、副书记、常委名单

书　记：王凤瑞

副书记：周聚德　杨近源(4月离职)
赫　瑞(4月任职)　徐　宁(7月任职，挂职)

常　委：冯学中(4月离职)　牛志刚(4月任职)
闫　军(4月离职)　王成武(4月任职)
于　君(4月离职)　刘义深(4月任职)
刘红斌(4月离职)　宋晋利(7月任职)
赫　瑞(5月调职)　张文娟(女，4月任职)
臧建军(6月离职)　徐彦君(6月任职)

二、乡镇党委书记名单

倍加造镇

书　记：闫合山（5月离职）　徐　军（5月任职）

党留庄乡

书　记：曹　亮（12月离职）　薛志军（12月任职）

周士庄镇

书　记：张建中（12月离职）　朱　华（12月任职）

杜庄乡

书　记：徐　军（5月离职）　刘喜斌（5月任职）

许堡乡

书　记：孙　政（12月离职）　李海江（12月任职）

西坪镇

书　记：薛彦斌（5月离职）　闫　红（5月任职）

瓜园乡

书　记：李一忠（12月离职）　门开应（12月任职）

峰峪乡

书　记：张文娟（女，5月离职）　刘茂萍（女，5月任职）

吉家庄乡

书　记：马　斌（5月离职）　吴志明（5月任职）

巨乐乡

书　记：刘喜斌（5月离职）　刘海平（5月任职）

中共浑源县委工作概况

县委书记　张清河

2016年，中共浑源县委、县政府深入贯彻习近平总书记系列重要讲话精神和治国理政新理念新思想新战略，全面落实省委“一个指引、两手硬”的重大思路要求和市委“136”发展战略，围绕建设富裕浑源、美丽浑源、诚信浑源、和谐浑源、幸福浑源的奋斗目标，在保增长促发展、调结构促转型、强基础促改革、惠民生促和谐、转作风促实效上下功夫，推动转型综改、产业提质、增收脱贫、城乡建设、生态文明、社会治理、党的建设取得了新成效，经济社会发展持续健康、稳中有进。2016年，完成地区生产总值36.95亿元，同比增长2.9%；规模以上工业增加值6.17亿元，同比增长4.9%；固定资产投资131亿元，同比增长12.9%；社会消费品零售总额32.16亿元，同比增长8%；城镇常住居民人均可支配收入20484元，同比增长6.6%；农村常住居民人均可支配收入6633元，同比增长6.9%；公共财政预算收入2.3253亿元，超年度目标任务11.2个百分点，七项主要经济指标有六项超过全市平均水平，实现了“十三五”良好开局。

一、坚持转型发展夯基础，县域经济积蓄新动力

一是重点改革增添活力。全面落实“三去一降一补”任务，压减煤炭产量63万吨，全年完成煤炭产量134.5万吨，上缴税费2358万元；去除房地产存量7.51万平方米；实施经营服务性收费目录清单制度，为企业减负近5200万元；坚决落实“营改增”税负只减不增目标，为497户“营改增”管户减负1270万元；瞄准经济社会发展短板，扩大有效投资，全面完成了市下达的“六位一体”重点工程目标任务，8个转型综改年度重大项目，完成投资16.42亿元。

二是全域旅游加速发力。以推进创建国家级全域旅游示范区为载体，全面启动恒山5A级景区创建工作，为110个乡村旅游试点村争取贷款2亿元；山西首席怀古体验式旅游街区一德街建成开放，投资1100万元完成了悬空寺保护项目和悬空寺景区旅游环境专项整治项目，总投资2.84亿元的恒山旅游服务中心唐家庄整村搬迁项目一期工程主体完工，二期工程基础完工；成功举办了中国健身名山登山赛和三元宫古建筑群修复竣工典礼暨北岳道教文化研讨会。全年完成门票收入5438万元，接待游客136万人，旅游综合收入3.8亿元。

三是非煤工业总量扩张。以风电、光电、抽水蓄能等为主导的新能源产业发展迅速，全县风力发电投产25万千瓦，在建15万千瓦，开展前期25万千瓦。总投资88.3亿元的国网新源控股150万千瓦抽水蓄能电站项目列入国家“十三五”水电发展规划，浑源筹建处已经成立；总投资26亿元的天然气分输站项目市政府已授权，正在做开口设计及管线建设初步设计；北岳日月石材精加工项目上档升级，恒山瓷业发展有限公司陶瓷项目投产达效。同时，以循环经济园区为平台，恒东商贸汽配物流城、政通道地药材市场、大唐新能源风电检修基地等项目推进有力，均取得了实质性进展。

四是现代农业提质增效。大力实施“一县一业”肉羊基地县、雁门关生态畜牧经济区等工程，完成草地建设36万亩，新建扩建标准化养殖小区37个，羊饲养量达到117.5万只；新增黄芪规范化种植2万亩，全县达到14万亩。神农、政通、裕隆祥、万生黄芪、安瑞农林等农业龙头企业进一步做大做强，黄芪科技开发项目完成投资9800万元；新发展农民专业合作社153个，总数达到884个；挂牌成立了土地流转交易市场，全县土地流转面积达到10.3万亩；发放农业综合补贴3463.36万元，投资9255万元实施了基本农田整理等工程项目。

二、坚持精准施策谋打赢，脱贫攻坚首战首胜

一是责任体系全面夯实。成立了县脱贫攻坚领导小组和脱贫攻坚总指挥部（下设六大战区和十一个专业指挥部），组建乡镇脱贫工作站18个、村级作战室149个，县乡村三级层

层“双签”责任书,建立了“两包三到”精准帮扶联动机制,形成了县委政府统一领导、县级领导全力推动、县直部门精心指导、乡村组织认真落实、驻村工作队和第一书记履职尽责、包联单位倾力帮扶的“三级联动”“六位一体”责任落实体系,呈现出上下一盘棋、分头抓落实的良好格局。

二是紧盯目标靶向施策。认真谋划实施“五个一批”攻坚战略,推进7500名贫困人口实现增收脱贫,超年度任务8.7%,29个村退出贫困序列,实现了脱贫攻坚首战首胜。围绕发展生产脱贫一批,重点实施了70个村每村100千瓦光伏电站扶贫项目、4万千瓦地面集中光伏电站项目、10万亩黄芪种植项目;围绕易地搬迁脱贫一批,把集中安置与采煤沉陷区治理工程捆绑实施,主体工程已完成住房14栋741套;围绕生态补偿脱贫一批,实施了5000亩经济林提质增效工程和1500亩新一轮退耕还林工程,增设建档立卡贫困户生态护林员236人;围绕发展教育脱贫一批,为165名贫困大学生发放助学补助82.5万元,为492名高中阶段建档立卡贫困学生免除学费27.84万元;围绕社会保障兜底一批,将5158名贫困群众纳入低保,为3945名五保户发放五保金810万元,投资268.8万元为5.6万贫困人口(包括巩固人口)购买了大病救助补充保险和人身伤害意外保险。

三是扶贫资金高效利用。制定了《浑源县统筹整合使用财政资金实施精准扶贫实施方案》,通过盘活存量资金、清理归并现有扶贫专项资金,2016年统筹整合扶贫资金1478.51万元,全部投入到光伏扶贫项目。金融扶贫方面,筹资800万元作为小额扶贫信贷风险补偿金平均注入4家银行,撬动发放金融扶贫信贷资金3320万元。

四是驻村帮扶成效显著。建立驻村工作队队长、队员和第一书记台账,出台驻村干部管理办法和考核办法,建立健全督查通报、约谈、调整召回制度,有效提升了脱贫攻坚一线干部干事创业、争先创优的主动性和自觉性。2016年,各驻村工作队、第一书记共制定脱贫计划281个,引进项目68个,争取各类资金562.7万元,捐赠各类物资4.3万件。

三、坚持共建共享惠民生,各项社会事业全面发展

持续增加民生投入,全年县级一般公共预算用于民生支出13.4亿元,比上一年度增加2.8亿元。

一是社保水平不断提升。全县新增城镇就业1108人,转移农村劳动力就业4512人,新增参保灵活就业人员达到5893人,帮助农民工追讨工资917万元。坚持教育优先发展战略,投资5451万元对各个学段的学生进行了全面资助,投资6428万元实施了农村学前教育等基础建设工程;投资1945万元实施了县医院、中医院、乡镇卫生院、村级卫生室建设项目;为全县22459名农村65岁以上老年人提供免费健康体检;新农合参合率达97%。

二是精神文明创建深入开展。精心组织了纪念建党95周年系列活动,开展了“德孝文化进家庭”等活动;精心组织各类城乡文化活动4200余场次,组织编写了大型精品文化书籍《三晋文化看浑源》、电影剧本《芪花》,完成了大型纪录片《浑源》筹拍工作;投资300万元实施了县城体育休闲广场灯光亮化、广场扩声工程,投资500万元的全民健身活动中心已完成工程立项,县、乡、村三级公共文化服务网络实现全覆盖。

三是城乡环境持续改善。深入推进“大县城”战略,总投资10.07亿元的线材厂周边地段和交通局周边地段两个棚户区改造项目开工建设,涉及4841套30万平方米的保障性住房续建工程主体基本完工;总投资1.52亿元的洗朔线改线工程、总投资1.47亿元的迎宾街道路改造工程建成通车;新建了10个农村老年日间照料中心,实施完成了农村危房改造工程4050户和农村危房抗震加固工程500户,5个美丽宜居示范村全部完工。大力开展“铁腕治污行动”和大气污染防治专项整治行动,完成营造林面积3.6万亩。

四、坚持发扬民主促团结,依法治县全面推进

一是支持人大履行职能。坚持和完善人民代表大会制度,支持人大及其常委会依法行使监督、决定、任免等职权。2016年,成功召开浑源县第十七届人民代表大会第一次会议,县人大及其常委会选举、任免、决定任免和批准任免市、县人大代表和县国家机关工作人员25人次,通过听取“一府两院”专项工作报告、执法检查、视察调研、规范性文件备案审查等方式,扎实开展监督工作。

二是支持政协参政议政。坚持和完善中国共产党领导的多党合作和政治协商制度,支持政协依章履行职能、开展工作。成功召开政协浑源县第十四届委员会第一次会议,组织政协委员围绕旅游文化、脱贫攻坚、城镇建设等重点项目建设进展情况进行视察,形成了《关于精准脱贫工作中的几点建议》等高质量的调研报告。继续做好民族、宗教和工商联等工作,进一步巩固壮大了爱国统一战线。

三是加快法治浑源建设。全面启动“七五”普法工作,深入推进了“法律援助进万村”活动,共受理、办结法律援助案件16件。继续推进法治县区和民主示范村创建活动,努力形成以法治县创建活动为引领,以行业法治创建为支撑,以法治乡村(社区)、依法治理示范单位等基层法治创建为基础的法治创建活动体系,夯实了法治浑源建设基础。

五、坚持狠抓党建求创新,科学发展能力不断提升

全县共有党委22个(其中:乡镇党委18个,机关党委4个),党总支22个(其中:机关单位21个,农村1个),党支部594个(其中:机关支部233个,农村支部330个,非公经济组织支部24个,社会组织支部7个)。全县共有党员14441名,其中:农民党员7103名。一年来,县委始终把抓党建作为最大的政绩,坚持党要管党,从严治党,以落实“两个责任”为抓手,深入推进党的建设新的伟大工程,广大党员干部保持了昂扬向上的精神状态。

一是思想建设凝心聚力。县委中心组开展学习20次,分

期分批对农村“领头雁”、大学生村官、第一书记6700人次进行了轮训。扎实开展“两学一做”学习教育，县委班子举行专题研讨10次，全县基层党支部和党员严格对标“四讲四有”，查摆整改问题近5万个。胜利召开县十五次党代会，提出了“推进七化攻坚、打造五大基地、建设五个浑源”的发展战略，“打赢脱贫攻坚战、如期全面达小康”正成为引领全县党员干部群众积极作为的基本共识。

二是基层组织迸发活力。县乡换届工作顺利完成，班子结构进一步优化；认真落实“一带三创”和“强腰行动”，深入开展了党费收缴专项检查等七项重点工作，进一步健全了县、乡、村三级党组织书记“联述联评联考”和党建工作责任清单制度，将党建经费保障工程、集体经济“破零”工程列为“书记项目”，全县集体经济收入超1万元的村由28个增加到228个，41个软弱涣散基层党组织晋位升级。

三是作风建设持续发力。建立了县四套班子领导和各级党组织书记包点联系制度，在乡镇深入推行“四夜一报一查”、乡镇干部“为民代办”等工作机制，在窗口服务单位推行了首问负责制和限时办结制。深入开展了“双带双比双争”活动，全县机关企事业单位党支部、党员与农村党支部、党员全部结成了帮带对子，为村集体办实事371件，为群众办实事2040件。开通了县委书记热线，共接收群众反映诉求112件，办结99件。

四是党风廉政建设狠抓不懈。出台了《中共浑源县委定期约谈乡镇党委书记和县直单位党组织主要负责人制度》，县委常委点对点谈话160人次，县委书记针对涉案干部点对点谈话21人次；成立了县委巡察工作领导小组，搭建起了巡察工作机构和队伍，制定出台了巡察工作一系列制度，首轮巡察派出4个巡察组，对3个乡镇4个县直单位进行了巡察。综合运用监督执纪“四种形态”，全年共处置问题线索262件，其中了结211件，正在初核1件；立案50件，结案50件。给予党纪政纪处分56人，其中党纪处分50人，政纪处分9人，双重处分3人，处分科级干部9人，不敢腐、不能腐、不想腐的有效机制逐步形成。

（刘东升）

附：一、中共浑源县委书记、副书记、常委名单

书　记：张清河

副书记：王继武（7月任职）　李凤冉（4月离职）
文晓东（4月任职）　郭延斌（2月离职，挂职）
郭晓楠（2月任职，挂职）
龚景华（7月任职，挂职）

常　委：赵　亮　谢志海（4月任职）
杨志文（4月离职）　张　军（4月任职）
姚志强（4月离职）　白金义（4月任职）
文晓东（4月调职）　于海滨（4月任职）
孟玉香（4月离职）　黄殊琦（4月任职）
李　好（4月离职）　王晓峰（6月任职）
郭普跃（4月离职）　边　晓（1月离职，挂职）

二、乡镇党委书记名单

永安镇

书　记：付元进

东坊城乡

书　记：武建文（4月离职）　曹启龙（4月任职）

裴村乡

书　记：张　军（11月离职）　郝希涛（11月任职）

西坊城镇

书　记：曹启龙（4月离职）　赵志远（4月任职）

驼峰乡

书　记：杨　庆（4月离职）　范淑慧（女，4月任职）

西留乡

书　记：雷迎春

下韩村乡

书　记：宋桂珍（女，4月离职）　张东皞（4月任职）

蔡村镇

书　记：李兴宇

南榆林乡

书　记：裴雁巍（11月离职）　李启忠（11月任职）

吴城乡

书　记：姚振华

沙圪坨镇

书　记：李启忠（8月离职）　王兴春（9月任职）

大仁庄乡

书　记：陈利军（4月离职）　李仲元（4月任职）

黄花滩乡

书　记：刘　诧（1月任职）

大磁窑镇

书　记：熊开明（4月离职）　陈月祥（4月任职）

青磁窑乡

书　记：牛鹏飞

千佛岭乡

书　记：高　飞

官儿乡

书　记：任志强

王庄堡镇

书　记：乔　普

中共灵丘县委工作概况

县委书记 张 强

2016年,中共灵丘县委深入贯彻党的十八大和十八届三中、四中、五中、六中全会精神,以习近平总书记系列重要讲话精神为根本指针,按照"四个全面"战略布局,坚持省委"一个指引、两手硬"的重大思路和要求,全面落实市委"136"发展战略,紧紧围绕"建设面向京津冀地区宜居宜业宜游山水特色城镇"的发展定位,团结带领全县干部群众,解放思想、振奋精神、锐意创新,各项工作取得了显著成效。

一、全面推进从严治党,着力构建良好政治生态

以"两学一做"学习教育为抓手,以县乡换届为重点,切实扛起管党治党责任,不断提高党建科学化水平,为全县经济社会发展提供良好的政治保障。

一是思想建设成效显著。扎实开展"两学一做"学习教育,县委中心组先后开展17次集中学习和专题讨论,建立常委联系点44个,全县各级党组织共查找问题9148条,制定整改措施10058条,完成整改7839条;党员干部查找问题13636条,制定整改措施35658条,完成整改9836条。积极推进社会主义核心价值观教育,在电视台制作了"破除封建迷信移风易俗"、社会主义核心价值观等公益广告,并在自办节目《品读鉴赏》节目中开设践行社会主义核心价值观、讲文明树新风公益论坛,年内王兴堂、白化学分别入围2016年10月"中国好人榜"。

二是组织建设全面加强。圆满完成县乡换届工作,顺利产生了新一届县乡党委、人大、政府和县政协领导班子,为灵丘转型跨越发展提供了坚强的组织保障。着力提升基层组织建设,制定了县、乡、村三级党组织书记党建工作责任清单281个;集中整顿农村软弱涣散党组织26个;打好集体经济"破零"战,全县集体经济1万元以上的村达到154个;管好用好驻村第一书记,对22名工作不力的第一书记及时召回。全面加强党员干部队伍建设,组织县处级干部、乡镇党政正职、党委副书记、组织委员分批参加了市委"读党书、论责任、抓落实"专题培训;组织实施农村"领头雁"培训,县乡两级共培训"两委"主干1465人次、其他成员2433人次,第一书记338人次,致富能手和党员骨干786人次。

三是狠抓党风廉政建设和反腐败斗争。成立了县委巡察工作领导小组和巡查办公室,组建了3个巡察组,首轮对三个乡镇和三个单位开展了巡察,发现15类61个具体问题。狠抓执纪审查工作,年内全县各级党组织共谈话函询34人、约谈119人、提醒谈话457人、诫勉谈话31人、任前廉政谈话334人,查结案件53件,给予轻处分40人,重处分11人。强化扶贫领域监督执纪,组织12个乡镇和32家职能部门对2014年以来扶贫项目资金进行建账,共梳理出16类、涉及资金4.6亿元;对各村第一书记和扶贫工作队驻村履职情况开展了专项检查,对工作不到位6人进行了问责查处;查办扶贫领域涉纪问题线索25件,处分25人。坚持不懈反对四风,共发现相关问题线索28件,立案查处5件,给予党纪处分5人。

二、贯彻落实新发展理念,努力推动经济平稳健康发展

面对经济下行压力,县委贯彻落实新发展理念,牢牢把握稳中求进的工作总基调,统筹推进稳增长、调结构、促改革,县域经济继续保持稳中向好态势。全年全县地区生产总值完成30.48亿元,同比增长10.2%;规模以上工业增加值完成2.28亿元,同比增长36.5%;公共财政预算收入完成1.12亿元,同比增长4.7%;固定资产投资完成85.01亿元,同比下降12.9%;社会消费品零售总额完成30.21亿元,同比增长7.3%;城镇常住居民人均可支配收入达到24093元,同比增长6.1%;农村常住居民人均可支配收入达到6701元,同比增长7.2%。城镇登记失业率控制在3.9%以内,万元GDP综合能耗下降3.2%。

一是工业转型初显成效。占地12.66平方公里的新材料产业园区已完成规划编制;与河北卓达集团签署了精准扶贫暨全域城镇化示范区战略合作协议;总投资15亿元的东田矿业超纯铁精粉及海绵铁项目一期工程已经完工;总投资1.2亿元的库邦年产80吨医药中间体及科研基地项目已完成车间主体工程建设,预计明年4月份试生产;由润生大业公司投资,中国军事科学院博士提供技术支持的细胞培养基项目已建成投产;总投资2000万元的天津恒嘉利国际贸易有限公司冷链物流项目已投产运营;总投资4.3亿元的建投南甸子梁49.5MW风电场项目已建成并网发电;山煤集团投资10.68亿元的100MW发电一期工程已基本完工;总投资35亿元的石家庄东方能源公司40万千瓦风电供暖示范项目和总投资3.5亿元的中科汇海生物质热电联产项目取得发改委路条,正在办理前期手续;总投资4.1亿元的建投凤凰山49.5MW风电场项目,已上报省发改委待核准;总投资120亿元的通用航空产业园机场军转民工作已完成,并与北京丰荣航空等10多家企业进行了招商对接。

二是现代农业稳步发展。平型关国家有机农业公园深度方案已编制完成;车河有机社区三期工程已完工;古路河有机社区规划已编制完成;总投资1亿元的德威现代化农牧高

新科技项目已建成厂房和生物饲料生产线，实现了当年开工、当年建设、当年投产；总投资1.2亿元的国春冰苦荞无糖饮料项目完成投资3700万元；县政府与中合三农集团签署了养殖产业精准扶贫项目战略合作协议，计划总投资8亿元，分两期完成4万头肉牛和3万头肉驴有机养殖。畜牧业发展势头良好，全县大牲畜饲养量达到146500头，禽饲养量达到1150100只，肉、蛋、奶产量分别达到23550吨、6600吨和3560吨。

三是重点项目进展顺利。按照省委、省政府"项目见效年"要求，紧紧抓住京津冀产业转移和重组有利机遇，狠抓招商引资、项目储备、落地、建设等工作，先后组团到北京、天津、西安、成都、石家庄、威海等地考察，参加了北京·大同推介会、中国西安科博会、北京晋商大同行活动、第十九届投洽会、中国太原能博会等各类招商引资洽谈会，中合三农、河北卓达、天津德威、上海库邦、北京东田等一批大集团、大企业落户灵丘县，与太原重工、河北东方铸造等达成了合作意向。2016年，项目储备1108.24亿元，完成年任务的110.82%；项目签约141.8亿元，完成年任务的177.25%；项目落地43.6亿元，完成年任务的101.09%；项目开工32.05亿元，完成年任务的101.1%；项目建设84.3亿元，完成年任务的100.29%；项目投产75.51亿元，完成年任务的104.9%。

三、坚持精准扶贫脱贫，打赢新时期脱贫攻坚战

围绕"五个一批"和"六个精准"的要求，按照"党委政府主导、规划先行、产业支撑、市场运作、社会参与、共同富裕"的思路，重点实施了"十大脱贫行动"。一是抓住产业扶贫这个核心。放大农业龙头企业的扶贫带动效应，确定20家企业，采取"龙头企业+村集体+合作社+农户"的模式，发展5大有机种植+6大有机养殖产业，规划覆盖所有贫困户，实现短期脱贫和长期致富。二是高标准实施易地搬迁。结合产业发展，2016年共实施易地搬迁项目3个，安置贫困户3500人；2017年12个移民安置点已确定，开春解冻后即可着手建设。三是扭住就业这个根本。积极开展劳务输出，与国内知名的互联网O2O平台"阿姨帮"及各类劳务公司合作，全年共输出劳动力17742人，其中建档立卡贫困人口1015人。四是积极实施生态扶贫。组织建档立卡户成立造林专业合作社30个，选聘护林员806名。五是扩大资产收益扶贫规模。按照"财政资金注入、量化配股到户、企业主体管理、贫困群体分红、脱贫转股退出"的模式，实施资产收益扶贫项目5个，惠及贫困户1588户，该模式得到省市相关部门高度评价。六是搭建电商扶贫平台。成立了青年电商协会，推出了转转网、灵蕴有机农产品基地等8个电商平台，70多种农副产品上线销售。七是实施金融惠民工程。2016年通过政府贴息、企业担保、统贷统还、保底分红的模式，共为308户贫困户发放扶贫贷款3110万元。八是教育资助全覆盖。健全完善了从幼儿园到大学的全程教育资助体系，全年共资助6088人。九是实施健康扶贫行动。重大疾病补偿等6项政策全部落实到位。十是政策兜底。城乡"低保"和"五保"保障标准全部提标。此外，县财政压缩"三公"支出，将全县城乡居民基本养老金标准每人每月提高5元，达85元，目前大同市最高；规划建设养老服务院，努力实现五保户集中供养。

四、加强生态文明建设，倾力打造环境美丽宜居家园

一是城乡统筹步伐加快。高质量编制完成县城总体规划、中心城区控制性详细规划，全方位构建县域建设新体系，打造宜居宜业新城区。总投资8.6亿元的平型关广场城市综合体建设项目，写字楼、综合楼主体建设已封顶，商业街启动建设；总投资2亿元的唐河尚府北苑建设工程，完成全部投资并投入运营；与河北卓达集团签订了合作协议，精准实施生态产业新城镇项目建设，全面推进产城融合。道路交通建设方面，投资2675万元实施农村公路窄路拓宽改造项目，完成路面改造30条76.33公里；投资2996万元建设集中连片项目孙庄到柳科段县级公路改造工程，完成16.1公里道路改造并通车；投资746万元的撤并建制村通硬化路项目，共建成硬化路5条14.93公里；投资154万元完成生命防护工程7.4公里；国道108线下北泉至神堂堡段改建工程，已完成投资6.5亿元；京原铁路电气化改造工程灵丘段建设项目，已完成工程总量的80%。

二是生态环境持续好转。完成京津风沙源二期治理工程2.5万亩；完成交通沿线荒山绿化项目0.2万亩；完成巩固退耕还林成果薪炭林项目人工造林0.865万亩；完成太行山重点防护林绿化项目人工造林0.4万亩；完成重点区域造林0.036万亩；完成森林植被恢复人工造林0.1296万亩。全县森林覆盖率达到31%。节能减排方面，对县瑞通供热公司4台320蒸吨燃煤锅炉进行了除尘脱硫综合改造，效率提升到90%以上；淘汰火车站7台12蒸吨燃煤锅炉，替代为10台天然气锅炉；取缔非煤矿山企业5家，关停污染物严重超标企业3家；淘汰黄标车、老旧车89辆；完成城内、灵源、上北泉、南张庄4个村污水管网铺设工程，建设污水处理站2座。空气质量二级以上优良天数达到293天。

三是生态旅游业快速发展。以打造晋东旅游第一站和京津冀高端消费人群休闲旅游目的地为目标，重点推进平型关国家有机农业公园建设，目前聘请中规院编制的规划正在加快完善，农发行首批1.6亿元贷款基本到位，核心区布局的首批特色村庄城头会、车河、上下北泉等已现雏形；平型关军事文化园规划已编制完成，向解放军总装备部申请的首批用于展览和国防教育的退役武器陆续到位，总投资310万元的纪念馆展陈提升项目工程已完工并重新开馆；柳科乡刁泉村村民合作社与北京路华通旅游公司合作开发柳科乡凤凰尖景区正在做前期规划；完成了总投资300万元的觉山寺砖塔及寺庙维修工程；完成了总投资900万元的曲回寺石像冢保护设施项目；唐河湿地公园和集装箱酒店营地项目正在抓紧建设中。2016年，全县共接待游客198.29万人次，旅游综合收入15亿元，同比分别增长27.23%和22.8%。年内成功入选国家

全域旅游示范区,荣获中国最美生态宜居旅游名县称号。

五、着力保障和改善民生,全力维护社会和谐稳定

一是扎实推进就业和社会保障工作。年内新增城镇就业人数1557人,创业带动就业378人,城镇失业人员再就业1300人,转移农村劳动力3461人,城镇登记失业率控制在3.9%。全县177387人参加了新农合,参合率达到99.13%,年内为群众报销医药费5795.8万元;城镇职工基本养老保险参保人数达到18328人,城乡居民养老保险参保人数达到122764人,城镇基本医疗保险参保人数达到34887人,工伤保险参保人数达到18943人,生育保险参保人数达到13904人,失业保险参保人数达到8835人,社保覆盖面不断扩大。

二是着力解决困难群众的生产生活问题。全年发放低保金5440.5万元、五保供养金801.1万元,保障了20831名城乡低保人员和3457名五保对象的基本生活;发放医疗救助金613.2万元,有效缓减了困难群众看病就医的经济压力;为53名特困家庭子女发放助学金10.6万元;为遭受自然灾害的群众发放生活补助金580万元。城乡安居方面,完成了武灵镇城中村新建棚户区改造项目5799套;推进农村住房困难家庭危房改造项目,完成农村危房改造2130户,抗震改建500户;廉租房分配保障范围由城镇户籍家庭扩大到城镇常住人口家庭,为符合条件的361户分配了廉租住房。

三是大力发展各项社会事业。“全国义务教育发展基本均衡县”创建工作,顺利通过了国家督导组义务教育发展评估认定,灵丘一中等6所学校被评为“大同市课堂教学改革示范学校”和“大同市课堂教学改革工作先进学校”,2016年高考本科达线629人,达线率27.18%,本科达线人数再创历史新高,高考综合评价继续保持全市农业县区第一;深化医药卫生体制改革,“县级公立医院综合改革示范县”创建工作顺利通过省级评估;居民健康档案建档率达到86%以上;国家免疫规划疫苗接种率均达99%以上;全县高危孕产妇管理率、高危产妇住院分娩率100%,实现连续12年孕产妇零死亡;做好人口计生工作,全县人口出生率7.21‰,人口自增率3.59‰,“全面两孩”政策群众知晓率达到100%。促进文化事业大发展大繁荣,精心组织了春节、元宵节群众文化活动;大型实景《山水北泉》实现了常态化演出,创作了罗罗腔现代剧目《公仆》;全年完成送电影下乡3200场、送戏下乡313场。

(孙海军)

附:一、中共灵丘县委书记、副书记、常委名单

书　记:张　强

副书记:罗永山　方　旭(4月离职)
张学梅(女,7月任职)
戎晓峰(挂职,7月任职)

常　委:戴　陶(4月任职)　杜　福(4月任职)
索根生(4月离职)　于　君(4月任职)
赵　宇(4月离职)　郭尚元　高志明
谢　兴(挂职)　孙为军(4月任职)
张　田(4月离职)　张学梅(女,7月调职)
李青春(4月任职)

二、乡镇党委书记名单

武灵镇

书　记:胡桂森(5月离职)　李灵杰(5月任职)

东河南镇

书　记:勾海德(5月离职)　张进明(5月任职)

上寨镇

书　记:曹全先(5月离职)　李　春(5月任职)

落水河乡

书　记:王东伟(5月任职)

赵北乡

书　记:王怀忠(5月离职)　王　峰(5月任职)

下关乡

书　记:王东伟(5月离职)　刘忠良(5月任职)

白崖台乡

书　记:邓　榛(5月离职)　贾占涛(5月任职)

独峪乡

书　记:王怀忠(5月离职)　赵永富(5月任职)

石家田乡

书　记:李灵杰(5月离职)　王永绘(5月任职)

柳科乡

书　记:张进明(5月离职)　张海英(5月任职)

史庄乡

书　记:李　春(5月离职)　杜兴梅(女,5月任职)

红石塄乡

书　记:张秀丽(女,5月离职)　赵　斌(5月任职)

中共广灵县委工作概况

县委书记　李润军

广灵县位于山西省东北边陲,永定河上游,毗邻灵丘、浑源、阳高和河北省蔚县。全县辖2镇7乡180个行政村,国土面积1283平方公里,耕地面积44.3万亩,总人口18.5万人。

2016年,中共广灵县委认真贯彻党的十八大、十八届三中、四中、五中、六中全会精神,全面落实省、市、县党代会精神,牢牢把握稳中求

进总要求，奋力推进经济社会协调发展，较好地完成了全年各项目标任务。

一、坚持从严治党，党的建设全面进步

全县现有基层党(工)委 18 个(乡镇党委 9 个，企业党委 2 个，县直机关工委 2 个，县直机关党委 5 个)，党总支 19 个(农村党总支 3 个，行政、企、事业单位党总支 15 个，社会组织党总支 1 个)，党支部 445 个(农村党支部 182 个)。截至 2016 年底，全县党员 9861 名(其中女党员 1834 名，农民党员 4620 名)。

一是基层组织基础不断巩固。圆满完成县乡换届工作。坚持超前谋划、精心组织，5 月 20 日，完成乡镇换届；8 月 10 日至 22 日，县第十五次党代会和人大、政协“两会”胜利召开，选举产生了新一届县“四套班子”。深入开展“两学一做”学习教育。在“学”“改”“做”“融”上精准发力，创新开启了“微平台、微时间、微组织、微内容、微服务”学习新模式；全县各级党组织查摆问题 4967 个，已整改 3333 个，党员查摆出问题 34296 个，已整改 20790 个；开展“万名党员先锋行，精准扶贫惠民生”主题实践活动，党员党内教育进一步深化；严肃开展党内政治生活，促进“两学一做”学习教育常态长效。基层党建基础有效夯实。落实各项党建工作经费预算 468 万元，确保村级运转经费达到 8 万元、社区办公和活动经费达到 10 万元；整顿软弱涣散基层党组织 18 个；开展培训 452 人次，引进项目 10 个，争取帮扶资金 55.5 万，为群众办实事好事 144 件。谋划指导村级集体经济破零，集体经济“破零”村达到 114 个，占比 63%。

二是党风廉政建设有效推进。全面压实“两个责任”。严格落实党委主体责任，领导和支持纪委工作，多次召开专题会议研究部署全县党风廉政建设工作，进行责任分解，督促履行“一岗双责”。认真组织落实《中共广灵县委关于落实党风廉政建设党委主体责任的实施办法》，督促指导全县 9 个乡镇、91 个县直科级单位列细、列实责任清单，推动各级党组织将全面从严治党“两个责任”落到实处。保持反腐败高压态势。坚持有腐必惩，有贪必肃，全年立案查处 53 件，党政纪处分 53 人，其中重处分以上 7 人，挽回经济损失 21.68 万元。对 2 个乡和 2 个单位开展首轮巡察，发现存在问题 46 个，移送纪委处置问题线索 9 个。严防“四风”问题反弹。建立完善深挖细查“四风”问题联动协作机制，印发《关于加强联动协作全面监督“四风”问题的工作方案》，紧盯节假日节点，紧抓多发易发问题，先后组织 9 次联合督查，对全县 20 余家餐饮、娱乐场所和 60 余个机关单位进行明察暗访，形成了持续震慑。

三是常委班子建设全面加强。积极发挥表率作用。严格贯彻落实中央十八届六中全会通过的《准则》《条例》等党内法规，始终把纪律和规矩挺在前面，带头维护党规党纪的严肃性和权威性，严格遵守中央八项规定，引领全县党员干部增强党的意识、党章意识、纪律规矩意识。严格落实民主集中制。认真执行《中共广灵县委全会工作规则》《中共广灵县委常委会工作规则》和《中共广灵县委书记专题会议工作规则》等规章制度。凡涉及安全、稳定和事关全县经济社会发展的重大问题决策，都经过常委会班子集体研究决策，凡涉及人事任免，都实行常委会表决制。县四套班子之间相互协调配合，事关全县发展大局的决策坚持提交县人大、县政协讨论，县委常委会邀请县人大、县政协正职列席。坚持重大事项都经县委常委扩大会、县委全会、党政联席会集体讨论决定，力求决策民主化、科学化。严肃党内政治生活。常委班子带头落实党员定期向党组织汇报思想和工作制度，认真召开民主生活会，进行深刻的党性分析和自我剖析，县委常委会自我发现问题、解决问题的能力进一步提高。严格按照《准则》和《条例》要求，强化“三会一课”制度和双重组织生活制度，着力增强党内政治生活的政治性、时代性、原则性和战斗性。

二、坚持第一要务，经济社会协调发展

中共广灵县委在十五次党代会上提出并实施“11255”发展思路，统筹“五位一体”，落实新发展理念，紧跟核心，对标提标，狠抓落实。全年完成地区生产总值 22.4 亿元，同比增长 5.5%；完成规模以上工业增加值 4.05 亿元，同比增长 12.4%；完成公共财政预算收入 8673 万元，实现年度目标任务；完成固定资产投资额 85.25 亿元，同比增长 12.6%；完成社会消费品零售总额 9.95 亿元，同比增长 7.1%；城镇居民人均可支配收入 19656 元，同比增长 5.7%；农村居民人均可支配收入 6400 元，同比增长 6%。

一是产业结构优化升级。积极改造提升传统优势产业，全面推进经济转型升级。农业调产迈出新步伐。规划实施经济林、杂粮、中药材种植和养殖 4 类基地，牵头推进“大同好粮”项目，着力打造北方杂粮产业生态集散中心。扶持壮大“513”农业加工龙头企业，农业组织化程度不断提高；发展“一村一品”专业村 73 个，“三品一标”认证 16 个，品牌认证工作扎实推进；做好第三次全国农业普查前期准备工作，为推进农业供给侧结构性改革提供扎实的数据服务、信息服务。工业实力有了新提升。全县规模以上工业企业预计完成现价工业总产值 10.5 亿元，同比增长 2.9%；销售收入 9 亿元，同比增长 2.3 %；实现利税 1.8 亿元，同比增长 97.3%；实现利润 1.2 亿元，同比增长 118 %；万元 GDP 综合能耗下降 3.2%。项目建设实现新推进。规划建设占地 32 平方公里的开发区，改革开放有了新载体；扎实开展“冬季行动”，启动总投资 109.65 亿元的 37 个项目。民营经济有了新发展。放宽市场准入条件，市场主体实现快速增长，全县新增注册企业 149 家、合作社 74 户、个体户 532 户，中小微企业全年预计实现增加值 6.8 亿元。大力发展电子商务，成立京东广灵县服务中心，在 6 个乡镇设立 7 个村级合作点，积极构建农村电子商务网络已覆盖全县 97 个行政村，实现总网销售 400 余万元。文化旅游业发展取得新进展。旅游产业有了新突破。全面构建旅游产业与各类产业相互融合的“大旅游”格局，积极开展论证策划和规划编制工作，修编完善《广灵县旅游总体规划》；修缮安坚寺、六咀东庙等古建筑，在白羊峪景区建

设停车场,旅游基础设施逐步完善;开展文物和旅游资源挖掘归集,整理国有不可移动文物329处;加大旅游文化宣传,拍摄《域美广灵·灵山秀水》等宣传片,组织开展旅游形象宣传口号和重点旅游资源区名称标识征集工作;积极推进旅游招商引资,依托白羊峪、长江峪和圣眷峪,大力发展沟峪经济。

二是改革创新不断深化。坚持将改革作为加快经济社会发展的驱动力,扎实推进重要领域、关键环节的改革,全面激发发展活力。深化行政审批制度改革。积极完成"两单两图"并公布运行;扎实推进"两集中两到位"工作,提高了审批效率;对行政审批事项精简不够、审批程序不优、审批效率不高等问题进行专项整治。深化社会保障制度改革。全面推进企业养老保险、医疗保险、生育保险、工伤保险等方面的跨制度、跨区域办理转移接续手续,解决了退休难、看病难和养老金发放难的问题;建立统一城乡居民医疗保险参保标准和缴费标准,深入推进付费方式改革,进一步完善了全县城乡居民大病保险制度。大力实施金融创新。逐步扩大财政扶贫担保基金运用规模,加大信贷投放力度。邮政储蓄银行广灵支行发放财政扶贫担保基金担保贷款650万元,另为广灵北野菌业公司发放大同财信担保贷款700万元。加强银企合作,工商银行通过"互联网+"的模式搭建电商平台,帮助县域涉农企业推介优质农产品。

三是社会建设扎实推进。以改善民生和创新管理为重点,坚决维护最广大人民群众根本利益。持续改善民生事业。激励鼓励民生事业发展的政策相继出台,教育、医疗、社保、民政等方面的改革逐步推进。大力实施安居工程,全面加强城乡环卫整治,人居环境持续创优。实施林业"六大工程",推进水污染、大气污染和土壤污染防治三个行动计划,县城空气质量优良天数达到298天,生态环境持续好转。凝心聚力脱贫攻坚。围绕"五个精准""六个一批",建强"三支队伍",以"五到位""六行动"工作法推动精准扶贫脱贫,全县退出贫困户2788户、5540人,退出贫困村17个,扶贫脱贫工作取得阶段性成效。正向引领舆论宣传。综合运用《山西日报》《大同日报》、广灵电视台、《广灵报》、广灵政府网等宣传媒介和市县宣讲团开展宣传宣讲,举办摄影和微视频大赛,对内凝心聚力、对外宣传广灵效果明显。全力维护社会稳定。落实信访积案"一交办三治理",全年受理案件457件,成功调解412件,调处率为90.1%。开展严打整治"百日行动""冬季严打整治"等专项行动,累计破获各类刑事案件106起,抓获犯罪嫌疑人55人;查处行政案件148起,行政处罚294人,取缔黄赌毒场所142处,人民群众安全感进一步增强。有效推进民主法治。支持人大及其常委会依法行使职权;支持政协发挥协商民主重要渠道作用;巩固和发展爱国统一战线,充分发挥工商联和无党派人士的作用;支持工会、共青团、妇联等人民团体参与社会管理和公共服务,维护群众合法权益;加强国防动员和后备力量建设,巩固发展军政军民团结。推进司法体制、监察体制改革,支持审判机关、检察机关依法独立公正行使审判权、检察权,加强法制宣传教育,广泛开展各类普法活动,严厉惩治司法领域的不法行为,切实推进公正司法,维护司法权威。

(田广源)

附:一、中共广灵县委书记、副书记、常委名单

书　记:郭占宝(7月离职)　李润军(7月任职)
副书记:王丽萍(女,7月任职)　张宏东(6月离职)
李　纬(7月任职)　贾亚军(7月离职,挂职)
李满田(7月任职,挂职)
常　委:刘宝贵(4月离职)　牛志刚(4月离职)
郭云峰(4月离职)　杜　福(4月离职)
白　洁(女)　赵晓周(4月任职)
曹　辉(4月任职)　吴华泽
李贵峰(4月任职)　赵昱清(4月任职)
耿建举(8月离职,挂职)

二、乡镇党委书记名单

壶泉镇
书　记:李贵峰(4月离职)　阎熙福(4月任职)
南村镇
书　记:魏向军(4月离职)　仝循清(4月任职)
作疃乡
书　记:刘玉清(女,4月离职)　张志新(4月任职)
加斗乡
书　记:李尚吉(4月离职)　高志华(4月任职)
蕉山乡
书　记:仝在福(4月离职)　张胜国(4月任职)
宜兴乡
书　记:王俊军(4月离职)　仝志华(4月任职)
梁庄乡
书　记:阎熙福(4月离职)　苑在勇(4月任职)
望狐乡
书　记:张志新(4月离职)　李贯新(4月任职)
斗泉乡
书　记:仝志华(4月离职)　陶　恒(4月任职)

中共左云县委工作概况

县委书记　胡　勇

2016年，中共左云县委认真贯彻落实党的十八大和十八届三中、四中、五中、六中全会精神以及习近平总书记系列重要讲话精神，围绕省委“一个指引、两手硬”的重大思路和要求，按照市委“136”发展战略，紧扣发展目标任务，大力弘扬“忠诚担当讲奉献，苦干实干豁上干”的新时期左云创业精神，全力打造“经济强县、生态大县、文化名县”，各项工作取得了可喜成绩，全县经济社会发展稳中向好。

一、从严治党强基础，党建工作开创新局面

一是聚焦“四讲四有”，深入开展“两学一做”学习教育。左云县目前共有基层党委17个，党总支28个，党支部474个，其中农村党支部227个，机关企事业单位党支部231个。全县党员7909名，其中农村党员3382名，设立非公党组织24个，党组织的覆盖面进一步扩大。县委始终把“两学一做”作为工作总抓手，通过领导示范带动、分层分类指导、突出问题整改、从严督促落实等一系列措施，扎实推进“两学一做”学习教育。以学为基，全年组织集中学习48次，讲党课36次，深入39个联系点指导269次。以做为本，全县共列出“三个清单”8444个，各级党组织查摆问题3324个，全部完成整改。以常为要，健全完善了“三会一课”、民主生活会、双重组织生活会和谈心谈话等相关制度。确定每月1日为党支部“主题党日”，全县县直机关、企事业单位党支部全部按期完成换届工作。

二是压实“两个责任”，党风廉政建设全面加强。始终把纪律和规矩挺在前面，不断压实“两个责任”，加大干部考核、监督、管理力度，深入开展党风廉政建设和反腐败斗争，以零容忍态度惩治腐败，驰而不息纠正“四风”，同步抓好“构建良好政治生态”和“推动经济稳定向好”这两个关键，做到了两手硬。强化纪律规矩教育。把学习贯彻《党章》《准则》和《条例》作为重要政治任务，拍摄了廉政微电影《娘心》，开展了学习党章党规党纪知识测试，营造了崇廉尚廉的浓厚氛围。县委班子带头落实全面从严治党主体责任，先后18次专题研究党风廉政建设和反腐败工作，及时研究重大事项、重点工作和重要案件。县委书记自觉履行第一责任人职责，约谈了各乡镇、各部门党委书记和纪委书记、纪检组长，对履行“两个责任”不力的党员领导干部进行了严肃问责。强化正风肃纪。全年共受理涉纪信访举报147件次，立结案39件，给予党纪处分37人，政纪处分4人，双重处分2人，风清气正的环境正逐步形成。年内成立了3个巡察小组，完成首轮巡察，共发现存在问题51个，向被巡察单位提出整改意见11条。县监察体制改革各项工作正在有序推进。

三是引深“一带三创”，基层组织建设稳步推进。建立党建工作责任清单，细化量化农村基层党建工作任务；建立党建例会制度，自下而上定期召开党建例会；建立运转经费保障机制，县财政用于农村基层党建经费预算615.5万元，增长16.3%，按任职年限，为正常离任的农村党支部书记和村委会主任，按月发放补贴。对全县22个软弱涣散村级党组织实进行帮扶整顿，通过“四个一批”途径，推动全县159个村实现集体经济破零。建立“党员缴纳党费日”制度。年内共发展党员77名，其中农民党员40名，破解了农村党员发展难和村级党组织后继乏人的问题。建立党内激励关怀帮扶机制。慰问生活困难党员、建国前入党的老党员、受灾党员等477人，发放慰问金、慰问品共计9.9万元。

二、深化改革促转型，社会事业取得新发展

一是重点领域改革不断深化。在推进简政放权中，承接、取消和调整64项行政审批项目并实现了“无缝对接”；完成了权力清单和责任清单编制，保留行政职权事项1946项，减少1991项，精简率50.21%。在县政府网站全面公开了政府预决算、部门预决算和“三公”经费预决算。加快推进农村信用合作联社改制农商行，稳步扩大“助保贷”规模，建立了创业就业贷款金融扶持平台，实施了城乡建设用地增减挂钩项目和矿业存量土地复垦项目试点工程。推进城镇化建设，实施了市政基础设施和公共服务设施、住房建设、产业集聚区、旅游资源开发利用项目。

二是重点项目建设积极推进。采煤沉陷区国家先进技术光伏示范基地一期50万千瓦建设项目全部建成并网发电；大同煤制天然气项目、京同热电项目、引黄入左工程积极推进；左云经济技术开发区临时供水工程主体工程完工，新兴产业园区完成前期600亩土地征收补偿，启动了水电路配套设施建设。现代仓储物流园区完成总规编制，开展了可研编制、土地手续办理等前期工作。积极开展对外招商引资，共签约项目28个，总投资218亿元。

三是现代特色农业加快发展。紧扣促农增收的目标，因地制宜走“农牧结合”的特色农业发展道路。全县农作物播种面积39万亩，实现农产品销售收入4.62亿元，粮食总产量达到3.55万吨；实施并完成4个“一县一业”项目；新增中药材种植面积5000多亩，山西省中药材崛起工程试验示范项目全部完成；新建15个标准化养羊小区；农业机械化综合示范县项目顺利实施；完成了18.7万亩土地确权登记公示工作。

四是生态文化旅游势头良好。完成京津风沙源二期工程和退耕还林成果巩固项目、县乡通道及村庄绿化、长城沿线旅游路绿化、三屯乡宁鲁村农业综合开发生态治理项目、十里河湿地修复与保护等工程，全年二级以上良好天数 313 天。编制了全县旅游发展规划。文艺精品创作成果丰硕，创编现代晋剧《玉兰飘香》并下乡巡演 35 场，威鲁月华池和三屯夏都 2 个书画写生基地已对外开放服务。节庆、民俗演出异彩纷呈，成功举办了“古塞风韵·魅力左云”晋省绘画作品展、首届清凉艺术节和潮尚露营彩跑摇滚音乐节山西左云站活动，生态左云、边塞人文的文化品牌特色彰显。

五是脱贫攻坚工作精准有效。制定出台了《关于全力打赢精准脱贫攻坚战的实施方案》，实施了“三个精准”和“七条工作线”，选派 443 名干部驻村帮扶，动员 12 个农业龙头企业和农村专业合作社帮扶，依托月华池、夏都文化旅游写生基地帮扶，依托采煤沉陷区光伏示范基地、分散式光伏发电项目建设帮扶，从增加贫困人口就业入手帮扶，实施易地搬迁扶贫、金融电商扶贫、政策兜底扶贫，脱贫攻坚工作取得实效。

六是社会民生事业持续发展。全年财政用于民生的支出占一般公共预算支出的 79.97%，同比增长 7.6%。政府承诺为民办的十件实事全部办结。积极推进义务教育学校管理标准省级实验区创建和联盟校“一对多”办学模式改革，义务教育学校信息化建设工程投入使用；高考再创佳绩，普通高考二本 B 类以上达线 284 人。县医院、中医院与 9 家乡镇卫生院结对帮扶，加强县外医疗合作，“两孩”政策全面落地。完成了农村电影“2131”工程、广播电视直播卫星“户户通”、戏曲演出、农家书屋补充更新等文化惠民工程，文化馆、图书馆免费开放。完成全年城镇新增就业和农村劳动力转移就业任务。退休职工养老保险及时发放，城乡医保整合工作顺利完成。城乡低保动态管理、精准救助、全面提标，双拥、优抚工作取得新成效。

七是城市基础建设力度空前。紧紧抓住国家城市棚户区改造、采煤沉陷区治理搬迁等政策机遇，大力实施历史文化名城复兴战略，启动了旧城整治和新区建设工程，共实施道路、安居等 6 大项 12 项工程，其中，北环路整体改造、和泰路、公共租赁住房、县城老旧楼改造、农村困难家庭危房改造工程已完工；云文苑项目主体已封顶，益晟大厦内装修已近尾声；城市棚户区改造、采煤沉陷区搬迁以及“太阳城”商住开发项目正在稳步实施。109 国道县城段改线工程顺利获批，三屯至陈家窑旅游公路路基工程、4 条便民公路基础工程、农村公路窄路面提质工程已完工，实施了高速路连接线灯光工程。县城公共汽车已开通运营。积极推动创建省级宜居示范村和市级宜居示范村工作。

（张国栋）

附：一、中共左云县委书记、副书记、常委名单

书　记：胡　勇

副书记：王东升（5 月离职）　苏　智

魏智力（5 月任职）

常　委：赵建军（5 月离职）　刘志强（5 月离职）

王建平（5 月离职）　张立波（5 月离职）

景　珍（5 月任职）　孟玉香（女，5 月任职）

张颖龙（5 月任职）　任　帅（5 月任职）

何战勇　李国魁（5 月任职）

二、乡镇党委书记名单

管家堡乡

书　记：冀文富（5 月离职）　张晓梅（女，5 月任职）

鹊山镇

书　记：张志宏（5 月离职）　吴　平（5 月任职）

张家场乡

书　记：王　瑾（5 月离职）　张宏龙（5 月任职）

三屯乡

书　记：马　杰（5 月离职）　张志宏（5 月任职）

云兴镇

书　记：李　江（1 月任职）

马道头乡

书　记：张生贵（5 月离职）　贾宏泓（5 月任职）

小京庄乡

书　记：乔永忠（5 月离职）　韩月儒（5 月任职）

店湾镇

书　记：任　刚（5 月离职）　赵建军（5 月任职）

水窑乡

书　记：韩月儒（5 月离职）　宋振中（5 月任职）

中共朔州市委工作概况

市委书记　王安庞

截至2016年底，朔州市共有基层党组织5374个，其中基层党委197个，党总支290个，党支部4887个，有党员84757人，其中2016年新发展党员976人。

2016年是朔州市克服困难、奋力攻坚，在挑战中推进各项工作取得新进展的一年。一年来，在省委的坚强领导下，市委深入学习贯彻习近平总书记系列重要讲话精神和治国理政新理念新思想新战略，按照省委“一个指引、两手硬”的重大思路和要求以及“五个山西”的治晋理政总方略，立足“把方向、管大局、作决策、保落实”的职责定位，充分发挥总揽全局、协调各方的领导核心作用，自觉担当全面从严治党政治责任，切实加强对经济、政治、文化、社会、生态文明建设的全面领导，团结带领全市干部群众，进一步突出“两大任务”工作主题，在风险挑战中攻坚，在困难逆境中争先，在创新奋进中突破，全市经济在开局不利的情况下奋起直追，主要经济指标增速进入三季度逐月加快，全年地区生产总值完成918亿元，同比增长4.2%，比上半年提高3.8个百分点；规上工业增加值完成213.1亿元，同比增长2.7%，比上半年提高5个百分点；一般公共预算收入完成49.1亿元，同比下降9.5%，比上半年收窄19.5个百分点；固定资产投资完成637.7亿元，同比下降31.9%；社会消费品零售总额完成291.1亿元，同比增长7.7%；城镇居民人均可支配收入28989元，同比增长5.4%；农村居民人均可支配收入11478元，同比增长6.1%。总体来看，全市经济正在发生一些标志性、转折性、趋势性变化，经济发展的方向更加明确，稳步向好的基础不断巩固，干事创业的氛围日益浓厚。尤其是市委坚持学习新精神，研究新情况，解决新问题，观大势、谋大局、抓大事，抓住主要矛盾和矛盾的主要方面，以突破重点带动发展全局，主抓了以下几件大事：一是胜利召开中国共产党朔州市第六次代表大会，提出“五个更加突出、走出五条新路”的主攻方向，进一步绘就了朔州未来五年的发展蓝图；二是深入开展“两学一做”学习教育，党员干部“四讲四有”的自觉性、主动性得到显著增强；三是圆满完成市县乡三级换届工作，风清气正选优配强领导班子，为全面建成小康社会提供了强有力的组织保障；四是面对经济下行压力持续加大的严峻考验，团结带领全市上下，主动作为、勇于担当，迎难而上、奋力攻坚，确保主要经济指标止降回稳、稳中有进，实现了“下半年好于上半年，为2017年进一步好转奠定坚实基础”的目标；五是坚持把精准脱贫攻坚作为重大政治任务和第一民生工程，大力实施精准脱贫右玉攻坚2016行动，推进落实“十大举措”，59个村10114户22961人的年度脱贫攻坚任务顺利完成，实现首战首胜，全面小康的基础得到进一步夯实；六是深入推进“五城联创”，在巩固国家级园林城市工作的基础上，全国双拥模范城创建成功，城市形象和品位得到进一步提升。同时，市委充分发挥社会主义民主政治优越性，始终尊重人民群众主体地位，加强对人大和政协的领导，注重抓好统战和群团工作，认真做好党管武装工作，不断汇聚各方强大合力。加强宣传思想文化工作，突出思想引领、舆论推动、精神激励、文化支撑，凝聚全市干部群众干事创业的正能量和精气神，围绕“唱响‘两大任务’，讲好朔州故事”主题，加强对内对外宣传和网络宣传，组织纪念建党95周年暨长征胜利80周年群众性主题教育系列活动，被授予第二批国家公共文化服务体系示范区称号。

一、坚持一个指引，政治定力有了新增强

牢固树立“四个意识”特别是核心意识、看齐意识，始终把学习贯彻习近平总书记系列重要讲话精神和治国理政新理念新思想新战略作为首要的、重大的政治任务，抓住开展“两学一做”学习教育的重要契机，发挥领导干部带头学的示范效应，采取常委会会议、中心组学习、专题研讨会、集中培训班、组织宣讲团等多种方式深入学习领会，召开全市学习贯彻习近平总书记系列重要讲话精神引深“两学一做”学习教育经验交流会，切实把学习习近平总书记系列重要讲话与学习贯彻落实党的十八届六中全会、省第十一次党代会、市第六次党代会精神结合起来，与学习贯彻习近平总书记对右玉精神重要批示指示精神、大力传承弘扬右玉精神结合起来，自觉同以习近平同志为核心的党中央保持高度一致，坚决维护以习近平同志为核心的党中央权威，不断增强贯彻落实中央精神和省委决策部署的政治坚定性和行动自觉性。同时，成立市委意识形态工作领导小组，坚决反对和抵制错误思潮，牢牢掌握意识形态工作的领导权和主动权。

二、全面从严治党，党的建设提升新水平

坚持把抓好党建作为最大政绩，强化政治责任，落实主体责任，坚决贯彻全面从严治党要求，全面加强党的思想、组织、作风、反腐倡廉和制度建设，着力构建良好政治生态。扎实推进基层党建，制定《全市2016年基层党建工作要点》，自上而下建立基层党建工作责任制，推行党建工作例会，自下而上组织开展联述联评联考，积极实施农

村基层党建23项措施和社区党建“五有一强化”工程，推进非公经济组织、社会组织党建“两个覆盖”专项行动。重点加强“三基”建设，基层党建有特色、有声势、有成效。加强干部队伍建设，研究干部人事任免14批次201人，坚决从严把好选人用人关。积极筹备组建成立右玉干部教育学院，省委给予大力支持，省财政专门下拨专项经费1000万元。加大干部到先进发达地区和革命圣地学习培训力度，培训干部19668人次。强化日常监督管理，查处选人用人问题7件，消化超职数处级干部58名。强化纪律作风整治，连续第三年开展干部纪律作风教育整顿活动，全年针对“为官不为”和“四风”突出问题，查处“为官不为”问题467件，给予党政纪处分488人；发现“四风”问题线索80条，查处违反中央八项规定精神问题95件，处理处分99人；通报典型问题34起66人。全面深化正风反腐，坚决落实“两个责任”，层层压实责任，加大问责力度，对落实“两个责任”不力的31人严肃问责。认真执行《中国共产党廉洁自律准则》《中国共产党纪律处分条例》《中国共产党问责条例》，综合运用“四种形态”，加大对初次违纪行为和轻微错误事实的查处力度，给予党政纪轻处分占处分总数的85.11%；经初步核实或谈话函询后给予组织处理1064人，同比增长2.05倍。全市各级纪检监察机关共处置问题线索3074件，增长54.39%，立案1067件、党政纪处分1034人。构建良好从政环境，按照省委“巩固深化提高”的方针和“在五个方面取得新进展”的目标，以及《激励干部担当作为干事创业办法》《支持干部改革创新合理容错办法》，对干部既严格管理又关心爱护，为担当的干部担当，为负责的干部负责，有效调动了广大干部干事创业的积极性、主动性和创造性，全市上下共谋发展、共促发展的浓厚氛围日益形成。

三、狠抓第一要务，转型升级有了新进展

坚持以经济建设为中心，切实加强和改进党对经济工作的领导，牢固树立、主动践行新发展理念，特别是深入贯彻省委第219次常委会议《纪要》精神，切实把各级干部的精力和注意力引导和集中到经济建设上来，理直气壮狠抓发展第一要务，建立市委常委会每季度研究经济工作、定期召开经济工作推进会等制度，提升领导经济工作的能力水平。加快产业结构调整步伐，深入推进煤电一体化，加快煤炭产业转型升级，动态考核安全质量标准化矿井达到40座。积极推进煤炭延伸、转化和清洁高效利用，重点加快晋北现代煤化工基地建设，阳煤集团200万吨/年低阶煤分质清洁利用多联产项目正式签约。连续四年成功举办亚洲粉煤灰及脱硫石膏处理与利用技术国际交流大会。全市已并网发电和在建电厂总装机规模达到1610.9万千瓦，其中，风力发电和光伏发电等新能源装机规模达到406.5万千瓦，两条特高压电力外送通道加快推进。制定《朔州市产业转型升级实施方案》，大力推进生物制药、陶瓷、新材料、新能源、装备制造、电动汽车、文化旅游、现代服务业、大数据等转型升级产业。全市三产服务业完成增加值比去年同期增长6%，占到GDP比重的52%，成为经济增长的主引擎。特别是金融业增加值占到GDP比重的5.7%，占服务业增加值11%，分别比去年提高1.4和2.2个百分点，成为支撑经济发展的又一新的支柱产业。同时，紧紧抓住作为全国唯一的草牧业发展试验试点市重大机遇，努力打造全国农牧交错带结构调整先行区。全省粮经饲三元结构调整发展草牧业现场会在朔州召开。强化项目支撑带动，牢固树立“以项目促发展”的工作导向，积极开展项目储备“补库”行动，建立项目建设“周例会”制度，实现项目投资规模和质量“双增强”。重点实施“项目大起底”和“双二百”行动，全市新开工项目368个，总投资1147.6亿元，开工率88.7%，为经济发展提供了有力支撑。同时，积极转变招商引资理念，创新招商引资方式，按照精准招商的要求，市委常委、副市长带头督促并参加县区外出招商引资，全年共签约招商引资项目172个，总投资1651.5亿元，超目标任务23.3个百分点。推进重大基础设施建设，以“一山两河一湖”为重点的城市生态体系建设扎实推进，七里河生态环境综合治理工程进展顺利。大西高铁客运专线朔州段项目开工建设，全线初步设计完成。民用机场项目完成预可研报告编制及前置三个支撑性文件的上报工作，通过了专家论证。朔州大医院前期手续办理完毕，正在研究建设模式。东北环城高速公路项目完成工可编制，正在编制项目实施初步方案。右玉至平鲁高速公路项目全面铺开，完成投资28.1亿元。

四、加快改革创新，区域发展厚植新优势

坚持以全面深化改革为统领，以转型综改试验区建设为牵引，市委全面深化改革领导小组召开12次专题会议，制定《2016年改革工作要点》，出台《朔州市国家资源型经济转型综合配套改革试验实施方案（2016—2020年）》和《朔州市国家资源型经济转型综合配套改革试验2016年行动计划》，转型综改加快破题实践。推进供给侧结构性改革，认真落实“三去一降一补”任务，关闭退出煤矿7座，退出产能1100万吨。处置“僵尸企业”18家；消化房地产库存66.7万平方米，超额完成省定任务；设立初期规模为1亿元的专惠小微企业信用保证基金；严格落实省政府“减负60条”“工业19条”，全市大用户直供电企业达到11户，降低用电成本2亿元。成功组建“100亿元朔州建银经济发展投资基金”和“100亿元朔州浦发城市发展投资基金”，政府投资能力、财政保障能力和企业融资能力进一步提升。被确定为重度盐碱地规划为建设用地改革试点，前期准备各项工作有序推进。按照“整合、改制、扩区、调规”的方针和“三化三制”的要求，推进开发区改革创新发展。按照楼阳生省长的要求，打造右玉省级生态文化旅游开发区，规划建设的思路基本确定，规划总图基本绘制完成。

五、注重以人为本，全面小康开创新局面

坚持把人民放在心中最高位置，把增进人民福祉、促进人的全面发展作为一切工作的出发点和落脚点，全面推进各项民生改善和社会事业建设。全市民生支出100.28亿元，占一般公共预算支出的78.82%。统筹推进民生事业发展。积极推进义务教育均衡发展，深入开展国家级创业型城市创建，全面推进“双创”，带动就业1.6万人，全年城镇新增各类就业2.15万人。推进“健康朔州”建设，全面推开机关事业单位养老保险制度改革和大病保险制度改革，积极推进城乡居民医保制度整合。被国家人社部确定为全国第一批32个社会保障卡综合应用示范基地市之一。城乡低保标准分别提高20元和30元。保障性住房建设扎实推进，货币化安置率在全省排第一位。投资1.3亿元改造农村危房6970户。“朔州号”旅客列车启动运营，极大方便了市民出行和各大客源地游客来朔观光旅游。千方百计增加农民收入。继续实施“双稳定”农民增收工程，全市农民人均畜牧业纯收入达到1600多元。269家农产品加工企业完成销售收入192亿元，同比增长6.67%，农业产业化经营组织为农民提供就业岗位4万多个，辐射带动农户17万户，人均提供可支配收入1400多元。陶瓷企业吸纳劳动力近4万人。中小微企业从业人员达到43.5万人。不断加快美丽朔州建设。坚持植绿兴水并举，完成营造林17.43万亩，全市营造林面积占国土面积的35.5%。加快农田水利建设，实施水土保持治理。加快生态治理修复，制定《朔州市采煤沉陷区综合治理工作方案（2016—2018年）》和《朔州市采煤沉陷区综合治理2016年行动方案》。扎实推进城乡人居环境改善“四大工程”，完成投资119.05亿元。注重节能降耗减排，重点推进35项节能改造项目，实施燃煤发电机组超低排放改造工程，万元GDP能耗、化学需氧量、二氧化硫、氨氮、氮氧化物、烟尘、工业粉尘排放量减排幅度均达序时进度。坚决维护安全稳定大局。加快法治朔州建设，全面启动“七五”普法，进一步树立和弘扬新风正气，教育引导群众崇法向善、循法而行，形成守法光荣、违法可耻的社会氛围。牢固树立总体国家安全观，狠抓防范“颜色革命”形成气候、防范暴恐活动危害安全、防范利用互联网煽动滋事“三个重点”，大力开展“打黑除恶专项斗争深化年”活动。严格落实“党政同责、一岗双责、齐抓共管、失职追责”的安全生产责任体系，“三个必须”全覆盖的责任体系初步形成。深入开展安全稳定隐患风险大排查大整治百日攻坚行动，安全生产形势明显稳定好转。严格实行领导包案接访下访，深入推动矛盾纠纷排查化解，依法处置非正常上访。在党的十八届六中全会、省第十一次党代会等重大活动期间，实现非正常上访“零滞留”“零倒流”。

六、强化以上率下，自身建设得到新加强

一年来，市委领导班子牢固树立“打铁还需自身硬”的理念，要求班子成员模范遵守党章，在自觉落实管党治党责任、带头廉洁自律等各方面为全市广大党员干部作出表率。严格执行民主集中制，坚持重大问题集体讨论、集体研究、集体决策，召开37次常委会会议，研究部署重点工作，健全完善总揽全局、协调各方、执行有力的决策机制。深入学习贯彻《关于新形势下党内政治生活的若干准则》和《中国共产党党内监督条例》，研究制定《中共朔州市委员会工作规则》《中共朔州市委常委会工作规则》和《中共朔州市委书记专题会议工作规则》，严肃党内政治生活，加强党内民主监督，班子成员相互配合、相互支持，凝聚力和战斗力有效提升，形成了奋发进取、干事创业的强大合力。

（舒晓海）

附：中共朔州市委书记、副书记、常委名单

书　记： 王安庞

副书记： 刘志宏（8月任职）　郑　红（女）

常　委： 康吉仁　李根田　张立新　王加关
陈耳东（7月任职）　刘义清
王黎明（5月任职）　崔　巍（8月任职）
李　锦（6月离职）　冯云龙（8月离职）

中共朔城区委工作概况

区委书记　张立新

朔城区是朔州市委、市府所在地，全市政治、经济、文化中心。全区总人口51万，行政区划所辖2个镇，9个乡，4个街道办事处，299个行政村。全区共有基层党组织678个，其中基层党委22个，党总支37个，党支部619个（党小组1857个），党员12303名，占总人口的2.4%。

一、党的建设情况

2016年，朔城区委始终把加强党的建设作为做好全区各项工作的根本保证，坚决落实全面从严治党各项要求，不断夯实基层基础，扎实推进党的思想、组织、作风、制度和党风廉政建设。

一是强化理论武装，思想政治建设扎实有效。始终把思想政治建设作为重要任务，围绕贯彻落实党的十八届三中、四中、五中、六中全会精神和习近平总书记系列重要讲话精神，扎实推进理论武装。区委中心组先后12次集中学习，从多层面引深学习活动。全力做好意识形态工作，进一步建立

健全规章制度,形成了党委统一领导、党政齐抓共管、宣传部门组织协调、有关部门分工负责的联动机制。不断强化舆论引导,把握政策导向,依托朔州新闻网朔城频道和善阳报等宣传平台,全力抓好新闻报道工作,为全区经济社会发展营造了良好的舆论氛围。着力加强精神文明建设,不断深化社会主义核心价值观引导,切实提高了公民思想道德水平。以创建国家公共文化服务体系示范区为载体,繁荣发展文化事业,文明创建工作水平显著提升。

二是坚持“五个突出”,区乡换届工作圆满完成。着眼于落实从严治党新要求、焕发干事创业新活力、开启“十三五”规划新征程的总体目标,按照中央和省、市委的安排部署,坚持加强党的领导、绘制发展蓝图、配强领导班子、严把程序步骤、抓好换届纪律“五个突出”,高质量地完成了区乡换届工作。区四大班子207名候选人全部满票或高票当选。5名优秀乡镇党委书记进入区四大班子,突出体现了区委重视基层、注重实绩的鲜明导向。特别是乡镇换届中,首次直选乡镇事业人员、大学生村官、优秀村干部等46名“三类人员”进入领导班子,为基层干部队伍建设注入了新的活力,初步形成了干部选拔任用新模式。

三是开展“两学一做”,全面从严治党稳步推进。把“两学一做”学习教育作为全年党建工作的龙头任务,抓在经常,严在日常,提出并贯穿了“34567”总体思路,带头压实责任、扎实推进。区委成立5个宣讲团,深入基层单位巡回宣讲230余场,开展了“手抄党章一百天,百题万人大测试”活动,推动学习教育深入开展。全区各级党组织坚持抓覆盖,提认识,抓整改,求实效,边学边改、边学边做,对照总书记系列讲话精神和党章党规自查自纠、认责认干,共办好事实事7200多件。通过学习教育,进一步凝聚了党心民心,汇聚了发展合力。

四是实施“五动联创”,基层党建水平全面提升。着眼于提升基层党建总体水平,提出了“五动联创”总体思路,努力创建全省农村基层党建先进区,各领域基层党建工作有了新的突破。在乡镇层面,推行“乡乡规范化,一乡一特色,分类抓提升”的思路,突出班子建设、制度建设、基础保障等工作重点,分类指导,统筹推进。在农村层面,抓“十有”、创“五好”,带头人队伍建设、集体经济“破零”、创新组织设置、活动场所建设都有新的突破。在全市率先按村均2万元落实了村级组织运转经费。在社区层面,坚持“精街道、强社区、重服务”的思路,投资900多万元,新建完善5个社区活动场所,涌现出了一批社区党建新典型。在机关层面,成立了8大系统党建工作组,由区委常委、党员副区长担任组长,形成了管业务与抓党建有机融合的新格局。实施了“五有一亮相”行动,机关党建制度化、规范化水平大幅提高。在非公经济和社会组织层面,全力推进“两个全覆盖”专项行动,在摸清基本情况、理顺管理关系的基础上,新组建42个非公企业党支部、5个社会组织党支部。

五是构建立体化工作体系,干部队伍建设不断加强。坚持用制度规范用人权,细化干部晋升台阶。以“三个一批”和乡镇换届为契机,共对227人开展“六查”,处理惩治不廉洁乱作为干部40人,掌握使用敢担当善作为干部114人。严格干部日常管理,开展提醒和诫勉谈话53人。持续举办“每月一讲”系列专题培训,累计开展专题辅导36期,培训干部约1.6万人次。深化年度目标责任考核,探索推行乡镇跟踪摄录考核办法。扎实推进人才工作,开展为企业“送培训、送战略、送服务”活动。

六是落实“两个责任”,正风反腐力度持续加大。认真落实党风廉政建设党委主体责任和纪委监督责任,牢固树立“四个意识”,持续推进正风反腐。持之以恒落实中央八项规定精神、狠刹“四风”,全年查处典型问题19件、处理19人,不断释放越往后执纪越严的强烈信号。突出政治巡察定位,扎实开展巡察试点工作,首轮巡察反馈整改已经到位,第二轮巡察基本结束。以加强扶贫领域监督执纪问责为切入点,切实解决侵害群众利益不正之风和腐败问题。加强纪检监察干部队伍建设,持续深化“三转”,加强日常管理监督,全区广大纪检监察干部政治素质和思想水平得到明显提升。坚持执纪审查力度不减、节奏不变,全年共开展谈话函询293件(次),共立结案210件,给予党政纪处分181人、组织处理30人,全区党风廉政建设和反腐败斗争取得明显成效。

二、经济社会发展情况

2016年,区委充分发挥统揽全局、协调各方的核心领导作用,紧抓发展第一要务,稳增长、调结构、上项目、促发展、惠民生,全区经济社会各项事业稳步健康发展。

一是着力做好煤与非煤两篇文章。按照大投入引领、集群化推进、园区化承载、循环式发展的思路,全力推进转型升级,新建了龙康工贸和紫金山镁业,国发兴业洗煤厂投产运营。加快项目建设,推进了中煤四达、北京电子城·朔州数码港、天朔电动汽车等10多个项目,亚麻厂有序复产,中电投光伏发电一期50兆瓦、大唐利民光伏发电20兆瓦和风电三期20万千瓦并网运行,同煤朔南电厂加快推进。同时,继续推进园区基础设施建设,完善相关手续,积极申报省级开发区。

二是全力夯实农业发展基础。积极推进农村改革,大力发展现代农业,进一步夯实农业农村发展基础。全年粮食总产达6.2亿斤,新增露地蔬菜5100亩,全区露地蔬菜种植面积达5.1万亩,设施蔬菜2.7万亩。建设规模健康养殖小区16个,大畜饲养量达到8.5万头,实施了9万亩饲草种植。对全区农村贫困对象进行建档立卡“回头看”,明确责任,挂图作战,多举措推进精准扶贫工作。全面铺开了农村土地承包经营权确权登记颁证工作,已完成92个村的地块数据核实。

三是加快建设绿色宜居城市。围绕全市推进“五城联创”的工作部署,推进了“五路三街一桥三箱涵”路桥建设,实施了朔沙路北延、农村公路拓宽等工程。实施了供热、供气管网等基础建设,推进了保障性住房建设项目,新建了崇福景区游客服务中心。完成了老城绿化轴建设工程,推进了环城马道、老城二期商住及城中村改造工程,历时五年的西关四个片区改造工程交付使用。实施了乡村清洁工程,全力推进城市增绿提质、精细保洁、整治整修、形象塑造、亮化升级，创新城市管理手段，城乡面貌大幅改善。全力服务保障全市重点工程，做好七里河综合治理征地拆迁工作及机场、高铁建设前期准备工作。同时，区委同步推进环境整治与生态创建，完成了西山生态九期、西山七期—朔利路防火通道建设、荒山绿化工程和8个村的村庄绿化，实施了国家、省、市级绿化工程7万亩，启动了南山生态环境综合治理工程。完成市区燃煤小锅炉淘汰任务，推进了清洁型煤替代、秸秆利用、黄标车淘汰等工作，节能减排力度加大，生态环境显著改善。

四是高度关注民计民生改善。顶住经济下行和财政困难压力，保工资、保运转、保民生。新建改造了7所幼儿园，顺利启动了区十中、特教学校、怡西路小学、七里河学校四所学校和一幼、五幼两所公立幼儿园，通过了全国义务教育发展基本均衡县评估验收。区一医院、二医院医疗水平不断提高，中医院启动复诊工作，构建了区乡医疗联合体，有效促进了医疗资源的合理配置。启动了图书馆和档案馆建设，通过了国家级公共文化服务示范区创建考核验收，举办、承办和协办了朔州老城文化旅游季、中国·朔州老城国际油画展等系列文化旅游活动，有效提升了朔城区的影响力和美誉度。不断推进社保扩面征缴力度，多举措推进社会救助，实现了城乡困难群体应保尽保，社会保障体系进一步完善。

五是逐步完善社会治理体系。围绕“平安朔城”“法治朔城”建设目标，认真落实中央、省、市各项决策部署，不断提高社会治理现代化水平。一年来，重点推进了43个社区改造完善和全面启动工作，全面实施了社区网格化管理，理顺了社区职能。创新工作思路，推动天网与民网、线上与线下、服务与治理“三个融合”，建立了立体防控新模式。坚持以六大领域改革为突破口，抓住48项改革任务，积极推进供给侧结构性改革，取得了初步成效。开展了“一交办三治理”和“安全稳定风险隐患大排查大整治”等活动，多措并举全力化解信访矛盾。化解各类矛盾纠纷262起，办理法律援助案件150件，维护了群众的合法权益。推进非访依法治理，依法行政拘留非访人员44人，刑事拘留7人，实现了全国“两会”、G20峰会、党的十八届六中全会等重大活动和重要节点进京“零非访”目标，全区信访形势实现根本逆转。按照“六定”工作原则，扎实做好反邪教工作，确保了全区政治安全、社会稳定。

（田中宝）

附：一、中共朔城区委书记、副书记、常委名单

书　记：张立新
副书记：庞明明（1月任职）　孟维君
常　委：冯维新　李　杰（6月离职）
王建军　董　达　李有平（6月离职）
何志岳（6月任职）　刘卫东
蒯　勇（6月离职）
周翠英（6月任职）　梁耀文（6月任职）
郝贤卿（6月任职）

二、乡镇（街道）党（工）委书记名单

南城街道
书　记：杜　超
北城街道
书　记：李志明（4月离职）　刘晓东（4月任职）
北旺庄街道
书　记：陈　钊（4月离职）　郭　瑞（4月任职）
神电街道
书　记：林　实（4月离职）　句成生（4月任职）
神头镇
书　记：常武权（4月离职）　郝　云（4月任职）
利民镇
书　记：霍永生（4月离职）　常　科（4月任职）
小平易乡
书　记：郭向东（1月离职）　赵斌山（1月任职）
下团堡乡
书　记：高　峰（4月离职）　霍永生（4月任职）
福善庄乡
书　记：赵子平（4月离职）　张权喜（4月任职）
贾庄乡
书　记：齐宏亮
滋润乡
书　记：齐宏业（1月离职）　谢　刚（1月任职）
南榆林乡
书　记：刘　丰（4月离职）　解　庆（4月任职）
沙塄河乡
书　记：尚志新（4月离职）　刘　丰（4月任职）
窑子头乡
书　记：徐生荣（4月离职）　李志明（4月任职）
张蔡庄乡
书　记：梁耀文（4月离职）　谭　雄（4月任职）

中共平鲁区委工作概况

区委书记　吴晓斌

平鲁区全区共有2镇11个乡,党街道办筹备处1个,组织总数643个。其中区直党工委6个,区直党组45个,基层党委19个,党总支23个,党支部573个。全区党员总数9709名。占总人口的5%。

2016年是充满挑战、孕育希望的一年,是平鲁区委团结带领全区人民把握新机遇、催生新动力、实现新目标、取得新业绩的一年。一年来,面对错综复杂的经济形势和艰巨繁重的任务,区委认真贯彻中央“五大发展新理念”,坚决落实省委“一个指引、两手硬”重大思路和要求,紧扣市委“两大任务”工作主题,主动适应经济社会发展新常态,坚持稳中求转、转中提质、创新创造的主基调,理直气壮抓发展,廉洁为民抓发展,打造三大基地,建设三个新区,全区经济社会平稳向好发展,党的建设进一步加强,“十三五”实现了良好开局。全年地区生产总值完成161.76亿元,增长3.4%。规模以上工业增加值完成27.56亿元,增长2%,其中,平鲁本区完成22.18亿元,增长9.5%;平朔公司完成35.38亿元,与去年基本持平。固定资产投资完成184.65亿元,下降20.5%,其中,平鲁本区完成169.66亿元,增长4%;平朔完成15亿元,下降78.3%。社会消费品零售总额完成32.47亿元,增长7.5%。财政总收入11.29亿元,下降5.13%。公共财政预算收入5.296亿元,下降11%。居民人均可支配收入达到15485元,增长5.6%;城镇常住居民人均可支配收入达到22365元,增长5.5%;农村常住居民人均可支配收入达到8824元,增长5.7%。

一、义不容辞担主责,坚定不移反腐败,全面从严治党取得显著成效

(一)成功召开区第七次党代会,科学谋划“十三五”美好蓝图。认真贯彻党的十八届六中全会精神和省第十一次、市第六次党代会精神,精心组织,严格程序,严明纪律,胜利召开区第七次党代会,风清气正地圆满完成换届选举任务,受到省委、市委的充分肯定。在这次大会上,确立了平鲁未来五年的发展思路、奋斗目标和工作重点,明确了“打造三大基地、建成三个新区”的主攻方向,为未来五年全区党的建设和党的事业发展指明了方向、理清了思路、找准了路径。

(二)持续传导压力,全面从严治党主体责任的政治担当进一步增强。区委认真履行全面从严治党主体责任,区委书记负好主责、首责、全责,班子成员自觉履行“一岗双责”,纪委认真履行监督执纪问责,建起横向到边纵向到底、以上率下层层落实的主体责任体系。扎实开展乡镇党委、区直单位党组向区纪委全会述纪述廉述作风述责任“四述”工作,以“四述”促进责任担当。区委书记同205名新任领导干部进行了任前廉政谈话,与乡镇党委书记、乡镇长、乡镇纪委书记及扶贫项目单位主要负责人开展集体谈话7次,以“廉政谈话”促进责任担当。认真贯彻执行《问责条例》,对落实“两个责任”不力的12名干部给予严肃问责,以严格问责促进责任担当。

(三)扎实开展“两学一做”学习教育,党内政治生活呈现新气象。坚持把开展“两学一做”学习教育作为党建工作的龙头任务,以此为契机,推动党内政治生活的制度化、规范化、程序化。一是加强思想教育和理论武装,打牢“学”这个基础。区委常委以上率下,先学一步、学深一层,先后开展了5次专题研讨,区委中心组共组织学习11次,实现了相互促进、共同提高。各级党组织和广大党员通过个人自学、集体学习、远程教育、知识竞赛、抄写党章、专题讨论等方式深入学习,躬身实践。邀请专家学者进行5次专题辅导学习,举办了李培斌同志先进事迹报告会,组织开展了“两学一做”学习教育知识竞赛、手抄党章硬笔书法展等主题实践活动。各级党组织在学习教育开展期间共召开支部党员大会572次,召开支部委员会1716次,上党课1000余次,共解决实际问题1192件。二是创新学习教育载体,抓实“做”这个关键。紧紧围绕“四讲四有”合格党员标准,分类别确定区级领导“五带头五个好”活动载体、机关事业单位党员“四学四看四增强”活动载体、乡镇党员干部“五比五看五好”活动载体、农村党员“两提两带两维护”活动载体、非公企业和社会组织党员“双强六好”活动载体。切实把“六个”行为标尺立起来(佩党徽,把身份亮出来;过党日,把活动搞起来;敢担当,把责任扛起来;讲廉洁,把本色立起来;作表率,把形象树起来;挺规矩,把制度建起来)。三是坚持问题导向,突出“改”这个重点。坚持带着问题学、带着问题改,切实把学习教育的成效体现在解决突出问题上,组织全区各级党组织和党员对照《“两学一做”实施方案》列出的重点解决的问题,深入开展自查自纠,逐一建立问题台账和整改台账。同时,与落实市委巡察意见相结合,对照5大类14条巡察反馈意见,举一反三,对症下药,立行立改,全部落到实处、改出实效。对扶贫领域项目、资金管理使用情况进行了自查自纠,共审查违纪违法问题82件,处理116人,追缴违纪资金31.6万元。

(四)锲而不舍推进作风建设,中央八项规定精神得到坚决贯彻。从5月份起,在全区深入开展了以解决“为官不为”和“四风”突出问题为主要内容的纪律作风专项整治,通过整顿,“马上就办、真抓实干”的精神理念蔚然成风。注重日常监督。密切关注“四风”隐性变异新动向、新表现,坚持露头就打、快查快办。紧盯元旦、春节、中秋、国庆等重要时间节点,节前发信号、节中抓监督、事后严问责,形成了执行制度不走样、监督检查不间断、问责曝光不手软的作风建设新常态。发

挥审计、税务、交管、工商等职能部门作用，开展“拉网式”排查、“随机式”抽查，开展明察暗访60余次。坚持问题导向。从群众反映强烈的大操大办、公款吃喝、公车私用、违规发放津补贴等突出问题入手，坚决查处、寸步不让。全年查处违反八项规定精神“四风”问题15起26人，通报典型问题15起，持续释放了越往后执纪越严的强烈信号。

（五）切实加强“三基建设”，事业发展根基进一步巩固。以落实市委23条和七项任务为重点，狠抓“三基建设”推进基层党建工作全面加强。按照“建强组织、配强干部、增强活力”的要求，推动基层组织全面加强。对村级换届进行“回头看”，及时督促12个换届后出现班子成员空缺的农村党支部进行了补选。对未进行换届的4个区直单位党委的换届工作作了安排。结合脱贫攻坚加强乡村党的建设，把脱贫攻坚列入基层党建责任、问题、任务“三个清单”和区乡两级党委书记抓党建述职评议考核内容，建立了“两包三到两覆盖”精准扶贫干部驻村工作机制。扎实推进非公经济组织和社会组织党的组织和党的工作“全覆盖”。全区569家非公企业，共建立非公企业党支部68个，其中单独组建17个、联建51个。24家社会组织，共建立党支部12个、挂靠主管部门12个，实现了非公企业和社会组织党的组织全覆盖。以“三评两考一整治一提升”为抓手，对29个后进村党支部进行“回头看”，对效果不明显、整顿不过关的支部书记一律调整，并对相关责任人进行约谈、问责。29个软弱涣散党组织全部实现晋位升级。扎实实施村集体经济“破零”工程。全区286个行政村，目前有集体经济的村114个，比上年增加了11个。在114个村中，村集体经济收入1万元以下5个、1—5万元38个、5—10万元28个、10—50万元30个、50—100万元1个、100万元以上12个。从收入来源情况看，盘活集体资产的村2个，开发集体资源的村29个，项目支撑创收的村3个、采用其他方式的村80个。按照“事事有人管、人人有专责、处处见规范”的要求，推动基础工作全面进步。在广大农村党组织和“两委”干部中推行了“三五”在村工作制度、“党员活动日”制度和村级财务监督管理制度三项制度。农村“两委”主干实行“结构工资”制，人均报酬提高到农民人均纯收入的2倍。286个行政村全部建立了活动场所。全面排查党员组织关系。以党支部为单位，对全区9665名党员进行“地毯式”摸底核查，共排查出“失联”党员608名，其中重复统计党员124名，经过寻找取得联系并确认党员身份重新纳入组织管理的党员391名。加强党费收缴工作，对2008年4月以来党费收缴进行专项检查，对20个收缴不足额、不规范和不按标准的党组织负责人进行了谈话提醒，涉及的270个党支部1094名党员补交党费20.94万元。按照“提高政治素质、拓宽知识视野、增强业务本领、适应时代进步”的要求，推动基本能力全面提升。结合十八届六中全会和省市党代会精神，分批次对正科级领导干部、大学生村官、农村“两委”主干分层面进行了集中培训。共举办各级各类干部培训班29期次，累计培训干部3331人。选送领导干部参加上级调训11期67人。通过狠抓“三基建设”，基层党组织建设得到全面加强，涌现出一批先进典型，推出2个全省先进基层党组织，分类表彰了38个全区先进基层党组织和120名优秀党员、18名优秀党务工作者。卢西福同志入围“全省最美村干部”评选。

（六）大力加强干部队伍建设，为“十三五”发展提供了坚强的干部保证。在区乡换届中，着眼“十三五”的事业发展，坚持提神聚力的原则，制定出台了《区乡两级干部选拔任用工作办法》《区乡两级换届调整乡科级干部工作方案》和《关于认真做好区乡领导班子换届工作的实施方案》，全面推行“三三制”工作法和“四审七查”，对干部进行了较大幅度的调整，调整干部8批次，涉及271人，其中提拔108人，平调146人，免职17人，优化了干部队伍综合结构，树立了正确的用人导向，受到群众好评。换届结束后，在全区范围内组织开展了大调研、“理直气壮抓发展—平鲁怎么办”大讨论、重点工程大观摩三项活动，提振了干部精气神。深入贯彻落实省委全面构建良好政治生态推进会议精神，以及《激励干部担当作为干事创业办法》《支持干部改革创新合理容错办法》，对干部既严格管理又关心爱护，为担当的干部担当，为负责的干部负责，动真见实解决部分干部不作为、不担当、不负责任的问题。全年共查处“为官不为”问题12件，给予党政纪处分12人，有效调动了干部干事创业的积极性，全区上下共谋发展、共促发展的浓厚氛围日益形成。

（七）大力推进纪检监察体制机制改革，党风廉政建设和反腐败工作开创出新局面。精准把握运用“四种形态”，精准践行第一种形态，加大谈话函询力度，全年谈话函询206件，让咬耳扯袖、红脸出汗成为常态。扎实开展了乡村虚报冒领、套取骗取涉农资金问题自查自纠延伸工作，43名乡村干部主动退缴资金12.14万元，2651名乡村干部作出未有或已全部交代并不再虚报冒领涉农资金“零承诺”。加强党纪教育，以反面典型为镜鉴强化警示教育，全年共通报曝光各类典型问题30件57人。认真贯彻落实《党内监督条例》《纪律处分条例》，加强对权力运行的制约和监督，以最坚决的态度查处群众身边的“微腐败”。全年受理信访举报283件，处置问题线索501件。共立案188件，同比减少42.41%，结案167件，纪律处分167人（包括乡科级24人），撤职以上重处分16人，移送司法机关1人。充分发挥区委反腐败协调小组作用，加强案件线索通报移送，反腐败合力进一步凝聚，法、检、公移送区纪委案件45件。强化扶贫领域监督执纪。着眼精准监督、廉洁扶贫，认真抓好“回头看”、重点督办、直接查办、跟踪监督、推动提升“五项工作”，共处理扶贫领域问题135起，通报曝光典型问题16起32人，群众的“获得感”不断提高。积极稳妥地推进监察体制改革试点工作，成立了改革试点工作小组，制定了改革试点工作实施方案，为下一步的改革奠定了坚实基础。

二、理直气壮抓发展，全力以赴促转型，“三大基地”建设成果丰硕

（一）做好煤、电两篇大文章，着力打造全国清洁能源示

范基地。坚定推进煤炭去产能。认真贯彻国家去产能有关政策,关停井东煤业、东日升煤业、井工二矿、阳煤泰安4座煤矿,核减产能1270万吨,促进煤炭产能得到优化。全年生产原煤8404.81万吨,减产798.38万吨,下降8.6%;销售煤炭8176.59万吨,减少793.38万吨,下降8.8%。全区原煤库存8.83万吨(地方煤矿场存和站存),同比减少83.47万吨,下降90.4%。加快发展电力产业。中煤平朔2×66万千瓦、神电"上大压小"2×100万千瓦两个火电项目和石堂山二期、白玉山二期、虎头山三期、高家堰二期、红石峁风电场、败虎堡三期6个风电项目按进度加紧建设,蒙西—天津南特高压输电线路11月24日正式投运。晋北—江苏南京特高压输电线路,塔基浇筑全部完成,组塔完成95%,即将全线贯通;换流站"四通一平"全部完成,即将投运。全区建成和在建电力项目总装机792.7万千瓦,其中风电、光电项目总装机200.7万千瓦,新能源电力占比25.3%。

(二)大力调整农业产业结构,加快草牧业试点区建设,着力打造全国草牧业发展和优势特色农产品生产示范基地。积极调整农业种植结构。粮食生产再获丰收,全区种植面积73.47万亩,粮食产量1.1亿斤,同比增长5.7%。中药材、藜麦种植面积分别达到1.3万亩、1万亩。我区被命名为"中国红山荞麦之乡"。加快草牧业试点区建设。确定向阳堡乡3000亩高效优质苜蓿种植、长良农牧专业合作社草畜一体化、双碾乡5万亩种草及种羊三个试验基地。全区种植牧草1.98万亩,养殖小区新建7个,累计达到75个,规模养殖户达1500多户。全区养殖总量201.55万头只,其中:羊112.5万只、牛4.82万头、生猪9.23万头、鸡75万只。生态畜牧业总收入达到14.98亿元,农民人均畜牧业纯收入达到4100多元。12家农产品加工企业完成销售收入12.9亿元,同比增长7.5%。1789个农业产业化经营组织为农民提供就业岗位0.5万个,辐射带动上万农户,人均提供可支配收入1600多元。

(三)以企业为主体,以科技创新为引擎,着力打造全省煤炭伴生资源研发示范基地。依托中煤平朔集团筹建科研中心,对共伴生资源利用的新技术、新工艺、新设备进行研究开发。积极支持企业科技创新,晋坤矿产品公司申报专利技术13项,其中6项获得授权,2016年销售收入突破9000万元,创汇550万美元,同比增长10%和15%。12月20日,晋坤矿产品公司作为全省唯一一家科技型中小企业代表,赴省向楼省长就企业创新发展情况作了汇报。

三、与时俱进推改革,全心全意保民生,"三个新区"建设取得佳绩

(一)全面深化改革,扩大开放合作,在建设国家级资源型地区转型综改试验新区上迈出新步伐。重点领域改革扎实推进。全面铺开农村土地确权颁证工作。积极推进扩权强县,6个领域扩权事项有序推进。大力实施"六权治本",如期公布38家单位职权责任清单和"两图",梳理出行政职权事项1680项,全部投入运行。研究制定了《在乡村实施"六权治本"的实施意见》并抓紧组织实施。积极推进行政审批制度改革。积极做好国务院和省、市下放的行政审批事项承接工作,涉及平鲁区13个部门的26项下放审批事项已全部落实到位。全面启动省级开发区改革创新。初步制定了平鲁开发区改革创新、扩区升级发展方案,立足产业基础,发挥现有优势,加快推动北坪、东露天两大园区整合、改制、扩区、调规,科学规划"一轴两翼"空间和产业发展布局,着力打造煤电、新材料、新兴装备制造三大产业集群,建设综合保税区(内陆港)和创新创业两大服务中心,打造总面积超过100平方公里的省级经济开发区。

对外合作成果丰硕。主动对接京津冀等发达地区,组团赴首都北京、安徽亳州、河北石家庄等地进行密集考察,达成一批重大项目合作,建立了内陆港项目联络机制,完成投资分析工作;京能集团与西易集团达成合作意向;与广东粤电集团就农光互补项目成功签约。6月27日,在浙江杭州举办招商引资产业对接推介会,签约360万吨煤制甲醇、煤电联营绿色能源、光伏发电等9个项目,总投资达300多亿元。9月27日,参加朔州——厦门产业对接恳谈会,签约100万立方粉煤灰陶粒烧结、有机杂粮综合开发、10万千瓦风电等5个项目,总投资达30亿元。经积极接洽商谈,总投资5亿元的内蒙古正唐100万立方粉煤灰陶粒烧结项目,已经开展前期工作;总投资13.4亿元的光大国控有机杂粮综合开发项目,已制定初步方案;总投资8亿元的山西晋能10万千瓦风电项目,前期工作基本完成;总投资1.7亿元的森杰服饰服装加工项目,一期占地130亩已报批,完成投资1500万元,进入试运行阶段。

(二)践行绿色发展理念,大力改善生态环境,在建设国家级生态文明先行示范新区上取得新成绩。林业生态建设力度不减。全年完成大片造林面积5.59万亩,新育苗0.3万亩,零星植树60万株。完成生态环境综合治理2万亩,退化林改造1万亩,高速公路沿线荒山绿化0.2万亩,京津风沙源治理项目人工植苗1万亩、封山育林0.5万亩,天保工程封山育林0.5万亩、植被恢复造林0.39万亩。水土流失治理成效显著。全面实施京津风沙源治理二期水保项目,小流域综合治理2.7万亩。国家水土保持重点建设工程综合治理1.5万亩,封禁治理1万多亩。节能改造和环境监管力度持续加大。加大环境保护力度,坚决淘汰落后产能,控制能耗总量,减少污染物排放,重点推进平朔煤矸石电厂2×30万千瓦机组、神电"上大压小"1、2号机组和北岭煤业三个节能改造项目;上报了晋坤矿产品3万吨煅烧高岭土、茂华万通源煤业等5个节能改造项目。全面落实源头防治、惩防并举的方针,严格环境准入,强化环境监管,环境综合质量持续提升。全年二级以上天数达到304天,污水收集率达到90%以上,中水回用率达80%以上。化学需氧量、氨氮、二氧化硫、氮氧化物、烟尘、工业粉尘等各项节能降耗、环境保护控制性指标均在控制线以内。

(三)坚持共建共享,持续改善民生和社会事业,在建设普惠型民生幸福新区上迈上新台阶。城乡人居环境持续改

善。大力推进城市建设。大力实施基础设施提升、城市安居、“城中村改造”、城市环境提质“四大工程”,引深“五城联创”。投资3.2亿元的热电联供、投资1.6亿元的“两街两路”改造、投资6120万元的安口河排污主管网改造,投资2534万元的节能改造四大基础设施提升工程加紧推进前期工作,即将全面开工。保障性住房建设任务基本完成,投资1.16亿元,新开工城市棚户区改造1300套,通过货币化补偿方式完成棚户区改造580套,分别完成市下达任务1300套、400套的100%、145%。井西、善学两个小区即将建成。自筹资金11.8亿元,全面启动古城小区棚户区改造、堡子沟城中村改造两大工程,拆迁工作进展顺利,新建工程即将全面开工。巩固创园成果,加强城市管理,精细搞好绿化、美化、亮化、净化和道路交通、供电、供气、供热、供排水、通讯保障等各项基础工作,城市载体功能进一步提升。全力建设美丽乡村。590户的乡村危房改造任务全部完成。乡村清洁工程扎实推进,投入资金700万元,清运垃圾2.75万吨。凤凰城镇省级重点示范镇建设项目进展顺利,总投资1705万元的6个项目全部开工建设,完成投资520万元。

脱贫攻坚实现首战首胜。深入贯彻中央和省、市脱贫攻坚总体部署,拿出愚公移山志,打响脱贫攻坚战。对照“一增收两不愁三保障”目标,精准发力,扎实推进,着力构建完善的组织领导、规划和督促检查三个体系,建设大数据、干部扶贫工作、政策保障落实和咨询服务、扶贫开发资金整合管理“四个平台”,组织37名区级领导包乡帮扶,选派753名副科以上干部包户帮扶,深入推进“精神提振、全面保障、绿色帮扶”三大行动,重点实施产业扶贫、金融扶贫、教育扶贫、智力扶贫、社保兜底扶贫“五个一批”工程,19个贫困村、1495户、4088人年度脱贫任务将圆满完成。在产业扶贫一批上,投资849万元,为566户贫困户建设户用式光伏电站;投资580万元,在双碾乡东港村新建一个标准化养殖小区;投资330万元,完成3个乡6个村的重点帮扶项目,购买优质种羊2800只;投资120万元在下木角乡种植中药黄芪4000亩。在金融扶贫一批上,设立640万元金融扶贫风险补偿金,对269户722名贫困人口发放5000元扶贫小额信贷“富民贷”,累计发放335万元。在教育扶贫一批上,资助252名因教致贫家庭在校大学生,扶助资金59.7万元。在智力扶贫一批上,开展了千村万人就业培训和新型农民技能培训,累计培训850人次,实现就业450人。在社保兜底扶贫一批上,投入46.74万元,为6937名贫困人口采取每人投保68元的办法参加基本医保、大病医疗保险和意外伤害保险,对1258户3071人因病因残致贫返贫人员实施社保兜底。

教育改革成效突出。制定出台了《关于全面加强基础教育实现教育振兴崛起的意见》,隆重召开全区教育大会,为“十三五”教育发展引领方向。在深化与山大附中的战略合作、大力推进“教育质量提升工程”的基础上,全面推行“高效教学”,开展“同课异构”教育模式,探索实施学区制和校际联盟办学模式改革,深入开展“国学进校园、书法进课堂、礼仪入人心”活动,教育改革力度大、成效好、氛围浓,促进教育质量稳步提升。2016年普通高考二本达线人数692人,达线率39.58%,职业高考二本达线人数141人,达线率54.6%。

健康平鲁建设扎实推进。深入贯彻全国卫生与健康大会精神,深化全面医保、医院管理等各项制度建设,如期完成新农合与城镇医保的职能和机构整合,构建起更加完善的全民医保体系,推动公共服务和医疗保障水平稳步提升。人均基本公共卫生服务经费由原来的40元提高到45元,付费方式改革和异地就医直接结算工作进展顺利。城镇居民基本医疗保险参保3.2万人,统筹基金支出1350万元;城镇职工基本医疗保险参保2.5万人,统筹基金支出2928万元;新农合参合农民人数13.44万人,参合率99.5%,人均筹资水平达到540元。区级医院门诊人次21万人次,住院人次11000多人次,病床使用率98%以上。“先住院、后付费”诊疗服务受益患者达7254人次,医院为患者垫付费用1170万元。

社会保障日臻完善。积极推进全民参保登记,社会保障体系进一步完善,强化社保扩面征缴稽核,全面落实社保政策性待遇,社会保障基金做到了按时足额发放。企业养老保险参保20663人,基金征缴收入14354万元,支出15791万元,保障人数6145人;机关事业养老保险参保10406人,基金征缴收入9286万元,支出1171万元,保障人数3766人;城乡居民社会养老保险参保137000人,征缴社保费1590万元,发放养老金3446万元;失业保险参保18024人,基金征缴收入877万元,为507名失业人员发放失业保险待遇735万元;工伤保险参保31000人,基金征缴收入1200万元,统筹基金支出889.68万元;生育保险参保26240人,基金征缴收入440万元,统筹基金支出206万元。按时足额发放率和社会化发放率均达100%。基金滚存结余达3.57亿元。城乡低保标准分别提高20元和30元,城市低保达到每人每月448元,农村低保每人每年3340元。积极促进就业,城镇新增就业2644人,创业就业567人,失业人员再就业1044人,困难人员就业286人,转移农村劳动力2760人,城镇登记失业率2.79%,低于4.2%的年度控制目标。

安全生产形势基本平稳。进一步强化“两个主体”责任,扎实开展安全生产大检查和“隐患排查治理年”活动,特别是深刻吸取易顺煤矿“11.3”透水事故教训,狠抓各领域的安全监管和制度落实,确保安全生产形势平稳。全年共发生各类安全事故7起,死亡8人。

四、大力发展民主法治,全面加强宣传文化工作,汇聚强大发展正能量

(一)进一步加强民主政治建设,划出最大的同心圆。加强对人大、政协工作的领导,支持人大和政协依法履行职责。协助人大政协圆满完成换届工作,新一届区人大选出代表156人、委员33人,选出区人大主任、副主任5人;新一届政协选出委员145人、常委28人,选出政协主席、副主席5人。人大、政协班子成员及委员结构更加优化,各项工作展现出蓬勃朝气和活力。巩固和发展最广泛的统一战线,认真抓好群团工作。认真学习贯彻《统一战线工作条例》,制定出台了

《关于贯彻落实省委统战工作会议精神的实施意见》等一系列文件,成立统一战线工作领导小组,协助民主党派做好区级组织换届工作,加强同各民主党派和无党派人士团结合作。加强和改进新形势下工商联工作。召开了全区群团工作座谈会,深入开展"送温暖"活动、"春风行动"就业援助月活动、职工大病医疗互助、"金秋助学""迎五一"职工篮球乒乓球赛、巾帼创业基地建设、全国科普日等各项活动,全力做好残疾人维权、康复和就业创业工作,营造出良好的社会氛围。大力开展"文化、科技、卫生"三下乡活动,成功创建"全国科普示范区"。召开了全区宗教工作会议,全力抓好宗教领域的安全稳定工作,坚决防止邪教渗透,切实维护安定团结的大好局面。认真做好党管武装工作。坚持党管武装原则,加强国防后备力量建设,深化军民融合发展,扎实开展"双拥"工作,积极促进退役军人就业安置工作,巩固军政军民团结。

(二)扎实推进法制平鲁建设,坚决维护社会稳定。以推进信息公开、加强议事协商、强化权力监督为重点,深入推进党务公开、政务公开、厂务公开、村务公开和公共企事业单位办事公开,充分保障群众的知情权、参与权、监督权。完善基层群众自治制度,保证基层群众依法直接行使民主权利,实现自我管理、自我服务、自我教育、自我监督。认真贯彻《关于在全区开展法治宣传教育的第七个五年规划(2016—2020)》,强化法律服务、法治宣传、法律保障,高标准建设法治文化广场,扎实推进"一村(社区)一法律顾问"活动,大力实施法律援助惠民工程,依法维护社会稳定,保障群众合法权益。全年答复法律咨询187人次,办理案件81件,受益群众达460余人。强化信访维稳,坚决做到"四个坚决防止",全区受理信访案件224件767人次,信访案件数量、人次同比分别下降49.2%、75.5%,办结191件604人次,办结率85%,成功实现了G20峰会和省第十一次党代会期间"零非访"的目标。依法打击缠访闹访、聚众滋事对象50人,有力维护了信访秩序。保持对违法犯罪的高压严打态势,深入开展以禁毒为龙头的"门神1号"百日严打整治专项斗争,查处涉毒案件356起,破获刑事案件357起,破案率79.3%。依法加强劳动保障监察,受理举报案件87起,结案87起,结案率100%,为1800多名农民工清欠工资2000多万元,有力维护了劳动关系和谐稳定。

(三)加强宣传文化工作,大力弘扬主旋律。落实主体责任,抓好意识形态工作。出台了《党委(党组)意识形态工作责任制实施细则》,明确党委(党组)领导班子、领导干部的意识形态工作责任,成立意识形态工作领导小组,建立意识形态领域形势分析研判机制,加强和改进意识形态工作,牢牢把握意识形态工作的主动权。强化舆论引导,讲好平鲁故事。精心办好"一台一报",《平鲁报》出版92期,发稿1663篇,区电视台播发各类新闻1235条,圆满完成区党代会等大型会议和活动的宣传报道任务。强化对外宣传,在市级以上报刊发表稿件300多篇,省级以上报刊发表61篇,各类网络媒体刊发780多条。加强网络舆情监控,净化网络生态。对网络实行24小时全天候监看,及时处置重点网上舆情,积极开展网上舆论引导和网络评论,依法加强对网站、贴吧的监管,使网络生态逐步净化。广泛开展群众文化活动,丰富城乡文化生活。紧紧抓住开展"两学一做"、纪念红军长征胜利80周年等重要契机,先后举办了"理直气壮抓发展—平鲁怎么办"主题征文、"传承国学精髓,丰富群众文化生活"主题硬笔书法交流活动、"祖国颂·煤炭情" 庆祝建国67周年暨红军长征胜利80周年文艺演出、"迎国庆"演唱会等大型文艺活动,举办了全区羽毛球赛、农民篮球赛、广场舞展演等群众性文体活动,极大地丰富了城乡精神文化生活。区晋剧团的大型歌舞剧《民族英雄李林》入围文化部国家基金委初选文艺项目,省级非遗项目踢鼓秧歌多次在省内外展演,受到社会好评。践行社会主义核心价值观,提高全民道德水准。在乡村发放了《文明礼仪手册》,深入开展了"道德讲堂"活动和文明户、好公婆、好媳妇、好儿女、好妯娌、好邻居等道德模范评选活动,利用雷锋纪念日、清明节、世界读书日等重要契机,开展了"学习传承雷锋精神,践行核心价值观"等丰富多彩的公民道德建设活动,让社会主义核心价值观深入人心,推动城乡文明程度和公民道德素质不断提升。

(马 军)

附:一、中共平鲁区委书记、副书记、常委名单

书 记:吴晓斌

副书记:马占文 刘向东

常 委:闫晓玲(女) 卢义平 陈永杰 王世杰 高耀君(6月离职) 王晋军(6月任职) 王 军 朱学荣

二、乡镇(街道)党(工)委书记名单

井坪街道

书 记:赵占祥(4月离职) 张 力(4月任职)

井坪镇

书 记:李玉兰(女,4月离职) 范晗昌(4月任职)

白堂乡

书 记:卢义平(4月离职) 贺永兴(4月任职)

陶村乡

书 记:高日平(4月离职) 康巨荣(4月任职)

下面高乡

书 记:马润平(4月离职) 王丕栋(4月任职)

榆岭乡

书 记:孟 泽(4月离职) 刘华忠(4月任职)

向阳堡乡

书 记:黄国栋(4月离职) 侯彦春(4月任职)

西水界乡

书 记:刘华忠(4月离职) 白 源(4月任职)

凤凰城镇

书 记:贺永兴(4月离职) 吴晋平(4月任职)

高石庄乡

书　记：赵建新(4月离职)　魏志勇(4月任职)

阳虎乡

书　记：计瑞枝(女,4月离职)　王建平(4月任职)

双碾乡

书　记：吴晋平(4月离职)　贾志强(4月任职)

下水头乡

书　记：王志平(4月离职)　苏玉芳(女,4月任职)

下木角乡

书　记：贾志强(4月离职)　王树盛(4月任职)

中共怀仁县委工作概况

县委书记　刘　亮

2016年底全县共有10个乡镇,24个党委,3个工作委员会,65个党总支,569个党支部。共有党员13103名,其中女2063名,少数民族8名,占总人口的3.44%。

一、深入学习贯彻习近平总书记系列重要讲话精神,坚持用讲话精神武装头脑、指导实践、推动工作

一年来,县委常委会议专题学习13次,召开中心组学习会议18次,采取交流研讨、专题发言、讲党课等多种形式,持续跟进学习,持续深化理解,准确把握系列重要讲话的科学体系、新理念新思想新战略、立场观点方法,切实增强了思想认同、理论认同、情感认同,坚决与以习近平同志为核心的党中央保持高度一致,在思想上拥戴核心,在政治上维护核心,在行动上紧跟核心。学习贯彻省委治晋理政新方略和市委推进"两大任务""五个更加突出、走出五条新路"的决策部署,深入开展学习落实活动,县四大班子领导把"以上率下"作为最基本的工作方法,推行"六包"工作制度,将学习成果落实到具体实践中,为群众办实事2480多件,进一步统一了思想、凝聚了共识、展示了形象,为推进改革发展稳定各项工作提供了坚强政治保障。

二、狠抓发展第一要务,推动经济转型升级

面对严峻复杂的形势,县委始终坚持用新发展理念统领经济发展全局,深入开展稳增长、促改革、调结构、惠民生、防风险各项工作,全县经济保持了平稳的运行态势。2016年,全县预计完成:地区生产总值191亿元,增长3.5%;规模以上工业增加值64亿元,增长2.6%;固定资产投资省、市正在调整指标统计口径;社会消费品零售总额65.7亿元,增长6.6%;公共财政预算收入5.5亿元,增长0.94%;农村常住居民人均可支配收入14123元,增长6.86%;城镇常住居民人均可支配收入31133元,增长6.5%,呈现出缓中趋稳、稳中蓄进的态势,怀仁县在山西省2015年度县域经济考核22个A类县中排名第三,被省政府评为2015年度县域经济发展先进县。

调产步伐进一步加快。县委把产业转型升级作为首要任务,着力构建支撑多元、布局合理、链条高端的现代产业体系。积极推进煤炭产业清洁高效利用,柴沟煤业和芦子沟煤业达到省级质量标准化一级矿井,吴家窑煤业、峙峰山煤业、砂石煤业达到省级质量标准化二级矿井。投资4.8亿元的远大洁净能源90万吨型煤项目,主体正在建设。宏力再生固废利用120万吨型煤生产线建设项目建成投产。加快推动陶瓷产业上档升级,奕佳瓷业、尊屹瓷业、盛瑞瓷业、碧华瓷业4个新建项目建成投产。投资5.3亿元的宏腾彩瓦项目第一条生产线已投产。投资2亿元的晶屹建筑瓷生产线,已具备生产条件。屹美佳瓷业高档瓷生产线项目、祥和瓷业改扩建项目和永顺钧瓷一期工程,主体已完工。陶瓷职业技术学院前期工作加快推进。新兴产业不断壮大,投资10.6亿元的玉龙精细化工乙撑胺项目,正在进行设备安装。投资4599万元的晋利糖果新建生产线项目、投资1.2亿元的大众汽修二手车交易市场项目,已建成完工。养老产业方兴未艾,建成农村日间照料中心12个,投资1.2亿元的弘文老年公寓项目已完成内部装修,投资1.6亿元的德盛养老院项目一期工程已完工。怀仁产品市场畅销,云州创购国际精品线上线下综合商业体全面启动。全县"乐村淘"体验店已覆盖3个乡镇40多个村,覆盖率达到了三分之一以上。"龙首山小杂粮"挺进全国十强、成为国家级农产品龙头企业,金沙滩羔羊肉业的"塞外鲜""大材地"品牌市场畅销、"紫花羔羊肉"网上走红,"朔美羊"产品市场看好,"晋利糖果"成为阿里巴巴金牌客户,"芝麻蜜"香瓜、"恒源"陶瓷、宋氏糖干炉等本地特产分销到全国各地,打响怀仁品牌,开辟了"农产品进城、日用品下乡"新通道,"互联网+"电子商务产业正在形成,助推传统产业结构调整和转型升级正在加快。全力加快项目建设,省市重点工程累计完成134.94亿元,完成率101.46%,全市排名第三;其中省重点工程完成11.18亿元,完成率101.64%;市重点工程完成123.76亿元,完成率101.44%。

"三农"工作持续加强。不断改善农业生产条件,荣获全省农田水利基本建设"禹王杯"。召开了全省草牧业现场会。引导农民调整种植业结构,全年粮食产量达到4.6亿斤,粮经饲比例为68:25:7。农村改革深入推进,土地确权登记颁证工作基本完成,县、乡两级农村产权流转交易中心全部挂牌运行。大力提升畜牧业发展质量效益,改扩建500只种羊场3个、30—1000只繁殖母羊场100个。全年肉羊饲养量410.3万只、奶牛存栏1.37万头、生猪饲养量28.3万头。全面

落实农产品质量安全监管责任，荣获“国家农产品质量安全县”称号。实施村通水泥（油）路提质完善工程，建设总里程35.8公里；完成了改造鳌镇线工程，新修3条农村公路。深入开展五村联创、美丽乡村建设，四大班子引领带动，机关干部包村帮扶，乡镇农村主动作为，广大群众齐心协力，共建美好家园，55个美丽乡村重点推进村成效明显，达到省级清洁村标准50个村、省级卫生村标准50个村、省级平安村标准75个村、省级文明村标准30个村，被评为国家级文明村1个、省级文明村4个，涌现出像鲁沟村、西小寨村、悟道村、丰火台村、旧站村、秀女村等一批特色鲜明的典型示范村，农村人居环境明显改善，被评为“全省城乡爱国卫生清洁运动先进县”。脱贫攻坚精准到位，全县139户324名贫困对象实现脱贫，完成年度任务的162%。

城镇化水平稳步提高。围绕撤县设市目标，进一步提高城市品位。加强市容市貌管理，顺利通过“国家卫生县城”的专家复审。热电联供集中供热项目已全部完工并按期实现供暖；体育馆已全部完工并交付使用，图书馆已具备使用条件；仁人路等4条城市道路改造工程全部建成通车。加快实施东关村大榆树城中村改造项目、大修厂家属院棚户区改造项目。公共租赁住房工程主体已完工。启动了采煤沉陷区治理工作。实施了仁和广场园林绿化工程和4条城市道路绿化工程。目前，全县建成区绿化覆盖率达到40.4%，绿地率达到37.2%，人均公园绿地达到11平方米。

生态文明建设成效明显。全年营造大片林2000亩，四旁植树70万株。东作里水库新建工程，主体已全部完工。口泉河国家级湿地公园的申报工作通过国家公示。狠抓重点行业、企业节能降耗和主要污染物减排，全县化学需氧量、二氧化硫、氨氮、氮氧化物、烟尘、工业粉尘排放量6项环保约束性指标全部完成。按照新考核办法，县城空气质量二级以上天数达到292天。

三、深化改革开放，激发动力活力

招商引资开局良好。贯彻落实省委骆书记“系统定向招商引资”的要求，把招商引资列为中心工作、重中之重、头等大事，从8月30日开始，在全县迅速掀起招商引资的热潮，并扎实推进招商引资向选商引资转变。成立了四大班子领导参与的招商引资工作领导组和13个专业招商办，出台了招商引资和创新创业一揽子优惠政策。县四大班子领导带头联商、引商、招商。各乡镇、各部门、各单位也成立了相应的招商工作机构，积极开展招商活动。全县干部走出去、请进来，形成了“领导带头、三级联动、全民招商”的工作局面。2016年，全县外出招商19批次，来怀考察企业30余批次。外出参加省、市组织的大型展会10余次，主动承办5次大型招商引资推介会。全县共签约招商引资项目159个，总引资额365.2亿元。其中，投资3亿元以上的26个，投资10亿元以上的7个。招商项目落地103个，完成投资151.2亿元。招商引资为怀仁加快发展和转型升级注入了动力和活力。同时，选派了182名高素质机关干部，深入65家重点企业开展入企服务工作，全县上下形成了“产业第一，项目至上，企业为本，服务为重”的浓厚氛围。

开发区规划申报工作积极推进。按照“对标一流、创新引领、市场取向、管理现代、产业为本、带动全域”的方针和“一区两园”的模式，依托陶瓷园区和医药园区，规划了怀仁经济技术开发区，并积极申报省级经济开发区。怀仁经济技术开发区工作方案已上报市政府，园区的规划编制工作有序开展，推动全县工业园区整合、改制、扩区、调规，促进产业转型升级。山西雁门关生态畜牧开发区已通过农业系统上报。

改革步伐全面加快。撤县设市工作扎实推进，申报材料已由省政府转至省民政厅。贯彻落实中央和省、市各项帮扶企业发展政策措施，煤炭可持续发展基金、价格调控基金、矿产资源补偿费、资源税四项全部实行费改税。矿山环境治理保证金、转产发展基金、林业基金、育林费暂停征收。为符合规定的5家民营企业办理了土地确权登记。积极推进房地产去库存，房地产库存由年初的50万平方米下降到38万平方米。

金融创新不断深入。积极搭建平台，促进实体经济和金融事业共同发展。全县金融机构发放贷款39.3亿元，比上年同期增长3.3亿元。晋城银行、晋商银行、慧融村镇银行在怀仁县落地。发挥财政资金撬动作用，继续开展“助保贷”业务，共为13家企业续贷、新贷7577万元，为企业发展提供了一定的金融支持。

四、坚持和完善社会主义民主政治，加强法制建设

加强对人大和政协工作的领导。支持县人大及其常委会围绕全县中心工作依法履行职能，加强监督工作，开展执法检查。完善代表监督机制，高质量办理代表建议意见62件。自觉贯彻执行政党协商制度，支持县政协履行政治协商、民主监督、参政议政职能，发挥在推进协商民主上的重要作用，高质量办理政协委员提案73件。人大、政协组织走出去，请进来，进一步加强联系沟通，积极开展招商引资活动，在助推发展上建言献策、尽智出力。

深入推进法治怀仁建设。全面启动“七五”普法教育，深入开展法制宣传月、法律“六进”等法制宣传活动，营造了全社会知法、守法、用法的浓厚氛围，荣获“2011—2015年全国‘六五’普法先进县”称号。深入实施严打整治、整体防控、公共安全管理、源头预防、基层基础、依法治理“六大工程”，扎实开展平安怀仁建设。深入开展“平安村（社区）”创建活动，10个乡镇全部达到平安创建要求，全县85%的村（社区）建成了平安村（社区）。

注重抓好统战和群团工作。巩固和发展最广泛的爱国统一战线，加强同各民主党派和无党派人士团结合作，加强和改进新形势下工商联工作，指导县工商联做好换届准备工作。支持总工会、共青团、妇联等人民团体依照法律和章程独立自主开展工作。民族、宗教、对台等工作取得新进步。坚持基层民主自治，深入推进党务、政务、村务公开和公共企事业

单位办事公开。同时，扎实推动国防和驻怀部队建设，双拥共建水平进一步提升。

五、加强宣传思想文化工作，凝聚强大正能量

突出思想引领。落实意识形态工作主体责任，加强思想政治教育，深入宣传党中央治国理政新理念新思想新战略，宣传省委"一个指引、两手硬"重大思路和要求，以及市委"两大任务"重大部署，宣传全县党员干部群众贯彻中央、省委、市委和县委精神的好做法好典型，弘扬主旋律，传播正能量。组织党校教师、理论骨干深入机关、学校、社区、企业、乡镇开展宣讲活动190场（次），培训党员干部1.2万人（次），牢牢掌握意识形态工作的主动权。

加强舆论引导。围绕"唱响幸福怀仁，讲好怀仁故事"主题，加强对内对外宣传和网络宣传。开通了"幸福e怀仁"微信公众号、怀仁政府网站、怀仁在线、智慧怀仁等网络平台，全景式、多角度宣传怀仁经济发展、社会民生、城市建设、生态文明以及特色优势、资源物产和人文风俗等方面的成就和变化，及时发出怀仁声音，展示怀仁形象。引导广大干部学网懂网用网，在全县干部中大力推行微信工作法，通过建立县委中心组、招商引资、美丽乡村等多个微信群，及时学习习近平总书记系列重要讲话精神，及时学习转发省党代会治晋理政的新方略，及时跟帖发布心得体会，彰显了怀仁正能量；通过新媒体开拓了干部新视野，以"有图有真相"的方式，传递新理念新经验，发布工作状态，答疑解惑，有效提升了工作效率和广大干部的能力素质，以前所未有的速度撬动广大群众的创新创业激情。

强化精神激励。以纪念建党95周年、红军长征胜利80周年为契机，大力弘扬革命文化、红色文化，扎实抓好"文明单位""文明社区"和"文明村镇"创建工作。成立了"怀仁县志愿服务联合会"，广泛开展第六届山西道德模范评选活动、学雷锋志愿服务活动、"中华魂"主题教育读书活动，广泛宣传好做法好典型，弘扬主旋律，打好主动仗。

坚持文化支撑。举办了CBA季前赛、首届"中国德乡幸福怀仁"摄影大赛、首届"十一中学杯"自行车公开赛、"四月八"民俗文化活动、第四届幸福怀仁好声音以及一系列文体赛事。扎实开展"科技、文化惠民"活动，被评为"山西省科普示范县"，下乡送戏、送电影、送演出2330场，群众文化事业进一步繁荣。

六、狠抓民生第一关切，千方百计提高福祉

教育事业健康发展，2016年全县高考二本B类以上达线7010人，达线率50.5%，取得全市25连冠。改造农村幼儿园4所，完成6所中小学校标准化建设。严格规范招生秩序和办学行为，实现了公办、民办教育优势互补、均衡发展。就业创业工作成效明显，认真落实创业创新政策，城镇新增就业人数3521人，完成年任务的125.8%，失业率控制在2.74%以内。转移农村劳动力3302人，完成目标任务的124.6%。医疗卫生服务体系日益完善，县乡村三级医疗卫生服务体系达标率100%。引资2.3亿元的仁德医院项目主体已完工。新农合参合率达到99.9%，发放新农合补偿金4045万元。开展了新一轮国家计划生育优质服务先进单位创建工作，荣获全省人口和计划生育工作目标管理责任制考核先进奖。社会保障能力不断提升，五大社会保险基金累计结余4.88亿元，为改善民生奠定了坚实的基础。安全稳定工作全面加强，牢固树立国家总体安全观，按照"三个坚决防止"的要求，强化安全生产"红线意识"和"底线思维"，严格安全生产责任制和目标责任考核，积极开展安全生产隐患和矛盾纠纷排查化解，全县安全维稳形势持续好转。

七、全面从严管党治党，为"十三五"开局全胜提供坚强保证

一是圆满完成县乡换届工作。强化组织领导，严肃换届纪律，严格换届程序，县委、县人大、县政协和十个乡镇党委、人大圆满换届，做到了风清气正。通过换届，换出了活力、换出了正气、换出了干劲，取得了组织满意、干部满意、群众满意的良好效果。

二是切实加强领导班子和干部队伍建设。出台了《中共怀仁县委常委会工作规则》和《书记专题会工作规则》。县委十二届二次全会推选了十九大代表。坚决落实全面从严治党主体责任，按照《关于新形势下党内政治生活的若干准则》要求，规范党内生活，严格党内监督，层层传导压力，提升党建工作科学化、制度化水平。县委常委会会议先后分6批次共调整科级干部152人次，从严把好选人用人关。深入开展"两学一做"学习教育。按照上级要求，成立了县委巡察办、县网信办、县接待中心、县农业综合检验检测中心。积极稳妥推进深化监察体制试点工作。建立怀仁优秀学子数据库，多渠道鼓励、吸引其回乡创业、创新。稳步推进职级并行工作。建立激励干部干事创业机制，在招商引资、五村联创"两个主战场"和征地拆迁、安全稳定"两项硬任务"当中，锤炼干部、甄别干部、考核干部，为敢于担当的干部担当，为敢于负责的干部负责，形成了"为官必为、为官会为、为官愿为"良好氛围。

三是全面加强"三基"建设。围绕基层组织、基础工作、基本能力建设，推进全县各领域基层党组织全面进步、全面过硬。全县机关、事业单位党组织全部完成了换届工作。成立联建村党组织7个。实施村集体经济"破零"工程，实现"破零"的村28个。实施社区党建"五有一强化"工程，社区服务功能进一步提升。开展党费收缴工作专项检查，加强党员队伍管理。进一步规范"三会一课"等党内政治生活制度，制定《怀仁县严肃党内组织生活的十条措施》，推动了党内政治生活制度化、规范化和程序化。举办各级领导干部能力素质培训班8期，组织乡镇、县直部门（单位）主要负责人分2批赴中央党校和湖北黄石市委党校开展学习培训，各级领导班子科学、民主、依法执政的水平明显增强。

四是深入推进作风建设和反腐倡廉建设。把落实中央八项规定精神常态化、长效化，落实省政府推行的"13710"工作制度，扎实开展纪律作风整顿活动，全县上下形成了"事不过

夜、马上就办、真抓实干”的良好风气。认真落实《中国共产党党内监督条例》,强化廉洁教育,加强对权力运行的制约和监督,使积极开展监督、主动接受监督成为各级党员领导干部的自觉行动。

(杨志雁)

附:一、中共怀仁县委书记、副书记、常委名单

书　记:齐海斌(7月离职)　刘　亮(7月任职)

副书记:苏斌如　王　鑫　潘浩敏(挂职)

常　委:李启军(5月离职)　张乐祥(5月任职)
孙　涛　梁文晓(6月离职)
武春兰(女,6月任职)　陈志刚
刘　鹏(8月任职)　王万波　闫天兵
刘宏武(8月离职)

二、乡镇党委书记名单

云中镇

书　记:边彦明(4月离职)　翟云丰(4月任职)

何家堡乡

书　记:刘　鹏(4月离职)　石　晶(4月任职)

吴家窑镇

书　记:岳中山

金沙滩镇

书　记:杨　钰

新家园乡

书　记:王　福

亲和乡

书　记:石　晶(4月离职)　郭昌龙(4月任职)

海北头乡

书　记:田　勇

河头乡

书　记:郭昌龙(4月离职)　刘兴中(4月任职)

马辛庄乡

书　记:谭金花(女,4月离职)　王秀东(4月任职)

毛皂镇

书　记:姜世广

中共应县县委工作概况

县委书记　兰成国

应县有12个乡镇,2016年底,有县直党组41个,基层党委12个,党总支32个,党支部689个,党员12631名,占全县总人口的3.8%。

2016年,应县县委坚持以习近平总书记系列重要讲话精神为指针,深入贯彻落实党的十八大,十八届三中、四中、五中、六中全会精神和省、市党代会精神,团结带领各级党组织和广大党员干部群众,齐心协力、顽强拼搏,扎实推动全县经济社会平稳健康发展,实现了“十三五”良好开局。

一、严格履行全面从严治党主体责任,扎实抓好党建各项工作

(一)层层传导压力,压实管党治党主体责任。列出管党治党责任清单,制定出台《关于进一步强化措施解决农村基层党组织建设突出问题的意见》,规范和新成立41个县直机关党组,夯实主体责任落实基础。严格落实《关于新形势下党内政治生活的若干准则》,从严落实“三会一课”等七项组织生活制度。深入开展联述联评联考,年初县乡村自上而下层层制定目标、签定责任状,年底自下而上层层开展专项述职、民主测评,强化考核结果运用,以严格的任务考核倒逼责任落实。

(二)保持高压态势,引深党风廉政建设和反腐败斗争。围绕落实“九个严禁”,认真抓好换届前、中、后的思想纪律教育、社会宣传、指导督促、廉政教育等工作。深入开展扶贫资金使用专项督查,发现问题线索128件,立案30件,党政纪处分38人,谈话函询98人。成立县委巡察工作领导小组和办公室、3个巡察组,集中开展两轮巡察。加强纪律审查工作,全年立案182件、党政纪处分176人。谈话函询276人次,同比增加260人次,接到涉纪信访举报78件,同比下降9.3%,全县政治生态更加风清气正。

(三)突出问题导向,强化基层党组织建设。通过持续推行“产业党建”“合作社党支部1+6模式”“村民说事”等一系列创新,实现了党建工作与经济发展的无缝对接。认真落实市委《加强农村基层党组织的23项措施》,化解信访矛盾15件,解决突出问题30件,特别是选择21个试点村进行集体

经济“破零工程”探索，32个村实现破零。认真落实7项重点任务：排查失联党员699名，限期改正29名、脱党除名5名。2768名“两代表一委员”中没有违纪违法问题，30名受刑事追究的党员全部予以处理。全县基层党组织按期完成换届。收交党费88.51万元，其中补交18.44万元；712个非公企业单独组建党组织57个、联合组建77个，组建率达73.7%；34个社会组织单独组建党组织5个、联合组建7个，组建率达58.8%。积极整治机关党员干部学习教育“灯下黑”问题，累计培训党员干部2178人次。

（四）广泛凝聚合力，加强民主政治和法治建设。成功召开县第十六届人民代表大会和政协应县第十三届委员会，县人大办理代表议案和建议66件，县政协办理委员提案和建议94件。扎实抓好统战、宗教、群团、法治建设、党管武装等各项工作。

二、认真贯彻落实党的大政方针政策和省、市具体部署，紧跟形势抓好重点工作

（一）深入抓好学习贯彻习近平总书记系列重要讲话精神。坚持以“两学一做”学习教育为载体，采取中心组学习、专家辅导、党员领导干部讲党课、召开学习教育经验交流会、开通“应县塔乡先锋”微信公众号等多种方式，坚持不懈把学习贯彻习近平总书记系列重要讲话精神引向深入。坚持示范引领，涌现出73个县级以上先进基层党组织和107名优秀党员，南河种镇党委被评为“全国先进基层党组织”；深入开展“塔乡先锋”主题实践活动，帮助群众解决难点问题32件，办理大事实事1300多件。坚持问题导向，解决县级层面突出问题30个，查找党员个人思想、作风、纪律等问题30多项，查找制约改革发展稳定等方面的问题50多个，整改销号率达98%。

（二）科学谋划五年发展蓝图。在编制《“十三五”规划建议》的基础上，县委牢牢把握全面建成小康社会奋斗目标，把全县推进发展实践置于省委“一个指引、两手硬”和市委“两大任务”战略部署中去谋划，形成了“深入推进‘五大战略’，不断提升‘五新应县’建设水平，坚决夺取全面建成小康社会决定性胜利”的指导思想，明确了今后五年的战略定位、奋斗目标以及工作措施。

（三）圆满完成县乡换届。严格执行《党政领导干部选拔任用工作条例》等换届纪律，集中研究调整干部3次129名，成功召开县第十四次党代会，从严从实指导各乡镇党代会，整个换届风清气正。

（四）抓紧抓实脱贫攻坚工作。建立“两包三到、干部联户”机制，推行干部“四派”帮扶机制，编印了《扶贫工作手册》，2724名县乡干部精准包扶贫困户6310户12148人。启动扶贫项目26个，投入帮扶资金2216.8万元，选树了白马石乡北辛庄、界河两个整体脱贫示范村，5466名贫困人口实现脱贫。

（五）扎实推进全面深化改革。深化行政审批制度改革，16个单位58项服务类审批事项入驻政务大厅，39家政府部门完成权力清单和责任清单编制及公布工作。扎实推进商事制度改革、营改增试点、土地确权登记颁证、“粮改饲”试点工作、国有林场改革，积极启动监察体制改革试点。

三、坚持以新的理念指导新的发展实践，统筹推进经济社会各项事业

（一）直面困难挑战，力保经济平稳健康运行。加强日常经济运行预测预警和市场监测分析，从宏观层面牢牢把握经济工作主动权。通过参加省、市招商活动和自主精准招商签约项目14个，全年签约项目总额187亿元，超额16%完成任务。加大企业帮扶力度，帮助规模工业企业贷款1.4亿元，积极开展“万名干部入企服务”活动。扎实推进企业技改扩建，上马投资3.6亿元的技改扩建项目9个，建成投产4个。2016年，全县地区生产总值完成66.03亿元，同比增5.5%；固定资产投资完成47.14亿元，同比降29.2%；规模以上工业企业增加值同比增2.9%；社会消费品零售总额完成29.8亿元，同比增7.7%；公共财政预算收入完成1.39亿元，同比降14.88%；城镇居民人均可支配收入达到21962元，同比增5.9%；农村居民人均可支配收入可达9331元，同比增6.2%。

（二）狠抓项目建设，夯实三大支柱产业基础。新型工业方面。陶瓷生产基地建设取得重大突破，日用瓷生产线达到26条，产能达到10亿件，引资建设了华屹、恒锐达2个高档地板砖项目。特色农畜产品加工基地稳步发展，扎实推进肉羊综合产业化、世贸园肉牛屠宰加工2个项目，引资建设了雅士利小包装生产线项目。新能源示范基地建设扎实推进，投资4.5亿元的白马石风电一期并网发电。医药化工、装备制造等产业稳健运行。现代农业方面。继续巩固5万亩现代农业示范园区，蔬菜、黄芪、粮食种植面积分别达到30万亩、12万亩、67.6万亩，粮食产量6.4亿斤。围绕全省生态畜牧养殖基地建设，推动恒天然建成大穗稔水边牧场、成立奶牛扩繁中心，存栏奶牛3.3万头。全县奶牛存栏6.42万头，肉羊饲养量120.6万只。推进了总投资1.27亿元的农业综合开发、水利、土地整理开发等项目，被省政府评为农田水利基本建设“禹王杯”先进集体。农产品加工企业销售收入完成57.6亿元，同比增7.9%。进一步规范农民专业合作社，总数达到2367户。文化旅游和商贸物流产业方面。推进木塔环境整治、木塔实质性保护加固和吉祥村落等4项工程。推进了经纬通达综合物流园二期工程，成立大学生创业园，出台了加快发展电子商务的意见，成立电商办，乐村淘、京东、苏宁等电商平台相继入驻运营。

（三）强化统筹协调，大力改善城乡人居环境。城乡建设方面，扎实推进总投资27.5亿元的17个城市综合改造项目，城市客运公交站、供热管网改造等7项工程全部完工，完成了投资7666万元的农村危房改造、美丽乡村建设工程。生态建设方面，推进了小石口水库、京津风沙源治理工程水利项目、马兰口水库等工程；完成营造林3.99万亩、绿化村庄15个、道路100公里，县城新增绿地6万平方米，绿化覆盖率达到42.5%。圆满完成节能减排任务，空气质量优良天数

达到280天。道路建设方面,推进康杏线县乡道路改造等6项道路建设工程,新建修缮道路63公里、修筑路基26.2公里,完成投资6100多万元。

(四)着眼阵地建设,努力构筑精神文化高地。成立了意识形态工作领导小组,制定出台了《党委(党组)意识形态工作责任制实施细则》,指导督促各级党组织履行责任。以创建省级文明县城为目标,组织开展道德模范和文明家庭评选活动,八中八小董事长曹居台被评为"中国好人"。顺利通过第二批国家公共文化服务体系示范区检查验收,文化馆被评为全国"双服务"文化建设先进单位,图书馆被评为全省"同筑中国梦·共度书香年"活动优秀组织单位。围绕纪念建党95周年、红军长征80周年,组织开展八音会、书画展、广场舞等文体活动。创作了微电影《一念之差》、小品小戏《要孩儿情》等作品。应县被评为"山西省文化强县创建先进单位"。

(五)倾注为民情怀,着力抓好民生第一关切。教育方面,扎实推进一中教学楼、学生公寓楼建设和一小迁建等工程,顺利通过国家义务教育发展基本均衡县评估认定;高考成绩二本B类以上达线1496人,达线率34.75%。卫计科技方面,中医院综合楼建设工程完成主体,圆满完成省级妇幼健康优质服务示范县考核验收。科普服务能力不断加强,成为首批2016—2020年度"全国科普示范县"。社会保障救助方面,发放各类救助资金1.35亿元,受益群众扩大到11.6万人。各类社会保险参保人数达32.5万人,征缴基金3.3亿元,发放资金4.39亿元。干部职工增资方面。补发了2014年增资的津补贴和绩效工资,兑现了职级并行增资项目和两个年度的进档升级工资,补发了离退休人员2016年调资增资部分,全年增加预算近1.2亿元。安全维稳方面。安全生产形势持续保持稳定。解决信访突出问题135件。围绕"平安应县"建设,深入推进"六六创安""六无工程",持续引深严打整治专项斗争,全县社会治安保持和谐稳定。

(胡 广)

附:一、中共应县县委书记、副书记、常委名单

书 记:兰成国

副书记:边润文 王志坚(2月离职)
闫卫伟(6月任职)

常 委:谭德宝(6月离职) 刘巨才(6月任职)
张玉儒(6月离职) 方会文(6月任职)
唐学仕 卢生权(6月离职)
姚树山(6月任职) 高世亮(6月离职)
毕治中(6月任职) 武春兰(女,6月离职)
刘晓琰(女,6月任职) 王金天

二、乡镇党委书记名单

金城镇

书 记:张宝峰(4月离职) 赵振龙(4月任职)

镇子梁乡

书 记:寇永芳(8月离职) 赵耀峰(10月任职)

义井乡

书 记:曹宝骥(4月任职)

臧寨乡

书 记:刘 竹(4月离职) 胡文彬(4月任职)

大黄巍乡

书 记:胡文彬(4月离职) 杨名党(4月任职)

杏寨乡

书 记:贺一凡

下马峪乡

书 记:程利民(4月离职) 李昌彩(4月任职)

南泉乡

书 记:李尚宝(4月离职) 刘学理(女,4月任职)

南河种镇

书 记:王振兴(4月离职) 韩成生(4月任职)

下社镇

书 记:李 宁

大临河乡

书 记:赵利勋

白马石乡

书 记:杨良贵(4月离职) 孟文元(4月任职)

中共右玉县委工作概况

县委书记 吴秀玲

右玉县辖4镇6乡1个旅游区,总人口11.5万。共有基层党委12个、党总支11个、党支部399个,党员7411名,占总人口的6.5%。

2016年,中共右玉县委带领全县各级党组织和党员干部群众,深入贯彻党的十八大、十八届三中、四中、五中、六中全会精神和习近平总书记系列重要讲话精神,按照省委"一个指引、两手硬"的重大思路和要求以及市委推进"两大任务"的工作主题,大力传承弘扬右玉精神,紧紧围绕提升绿水青山品质、共享金山银山成果的主题主线,紧扣建设环境好产业优人民富的美丽右玉的奋斗目标,大力实施脱贫攻坚、旅游兴县两大战略,统筹推进经济、政治、文化、社会和生态文明建设,全面推进从严治党,全县呈现出经济平稳向好、社会大局和谐稳定、人民群众生活持续改善、党的建设不断加强的良好态势。

全年完成地区生产总值56.5亿元,增长4.3%;规模以上工业增加值14.8亿元,增长2.7%;社会消费品零售总额15.7亿元,增长7.6%;居民人均可支配收入13735元,增长

6.3%；城镇常住居民人均可支配收入21132元，增长5.8%；农村常住居民人均可支配收入6588元，增长6.6%。公共财政预算收入完成2.89亿元，下降0.89%。全县固定资产投资完成51.96亿元。

一、坚持全面从严治党，党的建设不断加强

一是扎实开展"两学一做"学习教育。县委中心组开展4次高质量的学习交流专题研讨，带动各级党组织加强理论学习。开展"学习贯彻系列讲话，传承弘扬右玉精神，解决若干突出问题"学习交流会，解决各类突出问题240多个。特别是立足右玉精神政治优势，积极筹备成立右玉干部学院，全力打造全省乃至全国重要的干部党性作风教育基地。二是深入推进党风廉政建设和反腐败斗争。认真落实从严治党主体责任，强化责任追究，对4名领导干部进行问责。持续高压正风反腐，全年立案129件，党政纪处分125人。成立巡察机构，全面开展巡察工作，发现问题5类23种。扎实开展监察体制改革试点工作。三是大力加强领导班子和干部队伍建设。圆满完成县乡领导班子换届工作。特别是胜利召开县第十四次党代会，选举产生了坚强有力的县委领导集体，确立了右玉未来五年的发展思路、奋斗目标和工作重点。从严从紧管理监督干部，全面完成干部"三龄两历一身份"审核认定。重新修订完善干部日常管理监督联席会议、干部谈心谈话和专项函询等制度，深化干部管理监督示范县工作。四是持续推进干部作风建设。制定《关于加强联动协作全面监督"四风"问题实施方案》，形成齐抓共管、合力围剿"四风"问题的常态工作格局。深入开展干部纪律作风教育整顿，全县查处违反中央八项规定精神问题8起，处理8人。五是不断夯实党的基层组织。认真落实基层党组织换届、党费收缴管理、农村集体经济破零等基层党建重点任务。新建村级组织活动场所9处、改造29处，建成社区服务大楼。整顿转化农村后进支部23个。选优配强75个建档立卡贫困村的党组织。扎实开展"扶贫攻坚先锋行"等主题实践活动。

二、突出"两大战略"的引领作用，经济社会实现平稳健康发展

一是立足精准要求，全面打响脱贫攻坚战。坚持以脱贫攻坚统揽经济社会发展全局，出台《精准扶贫总体规划》等文件，明确脱贫时间表、路线图。认真开展建档立卡"回头看"和"补课"，全县审核认定贫困村75个、贫困人口7979户、16501人。积极盘活存量资金，整合涉农资金，统筹资金6741万元，重点实施肉驴养殖、中药材种植等脱贫工程。圆满完成25个村、7401口人的减贫任务。顺利通过省、市第三方评估验收和督导检查。二是抢抓政策机遇，加快发展旅游产业。全面实施国家全域旅游示范区创建工作。设立省级生态文化旅游开发区可研报告上报省政府等待批复。举办了西口风情文化旅游招商系列活动。以旅游业为带动，认真实施电子商务进农村综合示范县项目。全县累计接待国内游客169.78万人次，实现旅游收入16.52亿元，分别增长7.25%、7.89%。三是围绕产业脱贫，大力发展特色优势农业。巩固提升杂粮产业，杂粮种植面积达到42.5万亩。大力发展中药材种植，培训1万名种植户，为2016年整体脱贫村每村购买1套中药材农机具。夯实农业发展基础，完成基本口粮田建设3290亩、坡改梯7000亩。加快发展畜牧业，新增养殖圈舍3.5万平方米。按照人均5000元的标准，为实施产业帮扶的贫困人口每人发放一头能繁母驴，并对配套建设的圈舍给予200元/平米补助。大力实施草牧业试点工程，种植牧草12.2万亩，改良天然草地6万亩，围栏封育6.39万亩。四是着眼提质增效，全力稳定工业经济。煤炭行业稳定运行。生产矿井采煤机械化程度和安全质量标准化均达100%。永昌煤炭物流园投用。银杉公司240万吨、隆泰达公司120万吨两个煤炭洗选项目投产。清洁能源产业巩固壮大，总装机容量达到97.8万千瓦。材料化工产业发展势头良好，北岳玉龙人造花岗岩板材加工项目建成投产。以梁威工业园区为集聚的农副产品加工产业不断壮大。培育四家市级农业产业化龙头企业。五是完善基础设施，不断提升城乡建设水平。编制完成《县城老区控制性规划》等规划。玉河街、紫玉北路、横九街等市政道路工程完工，硬化街巷1.3万平米，新建改造供水主管道1700米、污水管网2200米，新增供热面积30万平方米。国道109线县城过境改线、右平高速公路、生态旅游公路全面开工。改造城市棚户区1010套、农村危房1300套。大力开展城乡环境整治，全面启动国家卫生县城创建工作，城乡人居环境进一步改善。六是坚持改革创新，切实增强经济发展活力。认真落实"三去一降一补"等政策，完成阳煤元堡煤矿去产能关闭任务，积极化解房地产库存。争取债券类资金1.4亿元，全力保障重点工程和项目。加大招商引资力度，全年签约项目30个，总投资195.8亿元，超市定任务21.6个百分点。

三、发展社会主义政治文明，民主和法治建设深入推进

一是保证和支持人民当家作主。支持县人大及其常委会依照宪法和法律履行职权。坚持和完善中国共产党领导的多党合作和政治协商制度。同时，坚持基层民主自治，深入推进党务、政务、村务等公开。二是深入推进法治右玉建设。出台"七五"普法规划，深入开展"法律六进"等普法宣传活动，深化司法体制改革，全县农村(社区)基本实现法律顾问全覆盖。三是加强对统战和群团工作的领导。进一步健全机制、强化领导，巩固和发展最广泛的爱国统一战线。支持工青妇等人民团体依照法律和章程独立自主开展工作。同时，认真做好党管武装工作。

四、坚持文化自信，宣传思想文化工作迈上新台阶

一是守好意识形态工作阵地。认真学习贯彻《党委(党组)意识形态工作责任制实施办法》和省、市委实施细则，全面落实意识形态工作主体责任。县委中心组集中学习14次。二是不断提高舆论引导能力。唱响主旋律、打响主动仗，累计在主

流媒体刊发各类新闻稿件800多件、150多万字。三是积极践行社会主义核心价值观。围绕创建全国县级文明城市,大力开展社会主义核心价值观学习践行活动。四是努力丰富群众精神文化生活。国家公共文化服务示范区建设工作顺利通过验收,"送戏下乡"演出60余场,开展优秀影片进农村、进社区、进学校等数字电影放映活动。成功举办全国马术比赛、全国无线电侧向锦标赛等系列赛事活动。

五、坚持以群众的需求和满意为工作目标,社会建设和治理水平稳步提升

一是全面加快社会事业发展。伤筋动骨抓教育。实施《右玉教育振兴五年行动计划》,聘请忻州一中原校长带领的教学管理团队对右玉一中进行托管。开工建两所幼儿园,改扩建上堡幼儿园。加快发展医疗卫生事业。县级医院全部药品实现零差价销售。全面推行新农合住院分级诊疗,扩大新农合补偿范围,提高普通门诊和住院报销比例,对患病贫困人口全部建档立卡。右玉县被表彰为全国计划生育优质服务先进单位。二是不断完善社会保障体系。全力扩大各项社会保障覆盖面,全县社会保险参保人数累计达到13.62万人,征缴社会保险2.1亿元,社保基金积累5.6亿元。城镇新增就业1396人,创业就业295人,失业人员再就业565人,困难人员就业1417人,转移农村劳动力1591人。完成棚户区改造1069套、农村危房改造1300户、抗震房改造700户。解决11个村的人畜饮水困难。采煤沉陷区治理一期搬迁安置工程基本完工。进一步提高城乡低保水平,农村低保与国家扶贫标准实现"两线合一"。三是全力维护社会安全稳定。切实加强对各领域安全工作的领导,扎实开展安全生产专项检查,全县安全生产形势平稳。加强社会治安综合治理,全县信访稳定形势良好。

六、持续厚植生态优势,美丽右玉建设取得新成效

持续推进造林绿化。完成荒山造林2.6万亩,补植补造2.24万亩,通道绿化提升15公里。新一轮退耕还林还草落实地类地块17.4万亩。出台《右玉县严厉打击破坏森林资源违法犯罪专项行动方案》,加大生态资源管护力度。切实加强环保工作。加大环保检查力度,铁腕治污,保护绿水青山。强化大气污染防治,编制《右玉县重污染天气应急预案》,空气质量优良天数达到290天,比2015年增加17天。

(沈 强 李冬盛)

附:一、中共右玉县委书记、副书记、常委名单

书 记:吴秀玲(女)

副书记:苏斌如(2月离职) 王志坚(6月任职)
丁 裕 张建起(7月任职)

常 委:李 权 庞明明(2月离职)
向旭山(6月任职) 张乐祥(6月离职)
闫祖伟(6月任职) 李康正
卢世雄(6月离职) 韩日华(6月任职)
侯照阳

二、乡镇(旅游区)党委书记名单

新城镇
书 记:韩志强

右卫镇
书 记:王志平

威远镇
书 记:田心世

元堡子镇
书 记:武振东

李达窑乡
书 记:蔡灵和

高家堡乡
书 记:郝建忠

牛心乡
书 记:王志文

白头里乡
书 记:杨 成

杨千河乡
书 记:蔚 瀚

丁家窑乡
书 记:李鹏泉

杀虎口旅游区
书 记:樊文智

中共山阴县委工作概况

县委书记 李旭清

山阴县总辖4镇9乡,县直党工委(党组)37个、基层党委27个、党总支(支部)685个、党小组1953个、党员总数11002人,占总人口数的4.6%。

2016年,山阴县委始终牢记职责和使命,坚持"把方向、管大局、作决策、保落实",团结带领全县广大干部群众,深入贯彻落实习近平总书记系列重要讲话和党的十八大、十八届三中、四中、五中、六中全会精神,以及省第十一次党代会、市第六次党代

会精神，围绕“四个全面”战略布局，认真贯彻省委“一个指引、两手硬”重大思路和要求，紧扣“两大任务”工作主题，按照“2361”工作思路，抓班子带队伍，抓经济促发展，抓重点求突破，顺利完成了既定的各项目标任务，全县经济社会呈现出难中有为、落实有力、推进有序、平稳有效的发展态势。

一、坚持正确政治方向不动摇，严守政治纪律和政治规矩的自觉性进一步增强

坚持把学习贯彻习近平总书记系列重要讲话精神作为重要政治任务，通过采取各类会议、集中学习、专题培训等多种形式，对中央和省、市委召开的重要会议精神，及时传达，认真贯彻，确保了中央精神和省、市委决策部署的有效落实。一年来，县委常委会议专题学习8次，县委中心组集中学习12次，并多次组织了专题宣讲和名家讲座。县四大班子成员带头开展“两学一做”学习教育，自觉把“四讲四有”要求落实到坚持坚定正确的政治方向上，落实到执行中央和省市委重大决策部署上。切实增强《党章》意识，坚持把政治纪律和政治规矩立起来、严起来，真正做到执行到位。严格贯彻执行民主集中制，按照《关于新形势下党内政治生活的若干准则》要求，严肃党内政治生活，积极开展健康的思想斗争，加强班子成员的相互配合、相互支持，团结进取、干事创业的合力全面增强。

二、坚持全面从严治党不动摇，党建科学化水平进一步提升

坚持把抓好党建作为最大的政绩，压紧压实“两个责任”，为推动经济社会发展提供了强有力的政治保障。

一是全面落实“两个责任”。县委先后5次召开常委会专题听取、研究和安排党风廉政建设工作，3次集中约谈党组织书记15人次，换届后与县四套班子成员、新任科级干部集体廉政谈话3次，促使“两个责任”传导落实到位。全年共处置问题线索456件，其中，谈话函询处置234件，占到总处置数的51.3%；立结案155件，给予党政纪处分171人，涉及乡科级19人。突出政治巡察，紧盯“三个重点”，完成9个乡镇的巡察工作，并对发现的65个问题线索，及时反馈，进行整改。

二是全力提升党建科学化水平。通过加强“三基”建设，深化“一带三创”活动，推行“三联一住一报告”“三评一会”等，党建工作真正延伸到基层。调整基层党组织设置37个，优化各领域党小组设置463个，全县24个软弱涣散党组织实现转化升级，有73个村实现集体经济“破零”目标，培训机关企事业单位、“两新”组织书记、农村“两委”班子成员3800余人次，下派352名党员干部，组成176个工作队，驻村抓党建，合力促脱贫。全县各级党组织把开展“两学一做”学习教育作为党建工作的重要任务，践行“四讲四有”的自觉性明显增强。坚持问题导向，大力开展突出问题专项整治，解决问题和办实事累计1万余件。

三是圆满完成县乡换届工作。坚持先立规矩后选人，树立正确导向，提高了选人用人公信度。坚持把严的标准、实的要求、铁的纪律贯穿始终，圆满完成县乡换届工作，实现了组织意图和群众意愿的高度统一，换出了新思路、新作为和新气象，全年共选任调整干部10批319人次，其中提拔101人，重用35人，平职交流及转任144人，免职36人。

四是全面加强意识形态工作。坚持以社会主义核心价值观为引领，认真贯彻执行《党委(党组)意识形态工作责任制实施办法》，突出抓好意识形态工作的重点领域、重要阵地，牢牢掌握领导权和主动权。启动开展了“关外好人家”“山阴好人”等文明创建活动，开辟了“新班子、新作为、新气象”等11个专栏，讲好山阴事，唱响主旋律，弘扬正能量。

三、坚持发展第一要务不动摇，转型步伐进一步加快

坚持以经济建设为中心，主动适应经济发展新常态，积极推进稳增长、调结构、促改革各项工作，转型升级步伐进一步加快。

一是工业转型推进有力。按照煤炭供给侧结构性改革要求，大力提升现代化生产水平，先进产能有效释放，综合效益明显提升。中电投二期光伏发电并网运行，昱光二期完成主体工程。积极配合省市，稳步推进晋北现代煤化工基地建设，与阳煤、潞安等集团进行了有效对接，综合能源基地建设迈出新的步伐。

二是现代农业稳步发展。紧抓国家粮改饲试点机遇，推进以养带种的种植结构调整，重点推进了青贮玉米、小杂粮、苜蓿三大基地建设，积极推广旱地谷子种植，取得明显成效。全县粮食产量达到5.3亿斤，设施蔬菜种植面积增加到3.8万亩，农机总动力达到50.1万千瓦。

三是城乡建设有序推进。完成府南街和文卫西街道路改造工程，开工建设府东街延长线道路一期和纵四路工程；完成府东街延长线、纵四路、站前街的中压天然气主管道铺设。扎实推进保障性住房建设，棚户区改造项目有序展开。组织开展了整治违法占地、违法建设专项行动，取得阶段性成效。大力开展乡村清洁工程、危房改造工作，乡村人居环境、住房安全等得到了明显改善。

四是生态环境明显改善。积极推进矿山生态恢复治理、京津风沙源治理、退耕还林、通道绿化工程，持续抓好造林绿化工作。注重节能减排降耗，加大环境保护力度，各类污染物减排幅度均达序时进度。

五是改革创新持续深化。坚持以全面深化改革为引领，围绕土地确权、行政审批等重点工作，县委全面深化改革领导小组多次召开专题会议，谋划推进改革工作。在金融创新上，深入开展了助保贷业务，为19家企业解决贷款5829万元。以电力供给侧结构性改革为契机，积极争取将中煤华昱集团列为全省“煤—电—X”试点，全面承接和发展现代载能产业。

四、坚持改善民生民计不动摇，群众获得感进一步提升

县委始终坚持民生导向，大力发展社会事业，让改革成

果更多地惠及广大群众。

一是精准发力推进脱贫攻坚。把脱贫攻坚作为重大政治任务和第一民生工程,紧盯“一增收两不愁三保障”目标,认真落实“六个精准”“五个一批”,大力实施八大工程二十项行动,扎实开展精准帮扶,并通过整合资金,充实力量,形成了主要领导包村、工作队员驻村、党员干部联户、第一书记协调、乡镇干部指导、企业组织扶持的“六位一体”帮扶体系,完成了脱贫攻坚年度任务。全面接受了省市考核督查和第三方评估,并得到充分肯定。

二是均衡用力提高服务水平。深化公立医院综合改革和县乡“医联体”建设,完善分级诊疗制度,提高基本公共卫生服务水平,群众看病难、看病贵问题得到有效解决。基础教育持续加强,顺利通过了国家级义务教育均衡验收。全县新增城镇就业 2451 人、农民工职业技能培训 1708 人,城镇登记失业率控制在 3.44%以内。全面实施惠农“一卡通”,为农民领取补贴资金创造了更加优质的服务。

三是健全完善社会保障体系。积极推动全民参保登记工作,全县登记人数 22.4 万人,达到 90.7%;累计发放社会保障卡 13.9 万张;加大各项社会保险费的征收力度和参保力度,实现了养老和医疗保险全覆盖,失业、工伤、生育保险覆盖规定人群。

四是大力推动文化事业发展。县文化馆、图书馆和乡镇文化站全部免费开放。组织开展了千人广场舞、全民 K 歌大赛等群众文化活动,文化事业呈现繁荣发展态势。

五是全力抓好安全生产。严格落实“党政同责、一岗双责、企业主责、失职追责”的安全生产责任体系,深入开展安全生产隐患大排查大整治行动,安全生产形势持续好转。

六是依法推进社会治理。牢固树立总体国家安全观,健全落实社会治安综合治理领导责任制,扎实开展“六打六整三加强”创建平安山阴集中行动,全面引深社会稳定大排查大整治活动,依法规范维稳信访秩序,从根本上促进了全县治安秩序、社会风气、发展环境的进一步好转,群众安全感和满意度明显提升。

五、坚持民主政治建设不动摇,安定和谐局面进一步巩固

坚持党的领导、人民当家作主和依法治县有机统一,进一步巩固发展了民主团结、安定和谐的政治局面。坚持用法治思维谋划发展、破解难题,把依法执政理念贯穿于工作全过程。支持人大、政府、政协按照各自职能积极履行职责,加强对工青妇和工商联等人民团体的领导。坚持党管武装原则,军民军地工作深度融合发展。党校、民族、宗教、外事、对台等工作取得新进步。

(李 刚)

附:一、中共山阴县委书记、副书记、常委名单

书 记:李旭清

副书记:南志中 李全胜

常 委:黄永红(女) 王 伟 钟军辉
程万强(6 月离职) 句爱云(女,6 月离职)
闫祖伟(6 月离职) 郭兆文(6 月离职)
郭振林(6 月任职) 刘向前(6 月任职)
刘德义(6 月任职) 降 英(女,6 月任职)

二、乡镇党委书记名单

马营乡

书 记:乔新文(4 月离职) 吕志宇(4 月任职)

玉井镇

书 记:陶占有(4 月离职) 张志斌(4 月任职)

吴马营乡

书 记:朱志斌

下喇叭乡

书 记:张志斌(4 月离职) 王永霞(女,4 月任职)

北周庄镇

书 记:史俊龙(4 月离职) 刘 华(4 月任职)

合盛堡乡

书 记:吴玉梅(女,4 月离职) 魏玉彪(4 月任职)

岱岳镇

书 记:魏雁明

安荣乡

书 记:王登峰(4 月离职) 樊晋阳(4 月任职)

薛圐圙乡

书 记:梁日军

古城镇

书 记:刘世泉(4 月离职) 王浩宇(4 月任职)

马营庄乡

书 记:郭金业(4 月离职) 程 毅(4 月任职)

后所乡

书 记:宋 军

张家庄乡

书 记:刘文斌(4 月离职) 王 聪(4 月任职)

中共忻州市委工作概况

市委书记　李俊明

2016年，面对错综复杂的经济形势和艰巨繁重的发展任务，全市上下全面落实党的十八大和十八届三中、四中、五中、六中全会精神，深入贯彻习近平总书记系列重要讲话精神和治国理政新理念新思想新战略，坚决按照省委“一个指引、两手硬”重大思路和要求，坚持以脱贫攻坚统揽经济社会发展全局，坚持新发展理念，坚持稳中求进工作总基调，坚持以人民为中心的发展思想，全力实施“1661”发展战略，团结带领全市人民对标前行、苦干实干，各项工作取得新进展新成效。

一、深入学习贯彻习近平总书记系列重要讲话精神，坚决把思想和行动统一到中央、省委重大部署和要求上来

不断强化理论学习。坚持把学习贯彻习近平总书记系列重要讲话精神作为重要政治任务，作为各项工作的根本遵循。市委中心组发挥示范带头作用，全年组织集中学习15次，深刻学习领会党中央治国理政新理念、新思想、新战略，学习《准则》《条例》等党内重要法规制度。学习贯彻党的十八届六中全会精神，引领和带动广大党员增强政治意识、大局意识、核心意识、看齐意识。认真贯彻落实省委右玉学习交流会精神，围绕“六个如何”“八个进一步”、破解“十个难题”，制定引深学习《实施意见》，明确24项具体任务，开展领题调研，形成高质量调研报告47篇。组织开展110余次专题辅导、500余场专题宣讲，覆盖党员干部10万人次以上。创新理论学习方式，上线忻州理论学习网，“中心组学习公开”在线发布各级党委（党组）中心组理论学习信息、学习档案，编发《打开心门》口袋书，设立“研究基地”，搭建以忻州随手拍为载体的新型学习平台，不断用马克思主义中国化的最新成果激发干部群众的积极性和创造力。

扎实开展“两学一做”学习教育。自觉把“两学一做”学习教育作为党建工作的龙头任务，真抓真学真做，切实把党的思想政治建设抓在日常、严在经常。坚持以上率下，市委常委带头开展“四讲四有”专题学习讨论，带头讲党课，带头参加党内生活“五个一”活动。部署开展“党员先锋行”、岗位建功奉献“双亮一建”和“脱贫攻坚先锋行”三个主题实践活动，作出向全国二级英雄模范骆国泉同志学习的决定，学习教育取得明显实效。

全面贯彻落实省委、省政府重大决策部署。特别是6月底以来，认真贯彻落实全省领导干部大会、省委第219次常委会议、全面构建良好政治生态推进会议、市级经济发展推进会议、全省旅游发展大会、全省开发区改革创新发展会议等重要会议精神，坚决把思想和行动统一到省委“一个指引、两手硬”重大思路和要求上来。深入学习贯彻省第十一次党代会精神，围绕“举旗定向总纲领、治晋理政总方略、凝心聚力总动员”，细化、分解、落实118项重大任务，明确时间表、路线图、任务书、责任制，从市级领导班子和领导干部开始，层层压实责任，推动工作落实。

二、对标前行，苦干实干，努力推动“十三五”良好开局，全市经济社会发展取得新成效

发展战略更加完善。市第四次党代会遵循“五位一体”总体布局、“四个全面”战略布局和新发展理念，按照省委“一个指引、两手硬”的重大思路和要求，立足忻州市四期叠加发展阶段、全面小康四块突出短板、四个明显比较优势的市情特征，进一步完善了一个统揽、六大重点、六大发展、一个关键的“1661”发展战略，对工业强基、文旅带动、现代农业、三区联动、五城联创、交通先行、民生改善等经济社会发展重大问题，明确了目标，确定了任务，完善了举措，提出了要求。

经济增长稳中向好。主动适应经济发展新常态，积极应对经济下行压力，全力巩固低位企稳、稳中有进、稳中向好的发展态势，多项经济指标增幅进入全省第一方阵。全市地区生产总值增长4.7%、增幅全省排名第三，固定资产投资增长4.3%、增幅全省排名第五，社会消费品零售总额增长7.3%、增幅全省排名第六，一般公共预算收入下降6%、增幅全省排名第九，城镇居民人均可支配收入增长6.5%、增幅全省排名第三，农村居民人均可支配收入增长7.2%、增幅全省排名第二。

项目建设持续推进。坚持产业第一、项目至上、企业为重、服务为本，坚持“八位一体”抓项目，组织项目观摩检查、分类考核，扎实推进以“五个一批”为重点的项目建设百日攻坚专项行动，开工亿元以上产业项目162个。开展“万名干部入企服务”和“各类项目受理大起底”活动，受理问题1174个，办结率91.6%，帮助复工复产企业66户，培育“小升规”企业22户。坚持系统招商、定向招商、责任招商，召开“迎老乡、回故乡、建家乡”恳谈会和民企入晋项目签约活动，举办京津冀（忻州·北京）区域产业协同发展恳谈会，全年招商引资项目到位资金507亿元，超年度任务56亿元。加快低热值煤和风电、光伏发电项目建

设，电力装机首次突破千万千瓦大关，达到1017.1万千瓦。推动重点工程建设，省考核六项指标达到和超过序时进度，308项市重点工程项目扎实推进。

坚决打赢脱贫攻坚战。坚持以脱贫攻坚统揽经济社会发展全局，作为最大的政治责任、最大的发展机遇、最大的经济工作、最大的民生工程、最现实的干部作风转变工程，在全市树立抓发展首先要抓脱贫、抓脱贫就是抓发展的思想，纳入“1661”发展战略的首要任务。精心组织召开市县乡村四级千名干部参加的脱贫攻坚誓师大会，及时组织召开脱贫攻坚推进大会、再推进大会，进行安排部署和推动落实。出台《坚决打赢脱贫攻坚战的实施意见》、“十三五”脱贫攻坚规划、2016年行动计划，建立双签责任制度，明确时间表、路线图、任务书、责任制。完善市县乡村四级组织领导和责任体系，组织县（市、区）委书记脱贫攻坚专题述职评议，强化县（市、区）委书记第一责任人责任，在乡（镇）设立扶贫工作站，配备扶贫专职副乡（镇）长157名，实现了重点乡镇全覆盖，建强了抓乡促村的“桥头堡”。全面落实“3659”脱贫攻坚策略和“4433”实施办法，全市脱贫8.63万人，出列贫困村576个。产业扶贫带动贫困劳动力就业14667人，易地扶贫搬迁完成年度投资任务的111.3%，户籍人口50人以下行政村整村搬迁列入全省试点。全面提高农村低保标准，提前实现“两线合一”，脱贫攻坚实现首战首胜。

扎实推进供给侧结构性改革。全面落实“三去一降一补”重点任务，特别是在煤炭去产能方面，关闭正兴煤业等4座煤矿，退出产能330万吨/年，占下达任务的157%，占到全省的14.2%。出台积极化解库存、鼓励购买、货币化安置等惠民政策，打通商品房、保障房和安置房转换通道，全市商品房销售面积同比增长135.3%。“助保贷”累计588户次为企业贷款18.06亿元。落实国家降费减税政策和省减负“60条”、市减负“48条”，新增直供电企业5户，为企业减负12亿元左右。转型综改15项重大改革、15项重大事项、15个重大项目和2项重大课题顺利推进，综合考核全省第三，商务综合执法体制改革试点在商务部评估中获得第二名。

大力发展现代农业。坚持一抓小杂粮、二抓牛猪羊、三抓农业现代化化的发展思路，着力打造农业“第六产业”，调整优化特色种植结构，减玉米、增杂粮，粮食作物减少28.7万亩，经济作物增加30.2万亩，增长38.8%，粮食总产达35.34亿斤，为历史上第二个丰收年。打好中国杂粮之都牌，实施杂粮振兴“六个一”工程，新增三品一标及商标注册76个，培育专业示范村109个，农产品加工企业销售收入可达75.9亿元。新建和完善家庭畜牧场282个，建设规模养殖园区32个、规模养殖场区1460个，规模养殖户达到3.2万户，繁峙肉牛打入香港市场。大力发展农村电子商务，农产品电商公共服务平台入驻市场主体200余家，县级农村电商服务中心及电商综合园区投运，开设京东、苏宁、乐村淘县级运营中心15个、村级服务网点562个，静乐县跻身全国“电子商务进农村”示范县和阿里巴巴“千县万村”计划试点县。

打造文化旅游战略性支柱产业。落实省委、省政府关于五台山体制改革和综合整改整治两个《指导意见》，风景名胜区管委会组建运行，五台山文旅集团成立，综合行政执法试点获批，忻州汇丰文旅投资公司组建，45个旅游项目发布招商公告，流动人口专项清理、违法建设专项治理、建筑风貌专项整治三个专项行动全面推进。管涔山—芦芽山景区申报世界自然遗产和芦芽山创建国家5A景区进展顺利，雁门关成功创建国家5A景区，禹王洞景区晋级国家4A景区。亚太旅游休闲大会确定在我市举行。太原到北京K601、K602次列车冠名“五台山号”正式运行。不断深化旅游体制改革，代县、宁武两个旅游重点县成立文化旅游发展委员会。忻州荣获全省“最具魅力全域旅游示范城市”称号，并被列入国家全域旅游示范区创建单位。推动文化体制改革7个方面16项重点任务落实，全方位对外宣传忻州丰富的旅游文化资源，重点推介了18个招商项目，定襄晟龙木雕、雅艺轩、繁峙晋绣坊、代县锦绣坊等企业有了新的发展。举办“周末大戏台”“乡村大舞台”、送戏下乡等文化惠民演出活动652场，基层公共文化服务水平不断提升。

扎实推进“五城联创”。中心城区创建国家卫生城市顺利通过暗访，全市14个县城已有7个命名、5个待命名、2个通过暗访，成为全省创卫最多的市。中心城区和原平、五台、宁武、岢岚共5个县区创建省级园林城市已通过省考核验收，全省第一。持续改善基础设施，原平—太原高铁控制性工程进展顺利，原平—大同高铁开工建设，忻州—五台山—北京高铁列入国家铁路建设“十三五”规划；五盂高速通车，灵河高速完工，神岢高速建设加快，城区30条道路和国道208线忻州市过境改线竣工通车。忻原大道、忻定大道、机场高速连接线前期工作扎实推进。

大力推进生态文明建设。坚持绿色打底，加强生态环境建设，全市营造林71.48万亩。广宇煤电二期供热工程投运，集中供热覆盖率达到94%，超额完成淘汰黄标车及老旧车任务，市区144台纯电动公交车上线运营。深入开展“铁腕治污行动”，严厉打击各类环境违法行为，加大以雾霾为重点的环境污染治理力度，设区市城市空气质量优良天数比例完成年度任务，成为全省完成任务的三个市之一。

全力保障和改善民生。实施“一园十站双百聚才计划”，忻州e谷大学生创业园区入驻电子商务等项目59个，入园大学生300余人。为522名大学生发放一次性求职补贴，为655名大学生购买基层公共服务岗位，拖底帮扶安置就业困难人员6769人，失业保险金标准由930元提高到1060元。城镇新增就业3.73万人，登记失业率3.6%，就业创业、社会保障全部超额完成任务。开工各类保障性住房13729套（户），完成年度目标任务的114.2%。改扩建21所农村幼儿园，新建忻州高级中学、长征小学、实验幼儿园等竣工，新建高级技工学校、实验小学改造等前期工作扎实推进。县级公立医院综合改革全覆盖，医用设备检查检验费降幅超过10%，创建国家、省级群众满意的乡镇卫生院37所。

全力维护社会安全稳定。牢固树立国家总体安全观，切实抓好安全生产和社会稳定工作。全面落实“4438”安全生产工作机制，组织开展安全风险隐患大排查大整治，事故起数同比下降7%，未发生重特大安全生产事故，安全生产目标责任考核全省排名第一，入选中国城市研究会权威发布的2016年中国最安全城市排行榜。坚持源头治访、依法治访、创新治访、综合治访，信访工作呈现“三降、两无、一好转”态势。深化平安忻州建设，推进打黑除恶专项斗争，实现了暴力恐怖事件、重大政治事件和规模性、群体性社会安全事件“零发生”，社会治安综合治理年度考核名列全省第三，连续五年保持全省先进。

三、落实全面从严治党政治责任，扎实推进党的建设新的伟大工程，全面构建良好政治生态

圆满完成市县乡三级换届工作。严明政治纪律和政治规矩，严格落实“九个严禁、九个一律”要求，突出“三个一把手”责任，保持贫困县党政一把手相对稳定。树立敢于担当、群众公认、重视基层、清正廉洁导向，严格标准和程序，公道正派选人用人，选优配强各级领导班子。加强换届风气监督，从严落实换届纪律，组织观看警示片3.6万人次，举办专题培训229次，开展“四必训”2.1万人次，签定承诺书1.8万份，开展“四必谈”7580人次，开展巡回督查586次，组织廉政审查24批（次）涉及509人，组织“三个一批”审查15批817人，换届工作风清气正，实现市换届风气监督“零举报”。以市第四次党代会和市人大、市政协四届一次全会成功召开为标志，市县乡三级换届按期圆满完成。民主党派换届工作已于2016年12月底全部完成。

全面构建良好政治生态。全面落实党风廉政建设主体责任和监督责任，坚决把政治纪律和政治规矩挺在最前面，把党员领导干部的表率作用挺在最前面，把一把手的第一责任挺在最前面。坚持从党内政治生活管起、严起，针对具体问题组织召开两次专题民主生活会，深入开展批评和自我批评，严肃党内政治生活、净化党内政治生态。积极实践“四种形态”，保持反腐高压态势。共查处违纪问题1972件，党政纪处分1977人，其中县处级25人，乡科级219人，重处分231人，移送司法机关30人。弛而不息纠正“四风”，全年共查处违反中央八项规定精神问题130件，处理132人。深化市县巡察工作，推动全面从严治党向基层延伸，市委两轮巡察立案查处违纪问题31件，党政纪处分25人，移送司法机关2人。全面推进监察体制改革，成立市县两级改革试点工作小组，研究制定了推进方案，完成了机构人员摸底，落实了办公场所，确定了组织架构和选举任命时间，班子人选和干部调整划转等项工作有序推进。

牢牢掌握对意识形态和舆论宣传工作的领导。出台《关于各级党委书记带头抓好意识形态工作的意见》，进一步夯实责任。制定加强媒体舆情服务管理工作的意见，建立快速反应、高效联动两大工作机制，明确舆情服务管理八项责任，全年未发生重大舆情事件。充分发挥主流媒体凝聚正能量、强化正导向作用，精心策划推出“两学一做”学习教育、忻州好人、脱贫攻坚、五城联创等专题专栏，大力弘扬社会主义核心价值观，唱响了不忘初心、继续前进的主旋律。进一步提高推动传统媒体和新兴媒体融合发展，首家完成市级网络整合，忻州随手拍荣获全国“互联网+政务传播创新奖”，被评为“移动政务创新十佳案例”。

激发干部干事创业的内生动力。健全市委发挥统揽全局、协调各方核心作用的制度，制定出台《市委全会工作规则》《市委常委会工作规则》《市委书记专题会议工作规则》《关于加强和改进党委办公厅（室）工作的若干意见》，着力提高执政能力和领导水平。出台推进领导干部能上能下、激励干部担当作为干事创业、支持干部改革创新合理容错三个实施办法，着力形成能者上、庸者下、劣者汰的从政环境，激励全市干部敢作为、善作为、想作为。认真执行省政府“13710”制度、工作月报制度和改进优化会务接待有关要求，行政效能进一步提高。

切实加强基层党建工作。落实基层党建工作主体责任，全面加强“三基建设”，新建和改扩建村级组织活动场所251个，巩固提升134个社区活动场所建设，在全省进行了经验交流。发展壮大农村集体经济，1532个行政村集体经济实现“破零”。加大经费保障力度，市县两级投入经费1.23亿元，同比增长达50%。集中整顿422个软弱涣散农村基层党组织。增派农村第一书记280名，市以上选派第一书记达到60.8%。严格管理“三支队伍”，通报批评34人，约谈问责36人，召回撤换92人。

（吕建宏）

附：中共忻州市委书记、副书记、常委名单

书　记：李俊明

副书记：郑连生　张晓峰（11月离职）

常　委：王云龙（7月离职）　王　珍

王士桦（7月离职）　武　德（9月离职）

郝钧藩（9月离职）　阮全进

梁　洁（9月离职）　陈义青（女）

王建廷（7月任职）　赵志坚（7月任职）

范波涛　崔建新（9月任职）

王志东（9月任职）

中共忻府区委工作概况

区委书记 张钰祥

2016年，区委全面落实党的十八大和十八届三中、四中、五中、六中全会精神，深入学习贯彻习近平总书记系列重要讲话精神，坚持"一个指引、两手硬"重大思路和要求，全面落实市委确立的"1661"发展战略和区委三届六次全会、区四次党代会部署要求，推动各项工作不断取得新成效。

一、制定经济社会发展战略

市委对忻府区提出建设首善忻府的目标要求后，常委会及时研究提出了"经济强、百姓富、生态美、人居优、文化兴、活力旺"首善忻府的目标体系和落实举措，提出《关于制定国民经济和社会发展第十三个五年规划的建议》，确立"1696"发展战略，指导编制《忻府区国民经济和社会发展第十三个五年规划纲要》。根据忻府区的区位特点、产业分布、资源禀赋，结合经济社会发展现状，提出"一核、两区、两轴、三城、五线"的发展框架和以"城南一区四园、城北一区五园"为重点的"二区九园"产业发展布局。确定了全区2016年经济社会发展二十项重点工作、二十件惠民实事、二十个重点项目，形成了以"三个二十"为抓手的年度经济工作总盘子。

二、完善脱贫攻坚思路措施

按照市委提出的忻府区三年率先脱贫目标，确立了忻府区"3693"脱贫攻坚策略。研究制定了忻府区脱贫攻坚、移民搬迁"十三五"发展规划及2016年行动计划，明确了脱贫攻坚工作的时间表、任务书和路线图。组建了区脱贫攻坚领导小组、脱贫攻坚指挥部、移民搬迁指挥部、光伏扶贫工程项目建设指挥部。为10个贫困乡镇选配了10名专职副乡镇长，组建了扶贫工作站。整合区委干部下乡办公室和区扶贫办力量，组建扶贫开发服务中心。推行"4433"工作法，严格实施"挂图作战"。建立脱贫攻坚工作专项述职和问责制度，对在脱贫攻坚过程中履职不到位的4名干部进行问责，5个单位主要负责人进行约谈。全区摘帽35个村，脱贫6015人，比原定计划5500人超额完成515人。

三、全力推进经济稳步向好

坚持稳中求进工作总基调，全力巩固稳中向好的发展态势，地区生产总值、固定资产投资、社会商品零售总额、城镇居民人均可支配收入、农村居民人均可支配收入均为正增长。2016年，全区地区生产总值120.1亿元，增长3.9%。固定资产投资预计121.3亿元，增长7%；公共财政预算收入4.5亿元；财政总收入13亿元；社会商品零售总额预计完成88亿元，增长6.3%。城镇常住居民人均可支配收入26792元，增长5.5%。农村常住居民人均可支配收入8923元，增长6.7%。

四、增强经济发展新动能

2016年忻府区重大产业项目任务9个，落实12个项目，总投资59.64亿元。项目储备、项目签约、民企入晋、项目开工、项目投产五项任务指标已分别完成全年任务的130%、113%、135.6%、100.29%、101%。省市重点工程建设1—11月就全面完成全年指标任务。被市委、市政府评为全市项目建设三等奖和项目建设百日攻坚标兵单位。着力推进顿奇合温泉康养产业项目、石墨烯研发生产项目、北大方正大数据、颐欣电子商务、杭州茶博城综合体项目、深圳汉恩宝大麻种植加工项目的签约。九江石材加工、四方九瑞防水涂料、金宇科林5号线、侨友化工复产、沸石科技催化剂、田森汇商业综合体、大欣城等重大产业项目落地建成投运，成为应对经济下行压力、适应经济发展新常态的强劲引擎。总投资10亿元的忻州颐欣电子商务产业园项目、总投资5亿元的广州嘉兴生物制药项目的签约落地，以及正在对接签约投资6亿元的北大方正大数据项目，标志着忻府区在推动民企央企入晋、转型升级发展又迈出了坚实的步伐。装备制造、环保节能、煤化冶炼、生物医药、文化旅游、商贸流通、现代服务和农副产品加工业八大产业集群初具规模。以上海恒能光伏、太科光伏等为龙头的光伏发电新能源产业呈现出强劲势头，为忻府区实现转型发展奠定了坚实基础。

五、着力维护社会和谐稳定

全面落实安全生产"4438"体系建设，2016年各类生产安全事故无致人死亡。继续推行"书记三个面对面"的化解信访事项的工作机制，坚持落实信访联席会议制度和四套班子领导接待日制度，加大信访工作问责力度，信访形势呈现出了"三降一平一升"良好态势，实现了进京非访、赴省集体访"双下降"。深化平安忻府建设，建立健全了社会稳定风险评估机制和区、乡、村三级和重点领域多元化矛盾纠纷调解体系，完善了诉调、检调、公调、政调、访调对接联动机制。

六、加强党对意识形态领导

积极履行组织领导、示范表率、统筹推进之责，突出思想理论"第一建设"、深化核心引领"第一价值"、提升主流媒体"第一影响"、抢占网上舆论"第一阵地"，制定了《中共忻府区委关于贯彻落实〈党委（党组）意识形态工作责任制实施办法〉的实施细则》《关于加强媒体舆情服务管理工作的实施意见(试行)》《关于加强全区新闻宣传工作的意见》等一系列文件。建立了意识形态工作责任制检查考核制度,将意识形态工作纳入党建工作责任制和领导班子、领导干部目标责任考核体系,作为评先评优和干部使用的重要依据。建立意识形态工作责任追究机制,明确提出对落实意识形态责任制不力的十种情形,分别予以问责。建立了谈话提醒和通报批评制度,倒逼意识形态工作责任落实,形成了上下联动、齐抓共管意识形态的工作格局。

七、落实全面从严治党责任

以"两学一做"学习教育为契机,坚持从党内政治生活管起、严起,坚决把政治纪律和政治规矩挺在最前面,把党员领导干部的表率作用挺在最前面,把一把手的第一责任挺在最前面,明确了区委6个层面56项主体责任和区纪委6个层面32项监督责任,形成了具有我区特色的落实党风廉洁建设"两个责任""1+742"制度体系,探索建立了党风廉洁建设"四步曲"工作机制,进一步完善了纪检监察分片联组工作机制,建立了落实"两台账两跟踪""4252"工作机制。深入贯彻落实"八项规定"精神,驰而不息纠正"四风",始终保持惩治腐败高压态势,党风政风进一步好转。

八、营造风清气正政治生态

严明政治纪律和政治规矩,严格落实"九个严禁、九个一律"要求,突出党委主体责任,树立敢于担当、群众公认、重视基层、清正廉洁的选人用人导向,严格标准和程序,公道正派择优用人,选优配强各级领导班子,区乡两级换届工作如期全部圆满完成,组织提名人选全部高票当选。省委、市委换届督查组均给予充分肯定。全面落实《关于加强区委常委会自身建设的实施意见》,不断完善常委会议事规则和工作运行机制,深入开展领导干部"五带头五表率"活动,形成了一级带着一级干、一级做给一级看、以上率下、对标前行的有效机制和良好氛围。

区委高度重视自身建设,牢固确立"四个意识"特别是核心意识和看齐意识,在思想上衷心拥戴核心,在政治上自觉维护核心,在行动上坚决紧跟核心,坚决与以习近平同志为核心的党中央保持高度一致。进一步加强政治建设、思想建设、组织建设、作风建设、反腐倡廉建设和制度建设,制定出台《四届区委常委会工作规则》《四届区委书记专题会议工作规则》,组织起草了《四届区委全会工作规则(讨论稿)》,积极健全完善县级党委领导班子运行机制,着力提高执政能力和领导水平。坚持从严要求,结合7名党员干部工作日中午饮酒被通报处理的问题,组织各级各部门召开专题民主生活会进行反思剖析,集中整改。突出以上率下,常委会带头贯彻落实中央、省委、市委决策部署,带头奋战在决战脱贫、决胜小康的主战场,带头惠民生、办实事,带头冲在急难险重的第一线,带头正风肃纪、全面构建良好政治生态。弘扬苦干作风,大力弘扬市四次党代会提出的"想干、敢干、能干、快干、实干、干成"的优良作风,从区委常委做起,当标杆、做示范,作表率,激发了全区干部对标前行、苦干实干的活力和动力。

(李　军)

附:一、中共忻府区委书记、副书记、常委名单

书　记:张钰祥

副书记:赵志伟(8月离职)　崔向松

葛小树(8月任职)

常　委:刘卫东(1月离职)　刘东云(1月任职)

岳海宾(8月任职)　高瑞军(8月离职)

付光政(8月任职)　邢雨花(女,8月离职)

刘燕萍(女,8月任职)　安亮东

卢维忠(8月离职)　胡建华(8月任职)

赵晓云　郭新和(8月任职)

崔建周(9月任职,挂职)

二、乡镇(街道)党(工)委书记名单

秀容街道

书　记:史万中(5月离职)　石志勇(5月任职)

新建路街道

书　记:刘明祥(5月离职)　张晋荣(5月任职)

长征街道

书　记:周越宏

董村镇

书　记:张炳秀(5月离职)　石培银(5月任职)

紫岩乡

书　记:丁国仓(5月离职)　张炳秀(5月任职)

西张乡

书　记:蔚念军

播明镇

书　记:孙晓磊(5月离职)　卢红卫(5月任职)

北义井乡

书　记:宗　德

东楼乡

书　记:赵剑勘(5月离职)　范建斌(5月任职)

曹张乡

书　记:赵志强

秦城乡

书　记:刘　岗(5月离职)　白先明(5月任职)

高城乡

书　记:白先明(5月离职)　刘宏伟(5月任职)

解原乡

书　记:任明生(5月离职)　丁国仓(5月任职)

奇村镇

书　记:卢红卫(5月离职)　李　宁(5月任职)

合索乡

书　记:王　坤

兰村乡

书　记：安全明（5月离职）　郭沛华（5月任职）

豆罗镇

书　记：戎清元

庄磨镇

书　记：常清华（5月离职）　郭春宝（5月任职）

三交镇

书　记：韩瑞强（5月离职）　于永青（5月任职）

阳坡乡

书　记：郭沛华（5月离职）　郭亮明（5月任职）

中共原平市委工作概况

市委书记　杨述平

2016年以来，中共原平市委认真贯彻落实中央、山西省和忻州市各项决策部署，深入学习贯彻习近平总书记系列讲话精神，团结带领全市干部群众，紧紧围绕我市“致力率先发展，建设富美原平”的奋斗目标，对标一流，真抓实干，凝心聚力搞建设，理直气壮抓发展，全市经济社会发展呈现出良好态势。

一、坚持对标前行，始终保持正确政治方向

自2016年8月市委领导班子换届以来，新一届市委领导班子深入贯彻落实党的十八届六中全会精神，认真学习领会习近平总书记系列重要讲话精神和治国理政新理念新思想新战略，紧紧围绕贯彻中央“四个全面”“五位一体”战略部署和省委“一个指引、两手硬”重大思路和要求，结合忻州市委“1661”决策部署，坚持调研开路、规划先行，突出问题导向，推动经济社会发展全面对标，科学确立了“123～456”发展目标，坚持把方向、抓班子、带队伍、促落实，圆满完成了市乡两级换届工作，全市政治生态不断优化，党风政风逐步好转，巩固和发展了团结奋进的政治局面，全市上下呈现出人心思进、干事创业的良好局面。

二、扭住第一要务，经济运行稳步向好

坚持把发展作为第一要务，深入开展项目建设和工业稳增长“双百”攻坚行动，积极培育经济增长点，努力增强经济发展后劲。在忻州市重大产业项目和项目建设百日攻坚考核中，原平市位列忻州市两项第一。大力扶持实体经济发展，组织百名干部帮助30个企业改善管理、破解难题，“干部入企服务”工作排名忻州市第一。2016年全市地区生产总值完成116.8亿元，同比增长6.2%；财政总收入完成13.9亿元；社会消费品零售总额完成69.4亿元；城镇常住居民人均可支配收入27202元，农村常住居民人均可支配收入9290元，全市约束性指标全部完成，经济发展呈现出积极向好的态势。

三、强力招商引资，产业转型取得新成效

坚持工业强市发展战略，将招商引资、大上项目作为实现率先发展的主抓手，全年启动实施重点产业项目210个，总投资575.3亿元。加强与上级部门的沟通协调，积极争取政策和资金的支持；大力招商引资，积极引进光彩集团、牧原集团、公宣传媒公司、华为集团、北控集团、北京华侨城有限公司、太平洋建设集团、加多宝公司等大集团公司，洽谈城市建设、景区开发、生态农业等领域的项目合作事宜，储备项目投资额2551亿元，签约项目投资额242.8亿元，“六位一体”考核指标全部完成。农业调产步伐进一步加快，酥梨提质换优工程初见成效，大象集团36万吨饲料加工项目落地建设。建立了“煤电铝”联席会议制度，服务推动轩岗煤电公司、国电投山西铝业、同华电厂等重点工业企业抱团发展；经济技术开发区累计入驻企业38个，投资规模212.6亿元，荣获“2016中国产业园区成长力百强”称号。德金商贸、日昇建材、盛美农贸、爱尚西街地下商城和晋龙保鲜仓储物流等运营质量不断提高，农村电商服务点覆盖全市300个行政村，引进的“北国侨城”欢乐谷项目将带动天涯山、滹沱河、大营温泉开发及旅游文化服务业发展。三次产业增加值比例由2015年的10.4：43：46.4调整为10.3：40.6：49.1。

四、坚持共建共享，民生事业优先发展

把脱贫攻坚作为最大的民生工程，深入推进易地搬迁、产业脱贫、精准帮扶等重点工作，全市共脱贫1485户3693人，有13个贫困村出列。坚持教育优先发展，圆满完成全国义务教育发展基本均衡县创建工作；科技创新成果亮点纷呈，高新技术企业数量位列忻州市第一。巩固县级公立医院综合改革成果，完成城乡居民基本医疗保险整合工作；人口计生工作14项指标任务全部完成。文化活动蓬勃开展，成功举办原平梨花艺术节、首届忠孝文化艺术节，草根社团活动蓬勃开展，荣获“中华散曲之乡”称号。在忻州市率先更新了新能源公交车。农村低保实现了低保保障线与脱贫兜底线的两线合一，城镇新增就业、职工基本养老保险、城乡居民基本养老保险等全部超额完成任务。加强新型职业农民培训，受益农民近千人。城区集中供热普及率达到91.3%，建成区绿化覆盖率达到41%。全年二级以上天数达314天，占全年天数的85%。持续巩固国家卫生城市创建成果，荣获全省城乡爱国卫生清洁运动综合考核县级市第一名；成功创建省级园林城市，省级环保模范城市、省级文明城市创建具备验收条件。农村危房改造、抗震改建扎实推进，落实新增廉租住房租赁补贴200户。创新社会管

理，积极开展各类专项整治，社会满意度不断提升；严把企业复工复产验收关，确保了安全生产形势持续稳定。

五、激发创新活力，重点改革任务扎实推进

供给侧结构性改革见到实效，原平市地方监管煤矿退出产能90万吨/年；积极拓宽渠道，化解2000多套商品房库存；规上工业企业主营业务成本下降明显；民营企业“新三板”挂牌上市取得突破，佳诚液压公司与证券公司签订合作协议；开发区两个PPP项目被确定为国家级PPP示范项目，成为全省开发区以及忻州市唯一获选项目；引进一批战略性新型产业、节能环保项目，补齐了产业短板。完善“一库七平台”网上政务流程，行政审批项目由347项调整为115 项，179项审批服务事项全部纳入政务服务中心统一办理。全面建立不动产登记制度，完成党政机关公务用车改革工作。积极争取金融机构支持，全年向农发行原平支行申请项目融资贷款2.8亿元；农信社改制工作稳步推进，筹建报告得到省联社批复。

六、坚持挺纪在前，全面加强党风廉政建设

全面落实党风廉政建设责任制，坚持领导干部重大事项报告制度，加强巡察工作，强化对违反中央八项规定精神行为的监督执纪问责，自觉对照《廉洁自律准则》《纪律处分条例》和《问责条例》，切实加强作风效能建设，坚持从严管干部、从严抓作风，做到“八个用好”，即用好改革、用好规划、用好市场、用好干部、用好群众、用好考核、用好问责、用好网络，通过领导干部立标杆、作示范，真正使全局动起来，干部干起来，群众富起来，原平强起来。本着什么问题突出就集中解决什么问题的原则，认真执行省委省政府“13710”工作要求，在全市干部中推行“1661”工作法，即“一个牛鼻子”，就是牵住“党建主体责任”这一“牛鼻子”。“六有六形成”，就是做到有研究，形成规划与计划；有部署，形成共识和合力；有落实，形成单元和多元；做到有推进，形成过程与全程；有考评，形成监督和激励；有保障，形成预算和审计。“一个关键”，就是确保发挥党的领导核心作用、党组织的战斗堡垒作用、党员的先锋模范作用。

七、立足强基固本，干部队伍焕发新活力

认真落实从严治党要求这条主线，突出抓好“两学一做”学习教育和市乡集中换届工作。在“两学一做”学习教育中，市委主要领导带头示范，市委常委以身作则、领题调研，各级党组织深入开展学习教育活动，全年基层党支部开展集中学习6500余次，专题讨论3800余次，培训骨干党员3600余人。突出抓好市乡换届工作，干部选拔调整突出“六个注重”、坚持“十条原则”，组建了6个督查组，强化全程监督，确保了换届平稳有序、风清气正。加大干部教育培训力度，培训各级干部2000余人次，增强了工作意识和履职能力。突出抓好基层组织建设，严格规范“三会一课”制度和“四议两公开”工作法，与村“两委”主干绩效报酬挂钩，发挥了党支部战斗堡垒作用。集中推进了非公有制和社会组织党组织和工作“两个覆盖”；实施集体经济“破零”工程和抓党建促脱贫攻坚工程。注重人才队伍建设，内外并举，建立了乡土人才库，制定了引才方案。先行一步，率先开展了“三基”建设试点工作，派出考察组赴青海省取经学习，深入调研，认真研究，结合实际，出台了试点方案，在20个单位开展了试点工作，努力打造创新的特色、成功的经验、推广的模式。

（邢三强）

附：一、中共原平市委书记、副书记、常委名单

书　记：薛根生（7月离职）　杨述平（7月任职）
副书记：马志强（8月任职）　左百胜（8月任职）
温建军（7月离职）　白亚军（8月离职）
常　委：张清池　左　峰（1月任职）
尹新凤（8月任职）　郭建中（8月任职）
庞晋源　任　庆（7月任职）
李秀文（8月任职）　宋还柱（8月任职）
陈　彪（9月任职，挂职）
李宝山（1月离职）　高秀亭（8月离职）
葛小树（8月离职）　尹志刚（8月离职）
巩永智（7月离职）

二、乡镇（街道）党（工）委书记名单

南白乡
书　记：郝树平
东社镇
书　记：韩美智（5月任职）
子干乡
书　记：申国华
中阳乡
书　记：刘海生
苏龙口镇
书　记：张国强
沿沟乡
书　记：张军胜
崞阳镇
书　记：王　晟
大林乡
书　记：赵永进
西镇乡
书　记：温志亭
新原乡
书　记：贾文柱
王家庄乡
书　记：潘　颖（女）
闫庄镇

书　记：李永生（9月离职）

楼板寨乡

书　记：郝治国

解村乡

书　记：张高中

大牛店镇

书　记：陈振田

长梁沟镇

书　记：刘文柱

轩岗镇

书　记：邢中平

段家堡乡

书　记：兰德青

南城街道

书　记：赵世伟

北城街道

书　记：侯培生

轩煤矿区街道

书　记：韩美智（5月离职）　冀礼云（5月任职）

中共定襄县委工作概况

县委书记　张文斌

2016年，定襄县坚决贯彻落实党的十八大和十八届三中、四中、五中、六中全会精神，坚决贯彻落实省委“一个指引、两手硬”重大思路和市委“1661”发展战略，围绕县委“12361”发展战略，一手抓全面从严治党，构建良好政治生态；一手抓经济社会发展，以“三产联动协调发展”为总思路，经济社会发展稳中有进。

一、以学习讲话精神为重点，突出领导班子表率作用

深入学习贯彻习总书记系列重要讲话精神、中央、省市党代会精神。出台了《定襄县十四届县委常委会工作规则》等一系列文件，向全体党员干部提出“五项要求”“五个表率”“八个干事”和“约法三章”。特别是突出落实党委理直气壮抓经济的工作要求，出台了包括常委会每月召开法兰协会和重点企业座谈会等9项具体措施。各级领导班子思想政治建设得到不断提升，全县呈现出政通人和、风清气正、同心同德、干事创业的良好氛围。

二、以全面从严治党为要求，营造风清气正的政治生态

一是以专题学习教育为重点，“两学一做”学习教育扎实开展。围绕“重部署、重带头、重督导、重实效”，县委中心组率先开展“四讲四有”专题研讨会4次，集中学习12次，邀请省委党校教授做专题讲座2次，县委书记亲自带头进行专题辅导2次，为广大党员立起标杆、作出示范。全县组织开展理论宣讲80余场次，5个督查小组对全县98个单位进行了三轮督查指导，对全县排名后15名的单位一把手进行约谈，解决实际问题126个。二是以换届选优配强为重点，领导班子和干部队伍全面优化。严把“两代表一委员”的审查考察关，扎实开展“六查”工作，对涉及乡镇换届的141名初步人选进行了“六查”，共有17名人选被取消资格，有6名干部因漏报个人事项给予了提醒谈话。三是以基层党建为重点，党的建设持续加强。按照“大党建、大引领、大服务”党建工作总思路，运用“双效、双培、双向、双基”党建模式，全县形成纵向到底、横向到边、上下联动的基层党建工作网络。四是以落实“三个最、五个抓”要求为抓手，深入推进党风廉洁建设。强化党风廉洁建设主体责任，列清列细列实“三个清单”，建立完善“两台账、两跟踪”制度。严明政治纪律和政治规矩，谈话函询83件，经初步核实或谈话后给予组织处理36件36人；立案131件，结案131件，党政纪处分131人，重处分8人。开展县委巡察，进行两轮巡察和1次扶贫建档立卡工作专项巡察，巡察12个科级单位，指出“四个着力”方面问题11个，提出整改建议15项，新发现和移交县乡纪委及相关主管部门问题线索31件。

三、以核心价值观为导向，不断强化意识形态工作

一是抓领导明责任。成立了由县委书记任组长的定襄县意识形态工作领导组，进一步明确了各级党委（党组）领导班子、党委（党组）书记、班子成员责任。二是抓舆情引导向。成立了县互联网新闻宣传中心，组建了县网络安全和信息化建设领导小组，出台了《关于进一步加强舆情服务管理的意见（试行）》，营造了晴朗的网络环境。三是抓精神聚能量。开展了“定襄好人”评选，树立了在南京公交车上一脚刹车救了70多人的小伙子智杰、全市道德模范孙卫星等一大批优秀典型，引起了全社会的强烈反响。四是抓基层惠民生。出台了《关于在全县开展广场文化活动的通知》，举办了第五届“定襄读书月”、庆祝建党95周年等大型文化活动60余场。

四、以法治建设为总揽，坚决维护社会稳定

一是扎实推进安全发展。强化党政同责、一岗双责、失职追责，认真落实“443”工作机制，狠抓“八个零”工

作目标，安全生产形势好转。二是做好信访稳定工作。成立县矛盾调解中心，积极把矛盾化解在基层和萌芽状态，县、乡、村调解中心共调处矛盾纠纷462起。三是加强民主政治建设。县人大扎实推进“三账”监督工作，县政协不断加强社情民意信息渠道、委员提案平台建设，人武工作围绕军民共建扎实开展，县工会、共青团、县妇联积极整合社会资源，共同推进帮困援助工作。四是持续推进平安建设。全面深化平安创建各项措施，全年暴恐案件、重大群体性事件、重大安全事故零发生，刑事发案率持续下降，群众对治安状况比较满意。

五、以创新发展为驱动，经济建设取得较快发展

（一）一产上推动现代特色农业规模化发展。调整种植结构，增加经济作物种植面积5万亩；发展设施农业，建立6个现代农业示范区，设施农业总面积达到1万亩；发展农产品加工业，投资20亿元的山投集团小杂粮加工项目进展顺利，投资2.3亿元的益众源杂粮加工项目、康瑞生物公司的万寿菊深加工项目已当年投产；发展畜牧业，引进投资5亿元的温氏集团40万头生猪养殖项目和投资2.8亿元的新大象种猪场建设项目。

（二）二产上加快产业转型升级发展。一方面推动传统产业做大做强，打造法兰锻造基地。加快整合重组，76户锻造企业整合为22户集团公司，15户龙头企业成为定襄产业发展的核心；延伸产业链条，法兰产业向汽车锻件、游乐设施、塔筒、叶片、风机等部件拓展；推进产业升级，建立了博士工作站，三家企业被列入工业化和信息化两化融合的山西省试点示范企业，法兰锻件检验检测中心通过省级验收，全国法兰锻件行业首个省级出口产品质量安全示范区挂牌运行，煤改天然气改造完成156户，积极打造国家级绿色锻造基地。另一方面推动新型产业加快发展，打造电力装备制造基地。天宝塔筒、双环海上风电项目进展顺利，吉隆能源投产运行，申华空冷设备制造规模扩大，投资20亿元的取向硅钢项目一期工程即将投产，项目全部投产运营后年生产高性能取向硅钢20万吨，实现销售收入30亿元，上缴税金4亿元。

（三）三产上促进文化旅游商贸物流融合发展。举办了乡村旅游节、甜瓜节等活动，凤凰山景区、阎锡山故居、晟龙木雕公司成为推动发展的龙头企业，投资2.2亿元的机场文化酒店和产品展示中心项目建设进展顺利；商贸物流业发展迅猛，永旺物流园区成为交通部现代物流示范项目，电子交易平台等5个市场已试营业，保税仓库、出口监管仓库的建设，填补了忻州市的空白。

（四）大力推进招商引资和项目建设工作。县委政府领导亲自带队赴深圳、湖南、四川、浙江、北京等地招商考察20多次。已签约项目包括承接深圳产业转移的山西赛特德公司电子设备项目、60万吨再生铅循环利用项目、氧化铁红生产项目等。大力推动项目建设，高性能取向硅钢、益众源小杂粮加工等项目当年立项、当年建设、当年投。2016年在全市项目攻坚中获得第三名，在全市项目观摩考核中获得三等奖。

六、以群众满意为落脚点，民生改善取得新进展

（一）脱贫攻坚取得阶段性胜利。认真贯彻落实市委“3659”脱贫攻坚策略和“4433”工作法，制定“16568”脱贫攻坚总要求，成立了县乡村三级领导机构，配备了脱贫攻坚专职副乡长和乡镇扶贫工作站，建立了定襄县脱贫攻坚微信群，召开县委常委会、四套班子联席会、重点工作安排会等43次，出台《政策汇编》小册子，下发了《定襄县脱贫攻坚十三五规划》等59个文件，通过发展设施农业、大项目带动、金融、电商、乡村旅游等八大产业扶贫工程实现精准脱贫，2016年全县已脱贫19个村3105人。

（二）教育振兴工程稳步实施。制定实施振兴定襄教育的“14661”发展战略，县委政府领导亲自挂帅狠抓教育教学大整顿，投入近100万元在教师节重奖优秀校长、教师，出资19.5万元奖励中高考优秀学生。公开招聘31名中小学教师，充实教学一线。2016年高考二本B类以上应届达线284人，比2015年增加50人。

（三）“三件大事”顺利实施。一是投资近1亿元的职教中心新建和第二中学迁建项目已开工建设。二是投资3亿元的“六馆一院”已经和省建集团达成协议。三是投资1.8亿元的牧马河综合治理项目已破土动工。

（四）“三城联创”积极推进。开展省级园林县城、省级环保模范县城、国家级卫生城镇巩固“三城联创”活动，引深城乡爱国卫生清洁运动，关停污染源加强大气污染治理，创卫复审验收顺利通过，城乡环境得到全面改善。

（五）“三条大道”开始建设。忻定大道定襄段、忻原大道定襄段和五台山机场高速连接线“三条道路”成立了建设指挥部，完成前期准备工作，五台山口岸、忻保高铁列入国家十三五规划，忻定同城化迈出第一步。

（六）其他民生实事稳步推进。加大造林绿化力度，开展“铁腕治污”行动，拆除64户锻造企业燃煤加热炉，全面治理大气污染。县医院住院医技大楼投入运营，城镇登记失业率低于市控指标0.9个百分点，全面完成保障房建设任务。加强社会保障，为发放农村五保供养金368万余元，发放大病救助金260.2万余元，发放低保金4767.5万元。

（高小峰）

附：一、中共定襄县委书记、副书记、常委名单

书　记：张文斌

副书记：刘　亮（5月离职）　王殿君

张生明（8月任职）

常　委：曹剑文（8月离职）　姚　朴

曲建成（8月离职）　朱志安

赵亚峰（8月任职）　杨全隆（8月任职）

吕占君（8月任职）　卢维忠（8月任职）

续国强（8月任职）

二、乡镇党委书记名单

晋昌镇

书　记：赵泽清

杨芳乡

书　记：曾一平

南王乡

书　记：郭小凤（女）

神山乡

书　记：吴建功

蒋村乡

书　记：王志强

河边镇

书　记：武　强

宏道镇

书　记：刘永清

季庄乡

书　记：刘俊亮

受禄乡

书　记：王文伟

中共五台县委工作概况

县委书记　王继明

2016年，中共五台县委在省市委的坚强领导下，按照省委“一个指引、两手硬”重大思路和市委“1661”发展战略、“3659”脱贫攻坚策略，以脱贫攻坚统揽经济社会发展全局，奋力开创弊革风清、富民强县新局面，全县经济、政治、文化、社会、生态文明和党的建设取得新进展新成效，巩固保持了政治稳定、经济发展、社会和谐、亮点频现的良好势头，为“十三五”规划实现良好开局奠定了坚实基础。

一、审时度势，确立县域发展思路

中共五台县委全面总结“十二五”发展经验、始终坚持问题导向，跳出五台看五台、立足县情谋发展，年初提出了“聚焦脱贫攻坚，推进对标前行，奋力开创宜居宜业宜游美丽五台建设新局面”的奋斗目标和工作思路，把准了发展脉搏、加快了发展节奏，推动了全县各项事业全面发展。组织召开了县第十三次党代会，明确了“十三五”发展的具体方向、工作重点和主要举措，坚定了全面脱贫、全面小康的信心。

二、聚焦脱贫攻坚，推动形成统揽格局

中共五台县委把脱贫攻坚作为最大的政治责任、最大的发展机遇、最大的民生工程，按照市委“3659”攻坚策略和“4433”实施办法，坚持横向到边、纵向到底，县四大班子、县直各单位和16个乡镇全部制定了《工作方案》和《工作计划》，明确责任、压实担子，脱贫攻坚统揽格局初步形成，先后接受了省级专项督查和云南省际交叉考核，2016年度脱贫任务超额完成。一是动态调整工作。通过明确责任、反复公示、强化督查、充实力量，扎实开展贫困户精准识别动态调整。抽调78名资料员和电脑操作员，集中对贫困人口信息资料逐项审核，逐户录入。最终确定全县建档立卡贫困户28174户，贫困人口66429人。二是易地扶贫搬迁。分散易地搬迁1000人和整村易地搬迁14个户籍50人以下的村已全部搬迁完毕。三是金融扶贫。注入银行风险补偿金700万元，发放富民贷和强农贷，发放贷款1963.07万元，受益贫困人口1330人。四是教育扶贫和雨露计划。教育扶贫，为147名贫困家庭大学生，发放补贴73.5万元。雨露计划，为1327名贫困家庭职业院校学生，发放补贴265.4万元。五是技能培训。完成千村万人就业培训和新型职业农民培训900人。六是健康扶贫。县财政投入253万元为全县所有贫困人口办理了大病医疗保险和意外伤害保险，每人投保38元。七是光伏产业。五台县光伏扶贫项目9个，村级光伏电站8个800千瓦，集中式光伏电站1个5万千瓦，8个村级电站主体工程已完工。

三、强化党对经济工作的领导，全力推进经济企稳向好

切实加强和改善党对经济工作的领导，县委坚持每季度研究一次经济工作，把方向、定战略，搞协调、重服务，做后盾、抓督查。2016年1—12月，五台县地区生产总值42.7亿元,增长4.8%；规模以上工业增加值8.1亿元，增长5.9%；固定资产投资49.9亿元，增长8.3%；社会消费品零售总额26.95亿元，增长4.1%；财政总收入5.3亿元，增长–17.3%；公共财政预算收入2.5亿元，增长–20.9%；城镇居民人均可支配收入23802元，增长6.6%；农村居民人均可支配收入5765元，增长7.5%。全力实施工业扭负为正、项目建设两个“百日攻坚”，荣获市“2016年度项目建设百日攻坚先进单位”“重大产业项目建设二等奖”，以“十二五”的圆满收官推动“十三五”良好开局。

四、严格落实“两个责任”，全面加强党的建设

（一）坚持全面从严治党，狠抓党风廉政建设。五台县委严格落实党风廉政建设目标责任制，将反腐倡廉纳入全

县整体工作大局，与其他工作同部署、同落实、同考核。组织全县1300余名党员干部认真学习了新修订《中国共产党廉洁自律准则》《中国共产党纪律处分条例》和《党内问责条例》，在全县深入推进“三个清单”制度和“两台账、两跟踪”制度，确保各级各部门将“两个责任”落到实处。促进各级党员干部守底线、树高线。紧紧围绕脱贫攻坚、精准扶贫工作大局，不断加大监察力度，促使党员干部在工作过程中，知责任、守规矩、讲纪律，确保脱贫攻坚按计划有序推进。

（二）加强党员干部队伍和基层组织建设。全县16个乡镇圆满完成换届，调整229人，组建5个换届风气督导组，深入各单位巡回督查，认真廉政审查，严把“入口关”，杜绝带病提拔，以切实管用的措施，保证了换届工作平稳、有序开展。进一步优化了基层干部队伍。深入推进抓党建促脱贫攻坚工作，16个乡镇全部配备了专管扶贫的副乡镇长。持续加强农村基层组织建设，加强“领头雁”培训；开展“问题村干部”清退行动，调整补充9名村党组织书记；对软弱涣散基层党组织进行了整顿；加大农村党建经费投入，每年每村运转经费平均达到了8万元。强化农村第一书记管理考核，全部在岗履职。集中推进非公企业和社会组织“两个覆盖”，分别达到55%和50%以上。集中排查党员组织关系，圆满完成了党代表和党员违纪违法未给予相应处理排查清理工作。

（三）强化理论武装和宣传思想工作。五台县委抽调理论骨干及党校教员，分赴全县16个乡镇及景区进行了学习贯彻习近平总书记“七一”重要讲话精神暨“两优一先”先进事迹基层宣讲活动，认真组织了3批次先进事迹巡回报告会；组织了《中国共产党纪律处分条例》《中国共产党廉洁从政准则》、“两学一做”、《问责条例》等宣讲。开展了忻州市第四次党代会、五台县第十三次党代会、五台县第十六届人代会和政协第十四届五台县委员会第一次会议的宣讲工作，共计80场，取到了预期的效果。积极支持宣传部门开展舆论引导和内外宣传，在全县营造了干事创业，共建宜居宜业宜游美丽新五台的浓厚氛围。

五、真情关注民生，人民群众共享发展成果

五台县委始终把民生放在执政首位，教育、医疗、就业、社保和住房保障等工作稳步推进。人民群众享受到了发展成果。教育上，2016年高考二本以上达线810人，净增99人，3所幼儿园改扩建项目主体已完工，认真落实贫困学生资助政策，受助学生8449人，发放补助资金1541.38万元；就业上，城镇登记失业率控制在4.2%；医疗上，深化县级公立医院综合改革，免费为全县60岁以上老年人进行了健康体检，农村居民住院报销最高限额提高到了20万元，门诊统筹补偿不设起付线；住房保障上，完成农村危房改造170户，住房抗震改建800户；社会保障上，农村低保标准与脱贫线相衔接，提高到3026元，建成16个农村老年人日间照料中心。

六、加大生态文明建设力度，大美五台展现新姿

（一）扎实推进“五城联创”。不断完善基础设施，全面提升宜居水平，重点建设了湿地公园和半岛公园，县城绿化面积166.95万平方米，建成区绿化覆盖率44%，人均绿地40平方米；县城水面面积116万平方米，人均28平方米；县城休闲健身广场面积53万平方米，人均13平方米。我县被省政府命名为“山西省园林县城”。

（二）不断改善生态环境。坚持绿色富县、绿色富民，大力推进治污减排，保护青山绿水，建设美丽五台。开展以固定源排放和物料运输扬尘污染为重点的环境综合整治，开展矿山生态环境治理修复和“绿色矿山”创建工程，实施林业六大工程，完成营造林1.3万亩。2016年县城城区空气质量一级天数139天，二级以上天数337天，优良天数达到92.3%。

（三）全力维护社会和谐稳定。注重安全生产，维护安全稳定，2016年度五台县群众安全感满意度位居全省第四、全市第一，连续三年被评为省级平安县，保持了社会大局和谐稳定、人民群众安居乐业。

七、明确目标任务，扎实推进重点工作落实

五台县委深入贯彻省市党代会及县第十三次党代会精神，细化分解目标任务，从县级领导班子和领导干部做起，围绕产业转型、五城联创、招商引资、民生改善等重点工作，层层夯实责任，件件抓落实、层层抓推进，为工作落实奠定了良好基础。全县各级领导干部坚持以上率下、率先垂范，带头贯彻落实中央和省、市、县委的决策部署，带头奋战在决战脱贫、决胜小康的主战场，带头惠民生、办实事，带头正风肃纪、构建良好政治生态，激发了全县进位赶超、苦干实干的活力和动力。

（田志宏）

附：一、中共五台县委书记、副书记、常委名单

书　记：王继明

副书记：武新亮（8月离职）　孟宏斌（8月离职）
赵永平（8月任职）　刘建坤（8月离职）
韩丽珍（6月任职，挂职）

常　委：左百胜（8月离职）　梁　康（8月任职）
张树成（8月任职）　李　泽
王根伟　戴志刚（7月离职）
王建刚（7月任职）　李秀云（8月离职）
姚云萍（8月任职）　白俊清（8月任职）
吕　忠（8月任职）

二、乡镇（景区、街道）党（工）委书记名单

东冶镇

书　记：赵补文

建安乡

书 记：白 冰

阳白乡

书 记：马旭忠

神西乡

书 记：孟利伟（1月任职）

台城镇

书 记：张文荣

沟南乡

书 记：师泽喜

东雷乡

书 记：刘志勇

白家庄镇

书 记：闫海龙

茹村乡

书 记：陕爱华

陈家庄乡

书 记：罗恩波

豆村镇

书 记：刘会平（2月离职）

蒋坊乡

书 记：左拴生

灵境乡

书 记：边俊根

高洪口乡

书 记：郝俊杰

耿镇镇

书 记：白俊清

门限石乡

书 记：姚云萍（女）

石咀乡

书 记：白建伟

台怀镇

书 记：戎智信

金岗库乡

书 记：韩世愚

驼梁景区

书 记：金永安

居民街道

书 记：武降伟

中共代县县委工作概况

县委书记 田永清

2016年，中共代县县委深入贯彻党的十八届三中、四中、五中、六中全会精神，坚持以习近平总书记系列重要讲话精神为指导，深入贯彻习总书记治国理政新理念新思想新战略，全面落实中央、省委、省政府重大决策部署，坚持以脱贫攻坚为统揽，团结带领全县人民攻坚克难、砥砺前行，各项工作取得新成绩。

一是经济稳中有进形势进一步向好。主动适应经济发展新常态，努力化解经济下行的压力，全力以赴上项目、加大力度抓复产、多措并举保增长。全年地区生产总值完成53.1亿元，同比增长4.6%；全社会固定资产投资完成56.4亿元，同比增长5.5%；规模以上工业增加值同比增长4.5%；社会消费品零售总额完成14.3亿元，同比增长3.5%；城镇居民人均可支配收入23706元，同比增长6.3%；农村居民人均可支配收入5169元，同比增长5.8%。实现了省委提出的下半年好于上半年的经济发展目标。

二是脱贫攻坚进一步加快。坚持把脱贫攻坚作为最大的政治任务和第一民生工程，牢固树立脱贫攻坚统揽全局的地位。成立脱贫攻坚总指挥部，全县按乡镇划分了11个战区，县委常委和人大主任、政协主席分别担任11个乡镇战区的帮扶牵头领导。县委、县政府全力实施脱贫举措，县人大把依法履职和全力推动脱贫结合起来，出台《关于发挥人大职能促进脱贫攻坚的决定》，县政协积极发出了脱贫攻坚倡议书，县纪委从强化监督执纪问责入手，强力保障脱贫攻坚工作，县法院突出强化司法服务和保障，重点畅通完善“绿色通道”和快速办理机制，落实涉农涉贫司法救助机制，县检察院从发挥检察职能出发，出台《服务保障脱贫攻坚大局的实施方案》，全县各级各部门把脱贫攻坚工作作为本部门第一本职工作来抓，全县上下做到一切为了脱贫，一切服务脱贫，脱贫攻坚统揽全局真正成为全县共识。秉持“中医式”把脉问诊致贫原因和“中西医结合”对症施策脱贫的扶贫工作理念，创新实施“9631”脱贫攻坚法，落实“双签”制度，实行挂图作战，全力推进“六个精准”“五个一批”。全县驻村包扶单位达到142个；确定帮扶领导236人，驻村扶贫工作队236个，派驻工作队员944人，第一书记211人，落实党员干部结对帮扶责任人2180人。年内完成脱贫人口58个村8150人；签订易地搬迁协议393户695人，25个户籍50人以下贫困村整体搬迁工作进展顺利；3.2万平方米的县城集中安置移民楼主体完工。积极推动18家民营企业参与百企千村产业扶贫，投资2.52亿元发展脱贫项目11个；完成千村万人就业培训300人、新型职业农民培训800人。全县贫困人口农民人均纯收入2520元，增幅12%。脱贫攻坚首战告捷。

三是项目建设进一步加强。把推进项目建设作为实现经济稳中求进的重要支撑来抓，深入开展“双百攻坚”行动。突出强化目标责任考核，健全完善了项目建设考核办法，每月按乡镇排队、通报情况，对排名靠后的进行约谈，连续三个月考核末位的采取组织措施，形成了千方百计抓项目的工作氛围。突出创优发展环境，强化招商引资工作，先后组织参加博览会、招商会和项目洽谈会6场。全年项目储备73项，签约123亿元，落地77亿元，开工55.6亿元，投产73.5亿元，省、市重点工程投资完成36.7亿元。新开工重大产业项目8项，累计完成投资7亿元。“百日攻坚”行动中，全县共培育新的经济增长点133个项目，投资规模149.13亿元。重点项目的实施建设为县域经济社会发展注入了持续不竭的动力和活力。

四是“一县三业”进一步壮大。将调整产业结构作为推进供给侧改革的主攻方向。紧紧围绕代县“一带两山”空间布局，充分发挥优势，推动“一县三业”协调发展。农业上，进一步强化基础设施建设，努力调整产业结构，加快现代农业发展步伐，农业生产呈现良好发展态势。持续打造十万亩干鲜果基地，积极培育农业生产经营主体，家庭农场发展到139个，规模养殖小区（场）发展到200多座，农民专业合作社发展到1072个，农产品加工企业达到13家，实现销售收入4.58亿元。连续四年实施全国小型农田水利重点县项目，获得省“禹王杯”先进县称号。工业上，采取一系列保增长措施，落实“松绑减负”政策，推进铁矿企业复工复产，生产企业由一季度末的40户增加到105户，其中规模企业48户。全年累计工业用电量66227.23万千瓦时，同比增长27.1%。大力支持企业技术创新改造升级。全县工业保持稳步发展、缓中趋稳，以光伏为代表的新兴产业有所突破。文化旅游上，全力推进全域旅游开发，启动了代县《全域旅游发展规划》编制工作。积极参与“沿五台山景区”县域联动行动计划，扎实开展雁门关景区创“5A”工作，并顺利通过评审。抓住2015年9.3阅兵的有利契机，及时推进红色旅游开发，完成了雁门关伏击战遗址、阳明堡飞机场遗址等列入全国重点红色景区的规划。推进“体育＋文化＋旅游”融合发展，成功举办了旅游城市定向系列赛、雁门关国际自行车骑游大会、全国大学生篮球精英赛，进一步提升了代县历史文化名城的知名度、吸引力，提高了群众的自豪感和幸福感。启动了代县作家创作的以雁门关伏击战、夜袭阳明堡飞机场为主要背景的电影《长城谣》拍摄工作。全县景区景点累计接待游客180万人次，门票收入突破2500万元，旅游综合收入25亿元。全县三次产业比例调整为5.8：58.4：35.8，经济结构进一步优化。

五是“一城三区”建设进一步推进。县城旧城区、新城区建设，响应市委号召，积极开展“五城联创”，出台了《关于开展“五城联创”工作的实施意见》，以“创卫”为基础，“创园”为重点，突出市政公共基础设施建设和市容市貌整治，实施了新城体育馆配套及外围绿化、吊桥拆迁、二虎寺河改造等重点工程。新城区医院、行政服务中心等办公大楼投入使用，商贸区、休闲区全面推进，新城住宅小区入住率明显提高。城区生活垃圾无害化处理率、污水处理率、供水普及率不断提高。建成区绿化覆盖率达到33.2%。创建国家卫生县城通过省、国家评估，城市品位和宜居性进一步提升。雁门关产业集聚区建设，完成概念性一、二期详规，落实土地指标200亩，园区主干道钢钛大街和灵石路进行了测绘放线，园区基础设施建设前期工作启动。

六是民生事业进一步改善。紧紧抓住脱贫攻坚带来的政策机遇，持续加大投入，改善民生。就业水平进一步提高，全县城镇新增就业3148人，失业人员、困难人员、创业实现就业1831人。城镇登记失业率控制在4.2%以内。教育事业稳步发展，大力改善办学条件，全国义务教育发展均衡县工作通过了国家验收。社会保障工作扎实有效。卫生工作进一步加强，创建省级乡村清洁达标村99个，居民健康档案规范化建档率达83.39%。文明创建进一步深入，文化惠民效果明显。扎实推进节能减排，大气、水、土壤污染防治力度加大，环境监管力度进一步强化，生态环境质量持续改善。

七是各项改革进一步深入。按照上级全面深化改革要求，结合代县实际，制定了《代县县委全面深化改革领导小组2016年工作要点及责任分解》《各专项小组2016年工作计划》，将121项具体改革任务一一细化，明确责任，持续抓督查、抓落实，确保各项改革工作有思路、有路径、有办法、有成效。在全市率先完成了不动产登记发证系统信息平台对接工作，颁发了全省首批、全市首本不动产权证书。在“三证合一”全面推进的基础上，开展了“五证合一”工作，登记办理“两证整合”310多户。涉及全县400家纳税户的“营改增”试点工作顺利推进。121项改革任务完成60项，正在推进的61项，完成率达50%。高度重视，强化举措，监察体制改革扎实推进。

八是安全稳定的社会形势进一步稳固。全面落实“4438”安全生产工作机制，深入开展安全生产大检查，排除各类安全隐患，全年未发生重特大安全生产事故。信访工作形势稳定好转，进京非访、赴省集体访“双下降”和重要时间节点进京到省“零非访”。深化平安代县建设，暴力恐怖事件、重大政治事件和规模性、群体性社会安全事件“零发生”。

九是谋事创业的发展氛围进一步浓厚。认真贯彻中央和省委、市委关于换届工作的部署要求，严格落实“九个严禁、九个一律”要求，选优配强各级领导班子，圆满完成了县乡换届及县直单位负责人调整工作。扎实开展“两学一做”学习教育，进一步强化政治纪律、政治规矩教育，强化“四个意识”，特别是核心意识和看齐意识。层层压实“两个责任”，传导压力，持续正风肃纪，开展“亮身份、亮职责”活动，全面落实“两个责任”，管党治党力度不断加大，促进党风政风好转。弘扬雁门文化，深入开展文明创建活动。倡导广大党员干部牢固树立“小岗位干成大事业”的精神，聚精会神谋发展，形成了干事创业的强大合力。

（李继华）

附：一、中共代县县委书记、副书记、常委名单

书　记：田永清

副书记：郝江陵（女）　赵　静（3月离职）

赵继先（女，8月离职）

郭万国（8月任职）

常　委：白凤山（8月离职）　韩建保（8月离职）

贾明亮（8月离职）　陈月峰（8月离职）

潘东涛（7月离职）　赵辰隆（8月任职）

施福喜（8月任职）　贾俊岭（8月任职）

刘会平（1月任职）　崔玉军（7月任职）

张东家（8月任职）　曹玉祥（8月任职）

二、乡镇党委书记名单

上馆镇

书　记：张东家（4月离职）　李　诺（4月任职）

峨口镇

书　记：陈文秀（4月离职）　高步峰（4月任职）

阳明镇镇

书　记：张英瑞（4月离职）　乔建平（4月任职）

枣林镇

书　记：李纪东（4月离职）　郭耀东（4月任职）

聂营镇

书　记：杨建勇（4月离职）　杨梁远（4月任职）

滩上镇

书　记：李　诺（4月离职）　刘吉文（4月任职）

磨坊乡

书　记：石高岚（女）

新高乡

书　记：宋太平（4月离职）　孙跃林（4月任职）

峪口乡

书　记：蔚丽平（4月离职）　孙润民（4月任职）

雁门关乡

书　记：杨建东（4月离职）　周　仑（4月任职）

胡峪乡

书　记：高步峰（4月离职）　李海东（4月任职）

中共繁峙县委工作概况

县委书记　孔保宝

2016年，是“十三五”规划的开局之年，也是推进结构性改革的攻坚之年。一年来，中共繁峙县委认真贯彻落实十八届五中、六中全会精神，深入学习贯彻习近平总书记系列重要讲话精神，按照“一个指引、两手硬”重大思路和要求，全力稳增长、促转型、惠民生，扎实开展“两学一做”学习教育，统筹推进脱贫攻坚，全面加强党的建设，推动各项事业取得新进展新成效。

一、以系列重要讲话为指引，切实增强“四个意识”

县委坚持把学习贯彻习近平总书记系列重要讲话作为重大政治任务，以学习贯彻六中全会精神为牵引，深入推进“两学一做”学习教育。通过班子带头，推动全县干部教育取得实效。先后邀请国家、省、市专家学者作专题讲座9次，组织宣讲十八届六中全会和省市县党代会精神120余场次。通过全方位、多层次的学习，牢固树立和践行“四个意识”特别是核心意识、看齐意识。坚持把讲政治讲忠诚摆在首位，坚决维护习近平总书记的核心地位，旗帜鲜明地拥戴核心，坚定不移地维护核心，忠贞不渝地捍卫核心，更加自觉地在思想上政治上行动上同以习近平同志为核心的党中央保持高度一致，对党绝对忠诚，做到党中央提倡的坚决响应，党中央决定的坚决照办，党中央禁止的坚决不做。主动向党中央看齐，向习近平总书记看齐，向党的理论和路线方针政策看齐，用核心的思想统一思想，用核心的意志统一意志，对标对表，提高政治站位，找出政治偏差，强化看齐紧跟，始终沿着习近平总书记系列重要讲话指引的正确航向奋勇前进。

二、坚持精准方略，脱贫攻坚取得显著成效

（一）坚持精准识别，全面夯实脱贫攻坚基础。县委紧紧围绕精准识别贫困、规范建档立卡、实施动态管理3个关键环节，严把群众申请关、入户调查关、民主评议关、公示公告关、确认审核关。建立了贫困统计监测信息平台，构建了“户有卡、村有册、乡有簿、县有档”的脱贫攻坚

信息系统。

（二）坚持精准派驻，有效凝聚脱贫攻坚合力。县委强化脱贫攻坚的组织保障，县乡成立脱贫攻坚指挥部，党政一把手任政委和总指挥，既挂帅，又出征。高度重视帮扶队伍建设，先后选派213个省市县驻村工作队、226名第一书记。对上立下军令状，对下实行责任双签，层层传导压力，把任务细化到县乡村三级党组织，落实到四支帮扶干部队伍头上，形成了三级书记齐抓、四支队伍发力、四千干部参与的扶贫工作大格局。县委狠抓责任落实的考核，修订出台了目标责任考核、脱贫成效考核、第一书记工作考评三个办法，推动形成全县上下戮力同心决战脱贫的浓厚氛围，确保“十三五”开局之年首战首胜。

（三）坚持精准施策，持续强化政策保障机制。县委坚持因地制宜、因户而异、因人而异、因贫而异精准施策，做到了策略精准、项目精准、资金精准。特别是整合全县的涉农资金，做到“多个龙头注水，一个池子放水”。布局和实施一批产业项目、基础设施和公共服务设施项目，改善贫困地区的生产生活条件。整合15个部门各类财政资金2.4亿元。县级财政资金用于扶贫开发的总量达到5370万元，是2015年的3.67倍。金融机构共发放“三农”贷款26.38亿元，同比增长20.25%。为建档立卡贫困户发放小额信用贷款4766.2万元。

（四）坚持产业脱贫，着力增强内生动力。依托全县资源禀赋，依靠龙头企业的带动，把产业扶贫作为脱贫的根本举措，采取“政府主导、经营主体引领、金融助推、贫困户参与”的“1+1+1+1”四方主体联袂发展模式，全力推进全县脱贫产业健康稳步发展。2016年重点实施了特色种植加工、生态林业、中药材栽培、健康养殖、旅游产业、光伏产业、农村电商等扶贫产业。贫困户种植特色小杂粮面积8.6万亩，人均增收681元。绿源亨通订单收购胡萝卜5000亩，覆盖贫困户300个，人均增收1190元。出台扶持安格斯肉牛、驴、獭兔养殖的奖补政策，落实补助贫困户资金367.7万元，全县肉牛养殖发展到2.8万头、驴7600头、兔1.2万只。实施生态脱贫工程，提高林业生态建设对脱贫攻坚的贡献率。通过发展经济林和退耕还林、生态管护、国家公益林管护、造林劳作等方式，共实现生态脱贫收益1409.2万元，共有16774名建档立卡贫困人口受益，选择218名建档立卡贫困人口实施生态管护脱贫，每人每年增收1万元。依托繁城镇白水杏种植基地，带动15个北部浅山区村实现整村脱贫。实施龙头企业“牵引”工程，重点培育了绿源亨通、宝山鼎盛、天河牧业等一批龙头企业，带动1150名贫困人口稳定就业。实施贫困户“壮骨”工程，人社、农业、扶贫、妇联、科协等多个部门开展了针对性技能培训，全年培训贫困对象5200人，实现劳务输出2680人，实现收益5406万元，人均超过2万元。

（五）坚持探索创新，有效构建利益联结机制。一是山西天河牧业通过“公司+基地+合作社+农户”模式带动58户贫困农户饲养优质西门塔尔能繁母牛100头。二是中兴公司和华茂公司通过“提供岗位+薪金”模式为573名有劳动技能的贫困人口提供了就业岗位。三是“资金入股+资产收益”模式享受股份收益。杏园乡5个村贫困户组建合作社入股杜永鑫农场，带动110户309名贫困人口稳定增收。四是“贫困户贷款+带资入企+就业分红”模式实现创业增收。繁城镇165户贫困户贷款800余万元贷款带资与绿源亨通有限公司合作，实现稳定增收。五是“专业技术合作社+贫困户”模式提升合作社运营水平。砂河镇等8个乡镇注册成立13个扶贫攻坚造林专业合作社，召集社员416名（建档立卡贫困人口占入社人数的65%）。六是集义庄乡上永兴村通过“电商体验店+贫困户”模式帮助贫困户拓宽农副土特产品销售渠道，带动37户151个贫困人口人均增收500元。

三、狠抓第一要务，努力保持经济平稳健康发展

（一）服务实体经济，保持经济稳中向好。按照“稳工业、稳增长、强农业、扶三产”的思路，科学谋划新常态下的经济发展工作，以“三去一降一补”增后劲、提优势，以“双百攻坚”和“干部入企”优服务、促增长，努力实现了下半年好于上半年的目标任务。干部入企服务工作在全市排名第三，受到市委市政府表彰。主要经济指标全面落实，2016年，地区生产总值完成53.9亿元，同比增长5%；固定资产投资同比增长9.6%；社会消费品零售总额完成18.7亿元，同比增长6%；公共财政预算收入完成2.14亿元，同比增长6.06%；规上工业企业增加值增长1%；城镇常住居民人均可支配收入完成26250元，同比增长5.8%；农村常住居民人均可支配收入完成6950元，同比增长7.35%。

（二）大力推进项目建设，以扩大投资保增长。一是省市县重点项目扎实推进。126个县重点项目完成投资85.14亿元，超计划26.46%。63项省市重点工程项目完成投资84.34亿元，占年度计划的100.37%。二是产业类考核项目推进有力。全县新开工2亿元以上分类产业考核项目共14个，全部入统，总投资66.08亿元，年前完成投资17.34亿元。产业项目考核位列全市一等奖。三是“六位一体”考核超额完成。项目储备完成1270亿元，占年度任务的172.09%；项目签约完成114.85亿元，完成率120.9%；项目落地完成79.14亿元，完成率118.12%；项目开工完成84.25亿元，完成率162.02%；项目建设完成84.34亿元，占年度计划的100.37%；项目投产完成62.70亿元，完成率108.1%。

（三）扎实做好“三农”工作，促进农民增收。一是全面落实各项惠农政策，全力稳定粮食生产。抓好高产创建、杂粮振兴、中药材崛起，粮食作物播种面积52.7万亩，粮食总产量达到8133万公斤，同比增长10.3%。结构调整有力有效，玉米种植大幅缩减，特色小杂粮种植面积达22.4万亩，比上年增加3万亩。二是以现代规模养殖园区和畜牧龙头企业为依托，不断提高畜牧产业化水平。全年猪、牛、羊、鸡、兔、驴饲养量分别达到32万头、2.8万头、60万只、105万只、1.2万只、7600头，肉蛋奶产量分别达到2.2

万吨、0.7万吨、1.5万吨。三是持续加强农田水利基本建设。实施膜下滴灌项目3.5万亩，累计投资2680万元，覆盖11个乡镇。实施小型农田水利工程7.8万亩，受益5.41万人。2016年，繁峙县被省政府评为山西省农田水利基本建设“禹王杯”红旗县。四是深化农村产权制度改革。223个村完成土地经营权确权登记工作，全县新增农民专业合作社20个，总数达到594个。

（四）着力改善城乡人居环境。一是城市综合管理水平不断提升。巩固“创卫”和“创模”成果，完善联创联建、综合执法、居民自治“三位一体”城镇管理长效机制，抓好市容环境整治，维护良好形象，加大对城乡结合部、城中村管理死角的保洁力度。二是强化城市基础设施建设。全面完成城市人居环境设施提质、城市安居、环境提质三大工程，总投资9.47亿元，完成率达150%。三是园林绿化扎实推进。完成滨河公园东延伸绿化工程，绿化面积96万平方米，完成投资1.5亿元。四是治污水平不断提高。县城和砂河镇污水处理率达到97.6%，生活垃圾日处理率达到100%。实施乡村清洁工程，创建省级卫生达标村118个，县级193个。五是保障性住房建设取得显著成效。县城区和砂河镇区年度棚改计划1850户，全部落实开工，超出市下达任务354户。其中，砂河城中村改造项目1520户，政策贷款已到位1.68亿元。化肥厂棚改项目完成年度投资3295万元。县棚户区改造货币化安置项目，工作进度位列全省第一。改造农村危房434户，总投资1215.2万元。改造抗震房1200户，完成投资3600万元。

四、着力保障和改善民生，加强社会治理

（一）促进教育事业优先发展。普通高考二本B类以上和对口升学第一批线录取总达线人数528人。应届生达线234人，创历史纪录。中考优生数164人，全市第二，优生率5.47%，全市第一。在全省教研室主任会议和全省教育质量提升沁源现场会上，繁峙县课改受到好评。

（二）大力发展卫生事业。公立医院综改试点工作全面推进。县财政每年稳定投入700万元对县级4个公立医院药品零差率销售进行补偿,累计投入2000余万元实施大型医疗设备、人才培养、政策性亏损等六项政策，县级公立医院的医疗服务能力明显提升。积极推进分级诊疗体系建设，确定113个分级诊疗病种，初步实现“小病不出村、常见病不出乡、大病不出县、疑难危重再转诊”。持续巩固完善国家基本药物制度，县级公立医院、乡镇卫生院、村卫生室基本药物使用率分别达到80%、90%、100%。累计建立健康档案26.87万人，占全县总人口的98%。繁峙县同时获得国家卫计委和省政府“计划生育优质服务先进单位”两项表彰。

（三）进一步加强就业和社会保障。促进双创，“繁峙县众创产业园”被认定为省级创业示范园区，全省6个之一，忻州唯一。新农合参合19.7015万人，参合率99.1%，人均筹资标准由470元提高到540元。8836名企业职工参加养老保险，7884名机关事业单位职工参加养老保险。投资108万元新建老年人日间照料中心8个。为全县城乡低保对象16674户18691人发放低保金4697万元。为农村五保户2019人发放生活补助金581.582万元。城乡低保对象人均补助每月提标20元，分别达到315元和210.83元。12月20日起，农村低保标准提高到每人每年3026元，实现了低保线与贫困线“两线合一”。

（四）全力维护社会安全稳定。牢固树立总体安全观，切实抓好安全生产和社会稳定工作。一是保持打击犯罪高压态势。全年刑事立案693起，破获414起；命案发5破5；抓获网上逃犯60名，打掉恶势力团伙4个。办理治安案件821起，办结769起。二是强化基层基础工作。完善了县乡村大调解体系，调处一般矛盾纠纷2680余件，化解突出矛盾纠纷311件，调处率达99.04%。三是加大信访工作力度。坚持源头治访、依法治访、创新治访、综合治访，信访工作呈现“三降、两无、一好转”态势，省、市交办的13件信访积案全部办结。四是全面落实“4438”安全生产工作机制，开展安全风险隐患大排查大整治，年内全县未发生重特大安全生事故。

五、坚持从严治党，突出抓好党建各项工作

（一）从严管理干部，着力建设高素质的干部队伍。一是加强换届督导。研究制定了乡（镇）党委换届工作实施方案，组织廉政审查3批次169人，抽调精干力量督查指导了乡镇换届选举工作。二是开展必要的思想政治教育。换届后，对57名新调整选拔任用干部集中开展任前谈话。

（二）注重基层基础，全面加强基层党组织建设。把加强“基层组织、基础工作、基本能力”建设任务作为战略举措抓紧抓好。一是切实加强基层组织建设。通过抓书记、抓阵地、抓制度、抓公示、抓服务，建强阵地、规范党内生活、创新党组织活动，实现阵地用起来，台账建起来，活动搞起来，力量凝聚起来，才干增长起来。二是多措并举加强干部教育培训。对农村第一书记、驻村工作队、大学生村官、乡镇干部培训4100余人次。三是切实加强第一书记和大学生村官的管理使用。制定了《繁峙县县直单位驻村帮扶工作考核办法》《繁峙县农村第一书记管理考核办法》，强化对第一书记工作的指导检查。四是加强人才队伍建设。2016年共公开招考录用公务员36名、事业单位人员129名。

（三）坚持惩防并举，全面加强党风廉政建设。一是加大案件查处。全县纪检机关共立案87件，查结78件，给予党政纪处分78人，给予撤职以上重处分14人，移送司法机关1人，严肃了党纪，端正了党风。二是惩前毖后、治病救人。运用实践监督执纪“四种形态”，加大谈话函询力度，抓早抓小，引导有问题党员干部相信组织、依靠组织，主动向组织说明问题、上缴违纪款物。全县共有614人次主动向组织说明情况，主动上缴违纪款项747241.21元；出台了《关于对县管领导干部开展谈话函询工作的实施办法

(试行)》，谈话函询处置问题线索14件，占问题线索总数的25.5%。三是完善“互联网+”监管平台。党风廉政建设“两个责任”全程纪实信息化平台于12月正式运行。

（赵秋水）

附：一、中共繁峙县委书记、副书记、常委名单

书　记：孔保宝（7月任职）

副书记：孔保宝（8月离职）　崔峥岭（8月任职）

姚力山（8月任职）

李立东（3月任职，挂职）

高爱萍（女，挂职，6月任职）

杨松树（8月离职）

常　委：杨有成（8月任职）　居清平（8月任职）

王彦清　高瑞军（8月任职）

乔震宇（8月任职）　师天阳（8月任职）

郭美凤（8月离职）　郭舜良（9月任职）

钟文秀（8月离职）　郑建国（8月离职）

刘燕萍（女，8月离职）　郭建中（8月离职）

二、乡镇（街道）党委书记

繁城镇

书　记：张龙恩（5月离职）　王世伟（5月任职）

砂河镇

书　记：师天阳

大营镇

书　记：王　政（主持工作，5月离职）

赵　斌（5月任职）

杏园乡

书　记：王志胜（5月离职）　李　斐（5月任职）

光裕堡乡

书　记：张世龙（5月离职）　王志胜（5月任职）

下茹越乡

书　记：韩红英（女，5月离职）　张世龙（5月任职）

集义庄乡

书　记：李　勇（主持工作，5月离职）

乔　磊（5月任职）

东山乡

书　记：张　巍（5月离职）　任雨田（5月任职）

金山铺乡

书　记：李　勇（5月离职）　柴清亮（5月任职）

横涧乡

书　记：方笔计

柏家庄乡

书　记：王　政（5月离职）　杨文斌（5月任职）

神堂堡乡

书　记：乔　哲

岩头乡

书　记：张爱中（5月离职）　张　巍（5月任职）

居民街道

书　记：王国元（5月离职）　高宏波（5月任职）

中共宁武县委工作概况

县委书记　任宁虎

宁武县有党委19个，党组27个，党总支26个，党支部667个，党员10122名。2016年，县委认真贯彻党的十八大、十八届三中、四中、五中、六中全会精神和习近平总书记系列重要讲话精神，坚决落实中央和省委、市委重大决策部署，团结带领全县广大干部群众，全面实施“4851”发展战略，推动全县经济、政治、文化、社会、生态文明和党的建设取得了新成就。

一、坚持全面从严治党，切实营造良好政治生态

（一）狠抓思想作风建设。扎实开展了“两学一做”学习教育。坚持领导带头，县委常委率先深入联系点党支部，带头讲党课34次，开展“四讲四有”专题研讨，以普通党员身份参加组织生活会11次。强化分类指导，先后开展了7轮600余次督导，促进了基层党组织和党员学习教育全覆盖，确保了“两学一做”活动扎实有序进行。

（二）加强干部队伍建设。坚持正确的选人用人导向，统筹推进“三个一批”工作。结合县乡换届，全年共调整干部4批次312人，一批德才兼备、勇于担当的好干部担任各乡镇、各部门主要领导职务。注重农村干部素质提升，先后培训农村“两委”主干2000余人次。强化第一书记管理，制定了管理考核办法，221名第一书记全部到岗到位。开展了“问题村干部”清退行动，约谈14名支部书记，撤换调整3名。深入开展党员组织关系和党员违法违纪的集中排查，妥善处置无法取得联系的党员33人，终止党代表资格7人、人大代表资格3人，行政处罚4人，刑事责任追究22人。加强党费收缴，共补交2008年以来拖欠党费33.8万元。

（三）着力加强基层组织建设。按照“五个好”标准，对35个软弱涣散党支部进行了集中整顿。在367个非公企业中组建单独党支部10个，联合党支部34个。加大对村级党组织的经费投入，每村配套2.4万元。新建村级组织活动

场所7个、改扩建78个。为8个社区落实党建经费36万元。

（四）狠抓“两个责任”落实。始终坚持把党风廉政建设扛在肩上，认真落实“三个清单”和“两台账、两跟踪”制度。县委领导班子建立责任清单18条、问题清单15条、整改清单15条；各级党委（党组）和纪委（纪检组）全部建立了责任清单并签字上报。全面落实层层约谈制度，全县各级党组织共约谈干部1156人。

（五）持续开展作风建设。坚持把纪律和规矩挺在前面，坚决纠正和查处上有政策、下有对策，有令不行、有禁不止等问题，以严明的政治纪律带动其他纪律从宽松软走向严紧硬。对各乡镇和重点部门及旅游景区开展了监督检查，督促整改问题72个，谈话函询26人。严格落实中央“八项规定”精神，查处违反规定案件4件，给予党纪政纪处分6人，持续释放了寸步不让、动则责咎、越往后执纪越严的强烈信号。

（六）加大执纪问责力度。坚持利剑高悬，加强对扶贫领域突出问题的专项整治，切实解决发生在群众身边的腐败问题和不正之风。对精准脱贫工作中违纪的45人给予党纪政纪处分，约谈干部406名。紧握巡察利剑、助推脱贫攻坚的做法得到省纪委的充分肯定。开展农村问题巡察专项整治，全年共处置问题线索234件，其中立案124件，处分126人，涉及乡科级干部15人，重处分23人。

二、坚持发展第一要务，全力推动经济平稳发展

（一）着力推进供给侧结构性改革。一是科学实施“去产能”。按照煤炭去产能276个工作日和0.84系数重新核定产能，关闭潞安大木厂、忻丰、忻岭三座煤矿，去产能300万吨。二是扎实推进“去库存”。将商品房去库存与采煤沉陷区治理、扶贫移民、棚户区改造相结合，有效减少了商品房存量。三是积极稳妥“去杠杆”。搭建政、银、企合作平台，上报了12个重点项目与泰康人寿保险公司融资对接。大力发展地方金融机构，首家民营金融机构瑞都村镇银行开始运营。四是多措并举“降成本”。制定出台了《全县重点企业帮扶活动实施方案》，实施“一企一案、一业一策”精准帮扶。积极落实企业减负政策，严格执行职工养老、失业、工伤、生育保险及三类风险降率政策。

（二）坚持八位一体，切实加强项目建设。加大招商引资力度，引进了阳方口冷链物流项目、中药材种植项目，与山西新大象养殖有限公司、山西省汽车运输集团有限公司签订了战略合作协议。积极开展项目建设和工业经济稳增长“双百”攻坚行动，坚持“一线工作法”，把项目的储备、签约、开工、落地、投产具体任务分解落实到位，做到了“领导、部门、责任、措施”四落实、“目标、任务、时限、要求”四明确，有力推进了项目建设“五个一批”工作。截止年底，项目储备完成1314亿元，项目签约完成132.74亿元，项目落地完成122.81亿元，项目开工完成88.18亿元，项目投产完成57.21亿元。

（三）坚持协调发展，不断优化产业结构。一是做好煤电两篇文章。张家沟煤矿投入生产，朝凯、南岔等煤炭企业复工；推进了华润宁武、华能东马坊、龙源余庄、云达机械等项目进度。二是巩固农业基础地位。羊饲养量达到70万只、存栏42万只。全年粮食总产量达到了2584.14万公斤，同比增长12.4%。建设“一村一品”专业村32个，规模种植中药材0.35万亩，地理标识认证2个，有机、绿色、无公害认定13个，产地认证达到7.85万亩。三是推进旅游重点项目建设。续建万年冰洞绿道、石佛寺广场、草原架空游步道等基础设施。加快国家5A级旅游景区申报工作，完成国家旅游局初步考核，荣获全国森林旅游示范县。全年共接待游客109万人次，门票收入5477万元，旅游综合收入7.3亿元。

（四）坚持绿色发展，加大生态文明建设。县城区空气质量持续稳定达到国家二级以上天气标准。水环境质量总体稳定，城镇集中饮用水源地水质达标率为100%。开展环境保护大检查专项行动和饮食行业油烟废气环境污染整治，重点工业污染源污染物排放达标率为100%，工业固体废物处置利用率100%。建设项目的环评和“三同时”制度执行率达到100%，违法建设项目查处率达到100%。

（五）坚持创业创新，努力增强发展动能。加快“双创”示范基地建设，豪德“青年创业就业园”通过省科技厅众创空间认定，190多户经营者与园区签订了免租金协议。围绕“三区”支柱产业，选派市级科技人员深入服务点165 次，组织技术培训53次，培训农民900余人（次），引进推广新技术3项、示范推广新品种13个。

三、增进民生福祉，不断提升群众的获得感

（一）贯彻扶贫方略，脱贫攻坚首战首胜。坚持以脱贫攻坚统揽经济社会发展全局，认真贯彻落实市委“3659”脱贫攻坚策略，创新实施“3467”脱贫举措。推进产业脱贫，新大象生猪养殖场已落实15个，开工13个，即将建成投产2个；发展“农家乐”及其他旅游服务业100余家，建设村级光伏电站5个。推进易地搬迁脱贫，全县规划移民安置点5个，目前已建成2个。推进教育培训就业脱贫，培训建档立卡贫困户劳动力628人、新型职业农民培训700人，完成“千村万人”就业培训200人、科技培训1000人，转移就业建档立卡贫困户200余人。推进生态补偿脱贫工程，从贫困群众中招聘生态保护人员455名，计划成立扶贫攻坚造林合作社19个，目前已注册15个。推进社会保障兜底脱贫，全县共纳入低保户8433人、五保户1890人，农村低保标准由原来的人均2390元/年调整到2855元/年，实现了农村低保标准和国家扶贫标准的有效衔接。截止年底，全县贫困村退出50个，减少建档立卡贫困人口6327人。

（二）加大民生投入，社会事业不断进步。优先发展教育事业。认真落实中小学“四免一补”、高中“三免一助”、职业教育免学费政策，累计资助810.6万元。加快新建示范性高中建设，确保2017年投入使用。加大教师队伍建设，

公开招聘“特岗”教师41人，招聘高中、职中教师38人，完成中小学教师全员培训。大力推进卫生事业。持续巩固完善基本药物制度，14个乡镇卫生院、8个分院以及441个村卫生室全部实行了基本药物零差率销售。公立医院改革稳步推进，初步建立了科学规范的公立医院补偿新机制。完善社会保障体系。六大类保险基本做到应收尽收、应保尽保、应发尽发，社会保障水平进一步提高。改造城区道路5.5公里，新建东城区供水管网5公里，新增绿化面积12.58万平方米，创建省级园林县城通过验收。

（三）坚持责任为先，社会安全持续稳定。狠抓安全生产，落实安全信息联络员465名，专职安全员17名。扎实开展煤矿、非煤矿山、道路交通、地质灾害、防汛、危化品、烟花爆竹、城镇燃气、特种设备、建筑施工、消防等重点领域的隐患排查和安全生产大检查。大力强化综治维稳，以“平安宁武”建设为目标，持续开展“冬安利剑”“夏安利剑”专项行动，开展社会治安风险隐患大排查大整治活动，有力地维护了全县社会治安稳定，群众安全感满意度明显提高。切实加强信访工作，强化信访矛盾排查化解，扎实开展“一交办、三治理”专项活动，突出抓好敏感节点信访稳定工作，积极开展积案化解工作，全县信访秩序明显好转。

（贾兆卿）

附：一、中共宁武县委书记、副书记、常委名单

书　记：任宁虎

副书记：王　卓　马在岐（8月离职）
高建文（8月任职）　丁龙广（8月离职）

常　委：弓凤英　薛军良（8月离职）
张永红（8月任职）　付光政（8月离职）
尹志刚（8月任职）　任鸿宾（8月离职）
田贺玉（8月任职）　贾建宁
高克越（5月离职）　张申良（7月任职）

二、乡镇（街道）党委书记名单

薛家洼乡

书　记：王志荣（1月离职）　何智林（1月任职）

阳方口镇

书　记：陈玉峰（5月离职）　闫凯亮（5月任职）

凤凰镇

书　记：武　强（5月离职）　王继宁（5月任职）

余庄乡

书　记：丁新生（5月离职）　李树文（5月任职）

东寨镇

书　记：谷茂华（5月离职）　胡增海（5月任职）

涔山乡

书　记：王继宁（5月离职）　张建平（5月任职）

化北屯乡

书　记：冀海亮（5月离职）　李茂华（5月任职）

西马坊乡

书　记：李树文（5月离职）　董树平（5月任职）

石家庄镇

书　记：张建平（5月离职）　郭庆才（5月任职）

新堡乡

书　记：胡增海（5月离职）　杜五凯（5月任职）

迭台寺乡

书　记：李茂华（5月离职）　李建平（5月任职）

怀道乡

书　记：王东升（1月离职）　马跃飞（1月任职）

圪廖乡

书　记：郑志峰

东马坊乡

书　记：闫凯亮（5月离职）　冀登科（5月任职）

居民街道

书　记：杨凤琴（1月离职）　马忠义（1月任职）

中共静乐县委工作概况

县委书记　李德新

2016年，中共静乐县委坚持以党的十八大和十八届三中、四中、五中、六中全会精神为指导，深入学习领会习近平总书记系列重要讲话精神，坚决贯彻落实中央“四个全面”战略布局，认真践行省委“一个指引、两手硬”重大思路和市委“1661”发展战略，坚持“扬正气、树新风、创环境、促发展”的工作主线，突出脱贫攻坚头号工程，统筹推进改革发展稳定和党的建设各项工作，全县经济社会发展呈现出稳中有进、进中提质的良好态势，实现了“十三五”良好开局。

一、深化改革，优化结构，经济发展实现新跨越

2016年，全县地区生产总值完成24.4亿元，同比增长8.6%，增幅全市排名第一；规模以上工业增加值完成4.89亿元，同比增长6%，增幅全市排名第四；固定资产投资完成84.4亿元，同比增长9.9%，增幅全市排名第五；社会消费品零售总额完成10.6亿元，同比增长9.6%，增幅全市排名第二；公共财政预算收入完成3.87亿元，同比增长35.4%，增幅全市排名第一；城镇常住居民人均可支配收入

达到20837元，同比增长7.1%，增幅全市排名第三；农村常住居民人均可支配收入达到6004元，同比增长7.7%，增幅全市排名第二。

二、凝聚合力，精准施策，脱贫攻坚取得新突破

认真贯彻落实中央、省、市关于脱贫攻坚的一系列决策部署，抢抓全省扶贫资金整合使用试点县机遇，紧紧围绕市委“3659”脱贫攻坚策略和“9+9”脱贫攻坚计划，出台了“十三五”脱贫攻坚规划、2016年行动计划和17个专项扶贫规划，科学制定“3265”脱贫攻坚策略，落实“4433”工作机制，创新工作举措，层层压实责任，脱贫攻坚取得了首战首胜。全年共退出贫困村49个，贫困人口4930人，分别占省下达任务的140%和109.6%。

三、创优环境，强化服务，项目建设凸显新亮点

坚持“八位一体”推进项目，全年完成签约项目18个，总投资129.25亿元；落地项目62个，总投资64.81亿元。国电5万千瓦风电、龙源15万千瓦风电并网发电，县发电厂生物质能技改项目已具备投产条件，正在办理并网手续，建成9个光伏村级发电站，即将并网发电。引进和上马了万国工坊纺织服装、安华新农产业、辣椒加工厂等一批成长性好、带动能力强的好项目，签约储备了黑枸杞种植基地、光伏发电、地板建材等夯基强县项目，积蓄了发展后劲，增添了发展活力。全市项目观摩荣获二等奖。

四、彰显特色，做强品牌，产业富民迈出新步伐

围绕农业增效、农民增收目标，大力发展藜麦、黑枸杞、红辣椒为主的三大特色富民产业，全年种植藜麦3万亩、黑枸杞3280亩、红辣椒1.3万亩，粮食总产达到1.14亿斤，建成农产品加工企业25家，销售收入达到3.15亿元。建成标准化规模养殖场147个，发展规模养殖户230户，羊饲养量达42万只。新增节水灌溉面积3.52万亩，解决了9个村2160人460头大畜的饮水困难问题。发展各类农业专业合作社174家，完成藜麦、黑枸杞生态原产地保护认证两个，特色农业产业逐步走上规模化、现代化、市场化发展道路。

五、城乡统筹，多措并举，人居环境获得新改善

巩固提升“三城同创”成果，积极推进“五城联创”，城市品位明显提升，被评为“一带一路”最具影响力城市和中国最美特色旅游目的地。新建改造城市道路9公里，配套完善城市供气、供热、供水、排水管网45公里，新增城市绿地31万平方米。实施农村人居环境改善，改造县乡村公路33.4公里，建设农村垃圾中转站2座，采煤沉陷区治理2个村，新建改建农村幼儿园2所、乡镇卫生院7所、村级卫生室61个，实施3个贫困村农网升级改造工程，乡村环境明显改善。

六、以人为本，全面推进，民生福祉得到新提升

加强教育均衡发展，教学质量不断提升，高考二本以上达线256人，位居全市县级高中前列。城乡医疗卫生水平明显提高，新聘乡村医生167名，县中医院项目已开工建设，并率先在全省将中医药门诊纳入新农合报销范围。就业、创业、社保、住房保障等一批民生实事落实兑现，保持了社会大局稳定、人民安居乐业。全面落实“4438”工作机制，安全生产全年无事故，全市乡村两级安全监管全覆盖促进会在我县召开。积极开展矛盾纠纷排查化解，全县信访形势明显好转。

七、严字当头，务实奋进，党风政风呈现新气象

坚持高标准、严要求，扎实开展“两学一做”学习教育，全面推动党风廉政建设“两个责任”落实。继续保持高压反腐态势，积极推进监察体制改革试点工作，充分发挥巡察利剑作用，干部作风持续好转。圆满完成县、乡领导班子集中换届。扎实推进“三基建设”，整治农村软弱涣散党组织28个，完成153个贫困村集体经济“破零”，深入开展“脱贫攻坚党员先锋行”“民事双向代理代办”等活动，各级党组织的战斗堡垒作用和党员干部先锋模范作用充分发挥，引领和服务脱贫攻坚的能力进一步提升。

（王晓军）

附：一、中共静乐县委书记、副书记、常委名单

书　记：李德新

副书记：王　昕　宋爱莲（女，8月离职）

董文涛（3月离职，挂职）

宣文晓（8月任职）

张建全（6月任职，挂职）

常　委：王利民　梁　康（8月离职）

秦文明（8月离职）　岳建斌（8月离职）

张宏皋　王树明　申宏民（8月任职）

霍俊波（8月任职）

李红霞（女，8月任职）

孙建国（9月任职，挂职）

二、乡镇党委书记名单

鹅城镇

书　记：吴剑珍（12月离职）

杜家村镇

书　记：李俊青

康家会镇

书　记：郝彦峰

丰润镇

书　记：韩志宏

堂尔上乡

书　记：李俊宏（5月离职）

王　彦（女，5月任职，12月离职）

中庄乡

书　记：张志宇

双路乡

书　记：杜雪峰

段家寨乡

书　记：吕志强

辛村乡

书　记：段惠卿

王村乡

书　记：刘怀祖

神峪沟乡

书　记：梁志平

娘子神乡

书　记：边四厚（1月离职）　王亮中（1月任职）

娑婆乡

书　记：黄海君

赤泥洼乡

书　记：曹拴珍

中共神池县委工作概况

县委书记　曹爱民

神池县位于山西省西北部，管涔山脉西北麓。县名因县城西"有水一泓，旱不涸、涝不溢，若有神焉"而得名。经第一次全国水利普查，省水文水资源勘测局确定了从神池县延伸过来的一条沟道为汾河源头。全县总面积1472平方公里平均海拔1600米，属温带大陆性季风气候，年平均气温为4.6℃，年均无霜期114天，年平均降水481毫米。自然特征可以概括为：地多坡广、高寒冷凉、风大沙多、十年九旱，是一个典型的农牧交错区。全县总人口10.73万人，其中农村人口7.9万人。全县辖3镇7乡1个街道办事处，251个自然村，建制党委11个、党组5个、机关工委1个、党总支9个、党支部375个，是全省35个国家级贫困县之一。

2016年，面对错综复杂的经济形势和艰巨繁重的发展任务，在市委、市政府的坚强领导下，全县上下深入贯彻党的十八大、十八届三中、四中、五中、六中全会精神和习近平总书记系列重要讲话精神，全面落实省、市、县党代会各项部署，按照省委"一个指引、两手硬"重大思路和要求、市委"1661"发展战略和县第十四次党代会确立的"15561"发展思路，立足"五位一体"总体布局，协调推进"四个全面"战略布局，牢固树立发展新理念，坚持以脱贫攻坚为统揽，坚持发展第一要务，坚持稳中求进工作总基调，不断加强和改善党委对经济工作的领导，努力推动各项目标任务落实，实现了全县经济稳步向好和社会和谐稳定。

科学确立发展目标

神池县委遵循"五位一体"总体布局和协调推进"四个全面"战略布局要求，牢固树立五大新发展理念，紧紧围绕省委"一个指引、两手硬"重大思路和要求、市委"1661"发展战略，准确分析、科学研判神池县当前和今后一段时间面临的问题、机遇和挑战，立足县情，提出坚持一个统揽，扭住五项重点，实施五大战略，打好六场硬仗，实现一个目标的"15561"发展思路，为神池县今后各项事业的发展提出了要求、指明了方向、完善了举措、确立了目标。

实现经济"下半年好于上半年"

县委认真贯彻市委"1661"发展战略，主动适应新常态，理直气壮抓发展。2016年，预计全县完成地区生产总值20.64亿元，同比增长7.5%，高于上半年0.1个百分点；规模以上工业增加值3亿元，同比增长5.6%；社会消费品零售总额9.6亿元，同比增长6%;固定资产投资24.8亿元；财政总收入3亿元；公共财政预算收入1.5亿元；城镇常住居民人均可支配收入20845元，同比增长7%；农村常住居民人均可支配收入6695元，同比增长7%。全县经济稳步向好，基本实现了下半年好于上半年的工作目标，为经济持续好转奠定了基础。

脱贫攻坚初见成效

编制完成了"十三五"期间扶贫开发和移民搬迁各项规划。2016年神池县脱贫任务为30个村3600人，现已完成30个村1587户3919人，完成108.86%，超额完成任务。易地移民搬迁完成2400人，全县7个户籍50人以下行政村中有6个村已完成整村搬迁。教育扶贫实现建档立卡贫困学生从学前教育到高等教育资助补助全覆盖。实施坡改梯工程，实现贫困村人均三亩高标准口粮田。对全县丧失劳动能力的2201户2994人贫困人口，全部实现政策兜底。引进澳大利亚冻精技术，利用杜泊种羊优良基因改良本地品种，促进农民显著增收，使羊产业真正成为贫困户脱贫增收主导产业。全面提升金融精准扶贫水平，全年总计为1067户贫困户发放“富民贷”4136.11万元，为能人大户与合作社发放“强农贷”1600万元。

项目建设扎实推进

按照“八位一体”抓项目要求，坚持问题导向和目标导向相结合，狠抓项目建设。截止2016年11月底，全县项目储备22项，项目签约7项，项目开工47项，全部超额完成年度目标任务。全面掀起“双百”攻坚热潮，全县确定的25个项目全部开工；完成项目签约2个，总投资49.7亿元；完成项目落地2个，总投资11.19亿元；完成储备策划项目18个，总投资20.8亿元。

特色农业不断加强

农业生产喜获丰收，粮食产量达2.77亿斤，同比增长25.46%，油料总产达1495.5万斤，同比增长52.53%。投资60万元完成了贺职乡、义井镇、八角镇30000亩配方肥社会化服务建设项目。在全县推广1.5万亩渗水地膜谷子技术。成立了中药材专业种植企业、合作社7家，引进试种柴胡、黄芪、大黄等中药材5140亩。全县家庭农场累计发展到564个，农民专业合作社累计发展到550个。提出“稳量、提质、增效”发展思路，全县羊饲养量突破并保持在100万只左右，年出栏量排名全省前十。建设“六化”标准养殖小区65个。紫云、南山两家年加工15—20万只羊生产线已投入运营，全县年屠宰加工羊30万只以上。

民生事业持续改善

投入力度不断加大。以脱贫攻坚为统揽，在经济下行压力和财政紧张的情况下，切实加大民生领域投入力度，全年共投入扶贫资金6482万元，全部用于民生领域，切实提高人民群众特别是贫困群众的获得感。创卫、创园成果显著。历时三年，投资2.8亿元的创建国家级卫生县城工作取得阶段性胜利，已通过省级验收，并接受了国家暗访，进入巩固提高阶段，等待国家爱卫办正式命名挂牌。按照创建省级园林县城要求，大力开展绿色单位、绿色小区、绿色街道、绿色公园等绿化工程，崞水路等十条路和九个园林式单位绿化工程已全面开工。生态文明不断提升。全年投资7753.29万元，完成造林4.786万亩。截止2016年11月底，环境综合污染指数3.49，全市排名第二，二级以上天数达331天，PM2.5和PM10分别同比下降4%和3%。约束性指标全面完成，逐步实现社会、经济和环境保护的协调发展。

改革任务全面落实

供给侧结构性改革成效明显。着力推进农业供给侧结构改革，全面落实各项惠农政策，大力推广杂粮新品种和渗水地膜、膜下滴灌等新技术，积极调整种植结构，推动土地经营权有序流转，加大农民技能培训，农业产业化水平有了新提高。大力推动产业结构转型，推进艾科二期5万千瓦风电、晋城润宏10万千瓦风电及4万千瓦和1.6万千瓦两个地面集中式扶贫电站完成前期手续，10个分布式村级光伏电站全面开工建设。将易地移民搬迁与房地产去库存紧密结合起来，共在县城集中安置652户1448人。大力发展旅游服务业，投资50万元在太平庄乡西岭村实施了旅游扶贫项目，推进扶贫与旅游融合发展。重点领域改革不断深化。根据在神池县召开的全省金融扶贫现场会议精神，大力推进金融改革，实施金融扶贫，全年发放支农再贷款1.7亿元，发放扶贫再贷款8400万元。加快神池农商银行改制工作，目前已完成土地房产确权和清产核资等前期工作，年内可正式挂牌营业。加快供销社综合改革试点工作，2016年新建两个基层社，提升了一家便民店。整合城镇居民基本医疗保险和新型农村合作医疗两项制度，建立统一的城乡居民医疗保险制度和管理体系。落实省委开发区会议精神，依托绿色食品园区挂牌成立了神池县经济技术产业集聚区，初步编制了发展规划，成立了领导组和联席会议制度，制定管委会“三定”方案、产业集聚区全员岗位聘任制实施办法等制度，产业集聚区改革创新发展全面开展。

发展环境不断优化

不敢腐的态势基本形成。全面落实从严治党要求，建立“三个清单”“两台账、两跟踪”“回访跟踪监督”等制度，完善“四风随手拍”网络监督举报平台，加强日常监督检查，全年共受理信访举报74件，信访总量同期相比下降60%，重复访17件，同期相比下降79%；谈话函询83人，约谈8人，立案115件，给予党政纪处分122人，保持了反腐败高压态势，使各级党员干部的规矩纪律意识进一步增强，作风进一步转变。干事创业的氛围正在形成。坚持在脱贫攻坚主战场和重点工作中发现、考察、识别、使用干部，树立鲜明正确的选人用人导向。建立干部能上能下机制，出台激励干事创业和合理容错办法，创造“敢干事、会干事、干成事”的积极氛围。良好的精神风貌不断提升。聚焦脱贫攻坚，组建文化宣传队，开展立志、立业宣传教育引导活动，开展移风易俗，文明创建活动，全县整体精神风貌和群众文明意识进一步提高，社会主义核心价值观对社会意识形态的引领和整合作用基本形成。

社会大局安全稳定

严格落实“4438”安全生产工作机制，深入开展“六打六治”“道路安全”“燃气安全”等专项整治行动，未发生重特大安全生产事故。深入推进信访制度改革和信访工作法制化建设，严格落实领导“无假日”接访工作机制，实现了进京赴省非访“零记录”，未发生群体性事件和舆论负面炒作，全县信访形势总体向好。继续深化平安神池建设，推进社会综治工作，保持“打黑除恶”高压态势，全县社会面整体平稳可控，未发生重大恶性事件。

（王永强）

附：一、中共神池县委书记、副书记、常委名单

书　记：曹爱民

副书记：冯晓雷（5月离职）　孟宏斌（8月任职）
王建光（8月离职）　郑建国（8月任职）
赵银邦（6月任职）
李　艳（女，3月离职，挂职）

常　委：王明福（8月离职）　李生旺（8月离职）
张明光（8月离职）　贾平华
乔震宇（8月离职）　赵国兴（8月任职）
王宝龙　冯建军　杨占录（8月任职）
郝　燕（女，9月任职，挂职）
闫晓东（8月任职）　王玉珍（女，8月任职）

二、乡镇党委书记名单

龙泉镇

书　记：党　勇（8月离职）
冯建华（11月主持工作）

义井镇

书　记：李　俊

八角镇

书　记：冯建华（11月离职）
周　强（11月主持工作）

东湖乡

书　记：田江波

太平庄乡

书　记：肖　云

贺职乡

书　记：刘　荣

大严备乡

书　记：崔永成

虎鼻乡

书　记：张　鹏

长畛乡

书　记：马俊强

烈堡乡

书　记：刘福林

中共五寨县委工作概况

县委书记　张　春

2016年，五寨县委团结带领全县干部群众，全面贯彻落实党的十八大、十八届三中、四中、五中、六中全会精神和习近平总书记系列重要讲话精神，认真贯彻落实省委“一个指引、两手硬”重大思路和要求，深入贯彻落实市委“1661”发展战略，围绕既定的发展思路、发展战略，紧密结合实际，加大工作推进力度，全县经济社会持续健康发展。

认真落实从严治党要求，全面加强党的建设。以习近平总书记系列重要讲话精神为指导，认真贯彻落实党要管党、从严治党的要求，全面加强党的建设，为全县打赢脱贫攻坚战提供了组织保证。一是扎实开展“两学一做”，加强思想政治和作风建设。采取“5633”模式，围绕五项要求、实行六个带头、搭建三类载体、实现三个目标，把开展“两学一做”学习教育与推动发展、项目建设、脱贫攻坚、改善民生、换届工作相结合，各级领导干部带头讲党课、作辅导、开展研讨、联系读写能力差的党员、亮明身份搞服务、联系贫困户。开展了人人讲党课、重温入党誓词、七一专题组织生活会3项活动，采取了规范党内活动、从严管理党费、处置不合格党员3项举措，全县党员积极参加脱贫攻坚先锋行、党员先锋行、三带一争活动，深入基层一线听意见、查不足、抓整改，实现了增强“四种意识”，树立良好形象，助推脱贫攻坚的目标。二是圆满完成换届任务，全面加强领导班子和干部队伍建设。按照《干部选拔任用条例》，严格执行选任干部“四先四后”有关规定，坚持“四用五不用”的用人导向，严把动议、推荐、考察、讨论决定、职数审批五个关口，严格执行“九个严禁、九个一律”等纪律要求，开展了县乡领导班子换届工作，县、乡党政班子成员全部全票当选，35岁左右的乡镇班子成员比上届提高了26个百分点，96%的班子成员具有大专以上学历，提高了3个百分点。通过换届全县领导班子结构明显优化，整体功能明显提升，干部精神面貌焕然一新。三是突出服务发展主题，扎实推进基层组织建设。压实党建责任，加强“三基”建设，“领头雁”培训386名村两委主干和2000余名农村党员群众。以“一带三创”为抓手，推行农村组织星级管理模式，评出五好乡镇党委6个，

五星级支部26个。围绕组织设置、队伍建设等5个方面，采取县级领导包村、先进后进结对等8条措施，精准整顿了30个软弱涣散党组织。完成了289个机关企事业单位党组织的换届，在402个非公企业中建立党组织78个，在49个社会组织中组建了党组织，摸排出流动党员133名、失联党员68名，终止上届“两代表一委员”21人。通过结对指导、示范田等措施，72个村实现了破零，工作办法在全市进行了推广。第一书记的“四个一”管理模式，在全市现场会上进行了典型发言。四是坚持挺纪在前，深入推进党风廉政建设。开展了“一章两则三条例”学习教育，全县40个党委、党组向县委、县纪委进行了述纪、述廉、述作风、述责任“四述”。严格执行中央八项规定和省、市、县有关规定，派出多轮检查组进行监督检查。认真落实市委巡察工作要求，首轮派出3个巡察组入驻6个单位，对乡镇精准扶贫进行了专项巡察，发现问题线索79条。坚持抓早抓小，运用警示教育、诫勉谈话等方式开展执纪问责，约谈、谈话166人，纪检监察机关受理涉纪信访线索92件，同比下降45.2%。

以脱贫攻坚统揽全局，扎实推动经济社会健康发展。不断加强和改进党委对经济工作的领导，认真贯彻新发展理念，积极适应和引领经济发展新常态，实现了“十三五”的良好开局。一是持续推进农业产业化。围绕甜糯玉米、马铃薯、小杂粮等主导产业，实施粮食高产创建、示范基地建设和特色杂粮振兴工程，粮食总产4.2亿斤，专业合作社发展到430个，土地流转8万亩，“三品”认证59个，无公害产地认证37.5万亩，农机综合作业水平达65%，建成标准化养殖场52个，规模养殖户502户，羊发展到102万只。二是狠抓项目攻坚。坚持“八位一体”和“五个一”机制，县级领导联系项目、服务企业。实施了省市重点项目73个，总投资64.89亿元，累计完成投资36.6亿元。建成了50万千伏变电站、昌茂石油二期、年产20万吨环保型煤、天然气加气站、肉羊养殖及深加工等一大批影响大、带动强的重点项目。杏岭子10万千瓦风电项目扎实推进，华润集团66兆瓦、济源能源16.4兆瓦光伏电站项目上报国家能源局，等待批复。新大象集团投资8.5亿元的百万头生猪养殖基地、成都天地网投资1.2亿元的中药材电子交易市场基地项目有望落户五寨县。三是稳步提升第三产业。鼓励煤炭运销企业合作联营和转型，先后建成大型发运站9个、洗选企业7个，煤炭运销企业由过去的54户发展到了94户，全年发运煤炭3950万吨，同比增长500万吨。积极推进煤炭集运、商贸物流、农副产品加工、建材工业、石化仓储物流、装备制造6大园区建设，康宇冷链物流、农资仓储物流等一批项目建成投产。加快推进荷叶坪、五寨沟旅游度假区项目建设，全年接待游客95万人次，旅游总收入10.56亿元。四是扎实推进脱贫攻坚。按照市委“3659”脱贫攻坚战略，制定了“3198”行动计划，编制了3年总规划和每年行动计划，实施9大脱贫产业，强化8项保障措施。确定了“12345—10”特色产业脱贫等30多项具体措施，由贫困户进行选择。按照市委“4433”工作法要求，通过“九步工作法”，识别出贫困村161个，贫困人口14628户、32539人。以“五个一批”为指导，扎实推进精准扶贫。产业扶贫中，通过马铃薯、甜糯玉米、小杂粮、蔬菜、中药材、羊产业、乡村旅游、光伏发电、电商服务9大产业，带动3750人实现增收。易地搬迁扶贫中，按照“一次规划、分步实施、三年完成”的规划，完成了2500人的易地搬迁和600人的同步搬迁工作。生态扶贫中，依托退耕还林、造林专业合作社、护林员三项措施，脱贫767人。教育扶贫中，采取资助贫困大学生、“雨露计划”等措施，脱贫904人。政策兜底扶贫中，认真落实各项政策保障措施，兜底脱贫1951人。全年出列46个村、脱贫6115人。五是大力改善城乡面貌。扎实推进五城联创，在巩固创建国家卫生县城、创建国家慢性病综合防控示范县、省级环保模范县的基础上，开展了省级园林城市创建，栽植树木1.5万余株，绿化36万平方米。实施了滨河北路、颐峰桥、宁远桥“一路两桥”以及清涟河道治理、东城区市场建设等一大批市政建设项目。扎实推进农村人居环境四项工程，农村居住环境明显改善。重点实施了南山森林公园、东西两梁生态林提升、园林城市等增绿工程，完成了3个园林村的建设任务。实施饮水安全巩固提升工程，解决了11个村、5470口人的饮水安全。扎实推进大气、水和土壤污染防治工作，环境保护持续加强。六是保障和改善民生事业。投资1963万元，社会捐资助学287万元，完成了一小、四小、二中综合楼、南关幼儿园、东城区幼儿园和13所学校操场建设项目。组织骨干教师参加培训2500人次，义务教育均衡发展通过国家验收，高考达线134人，中考升入忻一中44人。总投资2亿元的第一人民医院新建项目扎实推进，投资720万元，建成了砚城镇卫生院业务用房，韩家楼乡、小河头镇中心卫生院周转宿舍项目，新建村卫生室42所。建立居民健康档案10.7万份，新农合参合率99.5%。建立了大学生创业园区、创业孵化基地，城镇新增就业岗位1560个。城乡居民社会养老保险覆盖率达90%以上，企业离、退休人员养老金、城乡低保金等按时足额发放。

围绕平安五寨建设总目标，切实维护社会和谐稳定。加强社会治安立体化防控体系建设，投入使用视频监控探头750个，开展了打黑除恶、治爆缉枪等专项行动，狠抓县、乡、村三级社会服务平台建设，整合维稳、信访、矛盾调解与相关部门的服务职能，三级平台受理各类事项2.3万件，处置1.7万件。四大班子领导轮流坐班接访，按照分类处置的办法，依法解决信访事项，信访形势持续好转。认真落实安全生产“4438”工作机制，围绕道路交通、非煤矿山等重点领域，扎实开展专项整治，有效杜绝了重大安全事故的发生，保障了人民群众生命财产安全和社会的和谐稳定。

（沈雁冰）

附：一、中共五寨县委书记、副书记、常委名单

书　记：张　春
副书记：张宇光　武革慧
　　　　王　宏（6月任职，挂职）
常　委：白效文（8月离职）　杜新荣（8月任职）
　　　　靳海珍（8月离职）　李　强（8月任职）
　　　　杨全隆（8月离职）　李文渊（8月任职）
　　　　左　峰（1月离职）　赵宇彤（1月任职）
　　　　尹新凤（女，8月离职）
　　　　张哺梅（女，8月任职）李代保
　　　　张海全（6月任职，挂职）

二、乡镇（街道）党（工）委书记名单

砚城镇
书　记：苏国平
三岔镇
书　记：周晋堂
小河头镇
书　记：郝　伟
前所乡
书　记：刘　维
李家坪乡
书　记：贾育新
胡会乡
书　记：李永林
新寨乡
书　记：张鹏珍（1月离职）　邸云竹（1月任职）
韩家楼乡
书　记：刘舜尧
孙家坪乡
书　记：张银业
梁家坪乡
书　记：王　斌（1月任职）
东秀庄乡
书　记：周德华（女）
杏岭子乡
书　记：李秀歧
城镇街道
书　记：牛占林

中共岢岚县委工作概况

县委书记　王志东

2016年，岢岚县委全面贯彻党的十八大和十八届三中、四中、五中、六中全会精神和习近平总书记系列重要讲话精神，坚持“四个全面”战略布局和“五大发展”理念，按照省委“一个指引、两手硬”重大思路和要求，紧扣市委“1661”发展战略，以脱贫攻坚统揽全局工作，坚持不懈强党建、抓发展、促改革、惠民生，全县经济社会呈现持续平稳向好发展的局面。全年地区生产总值完成20.5亿元，同比增长6%以上；规模以上工业增加值完成4.7亿元，同比增长8%；固定资产投资52.5亿元，同比增长12.5%；社会消费品零售总额达到9.3亿元，同比增长6%；公共财政预算收入完成1.1亿元，同比下降6.2%；城镇常住居民人均可支配收入完成24000元，同比增长7%；农村常住居民人均可支配收入完成5800元以上，同比增长7%以上。

一、深化从严治党工作，构建良好政治生态

县委按照省委“巩固、深化、提高”方针，对照市委“三个最五个抓”要求，不断提升管党治党水平。坚持从严从实，扛起主体责任。县委全面加强和改善对党建工作的领导，坚持定期研究党建工作，常委班子带头开展11个党建专题调研，细化分解80项具体工作。推动各级建立党风廉洁建设“三个清单”700份和两个责任工作台账138份，加强跟踪督查和教育，对清单制定不严不实的51名领导干部进行了谈话，约谈党委党组书记21人，管党治党责任进一步落实。严把选人用人关，出台推进领导干部能上能下、激励干部担当作为干事创业、支持干部改革创新合理容错三个实施办法，严格甄别干部410名，分批次调整319人，其中严格遵守“九个严禁、九个一律”规定，集中调整干部104 名，圆满完成县、乡领导班子换届和各类党组织按期换届任务，进一步匡正了选人风气、优化了队伍结构，提升了整体活力。突出重点难点，夯实基层基础。紧紧抓住县四大班子成员这个“关键少数”，以上率下，规范全县各级党组织的“三会一课”等党内政治生活。制定出台全县“三基”建设方案，实施“先锋队、领头雁、主阵地”三项引领工程，整治农村软弱涣散党组织22个，完成116个

贫困村集体经济全部“破零”。建成县乡村三级一体化服务平台，为群众办理各类事务4.1万余件。扎实开展县级巡察，巡察6个乡镇和6个县直单位，覆盖96个行政村和53个基层站所，推动全面从严治党向基层延伸。认真抓好深化监察体制改革试点工作，制定了推进方案，落实了办公场所，摸清了家底，“转隶”“融合”等各项工作扎实有序开展。围绕常态长效，严挺纪律规矩。牢固树立严管就是厚爱的理念，完善“一预防三跟踪一惩治”的监管体系，严格落实层层约谈制度，全年共约谈党员干部397人次。狠抓作风建设，查处违反中央八项规定精神案件11起。大力推进行政审批制度改革，明确行政职权2883项，减少1657项。加大对民政、卫计、扶贫等重点领域不正之风的整治，查处发生在群众身边腐败问题51件。加大执纪监督力度，谈话函询130件（次），纪律审查168件（次），党政纪处分162人，其中轻处分占89%，重处分占11%，正确把握和运用了“四种形态”，政治生态得到进一步优化。

二、深化意识形态工作，凝聚发展正能量

县委坚决贯彻党中央、省委和市委关于意识形态工作的决策部署和各项要求，牢牢把握意识形态工作的领导权、管理权、话语权。把好方向，压实责任。一年来，先后7次召开常委会议，对全县意识形态工作进行分析研判和部署，县委中心组集中学习24次、专题研讨6次，带头把好各类宣传文化阵地的方向。出台了目标责任分解方案、责任制实施细则、考核制度、监督检查办法等一系列文件，把意识形态工作纳入干部考核和执行党的政治纪律、政治规矩的监督检查范围，作为评价、使用、奖惩干部的重要依据，层层传导压力，落实责任。管好导向，凝聚共识。以“两学一做”学习教育为契机，开展“学党史、感党恩、跟党走”专题教育，“学习讲话精神、共建美好岢岚”思想大讨论，“党章党规党纪知识竞赛”和“党员干部人人讲党课”等活动，实施“345”大讲堂，培训24场次、3100多人次，将“四讲四有”专题研讨拓展到各级基层组织，教育引导广大党员干部切实增强“四个意识”，推动中央和省市新理念新战略转化为加快发展的新实践新成果。建好阵地，壮大主流。坚持举办“岢岚大讲堂”，开通了岢岚政务、岢岚你好、今日岢岚等自媒体宣传平台，成立了县重大舆情指挥中心，不断提高县属今日岢岚、岢岚网、岢岚电视台和微信平台的办刊质量，持续加强对青年志愿者协会、小蜜蜂社团、岚漪书社等民间组织的引导和管理，通过主媒体发声、自媒体互动、多媒体引导相结合的形式，唱响主旋律，传播正能量，进一步实现意识形态阵地的可引、可管、可控。

三、深化综治维稳工作，创造良好发展环境

县委深刻领会、认真落实习近平总书记关于总体安全观的重大战略思想，坚持问题导向、底线思维，统筹做好各领域安全工作。维护政治安全。举办国家安全警示教育展览和专题教育报告，运用微信平台、电子政务等网络工具进行宣传引导，强化广大干部群众的国家安全意识，提升国家安全防范能力。坚持严查紧盯，瞄准敌对势力和邪教极端势力的渗透、颠覆、破坏活动，稳妥处理涉及政治稳定情报信息120余条，有效治理网上涉安信息，全年未发生一起国家安全和暴恐事件。抓好安全生产。全面落实“4438”安全生产机制，加强重大活动、重要时间节点安全监管，累计排查各类隐患（问题）2490条，整改2468条，责令33个单位停产停业停建；全年发生事故6起，全县各类安全生产事故起数同比下降了25%，全县安全生产形势持续平稳。抓好公共安全。开展社会治安“六项整治”，破获各类刑事案件106起，查处各类治安案件360起；继续推进“六网覆盖”防控体系工程，公共视频监控覆盖率达到93%以上、农村达到50%以上，配齐配强县乡村三级综治力量，建立包括巡逻队、志愿者、小区安保、农村联户长在内的3600余人的群防群治队伍，形成全覆盖、无死角、立体化治安防控体系，案发率同比下降10%。抓好信访维稳。坚持“三五”信访工作法，扎实推进“网上信访”工作，设立手机、微信和微博信访平台，开展“诉访分离”“逐级走访”和“司法援助”等工作，及时受理率和群众满意率均达到96%，上访人数同比下降10%，结案率达到95%，继续保持进京“零上访”，赴省到市“零非访”，已经申报创建全国信访“三无县”。

四、深化经济发展工作，全面推动富民强县

坚持发展第一要务，不断加强党对经济工作的领导，全面落实促改革、调结构、惠民生、防风险的一系列政策举措，着力推动经济稳步向好。突出结构优化。深化供给侧结构性改革，落实“三去一降一补”政策，实施“1111”转型综改计划，主动融入太原都市圈、“三区联动”等区域发展战略，与省农科院合作开展羊产业、小杂粮、煤化工3个重点课题研究，扶持发展煤炭物流、煤化工、新型建材、新能源、农副加工、文化旅游等六大产业，进一步调结构、补短板、优产业，全县煤炭经销量598万吨，工业新兴产业投资完成8.8亿元，占工业投资的45.97%，非煤产业增加值比重占到71.4%。推进项目攻坚。规划各类项目121个，总投资118.5亿元。大唐大阳坡一期、燕家村二期、分散式发电3个风电项目开工建设，以畜产品、小杂粮、沙棘为主的农副加工业不断壮大，宋长城旅游开发取得新进展，与山西建工集团签订战略合作协议。大力发展农牧产业。稳定粮食生产，农作物总播面积45万亩，粮食总产量1.24亿斤；振兴畜牧产业，完善6个晋岚绒山羊基层改良点，遴选组建60个核心母羊群，建设标准化圈舍1.5万平方米，与山西新大象养殖股份有限公司签订了百万头生猪养殖合作项目，畜牧业总产值4.4亿元。

五、深化脱贫攻坚工作，加快全面小康建设

始终坚持以脱贫攻坚统揽经济社会发展全局，扭住精

准识贫、精准扶贫、精准脱贫三个环节，不让一个贫困群众在小康路上掉队。规划部署有力。按照市委“3659”脱贫攻坚策略,形成岢岚县“3169”脱贫攻坚行动纲领，在全市首创推广精准脱贫“4433”工作法，精准识别贫困村116个、贫困人口6002户13700人。率先建成脱贫攻坚大数据平台，精准实施“1+15”脱贫攻坚小康行动，实现全县年度脱贫3518人，出列25个贫困村，分别完成目标任务的125%和109.9%。政策落实到位。编制下发《岢岚县脱贫攻坚惠农政策简明读本》，严格落实社会保障4类24项政策，保障2.2万人次受益5751万元；全年易地扶贫搬迁1622人，完成年度任务的148%；完成土地增减挂钩结余指标流转交易2547万元;实施新一轮退耕还林工程补偿贫困户433万元;组建51个造林专业合作社，为576个贫困户1535人人均生态补偿3185元；培养630名技术工人和1150名新型农民，开展实用性劳动技能培训4430人；提高惠农补贴、城乡低保、医疗救助等标准，贫困人口转移性收入增长13.8%。措施具体管用。落实“两包三到”联动机制，选派125名第一书记驻村帮扶，抽出58名“硬”干部充实到脱贫攻坚工作平台，构建起省、市、县、乡133个单位和3023名干部全覆盖包扶贫困人口的协同机制；用好金融扶贫杠杆，财政注入风险补偿金0.39亿元，推动金融部门开展“支企贷”“支养贷”“支种贷”和“富民贴息贷”等业务，撬动金融扶贫资金1.7亿余元，扶持贫困户1733户；建立扶贫产业引导基金和项目库，整合涉农资金0.9亿元，投入特色产业开发资金0.8亿元，推动23户企业投资3亿元参与扶贫，大力推进光伏项目扶贫、中药材种植、订单合作养殖、旅游扶贫，带动全县贫困人口人均收入达到3044元，同比增长13.5%。

六、深化基本民生工作，社会事业全面进步

始终坚持把增进人民福祉、改善民生质量作为工作的着力点和落脚点，努力使广大人民群众共享发展成果。着力改善人居环境。全面推进“五城联创”，国家卫生县城创建工作进入抽检授牌阶段，省级园林县城已经命名，省级文明县城创建通过考核验收，获得“省级文明县城创建先进县”荣誉称号，省级环保模范县城创建工作扎实推进，省级智慧县城信息服务平台和城市管理体系有序运行。经济发展、文化繁荣、社会安定、环境美好的文明岢岚形象得到进一步提升。大力发展教育卫生事业。进一步改善办学条件，仰峤幼儿园主体完工，教育扶贫、教育惠民政策全面落实；优化公共卫生服务，人均补贴标准由40元提高到45元，服务项目由10类40项提高到12类45项；为城乡低保、特困人员每人补助150元参加医疗保险，新农合参合率达99.98%；县中医院门诊住院楼、县疾控中心业务楼全部完工。加大社会保障力度。城镇新增就业1556人，转移农村劳动力1184人，城镇失业率控制在3.4%以内；五大保险健康运行，实现城乡低保标准与扶贫线“两线合一”，农村低保提标至每人每年3026元；推进住房保障，完成危房改造742户，棚户区改造530户，配售公租房174套；加强市场监管，持续开展食品药品专项整治，保障人民群众饮食用药安全，群众的满意度明显提升。

（胡建新）

附：一、中共岢岚县委书记、副书记、县委常委名单

书　记：王志东
副书记：侯俊生　毕晋锋（8月离职）
　　　　银培秀（8月任职）
常　委：岳利文（8月任职）　牛大业（8月离职）
　　　　赵国兴（8月离职）　闫莉芸
　　　　赵亚峰（8月离职）　梁利军（8月任职）
　　　　于顺龙　张志峰（8月任职）
　　　　吴红兵（8月任职）
　　　　房　涛（8月离职，挂职）

二、乡镇党委书记名单

岚漪镇
书　记：刘建新（11月任职）
三井镇
书　记：武耀斌
神堂坪乡
书　记：胡少平
宋家沟乡
书　记：朱鹏华
阳坪乡
书　记：刘玉欢
大涧乡
书　记：李树雄
高家会乡
书　记：高志远
李家沟乡
书　记：高志平
水峪贯乡
书　记：刘　霞（女）
王家岔乡
书　记：李新旺
温泉乡
书　记：白茂生
西豹峪乡
书　记：王　政

中共河曲县委工作概况

县委书记 边东圣

2016年，中共河曲县委坚持以习近平总书记系列重要讲话精神为指引，全面落实党的十八大和十八届三中、四中、五中、六中全会精神，坚决按照省委“一个指引、两手硬”重大思路和要求，全面落实市委“1661”发展战略，坚持以脱贫攻坚统揽经济社会发展全局，创新实施“1266”工作思路，坚定不移讲看齐，理直气壮抓发展，聚精会神抓党建，持之以恒抓作风，矢志不渝惠民生，全县各项事业取得新的成绩，实现了“十三五”发展良好开局。

一、深入学习贯彻习近平总书记系列重要讲话精神，坚决落实中央、省委、市委重大决策部署

县委始终坚持把学习习近平总书记系列重要讲话精神作为首要政治任务，把学党章党规作为党性修养的必修课，深入推进“两学一做”学习教育。县委常委发挥表率作用，带头研读讲话原文，带头记学习笔记，带头撰写心得体会，做到先学一步、学深一层。全年开展中心组学习12次，举行十八届六中全会和省、市党代会精神宣讲300余场次，组织全县副科级以上领导干部学习1200余人次，培训农村党员干部2300余人次。坚持在中央和省委、市委工作大局下谋划和推进河曲发展，紧紧依托省委“一个指引、两手硬”重大思路和要求、市委“1661”发展战略，健全完善了全县“1266”工作思路，对标前行，扎实推进各项工作。坚持把严守党的政治纪律、政治规矩作为政治生活中必须遵守的行为准则，严格执行请示报告制度，坚持重大事项、重要决策前及时向市委请示，贯彻落实中央、省委和市委重要会议、重要决策部署情况及时向市委报告，定期向市委、市政府汇报全县各项工作情况，始终在思想上、政治上、行动上同党中央、省委和市委保持高度一致，确保全县工作不偏离轨道、不走弯路。

二、突出统揽地位，坚持高位推动，脱贫攻坚首战之年取得良好开局

（一）全局谋划脱贫。议事决策围绕脱贫。建立“五个一次”常态化推进机制，召开常委会13次、推进促进会3次、专题部署会6次，及时研究部署，有力推进任务落实。资金使用倾斜脱贫。县财政在预算中最大限度地留足扶贫相关经费，各单位经费也优先保证脱贫攻坚，第一书记的补贴经费人均达到1.7万元。选人用人挂钩脱贫。选任80余名干部到扶贫一线任职，提拔11名“三类人员”担任扶贫副乡镇长，精选30余名优秀干部成立了5个专项工作组，充实了攻坚力量。考核问责强化脱贫。全面落实“双签”。出台“三个一律”考核追责制度，约谈6名履职不到位的帮扶单位负责人，通报10个工作不力的部门和乡镇，责任追究11人。

（二）扎实推进脱贫。特色产业扶贫进展顺利。投资1.4亿元，重点培育发展了富硒、奶牛、农产品加工等特色项目11个，光伏扶贫项目6个，产业项目79个，带动1.47万贫困人口综合增收。易地扶贫搬迁开局良好。全年搬迁1068户2610人（含5个50人以下行政村）全部落实到村到户到人到点，已建成集中安置住房786套。生态保护扶贫取得实效。实施退耕还林奖补、干果经济林提质增效、造林绿化投工、森林保护就业等四项增收措施，惠及1762户贫困户。教育扶贫助力作用显著。“两免一补”“雨露计划”等惠民政策应补尽补，资助1491名贫困学生70.7万元。兜底保障政策全面落实。组织开展了“五送一便利”“三捐五送”活动，民政、教育、健康和残疾人帮扶精准到户24项政策全部落实。

（三）全力保障脱贫。全面实施挂图作战精准帮扶。率先制作了精准帮扶“五张卡”，贫困户各种信息一目了然。建立4个微信工作群，加强沟通、及时汇报，使政策在第一时间传达、责任在第一时间压实、问题在第一时间解决。深入推进干部驻村帮扶。组建115支驻村工作队，选派190名第一书记，组织2256名帮扶干部，实现驻村帮扶全覆盖。出台干部驻村四项制度，率先实行“第一书记召回撤换制度”，撤换调整15人。全面加强扶贫领域监督管理。出台《在脱贫攻坚中实行问责的暂行办法（试行）》等四项制度，加强了对扶贫领域各个环节的监督执纪问责，为打赢脱贫攻坚战提供了坚强保障。全年共实现50个贫困村摘帽、6948人脱贫，均超额完成年度目标任务。

三、狠抓第一要务，全面深化改革，努力推动县域经济健康平稳运行

一是主要经济指标平稳增长。全年完成地区生产总值74.06亿元，同比增长5.5%；财政总收入11.88亿元。其中，一般预算收入完成5.16亿元，同比增长23.13%。规模以上工业增加值完成32.34亿元，同比增长3.1%；固定资产投资完成146.25亿元，同比增长7.6%；社会消费品零售总额完成16.33亿元，同比增长9.2%；城镇居民人均可支配收入完成24343元，同比增长5.8%；农村居民人均可支配收入达到5895元，同比增长7.9%，连续四年被评为全省县域经济发展先进县，今年更是全市唯一获次殊荣的县份。

二是项目建设全力推进。深入开展项目建设百日攻坚

行动，解决74个遗留问题。认真推进“百名干部入企服务”活动，被授予全市入企服务先进单位。全年组织实施重点工程142个，年度计划投资99.03亿元，完成投资106亿元。“六位一体”考核指标全部完成年度任务。A类县9个产业项目中8个已开工并全部入库，再次在全市重大产业项目建设考核评比中获一等奖。

三是特色农业快速发展。以助力脱贫为目标，狠抓特色农业示范园区建设，在全县推广种植各级薯类3万多亩，平均亩产由原来的1500斤提高到3000斤以上；推广种植富硒杂粮10000余亩；创建5000亩玉米高产示范区一个，培育发展专业大户25户、家庭农场9个。脱毒种薯、富硒杂粮、设施农业等特色产业发展成效明显。全年粮食总产1.35亿斤，创历史新高。

四是工业产业转型升级。统筹做好煤与非煤两篇文章，煤运猫儿沟和山煤旧县露天煤矿建成投产；山煤低热值煤电厂一期、桃园华川、山煤旧县露天矿洗选加工项目进展顺利；神华神东低热值煤电厂二期核准、神华国能河曲电厂三期“路条”报批、山煤低热值煤综合利用项目前期准备工作加快推进，全年共发电125.23亿度，煤电基地建设已见雏形。大力支持风电、光伏发电和生物质能发电等项目落地并开工建设，电力和能源结构逐步优化。

五是民营经济迅猛发展。积极扶持中小企业，强化“双创”政策落实。设立中小企业专项发展资金、全民创业资金以及“助保贷”风险补偿金等1360万元，为民营企业增添动力。晋北农牧业有限公司被省农业厅认定为无公害农产品产地，四海进通奥康农产品公司被省中小企业局认定为省级中小企业创业基地。民营经济增加值完成22.91亿元，同比增长2.9%，呈现出强大的发展后劲。

六是改革创新不断深化。供给侧结构性改革持续推进。严格按照276个工作日组织生产，全年生产原煤1520万吨，同比下降12.6%。加大调控力度，控制新建商品房项目供地。同时，结合易地搬迁和棚户区改造，盘活、消化912套库存房，奖励300多万元用于农民进城购买新建商品住房。全面推开营改增工作，率先在全市建立国、地税联合办税服务新模式，提高了税收征管质效、降低了税收征管成本。全面深化改革稳步推进。积极推进农商银行组建工作，不动产登记稳步推进，土地承包经营权确权登记工作清查阶段已结束，正在开展调查核实。

四、切实改善民生，加强社会治理，全力维护社会和谐稳定

（一）大力改善城乡人居环境。全面实施了“一带、三网、五路”市政提升工程，滨河生态湿地景观带已竣工；自来水管网和集中供热管网工程开工建设，排洪排污管网工程正在办理施工许可手续；五路中延瑞路新建工程开工建设，益民路拓宽延伸、黄河东大街改造、陶新街西延等工程勘察、设计已完成。棚户区（城中村）改造项目正在进行工程招标。“五城联创”工作按照既定方案扎实推进。改善农村人居环境“四大工程”全面落实，完成农村危房改造520户，旧县村省级美丽宜居示范村创建工作基本完成，沙畔村、坪泉村市级示范村创建积极推进。

（二）全面提升人民群众获得感。一是社会保障持续有力。新增城镇就业2133人，转移农村劳动力1946人。农村低保标准每档提高20元，新农合和新农保参保率持续保持在99%以上，城镇居民医保参保率保持在95%以上，覆盖城乡的养老保险体系基本建立。二是文教卫生稳步发展。义务教育均衡发展通过市、省、国家三级评估验收，中、高考成绩再次名列全市前茅。新建村卫生室149所，招聘42名医师和52名乡村医生，投资1200多万元购置了先进诊疗设备。开展“送戏下乡”90余次，农村电影放映4136场次，群众的文化生活不断丰富。三是生态建设全面加强。全年造林绿化8.86万亩，打造30万平方米的黄河湿地公园，完成3 万平方米的绿化提质改造工程，全县绿化覆盖率达43.6%，被评为全国绿化先进集体。积极开展“铁腕治污行动”，全年2级以上天数达340天。

（三）全力保障社会生产发展。深入开展社会治安风险隐患大排查大整治活动和以“城中村”为重点的社会治安专项整治，共排查各类风险隐患262项。部署开展了夏安利剑、冬安利剑、三大战役等专项行动，全县共侦破各类刑事案件152起，办理行政案件1070起。全面落实“4438”安全生产工作机制，精心组织隐患排查整治，煤矿安全领域保持了“零伤亡”目标，全年没有发生安全生产责任事故。严格执行双首接责任制、“一案五包”责任制等制度，借助县、乡、村三级社会服务管理平台和矛调中心，积极发挥我县社会力量参与信访矛盾调解的优势，全县共调解各类矛盾纠纷516起，信访初访量逐年下降。

五、从严管党治党，筑牢基层基础，党的建设科学化水平不断提升

一是从严从紧压实主体责任。紧紧围绕省委、市委关于全面从严治党的安排部署，坚持将党风廉政建设纳入全县总体工作布局同安排、同部署、同检查、同落实。新设立15 个党组，进一步明确了各个单位和部门管党治党责任。通过区分不同的责任主体“量身定制”乡村两级责任清单，创新基层党风廉政建设责任落实机制，打通落实党风廉政建设主体责任的最后一公里。认真落实“两台账、两跟踪”制度，全县13个乡镇、85个单位的“两台帐”已经建立。以《问责条例》出台为契机，以问责倒逼主体责任落实，对“两个责任”落实不力的62人进行了追责。

二是持之以恒推进正风反腐。坚持把中央八项规定精神作为监督执纪重点，对“四风”问题反弹及隐形变异新动向新表现，坚持露头就打、及早纠治，全年组织开展监督检查320次，查处违反八项规定和“四风”问题案件26起。坚持动辄则咎，把握运用监督执纪“四种形态”，区分不同情形，开展批评教育374人次，谈话函询1352人次，通过抓早抓小，挺纪在前，实现监督执纪常态化、长效化。

同时，加大纪律审查和案件查办力度，动真碰硬，一查到底，全年立查案件207件，处分206人，侵害群众利益的不正之风和腐败问题得到有力遏制。

三是严格把关加强队伍建设。2016年是县乡换届之年，县委在“九个严禁、九个一律”的基础上，严格执行《党政领导干部选拔任用工作条例》，提出了“九个全覆盖”，发放换届纪律提醒资料3800多份，签订《严守换届纪律承诺书》2213份，坚决把纪律和规矩挺在最前面。同时，结合“三个一批”工作，分三批次对全县722名干部进行了“六查”，为选人用人提供了科学依据。通过换届，换出了风清气正好风气，换出了干事创业新氛围，为全县决战脱贫攻坚，实现全面小康目标奠定了坚实的基础。

四是多措并举推进“三基”建设。扎实开展“一带三创”活动，进一步细化完善了星级基层党组织评比体系，创建“五星级”支部17个，新发展党员100名。县四大班子党员领导干部各自包点，对36个软弱涣散基层党组织进行了集中整顿。紧盯省市23项重点任务，逐条逐项对标落实，非公企业和社会组织党组织覆盖率分别达到71%和54.1%，132个村实现了集体经济“破零”，222名党员补交党费11.7万元。

六、倡导文明新风，增强法治意识，精神文明和民主法治建设不断加强

一是切实加强民主建设。县委坚持统揽全局、协调各方，积极支持县人大、县政府、县政协工作，听取各方意见建议，参政议政水平明显提升。充分发挥人大建议、政协提案和社情民意等载体作用，认真承办意见建议84件、议案66件，并积极予以采纳。深入推进党务、政务、村务、企务和公用事务公开，坚持重大规划、决策、活动广泛征集群众意见。坚持党管武装制度，积极支持工、青、妇等人民团体独立自主开展工作。

二是深入推进法治建设。利用重要时间节点举办大小型法制宣传80多次，发放法律宣传资料10万余张，实现了法制宣传教育工作城乡全覆盖。制定《“法律六进”实施方案》，启动了“七五”普法工作和“法律六进”工作，组织送法下乡活动，发放法律宣传书籍7000余册，发放便民卡5000多份，提供法律咨询3000余人次。司法体制改革扎实推进，法检两院全面完成法官检察官员额制选任。

三是大力弘扬社会公德。认真做好贯彻落实习近平总书记系列重要讲话精神，党的十八届六中全会、省、市系列会议精神以及县委中心工作和重大决策部署的宣传报道。着力培育和践行社会主义核心价值观，开展“我的中国梦”主题教育实践活动，举办“中国梦百姓大讲堂”讲座和“河曲好人”“美德少年”“五好文明家庭”等评选表彰活动。以省级文明县城创建工作为龙头，组织了万人签名活动，开展了大型读书、清明节祭奠先烈、重温入党入团入队誓词等活动，加强了公民思想道德建设。

（张飞雄）

附：一、中共河曲县委书记、副书记、县委常委名单

书　记：边东圣

副书记：任鸿宾（8月任职）　田尚麒（8月离职）
徐晓兰（女，8月任职）
张学锋（6月任职，挂职）

常　委：刘建忠　贺贵平（8月离职）
徐　瑛（8月任职）
赵辰隆（8月离职）　张永明（8月任职）
赵　勇　刘东云（1月离职）
马永峰（1月任职）　丁二明（8月离职）
李志福（8月任职）
付建华（9月任职，挂职）

二、乡镇党委书记名单

文笔镇

书　记：李步成（5月离职）　韩　昌（5月任职）

巡镇镇

书　记：赵金良

楼子营镇

书　记：邬志明（5月离职）　周　明（5月任职）

刘家塔镇

书　记：郝瑞光（5月离职）　张　甫（5月任职）

鹿固乡

书　记：张秀文（5月离职）　邬晋波（5月任职）

单寨乡

书　记：郭永胜

土沟乡

书　记：周　明（5月离职）　李永智（5月任职）

前川乡

书　记：刘　军

旧县乡

书　记：闫慧军（5月离职）　郝瑞光（5月任职）

沙坪乡

书　记：王　军

社梁乡

书　记：刘云钦（5月离职）　赵喜柱（5月任职）

沙泉乡

书　记：李永智（5月离职）　王永峰（5月任职）

赵家沟乡

书　记：王彦东（5月离职）　李宇星（5月任职）

中共保德县委工作概况

县委书记　温建军

2016年，中共保德县委团结带领全县各级党组织和广大干部群众，认真贯彻省委“一个指引、两手硬”的重大思路和要求，全面落实市委“1661”发展战略和“3659”脱贫攻坚策略，以脱贫攻坚统揽经济社会发展全局，深入实施保德县“1245”发展战略和“1689”脱贫摘帽战略举措，对标前行，苦干实干，全县经济社会发展和党的建设都取得了新进展、新成效，较好地完成了全年各项工作目标任务。

一、不断强化理论武装和思想基础，进一步凝聚了加快转型升级、实现振兴崛起的强大合力

县委始终坚持加强自身建设不放松，不断提升领导科学发展的能力和水平，着力打造加快转型升级、实现振兴崛起的坚强领导集体。一年来，通过县委中心组学习、邀请教授作专题辅导、举办专题研讨班、领导干部登台讲党课等多种方式，全面系统地学习党的十八大、十八届三中、四中、五中、六中全会和习近平总书记系列重要讲话精神，以及省第十一次党代会、市第四次党代会精神，班子成员的政治意识、大局意识、核心意识、看齐意识进一步增强。积极主动参与了以“四讲四有”为主要内容的“两学一做”学习教育，切实做到真学真懂、真信真用、真知真行。同时，努力寻求上级精神与保德实际相结合的最佳切入点，在充分调研、科学论证的基础上，明确提出了“1245”发展战略，将全县干部群众的思想和行动，统一到加快建设“五个保德”、促进富民强县的战略部署上来，统一到坚决打赢脱贫攻坚战，与全省、全市一道全面建成小康社会的共同目标上来，进一步增强了同心同向、同心协力的发展凝聚力。

二、精准施策、精准发力，脱贫攻坚取得重大成效

县委坚持把脱贫攻坚作为“十三五”期间的头等大事和第一民生工程，深入实施“1689”脱贫摘帽策略，统筹推进“八大攻坚行动”和“9+9”脱贫攻坚工程，实现了东关、义门、杨家湾3镇整体脱贫，69个贫困村整村退出，2788户7567名贫困人口脱贫。产业扶贫上：135户贫困户栽植经济林1321.9亩，补助26.4万元；3258户贫困户实施养殖项目178个，帮扶资金3180万元；新上小杂粮、果品加工厂21个，惠及贫困人口3000余人；乐村淘电商建成物流中心12个，发展农村体验店74个；11村投资947.76万元的1.1兆瓦光伏项目开工建设，2017年5月底并网发电，深度贫困户年直接受益3000元；在62个贫困村投入资金1208万元，安排79个基础设施改善项目。与山西天生红枣酒有限责任公司签订了年产10万吨红枣深加工系列产品项目投资协议，与中城银信控股集团有限公司签订了建设30万亩小茴香种植及年产6万吨小茴香薄片生产加工基地项目和“三技一体”集约型特色小镇投资项目投资协议。易地搬迁上：通过消化库存、回购保障房的形式集中安置，同时完成2017年150亩用地规划，其中30亩已办全手续。现有的两处移民楼共可移民607户1444人，已签搬迁协议的371户1142人，其中同步搬迁31户62人。户籍50人以下行政村整村搬迁10村116户321人。生态扶贫上：上一轮退耕还林延长收益政策惠及2769户7421人，年补助152.5万元，人均增收205元；新一轮退耕还林3.2万亩，惠及143个贫困村4841户贫困户；天保公益林聘用贫困护林员22人，兑现工资19.3万元；选聘85名贫困生态护林员，年人均工资9647元。教育扶贫上：学前教育补贴、义务教育“两免一补”、普通高中免学费、职业教育免学费、中职国家助学金、“雨露计划”等6方面政策全面落实。全县城区幼儿园入园率达93%，农村幼儿园入园率达87%，义务教育巩固率和高中阶段毛入学率均达到100%。政策兜底上：城乡居民低保标准提高到3132元，比当前贫困识别标准3026元高了106元。全年脱贫兜底447户824人，发放低保金183.34万元。大病保险报销起付线由1万元降为5000元，报销比例提高2%；慢性疾病补偿病种由30种增至40种，补偿比例提高到70%；建立居民健康档案12.8万余份，实现了贫困人口全覆盖；安排190.4万元扶贫专项资金，为建档立卡人口按每人68元标准投入大病医疗保险；组建了15个工作组，扎实开展了健康扶贫“五个一”活动。劳务输出上：搭建劳务用工信息服务平台，506人与20余家单位达成用工意向。借助中铁集团帮扶保德县的良好契机，县职业中学与中铁集团签订了就业培训框架协议，60多名学生被选派到中铁郑州铁路技术学院培训，结业后全部安排到中铁系统就业。

三、突出抓好发展第一要务，经济实现平稳健康发展

一年来，面对经济下行压力等诸多不利因素影响，县委切实加强对经济工作的领导，全力推动经济提质增效和转型升级，全县经济呈现总体平稳、稳中有进、好于预期的运行态势。全年地区生产总值完成65.8亿元，同比增长4.7%；规模以上工业增加值同比增长3.4%；固定资产投资完成125.5亿元，同比增长3.4%；社会消费品零售总额完成

18.9亿元，同比增长7.8%；财政总收入完成8.7亿元；公共财政预算收入完成3.7亿元；城镇常住居民人均可支配收入完成26106元，同比增长5.7%；农村常住居民人均纯收入达到6400 元，同比增长7%。

（一）重点工程项目扎实推进。坚持“八位一体”工作机制，抓大、壮中、育小、扶微，全力推进项目落地建设，稳增长的基础进一步夯实。总投资58.64亿元的晋能2×660MW低热值煤发电项目，完成形象进度的70%以上，2017年8月底将投产运营；总投资29.95亿元的兴保铁路项目即将投入运营；神华集团33MW瓦斯发电项目已投产运行；国新能源120MW热电联产煤层气发电项目完成土建工程，2017 年12月份可如期投产；中石油煤层气已形成6亿方的产能，正在积极推进12亿方产能建设。

（二）农民增收渠道不断拓宽。紧紧围绕农民增收的目标，突出抓好传统农业提质增效、现代农业上档升级、农村劳动力有序转移等重点工作，进一步强化了农业的基础地位。全年粮食产量达到1.12亿斤，温室大棚总面积发展到4000 余亩，年产值7000余万元。发展农民专业合作社35家，家庭农场15家，种粮大户10户，科技示范户1000户。农产品加工龙头企业年销售收入完成4.3亿元。新型职业农民培训完成1150人。李贤堎电灌站提黄灌溉工程、繁庄塔高新农业科技示范园供水工程通水运行。

（三）城乡人居环境明显改善。致力优化生态环境，促进城乡统筹发展，打造宜居宜业美丽家园取得新的成效。县城生活垃圾无害化处理率达到市定100%水平，污水处理率达到95%，供水普及率达到100%，建成区绿化覆盖率达到39.4%。全年绿化造林3.08万亩。新建供热管网11.6公里，新增城市集中供热面积18万平方米。城区空气质量二级以上天数达到325天。农村垃圾治理专项规划通过评审。1座农村垃圾中转站、乡村垃圾卫生填埋场和体育馆及附属工程全部完工。乡村清洁工程扎实推进，创建达标村117个。

（四）民生社会事业全面进步。坚持“换位思考”，切实解决关系群众利益的突出问题，让改革发展成果最大限度地惠及人民群众。创业就业上，城镇新增就业2190人，创业就业366人，失业人员再就业757人，就业困难人员就业263 人，转移农村劳动力2208人，从优秀大学生村官中招聘录用全额事业单位工作人员13名，事业单位公开招聘录用工作人员14名，城镇登记失业率控制在3.8%以内。社会保障上，养老、医疗、失业、工伤、生育保险覆盖面不断扩大，各类社保参保人数达到16.13万人；全面提高低保对象保障标准，农村低保对象月人均补差达到194.6元，城镇低保对象月人均补差达到320.6元。教育事业上，制定出台了《关于教育优先发展的意见》《教育系统教职工队伍管理办法》等实施意见、办法，各类教育均取得明显成效。顺利通过了全国义务教育发展基本均衡县复查验收。卫生计生上，全力推进公立医院综合改革，全县公立医疗机构全部实行省级网上集中采购、统一配送、统一结算、零差率销售，药品价格平均下降40%。极大缓解了群众看病难、看病贵问题。住房保障上，保障性住房、扶贫移民房等工程全面实施，城乡居民居住条件持续改善。采煤沉陷区搬迁安置住房全部开工建设。精神文明建设上，深入推进“文明保德”创建活动，2人获“忻州市道德模范”奖，2人获“忻州市道德模范”提名奖。送戏下乡、广场文化周、送电影下乡等文化惠民活动实现常态化，城乡居民的精神文化生活日益丰富。

（五）社会大局和谐稳定。安全生产上，认真落实“党政同责、一岗双责、齐抓共管”制度和两个主体责任，深入开展以煤矿为重点的安全生产大检查和打非治违专项行动，煤矿、非煤矿山、危险化学品、工贸、建筑等行业领域实现了零事故、零死亡，安全生产形势持续稳定好转。社会治安上，不断加强社会治安综合治理，深入开展“一村（社区）一警”联系走访活动、基层平安创建活动和“六场硬仗”“六项整治”等一系列专项行动，保持了对各类违法犯罪大打、狠打的高压态势，人民群众安全感和满意度不断提升。信访稳定上，牢固树立群众观点，带着责任和感情做好信访工作，进一步畅通信访渠道，信访总量较近几年大幅下降，有效化解了矛盾纠纷，维护了社会和谐稳定。

四、大力发展民主政治，法治保德建设扎实推进

县委始终坚持民主集中制，将县委“441”工作流程，全面贯穿于议事决策、执行落实、约束监督、联系服务各个环节。充分发挥“总揽全局、协调各方”的领导核心作用，注重发挥县四大班子的整体合力，保障人大、政府依法行使职权，支持政协履行职能，促进了工作平衡发展，形成了齐心协力、共谋发展的良好氛围。县人大组织代表开展执法检查3次、调研3次、视察1次，听取和审议专项工作报告8个。县政协组织开展了脱贫攻坚、网络思想阵地建设、职业教育发展、养殖业发展现状等为主题的专题调研。积极发挥工青妇等人民团体作用，切实加强对人民武装工作的领导，高度重视统战、民族和宗教工作，形成了群策群力、团结共进的政治局面。大力推进依法治县，深入开展“七五普法”工作，进一步增强了公民的宪法观念和法制意识。不断加强基层民主建设，深入推行党务公开、政务公开、村务公开、企务公开和公用事务公开，切实保障了人民群众的知情权、参与权、表达权和监督权。

五、着力加强党的建设，党组织的凝聚力、战斗力和创造力显著增强

县委坚持以提升党建工作科学化水平为目标，突出抓好党的思想政治建设、作风建设和基层组织建设，党的建设得到了进一步加强，为全县经济社会转型升级提供了坚强组织保证。

（一）从严落实党建主体责任。县委班子认真落实抓基层党建的主体责任，层层传导抓基层党建工作责任压力，

全面推行县委、组织部门、基层党委和基层党组织“四位一体”，县、乡、村三级负责的基层党建目标管理责任制，条条分解基层党建7项重点任务和16项考核评价内容，推动了从严治党在基层落地生根，提升了党建工作科学化、制度化水平。

（二）全面加强基层组织建设。坚持把抓基层、打基础作为长远之计和固本之举，进一步完善年初部署、年中督查、年底交账的工作机制，扎实推进基层组织“软硬件”建设。不断优化党组织设置，通过以大带小、以强带弱，组建农村联合党组织14个；积极推动人才、政策、资金向软弱涣散党组织倾斜，40个软弱涣散党组织凝聚力显著增强，204个行政村的集体经济实现“破零”；全面加强村级组织活动阵地建设，新建村级活动场所2个、改扩建15个，实现了村级组织活动场所全覆盖。

（三）加强党员干部队伍建设。一是强化党员干部教育培训。举办了两期新任领导干部和中青年干部培训班，培训干部440人次；分两期集中培训农村（社区）“两委”主干600名，集中轮训农村（社区）两委成员、骨干党员1604名；全县940多名干部参加“干部在线学习”，平均达到75.49学时，干部履职能力进一步提升。二是加强领导班子建设。旗帜鲜明树立“德才兼备、以德为先、以廉为基”用人导向，千方百计把组织放心、群众满意的好干部选出来用起来，营造了风清气正的干事创业氛围。

（四）精心组织“两学一做”学习教育。在全县732个基层党组织开展了“两学一做”学习教育，县委班子成员讲党课74次，深入帮扶点198次，督促全县党员干部认真对照和践行“四讲四有”合格党员标准，聚焦坚定理想信念、严守政治纪律和政治规矩、廉洁从政等方面，不断转变工作作风。在具体的学习教育过程中，全面推行了“3+7”学习模式，督促各级党组织对照查找出的具体问题，坚持立行立改，提高了学习质量。同时，创新推出“五查五看一掌握”的督导模式，派出5个督导组，进行巡回督查指导，保证了学习教育效果。

六、坚持全面从严治党，不断引深党风廉政建设和反腐败斗争

县委班子认真落实中央、省市关于落实党风廉政建设主体责任有关要求，牢固树立“红线底线意识”，严格落实“一岗双责”“两个责任”清单，扎实抓好职责范围内的党风廉政建设工作，形成了一级带一级、一级抓一级的工作氛围。邀请市纪委宣传部领导对“两准则三条例”进行专题解读，组织巡回宣讲组，对乡镇干部及村“两委”主干巡回宣讲13场次，对贯彻落实情况进行监督检查，教育引导班子成员和各级领导干部明法度、知敬畏、守底线。深入开展了“整顿纪律作风，创优发展环境”专项活动，较好地实现了纪律规矩更加严明、干部作风根本好转、工作落实雷厉风行、服务群众能力提升、发展环境明显优化的目标。支持纪委聚焦主业、强化执纪监督，积极推进监察体制改革试点工作，13个乡镇配齐了纪委书记、专职副书记和纪委委员。坚持“老虎”“苍蝇”一起打，以零容忍的态度惩治腐败，严肃查处了一批违法违纪案件，教育了广大党员干部。

（杨　剑）

附：一、中共保德县委书记、副书记、常委名单

书　记：段　新（7月离职）　温建军　（7月任职）
副书记：郭新生（8月离职）　韩　斌　（8月任职）
岳建斌（8月任职）
白　昕（3月离职，挂职）
李云涛（6月任职，挂职）
常　委：华永军　宁志刚（8月离职）
刘志成（8月任职）　岳海滨（8月离职）
油建平（8月任职）　赵　刚（1月离职）
张永红（8月离职）　刘竞才（8月任职）
李迎熙（8月离职）　张军峰
高彩文（8月任职）

二、乡镇（街道）党（工）委书记名单

东关镇
书　记：刘竞才（5月离职）　张振清（5月任职）
桥头镇
书　记：高彦林（5月离职）　康智新（5月任职）
义门镇
书　记：霍建新
杨家湾镇
书　记：郭兴田（5月离职）　白利军（5月任职）
腰庄乡
书　记：张埃平（5月离职）　刘埃生（5月任职）
孙家沟乡
书　记：李宝权（5月离职）　王耀光（5月任职）
南河沟乡
书　记：白侯平（5月离职）　胡培全（5月任职）
窑洼乡
书　记：高彩文（女，5月离职）　闫　俊（5月任职）
尧圪台乡
书　记：康智新（5月离职）　张海军（5月任职）
冯家川乡
书　记：王耀光（5月离职）　李彦东（5月任职）
林遮峪乡
书　记：闫　俊（5月离职）　杨旭春（5月任职）
韩家川乡
书　记：张振清（5月离职）　郭守义（5月任职）
土崖塔乡
书　记：翟连平
居民街道
书　记：闫保祥（5月离职）

中共偏关县委工作概况

县委书记　王　源

2016年，中共偏关县委全面贯彻党的十八大和十八届三中、四中、五中、六中全会精神，深入落实习近平总书记系列重要讲话精神和治国理政新理念新思想新战略，以省委“一个指引、两手硬”重大思路和要求为指导，紧紧响应市委“1661”思路布局，全面推进偏关县“1551”发展战略，深入开展“两学一做”学习教育，整体呈现出脱贫攻坚首战首胜、经济运行稳步向好、民本民生显著改善、发展环境不断优化、社会和谐保持稳定、党的建设全面加强的好局面。

一、加强和改进党委对经济工作的领导，以脱贫攻坚统揽经济社会发展全局的各项事业取得新成效

脱贫攻坚首战首胜。坚持以脱贫攻坚为统揽，按照市委“3659”脱贫攻坚策略和“4433”实施办法，偏关县科学制定“12895”脱贫攻坚策略，精准发力“五个一批”，全力推进“9+9”工程，全年共退出贫困乡1个、贫困村35个，贫困村脱贫人口完成5477人，完成率109.7%。社会保障4个方面政策全部落实到位，社会兜底实现应兜尽兜。易地搬迁完成556人的集中安置。建立健全“两包三到”联动帮扶机制，省市下派的35名第一书记、全县3000名干部积极投身脱贫攻坚前线“战役”，参与脱贫攻坚的县本籍干部占全县在职干部总数的65%以上。

经济运行稳中向好。扎实推进“双百攻坚”“干部入企服务”和“冬季行动”，推行的“县委政府主要领导联系项目、四大班子领导包领项目、乡镇部门支持配合项目、‘党员小组’服务项目”的工作机制在各专项行动中发挥了积极作用。全力推进以煤炭洗选、储售、运销“三大煤炭运行”体系和水电、风电、光电、火电“四大电力产业”为主的项目建设。全年煤炭经销量25.7万吨，实现产值7000万元；竣工投产的风电项目3个15万千瓦，光伏发电项目6000千瓦。全县签约的风电项目45万千瓦，光电项目263.7万千瓦。2个点8个村的光伏脱贫联合电站正式并网发电。项目储备、入库、开工、投产的数量逐年增多，质量明显提高，“八位一体”指标全面或超额完成。

现代农业成效显著。全县杂粮种植面积占粮食总播面积的50%以上，粮食产量完成1.2亿斤，是历史上一个高产年。偏关小米、偏关羊肉获得国家地理标志认证叫响了“国字号”品牌，经济林、中药材等品种的种植成为老百姓调整种植结构的主选产业。积极推广旱作节水技术，大力推进农业机械化作业，机耕机播面积逐年增加。大搞农田水利基本建设，偏关县被省政府授予“山西省农田水利基本建设‘禹王杯’红旗县”。实施蔬菜和果业提质增效工程，352座温室大棚完成测土配方，设施农业成功实现由反季节蔬菜向反季节果蔬转变。大力推进羊产业发展，羊饲养量达到76万只。

旅游产业空前繁荣。认真贯彻楼阳生省长在山西旅游发展大会上的讲话精神，全面落实省委、市委主要领导先后2次到偏调研沿黄旅游产业发展的指导精神，围绕“黄河风情游”和“长城边塞游”东西两条旅游线路，全力推进“54212”旅游重点工程。5大景区建设基本完成，4条旅游公路2条已在发改部门备案，其中1条列入省政府道路投资计划。12个贫困村乡村旅游项目已有7个村的基础设施开工建设。6个旅游配套项目已在网上公开招商。老牛湾景区成功申报省级名胜风景区，积极按照省市要求推进文化旅游体制改革。

二、突出民本民生，群众获得感、幸福感明显增强

城乡建设稳步推进。以县城“创卫”为载体，坚持改造、新建齐头并进，实施了大批市政工程，2016年累计完成投资1.45亿元。高速路、县城外环路全面完成，209国道改线工程正在推进。加快推进农村人居环境改善，农村“水电路”“居养健”等基础设施建设更加完善，完成年度投资9872万元。老牛湾村、万家寨村被列为中国传统古村落，老营村荣获“省级美丽宜居示范村”。

社会事业持续改善。全面履行党委、政府、部门环境保护职责，扎实开展“铁腕治污”专项行动，认真落实21项具体行动措施，全面保护水源，净化空气，防污减排工作位居全市前列，各项指标控制在范围之内。积极落实就业创业扶持政策，成功申报省级创业孵化基地，全年参与各类技能、就业等培训2920人，农村劳动力转移1341人，城镇新增就业人数1553人。高考达线优生人数和名校录取率明显提高，高考成绩稳居西八县前列。社会保障日益完善，养老、医疗、失业、工伤、生育保险参保人数稳步增长，21个村卫生室全部建成并投入使用。全民健身中心、文化馆综合楼建设正在积极推进前期工作。全年完成送戏下乡60场、送电影2000场的任务。举办了第五届“唱响偏关”舞台艺术大赛和全民健身体育比赛活动。坚持凡进必考，招录公务员14名、事业人员68名、“三支一扶”志愿者4名、安置退役士官11名。

社会大局保持稳定。全力推进法治偏关建设，狠抓执法司法规范化建设，制定下发了《关于进一步加强重大敏

感事件舆论引导工作的意见》，对刑罚执行和监管活动中的违法情形提出纠正意见10件，进一步提高司法效率。全面落实“4438”安全生产工作机制，事故起数和死亡人数逐年保持“双下降”，全年未发生重特大安全生产事故。信访工作实现进京、赴省、到市“零非访”，上级交办的信访案件化解率达到100%。全面深化平安建设，扎实推进“打黑除恶”“利剑行动”及“民爆危险物品整治”等各项专项行动，社会大局保持稳定。建立健全了维稳、综治、平安建设考核考评机制，完善领导干部综治、维稳述职制度，制定了《平安建设领导责任制查究实施办法》，严格执行综治维稳工作“一票否决”制度，推进维护稳定工作制度化、规范化运行。

三、坚持党要管党，党的建设开创新局面

建立良好运行机制。县委坚持统揽不包揽，将年初经济工作会上确定的重点工作和基层党建任务，同安排、同部署、同落实、同考核。在日常工作决策中，坚持集体领导、民主集中、个别酝酿、会议决定的原则，全年召开党政联席会议10次，按照“三步工作决策法”研究改革发展事项达到130多项，进一步完善领导班子议事和决策机制，健全决策程序，提高了重大问题决策的科学化、民主化和规范化水平。接受了市委首轮巡察，全县存在的6个方面16项具体问题得到解决。统战部、工商联、侨联、宗教局4个部门实行合署办公，各级班子运行更加规范。

圆满完成县乡换届。认真贯彻中央、省委以及市委关于换届工作的部署要求，把严肃换届纪律贯穿换届全过程，严格落实“九个严禁、九个一律”要求，研究制定了《严肃换届纪律保证换届风清气正的工作方案》，坚持“五个全程”工作法，进一步抓把关、抓程序、抓落实、抓推进，确保换届工作风清气正。保持贫困乡镇党政一把手相对稳定，选优配强各级领导班子，县乡两级换届按期圆满完成，省市对我县换届风气监督实现“零投诉”，巩固和发展了团结奋进的政治局面。

扎实推进“三基建设”。组建非公企业党支部48个，建立社会组织党支部9个，挂靠主管部门发展社会组织党员4名。每个行政村省、市财政补助的5.6万元党建转移支付全部拨付到位，县财政补助的2.4万元党建经费列入财政预算。先后完成32个软弱涣散党组织的集中整顿。全县99个村实现集体经济“破零”。强化“领头雁”、党员技能培训等各项活动，先后完成对105名“第一书记”、248名农村“领头雁”、第一期80名贫困人口的千村万人就业培训和第二期500名贫困人口的新型职业农民培训，有效提高党员干部和贫困群众带富致富能力。

全面履行意识形态主体责任。坚持把意识形态工作作为树导向、明方向、拥核心、强看齐的根本抓手，成立了意识形态工作领导小组，出台了《意识形态工作责任制实施办法》和《意识形态工作检查考核制度》。县委坚持以习近平总书记系列重要讲话精神武装头脑，凝聚核心，举旗看齐，围绕习近平总书记治国理政新思想新战略，以及党的十八届各次全会精神、全省第十一次党代会精神、全市第四次党代会精神，共组织24次集体学习，全县各级开展学习活动达到300多次。

从严落实“两个责任”。全面树立“四个意识”，坚持把思想建党、制度治党和作风兴党结合起来，全面落实主体责任，切实增强从严治党“抓书记、书记抓”的思想自觉和行动自觉。严格执行省市《关于干部能上能下、担当作为、合理容错》制度，认真贯彻《中国共产党问责条例》，积极支持纪委“三转”，2016年，全县各级纪检监察机关共查办各类违纪案件176件，给予党政纪处分108人，谈话诫勉68人。

（李　敏）

附:一、中共偏关县委书记、副书记、县委常委名单

书　记：王　源
副书记：曲俊安　王文阁
梁卫国（9月任职，挂职）
常　委：白建国　王映中（8月离职）
徐晓兰（女，8月离职）　李贵峰
田小平　梁利军（8月离职）
王国昌（8月任职）　党　勇（8月任职）
刘效华（女，8月任职）
张林官（9月任职，挂职）

二、乡镇党委书记名单

新关镇
书　记：郭秀红（12月离职）　高吉生（12月任职）
窑头乡
书　记：贾海荣
陈家营乡
书　记：闫志忠（1月任职）
万家寨镇
书　记：杨占录（8月离职）　张俊峰（12月任职）
天峰坪镇
书　记：武秀贵
楼沟乡
书　记：秦庆元（12月离职）　王安荣（12月任职）
老营镇
书　记：郭建忠
水泉乡
书　记：李　毅
尚峪乡
书　记：王在英
南堡子乡
书　记：戴永胜

中共吕梁市委工作概况

市委书记 李正印

2016年，中共吕梁市委认真贯彻落实习近平总书记系列重要讲话精神，坚决贯彻省委“一个指引、两手硬”的重大思路和要求，团结带领全市干部群众砥砺奋进，负重前行，积极履行全面从严治党主体责任，推动吕梁由重灾区转变为从严治党先行区，使负效应转化为正能量，全面构建良好政治生态取得了新成效；全市经济稳中有升、稳中向好，主要经济指标在全省的位次逐渐前移，经济发展正在走出最困难时期；以脱贫攻坚统揽经济社会发展全局，坚决打赢脱贫攻坚战，实现了首战首胜；干部群众思想聚焦发展，人心思上，人心思进，人心思干，形成了干事创业的浓厚氛围，各项工作都取得了新进展新成效，吕梁的发展进入了新阶段，掀开了新的一页。

一、认真学习贯彻习近平总书记系列重要讲话精神，坚决贯彻落实中央、省委重大决策部署，牢牢把握正确政治方向

一是深入学习贯彻党的十八大、十八届历次全会精神和习近平总书记系列重要讲话精神。2016年，市委先后举办中心组学习17次，认真学习贯彻党的十八大、十八届历次全会精神和习近平总书记系列重要讲话精神，持续跟进学习，持续深化理解，准确把握系列重要讲话的科学体系、新理念新思想新战略，切实增强思想认同、理论认同、情感认同，市委领导班子成员牢固树立“四个意识”特别是核心意识、看齐意识，始终与以习近平同志为核心的党中央保持高度一致。市委常委会提出坚持以上率下，“五个带头”的要求，即：带头学习领会系列讲话，树立政治坚定的新形象；带头严肃党内政治生活，树立忠诚团结的新形象；带头推动经济社会发展，树立干事创业的新形象；带头践行党的群众路线，树立为民务实的新形象；带头构建良好政治生态，树立清正廉洁的新形象，努力为各级领导班子作出示范、当好表率。

二是始终把中央和省委的重大决策部署作为各项工作的基本遵循。市委常委会、书记专题会议，先后传达贯彻了党的十八届六中全会精神、省第十一次党代会精神、全省脱贫攻坚推进会、全省全面构建良好政治生态推进会、全省开发区改革创新发展会等重要会议精神，并结合实际，研究推进工作落实的具体措施，切实推动中央和省委重大决策部署在吕梁贯彻落实。市委提出要努力实现“六新目标”，即：在以习近平总书记系列重要讲话精神为指引上达到新境界，在打赢脱贫攻坚战上取得新突破，在推动创新驱动、转型升级上迈上新台阶，在落实全面从严治党要求、构建良好政治生态上取得新成效，在各级干部素质能力上实现新提升，在全市改革发展稳定各方面工作上开创新局面。

突出抓好各级党委(党组)中心组学习。发挥各级党委(党组)中心组学习的引领示范作用，市委中心组学习由原来的每月一次增加为每月两次。认真组织广大党员干部学习。市委先后印发了《关于认真学习宣传党的十八届六中全会精神的通知》《关于认真学习宣传贯彻省第十一次党代会精神的通知》。充分发挥党校的主阵地作用。举办市管主要领导干部进修班等6个主体班次培训干部300余人次。抽调理论骨干组成党的十八届六中全会精神和省第十一次党代会精神宣讲团，深入基层、深入群众，开展巡回宣讲120场次。深入开展“两学一做”学习教育，进一步增强了广大党员干部的“四个意识”特别是核心意识、看齐意识，加强和规范了党内政治生活，提升了落实中央和省委重大决策部署的思想自觉、行动自觉。

三是学以致用、用以促学，把学习成效转化为推进工作的实际成效。以党的十八大、十八届历次全会精神和习近平总书记系列重要讲话精神为指导，认真落实省委“一个指引、两手硬”重大思路和要求，召开了市第四次党代会，明确了今后五年工作的奋斗目标和主要任务。制定出台了《吕梁市贯彻落实省第十一次党代会精神重点工作及责任分解》，明确了坚决打赢脱贫攻坚战、推动经济转型升级、落实从严治党责任等8个方面31项具体工作，由书记、市长牵头抓总，四大班子领导分工负责、逐项推进。制定出台了《吕梁市激励干部担当作为干事创业实施办法》，进一步激发了全市广大党员干部干事创业的热情。制定出台了《中共吕梁市委第四届市委常委会工作规则》等制度，推进市委常委会规范化、制度化建设。

二、以脱贫攻坚统揽吕梁经济社会发展全局，靶向施策，精准发力

市委全面贯彻中央、省委关于脱贫攻坚的各项决策部署，强化领导，压实责任，实现了脱贫攻坚首战首胜。278个贫困村实现退出、11.1万贫困人口脱贫，其中，发展生产脱贫6.5万人、生态补偿脱贫0.6万人、易地搬迁脱贫1.8万人、发展教育脱贫1万人、社会保障兜底脱贫1.2万人。岚县“合作社＋贫困户、政府购买式造林”的典型做法得到国务院副总理汪洋的批示肯定。经济林提质增效、光伏扶贫、易地搬迁、护理护工培训就业等工作走在了全省前列，得到省委、省政府的充分肯定。

一是坚决扛起脱贫攻坚的主体责任。加强组织领导。调

整充实了市脱贫攻坚领导小组，明确书记为第一组长，市长为组长，成立了由市委、市政府分管领导任组长的产业扶贫等十二个重点专项工作领导组。制定出台了《关于精准扶贫精准脱贫的实施意见》及《责任分解》，对十二条意见由各常委和政府副市长牵头负责，并明确了具体的时间表、责任书和路线图。

二是全面落实精准方略。大力实施中央精准扶贫、精准脱贫“五个一批”的同时，积极实施吕梁特色的“三个一批”。发展特色产业脱贫一批。大力实施小杂粮等六大特色种植业和以生猪、肉牛养殖为主的六大特色养殖业，带动全市6.5万贫困人口稳定脱贫，占全市脱贫总人口的58.6%。实施易地扶贫搬迁脱贫一批。10个贫困县共启动易地扶贫搬迁项目42个，完成投资率88%，竣工率71%，使1.8万贫困人口脱贫。全省易地扶贫搬迁现场会在方山县召开。实施生态补偿脱贫一批。在全市大力推广“合作社＋贫困户”“政府购买式造林”等生态补偿脱贫模式。全市共营造林57.3万亩，参与造林绿化的5500多名贫困人口人均增收3500元；吸纳460名贫困人口成为护林员，护林员人均可增收1万元，通过生态补偿使6000人稳定脱贫。发展教育脱贫一批。培训贫困人口3.29万人次。对贫困家庭子女上学开展教育资助，全市通过教育扶贫，使1万人脱贫。实行社保兜底脱贫一批。对全市9.22万因病致贫返贫和丧失劳动能力人口，针对性地出台了16条具体救助措施，特别是10个贫困县农村低保平均提标320元左右，使1.2万人通过兜底保障实现稳定脱贫。实施经济林提质增效脱贫一批。完成标准化综合管理示范基地建设18.8万亩、红枣核桃提质增效工程30万亩、品种嫁接改良4.5万亩、核桃林栽植14.1万亩，带动1万多贫困人口人均增收1000元。实施光伏扶贫脱贫一批。全市共落实光伏扶贫计划133.95MW，光伏扶贫工程全面铺开，有10个村共1000KW电站已并网运营，395户900个深度贫困人口，户均可获得3000元资产性收益。实施“吕梁山护工”培训就业脱贫一批。全市已累计培训10474人，输出7批，实现就业3824人，就业人员人均月纯收入3000元以上，“吕梁山护工”品牌开始叫响省城、京城。

三是精准帮扶到村到户到人。加强调整充实精准帮扶力量。出台了《农村第一书记管理办法》，共召回调整、撤换、补齐148名不胜任、不称职的第一书记，择优增派323名第一书记。组织孝义、汾阳、文水分别与临县、石楼、岚县结对帮扶。团中央、北航、北理工等中直机关发挥人才、智力、技术等优势，因地制宜开展帮扶，取得了明显成效。

三、把稳增长、促转型作为抓发展的第一要务，推动产业提质增效，转型升级

一是加强和改善党对经济工作的领导。市委及时对经济发展运行情况进行研判、决策。召开了全市县域经济暨开发区改革创新发展推进会议，对县域经济和开发区改革创新发展做出全面安排部署。

二是多措并举推进供给侧结构性改革。扎实推进“三去一降一补”，煤炭行业核减产能1067万吨；焦化行业退出落后产能446万吨；水泥行业退出落后产能45万吨；减少库存商品住房13.9万平方米；联盛集团破产重整依法有序推进；引导企业通过合资合作、债转股等方式，优化债务结构，全市共处置银行不良贷款23.7亿元。

三是千方百计稳定经济增长。深入开展“万名干部入企帮扶”活动，1328名干部深入439户重点企业开展入企服务，梳理需政府层面解决的各类问题675个，办结652个，办结率达96.6%。认真落实省市税费减免政策，减少企业税负4亿元。推动金融机构通过调低上浮利率、执行基准利率等方式，缓解企业资金压力。加大招商引资力度，全市共签约项目95个，总投资1911亿元。

四是全力加快产业转型发展。大力推进传统煤焦产业提质增效，孝义鹏飞60万吨甲醇联产4亿立方LNG一期已投产，成为全国最大甲醇联产LNG项目。加快铝产业发展，华兴铝业二期100万吨氧化铝项目投产，山西中铝华润一期50万吨轻合金项目开工建设。积极推进文化旅游产业发展，举办了吕梁旅游推介暨项目招商大会，签约项目18个，总投资71.7亿元。大力推进大数据产业发展，华为企业云山西中心落户吕梁、开工建设，与国防科大合作的吕梁“天河二号”云计算中心产业化应用步伐加快，累计为中科院等500多家科研院所和国家核心部门提供云计算服务。

2016年地区生产总值完成995.3亿元，同比增长4.1%，增速排名从2015年的全省末位上升到第6位；规模以上工业增加值完成546.7亿元，同比增长2.6%，从2015年全省末位上升到第4位；一般公共预算收入完成89.6亿元，同比下降1.2%，从2015年全省第10位上升到第5位；社会消费品零售总额完成433.7亿元，同比增长6.8%。固定资产投资完成1118.5亿元，同比下降4.1%。城镇居民人均可支配收入24180元，同比增长5.6%；农村居民人均可支配收入7644元，同比增长6.3%。

四、把民主法治建设作为推动发展的重要保障，扩大人民民主，加强法治吕梁建设

一是稳步推进民主政治建设。积极支持市人大及其常委会依法履行职责，制定了《柳林泉域水资源保护条例》《吕梁市城市绿化条例》等3件地方性法规。市政协围绕精准扶贫和发展文化旅游产业等进行了协商议政和专题调研，形成一批有决策参考价值的重要成果。

二是大力加强统战工作。13县市区统战部长全部由县委常委担任。积极做好民主党派、工商联换届工作，相关做法受到省委统战部4次通报表扬。开展了“光彩事业中阳行”活动，签约14个协议项目，拟投资总额19.8亿元。

三是深入推进依法治市。持续深化法治宣传教育，提高了全社会学法、尊法、守法的意识。深入推进以打黑除恶为重点的“三大战役”，全市共打掉各类恶势力团伙33个，抓获团伙成员202人，打击处理各类村霸、路霸、市霸、恶霸693人。全市刑事案件发案数同比下降3.4%；“两抢一盗”案件发案

数同比下降 14.4%，省政府刘杰副省长批示给予充分肯定。认真履行党管武装职责，积极支持推动驻吕部队现代化建设。

五、加强宣传思想文化工作，提振信心，激励干劲

一是牢牢把握意识形态工作主导权。出台了《党委(党组)意识形态工作责任制实施细则》，开展了落实意识形态工作责任制自查抽查，对存在问题督促全面整改。

二是塑造对外良好形象。实施吕梁新闻网等重点网站升级改造，加强市级新闻单位“两微一端”建设。策划推出了一批主题宣传和重点报道，大力宣传吕梁改革发展的新成效，重塑吕梁对外新形象。

三是着力培育文明风尚。完成了临县中共中央西北局旧址、离石区高家沟高级军事会议旧址的展陈设计。大力弘扬吕梁精神，在发扬艰苦奋斗优良传统的同时，进一步赋予吕梁精神改革创新的时代内涵，用革命精神滋养心田、激励干劲。引深道德讲堂和“善行义举榜”活动，推动文明风尚走进千家万户。全省农村精神文明建设工作经验交流会在吕梁市汾阳贾家庄召开。

四是推进文化繁荣发展。创作打造了一批文艺精品，舞剧《吕梁英雄传》、电影《伞头和他的女人》等 4 部作品在省第十一届“五个一工程”评选中获奖，获奖作品数量位居全省第三。编排创作了一批群众喜闻乐见、反映精准扶贫、精准脱贫的文艺节目，赴贫困乡村演出 105 场，收到良好的宣传效果。积极推动文化产业与旅游融合发展，岚县“土豆花开了”等一批文化旅游项目在省内外产生了广泛的影响。

六、把改善民生作为一切工作的出发点和落脚点，大力补齐短板，增加群众的获得感

持续加大民生投入，全市民生支出 226.7 亿元，占公共预算支出的 82.2%。

一是高度重视做好就业工作。全市城镇新增就业 3.2 万人、农村劳动力转移就业 3.7 万人，失业率控制到 2.72%。

二是优先发展教育事业。新筹建吕梁高等幼儿师范专科学校，秋季招生 1140 名。实施义务教育“全面改薄”工程，交口、中阳等 6 县通过国家评估认定。义务教育阶段各项政策全部落实到位。

三是加快发展医疗卫生事业。总投资 14 亿元的市医疗卫生园区项目开工建设。13 个县市区公立医院改革实现全覆盖。新农合参合率达到 97.8%，新农合大病保险全面实施。吕梁市被确定为第二批国家级医养结合试点市，建成农村老年人日间照料中心 120 个。

四是切实加强社会保障工作。进一步提高城乡低保、农村五保对象补助水平。城乡医疗救助制度普遍建立，全市共为 9865 名城乡特困对象发放城乡医疗救助资金 4386.3 万元。加快推进城乡社会救助体系建设步伐，共为 1.6 万户困难群众发放临时救助金 852.9 万元。

五是推进宜居城市建设。加大吕梁新区建设力度，新区 68 栋安置楼全面竣工，基本具备回迁条件。加大环境整治力度，市区优良天气数达到 287 天，环境空气质量综合指数全省排名第二。

六是毫不放松抓好安全稳定工作。信访形势总体平稳可控。全市到市赴省进京上访较去年同期批次下降 48.9%，人次下降 30.4%。全市未发生重大以上事故，安全生产形势总体平稳。

七、落实全面从严治党主体责任，努力做到真管真严、敢管敢严、长管长严

一是坚决落实全面从严治党主体责任。深刻汲取一度时期发生严重腐败案件的沉痛教训，把全面从严治党的主体责任抓在手上，及时研究部署党风廉政建设和反腐败工作。坚持以责任追究倒逼责任落实，全市有 113 名党员领导干部因落实“两个责任”不力受到责任追究。对 89 个党组织完成了首轮巡察，发现共性问题 1097 个，移交纪委问题线索 340 件；正立案调查 178 件，已给予党政纪处分 97 人，组织处理 8 人。

二是坚定不移推进党风廉洁建设和反腐败斗争。紧盯违反中央八项规定精神问题的新动向，保持狠刹“四风”的高压态势。全市共查处违反中央八项规定精神和“四风”方面问题 249 件，党政纪处分 243 人，组织处理 70 人，公开曝光 39 次 116 起 164 人。持续用力强化执纪审查。全市纪检监察机关共立案 1842 件，党政纪处分 1999 人，重处分 421 人，移送司法机关 11 人。准确运用“四种形态”特别是运用好第一种形态，谈话函询类占比比全省平均值高 28 个百分点。监察体制改革试点工作扎实推进。

三是大力加强干部队伍建设。市县乡三级换届圆满完成，中组部《组工信息》、新华社《国内动态清样》刊登了吕梁市县乡换届的经验做法。坚持正确选人用人导向，2016 年全市共提拔使用干部 1056 人，干部选拔任用工作得到广泛认可。探索推进干部能上能下，对免职待处理的 16 名省管干部、20 名市管干部，主动教育引导，让他们在脱贫攻坚一线接受锻炼和考验。中央领导刘云山、赵乐际同志就吕梁市干部能上能下创造性的做法作出批示，予以肯定。

四是全面加强基层组织建设。加强对基层干部的教育培训，换届后对乡镇党政班子成员、村“两委”成员、第一书记、大学生村官培训实现了全覆盖。290 个软弱涣散农村党组织已全部整顿完成。推进集体经济“破零”工程，全市 340 个村实现了“破零”。加强“三基”建设，召开了全市抓基层党建述职暨加强“三基”建设动员会，对全市“三基”建设工作作出全面安排部署，并选择临县、孝义市、离石区先行开展了试点工作。

(李永岐)

附：中共吕梁市委书记、副书记、常委名单

书　记：高卫东(5 月离职)

王清宪(5 月任职，11 月离职)

李正印(11 月任职)
副书记:王立伟 雷建国
常 委:张广勇 马文革 张敬平(女) 常书铭
张稳科 竟 晖(挂职)
王海东(11 月离职,挂职)
张 选 秦书义 李小明(9 月任职)
郝 胜(1 月离职) 刘云晨(1 月离职)

中共交城县委工作概况

县委书记 刘应刚

2016 年,交城县委深入学习贯彻习近平总书记系列重要讲话精神和省、市党代会精神,坚决贯彻"一个指引、两手硬"重大思路和要求,紧紧围绕"实施五个提升、打造一城三区、建设三个交城"总体思路,持续推进全面从严治党,坚持以脱贫攻坚统领全局,狠抓发展第一要务,团结带领全县干部群众,提振信心、克难攻坚,埋头苦干、砥砺前行,努力开创经济社会各项事业发展新局面。着重抓了以下七个方面。

一、扎实开展"两学一做"学习教育,不断夯实党员干部思想根基

坚持正确政治方向,始终把学习贯彻习近平总书记系列重要讲话精神作为重大政治任务,全面增强"四个意识"特别是核心意识、看齐意识,坚决与以习近平同志为核心的党中央保持一致。坚持严的要求、实的标准,扎实开展"两学一做"学习教育,县委中心组集体学习 19 次、专题研讨 4 次,县级班子成员查找突出问题 308 个、解决 296 个,各级领导干部带头讲党课 897 场次。举办党章党纪党规知识竞赛、笔谈征文等系列活动,抽调县级领导、科级干部、党校理论骨干、下乡工作队、第一书记和先进模范代表"六支队伍"组成宣讲团,深入农村、社区、企业巡讲 120 余场次。结合庆祝建党 95 周年,组织开展集中佩戴党徽、集中缴纳党费、重温入党誓词、"我身边的共产党员"先进事迹演讲、党员义工日"五项示范"活动,选树了 12 个不同行业的先进个人和集体典型。坚持学用结合、以学促行,在各行各业深入开展以"党员干部做好八个带头、普通党员争当八大先锋"为主题的"双八工程"实践行动,不断深化对系列讲话精神和党章党规的理解把握,切实将学习成效转化为干事创业的强大动力。

二、认真履行管党治党责任,全面构建良好政治生态

坚持把全面从严治党作为重大政治责任,县委常委会 9 次专题研究管党治党重大问题,县委书记负首责、主责、全责,班子成员自觉履行"一岗双责",对落实管党治党责任不力的 19 名党员干部进行了责任追究。圆满完成县乡两级换届工作,严格全过程监督把关,对 5 名档案审查不过关的人选终止提名,对 17 名不符合"两代表一委员"资格条件的人选及时调整,进一步匡正了选人用人风气。按照"重视基层、注重实干、量才使用、合理进退"原则,对任职 5 年以上的县直单位"一把手"和部分副职岗位进行调整交流,进一步激发了干事创业热情。加强干部监督管理,对 73 名党政正职开展经济责任审计,对 16 名干部进行提醒谈话,110 名超配干部全部合理消化。全面加强"三基"建设,集中整顿软弱涣散基层党组织 32 个,合并撤销"空壳"非公企业党组织 72 个,6 个村通过产业扶贫实现了集体收益"破零",农村基层党建迸发新的活力。坚决正风反腐,查处违反中央八项规定案件 28 件,点名道姓公开曝光 6 起 10 人。把握运用监督执纪"四种形态",分门别类处置问题线索 221 件,查办违纪违法案件 65 件,党政纪处分 86 人。突出政治纪律和政治规矩这个关键,对岭底乡、教育局、扶贫办等 6 个单位开展首轮巡察,纠正苗头性问题 58 个,抓早抓小、防微杜渐,推动管党治党从宽松软走向严紧硬。

三、积极践行新发展理念,县域经济发展企稳回升

认真贯彻落实中央、省、市稳增长的各项决策部署,加强对经济运行的分析研判和监测调控,千方百计推动经济增长保持合理区间。全年地区生产总值彻底扭转连续两年负增长态势,完成 52.9 亿元,同比增长 4.1%;规模以上工业增加值完成 29 亿元,同比增长 3.4%,固定资产投资完成 71.56 亿元,与上年基本持平;城镇常住居民人均可支配收入 19751 元,同比增长 5.7%;农村常住居民人均可支配收入 8763 元,同比增长 6.4%;公共财政预算收入完成 4.11 亿元,同比增长 7.9%,分别比全市、全省高出 9 个百分点和 13.1 个百分点,基本实现了省委提出的"下半年好于上半年、今年好于去年"的目标。加快产业结构转型升级,扎实开展干部入企服务活动,精心谋划布局大数据、新能源、新材料、新化工等战略性新兴产业,华能双高煤深加工示范基地、中交网通智慧高速大数据中心、中节能光伏农业园区、金兰化工太阳能发电电解质溶液、江苏燎原焦化脱硫脱氰废液环保化处理等一批标志性转型项目落地建设。创新选商招商机制,签约引进重点项目 15 个、总投资 225 亿元,项目签约率、落地率进一步提升。积极谋划全域旅游发展,聘请北京候鸟景观设计院编制完成《全域旅游整体规划》,邀请央视专门团队拍摄"山水交城"旅游宣传片,全面启动卦山、玄中寺 5A 景区申报工作,精心举办"醉美交城山,梦幻庞泉沟"全国摄影大展,成功入

选国家全域旅游示范区创建单位、山西省休闲农业和乡村旅游示范县。坚持以改革的办法破解“融资难”问题,成立中财国际、玄中投资、融通金融等4家投融资平台,通过增资扩股将县中小企业融资担保公司资本金增至5000万元,筛选13户企业进入新三板上市后备库,融资渠道更加多元,支撑发展更加有力。

四、坚持精准基本方略,脱贫攻坚实现首战首胜

坚持以“3558”脱贫行动为统领,注重政策引导,重抓产业扶贫,出台了农业发展20条、畜牧发展20条、旅游发展20条、农机补贴等一系列产业扶贫政策;推行了“县有龙头企业、乡有主导产业、村有合作社、户有致富项目”扶贫模式,全县第一批13个资产性收益扶贫项目有效落实,带动一批贫困村建起了合作社,2800名入股贫困人口受益,成为全市样板。生态扶贫成效显著,成立以贫困户为主体的经济合作社21个,完成造林绿化2.53万亩,栽植各类苗木320万株,带动1300名贫困人口脱贫。县财政投入各类扶贫资金9475万元,集中扶持了畜牧养殖、中药材种植、食用菌研发、设施蔬菜、农家乐等一批扶贫产业。

五、以“大县城”建设为核心,加快推进新型城镇化

围绕“一城三区”布局和“三城同创”目标,加强各类规划调整编制,《交城县总体规划调整2007—2020》《沙河街、永宁路、却波街控制性详细规划》进入评审阶段,《县域乡村建设规划》完成初稿编制。着力提升城市综合承载功能,投资17.6亿元,铺开沙河东街棚户区改造等市政重点工程12项,北环路路面改造、沙河西街西延工程完工,供水改扩建及配水管网一期工程改造完工,列入国家财政部第三批PPP示范项目的汾河流域磁窑河、瓦窑河综合治理工程奠基开工。扎实推进基础设施建设,太原滨河西路南延连接线工程完成可研报告编制,石侯—寨子改造工程、柏西线改造工程完成前期准备,村通水泥(油)路完善提质工程完成11.3公里;龙门供水工程基本完工,涉及6个村1184人的农村饮水安全工程开工建设,水峪贯、大游底、会立3个抗旱应急水源工程全部完工。

六、倾力保障和改善民生,不断增进群众福祉

认真践行以人民为中心的发展思想,集中财力保障和改善民生。职业中学整体搬迁,2所农村幼儿园改造工程投入使用;交城体育馆、交中篮球馆主体完工,公开招聘中小学、幼儿教师100名。山医大一院交城分院综合楼主体封顶,天宁卫生院住院楼改扩建、妇幼保健中心建设项目全面开工。4793户建档立卡贫困户纳入农村低保对象,梁家庄、成村、阳渠棚户区改造进展顺利,对277户低收入家庭实行廉租房实物配租。新增城镇就业人员2448人,转移农村劳动力3500人。扎实推进造林绿化和生态修复;新造林面积2.53万亩,栽植各类苗木320余万株。大力开展“铁腕治污”等五大环保专项行动,PM2.5、SO2分别下降2%、4%。持续保持“打黑除恶”高压态势,打掉黑恶势力团伙2个,侦破刑事案件301起,群众安全感明显增强。扎实开展“信访积案化解大会战”专项活动,省市交办的12件信访案件全部办结,信访存量逐步减少,信访秩序明显好转。毫不动摇抓好安全生产,强化两个主体责任落实,累计整改安全隐患1040条,安全生产形势持续好转。

七、加强民主法治建设,营造团结鼓劲的良好局面

充分发挥统揽全局、协调各方作用,积极支持县人大及其常委会依法履职,县人大常委会听取和审议“一府两院”专项工作报告13项,围绕脱贫攻坚、重点项目建设、义务教育均衡发展、安全生产等工作开展专题视察调研11次、执法检查3次。支持政协组织履行职能,县政协围绕精准扶贫、中小微企业发展、农业供给侧改革等课题,积极建言献策,交办督办重点提案18件。加快法治交城建设,全面铺开“七五”普法,依法处理涉法涉诉案件15件,人民调解、帮教安置、法律援助等长效机制进一步健全完善。加强宣传思想文化工作,深入开展烈士公祭日、最美家庭评选等主题教育和群众性文化活动,三市六县《交城秧歌》研讨会成功举办,主旋律影片《牛儿肥了》登上央视七套荧屏,文艺创作呈现百花齐放的可喜局面。统战、工商联、工会、共青团、妇联、人武等工作成绩显著,营造了心往一处想、劲往一处使的良好局面。

(贺争明)

附:一、中共交城县委书记、副书记、常委名单

书　记:刘应刚

副书记:薛凤奎(7月离职)　张潞萍(女,7月任职)
李义祥

常　委:曹万新　李忠毅　王海蓉
郭　强(5月离职)　权　斌(5月任职)
权和维(5月离职)　左燕娜(女,4月任职)
武冬祯(5月离职)　陈　龙(5月任职)
谢文波(5月离职)　苏卫华(5月任职)

二、乡镇党委书记名单

天宁镇

书　记:张五宁(2月离职)　冀　斌(2月任职)

夏家营镇

书　记:薛耀刚(2月离职)　李华斌(2月任职)

西营镇

书　记:李华斌(2月离职)　王建福(2月任职)

洪相乡

书　记:李志武(4月离职)　田艳玲(女,4月任职)

岭底乡

书　记:张学强(2月任职)

水峪贯镇

书 记：冀 斌（2月离职） 王建军（2月任职）

西社镇

书 记：寇拥军（2月离职） 褚占峰（2月任职）

会立乡

书 记：赵辉彪

庞泉沟镇

书 记：任勤林

东坡底乡

书 记：曹仙刚（2月任职）

中共文水县委工作概况

县委书记 梁宝明

2016年度，中共文水县委深入学习贯彻习近平总书记系列重要讲话精神，认真落实省委“一个指引、两手硬”的重大思路和要求，严格执行市委作出的一系列决策部署，团结带领全县干部群众攻坚克难、砥砺前行，大力实施“一核三位五区”发展战略，协调推进党的建设和经济社会各项事业。一年来，全县各项工作取得了新进展、新成效，实现了“十三五”的良好开局。

一、牢牢把握正确的政治方向，坚持以习近平总书记系列重要讲话精神为指引，推动中央要求和省委、市委各项决策部署在文水落地生根

一是坚持把党的十八大、十八届历次会议精神和习近平总书记系列重要讲话精神作为推动文水发展的战略指引。县委牢固树立“四个意识”，坚决维护以习近平同志为核心的党中央权威，始终把加强思想政治建设摆在突出位置，一年来，先后组织中心组学习11次，深入学习党的十八大、十八届三中、四中、五中、六中全会精神和习近平总书记系列重要讲话精神，及时组织学习《条例》《准则》等党内法规制度。

二是坚持把贯彻落实省委、市委的一系列重大决策部署作为推动文水发展的基本遵循。县委先后召开常委会29次、书记专题会议8次、全县干部大会5次，传达学习贯彻党的十八届六中全会精神、省第十一次党代会和市第四次党代会精神，以及全市干部大会、全市脱贫攻坚推进会、全市县域经济暨开发区改革创新发展推进会等重大会议精神，并结合文水实际，对“十三五”规划、县乡换届等重大事项进行决定，形成了推动文水发展的一系列决策部署。

三是坚持以“两学一做”为抓手，努力把学习成果转化为推动文水发展的实际行动。扎实开展“两学一做”学习教育，持续掀起了学党章党规、学系列讲话、做合格党员的热潮，创新开展“我是一名合格党员吗？大培训、大反思、大讨论、大比拼”主题活动，全年举办各类培训班870余次，培训党员2.35万人次。广大党员干部认真践行“四讲四有”要求，取得了学以致用、知行结合的良好效果。

二、加强和改善党对经济工作的领导，理直气壮地抓好经济建设，推动县域经济平稳健康发展

一是竭尽全力保障经济平稳运行。县委先后召开5次专题会议，研究解决经济运行中的重大问题。胜利召开了县十三次党代会，确立了“一核心三位五区”战略，成立了“五区”建设领导组和新型工业发展区、高效农业先行区、生态修复示范区、综合旅游知名区和现代物流枢纽区5个指挥部，统揽经济建设全局。认真开展干部入企服务活动，及时为企业解决了一批棘手问题。海威钢铁开始复苏，3座高炉、1座转炉和1条轧钢线复产。开展政银企对接活动，18个项目成功注资11.5亿元。推动产业集群化发展，成立玛钢行业协会，组建煤焦油存储园区和建材产业园区，整合传统小散产业规范发展。制造、化工、酿造等传统产业效益的降幅收窄，民营经济呈现回暖迹象。

二是坚定不移推进项目建设。实行领导牵头、团队服务，24个省、市重点项目进展顺利。晋能太阳能电池及组件二期项目投产，首批PERC高效背钝化单晶组件顺利出货，生产能力实现翻番；国金电力2号机组通过168小时考核试验，正式投产运营；太中银铁路海威集运站并轨验收，具备运营条件；水木新碳锂电池负极材料准备试生产；立信化工新工艺炭黑生产线、百利雅白坯绣花线等项目顺利投产，为县域经济发展注入新的动力。

三是全面提升农业产业化水平。加快科技兴农步伐，瑞驰景田、田园薯业等企业牵头带动，农业生产的标准化、精细化水平进一步提升。龙头企业上档升级，大象农牧成为全省首个百亿级农业龙头企业，省级以上龙头企业达到13户。农业改革深入推进，土地确权完成95%的任务，全县流转土地4.22万亩。基础条件不断完善，高标准农田建设试点县项目顺利实施，改善灌溉面积2.3万亩，完成高标准农田建设1.2万亩。品牌化战略成效明显，胡兰食品的“牧标”系列产品荣获“中国最具价值牛排品牌”和“中国牛肉领袖品牌”。严格把控产品质量，3户家企业的8个农产品通过国家“无公害农产品”认证。

四是多措并举扩大招商引资。强化招商工作，成功引进了中节能垃圾焚烧发电、晋能风力发电、旭阳新能源风电等项目，积蓄了发展后劲。发展会展经济，举办了特色农产品北京推介会，参加山西吕梁小杂粮产销对接会，16户企业签约

4.23亿元。加快电商发展,京东、淘宝等大型平台入驻文水,县电子商务创业园和阿里村淘服务中心正式运营,成为全省首家“阿里巴巴3.0标准示范县”。发挥“十万创业大军”的优势,组织“请老乡、回故乡、建家乡”招商对接会,引进山西都宝能源瓦斯发电项目。文水县成功获批“国家支持返乡创业试点县”,发展回归经济迈出实质性步伐。

五是千方百计深化改革创新。成立开放发展领导组,加强对外开放、合作引进。破解“地”的瓶颈,完成城乡建设用地增减挂钩项目500亩,土地复垦1500亩。落实直供电政策,海威钢铁和光华铸管2户企业进入范围。推动优势企业在“新三板”挂牌,胡兰食品有望2017年上市,立信化工和金源煤化的前期工作进展顺利。启动县中小企业融资担保公司,为7户企业担保贷款2325万元。成立了注册资金15亿元的振兴建设开发公司作为担保主体,文峪河整治工程的2亿元贷款进入审核阶段。吕梁市光能产业协会在文水成立。

2016年,主要经济指标除一般公共预算收入下降之外,其余均呈现增长态势,并处于全市中上游水平。预计全年GDP完成58.8亿元,比增3.4%;服务业增加值完成16.7亿元,比增5.3%;规模以上企业工业增加值完成30亿元,比增6%;社会消费品零售总额完成19.5亿元,比增3.5%;城镇和农村常住居民可支配收入分别完成19455元、8950元,比增5.5%、5.8%;外贸进出口总额完成6830万美元,比增58.3%;一般公共财政预算收入完成2.1亿元,下降19.5%,降幅收窄且好于预期。

三、坚持把保障民生民本作为第一追求,以补短板撬动民生改善,让人民群众共享更多的发展成果

一是聚力实施脱贫攻坚。以产业扶贫为重点,9户农业产业化龙头企业牵头,组建贫困户为主体的合作社26个,发放政府贴息贷款6426万元,发放脱贫保底资金514万元,全面落实医疗、教育等脱贫政策,超额完成了4个贫困村和2350名贫困人口的脱贫任务。抓好县际结对帮扶工作,与岚县广泛开展帮扶活动,并选派74名优秀干部到兴县、岚县担任农村“第一书记”。

二是大力发展社会事业。教育方面,“全面改薄”完成投资5184万元,顺利通过国家义务教育均衡发展评估验收,教育教学质量保持全市领先水平。医卫方面,总投资3亿元的县人民医院搬迁投用,硬件设施显著改善;基层医疗卫生水平得到提升,南庄镇中心卫生院和西城乡中心卫生院入选全国“2015—2016年度群众最满意的乡镇卫生院”候选机构名单。

三是统筹推进城乡建设。改善基础设施,完成县城集中供热二期工程,新增供热面积112万㎡;城内2条公交线路开通运营,新增30辆新能源电动公交车。加强道路建设,利用省市农村公路建设融资平台,自筹4500万元撬动2.24亿元总投资,捆绑打包了43个项目,改善了一批农村道路。全市农村路网改造和旅游路建设推进会在文水县召开。推进乡村建设,开栅镇和刘胡兰镇列为“全国重点镇”,前周村、北徐村、刘胡兰村和北辛店村列入“第四批中国传统村落名录”,将享受国家相关政策倾斜和扶持。

四是优化城乡生态环境。加强造林绿化,全省苗圃良种繁育基地建设、西山公园二期绿化、城区可见山体绿化等工程进展顺利,“三北”防护林和天保工程如期完成。持续实施“完善提质、农民安居、环境整治、宜居示范”四大工程,淘汰城区燃煤锅炉44台,企业改造燃煤锅炉16台,进一步改善了城乡人居环境。胡兰污水处理厂启动建设。实施秸秆综合利用项目,利用率达85%,取得了提升耕地质量与改善环境质量的双重效果。

四、严格落实管党治党主体责任,为推动文水经济社会发展提供坚强的作风保障和组织保障

一是圆满完成县乡换届工作。严把用人关口,坚持德才兼备、以德为先的用人标准,配齐配强了领导班子,提拔重用了38名优秀乡镇干部。以县乡换届为契机,大力加强干部队伍建设,组织了农村“领头雁”培训、党务人员培训等集中辅导活动,深入开展谈心谈话活动,县领导与全县696名科级干部逐人谈心谈话,进一步理顺了干部情绪,激发了队伍干劲。

二是严格落实管党治党政治责任。县委先后召开14次常委会议及常委扩大会议,研究党风廉洁建设和反腐败工作,层层传导“两个责任”。把握运用“四种形态”,强化干部日常教育,谈话函询89人,遏制了一批苗头性问题。开展县委巡察工作,坚持问题导向,突出政治巡察,首轮发现共性问题128条,完成整改109条;发现领导干部违规违纪问题20条,涉及科级干部8名。加大问责力度,26名党员干部因失职失责受到纪律处分。换届期间,2名乡镇党委书记因代表候选人提名推荐把关不严受到纪律处分。监察体制改革工作扎实推进。

三是深入推进党风廉洁建设。强化执纪监督,纪律审查党员干部224件,党政纪处分262人,其中撤职以上重处分42人、涉及科级干部52人、移送司法机关3人。推动反腐向基层延伸,查处发生在群众身边的腐败问题58件,党政纪处分64人,组织处理4人。持续纠正“四风”问题,查处违反八项规定精神问题14件,党政纪处分17人,组织处理1人,通报典型案例15起,警示震慑作用增强。

四是不断夯实党建基层基础。加强县直机关党建工作,组建了11个县直系统党委,配备了专职党务干部。开展软弱涣散基层组织精准转化,26个村级组织按照6类42项问题清单,对号整顿、精准施策,取得较好成效。扩大党组织覆盖面,非公企业单建党组织126个、联建26个,社会组织建立党组织2个。加强农村党建力量配备,为33个贫困村和21个软弱涣散村配备了“第一书记”,基层党组织的战斗力明显提升。

(王思凯)

附：一、中共文水县委书记、副书记、常委名单

书　记：梁宝明

副书记：王成军（3月离职）　许晋文（3月任职）
周小云（女，4月任职）

常　委：范发宾（4月任职）　张建良　闫国聪
许晋文（4月调职）　刘建树（4月任职）
闫启明（5月离职）　文成宝（5月任职）
白　鹤（5月离职）　石新杰（6月任职）
周小云（女，4月离职）　王永平（5月任职）

二、乡镇（街道）党（工）委书记名单

凤城镇

书　记：刘逸清

开栅镇

书　记：田怀利（4月离职）　马振辉（4月任职）

刘胡兰镇

书　记：张国强（4月离职）　马德高（4月任职）

南安镇

书　记：马德高（4月离职）　武永强（4月任职）

下曲镇

书　记：刘　杰

孝义镇

书　记：徐建岗（4月离职）　肖　锋（4月任职）

南庄镇

书　记：张玉和（4月离职）　吴晨劲（4月任职）

西城乡

书　记：王志刚

南武乡

书　记：吴晨劲（4月离职）　石凤鸣（4月任职）

北张乡

书　记：赵振军

西槽头乡

书　记：段拉银（4月离职）　刘德志（4月任职）

马西乡

书　记：李志英（4月离职）　高建纲（4月任职）

苍儿会街道

书　记：陈松杰

中共汾阳市委工作概况

市委书记　武跃飞

汾阳市现辖9镇2乡5个街道办，262个行政村，37个社区，国土面积1179平方公里，总人口42万人。到2016年底，全市共有基层党组织807个，其中党委27个、党工委5个、总支46个、支部729个；党员17842名。

2016年，汾阳市委团结带领全市各级党组织和广大干部群众，以党的十八大和十八届三中、四中、五中、六中全会精神为统领，以习近平总书记系列重要讲话精神为指引，以开展“两学一做”学习教育为契机，坚决贯彻省委“一个指引、两手硬”重大思路，认真落实吕梁市委对汾阳提出的“三个领先、一个晋位”（全面建成小康社会、推进产业转型升级和构建良好政治生态三项工作走在吕梁前列、跻身全省县域经济发展第一方阵）工作要求，紧紧围绕市五次党代会提出的奋斗目标，全面加强经济、政治、文化、社会、生态文明建设和党的建设，各项工作都取得新的进展，实现了“十三五”良好开局。

主要经济指标全面增长。全市地区生产总值完成106亿元，同比增长14.8%；财政总收入完成23.73亿元，同比增长16.9%；公共财政预算收入完成7.24亿元，同比增长26.9%；规模以上工业增加值完成50.1亿元，同比增长34%；固定资产投资完成88.67亿元，同比增长4.5%；社会消费品零售总额完成60.72亿元，同比增长7.2%；城镇常住居民人均可支配收入完成21328元，同比增长6.1%；农村常住居民人均可支配收入完成12397元，同比增长6%。其中地区生产总值增长幅度名列全省第二，财政总收入增长幅度名列全省第七，公共财政预算收入增长幅度名列全省第四。

精准扶贫脱贫首战首胜。认真落实“六个精准”和“五个一批”要求，专项安排财政资金1000万元用于脱贫攻坚，坚持做到因村因户施策、精准扶贫脱贫，全市1536户、3922人和8个贫困村实现稳定脱贫。同时，按照吕梁市委、市政府统一安排，派出80名机关党员干部分赴石楼县、兴县担任农村第一书记，并从项目、资金、人才、技术、管理等9个方面对石楼县进行结对帮扶，对口扶贫工作得到这两个县干部群众的一致好评。

三次产业发展齐头并进。农业上，举办山西粮食（小杂粮

玉米)产销衔接会、吕梁市小杂粮推介会和第三届汾州核桃文化节,加强农、林、水、机、牧各项工作,实现粮食产量1.76亿公斤、核桃产量2.2万吨。工业上,杏花村经济技术开发区获批成立,中汾酒城实现复产,文峰焦化等企业恢复生产,汾酒集团改革等工作进展顺利,华电风电、国峰粉煤灰等项目稳步实施,龙峰、龙山等4座煤矿复工复建工作积极推进。第三产业上,万泰商城等6个项目试运营,"贾家庄三晋民俗文化体验地—贾街"被评为"山西省特色商业街";电商从业人员超过1.3万人,销售额突破10亿元;旅游产业异军突起,全年旅游总收入达到36.98亿元。

城乡基础设施日臻完善。投用火车站广场、建筑垃圾集中填埋场等项目,完成市区控制性详规和《历史文化名城保护规划》等专项规划编制。积极争取项目资金,先后争取到新增债券资金3100万元、国开行贷款5.7亿元、农发行贷款2亿元,通过PPP模式融资7.8亿元,启动了文峰街西段等4个棚改项目和胜利街改造等19项市政工程;争取到专项补助资金4.5亿元、吕梁交投公司贷款5亿元,启动了307国道改线、汾屯公路改线和2条旅游公路建设。

生态文明建设力度加大。围绕"有路必有树、有山必有林、有河必有荫、有村必有绿、有企必有景"的总体目标,全面加强生态建设,先后启动总投资17.4亿元的禹门河治理三期等11项工程,积极筹资5000万元用于造林绿化,大力实施石盘山绿化和110个农村绿化等工作,全年共完成营造林3.82万亩,栽植各类苗木28.47万株,城区新增绿化面积7万多平米。严厉打击违法占地和非法采矿行为,扎实开展铁腕治污、铁腕斩污和冬季城乡环境整治等行动。

各项社会事业蓬勃发展。不断提升低保、医保、住房等社会保障水平,进一步完善社会救助体系。稳妥实施全面二孩政策,加快推进市中医院住院楼建设项目。选配汾阳四中、五中校长和副校长,公开招聘200名教师。全面启动总投资4000余万元的汾阳中学古建筑群修缮工程,大力支持山西医科大学汾阳学院和吕梁学院汾阳师范分校校区建设工程。积极鼓励文学文艺创作,先后实施文峰塔纠偏等项目、开通智慧汾阳手机台和《吕梁日报》县域新闻汾阳版、举办33场"文化汾阳·百姓大舞台"活动。

创优发展环境成效明显。积极推进依法治市进程,坚持"办事依法、遇事找法、解决问题用法、化解矛盾靠法",法治环境明显改善;扎实开展"深化打黑除恶、推进治爆缉枪、铲除黄赌毒"三项战役,集中开展"一交办三治理""清网行动"和信访大排查大整治工作,全面加强安全生产监管、食品药品监管和道路交通安全整治,社会环境不断好转;加快推进"三证合一"改革,制定出台加快民营经济发展政策,认真落实"13710"工作制度,政务环境进一步优化。

良好政治生态初步形成。圆满完成市乡换届任务,越来越多的领导干部树立起"无功即是过,平庸就是错,占位必司职,无为就让座"的理念,形成了"真抓实干、马上就办"的良好作风。始终坚持把纪律和规矩挺在前面,铺开首轮巡察工作,推进监察体制改革,各级党组织主体责任不断强化、管党治党力度不断加大。扎实开展"两学一做"学习教育,积极推动"两学一做"由全党向全民延伸和拓展,把"做一名合格的汾阳人"作为了全市广大干部群众的共同价值取向。

2016年,汾阳市通过山西省卫生城市、山西省文明城市复审,被评为山西省农田水利基本建设"禹王杯"红旗市、山西省社会主义新农村建设档案工作示范县、山西省地方病综合防治示范县、省级妇幼健康优质服务示范县等,栗家庄乡栗家庄村党总支被中共中央命名为"全国先进基层党组织",贾家庄镇贾家庄村被国家农业部授牌为全省唯一的全国农村实用人才培训基地,杏花村镇被国家住建部、发改委、财政部认定为第一批中国特色小镇,山西新晋商酒庄集团党总支被评为"全省先进基层党组织"。

(武忠理)

附:一、中共汾阳市委书记、副书记、常委名单

书　记:李建国(7月离职)　武跃飞(7月任职)

副书记:李玉林(9月离职)　吴晓东(9月任职)
白小勤(4月离职)　谭曰文(8月离职)
李正奎(8月任职)
白雁鹏(5月离职,挂职)

常　委:姚翠萍(女,5月离职)　李立武
温小珂(5月任职)　靳学强(5月任职)
王云照(4月任职)　宋志江(4月离职)
付子龙　韩学尧(5月任职)
冯　丽(女,5月任职)

二、乡镇(街道)党(工)委书记名单

贾家庄镇
书　记:秦广生

峪道河镇
书　记:游陆明

杏花村镇
书　记:张映楠

冀村镇
书　记:王海彦

肖家庄镇
书　记:任淑宏(女)

演武镇
书　记:李智平

阳城乡
书　记:张耀东

三泉镇
书　记:薛开宇(4月任职)

石庄镇
书　记:张兴亮

杨家庄镇
书　记:任光耀(4月离职)　王宝启(4月任职)

栗家庄乡

书　记：吕晓全

西河乡

书　记：吕佩锋

文峰街道

书　记：赵　强

太和桥街道

书　记：冀小明(女)

南薰街道

书　记：(暂缺)

辰北街道

书　记：申东高

中共孝义市委工作概况

市委书记　马文革

2016年,面对错综复杂的经济形势和艰巨繁重的发展任务,在省委、吕梁市委的正确领导下,孝义市委认真学习贯彻党的十八大、十八届三中、四中、五中、六中全会精神和习近平总书记系列重要讲话精神,贯彻落实中央、省、吕梁市的工作部署,深入开展"两学一做"学习教育,全面落实从严治党主体责任,加快实施"一二三四"战略,着力推动"六型城市"建设,全市经济社会发展和党的建设取得了新成绩。

一、全面推进县域经济转型升级、创新发展

着力加强和改善对经济工作的领导,全年组织召开5次市委常委会议和书记专题会议,研究部署经济工作。2016年完成地区生产总值338.8亿元,增长2.4%;公共财政预算收入15.6亿元,下降14.6%;规模以上工业增加值213.4亿元,增长2.5%;固定资产投资270.1亿元,增长0.8%;社会零售品销售总额128.9亿元,增长6.5%;城镇、农村常住居民人均可支配收入达30416元、14978元,分别增长4.6%、5.4%,位列全省县域经济社会发展情况考核评价A类县市首位,连续9年位居全国百强。

(一)认真贯彻中央省吕梁市总体要求,形成推动县域经济发展新思路。认真学习领会中央"五大发展"理念,省委"一个指引、两手硬"重大思路要求,吕梁市委、市政府工作要求,结合孝义实际,形成了推动县域经济发展的新思路,即"一二三四"发展战略。一个目标定位,即建设全国一流的现代化区域性中心城市。具体要求和工作路径就是建设创新开放城市、新兴产业基地、特色文化名城、生态绿色家园、幸福和谐社会、廉洁安全模范"六型城市"。两大总体要求,即按照中央"五大发展"理念要求,和省委省政府、吕梁市委市政府总体工作要求。三项重点工作,即园区引领、城区提升和矿区治理。四篇大文章,即发展现代农业、提升现代工业、扶持现代服务业、推进城市现代化建设和管理。这是孝义市委谋划县域经济发展的总思路,也是实现县域经济振兴腾飞的总抓手。

(二)全力推进经济转型升级,积极构建"2+3"产业新布局。立足产业基础和比较优势,把铝系、煤焦化两大核心支柱产业和农产品加工业、现代服务业、新兴科技产业三大新兴战略产业确定为经济转型升级的主攻方向。铝系产业:出台《铝电产业转型升级试点方案(2016—2020)》,巩固提升"两大四小"铝工业企业,依托两大铝业巨头信发和兴安,规划启动信发110万吨轻质合金、兴安110万吨高精铝材项目,努力打造集中度高、关联度大、竞争力强、区域特色鲜明的全省最大的铝系产业基地。煤焦化产业:稳步推进整合矿井建设,加快焦化行业兼并重组,重点发展焦炉煤气、煤焦油、粗苯精制及深加工三条化工产业链,鹏飞60万吨甲醇联产4亿立方LNG一期投产。全力推进鹏飞40万吨费托合成蜡、2×18·30合成氨及尿素和90万吨煤焦油,金岩45万吨甲醇联产3亿立方LNG等项目,建设全国最大的焦化产业基地。农产品加工业:巩固30.4万亩核桃林、20万亩高产玉米、2.25万亩设施农业。在大象、铭信5000万只畜禽养殖基础上,加快建设总投资4.5亿元的一果6万吨核桃深加工、总投资1.9亿元的普尔特药胶、总投资2亿元的大北农生猪养殖、总投资22亿元的王老吉大健康产业园等项目,建设全省规模最大、企业最强、前景最广、效益最好的农产品龙头企业基地县。现代服务业:以文化旅游产业、商贸物流产业和金融服务业为重点,挖掘4个国家级非物质文化遗产,提升4个国家4A级旅游景区,加快建设孝义古城、梦幻海水上乐园、曹溪河欢乐城等休闲文化旅游项目,努力提升现代服务业质量水平。新兴科技产业:一手抓引进,支持信发、兴安铝系深加工,鹏飞焦炉煤气制甲醇和LNG等传统产业新型化项目发展,加快金晖兆隆PBAT、金精化工、安达燃气、软通城市创新综合体等新兴产业项目建设,太子光伏发电一期30MW并网发电;一手抓培育,积极创建省级中小微企业创业创新基地示范县,全力扶持中小微企业发展。

(三)紧紧抓住创新驱动这个引擎,着力打造县域经济发展新动能。抓住强化生产要素支撑、推进创新驱动引领这一县域经济发展的永恒主题。一是推进民营经济振兴发展。大力实施民营企业振兴崛起"三步走"战略,即:鼓励民企加快建立现代企业管理制度、支持开展对外战略合作、引导上市直接融资。鹏飞与三聚环保、安达燃气与西南化工院、金岩与山东科瑞、金州与华融重工、东义与东莞投资、金岩与广药集团王老吉大健康板块、梦幻海与中投全球实现"联姻结盟"。金晖兆隆与山西证券、一果食品与上海股权托管交易中心签署协议;金州化工、鹏飞集团和羊羔酒业加快上市步伐,科尔

峰、安达燃气明年挂牌;二是推进引资引项引智引技“四引”工程。发挥民营企业自身优势开展股权、项目、资金、技术、咨询劳务等合作,先后引进34位行业学术领军人物,35项新工艺、新技术、新应用,与30多家国内高端院校、科研院所建立长期合作关系,努力在更大范围、更宽领域、更深层次上提高县域经济开放水平。三是推进金融领域改革。把农信社改制作为重点和关键,引进中国海外、杭州锦江、上海爱俊、海淀科技、三聚环保等沿海发达地区龙头企业入股,12月24日挂牌运营。建设“1+X”融资平台体系,多样融资平台达到11个,首批打捆“十三五”概算总投资145.29亿元的66个PPP项目。与二十冶投资集团、中冶天工等央企、国企就棚户区、城中村改造,基础设施和公共服务建设等领域达成57亿元合作意向,一批群众多年期盼但因资金问题长期搁置的社会民生项目陆续落地。四是推进政务服务管理体制改革。围绕打造深化政府管理体制改革、建设服务型政府的“先行地”和“试验田”,用时一年建成集行政审批、公共资源交易、工程建设项目招投标、政府采购、农村产权交易、公共服务、智慧城市管理服务、市民热线、中介服务、行政监察、政务公开、绩效评价12大功能于一体的市民服务中心,12月24日正式启用,承办114项民生事项和235项审批事项,构建起“一站式、一条龙”政务服务新格局。五是推进资源型经济综合配套改革。深入推进28项省级以上改革试点,转型综改10个重大改革、10个重大事项、20个重大项目取得丰硕成果,国家级新型城镇化综合试点、“一证式”排污许可改革全面启动,20个重大项目完成投资22.1亿元。六是推进科技体制改革。建成高新技术园区孵化中心、胜溪科技城、中阳楼大学生创客创业孵化基地等六大“双创”基地,涌现出中科三阳、啊哦科技等潜力企业。农村电子商务“百千万亿”行动计划成效明显,农村淘宝市级服务中心及49个村级服务站启动运营。七是推进农村综合改革和农业产业化。制定《关于深化农村综合改革推进农业现代化的实施意见》,部署了发展十大产业、培育十大类龙头企业、实施十大行动、深化十大改革“四十”工程,努力走出一条生产技术先进、经营规模适度、市场竞争力强、生态环境可持续的新型农业现代化发展道路。

(四)深入推进开发区改革创新发展,努力建成县域经济发展新载体。把园区作为产业集聚、创新驱动、对外开放的桥头堡、主战场,科学规划、全力攻坚,形成以梧桐煤化工园区、孝东铝电化产业园区、高阳农业科技园区为代表的“五大园区”。总面积48.2平方公里,集聚全市90%以上新兴产业。正按照全省开发区改革创新发展会议和吕梁市关于开发区建设总体部署要求,制订《开发区整合改制扩区调规初步工作方案》,重点围绕“一区五园”格局,将开发区面积拓展到78平方公里;围绕“三化三制”,加快理顺管理体制、运行机制和各类利益关系;围绕强化要素支撑,编制《基础设施和公共服务建设初步计划》,强化招商、用地等支持保障,确保2017年6月底在吕梁率先完成“五规合一”、整合改制扩区任务,争取2020年前建成国家级经济技术开发区。

二、全力保障和改善民生

从解决群众最关心最直接最现实的利益问题入手,确保民生福祉提升,社会政策托底,社会治理加强。

(一)全面提升城市建设和管理水平,打造宜居生活环境。按照以孝河、胜溪湖为中轴的绿色生态旅游带,以主城区、古城区、南部新区、梧桐新区、大孝堡新区为组团的“一带五组团”城市总体布局,加快城乡共同发展。进一步提升中心城区首位度,集聚20村3万人的梧桐新区入住2.3万人,安置26村1.6万人的下栅新型农村社区33栋住宅具备入住条件,南部新区、大孝堡新区、振兴新区加快建设。制定《古城保护和利用实施办法》,争取早日还上历史欠账。全面运行PM2.5监测系统。启动总投资1000余万元的“亲情林”暨城区可视山体造林绿化工程,森林覆盖率32.7%,园林绿地率38.1%,绿化覆盖率43.8%。

(二)全面推进精准扶贫,筑牢保障和改善民生底线。充分发挥市乡两级包村领导、第一书记、驻村工作队和“双联双升”干部四支队伍作用,健全市级领导、机关企事业单位、乡镇三大包扶机制;对涉及建档立卡贫困人口的14个乡镇、街道的254个村,全部派驻领导干部、机关单位驻村工作队;向脱贫攻坚重点村派驻91名第一书记。统筹推进产业脱贫、就业创业脱贫、智力脱贫等脱贫攻坚“十大专项行动”,做好杂交构树、油用牡丹、吕梁山护理护工等脱贫行动。创新“政府+贫困户+龙头企业+农商行”“四位一体”金融精准扶贫模式,昔颉堡村118户272名建档立卡贫困人口领到首批金融扶贫受益金,同步铺开第一批30个村的试点工作,覆盖贫困人口1269人。全年完成619户1411人脱贫任务。同时,选派76个部门单位103名优秀干部赴临县担任第一书记,开展产业、金融、教育、医疗、就业、人才“六大帮扶行动”,切实做好结对帮扶。

(三)全面发展社会各项事业,让更多发展成果普惠于民。深化教育领域综合改革,大力发展校园足球等特色教育。高考二本B类以上达线3148人。太原理工大学现代科技学院在校学生突破7000人。加快建设健康孝义,市人民医院与山西大医院、省肿瘤医院,市中医院与省中医院,市妇幼计生中心与省妇幼保健院、儿童医院联体挂牌。城镇医疗保险参保率98%,新农合参合率96%。加强和创新社会治理,深入推进全国综合行政执法体制改革试点,常态化推进“1+12”信访工作机制。深入开展安全风险隐患大排查大整治,全市未发生较大以上事故。集中开展打黑除恶、铲除黄赌毒、治爆缉枪“三大战役”,打掉恶势力团伙3个,社会生态不断净化。

三、全面从严推进党的建设和党风廉政建设

牢固树立首责主业意识,坚持问题导向,从严管党治党。

(一)着力抓好“两学一做”学习教育。市四套班子全部在包联乡镇和所在党支部讲党课。举办“孝义大讲坛”等学习培训12次。组织10个宣讲团分赴乡镇、街道和市直部门宣讲党的十八届六中全会、省第十一次党代会和吕梁市第四次党

代会精神，党员干部政治定力、理论水平和执政能力不断提升。接受《2014—2018年全国党员教育培训工作规划》实施情况评估调研，党员干部教育"六个课堂"、农村党组织组织生活"五步曲"等受到中组部领导高度肯定，在中组部共产党员网上予以介绍。12月18日，下堡镇西程庄村党支部书记程厚福荣膺十佳"山西最美村干部"。

（二）着力加强"三基"建设。围绕基层组织建设。制定《干部选拔任用实施办法》，扎实做好市乡换届工作，选优配强乡镇党委班子，被省换届风气督查组称为"免检产品""驰名商标"。圆满完成机关企事业单位、非公企业、社会组织集中换届工作。以"一带三创"为抓手，深入推进乡村治理"一八三"范式和"三村三乡""十个一"党组织建设制度落地见效，全面提升村级组织规范化服务水平。选派294名市直机关"双联双升"干部到农村挂职锻炼、服务群众、提升素质。围绕基础工作建设。完成全市20469名党员组织关系排查，对80个基层党组织进行升格、更名、撤销等设置调整，对25个政府工作部门和8个群众组织党组织进行规范。大力推广"东庄模式"，落实无职党员设岗定责、党员外出报备、发展壮大农村集体经济三项制度，夯实"三基"建设制度基础。174个机关企事业单位定点帮扶254个农村党组织，73个集体经济空白村实现"破零"。每村工作经费平均达到9.5万元。围绕基本能力建设。落实意识形态工作责任制，发挥市委中心组学习示范带动作用，开展集体学习23次，在思想上政治上行动上同以习近平同志为核心的党中央保持高度一致。建立孝义大讲坛、道德讲堂、乡村课堂"三个课堂"。439个远程教育终端站点全部升级改造。开通孝义党建网和党建微信平台，关注人数4000余人。

（三）着力加强纪律作风和廉洁建设。在全省率先试点建立党委、纪委职责清单，对落实"两个责任"不力的5名正科级领导干部进行约谈，党内问责31件31人，问责相关领导干部15件15人。建立"四风"问题具体表现形式库，查处违反中央八项规定精神和"四风"问题26件26人。把握运用"四种形态"，谈话函询处置问题线索482件，查结各类违纪案件202件，处分202人。深入推进省级巡察试点工作，建立巡察工作流程、严明巡察纪律、巡察机构"一长两员三库"建设管理等6项制度，完成对农委、林业等12个重点涉农部门和4个乡镇、街道的首轮巡察，发现并督促整改问题线索204个。贯彻全省深化监察体制改革试点工作培训会精神，稳步做好涉改部门职能、职责、人员的摸底工作，确保2017年3月挂牌市监察委员会。

（郭晓东）

附：一、中共孝义市委书记、副书记、常委名单

书　记：马文革

副书记：王廷洪　王恩泽（4月任职）

常　委：成志斌　张由泉（5月任职）　薛厚华
张建国　彭仁建　郭贵和（5月任职）
张再强（4月任职）
王秀霞（5月任职）　田永明（6月离职）
薛向东（4月离职）

二、乡镇（街道）党（工）委书记名单

新义街道

书　记：马锦忠（2月离职）　何一帆（2月任职）

兑镇镇

书　记：张武红（1月离职）　张淑萍（1月任职）

阳泉曲镇

书　记：何一帆（1月离职）　郑洪泉（1月任职）

下堡镇

书　记：王治攀（1月任职）

南阳乡

书　记：杜二牛（1月任职）

杜村乡

书　记：史建新（1月任职）

西辛庄镇

书　记：王　勇（4月离职）　郭绍辉（4月任职）

高阳镇

书　记：李映滨（1月离职）　戴凤兆（1月任职）

振兴街道

书　记：梁　洪（1月离职）　李雪峰（1月任职）

梧桐镇

书　记：苏光旭（1月离职）　赵　滨（1月任职）

下栅乡

书　记：左燕娜（4月离职）　马鹏飞（4月任职）

柱濮镇

书　记：霍小平（1月任职）

中阳楼街道

书　记：刘书宏

大孝堡乡

书　记：李映滨（1月任职）

驿马乡

书　记：张再强（4月离职）　郝琮颖（4月任职）

崇文街道

书　记：梁　洪（1月任职）

胜溪湖街道

书　记：郭绍辉（4月离职）　任万伟（5月任职）

中共交口县委工作概况

县委书记　霍慧文

2016年，中共交口县委深入贯彻党的十八大和十八届三中、四中、五中、六中全会精神以及习近平总书记系列重要讲话精神，按照省委“一个指引、两手硬”的重大思路和要求，以脱贫攻坚统领经济社会发展全局，团结带领全县广大党员和干部群众，主动作为，砥砺奋进，较好地完成了各项工作任务，实现了“十三五”的良好开局。

一、贯彻执行中央和省、市决策部署情况

(一)立足实际明确思路。在深入学习中央和省、市发展新思路、新理念、新论断的基础上，结合交口实际，多次召开县委常委会、党政联席会议，进行集体研究、民主决策，科学提出了“坚持五先引领、构建五大体系、拓展五条路径、打造五新交口”的总体思路和战略目标。

(二)实事求是强化担当。始终坚持实事求是的原则，聚焦群众反映的突出难点问题，把脱贫攻坚、铝系产业发展、基础建设、民生改善、深化改革等5大领域工作确定为“十三五”期间必须着力抓好的重点，进一步强化责任担当，竭尽全力维护好、实现好、发展好广大人民群众利益。

(三)强化措施推动落实。严格实行县级领导包联项目、包联贫困村、包联企业、包联信访案件责任制，深入开展入企服务、驻村帮扶等活动，35个重点项目、46个贫困村、22户规上企业、86件信访案件全部由县级领导牵头包联，针对工作目标逐项明确了时间表和任务书，确保了各项工作的顺利推进。

二、经济社会发展情况

县委积极应对经济下行压力，坚持以新理念引领新常态，着力推进稳增长、促改革、调结构、惠民生、防风险各项工作，县域经济基本保持趋稳向好发展态势。2016年，全县地区生产总值完成35.72亿元，增长0.5%；工业增加值完成26.90亿元，下降2.6%；固定资产投资完成63.84亿元，增长11.34%；社会消费品零售总额完成7.67亿元，增长6.8%；公共财政收入完成4.63亿元，下降14.09%；城镇和农村居民人均可支配收入分别为18292元和6829元，增长4.8%和5.6%。各项主要指标基本完成年初既定目标。具体来讲，主要做了以下六方面的工作：

(一)脱贫攻坚成效明显。县委坚持把脱贫攻坚作为最大的政治任务来抓，三支队伍全面发力，十大工程同步推进，全年共减贫2294户6500口贫困人口稳定脱贫，7个贫困村有序退出，2个乡镇整体脱贫。一年来，因地制宜发展核桃经济林、食用菌和特色养殖产业，核桃林人均达到2.7亩，年人均收入800元左右；种植食用菌1200万棒，带动贫困户户均增收1万元以上，1500户贫困人口稳定脱贫；南山百世食安年出栏50万头生猪养殖项目一期10万头养殖项目建成投运；与大象集团签定的50万头生猪基地合作协议，覆盖7个乡镇2300余户农民；与山东东阿集团合作，建成两个养驴基地，带动从业贫困人口户均增收1700元；多渠道组织培训800余人次，劳务输出750人；创新“金融+”五种扶贫模式，推动金融机构发放各类“三农”贷款2.1亿元；扶贫专项资金盘活效果明显，大数据平台建设稳步推进，生态治理与扶贫工作融合发展，精准脱贫、同步小康的发展基础更加坚实。

(二)产业结构不断优化。县委将新型铝工业作为转型发展的主导产业，全力实施“煤电铝材”一体化战略，同步推动传统产业转型升级和新能源产业发展，兴华科技二期55万吨特种氢氧化铝项目、信发集团60万吨氧化铝扩能项目、道尔200万吨低品位铝矾土深加工项目、晟安电铝20万吨铝硅合金铸件项目、辉煌能源20万吨聚合氯化铝等一批铝系产业项目正在有序推进，温泉铝工业省级经济开发区正在报省待批，铝工业链条化发展格局基本形成。中电投蒙东能源棋盘山10万千瓦风电项目完成核准，华润公司200万千瓦露天矿区生态恢复光伏示范基地项目完成规划上报国家能源局复审，6个新能源项目立项签约，新能源产业发展全面起步，产业转型全面提速。

(三)基础建设力度加大。坚持以“三城同创”为抓手，大力改善基础设施，国道209线广武庄段薄弱路段路面改造工程、农网改造升级工程、吕梁学院交口实训基地、东征文化广场等重点工程基本完工。将PPP模式作为深化投融资体制改革的重要途径，县城地下综合管廊、县城可视范围山体绿化申报省财政示范库，汾石高速、孝义西泉至交口一级公路列入省发改委PPP项目库；西环路、南山公园生态综合治理项目、县域小水网工程、吕交220kV送电线路工程等一批市政基础设施工程全面启动，6个乡镇政府所在地集镇总体规划和控制性详规编制完成，宜居交口建设迈出实质性步伐。

(四)民生事业全面改善。继续加大对教育、卫生、文化、社保等方面的投入，努力办好涉及群众切身利益的实事。与太原师院、烟台技校等知名院校深度合作、联合办学，提出“教育振兴二十条”措施，义务教育均衡发展顺利通过国家验收，“全面改薄”作为全省的样板进行交流推广。医药卫生体制改革和公立医院改革不断深化，公共卫生服务水平全面提高，国家级计划生育优质服务先进县和省级卫生县城通过省级验收。健全城乡社会保障体系，完善城乡特困群众最低生活保障制度，城乡居民社会养老保险、医疗保险并轨基本实

现全覆盖,社保6项指标全部完成。实施城乡“双消零”就业工程,实现就业5256人,城镇登记失业率控制在2.8%以内。完成942套棚改安置房,实施农村危房改造400户,群众住房条件有效改善。大力开展群众性文体活动,积极实施“文化低保”工程,加强对山核桃、根雕、刺绣、剪纸等非遗文化产业的传承和保护。积极推进云梦山、千佛洞、大麦郊东征指挥部旧址、双池西庄旅游景点创A工作,完成项目前期开发论证,牡丹洞5公里旅游公路项目的获得批复。坚定不移地实施环境优化战略,县城环境空气质量二级以上天数达299天,优良率达81.7%,各项约束性指标均控制在市下达的计划指标之内。

(五)社会大局保持稳定。高度重视经济下行对安全稳定的影响,大力开展各类安全大检查、“反三违”专项行动,加强隐患整改资金落实,促进了全县安全生产形势的持续稳定好转,全年未发生重大安全事故,道路交通事故发生在市指标控制之内。深入开展“三大战役”,进一步引深“打黑除恶”,有效维护了社会稳定。加大矛盾纠纷排查调处化解力度,“一交办三治理”专项行动案件办结率达98.6%。积极创新推进社会治理,继续加强基层社会治理1114体系建设,基层社会治理能力得到有效提升。大力加强法治宣传,努力提高全民法治意识,办事依法、遇事找法、解决问题用法、化解矛盾靠法的良好法制环境正在形成。

(六)深化改革稳步推进。认真落实国家和省“工业60条”“煤炭20条”“稳增长20条、19条”等稳增减负一系列政策措施,推行“两集中、两到位”“双随机一公开”“涉企行政事业性收费清理”等行政审批改革。积极完善“政、银、企”沟通对接机制,加强与国开行、农发行等政策性银行对接合作,成立扶贫开发公司和城乡建设开发公司,积极争取中国农业发展银行支持。对接国家和省市发展战略,加大招商引资力度,6个签约项目协议引资123亿元,整合打包地下管廊、可视山体绿化等PPP项目9个。全面深化改革取得突破性进展。

三、党的建设情况

县委坚持党建立县理念,全面落实管党治党主体责任,将党建工作和中心工作一起谋划、一起部署、一起考核,推动各项工作迈上了新台阶。以“两学一做”学习教育为抓手,组织县委中心组定期开展专题集中学习,健全完善“三会一课”执行情况月报制、主题党日活动开展情况月报制等党员教育管理制度,党员党内组织生活得到进一步规范。组织开展党员干部轮训,对科级干部培训实现全覆盖,进一步筑牢了党员干部尤其是新提拔干部和业务骨干的政治意识、大局意识、核心意识、看齐意识和廉洁从政的思想根基。严明换届纪律,严格按照《党政领导干部选拔任用工作条例》和“好干部”标准,严把选人用人关口,圆满完成县乡换届任务。以“三基”建设为抓手,强化基层组织建设,围绕“七项”重点工作,推动党建工作细化落实。狠抓作风建设,采取更严更硬措施将落实中央“八项规定”、纠正“四风”贯穿工作始终,把握运用“四种形态”,持续保持反腐高压。紧紧围绕“两四一聚三紧”的政治定位,积极推进县委巡察工作,全年对首轮9个单位进行了巡察,巡察利剑作用得到充分发挥。

积极支持人大、政协和政法机关依法履行职责,加强与民主党派、工商联和无党派人士的团结合作,认真落实统战、民族宗教、侨务政策,注重发挥工青妇等群团组织、老干部的作用,高度重视党管武装工作,极大地调动了各方面的积极因素,凝聚了齐心协力谋发展的强大力量。

(王永平)

附:一、中共交口县委书记、副书记、常委名单

书　记:霍慧文

副书记:乔劲松　臧宏峰(3月离职,挂职)
宋志江(4月任职)

常　委:靳　钧(4月离职)　刘明山(4月任职)
李　明(4月离职)　刘青平(4月任职)
杜茂林　刘雁斌　周筱莉(女,5月任职)
王继军(5月离职)　高　峰(5月任职)

二、乡镇党委书记名单

水头镇

书　记:王安前

石口乡

书　记:尹连生(因违纪被免职)　武银平(4月任职)

康城镇

书　记:吴文华

回龙乡

书　记:张晋平(4月离职)　李建军(4月任职)

双池镇

书　记:李晓钦(女,4月离职)　白玉明(4月任职)

桃红坡镇

书　记:白玉明(4月离职)　周志雄(4月任职)

温泉乡

书　记:李志勇

300MW、山西森光200MW光伏发电项目建设已签订合作意向协议。

中共柳林县委工作概况

一、转型升级提质增效,经济发展企稳向好

县委书记　郝继平

2016年,全县地区生产总值完成121.8亿元,同比增长5.3%;规模以上工业增加值完成77.78亿元,同比增长8.3%;财政总收入完成31.27亿元,同比下降5.8%,但降幅比2015年收窄23.7个百分点;公共财政预算收入完成10.7亿元;固定资产投资完成164.87亿元;社会消费品零售总额完成37.97亿元,同比增长6.3%;服务业增加值完成40.7亿元,同比增长5.3%;城镇常住居民人均可支配收入完成28415元,同比增长5.1%;农村常住居民人均可支配收入完成10583元,同比增长6.1%。农业水平持续提升。全年粮食产量4684万公斤;扎实推进了"8+2"农业产业化;大力扶持农业龙头企业,全县共培育省级"513"龙头企业2户、市级骨干龙头企业17户,销售收入实现1.3亿元;为26户农业企业累计发放"助保贷"贷款1.17亿元。煤炭产销基本稳定。县属煤矿生产原煤2197.8万吨,洗精煤产量1657.7万吨,焦炭产量70.5万吨。鑫飞、汇丰、福山公司与太钢、首钢建立了长期煤炭供应合作伙伴关系,有力保障了全县煤炭销量和价格的基本稳定。园区建设步伐加快。认真落实省市开发区改革创新发展会议精神,全力推进开发区建设。铝工业园区已建成并投运项目3个,形成70万吨氧化铝产能、5万吨煤矸石提取氧化铝工业化试验项目和年入洗原煤960万吨洗煤生产线。经过多方努力,与国内最大的民营铝加工上市公司河南明泰铝业公司初步达成电解铝项目合作意向;高红循环经济示范园区规划入园项目9个,其中宏光2×300MW煤矸石发电、柳林大电厂、柳电二期、福龙100万吨焦化配套150万吨洗煤及10万吨甲醇项目均已投产达效;李家湾光电子产业园区正在积极筹备引进量子通信数据中心、新能源汽车生产销售、环保型工业清洗剂等项目;凌志、大庄等各大农业园区进展顺利;联盛教育园区正在加紧完善后续工程。此外,全年煤层气勘探开发完成投资10亿元,累计建成煤层气开采井527口,日产量达20万m3;中南出海通道孟门战略装车点一期工程、王家会铁路集运站顺利完工,中南铁路汾西留誉战略装车点、太中银铁路柳林战略装车点正在加快推进,物流产业快速发展壮大;鸿润翔(北京)300MW、山西森光200MW光伏发电项目建设已签订合作意向协议。

二、脱贫攻坚精准发力,小康建设首战首胜

全面实施了脱贫攻坚"8大重点工程、23项专项行动",完成了14个贫困村,2562户7482人脱贫任务。企业就业帮扶拉动、农业龙头企业带动等特色扶贫亮点受到市委市政府的充分肯定。县财政切块2285万元用于贫困户产业发展,县人行向市人行争取了2亿元扶贫再贷款,向建档立卡贫困户及贫困村农民专业合作社发放贷款1600万元。39家规模以上工业企业解决贫困户就业545人。充分发挥了"三支力量"帮扶作用,全县86个驻村工作队、81名第一书记帮扶成效明显。其中,第一书记共发展致富项目123个,引进各类资金500多万元,涌现出了碾则山村、上庄村等一批精准扶贫典型村。

三、项目建设加速推进,基础设施不断完善

2016年全县招商引资签约总额250亿元,到位90.2亿元;重大项目储备184个,总投资1967亿元,其中,项目开工完成186.6亿元,项目落地完成96.59亿元,项目投产完成141.01亿元,38个省市重点项目完成141.61亿元。加快推进了主城区供水供气供电、绿化美化亮化工程;城区热电联产集中供热青龙片区已投入使用,307国道城区段改线、新医院、聚雅公路、保障性住房、农村危房改造、采煤沉陷区治理等民生工程进展顺利。

四、改革步伐全面加快,发展动力明显增强

坚决贯彻落实中央、省、市一系列重大改革举措,深入推进了3个重大改革、10个重大事项、10个重大项目和1个重大课题。积极拓宽融资渠道,全县建立了90户企业融资需求数据库,与邮储银行合作为12户企业落实贷款3000余万元。深挖民间投资潜力,积极探索PPP模式进行项目运作,2016年申报PPP项目14个,总投资62.06亿元。全面推进了"互联网+"新型业态,与京东集团签定战略合作协议。

五、民生事业持续改善,幸福指数稳步提升

顺利通过国家级义务教育均衡发展验收,2016年高考二本以上达线1116人,连续三年突破千人大关。完善了大病医疗救助"一站式"服务,全部药物实行"零差率"销售。长篇小说《下柳林》荣获山西文学最高奖赵树理文学奖,电影《下柳林》完成拍摄即将上映。各类社会保障继续保持全市最高水平。城镇新增就业3621人,农村劳动力转移就业3978人,创业带动就业630人。完成营造林4.58万亩。城区环境空气质量二级以上天数达到245天。

六、安全稳定措施得力,社会局势平稳和谐

坚持"一岗双责、党政同责"原则,严厉打击非法违法安全生产行为,多次开展了重点行业领域专项整治活动;积极

主动调处化解各类社会矛盾，深入开展了“一交办三治理”专项活动，省市交办案件全部办结，民间借贷纠纷、联盛重整等重点领域信访突出问题专项治理成效明显；扎实推进了“平安柳林”建设，开展了“打黑除恶”专项行动，群众安全感和满意度明显增强。

七、坚持全面从严治党，党的建设切实加强

扎实开展“两学一做”学习教育。成立了“两学一做”学习教育领导组，制定了学习教育方案，累计投入专款近200万元，为学习教育的扎实开展提供了有力的组织和资金保障。先后举办专题讲座8期，培训党员干部4000人次；组织宣讲团开展专题宣讲52场；全县各级领导干部带头讲党课381次；分4个专题开展了“四讲四有”专题研讨；突出问题导向，坚持边学边做边改，县级领导干部在广泛征求意见的基础上，带头查摆、整改问题131条；成立了15个督导小组，不定期深入到全县各参学单位进行全程跟踪督导，“两学一做”学习教育取得了明显成效。扎实推进党风廉洁建设。坚持“该抓该管、会抓会管、敢抓敢管”的“三抓三管”工作法，层层压实了主体责任；纪检监察机关切实履行监督责任，全年共立案163件，党政纪处分172人，其中科级干部6人，撤职以上重处分43人。狠抓党的作风建设，开展专项检查446(批)次，查处违反“八项规定”和“四风”问题案件23件，党政纪处分23人。全面夯实基层组织建设。圆满完成了县乡换届工作；新提拔乡镇党政正职16名，从“三类人员”中选拔乡镇班子成员26名；集中整顿了23个软弱涣散村，创建了32个农村党组织规范化建设示范点，完成了105个村集体经济收益“破零”；加大村“两委”主干的保障力度，村“两委”主干全年岗位报酬平均达到2万元。

（薛永峰）

附：一、中共柳林县委书记、副书记、常委名单

书　记：郝继平

副书记：武跃飞(7月离职)　刘惠民(8月任职)
刘建国

常　委：贾殿林　李根志(4月离职)
兰彦生(4月任职)　张海文　贺柱才
刘缠喜(4月任职)　朱德贵
邢海华(女，5月任职)

二、乡镇党委书记名单

李家湾乡
书　记：王保国(3月任职)

柳林镇
书　记：刘旭平(4月离职)　郝向东(4月任职)

贾家垣乡
书　记：任启斌(4月离职)　艾永成(4月任职)

陈家湾
书　记：李守勇

穆村镇
书　记：贾飞平(4月离职)　高治安(4月任职)

薛村镇
书　记：梁志华(3月离职)　刘忠旺(3月任职)

庄上镇
书　记：杨湖平

金家庄乡
书　记：王建云

留誉镇
书　记：张青年(4月离职)　贺建兴(4月任职)

三交镇
书　记：高治安(4月离职)　康保平(4月任职)

高家沟乡
书　记：白艳平(女)

石西乡
书　记：艾永成(4月离职)　刘立生(4月任职)

成家庄镇
书　记：贺兴龙(4月离职)　陈秋平(4月任职)

王家沟乡
书　记：刘海洪

孟门镇
书　记：李利民(3月任职)

中共中阳县委工作概况

县委书记　乔晓峰

2016年，在省委、市委的坚强领导下，中共中阳县委团结带领广大干部群众，深入贯彻以习近平同志为核心的党中央治国理政新理念新思想新战略，扎实推进“大生态大发展大民生”战略，经济社会发展稳中有进。全年地区生产总值完成45.03亿元，增长3.5%；规模以上工业增加值29.7亿元，增长2.6%；固定资产投资64.75亿元，增长-3.6%；一般公共预算收入3.76亿元，增长-10.5%；社会消费品零售总额13.21亿元，增长7.4%；城镇居民人均可支配收入20187元，增长6.3%；农村居民人均可支配收入6208元，增长7.2%。特别是地区生产总值、规模以上工业增加值扭转了2012年以来连续下滑的态势，呈现出由负转正、企稳向好的可喜局面。

一、深入学习贯彻习近平总书记系列重要讲话精神,全面提高党的建设科学化水平

一是切实加强理论武装。坚持把学习贯彻十八大和十八届三中、四中、五中、六中全会精神作为重要政治任务,准确把握系列重要讲话的科学体系,不断增强"四个意识"特别是核心意识、看齐意识,与以习近平同志为核心的党中央保持高度一致。二是扎实开展"两学一做"学习教育。常委会带头,四大班子分别召开了严肃换届纪律和落实主体责任两次专题民主生活会以及四次"四讲四有"专题讨论,县委中心组学习26次,邀请专家学者辅导5次,县级领导深入基层讲党课40余次,全县党员干部思想政治素质有了明显提高。三是选优配强领导班子。严格落实"九严禁、九个一律"换届纪律和要求,重点选用担当作为、扎根一线、埋头苦干的干部。新提拔到乡镇任职的全部具有全日制本科以上学历,担任正职的全部具有乡镇工作经历,9名有农村工作经验的"三类人员"进入乡镇领导班子。县乡换届换出了新气象、新作为。四是不断强化"三基"建设。组建了38个政府部门和群团组织党组,完成了11个系统和248个机关企事业单位党组织集中换届,非公企业实现了"两个全覆盖"。建立了乡镇党委抓党建工作责任清单制度。11个集体经济空壳村实现"破零"。集中整顿了22个软弱涣散基层党组织。五是稳步推进民主法治。制定出台了十五届县委全会、常委会等四个工作规则,着力推进县委班子建设规范化、制度化。注重发挥统揽全局、协调各方的政治核心作用,支持人大、政府、政协按照各自职能积极履职。加强对法院、检察院和工青妇等人民团体的领导,支持他们依法依章开展工作。加强国防后备力量建设。全面启动"七五"普法,深入推进法治中阳建设。

二、坚持以脱贫攻坚统揽经济社会发展全局,切实推进精准扶贫、精准脱贫

把脱贫攻坚作为全县最大的政治任务、第一民生工程紧紧抓在手上。构建了"四位一体、七个清楚、八个一批"的工作体系,"一册三卡一书一牌"入户上墙,扶贫政策措施落实兑现,做到了施策有力、成效精准、全程留痕。"光彩事业中阳行"达成意向投资62个、52.26亿元,捐款捐物总计2668.68万元,达成劳务输出意向1000余人,12家省级异地商会(联合会)结对帮扶12个贫困村。发放金融扶贫贷款近2000万元;834名贫困人口参加技能和创业培训,182人稳定就业;493户1802人通过易地扶贫搬迁实现安居梦,中阳县获得省级奖励100万元。对21556名建档立卡贫困人口每人补贴新农合个人缴费105元,缴纳大病补充险和人身意外险38元;1064名未纳入低保范围的特困人口,每人一次性救助1000元。各级干部带着责任、带着感情扶真贫、真扶贫,驻村入户讲政策、定计划、帮脱贫,在个人出资普遍慰问的基础上,全县集中开展了"送温暖、献爱心、暖民心"慰问活动。经过上上下下的艰辛努力,1741户5064人稳定脱贫,郝家岭、南曲、下枣林3个贫困村整体脱贫。

三、坚持发展第一要务,全力推进稳增长、促转型、惠民生

产业建设稳步推进。一产方面,以"321"农业产业化为抓手,大力发展特色种养业。全县20万亩核桃,8万亩进入初果期、7万亩进入盛果期,核桃产量600万公斤,农民人均收入近1000元。发挥畜牧龙头企业辐射带动作用,全县标准化畜禽养殖场达到40个,畜禽存栏55万头(只),实现产值2亿元。二产方面,县级领导包联项目、党政干部入企服务,助推企业脱困发展;组织两次政银企对接活动,促成贷款意向45.14亿元。全县新增投产煤矿1对,煤炭产量达635万吨,实现税收2.2亿元。钢材产量269万吨,其中特钢产量占到16%,中钢集团创税1.75亿元。中钰热电3×13.5万千瓦热电联产项目环评获批,华润风电具备开工条件,东旭光伏发电进入最后审批阶段。总投资300亿元的铝工业循环经济一体化项目与杭州鼎胜集团成功签约,工业支撑经济增长的主导性作用明显增强。三产方面,借助北航帮扶东风,建立了"一中心三平台"电商体系,成立了中阳县首家高新技术企业(吕梁市润德电子信息公司)。柏洼山4A景区文庙大成殿地基工程完工。商贸、物流、金融、建筑等健康发展,服务业增加值15.5亿元,占GDP总量33.6%。

城乡建设扎实推进。桥坡底棚改拆迁取得重大进展,一期正在装饰,二期地基成型;府南一期554套分房入住,二期主体封顶;雷家沟棚户区道路配套工程竣工通车。金罗采煤沉陷区治理搬迁项目,280套具备入住条件、900套正在装修、828套主体完工。农村危房改造465户。玉洁污水处理厂投入运行,生活垃圾卫生填埋场基本建成。城区集中供热完成体制改革,30辆新能源公交集体"上岗"。东山过境公路控制性工程先导试验段开工建设;万吴线路基全线贯通;336公里农村公路纳入"十三五"规划,部分工程实质性启动。城区环境大清理、秩序大整治成效明显,清扫干净,摆放整齐,形成了常态。开展"铁腕治污行动",严厉打击非法违法排污行为,节能减排任务圆满完成。

民生事业持续改善。全县民生支出10.06亿元,占公共预算支出的83.4%。优先发展教育,雷家沟、钢城、金罗3所幼儿园新建改建工程基本完工,义务教育均衡发展顺利通过国家评估认定,"全面改薄"工程全部完成。高考再创辉煌,5名学子圆梦清华、北大。繁荣文化事业,"两馆一站"继续免费开放,送戏曲、送歌舞、送春联、送书籍下乡活动获得群众"点赞",书法、剪纸、摄影、长跑等文体活动有声有色,群众精神文化生活日益丰富。加快发展医疗卫生事业,50个病种纳入分级诊疗,与山大一院、二院和太原市中心医院建立了医疗联合体,进一步缓解了看病难、看病贵的问题。积极开展就业创业,城镇新增就业1650人,农村劳动力转移2905人。开发城市协管、卫生保洁、高校毕业生见习、护林员等公益性岗位412个,招录特岗教师27名。社会保障扩面提标,发放城乡低保金3211万元、五保供养金232.4万元;廉租房三期、四期626套分配到户,困难群众基本生活进一步得到保障。持

续加强安全稳定，严格执行安全生产八项制度，扎实开展信访案件“一交办三治理”活动，实施以打黑除恶为重点的“三大战役”，安全稳定形势持续好转。

四、认真履行全面从严治党主体责任，深入推进党风廉政建设和反腐败斗争

坚持党要管党、从严治党，层层传导压力，压实责任。对1个乡镇和4个县直单位完成了首轮巡察，发现各类问题99条。坚持以责任追究倒逼责任落实，31名党员干部因“两个责任”落实不力被问责，4个单位被通报批评。坚持正风肃纪，共查处违反“八项规定”案件15起，党政纪处分13人，组织处理4人，对3起典型案件进行了通报。强化执纪审查，重点查处“三种人”，共立案70件，处分97人。对231件涉纪信访积案进行清理，办结210件，有效减少了存量。准确运用“四种形态”，研究制定了《关于对涉纪线索开展谈话函询的指导意见》，明确了“三谈三不谈三优先谈”原则，共谈话132人，轻处分84人，占比86.6%；重处分13人，占比13.4%，移送司法机关1案2人，咬耳扯袖、红脸出汗成为常态。切实加强扶贫领域监督执纪问责工作，共查处21件，处理30人，公开通报8起典型案例。积极稳妥推进监察体制改革试点工作。

（王晓明）

附：一、中共中阳县委书记、副书记、常委名单

书　记：乔晓峰
副书记：田安平（2月任职）　阴大瑞（4月离职）
孙燕飞（女，4月任职）
宋丽莉（女，3月离职，挂职）
张云虎（5月任职，挂职）
郝忠亮（10月任职，挂职）
常　委：翟贺平（5月离职）　吴蝉有（5月任职）
任杰平（4月离职）　靳　钧（4月任职）
王金明（5月离职）　任建中（5月任职）
张喜旺（5月离职）　姚文郁（5月任职）
薛有宁　张艳斌

二、乡镇党委书记名单

宁乡镇
书　记：张映芝（3月离职）　任四虎（3月任职）
金罗镇
书　记：姚文郁（3月离职）　王子荣（3月任职）
枝柯镇
书　记：郭　安
车鸣峪乡
书　记：宋建军
暖泉镇
书　记：乔剑锋（3月离职）　刘小强（3月任职）
武家庄镇
书　记：贺建强（4月离职）　刘　伟（3月任职）
下枣林乡
书　记：郝志斌（3月任职）

中共离石区委工作概况

区委书记　常书铭

2016年是“十三五”的开局之年，也是离石在改革创新中乘势而上，在攻坚克难中锐意进取的一年。一年来，区委认真贯彻习近平总书记系列重要讲话精神和省委“一个指引，两手硬”的重大思路和要求，按照市委“一个目标，五大重点，三力引领”的决策部署，深入实施“双先双区”战略，扎实推进“六大攻坚”，区域经济稳中向好，社会事业整体推进，党的建设全面加强，各项事业取得新进展新进步。

全年全区地区生产总值完成70.45亿元，同比增长5.4%；固定资产投资完成118.57亿元，同比增长0.14%；社会消费品零售总额完成67.07亿元，同比增长6.5%；一般公共预算收入完成8.01亿元，同比下降4.89%。主要经济指标出现止跌回稳的势头，其中地区生产总值和公共财政预算收入两项关键指标全市排名靠前。城镇居民人均可支配收入完成26349元，同比增长5.5%；农村居民人均可支配收入完成5474元，同比增长6.6%。

一、坚持精准方略，综合施策，脱贫攻坚实现了首战首胜

以脱贫攻坚统揽经济社会发展全局，举全区之力大打脱贫攻坚战，2016年农村贫困人口人均可支配收入增长35.3%，26个村退出、4047人脱贫，贫困发生率由9.91%下降至7.46%。大力实施“5921工程”，集中力量打出了“三个一”扶贫计划和“九大攻坚工程”系列组合拳，全力发展特色种植、规模养殖、农产品加工等脱贫富民产业，大力培育农村电商、休闲农业、乡村旅游等新产业新业态，产业扶贫覆盖了4962户、12759名贫困人口。实施易地扶贫搬迁工程，解决了1500人的住房安全问题。贫困人口大病保险报销起付线由10000元下调至5000元，报销比例平均提高了3个百分点，农村低保一、二类对象和特困供养人员实现兜底脱贫，贫困群众实实在在享受到了发展成果。

二、逆势而进，大力实施项目攻坚，经济转型升级发展格局基本形成

积极推进供给侧结构性改革，全面落实“三去一降一补”任务，压减煤炭产能133万吨；严格落实“企业减负60条”和“煤炭20条”扶持政策，设立了吕梁佳信德战略性新兴产业基金和中小企业创业创新投资基金，累计为企业减负6000万元，企业发展后劲得到增强。坚持与棚户区改造、移民搬迁、采煤沉陷区治理相结合，商品房去库存4845套、55万平方米。坚持上项目补短板，全年续建新建项目达52项，其中产业类项目17个，民生类项目16个，基础设施类项目17个，完成年度投资75.28亿元，比上年净增9.05亿元，增幅达到13.7%。三次产业比重由2.9:27.9:69.9调整为2.9:23.5:73.6，初步形成了以煤炭焦化、新兴产业、文化旅游、现代商贸物流四大产业为支柱的产业体系。农业产业提质增效，全年投入2.24亿元，完成高标准核桃林管护4.4万亩、高接换优1.3万亩，发展中药材、黑小米、油用牡丹、花椒树等特色种植1.5万亩，标准化规模养殖达到72.21万只(头)，农业产业化发展步伐进一步加快。工业经济加速转型，华为云数据中心成功落户离石，晶旭光伏光热项目、中包凌云环保纸项目正式建成投产，中磁尚善软磁电感、光电互感，高射速注塑成型机项目稳步实施，一批大数据、新能源、新材料等新兴产业项目和高新技术项目拉开了离石转型发展的序幕。现代服务业加快发展，天源物流、东谷仓食品园等三产项目扎实推进。彩家庄传统古村落保护与开发正式起步，高家沟高级军事会议纪念馆建成开馆，千年景区、白马仙洞景区接待能力大幅提升，尤其是与上海大西洋集团正式签订战略合作协议，全面规划、全方位开发我区全域旅游产业，旅游业总收入达到48.21亿元，离石经济正在向着转型升级、创新引领的目标大步迈进。

三、整合力量，统筹推进城乡建设，群众生产生活条件有了新的改善

与省人居环境改善基金合作设立了离石子基金为城乡建设提供了资金保障。坚持市区共建一体化发展理念，全面推进“三城融合”。全力参与配合吕梁新城建设，完成了站前广场、中心医院、便民服务中心等市政工程征收拆迁任务，25栋安置楼完工建成，1000户征地拆迁群众分房到户，政府回迁承诺如期兑现；东城区滨河南、北两路及附属工程基本完工，东川河河道生态治理工程具备蓄水条件。道路交通完成投资5126万元，新建改造16条农村公路，店梁线改造全线完工实现通车，群众出行更加方便。改造农村危房1414户，实施19处安全饮水工程，解决了7610人的饮水安全问题；投资2615万元，新建了5个宜居示范美丽乡村，改造提升8个生态旅游村，达到了“环境秀美、配套完善、留住乡愁”的良好效果，受到了省、市有关方面的充分肯定。投入2760.45万元实施农村清洁工程，大力推广垃圾不落地模式，人民群众生产生活条件有了明显改善。

四、以民为本，持续改善民生，人民群众获得感明显增强

集中财力办大事、办实事、办群众最期盼的事，全年民生支出15.79亿元，占公共财政支出的76.35%。继续推进学前教育三年行动计划，茂塔沟、下楼桥2所幼儿园基本建成，离石二中搬迁项目顺利推进，城镇中学、江阴高中基础建设不断完善，总投资387.76万元的学校云课堂和学校多媒体“班班通”开通运行，全区中考优生率位居全市第一。持续实施医疗体制改革，新农合医疗补偿比例乡级由85%提高到90%，区级由75%提高到80%；城乡居民养老保险应保尽保，医疗保险应参尽参，城乡低保和住房保障提标扩面，城乡群众生活得到有效保障。城镇新增就业4500人，城镇登记失业率控制在3.5%以内。文化惠民工程深入实施，乡级文化综合服务站、村级农家书屋实现了全覆盖，群众文体活动更加丰富多彩。始终坚持严打整治不动摇，扎实推进“平安离石”建设，“三大战役”成效显著，刑事案件和“两抢一盗”发案率大幅下降，人民群众安全感明显增强。层层落实领导干部接访制度，持续开展矛盾纠纷“大排查”“大调处”，信访案件“大化解”，信访总量持续下降，全市考核排名位次大幅前移。坚持严查严管、严处严罚，突出重点行业领域和重点场所安全监管，连续3年未发生较大安全事故，安全生产形势保持了稳定向好态势。

五、坚持党建为先，着力构建良好政治生态

牢固树立“抓好党建就是最大政绩”的理念，把加强党的建设作为主责主业来抓，落实全面从严管党治党的新要求，坚持示范引领，着力构建风清气正的良好政治生态。以落实党建责任为保障，全面构筑上下联动、整体推进的党建工作格局。以“两学一做”学习教育为龙头，全面推动年度党建工作任务落实。以“一带三创”为抓手，全面提升基层党建工作水平。整顿提升后进村党支部11个，创建“五好”农村党支部38个和“五好”乡镇党委5个，全区62%的行政村集体经济收益实现“破零”。创新泰化集团与康家岭村的村企联建模式、马茂庄村与徐家沟村的大村带小村模式，探索“单独组建、联合组建和挂靠组建”三种非公党建模式，滨河街道七里滩社区在全市率先试行“大党委”运行模式，初步探索“条块结合、共建市驻”的区域化党建新路子。以县乡换届为契机，全面加强领导班子和干部队伍建设。以标本兼治为方针，不断推进党风廉政建设和反腐败工作。大力支持纪检部门全方位强化执纪监督问责工作，加大群众身边不正之风和腐败问题查处力度，全年共立查案件96件，党政纪处分125人(科级干部22人)。共查处“四风”案件16起，给予党政纪处分22人，涉纪信访同比下降60%。用好巡察和问责两把利剑，发现三大方面存在的问题线索76条、个性问题54条，向区纪委移交问题线索20件，党政纪处分11人，约谈15人，补交党费328810元。出台《离石区党员干部失职失责问责办法》，全年问责党员干部40人。把握运用“四种形态”，开展提

醒谈话384人，纠正苗头性问题186个；严肃党内政治生活和党内监督，对全区98个单位和12个乡镇（街道）召开民主生活会情况进行了全覆盖监督检查。按照市委要求，率先启动监察体制改革试点工作。组织编印了《于成龙家训》画册，创作并唱响了《廉政之歌》，协助省纪委、省委宣传部拍摄了《于成龙》电视连续剧。

（闫志伟）

附：一、中共离石区委书记、副书记、常委名单

书　记：常书铭

副书记：吕文平　李　军（5月任职）
李溢涛（3月离职）

常　委：游福海　白　鹤（5月任职）
杨顺平（5月任职）　吕文清
李晓钦（女，4月任职）
王月亮（4月任职）　张瑞春（5月任职）

二、乡镇（街道）党（工）委书记名单

吴城镇

书　记：王月亮（4月离职）　魏玉青（4月任职）

信义镇

书　记：任利星

坪头乡

书　记：张致滨（3月离职）　王惊雷（4月任职）

枣林乡

书　记：李建国

红眼川乡

书　记：魏玉青（3月离职）　薛殿伟（4月任职）

滨河街道

书　记：刘　鹰（7月离职）

莲花街道

书　记：李建红（女，7月离职）　李克勤（7月任职）

凤山街道

书　记：王　宇（3月离职）　居　伟（3月任职）

城北街道

书　记：王侯明（7月离职）　李保云（7月任职）

交口街道

书　记：吴　卿（7月离职）　高斌君（7月任职）

田家会街道

书　记：张致滨（3月任职）

西属巴街道

书　记：杜永红（7月离职）　薛志强（7月任职）

中共方山县委工作概况

县委书记　王锦锋

2016年，在省委和市委的坚强领导下，方山县深入贯彻落实党的十八大和十八届三中、四中、五中、六中全会和省第十次党代会、市第四次党代会精神，认真学习习近平总书记系列重要讲话精神和治国理政新理念新思想新战略，按照省委“一个指引、两手硬”的重大思路要求和市委“一个目标、五大重点、三力引领”的总体思路，以脱贫攻坚统领经济社会发展全局，千方百计发展经济，竭尽全力改善民生，坚决维护公平正义，全面推进经济、政治、文化、社会和生态文明建设，全县经济社会发展各项工作步入良性发展轨道。

全年地区生产总值完成24.09亿元，增长7.4%，增幅全市排名第4；规模以上工业增加值完成12.89亿元，增长9%，增幅全市排名第4；固定资产投资完成24.68亿元，增长6.2%，增幅全市排名第3；社会消费品零售总额完成9.11亿元，增长7.5%，增幅全市排名第4；一般公共预算收入完成3.14亿元，增长23.6%，增幅全市排名第2；城镇居民人均可支配收入19087元，增长5.4%，增幅全市排名第8；农村居民人均可支配收入4142元，增长6.7%，增幅全市排名第5。

一、以脱贫攻坚统领经济社会发展全局，着力推进精准扶贫精准脱贫工作

光伏扶贫方面。与山西晋能集团合作，采取统一规划建设、统一运营维护、统一结算分配的“三统一”模式，投资5.5亿元建设村级分布式、集中式、农光互补式、户用式、大型地面站5种光伏电站，装机总容量达68.15兆瓦。10个100千瓦村级分布式电站并网发电，积翠乡刘家庄18兆瓦集中式光伏电站接近完工，35兆瓦大型地面站已经完成备案、选址，其余正在规划设计施工。

异地扶贫搬迁方面。按照“政府引导、群众自愿，统一规划、分步实施，整合资源、综合利用，集中安置、后续扶持”的总体思路，采取“集中安置和分散安置、新建移民小区和去库存”相结合的模式，在沿川四大镇规划布局4个移民安置区，同步配套基础设施和公共服务，同步规划后续扶持产业，3年内计划搬迁贫困群众3131户、8393人。除大武镇结合采煤沉陷区治理安置贫困群众286户、806人外，新开工建设

圪洞镇、峪口镇2个新的集中移民安置区，可安置贫困群众843户2500人，预计明年春季具备入住条件。

金融扶贫方面。成立了扶贫投资开发有限公司，省政府已经下达方山县第一批切块资金7606万元，后续切块资金将陆续到位。县财政贴息帮助1033户贫困户向邮储银行、信用社申请贷款9251万元。出台了《方山县金融助推脱贫攻坚实施方案》《方山县金融助推脱贫攻坚联动协调机制》《方山县金融支持特色产业发展富民扶贫工程实施细则》，完成等级评定授信1235户，向信用社、邮储银行注入风险补偿金630万元并给予贴息，已发放小额贷款647户、5025万元。出台了《方山县统筹整合使用财政资金管理办法》，将全县126个涉农项目、3.3142亿元资金整合捆绑用于脱贫攻坚，实现财政资金脱贫效益最大化。

工程扶贫方面。制定出台了《企业承建财政投资项目与精准扶贫结合的试行办法》，积极探索财政资金、工程建设与贫困劳动力合作的模式，通过慈善捐赠和增加贫困人口工资性收入两种方式，助推脱贫攻坚工作和贫困人口收入增加。在所有财政性投资建设项目中，承建企业按不低于普工用量的50%吸纳贫困劳动力，并将合同价款的5%—8%作为慈善捐赠，由财政统筹整合使用，2016年各项工程的捐赠金额已达1000余万元，这些资金全部专项用于深度贫困人口。先后组织6批472名贫困人口参加护工护理培训，就业120人。

干部驻村方面。出台了《关于统筹“三支力量”建立“两包三到”精准帮扶联动机制的意见》，中央省市县126个单位和169个第一书记实现了帮扶行政村全覆盖，全县2991名党员干部与建档立卡贫困户实现了结对帮扶。出台了《关于明确农村第一书记派出单位主要负责人职责的意见》和“第一书记”工作纪实、驻村考勤、教育培训、目标管理、工作例会、观摩评比、督查通报、考核奖惩等8项制度，全年通报不在岗第一书记45人次，组织约谈1人。制定了《关于开展扶贫领域正风反腐监督检查的实施方案》，做到阳光、廉洁扶贫。

二、千方百计发展经济，促进经济稳定向好

巩固提升传统产业。新星、瑞隆、凯川三矿全部建成了运销管理系统、合同结算系统和磅单管理系统。共生产原煤210万吨，同比下降11.4%；生产精煤96.3万吨，同比增长15.6%；上缴税费8360.2万元，同比下降0.15%。后半年以来，随着煤炭市场回暖，部分企业逐渐扭亏为赢，新星煤业1—10月份盈利2045万元，同比增长207%。1—11月外运陶土矿、铝矾土合计123.5万吨，上缴税费2198万元；老传统酒厂1—11月中旬生产白酒2200吨，缴税费278.1万元。年生产能力1300吨的良泉酒业有限公司于12月1日投产。

积极开拓新兴产业。持续推进国电马坊48兆瓦风电2期工程，全力支持远景能源150兆瓦和山西晋能集团400兆瓦风电项目。与中金国泰控股集团初步确定了投资50亿元的产业基金项目和14兆瓦的光伏发电项目，同时还就水力、风力发电、装备制造等方面达成了初步的合作意向。与仟亿达集团就碳交易项目签订了战略合作协议，将方山县闲置碳排放指标通过第三方平台进行交易。首届青年创业大赛暨电商众筹扶贫创业大赛共筹得47.5万元，直接惠及3.2万人。成立方山县电子商务协会，发展会员106人，发展村级电商综合服务网点76个，培育淘宝村1个，实现农产品网络交易额1000万元以上。2016年接待游客11.5万人次，实现旅游综合收入7.94亿元。

加快发展农业产业。与重庆恒都集团、山西国新晋药集团分别就肉牛养殖和中药材种植两项县域主导产业达成了合作协议，出台了配套的扶持奖补办法，对“母牛繁育、肉牛销售、品种改良、饲草种植、饲草加工、养殖设施建设”6类给予奖补。全县牛存栏达到2万余头，中药材种植面积达到4万亩，建成50亩国家级正品北柴胡试验示范基地1个。山西大象农牧集团生猪养殖项目已经建成，4个猪舍共存栏生猪5400头。大力发展农业8大产业，全县蔬菜面积达到2.8万亩，马铃薯种植面积稳定在12万亩，培育食用菌菌棒160万包，育苗2万亩，核桃林10万亩。大力实施太佳高速连接线绿化、可视山体绿化等生态工程，累计完成绿化面积5.8万亩。

三、竭尽全力改善民生，民生福祉日益改善

加大财政对民生领域的倾斜投入力度，集中主要精力和财力补齐各项民生事业的“短板”。

城镇化建设加快推进。全面启动《方山县城总体规划》和《县城控制性详细规划》修编，将设计面积拓展为12平方公里。全面启动了总投资9.8亿元、38.6万㎡的城区棚户区改造安置项目，此项目的设施将彻底改变方山县城落后的面貌。大力开展吕梁新区方山安置区和新区重点项目建设“百日大会战”活动，吕梁新区大武安置区累计完成拆迁4305余户、59万㎡，23栋安置楼主楼已经竣工。完成麋家塔商贸区道路改造2199.128米、58380平方米；棚户区改造开工706套，建成1200套。农村困难家庭危房开工建设685户，竣工572户，竣工率83.5%。

基础设施稳步改善。投资8833万元，完成峪口—北武当旅游公路道路改造和积云旅游公路道路提升17.8公里。投资6618万元，实施农村路网改造提升工程37.1公里。投资407.7万元实施了农村饮水安全巩固提升工程，解决了39个村，2.464万人的饮水安全问题。在集中供热、环卫及公交运营领域采取政府购买服务的形式推行市场化运作，切实实现了运营市场化，服务社会化。将城区集中供热经营权按每年200万元转让给内蒙古呼和浩特市福利供热有限公司，新建换热站2座，新增供热面积13.5万平方米。将城区环卫作业按每年380万元托管给北京惠丰清轩环境投资有限公司。开通了县城公交，由“方正运业有限公司”承担运营，政府前期投资了110万元用于建设52个公交站牌。

社会事业强力推进。完成了国务院义务教育均衡发展验收，投资7370万元完成20所中小学基础设施建设，新高中一期工程完工4栋楼。全面落实教育扶贫政策，投入资金1447.78万元用于各类贫困学生。全年共发放贫困大学生助

学贷款1300余万元，惠及学生2228名。新农合财政补助标准逐步提高，人均筹资水平、人均补助标准分别提高至540元、420元。全年共发放低保金4180.3万元、五保金233.8万元、医疗救助金327万元、临时救助金79.9万元，救助困难群众25154人，新建老年人日间照料中心9所。投资5.6865亿元的医疗园区已完成环评初审、土地预审、选址立项，正在申请项目贷款，编制可行性研究报告。

四、社会管理日趋完善，幸福指数不断提高

积极培育和践行社会主义核心价值观。积极倡导文明礼仪，提升公民道德素养，刊播公益广告300余幅次，展出公益广告图板300余平方米。举办理论宣讲进万家10余次，培训40个村、20个单位共4000人。于成龙故居和墓地成功开园。全县80%以上的行政村有村级文化活动室，配齐藏书达5000册，进一步丰富了群众的精神文化生活，营造了良好的文化氛围。

信访排查化解力度不断加大。深入开展“信访积案大交办暨重复信访事项、重点领域信访突出问题、信访秩序专项治理”等专项活动，上级交办我县信访积案化解率达到了100%。全年信访接待大厅共接待群众417批3489人次。县委书记王锦锋接待244批2359人次，占县级领导接访批次的68%。

安全生产形势稳定向好。深入开展安全生产专项整治、安全隐患专项排查治理等一系列集中整治活动，新星、瑞隆、凯川三矿达到了一级安全质量标准化矿井，被国家煤炭工业协会命名为安全高效矿井。在煤炭领域排查隐患1120余条，非煤露采企业发现隐患24条，全部整改销号。查处企业各类违法行为14起，注销安全生产许可证5户。

社会治安得到全面加强。深入开展“大排查大整治”“三大战役”专项行动，共排查出各类社会治安隐患367起，整治化解299起，整治率达到了81.4%；打掉黑恶势力团伙3个，刑事打击22人，打掉各类“恶霸”62人；查处赌博行政案件57起，关闭棋牌馆52家，遏制了刑事、治安案件高发势头。在交通要道新增高清摄像机204台，实现了城区重点部位“天眼”全覆盖。

五、全面加强党的建设

思想政治建设显著提升。县委中心组集中学习9次，开展专题辅导5次，县委常委专题授课3次，讨论交流学习6次，撰写心得体会52篇，读书笔记普遍达10000余字，参学率达98%。各级党组织开展专题学习1000余次，领导干部到所在党支部讲党课660余次。以“两学一做”和“百日大行动”为契机，以提升干部素质为目标，组织全县科级干部、大学生村官、第一书记进行集中轮训，分四批培训8期1288人6000余人次。组织开展了党章党规知识考试，全县党员干部3150人参加理论知识考试。

县乡两级换届圆满完成。县委就换届纪律开展了5轮谈心谈话，县四大班子分别召开了严肃换届纪律专题民主生活会。全县乡镇班子换届共调整干部109人。其中，选配的14名党政正职中有11名曾担任过乡镇领导职务，占78.6%，选配35岁以下年轻干部25人，占34.7%；选配妇女干部19人，占26.4%；“三类人员”选拔进乡镇领导班子10人。对拟提任调整的领导干部廉政审查36批608人，并对县委提拔的210名干部组织进行了任前廉政谈话。

从严管理干部队伍。针对全县县直单位科级岗位空缺、领导干部干事创业的积极性不高等问题，对65个县直单位干部队伍建设进行了分析研判，全年累计调整干部392人，其中提拔217人、平级交流104人，进一步优化了班子结构，激发了干部队伍活力。对全县超职数配备的56名科级干部，按任职年限、超配性质等进行了全部消化。对全年调整的392多名干部开展了“九查”工作，委托审计局对62名科级干部进行了离任经济责任审计。开展了干部人事档案专项审核工作回头看，对存在档案涂改、缺入党相关材料、报到证、学籍材料以及其他问题的142人，进行了组织函询，本人对自己所存在的问题做出了详细说明。

加大纪律审查力度。制定了《关于落实党风廉政建设党委主体责任纪委监督责任的实施细则》，召开了全县乡镇落实全面从严治党“两个责任”推进会。综合运用监督执纪“四种形态，出台了《谈话函询实施方案》，累计组织谈话函询乡科级干部98人次，一般工作人员64人次，农村干部105人次，各级党员干部主动上交红包礼金专户299笔63.4万元。1—11月份全县各级纪检监察机关共计纪律审查违纪问题51件，处分67人，其中，科级干部15人，一般人员16人，其他人员36人。制定出台了《方山县反腐败协调领导小组工作机制》，县纪委共计问责9案10人，受党纪处分7人。

强化干部作风建设。严格落实中央八项规定精神，制定《关于加强联动协作全面监督“四风”问题的工作方案》，组织乡镇书记、县直单位一把手在县电视台和《今日方山》进行公开承诺，并开展明察暗访30余次，发现问题线索52个，查处违反中央八项规定精神问题17件，党政纪处分12人，组织处理7人。制定《关于运用“五账工作法”进一步查处发生在群众身边不正之风和腐败问题的工作方案》，共查处群众身边不正之风和腐败问题25件，党政纪处分30人，组织处理2人。

“两学一做”学习教育有序推进。创新自选动作，在乡镇中开展“新形象、新思维、新作为”乡镇创建工作，在县直单位开展“机关秩序整顿、人员素质培养、工作效能提升”百日大行动。累计通报单位63家、37名干部，约谈了11个单位一把手，3名干部移交纪委调查处理，55名干部由所在单位进行了问责，10个单位负责人和16名违反工作纪律的干部向活动办作出了书面检查。通过摸底和清退，累计清理到龄未办理退休手续49人，清退临时工102人；78名借用人员返岗，调出3人，辞职1人。形成了《加强科级领导班子建设的若干规定》《机关事业单位工作人员管理暂行办法》等10项长效机制。

基层组织建设扎实推进。组织全县494名农村（社区）两

委主干、省市县驻村第一书记、大学生村干部开展了“领头雁”培训。认真落实“一带三创”基层党建要求，全年共选树“五好”乡镇党委1个，五星级党支部14个，四星级党支部29个，打造农村基层党建示范点14个。深入开展整顿软弱涣散农村党支部活动，梳理各类问题23个，保证每个软弱涣散村党组织至少与1个县直党组织结对，17个软弱涣散农村党支部均提出了整改措施。

巡察工作成效明显。出台《巡察工作实施办法（试行）》《方山县委2016年第一轮巡察工作的实施方案》《关于建立县巡察制度的意见》，县委派出两个巡察组于6月15日至8月30日期间进驻了麻地会乡、积翠乡，累计发现两个乡镇党员干部违反“六项纪律”方面问题34件，党的领导弱化、党的建设缺失、全面从严治党不力方面的问题69件。上缴红包礼金23笔21400元，补缴党费66人815.95元，结合乡镇实际提出意见和建议51条。

民主法治建设不断加强。县委积极支持人大、政协、统战等部门围绕县委中心大局开展监督、检查、审议、调研等活动。累计办理人大代表建议意见77件、政协委员提案94件。县政协编印《方山文史资料》1000册，收集上报社情民意信息85条。县委为394个党支部配齐统战委员，大力支持统战部承办了山西省第一届道教玄门讲经会议。全县县级非党干部增至4名，科级非党干部增至19名。制定了《关于进一步推进法治方山的实施意见》，荣获全省“六五”普法工作先进县，26名县级领导列出了职责清单，全面推进农村“六权治本”工作，7个乡镇梳理出权力清单、责任清单，绘制出办事服务流程图和导引图，建立了便民服务中心。

（吕鹏飞）

附：一、中共方山县委书记、副书记、常委名单

书　记：王锦锋

副书记：田安平（1月离职）　李溢涛（3月任职）
孙玉堂（4月离职）　闫斌胜（5月任职）
张卓玉（5月任职，挂职）
候新民（10月任职，挂职）

常　委：王喜祥（4月离职）　任志勇（4月任职）
闫建新　高文祥（5月任职）
王爱军（5月离职）　雒雪梅（5月任职）
侯小将　刘大鹏（4月离职）
秦　鑫（5月任职）

二、乡镇党委书记名单

马坊镇

书　记：刘亮勤（3月任职）　任海涛（3月离职）

积翠乡

书　记：雷海云（3月任职）　高保平（3月离职）

麻地会乡

书　记：李保富（3月任职）　霍秉艮（3月离职）

圪洞镇

书　记：郭小平（3月任职）

峪口镇

书　记：郭建文（3月任职）　刘荣杰（3月离职）

北武当镇

书　记：王景亮（3月任职）　王海清（3月离职）

大武镇

书　记：杨少锋

中共临县县委工作概况

县委书记　张建国

2016年，全县上下认真贯彻落实省委“一个指引、两手硬”总体思路和要求，坚持以脱贫攻坚统揽经济社会发展全局，紧扣脱贫攻坚抓经济、上项目、兴产业，紧扣脱贫攻坚抓改革、破难题、创新路，紧扣脱贫攻坚抓党建、强基础、促和谐，统筹推进“六新临县”建设，推动了精准方略在临县落地生根，实现了“十三五”经济社会发展良好开局。

一、扎实开展“两学一做”，党内教育从“关键少数”向广大党员拓展、从集中性教育向经常性教育延伸

围绕学习教育主题，全县各级党组织结合工作实际，深化学习培训，开展专题讨论，有效解决了党性意识弱化、宗旨观念淡薄、组织纪律涣散等问题。各级各部门坚持在工作实践中促进学习教育，坚持用工作成果检验学习教育成效。各级领导干部以上率下，当标杆、作示范，带动广大党员干部当先锋、作贡献。全年完成地区生产总值41.72亿元，同比增长9.7%；公共财政预算收入4.03亿元，同比增长16.1%；固定资产投资完成79.27亿元，同比增长-9.3%；规模以上工业增加值9.58亿元，同比增长15.2%；社会消费品零售总额41.96亿元，同比增长7.1%；城镇居民人均可支配收入16169元，同比增长6.5%；农村居民人均可支配收入4446元，同比增长6.9%。7项主要经济指标中，有3项增速由负转正，5项增速排名全吕梁市前五。86个贫困村出列，11489户、30018人脱贫。

二、全力聚焦“头等大事”，精准扶贫精准脱贫各项政策措施落地生根、开花结果

（一）压实责任、强化管理、改革创新，确保脱贫攻坚高

位推动

一是构建横向到边、纵向到底的责任体系。建立了县级包乡镇领导年终向县委常委会专题述职制度,强化县级领导的包联责任;组织观摩评比,对排名靠后的乡镇要求剖析表态、停职整改,强化乡镇党委政府的主体责任;确定了60岁以上有部分劳动能力贫困户如何脱贫等16个课题，由部门领题调研,提出解决方案,强化部门的攻坚责任;严格落实“双签”制度,强化帮扶单位、驻村工作队、第一书记的帮扶责任;完善干部包户制度,全县6400名机关干部每人包8—15户贫困户,实现了5.9万户贫困户机关干部帮扶全覆盖。二是建立精准识别、精准退出的管理机制。制定了“十三五”脱贫总体规划,开展了建档立卡“回头看”工作,出台了脱贫工作成效考核办法、贫困退出办法。建立了“一册一平台”,对贫困户识别退出、干部帮扶实行痕迹管理、动态管理。9月26日，全市精准脱贫挂图作战和痕迹管理现场会在临县召开。三是强化改革创新、力度超常的推进举措。县乡村分别成立脱贫指挥部、工作站、工作室,实行挂图作战。为23个乡镇配备了专职副职,兼任工作站站长。出台了《资产收益扶贫实施方案》,积极探索财政资金折股量化分红模式、扶贫小额信贷资金入股经营模式。争取临县成为全国电子商务进农村综合示范县、全省保险业助推精准脱贫试点县、全省林业资产收益扶贫试点县、全市“三基”建设试点县、全市“家风”建设试点县。开展了“集中攻坚、集中服务”专项行动,精准发力、持续用力。

(二)抓牢关键、持续发力、重点突破,确保政策措施落地落实

做实做强产业支撑。投入1600万元,实施经济林提质增效7.5万亩。投入1800万元实施马铃薯产销一体化2550亩、推广绿色种植2万亩、食用菌310万棒、小杂粮1.05万亩、林下中药材1万亩。食用菌产业率先发展起来的合作社,贫困户户均收入在5万元左右,呈现出很好的发展势头。投入1000万元,推进舍饲养羊基地县建设。安排村级电站16.1兆瓦,建成10.165兆瓦。完成护工护理培训1869人,就业820人,月工资普遍在2500—4000元之间。成立了临县电子商务协会,设立了23个乡镇综合服务站,启动了150个村级服务点,初步建成2个电商产业园区和1个创业孵化园。打造了青塘村等一批乡村旅游特色村。此外,组建造林合作社165家,共吸收劳力7425人,其中贫困劳力6125人。开展了2016年16万亩退耕还林补助兑现工作。安排775个贫困劳力担任护林员,人均工资收入6000元。落细落实兜底政策。教育扶贫6项政策，涉及的建档立卡贫困户子女在2016年秋季均实现了全覆盖。民政扶贫10项政策,全年发放1.5亿元,惠及困难群众10.54万人。残疾人帮扶1项政策,发放资金375.36万元,惠及重度残疾人6256人。特别是健康扶贫方面,在落实省7项政策的基础上,另外又增加了将建档立卡贫困人口纳入大病医疗补充保险、意外伤害保险等4项县级政策。抓紧抓好易地搬迁。在乡镇新建3个集中安置点安置502户1647人,在城区4个去库存安置点签订协议1048户3201人,分散安置落实148户352人。此外,重点完成了86个整村脱贫村基础设施和公务服务配套工程的提质达标。

(三)整合资源、积聚力量、筑牢基础,确保开局之年首战首胜

一是强化资金投入。出台了涉农资金《统筹整合实施方案》和《管理办法》,整合17个部门9大类83项涉农资金,捆绑用于精准脱贫产业增收项目和贫困村基础设施建设。全年累计投入各类财政扶贫资金1.28亿元,实现了双增长。实行金融机构扶贫小额信贷责任包干制度,全年累计发放2207.5万元,支持622户贫困户和能人大户。二是强化三支队伍建设。争取省市支持,配备了4名专业技术干部挂职副县长。对县派第一书记、工作队进行了召回撤换、调整优化,由省市增派的230名第一书记、8支工作队和县择优选派的23名后备干部予以充实。为23个乡镇选派了工作队大队长、挂职乡镇党委副书记。为县派第一书记落实了工作经费,提高了生活经费,每人拨付了5万元的产业帮扶资金。通过健全服务管理、待遇保障、考核问责等机制,确保严起来、干起来、用起来。三是强化社会帮扶。与孝义市建立了结对帮扶机制,动员临县籍外出成功人士感恩社会、回馈家乡,积极参与脱贫攻坚。

三、统筹“六新临县”建设,不断塑造临县美好形象、逐步实现临县振兴崛起

(一)县域经济实力稳步增长

大项目建设持续发力。编制了《临县国家资源型经济转型综合配套改革试验实施方案(2016—2020)》,出台了《临县开放发展实施方案》。重点项目完成年度投资93.45亿元。全县重点工程综合排名位列全市第二。农业产业化进程加快。全年粮食作物播种面积118.37万亩，粮食总产量1.35亿公斤,农产品“513”龙头企业销售收入2.68亿元。碛口旅游提速发展。开展了碛口景区旅游环境整治提质专项行动,实施了李家山生态农庄、寨则山休闲度假村等旅游龙头项目,建成了临县民俗博物馆、古兵器博物馆、地质博物馆,对中央后委、中共中央西北局、陕甘宁晋绥联防军旧址进行了修缮。成功举办了中国·碛口首届“枣儿红了”红枣旅游文化节和央视《美丽中国唱起来》吕梁(西湾)专场。

(二)民生民计进一步改善

社会事业方面:落实双创政策,城镇新增就业3100人,创业就业500人。改扩建幼儿园4所,新建2所;18所学校装配了理化实验室,23所学校添置了理化实验仪器。启用了新人民医院。新建20所老年人日间照料中心、7所老年人活动中心。完成农村危房改造2400户，开工建设保障性住房260套、建成130套,铺开6个棚户区改造项目。生态建设方面:铺开了窑头沟、后塔沟小流域综合治理,完成造林绿化7.21万亩。实施了6乡镇11村1449户采煤沉陷区治理项目。完成了老旧黄标车淘汰任务。深入推进乡村清洁工程,开展了美丽宜居示范村创建活动。南圪垛等4个村成功申报为

第四批中国传统古村落。基础设施方面：完成7处抗旱应急供水工程、湫水河应急供水工程（阳坡水库水源）。完成7条县道安全生命防护工程。完成城区3个小区燃气集中供热设施建设。新建城南新区横十路和横七路，对城区核心地段和标志性建筑进行绿化、亮化升级。

（三）社会治理水平进一步提升

信访秩序明显好转。加快依法治县进程，引导全社会牢固树立办事依法、遇事找法、解决问题用法、化解矛盾靠法的法治理念。扎实开展"一交办三治理"活动，实现了"总量降下来、秩序好起来"的目标。平安建设深入推进。落实配枪武装巡逻制度，建成监控点88个、安装高清摄像头203个。深化"打黑除恶"专项斗争，深入开展矛盾纠纷排查调处活动，成立了临县互联网信息办公室，强化网络舆情监控，努力提升群众安全感和满意度。安全生产形势持续稳定。严格落实"党政同责、一岗双责、齐抓共管、失责追责"的安全责任制，全年未发生煤矿、非煤矿山、危险化学品、轻工机械等行业（领域）生产安全死亡事故，未发生较大以上安全生产事故。

（四）党的建设进一步加强

创办了《攻坚》报，唱响红色基因强音，激发脱贫攻坚内生动力。扎实推进"五个好"农村党支部建设，开展党员结对帮扶困难群众活动，全县涌现出党员致富带头人1864名。将村"两委"主干报酬标准由5300元提高到8318元，推动83个村集体经济实现"破零"。严格执行换届纪律，圆满完成了县乡换届，领导班子结构进一步优化，干事创业氛围进一步形成。扎实开展基层党建七项重点工作，基层党建工作水平得到提升。深入学习贯彻《准则》和《条例》，全面从严治党责任意识和政治担当不断增强。启动了监察体制改革试点工作。开展了首轮巡察工作。积极践行监督执纪"四种形态"，扎实推进扶贫领域正风反腐"五项工作"。坚持不懈反四风、持之以恒抓作风，广大干部作风出现可喜变化。

（高翠峰）

附：一、中共临县县委书记、副书记、常委名单

书　记：张建国

副书记：李双会　李　琦（4月任职）
杨大涛（5月任职，挂职）
李俊有（10月任职，挂职）
高　峰（5月离职）　李正奎（8月离职）

常　委：王少利　兰彦生（4月离职）　杜侯平
高泽荣（8月任职）　白旭平（5月任职）
李考玉（4月任职）　任文珍（5月任职）
王桂秀（女，5月任职）　李志英（5月任职）

二、乡镇党委书记名单

白文镇

书　记：李烽峰

城庄镇

书　记：李晓春（4月离职）　成晓龙（4月任职）

木瓜坪乡

书　记：陈　顺

临泉镇

书　记：张向阳

安业乡

书　记：张翠珍

玉坪乡

书　记：刘新明

大禹乡

书　记：陈绍文

三交镇

书　记：贺向亮

湍水头镇

书　记：高翠文（4月离职）　李有喜（4月任职）

车赶乡

书　记：曹孝伟

林家坪镇

书　记：高文标

碛口镇

书　记：李金峰

招贤镇

书　记：张积赟

刘家会镇

书　记：李卫平

安家庄乡

书　记：成晓龙（4月离职）　李桃林（4月任职）

丛罗峪镇

书　记：高建峰

曲峪镇

书　记：林　涛

石白头乡

书　记：赵小峰

青凉寺乡

书　记：秦京亮

雷家碛乡

书　记：高宏亮

兔坂镇

书　记：刘玉洁

克虎镇

书　记：薛增平（女）

八堡乡

书　记：张永斌

中共石楼县委工作概况

县委书记　油晓峰

2016年，中共石楼县委认真贯彻党的十八大和十八届三中、四中、五中、六中全会精神，以习近平总书记系列重要讲话精神为指导，按照省委"一个指引、两手硬"和市委"六个坚持、六新目标"的工作思路和要求，紧紧围绕精准脱贫和建设"五个石楼"的战略目标，积极应对挑战，奋力攻坚克难，全面从严管党治党，扎实推进政治、经济、文化、社会和生态文明"五位一体"建设，全县各项工作稳中有为、稳中有进，扶贫攻坚迈出坚实步伐，经济社会发展取得新成就。

一、坚决扛起脱贫攻坚主责，统揽经济社会稳中有进、持续健康发展

坚决把稳增长、促转型作为抓发展的第一要务，坚持以脱贫攻坚统揽经济社会发展全局，精准实施了十二项脱贫攻坚行动，圆满完成了17个贫困村退出、7300口贫困人口脱贫的年度目标任务，实现了脱贫攻坚战役的首战首胜。全年地区生产总值完成8.1亿元，同比增长2.8%；规模以上工业企业增加值完成1106万元，同比增长7%；固定资产投资完成14.6亿元，同比增加21.63%；社会消费品零售总额完成2.92亿元，同比增长1.3%；公共财政预算收入完成2876万元，同比下降30%；城镇居民人均可支配收入实现13300元，同比增长6.9%；农民人均可支配收入实现3000元，同比增长10%。

创新模式，为精准脱贫注入活力。把创新作为脱贫攻坚第一动力，积极探索实施生态治理、产业发展、资产收益、资金投入、干部帮扶等扶贫工作模式，为精准脱贫注入活力，有力地加快了脱贫攻坚步伐。一是沟域经济模式。立足石楼支离破碎、沟壑纵横的地形地貌，以"一二三产业融合"为路径，通过治山治水治沟，探索实践了生态治理与精准脱贫紧密结合的沟域经济发展新模式。二是"借羊还羊"模式。依托龙头企业与贫困户签订"借羊还羊"合同，按一年周期"借还比例8:9，剩余部分归贫困户所有"的模式带动贫困户脱贫致富。2016年，罗村镇富民林牧公司通过"借羊还羊"带动300户贫困户实现脱贫，户均年增收1万元左右。三是"资产收益"模式。充分发挥龙头企业带动作用，通过资金变股金、资源变股权等措施，实行"企业＋合作社＋农户"形式，探索实践了资产收益扶贫。2016年实施的"金鸡计划""银狐计划"和义牒镇褚家峪养殖合作社，都有效带动了当地贫困群众增收脱贫，起到了辐射示范效应。四是村集体经济"破零"模式。把村集体经济"破零"与精准扶贫相结合，充分发挥集体经济实体的示范效应，为贫困群众脱贫探路子、树样子。探索实践了盘活资源"破零"、资产经营"破零"、联合创收"破零"、帮扶建设"破零"等四种模式，助推全县31个村集体经济实现"破零"。五是整合资金模式。按照"项目不重复、资金不分散、集中办实事"的原则，统筹整合部门资金1.47亿元、扶贫资金1.37亿元集中投入到"十二项脱贫行动"和重点脱贫项目上；撬动金融资金1.16亿元，用于扶持资产收益项目和贫困户贷款。资金整合的力度之大前所未有，各类扶贫项目的效益正在显现。六是"54321"结对帮扶模式。即：包村县级领导至少包扶5户贫困户，正科级干部至少包扶4户贫困户，副科级干部至少包扶3户贫困户，党员干部至少包扶2户贫困户，一般干部至少包扶1户贫困户，实现所有贫困村、贫困户党员干部联系包扶全覆盖。截止2016年年底，省、市、县驻村帮扶单位共组织党员干部3100余名参与了结对帮扶工作。

精准实施了十二项脱贫攻坚行动，圆满完成了17个贫困村退出、7300口贫困人口脱贫的年度任务。狠抓多元产业脱贫，因地制宜实施了"二主多辅"农业产业，县财政投入2100多万元，对贫困户种植、养殖给予补助和奖励。狠抓移民搬迁脱贫，政府去库存588套，安排移民2900人。岔沟、郭村移民点完成征地工作，开春开工建设。狠抓沟域经济脱贫，治理60亩以上沟道105条，打造了20多个流域综合治理典型，在沟域内打坝296座，绿化7400亩，整理耕地4300亩，发展大棚蔬菜75个，发展圈舍养殖30户，建设红枣核桃标准示范园18个，走出了一条沟域经济助力脱贫攻坚的新路子。狠抓造林护林脱贫，完成经济林提质增效2万亩，新增造林1.5万亩，1000多贫困人口直接参与绿化工程实现增收；吸收贫困人口902人担任护林员。狠抓资产收益脱贫，开工实施了"金鸡计划"项目，通过资产收益预计带动6800名贫困人口实现脱贫。狠抓"一气三电"脱贫，开工建设天然气集气站，完成了2×60兆瓦燃气发电站的初步可研，建设了4个光伏发电村级分布式项目。狠抓基础设施脱贫，完成了15个村级道路提质工程、37处安全饮水工程，推进东卫110千伏变电站工程，铺开了65处农村电网改造，完善移动通信基站165个。狠抓旅游开发脱贫，开始编制全县旅游总体规划，打造了16个乡村旅游和农家乐示范点，每个乡镇确定了1个旅游乡村进行重点建设。狠抓电子商务脱贫，建成了1个县级青年电商创业孵化基地，发展了4个乡（镇）级电商服务站。2016年全县电子商务交易额达到4500万元，辐射带动贫困户500余户。狠抓教育医疗脱贫，全面落实教育扶贫6项政策和健康扶贫7项政策，近2万人从中受益。狠抓转移就业脱贫，开展了"七个一活动"，完成护理护工培训3400人，转移农村劳动力1800人。在北京、青岛成立了石楼护工（护理）工作联络部。狠抓社保兜底脱贫，落实社保资金3245

万元,救助贫困人口、困难群体近1万人。落实民政10项救助政策,保障特殊贫困群体兜底脱贫。全县累计1.3万农民享受农村低保,实现应保尽保。

二、扎实开展“两学一做”学习教育,切实加强党内思想政治建设

县委常委班子带头,县乡各级班子以“四讲四有,做合格党员”为主题组织了4次专题研讨会,以“四个合格”为主题召开了民主生活会。全县党员干部都结合“十二个是不是”,认真查找问题,深刻剖析成因,积极进行整改。实行领导干部到所在支部授课计划,各级书记讲党课156场次,受教育党员达到6000多人。组织拍摄了电影《吕梁汉子》,被评为全省2016年党员教育电视片特别奖。组织开展了“党员先锋行”和亮身份、亮职责、亮承诺“三亮”活动,为基层办了许多实事。扎实推进党员组织关系集中排查、党费收缴清理等7项重点任务,查找失联党员218人,纳入党组织管理174人;126个机关事业单位支部按期完成换届改选;291个党支部完成党费自查自改,累计补交党费27.6万元。“七一”期间,评选表彰“两优一先”先进集体和个人90个,慰问老党员、生活困难党员206人。

三、认真履行全面从严管党治党主责,积极构建良好政治生态

着力推进党风廉洁建设。认真实践“四种形态”,特别是用好第一种形态,定期约谈基层书记44人次,咬耳扯袖、红脸出汗成为常态。持续用力强化执纪审查,全年受理案件136件,党政纪处分103人,移送司法机关3人。紧盯“三大问题”,紧抓“三个重点”,完成了首轮巡察工作,发现问题线索154条,立案5件,处分15人。监察体制改革试点工作扎实有序推进。全面加强基层组织建设。县乡换届圆满完成。用人注重一线工作实绩,乡镇换届从“三类人员”中新提拔干部9人。研究制定乡村干部激励、基层组织提升等办法规定7个,村级运转经费增加到8万元,落实第一书记每人5000元工作经费,村两委主干岗位报酬普调3000元。以“一带三创”为抓手,推进31个村集体经济实现“破零”,完成13个软弱涣散党组织整顿。持续开展“54321”干部结对帮扶,建立“六个一”第一书记管理办法。

四、加强平安创建和宣传思想文化工作,为脱贫攻坚营造氛围,激励干劲

深化“平安石楼”建设。全县平安单位合格率95%,圆满完成年度目标任务。深入推进“三大战役”,成功打掉恶势力犯罪团伙2个,破获刑事案件126起。创办了《石楼政法》刊物,增强了政法综治和依法治县工作的社会影响。加强宣传思想文化工作。组建了理论宣讲团,深入乡村,与群众面对面、零距离宣讲中央省市县重要会议精神和精准扶贫政策。大力弘扬“三个文化”,开展了“共栽廉洁树,同创新风尚”义务植树活动、“扬正气、树清廉”廉政书画展、“勤廉好风尚,党纪在心中”演讲比赛、“纪念红军东征胜利80周年”系列活动。深入开展文明县城创建工作,申报成功吕梁市文明县城。狠抓文艺精品创作,编排了以“破除陈规陋俗、倡导文明乡风”为主题的道情戏《送彩礼》,正月即将安排演出。毫不放松抓好安全稳定工作。信访形势总体平稳可控,全年无进京集体访和非正常访,赴省、到市集体访同比分别下降5.2%、40%。安全生产常抓不懈,安全生产形势持续好转。

(郑涛洁)

附:一、中共石楼县委书记、副书记、常委名单

书　记:油晓峰
副书记:陈　浩　陈晓峰(5月任职,挂职)
史国兵(5月任职,挂职)
赵志明(10月任职,挂职)　田文军
常　委:郑世光(6月离职)　闫玉萍(女,6月任职)
张建峰　赵林泉　范发宾(4月离职)
薛志胜(4月任职)　马恒文
刘　云(6月离职)　闫建军(6月任职)

二、乡镇党委书记名单

灵泉镇
书　记:王延平
曹家垣乡
书　记:王小平
裴沟乡
书　记:贺雨生
罗村镇
书　记:袁红青
义牒镇
书　记:王　鹏
和合乡
书　记:解利国
小蒜镇
书　记:闫瑞平
前山乡
书　记:田建军
龙交乡
书　记:郭永东

中共岚县县委工作概况

县委书记　高奇英

2016年，中共岚县县委认真贯彻落实党的十八届三中、四中、五中、六中全会精神和习近平总书记系列重要讲话精神，紧紧围绕中央“四个全面”战略部署、省委“一个指引、两手硬”的重大思路和要求，按照市委“一个目标、五大重点、三力引领”的总体战略思路，突出“融入太原都市圈、打造省城后花园”的发展定位，以脱贫攻坚统揽经济社会发展全局，凝心聚力、众志成城，奋力拼搏、积极进取，全县各项工作顺利推进，经济社会保持了良好发展势头。

经济发展稳中有进。面对经济下行压力加大的严峻形势，千方百计稳增长，全力以赴促发展。支柱产业稳产增收。认真贯彻落实中央、省、市稳增长的各项政策措施，积极推进太钢、正利、昌恒等重点企业强化管理、实施技改、降低成本、稳定生产。加大科技投入，推动普明工业园区传统冶炼、铸造产业优化升级。实施了继亨30万吨精密铸造技改项目，20万吨矿棉项目建成投产。新兴产业加快发展。总投资25亿元的5个48MW风电项目进展顺利，其中大唐阎家背和中电投河口、顺会三个项目已并网发电。新材料工业园区入驻的中磁浩源1200万只软磁芯生产线项目和绿缘景2万吨生物基复合材料生产线项目均投产达效。招商引资成效明显。出台了《岚县招商引资招才引智优惠政策》，列出了71项招商引资项目清单，涵盖新兴产业、基础设施建设、文化旅游产业、新材料、新能源等领域，通过走出去招商、请进来邀商等方式，与北京城投联盟、山东双塔集团签订了马铃薯产品集散市场及深加工合作项目，与华电山西能源有限公司签订了总投资30亿元的10万千瓦光伏发电和25万千瓦风力发电项目，全年招商引资额达159.5亿元。在全县上下的共同努力下，县域经济取得了企稳向好、稳中有升的积极成效。2016年全县公共财政预算收入完成3.25亿元，同比下降15.3%；全县地区生产总值完成27.69亿元，同比增长1.9%；规模以上工业增加值完成15.8亿元，同比增长0.2%；固定资产投资完成39.95亿元，同比增长0.1%；城镇居民人均可支配收入完成18109元，同比增长6.6%，增速排名全市第二；农村居民人均可支配收入完成4698元，同比增长7.5%，增速排名全市第一。

脱贫攻坚成效明显。以脱贫攻坚统揽经济社会发展全局，倾全县之力予以推进。产业扶贫方面，全年共投入各类资金3110万元用于马铃薯产业，实施了“户有半亩微型薯保优种、户均1亩一级薯保增收，人均一亩绿色薯保脱贫”的补助政策，涉及贫困人口39447人。积极参加2016年中国马铃薯大会、山西特色农产品北京展销会等推介活动，特别是在第十四届中国国际粮油产品及设备技术展示交易会上，岚县马铃薯获得大会唯一马铃薯金奖。反映岚县土豆产业的电影《土豆花开了》拍摄完成，在央视七套上映，岚县马铃薯知名度不断提高。成立了土豆主粮化研发推广中心，将108种土豆宴风味主食通过互联网+的方式推向市场，初步形成了“土豆种—土豆花—土豆—土豆饭”全产业链，仅马铃薯产业一项增加农民收入近2000元，5000余人靠马铃薯产业实现脱贫。同时，小杂粮、生态养殖、生态育苗等辅助产业都有所发展，脱贫攻坚的产业基础进一步夯实。易地移民搬迁方面，集中规划土地140亩，确定了三个集中安置点，完成投资8400万元，竣工率达到90%，870户3500名移民对象签订了搬迁协议。教育扶贫方面，完成新型职业农民培训10000余人次，全面提升农民素质，完成护理护工培训620人，330人实现了稳定就业。电商扶贫方面，建立了农产品电商基地10个，发展了198个农村电商体验店，124个正式投入运行，农资、土豆、日用品累计销售额达700余万元，有效解决了农产品销售问题。构建大扶贫格局。健全完善单位包村、领导包带和工作队到村、党员干部到户、第一书记到岗的“两包三到”精准帮扶联动机制，探索了“公司+基地+农户”“骨干企业+农户”“劳务收入+资产收益”等多种社会扶贫模式，逐步形成专项扶贫、行业扶贫、社会扶贫的强大工作合力，构建全方位、立体化全社会参与的大扶贫格局。圆满完成了22个整村脱贫村、7952名贫困人口的年度脱贫任务。

民生事业大幅改善。把民生工作作为一切工作的出发点和落脚点。坚持教育优先。统筹推进学前教育、义务教育、高中教育和职业教育。总投资2亿元的12轨制职教中心一期工程全部完工，二期工程进展顺利。教育均衡发展扎实推进，顺利通过国务院验收。加快城镇化建设。投资1.2亿元，以ppp模式建设的城南热源厂300万平方米集中供热项目一期工程建成投用，城区集中供热面积达到140余万平方米。投资100余万元解决了县城“停电即停水”的问题，供水安全得到保障。以环境整治为抓手，开展了垃圾处理、污水治理、村庄绿化等工作，扎实推进美丽乡村建设。顺利通过了国家卫生县城的复审验收。首批24辆新能源电动公交车正式投入运营，方便了居民日常出行，城市形象进一步提升。着力保障和改善民生。农村医疗卫生服务网络进一步健全，药品保障体系进一步完善。社会保险、社会救助、社会福利和慈善事业等有序推进，广覆盖、保基本、多层次、可持续的社会保障体系进一步完善。精神文明建设得到加强。加强了县乡村三级宣传队伍建设，形成县有辅导员、乡有组宣员、村有宣传员的宣传工作格局。大力培育和践行社会主义核心价值观，开展了文明单位、“岚县好人”评选表彰活动，成功创建了省级文明县城。

生态建设成绩喜人。抓住岚县被列为吕梁山生态脆弱区综合治理试点县的机遇，探索创新造林营林新机制，调动全社会植树造林积极性，全年完成造林面积 5.5 万亩。创新造林营林管护机制。大力实施购买式造林，成立了脱贫攻坚造林合作社 94 个，完成造林 3.3 万亩，带动 23 个村 629 户贫困户 2000 余人实现稳定增收。这项工作得到了中央、省、市的充分肯定，国务院副总理汪洋、省委书记骆惠宁、市委书记李正印作了批示，市政府下拨专项奖补资金 200 万元。大力发展旅游产业。成功举办了第九届面塑文化艺术节、第十六届白龙山旅游文化节和中国·岚县“土豆花开了”旅游文化月活动，吸引省内外游客 20 余万人次。获得了“最美中国榜生态自然旅游胜地和文化魅力、特色魅力旅游胜地”“全国生态特色旅游县”、“中国最美宜居宜业宜旅游县”等荣誉称号，入选国家旅游局公布的第二批创建“国家全域旅游示范区”名单，旅游品牌影响力进一步提升。加大环境保护力度。严格落实节能减排各项任务，严把项目建设环评审批关，严控高污染高耗能企业落户，积极发展环保产业，污水处理厂二期工程完成建设。

社会管理不断强化。信访形势持续好转。进一步建立完善了村务民意排查解决机制，多渠道收集民意，分级解决。严格落实领导接访、“五包一”稳控和领导包案制度，全年未发生集体越级上访事件。平安创建扎实推进。在政法队伍中开展了“挺纪执法”活动，提升了干警形象和素质，开展了“普法明德”活动，增强了全县干部群众的法律意识和法制观念。扎实开展“打黑除恶”专项行动，不断健全打防管控一体化运行机制，群众安全感进一步提升。安全生产不断加强。严格落实企业主体责任和部门监管责任，推进安全生产标准化建设，加强了道路交通安全监管，全年未发生安全生产责任事故。

党的建设全面加强。坚持党要管党、从严治党，切实加强党的建设。从严管党治党。强化各级党组织“一把手”党建工作第一责任人意识，形成了“书记抓、抓书记”的工作格局。扎实开展“两学一做”学习教育，开展了四次专题研讨，确保在政治上、思想上、行动上始终与党中央保持高度一致。严格落实“两个责任”。开展了主体责任大家谈、廉政警示教育、纠正“四风”专题督查等为主要内容的“五个一”活动。开展了扶贫领域专项检查审计，对群众反映强烈的工程、土地、环评、拆迁等方面的突出问题进行了专项治理。保持惩治腐败高压态势，全年共立查案件 110 起，处分党员干部 101 人，其中科级干部 8 人。全力抓好县乡换届工作。严肃“九个严禁、九个一律”的换届纪律要求，确保了换届工作风清气正，42 名党性强、敢担当、有作为的优秀干部选拔到乡科级岗位，社会各界反响良好。加强基层组织建设。强化“五星级”农村党支部和“十星级”农村党员星级目标管理，认真落实基层党建 7 项工作任务。切实发挥党建工作助力脱贫的作用，整顿软弱涣散党组织 17 个，专题培训贫困村党支部书记、党员 290 余人。制定出台了《关于推进村级集体经济收益“破零”的实施意见》，探索了购买式造林、光伏项目、集体薯窖建设等集体经济发展模式，37 个村实现集体经济“破零”。此外，统战、人武、工会、团委、妇联、残联、科协、老干部、关心下一代等工作都取得了新成效，人民幸福指数、安全指数全面提升，全县呈现政治安定、社会稳定的良好局面。

(刘瑞峰)

附：一、中共岚县县委书记、副书记、常委名单

书　记：高奇英(女)

副书记：乔　云　刘大鹏(4 月任职)
郭翔玲(5 月任职)　赵秀龙(10 月任职)

常　委：成　林(5 月任职)　杨中宁(5 月离职)
秦　峰　石建新　张鹏耀(4 月任职)
张新春(5 月离职)　李雪峰(5 月任职)
刘建树(5 月离职)　刘彦文(5 月任职)
程　堂(5 月离职)

二、乡镇党委书记名单

东村镇

书　记：杨秋旺

社科乡

书　记：刘建军(4 月任职)　郭俊生(4 月离职)

普明镇

书　记：郭勇勇(4 月任职)　牛全生(4 月离职)

梁家庄乡

书　记：梁俊山

上明乡

书　记：陈文礼

王狮乡

书　记：郭建明

岚城镇

书　记：丁永堂

顺会乡

书　记：牛俊生(4 月任职)　郭建明(4 月离职)

河口乡

书　记：梁建光(4 月任职)　刘建军(4 月离职)

大蛇头乡

书　记：王春旺

界河口镇

书　记：尹元生

土峪乡

书　记：杨亮明

城管委

书　记：程秀全

中共兴县县委工作概况

县委书记　梁志锋

2016年是“十三五”开局之年，也是脱贫攻坚的首战之年。一年来，在市委、市政府的坚强领导下，县四大班子团结带领全县干部群众，按照突出“三大攻坚”、实现“三大跨越”的总体思路，坚持以脱贫攻坚统揽经济社会发展全局，埋头苦干，奋力攻坚，积极应对各种困难考验，各项工作取得了新进展、新成效，为决胜脱贫攻坚、实现“十三五”奋斗目标打下了坚实的基础。

一、主要经济指标完成情况

在经济下行压力不断加大的形势下，县域经济保持了总体平稳的运行态势。2016年，完成公共财政预算收入7.1亿元，增幅12.5%。规模以上工业增加值43亿元，增幅2%；固定资产投资65.98亿元，下降20.37%；城镇居民人均可支配收入19369元，增幅6.9%；农村常住居民人均可支配收入4052元，增幅7.5%。

二、重点工程项目进展情况

2016年，全县共有省市重点工程项目30个，其中省重点工程项目6个、市重点工程项目24个，总投资约205.9亿元。

铝业方面。中铝华兴铝业二期100万吨氧化铝项目建成投产，氧化铝产能达到230万吨；中铝华润吕梁轻合金基地一期年产50万吨轻合金项目开工建设，正在进行地基夯实和土方工程。

电力方面。锦兴公司2×35万千瓦低热值煤发电项目2015年开工建设，受国家相关政策影响，目前已缓建；中铝华润吕梁轻合金基地2×66万千瓦自备电厂获得省发改委“路条”，正在进行前期准备工作。

物流方面。蔡家崖煤炭集运站今年3月投入运营；肖家洼煤矿专运线即将投运；豫能兴鹤煤炭集运站正在施工建设，豫能兴鹤物流园区开展前期工作。

交通方面。静兴高速白龙山隧道控制性工程已开工，正在进行场地平整；总投资5.3亿元的北山连接线公路工程开工建设；全长28.4公里的红色旅游公路路基工程完成12公里，2座大桥桥梁已架设。

三、脱贫攻坚工作情况

按照“五个一批”和“六个精准”的要求，紧紧抓住全省小杂粮基地县和林业生态建设试点县的机遇，坚持多产业并进、多路径发力，整体推进产业扶贫、生态扶贫、易地搬迁扶贫、教育卫生扶贫、社会保障兜底、金融扶贫“六大工程”，全力发展小杂粮、经济林、光伏、家政服务、食用菌、畜牧养殖、设施蔬菜、农产品加工、乡村旅游、电子商务“十大富民产业”。

1.产业扶贫工程。大力发展“十大富民产业”，打好产业“组合拳”，形成叠加效应。

一是小杂粮产业。全力推进小杂粮基地县建设，县财政补助882万元，为种植户统一提供种子和肥料，实施高产高效、良种良法等科技创新工程，推广“三有五统一”标准化种植模式，推动“三品一标”认证。全县小杂粮种植面积63万亩，其中，绿色杂粮5万亩、有机杂粮2000亩。

二是经济林产业。累计栽植核桃经济林4.5万亩，核桃红枣经济林标准化管护1万亩，红枣品种改良200亩、推广防裂果技术2000亩。2015年试种的“玉露香”梨等经济林已开始挂果。

三是光伏产业。采用以村建站的模式，规划建设光伏电站10个、装机容量1.15万千瓦，全年建成4个、装机容量3050千瓦，在建6个。

四是家政服务业。以提高技能、增加收入为目标，以贫困人口中的青壮年劳动力和未就业的大专以下毕业生为主，重点培养护工、月嫂和家政服务人员。全年培训1189人，实现就业529人。

五是食用菌产业。引进河南华亿食用菌有限公司提供技术指导，依托金土地农业科技发展有限公司、祥云食用菌专业合作社发展食用菌产业，新建出菇棚320座，生产菌棒500万棒。

六是畜牧养殖产业。依托我县属于雁门关生态畜牧经济区的区位优势，加快实施“千园万场”规模健康养殖工程，建成6万头商品仔猪生产基地1个、养殖园区3个、养殖小区25个，退耕还草9000余亩，改良肉牛4100头，帮助贫困户购买种羊3000只、建圈舍1.5万平方米。全年肉类总产9820吨，禽蛋总产5910吨，奶类总产310吨。

七是设施蔬菜产业。重点扶持建设蔡家崖乡和瓦塘镇设施蔬菜基地，为种植户提供优质蔬菜苗60万株；在东会乡建成1000亩的原种脱毒种薯基地，辐射带动8个乡镇的24个村。

八是乡村旅游产业。启动了兴县旅游总体规划和两个4A级景区的规划编制工作；完成“四·八”烈士纪念馆主馆布展和副馆建设；按整村推进模式建设旅游扶贫试点村3个，已完成主体工程；与国家、省文物旅游部门联合对碧村龙山文化遗址进行了勘探。

九是农产品加工产业。引进青岛辉煌酒业有限公司与兴县盛源枣业有限公司开发红枣酒，产品已研制成功，厂房开工建设;新注册“孙嘉淦”商标,并开发出酒、杂粮等系列产品。全县农产品加工销售收入1.82亿元,带动杂粮种植8.36万亩,发展订单种植农户12800余户。

十是电子商务产业。县级营运中心投入运营,入驻电商企业12户,实现传统产业转型升级16户;建设村级服务站点100个;开展电商孵化培训14期3600人次;实现销售额7000余万元。

2.易地扶贫搬迁工程。统筹推进易地扶贫搬迁与商品房去库存、棚户区改造,充分尊重群众意愿确定搬迁对象,全年实施搬迁4200人。回购商品房562套,已落实到户,可安置2360人;在瓦塘镇和蔡家会镇集中建设的2个移民小区开工建设,可安置400余人;在城区棚户区改造和保障性住房建设的小户型安置房已动工,可安置400余人。分散安置对象已全部落实。

3.生态扶贫工程。紧紧抓住我县被列为全省林业生态建设试点县的机遇,扎实抓好生态治理脱贫一批、干果经济林提质增效脱贫一批、加强生态保护脱贫一批、培植绿色产业脱贫一批、退耕还林脱贫一批“五个一批”工作,通过采取让建档立卡贫困户参加扶贫攻坚造林专业合作社和管护专业队等方式,让贫困群众在参与造林营林、管林护林、产业发展中增收致富。全年栽植生态林6.6万亩,城区可视范围山体1.6万亩绿化工程完成预整地5100亩。新一轮退耕还林工程2017年16万亩的任务已确定,正在兑现补贴。成立扶贫攻坚造林专业合作社56家、入社成员1482人,吸收贫困劳力956人;配备林业管护人员995人,其中贫困人口787人;组建经济林管护专业队51支、队员1135名,其中贫困人口695人。

4.教育卫生扶贫工程。在全面落实教育卫生惠民政策的基础上,县财政再拿出一定资金,对特殊困难家庭进行救助,确保群众不因学、因病致贫。教育方面。对兴县籍统招(包括定向)高中生、且现就读于县内高中的建档立卡贫困家庭学生,每年补助除生活费以外的全部费用,共资助467人107万元;对今年高考达二本线的269名学生每人资助2000元,达一本线的34名学生每人资助6000元;对建档立卡贫困户中考入二本B类以上本科院校的学生每人资助5000元,共资助201人100.5万元。实施千村万人就业培训和新型职业农民培育培训,共培训贫困劳力1000余人。卫生方面。将贫困人口新农合门诊统筹补偿封顶线提高到300元,住院补偿封顶线提高到20万元,大病保险封顶线提高到40万元。五保对象参合费用政府全额承担,贫困人口参合费用个人自付30%,其余政府承担;贫困人口新农合县级补偿比例提高到80%。农村五保对象医疗费用在1万元内的实行免费治疗。对特贫政策规定的24类重大疾病,农村五保供养对象实行免费治疗,农村低保对象补助90%,有效解决了贫困人口因病致贫、返贫问题。

5.社会保障兜底工程。做好农村最低生活保障制度与扶贫开发政策有效衔接,对全县16281户30270名农村低保对象的家庭经济状况进行核查,通过准确核查其家庭经济状况,全面落实补差救助。发放农村低保资金5800余万元、农村低保对象中高龄老年人生活补贴128万元、村低保对象中60岁以上的失能老年人生活补贴76万元、农村低保对象中经济困难残疾人生活补贴107万元;救助农村大病困难群众678人204万元;实施临时救助236人次93万元;发放重度残疾人护理补贴73万元;分散供养孤儿126人。为4.9万建档立卡贫困人口办理大病医疗与意外伤害保险,财政扶贫资金补贴186.2万元。

6.金融扶贫工程。通过协调信用联社、邮政储蓄银行等金融机构,为农户提供小额贷款,扶持发展产业,共发放小额信贷6400余万元。坚持以金融创新促进精准扶贫,采取“贫困户贷款+带资入企+保底收益”模式,建档立卡贫困户将贷款资金入股到扶贫企业,企业按不低于6%的年收益率作为贫困户的保底收益。目前,已落实贷款资金1亿元,各乡镇正在落实贷款贫困户。

在抓好“六大工程”的同时,不断强化帮扶力量,优化调整驻村工作队和第一书记,全县有驻村工作队169支、第一书记307人;开展了千名干部挂牌包扶万户贫困户精准脱贫活动,县乡村干部及企业管理人员5000余人与22460户贫困户结对帮扶,实现了精准帮扶到户到人。实行乡、村、户脱贫三个“三位一体”的责任制度,建立了乡镇周二例会、扶贫资金投入保障、贫困退出、脱贫攻坚考核、工作问责等工作机制,将脱贫攻坚在目标责任考核中的权重提高到50%以上,确保精准扶贫精准脱贫有力推进。全年退出贫困村40个、减贫4689户13044人。

四、农业农村工作情况

农业产业化方面。按照“8+2”农业产业化发展要求,科学规划,合理布局,着力打造东山冷凉地区4乡镇马铃薯种植和绒山羊养殖,西部沿黄5乡镇红枣和小杂粮,中部8乡镇核桃、小杂粮、生猪和设施蔬菜三大产业带。扎实推动康宁和蔡家崖两个农业园区建设,由政府配套水电路等基础设施,鼓励农业龙头企业入园经营。目前,康宁农业园区已有6个项目建成投产,蔡家崖农业园区建设连栋智能温室2座面积8755平方米,高标准日光温室5座,试验种植可供游人采摘的水果、蔬菜新品种18个。

林业方面。标准化栽植核桃经济林4.5万亩,红枣核桃经济林综合管理1.8万亩。完成人工造林8.04万亩,封山育林1.7万亩。

农田水利方面。新建提水工程32处、引水工程6处,为38个村的13572口人、706头大畜解决了饮水安全问题。实施了赵家川口小流域综合治理、任家塔水土流失综合治理、巡检司灌溉等工程,完成水土流失治理11.7万亩。加快推进农村土地确权,全县752个发包方有618个基本完成外业调查和矢量化工作,共清查土地116.5万亩、农户46645户、地块25.5万块。

五、社会事业及民生改善情况

教育方面。友兰中学和一二〇师学校后续工程基本完成，改造村级幼儿园2个，实施城区学校改厕项目6个。为10862名农村义务教育阶段学生提供营养膳食补助869万元，为467名贫困家庭高中生发放补助107万元，对高考达二本线以上的303名大学生资助74万元。

医疗卫生方面。总投资3.6亿元的兴县人民医院建设项目，门诊楼、住院楼、办公楼同步开工建设，预计今年年底可投入使用。新建乡镇卫生院及周转房2个，完成120个村卫生室的验收。新农合人均筹资标准由470元提高到540元，参合率达到99.9%。

社会保障方面。城镇基本医疗保险参保人数30800人，城乡居民养老保险参保人数155500人，企业养老保险参保人数9000人。城市低保对象6283人，农村低保对象30312人。新建老年人日间照料中心10个、"农村留守儿童之家"5个。基本建成保障性住房848套，完成农村危房改造400户。

基础设施方面。新建和改造城区道路11.5公里、供水管网6.7公里、雨水管网10.2公里、污水管网6.4公里，新建供气管网8.14公里、供热管网3公里，新增城区集中供热面积16万平方米。完成兴县第二水厂建设工程。县城全天候供水率达到60%，集中供热普及率达到68.5%，燃气普及率达到77.1%，生活垃圾无害化处理率达到100%。启动棚户区改造工程，分三期对蔚汾南路、环城路至西关桥、城中村片区进行改造。目前，蔚汾南路棚户区改造工程，完成拆迁9.2万平方米，配套道路建成通车，4个安置小区全面开工，共落实资金6.2亿元。二期棚户区改造，已完成摸底调查，正在进行可研论证和融资对接。

六、安全稳定工作情况

信访稳定方面。通过强化源头预防、领导干部接访、信访积案化解、体制机制创新等工作，信访秩序逐步好转。

政法综治方面。开展以打黑除恶、铲除黄赌毒、推进治爆缉枪为重点的"三大战役"，破获刑事案件92起，查处行政案件477起，打掉恶势力团伙4个，打击处理村霸路霸等重点人员44人。

安全生产方面。严格落实"一岗双责"责任制，开展各类安全生产检查6次，排查隐患900余条，已全部整改。

七、党建工作情况

"两学一做"学习教育方面。县委常委班子带头学党章党规、学系列讲话，积极开展"四讲四有"专题学习讨论，深入查找问题，从严整改落实。举办了"树立兴县情怀、担当家园责任"主题系列演讲比赛，邀请国内知名专家教授作专题讲座12场、培训干部3600余人次，全县党员干部思想观念大提升、工作作风大改进、精神状态大转变。

县乡换届选举方面。严格程序步骤，严肃换届纪律，县党代会、人代会、政协会和17个乡镇换届选举顺利完成。着眼脱贫攻坚和乡镇长远发展需要，选拔"三类人员"40人进入乡镇班子。换届后，县乡班子年龄结构、文化层次等均有较大改善。

基层组织建设方面。集中培训村"两委"主干、大学生村官、第一书记1000余人次。新建村级活动场所57个、维修13个。开展村集体经济"破零"工程。村"两委"主干年平均待遇由3000元提高到6200元以上。

八、党风廉政建设工作情况

从严落实"两个责任"。认真履行党风廉政建设县委主体责任和纪委监督责任，落实了牵头单位和责任人，明确了责任内容和要求，建立健全了"签字背书"、廉政谈话提醒、请示报告、约谈、廉政档案、"三述"报告等制度，层层传导压力、层层压实责任。

坚持把纪律和规矩挺在前面。结合县乡换届，深入开展警示教育；组织256名科级干部就《廉洁自律准则》和《纪律处分条例》进行了闭卷考试，举办了以"党纪党规印心中"为主题的知识竞赛；对2个县直单位和2个乡镇就扶贫工作进行了巡察，党员干部纪律意识和规矩意识明显增强。

（刘　斌）

附：一、中共兴县县委书记、副书记、常委名单

书　记：梁志锋

副书记：刘世庆　白小丹（5月任职，挂职）
王恩泽（4月离职）　高　鹏（4月任职）

常　委：刘晓春　刘　云（5月任职）　石　磊
张新春（4月任职）　白连厚（5月离职）
刘平则（5月任职）　成　林（5月离职）
宋兴丽（女，5月任职）　徐应军（5月离职）
冷树义（6月任职）

二、乡镇党委书记名单

蔚汾镇

书　记：马兴勇

蔡家崖乡

书　记：康瑞斌

奥家湾乡

书　记：尹永彪

高家村镇

书　记：康建华

恶虎滩乡

书　记：李迎斌

瓦塘镇

书　记：尹新明

魏家滩镇

书　记：李双权

康宁镇

书　记：高俊君

贺家会乡

书　记：刘欣渭

罗峪口镇

书　记：白宇宏

孟家坪乡

书　记：贾晋文

蔡家会镇

书　记：赵雪鸿

东会乡

书　记：张连营

固贤乡

书　记：王彬彬

赵家坪乡

书　记：王利军

圪垯上

书　记：刘东海

交楼申乡

书　记：康连平

中共晋中市委工作概况

市委书记　胡玉亭

2016年，在中央和省委的正确领导下，晋中市委深入学习贯彻习近平总书记系列重要讲话精神，统筹推进“五位一体”总体布局，协调推进“四个全面”战略布局，全面贯彻落实党的十八大和十八届三中、四中、五中、六中全会精神，按照省委“一个指引、两手硬”重大思路和要求，提出并全力推进全面挺进全省第一方阵、全面建成小康社会“两个全面”重要举措，团结带领全市广大干部群众“撸起袖子一起干”，推动晋中党的建设和党领导的各项事业取得新进步、新成效。

一、学习贯彻总书记系列重要讲话精神及省委重大思路和要求，提出治市理政新方略

始终把学习贯彻总书记系列重要讲话精神作为首要政治任务，对总书记最新讲话以及十八届六中全会、省党代会精神，市委常委会都及时传达学习。要求全市各级党组织和党员、干部要牢固树立“四个意识”特别是核心意识、看齐意识，在思想上拥戴核心、在政治上维护核心、在行动上紧跟核心，自觉服从以习近平同志为核心的党中央集中统一领导，始终同以习近平同志为核心的党中央保持高度一致。认真组织“两学一做”学习教育，坚持问题导向，狠抓整改落实，激发干事热情。始终坚持学用结合、学以致用，以强烈的问题意识学习领会，以鲜明的结果导向贯彻落实，把学习成效转化为晋中改革发展的实践成效，既保持了工作的连续性，又保证了工作的开拓性。深刻领会省委“一个指引、两手硬”重大思路和要求，胜利召开了市第四次党代会，确立了“两个全面”奋斗目标，打响了苦干三年，经济发展硬指标、区位影响软实力、脱贫攻坚硬任务和协调发展新格局全面挺进全省第一方阵的“晋中战役”。围绕目标细化、量化、可操作，在全市部署开展学习讨论调研活动。市委作出《关于苦干三年全面挺进全省第一方阵的决定》，市委、市政府制定《全面挺进全省第一方阵行动方案（2017—2019年）》，规划了苦干三年全面挺进全省第一方阵的时间表、任务书、施工图。

二、加强党对经济工作的领导，实现经济稳步向好

建立常委会动态和定期研究经济工作制度，强化经济运行调度，深度分析经济运行，精准诊断施策，实现了2016年下半年好于上半年，为2017年经济进一步好转奠定了基础。2016年，全市地区生产总值增长5.1%，规模以上工业增加值增长5%，固定资产投资增长4.8%，社会消费品零售总额增长7.5%，一般公共预算收入增长0.6%，外贸进出口额增长8.2%，城镇常住居民人均可支配收入增长5.9%，农村常住居民人均可支配收入增长6%。其中，地区生产总值、规模以上工业增加值、外贸出口额3项总量实现进位，地区生产总值、规模以上工业增加值、固定资产投资、一般公共预算收入4项增幅居全省前列。

加强对重大经济事项的决策指导。推进“万名干部入企服务”，延时扩面放大帮扶效应，深入开展“两个大起底”，组织企业大营销、大减负和管理大提升行动，推行甲（控）材机制。充分发挥投资对经济增长的关键作用，推动了一批重大转型项目落地建设，重点工程“六位一体”全省排名靠前。实施创新驱动、转型升级战略，新能源汽车实现批量化生产，现代煤化工项目建成投产，3D打印、半导体材料、高端装备、现代服务业等一批战略性新兴产业和创新创业势头良好。推动开发区改革创新，山西转型综改示范区晋中区建设顺利起步，在打造全市开发区“1+10”联合体，探索实行“政企分责型”模式，市场化、公司制建设运营上将拿出“晋中答案”。推进国家现代农业示范区建设，山西“农谷”正式上升为省级战略，从团队组建、规划编制、政策环境、运作办法等方面优化提升。推动创建国家全域旅游示范区，推进产品、管理、营销、业态“四个升级”，全年接待游客6357万人次，位列全省第一，旅游总收入658亿元，位列全省第二，分别增长26%和28%。全市服务业比重接近50%。

深化重点领域改革创新。推动供给侧结构性改革取得初步成效，“三去一降一补”任务顺利完成。各项深化改革年度任务基本完成，农村土地确权、政府购买服务等走在全省前列，108廊带区域一体化示范区建设方案出台，重大标志性工程开工。推进金融创新，205户企业在资本市场直接融资

360 亿元，储备和开展 PPP 项目投资规模达到 550 亿元。晋中银行太原分行和北京、上海两个财富中心投入运营，资产规模实现翻番。加快科技创新，深化产学研合作，“大学城”向“科学城”加速转型。建成“市民之家”，提供“一站式”“一条龙”“一张网”政务服务。改革商事制度，各类市场主体增长 16%。

三、全面提升民主法治建设水平，凝聚干事创业合力

加快法治晋中建设。依法规范权力运行，初步形成“一张清单、一套流程、八项制度”党委（党组）职责清单体系。以“法润晋中”为统揽，全面推进司法公开，促进政法机关执法规范化建设。启动“七五”普法，推进司法体制改革，祁县作为全省首批试点通过中央政法委委托的第三方评估。全面推行政府法律顾问制度，县级全部建立法律服务中心，铺开 41 个乡级法律服务站建设，推动“一村（社区）一法律顾问”工作。全市 75 %的行政村推开农村治理法治化，形成一批容易推广、操作性强的实践样本，被人民网、国家行政学院评选为 2016 年全国“创新社会治理优秀案例”。

加强民主政治建设。支持市人大及其常委会依法履行职责，通过我市首部地方性法规《晋中市地方立法条例》，加紧制定《晋中市城市管理条例》。组织人大代表集中视察重大项目、精准脱贫等重点工作，对《道路交通安全法》等法律法规实施情况开展执法检查和调研。支持政协在推进协商民主上发挥更大作用，围绕深化改革、破解难题献计出力，开展加快建设 108 廊带区域一体化示范区建设等专题调研，努力开创人民政协事业发展新境界。巩固和发展最广泛的爱国统一战线，市政协和民主党派市级组织、市县工商联换届工作圆满完成，县级统战工作力量得到加强。落实市委“双月座谈会”制度，深入实施“金桥爱心工程”“双引双赛”等活动，统战品牌影响力扩大。加强和改进党的群团工作，更好发挥工青妇等作用。加强国防和后备力量建设，推进军民融合式发展。

四、推进宣传思想文化工作，营造良好社会氛围

强化理想信念教育。先后 20 次组织市委中心组学习，深入学习总书记系列重要讲话，深刻领会党中央治国理政新理念新思想新战略和省委治晋理政新方略，围绕纪念建党 95 周年开展系列活动，增强了党员干部“四个自信”。

认真落实意识形态工作责任制。建立分析研判机制，强化各类新闻媒体和网络媒体管理，推进传统媒体和新兴媒体融合发展，“晋中发布”影响力不断扩展。探索建立突发公共事件舆论引导“3+2”工作机制，得到中宣部认可。

践行社会主义核心价值观。深入开展精神文明创建活动，市城区成功创建省级文明城市，灵石、左权、昔阳创成省级文明县城。建成“诚信文化教育基地”。开展“感动晋中十大道德模范人物”评选活动，1 人荣登“中国好人榜”。弘扬优秀传统文化，成功举办 2016 平遥国际摄影大展。

全面推动文化繁荣。推进文化体制改革，加快发展文化产业，深圳文博会文化项目招商数量体量居全省前列，全市文化产业增加值继续保持全省第二。国家公共文化服务体系示范区加快建设，“六个文化建设”实现全覆盖。中国晋中国际柔力球交流大会，被授予全国体育旅游“十佳精品赛事”。

五、协调推进各项社会事业，保障和改善民生

坚持以脱贫攻坚统揽经济社会发展全局，注重顶层设计，出台了《晋中市关于坚决打赢脱贫攻坚战的实施方案》。坚决落实“六个精准”“五个一批”“四个必须”要求，贫困村村村建起了工作室，第一书记和工作队员做到了长期驻村作战，实现了首战告捷。全年贫困村退出 151 个，减贫 4.9 万人，贫困发生率下降 2 个百分点。全市贫困农民收入同比增长 9%，高于 GDP 和城镇居民人均可支配收入增速。持续加大生态文明建设力度，深入开展“铁腕治污”专项行动，全力推进节能降耗、大气污染和重点流域水污染防治，坚决淘汰落后产能，不断强化生态治理。市城区连续 8 年荣膺省卫生城市，4 个县（市）成为国家卫生县城（城市），大寨镇成功创建国家卫生乡镇并入选国家特色小镇，城乡居住环境明显改善。晋中大学生创业园投入运营，建成 7 个创业孵化基地，全市城镇新增就业 3.5 万人，农村劳动力转移就业 3.47 万人，城镇登记失业率控制在 2.25%。城乡义务教育均衡发展工作走在全国前列，各级各类教育协调发展政策制度在全省推广。我市成为全省唯一的实施社会保险法全国试点，居民大病保险参保全覆盖，全省率先实现在医院直接结算。开展县级公立医院综合改革示范区创建，县域内医疗机构支付方式改革实现全覆盖。开展安全稳定风险隐患大排查大整治活动，整治率达到 96.7%。推行多元化解“746 工作法”，各类矛盾纠纷得到有效管控。信访工作制度改革持续深化，非访控制创历史最好水平。落实“三个坚决防止”要求，安全生产事故起数、死亡人数“双下降”，群众安全感和满意度大幅提升。

六、坚决落实管党治党要求，全面构建良好政治生态

认真落实全面从严治党主体责任。市委常委会先后 9 次研究管党治党、党风廉政建设工作，组织党的十八届六中全会和省党代会精神专题学习会，并就进一步落实全面从严治党主体责任提出明确要求、作出系统安排。“一对一”严肃约谈履行从严治党责任不力的主要领导，对落实“两个责任”不力的 171 名干部追责。严肃党内政治生活，落实“三会一课”等制度，75 名不合格党员限期改正。推进市县巡察工作，首轮巡察发现问题线索 475 件，给予党政纪处分 67 人、免职 2 人、诫勉谈话 55 人、移送司法机关 4 人。坚决落实中央、省委要求，开展监察体制改革试点工作。市委作出《关于贯彻落实党的十八届六中全会精神推进全面从严治党的决定》，以更大决心、更大气力、更大勇气管党治党，推动全面从严治党向纵深发展。

激发干部干事创业。市第四次党代会，选举产生了四届

市委和市纪委,圆满完成了省委人事安排意图。换届选拔县(区、市)长人选,推行了任期目标责任制激励办法。注重干部队伍年轻化、专业化建设,竞争性选拔出30名副处级后备干部,到清华大学培训三个月,发达地区挂职锻炼三个月,脱贫攻坚、项目建设、基层一线岗前锻炼三个月,考核合格后提拔使用,为干部选拔任用趟出新路子。出台《晋中市支持干部改革创新担当作为合理容错纠错实施办法(试行)》,真正为敢担当的干部担当,为敢担责的干部担责。

加强"三基"建设。抓两头带中间,调整"不称职"的村书记,配齐空缺的村书记,后进村全部转化升级,选树基层先进典型。提高在职"两委"主干年报酬。新建190个、改扩建159个村级组织活动场所。村村联建、村企联建、村社联建党组织107个。具备条件组建党组织做到应建尽建,实现党的工作全覆盖。发展集体经济,52.8%的村集体经济破零。

深入推进党风廉政建设和反腐败斗争。尊崇党章,挺纪在前,践行"四种形态",谈话函询1347件次,1115名有问题干部主动讲清问题,上缴金额1540万元。驰而不息狠刹"四风",查处违反中央八项规定精神问题83起106人,查处群众身边不正之风和腐败问题案件585件。"零容忍"惩治腐败,立查案件1114件,给予处分1073人,移送司法机关11人。支持纪检监察机关"三转",强化扶贫领域监督执纪问责,立案查处扶贫领域不正之风和腐败问题74件,给予党纪处分73人。

(李中华)

附:中共晋中市委书记、副书记、常委名单

书　记:张　璞(7月离职)　胡玉亭(7月任职)

副书记:胡玉亭(7月离职)　王　成(7月任职)
刘志宏(7月离职)　苗　伟(7月任职)

常　委:赵庆华(7月离职)　宋文斌(7月任职)
孙光堂(9月离职)　王建林(9月任职)
王建忠　孙宪春　唐立浩
黄耀春(女,9月离职)　任秀红(女,7月任职)
畅志仁(9月离职)　王　兵(9月任职)
贡　琦(9月任职)

中共榆次区委工作概况

区委书记　张祖祁

榆次区下辖6镇4乡、9个街道办事处,265个行政村、67个社区。现有基层党组织1235个,其中党委58个,党总支(支部)1177个,党员30148名。

2016年,榆次区委深入贯彻党的十八大和十八届三中、四中、五中、六中全会精神,坚持以习近平总书记系列重要讲话精神为指引,紧紧围绕省委"一个指引、两手硬"和市委"两个全面"目标要求,坚持"两学一做"学习教育与推动经济社会发展相结合,全力加快"勇当全市排头兵、挺进全省前十强"步伐,全区呈现经济稳步增长、民生不断改善、社会和谐稳定、生态持续好转、党建扎实推进的良好态势。

一、全面增强"四个意识",发展导向更加明确

坚持把学习贯彻总书记系列重要讲话精神作为重要政治任务,及时传达学习并深刻领会最新讲话精神,要求全区各级党组织和广大党员干部牢固树立"四个意识",特别是核心意识、看齐意识,坚定不移维护党中央权威和党中央集中统一领导,自觉在思想上政治上行动上同以习近平同志为核心的党中央保持高度一致。坚持以学习总书记系列重要讲话精神为主要内容,深入开展"两学一做"学习教育,各级党组织全部开展"四讲四有"专题研讨和"四诺三比一争优""党员先锋行"等主题实践活动,先后举办4期科级干部轮训班和12次专题讲座,制定了党员活动日制度,开展党日活动近5000次,参与党员9万余人次,基本做到了思想政治教育常态化、全覆盖。坚持以总书记系列重要讲话精神为指引,贯彻落实新发展理念,科学编制了榆次区"十三五"发展规划,胜利召开了区十三次党代会,响亮提出了"实施五大战略、推进五区建设"的发展思路,明确了"攻坚克难勇当全市排头兵、争先进位挺进全省前十强"的奋斗目标,进一步统一了发展思想、凝聚了发展共识、明确了发展方向。

二、全面加强党的建设,发展基础不断夯实

坚持把加强党的建设作为推动全部工作的重要基础,从严落实管党治党要求。持续加强"三基"建设,顺利完成了39个逾期未换届的基层党组织换届,帮扶整顿了25个软弱涣

散基层党组织,475名失联党员取得联系并按照规定登记造册,5200余名党员自觉补交党费71.3万元,持续加大党建经费投入力度,村均转移支付达到8万元,基本实现了待遇薪酬化、管理规范化和活动阵地全覆盖。积极推进区乡两级换届,区十三次党代会圆满完成了选举任务,选举产生了十三届区委和区纪委。在换届中,区委坚持把好干部标准贯穿始终,严格干部选拔任用程序,努力做到人岗相适,坚决防止"带病提拔",全年共调整干部7次、315人次,其中提拔53人,交流140人,免职115人,消化超职数配备领导干部44人,乡镇部门领导班子结构得到优化,"积极向上、干事创业"的良好局面正在形成。不断深化民主政治,切实加强和改进党对人大、政协工作的领导,圆满完成了区人大、区政府、区政协换届工作,坚持在重点工程、重大事项、选人用人等重要方面,与人大、政府、政协充分沟通、交换意见。重视统一战线工作,着力推动政党协商,坚持党外代表人士季度座谈会制度,顺利完成了区工商联换届,民族、宗教、侨务、对台和非公经济等工作得到加强。

三、全面净化政治生态,发展保障明显强化

严格落实"两个责任",换届后及时签订党风廉政建设责任书,对新一届区乡两级领导班子进行了集体约谈,各单位各部门向纪委全委会进行了"四述",严肃查处并通报了7起落实"两个责任"不力的典型案件,对16名领导干部进行了责任追究。加强日常监督管理,深入开展"两规范三整治"活动和窗口单位"两提一转"活动,坚持不懈狠抓"四风",组织开展专项督查240次,给予党政纪处分10人,诫勉谈话18人,重点对清明节期间违规私用公车问题从严处理并公开曝光。始终保持反腐败高压态势,全力抓好扶贫领域监督执纪问责,集中清理涉纪信访问题线索,以"三抓三促"活动为抓手,准确运用监督执纪"四种形态",促使99人主动交代问题,退缴违纪款394万余元,对区农委、东赵乡、郭家堡乡王湖村进行了专项巡察。2016年,全区共初核问题线索150件,立案122件,结案122件,处分121人,免予处分1人,其中党政纪轻处分占63.6%,抓早抓小、防微杜渐、"红脸出汗"逐渐成为常态,监督执纪问责的全面性、原则性、战斗性得到增强。

四、全面做好经济工作,发展态势保持平稳

区委主动适应经济发展新常态,不断加强对经济工作的领导,扎实推进稳增长、促转型、调结构各项工作,主要经济指标完成:地区生产总值216.3亿元,增长5.2%;规模以上工业增加值44亿元,增长5.9%;全社会固定资产投资275.8亿元,增长2.5%;一般公共预算收入12.1亿元,增长1.7%;社会消费品零售总额98亿元,增长7.5%;城镇居民人均可支配收入30815元,增长6.5%;农村居民人均可支配收入15624元,增长6.4%,各项指标全部实现正增长,基本完成各项目标任务。工业经济企稳回升,通过创新驱动、政策支持、靠前服务,加快推进实体经济发展与产业转型,高端装备、特色食品、新兴化工、多元电气等战略性新型产业取得积极进展,华能热电、瑞光二期、经纬纺机、吉利新能源汽车、高行液压、方盛液压、海玉食品、尚品天香等一系列重大项目、特色产品扎实推进。都市农业全面提升,认真落实农业供给侧结构性改革,粮、菜、果、牧、苗等主导产业优化提质,农业龙头企业实现销售收入40亿,"一带三区"休闲观光农业布局稳步推进,乌金山万亩高标准农田、北田万亩现代农业试点项目、田家湾环湖路等工程完成建设任务,都市农业与乡村旅游示范项目全面推进。现代服务业发展壮大,积极发展现代物流、高端商务、文化旅游,太铁、中储、长城等大型物流项目如期推进,农产品现代流通与农村市场综合示范园全面推进,榆次老城通过国家4A级景区验收,乌金山李宁国际滑雪场、深国投印象城商业综合体正式开业,现代服务水平稳步提升。

五、全面深化改革创新,发展活力切实增强

始终把改革创新摆在发展全局的核心位置,坚持科技创新驱动,大力开展产学研合作,高行、方盛、海洋等液压企业在轨道交通、天然气抽采等领域取得技术突破,全区申报高新技术企业数量超过"十二五"总和,专利申请量在全省名列前茅。农村改革扎实推进,95%以上的农村完成土地确权颁证任务,区农村土地交易中心运转正常,扎实推进新型职业农民培育工作,全年流转土地4700余亩。简政放权持续加力,"两单两图"工作全部完成并向社会公布,积极探索推行行政审批网上办理,最大限度为市场主体松绑。国资国企改革有序推进,金恒化工与四川雅化集团重组改制进展顺利。积极破解发展瓶颈,强化政策金融服务,搭建政银企合作平台,为海玉食品、戴尔蒙德、梁汾醋业等民营企业解决贷款2.2亿。深入开展干部入企帮扶,对民营企业靠前服务,对非公人士关心支持,对非公党建指导推进,切实提振企业发展的信心和决心。

六、全面改善民计民生,发展成效有效彰显

坚持把民生工作摆在首位,七成财力投向民生。社会事业不断进步,加大教育基础投入,工业园区学校、北大培文学校启动建设,进一步配齐配强了师资力量、硬件设施。深化卫生体制改革,流动人口动态监测调查数据全国排名第一,公立医院改革稳妥推进,成立了全省首家县级医疗质量控制委员会,医疗水平迈上了新台阶。完善创业就业机制,新增城镇就业岗位6826人,转移农村劳动力3926人。养老、医保、低保等社会保障有力,基本实现应保尽保。城乡统筹步伐加快,完成了4943亩、48万平米的征地拆迁任务,保障了东南外环快速化改造、龙湖街东延、城际轨道等市政重点工程顺利推进,王湖、源涡城中村改造取得突破性进展,乡村道路提质完善71公里,"气化榆次"辐射张庆、修文等6乡57村,完成了500户农村危房改造,城乡清洁工程做到了常态管理。扶贫增收积极推进,落实帮扶项目145项,帮扶资金到位955万元,协调贷款1400余万元,年度帮扶任务全面完成。和谐

建设取得突破，引深文明创建，开展“乡村文化记忆工程”“传承家风家训、弘扬传统美德”等主题教育活动，大力弘扬和践行社会主义核心价值观，市民素质明显提升。积极推进平安创建，全面规范网格化社会服务管理体系，健全应急救援队伍，安全形势稳定好转。认真做好信访工作，接待群众来访批次、人次和案件数量同比全部下降。圆满完成“六五”普法，启动“七五”普法，全民法制意识和法律素质显著提高。党管武装和民兵预备役工作得到新加强，街道社区、地震、档案、老龄、残联和工青妇等工作迈上新台阶。

(郝继光　王志斌)

附：一、中共榆次区委书记、副书记、常委名单

书　记：贡　琦(7月离职)　张祖祁(7月任职)

副书记：张祖祁(7月离职)　张　鹏(9月任职)　李鹏飞

常　委：邢如彪　刘国宏(8月离职)　冀　杰　石　勇(8月离职)　李　军　卢永红(8月任职)　巨维宏(8月任职)　马志宏(9月任职)　王继阳(5月离职)　孙立忠(8月任职)　刘文香(女,9月任职)

二、乡镇(街道)党(工)委书记名单

郭家堡乡

书　记：马志宏(5月离职)　田晓宇(5月任职)

乌金山镇

书　记：梁英俊

张庆乡

书　记：田晓宇(5月离职)　许润生(5月任职)

修文镇

书　记：张志峰

东阳镇

书　记：郝枫筝

北田镇

书　记：张秀珍(女5月离职)　刘　明(5月任职)

庄子乡

书　记：许润生(5月离职)　崔宴杰(5月任职)

长凝镇

书　记：郭　强(5月离职)　孙　军(5月任职)

什贴镇

书　记：马　宏

东赵乡

书　记：姬亚东

北关街道

书　记：常春俊(12月离职)　刘文枝(女,12月任职)

新华街道

书　记：张奇志(女,12月离职)　郭翠枝(女,12月任职)

锦纶街道

书　记：陈彩林(12月离职)　原丽花(女,12月任职)

安宁街道

书　记：李转萍(12月离职)　张奇志(女,12月任职)

新建街道

书　记：畅玉光(12月离职)　余民山(12月任职)

晋华街道

书　记：王建政(12月离职)　马桂萍(女,12月任职)

路西街道

书　记：武丽芯(女)

经纬街道

书　记：郭翠枝(女,12月离职)　畅玉光(12月任职)

西南街道

书　记：余民山(12月离职)　王金秀(女,12月任职)

中共太谷县委工作概况

县委书记　王怀民

2016年，中共太谷县常委会团结带领全县广大干部群众，认真贯彻党的十八大、十八届三中、四中、五中、六中全会精神和习近平总书记系列重要讲话精神，按照省委“一个指引、两手硬”的重大思路和要求、市委“两个全面”的战略部署，以“上台阶、强实力、进前列”为奋斗目标，聚精会神抓党建，一心一意谋发展，全县各项工作都取得了新进展、新成效。

一、坚持以系列重要讲话精神为指引，牢牢把握正确政治方向

常委会始终把学习贯彻习近平总书记系列重要讲话精神作为首要政治任务，自觉强化政治意识、大局意识、核心意识、看齐意识，确保了正确政治方向。

坚持把“两学一做”作为党建工作龙头任务。突出打牢“学”的基础，常委会坚持以上率下，依托县委中心组、两个大课堂累计学习32次，开展交流研讨6次；组织全县机关在职党员进行了脱产培训，充分利用微博微信，定期向流动党员推送信息600多条。坚持在“做”上求实效，在全县深入开展了“五争五做”党员先锋行主题实践活动，1.5万名党员佩戴党徽亮明身份；坚持问题导向，组织开展了“学习系列重要讲话、解决若干突出问题”交流研讨会，推动一大批问题得到有效解决。

深入学习贯彻十八届六中全会和省市党代会精神。常委

会牢固树立“四个意识”，特别是核心意识、看齐意识。主动向党中央、省委、市委看齐，向党的路线方针政策看齐。党的十八届六中全会和省市党代会闭幕后，第一时间召开全县领导干部大会进行传达学习，并就贯彻落实提出意见。按照省委“一个指引、两手硬”的重大思路和要求，市委“两个全面”奋斗目标，制定了我县“上台阶、强实力、进前列”的目标任务，“拼三年、三突破、进三位”的发展路径，全面推动省委、市委各项重大决策部署在我县落地生根。

二、准确把握稳中求进工作总基调，全力推动经济稳步向好

面对经济发展新常态，常委会始终把发展作为第一要务，不断加强和改善党对经济工作的领导，全县经济社会总体保持了平稳较快发展的良好势头。

经济运行稳中有进。全年 GDP 完成 80.4 亿元，同比增长 5.6%；固定资产投资完成 82.9 亿元，增长 5.3%；规模以上工业增加值完成 17.6 亿元，增长 7.3%；社会消费品零售总额完成 36.3 亿元，增长 7.9%；一般公共预算收入完成 4.43 亿元，增长 5.4%。预计城镇常住居民人均可支配收入 27410 元，增长 7%；农村常住居民人均可支配收入 16322 元，增长 8.5%。连续两年荣获市对县年度综合考核第一名，连续四年荣获“山西省县域经济发展先进县”称号，稳居全省 38 个 B 类县综合考核前三名。

三次产业提质增效。山西“农谷”上升为省级战略，省编委已批准设立“农谷”管委会，规划编制、平台建设等其它工作全面启动。现代农业改革试点扎实推进，金谷现代农业科技创新园一期工程基本完工。四大主导产业持续壮大，设施蔬菜面积占到全市 30%以上。工业转型升级持续加快。恒达园区 60 万吨机焦项目投入生产，20 万吨精密铸造项目设备全部安装到位；玛钢园区 35 家重点企业完成技改扩规，自动化生产线覆盖率达到 85%以上；水秀园区，成为山西科技创新城首批产业合作区，入驻企业达到 41 家。医药行业逆势增长，广誉远累计入库税收突破 1 亿元。文化旅游产业加速推进。美宝生态园成功晋级 AAA 级旅游景区，实现了 A 级景区零突破；旅游与文化、农业等产业融合步伐全面加快，荣获全国首批农村产业融合发展试点示范县。

改革创新纵深推进。积极创新投融资方式，大力推行政府购买服务、PPP 模式，启动实施了金谷大道两座立交桥建设、第二污水处理厂等一批重点工程。开展民营经济“待批项目”大起底活动，严格执行 24 小时直通车制度和首局负责制，对重大项目实行“三天一通报”制度，帮助 51 个项目完善手续，解决 10 余户企业用地、用电、用水等问题。扎实开展“租转征”工作，全年供地近千亩。大力发展互联网 +，打造了山西首家县级电商馆“淘宝·太谷馆”，农产品线上交易云平台和玛钢铸件交易平台投入使用，交易额达到 2 亿元。

民生福祉持续改善。牢固树立以人民为中心的发展思想，民生支出占到公共财政预算支出的 80%以上。全力推进脱贫攻坚。对全县脱贫工作进行了系统部署，选优配强了帮扶干部；坚持精准方略，启动实施了特色产业、异地搬迁等“八大工程”“二十个专项行动”，全年减贫 1881 人。大力改善城乡环境。金谷大道快速化改造加快推进，鑫港湾商业街区开业运营；建成保障性住房 678 套，改造农村危房 600 套；深入实施环保综合治理，城市燃气、集中供热普及率达到 90%、92%。社会事业全面进步。学校办学条件进一步改善，教育教学质量稳居省市前列；社会保障提质扩面，全年累计发放各类保险 4.6 亿元；大力推进大众创业、万众创新，51 个创业团队入驻“双创”基地。严格落实“三个坚决防止”要求，全县大局总体保持和谐稳定。

三、严格落实全面从严治党责任，积极构建良好政治生态

常委会牢固树立“抓好党建就是最大政绩”的理念，着力强基固本、从严从细管党治党，全县各级党组织的凝聚力、战斗力进一步提升。

着力强化干部管理。始终把从严选好、用好、管好干部作为关系党和人民事业的根本性问题来抓。牢固树立正确选人用人导向，坚持严格标准，严格考察，严肃纪律，圆满完成了县乡换届，选优配齐了各级领导班子。强化干部日常监管，严格落实领导干部提醒、函询、谈话等制度，各级干部组织观念、纪律意识明显增强。继续推进“三个一批”，干部管理工作进一步规范。认真落实省委、市委正向激励和合理容错办法，旗帜鲜明保护作风正派、锐意进取的干部，全县各级干部干事创业的积极性进一步增强。

驰而不息正风反腐。始终把党风廉政建设“两个责任”牢牢扛在肩上，先后 6 次召开会议专题研究党风廉政建设和反腐败工作。换届后，迅速在全县进行了“两个责任”层层约谈，并组织部分乡镇党委书记和县直单位“一把手”进行了“四述”，进一步压实了责任。全面贯彻落实党内监督条例，总结提出了“5510”工作法。狠抓重要节点，持之以恒纠正“四风”，释放了越往后越严的强烈信号。强化政治定位，突出问题导向，首轮完成了对侯城乡、小白乡、农委巡察。始终保持惩治腐败的高压态势，严厉查处了一批发生在群众身边的腐败问题，全年共立查案件 87 件，给予党纪政纪处分 87 人。坚持把纪律和规矩挺在前面，积极践行“四种形态”，谈话函询的人数大幅增加，共有 101 名干部主动向党组织交代问题，收到了良好的政治效果。

全面夯实基层基础。牢固树立大抓基层党建的鲜明导向，“三基”建设取得明显成效。严格落实基层党建责任制，在全县自下而上开展党建工作专项述职评议考核，进一步传导了压力，激发了动力。强化党员教育管理，先后排查出失联党员 265 名，补缴党费 80 余万元。积极壮大农村集体经济，有集体经济收入的村达到了 108 个。县财政投入 150 余万元，新建、扩建农村（社区）活动场所 25 个，基本实现活动场所全覆盖。全面拓展“两个中心”服务功能，广泛开展为群众“解难题、办实事”活动，推动形成了党员服务群众、党建服务大局的良好局面。

四、狠抓宣传思想文化工作,大力营造向上向善社会氛围

常委会高度重视做好宣传思想文化工作,积极壮大主流思想,推动文化繁荣进步,为全县转型跨越发展提供了强大的思想引领、精神动力、舆论支持。

切实维护意识形态安全。严格落实意识形态工作责任制,印发了《党委(党组)意识形态工作责任制实施细则》。自觉增强阵地意识,建立健全舆情监测、定期研判处置机制,及时掌握舆情动向,适时调温把控,切实掌握舆论的领导权、管理权、话语权。坚持团结稳定鼓劲,在媒介宣传和社会宣传"两个舆论场"、传统媒体和网络媒体"两个阵地"上,围绕中心、主动发声,集中开展了文明城市创建、美丽乡村建设等专题宣传活动,弘扬了主旋律、传播了正能量。

深耕厚植优秀传统文化。深入推进公共文化示范区建设,启动实施乡村文化记忆工程,筹建了太谷国学馆、非遗馆。积极开展各类群众文化活动,成功举办了孟母文化节和国际形意拳交流大会,组织开展了纪念建党95周年文艺汇演等系列活动,淳化了民风,引领了社会风尚。大力推进社会主义核心价值观教育,依托道德讲堂、基层宣传阵地等,积极推动核心价值观进单位、进学校、进农村,以文载道,以文"化"人,进一步营造了崇德向善、奋发进取的良好氛围。

五、充分发挥总揽全局协调各方作用,全面推进民主法治建设

常委会始终把民主法治的精神贯穿于工作全过程,坚持依法执政、依法行政,坚持以民主促团结、增活力,推动形成了加快发展的强大合力。

全面推进依法治县。启动实施"七五"普法,大力营造办事依法、遇事找法、解决问题靠法的法治环境。深入推进阳光司法,司法公开走在了全市前列。全面推进农村治理法治化,大力实施"法律明白人"培育工程,法律服务信息化平台和一村一法律顾问实现全覆盖;进一步完善"一心三防"人民调解工作机制,推动"找我调"向"我去调"转变,较好地解决了联系群众"最后一公里"的问题。

大力发展民主政治。坚持党对人大工作的领导,积极支持县人大及其常委会依法履行职能。认真落实宪法宣誓制度,激励工作人员忠于宪法、遵守宪法。组织人大代表对全县重点工程项目进行调研视察,提出意见建议。加强和改进党对政协工作的领导,支持政协在推进协商民主上发挥更大作用。组织政协委员围绕加快水秀工业园区发展、山西"农谷"建设视察调研。认真贯彻落实《中央统一战线工作条例(试行)》,不断加强党对统战工作的领导。高度重视对民主党派、无党派人士、非公经济人士的教育引导、政治安排,深入开展了"双引双赛""双学一跟"等主题活动,统一战线进一步巩固壮大。此外,武装、群团等方面工作,也取得了新进展、新成效。

常委会高度重视自身建设。带头学习贯彻中央要求,自觉增强"四个意识",始终在思想上政治上行动上与党中央、省委、市委保持高度一致。严格执行民主集中制,修改完善了常委会工作规则、书记专题会议规则。加强和改进工作作风,带头落实廉洁自律各项规定,团结务实、担当作为,保持了良好形象。

(吴玉峰)

附:一、中共太谷县委书记、副书记、常委名单

书　记:郝向明(7月离职)　王怀民(7月任职)

副书记:武晓花(女,7月离职)　刘　伟

刘进文(9月任职)

常　委:雷秦国(9月离职)　王　鹏

刘凯宇(8月离职)　石小冬(8月任职)

郭玉锁(8月任职)　刘进文(8月调职)

蒋　勇　池丽萍(女,9月任职)

孟玲珑(8月离职)　郁效军(9月任职)

王迎庆(9月任职)

二、乡镇(街道)党(工)委书记名单

明星镇

书　记:史安国(5月任职)　赵瑞旭(5月离职)

侯城乡

书　记:郑　炜

北汪乡

书　记:李　波(5月任职)　池丽萍(女,5月离职)

胡村镇

书　记:郭志强(5月任职)　王迎庆(5月离职)

水秀乡

书　记:陈新年(5月任职)　程锡威(5月离职)

阳邑乡

书　记:石艳萍(女)

小白乡

书　记:庞瑞宾

任村乡

书　记:王　刚(5月任职)　李　波(5月离职)

范村镇

书　记:贾世煜(5月任职)　郭志强(5月离职)

北城区

书　记:张玉忠(5月离职)　孙俊杰(5月任职)

南城区

书　记:王有忠(5月离职)　郭　栋(5月任职)

白塔区

书　记:刘俊明(5月离职)　原　林(5月任职)

中共祁县县委工作概况

县委书记　吴文胜

2016年，祁县共有基层党组织690个，其中党委12个、总支39个、支部639个；党组44个、党组性质的党委1个；党员14487名，其中女性3298人，占22.7%；农村党员6755人，占46.6%。

2016年，祁县全面贯彻党的十八大和十八届三中、四中、五中、六中全会及省市党代会精神，紧紧围绕省委"一个指引、两手硬"重大思路要求和市委"两个全面"任务部署，聚焦"挺进晋中方阵第二梯队、全面建成小康社会"目标，深入推进全面从严治党，加快提升县域综合实力，开创美丽文明、无煤有为祁县建设新局面。全年地区生产总值完成71.7亿元，同比增长5.7%；规模以上工业增加值完成15.8亿元，同比增长8.3%；固定资产投资完成73.9亿元，同比增长10%；公共财政收入完成3.3亿元，同比增长3.4%；社会消费品零售总额完成40.6亿元，同比增长7.5%；城乡居民人均可支配收入分别完成28619元、14841元，同比增长6.4%、6.3%。规模以上工业增加值增幅居全市第一。自营进出口总额完成4700万美元，绝对值和增幅都位于省、市前列。

一、坚持以习近平总书记系列重要讲话精神为指引，贯彻落实中央和省市决策部署

把学习贯彻习近平总书记系列重要讲话精神持续引向深入，县委带头，突出"融会贯通、全面覆盖，学以致用、以用促学，解决问题、推进工作"要求，组织全县上下深入学习贯彻系列重要讲话精神，切实增强"四个意识"特别是核心意识、看齐意识，坚决与以习近平同志为核心的党中央保持高度一致。深入学习宣传贯彻党的十八届六中全会和省市县党代会精神，引深开展宣讲、研讨、考试等"十个一"活动，增强学习实效；开展"严肃党内政治生活、严格党内监督"示范带动工作，探索全面从严治党基层模式；开展学习讨论调研，科学确立"挺进晋中方阵第二梯队、全面建成小康社会"目标及七项重点任务。

二、落实全面从严治党要求，党的建设全面加强

压实主体责任。把抓好党建作为最大的政绩，做到责任与任务双明确、双落实。30次常委会中16次专题研究党建相关工作，分别召开组织、宣传等工作会部署党务工作。就落实主体责任，层层签字背书、谈话约谈；实行县乡村三级书记座谈例会制度，县委书记每季度与乡镇党委书记、每月与村党支部书记谈心交流、座谈指导；实施基层党(工)委"书记项目"，打造基层党建品牌。

抓好思想政治建设。全面落实党管意识形态责任，完善机制，定期研判。以"一把手"为关键，"两学一做"学习教育为主导，落实"1234"工作法。即"一把手"带头做部署、讲党课。坚持"两学一做"学习教育常态化，做实"四讲四有"专题研讨、党员党性分析和"四诺三比一争优"党员先锋行主题实践活动。用好三大基地：组织6期270名党员干部赴井冈山理想信念培训基地、6600人赴廉政警示教育基地受教育，开辟微博微信党建新阵地。持续开展祁县大讲堂、微调研、五堂课、全民读书年四大活动。全县党员干部思想政治素养不断提升。

打造"好干部"队伍。把"看工作首先看党建、看干部首先看党性、看作风首先看党风"贯穿干部考核评价始终。坚持标准，持续推进"三个一线转作风、三件实事惠民生"，乡镇换届87%的人选有乡镇工作经历，科级"一把手"领办实事324件，分批选拔44人到信访局、扶贫办和乡镇挂职，680余名干部踊跃投身一线，全县上下干事创业氛围更加浓厚。

坚持夯实"三基"。创新推进"十管十有十落实"和"26+X村级自治、管理、服务规则"，让村干部知道抓什么、怎么抓。规范党组织设置、党员组织关系、党费收缴等"7+1"项工作，获中组部调研好评。创建21个"红五星"党组织，整顿提升15个软弱涣散村级党组织，75个村集体经济实现"破零"。保障每村经费9万元，其中党建1万元；村主干平均工资2.1万；新建、修缮47个村支部活动场所。

构建良好政治生态。尊崇党章，挺纪在前，坚决遵守执行政治纪律等六大纪律。县乡换届风清气正、圆满完成。积极接受市委巡察，完成对3个乡镇的县委巡察，集中整顿纪律作风，着力整改落实。坚持零容忍惩治腐败，立案审查78件，处分71人，组织处理1人；支持纪委"三转"，积极推进监察体制改革，强化涉农扶贫领域监督执纪问责。把握运用"四种形态"，以谈话函询处置信访举报问题线索75件次，同比增长5倍；教育引导79名党员干部主动交待问题。常态化开展夫妻双双受教育、科级干部任前廉政考试、谈话；中纪委网站专题推介乔家家规家训家风。

三、理直气壮抓发展，全县经济发展持续稳定向好

经济发展推动力更加凝聚。加强和改进县委对经济工作的领导，强化经济运行调度。坚持"马上就办、真抓实干"，推进重大项目、重点工作、党的建设和维护和谐稳定等4类132项"冬季行动"任务取得实效。深入开展"两个大起底"，107名科级以上干部帮扶91个企业(项目)。实施项目建设、财税增收和环境整治"三大战役"百日攻坚行动，项目建设

“六位一体”中“建设”全市第2,“储备、签约、落地”全市排名中上游;公共财政收入完成进度全市第一;县域环境面貌发生显著变化。“百项工程”推进有序,实施104项省市县重点工程,48个省市重点工程超额完成投资计划。

现代农业发展势头强劲。“四个一批”项目完成投资21亿元,“十个一”示范工程完成投资1316.57万元。粮、果、菜产量分别达22、27、55万吨。种植结构调整优化,粮改饲1.5万亩,粮改杂0.8万亩,设施蔬菜形成1个万亩、4个千亩、20个百亩示范园区。酥梨成功出口英国、欧盟和加拿大等15个国家和地区,创汇总额超1000万美元。设立全省首家草牧业院士工作站和全国第二家荷兰奶业技术中心。

传统产业振兴升级加快。玻璃器皿业组建“祁玻集团”,开创集团营销、抱团发展、区域品牌共建新局面;天久公司独家中标生产杭州G20峰会国宴用玻璃器皿;国内首家玻璃器皿电商孵化基地成立;行业产值突破23亿元。酒类饮品业整体规模迅速壮大,伊利公司16条生产线投产,当年产值突破13亿元;统一饮品项目投产,2个月产值突破3000万元。碳素产业向高附加值、低能耗、集约型转型,年产预焙阳极、阴极、电极糊等碳素制品30万吨。

文化旅游蓬勃发展。评选祁县好人、文明祁县人、道德模范,9人获市级表彰。开展第三个“全民读书年”“全民文化活动季”系列活动,引领、丰富群众文化生活。CCTV—7《过年了》2017年农民新春联欢会中部区在祁县完成录制;成功举办山西省第二届祁太秧歌大赛,晋中市“善文化杯”广场舞大赛,祁县第二届“王维诗歌节”暨首届“海岳杯”传统诗词大赛颁奖仪式。《祁县历史文化丛书》之《祁县名人》《祁县诗词》,《晋商印记》等相继出版。旅游发展提速增效。昭馀古城生态城镇建设项目列入外国政府滚动项目库。乔家大院景区经营体制改革基本完成,景区综合开发项目正式启动;《乔家大院之光明之路》拍摄完成;大型室外情景剧《乔家大院》成功首演。千朝谷五大板块全面投入运营。闫漫梨花节、东城腾达生态园、修善村善文化园等十大乡村旅游品牌景点(活动)吸引大批游客。年接待游客261.6万人次,门票收入1.34亿元。

经济开发区进位提升。体制机制改革取得突破性进展,管委会升格为正县级建制。入驻企业达到77户,荣登2016中国产业园成长力百强榜,在全省开发区排名跃升到11位,成为省科创新城产业合作区之一。

四、坚定不移深化改革创新,发展动力进一步增强

50项深改任务、174项具体改革工作扎实推进,重点领域改革取得积极进展。国家农村改革试验区、市深化农村改革试点县在全省、全市做了典型经验交流。司法体制改革作为全省首批试点,通过中央政法委委托的第三方评估。经营性国有资产管理体制改革迈出实质性步伐。总投资20.3亿元的208旅游通道提升改造项目、中轴线道路及市政配套设施项目和文化艺术中心建设项目纳入省财政厅PPP项目库,完成社会资本招标采购。被确定为全市唯一省级“双创”基地示范县。

五、大力保障和改善民生,各项社会事业全面进步

扶贫攻坚不断深入。对照“八不进”及省“三点意见”红线,精准识别贫困人口;充分调动包村领导、驻村工作队和“第一书记”三支队伍力量,以特色产业扶贫为主,综合运用爱心岗位减贫、村企对接扶贫、社会保障兜底等措施精准帮扶,整合使用扶贫资金830余万元,2016年成功脱贫878户1719人。环境保护持续加力。开展“铁腕斩污”专项行动。实施111个环保治理工程项目,完成108个。PM10、PM2.5浓度同比下降24.6%、18.9%。水源地水质100%稳定达标。民生保障全面加强。新增就业2863人,城镇登记失业率控制在1.56%。新开工各类保障性住房1004套,农村危房完成改造550户。推进六中、职中建设,学校布局进一步优化。通过省级基层中医药工作先进县验收。安全生产形势稳定好转。供热、供气、污水管网等基础设施不断完善。

六、深入推进法治祁县建设,民主法治水平进一步提升

坚持凝心聚力,不断加强基层民主政治建设。大力支持县人大及其常委会依法行使监督、决定、任免等职权,支持和保证人民政协开展工作。统战工作持续加强,圆满完成工商联换届,民族宗教领域和谐稳定。加强和改进党的群团工作,圆满完成工青妇换届。加强党管武装,推进军民融合发展。

坚持厉行法治,积极创新社会治理。启动“七五”普法,开展“法润祁县”系列工程,实施“项目护航”,推进“六六创安”提质增效,深化“十安联创”平安祁县建设,人民群众法治意识和安全感不断提升。完善落实司法责任制配套制度,推进“阳光司法”,促进政法机关执法规范化建设。完善“三台联动”机制,推动矛盾纠纷多元化解。落实权力清单制度,31个县直重点部门2359项权责清单向全社会公布。乡村治理法治化实践成为全市典型。

(杨志杰　田国民)

附:一、中共祁县县委书记、副书记、常委名单

书　记:吴文胜

副书记:张　鹏(8月离职)　冯耀黎(8月任职)
侯文亮(9月离职)　李军荣(女,9月任职)

常　委:郝昭仁(9月离职)　李郁明(9月离职)
闫锡忠　王　辉　冀得政(8月离职)
张　鑫(8月任职)　游海波(8月任职)
许学林(9月任职)　常许雁(女,8月任职)
杨秀龙(9月任职)

二、乡镇(城区、经济开发区)党(工)委书记名单

昭馀镇

书　记:杨兆明(5月离职)　薛瑞刚(5月任职)

东观镇

书　记：杜惠敏（5月离职）　庞　斌（5月任职）

古县镇

书　记：薛瑞刚（5月离职）　李志勇（5月任职）

城赵镇

书　记：王海旺

贾令镇

书　记：刘晓峰（5月离职）　张　琼（女，5月任职）

西六支乡

书　记：温　豪

峪口乡

书　记：王雪花（女，5月离职）　郝建斌（5月任职）

来远镇

书　记：李志勇（5月离职）　霍哲慧（5月任职）

昌源城区

书　记：张俊山

丹枫城区

书　记：闫素绘（女）

麓台城区

书　记：赵永刚（5月离职）　武步磊（5月任职）

经济开发区

书　记：郝昭仁（9月离职）　闫锡忠（9月任职）

中共平遥县委工作概况

县委书记　武晓花

2016年全县基层党组织共有1005个，其中：党委27个，总支55个，支部923个。党组29个，党组性质的党委2个。全县共有党员23830名，其中农村党员12818名，占53.8%；女党员4147名，占17.4%。建国前老党员102名。一年来，平遥县全面贯彻落实党的十八大和十八届三中、四中、五中、六中全会精神，深入学习习近平总书记系列重要讲话精神，按照省委“一个指引、两手硬”重大思路和要求，以“大美古城，小康平遥，国际旅游城市”为目标引领，坚持发展第一要务，打造古城第一品牌，激发改革第一动力，狠抓民生第一关切，落实党建第一责任，实施绿色转型、文化引领、创新驱动、城乡协同、智慧共享“五大战略”。在“十三五”开局之年，团结带领全县各级党组织和广大干部群众，适应新常态，奋力推动县域经济和社会发展再上新台阶、取得新成就。

以“两学一做”为契机，高标准完成县乡换届工作，推进基层党建工作再上新台阶

扎实开展“两学一做”学习教育，全县党员领导干部政治理论素质、履职尽责能力有了新提高。全县“两学一做”学习教育开展以来，全县各级党组织和广大党员干部，以“五个五”和“五大先锋行”主题实践活动，以上率下学做互融，总结探索出一些可圈可点的典型经验做法，得到了中组部和省市组织部门的充分肯定。尤其是关工委党支部组织离退休党员“离岗不离党、退休不褪色、卸任不卸责”的做法，在中组部相关刊物上进行了典型经验交流。

圆满完成县乡换届工作，领导班子和干部队伍有了新面貌。树立了倾斜基层的用人导向。坚持面向基层、关心基层、注重一线的干部选用导向，在2016年乡镇换届领导班子调整中，共调整干部104名，其中新提拔和重用的65名中，基层的达到了51名，占到了80%。同时选配了14名优秀的年轻机关干部到乡镇任职，充实优化了乡镇领导班子。圆满完成了县乡换届工作任务。坚持一手抓工作整体推进，一手抓换届风气监督，圆满完成了县乡班子换届工作，提名的各项候选人均以全票或高票当选，实现了“四个好”的预期目标。在干部考核考察中，对干部进行德的正反测评，并深入到生活圈、社交圈等进行全方位综合考察。充分征求纪检、综治、信访、卫计等8个部门意见，形成了多部门联动的廉洁审查机制，坚决防止带病提拔。搭建了培养、锻炼年轻干部的平台。采取上挂下派方式，选派年轻干部到贫困村、到信访、到重点企业、到市县综合部门等进行多岗位挂职、锻炼，一批优秀年轻干部能力得到较大提高。形成了“三个一批”工作常态化。全县共对247名干部开展了查档案、查民意、查业绩、查线索、查案件、个人事项报告，共处理惩治不廉洁、乱作为干部1人，提醒谈话1人，诫勉谈话18人。开展了干部专项整治工作。共消化超职数配备干部106名，对1069名领导干部和涉密人员办理和持有因私出国（境）证件情况全部进行了备案登记。完善了干部考核评价机制。县委率先出台了《支持干部改革创新担当作为，合理容错纠错实施办法（试行）》。积极落实县党代会精神，及时研究出台容错办法，致力营造鼓励和支持党员干部改革创新、敢于担当、勇涉险滩的良好氛围。进一步强化目标导向、绩效导向和激励导向，坚持差异化和专项重点考核相结合，日常和年终考核相结合，统筹推进工作目标任务和领导班子、领导干部考核工作。充分发挥各类人才服务发展的作用。高质量评选出36名县委联系专家，推荐的13名同志入选市第六届市委联系专家。召开了县委联系专家“为挺进第一方阵”献计献策座谈会，组织开展了平遥籍在外优秀人才信息征集活动，专家人才在引领服务县域经济发展的作用明显增强。

持续发力“三基”建设，全力推进基层组织建设再上新台阶，县委带头履责，不断强化抓好党建是最大政绩的理念，层层明责、压责。县委常委会多次专题研究党建工作，县级领导

全部建立党建工作联系点。组织组工干部、基层党务干部27次学习研讨中央和省市文件政策精神,22次召开专题会议部署落实基层党建工作任务。全面落实基层党(工)委书记"联述联评联考"机制和农村基层党组织书记"一定双述双评双考"机制。注重实效,率先采用"现场观摩+会议述职"的方式召开党(工)委书记履行基层党建工作责任专项述职会议,进一步压实了党建责任,形成了各级党委、党组织书记、委员齐抓共管抓党建的工作新格局。负重加压,"三基"建设活力增强。以"五个审视"为标准,以"五个一"为抓手加强基层组织建设。通过召开现场观摩推进会,树立了岳壁乡老年协管小组和微党建、古陶镇南城村壮大集体经济等一批先进典型。活动场所建设取得突破性进展。2016年新建和改扩建56个村级活动场所,共投入资金1689余万元,在全市建设力度最大。经费保障力度不断加大。县财政加大乡镇工作经费投入力度,每个乡镇至少增加5万元,达到35万元;保证党建经费每个乡镇5万元、农村(社区)1万元、非公经济组织和社会组织0.5万元足额到位;确保每个村运转经费达到8万元。在职主干报酬达到1.56万元,较去年增长57.4%,达到农民人均可支配收入的1.5倍。突出精准抓党建促脱贫见实效。调整充实扶贫工作队,选派了116个单位、4397名机关干部、75个驻村工作队,实现了贫困户帮扶全覆盖。通过小康村与贫困村结对"共建"、机关"扶建"、企业"助建"、党员"包建"等模式,初步实现了基层党建和扶贫开发"双推进"。其中,晋伟中药材合作社与上五村合作种植中药材、平遥牛肉集团与魏家庄村开发畜牧业等一批帮扶典型,得到省市组织部的充分肯定。基层党建重点任务扎实开展。完成了县乡换届工作中党员代表资格的审查工作,确保了"十种情形"人员零推荐。深入开展重温一次入党誓词、承诺亮诺、集中走访慰问等纪念建党95周年十大主题系列活动。非公企业和社会组织党组织应建全建,实现"两个全覆盖"。一村一策整顿软弱涣散农村党组织27个。39名大学生村官流动工作圆满完成。

着眼素质能力建设,全方位党员干部教育培训取得新成效。大力度实施干部素质提升工程,采取"请进来培训与走出去学习"相结合等方式,持续开展干部规模培训。高质量组织了全县所有农村(社区)"两委"主干、大学生村官、第一书记等进行封闭式"领头雁"培训。专门脱产两天,对全县220余名党务干部和乡镇党委委员进行了"全覆盖"集中培训。深入开展常态化大宣讲、大培训活动,组织由20名理论骨干、省市"两代表一委员"等组成的县委宣讲团,分四组深入基层进行了党的十八届六中全会和省市县党代会精神宣讲,已开展各类培训60余场次。

强化监督执纪问责,推进全面从严治党

县委全面落实从严治党的主体责任,围绕中心、服务大局,高点定标、实点发力,忠诚履行职责,推动党风廉政建设和反腐败斗争不断引向深入,监察体制改革试点稳步推进。

坚持传导压力,夯实主体责任。县委常委会以上率下,组织11个乡镇(街道)和6个县直单位两次向县委全委会进行"四述"。对16名乡镇和县直单位负责人进行了重点约谈,对10个县直单位"两个责任"落实情况进行检查,提出整改建议17条,整改问题12个,对检查中发现问题的17名党员干部进行了责任追究,给予党纪政纪处分3人。充分发挥巡察制度的监督作用,3个巡察组共下发整改通知12份,个别谈话182人,梳理线索26条。

坚持正风肃纪,持续加强作用建设。组织开展7轮"四风"问题明察暗访,发现违反八项规定精神问题55个,诫勉谈话8人,批评教育5人,给予党政纪处分5人。深入挖掘平遥县古县衙楹联廉洁文化,《号称"古衙之最",这个地方牛在哪?》在中央纪委监察部"一网一微一端"同步报道。

坚持挺纪在前,持续保持高压态势。始终坚持惩治腐败力度不减、尺度不松、节奏不变,坚持减存量、重点遏制增量。2016年立案、结案、党政纪处分人数分别达到104件、101件、97人。扎实开展扶贫领域的监督执纪问责,查处扶贫领域腐败问题14件,给予党政纪处分15人。

围绕发展,服务民生,经济社会事业全面协调持续发展

县委紧紧围绕提出的"立足三个瞄准,奋力进位争先"的三年行动计划和建设"大美古城,小康平遥,国际旅游城市"的奋斗目标,以项目建设为抓手,保指标,增投资,破难题,促民生,经济社会呈现转型升级、平稳提质的发展态势。预计年底,地区生产总值完成101亿元,增长6.9%;规模以上工业增加值完成26.9亿元,增长7%;固定资产投资完成123亿元,增长21%;社会消费品零售总额完成58.3亿元,增长6.5%;公共财政预算收入完成4.53亿元,增长4.78%;城乡居民人均可支配收入预计分别完成27274元、11113元,增长7%、7%。

抓项目增投资,发展后劲不断增强。项目储备完成全年任务,项目签约、落地、开工、建设、投产分别完成全年任务的130%、104%、103%、107.3%和140.44%。其中,平遥朱坑10万千瓦风力发电项目是我县重大招商引资项目,总投资82375万元,正在加紧建设中。光伏发电概算投资45亿元,已立项的平遥县鸿天新能源发展有限责任公司10兆瓦屋顶分布式光伏发电项目完善开工前准备。平遥古城生态旅游文化产业园项目已经全面启动一期工程建设,建筑面积共15万平方米,其中的文化创意园将在年内建成投入使用。

重投资促转型,产业发展齐头并进。全县粮食种植面积稳定在50万亩以上;水果种植总面积20.5万亩,建成万亩水果乡镇5个;蔬菜年均种植面积稳定在10万亩以上,以双孢菇为主的食用菌产业进一步发展,预计总产可达15000吨;建成百亩以上设施农业小区16个,300亩以上小区8个,千亩以上小区2个,总面积达到3.2万亩;82户龙头企业预计可完成销售收入42.5亿元,农产品加工业销售收入40.5亿元,农产品加工业产值46.5亿元。确定实施了18个重点工业项目建设,总投资22.7亿元。截至10月底已全部开工建设,其中8个已投产,累计完成投资8.88亿元,其中

当年新增投资5.02亿元。“九整治一提升”取得较好成效。旅游厕所革命稳步推进，启动新建、改造旅游厕所46处；成立平遥古城旅游集散中心，以平遥为中心向乡村旅游点、全市和全省重点旅游景区辐射开展旅游接待服务。截至10月底，平遥县景点共接待游客147.86万人，同比下降7%；实现门票收入12607.86万元，同比下降4.1%。《又见平遥》共演出691场，观演人数524480人次，场均上座率94.88%，演出总收入7594余万元。

打基础利长远，城乡建设扩容提质。以打造现代生态宜居城市为目标，以服务民生改善为主线，以城市扩容提质为抓手，今年重点实施了新建、续建、改造市政建设工程共19项。完成南外环道路改造项目续建配套项目；实施开展了兴平路道延伸工程、柳根河两侧道路等工程；完成了顺城路南延道路、东大街道路改造、环城东路改造、兴平东街道路硬化工程。实施了古城内马道10KV双回路电缆改造工程及消防土建配套工程，路面恢复9000平方米。铺开了古城低压电缆改造及消防土建配套工程，路面恢复4100平方米。对南外环以北原由峰岩供热的区域实施了热电联产集中供热，供热面积达370万余平方米。采暖“煤改电”项目稳步推进，截止目前，已有774户用户与厂家签订了合同，并按照“一户一设计，一户一方案”实施安装。

调结构优环境，政策措施全面落实。在严格落实种粮补贴、良种补贴等各级出台的政策措施的基础上，落实产粮大县奖补资金1500万元，重点对粮食生产、干鲜果、设施农业、健康规模养殖及农产品品牌建设进行扶持。117名领导干部组建帮扶小组39个、帮扶企业（项目）71户，累计开展调研活动100余次，解决企业（项目）中的问题48个。铺开了旅游秩序和建设秩序的两大整治工作，旅游乱象和违法建设的增量得到有效控制，存量正在切实解决，使今年“十一”黄金周成为平遥历史上最好的旅游黄金周。

（仝　卿）

附：一、中共平遥县委书记、副书记、常委名单

书　记： 卫明喜（7月离职）　武晓花（女，7月任职）

副书记： 石　勇（8月任职）　牛起虎（9月任职）
曹治胜（8月离职）　雷新平（9月离职）

常　委： 张贵青（女）　毕新荣　杨晓隆
李成海（8月任职）　齐宏亮（8月任职）
王　虎　刘向东（9月任职）
李英伟（9月任职）　韩　军（8月离职）
王金宝（9月离职）　巨维宏（9月离职）

二、乡镇（街道）党（工）委书记名单

古陶镇

书　记： 邓继杰

岳壁乡

书　记： 左晓俊（5月任职）　郭锦全（5月离职）

南政乡

书　记： 郑仰兴

中都乡

书　记： 郝远胜（5月任职）　刘向东（5月离职）

洪善镇

书　记： 刘国斌

襄垣乡

书　记： 成美玲（女）

朱坑乡

书　记： 刘　雄

东泉镇

书　记： 郝金福

孟山乡

书　记： 牛登山（5月任职）　裴　义（5月离职）

卜宜乡

书　记： 范志明（5月任职）　左晓俊（5月离职）

段村镇

书　记： 裴　义（5月任职）　师新坚（5月离职）

宁固镇

书　记： 师新坚（5月任职）　乔增利（5月离职）

香乐乡

书　记： 闫昕潮

杜家庄乡

书　记： 王桂梅（女）

城东街道

书　记： 武凯山

城西街道

书　记： 闫俊蕊（女）

古城街道

书　记： 张灵明

中共介休市委工作概况

市委书记　丁雪钦

2016年，介休市共有基层党组织1059个，其中党（工）委38个、党总支89个、党支部932个。共有党员22178名。

一年来，介休市委全面贯彻落实党的十八大、十八届三中、四中、五中、六中全会和习近平总书记系列重要讲话精神，紧紧围绕中央、省、晋中市各级决策部署和年初确定的各项工作任务，团结带领全市人民，全面推进全市经济、政治、文化、社会、生态和党的建设,各项工作取得新的突破。

一、把方向、谋全局,充分发挥领导核心作用

介休市委始终以习近平总书记系列重要讲话为指引,把学习贯彻习总书记系列重要讲话精神作为首要政治任务。以“两学一做”为载体,通过召开常委会、中心组学习、专家授课、集中研读、交流研讨、自学等方式,有力地推动了学习贯彻。全市各级党组织同步跟进,精心组织,认真学习,在全市兴起了学习宣传贯彻热潮。围绕学习贯彻习总书记系列讲话精神和中央、省、晋中市决策部署,市委常委会审时度势、果断决策,确立了“振兴崛起、城乡美丽、生活富足、人民幸福”的奋斗目标,明确提出了“工业脱困、农业上档、旅游升级、民生加力、社会和谐、勇争第一”的工作思路,全市上下发展定位更加准确、发展思路更加清晰,发展方向更加明确,凝聚起了“拼搏奉献、苦干三年、正本清源、实现巨变”的强大合力。

二、调结构、转方式,形成稳步向好发展态势

介休市委坚持稳中求进的总基调,认真落实省、晋中市政策措施,大力提升传统产业发展质量,积极培育新的增长点,实现了经济发展稳中有进。2016 年全市地区生产总值完成 143.9 亿元,同比增长 5.3%;规模以上工业增加值完成 62.9 亿元,同比增长 6.2%;固定资产投资完成 149.6 亿元,同比增长 5.6%;社会消费品零售总额完成 90 亿元,同比增长 7.1%;一般公共预算收入完成 10.7 亿元,同比增长 6.9%;城镇居民人均可支配收入完成 30650 元,同比增长 5.8%;农村居民人均可支配收入完成 12333 元,同比增长 5.2%。工业加速提质。实施“稳煤保焦促钢强化”路径,紧紧围绕“3131”目标,全市生产矿井达到 13 座,推动安泰、昌盛等传统企业加快脱困,全市原煤、洗精煤、焦炭、钢铁分别实现产量 703.8 万吨、1616.7 万吨、480 万吨、294.7 万吨,全部实现增产增效;推动博创纳米材料产业园建设,崇光低热值煤发电和凯嘉煤层气发电二期工程加快实施;推进晋能物流等重点物流项目建设,奥维德圣仓储中心建成投运;积极培育提升小微企业,新增“小升规”企业 4 户。农业释放潜力。实施“药蛋果产”战略,大力调整种植结构,减少传统低效作物玉米种植面积 1.2 万亩,粮食总产量达到 1.22 亿公斤;积极发挥规模效应,干果经济林提质增效 8000 亩,2 万亩绵黄芪种植项目成功落地;鼓励社会资本进入农业领域,长寿湾项目成为全国首批、华北首个乡甜农业项目,绿兴源蛋鸡养殖项目建成投产,誉美香肉鸡养殖项目开工建设。服务业上档升级。加快“一山一村一城一市”精品景区建设,张壁古堡挂牌国家 4A 级景区,启动老城 4A 级景区创建,张兰古玩城成为山西第四条特色商业街,虹霁寺正式对外开放;电商园冷链仓储建成投运,家家利超市进驻太原;“互联网 +”战略加速实施,成为国家农民工返乡创业试点县,电子商务产业园交易额达到 4000 万元,被省科技厅确定为省级众创空间。

三、解难题、强服务,发展潜力得到有效释放

市委常委会下大力气不断优化发展环境,着力破解项目不多的困局。通过深挖潜力、科学调度,扭转了项目建设停滞不前、固定资产投资连续在全市排名靠后的局面,崇光低热煤电厂、汾河综合整治等 4 个省级重点工程项目完成投资 17.5 亿元,73 个晋中市级重点工程完成投资 115.8 亿元,有效支撑全市固定资产投资增长。积极开展干部入企帮扶,落实四套班子包项目责任制,成立 75 个工作小组对接 115 个帮扶企业和项目,首批 39 名熟悉企业管理、安全生产等特长的干部脱产到企业挂职。扎实开展项目服务,深化“各类项目受理大起底”和“待落地项目大起底”工作,共排查、筛选落地项目 85 个、总投资 101.9 亿元。针对项目停产原因,积极与省、晋中市国土、环保、安监等有关部门对接,与相关村企沟通协调,妥善解决企业有关问题,全力推动所有项目复产或投产。茂胜大机焦环评手续办理、亿联国际商贸城用地等问题全部解决,得一、益达化工复工复产。

四、打基础、促提升,城乡建设实现协调发展

以国家新型城镇化综合试点和“108 廊带区域一体化发展示范区”建设为抓手,加快城乡一体化发展步伐。市级领导牵头,综合性打造张兰、义安、三佳城镇化示范区,8 个村入选中国传统古村落名单;深入实施城乡人居环境改善工程,改造东大街、朝阳路,投资 3000 万元集中开展垃圾集中清理、交通秩序整顿、公共设施配套、经营秩序规范、绿化美化提升为内容的城乡环境综合整治攻坚行动,城乡环境形象焕然一新;抓好“美丽乡村、幸福社区”建设,在两千人以上村谋划“六个一”工程;深入实施大气、水、土壤防治,启动省农村生活污水防治项目,加快汾河国家级湿地公园创建,新增绿化面积 12.55 万平米,建成区绿地率、绿化覆盖率分别达到 37.7%、43.06%,城市人均公共绿地面积 10.8 平米。

五、重民生、惠群众,坚决兑现实事实干承诺

立足保障和改善民生,将更多的资源、资金、项目向民生倾斜,增强人民群众的幸福感。加大民生支出。全年民生共支出 18.9 亿元,占公共财政支出 79%,累计保障低保对象 3.4 万人,发放低保金 1275 万元,发放抚恤金、补助金 2300 万元,发放救助金 540 万元。发展民生事业。出台《介休市关于鼓励民间资本进入教育领域,促进民办教育健康发展的实施办法》,引进北京新学道和山西现代双语两所民营学校在介休办学;对城区学校优化调整,盘活教育存量资产 4.4 万平米;聘任全国教育专家、河北省骨干校长张斌利担任介休一中校长。积极推进人民医院 PPP 建设模式,争取引进三甲医院参与管理运营;被国家卫计委表彰为全国中医药工作先进县,成为山西唯一的国家级妇幼健康优质服务示范市。办好民生实事。确定城市公共出行、集贸市场等十件民生实事,开通免费公交线路和 1 元公交线路,完成公共自行车投放;免

费向社会开放后土庙、祆神楼、城隍庙等三处国保单位和20个群众文化活动室，社会福利中心主体完工；完成各类就业创业培训7830人次，新增城镇就业人数4750人；成立民生事务保障办公室，开通民生服务专线，协调解决事关群众切身利益的“四供”等民生重点问题。

六、防风险、解矛盾，社会风气实现持续好转

以“党政同责，一岗双责”为核心，扎实开展安全生产大检查、打非治违、专项整治等重点行动，全覆盖、无遗漏排查治理各类安全隐患，全市未发生较大以上安全生产事故；加快“平安介休、法制介休”建设，深入开展“打黑除恶”专项斗争，全面消除各类社会治安隐患，促进社会和谐稳定；积极开展“信访大结案”活动，深入落实领导接访、领导包案、信访救助、重点稳控等措施，我市共发生信访总量819批次、5630人次，同比去年下降21.78%、50%，共排查出重点信访案件100件，已办结75件，办结率75%；成立介休市文化促进会、光彩公益事业协会、介休市蓝天救援队，开展丰富多彩的公益活动，大力推动社会公益组织建设，不断提升社会道德水平；拿出1000万元专款成立介休好人事业促进会、设立好人基金、举办“介休好人”评选，着力转变作风、带动社风、教化民风，形成“人人当好人、人人做好事”的良好风尚。

七、抓主业、履主责，落实全面从严治党要求

市委常委会严格落实党风廉政建设主体责任，着力推进全面从严治党向纵深扩展。开展“两学一做”。积极稳妥推进“两学一做”学习教育试点工作，坚持每月党日活动，夯实“两学”基础，突出“一亮一联三诺三比”，强化“一做”关键，坚持分层次分类别对处级、科级党员干部和普通党员进行专题培训，组织“党员标准”大讨论，立足常态长效抓好落实推进。严格责任传导。市委常委会专题研究基层党建工作20次，专题研究党风廉洁建设和反腐败形势工作17次，集体研究反腐败案件工作2次，建立“三级”“双层”党建目标责任制管理制度，坚持三级联述联评联考，层层压实责任。强化基层组织。撤并改建各领域支部34个，对30个后进支部挂牌整顿，细化“五个好”乡镇党委和村党组织创建标准，在非公企业和社会组织中启动“六个标准化”建设，实行市四套班子领导干部包联、科级干部带队工作组驻点、“第一书记”入村、市直机关和工商企业结对的“4帮1”举措；圆满完成换届工作，乡镇领导干部平均年龄下降6岁，大学本科以上学历比例上升18个百分点，具有2年以上乡镇工作经历的领导干部占到了81%，乡镇领导班子得到进一步优化。提升服务水平。投入41.28万元启动12个农村危旧场所改建修缮工程，全市村级组织活动场所管理和使用全部实现科学化、制度化、规范化。加强社区阵地标准化建设，全面提升五个“十分钟服务圈”服务水平，着力为居民群众提供优质服务。严肃执纪问责。成立市委巡察工作领导小组，组建巡察办和3个巡察组，严肃开展执纪审查和监督问责。2016年纪检监察机关共处置问题线索274件，立案120件，结案119件，给予诫勉谈话81人，党纪政纪处分119人，其中处分乡科级干部6人，撤职以上重处分15人，移送司法机关3人，持续保持了反腐的高压态势。

（任德森）

附：一、中共介休市委书记、副书记、常委名单

书　记：王继堂（7月离职）　丁雪钦（7月任职）
副书记：张　驰（8月任职）　王怀民（7月离职）
　　　　苟富杰（8月任职）　董国斌（8月离职）
常　委：韩　亮（8月任职）　王宁照（8月离职）
　　　　郭建雄（8月任职）　张宝贵（8月离职）
　　　　刘世宏（8月任职）　苟富杰（8月调职）
　　　　李克虎（9月任职）　张　鑫（8月离职）
　　　　董建伟（9月任职）　寇建文（8月离职）
　　　　李俊萍（女，9月任职）　赵　宇（8月离职）
　　　　李　宏

二、乡镇（街道）党（工）委书记名单

义安镇
书　记：乔洪治
张兰镇
书　记：冀晓军
连福镇
书　记：侯建文
义棠镇
书　记：段燕瑞
绵山镇
书　记：杨东辉
龙凤镇
书　记：孟锡政
洪山镇
书　记：李俊萍（女）
宋古乡
书　记：赵　辉
城关乡
书　记：杨宝民
三佳乡
书　记：冀鹏俊
北关街道
书　记：赵岚云
西南街道
书　记：张岩峰
西关街道
书　记：朱明智
东南街道
书　记：范玲玲（女）
北坛街道
书　记：曹　华（女）

中共灵石县委工作概况

县委书记 段燕翔

灵石县共有基层党组织905个,其中党(工)委32个,党总支57个,党支部816个。共有党员15853名。

2016年是灵石县克服困难、奋力攻坚、在挑战中推进各项工作取得新进展的一年。一年来,县委常委会认真贯彻党的十八大和十八届三中、四中、五中、六中全会及省、市党代会精神,按照省委"一个指引、两手硬"重大思路和市委"苦干三年全面挺进全省第一方阵"的战略部署,狠抓发展第一要务,深入推进全面从严治党,各项工作取得新成效。

一、深入学习贯彻习近平总书记系列重要讲话精神,坚决落实省委、市委重大决策部署

深入学习宣传贯彻十八届六中全会和省、市党代会精神。坚持县委带头,掀起学习宣传贯彻热潮。要求全县各级党组织和党员领导干部牢固树立"四个意识",在思想上拥戴核心,在政治上维护核心,在行动上紧跟核心,始终同以习近平同志为核心的党中央保持高度一致。坚定不移推进全面从严治党,严格执行《准则》《条例》等党内法规。开展学习讨论调研活动,在"三年挺进全省第一方阵"的"晋中战役"中主动担当、找准定位,确立了加快建设全面小康升级版、奋力当好山西振兴崛起排头兵,在全省率先晋位升级,率先全面建成小康社会的奋斗目标。认真贯彻实施《中国共产党地方委员会工作条例》《中国共产党党组工作条例(试行)》,完善各项工作制度,不断提高领导能力、议事效率和决策水平。

扎实开展"两学一做"学习教育。坚持全员覆盖,县委以上率下,全县905个基层党组织、1.5万余名党员参加学习教育。坚持以学促做,把总书记系列重要讲话作为根本遵循,开展领导干部"三个一""四诺三比一争优"党员先锋行等主题实践活动,做到真学真懂、真信真用。坚持问题导向,列出问题清单和整改清单,实行销号制度,推动学习教育落到实处。圆满完成4个专题学习讨论,全县各级党组织都召开了一次高质量的民主生活会。

二、圆满完成县乡换届,激发干部干事创业积极性

准确把握省委、市委换届工作要求,圆满完成县乡换届各项工作,全县各级领导班子结构得到优化,整体功能明显增强。在乡镇换届中,改变以往"海推"推荐办法,通过采取先进行谈话推荐,再确定范围进行会议投票推荐,最大限度地集中了民意,在酝酿初步人选时采取五人小组与组织部门共同提名等办法,实施署名推荐,在各个环节上做到全程留痕,最大限度地堵塞了"漏洞",弥补了"缺陷"。充分考虑干部历年考核结果和在重点工程、中心工作、急难险重时刻的表现,进一步树立了基层导向。换届后,127名乡镇党政领导班子成员直接从乡镇任用的达到106人。党政正职平均年龄40.75岁,比换届前下降2.35岁,配备了2名女干部。其他班子成员平均年龄38.1岁,比换届前下降3.3岁。女干部30名,占23.6%;非党干部3名,实现了乡镇非党干部配备零的突破。

三、理直气壮狠抓发展第一要务,全县经济呈现稳中向好良好态势

千方百计稳定经济增长。加强党对经济工作的领导和指导,严格实行县领导包项目、重大项目指挥部、重点工程月调度等制度。推进干部帮扶企业(项目)和"两个大起底",帮助企业度过难关、实现发展。工业用电量逐月增长,重点企业效益持续向好,焦化、冶金等行业基本停亏,规上工业企业主营业务收入连续33个月来首次实现由负转正。深化"项目创新年"活动,推进86个省市重点工程建设,"六位一体"完成情况全市排名靠前。

全力以赴推动产业转型。全县非煤产业增加值占比达到11.7%,超市定任务5.2个百分点。狠抓煤电铝一体化,启光2×350MW低热值煤发电项目加快建设,东方希望建成两条生产线,氢氧化铝年生产能力达到200万吨。调整优化农业种植结构,实施农业支持保护补贴,扩大重点作物政策性保险。核桃产业提质提效,继续实施1000万元专项补贴用于综合管护、品种改良、技术服务等,我县通过自己培养、自己考试、自己发证、自我提升,加强农村技术服务队伍建设的做法得到了省市的高度肯定,楼阳生省长、郭迎光副省长先后做了专门批示,并在全省推广。农村产权流转交易中心挂牌,土地确权工作正在收尾。红崖沟、石膏山两个4A级景区提升、金山休闲森林度假区、少林资寿文化园等项目有序实施,旅游管理、营销、业态加快升级。全年接待游客920.1万人次,旅游总收入85.1亿元,同比分别增长21.3%和32%。

坚定不移深化改革创新。县委全面深化改革领导小组召开4次专题会议,制定《2016年改革工作要点》和各专项小组工作计划,转型综改加快破题实践。推动供给侧结构性改革取得初步成效,全年原煤产量同比下降17.6%,煤炭行业增加值同比增长5.5%;商品房库存面积比年初下降25.2%;基础设施、城镇化等领域投资同比增长47%。开办民营经济大讲堂,制定出台加快民营经济发展的27条措施,积极扶持中小微企业发展,建成天星中小企业创业基地。推进金融创新,设立3000万元应急周转保障资金,为26户企业周转贷款2.3亿元。运用城镇化建设基金为18个项目融资6.42亿

元,“助保贷”业务为4户中小企业贷款1780万元。广宇通腐植酸、隆达铸造、天星新型管业3户企业进入“新三板”上市企业后备资源库。深化投融资体制改革,向社会推出总投资达30.2亿元的8个PPP项目。108廊带南部文旅集散中心建设顺利推进。创新推动国家级相对集中行政许可权试点改革,推动审批提速增效。

四、发展社会主义民主政治,全面推进法治灵石建设

加快法治灵石建设。深化司法体制改革,深入推进执法司法规范化建设。启动“七五”普法,开展“法律六进”活动,全面推行“一村(社区)一法律顾问”工作。以被确定为全省社会治安防控群防群治试点县为契机,在不同地域、不同部位分类分级别实施不同的群防群治模式,大力开展平安志愿者活动。

加强民主政治建设。支持县人大及其常委会依法履行职责,新选举产生了两个专门委员会。组织人大代表调研核桃产业发展情况,视察重点项目建设,对环保执法检查问题整改、创优发展环境等开展监督。支持政协在推进协商民主上发挥更大作用,县政协围绕自然生态旅游资源开发利用、精准扶贫等开展调研。巩固和发展最广泛的爱国统一战线,县工商联换届工作圆满完成,加强县级统战工作力量。深入实施“金桥爱心工程”“双引双赛”等活动,统战品牌影响力持续扩大。加强和改进党的群团工作,完成基层团委换届。加强国防和后备力量建设,推进军民融合式发展。

五、深入实施文化强县战略,宣传思想文化工作开辟新境界

强化理想信念教育。先后17次组织县委中心组深入学习党中央治国理政新理念新思想新战略、省委、市委重大决策部署,围绕纪念建党95周年开展系列活动,增强党员干部“四个自信”。

认真落实意识形态工作责任制。建立分析研判机制,强化各类新闻媒体和网络媒体管理,推进传统媒体和新兴媒体融合发展,政务微博“灵石发布”影响力位列全省第五。

践行社会主义核心价值观。深入开展精神文明创建活动,成功创建省级文明县城。积极向省、市推荐先进典型,开展“灵石好人”评选。弘扬优秀传统文化,组织开展“我们的节日”等主题活动,宣传推广的王家家训文化被中纪委网站转载。

全面推动文化繁荣。加快发展文化产业,积极推荐申报省市文产扶持项目。加快公共文化服务三级网络建设,开展村镇文化品牌创建工作。成功举办第三届中国灵石国际版画双年展。

六、切实保障改善民生,各项社会事业全面进步

打好脱贫攻坚战。把脱贫攻坚作为第一民生,精心顶层设计,共识别贫困人口12321人。制定精准措施,实施“六大攻坚工程”,财政投资1222万元扶持发展64个产业扶贫项目,投资59万元为所有贫困人口入了大病保险和意外伤害险。在民营企业中实施“百企联百村结千户——脱贫增收奔小康”行动,在党员干部中开展“帮一把、扶一下、带一程”扶贫助困活动,从121个单位抽调干部对276个有贫困户的村开展结对帮扶。人大代表、政协委员、共青团员、各级妇联组织和社会各界人士踊跃参加脱贫攻坚战。全年减贫2030人、易地搬迁150人,省级贫困村吴庄村脱贫,贫困发生率下降1.1个百分点。

保障民生民利。县财政民生支出19.2亿元,占到公共财政预算支出的85.9%。社会事业协调发展,县教科局、灵石三小被评为“全国安全示范单位”“全国安全示范校”。8所乡镇卫生院建设工程基本完工。新建了22个农村社区老年日间照料中心。县老龄委荣获“全国老年法律维权工作先进集体”。就业工作扎实推进,城镇新增就业2218人,安置下岗失业人员664人,困难人员再就业146人,转移农村劳动力3445人,创业带动就业1007人。城镇登记失业率1.49%,低于市定目标。社保体系日趋完善,主要险种覆盖率达99%以上,继续提高城乡居民最低生活保障标准。扎实办好民生实事,县政府承诺“十件实事”全部落实,实施242项“微民生”工程,3所县级公立医院药品全部实行零差价销售。信访工作制度改革持续深化,重大活动期间非访实现“零上访”“零滞留”。落实“三个坚决防止”要求,安全生产事故起数、死亡人数“双下降”,群众安全感和满意度大幅提升。

提升县域城镇化水平。实施城建重点工程25项,完成投资30亿元。县文体活动中心投入使用。新区经八路及纬九路东延伸、红崖沟旅游路工程完工。城市供热、供气扩面提质工程进展顺利。城市棚户区改造开工283套,改造农村危房202户。投资1000万元实施乡村清洁工程,被列为省级农村垃圾治理示范县和省农村垃圾分类试点县。顺利通过国家卫生县城的复审。

加强生态文明建设。统筹推动落实大气、水污染防治行动计划,集中式饮用水水源地水质全部达标。完成中凯电厂实质性关停和汾河沿线3户污染企业的搬迁任务。新造生态林2.6万亩,完成村庄绿化5个,森林覆盖率达33%。实施城区绿化工程5处,新增绿地面积15.1万平米。新区森林公园被命名为“山西省四星级公园”。

七、落实党要管党、从严治党要求,党的建设全面加强

坚决落实全面从严治党主体责任。认真贯彻十八届六中全会精神,按照省委“一个指引、两手硬”重大思路和要求,着力构建良好政治生态,县委常委会先后9次研究管党治党、党风廉政建设工作。严肃党内政治生活,全面规范“三会一课”、党员主题活动日等制度。围绕全面从严治党,县委主要领导就落实“两个责任”对全县副科以上干部进行了集体约谈。全县103家单位制定了落实“两个责任”三个清单,进一

步厘清了管党治党责任。对落实“两个责任”不力的35名干部追责。推进县级巡察工作,首轮巡察发现问题线索85件,立案4件,结案2件,给予党纪处分2人,移送审理1人,诫勉谈话28人。启动了对扶贫、微民生、“一事一议”三项惠民资金的专项巡察工作。坚决落实中央和省委、市委要求,开展监察体制改革试点工作。

全面加强干部队伍建设。全年县委常委会研究干部人事任免10批次279人次,从严把好选人用人关。落实年轻干部一线培养机制,选派143名干部入企帮扶,县直和条管单位665名科级干部到扶贫攻坚一线挂职锻炼,24名副科级干部到信访部门挂职锻炼。加强干部日常管理,完成对干部的“三龄两历一身份”认定,消化超职数干部36人。

加强“三基”建设。制定《关于进一步加强农村基层党建工作的实施意见》,实施“凝心聚力、固本强基、素质提升、群众满意、品牌创建”五大工程。抓住各级党组织“一把手”这个“火车头”,上紧发条、持续用力。举办了两期“领头雁”集中培训,从大学生村官中招聘事业单位人员41名。落实党建专项经费578万元,村级组织运转经费达到村均8万元。全县共创建“五好五规范”基层党建工作示范点60个。新改建25个村级活动场所。选树15个先进基层党组织和20名优秀共产党员。

深入推进党风廉政建设和反腐败斗争。尊崇党章,挺纪在前,践行“四种形态”,谈话函询处置问题线索243件次,201名干部主动讲清问题,上缴违纪金额160万元。驰而不息狠刹“四风”,在各乡镇推行村规民约和红白理事会试点工作。“零容忍”惩治腐败,立查案件38件,给予党政纪处分38人。投资300余万元在县委党校建设总面积700平米的党纪教育和谈话办案基地,支持纪委和即将成立的监委顺利开展工作。支持纪检监察机关落实“三转”要求,调整充实了县乡纪委班子,为30个县直单位配齐了派驻纪检组长。

八、切实加强常委会自身建设,提升工作规范化水平

在增强“四个意识”中强化政治定位。带头贯彻十八届六中全会和省、市党代会精神,进一步增强核心意识、看齐意识,坚决在思想上政治上行动上与以习近平同志为核心的党中央保持高度一致,坚决维护党中央权威。

在严肃党内政治生活中增进班子团结。认真执行民主集中制,着力完善集体领导和个人分工负责相结合的制度,讨论出台了《县委常委会工作规则》《县委书记专题会议工作规则》等。充分发扬民主、善于集中、敢于担责,坚持重大问题集体讨论、集体决策,按制度办事、按规矩办事、按程序办事,共同维护坚持党性原则基础上的团结,为全县各级党委和党组织作出了表率。

在带头执行廉洁自律规定中增强责任担当。时刻把纪律规矩挺在前面,带头落实全面从严治党主体责任,带头执行廉洁自律规定,带头接受监督,带头尊法学法守法用法,注重小节、牢守底线,始终保持了良好形象、最佳状态。坚持说实话、办实事、求实效,认真执行常委包乡镇制度和领导干部包村增收制度,深入基层,调查研究,解决问题,推动落实,为全县党员领导干部作出了表率。

(武 林)

附:一、中共灵石县委书记、副书记、常委名单

书 记:段燕翔
副书记:刘 璇 岳 泰(9月离职)
张李虎(9月任职)
常 委:王世强(9月离职) 卫虎周(9月离职)
郭玉锁(8月离职) 傅艳红(女,8月任职)
胡金良(8月任职) 杜占生(8月任职)
成建英(女,9月离职) 晋和平(9月任职)
吴学意 苏晋华(9月任职)
杨根俊(9月任职)

二、乡镇党委书记名单

翠峰镇
书 记:靳亚龙(5月离职) 温德伟(5月任职)
静升镇
书 记:赵林旺(5月离职) 许云峰(5月任职)
南关镇
书 记:弓建勇(5月离职) 钮 明(5月任职)
夏门镇
书 记:温耀勤(5月离职) 尹彦强(5月任职)
段纯镇
书 记:苏晋华(5月离职) 陈晋廷(5月任职)
两渡镇
书 记:李文亮(5月离职) 侯文斌(5月任职)
交口乡
书 记:王 轩(5月离职) 张志亮(5月任职)
王禹乡
书 记:赵 裕(女,5月离职) 王志琴(女,5月任职)
梁家焉乡
书 记:温德伟(5月离职) 温郎鹏(5月任职)
坛镇乡
书 记:陶长义(5月离职) 王建卫(5月任职)
英武乡
书 记:王晋萍(女,5月任职)
马和乡
书 记:郝长胜(5月任职)

中共榆社县委工作概况

县委书记 张英杰

2016 年，全县共有基层党组织 539 个，其中党委 19 个，党总支 18 个，党支部 500 个，其中，农村 258 个，全县党员 11402 名，其中农村党员 6311 名。

2016 年是榆社县“十三五”规划和全面建成小康社会决胜阶段的开局之年。县委、政府领导班子认真贯彻落实中央、省、市的各项决策部署，深入贯彻党的十八大和十八届三中、四中、五中、六中全会精神，认真学习习近平总书记系列重要讲话，按照省委提出的“一个指引，两手硬”重大思路要求和市委“两个全面”总体布局，完善发展思路，狠抓工作落实，团结带领全县广大党员干部凝心聚力，苦干实干，全县党的建设取得新进展、新成效，县域经济和社会各项事业迈上新台阶、新水平。

经济社会各项事业全面协调健康发展：2016 年，全县地区生产总值完成 27 亿元，同比增长 3.2%，规模以上工业增加值完成 8.3 亿元，同比增长 0.9%；公共财政预算收入完成 1.9688 亿元，同步增长 1.5%；全社会固定资产投资完成 15.45 亿元，同比增长 5.4%；社会消费品零售总额完成 12.1 亿元，同比增长 7.3%；城镇居民人均可支配收入完成 20020 元，同比增长 5.3%；农村居民人均可支配收入完成 4693 元，同比增长 5.4%；全县各项主要经济指标稳定增长。

农业生产取的新成效：以增加农民收入为核心，结构调整为主线，新发展设施蔬菜 1440 亩，累计达到 1.3 万亩；新发展养驴 1500 头，累计达到 2000 头。笨鸡产业稳步发展，新发展核桃经济林 1000 亩，提质改造低产林 6000 亩。中药材种植面积达到 3000 亩。农村土地确权登记领证工作，全市领先。县乡村三级农村产权流转交易联动体系基本建成，培育省级示范社 3 个，市级示范家庭农场 3 个。市级生态庄园 2 个。

工业转型迈出新步伐：榆化公司 4000 吨四氯苯酐、5 万吨氯乙酸、原料药项目投入试生产。广生公司高端植物胶囊项目 28 条生产创新安装投入使用。华电中兴公司 2 万千瓦光伏发电项目实现并网发电。美岳公司新建 9.9 万吨高档文化用纸项目主体完工，积极推动了工业经济的发展。五福小杂粮、紫金阿胶功能食品、森生核桃等中小企业效益显现。山西原生太公司小分子，核桃肽项目进展顺利。食品加工业发展壮大。创新工业发展机制，制定出台了《榆社县支持工业经济发展若干政策措施》推行了先建园区后招商，工业用地“零”利润等优惠政策。组建了兴榆公用基础设施发展有限公司，成功与山西四建集团签约了第一个 PPP 项目。组建了扶贫开发公司“贷资入企”模式，全市首创，多方共赢成效显现。

城乡建设、文化、教育、社会各项事业：城市框架进一步拉伸，东河下游道路建设、东大街东延及凤台路北延，东外环道路及桥梁工程全部施工。热电联产县城集中供热、北寨泉水河县城集中供水项目如期竣工。天然气供给工程运行稳定。进一步加强了环境卫生综合治理，建设了便民市场、街心花园，新增城市绿化面积 106 万平方米。建成区绿化覆盖率达到 38.77%。农村条件有效改善，投资 1.8 亿元，29 条总长 73 公里的农村道路改善工程基本完工。16 所学校基础设施进一步加强，榆社一中通过标准化验收。高考成绩再创佳绩，二本 B 类以上达线 530 人，万人达线率稳居晋中市前列。完成新农合和城镇医保整合工作。深化县级公立医疗改革。文体事业繁荣发展，积极推进了国家公共文化服务体系示范区建设。新建标准化农家书屋 27 个，全民健身活动红红火火。社会管理综合治理，“平安榆社”建设成绩显著，社会治安和谐稳定。

一、基层党组织和党员队伍建设全面持续稳步推进

扎实开展“两学一做”学习教育。在认真抓好四个专题的学习讨论，组织好专题讲党课、民主评议党员、主体实践活动、主体党日活动、问题整改、作风建设等规定动作的基础上，深入学习贯彻党的十八届六中全会精神、省第十一次、市第四次、县第十六次党代会精神，各基层党组织组织学习专题节目《榜样》后进行交流，充分利用网络、电视台、榆社报、党建网、远程教育和榆社党建家园、微信平台加强学习，印发学习教育简报，引导全县党组织和广大党员干部有效开展学习教育。树立模范典型，号召党员学标杆，争先进，同时狠抓落实，圆满完成基层党建“7+1”项工作。开展了“组织找党员、党员找组织”活动，对全县党组织、全县党员关系全部覆盖进行了排查，查出失联党员 323 名，联系到了 321 名，对无法联系的 2 名进行妥善处置。针对问题采取措施进行整改。会同纪检、人大、政协以及法院、检察、公安、司法等单位，通过专访调查，对上届党代会代表、人大代表和政协委员中党员 20 年以来受到刑事责任和行政处罚的党员进行了排查，对 9 名“涉黄赌毒”的给予处分处理。

同时督查了基层党组织换届工作，制定了整改各项工作，建立了工作台账。组建了检查调研组，对全县党费进行专项检查，下发《榆社县关于做好党费收缴管理使用的通知》《榆社县关于党费收缴的有关补充规定》。推进非公企业和社会组织“两个覆盖”，树立 10 个先进典型。严格抓实机关党员干部学习教育。组织开展纪念建党 95 周年“十个一”系列活动。党员集中培训、党员活动日，党建开放日活动、党员到社

区报到、“四诺三比一争优”“党员先锋行”主题活动、党员与贫困户结对帮扶活动，榆社县人民法院被选为全国法院系统党建工作先进单位。

二、党建促脱贫夯实基础改革创新

县、乡、村层层签订脱贫攻坚责任书，县四大班子领导分别联系一个乡镇，包扶一个重点村，全县组建110支扶贫队，1993名党员干部与762户贫困户结对。将包扶村打造为脱贫示范村，对146个建档立卡贫困户党组书记集中摸底，新预备村党支部书记15名，调换了不称职书记8名，对25个涣散村进行了整顿。从机关选派161名第一书记到村任职，开展扶贫帮困工作，同时邀请省、市农业专家及乡土人才为蔬菜大棚、林果、牛羊等种植养殖户进行了专题讲座230余(次)，实地辅导110余(次)，受训人数2万余(次)。积极实行“干部下乡驻村管理办法”“县级单位包村重点扶贫发展一村一品培育主导产业考核办法”，确保扶贫工作规范运行，成绩显著。

进一步推进人才兴县战略加强人才队伍建设，以“广纳贤才、人尽其才”为导向，年初组织了“春风行动”第四届启动仪式暨春季企业人才现场招聘会，共有15家宣传单位，23家企业招聘文秘、财会、管理等600余个就业岗位，321人达成用工意向。邀请市委、县委党校教师和本县农业技术专家对全县9个乡镇农业实用人才进行技术培训，共培训850人(次)，充分发挥人才引领作用，县委诚邀60多名榆社籍在外能人返乡创业，涌现出了晋中第四集团董事长田玉成，太原市任鑫房地产有限公司董事长吴奋明等6名返乡创业典型，充分发挥各类人才的引领作用。

同时，推动了传统媒体和新兴媒体融合发展，形成“两微一端”微龙头的政务新媒体宣传矩阵，组织开展了“榆社好人”评选活动，规范了农家书屋建设，铺开了编撰“榆社历史文化丛书”的工作，进一步推动了文化发展的繁荣。

三、党风政风持续好转风清气正的局面

2016年是党风廉政建设和反腐败工作取得新成效的一年，各级党组织认真履责，从抓治党，全县上下党风政风持续好转，十六次党代会以来，全县纪律检查机关，牢固树立“四个意识”，积极运行“四种形态”，出台了《榆社县纪委监察“问责保障”行动的若干意见》通过廉政文化广场、电视网络等媒体宣传十八届三中全会精神，勤政廉洁典型、革命英烈、劳动模范，着力打造廉洁榆社、红色榆社、奉献榆社，构建了廉奉献担当的政治生态。

同年受理涉纪信访举报件101件(上级转办70件、本级受理31件)，与上年同期相比下降64.7%，处理各类问题线索186件，其中：谈话、函询75件，初核违纪线索119件，离查各类违法案件82件。结案81件、党纪处分80人、撤职以上22人，移交司法机关2人，挽回经济损失208.54万元。

积极开展监督执纪工作，实现了问题线索“多头进”“一口出”初步形成了纪委机关内控机制，把情况明、数字准、责任清、工作会、作风正作为纪检干部工作准则标准，推动了全县全面从严治党向纵深发展，使党风廉政建设和反腐工作取得了新成效，全县上下纪律规矩意识逐步增强，党风政风持续好转。

(常彩萍)

附：一、中共榆社县委书记、副书记、常委名单

书　记：梁潞阳(7月离职)　张英杰(7月任职)
副书记：贾尚明(8月离职)　韩　军(8月任职)
许利伟(8月离职)　郭晓红(9月任职)
常　委：刘艳萍(女,9月离职)　柳扣兔(9月任职)
高榆红(8月离职)　卢永红(8月离职)
武晋杰(8月任职)　王晓峰(女,9月任职)
赵凌中　李卫华(8月任职)　鲜大虎

二、乡镇、城管委党委书记名单

箕城镇
书　记：田志银(5月离职)　杨晓东(5月任职)
云竹镇
书　记：田　飞
郝北镇
书　记：徐奋江(5月离职)　张海峰(5月任职)
社城镇
书　记：贾旭峰(5月离职)　杨秀龙(5月任职)
河峪乡
书　记：张建军(5月离职)　王晋东(5月任职)
西马乡
书　记：马　俊(5月离职)　张永明(5月任职)
北寨乡
书　记：毕丰国
兰峪乡
书　记：郝亚峰
讲堂乡
书　记：贾永胜(5月离职)　陈跃平(5月任职)
城管委
书　记：李天亮

中共左权县委工作概况

县委书记　王　兵

2016年是实施“十三五”规划的开局之年，也是全面打赢脱贫攻坚战的起步之年。一年来，左权县委认真贯彻落实党的十八大和十八届三中、四中、五中、六中全会精神、省委“一个指引、两手硬”重大思路和市委“全面挺进全省第一方阵，全面建成小康社会”部署要求，确立了“全力晋位上台阶，全面脱贫奔小康”的奋斗目标，坚持以脱贫攻坚统揽发展全局，团结带领全县人民攻坚克难，埋头苦干，全县各项工作均取得了长足进步。

一、深入学习贯彻习总书记系列重要讲话精神，坚决落实省委“一个指引、两手硬”、市委“两个全面”重大思路和要求，县委班子自身建设呈现出新面貌

一年来，县委班子始终把学习贯彻习总书记系列重要讲话精神作为首要政治任务，在思想上、政治上、行动上与党中央、省委、市委保持高度一致，努力用科学理论武装广大干部头脑、用讲话精神指导全县工作大局。

一方面，深入学习贯彻十八届六中全会和省市党代会精神，用政策理论指导全县发展实践。党的十八届六中全会以及省市党代会精神是左权稳步向前发展的“方向标”，县委班子紧紧抓住被市里确定为“开展贯彻落实十八届六中全会精神示范带动工作示范县”的有利契机，带头掀起学习贯彻热潮。另一方面，稳步扎实开展“两学一做”学习教育，让党纪党规筑牢党员干部思想总开关。把“真学、实做、真改、实干”贯穿于“两学一做”学习教育全过程，确保学习教育抓好、抓实、抓出成效。

二、认真践行中央省市发展新理念，积极应对经济下行压力，县域经济稳中向好激发出新活力

左权县委深入贯彻落实中央五大发展理念和省市经济工作部署，努力克服经济下行压力，推进全县经济平稳较快发展。

一是全力推动工业转型。以产业结构调整为重点，加快推动项目建设，实施重点工程90项、总投资394.2亿元，生产性项目48个、占53%。项目储备、签约、落地、开工、建设、投产全年预计完成1120亿元、150亿元、120亿元、101亿元、78亿元、97亿元。全年完成非煤工业产值15.9亿元，占规模以上工业总产值的47.9%，煤与非煤产值比为1.09:1。

二是发展壮大特色农业。做强核桃、杂粮、养殖、设施蔬菜、中药材五大主导产业，全年新发展核桃1.06万亩、小杂粮4000亩、规模养殖292户、设施蔬菜1010亩、中药材3万亩，完成核桃总产量1200万公斤，产值2.4亿元，粮食总产量5700万公斤；推进即食性营养粥类开发项目等农业产业项目建设，总投资4.37亿元的晋煤核桃深加工项目，一期厂房和设备已经完成，试生产能力初步形成。

三是深度融合文化旅游。出台左权县全域旅游行动计划，铺开一乡一个A级景区创建工作，全县4A级景区达到2处、3A级景区达到3处。实施文化旅游重点工程，武军山、太行龙泉风景区二期、自驾游营地、桃花红杏花白民歌传承基地项目分别完成投资5300万元、1200万元、1300万元、120余万元。推进10大节庆活动，成功举办社火节、赏春节、长城醋文化节、十龙寿诞祈福节、消夏避暑节、核桃节等。倍受省、市领导关注的左权百里红色生态走廊综合开发项目，正在编制项目总体规划，全年游客接待量达到286.31万人次，实现旅游综合收入25.01亿元。

四是提速提质城乡建设。加大城乡建设投入力度，铺开城建交通重点工程30项，完成投资10.8亿元，左黎高速通车运营，省道319改线竣工并进入试运行，国道207改线项目列入国家“十三五”路网规划，进入投资人招标程序；县城新建改造水、暖、气和雨污管网55.3公里，新增停车位1005个、街道隔离设施1.4千米，完工鱼跃口CNG—LNG合建站和4个城市天桥，花苑宾馆改建项目完成主体建设；在10个乡镇、34个建制村，建设农村公路94.1公里，完工灾后恢复重建道路、水利等项目151个，城乡环境更加宜居。

五是切实增进民生福祉。新开发公益性岗位66个、见习岗位50个，帮助324名高校毕业生、企业下岗工人签订劳动合同，带动新增就业岗位1442个；推进教育“438”工程，持续实施“改薄”项目，9所学校校舍、1个操场改造建成投用，2所农村幼儿园改造项目完工，3所学校教师周转房、思源实验学校建设项目主体完工；完善农村医疗卫生设施建设，完成10个村800平米村卫生室建设；持续改善农村困难群众居住条件，改造农村危房350户。加快扩面提标，居民医保人均财政补助标准、低保标准、机关事业单位基本工资标准、乡镇机关事业单位工作人员补贴等全部按规定调整到位，人民群众的生活质量和幸福指数不断攀升。

六是持续改善生态环境。以省级环保模范县创建为引领，二氧化硫、氮氧化物、化学需氧量、氨氮四项污染物约束性减排指标分别完成全年任务的643%、617%、116%、120%；开展工业大气污染综合治理、燃煤锅炉综合整治、餐饮业污染防治、机动车污染防治，全年空气质量状况，县城区优良天

数达到249天；开展重点行业水污染防治设施治理、城镇污水处理厂提标扩容工程、农村水污染防治、畜禽养殖污染防治，左权县污水处理中心出水水质达到一级A排放标准；加快造林绿化扩步发展，完成造林3万亩，森林覆盖率达到35%，新增县城绿化面积10.28万平方米，县城建成区绿化覆盖率达到40.03%，新发展庄园5家，全县生态庄园达到257家。

七是全面深化改革创新。扎实推进农村土地承包经营权确权登记颁证工作，203个村完成清查摸底，197个村完成权属调查，177个村完成审核公示。规范提升农村产权流转交易中心，建起县、乡、村三级综合服务信息化平台，流转土地7150亩，新增贷款650万元。推动金融改革，农联社改制完成，晋中银行入住左权，全县金融网点达到253个。馨源丰商贸、恒达利牧业在上海Q板挂牌上市。推行“PPP”模式，邢汾高速连接线（辽西路）完成公开招标，新建左权中学、县中医院项目达成合作意向。

三、全面落实党要管党、从严治党要求，充分发挥县委领导核心作用，党建工作整体水平得到了新提升

在全面从严治党的新形势下，左权县主动适应党要管党、从严治党的新常态，全面落实县委抓党建主体责任，保持力量不减、工作不松、点面结合，全县党建工作水平明显提升。

一是组织堡垒更加稳固。以“一带三创”为抓手，大力实施县乡村三级基层党组织固本强基、能力提升、基础保障“三项行动”，深入创建“五个好”乡镇党委和村党组织；扎实抓好县乡两级换届工作，共调整各级领导干部117人，并对全县不健全的52个贫困村“两委”班子配齐支部书记4名、支委49名、村委5名；集中开展党员组织关系集中排查、党费收缴工作专项检查等专项行动，共查找失联党员53人，应补交党费全部进行了补交，修缮村级活动场所23个，新建3个。

二是舆论氛围更加浓厚。围绕县委中心工作，集中开展了十八届六中全会、省市县党代会精神、脱贫攻坚等重大战略宣传，同时积极拓展网络、微博、微信等新渠道，在中国网开设左权农副产品展示专区，扩大了左权对外影响力；以创建省级文明县城为契机，评选表彰了64个县级文明创建先进典型，推进文明创建向基层深化、向企事业拓展；精心组织了晒幸福图片展、民歌音乐会、辽州板话大赛传承表演等丰富多彩的文化活动，创作了《一盏心茶》《村标》等文艺作品，努力提升文化软实力。

三是社会环境更加稳定。开展了“筑防线、防风险、解纠纷”矛盾纠纷排查化解活动，初步实现了县乡村三级调解中心全覆盖，行政村（社区）法律顾问全覆盖，累计化解矛盾纠纷2025件，调解成功率达到90%以上；着力推动创新街面防控网和社区防控、创新内部单位防控和区域协作、创新重点人员防控和虚拟空间监管、创新技防建设和防范电信诈骗四大网络建设，全力推动人防物防技防协调发展；坚持打防并举，保持严打高压态势，有力地促进了平安左权建设。

四是发展合力更加凝聚。支持人大及其常委会依法履行职责和行使职权，促进了一批事关全县经济社会发展和群众切身利益问题的解决；支持人民政协发挥政治协商、民主监督和参政议政作用，为县委科学民主决策提出了许多建设性意见；巩固和发展最广泛的爱国统一战线，县工商联换届圆满完成，统战力量得到加强；落实党管武装工作，推进军民融合，连续第七次夺得“全国双拥模范县”荣誉称号；着力建设“六有”工会，共青团完成组织换届工作，开展巾帼建功、巾帼脱贫等行动，群团工作有了长足的进步。

四、坚决把纪律和规矩挺在前面，纵深推进“两个责任”落实，全县党风廉洁建设取得了新成效

左权县委自觉向中央、省市委看齐，进一步细化责任、强化监督、以上率下，坚持真管真严、敢管敢严、长管长严，党风廉洁建设工作扎实推进。

一是深化责任落实。为确保“两个责任”向纵深推进，以“三个清单”为着力点，要求全县各级党组织结合实际建立班子及关键岗位人员的问题清单、整改清单和责任清单，并通过备案检查、针对性督查、不定期抽查等手段，督促各责任主体改进提升、照单履责。从严问责不落实或不积极落实的单位和个人，先后对落实责任不力的7个领导班子成员和23名领导干部进行了责任追究，有效促进了“两个责任”在全县各级各部门落地生根。

二是高度重视巡察。积极配合市委巡察三组完成巡察工作，成立了县委巡察工作领导小组，组建了巡察办和2个巡察组。先后召开了动员会，组织了专题培训，制定印发了《中共左权县委巡察工作实施办法（试行）》等制度，并开展了首轮巡察，共确认问题线索33件，全部建账登记。首轮巡察基本结束后，第二轮巡察的3个巡察组已完成组建，巡察工作将深入推动管党治党从“宽松软”走向“严紧硬”。

三是运用“四种形态”。坚持挺纪在前、精准运用，以咬耳扯袖、红脸出汗、轻处分和组织处理等措施，将党纪内化于心、外化于行，突出谈话函询，将谈话函询处置问题线索的比例提升到42.24%。先后促使87名问题干部主动讲清问题，涉及金额176.1万元，上缴金额80.62万元，挽回经济损失80.74万元；持续高压惩治，共接收信访举报66件（次），立案75件，结案68件，处分63人。

四是从严正风肃纪。出台了《关于加强联动协作全面监督“四风问题”的工作方案》，构建起纪检、财政、税务、审计等部门协同配合的立体监督机制。以作风建设为切入点和突破口，紧盯重要时间节点，紧盯公款吃喝、公款送礼、公车私用、私车公养、大操大办等问题进行监督检查和明察暗访，共发现违反中央八项规定精神问题线索52件，办结44件。

五是全面强化监督。围绕县乡换届、脱贫攻坚、“三抓三促”三项重点工作，抓教育、抓警醒、抓审查，全年县乡换届工作未发生一起换届纪律审查事项；严排查、促整改、建机制，

排查处置 2013 年以来的扶贫领域问题线索 13 件，建立了“九查九问”“三到三访”精准监督模式，完善了六项工作机制；严密组织了“三抓三促”专项活动，促使有问题的 87 名干部主动讲清问题，退缴涉农违纪资金 38.67 万元，有效化解了 6 件越级访和 10 件重复访问题。

五、坚持精准扶贫、精准脱贫基本方略，始终把脱贫攻坚作为头等大事和第一民生来抓，脱贫攻坚首战胜利展现出新作为

左权县委全面贯彻落实中央和省市关于打赢脱贫攻坚战的决定，扎实开展精准扶贫、精准脱贫工作，全力确保脱贫攻坚首战必胜。预计全年 24 个贫困村脱贫，共有 3085 户、8149 人脱贫。预计全县建档立卡贫困人口人均可支配收入可达 2960 元、增长 14%。

一是以规划为引领，明确脱贫攻坚行动指南。按照中央和省市脱贫攻坚工作部署，结合左权实际，特别聘请陕西中西部经济发展规划研究院协助我县，在先后 10 余次组织农委、水利、交通、旅游等部门召开专题座谈会的基础上，编制完成《左权县“十三五”脱贫攻坚规划》；12 月份，召集相关部门多次深入调研、反复研究、多方论证，制定完成《关于坚决打赢全县脱贫攻坚战的实施方案》，明确了 7 大攻坚工程，21 项专项行动，7 项保障措施，6 大组织体系，切实把扶贫开发作为重中之重在县域发展大局中布局谋划、重点推进。

二是以精准为导向，做到脱贫攻坚因户施策。开展精准识别，以户为单位，逐村逐户核实建档立卡贫困户信息，全部建立纸质档案，录入电子信息系统；落实精准举措，在全县 10 个乡镇、125 个贫困村全部完成贫困现状图、贫困人口致贫原因分析图、贫困户脱贫目标任务图、村级脱贫目标任务图、村级脱贫攻坚组织保障图“五张图”上墙工作；聚焦精准施策，对照因学、因病等 12 种致贫原因，逐户找对策、逐人想办法，出台核桃、设施蔬菜、养殖、光伏、旅游、中药材六大产业培植方案，核桃、蔬菜、养殖、中药材产业发展达到新高度，村级光伏电站建成 15 座，正在建设 11 座，屋顶分布式光伏电站建成 538 座，西安、南会等 29 个国家乡村旅游扶贫重点村建设加紧推进；开展教育扶贫和就业培训，资助建档立卡贫困学生 6273 人，组织农民工技能提升培训 2539 人次。

三是以帮扶为手段，提高脱贫攻坚工作成效。调整帮扶力量，以“抽硬人、硬抽人”为原则，坚持重点力量联系帮扶重点村，重新选派驻村工作队与第一书记，省市县帮扶单位及干部全部入村完成对接，全县贫困户帮扶实现全覆盖；强化队伍管理，成立了县干部驻村帮扶工作领导小组，进一步健全完善了帮扶单位“一把手”、驻村工作队员和第一书记工作职责，建立了联席会议制度，全面推行每月例会制，及时跟进联络、管理等八项制度，驻村干部队伍管理服务实现全面强化；强化督查指导，成立 10 个督查组，采取“听、看、查、访、谈、测”办法，对 115 个帮扶单位、79 支农村工作队和 125 名第一书记开展干部精准帮扶督查。

四是以组织为保障，筑牢合力脱贫攻坚基础。成立县脱贫攻坚领导小组，统筹组织、纪检、宣传、政法、统战等党口部门助力脱贫攻坚，进一步完善了组织体系；发挥人大、政协优势，引导社会各界关注支持参与脱贫攻坚，汇集各方面脱贫攻坚智慧和力量；强化基层脱贫工作力量，涉农部门全部明确专管副职，10 个乡镇全部成立扶贫工作站，125 个贫困村和贫困户达 15 户以上的非贫困村建立驻村工作室，形成了“党委主责、政府主抓、干部主帮、基层主推、社会主扶”扶贫大格局。

五是以创新为动力，探索稳定脱贫长效模式。紧扣市委“本质脱贫”目标要求，创新组建农建水保、整地造地、造林绿化三类脱贫攻坚专业队 91 支，以“身股”形式吸纳贫困劳动力 2016 人，建立完善农民合作社与贫困户利益联结机制，增加贫困户租金、股金收入等资产性收益，有效推动贫困群众脱贫致富；全面启动金融扶贫富民工程，推出了富民贷、助保贷、光伏贷、移民贷等产品，为企业及贫困户提供各类担保业务资金 9753 万元，放贷 5739 万元，“三农”保险补贴 338 万元，为精准脱贫提供了金融支撑。

（郝红东　李　花）

附：一、中共左权县委书记、副书记、常委名单

书　记：王　兵

副书记：赵宏钟　郭午生（8 月离职）
王宏昌（9 月任职）　暴英杰（5 月离职）

常　委：郑春华（9 月离职）　李左红（9 月任职）
程俊斌（9 月离职）　刘二萍（9 月任职）
马成毅（9 月离职）　王宏昌（8 月调职）
张海荣（8 月任职）　李学文（8 月任职）
郭建雄（8 月离职）　孟玲珑（8 月任职）
张永东（8 月离职）　史泽生（8 月任职）

二、乡镇、城区党委书记名单

寒王乡

书　记：张雪平

辽阳镇

书　记：张彦红

石匣乡

书　记：陈建国（5 月离职）　王　飞（5 月任职）

龙泉乡

书　记：吕爱鸿（5 月离职）　巨晓华（5 月任职）

桐峪镇

书　记：张文伟

麻田镇

书　记：崔　波

粟城乡

书　记：裴丽华

芹泉镇

书　记：秦国英（女，5 月离职）　张　勇（5 月任职）

羊角乡

书　记：巨晓华(5月离职)　申继红(5月任职)

拐儿镇

书　记：张雪东

城区

书　记：郝建国(11月离职)

中共和顺县委工作概况

县委书记　孙永胜

2016年，中共和顺县委深入贯彻落实习近平总书记系列重要讲话精神，紧扣省委"一个指引、两手硬"重大部署和市委"两个全面"目标要求，围绕脱贫攻坚一条主线，打造"和顺生态""和顺干部"两张名片，实现"三年全面脱贫、整体位次前移"的历史性目标，聚焦聚力，迎难而上，砥砺奋进，圆满完成各项目标任务，实现了"十三五"良好开局。

主要经济指标完成情况：全县地区生产总值完成46.1亿元，同比增长5.2%；固定资产投资完成68.6亿元，同比增长5.1%；规模以上工业增加值完成18.3亿元，同比增长5.9%；；社会消费品零售总额完成14.4亿元，同比增长7.8%；公共财政预算收入完成4.3亿元，同比增长29.5%；城镇常住居民人均可支配收入完成22069元，同比增长6.6%；农村常住居民人均可支配收入完成5638元，同比增长6.7%。

一、认真践行全面从严治党，管党治党在全面从严中纵深推进

一是扎实推进"两学一做"学习教育活动。采取书记领学、常委会带头、中心组研学的方式，共开展"四讲四有"专题学习交流讨论1127次，参加人数12087人次，自上而下营造出"两学一做"学习教育中研究、部署脱贫攻坚的浓厚氛围。邀请省市县委党校专业理论讲师和农村经验丰富的基层干部、专家对全县科级干部、第一书记、大学生村官、村"两委"成员、普通党员实行分层分类轮训，切实增强四个意识、提升素质水平、强化抓脱贫攻坚的业务能力。充分利用远程教育、党建网、"党员连心桥"、第一书记微信群、"党建云"平台等载体实施远程助学，把新型实用农业技术、各项惠农政策送到干部群众手中，全年共发布动态信息350余条、学习资料7种532条。同时，开展了"我是党员我带头"主题实践活动，引导和激励广大党员履职尽责、敢于担当、积极作为。

二是加强领导班子和干部队伍建设。出台了《年度目标责任考核办法》《脱贫工作成效考核办法》，把脱贫攻坚考核权重调整为25%，引导干部将主要精力投入到精准扶贫上，在脱贫攻坚一线建功立业。以抓脱贫能力为标准，掌握使用敢担当、善作为的干部103人。择优选拔"三类人员"，其中有19名乡镇事业人员、2名农村支部书记、2名大学生村官进入了乡镇领导班子。同时，强化换届纪律、政策宣传、业务指导和风气督查，圆满完成了县乡换届。换届后，乡镇正职平均年龄41岁，配备了15名30岁左右的年轻干部，具有乡镇工作经历的人员占到94.2%，有效增强了脱贫攻坚工作的领导力和带动力。

三是认真践行"四种形态"上取得新成效。全县各级纪检监察机关聚集监督执纪问责，坚持把纪律和规矩挺在前面，有效运用"四种形态"，始终保持遏制腐败的高压态势，纪律审查工作取得新的进展，推动了全县党风廉洁建设和反腐败工作的深入开展。共收到群众来信来访199件；处置各类线索315件；开展谈话函询171件，给予组织处理114人(包括乡科级干部31人，"一把手"12人)，其中免职1人，诫勉谈话22人，警示谈话2人，提醒谈话41人，批判教育12人，通报批判15人，书面检查21人，立案87件，结案80件，处分77人，移送司法机关2人，涉及违纪金额791.53万元，挽回经济损失202.41万元。主动讲清问题88人，涉及违纪金额456.99万元，挽回经济损失400.8万元，上缴违纪款220.8万元。

二、加强对经济工作的领导，经济发展在转型升级中稳步向好

县委常委会加强党对经济工作的领导，建立常委会动态和定期研究经济工作制度，深度分析经济运行，精准诊断施策，为经济进一步好转奠定了基础。全县地区生产总值、固定资产投资、规模以上工业增加值、社会消费品零售总额、公共财政预算收入等主要指标都实现了大幅增长，经济转型步伐加快，综合实力跃上新台阶。

现代农业提质增效。2016年，全县农作物总播种面积为13.74千公顷，比2015年减少0.403千公顷。其中粮食作物播种面积11.96千公顷，在粮食种植面积中，玉米种植面积7.86千公顷，比2015年减少0.05千公顷。在其他作物播种面积中，油料种植面积0.7千公顷，比2015年增加0.04千公顷；蔬菜种植面积为0.40千公顷，比2015年减少0.09千公顷。全县农业机械总动力17.75万千瓦，比2015年增长1.14%，机械收获面积3933公顷。全县肉类总产量4414.96吨，禽蛋产量5016.4吨。年末生猪存栏13760头，同比下降8.9%；肉牛存栏22911头，同比下降3.6%；羊存栏44340只；家禽存栏37.76万只，同比下降7.5%。全县粮食总产量5916万公斤。新增、改建设施蔬菜面积2000亩，以双孢菇为主的食用菌总产量达4690万公斤，同比增长9%。投资5100万元，推进瓦房沟、紫罗沟、夫子岭沟、广务沟、申岩则沟5条沟

域经济带建设。大力实施“十企百区千户”现代养牛业致富工程，人均养牛收入2114元，同比增长20.4%。

工业转型推进扎实。2016年，全县深入推进供给侧结构性改革，化解煤炭产能80万吨，全年生产原煤1288万吨，同比增长1.2%。规模以上工业企业总产值完成389961万元，同比增长10.4%。全年实现主营业务收入294676万元，同比增长8.8%；实现利税-19804万元，利润总额-60382万元，亏损企业亏损额77472万元。积极培育非煤产业，新型包装材料、新光资源综合利用、山河醋业等项目建成投产。全年生产硅钢镁4085吨，天池、正邦瓦斯发电站发电8803万度。

消费品零售业逐渐上升。2016年，全县实现社会消费品零售总额144300万元，比2015年同期增长7.8%。按销售单位所在地分，城镇零售额实现90226.6万元，，乡村零售额实现54073.4万元，分别比2015年同期增长7.6%、8%。按消费形态分，餐饮收入16242.1万元，同比增长7.5%，商品零售实现128057.9万元，同比增长7.8%。

三、统筹部署全县各项工作，人民生活在共建共享中明显改善

现代服务服务业提档升级。太行鹊桥生态文化园、夫子岭文化休闲度假区、天凯庄园旅游度假区完成年度建设任务。建成禅堂寺、牛郎峪2条森林旅游健身步道，举办首届太行山森林旅游健身步道徒步大赛。许村列入第二批中国旅游创客示范基地。全年全县共接待国内游客135.8万人次，全县旅游综合收入达到11.8亿元，其中门票收入118.5万元。与此同时，引进“粮易”模式，成功申报全国电子商务进农村综合示范县。电子商务创业园一期工程基本完工，培育发展电商企业、平台37个，从业人员1000余人，交易额5000余万元。

基础设施建设持续加力。2016年，全县实施总投资22亿元的19项重点工程，完成投资8.4亿元。投资9700万元的自来水净化水厂及管网配套工程主体基本完工。棚户区改造350户。投资3692万元，完成城区综合整治工程。和邢铁路累计完成投资5亿元。完成完善提质、撤并建制村、窄路面改造等公路建设46.2公里，县乡公路通车里程达997.6公里。开通农村公交路线11条。投资397.9万元，解决19个自然村、10466口人、4132头大牲畜的饮水安全。投资1432万元，实施国家水保重点项目，综合治理面积25.7平方公里。投资1315万元，完成喂马乡、义兴镇抗旱应急水源工程。改造低压线路48.3公里，改造10KV线路15.4公里；安装农村广播电视“户户通”759套。加快“7.19”水毁基础设施恢复重建工作，完成房屋恢复重建140户。投资7081万元，推进“两山两网两林”造林绿化工程，新造林2.13万亩。潇河流域和顺段林业生态建设、207国道县城周边景观绿化、董榆线通道绿化等工程全面完成。淘汰黄标车及老旧车309辆，更换电动公交车30辆，更换清洁燃料出租车138辆。PM2.5和PM10平均浓度同比下降21.9%、12.4%；县城集中式饮用水源地水质达标率100%。

安全稳定持续好转。2016年，全县接待来访群众21988人次，其中：接受法律援助139件，为农民工追回拖欠工资53万元，接受人民调解575件，办理公证175件，协调转其他部门处理事项156件。全县信访总量为248批2293人次，与去年同期相比分别下降24%和48%。安装视频监控1800余套，更换法律宣传橱窗630个，县乡村三级平安工作例会共召开420余次。与公安机关以打击共立各类刑事案件399起，破获各类刑事案件308起，命案发3破3，破案率达到百分百。

社会事业协调发展。2016年，全年用于民生及各项社会事业的支出达到6.58亿元，同比增长11%。城镇新增就业1575人，开发公益性岗位104个，创业就业716人，农村劳动力转移就业2316人，城镇登记失业率控制在2.47%以内。创建金四方市级创业孵化示范基地。和顺一中综合楼投入使用，改建3所农村幼儿园，新建思源学校开工建设，全面改薄工程全面完成。新建县医院住院门诊楼开工建设。建成村卫生室20所。顺利完成省级健康促进县创建工作，并被确定为国家级健康促进创建试点县。计生妇幼服务中心被国家卫计委命名为群众满意的十佳计生机构。新农合参合率保持在99%以上。和顺体育馆基本建成投用。新建老年日间照料中心12个。完成保障性住房122套，改造农村危房370户。

四、把脱贫攻坚作为最大的政治任务和民生工程，脱贫攻坚首战首胜

精准识别贫困人口。扎实推进建档立卡“回头看”、再“回头看”工作，共识别建档立卡贫困村168个，贫困人口33674人。精准聚集帮扶力量。选调20名优秀年轻干部到县扶贫中心任职，充实脱贫攻坚力量。因村选派182名第一书记、185个驻村工作队、2300余名干部与11876个贫困户结成对子，实现三级包保全覆盖。精准实施脱贫项目。总投资6.94亿元，实施了整体推进、产业扶贫、光伏扶贫、易地搬迁、教育扶贫、金融扶贫等10项脱贫增收工程和10项基础设施改善“双十”工程，基本完成年度建设任务。实施特色产业脱贫工程23个。成立了和顺县光伏扶贫开发投资有限公司，10个村级光伏电站和35MW集中式光伏电站前期工作进展顺利。易地扶贫搬迁318口人。实施“雨露计划”，继续资助学前贫困幼儿、考入二本B类本科院校的建档立卡贫困大学生，实现贫困家庭学生资助全覆盖。启动实施健康脱贫，免除3825贫困人口就诊挂号费。精准考评脱贫成效。将脱贫攻坚纳入年度综合考核“一票否决”事项，健全月报告、季调度、半年小结、年终考评机制，顺利通过省第三方评估验收，实现38个贫困村出列、7761贫困人口脱贫，贫困发生率下降6.75个百分点。

五、以创新发展为抓手，全县宣传工作引导力明显增强

坚持正面宣传鼓干劲、造势聚力促发展，理论武装掀起新高潮，舆论宣传实现新突破，价值体系得到新加强，文化事

业迈上新台阶,文明创建有了新拓展,为县委把握全局发挥了思想导向作用。以"两学一做"学习教育为载体,充分发挥报刊、广播、电视、网路等媒体作用,开辟理论专版专栏,细读深研,学深悟透,营造了理论学习的浓厚氛围。认真做好意识形态工作,切实把握思想理论、舆论舆情等基本情况及动向,分析问题及原因,提出对策建议。开展了"中心组学理论比比看"纪念建党95周年"理论研究等主题征文活动",征集了一批有深度、有价值的理论成果。新闻中心共采写稿件366篇(条)、图片新闻108个。加强网络阵地建设,在全县集中开展了"清朗"专项行动,网上监测舆情和突发事件全部做到了及时妥善处理。选拔50名网评员组建了网评队伍。报送舆情信息2323条,被中宣部综采7条,省委宣传部综采45条。以培育和弘扬社会主义核心价值观为抓手,开展文化"三下乡"活动、"破除成规陋俗,树立文明新风"活动,加强"美丽乡村"和村级"红白理事会"建设,大力繁荣发展农村文化。与此同时,不断深化公民思想道德建设,组织开展"我推荐、我评议身边好人"活动,精心部署"好人公园",大力开展敬老、助残、关爱未成年等志愿服务活动,开展了第三届"道德模范评选"活动,评出十大模范道德人物。继续引深文明创建活动,扎实开展"讲文明、树新风"公益宣传,举办了"精神文明建设成果摄影展",在全县公交车站牌设置了"讲文明、树新风"宣传语,利用"文明和顺"微信公众平台定期发布精神文明建设新动态,创建省级精神文明先进集体10个、市级精神文先进集体34个、县级建设文明先进集体96个。

(王 燕)

附:一、中共和顺县委书记、副书记、常委名单

书 记:孙永胜

副书记:马海军 任拥东(9月任职)
赵成武(9月离职)

常 委:赵文军(8月任职) 韩祥书(8月离职)
王雪琴(女,9月任职) 田忠贵(9月离职)
赵江波(8月任职) 张海荣(8月离职)
周永东(8月任职) 任拥东(8月调职)
关祥坤(5月任职,挂职) 夏成方(5月离职)
陈卫国(7月任职) 袁瑞军(9月任职)
刘素英(女,9月离职)

二、乡镇党委书记名单

义兴镇

书 记:刘彦云

李阳镇

书 记:李 明

松烟镇

书 记:奚爱忠(5月离职) 李 虎(5月任职)

青城镇

书 记:郭 庆

横岭镇

书 记:师秀文

平松乡

书 记:张志坚

喂马乡

书 记:柳建斌(11月离职) 罗 晋(11月任职)

牛川乡

书 记:韩永军(11月离职) 杨培善(11月任职)

马坊乡

书 记:王爱斌

阳光占乡

书 记:田 芳(女,5月离职) 白 研(女,5月任职)

中共昔阳县委工作概况

县委书记 王根元

昔阳县位于山西省东境中部,太行山西麓。东西长约70公里,南北宽约41公里。东与河北省的赞皇县、内邱县、井陉县、邢台市接壤。西与寿阳县为邻,南与和顺县毗连,北与平定县相衔。全县总面积1954平方公里,辖5镇7乡1社区,335个行政村,总人口23.8万人。其中农业人口19.8万。昔阳县历史悠久,人杰地灵。早在旧石器时代,人类就在这里耕耘生息。上世纪六七十年代,大寨人自力更生,艰苦奋斗,在七沟八梁一面坡上谱写了撼天动地的壮歌,成为全国农业战线上的一面旗帜。昔阳县山河毓秀,物产丰富。境内已探明矿藏40多种,其中煤炭储量73.3亿吨,是全国重点产煤县。昔阳四季分明,气候宜人,森林覆盖率达到22.28%,松溪河、潇河、清漳河穿境而过,石马寺、黄庵垴、水磨头、龙岩大峡谷等人文景观和自然景点交相辉映,大寨"AAAA"级旅游景区申报成功,位列全省五大特色旅游景区之一。

大寨,位于昔阳县城东南5公里的虎头山下,全村230户,520口人,总面积1.88平方公里。上世纪六七十年代,大寨以自力更生、艰苦奋斗的大寨精神,成为全国农业战线上的一面旗帜。周恩来、邓小平、李先念、叶剑英、华国锋等老一辈无产阶级革命家和田纪云、朱镕基、李岚清、吴官正、贺国强等党和国家领导人都曾在这里留下历史足迹,134个国家,2.5万多名外宾,960万中外游客参观访问过大寨。

2016年,面对宏观经济异常困难的形势,昔阳县在中央

和省委、市委的坚强领导下，认真学习贯彻习近平总书记系列重要讲话精神，坚决落实省委“一个指引、两手硬”和晋中市委“全面挺进全省第一方阵、全面建成小康社会”的战略部署，围绕县委提出的“晋中争上游、东山创一流，加快推进昔阳经济社会振兴崛起”的奋斗目标，团结带领全县广大干部群众，努力克服经济持续下行带来的巨大压力，全力抗击五十年不遇的特大洪灾，圆满完成了县乡两级人大政府换届，顶压力、抓机遇、破难题、促发展，全县经济社会继续保持了平稳健康的良好发展态势，各项工作取得了明显成效。昔阳县先后被评为“国家级卫生县城”“晋中市爱国卫生清洁运动先进县”，荣登“2016年中国避暑休闲百佳县”。晋中市爱国卫生暨农村改厕工作现场会、晋中市计生基层群众自治示范创建暨“一对一”精准帮扶现场推进会、晋中市煤炭企业管理年活动现场会等多个现场交流会在昔阳县召开。

2016年，中共昔阳县委工作，概括起来就是“抓发展、稳提高、保民生、强党建”。

一、千方百计稳增长，综合实力开创历史新业绩

全县地区生产总值完成57.9亿元，规模以上工业增加值完成22.8亿元，固定资产投资完成111.3亿元，社会消费品零售总额完成25.2亿元，一般公共预算收入完成52088万元，城镇常住居民人均可支配收入完成22720元，农村常住居民人均可支配收入完成7743元。各项主要经济指标均实现稳定增长，一般公共预算收入增幅由负转正，固定资产投资绝对量突破110亿大关，社会消费品零售总额、地区生产总值和规模以上工业增加值3项增幅居晋中市前5位，为全县进位突破、崛起腾飞奠定了新基础。

坚持工业规模化、农业特色化、旅游品牌化、业态新型化，三产比重达到8.5:50.4:41.1，产业结构进一步提质升级。阳煤氯碱、大唐风电、国新能源煤层气热电联产、斯能光伏发电等一批工业转型项目陆续投产，“煤电气化”四大支柱产业产量分别达到1200万吨、15亿度、5625万立方米和21万吨。“菜果猪菇药”五大特色产业规模分别达到2.3万亩、20万亩、58万头、150万平方米和2.8万亩。粮食总产量达到3.34亿斤，实现“六连增”。双孢菇出口泰国，全县外贸进出口实现“破零”。举办了“越野昔阳，寻梦大寨”汽车场地越野锦标赛和“一汽大众”杯中国汽车拉力锦标赛两项国家级赛事，组织了第三届红叶文化旅游节和石马寺古庙会系列活动，“山水昔阳、户外天堂”的品牌影响力和竞争力进一步提升。2016年游客接待量和旅游综合收入突破200万人(次)和17亿元，同比增长均超过38%。昔阳县获评“2016年中国避暑休闲百佳县”，大寨镇成为“全国十佳避暑小镇”，石马寺景区晋级国家3A级景区。云创电子商务运营中心和农村淘宝昔阳服务中心投入运营，农村淘宝、京东等村级服务点达到260余个，销售额达到6000万元。昔阳县云创众创空间被认定为首批省级66个众创空间之一。

二、不遗余力夯基础，经济社会发展增添新优势

2016年，全县投资17.3亿元，大力实施水、电、路、网等基础设施建设。城市功能越来越完善。新建改造城市道路6.8公里、各类管网50.4公里，完成迎宾西街、317省道、原交警队游园和陶乐公园绿化2万平米，新建云翼天桥、秋树沟路、学府路，已竣工使用，供水、供热、供气普及率分别达到100%、88%、90%，城市绿化覆盖率达到41.86%。新增两条免费公交线路，4条线路双向对开，县城区“免费绿色公交”实现全覆盖。“昔阳红旗一条街”被认定为“山西省特色商业街”，晋中市爱国卫生运动暨农村改厕工作现场会在昔阳县召开，成功接受创建国家卫生县城评估。乡村基础设施越来越强。大力实施饮水安全、防汛抗旱、农田水利、水库维修等四大类水利工程，保障能力全面提高，昔阳县成为全省四个“农田水利基本建设‘禹王杯’先进县”之一。全面完成川口至三都、韩信井至东冶头、赵庄至库城、西峪至翟絮、赵壁至梭罗峪等道路改造和村通水泥(油)路工程，形成居民出行条件更加便利，接受山西省“农村公路建养管理”年检。全面完成沾尚、闫庄、北石瓮3个35千伏变电站扩建和厚庄增容改造等新一轮农网改造项目，电网结构进一步优化。2016年，全县新造耕地1.6万余亩，农业生产条件得到有效改善。一批美丽乡村脱颖而出，一批古村落得到修缮保护，大寨村在2016年中国名村影响力300强中名列第四位，大寨镇成为国家卫生乡镇并入选国家首批特色小镇。生态环境越来越好。大力造林绿化，持续“铁腕治污”，2016年造林3.4万亩，重污染天气天数、PM10、PM2.5浓度连续下降，2016年二级以上优良天数达到234天。水环境质量保持稳定，县域内三条主要河流入出境断面水质100%达标，12个城乡集中饮用水源地水质100%达标，县污水处理厂出水水质达到国家一级A排放标准。

三、真帮实扶打硬仗，脱贫攻坚工作取得新成效

自脱贫攻坚战打响以来，昔阳县严格按照省委、晋中市委决策部署，坚持以脱贫攻坚统揽经济社会发展全局，高起点谋划、超常规着力、大力度推进，脱贫攻坚各项工作稳步实施。成立了县脱贫攻坚领导组，研究制定了《昔阳县脱贫攻坚实施方案》，明确了精准脱贫“五个清”、村级作战“五张图”、贫困农户“三本账”、基础信息“六张表”。出台了《县级领导包村增收考核办法》《贫困乡镇脱贫攻坚考核办法》《县直机关定点扶贫考核办法》《农村第一书记驻村扶贫考核办法》《机关党员干部结对帮扶贫困户考核办法》等五个考核办法。全面落实了每个贫困村一名责任县领导、一个帮扶单位、一个驻村工作队、一名驻村第一书记、一名包村乡干部的“五个一”帮扶机制。深入推进了特色产业扶贫、农村造地扶贫、农村电商扶贫、乡村旅游扶贫、金融富民扶贫“五大扶贫攻坚战”。结合昔阳实际，创造性实施了“县城大物业用工向贫困

户倾斜,县城园林管护、环卫保洁、免费公交等岗位用工及廉租摊位出租向贫困户倾斜,村级日间照料中心、垃圾清运、护林防火等公益性岗位用工向贫困户倾斜,村级收益性固定资产处置向贫困户倾斜,村级实施的各类工程用工向贫困户倾斜,村级党员干部经营的营业性摊点用工向贫困户倾斜”的“六个倾斜”扶贫举措。2016 年,昔阳县建档立卡贫困对象 151 个村、18769 户、39988 人,精准实施“八大工程、二十项行动”,建立“县领导包点、乡镇主抓、部门帮扶、工作队驻村、干部包户”责任体系,5890 名干部开展“不落人、全覆盖”帮扶,用于脱贫攻坚的各类扶贫资金达到 2.1 亿元,圆满完成 6031 户、13538 人、50 个整村退出的脱贫任务。昔阳县顺利通过山西省政府和第三方的督查评估验收,并作为全省唯一一个省定贫困县接受国家第三方评估验收,省市领导对昔阳县的扶贫工作给予高度评价和充分肯定。

四、持续发力惠民生,人民群众幸福感得到了新提升

全县义务教育均衡发展工作走在晋中市前列,高中教育教学质量稳中有进,昔阳中学、东冶头中学考核名列晋中市同类校第一、第二,特别是职业中学对口升学考试本科达线 174 人,创历史新记录。完成 8 所卫生院和 20 个村级标准化卫生室的新建改造,安康苑医疗养老中心投入运营,医养结合工作在晋中市领先。日间照料中心建设规模在晋中市列第一。成为全国计划生育优质服务先进县。社会保障全面提质。全县城镇新增就业 1704 人,农村劳动力转移就业 2919 人,城镇登记失业率控制在 4.2%以内。大力推进养老保险制度改革和城乡居民基本医疗保险整合,城镇居民医保参保人数达到 14400 人,新农合参保率达到 99.95%。城乡五保、低保实现应保尽保,2016 年累计救助 1.8 万人(次),发放救助资金 2875 万元。建成各类保障性住房 522 套,改造农村危房 1450 户。

五、党政同责抓落实,社会管理工作取得新突破

积极创新信访维稳工作新机制,认真落实《领导接访“首问责任制”暂行办法》《关于领导接访“周带班制度”暂行办法》《信访工作责任追究办法(试行)》等制度,深入开展矛盾纠纷排查化解,一批重点信访积案得到了有效解决。特别是在县领导接访首问责任制出台后,县四套班子领导共下访 80 余次,接待群众 859 人次,化解突出问题 29 件,将领导接访真正落到了实处。严格按照“党政同责、一岗双责、齐抓共管”要求,始终坚持“以人为本、安全第一、预防为主”的安全生产工作方针,逐级落实责任,依法强化监管,加强安全教育,狠抓隐患整改,全县安全生产形势总体稳定。2016 年,工矿商贸企业无死亡事故,同比持平;全县发生道路交通事故 22 起,同比减少 9 起,下降 29.03%;死亡 4 人,同比减少 6 人,下降 35.29%;受伤 21 人,同比减少 3 人,下降 12.5%。深入开展民风教化工作。2016 年举办第四届“昔阳好人”评选活动,共评选出昔阳好人 5 名,每人奖励 3 万元,评选出“昔阳好人提名人”3 人,每人奖励 1 万元。同时,还评选出“昔阳好少年”10 名,每人奖励 1000 元;评选出“昔阳好工人”10 名,每人奖励 1000 元;评选出“昔阳好家庭”50 名,每个家庭奖励 1000 元;评选出“优秀公益事业先进单位”14 个,每个单位奖励 1 万元。连续 4 年的“昔阳好人”评选,成为了昔阳县树立先进典型、弘扬真善美的过程,成为了普及公民基本道德规范的过程,成为了建设社会主义核心价值体系的过程,有效地促进了民风社风彻底改善,形成了民厚道、官厚德、人向善,人人做好事,个个做好人的良好风尚。特别是昔阳县报送的《德化民风美昔阳——昔阳县培育和弘扬社会主义核心价值观的探索实践》在中宣部《思想政治研究》进行了刊发,“昔阳好人” 评选活动受到了全国关注。从 2013 年开始,县里一次性拿出 1000 万元设立了好人基金,成立了好人事业促进会,连续举办了四届“昔阳好人”评选活动,已培树好人典型 83 人,其中“中国好人”2 名,“山西好人”3 名,“晋中好人”8 名,“昔阳好人”及提名人 70 名。

六、从严从实抓党建,党的工作提升到了一个新水平

中共昔阳县委坚决把党要管党、从严治党落到实处,不断提高党建工作系统化、科学化水平,以党的建设的新成效为全县经济社会振兴崛起提供坚强政治和理想保证。

一是强化思想理论武装。昔阳县以“两学一做”专题学习教育开展为契机,以尊崇党章、遵守党规为基本要求,分层次、分类别扎实开展学习教育各项活动。以“百村党建示范”为主导,深入开展“百名党建联络员知识竞赛”“百名老党员讲故事”“习近平论党建百幅书画展”“百名党组织书记讲党课”“五个一百”活动。以载体创新推动思想教育创新,共组织专题党课 2317 次,警示教育 2123 次,举办专题讲座 2094 次,开展主题党日活动 2199 次,积极营造了“两学一做”的浓厚氛围。制定了干部培训计划,86 名新提拔干部接受了任职培训,150 名干部先期完成了延安、右玉、温州培训,43 名大学生村官经过培训考核后,全部录用为全额事业人员。2016 年组织调训、干部选学、在线学习培训干部 2000 余人次。

二是强化干部选拔任用。按照“20 字”好干部标准和《党政领导干部选拔任用工作条例》,以“守规矩,干成事,干大事,不出事”为鲜明导向,坚持原则、严格标准、规范程序,注重把政治意识浓、业务能力强、工作作风硬的干部选配到重要岗位。按照省市统一要求,昔阳县圆满完成了 2016 年的县乡换届任务,743 个基层党组织实现了如期换届,乡镇领导岗位调整面达 85.36%,县级领导岗位调整面达 75%,平稳实现了县乡换届和新老干部顺利交接,一批能干事、会干事、肯干事的优秀干部脱颖而出,被提拔重用。

三是强化两个责任落实。一年来,县委常委会专题研究党风廉政建设工作 8 次,听取专题汇报 7 次,带头落实主体责任,综合运用批评教育、诫勉谈话、通报批评、组织处理等方式,对典型问题及时通报曝光,以问责倒逼两个责任落实。

县委共下发通报4期，共对7个乡(镇)38个单位进行了通报，对40名单位部门“一把手”进行了诫勉谈话，对履行监督责任不力的4个乡镇纪委书记进行了严肃问责。县委组织召开了贯彻落实《中国共产党问责条例》警示教育大会，对《全县落实党风廉政建设“两个责任”第三季度督查情况》和《一起贯彻落实县委、县政府决策部署不力典型问题》进行了专门通报，通过典型问题通报警示，进一步推动各级党组织和领导干部切实把责任担起来，落实好。县委制定出台了《昔阳县2016年度落实“两个责任”推进重点工作实施意见》，用制度指导推进责任落实。积极践行“四种形态”，建立了昔阳县党员干部廉政谈话、常规工作约谈、诫勉谈话三项谈话制度，共对122名领导干部进行任前廉政谈话，对16名乡镇、县直单位“一把手”进行廉政提醒谈话，对42名干部进行了常规工作约谈。坚持力度不减、节奏不变，快查快办，2016年，全县纪检监察机关共受理信访举报50件，处置各类问题线索274件，其中谈话函询97件，立案131件，结案131件，给予党政纪处分134人(次)，挽回经济损失103.55万元。

四是强化基层组织建设。深入推进“一带三创”工作，高质量完成了32个软弱涣散村级党组织整顿转化，选树了62个党建创新标杆村，大寨村党总支被党中央授予“全国优秀基层党组织”称号。以严格监管提升党建标准，开展重点排查整改12批次，391名失联党员纳入了组织管理，8名党代表因涉嫌违法被终止资格，112名党员被处分，补缴各类人员党费31.2万元。非公企业党组织两个全覆盖达到了100%。多方筹资300万元，新建或改扩建45个村级活动场所，实现了村级活动场所全覆盖。将村级组织运转经费、党建经费纳入财政预算，保证每村村级组织运转经费达8万元，党建经费达1万元，乡镇党建经费达10万元，为1490名在任和离任农村干部发放薪酬、年功奖励810余万元，在任农村干部年均工资达到了1.1万元，充分调动了农村基层干部的工作积极性和主动性。通过党员领办创办专业合作社等，直接撬动“强农贷”“富民贷”5164万元。“7·19”洪灾发生后，县乡村三级党员干部累计捐款64万元，有效发挥了党员干部的先锋引领作用。

(刘利国)

附：一、中共昔阳县委书记、副书记、常委名单

书　记： 丁雪钦(7月离职)　王根元(7月任职)
副书记： 王根元(7月离职)　许利伟(9月任职)
张　驰(8月离职)　郭丰慧(9月任职)
常　委： 李　军(9月离职)　郭春林
马建军　李怀仁(9月任职)
赵海斌(9月任职)　柴颖则
张月清(女，9月任职)

二、乡镇党委书记名单

乐平镇
书　记： 王志刚(5月离职)　程海华(5月任职)
大寨镇
书　记： 赵继胜(5月离职)　刘育峰(5月任职)
李家庄乡
书　记： 魏鹏耀(5月离职)　张彦臣(5月任职)
三都乡
书　记： 尚田柱
赵壁乡
书　记： 张胜利(5月离职)　任淑华(5月任职)
闫庄乡
书　记： 耿　华(女)
皋落镇
书　记： 王江平
界都乡
书　记： 张月清(女，5月离职)　周江平(5月任职)
东冶头镇
书　记： 裴素青(5月离职)　李东生(5月任职)
孔氏乡
书　记： 张兴华
沾尚镇
书　记： 程海华(5月离职)　冀宝元(5月任职)
西寨乡
书　记： 张向明

中共寿阳县委工作概况

县委书记　郝鹏鸿

2016年，寿阳县委全面贯彻党的十八大和十八届三中、四中、五中、六中全会精神，深入贯彻习近平总书记系列重要讲话精神，按照省委“一个指引、两个关键”总方略和市委“苦干三年全面挺进全省第一方阵”总要求，坚决扛起全面从严治党主体责任，扎实开展“两学一做”学习教育，千方百计稳增长、促改革、调结构、惠民生、保稳定、全县各项工作取得新成效，“十三五”实现良好开局。

一、以习近平总书记系列重要讲话精神为指引，不断增强“四个意识”

深入学习贯彻习近平总书记系列重要讲话精神、十八届六中全会精神和省、市党代会精神。始终以习近平总书记系列重要讲话为指引，深入学习贯彻党的十八届六中全会和省十一次、市四次党代会精神，组织县委常委会专题学习、中心组学习、专家授课、主题宣讲、党日活动68次，班子成员讲党课7次，传达中央和省市会议精神17次，领学党建理论37次，准确把握十八大以来党中央治国理政的新理念、新思想、新战略，时刻保持与中央、省委、市委高度一致。

扎实开展“两学一做”学习教育。严格按照中央和省市要求，对照“四讲四有”，县委常委班子9次专题学习、3次专题研讨。坚持真学真懂真用，指导全县670个基层党组织、1.7万名党员深化学习教育，聚焦理想信念、思想观念、宗旨意识、服务水平、创新能力、干事作风、担当精神等方面，列出问题清单14035条，及时整改解决13052条，分步长效整改983条。全面推行“一诺三亮四比五评”党员先锋主题实践活动，创建15个基层党员示范窗口，为7629名农村党员设岗定责，确保“两学一做”教育成果惠及群众。

二、坚决扛起管党治党责任，全面推进从严治党

严守党的政治纪律和政治规矩。坚持把严肃党的政治纪律和政治规矩放在首位，认真学习“两准则、三条例”，从严落实常委会工作、学习、议事规则。全年召开18次县委常委会议，研究46项重大决策，县委班子领导、议事和决策水平明显提升。进一步严肃党内政治生活，按照《关于新形势下党内政治生活的若干准则》要求，严格执行民主集中制，健全和完善集体领导和个人分工负责相结合的制度，支持县人大、县政府、县政协依法履行职责，加强对统一战线工作和群团工作的领导。

从严落实管党治党主体责任。县委召开5次常委会、2次四套班子会专题研究党风廉政建设工作。县委主要领导深入各乡镇、部分县直主要单位对“两个责任”落实情况进行调研督导。在“一对一”约谈的基础上，2次组织全县科级以上党、纪干部廉政谈话。先后召开乡镇党委、系统党委基层党建述职评议会议，22名党委书记、3名党工委书记、6名基层党组织书记大会述职，接受质询测评。约谈24名“两个责任”落实不力的领导干部。全力配合市委巡察，务实推进问题整改。采取“一拖一”的方式，完成6个单位县级首轮巡察，发现问题109条，移送问题线索25件32人，党纪处分11人。

始终保持整治“四风”和反腐败高压态势。全年受理信访举报线索147件，谈话函询95件，初核90件，立案99件，结案79件，给予党政纪处分79人，其中撤职以上重处分21人。扎实推进“三抓三促”，共谈话函询74人，主动交代问题109人，上缴违纪金额217.69万元，挽回经济损失234.42万元。驰而不息查纠“四风”，开展明察暗访18轮次，查处“四风”问题32个，形成案件21件，给予党政纪处分15人，其他处理6人。

圆满完成县乡换届，进一步激发干事创业活力。胜利召开县十三次党代会，选举产生了十三届县委。严把廉政审核、监督举报、代表提名、大会组织四个关口，圆满完成县乡换届任务。在换届中，严格执行新时期好干部标准，树立了倾斜基层、注重实绩的选人用人导向，新任14名乡镇党政正职全部具有三年以上乡镇工作经历，超过80%乡镇副职从乡村一线选拔。村支部书记全部纳入县级管理，调整5名不合格书记，提拔重用8名第一书记，完成28名大学生村官流动任务。制定出台《寿阳县“三项清单”考核办法》，完善农村党员“十星双评”，奖优罚劣机制更加完善。

持续强化基层基础。引深抓实“一带三创”，评出“五好”乡镇党委7个，农村支部52个。推行群众利益保障制度，办成421件好事实事，集体经济“破零”村达到67个，村级便民服务网点实现全覆盖，完成20个软弱涣散基层党组织整顿。基层党建经费全部纳入财政预算，乡村、社区、两新组织党建专项经费均达到省定标准，为8个县直系统党委、96个县直单位配齐组织委员，重点倾斜“一事一议”奖补资金，投资400余万元，提标、新建活动场所45个，完成全覆盖任务。

牢牢把握意识形态主动权。围绕党的十八大和系列全会、省市党代会精神落地，17次组织县委中心组学习。结合建党95周年和长征胜利80周年开展系列纪念活动，广泛开展“一月一讲”、三大讲堂、送文化下乡等主题宣讲78场次，全县广大干部群众“四个自信”明显增强。加强对意识形态工作领导，配套完善形势分析研判机制，打造“寿阳发布”“寿阳文化”等10大官方微信平台，全面加强对全县20个微信公众号的指导监督。抓住全市创建国家公共文化服务体系示范区机遇，组织开展送文化下乡活动240场次，成功举办全民文化活动季、常村梨花文化旅游节等53场大型艺术节会。电影《党的女儿尹灵芝》作为“建党95周年重点献礼片”在全国公映。

三、坚决贯彻省委、市委重大决策部署，着力提升治县理政能力水平

充分发挥把方向、管全局的抓总作用。坚决贯彻省委“一个指引、两个关键”的重大思路要求，按照市委“苦干三年全面挺进全省第一方阵”的目标定位，十三届县委明确了贯彻四个全面战略，抓实五个领先发展，为晋中挺进全省第一方阵勇当排头兵的发展主题，制定出台了《寿阳县全面挺进全省第一方阵三年行动计划》，明确了在全省同类县中争先进位，在全市第一梯队中争站前列，实现一率先、五领先、双进位的发展目标，提出了5大攻坚、10大工程、48项重点工作，规划了时间表、施工图、责任状。

加强和改进党对经济工作的领导。县委常委会主动引领经济发展新常态，切实加强和改进党对经济工作的领导。坚持动态研究经济工作制度，配套建立党委领导经济工作、书记抓经济工作的具体措施。围绕项目建设和产业发展，坚持重大经济事项常委会定期研究，千方百计调结构、促转型、谋发展。紧扣发展难题，深入开展“三打一治”专项行动，加强管理检测，严整市场秩序。扎实开展“冬季行动”、入企帮扶工作，帮助企业解决实际困难51个。

全年地区生产总值完成91亿元，增长4.3%；规模以上工业增加值完成33.3亿元，增长3.1%；固定资产投资完成

129.4亿元，增长11.8%；社会消费品零售总额完成26.5亿元，增长7.6%；城镇、农村常住居民人均可支配收入分别达到30720元、11834元，增长5.6%、5.5%；公共财政预算收入完成6.1亿元，增长3.9%，实现由负转正。

转型发展步伐加快。紧紧抓住京津冀协同发展、“一带一路”等国家战略机遇和产业转移去向，重点围绕新兴工业、现代农业、现代服务业、基础设施建设等领域，开展精准招商。新引进金粮农科产业园、天邦百万头生猪生态养殖等5个项目，总投资224亿元。全面落实领导包项目责任，完善精细化管理办法，“六位一体”排名位居全市前列，储备、开工、投产3项指标超市定任务。69个省、市重点项目年度完成投资128.8亿元，超任务18个百分点。全年实施转型项目49个，占重点项目64%，涉煤项目投资下降40%，新兴产业项目投资增长211%，非煤产业增加值提高6个百分点，三次产业结构创历史最优水平。

全面落实改革举措。坚决落实供给侧结构性改革，“三去一降一补”任务中，原煤产量同比下降35.9%，消化房地产库存949套，11.6万平米。创新投融资改革，人民医院PPP项目包成为省级标杆，市政道路、地下管廊及配套建设PPP项目作为全市唯一的县级项目，入选财政部示范项目库。扎实推进金融创新，与多家金融机构签署11个领域总额超100亿元的战略合作框架协议，为中小企业争取贷款54亿元。创建国家农民工返乡创业试点县，初创企业达到78个。

不断创新社会综合治理。深化司法体制改革，建立健全县乡两级法律服务机构，加大司法公开，完善数字化法庭建设。深化涉法涉诉信访改革，建立本地律师参与化解代理人才库，完善律师值班接访制度，落实法定途径分类处理信访投诉清单制度。认真落实安全生产党政同责，坚持县级领导安全检查逐月通报制度，全年事故起数、死亡人数双下降。

着力推进脱贫攻坚取得实效。坚持把脱贫攻坚作为第一民生工程，县委、县政府13次专题研究脱贫攻坚工作，常委班子带头，全县400名干部蹲点住村40天，帮助贫困群众调产增收，脱贫致富。制定出台《寿阳县脱贫攻坚行动计划》，精准实施8127扶贫工程，建立县级领导、驻村工作队、驻地企业、小康村、第一书记“五位一体”帮扶机制，统筹整合涉农项目资金、专项扶贫资金、融资债券资金3600万元，集中连片、分类实施、整村推进，实施产业扶贫和基础设施建设项目32个，解决问题174个，4个贫困村摘帽、2736名贫困人口稳定脱贫。

（生　辉　张晓斌）

附：一、中共寿阳县委书记、副书记、常委名单

书　记：郝鹏鸿
副书记：史　洁（女）　陈德刚（9月任职）
常　委：侯成元（9月离职）　张峻德
任　钦（9月任职）　张保平（9月离职）
傅艳红（女，9月离职）　范亮珍
陈志强（9月任职）　赵　弘（9月任职）
李　雪（9月任职）　牛继文

二、乡镇（城区）党（工）委书记名单

朝阳镇
书　记：孙金忠（5月离职）　李志义（5月任职）
南燕竹镇
书　记：常拴林（5月离职）　付建民（5月任职）
马首乡
书　记：姜明亮（5月离职）　赵东青（5月任职）
宗艾镇
书　记：吴志明（5月离职）　史敬海（5月任职）
平舒乡
书　记：王云虎
解愁乡
书　记：张江涛（5月离职）　岳俊文（5月任职）
温家庄乡
书　记：张海平（5月离职）　冀俊武（5月任职）
平头镇
书　记：李志义（5月离职）　张永宏（5月任职）
松塔镇
书　记：宋润平（5月离职）
刘维斌（5月任职，9月离职）
庞广生（9月任职）
景尚乡
书　记：史敬海（5月离职）　荣爱民（5月任职）
上湖乡
书　记：潘慧琴（女）
羊头崖乡
书　记：郭丽君
西洛镇
书　记：冀俊武（5月离职）　曹长青（5月任职）
尹灵芝镇
书　记：岳俊文（5月离职）　罗晋山（5月任职）
丹凤城区
书　记：付建民（5月离职）　杨惠明（11月任职）
滨河城区
书　记：李莉峰（女）

中共阳泉市委工作概况

市委书记　陈永奇

2016年,面对严峻复杂的经济形势,面对艰巨繁重的改革发展稳定任务,中共阳泉市委团结带领全市广大干部群众,全面贯彻落实党的十八大和十八届三中、四中、五中、六中全会精神,深入学习贯彻习近平总书记系列重要讲话精神和治国理政新理念新思想新战略,统筹推进"五位一体"总体布局,协调推进"四个全面"战略布局,认真落实省委"一个指引、两手硬"重大思路和要求,迎难而上、砥砺奋进,全面推进经济、政治、文化、社会、生态文明建设和党的建设,各项工作都取得了新的成效。

一、坚持以习近平总书记系列重要讲话精神为指引,努力开创治市理政新境界

扎实开展"两学一做"学习教育。市委常委班子带头,采取多种形式,学习贯彻习近平总书记系列重要讲话精神,学习贯彻党的十八届六中全会、中央经济工作会议等精神,重点领会"五位一体"总体布局、"四个全面"战略布局特别是全面从严治党等治国理政新理念新思想新战略。全年共组织市委常委会专题学习16次,中心组集体学习19次,举办"漾泉大讲堂"4期,举办培训班1300余次,培训骨干及党员75000多人;各级党组织书记讲党课6000余场次,基层党组织学习教育实现全覆盖。把边学边改贯穿始终,各级党组织解决突出问题3600余个。通过学习,坚定了"四个自信",增强了"四个意识",切实做到思想上拥戴核心、政治上维护核心、行动上紧跟核心,坚定不移地把以习近平同志为核心的党中央决策部署在阳泉贯彻落实好。

坚持把方向、管大局、作决策、促落实,发挥总揽全局、协调各方的领导核心作用,以习近平总书记系列重要讲话精神为指引,全面贯彻落实中央大政方针,不折不扣落实省委、省政府各项决策部署,推动阳泉党的建设和党领导的各项事业迈出新步伐。成功召开市第十二次党代会,系统总结了过去五年取得的成绩和宝贵经验,全面部署了未来五年的工作任务,确立了建设山西向东开放桥头堡、晋东区域中心城、转型发展先行市、城乡统筹示范区的"四大定位"目标,描绘了未来五年发展蓝图,进一步完善了发展思路,开辟了治市理政的新境界。

市委常委会定期听取市人大常委会、市政府、市政协党组和市中院、市检察院党组工作汇报,及时听取民意、汇聚民智,做到科学决策、民主决策、依法决策,治市理政水平进一步提升。四大班子团结和谐,全市上下齐心协力,干部群众积极进取,全市呈现出人心思进、人心思干的良好局面。

二、坚持以经济建设为中心,全力推动经济稳步向好

面对持续加大的经济下行压力,切实加强和改善对经济工作的领导,着力稳增长、调结构、促改革、惠民生、防风险,全市经济社会发展呈现缓中趋稳、稳中有进的态势,实现了下半年好于上半年目标。

全力稳定经济运行。统筹推进产业项目、基础设施项目、民生项目建设,按照"四个加快"思路,抓好开工、建设、投产、达效,扩大投资规模,提高投资效益。重点推进铁路、公路、低热值煤发电等"十大领域"项目和西上庄电厂、乙二醇等标志性工程建设。全年完成固定资产投资617亿,增长2.7%。加大帮扶企业力度,支持实体经济发展。在加强为阳煤集团服务的同时,深入开展干部入企服务活动,全年派出干部1057人,入企329户,查找问题641个,解决问题621个,问题解决率达96.9%。开展各类项目大起底活动。大力推进民营经济发展,出台了《实施意见》《考核办法》,开展了"四大专项行动"。

着力推进供给侧结构性改革。按照"稳定煤炭、加快电力、扩大煤化、做强装备、创新冶金、重组耐材、做大旅游、突出信息、加强物流"调产思路,加快结构调整,构建多元支柱产业体系,资源型经济转型发展迈出坚实步伐。重点抓好煤炭供给侧结构性改革,去产能、减产量、增洗配、强营销、提先进、保增长。去产能方面,圆满完成淘汰煤炭落后产能60万吨任务;原煤年产量为5300万吨,同比下降20%左右;同时,提升先进产能占比,3座技术先进、生产安全、回采率高的现代化矿井进行联合试运转;原煤入选率稳定在90%以上。电力产业发展取得重大突破,被国家确定为采煤沉陷区先进光伏技术示范基地,一期100万千瓦开工建设;西上庄电厂、鑫磊发电项目有序推进,裕光2×100万千瓦发电项目获核准,向打造千万千瓦级现代综合能源基地迈出了重要一步。现代煤化工发展初见成效,阳煤20万吨乙二醇项目整体试车即将投产,并积极谋划启动二期30万吨项目。大力发展现代物流业和健康养老业特别是文化旅游业,召开了全市旅游推进大会,对全域旅游发展、重点景区建设、旅游环境打造、创新旅游体制机制作了全面部署。同时,加快新材料、信息技术等产业发展,具有世界领先水平的中兴环能煤层气制备纳米洋葱碳项目实现量产,百度云计算中心稳定运行并不断扩大应用领域,输煤输电输数据并举的格局正在形成。

去库存方面,截至2016年底,全市商品房去化周期进入合理区间。去杠杆方面,扩大企业直接融资规模和比例,鼓励企业扩大债券融资规模,引导争取金融机构、资产公司对煤

炭企业债转股。降成本方面，落实社会保险“两降、五缓、三补”政策，累计减轻企业负担约15.45亿元。补短板方面，积极打造工业园区，继续实施飞地经济、行政托管，持续优化、拓展发展空间。着力强化公共服务。

城乡统筹发展成效明显。高度重视“三农”工作。粮食产量又获丰收，达到2.6亿公斤，增长4%。畜牧、核桃、蔬菜三大主导产业稳定发展，杂粮、中药材、养蜂、水果、休闲观光等特色产业发展势头强劲。“阳泉特色农产品网”建成运行。大力推进农村人居环境改善“四大工程”。超额完成省定新型职业农民培育任务。土地确权工作走在全省前列。统筹推进旧城提质、新城开发，加快城中村改造步伐，实施市容市貌、环境卫生、交通秩序等综合整治行动，阳大铁路、漾泉大道一期、二期和平阳街一期工程等一批重大基础设施项目积极推进。大县城建设和省级重点镇建设稳步推进，综合服务能力不断提高。2016年常住人口城镇化率达到66.68%。

三、坚持全面深化改革，不断激发内生动力和活力

推动开发区改革创新发展。认真落实全省开发区改革创新发展会议精神，进行开发区改革创新发展调研，召开开发区改革创新发展推进会，组织制定了《实施方案》，确立了未来5到10年内，打造至少4个省级以上开发区（其中1个国家级开发区）的目标。明确了措施路径，促进项目向开发区集中、政策向开发区倾斜、要素向开发区聚集，加快开发区二次创新创业。积极推进“三化三制”改革，实行“组阁制”，配齐配强了市开发区领导班子。

以转型综改试验区建设为统领，统筹抓好重点领域改革。深化国有企业改革。一些国有股退出和长期扭亏无望、严重资不抵债企业关闭，新组建的泵阀集团开工建设。创新金融服务。重点推动企业上市直接融资，有2家企业在新三板挂牌。市商业银行改制基本完成，股权结构进一步优化，农信社改制加快推进。加大招商引资力度，实行领导带头招商、小分队招商、政企联合招商，超额完成省考核任务。实施创新驱动战略。百度创新中心落户阳泉，成为全国7个创新中心之一。推进和清控科创等国内优秀创新创业运营团队的合作。有7家公司进入省级众创空间行列。市高新技术创业服务中心升级为B类等级国家级孵化器（全省仅2家）。继续举办“海外博士阳泉行”活动，并获2016年基层人才工作全国最佳案例奖。

创优发展环境。继续深化行政审批制度改革，完成了县级政府部门“两单两图”的编制工作，在全省率先探索编制党群部门职责清单即将运行，市级公共资源交易中心挂牌成立。开展整治创优发展环境专项行动，坚决整治不作为、慢作为、中梗阻现象。积极争取上级政策项目资金支持，特别是获得了全国遏制重特大事故试点城市和采煤沉陷区先进光伏技术示范基地政策。

四、坚持以人民为中心的发展思想，着力保障改善民生

不断加大民生投入，2016年民生支出74.7亿元，占一般公共预算支出的比例达到78%。社会保障体系不断完善，养老、医疗、失业等社会保障综合参保率达到98%。高考连创佳绩，职业技术学院新校区建设稳步推进，义务教育均衡发展获得先进市称号。公立医院改革取得实质性进展，市直公立医院药品销售全部实行零差率。特别是立足于打基础、利长远，推进实施了一批民生工程，娘子关引水二期、城市饮用水水质改善、市污水处理二期三大水利工程全部竣工运行，为未来30年发展奠定了基础。大力实施脱贫攻坚，完成脱贫8843人，为省定任务的110%。以环保督察和开展“铁腕治污行动”为契机，全面加强环境保护和生态文明建设。大力开展植树造林，完成各类营造林12万亩。狠抓信访稳定工作。积极实施国家遏制重特大事故试点，全年各类生产安全事故起数和死亡人数分别下降20.69%、26.98%。历史上首次实现了地方煤矿无事故，煤矿百万吨死亡率为0。深入开展“平安阳泉”建设，开展了“打黑除恶”、铲除“黄赌毒”“治爆缉枪”三大战役。积极推进社会管理创新。

五、坚持依法治国、以德治国相结合，切实加强民主法治和精神文明建设

支持人大及其常委会依法履职，认真做好我市获批地方立法权和制定地方性法规的相关准备工作。支持人民政协履行政治协商、民主监督、参政议政职能。加强党外代表人士队伍建设，民主党派换届全部完成。加强民族宗教工作，积极做好对台、侨务工作。充分发挥工会、共青团、妇联等人民团体的作用。切实加强“法治阳泉”建设，大力推进司法体制改革；积极开展“七五”普法。大力弘扬社会主义核心价值观。严格落实党委（党组）意识形态工作责任制。实施宣传思想文化系统“五大工程”，开展“热爱阳泉、心系阳泉、发展阳泉”系列活动。坚持党管武装，扎实开展双拥共建，军民融合发展向纵深推进。

六、坚持全面从严治党，聚焦主责主业

落实全面从严治党要求，牢固树立“抓好党建是最大政绩”的理念，把党要管党、从严治党作为应尽之责、分内之事，做到敢管敢治、严管严治、长管长治。

一是以市县乡集中换届为契机，全面加强干部队伍建设。坚持先立规矩后选人，市委和县乡换届任务圆满完成，实现了“绘出思路清措施实的好蓝图、选出忠诚干净担当的好干部、配出结构优功能强的好班子、换出心齐气顺劲足的好面貌”的目标，一大批优秀干部走上领导岗位。换届后，县（区）党政班子中具有乡镇党政正职任职经历的占到班子成员总数的40%，乡镇班子中新选拔的优秀村干部、大学生村官、乡镇事业编制人员等“三类人员”占到班子成员总数的近1/5。年轻干部、妇女干部、党外干部的配备比例都达到规定

要求。超职数配备的426名干部全部消化。举办了专题轮训班,培训县级干部912名。在全省率先出台容错纠错实施办法,着力营造干事创业良好氛围。

二是以“五大提升工程”为抓手,持续加强基层党的建设。立足阳泉实际,将省委“一带三创”工作要求具体化为实施组织功能提升、主干能力提升、党员素质提升、治理机制提升、保障水平提升等“五大提升工程”,推动基层党建工作全面提升、全面过硬。市县两级分别设立党组(党委)56个、160个,实现应设尽设;成立非公和社会组织党工委,制定出台进一步加强社会组织党的建设工作的《实施办法》,推进实现党的组织和党的活动“两个覆盖”。集中整顿软弱涣散农村基层党组织,88个全部整顿销号。突出农村党支部书记队伍建设,下派第一书记204名。全面推行“六议两公开”工作法和“民事代办”制度。建立健全村级组织运转经费和“主干”报酬待遇正常增长机制,推进社区活动场所全面达标,基层党建工作经费足额到位。

三是深入推进党风廉政建设,持续加强作风建设。牢牢扛起全面从严治党主体责任,领导支持纪委监督执纪问责。强化压力传导,市委书记与市四套班子成员谈话184人次,与各县(区)、开发区主要负责人谈话269人次,与市直部门党委(党组)书记谈话297人次。严格“一案双查”,对落实“两个责任”不力的领导干部进行了问责追责。加大案件查办力度,始终保持高压态势。准确把握运用“四种形态”,挺纪在前,抓早抓小。从严落实中央八项规定精神,驰而不息纠正“四风”。充分发挥巡察监督利剑作用,市县巡察已开展两轮并实现县(区)全覆盖。积极稳妥推进监察体制改革,出台了市级试点《工作方案》,市委4次召开专题会议部署推进。坚持制度治党、依规治党,深入开展学习宣传贯彻《准则》《条例》活动,实现市县乡(街道)全覆盖;制定了《十二届市委常委会工作规则》《十二届市委书记专题会议工作规则》《十二届市委全会工作规则》等。

(郑方毅)

附:中共阳泉市委书记、副书记、常委名单

书　记: 陈永奇

副书记: 董一兵　王旭明

常　委: 杨永生　王湜洲(9月离职)
李利生(9月离职)　李云峰
李定武(7月离职)　巩　成
王帅红(7月离职)　吴纪平(7月任职)
任建华(7月任职)　田桂明
王铁梅(女,7月任职)　杨自明(9月任职)

中共阳泉市城区区委工作概况

区委书记　张　晋

2016年,中共阳泉市城区区委全面落实党的十八大和十八届三中、四中、五中、六中全会精神,深入学习贯彻习近平总书记系列重要讲话精神和治国理政新理念新思想新战略,认真落实省委“一个指引、两手硬”重大思路和要求,围绕市委“四大定位”,顶住压力、把握大势,明确定位、完善思路,不忘初心、负重前行,确立并大力实施“四大战略”,团结、带领全区各级党组织和广大党员干部继往开来、接续奋斗,攻坚克难、转型发展,开辟了治区理政新境界,推动全区经济、政治、文化、社会、生态文明和党的建设都取得了新进展新成效,开创了“两个第一”,即编纂出版了全国第一部城市社区建设志——《阳泉市城区社区建设志(2001—2015)》;成功承办了全省创新社区治理机制的第一次现场会——全省推进“三社联动”创新社区治理机制现场会,推广了我区“幸福社区”创建经验。

一是聚力推进经济建设,发展思路更加完善。坚持把学习贯彻习近平总书记系列重要讲话精神作为政治责任和历史担当,与学习贯彻党的十八届六中全会精神和省市党代会精神相结合,区委中心组集中学习19次,累计培训干部1300余人次。准确把握系列重要讲话的科学体系、新理念新思想新战略、立场观点方法,注重从系列重要讲话中汲取智慧和力量,针对城区发展中面临的困难和问题,区委坚持把责任扛在肩上,以担当品格和拼搏精神,努力推进城区转型发展,在区第十次党代会上提出并确立了实施三产强区、创新活区、环境靓区、惠民富区“四大战略”,加快转型升级,建设晋东地区现代服务业发展高地、区域物流中心和生态、智慧、宜业、宜居的幸福城区的发展思路,描绘了未来五年的发展蓝图,在全区上下进一步统一了思想,凝聚了共识,振奋了精神,提升了境界,树立了在新起点上谋划全区转型发展的新坐标。

二是聚力推进转型升级,综合实力明显提升。始终紧扣稳中求进工作总基调,突出“务实”谋事干事新导向,努力加快三产转型升级和经济结构调整,实现了“下半年好于上半年,为明年进一步好转奠定坚实基础”的目标,全区地区生产总值同比增长3.5%,超计划进度2.3个百分点;服务业增加值同比增长2.6%;社会消费品零售总额同比增长6.2%;全社会固定资产投资增速逐季向好,同比增长1.2%;规模以上工业增加值同比增长27.6%，超计划进度25个百分点；一般公共预算收入完成20589万元；城镇居民人均可支配收入同比增长4.9%，全区经济呈现出低位企稳、稳中有进、稳中向好的发展态势。始终把项目建设作为重要引擎，全面启动了项目大起底工作，全力推进项目引进、争取和建设，项目储备、签约、落地、开工、建设、投产均超额完成年度目标任务，为“稳增长”提供了有力支撑。始终把转型升级作为主攻方向，出台了《关于加快产业集聚区建设的意见》，明确了“一园五区”的园区建设基本思路，“城区电商产业园”正式挂牌启动，完成投资850万元，入驻各类科研机构和科技型企业80余家；协助天元绿环科技有限公司成功登陆新三板市场；传统服务业转型步伐明显加快，一站式体验式消费日益成为我区餐饮商贸业的新亮点；政银企平台建设进一步深化，累计为41户企业提供增信贷款5910万元，中小企业融资难问题初步缓解，为“促转型”增添了强劲动力。始终把改革创新作为主要抓手，出台了“十三五”期间的《城区资源型经济转型综改配套改革试验实施方案(2016—2020)》和《行动计划》，全力推进城区老工业企业搬迁改造，争取到国家和省级城区老工业区搬迁改造专项补助资金6071万元，西河滩蔬菜瓜果批发市场搬迁改造顺利推进，水泵厂、阀门厂“退城入园”步伐加快，万通西装饰城片区改造启动实施；加强“双创”工作，设立了创业投资引导基金，进一步加大对大众创新创业支持力度，成功对接了北京清控科创集团“阳泉双创大街”项目；科技创新实现突破，有效发明专利拥有量达到45件。

三是聚力推进民生改善，社会事业协调发展。坚持发展为了人民、发展依靠人民、发展成果由人民共享的理念，在财政收入下降、刚性支出增加的情况下，持续加大民生投入，全区一般公共预算支出的84.34%用于民生改善。社区建设亮点频现。46个社区全部建成了“一站式”服务平台，全区社区服务活动场所平均面积达到423平方米，全区登记、备案社区社会组织达到273个，全区拥有资质的专业社工人员比例居全市第一，德胜街社区被评为“全国最美志愿服务社区”和全省先进基层党组织，义井社区被评为全省唯一一家第二批“全国社会工作服务示范社区”，义井街道“义家亲”社工服务中心成为第五届中国公益慈善项目展示会山西省唯一战略合作伙伴；兴隆街社区荣获“全国社区学雷锋志愿服务联络工作示范站”称号；民政部《社区》杂志选登推广了城区观象台社区、金三角社区民生服务的典型事迹；民政部官网刊发了城区创建“全国社区治理创新和服务创新实验区”的工作做法。民生福祉不断增进。教育事业均衡推进，中考成绩继续保持全市领先，高考成绩实现历史性跨越，南山幼儿园项目启动建设。社保体系不断完善，养老、医疗、工伤、生育、失业保险等社会保障综合参保率达到96.8%。就业人数不断扩大，城镇新增就业人数2097人，下岗失业人员再就业人数1236人，城镇登记失业率控制在3.5%以内。围绕“六个确保”，实施“四个一批”，全面开展精准扶贫帮困救助工作，健全完善了临时救助和社会救助办法，连续两次提高城市低保标准，实现动态管理下应保尽保。安居工程有序推进，累计为1774户困难群众提供了住房保障，全年共发放住房补贴241万元。公共卫生服务均等化建设大力推进，创建成为“全国计划生育优质服务先进单位”和“省级妇幼健康优质服务示范区”，全区流动人口计划生育免费服务率达到98%。金三角社区被评为全国计划生育工作先进单位。人居环境有效改善。南大街环境综合整治顺利推进，建成6条省级容貌示范街，6条省级保洁示范街，连续21年蝉联省级“卫生城区”称号。全面加强环境保护，开展“铁腕治污行动”，扭转了环保工作被动局面。

四是聚力推进文化繁荣，文化发展全面提质。坚持把宣传思想文化工作作为实现良好政治生态的重要动力源泉，充分发挥思想引领、舆论推动、精神激励、文化支撑作用，着力提振了全区干部群众的士气和信心。坚持把意识形态工作作为党的建设和政权建设的重要内容，制定了《中共阳泉市城区党委(党组)意识形态工作责任制实施方案》和《关于建立意识形态领域形势分析研判机制的通知》，明确了全区各级党委(党组)领导班子、领导干部的意识形态工作责任。加强社会主义核心价值观的宣传教育，加强对社会舆情特别是网络舆情的分析研判，加大对外宣传力度，弘扬主旋律、传播好声音、凝聚正能量、展示新形象。文明创建亮点频现，成功举办了“三节”文艺演出、“纪念中国共产党建党95周年·长征胜利80周年”、文明单位与社区结对共建等系列文化活动，城区代表队在全市“学党史、感党恩、跟党走”党史知识竞赛中荣获一等奖。不断丰富群众文化生活，投入119万元用于文化建设，启动了全市首家文化众创空间项目和全民健身中心项目，成功举办阳泉城区首届毽球邀请赛，来自全国的31支代表队参赛，组织开展了“2016·中国跆拳道馆联盟杯阳泉武道大赛”等比赛。积极打造特色文化品牌，上站街道付海云彩面塑斩获第四届中国非物质文化遗产博览会二等奖。

五是聚力推进民主法治，发展合力有效凝聚。圆满完成了区人大、区政协的换届工作。不断加强党对人大工作的领导，制定了《关于加强和改进人大工作的实施意见》和6个具体指导意见，区人大初步实现了自身建设标准化、履职行为规范化、代表活动经常化的“三化”目标。坚持和完善中国共产党领导的多党合作和政治协商制度，出台了《关于进一步加强人民政协工作的意见》，支持政协开展专题协商、对口协商和提案办理协商，形成了共商大计、共谋发展的浓厚氛围。构建“大统战”工作格局，区工商联换届工作圆满完成，民族宗教、对台、侨务等工作取得新成就，全区形成了民族团结进步创建活动“十个一”经验模式，上站街道德胜街社区获得了“全国民族团结进步创建活动示范单位”，区侨联成功承办了“全省归侨侨眷职业技能培训班”，区委统战部联手山西大学在城区开展在校大学生社会实践学习培训，得到校方高度认可，扩大了城区对外影响力。地震工作全面加强，被评为“全国县级防震减灾业务工作考核先进单位”。团区委换届圆满完成、区妇联换届顺利推进，工会、科协等组织工作各具特色，党管武装工作不断强化，国防后备力量建设全面加强，双拥共建和军民融合发展取得新成效。“平安城区”“法治城区”建设深入推进，司法体制改革卓有成效，社会治安风险隐患大排查大整治活动扎实有效,大调解工作格局全面构建,全区各级矛盾纠纷调解组织调解率达100%,为创新社会治理探索了新路子。全区社会治安防控体系不断完善,人民群众安居乐业,社会大局和谐稳定。全力打造"阳光信访""责任信访"和"法治信访",信访秩序呈现出"五下降、一好转"的良好态势,实现了2010年以来首次进京零非访和2014年以来连续三年赴省零集体访。严格落实"党政同责、一岗双责、齐抓共管"安全生产责任体系,以"四个铁"要求狠抓安全生产,全区安全生产形势良好。

六是聚力推进从严治党,党建工作全面加强。"两学一做"学习教育取得重要成果,查摆出区委在抓经济、抓发展存在的八个方面问题,制定了16条整改措施,提升了区委抓经济工作的水平;健全完善了《十届区委常委会工作规则》《十届区委全会工作规则》等"三个规则",提升了区委工作规范化水平。高标准、严要求在全市第一家胜利召开了区党代会,描绘了新蓝图,换出了新气象,取得了组织满意、干部满意、群众满意的良好效果,《实施"五二四"工作法,确保换届工作圆满成功》的经验被市委书记陈永奇同志批示并转发全市推广学习,形成了人心思进、人心思上、人心思干的良好局面。基层党建工作全面提升、全面过硬。规范原有6个党组,新设立党组20个。成立了非公经济组织和社会组织工作委员会,初步形成了党政善治、协商共治、居民自治、厉行法治的社区治理和服务创新"四治"格局。"双联系"机制全面落实,"联述联评联考"扎实推进,各级党组织书记抓基层党建工作主体责任不断夯实。社区基础设施建设大幅提升,14个200平方米以下不达标社区全部改造提升,其中8个一次性提升到500平方米以上。建立了关怀建国前老党员长效机制,为未享受离退休待遇的建国前老党员按月发放500元的荣誉津贴。干部队伍活力明显增强,坚持正确用人导向,向市委推荐的3名同志被市委提拔进入区级领导班子,还有2名同志被市委提拔为副县级干部。积极实施"四个一批",即"提拔重用一批、妥善安置一批、交流使用一批、培养储备一批",调整科级干部150人,其中提拔、重用82人,使学校和机关、事业单位等部门长期以来科级岗位空缺多、干部交流力度弱、班子结构差等问题得到有效缓解,科级干部的总体构成得到进一步优化。深入开展了干部入企服务工作,出台了《关于建立干部入企服务和锻炼长效工作机制的实施办法(试行)》,加强了干部在经济一线的锻炼,提升了干部综合能力。作风建设全面改进,下发了《阳泉市城区严肃纪律规定责任清单》,深入开展"四述",常态常效推进作风建设,推进了干部作风持续好转。坚决贯彻中央八项规定精神,"三公经费"支出下降57.34%,率先在全市完成了公车拍卖工作。党风廉政建设进一步加强,启动了首轮巡察工作,强化扶贫等民生领域监督执纪问责工作,坚决查处了一批严重违纪违法典型案件,有效解决了一批发生在基层和群众身边的突出问题,推进了"两个责任"落地见效,为各项事业发展营造了风清气正、干事创业的良好政治生态。

(叶瑞平)

附:一、中共阳泉市城区区委书记、副书记、常委名单

书　记:张　晋

副书记:武　雪(女,7月离职)
王晓丽(女,7月任职)　任时杰

常　委:李保存(4月离职)　杨献斌(4月离职)
李昱平(5月离职)　刘志军(3月离职)
胡秀毅　赵建军(5月任职)
路晓明(4月任职)　田　青
王志伟(4月离职)　高　玮(4月任职)
王文玉(4月任职)　温敏芬(女,5月任职)

二、街道党工委书记名单

上站街道

书　记:高　鹏(12月离职)　张　云(女,12月任职)

下站街道

书　记:温敏芬(女,12月离职)　段德强(12月任职)

北大街街道

书　记:李常银

南山路街道

书　记:刘广顺

义井街道

书　记:李丽萍(女,1月离职)
段德强(1月任职,12月离职)
冯利民(12月任职)

坡底街道

书　记:王海军(12月离职)　穆志强(12月任职)

中共阳泉市矿区区委工作概况

区委书记　梁志勇

2016年,中共阳泉市矿区区委深入学习贯彻党的十八大、十八届三中、四中、五中、六中全会精神,深入学习习近平总书记系列重要讲话精神和治国理政新理念新思想新战略,认真落实省委"一个指引,两手硬"的重大思路和要求,紧扣市委"四大定位"目标,始终把握全面从严治党这条主线,按照区委"233442"总体工作思路和目标任务,团结带领全区各级党组织和广大干部群众,扎实开展各项工作,全区经济社会各项事业取得了新进展、新成效。

一、提高政治站位，增强“四个意识”

一是坚持不懈抓好理论武装。区委坚持把加强干部教育培训作为服务大局的重要抓手，始终将思想政治建设摆在首要位置，积极主动、及时跟进地学习党的理论、方针、政策，坚持在思想上政治上行动上始终同以习近平同志为核心的党中央保持高度一致。特别是对省委、市委的重要会议精神做到了学习传达不过夜，贯彻落实不打折，认真到位不含糊。一年来组织中心组学习16次，举办干部教育论坛5期，培训各级各类干部600多人次，组织参加中央、省、市调训63人次，组织448人参加山西干部在线学院学习，人均学时116.72，上线率100%，达标率98.4%，达优率91.7%，组织2574名事业单位工作人员参加阳泉干部在线学习。通过各种方式的学习教育培训，进一步提高了全区各级领导班子和党员干部自觉运用政治理论武装头脑、指导实践、推动工作的能力，强化了用战略思维、创新思维、法治思维和底线思维解决问题的能力，全区干事业、谋发展的氛围进一步形成，贯彻执行中央和省市委决策部署的思想自觉和行动自觉进一步增强。

二是扎实开展“两学一做”学习教育。把坚守共产主义远大理想和坚定中国特色社会主义共同理想，作为保持党的团结统一的思想基础，注重“学”与“做”相互结合，在全区各级党组织中扎实开展“两学一做”学习教育。着力打牢“学”的基础，制作“两学一做”简明读本，开展手抄党章活动，举办知识竞赛、文艺汇演、书画展览等活动。开展“四讲四有”专题研讨交流4次，集中学习713场次，专题研讨825场次，“七一讲话”交流206场次，“学习系列讲话，解决若干突出问题”主题学习交流近300场次，举办专题培训班2场，培训党员700余人，县级领导干部讲党课28场次。举办为期5个月的矿区基层党组织书记“两学一做”网络培训班。着力突出“做”的关键，自觉践行“四个意识”特别是核心意识和看齐意识，坚持知行合一，严守党的政治纪律和政治规矩。深入开展“学党史、颂党恩，亮身份、践承诺，作表率、争先锋”主题实践活动、“党代表集中接待月”活动及“百名党员领导干部与群众手拉手”活动，出台文件，全面加强基层党支部规范化建设，协调开展“阳煤在职党员集中报到月活动”，近1.3万名阳煤党员到居住地报到、领岗、服务，使“两学一做”根植于普通群众心中。通过学做并行，矿区党员干部“四讲四有”表率作用进一步彰显，“四个意识”特别是核心意识、看齐意识进一步增强。

二、狠抓党建责任，夯实基层基础

一是圆满完成全区换届工作。胜利召开了中国共产党阳泉市矿区第九次代表大会，系统总结了过去五年取得的成绩和宝贵经验，全面部署了未来五年的工作任务，翻开了矿区发展新篇章。始终把风清气正摆在工作第一位，严格工作流程，从严审核把关，严谨组织会议，圆满完成四套班子的换届工作。根据各部门岗位空缺和科级领导班子调整需要，出台了《科级干部人选实名推荐办法》《选拔配备街道副科级领导干部的工作方案》。坚持高度的政治性、民主性和科学性，坚持德才兼备、以德为先，坚持敢于担当、群众公认、重视基层，先后分5批次调整配备干部152人。年轻干部、妇女干部、党外干部的配备比例均达到规定要求，超职数配备的干部全部消化。通过换届，绘出了思路清措施实的好蓝图，选出了忠诚干净担当的好干部，配出了结构优功能强的好班子，换出了心齐气顺劲足的好面貌。

二是不断夯实基层组织基础。实施“五大提升工程”，筑牢党建基层基础。全面规范了党组设置，新设14个党组，目前全区共有24个党组。进一步规范社区党务公开制度，出台了《关于加强社区建设工作的意见》，修订完善《街道机关岗位责任制》《社区所有事项议定制度》等30余项“束权”制度。认真贯彻《中国共产党发展党员工作细则》，继续实施发展党员“123456”工作法。完成应换届党支部换届工作，全面规范党费收缴，补缴160余万元。加强活动阵地建设，促进基层党组织阵地建设的规范化、制度化。持续推进“三有一化”建设。对4个面积不达200平方米的社区进行提质升级。对8个700平方米以上的社区启动了标准化示范社区建设，基层公共服务能力显著提升。电视教育片《爱心筑巢，矿区段南沟社区支部书记任红梅》《“11271”服务品牌暖民心，矿区虎尾沟社区党委》参加阳泉市第十届党员电视片观摩交流活动，分别荣获二等奖、优秀奖。

三是大力弘扬社会主义核心价值观。主动引领全区党员干部提升思想境界，制定出台了《党工委（党组、党委）意识形态工作责任制实施方案》，为牢牢把握意识形态工作的领导权和话语权奠定了基础。坚持用中国梦和社会主义核心价值观凝聚共识、汇聚力量，大力开展矿区公民道德建设。在第四届阳泉道德模范及2015年度“阳泉好人”名单上，矿区9人榜上有名，入选人数位列各县区第一。深入推进文明创建，目前全区国家级文明单位1个，省级文明单位7个、市级文明单位29个、区级文明单位83个；省级文明社区3个，市级文明社区10个，文明单位创建水平明显提升。举办第二届中国工业版画新秀展暨“放飞梦想”阳泉市矿区首届全国版画邀请展，来自全国23个省、市工业版画院160多位作者的252件优秀作品参展，参展作品真实生动地反映了我国工业建设的方方面面，刻录了新中国工业发展的历史进程。

四是全面推进法治建设。坚持依法治区、依法执政、依法行政共同推进。成立了矿区法治建设领导组，制定出台了《2016年矿区法治建设工作要点》。落实规范性文件备案审查制度。组织区人大代表进行了30次执法检查和工作视察。开展“法律七进”活动，“一社区一法律顾问”工作站接待法律咨询1100人次，法律援助受理各类案件55件，办结26件，为当事人挽回经济损失88万余元。实施“阳光司法”，进一步创新和拓展警务、检务、审判公开方式和渠道，推进执法办案和裁判量刑规范化，完善案件评查、执法检查、案件督办监督机制，推进审判权运行机制改革，完善司法责任制。全区学法、懂法、守法、用法的氛围更加浓厚，司法机关严格执法、公正司法的能力和公信力进一步提高。

五是采取有效措施搞好维稳工作。为抓好信访维稳工作,矿区继续落实“四个责任”“五包一”等制度,全年区级党政领导接待群众160批515人次,重点约访117人次,信访总量下降6%、越级访下降76%,初信初访一次性办结率100%,中央和省市交、转办的信访事项办结率100%。控新治旧效果整体提升,协调化解稳控工作组从严从实狠抓信访责任落实,确保了重要会议、重大活动期间非正常“零上访”目标,有力推动信访工作实现平稳、可控、向好态势。服务群众再创新举措,梳理16个部门77项清单内容,形成《阳泉市矿区通过法定途径分类处理信访投诉请求清单汇编》,建立信访微信公众号和移动端手机APP,实现了群众诉求表达渠道更加畅通,满意度评价更加常态。

三、优化发展环境,经济企稳向好

一是区域经济后劲增强。认真落实省、市经济工作推进会相关部署,努力推动区域经济稳步向好。全区地区生产总值完成99.5亿元,降幅较上半年收窄5.7个百分点;规模以上工业增加值完成66.3亿元,降幅较上半年收窄6.2个百分点;固定资产投资完成85.2亿元,降幅较上半年收窄5.3个百分点;一般公共财政预算收入完成2.28亿元,降幅较上半年收窄5.2个百分点;社会消费品零售总额完成24.4亿元,增速较上半年提高1.2个百分点,经济实现低位企稳,圆满完成“下半年好于上半年,为明年进一步好转奠定坚实基础”的目标。政策支持效应明显。通过积极争取,促成市委、市政府初步形成了托管的计划构想。紧紧把握我区被确定为国家支持的独立工矿区改造搬迁有利契机,实施了基础设施改善、智慧矿区等一批民生工程,政策突破助推经济社会发展的积极效应正在显现。

二是转型步伐显著加快。全面落实改革任务,启动“双随机一公开”监管工作,完成了“五证合一、一照一码”与“两证整合”;“营改增”正式实行,减免企业税负4145万元。创新工作方式,探索建立了网上审批大厅,食品经营许可等项目实现网上申报。启动行政执法综合体制改革。完成行政单位公务用车改革任务。搭建政银企平台,为企业担保融资2178万元。携手上海小马创业村与阳煤集团共同推动“双创”园区建设,形成了矿区政府、阳煤集团、专业运营商三方共建的合作模式。协调阳煤集团成立创客空间管委会。全年新增各类市场主体984家,增长3.5%,全区大众创业活力进一步增强。支持重点科技项目21个,投入科技研发经费400万元,争取上级研发资金30万元,组织2家企业申报山西省民营科技企业。出台了加快民营经济发展实施意见等一系列政策措施,全面开放服务业等竞争性经营行业和投资领域,主动出击京津冀、长三角、珠三角等发达地区开展招商引资,全年引进项目16项,产业结构进一步优化。

三是生态环境不断优化。积极开展“环境整治攻坚年”活动。重点区域经营秩序和卫生面貌焕然一新。累计清理占道经营3400余处、规范店外经营1400余处。启动了建成区违法建设专项治理行动,全年拆除违建1629平方米。深入推进大气污染防治,完成10蒸吨以下燃煤小锅炉“清零行动”,露天烧烤基本取缔,淘汰黄标车、老旧车778辆,超额完成年度任务;在全市率先开展挥发性有机物治理,涉及到的企业基本完成相关治理。开展黑臭水体整治,落实“河长制”管理,对辖区河道进行了全面清淤治理。开展“铁腕治污”行动,5个环保违法违规项目被依法处罚;省环保督查组转办案件全部按时办结;省环保厅督办的72个环保违法违规建设项目全部整改备案。全年二级以上天数达到207天,环境质量下滑趋势得到遏制。

四、坚持挺纪在前,强化党内监督

一是严明纪律、严守规矩,充分把握运用“四种形态”。组织全区广大党员干部认真学习《准则》和《条例》等党内法规,组织县处级以上领导干部观看了省纪委制作的《贪与悔》警示教育片,教育广大党员干部知敬畏、存戒惧、守底线,严格执行党的纪律,严格遵守党的规矩。利用《新矿区》《矿区政府网》等新闻媒体,多形式学习宣传,有效扩大纪律宣传教育的覆盖面,使党的纪律内化于心,真正把党章党规党纪的权威性、严肃性树立起来。坚持挺纪在前,抓早抓小,动辄则咎,把纪律作为管党治党标尺,让咬耳扯袖、红脸出汗成为监督执纪的新常态。

二是严格执行中央八项规定精神,驰而不息反对“四风”。巩固扩展“三严三实”专题教育成果,坚决反对“四风”。重点针对“节日腐败”的突出问题和不收敛、不收手的顶风违纪行为,建立11个部门组成的反“四风”联动机制,持续发力加压;开展各类专项检查29次;加大通报曝光力度,对典型问题在全区范围内公开通报,释放越往后执纪越严的政治信号。

三是落实全面从严治党新要求,深入推进党风廉政建设和反腐败斗争。坚持党要管党、从严治党,从严落实党风廉政建设“两个责任”。进一步扎紧制度的笼子,制定了《九届区委常委会工作规则》《九届区委书记专题会议工作规则》《关于“三重一大”事项决策制度的实施办法》等规范性文件,从制度上将从严治党体现到区委决策、执行、监督各个环节。发挥利剑震慑作用,组建区委巡察机构,开展了2轮巡察。扎实推进“三个清单”制度,层层传导压力、压实责任。认真落实国家监察体制改革试点工作部署,稳步推进建设集中统一、权威高效的监察体系。配齐配强了街道纪委班子。对全区64个单位2015年度落实党风廉政建设责任制情况进行了考核验收,探索“小微权力”规范运行工作,做法和成效在山西日报、山西经济报等媒体刊登。

(韩　璐)

附:一、中共阳泉市矿区区委书记、副书记、常委名单

书　记:梁志勇

副书记:刘乙佑　冉志伟

常　委:高海明(4月离职)　杨志强(5月任职)

王晓丽(女,4月离职)　雷永平(5月任职)

王　洪　王富明　李丽新(女,3月任职)

王宝新（3月离职） 王 涛（4月任职）

二、街道党工委书记

沙坪街道

书 记：李俊萍（女，8月离职） 杨海林（8月任职）

赛鱼街道

书 记：彭 平（8月离职） 张青山（8月任职）

蔡洼街道

书 记：刘 恒（8月离职） 陈树民（8月任职）

桥头街道

书 记：李新宇（8月离职） 牛春杰（8月任职）

平潭街街道

书 记：周拉弟（女，8月离职） 乔 勇（8月任职）

贵石沟街道

书 记：王德珍（女，8月离职） 焦 健（8月任职）

中共阳泉市郊区区委工作概况

区委书记 王明厚

2016年，面对复杂严峻的经济形势和繁重艰巨的发展任务，在省、市委的正确领导下，区委团结带领全区广大干部群众，深入贯彻落实党的十八大、十八届三中、四中、五中、六中全会精神，学习贯彻习近平总书记系列重要讲话精神，协调推进"四个全面"战略布局，认真落实省委"一个指引、两手硬"新要求和市委"四个定位"战略部署，以深入开展"项目建设大起底、园区发展大启动、重点工程大扫障、安全隐患大排查、人居环境大整治、放管服效大提升"六大活动为载体，着力推进稳增长、促改革、调结构、惠民生、防风险等各项工作，力促全区经济低位企稳、稳中有进，较好地实现了"下半年好于上半年，为明年进一步好转奠定坚实基础"的目标，全区经济社会各项事业取得了新进展、新成效。

一是发展态势逐步向好。2016年，全区生产总值逐季向好，1—4季度同比增幅依次为0.9%、1.3%、2.3%、3%，全年增长3%；公共财政预算收入完成4.24亿元，好于预期，比市调整任务高2.1个百分点；规模以上工业增加值呈缓慢回升态势，1—4季度同比增幅依次为-0.8%、1.7%、2.2%、2.2%，全年完成15.4亿元，增长2.2%；固定资产投资完成96亿元，增长6.1%；社会消费品零售总额完成16.7亿元，增长12.4%。特别是继续拿出1000万元实施农业惠民工程，城郊农业、乡村旅游迈出新步伐，城乡居民人均可支配收入分别达到23549元和12815元，同比增长6.1%、5.7%，在全市排名分列第一和第二。

二是重点项目有序推进。全年共实施各类项目118个，完成全社会固定资产投资96亿元，增长6.1%；签订百万元以上经济技术合作项目34项，签约总金额161.3亿元。坡头、神堂煤业转为生产矿井，国新能源煤层气液化调峰项目实现当年建设当年完工，西上庄2×66万千瓦低热值煤发电、荣光能源2×1.5万千瓦垃圾发电、青岛昌盛2万千瓦光伏农业以及"光伏领跑者计划"等项目进展顺利，总投资4.6亿元的"美思优唐"东南沟晋地文化影视城、总投资35亿元的天津镁奥镁合金铸锭和汽车轮毂等重点招商引资项目有效对接跟进。特别是积极规划了40平方公里的荫营开发区，启动了苇泊高新技术装备制造园建设，为项目引进打下了良好基础。同时，大力开展"百名干部进企业"服务活动，切实帮助企业解决实际问题；深入开展"项目建设大起底"活动，全年开工项目72个，完工44个，完成投资66亿元。主要领导带头抓招商，大力营造重商、亲商、抢抓发展的浓厚氛围。

三是城乡建设步伐明显加快。以阳大铁路、西上庄电厂、生态新城重点工程和义井"两路"综合整治等"四大拆迁"为重点，全年拆除各类建筑面积近30万平方米，搬迁企业11个，啃下了一批"硬骨头"，取得了突破性进展，有力保障了省、市重点工程项目顺利实施。全力配合生态新城建设，珍宝园小区、冯家庄新村顺利回迁，三泉保障房、漾泉大道等重点工程稳步实施。倾力打造荫营城区，进一步完善了主城区道路改造、管网铺设、大型车辆分流等设施，镇区面貌逐步改观，荫营江正大街被省住建厅命名为"城市保洁示范街"。全面改善人居环境，全年营造林2.83万亩，创建省、市级美丽宜居示范村5个、区级36个。环保"4+2"约束性指标圆满完成，认真落实省、市环保督查整改要求，全区二级以上优良天气达到247天，空气质量全市排名第一。

四是改革创新步稳效实。取消了行政审批事项4项，完成了区政府各部门"两单两图"编制工作，并全面推开"两随机、一公开"监管方式。金融振兴方面，累计为64家企业发放助保金贷款2.16亿元，田园乳业等4家"新三板"后备企业上市工作有序推进。科技创新方面，全年申请专利442件，有效发明专利19件，中创陶粒等3家企业顺利通过国家级高新技术企业审验。发展民营经济方面，全面贯彻落实省、市"降成本"政策措施，深入开展"百名干部进企业"帮扶活动，帮助企业梳理和解决生产经营中存在的问题56条。农村管理体制改革创新方面，农村"三资"管理和农民增收两项工作被评为全省先进，农村土地承包经营权确权登记颁证工作全市综合排名第一。

五是社会事业发展水平不断提升。在财政十分困难的情况下，狠抓增收节支，有力保证了机关事业单位人员增资和党政机关的正常运转，民生支出达到75%以上。全年新增城镇就业岗位2354个；社会保障工作扎实推进，新开工保障性住房3838套，建成2600套，分配公租房201套；改造农村危房450户,城镇保障房建设全市排名第一;脱贫攻坚精准发力,完成13村1423人脱贫(其中实施产业脱贫376户877人,易地搬迁211户546人),超额完成市下达任务;处置拖欠农民工工资案件105起,涉及金额2780万元。城乡低保提标工作圆满完成。举办公益性文化惠民活动96场,放映公益电影2250场,到农村演出戏剧、歌舞1963场。中小学校舍新改(扩建)工程稳步推进,普通高中标准化建设工程深入实施。义东沟等2所省村级幼儿园新改扩建如期完工,荫营、玉泉中学顺利通过普通高中标准化建设市级验收;群众文化活动深入开展,非物质文化遗产申报工作圆满完成。科技型企业培育成效明显,科技项目申报和专利技术转化进一步加快。基层卫生服务能力不断提升,补偿乡镇卫生院门诊等各类费用2800余万元,完成148个村级卫生所改建,为65个村配备了健康一体机,李家庄乡卫生院获全国"群众最满意卫生院"称号;"五大保险"不断提质扩面,保费征缴、参保人数均走在全市前列。高度重视安全生产,严厉打击私挖滥采。严格执行领导接访、约访、下访等各项制度,引导群众依法有序反映诉求,深入开展"法治郊区""平安郊区"创建,安全稳定形势持续好转,深入推进基层社会治理创新工作,郊区被中宣部和司法部授予"六五"普法先进县区称号,被省综治委连续三年命名为"省级平安县区"称号,人民群众对社会治安的满意度逐年提升。

六是从严治党进一步推进。扎实开展"两学一做"学习教育。按照"基础在学,关键在做"的要求,在全区各级基层党组织和广大党员中扎实开展"两学一做"学习教育。区委常委班子带头,以上率下,树标立规,开展党员红线、底线教育。先后组织了讲党课、"四讲四有"、学系列讲话解决若干问题等专题研讨,开展了"百百千万"教育培训和"六上六进"活动,广大党员干部进一步坚定了"四个自信",增强了"四个意识",特别是核心意识和看齐意识,切实做到在思想上拥戴核心、政治上维护核心、组织上服从核心、行动上紧跟核心,始终做政治上的明白人。认真做好换届及干部调整工作。严格执行"四个凡提"和"六查制度",突出抓好人事安排,新一届乡镇领导班子全部配齐,共调整103人,提拔43人、重用13人、交流47人,进一步优化了年龄、学历、性别结构。先后召开区第九次党代会、区政协九届一次会议和区十八届人大一次会议,顺利选举产生了新一届区四套班子,圆满完成了区政府组成部门换届工作,进一步调动了干部的工作积极性。继续发扬四套班子一台戏,齐心协力抓工作的优良传统,全区上下勇于担当、干事创业的发展氛围正在形成。四是基层党组织建设不断夯实。充分发挥"联村党委"作用,30余个经济薄弱村搭上了强村的发展"快车",11个移民村5600户村民享受到了市民待遇;117个软弱涣散村全部销号;79个村通过"六议两公开"决策重大事项720件,"两委"班子决策更加科学民主;集中开展"双百干部下基层、激情干事抓落实"活动,有效促进各项工作推进落实。

七是党风廉政建设深入推进。区委自觉坚定地同以习近平同志为核心的党中央保持高度一致,坚决贯彻中央和省、市委各项决策部署。严肃党内政治生活,严格执行民主集中制,带头执行廉政自律规定。坚持建制度、立规矩,制订完善了《区委全会议事和决策制度》《区委常委会会议制度》《党建工作例会》等20项制度,进一步健全了区委领导发展的制度体系。同时,多次召开常委会议,专题听取区纪委工作报告,分析研判反腐败斗争形势,研究部署党风廉政建设和反腐败工作,驰而不息狠刹"四风",准确把握"四种形态",让违规违纪现象无处藏身。高度重视巡察工作,充分发挥了巡察监督利剑作用。出台《关于进一步加强涉农惠民领域政策资金廉洁运行的指导意见》,重拳惩处发生在群众身边的腐败问题。加强乡镇廉政教育中心规范化建设,不断提升乡镇纪委监督执纪水平。按照中央和省、市要求,稳步推进监察体制改革试点工作。

(刘　宏)

附:**一、中共阳泉市郊区区委书记、副书记、常委名单**

书　记:苏秀瑞(7月离职)　王明厚(7月任职)
副书记:武建功(8月任职)　孙　毅(5月任职)
　　　　韩加政(8月离职)
常　委:田进勇　郗文保(5月任职)
　　　　梁海昌(5月任职)　张斌武
　　　　宁文鑫(5月任职)　梁　敏(4月任职)
　　　　王振杰(4月离职)　王建华(5月离职)
　　　　杨兆权(8月离职)

二、乡镇党委书记名单

荫营镇
书　记:韩晓东(5月任职)　段拥军(5月离职)
河底镇
书　记:黄瑞刚(5月任职)　郭智英(5月离职)
平坦镇
书　记:常　征(5月任职)　黄瑞刚(5月离职)
义井镇
书　记:宁文鑫(5月任职)　韩晓东(5月离职)
李家庄乡
书　记:任志刚(5月任职)　王永平(5月离职)
西南舁乡
书　记:侯秉戬(5月任职)　常　征(5月离职)
杨家庄乡
书　记:闫立宏(5月任职)　史丽娟(女,5月离职)
旧街乡
书　记:要秀宇(5月任职)　李仁照(5月离职)

中共平定县委工作概况

县委书记 申 济

2016年，中共平定县委深入学习贯彻习总书记系列重要讲话精神，统筹推进"五位一体"总体布局，协调推进"四个全面"战略布局，提出并落实"三个坚持，四个围绕"的思路目标，推动全县党的建设和党领导的各项事业迈出新步伐。特别是2016年8月换届以来，县委坚持统揽全局、协调各方，充分履行把方向、管大局、作决策、保落实职责，把学习贯彻党的十八届六中全会和省第十一次、市第十二次、县第十四次党代会精神放在突出位置，全面推进经济、政治、文化、社会、生态文明建设和党的建设，保持了工作的连续性和开拓性，有效推进了全县各项事业发展。

2016年，全县地区生产总值完成94.97亿元，增长3.7%；规模以上工业企业增加值完成35.13亿元，增长5.1%；全社会固定资产投资完成166.28亿元，增长2.8%；社会消费品零售总额完成34.11亿元，增长4.1%；一般公共预算收入完成3.63亿元，完成年度调整预算3.58亿元的101.35%；城镇居民人均可支配收入完成25692元，增长5.1%；农村居民人均可支配收入完成11669元，增长6.5%。

县委在统揽全局过程中，重点抓了以下几方面的工作。

一、狠抓发展第一要务，推动经济平稳健康发展

切实加强和改善对经济工作的领导，努力稳定经济运行，着力推进结构调整，全县经济低位企稳基础不断巩固，转型发展迈出新的步伐。

一是经济运行缓中趋稳，积极因素不断增加。地区生产总值、规模工业增加值、城乡居民人均可支配收入等经济指标实现了下半年好于上半年、四季度好于三季度的目标，财政总收入和公共财政预算收入降幅也比三季度有所收窄。

二是坚持创新驱动，加快推进转型升级。大力发展"互联网+"新业态，双创工作取得明显成效，驿拓电子商务产业园被认定为省级众创空间，平定县被确定为全国电子商务进农村综合示范县和全省首批8个中小企业创业创新基地示范县之一。工业新兴产业项目投资占全县固投比重达到64.12%。加快改造提升石灰、耐材、陶粒砂等传统产业，淘汰落后工业产能。

三是坚持园区带动，大力推进重点工程和项目建设。全年确定123个重点项目，累计完成投资36亿元，18个项目完工，70个项目进展顺利。阳煤乙二醇一期实现联动试车；冶西独立工矿区改造搬迁、采煤沉陷区治理搬迁等工程进展顺利；泵阀集团退城入园项目在张庄新型工业园区破土动工；棚户区改造工程完成1564套建设任务。产业园区建设走在全市前列，全市产业集聚区建设推进会在平定县召开。

四是加强企业帮扶，扶持民营经济发展壮大。扎实开展了"百名干部入企帮扶""领导干部联系民营企业"等活动，共为各类企业解决实际问题232个，其中为乙二醇、莹玉陶瓷企业争取资金达到2.56亿元。县中小微企业发展基金共为民营经济实体发放扶持资金1000余万元。天元绿环在"新三板"成功挂牌。全县民营企业预计全年实现营业收入52.24亿元、上缴税金2.11亿元。民间投资累计完成66.46亿元，占全县固投的比重达到45.8%。

五是高度重视"三农"工作。认真落实各项强农惠农富农政策，持续加大对"三农"的投入力度。在"7.19"暴雨洪灾造成重大损失的情况下，粮食产量达到9200万公斤。加快发展品牌农业、订单农业、电商农业，商品蔬菜、中药材、水果、生猪、蛋鸡、肉鸡等特色种养规模稳步扩大，提质增效；"513"农产品加工龙头企业销售收入完成10.84亿元。

二、积极推进改革开放，发展动力进一步增强

以转型综改为统领，统筹抓好七大领域改革，省市部署的改革任务全面完成，县级改革取得明显进展。

一是供给侧结构性改革取得初步成效。全县5个生产矿井重新核定产能384万吨，原煤产量达到185万吨，总洗选率达到90%以上；通过政府采购、货币化安置棚户区拆迁户等措施，全县房屋空置率控制在8.3%，处在合理区间；落实"减负62条"政策，为企业减负达到1.81亿元。

二是重点领域改革不断深化。"转型综改2016年行动计划"基本完成，金潭小微企业孵化器服务管理模式入选国家发改委典型案例。继续深化行政审批制度改革、商事制度改革，不动产登记制度改革、医药卫生体制改革取得重要进展。农村土地承包经营权确权登记颁证工作二轮公示基本完成，县农村产权交易中心建成。

三是加大招商引资力度。坚持把招商引资作为扩大开放、促进发展的重要抓手，全年策划包装招商项目151个，资金到位77.7亿元。推行政府与社会资本合作模式，与央企葛洲坝集团、晋东化工厂等大型企业签订了PPP合作协议。

三、着力保障和改善民生，维护社会大局稳定

在经济下行压力加大的情况下，更加注重保障民生、改善民生，进一步筑牢工作底线。

一是民生福祉进一步改善。13个贫困村整村脱贫，1854户、3900人实现稳定脱贫。全年新增城镇就业3264人，转移农村劳动力3074人。城镇登记失业率控制在3.51%。平定四中、特殊教育学校投入使用，完成12所农村普惠性幼儿园建

设任务。城乡低保标准分别提高到每人每月452元、268元。城镇居民基本医疗保险人均财政补助标准由380元统一提高到420元。新建了67个农村老年人日间照料中心。县人民医院综合病房大楼投入使用,妇幼保健院和卫生监督所建设项目在妇幼保健院原址开工合建。

二是统筹城乡发展,加快大县城建设。集中开展了环境卫生、交通秩序、城市管理三项综合整治;义平路(平定段)环境综合整治完成拆迁45处近两万平方米,实施26处35个整治项目,打造了民俗文化园、五彩园等一批城市文化亮点;完成了东大街和评梅街路面改造,阳泉汽车客运南站主体完工,城市环境面貌明显改善,承载能力进一步提升,得到了人民群众的好评。实施农村人居环境改善四大工程,建设美丽宜居乡村,完成投资4.3亿元。西郊、下盘石等7个村列入第四批中国传统村落名录。完成农村公路完善提质等工程,城乡基础设施继续改善。

三是加强环境保护和生态建设。扎实开展环境保护综合整治"冬季行动"和"七大环保攻坚战",环保突出问题得到整改落实。"4+2"减排目标任务超额完成,环境质量得到改善。县城二级以上天气天数同比增加了10天。大力发展循环经济和低碳经济,万元生产总值综合能耗下降3.2%,工业固废利用率达到73%。县东方公交106台电动公交车投入运行。全年营林造林2.94万亩。完成水土流失治理2.8万亩。县污水处理厂、娘子关污水处理厂提标升级改造工程完成。

四是毫不放松抓好安全生产,维护社会和谐稳定。全县安全生产形势总体稳定,信访秩序明显好转,中央和省市交办的63件案件全部化解,化解率达到100%。

四、落实党要管党、从严治党要求,全面加强党的建设

牢固树立抓好党建是最大政绩的理念,坚决扛起党建第一责任,全县政治生态持续净化好转,基层基础得到巩固提升,为经济社会发展提供了坚强保证。

一是以县乡换届为契机,加强各级领导班子和干部队伍建设。胜利召开了县第十四次党代会,绘就了今后五年的发展新蓝图,全县上下在新起点上凝聚了强大共识,明确了奋进方向,干事创业氛围日益浓厚。加强党的领导,严明纪律要求,圆满完成了县乡换届,做到了风清气正。坚持"好干部"标准,打好"三个一批"组合拳,2016年选拔调整干部136人。着眼选优配强科级领导班子,开展了县直单位科级领导干部调配工作。

二是夯实基层基础,基层党组织凝聚力、战斗力进一步提升。省委基层党建7项重点任务全部完成。部署实施"五大提升工程",党组设置、软弱涣散村整顿、危旧狭小村级活动场所新建和改扩建等工作取得明显成效。新选树了张庄镇宁艾村、东回镇七亘村等一批党建示范点,营造学比赶超氛围。制定下发进一步推进党建工作的《实施方案》,县乡村三级都建立了问题清单、任务清单和责任清单,并狠抓落实。注重加强农村党员干部的培训管理,形成了县抓主干、乡抓全员、村抓日常的三级培训模式。结合贯彻十八届六中全会精神,对60余项党建制度进行了梳理规范。研究制定了县委常委会、县委全会和县委书记专题会议工作规则等制度。

三是深入推进反腐正风,政治生态持续净化。统筹把握和运用"四种形态",坚持把纪律和规矩挺在前面,始终保持惩治腐败和正风肃纪的高压态势。严肃查处了一批违反中央八项规定精神和"四风"问题案件,对"两个责任"落实不力的责任人严肃问责。2016年,全县纪检监察机关受理信访举报同比明显下降;处分的党员干部中,给予轻处分的占到大多数;初核问题线索328件,立案查处70件,结案64件,给予党政纪处分101人,其中撤职以上重处分19人。扎实开展民生和矿产资源开发等重点领域专项整治,立案查处发生在群众身边腐败问题38件,给予党纪政纪处分56人。发挥巡察利剑作用,对冠山镇、锁簧镇和石门口乡3个乡镇开展了首轮巡察,自觉接受市委巡察监督。稳步推进全县监察体制改革。

五、加强宣传文化工作,凝聚发展正能量

突出抓好思想理论武装、新闻舆论引导、核心价值观培育、文化繁荣发展等工作。加强宣传舆论引导,充分运用《平定手机报》《平定数字报》等新传媒,围绕中心工作开展主题宣传,牢牢掌握意识形态工作的主动权。大力弘扬和践行社会主义核心价值观,推动学雷锋志愿服务常态化,进一步弘扬了向上向善正能量。开展了纪念红军长征胜利80周年系列活动。巨城镇西岭村等16个单位(村)荣获2014—2015年度山西省精神文明创建先进集体。加强基层文化设施建设,组织开展"三节"群众文化活动、"文化惠民在基层"系列活动,丰富了城乡居民文化生活。积极推进文化产业发展,全市旅游发展大会在平定县召开。

六、发展社会主义民主政治,全面推进法治平定建设

坚持和完善人民代表大会制度。加强对人大工作的领导,支持县人大常委会围绕全县中心工作依法行使职责,听取审议重大事项,依法作出决议、决定;突出工作重点,认真开展监督工作,督促"一府两院"依法行政、公正司法;强化执法检查,促进各部法律法规在我县贯彻落实;依法做好人事任免工作,圆满完成新一届县乡两级人大换届选举;加强和改进代表工作,认真办理落实代表议案建议,促进了各项重大决策部署的落实。

坚持和完善党领导的多党合作和政治协商制度。加强和改进对政协工作的领导,支持县政协履行政治协商、民主监督、参政议政职能。支持县政协及其专门委员会开展专题协商讨论;围绕群众关心的热点难点等问题,提出合理化意见建议;深入开展参政议政,认真办理委员提案。巩固和发展最广泛的爱国统一战线,切实加强与各民主党派、工商联和无党派人士的团结合作。注重党外代表人士队伍建设。积极做好民族、宗教、侨务和对台工作。

扎实推进法治平定建设。认真学习贯彻《党政主要负责人履行推进法治建设第一责任人职责规定》，推动法治责任、领导责任落实。深入开展"平安村（社区）"创建，推进网格化服务管理，努力提升社会治理水平。支持法院、检察院依法履行职责。深入开展法制宣传教育。健全权力运行制约和监督体系，加强党内监督、民主监督、法律监督、舆论监督。坚持党管武装，加强国防后备力量建设，巩固和发展了军政、军民团结的良好局面。

（李　鑫）

附：一、中共平定县委书记、副书记、常委名单

书　记： 杨自明（8月离职）　申　济（8月任职）
副书记： 任晓华（8月离职）　郭爱聪（4月离职）
武东鹏（4月离职，挂职）
韩加政（8月任职）　李海民（4月任职）
常　委： 高锦孝（5月离职）　李宏革（4月离职）
郝建国（5月离职）　梁海昌（5月离职）
王卫东　郭满仓（5月任职）
李有义（5月任职）　王玉卿（女，4月任职）
梁宝元（5月任职）　秦建国　赵文骥

二、乡镇党委书记名单

冠山镇
书　记： 闫立彪（5月离职）　路海平（5月任职）
冶西镇
书　记： 梁宝元（5月离职）　侯成军（5月任职）
石门口乡
书　记： 张丽荣（女，5月离职）　赵苗怀（5月任职）
锁簧镇
书　记： 王俊杰
张庄镇
书　记： 李鸿斌（5月离职）　程秀宏（5月任职）
东回镇
书　记： 王植彬
柏井镇
书　记： 侯成军（5月离职）　邵永贵（5月任职）
巨城镇
书　记： 程秀宏（5月离职）　赵　帅（5月任职）
娘子关镇
书　记： 刘顺彬（5月离职）　朱继明（5月任职）
岔口乡
书　记： 冀虎平

中共盂县县委工作概况

县委书记　李云峰

2016年，面对严峻复杂的经济发展形势和艰巨繁重的改革发展稳定任务，中共盂县县委团结带领全县广大干部群众深入学习贯彻党的十八大和十八届三中、四中、五中、六中全会精神、习近平总书记系列重要讲话精神，按照省委骆惠宁书记"一个指引、两手硬"和"四个狠抓"要求，以及市委"四个定位"目标要求，以马上就办的状态、真抓实干的作风，统筹推进经济、政治、文化、社会、生态文明建设和党的建设，全县各项工作扎实开展，有序推进，实现了"十三五"经济社会发展的良好开局。全年地区生产总值完成128亿元；地方公共财政预算收入完成5.45亿元；规模以上工业企业增加值55.6亿元；固定资产投资187亿元；社会消费品零售总额48.5亿元；城镇、农村居民人均可支配收入分别为27900元和12285元，各项指标均增长5%到6.5%之间。

一、全县经济稳步向好

以县第十三次党代会召开为标志，新一届县委班子明确了全县未来五年的发展目标和工作思路，即：把盂县建设成为宜居宜业宜游、服务阳泉发展的首善之区，力争使盂县早日跨入全省十强县；重点做好煤与非煤两篇文章，发展现代农业与现代服务业，推动全域旅游与文化创意融合发展，加快中心县城建设与特色小镇建设和美丽乡村的建设，实现产业转型升级、经济浴火重生。

围绕目标思路，县委县政府把项目建设作为推进供给侧结构性改革的重要抓手，狠抓了项目建设。"一区三园"（经济技术开发区、牛村煤电化工业园、山西中岚国际物流园、山西鑫磊循环经济产业园）建设稳步推进。裕光煤电盂县电厂2×100万千瓦发电项目获得核准，已进入环评流程，中广核风电三期并网发电，晋盂集团配煤中心建设有序推进。深入开展各类项目大起底和干部入企帮扶，加大支持民营经济发展力度，全县新增中小微企业385户。

狠抓种植结构调整优化，支持康泰来食用菌、启耀中药材等一批特色农业发展壮大，全县食用菌和中药材种植面积分别达到50万平方米、6万亩。加快发展农产品加工企业，有10家农产品加工企业进入省"513"工程（省级梯队重点培育50个农业产业化企业、市级梯队培育和指导100个农产品加工龙头企业、县级梯队培育和指导300个成长性好的农产品加工龙头企业)目录。一些乡镇、农村策划设计了农产品推介展销、乡村旅游等主题活动,收到良好效果,全县省级休闲农业示范点达到8个。

狠抓全域旅游与文化创意融合发展,全面完成旅游文化资源的普查,正在编制全域旅游规划,积极探索乡村旅游发展新模式,对北部四乡镇连片开发和一些重点旅游项目进行包装,与一些知名开发商达成了初步合作意向。以太原市盂县商会成立为契机进行了旅游推介活动,举办了主题为"魅力盂县、全景呈现"的国庆黄金周旅游直通车惠民活动,带动国庆黄金周期间全县游客接待量突破10万人次,同比增长53%。大力实施"互联网+旅游"战略,加强宣传推介,扩大旅游知名度,全方位、多角度宣传"仇犹故里、忠义藏山、清凉盂县",旅游发展大格局初步形成。

狠抓电子商务建设,加强培训培养,成立了盂县电子商务商会,发展电商200余户,电商产业逐步走上发展"快车道"。助推民营经济发展,扎实推进"双创"(大众创业、万众创新)活动,全县新增中小微企业385户,科技创新能力进一步提升,盂县科技孵化器被认定为省级众创空间,通过了科技部"星创天地"第一批公示备案,全县有效发明专利拥有量达到14件。积极开展招商引资,全年签订合作协议32项,协议利用外资183.5亿元,到位资金80.01亿元。全年实施重点工程项目126项,累计完成投资153.4亿元,"六位一体"总体排名全市第一,各项经济指标基本达标,实现了下半年好于上半年,为今后进一步好转奠定了坚实的基础。

实施"全域旅游"工程。围绕全域旅游与文化创意,启动了《盂县全域旅游发展规划》和《北部四乡镇连片开发专项规划》编制工作;梁家寨生态旅游区开发建设手续办理完毕;水神山、奕丰生态园、藏山翠谷、忠义文化园、雁子崖、尖山等景区加快基础设施和公共设施建设,服务功能进一步提升;壮大电子商务,发展电商200余户,电子体验店176个。全年第三产业增加值完成46.3亿元,同比增长7%,在GDP占比达到36.2%。

二、民生水平不断提升

民之所望,施政所向。不断加大民生投入,全年民生支出4.3亿元,占全县公共财政支出的80%以上。树立"规划先行、规划为王"意识,围绕宜居宜业宜游目标,绘制县城城市发展规划、路网规划、一区三园规划、全域旅游规划"四张蓝图"。加大基础设施建设,完成香河南路和5条街巷改造工程,开工建设高城山路三期工程、绕城公路、县城南北大通道,规划实施香河秀水河"两河"治理工程。重点推进中心县城建设和城中村改造,完成拆迁面积14.8万平方米。着力提升医疗卫生服务水平,县人民医院与省人民医院合作成立医疗联合体,城乡居民足不出户就能享受省城大医院的优质医疗资源。加快推进教育事业改革,学习衡水中学、怀仁一中先进的教育经验,办人民满意的教育。进一步扩大城乡社会保险参保覆盖面,城乡居民医疗保险一体化建设顺利完成。成功举办了首届"金融+"房展会,建立互联网"房源超市",成交商品房1100余套,全面完成房地产去库存任务。稳步扩大就业创业,城镇登记失业率控制在3.5%,低于市控指标0.7个百分点。大力推进脱贫攻坚"五个一批"工程,实际完成3548人,超额完成脱贫任务指标。农村危房改造有序推进,累计完成建档立卡农村危房改造850户,人民群众的幸福感、满意度显著提升。站在讲政治的高度全面开展脱贫工作,通过落实保障资金、推进结对帮扶、完善建档立卡、大力推进"五个一批"工程等,全县有1600户3548人实现脱贫,超额完成省下任务3241人的109.5%。

三、社会事业稳步推进

一是深入推进改革创新。积极筹建县城投公司,搭建融资平台,多渠道、多模式筹资融资达10.5亿元,用于中心县城建设和基础设施建设。深入推进商事制度改革,取消最低注册资本限制,全面实施"五证合一、一照一码"登记,催生各类市场主体2527户。深化行政审批全流程改革,承接、取消、调整行政审批事项91项。推进园区管理体制改革,优化园区职能设置,园区建设加快推进。创新方式招商引资,全年签订合作协议32项,协议引资183.5亿元。深化农村集体产权制度改革,加快推进农村土地确权登记颁证工作,县农村产权交易中心挂牌运行,一系列的改革举措激发了新的动能。二是攻坚克难初见成效。组织开展了生态环保、城乡卫生整治、打击私挖滥采、信访维稳四大攻坚战,城乡面貌焕然一新。开展了以"一个战场(以全县域为战场)、两场战争(城乡卫生整治的人民战争和环境污染治理攻坚战)、三大战役(城镇区域、乡村区域、重点区域)"为内容的城乡环境卫生交通综合整治工作,经过近五个月的努力,城乡卫生、生态环境、交通秩序有了明显改善,取得了阶段性成果,受到县内外广泛赞誉。始终保持打击私挖滥采的高压态势,对非法违法采矿行为露头就打,绝不手软,开展了"7.27"专项行动,起到了震慑作用,私挖滥采得到控制。大力推进信访综合改革,搬迁信访大厅,再造信访流程,严打信访谋利,形成了科学合理的信访处置机制,信访总量大幅下降,信访工作被动局面得以扭转。深入推进法治盂县和平安盂县建设,经过努力摘掉了全省综治工作重点管理县帽子。盂县的对外形象、城乡面貌、干部作风、社会风气正在发生改变。

四、全面加强党的建设

圆满完成县乡换届选举任务,选出了忠诚干净担当的好干部、配出了结构优功能强的好班子、换出了心齐气顺劲足的好面貌。加强思想政治工作,深入学习习近平总书记系列重要讲话精神,用科学理论武装头脑、指导实践。以"两学一做"学习教育为契机,在全县党员干部中开展了"我是党员我带头,树三个榜样"主题实践活动,在全社会积极倡导践行"四好三光荣"。通过学习实践,广大党员干部增强了"四个意识",坚定了"四个自信",广大群众增强了热爱家乡、建设家乡的信心和决心,自觉在思想上、行动上与中央省市委保持高度一致。

加强基层组织建设,按照省委"一带三创"和市委"五大提升工程"要求,以"强乡带村、典型带动"为思路,提升组织功能、提升主干能力、提升党员素质、提升治理机制、提升保障水平,推动基层党建工作全面提升。清理规范党组设置,县直单位新设党组36个,实现了应设尽设。选派79名机关干部入企服务,选派党建指导员162名,在非公企业和社会组织建立党组织113个,实现非公企业和社会组织党的建设两个全覆盖。集中整顿软弱涣散农村基层党组织,40个软弱涣散村全部验收销号。完善"三会一课"、党费收缴、党组织定期换届等组织生活制度,4023名党员补交了党费。健全村级组织运转经费和"主干"报酬待遇正常增长机制,各乡镇运转经费增加到33万元,村"两委"主干人均工资增加到1.5万元以上。

深化党风廉洁建设,压紧压实"两个责任",积极践行"四种形态",持而不息纠正"四风",启动县委巡察工作,深入开展扶贫领域、民生领域和矿产资源专项整治,出台了包括例会制度、周报制度、"七必看七必问七必查"、严肃纪律履职尽责十二条、包保制度等一系列落实机制,着力净化政治生态,反腐败斗争压倒性态势已经形成。以党风带政风促民风改善,特别是在"11.21"太阳高速特大交通事故抢险救援中,出动救援人员350余人,投入机械设备80余台,干部群众齐心协力,连续奋战12小时,取得了抢险救援的胜利,彰显了盂县力量。

五、继续推进民主法治建设

坚持和完善人民代表大会制度,加强对人大工作的领导。支持县人大及其常委会依法履行职责,完善"一府两院"干部向县人大常委会书面述职、县本级预决算向社会公开制度,推进权力规范化运行。完善代表联系群众制度,拓宽公民参与法治盂县建设途径。坚持和完善中国共产党领导的多党合作和政治协商制度,加强和改进对政协工作的领导。支持县政协及其专门委员会围绕全县热点难点问题积极建言献策,围绕全县重点工作开展调研视察,参政议政、民主监督和政治协商的职能作用有效发挥。加强对统战工作的领导,多党合作事业稳步推进。加强民族和宗教工作,积极做好对台工作、侨务工作,进一步巩固和发展最广泛的爱国统一战线。加强和改进群团工作,充分发挥工、青、妇等人民团体的作用。加强和改进对法治盂县建设的领导,加快法治盂县建设。进一步推进依法行政,大力推进县乡政府政务公开和网上政府、电子政务建设,加快建设法治政府。进一步推进执法司法规范化建设,支持法院、检察院依法独立公正行使职权,坚决防止插手和干预司法个案行为;深化审务、检务、警务公开,全面推进阳光司法工程。坚持党管武装,军地齐抓共管国防建设。全力支持武装工作,从工作机制和人、财、物等方面给予充足保障。在县乡换届中,调整使用专武干部比例达55%,乡镇武装部长全部进党委,年龄、学历不断优化,综合素质不断提升,民兵基层建设不断发展。盂县连续6年被表彰为全省"双拥模范县"。

(闫建国)

附:一、中共盂县县委书记、副书记、常委名单

书　记:张玉斌(7月因违纪被开除党籍,撤职,降为科员)　李云峰(7月任职)

副书记:杜平华(8月离职)　孔禄泉(8月任职)
武润珍(6月离职)　李宏革(6月任职)

常　委:靳毅刚(1月病逝)　王　刚(5月离职)
刘淑英(女)　李　春(6月离职)　刘计平
闫庶民(6月离职)　王会平(5月任职)
刘志军(5月任职)　王　浩(6月任职)
高建琴(6月任职)　王建华(6月任职)

二、乡镇党委书记名单

秀水镇

书　记:高尚明

孙家庄镇

书　记:郭永进

路家村镇

书　记:李瑞峰

南娄镇

书　记:郭方恺

牛村镇

书　记:郭　华

仙人乡

书　记:闫东红

北下庄乡

书　记:王玉红

苌池镇

书　记:韩志勇

上社镇

书　记:王俊德

下社乡

书　记:杨晓卫

梁家寨乡

书　记:付全珍(4月任职)

西潘乡

书　记:侯秀英(女)

西烟镇

书　记:高彦青

东梁乡

书　记:李东亮

中共长治市委工作概况

市委书记 席小军

2016年，长治市委班子在省委、省政府坚强领导下，坚持以习近平总书记系列重要讲话精神为指引，深入贯彻落实党的十八大和十八届三中、四中、五中、六中全会精神，紧紧围绕省委“一个指引、两手硬”重大思路和要求，充分发挥市委总揽全局、协调各方的领导核心作用，真抓实干、攻坚克难，各项工作均取得了新进展新成效。

一、忠实践行习近平总书记系列重要讲话精神，坚决贯彻落实中央、省委重大决策部署，深化提升长治发展思路

市委班子坚持把学习贯彻党的十八大和十八届三中、四中、五中、六中全会精神，特别是习近平总书记系列重要讲话精神作为首要政治任务，以“五大发展”理念为引领，把“五位一体”总体布局和“四个全面”战略布局融合到改革发展实践中，不断开拓长治事业发展新局面。认真贯彻省委“一个指引、两手硬”的重大思路和要求，围绕省委骆惠宁书记提出的“把长治打造成山西重要的增长极”的指示精神，将新一届省委治晋理政的一系列新思路、新观点、新要求汇编成册、深入研读，从全面从严治党、推动经济稳步向好、供给侧结构性改革、脱贫攻坚、生态环保等方面精心确立30个调研专题，组织开展“学讲话精神、谋长治发展”大调研、大讨论活动，引导各级领导干部“学以致用、以用促学”，致力形成长治方案，走出长治路径，形成了20余项制度成果，集思广益、相互启发，进一步开阔了发展视野、完善提升了发展思路。

二、全面加强党的建设，着力构建良好政治生态

狠抓党建第一责任，扎实推进从严治党，为促进全市经济社会健康持续发展提供坚强保障。

（一）抓好“两学一做”，强化思想引领。扎实开展“两学一做”学习教育，创新学、讲、看、谈、联、做“六步法”，以“四讲四有”专题研讨为切入，谈体会、查不足，进一步打牢“四种意识”。市委中心组周二、周四晚上集体学习雷打不动，主持学习36次，逐篇逐句学习“两学一做”规定内容，各县（市、区）委、市直单位中心组学习平均都在25次以上，各级领导班子政治素质和工作作风进一步加强。认真贯彻统战工作条例，切实强化对意识形态的领导，“好人城市”成为长治靓丽品牌，有序推进党派换届工作。

（二）明确用人导向，换出干事激情。进一步确立“看敬业、看苦干、看担当、看实效”的选人用人导向，近距离、多侧面了解干部，真正把“善谋划、有激情、能担当”的好干部选出来、用起来。成功召开市十一次党代会，圆满完成市委、市纪委换届工作和全市13个县市区委、人大、政府、政协换届工作，在全市上下进一步换出了活力、换出了干劲、换出了干事创业的激情。

（三）夯实基层党建，筑牢战斗堡垒。扎实开展党建示范点创建活动，认真落实“三会一课”等制度，实现了“述职评议考核”全覆盖。组建市非公和社会组织工委。开展党组织和党的工作“两个覆盖”专项行动，覆盖率分别达到66%和12.8%。实施“一带三创”，强化“五帮联动”，按照“1+5”包联机制整顿软弱涣散村党组织542个，基层党建战斗堡垒作用进一步加强。

（四）注重创新突破，推动工作落实。坚持目标导向，实施了市委每月例会、县区工作检查观摩、月度工作述职点评等制度；进一步明确了县区抓班子建设、县域经济、创优环境、深化改革、项目建设、民营经济发展等6个重点；市直部门抓“对上争取了什么，对下服务了什么，整顿规范了什么，创新突破了什么，历史遗留问题解决了什么，机关建设改进了什么”等6个重点。让县区和部门进一步做到心中有数、目标明确，工作有抓手、努力有方向，营造出了狠抓落实、争先创优的良好氛围。

（五）压实两个责任，推进反腐倡廉。履行全面从严治党主体责任，常委班子成员自觉履行“一岗双责”，层层传导压力，约谈领导干部1100余人次，179名党员领导干部因落实“两个责任”不力受到责任追究。积极运用好“四种形态”减存量、遏增量。2016年全市纪检监察机关共立查案件1707件，处分党员干部1807人；查处违反中央八项规定精神问题385件，作出党政纪处分和组织处理539人；谈话函询1851件（次），组织处理党员干部702人；省委巡视组批转交办的1638件问题线索办结1618件；1223名干部主动向组织说清自己的问题，主动上缴违纪金额980.36万元。去年接受信访举报1915件，较上年1547件下降44.69%，腐败存量大幅度减少，增量得到有效遏制，不敢腐的目标初步实现，不能腐的制度日益完善，不想腐的堤坝正在构筑，党内政治生活呈现出新的气象。

三、切实加强和改善党对经济工作的领导，着力推动经济稳步向好

全面落实省委219次常委会议和骆惠宁书记长治调研讲话精神，市委常委会、书记专题会先后20次专题研究经济工作，着力解决突出问题，不断推动经济稳步向好。

一是倾力发展实体经济。把项目建设作为强市富民的生命线来抓，全市共实施项目1233项、完成投资1256亿元。成立项目联审联批办公室，优化行政审批程序，为35个重点项目办理审批事项，加快项目推进速度。扎实开展干部入企服务活动，选派干部1391人，组成465个入企服务小组深入企业解决问题1174个，被评为“全省入企服务工作先进市”。召开全市民营经济发展推进大会，出台促进民营经济和实体经济发展20条政策措施。设立10亿元实体经济转型发展基金，切实推动实体经济健康发展。强化创新支撑，引导企业与161个国内外知名院校和科研院所建立产学研合作关系，合办科研机构29个，生物雪莲、碳光玻璃等18个项目的28类系列产品填补国内、省内空白，30余项工艺技术达到国内领先水平，全市新技术、新工艺、新装备对工业增加值的贡献率达到44.3%。

二是加快推动产业转型升级。坚决落实中央和省里要求，关闭2座矿井、退出煤炭产能120万吨，发展煤炭先进产能，积极向上申报，王庄煤业、经坊煤业等11座先进产能煤矿正在抓紧评审。围绕“六大产业工程”，实施118个新兴产业项目，其中35个项目竣工投产，形成了一批新的经济增长点。认真落实全省旅发大会精神，在全省首家发行旅游惠民“一卡通”，壶关、平顺、黎城和武乡成功跻身国家全域旅游示范区，全市旅游总收入达到369亿元、增长15%，对全市经济增长的贡献率逐年提高。

三是大力招商引资、招才引智。市县党政班子主动出击，赴北京、南京、深圳等地招商引资，签约项目365个，总投资2109亿元，占省下达任务的 123.3%。“民企入晋”大会签约项目216个，超额完成省下任务。成功举办第二届长治制造展销推介周活动，推介项目251个，签约项目220个，签订销售合同3.95亿元。市委、市政府组织15家重点企业赴俄罗斯、蒙古进行产业对接交流；在北京举办两场“长治制造北京行”专场招商推介对接会，签约项目19个，总投资167.4亿元。进一步加大人才的培养、引进和使用力度，统筹推进各类人才队伍建设，组织22家企业参加2016年“山西人才智力交流大会”，与420名高端人才达成就业意向。

四是加快推进重点领域改革。编制《长治市国家资源型经济转型综合配套改革2016年行动计划》，有序推进重大改革10项、重大项目30个。对固定资产投资项目审批实行多部门联审联批，审批时限缩短为20个工作日。制定出台加快推进全市国有企业改革的实施方案，按照“分类实施、分步推进”的办法，一企一策、一事一议，加快推进市煤化厂等19户企业改制。

四、坚持以人民为中心的发展理念，切实保障和改善民生

始终坚持民生优先，2016年各类民生支出194.6亿元，占财政总支出的83.2%。在《人民日报》评选“2016年中国地级市民生发展100强”活动中，长治在全国262个参选地级市中位列第87位，成为全省唯一入选者。

2016年，全市新增就业3.3万人，城镇登记失业率低于省控目标，物价水平保持稳定。主城区规划建设8所义务教育学校开工4所，郊区、壶关通过义务教育基本均衡县验收。城乡居民基本医疗保险年人均财政标准由380元提高到420元，农村低保标准与国家扶贫标准实现“两线合一”。建成保障性住房10077套，完成农村危房改造8380户。在此基础上，市委集中精力抓了四项重点工作：

一是强力推进脱贫攻坚。确立了“近抓就业、长抓产业”的工作思路，建立了“五帮联动”精准帮扶机制，采取了领导干部驻村、扶贫工作微信群、集中观摩点评、随机抽查突查等一系列创新举措，取得初步成效。103个异地扶贫搬迁集中安置点全部开工，产业扶贫完成投资20亿元，实现了222个贫困村退出、5.6万贫困人口脱贫。长治市扶贫攻坚工作两次在全省交流，国务院扶贫办督查巡查组对长治市平顺县脱贫攻坚总体情况给予充分肯定。

二是扎实推进城乡一体化建设。在主城区大力开展“违建清零”攻坚行动，攻下一批久拖强占“钉子户”，市政道路规划控制红线内的建筑全部拆除到位。实施41项城建重点工程，完成投资15.7亿元，15项市政工程全面完工，11项完成征迁，城市交通更加畅通，城市框架不断拉大，广大群众交口称赞。同时推进各县城公用基础设施向重点镇、中心村延伸，促进城乡互联互通，加快上党城镇群建设步伐。积极与省直部门对接，加快做好前期工作，争取207、208、309国道过境环线公路改造2017年3月份开工建设。

三是铁腕推进环境治理。2016年一季度因大气污染长治市被国家环保部约谈后，市委知耻后勇，在主城区打出禁止露天烧烤、禁止鞭炮燃放、禁止使用燃煤、五道五治等一系列“组合拳”，掀起“环境革命”，扭转被动局面，主城区二级以上天数在8月、9月、10月连续三个月全部达到优良，累计达到218天，特别是进入冬季至今与周边城市相比，长治市空气质量二级天数最多，重度污染天数最少，防霾治霾工作受到国家环保部肯定。近期长治市被省环保厅推选为“2016年全省环境保护年度考核优秀地市”。

四是全力保障安全生产和社会稳定。进一步落实地方政府属地管理责任、部门监管责任和企业主体责任，扎实推进“突查夜查、两议一报、专家巡查、隐患市场化管理”等一系列监管措施，安全生产事故起数、死亡人数继续保持“双下降”态势，被省安委办推选为“2016年目标责任考核优秀地市”。对各类违法犯罪保持高压态势，破获涉恶刑事案件160起，影响群众安全感的八类案件同比下降

7.1%，“两抢”类案件同比下降30.3%。深化普法依法治理，司法体制改革“长治经验”在全省推广。坚持领导干部带头下访接访制度，省交办的涉法涉诉信访案件和信访积案全部得到妥善处置和有效化解。十八届六中全会、省党代会期间，我市实现赴省进京“零非访”，受到省信访联席办通报表扬。

（翟　睿）

附：中共长治市委书记、副书记、常委名单

书　记：马天荣（5月离职）　席小军（5月任职）

副书记：席小军（5月离职）　卢建明

郭康锋（9月任职）

常　委：潘贤掌　李东峰　许　霞（8月离职）

梁克昌　王玉圣　马　彪　密国林

姚　逊（8月任职）　刘卓良（8月任职）

孙刘琳（8月任职）　吴小华（8月任职）

中共长治市城区区委工作概况

区委书记　李国强

长治市城区位于太行之巅、漳河之滨的上党盆地。总面积55.6平方公里，辖10个街道办事处，55个社区，28个农村（菜场），总人口52万，共有汉、回、满等31个民族，其中，回族人口近3万人，占全省回族总人口的四分之一。拥有“全国文明城市”“国家园林城市”“国家卫生城市”“国家环保模范城市”“全国优秀旅游城市”等多项“国字号”桂冠。2016年，长治市城区先后荣获“全国社会工作服务综合示范区”“全国科普示范区”“国家新型工业化产业示范基地”等国家部委和省级荣誉17项，顺利实现“十三五”开门红。

一、经济发展稳中向好

坚持优质招商，强化项目建设“五个一”工作机制，扎实开展干部入企服务，全力推进潞鼎国际、中德型材汽车轻量化等总投资217亿元的51个重点项目，全年“六位一体”目标任务全部超额完成。着力壮大以装备制造、高科光电等新型高端产业为支撑的园区经济，LED产值连续三年翻番，达到11.3亿元。高科集团光电监测中心被认定为“CNAS国家级监测中心”认定。城南工业区成功创建国家级“新型工业化军民结合产业示范基地”。积极助推中小微企业和民营经济发展，培育打造楼宇型创新创业基地。8位企业家荣获全市民营经济“功勋企业家”“优秀企业家”称号。唯美诺中小企业创业基地被认定为“省级中小微企业创业基地”，东山国际“双创”基地被评选为省级“众创空间”。2016年11月，长治城区荣获“山西省中小企业创业创新基地示范县”称号，省政府奖励资金900万元。入企服务成效明显，解决企业突出问题57个，节约电费、供气成本1800余万元。通过“助保贷”“税易贷”为10家企业争取贷款2070万元。加快金融创新，融资到位资金3.75亿元，另有20亿元城中村改造资金即将到位。全区转型升级潜力逐步释放，经济发展后劲持续增强。

二、城市管理提档升级

坚持补短板、治源头、抓规范，深入贯彻落实省市“铁腕治污”和“五道五治”工作部署，大力开展市容秩序“十乱”问题专项整治。购置4台大型机扫车、3台雾炮车，更换垃圾容器1100余个，机扫率由30%提高到45%，垃圾处置难问题得到有效缓解，各类视觉污染和环保问题得到有力遏制。实施“摊点安家工程”，建设摊点300余个，配备便民服务修配车30余辆，“10分钟便民服务圈”成效初显，群众生活更加便捷。

三、民生福祉持续提升

坚持保障基本民生，守好底线民生，关注热点民生。全年民生支出7.8亿元，占公共预算78.5%。城区实验幼儿园顺利开园，上南街、长子门小学新建改扩建工程顺利推进。公开招聘58名小学教师上岗到位。城镇新增就业4206人，创业带动就业1513人，各项社会保险覆盖面不断扩大。加大医联体建设，设立了43家社区卫生服务中心（站），社区卫生服务实现全覆盖。加强保障性住房建设和管理，基本建成保障房1790套，2200个家庭申请了公租房和经适房。城乡居民最低生活保障金提升至每人每月最高540元，累计发放低保金2405万元。4家民办老年公寓、20家老年人日间照料中心先后落成，群众获得感和幸福感普遍增强。

四、文化建设成果丰硕

坚持以文育人、以文化人，文化的引领和滋养作用进一步凸显。文明城市创建成果不断巩固，社会主义核心价值观得到弘扬。街道文化大院，社区、农村农家书屋和文化活动室实现全覆盖，区级为馆、街道为站、社区（农村）为室的三级公共文化网络初步形成，成为全国第三批试点推广标准。区图书馆建设工程进入内部装修阶段。抗日五专署、刘伯承工厂等红色文化遗迹修复工作取得较大进展。塔岭山全民健身步道全线贯通。组织开展全区第八届社区文化艺术节等各类文体活动200余场，群众文化活动更加丰富多彩。

五、安全稳定基础夯实

坚持党政同责、一岗双责、失职追责安全生产责任体系，深化“打非治违”等专项整治行动，开展地毯式排查，整改各类安全隐患3800余处，打击非法违法行为5311起，全年未发生一起较大及以上事故，安全生产形势持续向好。深化“平安创建”，加强社会治安防控体系建设，积极开展“信访积案大交办和矛盾大排查”行动，化解信访积案33件、矛盾纠纷298起，有效保障了群众权益，全区和谐稳定大局得到巩固。

六、党的建设全面加强

坚持严字当头，从严治党，主动扛起党建“主责”，认真履行“两个责任”，持续构建良好政治生态。狠抓“三基”建设，深入开展了“六有六能”基层组织标准化建设活动。13个软弱涣散党组织得到全面整顿。社区服务阵地200平方米以上的达到44个，500平方米以上达到15个。全区7400余家非公企业实现建档立册，687名流动党员全部纳入组织管理，基层党组织战斗堡垒作用得到加强。突出用人导向，严格执行《干部选拔任用工作条例》，分7批次对161名干部进行了调整，中层班子建设和基层干部队伍进一步优化。圆满完成人大、政府、政协班子换届。大力支持人大、政协依法依章履行职能，新一届人大代表和政协委员在城中村改造、路网征迁等工作中展现了新作为。全力支持政府依法行政、依法管理，“一府两院”行政管理和公共管理水平进一步提升。切实加强武装工作，统一战线得到巩固和发展，“五好”工商联创建成效显著。积极支持工会、共青团、妇联等组织开展活动，群团工作取得新进步。狠抓党风廉洁建设和反腐败工作，深入开展巡察工作，持之以恒纠正“四风”，零容忍处置各类违纪违法案件。积极运用四种形态加大谈话函询力度，教育引导干部主动上交违规违纪资金和礼金红包合计65万余元，对落实主体责任不力的11名基层干部进行了问责，层层传导压力，筑牢廉洁“防线”。2016年处置各类问题线索93件，立案28件，党政纪处分27人，其中科级干部10人，风清气正的干事创业新局面正在形成。

（张海斌）

附：一、中共长治市城区区委书记、副书记、常委名单

书　记：孙刘琳（女，7月离职）　李国强（7月任职）

副书记：李国强（7月离职）　杨　隽（8月任职）

宋福庭（8月离职）　崔云峰（8月任职）

常　委：王　敏（女，8月任职）　王沁平（8月离职）

任国华（8月任职）　牛文庭（8月离职）

董有忠（8月任职）　秦玉琪（8月离职）

李　峰（8月任职）　李　飞（8月任职）

董有忠　张俊杰（8月任职）

王　辉（8月任职）

二、街道党（工）委书记名单

常青街道

书　记：牛庆红（11月离职）　刘　龙（11月任职）

五马街道

书　记：秦航宇（11月离职）　牛庆红（11月任职）

东街街道

书　记：李　诚（11月离职）　武国宏（11月任职）

西街街道

书　记：焦明珍（女，8月离职）

郭进卫（11月任职）

紫金街道

书　记：栗　玮（11月离职）　姚国荣（11月任职）

延安南路街道

书　记：郜治平（11月离职）

国永红（女，11月任职）

太行东街街道

书　记：王宇红（8月离职）　魏理伟（11月任职）

太行西街街道

书　记：候　敏（女，8月离职）

栗　玮（11月任职）

英雄中路街道

书　记：田向宏（11月离职）　郜治平（11月任职）

英雄南路街道

书　记：王路敏（11月离职）　郝庆华（11月任职）

中共长治市郊区区委工作概况

区委书记　金所军

2016年，长治郊区区委团结带领全区干部群众，确立了突出“三大重点”、落实“五项举措”、率先全面建成小康社会的工作思路和奋斗目标，各项工作取得新进展新成效。

2016年，全区各项主要经济指标总量继续保持全市领先地位。地区生产总值完成165.6亿元，总量全市第二，同比增长5.1%；规模以上工业增加值完成102.9亿元，总量全市第一，同比增长3.1%；固定资产投资完成213.8亿元，总量全市第一，同比增长

14.6%；社会消费品零售总额完成47.9亿元，总量全市第二，同比增长7.5%；地方财政收入完成9.5亿元，总量全市第四，同比增长8.9%；城镇常住居民人均可支配收入达到35086元,总量全市第一，同比增长7.0%;农村常住居民人均可支配收入达到16240元，总量全市第一，同比增长6.9%。先后荣获全国计划生育优质服务先进区、全国科普惠农兴村先进单位、第三批全国农村集体“三资”管理示范县、省级平安县区、全市农村饮水安全工作先进县区、全市安全生产目标责任制考核优秀县区、全市卫生计生综合目标责任考核先进县区等30多项市级以上荣誉称号；信访工作受到省委嘉奖，安全生产、环保工作全市考核双第一，树立了“实干郊区”形象。

一、认真学习贯彻落实党的十八大、十八届三中、四中、五中、六中全会精神和习近平总书记系列重要讲话精神，坚决把中央、省委、市委各项决策部署落到实处

把认真学习贯彻落实党的十八大、十八届三中、四中、五中、六中全会精神和习近平总书记系列重要讲话精神，省市第十一次党代会精神以及省委省政府、市委市政府的决策部署作为一项重要的政治任务，始终紧紧抓在手上、落实到了行动上。制定出台《2016年各级党委中心组理论学习安排意见》，区委中心组学习30余次，举办各类专题讲座10次，做到了第一时间传达学习、贯彻落实。区四套班子领导和各乡镇、各部门主要负责人深入基层抓宣讲，领题调研破难题，集中研讨找对策，营造了良好发展氛围。在全区各级党组织建立“一周双学”制度，采取集中集体学、找准问题学、结合实际学、列出问题清单学、深入基层调研学、走出去对照学、相互交流学等形式，掀起学习贯彻热潮，统一了思想，凝聚了共识，形成了合力。深入开展“两学一做”学习教育，创新开展“四树五严”主题实践活动，建立完善各类工作制度50余项，开展各种专题研讨1800余次，解决各种群众关注的突出问题600余个。邀请中央党校等国内顶级培训机构的专家、教授，对全区千名干部进行了大规模集中培训，开阔了视野，提升了能力，推进了工作。

二、突出“三大重点”，推进经济稳步向好

坚持新发展理念，坚持稳中求进工作总基调，突出产业新型化、区域城市化、城乡绿色化“三大重点”，努力推进经济稳步向好。

（一）以转型升级为突破，产业新型化取得新成效。坚持二产做强做优、三产做大做活、一产做精做特。全区工业增加值超百亿元，新兴产业项目投资比重占到80%以上，高新技术产业投资比重达到15%以上，民间投资比重达到82%以上；三产占全区生产总值比例达到32.9%，比2015年提高3.4个百分点；农业龙头企业达到38家，实现销售收入9.8亿元，同比增长12%，转型升级成效明显。郊区成为长治市拥有山西省百强企业和百强制造企业最多的县区。

（二）以城中村改造为突破，区域城市化取得新进展。制定出台《长治市郊区改善城市人居环境2016年行动计划》《关于推进2016年新型城镇化的实施方案》《关于加快推进特色小镇规划建设的实施意见》，对全区城市化建设作出安排部署。15个城中村中5个村“两方案一规划”通过市政府备案，中铁航空港三局棚户区改造项目全部封顶。开工建设了辛安泉新建输水管道工程、漳山热源集中供热管网工程、六条背街小巷改扩建工程、两条农村旅游公路建设工程、14条县乡村农村公路改造工程，城乡面貌有力改善。

（三）以生态环保为突破，城乡绿色化取得新进步。扎实推进造林绿化，完成植树35万余株，新发展苗木花卉1200亩，建设省级改善农村人居环境绿化村庄3个。深入开展减煤、治企、降尘、控车、净烟、碧水“六大行动”，扎实推进铁腕治污，燃煤清零全部完成，主要污染物减排完成年度目标任务，辖区二级以上天数达到297天。以开展“五道五治”为突破，推进“五村联创”活动，清理违建390处、29000平方米、乱堆乱放12200处，拆除大型户外广告牌360处、小型临时广告牌7900处、无序广告牌720处，专项行动取得初步成效。

三、落实“五项举措”，各项工作开创崭新局面

全面落实创新驱动、项目攻坚、民生导向、要素保障、文化引领“五大举措”，抓好各项目标任务的落实。

（一）创新驱动激发新活力。制定出台推进供给侧结构性改革的一个决定、一个实施意见和五个行动计划，“三去一降一补”取得实效。财税体制、户籍制度、司法体制、煤炭管理体制等多项改革统筹推进，土地承包经营权确权登记颁证工作有序开展。全面推进金融创新，运用“助保贷”业务，为10家企业提供3900万银行贷款；搭建“税易贷”“医保贷”融资平台，为全区中小企业提供了强有力的金融支持；扎实跟进企业改制、挂牌、上市，润潞碧水科技公司挂牌“新三板”。加强科技创新，成功申请专利120件，创建国家级高新技术企业8家、省级民营科技企业20家、省级市企业研发中心各2家，科技兴区迈出新步伐。

（二）项目攻坚取得新成效。2016年共确定重点项目177个，总投资761亿元，竣工项目32个，总投资45.97亿元，项目建设取得实效。项目建设“六位一体”任务全部完成，各项指标名列全市前茅。民企入晋签约项目21个，签约总额188.33亿元，排名全市第一；招商引资签约项目32个，完成签约总额289.12亿元，排名全市第一。先后引进首钢循环经济（静脉产业）基地项目、同元集团建设炎帝文化广场项目、山西高新普惠公司环漳泽湖旅游合作开发项目、东明太阳能与青岛高测科技股份有限公司合作金刚线制造项目、长治万达广场项目，总投资达61.8亿元。另外，霍家工业公司与重庆长寿化工集团合作氯丁橡胶项

目，引资3.7亿元；长信集团与天津天恒合作组建潞新公司，引资3亿元；郊区医院与上海聚信公司签约，融资7000万元。

（三）民生导向增进新福祉。投资6000余万元，完成了区属70所中小学标准化建设工程，开工建设了体育北路学校、金湛学校，顺利通过国家组织的国家义务教育均衡化验收。面向社会公开招聘教师38名，着力打造“一校一品”。完成了区人民医院的二甲医院评审工作，加快推进郊区新建医院与市儿童医院共建工作，深入实施全国计划生育优质服务先进区创建，疾病防控、健康教育、妇幼保健和卫生监督等公共卫生服务水平得到明显提升。全区社会基本保险参保人数达到19.5万人，征缴基金2.1亿元。完成职业技能培训600人，转移农村劳动力2500人。开展农民工工资支付情况专项检查，为353名农民工要回拖欠工资289万元。提高城乡低保标准，加大困难群众救助力度。开工建设金果园保障性住房，积极改善城镇中、低收入家庭居住条件。

（四）要素保障创造新环境。开展了重点项目和工程建设等领域环境专项整治，从严从重打击建设市场不法行为。着力破解土地、规划难题，积极开辟太焦征地服务、违法占地整治、闲置土地处置等“三个战场”，通过退、调、供三个思路解决闲置土地利用问题。稳步推进“多规合一”，科学编制发展规划，城乡空间管控与土地总体利用、环境保护规划等实现深度衔接和融合。狠抓安全生产，深入开展执法检查、专家巡查、督查检查、夜查突查、联合检查，安全生产形势持续稳定好转。开展“苦干实干六十天、信访积案大攻坚”专项行动，有效解决信访突出问题，维稳工作取得新成效。

（五）文化引领提供新力量。注重理论武装、新闻舆论宣传、社会主义核心价值观建设、文化基础作用，不断提升意识形态工作的说服力、引导力、凝聚力、感染力。讲述郊区好故事、传播郊区好声音、集聚发展正能量、展示“实干郊区”新形象。深入推进德育郊区建设，建立完善农村德育建设“九个一”工作办法，举办了“感动郊区”道德模范评选表彰活动，漳村村民李红丽入选长治市第五届和山西省第六届道德模范候选行列，漳村社区入选全国“四个一百”最佳志愿服务社区候选行列。全面铺开全区5镇1乡“乡村文化记忆工程”，编写了《长治市郊区红色文化教育读本》。深入农村开展“三下乡”“文化进万家”“欢乐下基层”、送戏下乡等文化惠民活动，进一步丰富群众文化生活。组建“太行红文化旅游产业发展有限公司”，大力推进故县红色文化革命教育基地建设，申家二十四院申报“万里茶道”世界文化遗产顺利完成迎检工作，炎帝文化产业园区、山西水投漳泽水务旅游项目建设顺利推进。

四、全面从严治党，着力构建良好政治生态

坚持全面从严治党，着力加强党的思想、组织、作风、反腐倡廉和制度建设。

（一）加强基层党组织建设。突出基层党建核心位置，突出党组织书记示范带头作用，突出党建主体责任落实，全区420余名基层党支部书记、17个党（工）委书记进行党建工作述职，接受党员民主评议。坚持党员分类管理、党支部分类定位、党建工作分类指导，在全市率先制定《长治市郊区开展“三基”建设试点工作实施方案》，建立32项试点工作清单，选择2个乡镇、7个区直部门开展试点。全面加强农村、机关、社区、学校、非公组织、社会组织党建工作，开展了七项基层党建重点工作，提升了党建工作整体水平。

（二）加强领导班子和干部队伍建设。严把代表关、人事关、程序关、组织关，风清气正选人用人，区乡换届圆满完成。加强干部队伍建设，制定出台《干部调整工作方案》《干部考察工作详细流程》，完善和优化后备干部库和优秀科级干部库，形成了“看敬业、看担当、看苦干、看实效”的干部用人导向。建立干部监督联席会议制度，完善领导干部谈心谈话制度，提升从严管理干部的实效。组织20名青年干部先锋队员到乡镇挂职锻炼，选派120名干部入企服务，让干部在干事创业中摸爬滚打、磨炼成长。

（三）加强作风建设。完善“清单+督办、一线+包联、例会+通报、双学+调研、激励+问责”的“5+”工作法，工作效率、服务质量、执行能力、自身形象得到进一步提升。深入开展纪律作风整顿，坚决查处公款旅游和危害群众利益的“四风”问题，全年共处理违反“八项规定”精神和“四风”问题干部72人，推动了各级各部门干部自觉树正气、树标杆、树形象、树新风，注重品德修养，严守党纪国法成为底线思维，做到了为民务实、清正廉洁、群众信任。

（四）加强反腐倡廉建设。制定出台落实党风廉政建设党委主体责任和纪委监督责任两个《意见》和《长治市郊区党风廉政建设和反腐败工作任务分解意见》，推行党风廉政建设“五书五报告”制度，在全市率先推出下级党委向上级纪委述纪、述廉、述作风、述主体责任的“四述”机制，扎实开展“六带六谈”，有效推进了“两个责任”“一岗双责”落实。认真开展党委巡察工作，制定出台《中共长治市郊区委员会巡察工作实施办法（试行）》《首轮巡察工作方案》等七项制度，建立了巡察组长、巡察专员、巡察工作人员库，完成首批6个单位巡察工作，启动了第二批4个单位巡察工作。强化正风反腐、正纪肃贪，全年共受理群众举报235件次，立查案件131件，处理党员干部120人，有力维护了党纪政纪的严肃性。

（五）加强制度建设。修订完善了《区委常委会工作规则》《区委全会工作规则》《区委工作例会工作规则》和《区委书记专题会议工作规则》，进一步完善了党组织职责制度、党组织生活制度、党员教育管理制度、党员监督制度及党内民主制度等13项党建工作制度，实现了用制度管党。推行党员“亮身份、践承诺”制度，健全党建工作清单制度，构建“党建+”十大党建工作平台。建立激励保障

机制，对现任村“两委”主干年度岗位报酬增加1000元，其他村“两委”干部月岗位报酬增加100元，对农村第一书记发放生活补贴，激发了农村干部的积极性、主动性、创造性。

2016年，郊区区委在充分履行把方向、管大局、作决策、保落实职责的同时，不断推进自身建设。自觉增强“四个意识”，自觉与党中央和省、市委在思想上政治上行动上保持高度一致；严肃党内政治生活，严格执行民主集中制原则，团结奋进、形成合力；健全工作制度机制，提升工作规范化水平；带头执行廉洁自律规定，带头发扬优良作风，为全区各级干部作出表率，始终做到了政治上清醒、工作上进取、经济上干净、生活上自律。

（王丽芳）

附：一、中共长治市郊区区委书记、副书记、常委名单

书　记：潘贤掌（7月离职）　金所军（7月任职）

副书记：金所军（7月离职）　张晋伟（7月任职）

张耀华（7月离职）　李维祥（8月任职）

常　委：李维祥（8月调职）　赵九大（2月离职）

卢展中（8月离职）　王永刚（8月任职）

刘　忠（8月任职）　王跃林（8月离职）

赵晚花（女，8月任职）　何庆红

高绍奎　王红霞（女，8月任职）

张宏伟（8月任职）

二、乡镇（街道、开发区）党（工）委书记名单

西白兔乡

书　记：龙玉民（4月离职）　张　龙（4月任职）

黄碾镇

书　记：原　勇

马厂镇

书　记：张志明（4月离职）　杨　明（4月任职）

大辛庄镇

书　记：李国亮

堠北庄镇

书　记：李保增（4月离职）

张志明（4月任职，10月离职）

曹高峰（10月主持工作）

老顶山镇

书　记：王　峰

故县街道

书　记：杨　明（4月离职）　周荷兰（女，4月任职）

长北街道

书　记：尹秀丽（女，4月离职）　李　键（4月任职）

老顶山旅游开发区

书　记：崔士钧（12月离职）　王　峰（12月任职）

中共长治县委工作概况

县委书记　裴少飞

2016年，长治县委在市委、市政府的坚强领导下，紧紧围绕省委“一个指引，两手硬”重大思路要求和市委“两个目标”任务，攻坚克难，奋勇前行，全县经济发展、改革创新、脱贫攻坚、改善民生、党的建设等工作取得了新的进展。

一、加快产业结构调整，县域经济呈现企稳向好态势

（一）经济指标企稳回升。2016年全县地区生产总值完成127.5亿元，增长3%；固定资产投资完成149.4亿元，增长2.1%；工业增加值完成68.9亿元，社会消费品零售总额完成29.4亿元，增加8.5%；地方财政收入完成12.53亿元，增加3.81%；城镇居民人均可支配收入、农村常住居民人均可支配收入保持了较快增长速度。

（二）力促煤炭产业提质增效。扎实推进煤炭供给侧改革，严格执行276个工作日和节假日公休制度，淘汰关闭李坊、师庄、晋永泰煤业三家煤矿，主动去产能165万吨。加大煤矿升级改造力度，截至11月底，全县煤矿建设项目累计完成4.3亿元，占全年投资计划的143%。1—11月份，全县32座煤矿共生产原煤2180万吨，实现工业总产值72.8亿元，工业增加值41.5亿元。

（三）重点项目进展顺利。全年共实施县级以上重点项目123个，总投资285.4亿元，其中列入省重点项目3个，总投资30.34亿元。截至11月底，完成招商引资签约项目47个，总投资152.1亿元。振东集团预计全年可完成销售收入50亿元。成功汽车4800T多功位压力机安装调试，光伏发电项目开工建设。易通集团低温余热发电、脱硫脱硝项目采取订单式生产，在日盛达集团、潞安环能等企业运行正常，农村废弃物综合利用发电项目开工建设，预计2017年年初建成投产。日盛达太阳能生产光伏玻璃原片1510万平方米，实现工业产值2.56亿元，完成销售收入2.55亿元，完成税收830万元，二期工程钢化镀膜生产线已完成设备采购安装。惠丰特车、豪力钢构、诺卡汽配、玉通机械等中小微企业产销两旺，成为全县转型发展的生力军。

（四）现代农业稳步提升。截至2016年年底，太行山农产品物流园区实现综合农产品物流总量44.69万吨，约占长治市农产品市场份额的35%以上，物流总额25.10亿元，同

比增长14.59%和25.50%。园区入驻电商企业70余家，开设村级电商服务站100余家，实现互联网线上交易额7000余万元。带动农产品加工销售16.3亿元，新增设施蔬菜面积1300亩，新建育苗连栋大棚10000余平米，现代农业体系逐步完善。

（五）突出金融创新，破解“资金瓶颈”难题。鼓励企业上市融资，振东集团通过定向增发股票融资32亿元，对北京康远制药公司实施并购。积极筹备振东五和食品、振东家庭健康护理用品、日盛达集团等多家企业上市工作。积极筹备成立文旅和煤业两大投融资公司，由政府主导的新兴投融资体系正在形成。多家银行推出“再融资”“续贷通”项目，涉及贷款金额约8亿元；全县各银行机构、山西证券对振东、易通、日盛达等7家重点企业贷款融资额达到9.96亿元；2016年“助保贷”业务新增贷款3139万元，累计为全县21家中小微企业发放贷款约1.1亿元，保证了企业快速发展。

二、惠民实事持续发力，民生事业不断发展

2016年，在全县财政压力加大的情况下，坚持做到优先落实各项惠民实事，全县民生事业不断发展。

（一）脱贫攻坚工作扎实推进。2016年市扶贫办为长治县下达的脱贫任务2195人，全县实际完成脱贫任务2800人。在产业扶贫方面，与北京中乔大三农集团合作，在西火镇、南宋乡试种1000余亩富硒谷物，每亩可增加收入300元至500元；日盛达集团在东呈村、桥沟村试点光伏脱贫项目，效果良好。在就业方面，积极与达利集团、王庄煤业等企业联系，优先在建档立卡贫困户中招工，目前71人达成就业协议。社会保障兜底方面，为全县建档立卡贫困户办理了大病医疗补充保险与意外伤害保险，合计68万元。制定出台扶贫资金使用办法，已为各乡镇下拨上级扶贫专项发展资金359.5万元，下拨县级配套资金101.5万元。

（二）惠民工程深入实施。以“四个全民”为抓手，一批惠民实事得到落实。教育质量明显提升，高考二本B类以上达线798人，达线率28.9%；8所标准化中心幼儿园建设工程取得预期成效；15年免费教育、学生营养餐等惠民实事保障到位；面向社会公开招聘教师100余名，笔试工作已结束。县级公立医院改革全面推进，国家基本公共卫生服务全面开展。人均基本公共卫生经费财政补贴标准由40元提高到45元；新农合制度不断完善，全县28.9万人参加新农合，参合率99.01%，超额完成省、市任务。二孩政策全面实施，截止2016年年底全县二孩出生登记1155人。全县新增城镇就业人员3208人，转移农村劳动力2755人，城镇登记失业率为1.77%；大力推动创业带动就业，截至11月底，全县新注册创办小微企业280户，新增就业1000余人。养老产业健康发展，安馨养老院进入试运营阶段，韩店敬老院主体部分全部完工，新建3家农村日间照料中心，全县农村日间照料中心达到26家。

（三）文化事业蓬勃开展。文化基础设施不断完善，建成数字影院2个，设立长治县图书馆分馆8家，新增图书借阅室700多平方米，新增藏书6万余册，文物博物展览馆项目建设正在筹备前期准备工作；文化精品创造硕果累累，《一个都不许死》《合磨》《呼唤》等文艺作品获国家级文艺奖项。

（四）城镇化建设成效显著。和谐广场扩建及地下人防工程已完成工程总量的80%，保障性住房工程进展顺利，长治县土地塌陷村整治搬迁工程进入基础施工阶段，2018年底全部完工；集中供热工程目前完成工作总量的90%；长治县综合体育馆二期工程目前正在进行室外配套基础设施和馆内装饰，2017年7月投入使用；污水处理厂升级改造及中水回用工程一部分已经投入运营，另一条正在抓紧施工，2017年6月全部完工；后窑道路硬化工程、煤运东线道路排水工程、星级公共卫生间工程、农村危房改造工程已全部完成。

（五）生态环境保护工作持续推进。大力实施减排工程，加强污染源监管，采取淘汰取缔落后生产企业和设施等措施，削减污染物排放总量；以“控煤、治污、除尘、管车”为重点，通过督促煤矿企业安装改造排气措施，淘汰黄标车，成立秸秆禁烧工作领导组等具体措施，狠抓大气污染防治；以陶清河、黑水河治理为主要工程，推动水污染治理。

三、以“安全稳定”为底线，切实落实各项措施，全力保持社会大局和谐稳定

（一）安全生产形势保持良好。深入开展安全生产大检查，截至2016年11月底，共出动执法检查人次1920人次，排查隐患15986条，整改15900条，整改率99.46%，隐患整改投入621万元。截至2016年11月底，全县发生各类生产经营性安全事故5起，死亡8人，未发生重特大安全事故。

（二）信访稳定工作扎实开展。深入推进领导干部包案、接访、下访制度，每个工作日安排一名县处级党政领导干部坐班接待来访群众，累计解决信访问题136件次，全县没有出现恶性上访事件，出色完成十八届六中全会和杭州“G20峰会”期间信访维稳工作。

（三）社会治理更加科学高效。突出社会治安管理，重点开展了全县禁毒大会战、打黑除恶专项行动等26项“平安长治县”工作，严厉打击违法犯罪活动，“打防管控”立体治安防控体系初步建立，人民群众安全感进一步增强。建立健全社会服务管理中心运行机制，推进县域治理网格化管理，全力化解社会矛盾纠纷，全县大局保持和谐稳定。县委统战部、文化局、教科局、供销联社、公路段、机关事务管理中心、地震局、监察局等8家单位获省以上表彰。

四、以“两学一做”学习教育为契机，认真落实“两个责任”，扎实推进全面从严治党

（一）“两学一做”理论学习教育扎实开展。县委中心组进行了25次集中学习，组织了4次专题研讨。全县举办了7期党组织书记培训班，为基层党组织发放学习资料850套，

党章19700册，拨付党员培训经费85万元。在《今日黎都》开设学习专栏。创新开展了“主题党日+”活动，有力加强和规范基层组织党内政治生活。组织开展了2次领导干部理论培训，全县党员领导干部带头抄写省党代会报告全文，深刻领会党代会的核心精神。

（二）基层组织建设不断加强。扎实开展“一带三创”活动，建立各级党组织书记党建示范点40余个，党建示范项目60余个。举办了农村“领头雁”“第一书记”培训班4期，培训450余人；健全基层党建保障制度，“两委”主干岗位报酬在原标准基础上提高了30%。落实好基层党建七项重点任务，排查处置失联党员172名，排查清理受刑事追究或行政处罚党员98名，补缴党费207.9万元，指导机关、企业、学校等类型的288个基层党组织完成了换届选举，深入非公企业、社会组织调查摸底，建立党组织集中组建台账。

（三）认真落实党风廉政建设和反腐败斗争“两个责任”。开展了2轮巡察工作，共发现9个被巡察单位5方面105个问题；充分发挥审计监督作用，对县财政局、交通局、水利局等13个单位的预算执行情况进行了审计，共涉及资金14.5亿元，查出违规违纪金额6.1亿元，移送案件线索9起；公布举报电话，举报信箱，畅通监督渠道，省纪委信访室转办群众身边腐败问题线索30件，目前了结27件，市纪委信访室转办2016年基层涉纪信访问题14件，目前了结12件。县委、县纪委对各级各部门一把手集体约谈3次，对全县11个乡镇、10个县直单位党委（党组）书记和纪委书记（纪检组长）单独约谈40人次，乡镇党委书记和县直部门党组书记向下集体约谈或单独谈话百余次，通过谈话函询，共有104名干部主动退缴违纪违规款91.05万元。加大案件查办力度，截至2016年11月底，全县共立案108件，结案102件，给予党纪处分98人，撤职以上重处分37人，组织处理60人。

（李伟峰）

附：一、中共长治县委书记、副书记、常委名单

书　记：裴少飞

副书记：李文兵（8月离职）　王现敏（8月任职）
张向东（8月离职）　段尧刚（8月任职）

常　委：王建良（7月离职）　魏俊英（女，8月离职）
郑成钢（8月离职）　杨志飞（8月离职）
张宏山（8月离职）　张芬芬（女，8月任职）
秦玉琪（8月任职）　陈文广　李　瑜
李文斌（8月任职）　张延节（8月任职）
秦彦伟（8月任职）

二、乡镇（工业园区、振兴新区）党委书记名单

韩店镇

书　记：侯立峰（12月离职）　李　翔（12月任职）

荫城镇

书　记：张慧军（12月离职）
陈华丽（女，12月任职）

苏店镇

书　记：和　伟

西火镇

书　记：张五清

八义镇

书　记：原泽英（女，12月离职）
郭建勇（12月任职）

贾掌镇

书　记：陈华丽（女，12月离职）
李伟兵（12月任职）

郝家庄乡

书　记：李　翔（12月离职）　刘　江（12月任职）

北呈乡

书　记：郭建勇（12月离职）
王　燕（女，12月任职）

东和乡

书　记：刘显勇（5月任职）

西池乡

书　记：王　瑛（12月离职）　张建兵（12月任职）

南宋乡

书　记：秦彦伟（12月离职）　鲍岩岩（12月任职）

工业园区

书　记：李志文

振兴新区

书　记：牛忠强（5月任职）

中共潞城市委工作概况

市委书记　李文兵

2016年以来，潞城市委坚持以习近平总书记系列重要讲话精神为指引，认真贯彻党的十八大和十八届三中、四中、五中、六中全会精神，全面落实省委“一个指引、两手硬”的重大思路和要求，以及长治市委如期实现“两个目标”的战略部署，团结带领全市干部群众，紧紧围绕“推进两个优化，实现二次崛起”的发展思路，克难攻坚，砥砺奋进，实现了“十三五”良好开局。荣获全国科普示范县、全省农田水利基本建设“禹王杯”先进县、长治市农田水利基本建设

“漳河杯”先进县、长治市林业生态建设优秀县等荣誉称号，转型综改工作在全省27个省级试点县综合考核中排名第一，农村土地承包经营权确权、农村产权制度改革及土地托管服务机制在全省做了经验交流。

一、科学谋划发展思路，二次崛起聚力凝心

认真贯彻中央“五位一体”总体布局和“四个全面”战略布局、省委“一个指引、两手硬”的重大思路和要求、长治市委实现“两个目标”的战略部署，立足潞城实际，多方调研，集思广益，提出“优化经济结构，优化发展环境，实现二次崛起”的发展思路。认真学习、及时传达中央经济工作会议、省十一次党代会、省委十一届二次全会暨经济工作会议和长治市十一次党代会精神，提出贯彻落实意见；成立了全面深化改革、项目建设、招商引资、煤化工产业发展、现代服务业发展等16个专题工作推进组，由党政班子成员、人大常委会和政协主要领导牵头领题调研，拿办法、拿制度、拿措施、拿建议，形成一批破解发展难题的具体方案和制度成果，进一步丰富和完善了发展思路。经过近半年来的实践，“推进两个优化，实现二次崛起”的发展思路得到了广泛认可，已成为全市上下的共同意志和奋斗目标。

二、着力优化经济结构，经济平稳健康发展

切实加强对经济工作的领导，经济实现了稳步向好、稳中有进。

一是多措并举稳增长促发展。科学研判经济形势，有效推动经济平稳健康运行，各项经济指标基本达到了预期。2016年，潞城市地区生产总值完成90.5亿元，增速3.9%，同比提高17.9个百分点，在长治市排名第9位，比2015年前移3位；工业增加值完成53.6亿元，增速2.55%，提高26.5个百分点，排名第9位，前移3位；固定资产投资完成170.61亿元，增速12.9%，排名第7位，后移1位；社会消费品零售总额完成15.3亿元，增速7.8%，提高2.3个百分点，排名第8位，前移3位；地方财政收入完成6.2亿元，增速0.66%，排名第10位，后移8位；城镇常住居民人均可支配收入完成25785元，增速6.1%，农村常住居民人均可支配收入完成12199元，增速6.4%，这两项收入指标均排名第10位，增幅均高于GDP增幅。有些指标，特别是财政收入，看起来是后移了，但是与GDP增速、工业增加值增速更加匹配，经济发展更为稳定协调。

二是坚持不懈抓招商上项目。把发力点打在企业和项目上，市党政班子领导带队赴上海、北京、广州、深圳等地招商引资、对接项目，全年签约项目46个，总投资额190.6亿元，超额完成长治市下达的全年任务。其中，民企入晋签约项目21个，总投资126.3亿元，占长治市下达任务的126.3%。全年共确定重点项目110个，总投资444.7亿元，其中新建项目34个，20个项目竣工投产，项目建设“六位一体”任务超额完成，一批新的经济增长点正在形成。

三是全力以赴调结构促转型。牢牢把握供给侧结构性改革主线，加快推进三次产业协同发展，引领经济转型升级。潞宝液氨、煤气制氢、粗苯精制、环己酮、干熄焦副产蒸汽和潞安精蜡、远翔塑料二期、潞泰达电气设备制造一期、富潞湾系列旅游、嘉禾聚陈醋、智康核桃深加工、澜澳养殖等项目建成投产，潞宝己内酰胺聚合切片拉丝、甲醇二期、甲醇制烯烃、高能硫铵颗粒和晋美玉豆制品等项目奠基开工，网络安全+大数据、三一重型能源风力发电、恒天智慧绿色交通出行体系、东莞晋源祥3C配件等项目签约落地，长治文教城、旅游集散地、智慧物流园、区域性大型物流运输基地正在规划建设，优化经济结构的基础进一步夯实。全市工业新兴产业投资达到16.5亿元，占工业产业总投资的48.6%，非煤产业增加值比重达到66%，文化产业增加值同比增长6.7%。

三、着力优化发展环境，全面推进改革创新

把优化环境、改革创新作为推动发展的重大举措，以改革创新破解发展瓶颈、聚集发展要素、增强发展动力。

一是以实施四大工程为载体，大力优化发展硬环境。实施城乡一体化工程。城乡总体规划通过专家评审，东南山、天脊等4个片区控制性详规编制完成，道路、燃气、排水、供热、地下综合管廊等专项规划正在加紧编制。人民街建成通车，西华路南延及站前街工程前期启动，城市路网进一步完善。污水处理厂升级、城乡电网改造等工程全面完成。加快推进城市集中供热扩容提质，新增供热面积20万平方米，总面积达到298万平方米。新发展天然气用户2800余户，总用户达到2.2万户。水岸春城、颐龙湾、浅水湾、小城故事等精品小区建设加快推进，东南山社区、东街社区城中村改造项目主体建成。房地产去库存销售1400套13.6万平方米，超额完成年度任务。城镇化率达到58.1%，同比增长2个百分点。实施交通改善工程。309、207国道改线工程设计基本确定，节后即可开工。1.7公里县乡公路改造、5.9公里窄路拓宽改造、17.4公里乡村道路完善提质工程全面完工。实施环境整治工程。以“五道五治”为抓手，深入推进城乡环境治理，清除四堆2800余处，清理垃圾7.2万吨，拆除违建528处7.1万平方米，违建拆除阶段性任务基本完成，城乡道路沿线环境得到有效治理。持续推进铁腕治污，关停取缔不符合国家环保政策的企业24个，工业固体废弃物综合利用率达到68.5%，6项污染物减排任务全面完成。全年二级以上天数达到263天，同比增加29天。实施养水增绿工程。大水网工程潞城市境内主体工程建成，辛安泉出露区生态修复工程加快推进，8个村6543人的饮水安全工程全面完成。全年植树造林0.84万亩，森林覆盖率提高0.4个百分点，达到24%；建成区绿化覆盖率稳定在45%左右。

二是以提升服务水平为目标，大力优化发展软环境。营造务实高效的政务环境。出台了《固定资产投资项目联审联批实施方案》，简化审批环节，压缩审批时限，为项目

单位办理手续提供便捷服务。不断提升政务服务水平，政务服务平台受理事项办结率达99%。营造廉洁有为的服务环境。包联项目领导、项目责任单位、入企服务干部深入企业和项目建设一线，通过现场办公、集中研判、督查督办等方式，有效解决企业发展和项目建设中存在的困难和问题。营造开放包容的人才环境。出台《引进高层次人才暂行办法》，健全了人才培养、引进、使用机制。营造公平公正的法治环境。支持人大及其常委会依法履职，增强政协参政议政能力，支持审判、检察机关以及人民团体依法独立开展工作。加强同各民主党派、无党派人士的团结合作。坚持党管武装原则，加强国防后备力量建设，推进军民深度融合。深入开展“七五”普法，引深法律“六进”活动，全市法治意识进一步增强。营造文明和谐的人文环境。加强对意识形态工作的领导，高度重视宣传思想工作，大力实施文化强市战略。深入推进文明创建活动，17个单位荣获省级精神文明创建先进称号。农村精神文明建设取得明显成效，在全省作了经验交流。挖掘提炼“潞城之魂”，“含山蕴水，尚德崇仁，商周古邑，潞府新城”宣传语深入人心。营造安全稳定的社会环境。认真落实总体安全观要求，深化重点领域打非治违和危化安全攻坚，全市工矿商贸企业安全生产无事故。出台《进一步加强社会治理工作的实施方案》，完善“三级平台、四级联动”社会服务管理体系，深入实施“六六创安”，大力推进平安潞城建设。

三是全面深化改革创新，激发发展内生动力。建立政府类投资项目资金保障制度，成立2个融资平台，积极开展“助保贷”业务，对融资担保公司增资扩股，支持企业上市融资，有效解决企业发展和项目建设融资难题。创新实施城乡建设用地增减挂钩、工矿废弃地复垦利用等土地保障机制，全年直报省国土厅批准519亩，解决19个项目用地。完成土地利用总体规划中期修改，为48个项目追加规划指标2258亩。加大闲置低效土地盘活力度，对3756亩集体建设用地通过“挂网招商”“复垦置换”等方式盘活利用。加快推进省级经济开发区申报，店上经济开发区规划通过省级评审。成立中关村天合科技成果转化促进中心潞城分中心，促进了科技与产业深度融合。农村土地确权试点工作基本完成，合同签订率达到95.1%。农村集体资产股份权能改革深入推进，第二批14个试点村完成改革任务。供销社土地托管服务试点工作进展顺利，全年托管土地2万亩，带动900余户农民增收致富。

四、统筹发展社会事业，着力增进民生福祉

坚持把更多公共资源投向民生领域，群众得到更多实惠，实现了改革发展成果共建共享。全力奋战脱贫攻坚。把脱贫攻坚作为“头等大事”和“第一民生工程”，建立了干部带头帮扶、机关单位包村帮扶、党员干部到户帮扶、工作队员驻村帮扶、“第一书记”任职帮扶“五帮联动”精准帮扶机制，实施了产业发展、培训就业、生态建设、教育卫生、环境改善、社会保障等10项扶贫行动，2866名贫困人口实现脱贫，超额完成年度脱贫任务。加快发展教育卫生事业。职业高中实训楼、3所农村幼儿园、2所乡镇中学操场、4所农村学校教师周转宿舍主体建成。公立医院改革纵深推进，基本公共卫生服务经费补助标准由每人40元提高到45元，公共卫生服务建档率达84%，卫生监督所疾控中心业务用房投入使用。繁荣发展文化事业。新建文化馆投入使用，被国家文化部评为国家二级馆，体育场塑胶跑道和中央足球场建成投用。文化惠民工程普惠群众，送戏下乡48个村240余场、送电影2824场、送图书10000册。潞城布艺录入省级非物质文化遗产名录。大力推进创业就业。开展职业技能培训5508人次，城镇新增就业2772人，创业带动就业562人，转移农村劳动力2237人，城镇登记失业率为1.47%，低于控制目标，就业压力趋缓，就业形势平稳。完善社会保障体系。社会福利服务中心老年公寓楼项目建设进展顺利，4所农村日间照料中心投入使用。城乡居民低保、五保标准按规定提高。城市保障性住房新开工543套，新建续建基本建成585套，完成采煤沉陷区治理搬迁145户，完成农村危房改造33户。

五、落实从严治党主体责任，党的建设不断加强

认真落实主体责任，把全面从严治党贯穿党的建设全过程，为经济社会发展提供了坚强的政治保证。

一是推进“两学一做”，突出思想建党。市委常委会以上率下，全市549个党组织、1.2万名党员积极跟进，“两学一做”学习教育取得阶段性成效。市委中心组立规范、作示范，坚持每周二、周四晚上集中学习。市委班子围绕“四讲四有”开展专题研讨7次，市级党员领导干部深入联系点讲党课60余次。举办“解放思想论坛”8期、基层党支部书记培训班2期、科级干部能力提升班3期。延伸开展“两学一做当表率、二次崛起争先锋”主题实践活动，建立了党员干部经常性教育长效机制。

二是建强基层组织，夯实基层基础。举办农村“领头雁”培训班3期，建立“第一书记”民情日记报送制度，加强“第一书记”日常管理；新建19个、改建5个村级组织活动场所，对全市农村现代远程教育平台站点进行光纤升级改造；提高农村“两委”主干工资待遇，从2017年1月起基本工资人均提高5000元。着力解决基层党建突出问题，新成立非公企业党组织12个。全面推进各领域基层党组织建设，基层党组织的战斗堡垒作用和党员的先锋模范作用得到充分发挥。

三是从严管理干部，加强队伍建设。风清气正完成市乡两级换届，新一届市乡两级领导班子政治素质、团结意识、工作能力进一步增强。出台了《科级领导班子和领导干部精准考核暂行办法》，精准评价干部实绩。建立健全了容错机制、问责机制、考评机制和激励机制，在全市形成了干事创业的浓厚氛围。

四是压实两个责任，强化执纪问责。出台《关于进一步推进落实党风廉洁建设“两个责任”工作方案》，建立了一级抓一级、层层抓落实的责任体系。开展落实“两个责任”约谈，共约谈各级党员干部1100余人，对13名“两个责任”落实不力的领导干部进行了责任追究。加大案件查处力度，保持惩治腐败高压态势，全年共处置反映问题线索352件，谈话函询140件，立案查处129件，给予党政纪处分125人，组织处理4人，移送司法机关6人。推动从严治党向基层延伸，对合室乡、扶贫中心等6个单位开展了首轮巡察。扎紧制度笼子，严肃党内政治生活，强化党内监督，做到了依规管党治党。

（秦李军）

附：一、中共潞城市委书记、副书记、常委名单

书　记：唐立浩（6月离职）　李文兵（7月任职）
副书记：陈轶群（7月离职）　秦苏良（8月任职）
　　　　张维斌　张　斌（7月离职）
常　委：王忠强（8月任职）　柴　哲（8月任职）
　　　　翟　勇（8月任职）　王　斌
　　　　牛红宇（8月任职）　赵增强（6月任职）
　　　　曹　枫（8月任职）　肖学斌（6月离职）
　　　　孙彩虹（8月离职）　元文波（8月离职）
　　　　王国勤（8月离职）　程　琦（8月离职）

二、乡镇（街道）党（工）委书记名单

潞华街道
书　记：桑爱斌（9月离职）　李健业（11月任职）
成家川街道
书　记：王双泰（11月离职）　张鹏斌（11月任职）
翟店镇
书　记：李　明（11月离职）　王振宁（11月任职）
店上镇
书　记：曹　枫（11月离职）　米一波（11月任职）
微子镇
书　记：韩旭军（11月离职）　尤勇刚（11月任职）
辛安泉镇
书　记：李健业（11月离职）　魏江波（11月任职）
合室乡
书　记：王振宁（11月离职）　薛满春（11月任职）
黄牛蹄乡
书　记：龙勇刚（11月离职）　许　巍（11月任职）
史回乡
书　记：米一波（11月离职）　秦　波（11月任职）

中共屯留县委工作概况

县委书记　马先明

中共屯留县委下辖基层党组织631个，其中党委25个，党总支19个，党支部587个。共有党员13307名。

2016年，中共屯留县委在长治市委的坚强领导下，认真学习贯彻党的十八大和十八届三中、四中、五中、六中全会精神，深入学习习近平总书记系列重要讲话精神，全面贯彻省委“一个指引、两手硬”重大思路和市委“两个目标”总体要求，坚持“四化推进”、突出“四个着力”，着力稳增长、抓转型、促改革、惠民生、保稳定、强党建，迈出了全面建成小康屯留的新步伐，实现了“十三五”良好开局。

一、认真学习贯彻习近平总书记系列重要讲话精神，确保理论清醒、政治坚定和行动自觉

2016年，县委班子始终坚持把学习习近平总书记系列重要讲话精神作为一项重大政治任务，并与学习中央和省市一系列重要会议精神结合起来，和“两学一做”学习教育结合起来，采取常委会专题学、县委中心组集中学、邀请专家辅导学等方式，深刻领会和把握习近平总书记提出的一系列治国理政的新思想、新论断、新要求，共组织中心组学习20次、学习研讨6次。通过学习，进一步加深了对中国特色社会主义道路、理论、制度和文化“四个自信”，加深了对全面从严治党 “两个责任”等重要论述的理解认识，进一步增强了政治意识、大局意识、核心意识和看齐意识，始终做到了在思想政治行动上与以习近平同志为核心的党中央保持高度一致，做到了在理论上清醒、政治上坚定、行动上自觉。

二、扎实开展“两学一做”学习教育，全面提升基层党建科学化水平

（一）抓学习提升干部素质能力。结合“两学一做”学习教育的深入开展，建立“五本两簿两卡”督学机制，采取集中研讨、走访送学、帮教补学等措施，实现了党员学习全覆盖。建立县委中心组“一周双学”制度，通过以上率下，深学细研，带动形成以学促思、以学促干的良好氛

围。出台县乡机关干部政策业务学习制度，坚持一周一学、一月一讲、一季一考，邀请中央党校、北京大学、清华大学和省市党史、金融、教育、统计、农业、互联网+、企业营销方面的专家20余人，举办高端讲座20余次，培训2000余人次。举办乡镇干部能力提升轮训班、中青年干部调训班、农村“领头雁”培训班、农村骨干队伍普训班等40余期，培训5000余人次。

（二）抓活动严肃党内政治生活。以领导干部立标杆、机关党员树形象、农村党员办实事为主题，在全县开展了“用党章擦亮党员身份、用行动树立先锋形象”实践活动，共为群众、企业办实事300余个。严格落实党员组织关系排查、党员党费收缴工作专项检查、党代表和党员违法违纪情况排查等重点工作任务，475名党员按标准补交党费50.02万元，5名“失联”党员被除名，合并撤销党支部21个，处理处置违纪违法党员193名。

（三）抓整顿建强基层党组织。采取领导包乡、单位联村、干部包村、第一书记驻村“四位一体”的办法，整顿软弱涣散村党组织26个，其中调整党支部书记10名，下派第一书记4名，解决班子不团结、家族势力干扰村务等突出问题56件，解决群众吃水、通路、危房改造等实事80余件。康庄园区常金村在市委、市纪委高度重视下，通过选配班子、村容村貌整治、依法清理违法占地、发展壮大集体经济，实现了由乱到治。上村镇西泼村、西流寨开发区河长头村等村经过整顿，面貌焕然一新。

（四）抓保障推动村集体“破零”。采取政策推动、项目带动、园区拉动、盘活资产资源“三动一盘活”措施，全县113个无集体收入村有61个村实现了集体收入零突破，最多的达到10万元，最少的也达到2万元。其余52个村已与三禾村镇银行签订了光伏发电协议并安装了10千瓦至20千瓦的光伏设备，2017年春并网发电后，每村可增加集体收入2 至3万元。

三、落实省市重大部署要求，推动经济社会平稳健康发展

（一）稳增长，着力推动经济平稳运行。面对经济下行压力，县委把上项目、创环境、强园区、增税收作为主攻方向，2016年全县共上马投资500万元以上的项目45个，总投资216.14亿元，其中续建项目25个，新建项目20个，完成投资57亿元，年底已有11个建成。太重榆液、北大附属长治实验学校、宏发木业“菩菲”国际整屋定制等一批项目加快建设。组织百名干部深入50个企业开展帮办理手续、帮解决难题、帮创优环境、帮落实政策、帮提升管理，包指标增长、包税收完成、包环保达标、包安全生产、包企业稳定“五帮五包”活动，共为企业解决问题118个。着力推进康庄园区建设，园区发展总体规划已由山西省规划院编制完成，园区集中供热工程已于11月中旬投入运行。开展重点企业纳税评估专项行动、园区企业土地使用税征缴专项整治、土地出让金收缴专项工作，促进了财政增收。2016 年全县地方财政收入完成6.47亿元，同比增长5.47%。

（二）惠民生，不断增强群众获得感。坚持民生优先理念，着力解决民生欠账，不断增进民生福祉。把脱贫攻坚作为第一民生，推出了光伏扶贫、产业扶持、低保提档、教育资助、医保提标、社会捐助脱贫举措，县级财力投入800余万元，社会各界捐款40余万元、捐物3000余件，对扶贫对象中1067户低保户的保障标准由四档、五档全部提高到三档，对贫困户慢性病的用药报销比例由70%提高到100%，集中开展了贫困户户容户貌整治，县三禾村镇银行扶持440户贫困户安装了光伏发电设备。把解决群众“出行难”作为民生重点，经多方协调、积极争取，2016年9月开通了县城公交，结束了县城没有公交车历史，春节前将开通长治到屯留的城际公交；开工建设投资3.9亿元长48.58公里的农村旅游公路，西部山区群众出行难的问题将得到缓解。把办好民生实事列入重要工作日程，从解决群众最关心、反映最强烈的入学就医、供暖供水等问题入手，积极谋划实施公共服务、基础设施和棚户区改造项目22个。把落实惠民政策作为提升民生保障水平的重要内容，优化财政支出结构，加大对“三农”工作、教育文化、医疗卫生、社会保障和就业、保障性住房等方面的投入力度，特别是在财政困难情况下，发放了乡镇工作补贴、公车补助、警衔工资，为机关事业单位在职和离退休人员普调了工资，进一步增加了干部职工的工资收入。把环境保护作为重要民生工程抓实抓好，认真完成省委省政府环境保护督察提出的4项约束性指标、3项重点工作任务、9项反馈整改意见，全面启动铁腕治污行动，加大采煤塌陷区环境治理，努力营造让群众满意的生态环境，2016年全年二级以上质量天数达到283天。

（三）促改革，着力破解发展瓶颈制约。以综改试验区改革为引领，在多规合一、融资平台、项目包装、城乡环卫等领域加大改革创新力度。突出规划引领，聘请浙江杭州设计院、山西省规划设计院、大连设计院进行多规合一、城市设计、项目规划设计10多个。积极搭建融资平台，成立1 个国有资产担保公司和4个承贷公司，整合林、水、房等国有资产，建立起20亿的融资担保平台。加快项目包装，对医院、学校、道路改造等一批关系民生的项目完成了前期包装，积极与北京首创、平安国际、省安投公司、市农发行、长治银行进行对接，为2017年城市建设奠定了基础。改革环卫体制，整合住建局城乡卫生管理监督站和县爱卫办职能，组建全县城乡环境卫生管理中心，完善了县乡村三级管理网络，在全县175个村推行垃圾不落地管理。

（四）重治理，着力保持社会和谐稳定。在信访治理上，进一步强化了信访联席会议牵头抓总责任、县级领导信访工作“四包”责任、乡镇部门信访工作主体责任、县公安和信访部门治理信访秩序责任、领导约访接访下访责任和信访责任追究“六个责任”，集中精力化解信访积案。8月份以来，126件重点信访案件化解90件，信访流量明显下降，信访秩序持续好转，实现了重要时间节点赴京“零

非访”。在安全生产上，坚决贯彻落实“党政同责、一岗双责、齐抓共管”要求，建立健全夜查突查、安全生产例会、专家巡检会诊等制度，开展了安全生产隐患大排查、护林防火巡查等工作，推动安全生产形势持续稳定。在平安建设上，健全完善县乡村三级服务管理平台，提倡乡镇机关干部、村干部主动进行尿检，组织开展禁毒大会战、“打黑除恶”等一系列专项行动，社会治安形势进一步好转。

四、全面落实党风廉洁建设，加强领导班子和干部队伍建设

（一）切实履行“两个责任”。坚持把党风廉洁建设与经济建设同研究、同部署、同推进。县委召开12次会议对党风廉洁建设工作进行认真研究和部署。县委书记认真履行第一责任人职责，班子成员认真落实“一岗双责”，定期听取分管部门专题汇报。纪委监察机关加快“三转”步伐，全面清理纪委牵头或参与议事协调机构，积极推进监察体制改革，全面启动第二轮常规巡查。综合运用“四种形态”，抓早抓小，挺纪在前，保持了正风反腐的高压态势。2016年全年查处违反中央八项规定精神案件30起，处理38人；共立案查处党员干部违纪问题136件，处分169人。

（二）抓好班子带好队伍。坚持把县乡换届工作作为重大政治任务，准确理解把握中央和省委、市委关于换届工作的政策要求和工作部署，严肃换届纪律，严格换届程序，确保了换届工作风清气正。在乡镇换届中，严把思想认识、组织领导、宣传发动、人选标准、换届程序和监督“六关”，使一批政治强、作风正、善治理、敢担当的优秀干部走上领导岗位。乡镇班子中配备了大学生村官、优秀农村党支部书记、乡镇事业编制人员“三类人员”17名，进一步优化了乡镇干部结构。在县级换届中，县委积极向市委推荐优秀干部，有11名干部被提拔或重用到处级重要领导岗位，其中从科级干部中新提任副处级干部5名。县党代会和县“两会”四套班子及其它提名人选均全票或高票当选。换届之后，根据市委加强领导班子建设的要求，加大干部交流轮岗和超职数干部消化工作，调整补充政府组成部门主要负责人12名，轮岗交流面达到52%。采取改任非领导职务、实行职级并行、保留待遇、免去现职等措施，对2014年9月以前超职数配备的128名干部消化完成。

（三）转变作风强化担当。一方面专项整治督作风。紧盯干部庸懒散的突出问题，开展了不思学习、不守规矩、不知情况、不负责任、不想担当、不讲效率、不重标准等“七不”作风专项整治，进行明查暗访30次，编写督查简报12期，发现的60个问题已列出清单限期改正。另一方面建章立制促作风。出台了重点任务清单制、问题限时解决制、重点工作排队通报制、干部失职问责制、干部召退回制、窗口单位民意测评制等六项新机制，进一步明确和重申了机关工作纪律十项规定，对6名乡镇党政领导进行了通报问责。

五、坚持规范权力运行，加快推进法治屯留建设

一是着力推进权力规范运行。深化完善权力清单制度，加快“简放优”，推进权力下放和职能转变。加强县政务服务大厅和乡镇便民服务中心建设，推动管理和服务创新。以落实“四议两公开”工作法和村务监督委员会制度为重点，进一步完善乡村自治机制，推动村级民主决策、民主管理、民主监督制度化。

二是扎实推进“法治屯留”建设。制定完善了《县委常委会工作规则》《县委书记专题会议规则》等规章制度，确保县委依法科学民主决策。按照建设法治政府的要求，推进政府职能转变，制定完善了权力清单、责任清单。组织开展法治宣传教育“六进”活动，广大党员干部的法治观念和法律素养得到提升。

三是扎实推进民主政治建设。充分发挥县委核心领导作用，支持人大、政府、政协各司其职、按章履职。全面推进审判、检务、警务公开，确保依法独立公正行使司法权力。认真落实党管武装工作，全力做好统战、宗教、对台和反邪教等工作，积极支持工会、共青团、妇联等人民团体按照各自章程开展工作。

（韩长江　张海军）

附：一、中共屯留县委书记、副书记、常委名单

书　记：郭泽兵（7月离职）　马先明（7月任职）
副书记：段树新（8月离职）　李晓峰（8月离职）
　　　　仇志勇（5月离职，挂职）
　　　　翟卫华（女，8月任职）　杨志飞（8月任职）
常　委：秦建宇（7月离职）　冯贵兴（8月离职）
　　　　王忠强（8月离职）　王彦慧（6月离职）
　　　　焦彦平　李文平（8月任职）
　　　　逯　江（8月任职）　段联刚（8月任职）
　　　　原书玲（8月任职）　柳建勋（6月任职）
　　　　李书红（8月任职）

二、乡镇（开发区、园区）党（工）委书记名单

麟绛镇
书　记：李书红
渔泽镇
书　记：郭迎红
上村镇
书　记：李　飞
路村乡
书　记：张红斌
李高乡
书　记：高志刚
余吾镇
书　记：杨　斌

吾元镇

书 记：西立功

丰宜镇

书 记：刘彦丽

西贾乡

书 记：连晓燕（女）

河神庙乡

书 记：倪 敏

张店镇

书 记：郭乐慧

康庄工业园区

书 记：崔 青

上莲开发区

书 记：赵丽君

西流寨开发区

书 记：程 予

中共长子县委工作概况

县委书记 王 震

长子位于山西省东南部，因尧王大儿子丹朱受封于此而得名。全县共辖7镇5乡2个管理中心，399个行政村，总人口37万，国土面积1029平方公里。全县共有基层党组织736个，党员16719名（其中，农村党员11621名，机关党员3775名，两新组织党员404名，国有企业党员787名，社区等其他党员192名）；是尧王故里、精卫之乡、西燕国都、千年古县；是全国文明县城、国家卫生县城、国家园林县城。

2016年，长子县委着眼“十三五”经济社会发展，确立了“坚持六化引领，推进六大发展，加快建设共享、生态、平安、人文、宜居新长子”发展思路，在这一思路引领下，全县上下众志成城，克难奋进，圆满完成了年初经济工作会议确定的各项目标任务，取得了“十三五”开局之年“五个长子”建设的丰硕成果。

一是经济运行取得新突破。面对经济持续下行的压力，全县上下积极应对，主动作为，主要指标逆势上扬，大幅增长，势头强劲。其中，城镇居民人均可支配收入达到26193元，增长7.5%，位列全市第一；农村居民人均可支配收入达到12574元，增长6.9%。代表县域综合实力的地区生产总值、固定资产投资、地方财政收入，分别完成111.9亿元、143.2亿元和9.03亿元，增长6.2%、16.5%和17%，增幅均位列全市第二；工业增加值完成65.7亿元，增长4.2%，位列全市第三。2016年，在全市各县区经济发展综合排名中，长子县位列第一，县域发展跻身全市前列。

二是城乡建设呈现新跨越。坚持规划、征收、融资、建设、管理“五位一体”统筹推进，城市建设步入快车道。规划方面，聘请中规院、中建院等20多家国内一流设计单位，编制完成城乡建设、产业发展、土地利用等“多规合一”，控制性详规，13个城市建设专项规划，以及“一区五馆”等10多个节点城市设计方案。确立了主体功能区，划定了生态红线、土地红线、城市边界红线，引领城乡建设走上了科学发展之路。2016年，长子县被确定为全市唯一的“山西省‘多规合一’试点县”。征收方面，四个月完成房屋征迁2600多户60多万平方米，为推进县城改造奠定了坚实基础。融资方面，通过整合资源、搭建平台、拓宽渠道、深度包装、精准对接，采用政策性融资、债券转换等方式，融回资金25亿元。建设方面，全年总投资23亿多元，铺开城建重点项目15个，其中，全省首条县级6.1公里地下综合管廊全面完工；丹朱大街道路改造建成试通车，慈林大街、市民广场改造、环会堂道路及周边环境整治等一批城建工程即将竣工；全省最大的还迁小区北大街还迁小区、南大街还迁小区相继开工；集中供热、供水、供气等扩能改造进度加快，新建、改建换热站7座，新敷设各类管网50多公里，新增供气用户8000余户。管理方面，积极探索交警、交通、住建等相关部门综合执法；深入开展三轮车非法营运、城市违章建筑整治；在重大公共服务项目中，逐步引入市场化运营模式，城乡管理水平进一步提升。2016年5月，全市城市工作现场推进会在长子县召开，市委席小军书记对长子县城市建设给予高度评价，相继吸引40多个县市区来长子县参观考察。

三是转型发展迈出新步伐。农业三大基地方面，全年投入4000多万元，完成连翘种植10.6万亩，新发展优质蔬菜1.4万亩，新增畜禽饲养量700万只（头）。工业五大集群方面，全年煤炭开采量1980万吨；总投资超百亿元的赵庄、高河两大电厂进展顺利；煤层气管理逐步规范，采气量突破2亿立方米；中国风电、江苏远景一期15万千瓦风电项目取得核准，二期10万千瓦即将核准；康宝新产品研发、潞酒厂迁建、浩润脱水蔬菜等一批健康业态发展壮大。服务业三大增长极方面，能交投、新易达、轩阳三大物流园实现从单一发送向精准配送、从传统物流向电商物流的跨越。全县以煤为基、多元支撑的产业体系逐渐成型。

四是民生事业彰显新成效。举全县之力加快脱贫攻坚，全年4529人稳定脱贫。坚持教育优先，完成县一中和实验中学优化整合；容纳720名幼儿的县直示范幼儿园招生开学；8轨制的东方红小学迁建项目进展顺利，6轨制的县直新小学主体四层封顶；新二中的选址、规划设计、融资等前期工作全面完成，即将开工。积极支持医疗卫生事业，县医院住院综合楼投入使用，新门诊楼和地下停车场开工建设。统筹改善农村基础设施条件，158公里县乡道路修复改造全面完成，实现全覆盖；深入实施城乡环境综合整治，持续开展“五道五治”专项行动，“拆、整、建、管”取得阶段性成效，走在全市前列。

五是社会治理开创新局面。认真落实省委“三个坚决防止”，牢固树立安全发展理念，深入开展安全隐患排查整治，狠抓各行业安全监管，安全生产形势持续好转。高度重视群众工作和社会治理，不断完善信访工作“五包”责任制（县委常委包乡镇、副县长包分管领域、专项治理小组包专项问题、包项目领导包项目信访问题、四套班子领导包重点案件），全年共化解疑难信访案件97起，赴京访同比下降64%，赴省、赴市访分别下降83%、54%，信访存量大幅减少，增量有效遏制。强化标准化社区建设，加大投入，改善设施，完善功能，提升水平，充分发挥了社区在社会治理中的基础性作用。深入推进社会治安专项整治，严厉打击黄赌毒、盗抢骗等各类违法犯罪活动，特别是从严从快打击吸毒、贩毒行为，社会风气不断净化，人民群众安全感大幅提升。

六是党的建设得到新加强。坚持把思想建党放在首要位置，深入开展“两学一做”学习教育，广大党员干部思想觉悟、政治定力明显增强。全面推行“定查评”工作法，全年确定的3466项任务完成3298项，完成率95%，较好发挥了基层党组织的引领作用。着力端正选人用人导向，一大批优秀干部脱颖而出，履新岗位，实绩突出，赢得了社会好评和群众公认。持续开展“第一书记”驻村帮建，40个软弱涣散党组织晋位升级；狠抓村级组织活动场所建设，全年投资700多万元，新建、改扩建村级组织活动场所36个；持续提高“两委”主干报酬待遇，2016年人均达到2.4万元。严格落实“两个责任”，积极开展首轮3个乡镇6个单位的巡察工作，有力推动全面从严治党向基层延伸。

七是生态文明建设取得新进展。加强生态建设，实施荒山造林、生态治理、补贴造林、干果富民、路网提档、城乡增绿六大工程，完成造林6.96万亩；将连翘产业与荒山绿化相结合，完成栽植10.6万亩；通道绿化增色提档25.3公里；创建生态乡镇1个，建设美丽乡村4个。狠抓节能减排，启动城东污水处理厂建设，华晟荣煤矿、反坡煤矿、福源淀粉公司建成污水处理厂，中水回用率达70%以上，促进出境断面水质进一步改善。拆除燃煤土小锅炉2100台，淘汰黄标车老旧车935辆，降低污染物排放。2016年，PM2.5浓度同比下降9.5%，县城空气质量二级以上天数287天。强力推进“五道五治”，拆除违章建筑663处，清理路面、边坡、沿线、林带垃圾51165吨，清理城乡“四堆”8186堆，拆除残垣断壁550处，城乡面貌焕然一新。

（王钟鸣）

附：一、中共长子县委书记、副书记、常委名单

书　记：王　震

副书记：马先明（7月离职）　赵永进（8月任职）
丁向东（女，7月离职）
王旭琴（女，8月任职）

常　委：花俊富（8月离职）　崔万英（8月离职）
尚志安（7月离职）　牛恩毅（8月离职）
杨　隽（8月离职）　郭志新（8月离职）
王成枝（8月离职）　高玉飞（8月离职）
元文波（8月任职）　王育红（8月任职）
李卫东（8月任职）　吴　斌（8月任职）
闫小龙　王　斌（8月任职）
王志宏（8月任职）

二、乡镇（林区、景区）党委书记名单

丹朱镇

常　委：王志宏（11月离职）　王慧刚（11月任职）

慈林镇

常　委：王慧刚（11月离职）　常　凯（11月任职）

大堡头镇

常　委：申丽光（11月离职）　师向东（11月任职）

石哲镇

常　委：张宇峰（11月离职）　郜卫华（11月任职）

色头镇

常　委：暴巍弘（11月离职）　陈纪红（11月任职）

鲍店镇

常　委：王　敏（11月离职）　吴树彬（11月任职）

南漳镇

常　委：李　帅（11月离职）　高振文（11月任职）

宋村乡

常　委：申宛成（11月离职）　王建军（11月任职）

岚水乡

常　委：秦红霞（11月离职）　王　敏（11月任职）

碾张乡

常　委：张建刚（11月离职）　李素芳（11月任职）

常张乡

常　委：张　明（11月离职）　师　宏（11月任职）

南陈乡

常　委：张　明（11月离职）　郭永东（11月任职）

王峪林区

常　委：师　宏（11月离职）　王　宏（11月任职）

横水景区

常　委：王建军（11月离职）　李　松（11月任职）

中共壶关县委工作概况

县委书记 李全心

2016年，壶关县委坚持以习近平总书记系列重要讲话精神和治国理政新理念新思想新战略为指引，深入贯彻落实党的十八大和十八届三中、四中、五中、六中全会精神，紧紧围绕省委“一个指引、两手硬”和市委“两个目标”重大思路和要求，真抓实干，攻坚克难，各项工作取得新进展新成效，圆满完成“十三五”开局之年各项预期目标。

一是脱贫攻坚首战首胜。坚持以脱贫攻坚统揽经济社会发展全局，认真落实“六个精准”“五个一批”要求，因地制宜打好脱贫攻坚“组合拳”，87个村，14964名建档立卡贫困群众如期脱贫。产业扶贫取得明显成效，初步形成了光伏发电、旱地西红柿、食用菌、蔬菜大棚、中药材、花卉等九大特色产业。创新“分阶段验收、分阶段拨付”资金管理使用办法，如期完成919户2550人易地搬迁任务。统筹推进生态扶贫，组建贫困人口为主体的扶贫造林专业合作社24个，1325名有劳动能力的贫困人口担任了生态护林员。健康扶贫力度加大，教育惠民政策实现全覆盖，帮助3500多名贫困群众实现就业。出台“孝亲敬老”“创业就业”两项特惠奖补政策，实行低保线和脱贫线“两线合一”，实现了政策兜底、应保尽保。整合涉农资金，清零结余资金，实现扶贫资金投入总量和增幅“双增长”，全年共投入各类扶贫资金1.6亿余元，首批脱贫村产业扶持资金、基础建设资金等达到30至50万元。积极开展资产收益扶贫试点工作，100个贫困村通过产业扶持资金、“一户一项”资金入股合作、定期分红等方式，实现了资源变资产、资金变股金、农民变股东。大力开展“三容三貌”整治，贫困村的路、水、电、住房、卫生室、文化室等基础设施进一步完善，生产生活条件明显改善。省、市督查组和省第三方评估组对壶关县的脱贫攻坚工作给予充分肯定和高度评价。

二是产业转型稳步推进。主要经济指标如期完成，地区生产总值、固定资产投资、社会消费品零售总额、农村居民人均可支配收入四项指标增速全市排位第3。“双百”工程顺利推进，中钢特材、晋通磁材、邦仕得制药、潞安光伏发电等一批产业转型项目取得重大进展。特色农业规模扩张，旱地西红柿、蔬菜大棚、食用菌、中药材、花卉等特色产业成为农民增收主要渠道，“壶关旱地西红柿”荣获国家地理标志证明商标。招商引资成效明显，积极参加首届“民企入晋”大会和第二届“长治制造展销推介周”活动，举办了长治商业总会项目对接签约活动，党政主要领导亲自带队，赴北京、江苏、浙江、上海等地招商引资，洽谈项目，分别与中钢集团、中节能集团、张家港众智纺织公司成功签约，全年共签约项目15个，签约金额106.48亿元。

三是峡谷旅游持续升温。太行山大峡谷八泉峡景区震撼人心、叫响全国，太行欢乐谷、常平风情小镇一期工程主体完工，旅游专线铁路前期准备工作基本完成，国家5A级景区创建接受国家评估验收。全年实现营业收入9200万元，旅游社会总收入37.62亿元，连续四年实现两位数增长。

四是深化改革取得突破。供给侧结构性改革稳步推进，圆满完成年度改革任务。行政审批制度改革、商事制度改革深入推进，建立了项目联审联批平台，开展了“干部入企服务”活动，发展环境进一步优化。金融创新取得突破，主动与国开行、农发行进行对接，组建4个融资平台，融资规模达10多亿元。晋融村镇银行筹建工作基本完成，壶化集团主板上市进入IPO（首次公开发行新股）预披露阶段，成才教育集团新三板上市工作取得实质性进展。

五是城乡建设日新月异。加强县城规划建设管理，县城控制性详细规划基本编制完成，总投资14.6亿元的旧城拆迁改造、保障房建设、道路照明节能改造、东山旅游园、西山文化园等十大城建项目进展顺利，县城交通秩序、经营秩序整治成效明显，顺利通过“全国文明县城”“国家卫生县城”复审验收。重点镇和“美丽乡村”建设取得新成效，树掌镇入选山西省第五批历史文化名镇，百尺镇西岭底村、树掌镇神北村、店上镇瓜掌村3个村被住建部命名为第四批“传统古村落”。农村公路窄路基路面改造、县乡公路改造、农村公路完善提质等工程全面完工，大峡谷35千伏变电站增容工程全面完成，城乡基础设施进一步改善。扎实开展“五道五治”行动，实行五级道路“道长”负责制，拆违工作取得阶段性成效，累计拆除违章建筑200余处、2万余平方米。

六是民生福祉持续增加。民生投入力度加大，年初确定的“十件惠民实事”全部兑现，人民群众幸福感和满意度不断提升。社会事业全面进步，薄弱校改造、教师周转房、乡村幼儿园等一批教育项目建成投用，改善了办学条件，提高了教育质量，高考二本B类以上达线人数418人，顺利通过国家义务教育发展基本均衡县验收；县中医院医技楼主体、9个乡镇卫生院和200所农村卫生室改扩建工程顺利完工，农村60周岁以上老年人免费健康体检、6岁以下儿童免费健康管理、农村妇女免费宫颈癌筛查等项目全面实施，医疗保障水平进一步提高。城乡医疗保险并轨工作顺利完成，社会保障体系不断完善，就业渠道有效拓宽。文体馆免费对外开放，数字影城投入使用，新编的壶关秧歌《踹墙》获“长治好人颂”首届戏曲大赛优秀奖，进一步丰富了群众精神文化生活。持续推进造林绿化，扎实开展治气、治水、治土行动，大力实施“铁腕治污”，生态环境日益改善，县城空气质量优良天数达到300天以上，连续三年荣登“中国深呼吸小城百佳榜”。

七是社会大局和谐稳定。安全生产责任制全面落实，安全生产隐患排查整治常态化，全年没有发生重大安全生产事故。“平安壶关”建设深入推进，社会治安网格化管理机制不断完善，打击毒品犯罪、“两抢一盗”保持高压态势，社会大局和谐稳定。信访秩序明显好转，总量稳中有降，实现了重要活动重要节点赴省进京零上访。

八是民主政治深入推进。切实加强和改善党的领导，充分发挥县委总揽全局、协调各方的领导核心作用，人大依法履职、政府依法行政、政协民主监督的积极性进一步增强，统一战线更加巩固。司法体制改革顺利推进，“六五”普法任务圆满完成，依法治县步伐进一步加快。意识形态工作不断加强，精神文明创建活动深入开展，社会主义核心价值观深入人心，申飞飞、赵月芳式的“壶关好人”不断涌现。

九是政治生态不断优化。扎实开展“两学一做”学习教育，建立县委中心组“一周双学”制度，扎实开展“四讲四有”专题研讨，牢固树立“四个意识”特别是核心意识、看齐意识，各级领导班子政治素质和工作作风进一步加强。县乡换届圆满完成，成功召开县第十二次党代会和人代会、政协会，一大批敢担当敢创新敢作为的优秀干部走上了领导岗位。基层党建全面加强，整顿软弱涣散党组织37个，新建改建村级组织活动场所40个，培训乡村干部4000余人次，村均公用经费达到8万元，农村“两委”主干工资超过农民人均收入两倍以上，涌现出程玉珍等一批优秀支部书记，基层党组织的战斗堡垒作用和党员干部的先锋模范作用得到进一步发挥。全面落实“两个责任”，大力推进监察体制改革，持之以恒落实中央八项规定精神，强化扶贫领域监督执纪问责，积极运用“四种形态”遏增量、减存量，保持了正风反腐高压态势。积极开展县委巡察工作，首轮巡察3个乡镇6个涉农部门，发现的问题线索已全部整改落实，第二轮巡察已经启动。

十是整体工作创先争优。全年共荣获国家级荣誉12个、省级荣誉13个、市级荣誉76个，其中，被国家旅游局确定为国家全域旅游创建示范县，被省委、省政府表彰为全省县域经济先进县，被省政府表彰为全省城乡爱国卫生清洁运动综合考核先进县，被省综治委评为省级平安县，被省信访联席会议表彰为全省G20峰会期间信访维稳工作先进县，年度目标责任考核综合排名全市第五、良好等次第一，壶关的知名度和影响力进一步提高。

（王林茂）

附：一、中共壶关县委书记、副书记、常委名单

书　记：李全心

副书记：崔江华　张宏伟（8月离职）
孙　伟（8月任职）

常　委：段尧刚（8月离职）　张月飞
秦元忠（8月任职）　郭太国（8月任职）
毛晨霞（女）　郭　伟　郭亚哲
张　文（8月任职）

二、乡镇（街道、管理区）党委（总支）名单

龙泉镇

书　记：张　文（8月离职）　雷学波（9月任职）

百尺镇

书　记：张君平（4月离职）
苏建红（4月任职，9月离职）
马江涛（9月任职）

店上镇

书　记：闫志斌（9月离职）　秦志岩（9月任职）

晋庄镇

书　记：秦志岩（9月离职）　张庆利（9月任职）

树掌镇

书　记：张红伟（4月离职）　张世兵（4月任职）

集店乡

书　记：李立堂（9月离职）　牛加强（9月任职）

东井岭乡

书　记：闫晓陵（4月离职）　王　昉（女，4月任职）

黄山乡

书　记：李建宏（4月离职）　赵申刚（4月任职）

五龙山乡

书　记：徐云开（9月离职）　李志强（9月任职）

石坡乡

书　记：雷学波（9月离职）　张斌军（9月任职）

桥上乡

书　记：苏建红（4月离职）　冯小红（4月任职）

鹅屋乡

书　记：张海江

常平街道

书　记：陈忠孝

太行山大峡谷旅游开发管理区

书　记：靳海棠

中共平顺县委工作概况

县委书记　吴小华

中共平顺县委设13个基层党委，29个党组，18个党总支，534个党支部，共有10662名党员。

2016年，县委常委会在省市委的坚强领导下，坚持以习近平总书记系列重要讲话精神为指引，深入学习党的十八大、十八届三中、四中、五中、六中全会精神，按照省委“一个指引、两手硬”重大思路和要求、市委“两个目标”总体部署，紧紧依靠全委会的同志，充分发挥集体的智慧和力量，团结带领全县干部群众，以脱贫攻坚统领经济社会发展全局，深入推进“一地两区”“三宜”美丽平顺建设，全县党的建设和党领导的各项事业迈出新步伐，实现了“十三五”良好开局。

一、突出思想引领，坚持用习近平总书记系列重要讲话精神武装头脑、指导工作

始终把学习贯彻习近平总书记系列重要讲话精神作为政治责任和精神追求，多层次开展十八届六中全会宣讲和系列讲话教育培训，将学习贯彻系列讲话精神不断引向深入。坚持在学中干、干中学，将习近平总书记脱贫攻坚战略思想和省市决策部署与平顺实际相结合，努力把学习成效转化为实践成效，走出了“精神推动、机制创新、产业支撑、短板补齐、兜底保障”的脱贫攻坚“平顺路径”，交出了“效果真实、数据准确、上级认可、群众满意”的脱贫攻坚“平顺答卷”。

二、咬定脱贫目标，顺利实现脱贫攻坚首战首胜

始终把脱贫攻坚作为头等大事，层层落实攻坚责任，不断创新体制机制，精准发力项目建设，县乡村三级干部舍小家为大家，风雨兼程、夙夜在公，勠力同心、披荆斩棘，涌现出的一个个典型事迹让人感动，有扎根基层一心为民的省林业厅驻村工作队、省文物局驻村工作队、省老干局驻村工作队、长治医学院驻村工作队等一大批先进帮扶队伍，有一心扑在扶贫事业上的驻村工作队队长索文斌、第一书记崔红，有牺牲在脱贫第一线的崔家庄村支部书记崔书忠，有自强自立脱贫致富的吴猛、张买风等一大批模范人物，使“平顺精神”放射出了新的时代光芒。2016年，统筹整合使用涉农资金6789万元，协调金融贷款8109万元，补齐了49个整村脱贫村的基础设施和公共服务短板；深入开展教育、健康、兜底、易地搬迁等脱贫工程，1.5万多贫困群众享受到国家普惠政策。全县实际退出49个贫困村，脱贫2597户、7562人，超预定目标982人，脱贫村基本公共服务领域主要指标全面达标，脱贫人口全部实现“两不愁、三保障”，顺利通过国务院督查巡查组、省际交叉考核组、省第三方评估组和省市委督查组的考核，得到了中央和省市领导的充分肯定。申纪兰同志荣获全国脱贫攻坚奋进奖。

三、从严管党治党，强化脱贫攻坚政治保证

扎实开展“两学一做”学习教育。以“四讲四有”专题研讨为切入点，以“三会一课”为载体，以“投身脱贫攻坚、争做纪兰式合格党员”为主题，把贫困村优秀党支部书记和第一书记等脱贫攻坚先进典型作为学习内容，依托平顺党建网、微信工作群等信息化平台，持续加强党员“五育”教育，用身边典型教育身边人，得到省委书记骆惠宁同志的充分肯定。圆满完成县乡集中换届。严格规范、风清气正完成了县、乡领导班子集中换届，选举产生了新一届县四套班子、县纪委班子和乡镇党政班子，一大批优秀干部走上领导岗位，在脱贫攻坚一线锻炼干部、识别干部、使用干部的用人导向进一步确立，省市县委的人事安排意图圆满实现。全面加强基层组织建设。深入实施“一带三创”工程，全县242个非公经济组织和39个新社会组织全部实现党的组织和工作全覆盖。创新实施“三带九联”工作法，“村村联建”促脱贫模式被《经济日报（内参）》刊登，并被国务院扶贫办确定为全国100个扶贫典型案例之一。严格落实“两个责任”。把落实主体责任摆在突出位置，认真执行“三谈两述”制度，约谈乡镇党委书记、纪委书记51人次，廉政谈话80人次，谈话函询156件次。大力支持纪委履行监督责任，全年共立案100件，结案100件，处理干部115人。聚焦扶贫领域正风反腐，全年共查处扶贫领域违纪案件12起，处分党员26人。监察体制改革有序推进，巡察工作扎实开展、成效明显。

四、牢抓第一要务，夯实脱贫攻坚经济基础

综合实力不断提升。2016年，常委会坚持把项目建设作为推动转型升级、实现经济稳步向好的关键举措，以严谨的态度选项目，以务实的精神抓项目，全县实施的39个重点工程项目全部开工，完成投资16.96亿元，其中23个项目完工，完工率达到58.98%。在项目建设的强力带动下，全县地区生产总值完成21.1亿元，同比增长5%；规模以上工业增加值完成6.91亿元，同比增长2.63%；固定资产投资完成41.24亿元，同比增长12.7%；社会消费品零售总额完成8.7亿元，同比增长7.7%；地方财政收入完成9418万元，超额完成市定任务；城镇常住居民人均可支配收入达到

20675元，同比增长6%；农村常住居民人均可支配收入达到5494元，同比增长8.7%，主要经济指标圆满完成市定任务。

全域旅游格局初具。围绕全域旅游建设标准，整合县域资源，狠抓基础设施建设，大力实施“旅游+”行动计划，全域化景区、全方位服务、全行业融合、全社会参与的全域旅游建设起步稳健、态势良好。坚持做强山水游、做精生态游、做美乡村游，通天峡、神龙湾等重点景区品质逐步提升，以岳家寨、王家庄等为代表的乡村旅游方兴未艾，80个村被列为全国乡村旅游扶贫重点村，点面结合的发展格局初步形成。积极构建旅游发展与群众增收的利益连接机制，带动发展农家旅社287家，新建农副土特产品加工和旅游纪念品开发企业12家，开发产品90余种，越来越多的群众干上“旅游活”，吃上“旅游饭”。2016年，全县共接待游客271.4万人次，同比增长18%；旅游综合收入达到19.61亿元，同比增长17%。其中，乡村旅游接待游客136.7万人次，同比增长12%；综合收入达到7.92亿元，同比增长13%，带动5700多名贫困群众年均增收1.3万元。平顺县被评为全国十佳生态休闲旅游城市。

新能源产业蓬勃发展。坚持把培育壮大新能源产业作为优化产业结构、实现强县富民的主抓手，采取户用屋顶光伏系统、村级扶贫电站、集中式扶贫电站和企业带动四种模式，全方位发展新能源产业。2016年，共建成83套户用屋顶光伏系统和13个村级电站，帮助427户贫困户年均增收3000余元；漳泽电力龙溪镇30MW光伏发电项目并网发电，带动144名贫困人口增加劳务收入5000余元；大唐集团、广东明阳等企业投资的新能源项目进展顺利。

中药材产业促民增收。依托振东集团等龙头企业，大力推进中药材产业全链条发展，中药材产业对群众增收的带动力进一步增强。“一县一业”中药材基地、中药材产业崛起工程等项目全面完成，全县中药材种植面积达到50.339万亩，辐射带动1.2万多贫困群众年均增收1500多元。大力推广“公司+农户+合作社+基地”模式，出台《支持贫困户产业发展奖补办法（试行）》，推动特色优势农业快速发展。成功举办全省特色农业产业扶贫现场会，被推荐为全国特色产业扶贫中药材范例县。

改革开放持续深化。开发区改革创新工作拉开序幕，县级公立医院综合改革得到国务院医改办的充分肯定。成功引进项目23个，吸引投资137.89亿元，特别是太子龙、汉鼎云能源两家企业的整体落户，迈出了平顺县“总部经济”发展的第一步。

五、发展民主政治，凝聚脱贫攻坚强大合力

切实加强和改进党对人大工作的领导，充分发挥人大及其常委会监督、人事任免、重大事项决定等职能作用；支持政府依法履职，进一步转变职能、提高效能，创优发展环境，服务经济社会发展；坚持和完善政治协商制度，支持政协加强和改进提案、委员视察和专题调研工作；全面贯彻党的民族宗教政策，加强党对统战工作的领导，支持工商联和新社会阶层人士发挥自身优势、助力脱贫攻坚；坚持党管武装原则，持续抓好国防动员、国防教育、兵役征集和军民融合等工作的落实，建强民兵应急分队，打造了一支平时服务、急时应急、战时应战的拳头力量；圆满完成共青团换届，支持工会、妇联等人民团体依法依章开展工作，在全社会形成了团结一心、和衷共济的良好局面。

六、改善人民生活，补齐脱贫攻坚民生短板

增绿增收协调推进。把改善生态环境作为突破贫困的重要一环，统筹治山治水，协调增绿增收，努力把建设绿水青山的过程变成脱贫致富的过程。实施生态建设“五个一批”脱贫工程，帮助3000多名贫困群众稳定增收。完成营造林6.41万亩、建成生态示范村6个，省市下达的造林任务圆满完成，杏城镇被评为全国绿化先进集体。实行最严格的环境保护制度，环境空气综合污染指数全市最低，空气质量全市最优，地表水及饮用水全部达标，各项约束性指标全部完成。

社会事业全面进步。扎实开展“五道五治”工作，道路沿线洁化、绿化、美化、亮化水平进一步提升。实施县城主街道综合改造和强弱电入地工程，告别了县城主街道电网线路纵横交错、蛛网密布的历史；保障性住房完成市定任务，381套公共租赁住房配租到户，集中供热面积不断扩大，无害化垃圾填埋场投入使用，城乡水网改造持续加强，建成1个省级、2个市级美丽宜居示范村，城乡人居环境更加宜人。完成县乡公路改造284.6公里，群众出行更加便捷，成功申报全国交通运输一体化建设工程项目试点县。新建农村幼儿园、教师周转房项目全部完工，2870名建档立卡贫困生实现资助全覆盖，高考二本B类以上达线408人，同比增长2.7%。分级诊疗制度全面实施，家庭医生服务覆盖所有贫困家庭，贫困群众医药费报销比例全面提高，因病致贫、返贫现象得到有效遏制。省级文明县城创建成功，全县图书馆、文化馆、文化站免费开放。平顺县作家江雪的中篇报告文学《静静的沁河》荣获“赵树理文学奖”。3个村入选国家传统村落名录，国家传统村落数量全市第一、全省第二。“两线合一”政策全面落实，社会保障水平持续提升，人民群众享受到更多改革发展成果。

社会大局和谐稳定。严格落实“党政同责、一岗双责、企业主责、失职追责”安全监管责任体系，严厉打击非法违法生产经营行为，深入开展安全生产大检查和隐患大排查大整治活动，全县安全生产总体稳定。全面落实社会治安综合治理领导责任制，积极推进司法体制改革，全面启动“七五”普法，平安平顺、法治平顺建设成效显著。主动回应群众关切，严格落实领导包案、接访下访和律师参与等制度，积极开展法定途径处理信访诉求工作，信访形势总体平稳向好。

（张文凯）

附：一、中共平顺县委书记、副书记、常委名单

书　记：吴小华

副书记：秦　军　张宏方（8月任职）
赵永进（8月离职）

常　委：安拴平（8月任职）　刘林松
翟建光　宋立刚（8月任职）
申庆斌（8月任职）　刘沁梅（8月任职）
乔毅慧（8月离职）　宋忠义（8月离职）
张宏方（8月离职）　李玉忠（8月离职）

二、乡镇党委书记名单

青羊镇

书　记：张秀斌（8月离职）　段开松（8月任职）

西沟乡

书　记：牛海江（8月离职）　杨　光（8月任职）

龙溪镇

书　记：刘忠虎

杏城镇

书　记：申涌泉（5月离职）　王建斌（5月任职）

东寺头乡

书　记：张浩波（8月离职）　李晓东（8月任职）

虹梯关乡

书　记：杨　光（8月离职）　吕日红（8月任职）

石城镇

书　记：段开松（8月离职）　吕秋林（8月任职）

阳高乡

书　记：桑宏亮

北耽车乡

书　记：程丽荣（5月离职）　吴　瑛（5月任职）

中五井乡

书　记：曹江波

北社乡

书　记：关苏平（8月离职）　翟双全（8月任职）

苗庄镇

书　记：李建青（8月离职）　李忠贤（8月任职）

中共黎城县委工作概况

县委书记　郜双庆

2016年以来，黎城县委、县政府认真贯彻落实省委“一个指引、两手硬”重大思路和市委“两个目标”要求，大力实施“唱响太行红山、打造创新强县、建设宜居黎城”发展战略，以项目建设为载体，以招商引资为动力，以创优环境为保障，加快推进经济建设、政治建设、文化建设、社会建设和生态文明建设，各项工作均取得了明显成效。

2016年全县地区生产总值完成31.77亿元，增长3.6%；规模以上工业增加值完成9.32亿元，增长0.3%；一般公共预算收入完成1.79亿元，完成市下目标；固定资产投资完成62.1亿元，增长9%；社会消费品零售总额完成13.44亿元，增长7.9%；城镇居民人均可支配收入达到16956元，增长6.3%；农村居民人均可支配收入达到7790元，增长6.3%。2016年，黎城成功入选第二批“国家全域旅游示范区”创建单位；被省政府评为“全省林业生态县”。

一、全域旅游呈现新格局

以创建“国家全域旅游示范县”为目标，全面铺开了洗耳河、金鸡寨、板山、广志山、四方山、杨岐山、陇阜山、观音栈、黄崖洞、黎侯古城10大景区，洞山、横山、园山、连山、茶山、鳌山6个徒步生态游览区，环太行红山和沿浊漳河2条百里骑游线路建设。洗耳河、金鸡寨、板山、广志山、四方山、黎侯古城、黄崖洞7大景区已全面开放，其他景区完成主体。在第四届太行红山国际自行车骑游文化活动中首次举办了山地自行车越野挑战赛，吸引了全国21省47市200余名自行车运动爱好者参与，央视网、新浪网、凤凰网、搜狐网等国内知名网站进行了报道，体育休闲成为黎城旅游的新亮点。持续加大宣传推介力度，举办了“中国好声音”走进太行红山黄崖洞景区、“五一”直通景区—黄崖洞景区、太行红山首届祈福文化节等节庆活动，在上海、太原、深圳等地举行了旅游推介活动。由八路军研究会和山西省委宣传部联合拍摄的电视剧《黄崖洞》完成在黎城县拍摄工作，黎城旅游对外影响力进一步扩大。

二、工业转型迈上新台阶

坚持以创新驱动带动工业转型升级，不断提高发展的

质量、效益和后劲。新材料工业园，投资1.86亿元的中技金谷二期轻钢轻混凝土结构住宅产业化项目建成4条生产线，公司正在积极筹备上市；投资1.16亿元的浮法玻璃窑炉技改项目全面完工，产生了良好的经济和环保效益；投资5000万元的潞安硅业30万吨制粉项目主体工程基本完工；投资5000万元的脂肪醇精细加工项目全面建成；投资1.23亿元的万吨镁合金及深加工项目开工建设。新能源产业园，协鑫集团太阳能光伏发电项目一期30兆瓦工程建成并网发电，在国内同类型项目中发电量最高。潞华态能源LNG加气站和安泰LNG加气站项目全面建成。铁路物流园，华驰500万吨物流项目投入运营，国新能源350万吨物流扩建项目建成投产，鑫源物流300万吨物流扩建项目正在建设。在此基础上，不断加快科技创新步伐，与济南大学合作，在黎城设立“新材料产业技术研发中心”，开展新型建材、还原铁粉、自清洁玻璃项目的研究开发；与中科院半导体研究所合作，在黎城设立“新光源精准农业工程研究中心”，利用精准补光技术，提高农产品质量和产量。

三、现代农业取得新成效

把核桃作为“一县一业”发展的主导产业，经过十多年的发展，全县核桃树总量达到16万亩，实现农业人口人均一亩核桃树目标。发展原生态农业3万亩。实施了万亩中药材种植、“五个十”特色农业、5万亩优质小麦种植、10万亩优质玉米种植等项目，推动农产品种植加工、现代制种、畜牧和水产特色养殖产业快速发展。完成环翠庄园、三泰科技等10个农产品生产基地和核桃、柿子、葡萄等8个农产品“三品一标”认证，全县认证农产品达到23个。

四、宜居黎城展现新面貌

以黎侯古城、黎侯老城、桥北新区“两城一区”建设为重点，走特色化城镇发展道路。黎侯古城初具规模。启动古城三期建设，主体工程基本完成；完成了古城西路南延及古城一期市政道路工程；古城至白岩寺道路工程基本贯通；古城配套的古城中学、古城幼儿园、中医院门诊楼及公安局、法院、档案局、妇幼保健院、文化中心、社区老年人日间照料中心等业务用房工程全面开工。黎侯老城焕发生机。以体现特色、修旧如旧的原则，启动了县城“三规合一”总体规划；开工建设了旧城引水入城、正街改造等工程，部分项目已经完成；启动了旧城穿靴戴帽式改造和古城墙维修工程。新区建设全面提速。完成了教育东西街等10多条新区框架道路。启动了北坊城中村改造、东关城中村改造、靳家街城中村改造等12个安居保障工程。配套建设了集中供热管网二期工程、县城污水管网配套工程、城内道路建设工程和生活垃圾渗滤处置系统项目等城市基础设施建设项目，城市功能日益完善。同时，打响“五道五治”攻坚战，拆除违章建筑570余处；加快传统古村落保护和生态村建设，打造宜居、宜游美丽乡村。

五、民生福祉提升新水平

年初三干会承诺的十件实事全面完成。脱贫攻坚方面，采取“村集体合作社+方兴集团+贫困户”的模式，投资1000余万元实施了9个贫困村种植、养殖项目，解决了村集体经济破零和贫困户稳定脱贫问题；扎实推进脱贫攻坚“五个一批”工程，五十亩村和南信村顺利“摘帽”，2370名贫困人口稳定脱贫。教育方面，启动了古城中学以及东阳关幼儿园等5所幼儿园建设，全面兑现各项教育惠民政策，高中考成绩再创新高。卫生方面，完成中医院住院综合楼、妇幼保健院业务用房主体工程，162个村级卫生室基本建成。社保方面，建设了城市社区老年人日间照料中心；低保标准与国家扶贫标准实现“两线合一”；农村低收入农户“暖心煤”货币化补贴发放到位。开通了2路免费公交车，新增了乡村公交线路，深受群众欢迎。文化方面，图书馆、文化馆“两馆”建设进展顺利，扎实开展送文化下乡活动，受益群众5万余人次。

六、社会管理呈现新气象

生态绿化方面。大力实施生态林业建设，完成造林绿化面积4万亩，增加县城绿化面积1万平方米。启动县城污水管网升级改造工程，对太行钢铁、金元钢铁、青春玻璃、长福焦化、华太焦化等重点企业实施了对标改造。加大环境整治力度，长福焦化脱硫脱硝、华太焦化脱硫脱硝、太行钢厂环保设施升级改造等项目建成投入使用。对县城主城区15座经营性锅炉全部关停，拆除25座采暖锅炉，接入县城集中供热。淘汰了239辆黄标车,164辆老旧车。持续抓好建筑工地扬尘、城乡环境卫生整治等工作，全县空气质量优良天数比例达到84.2%。

安全稳定方面。认真落实“党政同责、一岗双责、齐抓共管”的要求，深入开展安全生产大检查、百日安全隐患大排查大整治等安全执法检查活动；高度重视森林防火工作，新修防火通道58公里，新建瞭望哨10个，县森林消防专业队被省森林防火指挥部确定为“山西省森林消防总队直属七支队”；深入开展矛盾纠纷大排查、大化解活动，积极开展“清网行动”。持续开展“清风肃毒”、打黑除恶和治安乱点大整治等工作，进一步提升了群众的安全感和满意度。

七、党的建设开启新征程

县委认真履行基层党建主体责任和党风廉政建设主体责任，抓班子、带队伍、作表率，把从严要求贯彻到思想建设、组织建设、作风建设、反腐倡廉建设和制度建设的全过程，在全县上下营造了风清气正的良好政治生态。通过“四学”“四讲”“四谈”“四联”，深入开展“两学一做”学习教育；从领导干部抓起，围绕落实中央八项规定，紧盯重要部门、重要节点，深入开展公款送礼、公款旅游、公车私用等专项整治，弛而不息反对“四风”，始终保持惩治腐败的高压态势，有案必查、有腐必惩；严把“五关”，坚持“六查”、五个“必审”，做到“七个全程”，圆满完成了县乡换届工作；按照“党建带动脱贫，脱贫促进党建”的思路，对全县10个建档立卡贫困村党组织书记进行综合评定，对2名党组织书记进行了调整。对倒排出的25个软弱涣散党组织，采取“一村一策”整顿到位。

（岳琛琛）

附：一、中共黎城县委书记、副书记、常委名单

书　记：郜双庆

副书记：牛晨霞（女）　牛玉书（7月离职）
郭卫斌（8月任职）

常　委：张晓明（8月任职）　郭卫斌（8月调职）
魏振东（8月任职）　常　庆（8月离职）
任江鸿（8月任职）　田晓赋
杨学武（6月任职）　段联刚（8月离职）
岳保国（8月任职）　袁素军（6月离职）

二、乡镇（管理中心）党（工）委书记名单

黎侯镇

书　记：岳保国（8月离职）　王瑞刚（8月任职）

西井镇

书　记：岳红宜（8月离职）　任文中（8月任职）

黄崖洞镇

书　记：谢永强（8月离职）　张永刚（8月任职）

上遥镇

书　记：王瑞刚（8月离职）　贾旭东（8月任职）

东阳关镇

书　记：郭力毅（8月离职）　王雁椿（8月任职）

西仵乡

书　记：张永刚（8月离职）　李　勇（8月任职）

停河铺乡

书　记：任文中（8月离职）　武华栋（8月任职）

程家山乡

书　记：张永兴（8月离职）　薛　梅（女，8月任职）

洪井乡

书　记：王雁椿（8月离职）　申宇清（8月任职）

吴家庄生态功能管理中心

书　记：崔永明（8月离职）　杨　洋（8月任职）

中共襄垣县委工作概况

县委书记　张志刚

2016年，中共襄垣县委在省委“以习近平总书记系列重要讲话精神为指引，着力构建良好政治生态、着力推动经济稳步向好”的重大思路和市委“如期实现脱贫攻坚、全面建成小康社会”的部署要求的正确领导下，紧密结合襄垣实际，认真思考、精心谋划，担当尽责、凝心聚力，创新实干、攻坚克难，团结带领全县各级干部和广大人民群众，撸起袖子、扑下身子，合力攻坚管党治党和经济振兴“两场硬仗”，务实推进“创新强县、创业富民”实践，全面完成各项目标任务。

一、主要经济指标完成情况

全县地区生产总值完成148.07亿元，同比增长3.7%。固定资产投资完成197.73亿元，同比增长2.7%；规模以上工业增加值完成90.13亿元，同比增长2.65%；公共财政收入完成12.45亿元，同比增长0.46%；社会消费品零售总额完成26.85亿元，同比增长8.4%；城镇居民人均可支配收入完成31686元，同比增长7.3%；农民人均纯收入完成13641元，同比增长7.1%。主要经济指标继续保持全市前列，其中公共财政预算收入绝对值保持全市第一。

二、经济转型发展

按照市委关于“加快开发区建设，以长治国家级高新区为引领，深化一区多园发展模式”的部署要求，全力创建省级经济技术开发区。坚持规划先行，有序推进园区控制性详规编制工作。加大基础设施建设力度，引进美国AP空分、新加坡胜科水务、中国节能工业等国际专业化公司的先进技术，采用独资、合资等多种形式，统一配套建设水、电、气、路等基础设施。特别是规划建设了贯通富阳和王桥两大园区的主干道——富垣大道，将两个园区实质性连接在一起，有效拓展发展空间，提升园区层次，通过省级专家评审，有望成为全市第一个获批县。围绕煤—电—建材，煤—焦—化工，煤—电—电石—乙炔化工，新能源新材料—装备制造，煤基油品、煤制乙二醇等石油替代5 条产业链，主攻了10大项目，其中鸿达煤化煤气制天

然气、恒昌元锂离子动力电池、新能源汽车制造一期、北底光伏发电等项目已建成投产，潞安180项目、襄矿泓通20万吨乙二醇、聚氯乙烯二期、国新能源天然气液化调峰储备集散中心等项目取得重大进展。同时，主动推进“三去一降一补”，积极引导永丰、辉坡等3座煤矿逐年退出产能230万吨，三元永丰煤业已实施关闭。为加快开发区建设，县委、县政府抽调35名局长、乡镇书记，攻坚克难、连续作战，顺利完成180项目涉及的2个行政村700余户的搬迁任务，打了一场歼灭战，为该项目顺利推进创造了良好环境。

2016年，围绕市委关于加快推进国企改革和民营经济发展的部署安排，全力推进国有经济、民营经济并驾齐驱。把帮助国有煤炭企业渡过难关作为经济工作的重中之重，不断调整完善具体措施。县级领导带头联系企业、分包项目，发现问题，解决问题，掌握指导工作的主动权。组织有关部门帮助企业完善相关证照手续。强化企业管理层队伍建设，对襄矿、七一、漳江、城投、元和5大重点企业董事会、监事会进行换届，并开展业务培训，有效提高了企业治理和规避风险能力。指导煤炭企业主动走出去跑市场，拓宽销售渠道，促进资金回笼。经过努力，县属国有企业顶住了压力，越过了“寒冬”，保证了员工不裁、工资不降。把民营经济作为县域经济的重要力量，调整民营经济促进领导组，出台了七条优惠措施，建立完善领导组定期研究制度、县四套班子每位成员联系一个企业制度、跟踪督查制度，建立中小企业公共服务平台，从融资、扩规、人才队伍、双创基地等方面给予有力支持，极大激发了企业发展动力。积极创办小微企业、培育3000万元以上“小巨人”企业、“小升规”企业，民营经济、中小企业完成增加值54.6亿元，实现营业收入164亿元，上交税金14.7亿元，从业人数达到4.7万人。在全县民营经济推进会上，县财政拿出220万元对22个功勋企业进行了表彰奖励。深入开展百名干部入企服务和项目大起底活动，选派132名干部组成44 个工作组深入企业开展服务，为企业和项目建设单位送政策、解难题，梳理出的各类问题，属县级解决的已基本解决，需省市解决的积极推进。

三、农业产业化

按照市委“加快实现农业向提质增效、可持续发展转变”和大力发展现代农业的统一安排，扎实培育现代富民产业。继续深化“一局一协会、一乡一龙头”的思路，引导农民加快土地流转，发展适度规模经营，积极申报省、市、县三级示范社，促进合作社提档升级，大力培育新型农业生产经营主体，巩固发展设施蔬菜，新增设施蔬菜6500亩，蔬菜播种面积3万多亩，新发展中药材种植6000亩、小杂粮1万亩、晚秋黄梨5000亩、油籽牡丹1.5万亩、优质苹果2000亩，重点发展了24个以设施蔬菜、干果经济林、油籽牡丹、中药材种植、绿色养殖等为主导产业的现代农业示范区。林盛果业成功申报全国第三批国家级现代农业示范点；“襄垣手工挂面农产品地理标志”通过农业部评审，填补了襄垣县无国标的空白。建设惠农服务中心5个，托管土地3.7万亩，覆盖5000余农户，通过代耕、代种、代收一体化服务带动农民增收致富。积极培育新兴业态，组建电子商务协会，推进襄子老粗布、山窝窝农牧科技、乐村淘等13家企业，依托苏宁易购、京东等第三方网络平台，建设电子商务平台，将襄垣县的老粗布、小米、手工挂面等特色农产品，以及汽车轮毂、玉米收割机、无纺布环保袋等工业产品进行网上销售，实现销售收入3000余万元。培育发展重点文化企业15家。完成2016年新型职业农民培育培训任务，天下襄公司申报专业技能型小麦种植及深加工（手工挂面制作）500人。

四、城乡建设

坚持“五化”同步、建管并重，树立产城融合理念，将县城扩容升级作为带动县域经济发展的新引擎，着力打造“美丽襄垣、大气襄垣、浪漫之城”，提升民众幸福感。在城乡建设管理方面，逐步完善城乡规划体系。以战略眼光精心规划城乡建设，编制了河东新区、朝阳新区、主城区、“1+6”城际连接线道路两侧等控制性详规，以及中心城区整体城市设计、风景名胜规划，修订了各乡镇（区）总体规划和控制性详规。细化完善了县城绿地、综合交通、加油加气加电、停车场、道路、供热6个专项规划。在打通城乡通道方面，重点实施了文王大道、富垣大道、朝阳西街等工程，其中，投资4亿元、长6.66公里的县城至侯堡快速路已通车，县城与侯堡将实现同城化发展。在优化城乡功能方面，建设了10项工程。①投资2亿元的宣传文化中心，已完成主体工程，正在装修。②投资3亿元的热电联产二线集中供热工程，已完成投资1.2亿元，10月底一期工程投入使用，新增供热面积400万平方米。③投资2300万元的煤气管网改造项目，一期工程已完成，更新管网11.8公里。④投资2400万元的污水处理厂升级改造工程即将完工。⑤投资9000万元的供水改造工程已完工。⑥投资2400万元的公共自行车项目于8月投入使用。⑦投资2976万元的20辆免费城市电动公交、38辆城乡电动公交正在招标。⑧投资4亿元的液化调峰储备集散中心项目，已完成工程量的60%。⑨投资6400万元的10公里天然气城市管网工程即将竣工。⑩投资4500万元的滨河西路供电工程土建已完成，正在安装设备。同时，加速了信息化进程，县城区域全部实现光纤入户，移动4G网络覆盖全县，299个行政村接通宽带，51个行政村光纤入户，4G用户达到4.3万户。在提升城乡品位方面，大力实施东湖配套、绿化提档、河道治理、生态林建设等工程，投资2800万元的东湖配套工程已完工，投资1800万元的城市绿化提档升级工程、投资2300万元的浊漳河县城东北阳段河道治理工程和投资2100万元的东山生态林建设工程已基本完成；住建、交通、环卫等部门联合行动，打击了电动三轮车载客、两违建设等违法行为；全民动员、全县发力，重拳出击、拆控建管，大打“五道五治”攻坚战，从严加强环境整治，受到了市委、市政府充分肯定，周边多个县区前来参观，城乡面貌焕然一新，民众幸福感大大提升。

五、民生事业

大幅压缩一般性开支，优先保障民生事业支出，努力解决群众最关心最直接最现实的利益问题，人民群众的获得感和幸福感普遍提升。在脱贫攻坚上，坚持实施“五个一批”脱贫攻坚工程,把精准方略落实到识贫、扶贫、脱贫各环节，细化量化实化各项目标任务，创新配套完善各项政策措施，充分发挥县领导、县直单位、单位负责人、到村工作组、“第一书记”的帮扶作用，612名各级干部入村到户宣讲政策、倾力解困、真心帮扶。贫困人口退出1394人。全县唯一贫困村西营镇马鞍山村，贫困户发生率、集体经济收入、主导产业等13项脱贫指标全部实现，顺利实现稳定“摘帽”。在改善农村条件上，加强领导，层层动员，分解责任，制定出台《襄垣县改善农村人居环境2016年行动计划》，下发《2016年改善农村人居环境“四大工程”工作计划》，把26项任务分解落实到县直18个单位的22个责任科室，扎实展开了1个省级、2个市级、13个县级美丽宜居示范村的创建工作。在社会保障上，扎实推进机关事业单位人员养老保险制度改革，实现基金征缴和待遇发放正常化，顺利实施了行政和参公单位职务职级并行制度改革。继续提高退休人员基本养老金待遇水平，分批落实乡镇工作人员补贴和公务用车改革交通补贴。新农合职能和经办机构整体移交人社部门。残疾人康复中心建成投入使用。完善社会福利服务中心，积极推进殡葬改革。全面加强社会救助体系建设，低保、扶贫实现“双线合一”，及时提高低保、五保标准，全年发放城乡低保金1704万元、拨付五保供养金203万元；切实加强养老服务体系建设，为70岁以上老年人发放长寿金337万元。稳步解决低收入群体住房问题，建成和美苑保障性住房2648套、配套服务网点1万平方米，分配经济适用住房600套，改造农村危房360户，积极推进棚户区改造，提高货币化安置比例，消化存量商品房。举办了2016年“春风行动”人才招聘会，组织企业为民众就业提供岗位，当场解决了600多人的就业问题。在环境保护上，严格执行“党政同责、一岗双责”机制，全面落实环保目标责任制，强化大气、水、土壤防治，铁腕治污，严格整治，环境质量明显改善。县城建成区空气质量二级和二级以上天数达到330天以上，PM2.5均值比去年同期降低23.6%。不断加大环境执法监管力度，严厉打击环境违法行为，扎实推进治污减排，有力实施大气、水污染防治行动，强效开展环境整治。通过接受举报和突击执法的方式，共出动执法人员2400余人次，排查企业、地表水断面、浊漳河水体等1100余家（次）。进一步强化了环保法律法规的执行力，有力提升了环保工作水平。在造林绿化上，坚持高标准设计、大资金投入，专业化栽植，精细化管理，投资2300余万元，共完成荒山造林1.45万亩、通道绿化35公里、村庄绿化4个，同时，积极稳妥推进国有林场改革工作。在教育上，强化义务教育经费保障机制，下达公用经费1000多万元。提高了农村寄宿制学生营养餐补助标准。实施了23所农村寄宿制学校厕所改造工程。改造了3所城内小学、3所农村幼儿园，正在积极做好永惠小学、滨河小学新建和太行小学、大郝沟小学扩建的前期工作。加快完善教育园区，投资4500万元的二中配套工程即将完工；投资2.7亿元的职中和投资2.1亿元的四中正在建设；与山西机电职业技术学院合作办学顺利签约，投资2亿元的省机电职业技术学院襄垣校区，2017年7月完工、9月招生。在卫计上，加大医疗资源投入，县财政对县级公立医院投入1700多万元，招聘县乡医护人员34名，创建省级群众满意乡镇卫生院2个、卫生所3个，新建县中医院交付使用；提高重大疾病保障补偿封顶线，并与大病保险叠加。全面落实二孩政策，不断提升计生服务水平。建设综合检验检测中心，推进综合检验检测技术在食品、药品、农产品等领域的广泛应用，为大市场大监管体制提供强有力的技术支撑。在交通上，实施了5条200公里县乡公路和126公里农村自然村村通道路工程；开工建设了2条旅游公路；开通了县城公共自行车租赁系统，新上自行车1000辆。对全县929公里农村公路进行了全方位养护，26辆城乡新能源电动公交车即将交付，城乡居民出行更加方便。

六、安全稳定

认真扎实推进安全生产和信访维稳工作。在安全生产上，始终坚持以底线思维抓安全，以干部命运抓安全，牢固树立“隐患就是事故”的安全理念，严抓隐患排查治理，切实把安全抓在手上、放在心上，全县安全生产形势持续好转，没有发生一起有影响的安全生产事故。一是落实安全生产“党政同责、一岗双责”和“两议一报、四不两直、夜查突查”制度，强化部门监管责任和企业主体责任。二是全面落实隐患举报奖励、专家巡诊隐患、排查分析例会、隐患挂牌督办制度和失责追责制度。聘请行业专家常年进行巡视会诊，及时发现和整改隐患；设立了安全隐患举报奖励基金，对安全隐患的举报人进行奖励；每季度召开一次隐患排查分析会，对安全隐患进行综合研判；重大安全隐患由县长亲自挂牌督办，一般隐患由分管副县长挂牌督办。按照“四不放过”原则，严肃查处事故，严格追究责任。三是大力推进安全生产标准化建设。全县11座非煤矿山、5家危化生产企业全部达到安全标准化三级，并通过验收。四是加强风险管控治理。完善了安全隐患信息查报系统，6家企业并网运行，全县5处重大危险源，全部实现视频监控全覆盖。完善应急预案，全县85家企业完善修订了应急预案，并在安监部门备案。五是严格安全生产。深入开展安全生产大检查，截止年底，全县共出动执法人员和警力3100人次，排查企业580企次，查处违法违规人员237人，刑事拘留3人，行政拘留12人。在信访稳定上，按照“属地受理、分级办理、依法依规、妥善处理”的原则，综合运用法律、政策等多种手段，加强源头治理，坚持县级领导定期接访、上访变下访，依法化解信访案件，全面推进群众反映问题的落实解决，扎实推进信访各项工作，来县到市赴省进京信访数量大幅下降，得到了省、市充分肯定。同时，着力开展“平安襄垣”专项行动，大力开展“六大战役”，扎实推进“四项建设”，深入开展“打黑除恶、禁毒大会战、治安乱点大整治”等专项行为，加强社会治安防控体系建设，落实重点防范措施，加大违法犯罪打击力度，刑事治安案件发案率明显下降，有效维护了全县政治和社会治安大局持续稳定。

七、文化旅游

2016年，按照市委“深入挖掘法显文化，依托‘万里茶路、法显足迹’，开拓‘一带一路’沿线旅游市场”的要求，深度开发文化旅游资源，以文化旅游产业为龙头，带动第三产业全面发展，着力打造中国优秀旅游城市。完善了文化旅游发展规划。启动了法显文化旅游产业园，已完成立项、总体经营策划方案，与北京东方园林景观生态公司达成合作建设意向。重点围绕法显文化旅游品牌，推进旅游项目工程建设。一是新建仙堂山游客接待中心，对主峰大佛底座进行内装。充分利用法显纪念馆、八国佛教馆等景点资源，大力弘扬法显文化。二是实施仙堂山景区信息化综合建设工程，积极打造智慧化景区。三是对仙堂山景区宾馆进行重新规划经营，推出了佛教素斋，加快推进佛教人文游和休闲观光度假并进发展；四是凉楼旅游区续建森林公园，加强了与广州六祖寺的沟通联系，正全面展开法显寺改造前期工作。五是指导夏店王家岭农业生态观光园区，新建加工车间、养殖场，绿化村庄道路1500米，做好休闲旅游重点村创建基础设施工作。六是规划建设百里漳江绿道，已聘请知名专家进行了规划，并开展了前期道路建设工作。同时，加大旅游宣传促销力度。组织全县各个景区，参加北京旅游交易会、第三届中国（太原）佛教文化用品博览会、2016中国（山西）食品餐饮旅游博览会暨首届中国山西面食文化节、2016年西安“丝绸之路国际旅游博览会”等；举办“中国康辉——走进仙堂山”研讨会，在央视一套晚八点黄金段全年播放法显文化旅游宣传短片；精心编排大型襄垣秧歌剧《法显》，先后在北京梅兰芳大剧院及省、市、县成功演出30余场，受到中宣部、文化部的高度赞扬。在文化上，着力构建文明创建体系，推进“乡村文化记忆”工程，全省在襄垣县召开现场会，虒亭镇乡村文化记忆工程的成功经验在全省推广。古韩镇上峪村、北底乡冯村被评为全国第一批绿色村庄。完善非遗数据库建设，加大国保文物保护力度，连氏宗祠修缮工程已完工，举办了第五届中华连氏文化节。加强社会主义核心价值体系建设，弘扬襄垣精神，传承“德孝文化”，评选文明家庭、道德楷模、上党公仆、身边好人，弘扬主旋律、传播正能量，营造了健康、向上的良好社会风尚。积极构建现代公共文化服务体系，加大文化惠民力度，基层文化设施不断完善提质，坚持送戏下乡，完成广播电视直播卫星“户户通”工程，公共文化服务标准化均等化建设提档升级，荣获“2015年度国家公共文化服务体系示范区后续建设工作”荣誉称号，文化馆被评为国家“一级文化馆”，群众精神文化生活得到最大限度满足。

八、机制体系创新

坚持创新驱动，激发发展活力。在推进科技创新上，加大政府扶持力度，鼓励企业申报科技专利和高新技术企业，全力支持高校院所和高级技术人才进驻襄垣县搞科研和设立研发基地，充分发挥决策咨询专家库、煤化工专家评审委员会、九三学社专家工作站、省社科院襄垣县域治理研究院作用，并积极申报山西恒昌元科贸有限公司为高新技术企业和大平煤业美固德矿用材料科技有限公司为省级“民营科技企业”。在推动金融创新上，一是积极构建现代金融体系，融通资金促发展，有效降低企业财务成本、盘活社会存量资金，减轻政府财政负担，保证员工工资发放。与上海光大证券签订金融服务财务顾问协议，帮助襄垣县现有企业进行账务规范化处理，实行“一企一议”对接办法，对襄矿、七一、中小民营企业等进行财务梳理，深入推行企业债、短期融资券、融资租赁、股权私募债等直接融资模式，企业和金融机构对接机制逐步形成。基本完成兴通城投融资平台的整合工作，将自来水、煤气、供热、公交等8家涉及城市公共服务的单位，按规定进行资产股权划转、评估、合并。成立涉及水利、卫计、交运、环保4 个投资管理公司，可通过向农发行争取贷款和与其他金融机构对接，推进民生重点工程建设。教育园区以融资租赁形式融资3亿元，襄矿集团以非金融债形式融资1.5亿元，供热公司从县农发行争取专项贷款2.4亿元，10多家小微企业以助保贷、信易贷形式融资4000多万元。二是与中建一局、湖南博世科等公司开展合作，积极推动王桥园区、后湾水库PPP合作建设模式。三是将金融知识培训纳入干部培训计划，邀请权威金融专家对襄垣县领导干部、企业管理人员进行了2期金融培训，强化人才培训。四是针对资金与企业项目无法及时对接的问题，建立并实施了常态化政银企沟通对接制度，分别在县农商银行和县村镇银行召开了2期政银企座谈会。在深化企业改革上，充分利用综改试验和扩权强县的政策利好，按照“三去一降一补”要求，推进供给侧结构性改革，加大扶持企业力度，努力提高发展效益。进一步深化县属国有企业改革，实现政资分开、政企分开，推进党政机关与所办企业的脱钩改革任务；结合不同县属企业在经济社会发展中的作用、现状和需要，根据主营业务和核心业务范围，将县属国有企业界定为商业类和公益类，分类实施监管；着力解决国有企业社会负担和历史遗留问题。破解民营企业发展障碍，放宽准入标准，降低准入门槛，响应国家“双创”号召，形成全民创业的浓厚氛围。在入企服务上，为给企业送政策、解难题、促发展。县委、县政府召开会议进行了专题部署，成立了由县委书记、县长任“双组长”的工作领导组；印发了

《襄垣县百名干部入企服务工作方案》；确定了“政策落实到企业、研究课题为企业、破解难题帮企业、谋划发展利企业”的四项工作任务；建立了对接反馈、总结报告、联络协调等制度；选派132名干部组成44个工作组，深入企业开展服务。在社会治理体系上，进一步推进基层社会治理体系和治理能力现代化。深入推进依法治县。全方位开展普法宣传教育，不断增强了人民群众的法律意识和法治观念，营造了浓厚的法治氛围。支持县人大严格按照《宪法》和法律赋予的重大事项决定、监督、人事任免三大职权，深入开展调研视察、执法检查、专项审议、工作评议等工作。积极开展协商民主。按照“循序渐进、试点先行”的原则，在古韩、侯堡、王村、善福4个乡镇先行一步、探索经验，各乡镇（区）全面铺开、稳步推进，基层治理体系建设进一步完善，广大群众参与公共事务协商的积极性逐步提高。

九、党的建设

按照市委决策部署，坚持把抓好党建作为最大政绩，着力营造风清气正干事创业环境。狠抓常委会自身建设。切实改进工作作风，带头坚持民主集中制，严格按常委会议事规则和决策程序办事；带头践行群众路线，深入基层一线，狠抓工作落实；带头落实党风廉洁建设主体责任和“一岗双责”，带头执行廉洁自律规定，带头接受监督，带头遵法学法守法用法，为全县领导干部树立了标杆榜样。狠抓党建主体责任。定期组织召开县委常委会、党政联席会、四套班子会，传达学习贯彻上级精神，听取工作汇报，研究面临形势，制定责任清单，明确具体任务，解决实际问题。扎实推进“两学一做”，以上率下，带动全县各级党组织学习研讨、查摆问题、整改提高。强化党管意识形态工作责任，制定了实施意见。紧抓各级党组织“一把手”这个关键，县委常委班子先后约谈13个乡镇（区）党（工）委和7个县直系统党委班子成员170余人次，逐级传递责任，层层传导压力，直面问题提责增压，在红脸出汗中督促“两个责任”落实。认真落实述纪述廉述作风述责任“四述”制度。坚持述职述党建、评议评党建、考核考党建，严格实行县、乡、村“三级联述联评联考”制度，形成了齐抓共管、上下联动的党建新格局。狠抓党风廉洁建设。一是强化廉洁教育，筑牢思想防线。县委班子成员带头讲党课70余次，全县各级党组织开展各类党纪党规教育活动720余场次，参加党员干部近30000余人次。集中开展了警示教育宣传月活动，制作了《正风肃纪在行动》专题教育片，组织观看了《镜鉴》《永远在路上》等廉政警示片。坚持用身边事教育身边人，10个受处分科级党员干部所在党组织召开专题警示民主生活会，查摆问题、剖析根源，从严从实整改，同时在县纪检监察网站设立“曝光台”，深刻剖析近年来县纪委查处的违纪典型案例。认真学习《关于加强换届风气监督的通知》（中组发〔2016〕1号）《关于换届期间重申严禁迎来送往的通知》（晋组通字〔2016〕20号）等文件精神，制定印发《关于组建换届风气督查组的通知》，及时传达省、市纪委领导有关要求，强化换届纪律，为换届工作正纪立规。二是强化纪律审查，高压惩治腐败。县委全力支持县纪委监督执纪问责，不断提高纪律审查质量和效率，推进全县党风政风持续好转。通过加大谈话函询力度、加大案件查处力度、加大审核把关力度等手段，持续改进“四风”，组织开展明查暗访60余次，查处违反中央八项规定精神和“四风”问题线索23件32人。认真受理信访举报，处置问题线索879件次，立案238件，党政纪处分253人，审查科级干部25人。三是全面展开巡察工作。按照省委、市委要求，全面展开巡察以来，认真贯彻中央巡视工作方针和省委深化政治巡视25条意见，精心组建巡察机构，优先调配各种硬件设施，多次召开会议专题研究具体措施，结合实际出台《巡察工作实施办法（试行）》《关于县委巡察机构“一长两员三库”建设管理的实施方案》，围绕巡察前期准备、巡察了解、反馈意见等各环节制定15项配套制度，全力配合市委第二轮巡察工作，对发现的问题做到即查即改、边查边改。县委3个巡察组分三轮巡察18个单位，及时移送问题线索110个，党风廉洁建设明显强化，干部面貌焕然一新。狠抓基层组织建设。围绕市委扎实做好抓基层、打基础工作，使每个基层党组织都成为坚强战斗堡垒的要求，坚持用得起、干得成、干好事的原则，严格落实“九个严禁、九个一律”和省、市换届相关规定，坚持重心下移、用功基层的用人导向，配齐配强了县级和部分县直机关、各乡镇党委、政府班子，特别是采用无领导小组面试形式，对乡镇长进行公开选拔，切实提高选人用人公信度，实现了组织满意、干部满意、群众满意。推荐100名党外干部、党外人士担任政协委员，县乡换届圆满完成。按照新颁布的《关于新形势下党内政治生活的若干准则》，严肃党内政治生活，从严落实“三会一课”，做到“月月有主题、周周有活动”，把“三会一课”搭建成协商沟通、民主议事、科学决策、公开监督、解决问题的平台。实行“1+6”包联机制，集中整顿41个软弱涣散基层党组织。涌现出王桥镇洛江沟村、古韩镇北里信村、夏店镇北田漳村等一批优秀基层党组织和段爱平、高金来等一批优秀基层党支部书记。《人民日报》对襄垣县“三会一课”的做法进行了详细报道。狠抓干部能力建设。按照市委关于加强干部能力建设的具体要求，着力提升干部的能力素质，组建民营经济、民生保障、社会治理、工业发展、文化旅游、新型城镇化、农业产业化、招商引资引智八个专项工作领导组，由县委常委和分管副县长牵头负责，集中领导、集中精力，大力推行“一线工作法”。扎实开展百名干部入企帮扶、到村工作、精准扶贫等活动，使深入一线、开展调研、解决问题成为常态，各乡镇（区）、各部门、各单位奋勇争先、比学赶超的氛围逐步形成。开展精准培训，组织计算机应用及公文写作知识培训班，培训全县有关单位主要负责人4批80余人。组织12个乡镇（区）各派一名副职到王桥工业园区拆迁一线挂职锻炼。选派15名年轻干部到山西焦煤西山煤电集团挂职锻炼。狠抓树规立矩。县委积极发挥总揽全局、协调各方的作用，正确处理与县人大、政府、政协之间的关系。强化权力公开透明运行，修订完善了县委全会、县委常委会、书记专题会、四套班子联席会、党政联席会、“三重一大”事项、县人大常委会党组、县政府常务会、县政协党组等9个议事规则，按照市委“坚决维护制度的严肃性和权威性，使制度成为党员干部干事创业硬约束”的要求，严格落实“一把手”末位表态、干部谈心谈话、个人有关事项报告等制度，进一步提高科学决策、民主决策、依法决策水平，巩固提升心齐、气顺、风正、劲足的宽松发展局面。

（李　凯）

附：一、中共襄垣县委书记、副书记、常委名单

书　记：张志刚

副书记：胡三虎　孙泽强（8月任职）

琚海鹏（8月离职）

常　委：桑爱平　贺思宇（8月任职）

李智越（8月任职）　崔玉彪（8月离职）

王振力（8月任职）　张　剑（8月离职）

贾林波（8月任职）　边军强（8月任职）

杜建伟（8月任职）

二、乡镇（工业区、城区）党（工）委书记名单

古韩镇

书　记：王　威

王桥镇

书　记：冯二虎（8月任职）　刘立斌（8月离职）

侯堡镇

书　记：李俊杰（9月任职）　付　健（9月离职）

夏店镇

书　记：付　健（9月任职）　冯丽华（9月离职）

虒亭镇

书　记：李　娜（3月任职）　付　健（3月离职）

西营镇

书　记：李俊锐（9月任职）　史志刚（9月离职）

下良镇

书　记：赵　勇（9月任职）　牛志强（9月离职）

王村镇

书　记：赵俊杰（9月任职）　赵　勇（9月离职）

善福乡

书　记：郭瑞成（9月任职）　申建锋（9月离职）

北底乡

书　记：宋海浪（9月任职）　赵永红（9月离职）

富阳循环经济工业区

书　记：侯永波

城区

书　记：赵　东（主持工作）

中共武乡县委工作概况

县委书记　胡　坚

2016年，武乡县在省委、市委的坚强领导下，认真学习贯彻习近平总书记系列重要讲话精神和治国理政新理念新思想新战略，深入落实党的十八大和十八届三中、四中、五中、六中全会精神，严格按照中央“五位一体”总体布局和“四个全面”战略布局，省委“一个指引、两手硬”重大思路和要求，市委“两个目标”部署，认真贯彻落实省、市第十一次党代会和县第十五次党代会精神，深入实施“11355”战略，全县经济社会保持健康平稳发展，“十三五”实现良好开局。

一、坚持以脱贫攻坚统揽经济社会发展全局，脱贫攻坚首战告捷

县委、县政府坚持以习近平总书记扶贫开发重要战略思想为指导，认真落实省委“五个必须”和市委“两个目标”要求，以脱贫攻坚统揽经济社会发展全局，把脱贫攻坚作为第一民生工程和第一政治责任，全面贯彻精准扶贫、精准脱贫方略，坚决落实“五个一批”“六个精准”要求，弘扬革命精神、坚定文化自信，奋力迎难而上、决战脱贫攻坚，圆满完成了9868人的贫困人口脱贫，顺利通过了国家第三方评估组的评估验收，国务院汪洋副总理在武乡考察调研时对脱贫攻坚工作给予了充分肯定。

（一）扛牢压实主体责任。一是强化领导，压实责任。成立以县委书记胡坚、县长阎新平为“双组长”的脱贫攻坚工作领导组，严格实行县级领导包乡镇脱贫责任制，县乡村三级层层签订了“双签”责任书。县委、县政府先后召开各类会议40余次，专题研究部署脱贫攻坚工作。二是规划引领，明确目标。围绕全省“八大工程二十项专项行动”部署要求，制定出台了脱贫攻坚“十三五”规划和2016年行动计划，逐条细化落实，明确具体责任，建立信息互通机制，形成齐抓共管的强大合力。三是强化管理，提供保障。建立了全县信息化大数据平台，贫困户“两块牌”“两张卡”“一户一袋”全部落实。为县扶贫开发中心新增编制5名，达到16名；14个乡镇全部设立扶贫工作站，每个乡镇配备2名扶贫专干，做到了人员、场所、经费保障到位。

（二）坚决落实精准方略。在产业扶贫上，把产业作为脱贫的根本支撑，坚持特色种植、规模养殖、农产品深加工“三轮驱动”，依托大山、多维、绿农农牧、鑫四海、潞武公司“五大龙头企业”，大力发展核桃、梅杏、油用牡丹、牧养鸡、肉鸡、肉羊、畜产品加工、小米小杂粮加工“八大产业”，带动1141户贫困户户均增收3200元。在资产收益上，抢抓武乡县被列为全省资产收益试点县的机遇，积极探索创新“公司+村集体经济组织”“公司+村集体经济组织+合作社+贫困户”“公司+贫困户”“公司+合作社+贫困户”四种模式，2016年共有89个贫困村入股大山禽业、多维牧业、新大象公司1969万元。在生态扶贫上，认真贯彻落实“一个战场打赢两场攻坚战”要求，采取组建造林专业合作社、吸纳贫困劳力担任护林员、实施核桃经济林提质增效、新一轮退耕还林等措施促进贫困户稳定增收。在电商扶贫上，抢抓武乡县被列为全国电子商务进农村综合示范县的机遇，坚持“三个优先”，探索实践“四种模式”，发展贫困村级服务点20个、电商网店微店562户。2016年网销农产品20多种，销售额达到9708万元，带动贫困户780多户2125人。在政策扶持上，结合实际制定出台扶持农村集体经济发展、“一户一项”产业项目、交通道路改造、饮水安全提质、教育扶持、社会保障兜底等政策措施16项，累计投入资金9144.3万元。在易地搬迁上，针对“一方水土养不活一方人”问题，实施易地搬迁305户1079人，13个安置点全部开工建设。

（三）强化保障助力脱贫。一是持续举办“脱贫攻坚大讲堂”。大力发扬“弱鸟先飞”精神，坚持扶贫扶志扶智并重、“富口袋”与“富脑袋”结合，采取领导干部带头讲政策、行业部门一线搞培训等方式，连续举办脱贫攻坚大讲堂19期，6个部门开展技术培训7期。二是严格实行“五帮联动”机制。把“五帮联动”作为抓好党建促脱贫的重要抓手，制定出台了“五帮联动”实施意见和管理考核办法，组建省、市、县工作队157支，选派党员干部1672名，充实调整第一书记220名，实现了行政村驻村帮扶全覆盖，对工作不力的3名贫困村支部书记进行撤换、2名第一书记给予组织处理。三是切实加强廉洁扶贫。把扶贫领域作为监督执纪问责的重点领域，坚持抓落实、抓预防、抓督查、抓推进、抓查处，制定出台21项廉洁扶贫制度，查处案件11起，给予党政纪处分11人。

二、狠抓发展第一要务不动摇，经济发展稳步向好

坚决贯彻落实党的基本路线和省委219次常委会议精神，切实加强对经济工作的领导，理直气壮抓发展，廉洁为民抓发展，经济发展稳中向好，“十三五”实现良好开局。2016年，全县地区生产总值完成51.7亿元，增幅5.7%；工业增加值完成22.93亿元，增幅2.58%；固定资产投资完成35亿元，增幅12.7%；地方财政收入完成3.36亿元，增幅3.02%；社会消费品零售总额完成13.38亿元，增幅8.6%；城镇居民人均可支配收入达到21058元，增幅5.9%；农民人均可支配收入达到5950元，增幅9%。

（一）大力实施创新驱动战略，加快产业转型升级。认真贯彻落实新发展理念，按照全省产业转型“六大工程”和全市“打造山西重要增长极”“六项任务”“六大举措”等要求，大力实施创新驱动、转型升级战略，重点抓了“三大产业板块”：现代特色农业板块方面，以打造特色农产品生产加工基地为目标，新发展油用牡丹4035亩，新建养殖小区19个，大山禽业发放鸡苗13.8万只，多维牧业出栏肉羊7000多只，绿农农牧屠宰肉鸡2000余万只，龙头企业带动作用有效发挥，农业产业链条不断拉长，农民增收渠道不断拓宽。煤与非煤产业板块方面，按照“去产能、减产量、保增长”要求，有序推进煤炭供给侧结构性改革，扎实开展干部入企服务活动，温庄煤业、恒盛洗煤、正明石材、东正建材等项目投入生产，王家峪煤业实现联合试运转，引进山东信发集团合作建设镁铝合金新材料产业集群项目取得实质性进展。文化旅游产业板块方面，认真贯彻落实全省“六字要诀”“五个一批”和全市“把文化旅游产业打造成战略性支柱产业”要求，成功举办第六届八路军文化旅游节和八路军文化座谈会，顺利完成《八路军在武乡》6集纪录片的摄制和首映，红色旅游公路二期通过省发改委立项，八路军零散烈士集中安葬三期、“两园一剧”提档升级等工程全面完成，涌现出李峪、大河西、岭头、禄村等一批乡村旅游名村。2016年6月17日，中宣部刘奇葆部长莅临武乡县考察调研，给予李峪村“中国魔术第一村”的高度赞誉。2016年共接待游客315.2万人次，同比增长15.35%，旅游总收入达到36.68亿元，同比增长15.49%。三次产业结构比例由上年的6.2:49.5:44.3优化调整为6.4:46.2:47.4，第三产业比重首次超过二产。同时，始终把项目建设作为经济发展的主抓手，2016年共实施重点项目117个，总投资139亿元，其中竣工项目59个。

（二）持续推进全面深化改革，着力破解发展难题。认真落实全面深化改革部署要求，抢抓转型综改试验区建设、开发区改革发展等机遇，先行先试，积极探索，监察体制改革试点、司法体制改革试点、供销社体制改革试点、经济技术开发区改革发展等工作扎实推进；农村土地确权登记颁证工作有序进行，核实公示127个村；建立了“三个融资平台”，推出了“扶贫再贷款”“支农再贷款”“大山富民贷”“大象富民贷”，金融创新取得新成效。2016年9月，武乡县被中央农村工作领导小组、人民日报社表彰为“中国扶贫·政府创新奖”。我县还被列为国家全域旅游示范区、全省党性教育基地。

（三）认真践行以人民为中心的发展思想，全面提升群众获得感。着力民生福祉提升、社会政策托底、社会治理加强，全面提高老区人民的幸福感和获得感。一是全力办好民生实事。圆满完成47所中小学校校舍维修改造、3所幼儿园建设、武乡中学和太行小学运动场标准化建设，解决和改善23个贫困村7000余人的饮水安全问题，完成村通水

泥路完善提质16公里，新型农村合作医疗参合率达到98%，改造农村危房1167户，城镇新增就业1461人。二是扎实推进新型城镇化建设。县城新区建设PPP模式项目积极推进；供热管网延伸、新建水源地、供电路线改造等设施提升工程全面完成；金蓉佳苑、汇宝家苑住宅小区主体完工，完成投资2.5亿元。三是加快推进生态文明建设。完成造林绿化2.5万亩，广志水库建设大坝实现封顶，关河水库东干供水工程通过立项评审；深入开展环保大检查大整治，市转办7件重要事项全部办结。认真落实市委“三高、三大、三严”要求，“五道五治”行动扎实有序开展。四是全力维护社会安全稳定。牢固树立总体安全观，坚决贯彻“四铁”要求，严格落实党政同查、一岗双责的责任，安全生产形势持续好转；认真履行稳定第一责任，狠抓信访稳定，扎实推进法治武乡、平安武乡建设，社会保持和谐稳定。

三、深入贯彻全面从严治党要求，着力构建良好政治生态

始终把抓好党建作为最大政绩，坚决贯彻“巩固、深化、提高”方针，认真履行全面从严治党主体责任，扎实推进党的建设全面过硬、全面进步和全面升级。

（一）切实增强“四个意识”。认真学习习近平总书记系列重要讲话和治国理政新理念新思想新战略，深刻领会党的十八届六中全会和省、市十一次党代会精神，进一步增强“四个意识”、坚定“四个自信”，始终同以习近平同志为核心的党中央保持高度一致。坚持县委理论中心组周二、周四学习制度，从严要求学、带着问题学，做到真学真懂、学以致用。特别是认真贯彻习总书记武乡视察推出的“四个始终保持”重要指示精神和省委骆书记长治调研座谈讲话精神，开展“弘扬革命精神、坚定文化自信”学习讨论，弘扬红色文化、传承红色基因，坚定不移听党话、跟党走，坚决维护党中央、省、市各项决策部署，确保政令畅通。

（二）切实加强基层组织建设。扎实开展“两学一做”学习教育，坚持学为基础、做为关键，突出全覆盖、经常性、有特色、抓问题、见实效等重点，扎实开展“四讲四有”专题学习讨论、庆祝建党95周年系列活动、六个特色主题活动和“四个集中排查”，260个基层党组织完成换届，228名党员补交党费48.2万元。坚持把“三基”建设作为战略举措，把实施“一带三创”作为加强农村党组织建设的重要抓手，重心下移、力量下沉，不断强化基层保障。深入开展农村党组织“星级创建”活动，245个农村党支部进入星级行列。不断深化“1+5”包联措施，采取“十个一”举措，着力治软、治散、治乱、治慢，37个软弱涣散村党组织实现提档升级。持续引深党务村务“两面公开墙”“两块牌子”等创新举措，167个村实现集体收入“破零”，为脱贫攻坚提供了坚强组织保障。机关、事业、企业党建扎实推进，符合条件的非公和社会组织全部建立党组织，推动基层党组织全面提升、全面加强。

（三）圆满完成县乡换届工作。认真落实省委骆书记“三个坚持”和市委席书记“四看”要求，严把政治关、品行关、作风关、廉洁关，严明换届纪律，深入开展“两代表一委员”资格审查，成功召开了县第十五次党代会，圆满完成了县乡换届工作。2016年共调整干部217人，其中提拔重用64人、平级交流136人。在乡镇换届中择优选拔农村党支部书记、大学生村干部、事业单位人员“三类人员”14人，充实到乡镇领导班子。注重加强农村党支部书记、驻村帮扶工作队和农村第一书记“三支队伍”建设，组织开展“领头雁”培训3400人次。

（四）深入推进党风廉政建设和反腐败斗争。认真落实“两个责任”，始终坚持挺纪在前，正确运用监督执纪“四种形态”，着力减存量、遏增量，坚持无禁区、零容忍、全覆盖，2016年共立结案103件，处分114人。严格落实中央八项规定精神，紧盯重要时间节点，弛而不息狠刹“四风”，共核查问题线索34条，查处案件17起，给予24人党政纪处分和组织处理。认真履行市委巡察反馈意见整改落实主体责任，对县四大班子存在问题、巡察发现的“六大方面问题”“四条意见建议”以及交办问题线索，层层分解落实责任，签订责任书，明确责任人，正在逐条逐项整改落实。强化政治巡察，首轮巡察3个乡镇3个单位，共发现问题101个，完成整改81个；第二轮巡察20个单位正在有序进行。

（李　勇）

附：一、中共武乡县委书记、副书记、常委名单

书　记：胡　坚

副书记：阎新平　刘英魁（6月任职，挂职）
秦苏良（8月离职）
李　强（3月离职，挂职）
路晓波（8月任职）

常　委：魏书文（8月离职）　郭　强（8月离职）
王　霖（女，8月离职）　郝炳宏（8月离职）
王淑英（女，8月任职）　李军印（8月任职）
王书文（8月任职）　刘水源
张志鹏（5月任职，挂职）
元海波（8月任职）　吕志刚（8月任职）
刘钢平（8月任职）

二、乡镇（开发区）党（工）委书记名单

墨镫乡

书　记：郝高宏（9月离职）　张鸿儒（9月任职）

洪水镇

书　记：王五堂（9月离职）　关国庆（9月任职）

蟠龙镇

书　记：刘钢平（9月离职）　李跃峰（9月任职）

韩北乡

书　记：崔宏伟

监漳镇

书　记：张　云（9月离职）　赵少华（9月任职）

大有乡

书　记：张鸿儒（9月离职）　张彦罡（9月任职）

贾豁乡

书　记：郑　丹（9月离职）　安占伟（9月任职）

故县乡

书　记：冯　晋（9月离职）　石永兵（9月任职）

上司乡

书　记：李朝霞（女，9月离职）　李珍明（9月任职）

丰州镇

书　记：高怀碧（9月离职）　张　云（9月任职）

石北乡

书　记：王跃忠

涌泉乡

书　记：贾弘伟

故城镇

书　记：杜会平

分水岭乡

书　记：赵少华（9月离职）　韩海威（9月任职）

石盘开发区

书　记：石永兵（9月离职）　李翟清（9月任职）

中共沁县县委工作概况

县委书记　卢展明

2016年，沁县县委班子认真学习贯彻习近平总书记系列重要讲话精神，山西省委"一个指引、两手硬"重大思路要求，长治市委"四个全面、五大理念"重要部署，全面实施"六大战略"，不断提升"六条路径"，全县经济稳中有快，各项事业持续向好，实现了"十三五"良好开局。

一、经济转型升级迈出新步伐

（一）主要经济指标平稳增长。全年完成地区生产总值23.53亿元，同比增长5.9%；规模以上工业企业实现工业增加值2.45亿元，同比增长7.83%；固定资产投资完成43.56亿元，同比增长13.6%；社会消费品零售总额完成9.83亿元，同比增长7.2%；城镇居民人均可支配收入17489元，同比增长7.1%；农村居民人均可支配收入5650元，同比增长8.1%；地方财政收入完成9033万元，同比增长8.5%。

（二）项目建设提质增效。项目指标完成率稳定排名全市前列。沁州黄农业园区内21个项目建成12个，销售收入突破1.2亿元；总投资10亿元的沁园春矿泉水项目正式投产上市（全省目前唯一一家获得矿泉水采矿权的企业），入选2016年中国N1优水地图；千泉湖国家级湿地公园正式通过验收；潞宝金和生投资3000万元的熟食加工生产线项目，投入市场10余个新产品，销售渠道覆盖太原、天津、北京、西安、郑州等一二线城市和大中型超市快餐企业。

（三）引资上项取得新进展。争取上级转移支付3928万元和各类债券资金6300万元，有效保障了干部工资按时发放和民生工程资金需求；成功举办第八届端午民俗文化节，集中签约项目20个，签约资金61亿元；名企入晋签约项目13个，签约金额58.84亿元，完成市下达任务的117.68%。全年招商40批次，接待外来客商50批次，对接洽谈项目24个，总投资120亿元。

二、民生福祉全面提升

（一）脱贫攻坚首战首胜。坚持把脱贫攻坚作为第一民生工程，全面推进精准扶贫，圆满完成1903户、5752人和31个贫困村整村退出的脱贫任务，顺利接受了国务院、省、市扶贫成效考核和省级第三方评估。沁县探索实施的"企业+"扶贫、"党建+"扶贫等做法得到了考核领导和评估专家的充分肯定，全省农信系统金融精准扶贫工作现场会在沁县成功召开；全面铺开23个集中移民安置点项目建设，10个乡镇81个村734户2179人全部落实迁入迁出地，各集中移民点选址已完成，开工率达100%，已完成71.4%工程主体建设，全年投资5131.5万元，达到计划下达任务的104.4%；创新实施"四型扶贫"模式，汾酒集团、沁州黄集团等20多家国有企业和民营骨干企业参与产业扶贫，开工建设项目16个，累计辐射带动124个贫困村、6840户贫困户、19760个贫困人口增收脱贫；对96名建档立卡贫困户大学生进行资助，中（职）、高（职）生1000人。就业扶贫完成千村万人就业培训300人，培育新型职业农民700人；全县发展10家电商企业、136家个体电商，沁县吴阁老土特产有限公司、沁县晋味美食品有限公司、山西沁州黄小米（集团）有限公司三家企业年网络销售额达3223万元。

（二）城乡通达水平明显提升。投资3315万元完成29个农村公路完善提质工程项目58.7公里；投资1179万元完成2个农村旅游路项目12公里；投资640万元完成生命防护工程50.96公里；投资1200万元硬化整村脱贫农村公路、街巷25公里。208国道至南涅水石刻馆旅游公路和208国道至玉华山旅游公路项目开工建设。

（三）生态建设扎实推进。完成荒山绿化4万亩；千泉湖湿地公园跻身国家级湿地公园行列，湿地管理中心争取处级机构建制有望尽快获批；解决了22个自然村8858口农村人口饮水安全问题；投资2130万元的小农水重点县建设顺利实施，新增灌溉面积1.5万亩；总投资5598万元新建西汤水库工程完成投资3500万元；总投资2434万元涅河河道治理工程即将竣工验收。县城空气质量达标天数名列全市第一。

（四）城市建设取得新进展。相府新城等9个房地产开发项目，完成投资4.1亿元；投资1.3785亿元建成保障性住房500套，超额完成目标任务；设施提升工程完成投资1.1512亿元，城市安居工程完成投资2.5871亿元，环境提质工程完成投资0.209亿元，完成1270户农村危房改造项目，城乡人居环境显著改善；集中供热工程点火运行；开展“五道五治”攻坚战，将“县城街道、河道、铁道”一并拓展纳入整治范围，城乡面貌焕然一新。与此同时，编制完成了6个专项规划和重点区域控制性详细规划，控制性详细规划覆盖率达到65%；实施县城扩容提质工程，统筹推进旧城改造和新城建设，完成了文庙巷、三叉道等七条巷道的改造维护，全面实施县城胜利路、人民路等主要街道、河湖沿岸绿化提档升级工程，绿地率比上年增长了1.2个百分点。

三、党建工作实现新跨越

聚焦主业主责，强党性提素质。组织部门扎实推行“学、讲、看、谈、做、写、联”七字工作法，开展“听一次老革命讲传统、看一场红色经典电影、参观一个革命旧址场馆、重温一回入党誓词、写一篇感悟体会文章”的活动，组织集中学习1991次，观看警示教育片583次，撰写心得体会504篇，召开组织生活会684次，开展专题研讨2261次；在全体党员中开展“公开承诺践诺”活动；全县农村6830户党员全部挂起“共产党员户”牌子。中国组织人事报9月专题报道沁县《农村党员挂牌亮诺当先锋》的经验做法；在机关企事业单位党员中开展“党员示范岗”创建活动；从省市聘请了8名高水平、高层次的专家教授，对全县科级干部、农村“两委”主干、第一书记、大学生村官1096人进行了为期4天、14个专题的封闭式集中培训。

配备干部。为县纪委监察局、政府工作部门配备纪检干部18人；为乡镇配备党政领导班子成员138人；为政府工作部门和工作单位配备党组成员129人：为县直单位及其内设机构配备干部140人；为团县委配备挂职副书记3人；为县妇联配备兼职副主席3人。

审查甄别。对包括市县乡党代会代表、县乡人大代表、县政协委员及拟提拔调整人员在内的2349名干部进行了审查甄别。先后有5名拟提拔对象因任职年限不够、7名因学历问题、4名因计生问题、1名因干部身份问题、2名因违纪问题被取消了任职资格；11名县党代会代表候选人初步人选、5名县人大代表候选人初步人选和7名县政协委员初步人选因计生问题被取消了资格；对39名干部职级并行进行了审查甄别；对443名评先评优、兼职挂职干部进行了审查甄别，共甄别处理、调整退出乱作为、不作为干部3人；选拔任用敢担当、善作为干部259人；对15件有关换届人选的举报进行认真查核、处理，对1名存在执行纪律不严问题的领导干部进行了提醒谈话，对9名行政、事业单位负责人进行了经济责任审计；排查出失联党员797人，经多方联系查找，纳入组织管理740人，作出退党除名处理2人，脱党处理15人，开除党籍处分1人。

人才工作。培养县级乡土人才40人，乡镇级乡土人才200人，村级乡土人才600人。

四、反腐倡廉工作取得新成效

聚焦监督执纪问责，监督主体责任落实，反腐倡廉出重拳。县纪委书记集体约谈乡镇纪委书记2次，个别约谈纪委书记、纪检组长47人次，约谈党员干部786人次。有232人、2个单位主动上缴“35581”账户1019011.5元。其中，226名党员干部主动向组织讲清问题，上缴931651.8元；6名群众主动上缴41266.7元，2个单位主动上缴46293元；有8名党员领导干部因落实“两个责任”不力受到责任追究。

全县立案113件，结案115件。给予党政纪处分129人（其中乡科级干部10人）。其中，给予党纪处分126人，其中开除党籍15人，留党察看5人，撤销党内职务3人，严重警告37人，警告66人；给予政纪处分4人，其中开除1人，记过1人，警告2人，双重处分1人。

第一轮巡察受理举报件16件，发现问题线索30个。其中向县纪委移交19件、向县委组织部移交5件、向县政法委移交3件、向县信访局移交3件。

五、精神文明创建取得新进展

强化意识形态管控，创优舆论宣传环境。全县各党委开展了进机关、进农村、进企业、进校园、进社区的“五进”宣讲活动，县委宣讲团宣讲20场，各乡镇党委、县直各系统党委宣讲300余场。培养树立了定昌镇党委、郭村镇党委等学习型先进乡镇，检察院、公路段、国土局等学习型先进机关，南涅水、长街村、苗庄村等学习型农村先进党组织，龚来文、王建军等学习型优秀党员，北关社区、育才社区等学习型先进社区；沁县广播电视台新开设了《民生零距离》《人文铜鞮》《观点致胜》《有话直说》《记者再报告》等栏目，播发各类新闻稿件1500余条，播放优秀电视影视剧1979集（部）。并于1月4日成功开通上线“智慧沁县”手机台，沁县人民广播电台FM92.9也同时复播；新闻中心在《沁州新闻》开辟了《“两学一做”显身手》《核心价值观在身边》《安全生产一线行》《沁州好人》《政务动态》《招商引资动态》《重点项目动态》等专栏，采编刊发各类新闻稿件1800多篇，并开通上线沁州新闻网、沁州新闻电子报、沁州新闻微信平台，沁县宣传阵地进入“一报三台三网”新时代；在《山西日报》《山西经济报》《山西政协报》《山西农民报》《山西科技报》《长治日报》《上党晚报》和《前进》杂志等刊发各类稿件320多篇，在新浪、网易、搜狐等全国各大热门网站刊发、转登各类稿件1800多篇（次），在长治电视台《长治新闻》

发稿130余条，在山西电视台发稿10条，在中央电视台发稿1条；向中央和省市上报舆情1300余篇（条），其中被中宣部采用10篇，省委宣传部采用3条，市委宣传部采用190篇；监控发现负面舆情或不实贴子20多篇（条），均得到及时妥善处理，其中通过县公安局联系省公安厅处理微信视频1起，全年发表网络评论1500余条。

在县城主要街道、公共场所和乡镇、村文化广场、文化墙分别张贴“图说我们的价值观”和“讲文明、树新风、弃陋习、塑形象”公益宣传广告1000余幅，设立善行义举榜120余幅；全县推选产生道德模范53名，沁州好人189名，宣传推出了王德怀、龚来文、王建军、田四怀、马伟泓、赵雪莲等道德模范人物；全县入选“中国好人榜”2人，入选《中国好人传》1人，入选“山西好人”3人，入选长治首届“当代乡贤”候选人9人，入选“上党孝星”1人，获得“长治好人”称号224人，入选“长治道德模范”候选人5人，王德怀荣获“长治道德模范”和2016年长治“十大感动人物”。

沁县选送的三弦书《花馍情》再获2016年第九届中国曲艺“牡丹奖”全国曲艺大赛提名奖，并入围文化部第十七届“群星奖”决赛；沁州三弦书《雪莲孝亲》和《山村头雁》成功入选全市“长治好人颂”曲艺节目大赛决赛，并荣获三等奖和优秀奖。

六、综合治理工作取得新突破

以平安创建为主体，以维护稳定为己任，创优了和谐稳定的社会环境、公平正义的法制环境、优质高效的服务环境。综治办解决通水通路、治安隐患、征地拆迁、薪资矛盾、合同纠纷、法律援助等突出问题80余次。

保持打黑除恶强劲势头。全县立刑事案144起，破76起，刑事拘留48人，移送起诉69人；查处治安案件428起，行政处罚225人，其中行政拘留162人，抓获各类逃犯44人；破获盗窃、抢劫、诈骗等各类侵财案件共32起，抓获犯罪嫌疑人27人，收缴返还涉案财物70余万元；查处涉毒案件84起，完成逢嫌必检791人，社区戒毒12人，强制戒毒8人，行政处罚86人。特别是8月17日破获了吸食、贩卖、容留他人吸毒系列涉毒案件，抓获犯罪嫌疑人18人，收缴冰毒等毒品140余克。

严格监督管控。对51家宾馆、洗浴场所重新开展检查登记，检查“九小场所”368家次，整治治安乱点2个，整改治安隐患部位52处；武装巡逻3400余人次，抓获违法嫌疑人21人；收缴手雷1枚，废弃枪支1支，气枪3支，子弹468发，管制刀具10把，导火索65米；检查社会单位消防设施1190家（次），发现火灾隐患及违法行为1625处，行政罚款12万元；新安装视频监控12套，探头50个，红外线报警器30个。

加强对流动人口中高危人群的管理控制。清查核实出租房屋728户、1492间、流动人口450人；对县城中小学幼儿园接送学生车辆进行查处，暂扣一元车等非法营运车辆5辆，查处了超员、超速拉载学生车辆2辆，调运公交车辆2辆转运学生53人次；对43所学校食堂进行食品安全督查，责令学校食堂按规定配备餐具消毒、保洁等设施69件；监督检查食品生产企业56家次，餐饮服务单位820户次，责令整改137家；检查小餐饮摊点58户；监督检查药品经营单位75家，药品使用单位280余家次；检查卫生院13个、使用基本药物较多的卫生所220个；对13家化妆品经营企业进行监督检查，立案15起；开展药品回收专项检查60家次；排查出“泛亚”5人，“e租宝”107人；上报互联网有害信息2769条，网情摘报51期，网侦情报39期，完成舆情引导任务140次。上报公安部专项信息375条，清理上报政治谣言74条，处置互联网安全隐患4人次，关停属地网站5家。

2016年，在全面建设小康社会，推进社会主义现代化建设中，物质文明、政治文明、精神文明与生态文明建设取得显著成就。“沁州”牌沁州黄小米入选国家生态原产地保护产品，是山西省首个获得保护的生态原产地产品；沁县被批准为国家级出口食品农产品质量安全示范区，是长治地区创建的第一个国字号出口食品农产品质量安全示范区；沁园春矿泉水入选中国N1优水地图；千泉湖湿地公园正式列入国家级湿地公园；沁县获选全省农田水利基本建设“禹王杯”红旗县；《沁县年鉴》（2011）在中国地方志指导小组组织的全国地方志评比中荣获三等奖。

（禹耀忠）

附：一、中共沁县县委书记、副书记、常委名单

书　记：卢展明

副书记：王现敏（8月离职）　张宏伟（8月任职）
孙　伟（8月离职）　郭爱斌（8月任职）

常　委：裴润山（8月离职）　郗淑芳（8月任职）
韩晓红（3月离职）　冯　华（8月任职）
田耀德（8月任职）　陆　盛　张东文
李　炜（8月任职）

二、乡镇党委书记名单

定昌镇

书　记：魏　瑛

册村镇

书　记：张　鹏

段柳乡

书　记：王东宏

新店镇

书　记：张俊峰（3月离职）　张宏伟（3月任职）

漳源镇

书　记：曹二伟（3月离职）　温建功（3月任职）

郭村镇

书　记：武虹波

故县镇

书　记：冯　宇

松村乡

书　记：李佩璋

牛寺乡

书　记：温建功（3月离职）　梁世宝（3月任职）

南里乡

书　记：刘晓强

次村乡

书　记：刘向阳

杨安乡

书　记：张宏伟（3月离职）　裴晓凯（3月任职）

南泉乡

书　记：崔艳红（女）

中共沁源县委工作概况

县委书记　李丁夫

2016年，面对错综复杂的宏观经济形势，沁源县委认真贯彻落实党的十八大和十八届三中、四中、五中、六中全会精神，按照省委"一个指引、两手硬"、市委如期实现"两个目标"重大思路和要求，紧紧围绕在全省率先实现全面建成小康社会奋斗目标，坚持新发展理念，发挥党委总揽全局、协调各方的领导核心作用，带领广大党员干部奋力拼搏、砥砺前行，推动经济发展朝着"稳中提质、转型升级"方向迈进，全县经济、政治、文化、社会、生态文明和党的建设取得新进展、新进步。

一、主要指标稳中有进

全县地区生产总值完成102.9亿元，增长4.5%；工业增加值完成68.9亿元，增长2.5%；固定资产投资完成108.3亿元，增长1.3%；社会消费品零售总额完成23.4亿元，增长9.2%；地方财政收入完成7.42亿元，增长2.8%；城镇居民人均可支配收入完成30438元，增长6.8%；农村居民人均可支配收入完成12745元、增长7.1%。各项主要经济指标增速全部扭负为正，总体呈现逐步转好发展势头。

二、产业转型扎实推进

严格实行煤炭去产能、减量化生产，全年生产原煤1110万吨，发电7.1亿度，甲醇等化工产品5.6万吨。全力推动传统产业升级改造，通洲综合煤化工、沁安公司煤电一体化等重点转型项目顺利推进，联鸿2万千瓦光伏发电项目投产，成功引进新疆特变电工300兆瓦、北京两吉新能源150兆瓦风力发电等一批新兴产业项目。加快"一县一业"脱毒马铃薯和连翘发展，沁源马铃薯获得国家地理标志证明商标，道地中药材种植面积达到3万亩，夏季草莓、食用菌等特色种养业规模不断扩大，年产2500吨的豆制品加工项目投产达效，功能农业开展试点。紧紧围绕打造"国际慢城·生态沁源"，引进山西恒实集团、三晋文化旅游公司等大企业，实施旅游大开发；启动了2.5公里县城沁河体育健身慢廊建设，改造田径场4.28万平方米，建设了1.17公里慢道。太岳军区司令部旧址项目主体完工。乡村旅游、商贸物流等服务业蓬勃发展。

三、重点改革持续深化

持续深化行政审批制度改革，建立县级事中事后监管制度，"两单两图"上网公布并开始运行。全面推行"营改增"，减免企业税款4604万元。编制完成了县经济技术开发区规划方案。农村土地承包经营权确权登记颁证顺利推进，全市唯一的省级试点沁河镇城北村集体产权制度改革工作基本完成。全面实施企业"五证合一"和个体工商户"两证整合"。监察体制改革、公立医院改革、公车改革等进展顺利。注重产学研合作，成功申报国家级"星创天地"2个、省级民营科技企业1个。创新助保贷，11家小微企业获得贷款4100万元，推荐5家企业进入山西股权交易中心挂牌，确定4家企业为新三板上市后备企业。

四、发展环境不断优化

开展项目手续办理大起底，对全县2013年以来82个项目的立项、用地、规划、环评等手续进行了大起底，所涉县内手续已全部办结。开展干部入企服务活动，63名干部深入21个规上企业送政策、送服务，解决项目手续办理、资金短缺等各类问题75个，切实为企业排忧解难。全县新增注册企业279个，培育"小巨人"企业1个，"小升规"企业3个。

五、城乡建设统筹推进

完成海绵城市、地下综合管廊、县城消防等规划编制，机关幼儿园二期、素卿幼儿园等项目竣工，县职业中学实训楼、莲花池幼儿园、卫生监督所业务用房、公安现役消防站等项目主体完工。启动300套城中村低收入农户限价普通商品住房建设，新开工保障性住房404套，基本建成729套，完成农村危房改造1260户、地质灾害治理搬迁21户。铺装供气管网7公里、供热管网8公里，垃圾处理、污水处理等基础设施建设有序推进。实施农村公路建设90公里、农村公路安全生命防护工程30公里，汾屯线黄土坡隧道前期手续基本办结，黎霍高速、平遥—沁源—安泽高速公路、沁沁铁路至安泽中南铁路连接线等"两高一铁"项目有序推进，241国道县城至中峪段升级改造工程纳入省“十三五”国省干线规划项目。永和水电站大坝主体完工，顺利通过下闸蓄水验收。72千米的沁河源头抗旱应急引水工程胜利完成，解决了21个村7500余人的农村饮水安全问题。实施农村电网改造工程，110千伏曹家园变电站竣工投运。

六、脱贫攻坚首战首胜

保障兜底方面，推行农村低保线和贫困线“二线合一”，低保标准提高到3316元。健康扶贫方面，开展健康扶贫“三送”系列活动，定期巡回医疗，为特殊贫困家庭免费提供药品和家用小型医疗器械；将1317名贫困患者纳入慢病管理，提高报销比例，县财政为贫困人口全额代缴新农合和意外伤害保险费用；设立扶贫病房，创新医疗扶贫“一人一策”机制。对此，山西电视台进行了专题报道。教育扶贫方面，免除全县建档立卡贫困户在县一中、职中就读寄宿学生的住宿费和在县公立幼儿园就读幼儿的入园学杂费，对贫困户中在读二本B类以上大学生和研究生一次性资助5000元，启动了教育扶贫“手拉手”结对帮扶工程。就业扶贫方面，解决了1390名贫困人口的就业问题。产业扶贫方面，推进好乐夏草莓等8个产业扶贫项目，辐射带动600多贫困人口就地就近就业。住房安全方面，实施贫困户危房改造560户，完成易地扶贫搬迁87户206人，全额出资为106户无房户建了新房。金融扶贫方面，发放“强农贷”资金5306.5万元、“富民贷”资金507.5万元。县财政投入扶贫资金3957万元，比2015年翻了一番。成立了沁源县慈善会，筹资3670余万元帮贫济困。干部帮扶方面，115个县直单位、180名扶贫工作队长、805名工作队员、36名第一书记住村到户“一对一”帮扶，累计帮扶发展产业项目90余个，解决教育、卫生、就业、路、水、电等民生问题820余个。同时，大力改善村容村貌、户容户貌，积极实施基础设施完善、公共服务提升和社会力量帮扶工程，圆满完成2635人的年度脱贫任务。

七、生态环境持续改善

严格落实主体功能区定位要求，科学调整生态红线划定范围，沁河生态修复与保护规划编制工作有序推进。实施造林绿化2.18万亩，县城新增公共绿地15万平方米，完成水土保持1.68万亩，实施生态修复1.2万亩。加强大气、水、土壤污染治理，认真开展“铁腕治污百日专项行动”等环保执法检查，完成沁新焦化等3个企业脱硫对标改造，新购置洗扫车、喷雾抑尘车，拆除土小锅炉230余台，淘汰黄标车和老旧机动车768辆。沁河地表水水质稳定达到Ⅲ类标准，优良天数比例达到87.4%。“五道五治”工作取得阶段性成效，共出动劳力4.2万余人次，动用机械车辆9000余台次，联合执法拆除违章建筑522处3.6万平方米，拆除农村老旧危房396间5760平方米，清理垃圾2万方，清理排水渠道150多公里。

八、民生事业扎实推进

启动第二轮教育质量提升工程，山大附中与沁源县一中结对帮扶，“山大附中太岳分校”正式挂牌，实验小学挂牌陈庚红军小学，沁源县被省教育厅确定为长治市唯一一家“义务教育学校标准化管理”改革试点县。全面落实全民健身行动计划，实施“文化惠民”“文化下乡”工程，古寨村列入第四批中国传统村落名录。实施“健康沁源”行动计划，推进省级公立医院深化改革示范县建设，新农合住院补偿比例同比提高5%，累计封顶线可达58万元，县乡村三级医疗服务质量稳步提升。千方百计扩大就业，新增城镇就业2542人，城镇登记失业率控制在2.8%。城镇低保标准由原来的每人每月556元提高到每人每月594元，五保户分散供养标准提高到每人每年4700元、集中供养标准提高到每人每年8900元，开展临时救助768人次。全县财政民生投入10.18亿元，同比增长8.68%。

九、安全稳定持续向好

严格落实安全生产责任，狠抓煤矿、非煤矿山、森林防火、道路交通、危化品等重点领域安全生产，实行“一企一表一档”和“整改销号”制度，除道路交通安全事故外，其他行业领域未发生死亡事故，全县安全生产形势持续稳定向好。深入开展社会治安大整治，着力开展打黑除恶、禁毒、打击盗抢骗、治安乱点整治“四大战役”，开展“无毒县”创建工作。加强社会综合治理，排查整治各类风险隐患209个，调处各类矛盾纠纷2006件，办结公开电话群众反映事项719件，信访事项办结率达到92%，沁河司法所被表彰为“全国模范司法所”。

十、党的建设全面加强

扎实开展“两学一做”学习教育，圆满完成县乡换届工作，全面加强党建工作，集中整顿38个软弱涣散党组织，创建党建示范点42个，实施党建工作示范项目185个。扎实推进宣传文化工作，在全省率先出台了《党委（党组）意识形态工作制度》。大力推进民主法治建设，创建省级依法治理示范单位3个。县委常委会带头落实从严管党治党主体责任，建立《县委提醒工作制度》和《县委书记“提醒卡”制度》，认真整改落实市委巡察反馈意见，立查案件106件，查处违反中央八项规定精神及“四风”问题案件19件，持续保持反腐正风高压态势。同时，加强民族宗教、对台等工作，支持工青妇等人民团体依法照章开展工作，巩固发展了最广泛的爱国统一战线。

沁源县连续五年荣获“中国最具投资潜力中小城市百强县”，被中宣部、司法部表彰为“全国法治宣传教育先进县”，连续三年获评“中国深呼吸小城100佳”，荣获“中国生态魅力县”荣誉称号。

（裴艳飞）

附：一、中共沁源县委书记、副书记、常委名单

书　记：李丁夫

副书记：连树斌（8月任职）　申秀琴（8月任职）
　　　　光宇航（7月离职）

常　委：张文波（8月任职）　尚高明（8月任职）
　　　　马验习（6月任职）　王宇红（8月任职）
　　　　黄贵河（8月任职）　胡亚明（8月任职）
　　　　王旭琴（8月离职）　任国华（8月离职）
　　　　逮　江（8月离职）　张小平（8月离职）
　　　　石卫兵（6月离职）

二、乡镇党委书记名单

沁河镇

书　记：胡亚明（9月离职）　王　鸿（9月任职）

郭道镇

书　记：马国威（9月离职）　樊培元（9月任职）

李元镇

书　记：吴永红（9月离职）　王银刚（9月任职）

王和镇

书　记：刘金虎（9月离职）　王沁斌（9月任职）

灵空山镇

书　记：任　璟（9月离职）　刘金虎（9月任职）

王陶乡

书　记：王　鸿（9月离职）　徐　靖（9月任职）

韩洪乡

书　记：韩文宏（9月离职）　贺奇伟（9月任职）

交口乡

书　记：王沁斌（9月离职）　王　皓（9月任职）

法中乡

书　记：樊培元（9月离职）　史晓亮（9月任职）

赤石桥乡

书　记：王银刚（9月离职）　李　飞（9月任职）

聪子峪乡

书　记：李建功（9月离职）　张建军（9月任职）

中峪乡

书　记：李建萍（女，9月离职）　阴永明（9月任职）

官滩乡

书　记：王　伟（8月进藏）
　　　　徐　靖（8—9月主持工作）
　　　　郭晓立（9月任职）

景凤乡

书　记：卫文丽（女）

中共晋城市委工作概况

市委书记　张九萍

2016年，晋城市委坚持以习近平总书记系列重要讲话精神为指引，统筹推进“五位一体”总体布局，协调推进“四个全面”战略布局，牢固树立五大发展理念，按照省委“一个指引、两手硬”的重大思路和要求，一心一意谋发展，聚精会神抓党建，着力推动良好政治生态向着巩固、深化、提高方向迈进，着力推动经济发展朝着稳步向好、转型升级、振兴崛起的方向迈进，全市改革发展和各项社会事业取得了新成效。

一、深入学习宣传贯彻习近平总书记系列重要讲话精神和省党代会精神，坚决把思想和行动统一到党中央和省委的决策部署上

坚持学以致用、以用促学，把学好用好习近平总书记系列重要讲话精神作为政治责任，多次组织市委常委会议、市委中心组会议进行集中学习、专题研讨，切实把学习成效转化为推动发展的实践成效。坚持不懈学习贯彻党的十八大和十八届三中、四中、五中、六中全会精神，深刻领会精神实质，准确把握精髓要义，在“学思践悟”中感受真理力量。特别是把学习贯彻党的十八届六中全会精神与开展“两学一做”学习教育结合起来，与贯彻落实省党代会和省委全会暨经济工作会议精神结合起来，在全市组织大学习、开展大宣传、推动大落实，通过市委常委带头学习、市委中心组专题研讨、层层分解目标责任、举办专题讲座、组织集中宣讲、开辟新闻专栏专题等多种方式，推动进机关、进农村、进学校、进社区、进企业，切实增强“四个意识”，做到在思想上拥戴核心，在政治上拥护核心，在行动上紧跟核心，坚决与以习近平同志为核心的党中央保持高度一致，坚决维护以习近平同志为核心的党中央权威，坚决贯彻落实党中央确定的路线方针政策和省委决策部署。

二、坚持狠抓发展第一要务，在创新驱动、转型升级上取得了新突破

面对复杂严峻的经济形势和持续较大的下行压力，坚持用新的发展理念统领经济发展全局，加强和改善党对经济工作的领导，按照“下半年好于上半年，今年好于去年，为明年进一步好转奠定坚实基础”的目标要求，深入推进“一争三快两率先”战略部署，全力促进经济稳步向好。2016年全市生产总值完成1049.3亿元，增长3.9%；规模以上工业增加值增长2.5%；固定资产投资完成1150.4亿元，增长4.1%；社会消费品零售总额完成386.2亿元，增长7.6%；一般公共预算收入完成89.3亿元，下降4.9%；城镇、农村居民人均可支配收入分别完成28223元和11635元，分别增长5.9%和6.6%，较好地完成了年度目标任务。

加快结构调整步伐。注重从煤以外寻找战略支撑点，改造提升传统产业，培育壮大新兴产业，积极探索创新驱动、转型升级的新路。加强“双创”平台建设，全市建成或在建创业基地32家，4家企业被认定为省级众创空间，科技研发基地建设一期工程基本完工，21个技术创新项目顺利推进。突出发展壮大实体经济，大力实施“1533”工业行动，出台了九大激励扶持政策，深入开展“干部入企服务”活动，实现对全市230家规上企业干部派驻全覆盖，帮助企业解决各类问题421个。集中力量推进重点项目建设，年产值达15亿元的富士康摩拜单车四条生产线装备已投产运行；总投资50亿元的中船重工新能源装备产业园区项目一期已建成投产；总投资80亿元的中船集团风电项目正加速推进；总投资168亿元的晋煤集团“高硫煤洁净利用循环经济工业园”一期项目已完成土建80%，计划今年投产；世界500强企业美国德纳公司与山西清慧机械制造有限公司合作总投资21.2亿元的三期年产5000万件轨道交通新型材料结构件项目奠基开工；兰花己内酰胺、天泽“4060”煤化工等重点项目已正式投产。太焦高铁已正式开工，城市建设、环城生态圈等一批重大公共设施建设正在推进。大力发展文化旅游产业，推进全域旅游，荣获全国旅游价格信得过景区、全国百家十优旅游商品大赛铜奖等9项国家级荣誉。2016年全市旅游总收入356.62亿元，增长20.9%。推进创新金融服务，率先在全省设立市级应急周转金，为299家企业发放应急周转金38.93亿元，为企业减少成本2626万元；率先在全省开展了中小微企业贷款保证保险业务。推动晋煤集团成功借壳太原煤气化主板上市，皇城药业、海诺科技、兰花纳米在“新三板”成功挂牌。组织开展银企对接活动，签约金额72.75亿元。认真贯彻落实全省民营经济发展推进会精神，激活民间投资693.8亿元，同比增长37.2%，助推了民营经济破局发展。大力推动县域经济发展，引导和激励各县（市、区）因地制宜、错位发展、差异竞争，在全省县域经济发展考核中沁水、泽州、高平、阳城四县分别位列A类县前十二位，城区在市辖区中位列第五名。

加快城乡统筹进程。注重统筹规划、产城融合，推进“五规合一”，按照“拓展、改造、提质”理念，着手实施大热源、大水源、大气源建设，全力推进11项城建重点工程，完成投资130多亿元，新建和改造城市道路44公里；持续加快高平、阳城、陵川、沁水次中心城市建设，泽州县国家级新型城镇化综合试点工作成效明显。加快北留周村煤电化、巴公装备制造等园区建设，打造了一批工业强镇、商贸重镇、历史文化名镇和生态旅游大镇，润城镇入选首批中国特色小镇。认真落实强农惠农政策，加快“一村一品”发展步伐，新增农产品加工龙头企业43个，全市粮食总产达90.1万吨，为历史第六个高产年。深入开展农村人居环境改善“四大工程”，推动美丽宜居示范村三级联创工作，启动实施了36个省市两级美丽宜居示范村建设，美丽宜居示范村乡土文化展播、第二届“最美乡村”评选等活动收到良好社会效果。

加快美丽晋城建设。持续推进环境攻坚、造林绿化、节能减排三大工程。狠抓大气、水、土壤污染防治工作，深入开展改善环境空气质量攻坚行动，重点实施了六大专项整治。对49个减排项目进行了跟踪督查，对83家重点排污企业进行了在线监控，全年主要污染物排放指标任务基本完成。持续开展造林绿化，新增造林面积2.66万亩，六县市区全部建成“全省林业生态县”。继续推进环城森林公园、城市街心公园、丹河湿地公园建设，新建生态廊道和28公里绿道，为广大市民休闲健身提供了好去处。

三、坚持全面深化改革、扩大开放，在推动争先综改、竞逐中原上取得了新进展

稳步推进重点领域改革。坚持争先综改，积极实施转型综改《2016年行动计划》。国企国资改革持续深化。把深化国企国资改革列为全面深化改革的标志性、引领性、支柱性改革事项，初步摸清全市国企国资改革现状和存在问题，积极探索推进混合所有制改革、完善企业法人治理结构、开展市场化选聘经营管理者、深化企业内部三项制度改革的路径，坚决打赢打胜国企国资改革这场硬仗。开发区改革创新加快推进。组织有关部门赴上海、苏州考察取经，学习自贸区和先进开发区改革创新发展经验，制定了全市开发区改革创新实施方案，科学编制“五规合一”规划，促进开发区健康发展；着力优化园区布局，按照“市一级集中建设国家级开发区、一县（市、区）一家省级开发区”要求，对全市各类园区进行整合、改制、扩区、调规。积极改善园区环境，组建晋城市园区建设发展运营公司，大力推行PPP模式，补齐园区基础设施短板。创新体制机制，按照“三化三制”要求，以国家级开发区为突破口，加快建立专业化、市场化、国际化的管理运行机制，落实开发区领导班子任期制、全员岗位聘任制和绩效工资制等制度，激发开发区改革创新发展活力。全市县乡医疗卫生机构一体化改革走在全省前列。国家低碳试点建设获得北方城市第一名。泽州县农村集体经营性建设用地入市试点工作已有16宗用地入市，为全省积累和探索了新经验。巴

公镇的全省扩权强镇试点改革有序推进。推进供给侧结构性改革，认真落实“三去一降一补”各项任务，为企业减轻各类负担近10亿元。农村改革全面深化，大力推进农业供给侧结构性改革，农村承包地经营权确权登记颁证工作基本完成。

积极扩大对外开放。加速竞逐中原，推动系统招商、定向招商，注重引外和扶内相结合，向国内外实力企业主动出击、上门招商，瞄准东部较发达地区，承接产业转移，成功举办了海峡两岸神农炎帝文化旅游招商系列活动，深度对接富士康，与马其顿克拉托沃市签署了友好城市意向书，与中船重工在京签署了产业投资近百亿元的战略合作协议，晋城海关、晋城商检、兰花保税物流中心正式运营，为发展开放型经济提供了有力支撑。

四、坚持狠抓文化强市建设和依法治市，在凝心聚力、壮大共同奋斗力量上再造了新优势

加强宣传思想文化工作。围绕培育和践行社会主义核心价值观，组织开展了纪念建党95周年和红军长征胜利80周年系列活动。持续推进全国文明城市创建活动，继续深化未成年人思想道德建设，组织开展了第六届“晋城好人”、德孝模范评选表彰活动，毕腊英、刘平贵2户家庭荣获第一届全国文明家庭称号，30人入围“中国好人榜”，2人荣登“中国好人榜”，2人入选“第六届山西道德模范”候选人。围绕守好思想舆论阵地,开展“晋城最美新闻人”评选活动,举办“著名作家看晋城”“中国民航带你看晋城”等系列活动,讲好晋城故事,传播晋城声音,展示晋城形象。围绕丰富城乡群众精神文化生活，持续推进文化惠民工程，在市区建成了41个24小时自助图书馆，组织举办纪念赵树理诞辰110周年等群众性文化活动，电影《战将周希汉》、大型廉政剧目《大道无垠》主题曲荣获省“五个一工程”奖。

扎实推进依法治市。深入推进法治晋城建设，人大立法工作有序推进。继续引深“平安晋城”建设，加强和创新社会治理，着力抓好信访稳定工作，连续五年人民群众安全感满意度名列全省第一、第五次蝉联“全国社会治安综合治理优秀市”、第三次荣膺全国综治最高奖“长安杯”。加强党对人大、政协和工青妇工作的领导，巩固和发展最广泛的爱国统一战线，支持国防和驻市部队现代化建设，第三次荣获“全国双拥模范城”称号。

五、坚持以人民为中心的发展思想，在保障和改善民生上取得了新成效

坚持办好民生实事，持续加大财政投入，推动资金资源向民生领域倾斜，全年民生领域财政支出完成143亿元，占总支出的82.6%。狠抓脱贫攻坚第一民生。围绕精准脱贫、精准扶贫，市委常委带头驻村帮扶，积极推进产业扶贫、移民搬迁、生态扶贫、教育扶贫和社会保障兜底。特别是整合各类涉农资金，投入1.6亿元用于贫困地区发展；对陵川、沁水两个省定贫困县在分别实行市级税收全部返还和50%返还的基础上，再安排扶贫资金5854万元，比上年增长74.3%。全市完成脱贫26733人，超目标任务11%，实现了脱贫攻坚首战首胜。狠抓社会保障基本民生。提高了城乡低保、残疾人补贴、新农合人均筹资和人均基本公共卫生服务经费等四个标准，并在全省领先；在全省率先完成机关事业单位养老保险制度改革，率先启动失业保险“四项补贴”的申领发放，率先启用居民健康“一卡通”。狠抓教育、医疗、就业等热点民生。持续推进教育优先、医疗提质和充分就业三大工程，高考中北大、清华共录取25人；晋城大医院建成投入使用；农村转移劳动力和城镇新增就业提前完成省定任务，城镇登记失业率控制在1.88%以内。狠抓安全稳定基础民生。牢固树立总体安全观，守住全社会系统安全底线，做到“三个坚决防止”。

六、坚持从严管党治党，在构建良好政治生态上迈出了新步伐

坚决落实全面从严治党主体责任。按照全面从严治党各项要求，带头负好主责、首责、全责，6次集体约谈市四大班子成员、六县市区委书记、纪委书记和组织部长，先后约谈各级干部423人。市委常委和其他市领导分别约谈了包联县市区和分管部门班子成员，层层传导压力，逐级压实责任。突出问责追责，对典型案件实行“一案双查”，问责党员干部106人。严格落实意识形态责任制，牢牢把握意识形态领域领导权和话语权。深入推进监察体制改革试点工作，创新完成市县巡察工作，发现和解决了一批党的建设方面的突出问题。

坚持把纪律和规矩挺在前面。紧盯重要时间节点，驰而不息纠正“四风”，严肃查处违反中央八项规定精神问题88起，公开通报“四风”典型问题24起。坚持挺纪在前，准确把握运用“四种形态”，全市纪检机关处置党员干部涉嫌违纪问题线索1514件，其中批评教育、谈话函询等组织处理332人；对567名涉案干部中492人进行分类处置。推动全面从严治党向基层延伸，加强扶贫领域监督执纪问责，查处群众身边不正之风和腐败问题232件，处理236人，给予党政纪处分201人。

切实强化干部的教育管理监督。深化“两学一做”学习教育，组织开展“讲担当、转作风、抓落实”活动，市委中心组集中学习21次，各级党组织组建党员志愿服务队1600余支。坚持好干部标准，圆满完成427名市管干部调整工作，消化超职数配备干部502名。从严开展干部监督，定期综合分析研判，认真实施领导干部工作“八小时以外”情况函询和日常行为联审等制度，督促领导干部如实申报个人有关事项。着力激发干部干事创业激情，制定出台了激励干部干事创业、支持改革创新合理容错和推进干部能上能下的三个办法，为敢于担当的干部担当，为敢于负责的干部负责。

圆满完成市、县、乡三级换届。坚持把加强领导贯穿

换届全过程，市委常委会多次专题研究部署，先后进行4轮集中约谈，派出6个换届风气督查组进行巡回督查，扎实开展了“三学六守换届九严禁”警示教育月活动。坚持向基层一线干部倾斜、向实绩突出的干部倾斜、向敢于担当的干部倾斜，加大市县干部交流力度，一大批优秀干部走上领导岗位，以市第七次党代会和人大政协“两会”为标志，全市换届工作圆满成功，真正换出了新活力、换出了新气象、换出了新干劲。

扎实推进“三基”建设。在全省率先研究制定了加强“三基”建设实施方案，召开了动员大会，确定了“两年见成效、五年大变样”的时间表和路线图。围绕基层组织全面加强。摸排出软弱涣散农村基层党组织223个，拨付抓党建促脱贫资金2135.3万元，零收入村下降了21.3个百分点，1760个村经费达到了8万元，75%的村主干报酬达到了省定标准，重视基层、关爱基层的氛围更加浓厚。围绕基础工作全面进步。推进精细化管理，列出问题清单9条、任务清单11 条、责任清单20条，严格落实“一包五联”制度，建立县乡村党建工作“三级联述联评联考”工作机制，建立健全农村干部待遇报酬正常增长和离任村两主干生活补贴机制。围绕基本能力全面提升。举办了县处级干部、中青年干部、乡镇党委书记和农村（社区）两主干“领头雁”培训班，培训人数达500多人，全面提升了党的建设科学化水平。

（李　超）

附：中共晋城市委书记、副书记、常委名单

书　记：张九萍（女）

副书记：刘润民（10月离职）　武宏文（10月任职）
曾庆勇

常　委：赵沂旸（9月任职）　张志仁（9月离职）
焦光善　马学林　那志茂（11月任职）
张少波（11月离职）　卫明喜（7月任职）
范丽霞（女，7月离职）　王晋峰（9月任职）
常国荣（9月离职）　石云峰（9月任职）
刘爱军（9月离职）

中共晋城市城区区委工作概况

区委书记　王学忠

2016年，城区区委坚持以习近平总书记系列重要讲话精神为指导，认真贯彻落实中央“四个全面”战略布局、省委“一个指引、两手硬”的重大思路和要求以及市委“一争三快两率先”战略部署，主动适应经济发展新常态，全面落实从严治党新要求，全区改革发展和各项社会事业取得了新成效。

一、深入学习贯彻习近平总书记系列重要讲话精神，全面落实中央和省委、市委重大决策部署，不断凝聚推动发展的强大正能量

坚持把学习贯彻习近平总书记系列重要讲话精神作为首要政治任务，通过召开区委常委会、中心组学习会等会议认真学习贯彻、安排部署，始终在思想上政治上行动上与以习近平同志为核心的党中央保持高度一致。深入学习贯彻党的十八大、十八届三中、四中、五中、六中全会精神，深刻领会精神实质，准确把握精髓要义，特别是把学习宣传贯彻党的十八届六中全会与“两学一做”学习教育结合起来，与学习贯彻省、市党代会、全委会暨经济工作会议精神结合起来，通过层层宣传动员、举办专题讲座、组织集中宣讲、在新闻媒体上开辟专栏等多种方式，进一步统一了思想、凝聚了共识、激发了干劲。

二、扎实开展“两学一做”学习教育

坚持把“两学一做”学习教育作为党建工作的龙头任务抓紧抓好。坚持以学为先，由区委常委带头，高质量组织开展了“四讲四有”“讲转抓”等专题研讨，并在全区举办了16 场专题报告会，开办了干部微信课堂等3个学习教育平台；坚持知行合一，在全区部署开展党员干部“六帮”等10 项主题活动，着力推动学习教育覆盖到每一个基层支部，每一名党员干部；坚持问题导向，深入开展了“4+1”专项整治，即：集中整治基层党组织不培养后备干部、不发展党员问题，基层干部乱作为、不作为问题，基层党组织设置不规范、不按期换届、政治生活不正常等问题，党

员不参加组织生活、不按时交纳党费、不做党组织所分配工作的问题，以及各级干部“为官不为”问题，进一步规范了组织生活，激发了党员干部干事创业的热情。

三、坚持全面从严管党治党，着力构建良好政治生态

一是坚决扛起全面从严治党的主体责任。结合新的形势、任务和要求，研究确立了“一带五强三创”和“五个常抓常严”的党建工作思路。新一届区委班子成立后，带头作出讲政治、讲团结、讲担当、讲纪律、讲廉洁“五讲”承诺，及时修订了《区委常委会工作规则》《区委书记专题会议工作规则》《党(工)委(党组)意识形态工作责任制实施细则》等文件，调整了区级领导包联基层党建制度，健全了党建问题、责任和整改“三个清单”，完善了党建工作述职评议考核体系，并在25个部门、单位和群团组织中新设了党组，做到了应设尽设。

二是圆满完成区镇两级换届任务。坚持把区镇两级领导班子换届作为重大政治任务，先后召开28次常委会议、6次召开区镇换届领导小组会议研究解决换届工作中的重大问题。推进过程中，严格执行相关程序和纪律要求，确保了推选出的“两代表一委员”全部符合标准，确保了区党代会及人大、政协“两会”风清气正，顺利实现“四个好”目标。在此基础上，坚持重实绩、重公认、重基层的用人导向，通过深入各镇(办)和单位广泛听取意见、组织召开青年干部座谈会等方式，将一批优秀干部调整选拔到了重要岗位，进一步配强了领导班子，夯实了干事之基。

三是坚持把纪律和规矩挺在前面。坚定不移扛起全面从严治党责任，制定出台落实“两个责任”的《意见》，区委率先以清单形式明确了77项主体责任。坚持不懈纠正“四风”，紧盯重要时间节点，对全区镇(办)、单位以及村(社区)开展监督检查8次，诫勉谈话9人，查处违反中央八项规定精神3案，给予党政纪处分4人。结合全区实际，深入开展为期3个月的“公款旅游、公款吃喝、公款报销”专项治理，共清理公务用车26辆，退回违规发放的津贴补贴52.8万元，34个村(社区)存在的办公用房超标问题全部整治到位。公开通报批评、严肃督办整顿市二院、区公共资源交易中心、区机关事务管理局等三家单位存在的组织领导不力、责任担当不足、工作推进不实等问题，有效发挥了震慑警示作用。坚持以零容忍态度惩治腐败，全年共立查案件42件，结案43件（2015年遗留2件），给予党政纪处分42人，其中村(社区)干部25人，占到59.5%。认真把握“四种形态”，扎实开展谈话函询，全区共谈话函询党员干部133名，主动说明情况94人，主动上交违纪所得265295元，让“红脸出汗”成为了常态。扎实推进巡视整改，先后开展两轮巡察，发现和解决了一批党的建设方面存在的突出问题，并以市委巡察为契机，在全区部署开展了以“五个一”为载体的“学准则学条例、查问题找差距”主题活动，着力推动全面从严治党向基层延伸。严格落实省、市安排部署，监察体制改革试点工作正在稳步有序推进。

四是切实加强基层组织建设。紧扣基层党建7项重点任务，围绕省委、市委加强“三基”建设的安排部署，坚持以强班子、强队伍、强制度、强保障、强服务为抓手，着力推动基层党建工作全面进步、全面过硬。召开全区“三基”建设动员会，确定了“两年见成效、五年大变样”的时间表和路线图。在机关事业单位普遍推行“党政双责一肩挑”工作模式，扎实开展非公企业党组织“双强六好”创建活动，持续整顿软弱涣散基层党组织，2/3的村（社区）已取得明显成效。特别是持续加大基层组织保障力度，村（社区）党建工作和日常运转经费达到11.5万元/年；村“两委”主干岗位报酬提升到22056元/年，副职每人每年7000元的岗位报酬全部纳入财政兜底保障；社区主干、副职、社区工作者每月工资分别达到1838元、1685元和1532元，“五险一金”全部纳入保障范围；社区办公场所实现200平方米达标全覆盖；农村专项解困基金和社区专项惠民基金，标准提升到平均每村（社区）20万元，新设50万元村级组织活动场所修缮基金和30万元生活困难党员帮扶基金，切实办好了一批与党员群众工作生活密切相关的实事。

四、坚持发展第一要务，着力加快“五个城区”建设

一是切实加强党对经济工作的领导。进一步加强了区委常委会分析研究经济工作的制度安排，结合换届人事变动，及时调整了区四大班子领导带头联系和服务重点项目工作制度，健全完善了“一个项目、一位领导、一套班子、一个方案、一抓到底”的推进机制。精心组织召开全区经济发展推进会、重点工作推进会、城建重点项目攻坚会，扎实开展干部入企服务、各类项目受理大起底以及领导干部“百日大调研”等活动，推动全区经济实现了“一季比一季好，下半年好于上半年”的目标。2016年，全区生产总值完成249.8亿元，同比增长5.0%，总量和增速均为全市第1；固定资产投资完成334.9亿元，同比增长6.3%，总量全市第1，增速全市第3；社会消费品零售总额完成204.7亿元，同比增长7.9%，总量和增速均为全市第1；公共财政预算收入完成8.9亿元，下降6.8%，顺利完成年度目标任务；城镇居民人均可支配收入完成30168元，同比增长5.9%，增速排名全市第3；重点工程“六位一体”均完成年度目标，排名全市前列，为全区经济形势进一步好转奠定了坚实基础。

二是着力推动产业转型升级。坚持“创新驱动、转型升级”主题，充分发挥区位优势，以三产服务业为主体，新型工业和现代农业为两翼，着力构建现代产业体系。特别是坚持把服务业作为转型发展的“牛鼻子”，认真研究对接我省支持服务业发展“50条”等相关政策，主动适应“互联网+”发展趋势，推动我区电子商务产业园暨云仓科技项目奠基开工，兰花城、“幸福苑”项目正式运营，华大时代广场、怀覃里商业步行街、金融财富广场、红星商业广场等八大城市综合体稳步推进，进一步创造了新供给、

催生了新动能，服务业对全区经济增长的贡献率达到88.5%。以“十大农业园区”为重点，持续推进城郊型创意高效农业建设，司徒小镇被评为我省“休闲农业与乡村旅游示范点”，其经验做法受到了《人民日报》和中央电视台的关注和报道。与此同时，坚持西北片区改造、北石店新区开发、城中村改造和市政重点工程建设“四位一体”、统筹推进，加快以路网建设为龙头的片区改造开发，彻底解决了太行印刷厂历时三年之久的征补遗留问题，实现了景西北路全线通车。书院西街、道西路、电厂路、晋春街、书院东街、景西南路等顺利推进，大部分道路已基本具备通车条件。18个城中村改造项目加快推进，进一步拓展了产业转型升级空间。

三是坚持不懈深化改革、扩大开放。制定下发《区委全面深化改革领导小组2016年工作要点》和《任务分解表》，深入推进重点领域改革，积极抓好西北片区改造、北石店镇“四化同步”“扩权强镇”两个市级综改试点建设，稳步推进供给侧结构性改革。特别是在城中村和棚户区改造中，注重与房地产市场去库存紧密结合，着力把库存控制在合理水平；通过争取国债、城投债、中央预算内投资以及筹建城市建设投资经营有限公司等系列措施，着力解决城市建设资金难题，有效促进了“三去一降一补”任务落实。坚持用系统和定向的观点改进招商引资工作，全年签约项目17个，总投资额369.2亿元，完成市目标任务的173.33%，全市排名第二，外来资金到位88.02亿元，重点项目万达城市广场完成前期洽谈，进入规划方案设计阶段。

四是持之以恒惠民生、促和谐。坚持以人民为中心的发展思想，在经济下行压力较大情况下，大力压缩财政一般性支出，确保重点领域和民生支出。2016年全区民生支出累计完成14.28亿元，同比增长14.67%，占总支出的85.3%。教育方面，晋城八中、十一中、十二中3所学校投入使用，其他7所学校加快推进。医疗方面，新建市二院住院楼、区卫生监督所即将投入使用；北石店中心卫生院将于近期开工建设。就业方面，全年城镇新增就业6321人，完成年度目标任务的117%；城镇登记失业率为1.4%。生态建设和环境保护方面，深入推进“三山两河一场”六大生态工程，集中力量“减煤”“治烟”“降尘”，推动环保问题整改取得明显成效。安全稳定方面，牢固树立总体安全观，健全完善“党政同责、一岗双责、齐抓共管”安全生产责任体系，制定出台《区委关于进一步加强和规范信访工作的实施意见（试行）》和《关于在全区集中开展信访积案攻坚活动的实施方案》，扎实开展安全稳定风险隐患大排查大整治，持续加强社会治安综合治理，守住了“三个坚决防止”的底线，全区社会大局和谐稳定。

五是统筹推进其它各项工作。加强宣传舆论引导，注重网络舆情分析研判，充分利用各类媒体，大力宣传我区改革发展的新变化、新风貌，唱响了主旋律，激发了正能量；着力培育和践行社会主义核心价值观，持续引深“城区好人”“最美乡村医生”评选以及志愿服务、文明城市创建等活动，进一步提高了公民道德素质和社会文明程度；圆满完成“六五”普法验收，荣获“2011—2015年全国法治宣传教育先进县（市、区）”；加强对人大工作的领导，支持和保证人大及其常委会依法履行职责，积极为代表依法履职创造条件；支持和保证人民政协积极履行政治协商、民主监督、参政议政职能，充分听取政协就全区重大问题的协商讨论、对策建议；扎实开展党外代表人士“学习讲话、学习作风、跟党奋进”活动；强化党管武装工作，推动军民融合深度发展；充分发挥工会、共青团和妇联等群团组织作用，形成了上下同心、攻坚克难的良好局面。

五、坚持发挥好表率作用，加强区委班子自身建设

一年来，区委班子高度重视自身建设，带头增强“四个意识”，坚定“四个自信”，自觉坚定地与以习近平同志为核心的党中央保持高度一致，坚决贯彻党中央大政方针和省委、市委决策部署；严肃党内政治生活，严格贯彻执行民主集中制，带头作出讲政治、讲团结、讲担当、讲纪律、讲廉洁“五讲”承诺，及时修订了《区委常委会工作规则》《区委书记专题会议工作规则》《党(工)委(党组)意识形态工作责任制实施细则》等制度，完善落实“一包九联”工作机制，坚持把严和实的要求贯穿于工作的方方面面，为全区党员干部作出了表率、树立了标杆。

（赵　耀　崔晋鹏）

附：一、中共晋城市城区区委书记、副书记、常委名单

书　记：张利锋（7月离职）　王学忠（7月任职）

副书记：王文全（8月任职）　李晓峰（8月任职）

王学忠（7月离职）

常　委：王　丽（8月任职）　郭天德（4月任职）

申军生（8月任职）　赵宏斌（8月任职）

范永星（6月任职）　马晋平（8月任职）

冯新根（6月任职）　尚东方（8月任职）

晋　昕（女，8月离职）　李子荣（8月离职）

李　炎（8月离职）　李永红（8月离职）

霍晋斌（4月离职）　吴宝玉（6月离职）

二、镇（街道）党（工）委书记名单

北石店镇

书　记：张　宏（女，4月离职）　孟　晨（4月任职）

西上庄街道

书　记：巩　骏

钟家庄街道

书　记：陈玉霞（女，9月离职）　郭瑞林（9月任职）

东街街道

书　记：车文莲（女，9月离职）

田静妮（女，9月任职）

南街街道

书　记：卢坤拽（9月离职）　杨继平（9月任职）

西街街道

书　记：郭瑞林（9月离职）　李广华（9月任职）

北街街道

书　记：庞维敦（9月离职）　陈志刚（9月任职）

矿区街道

书　记：田静妮（女，9月离职）　李慧斌（9月任职）

中共泽州县委工作概况

县委书记　赵新年

泽州县委下辖基层党组织1290个,其中党委21个，党总支80个,党支部1189个。共有党员25827名，其中，女党员3970名。

2016年，面对严峻复杂的宏观形势，泽州县委、县政府团结带领全县人民，坚持以习近平总书记系列重要讲话精神为指引，深入贯彻省委“一个指引、两手硬”重大思路和要求，以及晋城市委“一争三快两率先”决策部署，大力实施“161”发展战略，主攻“双一双五”年度工作重点，荣获“全国产粮产油大县”“全国生猪调出大县”“全国生态特色旅游县”“全省冶铸产业集群县”等荣誉。全年生产总值完成218.5亿元，同比增长4.8%；规模以上工业增加值完成46.7亿元，同比增长5.4%；固定资产投资完成226亿元，同比增长7.5%；一般公共预算收入完成12.4亿元，同比增长7.8%；社会消费品零售总额完成38.6亿元，同比增长7%；城镇居民人均可支配收入完成29333元，同比增长7.1%；农村居民人均可支配收入完成13129元，同比增长7.5%；尤其是规模以上工业增加值、固定资产投资、城镇居民和农村居民收入4项指标增速位列全市第一，实现了下半年好于上半年的目标。

一、以“五大发展”为统领，明晰振兴崛起的泽州路径

深入践行创新、协调、绿色、开放、共享“五大发展理念”，高质量编制“十三五”规划，描绘未来五年发展的宏伟蓝图。全面审视“五短五长”县情，确立“161”发展战略，提出要瞄准“打造新型城镇化示范县、率先全面建成小康社会”这个目标，致力在优化产业结构、统筹城乡一体、深化改革开放、发展民营经济、建设美丽泽州、决胜脱贫攻坚上走在前列，大力实施党建“引领力工程”，并以县党代会胜利召开为标志，吹响从严治党、重振雄风的“冲锋号”。

二、以项目建设为抓手，迈出转型创新的泽州步伐

坚持把培育“五大产业”新体系，构建“两带四板块”“五化”同步推进产业新格局落实在项目建设上，深入开展“百名干部入企（项目）”“项目大起底”和“千人帮万企”活动，大力实施“六个一批”，建立并落实“五个一”工作机制和重大建设项目部门联席会议制度，南村铸造工业园区、枣园学校等75个重点项目前期工作有序推进，清慧三期、万鑫顺达光伏发电等20余个重大项目落地开工，华明纳米、中国青年城、爱窝商贸、国晨生物科技等四家企业分别在“新三板”“青创板”“Q板”挂牌上市，全县三次产业比重由2015年的6.0:63.9:30.1调整到5.5:62.8:31.7，产业结构日趋合理。

三、以农地入市为突破，彰显深化改革的泽州魄力

加快推进农村集体经营性建设用地入市试点工作，修订完善13项规章制度，完成13宗192.8亩土地入市和7宗640亩土地调整入市方案批复，实现入市途径和入市方式全覆盖，受到国土资源部、省委省政府和市委市政府的充分肯定和多次表扬。加快推进国家新型城镇化综合试点工作，初步形成“四联四动”的发展格局。巴公省级扩权强镇试点，修订完善“五规合一”，建立“一枚印章管审批”的机制，形成“八个一”综改思路。南岭贫困山区转型综改试点，一路一桥一馆一校一坊“五个一”工程扎实推进。统筹推进国企改制、民企股改等重点领域的改革，为泽州发展注入强劲动力。

四、以全域旅游为平台，展现比学赶超的泽州风采

珏山5A级景区创建规划通过专家评审，可寒山、聚寿山成为3A级景区，大阳古镇完成投资7600万元，李寨栖龙湾景区完成投资6000万元，全县文化旅游业发展势头正旺，成功入选第二批“国家全域旅游示范区”创建名单。2016“秋风古韵·畅游泽州”首届文化旅游节的成功举办，激发各级干部干事创业的劲头，营造了兴旅富民的浓厚氛围，展示了“秋风秋叶秋色，古山古水古韵，泽人泽己泽州，晋善晋美晋城”的无限魅力，吸引全国28家“三农”媒体60余位社长总编走进泽州。

五、以改善民生为根本，巩固和谐幸福的泽州局面

认真落实惠民实事，新建成边道路75公里，农村公路生命安保工程完成143.4公里，新增通公交村67个，新建和改造县乡道路100余公里，集中供热惠及2.1万户群众，煤

层气覆盖33%的行政村，教育、卫生、文化、社保等社会事业取得长足发展。大力加强生态文明建设，丹河龙门湿地公园建成开园，环城绿道累计达到40公里，森林覆盖率达到36.74%，绿化率达到50.56%，空气环境质量得到进一步改善。狠抓脱贫攻坚，全年减贫2503户5050人。切实加强法治泽州建设，高度重视安全生产和信访工作，社会大局更加和谐稳定。

六、以党建引领为载体，践行从严治党的泽州担当

坚持重基层、看实绩、讲纪律、严程序，率先在全市完成县乡换届，实现“四个好”目标。扎实开展“两学一做”学习教育，以“一带三创五化”为抓手深入实施“党建引领力”工程，严肃党内政治生活，全面加强基层组织和干部队伍建设，党的执政基础更加稳固。严格落实“两个责任”，持之以恒纠正“四风”，大力开展巡察工作，反腐败压倒性态势已经形成。成功举办“中国梦·劳动美·建功十三五”职工歌咏比赛，弘扬主旋律，汇聚正能量。人大政协依法履职，各项工作高效推进。切实抓好党管武装工作，巩固和发展爱国统一战线，高度重视群团工作，基层民主政治建设再上新台阶。

（刘宽利　牛世伟）

附：一、中共泽州县委书记、副书记、常委名单

书　记：赵新年

副书记：高喜全　侯贵宝（6月离职）
席学武（6月任职）
王野萍（女，6月离职，挂职）

常　委：张保国（4月离职）　王加林（4月离职）
王　丽（女，6月离职）　李正根（6月离职）
安旭敏　陈志忠　张庆民（挂职）
霍丽丽（女，6月任职）　李仲明（6月任职）
张建中（4月任职）　李韶华（6月任职）
张韶华（4月任职）　闫晋中（6月任职）

二、乡镇党委书记名单

下村镇

书　记：杨鸿飞（4月离职）　樊武斌（4月任职）

大东沟镇

书　记：许云发（4月离职）　李俊文（4月任职）

川底乡

书　记：陈仲会（4月离职）　牛天明（4月任职）

周村镇

书　记：郎军芳（4月离职）　焦志成（4月任职）

李寨乡

书　记：闫晓阳（4月离职）　郭华英（4月任职）

南岭乡

书　记：董建军（4月离职）　史坤国（4月任职）

犁川镇

书　记：原吉雷（4月离职）　刘小虎（4月任职）

山河镇

书　记：车树文（4月离职）　郭海军（4月任职）

晋庙铺镇

书　记：樊武斌（4月离职）　邢剑虹（4月任职）

大箕镇

书　记：王江元（4月离职）　刘晋宇（4月任职）

南村镇

书　记：李雪山（4月离职）　许云发（4月任职）

金村镇

书　记：李池堆（4月离职）　闫晓阳（4月任职）

柳树口镇

书　记：赵亮福（4月离职）　李瑾卿（4月任职）

高都镇

书　记：牛天明（4月离职）　李云波（4月任职）

北义城镇

书　记：李云波（4月离职）　李　斌（4月任职）

巴公镇

书　记：侯贵宝（兼，4月离职）　郎军芳（4月任职）

大阳镇

书　记：刘建云（女，4月离职）　刘廷兵（4月任职）

中共高平市委工作概况

市委书记　范兆森

中共高平市委下辖30个基层党（工）委，其中乡（镇、街道）党（工）委16个，机关事业单位（部门）党委8个，企业党委2个，市直机关事业单位工委4个。共有42个党组、68个党总支（含村级党总支25个）、1079个党支部。党员总数为26145名，其中农村党员14095名。

2016年，在省委、晋城市委的坚强领导下，高平市委认真学习贯彻党的十八大和十八届三中、四中、五中、六中全会精神，深入贯彻落实省、晋城市党代会精神，围绕理直气壮抓发展、从严从实抓党建这两件大事，确立了“十三五”发展战略，明确了近期的主攻方向，点燃了干部的干事激情，营造了心齐气顺劲足的社会氛围，开启了高平新长征。

一、学好用好系列重要讲话，树牢“四个意识”

坚持把学好习总书记系列重要讲话作为市委的最大政治责任和历史担当。通过集中培训、专题研讨、登台讲课等各种方式，不断深化对习总书记系列重要讲话精神的深刻理解和准确把握，用习总书记治国理政新理念新思想新战略全面武装头脑，在学思践悟中进一步增强思想认同、理论认同、情感认同，感受系列重要讲话的真理力量，进而从内心深处树牢政治意识、大局意识、核心意识、看齐意识。

坚持把用好习总书记系列重要讲话作为办好高平事情的根本遵循和最终检验。结合高平实际学讲话，对照讲话找问题找差距，扎实开展“两学一做”学习教育，市委常委会以上率下，一级抓一级，一级带一级，全市各级党组织和广大党员干部在思想上拥戴核心，在政治上维护核心，在行动上紧跟核心，形成了人心思进、奋力赶考、“三个能行”的强大社会合力。

二、注重顶层设计，谋划“十三五”发展战略

办好高平的事情，关键是把发展方向搞对头，把战略举措谋划好。围绕省委“一个指引、两手硬”重大思路和要求，坚持问题导向，坚持目标导向，坚持系统思维，坚持求真求是求实，市六次党代会确立了“紧紧扭住‘两件大事’、努力实现‘两个率先’，不断塑造高平美好形象、逐步实现高平振兴崛起”的发展战略。

一分部署，九分落实。发展战略一经确定，市委就把落实紧紧抓在手上，层层压实，步步跟进。首先，将办好“两件大事”、实现“两个率先”战略目标细化分解为63项大事、要事、难事、管长远的事，市级领导分头领题调研，探究落实举措。其次，组织干部走出高平到五个兄弟县区参观学习，走进16个乡镇（街道）观摩项目，比先进查不足激活斗志。在此基础上，召开了“学以致用、以用促学”暨落实“两件大事”“两个率先”专题研讨会，再思考再聚焦、再定位再聚力，坚持重战略、重民生、重转型、重基础、重落实，将发展战略深化细化为行稳致远的行动计划。

三、狠抓第一要务，实现了下半年好于上半年目标

认真贯彻落实中央、省委、晋城市委要求，切实加强和改善党对经济工作的领导，旗帜鲜明地把发展作为市委的重大现实任务和历史责任，作为高平振兴崛起的第一件大事，用心想、用力抓。

廓清了发展方向。坚持用新发展理念统领经济发展全局，深入研判全市经济形势，积极回应群众热切期盼，在充分调研、多方论证的基础上，提出了“打造一个新引擎、稳定一个基本面、强化两个驱动力、走出一条资源型地区创新驱动、转型升级的新路、让人民群众更有获得感”的实施路径，进一步深化了对市情特点和发展规律的认识，刷新了全市各级干部抓发展的理念，坚定不移走创新驱动、转型升级之路成为思想共识和行动自觉。

改革创新迈出新步。坚持把突出制度供给、强化创新驱动摆在发展全局的核心位置，抓住关键环节、关键领域，下大决心、大气力深化改革攻坚落地。煤炭产业供给侧改革迈出实质性步伐，煤矿行业从9月份开始，结束了连续35个月的亏损局面。金融领域改革破题前行，农信社完成改制，长兴金融正式运营。国有企业改革积极推进，改组组建中兴投融资平台，文旅集团正在组建。民营企业配套改革有序落地，成为全省首批中小微企业创业创新基地示范县，累计9家企业挂牌上市。科技体制改革势头良好，与阿里巴巴、乐村淘两大电商平台企业合作，共建电子商务进农村综合示范县。

十项措施推动经济稳步向好。面对经济持续下行困局，围绕“下半年好于上半年，为明年进一步好转奠定基础”的目标，先后两次召开深改领导小组会议专题研究科兴集团改革；召开市委政府部门、专家、企业家三方座谈会，专题研究民营经济发展；坚持招对商、招好商、招大商，积极推动园区项目集群化发展；充分挖掘高平“期货”资源，进一步加大文化旅游业开发力度；突出实体经济，进一步加大金融支持力度；积极整合盘活现有的各类要素资源；千方百计增加财政保障能力。全市经济运行正在孕育和发生一些标志性、转折性、趋势性的积极变化。比如：地区生产总值完成200.3亿元，同比增长3.6%，由负转正；规模以上工业增加值48.2亿元，增长3.2%，实现23个月来首次正增长；一般公共预算收入12.7亿元，增长0.8%，在全省96个县（市）总量排名第二。

四、真抓真管真严，纯净政治生态

认真贯彻省委“巩固、深化、提高”方针，坚持以上率下，真抓真管真严，不断推动从严治党向纵深发展。

“三个一方”带班子。新一届市委明确提出：从常委班子做起，建设“表率一方、造福一方、导扬一方”的领导班子。对四套班子提出了“重团结、讲规矩、担担子”的总要求，明确了五条基本规矩；集中搭建了“学习高平”“高平擂台”“机关大学”三个学习平台和工作赛场。坚持抓具体，抓细节，抓住每一个节点，拧紧每一个螺丝，真抓真管真严。比如，针对换届市委班子成员调整，在原班子已经开展了“讲规矩、有纪律”专题学习讨论的基础上，又安排了二次学习研讨。比如，换届后乡镇科级干部培训，实行军事化全封闭，早上出操、白天上课、晚上讨论。再比如，学习《问责条例》，四套班子带头，不仅组织全市700多名科级以上干部进行了闭卷考试，而且针对考试中发现的一些不严不实现象，在乡镇（街道)党（工）委书记述党建会议上，提出严肃批评，纪委书记监考，现场组

织重新补考。通过抓住这样一个个小切口，使广大干部对过去的一些“习以为常、不以为然”的问题警醒起来。

“四个导向”正风气。提出并坚持树牢“四个导向”。树牢基层导向，落实“重心下移、力量下沉、保障下倾”的政策措施，让基层的同志有干头、有奔头、有盼头、有想头。比如，在乡镇调研干部座谈中，发现全市乡镇干部没有享受乡镇补贴，市委立即安排部署，全市所有乡镇干部从2015年1月补起，8月底乡镇补贴全部到位。树牢干部导向，明确提出“三重三看三优先”的干部导向，重品行、重实绩、重公论；看是否忠诚、看是否担当、看是否干净；长期安心基层一线工作的优先、多年在任务繁重岗位任劳任怨工作的优先、落实“两件大事”实现“两个率先”成效显著贡献突出的优先。换届以来，市委共研究干部三批次，调整干部112人，做到了“事业需要、干部意愿、民心民意”三者的统一，“干部安心干工作，市委用心选干部”的局面正在形成。树牢干事导向，认真落实《山西省激励干部担当作为干事创业办法（试行）》和《山西省支持干部改革创新合理容错办法（试行）》。进一步廓清政策边界，补齐制度短板，研究制定了工会福利、商务接待、食堂补助、分类值班等制度规范。树牢考核导向，一方面，修订指标、改进办法，实行分类分层考核制，提高考核的靶向效应。另一方面，既考核基层，又考核领导，对四套班子成员实行考成制，事情没做好，要让群众知道是哪个领导没有做好。同时，加大考核结果应用，旗帜鲜明地表彰优秀科级干部、优秀农村支部书记等模范，让得奖的有感觉、没得奖的坐不住，干得好的有位子、干得差的没面子。

“三个能行”同心干。市六次党代会以来，全市各个领域、各条战线、各级干部用良好的精神状态、担当的工作态度、求实的工作作风，齐心协力，众志成城，唤起了“高平的党员干部能行！高平人能行！高平能行！”的强大自信。市政府紧紧围绕党代会战略部署，逐一细化、主动担责，有效推进各项工作落实；市人大、市政协充分发挥职能作用，围绕民生热点，认真开展调查研究，积极建言献策；市直各部门履职尽责，工作亮点纷呈，作风明显改善；各乡镇（街道）立足实际，找坐标定目标，展现了争先恐后的精神风貌；各民主党派围绕中心、服务大局，加强对外联系，交流交往成果突出。同时，市委认真履行其他各项职责，支持市人大及其常委会依法行使权力，支持市政协积极履行职能；坚决抓好党风廉政建设、信访维稳、意识形态、党管武装、脱贫攻坚等各项工作；充分发挥工会、共青团、妇联等人民团体作用等等，党领导的各项事业迈出新的坚实步伐。

（王　冬）

附：一、中共高平市委书记、副书记、常委名单

书　记：张玉宏（7月离职）　范兆森（7月任职）

副书记：邹树琦　闫通宇（8月离职）

邓志蓉（女，8月离职，挂职）

原　健（8月任职）

常　委：李培安（8月离职）　王　涛（8月离职）

靳水生（6月离职）

秦元法（2月接受组织调查，7月“双开”）

牛晓明　申军生（8月离职）

陈　舜（6月离职）

张晓蕾（女，8月离职，挂职）

常先勤（女，6月任职）　朱慧杰（4月任职）

上官建红（8月任职）　郜红宁（8月任职）

张晋文（8月任职）　郜培法（8月任职）

焦华军（6月任职）

二、乡镇（街道）党（工）委书记名单

东城街道

书　记：郑威剑（1月离职）　赵静谱（1月任职）

南城街道

书　记：赵栋庭

北城街道

书　记：毕建明（1月离职）　成立忠（1月任职）

米山镇

书　记：郭勇虎（4月离职）　冯　硕（4月任职）

三甲镇

书　记：张旭强（4月离职）　李　皓（4月任职）

神农镇

书　记：段晓军

陈区镇

书　记：许宏建（4月离职）　魏志宏（4月任职）

建宁乡

书　记：申中锋（4月离职）　贺俊峰（4月任职）

北诗镇

书　记：朱瑞金（3月任职）

石末乡

书　记：王国文（4月离职）　张群玲（女，4月任职）

河西镇

书　记：孟向东（4月离职）　王志宏（4月任职）

马村镇

书　记：王广平（1月离职）　郑威剑（1月任职）

原村乡

书　记：王　京（4月离职）　王万青（4月任职）

野川镇

书　记：吴华芳（女，4月离职）　李树忠（4月任职）

寺庄镇

书　记：赵海青（4月离职）　肖永义（4月任职）

永录乡

书　记：史晓波（4月离职）　韦魁龙（4月任职）

中共阳城县委工作概况

县委书记　窦三马

阳城县位于山西省东南部，地处太行、太岳、中条三山交汇处，隶属晋城市，下辖10镇、7乡，467个行政村，常住人口40万，面积1968平方公里，总耕地54.6万亩。全县辖党组织1291个，其中基层党委29个，党总支78个，支部1184个；另有工委4个，党组49个；全县共有党员25792人。

2016年，阳城县深入贯彻党的十八大、十八届三中、四中、五中、六中全会和习近平总书记系列重要讲话精神，按照中央、省委、市委的决策部署，牢固树立“五大发展理念”，深入实施“田园城市、美丽乡村、产城融合、城乡一体”发展战略，团结带领全县广大党员干部群众积极谋事、扎实干事、善于成事，推动全县党的建设和党领导的各项事业不断开创新局面。

一、狠抓发展第一要务，牢牢把握经济发展主动权

县委按照“下半年好于上半年，今年好于去年，为明年进一步好转奠定坚实基础”的目标要求，积极应对压力挑战，推动经济发展稳中有进、稳中向好。全年地区生产总值完成166.5亿元，增长1.3%；固定资产投资完成164.8亿元，增长3%；社会消费品零售总额完成43亿元，增长7.6%；公共财政预算收入完成12.4亿元，增长16.6%；城镇居民人均可支配收入26037元，增长5.7%；农村居民人均可支配收入11488元，增长6.6%。

加快转型升级步伐。按照“煤与非煤齐抓、规模与效益并重”的思路，不断提升传统产业、壮大优势产业、培育新兴产业。突出煤炭保基本。认真落实“去、减、保”要求，促进武甲、小西、大桥等矿投入试运行，引导煤炭企业加强与“优煤易购”平台合作，通过“物流网+授权经销商+终端用户”的经营模式，有效提高市场空间和利润空间，进一步稳住全县经济基本面。突出陶瓷稳就业。持续在“扩规模、提档次、拓领域、抓配套”上下功夫，协调推进陶瓷研究中心、质检中心、交易中心、互联网营销中心“四大中心”建设，总产量达到1.6亿平方米，实现产值30多亿元，带动就业1万余人，陶瓷产品首次走出国门、远销中亚、进入国际市场。突出农业创特色。在稳定粮食生产的基础上，不断加大对蚕桑的扶持力度，推行政策性养蚕保险，稳农安农作用充分发挥。主攻休闲农业和乡村旅游融合发展，新建富硒红苗谷体验园、中药材产业园、葵花观赏园、千亩油菜梯田等一批集观光、体验、休闲于一体的农业创意基地，吸引游客170多万人次，综合收入8100余万元，农民人均增收超过1000元，实现了生态效益、景观效益和经济效益的有机统一。

加速统筹协调进程。坚持以就地城镇化为方向，以人的城镇化为核心，联动推进田园城市和美丽乡村建设，加快建设宜居宜业宜游的幸福家园。田园城市方面，以全线贯通城市绿道为标志，基本建成40公里城市绿道休憩生态圈、30公里田园经济生态圈、10公里工业经济生态圈；启动编制县城地下管廊综合规划和县域农村生活垃圾治理规划，全面完成县城总规修编和主城区控规，城市规划持续完善；协调推进滨河东路延长线道路和县城公用停车场建设，城市功能不断优化；扎实推进南部片区前期工作，启动“濩泽古城”开发工程，加快垃圾和污水集中处理、集中供气等配套建设，扎实开展县城交通秩序和环境卫生整治，城市面貌明显改观。美丽乡村方面，巩固拓展以垃圾集中处理为重点的农村人居环境综合整治成果，鼓励支持各乡镇规划建设无害化垃圾填埋场，扎实推进“一乡一业”“一村一品”项目建设，深入开展“十大最美旅游村”和“十佳美丽宜居示范村”创建，建成5个市级以上美丽宜居示范村和72个生态农庄。润城镇跻身首批“中国特色小镇”，横河镇荣获“中国乡村旅游最佳目的地”称号。

加大生态建设力度。坚定不移走生态优先、绿色发展之路，将生态文明建设融入经济社会发展各方面和全过程，不断厚植可持续发展的生态基础。严格落实生态环保责任制，实施最严格的环境保护制度，全面开展“铁腕治污”行动，严厉打击环境违法行为，严肃查处企业违规生产行为，坚决防止污染下乡进村。突出抓好“控煤、治污、降尘、管车”四个关键环节，加大大气污染防治力度，不断改善环境空气质量，全年新标准二级以上天数达到282天。以沁河、获泽河、芦苇河、磨董旅游专线、田园城市道路、煤矿采空区为重点，大规模开展生态造林，着力打造绿色经济、绿色屏障和绿色环境。

二、狠抓改革第一动力，持续激发发展动力活力

县委围绕发展所需、基层所盼、民心所向，紧紧抓住具有牵引作用的重大事项，统筹推进各项改革，全方位扩大对外开放，不断向改革要效益、让开放添活力。

着力推进各项改革。发挥转型综改、扩权强县的引领作用，制定《“十三五”实施方案》和《2016年行动计划》，持续推进町店镇转型综改试点工作。全面深化国企国资改革，有序推进粮食企业和县陶瓷厂改革，健全完善阳泰集团法人治理结构、规范化建设迈出实质性步伐。加快推进

农村综合改革，扎实开展农村产权交易市场建设，基本完成农村土地承包经营权确权调查工作。积极推进行政审批制度改革，按照“两集中、四到位”要求，新建政务中心正式投用，53个部门、383项审批事项进驻。创新工业园区环境和平台，阳礼大道实现试通车，演礼工业园区孵化基地投入运行，八甲口物流园区理顺体制，园区的集聚效应初步显现、承载能力不断增强。

着力发展实体经济。认真落实各类“双创”政策措施，支持鼓励建立创业孵化基地、创业园区和众创空间，加强中小企业服务体系建设，皇城药业在新三板挂牌，花烂漫土特产在Q板上市。不断加大与农发行、国开行等政策性投资银行合作力度，探索尝试PPP、政府债务等手段和模式，建立政府、社会资本多元投入机制，进一步拓宽企业融资渠道。大力实施“中小企业成长”工程，组织开展“万名干部入企服务”“各类申报项目受理材料大起底”等活动，向“上”争取政策资金、向“下”主动提供服务，“亲”“清”新型政商关系加快形成。

着力扩大对外开放。全面推行四大班子带头招商、乡镇“一把手”任务招商、经济部门主动招商的目标责任制，充分发挥企业招商、以商引商、亲情招商的作用，积极为项目建设提供全程“保姆式”服务。大力推行“13710”工作机制，认真落实“月检查、季调度、年考核”项目督导机制，有力促进了在谈项目早签约、签约项目早落地、落地项目早开工、开工项目早投产。冠宇食品、温氏现代养殖、富尚雅装饰墙板等一批打基础、扩就业、增后劲、利长远的项目顺利推进。

三、狠抓法治第一保障，不断加快民主政治进程

县委坚持将党的领导、人民当家作主、依法治县有机统一起来，用法治保公平、建秩序，以民主促团结、增活力，充分调动人民群众的积极性。

坚持和完善人民代表大会制度。支持和促进人大常委会依法履职，人大及其常委会听取和审议“一府两院”工作报告17项，依法任免国家机关工作人员28人次，开展视察、调研和执法检查等活动14次，接待受理群众来信来访140件。特别是围绕全域旅游、交通整治、环境保护等重点工作进行专题调研，形成了高质量的调研报告，为我县各项事业的发展提出了建设性的意见建议。

坚持和完善中国共产党领导的多党合作和政治协商制度。支持政协积极履行职能，推进工作创新，县政协及其专门委员会围绕“田园城市、美丽乡村、产城融合、城乡一体”发展战略开展课题研究，完成2个专题调研、4个专题建言和12个对口协商议题。召开协商座谈会、专题协商会，积极建言献策，提出提案213件、建议125项，有效发挥了决策咨询、参政议政作用。

不断凝聚智慧力量。加强党管武装工作，认真贯彻政治建军、改革强军、依法治军的要求，扎实推进军民融合发展，不断完善军地齐抓共管国防后备力量建设机制，实现强军兴武和富民强县互促共进。圆满完成团县委、工商联换届选举，支持工会、妇联等群团组织依法依章程发挥作用，进一步解决机关化、行政化、贵族化、娱乐化等问题，形成了团结奋进的生动局面。

加快法治阳城建设。持续扩大基层民主，不断健全各类民主管理制度和办事公开制度。全面深化党务公开、政务公开、村务公开、厂务公开和公共企事业单位办事公开，有效保障群众的知情权、参与权、表达权、监督权。启动“七五”普法教育，引深法治乡村、法治单位创建，让广大群众知法、懂法、守法、用法，推动形成领导干部依法决策、党员干部依法办事、人民群众依法做事的浓厚氛围。

四、狠抓民生第一关切，切实提升群众幸福指数

县委始终坚持以人民为中心的发展思想，把人民对美好生活的向往作为目标追求，加大民生投入、落实民生政策、办好民生实事，不断增强人民群众获得感和满意度。

精准推进脱贫攻坚。坚持把“精准到村到户”要求贯穿脱贫工作全过程，大力实施“八大重点工程、二十项专项行动”，积极推进“百村光伏”、乡土树种开发、公益林管护、土蜂养殖等扶贫项目，支持帮助贫困村和贫困人口依托乡村旅游、休闲农业、特色产业等优势发展“短平快”产业项目。充分发挥包村干部、驻村工作队、第一书记“三支队伍”作用，健全完善脱贫攻坚六大政策保障机制，深入开展“精准扶贫送温暖、结对帮扶献爱心”活动，圆满完成了年度脱贫攻坚任务。

持续改善人民生活。阳蟒高速上马开工，张峰一干顺利推进，24个行政村、7500人的饮水安全问题有效解决，惠及7个乡镇、20多万人的城乡集中供热工程稳妥推进，10个乡镇、6.8万户家庭、19个大中型陶瓷企业用上新型清洁能源，城乡基础设施更加完善。教学体制持续深化，办学条件优化升级，教育教学水平全面提升，教育事业稳步发展。医药卫生体制改革稳妥推进，基本药物制度全面落实，公共卫生服务体系不断完善，“健康阳城”建设取得新成效。认真贯彻福利、救助、优抚、慈善政策，深入落实基本养老保险、最低生活保障和农村“五保”供养制度，加快限价商品房和保障性住房建设，持续推进农村危房改造，困难群众的生活更有保障。

大力繁荣文化事业。精心组织纪念建党95周年、长征胜利80周年系列活动，挖掘红色文化内涵，弘扬红色文化精神，传承红色文化基因，用革命精神滋养思想、激励行为。牢牢把握意识形态工作的领导权和话语权，加强网络舆情研判，优化网络生态环境，打好主动仗、唱响主旋律、凝聚正能量。培育和践行社会主义核心价值观，大力弘扬新乡贤文化，不断引深“家庭、家教、家风”建设。加强文化阵地建设，倾力打造地方文化品牌，加大地方文化挖掘和保护力度，开展乡村文化记忆工程示范乡镇创建，不

断厚植精神沃土。持续实施文化惠民工程，深入推进文化下乡、文化扶贫、文化低保，大力发展文化创意产业，文化软实力进一步提升。

全力维护大局稳定。坚持总体安全观，认真贯彻《关于推进安全生产领域改革发展的意见》，严格落实“党政同责、一岗双责、齐抓共管、失职追责”安全责任制，全面加强煤矿、非煤矿山、道路交通、危险化学品、森林防火、防灾减灾等重点领域和关键环节的隐患排查和专项整治，坚决守住安全生产底线。全面推行领导定期接访和包案制度，扎实抓好源头预防，依法规范信访秩序，集中化解疑难问题，确保大量信访问题化解在基层、消除在萌芽。全面加强社会治安综合治理，积极推进治安防控体系建设，严厉打击各类违法犯罪活动，“平安阳城”建设迈出新步伐。

五、狠抓党建第一责任，加快构建良好政治生态

县委认真履行全面从严治党的政治使命，全面贯彻党的十八届六中全会作出的各项部署，不断锻造“自身硬”的品格，持续夯实能“打铁”的底气，推动管党治党进一步做到“严紧硬”。

严肃党内政治生活。坚持“党要管党必须从党内政治生活管起、从严治党必须从党内政治生活严起”，认真学习贯彻《关于新形势下党内政治生活的若干准则》，对准则阐述的重要观点深刻领会，对准则提出的基本规范严格执行，对准则反对和禁止的错误思想和行为自觉抵制。充分发挥党的组织生活作为党内政治生活的重要内容和载体作用，制定出台《关于严肃规范党内政治生活的十项制度》，认真落实“三会一课”、党员活动日、组织生活会、民主评议党员等制度，不断增强党内政治生活的政治性、时代性、原则性和战斗性。

从严加强教育管理。依托县乡党校、远程教育等载体和平台，对科级干部、党外干部、妇女干部、农村干部进行集中轮训和重点培训，大力提升各级干部的政治觉悟和理论素养。严格发展党员工作，深化党员星级化管理，严肃处置不合格党员，不断优化和纯洁党员队伍。健全完善干部考核评价、选用监督机制和责任追究办法，探索建立正向激励机制和合理容错纠错机制，进一步强化“为官必为”意识，提高“为官会为”能力，追究“为官不为”责任，营造“为官愿为”环境，推动形成“能者上、庸者下、劣者汰”的用人导向。

不断夯实基层基础。深入实施“123党建+”行动计划，制定出台《党建强基固本实施方案》，研究制定《加强“三基”建设实施方案》，持续“抓两头、带中间”，促进基层党建整体上水平。从严落实基层党建责任制，不断深化基层党组织书记联述联评联考制度，推动形成科学定责、具体明责、严格考责、压力传导的党建工作落实链条。全面推进机关、“非公”“两新”组织等各领域党建工作，基本实现党的组织和党的工作两个“全覆盖”。完善党内激励关怀帮扶机制，加强对老党员和生活困难党员的帮扶，基层党组织的凝聚力和战斗力进一步增强。

持续加强作风建设。严格执行中央八项规定精神，紧盯“关键少数”，紧盯重要领域和关键节点，驰而不息纠正“四风”，释放越往后执纪越严的强烈信号。建立多部门联动协作机制，严肃查处了一批违纪问题，及时通报了一批典型案件，从严问责了一批领导干部，使“一个人的问题”变成“一群人的教训”。坚持把纪律和规矩挺在前面，严格执行《廉洁自律准则》《纪律处分条例》和《问责条例》，综合运用执纪监督的“四种形态”，着重运用第一种形态，努力用纪律管住大多数。全年累计对151人作出“咬耳扯袖、红脸出汗”式的处置，同比增长73.6%。

深入推进反腐倡廉。从严落实党风廉政建设“两个责任”，认真贯彻《党内监督条例》，确保该管的管起来、管到位，该严的严起来、严到份。坚持常规巡察与专项巡察同步开展，乡镇与县直机关同步推进，顺利完成两轮巡察。坚持以“零容忍”态度惩治腐败，切实纠正发生在群众身边的不正之风，有效解决侵害群众利益的腐败问题，巩固拓展不敢腐、不能腐的初步成效，加快构建不想腐的浓厚氛围，全年共立案124件，结案109件，处分109人，其中移送司法机关3人。全面启动国家监察体制改革试点工作，深入推进党风廉政建设和反腐败斗争，努力建设阳城政治生态的绿水青山。

（宋跃军）

附：一、中共阳城县委书记、副书记、常委名单

书　记：王晋峰（7月离职）　窦三马（7月任职）

副书记：史小林　杨晓雷（8月任职）

常　委：许卫星（8月离职）　霍丽丽（女，8月离职）
商浩辉（8月离职）　郭天德（4月离职）
任小广（8月离职）　宋丽云（女，6月任职）
原天信（8月任职）　杨德培（4月任职）
白继军（8月任职）　张　沁（8月任职）
刘　洋　王学谦（8月任职）

二、乡镇党委书记名单

凤城镇

书　记：李龙社

白桑乡

书　记：郭景文

北留镇

书　记：王东胜（4月离职）　白军龙（4月任职）

润城镇

书　记：邢海斌（4月离职）　范常胜（4月任职）

町店镇

书　记：贾敦命

寺头乡

书　记：原前卫（4月离职）　李瑞良（4月任职）

芹池镇

书　记：赵中怀（4月离职）　原红海（4月任职）

西河乡

书　记：李素仙（女，4月离职）　张国瑞（4月任职）

演礼乡

书　记：梁飞昊

固隆乡

书　记：范常胜（4月离职）　邢学军（4月任职）

次营镇

书　记：张国瑞（4月离职）　王宽红（4月任职）

董封乡

书　记：崔晓利（4月离职）　赵战兵（4月任职）

横河镇

书　记：陈永军

驾岭乡

书　记：延岳鹏

河北镇

书　记：李瑞良（4月离职）　崔晓利（4月任职）

蟒河镇

书　记：常轩胜

东冶镇

书　记：白军龙（4月离职）　赵中怀（4月任职）

中共陵川县委工作概况

县委书记　胡晓刚

2016年，陵川县委高举中国特色社会主义伟大旗帜，以习近平总书记系列重要讲话精神为指引，团结带领全县干部群众，凝心聚力实施“11613”发展战略，全面建成小康社会迈出坚实步伐，“十三五”实现良好开局。

一、深入学习贯彻习近平总书记系列重要讲话精神，全面落实中央、省委、市委重大决策部署，做到了政治上坚定、思想上统一、行动上自觉

坚决把严守政治纪律和政治规矩放在首位，切实增强“四个意识”特别是核心意识、看齐意识，自觉在思想上、政治上、行动上同以习近平同志为核心的党中央保持高度一致，坚定不移维护党中央权威和党中央集中统一领导。认真贯彻落实省委确立的“一个指引、两手硬”的重大思路和要求，紧紧围绕市委、市政府“一争三快两率先”战略部署，“大开放、大转型、大创新”三大发展思路和十大战略工程，有效指导和推进了县委班子和全县党员干部队伍政治建设、思想建设、作风建设，推动了各项工作的有效落实。

二、认真践行新发展理念，聚力改革发展任务，着力推进经济运行企稳向好，社会事业全面进步

积极适应经济发展新常态，坚持“稳中求进、改革创新”工作总基调，进一步加强和改善党对经济工作的领导，促进了经济社会平稳健康发展。

生态建设有序推进。积极推进国家级生态保护与建设示范区，编制了《陵川县“十三五”生态保护与建设规划》，完成造林0.43万亩，实施森林抚育项目1.9万亩，对县城周边及13个村进行了绿化，西溪生态园完善扫尾，我县被评为省级林业生态县。深入开展能效对标活动，规模以上工业企业主要产品单位能耗呈现下降趋势。2016年，我县二级以上天数259天，连续三年荣登全国百佳深呼吸小城榜。

产业转型步伐加快。牢固树立“绿色发展”理念，工业新型化加快推进，在大力改造传统产业的基础上，加快发展非煤和新型产业，中电投风力发电项目如期推进，东方日升光伏发电项目取得实质性进展；积极做好电子商务进农村综合示范县创建工作，全县规模电商企业达到17家，网络销售突破1亿元，县域电商综合发展指标全省排名21位。农业特色化加快推进，稳步推行“龙头+基地”模式，一批新建改扩建项目进展顺利。旅游产业化加快推进，全县主要景区接待能力水平明显提升，设施配套更加完善，2016年全县旅游接待游客404万人次，实现收入10.3亿元。

城乡一体协调发展。坚持“以县城为核心、建制镇为骨干、中心村为基础”的特色城镇化新体系，建设美丽宜居家园取得明显成效。水利建设方面，新解决12个村6135口人的饮水安全；交通建设方面，古郊互通全面完工，礼夺线高陵县界至附城段建成通车，乡村公路提质改造119公里；电力通讯方面，完成了曹庄35千伏变电站工程、王莽岭10千伏线路改造工程和33个村电网升级改造；供热供气方面，新增供热面积约30万平方米，新增用气户1260户。礼义镇东街村等9个村入选第四批中国传统村落名录。

改革开放持续深化。坚持争先综改，重点领域改革稳步推进。深化金融体制改革，围绕推广PPP模式，建立新型投融资机制。深化行政审批制度改革，取消5项行政审批事项，建立起以窗口为主导的行政审批运行机制。深入推进公务用车制度改革，对119辆公务用车进行了公开拍卖。深化农村改革，基本完成了全县农村土地确权登记颁证任务。

深化医药卫生体制改革，巩固完善了基本药物和公立医院采购机制，加大新农合支付方式改革，有效缓解了群众看病难、看病贵问题。积极稳妥推进司法体制改革，推进以审判为中心的诉讼制度改革。

三、坚持以人民为中心的发展思想，更加注重保障和改善民生，在共建共享中让人民群众得到更多实惠

把增进人民福祉作为一切工作的出发点和落脚点，扎扎实实办好民生实事，努力让人民群众有更多获得感、更高满意度。

脱贫攻坚成效显著。坚持把脱贫攻坚作为最大的政治任务和最大的民生工程，启动实施了特色种养、乡村旅游、光伏发电、电子商务等项目75个。在易地搬迁脱贫一批上，采取集中安置、分散安置、兜底安置等方式，改善了620户、1851名贫困人口的生产生活条件。在生态补偿脱贫一批上，做到了优先选择贫困户组建的造林合作社承包造林绿化工程，优先选聘贫困人口参与森林管护和防火工作。在教育培训脱贫一批上，资助贫困大学生62名，开展创业就业培训1万人次。在社保兜底脱贫一批上，救助贫困户800户，兜住了民生底线。2016年，全年完成脱贫人口8069人，超额完成省定年度目标任务，脱贫攻坚工作实现首战首胜。

民生改善持续推进。不断加大公共产品和公共服务供给，财政用于民生支出比重达92%。优先发展教育事业，持续加大教育基础设施建设力度，2016年首批公布的二本B类以上达线人数再创新高。大力发展医疗卫生事业，12家村级卫生室被评为“省级群众满意村卫生室”。健全完善社保体系，建立了城乡统一的居民养老和医疗保险制度，城乡低保、农村五保再次提标。高度重视困难群众住房条件改善，新增低收入住房保障家庭205户，完成农村危房改造510户。

安全形势保持稳定。牢固树立总体安全观，守住全社会系统安全底线，扎实开展反“三违”、安全生产大检查和安全稳定风险隐患大排查、大整治等专项检查活动，全县各类生产安全事故同比减少20%。

四、认真落实党要管党、从严治党要求，基层党建科学化水平进一步提升，党的建设全面加强

切实强化管党治党责任，把全面从严治党要求贯穿于全面建成小康社会全过程，落实到党的建设各方面。

严格落实全面从严治党主体责任。先后7次对四大班子成员，“两代表一委员”，县直单位一把手，乡镇书记、纪委书记进行约谈。市委巡察组反馈的14个问题全部完成；县委首轮巡察发现的59个共性问题全部整改到位，18条个性问题线索全部办结；第二轮巡察暨十二届县委首轮巡察工作正在有序推进，进一步实现管党治党从“宽松软”走向“严紧硬”。

开展扶贫领域不正之风和腐败问题专项治理。2016年，因扶贫领域履行“两个责任”不力受到责任追究的党政领导干部22人次。制定出台《关于实行“五台账一办法”加强扶贫领域监督执纪问责的实施意见》，在10个扶贫领域主责部门和12个乡镇全部建立项目监督、问题线索、问题整改、廉政风险点关键岗位人员、案件查办等五个台账；出台各类扶贫资金监督管理办法83个，推动整治扶贫领域不正之风和腐败问题逐步实现由惩到治的转变。

驰而不息强化作风建设。紧盯关键节点，划出纪律红线，通过层层约谈、签订责任书等方式，传导压力，及时提醒广大党员干部知规明纪，严守纪律。组织纪检与公检法等14个职能部门联动协调，深挖细查12类“四风”问题；派出10余个检查组，对公款旅游、大操大办婚丧喜庆事宜等问题进行重点抽查。2016年，查处违反中央八项规定精神和“四风”问题34起，处理64人。

深入开展“两学一做”学习教育。坚持把“两学一做”学习教育与贯彻落实十八届六中全会精神以及省、市、县党代会精神共同推进，持续掀起了学习教育的热潮。突出问题导向，确保改在难处，聚焦薄弱环节，对失联党员进行了排查处理；有序推进机关企事业单位党组织支部换届。聚焦民生难题，坚持做在实处，在脱贫攻坚主战场、抗洪救灾及灾后重建第一线，处处都有共产党员的身影，“我是党员我带头、示范引领作表率”已成为全县党员的普遍共识。

推动“三基建设”全面提升全面过硬。始终围绕脱贫攻坚加强基层组织、基础工作、基本能力建设，推动了党的“政治优势”转化为“组织优势”。通过实施支部、带头人、场所、基础、集体经济、保障等“六大提升”工程，实现了38个软弱涣散村级党组织转化升级；培养致富带头人480名，带动7800余名群众实现增收；59个村级活动场实现新建或升级；170个村实现了集体经济破零。

圆满完成县乡换届工作。我们坚持标准、严格程序、把握关键、严肃纪律，圆满召开了县党代会、人代会和政协会，选出了新一届领导班子，确立了我县未来五年“11613”发展战略。顺利完成了乡镇党委和人大政府换届工作，通过换届，换出了好气象、换出了新活力。

五、积极推进社会主义民主法治，切实加强宣传思想文化工作，为全面建成陵川小康社会凝聚了合力、激发了动力、增强了活力

高度重视民主和法治领域工作，大力发展更加广泛充分健全的人民民主，牢牢坚持正确舆论导向，全力营造良好社会氛围，为全面建成陵川小康社会凝聚起强大正能量。

深入推进社会主义民主政治建设。支持和保证人大及其常委会依法履行职能，充分发挥人大及其常委会在执法检查中的主导作用，从更高层次上推进依法治县进程。积

极支持政协依照章程履行职责，围绕县委中心工作和发展大局深入调查研究，反映社情民意，提出建议提案，开展民主监督。全力打造大统战格局，认真贯彻落实党的民族宗教政策、对台政策以及侨务政策，切实加强和改进新形势下工商联工作，充分发挥社会各界围绕中心、服务大局的自觉性、主动性和创造性。

大力加强宣传思想文化工作。积极培育和践行社会主义核心价值观，注重宣传普及，营造了全社会崇德向善的良好氛围；注重典型培树，广泛开展“陵川好人”和德孝模范评选推荐活动，我县孙凯霞入围2016年上半年“山西好人”。加大宣传力度，积极构建外宣大格局，完成纪录片《绿色中国》《锡崖沟》拍摄任务。丰富群众精神文化生活，持续推进文化惠民工程，完成崇安休闲广场、城东体育场改造工程。

深入推进法治陵川、平安陵川建设。加快法治政府和法治社会建设，健全完善了以“三重一大”为核心的制度建设。“六五”普法圆满完成，“七五”普法全面开启。人民群众的安全感进一步增强。连续三年被省综治委命名为“省级平安县”。

（张晋峰）

附：一、陵川县委书记、副书记、常委名单

书　记：石云峰（7月离职）　胡晓刚（7月任职）
副书记：胡晓刚（7月离职）　李晓峰（8月离职）
任彩虹（女，8月任职）　任小广（8月任职）
常　委：张国文（8月离职）　张　军（4月离职）
常先勤（女，6月离职）　来庭会（6月离职）
霍晋斌（4月任职）　王立新
原红芳（8月任职）　徐　浩（8月任职）
毋胜利（6月任职）　郭马军（8月任职）
杨建伟（6月任职）

二、乡镇党委书记名单

崇文镇
书　记：杨志强（4月离职）　赵永胜（4月任职）
礼义镇
书　记：谢　彬（4月离职）　张陵芳（4月任职）
附城镇
书　记：牛中文（4月离职）　张文翠（4月任职）
平城镇
书　记：张勇力（4月离职）　宋志刚（4月任职）
西河底镇
书　记：张文翠（女，4月离职）
马喜平（4月任职）
杨村镇
书　记：赵永胜（4月离职）　武文胜（4月任职）
秦家庄乡
书　记：张陵芳（4月离职）　郝晋峰（4月任职）
潞城镇
书　记：毕增林（4月离职）　李　青（4月任职）
夺火乡
书　记：武文胜（4月离职）　吴春梅（4月任职）
马圪当乡
书　记：郭永政（4月离职）　原晋毅（4月任职）
古郊乡
书　记：马喜平（4月离职）　郭永政（4月任职）
六泉乡
书　记：郝晋峰（4月离职）　王志军（4月任职）

中共沁水县委工作概况

县委书记　原光辉

一年来，沁水县委认真贯彻中央、省委和市委的决策部署，主动适应经济发展新常态，自觉践行五大发展新理念，严格落实全面从严治党新要求，经济发展稳步向好，政治生态不断净化，“十三五”实现良好开局。

一、深入学习贯彻习近平总书记系列重要讲话精神，全面落实中央和省委、市委决策部署

坚持把学习贯彻习近平总书记系列重要讲话精神作为首要政治任务紧紧抓在手上，及时传达学习，认真消化领会，坚决贯彻落实。先后7次召开县委常委会议、县委中心组会议进行专题学习，积极开展专题研讨，深刻领会系列讲话的科学内涵、思想精髓、精神实质和实践要求，把学习贯彻讲话精神不断引向深入。党的十八届六中全会、省第十一次党代会、市第七次党代会闭幕后，及时召开会议进行传达贯彻，研究制定了抓好学习宣传贯彻工作的具体意见。县委中心组重视抓好集中学习，县处级领导深入联系乡镇、分管部门带头宣讲、带头贯彻，广大党员干部进村入户，新闻媒体开辟专栏专题，切实把广大干部群众的思想和行动统一到了习近平总书记系列重要讲话精神上来，统一到了中央、省、市的决策部署上来，统一到了推动全县经济社会发展的生动实践中来。

二、扎实开展“两学一做”学习教育，认真做好县乡换届和巡察整改工作

扎实开展“两学一做”学习教育。在全县开展了主题实践活动。县委常委以上率下，认认真真学，严格标准做；县委中心组5次开展专题研讨，对照标准要求，深刻查摆问题，立说立行立改。组织开展了专题轮训和集中培训，实现了党员培训全覆盖。组织开展了形式多样、特色鲜明的实践活动。推动学习教育取得实效。

风清气正完成县乡换届。围绕“四个好”的目标任务，把严明纪律贯穿换届工作全过程，坚持质量不降、标准不减、统筹推进，完成了县、乡两级换届任务。严格落实好干部标准，树牢干部导向，严把选人用人关口，实现县乡纵向交流38人，乡镇之间交流干部45人，同一乡镇内部轮岗33人，8名优秀事业人员、8名优秀村干部、8名大学生村官进入乡镇领导班子，匡正了选人用人风气。

认真做好巡察整改工作。重视抓好市委巡察组反馈意见的整改落实，多次召开会议进行专题研究，将4方面16个问题细化分解为28个问题86项整改措施，整改工作扎实推进并取得明显成效。市委巡察组移交问题线索80件，已全部按“五类标准”予以处置。开展县级巡察工作，先后对6个乡镇和3个县直单位开展巡察，进一步向基层传递了“从严管党治党”的强烈信号。

三、严格落实全面从严治党要求，全面构建良好政治生态

一是扛起主体责任，层层传导压力。认真贯彻落实省委构建良好政治生态“巩固、深化、提高”六字方针，多次专题研究全面从严治党工作。进一步完善县委主体责任清单，向14个乡镇党委、3个工委和3个县直单位党委书记，颁发落实“两个责任”任务书，要求全县14个乡镇党委书记、3个工委书记向县委全会述主体责任。认真学习贯彻《关于新形势下党内政治生活的若干准则》《中国共产党党内监督条例》《中国共产党纪律处分条例》《中国共产党廉洁自律准则》等党规党纪；探索开展了农村（社区）党组织书记小班制、精准化纪律培训；组建了“挺纪在前、先走一步”宣讲团，组织宣讲12场次；在全县党员干部家庭中开展了“树清廉家风、建德行家庭”活动；制定了《关于开展扶贫领域腐败问题精准预防和专项治理的实施方案》，重点治理扶贫领域突出问题。大力支持纪委“三转”，全力推进监察体制改革试点工作。

二是构建“一梁三柱”，夯实基层基础。实施了“五强五抓”的工作举措，通过规范落实好“六项制度”从严农村党组织生活，通过“两定一考”岗位目标管理激发农村干部活力，通过“五个管好”规范乡村治理，推动农村基层组织全面过硬。新华通讯社主管的《山西领导决策》专门刊载了我县“一梁三柱”的农村基层党建工作做法。县财政每年拿出1000万元，把村级财政转移支付标准从原来的55000元提高到85000元。

三是践行“四种形态”，持续正风反腐。出台了《沁水县党员干部提醒谈话实施办法（试行）》，明确了提醒谈话十种情形，开展提醒谈话264人次，起到了咬耳扯袖、红脸出汗的效果。聚焦“为官不廉”“为官不为”，严肃查处违反中央八项规定精神问题17件，给予党政纪处分5人，诫勉谈话7人；对37家单位84个“四风”问题和疑似问题线索进行交办调查处理，3名责任人被立案调查，2名责任人受到诫勉谈话。积极运用谈话函询方式处置问题线索，对36人进行了谈话函询，11人主动交代组织未掌握的情况，主动上交违纪款5.71万元。坚持以“零容忍”态度惩治腐败，全年共受理信访举报户头66件，处置反映问题线索189件，立案86件，结案83件，给予党纪政纪处分82人。

四是推进“三项创建”，凝聚发展合力。推进“法治沁水”创建，研究制定我县“七五”普法规划，全面开展法制宣传教育工作；积极稳妥推进司法体制改革，着力加强公共法律服务体系建设，全面推动司法公开、优化司法服务、树立司法权威。深化“德行沁水”创建，实施居民素质提升、优秀文化传承、网络空间清朗、社会诚信建设、培树沁水好人“五大行动”。加快“同心沁水”创建，认真贯彻落实统战工作条例，全面加强和改进统战工作，积极为各民主党派、工商联、无党派人士和人民团体发挥作用搭建了平台，努力做好民族、宗教、对台、侨务等工作。

四、积极应对经济下行压力，全县经济社会发展稳步向好

面对宏观经济下行的严峻形势，围绕“一季比一季好，下半年好于上半年”的发展目标，统筹推进稳增长、促改革、调结构、惠民生、防风险各项工作，经济发展呈现稳步向好的态势。2016年，全县地区生产总值完成172亿元，同比增长3.8%；一般公共财政预算收入完成11.7亿元，同比增长6.1%；城镇居民人均可支配收入24825元，同比增长5.3%；农村居民人均可支配收入10098元，同比增长6.5%。

一是稳定煤炭基本面。以转型升级扩大有效供给为方向，加快玉溪、东大、里必等骨干矿井建设进度。亿欣煤矿正式投产，胡底煤矿顺利实现联合试运转，松峪、三沟鑫都两矿正在进行投产前验收，鹿台山煤矿洗煤厂开工建设。全年生产原煤945万吨，同比增长6.3%，超额完成年度生产计划。

二是深挖煤层气发展潜力。围绕打造全国煤层气产业示范基地，加快“七大基地”和“互联网+煤层气”“一个平台”建设。全年煤层气地面抽采28.6亿方，同比增长4.8%；液化45.4万吨，同比增长19.2%；压缩1.55亿方，同比增长6.2%；完成规上工业总产值43.2亿元，占全县规上工业总产值的45.5%，煤层气产业为推动我县经济稳步向好发挥了重要支撑作用。

三是大力发展文化旅游产业。引进普惠旅游参与历山开发，理顺了旅游开发机制。重点实施历山、柳氏民居、

湘峪三都古城三个主要景区基础设施建设、修缮和绿化工作，完成迎白旅游公路35公里绿化精品工程，成功申报了山西太行洪谷国家级森林公园。全年共接待游客40万人次，创历史新高。

四是加快发展现代农业。围绕设施蔬菜、苗木花卉、食用菌、肉鸡、肉羊、养蜂六大特色产业，大力推进产业升级、农民增收。全年新增设施蔬菜1100亩，规模达到6000亩；新增苗木花卉2800亩，规模达到3.78万亩；新建高标准笼养鸡舍15栋，单批饲养能力达到200万只；新建标准化羊场5个，年出栏肉羊21.4万只；完成“沁水刺槐蜜”地标认证，获得“中国农副产品地理保护标志”，蜂群存栏达4.36万箱。

五是持续改善城乡面貌。加快推进县城建设，杏河商业带完成主体，公交首站、梅杏水上广场建成使用，全民健身中心即将投入运营，新建路改造、沁园路续建、北坛路延伸、梅河梅沟段治理顺利完成；大力改善乡村环境，特色城镇建设扎实推进，农村人居环境改善工程加快实施；重视城乡生态环境建设，认真抓好环保督查整改工作，县城二级以上天数稳定达到75%以上，城乡面貌不断发生新变化。荣获“中国美丽乡村示范县”称号，连续28年荣获“省级卫生县城”。

六是全力推进脱贫攻坚。认真落实“六个精准”“五个一批”要求，完善“1+8”脱贫攻坚推进机制，探索推行了“双述双评一查三挂钩”的管理考核办法，通过“一册一状四制”落实了驻村帮扶工作责任，推动28个省级贫困村和37个贫困户相对集中的行政村“挂图作战”。全年共实现脱贫1937户4398人，超额完成省里下达的4000人脱贫任务，累计完成17个贫困村脱贫验收工作，为实现“2017年摘帽、2018年整体脱贫”的既定目标打下了坚实基础。

七是加快发展民生事业。创建义务教育发展基本均衡县通过国家评估认定。稳步推进医药卫生体制综合改革，人均基本公共卫生服务经费财政补助标准由40元提高到45元，新农合参合率全省持续领先。健全完善社会保障体系，全年新增城镇就业5448人，转移农村劳动力4402人，创业带动就业1654人；城市低保由每月455元提高到485元，农村低保由每年2556元提高到2916元，农村五保供养标准提高500元；完成桃园小区、教育园区等1700套保障性住房，农村危房改造1130户。大力实施“乡村文化资讯综合服务体系”建设工程，实现了城乡文化资源共建共享，人民群众幸福感、获得感进一步提升。

八是全力维护安全稳定。全面落实安全生产“党政同责、一岗双责”，持续开展了安全隐患大排查大整治，全县安全生产形势基本平稳。认真落实县领导定期接访和带案下访制度，及时化解各类社会矛盾，切实解决了一批群众关心关注的实际问题。

（茹松枝）

附：一、中共沁水县委书记、副书记、常委名单

书　记：范兆森（7月离职）　原光辉（7月任职）

副书记：原光辉（7月离职）

王堃茏（3月离职，挂职）

侯贵宝（8月任职）　高俊霞（女，8月任职）

常　委：郭沁林（8月离职）　梁云辉（8月离职）

李喜红（女，8月离职）　原　健（8月离职）

霍卫星　申连太　张瑞忠（12月任职）

张海芳（8月任职）　武小雅（女，4月任职）

李咏锋　窦书瑾（8月任职）

二、乡镇党委书记名单

龙港镇

书　记：丁坚强

樊村河乡

书　记：李书华

中村镇

书　记：田玉珍（4月任职）　郭　斌（4月离职）

土沃乡

书　记：王　强（4月任职）　李振强（4月离职）

张村乡

书　记：樊宽社

郑庄镇

书　记：陈跃武（4月任职）　张永忠（4月离职）

苏庄乡

书　记：吴俊霞（女，4月任职）

原沁霞（女，4月离职）

端氏镇

书　记：常志峰

嘉峰镇

书　记：刘永会（4月任职）　牛沁斌（4月离职）

郑村镇

书　记：韩海亮（4月任职）　王海军（4月离职）

胡底乡

书　记：牛正太

固县乡

书　记：吴海军（4月任职）　韩海亮（4月离职）

柿庄镇

书　记：原永强（4月任职）　刘永会（4月离职）

十里乡

书　记：赵光义

中共临汾市委工作概况

市委书记　岳普煜

2016年，临汾市委认真贯彻落实省第十一次党代会精神和省委“一个指引、两手硬”的重大思路和要求，团结带领广大干部群众，按照市第四次党代会的总体部署，全力推动经济稳步向好，着力构建良好政治生态，全市经济建设、政治建设、文化建设、社会建设、生态文明建设和党的建设都取得了新的进展，实现了“十三五”良好开局。

一、深入学习十八届六中全会和习近平总书记系列重要讲话精神，坚决贯彻落实中央、省委重大决策部署

党的十八届六中全会明确习近平总书记为党中央的核心、全党的核心，是我们党在政治上更加成熟、清醒、坚定的体现，是全党全国各族人民的共同心愿，具有重大现实意义和深远历史意义。坚定贯彻六中全会精神，切实增强“四个意识”特别是核心意识、看齐意识，始终在思想上拥戴核心，在政治上维护核心，在行动上紧跟核心，坚决与以习近平同志为核心的党中央保持高度一致。一是坚决用习近平总书记重要讲话精神统一思想行动。坚持把学习贯彻习近平总书记系列重要讲话精神作为首要政治任务，始终以总书记讲话精神武装头脑、指导实践、推动工作；深入学习以习近平同志为核心的中央领导集体“崇尚实干、勇于担当、廉洁自律”的工作作风，坚持以身作则、以上率下，发挥好市委班子的示范带动作用。二是坚决贯彻落实省委的重大决策部署。对省第十一次党代会、省委十一届二次全会暨经济工作会议等重大会议精神，市委第一时间传达学习、第一时间贯彻落实，引导全市党员干部不断深化对省委重大决策部署的理解和把握，使省委的决策部署转化为全市上下的共同意志和自觉行动。三是坚决推动中央和省委决策部署在临汾落地生根。在思想认识、发展理念、责任担当上紧跟中央、省委决策部署，着眼夺取全面建成小康社会决胜阶段新胜利，提出了建设三个强市、抓好四大攻坚、走出五条路径的“345”总体思路。建设三个强市，就是建设中西部经济强市、文化强市和生态强市；抓好四大攻坚，就是在脱贫摘帽、项目建设、优化环境、总体安全上攻坚克难，实现突破；走出五条路径，就是走出摆脱资源依赖、产业转型升级的新路子，县域均衡发展、城乡一体推进的新路子，既要金山银山、又要绿水青山的新路子，要素充分涌流、活力竞相迸发的新路子，优先保障民生、增进群众福祉的新路子，决胜全面小康，实现振兴崛起，建设富裕文明绿色幸福新临汾。这一总体思路进一步统一了思想、凝聚了力量，极大地激发了广大干部群众干事创业的热情，有力地推动了临汾各项事业的发展。

二、牢牢把握发展第一要务，着力推动经济稳步向好

市委认真落实省委决策部署，坚持稳中求进工作总基调，努力推动经济稳中向好，全市地区生产总值完成1205.2亿元，同比增长3.4%，增速比上半年提高1.6个百分点，实现了“一个月比一个月好，下半年好于上半年”的目标。一是大力帮扶实体经济。切实加强对经济工作的领导，实行包联县市区和重点项目责任制，市委班子成员带头深入基层现场办公，层层落实责任。狠抓“万名干部入企服务”活动，累计帮助445户工业企业解决问题753个。二是坚定不移推进“三去一降一补”。制定了五年压减煤炭产能1500万吨、钢铁产能170万吨的工作方案，全面完成退出落后煤炭产能120万吨、炼铁产能82万吨的省定任务。全面推开营改增试点，鼓励企业开展精细化管理，吨煤平均生产成本由320元降到240元。三是凝心聚力推动产业转型。大力改造提升传统产业，加快发展新装备、新材料、新医药、新电子、节能环保、食品轻工等新兴产业集群，实施了汾西其亚氢氧化铝、沃特玛新能源汽车核心技术产业园“10+1”等一批百亿元以上大项目，新兴产业投资达到工业领域总投资的72.3%，新兴产业增速、贡献率双超传统产业，非煤产业贡献率超过煤炭产业，实现了动力转换。下大力气打造文化旅游战略性支柱产业，全年旅游总收入达375亿元，对第三产业的贡献率达到84.1%。四是千方百计加快项目建设。实施重点项目847项，累计完成投资687亿元。扎实抓好“各类项目受理大起底”工作，实施项目开工“百日攻坚”行动，全市新开工项目2893个，完成投资1053.4亿元。在北京、天津、广州等地组织举办了10余场专题系列招商活动，促成了乐视乐生活、中美合资JDH、合肥华翔汽车件等项目落户临汾。全市签约项目151个，总投资2514.4亿元，超出省定任务51.8个百分点。五是切实加强“三农”工作。深入推进农业供给侧结构性改革，推进西山以水果、干果、杂粮为主，东山以干果、中药材、杂粮为主，沿汾河平川县市区以粮食、蔬菜、水果为主，以及以尧都、侯马为中心的都市休闲农业等四大特色农业板块建设。积极推进农业产业化，农产品加工企业销售收入达77.61亿元。全市小麦总产达20.58亿斤，是历史第三个高产年。实施完善提质、农民安居、环境整治、宜居示范“四大工程”，累计完成投资33.45亿元，投资完成率105%。六是全力以赴深化改革。扎实推进综改区建设，编制完成了《临汾市转型综改“十三五”实施方案》，实施了2016年行动计划，重点在产业转

型、环境治理、主体功能区建设、行政区划调整等领域开展探索，努力把百里汾河生态文明保护区建设成为国家级生态文明试验区。加大开发区改革创新力度，成立了开发区建设工作领导小组，研究制定了《临汾市开发区改革创新发展实施方案》《临汾市开发区改革创新发展任务细化分工方案》，力争到2020年，全市建成2个国家级经济开发区，1个国家综合保税区，1个省级高新技术开发区，9个省级经济开发区；到2025年，再建成3个生态文化旅游开发区、3个现代农业产业开发区。大力推进国企国资改革，初步完成了全市国有企业调查摸底，确定了"创新发展一批，重组整合一批，清理退出一批"的思路，探索组建国有资本投资(运营)公司，加快企业股份制改革，加快企业重组整合，加快"劣势企业"退出市场步伐，实现国有资产监管全覆盖。

三、把脱贫攻坚作为重中之重来抓，实现了首战首胜

市委紧跟中央和省委决策部署，牢牢抓住农村贫困人口脱贫这个最突出的"短板"，立足市情实际完善思路办法，采取超常规的措施，动员全社会资源和力量，坚决有力推进脱贫攻坚各项工作。一是切实强化组织领导。切实把脱贫攻坚工作摆在重中之重的位置，作为统揽经济社会发展全局的"头等大事"和"第一民生工程"，市委常委会议多次进行专题研究，统筹安排部署，确保脱贫攻坚各项工作有序推进。与各县市区签订了脱贫责任书，进一步明确了任务，压实了责任，形成了市县乡村四级联动推进脱贫攻坚，一级对一级负责的大脱贫格局。换届之后，市县两级及时调整充实了脱贫攻坚领导组，确保脱贫攻坚工作节奏不乱、工作不断。二是夯实脱贫工作基础。开展了建档立卡"回头看"，对建档立卡贫困户进行核查，全面提高贫困人口识别精准度。扎实推进挂图作战，全市1209个村全部完成挂图作战工作，实现了精准识别、精准帮扶和精准退出的全程管理。认真贯彻全省脱贫攻坚集体约谈会精神，从近两年来市直单位新提任的副县级干部和重要职能部门正科级干部中选派133名第一书记，全部增派到5个国定贫困县。三是扎实推进扶贫工程。大力实施光伏扶贫、生态扶贫、产业扶贫、易地搬迁扶贫等十大扶贫工程，取得了新的进展。特别是着力推进"一司一县"结对帮扶，3个贫困县与3家券商签订合作框架协议；强力推进生态扶贫，建立造林绿化专业合作社139家，3447名建档立卡贫困人口转为护林员。全年脱贫8.19万贫困人口、退出182个贫困村，超额完成省定减贫任务，在打赢脱贫攻坚战的开局之年实现了首战首胜。

四、坚持保障和改善民生，维护社会和谐稳定

市委认真践行以人民为中心的发展思想，不断提升人民群众幸福感。一是加大民生投入。全面加强文化、教育、卫生、社保等民生工作，持续推进学前教育优质普惠、乡村医疗服务提质、农业强基、饮水安全、城市综合整治、就业创业援助等"六大惠民工程"。特别是实施了17项重点城建项目，鼓楼南北街拓宽改造工程竣工通车。全市民生支出达到211.5亿元，占到全市财政支出的84.1%，比2015年提高9.3个百分点。二是加强环境保护。扎实推进汾河流域生态治理修复工程，完成营造林46.19万亩，超额完成省定目标。新增城市集中供热面积837.98万平方米，超出省定目标3.4倍。实施了新能源公交车和公共自行车项目，实现了市区公交电动化全覆盖。积极应对重污染天气，启动预警响应，制定出台大气污染防治"冬十条"，深入开展"铁腕治污"行动，发放洁净焦推进清洁取暖，推动空气质量稳步好转。三是抓好安全稳定。牢固树立"总体安全观"，深入开展安全稳定风险隐患大排查大整治工作，保持打非治违高压态势，严厉打击私挖滥采，全面加强各行业、各领域的安全生产工作。安全事故起数同比下降45.3%，全市连续5年没有发生重特大事故，其中工矿商贸企业连续7年未发生重特大事故。高度重视信访工作，扎实开展"一交办三治理"活动，全市赴省、进京上访都呈下降趋势，实现了重大会议期间"三个不发生"的目标。

五、高度重视民主法治，全面推进法治临汾建设

坚持和完善人民代表大会制度，加强和改进对人大工作的领导，支持人大及其常委会依法履行职责，地方立法、法律监督、工作监督等工作进一步加强。支持和保障人民政协开展工作，组织政协委员就经济社会发展中的重大问题进行调研视察，切实发挥了协调关系、汇聚力量、建言献策、服务大局的作用。创新统战工作方式方法，加强与各民主党派、工商联和无党派人士的联系，团结各方力量助推临汾发展。积极做好对台工作、侨务工作，加强宗教工作和民族工作。认真做好老干部工作，支持工会、共青团、妇联等人民团体充分发挥作用。扎实推进法治临汾建设，配齐了市委法治办人员，积极解决县级法治办专职副职和人员编制问题。加快转变政府职能，推进依法决策，深化政务公开，强化行政监督，法治政府建设成效明显。稳步推进司法体制改革，大力推进阳光司法，促进司法公开公正。启动"七五"普法工作，不断扩大法治宣传覆盖面和影响力。坚持党管武装原则，不断完善军地齐抓共管国防后备力量建设机制，巩固发展军政军民团结的良好局面。

六、深入推进党风廉政建设，着力构建良好政治生态

坚持"巩固、深化、提高"的方针，切实抓好党风廉政建设和反腐败斗争。一是狠抓党风廉政建设。市委常委会先后11次专题研究党风廉政建设工作，切实做到与中心工作同部署、同落实、同检查、同考核。全力支持纪检机关"转职能、转方式、转作风"，为纪检机关聚焦监督、执纪、问责主业主责创造良好环境。对履行主体责任不力的党组织和党员干部严肃追究责任，以问责倒逼责任落实。全市共查处落实主体责任不力问题82起，处理102人，给予党政纪处分41人。二是稳步推进监察体制改革试点工作。市县两级都成立了深化监察

体制改革试点工作领导小组，扎实推进人员情况摸底到位、基本信息审核到位、“三定规定”拟定到位、监委班子成员选举到位、深度融合谋划到位“五个到位”，2017 年 2 月底前可完成市一级监察委员会的组建和挂牌，3 月底前可完成县一级监察委员会的组建和挂牌。三是全面开展市县巡察工作。启动了第一轮巡察，市级巡察了 6 个县市和 16 个市直涉农涉矿单位党组织，县级共巡察 226 个党组织，有关整改工作和问题线索处置正在进行。四是强化监督执纪问责。把握运用监督执纪“四种形态”，始终保持惩治腐败高压态势。全市各级纪检机关处置问题线索 4155 件，党政纪处分 1949 人。持续深入反对“四风”，推动党风政风稳定向好。全市查处违反中央八项规定精神问题 148 起，处理 212 人。加大查处群众身边腐败问题，坚决维护群众利益。全市查处侵害群众利益案件 730 起，处理 334 人。

七、从严管党治党，不断提升党建工作科学化水平

认真落实从严治党主体责任，聚焦主业主责，狠抓工作落实，党的建设各项工作取得阶段性成效。一是扎实开展“两学一做”学习教育。市委常委班子以上率下，推动形成了整体联动的总体效应。市县四大班子党员领导干部全面包联县市区、乡镇和分管部门学习教育，基层党委包联指导所有党支部，形成了层层包联、精准指导的工作格局。特别是确立了“三在一平台”特色载体，各级党组织开展学习研讨 82824 次，讲党课 20706 次，推动思想政治建设制度化、常态化。二是圆满完成市县乡领导班子换届工作。严格落实“九个严禁、九个一律”换届纪律要求，实现了“零投诉、零上访、零违纪”。乡镇层面，在全省第一家完成乡镇领导班子换届；县级层面，省委表彰的 12 名优秀乡镇党委书记全部提拔重用，其中 1 名同志直接担任县长；市级层面，组织提名人选全部全票当选，为临汾建市以来最好选举结果，实现了“四好”目标，得到省委、省委组织部高度评价。三是从严从实加强干部教育监督管理。举办了 10 期领导干部能力提升系列讲座，累计培训干部 2000 余人。严格日常监管，对 249 名干部进行了组织处理。严防“带病提拔”，常态推进“三个一批”，对 662 名县级、2972 名科级干部进行“六查”，处理惩治不廉洁乱作为干部 58 名，调整退出不作为不胜任干部 31 名。推进干部选配常态化，市委常委会任免干部 857 人，调整“下”的干部 491 名，有效激励鞭策了全市干部勇于担当、奋力作为。四是扎实推进基层党建工作。市委常委、各级党组织书记及班子成员全部建立落实基层党建责任“三个清单”，实现了党建责任具体化、项目化。采取领导包村挂点、城乡包联攻坚等措施，完成了 526 个基层软弱涣散党组织的转化提升。成立市县两级非公经济组织和社会组织工委，开展集中推进非公有制企业和社会组织“两个覆盖”专项行动，4395 家非公企业和 636 个社会组织党的组织覆盖率分别达到 73.88% 和 59.38%，党的工作覆盖率 100%。高标准推进实施“千村破零行动”，实现了每个行政村不低于 10 万元、3000 人以上村不低于 15 万元，超出全省每个村 8 万元的标准，在全省率先达到了“两个不低于”目标。

（陈波轶）

附：中共临汾市委书记、副书记、常委名单

书　记：罗清宇（5 月离职）　岳普煜（5 月任职）
副书记：岳普煜（5 月离职）　刘予强（5 月任职）
　　　　王文英（9 月离职）　雷健坤（女，7 月任职）
常　委：黄翠莲（女，9 月离职）　赵建民（7 月离职）
　　　　李东洪（7 月离职）　乔建军（9 月离职）
　　　　陈小洪（9 月离职）　张建平（7 月任职）
　　　　张晓永（7 月任职）　王振宇（9 月任职）
　　　　王振富　李新春
　　　　赵志坚（1 月任职，7 月离职）
　　　　李朝旗（9 月任职）　陈　纲（9 月任职）
　　　　郭行杰（9 月任职）

中共尧都区委工作概况

区委书记　陈　纲

2016 年，中共尧都区委全面贯彻落实党的十八大和十八届三中、四中、五中、六中全会精神，深入学习贯彻习近平总书记系列重要讲话精神，以党建工作为统领，以“两学一做”学习教育为抓手，全面落实省、市党代会精神，按照省委“一个指引、两手硬”的重大思路和要求、市委“345”发展战略，紧扣“五个尧都”建设目标，全面从严管党治党，统筹推进经济、政治、文化、社会和生态文明建设，全区经济社会发展呈现出稳中有进、整体提升的良好势头。初步统计，全年 GDP 完成 252 亿元，社会固定资产投资完成 252.1 亿元，社会消费品零售总额完成 239.5 亿元，公共财政收入完成 11.9 亿元，城镇居民人均可支配收入完成 30286 元，农村居民人均可支配收入完成 12908 元，各项经济指标保持在合理区间。

一、拥护核心，紧跟指引，坚决贯彻中央省市部署

中共尧都区委坚持把学习习近平总书记系列重要讲话精神作为重大政治任务，牢固树立“四个意识”特别是核心意识、看齐意识，坚决维护以习近平同志为核心的党中央权威，

深入学习《关于新形势下党内政治生活的若干准则》和《中国共产党党内监督条例》，认真落实省十一次党代会和市四次党代会精神，保持政治定力，站稳政治立场，扎实开展“两学一做”学习教育，坚持问题导向，深入进行整改，整改完成率达到98%以上，研究出台《关于开展“主题党日+”活动的指导意见》，进一步加强党员教育管理，规范党内政治生活，为加快建设“五个尧都”提供了坚强政治保证。

二、精准定位，科学谋划，经济社会发展全面推进

2016年，中共尧都区委一手抓党风廉政建设和反腐败斗争，一手抓发展第一要务，坚持稳中求进总基调，主动适应经济发展新常态，深入推进供给侧结构性改革，转变发展方式，优化产业结构，经济社会持续健康发展。产业调整稳步推进。坚持以优化调整产业结构为重点，全面构筑现代产业体系。一是加快工业转型步伐。组建贾得工业园区开发建设公司，完善园区道路、供电、引水、绿化等基础设施；狠抓煤矿安全生产，新增生产矿井1座，全年煤炭产量达480万吨；大力发展精密铸造加工，成立山西经纬达铸造集团，引导推动铸造企业抱团发展；在干部入企服务上，组织84名干部深入28户区级企业实施定向帮扶，解决问题86项。二是促进农业提质增效。扎实推进农业产业项目，持续加大“三大基地”建设，核桃种植面积达27.32万亩，设施蔬菜达8.57万亩，优质水果达16.05万亩。加大农业基础设施建设力度，实施仙洞沟水库、灌区节水配套改造、电网升级改造、高标准农田等重点工程项目。认真开展农村土地承包经营权确权登记颁证工作，完成360个行政村的确权登记。三是推动现代服务业提档升级。着力推进服务业重点项目建设，新百汇商业广场投入运营，完成华门新天地项目主体工程；加快现代物流业发展，兴荣物流园主体工程完工；以尧文化品牌为依托，以新成立的帝尧文化旅游投资建设公司为平台，整合全区旅游资源，全面加快仙洞沟游客服务中心和尧帝陵祭祀大殿项目建设。重点项目有序推进。把重点项目建设作为稳增长、调结构、惠民生的重要抓手，扎实开展项目开工“百日攻坚”活动，健全四大班子分项包联责任制，举行“十大项目集中开工仪式”，全区重点项目建设明显加快。全年共实施重点项目81个，总投资768亿元，完成投资190亿元，超额完成年度目标任务。一是全力配合市建项目。配合做好鼓楼南北街拓宽改造工程建设工作，完成尧都段拆迁任务9.5万余平米；配合完成奥体中心职工体育馆、规划五路、规划四街等建设项目征地拆迁任务，保证了河西重点项目建设顺利推进。二是全面推进东城建设。涝洰河生态建设工程累计完成投资35.2亿元，河道治理工程洰河段基本完成，启动实施生态修复工程润州园PPP项目，完成机场快速通道尧都段道路工程；全面推进总投资61.7亿元、总里程33.7公里的东城“五纵五横”骨干路网建设，东外环、二中路等道路建成通车，东城体育场馆主体工程完工。三是稳步实施城中村和棚户区改造。全面铺开刘村镇涧头村、汾河办盘龙社区、西街办西关社区等12个城中村改造项目，其中新批复的刘村镇陶家庄村、乔家院村2个改造项目，正在开展前期工作。棚户区改造工作同步实施，汾东、西王、西王沟、翟庄、临纺等棚户区改造项目开工建设。招商引资主动出击。坚持把招商引资作为全区“一号工程”，专门组建新的招商局，打造专业招商队伍，出台了一系列招商引资优惠政策，实行以商招商、以大项目招商、以园区招商模式，深入开展“尧商返尧”和“创业尧都人”活动，先后组织参加临汾(北京)招商引资推介会等一系列招商引资活动，分别与北控水务集团、北京通航华苏美科技开发公司等多家大集团、大企业对接洽谈，全区签约项目资金167亿元，圆满完成了全年目标任务。积极争取国家政策性资金项目，先后争取到全省“双创示范县”项目、老工业区搬迁改造项目、棚户区改造项目等政策性资金4亿多元；与国开行、农发行洽谈合作，争取贷款21.6亿元。

三、兜牢底线，心系群众，织密扎牢民生保障网

坚持把保障和改善民生作为一切工作的出发点和落脚点，牢固树立“抓民生就是抓发展”理念，让人民群众有更多获得感和幸福感。持续改善基本民生。坚持民生优先，把有限的财力用在“刀刃”上，按照“吃好饭、上好学、看好医、就好业、居好家”的“五好”目标，坚决保障和改善民生，不断增进人民福祉。一是全力兜牢民生底线。制定出台《尧都区保障民生社会救助办法(试行)》，把流浪乞讨、孤儿弃婴、城乡低收入家庭等四类对象全部纳入救助范围，全年累计发放各类补助8800余万元，实现了城乡居民救助全覆盖。二是稳步提升教育事业。开展捐资助学活动，募集各类捐款228万元，积极推进全国义务教育发展基本均衡区创建工作，启动东城教育园区的前期规划工作，完成22所乡镇学校维修改造、5所公办幼儿园和职业技术学校阶梯教室和实验楼工程。三是不断提高医疗卫生水平。全力整合医疗资源，持续改善基层医疗卫生条件，不断提高城镇职工医保、新农合保障标准，7所乡镇卫生院、75个村级卫生室投入使用，群众看病有了更好保障。四是大力促进文化事业发展。免费开放尧都图书馆，持续开展文化“三下乡”活动，进一步发挥农村“一站两室”服务功能，开通运行“今日尧都在线”微信公众号平台，深入开展“尧都好人”评选、“道德楷模”表彰等活动，全面导扬社会风化，在全区营造了崇德向善、积极向上的良好社会氛围。全力推进脱贫攻坚。把脱贫攻坚作为当前的“头等大事”和“第一民生工程”，制定出台《尧都区脱贫攻坚实施方案》，认真落实责任“双签”，建立了四大班子包乡镇、机关事业单位包村、党员干部包户的“三包责任制”和一名机关干部、一名农村党员包一个贫困户的“2+1”帮扶模式，组建了212支驻村帮扶工作队，实施了光伏扶贫、产业扶贫、教育扶贫、金融扶贫等10大扶贫项目，坚持扶贫与扶志、扶智相结合，贫困群众脱贫奔小康的内生动力不断增强。2016年底，全区实现脱贫减贫3789人，超额完成全年目标任务。环境保护重拳出击。坚持“环保为先、绿色崛起”理念，努力让绿色成为尧都的底色。一是大力实施铁腕治污。把应对重污染天气作为压倒一切的政治任

务，积极配合环保督察组工作，认真落实全市大气污染防治“冬十条”，出台全区减霾降硫“紧急六条”，不护短、不遮丑、不辩解，以铁的担当尽责、铁的手腕治患、铁的心肠问责、铁的办法治本，区、乡、村三级全面联动，强推精准治理，强抓联动机制，强化问责追责。二是狠抓环境卫生整治。以国家级卫生城区创建为目标，全面开展环境卫生百日综合整治，累计投入资金8900余万元，清理积存垃圾120万吨，新建垃圾收集点881处，粉刷墙壁650万平米，硬化街巷45万平米，城乡面貌焕然一新。三是全力做好绿化工作。扎实开展春秋大绿化，植树造林面积达1.87万亩，完成4个省级园林村绿化工程，全区生态建设水平进一步提高。

全力保证信访稳定。把信访稳定作为建设“五个尧都”的根本前提，牢固树立“抓信访就是抓民生、抓信访就是抓稳定、抓信访就是抓发展”的大信访理念，不断适应新形势要求，认真做好涉军、金融、教育等领域的重大信访工作，制定出台了“领导接访、信访考核、联席会议人员及职责、基层基础建设、群体性事件处置办法”等5项制度，成立了区信访接待中心、乡镇（街道）信访接待室、村（社区）信访接待站，实现三级信访接待网络全覆盖，做到了事事有人管、人人有专责、处处见规范；区级领导坚持以上率下，认真落实定期接访和信访包案，有效化解了一批信访突出问题和矛盾纠纷，信访维稳工作取得初步成效。特别是在G20峰会、省市党代会和十八届六中全会等重大活动期间，实现了省委提出的“四个坚决防止”目标。

四、从严治党，转变作风，全面加强党的建设

一年来，尧都区委牢牢抓住党建主业，认真落实管党治党责任，层层传递压力，坚定不移推进党风廉政建设和反腐败斗争，为建设“五个尧都”提供了坚强的组织和纪律保证。层层压实主体责任。坚持把全面从严治党主体责任牢牢扛在肩上、抓在手上、落实到行动上，紧抓领导干部这个“关键少数”，通过听取汇报、干部约谈、廉政谈话等方式，倒逼责任生根。一是持续保持惩治腐败高压态势。积极稳妥运用好“四种形态”，坚持“零容忍、出重拳、下猛药”，重点查办发生在群众身边的腐败问题，对在重点项目、脱贫攻坚、民生保障等领域出现的腐败问题，严厉追究、严格问责、严肃处理，全年共立查案193件，给予党政纪处分193人。二是驰而不息反对“四风”。区委班子成员率先垂范、以上率下，严格落实中央八项规定精神，持续抓好统筹安排、重要节点、“关键少数”三个方面，全区共查处“四风”类案件63件，党政纪处分28人，组织处理49人。三是扎实推进国家监察体制改革试点。认真贯彻落实中央和省、市安排部署，按照“转隶开局、平稳过渡、逐步深化”的原则，依照法律授权，把握时间节点，整合资源力量，全力推进监察体制改革试点工作。巩固提升基层党建。全面落实党建工作责任制，开展区、乡、村三级书记“面对面”述评，不断夯实基层党建工作。一是保障难题全面破解。按照“两个不低于”标准，增加列支农村党建经费1125万元；累计投入1300余万元，36个农村场所和57个社区办公活动场所建设全部达标；农村集体经济“破零”任务提前完成；屯里镇韩村充分发挥党组织战斗堡垒作用，被党中央授予“全国先进基层党组织”荣誉称号。二是服务机制不断优化。全区各级党组织共制定服务事项6028件，完成率达97.5%；狠抓后进整改，下派37支区直工作队，解决实际困难237件，软弱涣散党组织全部转化升级；新组建非公企业党组织86个，实现了党建工作“全覆盖”；评选出5名农村（社区）功勋干部，落实事业编制待遇；全区60名大学生村官全部招录为乡镇事业编制人员，进一步充实了基层服务力量。三是“党建+”力量充分汇聚。全区广大党员干部努力在产业转型、民生改善、环境保护、精准扶贫等工作中争先锋、做表率，推动尧都经济社会发展持续向好。全面加强干部队伍建设。坚持习总书记“20字”好干部标准，全面加强干部队伍建设。一是完成区乡班子换届。严格落实中央和省委、市委要求，以高度的政治责任感，严肃换届纪律，严把政策程序，各级干部懂规矩、听招呼、守底线，自觉遵守换届纪律，自觉服从组织安排，换届工作圆满完成。二是树立正确用人导向。按照“有职必有责”和“有为才有位”的选人用人导向，着力加强党政正职、关键岗位干部的培养选拔，42名扎根一线、埋头苦干、担当作为的干部得到提拔重用。三是创新干部管理机制。积极探索建立激励干部干事创业机制、合理容错纠错机制，坚决为担当的干部担当，为负责的干部负责，进一步激发了干部队伍主动作为、敢于担当、干事创业的活力和热情。成功举办尧都区首期青年干部培训班，编制《尧都区“十三五”人才发展规划》，为建设“五个尧都”提供了制度保障和人才支撑。

（李　宏）

附：一、中共尧都区委书记、副书记、常委名单

书　记：赵志坚（7月离职）　陈　纲（7月任职）

副书记：杨午生（1月离职）　杨保春

王　润（7月任职）

常　委：李建国（7月离职）　鲁立波（7月离职）

乔飞鸿（7月离职）　牛少白（7月离职）

郭婷慧（女，7月离职）　刘元福（6月离职）

栗俊昌（7月任职）　李青彦（7月任职）

乔永生（7月任职）　郭云平（7月任职）

张青山（7月任职）　郭忠义（8月任职）

丁国刚（6月任职）　薛向阳（7月任职）

二、乡镇（街道）党（工）委书记名单

尧庙镇

书　记：汤国庆

贾得乡

书　记：史大胜（4月离职）　曹泽峰（4月任职）

段店乡

书　记：孔令泽（4月离职）　赵怀忠（4月任职）

屯里乡

书　记：张　峰

乔李镇

书　记：薛向阳(4月离职)　李　俊(女,4月任职)

大阳镇

书　记：洪文斌(4月离职)　孙建强(4月任职)

县底镇

书　记：杨　炜(4月任职)

贺家庄乡

书　记：李　俊(女,4月离职)　孙新峰(4月任职)

金殿镇

书　记：王　勇(4月离职)　洪文斌(4月任职)

刘村镇

书　记：张朝晖(4月离职)　温少华(4月任职)

吴村镇

书　记：汤晓燕(女,4月离职)　张贵荣(4月任职)

土门镇

书　记：任伟民(4月离职)　苏兰记(4月任职)

魏村镇

书　记：席新红

一平垣乡

书　记：徐　玉(4月离职)　王秉军(4月任职)

枕头乡

书　记：赵怀忠(4月离职)　王韶辉(4月任职)

河底乡

书　记：苏兰记(4月离职)　张宇红(4月任职)

汾河街道

书　记：秦奇杰(4月离职)　武建斌(4月任职)

辛寺街街道

书　记：高向阳(女)

解放路街道

书　记：李艳芳(女)

南街街道

书　记：王洪锁(10月离职)　张海茹(10月任职)

西街街道

书　记：刘　云(10月离职)　乔国栋(10月任职)

水塔街街道

书　记：王千里(10月离职)　柴惠京(女,10月任职)

车站街街道

书　记：贾志琦

铁路东街道

书　记：张福民(10月离职)　于　波(10月任职)

乡贤街街道

书　记：王育红(10月离职)　齐家安(10月任职)

中共侯马市委工作概况

市委书记　王煦杰

2016年,侯马市委认真贯彻党的十八大和十八届三中、四中、五中、六中全会精神,深入学习领会习近平总书记系列重要讲话精神,统筹落实“五位一体”总体布局和“四个全面”战略布局,按照省委“一个指引、两手硬”的重大思路和要求,紧紧围绕临汾“345”发展战略,突出增强与以习近平总书记为核心的党中央对标看齐的政治定力、以人民为中心的发展定力和积极担当、主动作为的实干定力,全市党的建设和各项事业迈出新的步伐。

一、站在新的历史起点上,确立了未来发展总体战略

坚持把强化理论武装,深化政治学习作为做好全部工作的重要基础,深入学习习近平总书记系列重要讲话精神和党的十八届六中全会、省委、市委党代会精神,深刻领会系列重要讲话的新理念新思想新战略,进一步站稳政治立场,坚定了信仰追求;坚持以习近平总书记系列重要讲话精神为根本遵循,着眼于新发展理念在侯马落地生根,着眼于在推进转型升级中走出侯马路径,着眼于在全面建成小康社会中体现侯马担当,确定了“深入实施‘五大兴市战略’,基本建成具有突出竞争力和影响力的区域中心城市,建设绿色宜居开放文明新侯马”的奋斗目标,在全市上下进一步统一了思想,坚定了方向,凝聚了力量。

二、牢牢把握发展第一要务,保持了全市经济趋稳态势

坚持以开发开放为动力,以百项工程建设为抓手,以打造产业“三地”为目标,全力落实“五大兴市战略”,推动经济社会发展不断迈上新台阶。

(一)经济发展保持良好态势。积极克服经济持续下行带来的困难和压力,着力强化一系列稳增长措施,持续加强经济运行监测调节力度,有效保持了全市经济的总体趋稳。2016年,全市地区生产总值完成94.7亿元,同比增长5.8%;一般公共预算收入完成4.09亿元,同比下降12.2%;规模以上工业增加值完成12.4亿元,同比增长3.9%;固定资产投

资完成95.9亿元，增长15.7%；社会消费品零售总额完成81.49亿元，同比增长6.5%；城镇居民人均可支配收入完成25725元，同比增长5%；农村居民人均可支配收入完成13177元，同比增长5.1%。主要经济指标增速保持在合理区间，节能减排等约束性指标也都完成年度目标任务，实现了“十三五”良好开局。

（二）产业结构不断优化升级。倾力打造“产业三地”：新型产业基地，汤荣双金属复合一体式制动鼓、德邦橡胶输送带扩产等进展顺利；北铜铜业综合回收、平阳重工民品产业园等已经具备开工条件；一批新上项目也都基本完成前期准备工作。现代物流高地，围绕“五园区、一中心”，全面构建现代物流发展格局。方略保税物流中心、大运公路枢纽货运物流园、振通电商物流园等正在成为区域性承接国际国内市场的重要物流节点。大力推进电商融合，全市新增农村淘宝村级服务站6个，“双十一”期间，侯马“村淘”覆盖率、成交额、销售量均居全省首位。游购休闲目的地，加快推进以城乡一体化为主的美丽乡村建设，实施了道桥改造、乡村清洁、城乡电网增容改造等工程。新型旅游休闲观光示范农业项目快速推进，“芳草香”和“鸿满”双千亩农业示范园初具规模，普罗旺斯“花海”农业观光园建成运营，现代农业呈现新亮点。

（三）“百项工程”建设全力推进。实施了总投资343亿元的“百项工程”项目建设，2016年共完成投资31.74亿元，18个项目竣工投产，28个项目开工建设，43个项目正在加快推进，进一步注入了发展后劲，夯实了发展基础。针对全市党代会上确定的重大项目，组建成立了14个重点项目建设指挥部，抽调了专门的工作力量，迅速开展工作，目前，浍河生态修复综合治理、美丽乡村建设、城市水源工程建设、明珠公园建设、紫金山旅游开发建设等均取得实质性进展。

三、统筹推进社会事业，着力增进民生福祉

加快推进脱贫攻坚，强力推进“六大扶贫工程”，全市第一批207户、573人已于2016年底前率先实现脱贫。全面促进教育发展，幼儿毛入园率91%，高考达线率50.03%，高中升学率突破90%。全面深化医疗卫生体制改革，基本药物制度逐步建立健全，公共医疗普惠服务体系日益完善；新农合基本实现全覆盖，参合率98.85%。不断扩展社保覆盖面，三种保险参保人数均完成全年任务；城镇新增就业6120人，城镇登记失业率为1.94%。加快公共文化服务体系建设，文体活动中心项目奠基开工，晋园文化城项目主体完工，古都文化、节庆文化、消夏文化和全民健身等文化体育活动蓬勃开展，群众精神文化生活更加丰富多彩。坚持不懈狠抓安全生产，严厉打击各类非法违法生产经营建设行为，保持了安全生产良好态势。切实抓好信访稳定，严格落实领导包案制度，对重点信访案件做到包案到人、责任到人、主动下访、带案下访，全市信访形势总体保持良好态势。不断加强和创新社会管理工作，深入开展“打黑除恶”、打击“两抢一盗”、涉毒涉赌等专项整治行动，严厉打击各类违法犯罪，全面提升平安侯马建设水平。

四、严格落实主体责任，着力构建良好政治生态

侯马市委把抓党建作为最大的政治责任，切实将党建工作放在首位、抓在手上、落实在行动上，党的建设得到进一步加强。

（一）扎实推进“两学一做”学习教育。一是常委带头，以上率下。多次召开专题会议研究学习教育，带头开展集中学习、专题研讨，为全市各级党员干部做出表率。二是认真组织，精心安排。成立了“两学一做”学习教育协调小组，对学习教育活动进行全面细致的安排部署；开设“侯马学习”微信公众号，每天推送全面从严治党和系列重要讲话精神的核心要义和理论精华。三是强化督导，务求实效。组建了8个督导组，对各级各部门进行督促指导；开展了“六查六看”专项督查，以严格的奖惩推动学习教育扎实开展。

（二）严格落实党风廉政建设主体责任。一是细化明确责任，研究制订《落实党风廉政建设“两个责任”的实施意见》，与各党（工）委签订了责任书，推进主体责任具体化、制度化和系统化。二是坚持示范带动，坚持“四个亲自、六个带头”，将“两个责任”工作和学习与经济社会发展同学习、同研究、同部署、同落实、同考核。三是逐级传导压力，以“面对面”述评、层层约谈、廉政约谈等方式为抓手，狠抓压力传导，推动“一岗双责”落实。四是深入开展廉政教育，四大班子定期集中接受廉政教育制度，不断筑牢思想防线，增强党员干部廉洁从政的自觉性、主动性。五是坚定不移地惩治腐败、狠刹“四风”，积极运用监督执纪“四种形态”，减存量、遏增量，有力地整饬了党风党纪，净化了政治生态。

（三）不断提高基层党建水平。围绕“四个一”换届目标，严格遵守“九个严禁、九个一律”的换届纪律要求，圆满完成了换届工作任务。市乡两级领导班子结构进一步优化，整体功能进一步增强，干部队伍活力进一步激发。坚持分类指导、精准施策，统筹实施农村、社区、非公、机关“四轮驱动”战略。农村党建抓基础，持续加大财政投入力度，有效确保各项工作的正常有序开展；社区党建抓提升，所有社区办公活动场所全部实现“五统一”；非公党建抓覆盖，非公企业和社会党组织覆盖率分别达到77.5%和65.8%，党的工作覆盖率均达到100%；机关党建抓引领，深化“1234”工作法，组织开展向好交警周宝贵和优秀基层干部李文胜学习活动，以先进为榜样，有效地增添了党建工作的活力。

五、高度重视民主法治，凝聚各方面力量推动侯马发展

认真坚持民主集中制，严格执行“三重一大”集体决策制度，最大限度地征询和听取各方面的意见建议，保证决策的民主和科学。不断加强对人大工作的领导，支持人大及其常委会依法履行职责。大力支持市政协工作，巩固和发展爱国统一战线，积极做好对台、侨务和民族宗教工作，支持工会、共青团、妇联等人民团体充分发挥作用。稳步推进司法体制

改革,扎实推进法治侯马建设。坚持党管武装原则,巩固发展军政军民团结的良好局面。

(刘 津)

附:一、中共侯马市委书记、副书记、常委名单

书 记:李朝旗(7月离职) 王煦杰(7月任职)
副书记:段慧刚(7月任职) 王煦杰(7月离职)
秦海玉(8月任职) 马兴民(8月离职)
常 委:刘俊贤(女,7月任职) 李俊胜
郝爱民(7月任职) 张清江(8月任职)
李睿煜(7月任职) 李会平
卢正中(8月任职) 秦海玉(8月调职)
田怀宇(2月离职) 郑育敏(7月离职)
韩 睿(7月离职)

二、乡(街道)党(工)委书记名单

新田乡
书 记:梁效杰(4月任职) 郭旭东(4月离职)
凤城乡
书 记:郝小强(4月任职) 于 乐(4月离职)
高村乡
书 记:王廷章(4月任职) 郭建伟(4月离职)
上马街道
书 记:贺三军(2月任职)
张村街道
书 记:董新胜(4月任职) 白爱华(女,4月离职)
路东街道
书 记:董新胜(4月离职)
路西街道
书 记:乔新刚
浍滨街道
书 记:张爱军

中共霍州市委工作概况

市委书记 崔山原

霍州市位于山西省中南部,临汾市北端,总面积765平方公里,下辖3个乡、4个镇、5个街道办,199个行政村(居),24个社区,总人口30万。全市共有党员14709名,女党员2938名,预备党员250名,基层党委11个,基层党总支43个,基层党支部619个。其中乡镇党委7个,街道党工委5个,下设党总支15个,党支部281个,共有党员8413名,建制村中有党组织217个,农村党员6568名;市直党委3个,党总支28个,党支部275个,共有党员5895名;非公党委1个,党支部62个,党员401名。

2016年,市委坚持"党要管党、从严治党"的方针,全面落实"两个责任",切实加强了党的思想、组织、纪律、作风和党风廉洁建设。深入推进"两学一做"学习教育,开展"六讲""一带六联六促""四比四看四争""纪念红军长征胜利80周年暨霍州解放70周年"等系列活动,不断强化党员干部的思想政治教育。严肃换届纪律,匡正选人用人风气,配优配强各级班子,圆满完成了市乡两级集中换届,干部精神面貌焕然一新。扎实推进基层党建"7+3"重点任务,落实"定查评""三会一课""党日活动"等制度,充分发挥党建在经济社会发展、集体经济破零、项目建设、脱贫攻坚等工作中的服务引领作用,基层组织的战斗力凝聚力显著增强。深入开展"四述两谈"活动,扎实推进监察体制改革,创新"清单定责""廉情预警"等机制,严肃党内政治生活,严防"四风"反弹回潮,严查群众身边腐败,进一步净化了全市政治生态。

市委坚持把学习贯彻习近平总书记系列重要讲话精神作为重要政治任务,认真学习党的十八大、十八届三中、四中、五中、六中全会精神,全面贯彻省委十一次党代会精神、临汾市委第四次党代会精神以及省市系列决策部署,引导全市各级党组织和党员干部始终从思想上、政治上、行动上与以习近平同志为核心的党中央保持高度一致。按照"高起点开局、高标准推进、高质量收官"原则,在全市680个基层党组织、14709名党员中全面铺开学习教育,"两学一做" 取得了明显成效。一是全面加强党员学习。在全市开展以"领导干部讲党课、专家教授讲理论、革命前辈讲传统、先进典型讲事迹、普通党员讲心得、案例警示讲教训"为内容的"六讲"活

动，打牢学习教育基础。二是积极开展党员活动。以“党员活动日”为抓手，确定每月1日至5日其中一天为“党员活动日”，开展以“总结部署一次工作、足额缴纳一次党费、开展一次义务劳动、办好一件为民实事、进行一次优秀评比”为内容的主题党日活动，把党员活动、党员管理教育的软指标变成了硬任务。三是努力推进党员行动。在市级领导层面，开展“一带六联六促”活动，市级领导累计深入联系点480余次，推进重点项目20余项，为联系企业提出意见建议230余条，解决贫困群众实际问题300余个。在普通党员层面，开展了“四比四看四争”活动，全市1.2万多名有帮扶能力的党员，比学赶超，创先争优，共为群众办实事、解难事、做好事18700余件。同时，在农村推行党员联户制度，在市直机关开展在职党员进社区，在非公党组织开展“三联三定一争创”活动，各级党组织共排查整改问题1816条，全体党员排查并整改问题2万余条，让群众切身感受到了学习教育成效。

2016年，面对经济下行的严峻形势和艰巨繁重的发展稳定任务，我们团结带领全市干部群众，紧紧围绕“进军省强市、全面达小康，共建文明开放幸福美丽新霍州”总体目标，适应新常态，开拓新思路，推动新发展，全市经济社会发展呈现出稳中有进、稳中向好、稳中提质的良好局面。

一是产业结构不断优化。工业方面，霍东新产业聚集区基础设施不断完善，霍煤机电设备制造一期9个公司已陆续投产。华润10万千瓦风能发电项目正在办理手续，液化天然气调峰储气项目成功试运营，亿能电器新能源汽车制造项目正在安装生产线。农业方面，全市无公害蔬菜种植面积累计达到3.55万亩，设施蔬菜面积达1.2万亩，优质核桃累计达4.5万亩，规模养殖场累计达290个。加快实施小型农田水利重点县建设项目，全年粮食总产量达到4351万公斤，完成全年任务的103.8%。三产旅游方面，七里峪景区完成了游客服务中心、停车场、滑雪场等建设，霍州署保护修缮二期工程完成前期准备工作，启动4A景区申报工作。引进了乐村淘网络科技、赶集网、苏宁易购、固德网络等4家电商平台，南街农贸市场建设项目基本完工，商贸服务业进一步繁荣。

二是城乡发展统筹推进。大力推进东关赵家庄城中村改造、霍煤开元小区建设、橡胶厂棚户区改造等保障房建设，建成保障房523套。完成了东门桥改造、赵家庄小学天桥等市政工程，整修了霍煤广场、工商广场等一批小游园、小广场。新建扩建城市热电联产集中供暖换热站12座，新增供热面积70万平米，全市热电联产集中供热总面积达460万平米，实现了城区天然气全覆盖。完成村通水泥（油）路提质工程9条路共30.7公里，启动了许村传统古村落保护修缮工程。大力推进地质灾害搬迁、采煤沉陷区治理、危房改造等方面工作，整体提升了新农村建设水平。

三是环境质量显著改善。以“五城联创”为统领，深入开展城乡垃圾清理、市容环境整治、交通秩序整治、工业污染治理，积极推进农村环境连片整治、乡村清洁等工程，加快实施汾河、南涧河、对竹河综合治理，完成了辛置污水处理厂建设。完成了总投资11亿元的电力行业燃煤发电机组超低排放改造工程，新增营造林面积1.79万亩。积极应对入冬以来出现的重污染天气，集中开展了环保突出问题大整治，促进了环境质量的持续好转。

四是民生保障更加有力。坚持把改善民生作为各项工作的落脚点，全市民生支出占到财政总支出的82.77%。脱贫攻坚方面，把脱贫攻坚作为实现全面小康的重中之重，投资364万元完成了4个光伏电站扶贫项目，实现产业脱贫600余人。发展双季槐、油料牡丹等经济作物2800余亩，实施生态扶贫。开展免费专业技能培训班3期，培训群众500余人，实施教育扶贫。为文冠果、古衙黄两个品牌申报了中证扶贫板，并将文冠果科技有限公司列为“新三板”上市重点培养企业，实施金融扶贫。为全市贫困人口缴纳了大病保险，做好精准脱贫兜底保障。全年脱贫人数1404人，超额完成了年度任务。创业就业方面，连续举办3场大型人才招聘活动，帮扶“4050”人员、下岗职工、退伍军人和大学毕业生实现就业，全年新增就业人数4680人，启动事业单位工作人员招考工作，招录110名工作人员。教育方面，完成了职教中心、劳动技校教学楼和实训楼、退沙和辛置公办中心幼儿园等建设，2016年高考二本达线人数超千人，再创历史新高，霍州被列为义务教育学校管理标准省级实验试点市。医药卫生方面，加快推进新医院建设，全面深化医药卫生体制改革，积极推进公立医院改革，巩固完善基本药物制度，严格执行国家食药卫生标准，全市未发生较大食药卫生事件。社会保障方面，养老保险、医疗保险、新农合医疗保险覆盖率达100%，连续8年开展爱心助学活动，累计资助贫困学生16000余人。继续完善大病救助、孤儿包联、四类贫困家庭学生救助、农村80岁以上老人救助等多种机制，困难群众基本生活得到了多重保障。

五是社会秩序和谐稳定。坚持把维护社会和谐稳定作为经济社会发展的大前提。安全生产方面，全力抓好重点领域的安全生产隐患排查治理，杜绝了重特大事故的发生。不断健全完善突发事件监测预警和应急处置救援机制，全市安全生产形势总体稳定。全年共发生各类安全生产事故5起，死亡6人。信访维稳方面，加强基层矛盾排查调处，出台《“三三”信访工作新机制》，进一步规范了信访程序，压实了信访责任。聘请5名法律顾问接访，妥善处置国企改革、重点工程、复转军人安置等矛盾纠纷，信访事项化解率达到了95%以上。社会综治方面，启动全国平安县市创建工作，开展打黑除恶、“冬季行动”、打击“盗抢骗”、打击“黄赌毒”等一系列严打整治专项行动，破获各类案件212起，狠抓刑事案件侦破、治安管理巡逻、网上追捕逃犯等工作，群众社会安全感和满意度达到98.5%。

（薛忠华）

附：一、中共霍州市委书记、副书记、常委名单

书　记：陈　纲（3月离职）　崔山原（8月任职）

副书记：崔山原（8月离职）　黄晓君（女，8月任职）
高雅铭（8月任职）

常　委：周文伟(7月离职)　陈占平(2月离职)
　　　　郑效锋(7月离职)　黄晓君(女,8月调职)
　　　　高雅铭(8月调职)　郭宏生(8月任职)
　　　　田晋川(8月任职)　程　军(7月任职)
　　　　刘国平　李　峰　牛福生(7月任职)
　　　　郭丽华(女,8月任职)
　　　　田　辉(9月任职,挂职)

二、乡镇(街道)党(工)委书记名单

辛置镇

书　记：房文斌

白龙镇

书　记：郭惠民

李曹镇

书　记：荀彦龙

大张镇

书　记：李晓斌(4月离职)　段小刚(4月任职)

陶唐峪乡

书　记：张　斌

三教乡

书　记：郭丽华(女)

师庄乡

书　记：张文轩

退沙街道

书　记：杨海林(7月离职)　樊记虎(12月任职)

南环街道

书　记：闫会波

北环街道

书　记：白　亮

鼓楼街道

书　记：杜　明

开元街道

书　记：段小刚(4月离职)
　　　　李晓斌(4月任职,9月离职)

中共曲沃县委工作概况

县委书记　郭惠勇

2016年,曲沃县委全面贯彻落实党的十八大和十八届三中、四中、五中、六中全会精神,按照“四个全面”战略布局和省委、市委各项决策部署,团结带领全县各级党组织和广大干部群众,深入实施“三大战略”,加快建设“三大基地”,全县经济、政治、文化、社会和生态文明建设都取得了新进展、新成效,开创了美丽曲沃、幸福家园建设新局面。

全县党组织概况

曲沃县共有568个基层党组织,其中,15个党委,30个党总支,523个基层党支部。共有党员12376人,其中,党政机关党员2002名,国有企事业单位党员1856名,农民党员6061名,非公企业党员318名,离退休人员1206名,其他职业933名。

党的建设全面加强

一年来,中共曲沃县委认真贯彻落实中央、省委和市委的部署要求,坚持以习近平总书记系列重要讲话精神为指引,坚决贯彻落实从严管党治党政治责任,扎实推进“两学一做”学习教育,党的建设科学化水平全面提升。在思想政治建设上,扎实开展“两学一做”学习教育,以“三在一平台”为抓手,坚持创新形式、丰富内涵,推行了定计划、列清单、月通报、季考试“四个一”工作法。县四大班子党员领导带头讲党课、搞调研、找问题、抓整改,做好示范,全年县委中心组共集中学习18次,交流讨论5次,组织全县科级干部轮训近30场次,广大党员积极参与党员先锋号微信平台知识竞赛、信息报送等活动,做到了基层党组织和党员学习全覆盖。充分发挥县电视台、政府网站和微信、微博等媒体平台作用,对习近平总书记系列重要讲话精神、十八届六中全会精神和省、市、县党代会精神进行了全方位宣传解读,全县广大党员干部的政治理论素养得到进一步提升。在领导班子和干部队伍建设上,坚持把选好干部、配强班子,作为县乡领导班子集中换届工作的核心和履行主体责任的关键工作来抓。乡镇领导班子集中换届工作在严把程序关的同时,增加了初始提名、面试测评环节,全方位多角度地考察识别干部,共调整干部

111 人，其中新提任的 55 名领导干部中乡镇一线的达到 50 名，占到总数的 91%，树立了重素质能力、重工作实绩、重基层一线的鲜明用人导向，有力地激发了全县广大党员干部干事创业的热情。全县县直部门、事业单位领导班子配备工作正在扎实推进当中。在基层党建工作上，按照“基层组织全面加强、基础工作全面进步、基本能力全面提升”的目标要求，深入开展了农村集体经济“破零”行动，采取外包租赁、联片开发、服务园区、政府兜底“四种模式”，使全县 78 个无集体经济收入村全部实现“破零”目标。规范党员管理和党费收缴工作，在全县 507 个基层党支部深入开展了党费收缴和失联党员专项检查，查找失联党员 189 名，纳入组织管理 138 名、稳妥处置 51 名；重新核定党费基数，落实补缴党费 18.46 万元。严格落实经费保障，县财政及时配套下拨党建经费 357.5 万元，将村“两委”主干岗位报酬从每人每月 880 元提高到 2100 元，将离任村干部补贴标准从每人每月 80 元提高到 140 元，落实“两委”其它干部岗位补贴每人每年 5000 元，有效激发了村干部干事创业的激情和活力。在党风廉政建设上，坚持把落实党风廉政建设主体责任作为一项重大政治任务，全年共组织召开县委常委会、四大班子联席会、书记专题会，研究党风廉政建设工作 14 次，听取专题汇报 7 次，通报重要案件 4 次。编制了《落实党风廉政建设“两个责任”监督网络图》、制定出台了《建立和落实党风廉政建责任清单实施办法》《党风廉政建设约谈工作实施办法》《党风廉政建设监督提醒制度》等规定，对各级党组织履行主体责任和纪检组织履行监督责任提供了依据和标准。成立了县委巡察办，3 个巡察组已先后对 3 个乡镇和 9 个县直部门进行了常规巡察和专项巡察，发现问题线索 93 个，全部建立了责任整改台账，进行限期整改。扎实推进监察体制改革，对县检察院涉改三部门现有人员、编制、职数等情况进行了逐一核对，涉改部门机构、职能和人员的整体“转隶”工作正按照省市有关要求稳步推进。全力支持纪检监察机关转职能、转方式、转作风，及时调整充实了反腐败案件协调领导组，全年共查办案件 92 件，给予党政纪处分 92 人，其中乡科级干部 14 人，撤职以上重处分 20 人。在民主政治建设上，加强对人大、政协、一府两院领导，支持他们协调一致、创造性地开展工作。支持工会、共青团、妇联等人民团体充分发挥作用。坚持党管武装原则，不断完善国防后备力量建设机制，巩固发展军政军民团结的良好局面。充分发挥统战工作的积极作用，把社会各界的力量和智慧凝聚到了加快曲沃发展上。

经济社会各项事业取得新成效

一年来，曲沃县委按照省委“一个指引、两手硬”重大思路和市委“345”战略部署，深入实施“产业强县、城建靓县、文化立县”发展战略，加快建设“全省千万吨优特钢生产基地、全国现代农业示范基地、全国晋文化研究开发基地”，延伸拓展以建设工业五大园区、狠抓农业五大重点、推进城建十大工程、打造一条旅游线路、实施一批民生项目为内容的“551011”工程，实现了“十三五”良好开局。2016 年，全县地区生产总值完成 90.69 亿元，同比增长 4.7%；规模以上工业增加值完成 29.85 亿元，同比增长 4.1%；固定资产投资完成 79.1 亿元；公共财政预算收入完成 2.5 亿元；城镇居民人均可支配收入达到 28431 元，同比增长 7.2%；农民居民人均可支配收入达到 13135 元，同比增长 6.9%，县域经济综合实力进一步提升。在工业经济发展上，围绕省委“一县一省级开发区”的决策要求，初步拿出我县的实施方案，基本确定拟建开发区名称及格局。按照省市干部入企服务工作要求，抽调百名干部深入企业协调解决问题，保障了全县各工业园区的加快建设、工业经济的健康运行。千万吨级钢铁工业园区总投资达 10 亿元的立恒公司 40 兆瓦高温超高压再热发电、带钢技术升级改造和通才公司 50 万吨优特钢、2×18 兆瓦煤气发电等一批转型升级和循环产业项目全部竣工投产，使园区优特钢占比达 20%以上。三星好利精密铸造园区壳型铸造和消失模铸造生产线投产运营，水晶工艺制品加工车间 30 余台加工设备进场组装。马庄科技创新园区基础设施建设和山西国际陆港曲沃项目园区、紫金山黄金产业开发园区前期工作也均取得积极进展。2016 年中国民营企业 500 强全省共有 4 家企业上榜，我县的立恒公司和通才公司占据其中的两席。在农业经济发展上，以建设更高水平的全国现代农业示范区为目标，围绕近年来规划建设的太子滩现代农业、杨谈精品水果等八大晋之源系列农业园区，深入开展扩容提质工程，全县果蔬种植业全部达到无公害标准，成功跻身国家农产品质量安全创建县行列。我县的洋葱、香菇等农产品实现出口、远销韩国，为全市新鲜蔬菜走出国门开创了先河。回春豆业新建了黑米粉丝生产车间，在全省创外汇农副产品加工企业中再拔头筹。积极探索推广“农户 + 互联网 + 客户”营销模式，樱桃等农产品网上交易额超千万元，为实现农民收益最大化开辟了新渠道。曲沃县先后被评为全国土地集约节约模范县、省级蔬菜出口质量安全示范县和“中国黄瓜之乡”。在文化旅游发展上，以打造国家全域旅游示范区为目标，进一步加快推进了晋国博物馆旅游区、桥山黄帝文化风景区、磨盘岭农业观光区、太子滩温泉度假区、浍河水岸风光旅游区、景明诗经山水风景区六个旅游区和晋园、绛园、申园、顾园四个城市园林以及中国成语文化城、《晋国风云》演艺剧场两个大型项目的规划和建设，使“六区四园一城一场”为核心的全县域、大景区旅游格局渐趋成型。同时，大力实施了一批极富特色的乡村旅游项目，深入开展了“诗经山水·晋都曲沃”系列宣传推介活动和国字号名片创建工作，2016 年我县被中国民协评为“中国成语典故之乡”，被国家农业部和国家旅游局命名为全国休闲农业和乡村旅游示范县。在统筹城乡建设上，为全面改善城乡面貌，持续提升县域影响力和吸引力，增强全民自信心和凝聚力，明确提出并在全县掀起了创建国家卫生县城、国家全域旅游示范区和省级园林县城、省级文明县城、省级环保模范城市的“五城联创”活动热潮，营造出了全民参与、全民共建的浓厚氛围。围绕“一城三区、一体两翼”城市建设格局，东城新区加快推进了党校、移动、广电等单位场所室内外装修和大型商住小区建设，实施了城区集中供热工程。特别是集影剧院、城展馆、文化馆、图书馆等"五馆一院一中心"于一体的晋都文化会展中心全面竣工投入使用，填补了县城多年没有大型群众休闲娱乐场所的空白。中心城区高标准实施了县城主干道路府东府西街综合改造工程，有力地提升了中心城区的人居环境水平和档次。西城新区编制了控制性详细规划，与相关投资商签订了开发建设框架协议。扎实推进美丽宜居乡村建设，先后实施了4个省级、4个市级和10个县级示范村建设工程，为全县乡村环境水平的全面改善树立了标杆。在民生改善工作上，将扶贫攻坚作为改善民生的重中之重，大力实施精准扶贫、精准脱贫工程，年内1029人的脱贫任务全面完成，2018年将确保完成全面脱贫的市定目标。围绕群众关心关注的教育、医疗、社保等方面热点焦点问题，先后完成了职业中学实训基地、6所中小学和3所农村幼儿园改扩建项目，加快推进了中医院住院楼、妇幼保健站业务用房等工程建设，开展了60名医护人员和中小学教师的招录工作，全县医疗、教育服务水平进一步提升，曲沃县被评为全国中医药工作先进县。高度关注群众就业，全年新增就业3402人，转移农村劳动力3679人。加快保障性住房建设，102套廉租房和100套经济适用房、428户农村危房改造工程全面完成。深入开展铁腕治污行动，持续加大水污染、大气污染防治力度，完成了浍河河道综合治理暨城郊湿地公园项目截污导流工程，实施荒山、通道、乡村绿化1800亩，全县生态环境质量明显改善。扎实开展安全生产隐患大排查大整治行动，认真做好信访稳定和群众矛盾纠纷调处化解工作，严厉打击各种违法犯罪活动，全县呈现出社会和谐稳定、人民安居乐业的良好局面。

（祁　磊）

附：一、中共曲沃县委书记、副书记、常委名单

书　记：朱晓东（7月离职）　郭惠勇（7月任职）
副书记：郭惠勇（7月调职）　吴　滨（7月任职）
尚　彬（7月任职）
常　委：成　功（7月离职）　程世杰（7月离职）
武兰萍（女，7月离职）
牛春平（女，7月离职）　费向前（7月离职）
王学斌（7月离职）　焦宏文（7月任职）
高剑云（女，7月任职）　石前进（8月任职）
李晓龙（7月任职）　王克勤（8月任职）
朱志方（6月任职）　杜　斌（8月任职）

二、乡镇党委书记名单

乐昌镇
书　记：李继红（4月离职）　秦康杰（4月任职）
北董乡
书　记：于彩霞（女，4月离职）
张艳红（女，4月任职）
史村镇
书　记：魏　波（4月离职）　武勇刚（4月任职）
曲村镇
书　记：孟海河（4月离职）　于彩霞（女，4月任职）
杨谈乡
书　记：杜　斌（4月离职）　聂　磊（4月任职）
里村镇
书　记：武勇刚（4月离职）　李俊杰（4月任职）
高显镇
书　记：秦康杰（4月离职）　杨文有（4月任职）

中共翼城县委工作概况

县委书记　杨春权

面对宏观经济下行压力持续加大的困难形势，翼城县委严格按照省、市党代会和经济会部署要求，统筹推进"稳增长、促改革、调结构、惠民生、防风险"各项工作，理直气壮抓好发展第一要务，全县经济和社会各项事业都取得了新的成绩，"十三五"开局沉稳扎实。2016年全县生产总值完成72.8亿元，同比增长2.8%；规模以上工业增加值完成14.5亿元，同比持平；固定资产投资完成88.4亿元，同比增长6.8%；社会消费品零售总额完成40.7亿元，同比增长7.4%；城镇居民人均可支配收入达到26852元，同比增长6.5%；农村居民人均可支配收入达到10274元，同比增长5.5%；公共财政预算收入完成2.5亿元。

一、坚持以学习贯彻上级精神为先导，在明确发展思路上取得了新突破

自换届以来，县委立足发展实际，紧密结合当前形势任务，在县十三次党代会上提出了"加快实现翼城振兴崛起，全面建成小康社会"的奋斗目标，特别是严格按照省市党代会和经济工作会议部署要求，紧密联系翼城发展实际，自觉在省委、市委确定的目标任务中找准定位、完善思路、谋划工作，进一步提出了"坚持以党的建设为统领，以经济建设为中心，大力实施开放创新、转型升级、文化引领、生态提升、幸福民生五大战略，集中力量打好项目建设、农民增收、环境整治、文化旅游、民生改善五项攻坚战"的"1155"发展思路，进一步明确了发展目标、发展重点和发展路径，为加快实现振兴崛起、全面建成小康社会指明了方向，激发了全县上下奋战"十三五"的信心和决心。

二、坚持以创优发展环境为抓手，在维护经济平稳运行上取得了新突破

在认真落实省、市、县各项减负措施的基础上，把强化服务、创优环境作为促进工业经济正常运行的重要举措，扎实开展干部入企服务，上门服务送政策，千方百计解难题，想方设法稳运行，首旺、晋源等13家重点企业生产经营稳定。严格落实“三去一降一补”政策，积极引导下交煤矿稳妥关闭退出，2016年共退出落后煤炭产能60万吨。投资2300万元启动实施的翼钢公司二轧线技改项目已进入试生产阶段。在稳定企业健康运行、推进供给侧结构性改革的基础上，一手抓科技创新不放松，积极引导企业深化“产学研”合作，重点培育和发展1家高新技术企业和1家民营科技企业。全县高新技术企业达到3家，民营科技企业达到4家；另一手扶持壮大民营经济和小微企业不懈怠，成立了小微企业创业基地，完善了10个乡镇小微企业服务站建设，制定了《关于进一步支持民营经济健康发展的实施意见》，切实为小微、民营企业发展营造了宽松环境。通过积极努力，风动搏击、菁华农牧、富华养殖等3家企业成功挂牌新四板培育板块，重点培育的6家“小升规”企业有4家已达到规上企业标准，销售收入全部突破2000万元以上，超额完成了省定目标任务。与此同时，坚持多元化发展，围绕高科技产业集聚园区、旅游产业、文化教育、市政建设等重点，新搭建7家政府投资和行业管理投融资平台，创新融资模式，有力推动经济了稳步健康运行。

三、坚持以推动经济发展为中心，在加快转型升级步伐上取得了新突破

针对全县煤铁独大、产业低端的发展困境，坚持将转型升级作为紧迫任务，以项目建设为抓手，深入开展项目开工“百日攻坚”行动，不断推进产业结构调整。在工业转型项目推进方面，认真贯彻落实省、市关于开发区和园区建设的决策部署，高标准规划省级开发区和高科技产业集聚园区、新材料产业园区“一区两园”建设，围绕高科技产业集聚园区建设提出了“3528”发展规划，全力帮助舜达锻造项目整合重组，取得了积极进展。在民生重点项目建设方面，投资1.16亿元的城镇饮水卫生安全项目正式启动建设；投资2.6亿元的县医院迁建项目征地补偿、规划设计、地勘物勘等前期工作基本完成。在第三产业项目建设方面，紧紧抓住省政府创新融资模式、应用政府购买服务进行融资建设乡村旅游公路的利好政策，积极争取了11条旅游公路的建设资金，正式启动了投资1.14亿元全长42.6公里的全省第一条农村旅游公路——舜王坪旅游公路改造项目，正在加紧施工建设，预计2017年7月份可完工；坚持将全域旅游作为一项重点工作，邀请国内知名专家教授对翼城文化旅游资源进行普查调研，广泛征求各方面意见建议，制定了全域旅游规划，进一步明确了今后壮大文化旅游产业的发展路径。同时，大力开展招商引资，首钢、北京天昱公司、山西经贸投资集团有限公司等十余家企业单位先后密集来到翼城进行交流洽谈，赴深圳、福建、浙江等先进地区考察学习，在高科技产业集聚园区、钢铁产业延伸、城市建设、文化旅游、环境治理等各个领域达成了合作共识。

四、坚持以落实“三个精准”为关键，在推进脱贫攻坚上取得了新突破

始终将脱贫攻坚作为决战“十三五”的首要任务，强力推进任务落实，切实做到“三个精准”：一是精准识别对象。进一步严格程序，认真组织开展建档立卡“回头看”和“再回头看”工作，共确认1816户5520名贫困人口，为深入推进脱贫攻坚工作夯实了基础。二是精准发力施策。因地制宜制定脱贫措施，按照政府引导、群众自愿的原则，每亩补贴200元新栽植连翘2.4万亩，全县连翘总面积达到5万亩；新建2个村级光伏电站，每个电站可实现年均12万元的发电收入；为15名贫困大学生发放扶贫资金7.5万元；投入15万元扶持建设了4个电商扶贫工作站，农产品销售额已达150余万元；投入10万元为所有贫困人口购买了大病救助保险，真正把各项措施落细落实落精准。三是精准开展帮扶。组建了10个脱贫攻坚帮扶工作团和95支工作队，同所有贫困对象结成了帮扶对子，全年累计投入帮扶资金1441万元用于基础设施建设、民生工程、项目扶持、慰问救助，取得了实实在在的成效。2016年全县726户2331人实现脱贫，7个贫困村摘帽，超额完成了市定减贫任务，为实现五年决战完胜目标奠定了坚实基础。

五、坚持以提升群众幸福指数为宗旨，在保障改善民生上取得了新突破

全力克服财政收支矛盾，将财力尽可能多地向民生领域倾斜，切实解决人民群众最关心、最直接、最现实的利益问题。2016年，全县民生支出达到11.2亿元，占财政总支出的72%。在教育事业上，积极改善中小学办学条件，持续提升教育教学质量和义务教育均衡水平，区域内义务教育阶段校长和教师交流比例达到10%，中考成绩名列全市前茅，高考二本以上达线人数1765人，达线率达50.8%，再创历史新高；在卫生事业上，46项基本公共卫生服务项目顺利推进，居民健康档案建档率达到了94%；扎实推进流动人口计生公共服务均等化省级试点工作，全面两孩政策稳步实施。在社会保障上，2016年新增城镇就业3312人、再就业1122人、转移农村劳动力3959人，城镇居民基本养老保险和城乡居民“五大保险”参保人数全部完成进度目标任务，社会保障能力进一步增强。

六、坚持以打造生态宜居翼城为目标，在改善城乡环境上取得了新突破

认真落实环境保护“党政同责、一岗双责”，深入开展大气、水、土壤污染专项整治，严格按照环保部和省市环保督察组要求，对反馈和自查发现的各类问题，从严整改、快查快

结,对相关人员进行了严肃问责,广大党员干部环保意识进一步增强。积极应对重污染天气,认真落实大气污染防治“冬十条”要求,扎实开展冬季大气污染防治攻坚行动和“铁腕治污”行动,完成了6万平米集中供热扩容改造,持续推动空气质量稳步好转,全年城区二级天数达到265天,优良天数比例达到72.4%,PM10浓度同比年下降4.9%。大力推进浍河流域生态治理,浍河水质达到五类水质标准。采取县级领导分片包联的有效措施,深入开展城乡环境卫生综合整治,并实施了4个市级美丽宜居示范村的规划编制工作,积极争取1000万元上级资金,启动了南梁镇5个美丽乡村连片建设,全县农村人居环境改善73项重点工程累计完成投资2亿元,城乡人居环境得到进一步改善。

七、坚持以加强党的建设为统领,在持续构建良好政治生态上取得了新突破

始终把党建工作摆在重要位置,狠抓关键环节、强化责任担当,严格落实全面从严管党治党要求,为全县改革发展提供了坚强的政治保障。在思想政治建设上,深入开展“两学一做”学习教育和“讲政治、知敬畏、守规矩”专项治理活动,认真抓好党的十八届六中全会精神的贯彻落实,邀请中央党校知名学者、浙江民营企业培训专家举办了“翼城大讲堂”11期,举办了“翼城县乡镇干部履职能力提升培训班”,组织县乡村三级领导干部外出就工业转型、现代农业发展、壮大旅游产业等课题进行考察学习,全县上下干事创业的热情进一步高涨、思想进一步解放、理念进一步创新。在党风廉政建设上,制定出台了《建立和落实党风廉政建设责任清单实施细则(试行)》,组织县乡村三级全部制定了年度任务清单,并结合县乡换届情况及时进行调整完善;精心组织、精准施工,积极、稳妥、有序推进巡察工作和监察体制改革试点工作;不断强化监督执纪问责,2016年共查处各类案件95件,处分党员干部95人,有力震慑了贪腐行为;处理“四风”问题15件,给予18人党政纪处分,责任追究11人,隐形“四风”问题得到进一步遏制,党员干部作风持续转变。在干部队伍建设上,制定出台了《关于从严从实管理干部的若干规定》,全面推行《工作日志》制度,真正让干部实打实地干、硬碰硬地拼。积极搭建了县乡领导干部微信工作交流平台,动态发布上级重大决策部署和当前各项重点工作,及时了解工作进展情况,深入交流工作经验,有效提升了工作效率。在基层组织建设上,采取“四个精准”的有效措施,扎实开展村级集体经济“破零”行动,全县116个无收入村共实现收入563.6万元,村均达到4.86万元,超额完成市定任务;按照“两个不低于”的要求足额拨付农村基层党建工作经费,进一步提高农村“两委”主干和党员干部岗位报酬,切实保证了基层党组织和党员干部有资源、有能力为群众服务;深入开展“三个培养”活动,共培养确定409名农村后备干部,基层党组织的战斗力、凝聚力进一步提升,为做好2017年农村“两委”换届选举工作奠定了坚实基础。

(尉海虹)

附:一、中共翼城县委书记、副书记、常委名单

书　记:郭行杰(7月离职)　杨春权(7月任职)
副书记:杨春权(7月离职)　高永贤(7月任职)
　　　　张志宏(7月离职)　解　湧(7月任职)
常　委:卫　勇(7月离职)　杨建军(7月离职)
　　　　董跃明(7月离职)　任吉龙(7月离职)
　　　　孙晋辉(6月离职)　师香丽(女,7月离职)
　　　　董　玲(女,7月任职)　许拥军
　　　　熊伟星(7月任职)　牛永福(7月任职)
　　　　郑　磊(7月任职)　赖兴国(7月任职)

二、乡镇党委书记名单

唐兴镇
书　记:翟力龙(4月离职)　张新民(4月任职)
南梁镇
书　记:张新民(4月离职)　石广武(4月任职)
王庄乡
书　记:翟铭娟(女)
中卫乡
书　记:李维跃(4月离职)　李学东(4月任职)
里砦镇
书　记:任延青
南唐乡
书　记:胡国华(女,4月离职)　张天柱(4月任职)
隆化镇
书　记:李兴智(4月离职)　曹俊义(4月任职)
桥上镇
书　记:单建民(4月离职)　杨晓清(4月任职)
浇底乡
书　记:李学东(4月离职)　贾永伟(4月任职)
西闫镇
书　记:刘双辉(4月离职)　王新明(4月任职)

中共浮山县委工作概况

县委书记　史全喜

2016 年，浮山县委认真贯彻落实习近平总书记系列重要讲话精神和中央、省委、市委的各项决策部署，始终保持政治定力、发展定力、实干定力，凝心聚力抓大事、谋发展，克难题、促落实，全县经济建设、政治建设、文化建设、社会建设、生态文明建设和党的建设都取得了新成效新进步。

一、讲政治、把方向，坚决拥护中央核心

坚持把学习贯彻习近平总书记系列重要讲话精神作为首要政治任务和做好各项工作的根本遵循，牢固树立政治意识、大局意识、核心意识、看齐意识，坚决与以习近平同志为核心的党中央保持高度一致，坚决做到思想上拥戴核心、政治上维护核心、行动上紧跟核心，坚决把中央和省委、市委的决策部署落实到位。围绕省党代会提出的治晋理政总方略和市党代会的安排部署，结合浮山发展实际，提出了“围绕建设临汾后花园战略定位，突出从严治党、产业转型、基础提升、生态优化、脱贫攻坚、民生改善六大重点，加快建设绿色、开放、秀美、富裕新浮山”的总体发展思路，明确了一产上做好有机农业、循环农业、设施农业、休闲农业“四篇文章”，二产上抓好巩固提升、培育打造、扩规提质、引进激活“四个一批”工程，三产上打好地域文化、近郊旅游、特色餐饮、生态环境“四张特色牌”的工作抓手，统一了思想、鼓舞了斗志，有效引领了全县经济社会的发展。

二、抓大事、克难题，项目建设取得突破

始终把项目建设摆在突出的战略位置，紧紧扭住“全力推进两件大事、建设三十项重点项目、办好十件惠民实事”的“231”目标任务不放松，扎实开展项目开工“百日攻坚”和“百名干部入企服务”行动，县级领导以上率下、带头包联、带头攻坚，有力促进了项目建设的顺利推进。2016 年，重点项目“六位一体”各项指标均达到既定进度或超额完成目标任务，“百日攻坚”行动 8 个重点推进项目全部开工，“231”重点工程项目扎实推进，县域经济发展后劲和活力进一步增强。特别是事关浮山长远发展的战略项目取得了重大突破，华润 10 万千瓦风力发电项目首期 50 台风机已经并网发电，引沁入汾浮山供水工程、西气东输改线工程、尧山森林公园太和桥工程顺利推进，丞相河大桥、臣南河水库、农村旅游公路项目开工建设。积极推动投融资平台建设，组建成立浮山县发展与建设投资有限公司、尧山建设有限投资公司、神山建设有限投资公司，争取农发行、国开行贷款和项目建设资金 5.6 亿元，保证了项目建设资金需求。

三、调结构、兴产业，经济转型持续发力

坚持把产业转型作为经济工作的重中之重，下大力气优化产业结构，发展新兴产业，培育经济发展新动能。工业发展上，以完善矿山企业手续、提升装备水平为重点，加快推进传统产业升级改造，全县复工复产的铁矿企业达到 11 家。以打造特种防火器材制造基地和尾矿资源综合开发利用示范基地为载体，大力发展新兴接替产业。威盛达通防火建材及物流项目完成厂房和办公楼主体建设，项目建成后，可实现年产值 1 亿元、利税 2000 万元，带动就业 1000 余人。汇方圆尾矿综合利用、晋盛无机发泡建材、烨达 3000 吨锆制品等尾矿资源综合开发利用项目正加紧建设，尾矿资源综合开发利用迈出坚实步伐。农业发展上，有机农业、循环农业、设施农业、休闲农业发展齐头并进，农业集约化、品牌化、产业化水平不断提升。全县设施蔬菜播种面积已达 2 万余亩，有机农业示范基地发展到 8541 亩，“印象田园”农业示范园区框架形成，玉杰食用菌、汉中洋饮料、振强杂粮醋等一批农副产品加工企业发展势头良好。第三产业发展上，持续推进“印象田园”设施农业体验区、锦绣园林观赏区、休闲养生度假区、尧山森林公园尧文化体验区、凤凰山庄休闲度假区、寨圪塔生态旅游区、臣南河综合生态治理区等重大生态旅游项目，浮山特色乡村一日游线路初步形成。

四、聚主业、夯基础，党建水平不断提升

坚持问题导向，聚焦主业主责，从严落实管党治党责任。一是扎实开展“两学一做”学习教育。坚持高起点谋划，高标准推进，高质量落实，创新推行了问题清单、责任清单、整改清单“三单”工作法，做到在学中改、改中学，确保了学习成效。县委班子成员先学一步，深学一层，以上率下做、身体力行改，引领推动了“两学一做”学习教育开展。二是着力加强领导班子和干部队伍建设。严格执行干部选拔任用工作政策规定，坚持德才兼备、以德为先、以廉为基的用人导向，严把干部选任程序关、纪律关、廉洁关，加强干部选用监督检查，确保了县乡换届、干部选用工作风清气正，选好配强了县乡领导班子，全县上下呈现出风气正、干劲足、精神好、面貌新的良好局面。三是深入落实党风廉政建设主体责任。巩固完善县直单位主要领导“五不直接分管”制度，推动“六权治本”向乡、村延伸，不断规范权力运行。推进监察体制改革，成立了浮山县深化监察体制改革试点工作小组，研究制定了《中共浮山县委关于深化监察体制改革的实施方案》，初步确定了改革试点工作路线图和时间表。成立了县委巡察组，对北韩、寨圪塔两个乡镇开展了首轮巡查。加快纪检组织全覆盖，

支持纪委执纪执法,全年共结立案135件,党政纪处分135人,其中乡科级干部11人,重处分27人,移送司法3人,保持了惩腐纠风的高压态势。四是不断加强基层组织建设。以“7+3”重点任务为抓手,探索推行“五账”工作法,实现了基层党建工作的规范化、制度化、长效化。开展“千村破零”行动,探索推行“村委会+公司”模式,全县145个无集体收入的行政村收入全部破万。落实了185个行政村党建工作经费,翻新改造了10个村级组织活动场所,建立了30个非公经济组织和4个社会组织党支部,扩大了党的组织和工作覆盖面。

五、惠民生、促和谐,社会事业全面进步

坚持把改善民生作为一切工作的出发点和落脚点,着力解决人民群众最关心、最直接、最现实的利益问题,努力促进各项社会事业全面进步。一是全力推进脱贫攻坚。始终把贫困群众真正脱贫、真心满意作为根本目标,把“两不愁三保障”“一高于、一接近”作为底线,认真落实“六个精准”“五个一批”决策部署,坚持党政同责、齐抓共管,以上率下、全员参与,挖掘政策、创新扶贫,既送政策、又送温暖,编印脱贫攻坚政策应知应会手册、精准帮扶工作手册、脱贫攻坚帮扶政策措施汇编,实行县处级、正科级、副科级、一般干部“4321”分类包户机制,组织驻村帮扶工作队、结对帮扶干部、第一书记全部进村入户,成立四个督查组对脱贫攻坚工作进行跟踪督查,统一为全县贫困户发放了帮扶连心卡、帮扶政策牌,实现了帮扶责任人与扶贫对象、帮扶政策措施与扶贫对象“两个精准对接”,推动了中央和省市扶贫政策的落地生根,全年实现13个贫困村摘帽,1437户贫困户、4255口贫困人口脱贫。通过精准扶贫、精准帮扶,全县各级干部在扶贫一线经受了锻炼,转变了作风,工作更加扎实了,干群关系更加贴近了,社会更加和谐稳定了。二是持续保障改善民生。集中有限财力,回应群众诉求,实施了城市街巷改造、新建农贸市场、新建城市供水水源地、乡村中心幼儿园建设、乡村公路拓宽提质升级等一批民生工程和惠民实事,开展了国家卫生县城创建、环境保护集中排查整治活动,投资1000万元高标准建设了5个美丽宜居示范村,争取到4条总长71.32公里的农村旅游公路,其中3条已经开工建设。特别是自加压力,筹划用两年的时间,新建一所占地200亩、投资2亿元的高标准示范高中,人民群众得到了更多的实惠。三是切实维护和谐稳定。认真贯彻新《安全生产法》,严格落实企业主体责任、政府监管责任。深入开展安全隐患排查整治和企业“反三违”专项行动,加强重点行业领域的安全监管,全县安全生产形势持续稳定好转。扎实开展县、乡、村三级干部大接访和“一交办三治理”活动,一批重点难点信访问题得到解决,全年未发生进京、赴省集体访事件。深入推进法治浮山建设,启动“七五”普法工作,干部群众的法治意识和法治观念得到增强。加强舆论宣传工作,深入开展社会主义核心价值观宣传教育,扎实推进文明和谐创建活动,为全县经济社会发展营造了良好的舆论环境。

(张祥亮)

附:一、中共浮山县委书记、副书记、常委名单

书　记:孙京民(1月离职)
乔建军(1月—7月主持工作)
史全喜(7月任职)

副书记:梁秀娟(女,7月离职)
史全喜(2月任职,7月离职)
廉海平(7月任职)　任吉龙(7月任职)

常　委:李学良(8月任职)　赵顺兆　刘云生
张晓辉(8月离职)　高学忠(8月任职)
尚　彬(7月离职)　尹明星(7月任职)
单维启(6月任职)　戴石高(6月离职)

二、乡镇党委书记名单

天坛镇
书　记:盖　勇(4月离职)　张　真(4月任职)

张庄乡
书　记:丰志华

响水河镇
书　记:杨　哲

东张乡
书　记:陈波轩

槐埝乡
书　记:吉秀红(女)

北王乡
书　记:邢　磊

北韩乡
书　记:张克彪

米家垣乡
书　记:张　真(4月离职)　许军军(4月任职)

寨圪塔乡
书　记:杨　波

中共襄汾县委工作概况

县委书记 刘 浩

2016年以来，襄汾县委紧紧围绕省委“一个指引、两手硬”重大思路和要求，坚决落实市委“345”战略部署，按照“一二三四”的工作思路，以全新的理念、创新的举措、务实的作风狠抓落实，全县经济社会保持了稳中有进的发展态势。

一、坚持不懈调结构、转方式，努力推进县域经济发展

坚持以转变经济发展方式为主线，积极适应经济发展新常态，推动县域经济持续健康发展。一是现代农业基地建设稳步推进。按照“规模化、产业化、品牌化”发展思路，加快推进现代农业基地建设。大力推进农业规模化，深入推进襄陵现代农业、尧京葡萄等八大示范园区建设；成立中药材产业发展领导组，中药材干品总产达到2.04万吨，产值达到3.22亿元。大力推进农业产业化，实施碧云天饲料、维天百味食品等项目，全县专业合作社达到1436个，农产品加工销售收入达到7.14亿元。大力推进农业品牌化，大力扶持山西聚源良农产品有限公司运用“互联网+”模式，创办壹度创客空间，进一步提高了农产品的知名度。二是新型工业强县建设负重前行。按照“减量化、精细化、规模化、园区化、循环化”的工作思路，着力推进新型工业强县建设。加快传统产业改造升级，实施了宏源合成氨、新金山煤气发电等项目，延伸了产业链条。大力发展新兴产业，新上了华基绿色建材、晋鑫昌热工设备生产等项目。加大招商引资力度，共签约39个项目，签约金额达197.16亿元，为县域经济发展积蓄了新的动能。三是帝尧文化之都建设全面提速。按照“发展大旅游、拓宽大市场、培育大产业”的工作思路，高扬“帝尧之都·中国之源”这一龙头，以“一城一村一镇”建设为重点，强力推进帝尧文化之都建设。文化旅游产业快速推进。积极申报陶寺国家遗址公园，完成陶寺遗址博物馆前期工作，综合展示中心项目选址已通过论证，完成旅游公路施工图编制申报立项等工作，108国道改线可行性研究报告已上报省交通运输厅。与万盛源天然气公司签订了投资10亿元开发丁村的框架协议，分期建设生态文化旅游小镇。编制完成汾城古镇开发修建详规，实施了汾城古城墙、城隍庙等修缮工程，全力打造我国古代北方文化教育展示基地。全年共接待旅游人数达181.9万人次，实现旅游收入19.3亿元，同比增长20%。文化产业不断壮大。成立全县文化创意促进工作领导组，全县文化经营单位达到200多家，直接从业人员超过5000人。文化事业蓬勃发展。举办“百姓大舞台”系列活动18场，放映电影417场，为全县348个农家书屋配送图书2万余册，进一步丰富了人民群众文化生活。四是宜居宜业新区建设成效明显。按照“依托县城、开发新区、辐射乡村”的工作思路，加快推进宜居宜业新区建设。县城建设稳步推进。加快河东老城改造，实施了休干院、棉麻家属院棚户区改造，启动天然气扩面和河东文体广场工程。完善河西新区基础设施，实施丁陶风情街、北大街等路网工程建设，完成豁都峪污水管网工程，宜居宜业水平显著提升。滨河新区有序开发。积极引导休闲度假、仓储物流等生态经济产业向滨河新区聚集，加快尧京葡萄采摘园、晋南民俗体验基地、盛年养老等项目建设，为滨河新区建设提供了有力支撑。特色城镇建设步伐加快。积极引导资金、技术、人才等要素向邓庄、汾城、古城、襄陵等中心镇集聚，进一步提高了城乡一体化水平。美丽乡村建设成效显著。持续推进完善提质、农民安居、环境整治、宜居示范四大工程，邓庄镇贾庄村进入省级美丽宜居示范村行列，汾城镇孝村、陶寺乡中梁村被列为市级美丽宜居示范村，形成了梯次打造、重点突出、整体推进的良好局面。

二、大力发展社会事业，不断提高社会治理水平

加强教育、卫生、环保、安全、稳定、社保、就业、文化、交通等民生工作，特别是坚持把脱贫攻坚作为重大政治任务，按照“六个精准”要求，大力实施“五个一批”工程，全年脱贫1663人，超额完成全年任务，实现了开局之年首战首胜。积极回应社会关切，深入开展“保卫蓝天”“铁腕治污”“控硫治污”攻坚行动，积极应对重污染天气，取得阶段性胜利。牢固树立“总体安全观”，深入开展安全稳定风险隐患大排查大整治，保持打非治违高压态势，全县安全生产形势持续好转，社会大局总体稳定。

三、高度重视民主政治建设，深入推进法治襄汾建设

支持县人大及其常委会依法履行职责，执法检查、代表视察等工作进一步加强。支持县政协依照章程开展工作，进一步发挥了协调关系、汇聚力量、建言献策、服务大局的作用。创新统战工作方式方法，促进了与各民主党派、工商联和无党派人士的联系。稳步推进司法体制改革，大力推进阳光司法，进一步提升了司法公信力。坚持党管武装原则，巩固发展了军政军民团结的良好局面。

四、坚持固本强基，执政为民，全面加强党的建设

坚持“巩固、深化、提高”方针，全面加强党的建设，在“两

学一做”、思想建设、组织建设、作风建设等方面都取得新的成效。

一是“两学一做”学习教育扎实开展。坚持统筹安排部署,3次召开专题会议研究部署,制定了《“两学一做”学习教育实施方案》。坚持从严落实“党员在学习”计划,县级领导带头手抄党章原文,带头学习贯彻习近平总书记系列重要讲话精神,带头学习中央、省、市重要会议和文件精神。坚持带头开展研讨,先后开展6次集中研讨,剖析问题,认真整改。坚持严肃认真的党内政治生活,认真贯彻落实《关于新形势下党内政治生活的若干准则》,各级领导班子成员都以普通党员身份,参加所在支部的组织生活,促进了党内政治生活的制度化、规范化、程序化。坚持创新载体,确定每月15日为全县党员活动日,以“党日活动3+2”为载体,积极开展“党员示范街建设”“三亮三比”等主题活动;排查失联党员25名、刑事责任追究党员22名,停止县乡党代表资格13名,追缴党费66377元。

二是宣传思想工作不断加强。出台《关于加强乡镇领导班子思想政治建设的实施意见》,邀请专家教授举办2期干部大讲堂,组建宣讲团宣讲党的创新理论48场次。扎实做好新闻宣传工作,在各类党报党刊发稿件412篇,编发媒体报道4325条。组织举办了建党95周年主题教育、长征胜利80周年教育等活动,唱响了主旋律,传递了正能量。

三是组织基础进一步夯实。圆满完成县乡换届工作,一大批优秀干部走上领导岗位,班子结构更趋合理,整体功能优化增强。超职数配备干部全部消化。理顺各乡镇党委、县直工委、非公和社会组织工委等基层党工委的职能,组建非公企业和社会组织党组织95个,实现了党的组织和党的工作全覆盖。按照“两个不低于”标准,配套发放农村党建工作经费810万元;按照上级要求的最高标准,足额发放农村(社区)在职、离任“两委”主干岗位报酬;无集体经济收入的232个村全部破零,基层党组织战斗堡垒作用明显增强。

四是干部作风明显好转。严格执行中央八项规定精神,紧盯重要时间节点,成立5个督查组进行拉网式排查,严防大吃大喝、公车私用、公款旅游等节日病;加强联动协作全面监督,开展大操大办、三公经费等专项整治,共查处“四风”案件9起,党政纪处分10人。扎实开展干部入企服务工作,共落实协调解决问题38个。积极开展党员干部驻村帮扶和在职党员“两服务一帮扶”活动,共为群众办实事265件,让群众切实感受到党员干部作风转变的实际成效。

五、坚持党要管党,从严治党,党风廉政建设取得新成绩

认真贯彻落实省委《关于落实党风廉政建设“两个责任”的意见》精神、市委“五个实施办法”要求,坚定不移推进党风廉政建设和反腐败斗争。认真履行党委主体责任。年初,召开全县党风廉政建设工作会议,对全年目标任务和工作计划进行责任分解,全县各级各部门均列出了主体责任清单,建立了工作台账;17次召开县委常委会议、县四套班子会议专题研究党风廉政建设和反腐败工作,组织开展了“四述”活动,认真听取了各乡镇、县直各部门落实主体责任的情况汇报。与15个县直单位“一把手”,以及13个乡镇党委书记进行了即时约谈、问题约谈;县委书记、县长分别与各乡镇党政“一把手”、县直部门负责人进行了廉政约谈,县四套班子成员分别与分管部门领导干部进行了廉政谈话,与144名新提名的领导干部进行了任前谈话,确保主体责任落到实处。坚决支持纪委执纪执法。支持纪委大力查办案件,共立案197件,党政纪处分199人;科学把握和运用“四种形态”,共谈话函询67人,同比增长288%,主动交代违纪问题7人,涉纪信访案件同比下降15%。认真做好巡察整改工作。对市委巡察组反馈给我县的3方面66条问题,能够立行立改的62条已全部整改到位,其余4条正在按照整改方案要求认真整改。对巡察组移交的217条问题线索,立查立改161条,其余56条正在依法依规进行查处。积极推进县委巡察工作,共发现问题线索241条,移交案件106件。

(王　博)

附:一、中共襄汾县委书记、副书记、常委名单

书　记:王国平(7月离职)　刘　浩(7月任职)

副书记:刘　浩(7月离职)　乔飞鸿(7月任职)
张瑜庆(7月离职)　李青雁(女,7月任职)

常　委:李青彦(7月离职)　亢大勇(8月任职)
贾安民(2月离职)　曹　佩(8月任职)
苏嘉邦(7月离职)　杨建廷
杜许堂(8月任职)　范志军(7月离职)
傅德明　穆书涛(7月离职)
张连昌(8月任职)　曹丽娟(女,8月任职)

二、乡镇党委书记名单

大邓乡

书　记:梁彦明(4月离职)　苏毅忠(4月任职)

邓庄镇

书　记:马　健(4月离职)　臧俊民(4月任职)

陶寺乡

书　记:李　刚(4月离职)　韩文跃(4月任职)

新城镇

书　记:杨江滨(4月离职)　杜振锁(4月任职)

永固乡

书　记:聂增勇(4月离职)　梁　昌(4月任职)

西贾乡

书　记:刘学武(4月离职)　王　英(女,4月任职)

汾城镇

书　记:张国强(4月离职)　马瑞刚(4月任职)

南贾镇

书　记:臧俊民(4月离职)　梁高跃(4月任职)

赵康镇

书　记:吕　军

古城镇

书　记：张　峰(4月离职)　郝英伟(4月任职)

南辛店乡

书　记：曹丽娟(女,4月离职)　李晓枫(4月任职)

景毛乡

书　记：刘东明

襄陵镇

书　记：史耀刚

中共洪洞县委工作概况

县委书记　郑步屯

2016年,洪洞县委深入贯彻省委“一个指引、两手硬”重大思路和要求,紧紧围绕市委、市政府“345”发展战略和“12345”工作思路,坚持以“保优夺魁”为目标,以“五大战略”为抓手,以坚定的信心和勇气,统筹推进稳增长、促改革、调结构、惠民生、防风险各项工作,经济社会发展总体平稳,较好地完成了全年各项目标任务,实现了“十三五”良好开局。初步统计,全县生产总值完成165亿元,同比增长2.1%;一般公共预算收入完成6.6亿元,同比增长1%;固定资产投资完成168亿元,同比增长2.6%;社会消费品零售总额完成56.3亿元,同比增长6.2%。城乡居民收入不断提高,城镇居民人均可支配收入达到24605元,同比增长5.4%;农村居民人均可支配收入达到10467元,同比增长5.5%。粮食生产形势良好,总产达9.3亿斤,其中,旱地小麦最高单产达507.9公斤,创2016年全省最高。煤焦工业产品价格从去年9月份开始逐渐回升,扭转了长达近5年时间的原料与产品价格倒挂状态。消费市场活力显现,服务业在生产总值中的比重增加2%。

一、坚持以上率下、统筹推进,构建了齐心协力、齐抓共管的工作格局

中共洪洞县委始终坚持把贯彻落实十八届六中全会和习近平总书记系列重要讲话精神作为首要政治任务,第一时间传达学习,深入开展研讨交流,坚持不懈理论武装,全县上下在思想上政治上行动上与以习近平总书记为核心的党中央保持了高度一致。严格贯彻民主集中制,充分发挥县委常委会集体领导作用,“三重一大”事项坚持集体讨论决定,有效提高了科学决策水平。充分发挥县委领导核心作用,坚持统揽全局、协调各方,大力支持人大和政协依法履行职权,推动在共谋发展中积极参与,在服务大局中主动作为,调动了各方面积极因素。统战工作更加深入,党管武装有力推进,工青妇等群团组织展现了更大作为。全县上下围绕中心,奋发作为,凝聚起了推进“五大战略”、实现“保优夺魁”的强大正能量。

二、坚持深化改革、力促转型,县域经济呈现了稳中有进的良好态势

洪洞县始终坚持稳中求进工作总基调,积极适应经济发展新常态,团结带领全县广大干部群众,稳增长、调结构、转方式、促转型,发展层次和水平进一步提升,综合实力稳步增,产业调整步伐加快。沃特玛新能源汽车动力电池项目正式投产,华翔集团与美国JDH合资项目成功落地,山焦60万吨烯烃、100万吨甲醇等重大项目有望在今年取得较大进展;大槐树5A级景区创建顺利通过国家级初评,莲花城明代文化商业街建成营业。融资工作成效明显,与北京首创达成改善城市人居环境战略合作,并形成具体合作成果;积极与国开行、农发行等政策性银行进行对接,在资金筹措上取得突破性进展。围绕“项目落地”战略,谋划了一批项目,从中精心挑选了前期准备充分、条件相对成熟的河西新区主干道路、洞河南岸景观道路、洞河生态修复治理、城市供水改扩建、农副产品交易中心等五大项目作为主攻方向,成立了工程指挥部,现在已经完成了地面清表、征地拆迁等前期工作,为项目的顺利实施创造了良好条件。

三、坚持项目引领、厚植动能,转型升级展现了强劲的发展后劲

2016年,洪洞县实施了总投资473亿元、年度投资81亿元的83项重点工程项目。共储备项目217个,总投资额2293亿元,完成全年任务的135%;签约项目7个,总投资203亿元,完成全年任务的135.3%;落地项目81个,完成投资146.6亿元,完成全年任务的104.7%;开工项目82个,完成投资174.1亿元,完成全年任务104.9%;建设项目76个,完成投资146.8亿元,完成全年任务的104.9%;投产项目90个,完成投资158.9亿元,完成全年任务的107.4%,各项指标在全市均位列前茅,转型升级成效初步显现。

四、坚持打造魅力洪洞、建设宜居槐乡,城市形象得到了显著提升

洪洞县全面践行“绿水青山就是金山银山”理念,深入开展“铁腕治污”行动,驻企、控硫、洁净焦、禁燃烟花等防治措施有力落实,空气质量稳步向好。扎实推进改善农村人居环境“四大工程”。全面巩固和拓展国家园林县城成果,建成省级园林道路4条,省级园林小区3家,省级园林单位6家,三星公园与四星公园各一座,城市品位和城市形象进一步提升。近年来,高平、阳城、沁水、泽州、襄汾、翼城、乡宁、侯马等十几个省内兄弟县市,以及吉林通化市、江西鄱阳县、河北黄

骅市等省外市县慕名前来学习考察，洪洞的品牌形象已经走出山西、走向全国。

五、坚持协调发力、推进共享，人民群众获得感和幸福感稳步增强

城乡教育均衡发展，实施了3所农村幼儿园的新建、改扩建工程，完成1所学校省级示范性图书馆达标认定工作，高考二本达线人数1962人，实现六连增。卫生事业持续进步，公立医院改革稳步推进，城镇居民医疗保险参保率达95%，“新农合”参合率达98.24%。社会保障不断加强，为2.1万名低保对象发放低保金6400余万元，城乡居民养老保险参保人数新增4.4万人。完成各类保障性住房1750套，农村危房改造535户，分配廉租房516套。文化惠民工作成效显著，加快推进数字电视网络升级改造，数字电视用户达到16万余户。牢固树立“总体安全观”，严格落实安全生产“一岗双责”，各行业、各领域的安全生产工作全面加强。持续落实县级党政领导干部信访接待日、信访工作责任制和重点案件包案制度，信访渠道进一步畅通。认真开展基层平安创建活动，“平安洪洞”建设深入推进。

六、坚持总体布局、分步实施，城乡建设协调稳步推进

河西新区主干道拆迁任务已基本完成，PPP融资实施方案已确定，项目建设有序推进。完成了铁西片区、城东15.6平方公里控制性详细规划编制工作，城市框架规模进一步扩大。地下管线综合规划和城中村改造修建性规划等11项规划编制工作稳步推进。洞河南岸景观道路和学府花园、玉峰华府、城市领袖、恒富花苑、县城供水改扩建工程等一批项目进展顺利。持续巩固“六城同创”创建成果，对城区所有街道路面、人行道、公厕、照明设施等进行修缮管护，对城区所有主干街道沿街墙面进行了喷漆粉刷，圆满完成了国家卫生县城复审验收工作。

七、坚持党建引领、强化“三基”，为经济社会发展提供了坚强保证

县乡领导班子换届圆满成功，新一届县级领导班子成员全部高票当选，我县的换届工作经验做法得到了省委、市委的一致肯定，被央视《新闻联播》、中央人民广播电台《央广新闻》等中央媒体相继报道。不断加强领导班子思想政治建设，出台了《关于围绕“六新六有”加强和改进领导班子思想政治建设的实施意见》，先后举办农村干部“领头雁”、农村“第一书记”、县乡村三级干部示范培训班和全县科级领导干部PPP专题培训等四大类培训班，培训各级党员干部5200余人次，有效提升了各级党员领导干部的能力素质。深入开展“两学一做”学习教育。不断加强党风廉政建设，扎实开展巡察工作，始终保持惩治腐败的高压态势，持久巩固正风成效，风清气正的良好政治生态逐步形成。

（曹　月）

附：一、中共洪洞县委书记、副书记、常委名单

书　记：王黎明（6月离职）　郑步电（7月任职）

副书记：郑步电（7月离职）　解高民（7月任职）
赵双宝　张海涛（7月离职）

常　委：任俊杰　张玉龙（1月离职）
李　竟（7月离职）　乔永生（7月离职）
樊如荣（女）　张晓晖（7月任职）
周希斌（8月任职）　高　涛（7月任职）
刘春林　程永伦　王　欣（8月任职）

二、乡镇党委书记名单

大槐树镇

书　记：邱　波（4月离职）　郭会军（4月任职）

甘亭镇

书　记：乔建红（4月离职）　刘向明（4月任职）

曲亭镇

书　记：高洪安（3月离职）　樊　玎（4月任职）

苏堡镇

书　记：石心强（4月离职）　郭　翔（4月任职）

广胜寺镇

书　记：郭会军（4月离职）　张春芳（4月任职）

明姜镇

书　记：席青松（4月离职）　林北红（4月任职）

赵城镇

书　记：杨瑞平（4月任职）

万安镇

书　记：郭双平（4月离职）　柳　勇（4月任职）

刘家垣镇

书　记：柳　勇（4月离职）　石心强（4月任职）

淹底乡

书　记：张春芳（4月离职）　张文俊（4月任职）

兴唐寺乡

书　记：段建兵（3月任职）

堤村乡

书　记：刘舒华（女，4月离职）　魏　强（4月任职）

辛村乡

书　记：郭芳芳（女，3月离职）　高洪安（3月任职）

龙马乡

书　记：杨瑞平（4月离职）　张　莉（女，4月任职）

山头乡

书　记：林北红（4月离职）　乔　强（4月任职）

左木乡

书　记：李金龙（4月离职）　朱江平（4月任职）

中共安泽县委工作概况

县委书记　李　强

2016年，安泽县委、县政府按照中央“四个全面”战略布局和省委“一个指引、两手硬”的重大思路，按照市委“345”发展战略和市政府“12345”工作思路，在坚定政治方向中担当作为，在践行全新发展理念中持续发力，全面加强党的建设，着力推进绿色生态、工业提质、三产升级、城乡建设、民生改善、创新驱动、安全稳定，加快建设山水田园城和精品旅游县，努力实现安泽全面振兴、绿色崛起，全县始终保持了经济发展、大局稳定、人民安康的良好局面。

三农工作

坚定不移地推进绿色发展，建设好绿水青山，打造好金山银山。久久为功狠抓植树造林，全年造林0.56万亩；加快建设一个国家级森林公园和一个国家级湿地公园，全力打造三晋“绿心”；大力发展林下经济，加大油用牡丹等经济林种植力度，落实种植1.09万亩；全力推进有机农业发展，持续发展壮大主导产业，巩固有机玉米种植1万亩，全县黄牛、猪、羊、家禽存栏分别达到1.3万头、3.1万头、10.4万只、61万只，肉类总产量达1.83万吨，禽蛋产量达0.55万吨，奶产量达0.82万吨。全力加快以连翘为主的中药材产业发展，新增中药材人工种植4500余亩，新建野生连翘抚育基地3900亩，不断加大招商引资力度，努力打造国家级连翘加工基地和山西省中药材集散中心。全面贯彻落实新《环保法》，大力开展大气、水、土壤污染防治“三大战役”，2016年二级以上天数达322天，其中一级天数达到43天，全力守护了安泽的青山绿水、清新空气。

工业建设

坚持做大做强传统煤焦产业，累计取消10项收费项目，为企业减免税费共计4962万元，扎实开展干部“入企服务”活动，千方百计为企业破解发展困难，全年生产原煤445万吨，焦炭240万吨，洗精煤160万吨，煤炭和焦化企业实现了满负荷生产。致力打造国家级循环经济示范园区和低碳生态园区，加快推进唐城循环经济园区建设，永鑫千吨甲醇制丙烯分子筛催化剂项目建设已完成可研，省发改委已经备案。积极培育新兴产业，着力构建煤层气、光伏能源等清洁能源新体系。总投资1亿元的耀阳光电200MW/年光伏组件生产线项目已投产，预计年销售额8亿元，利税5000余万元。在北京举办的大型招商引资推介会上，与河北建投集团签署了总投资18亿元的风力发电项目，工业项目转型升级迈出了实质性步伐。

生态旅游

坚持将旅游作为三产提质升级的重要突破，充分挖掘安泽丰富的旅游资源，启动制定全县旅游发展规划，精心做好“黄花、红叶、荀子”三篇文章，全力推进全域旅游。以绿色生态游、红色文化游、休闲娱乐游等为主攻方向，国庆节期间，4个乡镇38个村同时举办多个乡村旅游节，接待游客32万余人次，旅游总收入达4800余万元，带动村集体经济和贫困户增收70余万元，实现了乡村旅游向全区域、全要素、全产业链的发展，三次产业结构更趋合理。

城乡建设

积极推进沁河治理、旅游公路、309国道安泽县城段改线、县城集中供气供热工程等项目建设。旧城改造提升工程“一纵”基本完成，“一横”正加快推进；安福路、希望街、新星巷等6条街巷改造工程已全部完成；中南铁路安泽站站前广场、通站道路，工程量均完成90%以上，城市基础功能持续完善。先后与山西建筑工程(集团)总公司、北京首创资本投资管理有限公司签订战略合作协议，从根上破解了“谁来建设”“谁来投资”等建设难题，为全面开工打下了坚实的基础。

“创卫”工作

全县积极创建国家卫生县城和国家卫生乡镇，县级领导带队开展环境整治2000余人次，大力实施城市净化、蓝天碧水、绿色魅力、街道畅通、亮化提升、市容美化、花园机关、健康教育“八大工程”，全县城乡环境卫生面貌极大改善，做到了从时间上提前、在范围上全覆盖。

脱贫攻坚

面对全县3470户、8514口人的脱贫任务，坚持以脱贫攻坚统揽全县发展大局，全县一个目标合力抓脱贫、每户一本手册精细抓脱贫、每户一支队伍帮扶抓脱贫、每日一次例会推进抓脱贫、用好一个微信实时抓脱贫、坚持过好一个生日亲情抓脱贫，开展“决战77天，奋力脱贫攻坚”行动，各级干部坚持扶贫先扶心，与贫困户照全家福、为贫困户过生日，发送祝福短信399条，为264个贫困户过生日，让群众心情更愉悦，进一步密切了党群干群关系；积极探索“党建+产业+扶贫”新模式，大力实施乡村旅游、光伏发电、油用牡丹种植等举措，169户(贫困户96户278人)安装分布式光伏板，户均年收益可达5000—10000元；3个集中光伏电站建设全部完成，将带动40个贫困村年增加村集体收入500万元以上。持续推进易地搬迁,集中安置91户160人,分散安置8户25人。持续推进教育扶贫,全面落实贫困生补助,精准推进“雨露计划”,帮扶914人,资助在校大学生30名;持续实施“五类困难家庭学生”资助等十项“免补”政策,全面推进“十二年教育全免费”,帮助贫困家庭全面“减负”。持续推进健康扶贫,投入13.61万元,为全县贫困户投保大病医疗补充保险;县乡两级卫生医疗机构结成医联体,采取“组团+菜单”式服务,定期到贫困村开展“义诊”,已为1900余名贫困群众进行了健康体检。持续推进民政扶贫,全面加大因病致贫返贫救助力度,全年发放困难群众临时救助金31.92万元、农村低保金194.5万元;为202名贫困患者发放救助资金62.2万元,为1124名重度残疾人发放护理补贴65.03万元。目前,1678户4400人已实现稳定脱贫。

民生改善

从解决人民最关心最直接最现实的利益问题入手,全力打好教育均衡发展、医疗卫生、社会保障、文化繁荣等民生保障改善攻坚战役。教育上,重点实施了和川、杜村、良马中心幼儿园建设、安泽一中标准化建设和教育信息化提升工程,全方位、多渠道开展了教师培训,全县教育教学质量稳步提升。卫生上,完成了杜村乡卫生院业务用房、县人民医院医技门诊综合大楼和县中医医院住院楼建设项目主体楼建设;持续实施“四免一降”惠民措施。“新农合”参合率稳定在99%以上,累计支付4.4万人次,支付基金1686万元;分层开展“对口援医”,省市下派专家20余人,县乡医生基层坐诊52人次,培训乡村医务人员150余人次,全县医疗水平全面提升。文化上,持续实施文化惠民育民工程,深入开展乐在周五、春行在安泽、创国卫运动会等文体活动,持续开展“感动安泽”人物评选宣传,全面聚合了发展正能量。社会保障上,全县养老、医疗、工伤、失业等保险应保尽保,城乡低保、社会福利、救灾救济等工作持续推进;新增就业岗位878人,转移农村劳动力1581人,群众幸福指数不断提升。

安全稳定

牢固树立总体安全观,认真履行安全生产党政同责,对辖区内4580家生产经营单位、124家行业领域单位和62项在建工程项目全部从严压实监管责任,实现县、乡、村、企党政同责“四级五覆盖”,扎实开展安全大检查和隐患大排查大整治,严格按照“五落实”要求立整立改,共排查整治各类安全隐患1422条,不断完善建立长效机制,全力以赴确保安全生产。全面推进法治建设,我县荣获全国法治宣传教育先进集体。扎实推进平安建设,深入开展打黑除恶、“六六创安”专项行动,不断强化社会治安防控,全县群众安全感和满意度名列省市前列。

党的建设

坚持把抓好党建作为最大的政绩,统筹推进思想建设、组织建设、队伍建设、作风建设和党风廉政建设,全面从严管党治党迈出坚实步伐。一是层层压实党建责任。坚持党建工作常态化、项目化推进,制定县乡书记抓党建工作“三个清单”,细化任务指标94项,全部按序时进度完成任务。新一届班子组成后,纷纷深入各自包联乡镇、党建联系点开展指导工作,形成了合力狠抓党建的良好局面;创新形式开展书记面对面述职,四大班子全部参加、逐一点评,并在全县通报、责令整改,把管党治党的责任落到了实处。二是狠抓思想建设。坚持把思想政治建设作为生命线,扎实开展“两学一做”学习教育,各级领导干部讲党课1048次,集体学习6224次,开展专题讨论1572次,建立问题清单266个,查摆问题1126个,已整改1076个。坚持每周一次县委中心组学习,常态开展干部教育培训,举办干部大学堂22期,培训党员干部9000余人次;坚持用好党校主阵地,党校利用率达到90%以上。坚持多形式开展党性教育,全县各级干部接受红色教育3000余人次。启动完成第三届“感动安泽人物评选”,以榜样的力量教育全县干部群众。思想教育的持续推进,全县党员干部“四个意识”不断增强,思想行动更加自觉统一到党中央、省委、市委和县委的各项部署上来。三是狠抓组织建设。扎实推进“7+3”基层党建重点任务,全面完成170个机关企事业单位党组织换届,全县72家非公企业全部实现“两个全覆盖”。18个软弱涣散党组织全部转化完毕,解决突出问题27个。引深拓展“定查评”,目标任务全部完成。优先保障党建工作经费,村均党建经费达到10万元以上;投入120余万元维修改造行政村组织活动场所44个。持续引深“双引领双服务”“三联两报到”活动,完善提升“三级中心一格一网”工作体系,全县104个行政村集体经济收入提前50天全部实现“破万”;三级中心今年提供便民服务32339人次,基层党组织政治功能、服务功能、发展功能全面增强。四是狠抓队伍建设。按照县乡换届的“四好”目标要求,从严换届的标准程序和纪律,县四大班子均已全票和高票当选;原乡镇班子调整率达64.7%,新班子平均年龄比上届下降2岁,专科以上学历提高4.73%,县乡班子结构全面得到优化,选出了忠诚干净担当的好干部、配出了结构优功能强的好班子、换出心齐气顺劲足的好面貌。不断加大村“两委”干部激励和关爱,“七一”评选表彰3名功勋支部书记、3名红旗书记,为村离任干部发放生活补贴41万余元;选拔46名优秀干部担任村“第一书记”,15名大学生村官转岗乡镇工作,打造了基层不走的工作队。五是狠抓作风建设。县委常委班子成员坚持以上率下,积极开展“一带三创”活动,带动全县干部只争朝夕抓落实,将作风的改进体现到各项工作中。建立四大班子、党委书记、乡村旅游、脱贫攻坚等工作微信群,各级干部通过微信亮晒进度、互相交流,打起了“擂台赛”,只争朝夕抓落实,仅用65天时间,投资1亿元年产值8亿元的临汾耀阳光伏组件生产项目就成功投产试运行;仅用十天左右时间,4个乡镇30多个村就成功打造多个休闲旅游节等,创造了一个个“安泽速度”和“安泽纪录”。工作作风的不断改进,赢得了民心、加快了发展。六是狠抓党风廉政建设。坚持把党风廉政建设纳入全县工作大局,第一时间学习传达中央省市会议精神、每次会议都做安排部署、时时处处督查强调党风廉政建设。制定了《安泽县2016年党风廉政建设工作计划》,层层落实党风廉政建设主体责任清单、问题清单和整改清单。全力支持纪委开展工作,优先保障纪检经费,借助县乡换届机会将36名同志配进纪委系统,为纪委提供了条件最好的办公场所,硬件建设全面提标。积极推进监察体制改革试点工作,各项工作走在了全市前列。全面加强巡察工作,先后对13个单位开展首轮巡察,发现问题线索86个。从严执纪问责,努力用好"四种形态",2016年受理问题线索190人209件,结案160件,给予党政纪处分160人,其中科级干部19人,重处分22人,移送司法机关1人,切实将党风廉政建设"两个责任"落到了实处。

(吕　瑞)

附:一、中共安泽县委书记、副书记、常委名单

书　记:任秀红(女,7月离职)　李　强(7月任职)

副书记:毛跟云(7月离职)　牛庆国

郭婷慧(女,7月任职)

常　委:陈鹏飞(7月离职)　高成锁(7月离职)

杨玉果(7月离职)　安海清(7月离职)

连忠武　张红山　李峻石(7月任职)

魏书亮(8月任职)　晋红峰(7月任职)

张曙光(7月任职)

二、乡镇党委书记名单

府城镇

书　记:牛福生(4月离职)　张建富(4月任职)

唐城镇

书　记:李世明(4月离职)　张俊生(4月任职)

和川镇

书　记:王朝峰(4月离职)　张福增(4月任职)

冀氏镇

书　记:张俊生(4月离职)　付　强(4月任职)

良马乡

书　记:赵春亮(4月离职)　周来群(4月任职)

马壁乡

书　记:雷改萍(女,4月离职)　张国强(4月任职)

杜村乡

书　记:王新文(4月离职)　刘建军(4月任职)

中共古县县委工作概况

县委书记　郝献民

古县现有基层党组织307个,其中党委15个,党总支5个,党支部287个。全县共有党员6994名,其中农民务工党员2796名,在岗职工党员3135名,离退休党员686名,其他党员377名。2016年新发展党员187名。

2016年,古县县委深入学习贯彻党的十八大、十八届三中、四中、五中、六中全会和习近平总书记系列重要讲话精神,认真落实省委"一个指引、两手硬"的重大思路和要求及市委"345"发展战略,着力办好"四件大事"补短板,滚动实施百项工程植优势,全力抓好民生实事增福祉,推进全面从严治党夯根基,全县党的建设和各项事业发展迈出新步伐。

一、坚持从严管党治党,构建良好政治生态

古县县委始终坚持把抓好党建作为"最大政绩",坚持抓主业、担主责、唱主角,把全面从严治党向纵深推进,基层党建工作科学化水平不断提高。

1、加强思想政治建设。县委常委会带头增强"四个意识"特别是核心意识、看齐意识,带动全县各级党组织和广大党员深入学习领会党的十八届六中全会精神,自觉坚定地与习近平同志为核心的党中央保持高度一致;深入学习领会习总书记系列重要讲话精神,认真开展"两学一做"学习教育,发挥县委中心组的示范引领作用,召开中心组集体学习会议46次、学习内容252项,开展"四讲四有"等专题学习讨论5次,切实用系列讲话指导实践、用党章党规规范行为;深入学习贯彻中央、省、市各项决策部署,结合古县实际,聚焦古县问题,制定古县方案,明确了坚持一个指引,把握两个关键,落实省市重大决策部署;办好"四件大事",实施百项工程,促进县域经济振兴崛起的具体任务。

2、加强基层组织和干部队伍建设。围绕"四好"目标,圆满完成县乡领导班子换届,一批凝心聚力、清廉务实、担当有为的干部走上重要领导岗位。紧盯集体经济薄弱、软弱涣散党组织、组织设置不优等方面问题,强化基层基础保障,提高为民服务能力,提升基层党建水平。

3、加强党风廉政建设和反腐败工作。以"三个清单"为抓手,带头落实"两个责任",健全完善了党风廉政建设14个方

面制度,按时序进度完成省市巡视巡察反馈意见整改落实工作,成立了县委巡察工作领导小组和3个巡察组,持续推动全面从严治党。认真落实中央八项规定精神,纠"四风"、转作风、漾清风,全力支持纪检监察改革,实现县直机关单位派驻监督全覆盖,准确把握"四种形态",释放了从严执纪的强烈信号。

4、加强民主法治建设。县委常委会带头坚持民主集中制,制定完善了班子议事工作规则,凡属"三重一大"事项集体研究决定。积极支持人大、政府、政协开展工作,高度重视统一战线、党管武装,充分发挥工青妇、工商联等群团组织作用。深入推进依法行政,稳步实施司法体制改革,启动"七五"普法工作,不断提高运用法治思维和法治方式深化改革、推动发展、化解矛盾、维护稳定的能力。

二、狠抓发展第一要务,县域经济稳中向好

县委积极践行五大发展理念,围绕办好"四件大事",实施百项工程,经济社会保持健康平稳发展。全年地区生产总值完成44.3亿元,同比增长4%;一般公共预算收入完成2.1亿元,同比增长8.5%;规模以上工业增加值完成16.7亿元,同比增长7%;固定资产投资完成56.3亿元;社会消费品零售总额完成9.9亿元,同比增长8.3%;城乡居民人均可支配收入分别完成27888元、9065元。

聚焦"兴煤",调结构,促转型。坚持煤与非煤一起抓,破除传统单纯挖煤卖煤、炼焦卖焦的思维定式,努力帮助企业解决发展中面临的问题,积极引导企业抓管理、降成本、促产销、谋转型,煤焦产业止跌回暖,铝土矿资源开发、文化旅游、新能源等非煤产业不断培育。利达焦化1亿标方液化天然气项目开工建设,正泰煤气化120万吨6米顶装焦炉技改、利达焦化90蒸吨干熄焦及余热发电、新疆众和铝产业开发、安吉至大南坪高铝粘土、古鑫低品位矿等项目取得进展。佳盛能源60兆瓦光伏发电项目二期工程并网发电,华润新能源19兆瓦风力发电项目开工建设。现代物流、电子商务、信息技术等新兴产业不断涌现。

破题"修路",破瓶颈,补短板。全县上下铆足一股劲,赴省到市争支持,干部群众齐上阵,想尽办法破难题,着力实施"连接高速公路、提升主要干线、改造乡村道路"三项工程,长临高速古县连接线、古阳至交里县乡公路改造开工建设;店西线完成改造,农村公路安全防护和农村公路完善提质等工程全部顺利完工,道路交通出行环境进一步优化。

铁腕"治污",严整治,美环境。持续实施生态环境综合治理工程,重点推进涧河工业园区生态移民搬迁,淘汰城市集中供热老旧锅炉,取缔"小散乱污"企业4家,县城空气质量明显好转。PM2.5空气质量监测站建成运行,全年二级以上天数258天,优良率71.5%。

攻坚"脱贫",拔穷根,奔小康。严格落实"双签"责任制,制定并推行《精准扶贫精准脱贫帮扶贫困户手册》,全程留痕抓脱贫。大力实施特色农业、光伏、电商、旅游、养殖等五大脱贫产业,全面落实易地扶贫搬迁、教育医疗帮扶、社会保障兜底等扶贫政策,2016年完成7个村、5156口人的脱贫任务,完成年度任务的107.4%,全面小康首战告捷。

三、扎实推进社会事业,民生福祉不断增进

我们始终把民生工作作为党和政府工作的出发点和落脚点。不断加大对民生事业的投入力度,着力解决基本民生,保障底线民生,发展普惠民生,努力使广大群众享受到实实在在的发展成果。全年民生支出6.05亿元,同比增长13.4%,占一般公共预算支出的68.5%。

1、基础设施持续改善。大力实施采煤沉陷区治理搬迁安置、农村危房改造和城中村改造工程;投资2.3亿元用于城市道路、供热、供水、供气等市政基础设施建设,特别是城市集中供热改造工程顺利竣工并按期运行,人民群众的获得感不断增强。

2、教育事业加快发展。3个乡镇幼儿园顺利竣工。实施了古县一中标准化建设和教师绿色通道招聘工作。启动了"三优"评选活动。持续开展了爱心助学捐资活动,为357名贫困学生发放爱心助学捐款45万元。

3、医疗卫生显著提升。三级医疗卫生服务体系不断完善,国家基本药物制度实现全覆盖。县医院建立流动医院,开展巡回诊疗。妇幼保健院、卫生监督所整体搬迁。成功创建"新一轮省级计生优质服务先进县"。建设农村无害化卫生厕所1000座。石壁乡顺利通过国家卫生乡镇复审。

4、社会保障逐步完善。全民参保登记工作进展顺利,城乡居民基本医疗保险完成整合,积极落实残疾人"两项补贴"制度,为1328户2440口人发放低保金486万元,实施开展医疗救助和临时救助,织密织牢社会保障网络,人民群众的获得感和幸福感大幅提升。推进积极就业政策,城镇人口失业率控制在了4.2%以内。建成保障性住房306套,完成农村危房改造817户,推进3个乡镇5个村采煤沉陷区治理搬迁安置。

5、安全稳定持续加强。深入推进"平安古县""法治古县"建设。深入开展安全风险隐患大排查大整治,安全生产形势总体稳定。强化社会治安综合治理,积极化解社会矛盾纠纷。

(吴 虹)

附:一、中共古县县委书记、副书记、常委名单

书　记:郝献民

副书记:李　强(7月离职)　刘舒华(女,8月任职)
常立智(7月任职)

常　委:张朝阳(1月任职)　李荣强(8月任职)
吴晓芳(女,7月任职)　元福明
韩东军　任　臻(8月任职)
田卫东(8月离职)　姜红光(8月离职)
黄海华(7月离职)　白建成(7月离职)

二、乡镇党委书记名单

北平镇

书　记：张秋香（女，3月任职）　刘国强（3月离职）

古阳镇

书　记：李晓峰（3月任职）　柴保林（3月离职）

岳阳镇

书　记：吕晋兴（3月任职）　杨晋栋（3月离职）

石壁乡

书　记：史　澎

旧县镇

书　记：崔　艳（女）

永乐乡

书　记：李永刚（3月任职）　张秋香（女，3月离职）

南垣乡

书　记：张　凯（3月任职）　李秋生（3月离职）

中共汾西县委工作概况

县委书记　任天顺

汾西县共有基层党组织338个。其中，乡镇区党委9个，党总支10个，县乡直属机关、事业单位党支部132个，农村党支部120个，社区党支部6个，企业党支部45个，新社会组织党支部16个。全县共有党员8053名。其中，女党员1334名，在岗职工党员2973名，农村党员4632名，35岁以下的党员3728名。

一、坚定正确政治方向，坚决贯彻中央省市决策部署

坚持把学习贯彻党的十八大、十八届三中、四中、五中、六中全会精神、习近平总书记系列重要讲话精神和省市党代会精神作为重大政治任务，及时传达、认真贯彻，领会精神、把握实质，引导全县党员干部不断深化对中央、省委、市委重大决策部署的理解和把握。坚持“议大事、把方向、作决策”，全年召开县委常委会34次，研究干部人事事项21次，讨论决定重大事项15次。扎实开展“两学一做”学习教育，四大班子带头研讨5次、讲党课28次、参加支部党日活动189次，形成以上率下、整体联动的学教氛围；把《准则》和《条例》列为学习教育的重要内容，切实增强党员干部的“四个意识”，特别是核心意识、看齐意识，坚决与以习近平总书记为核心的党中央保持高度一致；组织党员干部开展“两学一做”学习教育必知必会知识测试，深入开展“我是脱贫攻坚先锋员”“党员在奉献”等主题活动，推行“四记实四挂钩”制度，不断拓展学习教育的深度和广度。

二、坚持发展第一要务，积极推进经济稳步向好

面对经济持续下行的困难局面，切实加强和改善对经济工作的领导，自觉践行新发展理念，坚持理直气壮抓发展。实施重点工程43项，完成投资41.8亿元。全年生产总值完成20.9亿元，同比增长5.9%；规模以上工业增加值完成4.6亿元，同比增长6%；固定资产投资完成42亿元，同比增长28%；社会消费品零售总额完成11.8亿元，同比增长7.8%；城镇居民人均可支配收入完成23582万元，同比增长7.2%；农村居民人均可支配收入完成3374元，同比增长7.6%；公共财政预算收入完成6593万元，同比增长18.5%。

脱贫攻坚开局良好。以脱贫攻坚统揽经济社会发展全局，坚持党委领导、政府主导，成立以县委书记、政府县长为组长的脱贫攻坚领导小组，实行“双组长”负责制。研究出台了《坚决打赢脱贫攻坚战的实施意见》和《落实脱贫攻坚责任细则》等6个办法，先后召开2次全县大会、1次誓师大会、1次约谈会议、3次推进会议、1次培训会议，对脱贫攻坚部署推进。推行责任制“双签”，县乡村三级党政负责人层层“主签”，县级干部、驻村工作队队长、第一书记、机关党员干部定点帮扶，分类“副签”。落实“六个精准、五个一批”的要求，实行挂图作战，扎实开展了产业扶贫、移民扶贫、生态扶贫等“十三个专项攻坚行动”。确定建档立卡贫困人口9758户28864人，贫困发生率22.25%。省市下达我县年度任务脱贫8000人、整村脱贫25个村，全年完成脱贫8112人，整村脱贫26个村，实现良好开局。

安全稳定持续向好。深入开展重点行业领域安全生产隐患排查治理和“打非治违”专项行动，持续引深打击非法采矿专项整治，全年未发生重大安全生产事故。落实县级领导包案调处制度，群众来信来访批数和人数分别下降31%和23%。着力保障改善民生，投资9800万元，完成僧念至小河、细上至城南掌、城南掌至和平3条县乡公路改造，实施了桃荣至北外环连接线工程，启动了以工代赈、土地整理、饮水安全、农村危房改造等民生项目；投资6900万元，实施了中部引黄北掌水库建设；筹资1.49亿元，落实了教育、民政、社会等10个方面36件为民利民实事。

城市建设步伐加快。投资6.3亿元，启动了城市集中供热二期、府南社区城中村改造二期等11项城建项目。与山西二建签订PPP战略合作框架协议，就教育卫生、城市生态和基础设施建设达成合作意向，总投资25亿元。全面启动国家级卫生城镇、省级园林城、省级环保模范城、省级平安县城、省级双拥模范县城、市级文明县城“六城联创”工作。

工业项目取得突破。总投资145亿元的其亚铝业项目一期用地指标得到落实，完成文物勘探、厂址测绘、地质勘察、总体规划及土地权属认定和首块采空区注浆。总投资9.7亿元的酸铁联产项目资源配置由省国土资源厅上报省政府《关

于协议出让硫铁矿探矿权的意见》，省政府同意通过招拍挂的方式公开出让。

特色农业稳步发展。新建肉鸡大棚6个，全县肉鸡养殖大棚达到298个；新建核桃经济林1万亩，总面积达到17.9万亩，两大特色农业带动全县农民人均增收1210元，占到农民人均可支配收入的38.6%。举办了山西汾西首届核桃节，进一步提升了知名度和美誉度。

文化旅游活力增强。持续实施师家沟清代民居、姑射山真武祠、刘家庄红色教育基地开发修缮，积极开展威风锣鼓、面塑、剪纸等非物质文化遗产保护，大力弘扬坚韧、包容、务实、图强的汾西精神，开发旅游产业，打造文化品牌。成功举办社火节、艺术灯展等群众性文化活动，开展送电影下乡1000余场，送文化下乡36场，送图书下乡50余次，举办消夏文艺晚会12场。

三、高度重视民主政治，全面推进法治汾西建设

坚持和完善人民代表大会制度，加强和改进党对人大工作的领导，支持人大及其常委会依法履行职责，听取审议“一府两院”工作报告8项，开展执法检查2次、调研视察3次，作出决议、决定、审议意见8项，依法任免国家机关工作人员82人次，较好发挥了地方国家权力机关作用。坚持和完善中国共产党领导的多党合作和政治协商制度，支持人民政协开展工作，组织政协委员就经济社会发展重大工作进行调研视察，切实发挥了协调关系、汇聚力量、建言献策、服务大局的作用。创新统战工作方式方法，加强与各民主党派和无党派人士合作共事，积极做好对台侨务工作，加强民族宗教工作，支持工青妇等人民团体积极发挥作用。扎实推进法治汾西建设，加快转变政府职能，推进依法决策，深化政务公开，强化行政监督。大力推进阳光司法、促进公平正义。启动“七五”普法工作，不断扩大法治宣传覆盖面和影响力。

四、全面从严管党治党，着力构建良好政治生态

认真履行从严治党主体责任，把抓党建促脱贫、严肃党内政治生活、打造良好政治生态体现到调动党员干部干事创业积极性上，统筹推进各领域党建工作。

重视抓好思想引领。深入开展社会主义核心价值观宣传教育，开展学习贯彻习近平总书记系列重要讲话精神和十八届六中全会精神巡回宣讲20余场，开展“弘扬传统文化，培育核心价值”宣讲活动60余场，开展专题理论培训、送教下乡等各类活动120余场，举办“汾西大讲堂”4期，参学党员干部2万余人次。多层次、全方位开展各种形式的外出考察培训、专题学习培训，选派新任职科级干部外出“取经”8批64人次，举办“抓党建、促脱贫”干部论坛2次，组织实地考察培训120余人次。

圆满完成县乡换届。严格落实“九个严禁、九个一律”换届纪律要求，实现了“零投诉、零上访、零违纪”，整个换届组织严密、圆满有序。乡镇层面，党代会、人代会5月15日前全部召开；县级层面，胜利召开县第十三次党代会，选举产生新一届县委和县纪委，召开两次人代会、两次政协会，县委、人大、政府班子成员全票当选，受到市委领导高度好评、全县人民普遍赞誉。换届期间，省市督导组多次来汾西检查指导，对我们的工作给予充分肯定。贯彻《干部任用条例》及相关政策，配合市委完成22名县级干部的考察任用，调整配备乡科级干部122名，从“三类人员”中选拔7人担任乡镇领导职务，从脱贫攻坚一线推荐县级“两代表一委员”176人，树立了干事创业、风清气正的用人导向。

全面加强基层党建。落实“抓党建促脱贫”的重大思路和加强“三基”建设的新要求，打造了3条脱贫攻坚党建示范带，创建26个脱贫攻坚党建示范村；打通光伏发电、脱贫项目、集体资产、庭院经济四条“破零”路径，120个村集体经济全部达到万元以上；落实党建经费480万元，高标准完成7个农村(社区)活动场所建设任务，整顿软弱涣散基层党组织20个；开展党员干部精准扶贫承诺、履诺行动，投入帮扶资金560余万元，办实事288件，解决困难问题179个。出台关于职能单位、帮扶单位、乡镇(社区)、第一书记四个层面的绩效考核办法，开展专项督查2次，满意度测评1次，会议通报、电视通报各1次，集体约谈1次，对1名第一书记采取了召回调整措施。

从严落实“两个责任”。扎实开展强化“六责”制度化建设专项行动，出台了《建立和落实党风廉政建设责任清单实施办法》《党风廉政建设约谈工作实施办法》等制度规定，制定“两个责任”清单346份并签字背书，对落实“两个责任”不力的60名责任人进行了约谈，对7名责任人进行了责任追究。加强干部“生活圈”“社交圈”监管，对全县4200名党政机关干部实行会员卡零持有零报告，完成433名科级领导干部个人事项报告和重点核查工作。把严明换届纪律、政治纪律作为重中之重，强力监督，审查干部25次970人，终止考察任用8人，廉政鉴定23人。扎实开展巡察工作，组织谈话162人次，发现问题线索63条，完成整改43条。探索整治“四风”问题联动协作机制，查处“四风”问题6案，给予党政纪处分7人。正确把握监督执纪的“四种形态”，运用谈话函询方式处置问题线索124件，查结违法违纪案件62案62人，其中，科级干部9案9人。

(陈华伟)

附：一、中共汾西县委书记、副书记、常委名单

书　记：任天顺

副书记：张安文　张全管(7月离职)
杨晓舟(7月任职)

常　委：贾文魁(1月离职)　段惠刚(7月离职)
傅德明(1月离职)　梁秋菊(7月任职)
赵志红(7月任职)　武耀忠(7月任职)
丁春明　周勇军　宋大鹏(7月任职)

二、乡镇党委书记名单

永安镇

书　记：郝国泰(4月离职)　王　成(4月任职)

勍香镇

书　记：马华庆(4月任职)

对竹镇

书　记：郝新华

僧念镇

书　记：任贵平(4月离职)　刘建军(4月任职)

和平镇

书　记：范宏艺

佃坪乡

书　记：郭建功(4月任职)

团柏乡

书　记：王红林(4月离职)　柏庆安(4月任职)

家要乡

书　记：李胜利(4月离职)　王　伟(4月任职)

社区

书　记：刘元建(女,4月离职)　柏红兵(4月任职)

中共蒲县县委工作概况

县委书记　薛凤奎

2016年,蒲县县委认真贯彻落实党的十八大和十八届三中、四中、五中、六中全会精神,深入学习贯彻习近平总书记系列重要讲话精神,按照"五位一体"总体布局和"四个全面"战略布局,紧紧围绕省委"一个指引、两手硬"重大思路要求和市委"345"战略部署,结合县情实际,确立了"把握四抓要求,实施六大攻坚,推进三县建设"的思路目标,团结带领全县干部群众,奋发进取,奋力攻坚,较好完成了年度目标任务,实现了"十三五"良好开局。

一是综合实力迈上新台阶。切实加强对经济工作的领导,积极应对经济下行压力,主要经济指标持续平稳增长,呈现出"稳中向好、稳中有进"的良好态势。地区生产总值完成55.68亿元,同比增长3.8%;规模以上工业增加值完成37.8亿元,增长9.3%;一般公共财政预算收入7.1亿元,完成市下达任务;固定资产投资完成70.2亿元,增长15.9%;社会消费品零售总额达到7.8亿元,增长7.3%;城镇、农村居民人均可支配收入分别达到24252元和7871元,分别增长5.1%和6%;重点项目"六位一体"工作在全市名列前茅。

二是脱贫摘帽夺取新胜利。坚持把脱贫攻坚作为头等大事,研究出台了脱贫攻坚《三年行动计划》《2016年行动计划》,成立了脱贫攻坚和干部帮扶两个领导小组,构建了领导包联、单位包扶、企业包带,单位到村、项目到村、党员干部到户、干部职工到人、第一书记到岗"三包五到"精准帮扶机制,全党动员、全民动手,县乡村企合力攻坚,扎实推进富民产业、转移就业、易地搬迁、教育救助、生态补偿、社保兜底"六大工程"。出台扶持奖励农业产业和畜牧产业两项优惠政策,总投资12亿元的天津宝迪百万头生猪养殖项目签约落地,开启了"龙头企业+合作社+基地带农户"的产业扶贫模式。全年脱贫2438户、7367人,退出10个贫困村,超额完成省定减贫任务。

三是产业转型实现新突破。工业转型步伐加快。现代化矿井建成投产15座,联合试运转1座,化解过剩产能关闭1座,全县形成煤炭产能1635万吨。山煤300万吨重介选煤二期竣工投产,全县煤炭洗选率达到95%以上。煤电铝一体化、江苏润晶光伏发电、远景能源风电等转型项目积极推进。农业升级成效明显。核桃标准化管理达到4.5万亩,被评为省级核桃栽培标准化示范区。正茂核桃有限公司被列为全省核桃加工实训基地;马铃薯种薯繁育体系建设荣获年度"市长创新奖"。构树种苗研发基地建成投用,被列为全省构树扶贫试点县。第三产业不断壮大。电子商务综合平台建设完成项目申报和人员培训;"佳乐文创园"建成投用,众创空间通过市级认定;白杞柳手工艺品进驻侯马免税电子商务平台;中小企业实现营业收入12亿元,上缴税金1.45亿元,实现了较快增长。

四是城乡建设再上新水平。坚持城市扩容和功能完善并重,统筹推进28项城建重点工程,锦绣小区和鹿城山水小区一期竣工,鹿城山水小区二期完成主体工程,保障性住房三期3栋竣工、3栋完成主体,西气东输改线工程进展顺利,省级卫生县城实现五年联创。全面加快路、水、电等基础设施配套,霍永高速连接线加紧建设,井山线、蒲红线拓宽改造完成路基。四沟水库主体完工;刁口水库完成基础灌浆;化乐水库列入全省计划;实施小农水工程,新增灌溉面积1.7万亩。建成4G宽带网络基站181个;完成农网改造32公里,薛关35千伏变电站增容工程建成投用。

五是生态提升展示新形象。加快西山片区国家主体功能区试点建设,完成营造林6.74万亩,林木覆盖率达到54.5%;打造西河沟万亩造林精品工程,全市造林绿化现场会在我县召开。实施百里昕水河生态综合修复工程,集中开展了水土流失治理、河道清障清淤等专项行动。被评为省级乡村清洁工程农村垃圾治理示范县。严格落实污水排放源头治理责任,城区水源地水质达标率100%,工业用水重复利用率达到90%以上。开展大气环境专项整治,严查重处排放不达标企业,坚决取缔"土小企业",实现了山川增绿,守护了蓝天白云,城区二级以上天数达到316天。

六是民生改善收获新成果。启动第二轮教育振兴"三年行动计划",顺利通过国家义务教育发展基本均衡县验收。高考二本B类以上达线264人,达线率43%,首次名列全市山区十县第一名。推进现代公共文化服务体系建设,加大文化惠民力度,荣获"山西省文化先进县"称号,县蒲剧团被评为"全国服务农村服务基层文化建设先进集体"。全年新增城镇就业1335人,转移农村剩余劳动力1437人,创业带动就业456人,被列为国家级农民工返乡创业试点县。大力发展卫计事业,深入推进公立医院改革,城乡医疗卫生服务水平不断提升,再次荣获"全国计划生育优质服务先进县"。开展全民健身运动,荣获首届全国"万步有约"健走大赛山西赛区第一名。实施安居工程,完成232户农村危房改造;287套廉租房全部分配到户。各类社会保障救助基本实现应保尽保、应助尽助。积极落实残疾人政策,切实保障残疾人权益,荣获"全国残疾人工作先进单位"。持续开展安全生产隐患排查专项整治,安全生产事故起数、死亡人数同比下降20%;积极化解信访积案,群体上访批次、人次明显降低;严厉打击各类违法犯罪行为,群众安全感满意度不断提升。

七是改革开放呈现新气象。全面深化行政审批制度改革,开通重大项目并联审批和"五零"服务机制,审批时限大幅缩减。行政单位公车改革任务圆满完成。政府采购改革成效明显,全年节约财政资金199万元。农村产权改革稳步推进,规范流转土地3.3万亩,确权土地35万亩。引深"双创"工作,申报高新技术企业1家,发掘培育发明专利10项、实用型专利2项,孵化省市级科技项目4个。连续荣膺"全国科普示范县"称号。开展招商引资活动5次,签约项目11个,签约资金201.3亿元。

八是党的建设取得新成效。扎实开展"两学一做"学习教育。县委中心组带头集体学习、带头研讨、带头讲党课、带头撰写心得体会,进一步增强了"四个意识"特别是核心意识、看齐意识,充分发挥了表率示范作用。全县各级党组织坚持真学真做真改,层层落实问题清单、责任清单和整改清单,共解决突出问题524个。狠抓干部队伍建设。圆满完成县乡换届,各级班子候选人全部高票当选,班子结构更加优化、活力进一步增强。全面推行领导干部党风廉政建设、安全生产、信访稳定+业务工作"3+x"责任制,严格落实"13710"工作制度和县级领导包联机制,层层建立微信工作平台,加大督促检查、考核问责力度,形成了以上率下、真抓实干的浓厚氛围。大力夯实基层基础。以"一带三创"、书记领办创新项目、"定、查、评"工作为抓手,完成农村集体经济"破零"任务,流动转岗大学生村官19名,整顿提升软弱涣散党组织18个,劝退除名失联党员69名,全县170个基层党组织按期完成换届,110家非公企业实现了党的组织和工作全覆盖。加大党建支持保障力度,新增农村党建经费327万元,基层干部待遇全面兑现。开展干部入企服务活动,帮助企业解决现实问题114个。持续推进党风廉政建设。从严落实"两个责任",层层传导压力,对责任落实不力的32名干部严肃问责追责,给予党政纪处分9人。稳步推进监察体制改革试点工作,充分发挥巡察工作"尖兵"作用,保持狠刹"四风"的高压态势,全年共查办违纪案件83件,给予党政纪处分82人,充分发挥了警示震慑作用。全面深化民主法治。推进司法体制机制改革,完成首批法官、检察官入额工作,落实"阳光司法"工程五年规划,开通了"12348"24小时法律援助热线,实现了"一村(一社区)一法律顾问"服务的有效覆盖。支持人大、政协依法履行职责,严格法律程序任免干部94人(次),围绕产业发展、生态提升、城市管理、法检两院等14个方面,组织人大代表、政协委员开展专题视察,增强了民主监督的实效性。创新统战工作方式方法,加强与工商联、民主党派和无党派人士的联系。坚持党管武装原则,不断巩固发展军政军民团结的良好局面。

(张　阳)

附:一、中共蒲县县委书记、副书记、常委名单

书　记:闫建国(7月离职)　薛凤奎(7月任职)

副书记:赵志慧　郭迎明(7月离职)
吴吉红(7月任职)

常　委:陈振华(7月离职)　陈金庄(7月离职)
席建国(1月离职)　高永贤(7月离职)
余作明(7月离职)　李有红(8月任职)
宋蒲刚(8月任职)　崔文学(7月任职)
张宁红(7月任职)　黄生宁
刘俊绒(女,8月任职)

二、乡镇党委书记名单

蒲城镇

书　记:刘俊绒(女,4月离职)　张旭东(4月任职)

克城镇

书　记:乔富顺(4月离职)　卫　明(4月任职)

黑龙关镇

书　记:张彦龙(4月离职)　张晋峰(4月任职)

薛关镇

书　记:卢志俊(4月离职)　霍岷翰(4月任职)

太林乡

书　记:亢鹏飞(4月离职)　李俊虎(4月任职)

乔家湾乡

书　记:张保平(4月离职)　赵志峰(4月任职)

古县乡

书　记:康向红(4月离职)　曹建生(4月任职)

山中乡

书　记:张旭东(4月离职)　连全兰(女,4月任职)

红道乡

书　记:冯宥铨(4月离职)　辛耀恒(4月任职)

中共乡宁县委工作概况

县委书记　樊洪平

乡宁县辖10个乡镇、182个村委、1113个自然村，共有439个基层党组织，其中14个基层党委（10个乡镇党委），9378名党员。2016年，中共乡宁县委认真学习党的十八大和十八届三中、四中、五中、六中全会精神，深入贯彻习近平总书记系列重要讲话精神，全面落实省市党代会精神，团结带领全县干部群众，全力推动乡宁党的建设和经济社会各项事业再上新台阶，向着全面建成“小康乡宁”的宏伟目标迈出新步伐。

一、深入学习贯彻习近平总书记系列重要讲话精神和省市党代会精神，顺利推进县乡换届工作，科学谋划县域发展新蓝图

坚持把深入学习贯彻习近平总书记系列重要讲话精神和省市党代会精神作为首要政治任务，认真开展学习，全面对标落实。

一是扎实开展“两学一做”学习教育。全年开展中心组集体学习12次、专题研讨5次，制定出台《关于把学习贯彻习近平总书记系列重要讲话精神引向深入的指导意见》，举办科级领导干部学习贯彻党的十八届六中全会暨习近平总书记系列重要讲话精神轮训班，举行干部大讲堂10期，不断拓展学习广度和深度，教育引导各级党员干部牢固树立“四个意识”特别是核心意识、看齐意识，切实做到思想上拥戴核心、政治上维护核心、行动上紧跟核心，自觉与以习近平同志为核心的党中央保持高度一致。同时，深入开展“三进三讲三亮四结合”“服务奉献·党员先行”等主题活动，不断严肃党内政治生活，切实增强各级党组织的政治性原则性战斗性。

二是顺利推进县乡换届工作。以换届工作“四好”为目标，强化思想教育引导，筑牢换届纪律防线，细化时限、程序、标准要求，顺利召开县第十三次党代会，圆满完成县级换届，换出了心齐气顺劲足的好面貌。在乡镇换届中，大胆选拔重用一批政治强、工作熟、有技术的优秀“老乡镇”和专业技术干部，配齐配强了乡镇领导班子，一批想干事、能干事、会干事的优秀干部走上了领导岗位，公开选拔优秀年轻副科级干部6名，优化了各级班子结构，树立了公平公正的用人导向，激发了干事创业活力。

三是科学谋划县域发展蓝图。在认真学习省、市党代会精神的基础上，深入贯彻省委“一个指引、两手硬”重大思路和要求，准确把握市委“345”战略和市政府“12345”工作思路，结合乡宁实际，顺应乡宁民意，确立了紧扣“全面建成小康乡宁”奋斗目标，贯彻创新、协调、绿色、开放、共享“五大理念”，加快农业现代化、工业新型化、县域城镇化、民生事业普惠化、社会治理科学化“五化进程”，建设富裕、实力、美丽、幸福、和谐“五个乡宁”的路径措施，有效凝聚起了全县党员干部群众“撸起袖子加油干”的强大合力。

二、认真落实从严治党主体责任，着力构建良好政治生态，全面提升新时期党的建设新成效

自觉扛起全面从严治党主体责任，坚持把党建工作、党风廉政建设与全县大局工作同谋划、同部署、同推进。

一是健全主体责任体系，层层压实工作责任。及时研究党建工作和党风廉政建设工作。制定了基层党建工作任务清单，建立完善包片联点制度，形成人人有责、齐抓共管、协同推进的工作机制。完善落实党风廉政建设责任清单、约谈、监督提醒、巡察、四述等工作机制，进一步压实“两个责任”。及时修订了落实党风廉政建设责任清单，督促指导各级党组织进一步健全责任体系，层层传导压力和办法。明确担当干事导向，为担当的干部担当，为负责的干部负责，最大限度地调动党员干部干事创业激情。

二是科学运用“四种形态”，不断优化政治生态。正确把握运用“四种形态”，加快从宽松软走向严紧硬。坚持高频率开展警示教育，多层次举办廉政教育，引导党员干部自觉把纪律和规矩挺在前面。注重抓早抓小抓苗头，约谈党员干部500余人次，“咬耳扯袖、红脸出汗”成为常态。加强常态化监督，持续正风肃纪，紧盯重要节点、关键人群开展检查，违反八项规定和“四风”问题案件数量逐渐递减。坚持全覆盖、无禁区、零容忍，扎实开展巡察工作，对于不收敛、不收手、顶风违纪的坚决查处，始终保持了惩治腐败的高压态势。

三是全面加强基层党建，切实夯实基层基础。聚焦基层党建“7+3”重点任务，把党建工作和事关全局的重点工作有效结合起来，以党建工作的推进促进重点工作的突破。一是不断强化“两个功能”。成立22个政府组成部门党组，扎实推进县直机关党组织换届工作，1862件“定查评”事项全面实施，22个软弱涣散基层党组织成功转化升级。二是全面夯实基础保障。足额保障农村党建工作经费，落实农村在职干部岗位报酬正常增长机制。推进活动场所提档升级，高标准打造3个社区示范点。把“破零”行动确定为书记领办项目，全县136个经济“空壳”村在全市率先全部“破零”并达到1万元以上，基层组织的“造血”功能不断增强。三是切实加强队伍建设。调整配备了村党组织书记10名，扎实开展“领头雁”培训，制定《农村第一书记管理办法》，组织开展“一定双诺五争先”主题实践活动，引领党员干部履职尽责、干事创业。

四是坚持巩固完善提高,健全运行保障机制。坚持把党建工作和党风廉政建设纳入年度目标“一揽子”考核体系,开展书记“面对面”述评工作,开展从严治党专项督查,督促各级一把手高度重视、认真履责。研究制定实施“一带三创”全面加强农村基层党组织建设、加强社区党建工作等制度文件,扎紧扎牢了制度的“笼子”。加快推进纪律检查体制改革,县纪委内设机构改革顺利完成。按照省市部署,顺利启动了监察体制改革试点工作。

三、牢牢扭住发展这个第一要务不动摇,加快推进“五化”进程,奋力开创全县经济社会各项事业新局面

全面加强对经济工作的领导,贯彻落实新发展理念,适应把握引领经济发展新常态,统筹做好稳增长、促改革、调结构、惠民生、防风险各项工作,经济运行缓中趋稳、稳中向好,质量和效益明显提高。2016年,全县生产总值完成83.7亿元,同比增长4.8%;财政总收入完成20.44亿元,同比增长0.43%;公共财政预算收入完成8.92亿元,同比增长5.55%;固定资产投资完成84.7亿元,同比增长17.6%;城镇居民人均可支配收入完成26251元,同比增长6.7%;农村居民人均可支配收入完成8744元,同比增长6.4%。各项重点工作有成效、有突破。

一是聚焦群众增收发力,农业现代化彰显新成效。以发展新理念引领农业现代化,不断厚植农业发展优势,促进农民增收致富。按照“长抓种植、短抓畜牧”的思路,出台十三五农业特色产业发展规划,县财政出资1000万元,全年新发展核桃、苹果、油用牡丹等特色产业20000余亩。制定出台经济林秋冬季管护办法,乡村两级干部包建示范园,高标准建设经济林示范园255个4万余亩,有效带动全县经济林整体提质增效。着力培育农业产业化龙头项目,充分发挥戎子酒庄、琪尔康生物制品等龙头企业的带动作用,加快推进光华万头肉牛养殖等养殖项目发展壮大,与山西新大象集团签约总投资达11.35亿元的百万头生猪养殖产业化项目。广泛开展各种农业技术和经营管理培训,农民增收致富能力不断提升。

二是聚焦产业转型发力,工业新型化迈出新步伐。始终保持转型发展的定力,统筹做好煤与非煤两篇文章,努力开辟县域经济转型发展新路径。在煤炭产业方面,按照“原煤不出境、精煤做产品、延伸产业链”思路,坚决执行“三去一降一补”要求,扎实推进煤炭供给侧改革,煤炭去产能765万吨/年,认真落实减负政策,促使企业成本下降、价格上升、效益提高,确保了县域经济正常运转。在非煤产业方面,成功与远景能源、中电投签约总投资30亿元的30万千瓦风电项目;成功举办乡宁县“引老乡、回故乡、建家乡”暨在晋异地商会合作恳谈会,与西安通用航空产业集团公司等企业签约6个项目,签约投资金额达36亿元,为县域经济发展增添了新动能。

三是聚焦城乡建设发力,县域城镇化取得新进展。坚持以“县城为中心,以城带乡,城乡一体”的发展理念,全面加快县域城镇化建设水平。在城区建设方面,吉河高速引线绿化亮化及辅道建设、粮食局棚户区改造、东城健康公园等城建重点工程按序时进度扎实推进,完成了新城区3#、7#路桥工程规划设计方案。在乡村建设方面,大力实施采煤沉陷区治理、危房改造和易地搬迁移民工程,全年新建移民新村16个。扎实推进美丽乡村建设,实施了农民安居工程、完善提升工程、环境整治工程、宜居示范工程“四大工程”,城乡人居环境日益改善。

四是聚焦工程实事发力,民生事业普惠化有了新拓展。围绕民生第一关切,采取领导主管、定期调度、现场办公等措施办法,强势推动年初确定的30项重点工程、8件惠民实事。其中投资1.98亿元,完成“全面改薄”工程,义务教育均衡发展顺利通过国家督导组评估验收,教育公平日益彰显;投资2600万元,全面完成天然气置换工作,县城供气覆盖率达85%;新增集中供热面积10万平米,城区集中供热覆盖率达94%;投入近200万元为所有建档立卡贫困人口购买了大病保险;县城免费公交正常运行,获得群众广泛好评;扎实开展环境保护大检查,全力配合上级督察,县域生态环境质量明显提升。文化、卫生、就业和社保等社会事业也提标扩面,人民群众有了更多的获得感。

五是聚焦安全稳定发力,社会治理科学化再上新水平。全面落实“党政同责、一岗双责、失职追责”要求,进一步健全安全生产责任体系。加强常态监管,坚决“打非治违”,各类生产安全事故起数和死亡人数稳中趋降,全县安全生产形势平稳向好。高度重视信访稳定工作,坚持领导干部接访下访常态化,积极化解各类信访问题,关心关注弱势群体。严格落实社会治安综合治理领导责任制,深入开展社会治安风险隐患大排查大整治活动,以“六网覆盖”为基础全力打造立体化治安防控体系。严厉打击黄赌毒等违法犯罪行为,全县社会大局和谐稳定。

在观大势、抓大事的同时,还统筹推进其他各项重点工作。一是不断强化民主法治建设。扎实开展法治宣传教育,营造了良好法治氛围和法治环境,“法治乡宁”建设迈上新台阶。支持县人大围绕全县中心工作依法履行职责,开展执法检查、视察、调研,听取和审议专项工作报告,建立人大选举任命干部履职档案,提升监督水平。加强和改进对政协工作的领导,支持县政协充分发挥政治协商、民主监督、参政议政职能。二是全面加强意识形态工作。不断加强精神文明建设和思想道德建设,大力弘扬新风正气,积极培育和践行社会主义核心价值观,营造了向上向善向廉的社会氛围。加强舆论引导,强化网络监管,突出主题宣传和对外宣传,唱响了乡宁好声音。广泛开展丰富多彩的群众文化活动,提升公共文化服务水平,激励创作文化精品,促进文化产业发展,取得了良好的社会效益。三是全力打好脱贫攻坚硬仗。坚持以脱贫攻坚统领经济社会发展全局,明确了“1369”脱贫工作思路,建立县乡村三级脱贫攻坚指挥体系,按照“一户一档一卡一策一干部”帮扶机制,组建96个驻村工作队,2300余名党员干部“结穷亲”,对贫困群众对症下药、精准滴灌、靶向治疗。

探索建立“股加贷”金融扶贫政策，盘活扶贫结转资金，撬动社会资本投入，增加贫困群众收入。

（闫江涛）

附：一、中共乡宁县委书记、副书记、常委名单

书　记：杨安虎（7月离职）　樊洪平（7月任职）

副书记：樊洪平（7月离职）　杨建军（7月任职）
冯小宁（7月任职）

常　委：刘建平（8月任职）　周晓文（7月任职）
高国荣（7月任职）　郭玉龙　任国栋
闫　鹏（8月任职）　安　娜（女，8月任职）
栗俊昌（7月离职）　解高民（7月离职）
张建山（7月离职）　陈海平（7月离职）
张红玉（女，7月离职）

二、乡镇党委书记名单

昌宁镇

书　记：任进科（4月离职）　贺伟科（4月任职）

枣岭乡

书　记：王海鸣

管头镇

书　记：闫　鹏（4月离职）　刘玉杰（4月任职）

台头镇

书　记：郑安民（4月离职）　任进科（4月任职）

光华镇

书　记：李宝堂

双鹤乡

书　记：刘玉杰（4月离职）　陈孟发（4月任职）

关王庙乡

书　记：贺伟科（4月离职）　宋达颖（4月任职）

尉庄乡

书　记：高建新（4月离职）　史怀荣（4月任职）

西交口乡

书　记：王永生

西坡镇

书　记：赵继宁（4月离职）　高建新（4月任职）

中共吉县县委工作概况

县委书记　郝忠祥

吉县共有乡镇党委8个，县直党委（总支）21个，党支部247个，党员6317名。

2016年，吉县县委认真贯彻落实党的十八大、十八届三中、四中、五中、六中全会精神和习近平总书记系列重要讲话精神，紧紧围绕省委“一个指引，两手硬”重大思路要求和市委“345”战略部署，团结带领全县干部群众，不忘初心，忠诚担当，全力推进“1236”战略，为圆就民富县强“吉县梦”奠定了坚实基础。

一、坚持以习总书记系列重要讲话精神为指引，全面推进“1236”战略开创新境界，走出“吉县路径”

严格落实中央、省委、市委的新精神、新要求、新部署，始终把纪律规矩挺在前面，讲政治、顾大局、听招呼。一是上接天线，把牢政治方向。县级领导干部以上率下，带头参加“两学一做”，带头讲党课，引导全县各级党组织和党员干部认真学习遵守党章党规，深入学习贯彻习近平总书记系列重要讲话精神。围绕“四讲四有”专题和习总书记“七一”重要讲话精神，开展专题培训、组织中心组学习研讨，带动全县广大党员干部讲政治、知敬畏、守规矩，增强“四个意识”，坚决与以习总书记为核心的党中央保持高度一致，筑牢精神支柱和政治灵魂。二是紧跟部署，明确发展方向。邀请省委、市委党校教授对十八届六中全会和省、市党代会精神进行宣讲，深刻领会省委“一个指引，两手硬”重大思路和要求，准确把握市委“345”战略、市政府“12345”工作思路，通过学习，为全县发展规划指明了方向，提供了遵循。三是下接地气，制定“1236”战略。结合上级精神，立足县情，解放思想，实事求是，制定了“1236”战略，即：坚持“一个指引”，突出“两条主线”，打造“三色品牌”，推进“六大突破”，锻造一支忠诚干净担当的干部队伍，凝心聚力谋发展，真心实意干事业，全力推动习近平总书记系列重要讲话精神和中央、省、市新精神、新论断、新要求在吉县落地生根、结出硕果。

二、坚持一手抓发展要务，全面推进经济稳步向好实现新目标，加快“吉县步伐”

2016年，全县地区生产总值完成19.89亿元，同比增长

4.6%；规模以上工业增加值完成50067万元，同比增长12.6%；固定资产投资完成365075万元，同比增长4.5%；社会消费品零售总额完成73630万元，同比增长8.2%；公共财政预算收入完成11087万元，同比增长5.64%；城镇居民人均可支配收入完成18478元，同比增长7.4%；农村居民人均可支配收入完成4661元，同比增长8.1%。7项主要经济指标，全部实现正增长，全部完成市下达的目标任务，在全市和5个国家级贫困县排名均稳居前列。特别是在县域经济发展考核评价结果通报中，吉县在全省36个C类县中名列第二，各项重点工作跨上了新台阶，实现了新突破，"吉县步伐"全面加快。

一是打造"三色品牌"，争创一流。突出提质升级，做优苹果。新发展苹果面积7110亩，减密间伐1万亩，有机转换2.5万亩，建设苹果覆膜集雨技术示范基地200亩，增施生物有机肥284.4吨，发放苗木25万株；成立吉县苹果产业发展协会，开展了"十一黄金周吉县精品苹果展销周""玉壶观瀑 金果祝福"买门票赠苹果活动，赴北京、成都等大中城市开展吉县苹果宣传推介。向美国、澳大利亚出口苹果100余吨，并和加拿大达成出口意向。突出绿色崛起，做美生态。投资1795.3万元，完成退耕还林、"三北"防护林、天然林保护造林等六项造林工程3.81万亩。严把污染企业入口关，积极开展环保卫生大整治，加大煤改气力度，全年二级以上天数达327天；投资2400余万元，实施了9项目重点水利工程，加强水资源统一管理。突出龙头带动，做强旅游。实施了壶口景区道路改扩建、停车场扩建等项目，开展旅游秩序大整顿，环境卫生大整治，壶口景区全年门票收入突破了8000万元；投资11455万元修建人祖山景区玻璃彩虹桥、滑索、游客服务中心、停车场等配套设施；以入选"国家全域旅游示范区"为契机，在东城、屯里等地实施苹果采摘、观光体验、农家乐等乡村文化旅游扶贫项目。投入200万元，开发了两个农耕体验贫困村，全县乡村旅游共接待游客11.5万余人次，旅游综合收入2600余万元。2016年，全县共接待游客486.11万人次，同比增长33.38%；综合收入39.3亿元，同比增长31.48%。

二是突出"精准"二字，决战脱贫。坚持精准识别，精准建档。以家庭年人均纯收入3026元为底线，以"八不进"标准为参考，结合"两不愁三保障"要求，认真组织开展建档立卡"回头看"。坚持精准投入，精准施策。建成村级光伏发电站41座，易地扶贫搬迁安置1162户2800口人，生态扶贫带动帮扶3000人，社会保障兜底帮扶4353人。共投入各级财政专项扶贫资金6028.36万元，累计撬动信贷资金1.1亿元，为精准施策，精准脱贫提供资金保障。坚持精准帮扶，精准脱贫。组织省、市、县134支驻村工作队、62名第一书记、134个包村单位、2000余名党员干部对贫困户进行"一对一"结对帮扶，突出"扶智"、"扶德"、"扶志"，教育引导贫困群众多流汗水动手干，少流泪水伸手要。坚持精准退出，精准巩固，按照《山西省贫困退出办法》，严格遵循退出标准，逐户销号，脱贫到人。2016年，全县贫困人口数量从年初的17147人降至3249人，全县贫困发生率降至3.4%，贫困村由年初的51个降到31个，决战脱贫攻坚取得了关键性胜利，进一步彰显了"吉县担当"。

三是聚集"六大突破"，再上台阶。以加大投资为引擎，推进项目建设。实施"双十"项目实事和50项建设项目，完成签约项目10项，投资85亿元。全年储备项目49项，总投资715亿元，落地项目54项，总投资44.23亿元，开工项目51项，总投资42.7亿元，建设项目60项，完成投资30.08亿元，投产项目18项，总投资32.4亿元，全面完成市定年度目标任务。以历史底蕴为根基，推行文化兴县。实施乡村文化记忆工程，举办"互联网＋文化创新""村动吉州"等文化活动，成立"吉县志愿者联合会"，新拍微电影7部，建成"村德村史馆"16个，开展"十大诚信模范人物""十大最美志愿者"评选活动，5名同志分别获得省、市道德模范提名奖。以新型产业为路径，加快工业崛起。华晋明珠和盛平煤业生产原煤176.5万吨，昌盛洗煤厂生产洗精煤60.8万吨。中石油、中石化、中油中泰共投资30亿元实施钻井853口，产气1.06亿方。完成总投资1.06亿元的2×6MW生物质发电建设项目，协调落实99MW风电场项目，30MW大型地面光伏电站已建成并网发电，发展电子商务企业21家。以统筹发展为引领，夯实城建基础。启动了投资687万元的新华西街农贸市场建设工程，投资214万元实施锦屏山基础设施建设和饮马泉保护工程。投资8178.8万元建成新城路网7.3公里，投资3653.53万元实施了新城府前广场、供水管网、污水处理站及热源点建设工程。投入135万元实施了乡村清洁工程，开展了城乡环境卫生大整治。完成1个省级示范村、2个市级示范村和6个县级示范村的创建任务。以人民幸福为目标，持续改善民生。投资10228万元实施农村危房改造工程，完成农村公路、旅游公路改造148.696公里；积极落实创业就业扶持政策，培训321人，城镇新增就业岗位865个。新建教师周转房24套，轮岗交流校长教师37人，高考二本达线101人、对口高考本科达线104人。投资2600余万元完成新建中医院前期准备工作，全县参合农民达8万人。拨付资金1.18亿元，保障了养老保险、城乡低保配套资金等费用及时发放。发展设施蔬菜135亩，打造杂粮示范区5000亩。以法治建设为保障，提升社会治理。深入开展法治吉县建设，积极开展"七五普法"教育，全面落实安全生产党政同责"五个全覆盖"，开展安全隐患风险大排查大整治；开展"信访工作责任建设年""重信重访案件专项治理"等系列活动，信访事项化解率达95%，有效化解矛盾纠纷，维护社会和谐稳定。

三、坚持一手抓管党治党，全面构建良好政治生态得到新加强，交好"吉县答卷"

全力抓"主业"，履"主责"，党建"龙头"引领作用进一步提升。一是围绕"三基"建设要求定思路。确定了"强基层、强基础、强能力"的党建工作思路，为提升党建科学化水平指明了方向。二是围绕党建工作目标明责任。召开书记专题会、常委会、党建领导小组会，对党建工作明任务、细职责、定计划。组织两次书记抓党建"面对面"述评会，对党建工作抓推进、促落实、定标杆。三是围绕"忠诚干净担当"抓换届。成功召开了县十三次党代会和"两会"，圆满完成了县乡换届。着力锻造了一支"忠诚、干净、担当"的干部队伍。四是围绕问题导向夯基础。投入67万元建成活动场所6个，投入100万元实施了苹果"三新"带头人工程，为71个村新增2.5万元党建经费，全县79个行政村党建经费全部达到10万元以上。99家非公企业和24家社会组织实现了两个"全覆盖"。32个空壳村集体收入达1万元以上，全县村集体经济收入平均达到10万元以上，基层党建"7+3"工作任务扎实推进。五是围绕"两个责任"严治党。通过签字背书、"四述"汇报、约谈提醒、督查考核多方式、多形式，推进党风廉洁建设。编印了《警钟》，开展警示教育。综合运用"四种形态"，全面开展巡察工作，推动全面从严治党向基层延伸。六是围绕"逢旗必夺，逢一必争"强作风。认真贯彻"三个区分开来"的重大政策，积极推行干部激励机制和容错机制，不断强化"为官必为"意识，提高"为官会为"能力，营造"为官愿为"环境，对担当的干部担当，对负责的干部负责，全力推进敢想敢干、创新创造在全县蔚然成风。

（蔡惠忠　邱源升）

附：一、中共吉县县委书记、副书记、常委名单

书　记：郝忠祥
副书记：崔绍民　李灵芝（女，2月离职）
韩　睿（7月任职）
常　委：李晓民（2月离职）　赵新喜（7月离职）
吴吉红（7月离职）　熊伟星（7月离职）
李永芳（7月离职）　王家亮（2月离职）
王志宏（7月任职）　樊宜群（7月任职）
陈东楷（7月任职）　王小华（7月任职）
高启巍（2月任职）　李桂萍（女，7月任职）

二、乡镇党委书记名单

吉昌镇
书　记：郭东舟（4月离职）　张宇宏（4月任职）
中垛乡
书　记：解力军（4月离职）　洛较民（4月任职）
柏山寺乡
书　记：吴俊红（2月离职）　于彦山（4月任职）
屯里镇
书　记：葛耿恕（4月离职）　段晓娜（女，4月任职）
壶口镇
书　记：段晓娜（女，4月离职）　冯建亮（4月任职）
车城乡
书　记：王吉荣（4月离职）　解力军（4月任职）
东城乡
书　记：李桂萍（女，4月离职）　李敖升（4月任职）
文城乡
书　记：李敖升（4月离职）　白晓虎（4月任职）

中共大宁县委工作概况

县委书记　王金龙

大宁县地处吕梁山南端、黄河的东岸、临汾西北部。现辖2镇4乡、84个行政村、309个自然村，总面积967平方公里，总人口6.9万，其中农业人口5.2万人，属国家扶贫开发工作重点县，也是山西省吕梁山片区开发试点县。现有贫困村70个，贫困人口7727户、18651人，贫困发生率为35.9%，高于全省22.6个百分点，高于全国30.1个百分点。2016年，大宁县委深入贯彻落实习近平总书记系列重要讲话精神，深入贯彻落实省委"一个指引、两手硬"的重大思路和要求，遵照市委"345"战略和市政府"12345"目标要求，以脱贫攻坚统揽经济社会发展全域全局，大胆创新、奋力攻坚，开创了脱贫攻坚和经济社会各方面发展的新局面。

一、牢记使命，精准发力，脱贫攻坚迈出了新步伐

到2020年实现"两个确保"是党中央向全世界和全国人民发出的庄重承诺。作为国定贫困县，县委始终把脱贫攻坚作为肩负的历史使命和全县的中心工作，全党动员、全民发动、全社会参与，凝聚起脱贫攻坚的强大合力。坚持目标导向，压紧压实责任。一年来，先后召开了脱贫攻坚动员会、推进会、干部下乡帮扶动员会等各类脱贫攻坚专题会议20余次，制定了《大宁县脱贫攻坚工作规划》《大宁县2016年脱贫攻坚行动计划》和《大宁县县乡干部下乡驻村帮扶实施意见》，全面推进精准扶贫、精准脱贫。建立了县、乡、村三级党组织书记党建扶贫责任制，严格执行"两包三到"帮扶工作机制，24名县级领导包扶乡镇，国家、省、市、县四级110个扶贫工作队和80名第一书记驻村帮扶，五级383名党员干部包扶贫困户，做到帮扶全覆盖。实行了统一考核、组织巡察、半年测评、调整召回、责任追究的推进机制和"双签"责任制，并根据作用发挥和考核评价情况更换了27名驻村"第一书记"，形成了多渠道脱贫、全社会帮扶的扶贫体系。突出脱贫重心，落实工作任务。扎实开展了贫困对象精准识别和建档立卡"回头看"工作，对贫困户、贫困人口进行全面摸底排查和精确复核，确保贫困户信息真实、准确。按照"六个精准"和"五个一批"要求，结合大宁县经济社会现状、产业发展特点以及贫困户自身因素，因人而异，精准施策，重点实施了产

业、生态、金融、光伏、易地搬迁、教育等扶贫工程，不断拓宽脱贫渠道和路径。加强资金管理，把握关键环节。2016年，财政扶贫资金总投入6446万元，其中县本级投入2870万元，分别比去年增长37%和49%；大力清理结转结余资金，2015年以前的2734万元财政扶贫结转结余资金已全部支付，2016年下达的财政专项扶贫资金2613万元，已报账支付2354万元，达到了上级要求的90%以上；制定出台了《大宁县统筹使用财政专项资金实施精准扶贫管理办法》和《大宁县统筹整合使用财政涉农资金实施精准扶贫的实施方案》，已整合扶贫资金1198万元；扩大贫困户放贷规模，增加金融风险补偿金652万元，发放贷款315万元。2016年，17个贫困村实现整村脱贫，共减贫1777户4402人。

二、强化支撑，协调推进，县域经济实现了新突破

大宁县委坚持把壮大县域经济实力作为脱贫攻坚的切入点，改革创新、开拓进取，发展态势持续向好。2016年，全县生产总值完成4.84亿元，同比增长7.5%；全社会固定资产投资完成18.36亿元，同比增长51%；社会消费品零售总额完成3.12亿元，同比增长6%；财政总收入完成5871万元，同比增长4.82%；一般公共财政收入完成3101万元，为年初计划的101.04%；规模以上工业增加值完成1373万元，同比增长3.94%；城镇居民人均可支配收入完成17616元，同比增长6.5%；农村居民人均可支配收入完成2905元，同比增长8%。

（一）支撑产业全面推进。坚持把产业发展作为脱贫攻坚的根本支撑，不断加大富民产业、新型工业培育力度。围绕优质苹果、设施蔬菜、高效养殖三大特色产业，抓质量提效益、抓精品创品牌，加强了12万亩苹果园的管理，成功创建国家级水果出口质量安全示范区，高标准打造了6个苹果出口基地示范点。依托沿川1500亩设施蔬菜大棚基地，引进以香菇和双孢菇为主的食用菌生产品种，探索发展“农超对接”模式，着力提高设施蔬菜经济效益。新建标准化养殖场3个，生猪饲养量达4万头，年生产有机肥料8万余吨。围绕工业新型化目标，大力实施工业强县战略。实施了2亿方煤层气产能勘探开发项目，新建钻井10口，年产气量达2亿方；启动了轻工业园区二期工程和20兆瓦光伏扶贫试点项目，建成了21个村级100千瓦小型光伏发电站；新建了县级电子商务运营中心和特色农产品电商体验店，特色产业和新型工业对脱贫攻坚的支撑作用不断增强。

（二）城镇化水平显著提高。以建设山川秀美、宜居宜业新大宁为方向，全面统筹城乡发展。完成了公租房二期主体工程和棚户区改造工程，建成了小冯小区道路二期工程和二级客运站改扩建工程，实施了全民健身广场至南山公园天桥工程，启动了1座10万平方米供热站建设工程，在新建的全民健身活动中心成功举办了西山七县篮球锦标赛，城市功能和品位进一步提升。深入开展城乡环境、交通秩序、“打非拆违”专项整治活动，市容市貌全面优化。全力推进“完善提质、农民安居、环境整治、宜居示范”四大工程，启动了二郎山旅游公路一期工程，完成道路改造、道路硬化、路面加宽45.5公里，实施了10千伏及以下农网改造任务40.97公里，完成“户户通”工程89套、农村危房改造任务166户，移民搬迁贫困人口500人，解决了2057人的饮水困难问题。不断引深以社会主义核心价值观为主体的精神文明建设，大力弘扬德孝文化，实现了农家书屋行政村全覆盖，申报了美丽乡村旅游富民项目，扎实推进美丽宜居示范村三级联创工作，城乡面貌更加靓丽。

（三）生态建设创新发展。面对脱贫攻坚艰巨任务，大胆创新、积极探索，践行习近平总书记“绿水青山就是金山银山”的两山理论，将生态建设与脱贫攻坚深度融合，在全市率先实施购买式造林，召开了大宁县购买式造林现场会和购买造林脱贫攻坚工作推进会，出台了《大宁县购买式造林工作实施方案》等10个文件，组建以贫困户为主的脱贫攻坚造林专业合作社28个，在两个乡镇试点造林1146亩，带动39户贫困户脱贫；争取到了3年左右实施总投资1.6亿元、总面积20万亩的造林项目，可带动3529户、9881人脱贫。投资127万元，新增了127名建档立卡贫困户担任管护员；对总投资200万元、总长度158公里的县级公路实行了购买式道路养护；出台了《大宁县脱贫攻坚小流域综合治理与购买服务相结合的办法》，吸收建档立卡贫困户参与购买式小流域治理工程，增加贫困户收入。从明年起每年县财政投资100万元设立脱贫攻坚生态效益补偿专项基金。持之以恒实施“生态立县”战略，不断巩固发展生态建设和环境保护成果。启动建设了而吉西沟生态综合治理工程和太古乡河沿子小流域综合治理工程，实施了三北防护林、天然林保护等重点工程，完成生态建设任务5.82万亩。

（四）改革开放取得成效。坚持把全面深化改革、扩大对外开放作为县域经济持续增强的动力和活力。抢抓项目申报“二上”的最后机会，狠抓2016年任务完成和2017年项目争取工作，全县共储备项目169个，争取到了实施20万亩购买式造林和4万亩经济林提质增效项目、农发项目、公路建设、水保重点建设等项目，总投资达5亿多元。认真贯彻落实全省开发区改革创新发展会议精神，规划了生态农业高新技术开发区，启动了总投资1.27亿元、占地320亩的花卉产业园建设，与山西新大象养殖股份有限公司达成了总投资11.35亿元的百万头生猪养殖农业产业化项目协议；引进了天然气液化项目，正在筹建天然气电站，筹划用电站余热发展花卉产业园和设施农业，打造天然气循环经济示范园；积极探索健康扶贫和县级公立医院改革新模式，1月15日，与山西医科大学第一医院签订了合作共建山医一院大宁分院的协议，建成后将为周边7个贫困县80万群众提供省内一流的医疗卫生服务。同时，坚定不移深化改革，全面推进供给侧结构性改革、行政管理体制改革、农村改革、财税体制改革等，全县行政审批项目精简至102项，开展了30个村的农村土地确权登记颁证工作，建立起农村产权交易市场，大力推行PPP模式，积极推进全口径预算管理，完成了营改增工作，改革开放取得了实质性的进展。

三、关注民生、重视法治，群众幸福指数有了新提升

县委始终坚持把民生作为最大的政治，以全面建成小康社会为主线，全力改善和保障民生，千方百计增进群众福祉，让改革发展成果更多、更好地惠及全县人民。

（一）惠民政策得到全面落实。继续实行幼儿园到高中十五年免费教育，严格执行建档立卡贫困家庭学生资助和补助政策，启动了农村学校教育资源整合工作，实施了昕水中学改扩建工程，"全面改薄"明显提速，顺利通过国家义务教育均衡发展督导评估。申报了区域医疗中心建设项目，实施了卫生计生系统业务用房建设项目工程，开展卫生计生人才综合培养试点工作和"施慧达"全科医生培养计划。全县新农合参合人数达42080人，参合率达96.18%。社会保障覆盖面不断扩大，城镇基本养老保险、医疗保险、失业保险以及城乡居民养老保险参保人数进一步增加，城乡低保、五保做到了应保尽保，新增就业人数557人，实行了城乡居民有线电视收视全免费，全县所有公民继续享受了免费自然灾害公众责任保险，群众获得感和满意度不断提升。

（二）生活质量有了明显提升。始终强化安全生产和环境保护红线意识，按照"党政同责、一岗双责、失职追责"的要求，对道路交通、化工和危险化学品、油气输送管道、非煤矿山、建筑施工等重点行业和领域开展安全生产大检查，健全完善安全检查全留痕、安全专家会诊和安全生产标准化等三个机制。扎实开展了工业企业、机动车、煤烟、油气、建筑施工工地扬尘、道路扬尘等6项大气污染治理，空气质量稳定达到国家二级标准以上，集中式饮用水源地水质达标率100%。严格落实信访工作责任制和重点案件领导包案制度，建立了畅通、规范、有序的群众诉求表达渠道，信访事项化解率达到85%以上。积极推动社会治理创新，加强"平安大宁"建设，持续开展打黑除恶、打击盗抢骗多发性侵财和电信网络新型违法犯罪等一系列专项行动，有效震慑了各类违法犯罪活动，社会安全感满意度达到90%以上。

（三）民主法治得到不断加强。注重加强和改进县委对人大、政府、政协工作的领导，积极推进依法监督、依法行政、民主监督的制度化、规范化和程序化。全面加强"法治大宁"建设，以"法律六进"为载体，切实加快"七五"普法进程。出台了《大宁县全面推进乡村"六权治本"工作的实施意见》，按照"四议两公开"的要求，严格落实"三务"公开制，全面推动"六权治本"向乡村延伸。进一步推进阳光司法工程建设，开展了"一村一警"联系走访和"法律援助进百村"活动，完成了6个乡镇大调解中心规范化建设，建立了网上审判流程管理系统，社会建设法治化水平有了新的提高。工会、共青团、妇联等群众团体工作进一步加强，群团组织桥梁纽带作用充分发挥；双拥共建活动广泛开展，国防教育和国防后备力量建设富有成效。

四、突出引领、从严治党，执政能力和领导水平有了新增强

坚持党要管党、从严治党，始终以严的标准、严的措施、严的纪律要求约束干部，认真落实主体责任，扎实履行"一岗双责"，党的建设得到全面加强。

（一）加强自身建设。牢固树立"打铁还需自身硬"的理念，不断增强政治意识、大局意识、核心意识、看齐意识，坚决与以习近平同志为核心的党中央保持高度一致，不折不扣贯彻中央、省委、市委的决策部署。制定了《大宁县县委班子议事规则》《十二届县委常委会工作规则》《十二届县委书记专题会议工作规则》和《党组请示报告制度》，规范了"三重一大"议事规则和程序，重大问题、重要事项、人事安排，做到集体研究、集体决定。牢固树立纪律意识和规矩意识，始终把"五个必须"贯穿于工作和生活的全过程，认真学习《党章》和党纪党规，在大是大非面前，旗帜鲜明，立场坚定。带头落实包联责任，班子成员驻村帮扶助力脱贫攻坚，为群众解决实事难事59件。通过在方方面面为全县树标杆、做榜样，营造出了干事创业、攻坚克难的浓厚氛围。

（二）重视理论武装。扎实开展"两学一做"学习教育，230个基层党组织和4000多名党员分群体、分层次，深学、细照、笃行，开展了"四讲四有"专题讨论，组织千余名党员干部进行了理论和知识考试，每名党员都完成手抄党章。紧扣"三在一平台"载体，引导全县党员抓学习、勤思考、做贡献；组织60名党员干部赴清华大学参加能力素质提升培训班，聘请省委、市委党校教授就十八届六中全会、省第十一次党代会、市第四次党代会精神进行了专题讲座，举办了三期科级干部培训班，受训干部370余人；尤其是召开了"贯彻党代会精神、大宁怎么办"论坛会，征集各级干部文章405篇，起到了"汇真知灼见、建睿智之言、献有用之策"的作用，形成了群策群力、群威群胆、攻城拔寨的脱贫攻坚态势。

（三）强化基层保障。严格执行《干部任用条例》，完善了《大宁县科级干部选拔任用工作规程》，县乡换届圆满完成。认真学习贯彻党的十八届六中全会精神，组织全县党员干部围绕践行《准则》《条例》手写承诺书；建立了"4+X"党日活动制度，实行了党费收缴和党员"两级承诺"制度，党内生活得到规范。全年划拨党建经费294万元，每村经费达到10万元，84个行政村集体收入全部"破零"并达到万元以上；改造了84个村活动场所，40家非公企业和11家社会组织实现了党组织全覆盖，完成了804件"定查评"目标任务和13个软弱涣散党组织整顿，基层基础不断夯实。

（四）从严监督管理。县委先后召开了党风廉政建设大会、推进会，扶贫领域正风反腐工作会等会议，安排部署工作，全面推进党风廉政建设责任的落实。修订完善了《关于落实党风廉政建设"两个责任"的实施意见》，县级党政班子列出了主体责任清单，按照包联分工与各乡镇、县直各单位签字背书，建立责任台账。换届后，调整充实了县巡察工作领导小组和县反腐败协调小组，及时把党风廉政建设、信访维稳、安全生产责任纳入党政班子的分工，层层压实责任。制定出台了《大宁县县管领导干部廉政谈话工作实施方案》，县级领导根据分工对全县科级干部开展了廉政谈话。积极推进监察体制改革，成立了工作领导组并召开了3次会议，组建工作

进展顺利,初步确定明年2月份挂牌。坚持把纪律挺在前面,开展了县级巡察工作,积极支持配合市巡察组开展工作,认真执行中央"八项规定",聚焦"四风"突出问题和扶贫领域不正之风开展了专项督查,截止目前,立结案49件,处分党员干部49人。(杨东明)

附:一、中共大宁县委书记、副书记、常委名单

书　记:王金龙(8月任职)

副书记:樊　宇　吴　滨(7月离职)

李永升(7月任职)　张少杰(6月任职)

常　委:焦宏文(7月离职)　郝爱民(7月离职)

冯小宁(7月离职)　陈东楷(8月离职)

张新平(8月离职)　马新生(6月离职)

赵晨伟(8月任职)　武艳娟(女,7月任职)

刘照舫(6月任职)　贺晓东(8月任职)

任鹏伟(7月任职)　张振荣(7月任职)

二、乡镇党委书记名单

昕水镇

书　记:高广旭

曲峨镇

书　记:王建平(4月离职)　张鹏华(4月任职)

太德乡

书　记:任福平(4月离职)　任秀红(女,4月任职)

三多乡

书　记:贺晓东(4月离职)　张　浩(4月任职)

徐家垛乡

书　记:张鹏华(4月离职)　侯永刚(4月任职)

太古乡

书　记:许华伟(4月离职)　房小平(4月任职)

中共隰县县委工作概况

县委书记　李亚丽

2016年,中共隰县县委深入贯彻党的十八大、十八届三中、四中、五中、六中全会和习近平总书记系列重要讲话精神,全面落实中央"四个全面"战略布局、省委"一个指引、两手硬"重大思路要求和市委"345"发展战略,坚持以脱贫攻坚统揽经济社会发展全局,团结带领广大干部群众着力落实"七大发展举措",扎实推进"十项重点工作",全县经济、政治、文化、社会、生态文明建设和党的建设都取得了新的成效,顺利实现"十三五"良好开局。全年主要经济指标完成情况:全县地区生产总值完成14.66亿元,同比增长9.4%;全社会固定资产投资完成22.57亿元;公共财政预算收入完成7361万元;社会消费品零售总额完成9.7亿元,同比增长7.95%;城镇常住居民人均可支配收入完成21063元,同比增长5.3%;农村常住居民人均可支配收入完成5129元,同比增长7.7%。

中共隰县县委,共有党组33个,基层党组织277个,其中党(工)委18个,党总支9个,党支部250个。全县共有党员6389名。

一、牢牢把握正确方向,坚决贯彻落实中央、省委、市委决策部署

坚持把学习习近平总书记系列重要讲话精神作为重大政治任务和做好工作的根本遵循,深学细照笃行,始终在思想上政治上行动上与以习近平同志为核心的党中央保持高度一致。坚持领导带头。采取县委常委会、中心组学习会、全县干部大会等多种方式,系统深入学习中央、省、市系列重要会议精神,引导全县党员干部自觉用党的最新理论成果武装头脑、指导实践、推进工作。坚持整体推进。着眼新常态、围绕新理念,举办各类培训班27期,培训干部1.7万余人;组织4批次200余人外出参观学习。特别是乡镇换届后,重点对科级干部和农村支部书记,开展了习近平总书记系列重要讲话精神、省市党代会精神和精准扶贫等12次专题培训,举办各类宣讲活动30余场次。坚持学以致用。把学习中央、省、市各项决策部署与我县发展实际紧密结合起来,提出了践行"七大发展"、做好"十项工作",打赢脱贫攻坚、决胜全面小康,奋力建设"中国金梨之乡、山西绿色之州、晋西宜居之地、美丽幸福之都"的战略目标。

二、着力加强党对经济工作的领导,经济发展迈上新台阶

始终坚持以经济建设为中心不动摇,不断加强和改进党对经济工作的领导,准确研判宏观形势,不断强化分析调度,在转方式、调结构、稳增长上精准发力、主动作为,县域经济实现新突破。

一是坚持优化升级,农业农村工作成效显著。紧紧咬住扩规、提质、增效不放松,大力发展玉露香主导产业,全县新发展玉露香梨2万亩,总面积发展到20万亩,产量达3000万斤,产值1.2亿元。成功注册"隰县玉露香梨"地理标志商标,建成电商扶贫培训基地,加快"互联网+产业"发展进程;举办了第六届"玉露香梨花节"和首届玉露香梨采摘节;京润泽数字化果业基地建设和好乐佳食品有限公司生产线建设项目扎实推进,玉露香主导产业链条逐步延伸。扎实开展农村土地确权登记颁证工作,累计完成土地确权面积27.7万亩;大力培育新型农业经营主体,发展家庭农场105家,农民专业合作社129家。

二是坚持重点支撑，项目建设推进有力。全年实施重点项目70项，总投资71亿元。新大象百万头生猪养殖、晋龙公司百万只蛋鸡养殖、西子集团紫荆山综合旅游开发等项目落户我县，特别是浙江盾安98兆瓦风电项目开工建设，建成投产后将成为我县首家规上企业。

三是坚持融合发展，文化旅游亮点频现。编制了隰县文物旅游片区"十三五"实施规划及"十三五"旅游发展方案，印制《隰县旅游》宣传册，成功入选全国第二批"国家全域旅游示范区"，全年共接待游客124.95万人次，完成旅游综合收入15.6亿元。

三、聚焦精准方略，脱贫攻坚首战首胜

把脱贫攻坚作为"十三五"期间头等大事和第一民生工程来抓，坚持因地制宜、分类帮扶、一户一策、量身定做扶贫措施，扎实推进产业扶贫、生态补偿脱贫、教育扶贫、健康扶贫、易地搬迁扶贫、政策兜底脱贫等精准脱贫重点工程，圆满完成34个村、6598口人脱贫任务，超额完成省、市目标任务，脱贫攻坚首战告捷。

一是在强化顶层设计中凝聚思想共识。扎实开展建档立卡"回头看"，严格识别标准和程序，精准识别贫困村79个、贫困人口6899户、18882人。编制脱贫规划和实施方案，确定了"三年脱贫攻坚，两年巩固提高"的奋斗目标，明确了"86543"精准扶贫战略。

二是在推行清单管理中健全责任体系。强化组织领导，成立了由县委书记和县长任组长，四大班子成员任副组长的脱贫攻坚领导组以及覆盖8个乡镇的脱贫攻坚指导组，下设14个专项扶贫领导小组，分类指导，精准推进。健全帮扶体系，县处级领导带头联村包户，驻村工作队、包村干部和第一书记覆盖全县97个行政村，全部签订脱贫攻坚帮扶责任书。建立了县领导、部门、乡镇、村干部"四级责任清单"，清单化管理。严格扶贫队伍管理，制定出台了《第一书记管理办法（试行）》等制度，严格实行"一督查双通报三问责"和调整召回制度，调整不称职第一书记22名。推动驻村干部与派出单位实行项目、资金、责任"三个捆绑"，落实帮扶资金2100余万元。加强督导检查，组建了由县级领导任组长的9个督查组，对8个乡镇和19个行业扶贫部门进行"全覆盖、拉网式、进村入户"常态化督导检查。

三是在精准脱贫措施中提升脱贫实效。坚持把项目向贫困村倾斜、资金向贫困村聚集，将财政收入的15.5%用于精准扶贫。制定下发了《隰县关于统筹整合使用财政涉农资金实施精准扶贫的方案》等方案，共整合涉农资金3957.92万元，发放金融扶贫贷款3280万元。永和县、襄汾县先后派出考察团来我县考察学习。

四、切实保障和改善民生，全力维护社会和谐稳定

坚持发展为了人民、发展依靠人民、发展成果由人民共享的理念，持续加大民生投入，确保广大群众在共建共享发展中有更多获得感。基础条件持续改善，不断提高城市发展质量，投资1.32亿元新建改造城市供水、供热、雨水、污水管网等市政基础设施；新增城市集中供热面积10万平方米、城市绿化面积8.1万平方米，城镇化率提高到45.42%；持续推进生态综合治理工程，全县森林覆盖率提高到29.68%，二级以上天数达到333天；开工建设保障性住房504套，完成农村危房改造856户。扎实开展城乡爱国卫生清洁运动和城乡卫生环境整治工作，完成32个清洁达标村创建。教育事业均衡推进，大力实施"全面改薄"工程，全国义务教育发展基本均衡县通过国家评估验收；探索实行名校帮扶，太谷二中与我县一中开展结对帮扶。医疗卫生普惠发展，深化公立医院改革，合作医疗参合率达到98%以上，顺利完成县级省中医药先进县创建和验收；新医院一期工程住院楼、医技楼主体完工，33个村卫生室建设完成。社会保障不断完善，全县养老、医疗、失业、工伤、生育五项保险参保总人数达到10.76万人，五项保险征缴支付总额达到3.29亿元；全县城镇登记失业率控制在4%以内。宣传文化繁荣发展。开展"梨乡新歌基层行"、文化消夏、"我要上春晚"和"三下乡"等活动。大力弘扬我县"好人文化"，着力打造崇德向善好人隰县，秦慧珍荣获全国五一劳动奖章，冯莉清荣获山西省首届"最美孝心少年"称号，任红祥入选"山西好人""临汾十大道德楷模"，等等。"中国好人县"品牌得到全面提升。社会管理不断加强。扎实开展安全生产大检查和打非治违专项行动，全县安全生产形势持续好转。扎实开展社会治安风险隐患大排查大整治活动，加强街面巡逻防控，实行24小时武装巡逻，群众安全感进一步增强。

五、坚持从严管党治党，党的建设得到新加强

打赢脱贫攻坚、建成小康隰县，核心在党，关键在基层党组织。我们严格贯彻"党要管党、从严治党"方针，认真履行管党治党主体责任，坚持把严的要求贯穿党建工作各方面、全过程，全面提升党建工作整体水平，为改革发展稳定各项工作提供了有力保障。

一是聚焦重点促实效，扎实推进"两学一做"。狠抓学习强素质，县四大班子领导以身作则、率先垂范，带头讲党课、带头开展学习讨论、带头深入实践，引领带动全县各级党组织集中学习2680余次，讲党课536次，开展送学辅导1200余次，进一步提升了党员干部的思想作风、履职能力和综合素质。党员活动创特色，创新开展了"三亮三创三服务""千名党员联万户"和党员承诺活动，共结对帮扶贫困户2900余户，办实事好事2200余件。问题整改见实效。坚持把解决问题贯穿始终，举办"深入学习系列讲话，解决突出若干问题"交流讨论会，逐级建立问题清单，制定整改措施，明确整改时限，全县查找出的1760个突出问题已全部整改完成。同时，组建8个督导组，先后开展4轮专项督查，对11名工作滞后的党组织书记进行了集体约谈，督促限期整改，有效传导压力。

二是严明程序正风纪，圆满完成县乡换届。坚持教育在先，坚持"六必看""四必谈"，组织相关人员观看了警示教育片《镜鉴》，并签订《严肃换届纪律公开承诺书》，与100多名

干部进行谈话,使党员干部受警醒、知敬畏。坚持“四个凡提”,对273名干部进行了任前档案审核、个人事项报告审查和纪检、综治、审计、计生等执法执纪审查,有效防止“带病提拔”。做到“六个必谈”,干部考察中基层群众、服务对象必谈,单位班子、所在支部必谈,亲属、邻里必谈,全面准确了解干部。严格“把好三关”,对照省委“不得当选代表委员的十种情形”,通过“十部门联审”,严把代表委员的政治关、素质关、身份关,确保了代表委员的代表性和结构比例。狠抓风纪监督,开通了“12380”举报平台,公布了县纪委、各乡镇专用信箱、监督举报电话,成立4个督查组,开展7轮专项督查,切实加强对换届风气的监督检查,确保了换届风清气正。县级领导班子换届共配备干部27人,在全省、全市率先完成乡镇领导班子换届,共配备干部85人。通过县乡换届,一批思想解放、作风过硬、德才兼备、年富力强、敢于担当的干部走上了领导岗位,各级领导班子结构得到进一步优化,党员干部干事创业的积极性、主动性、创造性得到进一步激发。

三是严格监督重管理,强化干部队伍建设。坚持抓早抓小抓预防,开展提醒、函询、诫勉谈话等组织处理16次,提醒123人,函询2人,诫勉2人,及时咬耳朵、扯袖子,发挥了警示教育作用;持续开展超职数配备消化工作,采取免去兼职、乡镇设置非领导职务等方式,超职数配备的36名科级干部全部消化;加大对不胜任、不作为干部的调整力度,对3名不适宜担任现职务的乡镇领导干部进行了调整,对2名管理工作失职的领导干部进行了停职处理,对2名干部进行了免职处理;在全县97个行政村开展支部书记摸底评议,撤换“不称职”的支部书记2人。

四是夯实基础强党建,筑牢基层战斗堡垒。压实党建责任。全面落实党建工作责任制,建立起县、乡、村三级书记抓党建工作问题清单、任务清单和责任清单,实行项目化管理,层层压实责任。建强基层组织。扎实开展软弱涣散基层党组织集中整顿,19个软弱涣散基层组织全部实现晋位升级;扎实推进“两新”组织“两个覆盖”,组建“两新”党组织17个,党的组织和工作覆盖率达到100%。强化党建保障。将党建工作经费纳入县财政预算,按照“两个不低于”标准,下拨农村党建工作经费984万元;把发展壮大村级集体经济作为农村党建“一号工程”,制定出台了《发展壮大村级集体经济开展“百村破零行动”实施方案》,明确了资产经营、产业带动、旅游创收、脱贫攻坚等8种破零措施,坚持因地制宜、因村施策,全县97个行政村集体经济全部突破1万元。其中,10个村集体收入达到5万元以上。补齐党建短板。针对支部议事不够规范、战斗力弱化,党员“精神缺钙”“行动乏力”等问题,大力开展支部星级化管理、“三会一监三公开”民主治理、“四库两推两考”发展党员推优制、主题党日活动等创新工作,基层党建工作水平不断提高。

(周帅宁)

附:一、中共隰县县委书记、副书记、常委名单

书　记:李亚丽(女)

副书记:王晓斌　赵松强

常　委:亢大勇(7月离职)　黄海华(7月任职)
马健民(8月任职)　任　静(女,8月离职)
马兰明(8月任职)　王志华
薛小平(8月离职)　李令武
高　涛(女,8月离职)　杨海林(8月任职)

二、乡镇党委书记名单

龙泉镇

书　记:史勇辉(3月任职)　任志明(3月离职)

城南乡

书　记:宋永庆(3月任职)　段兰虎(3月离职)

午城镇

书　记:卫建军(3月任职)　任新生(3月离职)

黄土镇

书　记:曹虎虎(3月任职)　卫建军(3月离职)

下李乡

书　记:苏大立(3月任职)　贺宏鑫(3月离职)

寨子乡

书　记:张宏伟(3月任职)　王建勤(3月离职)

阳头升乡

书　记:王绪元(3月任职)　史勇辉(3月离职)

陡坡乡

书　记:康印江(3月任职)　刘利明(3月离职)

中共永和县委工作概况

县委书记　加天山

2016年,永和县委认真贯彻落实党的十八大和十八届三中、四中、五中、六中全会精神,紧紧围绕省委“一个指引、两手硬”的重大思路和要求,按照市委“345”战略部署,团结带领全县广大干部群众,持续实施“四大战略”,突出抓好“八项重点”,全县经济社会各项事业稳中有为、稳中有进、稳中向好,实现了“十三五”良好开局。全年完成投资11.3亿元,各项主要经济指标稳中有升,地区生产总值累计完成7.95亿元,同比增长10.1%;社会消费品零售总额完成4.55亿元,同比增长7.2%;全社会固定资产投资完成16.95亿元,同比增长33.2%;规模以上工业增加值完成5765万元,同比增长

13.5%；财政收入完成1.58亿元，同比增长57.64%，其中，一般公共预算收入完成7629万元，同比增长41.30%；城镇居民人均可支配收入完成19366元，同比增长7%；农村居民人均可支配收入完成3221元，同比增长8.3%。特别是固定资产投资、工业增加值、财政收入、公共财政收入、农村居民人均可支配收入增幅居全市第一，地区生产总值增幅全市第二。

一、突出党建“龙头”作用，凝聚推动发展的强大合力

中共永和县委始终坚持自觉维护中央领导权威，与党中央保持高度一致，坚决服从上级党委领导。切实增强政治意识、大局意识、核心意识、看齐意识，带头深入学习习近平总书记系列重要讲话精神和以习近平同志为总书记的中央领导集体“崇尚实干、勇于担当、廉洁自律”的优良作风，全面贯彻省委“一个指引、两手硬”的重大思路和要求，认真落实市委“345”发展战略，坚持以上率下，为全县干部做出表率，要求全县党员干部做到的，县委常委首先做到，形成了一级带一级、一级学一级、一级抓一级的工作氛围。同时，切实发扬党内民主，严格执行集体领导、民主集中、个别酝酿、会议决定的党委内部议事和决策制度。严格执行“三会一课”制度，积极开展批评和自我批评，在常委会内部营造出党内不同意见平等讨论的良好氛围。坚持谈心谈话制度，开展了“书记面对面”述评等工作，县委书记与班子成员、下一级党委(组)书记分别进行了谈心谈话，班子成员之间、班子成员同分管部门主要负责同志分别开展了交流谈心，营造了积极健康的党内生活氛围。

二、坚持“林果富民、生态立县”战略不动摇

永和县委牢固树立绿水青山就是“金山银山”的发展理念。以全市“四个百万亩”基地建设为契机，投资8536万元，完善芝河源头、桑壁、阁西垣三大农业园区建设，阁西垣农业园区完成五级提水泵站主体工程建设。成功申报了国家农业综合开发示范县。继续深化与省农科院“院县科技战略合作”关系，完成经济林科技管护2万亩，经济林效益得到明显提升。实施了三北防护林工程、巩固退耕还林工程、天然林保护工程以及交通沿线荒山绿化等重点工程项目，营林5.67万亩，县域生态环境进一步优化，全县森林覆盖率达到28.3%，林木绿化率达到37%。

三、坚持“转型发展、工业强县”战略不动摇

永和县委立足天然气资源优势，着力加快能源工业发展步伐，重点是：加大勘探开发力度。中石油、中海沃邦公司投资6.8亿元，完成19口水平井的钻探、24口井的压裂试气，完成集气站三期工程建设，天然气年产能达到10亿方，上缴税费4954万元，占财政总收入的31.65%。加快工业园区建设步伐。完成了《天然气开发利用重点项目投资机会研究》《天然气开发利用产业发展规划》《天然气综合利用产业园总体发展规划》的初稿编制。投资1亿元，完成了官庄村110千伏变电站建设，有效保障了进驻工业园区下游企业的用电需求。加大招商引资力度。投资8000万元，实施了日产能20万方的CNG母站项目，现已完成场地平整。与永和伟润燃气公司、河北中石油昆仑能源有限公司、河北昆仑电力公司等达成初步合作协议。同时，完成了县级电子商务运营中心和15个乡村电子商务服务点建设。制定出台了《促进中小微企业发展办法》，开展了中小微企业“助保贷”业务，发放贷款100万元，贴息5万元。

四、坚持“文化引领、旅游兴县”战略不动摇

永和县委立足永和文化历史悠久、旅游资源丰富的优势，以全省打造红色旅游精品线路为契机，围绕全市创建“中国优秀旅游目的地城市”的目标，着力建设“百里黄河湾旅游经济园区”，推动文化与旅游融合发展。一是继续加强文化建设。启动了旅游景区景点体制机制改革工作，完成了《永和县旅游景区景点体制机制改革创新方案》初稿编制工作。由山西省人民出版社出版发行了《红军东征永和纪念馆志》《乾坤湾志》，制作播放《永和日历》365期，新编2期文学杂志《乾坤湾》。成功举办了纪念孔子诞辰读书教育展示活动、东征胜利80周年纪念活动、毛主席诞辰123周年纪念活动等，广泛开展了文明单位、文明村镇、文明社区等创建活动，涌现出一大批有文化氛围的先进单位和有高尚品德的模范个人。二是继续加大基础设施建设力度。投资3981万元，完成了交口—阁底段旅游路升级改造；投资5425万元，实施了东征—阴德河、西后峪—奇奇里三级旅游公路建设项目，初步形成了旅游景区大循环。投资1968万元，实施了乾坤湾景区游客接待中心、步行道、停车场等建设项目，进一步完善了景区基础设施。三是继续加大宣传推荐力度。开展了“红枣采摘节”“苹果采摘节”系列活动，深圳“特奢汇”在乾坤湾举行了“精准扶贫印象中国携手行”摄影大赛，百余幅摄影作品参加了第十六届平遥摄影展，创作了歌曲《我在奇奇里》，举办了“新天能源杯全国首届航拍摄影大赛”“大美乾坤、天下永和”武剑钊油画作品展、省城邓丽君歌友会“助力扶贫旗袍走秀”等内涵丰富、多层面、多角度的永和形象宣传推介活动。央视《远方的家》《文明密码》《食尚大转盘》等12个栏目相继走进永和、宣传永和，永和的知名度和影响力得到了空前提升。2016年，游客人数达到12.3万人次，比2015年的3倍还多。

五、坚持“以德为先、依法治县”战略不动摇

法律治外，道德修内。永和县委坚持法治与德治并重，更加注重民生事业，更加注重社会和谐，人民群众幸福指数得到新提升。一是深入开展“四大主题活动”。继续开展“三德教育”活动，通过道德讲堂、志愿服务、道德评选等活动的开展，不断提升广大干部群众道德品质。继续开展“四强四建四提升”活动，软弱涣散基层党组织得到有效整顿，阵地建设达到规范化要求，基层党组织覆盖面得到提升。继续开展“法治下乡”活动，全年共排查化解矛盾纠纷989起、安全隐患排查

1138起、治安隐患排查122起,全县没有发生重特大安全生产事故,群众安全感、满意度达到95%以上,信访案件化解率达到90%以上,全省公安机关群众安全感和满意度在全省排名前十,全市排名前三。继续开展“城乡共建”活动,全县79支驻村工作队、78名“第一书记”,落实帮扶项目90个,为民办实事1088件,解决发展难题596个,筹措资金9800余万元。二是全面推动社会事业发展。投资3020万元,实施了义务教育“全面改薄”项目,完成了城关二小和桑壁中心校教辅楼建设;投资300万元,实施了教育信息化三期建设项目,实现了资源共享、信息互通。顺利通过了国家义务教育均衡县达标验收。县医院成功创建了二级甲等医院。投资1亿元的新医院综合大楼开工建设,预计2018年投入使用。启动了“健康永和”工程,通过建设“三大平台”“四个体系”,实施“六大行动”,为全县所有群众提供全方位、全周期的健康服务。持续实施“暖心工程”,为全县80岁以上老人每人每年发放生活补助1000元;为全县干部群众每人办理了三项小额人身意外伤害保险,2016年理赔227.4万元,赔付率达到139.5%;免除了高中教育阶段学费和住宿费;高考达二本线以上考生19人全部得到资助。城乡低保、城乡医疗救助等各项保障工作覆盖面更广,保障力度更大,群众幸福指数得到进一步提升。

六、以维护社会和谐稳定为落脚点,切实加强安全生产和社会治理

强化安全生产“党政同责”理念,推动形成一级抓一级,层层抓落实的安全生产工作格局,全年未发生安全生产人员伤亡事故,安全生产形势持续好转。继续开展“法治下乡”活动,全年共排查化解矛盾纠纷989起、安全隐患排查1138起、治安隐患排查122起,全县没有发生重特大安全生产事故,群众安全感、满意度达到95%以上,信访案件化解率达到90%以上,全省公安机关群众安全感和满意度在全省排名前十,全市排名前三。

七、突出从严落实“两个责任”,构建风清气正的政治生态

落实“两个责任”是贯彻党风廉政建设责任制的核心内容和关键环节。县委坚持党要管党,从严治党,充分运用“四种形态”,从严落实“两个责任”,着力构建良好政治生态。县委认真贯彻落实上级换届工作的有关要求,牢牢把握换届工作的领导权和主动权,坚持“五个贯穿全程”,实现了“好干部、好班子、好蓝图、好面貌”的“四好”目标。作为全市的试点单位,我县率先成立县委巡察工作领导小组,下设巡察办,选拔12名正科级干部和16名专业人才组成组长库和人才库,出台了“一个意见、三个办法”,推动全面从严治党向基层延伸。全年累计处置问题线索112件,立案55件,结案44件,给予党政纪处分42人,其中乡科级8人。通过“两个责任”的全面落实,全县上下形成了四大班子领导以上率下、引领发展,党员干部团结协作,奋力拼搏,广大群众积极参与、共同奋斗的良好发展氛围。

(杨　松)

附:一、中共永和县委书记、副书记、常委名单

书　记:加天山
副书记:范洋平　武京运(8月任职,挂职)
　　　　郝　巍(7月任职)　马连青(2月离职)
常　委:王卫成(7月任职)　刘元福(11月任职)
　　　　马　健(7月任职)　边广恩(6月任职)
　　　　白永明(7月任职)　张淑明(7月任职)
　　　　苏文龙(7月离职)　廉海平(7月离职)
　　　　崔文学(7月离职)　李永升(7月离职)
　　　　弓记平(7月离职)　代建华(6月离职)
　　　　程万军(挂职,10月离职)
　　　　樊俊鹏(8月任职,11月离职)

二、乡镇党委书记名单

芝河镇
书　记:冯润元(4月离职)　李　旻(4月任职)
桑壁镇
书　记:李　雄
坡头乡
书　记:白永明(4月离职)　白海燕(女,4月任职)
交口乡
书　记:薛丽红(女、4月离职)　段东红(4月任职)
阁底乡
书　记:廉海平(4月离职)　白永明(4月任职)
打石腰乡
书　记:王连锁(4月离职)　徐引平(4月任职)
南庄乡
书　记:刘永胜(4月离职)　王　涛(4月任职)

中共运城市委工作概况

市委书记　王宇燕

2016年，市委团结带领全市干部群众，深入学习贯彻习近平总书记系列重要讲话精神，坚决贯彻落实省第十一次党代会部署，按照省委"一个指引、两手硬"重大思路和要求，以开展"两学一做"学习教育为契机，以推进供给侧结构性改革为主线，以深入实施"三动三新"战略为抓手，以加快建设"三市一中心"为目标，凝心聚力、攻坚克难、砥砺奋进，推动经济发展稳步向好和全面构建良好政治生态等各项工作取得了新进展新成效，实现了"十三五"良好开局。

一、深入学习贯彻习近平总书记系列重要讲话精神，坚决落实中央、省委各项决策部署

市委始终把深入学习贯彻习近平总书记系列重要讲话精神作为重大政治任务，结合"两学一做"学习教育和学习贯彻党的十八届六中全会和省第十一次党代会精神，多形式、全方位推动学习贯彻活动不断引向深入。突出抓好学习研讨，各级党委(党组)共开展中心组集体学习8139次，基层党支部共组织集中学习86374次，在高标准完成四个专题研讨的基础上，制定下发《关于把学习贯彻习近平总书记系列重要讲话精神引向深入的实施意见》，紧紧围绕"学习贯彻系列讲话，解决若干突出问题"，聚焦障碍、剖析根源，不断夯实破解难题、推进工作的思想根基。突出抓好理论宣讲，邀请中央、省委宣讲团成员到运城集中宣讲党的十八届六中全会和省第十一次党代会精神，组建市委宣讲团、组织市县讲师团下基层宣讲900余场次，组织各级党员领导干部、党校教师、模范人物、党代表、基层党组织书记等，到党校、到支部分层次、分类别、分时段讲党课29879次，引导广大党员干部进一步增强"四个自信"、树牢"四个意识"特别是核心意识，达到相互启发、相互促进、相互提高的目的。突出抓好载体创新，结合换届后党员干部队伍作风建设实际，集中两个月的时间，在全市范围内开展"深化学习找差距、转变作风促发展"专题活动，全市党员深入反思在坚定理想信念、纪律作风建设和严肃党内政治生活以及精神状态等十方面存在的突出问题，找准靶心、强化整改，为推动经济社会发展提供强有力的思想保障、纪律保障和作风保障。突出抓好学以致用，坚持学思结合、学用相长，市第四次党代会报告坚持把习近平总书记系列重要讲话精神作为贯穿全篇的红线和灵魂，全面贯彻省委"一个指引、两手硬"重大思路和要求，结合运城实际，科学确立了今后五年的总体思路、目标要求和重大任务，使全市上下在事关运城全局和长远的重大问题上形成高度共识，对运城市情和发展规律的认知把握达到新的高度，从思想上政治上理论上为全面建成小康社会奠定了坚实基础。认真学习、深刻领会省委十一届二次全会暨经济工作会议精神，在即将召开的市委四届二次全会暨经济工作会上，对2017年的经济社会发展各项工作作出安排部署，更好地推动创新转型发展。

二、紧紧扭住发展第一要务，着力推动经济发展稳步向好

贯彻落实中央新发展理念，牢牢把握经济工作主动权，努力提升经济发展的质量和效益。一是应对经济下行压力成效明显。按照省委"万名干部入企服务""各类项目受理大起底"活动部署，组织1400余名干部深入到446个重点企业入企服务；坚持每季度召开"三个一百"调度会、经济运行分析会，研判经济形势，强化调度协调，帮助企业和项目单位解决融资、土地供应、项目审批、电力保障、产品销售等困难和问题1234个。去年三季度全市工业经济走出低谷，规上工业增加值扭转了连续20个月负增长的被动局面，重回正增长区间。2016年，全市主要经济指标全部实现有效增长，地区生产总值增长4%，规上工业增加值增长2.3%，社会消费品零售总额增长6.6%，外贸出口额增长4.6%，固定资产投资增长8.2%、增速全省第一，一般公共预算收入增长5%、增速全省第一，农村居民人均可支配收入增长7.4%、增速全省第一，城镇居民人均可支配收入增长6.6%、增速全省第二，经济运行稳中有升、稳中向好，圆满完成省委提出的"下半年好于上半年、为明年进一步好转奠定坚实基础"的目标任务。二是产业转型升级步伐不断加快。突出转型升级、做大总量，加快建设新型工业大市。坚持传统产业改造提升和战略性新兴产业培育两条路径，深入推进供给侧结构性改革，认真落实"三去一降一补"任务，原煤产量同比下降7.5%；每百元主营业务收入成本同比减少0.48元；商品房待售面积下降50.9%；为企业减负29.4亿元。建龙钢铁技改、国澳崇基电梯等项目投产，大运重卡产量和总产值分别增长44.8%和45.9%，投资10亿元的新能源电动汽车批量生产。战略性新兴产业投资占到工业总投资的87.9%，增加值占规上工业比重47.3%。工信部授牌运城铝工业基地为"国家新型工业化产业示范基地"。围绕结构优化、品牌提升，加快建设现代农业强市。坚持稳粮食保安全、优果菜增效益、兴畜牧促循环、深加工强龙头、兴水利强基础，全年粮食总产32.3亿公斤，创历史最高；成功举办运城首届国际果品交易博览会，水果出口覆盖世界六大洲37个国家和地区，同比增长30%。小浪底引水、北赵引黄二期等重点水利工程加快推进。强化龙头

引领、营销带动,加快建设文化旅游名市。落实全省旅游发展大会精神,全面启动关圣文化建筑群和盐湖为核心的人文自然景观、李家大院5A级景区建设;永济、芮城列入国家全域旅游示范区名单。春节民俗游、“花之海·俏运城”美丽乡村游、舜帝德孝文化节、关公国际旅游节等系列宣传推介活动高潮不断,在“人说山西好风光”——全省旅发大会电视竞演中被评为“山西省最具旅游影响力城市”,全市游客数量和旅游收入均保持30%以上的高速增长。三是区域性中心城市建设稳步推进。把凸显中心城市首位度作为核心任务,进一步优化布局、完善功能、提升品味,城市辐射带动能力显著增强。建立城乡规划建设项目审批联席办公会议制度,总体城市设计编制基本完成。实施在建项目40项,完成投资9.4亿元,市民服务中心等一批重点项目顺利开工。大力推进智慧城市建设,被工信部确定为2016年度电信普遍服务试点城市,成为全省首批“互联网+城市服务”上线城市。文明城市创建等“五城同创”协调推进,环保整治在环保部开放式督察中获得全票通过,农村人居环境改善全省第一,全省造林绿化现场推进会在运城召开。

三、深入实施“三动三新”战略,切实增强发展的内生动力和活力

开放带动上,出台《关于加快发展开放型经济的实施意见》,46项重点工作有序推进。制定《晋陕豫黄河金三角区域合作协调机制方案》,第一次省级协调小组和市级联席会议在运城市成功召开,标志着三省四市合作发展由规划步入具体实施的新阶段;平陆与三门峡开通公交专线,蒙华铁路运城段、南同蒲复线改造运城段、运宝黄河大桥等项目加快建设;运城海关、出入境检验检疫局挂牌运营,三省检验检疫检测实现结果互认,航空口岸开放进入倒计时,运三高铁前期工作加快推进。进出口总额时隔两年重回正增长区间,实际利用外资增长140%。举办运城承接产业转移上海推介等活动,市委主要领导带队赴北京、上海、重庆、成都等地招商,促成一批项目成功签约。创新驱动上,率先在全省建成区域性科技大市场,运城国家农业科技园区通过科技部验收,盐湖工业园申报省级高新技术产业开发区已通过评审,F型杂交小麦列入“国家重点研发计划”;国家级和省级企业技术中心达到39家,高新技术企业达到63家、总数全省第二;拥有发明专利684件、全省第二。9家企业在新三板挂牌,位列全省第二。成立产业引导基金,应急转贷平台累计服务企业140多户次,有效缓解了企业资金周转困难。市场主体总量达到23.5万户,同比增长41.3%。改革推动上,转型综改40项年度重点任务基本完成。研究通过市本级行政职权运行、供销合作社、公立医院、国有林场等22个重大改革制度性文件。分批承接省下放86项行政审批事项,行政审批效率平均提速30%以上。173个部门和单位公开“三公”经费预决算,政府采购节约资金2.4亿元;推进农信社改制,8个县农村商业银行挂牌开业;5家国企启动改革改制程序,2家国企进入破产程序。中心城区环卫职能下放等市区事权划分体制改革稳步推进。农村土地确权登记基本结束,县乡农村产权流转交易中心全部建立。制定《推进开发区改革创新发展实施方案》,运城经济(空港)开发区融合发展,申报国家级开发区工作进展顺利。

四、发展社会主义民主政治,全面推进法治运城建设

一是坚持和完善人民代表大会制度,人大工作进一步加强。支持市人大及其常委会依法行使立法权、监督权、重大事项决定权和人事任免权,围绕“十三五”规划制定、“三个一百”推进、“五城同创”、文化旅游产业发展、环保综合整治等重点工作进行视察调研;围绕刑诉法、兵役法贯彻实施和政府债务审计等开展监督检查,举行宪法宣誓仪式,督促“一府两院”依法行政、公正司法,确保宪法法律在运城市正确实施。二是协商民主建设有序推进,爱国统一战线巩固壮大。支持市政协围绕龙头景区打造、果业提质增效、非公企业帮扶、精准扶贫、园林绿化等课题考察调研、建言献策。联络运城籍在外优秀人士开展“运城之友”招商推介和交流对接活动。加大新的社会阶层人士统战工作力度,完成各民主党派市委会换届工作。积极做好民族宗教、外事、侨务、港澳台等工作。支持工会、共青团、妇联等群团组织改革创新。三是大力弘扬法治精神,法治运城建设水平得到提升。制定出台《法治运城建设重要举措工作规划(2016—2020)》。科学推进地方立法,《关圣文化建筑群保护条例》正式颁布实施,《城市综合管理条例》制订工作加快推进。着力推进严格执法,加快建设法治政府。全力推进公正司法,积极稳妥实施司法体制改革。扎实推进全民守法,“七五”普法全面启动。军民融合式发展深入推进,再次荣获“全国双拥模范城市”称号。人口计生、妇女儿童、体育等事业蓬勃发展。

五、进一步增强文化自信,努力提升河东文化软实力

传承弘扬河东优秀传统文化。成功举办“尧舜禹文化与当代社会核心价值”“治国与齐家”虞舜德孝文化等研讨会,积极承办2016年中国伦理学大会,着力推动河东优秀传统文化创造性转化、创新性发展,增强和激发河东文化自信的深沉力量。按照省第十一次党代会部署,启动优秀传统文化传承转化示范区建设准备工作。强化思想道德建设。广泛开展中国特色社会主义、中国梦和社会主义核心价值观宣传教育,不断深化群众性精神文明创建活动,评选表彰了一批“道德模范”“身边好人”“最美家庭”等先进典型,王珍玲、陈玉芳家庭获第一届“全国文明家庭”殊荣,在全社会营造了见贤思齐、崇德向善、明理知耻的良好风尚。隆重举办纪念建党95周年、红军长征胜利80周年系列活动以及祝贺神舟飞船顺利发射、成功返航活动。加强对内对外宣传。充分借助中央、省主流媒体和各类具有影响力的新兴媒体,强化正面宣传,讲好运城故事,传播运城声音,塑造和维护运城政治清明、经济振兴、生态良好、民生安康、充满活力、开放自信的良好形

象。牢牢掌握意识形态工作的领导权和话语权,壮大主流舆论,净化网络空间,强化对社会舆情、特别是网络舆情的分析研判和应急处置,增强了主流媒体的传播影响力。推进文化繁荣发展。坚持以文化人、以文育人,推进“书香运城”建设,实施“戏曲惠民·欢乐百姓”工程。市广播电视台数字传媒中心投入使用,运城博物馆开馆运行。蒲剧电影《山村母亲》荣获第十三届世界民族电影节“最佳影片奖”,舞蹈《扫街》荣获全国第十七届“群星奖”。加快推进文化产业创新发展,增加值增长 18.7%。

六、着力保障和改善民生,营造和谐稳定社会环境

强力推进脱贫攻坚。严格落实中央、省委“六个精准”“五个一批”思路和要求,全力推进“八大帮扶工程”、20 个专项行动及 70 个扶贫项目建设。组建驻村工作队 1452 个,组织 34112 名党员干部开展精准帮扶,圆满完成 168 个贫困村、6 万余人年度脱贫任务。大力发展社会事业。全市财政用于民生领域的支出达到 239.6 亿元,占总支出的 83.3%。开展职业培训 19 万人,城镇新增就业 3.8 万人,转移农村劳动力 5 万人,城镇登记失业率控制在 2.95%;新建改造 28 所农村幼儿园如期完工,义务教育均衡验收进展顺利,高考质量继续提升、达线率 36.6%,高于全省平均水平 2.7 个百分点,职业教育稳步发展;新农合参保率达到 99.5%;城乡低保、农村五保对象提标、130 家农村日间照料中心建设等任务圆满完成。全力维护社会和谐稳定。严格落实省委“三个坚决防止”要求,深入开展安全隐患大排查大整治,各类生产经营性事故和死亡人数分别下降 67.1%和 54.2%;健全矛盾纠纷多元化解机制,信访稳定工作继续走在全省前列;强化社会治安防控动态管理,成功侦破绛县“4.19”特大杀人案件,群众安全满意度明显提升。有效抵御 20 年来最大的汾河洪水,保障了人民群众生命财产安全。

七、严格落实管党治党责任,着力构建良好政治生态

一是严格落实“两个责任”,持续推进党风廉政建设和反腐败斗争。多次召开市委常委会,研究部署党风廉政建设和反腐败工作,强化工作推进。制定出台《党委(党组)落实全面从严治党主体责任实施办法(试行)》,明确问题、责任、整改“三个清单”,通过约谈、追责等方式,层层拧紧螺丝、压实责任。查处“两个责任”落实不力案件 116 件,同比上升 43.21%;严肃问责 193 人,上升 34.97%。把握运用“四种形态”,开展谈话函询 2081 件(次),纪检监察机关立案 2176 件、结案 1798 件、处分 1898 人。着力深化市县巡察,发现问题线索 2277 件,巡察“利剑”作用初步显现。紧盯重要节点,层层设防、一寸不让,驰而不息纠正“四风”,查处违反中央八项规定精神案件 139 件,处理 283 人,公开曝光 32 起典型案例,释放了执纪越往后越严的强烈信号。开通“廉洁运城”微信平台,挖掘弘扬河东廉政文化,使清正廉洁成为党员干部的自觉坚守。扎实做好监察体制改革前期准备,试点工作稳妥有序推进。

二是倡树鲜明导向,努力打造干事创业的高素质干部队伍。在市县乡三级换届中,坚决匡正选人用人之风,严格落实“九个严禁”,准确把握新时期好干部标准,坚持凭实绩用干部、尊重民意用干部、向一线倾斜用干部、人岗相适用干部,选拔启用一批长期在基层历练、业绩突出、群众公认的优秀干部,实现了选人用人导向的根本性转变。加强干部日常监督管理,制定出台防止干部“带病提拔”、领导干部能上能下、谈心谈话、激励干部干事创业、支持干部改革创新合理容错等制度性文件规定,有效激励干部担当作为。加强换届后领导班子建设和干部队伍素质提升,对 420 名新任县处级领导干部进行精准化培训。牢固树立人才资源观,制定《运城市“十三五”人才强市发展规划》,收录 2988 名运城籍在外人才基本信息,通过建立院士专家工作站,推动人才挂职交流,柔性引进、全职引进等方式,努力形成人才集聚、人才辈出、人才大展身手的生动局面。

三是着力加强“三基”建设,充分发挥基层党组织战斗堡垒作用。深入开展“一抓双促强三基”工作,推动基层党建工作向纵深发展。注重凝心聚力,着力推动基层组织全面加强。全面完成村务监督委员会建设,培训农村“领头雁”人员 31256 名,327 个农村和社区软弱涣散基层党组织全部实现转化升级;成立市、县两级非公和社会组织工委,非公企业党组织覆盖率达到 75.7%,超省要求 10.7 个百分点,党的工作覆盖率达到 100%,30 人以上的实体性社会组织全部建立党组织;机关、国企、高校等领域党建工作统筹推进。强化保障支持,着力推动基础工作全面进步。从 2016 年起,把基层党建工作经费、人员待遇保障等纳入市县两级财政,并紧盯不放、加强督办;市级财政全年为全市 3196 个行政村配套 1598 万元管理费,县财政配套 6392 万元;市县两级财政落实扶持资金 2086 万元、扎实推进农村集体经济“破零”;安排 600 万元资金扶持社区活动场所建设,全市 215 个社区全部达到 200 平方米以上要求。非公经济组织联合党组织工作经费全部落实到位,832 名农村第一书记帮助群众解决问题 1862 个,533 个机关党组织与社区党组织开展共驻共建,3 万余名在职党员到社区报到,有效解决了基础工作薄弱问题。发挥党员作用,着力推动基本能力全面提升。建立党员活动日,开展佩戴共产党员徽标上岗、“党员先锋行”等主题实践活动,对“两优一先”模范进行评选表彰,激励广大党员增强身份认同、发挥表率作用;扎实做好大学生村官、流动党员管理、处置不合格党员等工作,党员队伍活力进一步增强。

四是以严肃党内政治生活为切入,全面加强班子自身建设。认真贯彻《中国共产党地方委员会工作条例》,修订完善《市委常委会工作规则》《市委书记专题会议工作规则》等制度,议事决策机制更加科学规范,集体领导整体效能得到明显提升。严格执行《市四大班子主要领导双周碰头议事会制度》,有效提升了各项工作的计划性、针对性、协同性和指导性。认真贯彻执行《关于新形势下党内政治生活的若干准则》

和《党内监督条例》,严格落实"三会一课"、领导干部双重组织生活、民主评议党员等制度,着力营造清清爽爽的党内同志关系、规规矩矩的上下级关系,形成了理解配合、大气担当、通力协作、团结奋进的良好工作氛围。

(石军芳)

附:中共运城市委书记、副书记、常委名单

书　记:王宇燕(女)

副书记:王清宪(5月离职)　陈振亮

朱　鹏(9月任职)

常　委:王殿民(9月离职)　张润喜(9月离职)

常建忠(9月离职)　荆青莲(女)

安雅文(9月离职)　崔克信(9月离职)

于　波(9月离职)　常设教

王　胜(9月离职)

王瑞宝(9月任职)　李曾贵(7月任职)

齐海斌(7月任职)　邓雁平(9月任职)

陈　杰(9月任职)　王志峰(9月任职)

中共盐湖区委工作概况

区委书记　王吉敏

2016年,中共运城市盐湖区委严格按照中央"四个全面"战略布局、省委"一个指引,两手硬"重大思路和要求,围绕市委"三动三新""三市一中心"发展目标,带领全区干部群众主动谋事、务实干事、真诚共事、勇于成事,圆满完成年初制定的各项目标任务。

一、党建工作落实全面从严治党,切实树好党员干部的良好形象

2016年,中共运城市盐湖区委始终把党风廉政建设的主体责任抓在手上,按照市委"一抓双促强三基"工作部署,始终将干部作风导向同转型发展、群众需求相结合,坚决把纪律挺在前面。

一是思想政治建设上,坚持日常教育与特色活动相结合。扎实组织开展"两学一做",把中心组学习和现场会安排到基层一线;组织农村(社区)"两委"主干集中培训,班子成员带头登台讲党课。深入牛庄、墩台岭等革命老区、山庄窝铺,面对面向群众宣讲党代会精神;向全区党员干部推荐小说《你是共产党员吗?》和盛茂林部长的《学习贯彻习近平总书记"七一"重要讲话精神,做到"五个正确对待"》署名文章,引起强烈反响。发挥典型带动作用,推广全国和全省先进基层党组织雷家坡村党支部和四季绿城社区党支部的做法,取得明显成效。

二是基层组织建设上,坚持做好换届工作与完善提升相结合。全区897个党组织按期换届。新成立离退休干部党工委、非公企业党支部57个、社会组织党支部1个。以龙居镇杜家坡村党支部为示范,对27个农村软弱涣散党组织,一村一策,督导考核,全部实现整顿转化。

三是作风建设上,坚持科学管理与激励干事创业相结合。建立干部廉政档案、德孝档案和实绩档案,大力倡树"主动谋事、务实干事、真诚共事、勇于成事"的工作要求,通过"看政绩、看能力、看阅历、听口碑",综合考评考察,把年富力强、扎实肯干的优秀同志充实到乡镇主干岗位。211个村集体经济实现"破零";88个社区活动场所全部达到200平方米以上;126名党员干部深入43家企业开展零距离服务;41名第一书记、89个扶贫帮扶队成为精准扶贫的骨干力量。

四是反腐倡廉建设上,坚持惩处监督与重在治本相结合。坚持挺纪在前,开展了4次专项巡察,推进农村"三资"清理整顿工作,查处发生在群众身边腐败问题76案。认真执行谈心谈话制度,对8个单位主要负责人进行了约谈。支持纪委严肃查处党员干部违纪违法案件216案216人。下管一级,把279个村的"两委"主干纳入区委管理范畴;区人代会结束当天,四大班子全体成员,到廉政警示教育基地接受教育,带动全区持续开展廉政警示教育"一日体验",受教育达5600人次。

五是制度建设上,坚持建章立制与督查落实相结合。研究制定《盐湖区落实全面从严治党责任实施细则(试行)》,出台《区委常委会工作规则》《党政机关重大事项请示报告制度》等;通过实行"分级诊疗",夯实责任,开展"大起底、大排查、大调解、大处置"专项活动,化解社会矛盾,推进社会治理。加强督查问效,强化责任意识,做到工作件件有落实,事事有回音。

二、经济工作在深化改革创新上下功夫,有效提升了经济发展的质量和水平

2016年,中共运城市盐湖区委以综改为牵引,以深改为动力,进一步整合资源,按照"六个围绕"战略布局,不断丰富产业平台内涵,在民营经济、金融服务、科技创新、招商引资四个方面寻求创新突破,不断推动全区经济快速发展。全年地区生产总值完成222.3亿元,增长5%;区本级财政总收入预计完成25.2亿元,增长5.5%;城镇居民人均可支配收入预计完成27583元,增长7%;农村居民人均可支配收入预计完成10733元,增长8%。

一是加快体制机制创新。不断创新融资办法,拓宽融资渠道,放大财政资金的撬动效应,筹建了教育投资集团和水

务投资集团，与关帝庙合资成立关公文化投资公司，积极盘活政府资产，切实缓解企业融资困难；通过产权交易中心，全区累计土地流转面积达21万亩，全年受理并完成农村招投标项目57个，涉及金额2100万元。出台了《运城市盐湖区政府购买服务暂行办法》和《政府购买公共服务指导目录》，启迪桑德项目覆盖全区城乡，城乡环境卫生大为改善。

二是全力推进项目建设。以"万名干部入企服务"为契机，以"三个一百"为抓手，不断完善领导包联项目的协调工作机制，根据各自职责分包重点项目和企业。带动区直各级各部门深入到项目一线，加大对困难企业的帮扶力度，坚持问题导向，实施"一企一策"，做到精准帮扶。43个服务小组126名干部深入区属43家规模以上工业企业开展帮扶工作，先后解决了石药银湖、山西晋善晋美等企业和项目建设中存在的土地、资金、基础设施等方面问题共30余个。通过召开专题会议、部门协同办理等方式，着力解决了50余项制约企业发展的突出问题，促进企业健康发展。全年确定重点项目62项，总投资753.26亿元，累计完成投资148.77亿元。在运城国际果品交易博览会参展会上，签约巴基斯坦购销贸易协议和袁家村·运城印象文化旅游两个重大项目。截至年底，10个重点招商引资项目现已全部签约落地。

三是一二三产业融合发展。全力建设一二三产融合发展的省级示范区，大力推进设施蔬菜、特色养殖和乡村旅游业，形成了146个特色产业村；苹果首次出口秘鲁，填补了山西水果在南美市场的空白。"61128"造林绿化工程全面完成，南北两山双季槐和皂荚特色经济林产业成为了当地群众脱贫致富的摇钱树，在全省造林绿化现场推进会上，受到了楼阳生省长的充分肯定。大力推进传统工业转型，新型产业培育和中小企业孵化，新增规模以上工业企业5家，孵化小微企业305户。东星向上广场主体完工，黄河世纪广场、南风新天地、金源商业街、华联二期开业运营。盐湖文化产业园、星河广场两大电子商务基地初具规模，全区电子商务类企业达到300家，微电商超过1万家，全年旅游收入183.02亿元。

三、社会治理注重法治和德治有机结合，全面提升人民群众幸福感

按照区第十三次党代会上"建设幸福盐湖"的战略部署，中共运城市盐湖区委大力弘扬优秀传统文化，加强社会治理力度，着力改善民生，不断提升人民群众的安全感和幸福感。

一是创新形式，丰富载体，挖掘传承传统文化。中共运城市盐湖区委在连续六年的德孝文化实践的基础上，按照省委深入挖掘尧舜德孝文化和关公忠义文化，建设优秀传统文化传承转化示范区的部署安排，积极对外宣传推广"古中国"和盐文化、关公文化、尧舜禹文化。成功举办第七届德孝文化系列实践活动和"核心价值观百场讲坛"第五十场活动，先后在北京和运城分别举办了"尧舜禹文化与当代社会核心价值"研讨会和"治国与齐家"虞舜德孝文化研讨会，接受新华社、人民日报、光明日报、经济日报、中央人民广播电台、中央电视台等六家央媒集中采访报道，受邀参加中宣部主办的"第十二届中国公民道德论坛"并作典型发言，积极塑造独具魅力的盐湖精神和盐湖形象，不断扩大和提升盐湖区的知名度和美誉度。

二是明晰责任，形成合力，社会治理水平不断提升。深入开展"大起底、大排查、大调解、大处置"专项整治活动，探索建立了登记台账、上报函、转办函等工作机制，全区形成"条抓块管"的工作格局，专项活动成效明显，信访稳定责任重，压力大的不利局面得到扭转，掌握了解决矛盾纠纷的主动权。探索建立"分级诊疗"机制，充分发挥各级组织作用，实现"小病小医，大病大医"，95%的矛盾纠纷在村、社区和乡镇一级得到有效调解和真正化解。充分发挥老党员、老教师、老干部、老模范、老军人、人大代表、政协委员、律师、法律服务工作者、退休政法干部等社会力量化解矛盾。截至年底，全区共排查出的483起矛盾纠纷及安全隐患，现已解决309起，群众诉求表达渠道更为通畅，被动稳控局面得到有效改善。

三是以"五城同创"为抓手，切实改善民生。将创建工作与总体工作、重点工作、民生工程相结合、同推进。全区民生投入21.8亿元，占总财政收入84.6%。积极办好教育、卫生、文化、医疗等惠民实事，实验小学北校区建成投入使用，北赵引黄二期等十大民生工程稳步推进，三路里等四家卫生院完成提档升级，1022户3285人完成脱贫。按照市委、市政府事权划分要求，以主人翁的姿态投身中心城市建设和管理中。积极承接环卫工作，圆满完成了"五城同创"推进会上确定的阶段性工作任务，努力发挥了作为中心城市应有的领头雁和新引擎的重要作用。

四、通过多种学习途径提升素质、锤炼品质，树立党员领导干部的威信和良好形象

2016年，中共运城市盐湖区委始终把加强自身建设放在重要位置，通过中心组学习，河东大讲堂以及公务员培训等形式，不断提升领导班子的综合素质。认真学习领会十八届六中全会精神和习近平总书记重要讲话精神，贯彻落实省委第十一次党代会，市第四次党代会精神。在从书本学，从媒体获取知识和信息的同时，注重调研，向人民群众学，从人民群众的鲜活实践中获取方法和启发。班子领导多次深入田间、农户、企业、学校调研，通过调研研讨，对全区的发展思路进行了进一步调整、充实和完善，形成了较为科学可行的"十三五"发展思路。组织到河南天瑞集团考察学习，商谈合作事宜，为关公文化产业园区的后续开发出智出力。

2016年，中共运城市盐湖区委始终认真落实中央、省委、市委关于党风廉政建设的一系列规定。在"两学一做"学习教育和"深化学习找差距，转变作风促发展"活动中带头践行，以上率下，坚持把规矩和纪律挺在前面。要求领导班子成员都必须严格执行领导干部廉洁自律的有关规定，严格警惕家人和身边干部利用本人职务经商办企业或从事其它活动谋取非法利益，严格执行领导干部个人重大事项报告制度，树立了党员领导干部清正廉洁的良好形象。

（李世清）

附：一、中共盐湖区委书记、副书记、常委名单

书　记：王志峰(7月离职)　王吉敏(7月任职)

副书记：王吉敏(7月离职)　李　哲(7月任职)

郭一民(7月离职)　钟立伟(7月任职)

张永生(4月任职，挂职)

常　委：董稷强(7月任职)　姚广林(7月离职)

任　刚(7月任职)　钟立伟(7月离职)

薛学农(7月任职)　陈建国(7月离职)

孟满堂(7月任职)　黄亚平(女，7月离职)

苏引萍(女，7月任职)　李俊龙(7月任职)

常　正(7月离职)　张　军(7月任职)

陈富强(7月离职)　齐全中(7月任职)

二、乡镇(街道)党(工)委书记名单

席张乡

书　记：仝粉娥(女)

金井乡

书　记：霍国荣

上郭乡

书　记：牛　睿(9月离职)　卫开河(9月任职)

上王乡

书　记：吴建华(9月离职)　曹　峰(9月任职)

王范乡

书　记：邓永红(9月离职)　王杰妮(女，9月任职)

冯村乡

书　记：李　宣(9月离职)　邓永红(9月任职)

龙居镇

书　记：李朝霞(女，8月离职)　牛　睿(9月任职)

北相镇

书　记：李俊龙(9月离职)　马永胜(9月任职)

泓芝驿镇

书　记：郑　甦(9月离职)　苏建陇(9月任职)

三路里镇

书　记：苏建陇(9月离职)　谷超峰(9月任职)

陶村镇

书　记：王杰妮(女，9月离职)　张高升(9月任职)

东郭镇

书　记：吴肖江

解州镇

书　记：雷　刚(9月离职)　杨　耕(9月任职)

安邑街道

书　记：赵　屹

姚孟街道

书　记：马永胜 (9月离职)　吴建华(9月任职)

大渠街道

书　记：张海滨 (9月离职)　李　宣(9月任职)

东城街道

书　记：徐志勇

西城街道

书　记：何文龙

南城街道

书　记：杨世进

北城街道

书　记：淮占胜(10月离职)

中城街道

书　记：许俊霞(女)

中共永济市委工作概况

市委书记　徐志英

永济市有党总支33个，党支部796个，截止2016年底共有党员17606名，其中2016年新发展党员271名。2016年，在省委省政府和运城市委市政府的坚强领导下，市委认真贯彻党的十八大和十八届五中、六中全会精神，坚持以转型跨越发展为己任，紧紧围绕市第六次党代会提出的“实施五大战略、建设四基地一名城”奋斗目标，团结带领全市人民，砥砺奋进、顽强拼搏，全市呈现出经济平稳增长、改革稳步推进、民生持续改善、社会和谐稳定、党建不断加强的发展态势，实现了“十三五”良好开局。

一、党建情况

一是“两学一做”学习教育扎实开展。市委中心组以上率下，示范引领，先后四次开展专题研讨，副县级党员领导干部讲党课65次，建立联系点27个，联系指导学习教育112次；积极开展“深化学习找差距，转变作风促发展”专题活动，全市县处级党员领导干部带头查找问题415条，并制定整改措施进行整改；组织党员干部3000余人深入基层，开展精准扶贫、面对面服务活动，共收集各类民情信息27729件，解决办理25629件，办结率达92%。

二是市镇两级换届工作有序推进。深入贯彻落实中央、省市的有关换届纪律的要求，研究制定了《关于严肃换届纪律加强换届监督的实施方案》，利用板报、电视、党建网等平台和发放换届纪律知晓卡、《严肃换届纪律专题培训资料》等，全方位宣传换届纪律。并通过严格培训教育、督促检查、强化问责，确保换届的有序推进和风清气正。换届后干部调整共涉及103人。其中，平级交流43人；提拔使用的13人(非领导职务提为领导职务1人，副科提为正科11人，科员

提副科1人)；政府组成部门的负责人继续提名的16人；超职数消化免职3人；干部自愿辞职免去现职的19人；到达退休年龄免去现职的1人；已提拔为县级领导干部和纪委常委需免去科级职务的8人。

三是基层党组织建设不断深化。成立市委党建工作领导小组，建立了市、镇、村三级党组织书记抓基层党建问题清单、任务清单、责任清单，完善了定期汇报制度，成立了专项督查组随机开展督查，层层压实党建主体责任。积极落实农村(社区)基层党建任务，重点对39个软弱涣散基层党组织进行集中整顿，形成常态化机制；组织全市1857名在职党员到社区开展各类服务群众活动130余次，为群众办理实事好事2158件；着力推进"两新"组织党建，重点开展"双强六好"党组织创建活动，确保党的组织和党的活动"全覆盖"。

四是党员队伍建设不断加强。在全市开展党员组织关系排查、党员违纪违法排查清理、党组织按期换届专项清理、规范党费收缴工作等专项行动，共排查出失联党员117名；排查出违纪违法党员83名，处分处理72名；完成了12个非公经济党组织的换届工作；规范了705个党支部的党费收缴工作。同时，通过抓实服务网络建设、抓实民情收集渠道、抓实服务群众措施、抓实弱势群体帮扶，不断夯实服务群众基础。

二、经济社会发展情况

2016年，全市生产总值完成139.3亿元，同比增长2.4%；规模以上工业增加值完成25.7亿元，同比下降2.8%；一般公共预算收入完成4.0634亿元，同比增长0.1%；固定资产投资完成127.98亿元，同比增长10.7%；社会消费品零售总额完成57.95亿元，同比增长6.3%；城镇居民人均可支配收入26366元，同比增长5.8%；农村居民人均可支配收入11640元，同比增长7.0%。

一是工业发展提质增效。建立完善了项目建设倒逼机制，明确牵头领导、责任单位和完成时限，全力推进工业重点项目；围绕主攻产业的产业链条纵向延伸、横向配套，先后带队与中铝、中车、阳煤等企业进行对接洽谈；特别是围绕承接产业转移，赴上海就"第三方招商"的合作模式、流程、项目对接等进行洽谈，与晖保智能科技(上海)公司签订了智慧能源城市建设战略合作协议。全市28个工业项目中有5个已建成投产，23个正在按序时进度快速推进；共签约项目34个，签约资金160.54亿元。

二是农业转型亮点频现。围绕"一带、两园、五大板块"发展布局，强力推进21个农业重点项目，不断夯实农业基础，延伸农产品加工链条，加快农业调产、农业增效。全年农产品加工企业销售收入达到80.6亿元；流转土地23.8万亩，新发展各类优质干鲜果3万亩；农民实用技术培训4.7万人次。2016年，我市粮食总产量4.27亿公斤。

三是旅游突围初见成效。积极创建"国家全域旅游示范区"，成立旅游发展委员会，制定出台《强力推进争创国家全域旅游示范城市工作实施方案》，正在进行"全域旅游"整体规划编制和旅游景区整体改制工作。重点实施了神潭大峡谷高空玻璃栈道、高空滑索和管轨式滑道等景区提升项目，成功举办了鹳雀楼迎春灯会、五老峰登山节、普救寺爱情文化节等特色活动，特别是央视4套、7套拍摄的《风雨鹳雀楼》和《走进永济.相约普救寺》节目成功播出，进一步提升了永济市的知名度和影响力。2016年全市共接待游客798.19万人次，同比增长35%；门票收入8002万元，同比增长99%。

四是城乡建设提档升级。以"五城联创"为引领，在基础设施建设、强化管理、完善功能、优化环境上狠下功夫，先后完成了科技路、蒲惠路等新开道路建设和中山街等街道架空电网入地、黄河大道污水导流工程；严格落实整改环保部华北督查中心反馈的有关问题，深入开展空气质量综合整治专项行动，全年空气质量二级以上天数达303天。

五是民计民生持续改善。不断深化医药卫生体制改革，落实分级诊疗制度；推进非公经济单位参保，扎实推进城乡居民基本医疗保险制度改革；就业和创业工作再上台阶，城镇登记失业率控制在4%以内；城乡低保、五保供养、救灾救济等工作扎实推进，切实保障了弱势群体的基本生活；年初承诺的乡村清洁工程、农村困难群众危房改造等"十件民生实事"圆满完成。同时不断加大危险化学品、食品药品等重点行业领域安全专项整治，积极化解信访积案，深入开展打黑除恶、"平安永济"严打整治及"三大战役"等专项活动，确保了全市和谐稳定。

六是全力打好扶贫攻坚战。成立了脱贫攻坚领导组、干部帮扶工作领导组和十个脱贫攻坚督导组，严格执行"八不进"要求和"两公示一公告"制度，确定永济市贫困户3451户、贫困人口9029人，并组织2000余名干部和贫困户实行结对帮扶，通过产业扶贫、教育扶贫，为贫困户购买保险和提供帮扶资金，实施精准扶贫，全年共实施扶贫项目20余个，落实帮扶资金415万元，完成脱贫1255户3670人。

(李凤佳)

附：一、中共永济市委书记、副书记、常委名单

书　记：陈　杰(7月离职)　徐志英(7月任职)
副书记：廉广锋(7月离职)　孙中全
付　刚(7月任职)
常　委：陈旭光(7月离职)　王　霞(女,7月任职)
刘　明(7月离职)　卫增辉(7月任职)
史秉团(2月违纪免职)　孙　斌(4月任职)
张千里(7月任职)　吕安斌(7月任职)
赵建红　张廷耀(7月离职)
王文选(7月任职)

二、镇(街道)党(工)委书记名单

城东街道

书　记：韩　波(9月离职)　麻亚龙(9月任职)

城西街道

书　记：李晓军(9月离职)　王永明(9月任职)

城北街道

书　记：张转运(9月离职)　史云峰(9月任职)

虞乡镇

书　记：柴卫国(9月离职)　许管哲(9月任职)

卿头镇

书　记：张泽锋(9月离职)　王大风(9月任职)

开张镇

书　记：王永明(9月离职)　杨战波(9月任职)

栲栳镇

书　记：孙文伟(9月离职)　宁　昕(9月任职)

张营镇

书　记：史云峰(9月离职)

蒲州镇

书　记：麻亚龙(9月离职)　聂学政(9月任职)

韩阳镇

书　记：刘晓鹏(9月离职)　王建强(9月任职)

中共河津市委工作概况

市委书记　胡　宝

河津市位于山西省西南部，运城市西北角，黄汾两河交汇处，辖5乡2镇2个街道办事处148个行政村，国土面积593平方公里，总人口40万，耕地35万亩。共有基层党组织658个，党员14019名。河津区位优越，地处晋陕峡谷南端，209国道纵贯南北，108国道横穿东西，侯（马）西（安）铁路、侯禹高速公路贯穿全境，公路、铁路、高速公路的“三纵三横”交通网络基本形成。河津经济以工业为主，一二三产比重为4.5:59.5:36，经过多年发展，基本形成煤电铝、煤焦化、铁钢铸三大产业链条，主要产品产能为：原煤1000万吨、发电装机容量185万千瓦、氧化铝250万吨、电解铝42万吨、铝深加工50万吨、焦炭1000万吨、各类化产100万吨、钢铁300万吨、水泥200万吨，是全省四大千万吨级焦化基地之一。

2016年，在省委和运城市委的坚强领导下，河津市委团结带领广大干群，深入学习贯彻党的十八届六中全会和习近平总书记系列重要讲话精神，按照“四个全面”战略布局、省委“一个指引、两手硬”的重大思路和要求，积极贯彻“三动三新”战略，坚持“三创两提升”指导思想，在经济下行的困境中砥砺前行，在转型发展的阵痛中改革创新，主要经济指标全面由负转正，河津经济结束了9年低位徘徊，走过了困境低谷，走出了资源型城市转型发展的河津路径，交出了建设绿色富裕繁荣和谐的现代化工贸城市的河津答卷。全年完成GDP179.2亿元，规模以上工业增加值47.9亿元，财政收入17.8亿元，公共预算收入7.6亿元，固定资产投资150.1亿元，社会消费品零售总额73.4亿元，城镇居民人均可支配收入达25695元，农村居民人均可支配收入达11993元。

一、以圆满完成市乡换届为标志，党的建设交出合格答卷

牢固树立“抓好党建是最大政绩”的理念，全面落实管党治党主体责任，全市政治生态风清气正。“两学一做”学习教育扎实开展。市委中心组开展6次专题研讨，县处级干部都以普通党员身份参加所在支部活动，596个党组织结合实际开展了专题研讨。全市共讲党课2170人次，接受革命传统教育9020人次。深入开展“深化学习找差距、转变作风促发展”专题活动，四大班子以上率下，共梳理汇总各类问题28个，制定整改方案，扎实抓好整改。领导班子和干部队伍建设全面加强。圆满完成市乡领导班子换届，公开选任4名乡镇书记、6名乡镇长，一批政治素质高、个人能力强、工作作风硬、群众口碑好的优秀干部走上重要工作岗位，领导班子结构进一步优化，社会各界反响良好。基层党建基础进一步夯实。县级党员干部包点帮扶，下派15名农村“第一书记”，整顿软弱涣散党组织14个；开展“领头雁”培训3000余人次，建立健全村级管理制度148项，基层党建基础进一步夯实。党风廉政建设和反腐败工作深入推进。严格落实“两个责任”，班子成员带头履行“一岗双责”。12212名党员干部接受党规党纪测试，86家单位党员干部接受警示教育。纪检监察机关全年共立案238件，结案212件，给予党政纪处分209人，其中涉及乡科级干部20人，给予重处分25人。严查侵害群众利益特别是扶贫领域典型案件13案28人。对农委等12个单位开展首轮巡察，向被巡察单位移交问题线索200余条，完成整改60余条，纪委立案查处9起，给予党政纪处分14人。驰而不息纠正“四风”，开展监督检查280余次，查处违反中央八项规定精神案件11起，党政纪处分16人，通报曝光典型问题6起。加大庸懒散奢整治，坚决杜绝为官不为，营造了干事创业、勇争一流的良好氛围。

二、以主要经济指标全面由负转正为标志，转型发展交出崭新答卷

紧扣转型发展主线，坚定不移做强工业、做精农业、做优三产，下大力气调整优化产业结构，发展质量和效益进一步提升。工业发展上，坚持“一上二转三延”发展思路，以“三个一百”工作为抓手，以铝工业和煤化工为重点，全力打好“五场战役”（企业生存保卫战、项目建设攻坚战、科技创新主动战、园区建设阵地战、安全环保歼灭战），推动工业经济稳中求进，逆势突围，全力打造国家新型工业化铝产业示范基地和全省领先、国内一流的煤化工基地。实施总投资57亿元的

重点工业项目16个，阳光华泰精细化工、鑫银河铝型材等7个项目完工。建成阳光华泰炭黑、远东特铝多品种氧化铝研发中心、津华晖星药物研发重点实验室等科技创新平台。实行县处级干部“双包”责任制，开展百名干部入企服务，帮助企业解决问题56个，落实优惠政策21项，减负6.3亿元，孵化小微企业640家。以运城市政府与中铝签订河津铝工业园区战略合作协议为契机，进一步完善基础设施，提升承载能力，投资5亿元的万吨铝基催化剂项目落户园区。开展点对点招商，签约项目21个、金额183.8亿元，到位资金54.8亿元。农业发展上，实施总投资1.4亿元的农业重点项目6个，通和现代农业示范园、恒瑞博蛋鸡养殖等项目完工，水保综合治理、赵家庄万亩高标准农田建设等项目有序推进。完成深松整地3.6万亩，高产示范基地10万亩，全年粮食总产1.9亿公斤，以核桃为主的干鲜果经济林达到6万余亩。完成第一轮土地确权登记公示，土地流转达到10.2万亩。新增农民专业合作社48家，家庭农场19家。三产发展上，新增电子商务企业3家，吕氏琉璃、红木家具等文化产业加快发展，薛仁贵故里、双峰山等景区规划开发建设有序推进，“大禹文化节”“龙门杯”全国汽车越野赛成功举办，唱响了文化旅游品牌，提升了河津对外形象。

三、以“三场三园三湖”格局形成为标志，城乡建设交出靓丽答卷

坚持“大城区、小城镇、中心村”发展理念，狠抓城乡基础设施，加快推进“一城三区四园”建设（“一城”即河津城市市区的总称，“三区”即以河津老城区和高新技术园区为依托的新耿区，以清涧办和铝工业园区为依托的龙门区，以樊村镇和王家岭循环经济园区为依托的万春区。“四园”即铝工业园区、王家岭循环经济园区、百底煤化工园区、高新技术园区）。编制完成《河津市城乡总体规划》。投资6600万元的莲池公园向市民开放，投资1500余万元的龙门大道外排水渠工程建成投用，总投资11.2亿元的瓜峪水库、王家岭生活区及培训中心、万和公园、塔前路等工程进展顺利，华兴路立交桥工程完成设计，中心城区“三场三园三湖”格局基本形成（“三场”即龙门广场、台头庙休闲文化广场和文体广场；“三园”即九龙公园、北城公园和万和公园；“三湖”即瓜峪水库景区、莲池公园、汾河湿地）。吉河高速建成通车，蒙华铁路河津段加快建设，108国道拓宽改造工程正式启动，河津—韩城城际铁路积极对接，“三纵四横”交通网络轮廓初现。总投资6.7亿元的城区、清涧等新农村住宅小区及棚户区改造工程扎实推进。村通水泥（油）路完善提质工程全部完工，创建杨家巷、太阳等美丽宜居示范村，城乡人居环境全面改善。

四、以人民医院托管投用为标志，民生事业交出喜人答卷

坚持将有限的财政资金向民生领域倾斜，使发展成果普惠人民群众。脱贫攻坚方面，书记、市长带头包联8个省市重点贫困村，组建79支工作队，结对帮扶2238户贫困户，全面完成1434人的年度脱贫任务。教育方面，投资9600余万元，实施义务教育“全面改薄”工程，义务教育均衡发展通过国家级评估认定。投资5100万元的河津中学扩建和职业中学维修改造项目有序推进，高考二本达线1617人，再创历史新高。医疗卫生方面，投资3.6亿元的人民医院建成投用，并由省人民医院托管，群众不出家门就能享受省级医疗服务。国家基本药物制度实现全覆盖，157个村级卫生室全部达到标准化建设要求。就业方面，新增城镇就业3864人，转移农村劳动力5010人，城镇登记失业率控制在2.5%以内。社会保障方面，投资1亿元的高家湾敬老院项目主体封顶，农村老年人日间照料中心达到44家。累计发放城乡低保、大病医疗救助共计3388万元，五保养老金269万元，城乡居民各项保障标准全面提高。安居工程方面，投资3.8亿元的采煤沉陷区治理项目加快推进，新建保障性住房668套，公租房67套，改造农村危房390户。投资5亿元的城市集中供热工程全面启动，民生事业跃上新起点。

五、以有效防控金融风险为标志，社会治理交出和谐答卷

进一步强化法治思维和法治理念，全面加强和创新社会治理。狠抓信访重点整治。坚持24字信访工作思路，持续抓好信访矛盾化解，全年共受理群众来信来访、网上投诉317批（件）809人次，受理办结上级交办案件14件。特别是全力解决因经济下行引发的债务纠纷、欠薪欠账、下岗失业等问题，有效防控多起规模企业金融风险，及时遏制一些一触即发的恶性群体事件。狠抓社会综合整治。健全完善“大调解”工作体系，148个行政村全部建立调委会，共成功调处矛盾纠纷1805起。市区新增“天眼”工程监控点300个，进一步提升了社会治安动态防控能力。开展以“城中村”专项整治为重点的社会治安大整治，严厉打击违法犯罪活动，有效净化了社会治安环境。深入开展“七五普法”，法治河津建设稳步推进。狠抓环境集中整治。投资5亿元实施焦化、电力等五大行业提标改造，取缔土小企业70家，特别是焦化企业烟气尾部排硫工艺，走在全省乃至全国前列，为运城顺利摘牌作出积极贡献。植树造林1.2万亩，新增城市绿化面积17.9万平方米，二级以上天数达到261天。狠抓安全隐患整治。开展一月一行业专项整治，聘请14名省市专家，对160余家企业把脉会诊，排查整改隐患2238条，全年未发生重特大安全事故。

（石　峰）

附：一、中共河津市委书记、副书记、常委名单

书　记：胡　宝

副书记：杜中伟（7月离职）　赵建喜（7月任职）
董　耿

常　委：胡凯旋（7月离职）　任　刚（7月离职）
李满刚（7月离职）　薛永琦（4月离职）
贺红林（7月离职）　侯鹏程（7月任职）
邵建设（4月任职）　李希平（7月任职）

李　雯(7月任职)　武安军(7月任职)
黄永平　吕武荣(7月任职)

二、乡镇(街道)党(工)委书记

城区街道

书　记：吕武荣(9月离职)　闫新善(9月任职)

清涧街道

书　记：杨敬军(5月离职)　薛将军(9月任职)

樊村镇

书　记：姚文生(5月离职)　杨敬军(5月任职)

僧楼镇

书　记：吕　平(9月离职)　王高红(9月任职)

赵家庄乡

书　记：蔡　斌(9月离职)　李惠民(9月任职)

下化乡

书　记：王高红(9月离职)

阳村乡

书　记：柴虎杰(3月离职)
杨　赟(4月任职,9月离职)
董卫红(9月任职)

柴家乡

书　记：闫新善(9月离职)　许　瑛(9月任职)

小梁乡

书　记：任鹏云

中共闻喜县委工作概况

县委书记　张汪龙

闻喜县共有13个乡镇，343个行政村，总人口41.3万人。基层党组织899个(基层党委27个,总支41个,支部831个)，党员18153名。2016年，闻喜县委全面贯彻党的十八届六中全会和习近平总书记系列重要讲话精神,认真按照“一个指引、两手硬”重大思路和要求,紧紧围绕建设“三市一中心”宏伟目标,深入贯彻“三动三新”发展战略,坚持不懈稳增长、调结构、强基础、促改革、惠民生,经济社会呈现出速度加快、结构趋优、活力增强的良好态势。全县地区生产总值完成72.2亿元，增长12.4%；规模以上工业增加值完成10.7亿元,增长38%;固定资产投资完成108.9亿元,增长15.1%,财政总收入完成4.35亿元，增长7.4%；一般公共预算收入完成2.39亿元,增长13%。其中,地区生产总值、规模以上工业增加值、一般公共预算收入增速排名全市第一。

一、坚持学习先行、深学笃用，坚定不移用习近平总书记系列重要讲话和中央、省市委重要精神指导工作

坚持把学习贯彻习近平总书记系列重要讲话和十八届六中全会精神作为重大政治任务，通过召开常委会会议、常委扩大会议和中心组学习等方式,围绕系列讲话、党章党规和省第十一次党代会、市第四次党代会精神进行深入学习和认真讨论;成立县委宣讲团,在全县13个乡镇党委、10个系统党委和社区党委开展集中宣讲活动,使中央和省市委精神家喻户晓、深入人心。“两学一做”学习教育在完成规定动作的基础上,积极创新自选动作,全县各级党组织围绕“四讲四有”合格党员标准开展专题研讨1200余场次,深入开展“深化学习找差距、转变作风促发展”专题活动,常委班子深入学习领会,认真查摆问题,归纳梳理在落实“两个责任”、纪律作风建设等方面问题18条，其中8个问题整改销号,10个需长期整改问题的整改工作取得明显成效。

二、坚持固本强基、夯实责任,坚定不移落实全面从严治党方针

一是从严治党管吏,认真履行党建工作责任。不断加大对党员干部的党性、道德和爱国主义教育,分3期对全县乡科级干部进行了每期5天的集中轮训。出台《乡科级领导干部动议酝酿任免议事规则》等制度,以换届为契机强化对干部动议、考察、考核工作的组织把关,调整任用干部5批、68人。消化超配领导干部26人,全县超职数配备问题得到彻底解决。二是严格考核奖惩,加大目标责任考核力度。强化对重点指标、重点项目、脱贫攻坚等内容的考核,对22个先进单位、22名优秀领导干部、10个招商引资先进单位和15名项目建设先进个人进行表彰，扣除了6个单位领导班子23人的年终奖金。三是强化基层建设,不断夯实党的执政基础。围绕“三基”建设,创新开展了“叫响‘我是党员’,争当桐乡先锋”主题活动,全县9830名党员亮明身份,4280个党员户悬挂“共产党员之家”门牌。新成立蓝天学校等7个党组织,党建覆盖面得到扩大。建立财政补贴制度,列支村级集体经济扶持资金,261个村集体经济实现“破零”。四是严格正风肃纪,持续加强党风廉洁建设。严格落实党风廉政建设主体责任，对履行党风廉洁建设责任不力的18名党员干部和3个党组织进行严肃问责;发挥巡察“利剑”作用,对3个乡镇、13个县直单位进行巡察,处理违纪问题线索158条;查处各类违纪违法案件216件,处理违纪党员干部249人,撤职以上重处分25人。

三、坚持项目带动、积蓄后劲,坚定不移推进“三个一百”重点工作

一是倾力做好企业帮扶。对山西建龙、银光华盛等9家

市定困难企业和根据实际情况纳入干部入企的16家工业企业，明确包联县级领导和帮扶单位，建立帮扶台账，实行销号制度，妥善解决了振鑫镁业环评手续办理等难题30余个；全面落实社会保险“五缓三补两降”政策，减轻了企业负担，坚定了企业家保生存、求发展的信心。二是强力推进项目建设。完善重点项目包联、现场办公等工作制度，落实“六位一体”项目推进机制，实施重点项目71个，项目落地、开工、建设、投产分别超市定任务41.3%、87.3%、8.1%和71.6%。建龙160万吨精品钢材、牧原养殖一期等25个项目建成投产，振鑫2.5万吨镁合金等29个项目正在加紧实施。三是加大招商引资力度。党政班子成员外出学习考察、洽谈引资110余次，签约引进重点项目35个，总投资136亿元，天津镁奥镁合金轮毂生产线、县城集中供热等11个项目正在对接洽谈。其中丰农15万吨有机菌肥等6个重点项目被列入市“三个一百”招商引资项目。

四、坚持优化结构、转型升级，坚定不移提高经济发展质量和效益

一是提质增效工业经济。山西建龙“四步崛起”战略扎实推进，实现销售收入20.3亿元，300万吨热轧板卷主体完工即将投产，初步实现了由民用建材向工业用钢的转变。金属镁深加工产品达到1.6万吨、产值28.1亿元，分别增长5%和10%。以宏伟、国艺等一批重点企业为带动，逐步实现玻璃制品由日用玻璃向工艺玻璃、水晶玻璃等高端方向发展。二是加快农业现代化步伐。完成投资4.6亿元，新建裴社设施蔬菜、石门食用菌等20个农业示范园区；创建小麦万亩示范片11个，粮食总产达到3.45亿公斤，超任务45.5%；土地流转达到18.6万亩，农民专业合作社发展到1097家，农副产品加工企业发展到349家，我县迈入全省畜牧养殖十强县。三是大力改观城乡面貌。积极推进“一城四镇百村”战略布局，城镇化率增加1.5个百分点，达到48.5%。投资1.2亿元，建成综合体育馆等21个基础设施和文化体育类项目，涑水公园续建等6个城镇化项目正在加紧实施；东镇集镇停车场等16个重点项目完成建设，陈家庄等5个村成为省市级美丽宜居示范村。四是深入实施文化强县。开展纪念长征胜利80周年、建党95周年、“学宰相家训，用文化兴家”等系列活动，以创建省级文明县城为带动的“五城同创”全面启动，取得阶段性成效。高档玻璃器皿、包装服务等六大支柱产业快速发展，宏伟玻璃器皿畅销国外市场，文化产业增加值达到5.5亿元，增长10%。

五、坚持法治引领、依法治县，坚定不移推进民主政治和法治闻喜建设

一是人大工作得到新提高。支持人大及其常委会依法履行职能，组织人大代表围绕企业帮扶、安全生产等重点工作和涑水公园、生活垃圾发电等重点工程开展视察调研；围绕《食品安全法》《兵役法》等法律法规落实，对依法行政、依法履职情况进行监督。二是政协和统战工作取得新进展。支持政协围绕脱贫攻坚、城镇化建设、民营经济发展等课题，积极建言献策；加强民主党派、无党派、工商联、民族宗教、归侨侨眷和新社会阶层等各个领域统战工作，组织统一战线各界人士对重点工程调研视察。三是法治闻喜建设迈出新步伐。成立法治建设领导组和工作机制，完善工作机制，制定《开展法治宣传教育第七个五年规划》，开展司法领域突出问题专项整治，实施“阳光司法工程”，推动“六权治本”向乡村延伸，举办“七五”普法、宪法宣传日和法律“六进”系列活动，全民法律意识和法治观念得到有效提升。

六、坚持民生优先、共享发展，坚定不移提升人民群众幸福指数

一是利民惠民项目全面实施。“十件实事”顺利实施，生态绿化及提档升级、小麦沟播等实事按期完工，薄弱学校改造等实事扎实推进，义务教育基本均衡发展成功通过国家验收；落实精准脱贫政策，激发内生动力，如期完成5058名贫困人口脱贫、14个贫困村退出任务；城镇基本医疗保险参保率达到98.5%，新农合参保率达到99.93%，发放补偿金1.4亿元，群众看病难、看病贵问题进一步化解。二是社会保障水平稳步提升。积极帮助各类求职者就业，新增城镇就业3545人、转移农村劳动力4529人、创业就业768人；新建10所日间照料中心和15个儿童之家，老年公寓作为我省首家“公建民营”养老试点项目投入运营，我县儿童福利事业先行先试工作被新闻联播、人民日报等主流媒体进行深入报道，走在全国前列。三是社会管理体系持续健全。对重点人员落实“五包一”教育稳控措施，受理群众来访117批595人次，办结106批477人次，信访事项到期办结率、化解率达到100%和88%。深入开展“打黑除恶”专项行动，破获各类刑事案件282起、治安案件916起，群众安全感和满意度持续提升。坚持“党政同责、一岗双责、齐抓共管”，加强对重点领域、重点行业安全隐患的排查，全县安全生产形势保持稳定。

七、坚持生态建设、创优环境，坚定不移建设宜居宜业美丽家园

一是造林绿化持续推进。依托康培、喜善林业等现代农业企业，推进荒山绿化、磨盘岭治理、身边增绿工程，完成营造林1.4万亩、道路绿化62.4公里，全县治理磨盘岭达到460座，森林覆盖率、林木绿化率分别达到20.7%和26%，增幅均高于全市平均水平。二是节能减排力度加大。完成远华镁基合金等节能技改项目5个，淘汰改造高耗能电机400台，取缔城区燃煤锅炉129台、黄标车571辆，改造天然气出租车、电动环保公交车300台，工业固废利用率达到85%以上，能源消耗和污染物排放进一步降低。三是人居环境持续提升。重点开展“铁腕治污”等行动，优良天数达到280天，超额完成市定任务；推进涑水河域环境综合治理，建成城南生活污水收集管网，涑水河断面水质得到明显改善。

（杨庆 郭洁）

附：一、中共闻喜县委书记、副书记、常委名单

书　记：张汪尤

副书记：张建元(7月离职)　黄亚平(女,7月任职)
张春吉(7月离职)　逯光耀(7月离职)
秦志洲(7月任职)
贠晨昱(12月任职,挂职)

常　委：王海生　张武学(7月离职)
李清水(7月离职)　王学智(7月离职)
韩小青(7月任职)　吴引群(7月任职)
冯向泽　张文豪(7月任职)
丁文玲(7月任职)

二、乡镇党委书记名单

桐城镇

书　记：翟东旭(9月离职)　张阿俭(12月任职)

东镇

书　记：薛耀东(9月离职)　郭亚斌(9月任职)

河底镇

书　记：梁松彬(9月离职)　史学敏(12月任职)

郭家庄镇

书　记：吉俊伟(12月离职)　张英奇(12月任职)

凹底镇

书　记：徐剑昆(8月离职)　张安红(12月任职)

礼元镇

书　记：张英奇(12月离职)　高秀海(12月任职)

薛店镇

书　记：李明虎(9月离职)　张晏平(12月任职)

候村乡

书　记：郭亚斌(9月离职)　吉俊红(女,12月任职)

裴社乡

书　记：史学敏(12月离职)　李升龙(12月任职)

后宫乡

书　记：王红波

阳隅乡

书　记：张安红(12月离职)　任艳萍(女,12月任职)

神柏乡

书　记：高秀海(12月离职)　赵官民(12月任职)

石门乡

书　记：蔺效普(4月任职)

中共临猗县委工作概况

2016年,临猗县全面贯彻党的十八大、十八届三中、四中、五中、六中全会精神,深入学习习近平总书记系列重要讲话精神,坚决贯彻落实省委“一个指引、两手硬”重大思路和要求、市委“三动三新”“三市一中心”战略部署,围绕“四区”建设发展路径,狠抓从严治党、狠抓经济发展、狠抓社会进步、狠抓民生改善、狠抓法治引领,全县政治、经济、文化、社会、生态文明及党的建设都取得了新进展、新成效。

一、以习近平总书记系列重要讲话精神为指引,坚决落实中央、省委、市委各项决策部署

坚持把深入学习贯彻习近平总书记系列重要讲话精神作为重大政治任务,广泛宣传十八届六中全会、省第十一次党代会、市第四次党代会精神,全县广大党员干部群众进一步增强了“四个意识”,坚定了“四个自信”。深入开展“两学一做”学习教育,结合临猗实际开展了“学、思、比、树”“四区建设当先锋,争先进位建功业”主题实践活动和“四讲四有”合格党员标准大讨论,特别是认真开展“深化学习找差距、转变作风促发展”专题活动,严格对照市委明确的“十个方面”问题,以学为基,重改实做,查摆问题5600余条,明确整改任务2600余项,解决突出问题1600余个。

二、以从严治党为核心,全面构建良好政治生态

认真贯彻落实全面从严治党要求,牢固树立“抓好党建是最大的政绩”的理念,严格落实管党治党责任。

一是加强理想信念教育。以县、乡中心组学习为载体,不断创新形式,党员干部理想信念更加坚定。落实意识形态工作责任制,坚持每半年听取一次意识形态领域工作情况汇报,牢牢把握意识形态工作的主导权和话语权。加强廉政警示教育,开办廉政警示教育培训班96期,受教育党员干部达8800余人,党员干部拒腐防变能力进一步增强。

二是落实“两个责任”。县委认真履行主体责任,层层传导压力,强化督导问责。班子成员自觉履行“一岗双责”,对分管领域党风廉洁建设早提醒、常指导、勤沟通、多督促。充分运用“四种形态”,加大执纪问责力度,共立查案件206件,处理党员干部188人;批评教育、提醒谈话、约谈、诫勉谈话206人;给予党纪轻处分和组织调整124人;查处违反中央八项规定20起29人;查处群众身边腐败问题案件76件76人。成立6个巡察组,先后两轮对2个乡镇和8家涉农部门进行了巡察,梳理共性问题33个,发现并移交问题线索78件。

三是严肃党内政治生活。认真落实"三会一课"、民主生活会、领导干部双重组织生活会等制度，坚决用好批评和自我批评这个武器，高质量召开了2016年度民主生活会，加强换届后领导班子建设，健全完善了《县级领导日报告工作制度》等九项制度，确保党内政治生活制度化、规范化和程序化。

四是加强干部选任管理。严把程序、人选、监督"三个关口"，圆满完成了县乡换届，平稳解决了卓里、闫家庄两个工贸区14年的"撤乡并镇"历史遗留问题，顺利实现了省委、市委意图，市委和县委提名人选均全票当选。坚持在经济发展主战场、维护稳定第一线和服务群众最前沿发现干部、识别干部，调整干部210人。严格落实干部谈心谈话制度，先后对信访问题突出、工作纪律涣散等责任落实不到位的5名单位"一把手"进行了约谈；党政班子成员分别与分管单位和部门进行了2次以上谈心谈话。坚持"党管人才"原则，统筹抓好各类人才队伍建设，引进各类高端人才126人。

五是夯实基层党组织建设。按照市委"一抓两促强三基"工作要求，实现平均每村每年运转经费不低于8万元；新发展党员188名；核补党费27.78万元；建立非公企业党组织87个、新社会组织党组织7个；整顿软弱涣散基层党组织40个；处置72名失联党员和14名不合格党员；完善机关党员教育管理制度15项。确定44个集体经济发展试点村，兴办各类深加工企业468个；培训5300余名农村骨干党员，农村"领头雁"能力和素质显著提高。同时，不断加强和改进党对人大、政协、统战、群团、老干部、武装等各项工作的领导，最大程度凝聚了发展合力。

三、以"四区"建设为统领，推进经济发展稳步向好

积极适应把握经济发展新常态，按照省委"一个指引、两手硬"战略部署、市委"三市一中心"发展目标，推进临猗"四区建设"，不断提高经济发展质量和效益，主要经济指标稳中有增，GDP增速全市第三，固定资产投资实现二位数增长，全市第一。

一是精做农业，加快建设果品生产加工核心区。按照市委"建设现代农业强市"的战略部署，持续推进生产标准化，在果园推广了"两大设施配套、六大技术集成"技术，搭建设施枣棚1.5万亩，有机水果认证面积达到51.2万亩；经营组织化，1727个合作社带动了全县85%的农户。农副产品加工企业实现销售收入34.5亿元。销售品牌化，在央视、高铁等高端媒体平台投放果品宣传广告，成功举办了鲜枣文化节和果品文化节。全年生产果品50亿斤，销售收入60亿元。

二是强推工业，加快建设企业转型升级成长区。按照市委"建设新型工业大市"的战略部署，扎实推进"三个一百"。落实"开放带动"。招商引资项目28个，实际到位资金41.62亿元。实施51个重点项目建设，完成投资16.6亿元；落实"创新驱动"。企业研发投入增长11%，市级以上企业技术中心达18家，中国驰名商标达8个。支持企业与知名院校进行产学研合作和实施技术升级改造；落实"改革推动"。深入开展"干部入企"工作，落实项目大起底，解决企业经营难题81个，工业园孵化基地问题得到彻底解决，华晋债务危机、"金苹果"项目进入解决程序。

三是统筹城乡，加快建设城市组群发展先行区。按照市委"盐临夏一体化"发展战略，注重规划，完善功能，强化统筹。投资3亿元启动了医院、幼儿园、福利院、垃圾处理厂、保障性住房等民生工程；投资2.5亿元推进了南城大剧院、会展中心、实验小学等项目建设；投资4500万元新增集中供热面积90万平方米；投资950万元进行路灯提标改造，实现了县城到界边主要干道亮化"全覆盖"。完成了14个乡镇规划，实施了乡村清洁工程，推进了小城镇和美丽乡村建设。

四是创优环境，加快建设创建国家级文明县城示范区。按照市委"建设文化旅游名市"和"五城同创"战略部署，坚持精神塑造和道德引领，坚持创新管理和投入保障。陈玉芳家庭被评为全国文明家庭。临猗县被评为省级卫生城市、园林城市和国家食品安全示范县，通过了中央文明委年度测评。挖掘文化旅游资源，规划了黄河风情休闲带，完成了临晋县衙修缮工程；以"花之海·俏运城"为主题，启动了"花韵果都·多彩临猗"系列旅游活动。

四、以脱贫攻坚为抓手，着力提升人民群众幸福感和获得感

坚持以人民为中心的发展理念，下大力气解决群众最关心最直接最现实的问题，不断加强社会建设力度，全面提升群众获得感。一是全力推进脱贫攻坚。严格精准识别，确定"十三五"脱贫任务4604户、14853人，制定了"十三五"脱贫规划及年度脱贫任务。建立28名县级领导包村、286个驻村帮扶工作队和42名农村第一书记"三支队伍"，严格落实"五个一批"要求，因地制宜、分类施策，采取主导产业扶贫、特色产业扶贫、项目带动扶贫、教育和雨露计划扶贫、社会保障兜底扶贫、健康扶贫等多种方式，逐级签订责任书，实行挂图作战，圆满完成了4750人年度脱贫任务。二是积极促进就业。举行了春季劳务交流大会，转移农村劳动力3000余人；安置就业困难高校毕业生49人；开展7期电商培训，带动就业3000余人。三是推进教育卫生工作。全面完成了农村义务教育薄弱学校改造；高考达线1560人，再创历史新高，中考成绩持续位居全市前列；公立医院改革深入推进，县级公立医院实行了全员竞聘，新农合保障水平全面提高，参合率达98%，全面两孩政策稳妥实施。四是扎实做好社会稳定工作。认真开展社会治安"六项整治"活动，破获刑事案件403起，各类治安问题得到有效整治。开展重点领域信访突出问题、信访秩序专项治理，受理群众来访348批1757人次，办结285批，到期办结率100%。受理群众来信73件，办结69件，到期办结率100%。认真组织开展安全生产大整治大排查活动，安全形势进一步好转。五是持续改善生态环境。坚持把生态文明融入经济社会发展全过程，大力开展"植树造林"工作，扎实完成了上级营造林1.003万亩和5个园林村绿化任

务。完成了56公里的通道绿化提档升级、19个路口景点、15个过境村庄的绿化工作。全面落实了环保部督办的问题,并通过验收。全面完成市政府下达我县的攻坚责任状及"五个专项行动"整治任务,完成了"三治一化"行动中的整治任务。

五、以法治为引领,不断加快法治临猗建设

坚持依法治国基本方略和依法执政基本方式不动摇,不断提高法治意识、法治思维能力和依法办事能力。支持人大及其常委会依法履行职能,围绕全县重点项目、重点工作开展调研视察和专项督查,实施法律监督检查。深入推进司法体制改革,认真开展司法领域突出问题专项整治,推进"阳光司法"工程;扎实开展"七五"普法、宪法宣传日和法律"六进"活动。深入推行"两清单""两张图",将全县涉及权责清单事项的35个部门的2512项权利事项和2506项责任事项通过多种渠道进行了公布。行政审批制度稳步推进,建立了"全县中介服务事项目录清单",规范了行政审批中介服务。建立了前置服务事项目录清单,取消、合并、转化了各种审批事项共31项,建成了临猗县政务中心,实现了"一站式"审批。认真落实省委、市委要求,扎实开展监察体制改革试点工作,前期准备工作已全部到位。

(许留云)

附:一、中共临猗县委书记、副书记、常委名单

书　记:赵惠民

副书记:李　明(7月任职)　景莉莉(女,7月任职)　李建刚(7月离职)

常　委:张　猖(7月离职)　仇学红(7月离职)　薛学农(7月离职)　武胜强(7月离职)　牛永贵(7月离职)　裴良豪(4月任职)　贾玉明(7月任职)　高　力(7月任职)　李　立(7月任职)　余　敏　任朝阳(7月任职)　李晓波(7月任职)　邓成伟(7月任职)

二、乡镇党委书记名单

猗氏镇

书　记:廉　辉(10月离职)　李红阳(10月任职)

牛杜镇

书　记:滑卫红

楚侯乡

书　记:李红向(10月离职)　郝晓峰(10月任职)

嵋阳镇

书　记:董学峰(10月离职)　王海军(10月任职)

庙上乡

书　记:钱　波

临晋镇

书　记:郝晓峰(10月离职)　张守刚(10月任职)

七级镇

书　记:范海英(10月离职)　谢云飞(10月任职)

东张镇

书　记:王鹏君(10月离职)　张红斌(10月任职)

角杯乡

书　记:王晋峰(10月离职)　张　晓(10月任职)

孙吉镇

书　记:刘双胜(10月离职)　王　磊(10月任职)

耽子镇

书　记:岳匡印(10月离职)　尹　飞(10月任职)

北辛乡

书　记:王世宏

北景乡

书　记:管振波(10月离职)　张志安(10月任职)

三管镇

书　记:景世军(10月离职)　王鹏君(10月任职)

中共稷山县委工作概况

县委书记　廉广锋

2016年,在市委市政府的正确领导下,中共稷山县委班子团结带领全县人民,深入学习贯彻党的十八大、十八届三中、四中、五中、六中全会和习近平总书记系列重要讲话精神,坚决按照中央省市委各项决策部署,全力推进发展,全面从严治党,全县经济转型升级的潜力进一步激发,优势进一步凸显,各项主要经济指标稳步增长,风清气正、干事创业的良好局面不断巩固,迈出了全面建成小康稷山的坚实步伐。

一、深入学习贯彻党的十八届六中全会和习近平总书记系列重要讲话精神,坚决落实中央和省市委各项决策部署

一是坚持以习近平总书记系列重要讲话精神武装头脑。认真安排县委中心组集体学、后稷讲坛互动学、县委党校专训学、"村官讲习所"层层学、手机报随时学,以讲话精神统领全局、破解难题,指导实践。2016年10月份,稷山县层层推进全覆盖学习系列讲话的做法,在省委右玉学习交流会上得到肯定,《山西日报》予以刊登。

二是坚持贯彻落实中央省市各项决策部署。党的十八届六中全会、省第十一次党代会和市第四次党代会召开后,市

委3次召开中心组会议、两次召开全县干部大会原原本本传达原文，深入研究落实举措，教育引导全县各级党组织和广大党员干部坚决在政治上思想上行动上与以习近平同志为核心的党中央保持高度一致，坚决落实省委“一个指引、两手硬”重大思路和要求，坚决落实市委“三动三新”发展战略。12月7日，央视新闻联播对稷山县多种形式宣讲党的十八届六中全会精神进行了报道。

三是坚持以中央省市新精神、新部署指导稷山全面建成小康社会新实践。在深刻理解中央省市精神的基础上，县委常委会准确把握县情实际，明确提出了“十三五”加快推进“四基地一名城”建设，全面建成小康稷山的整体工作思路，和“一产提品质创品牌，二产促升级增效益，三产挖潜力壮规模”的发展路径，使稷山发展的指导思想更加符合时代要求，更加符合县情实际。

二、全面加快转型升级步伐，县域经济发展的质量和效益进一步提升

县委常委会紧扣发展第一要务，深挖潜力、彰显特色，持续推进一二三产全面健康发展。

一是强化“三个一百”工作落实。换届后，动态确定全县重点帮扶项目企业86个，11月份，专门召开“三个一百”工作推进会。着力帮扶重点企业做大做强，为重点企业协调资金5000余万元，解决问题38个；着力推进重点项目加快建设，4个市级重点在建项目全部投产，所有县级在建项目顺利实施；着力扩大招商引资成果，6个市级重点招商引资项目进展顺利，投资2.8亿元的大佛文化园项目12月下旬全面开工，全年招商引资签约项目14个，到位资金37.5亿元，完成任务的101%。

二是强化一二三产转型升级。工业新型化取得新成效。西社、翟店工业园区承接产业转移能力不断加强；煤焦化冶等传统产业技术升级、效益增长，永东化工成功上市后技术规模不断扩张，东方资源锰铁产能世界第一、市场占有率全国第一，投资24.8亿元的阳煤丰喜“3052”项目全面投产；新兴产业蓬勃发展，总投资5.08亿元的50MW光伏发电项目部分并网，一批新能源、新材料、生物制药项目落地投产。农业现代化取得新进展。稷山县被确定为全省率先实现农业机械化示范县，粮食总产达2.4亿公斤，蛋鸡存栏达1340万只，稳居全省第一，板枣产量达到历史最高。文化旅游产业发展有了新突破。成功举办了第七届板枣科技文化活动周；螺钿漆器在深圳文博会荣获金奖；县蒲剧团《枣儿谣》成功演出，电影版《枣儿谣》在稷山县取景拍摄；云丘山旅游路重新启动，清河、太阳两条旅游路同时规划建设，健康医疗城建设前期调研和规划制定工作已经启动。

三是强化各个领域改革开放。促改革，以县乡换届为契机，配齐配强了相关机构改革单位班子。全年取消行政审批项目83项，承接行政权力项目11项，改为属地管理行政权力事项219项。县信用联社改制顺利推进，12月30日，省银监局批复同意稷山县筹建山西稷山农村商业银行股份有限公司；建平台，翟店工业园区成功创建国家级出口工业产品质量安全示范区；打通道，成功举办中斯友好文化交流活动，积极融入“一带一路”；引项目，储备了中联世贸总投资120亿元的联产120万吨乙二醇项目和阳煤泉稷总投资60亿元的60万吨烯烃项目等一批大项目、好项目。

通过全县上下的不懈努力，2016年稷山县经济发展保持了稳中有进的良好态势。全年地区生产总值完成74.79亿元，增长4.2%；规模以上工业增加值完成12.82亿元，增长5.5%；固定资产投资完成88.27亿元，增长15%；财政总收入完成3.98亿元，增长18.9%；公共财政预算收入完成1.74亿元，增长9.5%；社会消费品零售总额完成28.9亿元，增长6.6%；外贸出口总额完成3242万美元，增长31.2%；城镇居民人均可支配收入完成23742元，增长7.4%；农村居民人均可支配收入完成9654元，增长7.1%。主要经济指标增幅都超过了全市平均值，财政总收入增速全市第一。不仅实现了下半年经济形势好于上半年的要求，而且为2017年经济进一步好转奠定了坚实基础。

三、持续增进民生福祉，全县和谐稳定大局进一步巩固

县委常委会始终坚持共享发展，着力解决人民群众反映强烈的突出问题，更加注重保障基本民生，持续增进民生福祉。

一是扶贫攻坚扎实推进。建立了县、乡、村、户四级联动，包联人员、第一书记合力帮扶的工作机制，制定了《坚决打赢脱贫攻坚战的实施方案》，实施了挂图作战，重点采取了易地移民搬迁扶贫、发展特色产业扶贫、“整村推进”扶贫、深化行业扶贫等有效举措。全年累计投入各类脱贫资金1480.9万元，7个贫困村摘帽，1814人脱贫的年度目标圆满完成。

二是城乡建设提档加速。“五城同创”深入开展，成功创建省级文明县城、省级食品安全县。汽车站、城东水系、步行街东拓、万汇世纪广场、滨河文化广场、城市污泥集中处理、城市排水防涝等一批群众期盼多年的重大工程项目顺利实施。翟店、西社按照全国重点小城镇标准加快建设。全省美丽乡村建设示范县项目在稷峰镇、太阳乡落地实施。

三是生态环境逐步改观。持续狠抓环保整治，县城燃煤锅炉拆除和清洁能源改造任务全面完成，企业环保设施提升达标。稷山县环保整改工作受到环保部华北督查组好评。持续狠抓造林绿化，完成营造林总任务1.1万亩，投资1000万元实施了县城增绿提升等项目。

四是民生事业全面发展。县财政用于民生的投入达到11亿元，占比75.2%。2016年高考文理两大类二本B类以上达线人数再次突破800人大关；公开招聘94名中小学教师和40名医护人员；乡村公路改建93.63公里；基层医疗机构基本药物使用率达100%，成功通过国家健康促进县验收；投资2382万元建设保障性住房563套。

五是和谐稳定不断巩固。认真细致做好信访维稳工作，深入开展“平安稷山”建设，重拳打击经济犯罪，党政同责狠

抓安全生产,全县和谐稳定局面不断巩固。稷山县综合治理“四+”联动模式做法在《山西法制报》头版刊登。

四、积极推进依法治县,社会主义民主政治和法治建设进一步加强

一是坚持和完善人民代表大会制度,人大工作水平得到新提高。支持人大及其常委会依法履行职能,圆满完成了县乡两级人大换届工作,依法任免国家机关工作人员23人次,做出决议决定8项,对3部法律法规实施情况进行了执法检查,围绕推进稷王文化名城建设、改善民生等重点工作开展集中视察调研活动30余次。

二是坚持和完善中国共产党领导的多党合作和政治协商制度,政协和统战工作取得新进展。支持政协履行政治协商、民主监督、参政议政职能。县政协十三届一次会议胜利召开,政协委员围绕“三个一百”重点工程项目建设,深入调研视察,积极建言献策;以县乡换届为契机,精心做好党外人士政治安排,积极组织开展“双学一跟”活动,统战工作在传递党的声音,凝聚各方力量方面发挥作用。

三是牢固树立法治理念和法治思维,法治稷山建设迈出新步伐。切实加强对法治稷山建设的领导,加强对司法活动的监督,扎实推进“六五”普法。同时,工会、共青团、妇联、民族、宗教、对台、科技、体育、党管武装等工作都取得新进展。

五、狠抓全面从严治党,党建工作科学化水平进一步提高

县委常委会认真贯彻落实中央、省市委关于全面从严治党的要求,牢固树立“抓好党建是最大的政绩”的理念,严格落实管党治党责任,坚持把党建工作和中心工作同谋划、同部署、同考核、同推进。

一是紧扣思想建党,以“两学一做”为载体,坚定信念,夯实基础。全县各级基层党组织开展专题学习3000余场次,认真开展了“四讲四有”专题研讨,深入开展了“深化学习找差距,转变作风促发展”专题活动,20个软弱涣散村级组织晋位升级,兴办为民实事2350件。按照省委加强“三基”建设的新要求和市委“一抓双促强三基”的新部署,制定了详细的落实举措。

二是紧扣组织强党,以县乡换届为契机,建强班子、选好干部。严格落实“九个严禁、九个一律”,整个换届秩序良好、纪律严明;所有组织提名人选及出席运城市会议的代表均以全票当选;换届后,根据工作需要,严格按照干部选拔任用条例,精心甄别、选拔、调整干部70名,换出了风清气正的好风气、心齐气顺的好班子、担当作为的好士气。

三是紧扣从严治党,以落实“两个责任”为抓手,严肃纪律、改进作风。县委常委会落实从严治党主体责任,积极践行“四种形态”,尤其是让咬耳扯袖成为常态,县委主要领导约谈单位一把手30人次,批转案件5件,形成了一级抓一级、层层抓落实,传导压力、严明纪律的工作格局。大力支持纪委落实监督责任,立查案件213件,结案216件,处分各类违纪人员212人,移送司法6人,45名领导干部因落实“两个责任”不力被严肃问责。

四是紧扣实干兴党,以“党建5+”为突破,服务发展、推进发展。积极探索“党建5+”(+产业、+民生、+项目、+服务、+扶贫)工作模式,动员组织广大党员干部为全面建成小康稷山建功立业。

(范志侠)

附:一、中共稷山县委书记、副书记、常委名单

书　记:乔登州(7月离职)　廉广锋(7月任职)
副书记:吴　宣(2月任职)　尚国桦
常　委:赵永刚　费克仁　王　钊(7月离职)
孙　斌(4月离职)　王纪峰(4月任职)
姜存师　王德谋(7月任职)
王建武(7月离职)　张寒梅(女,7月任职)
兰金锁(7月离职)　代本忠(7月任职)

二、乡镇党委书记名单

稷峰镇
书　记:董武云
西社镇
书　记:付红安
化峪镇
书　记:梁永明
蔡村乡
书　记:张国兴(10月离职)　赵　鹏(10月任职)
翟店镇
书　记:郝　冰(女,10月离职)　翟廷伟(10月任职)
太阳乡
书　记:梁永林
清河镇
书　记:赵　鹏(10月离职)　薛钢善(10月任职)

中共芮城县委工作概况

县委书记　董旭光

一、基本县情

芮城县是山西省的南大门，地处晋、秦、豫三省交界处，北依中条山，南临黄河。全县辖7镇3乡，172个建制村，714个自然村，1907个居民组，40.44万人，其中农业人口28.9万。国土面积1176平方公里(折合176万亩)，其中耕地面积83.65万亩（含河滩地15万亩)。地貌东西狭长，地势北高南低，呈阶梯状分布，最高海拔1993.8米，最低海拔302米，相对高度差达1691.8米。全县共有党员14663名，其中农村党员8903名；基层党组织534个，其中党委20个，党总支22个，党支部534个。

芮城历史悠久，殷商时为芮国，西周时为魏国，史称“古魏”。北周明帝二年(558年)设芮城县，距今1459年，是中华民族最早的发祥地之一。拥有各类重点文保单位245处，其中国保单位12处，市保单位1处，县保单位232处。馆藏文物3091余组件，其中国家一级文物23组件，县内唐、宋、元、明、清五朝古建不断代，

芮城天蓝水碧、空气清新，是宜居宜业的生态乐园。2007年以来先后获得“国家级生态示范区”“中国最佳休闲旅游县”“中国绿色名县”“中国著名文化旅游县”“中国生态文明先进县”“中国书法之乡”“中国美协芮城写生基地”“省级林业生态县”“省级环境保护模范城”等荣誉称号，2013年被授予全省首批“省级生态县”，2014年7月获批为首批国家生态文明先行示范区。2016年6月，“芮城光伏领跑技术基地”项目成功获批，成为全国唯一获批县；11月，成功入围全国第二批国家全域旅游示范区创建名单；12月，被省政府命名为“山西省园林县城”。

二、经济社会发展情况

2016年，全县地区生产总值完成76.82亿元，可比增长0.8%。公共财政预算收入全县完成2.78亿元，同比下降0.8%。规模以上工业增加值完成9.07亿元，可比下降8.5%。固定资产投资完成额68.88亿元，同比增长15.2%。社会消费品零售总额完成32.6亿元，同比增长6.8%。城镇居民人均可支配收入完成25980元，同比增长5.6%。农村居民人均可支配收入完成9806元，同比增长6.3%。县内外贸进出口总额完成1173万美元，同比增长376.7%。

生态芮城建设持续推进。以国家生态文明先行示范区建设为抓手，生态建设全领域、立体式、纵深化推进。全力推进“五城同创”，坚持县级领导包街和周二干部上街清扫制度，坚持实施乡村清洁工程，城乡人居环境不断改善。加大“铁腕治污”力度，严肃查处破坏生态环境问题，坚守芮城的碧水蓝天。积极探索承担的2项国家重点课题，取得了突破性进展。推进造林绿化，全年共实施荒山荒沟造林和栽植干果经济林1.4万亩，全县森林覆盖率达到33.39%，全年空气质量二级以上天数296天(一级95天，二级201天)。12月19日，芮城县被省政府命名为“山西省园林县城”。

工业新型化迈出新步伐。县域内企业顶住经济下行的压力，迎难而上，绝大部分企业不仅生产经营正常，而且产销两旺，蒸蒸日上，带动了全县经济社会发展。现代医药产业集群稳步发展，全年实施现代医药产业集群项目8个，总投资21.48亿元，园区13家规模以上企业完成工业总产值21.5亿元，其中8家规模以上医药产业集群企业实现工业总产值20亿元，占园区总额的93%。龙头企业发展迅猛，以亚宝、宏光为龙头的现代医药产业集群带动芮城经济增长的主引擎作用日趋凸显。亚宝药业应对医药体制改革，推动销售渠道结构转型，加大龙头产品营销，从德国新引进的2条丁桂儿脐贴全自动生产线即将投产运营；宏光医玻11月21日在“新三板”成功挂牌上市，全年取得7项实用新型专利，宏光玻管工业园3台电熔炉生产线已投产运行。金融创新、科技创新成效显著。充分发挥财政资金的杠杆作用，金德融资与运城鑫沣融资担保公司成功合作，可为中小企业融资5000万元；同省市金融部门共同设立了4亿元规模的芮城医药产业子基金，解决了宏光医用玻璃股份公司快速扩张面临的资金瓶颈；搭建了中小微企业助保贷平台；农村商业银行改制工作全面完成，山西芮城农村商业银行于6月13日正式挂牌开业，资产规模达到63亿元，至年末，各项贷款余额23亿元，各项存款余额46亿元，存款规模市场份额达到46.67%，全年实现税收2845万元，经营效益明显增强。大禹生物和兆益生物成功申报国家高新技术企业，丰源药业和大禹生物技术中心被认定为市级企业技术中心。全县有效发明专利拥有量达到66件，发明专利申请量达到19件，经济社会发展的新动能不断蓄积。中小微企业不断成长壮大。中小微企业创业孵化基地累计完成投资达7000万元，20个车间19个已实现预定，新培育“小升规”企业1个，孵化小微企业233个，产业集群发展后劲持续增强。新兴产业扬帆奋进。总投资9.6亿元的北京财富立方风光互补发电项目，已完成前期准备工作，并在山西省发改委备案；总投资1.8亿元的中广核风力发电二期工程并网发电；6月3日，总投资88亿元的“芮城光伏领跑技术基地”项目成功获批，9月24日，芮城光伏领跑技术基地一期项目成功签约，12月23日，一期项目举行了开工仪式，正式全面开工建设，2017年7月将实现并网发电，项目投产达效后，可实现年产值12亿元，增加财政收入1.5亿元，成为带动芮城“十三五”发展的强力引擎。

农业现代化跨上新台阶。全县粮食总产量达3.527亿公斤，再次获得“产粮大县”称号。实施了大禹渡、马崖等水利项目，农业基础设施不断完善。加大农产品营销宣传力度，芮城苹果蝉联运城市三届果王，在各大展会上大放异彩，大幅提升了芮城果品在全国市场的知名度和影响力。果品出口包装带动劳动力转移和脱贫攻坚成效明显。以温氏畜牧、天之润枣业和金顺源果业为龙头，农业产业化进程不断加快。加快构建新型农业产业经营体系，全年共培育新型职业农民863人，培训农村电子商务人员700余人，全县农产品网上交易额达300万公斤以上。

文化旅游产业打开新局面。中条山隧道全面通车，为文化旅游产业发展带来了新的机遇。成功入围全国第二批国家全域旅游示范区创建名单，全域旅游发展规划初步形成。成功举办了山西(芮城)永乐宫第八届书画艺术节、西侯度遗址圣火采集仪式系列活动，充分展示了芮城深厚的文化底蕴，全面提升了芮城的开放度、知名度和吸引力；一期工程总投资1.63亿元的圣天湖景区开门营业，游人如织；大禹渡景区千佛洞、十八罗汉、跑马场等重要节点进展顺利，景区面貌呈现新气象，市场化运作逐步规范；广仁王庙环境整治工程全面竣工。

新型城镇化实现新突破。实施了县城5条道路建设和给排水工程，新增城市道路2.3公里，县城“九纵九横”道路格局基本形成；建设了学府公园、平安公园和全民健身中心等，城市功能进一步完善；建设了城市污水处理厂、垃圾处理场和垃圾转运系统，生活污水处理率、生活垃圾无害化处理率分别达到90%和100%；配套纯电动公交50辆，实现环保公交全覆盖，市民出行更加便捷。

民生福祉持续改善。全年财政民生支出为16.1亿元，占财政总支出的81.3%。“五十件为民实事”扎实推进，全年新建10个农村日间照料中心，中心养老院开始运营；完成了10个乡镇1140户农村危房改造，新农村面貌焕然一新；新建公租房194套，棚户区改造房486套，货币化安置完成44户；铺设天然气管网16公里，3000余户居民从中受益。脱贫攻坚首战告捷，圆满完成了全年3442人、4个贫困村的脱贫攻坚任务。城镇职工基本养老保险、城乡居民社会养老保险等均超额完成市定目标任务，城乡低保实现“应保尽保”；全县城镇新增就业超额完成全年任务，城镇登记失业率控制在1.74%，低于省、市要求的4%水平。全年共排查矛盾纠纷234件，化解率达95.3%；安全生产形势稳定好转，全年没有发生重特大安全生产事故；继续保持打黑除恶的高压态势，社会治安环境进一步得到净化；进一步加强食品药品安全监管，全力维护百姓“舌尖上的安全”，食品药品安全形势进一步好转。

思想文化工作卓有成效。思想道德建设不断加强。以弘扬社会主义核心价值观为统揽，广泛开展专题宣讲培训活动。完善学习方式，学习型党组织建设活动持续深入。紧抓“两学一做”学习教育契机，结合芮城实际，精心策划组织了习近平总书记系列重要讲话、中国梦、中国特色社会主义等主题宣讲活动。文明县城创建稳步推进。着力建设省级文明县城，制定了《芮城县文明县城创建提质达标年指标分解方案》，发挥文明县城创建的示范引领作用，文明单位、文明村镇、文明校园创建评选活动开展如火如荼；广场文化活动蓬勃发展，成立了八仙公园舞蹈队以及寿圣公园健身队。

三、党的建设情况

牢固树立抓好党建是最大政绩的理念，突出主业、落实主责，坚持以党建统领经济社会发展全局，把严的要求贯彻管党治党全过程，做到党要管党丝毫不放松，从严治党一刻不松懈，着力营造廉洁从政的良好环境和风清气正的政治生态，切实形成了高位推进、职责分明、合力共为的工作局面，为经济社会协调健康发展提供了坚强政治保证。

严格落实“两个责任”。严格落实“一岗双责”，层层分解任务，传导工作压力。约谈问责督促责任落实，自上而下，一级谈一级，形成环环相扣的责任“链条”，督促各级党组织负责人自觉履行主体责任。支持纪检监察机关回归本职、守住职能定位，把智慧和力量凝聚到监督执纪问责上来。全年共有43名党员领导干部因落实“两个责任”不力被追责，其中给予党政纪处分34人，进行诫勉谈话11人，约谈4人，批评教育2人。

始终保持反腐败的高压态势。减存量、遏增量，坚决遏制腐败蔓延势头。全年纪检监察机关共处置反映问题线索367件。其中，立案153件，核实64件，谈话函询150件，给予党纪政纪处分206人，其中，给予撤职以上重处分23人，移送司法机关3人。有41名党员干部经谈话提醒主动交代问题，上缴违纪款14.477万元。严查涉农腐败。成立了涉农资金专项整改巡回督查组和问题线索排查组，排查和受理群众举报问题446个。深入查找侵害群众利益腐败问题的深层次原因，研究制定了《芮城县纪委关于规范涉农项目运行机制的实施方案》，依托“五个精准”，压实“两个责任”，从源头上防止侵害群众利益问题的发生。发挥巡察工作震慑作用。成立巡察工作领导小组和巡察办，开展首轮两批巡察工作，共完成对3个乡镇和10个涉农部门的巡察工作。发现各类问题共计162个，发现各类问题线索128件，给予党政纪处分10人。

从严从实选任管理干部。严格执行《党章》规定的干部条件和“好干部”标准，坚持事业为上，坚持公道正派，自觉防范和纠正用人上的不正之风和种种偏向，落实“三个倾斜”用人导向和“好班子产生好干部，好干部来自好班子”选任思路不动摇，今年共调整干部6批次170人，进一步夯实了良好政治生态的干部基础。换届工作中，分类开展谈心谈话576人次，做到重点岗位干部谈心谈话全覆盖，全面核实了619名乡科级干部和110名后备干部个人信息，对代表委员推荐工作不力的2个重点乡镇党委书记进行了约谈。换届之后，对部分主干进行了调整，以干部的有序成长态势推动了科级领导班子的进一步加强，整个换届工作的圆满完成。加强干部日常监督管理，强化激励引导。认真贯彻落实《中国共产党党内监督条例》,健全干部经常性管理监督机制。出台了《关于建立容错纠错机制保护干部干事创业积极性的意见（试行）》,旗帜鲜明地保护改革者、鼓励探索者、宽容失误者、纠正偏差者、为担当的干部担当,对负责的干部负责,努力营造鼓励创新、宽容失误的良好发展环境。

持之以恒加强作风建设。紧盯违反八项规定精神和“四风”问题,狠抓重要节点,对违规收送礼金、红包问题、领导干部顶风大操大办婚丧喜庆等借机敛财、党员干部不作为、慢作为等问题开展专项整治,共查处违反八项规定精神案件8件,给予党政纪处分8人,约谈2人,批评教育1人,通报批评1人。印发了《关于加强联动协作全面监督“四风”问题的工作方案》,进一步完善了全县“四风”问题联动协作查处机制和立体监督体系,形成齐抓共管、合力围剿的工作格局和常态。

筑牢坚强战斗堡垒。坚持思想建党和制度治党相结合,继续以“制度化引领项目化创建”工作机制为抓手,全面提升基层党建科学化水平。坚持每季一次党建领导小组会议和每月一次基层党(工)委书记会议;持续推动基层党建项目化示范点创建工作;五头并举狠抓集体经济发展壮大,一年共新增87个村实现破零,有集体经济收入村占全县行政村总数的80.7%;对150家无党员的非公企业,选派150名党员干部作为党建指导员进驻非公企业开展党建工作,实现全县非公企业党的组织和党的活动全覆盖。

（王　钊）

附：一、中共芮城县委书记、副书记、常委名单

书　记：董旭光

副书记：贯国平(7月离职)　张建军(8月任职)
罗宏伟(7月离职)　安　奇(8月任职)

常　委：姚广升(7月离职)　赵自成
宁华文(8月任职)　李跃刚(8月任职)
孟　力(7月离职)　仇红学(8月任职)
王红梅(女)　杨建庭　贠林安

二、乡镇党委书记名单

陌南镇

书　记：杜步奇

西陌镇

书　记：张振江

东垆乡

书　记：李　轩

南卫乡

书　记：赵创国(8月离职)　杨建帮(8月任职)

古魏镇

书　记：张　波(8月离职)　赵创国(8月任职)

学张乡

书　记：张云鹏(8月离职)　杨铁宁(8月任职)

大王镇

书　记：王旭鹏

永乐镇

书　记：薛红阳(女,8月离职)张云鹏(8月任职)

阳城镇

书　记：王江荣

风陵渡镇

书　记：张健丰

中共绛县县委工作概况

县委书记　王宏伟

中共绛县县委深入学习贯彻习近平总书记系列重要讲话精神,按照省委“一个指引、两手硬”重大思路,坚决落实市委“三动三新”发展战略,推动经济社会发展缓中企稳、稳中有进。

一、强化“四个意识”,提升“四个自信”,意识形态工作开创新境界

县委常委会始终牢牢把握意识形态工作的主导权、管理权和话语权,改进方法,强化举措,找准抓手,切实筑牢全体党员的信念之基,补足全体党员的精神之钙,把稳全体党员的思想之舵。

一是严守党的政治纪律,强化四个意识。围绕学习深入宣传习近平总书记系列重要讲话以及党的十八届六中全会、省第十一次党代会、市第四次党代会等系列精神,因地制宜开展了形式多样、丰富多彩的学习宣传贯彻活动,引导全县党员在党言党、在党爱党、在党护党、在党为党。坚持以党的旗帜为旗帜、以党的方向为方向、以党的意志为意志,严守党的政治纪律,在政治上、思想上、行动上和党中央保持高度一致,强化政治意识、大局意识、核心意识和看齐意识。

二是抓好学习教育,强化理想信念。以“两学一做”为契机,采取举办乡科级主体班、农村干部轮训、古绛大讲堂、网上流动党员培训等方式,组织开展形式多样的学习教育。挖掘了临终前不忘缴纳党费的84岁老党员张桂英同志先进事迹。树立“两学一做”学用结合党支部典型30个、党员典型25名,用身边事教育身边人。坚定全体党员的马克思主义信仰和中国特色社会主义信念,切实增强道路自信、理论自信、制度自信和文化自信。

三是创新活动载体,推动知行合一。在抓好党员理想信念教育的基础上,我们积极创新载体,丰富形式,提升实效,推动党员学以致用、知行合一。精心组织了纪念建党95周年和长征胜利80周年主题书画展、“百个机关支部进农村、千名党员干部联群众”、两学一优评选表彰、“深化学习找差距,转变作风促发展”等系列活动。以支部为单位每月进行一次主题党日活动,先后进行了万名党员签名承诺、改善生态、每周清扫公共场所卫生等系列活动,全年开展志愿服务1500余次,有效提升了全体党员的党员意识和服务意识。

二、强化顶层设计,优化发展思路,经济社会发展实现新提升

在历届县委常委会工作成绩的基础上,新的一届县委常委会做好“十三五”发展的顶层设计,深入调研,认真思考,多方论证,集体研究,提出了“两乡五区”的发展思路,即全国樱桃之乡、绛老长寿之乡,省域特色农产品加工区、新型能源集聚区、机械制造转型区、通航产业示范区、文化旅游融合区。围绕这一思路和目标:

一是大力推进农业现代化,特色农业实现提质增效。我们立足绛县农业基础,延长产业链条,建设具有本土特色的高端、有机农业。调结构,规模化发展。推动农村土地确权,建成县级农村产权交易中心,有序流转土地10.5万亩,带动集约化种植和农业产业结构调整。建园区,标准化生产。在全县规划建设现代农业示范园区20个、重点项目10个。做给农民看,领着农民干,帮着农民赚。育主体,市场化经营。推动市级以上龙头企业发展到13家,专业合作社达到910个,家庭农场发展到70家。强素质,品牌化销售。积极创建绛县山楂、绛县樱桃两个区域公用品牌,进一步发展电商销售,全面带动了特色农业成规模、上档次、增效益。截至目前,全县山楂种植面积发展到10万亩、大樱桃2万亩、苗木5万亩、中药材5.5万亩、核桃3万亩,草莓、苹果等其它经济作物1.2万亩,已实现农业人口的人均一亩经济林,有效带动了群众增收。全年粮食总产量达到1.8亿公斤,实现八连增。

二是大力推进工业新型化,新型工业初具规模。积极改造提升传统产业,做大做强民营企业,大力发展新型工业。精准扶持,推进传统产业转型升级。以“三个一百”为契机,积极帮助现有企业走出困境。冶金龙头企业明迈特全面复产,正在进行债务重组。恒大化工、志信化工等一批化工企业引进了新型工艺,建立了尾气发电,延长了产业链条。维之王、隆立康、金绛等食品企业正在建立现代企业管理制度,推动精深加工,市场占有率进一步增加。发挥潜力,积极盘活国企资源。充分发挥541各驻绛分厂的人才、技术和设备优势,以商招商,以技招商,以才招商。积极建设华北最大、国际一流的铸造和机械加工基地。541四厂已与山东力鸿控股集团签订协议,合作开展离合器配件和总承的加工。541五厂正积极与10家义乌小商品加工企业对接洽谈,争取签约落地。持续发力,全面引深新能源建设。总投资1.56亿元明迈特余热发电、总投资8.2亿元的晋安通风电一期、总投资5亿元的新盛光伏等项目开工或投产。大唐安峪热电联产相关各方已达成实质性协议,大唐山西分公司已支付中信机电小容量款7650万元,正在组建成立新的项目公司,后续局域网建设,作为大用户自备电正在有序推进中。抓住重点,进一步推进通航项目。通用航空园区项目正在积极招商,入园一级路即将通车。

三是大力推进全域旅游,文化旅游实现融合发展。以生态为基,以文化为魂,推进文化、养生、特色产业和旅游“四位一体”融合发展。积极打造有文可化、有景可看、有线可连、有味可品、有物可购、有验可体、有室可居、有情可寄“八个有”的绛县全域旅游。抓龙头,深入推进景区建设。绛北大峡谷完成二期建设,景区年接待量突破8万人次。实施了紫云寺上寺和千佛舍利塔建设。完成了太阴寺、东华山庙老君楼、柴家坡明代民居修缮整治工程。激活力,持续开展节庆活动。组织了第四届樱桃采摘节和山楂赏花节。举办了花之海·俏运城绛县2016赏花登山逛庙会暨旅游招商活动。全年旅游总收入达到6.62亿元,同比增长31.87%。旅游人数达到53.69万人次,同比增长26.08%。提形象,进一步讲好绛县故事。《探索·发现》栏目摄制组在我县拍摄的《消失的古倗国(上、下)》《〈赵城金藏〉之四方夺宝》《〈赵城金藏〉之绛县因缘》等纪录片在中央电视台科教频道集中播放,进一步提升了绛县的对外形象。同时,全面发展文化事业。举办了第五届消夏文化艺术周。民俗舞蹈《扫街》喜获全国群星奖第一名。

四是大力推进新型城镇化,城乡建设得到扎实推进。将推进新型城镇化作为解决农业、农村、农民问题的主要途径,合理优化新型城镇化空间布局。持续破解交通瓶颈。投资306.8万元,建成南官庄桥。投资3500万元,开工建设了卫庄至翼城一级公路翼城段。形成了一级路贯穿全境,高速路环绕的现代化交通格局。建设宜居县城。实施了“一横三纵”“两市场”城市基础设施建设,开工了绛山东街、广场西路、和平路中段、健康北路以及城东尧晋文化广场等一批市政工程。发展特色小镇和美丽乡村。结合全域旅游规划和特色农业板块设计,建设县城卫星镇、休闲农业镇、旅游观光镇等和谐宜居、富有活力、各具特色的小城镇。全面实施完善提质、农民安居、环境整治和宜居示范“四大工程”,建设“三季有花、四季常绿,村在林中、房在画中、人在景中”的美丽乡村,城乡人居环境得到明显改善。

五是大力推进城乡生态化,生态环境实现持续好转。牢固树立生态为先的绿色发展理念,像保护自己的眼睛一样守护好绛山绛水。做优产业转化绿水青山,在发展特色种植业、生态旅游业的同时,大力推进林业增效,身边增绿,城乡添色,完成造林绿化1.45万亩,通道绿化36.6公里,创建省级园林村5个。优化环境保护绿水青山,拆除、改造燃煤小锅炉112个,关闭土小企业20家、小作坊15个。环境整治工作通过了国家环保部验收,摘掉了环保落后的帽子。惠及民生共享绿水青山,完成了《涑水河流域生态修复规划》审批。启动了续鲁峪河绛县段综合整治工程和沸泉泉域保护工程。城市集中供水水源地水质达标率100%。全年二级以上天数达到

275天，超额完成261天的目标任务。

六是大力推进精准扶贫，脱贫攻坚得到全面深化。小康不小康，关键看老乡。将精准脱贫作为全面建设小康有效抓手，实事求是，因地制宜，分类指导，精准扶贫，补齐短板。为32个贫困村全部选派了第一书记，在198个行政村全部成立了驻村工作队，对4466户13764人建档立卡贫困户逐类分析、逐类施策，实施了蔬菜大棚、特色养殖、干果经济林等产业扶贫项目。对115名中职和大专生开展了教育扶贫“雨露计划”帮扶。协调省中药材协会、维之王公司等社会力量与贫困户签订了中药材、山楂种植购销协议。组建了脱贫攻坚造林合作社，结合我县实际组织山区贫困户造林致富。完成了5个村、1018人的整村易地搬迁。为全部贫困户捐助了额外的商业大病保险。实现了第一批10个贫困村摘帽、3265名贫困人口脱贫。

三、充分发扬民主，坚持依法治县，社会主义民主政治建设取得新提高

一是坚持和完善人民代表大会制度，进一步提升人大工作水平。支持县人大及其常委会依法行使重大事项决定权、监督权、人事任免权，加强和改进人大监督工作，圆满完成了县乡人大换届，围绕食品安全、生态环境保护等重点工作开展视察调研、跟踪监督。评选表彰了“优秀人大代表”“优秀人民公仆”。组织对《大气污染防治法》《安全生产法》等开展执法检查，确保宪法法律在我县全面实施。

二是坚持和完善中国共产党领导的多党合作和政治协商制度，进一步推进政协、统战工作。突出团结和民主两大主题，支持县政协围绕县域经济发展状况、农村文化阵地、幼儿上学难、养老服务体系建设、环境卫生整治等课题，深入考察调研，积极建言献策。充分发挥政协委员联系面广、智力密集的优势，积极服务招商引资和项目建设。支持民主党派和党外人士发挥作用，加强非公经济人士理想信念教育。深入开展民族团结进步创建活动，积极做好外事、侨务、对台等工作。支持群团组织工作，充分发挥工会、共青团、妇联等人民团体作用。

三是倡树依法治理，强化法治绛县建设。实现了县、乡、村法律顾问全覆盖。推进司法公开、检务公开和警务公开。积极推进“七五”普法，营造出浓厚法治氛围。完成了公车改革。制定公开了权责清单、权力运行流程图，大幅度压缩了行政审批事项。同时，加强党管武装工作，强化森林防火、防汛、无线电通讯等民兵应急分队建设，军民融合发展、双拥工作取得明显成效。

四、做好民生事业，强化社会建设，和谐稳定大局得到新巩固

县委常委会牢固树立以群众为中心的发展思想，自觉以群众忧乐为忧乐、以群众甘苦为甘苦，始终怀着强烈的忧民、爱民、为民、惠民之心，察民情、接地气，倾听群众呼声，推进民生事业，让人民群众共享发展成果。

一是大力改善人居环境，改变城乡面貌。实施了总投资4.5亿元的县城集中供热工程，投资1.35亿元的一期100万平米集中供热已建成投入使用，初步解决了县城冬季采暖期“黑烟乱冒、粉尘乱飘、炉渣乱倒”问题。开展了为期100天的环境卫生综合整治，治理“脏、乱、差”，创造“洁、净、美”。进一步完善了环卫基础设施配置，洒水降尘、清扫保洁初见成效。建立了农村垃圾转运处理机制，大力推进乡村清洁工程，城乡面貌焕然一新，人居环境实现极大改善。

二是优先发展教育医疗，补齐民生短板。坚持教育投入就是最大的民生，全年改扩建农村幼儿园2所。启动了实验三小、政府机关幼儿二园、职业高中综合楼等工程的前期工作。完成了新建高中和五馆一中心的选址规划，开春即可全面动工，从硬件上彻底弥补绛县教育短板。实施了5所乡镇卫生院的改扩建工程。县医院与五四一总医院建立了对口支援合作帮扶机制，实现了“小病不出县，大病有远程”。同时，做好各项社会事业，廉租房、经济适用房、农村危房改造、国企棚户区改造等各类保障性住房建设扎实推进，创业就业人数不断增加，社会保障实现全面覆盖，优抚对象待遇全部落实。

三是强化社会管理，维护和谐稳定。发展离不开和谐的环境。一年来，绛县严厉打击刑事犯罪，维护人民群众生命财产安全，成功侦破“4·19”大案。强化社会管理，全县视频监控探头增加至10927个，实现了公共场所全覆盖。坚持一岗双责、党政同责、齐抓共管，坚守安全生产红线不逾越、不动摇、不麻痹、不懈怠，确保了全县安全生产形势总体稳定。开展了“矛盾纠纷大排查、信访积案大化解、信访秩序大整治”活动，畅通群众诉求表达、及时化解矛盾、有效维护稳定。组织了第三届道德模范和绛县好人评选，教育引导全县上下树立起恻隐之心，感恩之心，辞让之心，是非之心，营造出良好的社会风气。

五、及时传导压力，全面从严治党，党的建设迈上新台阶

绛县共有基层党组织482个，下辖12个基层党委，16个党总支，454个党支部，11547名党员。其中农村支部198个，农村党员6864名。2016年以来，县委常委会以抓铁有痕的力度，有效传导压力，推进从严治党。结合我县实际，实施了“一抓四强六推动”党建工程，即：抓党建，强组织、强基础、强机制、强能力，推动良好政治生态构建、“两乡五区”建设、民生事业发展、民主法治进程、优美环境创建、农村社会风气持续好转。

（一）压实“两个责任”，有效传导压力

坚持负好主责、首责、全责，管好自己、做好表率，传导压力、带好队伍，抓早抓小、教育惩处，鼓励实干、合理容错。经常性地约谈乡镇党委书记以及各单位一把手，将从严治党的工作力度有效传导到基层。启动了纪检、监察体制改革的前期各项工作，摸清底数，掌握情况，稳定人心，确保了改革期间思想不乱、工作不断、队伍不散。支持纪委落实好监督责

任,运用“四种形态”,治病树、拔烂树、正歪树、护森林。2016年以来,共处置反映党员领导干部问题线索365件。其中,谈话函询161件,拟立案190件(查结176件),给予党政纪处分169人,涉及乡科级21人、一般干部88人、其他人员60人。起到了处理一个、警醒一片的效果,构建起了风清气正的干事环境。

(二)有效刷新吏治,营造良好生态

严格按照《干部任用条例》和有关规定的要求,匡正选人用人风气,树立正确用人导向,制定了《绛县科级干部选拔任用工作流程(暂行)》和《绛县科级领导干部选拔任用工作手册》,坚持干部档案“凡提必审”,个人有关事项报告“凡提必核”,纪检监察机关意见“凡提必听”,违规违纪问题线索具体的信访举报“凡提必查”,深入实施“三个一批”,对全县180余名干部开展了“六查”,谨慎稳妥选人用人,消化了全部超职数配备的科级干部,圆满完成了县、乡换届,换出了新班子,换出了新干劲,换出了新气象,将一批群众公认、业绩突出、经验丰富、忠诚担当的干部,配备充实到了各级领导班子,为绛县的发展夯实了组织基础。

(三)夯实基层基础,推进支部建设

给钱给物,不如给个好支部。绛县县委找准抓手,提升党支部的战斗力和凝聚力。一是健全完善机制。制定了《推进干部能上能下实施细则》《防止干部“带病提拔”实施办法》《加强干部队伍思想政治建设的意见》等9项党建制度,从严管理党员。坚持党支部每月一次党日活动、支部书记“双述双评”等制度,对基层党支部进行评星定级,对软弱涣散党组织开展了整顿转化。二是加强经费保障。将村级组织运转经费提升到了8万元,社区办公和活动经费提升至10.5万元,“两委”主干报酬达到了农民人均收入的1.54倍。三是分类精准施策。在农村打造“星级组织、美丽乡村”党建品牌,在社区打造“便民服务‘爱心银行’”党建品牌,在机关打造“建过硬队伍、做服务先锋”党建品牌,在非公经济组织和社会组织打造“红色引擎引领发展”党建品牌,全面提升基层支部的战斗力和凝聚力。

(四)强化党员管理,改进干部作风

党员队伍不纯洁,就会影响党的肌体。我们强化措施、带好队伍,严格管理党员,将132名失联党员、口袋党员重新纳入组织管理。深化党代表和党员违纪违法排查清理,2012年以来的224名“五类人员”均给予了相应处理。突出问题导向,开展了“深化学习找差距,转变作风促发展”专题活动,领导班子和个人在“两个责任”落实、党组织作用弱化、理想信念动摇、党内政治生活不严肃、党员意识淡化、道德情操低俗、群众观念淡薄、规矩意识缺失、纪律作风松散、干劲闯劲不足等十个方面共查找问题401条,制定了针对性的整改措施,进一步提升了党员作风。强化激励引导,对2017年的项目建设和重点工作早动手、早谋划、早安排、早开工、早打算。列出清单、明确责任、倒逼进度,人人头上压担子,个个肩上扛责任,引导大家敬业担当、拼搏创业,积极投身发展。

(刘剑翔)

附:一、中共绛县县委书记、副书记、常委名单

书　记: 卫再学(7月离职)　王宏伟(7月任职)
副书记: 薛玉马(2月任职)　秦志洲(7月离职)
丁　格(女,7月任职)
常　委: 李明爱(女,7月任职)　孙　晓
解伟龙(7月任职)　闫晓刚(7月离职)
陈　军　葛　凯(4月任职)
邵建设(4月离职)　董宏运(7月任职)
薛俊辉(7月任职)　李希平(7月离职)

二、乡镇党委书记名单

古绛镇
书　记: 徐凌杰
陈村镇
书　记: 张宏旗
大交镇
书　记: 郭晓伟(3月任职)
南樊镇
书　记: 于秀丽(女,3月任职)
安峪镇
书　记: 樊军民
横水镇
书　记: 赵军强
郝庄乡
书　记: 陈刚武
冷口乡
书　记: 靳俊霞(女,3月任职)
磨里镇
书　记: 王　泰
卫庄镇
书　记: 王海忠

中共万荣县委工作概况

县委书记　杜中伟

万荣县共有22个党委、51个党组、12个党总支、616个党支部，16394名党员，占全县人口总数的3.62%。其中农村党支部281个，党员11187名，占党员总数的68.24%。2016年新发展党员270名。

2016年，在省委的正确领导下，深入学习贯彻党的十八届六中全会和习近平总书记系列重要讲话精神，坚决贯彻落实省委“一个指引，两手硬”重大思路和要求，以开展“两学一做”学习教育为动力，以工程项目为载体，实干、快干、认真干，推动各项工作稳步前进。

一、牢牢扛起党要管党、从严治党的政治责任，全县党的建设取得新进展

一是扎实开展“两学一做”学习教育，理论武装工作进一步加强。召开县委常委会议专题学习13次、县委中心组集体学习18次、全县干部大会学习16次；邀请省委党校教授、市委宣讲团成员集中宣讲六中全会和省、市党代会精神；县级领导带头到包联村讲党课25人次；开展六中全会精神专题轮训班3批5期；组织县委宣讲团成员巡回宣讲400余场次，促进党员干部不断强化“四个意识”，自觉同以习近平同志为核心的党中央保持高度一致，深刻理解和把握省委治晋理政总方略实质。学习过程中，注重把党的理论路线方针政策贯穿到制定决策中，科学提出了抓好“五个提升”、突出“五个重点”、建成“五大基地”的总体思路，明确了“把万荣建设成为绿色、富裕、繁荣、和谐小康社会”的奋斗目标。

二是严格程序、严把关口、严守纪律，平稳有序完成县乡换届。8月19日—22日，召开县第十三次党代会，选举产生新一届县委和县纪委领导班子；8月27日—30日，召开县人大十六届一次会议和县政协十四届一次会议，选举产生新一届县人大、政府和政协班子；坚持正确用人导向，提拔、交流乡科级干部110人。

三是把“提升党建水平”放在全县发展思路的第一位，严格落实“两个责任”。出台《提升基层党建工作水平实施方案》。县委主要领导对各乡镇、各单位党组织负责人集体谈话1次，个别提醒谈话15人次。县纪委专项督查“两个责任”落实情况2次，制定整改措施58条。

四是坚持抓基层、打基础，不断夯实党的事业发展根基。整顿软弱涣散党组织28个。改造村级组织活动场所21个。社区服务用房全部达到200平方米标准。集体经济“破零村”达到103个。新建“两新”组织党组织48个。建立党员关怀帮扶机制，推行村“两委”成员坐班等制度，基层基础工作得到规范。

五是从严正风肃纪，持续优化政治生态。查处违反“八项规定”案件6件，处理9人。对11个单位完成巡察，发现共性问题55个，问题线索158条。把握运用“四种形态”，开展谈话函询426件（次），纪检监察机关立案222件、结案207件、处分236人，其中乡科级干部9人，重处分36人。扎实进行监察体制改革前期准备，试点工作稳妥有序推进。

二、坚持以脱贫攻坚统揽经济社会发展全局，集中精力、实实在在干脱贫

以精准扶贫脱贫为基本方略，以“8大工程，20个行动，60个项目”为重点抓手，上下联动、真抓实干，圆满完成年度20个贫困村、7512人脱贫出列任务，顺利接受国务院扶贫成效省际交叉考核。

一是注重短期见效与长久致富“两手抓、两推进”，产业扶贫取得明显成效。大力发展香菇、中药材、蔬菜、畜禽养殖等4个能够快速见效的富民产业，带动1100余户、4200余名贫困群众增收；大力发展苹果、防水建材、干果经济林、旅游等4个促进贫困群众稳定脱贫的县域特色产业，5800余户17000多名贫困群众长久受益。

二是加强基础设施建设，着力改善贫困群众的生产生活条件。稳步推进易地扶贫搬迁，实施了3个集中移民安置点和2个移民小区建设，完成536户2083人的房屋主体建设和认购工作。实施农村饮水安全项目24处，贫困村电网改造项目7个，农村危房改造310户。

三是积极构建“三位一体”大扶贫格局，不让一个贫困户掉队。认真落实社会保障到村到户24项政策，为全县“因病致贫因病返贫”人员发放慢性病补偿225万元、重大疾病补偿361万元；为贫困学生办理助学贷款2708万元；为2516名重度残疾人，按每人每月50元发放了护理补贴。大力开展“爱心一日捐”等慈善活动，为贫困户捐款捐物121.3万元。对特殊困难群众在落实政策兜底的基础上，一人一策、一户一法，逐一制定长期兜底办法，实现生产生活短期有变化、长期有保障。

三、紧紧扭住发展第一要务，推动经济持续健康发展

一是强化项目投资，全县经济平稳运行。集中实施重点项目100个，总投资142亿元。华康药业产业园、青松纺织续建等一批重点项目顺利竣工。投资30亿元的牧原百万头生猪养殖项目落地实施。全年共签约项目12个，签约金额110.5亿元，到位资金37.3亿元。项目储备、签约两项指标，排名运城市第二。按照全省“干部入企服务”和“项目受理大

起底”活动部署,组建24个入企服务小组,妥善解决融资、用电、供气等问题43个。

二是“优质果业县”建设迈开步伐。启动建设2个规模3000亩以上的苹果主题公园,积极参加山西省特色农产品北京展示展销会、运城市首届国际果品交易博览会。被评为“全国现代苹果产业10强县”“2016年中国最有影响力的十大苹果区域公用品牌”“全国电子商务进农村综合示范县”。万荣油桃代表中国首家出口澳大利亚。西村药材、南张三白瓜等“一乡一业”健康发展。全县电商达到500余家,京东、淘宝等大型电商入驻万荣。

三是“新型工业县”建设稳步推进。实施了汇源加汽饮料、奥德福扩建等农副产品加工集群项目。新建坤盛化工、飞帆建材两家防水建材企业。完成3家药业企业技术改造,全部通过新版GMP认证。完成宏润光伏一期建设,即将并网发电。佳维建材挂牌“新三板”,实现了万荣企业资本市场运作“零的突破”。新认定高新技术企业2家。

四是“特色旅游县”建设开局良好。投资10亿元的后土祠综合开发项目完成详规编制。李家大院慈善小镇开工建设。东岳庙景区完成周边整治重新开放。万荣县被评为“山西省休闲农业与乡村旅游示范县”。李家大院年俗文化游园会、后土文化旅游推介等主题活动相继举办,带动全县旅游市场持续向好。2016年共接待游客260万人,门票收入2060万元,实现“双增长”。

五是“美丽城乡”建设统筹实施。老城区改造提升方面,新华书店等4个县城拆迁工程取得较大进展;解店南路、宝鼎北路等9条街路完成改造;百美百货商业中心主体建成;新城农贸市场投入运营。新城区功能完善方面,科学编制了县委党校、群众艺术中心、市民活动中心、剧院等项目规划;集中供热、供气、供水覆盖率分别达到88%、91.5%、95%。

四、加强民生改善,提升社会治理,不断增进全县人民福祉

一是扎实推进基础设施建设。投资2亿元的北赵引黄三期及孤峰山生态修复工程落地实施,项目建成后,全县可新增灌溉面积10万亩,彻底改变万荣缺水历史。统筹推进北赵引黄二期、西范东扩、“小农水”重点县建设等工程,全县农田灌溉面积达到70万亩。完成高标准农田建设1.3万亩,实施造林绿化1.4万亩,翻修乡村道路65公里,完成万荣——韩城跨河大桥项目签约,天然气“通村到户”工程惠及9个乡镇。

二是大力发展社会事业。示范幼儿园建成投用,东城示范初中开工建设。新建3所乡镇卫生院、144个村级卫生室。成功创建“新一轮国家计生优质服务县”“国家妇幼健康优质服务示范工程”“山西省医改示范县”。全省第一家实现“中医特色乡镇卫生院”全覆盖。城镇新增就业3050人,农村转移劳动力5124人,城镇登记失业率控制在1.5%以内。新建12个日间照料中心,完成县城社会福利中心建设。为14859名城乡低保和1013名农村五保对象发放低保金4371万元,五大社会保险超额完成任务;实施棚户区改造558套。全年用于民生的财政投入达到17.1亿元,增长5%。

三是加快推进“文化名县”建设。提出“开发八大特色文化、打造七大文化品牌”的工作思路,引导各乡镇、农村和机关文化建设竞相发力。非遗文化传承深入推进,西村抬阁、万荣面塑等应邀参加了首届关公国际旅游节;深化社会主义核心价值观宣传教育,7家单位获得“省级文明单位”称号,1家单位获评省级“巾帼文明岗”,1户家庭被评为“三晋最美家庭”。

四是不断提升社会治理能力。召开“提升社会治理能力”动员大会,作出“提升三种能力、破解十大难题”的整体安排,出台《提升社会治理水平实施意见》和《2017年行动计划》。全县信访流量、刑事案件分别下降18%、20%,运城市社会治理现场会在万荣县召开。

在抓好以上工作的同时,全面支持县人大、县政协依法履职履责;全面加强民族、宗教和新社会阶层等各领域的统战工作;充分发挥工青妇等群团组织桥梁纽带作用;持续推进国防后备力量建设,全县上下政通人和、风清气正,呈现出转型加快、发展向好的良好局面。

2016年,全县地区生产总值完成64.99亿元,增长2%;财政总收入完成32697元,同比增长3%;一般公共预算收入完成14710万元,增长8%;规模以上工业增加值完成7.02亿元,增长2%;固定资产投资完成90.99亿元,增长15.3%;社会消费品零售总额完成31.9亿元,增长7.8%。城镇居民人均可支配收入完成22565元,同比增长6.6%;农村常住居民可支配收入完成8210元,同比增长7.7%。主要经济指标稳定增长。

(卫晋生 黄黎阳)

附:一、中共万荣县委书记、副书记、常委名单

书　记:李尧林(7月离职)　杜中伟(7月任职)
副书记:李永辉(2月任职)　焦　雨(女,3月离职)
　　　　谢　澎(8月任职)
常　委:李　峰　李耀宗　刘政光(8月离职)
　　　　卫增辉(8月离职)　李建民(8月任职)
　　　　李鹏凯　罗全福(8月离职)
　　　　尉艳梅(女,8月任职)　陈小光(8月任职)
　　　　韩德峰(8月任职)

二、乡镇党委书记名单

解店镇
书　记:史旭强
西村乡
书　记:张华峰
里望乡
书　记:丁文玲(女,8月离职)　杨晓凯(10月任职)
通化镇
书　记:胡慎英(10月离职)　李永强(10月任职)

南张乡

书　记：卫晋生(10 月离职)　孙红伟(10 月任职)

裴庄乡

书　记：徐晓凯(10 月离职)　王世红(11 月任职)

光华乡

书　记：杨晓凯(10 月离职)　李湘军(10 月任职)

荣河镇

书　记：解胜刚(10 月离职)　徐晓凯(10 月任职)

万泉乡

书　记：范炎森(10 月离职)　张创功(10 月任职)

高村乡

书　记：闫志宏(10 月离职)　王文岐(10 月任职)

贾村乡

书　记：黄　峰(4 月任职)

王显乡

书　记：王肖龙(10 月离职)　苏高峰(10 月任职)

汉薛镇

书　记：李明凯

皇甫乡

书　记：孙红伟(10 月离职)　王肖龙(10 月任职)

中共垣曲县委工作概况

县委书记　杨彦康

2016 年，垣曲县委团结带领全县广大干部群众，深入学习贯彻党的十八大、十八届三中、四中、五中、六中全会精神和习近平总书记系列重要讲话精神，扎实开展“两学一做”学习教育，按照“一个指引，两手硬”的重大思路和要求，统筹实施“三动三新”战略，狠抓“三个一百”，协调推进“六三战略”，全县地区生产总值完成 48.1 亿元，增长 7.5%；规上工业增加值完成 17.8 亿元，增长 8.1%；固定资产投资完成 74.9 亿元，增长 15.3%；社会消费品零售总额完成 24 亿元，增长 6.4%；财政总收入完成 3.87 亿元，增长 13.25%；一般公共预算收入完成 1.89 亿元，增长 8.59%；外贸出口总额完成 13 万美元，增长 8.1%；城镇居民人均可支配收入完成 23289 元，增长 7.2%；农村居民人均可支配收入完成 6236 元，增长 7.9%，主要指标增速高于省、市平均水平，实现了“十三五”良好开局。

一、工业转型迈出新步伐，县域实力得到增强

工业园区 13.8 公里道路及“七通一平”基建全面完成，变电站、供水厂、污水处理厂抓紧推进。严格落实包联责任，认真开展入企服务，累计协调资金 5.5 亿元，确保重点企业正常运营。总投资 122.43 亿元的 63 个重点项目积极推进，投资 16 亿元的中电投风电 2017 年 9 月份并网发电，投资 60 亿元的抽水蓄能电站进入可研阶段，投资 3.4 亿元的陶瓷产业园标准化厂房项目一期主体完工，投资 12.5 亿元的金世家陶瓷项目 1 号线 2 月份试生产，投资 5.6 亿元的中条山集团年产 4000 万平米陶瓷项目即将开工。全年完成项目签约 16 个，总投资 112.5 亿元，到位资金 31.08 亿元，“六位一体”任务全面完成。

二、农业增效开创新局面，特色农业亮点纷呈

粮食总产 10177 万公斤，同比增产 3.16%。“一县一业”核桃经济林发展到 22 万亩，成功举办“垣曲县首届核桃节”。水果、蔬菜、中药材等“一村一品”特色产业稳步发展，全县特色农产品种类达到 35 类 210 余种。农村土地承包经营权确权登记工作全面完成，农村产权交易市场基本建成，新型职业农民培训完成 300 人、认定颁证 32 人，农村淘宝县级服务中心和 31 个标准化村级服务站正常运营。土地流转面积达到 7.76 万亩，农民专业合作社 587 家，农副产品加工企业 32 家，其中“513”工程企业 5 家，市级以上农业龙头企业 12 家。全县农副产品加工企业实现销售收入 9.8 亿元，超额完成任务。投资 2760 万元的 2015 年小型农田水利工程全面完工，投资 5480 万元的瓦舍水库、1250 万元的 2016 年坡耕地水土流失综合治理、2130 万元的 2016 年小型农田水利等工程正在加快推进。

三、文化旅游展现新气象，生态建设持续加强

投资 1800 万元的皇姑幔、猕猴源游客服务中心投入使用，投资 1500 万元的历山动植物科普展览馆完成主体工程，投资 2500 万元的望仙景区基础设施提升工程基本完工，白马山景区正抓紧办理土地、林地等手续。广泛开展举办各类旅游宣传活动 20 余次，全年共接待游客 25.6 万人次，旅游总收入 1.35 亿元。“送戏下乡”300 余场，放映公益电影 2256 场，奇石、根雕等文化产业经营单位达到 110 余家。国保单位“宋村永兴寺”和县保单位“文堂关帝庙”保护修缮工程通过验收，非遗保护项目省级达到 10 项、市级达到 20 项，被推荐为第一次全国可移动文物普查工作先进县。1.04 万亩营造林、37.5 公里通道绿化和 6 个园林村绿化任务全面完成，城郊森林公园加快建设，古城国家湿地公园通过验收，全县森林覆盖率达到 52%，成功创建“省级园林县城”，荣获“全国绿化模范县”称号。小浪底引黄和李家河引水工程进展顺利，亳清河全流域 30 公里综合治理全面启动。投入 2800 余万元深入开展铁腕治污，投资 4000 余万元的 70 辆纯电动公交车投入运营，2 级以上天数达到 318 天。

四、城乡发展获得新提升,基础设施明显改善

投资3.5亿元的县城集中供热项目如期供热，投资1.2亿元的中心广场、投资6000万元的亳清河县城段北延工程主体完工,惠民游园、人民路停车场等市政工程建成投用。皋落乡投资900万元的皋陶司法文化园一期工程开工建设,历山镇投资640万元完成了古负夏城北门城楼修复、同心会馆修缮等工程,被授予省级历史文化名镇。32个中心村建设加快推进,3个省、市美丽宜居示范村和2个县级美丽宜居示范村建设任务全面完成,新确定的5个省级美丽乡村开工建设。投资914万元的刘张至岭回道路改造工程完工投用,投资9000万元的闻垣高速华峰互通连接线已完成路基路面主体工程,投资16.2亿元的垣渑高速开工建设,新望旅游路正抓紧工程设计。

五、脱贫攻坚实现新突破,脱贫任务顺利完成

制定了《垣曲县贫困村特色产业规划》,贫困户参与核桃产业发展达到68.7%,564户1803人的易地扶贫搬迁全部落实到位,贫困群众大病补充保险和意外伤害保险参保率达到90%以上,积极推进金融扶贫,发放"富民贷""强农贷"7000万元,5个村级光伏扶贫电站加快建设。抽调15名副科级干部担任"脱贫攻坚指导员",创新方式,选派优秀机关事业单位工作人员下乡开展创业扶贫试点,加快带领贫困人口脱贫致富;设立了11个乡镇扶贫工作站、109个贫困村扶贫工作室，全力构建精准扶贫网络,37个贫困村和6761名贫困群众实现脱贫,超额完成省市任务。

六、民生改善取得新成果,群众得到更多实惠

投资8000余万元新建了城东小学、城东幼儿园、城北幼儿园,2016年全县二本B类以上达线1115人。深化医药卫生体制改革,积极稳妥实施两孩政策,投资2865万元的中医院综合楼正在抓紧建设。养老保险和基金征缴任务全面完成,新农合参合率达到96.14%,农村五保、城乡低保实现应保尽保。殡仪馆、社区便民中心、福利中心老年养护楼项目加快建设,新建5个日间照料中心。受理矛盾纠纷1429起,调处1377起,成功率96.36%,来信来访到期办结率100%。积极开展"一交办三治理"活动,省市交办的4起重点案件、40个重复信访事项、24个重点领域信访突出问题全部化解。347个县乡村网格中心共受理各类问题14613起，处置14335起,处置率98.1%。成功破获了9起特大系列抢劫、抢夺案,确保社会大局稳定。严格落实安全生产责任,全年未发生重大安全事故。省级食品安全放心城市已完成阶段性创建任务。

七、民主政治有了新发展,各方力量充分凝聚

人大工作扎实开展。召开常委会议12次,主任会议19次,组织代表开展视察、调研和执法检查13次,完成了城市社区第十六届县人大代表换届选举工作,依法任命县人大常委会及"一府两院"工作人员28名。政协职能充分发挥。围绕脱贫攻坚、亳清河流域历史文化等专题开展调研,共办复提案80件,编发信息151篇,连续6年受到市政协表彰。严格落实"谁执法、谁普法"责任制,司改工作稳步推进,执法司法透明度不断提升,被评为"全国法治宣传教育先进县"。统战工作成效显著。深入开展"双学一跟"学习教育活动,开展了"双六进"、民族团结进步创建等活动,统一战线思想政治基础进一步巩固。加强党外代表人士队伍建设,建立了480余人的党外干部动态档案,确定了49名重点培养对象,提拔党外干部7名。积极服务非公经济发展,县工商联被授予"五好"工商联荣誉称号。人民武装工作进一步加强,民兵应急力量建设位于全市前列,工、青、妇等人民团体职能得到充分发挥。

八、从严治党彰显新作为,党建水平不断提高

"两学一做"学习教育深入开展。开辟了舜乡大讲堂、流动课堂、固定课堂和网络课堂,搭建了在职党员进社区"舜乡党员先锋行"和农村"党员活动日"活动载体,树立正反典型,督促引导各级党组织对标先进、查缺补漏,创新开展"深化学习找差距,转变作风促发展"专题活动,抓严抓实党员干部学习教育专项整治,确保学习、服务、整改、落实到位,"四讲四有"专题讨论和专题民主生活会全部完成,共帮助群众解决实际困难425件。宣传思想工作创新发展。县委中心组集中学习19次48项内容,刊发《垣曲通讯》40期、《舜乡》杂志3期,收集处置网络敏感舆情信息18条。在市级以上媒体刊发稿件317篇,播发稿件460余条。以"五城同创"为抓手,积极开展思想道德宣传教育,大力开展专项整治,不断创新道德模范评选,在全县形成了人人关心、人人支持、人人参与的创建氛围。严把组织领导、监督检查、舆论引导、标准程序"四关",圆满完成乡镇换届工作。坚持出于公心、人岗相适、严格程序、风清气正,乡镇领导班子、县直单位正职全部配齐,副职也基本到位,整个过程平稳健康,广大干部基本满意,社会各界基本认可,各方反映良好。认真开展集中培训、在线学习、干部调训,干部队伍整体素质得到进一步提升。加强干部管理,对干部出现的苗头性和倾向性问题,认真采取约谈、函询、诫勉方式,共组织处理11人次。基层党组织和党员队伍建设不断强化。先后组织基层党建专题会议和调研活动17次，基层现场指导100余次，分级分批开展党员教育培训2100余人次,成立了11个社区党支部,加强183名流动党员管理,29个软弱涣散基层党组织全部转化,115名第一书记共协调资金1535.5万元,发展集体经济项目30个,有集体经济收入的村达到153个,在职农村主干岗位报酬从613元提高到900元,基层保障不断加强。党风廉政建设深入推进。严格落实主体责任,先后召开3次专题会议,对67名党员干部进行了集体约谈,调整了11个乡镇纪委书记,充实了乡镇纪委委员。先后开展廉政警示教育培训48期2856人次,发送廉政短信4500余条,拍摄播放廉政文化宣传微视频15个、廉政短剧3个。认真践行"四种形态",谈话函询169

件，受理举报228件，立查违纪案件223件，给予党政纪处分197人，其中乡科级干部24人。

（闫　斐）

附：一、中共垣曲县委书记、副书记、常委名单

书　记：史　凯（7月离职）　杨彦康（7月任职）

副书记：杨彦康（7月离职）　麻军泽（8月任职）

尚玉良　王　辉（5月离职）

常　委：李　鹏　李　立（7月离职）

马海强　杨可隆（7月任职）　王　坚

程岩勤　杨春霞（女，7月任职）

卫　鹏（7月任职）

二、乡镇党委书记名单

毛家镇

书　记：郭言民

新城镇

书　记：尚　斌（11月离职）　贯龙龙（12月任职）

皋落乡

书　记：郭亚明

长直乡

书　记：杨春霞（女，12月离职）　李亚红（12月任职）

王茅镇

书　记：王爱东（12月离职）　台　雷（12月任职）

解峪乡

书　记：韩俊辉

古城镇

书　记：狄雷霆（11月离职）　张建玲（女，12月任职）

华峰乡

书　记：李海勇

英言乡

书　记：张艾红（女）

蒲掌乡

书　记：张海岗（11月离职）　邢医救（12月任职）

历山镇

书　记：李　明（11月离职）　赵建刚（12月任职）

中共夏县县委工作概况

县委书记　张宏志

2016年是实施"十三五"规划开局之年。面对经济下行压力加大、历史遗留问题叠加和繁重的改革发展稳定任务，县委团结带领全县广大干部群众，全面贯彻党的十八大和十八大以来历次中央全会精神，深入学习习近平总书记系列重要讲话精神和治国理政新理念新思想新战略，认真落实省委"一个指引、两手硬"重大思路和要求，大力践行市委"三动三新"战略，围绕"六个突破"和"三县一基地"奋斗目标，夯基蓄势，精准发力，全县经济建设、政治建设、文化建设、社会建设、生态文明建设和党的建设等各项工作都取得了新成效。

一、抓好第一要务，努力提升经济发展的质量和效益

一是综合实力更加牢固。坚持把稳增长调结构转方式作为主攻方向，以"三个一百"为抓手，经济发展的质量和效益进一步提升，取得了稳步向好的积极成效。主要指标稳中有升。全县宏观监测的9个主要经济指标呈现出"八升一降"的运行格局。地区生产总值53.09亿元，增长3.2%，全市排名第5；规模以上工业增加值4.21亿元，增长5.3%，全市排名第5；固定资产投资65.95亿元，增长15.2%，全市排名第6；社会消费品零售总额25.34亿元，增长5.5%，全市排名第12；城镇居民人均可支配收入22923元，增长6%，全市排名第9；农村居民人均可支配收入6858元，增长7.4%，全市排名第5；财政总收入2.58亿元，增长2.5%，全市排名第8；一般公共预算收入1.35亿元，增长4.2%，全市排名第6；外贸进出口总额280万美元，下降13.8%，全市排名第8。"三个一百"扎实有效。通过干部入企服务为企业解决各类问题93个，宇达集团在"新三板"成功上市，安瑞风机和石羊饲料完成"新三板"上市股改工作，进入市新三板上市后备资源库的企业达到6家；持续抓好重点项目建设，完成投资53亿元，大禹变电站、天润风电三期、华电风电等项目进展顺利；围绕产业加大招商引资，签约大象集团、中电投、奥图环卫、牧粮有机肥、众为环保等项目20个，总投资达109亿元，到位资金26.8亿元。城乡统筹强力推进。加快大县城建设，完成了林荫路东延、夏后线改造、红沙河治理、污水处理厂提标改造、城区道路亮化、棚户区改造等民生工程；加快培育特色城镇，泗交旅游型城镇、水头工业型城镇、埝

掌农业型城镇服务设施进一步完善;持续推进美丽乡村建设,完成15个美丽宜居示范村建设工程。

二是转型升级步伐加快。聚焦“三县一基地”建设,经济结构进一步优化。现代农业引领农民增收。围绕县十四次党代会确定的七大特色产业板块,加大农业技术创新,加强标准化基地建设,突出品牌带动战略,整合提升了晋星牧业、夏乐精品西瓜、厚民晋茶、埝掌花椒、泗交木耳等特色品牌,提高特色农业发展的比较效益,促进了农民增收致富。新型工业壮大县域经济。主攻“农副产品加工、生物医药、装备制造、新能源”四大产业,格瑞特酒业、好医生华禹制药、安瑞风机等优势企业运行平稳、逆势上扬;壮大了天润风电、晨丰挂车等一批骨干企业,为县域经济发展注入了新的活力。文化旅游带动三产发展。突出龙头引领,坚持点线融合,完成了司马温公祠、堆云洞提升工程,启动山投集团祁家河开发项目规划编制工作。积极参与“花之海·俏运城”美丽乡村游,央视新闻、财经频道等主流媒体对我县“万亩杏花游”进行了报道。文化旅游业正在逐步成为全县经济发展的战略性支柱产业。生态建设提升夏县形象。实施了八项造林重点工程,共完成通道绿化210公里。全省造林绿化现场推进会对我县发展生态经济型林业的做法给予充分肯定。同时,狠抓环保综合整治,扎实开展“五个专项行动”和“三治一化”行动,改造燃煤锅炉138台,规范整治小作坊45家,彻底取缔露天烧烤,淘汰所有黄标车,全县空气质量二级以上良好天数301天;白沙河饮用水源地一二级保护区达到无排污企业和排污口的要求,饮用水各项指标达标率100%;涑水河出口、姚暹渠出口断面均符合环保要求。

三是深化改革成效显著。供给侧结构性改革扎实推进,围绕“三去一降一补”五大任务,淘汰18家落后产能企业,认真贯彻“减负60条”“工业20条”等政策措施,制定实施企业减负行动计划,直接减轻企业负担600余万元。行政审批事项大幅精简,共梳理出权力事项2552项,比初审项目减少542项,精简率17%。严格落实“先照后证”商事制度改革,全面实施企业“五证合一”和个体工商户“两证整合”,共登记“五证合一”企业1144户,“两证整合”个体户172户。加快信息惠民国家试点城市建设,大力推进“互联网+”行动计划,13家电商企业、150余家微商发展势头良好。不动产登记中心启动运行。稳妥推广政府和社会资本合作模式,设立PPP项目信息综合平台,县人民医院迁建项目已经纳入PPP项目运行模式。有序推进农村土地承包经营权流转,成立了农村产权流转交易中心,首家农业众创空间——惠农星创天地正式运营,并组织全市范围内的优质合作社,成立了运城农伯伯果蔬合作联合社。全面落实司法体制改革试点工作,建立健全司法责任制配套制度、完善员额制改革和内设机构改革。

二、加强社会治理,全力维护社会和谐稳定

始终带着强烈责任和深厚感情,着力解决人民群众最关心、最直接、最现实的利益问题,努力使发展成果更多地惠及全县人民,不断提高人民群众的“幸福指数”。

(一)着力保障改善民生。一是民生支出大幅增长。全县财政民生领域支出占到公共财政总支出的83.3%;实现居民收入增长与经济发展同步,城乡居民收入比逐步缩小。二是社会保障不断增强。城乡养老、医疗保险、城乡低保标准进一步提高,农村五保对象救助实现全覆盖。三是创业就业成效明显。深入推进大众创业、万众创新,不断完善就业服务体系,完成城镇新增就业3035人,下岗失业人员再就业787人,新增农村劳动力转移就业4290人,城镇登记失业率控制在1.6%。

(二)社会事业全面进步。一是加快教育事业发展。大力实施名师、名校、名校长“三名”工程,新建5所幼儿园,完成40所学校基础设施改造,教育教学基础进一步夯实。二是加快卫生事业发展。全面深化公立医院综合改革,完善公立医院药品采购机制,全县242所村级卫生室和所有公立医院实现药品无加成。三是加快公共服务设施建设。在财力十分紧缺的情况下,实施了一批水、电、路等公共设施建设工程,新建改造供电线路435公里,安装配电变压器409台,解决城乡居民用电“低电压”问题;完成农村公路改造60余公里,农村危房改造主体竣工790户,完成棚户区改造226套。

(三)努力维护安全稳定。一是抓好安全生产。贯彻总体国家安全观,坚持“三个坚决防止”,严格落实“党政同责、一岗双责、失职追责”的要求,坚持抓好“企业生产、易燃易爆、道路交通、食品卫生、人员密集场所”等重点领域的专项整治,排查整治各类安全隐患1715条,安全形势根本好转。二是抓好社会治安。深入开展社会治安综合整治,不断加大矛盾纠纷排查化解力度,如期解除全省综治重点管理,人民群众满意度不断提升。三是抓好信访稳定。严格实行县级领导值班接访和包案调处制度,畅通诉求渠道,妥善解决问题。尤其是G20峰会和全国、全省两会期间,县四大班子领导和全县各级干部实行无假日接访,严格值守,带案下访,化解矛盾,确保全县大局稳定,实现了零上访。2016年,全县信访总流量702件2202人次,同比分别下降12%、13%。

三、推进依法治县,民主法治建设不断加强

(一)坚持和完善人民代表大会制度,人大工作水平取得新提高。支持人大及其常委会依法履行重大事项决定权、监督权和人事任免权,对事关县域经济社会发展的重大事项,及时提请人大常委会审议表决,使党的主张转化为全县人民的共同意志。

(二)坚持和完善中国共产党领导的多党合作和政治协商制度,政协、统战工作取得新成效。支持政协组织认真履行政治协商、民主监督、参政议政职能,政协班子围绕“农村土地流转、现代农业发展、文化旅游产业发展”等课题,开展专题调研、积极建言献策,发挥了积极作用。充分发挥统一战线的重要法宝作用,坚持以学习贯彻落实中央统战工作会议和统战《条例》精神为主线,以开展“凝心聚力、服务发展”活动为重点,坚持“工作大局铺排到哪里,统战工作就跟进到哪里,人心力量就汇聚到哪里”,在党外代表人士中开展“两学一跟”活动,统一战线呈现出团结、和谐、振奋、活跃的良好局面。

(三)坚持树立法治理念和法治思维,法治夏县建设迈出

新步伐。一是切实加强和改进党对法治夏县建设的领导。成立法治夏县建设领导组,大力推动政府职能转变,致力建设法治政府。按照"法定职责必须为、法无授权不可为"的原则,厘清权力边界,实施流程再造,确保行政职能、行政权限、行政程序、行政责任法定化。二是扎实推进"七五"普法教育,认真开展宪法知识竞赛和"12.4"国家宪法日、全国法制宣传日活动,全县上下遵法、学法、守法、用法的氛围日益浓厚。三是切实加强党管武装工作,军地联席会议、军事日活动等制度有效落实,国防后备力量建设稳步提升。四是认真贯彻落实中央和省市群团工作会议精神,始终保持群团工作的政治性、先进性、群众性。县总工会、共青团、妇联、科协等群团组织,开展了一系列形式多样、富有特色的活动,在引领群众、服务群众、带动经济发展、促进社会和谐等方面发挥了积极作用。

四、全面从严治党,党建科学化水平不断提升

一是坚持把思想建党放在首位。持续推进"两学一做"学习教育,深入学习贯彻习近平总书记系列重要讲话精神,认真开展"深化学习找差距、转变作风促发展"专题活动,广大党员干部中国特色社会主义道路自信、理论自信、制度自信、文化自信更加坚定,政治意识、大局意识、核心意识、看齐意识不断增强。二是着力加强干部教育监督管理。举办五位一体"干部大学堂",开展"廉政警示教育月"活动,提高党员干部的党性修养,增强党员党纪意识,纯洁党员队伍。三是树立正确选人用人导向。完善选人用人机制,选拔任用干部135人。以换届为契机建强各级领导班子,高素质执政骨干队伍建设取得新成效,受到省换届督查组充分肯定。四是坚持抓好基层党建。强力推进"一抓双促强三基"工作,创新开展"一带三创五优""听党话、跟党走,我是党员我带头"和"三亮三比争先锋"主题实践活动,开展基层党建述职评议考核,整顿软弱涣散基层党组织,推广"掌心"党建和"五微"党建工作法的成功经验,基层组织全面加强,基础工作全面进步,基本能力全面提升,基层党建考核由全市倒数第一跃居全市第三名。坚持党建引领脱贫攻坚,选派187名机关干部和111名第一书记驻守脱贫攻坚第一线,完成20个贫困村退出、8441人脱贫任务,1409人移民搬迁工作全面铺开、进展顺利;发放困难家庭学生资助金2029人357万余元,困难群众的生产生活条件进一步改善。五是持续推进党风廉政建设。继续推行"五个一"工作机制,层层传导压力,推动"两个责任"落实。严格落实中央八项规定精神,"四风"问题得到有效遏制,坚定不移推进反腐败斗争,坚持有案必查、有腐必惩,坚持纪挺法前,严格监督执纪问责,从严开展政治巡察,严肃查处一批违纪违法案件,不敢腐的震慑作用得到发挥,不能腐不想腐的效应初步显现,政治生态不断净化。全年处置问题线索396件,立案211件,结案208人,给予党政纪处分208人,其中处分科级干部28人,重处分33人,乡科级重处分4人。（姚晨阳）

附:一、中共夏县县委书记、副书记、常委名单

书　记: 张宏志

副书记: 吕　靖(5月离职,挂职)　樊双全(2月任职)　苏丽红　袁卫廷(12月任职,挂职)

常　委: 李　明(7月离职)　李永林(7月离职)　刘能新(7月离职)　张高学　杨云英(女,8月任职)　管云学　贺学敏(8月任职)　秦晓军(8月任职)　柴照明(8月任职)　卫永峰(8月任职)

二、乡镇书记名单

瑶峰镇

书　记: 张贵林

水头镇

书　记: 吴朝晖

庙前镇

书　记: 温建新(4月离职)　宋晓英(4月任职,8月离职)

裴介镇

书　记: 张更群(4月任职)

胡张乡

书　记: 杨　军

禹王乡

书　记: 崔晓国

尉郭乡

书　记: 张首华

南大里乡

书　记: 裴文荣

埝掌镇

书　记: 秦晓军

泗交镇

书　记: 樊艺兵

祁家河乡

书　记: 张更群(4月离职)　邢　健(4月任职)

中共平陆县委工作概况

县委书记　郭　宏

平陆县地处晋、秦、豫黄河“金三角”地带，南临黄河，北依中条，是山西的南大门。下辖6镇4乡，228个行政村，266328人，国土面积1173.5平方公里。共有13个党委，29个党组，23个党总支，571个党支部，14205名党员，占全县总人口5.3%，其中2016年度新发展党员196名。2016年，平陆县委团结带领全县党员干部群众，按照省委“一个指引、两手硬”重大思路、市委“三动三新”发展战略和“三个一百”的部署要求，开拓创新，务实重干，克难攻坚，全县经济社会及各项事业取得了新进展、新成效。全县地区生产总值完成37.7亿元，同比增长2%；规模以上工业增加值完成7.5亿元，增速达到2%；固定资产投资完成78亿元，同比增长15.6%；社会消费品零售总额完成27.6亿元，同比增长7.4%；外贸进出口总额完成7700万美元，同比增长19.4%；城镇居民人均可支配收入达到21279元，同比增长6.6%；农村居民人均可支配收入达到6222元，同比增长7.6%；财政总收入完成35134万元，同比下降0.9%；一般公共预算收入完成19852万元，同比增长4.1%。

一、以坚定理想信念为目标，不折不扣贯彻落实党的十八届六中全会和习近平总书记系列重要讲话精神以及省委、市委各项决策部署

县委全年27次组织召开县委中心组集体学习会，及时学习贯彻中央、省、市各项决策部署，自觉在思想上、政治上、行动上同以习近平同志为核心的党中央保持高度一致，与省委、市委同心同德；自觉推动中央大政方针和省委、市委的决策部署在平陆得到不折不扣地贯彻落实。特别是十八届六中全会、省第十一次党代会和市第四次党代会召开后，及时开会学习贯彻，切实用会议精神武装头脑，指导实践。

二、以推动脱贫攻坚为统领，进一步保持县域经济稳中向好、加快发展的良好态势

县委坚持以脱贫攻坚引领全县经济社会发展全局，严格按照“六个精准”“五个一批”要求，聚焦精准扶贫，推行挂图作战，狠抓责任落实，圆满完成年度目标任务。层层落实责任，出台《平陆县全力打赢脱贫攻坚战实施意见》《精准扶贫业绩考核评价办法》和《脱贫攻坚工作问责暂行办法》等规章；严格实行脱贫攻坚责任“双签”制度，压实责任，传导压力。实施精准扶贫，大力推进“八大重点工程、二十项专项行动”，产业脱贫，2016年新发展玉露香梨3万亩、干果经济林3万亩，对缺乏资金的贫困户，按每亩500元对种植经济林的农户进行补助。异地搬迁，顺利完成今年省市下达的150人搬迁任务。教育助学，投资1.5亿元的新建学校项目主体已经完工；发放各类助学金521.4975万元，办理生源地助学贷款2500万元。基础改善，投资8400万完成常乐高灌、部官引黄改扩建项目，新增黄灌面积6.6万亩，全县黄灌面积达到10万亩。有效管理资金，针对财政专项扶贫资金结转结余问题，制定盘活方案，调整项目，督促报账；协调金融部门为贫困群众、农业经营主体发放贷款10025.6万元。严格督查考核，对8个工作推进不力、落实不到位的帮扶工作队长和第一书记及时进行约谈调整。严格按照贫困退出标准和程序，完成了28个村8026人的脱贫任务。同时，坚持把推进“三个一百”作为工作重点，组建入企服务小组20个，协调解决企业困难和问题39条；年初确定的43个重点项目进展顺利，完成投资10.8亿元；招商引资签约项目13个，到位资金31.07亿元。

三、以保障改善民生为抓手，不断提升人民群众的社会满意度、安全感和幸福指数

大力改善民生，西街中学迁建、条山幼儿园主体完工，实现高考“十三连增”；新汽车客运站正式启用；县人民医院装修接近尾声，城乡医疗救助更加快捷方便；建成棚户区改造、公共租赁住房685套；全县城镇新增就业人数3180人。尤其是城区集中供热项目已完成并投入运行，县城空气质量和居民生活条件得到全面改善。狠抓信访维稳，全县实现了在国家、省、市重要会议期间的社会稳定。创新社会治理，人民群众的安全感和满意度持续提升。加强安全生产，全年安全生产事故死亡总人数和事故起数控制在市政府下达的控制指标范围之内。党管武装工作进一步加强，民兵整组和民兵应急力量建设全市评比第一。

四、以推进“五城同创”为载体，持续提升宜居宜业宜游的对外形象和影响力

始终把推进“五城同创”作为提高群众幸福指数、改善投资发展环境、促进城乡统筹协调发展的有力抓手，加大植树造林力度，完成造林任务33900亩，发展以花椒、核桃为主的干果经济林10000亩。加强环境综合治理，二级及好于二级天数始终保持在300天以上。注重文旅事业发展，成功举办“平陆县第十届桃花艺术节暨运城市首届航拍摄影大赛”等活动；央视对大天鹅连续五天的直播进一步提升了平陆对外形象和影响力。协同推进“五城同创”，获得了“运城市文明和谐县城”“山西省创建文明县城工作先进县”“山西省文明县城”等荣誉。

五、以夯实基层基础为保障，充分发挥基层党组织的战斗堡垒和党员干部的先锋模范作用

一是“两学一做”学习教育扎实开展。严格按照市委部署要求，紧扣活动主题，把握总体要求，精心组织实施。加强组织领导。专门了成立“两学一做”学习教育领导组，全面加强对全县学习教育的组织领导和部署安排。建立健全制度。制定了《平陆县“两学一做”学习教育实施方案》《平陆县“两学一做”学习教育流程安排》及《督导组重点工作任务清单》等推进方案，确保学习教育规划清、思路明、效果好。坚持领导带头，县级党员领导干部坚持深入基层支部讲党课共计55次，并指导学习教育的开展，以实际行动作出了榜样和表率。创新学习方式，邀请市委党校教授开展专题讲座；对农村“两委”主干和300余名党务干部进行了“两学一做”专题培训；组织党员干部到荆保山事迹展馆、廉政警示教育基地等，接受理想信念、爱国主义教育和警示教育；对750余名党员领导干部进行了集中闭卷测试；在农村党员中大力推行“五三一”学习工作法，不断提升基层党员干部的综合素质。深入研讨交流，各级党组织认真开展“四讲四有”和“学习贯彻系列讲话，解决若干突出问题”主题交流研讨，广大党员践行“四讲四有”的意识切实增强，积极结对帮扶贫困群众，认真解决存在困难，公示帮扶责任，主动接受监督。坚持问题导向，“深化学习找差距，转变作风促发展”专题活动中，全县各级党组织和党员对照“十个方面”问题，列出问题清单13058个，制定整改措施465条。通过学习教育，广大党员理想信念进一步坚定，“四个意识”明显增强，全力以赴促进经济发展，助力脱贫攻坚战的自觉性和主动性进一步提高。

二是县乡换届工作圆满完成。严格按照中央“九个严禁、九个一律”要求，选举产生新任乡镇班子成员95人；召开县党代会和县“两会”，选举产生新一届县委、人大、政府、政协班子；及时对24个政府组成局进行换届，一大批优秀同志走上了领导岗位，优化了县乡领导班子。

三是基层组织建设不断加强。围绕“七项重点”和市委“七大工程”目标要求，切实强化举措，狠抓“三基”建设。夯基础，狠抓7项重点任务落实，集中排查党员组织关系，对7名长期联系不上的党员进行了退党处理；开展基层党组织按期换届专项检查工作，所有党组织全部实现按期换届；对2008年以来的党费收缴情况进行了严格自查，70名党员共补缴党费7015.36元；非公企业和社会组织实现了党的工作全覆盖。全县22个“软弱涣散”村级党组织顺利实现整顿升级。82个村级集体经济实现“破零”。查办违法违纪案件195件，给予党政纪处分130人。求创新，常乐镇党委建立党建办公大厅，利用逢集时间，分村集中办公，既强化了党委的适时指导和有效监督，也促进了农村基层党组织活动规范化、常态化和长效化。强保障，建立农村“两委”主干岗位报酬增长长效机制，农村“两委”主干基本报酬达到了农民人均可支配收入的1.67倍。着力实施基层基础建设保障工程，全县所有行政村村级管理费均达到8万元。助脱贫，探索建立“四三”工作模式，建强队伍、搭建平台、激发活力、强化保障，切实把基层组织建设与精准扶贫工作有机结合，真正把党的政治优势和组织优势转化为精准扶贫的强大动力。

六、以落实“两个责任”为关键，着力促进党风廉政建设和反腐败斗争取得阶段性成果

始终把党风廉政建设和反腐败工作摆在突出位置，严明党的纪律，狠抓作风建设，坚决惩治腐败，着力构建良好政治生态。一是“两个责任”严格落实。认真落实党风廉政建设党委主体责任和纪委监督责任，年初与13个县直和乡（镇、区）党委签订《党风廉政建设责任责任书》。二是巡察工作扎实开展。成立了县委巡察工作领导小组，建立健全了工作制度；县委巡察办配合市委巡察四组对我县进行了巡察，并对10个县直部门和3个乡镇开展了两轮巡察，有效发挥了震慑作用。三是廉政教育常抓不懈。组织四大班子、组织部等单位集中学习违反中央八项规定精神的典型案例；组织党员干部观看警示教育片《“底线”失守的沉痛代价》，编写了《以案明纪坚守底线》教育读本供党员干部学习。四是“四风”问题整肃有力。对个别干部违规大操大办，从严从快进行处理。全年共立案调查违反八项规定精神案件10起，给予党政纪处分12人，问责10人。五是案件查处力度加大。把握运用监督执纪“四种形态”，严格落实“一案双查”，坚持有错必究、有责必问。全年共查办各类违纪案件195件，给予党纪政纪处分130人，移送司法机关4人。

（赵怀亮）

附：一、中共平陆县委书记、副书记、常委名单

书　记：郭　宏

副书记：李　旸　吴　宣（3月离职）

翟纪亭（8月任职）

常　委：张孝木（8月离职）　李怀并（8月任职）

段毅平　郭淑文（女，8月离职）

关　红（女，8月任职）　赵建喜（8月离职）

孟　力（8月任职）　裴向红

吴宏伟（8月任职）　肖四军

二、乡镇党委书记名单

曹川镇

书　记：李　波

坡底乡

书　记：苗顺国

三门镇

书　记：王丽萍

圣人涧镇

书　记：张俊涛

张店镇

书　记：梁永杰

部官乡

书　记：石培恒

杜马乡

书　记：毛锐龙

张村镇

书　记：郑文红(女)

常乐镇

书　记：马苏义

洪池乡

书　记：仝华斌

中共新绛县委工作概况

县委书记　李玉林

新绛县位于山西省西南部，运城市北端，总面积593平方公里，耕地53万亩，辖8镇1乡1个汾河湾经济开发区管委会，220个行政村，34万人。全县共有24个基层党(工)委、20个基层党总支、503个基层党支部、12743名党员。2016年，新绛县委全面落实党的十八大和十八届三中、四中、五中、六中全会精神，坚决贯彻习近平总书记系列重要讲话精神，深刻领会省委"一个指引、两手硬"重大思路和要求，严格按照市委"三动三新""三市一中心"战略部署，始终坚持"两手抓、两手都要硬"，经济平稳健康发展，社会保持和谐稳定，各项事业取得新进步。

一、深入学习贯彻习近平总书记系列重要讲话精神，坚决落实中央、省、市各项决策部署

县委始终把学习贯彻习近平总书记系列重要讲话精神作为重要政治任务，坚持用讲话精神武装头脑、指导实践、推动工作。一是以系列重要讲话精神统一思想。坚决维护以习近平同志为核心的党中央权威，在思想上政治上行动上与以习近平同志为核心的党中央保持高度一致。二是认真贯彻落实中央、省、市重大决策部署。深刻领会党中央治国理政新理念新思想新战略，对省、市党代会等重要会议精神，县委第一时间组织学习、传达贯彻。结合新绛实际，开展了以学习习近平总书记系列重要讲话精神和省、市、县党代会精神为主要内容的"学思讲干"活动，切实把全县上下的思想和行动统一到中央、省、市的要求上来。三是坚决推动各项决策部署在新绛落地生根。经过充分调研、集思广益、科学论证，县十三次党代会提出了"十三五"时期全力打造人文新绛、绿色新绛、和谐新绛，扎实做好农业产业化提质、新型工业化提速、文化旅游业提位、商贸物流业提档和城镇化水平提升"五篇文章"的"三五"发展战略。按照这个思路，新绛县成立了推进领导组，围绕做好"五篇文章"成立了五个工作推进小组。同时，成立了投融资体制和金融改革工作领导小组、创优发展环境领导小组、教育强县领导小组、督查考核组和"五城同创"指挥部，分别由县级领导牵头负责、统筹协调。目前，五个推进小组的工作要点已经领导组研究，正在逐项推进。

二、牢牢把握发展第一要务，奋力推动经济稳步向好

现代农业稳步发展。突出设施蔬菜和精品油桃两大特色，推进农业产业化提质，荣获首批国家农产品质量安全县。设施蔬菜上，创建了中苏村现代农业示范园部级蔬菜标准园，全县设施蔬菜种植面积达16万亩，年产销量达14.2亿公斤，产值超过26亿元。特色果业上，新发展水果面积1万亩，新建设施油桃大棚5000亩，建设高标准水果示范园5个。畜牧养殖上，启动实施了牧原牧业年出栏130万头生猪养殖项目，2016年底1场、5场建设已完成工程量的80%。道地药材上，新发展种植面积5000亩，全县中药材种植面积达到4万亩。加快培育新型农业主体，培育了亿家主食、绛州绿蔬菜、美霞种业等一批龙头企业，全县市级以上农业产业化龙头企业发展到12家；共发展各类专业合作社713家，省级"一村一品"专业村102个。积极推进土地流转，共流转20.17万亩，占耕地面积的38%。

"三个一百"扎实推进。稳增长调结构"三个一百"工作是应对经济下行压力的有效抓手。着力帮扶重点企业解困，制定出台了《新绛县干部入企服务工作方案》，组建22个干部入企服务工作小组进行包联帮扶，逐项目、逐企业认真分析研究，找准问题症结，高义钢铁、丰喜华瑞、威顿水泥等重点企业的资金、用电、气源等问题逐步得到解决。着力推动在建重点项目建设，绛州州府景区建设项目完成了城隍庙复建、绛州大堂中轴线复建等工程；晋南农产品商贸物流园项目已完成第一批土地征用手续办理和相关拆迁工作，具备了开工条件；山西双人药业水丸车间GMP改造、中药现代化升级改造项目已竣工投产。着力促进重点招商项目签约落地，年产10万吨甲醛项目和年回收利用10万吨废矿物油废机油项目，已完成企业注册与项目立项；年产1000吨丙二酸及系列精细化学品中间体项目，目前一条生产线正在试生产。

新型工业企稳向好。煤化园对接落地了恒强化工年产750吨噻吩精制医药中间体、山西信义源贸易年产10万吨硅锰合金、煤化园污水处理等项目，进一步延伸了煤化工产业链条。轻纺园大力发展装备制造、机械加工等产业，实施了总投资5000万元的浩源中小微企业孵化基地、总投资3200余万元的佳昊高端整屋定制研发中心等项目，新培育普森化工、亿家主食两家"小升规"企业，新孵化235家小微企业。非传统产业增加值比重完成8%。大力实施节能技改，2016年

申请发明专利7件,有效发明专利拥有量达到10件。

第三产业全面加力。文化旅游上,启动实施了绛州州府景区、白台寺、福胜寺基础设施建设等项目,完成了北池稷王庙全面修缮工程;成功举办了第五届城隍庙会、全县非物质文化遗产精品展等系列活动,全年接待旅游人数同比增长36.7%,旅游总收入同比增长32.6%。商贸物流上,投资1亿元的绛州市场升级改造项目全面完成,投资4.5亿元的汾河湾市场升级改造项目一期工程顺利封顶,晋南农产品商贸物流园、西曲蔬菜批发市场等项目,正在稳步推进;积极推广电子商务,搭建了新绛县电商服务平台,建成了148家电商体验店。

深化改革步伐加快。行政审批制度改革上,全县41个单位2340项权力事项在县政府网站进行了公示。金融体制改革上,深入开展"一行五化"银企对接活动,全面推进中小微企业"助保贷"业务,累计为10余家企业解决贷款3000余万元。土地承包经营权确权登记改革上,完成了全县220个行政村的土地确权工作,共调查面积58.6万亩,签订合同6.2万份。农村产权制度改革上,细化和落实"三权分置"办法,认真开展了农村土地承包经营权抵押贷款试点工作,累计发放贷款6135万元。

三、民生事业持续改善,人民群众获得感不断增强

坚持以人民为中心的发展思想,全力推进各项民生事业,民生支出占全年财政总支出的85.7%。扎实开展脱贫攻坚。始终把脱贫攻坚当作头等大事和第一民生工程,成立了脱贫攻坚领导小组和干部驻村帮扶工作领导小组,选配乡镇扶贫挂职副书记,实现了32个贫困村"三支队伍"全覆盖、干部结对帮扶全覆盖;县财政拿出200万元作为配套资金,确保了"三支队伍"都能带资金、带项目进行帮扶。2016年全县977户、3414人的脱贫任务圆满完成。城市建设稳步推进。完成了汾河湾大桥加固改造、垃圾填埋场渗滤液处理、污水处理厂改扩建、冰凌沟雨水调蓄池等工程,启动了天主教堂、钟楼排房等四个片区的棚户区改造,汾河流域生态治理项目已列入省发改委PPP项目库,正在稳步实施。"五城同创"成效显著。坚持统一规划、疏堵结合、建管并重、百日见效、机制长远、城乡联动,开展了千人行动集中整治,通过三级联动,全民参与,城乡面貌明显改观。教育事业稳步提升。实施了投资1.38亿元的77所义务教育阶段薄弱学校改造工程,义务教育均衡发展高分通过国家检查认定。2016年高考二本B类以上达线率为52.8%,17名学子被北大、清华等一流大学录取。医疗条件明显改善。实施了县中医院新建工程和健康扶贫工程,县康复医院投入运营。社会保障顺利推进。社保覆盖面不断扩大,新建了10个农村日间照料中心,完成了640户农村困难家庭危房改造任务。生态环境持续改善。大力开展"铁腕治污",PM2.5、PM10年均浓度同比下降5.63%和6.05%,年度各项污染物减排约束性指标全面完成;完成了三北工程人工造林6000亩、封山育林5000亩、核桃干果经济林4000亩,造林绿化力度不断加大。

四、推进全面从严治党,着力构建良好政治生态

一是扎实开展"两学一做"学习教育。先后开展中心组集中学习28次,"深入基层讲党课"1266次。"党员先锋行"主题实践活动中,党员干部共帮助解决实际问题2678个。开展了"深化学习找差距、转变作风促发展"专题活动,共组织学习1761次。严格按照要求,召开了2016年度县委常委班子专题民主生活会。二是坚决落实主体责任。始终把全面从严治党主体责任牢牢扛在肩上,层层压实责任,严格追责问责。强化压力传导。调整充实了县委党建工作领导组,制定下发了《新绛县2016年党建工作要点》及分解意见;完善了县委班子及主要负责人、县级领导干部履行党风廉政建设"三个清单";认真落实《问责条例》,2016年共对党员领导干部问责10案11人。强化干部管理。认真贯彻《党政领导干部选拔任用工作条例》,坚持"德才兼备、以德为先"的用人导向,严把代表委员素质关、程序审批关、组织考察关和选举审查关,党代会、人代会、政协会上,所有组织提名候选人均全票当选,换届工作风清气正、圆满成功。2016年共调整科级干部170人。强化巡视整改。认真开展巡视整改"回头看"工作,对未完成的"个别单位编制性质和人员不符"问题进行集中整改,已全部整改到位。三是扎实推进基层党建工作。认真抓好基层党建七项重点任务;完善了156项村级治理制度;31个软弱涣散基层党组织全部实现了晋位升级;全面落实村级组织运转、农村干部报酬待遇、社区办公和活动等所需经费。四是持续深化党风廉政建设。纪委认真履行监督职责,妥善运用监督执纪"四种形态",2016年谈话函询占处置问题线索的55.6%;加大案件查处力度,保持惩治腐败高压态势。2016年共立案174件,处分173人。其中,给予党纪处分151人,政纪处分24人,双重处分2人。持之以恒纠正"四风",2016年共查处违反"八项规定"精神案件12件13人。深入开展县委巡察,首轮分两批对4个乡镇、11个县直单位进行了巡察,共发现违规违纪线索158件,函询谈话47人次,给予党政纪处分10人,移送司法机关1人。严格按照要求,有序推进深化监察体制改革试点工作。

五、积极推进依法治县,民主法治建设稳步推进

扎实推进法治新绛建设,制定出台了《2016年法治新绛建设工作要点》及任务分解方案;稳步推进司法体制改革,大力推进阳光司法,促进执法公开公正。扎实做好党管武装工作,不断巩固发展军政军民团结良好局面。积极做好统一战线、民族宗教等工作,支持工会、共青团、妇联等人民团体充分发挥作用。积极支持人大、政协依法履行职责,注重调动各方面积极性,有力促进了全县各项工作的顺利开展。

(刘　宏)

附：一、中共新绛县委书记、副书记、常委名单

书　记：邓雁平(7月离职)
张登庆(7月任职,8月离职)
李玉林(8月任职)

副书记：田艺彬(女,7月离职)
解　芳(女,7月任职)　靳国全(7月离职)
赵高堂(7月任职)

常　委：裴良豪(4月离职)　高　力(7月离职)
韩小青(7月离职)　郝红霞(女,7月离职)
解伟龙(7月离职)　刘晓功(7月离职)
仪天亮(7月任职)　姚文生(4月任职)
王军胜(7月任职)　闫世杰(7月任职)
孙　飞(7月任职)　许朝庆(7月任职)
李建峰(7月任职)

二、乡镇党委书记名单

龙兴镇

书　记：孙贵明

三泉镇

书　记：黄山石(8月离职)　高　瞻(1月任职)

泽掌镇

书　记：王　玉

北张镇

书　记：王晓民

泉掌镇

书　记：唐　勇

古交镇

书　记：王会民

万安镇

书　记：席建功

阳王镇

书　记：史敏胜

横桥乡

书　记：王高林

论　　坛

学以致用　以用促学

王清宪

习近平总书记系列重要讲话开辟了马克思主义中国化新境界，是我们做好一切工作的根本遵循和科学指南。吕梁市委按照骆惠宁书记“学以致用，以用促学”引深学习的要求，全面贯彻系列重要讲话提出的一系列治国理政新理念新思想新战略，深刻把握贯穿讲话的科学思想方法和工作方法，着力提升思维方式、提高现代治理能力、解决实践问题，努力开创吕梁发展的新境界。

学以致用，提升思维方式

领导干部的思维方式，在很大程度上决定了一个区域的发展方式。由于种种主观、客观因素的影响，当前，吕梁市部分党员干部在思维方式方面还存在一些不足，一是脱离实际的主观主义。思考问题、处理问题不是从不断变化发展的现实生活出发，而是只看到事物相对静止的一面，看不到事物变化发展的一面，只会用旧知识、老经验处理；二是孤立静止地看问题的形而上学。不善于用联系的观点全面地去把握事物，不善于用综合的方法解决问题；三是只看现象不看本质的简单肤浅。不善于思考现象背后的深刻原因。偏颇地认定事物就是由正反两极组成的，对事物的判断和认识非此即彼；四是只看眼前、不看长远。认为眼前有效就行，不顾长远后果。在实际工作中，我们发现，有不少经济社会发展中的矛盾，是由于干部不科学的思维方式导致的；也有很多矛盾，本来是非对抗性的，而由于干部思维方式导致工作方法的错误，激化了矛盾。因此，提升干部的思维方式，对推进科学发展，是极其重要的。

习近平总书记系列重要讲话，坚持和运用马克思主义立场观点方法，既部署“过河”的任务，又指导解决“桥或船”的问题，为我们认识问题、分析问题、解决问题树立了典范。习近平总书记关于治国理政的科学思维方式，包括历史思维、辩证思维、战略思维、创新思维、底线思维、精准思维等方面，形成了内在联系、互相贯通、相辅相成的科学思维体系，是对马克思主义世界观和方法论的应用，是对我们党思想方法的继承，也是立足实践、面向时代的创新，体现了时代性、规律性、创造性的有机统一，是各级领导干部谋划、决策和推进工作，全面提升能力和水平的重要方法论。熟练掌握和运用习总书记强调的思维方法，我们就能更加深刻地理解系列重要讲话的思想精髓，做到知其言更知其义，知其然更知其所以然，用于正确观察分析事物，增强工作的科学性、预见性、主动性和创造性。

学以致用，提高现代治理能力

习近平总书记指出：提供一整套更完备、更稳定、更管用的制度体系，是一项重要的工程，这项工程极为宏大，必须是全面的系统的改革和改进，是各领域改革和改进的联动和集成，在国家治理体系和治理能力现代化上形成总体效应、取得总体效果。

实现治理能力的现代化，其内容是多层面的。从操作的层面上看，根本在于突破传统管理的方式：传统管理把对经济社会管理的主体泛行政化，而现代治理则要发挥公共权力、市场、社会组织、个人多种力量的作用。习近平总书记多次强调要“加快形成党委领导、政府负责、社会协同、公众参与、法治保障的社会管理体制”，充分体现了多元共治的理念。传统管理的权力源自国家授权；而现代治理的权力不仅来自国家权力，还来自公众认可以及社会的规则、契约，甚至在很多情况下，还包括公民直接行使权力，达到自治的效果。传统管理以政府命令、控制、规制为主，强调权力自上而下的运行；而现代治理同时强调对话、协商、长期合作，同时强调权力的平行运行。传统管理往往是单向的，而现代治理更注重系统性、整体性、协调性。

当前，在吕梁，受过去传统管理方式的影响，干部现代治理能力严重不足，主要表现，一是不善于处理政府与市场的关系。不少干部更习惯、更喜欢、更熟悉用行政的手段，不习惯、不会用市场的手段发挥市场在资源配置中的决定性作用；二是不善于处理政府与社会的关系。一些事业单位工作职能行政化，一些群团组织的社会动员作用发挥不充分，行业协会等社会中介服务组织发育滞后，政府利用社会力量实现社会自我治理的能力不足；三是不善于处理民主与法治的关系。有的干部对现代民主和现代法治的理解不深刻、不透彻，想问题、作决策、做事情，还不能做到自觉尊重人民群众的主体权利，自觉维护每个公民的合法权益，更有甚者任性放纵权力；不善于综合运用政治、法律、行政、组织、思想、舆论、道德、文化等手段综合治理，理顺人心，安定一方。

针对这些问题，我们着力提升干部的现代治理能力。一是，提高正确处理政府、市场、社会关系的能力。吕梁作为内陆资源型地区，市场和社会的力量发育都相对滞后，今年以来，我们积极探索发挥市场和社会力量的作用，邀请美国麦肯锡（上海）咨询公司为市里编制产业转型升级发展规划，把产业优势放到世界产业空间中优化配置，利用他们的全球网络，围绕培育发展煤焦铁、现代农业、铝工业、光能等九大产业集群，整合资金、人才、技术、市场等生产要素，吸引更多的行业龙头企业落户吕梁。推动建立九大产业行业协会，充分发挥行业协会的桥梁和纽带作用，发挥其行业自我管理的作用，向政府传达企业的共同诉求，参与政府的重大经济运行分析和决策，为政府提供行业咨询服务，协助政府制订和实施行业发展规划、产业政策等。二是，提高干部综合运用法、理、情治理的能力方面。在社会治理中，我们把“打黑除恶”与创新社会治理结合起来，探索建立发挥乡贤作用的具体制度，以乡情、乡愁为纽带，吸引和凝聚在乡民邻里间威望高、口碑好的各界成功人士，用其学识专长、工作经验调解矛盾，形成群防群治合力。对寻衅滋事、敲诈勒索、欺行霸市、扰乱秩序、垄断市场、强迫交易等重点人员，通过“训诫谈话、重点管控、行政处罚、刑事追究”四种形态的工作方法，特别是探索对“警告训诫”“重点管控”人员开展经常性提醒教育的有效方法，反响良好。三是，在提升发挥开放、创新、改革“三力引领”的能力方面，我们引导全社会提高对“开放不足，是吕梁发展不足的根本原因之一”的认识，进一步弄清开放、创新、改革之间的内在联系，开放才能引入发展的新要素；发展要素新的组合就是创新；创新就会遇到既有的体制机制障碍，克服这些障碍就需要改革。针对吕梁实际，我们提出了实施开放、创新、改革“三力引领”，以开放发展为突破口，以开放促进创新，以创新倒逼改革，努力增强发展的新动能、增添发展的新活力。构建全面开放大格局，以思想开放启动产业开放，以产业开放推动社会开放，促进全方位开放。

学以致用，解决实践的问题

习近平总书记系列重要讲话的一个鲜明特点就是问题导向、直面问题。总书记指出：“要有强烈的问题意识，以重大问题为导向，抓住关键问题进一步研究思考，着力推动解决我国发展面临的一系列突出矛盾和问题。”问题是事物矛盾的表现形式。直面问题是解决问题的前提，增强问题意识、坚持问题导向，以问题倒逼改革，问题导向就是改革导向。

学习系列重要讲话，坚持问题导向，我们着力从理论与吕梁实际的结合中谋划发展的新思路、新办法、新措施，确定了脱贫攻坚、转型发展、生态建设、民生改善、从严治党“五大重点”任务，努力把学习成效转化为推动工作的实际成效。针对吕梁贫困人口多、贫困面大的问题，我们按习总书记的指示，坚持以脱贫攻坚统揽经济社会发展全局，把最优秀的干部放到扶贫一线，在扶贫一线发现干部、培养干部、选拔干部，精准实施以产业扶贫为重点的“十大工程”。针对吕梁“一煤独大”的产业结构，我们坚持以新发展理念引领发展新常态，立足吕梁的工业基础和比较优势，把煤焦铁、铝工业、现代农业、白酒、光能、大数据、机械制造、旅游、物流确定为加快转型发展的九大主导产业，着力推进集群化发展。针对吕梁生态脆弱的问题，我们决定用五年时间全部完成400万亩宜林荒山和25度以上坡耕地的造林绿化，用今秋明春两个植树季完成13个县市区主城区可视山体5万亩荒山的一次成林高标准绿化，提倡以家庭认购、家庭劳动的方式栽植“家庭亲情林”，让种树成为吕梁人的一种时尚、一种习惯、一种情怀。针对吕梁民生事业发展滞后的问题，我们全面贯彻以人民为中心的发展理念，切实保障和改善民生，下决心补齐教育、医疗和社会治理等民生短板，增进人民福祉，提高群众幸福指数。针对吕梁干部队伍不同程度存在的在理念、能力、作风以及“不作为”的问题，我们全面贯彻从严治党的各项要求部署，从严落实管党治党主体责任，加强和规范党内政治生活，通过建立“吕梁学习”微信平台、探索“无任用推荐干部”和干部干事创业容错机制、对各县实行个性化差异化考核、制定对不作为问责程序和办法等措施，全面加强党员干部思想建设、组织建设、作风建设，持续正风反腐，全市各级干部干事创业的积极性、主动性明显增强，争先创优的氛围日趋浓厚。

（作者为山西省委常委、吕梁市委书记）

对化解煤炭过剩产能工作情况的调研与建议

朱先奇

山西是化解煤炭过剩产能，推动煤炭供给侧结构性改革，实现煤炭行业脱困发展的“主战场”。面对“去产能”这样一道令人头疼、又必须痛下决心去解答的难题，省政协把“化解煤炭过剩产能”列为今年首次专题议政会的主题。体现了人民政协坚持以问题为导向，突出全面建成小康社会的重点难点特别是短板问题、突出新发展观念落实中的重要问题、突出人民群众关心的生产生活实际问题，调查研究、汇聚力量、服务大局、促进改革的履职自觉。

调研中，委员们深切体会到了我省出台的《煤炭供给侧结构性改革实施意见》中关于“解决好煤炭问题，必须坚持远近结合、标本兼治、统筹推进和综合施策”精神的内涵所在、份量所在和责任所在。

毕竟，煤炭对于山西人民来讲，“情感”太难以割舍了。发轫于隋唐，伴随着共和国建设成长起来的山西煤炭工业，曾经是山西人民的骄傲。在奉献祖国的同时，在山西很多地方，煤，就是一个个生活富足的家；煤，就是一座座繁华兴盛的城。

毕竟，煤炭对于山西企业来讲，“情况”太复杂多变了。很多企业职工甚至至今都认为这是又一次“寒流”，期盼“冬天已经来了，春天还会远吗”？价格稍有浮动，就信心满满，不能关、不想减、不愿转的情绪时隐时现。

加之，各个企业去多少、怎么去、人往哪里走、债往何处转等一系列问题错综复杂，让参加调研的省政协委员们，既为推进山西煤炭经济健康发展捏一把汗，也增强了履好职、建真言的责任感。

委员们走进煤炭查实情，跳出煤炭讲实话。普遍认为，半年多来我们省落实化解煤炭过剩产能工作，方向对、措施实、力度大、效果好。一是全省上下统一思想，深刻领悟顶层设计策略，逐步读懂了“去产能”路线图。煤炭去产能的共识初步形成，坚冰正在融化。二是相关部门认真负责，努力做好地方详细规化，基本打牢了“调结构”基础桩。特别是省政府出台了32项配套意见，很管用。三是各类企业主动作为，全力组织落实上级部署，正在构筑着“供给侧”新格局。工作推进中的各项举措考虑周全、服务有力。委员们建议，在前一段工作良好开局的基础上，我们必须进一步正视面临的困难和问题，在抓落实上下更大的功夫，全力做好以下几方面的工作：

一、进一步加快煤炭供给侧结构性改革步伐

山西煤炭行业面临的是一次根本性的脱胎换骨式的深刻变化，阵痛之巨前所未有，阵痛周期难以预测。结构性改革是破解煤炭困局的根本出路，必须坚定不移把改革发力点转到调整结构上来，聚焦重点，分企施策，精准发力。一要实施“收缩战略”。煤炭行业依靠数量和速度发展的老路已经走到了历史的尽头，要完善煤矿关闭退出机制。对于政策规定不能保留的矿井，必须坚决关闭取缔；对于资源枯竭、资不抵债、扭亏无望的“僵尸企业”，必须果断予以“出清”。这也是大力支持并有效保护先进产能的关键之举。二要实施“升级战略”。要以千万吨级矿井建设为龙头，提高采煤技术和装备现代化水平，打造山西煤矿“升级版”。同煤集团依托七个千万吨级矿井抵御市场风险的实践表明，只有把化解煤炭过剩产能的过程，变为推动煤炭向大型化、现代化、集约化、生态化发展的过程，未来山西煤炭才能在国际国内市场站稳脚跟。三要实施“重组战略”。经过前三次大的资源整合，全省煤矿整体水平显著提高，但国有煤炭企业占比偏重偏大。下一步要把兼并重组作为重要抓手，以发展混合所有制经济为取向，充分运用市场经济规律，鼓励不同所有制企业本着自愿互利的原则，通过合并、收购、兼并等方式进行结构性重组。国有煤炭企业，要更多地运用减法，去辅业、去冗员、去行政化。四要实施“延伸战略”。省委书记骆惠宁在学习贯彻习近平总书记“七一”重要讲话精神暨全省“两优一先”表彰大会的讲话中明确指出，要培育新的经济结构，爬坡过坎，走出一条资源型地区创新驱动、转型升级的新路。骆惠宁书记在太原调研时再次强调，要构建创新产业体系，一手抓改造提升传统产业，一手抓培育战略性新兴产业。化解煤炭过剩产能，必须认真贯彻骆惠宁书记的重要指示，做好延伸煤炭产业链和价值链这篇大文章。

二、进一步提高煤炭清洁高效利用水平

煤炭资源的可靠性、低廉性和可洁净性，决定了在今后较长时期内，煤炭作为我国能源主体地位不会改变。但必须摒弃高资源消耗、高环境损害和高投入、劳动密集型的增长方式，依靠科技进步，走资源消耗少、环境损害小、人才技术密集、创新驱动型的发展道路，运用煤炭清洁高效综合利用技术，培育新产业、发展新业态，聚集新的发展动力。

提高煤炭清洁高效利用水平应突出聚焦三个环节：一是在煤炭生产环节，要大力发展高精度煤炭清选加工，到“十三五”末，力争基本实现煤炭深度提质和分质分级。二

是在煤炭消费环节，不断提高电煤在煤炭消费中的比重，继续推进煤电节能减排升级改造。与此同时，应积极调整优化城乡供热能源结构，逐步拓展农村采暖煤改电试点范围；引导电动汽车由省城太原向设区市的延伸；鼓励煤电企业与金融、电信联手组建高耗能超级云计算公司。通过扩大电力消纳，提升煤炭就地消费能力。三是在加工转化环节，建立煤炭清洁高效利用研发中心及其生产示范基地，依托专业研究机构的人才技术优势，稳步推进现代煤化工产业发展。要以市场为导向，不断拓展煤化工产品领域，重点发展技术含量和附加值高的精细化工产品及新材料，形成一批具有较强竞争优势的企业和产品，提高我省煤化工产业的综合竞争力。要加大甲醇汽车的推广使用力度，进一步扩大煤化工产品的消费和需求，促进煤炭的清洁高效利用。

三、进一步降低煤炭企业生产经营成本

降成本是供给侧结构性改革的重要内容。只有多措并举、持续发力、降低成本，才能缓解煤炭行业面临的困难和压力。一是要剥离“三供一业”等社会职能。“黄金10年”，煤炭企业日子好过，供水、供电、供热和物业管理等辅业呈膨胀扩张之势，补贴高、包袱多、负担重成为通病。要坚定地走市场化的路子，构建新的自主运营主体，地方政府和煤炭企业应密切配合、主辅分离、相互支持，该由政府或社会接管的要主动交接。二是要有效减轻企业税费负担。煤炭企业一致呼吁应继续清费立税，减少或合并对煤炭企业的税费征收项目，降低税费征收额度和征收比率，将增值税税率由现在的17%降为13%；同时希望省政府参照相邻省份煤炭资源税税率（河北2%，陕西6%，山西 8%），积极推进我省煤炭资源税改革，适时将税率降低为5%-6%，营造公平税负环境。三是要深化企业“三项制度”改革。国有煤炭企业在煤价高位期累积形成的高工资、高福利以及“肥胖症”等问题，推高了企业成本，弱化了企业活力。要通过深化劳动、人事、分配三项制度改革，实现“员工能进能出”“干部能上能下”“薪酬能高能低”。企业减肥瘦身，方可轻装前行。

四、进一步强化企业安置职工的主体责任

解决好人往哪里去，钱从哪里来，债务谁来担的问题，是化解过剩产能的重点和关键所在。其中人员安置问题又是重中之重，关键之关键。调研发现，有些企业对职工安置存在畏难情绪，有的至今仍在等待观望，工作缺乏主动性。

在化解煤炭过剩产能，安置富余职工过程中，企业作为主角，应承担主体责任，主动作为。一是实行内部挖潜安置。充分利用现有场地、设施和技术，通过转型转产、多种经营、主辅分离、辅业改制、培训转岗等方式，多渠道分流安置富余人员。二是通过开展“双创”转岗安置。要充分利用“互联网 +”、国际产能合作和装备走出去，发展新产品、新业态、新产业，在优化升级和拓展国内外市场中创造新的就业空间。焦煤集团新建“双创基地”，就是一种很好的引导和鼓励之举。三是组织劳务输出。煤炭过剩产能较为集中、就业门路较窄以及资源枯竭的矿区，应该积极与地方政府和其他用工单位进行就业岗位对接，以劳务派出的方式为富余职工寻找新的工作岗位。

五、进一步重视煤炭行业面临的金融与安全风险

众所周知，我省煤炭行业的负债率极高。而问题的严重性还在于，在淘汰落后产能和“僵尸企业”出清过程中，负债主体的变更，极易引发金融债务风险。对此，各相关部门应予高度重视，并采取行之有效的措施防范金融风险。非常之时，银企尤应同舟共济。首先通过采取调整授信品种、延长贷款期限、借新还旧等方式，缓解企业资金压力。其次积极向国家争取“债转股”政策。拿到“路条”后，先在省属煤炭集团选择试点，探索银行贷款转为企业优先股、集团债务转为集团上市公司股份等做法与经验。再次鼓励企业通过发行股票、企业债、公司债筹集低成本资金。

今年年初国家出台的 276 个工作日制度，对去产能发挥了极为重要的作用，同时也使企业生产成本明显增加，安全生产隐患明显增加，矿工管理难度明显增加。煤炭企业生产管理的经验表明，越是困难的时候，越应加大安全投入，越要加强安全监管。要把安全生产继续放在高于一切的位置，进一步加大监督检查的力度，坚决杜绝煤矿重特大事故的发生。

六、进一步加大政策落实力度

自年初国务院发布煤炭行业去产能意见以来，国家有关部委和省人民政府陆续出台了许多相关配套文件、实施细则，其密度和力度之大，涵盖面之广，都是前所未有的。一分部署，九分落实。贯彻中央决策部署和省政府有关政策措施，还有很多具体工作要做，还需在抓落实上下更多更大功夫。一是要进一步统一思想，提高认识。落后产能的关闭退出和减量重组，不仅涉及企业与职工的切身利益，也与矿区所在地的经济发展和乡村建设密切相关。各级各部门要把化解煤炭过剩产能看作是利企利民利及长远的大事，不断增强主动性与自觉性。二是要进一步广泛宣传，凝聚共识。煤炭主管部门要主动组织各类媒体做好政策解读工作，不避矛盾，不畏困难，以良好舆论氛围和社会环境，为煤炭供给侧结构性改革注入正能量，扩大公约数。三是要进一步强化监督，狠抓落实。国省两级密集出台的煤炭供给侧结构性改革政策，具有很强的整体性、系统性、针对性和关联性。各级要加强对各企业事前、事中、事后监督，确保各项政策在煤炭企业落地到位，确保奖补资金落实到各企业、各分流人员的保障和发展上，惠及广大煤矿职工。

总之，调研中委员们感到，我省大规模的煤炭去产能工作确实问题还很多、难度还很大、身心还很痛。但是，半年多来省委、省政府坚决贯彻党中央、国务院决策部署，已经抓出了示范、抓出了成效，特别是抓出了信心。我们设想，经过这样一场煤炭革命的洗礼，势必会在接下来的几年中对未来整

个山西经济和社会发展产生巨大的影响:资源依赖的惯性思维将得到根本性改变;一煤独大的产业结构将从此不复存在;新兴业态的崛起壮大将与煤一道形成鼎立支柱;煤运专线的景观生成将增添更多煤的衍生品。由此,也为塑造山西美好形象,实现山西振兴崛起做出煤的重大的特殊贡献。

(作者为山西省政协副主席)

健康扶贫 拔掉“因病致贫”的根

卫小春

疾病是贫困地区群众致贫返贫的重要原因之一,实施健康扶贫工程,是全面建成小康社会的迫切需要,是打赢脱贫攻坚战的关键战役,也是实现深化医改目标的必然要求。作为全国扶贫开发重点省份,山西因病因残致贫的贫困人口达40多万,贫困地区医疗卫生资源短缺,贫困患者医药费用负担较重,影响贫困人口的健康危险因素众多,实施健康扶贫工程任务十分艰巨。

扶贫开发贵在精准,重在精准。实施健康扶贫工程,就是要贯彻落实习近平总书记关于精准扶贫的总要求,坚持“一把钥匙开一把锁”,切实找准着力点和突破口,彻底拔掉“因病致贫”的根。对患病贫困人口,要逐村逐户逐人摸清底数,按照轻重缓急进行分类救治;对贫困地区的医疗卫生机构,要因地制宜,做好规划,补齐短板,提升其医疗卫生服务能力和水平。

加强基层卫生服务体系建设,让贫困群众“看得上病”。通过医疗联合体建设,加强贫困县的县级医院能力建设;推进乡村两级医疗卫生机构的标准化建设,确保偏远小散村落常住居民能够就近享受基本医疗卫生服务;实施逐级对口帮扶,开展巡回医疗,减少贫困群众外出就医。

不断提高基本医疗保障水平,让贫困群众“看得起病”。一方面,直接提高新农合对建档立卡贫困患者的报销比例,构筑起基本医疗保险、大病保险、医疗救助“三重医疗保障网络”;另一方面,通过改革现有的医保支付方式,控制医药费用过快上涨。

切实强化卫生人才队伍建设,让贫困群众“看得好病”。通过加大公开招聘力度、实施全科专科医生特岗计划、订单定向免费培养等措施,充实贫困地区基层医疗卫生人才队伍。采取临床进修、岗位培训、继续教育、对口支援、适宜技术推广等措施,提升贫困地区基层卫生人员的服务能力。

提升基本公共卫生服务水平,让贫困群众“不生病、少生病”。优先把建档立卡贫困人口纳入基层签约服务范围,为其提供基本公共卫生计生服务、疾病诊疗及转诊、康复指导和健康知识,引导重点人群改变不良生活习惯,提高出生人口素质,从源头上保障贫困人口的健康。

我们要按照中央和省委的部署,汇聚各方力量,加强上下联动,形成强大合力,以“但愿苍生俱保暖”的情怀,坚决打赢健康扶贫这场攻坚战。

(山西省政协副主席、山西省卫生计生委主任卫小春在全省健康扶贫工作会议上发言整理)

山西与“一带一路”

李中元

山西表里山河的独特地理形势、绵延不绝的历史文化传承、人才辈出的雄壮历史画卷,深刻主导、几度引领、数次撬动了中国政治、经济、社会、文化发展进程。其中,在陆上“丝绸之路”、万里茶道的形成发展中,在促进东西方经贸、文化、艺术交流融合中,发挥了极其重要的枢纽作用。

山西是丝绸之路的重要源头,“玉石之路”的中转基地

历史上不同时期的经贸往来和文化交流往往有着内在的联系。从发展脉络看,由于山西处于中原农耕文明与草原游牧文明的连接地带,早在3000年前的先秦时期就是“玉石之路”的中转基地,其后历两汉魏晋隋唐到明清,又是“丝绸之路”的东源地和晋商开拓的万里国际“茶叶之路”的重要基地。

新石器晚期出土的玉石证实,先秦时期于阗(今新疆和田)制作的玉器就曾转运中原。和田玉的东传路线是:从和田到吐鲁番,北上经新疆北部,到今甘肃、内蒙古,再南至宁夏,向东过山西雁门关、河北南部至安阳。

汉唐之际,河东经济文化发达,对外交往频繁。唐代晋阳成为北都,在并、浩、介、石四州建有专供外商生活

居住的“贾胡堡”。在灵石发掘的罗马梯拜流斯至安敦皇帝时的十六枚古铜币，在太原唐墓发现的大量古罗马金币，显然是由外商沿丝路携入山西的。

西辽帝国创建者耶律大石西征时，统率的汉军，多有并汾人，在那里落户成家。到元朝，山西仍是丝绸之路的重地。马可·波罗在游记中盛赞太原商业繁盛：“都城甚壮丽，与国同名，工商颇盛……其地种植不少最美之葡萄园，酿葡萄酒甚饶。契丹全境只有此地出产葡萄酒，亦种丝养蚕，产丝甚多。”

清代山西人“走西口”，也与丝绸之路有关。忻州至今流传“东口到西口，喇嘛庙到包头”的民谣。在新疆白玉河畔巨石上，至今留有“大清道光二十二年山西忻州王有德在此苦难”。在河西走廊，由于忻、代帮商人众多，还建造了1.2万平方米的山西会馆。从考古发掘和文献不难看出玉石之路——丝绸之路——茶叶之路的演变轨迹。

山西是丝绸之路的重要枢纽，东西方文化融合的重要节点

历史上，山西不仅养蚕织丝，而且发达的棉纺织业、潞绸业、颜料业对丝绸之路的繁盛起了重要作用。夏县西阴村嫘祖庙和蚕茧化石证明山西养蚕织丝，堪为丝路之源。

丝绸之路在不同朝代的起点是不同的。汉唐时期无疑是长安、洛阳，但在汉、唐间的魏晋北朝就另当别论。魏晋时期，山西曾是丝绸之路的中心，特别是北朝，山西是丝绸之路的中心和枢纽。北魏定都平城近一个世纪（97年），大同成为丝绸之路的东端。当时，东西方丝绸之路经济带上有两座中心城市，西有罗马，东有平城，繁盛了一个世纪，影响数百年。

东魏和北齐时，晋阳是北方军政中心，“齐氏别都”“霸业所在”。北齐八帝，有四帝在晋阳即位。当时胡商辐辏，晋阳成为丝路东端之枢纽。

唐宋是中国纺织史上辉煌的时代，无论是种类、数量、质量，还是织染技术都有很大提高，产品分丝织品、麻织品和毛织品三大种类。开元二十五年（737年），从河东道征调麻布之地有18州，并分为九等，其中，晋州为二等，绛州为三等，泽、潞、沁州为四等，并州、汾州为五等。唐代中西商道有七条，“其三曰夏州，塞外通大同云中道；四曰中受降城，入回鹘道。”夏州在今陕西横山县西，中受降城即今呼和浩特市。两条商路均从晋北沿丝绸之路通往大漠南北、新疆、中亚。金代在真定、平阳、太原等处设绫锦院，其中平阳、太原所产绿卷子布由于质量好成为贡品。

北魏、北齐时期，亚洲各国和地中海诸国的使团和商旅曾云集太原、大同。“平城事实上成为丝绸之路的东端”，奠定了盛唐时期丝路辉煌的根基。

晋商开拓的“万里茶道”，既是丝绸之路的延续，又是贯通中俄中欧的国际通道

明末到清，由于地理大发现和西方海外殖民市场的开拓和掠夺，陆上丝路渐趋沉寂，海上丝绸之路时断时兴，代之而兴的是以晋商为主体的“万里茶道”。俄国学者在《远东俄中经济关系》中讲：“在19世纪中叶前的恰克图贸易中,中国方面为山西商人所独占。”

“万里茶道”发端于明后期，兴盛于清中期，贯通蒙古、俄罗斯、欧洲和中亚各国，途经235个城镇，总长1.3万余公里，是继汉唐“丝绸之路”之后的又一条连接欧亚大陆的陆上国际通道。随着1728年《中俄恰克图条约》的签订，恰克图市场在清代乾隆中期进入鼎盛，繁荣200多年。这里成为中俄两国贸易的重要枢纽，造就了以“晋帮”商人为主、“京津帮”为辅，总数达50余万人的旅蒙商集团。第二次鸦片战争后，尽管由于清政府腐败，国弱商难保，但晋商开拓的“万里茶道”在中俄、中欧贸易史上仍占有举足轻重的地位。

十九世纪，中俄双方的出口商品随市场和消费需求发生变化。恰克图的中俄贸易达到了顶峰，中国成为俄国在亚洲的最大市场。恰克图市场的繁荣，极大地促进了内地种植茶业的发展，带动了国内外交通运输业的兴盛，推动了国内外许多城市、集镇的繁荣和人口的流动。习近平总书记出访俄罗斯时再次强调：“继17世纪的‘万里茶道’之后，中俄油气管道成为联通两国新的世纪动脉。”

由上可见，山西与“丝绸之路”关系密切。在5000余年的中西文明交通史上，山西对丝绸之路的兴盛发挥过重要的枢纽作用，特别是魏晋北齐时期，大同、晋阳成为东西方经贸、文化、艺术交流的中心。北魏定都平城后，有大批的中亚使节、商旅、僧人往返于丝绸之路与平城之间。

山西是亚欧大陆桥的重要陆路枢纽，融入“一带一路”具有独特的地理优势和便利条件

山西自古就是民族交融和中外交流的重要地区，在古代丝绸之路的发展变迁中扮演过重要角色，今天仍发挥着中国大陆承东启西的物流枢纽职能。据《中国城市流通竞争力报告（2014年—2015年）》，太原由于具有独特的地理区位优势，商流辐射力在中国33个城市中排名第一。

在积极参与“丝绸之路经济带”建设中，山西具有重要的区位物流优势。山西是中国重要的能源基地，具有独特的能源优势，在产业基础、交通设施、装备制造和能源材料方面拥有良好的发展基础和后发优势。山西省会太原地处能源大省山西中轴，全国能源运输要依托太原较为先进的基础设施，独特的产业结构促使太原物流辐射力不断提升，其货运量区位商居中部地区省会城市第2位、全国第10位。

山西与“丝绸之路经济带”沿线国家的经贸、文化交流与合作有一定的基础，山西品牌中华行、山西丝路品牌行已经走先一步。改革开放后，山西的对外贸易增长很快。2013年有30个国家与山西有贸易往来，其中“一带一路”沿线国家贸易总额达27.63亿美元，占全省贸易总额的17%。特别是近两年开展的“丝路品牌行”，作为山西开放的新名片，已在俄罗斯、蒙古、匈牙利、意大利等国产生了重大影响。此外，山西拥有得天独厚的文化旅游资源优势，源

远流长的法治文化、博大精深的廉政文化、光耀千秋的红色文化和诚信创新的晋商文化，这些都将在国家的“一带一路”战略中发挥重要的媒介作用。

把山西打造成连接“丝绸之路经济带”与“京津冀协同发展”两大国家战略的重要枢纽，省委、省政府高度重视。山西将以开放合作为主线，以重大项目为载体，坚持“走出去”和“引进来”相结合，逐步发展成为高端装备制造业基地、人文旅游休闲地、全国清洁能源生产与技术创新示范引领地。

（作者为山西省社会科学院党组书记、院长）

着力加强供给侧结构性改革

李劲民

党的十八届五中全会通过的《中共中央关于制定国民经济和社会发展第十三个五年规划的建议》提出：“把握发展新特征，加大结构性改革力度，加快转变经济发展方式，实现更高质量、更有效率、更加公平、更可持续的发展”。习近平总书记不久前又强调指出，在适度扩大总需求的同时，着力加强供给侧结构性改革。推进结构性改革是贯彻党的十八届五中全会精神的一个重要举措，标志着宏观调控政策方面的重大变化，释放出新时期经济转型发展的新信号，战略性、思想性、政策性都很强。中共山西省委十届七次会议认真贯彻党的十八届五中全会精神，在分析我省“十三五”时期经济社会发展面临形势的基础上，也提出以创新供给带动需求扩展，以扩大有效需求倒逼供给升级，实现稳增长和调结构互为支撑、互促共进。

供给侧结构性改革的内涵外延

衡量经济发展有两把标尺，一个是结构，一个是总量。前者代表的是经济质量和效率，后者反映的是经济数量和规模。结构性矛盾是我国当前面临的最大挑战。结构性改革是针对结构性问题而实行的改革，往往指的是某种重大关键性的改革。结构性改革包含两层含义：一是在多种矛盾并存的情况下，对“先改什么、后改什么”做出顺序性选择，确保改革平稳有序推进；二是在多重问题交织的情况下，对“怎么改、改什么”进行制度方法的操作性安排。当前结构性改革的主要含义，是从“需求管理”到“供给管理”的重大调整。

供给侧是相对于需求侧而言的，包括两方面的因素：一是生产要素投入；二是全要素生产率提高。简而言之，结构性改革就是两大任务：一是将资源要素从产能过剩的、增长空间有限的产业中释放出来；二是为提供中高端消费服务的“朝阳产业”输送更多的劳动力、资金、金融和技术。加强供给侧的结构性改革，提高供给体系的质量和效率，创造新供给，对于实现供给与需求“无缝”对接、释放新需求，重要且迫切。推进结构性改革的基本路径是：促进过剩产能有效化解，促进产业优化重组；降低成本，帮助企业保持竞争优势；化解房地产库存，促进房地产业持续发展；防范化解金融风险，加快形成融资功能完备、基础制度扎实、市场监管有效、投资者权益得到充分保护的股票市场。

供给侧结构性改革的行动部署

中长期来看，国家供给侧改革的重要政策选择包括推动“双创”和“中国制造2025”“互联网+”行动计划，促进服务业、先进制造业发展，扶持小微企业成长，发挥制度创新和技术进步对供给升级的倍增效应等。至于在需求端，消费方面，国务院在《关于积极发挥新消费引领作用加快培育形成新供给新动力的指导意见》中，圈定了服务消费、信息消费、绿色消费、时尚消费、农村消费和品质提升型消费六大领域，作为新消费的重点领域和方向。投资方面，重点和难点在于放松管制，让市场发现并把握投资机会。短期来看，部分传统的扩张政策有必要适度坚持，以达到守底线的目的。

中央最近提出了“5+4+3”行动方案。

五大政策支柱：宏观政策要稳、产业政策要准、微观政策要活、改革政策要实、社会政策要托底。五大政策是逻辑紧密的政策体系和框架，总的目的是为结构性改革创造透明的、可预期的政策环境。

四个歼灭战：一是化解过剩产能；二是开展降低实体经济企业成本行动；三是化解房地产库存，促进房地产持续发展；四是防范化解金融风险。

三大原则：一是坚持解放和发展生产力，坚持以经济建设为中心不动摇，坚持五位一体的总体布局；二是坚持社会主义市场经济的改革方向，使市场在资源配置中起决定性作用；三是调动各方面的积极性，当前尤其要调动企业家、创新人才和各级干部三个群体的积极性。

以结构性改革破解结构性矛盾

近年来，我省经济下行压力有增无减，经济结构性矛盾凸显，不仅影响短期经济增长，而且掣肘经济结构调整升级。破解转型难题，厚植发展优势，就要在坚持“六大发展”的同时，以更大的决心和魄力攻坚结构性改革，努力形成具有山西特点的节约资源、保护生态环境的产业结构增长方式、消费模式，增强可持续发展的活力。

纵深推进政府简政放权改革。结构性改革的关键是政府。在简政放权、放管结合、优化服务方面我省还有相当大的空间。加快出台各级政府的权力清单和责任清单，规范、减少政府干预企业的自由裁量权。大幅减少行政审批事项和商事制度改革，不断降低市场准入门槛，促进新产业新业态和创新创业活动风起云涌。降低企业融资成本，增强金融对实体经济的支撑能力。简政与精兵减冗、机构“瘦身”相结合，创新政府监管方式，探索互联网下和“互联网+”政府监管方式。建立跨部门、跨行业的综合监管体系，把相关部门的监管事项统一到一个平台上来。

促进资源要素投入结构更加合理。长期以来，我省经济发展过度依赖煤焦资源、劳动力、土地等一般性生产要素投入，人才、技术、知识、信息等高级要素投入比重偏低。在当前企业资金严重紧缺之际，尤其应该注意解决好矿产资源的市场化配置问题，顺应市场并购意愿：一是推动市场化的兼并重组，以大并大，以大吞小；二是降低并购重组的制度交易成本和时间成本，简化相关法律流程与环节；三是发挥金融体系尤其是资本市场的融资、定价和监管职能；四是实施过渡期保护，为并购重组赢得时间；五是让大而不倒的“僵死企业”倒下去，同时建立配套的社会安全网络和退出机制，妥善处理人和债的问题，防止次生社会危机发生。

推进经济增长动力平稳转换。目前大家普遍焦虑我省经济增速的较大下滑，其实更令人焦虑的应该是工业企业盈利水平的长期持续下降，不仅企业经营困难加大，而且金融、财政、民生的风险也会进一步加大。我们应该认识到，“三驾马车”是经济增长之果不是之因，制度变革、结构优化和要素升级才是经济发展的根本动力。要更多地依靠改革、转型、创新，来提升山西全要素增长率，培育新的增长点，形成新的增长动力。在当前尤其是要强化服务业的意识和精神，用第三产业的思维来考虑我们第一产业和第二产业的出路问题。比如，将传统的人力组织的煤炭运输逐步转化为以互联网平台为核心的模式，形成类似于“滴滴打车”的煤炭运输和供需互联网平台，就可以大幅降低运输成本。

产业向中高端水平迈进。经济结构调整、产业结构调整的过程，就是新业态、新产业、新企业诞生、立足和发展，旧业态、旧产业、旧企业衰落、消失或转型的过程。省委推出做好“煤与非煤”两篇文章，实现科技创新、金融创新和民营经济发展创新“三大突破”，最为关键的就是提高煤炭等传统产业的核心竞争力，加快发展接续替代产业，促进高技术含量、高附加值产业不断形成壮大。

生态环境质量总体改善。我省是国内生态环境压力较大的省份之一。在全球环境治理加强和京津冀一体化发展的大背景下，国家对高耗能、高污染等传统产业必然要采取限制性措施，短期内必然对我省主导产业产生影响。但是从长远来看也可以帮助我们化解产能过剩，促进主导行业健康发展。“十三五”时期我们要形成政府、企业、公众共治的环境治理体系，不断推进煤焦资源资产产权制度、煤炭有偿使用制度、生态补偿制度，以及用能权、用水权、排污权、碳排放权初始分配制度等方面的改革。

收入分配格局体现效率和公平的有机统一。我省城乡居民收入长期低于全国平均水平，城乡、区域、行业之间收入差距较大。推动形成合理的收入分配格局，既关系效率也关系公平。为此，我们应该以财税制度改革，按照权属从资源权益、生态环境补偿、区域转型发展补偿、一般性企业税费等方面加快资源使用和收益分配制度改革，理顺煤炭资源开发利用体制机制，创新煤炭等矿产资源开发补偿、获利回馈收益分配体制，建立资源有偿使用制度、生态环境产权制度、衰退产业退出援助机制，健全替代产业发展推进机制，完善资源环境税收制度、矿山环境保护与恢复治理责任机制和补偿机制。

（作者为山西省人民政府发展研究中心主任、党组书记、研究员）

脱贫攻坚这一硬仗怎么打

——《关于坚决打赢全省脱贫攻坚战的实施意见》形成、特点和内容解读

刘志杰

近日，省委省政府印发《关于坚决打赢全省脱贫攻坚战的实施意见》（以下简称《实施意见》），这是贯彻落实党中央、国务院《关于打赢脱贫攻坚战的决定》，结合我省实际制定的指导全省“十三五”脱贫攻坚工作的纲领性文件。《实施意见》的发布，对推动各级各部门进一步把思想和行动统一到中央和省委省政府打赢脱贫攻坚战的决策部署上来，深入贯彻落实全省脱贫攻坚大会、全省脱贫攻坚推进大会精神，坚持以脱贫攻坚统揽经济社会发展全局，落实精准扶贫精准脱贫基本方略，组织动员全社会力量打赢脱贫攻坚这场硬仗，如期实现全面建成小康社会目标具有重要作

用。下面就《实施意见》的形成过程、突出特点和主要内容作简要解读。

一、《实施意见》的起草背景和形成过程

确保到2020年农村贫困人口实现脱贫，是全面建成小康社会最艰巨的任务。党的十八大以来，党中央、国务院以前所未有力度高度重视扶贫开发，高位推进扶贫开发，习近平总书记多次深入贫困地区调研指导扶贫工作，并就做好扶贫开发工作发表重要讲话，强调要以更大的决心、更明确的思路、更精准的举措向贫困宣战，坚决啃下脱贫攻坚这块“硬骨头”，加快补齐全面建成小康社会这块短板。去年11月，中央召开扶贫开发工作会议，习近平总书记、李克强总理作了重要讲话；11月29日，中央出台《关于打赢脱贫攻坚战的决定》，要求各级党委政府把扶贫开发作为重大政治任务来抓，采取超常规举措、拿出过硬办法，举全党全社会之力，坚决打赢脱贫攻坚战，确保到2020年农村贫困人口实现脱贫，贫困县全部摘帽，解决区域性整体贫困。

去年11月30日，省委省政府分别召开省级党员领导干部会议和省政府党组（扩大）会，对制定出台我省贯彻落实意见提出明确要求，责成省扶贫办牵头，组织力量做好《实施意见》的起草工作，12月12日，《实施意见》初稿函送省扶贫开发领导组成员单位征求意见。12月31日全省脱贫攻坚大会召开后，我们按照省委省政府总体部署，结合领导组成员单位的意见建议，对《实施意见》作了修改完善。今年2月17日，修改后的《实施意见》函送省脱贫攻坚领导小组45个成员单位和11个市、58个贫困县征求意见建议，对提出的160余条意见建议，我们作了认真梳理研究采纳。在《实施意见》修改完善过程中，省委、省政府领导多次深入基层调研，特别是围绕脱贫攻坚与生态建设相结合，由省委主要领导带队，利用近两个月时间深入5市24个县开展专题调研，丰富完善全省脱贫攻坚的政策举措。5月24日，省委省政府召开全省脱贫攻坚推进大会，对打赢全省脱贫攻坚战进行再动员再部署，进一步提出要以脱贫攻坚统揽经济社会发展全局，把脱贫攻坚和生态文明建设紧密结合起来，在“一个战场”上打好脱贫攻坚和生态治理“两个攻坚战”。根据推进大会精神，我们对《实施意见》做了进一步修改完善。5月30日和6月21日，省政府常务会议和省委常委会分别审议并原则通过《实施意见》。7月12日，《实施意见》以省委省政府文件正式印发。

二、《实施意见》的突出特点

《实施意见》从起草到出台，经历了一个广泛深入调研和反复征求意见，结合省情特点贯彻中央决定精神，精准对接和深入落实中央脱贫攻坚各项政策措施的过程。突出体现了以下四个方面的特点：一是全面贯彻精准扶贫精准脱贫基本方略。从指导思想、总体目标、基本原则到推进措施、机制保障等方面，都体现了习近平总书记扶贫开发重要战略思想。坚持目标导向、问题导向，从“扶持谁”“谁来扶”“怎么扶”“如何退”等方面，对打赢全省脱贫攻坚战作出全面部署。二是突出以脱贫攻坚统揽经济社会发展全局。强调各级党委、政府要紧紧抓住脱贫攻坚这个“头等大事”和“第一民生工程”，坚持以脱贫攻坚统揽经济社会发展全局，带动经济社会全面发展。三是强调脱贫攻坚和生态文明建设紧密结合。从山西省情特点出发，提出要统筹治山治水，协调增绿增收，把建设绿水青山的过程变成群众增收脱贫的过程。以吕梁、太行两大连片特困地区为主战场，重点工程布局、专项行动推进、政策机制保障、各方合力攻坚，在“一个战场”上打赢脱贫攻坚和生态治理“两个攻坚战”。具体内容上，提出了实施精准脱贫攻坚八大工程二十项扶贫行动，建立完善六大政策保障机制，构建四个“三位一体”的组织保障体系。四是构建脱贫攻坚的大格局。按照“省负总责、市县抓落实、乡村具体实施”的工作机制要求，严格落实各级党委、政府脱贫攻坚的主体责任，推动行业部门履行职责，引领市场、社会协同发力。对八大工程二十个专项行动、六大政策保障机制和各项组织保障制度都明确了具体的牵头部门和工作要求，由牵头部门负责制订行动方案，落实年度计划，细化政策措施，抓好推进落实。

三、《实施意见》的主要内容

《实施意见》共分重大意义、总体要求、实施精准脱贫攻坚八大工程、建立完善六大政策保障机制、构建四个“三位一体”组织体系五个大的部分。

一是强调了打赢全省脱贫攻坚战的重大意义。要求各级各部门充分认识我省脱贫攻坚的艰巨性、复杂性、重要性，坚持以脱贫攻坚统揽经济社会发展全局，紧紧抓住脱贫攻坚这个“头等大事”和第一民生工程，带领全省人民咬定目标、坚定信心、苦干实干，坚决打赢脱贫攻坚这场硬仗。

二是明确了全省脱贫攻坚的总体要求和目标任务。强调要以习近平总书记重要讲话精神为根本遵循，牢固树立“五大发展”理念，紧紧围绕补齐贫困短板，实现全面小康这一目标，从“扶持谁”“谁来扶”“怎么扶”“如何退”等环节入手，把精准扶贫精准脱贫基本方略贯穿脱贫攻坚的全过程，确保到2020年232万农村贫困人口脱贫，58个贫困县全部摘帽，农村贫困人口稳定实现“两不愁、三保障”，贫困地区农民人均可支配收入增幅高于全国平均水平，基本公共服务主要领域指标接近全国平均水平，确保山西与全国同步，贫困群众和全省人民同步进入全面小康社会。

三是提出要精准实施脱贫攻坚八大工程二十个专项行动。统筹抓好支持贫困人口增加收入和改善贫困地区生产生活生态条件，统筹抓好区域发展和推进精准扶贫，按照中央提出的“五个一批”脱贫攻坚总路径，结合我省实际，提出要组织行业部门力量，全力推进特色产业扶贫、易地扶贫搬迁、培训就业扶贫、生态补偿脱贫、社会保障兜底、基础设施改善、公共服务提升、社会力量帮扶等八大工程二十项行动。特色产业扶贫工程由特色农业扶贫、光伏扶

贫、旅游扶贫、电商扶贫四个专项行动组成，带动115万左右人口增收脱贫。易地扶贫搬迁工程由易地扶贫搬迁和改善人居环境两个专项行动组成，对“一方水土养不起一方人”村庄的45万贫困人口实施易地搬迁，积极稳妥推进行政村撤并。培训就业扶贫工程主要实施培训就业扶贫行动，支持带动30万左右贫困人口稳定就业增收脱贫。生态补偿脱贫工程主要实施生态建设扶贫行动，通过完善退耕还林政策，加大退耕还林补助，加快宜林荒山绿化、组织贫困群众参与生态建设、强化森林资源管护，利用生态补偿和生态保护资金支持贫困人口转化为护林员等措施，抓好经济林提质增效和延伸生态产业链条等措施，支持带动42万贫困人口增加收入稳定脱贫。社会保障兜底工程由农村低保扶贫和特殊群体关爱两个专项行动组成，支持无劳动能力和无法依靠发展生产脱贫的50万左右贫困人口兜底脱贫。基础设施改善工程由交通扶贫、水利扶贫、以工代赈扶贫、清洁能源和电力扶贫等四个专项行动组成。通过路、水、电、气等基础设施建设，改善贫困群众基本生产生活条件。公共服务提升工程由教育扶贫、健康扶贫、科技扶贫、文化和信息扶贫四个专项行动组成，通过加强改善教育、医疗、科技、文化等条件，提升贫困地区基本公共服务水平。社会力量帮扶工程由企业扶贫和社会扶贫两个专项行动组成。主要是支持引导企业参与产业扶贫，支持引导各类社会组织、群众团体开展精准帮扶活动，带动贫困人口发展生产就业增收。这八大工程中，特色产业开发和培训就业扶贫是重要的治本之策，易地扶贫搬迁和生态补偿脱贫是针对特定区域贫困人口的超常之举，基础设施改善和公共服务提升是解决区域性贫困的关键支撑，社会保障兜底和社会力量帮扶是实现“两个确保”的重要保障。它们相互联系，有机结合，共同构成打赢全省脱贫攻坚战的组合拳。

四是建立完善脱贫攻坚政策保障六大机制。明确要从建立财政扶贫投入增长、扶贫开发资源整合、金融扶贫精准服务、扶贫开发用地保障、探索资产收益扶贫和强化资金项目监管等六个方面，建立脱贫攻坚政策保障体系；财政扶贫投入上，建立财政扶贫资金稳定增长机制，确保各级财政投入力度与完成脱贫攻坚任务相适应。扶贫开发资源整合上，以县为主体、脱贫攻坚规划为引领、重点扶贫项目为平台，在58个贫困县全面开展统筹整合使用财政涉农资金工作，将整合使用资金与脱贫成效相挂钩，形成“多个渠道引水，一个龙头放水”的扶贫投入新格局。金融扶贫精准服务上，主要是强调政府要搭建平台、强化责任、做好项目前期工作，支持金融机构细化落实扶贫再贷款、政策性扶贫贷款等金融助推脱贫攻坚的政策措施，深入推进金融富民扶贫工程，抓好农村小额信贷保险体系建设。扶贫开发用地保障上，新增建设用地计划指标优先保障扶贫开发用地需要,落实好城乡建设用地增减挂钩支持脱贫攻坚等倾斜政策；资产收益扶贫上，支持各地探索各种资产收益扶贫措施，带动贫困户尤其是丧失劳动能力的贫困户增收脱贫，壮大集体经济组织实力；资金项目监管上，加强财政监督检查和审计稽查，建立扶贫资金违规使用责任追究制度，确保阳光扶贫廉洁扶贫。

五是着力构建打赢脱贫攻坚战四个“三位一体”的组织体系。包括：加强脱贫攻坚组织领导和机构队伍建设，充分发挥市场作用，广泛动员社会力量参与脱贫攻坚，着力构建政府、市场和社会“三位一体”的脱贫攻坚大格局；强化脱贫攻坚的成效考核、完善贫困退出程序和标准、开展脱贫攻坚工作评估和群众满意度评价，建立完善考核、退出、评估“三位一体”的脱贫成效评价机制；建立单位包村、领导包带和工作队到村、党员干部到户、第一书记到岗的“两包三到”精准帮扶联动机制，发挥好包村领导、驻村工作队和第一书记“三位一体”精准帮扶工作队伍作用；建立脱贫攻坚督查巡查制度，搭建社会监督信息平台，支持媒体监督，形成党政监督、社会监督、舆论监督“三位一体”的监督体系。

《实施意见》是指导我省“十三五”脱贫攻坚的纲领性文件，明确了打赢全省脱贫攻坚战的任务书、路线图和时间表。下一步我们要按照《实施意见》提出的目标任务、工作举措和政策措施，组织各牵头部门抓紧制定出台和实施好八大工程二十个专项行动方案，六大政策措施保障实施办法和四个“三位一体”的组织保障制度；要抓好《实施意见》各项任务的跟踪落实，紧盯重点工作，把握时间节点，加强工作督查，一步一步抓推进，一项一项抓落实，以钉钉子精神推动各项目标任务和工作措施落到实处。要充分发挥好考核指挥棒作用，把脱贫攻坚作为重要考核内容，推动各级党委政府突出重点抓好脱贫攻坚，推动省直部门完成好各自承担的脱贫攻坚任务，形成脱贫攻坚的正向激励机制。在此，我也热忱欢迎和衷心感谢新闻界一如既往地关心支持脱贫攻坚，宣传报道脱贫攻坚、监督促进脱贫攻坚，营造打赢脱贫攻坚战的浓厚氛围，为实现全面小康做出新贡献！

（作者为山西省扶贫办主任）

深入学习贯彻习总书记选人用人重要思想
全面加强干部队伍建设

中共山西省委组织部

党的十八大以来，习总书记统筹伟大事业、伟大工程、伟大斗争，统筹形势发展、事业开拓、人民期待，对选人用人提出了一系列新思想新要求，深刻阐明了新时期选人用人的方针、原则和要求，深刻回答了干部队伍建设中的许多重大理论和实践问题，为我们做好新形势下的干部工作指明了正确方向、提供了根本遵循。

全省组织系统始终把学习贯彻习总书记系列重要讲话精神作为首要政治任务、政治责任和政治要求，坚持正面教育为主，坚持学用结合，坚持问题导向，坚持领导带头，坚持从实际出发，带着信念学、带着感情学、带着使命学，努力把系列讲话学习与贯彻落实省委“一个指引、两手硬”思路和要求结合起来，与履行组织部门职能职责和研究组织工作创新发展结合起来，努力做到真信、真用、真行。特别是结合干部工作实践，深入思考组织路线如何更好服务政治路线这个重大问题，从七个方面把学习贯彻习总书记选人用人重要思想不断引向深入，在推动工作中感受系列讲话这部指导当代中国发展的“最新版”百科全书的真理力量。

一、深入学习贯彻习总书记关于“培养选拔党和人民需要的好干部”的重要思想，严格坚持好干部标准

以什么样的标准选人，是干部工作的首要问题。习总书记提出的“信念坚定、为民服务、勤政务实、敢于担当、清正廉洁”的好干部标准，从政治方向、根本宗旨、职业操守、作风要求、廉政底线等方面，深刻揭示了好干部标准的时代内涵，充分体现了党的性质、宗旨和事业发展对干部的要求。两年多来，全省组织系统以习总书记系列重要讲话精神为指引，认真落实省委坚决刷新吏治的要求，树立并坚持正确用人导向，坚决守住廉洁底线，坚决防止“带病提拔”，选人用人初步实现了风清气正。应该看到，破解系统性塌方式严重腐败情况下的选人用人难题，必须把“廉洁”作为关键要求；实现山西振兴崛起，需要的是既廉洁又能干的高素质干部队伍。面对新形势新要求，我们要在深入总结近两年我省干部选任工作的基础上，进一步把好干部标准坚持好、落实好。一要使好干部标准更加具体。切实解决好干部标准停留在口头上、字面上，从标准到标准、上下一般粗的问题，针对不同地区、领域、层级、类别的干部提出好干部的具体标准，使之更好落实、更好检验。二要使选人用人导向更加鲜明。要坚持德才兼备、以德为先，坚持五湖四海、任人唯贤，坚持事业为上、公道正派，以更加开阔的视野选人用人。要把政治标准放在首位，把工作实绩放在突出位置，格外关注担当作为、创新创业、扎根一线、埋头苦干的干部，不廉洁的干部不能用，不作为的干部也不能用。三要使对标好干部标准蔚然成风。要教育引导广大党员干部特别是领导干部切实增强看齐意识，坚持以忠诚为本、以公认为上、以践行为要、以责任为重、以廉洁为基，向着好干部的标准迈进。

二、深入学习贯彻习总书记关于“坚持党管干部原则”的重要思想，发挥好组织部门的职能作用

用人权是最重要的执政权。习总书记指出，“必须发挥党组织的领导和把关作用，把好人选的政治关、品行关、作风关、廉政关。”“干部怎么用，由组织部门考察，听取群众意见，党委集体决定，按程序办”。总书记从本质特征、政策措施、方式方法等方面，深刻回答了谁来把关、把什么关、怎样把关等重大问题，明确了培养选拔好干部的根本原则。两年多来，全省组织系统认真贯彻《干部选任条例》，严格落实省委关于干部工作系列重要文件精神，严格按照程序方法、制度规矩选拔任用干部，干部选拔任用工作发生了质的变化。下一步，要把学习贯彻习总书记选人用人重要思想不断引向深入，更好地发挥组织部门选人用人把关人和守门员的作用。一要更加注重日常考察考核。要近距离多侧面了解干部，多渠道精准考察识别干部，定期进行领导班子和领导干部综合分析研判，努力做到心中有数、知人善任。二要坚决把好动议提名关。坚持以事择人、按岗选人，对领导班子优化方向、拟提拔职位资格条件和人选产生范围进行充分酝酿、比选择优，从一开始就把“带病”干部挡在门外，确保干部选任工作起步平稳。三要坚决把好任前考察关。坚持“六查”、全面推行考察对象媒体公示等行之有效的工作方法，坚持时间服从质量，全面客观地考准考实干部的德能勤绩廉，让好干部脱颖而出。

三、深入学习贯彻习总书记关于“从严管理干部”的重要思想，做到真管真严、长管长严

党要管党，首先是管好干部；从严治党，关键是从严治吏。习总书记指出：“要把从严管理干部贯彻落实到干

部队伍建设全过程，管理要全面、标准要严格、环节要衔接、措施要配套、责任要分明。”总书记明确了干部管理的主要内容、基本原则、方法措施，抓住了干部工作的要害，为推进全面从严治吏提供了行动指南。近两年来，全省组织系统切实加强干部日常管理监督，深入开展“一倒查六整治”，在解决干部管理失之于宽、失之于松的问题上取得了初步成效。下一步，要继续拧紧“螺丝”、上紧“发条”，教育引导干部学会在监督下履职尽责。一要使党的纪律规矩更加严明。扎实开展“两学一做”学习教育，教育引导广大党员干部做党章党规的坚定执行者和忠实捍卫者，不断增强“四个意识”、提高“四自”能力。二要使领导干部个人有关事项报告制度更加完善。抓住如实填报、深入核查、结果处理3个环节，加大抽查核实力度，并把核实结果作为评价识别干部是否对党忠诚、是否“带病”的重要依据。三要使谈话函询诫勉的组织措施更加有力。要多与干部谈心谈话，多做扯袖子、咬耳朵的工作，及时纠错、防患未然，防止“小毛病”发展成“大问题”。对多次函询诫勉仍不改正的，从严采取组织措施，坚决予以处理。

四、深入学习贯彻习总书记关于“增强干部队伍活力”的重要思想，进一步推进干部能上能下

在干部工作中，既要把党和人民需要的好干部选准用好，又要把那些存在问题或者相形见绌的干部及时调整下来。习总书记指出：“要把推进干部能上能下作为重要举措，着力解决不能为、不想为、不敢为的问题，推动形成能者上、庸者下、劣者汰的用人导向和从政环境。”总书记主持中央政治局会议并审议通过领导干部能上能下规定，释放出了选人用人的积极信号，充分体现了党中央持之以恒全面从严治党的坚定决心。一年来，我们按照中央规定和省委实施细则要求，在解决谁该下、如何下、让下者服气、不是一下了之等问题上进行了积极探索，中央领导给予了肯定，中央媒体作了报道。但从“下”的情形看，因年龄到限、身体状况、问责免职等硬杠杠“下”的多，因不作为而“下”的还不够明显。贯彻落实习总书记重要讲话精神和省委要求，进一步推动干部能上能下，必须继续在能“下”上动真格。一要进一步细化“下”的规则。要对干部不作为的表现进行具体研究和梳理，列出准确清晰、有针对性的不适宜担任现职的情形，既要有定性要求，也要有量化认定。二要进一步加大“下”的力度。对那些思想上消极、不认真工作、不履行职责、经教育又不改正的，要坚决拿下，不搞“网开一面”“下不为例”，真正让铁规发威、见到实效。三要进一步注重“下”的效果。要建立“下”的干部专门档案，深入开展谈心谈话，跟踪了解思想工作状况，帮助他们放下包袱、转变作风、改进提高，以实干实绩重新赢得组织和群众的认可，防止“一下了之”。

五、深入学习贯彻习总书记关于“提高领导干部专业化能力”的重要思想，强化干部培养锻炼

教育培养是建设高素质干部队伍的先导性、基础性、战略性工程。习总书记指出，“成长为一个好干部，一靠自身努力，二靠组织培养”，“各级领导干部要加快知识更新、加强实践锻炼，使专业素养和工作能力跟上时代节拍”。总书记统筹干部个人努力和组织培养，突出强调基层历练、递进历练、多岗位历练，体现了对干部成长规律、选人用人规律的深刻认识和把握。两年来，我们在干部经常性教育中突出“学讲话、学作风”特色，在融会贯通、学以致用上取得了新成效。但目前干部队伍的专业素养和工作能力还不能完全适应新形势新任务需要。下一步，要坚持问题导向和目标导向相结合，完成好全面加强“基层组织、基础工作、基本能力”建设这个重大战略任务。一要更加注重教育培养。围绕推进治理体系和治理能力现代化，针对岗位需要举办专题研讨班，市县换届后分门别类集中开展大规模干部轮训，切实提高干部的专业思维、专业素养和专业能力。二要更加注重实践锻炼。积极选派省直机关有发展潜力的年轻干部到基层任职，组织干部到经济发达地区考察学习，推动省直机关、科研机构、高等院校、金融单位、国有企业与市县干部双向挂职，推动省内干部与中央国家机关干部双向挂职。三要更加注重梯队建设。集中建立各级领导班子后备干部名单，出台我省加强和改进优秀年轻干部培养选拔工作的实施意见。既要坚持必要台阶、递进式历练，又要敢于大胆破格使用确有真才实学、成熟较早的年轻干部。对后备干部实行动态管理，优胜劣汰。

六、深入学习贯彻习总书记关于“充分调动干部积极性”的重要思想，强化正向激励引导

党和人民的事业都是干出来的，没有广大党员干部的积极性和执行力，再好的政策措施也会落空。习总书记强调，“干部干部，干是当头的，既要想干愿干积极干，又要能干会干善于干，其中积极性又是首要的”，“既要坚持党纪国法的高压线，也要重视正面激励，完善容错纠错机制，旗帜鲜明给那些呕心沥血做事、不谋私利的干部撑腰鼓劲”。总书记将动力与压力、奖励与惩戒、严管与关爱统一起来、结合起来，为激发干部队伍生机活力指明了正确方向。针对一些干部在新常态下思想顾虑增多、积极性不高等问题，省委组织部按照省委要求，正在抓紧研究制定干部激励和合理容错“两个办法”，最大限度调动各方面干事创业积极性。一要正向激励引导干。既要求干部认真履行岗位职责，严格依法按纪办事，又在政治上关心、精神上褒扬、物质上奖励、工作上支持、心理上关怀，帮助干部消除后顾之忧、全身心投入工作。二要合理容错兜住底。要准确把握“三个区分开来”要求，赋予干部改革创新“试错权”，为担当的干部担当，对负责的干部负责。三要最大限度凝聚正能

量。要大力表彰宣传改革创新、担当作为的先进典型，优先提拔使用积极干事创业、工作业绩突出的干部，努力营造鼓励创新、支持改革、宽容失误的社会氛围。

七、深入学习贯彻习总书记关于右玉精神的重要指示、批示精神，引导广大干部牢固树立正确政绩观

政绩观正确与否，不仅事关一个地区、一个单位事业的顺利发展，事关党群干群关系，也事关干部本人的健康成长。习总书记指出："右玉的可贵之处，就在于始终发扬自力更生、艰苦创业、功在长远的实干精神，在于始终坚持为人民谋利益的政绩观。我们抓任何工作的落实，都应该这样去做。"总书记对应该以什么样的眼光看待政绩、以什么样的标准检验政绩、以什么样的精神追求政绩提出了明确具体的要求，不仅指明了事业发展的方向，也为干部成长指明了路径。我们要教育引导广大干部自觉而坚定地传承弘扬右玉精神，牢固树立正确政绩观。一要在干部教育中弘扬右玉精神。充分发挥干部教育右玉基地作用，教育引导广大干部树立迎难而上、艰苦奋斗、久久为功、利在长远的政绩观，保持"功成不必在我"的境界，一任接着一任干、一张蓝图绘到底。二要在干部考察中坚持右玉精神。把是否符合右玉精神要求作为检验领导干部工作实绩的重要标准，对片面以增长代替发展、用假数字造假政绩、急功近利损害长远利益、追名逐利导致劳民伤财、为官不为贻误一方发展的，不仅坚决不用，还要从严处理，绝不姑息。三要在保持干部队伍稳定上落实右玉精神。严格落实中央关于保持贫困县党政正职稳定的要求，把不脱贫不调整、不摘帽不调离作为干部工作的一条铁律，进一步压紧压实贫困县党政正职主体责任，率领干部群众坚持不懈干，为打赢脱贫攻坚战提供坚强组织保证。

进一步做好党的意识形态这项极端重要工作

中共山西省委宣传部

党的十八大以来，习近平总书记站在党和国家事业发展高度，统筹国际国内两个大局，围绕"意识形态工作是党的一项极端重要的工作"这一重大理论和实践命题，就做好新形势下党的意识形态工作提出一系列重要思想和观点，从根本上阐明了意识形态工作"为什么""干什么""怎么干"的方向和路径问题，为全党加强和改进意识形态工作提供了基本遵循和科学指南。

一、深刻领会习总书记关于意识形态工作的重要论述，切实把握思想体系和精髓要义

习总书记关于意识形态工作的重要论述，内容丰富、思想深邃、博大精深，集中体现在关于宣传思想文化工作的五次重要讲话中，是系列讲话的重要组成部分，需要我们深入思考、悉心领会，真正内化于心、外化于行。首先要完整把握这一思想体系。习总书记围绕坚持和发展中国特色社会主义这一主题、实现中华民族伟大复兴中国梦这一奋斗目标，阐明了新形势下意识形态工作的重要地位和作用，进一步明确了意识形态工作的根本任务和要求，其思想和内容紧密联系、相互贯通、有机统一，是一个系统科学的思想体系，是马克思主义意识形态理论的新发展，是党的意识形态工作的新成果，必须全面系统学习贯彻才能把握。其次要准确把握一系列新思想新观点新论断。面对新形势新挑战新任务，习总书记明确指出，在集中精力进行经济建设的同时，一刻也不能放松和削弱意识形态工作；党性和人民性从来都是一致的、统一的；各级党委要切实负起政治责任和领导责任，严格落实意识形态工作主体责任；在大是大非问题、政治原则问题上要有鲜明的态度、坚定的立场，敢于站在风口浪尖进行斗争；要树立大宣传理念，动员各条战线各个部门一起来做；做好意识形态工作，比以往任何时候都更加需要创新等，对我们做好意识形态每一项工作、办好每一件事情都有很强的针对性指导性。最后要深入把握贯穿其中的立场观点方法。习总书记运用唯物辩证的马克思主义方法论来分析和解决意识形态问题，强调坚持正确政治方向，坚持实事求是思想路线和贯彻群众路线相统一，既把握大势、着眼大事，又用好辩证法、讲好两点论，为我们不断增强意识形态工作的科学性、前瞻性、主动性，提供了科学的思想方法和工作方法。

二、全面贯彻习总书记关于意识形态工作的重要论述，扎实做好全省意识形态工作

当前我省意识形态领域总体情况向上向好，各级领导干部"四个意识"不断增强，全省干部群众"四个自信"更加坚定，对省委领导班子及重大决策高度认可，对塑造山西美好形象、实现振兴崛起充满信心。全省宣传思想文化战线坚持正确政治方向和政治立场，坚决同党中央保持一致，坚定宣传党的理论和路线方针政策，坚定贯彻中央和省委重大部署，各项工作都有显著成效。

（一）坚持党性和人民性的统一，推动全省理论武装工作，确保坚定正确的政治方向。习总书记关于党性和人民

性一致的、统一的思想，阐明了做好意识形态工作的根本原则和立场。深入学习贯彻讲话，我们深刻认识到，必须坚持用马克思主义来指导理论研究和宣传工作，始终保持意识形态工作内容的科学性先进性，始终保持主流意识形态的生命力影响力。十八大以来，我们按照中央要求和省委部署，一直把学习贯彻讲话作为重大政治任务，首先在推动理论学习上下大工夫。从群众路线教育实践活动、“三严三实”专题教育到“两学一做”学习教育，从省委学习讨论落实活动到“一个指引、两手硬”重大思路和要求，我们认真学习领会，积极组织理论研究和媒体宣传，推进思想教育工作。按照中央和省委要求，每次习总书记发表重要讲话，都立刻组织学习讨论，迅速拿出实施方案，统一安排全省学习贯彻工作。坚持以省委中心组学习为龙头，推动各级党委中心组学习，带动全省干部群众学好用好讲话。组织学习《习近平总书记系列重要讲话读本》，编印《习近平总书记关于宣传思想文化工作重要论述》，召开全省社科理论界、全省高校、学会协会等理论座谈会研讨会，推动了系列讲话在全省的学习贯彻。其次在做好研究宣传上下大气力。依托省委党校、省社科院、省属高校等单位，充分发挥省中特理论研究中心的作用，在中央和省级权威媒体推出《实现中国梦不能丢掉“老祖宗”》《以清醒的历史自觉坚定文化自信》《抓住“两关键”、着力“两手硬”》《学是根本、用是关键》等一批阐释性理论文章，组织进行廉政文化、法治文化、红色文化系列研究以及我省重大理论和实践问题研究，推出一批有分量有价值的研究成果。山西日报创办《理论周刊》、山西广播电视台推出《理论天天学》，积极主动发挥了主流引导作用。

（二）坚持弘扬主旋律、传播正能量，推动全省新闻舆论工作，确保坚定正确的舆论导向。党的新闻舆论工作处在意识形态斗争最前沿，是治国理政、定国安邦的大事。习总书记强调新闻舆论工作要坚持正确方向，创新方法手段，切实提高传播力、引导力、影响力、公信力，为做好新闻舆论工作指明了方向、提供了方法。深入学习贯彻讲话，我们深深体会到，党的意识形态工作是“精神高地”，必须强化正确导向，打好新闻舆论、高校思想政治、网络新媒体阵地战，绝不让任何错误思想和观点有传播的渠道和空间。十八大以来，全省宣传思想文化战线在改革创新中把握导向、奋力前行，舆论引导能力和水平显著提升。一是精心组织主题宣传，围绕中心、服务大局，深入宣传党中央治国理政的新思想新战略新实践，深度展示我省构建良好政治生态、推动经济稳步向好的积极变化，全面反映全省广大干部群众干事创业的精神风貌，为确保与全国同步全面建成小康社会营造了良好的舆论氛围。二是主动做好舆论引导，围绕新闻舆论工作重要论述，着力加强针对性实效性，进一步发挥主流媒体及重点新闻网站作用，提高了解疑释惑、凝聚共识的主流引导能力。三是推进融媒体平台建设，有效整合各种媒介资源和要素，进一步发挥了新媒体的传播优势。

（三）坚持全党动手，统揽全局、协调各方，确保各级党委负起政治责任和领导责任。意识形态工作政治性强、涉及面广，必须进行战略思维、统筹协调。习总书记明确指出：“做好宣传思想工作仅靠宣传思想部门是不够的，必须全党动手。”深入学习贯彻讲话，我们深刻认识到，宣传思想部门是做意识形态工作的机构，但意识形态工作是全党要抓的事情。党的意识形态工作涉及方方面面，涵盖各条战线，是全党的事情和共同的责任，必须全党动手、齐抓共管，坚持“一盘棋”、打好“组合拳”。为此，必须把意识形态工作责任制抓在手上，推动各级党委负起主体责任。2015年，中央印发意识形态工作责任制实施办法后，省委即成立意识形态工作领导小组，由省委书记任组长、二十多家相关部门参加，形成了加强意识形态工作领导体制。印发《党委（党组）意识形态工作责任制实施细则》，明确了各级党委（党组）八个方面的意识形态责任，建立了研判、报告、述职等制度，以及监督检查制度、考核制度、责任追究制度等，形成了落实责任的制度体系。建立意识形态领域形势研判机制，成立了由省委常委、宣传部长任组长、十八家相关单位参加的研判小组，每季度召开研判会，及时掌握情况、剖析问题，有针对性地提供对策建议。目前，全省大部分市级党委参照上述做法，进行了安排部署。

（四）坚持责任担当和使命意识，推动宣传思想各领域工作，确保牢固占领宣传思想阵地。各级宣传部门是党委主管意识形态工作的综合职能机构，负有指导、组织、协调、督察和落实的重要职责。习总书记强调指出，“做好意识形态工作，宣传思想部门承担着十分重要的使命，必须守土有责、守土负责、守土尽责”，这为我们履职尽责、守好阵地提出了明确要求。深入学习贯彻讲话，我们深刻认识到，意识形态不是虚功，不能搞形式主义，必须做细做深做实工作，把责任落到岗落到事落到人；意识形态工作不能应付，不能“脚踩西瓜皮，滑到哪里算哪里”，必须下先手棋、打主动仗，一刻不松、久久为功。多年来，全省宣传思想战线强化作风建设，抓学习教育、明问题导向、强作风建设，在统一思想、凝聚共识方面发挥了重要作用；加强领导班子建设，按照“好干部”标准，注重选用政治强、业务精、作风正、有专长、敢担当的同志充实各级领导班子，营造了风清气正、干事创业的良好氛围；开展宣传思想干部培训，以思想政治能力建设为主线，全面加强理论、特别是高校思政队伍培训，连续两年在全国宣传干部学院、北京大学等地举办全省“四支队伍”骨干研修班；加强阵地管理，印发《关于加强和规范哲学社会科学类论坛管理的通知》等，加强了对课堂讲座讲坛、报告会研讨会、学会研究会等重要环节的管理；加强对外宣传，不断创新方式，着力讲好山西故事、传播山西声音。特别是，由省委宣传部牵头组织，推出一批以“中国梦”为主题、体现山西特色、代表国家水准的精品力作，说唱剧《解放》、晋剧《于成龙》、舞剧《粉墨春秋》等8部作品入选国家舞台艺术精品工程，电视剧《幸福生活万年长》《革命人永远是年轻》《黄河在咆哮》，电影《终极大冒险》，图书《少年的荣耀》《乍放的玫瑰》，广播剧《种树人》，歌曲《阳光路上》等一大批优秀作品获得全国“五个一工程奖”，一批思想性、艺术性、观赏性俱佳的精品力作不断涌现出来，“文化晋军”在全国的影响力不断加大，为汇聚和传递正能量发挥了积极作用。

（五）坚持创新发展，强化互联网思维和融媒体平台建设，确保党的意识形态工作占领信息传播制高点。面对国内外形势的深刻变化和现代信息技术迅猛发展，意识形态工作必须主动适应，拓展工作思路，创新工作方法。习总书记明确指出，“在互联网这个战场上，我们能否顶得住、打得赢，直接关系到我国意识形态安全和政权安全”，这为我们占领信息传播制高点指明了道路和方向。深入学习贯彻讲话，我们深切感到，在意识形态工作对象及形势变化的新情况下，利用现代科技手段争取战略主动，有效占领互联网这块舆论斗争主战场，显得十分迫切和重要。近年来，我们坚持网信建设和管理并重，一方面加强网上正面宣传，实施网络内容建设工程，推动优秀文化产品上网，充分发挥新闻发言人、网络评论员、网络发言人、舆情信息员、新闻通讯员等“五支队伍”的作用，建强网上“晋军”，开展网络舆情研判，唱响了网上主旋律。另一方面加强网络阵地管理，坚持党管媒体，依法建立健全互联网管理体制，规范了各级各类新闻网站、涉晋微信公共账号管理，对网络传播平台和从业人员实施了准入管理，加强网上突出问题治理，营造了清朗的网络空间。

三、引深习总书记关于意识形态重要论述的学习贯彻，进一步推动全省意识形态工作迈上新台阶

按照省委“一个指引、两手硬”的重大思路和要求，全省宣传思想文化战线要把系列讲话的学习贯彻不断引向深入，就要继续深化对系列讲话的学习贯彻，按照“三个进一步”的要求，抓好各级党委中心组学习，把学习主体从领导干部这个“关键少数”向党员群众拓展、向基层单位延伸，推进全省各级党组织学习交流，以解决实际问题能力和成效来检验学习贯彻的效果，更广泛地统一思想行动，凝聚奋进力量。继续深化党委对意识形态工作的领导，进一步落实意识形态工作责任制，加强对各级党委落实情况的督查考核，保证各级党委强化责任意识，加强统一领导和协调各方，形成强大工作合力。不断深入推进意识形态工作各领域各方面的创新，充分运用新技术新应用创新媒体传播方式，着力在理念内容、手段方式、体制机制上实现突破，不断推动媒体融合发展，深化网络内容建设，发展积极向上的网络文化。继续加强领导班子建设和人才队伍建设，选好配好宣传思想部门领导班子，确保宣传思想工作领导权牢牢掌握在忠于党和人民的人手里。加快培养造就一支政治坚定、业务精湛、作风优良、党和人民放心的意识形态工作队伍。高度重视知识分子工作，进一步加强基层队伍力量，扎扎实实做好各项打基础、提能力的工作。

构建“亲”“清”新型政商关系 促进我省民营经济健康发展

中共山西省委统战部

构建新型政商关系，是全面构建良好政治生态的重要方面，也是我省民营经济健康发展的客观要求。今年3月4日，习近平总书记在全国政协民建工商联界联组会上的讲话，首次用“亲”“清”二字定位政商关系，这既是新型政商关系思想在理论上成熟的标志，也是领导干部在新形势下做好党的群众工作的重要方针，更是统战领域创新非公有制经济人士思想政治工作、促进“两个健康”的重要遵循。习近平总书记以中国哲学特有的大道至简和深深根植于民间的中国传统文化元素，把新型政商关系精辟而深刻地概括为“亲”“清”二字，用“亲”来密切政商关系，用“清”来规范政商关系，不仅让政商双方有规可依、有度可量，更给领导干部和企业家之间怎样打交道，指明了方向，划出了底线，对于构建良好政治生态具有重大意义。

一、学习讲话精神，把握新型政商关系的科学内涵

习总书记关于新型政商关系的重要论述，不仅为干部作风建设指明了方向，对营造公正的市场环境、构建良好的政治生态、促进民营经济健康发展也都具有重大的现实意义。

（一）“亲”“清”政商关系有助于完善社会主义市场经济体制。公有制为主体、多种所有制共同发展是我国的基本经济制度。发展公有制经济同发展非公有制经济不是对立的，而是有机统一的。两者应该相辅相成、相得益彰，而不是相互排斥、相互抵消。经过改革开放三十多年的发展，非公有制经济贡献了我国GDP的60%、国家税收的

70%、企业总数的80%、新增就业的90%，已经成为社会主义市场经济的重要组成部分。非公经济人士迅速成长，总数超过7000万人，成为党执政的重要群众基础和社会基础。着眼于促进非公有制经济健康发展和非公有制经济人士健康成长，习总书记从领导干部和民营企业家两个向度、四个方面，深刻阐述了新型政商关系的内涵。对领导干部而言，"亲"就是要坦荡真诚，积极作为、靠前服务，解决企业的问题和困难，对非公有制经济人士多关注、多谈心、多引导；"清"就是同民营企业家的关系要清白、纯洁，不能有贪心私心，不能以权谋私，不能搞权钱交易。对民营企业家而言，"亲"则是积极主动，讲真话、说实情、建诤言，满腔热情支持地方发展；"清"则是要洁身自好、走正道，做到遵纪守法办企业、光明正大搞经营。

（二）"亲""清"政商关系有助于构建良好政治生态。良好的政治生态一个重要方面是健康的政商关系。我省前些年政治生态出现问题，与扭曲的政商关系有很大关联。过去个别官员以"权"逐"利"，商人以"利"围"权"，一些领导干部与老板之间保持相对稳定的关系圈子，进行封闭式权钱交易，甚至与不法商人结成利益共同体；有的企业老板利欲熏心，"围猎"官员，钱权交易，形成了勾肩搭背的政商关系，败坏了政治生态。用"亲""清"二字建立新型政商关系，领导干部按纪律规矩办事，不去挤压企业；企业家也按市场规律出牌，不去围猎腐蚀。只有相互尊重，平等相处，才能促进双方"亲""清"结合，公私分明，各司其职，共同发展，使"干部清正、政府清廉、政治清明"的政治生态成为现实。

（三）"亲""清"政商关系有助于做好经济领域统战工作。统一战线在促进政商关系健康发展、构建新型政商关系方面有着独特优势和作用。统战干部和非公经济人士之间的关系，是党领导的统一战线同心圆内的挚友、诤友关系。习总书记提出的"亲""清"政商关系，进一步明确了统战干部与企业家交往的"道"和"度"。统战干部联系民营企业家要做到"亲"上加"亲"，晓之以理、动之以情帮他们解疑释惑、排忧解难，做好引导教育工作，把他们团结在党的周围。更要做到一"清"二"白"，不能以"公谊"之名谋"私谊"之实，向工作对象索取利益。

二、坚持问题导向，破解政商关系难题

今年以来，我省深入贯彻习总书记关于"亲""清"政商关系的重要论述，按照省委"一个指引、两手硬"的思路和要求，坚持问题导向，推动学以致用，探索建立全省领导干部联系民营企业工作机制，加大对民营企业服务力度，努力营造民营经济发展良好环境，引导非公经济人士在我省最困难时期对全省稳增长、调结构、促转型作出积极贡献。

（一）开展领导干部联系民企工作，建立"亲""清"政商联系机制。党的十八大以后，在反腐败的高压态势下，一些干部躲着民营企业走，不敢接触民营企业家，怕惹麻烦，怕担责任，对企业家搞"软拒绝"，企业家们普遍反映"门好进，脸好看，但事不办了"。民营企业有困难，也不敢找领导干部，怕打交道，怕惹风险，出现了背靠背的政商关系，只"清"不"亲"，互不联系。针对政商关系中的新问题，我省率先探索建立省市县三级领导干部联系民营企业机制，制定出台了《全省领导干部联系民营企业工作方案》，把干部"赶"到企业去，省市县三级领导干部结对帮扶5000家民营企业。省领导带头走访了所联系的民营企业，按照"亲""清"二字，真心实意地同企业家交朋友，围绕稳增长、抓投资、扩内需，开展访企业、抓落实、促转型活动，积极作为、靠前服务，切实为企业排忧解困，办实事、办好事。

（二）破解发展难题，增强企业对党和政府的信任。在经济下行压力不断加大的形势下，不少企业遇到了前所未有的困难，感到迷茫困惑，心存顾虑，有的对政府不信任，有的对市场没信心，在山西投资再发展的意愿不强，一些民营企业出现了"离晋"现象。为此，我省从完善政策服务体系、改善营商环境、拓宽融资渠道等方面着手，破解企业发展中的难题，增强了企业对党和政府的信任，提振了企业支持地方发展的信心。一是召开民营经济发展推进大会，制定出台《关于加快民营经济发展的意见》和土地、基金、中药产业、重塑民营企业家形象四个配套措施以及减轻企业负担60条等各类政策措施40多项，初步形成了鼓励、支持、引导民营经济发展的政策体系。二是扎实开展"民营经济待批项目大起底"、办理完善民营企业土地和房产手续、"银税合作"和专项调研检查等工作，集中解决民营企业反映的70个突出问题，优化了发展环境，推动了项目落地、融资等难题的破解。三是举办全国知名民营企业助推山西转型创新发展大会，签约了808个新兴产业项目，投资意向近9700亿元，提升了山西对外形象，营造了亲商、重商、爱商的良好环境。今年1–7月全省新增民营企业及个体工商户17.8万户，总数达169.3万户，同比增长20.1%，占市场主体总量的91.7%；民间投资完成3980.3亿元，同比增长17%，占全省投资比重62.8%。

（三）加强思想教育，引导非公人士做良好政治生态的构建者。我省民营企业家队伍主流是好的，在全省经济社会发展中发挥了重要作用、作出了突出贡献。但也有一部分民营企业负责人牵扯腐败案件、接受调查。我省把引导民营企业守法经营、塑造新形象作为构建新型政商关系的一个重要方面。一是出台了《重塑山西民营企业家队伍形象的意见》，以构建新型政商关系和依法治企、民主治企为重点，重塑我省民营企业家遵纪守法、诚实守信、创新转型、承担责任、勤俭自律的新形象，建设一支政治上自信、发展上自强、守法上自觉的民营企业家队伍。二是大力实施民营企业家素质提升工程，深入开展"双学一跟"（学习讲话、学习作风、跟党奋进）活动，加强理想信念、政策形势、法律法规、传统文化等方面的教育，全面提高民营企业家的境界和素质，引导民营企业家大力弘扬晋商精

神，以实际行动树立良好形象。三是加强法治和反腐倡廉警示教育，引导民营企业家树立诚实劳动、合法致富理念，重契约、讲规则，依法组织生产经营，依法参与市场竞争，做良好政治生态的构建者。

三、构建新型政商关系，促进民营经济健康发展

加快构建“亲”“清”新型政商关系任重道远。下一步要深入贯彻落实习近平总书记的重要讲话精神，按照省委“一个指引、两手硬”的思路和要求，形成政商交往的新规矩，使党政干部理直气壮支持民营企业；加强对非公有制经济人士的思想教育，引导他们守法诚信、合法经营。

（一）完善领导干部联系民营企业制度。要继续完善领导干部联系帮扶民营企业和干部入企服务长效机制，开展领导干部联系民营企业工作“回头看”，有联企责任的领导干部每半年报告一次为民企服务情况。要制定出台《山西省构建新型政商关系的意见》，靠制度、机制、纪律和规矩，明确领导干部同企业家交往的“度”，企业家同领导干部交往的“道”，解决干部不作为、不接件、不办事的问题，改变“清”而“不亲”的现状，落实“亲”的作为，让构建“亲”“清”政商关系有章可依。要落实好山西省高级人民法院《关于服务保障全省民营经济发展的实施意见》和山西省人民检察院《关于充分发挥检察职能依法保障和促进非公有制经济健康发展的意见》，依法保障非公有制企业产权和合法权益，依法保护企业家和从业人员创新创业的积极性，增强发展预期和信心，激发活力，促进创新发展。

（二）营造民营企业良好发展环境。要优化政策环境，建立健全推进政策落实的长效机制，定期开展政策落实情况专项督查，建立民营企业投诉平台，完善考核问责机制，对政策的执行情况进行跟踪问效、考核评估，推动各项政策落地、落细、落实。要优化政务环境，进一步抓好“各类申报项目受理材料大起底活动”和“民营企业待批项目大起底活动”，继续推动办理完善民营企业土地和房屋产权手续，推进省市县三级开展“银税”合作，开展政府对民营企业承诺“回头看”行动，督促各级政府和有关部门减少审批程序，落实相关承诺，妥善解决企业发展过程中积累的难题和资源整合矿遗留的问题，维护政府的公信力和诚信度。要优化市场环境，加快完善市场体系，创造公平竞争环境，降低市场准入门槛，充分运用政府采购等方式推进“晋品晋材晋用”，扶持中小企业发展。

（三）塑造山西民营企业家美好形象。要继续引导民营企业家深入学习领会习近平总书记重要讲话精神，厘清政策与法律、政府与市场的边界，洁身自好、走正道，做到“亲”“清”。落实好《重塑山西民营企业家队伍形象的意见》，深入开展以“守法诚信、坚定信心”为重点的非公有制经济人士理想信念教育实践活动和“双学一跟”活动，组织民营企业家积极参与山西光彩事业“中阳行”活动，帮助引导非公有制经济人士，特别是年轻一代发扬老一代企业家创业精神，听党话，跟党走，自觉履行社会责任，做爱国敬业、守法经营、创业创新、回报社会的典范，为全面构建良好政治生态、实现山西振兴崛起作出贡献。

以高度的政治自觉和责任担当　全力推进司法体制改革

中共山西省委政法委

深化司法体制改革，建立公正高效权威的社会主义司法制度，是党的十八大和十八届三中、四中全会作出的重大战略部署，是摆在各级政法机关面前的重大政治考验和重要历史使命。在中央、省委的正确领导下，我们坚持以习近平总书记系列重要讲话精神为指引，准确把握“公正是法治的生命线”“必须完善司法管理体制和司法权力运行机制，规范司法行为，加强对司法活动的监督，努力让人民群众在每一个司法案件中感受到公平正义”的内涵要求，坚定改革信心，强化内生动力，着力破解难题，提升改革效能，努力向党和人民交出合格答卷。

一、牢牢把握正确方向，精心谋划与推进改革

司法体制改革是我国政治体制改革的重要组成部分，具有很强的政治性、政策性、法律性。2014年6月，中央深改组第三次会议决定在全国范围内分批启动以完善司法责任制为核心的四项司法改革试点后，我们认真学习习近平总书记在本次会议和十八届三中全会、全国政法工作会议等会议上的重要讲话精神，深刻领会司法体制改革对于推进国家治理体系和治理能力现代化、全面依法治国、确保国家长治久安的重大意义，在省委的高度重视与支持下，向中央积极申请在山西率先试点，终于抓住这一难得的先行先试机遇，被中央确定为全国第二批11个试点省市之一。

我们按照习近平总书记“要高度重视改革方案的制定和落实工作，做实做细调查研究、征求意见、评估把关等关键环节，严把改革方案质量关”“试点地方的党委和政府要加强对司法体制改革的组织领导，细化试点实施方案，及时启动工作，按照可复制、可推广的要求，推动制度创新”

的要求，在省委领导下，成立了省司法体制改革领导小组及工作专班，抓好改革方案的制定工作。在制定我省司法体制改革试点方案过程中，我们紧紧围绕以下四个方面的重点来谋划与统筹：一是紧扣中央顶层设计方案和中央、省委改革部署，确保不偏离、不打折扣；二是结合山西实际，统筹兼顾，先易后难，分步实施，做到改革力度、进度和社会可承受度相适应；三是把握政策导向，尊重司法规律，向办案一线、向边远贫困地区倾斜；四是以人民群众获得感为价值取向，着力解决好人民最关心、最直接、最现实的公平正义问题。由于我省改革思路清晰、举措具体可行，完全符合中央精神，成为第二批试点省市中第一个上报方案、第一个得到中央批准的省份。

改革试点推进过程中，我们先后制定下发了《关于司法体制改革试点中相关问题的工作意见》《关于司法体制改革试点中相关问题责任分工的通知》《关于在全省全面推开改革试点的工作方案》等配套文件，做到了"一环紧扣一环，一步紧跟一步"，"提高改革精确发力和精准落地能力，扎扎实实把改革举措落到实处"。

二、保持改革定力，最大限度地凝聚改革共识

深化司法体制改革是司法领域一场深刻的自我革命，正如习总书记指出的，"改的是体制机制，动的是既得利益"，必须"既勇于冲破思想观念的障碍，又勇于突破利益固化的藩篱"，"增强改革定力、保持改革韧劲"，"形成推进改革的强大合力"。改革试点中，我们遇到的最大障碍是不会改、不愿改的思想认识问题和不敢改、不碰硬的责任担当问题。有的地方、单位、干部对中央精神理解不深、把握不准，对推进改革的艰巨性、复杂性、关联性、系统性估计不足；有的人认为改革必然触及干警的切身利益，不改没风险，一改就容易产生矛盾得罪人，产生了不愿担当的畏难情绪；还有人错误理解改革目的就是涨工资、上待遇，一旦改革政策与心理预期不一致时，改革的热情和决心就会受到严重影响。对此，我们坚持唱响改革主旋律、激发改革正能量，努力营造拥护改革、支持改革、参与改革、力推改革的良好氛围。

首先，紧紧抓住领导干部这个"关键少数"。按照习总书记"全面深化改革，啃硬骨头、涉险滩，更需要领导干部敢于担当，尤其要牢固树立进取意识、机遇意识、责任意识"的要求，通过学习会、动员会、调研座谈会和督察督导等多种形式，引导各级领导干部坚定信心决心，当好改革的促进派、实干家。时任省委副书记楼阳生和省委常委、政法委书记王建明同志率先垂范，亲赴基层多次调研、听取司改情况汇报、督促相关问题的解决；各级政法单位领导观大势、顾大局，主要负责人当好第一责任人，层层传导压力、层层落实责任，生动展现了"龙头怎么摆，龙尾就怎么甩"的示范效应。

第二，积极发挥司改领导小组成员单位的统筹、协调、推动、保障作用。按照习总书记"要建好工作机制，做到既各司其职、各负其责又加强协作配合，形成工作合力"的要求，先后召开60多次各类会议，就司改试点中诸如人员编制财产上划、干部管理、法官检察官遴选、书记员配备等难点问题，与省委组织部、省编办、省发改委、省财政厅、省人社厅及省法、检等司改领导小组各成员单位充分协商，达成共识，形成了包含全省总方案、法检分方案和机构编制统一管理、财物上划、债务清偿等"1+8"改革制度体系，实现了中央改革精神在我省的有效落地。

第三，有针对性地做好宣传引导工作。按照习总书记"要高度重视做好思想政治工作，改革推进到哪一步，思想政治工作就要跟进到哪一步"的要求，坚持把思想政治工作贯穿改革试点始终。试点伊始，司改领导小组组长、副组长等领导同志就亲自授课，按照晋北、晋中、晋南、晋东南、省直划片，分5场为省、市、县政法各部门副处以上干部等共计1500余人进行了改革政策宣讲；中央政法委去年和今年7月两次司法体制改革推进会召开后，均及时向从事司改工作的全体同志传达精神，在要求法、检两院对全体干警进行培训的同时，省司改办相关同志分赴重点改革市县及单位进行专题辅导，有效消除了改革模糊认识。同时，及时总结第一批试点取得的成效，用改革成果增强每个干警的改革信心，使"早改早受益、早改早发展"认识深入人心。

三、扭住重点与关键环节，统筹司法改革在我省全面展开

司法体制改革是系统工程。据统计，中央深改组成立至今，共召开27次会议、通过151份改革文件，其中有18次会议涉及司法体制改革，审议通过了34份司法改革文件，范围之广、力度之大，前所未有。总书记强调："党的十八届三中、四中全会提出的司法体制改革任务，都是看准了的事情，都是必须改的，要坚定不移落实到位。"

"试点是改革的重要任务，更是改革的重要方法。试点能否迈开步子、趟出路子，直接关系改革成效。"完善司法责任制、推进司法人员分类管理、健全司法人员职业保障、推动省以下地方法院检察院人财物统一管理等四项改革，在深化司法体制改革中居于基础性地位，具有牵一发而动全身的重大意义。因此，我们坚持将四项制度改革试点作为本轮司改的重中之重，自2015年6月在长治市和太原市尖草坪区等1市8县区启动第一批试点以来，紧紧牵住司法责任制这个牛鼻子，督促法、检两院落实改革主体责任，同时，发挥省法官检察官遴选委员会的专业把关作用，严格标准与程序，为18个试点单位遴选员额制法官205名、员额制检察官172名，做到"凡是进入法官、检察官员额的，要在司法一线办案，对案件质量终身负责"，使专业化的新型办案团队在试点单位成为办案主体，入额院领导从在办公桌前批案子变为上法庭审案子，法官、检察官办案责任心明显增强，办案质量、效率稳步提升。我们还注重督办协调，根据改革的阶段性目标和时间表、路线图，既督促

改革方案及时出台、抓紧落实，又督察相关改革任务配套跟进，抓好进度统筹，督促协调相关部门完成了第一批试点单位人员编制上划省级统一管理工作，解决了临汾、运城两市13个基层法院检察院遗留近10年的公务员登记问题，一次为全省法院检察院招录司法辅助人员966名，为全省全面铺开改革试点积累了经验、奠定了基础。我省首批法官检察官遴选、聘任制书记员改革、解决人员超编混岗等工作也得到中央政法委充分肯定。

党的十八届三中全会明确提出，司法体制改革要确保法院、检察院依法独立公正行使审判权和检察权。习近平总书记指出，要“建立防止司法干预的‘防火墙’和‘隔离带’，为司法机关依法独立公正行使职权提供制度保障”。2015年3月，中央出台《领导干部干预司法活动、插手具体案件处理的记录、通报和责任追究规定》后，我们于同年7月即结合我省实际，起草制定了我省的实施细则，报省委深改组会议审议通过后，以省委、省政府“两办”文件印发，走在全国前列。为确保铁规发力、制度生威，我们严格落实规定要求，不断强化不能违、不敢违、不愿违的工作机制，对发现的问题线索紧盯不放、坚决查处，收到良好效果，使法官检察官抵制干扰、独立办案的勇气与能力显著提升，司法环境明显改善，人民群众更深切感受到改革带来的公平正义，严格公正司法得到更广泛的认同。

在改革呈现全面发力、多点突破、蹄疾步稳、纵深推进的良好态势下，按照中央和省委全面深化改革的总体要求，我们于8月31日召开了全省司法改革推进会，以司法责任制为核心的四项改革试点在全省全面铺开。为“扭住关键，精准发力”，我们以施工图方式明确了25项重点任务的改革路径、成果形式、时间进度，根据改革举措的轻重缓急、难易程度、推进条件，部署改革推进的步骤和次序，抓好各项改革任务的统筹协调。具体举措包括：“遵循司法规律，坚持正确的选人用人导向”，开展员额制法官检察官遴选工作，建设高素质的法官检察官队伍；严格落实司法责任制，构建新型办案机制，“保证法官、检察官做到以至公无私之心，行正大光明之事”；推进法官、检察官单独职务序列和工资制度改革试点，“加大对一线办案人员的工资政策倾斜力度，鼓励优秀人员向一线办案岗位流动”；科学推进省以下法院检察院人财物统一管理，确保审判权、检察权依法独立公正行使。

同时，还要统筹推进案件繁简分流、认罪认罚从宽、矛盾纠纷多元化解、以审判为中心的诉讼制度改革，以及公安、国家安全、司法行政等领域的改革，注意各项改革之间的耦合性和关联性，做到突出重点、配套衔接，把各项成果总结好、巩固好、发展好，努力使实践成果上升为制度成果，使改革更加精准地对接发展所需、基层所盼、民心所向，更好造福群众。

增强向党中央看齐的政治自觉

山西省中国特色社会主义理论体系研究中心

党的十八大以来，以习近平同志为总书记的党中央以身作则、率先垂范，带头改进作风、密切联系群众、务实推进工作，在改革发展稳定、内政外交国防、治党治国治军等各个方面都取得了巨大成就，赢得了广大人民群众的衷心拥护和支持，在全党全国产生了强大的示范效应，也强化了党员干部自觉向党中央看齐的行动自觉。实践证明，办好中国的事情，关键在党，加强党的领导关键要坚持党中央集中统一领导。全党只有在思想上政治上行动上同以习近平同志为总书记的党中央保持高度一致，才能使我们党更加团结统一、坚强有力，不断推进中国特色社会主义事业取得新的成就。

向党中央看齐是重大的政治原则

我们党是按照统一的指导思想、统一的政治纲领、严格的组织纪律组建起来的马克思主义政党。“集中统一”是我们党发展壮大的根本所在。因此，忠诚于党，向党中央看齐，维护党的团结统一，是重大的政治原则，是马克思主义政党本质属性和民主集中制原则的体现。

看齐是执政党建设规律的内在要求。列宁指出，“组织性就是行动一致，就是实际活动一致”。这就是说，马克思主义政党是由严格的组织纪律约束的党，党一方面通过严格的组织纪律，保证党在政治上、行动上的统一；另一方面，通过民主集中制的根本组织原则，使民主基础上的集中统一成为自己的鲜明标志。而党的建设实践也告诉我们，一个组织、一个政党，如果不能井然有序、步调一致，不仅难于发展壮大，就连自己存在的价值也没有了。苏共一个偌大的政党之所以顷刻间土崩瓦解，重要的原因就在于党在思想上、政治上和组织上的分裂。因此，只有具备了集中统一的认识与行动，才能真正具有生命力和战斗力，这是执政党建设的规律。各级党员干部只有做到个人利益服从党的利益，经常、主动向党中央看齐，党的团结统一才能显示出强大的力量，党的凝聚力、战斗力才能有效发挥。

看齐是党对自身建设经验教训的科学总结。向党中央看齐是在我们党自身建设实践中提出，并在实践中不断丰富发展的科学经验。在党的七大预备会议上，毛泽东同志曾经就此指出："要知道，一个队伍经常是不大整齐的，所以就要常常喊看齐，向左看齐，向右看齐，向中间看齐。我们要向中央基准看齐，向大会基准看齐。看齐是原则，有偏差是实际生活，有了偏差，就喊看齐。"无论在革命、建设时期，还是在改革开放发展中，我们党之所以能够由小到大，从弱到强，就是由于党在重大历史关头和重大问题上的统一思想、凝聚力量，使广大党员思想不迷向、行动不失范，使党的队伍始终保持方向一致、步调一致，由此推动党在艰难中成长壮大、在挑战中阔步前行。而实践中那种各拿各的号、各吹各的调，各取所需、各行其是的后果，不仅分散了党的资源精力，造成矛盾对立，而且都产生了严重的政治恶果，王明、张国焘的错误是如此，林彪、"四人帮"，以及周永康、薄熙来的问题同样如此，这样的教训，我们必须汲取。

看齐是在党的领导下推进新的伟大斗争的现实需要。经历30多年改革发展之后，党和国家的事业站在了新的历史起点上。我们党正在进行具有许多新的历史特点的伟大斗争，带领全国人民为实现民族复兴的中国梦和"两个一百年"奋斗目标而努力。同时，我们今天所处的国际国内形势与过去相比，更加严峻复杂，党面临的考验更加尖锐突出。特别是随着党员队伍的不断壮大，思想观念、价值取向更加多样，形成共识的难度加大；敌对势力利用各种手段散布有害信息，歪曲事实、颠倒黑白、混淆是非，千方百计地遏制我国发展，破坏社会稳定，妄图动摇马克思主义的指导地位，颠覆社会主义制度，否定中国共产党的领导。在这样的背景之下，我们比任何时候都更需要一个坚强的领导核心，都更需要践行"党的力量来自组织，组织能使力量倍增"，都更需要强化看齐意识，自觉维护中央权威。从这样的意义上说，现实实践中一些党组织和党员干部中存在的理想信念不坚定、贯彻党的路线方针政策不坚决、党的领导弱化、党的观念淡漠、组织涣散、纪律松弛、管党治党失之于宽、松、软的问题，已经成为影响党的事业发展的突出问题。解决这些问题，找准基准、自觉"看齐"是一条最为重要的途径。各级党组织和广大党员干部只有增强看齐意识，自觉维护中央权威，以看齐保持同向、以同向保持合力，才能增强党的凝聚力和向心力，带领各族人民同心同德为实现党的奋斗目标而努力。

向党中央看齐具有科学的内涵与要求

向党中央看齐，从根本上说就是要始终在思想上政治上行动上同以习近平同志为总书记的党中央保持高度一致，向党的理论和路线方针政策看齐，向党的十八大和十八届三中、四中、五中全会精神看齐，向党中央改革发展稳定、内政外交国防、治党治国治军各项决策部署看齐。这些内涵规定与根本要求具体到党员干部身上，就是要在思想上同心同德、政治上坚定自信、组织上服从安排、作风上严守底线、行动上高度自觉。

一是要在思想上同心同德。思想是行动的先导，是一切"看齐"的基础。党员干部在思想上向党中央看齐，首先要坚定共产主义理想信念，坚持不懈地用党的理论创新成果武装头脑，深入学习习近平总书记系列重要讲话精神和党的十八大，十八届三中、四中、五中全会精神，深刻领会党中央治国理政新理念、新思想、新战略，吃准、吃透中央各项大政方针和决策部署，坚定对党中央的信任、信赖和信心，始终保持思想上的共通共鸣。当前，要结合"两学一做"学习教育，学好弄懂党章党规、学深悟透讲话精神，自觉加强党性修养，真正做到虔诚而执著、至信而深厚，打牢"看齐"的思想基础。

二要在政治上坚定自信。政治性是党的本质属性的根本体现，是共产党员党性原则的基本要求。党员干部在政治上向党中央看齐，就是要始终如一地听党话、跟党走，保持在基本制度、基本理论、基本道路上的坚定不移，做政治上的明白人。体现在具体行动上，就是要坚定不移地坚持党的领导，坚决维护中央权威和党的集中统一，自觉同以习近平同志为总书记的党中央保持高度一致，增强政治敏锐性和政治鉴别力，在大是大非面前保持清醒头脑，做到政治信仰不变、政治立场不移、政治方向不偏，严守政治纪律和政治规矩，理直气壮地批歪理、驳邪说，维护纪律规矩的权威，对那种在政治上阳奉阴违、自由任性的议论与行为绝不容忍、绝不姑息，把爱党、兴党、护党落实到工作生活的各个环节。

三要在组织上服从安排。党员干部在组织上向党中央看齐，就是要相信组织、依靠组织、服从组织，自觉接受组织安排和纪律约束，自觉维护党的团结统一。要强化服从意识、号令意识，坚持个人服从组织、下级服从上级、少数服从多数、全党服从中央的组织原则，不讲借口、不提条件、不打折扣，对于党组织部署的各项任务都态度坚决、行动迅速、执行有力。要知恩感恩报恩，时刻牢记自己的成长进步离不开组织的关心、教育和培养，始终与组织同心同行、同频共振，甘当"垫脚石""铺路砖"。要坚持民主集中制原则，用好批评与自我批评的有力武器，主动纠治"不齐"表现、深挖"不齐"根源，深入持久跟"不会看齐""不愿看齐"现象做斗争，第一时间做好功课、尽好义务、干好工作。

四要在作风上严守底线。党员干部在作风上向党中央看齐，就是要坚持原则、严以律己、锤炼品格，坚决抵制歪风邪气，自觉树立为民务实清廉的良好形象。要继承和发扬党的优良传统，坚持实事求是、理论联系实际、密切联系群众、艰苦奋斗、勤俭办事的好作风，把道德修养作为人生的必修课，心存敬畏、手握戒尺，自觉抵制各种诱惑，耐得住清贫，经得起考验，清清白白为官、干干净净做事、堂堂正正做人，坚持以身作则、树好榜样，以严于律己的行为为党增光添彩。

五要在行动上高度自觉。喊破嗓子不如做出样子。向党中央看齐，关键要体现在行动上。要在工作思路上与党中央看齐，凡是中央确定的战略谋划和决策部署，都要结合本地区本部门发展实际，主动承接、扎实推进，不打折扣、不走过场，坚决杜绝“中梗阻”“肠梗阻”现象，确保目标任务一项项落地见效、规划蓝图一步步变为现实。要在干事创业上向党中央看齐，凡是有利于国家利益、大局发展的工作，凡是有利于党和人民、功在长远的事，都要干成干好；凡是华而不实、好大喜功的事，都坚决不干；凡是违法乱纪、损民害党的事，不仅不能干，更要敢于亮剑、坚决斗争。要在实际工作中向党中央看齐，敢于担当、脚踏实地，不做太平官、庸懒官、无为官，以极端负责的态度，面对工作不等不靠，面对矛盾不躲不闹，面对问题不推不绕，高标准严要求，自觉做到不该说的话坚决不说，不能干的事坚决不干。

向党中央看齐要落实到党员干部的自觉行动上

习近平总书记明确指出，同党中央保持高度一致“必须是具体的，不能光口头讲讲，要落实在各个方面、各项工作上。”这就表明，自觉、主动向党中央看齐，既离不开党组织的有力推动，更需要党员干部的高度自觉。各级党组织和领导干部要带头做好表率，切实把向党中央看齐体现在思想和工作的各个方面。

增强看齐意识，坚定看齐的政治自觉。如何把看齐作为重大的政治责任、思想自觉和行为准则，作为应有的价值追求和党性觉悟，是增强看齐意识的前提。这就要求各级党委党组和党员领导干部必须把以上率下作为基本工作方法，一级做给一级看，一级带着一级干，上级带动下级、一级带动一级，向党中央看齐。各级领导干部不仅要在看齐上思想认识到位，更要做看齐的践行者、推动者，主动承担起组织领导和检查督促的主体责任；既要主动向上看齐、修正偏差，又要敢于叫响向我看齐、立标杆作示范，形成层层看齐、层层表率的领导局面。广大党员要以“两学一做”为契机，用党规党章和讲话精神武装头脑、统一思想，进一步坚定理想信念、提高党性觉悟，切实增强政治意识、大局意识、核心意识和看齐意识。各级新闻媒体、党报党刊要及时刊载文章，深入阐释向党中央看齐的重大意义和内涵要求，及时报道看齐涌现出的典型事迹和先进个人，充分发挥榜样的引领示范作用；及时报道各地区各部门的看齐举措、经验和成效，在广大党员干部中汇聚起看齐的强大力量。

结合工作实际，形成看齐的具体行动。向党中央看齐，就是要把贯彻中央精神与本地区本部门实际结合起来，把中央决策部署转化为具体的实践成果，为一域争光，为全局添彩。从山西的实际来说，就是要从省委、省政府深入学习习近平总书记系列重要讲话精神、学习以习近平同志为总书记的中央领导集体崇尚实干、勇于担当、廉洁自律优良作风的实际行动中，学习省委、省政府坚决拥护和维护党中央权威、自觉向党中央看齐的政治立场；学习省委、省政府坚持五大发展理念，完成六大发展任务、体现“五句话”发展要求的工作思路；学习省委、省政府坚决贯彻全面从严治党要求、抓好“两个责任”落实的主动作为；学习省委、省政府推动各级党组织列明列清列细问题清单、责任清单、整改清单的严肃态度；学习省委、省政府大力实施“六权治本”，更好地运用法治思维和法治方式破解难题、推动工作的科学方法；学习省委、省政府坚持“德才兼备、以德为先、以廉为基”的用人导向、加强对领导干部特别是“一把手”监督管理的责任行为；学习省委、省政府着力引深“三个突破”、以“四创联动”推进供给侧结构性改革和做好煤和非煤“两篇大文章”的创新举措。省委、省政府认真落实中央重大工作部署和各项改革举措的这些实践，为全省党员干部向党中央看齐作出了表率，党的各级组织和广大党员都要向省委、省政府那样，以积极有为的工作成效，把向党中央看齐的要求转化为贯彻落实党中央决策部署的实际成果。

严肃党规党纪，构建看齐的长效机制。做到经常、主动向党中央看齐，还必须完善看齐的落实机制，加大督促检查力度，为自觉向党中央看齐提供制度保障。各级党委要在党员的学习教育、日常管理、选拔任用、监督约束等方面树立起“坚决看齐”的鲜明导向，特别是要把看齐意识作为干部教育的重要内容，作为干部选拔任用的重要标准，推动党员干部在思想政治素养上有一个大的提高。各级党组织要全面落实管党治党主体责任，依法依规做好分内之事，履行好法定职责，以铁的纪律保障党的主张经由党组织和成员的严格执行变为具体实践。要加大监督执纪问责力度，结合“两学一做”学习教育，以党章党规党纪为指针，以做合格党员为标准，不论职务高低、功劳大小，有纪必依、违纪必肃，特别是对口无遮拦、妄议中央，阳奉阴违、弹性落实，违法乱纪、胆大妄为等现象从严从重依规处理。各级领导干部要以身作则、率先垂范，主动维护纪律，对一切违纪行为敢抓敢管、勇于亮剑，维护纪律的严肃性权威性。

人　　物

一、年度履职山西的省军级领导简历

骆惠宁

骆惠宁同志简历见本书中国共产党山西省第十一次代表大会专栏。

任建华

任建华同志简历见本书中国共产党山西省第十一次代表大会专栏。

李清涛

李清涛

李清涛，男，汉族，河北赵县人，1963年10月出生，1981年10月入伍，1984年入党，本科学历，大校警衔。

1981年10月，天津市公安局武装民警支队战士；1984年11月，武装天津市总队三支队六中队排长；1986年4月，武警天津市总队政治部组织处副连职干事；1989年12月，武警天津市总队政治部组织处正连职干事；1990年2月，武警天津市总队共青团指导委员会办公室副主任；1993 年2月，武警天津市总队政治部宣传处副处长；1996年3月，武警天津市总队政治部组织处副处长；1998年12月，武警天津市总队政治部组织处处长；2002年12月，武警天津市总队五支队政治委员；2004年5月，武警天津市总队政治部副主任；2009年12月，武警天津市总队政治部主任；2014年12月，武警天津市总队副政治委员；2016年7月，武警山西省总队政治委员。

二、年度调离山西的省军级领导简历

王儒林

王儒林

王儒林，男，汉族，河南濮阳人，1953年4月生于吉林抚松，1969年4月参加工作，1973年11月加入中国共产党，在职研究生学历，经济学硕士学位。

1969年4月至1970年6月，吉林省抚松县露水河镇清水河大队知青；1970年6月至1974年4月，吉林省露水河林业局线路队工人、团支部书记；1974年4月至1975年3月，任吉林省露水河林业局团委副书记；1975年3月至1975年5月，在吉林省直机关第一期青干班学习；1975年5月至1984年3月，吉林省农林办公室、省委农工部、省委农研室干事；1984年3月至1985年7月，任吉林省前郭县八郎乡党委副书记、书记(1980年9月至1985年7月，吉林农业大学农业经济专业在职大学学习)；1985年7月至1986年11月，任吉林省前郭县副县长；1986年11月至1987年8月，任共青团吉林省委副书记、党组副书记；1987年8月至1991年4月，任共青团吉林省委书记、党组书记；1991年4月至1992年10月，任吉林省四平市委副书记；1992年10月至1993年1月，任吉林省通化市委副书记、代市长；1993年1月至1994年10月，任吉林省通化市委副书记、市长(1990年8月至1993年4月，吉林大学经济管理学院国民经济计划与管理专业在职研究生学习，获经济学硕士学位)；1994年10月至1995年4月，任吉林省通化市委书记；1995年4月至1997年12月，任吉林省通化市委书记、市人大常委会主任(其间:1996年9月至1997年7月，中央党校中青年干部培训班学习)；1997年12月至1998年4月，任吉林省延边朝鲜族自治州委书记；1998年4月至2000年12月，任吉林省委常委、延边朝鲜族自治州委书记；2000年12月至2001年12月，任吉林省委常委、政法委书记；2001年12月至2004年12月，任吉林省委常委、副省长；2004年12月至2007年3月，任吉林省委常委、长春市委书记；2007年3月至2007年5月，任吉林省委常委；2007年5月至2009年12月，任吉林省委副书记；2009年12月至2010年1月，任吉林省委副书记、代省长；2010年1月至2012年12月，任吉林省委副书记、省长；2012年12月至2013年1月，任吉林省委书记；2013年1月至2014年8月，任吉林省委书记、省人大常委会主任；2014年8月至2014年9月，任山西省委书记；2014年9月至2016年6月，任山西省委书记，省人大常委会主任、党组书记；2016年7月，第十二届全国人民代表大会农业与农村委员会副主任委员。

第十七届中央候补委员，第十八届中央委员，第十五大、十六大、十七大、十八大代表，第八届、十届、十一届、十二届全国人大代表。

李小鹏

李小鹏

李小鹏，男，汉族，1959年6月生，四川省成都市人．1985年5月加入中国共产党，1982年8月参加工作，大学学历，高级工程师。

1978年10月至1982年8月，华北电力学院电力工程系发电厂及电力系统专业学习：1982年8月至1989年8月，电力科学研究院系统所技术员、助理工程师、工程师（其间：1987年2月至1988年2月，加拿大安大略水电局、曼尼吐巴直流高压输电研究中心、曼尼吐巴大学进修培训）；1989年8月至1990年8月，电力科学研究院计划经营处副处长；1990年8月至1991年10月，电力科学研究院电力技术经济研究所所长（1989年4月至1991年4月，北京经济函授大学经济管理专业专科班学习）；1991年10月至1993年6月，华能国际电力开发公司总经理助理；1993年6月至1994年6月，华能国际电力开发公司副总经理、分党组成员；1994年6月至1995年10月，华能国际电力开发公司副总经理、分党组成员兼华能国际电力股份有限公司董事、副总经理；1995年10月至1996年3月，华能国际电力开发公司副董事长、总经理、分党组成员兼华能国际电力股份有限公司副董事长、总经理；

1996年3月至1999年3月，华能国际电力开发公司副董事长、总经理、党组副书记兼华能国际电力股份有限公司副董事长、总经理；1999年3月至1999年12月，华能国际电力开发公司董事长、总经理、党组书记兼华能国际电力股份有限公司董事长、总经理；1999年12月至2001年12月，中国华能集团公司董事、总经理、党组书记兼华能国际电力开发公司董事长、总经理，华能国际电力股份有限公司董事长、党组书记；2001年12月至2002年12月，国家电力公司副总经理、党组成员兼中国华能集团公司董事长、总经理、党组书记，华能国际电力开发公司董事长、总经理，华能国际电力股份有限公司董事长、党组书记（2001年3月至2002年1月，中央党校一年制中青年干部培训班学习）；2002年12月至2008年5月，中国华能集团公司总经理、党组书记兼华能国际电力开发公司董事长，华能国际电力股份有限公司董事长、党组书记（其间：2006年5月至2006年7月，中央党校省部级干部进修班学习）；2008年5月至2008年6月，山西省委常委；2008年6月至2010年6月，山西省委常委、副省长；2010年6月至2012年12月，山西省委常委、副省长（负责常务工作），省政府党组副书记，山西行政学院院长；2012年12月至2013年1月，山西省委副书记、代省长，省政府党组书记，山西行政学院院长；2013年1月至2016年8月，山西省委副书记、省长、省政府党组书记；2016年9月，交通运输部部长。

第十八届中央候补委员，第十七大、十八大代表，第十一届全国人大代表。第九届、十届省委委员。

吴政隆

吴政隆

吴政隆，男，汉族，1964年11月生，江苏高淳人，大学学历，工学学士，高级工程师，1984年8月参加工作，1987年11月加入中国共产党。

1980年9月至1984年8月，在太原机械学院机械工程系机械制造工艺与设备专业学习；1984年8月至1987年1月，兵器工业部民品办公室、综合计划处干部(其间：1984年8月至1985年2月，在内蒙古第一机器制造厂实习)；1987年1月至1988年4月，国家机械工业委员会发展规划司军民结合处干部；1988年4月至1990年12月，机械电子工业部综合计划司军民结合处干部；1990年12月至1993年12月，机械电子工业部、机械工业部办公厅部长办公室秘书；1993年12月至1996年6月，任机械工业部办公厅部长办公室副处级秘书；1996年6月至1998年3月，任机械工业部办公厅部长办公室正处级秘书；1998年3月至1999年6月，任国家发展计划委员会办公厅秘书(1996年12月至1998年11月，在中国社会科学院研究生院投资系投资管理学专业研究生课程班在职学习)；1999年6月至1999年12月，任国家机械工业局、中国机械装备集团公司办公室主任(副局级)；1999年12月至2002年12月，任重庆市政府办公厅副主任；2002年12月至2003年2月，任重庆市万州区委副书记、副区长、代区长；2003年2月至2007年2月，任重庆市万州区委副书记、区长；2007年2月至2007年5月，任重庆市万州区委书记；2007年5月至2013年5月，任重庆市委常委、万州区委书记(其间：2009年9月至2009年11月，在中央党校省部级干部进修班学习)；2013年5月至2013年11月，任重庆市委常委、秘书长，万州区委书记；2013年11月至2014年9月，任重庆市委常委、秘书长；2014年9月至2016年10月，任山西省委常委、太原市委书记；2016年10月，任江苏省委副书记、南京市委书记。

第十八届中央候补委员、十二届全国人大代表。

付建华

付建华

付建华，男，汉族，辽宁昌图人，1958年7月生，1976年8月参加工作，1995年12月加入中国共产党，研究生学历，工学硕士学位。

1976年8月至1978年10月，辽宁省大洼县新兴农场知青；1978年10月至1982年9月，阜新矿业学院采矿工程系采煤工程专业学习；1982年9月至1985年8月，中国矿业大学采矿工程系通风安全专业研究生；1985年8月至1988年4月，煤炭部安全监察局通风处干部；1988年4月至1992年8月，中国统配煤矿总公司安全管理局工程师；1992年8月至1993年9月，任中国统配煤矿总公司安全管理局副处长；1993年9月至1996年5月，任煤炭部安全司通风处副处长；1996年5月至1998年8月，任煤炭部安全司通风处处长；1998年8月至1999年12月，任国家经贸委安全生产局监督一处调研员（其间:1998年10月至1999年1月，在中央党校国家机关分校经贸委支部学习）；1999年12月至2000年5月，任国家煤炭工业局（国家煤矿安全监察局）安全监察司筹备组副组长；2000年5月至2001年3月，任国家煤炭工业局（国家煤矿安全监察局）安全监察司副司长；2001年3月至2001年11月，任国家安全生产监督管理局（国家煤矿安全监察局）煤矿安全监察一司副司长；2001年11月至2003年11月，任国家安全生产监督管理局（国家煤矿安全监察局）煤矿安全监察一司司长；2003年11月至2005年2月，任国家安全生产监督管理局（国家煤矿安全监察局）煤矿监察一司司长（其间：2004年9月至2005年1月，在中央党校地厅级干部进修班学习）；2005年2月至2011年4月，任国家煤矿安全监察局副局长（其间:2010年3月至2010年7月，在中央党校中青年干部培训班第28期学习）；2011年4月至2011年5月，任国家安全生产监督管理总局党组成员、国家煤矿安全监察局副局长；2011年5月至2012年2月，任国家安全生产监督管理总局副局长、党组成员；2012年2月至2014年9月，任国家安全生产监督管理总局副局长、党组成员，国家煤矿安全监察局局长；2014年9月至2014年10月，任山西省委常委、省政府党组成员；2014年10月至2016年10月，任山西省委常委、副省长，省政府党组成员；2016年11月，任国家安全生产监督管理总局副局长。

第十八届中央纪委委员、十八大代表。

冷杰松

冷杰松

冷杰松，男，山东海阳人，1961年生，1979年入伍，1982年入党，少将军衔。

1979年11月至1982年5月，北京卫戍区警卫第三师侦察连战士；1982年5月至1983年6月，北京军区侦察教导大队学员；1983年6月至1984年3月，任北京卫戍区警卫第三师侦察连三排排长；1984年3月至1985年4月，任北京卫戍区警卫第三师司令部侦察科参谋；1985年4月至1986年1月，任北京卫戍区警卫第三师侦察连副连长；1986年1月至1988年6月，任北京卫戍区警卫第三师侦察连连长；1988年6月至1990年11月，任北京卫戍区警卫第三师十三团三营营长；1990年11月至1991年12月，任北京卫戍区警卫第三师十三团特种营营长；1991年12月至1996年6月，任北京卫戍区警卫第三师十三团副团长；1996年6月至1996年12月，任北京卫戍区警卫第三师副参谋长；1996年12月至1998年12月，任北京卫戍区警卫第三师十二团团长；1998年12月至2000年12月，任北京卫戍区警卫第三师十一团团长；2000年12月至2006年5月，任北京卫戍区警卫第三师参谋长；2006年5月至2009年12月，任北京卫戍区警卫第三师师长；2009年12月至2013年12月，任六十五集团军副军长；2013年12月，任山西省军区司令员，2016年8月，任内蒙古军区司令员。

刘振所

刘振所

刘振所，男，汉族，山东莱阳人，1963年4月生，1979年11月入伍，1983年4月入党，研究生学历，少将警衔。

1979年11月，北京卫戍区警卫二师独立营战士；1981年9月，石家庄陆军学院一大队一中队学员；1984年6月，武警北京总队四支队一中队排长；1985年6月，武警北京总队四支队政治处干部股干事；1988年6月，武警北京总队政治部干部处干事；1990年9月，武警北京总队政治部干部处副处长；1995年12月，武警部队政治部干部部任免处干事；1997年12月，武警部队政治部干部部任免处正团职干事；1999年8月，武警部队政治部干部部任免处副处长；2001年7月，赴西藏艰苦地区代职锻炼一年；2002年8月，武警山东总队政治部副主任；2004年3月，国防大学基本系中青年领导干部培训班学习；2006年5月，武警黑龙江总队政治部主任；2012年10月，武警山西总队政治委员；2016年5月，武警北京总队政治委员。

十二届全国人大代表。

三、年度职务变动的省级领导简历

楼阳生

楼阳生同志简历见本书中国共产党山西省第十一次代表大会专栏。

黄晓薇

黄晓薇同志简历见本书中国共产党山西省第十一次代表大会专栏。

孙绍骋

孙绍骋同志简历见本书中国共产党山西省第十一次代表大会专栏。

王伟中

王伟中同志简历见本书中国共产党山西省第十一次代表大会专栏。

胡苏平

胡苏平

胡苏平，女，汉族，1956年8月生，山西五台人，1974 年2月参加工作，1975 年4月加入中国共产党，在职研究生学历，管理学博士学位。现任山西省人大常委会副主任、党组副书记。

1974年2月至1976年12月，忻县播明公社知青；1976 年12月至1979年9 月，太原工学院电子系半导体器件专业学习；1979年9月至1984年7月，太原工学院电子系分团委副书记、政治辅导员；1984年7月至1988年8月，太原工业大学团委副书记；1988年8月至1990年7月，太原工业大学计算机系副主任；1990年7月至1992年12月，太原工业大学计算机系党总支书记；1992年12月至1994年11月，太原工业大学党委副书记（其间:1993年9月至1994年7月，中央党校中青年干部培训班学习）；1994年11月至1998年5月，山西省国防科工委党委副书记（1993年9月至1996年1月，中央党校经济管理专业学习）；1998年5月至2001年1月，省国防科工委党委书记；2001年1月至2004年2月，太原市委副书记；2004 年2月至2004年4月，运城市委副书记、代市长；2004年4月至2005年12月，运城市委副书记、市长（2002年4月至2005年11月，南京航空航天大学管理科学与工程专业学习，获管理学博士学位）2005年12月至2008年12月，山西省副省长；2008年12月至2009年1月，山西省委常委、宣传部部长，副省长；2009年1月至2016年11月，山西省委常委、宣传部部长；2016年11月，山西省人大常委会党组副书记。

十一届、十二届全国人大代表。

罗清宇

罗清宇同志简历见本书中国共产党山西省第十一次代表大会专栏。

张建欣

张建欣

张建欣，女，汉族，1955年10月生，河北无极县人，1975年6月加入中国共产党，1973年10月参加工作，在职研究生学历，经济学硕士学位。现任山西省人大常委会副主任、党组副书记。

1973年10月至1976年6月，太原市南郊区小店公社知青；1976年6月至1978年3月，太原市南郊区郝庄公社团委书记；1978年3月至1982年3月，太原重型机械学院基础部应用力学专业学习；1982年3月至1984年2月，太原市标准计量局标准科负责人；1984年2月至1985年2月，太原市第一毛纺织厂党委副书记；1985年2月至1992年4月，太原市第一毛纺织厂党委书记；1992年4月至1994年11月，太原市第一毛纺织厂厂长（1989年9月至1992年6月，吉林大学经管系国民经济计划和管理专业在职研究生学习，获经济学硕士学位）；1994年11月至2000年6月，省纺织总会副会长、党组成员；2000年6月至2001年5月，晋城市委常委、副市长（2000年3月至2000年7月，中央党校进修二班学习）；2001年5月至2003年1月，晋城市委副书记；2003年1月至2003年4月，朔州市委副书记；2003年4月至2006年2月，朔州市委副书记、市长；2006年2月至2009年1月，忻州市委书记；2009年1月至2016年1月，山西省副省长；2016年1月，山西省人大常委会副主任、党组副书记。

中共十七大代表，十届全国人大代表，九届、十届、十一届山西省委委员。

四、年度新任职的省级领导简历

罗清宇

罗清宇同志简历见本书中国共产党山西省第十一次代表大会专栏。

张吉福

张吉福同志简历见本书中国共产党山西省第十一次代表大会专栏。

王清宪

王清宪同志简历见本书中国共产党山西省第十一次代表大会专栏。

廉毅敏

廉毅敏同志简历见本书中国共产党山西省第十一次代表大会专栏。

王　赋

王　赋

王赋，男，汉族，1962年3月生，山西浑源人，1986年8月参加工作，1985年4月加入中国共产党，研究生学历，经济学硕士、公共管理硕士学位。现任副省长，省发改委主任、党组书记，省转型综改办主任。

1980年9月至1984年8月，中国人民大学计划统计系统计学专业学习；1984年8月至1986年8月，中国人民大学统计学专业硕士研究生；1986年8月至1988年8月，国家物价领导小组办公室干部；1988年8月至1991年10月，国务院物价委员会办公室副处长；1991年10月至1993年10月，国家物价局农产品价格司综合处副处长；1993年10月至1995年12月，国家计委市场与价格调控司价格计划规划处副处长；1995年12月至1999年2月，国家计委价格调控司综合处处长（1994年12月至1997年9月，挂职任四川省广元市市长助理，苍溪县委副书记、副县长）；1999年2月至2000年6月，省体改委副主任、党组成员；2000年6月至2001年1月，运城行署副专员；2001年1月至2004年3月，运城市副市长；2004年3月至2009年12月，省发改委副主任、党组成员（其间：2005年3月至2006年1月，新加坡南洋理工大学公共管理专业学习，获公共管理硕士学位）；2009年12月至2010年5月，省发改委副主任、党组副书记；2010年5月至2012年1月，省发改委副主任、党组副书记，省援疆工作前方指挥部总指挥（正厅长级，2010年8月，挂职任新疆昌吉州委副书记）；2012年1月至2012年3月，省发改委副主任、党组书记，省援疆工作前方指挥部总指挥、新疆昌吉州委副书记；2012年3月至2016年12月，省发改委主任、党组书记，省转型综改办主任，省援疆工作前方指挥部总指挥、新疆昌吉州委副书记（2013年3月免）；2016年12月，副省长，省发改委主任、党组书记，省转型综改办主任。

十二届全国人大代表。

高卫东

高卫东

高卫东，男，汉族，1957年11月生，山西吕梁人，1986年6月加入中国共产党，1975年8月参加工作，中央党校研究生学历，农学学士学位。

1975年8月至1976年11月，青海省大通县朔北公社李家堡村知青；1976年11月至1978年9月，青海省粮食局粮油防治队化验员；1978年9月至1982年7月，青海工农学院农学系农学专业学习；1982年7月至1983年1月，青海省劳改局德令哈农场干部；1983年1月至1990年12月，青海省商业厅粮油综合处干部、副主任科员；1990年12月至1993年5月，青海省商业厅粮油综合处副处长；1993年5月至1995年9月，青海省政府办公厅二处副处级干部、副处长；1995年9月至1997年3月，青海省政府办公厅秘书一处正处级秘书；1997年3月至1998年9月，青海省委常委办公室正处级秘书；1998年9月至1999年6月，青海省委办公厅副主任；1999年6月至1999年8月，山西省委办公厅副厅级干部；1999年8月至2002年2月，山西省委办公厅副主任；2002年2月至2003年1月，山西省委副秘书长；2003年1月至2006年2月，山西省委常务副秘书长(正厅级)；2006年2月至2006年5月，运城市委副书记、代市长；2006年5月至2008年2月，运城市委副书记、市长；2008年2月至2012年1月，运城市委书记(2005年7月至2008年7月中央党校在职研究生经济管理专业学习)；2012年1月至2016年1月，吕梁市委书记；2016年1月至2016年5月，山西省人大常委会副主任，吕梁市委书记；2016年5月，山西省人大常委会副主任。

中共十八大代表，十一届全国人大代表，九届、十届省委委员。

张　璞

张　璞

张璞，男，汉族，1956年9月生，山西临汾人，1976年6月加入中国共产党，1974年7月参加工作，中央党校研究生学历,工学学士学位。

1974年7月至1978年3月，太原市北郊区小井峪公社后北屯大队知青；1978年3月至1982年1月，太原重型机械学院机械二系起重输送机械专业学习；1982年1月至1984年8月，山西机器厂设计科技术员,团委副书记、书记；1984年8月至1990年1月，共青团太原市委副书记（其间：1986年9月至1989年7月，中央党校培训部八六级培训班学习）；1990年1月至1993年1月，阳曲县委副书记；1993年1月至1993年3月，阳曲县委副书记、代县长；1993年3月至1995年6月，阳曲县委副书记、县长（1992年3月至1995年6月，山西省农业广播电视学校农学专业学习）；1995年6月至1995年11月，清徐县委副书记、代县长；1995年11月至2000年9月，清徐县委书记；2000年9月至2003年3月，太原市副市长；2003年3月至2007年5月，太原市委常委、副市长；2007年5月至2007年6月，晋中市委副书记、代市长；2007年6月至2011年3月，晋中市委副书记、市长；2011年3月至2016年1月，晋中市委书记；2016年1月，山西省政协副主席，晋中市委书记。2016年7月，山西省政协副主席。

中共十八大代表，十一届全国人大代表，十届省委委员。

姜新文

姜新文

姜新文，男，汉族，1956年11月生，山西忻州人，1983年4月加入中国共产党，1976年12月参加工作，中央党校大学学历。

1976年12月至1977年4月，忻县合作商店职工；1977年4月至1983年9月，忻县商业局团总支副书记、团委书记；1983年9月至1985年8月，忻州地委党校大专培训班学习；1985年8月至1989年1月，共青团忻州市委副书记；1989年1月至1990年8月，共青团忻州市委书记；1990年8月至1991年4月，忻州市委副秘书长；1991年4月至1992年12月，忻州地委、行署接待处副处长；1992年12月至1995年3月，忻州地委、行署接待处处长；1995年3月至1997年3月，忻州地委副秘书长，地委、行署接待处处长；1997年3月至2000年9月，忻州地委秘书长(其间：1997年8月至1999年12月，中央党校领导干部函授本科班经济管理专业学习)；2000年9月至2001年1月，忻州市委秘书长；2001年1月至2003年3月，忻州市委常委、秘书长；2003年3月至2008年3月，省委副秘书长；2008年3月至2015年6月，省委常务副秘书长（正厅级）；2015年6月至2016年1月，省委常务副秘书长、办公厅主任；2016年1月，山西省政协副主席，省委常务副秘书长、办公厅主任。2016年9月，山西省政协副主席。

十届省委委员，省十二届人大常委。

五、年度离职的省级领导简历

李政文

李政文

李政文，男，汉族，1952年2月生，山西省垣曲县人，1971年1月加入中国共产党，1971年10月参加工作，中共山西省委党校在职大专学历，工商管理硕士学位。

1971年10月至1975年6月，中共山西省垣曲县委办事组、人防办干事；1975年6月至1982年6月，山西省垣曲县古城公社人武部长；1982年6月至1984年2月，中共山西省垣曲县上壬公社党委副书记兼人武部长；1984年2月至1989年11月，山西省垣曲县英言乡乡长、党委书记，新城镇党委书记；1989年11月至1993年5月，中共平陆县委常委、纪委书记；1993年5月至1994年3月，中共平陆县委副书记；1994年3月至1995年12月，中共闻喜县委副书记、县长；1995年12月至1996年8月，中共山西省纪委常委；1996年8月至2000年10月，中共山西省纪委常委、秘书长；2000年10月至2002年6月，中共山西省纪委常委，太原市委常委、纪委书记；2002年6月至2003年1月，中共山西省纪委常委，太原市委副书记、纪委书记；2003年1月至2006年10月，山西省人民政府秘书长；2006年10月至2006年11月，中共山西省委常委、省人民政府秘书长；2006年11月至2006年12月，中共山西省委常委；2006年12月至2011年1月，中共山西省委常委、统战部长（2008年9月至2009年4月主持临汾市委全面工作)；2011年1月至2011年10月，中共山西省常委、省委秘书长；2006年10月，在中共山西省第九届委员会第一次全体会议上当选为中共山西省委常委；2011年10月至2012年1月，中共山西省委秘书长；2012年1月，山西省第十一届人大第六次会议上当选山西省人大常委会副主任、党组副书记；2016年1月，辞任山西省人大副主任。

安焕晓

安焕晓

安焕晓，女，汉族，1952年4月生，河北省定州市人，中央党校函授本科学历，教育硕士学位，1971年8月加入中国共产党，1971年7月参加工作。

1969年入大同师范学校学习；参加工作后历任大同师范附小教师兼校团委副书记，大同市教育局干事，共青团大同市委常委、组织部部长，大同市新荣区新荣公社副主任，团省委干事，团省委组织部部长、常委；1982年入山西大学中文系干部专修科汉语言文学专业脱产学习；1988年任团省委副书记；1993年任晋中地区行署副专员；1995年任省教委副主任；1998年兼任省教育学院院长、党委副书记；2000年任省教育厅副厅长（正厅级）；2002年任省计划生育委员会主任、党组书记；2004年任省人口和计划生育委员会主任、党组书记；2008年1月任省十一届人大常委会副主任；2016年1月，辞任山西省人大副主任。

省九次党代会代表，九届省委委员，省七次、八次党代会当选为省纪委委员，省十一届人大代表。

李雁红

李雁红

李雁红，男，汉族，1952年9月生，山西省盂县人，研究生学历，工商管理硕士学位，1974 年10月加入中国共产党，1968年10月参加工作。

参加工作后先在浑源县西留公社东道口大队插队，后在大同市转播电台工作；1974年入山西大学中文系汉语言文学专业学习；毕业后历任省委文教部干事、省委办公厅秘书，太原市政府办公厅办公室副主任，太原市委办公厅副秘书长兼市新闻中心主任，省委办公厅正处级秘书，省委办公厅综合处处长；1988年任古交市委书记；1991年任太原市委常委、宣传部部长；1996年任太原市委副书记；2000年任太原市委常委、副书记（正厅级）；2003年任晋城市委副书记、市长；2005年任晋城市委书记；2008年1月任政协山西省十届委员会副主席；2016年1月辞任山西省政协副主席。

十七大代表，省六次、八次、九次党代会代表，九届省委委员，省十届人大代表。

六、年度逝世的原省军级领导生平

李修仁

李修仁

中国共产党的优秀党员，原山西省政协主席、党组书记李修仁同志，因病医治无效，于2016年2月1日5时07分在太原逝世，享年95岁。

李修仁同志1921年12月出生于山西省左权县。1937年12月参加革命工作，同期加入中国共产党，先后在辽县（今左权）分区委从事宣传、组织工作，后历任左西工委书记、和西县委副书记、和顺县委书记、太行区党委办公室秘书。建国初期，任省委办公室政策研究室副主任；后历任全国总工会政研室副主任、办公厅副主任、主任、政研室主任，榆次地委书记处常务书记，介休县委工业部长、县委书记处书记，省委工业办公室主任、工交政治部秘书长；“文革”期间，下放农村劳动；1973年8月任汾西矿务局党委书记、革委会主任；1979年9月任省轻工业厅厅长；1980年5月任省经委副主任；1981年6月任省委副秘书长兼省委调研室主任；1982年9月任太原市委第一书记；1983年3月任省委常务副书记；1985年5月任省政协主席、党组书记；1993年1月不再担任省政协主席、党组书记；1995年12月中央批准离休。

李修仁同志是第六届全国人大代表，第七届全国政协委员。

李修仁同志早年受进步思想影响，关心国家前途和命运，追求光明，投身革命。抗日战争时期，积极宣传党的政策和爱国抗日主张，积极发展党员，建立党支部，壮大党的力量，扩军筹款，壮大革命武装；除奸反霸，改造旧政权，惩治顽固分子，减租减息，扩大了党的影响；带领全县人民以武装斗争为中心，开展对敌政治攻势，广泛进行民主民生运动，组织反“扫荡”、反“蚕食”斗争，为粉碎日寇进攻、壮大革命力量，夺取抗战胜利作出了积极贡献。

解放战争期间，积极宣传党在不同斗争阶段的路线、方针、政策，号召群众实现党提出的各项任务。依靠和发动群众，积极推进土改工作，使群众组织在土改中不断发展壮大；开展清匪反霸、扩军、救灾度荒和发展生产等工作，有力地支援了前线战场，为迎接新中国解放进行了不懈斗争。

建国后，在全国总工会工作期间，多次深入全国各地调查工运工作情况，很好地发挥了参谋助手作用。担任汾西矿务局党委书记期间，大刀阔斧开展工作，狠抓正常生产秩序，煤炭产量迅速回升。“文革”期间，面对排挤打击、审查批斗、下放劳动，始终坚定不渝地对党和社会主义事业充满信心，保持了一名共产党人的坚强党性和崇高气节。

党的十一届三中全会后，李修仁同志坚定拥护党的政治路线和思想路线，坚决贯彻落实党的各项方针政策。担任省轻工业厅厅长和省经委副主任期间，积极争取政策资金支持，重视轻工原料基地开发和轻工技术力量培养，对加快全省轻工业发展和推动全省经济体制改革发挥了积极作用。担任省委副秘书长兼省委调研室主任期间，协助省委处理日常工作，很好地发挥了参谋助手作用。调任太原市委第一书记后，深入基层，调查研究，解放思想，开拓创新，为推动全市经济社会改革和发展作出了积极贡献。

担任省委常务副书记期间，认真贯彻中央大政方针，积极参加省委集体领导，自觉维护省委的权威和班子的团结，在领导全省落实干部政策、精简机构、干部培养选拔等方面做了大量卓有成效的工作。他把领导班子和干部队伍建设作为党建工作的关键和重点来抓，组织专门力量进行调查研究，积极落实干部“四化”方针，使一批年富力强、具有专业知识的干部走上领导岗位。同时，按照中央和省委部署，重点抓好全省整党和纠风工作，取得显著成效，为加强新时期全省干部队伍建设和党的组织建设作出了积极贡献。

担任省政协主席、党组书记期间，坚持中国共产党领导的多党合作和政治协商制度，认真贯彻落实中央和省委关于政协工作的部署和要求，围绕我省改革开放、经济建设、精神文明建设和民主法治建设中的重大问题，团结带领全省各级政协组织，切实履行政协三大职能，为开创全省政协工作新局面作出了不懈努力。注重调查研究，积极参加省委、省政府的决策咨询活动，参与组织调研并提出《一定要重视农村基层政权建设》《关于尽快发展我省铝工业的建议》《对解决山西粮食问题的意见》等一批建议案，受到中央和省委、省政府的重视，为推动全省经济和社会发展发挥了积极作用。注重加强与各党派联系沟通，广泛调动一切积极因素，共同为社会主义现代化建设做贡献。

努力推进委员履职和机关管理的各项制度建设，促进了我省政协工作的制度化、规范化、程序化。

退出领导岗位后，他始终坚持学习，关注党和人民的事业，关心全省改革开放和现代化建设，积极参加各项力所能及的活动，主动献计献策，贡献余热。

李修仁同志参加革命工作近六十年来，始终坚信马克思列宁主义，坚信中国共产党领导，矢志献身共产主义伟大事业。在革命战争年代，不怕苦、不怕死；在和平建设时期，不图名、不图利。他衷心拥护党的路线方针政策，在思想上、政治上、行动上自觉同党中央保持高度一致。他坚持原则，实事求是，公道正派，知人善任。他追求真理，勤思好学，开拓创新，始终把党的事业和人民的利益放在首位。他求真务实，作风扎实，经常深入基层调查研究，全省各地都留下了他的足迹。他始终牢记全心全意为人民服务的宗旨，坚持党的群众路线，密切联系群众，时时以群众利益为重，处处为百姓疾苦着想，清正廉洁，一身正气，两袖清风，平易近人，以身作则，始终保持共产党员和人民公仆的本色。他对家属子女和身边工作人员要求严格，在广大干部群众中树立了良好的形象。

李修仁同志的一生，是忠诚革命事业的一生，是全心全意为人民服务的一生，是为共产主义事业鞠躬尽瘁的一生。他对党对人民无限忠诚，品德高尚，工作勤奋，政绩显著，把毕生的精力献给了民族独立、人民解放和社会主义现代化建设的伟大事业，赢得了党和人民的信任和爱戴。他虽然离开了我们，但他无私奉献的坚强党性、高尚的道德品质和严谨的工作作风永远值得我们学习和怀念，他的革命精神和高风亮节永存！

李修仁同志永远活在我们心中！

宸耀光

宸耀光

中国共产党的优秀党员，山西省人民检察院原检察长、党组书记宸耀光同志，因病医治无效，于2016年2月25日11时03分在太原逝世，享年86岁。

宸耀光同志1930年3月生，山西省芮城县人。1945年6月参加工作并加入中国共产党。参加工作后历任芮城县平王村党小组长、村学校联合校长，晋南中学学生会主席、党支部委员，运城团地委辅导员、组长，闻喜团县委宣传部部长，省团校教研室主任、副教育长，长治县郝家庄公社社教工作团政委，晋东南地委四清办公室副主任，晋东南地委秘书办公室副主任、政研室主任；1973年6月任沁县县委副书记、革委会主任；1975年11月任沁县县委书记；1981年12月任晋东南地委副书记；1983年5月任晋东南行署专员；1985年5月任运城地委书记；1988年2月任省人民检察院检察长、党组书记；1995年12月中央批准离休；2004年享受省长级医疗待遇。是中共十三大代表。

宸耀光同志参加革命工作后，以区委书记交通员、芮城县平王村小学教员、联校校长的身份从事党的地下工作。在晋南中学学习期间，协助学校领导组织学生学习时事政治、动员学生参军参战，参加土改、南下、抗美援朝，劳动建校，评选学习、劳动积极分子和模范，发展党团员。在运城团地委工作期间，带头到农村团支部联系实际讲团课的经验，被团省委在全省进行推广。在省团校工作期间，主要从事教学工作。1955年至1956年在中央第二中级党校学习，积极参加政治运动和社会实践，参与了中央团校组织编写的政治经济学、省委党校组织编写的哲学教材工作。1958年在修建汾河水库时，团省委、山西日报社、省总工会、省团校参加劳动的同志编成由宸耀光同志担任队长的青年突击队，多次受到了表彰和奖励。担任沁县革委会主任和县委书记期间，狠抓农田基本建设，提出“在现有土地上下硬功，三类田上闹革命”的口号，在全县掀起了农田基本建设高潮，受到省委领导表扬；在部分山区公社试行包产到户政策并在全县推广，成为晋东南地区推行家庭联产承包责任制最早的一个县；积极推进荒山造林工作，“四旁绿化”成绩突出，1977年被省政府授予“林业劳动模范”称号。

宸耀光同志担任晋东南地委副书记、行署专员期间，在全区积极推行了家庭联产承包责任制，培养支持了一批致富带头人；1983年机构改革新老交替时，积极配合地委主要领导，大胆地选拔使用了一批大学毕业的优秀年轻干部担任主要领导职务，赢得了社会的认可。担任运城地委书记期间，在省委的领导下，认真贯彻落实中央纪委对解决运城问题的四条指示精神，对错处理的同志，实事求是地进行了纠正；重视队伍建设，大胆提拔使用年轻干部；注重抓工业经济，促进财政增收，为运城地区产业结构调整奠定了基础。

宸耀光同志担任山西省人民检察院检察长、党组书记期间，在省委和最高人民检察院的领导下，团结带领全省各级检察机关紧紧围绕全省工作大局，真抓实干，开拓创新，全面履行法律监督职能，各项工作均取得了较好成绩，受到省委、省政府的肯定。在干部工作中能够坚持群众路线，严格按照民主集中制原则选拔任用干部；实行民主评议干部的做法被省委组织部在全省进行推广。坚持检察工作为经济建设服务，制定下发《检察工作要为经济建设服务的通知》，受到省委、省政府的充分肯定,并在当年的全省经济工作会议上向全体参会人员印发学习，《国内动态清样》发了专稿。积极支持老干部工作，1992年获“全国重视老年工作领导者功勋奖”。他在工作中总结的“两抓一主动”工作法（即抓队伍建设、抓办案，主动接受党委领导、人大监督，积极争取政府支持），成为各级检察长抓工作的典型经验。

扆耀光同志离休后仍然十分关心和支持检察事业发展，关心全省改革开放和现代化建设，积极参加各项活动，主动献计献策，贡献余热。1995年后担任山西省老区建设促进会会长，任期两届，在各方面的共同努力下，全省11个市、109个老区县（市）都建起了老促会组织，在宣传老区、调查研究、联点促面、为老区群众兴办实事好事等方面做了大量的工作。老区建设促进工作得到了各级领导的重视、支持，受到了老区群众的欢迎。

扆耀光同志参加革命工作以来，始终保持共产党员和人民公仆的本色。他公道正派，严于律己，光明磊落，一身正气，在干部群众中树立了良好的形象。扆耀光同志的一生，是忠诚革命事业的一生，是全心全意为人民服务的一生，是为共产主义事业鞠躬尽瘁的一生。他对党对人民无限忠诚，品德高尚，工作勤奋，政绩显著，把毕生的精力献给了民族独立、人民解放和社会主义现代化建设的伟大事业。他虽然离开了我们，但他坚定的党性品格、高尚的道德品质和务实严谨的工作作风永远值得我们学习和怀念，他的革命精神和高风亮节永存！

扆耀光同志永远活在我们心中！

韩洪宾

韩洪宾

中国共产党的优秀党员，原山西省委常委、代秘书长（享受省长级待遇）韩洪宾同志，因病医治无效，于2016年4月16日3时10分在太原逝世，享年101岁。

韩洪宾同志1916年3月出生于河北省望都县。1932年夏参加反帝大同盟，后加入山西民训团学习，1937年4月加入中国共产党。曾任武乡县牺盟会特派员，祁县县长，沁县、沁源县牺盟会特派员，太岳区农救总会常委兼二分区、一分区农会主席，太岳区整风学校十一支部书记兼区会主任，太岳三分区地委委员兼农会主席，太岳三分区地委常委兼民运部长、办公室主任。建国初期，历任晋南地委宣传部长兼运城地区工作组长，运城地委常委兼秘书长，中央组织部党员管理处东北组组长、副处长、处长。1956年9月任大同市委书记；1958年6月任大同市委第一书记；1962年12月任青海省委组织部部长；1963年11月后任青海省委常委、副书记兼组织部部长；“文化大革命”期间受到冲击；1979年2月任山西省委常委、代秘书长；1984年4月中央批准离休。2015年8月享受省长级待遇。

韩洪宾同志早年受进步思想影响，关心国家前途和命运，追求光明，投身革命。抗日战争时期，积极宣传党的政策和爱国抗日主张，广泛发动群众开展抗日救亡运动，除奸反霸，减租减息，不断扩大党的影响和群众基础。

解放战争期间，依靠和发动群众，积极推进土改工作，使农会等群众组织在土改中不断发展壮大；认真开展整党运动，使农村基层党组织在思想上、政治上和组织上得到了提高；广泛动员翻身农民清算匪霸、参军参战和发展生产等工作，有力地支援了前线战场，为迎接新中国解放作出了积极贡献。

建国后，在中央组织部工作期间，多次深入全国各地调研基层党组织建设情况，认真做好党员干部队伍建设工作，很好地发挥了参谋助手作用。担任大同市委书记和第一书记期间，认真贯彻执行党的路线方针政策和省委的决策部署，坚持从实际出发，深入基层、深入群众，积极开展调查研究，为大同市胜利完成建国初期的各项任务，做了大量卓有成效的工作。工作中善于发扬民主，听取不同意见，尊重集体领导，维护领导班子团结，表现了出色的组织领导能力。

1962年12月，调青海省工作。在担任省委常委、副书记兼组织部长期间，正确贯彻执行党的组织路线和干部政策，积极推进全省干部队伍建设和党的组织建设。克服面临的恶劣自然条件和艰苦环境等各种困难，心系百姓疾苦，深入调查研究，同各族群众保持密切联系，为早日改变青海落后面貌呕心沥血，勤奋工作。

党的十一届三中全会后，坚决拥护党的政治路线和思想路线，认真贯彻落实党的各项方针政策，致力于推动经济建设和改革开放事业。恢复领导职务后，服从组织安排，调任山西省委常委、代秘书长，积极协助省委处理日常工作，很好地发挥了参谋助手和综合协调作用，为推动全省经济社会发展作出了积极贡献。

1984年4月，韩洪宾同志坚决拥护中央关于建立干部退休制度、实现干部新老交替的重大决策，主动在全省带头离职休养。离开领导工作岗位后，坚持学习，继续关注党和人民的事业，关心全省改革开放和现代化建设，积极参加各项力所能及的活动，主动建言献策，贡献余热，多次作为特邀代表参加省党代会。

韩洪宾同志参加革命工作五十多年来，始终坚信马克思列宁主义，坚信中国共产党领导，立场坚定，百折不挠，矢志献身共产主义伟大事业。他衷心拥护党的路线方针政策，在思想上、政治上、行动上自觉同党中央保持高度一致。他坚持原则，实事求是，公道正派，正直无私，勤思好学，知人善任。他追求真理，对党忠诚，始终把党的事业和人民的利益放在首位。他牢记全心全意为人民服务的宗旨，处处以群众利益为重，事事为基层百姓着想。他识大体，顾大局，主动带头从领导岗位上退下来，胸怀坦荡，光明磊落；他一身正气，两袖清风，清正廉洁，克己奉公，淡泊名利，生活俭朴，从不搞特殊化，带头反对和纠正不正之风，对家属子女和身边工作人员要求严格，培育了良好的家风，始终保持共产党员和人民公仆的本色，在广大干部群众中树立了良好的形象。

韩洪宾同志的一生，是忠诚革命事业的一生，是全心全意为人民服务的一生，是为共产主义事业鞠躬尽瘁的一生。他对党对人民无限忠诚，品德高尚，工作勤奋，政绩显著，把毕生的精力献给了民族独立、人民解放和社会主义现代化建设的伟大事业，赢得了党和人民的信任和爱戴。他虽然离开了我们，但他坚持原则、实事求是、恪尽职守、不计得失、鞠躬尽瘁、无私奉献的坚强党性和优良作风永远值得我们学习和怀念，他的革命精神和高风亮节永存！

韩洪宾同志永远活在我们心中！

张广有

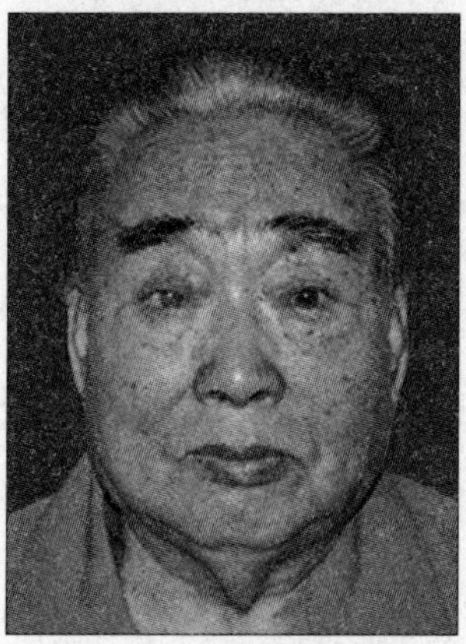

张广有

山西省军区原司令员、山西省委原常委、第六届全国人大代表张广有同志，因病医治无效，于2016年5月17日16时22分在太原逝世，享年93岁。

张广有,北京大兴人，1923年4月出生,1939年参加八路军，次年加入中国共产党。曾任晋察冀军区第五军分区31团战士、排长、副连长、连长，晋察冀军区3纵队9旅副营长、营长，曾参加历次晋察冀、雁北“反扫荡”、百团大战、解放石家庄、平津、太原、兰州等百余次战役战斗。中华人民共和国成立后，于1950年奉命赴朝作战，历任中国人民志愿军团参谋长、副团长、团长,参加了五次战役，铁原阻击战、开城保卫战等战役。回国后，赴南京军事学院基本系学习深造，于1958年毕业，历任中国人民解放军63军189师参谋长，69军205师参谋长、师长，69军参谋长、副军长、雁北军分区第一政治委员，雁北地委大同市委第一书记，山西省军区副政治委员,69军军长，1983年任山西省军区司令员，1986年离休。1953年被朝鲜民主主义人民共和国政府授予三级国旗勋章。1955年被授予中校军衔，并被授予独立自由奖章、三级解放勋章，1988年获独立功勋荣誉章。

张广有同志始终对党无限忠诚，把实现共产主义远大理想作为毕生信念与追求。在近80年的革命生涯中，忠贞不渝、矢志不移，无论在生死关头，还是身处逆境，都百折不挠、奋斗不息，体现了对党和人民的无限忠诚。他努力学习马克思列宁主义、毛泽东思想、邓小平理论、“三个代表”重要思想、科学发展观，学习习近平总书记系列重要讲话精神，忠于党，忠于社会主义，忠于国家，忠于人民。他坚决执行党的路线方针政策，在思想上政治上行动上始终同党中央、中央军委保持高度一致，在长期的革命、建设、改革实践中经受住了各种大风大浪的考验。

张广有同志始终保持和发扬了我党、我军的优良传统和作风。他对革命事业忠心耿耿、无私无畏，对人民军队无限热爱，勤勤恳恳，把毕生精力献给了中国人民解放事业和军队现代化建设事业。他刻苦学习、努力工作、爱憎分明、廉洁奉公、关心下级、知人善任、为人正直、处事公道，为部属、子女和身边工作人员做出了榜样。他坚持高标准、严要求，工作扎实、作风正派，以身作则、平易近人，为部队和国防后备力量建设做出了突出贡献。

张广有同志始终关心国家大事，心系地方建设。离休后，仍然坚持学习贯彻党的最新理论成果，坚持用一个老党员、老干部的标准严格要求自己。他曾担任山西省老区建设促进会和山西省关心下一代委员会理事，为社会公益事业发挥余热。

张广有同志的一生，是革命的一生，战斗的一生，是为党和军队事业殚精竭虑、无私奉献的一生，是全心全意为人民服务的一生，他以执着的理想信念和对党、对人民、对军队的赤胆忠诚，走完了坚实的人生之路。他的革命精神、崇高品德和优良作风永远值得我们学习。我们要化悲痛为力量，牢记老首长嘱托，发扬优良革命传统，更加紧密地团结在以习近平同志为总书记的党中央周围，高举中国特色社会主义伟大旗帜，为实现“两个一百年”奋斗目标、实现中华民族伟大复兴的中国梦而努力奋斗。

张广有同志永垂不朽!

赵凤翔

赵凤翔

中国共产党的优秀党员、山西省政协原副主席赵凤翔同志，因病医治无效，于2016年9月18日6时59分在太原逝世，享年80岁。

赵凤翔同志1937年9月出生于山西省沁源县，1954年9月加入中国共产党，1964 年9月参加工作，历任山西省委政策研究室干部、省委组织部办公室副主任。1977年5月任省委党校副书记、副校长；1980年5月任阳曲县委副书记；1984 年2月任临汾市委书记；1988年5月后任省委农村政策研究室副主任、主任；1991年7月任省委农工部部长；1993年2月任忻州地委书记、忻州地区人大工委主任；1995年12 月任省委副秘书长；1996年4月任省政协副主席；2003年1月中央批准退休。

赵凤翔同志青少年时期刻苦学习，追求进步，在中学时期就加入了中国共产党。参加工作后，在不同岗位上兢兢业业，勤奋工作。党的十一届三中全会后，坚决拥护党的政治路线和思想路线，坚决贯彻落实党的各项方针政策。在阳曲县工作期间，结合当地实际狠抓工农业生产，为阳曲县经济恢复发展、社会稳定做了大量卓有成效的工作。担任临汾市委书记期间，按照上级部署，在全市认真开展整党工作。同时，注重加强各级领导班子建设，按照干部“四化”标准，积极探索干部制度改革的新途径，干部队伍建设不断得到加强。

担任省委农村政策研究室主任、省委农工部部长期间，推动全省落实以家庭联产承包为主的责任制，不断完善统分结合的双层经营体制，积极发展社会化服务体系，为发展壮大农村集体经济发挥了积极作用。深入组织开展全省农村社会主义思想教育活动，加强和完善党对农村工作的领导，推动农村经济发展，维护社会稳定，不断巩固农村社会主义阵地。促进“干部下乡”工作有序开展，为加强农村基础设施建设、加大农业产业开发打下坚实的基础。

在忻州工作期间，立足本地实际，直面贫困现实，推动落实省委提出的“一手抓忻州，一手抓吕梁”的扶贫战略，为忻州摆脱贫困、走向富裕发挥了重要作用。总结提出了“变群众上访为干部下访”的信访工作思路，深入基层、深入实际，认真解决热点难点问题。在干部队伍中开展“治等、治靠、治懒、治散、治腐、治贪”活动，推动全市干部作风明显改观。担任省委副秘书长期间，协助省委处理日常工作，较好地发挥了参谋助手作用。

担任省政协副主席期间，始终坚持中国共产党领导的多党合作和政治协商制度，坚持围绕中心，服务大局，积极发挥政协政治协商、民主监督、参政议政职能作用，为推动我省政协事业和小康社会建设作出了积极贡献。充分发挥熟悉“三农”优势，深入调查研究，就我省农业产业化、农村扶贫攻坚、农民增收、扶贫资金使用管理机制改革等工作提出系列建议，受到中央和省委、省政府的重视。创新政协对外宣传工作方法，创建的山西省政协合唱团成为我省政协工作对外宣传的名片。领导政协社情民意信息工作，总结提出“及时、大胆、如实、经常”的工作要求，推动我省政协“信息参政”从无到有、从弱到强，成为我省政协履行职能的亮点和品牌。

退出领导岗位后，始终坚持学习，继续关注党和人民的事业，关心全省改革开放和现代化建设，积极参加各项力所能及的活动，为党和人民的事业贡献余热。曾任中国扶贫开发协会副会长，北京长城书画协会副会长，山西省戏剧研究会会长，山西省哲学学会名誉会长。著有《农村工作实践与研究》《乡镇经济管理概论》《红旗照耀小康村》《新时期人民内部矛盾初探》《农村社会主义教育》《走自己的路》和诗集《脚印》等著作。

赵凤翔同志参加工作近四十年来，始终坚信马克思主义，坚信中国共产党的领导，对中国特色社会主义事业充满信心。他具有坚定的政治立场和高度的政治自觉，始终在思想上政治上行动上同党中央保持高度一致。他具有较高的理论修养，善于把理论同实践结合起来，因地制宜地开展工作。他坚持原则，实事求是，勤思好学，正直无私，作风民主，胸怀坦荡，始终保持共产党人的政治本色。他牢记为人民服务的宗旨，处处以群众利益为重，事事为基层百姓着想。他一身正气，两袖清风，清正廉洁，克己奉公，淡泊名利，生活俭朴，对家属子女和身边工作人员要求严格，体现了一名党员领导干部的崇高品格和高尚情怀，在广大干部群众中树立了良好的形象。

赵凤翔同志的一生，是艰苦奋斗的一生，是无私奉献的一生，是全心全意为人民服务的一生。他对党对人民无限忠诚，品德高尚，工作勤奋，政绩显著，把毕生的精力献给了党和人民的事业。他虽然离开了我们，但他无私奉献的坚强党性、高尚的道德品质和严谨的工作作风永远值得我们学习和怀念，他的敬业精神和高风亮节永存！

赵凤翔同志永远活在我们心中！

白清才

白清才

中华全国供销合作总社原党组书记、理事会副主任白清才同志，于2016年11月6日因病医治无效在山西逝世，享年85岁。

白清才同志病重期间和逝世后，中央有关领导同志以不同方式表示慰问和哀悼。

白清才，1932年11月生于山西五台。1949年6月参加革命工作，1955年10月加入中国共产党。1959年3月任山西省财政贸易委员会秘书。1964年10月起历任山西省定襄县神山大队“四清”工作队队长、神山大队党总支书记。“文化大革命”中受冲击。1969年7月起历任山西省计委办公室主任，山西省平鲁县省委工作组组长兼平鲁县委副书记，山西省委财贸部副部长、省财委副主任。1981年6月起历任山西省晋东南地委常务书记、山西省副省长兼省计委主任。1985年5月任山西省委常委、常务副省长。1990年4月任陕西省委副书记、省长。1995年5月任中华全国供销合作总社党组书记、理事会副主任。2003年12月离休。

白清才是中国共产党第十四届中央委员会委员，第九届全国人民代表大会常务委员会委员、全国人大环境与资源保护委员会副主任委员。

七、英模人物

景海鹏

景海鹏

景海鹏，男，汉族，山西运城人，硕士学位。1966年10月出生，1985年6月入伍，1987年9月入党，现为中国人民解放军航天员大队特级航天员，少将军衔。曾任空军某师某团司令部领航主任，安全飞行1200小时，被评为空军一级飞行员。1998年1月，正式成为我国首批航天员。经过多年的航天员训练，完成了基础理论、航天环境适应性、专业技术等八大类上百个科目的训练任务，通过了各项考核，综合评定成绩优异。2005年6月，入选神舟六号载人飞行任务乘组梯队成员。2008年9月，执行神舟七号载人飞行任务，同年11月，被中共中央、国务院、中央军委授予“英雄航天员”荣誉称号。2012年6月，执行天宫一号与神舟九号载人交会对接任务，担任指令长，同年10月，被中共中央、国务院、中央军委授予二级航天功勋奖章。2016年6月，入选天宫二号与神舟十一号载人飞行任务航天员乘组，担任指令长。

段爱平

段爱平

段爱平，女，1956年8月出生，2000年6月加入中国共产党，现任山西省襄垣县王桥镇返底村党支部书记、村委主任。2013年被评为全国十大“最美村官”“感动中国”年度人物，2014年被评为全国三八红旗手，2015年被评为全国劳动模范、全国道德模范，2016年被评为全国三八红旗手标兵。

返底村地下无资源、地上无产业，是一个贫困的小山沟。段爱平同志在该村里任职十多年来，一心为公、践行承诺、服务群众、勤政廉洁，成了百姓的贴心人。

倾尽百万家产服务村民

1999年村委换届选举中，不是候选人的段爱平，因一句“我来修学校”的承诺，意外当选村委主任。一上任，她就从家里拿出8万多元，组织全村群众共同参与，启动了任职后的“第一个大工程”——兴建学校。为了节省开支，她带领群众们一起搬砖、和泥，终日劳累使她得了胆管结石，切除手术后她不顾医生嘱咐和乡亲们阻拦，天天捂着肚子在工地干活，晚上再回家输液，终于建起了新学校。2001年底，由于村集体历年累计的电费亏损拖欠，返底村停电，农网改造迫在眉睫。段爱平寻思：“电不能停啊，必须进行农网改造。”于是自己垫资进行了电网改造。2004年，她利用村里一个废弃的旧厂子，投资10多万元新建了敬老院……十几年间，她带领村民拓宽了村里的田间路，复垦荒地20余亩，大力发展传统农业；垫钱扶持村民搞运输、发展养殖业，帮村民贷款，给村民借钱，跑到经贸局、信用联社请求支援牛羊养殖专业户；通过“公司+农户”模式，积极引导村民种植药材200余亩、甘薯400余亩、干果100余亩；牵头成立了爱平爱心残疾服装厂，解决了40余名残疾人就业，成立了劳保服装加工厂，吸收20余名妇女就业；她总是省吃俭用，却逢年过节为村民发放大米、猪肉等福利，为孤寡老人添置新衣；她每次住院治疗都挑便宜的，但对困难群众却很“大方”，一听到周边的村民有了大病、没钱医治的，她主动联系医院，垫钱帮助治病。

为了村里发展，她舍小家为大家，多年来，把自己辛苦打拼赚下的100多万家产全部补贴给了村集体和群众，民心在她的点滴付出中得到凝聚。

贴工贴钱贴命履行承诺

“每年为百姓办一件实事，得到民心的实事。”这是段爱平上任时向村民许下的诺言。为了这句承诺，她时刻奔走在服务群众的最前沿，一心一意扑在为民谋利的第一线。近几年，段爱平“名气”大了，看望慰问她的人也多了，问她有什么困难，她总是说要帮就帮帮群众致富吧。

2006年她不幸罹患食道癌，后又扩散到淋巴，但她不顾个人安危，强忍病痛，仍然心系村民，带领全村党员干部共同为返底村的发展出谋划策。她利用各种机会牵线搭桥，先后介绍百余名群众外出务工，她带领群众扩建了敬老院，实现了户户通水泥路和自来水，安装太阳能路灯36盏，整修排水渠1700米，硬化田间路8.4公里。她多方筹资新修了4公里村通路，进行了园林村建设，栽植树木8000余株……2013年7月，连续9天的大暴雨使返底村损失严重，她冒着大雨拖着病体挨家挨户查访灾情，帮助村民搬家避险，而自家的房屋却因维护不及时而坍塌，自己也晕倒在工作岗位上。

发挥先锋作用当好表率

段爱平同志抓支部、带队伍、办实事，把返底村从一个“软弱涣散村”变成了文明村、先进村。返底村每天都有村干部在村级组织活动场所值班，随时为群众服务。段爱平文化程度不高，但她相信，党组织有规定，就要认真执行。如今，“三会一课”已经成为村党支部议事决策的平台，“三务”公开的平台，联系群众的平台和解决问题的平台。村里的大事小情，都要“上会”议一议、说一说，交给大家一个“明白账”。她还建立健全了村务监督委员会，对村级事务坚持实行民主管理、民主理财、民主监督，从来不搞“一言堂”。

段爱平同志面对荣誉不搞特殊化，坚持严格自律，廉洁奉公，不谋私利。党的十八大以来，她认真学习贯彻中央和省市县委关于全面从严治党的要求部署，对村里的规章制度进行了认真梳理完善，按照省委“六权治本”的要求，对村“两委”干部的职权进行了全面规范。她罹患癌症，多次治疗，花费很大，但她总是在自己身上省了又省，对公家的钱一分钱的主意也没打过。经她签字支出的几十万元钱，她总是严格执行财务规定，从不随意支出。如今，段爱平同志一贫如洗，身体每况愈下，可返底村却日益富裕起来，改变了环境差、经济弱、人心散的落后面貌，村民人均纯收入也从2000元提高到现在的8000多元，逐步走上了路通、树绿、人和、业兴的幸福之路。

沙万里

沙万里

沙万里，男，汉族，1954年6月出生，山西省繁峙县繁城镇北城街人，1994年12月加入中国共产党，现任繁峙县第三建筑安装工程公司经理兼公司党支部书记，繁峙县工商联主席、县政协常委和忻州市政协常委，工程师。他数十年如一日，带头致富，甘于奉献、服务群众、回报社会，始终在思想上、政治上、行动上与党中央保持高度一致，以较高的政治素养和较强的党性意识，在平凡的岗位上诠释着共产党人的先进性，得到了社会各界的广泛赞誉。

捐资助学　奉献社会

沙万里出生于一个贫困的农民家庭，16岁那年因交不起5元钱的学杂费被迫辍学，这成为他内心深处最大的伤痛，也成为致富后资助教育、回报社会的最大动力。1974年，他走出农村，先后以农民合同工和煤矿工人身份工作了9年，期间开阔了视野，增长了才干，也萌生了加快家乡发展的念头。随后，于1983年返乡成立了繁峙县第三建筑安装工程公司，并担任经理至今。1984年，沙万里因将自己承揽县烟草公司基建项目所赚下的1000元捐给村里用于修建学校，而被全村老百姓称道、被村“两委”授予“惠教楷模”荣誉，由此体验到了奉献的快乐，也坚定了终身为群众服务的信心。30多年来，他捐资助教、扶贫扶智，在全县建起9所“万里希望小学”；累计为兴学助教、扶助贫困学生捐款1200万元，为光彩事业先后垫资8000多万元。特别是近五年来，作为繁峙县民间捐资助学的第一人，沙万里在兴学助教的道路上越走越远。从2011年到2014年，沙万里每年资助10名初升高590分以上的优秀贫困生每人每学年2000元；2013年，捐资40余万元为繁中教职工宿舍硬化路面；2014年，无利息垫资2400余万元为实验小学新建一幢教学楼，一次性为繁峙中学和繁峙二中520名贫困学生每人发放助学金200元；2015年，又资助繁城中学100名贫困生每人300元助学金。成为众口相传、享誉三晋的捐资助教楷模，受到广大党员和群众的一致好评，先后获得“山西省关心下一代模范标兵”“山西省捐资助教先进个人”“山西省光彩之星”等多项殊荣，书写出了一名基层共产党员全心全意为人民服务、甘于奉献的壮丽人生篇章。

听党指挥　永争先锋

“自从姓了党，就停不下全心全意为人民服务的脚步。”凡是党有所号召，沙万里必定率先垂范。30多年来，积极投身公益、造福社会，累计为扶贫济困、救灾解难等社会公益事业捐款683万元。1994年，县城遭受前所未有的洪灾，许多房屋倒塌，群众流离失所，县委、县政府采取一系列措施开展抗灾自救，沙万里毫不犹豫把刚结算回来的5万元工程款捐出重建家园、恢复生产。2002年，看到县实验小学东侧道路坑洼不平，群众出行极大不便，他主动捐资30万元，修建了一条高标准的水泥路，县委、县政府为表彰其功绩命名为“万里路”。2003年，为抗击非典带头捐款1万元；2008年，为南方雨雪冰冻灾害捐款1万元，为汶川地震捐款2.2万元；2010年，为玉树地震捐款1万元。此外，还多次服务全县公益事业和基础设施建设，大力支持繁峙创建“国家卫生县城”，修缮县城鼓楼，硬化政府宿舍等小区路面，修建北城街、兴园乡道路，推进横涧村新农村建设，等等。一桩桩、一幕幕，可以说，凡是需要共产党员、社会力量作表率的地方，沙万里都挺身而出、用自己的实际行动发挥了共产党员的先锋模范作用。做合格党员、优秀党员，是沙万里终身孜孜以求的梦。他的个人梦，早就与“中国梦”紧密连在了一起。在当前脱贫攻坚的关键时刻，沙万里再次主动向县委请缨，承诺结对帮扶一个500至1000人的贫困村，确保2020年前整体脱贫。

诚实守信　带动致富

“我不做守财奴，有钱还要有德，做好一个共产党员的本份，我愿意做，更乐意做”。在他心里总装着三不欠：不欠党和人民的帮扶钱，不欠亲朋好友的感情钱，不欠受苦人的血汗钱。30多年来，他不仅自己率先致了富，累计上交国家税金1600万元，成为全县闻名乃至享誉全省的优秀民营企业家；而且帮助上万名农民工解决了就业问题，扶持上百名商户入驻自己的万里装饰城，带领60多名本村、本县乃至于四川籍农民工共同走上了富裕道路。同时，他也用自己的实际行动教育和影响着周围的人，企业家、商人，甚至跟随他的农民工，越来越多的人加入到他的阵营中来，与他一道为繁峙的发展做出贡献。

以俭养德　成就大美

作为一名来自基层农村的“草根”劳模，沙万里几十年如一日，挣下的钱不是拿来捐给学校，就是用来扶贫济困。自行车骑烂了一辆又一辆，廉价西服穿破了一身又一身；只有为了方便跑工地，几年前咬牙花8万元买的一辆小轿车成了代表他身份的唯一奢侈品。勤俭节约、扶危济困，已作为一种美德、一种习惯，融入他的生活之中。在温暖别人、照亮自己人生的同时，也注重感染并带动更多的人去服务群众、奉献社会，让群众和社会共同见证共产党员的纯洁性和先进性。多次被表彰为“山西省劳动模范”“山西省特级劳动模范”和“全国劳动模范”，多次荣获“全国五一劳动奖章”。2014年，又被表彰为“第五届山西省诚实守信道德模范”。2016年3月，因用实际行动“传递真情大爱，守护世道人心”，践行社会主义核心价值观，被评为“中国好人”。

八、全省优秀共产党员、优秀党务工作者和先进基层党组织名单

（一）优秀共产党员（100名）

太原市

李丽珠（女）太原市精神病医院老年科主任

王润梅（女）太原市市政公共设施管理处第二道排养护管理所水道三组组长

张建春　太原锅炉集团有限公司总工程师

牛继文　太原市公安局小店分局小店责任区刑警队队长

袁　钊　太原市小店区归国华侨联合会主席、城中村建设中心主任

张新苗　清徐县集义乡中辽西村党支部副书记（大学生村官）

郭奋生　娄烦县云昇昌养殖专业合作社党支部书记、理事长

王凤龙　太原市第五中学教务处主任、教师

大同市

郭丽荣（女）大同市城区环境卫生管理处机扫二公司分队长

左国斌　左云县店湾镇上张家坟村党支部书记

赵德清　大同县林业局党支部书记、局长

任旭红（女）大同泰瑞集团建设有限公司技术中心主任

马淑芳（女）大同市家怡敬老院党支部书记、院长

刘　照　原大同市蔬菜领导组办公室主任

赵建新　大同市公共交通有限责任公司三分公司驾驶员

续　烨（女）大同市第五中学教师

冯彩亮　同煤集团燕子山矿无尘化办公室主任

朔州市

王一飞　右玉县公安局杨千河派出所负责人

陆东升　朔州市纪委研究室副主任

王喜才　怀仁县何家堡乡人民政府农科员

忻州市

骆国泉　忻州市公安局直属分局新建路派出所副主任科员

张玉双（女）五台县高洪口乡北高洪口村党支部副书记

张占羽　繁峙县教育局局长

王　峰　定襄县河边镇继成（井沟）村党支部第一书记

付文国　保德县人民医院神经内科主任

贾建武　国网忻州供电公司输电运检室工人

武俊德　原平市公安局交通警察大队党总支书记、大队长

兰　春（女）岢岚县岚漪镇经营管理员兼后曹湖村党支部书记

巩江山　神池县大严备乡人民政府农业综合服务中心干部

吕梁市

侯勇才　吕梁供电公司输电运检室带电作业班班长

刘生锋　临县新闻办公室记者

范树仁　孝义市农业技术推广中心干部

任交平　石楼中学教师

张拉生　交口县双池镇枣林村党支部书记

刘志成　兴县西关村党支部书记

王全义　山西省汾阳医院介入血管科主任

晋中市

常慧珍（女）寿阳县温家庄乡大东庄村村民

范妹锁　晋中市榆次区长凝中心校教师

时双印　昔阳县孔氏乡洪川村党支部书记

史月亮　祁县司法局昭馀司法所所长

雷绍英（女）平遥县公安局党委委员、交通警察大队副大队长、正科级侦察员

郝云伟　左权县辽阳镇东沟村党支部书记

张玉柱　晋中瑞达公交有限公司公交驾驶员

刘宝琴（女）太谷县阳邑乡小店村党支部书记兼村委会主任

王庭良　山西广生医药包装股份有限公司总经理

王玲玲（女）晋中开发区脑瘫康复医院党支部书记、院长

毛晓玲（女）和顺县横岭镇官庄村党支部书记

温海清　山西石膏山旅游文化发展有限公司经理

阳泉市

王存玲（女）平定县冶西镇民政办主任

靳海军　国网阳泉供电公司检修公司电气试验一班班长

曹学仁　阳泉市第一中学校校长

李文元　盂县公安局监管大队大队长兼看守所副所长

长治市

申飞飞　壶关县公安局鹅屋派出所指导员

刘科岐　平顺县经济和信息化局离休干部

皇甫光明　长治市晋峰生态园有限公司党支部书记

郑亚彤　长治市钜星锻压机械设备制造有限公司董事长兼党支部书记

郝惠珍（女）长治市保安服务总公司党总支委员、机关一支部书记、副总经理

王志芳　中国移动通信集团山西有限公司长治分公司城区营业部职员

王建新　山西省公路局长治分局工会副主席

张国柱　沁源县财政局党支部书记、局长

李艳军　襄垣县夏店镇赵家岭村第一书记、襄垣县手工挂面协会会长、山西天下襄农业科技开发有限公司董事长

杨尚军　黎城县委党史研究室副主任

晋城市

张连志　晋城市城区西街街道西大街社区党支部书记

王永顺　高平市原村乡良户村党支部书记

刘云峰　晋城市煤气开发利用中心管线所副所长

杨月雷　山西兰花科技创业股份有限公司新材料分公司副总经理

临汾市

贺星龙　大宁县徐家垛乡乐堂村党支部委员、村卫生所医生

芦来柱　吉县屯里镇太度村植树造林队队长

李洪耀　临汾市公安局交警支队南城大队一中队协勤

罗平安　临汾市城镇集体工业联合社合作指导科科长、乡宁县昌宁镇麦田村第一书记

赵慧敏（女）侯马市浍滨街道办事处秦村北社区党支部副书记、居委会主任

任玉林　洪洞县曲亭镇东张村党支部书记、村委会主任

王奇宁　临汾市尧都区金殿镇苏村党支部书记、村委会主任

陕　光　临汾市第一中学教师

郑　蓉（女）翼城县人民检察院公诉科副科长

李根喜　曲沃县史村镇西海村党支部书记

刘建华（女）临汾市人工影响天气办公室主任、隰县阳头升乡贺家峪村第一书记

运城市

高文毓　山西省水利厅水土保持科学研究所退休干部

雷茂端　运城市盐湖区三路里镇沟东村党支部书记、村委会主任

郭秀琴（女）垣曲县长直乡寺里沟村党支部书记、村委会主任

王万保　临猗县北辛乡卓逸村党支部书记

胡邦牢　运城市环卫处清运队副队长

卫惠权　河津市公安局党支部副书记、刑警大队长

梁　康　平陆县公安局党委委员、治安管理大队长

沈伟杰　万荣县后土祠景区开发管理中心主任

李志军　中车永济电机有限公司电机车间定装班班长

胡晓琴（女）运城市康杰中学教师

文　俊　新绛县中小企业局党支部书记、局长兼轻纺工业园区管委会主任

倪　妍（女）运城市中心医院妇产科主任

省直工委

董　栋　山西省体操运动管理中心运动员

郭瑶麟　山西邮政公司太原邮区中心局汽车运输分局汽车驾驶员

白小东　山西省黑茶山国有林管理局魏家滩林场场长

省高校工委

张彩凤（女）太原师范学院化学系副主任

赵永祥　山西大学化学化工学院院长

省国资委党委

王玉玲（女）山西太钢不锈钢股份有限公司专业技术人员

赵　君（女）太重煤机有限公司刘胡兰小组组长

李俊虎　山西煤炭运销集团长治有限公司执行董事、经理

肖志强　山西能源交通投资有限公司副总工程师、总经理助理

省国防科技工业党委

周建民　中国兵器淮海集团十四分厂高级技师

赵建新　中国兵器第二〇七研究所高级工程师

二、优秀党务工作者（100名）

太原市

于亚军（女）太原市杏花岭区涧河街道锦绣苑社区党支部书记、居委会主任

辛变兰（女）太原市尖草坪区光社街道建工街二社区党支部书记、居委会主任

成拉旺　古交市邢家社乡龙子村党支部书记

李新喜　太原市万柏林区兴华街道后北屯社区党委书记

郝亚斌　富士康（太原）科技工业园党委书记、物业管理部副理

韩国斌　太原市人力资源和社会保障局机关党委专职副书记

刘秀萍（女）太原市妇幼保健院党委书记

孟魁斌　山西省公路局太原分局党工部部长

安保生　阳曲县凌井店乡西郭湫村党支部书记、村委会主任

王永明　太原市晋源区金胜镇南阜村党支部书记、村委会主任

大同市

张　悌　天镇县谷前堡镇张家庄村党支部书记

马　静（女）大同市城区向阳里街道柳港园B区社区党支部书记

王跃伟　大同市南郊区新旺乡党委委员、组织委员

杨　永　大同市新荣区上深涧乡上深涧村党支部书记

白继跃　大同县峰峪乡徐家堡村党支部书记

郭　雷　灵丘县东河南镇党委副书记

姚天升　大同市非公工委办公室科员、广灵县南村镇南村第一书记

吴玉保　大同煤矿集团有限责任公司大唐塔山煤矿党委组织部部长

朔州市

刘清海　朔州市委组织部组织指导科科长

南志勇　朔州市直属机关工委办公室主任

王　计　山阴县吴马营乡信誉农牧合作社党支部书记

忻州市

高　峰　轩岗煤电有限责任公司党委书记

张秀珍（女）五台县西米市社区居委会党支部书记

卢红卫　忻州市忻府区播明镇党委书记、奇村温泉疗养旅游区管理处主任

王翠珍（女）保德县义门镇党委副书记

高　鹏　繁峙县杏园乡组织委员

王爱香（女）神池县经信局党支部书记、居民办事处健康路社区第一书记

任兴旺　河曲县老干部工作委员会书记

李贵平　宁武县阳方口镇副镇长、阳方村党支部书记

胡　频　静乐县居民办事处副主任、机关支部书记

尚海英（女）代县峨口镇人民政府组织宣传委员

吕梁市

郭首旗（女）孝义市高阳镇党委副书记、综治办主任

王永和　交口县双池镇党委委员

杨湖平　柳林县庄上镇党委书记

李雪芬　方山县委组织部组织科科长

王兰贵　岚县人民路社区党支部书记、居委会主任

张致滨　吕梁市离石区田家会街道办事处党工委书记

郭永东　石楼县龙交乡党委书记

刘　杰　文水县下曲镇党委书记

晋中市

韩凤山　晋中经济技术开发区西荣村党支部第一书记

裴志庆　平遥县卜宜乡党委副书记

彭继平　灵石县第一中学校党总支书记、校长

刘俊彦　左权县直机关工委书记

牛爱梅（女）晋中市直属机关工委纪工委副书记、监察室主任

苏　静（女）寿阳县新闻中心主任、党支部书记

李晓东　介休市委组织部组织科长、电教中心主任

李垚铮　和顺县非公工委专职副书记

张永辉　祁县丹枫城区丹枫路社区党总支书记

王维银　昔阳县四通工贸有限公司党支部书记、赵壁乡白羊峪村党支部书记

贾利民　太谷县人民医院党支部书记、院长

崔　凯　榆社县西马乡党委副书记、乡长

张爱茂　晋中市榆次区北田镇张胡村党支部书记

阳泉市

李乃珠　阳泉市郊区平坦镇桃林沟村党委书记

任红梅（女）阳泉市矿区段南沟社区党支部书记

李素芳（女）阳泉市煤气公司宏远燃气工程公司党支部书记

安先武　阳煤集团发供电分公司党委书记

长治市

刘钢平　武乡县蟠龙镇党委书记、镇长

龚来文　沁县杨安乡佛堂岩村党支部书记

崔永明（女）长治市城区延安南路街道淮海社区党支部书记

吴效东　潞安矿业（集团）有限责任公司王庄煤矿党委书记

杨俊祥　首钢长治钢铁有限公司纪委副书记

魏安根　山西天脊煤化工集团有限公司复肥厂党委书记、厂长

马忠平　长治市八一百货大楼党总支书记

王夏丽（女）山西漳泽电力股份有限公司漳泽发电分公司党委工作部主任

赵春霞（女）长治市郊区非公工委站前路非公党建指导站书记

魏　玮（女）长治职业技术学院组织部干部科科长

杨军伟　长治县审计局党总支书记、局长

晋城市

宋晓永　陵川县崇文镇小召村党支部书记

刘泽宇　晋城市直属机关工委委员、组织部长

冯军文　晋煤集团寺河煤矿综采一队党支部书记

桑玉民　晋城职业技术学院信息工程系主任、党支部书记

丁坚强　沁水县龙港镇党委书记

临汾市

胡双印　古县岳阳镇张才村党支部书记

侯俊杰　汾西县永安镇党委副书记

席苏顺　洪洞县赵城镇永乐村党支部书记、村委会主任

焦　芬（女）临汾市公安局党办主任

沈震红（女）襄汾县永固乡党委副书记

王海霞（女）安泽县社区服务指导中心党工委副书记

孔军民　蒲县劳动和社会保障局党支部书记

张　峰　临汾市尧都区屯里镇党委书记

翟铭娟（女）翼城县王庄乡党委书记

丁向阳　临汾市林业局党组书记、局长

郭惠民　霍州市白龙镇党委书记

运城市

高成军　夏县县委组织部部务委员、县直工委书记

展力孝　永济市城西街道太宁村党支部书记

范新年　绛县卫庄镇后峪村党支部书记、村委会主任

张铁项　平陆县张店镇风口村党支部书记、村委会主任

杨　莉（女）运城市农委党委办公室主任

赵晓峰　运城师范高等专科学校党委办公室主任

侯占平　运城建工集团有限公司党委副书记、副总经理

王　培　运城市盐湖区非公有制经济组织工作委员会副书记

贺作龙　永济热电公司组织主管

王会民　新绛县古交镇党委书记

省直工委

朱敏健　山西省煤炭地质114勘查院党委书记

石生新　山西省水利厅直属机关党委专职副书记

韩　龙　山西省气象局机关服务中心党支部书记、中心主任

省国资委党委

刘　炜　山西焦煤集团有限责任公司东曲煤矿党委书记

覃　潇（女）山西煤炭进出口集团有限公司党工部干事

张　琰　山西省工业设备安装有限公司党委书记

省国防科技工业党委

徐虎森　中国兵器晋西工业集团党委工作部部长

三、先进基层党组织（199个）

太原市

太原市迎泽区庙前街道南海街二社区党总支
国网太原供电公司党委
太原田和食品集团有限公司党委
太原市杏花岭区新建路小学党支部
太原市万柏林区万柏林街道彭村社区党支部
太原市小店区小店街道汾东南路社区党支部
太原市市政工程总公司党委
太原市第四十八中学校党委
太原市公安局万柏林分局和平南路派出所党支部
太原市市政公共设施管理处党委
山西亚鑫能源集团有限公司党总支
太原市晋源区晋祠镇东院村党支部
古交市岔口乡关头村党支部
阳曲县黄寨镇党委
太原市尖草坪区柴村街道党工委
大唐太原第二热电厂党委
太原动物园党总支

大同市

大同市城区北街街道岳翠园社区党支部
大同市矿区新胜街街道迎新街社区党总支
大同市南郊区水泊寺乡寺儿村党支部
大同市新荣区西村乡党委
左云县老干部局党工委
天镇县贾家屯乡塔儿村党支部
灵丘县独峪乡张家湾村党支部
广灵县壶泉镇赵庄村党支部
国药集团威奇达药业有限公司党委
大同市园林管理局机关党委
大同市二医院肿瘤医院放疗党支部
大同市社会福利院党支部
大同市国家税务局车辆购置税征收管理分局党支部
大同日报社党委
大同银行股份有限公司党委
大同煤矿集团有限责任公司晋华宫矿党委

朔州市

朔州市朔城区张蔡庄乡峙庄村党支部
朔州市平鲁区白堂乡西易村党委
朔州市朔城区北旺庄街道振华社区党支部
朔州市平鲁区人民医院党支部
山阴县马营庄乡故驿村党总支
怀仁金沙滩羔羊肉业有限公司党支部
朔州市第二中学党支部
朔州市公安局监所管理支队党支部
平朔煤炭工业公司井工设备安装中心党总支
国网朔州市神头供电公司党支部
神华国能神头第二发电厂发电部党总支
同煤集团朔州朔煤王坪煤电有限责任公司党委

忻州市

保德县桥头镇党委
原平市新原乡张村党支部
宁武县阳方口镇党委
五寨县砚城镇东关村党支部
定襄县住房保障和城乡建设管理局机关党委
岢岚县西城社区党总支
河曲县土沟乡榆岭洼村党支部
神池县委组织部机关党支部
五台县阳白乡阳白村党支部
代县雁门关乡红墙村党支部
繁峙县繁城镇赵家庄村党支部
静乐县赤泥窊乡党委
忻州市人民检察院机关党委
忻州市国家税务局经济开发区税务分局党支部
忻州神达能源集团有限公司党委
轩岗煤电有限责任公司党委
原平市北城街道办事处城西社区党支部
河曲县河滩养殖联合党支部

吕梁市

孝义市新义街道府东社区党支部
孝义市振兴街道东庄村党支部
文水县南安镇杨乐堡村党支部
吕梁市离石区信义镇党委
柳林县陈家湾乡党委
交口县桃红坡镇大麦郊村党支部
山西新晋商酒庄集团有限责任公司党总支
山西省汾阳监狱党委
山西省汾阳医院党委
文水中学党支部
交城县天宁镇梁家庄村党总支
吕梁市图书馆党支部
中阳县下枣林乡下枣林村党支部

石楼县前山乡党委

晋中市

左权县龙泉乡连壁村党支部
太谷县北城区北关村党总支
介休市西南街道光明社区党支部
山西方盛液压机电设备有限公司党支部
国网晋中供电公司党委
山西振东安特生物制药有限公司党支部
灵石县静升镇苏溪村党支部
昔阳县人民检察院党支部
晋中市榆次区张庆乡党委
经纬纺织机械股份有限公司榆次分公司党委
榆社县箕城镇河南街村党支部
和顺县牛川乡南庄村党支部
寿阳县南燕竹镇南燕竹村党支部
祁县城赵镇修善村党支部
平遥中学党委

阳泉市

阳泉煤业（集团）股份有限公司一矿党委
山西阳光发电有限责任公司党委
阳泉市郊区李家庄乡汉河沟村党支部
阳泉市城区上站街道德胜街社区党总支
阳泉市公共交通总公司第四分公司党支部
阳泉市育英学校党支部
阳泉市第十一中学校党委
阳泉市热力公司党委
阳泉市第四人民医院党委
阳泉市委市政府信访局党支部
盂县通达出租汽车有限公司党支部
阳泉市经济技术开发区国税分局党支部
盂县下社乡河西村党支部

长治市

沁县郭村镇党委
武乡县上司乡蒋家庄村党支部
屯留县李高乡北宋村党支部
长子县第一中学校党支部
潞城市潞华办事处党工委
长治高新区城北街办事处捉马村党总支
长治市供水总公司党委
山西潞安矿业（集团）有限责任公司常村煤矿党委
长治金威商贸集团党总支
襄垣县王桥镇洛江沟村党支部
黎城县老干部系统党总支
沁源县党群系统党委
平顺县林业局党支部
首钢长治钢铁有限公司炼钢厂党委
长治市城区佳威商城党支部
山西长治王庄煤业有限责任公司党委
长治市郊区堠北庄镇暴马村党支部
长子县南漳镇党委

晋城市

山西清慧机械制造有限公司党支部
阳城县北留镇皇城村党委
晋城煤业集团成庄矿党委
阳城国际发电有限责任公司党委
国投晋城热电有限公司党支部
山西合聚工贸集团有限公司党支部
高平市河西镇党委
晋城市国家税务局机关党委
晋城职业技术学院图书馆党支部
沁水县郑村镇党委

临汾市

侯马市商贸市场党委
蒲县山中乡山中村党支部
临汾市尧都区铁路东街道三元社区党总支
侯马市凤城乡党委
山西立恒钢铁集团股份有限公司党委
永和县阁底乡东征村党支部
古县北平镇贾寨村党支部
临汾市市政公用局党委
山西戎子酒庄有限公司党支部
吉县屯里镇太度村党支部
临汾市尧都区一平垣乡蟒王村党支部
翼城县唐兴镇城内村党支部
安泽县府城镇小黄村党支部
襄汾县司法局党总支
隰县黄土镇黄土村党支部

运城市

临猗县嵋阳镇嵋阳村党支部
闻喜县东镇上镇村党支部
绛县故绛镇东关村党支部
垣曲县皋落乡岭回村党支部
夏县庙前镇西村党支部
闻喜县道北社区党总支

运城市盐湖区北城街道办四季绿城社区党支部
永济市城西街道党工委
芮城县古魏镇党委
新绛县龙兴镇党委
山西通达集团有限公司党委
山西寰烁电子科技股份有限公司党支部
中条山有色金属集团公司铜矿峪矿党委
运城市公共资源交易中心党支部

省直工委

晋中经济开发区农村信用合作联社党委
山西艺术职业学院学生党支部
山西省农业厅直属机关党委
山西省统计局第九党支部
国网山西检修公司1000KV特高压长治站党支部
山西储备物资管理局六三九处党委
山西省公安厅直属机关党委
太原机场海关党支部
山西广播电视台卫星频道党支部
山西省新康监狱第九党支部
山西省地方税务局征管和科技发展处党支部

省高校工委

山西师范大学物理与信息工程学院第一学生党支部
山西财经大学应用数学学院学生党支部
中北大学理学院党委
太原科技大学化学与生物工程学院党委
山西金融职业学院素质教学部党总支
忻州师范学院中文系党总支
山西机电职业技术学院数控工程系党总支
山西大同大学文学院党委
山西工程技术学院地质与测量系党总支

省国资委党委

山西汽车运输集团有限公司党委
山西焦煤霍州煤电李雅庄煤矿党委
山西漳泽电力股份有限公司党委
山西省科技基金发展总公司党支部
山西太长高速公路有限责任公司党委
山西天然气有限公司党委
山西国控集团省化工研究所精细部党支部
山西机械化建设集团公司党委
山西河坡发电有限责任公司党委
太原重工轨道交通设备有限公司党委
太化股份氯碱分公司党委

省国防科技工业党委

山西新华化工有限责任公司党委
山西汾西重工有限责任公司党委
太原航空仪表有限公司党委
中核新能核工业工程有限责任公司党委
中国电子科技集团公司第二研究所党委

太原铁路局

太原铁路局太原南站党委

九、人事变动

省　　委

6月28日　中央决定骆惠宁任山西省委委员、常委、书记

6月28日　中央决定免去王儒林的山西省委书记、常委、委员职务

8月26日　中央批准免去李小鹏的山西省委副书记、常委、委员职务

9月14日　张瑞鹏任省委常务副秘书长、省委办公厅主任

9月14日　宋伟任省委副秘书长（正厅长级）

9月14日　免去姜新文的省委常务副秘书长、省委办公厅主任职务

9月14日　免去李福明的省委副秘书长、省委政策研究室主任职务

9月14日　免去王纯的省委副秘书长、省委农村工作领导小组专职副组长职务

9月30日　中央批准黄晓薇任山西省委副书记，免去山西省纪委书记职务

9月30日　中央批准任建华任山西省委委员、常委、省纪委书记

9月30日　中央批准免去吴政隆的山西省委常委、委员职务

9月30日　中央批准免去付建华的山西省委常委、委员职务

10月20日　储祥好任省委副秘书长（正厅长级）

11月4日　省第十一次党代会选举马彦平、王亚、王成、王宏、王纯、王赋、王一新、王立业、王立伟、王伟中、王宇燕、王安庞、王利波、王秀文、王建明、王清宪、王联辉、卢建明、白秀平、师帅、朱先奇、任建中、任建华、向二牛、刘杰、刘予强、刘志宏、刘志杰、刘润民、闫喜春、关建勋、江涛、许大纯、孙大军、孙绍骋、孙海潮、李凤岐、李正印、李建刚、李俊明、李晓波、李福明、杨司、吴俊清、张葆、张九萍、张文栋、张吉福、张志川、张金旺、张建欣、张瑞鹏、陈永奇、陈学东、陈振亮、武涛、武宏文、罗清宇、岳普煜、郑连生、赵建平、赵雁峰、胡玉亭、胡苏平、贺天才、骆惠宁、耿彦波、高建民、郭长青、郭迎光、郭保民、郭海刚、席小军、黄晓薇、盛佃清、盛茂林、董一兵、楼阳生、廉毅敏、薛延忠、薛维栋等81名同志为十一届省委委员；吴海平、符惠明、汪凡、张安顺、翟振新、霍红义、王震、姜四清、阎俊生、翟红、刘宏新、李中元、李晋平、王创民、郭健、薛永辉等16名同志为十一届省委候补委员

11月5日　省委十一届一次全体会议选举骆惠宁同志为省委书记，楼阳生、黄晓薇为省委副书记，高建民、孙绍骋、王伟中、盛茂林、任建华、罗清宇、张吉福、王清宪、廉毅敏为省委常委

11月7日　罗清宇任省委秘书长

11月7日　免去王伟中的省委秘书长职务

省人大常委会

1月29日　省十二届人大五次会议接受李政文、安焕晓辞去省人大常务委员会副主任职务；接受王满春、任福耀、刘巩、李永宏、张明亮、郑建国、姜新文、姚芝楼、高国顺、韩和平辞去省人大常务委员会委员职务

1月31日　张建欣任省人大常委会党组副书记（列牛仁亮之后）

1月31日　高卫东任省人大常委会党组成员

1月31日　免去李政文的省人大常委会党组副书记职务

1月31日　免去安焕晓的省人大常委会党组成员职务

1月31日　李政文、安焕晓退休

1月31日　省十二届人大五次会议选举张建欣、高卫东为省人大常务委员会副主任

5月12日　免去宋伟的省人大常委会机关党组成员职务

6月28日　中央批准提名骆惠宁为山西省人大常委会主任候选人

6月28日　中央批准王儒林不再担任山西省人大常委会主任职务

9月14日　省人大常委会副秘书长周世经试用期满，考核合格，同意正式任职

11月7日　胡苏平任省人大常委会党组副书记

省人大常委会工作机构

1月20日　秦作栋任山西省人大常委会副秘书长

1月20日　王守义任山西省人大常委会法制工作委员会副主任

1月20日　武海顺任山西省人大常委会教育科学文化卫生

工作委员会副主任

1 月20日 王杰敏任山西省人大常委会农村工作委员会副主任

1 月20日 吕明任山西省人大常委会民族宗教侨务外事委员会副主任

1 月20日 杨怀恩任山西省人大常委会预算工作委员会副主任

4 月9日 省人大王联英退休

5 月12日 张汉文任省人大常委会教育科学文化卫生工作委员会副巡视员

5 月12日 胡东任省人大常委会城乡建设环境保护工作委员会副巡视员

5 月31日 宋伟任省人大常委会研究室主任

5 月31日 成斌任省人大常委会法制工作委员会副主任(试用期一年)

5 月31日 刘晓东任省人大常委会预算工作委员会副主任(试用期一年)

5 月31日 免去宋伟的山西省人大常委会副秘书长职务

5 月31日 免去张明亮、梁权的省人大常委会教育科学文化卫生工作委员会副主任职务

5 月31日 免去常宝童的省人大常委会城乡建设环境保护工作委员会副主任职务

5 月31日 免去梁丽山的省人大常委会人事代表工作委员会副主任职务

5 月31日 免去郑建国的省人大财政经济委员会副主任委员、省人大常委会预算工作委员会主任职务

5 月31日 免去王晓勇、王玉明的省人大常委会预算工作委员会副主任职务

7 月22日 免去霍晓琴的省人大常委会人事代表工作委员会巡视员职务，退休

7 月28日 免去高国顺的省人大法制委员会副主任委员、省人大常委会法制工作委员会主任职务，退休

7 月28日 免去韩和平的省人大内务司法委员会副主任委员职务

7 月28日 免去姚芝楼的省人大常委会教育科学文化卫生工作委员会副主任职务

9 月14日 省人大常委会人事代表工作委员会副主任张国富试用期满，考核合格，同意正式任职

9 月14日 省人大常委会教育科学文化卫生工作委员会副主任谭继海试用期满，考核合格，同意正式任职

9 月30日 王进喜任省人大常委会教育科学文化卫生工作委员会副主任

9 月30日 免去张铁锁的省人大常委会法制工作委员会副主任职务

9 月30日 免去宋新柱的省人大常委会教育科学文化卫生工作委员会副主任职务

9 月30日 免去宋伟的省人大常委会研究室主任职务

11 月10日 免去曹晋芳的省人大常委会农村工作委员会副主任职务

11 月25日 杨增武任省人大内务司法委员会副主任委员

12 月8日 免去谢海的省人大常委会农村工作委员会主任职务

省政府

1 月29日 省十二届人大五次会议接受张建欣辞去副省长职务

1 月31日 免去张建欣的省政府党组成员职务

3 月30日 省十二届人大常委会第二十五次会议表决通过罗清宇任副省长

4 月8日 罗清宇任省政府党组成员

5 月19日 免去白秀平的省政府副秘书长职务

8 月29日 楼阳生任省政府党组书记

8 月29日 免去李小鹏省政府党组书记职务

8 月30日 省十二届人大常委会第二十八次会议表决通过楼阳生任副省长、代省长

8 月30日 省十二届人大常委会第二十八次会议接受李小鹏辞去省长职务

11 月7日 孙绍骋任省政府党组成员

11 月7日 免去罗清宇的省政府党组成员职务

11 月7日 免去付建华的省政府党组成员职务

11 月7日 免去廉毅敏的省政府党组成员、省政府办公厅党组书记职务

11 月7日 王纯任省政府党组成员、省政府办公厅党组书记

11 月10日 王纯任山西省政府秘书长

11 月28日 省十二届人大六次会议选举楼阳生为省长

11 月28日 省十二届人大六次会议选举孙绍骋为副省长

12 月8日 省十二届人大常委会第三十二次会议表决通过王赋任副省长，免去罗清宇副省长职务

12 月17日 王赋任省政府党组成员

省政协

1 月23日 政协第十一届山西省委员会常务委员会第十七次会议接受王云亭、王水成、许并社、秦作栋、梁志祥辞去省政协常委、委员职务

1 月30日 政协第十一届山西省委员会第四次会议选举张璞、姜新文为政协副主席

1 月30日 政协第十一届山西省委员会第四次会议接受李雁红辞去省政协副主席职务

1 月31日 朱先奇任省政协党组副书记

1 月31日 张璞、姜新文任省政协党组成员

1 月31日 免去李雁红的省政协党组副书记职务，退休

11 月7日 王建明任省政协党组副书记

省政协工作机构

9月14日　免去高卫平、唐进平的省政协办公厅副巡视员职务，退休

9月14日　免去穆雯瑛的省政协文史和学习委员会副巡视员职务，退休

9月14日　张建豪任省政协办公厅巡视员

省纪委

1月14日　孙京民任省纪委副厅级室主任（试用期一年）（2015年12月28日研究决定，2016年1月14日发文）

1月31日　免去吴建业的省纪委副厅级检查员职务，退休

1月31日　刘巩退休

5月11日　孟萧任省纪委副书记

5月11日　荀志坚退休

5月11日　林富强退休

5月12日　免去王向的省纪委副厅级检查员职务，退休

5月12日　孟贵芳、那志茂、傅锐、杨宏、乔杰、石德轩、丁利军任省纪委副厅级室主任（试用期一年）

5月12日　谷达平、杨新明任省纪委副厅级检查员

7月22日　王帅红任省纪委副厅级室主任

7月22日　免去吴纪平的省纪委副厅级室主任职务

9月14日　马葆华、荣奋刚、范晋昌试用期满，考核合格，同意正式任职

9月14日　高建国任省纪委正厅级检查员

9月30日　免去迟耀云的省纪委副书记职务

11月4日　省第十一次党代会选举马彪、王珍、王帅红、王成禹、王建成、王晓鹏、王增信、牛榆生、朱晓东、任建华、刘英魁、刘冀民、那志茂、孙京民、李　政、李吉山、李江龙、李曾贵、杨宏、吴纪平、吴跃平、何青、宋文斌、张晓永、张晓玲、张稳科、陈学东、范晋昌、周计伟、周培斌、孟萧、赵建平、赵建华、郝权、荣彰、荣奋刚、相里岩、姚安政、党志峰、高向新、高金喜、郭英杰、康吉仁、董赤凡等44名同志为十一届省纪委委员

11月5日　省纪委十一届一次全体会议选举任建华为省纪委书记，陈学东、郝权、孟萧为省纪委副书记，王帅红、王成禹、孙京民、李吉山、何青、荣奋刚、高金喜为省纪委常委

11月7日　免去那志茂的省纪委副厅级室主任职务

11月7日　陈学东任省纪律检查委员会常务副书记

11月25日　免去郝恩元的省纪委副厅级检查员职务，退休

省纪委派驻机构

1月31日　李政任省纪委驻省经济和信息化委员会纪检组组长

1月31日　王玉明任省纪委驻省水利厅纪检组组长

1月31日　穆晓彤任省纪委驻省农业厅纪检组组长

1月31日　免去周礼仁的省纪委驻省经济和信息化委员会纪检组组长职务

1月31日　免去孟希雄的省纪委驻省水利厅纪检组组长职务

1月31日　免去张红星的省纪委驻省农业厅纪检组组长职务

1月31日　免去郭宏魁的省纪委驻省食品药品监督管理局纪检组组长职务

1月31日　刘茂林、苏治英任省纪委派驻机构副厅级检查员

1月31日　张志良任省纪委派驻机构副巡视员

5月12日　免去秦文峰的省纪委驻省人民检察院纪检组组长职务

5月12日　免去李春泽的省纪委驻省粮食局纪检组组长职务

5月12日　免去马春生的省纪委驻省工商行政管理局纪检组组长职务，退休

5月12日　免去张志良的省纪委驻派驻机构副巡视员职务，退休

7月22日　免去宋文斌的省纪委驻省交通运输厅纪检组组长职务

7月22日　免去谢璞的省纪委驻省林业厅纪检组组长职务，退休

9月14日　省纪委驻省新闻出版广电局（省版权局）纪检组组长邢瑞峰试用期满，考核合格，同意正式任职

9月14日　省纪委驻省安监局纪检组组长谷明试用期满，考核合格，同意正式任职

9月14日　王晓鹏任省纪委驻省教育厅（省高校工委）纪检组组长

9月14日　周培斌任省纪委驻省公安厅纪检组组长

9月14日　赵炜任省纪委驻省林业厅纪检组组长

9月14日　高建国任省纪委驻省政府国有资产监督管理委员会纪检组组长

9月14日　田永明任省纪委驻省工商行政管理局纪检组组长

9月14日　李国敏任省纪委驻省人民检察院纪检组组长（试用期一年）

9月14日　韩日裕退休

10月20日　张晓玲任省纪委驻省交通运输厅纪检组组长

11月24日　省纪委驻省委宣传部纪检组组长吴照曲试用期满，考核合格，同意正式任职

11 月24日　省纪委驻省财政厅纪检组组长胡志国试用期满，考核合格，同意正式任职
11 月24日　省纪委驻省住建厅纪检组组长王淑敏试用期满，考核合格，同意正式任职

省高级人民法院

1 月20日　冯少勇任山西省高级人民法院审判委员会委员、审判员
1 月31日　免去何振科的省高级人民法院副巡视员职务，退休
5 月12日　免去张茂恒的省高级人民法院副巡视员职务，退休
5 月31日　免去任生林的山西省高级人民法院行政审判庭庭长职务
5 月31日　免去孙朝晖的山西省高级人民法院审判员职务
7 月22日　免去石治文的省高级人民法院巡视员职务，退休
10 月20日　免去冯少勇的省高级人民法院审判委员会专职委员职务、退休
11 月25日　吴秋霞、张炜任省高级人民法院巡视员

省人民检察院

1 月20日　霍永宁任山西省人民检察院委员会委员、检察员
1 月20日　免去张世荣、段运生的省人民检察院检察委员会委员职务
5 月12日　免去张双喜的省人民检察院太原铁路运输检察分院党组书记职务，退休
5 月31日　秦文峰任山西省人民检察院副检察长
7 月22日　赵雅清、周跃武、崔峰试用期满，考核合格，同意正式任职
7 月22日　免去赵雅清的省人民检察院检察委员会专职委员职务
7 月22日　免去周东曙的省人民检察院公诉局局长职务
7 月22日　免去崔峰的省人民检察院检务督察局局长职务
9 月30日　郝跃伟任省人民检察院检察委员会委员、检察员
9 月14日　郝跃伟任省人民检察院检察委员会专职委员
9 月14日　王守林任省人民检察院太原铁路运输检察分院党组书记（副厅长级）
9 月14日　李国敏任省人民检察院党组成员
10 月7日　崔国红任省人民检察院党组副书记
10 月20日　免去张建新的省人民检察院副巡视员职务，退休
11 月10日　崔国红任山西省检察院副检察长、检察委员会委员
11 月24日　郭普试用期满，考核合格，同意正式任职
11 月24日　免去南世勤的省人民检察院太原铁路运输检察分院党组成员职务
12 月15日　免去曹改莲的省人民检察院副检察长、检察委员会委员职务

省委工作部门和派出机构

1 月14日　宋惠民任省委办公厅副主任（试用期一年）(2015年12月28日研究决定，2016年1月14日发文)
1 月14日　林均法任省委办公厅副巡视员（2015年12月28日研究决定，2016年1月14日发文)
1 月14日　免去李斌的省委办公厅副主任职务（2015年12月28 日研究决定，2016年1月14日发文)
1 月14日　免去王蕾的省委宣传部副部长、省精神文明办主任（兼）职务（2015年12月28日研究决定，2016年1月14日发文)
1 月30日　曾友成任省委政法委员会委员
1 月30日　免去刘振所的省委政法委员会委员职务
1 月30日　王宏任省直属机关工作委员会副书记，免去其省直属机关纪律检查工作委员会书记职务
1 月31日　郭宏魁任省直属机关纪律检查工作委员会书记、省直属机关工作委员会委员
1 月31日　单福光任省直属机关工作委员会副巡视员
5 月12日　白秀平任省委组织部副部长
5 月12日　免去张健的省委组织部副部长职务
5 月12日　闫喜春任省委法治建设领导小组办公室主任(兼)
5 月12日　周涛任省委法治建设领导小组办公室专职副主任（副厅长级）
5 月12日　董赤凡任省委巡视组副组长，免去其省委巡视组副厅长级巡视专员职务
5 月12日　吕海燕任省委巡视组副组长，免去其省委巡视办副厅长级巡视专员职务
5 月12日　免去因新中的省委巡视组副组长职务
5 月12日　免去王琦的省委巡视组副组长职务，退休
5 月12日　免去林均法的省委办公厅副巡视员职务，退休
5 月12日　免去单福光的省直属机关工作委员会副巡视员职务，退休
5 月12日　免去赵付忠的省委政策研究室（省委全面深化改革领导小组办公室）副巡视员职务，退休
5 月12日　杨茂林任省委宣传部副部长
5 月12日　免去吕向东、王毅鸣的省委宣传部副巡视员职务，退休
5 月12日　罗民任省委巡视组副组长（正厅长级）

5月12日 王利波任省委保密委员会常务副主任（正厅长级）
5月12日 郝点亮任省委巡视办副厅长级巡视专员（试用期一年）
5月12日 路露任省委巡视组副厅长级巡视专员（试用期一年）
5月12日 郝永明任省委办公厅副厅级督查专员（试用期一年）
5月12日 高森、解文秀任省委办公厅副巡视员
5月12日 陈学东任省非公经济组织和社会组织工作委员会书记（兼）
5月12日 张志刚任省非公经济组织和社会组织工作委员会专职副书记（副厅长级，试用期一年）
5月12日 吴建强、吕惠兰、樊秀清任省非公经济组织和社会组织工作委员会副书记（兼）
5月12日 赵永胜任省年度目标责任考核领导小组办公室专职副主任（副厅长级，试用期一年）
5月12日 王剑锋、周晋华任省委组织部副巡视员
5月12日 免去罗民的省委组织部部务委员职务
5月12日 钟占荣、曹天胜任省委巡视组副厅长级巡视专员（试用期一年）
5月12日 闫晓红任省中华职业教育社专职副主任（副厅长级，试用期一年）
5月12日 王晓霞、张云虎任省委统战部副巡视员
7月21日 周涛任省委政法委员会委员
7月22日 免去夏振贵的省委统一战线工作部副部长职务，退休
7月22日 免去王宝生的省委统一战线工作部巡视员职务，退休
7月22日 刘国庆、王云龙省委统一战线工作部副部长
7月22日 免去高键的省委统一战线工作部副部长职务
7月22日 免去张晓亚的省委巡视组组长职务，退休
7月22日 免去王建廷的省委人才工作领导小组办公室主任职务
9月14日 王利波任省委政策研究室主任，免去其省委保密委员会常务副主任职务
9月14日 省委办公厅副主任曹荣湘试用期满，考核合格，同意正式任职
9月14日 省委政策研究室（省委全面深化改革领导小组办公室）副主任（副厅长级）加年丰试用期满，考核合格，同意正式任职
9月14日 省委改革办专职副主任刘东光试用期满，考核合格，同意正式任职
9月14日 免去张葆的省委组织部副部长职务
9月14日 免去王剑锋的省委组织部副巡视员职务，退休
9月14日 免去王建新的省委统一战线工作部巡视员职务，退休
9月14日 免去何炳文的省委政法委员会副巡视员职务，退休
9月14日 免去赵志祥的省委巡视办副厅长级巡视专员职务，退休
9月14日 免去曹燎原的省委巡视组组长职务，退休
9月14日 李福明任省委宣传部常务副部长
9月14日 免去李高山的省委宣传部常务副部长职务
9月14日 曹仲平任省委办公厅副巡视员
9月14日 赵忠保任省委组织部部务委员（试用期一年）
9月14日 孙兴武任省委巡视组副组长（正厅长级）
10月7日 闫喜春任省委政法委员会常务副书记
10月7日 免去边晋南的省委政法委员会常务副书记职务
10月7日 李建刚任省机构编制委员会办公室主任
10月7日 免去刘传旺的省机构编制委员会办公室主任职务
10月7日 王宏任省直属机关工作委员会常务副书记（正厅长级）
10月7日 免去杨增武的省直属机关工作委员会常务副书记职务
10月7日 免去薛永辉的省委政法委员会副书记、省社会治安综合治理委员会办公室主任职务
10月7日 免去崔国红的省委政法委员会委员职务
10月20日 免去段晓燕的省委办公厅副巡视员职务，退休
10月20日 张其光任省委人才工作领导小组办公室主任(副厅长级，试用期一年)
11月7日 免去陈学东的省委组织部副部长、省委党建工作领导小组办公室主任、省非公经济组织和社会组织工作委员会书记职务
11月7日 免去孙绍骋省委统一战线工作部部长职务
11月7日 廉毅敏任省委统一战线工作部部长
11月7日 黄晓薇任省委政法委员会书记
11月7日 免去王建明的省委政法委员会书记职务
11月7日 王清宪任省委宣传部部长
11月7日 免去胡苏平的省委宣传部部长职务
11月7日 罗清宇兼任省直属机关工作委员会书记
11月7日 免去王伟中兼任的省直属机关工作委员会书记职务
11月24日 白震任省委政法委员会委员
11月25日 张晓峰任省委组织部副部长、省委党建工作领导小组办公室主任（正厅长级）、省非公经济组织和社会组织工作委员会书记（兼）
11月25日 赵建华任省委组织部副部长
11月25日 李定武任省委组织部巡视员
11月25日 王文英任省委办公厅巡视员
11月25日 胡志兰任省委宣传部副巡视员
11月25日 免去刘香兰的省委巡视组副组长职务，退休

省委部门管理机构

1月13日　姚宇韧任省委保密办（省国家保密局）总工程师（试用期一年）（2015年12月28日研究决定，2016年1月14日发文）
1月14日　郭世卿任省委老干部局巡视员（2015年12月28日研究决定，2016年1月14日发文）
1月14日　免去郭世卿的省委老干部局副局长职务（2015年12月28日研究决定，2016年1月14日发文）
1月14日　许景安任省委省政府信访局副巡视员（2015年12月28日研究决定，2016年1月14日发文）
5月11日　省委老干部局覃建平退休
5月12日　免去白秀平、王进军的省委省政府信访局副局长职务
5月12日　免去梁雨润的省委省政府信访局巡视员职务，退休
5月12日　免去许景安的省委省政府信访局副巡视员职务，退休
5月12日　免去武俊平的省委防范和处理邪教问题领导小组办公室副主任职务，退休
5月12日　郝钦新任省委省政府信访局副局长（试用期一年）
7月22日　郭泽兵任省委省政府信访局副局长（试用期一年）
7月22日　免去张建平的省委省政府信访局副局长职务
7月22日　免去肖建生的省委台湾工作办公室（省政府台湾事务办公室）副巡视员职务，退休
10月20日　免去安献华的省接待办公室副巡视员职务，退休
11月24日　省委省政府信访局姚云刚试用期满，考核合格，同意正式任职
11月24日　省委防范和处理邪教问题领导小组办公室李波试用期满，考核合格，同意正式任职
11月25日　赵建华任省委老干部局局长
11月25日　免去陈跃刚的省委老干部局局长职务
11月25日　王小丽任省委老干部局副局长（试用期一年）
11月25日　郑兰珍任省委老干部局巡视员，免去其省委老干部局副局长职务

民主党派

1月31日　民建省委会专职副主委薛维梁明确为正厅长级
1月31日　农工党省委会专职副主委张李锁明确为正厅长级
5月12日　免去贺安黎的民进山西省委会副巡视员职务，退休
5月12日　免去张丽娟的农工党山西省委会副巡视员职务，退休
5月12日　免去曾俊英的九三学社山西省委会副巡视员职务，退休
9月14日　民盟省委会主委王维平明确为正厅长级

省政府组成部门

1月14日　武耀文、袁同锁任省国土资源厅党组成员
1月27日　武耀文任省国土资源厅副厅长（试用期一年）
1月27日　袁同锁任省国土资源厅总规划师（试用期一年）
1月28日　王晓艺任国土资源厅副巡视员
1月28日　王晋任交通战备办公室专职副主任（副厅长级，试用期一年）
1月28日　郝永新任省商务厅副巡视员
1月28日　免去秦作栋的省科学技术厅副厅长职务
1月31日　南春林、王银燕任省审计厅党组成员
1月31日　李德胜任省国土资源厅党组成员
1月31日　李政任省经济和信息化委员会党组成员
1月31日　免去周礼仁的省经济和信息化委员会党组成员职务
1月31日　穆晓彤任省农业厅党组成员
1月31日　免去张红星的省农业厅党组成员职务
1月31日　王玉明任省水利厅党组成员
1月31日　免去孟希雄的省水利厅党组成员职务
1月31日　免去戴飞的省交通运输厅党组成员职务，退休
1月31日　免去李培勇的省文化厅党组成员职务，退休
3月28日　周礼仁任省经济和信息化委员会副巡视员
3月28日　张永胜任省属地方金融类企业监事会主席（副厅长级，试用期一年）
3月28日　孟希雄任省水利厅副巡视员
3月28日　张红星任省农业厅副巡视员
3月28日　马建中任省审计厅副巡视员
3月28日　免去戴飞的省交通运输厅副厅长职务
3月28日　免去李培勇的省文化厅副巡视员职务
3月28日　免去李世杰的省体育局副局长职务
3月28日　南春林任省审计厅副厅长（试用期一年）
3月28日　王银燕任省审计厅总审计师（试用期一年）
4月8日　免去杨茂林的省煤炭工业厅党组成员职务
4月22日　免去杨茂林的省煤炭工业厅副厅长职务
5月12日　丁纪岗任省政府办公厅党组成员
5月12日　白秀平任省人力资源和社会保障厅党组书记
5月12日　免去张健的省人力资源和社会保障厅党组书记职务
5月12日　免去白秀平的省政府办公厅党组成员职务
5月12日　免去周涛的省司法厅党委委员职务
5月12日　免去李更的省林业厅党组成员职务

5月12日　省发展和改革委员会徐安崇、杨农朝退休
5月12日　省经济和信息化委员会樊文彬退休
5月12日　免去冀明德的省经济和信息化委员会党组成员职务，退休
5月12日　免去郜玉兰的省交通运输厅党组成员职务，退休
5月12日　省水利厅姚海平退休
5月12日　免去穆锦清的省农业厅党组成员职务，退休
5月12日　省农业厅王高勇退休
5月12日　省审计厅孙权孝退休
5月12日　武晋任省卫生计生委党组成员
5月12日　省卫生计生委王祥瑞、王峻退休
5月12日　省科学技术厅潘志勇退休
5月12日　免去胡双明的省财政厅党组成员职务
5月12日　李贵顺任省交通运输厅党组成员
5月12日　任建中任省林业厅党组书记
5月12日　免去李永林的省林业厅党组书记职务
5月12日　免去刘虎山的省林业厅党组成员职务
5月12日　武玉祥志任省煤炭工业厅党组成员
5月19日　王武道、权志高任省公安厅副巡视员
5月19日　武志远任省财政厅副厅长
5月19日　李更任省林业厅副巡视员
5月19日　武晋任省卫生计生委副主任
5月19日　苗还利任省煤炭工业厅副厅长
5月19日　免去徐安崇的省发展和改革委员会巡视员职务
5月19日　免去冀明德的省经济和信息化委员会副主任职务
5月19日　免去樊文彬的省经济和信息化委员会副巡视员职务
5月19日　免去潘志勇的省科学技术厅副巡视员职务
5月19日　免去安根田、寇建红的省公安厅副巡视员职务，退休
5月19日　免去李德孝的省民政厅副巡视员职务，退休
5月19日　免去武志远的省财政厅总会计师职务
5月19日　免去张健的省人力资源和社会保障厅厅长职务
5月19日　免去杨培岳的省人力资源和社会保障厅巡视员职务，退休
5月19日　免去刘西丹的省环境保护厅副巡视员职务
5月19日　免去郜玉兰的省交通运输厅总工程师职务
5月19日　免去姚海平的省水利厅副巡视员职务
5月19日　免去穆锦清的省农业厅总畜牧兽医师职务
5月19日　免去王高勇的省农业厅巡视员职务
5月19日　免去李更的省森林公安局局长职务
5月19日　免去王祥瑞、王俊的省卫生计生委巡视员职务
5月19日　免去孙权孝的省审计厅助理巡视员职务
5月19日　免去苗还利的省煤炭工业厅总工程师职务
5月30日　丁纪岗任省政府办公厅副主任（试用期一年）
5月30日　王炤坤任省政府办公厅信息办主任（副厅长级，试用期一年）
5月30日　祁进军、陈立科、陈利星任省政府办公厅副巡视员
5月30日　李肇伟任省发展和改革委员会总工程师（试用期一年）
5月30日　崔敏任省发展和改革委员会副巡视员
5月30日　郑湘晋、尹满富任省教育厅副巡视员
5月30日　胡双明任省财政厅巡视员
5月30日　李贵顺任省交通运输厅副厅长（试用期一年）
5月30日　蔺建煌任省交通运输厅副巡视员
5月30日　龚孟建任省人民政府防汛抗旱指挥部办公室主任（副厅长级，试用期一年）
5月30日　刘虎山任省林业厅巡视员
5月30日　武玉祥任省煤炭工业厅总工程师（试用期一年）
5月30日　免去胡双明的省财政厅副厅长职务
5月30日　免去刘虎山的省林业厅总工程师职务
5月31日　白秀平任省人力资源和社会保障厅厅长
5月31日　任建中任省林业厅厅长
5月31日　免去张健的省人力资源和社会保障厅厅长职务
5月31日　免去李永林的省林业厅厅长职务
7月22日　免去姚逊的省人力资源和社会保障厅党组成员职务
7月22日　李东洪任省经济和信息化委员会党组成员
7月22日　茹栋梅任省委农村工作领导小组办公室副主任、省农业厅党组成员
7月22日　免去谢璞的省林业厅党组成员职务
7月22日　省水利厅贾竑骥退休
7月22日　省煤炭工业厅韩世敏退休
7月22日　免去朱鹏的省经济和信息化委员会党组成员职务
7月22日　免去宋文斌的省交通运输厅党组成员职务
7月22日　省科学技术厅郭春林退休
7月22日　省卫生和计划生育委员会高国顺、梁明虎退休
8月4日　免去朱鹏的省经济和信息化委员会副主任、省国防科学技术工业办公室主任职务
8月4日　王贵平任省水利厅副厅长
8月4日　茹栋梅任省农业厅副厅长
8月4日　免去郭春林的省科学技术厅巡视员职务
8月4日　免去姚逊的省人力资源和社会保障厅副厅长职务
8月4日　免去孟毅芳的省人力资源和社会保障厅副巡视员职务，退休
8月4日　免去贾竑骥的省水利厅助理巡视员职务
8月4日　免去韩世敏的省煤炭工业厅副巡视员职务
8月4日　免去梁明虎的省卫生和计划生育委员会巡视员职务
9月14日　省公安厅副厅长张立刚试用期满，考核合格，

同意正式任职
9月14日　省民政厅副厅长尹也刚试用期满，考核合格，同意正式任职
9月14日　省老龄工作委员会专职副主任（副厅长级）吴建强试用期满，考核合格，同意正式任职
9月14日　省审计厅副厅长姚安政试用期满，考核合格，同意正式任职
9月14日　王纯任省政府办公厅党组副书记
9月14日　免去韩日裕的省政府外事侨务办公室党组成员职务，退休
9月14日　免去温元伟的省经济和信息化委员会党组成员职务，退休
9月14日　省审计厅杨光照退休
9月14日　赵炜任省林业厅党组成员
9月14日　张俊龙任省高校工委副书记（正厅长级）、省教育厅党组成员
9月14日　免去张瑞鹏的省文化厅党组书记职务
9月14日　李凤岐任省卫生和计划生育委员会党组书记
9月14日　免去王进喜的省卫生和计划生育委员会党组书记职务
9月14日　刘中雨任省卫生和计划生育委员会党组成员
9月14日　省教育厅郑湘晋、尹满富退休
9月14日　卢秋生、张占祥任省经济和信息化委员会党组成员
9月14日　吴志宏、张和平任省委农村工作领导小组办公室副主任（试用期一年）、省农业厅党组成员
9月14日　尹福建任省林业厅党组成员
9月14日　李建国任省审计厅党组成员
9月14日　免去高爱平的省审计厅党组成员职务
9月14日　李敏、牛青山、张克军任省科学技术厅党组成员
9月14日　张红谱任省审计厅党组成员
9月19日　李世军任省政府机关事务管理局副局长
9月23日　王纯任省政府副秘书长（正厅长级）
9月23日　高建军任省政府副秘书长
9月23日　刘中雨任省卫生和计划生育委员会副主任
9月23日　于明江任省卫生和计划生育委员会副巡视员
9月23日　免去高建军的的省政府办公厅副主任职务
9月23日　免去温元伟的省经济和信息化委员会总经济师职务
9月23日　免去郑湘晋、尹满富的省教育厅副巡视员职务
9月23日　免去郝晓琴的省司法厅副巡视员职务
9月23日　免去杨光照的省审计厅巡视员职务
9月23日　免去李新生的省公安厅交通管理局（交通警察总队）副巡视员职务
9月30日　免去张瑞鹏的省文化厅厅长职务
10月7日　免去盛佃清的省政府办公厅党组成员职务
10月7日　刘润民任省文化厅党组书记
10月7日　免去李建刚的省人力资源和社会保障厅党组成员职务
10月7日　薛永辉任省司法厅党委书记
10月7日　免去崔国红的省司法厅党委书记职务
10月7日　汪凡任省公安厅党委副书记
10月7日　免去成振林的省公安厅党委副书记职务
10月9日　省司法厅白震试用期满，考核合格，同意正式任职
10月9日　省水利厅白小丹试用期满，考核合格，同意正式任职
10月14日　高爱平任省审计厅巡视员
10月14日　李建国任省审计厅副厅长（兼省经济责任审计联席会议办公室主任，试用期一年）
10月14日　免去高爱平的省审计厅副厅长职务
10月14日　武小勤任省工商行政管理局副局长（试用期一年）
10月20日　王文保任省政府办公厅党组成员
10月20日　免去张晓玲的省司法厅党委委员职务
10月20日　冯志君任省经济和信息化委员会党组成员
10月20日　免去葛建生的省国土资源厅党组成员职务，退休
10月20日　省农业厅董希德退休
10月20日　张晓玲任省交通运输厅党组成员
10月20日　免去张其光的省人力资源和社会保障厅党组成员职务
10月20日　免去许富昌的省民政厅党组成员职务
10月20日　免去陈官虎的省经济和信息化委员会党组成员职务
11月7日　免去李正印的省交通运输厅党组书记职务
11月7日　王文保任省政府副秘书长
11月7日　免去王建锁的省司法厅副巡视员职务
11月7日　免去李建刚的省人力资源和社会保障厅副厅长职务
11月7日　免去葛建生的省国土资源执法监察总队总队长职务
11月7日　免去董希德的省农业厅巡视员职务
11月7日　张红谱任省审计厅副厅长（试用期一年）
11月7日　汪凡任省公安厅常务副厅长（正厅长级）
11月7日　免去成振林的省公安厅常务副厅长职务
11月7日　陈官虎任省经济和信息化委员会巡视员
11月7日　免去许富昌的省民政厅副厅长职务
11月7日　免去陈官虎的省经济和信息化委员会副主任职务
11月7日　免去张其光的省人力资源和社会保障厅副厅长（挂职）职务
11月10日　王纯任省政府秘书长
11月10日　薛永辉任省司法厅厅长
11月10日　刘润民任省文化厅厅长

11 月10日　免去廉毅敏的省政府秘书长职务
11 月10日　免去崔国红的省司法厅厅长职务
11 月10日　免去李正印的省交通运输厅厅长职务
11 月25日　张金旺任省政府办公厅党组成员，免去其省科学技术厅党组书记职务
11 月25日　贺德孝任省人力资源和社会保障厅党组成员
11 月25日　省发展和改革委员会王成明、崔敏退休
11 月25日　免去解放庆的省水利厅党组成员职务，退休
11 月25日　免去张玉良的省司法厅党委委员职务
11 月25日　免去张跃建的省商务厅党组副书记职务
11 月25日　免去刘进的省商务厅党组成员职务
11 月25日　免去李力的省文化厅党组成员职务
12 月8日　免去张金旺的山西省科学技术厅厅长职务

省政府直属特设机构

1 月30日　省政府国有资产监督管理委员会王靖凯退休
5 月12日　免去渠性轩的省政府国有资产监督管理委员会党委常务副书记职务
5 月12日　省政府国有资产监督管理委员会王晓勇退休
9 月14日　曹慧昌任省政府国有资产监督管理委员会党委常务副书记（正厅长级）
9 月14日　免去高建国的省政府国有资产监督管理委员会党委副书记职务，保留党委委员
10 月20日　省政府国有资产监督管理委员会王明屯退休
11 月7日　免去王明屯的省政府国有资产监督副巡视员职务

省政府直属机构及管理机构

1 月31日　王德才任省统计局党组成员
1 月31日　王德立任省食品药品监督管理局党组成员
1 月31日　免去郭宏魁的省食品药品监督管理局党组成员职务
1 月31日　免去吕苛青的省粮食局党组成员职务
1 月31日　免去李世杰的省体育局党组成员职务，退休
2 月1日　石玉泉任省监狱管理局副局长
3 月28日　乔宝贵、王五一任省质量技术监督局副巡视员
3 月28日　王德才任省统计局总统计师（试用期一年）
3 月28日　张树秋任省统计局副巡视员
3 月28日　吕苛青任省粮食局巡视员
3 月28日　王德立任省食品药品监督管理局食品总检验师（试用期一年）
3 月28日　武剑锋任省食品药品监督管理局副巡视员
3 月28日　免去王炳武的省旅游局副巡视员职务
3 月28日　免去吕苛青的省粮食局副局长职务
4 月7日　冯志山任省中小企业局党组成员
4 月8日　免去齐峰的省新闻出版广电局（省版权局）党组书记职务
4 月22日　免去齐峰的省新闻出版广电局（省版权局）局长职务
5 月11日　牛柱珍、白世禄、任建华任省政府机关事务管理局党组成员
5 月11日　免去柴全管的省扶贫开发办公室党组成员职务，退休
5 月12日　免去李春泽的省粮食局党组成员职务
5 月12日　省统计局赵占明退休
5 月12日　免去马联社的省工商行政管理局党组成员职务，退休
5 月12日　省地方税务局刘义退休
5 月12日　省工商行政管理局王拴成退休
5 月12日　免去马春生的省工商行政管理局党组成员职务
5 月12日　赵晓春任省体育局党组成员
5 月12日　免去李振生的省体育局党组成员职务，退休
5 月12日　省新闻出版广电局（省版权局）梁志祥退休
5 月12日　白源任省宗教事务局（省民族事务委员会）党组成员
5 月12日　李晋芳任省地方税务局党组成员
5 月12日　王福任省体育局党组成员
5 月12日　王克信任省政府机关事务管理局党组书记
5 月19日　吕惠兰任省工商行政管理局副局长
5 月19日　免去马联社的省工商行政管理局副局长职务
5 月19日　康志杰任省重大项目稽察特派员办公室主任（副厅长级）
5 月19日　免去康志杰、杨农朝的省重大项目稽察特派员职务
5 月19日　马爱锋任省地方税务局副局长
5 月19日　赵晓春任省体育局副局长
5 月19日　李春泽任省统计局副巡视员
5 月19日　免去马爱锋的省地方税务局总经济师职务
5 月19日　免去刘义的省地方税务局助理巡视员职务
5 月19日　免去王拴成的省工商行政管理局副巡视员职务
5 月19日　免去李振生的省体育局副局长职务
5 月19日　免去赵占明的省统计局巡视员职务
5 月30日　免去孙富忠的省政府机关事务管理局副局长职务
5 月30日　李晋峰任省地方税务局巡视员
5 月30日　李晋芳任省地方税务局总经济师（试用期一年）
5 月30日　王福任省体育局副局长（试用期一年）
5 月30日　白源任省宗教事务局（省民族事务委员会）副局长（副主任）（试用期一年）
5 月30日　免去李晋峰的省地方税务局副局长职务
7 月21日　免去任建华的省政府机关事务管理局党组成员职务

7月21日　张玉宏任省扶贫开发办公室党组成员
7月22日　刘国庆任省宗教事务局（省民族事务委员会）党组书记
7月22日　免去高键的省宗教事务局（省民族事务委员会）党组书记职务
7月22日　邓维元任省安全生产监督管理局党组成员
7月22日　省安全生产监督管理局张英保退休
7月22日　免去冯建平的省旅游局党组书记职务
7月22日　李海渊任省新闻出版广电局（省版权局）党组书记
7月22日　免去刘钢柱的省政府法制办公室党组成员职务
7月22日　李东洪任省中小企业局党组书记
7月22日　免去朱鹏的省国防科技工业党委书记职务
8月4日　尚日红、王士桦任省重大项目稽察特派员（副厅长级）
8月4日　杨振中任省安全生产监督管理局副局长
8月4日　邓维元任省安全生产监督管理局总工程师（试用期一年）
8月4日　李海渊任省新闻出版广电局（省版权局）局长
8月4日　刘国庆任省宗教事务局（省民族事务委员会）局长（主任）
8月4日　免去杨振中的省安全生产监督管理局总工程师职务
8月4日　免去张英保的省安全生产监督管理局副巡视员职务
8月4日　免去高键的省宗教事务局（省民族事务委员会）局长（主任）职务
8月4日　免去冯建平的省旅游局局长职务
8月4日　免去赵二江的省人民防空办公室副巡视员职务
8月4日　免去李峰的省政府法制办公室副巡视员职务
8月4日　李东洪任省中小企业局局长
8月4日　张玉宏任省扶贫开发办公室副主任（副厅长级，试用期一年）
8月11日　免去任建华的省政府机关事务管理局副局长职务
8月19日　免去刘钢柱的省政府法制办公室副主任职务
8月28日　李世军任省政府机关事务管理局党组成员
9月13日　免去张顺喜的省公安厅交通管理局（交通警察总队）党委委员职务
9月13日　王春庆任省政务改革和管理办公室党组成员
9月13日　安华任省国防科学技术工业党委委员
9月13日　免去温国贵的省国防科学技术工业党委委员职务
9月13日　祁晓虎、高晋红任省政府机关事务管理局党组成员
9月14日　沈力任省政府金融工作办公室党组成员
9月14日　省工商行政管理局赵勇退休
9月14日　省统计局张树秋退休
9月14日　省粮食局吕苛青退休
9月14日　田永明任省工商行政管理局党组成员
9月14日　免去田永明的省质量技术监督局党组成员职务
9月14日　省新闻出版广电局（省版权局）段晋峰退休
9月14日　武小勤任省工商行政管理局党组成员
9月14日　宋林根任省粮食局党组成员
9月14日　省公安厅交管局（交警总队）局长（总队长）贾继武试用期满，考核合格，同意正式任职
9月14日　省国防科学技术工业党委刘亚莉退休
9月14日　张峻任省政务改革和管理办公室党组书记
9月23日　沈力任省政府金融工作办公室副主任（挂职）
9月23日　免去赵勇的省工商行政管理局助理巡视员职务
9月23日　免去段晋峰的省新闻出版广电局（省版权局）副巡视员职务
9月23日　免去张树秋的省统计局副巡视员职务
9月23日　免去卫望军的省宗教事务局（省民族事务委员会）巡视员职务
9月23日　免去吕苛青的省粮食局巡视员职务
9月23日　免去刘亚莉的省国防科学技术工业办公室副巡视员职务
9月28日　祁晓虎任省政府机关事务管理局副局长
9月28日　王春庆任省政务改革和管理办公室副主任
9月28日　免去温国贵的省国防科学技术工业办公室副主任职务
9月28日　免去张顺喜的省公安厅交通管理局（交通警察总队）副局长（副总队长）职务
9月28日　免去项仲崑的省政府工程建设事务管理局总工程师职务
10月7日　盛佃清任省旅游发展委员会党组书记
10月7日　薛永辉任省监狱管理局第一政委
10月7日　免去崔国红的省监狱管理局第一政委职务
10月9日　李贵、王琳任省旅游发展委员会党组成员
10月19日　高晋红任省政府机关事务管理局副局长（试用期一年）
10月19日　武小彪任省公安厅交通管理局（交通警察总队）党委委员
10月20日　操学诚任省旅游发展委员会党组成员
10月20日　免去杨凤楼的省体育局党组成员职务，退休
10月20日　冯志君任省国防科技工业党委书记
11月7日　冯志君任省国防科学技术工业办公室主任（副厅长级）
11月7日　操学诚任省旅游发展委员会副主任(正厅长级)
11月7日　免去杨凤楼的省体育局副局长职务
11月10日　盛佃清任省旅游发展委员会主任
11月14日　李贵、王琳任省旅游发展委员会副主任
11月14日　李刚任省旅游发展委员会副巡视员
11月22日　武小彪任省公安厅交通管理局(交通警察总队)副局长(副总队长)(试用期一年)

11 月24日　免去张晓红、张伟勤的省扶贫开发办公室党组成员职务

11 月25日　省新闻出版广电局（省版权局）李光明、张万珍退休

省直属事业单位

1 月13日　裴彦明、李晓红任省测绘地理信息局党组成员

1 月14日　杨文生任山西老年大学专职副校长（副厅长级，试用期一年）

1 月14日　李斌任省农业科学院党委委员、书记

1 月14日　免去刘惠民的省农业科学院党委副书记、委员职务

1 月14日　免去张晓光的省地方志办公室党组成员职务

1 月30日　山西医科大学第一医院肖传实退休

1 月30日　武亮任省投资促进局党组成员

1 月31日　乔雄梧任省农业科学院党委副书记

1 月31日　李德胜任省测绘地理信息局党组书记

1 月31日　王润福任省地质勘查局党委委员

1 月31日　免去李德胜的省地质勘查局党委委员职务

2 月1日　裴彦明任省测绘地理信息局副局长（试用期一年）

2 月1日　李晓红任省测绘地理信息局总工程师（试用期一年）

3 月18日　武亮任省投资促进局副局长（试用期一年）

3 月28日　乔雄梧任省农业科学院院长（试用期一年）

3 月28日　王润福任省地质勘查局总工程师（试用期一年）

3 月28日　李德胜任省测绘地理信息局局长

3 月28日　免去李德胜的省地质勘查局总工程师职务

4 月23日　冯志山任省中小企业局副局长

4 月23日　刘云胜任省社会保险局副局长

5 月11日　免去刘耀华的省公路局党委委员职务

5 月11日　免去苏捧义的省投资促进局党组成员职务，退休

5 月11日　省高速公路管理局董新品退休

5 月11日　免去王跃进的省级政府采购中心党组成员职务

5 月11日　免去宋军的省煤炭基本建设局党组成员职务

5 月12日　免去党志峰的省档案局（档案馆）党组成员职务

5 月12日　免去赵建新的省级政府采购中心党组书记职务

5 月12日　免去徐德峰的煤炭工业太原设计研究院党委委员职务

5 月12日　省地质勘查局赵得权退休

5 月12日　免去杨茂林的省社会科学院党组成员职务

5 月12日　免去李蜀昌的山西日报报业集团党委委员、副社长职务，退休

5 月12日　穆恩科任省级政府采购中心党组书记

5 月19日　免去李更的省森林公安局局长职务

5 月30日　胡明轩任省投资促进局副局长

5 月30日　王晋任省投资咨询和发展规划院副院长

5 月30日　曲建蓉任省招生考试管理中心副主任

5 月30日　免去苏捧义的省投资促进局副局长职务

5 月30日　穆恩科任省级政府采购中心主任（试用期一年）

5 月30日　王跃进任省级政府采购中心副巡视员

5 月31日　免去王跃进的省级政府采购中心副主任职务

7 月21日　申志纯任省级政府采购中心党组成员

7 月22日　张志仁任省地方志办公室党组书记

7 月22日　免去李茂盛的省地方志办公室党组书记职务

7 月22日　卫洪平任省煤炭地质局党委书记

7 月22日　免去黄岑丽的省煤炭地质局党委委员职务

8 月4日　免去黄岑丽的省煤炭地质局副局长职务

8 月11日　申志纯任省级政府采购中心副主任（试用期一年）

8 月11日　免去宋军的省煤炭基本建设局总工程师职务

8 月28日　李雪燕任省级政府采购中心党组成员

9 月14日　免去冯进军的山西社会主义学院副巡视员职务，退休

9 月14日　薛勇民任省委党校副校长（试用期一年）、校委委员

9 月14日　庞金龙任省公共资源交易中心（省政务服务中心）党组书记

9 月14日　王沼、温国贵、王拥军任省公共资源交易中心（省政务服务中心）党组成员

9 月14日　张巨霖、张占鹰任山西日报报业集团党委委员、副总编（副总编试用期一年）

9 月14日　张晓清任省人民医院党委委员、书记

9 月14日　免去项仲崑的省政府工程建设事务管理局党组成员职务，退休

9 月19日　李雪燕任山西省省级政府采购中心副主任

10 月9日　免去郭彩的省委党校校委委员职务

10 月14日　薛勇民任山西行政学院副院长（试用期一年）

10 月14日　高春平任省社会科学院历史研究所所长（试用期一年）

10 月14日　赵富任省森林公安局局长（副厅长级，试用期一年）

10 月14日　庞金龙任省公共资源交易中心（省政务服务中心）主任（试用期一年）

10 月14日　王沼、温国贵、王拥军任省公共资源交易中心（省政务服务中心）副主任

11 月7日　盛茂林兼任省委党校校长

11 月7日　免去楼阳生兼任的省委党校校长职务

11 月7日　温波任省国有企业监事会主席（副厅长级，试用期一年）

11月24日 山西社会主义学院胡晨光试用期满，考核合格，同意正式任职

11月24日 免去曲建蓉的省招生考试管理中心党组成员职务，退休

驻外办事处

1月31日 免去李政的省政府驻北京办事处纪检组长、党组成员职务

7月21日 免去黄庆的省政府驻广州办事处党组成员职务

8月11日 免去黄庆的省政府驻广州办事处副主任职务

9月14日 王荣任省政府驻北京办事处党组成员

9月14日 免去陈玉玺的省政府驻北京办事处党组成员职务

9月23日 王荣任省政府驻北京办事处副主任

10月14日 陈玉玺任省政府驻北京办事处巡视员

10月14日 免去陈玉玺的省政府驻北京办事处副主任职务

高等院校

1月14日 刘奎生任山西师范大学党委委员、纪委书记

1月14日 免去郝永新的山西国际商务学院党委副书记、委员职务

1月27日 茹文明任长治学院院长（试用期一年）

1月27日 免去许并社的太原理工大学副校长职务

1月27日 免去郝永新的山西国际商务职业学院院长职务

1月27日 免去白荣欣的吕梁教育学院院长职务

1月30日 太原科技大学徐格宁退休

1月30日 太原理工大学许并社退休

1月30日 山西财经大学张如山退休

1月30日 免去王震强的山西管理职业学院党委委员职务

1月31日 免去郝建功的山西煤炭管理干部学院党委副书记、委员职务

3月18日 免去王震强的山西管理职业学院副院长职务

3月28日 免去郝建功的山西煤炭管理干部学院院长、山西煤炭学院筹建处主任职务

5月11日 免去尹士优的山西药科职业学院党委副书记、委员职务，退休

5月11日 免去杨峰的山西管理职业学院党委副书记、委员、纪委书记职务，退休

5月11日 山西大学赵怀洲退休

5月11日 山西医科大学闫肖卿退休

5月11日 山西师范大学王心平退休

5月11日 山西大同大学石云龙、赵富玺退休

5月11日 长治学院郭爱民退休

5月11日 太原师范学院张明喜退休

5月11日 免去杜仁义的山西警官职业学院党委委员职务，退休

5月11日 山西中医学院冯前进退休

5月12日 免去武晋的山西医科大学第二医院党委副书记、委员职务

5月12日 李荣山任省人民医院党委副书记，免去其省人民医院党委书记职务

5月12日 王斌全任山西医科大学第一医院党委副书记，免去其山西医科大学第一医院党委书记职务

5月12日 李保任山西医科大学第二医院党委委员、副书记

5月12日 免去赵晓春的山西体育职业学院党委书记、委员职务

5月12日 党志峰任山西医科大学党委委员、纪委书记

5月12日 徐德峰任太原科技大学党委委员、纪委书记

5月12日 程太生任太原师范学院党委委员、副书记

5月12日 丁怀民任山西经济管理干部学院党委书记

5月12日 免去刘发威的山西广播电视大学党委书记、委员职务

5月12日 张长青任山西工程职业技术学院党委书记

5月12日 山西工程职业技术学院刘勇退休

5月12日 弓永华任山西职业技术学院党委书记

5月12日 免去马建华的山西职业技术学院党委书记职务

5月12日 太原理工大学郭敏泰退休

5月12日 忻州师范学院冯天仓退休

5月12日 免去丁钟晓的山西煤炭职业技术学院党委书记、委员职务，退休

5月12日 李少英任山西传媒学院党委委员、纪委书记

5月12日 武东升任山西经济管理干部学院党委委员、副书记

5月12日 免去武东升的山西煤炭管理干部学院党委委员职务

5月12日 李英杰任山西交通职业技术学院党委委员、书记

5月12日 免去孟科的山西交通职业技术学院党委书记、委员职务，退休

5月12日 卢桂宾任山西林业职业技术学院党委委员、副书记

5月12日 张耀峰任吕梁教育学院党委书记

5月12日 郝先伟任晋中职业技术学院党委书记

5月12日 宋军任山西煤炭职业技术学院党委委员、副书记

5月12日 免去程太生的晋中职业技术学院党委书记职务

5月12日 赵志坚任朔州职业技术学院党委书记

5月12日 免去李俊的朔州职业技术学院党委书记职务

5月12日 李殿育任吕梁职业技术学院党委书记

5月23日 免去郭敏泰的太原理工大学副校长职务

5月23日 免去弓永华的山西农业大学副校长职务

5月23日 免去冯天仓的忻州师范学院副院长职务

5月23日　免去张长青的太原工业学院副院长职务
5月23日　免去丁怀民的山西经济管理干部学院院长职务
5月23日　免去刘勇的山西工程职业技术学院院长职务
5月23日　免去昝和平的山西职业技术学院院长职务
5月30日　免去杜仁义的山西警官职业学院副院长职务
5月30日　武东升任山西经济管理干部学院院长（试用期一年）
5月30日　赵清明任吕梁教育学院院长（试用期一年）
5月30日　王茂兴任朔州职业技术学院院长（试用期一年）
5月30日　免去武东升的山西煤炭管理干部学院副院长职务
7月21日　免去杨建堂的山西职工医学院党委委员职务，退休
7月21日　免去钟建民的山西交通职业技术学院党委副书记、委员、纪委书记职务，退休
7月22日　张耀斌同山西广播电视大学党委书记
7月22日　免去戴晋明的太原理工大学党委委员职务
7月22日　贺培凤任山西医科大学党委委员、副书记
7月22日　齐利平任山西农业大学党委委员、副书记
7月22日　薛智任中北大学党委委员、副书记
7月22日　王瑞芬任中北大学党委委员、纪委书记
7月22日　王新塘任山西中医学院党委委员
7月22日　刘锐任山西传媒学院党委委员、副书记
7月22日　张永德任山西传媒学院党委委员
7月22日　免去王新塘的山西传媒学院党委委员职务
7月22日　李玉冰任长治医学院党委副书记，免去其长治医学院纪委书记职务
7月22日　王川龙任太原师范学院党委副书记
7月22日　郭丕斌任太原师范学院党委委员
7月22日　免去郭丕斌的忻州师范学院党委委员职务
7月22日　南志珍任晋中学院党委副书记，免去其晋中学院纪委书记职务
7月22日　李国臣任太原工业学院党委副书记
7月22日　免去刘锐的山西管理职业学院党委书记、委员职务
7月22日　刘春爱任山西广播电视大学党委委员、纪委书记
7月22日　刘祁杰任山西广播电视大学党委委员
7月22日　免去刘春爱的山西工程技术学院党委委员、纪委书记职务
7月22日　秦长江任山西经济管理干部学院党委副书记
7月22日　李晋平、马骥任山西经济管理干部学院党委委员
7月22日　免去王瑞芬的山西经济管理干部学院党委委员、纪委书记职务
7月22日　李伟任山西青年职业学院党委书记
7月22日　免去梁崇太的山西师范大学临汾学院党委书记职务
7月22日　白玉明任太原旅游职业学院党委书记
7月22日　张勇任太原城市职业技术学院党委书记
7月22日　太原理工大学姚芝楼退休
7月22日　免去王全栓的太原旅游职业学院党委书记职务，退休
7月22日　免去王书东的太原工业学院党委委员、纪委书记职务
7月22日　常建忠任山西能源学院党委委员、副书记
7月22日　免去杨述平的吕梁学院党委副书记、委员职务
7月22日　免去张晓永的山西大同大学党委副书记、委员职务
7月22日　李忱任山西广播电视大学党委委员、副书记
7月22日　丁耀武任山西大学党委副书记
7月22日　殷杰、韩勇鸿、程芳琴、张天才任山西大学党委委员
7月22日　刘润祥任太原理工大学党委常委、副书记
7月22日　吴斗庆、树学峰、梁卫国、李明任太原理工大学党委委员、常委
7月22日　王新淮任山西财经大学党委委员、常委、纪委书记
7月22日　杨俊青任山西财经大学党委委员、常委
7月22日　张辉任山西医科大学党委委员
7月22日　马建平任山西农业大学党委委员、副书记
7月22日　尉安英任山西农业大学党委委员、纪委书记
7月22日　赵水民任山西农业大学党委委员
7月22日　高峰任山西师范大学党委副书记
7月22日　许小红、车文明任山西师范大学党委委员
7月22日　刘翠荣任太原科技大学党委委员
7月22日　雷锋斌、赵贵哲任中北大学党委委员
7月22日　高建军任山西中医学院党委委员、副书记
7月22日　闫敬来任山西中医学院党委委员
7月22日　杨波任长治医学院党委委员、纪委书记
7月22日　杨全平任太原师范学院党委委员、纪委书记
7月22日　乔永生任忻州师范学院党委委员、纪委书记
7月22日　孙彦任山西大同大学党委委员、副书记
7月22日　刘洪任山西大同大学党委委员、纪委书记
7月22日　姚丽英任山西大同大学党委委员
7月22日　马健宏任长治学院党委委员、副书记
7月22日　赵巨涛、史晓东、李强任长治学院党委委员
7月22日　薛建武任晋中学院党委委员、纪委书记
7月22日　吴跃焕、梁玉蓉任太原工业学院党委委员
7月22日　郭卫东、王红叶任山西传媒学院党委委员
7月22日　韩永清任山西工程技术学院党委委员、副书记
7月22日　姜俊兵任山西工程技术学院党委委员
7月22日　田春林任山西经济管理干部学院党委委员、纪委书记
7月22日　李志权任山西青年职业学院党委委员、副书记
7月22日　贾二元任山西管理职业学院党委委员、书记

7月22日　陈洁任山西体育职业学院党委委员、书记
7月22日　张支平任山西师范大学临汾学院党委书记
8月4日　常建忠任山西能源学院院长（试用期一年）
8月4日　王新塘任山西中医学院副院长
8月4日　郭丕斌任太原师范学院副院长
8月4日　张永德任山西传媒学院副院长
8月4日　刘祁杰任山西广播电视大学副校长
8月4日　李晋平、马骥任山西经济管理干部学院副院长
8月4日　马兆兴任太原旅游职业学院院长（试用期一年）
8月4日　李保任山西医科大学第二医院院长（试用期一年）
8月4日　宋军任山西煤炭职业技术学院院长（试用期一年）
8月4日　刘俊珍任吕梁职业技术学院院长（试用期一年）
8月4日　免去杨述平的吕梁学院院长职务
8月4日　免去张耀斌的山西广播电视大学校长职务
8月4日　免去行龙的山西大学副校长职务
8月4日　免去戴晋明的太原理工大学副校长职务
8月4日　免去贺培凤的山西医科大学副校长职务
8月4日　免去薛智的中北大学副校长职务
8月4日　免去张永德、王晞星的山西中医学院副院长职务
8月4日　免去王川龙、齐利平的太原师范学院副院长职务
8月4日　免去郭丕斌的忻州师范学院副院长职务
8月4日　免去李国臣的太原工业学院副院长职务
8月4日　免去王新塘的山西传媒学院副院长职务
8月4日　免去秦长江的山西经济管理干部学院副院长职务
8月4日　免去李伟的山西青年职业学院院长职务
8月4日　免去李晋平的山西财贸职业技术学院院长职务
8月4日　免去刘祁杰的忻州职业技术学院院长职务
8月4日　免去孔康民的山西师范大学临汾学院院长职务
8月11日　免去杨建堂的山西职工医学院副院长职务
8月19日　李忱任山西广播电视大学校长（试用期一年）
8月19日　殷杰、韩勇鸿、程芳琴、张天才任山西大学副校长（试用期一年）
8月19日　杨俊青任山西财经大学副校长（试用期一年）
8月19日　解军、张辉任山西医科大学副校长（试用期一年）
8月19日　杨武德、赵水民任山西农业大学副校长（试用期一年）
8月19日　王云、许小红、车文明任山西师范大学副校长（试用期一年）
8月19日　邓学成、刘翠荣、谢刚任太原科技大学副校长（试用期一年）
8月19日　雷锋斌、赵贵哲、潘晋孝任中北大学副校长（试用期一年）
8月19日　闫敬来任山西中医学院副院长（试用期一年）
8月19日　姚丽英任山西大同大学副校长（试用期一年）
8月19日　赵巨涛、史晓东、李强任长治学院副院长（试用期一年）
8月19日　吴跃焕、梁玉蓉任太原工业学院副院长（试用期一年）
8月19日　郭卫东、王红叶任山西传媒学院副院长（试用期一年）
8月19日　姜俊兵任山西工程技术学院副院长（试用期一年）
8月19日　李志权任山西青年职业学院院长（试用期一年）
8月19日　秦华伟任山西工程职业技术学院院长（试用期一年）
8月19日　雷承峰任山西职业技术学院院长（试用期一年）
8月19日　段文美任山西财贸职业技术学院院长（试用期一年）
8月19日　卫崇文任长治职业技术学院院长（试用期一年）
8月19日　免去梁丽萍的太原理工大学副校长职务
8月19日　免去李忱的太原科技大学副校长职务
9月14日　陈利平任山西医科大学第一医院党委委员、书记
9月14日　苑静任山西大医院（山西医学科学院）党委委员、书记
9月14日　免去刘中雨的山西大医院（山西医学科学院）党委书记、委员职务
9月14日　随机构更名，李宏达、李桂平原任山西煤炭管理干部学院领导职务自行免去
9月14日　马存根任山西中医学院党委书记
9月14日　免去张俊龙的山西中医学院党委书记、委员职务
9月14日　免去于明江的山西职工医学院党委副书记、委员职务
9月14日　翟健任太原理工大学党委委员、常委、纪委书记
9月14日　免去翟健的山西广播电视大学党委副书记、委员职务
9月14日　张凤琴任运城学院党委委员、副书记
9月14日　成广海任长治学院党委委员、纪委书记
9月14日　张子荣任太原学院党委委员、副书记
9月14日　免去张子荣的山西警官高等专科学校党委副书记、委员职务
9月14日　董峰任山西能源学院党委委员、书记
9月14日　随机构更名，董峰原任山西煤炭管理干部学院党委书记、委员职务自行免去
9月14日　李宏达任山西能源学院党委委员
9月14日　随机构更名，李宏达、尚瑾原任山西煤炭管理干部学院领导职务自行免去
9月14日　张惠选任山西警察学院党委委员、副书记

9月14日　免去张惠选的晋中学院党委副书记、委员职务
9月14日　付剑任山西国际商务职业学院党委委员、副书记
9月14日　免去王卓民的运城学院党委委员职务，退休
9月14日　师东海任太原科技大学党委委员、副书记
9月14日　郝慧琴任山西中医学院党委委员
9月14日　赵怡任太原师范学院党委委员
9月14日　翟大彤任山西大同大学党委委员
9月14日　冯瑞明任运城学院党委委员、副书记
9月14日　黄解宇任运城学院党委委员
9月14日　冀建峰任吕梁学院党委委员
9月14日　魏克敏任山西工程技术学院党委委员、纪委书记
9月14日　马光生任山西能源学院党委委员、副书记
9月14日　孟庆祥任山西警察学院党委委员、副书记
9月14日　苏天照任山西警察学院党委委员
9月14日　张波任山西职工医学院党委委员、副书记
9月14日　张作伟任山西运城农业职业技术学院党委书记
9月23日　李宏达任山西能源学院副院长（正院级）
9月23日　李桂平任山西能源学院副院长
9月23日　张惠选任山西警察学院院长
9月23日　付剑任山西国际商务职业学院院长
9月23日　免去马存根的山西中医学院院长职务
9月23日　免去张惠选的晋中学院院长职务
9月23日　免去张子荣的山西警官高等专科学校校长职务
9月23日　免去于明江的山西职工医学院院长职务
9月23日　免去成广海的晋城职业技术学院院长职务
10月9日　太原科技大学左良试用期满，考核合格，同意正式任职
10月9日　山西农业大学董常生、王俊东退休
10月14日　李青山任山西中医学院院长（试用期一年）
10月14日　郝慧琴任山西中医学院副院长（试用期一年）
10月14日　赵怡任太原师范学院副院长（试用期一年）
10月14日　翟大彤任山西大同大学副校长（试用期一年）
10月14日　贺正云、黄解宇任运城学院副院长（试用期一年）
10月14日　冀建峰任吕梁学院副院长（试用期一年）
10月14日　苏天照任山西警察学院副院长（试用期一年）
10月14日　张波任山西职工医学院院长（试用期一年）
10月14日　孟小平任山西医科大学汾阳学院院长（试用期一年）
10月19日　长治医学院郑建中试用期满，考核合格，同意正式任职
10月19日　省财政税务专科学校赵丽生试用期满，考核合格，同意正式任职
10月19日　山西药科职业学院张震云试用期满，考核合格，同意正式任职
10月19日　山西机电职业技术学院李向东试用期满，考核合格，同意正式任职
10月19日　山西轻工职业技术学院岳高社试用期满，考核合格，同意正式任职
11月24日　太原理工大学戴晋明退休
11月24日　山西职业技术学院马建华退休
11月24日　毕晋峰任山西交通职业技术学院党委委员、副书记
11月25日　闫顺茂任山西水利职业技术学院党委委员、副书记
11月25日　太原工业学院杨广耀退休
11月25日　孙西欢任晋中学院党委委员、副书记
11月25日　免去孙西欢的山西水利职业技术学院党委副书记、委员职务
11月25日　张晓红任太原工业学院党委委员、纪委书记
11月25日　郑其芳任太原学院党委委员
11月25日　免去李力的山西艺术职业学院党委副书记、委员职务

群团组织

1月14日　王蕾任省社会科学界联合会党组书记（正厅长级）
1月14日　朱红升、侯炜华任省总工会副巡视员
1月30日　周志文任省台湾同胞联谊会党组成员
1月31日　李朝亮任省台湾同胞联谊会党组书记（副厅长级）
5月12日　免去李富莲的省妇女联合会副巡视员职务，退休
5月12日　免去刘中东的省工商业联合会（总商会）副巡视员职务，退休
7月22日　陈河才任中国国际贸易促进委员会山西省委员会（中国国际商会山西商会）党组书记
7月22日　免去贾雪峰的中国国际贸易促进委员会山西省委员会（中国国际商会山西商会）党组书记职务
9月14日　段宏飞、田玲任共青团山西省委兼职副书记
9月14日　免去安华的共青团山西省委副书记、党组成员职务
9月14日　王立业任省总工会党组书记，免去其省归国华侨联合会党组书记职务
9月14日　张葆任省妇女联合会党组书记
9月14日　王维卿任省归国华侨联合会党组书记，免去其省妇女联合会党组书记职务
9月14日　免去郭新民的省总工会党组书记职务
9月14日　韩丽珍任省总工会党组成员
9月14日　免去王荣的省总工会党组成员职务
9月14日　免去韩丽珍的省妇女联合会党组成员职务

10 月7日　免去盛佃清的山西省红十字会党组书记职务
10 月20日　免去崔忠的省科学技术协会巡视员职务，退休
10 月20日　许富昌任省科学技术协会党组书记
10 月20日　免去杨伟民的省科学技术协会党组书记职务
12 月2日　田喜荣当选为省总工会第十三届委员会主席
12 月2日　王立业当选为省总工会第十三届委员会常务副主席
12 月2日　辛旭光、王兴旺、韩丽珍、宋海兵当选为省总工会第十三届委员会副主席

省管国有企业

1 月14日　梁宝印任山西出版传媒集团有限责任公司党委书记
1 月14日　胡彦威任山西出版传媒集团有限责任公司党委委员
1 月27日　梁宝印任山西出版传媒集团有限责任公司董事长
1 月27日　胡彦威任山西出版传媒集团有限责任公司董事
1 月27日　免去梁宝印的山西出版传媒集团有限责任公司总经理职务
1 月30日　山西焦煤集团有限责任公司任福耀退休
4 月8日　免去吕福贞的晋商银行股份有限公司纪委书记、党委委员职务
4 月22日　免去吕福贞的晋商银行股份有限公司监事长职务
5 月11日　晋商银行股份有限公司吕福贞退休
5 月11日　省黄河万家寨水务集团有限公司崔富春退休
5 月12日　杨小勇任山西金融投资控股集团有限公司专职党委副书记
5 月12日　吴黎正任山西金融投资控股集团有限公司党委委员
5 月12日　免去杨小勇的晋商银行股份有限公司党委副书记职务
5 月12日　免去吴黎正的晋商银行股份有限公司党委委员职务
5 月12日　郭晋普任山西国信投资集团有限公司专职党委副书记
5 月12日　赵志明任山西国信投资集团有限公司党委委员
5 月12日　免去孙海潮的山西国信投资集团有限公司党委副书记职务
5 月12日　随企业改革，郭晋普、赵志明原任省国信投资（集团）公司党委委员职务自行免去
5 月12日　免去王忠泽的省农村信用社联合社纪委书记职务
5 月12日　王俊飚任山西金融投资控股集团有限公司党委副书记
5 月12日　董洪源任晋商银行股份有限公司纪委书记、党委委员
5 月12日　郑富核任山西国信投资集团有限公司党委书记
5 月12日　聂宏伟、刘延辉任省农村信用社联合社党委委员
5 月12日　李勇泓任山西金融投资控股集团有限公司纪委书记、党委委员
5 月13日　随企业改革，郭晋普、赵志明原任省国信投资（集团）公司领导职务自行免去
5 月19日　随企业改革，郭晋普、赵志明原任省国信投资（集团）公司领导职务自行免去。
5 月23日　免去孙海潮的山西国信投资集团有限公司董事职务
5 月30日　王俊飚任山西金融投资控股集团有限公司副董事长
5 月30日　郑富核任山西国信投资集团有限公司董事长
7 月22日　免去聂大志的山西国信投资集团有限公司党委委员职务
8 月4日　免去聂大志的山西国信投资集团有限公司副总经理职务
8 月4日　王克建任省国有企业监事会主席（副厅长级）
8 月29日　唐一平、王培明任晋商银行股份有限公司党委副书记
8 月29日　解立鹰任晋商银行股份有限公司党委委员
9 月9日　免去王培明的晋商银行股份有限公司副行长职务
9 月13日　免去高巍的山西广播电视传媒（集团）有限责任公司党委副书记、纪委书记职务
10 月14日　赵文华任山西广电信息网络（集团）有限责任公司董事
10 月14日　郝枢波任山西日报传媒（集团）有限责任公司董事
10 月20日　免去赵志明的山西国信投资集团有限公司党委委员职务，退休
11 月7日　免去赵志明的山西国信投资集团有限公司副总经理职务
11 月7日　免去马晋民的省保障性安居工程投资有限公司总经理（挂职）职务
11 月24日　免去常喜刚的山西演艺（集团）有限责任公司党委副书记、委员、纪委书记职务，退休

各　　市

太原市

7 月22日　常青任太原市万柏林区委书记，免去其古交市委书记职务
7 月22日　免去刘文华的太原市迎泽区委书记职务
7 月22日　免去李浓的太原市杏花岭区委书记职务
7 月22日　免去郭建发的太原市尖草坪区委书记职务
7 月22日　免去王静恩的太原市万柏林区委书记职务
7 月22日　免去王立刚的太原市晋源区委书记职务

7月22日 免去王成的太原市委副书记、常委、委员职务
7月22日 张文广任太原市委委员、常委
7月22日 赵瑞雪任太原高新技术产业开发区管委会主任
7月22日 免去陈河才、任玉和的太原市委常委、委员职务
7月22日 免去赵伟东的太原高新技术产业开发区管委会主任职务
7月22日 免去陈耳东的太原市民营经济开发区管委会主任职务
7月22日 任在刚、王建生不再担任太原市副市长职务
9月29日 吴政隆当选为中国共产党太原市第十一届委员会书记
9月29日 耿彦波、任在刚当选为中国共产党太原市第十一届委员会副书记
9月29日 吴政隆、耿彦波、任在刚、汪凡、李吉山、张明星、张文广、薛东晓、王立刚、刘文华、李浓（女）当选为中国共产党太原市第十一届委员会常务委员会委员
9月29日 李吉山当选为中国共产党太原市纪律检查委员会书记
9月29日 刘伟、刘振华、杨天玉当选为中国共产党太原市纪律检查委员会副书记
10月9日 王伟中任太原市委委员、常委、书记
10月9日 免去吴政隆的太原市委书记、常委、委员职务
11月25日 免去汪凡的太原市委常委、委员职务
11月25日 免去刘斌的太原经济技术开发区管委会主任职务
11月25日 免去徐宝明的太原不锈钢产业园区党工委书记职务，退休
11月25日 汪凡不再担任太原市公安局局长职务

大同市

5月12日 王武道不再担任大同市公安局局长职务
7月22日 张韬任大同市城区区委书记
7月22日 免去祁学峰的大同市城区区委书记职务
7月22日 免去刘勇军的大同市矿区区委书记职务
7月22日 免去姚振华的天镇县委书记职务
7月22日 免去郭占宝的广灵县委书记职务
7月22日 高键任大同市委委员、常委、副书记（保留正厅长级）
7月22日 黄岑丽任大同市委委员、常委
7月22日 朱晓东任大同市委委员、常委和市纪委书记
7月22日 免去刘国庆的大同市委副书记、常委、委员职务
7月22日 免去王克建的大同市委常委、委员职务
7月22日 免去卫洪平的大同市委常委、委员和市纪委书记职务
7月22日 王克建不再担任大同市副市长职务
7月22日 邓志蓉任大同市新荣区委书记
7月22日 免去董志刚的大同市新荣区委书记职务
7月22日 张韬不再担任大同市副市长职务
9月29日 张吉福当选为中国共产党大同市第十五届委员会书记
9月29日 马彦平、高键当选为中国共产党大同市第十五届委员会副书记
9月29日 张吉福、马彦平、高键、赵向东、郜向华、黄岑丽（女）、张韬、卫国、孙利仁、杨勤荣、朱晓东当选为中国共产党大同市第十五届委员会常务委员会委员
9月29日 朱晓东当选为中国共产党大同市纪律检查委员会书记
9月29日 方旭、张有萧、白玉玲（女）当选为中国共产党大同市纪律检查委员会副书记
11月6日 刘喜光退休

朔州市

1月8日 免去王帆的朔州市纪委副书记职务
1月9日 免去冯云龙的朔州市委常委职务
5月11日 牛志忠退休
5月11日 旬爱云任朔州市纪委副书记
5月12日 王黎明任朔州市委委员、常委
5月12日 免去李锦的朔州市委常委、委员职务，退休
7月22日 刘亮任怀仁县委书记
7月22日 免去齐海斌的怀仁县委书记职务
7月22日 刘志宏任朔州市委委员、常委、副书记
7月22日 免去李海渊的朔州市委副书记、常委、委员职务
7月22日 陈耳东任朔州市委委员、常委
7月22日 免去雷健坤的朔州市委常委、委员职务
7月22日 雷健坤不再担任朔州市副市长职务
7月22日 崔巍任朔州市委委员、常委
7月23日 李海渊不再担任朔州市市长职务
10月20日 王安庞当选为中国共产党朔州市第六届委员会书记
10月20日 刘志宏、郑红（女）当选为中国共产党朔州市第六届委员会副书记
10月20日 王安庞、刘志宏、郑红（女）、康吉仁、李根田、张立新、王加关、陈耳东、刘义清、王黎明、崔巍当选为中国共产党朔州市第六届委员会常务委员会委员
10月20日 康吉仁当选为中国共产党朔州市第六届纪律检查委员会书记
10月20日 胡伟、王海军、旬爱云（女）当选为中国共产党朔州市第六届纪律检查委员会副书记

忻州市

1月14日 范波涛任忻州市委常委，免去其繁峙县委书记职务（2015年12月28日研究决定，2016年1月14日发文）
7月21日 韩海生任忻州市纪委副书记
7月21日 徐飞不再担任岢岚县人民法院院长职务
7月21日 安锐锋不再担任岢岚县人民检察院检察长职务
7月22日 杨述平任原平市委书记（保留正厅长级）
7月22日 免去薛根生的原平市委书记职务
7月22日 免去段新的保德县委书记职务
7月22日 王建廷、赵志坚任忻州市委委员、常委
7月22日 免去王云龙、王士桦的忻州市委常委、委员职务
7月22日 王士桦不再担任忻州市副市长职务
7月22日 闫绪安不再担任忻州市人民检察院检察长职务
9月14日 免去邱维邦的忻州市委党校常务副校长职务，退休
9月14日 免去付剑的忻州经济开发区党工委书记职务
9月30日 李俊明当选为中国共产党忻州市第四届委员会书记
9月30日 郑连生、张晓峰当选为中国共产党忻州市第四届委员会副书记
9月30日 李俊明、郑连生、张晓峰、王珍、阮全进、陈义青、王建廷、赵志坚、范波涛、崔建新、王志东当选为中国共产党忻州市第四届委员会常务委员会委员
9月30日 王珍当选为中国共产党忻州市纪律检查委员会书记
9月30日 李彦斌、韩海生、丁开义当选为中国共产党忻州市纪律检查委员会副书记
10月17日 贾雪峰当选为忻州市第四届人大常委会主任
10月17日 李树东、魏广才、王继明、程兴利、贾玲香(女)当选为忻州市第四届人大常委会副主任
10月17日 郑连生当选为忻州市人民政府市长
10月17日 赵志坚、王月娥（女）、武宪堂、裴峰、安书田、范建民当选为忻州市人民政府副市长
10月17日 刘硕才当选为忻州市中级人民法院院长
10月17日 周东曙当选为忻州市人民检察院检察长
10月17日 刘钢柱当选为政协第四届忻州市委员会主席
10月17日 边升阳、王庆荣、高志伟、李效玲（女）、曹爱民当选为政协第四届忻州市委员会副主席
11月25日 免去张晓峰的忻州市委副书记、常委、委员职务

吕梁市

1月8日 免去李真的吕梁市纪委副书记职务
1月9日 免去郝月生、刘云晨的吕梁市委常委职务
5月11日 朱锦平、张保福退休
5月12日 权志高不再担任吕梁市公安局局长职务
5月13日 王清宪任吕梁市委委员、常委、书记
5月13日 免去高卫东的吕梁市委书记、常委、委员职务
7月21日 高育新不再担任孝义市人民法院院长职务
7月21日 王贵勇不再担任孝义市人民检察院检察长职务
7月22日 免去李建国的汾阳市委书记职务
7月22日 刘本旺不再担任吕梁市政协副主席职务
7月22日 史红波不再担任吕梁市中级人民法院院长职务
9月13日 徐德退休
9月14日 杨泽民任吕梁市委委员
9月29日 王清宪当选为中国共产党吕梁市第四届委员会书记
9月29日 王立伟、雷建国当选为中国共产党吕梁市第四届委员会副书记
9月29日 马文革、王立伟、王清宪、李小明、张选、张广勇、张敬平（女）、张稳科、秦书义、常书铭、雷建国当选为中国共产党吕梁市第四届委员会常务委员会委员
9月29日 张稳科当选为中国共产党吕梁市纪律检查委员会书记
9月29日 张振明、孙志文、张铠当选为中国共产党吕梁市纪律检查委员会副书记
11月7日 李正印任吕梁市委委员、常委、书记
11月7日 免去王清宪的吕梁市委书记、常委、委员职务
11月25日 免去王海东的吕梁市委常委、委员职务
11月25日 王海东不再担任吕梁市副市长职务

晋中市

1月14日 唐立浩任晋中市委委员、常委（2015年12月28日研究决定，2016年1月14日发文）
5月11日 免去郝先伟的晋中市纪委副书记职务
7月21日 任金龙任晋中市纪委副书记
7月22日 丁雪钦任介休市委书记，免去其昔阳县委书记职务
7月22日 免去贡琦的晋中市榆次区委书记职务
7月22日 免去王继堂的介休市委书记职务
7月22日 免去郝向明的太谷县委书记职务
7月22日 免去卫明喜的平遥县委书记职务
7月22日 免去梁潞阳的榆社县委书记职务
7月22日 王成任晋中市委委员、常委、副书记
7月22日 免去刘志宏的晋中市委副书记、常委、委员职务
7月22日 宋文斌任晋中市委委员、常委和市纪委书记
7月22日 任秀红任晋中市委委员、常委
7月22日 免去赵庆华的晋中市纪委书记职务

7月22日　蔚新旺不再担任晋中市中级人民法院院长职务
7月22日　史书贤不再担任晋中市人民检察院检察长职务
7月23日　胡玉亭任晋中市委书记
7月23日　免去张璞的晋中市委书记、常委、委员职务
7月23日　胡玉亭不再担任晋中市市长职务
9月29日　胡玉亭当选为中国共产党晋中市第四届委员会书记
9月29日　王成、苗伟当选为中国共产党晋中市第四届委员会副书记
9月29日　王成、王兵、王建林、王建忠、任秀红（女）、孙宪春、贡琦、宋文斌、苗伟、胡玉亭、唐立浩当选为中国共产党晋中市第四届委员会常务委员会委员
9月29日　宋文斌当选为中国共产党晋中市纪律检查委员会书记
9月29日　高俊德、任金龙、郭永钢当选为中国共产党晋中市纪律检查委员会副书记
10月12日　赵庆华当选为政协第四届晋中市委员会主席
10月12日　邓明、杨定旺、王书红、王继堂、张鲜苹、鹿建平当选为政协第四届晋中市委员会副主席
10月13日　冯建平当选为晋中市第四届人大常委会主任
10月13日　王纪萍、陈定堂、张耀明、荣贵、陈水泉当选为晋中市第四届人大常委会副主任
10月13日　王成当选为晋中市人民政府市长
10月13日　王建忠、任忠、辛琰、戎劲光、黄海涛、郝向明当选为晋中市人民政府副市长
10月13日　史红波当选为晋中市中级人民法院院长
10月13日　闫绪安当选为晋中市人民检察院检察长

阳泉市

5月12日　尚建军不再担任阳泉市公安局局长职务
7月22日　李云峰任盂县县委书记
7月22日　免去苏秀瑞的阳泉市郊区区委书记职务
7月22日　免去张玉斌的盂县县委书记职务
7月22日　吴纪平任阳泉市委委员、常委和市纪委书记
7月22日　任建华任阳泉市委委员、常委
7月22日　免去王帅红的阳泉市委常委、委员和市纪委书记职务
7月22日　免去马骥的阳泉经济技术开发区管委会主任职务
7月22日　李利生不再担任阳泉市副市长职务
7月22日　申济任平定县委书记
7月22日　免去杨自明的平定县委书记职务
7月22日　王铁梅任阳泉市委委员、常委
9月14日　王守林不再担任阳泉市人民检察院检察长职务
9月14日　王廉允任阳泉市委委员
9月29日　陈永奇当选为中国共产党阳泉市第十二届委员会书记
9月29日　董一兵、王旭明当选为中国共产党阳泉市第十二届委员会副书记
9月29日　王旭明、王铁梅（女）、田桂明、巩成、任建华、李云峰、杨永生、杨自明、吴纪平、陈永奇、董一兵当选为中国共产党阳泉市第十二届委员会常务委员会委员
9月29日　吴纪平当选为中国共产党阳泉市纪律检查委员会书记
9月29日　朱刚、谭伟中、赵彦当选为中国共产党阳泉市纪律检查委员会副书记

长治市

1月14日　免去唐立浩的潞城市委书记职务（2015年12月28日研究决定，2016年1月14日发文）
3月8日　栗向东不再担任长治市城区人民法院院长职务
3月8日　姚江平不再担任襄垣县人民法院院长职务
5月12日　免去许霞的长治市委常委职务
5月12日　王云亭不再担任长治市政协主席职务，退休
5月12日　桂正平不再担任长治市人大常委会副主任职务，退休
5月12日　免去阎建书的长治市委党校常务副校长职务，退休
5月13日　席小军任长治市委书记
5月13日　免去马天荣的长治市委书记、常委、委员职务
5月13日　席小军不再担任长治市市长职务
7月21日　陈建龙不再担任武乡县人民法院院长职务
7月21日　郭建斌不再担任长治市城区人民检察院检察长职务
7月21日　王建宏不再担任武乡县人民检察院检察长职务
7月22日　免去孙刘琳的长治市城区区委书记职务
7月22日　免去潘贤掌的长治市郊区区委书记职务
7月22日　免去郭泽兵的屯留县委书记职务
7月22日　姚逊、刘卓良任长治市委委员、常委
7月22日　王贵平不再担任长治市副市长职务
7月22日　李曾贵不再担任长治市人民检察院检察长职务
9月28日　席小军当选为中国共产党长治市第十一届委员会书记
9月28日　卢建明、郭康锋当选为中国共产党长治市第十一届委员会副书记
9月28日　马彪、卢建明、刘卓良、孙刘琳（女）、吴小华、姚逊、郭康锋、席小军、梁克昌、密国林、潘贤掌当选为中国共产党长治市第十一届委员会常务委员会委员
9月28日　马彪当选为中国共产党长治市第十一届纪律检查委员会书记
9月28日　赵晋峰、高正堂、谢斌当选为中国共产党长治

市第十一届纪律检查委员会副书记

11月6日　李东峰退休

晋城市

3月8日　卢平任晋城市纪委副书记

5月12日　免去田烨的晋城经济技术开发区党工委书记职务，退休

7月21日　许关生不再担任高平市人民检察院检察长职务

7月21日　免去王文全的晋城市纪委副书记职务

7月22日　范兆森任高平市委书记，免去其沁水县委书记职务

7月22日　免去张利锋的晋城市城区区委书记职务

7月22日　免去张玉宏的高平市委书记职务

7月22日　免去王晋峰的阳城县委书记职务

7月22日　免去石云峰的陵川县委书记职务

7月22日　卫明喜任晋城市委委员、常委

7月22日　免去张志仁的晋城市委常委、委员职务

7月22日　王维平、茹栋梅不再担任晋城市副市长职务

7月22日　杜培德不再担任晋城市中级人民法院院长职务

9月29日　张九萍当选为中国共产党晋城市第七届委员会书记

9月29日　刘润民、曾庆勇 当选为中国共产党晋城市第七届委员会副书记

9月29日　卫明喜、马学林、王晋峰、石云峰、刘润民、张九萍（女）、张少波、武宏文、赵沂旸、焦光善、曾庆勇当选为中国共产党晋城市第七届委员会常务委员会委员

9月29日　张少波当选为中国共产党晋城市纪律检查委员会书记

9月29日　王贵平、卢平、张军当选为中国共产党晋城市纪律检查委员会副书记

10月7日　免去刘润民的晋城市委副书记、常委、委员职务

10月7日　刘润民不再担任晋城市市长职务

10月7日　武宏文任晋城市委副书记

10月24日　常国荣当选为政协第七届晋城市委员会主席

10月24日　陈建国、郭一峰、崔守安、武四海（女）、阴建正、郭向阳当选为政协第七届晋城市委员会副主席

10月25日　范丽霞当选为晋城市第七届人大常委会主任

10月25日　孔庆鹏、廖军、张斌胜、郭治琛、冯裕民、李翠叶当选为晋城市第七届人大常委会副主任

10月25日　武宏文当选为晋城市人民政府市长

10月25日　王斌权、梁丽萍、冯志亮、张利锋、王宏微当选为晋城市人民政府副市长

10月25日　于昌明当选为晋城市中级人民法院院长

10月25日　张世荣当选为晋城市人民检察院检察长

11月6日　韩淑君退休

11月7日　那志茂任晋城市委委员、常委和市纪委书记

11月7日　免去张少波的晋城市委常委、委员和市纪委书记职务

临汾市

1月14日　赵志坚任临汾市委常委（2015年12月28日研究决定，2016年1月14日发文）

1月14日　免去孙京民的浮山县委书记职务（2015年12月28日研究决定，2016年1月14日发文）

1月14日　免去刘奎生的大宁县委书记职务（2015年12月28日研究决定，2016年1月14日发文）

1月31日　柴高潮不再担任临汾市人大常委会副主任职务，退休

1月31日　陈玉士不再担任临汾市政协副主席职务，退休

1月31日　免去陈纲的霍州市委书记职务

5月12日　刘予强任临汾市委副书记，免去其临汾市纪委书记职务

5月12日　免去王黎明的洪洞县委书记职务

5月13日　岳普煜任临汾市委书记

5月13日　免去罗清宇的临汾市委书记、常委、委员职务

5月13日　岳普煜不再担任临汾市市长职务

7月22日　陈纲任临汾市尧都区委书记

7月22日　薛凤奎任蒲县县委书记

7月22日　免去赵志坚的临汾市尧都区委书记职务

7月22日　免去李朝旗的侯马市委书记职务

7月22日　免去王国平的襄汾县委书记职务

7月22日　免去朱晓东的曲沃县委书记职务

7月22日　免去郭行杰的翼城县委书记职务

7月22日　免去任秀红的安泽县委书记职务

7月22日　免去杨安虎的乡宁县委书记职务

7月22日　免去闫建国的蒲县县委书记职务

7月22日　雷健坤任临汾市委委员、常委、副书记

7月22日　张建平任临汾市委委员、常委

7月22日　张晓永任临汾市委委员、常委和市纪委书记

7月22日　免去李东洪、赵志坚的临汾市委常委、委员职务

7月22日　免去尚日红的临汾经济技术开发区管委会主任职务

7月22日　王金龙任大宁县委书记

7月22日　李东洪不再担任临汾市副市长职务

9月28日　岳普煜当选为中国共产党临汾市第四届委员会书记

9月28日　刘予强、雷健坤当选为中国共产党临汾市第四届委员会副书记

9月28日　岳普煜、刘予强、雷健坤（女）、张建平、张晓永、王振宇、王振富、李新春、李朝旗、陈纲、

郭行杰当选为中国共产党临汾市第四届委员会常务委员会委员

9月28日 张晓永当选为中国共产党临汾市纪律检查委员会书记

9月28日 樊奋强、任建英、成功当选为中国共产党临汾市纪律检查委员会副书记

10月12日 陈小洪当选为政协第四届临汾市委员会主席

10月12日 杨安虎、杨益民、杨忠华、刘小才、程明温、梁清燕（女）当选为政协第四届临汾市委员会副主席

10月14日 乔建军当选为临汾市第四届人民代表大会常务委员会主任

10月14日 杨治平、王金珍（女）、张庚博、任天顺、王国平、冯建宁、张学伟当选为临汾市第四届人民代表大会常务委员会副主任

10月14日 刘予强当选为临汾市人民政府市长

10月14日 王振宇、陈忠辉、马德荣、王兵（女）、闫建国、王延峰当选为临汾市人民政府副市长

10月14日 翟瑞卿当选为临汾市中级人民法院院长

10月14日 苑涛当选为临汾市人民检察院检察长

运城市

3月8日 免去姜东俊的运城市纪委副书记职务，退休

5月12日 戎劲光不再担任运城市公安局局长职务

5月12日 王俊飚不再担任运城市副市长职务

5月13日 免去王清宪的运城市委副书记、常委、委员职务

5月13日 王清宪不再担任运城市市长职务

7月22日 免去王志峰的运城市盐湖区委书记职务

7月22日 免去陈杰的永济市委书记职务

7月22日 免去李尧林的万荣县委书记职务

7月22日 免去乔登州的稷山县委书记职务

7月22日 免去邓雁平的新绛县委书记职务

7月22日 免去卫再学的绛县县委书记职务

7月22日 免去史凯的垣曲县委书记职务

7月22日 朱鹏任运城市委委员、常委、副书记（保留正厅长级）

7月22日 李曾贵任运城市委委员、常委和市纪委书记

7月22日 齐海斌任运城市委委员、常委

7月22日 免去张润喜的运城市纪委书记职务

7月22日 郝跃伟不再担任运城市人民检察院检察长职务

7月22日 免去王瑞宝的运城经济技术开发区管委会主任职务

8月29日 李玉林任新绛县委书记

8月29日 免去张登庆的新绛县委书记职务

9月28日 王宇燕当选为中国共产党运城市第四届委员会书记

9月28日 陈振亮、朱鹏当选为中国共产党运城市第四届委员会副书记

9月28日 王宇燕（女）、王志峰、王瑞宝、邓雁平、朱鹏、齐海斌、李曾贵、陈杰、陈振亮、荆青莲（女）、常社教等当选为中国共产党运城市第四届委员会常务委员会委员

9月28日 李曾贵当选为中国共产党运城市纪律检查委员会书记

9月28日 贾海林、秦跟安、翟龙飞当选为中国共产党运城市纪律检查委员会副书记

10月14日 安雅文当选为运城市第四届人民代表大会常务委员会主任

10月14日 杜自立、侯伟建、郭宏、张守相、贾爱珍（女）当选为运城市第四届人民代表大会常务委员会副主任

10月14日 陈振亮当选为运城市人民政府市长

10月14日 王瑞宝、陈杰、陈竹琴（女）、郭尚礼、乔登州、卫再学当选为运城市人民政府副市长

10月14日 高文君当选为运城市中级人民法院院长

10月14日 崔峰当选为运城市人民检察院检察长

10月14日 张润喜当选为政协运城第四届委员会主席

10月14日 赵玉明、王七庚、张学会、刘国义、翟冬鸿、张东婷（女）当选为政协运城第四届委员会副主席

其他

6月3日 白晓军任省援疆前方指挥部临时党委委员

6月3日 孟庆武、赵志民、杨治国、逯禾红、申义勇任省援疆前方指挥部成员、临时党委委员

12月26日 李月忠任省援疆前方指挥部成员、临时党委委员、临时纪委书记；

12月26日 宋刚、姚树山任省援疆前方指挥部成员、临时党委委员

12月26日 免去孟庆武的省援疆前方指挥部成员、临时党委委员、临时纪委书记职务

12月26日 免去赵志民、逯禾红的省援疆前方指挥部成员、临时党委委员职务

（本栏目由省委组织部、省人大办公厅、省政府办公厅提供）

大事记要

中共山西2016年大事记

1 月

李克强总理来山西考察调研

4日—5日 中共中央政治局常委、国务院总理李克强在山西省委书记王儒林，省委副书记、省长李小鹏陪同下，在太原考察工作。李克强先后到太原钢铁集团、太原市小北关棚户区、晋商博物馆、山西焦煤西山煤电集团和清控(太原)创新基地进行考察。李克强说，山西虽然面临着种种困难，但是一年多来，在儒林同志为班长的中共山西省委领导下，四大班子齐心协力、奋发进取、不畏艰难，推动山西的经济更加稳步回升，保持了社会大局的稳定。这个成绩来之不易，希望山西要敢于克难攻坚、重振雄风；希望山西着力培育新动力，后来居上；希望山西在改造升级传统动能上取得大的突破。

省委召开通过法定途径分类处理信访诉求工作会

6日 省委召开通过法定途径分类处理信访诉求工作电视电话会议，通报34个省直厅局通过法定途径分类处理信访投诉请求工作开展情况，总结交流试点工作经验，安排部署下一步的工作。省委副书记楼阳生强调，把信访纳入法制化轨道，是中央确定的信访改革“主旋律”。从2016年1月起，全省34个省直厅局要全面推进通过法定途径分类处理信访诉求工作，6月底前在市一级全面实施，9月底在县一级全面实施。

省委召开传达贯彻李克强总理考察山西重要讲话精神会议

7日 王儒林主持召开省委领导干部会议。会议传达了中共中央政治局常委、国务院总理李克强考察山西重要讲话精神，对贯彻落实作出安排部署。王儒林就贯彻落实李克强总理考察山西重要指示和讲话精神强调了八点意见。一是要认真学习贯彻李克强总理考察山西重要讲话精神，切实把思想和行动统一到党中央、国务院工作部署要求上来。二是要紧密结合山西实际，采取有效措施化解煤炭钢铁过剩产能。三是要多措并举做好困难企业人员转岗安置工作，推动企业真正摆脱困境。四是要大力弘扬晋商精神，积极推动大众创业、万众创新。五是要以棚户区改造为重要抓手，不断保障和改善民生。六是要坚定不移保障安全发展，全力维护社会大局和谐稳定。七是要认真做好跟踪对接等工作，确保国家支持事项落到实处。八是要坚持马上就办、真抓实干，以优良作风确保今年各项工作有一个好的开局。李小鹏传达了李克强总理考察山西重要讲话精神。

省政府召开全体(扩大)会议

同日 省政府召开全体(扩大)会议，李小鹏主持会议。会议研究修改即将提请省十二届人大五次会议审议的《政府工作报告》(讨论稿)，安排部署当前工作。会议要求，要实事求是总结好2015年和“十二五”时期的工作；要精心安排好2016年的目标任务；要坚持改革开放，坚持稳中求进工作总基调；要坚持稳增长、调结构、惠民生、防风险，扎实部署促进经济平稳健康发展、加快产业转型升级、推动“三农”和脱贫攻坚、推进新型城镇化、推动文化强省建设、保障改善民生、发展社会事业、加强生态文明建设、强化安全生产；要进一步深化改革、创新驱动、扩大开放和加强政府自身建设等重点工作，确保全面建成小康社会起好步、开好局。会议还安排部署了“两节”“两会”期间的重点工作和党风廉政建设工作。

省委召开常委会议

8日 省委召开常委会议，王儒林主持会议并讲话。会议传达学习习近平总书记在中共中央政治局“三严三实”专题民主生活会上的重要讲话精神。会议结合山西实际进行了认真讨论。王儒林在讲话时强调指出，省委常委要在深刻学习领会习近平总书记重要讲话精神的基础上，对照中央政治局专题民主生活会标准，对照讲话精神，检查个人剖析材料是否进行了深刻对照检查，是否真正查摆了问题，是否深刻剖析出了根源，是否提出了科学管用的整改措施，做得不够的要及时进行修改完善，确保把省委常委班子“三严三实”专题民主生活会开成一个高水平、高质量的民主生活会。

省政府党组召开会议

同日 李小鹏主持召开省政府党组会议，进一步学习中共中央政治局“三严三实”专题民主生活会作风和习近平总书记重要讲话精神，落实省委常委会要求，部署省政府党组“三严三实”专题教育和专题民主生活会工作。

省政协党组召开会议

9日 薛延忠主持召开省政协党组会议，集中学习习近平总书记在中共中央政治局“三严三实”专题民主生活会上的重要讲话，就政协党组和机关各级党的组织贯彻习近平总书记重要讲话精神、学习中央政治局优良作风，开好专题民主生活会、深化“三严三实”专题教育作出安排。

省委常委会召开“三严三实”专题民主生活会

11日 省委常委会召开“三严三实”专题民主生活会，王儒林主持会议并作总结讲话。会议深入学习贯彻党的十八大、十八届三中、四中、五中全会精神和习近平总书记系列重要讲话精神，特别是习近平总书记在中共中央政治局“三严三实”专题民主生活会上的重要讲话精神，认真开展批评和自我批评。中央纪委、中央组织部有关负责同志到会指导。王儒林指出：一是要切实增强政治意识、大局意识、核心意识、看齐意识。二是要进一步引深“双学”活动。三是要坚持全面从严治党，深入推进反腐正风。四是要勇于破解发展难题，加快全面小康步伐。五是要把民生放在更加突出的位置。六是要以上率下、狠抓落实。

省政府党组召开“三严三实”专题民主生活会

12日 根据中央要求和省委部署，省政府党组召开“三严三实”专题民主生活会，认真对照中央政治局专题民主生活会标杆，深刻剖析在践行“三严三实”、严守党的政治纪律和政治规矩、落实“两个责任”方面的突出问题和原因，严肃开展批评和自我批评。李小鹏主持会议并作总结讲话。李小鹏强调，要认真学习、深刻领会、全面贯彻落实习近平总书记在主持召开中央政治局“三严三实”专题民主生活会时的重要讲话精神和在十八届中央纪委第六次全会上的重要讲话精神，切实强化政治意识、大局意识、核心意识、看齐意识，自觉向以习近平同志为总书记的党中央看齐，在践行“三严三实”上定位准、标杆高、行之笃，自觉把“三严三实”要求体现到坚持坚定正确的政治方向上，体现到落实中央重大决策部署和省委、省政府工作要求上，体现到对分管工作的管理上，体现到严格要求自己上，坚决做到对党忠诚、敢于担当、个人干净。

省委常委会召开会议

15日 省委常委会召开会议，王儒林主持。会议传达学习习近平总书记在十八届中央纪委六次全会上的重要讲话精神和十八届中央纪委六次全会精神，传达全国宣传部长会议、全国统战部长会议精神，研究贯彻落实意见；审议省纪委十届六次全会工作报告和会议筹备方案，研究讨论《山西省加强政党协商的实施意见》，听取《关于全省领导干部联系民营企业工作方案》的汇报，研究讨论李小鹏在省十二届人大五次会议上所作的《政府工作报告（送审稿）》和《山西省国民经济和社会发展第十三个五年规划纲要（草案）》（以下简称《纲要》），听取了省十二届人大五次会议和省政协十一届四次会议筹备情况汇报。会议原则通过《关于开展全省领导干部联系民营企业工作方案》，要求进一步修改后，按程序下发执行。会议原则通过《政府工作报告（送审稿）》。会议认为，《纲要》是根据省委“十三五”规划《建议》，在深入调查研究的基础上编制的，广泛征求了各方面意见建议，全面贯彻了中央精神，是省委、省政府各项目标任务和工作部署的深化细化，原则同意进一步修改完善后提交省十二届人大五次会议审议。

省委召开市委书记、工（党）委书记抓基层党建工作专项述职会议

同日 省委召开市委书记、工（党）委书记抓基层党建工作专项述职会议。王儒林主持会议并讲话。会上，各市市委和省直工委、高校工委、国资委、国防工办、非公工委等进行了会议或书面述职，参会人员对各市市委书记和工（党）委书记抓基层党建工作情况进行了民主评议。中央组织部组织二局有关负责同志对本省基层党建工作取得的成绩给予充分肯定，指出了存在的问题，并提出指导性意见。王儒林对各市市委书记和工（党）委书记抓基层党建工作逐一进行点评，对省直工委、省高校工委、省国资委党委、国防科技工业党委书记书面述职情况进行总体点评。

楼阳生到大同市调研

16日 楼阳生到大同市，就“冬季行动”推进落实情况进行调研。移动联通御西综合生产楼项目是大同市为加快城墙合龙确定的重点项目，也是开展“冬季行动”的重点工程。楼阳生指出，该项目是大同古城修复的“卡脖子”工程，人民群众十分关注。抓住这个项目，就抓住了解决问题的关键。推进“冬季行动”就要善抓关键、善抓重点，以重点问题的突破带动整体工作的提升。楼阳生要求项目单位要在加快工程进度的同时严控质量、确保安全。万达广场项目和兴云智慧城项目都是大同市“冬季行动”招商引资重点项目，拆迁安置任务十分艰巨繁重。楼阳生详细了解了所涉及群众的拆迁安置情况，要求相关部门和单位要始终坚持人民利益至上，严格落实安置补偿政策，统筹解决好拆迁群众生产生活问题，努力使项目推进到哪里，就让哪里的老百姓首先受益。

中央扶贫开发工作会议精神宣讲组在山西进行宣讲调研慰问

19日 国务院扶贫开发领导小组成员、国家卫计委副主任王培安率领中央扶贫开发工作会议精神宣讲组第五组来晋进行宣讲调研慰问活动。楼阳生主持宣讲大会和汇报会。

省政府党组召开会议

23日 省政府党组召开会议，李小鹏主持会议并讲话。会议进一步学习贯彻习近平总书记在省部级主要领导干部学习贯彻十八届五中全会精神专题研讨班开班式上的重要讲话精神，贯彻落实省委常委会精神。会议强调，要全面加强政府自身建设，持续改进工作作风，深入推进政府系统党风廉政建设和反腐败斗争，为推动“六大发展”提供坚强保障。

中共山西省委　山西省人民政府印发《关于深化供销合作社综合改革的实施方案》的通知

同日　中共山西省委　山西省人民政府印发《关于深化供销合作社综合改革的实施方案》的通知。

王儒林出席省纪委十届六次全会并讲话

25日　王儒林出席中国共产党山西省第十届纪律检查委员会第六次全体会议。指出，要深刻认识正风反腐工作的严峻性、复杂性和长期性，进一步强化不敢腐氛围，坚决防止"四风"反弹回潮，着力解决群众身边的不正之风和腐败问题，进一步引深"六权治本"，推进全面从严治党，强化党内监督，为全省经济社会发展提供坚强保证。

省政府召开党组(扩大)会议

同日　李小鹏主持召开省政府党组(扩大)会议，学习贯彻省委书记王儒林在省纪委十届六次全会上的重要讲话精神，研究部署政府系统党风廉政建设工作。会议强调，省政府党组和班子要做廉洁自律的表率，做落实"一岗双责"的表率，做两手抓两促进的表率，既要管业务工作，又要抓从严治党；既要满腔热忱关心爱护干部，又要强化考核督查，严格执纪问责，努力在全省政府系统营造清正廉洁、为民务实和想作为、敢作为、善作为的浓厚氛围，为确保本省与全国同步、农村特别是贫困地区与全省同步全面建成小康社会提供强大动力和坚强保障。

省委常委会召开会议

30日　王儒林主持召开省委常委会会议。会议传达了中央政法工作会议精神，研究贯彻落实意见；研究讨论了《中共山西省委关于认真做好市县乡领导班子换届工作的通知》《省政协2016年度协商工作计划》，研究审定了省委常委会2016年工作要点；学习贯彻《中国共产党地方委员会工作条例》。会议原则通过《中共山西省委关于认真做好市县乡领导班子换届工作的通知》，要求进一步修改完善后按程序印发实施。会议研究审定了省委常委会2016年工作要点，讨论通过了《省政协2016年度协商工作计划》。

中共山西省委办公厅印发关于认真学习贯彻《中国共产党地方委员会工作条例》的通知

同日　中共山西省委办公厅印发关于认真学习贯彻《中国共产党地方委员会工作条例》的通知。

2　月

省委召开常委班子"三严三实"专题民主生活会情况通报会

1日　省委召开常委班子"三严三实"专题民主生活会情况通报会。王儒林主持会议并在会上通报了专题民主生活会的准备和召开情况。李小鹏、楼阳生、薛延忠等出席会议。

李小鹏到阳煤集团调研

2日　李小鹏到阳煤集团新元煤矿，看望慰问一线矿工，检查指导安全生产和煤炭脱困工作。李小鹏进入井下440米深的3206工作面，看望慰问当班工人，了解煤矿生产经营情况，实地查看井下安全设施配备、采掘机械运行和安全生产情况，听取煤矿干部职工对化解煤炭过剩产能和深化煤炭企业改革的意见建议。李小鹏强调，要深入推进煤炭行业供给侧结构性改革，毫不放松地抓好煤矿安全生产工作，大力推进煤炭清洁高效利用，促进煤炭行业早日走出困境，更好发挥对全省经济社会发展的支撑带动作用，对国家能源安全的重要保障作用。

王儒林走访慰问困难企业困难群众

3日　王儒林到革命老区晋中市寿阳县，深入困难企业、敬老院，看望慰问低保户、老劳模、老党员等，送上省委、省政府的诚挚问候和亲切关怀，向全省人民表达新春祝福。走访慰问中，王儒林强调，以人民为中心，是我们各项工作的出发点和落脚点。各级党委、政府要高度重视做好关心群众工作，时刻把人民群众的安危冷暖放在心上，把保障困难群众的基本生活作为"冬季行动"的重要内容，切实解决实际问题，把党和政府的关怀和温暖送到群众的心坎上，使全省人民过一个欢乐祥和的春节。

李小鹏在忻州走访慰问困难群众

同日　李小鹏在忻州市静乐县走访困难企业和敬老院，慰问困难党员、劳模和群众，代表省委、省政府向基层群众致以新春的祝福，送去党和政府的温暖。走访慰问中，李小鹏强调，人民政府为人民。我们要认真贯彻落实习近平总书记要求，把让老百姓过上好日子作为一切工作的出发点和落脚点，随着经济社会的发展，逐步提高社会保障水平，切实保障困难群众的基本生活。年关临近，各级各部门要深入开展访贫问寒活动，认真做好城乡低保、社会救助等工作，坚决做到越是经济发展面临困难，越要高度重视、切实保障、不断改善民生，把党和政府的关怀送到千家万户，让全省人民过一个欢乐祥和的春节。

山西省"十三五"水利建设锁定六方面重点工作

同日　"十三五"时期，省水利建设将锁定六方面重点工作，一是着力加强节水型社会建设；二是构建河库水系连通网络；三是推进水生态文明建设；四是夯实民生水利基础；五是健全防灾减灾体系；六是深化水利改革创新。这六方面重点工作，有效破解"水少、水脏、水远、水漏、水失"的问题，加快构建与全面建成小康社会目标任务相衔接、与人民群众期待相适应、符合山西实际、具有山西特色的水安全保障体系。

省委召开全面深化改革领导小组第十八次会议

4日　省委全面深化改革领导小组召开第十八次会议，省深改领导小组组长王儒林主持会议并讲话，省深改领导小组第一副组长李小鹏讲话。会议贯彻落实中央全面深化改革领导小组第二十次会议精神，讨论审议省委深改领导小组《2015年工作总结报告》和《2016年工作要点》，安排部署2016年全省改革工作。会议原则通过省委深改领导小组《2015年工作总结报告》和《2016年工作要点》，要求进一步修改完善后按程序报批印发。

王儒林看望慰问春节期间坚守岗位的一线干部职工

7日　王儒林到太原市春运安全检查服务站、农产品物流园、公安消防支队广场中队、市公安局指挥中心、再生能源供热公司，看望慰问高速交警、路政员、消防官兵、公安干警、供热职工，检查春运保障、节日安全、市场供应、冬季取暖等工作，向节日期间坚守岗位、辛勤工作的广大干部职工拜年，送上新春祝福。

中组部追授李培斌“全国优秀共产党员”称号

16日 为表彰先进、弘扬正气，激励广大党员干部践行“信念坚定、为民服务、勤政务实、敢于担当、清正廉洁”要求，在推进中国特色社会主义伟大事业中作出新的更大贡献，经中央组织部决定，追授李培斌同志“全国优秀共产党员”称号。李培斌，男，汉族，山西省阳高县人，山西省阳曲县龙泉镇司法所所长，2015年10月15日，李培斌同志因连续工作，劳累过度，突发心肌梗塞不幸去世，年仅50岁。

省管主要领导干部专题研讨班开班

17日 省管主要领导干部专题研讨班在中共山西省委党校开班。王儒林作重要讲话，李小鹏主持。王儒林强调，要牢固树立和自觉践行“五大发展”新理念，确保“十三五”经济社会持续健康发展。一要着力推动创新发展，加快实现动力转换；二要着力推动协调发展，加快补齐补足短板，促进区域协调发展、城乡协调发展、产业协调发展、物质文明和精神文明协调发展；三要着力推动绿色发展，努力建设美好家园；四要着力推动开放发展，在强化区域合作中拓展新空间。五要着力推动共享发展，不断增进群众幸福感。六要着力推动廉洁和安全发展，努力营造良好环境。王儒林强调，要积极适应、把握、引领新常态，着力推动供给侧结构性改革。要从时空上把握速度换挡节点，全力保持经济处于合理区间；把握结构调整节点，着力解决资源型结构过重问题；把握动力转换节点，加快培育发展新动力；把握出口拐点，努力培育出口新优势。要用改革的精神和办法解决问题，特别要全力做好电力体制改革综合试点工作，把推进电力价格改革、理顺电价机制作为重点，拓展省内外“两大市场”，创新激活各类用电市场，破解用电难题，加快融入全国电力市场。要坚决落实“五大任务”，着力推进供给侧结构性改革，既要在理论上弄清楚什么是供给侧结构性改革，也要在实践上着力推进“三去一降一补”五大任务。王儒林指出，要扎实开展“两学一做”学习教育，努力在全面从严治党上迈出更坚实步伐。一要把“学党章党规、学系列讲话，做合格党员”学习教育作为2016年党建的龙头任务，切实抓紧抓好、抓出成效。二要切实把党的纪律和规矩挺在前面，抓住“关键少数”，坚持惩前毖后、治病救人方针，切实运用好“四种形态”，更好体现宽严相济，着力在减存量上取得更大成效。三要持续保持“三个高压态势”，持之以恒落实中央八项规定精神，形成纠“四风”长效机制，深入开展打黑除恶专项斗争。四要坚持全面从严治吏，坚持从严选拔管理监督干部，着力在抓好基层党组织建设上下功夫。五要认真总结试点经验和做法，坚持不断深化、拓展、延伸、创新，加快在省、市、县、乡各层面各领域全面实施“六权治本”，实现乡村两级全覆盖。王儒林强调，要进一步提高各级领导干部的素质能力和水平，做到头顶有戒，心中有数，眼里有活，手上有招，脚下有根，立得住、站得稳，对党忠诚，廉洁自律，为官有为。充分发挥各级党校、行政学院的作用，加强对干部的教育培训。要强化干事创业的鲜明导向，为敢担当的干部担当，为敢负责的干部负责，结合省市县乡领导班子换届，着力推动干部能上能下，最大限度调动干部积极性。要进一步大力弘扬“马上就办、真抓实干”的优良作风，保持“冬季行动”的好势头，夙兴夜寐、只争朝夕，以苦干创造实绩，以实干造福人民。

省委召开全省市县乡领导班子换届工作会议

18日—19日 省委召开全省市县乡领导班子换届工作会议，王儒林作重要讲话，楼阳生主持会议。会议学习贯彻习近平总书记重要讲话精神，贯彻落实全国组织部长会议和市县乡领导班子换届工作会议精神，研究部署山西省换届工作。王儒林强调，各级各部门要加强统筹协调配合，确保圆满完成换届各项任务。要加强沟通协调，明确工作职责，形成上下联动、齐抓共管的工作格局。要强化思想引导，做好深入细致的思想政治工作，关心爱护干部，帮助解决实际问题。要统筹安排换届工作与日常工作，真正做到“两手抓、两不误、两促进”。要做好换届后续工作，把搞好换届工作与“两学一做”学习教育紧密结合起来，加强能力建设、作风建设、制度建设，为实现“十三五”目标提供坚强组织保证。

省委常委会召开会议

22日 王儒林主持召开省委常委会会议。会议学习了习近平总书记在党的新闻舆论工作座谈会上的重要讲话精神，传达了习近平总书记等中央领导同志关于信访工作和处理信访突出问题重要批示精神，研究贯彻落实意见。

段爱平获誉“全国三八红旗手标兵”

25日 全国妇联授予10位杰出女性“全国三八红旗手标兵”荣誉称号。长治市襄垣县王桥镇返底村党支部书记段爱平成为我省唯一获此殊荣的杰出女性。

王儒林主持召开省委全面深化改革领导小组第十九次会议

26日 省委全面深化改革领导小组召开第十九次会议，王儒林主持会议并讲话。会议审议讨论了《山西省国家资源型经济转型综合配套改革试验实施方案(2016-2020年)》《山西省国家资源型经济转型综合配套改革试验2016年行动计划》《省委全面深化改革领导小组审议的重大改革类文件报审办法(试行)》，安排部署下一步改革工作。会议原则通过三个文件，要求进一步修改完善后，按程序报批实施。

全省农村工作会议召开

27日 全省农村工作会议在太原召开。会议总结“十二五”时期我省“三农”工作，分析新常态下农业农村形势，安排部署了2016年和“十三五”时期农业农村工作。王儒林、李小鹏分别作出重要批示，楼阳生出席会议并讲话。副省长郭迎光主持会议并作总结讲话。王儒林批示指出，“十二五”时期，本省“三农”工作成效显著，为全省经济社会发展提供了重要支撑。同时，必须看到，农业仍然是经济社会协调发展的短腿，农村仍然是实现全面小康的短板。全省上下必须牢固树立“三农”问题重中之重的战略思想，适应引领经济发展新常态，贯彻落实发展新理念，全面深化农村改革，做好脱贫开发工作，破解“三农”工作难题。要加快转变农业发展方式，大力发展特色现代农业，积极发展“互联网+农业”等新产业新业态。要不断拓宽工资性收入、财产性收入和转移性收入等农民增收新渠道，确保农村居民收入增速快于城镇居民。强化农村基层党组织建设，推动“六权治本”向乡村延伸，实现“乡村治、百姓安”。李小鹏批示指出，要深入贯彻落实习近平总书记系列重要讲话精神，以新的发展理念为指引，把坚持农民主体地位、增进农民福祉作为农村一切工作的出发点和落脚点，持续加大惠农政策力度，着力推进农业供给侧结构性改革，加快发展特色农业、绿色农业和品牌农业，突出抓好“六个精准”“五个一批”等脱贫攻坚重大任务，全面改善农村人居环境，深化农村综合改革，支持农民创业创新，多渠道增加农民收入，确保我省与全国同步、农村特别是贫困地区与全省同步如期全面建成小康社会。会议还讨论了《省委、省政府贯彻落实中央一号文件的实施方案》和《山西省“十三五”农业农村发展规划(讨论稿)》。

3 月

山西省召开传达贯彻全国“两会”精神会议

17日 山西省召开传达贯彻全国人大、全国政协“两会”精神会议，王儒林主持会议，并提出贯彻落实意见。李小鹏传达习近平总书记在全国“两会”期间的重要讲话精神和中共中央政治局常委、全国人大常委会委员长张德江在山西代表团的重要讲话精神；楼阳生传达十二届全国人大四次会议精神和中共中央政治局委员、国务院副总理马凯在山西代表团的重要讲话精神；薛延忠传达全国政协十二届四次会议精神；孙绍骋传达中共中央政治局委员、中央统战部部长孙春兰在学习贯彻习近平总书记重要讲话精神座谈会上的讲话精神。

李小鹏主持召开省促进民营经济发展工作领导小组会议

18日 李小鹏主持召开省促进民营经济发展工作领导小组会议，进一步学习贯彻习近平总书记在参加全国政协十二届四次会议民建、工商联界委员联组会时的重要讲话精神，研究部署本省民营经济发展工作。会议还研究部署了促进民营经济发展当前重点工作，要求各级各相关部门高度负责，精心谋划，扎实做好招商引资、招才引智工作，加快推进一批重大项目建设，引导民营企业积极参与供给侧结构性改革、大众创业万众创新、脱贫攻坚、生态文明建设等重大任务，充分发挥民营经济在稳定增长、促进创新、增加就业、改善民生等方面的重要作用。

楼阳生到省交通厅调研“六权治本”工作

同日 楼阳生带领省直相关部门负责同志到省交通运输厅，就贯彻落实全国“两会”精神，推进“六权治本”工作进行座谈调研。楼阳生在调研中强调，要坚决贯彻习近平总书记“把权力关进制度的笼子里”的重要指示，按照省委、省政府的决策部署，切实把深入推进“六权治本”摆在更加突出的位置，坚持标本兼治、先行先试，既要认真研究解决“不敢腐、不能腐、不想腐”问题，又要认真研究解决“不作为、不会为、乱作为”问题，为实现弊革风清、促进富民强省，全面建成小康社会提供坚强保障。

省军区召开党委全体(扩大)会议

20日—21日 省军区党委十届六次全体(扩大)会议在太原召开，省委书记、省军区党委第一书记王儒林出席并讲话。会议传达学习中央军委、中部战区和军委国防动员部党委扩大会议精神，总结部署年度工作。省军区党委书记、政治委员郭志刚作党委工作报告。省委常委、省军区党委副书记、司令员冷杰松就新年度工作指导问题讲话。省军区副政治委员兼纪委书记喻军作纪委工作报告。王儒林强调，要始终突出政治建军，确保坚决听党指挥、绝对忠诚可靠；要始终聚焦能打胜仗，大力加强国防动员和后备力量建设；要始终坚持军民融合，推动强军兴武和富民强省互动双赢。各级党委、政府要高度重视、大力支持省军区和国防后备力量建设，大力支持军队改革，主动服务、强化保障，特别是要预先筹划军队改革期间各方面支持措施和倾斜政策，全力以赴协助部队完成改革任务。

楼阳生就省直部门“六权治本”工作推进情况进行调研

22日 楼阳生到省“两平台”项目建设现场就“六权治本”工作推进情况进行调研。楼阳生认真考察了省“两平台”办公场所、制度软件、配套设施等建设情况，要求相关部门要坚持一流标准，加强后发创新，加快建设进度，做到配套协调同步推进，确保省“两平台”建成之日，就是高起点、高标准、高效科学运行之时。楼阳生还听取了部分省直部门工作情况汇报，对各部门推进“六权治本”取得的阶段性成效给予了充分肯定。楼阳生强调，省直各部门要确权明责，进一步抓好“两清单”的完善和动态调整，加强职责清单探索实践。要突出重点，围绕重点事权、重点风险，拿出有效管用的办法举措，织密、编牢、扎紧制度的笼子，努力实现制约监督权力和提升效率效能有机统一。

王儒林在忻州市沿黄贫困县调研

22日—25日 王儒林到忻州市沿黄贫困县，就脱贫攻坚、退耕还林还草、水土保持综合治理等进行调研。王儒林先后在静乐、岢岚、保德、河曲、偏关、五寨等县，看真贫、访民生、察实情，与干部群众深入交流，共商脱贫攻坚、改善生态之策。王儒林强调，要深入学习贯彻习近平总书记关于脱贫攻坚、生态文明建设的重要讲话精神，牢固树立发展新理念，把脱贫攻坚与生态建设紧密结合起来，坚持精准施策，创新脱贫方式，统筹治山治水，协调增绿增收，走出生态脱贫新路，把建设绿水青山的过程变成脱贫致富的过程，变成收获金山银山的过程，让沿黄山区贫困群众与全省人民一道进入全面小康。调研期间，王儒林在偏关县主持召开座谈会，就沿黄山区脱贫攻坚与生态建设怎么结合，存在什么问题、如何解决等，听取省直有关部门、忻州市委负责同志的意见建议，对重点问题进行了深入分析研究。

李小鹏在大同市调研

22日—23日 李小鹏在大同市调研。李小鹏先后考察了由晋商联盟股份有限公司投资开发的大同古城代王府综合体项目、北宇新能源汽车公司、方特文化旅游项目、同煤集团晋华宫矿和大同煤炭博物馆。调研期间,李小鹏先后主持召开两个座谈会,与大同市及有关企业负责人、一线职工代表一起研究供给侧结构性改革等工作,听取基层意见建议。

王儒林、李小鹏赶赴同煤集团同生煤矿安平煤业公司事故现场指导救援处置工作

24日 3月23日22时10分,同煤集团同生煤矿安平煤业公司5#层8117综采工作面发生井下安全事故。事故发生后,王儒林、李小鹏在第一时间作出重要批示并赶到同煤集团安平煤业公司了解事故情况,指导搜救处置工作,要求全力营救科学施救,确保救援安全;同时要核准人数,妥善安抚好家属,查明原因,举一反三,强化安全生产措施,严防此类事故再次发生。此次事故共造成19名矿工遇难。

楼阳生主持召开各市"六权治本"情况汇报会

25日 楼阳生主持召开11个市"六权治本"情况汇报会,就进一步深化"六权治本"工作进行专题研究。他强调,在全省进一步深化"六权治本",是省委、省政府贯彻落实习近平总书记系列重要讲话精神,巩固净化政治生态成果,推动实现"十三五"良好开局,如期全面建成小康社会的重大举措,也是在全省加快构建不能腐的长效机制,激励广大党员干部善作为、会作为、有作为的紧迫任务。全省各地各部门要以习近平总书记"把权力关进制度的笼子里"的重要指示为基本遵循,把深化"六权治本"摆在更加突出重要位置,按照把握基本原理、明确基本目标、坚持依法依规、突出制度建设、强化改革创新、确保有效管用,让人民群众和市场主体有更多获得感的总体要求,狠抓"六权治本"各项任务落到实处、发挥实效。

省政府组织收听收看国务院第四次廉政工作会议

同日 省政府组织收听收看国务院第四次廉政工作会议,李小鹏出席会议并讲话。李小鹏强调,李克强总理的讲话十分重要,各级各部门要认真学习、深刻领会,切实抓好贯彻落实。要把学习贯彻本次会议精神与学习贯彻习近平总书记系列重要讲话精神特别是关于加强反腐倡廉的重要讲话精神紧密结合起来,与学习贯彻党的十八大和十八届三中、四中、五中全会精神以及十八届中央纪委六次全会精神紧密结合起来,与学习贯彻省委十届七次全会和省纪委十届六次全会精神紧密结合起来,吃透会议精神,拿出硬招实招,确保会议要求落到实处。要聚焦转变政府职能,突出提高行政效能,狠抓政策措施落地,着力完善激励约束机制,不断推动本省政府系统党风廉政建设和反腐败斗争取得新成效。

楼阳生到忻州调研"冬季行动"推进落实情况

28日—30日 楼阳生带领省直相关部门负责同志到忻州,就落实"冬季行动"要求、推进乡村旅游产业发展、全力促进农民增收进行专题调研。楼阳生一行先后到台怀镇、金岗库乡和石咀乡的村庄农户,实地考察群众生产生活、环境整治、文化产业园建设等情况,深入农家客栈及酒店、旅行社,详细了解乡村旅游产业经营等方面的情况,并召开座谈会,听取乡村干部群众和酒店、旅行社经营者代表的意见建议。楼阳生在调研中强调,要落实全省农村工作会议精神,把发展乡村旅游作为促进农民增收的重要抓手和途径,按照"马上就办、真抓实干"的要求,开动脑筋、群策群力,着力破解理念规划、体制机制、环境设施、业态产品等方面的突出问题,切实把乡村旅游产业发展这篇文章做好做精彩。

省委常委会召开会议

31日 王儒林主持召开省委常委会会议。会议传达学习习近平总书记关于学习毛泽东同志《党委会的工作方法》的重要批示精神,学习毛泽东同志《党委会的工作方法》一文;研究讨论中共山西省委贯彻落实《中共中央关于加强和改进新形势下党校工作的意见》的实施意见。会议原则通过了中共山西省委贯彻落实《中共中央关于加强和改进新形势下党校工作的意见》的实施意见,要求进一步修改完善后按程序印发。

4 月

全省城市工作会议在太原举行

1日 全省城市工作会议在太原举行。王儒林、李小鹏、楼阳生出席会议。省委常委、常务副省长高建民主持会议。会议深入学习贯彻中央城市工作会议精神特别是习近平总书记重要讲话精神,全面分析本省城市工作面临的形势和任务,对进一步做好城市工作作出安排部署。王儒林在讲话中强调,要紧密结合山西实际,努力走出一条富有活力、和谐宜居、各具特色的现代城市发展之路。一是坚持科学布局,进一步用新发展理念完善我省城镇体系。二是坚持规划先行,进一步打牢城市长远发展的坚实基础。三是坚持建设为基,进一步增强城市综合承载能力。四是坚持管理为要,进一步创新城市治理方式。李小鹏指出,一要着力提升城市规划水平。二要进一步完善城市基础设施。三要切实加强城市基本公共服务。四要突出城市产业支撑。五要改善城市生态环境。六要改革城市管理体制。会议以电视电话会议的形式召开。

省委召开民营企业家座谈会

5日 省委召开民营企业家座谈会,王儒林参加会议,李小鹏主持会议。这次会议深入学习了习近平总书记在看望参加全国政协十二届四次会议的民建、工商联委员并参加联组讨论时的重要讲话精神,就推进民营企业发展听取意见建议。座谈会上,本省7位民营企业家代表结合企业发展实际,围绕学习贯彻习近平总书记重要讲话精神谈认识、谈体会,就加快发展高新技术、文化旅游、养老服务、中医药产业等提出意见建议。13位民营企业家做了书面发言。王儒林作了重要讲话。王儒林强调,习近平总书记关于非公有制经济发展的重要讲话,科学回答了非公有制经济领域最紧要最现实的重大理论和实践问题,深刻阐明了我们党毫不动摇鼓励支持引导非公有制经济发展的一贯政策，充分彰显了对非公经济的高度重视和对非公经济人士的亲切关怀，对于坚持和完善我国基本经济制度、推动各种所有制经济健康发展，具有重大现实意义和深远历史意义。要把深入学习贯彻习近平总书记关于非公经济发展的重要讲话精神作为重要政治任务，深刻领会精神实质，准确把握政策要求，引导民营企业为开创弊革风清、富民强省新局面作出更大贡献。

山西省出台“十三五”转型综改《实施方案》

同日 山西省正式出台《山西省国家资源型经济转型综合配套改革试验实施方案（2016—2020年）》（以下简称《实施方案》）和《山西省国家资源型经济转型综合配套改革试验2016年行动计划》（以下简称《行动计划》）。《实施方案》统筹安排转型综改工作，部署80个重大改革、80个重大事项、200个重大项目、20个重大课题以及各市、省级试点县（市、区）、省级试点企业转型综改试验工作。重大改革包括：推进供给侧结构性改革、科技创新体制机制改革、金融创新体制机制改革、财税管理制度改革、土地管理制度改革、资源节约和生态环境保护修复制度改革、城乡统筹体制机制改革、社会体制改革、行政管理和投资体制改革以及对外开放体制机制改革等十个方面的内容。《实施方案》是未来五年各级各部门推进转型综改试验区建设的行动指南。《行动计划》是对《实施方案》提出的目标任务在2016年度的具体安排，是2016年转型综改试验区建设的重点工作。《行动计划》根据《实施方案》在产业转型、生态修复、城乡统筹、民生改善等四个方面安排部署了20个重大改革、40个重大事项、50个重大项目和5个重大课题，着力破解重点领域、关键环节机制体制改革难题，推动资源型经济转型取得更大进展。

王儒林在吕梁市沿黄贫困县调研

6日—7日 王儒林就沿黄贫困地区生态建设与脱贫攻坚相结合、小流域治理、移民搬迁等问题，深入吕梁市交口、石楼县进行调研。王儒林到交口县桃红坡镇杨家店村、石口乡化窑村，察看村庄现状，走访贫困农户，与留守村民面对面交流，了解矛盾困难，共商解决办法。王儒林在石楼县小蒜镇教鹏墕移民新村，考察了镇中心小学，了解农村教师待遇、教育扶贫情况。针对大家反映的小杂粮等农产品价格下跌、卖不出去等困难，王儒林说，各级党委、政府要高度重视解决群众“卖粮难”问题，积极帮助找销路、找市场，加快发展特色农产品加工、运输、销售等产业，切实提高群众收入。在移民搬迁后的安桥墕自然村，王儒林说，我们不仅要帮助群众脱贫，还要加强宣传教育引导，形成重孝道、树新风、除陋习的良好氛围。沿黄贫困县生态治理与脱贫攻坚如何有机结合，是王儒林始终高度关注的重要问题。吕梁是本省核桃、红枣的最大种植区，种植面积分别达到280万亩、250万亩。王儒林说，红枣产业要重点解决好品种和产量特别是裂果问题，根本要靠科技创新，改善品种结构，同时要抓好红枣加工、技术普及、成果转化推广等环节，促进农民增收。在石楼红军东征纪念馆，王儒林认真听取讲解，重温光辉历史，缅怀革命先烈，要求进一步加强革命传统和爱国主义教育，传承红色文化，发展红色旅游，铸牢民族之魂，凝聚精神力量。调研中，王儒林在石楼县主持召开座谈会，围绕移民搬迁、退耕还林、经济林提质增效、坡沟地生态治理等重点问题，研究政策措施，听取省直有关部门、吕梁市、石楼县的意见。王儒林强调，要坚持生态为基、脱贫为本，坚持龙头企业带动，整合资金资源，确保脱贫精准到户到人，切实加快沿黄贫困县脱贫致富步伐。

李小鹏在太原市调研

6日—7日 李小鹏在太原市调研。李小鹏首先来到杏花岭区小北关棚户区改造项目听取正在进行老旧房屋拆除工作规划设计和施工计划安排情况介绍。李小鹏说，棚户区改造是保障改善民生和扩大内需的重要结合点。在考察润恒现代农副产品（冷链）物流园项目建设情况时，李小鹏强调，要抓好项目建设和运营工作，疏通农产品流通渠道，促进农民增收，丰富市民菜篮子。特别要严格落实流通环节的监管职责，切实保证农产品质量安全。李小鹏在阳煤集团清徐化工新材料园区，要求企业和当地负责人必须高度负责，密切配合，加快实施各项扫尾工程，切实加强安全生产和生态环保工作，全面深化企业改革，推动项目早日建成、安全运行、发挥效益。太原东杰装备公司是从事智能物流装备制造的创业板上市公司，晋煤激光科技股份公司是研发制造高端激光投影仪的高科技企业。李小鹏在这里现场协调解决问题，勉励企业要持续创新驱动，大力开拓市场，争取实现新常态下的新作为、新提升、新发展。李小鹏在考察轨道交通中心街西站建设情况时指出，地铁是提升城市综合承载能力的重要基础设施，也是广大市民的热切期盼。要抓住国家扩大有效投资的政策机遇，创新体制机制，严格项目管理，优质高效建设，切实发挥好重大项目建设稳增长、调结构、惠民生的综合效益。在长风商务区电动汽车充电桩建设现场，李小鹏与正在充电的出租车司机亲切交谈，听取大家对推广应用电动汽车的意见建议。他要求太原市，着眼方便用户，科学规划布局，加快施工进度，尽快完善网络，切实保障电动汽车产业发展和推广应用需要。7日下午，李小鹏主持召开座谈会，与太原市及省市有关部门和企业负责人、一线职工代表，一起研究贯彻落实全国“两会”精神，深入推进供给侧结构性改革事宜。

省委常委会召开会议

8日 王儒林主持召开省委常委会会议。会议传达中央“两学一做”学习教育工作座谈会精神，研究贯彻落实意见，研究讨论《关于在全体党员中开展“学党章党规、学系列讲话，做合格党员”学习教育实施方案》《省委常委班子和省委常委同志“两学一做”学习教育工作安排》；研究讨论《山西省贯彻落实〈党委（党组）意识形态工作责任制实施办法〉实施细则》，听取全省农村集体“三资”管理专项清理整治工作汇报。常委会原则通过贯彻落实《党委（党组）意识形态工作责任制实施办法》实施细则，要求修改后按程序印发执行。会议还研究了其他事项。

王儒林、李小鹏拜会全国人大常委会副委员长沈跃跃

13日 王儒林、李小鹏在太原拜会了全国人大常委会副委员长、全国妇联主席沈跃跃。沈跃跃此行是就贯彻落实习近平总书记“注重家庭、注重家教、注重家风”要求进行专题调研。全国妇联副主席、书记处书记孟晓驷及楼阳生、黄晓薇、王伟中、张建欣参加会见。王儒林代表省委、省人大、省政府对沈跃跃一行莅晋调研指导表示欢迎，对全国人大、全国妇联长期以来对山西工作的关心、支持和帮助表示感谢。沈跃跃对山西净化政治生态、经济社会发展的思路和成效给予充分肯定。沈跃跃说，实践证明，党中央调整山西省委常委班子非常及时、非常必要、完全正确。新的省委班子按照中央“四个全面”的战略部署，把“两个责任”真正扛在肩上、落实到工作中，取得了明显成效，不断净化政治生态，不断克服各方面困难，相信山西明天一定会更好。山西在廉政文化进机关进家庭，树清廉家风、创最美家庭等方面走在了全国前列，这次专题调研就是要学习、总结推广山西好的经验和做法，按照习近平总书记对家庭工作“三个注重”的要求，推动清廉家风建设，构筑反腐倡廉家庭防线，把弘扬社会主义核心价值观、寻找“最美家庭”等工作抓得更扎实、更有效。

李小鹏到晋中市调研

同日 李小鹏到晋中市调研。李小鹏在太谷县胡村镇朝阳村察看庄稼长势，与农民群众亲切交谈，细算收成账，了解农资供应和质量保障情况。太谷县玛钢研发展示中心是服务全县铸造产业改造提升的科技支撑和交易展示平台。李小鹏在这里指出，玛钢铸造是太谷县的传统支柱产业。要改造技术，提升管理，创优产品，确保有市场、有需求的传统优势产业持续为地方经济平稳健康发展发挥作用。李小鹏在晋中山西普丽环境工程股份有限公司调研时强调，实施燃煤电厂超低排放改造，是实现黑色煤炭绿色发展、高碳资源低碳利用的重要途径和必然要求，同时也为发展脱硫脱硝等节能环保产业创造了巨大的市场需求。李小鹏勉励企业，要改革创新，抢抓机遇，做强企业，做大产业，为全省能源工业可持续发展和产业结构调整贡献力量。在太谷孟母文化养生健康城，李小鹏实地考察项目工地，听取投资进展情况介绍。在晋中新能源汽车装备基地，李小鹏先后调研了晋能集团2GW异质结晶硅高效光伏电池组件、台湾青田电动车设计公司新能源汽车装备制造配套和北达新能源汽车产业基地等在建项目。调研中，李小鹏一再强调，要全面贯彻落实全国“两会”精神和习近平总书记发表的一系列重要讲话精神，统筹兼顾、突出重点，扎实推进创新发展、协调发展、绿色发展、开放发展、共享发展、廉洁和安全发展，奋力实现“十三五”经济社会发展良好开局。

中共山西省委办公厅印发《关于在全体党员中开展“学党章党规、学系列讲话，做合格党员”学习教育实施方案》的通知

同日 中共山西省委办公厅印发《关于在全体党员中开展“学党章党规、学系列讲话，做合格党员”学习教育实施方案》的通知。

沈跃跃在山西调研

13日—14日 全国人大常委会副委员长、全国妇联主席沈跃跃率领全国妇联调研组深入晋中、太原等地，就贯彻落实习近平总书记提出的“三个注重”的重要指示精神，推动清廉家风建设进行调研。全国妇联副主席、书记处书记孟晓驷参加调研，楼阳生、黄晓薇、吴政隆、王伟中、张建欣、张璞分别陪同调研。沈跃跃在省直机关工委和太原市人民检察院，了解清廉家风建设情况；在山西省图书馆、太原家庭公约培育教育基地考察了廉政书屋建设、廉政文化进家庭、社会机构开展家庭文化和家长教育等情况；在晋中市静升镇苏溪村、太原市丽华社区，详细了解农村家风传承、简办婚礼和社区妇女之家建设、寻找“最美家庭”等情况。在工作座谈会上，沈跃跃认真听取了省妇联和部分省直部门关于清廉家风建设、干部家访等工作情况汇报，听取了基层妇联干部代表、“最美家庭”代表的发言，对我省妇联工作以及清廉家风建设给予充分肯定。

王儒林、李小鹏参观国家安全教育展览

15日 在《国家安全法》颁布实施的首个“全民国家安全教育日”，王儒林、李小鹏在太原参观了国家安全教育展览。本次展览由山西省国家安全工作领导小组办公室主办，主题为“维护国家安全，共筑钢铁长城”。王儒林在参观展览时强调，要以设立“全民国家安全教育日”为契机，深入进行国家安全宣传教育，切实增强全民安全意识，居安思危、警钟长鸣，形成维护国家安全人人有责的社会氛围，凝聚捍卫国家安全的强大合力。要认真贯彻落实《国家安全法》，强化国家安全措施，严格纪律规矩，加强防范力量建设，健全完善组织体系，充分发挥各方面作用，开创国家安全工作新局面。要加强党对国家安全工作的绝对领导，各级党委、政府要负起主体责任，全面加强和深化国家安全工作，坚决维护国家安全利益，保障人民安居乐业。要组织动员广大人民群众共同维护国家安全，构建维护国家安全的人民防线，夯实国家安全的社会基础，为实现中华民族伟大复兴的中国梦提供坚强保障。

省政府召开廉政工作电视电话会议　李小鹏出席并讲话

同日 省政府召开廉政工作电视电话会议，李小鹏出席会议并讲话。高建民主持会议。李小鹏要求，要深入贯彻落实党的十八大和十八届三中、四中、五中全会精神，深入学习贯彻习近平总书记系列重要讲话精神，认真贯彻落实十八届中央纪委六次全会和国务院第四次廉政工作会议精神，按照省委十届七次全会和省纪委十届六次全会部署，扎实做好2016年政府系统反腐倡廉工作。要简政放权强化源头防腐，减少审批事项和审批环节，加强事中事后监管，不断提高行政管理和服务的质量水平。要限权制权扎紧制度笼子，推进“六权治本”，健全制度体系，提高制度执行力，坚持用制度管权、管钱、管人。要依法行政建设法治政府，把依宪施政、依法行政要求贯彻落实到行政立法、决策、执法、监察和问责等各环节全过程。要民主公开打造阳光政务，创造条件让人民群众监督政府、监督干部、监督权力。要不折不扣落实重大部署，确保政令畅通、令行禁止，确保党中央、国务院决策部署和省委、省政府工作安排落到实处，收到实效。要从严从实深化作风建设，推动政府系统党员领导干部对党绝对忠诚、严格遵规守纪、切实有错就改、真正为官有为。要深入推进反腐败斗争，加强对重点领域、重大项目、重要资金的监管，推进县、乡镇、村和社区等基层廉政建设，始终保持惩治腐败的高压态势。会上，省监察厅、省交通厅和太原市政府负责人先后发言。省直有关部门、邀请单位、有关金融机构和在并省属企业负责人在主会场参会，各市、县设分会场。

中共山西省委办公厅印发《关于实施“一带三创”全面加强农村基层党组织建设的意见》的通知

同日 中共山西省委办公厅印发《关于实施“一带三创”全面加强农村基层党组织建设的意见》的通知。

山西省召开“两学一做”学习教育视频会

18日 山西省召开“两学一做”学习教育视频会，王儒林作重要讲话，李小鹏主持会议，楼阳生出席会议。会议对开展“两学一做”学习教育作出安排部署。王儒林强调，要结合本省实际，切实把“两学一做”学习教育的各项要求落实到实处。一是要坚持“学为基础”，确保把党章党规和系列讲话学深学透、融会贯通，县处级以上党员领导干部要学得更深一些、要求更严更高一些。二是要坚持山西特色，把“学作风”持续不断地深入下去。三是要坚持“做为关键”，努力实现以学促做、知行合一。四是要坚持问题导向，把解决问题贯穿学习教育全过程。五是要坚持“挺纪在前”，努力在全面从严治党、严格执行党纪党规上“先走一步”。六是要坚持“抓在日常”，突出经常性教育的特点，推动党的思想政治建设常态化制度化。王儒林特别强调，作风建设无小事，要从点点滴滴的小事做起，从严贯彻执行中央八项规定精神，切实解决实际工作中不严不细不到位的问题。执行党的纪律和规矩必须有令则行、有禁则止，而且越往后越严，要坚定不移抓好落实。要坚持把以上率下作为基本工作方法，层层传导压力，压实“两个责任”。各级党政“一把手”在“两学一做”学习教育中都要把自己摆进去，认真反思，抓好整改。越是经济下行，越是在困难的时候，党员领导干部越要密切联系群众、以身作则，夙夜在公、崇尚实干、敢于担当、廉洁自律、率先垂范，把全省各级领导干部，把240多万党员带动起来，振奋精神、坚定信心，做好各项工作。

全省2016年度目标责任考核工作会议召开

同日 全省2016年度目标责任考核工作会议在太原召开。楼阳生出席会议并讲话，高建民宣读《中共山西省委、山西省人民政府关于表彰2015年度目标责任考核优秀市和优秀单位的决定》，盛茂林主持会议并通报全省2015年度考核工作情况。楼阳生代表省委、省政府向受到表彰的单位表示祝贺。

中共山西省委印发《关于加强和改进新形势下党校工作的实施意见》

19日 中共山西省委印发《关于加强和改进新形势下党校工作的实施意见》。

省委召开脱贫攻坚领导小组第一次全体会议

20日 省脱贫攻坚领导小组召开第一次全体会议。省委书记、省人大常委会主任、省脱贫攻坚领导小组组长王儒林主持会议并讲话。会议讨论通过了《山西省脱贫攻坚领导小组工作规划》《山西省脱贫攻坚领导小组2016年工作要点》等文件。王儒林在会上强调，要认真学习贯彻习近平总书记关于脱贫攻坚的重要讲话精神，贯彻落实中央和省委、省政府关于打赢脱贫攻坚战的决策部署，把握“精准”要义，整合资金资源，加强领导，压实责任，严格考核，努力实现“十三五”脱贫攻坚良好开局。省委副书记、省长、省脱贫攻坚领导小组组长李小鹏，省委副书记、省脱贫攻坚领导小组副组长楼阳生，省委常委、秘书长王伟中，副省长、省脱贫攻坚领导小组副组长郭迎光，省军区政治部主任傅永国出席会议，省脱贫攻坚领导小组成员单位主要负责同志参加会议。

全省社会治安风险隐患大排查大整治动员会议召开

同日 全省社会治安风险隐患大排查大整治动员会议在太原召开。省委副书记、省综治委主任楼阳生出席会议并讲话，副省长、省公安厅厅长、省综治委副主任刘杰主持会议。会议深入学习贯彻习近平总书记系列重要讲话精神，按照中央政法工作会议和省委政法工作会议的部署要求，对全省排查化解各类社会治安风险隐患进行安排部署。这次全省社会治安风险隐患大排查大整治活动，从2016年4月20日开始至11月底结束，分动员部署、排查梳理、集中整治、巩固完善四个阶段，重点围绕政治安全、矛盾纠纷、公共安全、内部安全等四类风险隐患开展排查整治。

省委常委会召开会议

21日 王儒林主持召开省委常委会会议。会议传达了习近平总书记在网络安全和信息化工作座谈会上的重要讲话精神，研究贯彻落实意见，研究讨论《关于省属国有企业加强党的领导和完善法人治理结构的实施办法》。

全省党校工作会议在太原召开

22日 全省党校工作会议在太原召开，王儒林出席会议并作重要讲话。李小鹏主持第一阶段会议。省委副书记、省委党校校长楼阳生作总结讲话，省委常委、常务副省长、省行政学院院长高建民主持第二阶段会议。会议深入学习贯彻习近平总书记在全国党校工作会议上的重要讲话精神和《中共中央关于加强和改进新形势下党校工作的意见》，结合山西党的建设和干部队伍建设实际，分析形势、明确任务，对全省党校工作作出部署。王儒林强调，要坚持把“党校姓党”贯穿到党校工作始终，确保党校工作始终沿着正确政治方向前进。一是要坚定不移坚持党性原则。二是要坚定不移突出主业主课。三是要坚定不移提升科研能力。四是要坚定不移推进人才强校。五是要坚定不移强化从严治校，要严以治校，守住政治纪律和政治规矩，不触碰纪律底线。李小鹏在主持会议时强调，要深入学习贯彻习近平总书记系列重要讲话特别是在全国党校工作会议上的重要讲话精神，迅速传达学习全省党校工作会议精神，进一步增强做好新形势下党校工作的使命感、责任感和紧迫感，发挥独特优势，聚焦中心工作，深化改革创新，不断开创我省党校工作新局面。

省委召开议军会议

同日 省委召开议军会议，王儒林主持会议并讲话。李小鹏讲话。会议认真学习领会党的十八大、十八届三中、四中、五中全会精神，坚决贯彻习近平总书记系列重要讲话精神和中央军委、军委国防动员部、中部战区年度工作部署安排，以党在新形势下的强军目标为引领，以深化国防和军队改革为主线，坚持政治建军、改革强军、依法治军，积极适应经济发展新常态，着眼推进军民融合深度发展，研究部署全省国防动员和后备力量建设重大问题，努力开创国防动员建设新局面。王儒林在讲话中强调，习主席的重要讲话和批示，是全面实施改革强军战略的思想指引和根本遵循，要认真学习领会，坚决把思想和行动统一到党中央关于改革强军的决策部署上来，充分发挥军地双方优势，促进军民融合深度发展，党政军民同心协力，助推我省"六大发展"。李小鹏指出，要深入学习贯彻习主席系列重要讲话精神特别是关于国防动员和后备力量建设的重要论述，认真践行"五大发展"新理念，大力推动经济建设和国防建设融合发展。要坚决把政治建军摆在首位，确保党对国防动员和后备力量的绝对领导。要全面提升国防动员能力，抓好军事斗争国防动员准备，加强民兵预备役部队建设，提高平时服务、急时应急、战时应战能力。要强化全民国防意识，深化改革创新，健全完善机制，做好新形势下征兵工作。要实施军民融合发展战略，不断提高军民一体化发展水平。要充分发挥省军区系统和民兵预备役部队优势作用，为加快我省"六大发展"、全面建成小康社会作出更大贡献。

中共山西省委印发《关于建立市县巡察制度的意见》的通知

23日 中共山西省委印发《关于建立市县巡察制度的意见》的通知。

李小鹏在朔州市、忻州市调研

23日—24日 李小鹏在朔州、忻州两市调研。他先后考察了山阴北周庄——怀仁鹅毛口勘查现场；考察了晋北1000千伏特高压变电站和神头发电公司一期50兆瓦光伏发电项目；考察了朔城区新农元农业合作社和定襄县凤凰山生态治理和农业开发项目；同时还考察了五台县佛光寺等地。考察期间，李小鹏强调，要进一步创优环境、改善服务、落实政策，促进大众创业、万众创新，切实增强经济持续健康发展的动力。稳定工业经济运行是李小鹏此次调研的重点。他还深入应县、定襄县和五台县，先后考察了优尊陶瓷、利国磁性材料、管家营法兰锻造、施必得冷却技术和德奥电梯等企业，了解企业生产经营状况，协调解决问题。李小鹏对企业主动认识适应经济发展新常态，逆势抓项目强管理拓市场增效益的做法给予充分肯定，希望广大企业坚持四创联动，狠抓项目建设，创新工艺技术，创优产品服务，改造提升传统比较优势，培育壮大新的发展动能，扩大有效和中高端供给，为增强经济持续增长动力作出新贡献。

中共山西省委　山西省人民政府关于印发《山西省煤炭供给侧结构性改革实施意见》的通知

24日 中共山西省委　山西省人民政府关于印发《山西省煤炭供给侧结构性改革实施意见》的通知。

王儒林到帮扶联系企业调研

25日—26日 王儒林先后深入潞安集团、水塔醋业、佰和园食品、久豪科技等企业进行调研。王儒林强调，越是困难时期，越要坚定信心，深化改革创新，推进转型升级，各级各部门要认真落实联系企业的部署措施，切实解决实际问题，帮助企业渡过难关。按照省委、省政府安排部署，省委常委、副省长各联系帮扶1户省属重点企业，开展领导干部联系民营企业工作。潞安集团、水塔醋业是王儒林的帮扶联系企业，他十分关心企业发展，要求有关方面对企业的困难问题列出清单，提出解决办法，并在调研中进一步研究。调研中，王儒林详细了解潞安集团去产能、职工分流安置等情况，强调要深入推进煤炭供给侧结构性改革，积极稳妥化解过剩产能，特别要认真抓好职工分流安置、就业培训等工作。各级各部门要把走访帮扶重点企业、困难企业，作为转变作风的重要体现、"两学一做"学习教育的重要内容，发扬马上就办、真抓实干的精神，突出问题导向，坚持依法依规，帮助解决实际问题，为企业脱困发展搞好服务。太原市清徐县水塔醋业公司引进国内最先进的醋加工生产线，可实现全过程标准化、质量化管理，今年醋产量将达38万吨。王儒林考察了现代陈酿车间、传统醋酸发酵车间，在了解企业存在的困难问题后，王儒林说，水塔醋是山西醋产业的龙头企业，既要做大数量，更要做优质量，打响品牌，要加强科技研发，加快从调味品向保健、医药功能延伸，把醋产业做大做强，努力把山西的"醋葫芦"变成"宝葫芦"。各级各部门要坚持精准对接帮扶，让民营企业切实增强获得感。

李小鹏在太原、晋中调研

27日 李小鹏在太原、晋中调研山西科技创新城项目建设情况。李小鹏强调，要深入贯彻落实全省科技创新推进大会精神，抢抓机遇，真抓实干，主动作为，攻坚克难，进一步加快项目建设进度，早日把科技创新城打造成为推动"六大发展"的强大引擎。

省推进煤炭供给侧结构性改革工作领导小组召开会议

同日 省长、省推进煤炭供给侧结构性改革工作领导小组组长李小鹏主持召开会议，审议通过为山西省煤炭供给侧结构性改革实施意见配套的9项实施细则。会议听取了领导小组成员单位细则起草情况汇报，审议并通过了严禁违法违规生产建设煤矿、优化存量产能退出过剩产能、完善煤炭价格形成机制和价格自律机制、严格执行276个工作日和节假日公休制度、提高全省煤矿安全生产和现代化水平、煤炭综合监管信息平台建设、煤炭清洁利用投资基金设立方案、全力做好就业安置工作、严格控制煤炭资源配置等9个配套实施细则和相关文件，进一步明确和细化了推动工作的具体措施、责任单位、落实时限和工作路径，决定修改完善后按程序下发，要求各级各部门严格执行到位，确保全省煤炭供给侧结构性改革各项工作健康顺利、务实高效推进。

省委中心组举行“讲政治 有信念”专题学习讨论

28日 省委中心组举行“讲政治、有信念”第一次专题学习讨论。王儒林主持会议。李小鹏、楼阳生出席会议。会上，围绕学习“讲政治、有信念”的心得体会，王儒林、胡苏平、高建民作了主题发言，李小鹏、楼阳生、黄晓薇、吴政隆、孙绍骋、王伟中、付建华、盛茂林作交流发言。王儒林在发言中指出，“两学一做”学习教育把“讲政治、有信念”排在“四讲四有”的首位，凸显了坚定正确政治方向、坚定崇高理想信念的极端重要性。要准确把握“讲政治、有信念”的深刻内涵，更加自觉地固“本”铸“魂”。“讲政治”是本、“有信念”是魂，两者是内在统一的。只有不断固“本”铸“魂”，我们共产党才能永葆活力、永不变色。要深刻汲取系统性、塌方式腐败问题的教训，以“两学一做”学习教育为契机，教育引导全省党员干部在党言党、在党爱党、在党护党、在党为党，做政治上的明白人、信念上的守护人，永葆共产党人的先进性和纯洁性。王儒林强调，要准确把握“讲政治、有信念”的核心要义，更加自觉地增强“四个意识”。增强政治意识、大局意识、核心意识、看齐意识，是做合格党员的根本，是“讲政治、有信念”的核心要义和具体体现。必须把“讲政治、有信念”与增强“四个意识”更加紧密地结合起来，引导广大党员主动自觉地向习近平总书记看齐，向党中央看齐，向党的理论和路线方针政策看齐，自觉在思想上政治上行动上同以习近平同志为总书记的党中央保持高度一致，坚决服从党中央集中统一领导，坚决维护党中央权威，坚决维护习近平总书记权威，把自觉看齐、保持一致体现到实际行动上。我省“学作风”的过程，实质上就是向习近平总书记和中央领导集体看齐的过程，也是“讲政治、有信念”、强化“四个意识”的题中应有之义，要长期坚持下去。王儒林强调，要准确把握“讲政治、有信念”的现实要求，充分发挥“关键少数”的关键作用。各级党员领导干部要把“讲政治、有信念”落实到具体工作中，坚持以上率下这个基本工作方法，带头坚定理想信念、带头树立和落实新发展理念、带头攻坚克难敢于担当、带头落实全面从严治党责任，认真学习习近平总书记身体力行的“夙夜在公”精神，大力倡导和践行“马上就办、真抓实干”的优良作风，以更大的干劲、更实的作风推动工作。要深入基层、调查研究，解决实际问题，不断开创弊革风清、富民强省新局面。

王儒林、李小鹏会见清华大学校长邱勇

同日 王儒林、李小鹏在太原会见前来山西考察并签约的清华大学校长邱勇一行。清华大学校党委副书记史宗恺，副校长、中国工程院院士尤政，省委常委、秘书长王伟中，副省长张复明参加会见并出席签约仪式。王儒林代表省委、省政府对邱勇校长一行表示欢迎，对清华大学长期以来对山西的帮助支持表示感谢。张复明、尤政分别代表山西省人民政府与清华大学签署了《战略合作协议》。根据协议，双方将在科学研究、成果转化、人才培养、战略研究等方面进行深度合作，实现共赢。

山西省召开“五一”表彰大会

29日 山西省召开“五一”表彰大会，隆重表彰为山西经济社会发展作出突出贡献的先进单位(集体)和先进个人。大会授予太重集团太原重工新能源装备有限公司等67家单位山西省五一劳动奖状，授予山西太钢不锈钢股份有限公司技术中心白晋钢等264名同志山西省五一劳动奖章，授予大同煤矿集团有限责任公司四台矿综采一队等101个集体山西省工人先锋号。

省委启动市县巡察工作

同日 按照省委的安排部署，省委巡视工作领导小组召开市县巡察试点工作推进会，对两市巡察试点工作、统筹推进市县巡察进行动员部署。省委常委、省纪委书记、省委巡视工作领导小组组长黄晓薇主持会议并讲话。根据省委印发的《关于建立市县党委巡察制度的意见》。按照试点先行、全面铺开、逐步完善的要求，市县巡察工作先期在晋城市、临汾市及所辖县(市、区)试点，5月份其余9市及所辖县(市、区)同时铺开。黄晓薇强调，开展市县巡察是省委推动全面从严治党向基层延伸的一项重大部署。各市县党委要高度重视、深刻认识开展巡察是落实“三个根本”，协调推进“四个全面”战略布局的重大举措，是落实中央巡视工作方针，实现监督全覆盖的创新举措，是解决群众身边的不正之风和腐败问题，夯实党执政的政治基础的有效举措。

5 月

山西省召开“冬季行动”总结会议

4日 省委、省政府召开电视电话会议，高建民主持会议。楼阳生出席会议并讲话。会议总结了全省“冬季行动”取得的积极成效，就如何把“冬季行动”转入常态化，推动全年各项工作任务全面落实，加快富民强省步伐作出安排部署。楼阳生强调，全省各级各部门各单位要深入学习贯彻习近平总书记系列重要讲话精神，全面贯彻落实省委“五句话”总要求，巩固和拓展好“冬季行动”成果，把在“冬季行动”中行之有效的措施办法固化下来，进一步形成抓工作落实的常态化工作机制。

中共山西省委 山西省人民政府印发《关于省属国有企业加强党的领导和完善法人治理结构的实施办法》的通知

同日 中共山西省委 山西省人民政府印发《关于省属国有企业加强党的领导和完善法人治理结构的实施办法》的通知。

王儒林在临汾市沿黄河贫困县调研

5日—8日 王儒林就沿黄地区脱贫攻坚与生态建设相结合等问题，先后到临汾市汾西、隰县、永和、大宁、蒲县等县进行专题调研。王儒林在调研中强调，要坚持以脱贫攻坚统揽全局，因地制宜，强化措施，调动方方面面的积极性，在治山治水中使群众增加收入，把建设绿水青山的过程变成群众脱贫致富的过程。调研期间，王儒林主持召开座谈会，就沿黄地区脱贫攻坚、生态建设中的重点问题，与省直有关部门、临汾市以及调研有关县党政负责同志座谈，听取意见建议。王儒林对临汾市各项工作给予充分肯定，对下一步工作提出明确要求。

楼阳生在太原市调研

5日—6日 楼阳生带领省直相关部门负责同志在太原市，就扎实深入推进信访“一交办三治理”和社会治安风险隐患大排查大整治工作进行调研。调研期间，吴政隆主持召开调研座谈会。座谈会上，楼阳生认真听取了太原市和市直相关单位工作汇报，对太原市的工作给予充分肯定。楼阳生希望太原市要努力走在全省前面，既要把工作任务落实好，又要为面上推进工作提供好经验好做法，不断提升社会治理体系和治理能力现代化水平，为实现弊革风清、促进富民强省、决胜全面小康贡献力量。

王儒林、李小鹏会见出席山西中药材产业发展研讨考察交流会议嘉宾

10日 王儒林、李小鹏在太原会见了前来出席中药材产业发展研讨、考察交流活动暨全国第二届中药材商品规格等级标准联盟成员会议的重要嘉宾。中国工程院院士张伯礼，中国中医科学院副院长、中国工程院院士黄璐琦，中国中药公司总经理吴宪等中医药领域有关专家、企业家参加会见。王儒林说，山西中医药有三个突出特点：一是历史底蕴深厚，名医名家辈出，在我国中医药史上具有重要地位；二是中药材资源大省，中药材特别是大宗道地中药材质量数量在全国都名列前茅；三是中医药企业和品种有坚实基础，历史传承悠久，具有独特优势。中医中药是中国的国粹、国宝，是健康产业、朝阳产业，面临加快发展的大好时机。山西省委、省政府对中医药事业高度重视，下一步一要把中医药振兴发展作为重大战略，采取有力措施全力推动；二要突出科技创新，大力推进中医药现代化；三要下功夫深化改革，做大做强中医药龙头企业；四要加大中药材基地建设力度，把重点中药材种植纳入新一轮退耕还林还草，和脱贫增收结合起来，建设规范化、标准化产业基地，提高加工和市场开发能力，打造产业链条；五要大力培养引进中医药人才；六要加大中医药领域对外开放、交流合作。希望各位发挥优势，为山西中药材产业把脉支招，加大科技创新、项目建设、食药同源、发展功能食品等支持力度，帮助我们把中医药产业做起来，使中医药在山西这块土地上发扬光大。张伯礼感谢山西省委、省政府对中医药的重视支持，赞同山西省关于加快发展中医药的思路举措，希望山西省发挥资源和企业优势，确立“中医药+”发展思路，进行大统筹规划，以系统工程推进，把中药材产业与生态保护、产业结构调整、脱贫致富结合起来，加强本土人才培养，创新机制、多元投入，科技引领、协同创新，在更高起点推进中医药产业向更远发展，把山西的中药卖到全国。张伯礼表示，将全力以赴支持山西中医药产业做强做大。

山西省出台《关于山西融合环渤海地区发展的实施意见》

同日 山西省出台《关于山西融合环渤海地区发展的实施意见》，加快融入环渤海地区步伐，全方位制定发展目标，部署发展任务，致力于打造4大基地：强化能源保障，打造环渤海地区综合能源基地；发挥区位优势，打造贯通东西的现代物流基地；提升文化旅游档次，建设文化旅游休闲基地；加强生态环境合作，建设生态绿色产业基地。《实施意见》共部署九项发展任务：优化空间布局，提升环渤海内陆协作区的支撑力；强化清洁能源输出基地的地位，打造综合能源基地；加强生态保护和环境治理，共筑环渤海生态屏障；共建共享科技创新体系，提升全省科技创新能力；优化产业布局，推进对接合作发展；构建开放型经济新体制，全面融入环渤海经济圈；促进交通、水利等设施互联互通，保障合作发展；对接环渤海市场体系，形成区域市场一体化格局；实施新型城镇化战略，促进城乡统筹协调发展。

省推进煤炭供给侧结构性改革工作领导小组召开会议

同日 省推进煤炭供给侧结构性改革工作领导小组召开会议，李小鹏主持会议。会议审议通过为山西省煤炭供给侧结构性改革实施意见配套的第二批14项实施细则。会议听取了有关部门的细则起草情况汇报，审议并通过了关于探索建立煤炭战略储备体系、关于推进煤炭绿色低碳消费、关于加大采煤沉陷区治理力度、关于加快建设山西科技创新城、关于分离办社会职能、关于推进煤焦国际产能合作、关于创新煤炭交易机制、关于抓好现有政策落实到位、关于加强党的领导完善法人治理结构、关于深化企业三项制度改革、关于推进厂办大集体改革、关于强化企业管理、关于加大金融支持力度和关于深化与世界产煤国家的交流合作等为山西省煤炭供给侧结构性改革实施意见配套的实施细则，决定修改完善后下发执行。要求各级各有关部门单位加强领导，落实责任，精心组织，细化措施，认真抓好贯彻落实，确保如期优质完成各项改革任务。

省委常委会召开会议

12日 王儒林主持召开省委常委会议，传达全国政法队伍建设工作会议精神，研究贯彻落实意见。会议强调，要坚持从严治警，确保政法队伍忠诚可靠，坚持把思想政治建设摆在第一位，结合开展“两学一做”学习教育，严格落实“五个过硬”的要求，进一步增强全省政法干警的政治意识、大局意识、核心意识、看齐意识，扎实推进“六权治本”，把纪律挺在前面，着力解决人民群众反映强烈的不正之风，形成正风肃纪长效机制。

孟建柱会见李培斌同志先进事迹报告团

同日 中共中央政治局委员、中央政法委书记孟建柱12日在人民大会堂会见山西省阳高县龙泉镇司法所原所长李培斌同志先进事迹报告团成员和李培斌同志亲属。孟建柱在会见中强调，广大政法干警要认真学习李培斌同志先进事迹和崇高精神，对党和人民无限忠诚，时刻把百姓安危冷暖放在心头，恪尽职守，无私奉献，永远做人民群众的贴心人。

省委中心组举行(扩大)学习报告会

同日 省委召开中心组(扩大)学习报告会，邀请全国人大常委会委员、内务司法委员会副主任李慎明作“讲规矩、有纪律”专题辅导报告。王儒林主持会议并讲话。李小鹏、薛延忠，省委常委，省人大、省政府、省政协负责同志，省检察院检察长出席会议。李慎明报告之后，王儒林强调了四点意见。一要严明党纪党规，把加强纪律建设作为全面从严治党的治本之策。二要推动依规治党，进一步把纪律和规矩立起来。三要坚持“挺纪在前”，深入推进执纪监督问责。四要强化纪律自觉，真正做到“纪律合格”。参加报告会的有省直各单位和中央驻晋单位主要负责同志，驻太原本科院校、省管国有骨干企业主要负责同志，中央驻晋主要新闻媒体负责同志，省委“两学一做”学习教育协调小组成员。

省委召开外事工作领导小组会议

同日 省委召开外事工作领导小组会议，深入学习贯彻习近平总书记关于外事工作的重要讲话精神，审议有关外事文件，研究部署下一步工作。王儒林主持会议并讲话，李小鹏出席会议并讲话。省委常委、秘书长王伟中，副省长王一新参加会议。会议原则通过了《以煤会友加快友城建设工作规划》等文件，要求进一步修改完善后按程序下发。

李小鹏主持召开晋北现代煤化工基地建设座谈会

13日 李小鹏主持召开晋北现代煤化工基地建设座谈会。会上，省发改委、石油和化学工业规划院、朔州市及有关部门、企业、科研院所的负责人和专家学者围绕晋北现代煤化工基地总体规划安排、重大项目建设、生态环境保护以及安全生产、技术路径和推进政策措施等，充分发表意见，进行了深入讨论。在认真听取大家的发言后，李小鹏指出，近年来，各地各有关部门和企业，发挥比较优势，立足产业基础，积极发展现代煤化工产业，在煤基合成油、高硫煤清洁利用、低变质烟煤清洁利用等领域进行了有效探索，取得了明显进展，为延伸产业链条、培育新的经济增长点作出了贡献。李小鹏强调，要坚持以“五大发展”新理念为指引，提高认识、坚定信心，求真务实、改革创新，加大力度、加快进度，科学发展现代煤化工产业，为扩大有效投资、稳定经济增长、促进转型升级、实现提质增效提供有力支撑。

李小鹏在晋中临汾调研采煤沉陷区治理

17日—18日 李小鹏先后深入晋中市、临汾市调研采煤沉陷区治理工作。李小鹏在调研中强调，要以“五大发展”新理念为指针，统筹房屋搬迁改造与发展新的产业、保护生态环境、壮大集体经济、创新社会治理和加强基层组织建设等工作，确保如期优质完成新一轮采煤沉陷区治理任务，不断增强人民群众的获得感。副省长罗清宇，省政协副主席、晋中市委书记张璞分别参加调研。

李小鹏到帮扶联系企业调研

22日 李小鹏到帮扶联系企业大象农牧集团和山西焦煤集团进行调研，协调解决企业生产经营中遇到的困难和问题。调研中，李小鹏要求，各级各部门要转变作风，深入一线，认真贯彻落实省委、省政府帮扶重点企业、联系民营企业的工作部署和促进工业稳定运行提质增效“20条”等一系列措施，精准帮扶企业，解决实际问题，齐心协力促进全省经济平稳健康发展。

楼阳生到在帮扶联系企业调研

同日 楼阳生到运城市的帮扶联系民营企业——亚宝药业集团股份有限公司进行调研。楼阳生强调，要深入学习贯彻习近平总书记关于非公有制经济发展的重要讲话精神，深刻认识民营经济在我省改革发展稳定大局中的重要作用，切实把民营经济发展摆上突出重要位置，全力破解民营经济发展难题，构建“亲”“清”新型政商关系，推进民营经济持续健康发展，为全省实现“三个突破”、加快“六大发展”提供强有力支撑。

全省脱贫攻坚推进大会在太原召开

同日 全省脱贫攻坚推进大会在太原召开。李小鹏主持会议。王儒林出席并作重要讲话。王儒林在讲话中强调了十个方面的问题。一是要坚持以脱贫攻坚统揽经济社会发展全局。二是要把脱贫攻坚与生态文明建设紧密结合起来。三是要狠抓植树造林，实现荒山增绿、贫困群众增收。四是要根治水土流失，兴水富民。五是要突出发展产业，带动农民增收脱贫。六是要抓好易地扶贫搬迁，稳妥推进村庄撤并。七是要全面改善贫困地区民生，确保政府兜底脱贫。八是要统筹整合财政资金，用好金融优惠政策。九是要切实加强监督执纪问责，坚决实现廉洁扶贫。十是要真抓实干，马上就办，坚决打赢脱贫攻坚战。国务院扶贫办副主任欧青平出席会议并讲话。欧青平在讲话中对山西省对于脱贫攻坚的高度重视、有力举措、明显成绩给予充分肯定，对下一步工作提出指导意见。李小鹏在主持会议时要求，坚决贯彻落实中央扶贫开发工作会议特别是习近平总书记的重要讲话精神，结合全省和各市、县脱贫攻坚“十三五”规划编制和落实工作，认真贯彻落实王儒林书记和欧青平副主任的重要讲话要求，总结经验、坚定信心，正视困难、鼓足干劲，以超常规的力度，众志成城打赢脱贫攻坚战。

王儒林调研科技创新工作

24日—25日 王儒林在太原经济区、高新区、交通科学研究院、省科技厅，就科技创新进行专题调研，听取意见建议。调研中，王儒林到各类企业、科研机构，考察实验室、生产车间、孵化基地，详细了解科技体制机制改革、创新能力提升、成果转化等情况。王儒林强调，要深入贯彻全省科技创新推进大会精神，把创新驱动放在核心位置，大力推进科技创新、全面创新，培育新产品，创造新供给，加快转型升级步伐。

省委常委会召开会议

26日 王儒林主持召开省委常委会会议。会议传达了习近平总书记在哲学社会科学工作座谈会上的重要讲话精神和宣传文化系统专题会议精神和全国宗教工作会议精神，研究本省贯彻落实意见。会议还研究了其他事项。

《中国制造2025山西行动纲要》发布

同日 《中国制造2025山西行动纲要》已正式发布。《纲要》提出了山西制造业的远景：到2025年，重点制造企业装备水平、创新能力达到国内先进水平；在重点制造企业和集聚区形成一批制造中心和创新中心，制造业在全国地位稳步提升，中西部制造高地地位更加巩固。《纲要》明确了三个阶段目标。第一阶段到2020年，着力做强存量资产，做优增量资产；提升制造业企业自主创新能力；骨干企业信息技术集成应用达到国内先进水平，两化融合显著提升；制造业实力明显提升，打造特色鲜明的中西部制造高地。第二阶段到2025年。第三阶段到2030年，力争培育一批具有国际影响力的制造业企业和品牌；融入国际先进制造业分工协作体系，在国内产业价值链中地位进一步提高，建设布局合理的国内重要制造业基地。

中共山西省委办公厅　山西省人民政府办公厅关于印发《山西省深化农村改革综合性实施方案》的通知

同日　中共山西省委办公厅　山西省人民政府办公厅关于印发《山西省深化农村改革综合性实施方案》的通知。

山西省划出干预监督执纪“红线”

同日　省纪委印发《过问干预监督执纪问责工作报告备案规定(试行)》，建立起防止违规过问干预监督执纪问责工作的“防火墙”和“隔离带”，为进一步规范工作、严明纪律、监督和保护干部提供了制度保障。规定明确，省纪委工作人员遇有过问干预监督执纪问责工作的七种情形，要予以拒绝，并全面如实记录有关情况，填写《过问干预监督执纪问责情况报告备案表》，做到全程留痕、有据可查。不填写或不如实填写《过问干预监督执纪问责情况报告备案表》的，视情节给予组织处理，构成违纪的，依纪依规给予处分。这七种情形包括：在信访举报、监督检查、线索管理处置、执纪审查、执纪审理等环节为被监督的当事人请托说情打招呼，或者以非正当途径和方式打听特定人员问题线索、线索处置、执纪审查、工作进展、事实认定、定性处理、审议讨论以及其他尚未公开信息的；邀请监督执纪问责工作岗位人员与被监督的当事人及其关系人私下会见或者通过网络、电话、邮件等形式沟通有关情况的；不依照正当程序为被监督的当事人及其关系人转递涉及监督执纪问责材料的；非因履行工作职责或者非经规定程序过问正在办理的监督执纪问责工作的；利用职权或者私人关系要求给予被监督的当事人特殊关照，或减轻责任开脱的；以威胁、恐吓等方式干扰监督执纪问责工作的；其他过问干预监督执纪问责工作的行为。

李小鹏会见美国西弗吉尼亚州代表团

31日　李小鹏在太原会见由州务卿约瑟夫·凯斯·伯德特率领的美国西弗吉尼亚州代表团一行，双方就进一步加强务实合作进行了深入交流。李小鹏对约瑟夫·凯斯·伯德特率团访问山西表示欢迎，并简要介绍了山西省情和经济社会发展情况。希望双方进一步深化在能源经贸、科技教育、文化旅游、人才管理、现代农业等领域的务实合作，推动两省州友好关系不断迈上新的台阶。欢迎西弗吉尼亚州积极参与山西煤炭革命，共同推动煤炭清洁高效利用，为促进全球低碳绿色发展贡献力量。

6　月

孙春兰在山西调研

5日—7日　中共中央政治局委员、中央统战部部长孙春兰在山西调研。王儒林、李小鹏陪同调研。孙春兰先后考察了太原东杰装备有限公司、亚宝药业太原制药有限公司，深入太原清真古寺、桥头街基督教堂、五台山佛教寺庙等宗教活动场所看望宗教界人士，并召开座谈会，分别听取民营企业家和宗教界人士意见建议。孙春兰在考察中强调，要深入学习贯彻习近平总书记在全国两会政协联组会和全国宗教工作会议上的重要讲话，进一步加强非公有制经济领域统战工作，促进“两个健康”发展，做好新形势下宗教工作，为全面建成小康社会凝心聚力。中央统战部副部长斯塔，中央纪委驻中央统战部纪检组组长苏波，省委常委、太原市委书记吴政隆，省委常委、统战部长孙绍骋，省委常委、秘书长王伟中，省政协副主席、省委常务副秘书长、省委办公厅主任姜新文陪同调研。

省委常委会召开会议

12日　王儒林主持召开省委常委会会议。会议传达中共中央政治局委员、中央统战部部长孙春兰考察山西时重要讲话精神，以及第七次全国人民防空会议、《关于深化人才发展体制机制改革的意见》座谈会精神，研究贯彻落实意见；听取全省优秀共产党员、优秀党务工作者、先进基层党组织推荐表彰情况汇报；研究讨论《山西省环境保护督察实施方案(试行)》《山西省环境保护工作职责规定(试行)》和《关于在全省开展环境保护大检查的通知》。会议听取“两优一先”推荐表彰情况汇报，要求严格把关，好中选优、优中选优，加强宣传，在全省上下形成学习先进、崇尚先进、争当先进的浓厚氛围。会议原则通过《山西省环境保护督察实施方案(试行)》等三个文件，要求进一步修改后按程序印发实施。

王儒林在晋中市调研

13日—14日　王儒林先后深入晋中市和顺、榆社、灵石、太谷、榆次区，围绕贯彻落实全国科技创新大会、全省脱贫攻坚推进大会精神进行调研，就推进煤炭供给侧结构性改革等听取意见建议。王儒林在调研中强调，要立足山西实际，加快科技创新，搞好顶层设计，找准优化煤炭供给结构、走出困境的方向和路径。要坚持真抓实干、狠抓落实，坚决打赢脱贫攻坚、生态治理“两个攻坚战”。在榆社县，王儒林指出，各地要从实际出发，找准脱贫致富项目，并与建设生态文明结合起来，通过龙头企业带动，积极引进资本、技术和适宜的品种，促进一二三产业融合发展，特别要把贫困群众组织起来，让群众在参与中增加收入。在和顺天凯集团，王儒林了解企业现代农业、文化旅游、电子商务发展情况，鼓励企业积极探索互联网+农业和电商扶贫新模式，扩大农产品交易种类，带动更多群众受益。在山西农业大学，王儒林指出，农业科技创新要站在技术高端，立足产业需求，开展重点攻关，加大成果转化和技术服务力度，为山西脱贫攻坚、现代农业发展发挥更大作用。在灵石中煤九鑫焦化公司,王儒林就延伸煤化工产业链中的具体问题与企业、部门深入探讨,指出,我省煤焦企业多数规模小、链条短、布局散,抗市场风险能力不足,既要帮助解燃眉之急,更要通过供给侧结构性改革,靠科技、体制机制、管理创新,从山西实际出发,从根本上对煤焦、煤化等产业链进行顶层设计和整合,把焦炉气、焦油等宝贵资源充分利用起来,通过多联产提升效益,走出破解困境的路子。在灵石天聚鑫源煤业公司露天开采矿区,王儒林指出,煤炭开采不仅要修复生态,还要把环境建设得更美好,使群众得到更多实惠,走出生态文明、脱贫增收双赢的路子。在吉利集团山西新能源汽车公司,王儒林与企业负责人深入探讨甲醇车市场推广、燃料配比、发动机改造等具体问题,煤制甲醇是山西的重要优势,甲醇发动机、甲醇汽车研发生产我们有实力、有基础,要坚定信心、攻坚克难,加大科技创新力度,对有关问题深入研究,为甲醇产业拓展新的发展空间。

楼阳生到忻州调研

13日—14日 楼阳生到忻州原平市、代县、繁峙县,就贯彻落实王儒林书记在全省脱贫攻坚推进大会上所作的部署,扎实推进脱贫攻坚工作进行调研。在中电投山西铝业有限公司、原平经济技术开发区和中兴实业有限公司,楼阳生详细询问公司生产经营情况,强调经济下行因行业产业情况而异,要抢抓机遇,化危为机,依靠科技创新不断提高企业竞争力,积极助力地方脱贫攻坚。在双惠现代农业科技示范园和繁峙县繁城镇赵庄村,楼阳生考察了都市农业展示馆、工厂化育苗车间和白水大杏种植区,强调发展现代农业的关键是要培育壮大龙头企业,充分发挥他们在农业供给侧结构性改革中的帮扶带动作用,帮助广大农民不断增强应对市场风险能力,确保广大农民既增产又增收。在代县滨河移民新村,楼阳生强调,实施易地扶贫搬迁,既要保障贫困群众在迁入地能够享受与当地居民一样的公共服务,更要想方设法帮助他们解决好就业创业问题,真正做到搬得出、稳得住、能致富。在锦绣源职业技能培训中心,楼阳生详细了解了县妇联在推动农村妇女开展传统刺绣作业方面的情况,强调脱贫攻坚是一项系统工程,必须调动一切积极因素,努力形成党委政府、相关部门、群团组织、社会各界齐抓共促的强大合力。楼阳生勉励大家要学习传承好刺绣这门传统手艺,争取多出好作品,卖出好价钱。如何推动脱贫攻坚与生态文化旅游融合发展是这次调研的重要内容。楼阳生冒雨深入滹沱河生态治理项目区、雁门关风景区等项目开发工地,就加强生态治理、旅游开发与带动农民增收等与当地干部群众深入探讨。楼阳生强调,生态文化旅游资源是老祖宗留给我们的宝贵财富。要树立全域旅游发展新理念,按照旅游资源分布情况,建立跨区域规划开发管理协调机构,坚持高标准规划,高起点开发,高水平管理,绝不能粗制滥建、粗制滥造。要紧盯脱贫攻坚,把旅游产业开发与促进当地贫困群众增收结合起来,引导广大群众在共建共享中提升致富本领。要借鉴五台山景区综合整治的经验和做法,完善景区管理体制机制,培育壮大经营主体,大力延伸旅游产品链条,努力为广大游客提供安全、顺畅、诚信、愉快的难忘之旅。

李小鹏到晋城市调研

15日—16日 李小鹏到晋城市阳城县、泽州县、沁水县、高平市调研。在安阳陶瓷园区,李小鹏了解了园区规划建设、企业生产经营、矿产资源管理和生态环保、招商引资等情况,李小鹏说,要发挥资源优势,立足产业基础,积极承接东部沿海地区产业转移,大力改造提升传统比较优势,促进居民就业,带动当地发展。在高平市融高太阳能开发有限公司,李小鹏叮嘱企业负责人要掌握核心技术,开拓产品市场,做强做优企业,服务脱贫攻坚和产业转型升级。在沁水县福祥苑小区李小鹏详细了解居民搬迁后的生产生活情况,对当地统筹推进搬迁改造和就业安置的做法给予充分肯定。在高平市华夏天润农业股份有限公司调研农业科技工作时,李小鹏要求,要深入贯彻落实全国科技创新大会精神特别是习近平总书记重要讲话精神,大力发展科技型农业产业化企业,推动我省农业走以科技为支撑的内涵式发展道路,促进农业增效、农民增收。李小鹏在阳城县润城镇上庄村古村落考察了古村落保护和旅游开发工作,鼓励村民和企业要科学保护文化遗存,有序开发特色旅游,实现遗产保护、文明传承、旅游发展、农民致富的有机统一。在高平市,李小鹏还调研了政务服务中心和政务云中心。他要求,要持续深化简政放权、放管结合、优化服务改革,注重采用信息网络等先进适用技术,提高行政效能,监督权力运行,方便群众办事,促进改革发展。

楼阳生在帮扶联系企业太钢集团调研

16日 楼阳生带领省直有关部门负责同志在帮扶联系国有企业太原钢铁集团有限公司进行调研。在太钢集团冷轧硅钢厂和不锈钢轧厂,楼阳生深入生产车间,认真了解硅钢、不锈钢冷连轧等技术装备情况,仔细察看生产工艺;在太钢技术中心,他详细了解企业的创新平台建设、科技创新成果、产品应用领域、科技人才队伍建设等方面的情况。楼阳生十分关心企业的生产经营、市场销售情况,不时与企业负责同志、技术人员深入探讨、一起研究推动企业加快发展的具体办法。在听取太钢集团负责同志的工作汇报后,楼阳生对太钢集团应对经济下行压力的发展思路和对策措施给予充分肯定,对企业坚持以"首发、首创"为目标、不断提升科技创新能力给予积极评价,对企业未来发展寄予厚望。楼阳生强调,只有不断战胜前进中遇到的困难才能创造机遇、抓住机遇、用好机遇。要准确把握应对挑战与抢抓机遇的辩证关系,视困难为机遇、化挑战为动力,切实增强企业的战略自信、文化自信、能力自信、队伍自信,努力化危为机,在新一轮竞争中抢占先机。要保持战略清醒,立足全球钢铁行业,着眼未来长远发展,从企业实际出发,科学制定企业发展战略,持续瞄准产业高端,积极适应多样化的市场需求,坚持以质量和效益为中心,认真落实供给侧结构性改革各项任务,切实做到顺应大势、把握趋势、充分发挥自身优势。要坚持创新发展,尊重劳动、尊重知识、尊重人才、尊重创造,大力加强企业技术中心建设,积极引进和培养高端人才,一以贯之地在科技创新上下大力气、下大功夫,同时要抓好经营管理、体制机制等各方面创新，持续为企业发展注入强大动力。要坚持问题导向，以改革的精神、用改革的办法解决存在的问题，用好各项政策，着力减轻企业负担，积极为企业轻装上阵创造良好条件。要继续加强企业领导班子和队伍建设，深入开展“两学一做”学习教育活动，积极探索国有企业“六权治本”之路，努力走在前面、形成范式，为全省国有企业提供可复制、可推广的经验。

“十三五”时期易地扶贫搬迁《意见》发布

同日 《关于大力推进易地扶贫搬迁工程的指导意见》《山西省“十三五”时期易地扶贫搬迁实施方案》和《山西省2016年易地扶贫搬迁实施计划》正式发布，明确了“十三五”时期易地扶贫搬迁工作的目标任务、搬迁对象、安置方式、建设标准、补助标准与组织落实等政策措施，是新一轮易地扶贫搬迁工作的行动指南。

刘奇葆在山西调研

16日—18日 中共中央政治局委员、中央书记处书记、中宣部部长刘奇葆在山西调研。王儒林、李小鹏分别陪同调研。刘奇葆先后到太原、长治、晋中、临汾等地，走访清华控股(太原)创新基地，山西广电传媒集团，山西日报报业集团，考察八路军太行纪念馆，深入武乡县大有乡李峪村、洪洞县大槐树镇秦壁村、临汾百里汾河新型经济带，就哲学社会科学发展、新闻宣传、基层文化建设、精神文明建设等工作调研，与基层干部群众座谈交流。调研期间，刘奇葆召开座谈会，就学习贯彻习近平总书记在哲学社会科学工作座谈会上重要讲话精神听取意见。王儒林在座谈会上汇报了2014年9月以来省委总体工作思路和省委、省政府主要工作情况。中央文明办专职副主任、中宣部理论局局长夏伟东，文化部党组成员、国家文物局局长刘玉珠，国家新闻出版广电总局党组成员、中央人民广播电台台长阎晓明等陪同调研。

省政府召开环境保护大检查动员会

18日 省政府召开全省环境保护大检查电视电话动员会议。李小鹏出席并讲话。李小鹏要求，要提高认识，加强领导，突出重点，创新举措，确保环保大检查和督察取得实效，促进全省环境质量全面持续改善。高建民在讲话中深入解读了本省环境保护职责规定、环境保护督察实施方案、开展环境保护大检查的通知等三个重要文件的出台背景、重大意义和主要内容，安排部署了全省环境保护大检查和督察工作，要求各级各部门切实把思想和行动统一到省委、省政府的决策部署上来，对照各自职责，狠抓工作落实，确保环境保护大检查和督察取得实效。

中共山西省委　山西省人民政府关于印发《山西省落实发展新理念加快农业现代化实现全面小康目标实施方案》的通知

20日 中共山西省委　山西省人民政府关于印发《山西省落实发展新理念加快农业现代化实现全面小康目标实施方案》的通知。

省委中心组举行“讲规矩、有纪律”专题学习讨论

21日 围绕“讲规矩、有纪律”的主题，省委中心组举行第二次集中学习讨论。王儒林主持会议。李小鹏、楼阳生出席会议，省委中心组成员参加会议，省纪委、省委办公厅、省政府办公厅、省委组织部、省委宣传部负责人和有关同志列席会议。会上，围绕学习“讲规矩、有纪律”的心得体会，李小鹏、黄晓薇、吴政隆作主题发言或书面发言，王儒林、楼阳生、胡苏平、孙绍骋、王伟中、付建华、盛茂林作交流发言。王儒林在发言中指出，组织严密、纪律严明是我们党的优良传统和政治优势，也是马克思主义政党的鲜明标志。要站在全面从严治党治本之策的高度，认识和把握“讲规矩、有纪律”。讲规矩，第一位的是政治规矩；有纪律，第一位的是政治纪律。要科学运用“四种形态”，充分发挥这个管党治党最新武器的威力。新的省委领导班子在保持“三个高压态势”的同时，贯彻惩前毖后、治病救人方针，提出“四条意见”“六个区别对待”“两个鲜明态度”等，可以说是对“四种形态”的实际运用，特别是通过加强谈话函询，为我们提供了一条教育引导有问题干部主动交代问题，继续跟党走，解决腐败存量的有效途径。王儒林强调，要按照王岐山同志代表党中央对我省提出的在全面从严治党、严明党纪党规上“先走一步”的指示要求，进一步把纪律和规矩立起来、严起来。全省广大党员特别是领导干部都要遵循《党章》这个总规矩，落实地方党委《工作条例》、党组《工作条例》(试行)、《党内政治生活若干准则》和廉洁自律《准则》、纪律处分《条例》等重要党内规章制度，严格遵守“五个必须”“五个严格”“三个作用”“三条线”等要求，进一步抓好“六权治本”，确保权力运行到哪里，纪律和规矩就延伸到哪里，党员干部作为到哪里，纪律和规矩就要求到哪里。

李小鹏到军工科研院所和企业调研

同日 李小鹏到太原军工科研院所和企业调研。在中国电子科技集团33所、中国辐射防护研究院和中国兵器工业集团207所，李小鹏认真听取军工研发项目和军民融合产品介绍，并与工程技术人员亲切交谈。在太原航空仪表公司、山西新华化工公司、山西汾西重工公司，李小鹏到生产车间一线，实地考察传感器、压力测试、空气净化器、活性炭等生产线，调研了解充电桩和企业兴办养老院等项目建设运营情况，听取企业意见建议，现场协调解决问题。调研中，李小鹏主持召开座谈会，和省直有关部门、部分军工企业负责人一起，研究推动军工企业改革发展、深化供给侧结构性改革的措施办法。他强调，要深入贯彻落实军民融合发展战略，深化改革、创新驱动、扩大开放，促进军工企业更好更快发展，推动军民融合在山西取得更大成绩，为我省产业转型升级和供给侧结构性改革注入新的动力。

王儒林到朔州忻州太原调研

23日—24日 王儒林到朔州、忻州、太原市，就深化煤炭供给侧结构性改革进行调研，听取意见建议。在平鲁区、朔城区、忻府区以及朔州、太原经济技术开发区，王儒林深入中试基地、项目工地、企业园区，边实地考察、边与院士专家探讨交流，共商煤化工路径选择、走出困境之策。王儒林在晋坤矿产品公司观看了涂料级、油漆级、造纸级高岭土产品，对企业通过伴生资源利用生产高端产品的做法成效给予肯定。调研中，王儒林主持召开座谈会，就煤炭及伴生资源利用路径、技术选择，与省直有关部门、煤炭企业、院士、专家交流，在听取大家的发言后，王儒林强调了六点意见。一是要坚定做好煤炭这篇大文章的战略自信，现在煤炭行业整体陷入困境，正是我们作为煤炭大省，浴火重生的机遇。二是要把去产能作为当前的首要任务，通过技术进步提高竞争力，搞活企业。三是要掌握核心技术，谋划大的项目，全力争取国家支持。四是要积极推进供给侧新产品的生产研发，加强顶层设计，统筹产业布局，选准技术路径，不断推出新的有竞争力的产品。五是要全力推进煤炭共生伴生资源开发利用。六是要抢占全国乃至世界煤炭清洁高效研发利用的制高点，争取国家实验室煤炭转化中心、集成研发中心、协同创新中心落户山西。

楼阳生等省委常委走访慰问老党员

24 日—29 日 楼阳生、胡苏平、高建民、黄晓薇等省委常委先后走访慰问老党员和生活困难党员，代表省委、省政府向他们送去节日问候和组织上的关心。楼阳生一行在山西大学慰问老党员和生活困难党员。胡苏平一行走访慰问了年近百岁的老党员刘江。高建民一行先后来到太重离休干部张春儒和退休老党员张绍珍的家中，送上诚挚祝福和节日问候。黄晓薇一行到阳泉市慰问老党员和困难党员。吴政隆一行到太原市走访慰问老党员和困难党员，带去党组织的关怀和温暖。孙绍骋一行走访慰问了清徐县老党员李学义和李四娃，向他们致以崇高的敬意和“七一”的问候。付建华一行先后来到山西焦煤集团，走访慰问老党员赵天才和生活困难党员傅昌旺，代表省委、省政府向他们致以问候，详细询问他们的生活、身体状况。盛茂林一行到永和县走访慰问了刘建邦、刘建兴两位年过八旬的老党员和困难党员，感谢他们为党的革命事业和党的基层组织建设作出的贡献，祝愿他们生活愉快、健康长寿。

王儒林、李小鹏、薛延忠拜会王钦敏一行

27 日 王儒林、李小鹏、薛延忠在太原拜会前来山西出席全国工商联十一届八次常委会议暨民营企业助推山西转型创新发展大会的全国政协副主席、全国工商联主席王钦敏一行。中央统战部副部长、全国工商联党组书记、常务副主席全哲洙，省领导高建民、孙绍骋、王伟中、付建华、王一新、姜新文，全国工商联副主席谢经荣、黄荣、安七一、杨启儒、王志雄、卢文端、史贵禄、许健康、孙荫环、苏志刚、李河君、李彦宏、张建宏、茅永红、周海江、徐冠巨、潘刚参加拜会。王儒林代表山西省委、省政府和全省人民，对全国工商联各位领导、各位企业家的到来表示欢迎，对大家给予山西的全力支持表示感谢。王钦敏对省委、省政府对此次会议的高度重视、周到安排表示感谢，王钦敏指出，山西省委、省政府积极应对经济下行压力，煤炭产业转型升级、产业链延伸、特色产业和现代服务业发展等方面有很多创新，特别是贯彻落实习近平总书记在今年全国两会民建、工商联界委员联组会上的重要讲话精神抓早抓实、抓细抓好。全国工商联将以此次会议为契机，推动更多民营企业前来山西投资发展。全哲洙表示，新的省委班子深入开展反腐正风，不仅净化政治生态，也净化经济生态，有利于构建“亲”“清”新型政商关系，特别是开展民营经济“待批项目”大起底活动，进一步优化了投资环境，增强了企业信心。希望通过民营企业进山西，为促进山西经济社会发展发挥更大作用。

山西省召开全省领导干部会议　骆惠宁同志任山西省委书记

30 日 山西省召开全省领导干部会议。中央组织部副部长姜信治出席会议并宣布中央决定：骆惠宁同志任山西省委委员、常委、书记，王儒林同志不再担任山西省委书记、常委、委员职务。王儒林主持会议并讲话，省委书记骆惠宁，省委副书记、省长李小鹏先后讲话。省委副书记楼阳生、省政协主席薛延忠出席会议。王儒林在讲话中说，我坚决拥护中央的决定，愉快服从组织的安排。我衷心希望大家像支持我一样支持惠宁同志工作。骆惠宁在讲话中说，我坚决拥护中央的决定。这次能到山西与大家一起共事，我很高兴，深感使命光荣、责任重大。我决心与大家一起努力，全面贯彻中央精神，继续把山西的工作做好，决不辜负党中央的重托和全省人民的期望。骆惠宁说，王儒林同志临危受命来到山西，做了大量卓有成效的工作，倾注了全部心血，做出了重要贡献。当下，关键是要按照全面从严治党的要求，持续推进党风廉政建设和反腐败斗争，着力构建良好政治生态，这一手要硬；关键是要自觉践行新发展理念，多策破解经济下行压力，着力推动经济稳步向好，这一手也要硬。骆惠宁说，“从今天开始，我就是一个山西人了。我将带着对党和人民高度负责的态度，怀着对山西的真诚感情来做工作，虚心向班子成员、向老同志、向基层干部和人民群众学习。我将全力做到，牢固树立“四个意识”，坚定地与党中央保持高度一致；全面执行民主集中制原则，勇于决断担当；带头清正廉洁，以实际行动作表率。请大家和社会各界对我进行监督。我坚信，在以习近平同志为总书记的党中央坚强领导下，在以往工作的基础上，只要我们能够把各方面干事创业的积极性充分调动起来，坚持开拓创新，加倍不懈努力，山西一定能够重塑美好形象，实现振兴崛起。”李小鹏在讲话中表示，坚决拥护中央决定，一定积极配合、全力支持惠宁同志的工作，自觉接受省委的统一领导，带头维护省委的领导核心作用，带头维护以惠宁同志为班长的省委班子的团结，一如既往地履行好岗位职责，确保各项工作平稳有序。各级各部门各单位特别是各级领导干部，要坚定立场，严守纪律，坚决拥护中央决定，以实际行动支持惠宁同志的工作，确保省委主要领导顺利交接、各项工作平稳过渡。现职省级领导干部，副省级以上老同志；省委委员、候补委员；各市市委书记、市长；省直单位主要负责同志；省属企事业单位和高等院校主要负责同志；中央驻晋单位主要负责同志；各民主党派、工商联主要负责同志参加会议。

山西省举行庆祝中国共产党成立95周年文艺晚会

同日 山西省庆祝中国共产党成立95周年文艺晚会在山西大剧院举行。省领导楼阳生、薛延忠、胡苏平、高建民、吴政隆、郭志刚、王文全、张建欣与省城各界代表一起，观看文艺晚会，共同纪念这个光辉的节日。原省级领导郭裕怀、刘泽民、纪馨芳、杨安和、李玉明、王民、光敏、白陞、安焕晓、赵凤翔、边鸣涛、赵耀仁、左祥等一同观看。

7　月

楼阳生与山西省受表彰的全国“两优一先”代表座谈

2日　楼阳生与山西省受表彰的全国优秀共产党员、优秀党务工作者、先进基层党组织代表座谈。盛茂林主持会议。在庆祝中国共产党成立95周年大会上，本省有2名优秀共产党员、3名优秀党务工作者、8个先进基层党组织受到党中央表彰。在听取大家发言后，楼阳生代表省委向本省受表彰的全国“两优一先”代表表示祝贺。

骆惠宁、李小鹏到沁和能源集团中村煤业透水事故现场指导工作

3日　2016年7月2日22时53分，沁和能源集团中村煤业公司发生煤矿透水事故。7月3日下午，骆惠宁、李小鹏赶赴事故现场，指导抢险救援工作。省委常委、副省长付建华，国家煤矿安全监察局副局长桂来保先期赶赴事故现场，一线指导抢险救援工作。随后，骆惠宁主持召开会议，听取事故情况汇报，研究部署下一步工作。晋城市、沁水县、参与救援的晋煤集团有关负责同志汇报了救援措施和进展情况，李小鹏、付建华、桂来保对后续各项工作提出指导意见。会议强调，要千方百计营救井下被困矿工，只要有一线希望就绝不放弃。要科学合理组织，做好通风压风工作，加大井下排水力度，加快地面排水钻孔进度，尽早打通生命通道，为受困人员输送给养，尽最大努力使矿井水位尽快下降，为下井搜救创造条件。要做好救援装备的技术保障工作，及时验明井下水质，全面掌握矿井周边情况，防止发生瓦斯、塌方、触电等次生事故，保证救援人员生命安全。要认真做好被困人员家属工作，切实维护矿区秩序和社会稳定。要认真核清下井人数，每名升井矿工都要逐人验证身份，确保准确无误。要加强舆情引导，及时准确报道抢险救援情况，自觉接受社会和媒体监督。要按照“四个不放过”的要求，依法按规、实事求是做好事故责任调查工作，查明原因，严肃查处，追究责任。

李小鹏在省防汛指挥中心检查部署全省防汛工作

4日　李小鹏到省防汛指挥中心，听取汛期全省天气、水情趋势研判汇报，安排部署汛期安全生产工作。在省防汛指挥中心，李小鹏察看卫星云图变化情况，检查全省山洪灾害预警平台运行工作。随后，李小鹏主持召开座谈会，认真听取省气象局、省水利厅、省国土厅关于汛期天气趋势、防汛工作和地质灾害防治工作汇报。省水利厅厅长潘军峰在汇报当前全省防汛工作开展情况时表示，主汛将至，主汛期防汛重点工作将突出抓好山洪灾害防御、水库安全度汛和城市防洪排涝三大重点，严肃防汛纪律，制定防范措施并抓好每个环节的落实。一是突出抓好山洪灾害防御工作。二是突出抓好水库安全度汛工作。三是着力抓好城市内涝和内陆湖等防洪工作。四是加强预警预报、会商分析和防汛值守。李小鹏强调，各级各部门要高度重视、高度负责，高度警醒、高度务实，全面加强汛期安全生产工作，确保人民群众生命财产安全，确保全省安全度汛。

李小鹏到山西科技创新城调研

6日　李小鹏到山西科技创新城调研，协调解决项目推进中面临的困难和问题。在阳煤集团设计研发中心和清华大学山西清洁能源研究院项目工地，李小鹏实地查看工程建设进度，详细了解项目规划设计和工期安排等情况，现场协调解决问题。调研中，李小鹏主持召开座谈会，和太原市、晋中市及省直有关部门负责人一起，研究推进科技创新城建设、核心区村庄城镇化改造、征地拆迁等工作。

李小鹏到阳泉市调研

7日　李小鹏到阳泉市调研经济运行和环境保护等工作。李小鹏在电解和铝材冷轧车间查看生产恢复情况，听取企业延伸产业链等规划介绍。李小鹏要求，省属国有企业要改进管理，创新技术，控制成本，千方百计抓实项目建设，努力增加固定资产投资，切实当好深化供给侧结构性改革的排头兵。各级各相关部门要进一步落实稳定工业经济的一系列政策措施，扎实推进电力体制综合改革等重点工作，助力企业改革发展。在平定县，李小鹏实地检查石门口乡土小企业关停取缔整治工作，考察元丰建材公司活性石灰石技术改造项目，现场协调解决问题。阳泉北至大寨地方铁路和阳煤集团西上庄2×66万千瓦低热值煤发电项目，都是省重点工程项目。李小鹏分别考察阳大铁路杨树沟隧道和西上庄电厂工地，检查指导安全生产工作，了解项目投资和施工进度。调研中李小鹏强调，要深入学习贯彻习近平总书记“七一”重要讲话精神，认真盘点上半年工作，总结经验、查找不足，真抓实干、开拓进取，不断积累巩固发展经济运行中的积极因素，奋力推动全省经济社会发展实现更好水平。

《山西省“十三五”防震减灾规划》印发实施

同日《山西省“十三五”防震减灾规划》（以下简称《规划》）印发实施。《规划》紧扣“融合式发展”主题，阐明“十三五”时期山西省防震减灾发展目标、发展任务、发展重点和政策取向，是今后5年我省防震减灾事业的发展蓝图，是政府履行职责的重要依据和编制市县防震减灾规划的指导性文件。

骆惠宁在太原地区调研经济发展

7日—9日　骆惠宁在太原地区有关园区、企业和科研院所就经济发展进行调研。骆惠宁先后到江铃重型汽车公司、富士康（太原）工业园、太原锅炉集团、太钢集团、太重集团等企业，了解科技创新、企业经营、职工收入情况，考察中国电子科技集团第33所、中科院山西煤化所科技成果转化应用。在清控创新基地就大众创业创新进行调研，并深入焦煤集团官地矿，察看安全生产，看望慰问一线矿工，与企业负责人、研发团队、干部职工交流探讨，实地了解困难问题，共商破解经济下行压力、加快创新转型之策。　7月9日，骆惠宁主持召开会议，听取太原市工作汇报和省直有关部门、企业的意见建议。骆惠宁指出，这次调研选择“创新驱动、转型升级”的主题，也是要体现把握“两个关键”、坚持“两手硬”的要求。各级党委要进一步履行管党治党的主体责任，进一步加强对经济工作的领导，把各方面干事创业的积极性充分调动起来，确保山西与全国同步全面建成小康社会。

山西省第十一届精神文明建设“五个一工程”颁奖仪式举行

10日 山西省第十一届精神文明建设“五个一工程”颁奖仪式在山西大剧院举行，获奖作品同时揭晓。省领导楼阳生、胡苏平、黄晓薇、盛茂林、张复明出席颁奖仪式，并为获奖代表颁奖。本届山西省“五个一工程”获奖作品评选，授予科幻小说《三体》、图书《少年的荣耀》、舞剧《粉墨春秋》、动画电影《终极大冒险》、电视剧《幸福生活万年长》、广播剧《种树人》等6部作品特别奖。评选出60部优秀作品，其中包括晋剧《于成龙》等14部戏剧、《土地志》等8部电影、《黄河在咆哮》等6部电视剧、《大能人解士美》电视动画片1部、《飞越山西》等电视纪录片4部、《一双土布鞋》等广播剧6部、《赤诚》等歌曲11首、《清明无战事》等图书10部。临汾市委宣传部、太原市委宣传部、忻州市委宣传部、吕梁市委宣传部、大同市委宣传部、晋中市委宣传部、山西省文化厅、山西广播电视台、山西演艺集团、山西出版传媒集团等10个部门和单位荣获组织工作奖。郭兰英、阎维文、阎晶明、于魁智、李胜素、贾樟柯、聂建华、张德祥、白燕升、谷锦云、权胜、刚强、石占明、高保利、张蕾、刘晶、王诗沂等知名人士多年来情系山西，关心和支持家乡的文化建设。省委宣传部授予他们山西省精神文明建设特殊贡献奖。

山西省召开安全稳定风险隐患大排查大整治工作推进会

11日 全省安全稳定风险隐患大排查大整治工作推进会在太原召开。会议深入贯彻落实省委书记骆惠宁在“7·2”沁和能源集团中村煤业公司透水事故现场的重要讲话精神和省委副书记、省长李小鹏的重要批示要求，对全省安全生产和各领域安全稳定工作作出安排部署。楼阳生出席会议并讲话。高建民主持会议。会上，大同市、吕梁市、晋城市、太原市和省安监局、省维稳办、省信访局的主要负责同志作了汇报发言，付建华、刘杰分别就全省安全生产和综治信访维稳工作中存在的问题进行点评。会议以电视电话会议形式召开。社会治安风险隐患大排查大整治省直牵头单位、配合单位主要负责人，省信访联席会议、省维稳领导小组、省政府安全生产委员会、省政府防汛抗旱指挥部成员单位主要负责人，其他有关省直单位主要负责人在主会场参加会议；各市、县(市、区)党政主要负责同志及相关负责同志在分会场参加会议。

山西省出台《山西省大气污染防治二十条强化措施》

同日 省大气污染防治领导组办公室日前出台《山西省大气污染防治二十条强化措施》，要求各市集中精力在下半年组织实施，确保完成国家下达的空气质量考核目标。二十条强化措施包括：实施“三个清零”：即建成区燃煤锅炉全部清零、黄标车全部清零、建成区露天烧烤全部清零；推进“九大工程”：即火电超低排放改造、完成重点行业排污提标、实施臭氧“削峰”、推进“煤改电”、推进清洁能源替代、严控劣质煤入市、控制施工场地抑尘污染、完成油品升级、推进重点区域综合整治；落实“六个严禁”：即严禁建成区范围内黄标车通行、严禁市区冒黑烟车辆上路、严禁市区运输车辆抛洒、严禁城市建成区新建燃煤锅炉、严禁秸秆垃圾等废弃物露天焚烧、严禁土小企业死灰复燃；抓好“两个预警”：即突出抓好重污染天气预警、突出做好非优良天气预报及分析。省大气污染防治领导组办公室要求，各市要按照时间过半任务过半的要求，对上半年大气污染防治工作落实情况进行全面盘点，认真自查环境空气质量改善目标的差距、重点工程推进的差距。

省委中心组召开学习会

12日 省委中心组召开学习会，骆惠宁主持并作重要讲话。会议学习贯彻习总书记在庆祝中国共产党成立95周年大会上的讲话。骆惠宁在讲话中强调，要把学习习总书记“七一”重要讲话与系列重要讲话紧密结合起来，坚定不移地用讲话统一思想，指导工作，解决问题，提升领导水平。会议讨论通过《中共山西省委关于深入学习贯彻〈习近平总书记在庆祝中国共产党成立95周年大会上的讲话〉的安排意见》，要求全省各级党组织和广大党员干部按照省委《安排意见》部署，深入学习贯彻习总书记“七一”重要讲话精神，进一步做好各方面工作。省领导李小鹏、楼阳生、薛延忠出席。学习会上，省委中心组成员在自学的基础上，联系各自工作实际，深入交流学习贯彻习总书记“七一”重要讲话的体会思考，骆惠宁、李小鹏、楼阳生、胡苏平、高建民、吴政隆、孙绍骋、王伟中、盛茂林作了发言。

省政府召开党组(扩大)会议

同日 李小鹏主持召开省政府党组(扩大)会议，进一步学习习近平总书记“七一”重要讲话精神，学习骆惠宁书记在省委中心组学习时的重要讲话精神，研究部署贯彻落实工作。与会同志一致认为，习近平总书记“七一”重要讲话，高度评价我们党为中华民族作出的伟大历史贡献，科学概括历史给予我们的深刻启示，在回顾历史中增强开拓前进的勇气和力量，在面向未来中坚持不忘初心、继续前进。

中共山西省委　山西省人民政府关于印发《山西省生态文明体制改革实施方案》的通知

同日 中共山西省委 山西省人民政府关于印发《山西省生态文明体制改革实施方案》的通知。

山西省人民政府印发《关于坚决打赢全省脱贫攻坚战的实施意见》

同日 山西省人民政府印发《关于坚决打赢全省脱贫攻坚战的实施意见》。

楼阳生到省监狱管理局调研

13日 楼阳生就加强和改进监狱管理工作，到省监狱管理局进行专题调研。调研中，楼阳生在省监狱管理局应急指挥中心和瓦斯监控中心，详细了解监狱日常安全管理和监狱煤矿安全生产情况，并看望了机关工作人员。随后楼阳生召开座谈会，听取了省监狱管理局和省司法厅的工作汇报，对近年来全省监狱工作取得的成绩给予充分肯定，并代表省委对全省监狱系统的广大干警和职工表示亲切的问候。楼阳生在省司法体制改革领导小组办公室，还就加快推进司法体制改革试点工作进行了调研，并主持召开了省司改办、省法院、省检察院、省公安厅等有关单位参加的座谈会。

省推进煤炭供给侧结构性改革工作领导小组召开会议

同日 省推进煤炭供给侧结构性改革工作领导小组召开会议。李小鹏主持会议，会议传达贯彻国家钢铁煤炭行业化解过剩产能和脱困发展工作部际联席会议精神，进一步安排部署本省煤炭去产能工作。会议听取了煤炭去产能目标责任书分解情况以及两个试点煤矿实施方案的汇报，审议通过《关于加快推进煤炭行业化解过剩产能工作的通知》，安排部署了相关工作。

李小鹏到吕梁市调研

14日 李小鹏到吕梁市调研项目建设和固定资产投资等工作。李小鹏实地考察孝义鹏飞集团在建的500万吨焦化、60万吨甲醇联产4亿方液化天然气、40万吨费托合成蜡等现代煤化工项目建设工地，认真听取了项目规划、技术路线、工艺装备和投资进展情况介绍，协调解决项目推进中的困难和问题。在调研吕梁新区卫生医疗园区建设时，李小鹏指出，要加大医疗卫生、健康养老等民生社会项目建设力度，扩大有效投资，实现补短板惠民生增投资的有机统一。他叮嘱当地负责同志，要完善交通等园区配套设施，切实发挥项目效益，满足群众需求，方便群众就医。在北川河生态治理工程工地，李小鹏听取新区两带三湖项目规划建设情况介绍，他要求大家深入贯彻落实中央城市工作会议精神，统筹好新区建设、生态环保、产业发展、社会治理等工作，确保新区绿色现代、宜居宜业。在查看防洪排涝措施落实情况时，李小鹏强调，要切实加强防洪防汛防地质灾害工作，确保安全生产、安全度汛。调研中，李小鹏主持召开座谈会，听取吕梁市和有关企业汇报，和大家一起研究推进项目建设、促进投资增长等工作。李小鹏在座谈会上强调，要认真学习贯彻习近平总书记“七一”重要讲话精神，深刻认识新的历史条件下具有许多新的历史特点的伟大斗争，不忘初心，继续前进。

学习贯彻习近平总书记“七一”重要讲话精神暨全省“两优一先”表彰大会在太原隆重举行

15日 学习贯彻习近平总书记“七一”重要讲话精神暨全省“两优一先”表彰大会在太原隆重举行。骆惠宁在讲话中代表省委向这次表彰的优秀共产党员、优秀党务工作者、先进基层党组织表示热烈的祝贺和崇高的敬意。骆惠宁结合山西实际，就学习贯彻习总书记“七一”重要讲话、系列重要讲话提出明确要求。要坚持学习贯彻习总书记“七一”重要讲话与系列重要讲话相结合，要学思结合，以思促学，结合山西省情，着力从6个方面深入思考，在8个方面进一步推动工作。要深入贯彻全面从严治党要求，在“两学一做”中展示党员干部良好形象。要认真落实管党治党主体责任，坚持严字当头，把严的要求贯彻全过程，加强和规范党内政治生活，严肃党的政治纪律和政治规矩，全面净化党内政治生态。要从省委常委会抓起，从领导干部抓起，持之以恒加强作风建设，严格执行中央八项规定精神，紧盯“四风”隐形变异问题和重要时间节点，健全抓常抓细抓长的有效机制，推动作风持续好转。要以零容忍态度坚定不移地反腐败，把纪律和规矩挺在前面，推动党风廉政建设的压力向下传导，使不敢腐的震慑作用得到强化，不能腐、不想腐的效应日益显现，压倒性态势加快形成。要坚持好干部标准，使动力与压力、奖励与惩戒、能上与能下、严管与关爱相统一，把优秀干部精心培养起来、及时发现出来、合理使用起来。全体党员干部要坚守“三严三实”。要在全省强化“为官必为”意识，增强“为官会为”能力，追究“为官不为”责任，营造“为官愿为”环境，充分激发广大干部干事创业的积极性创造性，为担当的干部担当，对负责的干部负责。要扎实做好换届工作，严格换届纪律，确保换届风清气正。要认真抓好“两学一做”学习教育，进一步落实领导责任，坚持分类指导，抓在平常、融入日常，以上率下、上下联动，把全面从严治党落实到每个支部、落实到每名党员，确保“两学一做”学习教育取得预期效果

骆惠宁号召全省广大共产党员和各级党组织，紧密团结在以习近平同志为总书记的党中央周围，高举中国特色社会主义伟大旗帜，坚定信心、开拓进取，为不断塑造山西美好形象、逐步实现山西振兴崛起而努力奋斗。

省环保督察组进驻晋城长治

19日 山西省环保督察组分别在长治和晋城召开督察进驻动员会。这是本省首次向各市派出环境保护督察组。经省委、省政府批准，2016年将对3到5个地级市进驻督察，2年内实现对全省各市环保进驻督察全覆盖。督察组将围绕国家和全省环保重大决策部署落实情况，市委、市政府及其有关部门落实环保党政同责和一岗双责情况等，环境质量改善情况和存在问题以及环保指标任务完成情况，省委、省政府高度关注、群众反映强烈、社会影响恶劣的突出环境问题及处理情况，针对国家实施环境保护约谈、通报、曝光、挂牌督办等措施所涉及地区和单位的整改落实情况，重大环境事件及处理情况，环境保护大检查落实情况等开展督察。

省委召开常委会议

22日 骆惠宁主持召开省委常委会会议。会议传达习总书记关于做好当前防汛抗洪抢险救灾工作的重要讲话，学习《中国共产党问责条例》，研究贯彻落实意见。会议听取全省防汛形势汇报，充分肯定近期本省防汛和正在进行的灾后处置工作。会议指出，2016年我省汛情来得早，持续时间长，强降雨量大，洪峰流量大。省委、省政府高度重视，超前部署，科学调度，省防指各成员单位通力协作，市县党政主要负责同志靠前指挥，各级干部群众团结奋战，取得了防汛抗洪的阶段性胜利。

骆惠宁到运城防汛一线考察调研

23日 骆惠宁到运城市新绛县、盐湖区进行调研考察。在新纺桥段，骆惠宁实地察看险工险段，详细了解雨情汛情、当前水位、过流能力以及防洪措施落实情况，研判水位涨落趋势。骆惠宁对当地党委、政府坚持军民联防，广泛动员人民群众积极参与，军民共同奋战的做法给予充分肯定。骆惠宁说，关键时刻，要充分发挥基层党组织的战斗堡垒作用，广大共产党员的先锋模范作用，驻军、武警部队、民兵预备役的突击队作用，夺取防汛抗洪的全面胜利。在盐湖区解州镇的硝

池滩防洪工程，骆惠宁登上堤坝，了解水位变化、水库库容、周边环境、水系布局情况，听取除险排水情况介绍，察看抽水泵站。骆惠宁说，硝池滩周边生产生活设施和人员密集，要准确把握安全水位，加强抽排水工作，如发生重大险情要及时组织群众转移，确保人民群众生命安全。要加快实施水库应急加固改造工程，汛期一过尽快开工，确保明年汛期到来之前全面完工，彻底消除安全隐患。调研中，骆惠宁强调，要坚决贯彻习总书记关于做好当前防汛抗洪抢险救灾工作的重要讲话精神，克服麻痹思想、侥幸心理，落实责任，强化担当，全力做好防汛抗洪各项工作，确保全省安全度汛，确保人民群众生命财产安全。

李小鹏到太原市、晋中市检查指导防汛工作

同日 李小鹏到太原市、晋中市检查指导防汛工作。李小鹏在昌源河入汾河口认真查看河道治理、堤坝加固工作，详细了解人员物资准备和应急预案管理等情况。在省防汛指挥部，李小鹏主持召开防汛工作座谈会，听取水利、气象、国土、交通、住建、民政等部门的情况介绍，进一步安排部署防汛抗洪抢险救灾工作。李小鹏要求，要认真学习贯彻习近平总书记的重要讲话和指示精神，按照省委、省政府工作要求，立足于防大汛抢大险抗大灾，坚持把确保人民群众生命安全放在首位，强化措施、落实责任，举一反三、汲取教训，再接再厉，严密防控，继续全力做好防汛抗洪抢险救灾工作，确保不发生群死群伤事故，努力把洪涝灾害损失降到最低。

骆惠宁与新任县（市）委书记集体谈话

26日 骆惠宁在太原与47名新任县委书记进行集体谈话。骆惠宁强调，新任县委书记要坚定地以习总书记系列重要讲话精神为指引，牢牢把握正确方向，解放思想，开拓进取，毫不动摇坚持党的基本路线这个国家的生命线、人民的幸福线，同步抓好"构建良好政治生态"和"推动经济稳定向好"这两个关键，做到两手硬。骆惠宁要求新任县委书记要狠抓发展第一要务，狠抓改革第一动力，狠抓民生第一关切，狠抓党建第一责任。骆惠宁希望新任县委书记努力做学习贯彻系列重要讲话的表率，做勇于决断担当的表率，做廉洁从政的表率，做导扬风化的表率，在关键岗位上，交出党和人民满意的答卷。会上，原平市委书记杨述平、平遥县委书记武晓花、霍州市委书记崔山原3名新任县委书记代表分别作了表态发言。楼阳生主持集体谈话会，并对贯彻骆惠宁讲话提出了明确要求。盛茂林出席。

李小鹏到山西农业大学调研

同日 李小鹏到山西农业大学微藻燃油中试基地调研。在山西农业大学微藻燃油中试基地，李小鹏深入实验室，认真听取学科带头人李润植教授关于人工模拟光合作用的原理、前沿成果、我省研究状况和商业化开发应用前景等情况介绍。他勉励实验室的科研人员，要沉下心来研究机理，放宽视野推动商业化开发，力争在基础研究、技术研发和产业化开发方面进一步取得突破，为推动能源革命贡献力量。调研中，李小鹏主持召开座谈会，与专家学者、省直有关部门、高等院校、企业负责人一起研究推动能源科技创新、深化煤炭供给侧结构性改革工作。

省政府召开深化省属国有企业改革工作领导小组会议

27日 省长、省深化省属国有企业改革工作领导小组组长李小鹏主持召开深化省属国有企业改革工作领导小组会议，学习贯彻习近平总书记在7月26日中共中央政治局会议上的重要讲话精神，传达学习全国国有企业改革座谈会精神，进一步部署省属国企国资改革工作。李小鹏强调，要切实把思想认识统一到党中央对经济形势的科学判断上来，牢牢把握经济发展新常态这个大逻辑，着力深化改革、创新驱动、扩大开放，认真落实"三去一降一补"任务，坚定不移推进煤炭供给侧结构性改革。

省脱贫攻坚领导小组召开专题会议

同日 省脱贫攻坚领导小组召开专题会议。省委副书记、省脱贫攻坚领导小组副组长楼阳生主持会议并讲话。会议审议特色农业扶贫、旅游扶贫、农村低保扶贫、水利扶贫、教育扶贫、健康扶贫、科技扶贫、省属企业扶贫、电商扶贫、电力扶贫等12个全省脱贫攻坚专项行动方案和2016年行动计划，对扎实深入推进脱贫攻坚工作进行研究部署。

骆惠宁、李小鹏、楼阳生慰问驻晋部队和武警官兵

29日—31日 7月29日下午，李小鹏到省军区看望慰问广大官兵。在省军区直属队通讯站，李小鹏看望慰问执勤机台、综合机房和话务训练室工作的战士们，听取情况介绍，并拨通电话向315基地执勤战士送上节日问候，嘱咐广大官兵要坚决听从党中央、中央军委和习主席指挥，发扬人民军队光荣传统和优良作风，不断提高履行使命任务的能力，继续关心支持地方经济社会发展，为塑造山西美好形象、实现山西振兴崛起再立新功。随后，李小鹏走进警备连学习室、器材室和战士宿舍，与广大官兵亲切交谈，勉励大家苦练本领、高度警惕，确保执勤目标绝对安全。李小鹏强调，要认真学习、深刻领会、全面贯彻落实习主席重要讲话精神，坚持党在新形势下的强军目标，不断深化国防和军队改革，努力建设巩固国防和强大军队。省委、省政府将深入实施军民融合深度发展战略，一如既往支持国防和军队现代化建设。7月30日下午，楼阳生到太原卫星发射中心技术部走访慰问。在听取部队负责同志情况介绍后，楼阳生对太原卫星发射中心技术部在部队建设和各项工作中取得的突出成绩给予高度肯定。他表示，省委、省政府将一如既往地支持驻晋部队建设，不断巩固和发展全省军政军民团结的良好局面。他希望太原卫星发射中心技术部，要紧紧围绕强军目标，坚决听从党中央、中央军委和习近平主席指挥，牢记训词、坚定信念，奋发有为、勇于担当，争当改革强军的表率，争当勇攀国防科研高峰的尖兵，争当拥政爱民的模范，为实现中国梦强军梦，为不断塑造山西美好形象、逐步实现山西振兴崛起，如期全面建成小康社会做出新的更大贡献。7月31日下午，骆惠宁到武警山西总队直属支队，察看了部队训练学习和生活情况。在27集团军野战指挥所，骆惠宁观摩指挥机构建设情况，与集团军领导进行了座谈。

省委召开常委会会议

30日　骆惠宁主持召开省委常委会会议。会议听取了省政府党组关于上半年全省经济形势的报告，研究部署下半年经济工作。骆惠宁作了重要讲话，强调要以习总书记系列重要讲话精神为指引，毫不动摇地贯彻党的基本路线，坚持"两手硬"，加强和改进党委对经济工作的领导。要充分肯定全省上半年经济社会发展取得的进步和所做的工作，着眼全国发展大势和山西发展历程，准确把握当前我省经济发展的重要特征，清醒地看到我省经济仍处于改革开放以来最困难的时期，积极改变这种状况，是全省3600万人民最热切的期盼，也是当前治晋理政最紧迫的任务。要进一步认清形势、凝聚共识，直面问题、迎难而上，综合施策、精准发力，全力巩固经济低位企稳回升态势，争取经济逐步好转，下半年好于上半年，为明年进一步好转奠定坚实基础。

8　月

省党政军领导参加军事日活动

1日　省委书记、省军区党委第一书记骆惠宁，省委副书记、省长李小鹏，省政协主席薛延忠，省委副书记楼阳生以及省委、省人大、省政府、省政协有关领导和省国动委成员单位负责同志，在省军区教导大队综合训练场观摩检验官兵练兵成果，参加"军事日"活动，与广大官兵共度"八一"。

省钢铁煤炭行业化解过剩产能实现脱困发展领导小组召开会议

3日　省长、省钢铁煤炭行业化解过剩产能实现脱困发展领导小组组长李小鹏主持召开会议，传达贯彻国务院钢铁煤炭行业去产能专题会议和重庆、杭州两个现场交流会议精神，进一步安排部署本省化解煤炭钢铁行业过剩产能工作。

省委召开常委会会议

5日　骆惠宁主持召开省委常委会会议。会议传达了全国部分地区和部门"两学一做"学习教育工作座谈会、全国司法体制改革推进会精神，研究贯彻落实意见。会议决定，近期召开中国共产党山西省第十届委员会第八次全体会议，审议关于召开中国共产党山西省第十一次代表大会的决议和决定相关事宜。会议还研究了其他事项。

骆惠宁在朔州大同就加快推进煤炭供给侧结构性改革调研

8日—10日　骆惠宁深入朔州、大同进行调研，并召开部分煤炭企业座谈会。他强调，认真贯彻"7·30"省委常委会议精神，要坚持问题导向，认真做好下半年经济工作，努力实现经济稳步向好；要深入推进煤炭供给侧结构性改革，抓住市场倒逼机遇，加快煤炭企业转型升级。骆惠宁深入采煤现场，考察煤炭生产、装备技术水平，指出，当前煤炭市场价格开始发生一些积极变化，但成效仍是初步的，下半年要继续坚持去产能、减量化生产，巩固企稳回升态势。要通过减量置换等措施，大力发展高产高效现代化矿井，提高先进产能占比，增强我省煤炭行业竞争力。推进煤炭供给侧结构性改革，最根本的产业优化升级。推进煤炭企业转型升级必须发展循环经济，关键是要抓好煤化工，培育新的经济增长点。推进煤矿持续健康发展，必须充分发挥广大矿工的主人翁地位和作用，激发转型发展的劳动热情和创造激情。国家推进去产能、减量化，山西带了好头，这是我省在经济十分困难的条件下，为全国作出的重大贡献。要深入推进煤炭行业供给侧结构性改革，坚持减量化的大方向不变，坚定不移履行煤炭去产能目标责任，科学合理组织煤炭生产，稳妥解决人员分流安置问题，毫不放松抓好安全生产。要加强对能源发展大趋势的研究，以强烈的责任心和紧迫感，推进我省煤炭清洁高效利用，绝不能丧失这次煤炭市场倒逼的历史性机遇。发展煤化工一定要重视科技创新平台和人才队伍建设，走差异化、高端化、国际化发展路子。党委政府要积极主动地为企业转型发展创造条件，加快晋北煤化工基地的前期工作，促进项目尽早开工建设。推动省属煤炭集团转型发展，要加快国有企业改革步伐，优化国有企业股权结构，妥善解决资源整合矿遗留问题，运用矿权提升融资能力，逐步卸下企业办社会的负担，推动企业轻装上阵。关于民营企业，他要求坚持国有民营一视同仁，积极帮助解决融资难、签约项目落地难等实际问题，促进民营经济健康发展。

省政府召开深化省属国有企业改革工作领导小组会议

10日　李小鹏主持召开深化省属国有企业改革工作领导小组会议，研究部署省属国有企业功能界定与分类、建立人工效率评价体系等工作。

李小鹏会见不丹王国代表团

13日　李小鹏在五台山会见以外交大臣丹曲·多吉为团长的不丹王国代表团。李小鹏欢迎多吉大臣和不丹代表团访问山西，并简要介绍了本省省情和经济社会发展情况。

中国共产党山西省第十届委员会第八次全体会议在太原召开

15日　中国共产党山西省第十届委员会第八次全体会议在太原召开。会议审议通过了《中国共产党山西省第十届委员会第八次全体会议关于召开中国共产党山西省第十一次代表大会的决议》，审议通过了有关换届文件和决定事项，原则批准了《中共山西省委全会工作规则》。

会议指出，即将召开的省第十一次党代表大会，将审议通过第十一次党代会报告，明确山西今后五年的发展方向，选举产生新一届省委领导班子。这次换届正处于决胜全面小康的重要节点，承载着谋划一方事业、选配一方执政骨干的使命，事关我省"一个指引、两手硬"重大思路和要求的落实，事关不断塑造山西美好形象、逐步实现山西振兴崛起，意义十分重大。要深刻认识到，开好这次党代会，是我省贯彻以习近平同志为总书记的党中央治国理政新理念新思想新战略的重要保证，是推动经济稳步向好、实现与全国同步全面建成小康社会的重要支撑，是我省深入贯彻全面从严治党要求、着力构建良好政治生态的必备条件。通过这次党代会，将牢固确立以习总书记系列重要讲话精神作为各项工作的指针,自觉在思想上政治上行动上与以习近平同志为总书记的党中央保持高度一致,确保党的理论和路线方针政策全面正确有效地贯彻,把中国特色社会主义在山西坚持和拓展好;将选出政治强、懂专业、善治理、敢担当、作风正的领导干部,配出结构优、功能强的省委班子,坚持发展第一要务,团结带领干部群众理直气壮抓发展、廉洁为民抓发展,汇集起决胜全面小康的强大力量;将进一步加强和改进党的领导,进一步坚定理想信念,进一步强化作风建设,深入推进党风廉政建设和反腐败斗争,持续地、全面地净化政治生态,真正把忠诚干净担当的形象立起来。

会议强调,要以筹备省第十一次党代会为契机,全面推动各项工作。要认真落实今年以来省委的各项工作部署,坚决贯彻省委提出的"一个指引、两手硬"重大思路和要求。全力巩固经济低位企稳回升态势,争取经济逐步好转。全面加强党的思想、组织、作风、反腐倡廉和制度建设,扎实抓好"两学一做"学习教育,做到从严管党治党不放松。充分发挥改革和法治"双轮驱动"作用,统筹推进政治、文化、社会、生态等各项事业不断取得新进展。

会议指出,要加强对重大问题的调查研究,在潜心悟透、把握规律中找出破解难题的答案,不断丰富治晋理政实践,为起草好党代会报告创造条件。要以问题为导向,有针对性采取措施,在解决突出问题上狠下功夫,盯住不放、一抓到底,努力使筹备党代会的过程成为破解难题、推动工作的过程,以工作的实际成效迎接党代会胜利召开。

全省市级经济发展推进会在太原召开

同日 全省市级经济发展推进会在太原召开。骆惠宁主持会议并讲话。骆惠宁说,各市要按照"一个指引、两手硬"的重大思路和要求,乘势而上、凝心聚力,进一步牢固确立以经济建设为中心的思想,进一步落实全面从严治党的要求,进一步营造奋发干事创业的浓厚氛围,把省委常委会的重大决策部署切实地落下去,努力实现经济稳步向好、政治风清气正,以良好状态迎接省十一次党代会胜利召开。

省委换届工作座谈会召开

18日 省委换届工作座谈会在太原召开,贯彻落实省委十届八次全会精神和骆惠宁书记的讲话要求,安排部署省十一次党代表大会的代表选举工作。省委常委、组织部长、省十一次党代会筹备工作领导小组代表人事工作办公室主任盛茂林出席并讲话。各市委组织部长,省直四个工(党)委负责人,省军区、省武警总队政治部以及驻晋有关单位负责人参加会议。盛茂林指出,省委十届八次全会作出决议,拟于今年10月召开中国共产党山西省第十一次代表大会,代表名额为700名。选好党代表、开好党代会是全省政治生活中的一件大事,各选举单位党组织要认真学习领会和正确把握《关于中国共产党山西省第十一次代表大会代表选举工作的通知》和《关于驻晋解放军、武警部队和有关单位做好省第十一次党代表大会代表选举工作的通知》,坚持标准,严格把关,好中选优,真正选出能够充分代表广大党员意愿、信念坚定、对党忠诚、模范遵守党章党规党纪、有较强议事能力和联系群众能力的代表。

中共山西省委 山西省人民政府印发《关于进一步加强城市规划建设管理工作的实施意见》

23日 中共山西省委 山西省人民政府印发《关于进一步加强城市规划建设管理工作的实施意见》。

中共山西省委 山西省人民政府转发《关于在全省开展法治宣传教育的第七个五年规划(2016—2020年)》的通知

24日 中共山西省委 山西省人民政府转发《关于在全省开展法治宣传教育的第七个五年规划(2016—2020年)》的通知。

中共山西省委办公厅 山西省人民政府办公厅印发《关于加大脱贫攻坚力度支持革命老区开发建设的实施意见》的通知

26日 中共山西省委办公厅 山西省人民政府办公厅印发《关于加大脱贫攻坚力度支持革命老区开发建设的实施意见》的通知。

省委召开常委会会议

29日 骆惠宁主持召开省委常委会议,听取2016年上半年省委巡视工作汇报,研究部署下一步巡视工作,审议我省健全落实社会治安综合治理领导责任制实施办法。会议指出,今年上半年,我省巡视工作认真贯彻中央巡视工作方针,切实加强组织领导,坚持和深化政治巡视,从巡视管理、督办机制、队伍建设等方面完善工作体系,在全国率先完成巡视全覆盖,全面铺开市县巡察,扎实推进整改"回头看",有效运用"四种形态","两个责任"得到很好落实,省委巡视工作卓有成效,形成了一些特色和亮点。会议强调,要坚持以习总书记系列重要讲话精神为指引,全面落实《巡视工作条例》,把巡视工作作为着力构建良好政治生态的重要抓手,注重在深度挖掘和综合分析共性问题、发挥巡视治本作用上下功夫。要深化政治巡视,围绕坚持党的领导、加强党的建设,聚焦全面从严治党,剑指问题、倒逼改革、标本兼治,不断厚植党执政的政治基础。要按照"回头看、两步走"的部署,有重点、有针对地选择部分党组织杀"回马枪",不断强化巡视监督的针对性。要强化市县巡察工作,总结推广试点经验,完善巡视巡察一体化格局,把全面从严治党要求落实到基层。

会议原则批准了《山西省健全落实社会治安综合治理领导责任制实施办法》。

中共山西省委召开党外人士通报协商会

同日 中共山西省委召开党外人士通报协商会,向各民主党派省委会、省工商联负责人和无党派代表人士通报中共中央关于山西省政府主要领导人调整的决定,骆惠宁主持会议并讲话。骆惠宁说,各民主党派、工商联和无党派人士一致拥护中共中央决定,充分体现了高度的政治意识、大局意识和责任意识,希望充分发挥独特作用,加强民主监督,深入调查研究,继续团结奋斗。孙绍骋出席会议,盛茂林通报情况。

楼阳生任山西省副省长,代理山西省省长

30日 省十二届人大常委会第二十八次会议在太原召开。牛仁亮主持会议。会议决定任命楼阳生为山西省人民政府副省长，代理山西省人民政府省长。会议表决通过关于接受李小鹏辞去山西省省长职务请求的决定。

骆惠宁主持召开省委全面深化改革领导小组第二十二次会议

同日 省委书记、省委全面深化改革领导小组组长骆惠宁主持召开省委全面深化改革领导小组第22次会议，强调要认真学习领会中央全面深化改革领导小组第25次、26次会议精神，深入贯彻落实习总书记关于抓好改革落实的系统性要求，扎实推进综合行政执法体制改革和电力供给侧结构性改革。省深改领导小组常务副组长楼阳生出席会议。会议审议并原则通过了《关于深化综合行政执法体制改革的指导意见》。会议审议并原则通过了《山西省电力供给侧结构性改革实施意见》。

2016 山西省旅游发展大会在大同召开

31 日 2016山西省旅游发展大会在大同召开。楼阳生出席主题会议并讲话。王一新主持会议。国家旅游局副局长王晓峰讲话。本届大会由山西省人民政府主办，大同市人民政府承办。大会由主题活动和系列活动组成，主题活动包括主题会议、山西精品旅游线路推介会和参观考察活动，系列活动包括中国旅游创新峰会、首届大同国际休闲体育旅游周、中国恒山登山节、方特欢乐世界狂欢节、第五届中国国际汽车旅游文化嘉年华、中国古都非遗文化博览会和古都夏季音乐节。在出席主题会议时，楼阳生强调，本省文化旅游业大发展，必须坚持五大发展新理念，科学规划、合理开发、永续利用，不得破坏文物，不得破坏生态，不得粗制滥造，不得轻易落笔，不得权钱交易。他热忱欢迎海内外各界朋友到山西旅游观光、投资兴业，为不断塑造山西美好形象、逐步实现山西振兴崛起做出新的贡献。王晓峰在讲话中充分肯定了山西发展旅游业所做的工作和取得的成绩。王晓峰说，旅游业已成为山西最具活力、最有特色的产业之一，希望山西大力推动全域旅游发展，构建以观光旅游为基础、休闲度假为主导、专项旅游为特色、新兴旅游为亮点的多元化旅游产品体系，培育一批具有世界级、国家级、区域级影响力的旅游产品。要全面深化旅游体制改革，建立旅游综合管理体制，加强旅游市场综合监管，促进旅游市场治理能力现代化。要推动完善旅游公共设施，全面推进厕所革命，加快智慧旅游建设，实现旅游产品、旅游服务、旅游环境等整体优化、综合提升。王晓峰表示，国家旅游局将一如既往支持山西旅游业改革发展。

9 月

楼阳生出席省委党校2016年秋季学期开学典礼

1 日 山西省委党校、山西行政学院举行2016年秋季学期开学典礼。省委副书记、代省长、省委党校校长楼阳生出席并讲话。楼阳生在讲话中强调，全省党员干部要把深入学习贯彻习近平总书记“七一”重要讲话精神作为重要政治任务，不忘初心、继续前进，切实增强政治意识、大局意识、核心意识、看齐意识，坚决把中国特色社会主义在山西坚持好和拓展好，为把省委提出的“一个指引、两手硬”的重大思路和要求落到实处，不断塑造山西美好形象、逐步实现山西振兴崛起，如期全面建成小康社会作出积极贡献。

2016中国(太原)国际能源产业博览会在太原举行

6 日—8 日 由山西省政府、国家商务部和科技部共同主办的“2016中国(太原)国际能源产业博览会”在太原举行。骆惠宁宣布博览会开幕，楼阳生致辞。科技部副部长阴和俊、商务部国际贸易谈判副代表张向晨、山西省政协主席薛延忠等领导人出席，王一新主持开幕仪式。2016中国(太原)国际能源产业博览会，以“黑色煤炭绿色发展、高碳资源低碳发展”为主题，展区面积36000平方米，设8大展区，来自20多个国家和地区的368家企业、政府团组参展，集中展示了全球能源工业的新理念、新成果、新技术、新产品。同日，骆惠宁在太原会见前来出席2016太原能源低碳发展论坛的外宾。诺贝尔物理学奖获得者、意大利帕维亚大学教授卡洛·卢比亚，匈牙利索尔诺克州州长桑德尔·科瓦奇，蒙古中戈壁省公民代表会主席苏·苏和巴特尔，波兰西里西亚省议会主席格热戈日·沃尼克，美国能源部首席副助理部长道格·霍略特，英国驻华使馆公使衔参赞郭科林等国家的外交使节、商界巨子、专家学者、政府官员等共23人参加会见。同日，楼阳生在太原会见出席2016太原能源低碳发展论坛暨中国(太原)国际能源产业博览会的部分嘉宾。8日，2016太原能源低碳发展论坛暨中国(太原)国际能源产业博览会重大项目签约仪式在中国(太原)煤炭交易中心举行，现场签约重大合作协议和项目14个。楼阳生、匈牙利索尔诺克州州长桑德尔·科瓦奇出席，并代表双方签署战略合作框架协议。王一新致辞。省领导高建民、付建华、张复明出席。应邀出席的国外嘉宾有：蒙古中戈壁省公民代表会主席苏·苏和巴特尔、蒙古中戈壁省副省长扎·孟克朝伦，美国西弗吉尼亚州州长助理、西弗吉尼亚大学教授孙庆云。本次签约的14个重大合作协议和项目包括：山西省政府与匈牙利索尔诺克州签署关于深化友好省州关系、推进务实合作框架协议；山西省政府与蒙古中戈壁省签署友好合作备忘录；潞安集团与美国雪佛龙产品公司签署合作生产高品质润滑油基础油项目；潞安集团与美国空气化工公司(AP公司)签署技术合作意向书；山西国际能源集团与美国西弗吉尼亚大学签署中美清洁能源中心(山西)全方位战略合作协议；山西孝义金岩焦化有限公司、山西清环能创环境科技有限公司与捷克诺曼公司签署合作示范推广环境与能源物业管理模式的整体协议；晋煤集团与意大利SIM2公司签署激光投影仪产业化开发项目；山西省政府与中国石油化工集团公司签署“十三五”战略合作框架协议；太原理工大学与清华大学山西清洁能源研究院签署科技合作协议；同煤电力能源有限公司与三菱日立(中国)投资有限公司签署脱硫无排水及板式催化剂合作协议；太原市民营经济开发区与上海会昌投资有限公司签署新材料生态工业园项目；翼城县政府与经易控股集团有限公司签署装备制造工业园区资产整合项目；灵丘县政府与国家电投集团石家庄东方能源股份有限公司山西分公司签署清洁能源供热示范工程项目；平遥县政府与山西晋明通环保科技有限公司、浙江大学工业生态与环境研究所签署浙江大学技术成果转化基地项目。

张裔炯率中央统一战线工作领导小组在晋检查调研

8日—11日 中央统战部常务副部长张裔炯率中央统一战线工作领导小组第五调研检查组来晋，调研检查党中央关于统一战线一系列重大决策部署贯彻落实情况。调研期间，骆惠宁和调研检查组交换了山西省统一战线工作有关情况和意见。张裔炯肯定了山西省统一战线工作，张裔炯强调，党的十八大以来，党中央对新形势下的统战工作作出了全面谋划部署，特别是习近平总书记提出了一系列新思想新观点新要求。当前首要任务就是狠抓贯彻落实，要通过调研检查，总结贯彻落实的经验和做法，着力解决统战工作中的突出问题，推动统一战线更好地为党和国家事业发展凝心聚力。在晋期间，调研检查组听取了省委的专题汇报，先后与市县和部门的负责同志、党外代表人士以及大同市有关方面进行座谈交流，听取了意见建议，查阅了相关材料，并实地考察了山西大学、寿阳县、五台山宗教活动场所、同煤集团塔山循环经济园区、大同市民主党派市委会机关以及民企参与的大同古城项目，了解了相关市县和单位以及宗教场所统战工作情况。

楼阳生在太原市调研

12日 楼阳生在太原市调研城市建设发展工作。楼阳生首先来到晋阳湖畔的太原市规划展示馆，听取城市历史文化介绍，察看城市建设规划，与太原市和省直有关负责人一起研究太原都市圈建设工作。在规划展示馆，楼阳生还与大家一起研究了河道治理工作，协调推进太榆退水渠改扩建及北涧河、北沙河、北排洪沟、玉门河、虎峪河、九院沙河、冶峪河、风峪河等8条河流治理工作。在晋阳湖东岸，楼阳生听取工程规划设计介绍，了解工程进展情况。楼阳生说，晋阳湖区是太原的一块宝地，开发建设不能随意落笔，一定要综合考虑生态保护、功能定位、历史文化、建设管理等多种因素，做精规划，做优品质，努力把晋阳湖区建设成为与西山山湖一体、与汾河河湖连通的美丽新区，打造成为太原市的一大亮点。调研中，楼阳生还集中研究了太原市域公路网建设问题，现场协调解决二环高速建设、国道过境线改线、环城高速公路新改建互通、太长高速公路改线等项目面临的困难和问题，实地考察了南沙河道路快速化改造工程和轨道交通2号线中心街西站建设情况，与市民和施工人员亲切交流，勉励大家共同把太原建设得更加美好。楼阳生在调研中强调，要认真贯彻落实省委"一个指引、两手硬"的重大思路和要求，以"三严三实"的作风，深入调查研究，摸准实情，出好实招，省市合力，共同把骆惠宁书记提出的太原要走在全省前列的要求落在实处。

中共山西省委办公厅　山西省人民政府办公厅印发《关于进一步加强农村集体"三资"管理规范化建设的意见》的通知

13日 中共山西省委办公厅　山西省人民政府办公厅印发《关于进一步加强农村集体"三资"管理规范化建设的意见》的通知。

省委召开常委会会议

14日 骆惠宁主持召开省委常委会会议。会议传达了全国党委中心组学习经验交流座谈会精神，审议省委省政府关于贯彻落实中央《法治政府建设实施纲要(2015—2020年)》的实施方案。会议原则通过了《中共山西省委山西省人民政府关于贯彻落实〈法治政府建设实施纲要(2015—2020年)〉的实施方案(草案)》。会议指出，深入推进依法行政，加快建设法治政府，对于落实全面依法治国方略，推进法治山西建设，为塑造山西美好形象、实现山西振兴崛起营造良好法治环境，提供有力法治保障，具有重大意义。要坚持巩固成绩、夯实基础，重点突破、补齐短板，分阶段抓好《纲要》任务落实，确保到2020年基本建成职能科学、权责法定、执法严明、公开公正、廉洁高效、守法诚信的法治政府。

骆惠宁会见新西兰食品安全部长乔·古德修

同日 骆惠宁在太原会见前来山西访问的新西兰食品安全部长乔·古德修一行。新西兰驻华大使麦康年参加会见。骆惠宁说，中新建交44年来，两国关系实现跨越式发展。在这个大背景下，山西与新西兰的经贸合作不断扩大，双方在经贸投资、食品安全、文化交流、教育和人才培养等方面的合作空间广阔。中国已成为赴新西兰旅游人数增长最快的国家，也希望更多新西兰朋友前来山西旅游观光。乔·古德修感谢省委省政府对双方关系的重视和对新西兰投资项目的支持帮助。她说，希望通过此次访问加深对山西的了解，进一步巩固双方良好合作关系，促进农业、食品安全、旅游等领域的务实合作，推动双方关系迈上新台阶。

省委中心组召开专题学习讨论会

18日 按照中央和山西省"两学一做"学习教育的安排，围绕"讲道德、有品行""讲奉献、有作为"的主题，省委中心组举行第三次集中学习讨论。骆惠宁主持会议。楼阳生、薛延忠，省委中心组成员参加会议，省直有关部门负责同志列席会议。会上，围绕学习"讲道德、有品行""讲奉献、有作为"的心得体会，孙绍骋、盛茂林分别作重点发言。

盛茂林出席新任乡镇党委书记培训班开班式

19日 全省选调的115名新任乡镇党委书记在汾阳市贾家庄村，参加由省委组织部主办的全省新任乡镇党委书记示范培训班。盛茂林出席开班式并作动员讲话。

骆惠宁到吕梁市、忻州市调研

19日—22日 骆惠宁深入吕梁、忻州，就推进脱贫攻坚进行调研，并主持召开座谈会。在吕梁市临县南圪垛村，骆惠宁深入了解了县、村扶贫情况。在忻州市五台县阳白村，骆惠宁对村党支部带领群众建大棚、建酒厂、搞养殖，通过发展农业循环经济带动增收的做法给予充分肯定，并嘱咐他们进一步抓好"两学一做"学习教育和基层党建工作，充分发挥基层党组织的战斗堡垒作用。在南圪垛、西雷村，骆惠宁向第一书记和帮扶队员了解扶贫情况，与大家亲切交谈。调研期间，骆惠宁主持召开座谈会，听取有关同志发言。并结合调研和座谈中了解到的问题，就深入推进脱贫攻坚提出五点要求。一是要进一步贯彻好精准扶贫脱贫方略。二是要进一步提高扶贫资金的使用效率。三是要进一步激发脱贫主体的积极性。四是要进一步深化涉及扶贫工作的相关改革。五是要进一步落实好脱贫攻坚的领导责任。骆惠宁强调，集中连片特困地区是脱贫攻坚的“硬骨头”，要认真落实中央和省里有关政策，加大对集中连片特困地区交通、水利、电力等重要基础设施、重大生态工程、重点产业项目、劳动力培训转移等支持力度，不断改善脱贫攻坚的整体条件。调研期间，骆惠宁还考察了离石区华为大数据中心、吕梁云计算中心和汾酒集团、五台山风景区管理工作。

楼阳生在太原市调研

21日 楼阳生在太原市调研开发区建设发展工作。楼阳生在调研中强调，要深入学习贯彻习近平总书记系列重要讲话精神，按照省委“一个指引、两手硬”的重大思路和要求，大力推动园区体制机制二次创新，着力打造本省经济创新驱动、转型升级的新动能引擎。

省政府召开党组(扩大)会议

同日 楼阳生主持召开省政府党组(扩大)会议，按照中央要求和省委部署，围绕“讲道德、有品行”“讲奉献、有作为”主题进行集中学习讨论，就贯彻落实省委全面构建良好政治生态推进会精神作部署。会上，围绕“讲道德、有品行”“讲奉献、有作为”主题，刘杰、罗清宇、廉毅敏分别作重点发言，与会同志深入交流心得体会。

骆惠宁到阳泉调研

23日—24日 骆惠宁到阳泉市平定、盂县、阳泉经济技术开发区进行调研。期间，骆惠宁主持召开省属钢铁煤炭企业主要负责人座谈会并做重要讲话。骆惠宁首先来到阳煤平定化工公司。在公司，骆惠宁重点了解了企业技术创新情况，对他们与清华大学联合开发出低能耗低排放高效率的气化炉，谋划从设备供应商向合成气供应商转变，准备用钴基催化剂费托合成精细化学品技术改造小化肥小甲醇装置给予充分肯定。在盂县石店煤业公司，骆惠宁考察了蔬菜、养殖、苗圃等基地，随机下车与正在锄草的工人亲切交谈。在考察晋阳新能源盂县光伏发电项目建设情况后，骆惠宁要求地方和企业把可再生能源电站建设与生态环境建设结合起来，实现可持续发展。在百度云计算(阳泉)中心，骆惠宁深入了解百度云服务开发应用情况。调研期间，骆惠宁主持召开座谈会，听取阳泉市工作情况汇报，听取省属钢铁煤炭企业关于去产能进展情况的汇报。骆惠宁充分肯定了本省去产能工作取得的阶段性成效，并就下一步工作提出明确要求。骆惠宁指出，化解钢铁煤炭过剩产能是党中央、国务院作出的重大决策部署，是供给侧结构性改革能否取得成功的一个关键。我们既要从全国供给侧结构性改革的大局来认识去产能的重要性和紧迫性，也要从本省经济转型升级的大局来增强去产能的自觉性和坚定性。要确立目标和问题导向，进一步压实责任、倒排进度，确保9月底前完成今年钢铁去产能任务、10月底前完成今年煤炭去产能任务。要严格执行验收标准，及时公示公告去产能情况，自觉接受社会监督。针对本省煤炭先进产能占比不高的情况，骆惠宁强调，要抢抓机遇，对照标准补短板，积极申报先进产能，大力提高煤炭先进产能占比，有效提升我省煤炭行业的竞争力。骆惠宁还特别强调要深化国有煤炭企业的改革。骆惠宁指出，省属煤炭企业是结构调整的生力军，要通过深化改革增强活力，形成有利于结构调整的体制机制、企业架构、运营模式和新型业态，破解企业资产负债率高、股权结构不合理、科技人员创新动力不足、办社会负担沉重等突出问题。向改革要动力、要资金、要效益，坚决跳出“煤炭值钱时不想调结构，想调结构时又没有钱”的怪圈，以省属煤炭企业的改革调整，带动全省煤炭行业的改革调整，促进全省经济的改革调整。骆惠宁希望，全省各煤炭企业要看清能源革命大趋势，在煤炭价格环比上升、企业效益开始好转的情况下，坚定不移地转变观念，坚定不移地优化产能结构，坚定不移地转型升级，推进黑色煤炭绿色发展，为实现全省经济稳步向好、走出资源型经济转型升级新路做出积极贡献。

楼阳生到同煤集团调研安全生产工作

26日—27日 楼阳生到同煤大唐塔山煤矿井下检查指导安全生产工作，主持召开安全生产座谈。楼阳生强调，要深入学习贯彻习近平总书记关于总体安全观的战略思想和关于安全生产的重要讲话精神，以铁的担当尽责、铁的手腕治患、铁的心肠问责、铁的办法治本，坚决守住不发生重大安全生产事故等“三条底线”。省委常委、副省长付建华一同调研。

省委召开常委会会议

29日 骆惠宁主持召开省委常委会议，传达学习全国党委秘书长会议精神，研究讨论《关于加强和改进党委办公厅(室)工作的若干意见》。会议指出，全国党委秘书长会议深入分析新形势新任务，对做好党委办公厅(室)工作提出明确要求。我们要准确把握党中央对当前形势的判断，深刻领会党中央重大决策部署，紧密结合山西实际，进一步提高党委工作的领导水平，进一步提高全省党委办公厅(室)工作的整体水平。会议充分肯定近年来党委办公厅(室)工作取得的新进展、新成效。会议指出，党委办公厅(室)是党委的综合办事机构，位处中枢，责任重大。要在增强“四个意识”上走在前、做在先，深入学习贯彻习总书记系列重要讲话精神，把政治过硬放在第一位，始终忠诚于党、忠诚于党的事业，围绕党委发挥“总揽全局、协调各方”作用搞好服务，让党和人民放心。要在围绕中心、服务大局上勇担当、有作为，紧紧围绕省委“一个指引、两手硬”重大思路和要求，围绕全面构建良好政治生态、营造干事创业良好环境，实现经济稳步向好、推进经济结构调整等中心工作，真正做到高水平参谋服务、高效率统筹协调、高质量督促检查、高标准运行保障。要在确保中央政令畅通、省委决策落实上强督查、见实效，强化抓落实的基本职责，准确把握抓落实的工作重点，完善重大决策部署落实报告制度，提高督查督办水平，严督实查、严格问效。要在班子队伍建设上严要求、树形象，加强思想政治建设，坚定理想信念，提高业务水平，打造一流队伍。完善措施、建章立制，使各方面都做到规范化、精细化、科学化。加强作风建设，讲纪律、守规矩，严约束、有操守，忠诚坚定，敢于担当，廉洁自律，无怨无悔，始终保持良好形象，为各部门和基层作出表率。各地各部门党委(党组)要对党委办公厅(室)干部政治上关心，工作上支持，不断提高干部干事创业的积极性。

全省宗教工作会议在太原召开

30日 全省宗教工作会议在太原召开。骆惠宁出席会议并讲话。代省长楼阳生主持会议。会议深入贯彻全国宗教工作会议和《中共中央国务院关于加强和改进新形势下宗教工作的意见》精神，分析形势，研究问题，部署工作。骆惠宁强调，要以习近平总书记重要讲话精神为指导，全面贯彻党的宗教工作基本方针，不断提高新形势下宗教工作水平，进一步凝聚各方力量，为本省全面建成小康社会而共同努力。

烈士纪念日省城各界向烈士纪念碑敬献花篮

同日 9月30日，是国家设立的烈士纪念日，正值中国工农红军长征胜利80周年之际。骆惠宁、楼阳生、薛延忠等省党政军领导在太原市牛驼寨烈士陵园，与省城社会各界代表一起，向烈士纪念碑敬献花篮。

中共山西省委 山西省人民政府印发《关于电力供给侧结构性改革的实施意见》的通知

同日 中共山西省委 山西省人民政府印发《关于电力供给侧结构性改革的实施意见》的通知。

10 月

黄晓薇任省委副书记、任建华任省纪委书记

11日 省纪委召开机关干部大会，宣布中央关于省纪委主要领导同志职务调整的决定。中央决定，黄晓薇同志任山西省委副书记，不再担任省纪委书记职务，任建华同志任山西省委委员、常委、省纪委书记。

王伟中任太原市委书记

同日 太原市委召开全市领导干部大会，省委副书记黄晓薇出席会议，宣布中央和省委决定。根据工作需要和干部交流的精神，中央决定，吴政隆同志不再担任山西省委常委、委员职务，另有任用。省委研究决定，王伟中同志任太原市委委员、常委、书记。

楼阳生到静乐县调研

同日 楼阳生到静乐县调研易地扶贫搬迁工作。楼阳生强调，要深入学习贯彻习近平总书记关于脱贫攻坚的一系列重要讲话精神，坚持精准方略，加快工作进度，狠抓工作落实，坚决打赢易地扶贫搬迁这场硬仗。调研中，楼阳生与市、县和省直有关部门负责人座谈，督促指导进一步加快易地扶贫搬迁工作。在认真听取大家的发言后，楼阳生指出，易地扶贫搬迁是打赢脱贫攻坚战的头号工程。五年看三年，三年看头年，必须加大工作力度，加大执行力度，加大问责力度，确保首战首胜，兑现庄严承诺。

骆惠宁深入临汾、晋中，就全省万名干部入企服务工作进行调研，与企业和入企干部进行座谈

11日—12日 省委书记骆惠宁深入临汾、晋中，就全省万名干部入企服务工作进行调研，与企业和入企干部进行座谈。他强调，干部入企服务要坚持问题导向，对属于政府职责的事，要上下联动、部门联动，依法行政，尽快解决，为企业发展提供优质服务和良好环境。

骆惠宁充分肯定前一阶段入企服务取得的成效，对下一步工作提出明确要求。他指出，经过各级各部门、各类企业和入企干部的共同努力，全省万名干部入企服务工作推进有力、进展有序，形成了主动服务企业的鲜明导向，奠定了进一步解决问题的工作基础，形成了各方共促发展的社会氛围，取得了阶段性成果。开展全省万名干部入企服务工作，是省委省政府贯彻中央新发展理念的有益探索，是着力从供给侧推动经济稳步向好的重大举措，是构建新型政商关系的生动实践。目前入企服务活动到了解决问题的关键阶段。要围绕解决问题这个核心目标，分层梳理、分级负责、分类施策，加大综合协调服务力度，强化督促检查、跟踪落实和考核评价，坚决防止搞形式、走过场，确保取得实效。省政府有关部门要就解决共性问题提出原则指导意见，实现上下联动；对涉及多部门职责的问题，有关部门要实行联合办公，变串联服务为并联服务；对涉及制度与政策的问题，省市两级要加强顶层设计，为下面解决问题创造条件。骆惠宁强调，入企服务不是包办，企业要强化市场主体意识，不断深化内部改革，切实加强经营管理，奋力开拓市场。尤其要抓住市场倒逼的历史机遇，坚定不移改造提升、创新升级。他指出，在万名干部入企服务活动期间，政府要尽力为企业提供市场信息服务、政策咨询服务、人才培训服务。要注意结合企业反映的问题，深化行政审批制度改革，全面优化发展环境，提高干部能力水平，建立服务企业的长效机制。

骆惠宁强调，打铁还要自身硬，要加强对入企服务干部的管理考核，严明纪律，把入企服务的过程变成廉洁为民抓发展的过程，变成构建新型政商关系的过程。每名入企干部都要珍惜机会，以真心服务的态度、虚心学习的态度，为企业搞好服务，使自身素养提高。各类企业和所有入企服务干部都要为塑造山西美好形象贡献力量。

中共山西省委办公厅 山西省人民政府办公厅印发《山西省脱贫工作成效考核办法》

14日 中共山西省委办公厅 山西省人民政府办公厅印发《山西省脱贫工作成效考核办法》。

中共山西省委办公厅 山西省人民政府办公厅印发《山西省脱贫攻坚督查巡查工作办法》

同日 中共山西省委办公厅 山西省人民政府办公厅印发《山西省脱贫攻坚督查巡查工作办法》

省委在右玉召开“学以致用，以用促学，把学习贯彻习近平总书记系列重要讲话精神引向深入”学习交流会

15日 省委在右玉召开“学以致用，以用促学，把学习贯彻习近平总书记系列重要讲话精神引向深入”学习交流会。骆惠宁出席会议并作重要讲话。骆惠宁强调，要更加坚定对习总书记系列重要讲话的真诚信仰和认真践行，进一步推动融会贯通、学以致用、全面覆盖，注重解决实际问题，促进山西各项事业不断取得新进步、展示新气象。这次会议也是省委中心组学习扩大会。骆惠宁指出，抓好党委（党组）中心组学习是新形势下加强思想建党、提升干部能力素质的重要举措。党委（党组）主要负责同志要切实担负起第一责任人的职责，每位中心组成员都要在学习交流中开阔思路、提升自己。要把提高中心组学习质量作为下一步的努力方向，着眼于解决思想上的问题、实践中的问题和能力上的问题，把学习系列重要讲话同坚定理想信念、自觉为党分忧结合起来，同有效落实中央重大决策部署结合起来，同全面提高领导能力和水平结合起来，真正做到学而信、学而用、学而行。要在突出理论学习的同时，结合工作需要加强专业知识的学习。要强化组织领导，加大制度约束，推动中心组学习进一步走向科学化规范化。要充分发挥党委（党组）中心组的示范带动作用，结合“两学一做”学习教育，把学习贯彻系列重要讲话从领导干部这个“关键少数”向党员群众拓展、向基层单位延伸，实现全覆盖。这次学习交流会放在右玉召开，就是要重温习总书记关于“右玉精神”的重要指示，进一步弘扬右玉精神，切实奋发有为地把党和人民的事业做好。会前，骆惠宁等省领导和各地及有关部门负责同志来到右玉南山造林绿化基地，在绿化纪念碑前重温了习总书记关于“右玉精神”的重要指示，现场观摩了生态建设成果，感受从“不毛之地”到“塞上绿洲”的巨大变化。骆惠宁希望右玉县委继续传承“右玉精神”，坚持绿色发展，抓好脱贫攻坚，团结带领人民群众如期全面建成小康社会。交流会上，26家地方和单位党委（党组）中心组作了书面交流发言，与会同志观看了右玉专题片。省四套班子负责同志，省法检两长；各市、省直有关部门负责同志等参加了学习交流会。

申纪兰、王剑辉荣获全国脱贫攻坚奖

16日 全国脱贫攻坚奖表彰大会在北京举行。会上，山西省的申纪兰荣获全国脱贫攻坚奖“奋进奖”、王剑辉荣获全国脱贫攻坚奖“贡献奖”。

全省干部驻村精准帮扶推进会召开

同日 省委、省政府召开全省干部驻村精准帮扶推进视频会，对各级党组织和党员干部推动精准扶贫工作进行再动员、再部署。盛茂林出席并讲话，郭迎光主持会议。盛茂林指出，中央扶贫开发工作会议以来，各地按照省委、省政府部署要求，以干部驻村帮扶为重要抓手，做了大量工作，取得明显成效。但在传统扶贫工作方式向精准扶贫转变过程中，存在精准扶贫脱贫方略贯彻不到位、帮扶政策措施落实不到位、扶贫资金使用效率不高、干部帮扶作用发挥不够等突出问题。各级党委政府要坚持问题导向，创新思路方法，采取有效措施，补齐工作短板。一要全面实行脱贫攻坚挂图作战，对精准扶贫脱贫进行动态识别、动态调整，切实把帮扶资源配置到最贫困、最需要的地方。二要全面梳理政策，按照到村、到户、到人，普惠、特惠等进行分门别类，逐一对接落实，把各项精准帮扶政策落实到位。三要健全统筹整合使用各类涉农和扶贫资金机制，把财政专项扶贫资金的效益最大限度地发挥出来。四要把全心全意为人民服务思想落实到行动上，切实提高贫困群众获得感和满意率。

省委召开常委会会议

20日 骆惠宁主持召开省委常委会会议并作重要讲话。会议听取了省政府党组关于第三季度全省经济形势报告，研究部署第四季度经济工作。骆惠宁在讲话中强调，全省各级党委政府要以习总书记系列重要讲话精神为指引，进一步加强对经济工作的领导，持续落实省委“7·30”会议重大部署，紧盯制约山西发展的突出问题，坚定依靠改革创新，不断推出破困举措，坚决实现“下半年好于上半年，为明年进一步好转奠定坚实基础”的工作目标。会议充分肯定三季度全省经济工作和省政府工作的成效。一致认为，“7·30”会议以来，在上半年工作的基础上，省委实施“一个指引、两手硬”的重大思路和要求，坚定地贯彻党的基本路线，坚持发展第一要务，加强对经济工作的领导，部署从8个方面综合施策、精准发力，深入推进供给侧结构性改革，特别是大力推动煤炭减产量去产能，促进了全国煤炭供求关系的改善，推动了煤炭价格逐月回升。会议指出，进入四季度各项任务十分艰巨。各部门各地市都要对全年目标任务进行一次梳理，查找差距、落实责任，采取有力措施，认真贯彻落实中央各项会议精神和省委省政府决策部署，努力做好各项工作，提前谋划明年经济工作，牢牢把握领导经济工作的主动权。会议还研究了其他事项。

优化百人计划政策鼓励引进高端人才

24日 山西省下发了《关于调整山西省引进海外高层次人才“百人计划”相关政策的通知》《山西省引进支持海外高层次人才创业创新团队暂行办法》，对此前发布的“百人计划”进行了调整优化，进一步强化引进人员的工作实绩、发展潜力、创新能力等“软”条件要求，软化年龄、学历、职务等“硬”条件要求，同时提高各项目资助标准，适当拉大长期项目和短期项目在资助标准上的差距，以吸引更多长期项目人才。山西省“百人计划”自2009年实施以来，共分八批引进海外高层次人才353人，提前完成了预想的引才任务，对我省经济社会发展产生了明显推动作用，达到了预期目标。

省委召开常委会会议

28日 骆惠宁主持召开省委常委会会议。会议传达学习党的十八届六中全会精神，听取省第十一次党代会筹备工作情况汇报，讨论省第十一次党代会报告稿和省纪委向省第十一次党代会的工作报告稿。会议传达学习习近平总书记受中央政治局委托作的工作报告、《关于新形势下党内政治生活的若干准则（讨论稿）》和《中国共产党党内监督条例（讨论稿）》的说明及习近平总书记在全会第二次全体会议上的重要讲话。会议决定，中国共产党山西省第十届委员会第九次全体会议于2016年10月29日在太原召开。省委常委会将向省委十届九次全会建议，中国共产党山西省第十一次代表大会于2016年10月31日在太原召开。会议还研究了其他事项。

中共山西省委十届九次全体会议在太原举行

29日 中共山西省委十届九次全体会议在太原举行。全会由省委常委会主持。全会传达贯彻党的十八届六中全会精神，讨论通过了骆惠宁代表十届省委向省第十一次党代表大会所作的报告和省纪委工作报告。骆惠宁就学习贯彻党的十八届六中全会精神作了重要讲话。全会审议了省第十一次党代表大会报告稿，并表决一致通过。会议指出，省第十一次党代表大会是在山西发展重要关头召开的，是全省共产党员和干部群众政治生活中的一件大事。报告稿全面贯彻了习总书记系列重要讲话精神和治国理政新理念新思想新战略，全面贯彻了党的十八届六中全会的新部署新要求，充分体现了省委治晋理政的新思路，体现了省委强烈的政治责任和历史担当，揭示了山西时代方位和阶段性特征，反映了全省党员干部群众的共同心愿，具有很强的政治性、思想性、前瞻性、针对性，是一个求真务实、承前启后、进取创新的报告，对开创我省各项事业发展新局面具有重要指导意义。全会讨论了省纪委工作报告，认为报告符合中央和省委对党风廉政建设和反腐败斗争的部署和要求。全会号召，全省各级党组织、广大共产党员和全体干部群众要紧密团结在以习近平同志为核心的党中央周围，同心同德，齐心协力，把山西省第十一次党代表大会开成一次统一思想、团结鼓劲的大会，开拓奋进、风清气正的大会。

中国共产党山西省第十一次代表大会在太原召开

31 日—11月4日 中国共产党山西省第十一次代表大会在太原召开。楼阳生主持大会开幕式。大会的主题是：高举中国特色社会主义伟大旗帜，深入贯彻习近平总书记系列重要讲话精神和治国理政新理念新思想新战略，忠诚担当，改革创新，凝心聚力，攻坚克难，为全面建成小康社会，不断塑造美好形象、逐步实现振兴崛起，开创山西省各项事业发展新局面努力奋斗，忠诚担当开辟治晋理政新境界，攻坚克难谱写全面小康新篇章。出席大会的正式代表和候补代表共700名，特邀代表3名。大会的主要议程是：一、听取和审查中国共产党山西省第十届委员会的报告；二、审查中国共产党山西省第十届纪律检查委员会的工作报告；三、按照党章选举产生中国共产党山西省第十一届委员会；四、按照党章规定选举产生中国共产党山西省第十一届纪律检查委员会。

开幕式上，骆惠宁代表十届省委向大会作题为《以习近平总书记系列重要讲话精神为指引，忠诚担当，攻坚克难，为全面建成小康社会而奋斗》的报告。报告共分八部分：一、过去五年工作和重要启示；二、沿着习近平总书记系列重要讲话指引的方向，开辟治晋理政新境界；三、认真贯彻落实新发展理念，以深化转型综改试验区建设牵引经济转型升级；四、发展社会主义民主政治，建设法治山西；五、坚定文化自信，建设文化强省；六、坚持民生优先，加强社会建设和治理；七、推动绿色发展，建设美丽山西；八、全面推进党的建设新的伟大工程，为开创党在山西事业新局面提供根本保证。骆惠宁在报告中指出，刚刚结束的党的十八届六中全会，正式确立习近平总书记在党中央、在全党的核心地位，具有重大的里程碑意义。党的十八大以来，我们党在治国理政的道路上迈上了新征程、开创了新时代。重大成就的取得，从根本上讲，是有习近平总书记这一核心为我们掌舵。我们要牢固树立“四个意识”特别是核心意识、看齐意识，在思想上拥戴核心，在政治上维护核心，在行动上紧跟核心，坚决与以习近平同志为核心的党中央保持高度一致，坚决维护以习近平同志为核心的党中央权威，坚决贯彻落实党中央确定的路线方针政策。骆惠宁指出，省十次党代会以来的五年是很不寻常的五年。五年来特别是党的十八大以来，省委团结带领全省干部群众，全面贯彻落实党的十八大和十八届三中、四中、五中、六中全会精神，深入学习贯彻习总书记系列重要讲话精神，统筹推进“五位一体”总体布局，协调推进“四个全面”战略布局，不断推动党的理论和路线方针政策在山西贯彻落实。2014 年9月，党中央对省委领导班子进行改组性质的重大调整。调整后的省委认真落实以习近平同志为核心的党中央对山西工作的重要指示，提出并实施“五句话”总体思路，推进“六权治本”，确立“一个指引、两手硬”重大思路和要求，力促弊革风清，力行发展为民，不断激发干事创业积极性，推动构建良好政治生态向着“巩固、深化、提高”方向迈进，推动经济发展朝着“稳步向好、转型升级、振兴崛起”方向迈进，全省保持了政治稳定、大局稳定，各项事业取得新进展新进步。骆惠宁强调，回首过去五年，成绩来之不易、教训极其沉痛、启示尤为深刻。全省各级党组织在关键时刻经住了考验，广大党员干部在重要关头经受了锻炼，对事关全局和长远的重大问题形成了高度共识。特别是必须更好担当起管党治党责任，全面构建良好政治生态，内聚人心、外树形象，更有信心、更有激情、更有力量地把党的建设和党的事业全面推向前进。必须紧紧抓住市场倒逼的历史机遇，坚定不移走上转型之路。实践证明，以习近平同志为核心的党中央关于山西党的建设和重大工作的决策要求是完全正确的，党中央在山西关键时刻作出的战略决策，为我们办好山西的事情提供了根本保证。骆惠宁强调，习总书记系列重要讲话开辟了马克思主义中国化新境界，深刻揭示了当今世界和当代中国发展变化的方向，是我们做好一切工作的根本遵循。要把学好用好习总书记系列重要讲话作为政治责任和历史担当，注重学以致用，着力解决问题，把学习成果转化为实践成效，丰富和发展治晋理政思路，把具有许多新的历史特点的伟大斗争在山西进行好。在谈到未来全省工作的总要求时，骆惠宁指出，要高举中国特色社会主义伟大旗帜，以马克思列宁主义、毛泽东思想、邓小平理论、“三个代表”重要思想、科学发展观为指导，深入贯彻习近平总书记系列重要讲话精神和治国理政新理念新思想新战略，统筹推进“五位一体”总体布局，协调推进“四个全面”战略布局，把握时代大势，回应实践要求，认真落实“一个指引、两手硬”重大思路和要求，统一思想行动，凝聚奋进力量，确保与全国同步全面建成小康社会，确保经济转型升级取得显著进展，确保良好政治生态全面有效构建，不断塑造美好形象、逐步实现振兴崛起。骆惠宁在报告中提出未来五年乃至更长一个时期全省的奋斗目标：通过全省的共同努力，要塑造和展示山西文化璀璨、人才辈出的人文形象，创新驱动、结构优化的转型形象，充满活力、合作包容的开放形象，表里山河、生态美好的壮丽形象，以廉为荣、艰苦创业的清明形象，人民幸福、社会和谐的安康形象。通过全省的共同努力，今后五年，将我省打造成国内外有影响力的资源型经济转型综合配套改革试验区，现代装备制造、新材料、节能环保和信息产业基地，国家新型综合能源基地，世界煤基科技创新成果转化基地，中西部现代物流中心，富有特色和魅力的文化旅游强省，内陆地区对外开放高地，综合竞争力、人民生活水平和可持续发展能力明显提升；再经过一段时间的持续奋斗，使山西整体发展水平在我国中西部地区位次前移，在全国大局中发挥重要影响。骆惠宁强调，要认真贯彻落实新发展理念，以深化转型综改试验区建设牵引经济转型升级。用新发展理念统领经济发展全局，适应、把握和引领经济发展新常态，把供给侧结构性改革作为经济发展和经济工作的主线，把资源型经济转型综合配套改革试验区作为推动经济转型发展的抓手，全力推动我省经济发展的动力结构、产业结构、要素结构和增长方式发生重大转变。要站在时代高度开创转型综改试验区建设新局面。转型综改试验是党中央、国务院赋予山西的重大使命，是一场深刻的革命，是山西的二次创业。供给侧结构性改革赋予了转型综改试验区新的内涵，在新的形势下，其战略地位和对全省的牵引作用进一步提升。我们要用啃硬骨头的精神，破解资源型地区创新发展难题、结构性矛盾突出地区协调发展难题、生态脆弱地区绿色发展难题、内陆地区开放发展难题、欠发达地区共享发展难题，完成转型综改试验区各项任务，加快实现能源产业向绿色低碳转变、产业结构向多元化中高端转变、发展动能向创新驱动转变、发展形态向园区化循环化转变、城乡统筹向一体化转变、经济增长向平稳健康可持续转变，使山西省在未来经济发展中赢得主动。骆惠宁指出，山西历史悠久、文化灿烂、资源丰富、前景广阔，在各个时期都做出突出贡献。今天，中华民族伟大复兴的中国梦召唤着我们，振兴崛起的历史使命激励着我们。对伟大的党和祖国，我们要无限忠诚；对山西这片红色的土地，我们要深怀敬畏；对淳朴勤劳智慧的山西人民，我们要充满热爱；对党和人民的崇高事业，我们要无私奉献。山西人民从来就有不畏艰险、百折不挠、敢于胜利的决心和勇气。面对具有许多新的历史特点的伟大斗争，我们要坚持革命理想高于天，坚持奋斗目标不动摇，以铁一般信仰、铁一般信念、铁一般纪律、铁一般担当，积极应对各种困难和挑战，殚精竭虑办好山西的事情，满怀信心创造山西的美好未来！报告号召全省各级党组织和共产党员要更加紧密地团结在以习近平同志为核心的党中央周围，团结带领全省人民顽强拼搏、锐意进取，向着全面建成小康社会，不断塑造美好形象、逐步实现振兴崛起的宏伟目标奋勇前进，以优异成绩迎接中国共产党第十九次全国代表大会召开！

4日，中国共产党山西省第十一次代表大会在太原闭幕。骆惠宁主持闭幕式并作重要讲话。在总监票人和监票人监督下，到会的代表和特邀代表以无记名投票方式，选举出由81名委员、16名候补委员组成的中国共产党山西省第十一届委员会，选举出中国共产党山西省第十一届纪律检查委员会委员44名。随后大会通过关于十届省委报告的决议，批准骆惠宁代表十届省委所作的报告。大会通过关于省纪委工作报告的决议。大会完成各项议程后，骆惠宁发表重要讲话。他指出，中国共产党山西省第十一次代表大会，在大会主席团的领导下，经过全体代表的共同努力，圆满完成了各项议程。这次大会，以习总书记系列重要讲话精神为指导，总结了过去五年工作和重要启示，明确提出了治晋理政的总方略、总要求和总目标，系统部署了今后五年的重点工作，选举产生了新一届省委和省纪委。这次大会，是一次凝聚共识、激励奋进的大会，是一次积极向上、风清气正的大会。骆惠宁强调，这次大会从思想上、政治上、组织上，为全面正确有效地贯彻党的理论和路线方针政策，把中国特色社会主义在山西坚持和拓展好，提供了坚强保证和坚实基础。大会闭幕后，各级党组织要抓好学习宣传贯彻工作，激励全省党员干部群众共同为落实大会精神不懈奋斗。各位代表回到自己工作岗位后，要带头贯彻落实大会精神，充分发挥先锋模范作用。我们要用这次党代会焕发的崭新精神风貌，更好凝聚奋进力量，立足当前，面向未来，扎实做好各项工作。骆惠宁指出，以这次大会为标志，山西的历史翻开了新的一页。让我们更加紧密地团结在以习近平同志为核心的党中央周围，团结带领全省广大党员和人民群众，开拓进取，顽强拼搏，为全面建成小康社会，不断塑造美好形象、逐步实现振兴崛起而努力奋斗！

11　月

山西转型综改示范区管委会筹委会在太原成立

4日　山西转型综改示范区管委会筹委会成立大会在太原举行，标志着示范区建设进入了实质性推进阶段。代省长、山西转型综改示范区建设领导小组组长楼阳生出席并讲话。综改示范区位于太原都市区的核心区域，横跨太原、晋中两市，由太原高新技术产业开发区、太原经济技术开发区、太原武宿综合保税区、晋中经济技术开发区等4个国家级开发区，以及太原工业园区、山西榆次工业园区（含山西中鼎物流园、新能源汽车园）、山西科技创新城等3个省级开发区以及山西大学城，共8个园区整合而成，并向南、向北建立扩展区，南边向太原、晋中两市潇河区域扩展约344平方公里，北边向太原市阳曲县扩展约101平方公里，总面积达到约600平方公里。总规划面积约600平方公里。综改示范区将着力打造成新体制新机制新政策先行先试的配套改革先导区；战略性新兴产业创新发展高地；对内对外全面开放的综合平台；智慧化、低碳化的新型城区；管理规范、廉洁高效的样板区，为全省域转型综改试验发挥示范引领作用。

中共山西省第十一届省委第一次全体会议在太原举行

5日　中国共产党山西省第十一届委员会第一次全体会议在太原举行。骆惠宁主持会议。全会选举产生中共山西第十一届省委常委和书记、副书记，通过省纪委十一届一次全会选举结果。骆惠宁当选为省委书记，楼阳生、黄晓薇当选为省委副书记，骆惠宁、楼阳生、黄晓薇、高建民、孙绍骋、王伟中、盛茂林、任建华、罗清宇、张吉福、王清宪、廉毅敏当选为省委常务委员会委员。新当选的省委书记骆惠宁发表重要讲话。他说，到山西工作4个多月来，我已从心里融入山西人民。在山西发展的历史关头，我能与大家一起奋斗，深感荣幸。这次全会选举我担任省委书记，这是党和人民对我的信任和重托。我决心与全体委员一道，在以习近平同志为核心的党中央坚强领导下，认真履职，倾心倾力把工作做好，坚决不辱使命、不负重托。骆惠宁指出，学习宣传贯彻省第十一次党代表大会精神是当前和今后一个时期的重要政治任务。各位省委委员要带头深入学习领会好报告精神，全面把握报告作出的总体部署，结合实际抓好落实。要把学习宣传贯彻大会精神，与学习宣传贯彻党的十八届六中全会精神结合起来，与谋划明年工作结合起来，把学习宣传贯彻大会精神的过程变成凝聚共识、共同奋斗的过程。通过大会精神的学习宣传和持续贯彻，使全省人民感受到事业的新进步、生活的新变化、山西的新形象。骆惠宁要求，各级领导班子和领导干部要按照大会的部署，结合省委全年工作安排，抓紧做好当前各项工作。要按照省委常委会在研究三季度经济工作时作出的部署，多措并举，巩固和发展经济稳步向好势头。尤其是要抓好国企国资改革、开发区建设创新等重大改革的破题，深入推进“万名干部入企服务”，促进服务型政府建设，为做好明年工作奠定坚实基础。要激励干部干事创业、支持干部改革创新，有针对性地加强干部教育培训工作，激发干部内生动力，提高干部工作本领。要高度重视保障和改善民生，妥善安排好困难群众生产生活。坚持总体安全观，扎实做好社会治安综合治理工作，毫不放松地抓好煤矿安全生产，守住全社会系统安全底线。要抓住省党代会胜利召开带来的良好社会舆论环境和全省人民焕发出的崭新面貌，强化正面宣传、正面引导，推进山西美好形象的塑造。骆惠宁还对做好本省国家监察体制改革试点工作作出部署。骆惠宁强调，要深刻认识国家监察体制改革的重大意义，按照中央提出的指导思想、目标任务和基本要求，依照法律授权，加强组织领导，把握时间节点，解决具体问题，全面完成试点任务。骆惠宁要求，全省各地各有关部门党组织要担负起主体责任，主要领导亲自抓，确保拿出高质量的改革试点样品，向党中央交一份合格答卷。骆惠宁最后强调，站在新的历史起点，我们要团结带领全省人民走好山西新的长征路。让我们更加紧密地团结在以习近平同志为核心的党中央周围，忠诚担当、攻坚克难，为把省第十一次党代表大会描绘的宏伟蓝图在三晋大地变为现实而努力奋斗。

《山西省健全落实社会治安综合治理领导责任制实施办法》出台

6日 中共山西省委办公厅、山西省人民政府办公厅印发了《山西省健全落实社会治安综合治理领导责任制实施办法》，并发出通知，要求各地区、各部门结合实际认真贯彻落实。

中共山西省委印发《关于繁荣发展社会主义文艺的实施意见》

同日 中共山西省委印发《关于繁荣发展社会主义文艺的实施意见》。

中共中央确定山西为国家监察体制改革试点省

7日 中共中央办公厅印发《关于在北京市、山西省、浙江省开展国家监察体制改革试点方案》（以下简称《方案》），部署在3省市设立各级监察委员会，从体制机制、制度建设上先行先试、探索实践。《方案》指出，党中央决定，在北京市、山西省、浙江省开展国家监察体制改革试点工作。由省（市）人民代表大会产生省（市）监察委员会，作为行使国家监察职能的专责机关。党的纪律检查委员会、监察委员会合署办公，建立健全监察委员会组织架构，明确监察委员会职能职责，建立监察委员会与司法机关的协调衔接机制，强化对监察委员会自身的监督制约。《方案》要求，要加强对试点工作的统一领导。中央成立深化监察体制改革试点工作领导小组，对试点工作进行指导、协调和服务。试点地区党组织要担负起主体责任，对试点工作负总责，成立深化监察体制改革试点工作小组，由省（市）委书记担任组长。要把思想和行动统一到中央精神上来，牢固树立“四个意识”，强化担当精神，密切联系实际，创造性开展工作，坚决把党中央决策部署落到实处。试点地区纪委要细致谋划、扎实推进，做好试点方案的组织实施和具体落实。试点地区要加强调查研究，审慎稳妥推进改革，整合资源、调整结构，实现内涵发展，使改革取得人民群众满意的实效。

中共山西省十一届委员会召开第一次常委会会议

同日 中共山西省第十一届省委召开第一次常委会会议，省委书记骆惠宁主持。会议研究制定了《十一届省委常委会工作规则》《十一届省委书记专题会议工作规则》《十一届省委全会工作规则》，讨论《中共山西省委办公厅关于认真贯彻落实〈中共中央办公厅关于认真学习宣传党的十八届六中全会精神的通知〉的意见》和《中共山西省委关于认真学习宣传贯彻中国共产党山西省第十一次代表大会精神的通知》。会议指出，制定《十一届省委常委会工作规则》《十一届省委书记专题会议工作规则》《十一届省委全会工作规则》，是新一届省委贯彻党的十八届六中全会精神，落实省第十一次党代会部署，加强自身建设、提高治晋理政能力的重大举措，体现了全面从严治党的要求，对提高省委领导水平和执政水平，确保全面完成省第十一次党代会提出的总体思路和目标任务，具有重要意义。工作规则对常委会的基本遵循、分工协调、组织原则、议事决策、决策实施、监督工作，省委全会工作原则、主要职责、运行程序等作出规定，同时对省委书记专题会议也作出具体规定。工作规则全面贯彻了《关于新形势下党内政治生活的若干准则》和《中国共产党党内监督条例》，既体现了很强的思想性原则性，又有可操作的具体规范和要求，使省委工作程序更加规范、运行更加高效、决策更加科学、监督更加到位、落实更加有力，有利于进一步提高省委总揽全局、协调各方、善谋善断、攻坚克难、开拓创新能力。规则强调要始终在思想上政治上行动上与以习近平同志为核心的党中央保持高度一致，坚持正确政治方向，坚持党的基本路线，坚持民主集中制，坚持科学决策、民主决策、依法决策，认真履行全面从严治党主体责任，坚持和健全民主生活会制度。规则要求从省委常委做起，省委委员、候补委员要带头加强思想政治建设，严肃党内政治生活，坚持率先垂范、以上率下，勇于担当、敢于负责，切实做到为民、务实、清廉，为全省党员干部群众作出示范。会议指出，学习宣传贯彻好党的十八届六中全会精神，是当前和今后一个时期的重大政治任务。全省各级党组织要深刻领会、全面把握正式确立习近平总书记在党中央、在全党核心地位的重大里程碑意义，深刻领会、全面把握习近平总书记在全会上的重要讲话精神，深刻领会、全面把握《准则》和《条例》的基本要求，把思想和行动统一到全会精神上来。要充分发挥党委(党组)中心组和领导干部的示范带头作用，引导广大党员干部牢固树立"四个意识"特别是核心意识、看齐意识，自觉加强和规范党内政治生活，全面构建良好政治生态，为全面建成小康社会提供坚强保证。会议强调，省第十一次党代会的胜利召开，在山西党的建设和党领导的事业发展史上具有重要意义。党代会报告是团结带领全省人民全面建成小康社会，不断塑造山西美好形象、逐步实现山西振兴崛起的纲领性文件。要兴起学习宣传贯彻省第十一次党代会精神热潮，全面把握、深刻领会报告主要精神，特别要深刻领会以习总书记系列重要讲话精神为指引，开辟治晋理政新境界的总方略总目标，深刻领会以深化转型综改试验区建设牵引经济转型升级的重大任务，深刻领会经济、政治、文化、社会和生态文明等方面的重要部署，深刻领会关于党的建设的新部署新要求。各地各部门要精心组织学习宣传，根据大会精神进一步完善工作思路、制度安排、工作举措，对报告提出的目标任务进行责任分解，纳入目标责任考核，年度工作部署和阶段性工作都要围绕贯彻大会精神展开，对重大部署要加强督促检查，确保把大会提出的目标任务落到实处，用改革发展成果来检验学习贯彻的实际成效。会议审议通过《全省学习贯彻党的十八届六中全会精神和省第十一次党代会精神宣讲工作方案》。会议还研究了其他事项。

楼阳生在太原调研数字经济发展工作

8日—9日 楼阳生在太原市科达自控公司、中绿环保公司和山西长娥北斗公司调研数字经济发展工作。9日下午，楼阳生主持召开座谈会，听取太原市和省直相关部门的工作汇报，征求数字经济领域专家学者和知名企业的意见建议。楼阳生强调，要切实践行"五大发展"新理念，认真贯彻落实省党代会精神，实施大数据战略，推进"互联网+"，培育数字经济，建设智慧山西，加快创新驱动转型升级。楼阳生安排部署了发展数字经济当前要着力抓好的十项具体工作，强调要认真落实国务院关于促进大数据发展的行动纲要和省政府实施意见，坚持规划引领，坚持问题导向，抓紧研究制定操作层面的解决方案，积极支持太原实施大数据战略，尽快把数字经济培育成为促进全省创新驱动转型升级的重要支撑力量。

中央宣讲团来山西宣讲党的十八届六中全会精神

9日 按照中央统一安排，中央宣讲团到山西举行党的十八届六中全会精神宣讲报告会。中央宣讲团成员、全国人大内务司法委员会副主任委员强卫作宣讲报告。骆惠宁主持报告会。

中共山西省委办公厅　山西省人民政府办公厅印发《关于实行审计全覆盖的实施意见》的通知

同日 中共山西省委办公厅　山西省人民政府办公厅印发《关于实行审计全覆盖的实施意见》的通知。

全省脱贫攻坚干部帮扶工作会议召开

15日 省委、省政府召开全省脱贫攻坚干部帮扶工作视频会。骆惠宁对会议作出重要批示，盛茂林出席会议并讲话，郭迎光主持会议。会议围绕省第十一次党代会确定的脱贫攻坚目标任务，就加强帮扶力量、压实帮扶责任、完善帮扶机制、提升干部驻村精准帮扶工作满意度等工作作出进一步安排部署。骆惠宁在批示中指出，各级党委政府必须深入贯彻省第十一次党代会精神，更加自觉地把脱贫攻坚摆在全省工作的突出位置，贫困地区要以脱贫攻坚统揽经济社会发展全局，其他地方也要把脱贫攻坚放在关系全局的高度来认识、把握、部署和推动。必须全面落实党委政府脱贫攻坚的主体责任，党政主要领导要扛起脱贫攻坚的第一责任，以更多的精力、更大的努力，真抓实抓，亲力亲为。

楼阳生到长治市调研

15日—16日 楼阳生到长治市调研重点工程建设、工业转型升级、文化旅游业发展和脱贫攻坚等工作。在太焦高铁神农隧道位于长治县和高平市交界处的1号斜井工地，楼阳生实地察看了掘进作业情况，看望慰问正在紧张施工的一线工人。在长治县成功汽车、易通环能、日盛达太阳能和长治城区华杰光电公司，楼阳生深入生产车间，考察企业市场销售、行业前景、技术创新等情况。楼阳生勉励大家要坚定走下去，坚实走出来。在易通环能，楼阳生听取了农村废弃物综合利用项目介绍，要求尽快开展试点，让市场说话，让效益说话，让技术创新的成果给老百姓带来更多实惠。在华杰光电，楼阳生详细了解LED技术工艺，勉励企业持续创新技术，始终占据前沿，勇立行业潮头。调研中，楼阳生强调，要坚持以创新驱动转型，着力在发展壮大新兴产业上下功夫。要发挥企业主体作用，高效配置人才、资本、技术、管理等要素，加快推出有竞争力的产品。要发挥园区承载集聚功能，选准优势产业，完善产业链条，培育集群优势。要发挥政策引导作用，聚合各种资源和优势，为新兴产业发展壮大创造良好条件。

中共山西省委　山西省人民政府印发《关于建设山西转型综改示范区的实施方案》的通知

17日 中共山西省委　山西省人民政府印发《关于建设山西转型综改示范区的实施方案》的通知。

中共山西省委　山西省人民政府印发《关于开发区改革创新发展的若干意见》

同日 中共山西省委　山西省人民政府印发《关于开发区改革创新发展的若干意见》。

王岐山在山西调研

17日—18日 中共中央政治局常委、中央纪委书记、中央深化国家监察体制改革试点工作领导小组组长王岐山在省委书记骆惠宁陪同下，在山西就开展国家监察体制改革试点工作调研。他强调，要深入贯彻党的十八届六中全会精神，落实全面从严治党战略部署和深化国家监察体制改革的决策部署，构建权威高效的国家监察体系，推进国家治理体系和治理能力现代化。

王岐山指出，监察委员会实质上是反腐败机构，监察体制改革的任务是加强党对反腐败工作的统一领导，整合行政监察、预防腐败和检察机关查处贪污贿赂、失职渎职以及预防职务犯罪等工作力量，成立监察委员会，作为监督执法机关与纪委合署办公，实现对所有行使公权力的公职人员监察全覆盖。加强党的建设、全面从严治党，严肃党内政治生活、强化党内监督是最重要的标本兼治，深化国家监察体制改革目的正是完善党和国家的自我监督，不断增强自我净化、自我完善、自我革新、自我提高能力。

王岐山强调，在北京、山西、浙江先行先试，充分体现了中央的信任。信任就是鞭策和考验，考校的是“四个意识”和担当精神。党委要担负起主体责任，一把手负总责，纪委是专责，要把认识统一到中央的要求上来，联系本地区实际，发现问题、解决问题，为改革全面铺开和制定国家监察法提供实践基础。有理想但不能理想化，要聚焦试点方案确定的任务，把握好动态平衡，防止过犹不及。在全国人大常委会就试点工作作出有关决定后，先完成检察机关反贪等部门的转隶，确保思想不乱、工作不断、队伍不散，推动人员融合和工作流程磨合。监察委员会履行监督、调查、处置职责，与执法、司法机关有机衔接、相互制衡，实现依规治党和依法治国有机统一。

骆惠宁就京昆高速平阳段道路交通事故处置工作提出明确要求

21日 受雨雪天气影响，京昆高速平阳段太原方向65KM+500M处，发生多车先后相撞交通事故。截至晚21时，事故造成17人死亡，37人受伤，56辆车辆受损。事故发生后，省委、省政府高度重视。骆惠宁立即就事故处置工作作出指示，要求省有关方面负责同志即赴现场组织救援和处置。要以高度的责任感，全力以赴救治受伤人员，细致做好家属人员，妥善安置遇难人员等工作。骆惠宁指出，近期气候变化大，极端天气多发频发，极易引发道路交通事故。骆惠宁强调有关部门和单位要坚持问题导向，强化应对措施，查明事故原因，加强司乘人员安全教育，坚决遏制重特大道路交通事故发生，确保人民生命财产安全和社会稳定。代省长楼阳生要求有关部门和地方政府全力做好伤员救治、事故调查及善后处理工作。受骆惠宁、楼阳生指派，孙绍骋赶赴现场，组织指导抢险救援，看望慰问伤员，并对事故处理及善后事宜提出具体要求。事故发生后，省有关部门和地方政府立即启动应急响应，公安、交警、消防、交通、医疗等救援力量迅速赶赴现场全力以赴实施救援。

楼阳生调研金融工作

同日 楼阳生在太原市调研金融改革发展工作。楼阳生强调，要深入学习贯彻习近平总书记系列重要讲话精神和治国理政新理念新思想新战略，按照省党代会决策部署，深化改革、扩大开放，做大做强金融产业，更好服务实体经济和转型升级。

楼阳生赶赴盂县检查指导“11·21”交通事故伤者救治和善后处置工作

22日 楼阳生赶赴“11·21”交通事故现场，了解事故处置进展，到盂县人民医院看望事故受伤人员，召开安全生产紧急会议，要求认真落实国务院副总理马凯的重要批示精神，按照省委书记骆惠宁提出的明确要求，尽全力做好伤员救治和遇难者善后工作，全面加强各领域安全生产工作，全力保障人民群众生命财产安全。

全国人大常委会决定在山西等省、市开展国家监察体制改革试点工作

25日 十二届全国人大常委会第二十五次会议通过《在北京市、山西省、浙江省开展国家监察体制改革试点工作的决定》（以下简称《决定》），对三省市监察委由谁组成、如何产生、对谁负责等问题，作出了明确规定，为监察体制改革扫清了法律障碍。按照《决定》公布的内容，新的监察改革最重要的机构变化是，整合反腐败资源力量，在北京市、山西省、浙江省及所辖县、市、市辖区设立监察委员会，在现有的纪委系统中整合政府的监察厅（局）、预防腐败局及人民检察院查处贪污贿赂、失职渎职以及预防职务犯罪等部门的相关职能。《决定》并明确规定，试点地区监察委员会由本级人民代表大会产生，监察委员会主任由本级人民代表大会选举产生；监察委员会副主任、委员，由监察委员会主任提请本级人民代表大会常务委员会任免，监察委员会对本级人民代表大会及其常务委员会和上一级监察委员会负责，并接受监督。新的监察委员会拥有3项职权和12项措施。各地监察委员会有监督、调查、处置3项职权，监督检查公职人员依法履职、秉公用权、廉洁从政以及道德操守情况，调查涉嫌贪污贿赂、滥用职权、玩忽职守、权力寻租、利益输送、徇私舞弊以及浪费国家资财等职务违法和职务犯罪行为并作出处置决定，对涉嫌职务犯罪的，移送检察机关依法提起公诉。

省委召开常委会会议

同日 骆惠宁主持召开省委常委会会议。会议审定《关于落实省第十一次党代会报告目标任务的责任分解方案》，听取省政府党组关于《关于开发区改革创新发展的若干意见》和《关于建设山西转型综改示范区的实施方案》的汇报，通过《十一届省委议事协调机构调整设置方案》。会议原则通过《关于开发区改革创新发展的若干意见》《关于建设山西转型综改示范区的实施方案》。会议指出，要着眼“五体一位”总体布局、“四个全面”战略布局，按照服务大局、精简高效、务实管用、转变作风的要求，对省委议事协调机构进行调整优化。

楼阳生当选为山西省省长

28日 省十二届人大六次会议在太原举行。楼阳生当选为山西省省长，孙绍骋当选为山西省副省长。根据相关法律规定，楼阳生、孙绍骋分别单独进行宪法宣誓。

省政府召开全省安全生产电视电话会

同日 省政府召开全省安全生产电视电话会，学习贯彻全国安全生产电视电话会议精神，传达省委书记骆惠宁，省委副书记、省长楼阳生重要批示精神，通报全省安全生产情况，安排部署年终岁尾及下一阶段安全生产工作。孙绍骋出席会议。孙绍骋强调，全省上下要认真贯彻落实骆惠宁书记、楼阳生省长的重要批示精神，充分认清本省安全生产的严峻形势，深刻吸取事故教训，切实找准本省安全生产问题的根子，坚持问题导向，强化底线思维，全面摸清安全隐患和薄弱环节，着力强化针对性工作措施。要进一步压实安全生产责任，防止写到纸上、挂在墙上，就是落实不到责任上。要进一步完善细化工作方案，明确检查责任、检查方向、整改要求，增强方案的针对性、操作性和实效性。要切实加强风险管控和隐患排查治理，运用现代化信息化手段，一网多用，多网并用，严控源头，严管过程，做到实时监控。要进一步强化整改，对排查出来的隐患和问题，要列出清单、建立台账，做到整改责任、措施、资金、时限、预案"五到位"，跟踪督办，确保隐患真正消除，严防各类重特大事故发生。

省工会第十三次代表大会在太原开幕

30日 山西省工会第十三次代表大会在太原工人文化宫开幕。骆惠宁、楼阳生出席。中华全国总工会党组书记、副主席、书记处第一书记李玉赋出席大会并代表中华全国总工会致祝词。省人大常委会副主任、大会主席团常务主席、大会执行主席田喜荣主持。李玉赋向大会召开表示热烈祝贺，向全省广大职工和工会干部致以诚挚的问候，向长期关心、重视和支持工会工作的中共山西省委、省人大、省政府、省政协及社会各界表示衷心的感谢。黄晓薇在祝词中充分肯定过去五年特别是党的十八大以来，全省广大职工和各级工会在推动山西经济社会发展中的突出贡献。黄晓薇强调，为实现中华民族伟大复兴的中国梦而奋斗是我国工人运动的时代主题。工人阶级和广大劳动群众始终是推动经济社会发展、维护社会安定团结的根本力量。会上，省总工会第十二届委员会向大会作了报告并以书面报告形式向大会提交了《山西省总工会第十二届委员会财务工作报告》《山西省总工会第十二届经费审查委员会工作报告》，提请与会代表审议。来自全省各行各业的700名省工会第十三次代表大会的代表和32名特邀代表参加了大会。参加开幕式还有，全国总工会有关部门负责同志，省市产业工会老领导、老同志，部分著名劳动模范、有突出贡献的科技人员代表和省各人民团体负责人。

李玉赋在省国有企业调研

同日 中华全国总工会党组书记、副主席、书记处第一书记李玉赋在出席山西省工会第十三次代表大会期间，深入省属国有企业太重集团、山西焦煤西山煤电官地矿进行调研。黄晓薇陪同调研。调研中，李玉赋非常关心化解过剩产能过程中职工权益实现情况和安全生产情况。在听取山西焦煤集团开展供给侧结构性改革去产能职工分流安置工作和"安康杯"竞赛工作情况介绍后，李玉赋指出，广大企业特别是化解过剩产能企业要把"去产能、保发展、抓安全、促稳定"的口号叫响抓实，真正把职工群众安危冷暖放在心上，多做打动人心、温暖人心、影响人心、赢得人心的工作，引导职工支持参与供给侧结构性改革，在共建共享发展中有更多获得感，自觉维护社会稳定大局。

12 月

全省开发区改革创新发展会议在太原召开

1日 省委省政府召开全省开发区改革创新发展会议。骆惠宁主持会议，并就推进开发区改革创新发展的努力方向、工作方针和重点要求作了讲话。楼阳生进行动员部署。会议强调，以这次会议为标志，本省开发区建设迈入了新阶段。各地各部门要以强烈的改革创新意识、只争朝夕的工作态度，加强领导，明确责任，强化措施，严格考核，上下同心办好开发区改革创新发展这件大事，奋力开创全省转型综改新局面，汇聚起促进开发区改革创新发展和全省转型升级的强大正能量。会议以电视电话会议的形式召开，主会场设在省委会议厅，各市、县设分会场。省直有关部门班子成员或主要负责同志，省级以上开发区管委会主任在主会场参加会议；各市和县（市、区）党政主要负责同志、有关负责同志以及有关部门班子成员在分会场参加会议。

郭声琨在山西公安系统调研

1日—3日 国务委员、公安部部长郭声琨来山西省调研。郭声琨先后在省公安厅警务云平台、便民服务在线平台、反恐合成作战平台，以及太原、忻州市公安局基层派出所、警务室调研，看望慰问一线民警。郭声琨强调，要深入学习贯彻党的十八届六中全会精神，认真贯彻落实习近平总书记系列重要讲话和关于公安工作的重要指示精神，切实增强"四个意识"特别是核心意识、看齐意识，牢记职责使命、勇于担当负责，扎实做好岁末年初维护国家安全和社会稳定各项工作，精心谋划2017年公安工作的思路举措，努力创造安全稳定的社会环境。调研期间，郭声琨还在太原主持召开部分省区市公安机关座谈会，听取各地意见建议，研究谋划2017年公安工作。骆惠宁出席座谈会并致辞。骆惠宁在致辞中介绍了山西省情特征和当前发展态势。

省政府召开常务会议

2日 楼阳生主持召开省政府第138次常务会议。会议通过了山西省贯彻中医药发展规划纲要（2016—2030年）实施方案、全民科学素质行动计划纲要实施方案（2016—2020年）、"十三五"加快残疾人小康进程发展规划；研究文化市场综合执法改革、妇女儿童工作、流动人口服务管理、文物保护等事项。会议听取了山西省贯彻第六次全国妇女儿童工作会议情况汇报，要求贯彻男女平等基本国策和儿童优先原则，为妇女创业就业、参与经济社会事务管理搭建平台、创造条件，维护妇女儿童权益，促进妇女儿童事业与经济社会协调发展。会议还通过了山西省文物建筑构件保护办法（草案），要求依法加强文物保护和管理工作，开展打击偷盗破坏文物专项行动，以"上对五千年文明负责，下对子子孙孙有交待"的态度，把老祖宗留给我们的宝贵遗产保护好、传承好、发扬好。会议决定，创新太原论坛举办机制，采用市场化、专业化运作模式，努力把太原论坛打造成国家级、国际化、专业化的知名论坛。会议还研究了其他事项。

楼阳生到省环保厅调研

3日 楼阳生到省环保厅调研。在省环保厅，楼阳生考察了环境监控中心污染源自动监测运行系统，听取全省在线监测情况介绍，查看相关企业废气、废水实时监控状况，详细了解监测覆盖面、超标排放现象处置程序和整改效率等情况。随后，楼阳生主持召开座谈会，听取全省环保工作和近期我省发生的违法排污事件调查情况汇报。楼阳生强调，要深入学习贯彻习近平总书记关于生态文明建设的重要指示精神，切实践行"五大发展"新理念，牢固树立正确的政绩观，坚持问题导向，着力标本兼治，扎实有效做好生态环境保护工作，自觉走"绿水青山就是金山银山"的发展之路。

骆惠宁到企业调研

6日—7日 骆惠宁到山西焦煤集团、太重集团就深入贯彻省第十一次党代会精神、推动供给侧结构性改革进行调研。6日，骆惠宁在焦煤集团白家庄矿了解煤炭去产能和职工分流安置情况，主持召开座谈会，听取企业负责人和分流转岗职工的发言。骆惠宁指出，山西的煤矿工人是有组织、能吃苦、讲奉献的队伍。深化供给侧结构性改革，离不开广大职工的支持。焦煤集团要带领分流转岗职工二次创业，闯出一条发展新路。7日，骆惠宁在太重集团主持召开座谈会，听取10位企业负责人关于企业运行情况和明年发展规划的发言，围绕深化供给侧结构性改革、促进实体经济发展与大家交流讨论。骆惠宁强调，要深入贯彻落实省第十一次党代会精神，牢固树立新发展理念，把握发展大势，强化改革思维，把深化供给侧结构性改革与深化转型综改试验区建设紧密结合起来，大力支持实体经济发展，培育壮大市场主体，推动全省发展动力、结构、方式全面转变，进一步促进经济稳步向好。

楼阳生在京考察汉能控股集团

13日 楼阳生在北京考察了汉能控股集团，并出席山西太原移动能源产业园签约仪式。在北京总部，楼阳生听取了汉能集团董事局主席李河君的情况介绍，考察了薄膜发电产品体验中心和清洁能源展示中心，详细了解企业发展历程、技术创新、产品运用等情况。在工作会谈时，楼阳生介绍了本省深化转型综改的重大举措，传递了山西攻坚克难、振兴崛起的坚定信心，祝贺山西太原移动能源产业园合作项目成功签约。李河君高度评价山西干部高效务实的作风，表示这一项目谈得最晚，但签约最快，将认真履行合作协议，加强务实合作，一定办好山西太原移动能源产业园，为山西创新驱动、转型升级增添新的力量、培育新的动能。

省政府发布《山西省深化制造业与互联网融合发展的实施方案》

同日 省政府发布《山西省深化制造业与互联网融合发展的实施方案》，并将重点任务一一分解到具体单位。此举旨在协同推进"山西制造"振兴和"互联网+"行动深度融合与创新发展，培育新兴业态，促进本省供给侧结构性改革，打造经济发展新动能。《方案》提出，到2020年，制造业骨干企业普及网络化、信息化，智能化制造形成亮点和特色；全省建设一批智能生产线、智能车间、智能企业等示范标杆；制造业重点行业骨干企业互联网"双创"平台普及率、工业云企业用户数量、库存周转率、能源利用率明显提升，新产品研发周期明显缩短；数字化研发设计工具普及率达到68%，关键工序数控化率达到48%。

黄晓薇到团省委调研

15日 黄晓薇到团省委，就深入学习贯彻党的十八届六中全会精神和省第十一次党代会精神，进一步做好新形势下的共青团工作进行调研。黄晓薇先后到山西青少年报刊社、山西清控众创空间、青少年维权中心，详细了解团报事业发展、服务青年创业、维护青少年权益等方面情况。

山西省出台四项煤层气产业发展新政

同日 为加快推进煤层气支柱产业建设，山西省出台《关于加大用地政策支持力度促进煤层气产业发展的通知》《关于煤层气矿业权审批和监管的实施意见》《关于完善煤层气试采审批管理工作的通知》《关于印发山西省煤层气和煤炭矿业权重叠区争议解决办法（试行）的通知》等相关政策，与《关于委托山西省国土资源厅在山西省行政区域内实施部分煤层气勘查开采审批登记的决定》一起，构成了山西省实施煤层气矿业权审批制度改革的主要政策体系。这一制度"破冰"，把改革创新和规矩规范统一起来，把开放市场和有序管理统一起来，把产业发展和市场开拓统一起来，把项目建设和群众利益统一起来，实现了本省转型综改试验区综合配套改革在煤层气行业的突破。

省政府与科技部举行省部工作会商

16日 省政府与科技部在北京举行省部工作会商。全国政协副主席、科技部部长万钢，省委副书记、省长楼阳生出席并讲话。自2013年山西省与科技部开展工作会商以来，科技部给予山西大力支持帮助，山西科技创新城建设、绿色循环低碳发展、新能源汽车产业、气化山西建设以及科技体制机制改革等议定事项稳步推进，本省科技创新能力明显提升，创新创业生态不断优化，科技进步水平综合指数在全国的位次前移，为创新驱动、转型升级提供了有力支撑。会谈中，万钢充分肯定了近年来山西省科技创新工作取得的成绩，对山西省委省政府全面深化转型综改、促进创新驱动转型升级的思路和做法给予积极评价。万钢说，山西省委、省政府高度重视科技创新，把实施创新驱动作为第一战略来抓，这是切实践行"五大发展"新理念的具体行动。希望山西以深化转型综改为契机，先行先试，大胆实践，在科技体制改革、创新体系建设、重大项目攻关等方面积极探索，在电力综合改革、现代服务业发展、人才强省等方面取得新突破，更好地带动转型升级、振兴崛起。楼阳生表示，科技部将继续给予山西更多支持，帮助山西推进创新型省份建设，加快深化转型综改步伐。

省委召开常委扩大会议

17日 省委召开常委扩大会议，骆惠宁主持并讲话。会议传达学习中央经济工作会议精神。骆惠宁指出，习总书记在中央经济工作会议上发表的重要讲话，总结了十八大以来的经济工作，深刻分析了国际国内经济形势，科学阐明了2017年经济工作的主要目标和宏观政策，全面部署了深化供给侧结构性改革、加快推进关键性改革等重点工作，并对加强和改善党对经济工作的领导提出了明确要求，是一篇闪烁着真理光辉的中国特色社会主义政治经济学的重要文稿。李克强总理的重要讲话，回顾和总结了2016年的经济工作，阐释和部署了2017年经济工作的政策取向和目标任务。这次会议为做好2017年经济工作指明了方向和路径，意义十分重大。我们要把思想和行动统一到中央决策部署上来，切实增强做好2017年经济工作的信心和决心。要深刻领会中央经济工作会议精神实质，准确把握我省经济发展的方向。一要把握"稳中求进"工作总基调。二要把握宏观经济政策的取向。三要把握深化供给侧结构性改革的部署。四要把握统筹推进经济工作的任务。五要把握关键性改革的举措。六要把握加强经济工作领导的要求。骆惠宁强调，要认真抓好中央经济工作会议精神的贯彻，确保我省经济不断稳步向好。要进一步抓好党员领导干部的学习，深入调研，联系实际思考解决问题，把2017年经济工作的思路、目标和措施谋划好，以人一之我十之的精神，更加奋发有为，确保中央大政方针得到正确有效贯彻，确保省第十一次党代会精神得到具体有效贯彻。

省脱贫攻坚领导小组召开全体会议

同日 省脱贫攻坚领导小组召开全体会议，安排部署2016年脱贫攻坚巡查反馈意见整改工作和全省脱贫工作成效考核综合督查工作。骆惠宁、楼阳生分别作出批示，省脱贫攻坚领导小组副组长、副省长郭迎光出席会议并讲话。会议指出：今年以来，在省委、省政府的坚强领导下，领导小组各成员单位共同努力，全省脱贫攻坚顶层设计逐步完善，政策体系基本建立，重点工作有序推进，超常规举措取得突破，脱贫攻坚有成绩有亮点，但也存在明显差距和突出短板。领导小组各成员单位要讲政治，讲大局，坚持目标导向问题导向，扎实采取有针对性的措施，做好巡查发现问题的整改工作，补好短板，压实责任，务求实效。各牵头部门和各配合部门要认真对待整改工作，对照各自承担的整改任务，逐项列出问题清单，深入剖析问题成因，研究制定整改方案，提出明确具体的整改措施和整改要求，持续加大整改力度，确保整改工作不留死角，收到实效。会议强调，综合督查重点是11个市、58个贫困县。要突出减贫成效、精准识别、精准帮扶、扶贫资金使用、组织领导5方面内容，对各市县一年来脱贫攻坚工作进行全面督查。参加督查的各单位要提高认识，主动作为，敢于较真、敢于碰硬，把功夫下在推动政策落地、发现和解决突出问题上，特别是要针对2016年脱贫攻坚巡查发现的问题，有效推动整改工作。各市、各贫困县主要负责人要深入基层，随机核查，盯住问题，推动整改，不达目标绝不罢手。会议原则通过《2016年脱贫攻坚巡查发现问题整改工作方案》《2016年度山西省脱贫工作成效考核综合督查方案》。

省委召开常委会会议

同日 骆惠宁主持召开省委常委会会议。会议传达学习全国高校思想政治工作会议精神，研究我省贯彻落实意见，安排部署山西省选举出席党的十九大代表工作，决定近期召开省委十一届二次全体会议暨经济工作会议。会议通过《山西省选举出席党的十九大代表工作方案》。会议指出，选举出席党的十九大代表是一项十分重要的政治任务。要按照中央部署和要求，以党章为根本遵循，加强组织领导，突出政治标准和先进性，发扬民主、规范程序、严肃纪律，圆满完成党的十九大代表选举工作。会议决定，12月28日至30日召开省委十一届二次全体会议暨经济工作会议。

楼阳生在太原市调研

19日—20日 楼阳生在太原市调研新材料产业发展情况。19日，楼阳生到太钢集团、晋西春雷铜业公司和山西汇镪磁性材料公司企业车间，察看了生产线和产品展示，与企业负责人和技术人员深入交谈，详细了解企业技术创新、工艺流程和产品市场化等情况。在山西钢科碳材料公司原丝和碳丝车间楼阳生实地考察了高端碳纤维项目，在中国电子科技集团第二研究所，楼阳生调研了碳化硅半导体材料生长间、展示区和重点实验室。20日下午，在省政府召开新材料产业座谈会，在听取省经信委工作汇报和企业、科研机构意见建议后，楼阳生强调，要切实践行新发展理念，以中国制造2025需求为牵引，发挥本省优势，加大支持力度，加快把新材料产业培育成为创新驱动、转型升级的战略支撑。

省政府新闻办解读《关于实行审计全覆盖的实施意见》

20日 省政府新闻办举行新闻发布会，就省委办公厅、省政府办公厅近日印发的《关于实行审计全覆盖的实施意见》进行政策解读。12月9日，省委办公厅、省政府办公厅印发山西省《关于实行审计全覆盖的实施意见》。审计全覆盖具体包括四个方面：一是对公共资金审计全覆盖，即对所有管理税收、非税收入、政府债务等财政性资金和其他社会公共资金的部门、单位，筹集、管理、分配、使用公共资金全过程实行审计全覆盖。二是对国有资产审计全覆盖，即对掌管各类国有资产的部门、单位、国有企业，管理、使用和运营各类国有资产情况实行审计全覆盖。三是对国有资源审计全覆盖，即对土地、矿产、水域、森林、草原等国有自然资源，特许经营权、排污权等国有无形资产，以及法律法规规定属于国家所有的其他资源管理和开发利用情况实行审计全覆盖。四是对领导干部经济责任审计全覆盖，即对各级党委、政府、审判机关、检察机关，各级党政工作部门、事业单位、人民团体等单位的党委(党组、党工委)和行政正职领导干部(包括主持工作1年以上的副职领导干部)，国有企业法定代表人，以及实际行使相应职权的企业领导人员贯彻执行党和国家经济方针政策、决策部署，遵守有关法律法规和财经纪律，本地区本部门本单位发展规划和政策措施制定、执行情况及效果，重大决策和内部控制制度的执行情况及效果，本人遵守党风廉政建设有关规定等情况实行审计全覆盖。审计机关将坚持党政同责、同责同审，对依法属于审计监督范围的所有部门和单位，领导干部和领导人员履行经济责任情况进行全面审计，不断加大审计全覆盖的广度、深度，有重点、有步骤、有深度、有成效地实现五年审计周期内的审计全覆盖。

省委中心组举行(扩大)学习报告会

24日 省委中心组举行(扩大)学习报告会。骆惠宁、楼阳生、黄晓薇、薛延忠等省委常委，省人大、省政府、省政协负责同志，省法院院长、省检察院检察长出席会议。省委常委、宣传部长王清宪主持会议。上海市发展和改革委员会主任、党组书记沈晓初作了题为“以开放引领改革，以改革释放活力”的专题报告。沈晓初从经济社会发展情况及其面临的主要问题、上海推进的一些重大改革任务、深化经济体制改革的主要体会三个方面，介绍了上海改革开放的经验和做法。

省委召开常委会会议

27日 骆惠宁主持召开省委常委会会议。会议传达学习了中央农村工作会议精神和全国扶贫开发工作会议精神，研究贯彻落实意见；分析全省经济形势，研究提出2017年经济社会发展目标任务、政策导向和主要措施；审议通过《中共山西省委群团工作改革方案》、省总工会共青团省委省妇联改革实施方案；传达学习十八届中央第十一轮巡视工作动员部署会议精神，研究讨论十一届省委第一轮巡视工作意见。会议原则通过《中共山西省委群团工作改革方案》《山西省总工会改革实施方案》《共青团山西省委员会改革实施方案》《山西省妇联改革实施方案》。会议指出，十一届省委巡视工作要以党的十八届六中全会精神为强大思想武器，提高政治站位，聚焦主要任务，总结运用十届省委巡视经验，科学统筹谋划。要突出问题导向，坚持挺纪在前，创新机制方法，提高政策水平，确保巡视质量，把全面从严治党不断引向深入。会议还研究了其他事项。

中国共产党山西省第十一届委员会第二次全体会议暨经济工作会议在太原召开

29日—31日 中国共产党山西省第十一届委员会第二次全体会议暨经济工作会议在太原召开，会议由省委常委会主持。骆惠宁作重要讲话，楼阳生作具体部署。

会议认为，今年以来，面对错综复杂形势和艰巨繁重任务，我们全面落实党的十八大和十八届三中、四中、五中、六中全会精神，深入贯彻习总书记系列重要讲话精神和治国理政新理念新思想新战略，积极执行中央关于经济工作的决策部署，在继续实施“五句话”总体思路的同时，提出并落实“一个指引、两手硬”重大思路和要求，切实加强和改善对经济工作的领导，团结带领全省人民攻坚克难、转型发展，经济发展取得稳步向好的积极成效，实现了下半年好于上半年的工作目标。经济增长低位企稳回升，经济结构和增长方式有所优化，改革开放取得新进展，民生保障水平进一步提高，生态环境质量持续改善。全省经济正在发生一些标志性、转折性、趋势性变化，经济发展的方向更加明确，稳步向好的基础不断巩固，干事创业的氛围日益浓厚。这一局面的形成，实属来之不易，应该倍加珍惜。同时必须清醒看到，全省经济社会发展还有不少困难和问题，要进一步采取有力举措加以解决。

会议指出，要认清形势、把握大局，科学确定2017年经济工作主要目标和政策导向。2017年将召开党的十九大。2017年是全面贯彻省第十一次党代会精神的起步之年，是供给侧结构性改革的深化之年，也是山西走出经济困难局面的攻坚之年，做好经济工作意义重大。总的要求是，深入贯彻习近平总书记系列重要讲话精神和治国理政新理念新思想新战略，统筹推进“五位一体”总体布局，协调推进“四个全面”战略布局，认真贯彻中央经济工作会议精神和省第十一次党代会总体部署，坚持新发展理念，坚持稳中求进工作总基调，坚持深化供给侧结构性改革与深化转型综改试验区建设有机结合，坚持以提高发展质量和效益为中心，全面实施创新驱动、转型升级战略，全力促进经济稳步向好和社会和谐稳定，为塑造美好形象、实现振兴崛起奠定更加坚实的基础，以优异成绩迎接党的十九大胜利召开。做好2017年经济工作，要坚持稳中求进工作总基调，着眼于稳，要确保经济基本面稳定，确保社会大局稳定，确保安全生产形势总体稳定，确保社会舆情稳定；着眼于进，要在提高质量和效益前提下实现经济增长，坚定不移推进转型发展，加快推进改革创新，促进干部队伍能力提升。要确立合理的增长预期目标，认真贯彻中央提出的宏观经济政策，落实好积极有效的财政政策、稳健中性的货币政策，引导社会预期、增强发展信心，把各方面的积极性和创造力充分激发出来，推动转型发展取得实质性进展。

会议强调，要牢牢主线、开拓进取，全力抓好2017年经济社会发展重点任务。把深化供给侧结构性改革与深化转型综改试验区建设作为全省经济工作的主线，多策并举抓好落实，促进新发展理念在山西落地生根。

会议号召，做好2017年工作意义重大，任务艰巨。让我们紧密团结在以习近平同志为核心的党中央周围，众志成城，开拓进取，推动山西各项工作迈上新台阶，以优异成绩迎接党的十九大胜利召开。

(刘玉太　成晓明)

附　录

山西省2016年国民经济和社会发展情况

2016年，面对错综复杂形势和艰巨繁重任务，全省上下深入贯彻落实省委“一个指引、两手硬”的重大思路和要求，坚定不移推进供给侧结构性改革，坚定不移实施创新驱动、转型升级战略，统筹稳增长、促转型、调结构、惠民生、防风险各项工作，全省经济社会发展取得新成就，全面建成小康社会迈出新步伐。

一、综　合

据2016年人口抽样调查，年末全省常住人口3681.64万人，比上年末增加17.52万人。全年全省出生人口37.79万人，人口出生率10.29‰；死亡人口20.27万人，死亡率5.52‰；自然增长率4.77‰。

初步核算，全年全省生产总值12928.3亿元，按可比价格计算，比上年增长4.5%。其中，第一产业增加值784.6亿元，增长2.9%，占生产总值的比重6.1%；第二产业增加值4926.4亿元，增长1.5%，占生产总值的比重38.1%；第三产业增加值7217.4亿元，增长7.0%，占生产总值的比重55.8%。

人均地区生产总值35199元，按2016年平均汇率计算为5299美元。

全年全省一般公共预算收入1557.0亿元，下降5.2%。税收收入1036.7亿元，下降1.9%，其中，国内增值税、营业税、企业所得税、个人所得税、资源税和城市维护建设税共计完成税收859.4亿元，下降2.3%。一般公共预算支出3441.7亿元，与上年基本持平。其中，教育、医疗卫生、社会保障和就业、住房保障、公共交通运输、节能环保、城乡社区事务等民生支出2837.8亿元，同口径增长5.0%。

全省居民消费价格比上年上涨1.1%，其中，食品价格(不含烟酒)上涨3.3%。商品零售价格上涨0.5%。固定资产投资价格与上年持平。工业生产者出厂价格下降3.2%，其中,生产资料价格下降3.3%，生活资料价格下降1.0%。工业生产者购进价格下降1.9%。农业生产资料价格下降0.2%。

全年全省城镇新增就业46.46万人。转移农村劳动力34.36万人。年末城镇登记失业率3.52%。

二、农　业

全年全省农作物种植面积3720.8千公顷，比上年减少46.9千公顷。其中，粮食种植面积3241.4千公顷，减少45.8千公顷；蔬菜种植面积257.0千公顷，增加0.2千公顷；油料种植面积114.7千公顷，减少6.5千公顷。在粮食种植面积中，玉米种植面积1624.8千公顷，减少52.1千公顷；小麦种植面积672.9千公顷，减少2.2千公顷。果园面积355.8千公顷，减少6.9千公顷。

全年全省粮食产量1318.5万吨，增加58.9万吨，增产4.7%。其中，夏粮275.0万吨，增产0.8%；秋粮1043.5万吨，增产5.8%。

全年全省完成造林面积266.7千公顷，下降5.1%。

全年全省猪牛羊肉总产量70.9万吨，下降3.0%。其中，猪肉产量57.5万吨，下降4.5%；牛肉产量5.9万吨，增长0.7%；羊肉产量7.4万吨，增长7.6%。年末生猪存栏449.7万头，生猪出栏748.9万头。牛奶产量95.1万吨，增长3.5%。禽蛋产量89.1万吨，增长2.1%。水产品产量5.2万吨，下降0.3%。

年末全省农业机械总动力1744.3万千瓦，增长2.5%。机械耕地面积2715.7千公顷，下降0.8%；机械播种面积2606.3千公顷，下降1.5%；机械收获面积1829.0千公顷，增长0.2%。全年全省农机化经营总收入91.1亿元。

三、工业和建筑业

全年全省规模以上工业增加值增长1.1%。其中，战略性新兴产业占比12.6%，比上年提高1.2个百分点。

全年全省规模以上工业企业实现主营业务收入13957.0亿元，下降3.7%。其中，医药工业实现主营业务收入177.1亿元，增长2.6%；煤炭工业实现5381.0亿元，下降6.9%；冶金工业实现2522.4亿元，下降8.3%；装备制造业实现1582.3亿元，增长6.1%；电力工业实现1417.9亿元，下降4.7%；焦炭工业实现909.5亿元，增长15.7%；化学工业实现614.4亿元，下降12.6%；食品工业实现668.6亿元，增长1.6%；建材工业实现346.4亿元，增长8.7%。

全年全省规模以上工业实现利税928.7亿元，增长49.5%；实现利润208.7亿元，其中，国有控股企业实现利润57.8亿元。规模以上工业企业每百元主营业务收入中的成本84.64元，下降2.63元。

全年全省建筑业实现增加值895.6亿元，增长5.2%。具有建筑业资质等级的总承包和专业承包建筑业企业实现利润102.5亿元，增长9.3%。

四、能　源

全年全省一次能源生产折标准煤6.3亿吨，下降13.1%；二次能源生产折标准煤4.7亿吨，下降13.2%。

全年向省外输送电力713.3亿千瓦小时，下降1.0%。

全年全省全社会用电总量1797.2亿千瓦小时。其中，第一产业用电38.5亿千瓦小时，占全社会用电量的比重2.1%；第二产业用电1410.3亿千瓦小时，占全社会用电量的比重78.5%，其中工业用电1391.1亿千瓦小时；第三产业用电178.0亿千瓦小时，占全社会用电量的比重9.9%；城乡居民生活用电170.4亿千瓦小时，占全社会用电量的比重9.5%。

五、固定资产投资

全年全省全社会固定资产投资14285.0亿元，增长1.0%。其中，固定资产投资（不含跨省、农户）13859.4亿元，增长0.8%。

在固定资产投资（不含跨省、农户）中，基础设施投资完成2571.9亿元，增长11.0%。

在固定资产投资（不含跨省、农户）中，国有及国有控股投资4691.6 亿元，下降9.4 %；民间投资9024.1亿元，增长7.4 %。

分登记注册类型看，内资企业和个体经营投资13576.3亿元，增长0.5 %；外商及港澳台商企业投资283.1亿元，增长18.5 %。

分产业看，第一产业投资1797.4亿元，增长19.8 %；第二产业投资4908.5亿元，下降5.7 %；第三产业投资7153.4亿元，增长1.6 %。

全省工业投资（含第三产业中开采辅助活动和金属制品、机械和设备修理业）4961.6亿元，下降6.1 %。其中，煤炭工业投资769.2亿元，下降26.6 %，非煤产业投资4192.4亿元，下降1.0 %；传统产业（煤炭、焦炭、冶金、电力）投资合计2016.2亿元，下降18.6 %，非传统产业投资合计2945.4亿元，增长4.9 %。

全年全省在建固定资产投资项目23317个。其中，亿元以上项目 2713个，计划总投资19135.7亿元，完成投资5707.5亿元。

全年全省房地产开发投资1597.4亿元，增长6.9 %。其中，住宅投资1141.1亿元，增长3.9 %；商业营业用房投资217.3亿元，增长26.9 %。

六、国内贸易

全年全省社会消费品零售总额6480.5亿元，增长7.4%。按经营地统计，城镇消费品零售额5284.5亿元，增长7.5%；乡村消费品零售额1196.0亿元，增长7.1%。按消费形态统计，商品零售额5904.5亿元，增长7.5%；餐饮收入额576.0亿元，增长6.9%。

全年全省限额以上单位消费品零售额2325.7亿元，增长1.1%。其中，限额以上批发零售业单位网上零售额28.7亿元，增长70.7%，占限额以上零售额比重1.2%。

七、对外经济

全年全省海关进出口总额1099.0亿元，增长20.5%。其中，进口额443.6亿元，增长14.2%；出口额655.3亿元，增长25.2%。

全年出口煤炭1.3万吨，下降94.5%；出口焦炭24.3万吨，下降65.6%；出口镁及其制品4.9万吨，下降15.3%；出口钢材142.2万吨，下降2.7%，其中不锈钢79.9万吨，增长10.4%。出口机电产品479.5亿元，增长44.3%；出口高新技术产品415.5亿元，增长68.3%。

全年进口铁矿砂879万吨，下降34.3%，进口金额30.1亿元，下降35.3%；进口机电产品257.4亿元，增长30.6%。

全年全省新设立外商直接投资企业30家；按全口径统计实际使用外商直接投资金额23.3亿美元，下降18.7%。

全年全省对外经济合作新签合同额2.2亿美元，下降36.2%，完成营业额6.9亿美元，下降7.0%。

八、交通、邮电和旅游

年末全省公路线路里程14.2万公里，其中高速公路5262.5公里。民用航空航线187条。

年末全省民用汽车保有量530.6万辆（包括三轮汽车和低速货车4.2万辆），比上年末增长12.0%，其中私人汽车

477.0万辆，增长13.8%。本年新注册汽车69.6万辆，增长14.7 %。年末轿车保有量329.5万辆，增长13.6%，其中私人轿车311.5万辆，增长15.0%。

全年全省完成邮电业务总量794.8亿元，增长55.4%。其中，邮政业务总量56.9亿元，增长31.9%；电信业务总量737.9亿元，增长56.6%。年末移动电话用户3365.7万户，其中，3G 移动电话用户374.2万户，4G移动电话用户1885.4万户。全省宽带接入用户747.2万户，增长3.2%。

全年全省商业住宿设施接待入境过夜游客63.0万人次，接待国内旅游者4.4亿人次，分别增长6.1%和23.1%；旅游外汇收入3.2亿美元，增长6.8%；国内旅游收入4228.0亿元，增长23.3%；旅游总收入4247.1亿元，增长23.2%。

九、金　融

年末全省金融机构本外币各项存款余额30869.1亿元，比年初增加2227.7亿元，比年初增长7.8%。各项贷款余额20356.5亿元，比年初增加1781.7亿元，增长9.6%。

年末全省农村金融合作机构（农村信用社、农村合作银行、农村商业银行）人民币存款余额6330.3亿元，比年初增加680.0亿元，比年初增长12.0%；人民币贷款余额3727.2亿元，比年初增加106.3亿元，增长2.9% 。

年末全省共有上市公司38家。全省辖区证券市场各类证券成交额35139.8亿元，下降37.4%。其中股票成交额22273.9亿元，下降52.6%；基金成交额723.4亿元，下降58.8%；债券成交额12142.5亿元，增长65.4%。年末投资者资金账户累计开户数313.4万户，增长29.7%。

全年全省保费收入700.6亿元，增长19.4%。其中，寿险业务保费收入455.3亿元，增长20.7%；健康险业务保费收入59.9亿元，增长46.6%；意外险业务保费收入11.2亿元，增长22.1%；财产险业务保费收入174.2亿元，增长9.2%。全年支付各类赔款及给付239.0亿元，增长21.3%。

十、教育和科学技术

年末全省共有幼儿园6708所，小学6043所，普通初中1850所，普通高中503所，中等职业教育学校544所，普通高等学校80所，成人高等学校11所。全省学前教育毛入园率88.2%，小学学龄儿童净入学率99.9%，高中阶段毛入学率93.9%，高等教育毛入学率43.1%。

全年全省专利申请量20031件，增长34.0%。其中，发明专利申请量8208件，增长44.5%。全省专利授权量10062件，增长2.0%。其中，发明专利授权量2411件，下降1.0%。全年新登记科技成果259项。获得国家科学技术奖5项。国家级企业技术中心26家，省级企业技术中心221家。按照国家高新技术企业认定办法，年末累计高新技术企业930家。

全省25个经济开发区（包括高新区），全年区内税收收入192.6亿元，与上年基本持平；企业主营业务收入6370.0亿元，增长3.0%。

年末全省共有省、市、县产品质量监督检验和计量检定技术机构150个，国家检测中心3个。全年监督抽查了7229家企业49类241种13904批次的产品和商品。全年完成强制检定计量器具140万台件。

全省有气象台站121个，开展电话天气自动答询的台站11个。全省气象系统开展人工影响天气业务的单位114个，防雹、增雨累计受益面积为全省域内，增雨量30亿立方米。全省有天气预报服务Intel网站1个，卫星云图接收站14个。

年末全省有专业综合地震台站10个，省级地震台网中心1个，省级数字测震地震台网1个。全年全省发生M3.0—M3.9 级地震5次，最大震级M3.5级。全年发生M4.0—M4.9级地震3次，最大震级M4.4级。

十一、文化、卫生和体育

年末全省共有群众艺术馆12个，文化馆131个，文化站1409个（其中，乡镇综合文化站1196个），农村文化活动场所2.8万个。专业艺术表演团体157个。公共图书馆126个。出版报纸60种（不含高校校报）18.8亿份，各类杂志201种、2379.2万册，各类图书4189种、9929万册。广播电视台114 座，电视台2座，中短波转播发射台15座，调频转播发射台119座，一百瓦以上电视转播发射台145座。广播人口覆盖率98.6%，电视人口覆盖率99.4%，有线电视用户455.9万户。

年末全省共有卫生机构(含诊所、村卫生室)4.2 万个，床位19.0万张。卫生防疫、防治机构133个，妇幼保健院（所、站）134个。全省卫生机构共有卫生技术人员22.6万人。卫生院卫生技术人员2.2万人，其中，农村乡镇卫生院卫生技术人员2.0万人。社区卫生服务中心（站）卫生技术人员1.1万人，防疫、防治卫生技术人员0.3万人，妇幼保健（所、站）卫生技术人员0.7万人。

年末全省有体育场101个，体育馆88个。全年我省运动员在国内外重大比赛中获金、银、铜牌分别为31枚、51枚和64 枚（包括非奥运项目比赛）。全年全省销售中国体育彩票23.3亿元，增长11.7%。

十二、人民生活和社会保障

全年全省城镇居民人均可支配收入27352元，增长5.9%，城镇居民人均消费支出16993元，增长7.4%；农村居民人均可支配收入10082元，增长6.6%，农村居民人均消费支出8029元，增长8.2%。按全省居民五等份收入分组，城镇低收入组人均可支配收入10920元，增长6.1%；农村低收入组人均可支配收入3354元，增长8.7%。城镇居民家庭恩格尔系数（即居民家庭食品消费支出占家庭消费支出的比重）22.7%，农村居民家庭恩格尔系数28.3%。

年末全省参加城镇职工基本养老保险759.3万人，比上年末增加45.0万人；参加城乡居民基本养老保险1549.6万人，增加9.3万人；参加城镇基本医疗保险1211.1万人，增加7.4万人；参加失业保险415.2万人，增加3.9万人；参加工伤保险576.0万人，增加2.9万人；参加生育保险458.5万人，增加2.0万人。全省115个县（市、区）开展了新型农村合作医疗，有2116.2万农民参加了合作医疗。

全年得到城市最低生活保障救济人数53.1万人，全年共发放城市最低保障资金22.3亿元。15.1万人纳入农村五保供养。

年末全省城镇有各种社区服务设施5072个，其中，综合性社区服务中心646个。各类收养性单位床位数56620张，收养人数30746人。国家抚恤、补助各类优抚对象17.9万人。全年销售福利彩票43.6亿元，筹集社会福利资金12.9亿元，接受社会捐赠款0.2亿元。

十三、资源、环境和安全生产

年末全省大型水库蓄水量12亿立方米。

年末全省森林面积321万公顷，森林覆盖率20.5%。

按《环境空气质量指数（AQI）技术规定（试行）(HJ633—2012)》评价，11个地级城市环境空气达标天数范围在202—320天之间。

黄河、海河流域山西段共监测100个断面，达到Ⅲ类以上（包括Ⅰ、Ⅱ、Ⅲ类）水质标准的断面占48.0%，达到Ⅳ类水质标准的断面占20.0%，达到Ⅴ类水质标准的断面占4.0%，劣Ⅴ类水质标准的断面占28%。

全年全省各类自然灾害造成直接经济损失108.5亿元，增长6.2%；农作物受灾面积81.2万公顷，减少42.9%，其中，绝收面积7.6万公顷，减少74.6%。

全年全省共发生各类生产经营性事故2182起，下降2.5%；死亡1512人，下降2.1%。全年全省煤炭百万吨死亡率为0.053。

太原市2016年国民经济和社会发展情况

2016年，市委、市政府团结带领全市人民，深入学习习近平总书记系列重要讲话精神和治国理政新理念新思想新战略，全面贯彻党的十八大、十八届三中、四中、五中、六中全会精神，坚决落实省委“一个指引、两手硬”重大思路和要求，对照太原“两个走在前列”的要求，坚持以经济建设为中心，把发展的主攻方向放在创新驱动、转型升级上，全市经济稳中有进、稳中有好，产业转型升级步伐加快，城市建设管理力度加大，人民生活水平稳步提高，各项社会事业不断进步，实现了“十三五”良好开局。

一、综　合

人口：据2016年人口抽样调查，年末全市常住人口434.44万人，比上年末增加2.57万人。其中：城镇人口367.32万人，增加2.81万人；乡村人口67.12万人，减少0.24万人。城镇化率84.55%，比上年提高0.15个百分点。男性人口221.59万人，女性人口212.85万人，性别比为104.11∶100。

全年出生人口4.36万人，人口出生率10.08‰；死亡人口1.79万人，死亡率4.13‰；自然增长率5.95‰。

经济增长：初步核算，全市实现地区生产总值（GDP）2955.60亿元，比上年增长7.5%。其中：第一产业增加值38.22亿元，增长2.6%；第二产业增加值1068.04亿元，增长7.3%；第三产业增加值1849.34亿元，增长7.7%。第三产业中，交通运输、仓储和邮政业增加值152.57亿元，增长10.0%；批发零售和住宿餐饮业增加值455.80亿元，增长1.1%；金融业增加值437.73亿元，增长12.8%；房地产业增加值159.99亿元，增长10.1%；营利性服务业增加值353.02亿元，增长15.0%；非营利性服务业增加值288.38亿元，增长1.5%。

人均地区生产总值68234元，比上年增长6.9%，按2016年平均汇率计算达到10273美元。

产业结构：三次产业比重为1.3%、36.1%、62.6%，分别拉动经济增长0.04、2.73和4.73个百分点。与上年相比，第一产业比重下降0.1个百分点，第二产业比重下降1.2个百分点，第三产业比重提高1.3个百分点。

财政：全市一般公共预算收入282.69亿元，增长3.1%。其中：税收收入220.38亿元，下降0.4%，国内增值税、营业税、企业所得税、个人所得税、资源税和城建税共计完成税收128.05亿元，下降12.2%。

全年一般公共预算支出424.07亿元，比上年增长0.9%。其中教育、医疗卫生、社会保障和就业、住房保障、交通运输、节能环保、城乡社区事务等民生支出347.49亿元，占全市一般公共预算支出的81.9%。

物价：居民消费价格比上年上涨1.2%。其中：食品价格上涨3.7%，非食品价格上涨0.6%；消费品价格上涨1.5%，服务价格上涨0.8%。商品零售价格总水平上涨0.8%。工业生产者出厂价格下降3.9%。工业生产者购进价格下降2.0%。

就业：城镇新增就业9.89万人，其中创业带动就业2.51万人。4.60万名下岗失业人员实现再就业，其中就业困难人员再就业1.16万人。年末城镇登记失业率3.46%。

二、农　业

种植面积：全年农作物种植面积98.12千公顷，比上年减少2.20千公顷。粮食种植面积73.44千公顷，比上年减少2.13千公顷。其中：夏粮种植面积0.08千公顷，秋粮种植面积73.36千公顷。蔬菜种植面积21.18千公顷，药材种植面积1.20千公顷。

造林：全年造林面积10.29千公顷。零星植树 1222万株。新增育苗面积0.83千公顷。

畜禽及水产品产量：年末大牲畜存栏4.59万头，猪出栏44.47万头。肉类产量5.63万吨，禽蛋产量3.09万吨，牛奶产量11.14万吨。水产品养殖面积1.23千公顷，水产品产量2600 吨。

农机及化肥施用：年末全市农业机械总动力55.73万千瓦。全年农用化肥施用量（折纯）28719吨。

三、工业和建筑业

工业：规模以上工业增加值571.81亿元，比上年增长7.0%。其中：中央企业增加值90.90亿元，增长2.7%；省属企业增加值182.50亿元，下降8.3%；市属及以下企业增加值298.41亿元，增长19.2%。

非传统产业增加值405.30亿元，增长13.2%，占全市规模以上工业增加值的70.9%。其中：装备制造业增加值285.22亿元，增长19.9%，占全市规模以上工业增加值的49.9%。

传统产业增加值166.51亿元，增长0.1%，占全市规模以上工业增加值的29.1%。其中：黑色金属冶炼及压延加工业增加值下降5.0%，煤炭开采和洗选业增加值下降6.7%，电力、热力生产和供应业增加值增长27.1%，石油加工和炼焦业增加值增长9.3%。

规模以上工业主营业务收入2308.63亿元，下降12.1%。利税总额96.24亿元，增长94.4%。利润总额3.34亿元。规模以上工业企业每百元主营业务收入中的成本87.24元，下降2.80元。

建筑业：具有建筑业资质等级的总承包和专业承包建筑业企业总产值2335.12亿元，增长17.6%。建筑业企业房屋建筑施工面积9936.98万平方米，竣工面积1661.43万平方米。

四、能　源

能源生产：全市一次能源生产折标准煤2041.59万吨，比上年下降28.4%；二次能源生产折标准煤3823.49万吨，下降7.7%。

用电：全年全社会用电量250.70亿千瓦时，增长4.3%。其中：农业用电1.94亿千瓦时，增长0.2%；工业用电（含电厂自用电）161.46亿千瓦时，增长1.6%，其中：占工业用电量68.8%的煤炭、炼焦、化工、建材、冶金、电力等高耗能行业用电量111.04亿千瓦时，增长2.7%；建筑业用电3.91亿千瓦时，增长7.6%；第三产业用电42.64亿千瓦时，增长7.9%；城乡居民生活用电34.15亿千瓦时，增长6.4%。

五、固定资产投资

固定资产投资：全年固定资产投资2027.71亿元，比上年增长0.1%。其中：中央项目投资94.33亿元，下降38.8%；省属项目投资233.12亿元，下降3.0%；市属及以下项目投资1700.26亿元，增长4.2%。

分产业看，第一产业投资48.98亿元，增长37.8%；第二产业投资377.45亿元，下降17.1%。其中：工业投资375.36亿元，下降16.7%；第三产业投资1601.28亿元，增长4.3%。城市基础设施建设投资462.50亿元。三次产业投资比重为2.4%、18.6%和79.0%。

工业投资中，非煤产业投资318.45亿元，占工业投资的比重达到84.8%。非传统产业投资258.13亿元，占工业投资的比重达到68.8%。

分经济类型看，国有投资1028.77亿元，增长2.3%；非国有投资998.94亿元，下降2.0%，其中：民间投资964.92亿元，下降4.0%。

全年在建固定资产投资项目1327个。其中：5亿元以上项目194个，计划总投资3779.26亿元，完成投资870.16亿元，占全市固定资产投资的比重为42.9%；10亿元以上项目110个，计划总投资3203.12亿元，完成投资705.53亿元，占全市固定资产投资的比重为34.8%。

房地产开发：全年房地产开发投资681.90亿元，比上年增长12.9%。住宅投资495.54亿元，增长11.9%，其中：90平方米以下住房投资158.15亿元，占住宅投资的比重为31.9%；商业营业用房投资52.05亿元，增长17.2%。全年商品房竣工面积572.20万平方米，商品房销售额468.41亿元。

六、国内贸易

消费品零售：全年社会消费品零售总额1666.24亿元，比上年增长8.1%。其中：城镇消费品零售额1530.62亿元，增长6.8%；乡村消费品零售额135.62亿元，增长26.5%。

限额以上贸易企业零售额916.11亿元，比上年增长6.4%，占社会消费品零售总额的55.0%。限额以上批发零售业企业通过互联网实现商品零售额16.45亿元，增长56.3%。

七、对外经济

进出口贸易：全年外贸进出口总额133.14亿美元，比上年增长24.8%。其中：出口额83.29亿美元，增长26.4%；进口额49.85亿美元，增长22.2%。

出口商品中，不锈钢材、机电产品分别为11.82亿美元、66.31亿美元，占出口额的93.8%。煤炭、焦炭、金属镁分别为0.02亿美元、0.16亿美元、0.62亿美元，占出口额的1.0%。

有贸易往来的国家和地区166个。年进出口额在千万美元以上的国家和地区52个，比上年减少4个。

招商引资：全年新设立外商投资企业12家。实际利用外商直接投资额4.62亿美元，下降45.7%。

八、交通、邮电和旅游

交通运输：年末全市公路线路里程累计达到7401公里，其中高速公路287公里。公路密度105.9公里/百平方公里。太原地区铁路客运量2641.40万人次，增长1.7%；铁路货运量3403.64万吨，下降22.9%。公路客运量876.00万人，下降19.3%；公路货运量15043.00万吨，增长5.3%。航空客运量984.78万人次，增长11.4%；航空货运量4.91万吨，增长7.9%。

年末全市民用汽车保有量127.23万辆，比上年末增长13.3%，其中私人汽车114.34万辆，增长15.2%。本年新注册汽车18.50万辆，增长21.6%。年末轿车保有量80.35万辆，增长14.3%，其中私人轿车75.20万辆，增长15.4%；本年新注册轿车11.67万辆，增长22.9%。

邮电：全年邮电业务总量154.60亿元，比上年增长44.2%，其中：邮政业务总量6.70亿元，增长14.4%；电信业务总量147.90亿元，增长45.9%。年末市话到达80.43万户。农话到达3.30万户。移动电话用户691.22万户，其中：3G、4G移动电话用户分别为58.55万户和447.28万户。全市固定及移动电话用户总数达到774.95万户。每百人拥有电话178部，其中：固定电话和移动电话普及率分别达到24部/百人和159部/百人。计算机互联网用户135.12万户，其中：宽带网用户132.27万户。

旅游：全市接待海内外游客5688.12万人次，比上年增长15.8%。其中：国内游客5666.17万人次，增长15.8%；海外游客21.95万人次，增长4.5%。海外游客中：外国人15.46万人次，香港同胞3.63万人次，澳门同胞0.43万人次，台湾同胞2.43万人次。全年旅游总收入683.98亿元，增长16.3%。其中：国内旅游收入678.66亿元，增长16.3%；旅游外汇收入0.84亿美元，增长4.8%。

九、金融和保险

金融：年末全市金融机构本外币各项存款余额11497.49亿元，增长6.2%；本外币各项贷款余额12016.78亿元，增长12.0%。人民币各项存款余额11070.04亿元，增长4.5%，其中：个人储蓄存款余额3661.76亿元，增长6.7%；人民币各项贷款余额10103.36亿元，增长11.9%。人民币贷款中，中长期贷款余额6707.47亿元，增长21.5%；短期贷款余额2820.85亿元，下降0.8%。

年末上市公司达到19家，其中：主板16家，中小板2家，创业板1家。“新三板”挂牌企业达到37家。

保险：全年原保险保费收入220.17亿元，增长37.0%。其中：寿险业务保费收入150.85亿元，增长45.6%；健康险业务保费收入15.68亿元，增长43.1%；意外伤害险业务保费收入4.36亿元，增长30.4%；财产险业务保费收入49.28亿元，增长15.2%。

支付各类赔款及给付54.38亿元，增长26.3%。其中：寿险业务给付27.00亿元，增长51.2%；健康险业务赔款及给付3.79亿元，增长49.5%；意外伤害险业务赔款1.19亿元，增长29.0%；财产险业务赔款22.40亿元，增长3.0%。

十、城市建设

基础设施建设：实施城市主次干道、桥梁、支路网建设64项，总计建设里程116公里，五一路、滨河西路南延、卧虎山路、新晋祠路、摄乐桥等43个新建和改建项目相继完工。轨道交通2号线一期全面开工，汾河美化治理三期工程快速推进，海绵城市启动试点建设。2016年启动城中村改造26个，22个村基本完成整村拆除。既有居住建筑节能改造643万平米，完工518万平米。

年末全市天然气供气总量9.31亿立方米，供气能力58亿立方米，新增供气能力18亿立方米。集中供热扩网2546万平方米。年末城市公交运营车辆2253辆，其中：公共汽车2147辆，电车106辆。公交运营线路网长度3250公里，年客运量4.35亿人次。更换纯电动出租车8292辆，安装充电桩2451个。公共自行车服务点保持1285个，累计投放自行车4.1万辆。

城市绿化：和平公园、晋阳街公园已建成对市民开放。实施了太山龙泉寺景区综合整治、青龙古镇景观绿化和明太原县城景观等工程。太原植物园、动物园、迎泽公园等11个公园建设改造相继开工。创建省级园林单位4个，省级园林道路1条。全市共有综合性公园38个，专类公园11个，带状公园5个，街头游园243个，社区游园43个，街旁绿地181块。建成区绿化覆盖面积达到14369公顷，园林绿地面积12655公顷，公园绿地面积4099公顷。建成区绿化覆盖率41.65%，绿地率36.68%，人均公园绿地面积11.88平方米。

十一、教育和科学技术

教育：年末共有普通高等院校44所（其中高职院校23所），成人高等院校8所，中等职业教育学校58所，普通高中88所，普通初中130所，小学433所，幼儿园709所。

全市学前三年毛入园率95.6%。小学学龄儿童入学率、初中生入学率、巩固率均达到国家标准。2016年我市高考一本、二本达线率和录取率在全省继续名列前茅。

科学技术：全年技术市场共登记技术合同1483项，成交金额119.50亿元。国家认定的企业技术中心11家，省级企业技术中心90家。年末累计建成13个国家级重点实验室

(国家级工程实验室、国家级工程研究中心)，拥有8个国家级科技企业孵化器和35个“院士工作站”。年末累计认定高新技术企业533家。全年获得国家科技奖励4项。全市发明专利申请量3511件、授权量1538件，有效发明专利拥有量6252件。规模以上工业高新技术产业增加值247.14亿元，占地区生产总值的比重为8.4%。

年末高新区、经济区、民营区共有入区企业8153家。全年实现科工贸总收入2880亿元，增长0.5%。

十二、文化、卫生和体育

文化：年末全市共有专业、具备规模的民营艺术表演团体18个。群艺文化馆12个，博物馆12个。公共图书馆馆藏图书749.35万册。国家综合档案馆12个，馆藏档案资料153.58万卷（件、册）。广播节目11套，电视节目16套。有线广播电视用户104.46万户（其中数字电视用户103.42万户），有线电视入户率90.6%。广播人口覆盖率99.8%，电视人口覆盖率99.8%。完成电视连续剧《钟楼街往事》和《廉吏于成龙》的剧本创作和拍摄。创作晋剧《唐宗归晋》、《古槐人家》，话剧《夏至》，音乐剧《安卓》，数字电影《丹凤阁传奇》，微电影《情系营改增》等30余部作品，晋剧《于成龙》荣膺文化部国家舞台艺术精品创作工程重点扶持剧目。全年荣获国际奖1项、国家奖5项、省级地区奖5项。年末共列入国家级非物质文化遗产保护项目17项、省级保护项目67项、市级保护项目135项。

卫生：年末共有卫生机构2759个（不含村卫生室），医疗床位37897张。每千人拥有医疗床位8.7张。各类卫生技术人员55389人，其中：执业（助理）医师20835人，注册护士26172人。每千人拥有医生4.8人。实际参加新型农村合作医疗的农民102.4万人，参合率99.3%。创建全省首家“易护到家”服务平台和“医养结合”示范基地。建成1个国家级名老中医传承工作室、2个全国综合医院中医药工作示范单位。

体育：全年太原运动员在国内外大赛中，获得27枚金牌、27枚银牌、29枚铜牌，52个第四至第八名。成功承办“太原国际马拉松赛”“龙城赛龙舟”等大型赛事，全面启动第二届全国青年运动会筹备工作。“全国篮球城市”“汾河体育健身长廊”等体育名片的宣传力和影响力继续扩大。全年销售中国体育彩票7.3亿元，稳居全省第一。

十三、人民生活和社会保障

人民生活：全年居民人均可支配收入27169元，比上年增长6.9%。按常住地分，城镇居民人均可支配收入29632元，增长6.9%，城镇居民人均消费支出16775元，增长8.5%；农村居民人均可支配收入14591元，增长7.1%，农村居民人均消费支出10929元，增长8.0%。城乡居民收入比为2.03：1，与上年持平。

社会保障：全市企业职工参加养老保险85.36万人，参加城镇基本医疗保险244.63万人，参加失业保险89.86万人，参加工伤保险96.36万人，参加生育保险97.12万人。年末城市低保覆盖人口2.96万人，农村低保覆盖人口2.54万人，4057人纳入农村五保供养，全年发放最低保障资金3.41亿元。

全市各类收养类单位40个，床位6623张，收养5075人。救济农村五保户4042户，城市临时救助12281户次，农村临时救助6133户次。年内新建城乡日间照料中心130个。

十四、环境保护和安全生产

环境质量：全年市区空气质量二级以上天数232天，达标比率为 63.4%。空气污染综合指数7.68%。集中式饮用水源地水质达标率保持 100%，地表水环境功能区水质达标率75%，市区区域环境噪声年均值52.9分贝、交通噪声年均值68.1分贝。全年PM2.5达标265天，达标比率为72.4%。

气温降水：全年平均气温8.8～11.5℃，降水量489.4～665.7mm。地下水水位平均上升1.1米。全社会用水量7.76亿立方米，其中：生活用水2.82亿立方米，农业灌溉用水2.00亿立方米，工业生产用水2.64亿立方米，生态用水0.30亿立方米。

安全生产：全年各类安全生产事故发生数比上年下降1.8%。其中：商贸制造业、交通运输和仓储业事故起数分别下降57.1%、6.1%。未发生重特大生产安全事故。煤炭百万吨死亡率为0。

大同市2016年国民经济和社会发展情况

2016年,全市上下在市委、市政府的正确领导下，认真贯彻落实中央和省委、省政府决策部署，积极应对严峻的经济下行压力，切实践行“五大发展”新理念，主动适应经济发展新常态，坚定推进供给侧结构性改革，经济社会发展呈现出缓中趋稳、稳中向好的良好态势。产业转型有了新突破，城市建设有了新进展，文化旅游有了新发展，生态环境有了新成就，社会事业有了新进步，人民生活有了新改善，实现了“十三五”的稳步开局。

一、综　合

初步核算，全年全市地区生产总值1025.3亿元，按可比价格计算，比上年增长1.0%。其中，第一产业增加值59.4亿元，增长4.2%；第二产业增加值374.6亿元，下降6.4%；第三产业增加值591.3亿元，增长6.5%。第一产业增加值占地区生产总值的比重为5.8%，第二产业增加值比重为36.5%，第三产业增加值比重为57.7%。人均地区生产总值30032元,比上年增长0.8%。

全年居民消费价格比上年上涨1.1%。其中，食品烟酒类价格上涨2.8%；衣着类上涨1.3%；居住类上涨0.3%；教育文化用品及娱乐类上涨1.3%；医疗保健类上涨2.5%；生活用品及服务类下降0.9%；交通通信类下降1.9%；其他用品及服务类上涨1.2%。全年商品零售价格比上年下降0.4%。工业生产者出厂价格比上年下降4.5%。

全年全市城镇新增就业人员4.28万人；下岗失业人员再就业2.44万人；就业困难群体就业0.68万人；转移农村劳动力2.52万人；创业带动就业1.25万人。年末城镇登记失业率2.9%。

二、农　业

全年全市农作物总播面积312.73千公顷，比上年减少3.17千公顷。其中，粮食作物播种面积277.13千公顷，减少2.96千公顷。在粮食作物播种面积中，夏粮播种面积0.19千公顷，减少0.13千公顷；秋粮播种面积276.94千公顷，减少2.83千公顷。全市油料作物种植面积16.93千公顷，比上年增加5.1千公顷；蔬菜面积13.62千公顷，比上年减少0.42千公顷；饲草作物种植面积1.66千公顷，比上年减少0.55千公顷。

全年全市粮食总产量112.66万吨，比上年增加9.16万吨，增长8.8%。其中，夏粮产量0.04万吨，下降30.0%；秋粮产量112.62万吨，增长8.9%。

全年全市生猪出栏102.4万头，比上年增长1.8%；牛出栏8.0万头，比上年下降1.4%；羊出栏177.8万只，增长15.9%；家禽出栏360.3万只,下降4.2%。猪存栏60.6万头，比上年下降6.9%；牛存栏17.9万头，比上年下降1.6%;羊存栏201.6万只，比上年下降6.0%。全市肉类总产量14.5万吨，比上年增长3.4%。其中，猪羊肉产量12.5万吨，增长4.5%。牛奶产量24.7万吨，增长1.4%；禽蛋产量5.8万吨，增长5.7%。

全年全市农业机械总动力（不包括农用运输车动力）108.08万千瓦。机械耕地面积223.54千公顷，增长1.1%；机械播种面积182.28千公顷，机械收获面积85.80千公顷，分别增长1.7%和11.7%。农村用电量3.65亿千瓦小时，比上年增长3.5%；化肥施用量26.05万吨，比上年减少0.4%。

三、工业、建筑业

初步统计，全年全市规模以上工业企业工业增加值比上年下降14.5%。

全年全市规模以上工业企业实现主营业务收入1767.6亿元，比上年下降16.7%。实现利税61.5亿元，比上年下降8.8%。其中，国有控股工业企业实现利税51.5亿元，下降10.6%。实现利润11.3亿元，比上年下降31.8%。其中，国有控股工业企业实现利润6.3亿元，下降45.9%。

全年全市建筑业增加值71.9亿元，比上年增长6.1%。全市具有建筑业资质等级的总承包和专业承包建筑业企业完成建筑业总产值130.4亿元，比上年增长14.2%。房屋建筑施工面积592.9万平方米，增长16.7%；房屋竣工面积291.8万平方米，增长29.7%。

四、能　源

全年全市一次能源生产折标准煤0.6亿吨，比上年下降23.2%；二次能源生产折标准煤0.04亿吨，下降1.0%。

全年外输电力281.5亿千瓦时，比上年增长4.8%，外输电量占发电量比重为72.1%。全社会用电量132.2亿千瓦时，比上年增长4.5%。其中，第一产业用电量2.2亿千瓦时，下降12.0%；第二产业用电量99.2亿千瓦时，增长5.2%；第三产业用电量15.7亿千瓦时，增长1.9%；居民生活用电量15.1亿千瓦时，增长5.7%。

五、固定资产投资

全年全市全社会固定资产投资1212.8亿元，比上年增长5.9%。其中，国有经济单位投资317.3亿元，下降19.6%；民间投资883.5亿元，增长21.0%。分产业看，第一产业投资335.3亿元，增长17.2%；第二产业投资408.9亿元，下降13.3%；第三产业投资468.6亿元，增长21.0%。在第二产业中，工业投资407.7亿元，下降13.9%。

全年全市房地产开发投资167.7亿元，比上年增长20.5%。其中，住宅投资112.4亿元，增长9.8%。全年全市房地产开发施工面积1589.2万平方米，比上年下降2.6%。其中，住宅施工面积930.2万平方米，下降7.9%。房屋竣工面积288.2万平方米，下降2.6%。其中，住宅竣工面积174.9万平方米，下降19.0%。商品房屋销售面积143.4万平方米，增长18.5%。

全市全年固定资产投资施工项目2352个，其中新开工2070个。全部建成投产项目2104个（不含房地产），新增固定资产908.1亿元。

六、国内贸易

全年全市社会消费品零售总额609.0亿元，比上年增长7.3%。按经营地统计，城镇消费品零售额497.9亿元，增长6.4%；乡村消费品零售额111.1亿元，增长11.4%。按行业统计，全年全市批发业零售额54.9亿元，增长18.5%；零售业零售额476.9亿元，增长6.0%；住宿和餐饮业零售额77.2亿元，增长8.3%.

全年全市限额以上批发零售贸易企业零售额中，服装鞋帽、针、纺织品类增长5.6%；石油及制品类下降15.7%；书报杂志类下降39.0%；汽车类下降0.7%。

七、对外经济

全年全市新批外商投资企业4家。外资实际到位20110万美元，比上年增长5.3%。

八、交通、邮电和旅游

全年全市公路通车里程12574.0公里。其中，高速公路549.3公里。全市公路密度89.2公里/百平方公里。

年末全市民用车辆保有量60.83万辆，比上年增长20.6%。其中，新注册汽车7.57万辆，增长31.2%；个人汽车49.99万辆，增长24.6%。年末载客小型车保有量43.71万辆，比上年增长25.4%。其中，个人载客小型车42.05万辆，增长27.2%。年末轿车保有量30.34万辆，比上年增长25.9%。其中,个人轿车29.42万辆，增长27.5%。

全年全市完成邮电业务总量51.22亿元，比上年增长34.1%。其中，电信业务总量47.74亿元，增长36.1%；邮政业务总量3.48亿元，增长11.9%。年末全市固定及移动电话用户431.22万户，比上年增长0.4%。其中，固定电话用户29.99万户，下降20.3%；移动电话用户401.23万户，增长2.4%。在移动电话用户中，3G用户达到137.14万户，比上年增长2.2%。4G用户达到129.80万户，比上年增长20.4%。全市计算机互联网络用户53.18万户，比上年下降2.7%。全市邮政局所145个，邮路总长度3322公里。订销报纸3698.1万份，下降4.6%；订销杂志168万份，下降13.8%；国内函件62万件，下降26.1%。国内包裹88.0万件，增长206.6%。

2016年，成功承办山西省旅游发展大会。全年全市旅游总收入363.3亿元，比上年增长29.2%。其中，国内旅游收入360.7亿元，增长29.4%。全年全市接待国内游客4041.5万人次，比上年增长26.5%；接待入境海外游客6.97万人次，比上年增长6.0%;旅游外汇收入4023万美元,比上年增长7.0%。

九、财政、金融和保险

全年全市一般公共财政预算收入88.93亿元，比上年下降3.8%。税收收入66.20亿元，下降7.2%，其中，国内增值税增长24.6%;企业所得税下降24.3%;个人所得税下降14.8%;资源税下降1.7%;房产税增长8.3%。

全年全市公共财政预算支出289.18亿元，比上年下降1.1%。其中，教育支出下降3.3%；文化体育与传媒支出下降11.9%；社会保障与就业支出增长8.0%；医疗卫生支出增长8.8%；节能环保支出增长7.7%；城乡社区事务支出下降17.3%；住房保障支出下降5.4%。

年末全市金融机构各项存款余额2629.08亿元，比年初增加210.02亿元，比年初增长8.7%。年末全市金融机构各项贷款余额1225.71亿元，比年初增加44.10亿元，比年初增长3.7%。

年末全市共有注册保险机构36家。全年全市保费收入57.16亿元，比上年增长16.0%。其中,寿险业务保费收入38.03亿元，增长18.5%；财产险业务保费收入19.13亿元，增长11.5%。全年全市累计支付各类保险赔款及给付21.34亿元，同比增长7.9%。其中，寿险业务给付10.20亿元，增长23.7%；财产险业务赔款10.06亿元，同比增长2.1%。

十、科学技术和教育

全年全市共完成国家申请专利1371件，其中，发明专利312 件，实用新型专利943件、外观设计专利116件。全市共获得国家授权专利887件，其中，发明专利109件、实用新型专利731件、外观设计专利47件。全市获2015年度省科学技术奖20项，其中科学技术自然科学二等奖2项，科技进步二等奖9项、三等奖9项。获省2015年度农技承包奖4项，其中集体一等奖1项、个人一等奖1项、集体二等奖2项。年末高新技术企业总数达到35家。

全市中等职业教育招生人数6492人，在校生人数21993人。其中，职业高中招生4814人，在校生人数16274人。全市基础教育招生人数11.54万人，在校生人数42.14万人。其中，初中中学招生人数3.12万人，在校生人数9.18万人；普通高中招生数2.09万人，在校生数6.20万人。

年末全市产品质量监督检验和计量检定技术机构16个。监督抽查330家企业15类112种425批次的产品和商品。全年完成强制检定计量器具6.5万台件。全市有气象台站8个。开展121电话天气自动咨询的台站1个。开展人工影响天气业务的单位7个。防雹、增雨累计收益面积1.4万平方公里，增雨量0.6亿立方米。全市有卫星云图接收站8个。全年全市降水量446.5毫米，年平均气温7.6摄氏度，无霜期151天。

十一、文化、卫生和体育

全年全市共有群众文化艺术馆12个，艺术表演团体14个，公共图书馆13个,博物馆2个,档案馆13个。全市共有广播电视台10座，电视发射、转播台16座，中波发射台1座，调频发射、转播台14座，微波站14座，有线电视网13个。广播人口覆盖率98.99%，电视人口覆盖率达99.49%，有线电视用户42.3万户，数字电视用户31.5万户。

全年全市共有卫生机构（含诊所、村卫生室）3227个，床位19445张。其中，医院141个，卫生院146个，社区卫生服务中心（站）122个；疾病预防控制中心13个；妇幼保健机构14个；专科疾病防治机构1个。年末，全市卫生机构共有卫生技术人员21692人。其中，执业医师和执业助理医师9389人，注册护士8390人；疾病预防中心卫生技术人员354人；妇幼保健卫生技术人员290人；农村乡镇卫生院卫生技术人员1096人。

全市输送的两名运动员在2016年巴西里约奥运会上获

得男子蹦床银牌，在世界摔跤锦标赛女子60公斤级赛事上获得冠军。2016年省运会阶段赛的16个大项（20个单项）的比赛中，全市共获得114枚金牌、111枚银牌、128枚铜牌。承办了第十五届省运会阶段赛的体操、跆拳道、柔道三项比赛。全年组织举办了全市青少年体育比赛7项次，共有3600多名运动员参加比赛。组织举办了第二届“乌大张”地区体育交流会暨邀请赛和五省区十一城市体育工作会议。完成了《大同市全民健身实施计划（2016—2020年)》的研制工作。

十二、环境保护和安全生产

全年全市二级以上良好天数314天，空气质量综合指数5.21。

全年全市主城区新增供热面积380万平方米，实际集中供热面积5780万平方米，燃煤锅炉集中供热面积90万平方米，城市集中供热率达99.7%。天然气用户56.4万户，液化气用户10万户，城市气化率98.6%。城市供水管网810公里，城市日供水能力41万立方米，城市供水普及率99.6%，水质合格率100%；市本级污水处理厂共处理生活污水6400万立方米，污水处理率91.0%；中水回用1750万立方米，中水回用率25.0%。市区日处理生活垃圾1000吨，城市生活垃圾无害化处理率99.0%。

全年全市建成区新增绿化面积117万平方米。城市建成区绿化覆盖率、绿地率、人均公共绿地分别达到40.96%、36.84%和15.27平方米/人。

全年全市共完成造林面积21.67千公顷。其中，人工造林完成18.67千公顷。

全年全市发生各类生产经营性事故49起，死亡53人，同比事故起数减少10起，下降16.9%；死亡人数增加9人，上升20.5%。

十三、人口、人民生活和社会保障

据2016年人口抽样调查，年末全市常住人口为342.19万人，比上年末增加1.6万人。全年全市出生人口3.61万人，人口出生率为10.56‰；死亡人口2.06万人，死亡率为6.02‰；自然增长率为4.54‰。

全年全市居民人均可支配收入18594元，增长6.4%。按常住地分，城镇居民人均可支配收入26273元，增长6.1%;城镇居民人均消费支出11785元，增长3.9%。农村居民人均可支配收入8217元，增长6.6%；农村居民人均消费支出6292元，增长5.6%。城镇占调查总户数20%的低收入家庭人均可支配收入10608元，增长6.3%；农村占人口20%的低收入者收入2172元，增长8.1%。城镇居民家庭恩格尔系数（即居民家庭食品消费支出占家庭消费支出的比重）29.4%，农村居民家庭恩格尔系数33.7%。

全年全市企业养老保险参保职工人数56.8万人，比上年增加2.6万人。城乡居民基本养老保险参保人数109.1万人，增加0.5万人。城镇基本医疗保险参保人数133.4万人，增加0.5万人。失业保险参保人数45.1万人，增加748人。工伤保险参保人数43.0万人，增加0.8万人。生育保险参保人数43.9万人，增加0.2万人。

全年全市纳入城市最低生活保障的居民5.74万户，共12.01万人，发放城市低保资金4.48亿元；纳入农村最低生活保障的居民12.81万户，共16.09万人，发放农村低保资金3.37亿元。

年末提供住宿的社会服务机构77个，床位8923张，收养救助5241人。全市建立各种社区服务设施723个。其中，综合性社区服务中心174个。全年销售社会福利彩票3.93亿元,筹集社会福利资金3313万元。

朔州市2016年国民经济和社会发展情况

2016年，面对复杂多变的宏观经济环境和艰巨繁重的改革发展任务，全市上下在市委、市政府坚强领导下，认真贯彻落实中央和省委省政府一系列决策部署，坚持稳中求进工作总基调，践行五大发展新理念，统筹稳增长、调结构、惠民生、促转型、防风险各项工作，稳步推进供给侧结构性改革，全力推进“两大任务”，加快“六大发展”，全市经济社会发展取得新成就，为全面建成小康社会奠定了坚实基础。

一、综　　合

据2016年人口抽样调查，年末全市常住人口176.81万人，比上年末增加0.59万人。全年全市出生人口1.63万人，人口出生率9.24‰；死亡人口1.04万人，死亡率5.9‰；人口自然增长率3.34‰。

初步核算，全年全市生产总值918.1亿元，按可比价格计算，比上年增长4.2%。其中，第一产业增加值56.28亿元，增长3.1%，占生产总值比重6.1%；第二产业增加值395.22亿元，增长2.5%，占生产总值比重43.1%；第三产业增加值466.56亿元，增长6.0%，占生产总值比重50.8%。

人均地区生产总值52010元，按2016年平均汇率计算为7830美元。

全年全市一般公共财政收入49.1亿元，下降9.5%。税收收入37.8亿元，增长4.1%，其中国内增值税、营业税、企业所得税、个人所得税、资源税和城建税共计完成税收37.7亿元，增长6.5%。一般公共预算支出127.7亿元，下降7.7%。其中，教育、科学技术、文化体育与传媒、社会保障和就业、医疗卫生与计划生育、节能环保、城乡社区事务、住房保障、公共交通运输、农林水事务、交通运输、商业服务业等事务、国土资源气象等事务、住房保障和粮油物资储备管理事务民生支出100.2亿元，下降11.4%，民生支出占全市一般公共预算支出的比重78.5%。

全年居民消费价格总水平比上年上涨0.8%，其中，食品价格上涨3.3%。商品零售价格上涨1.0%。工业生产者出厂价格下降5.5%，其中生产资料价格下降5.8%，生活资料价格下降1.8%。工业生产者购进价格下降4.8%。

二、农　　业

全年全市农作物种植面积328.0千公顷，比上年减少0.3千公顷。其中，粮食种植面积265.2千公顷，减少2.9千公顷；蔬菜及食用菌种植面积14.3千公顷，减少1.5千公顷；油料种植面积26.4千公顷，增加0.7千公顷。在粮食种植面积中，玉米种植面积154.3千公顷，减少5.4千公顷。

全年粮食产量127万吨，增加17.1万吨，增长15.5%。其中，夏粮1.7万吨，减产4.5%；秋粮125.4万吨，增产15.8%。

全年全市肉类总产量9.1万吨，下降2.5%。其中，猪肉产量2.5万吨，下降8.8%；羊肉产量5.5万吨，增长1%。牛奶产量49.6万吨，下降5.1%。禽蛋产量2.6万吨，增长5.8%。

全年生猪出栏26.4万头，存栏22.8万头；牛出栏5.4万头，存栏18.3万头；羊出栏314.3万只，存栏176.2万只。

年末全市农业机械总动力144.3万千瓦，比上年末下降41.3%。机械耕地面积28.6万公顷，机械播种面积23.4万公顷，机械收获面积15.1万公顷，分别比上年下降1.3%、12.6%和9.0%。

三、工业和建筑业

年末全市规模以上工业企业245家，比上年减少14家。全年规模以上工业增加值213.1亿元，同比增长2.7%。

全年规模以上工业主营业务收入698.1亿元，比上年下降3.9%。其中，煤炭、电力热力生产和供应业分别实现主营业务收入491亿元和80.6亿元，分别下降2.2%和8.5%；食品制造业实现主营业务收入15.4亿元，下降18.8%；非金属矿物制造业实现主营业务收入40.5亿元，增长15.3%；汽车制造业实现主营业务收入1.5亿元，增长16.2%；医药制造业实现主营业务收入1.5亿元，下降40.9%。

全年规模以上工业企业实现利税102.6亿元，比上年增长162.5%；实现利润38.2亿元。

全年全市建筑业实现增加值24.96亿元。

四、能　　源

全年全市一次能源生产折标准煤1.09亿吨（原煤折标系数采用0.7143），下降16.1%；二次能源生产折标准煤0.83亿吨，下降11.3%。

全年全市全社会用电总量97.51亿千瓦小时。其中，第一产业用电1.89亿千瓦小时，占全社会用电量1.9%；第二产业用电79.43亿千瓦小时，占81.5%，其中工业用电78.76亿千瓦小时；第三产业用电7.89亿千瓦小时，占全社会用电量8.1%；城乡居民生活用电4.31亿千瓦小时，占全社会用电量4.4%。

五、固定资产投资

全年全社会固定资产投资637.7亿元,下降31.9%。

在固定资产投资（不含跨省、农户）中，基础设施投资完成148.9亿元，下降11.1%。国有及国有控股投资253.9亿元，下降52.6%；民间投资366.1亿元，下降4.5%。

分登记注册类型看，内资企业和个体经营投资618.8亿元，下降32.7%；外商及港澳台商企业投资18.9亿元，增长6.7%。

分产业看，第一产业投资151.1亿元，增长3.1%；第二产业投资236.9亿元，下降44.3%；第三产业投资249.7亿元，下降31.7%。

全市工业投资237.8亿元，下降44.6%。其中，煤炭工业投资44.4亿元，下降43.7%;电力工业投资71.2亿元，下降63%；非煤电产业投资122.2亿元，下降22.6%。

全年全市在建固定资产投资项目1454个。其中，亿元以上项目119个，计划总投资823.3亿元，完成投资609.6亿元。

全年房地产开发投资28.1亿元，下降31.9%。其中，住宅投资20.6亿元，增长35.1%；商业营业用房投资5.1亿元，下降69.3%。

六、贸　　易

全年全市社会消费品零售总额291亿元，增长7.7%。按经营地统计，城镇消费品零售额207.5亿元，增长7.9%；乡村消费品零售额83.5亿元，增长7.5%。按消费形态统计，商品零售额254.4亿元，增长7.6%；餐饮收入额36.6亿元，增长8.9%。

全年全市海关进出口总额52736万元，增长44.5%。其中，进口额28118万元，增长60.6%；出口额24618万元，增长29.7%。

七、交通、邮电和旅游

全年新增公路通车里程45.5公里，年末全市公路通车里程达到10215.7公里。其中，高速公路388.7公里，普通干线公路815.5里，农村公路9011.5公里。

年末全市民用汽车保有量20.1万辆（包括三轮汽车和

低速货车)，比上年末增长8.9%，其中汽车16.6万辆，增长14.1%。

全年全市完成邮电业务总量11.99亿元。其中，邮政业务总量1.59亿元，电信业务总量10.4亿元。年末移动电话用户153.1万户，其中3G移动电话用户10.5万户，4G移动电话用户86万户。全市宽带接入用户25.2万户。

全年全市接待国内旅游者1717.0万人次，增长21.3%。国内旅游收入160.6亿元，旅游总收入160.7亿元，均增长20.3%。接待入境旅游者人数6405人次,同比增长4.4%；旅游外汇收入219万美元,同比增长4.2%。

八、金　融

年末全市金融机构本外币各项存款余额1295.95亿元，比年初增加104.25亿元，增长8.75%。全市金融机构本外币各项贷款余额577.33亿元，比年初增加18.73亿元，增长3.35%。

年末全市农村金融合作机构（农村信用社、农村合作银行、农村商业银行）人民币存款余额312.03亿元，比年初增加25.6亿元，增长8.94 %;人民币贷款余额210.29亿元，比年初增加10.42亿元，增长5.21 %。

全年全市保费收入18.6亿元，比上年增长6.8%。其中，寿险业务保费收入11.2亿元，增长6.4%；健康险业务保费收入0.8亿元，增长76.1%；意外伤害险保费收入0.2亿元，增长44.2%；财产险业务保费收入7.3亿元，增长10.3%。全年保险业赔款和给付支出8.1亿元，增长12.5%。其中，寿险业务给付支出4.3亿元，增长13.6%；财产险业务赔款3.8亿元，同比增长11%。

九、教育和科学技术

全年全市中等职业教育学校共招生0.78万人，在校学生达到2.08万人；普通高中共招生1.65万人，在校学生达到5.14万人；初中共招生2.46万人，在校学生达到7.47万人。

全年全市共受理各项专利申请313件，比上年增长27%。全市技术市场共签订技术合同18份，成交金额12000万元。全年有1个项目列入国家各类科技计划，获得国家资助50 万元。全年全市共取得省级以上3项科技成果。

年末全市有气象台站6个。全市气象系统开展人工影响天气业务的单位7个，全市有卫星云图接收站1个。

年末全市有专业综合地震台站2个，全年小震活动8次，最大震级1.8级。

十、文化、卫生和体育

年末全市共有国有艺术表演团体8个，文化馆7个。广播电台4座，电视台3座。有线电视用户17.4万户。广播人口覆盖率100%，电视人口覆盖率100%。全市共有公共图书馆7个，馆藏图书61.7万册。

年末全市共有卫生机构(含乡村诊所)2127个，其中妇幼保健院（所、站）7个。全市卫生机构共有床位7684张；卫生技术人员9874人。社区卫生服务体系覆盖人口30万人。

年末全市拥有群众健身辅导中心、站点605个，体育指导员3270人，全年举办体育比赛活动73次。全年全市销售中国体育彩票7746万元。

十一、人民生活和社会保障

全年居民人均可支配收入20113元，增长6.0%。按常住地分，城镇居民人均可支配收入28989元，增长5.4%，城镇居民人均消费支出14364元，增长1.9%；农村居民人均可支配收入11478元，增长6.1%，农村居民人均消费支出7698元，增长1.4%。城镇占调查总户数20%的低收入家庭人均可支配收入11175元，增长6.1%；农村占人口20%的低收入者收入3804元，增长9.4%。城镇居民家庭恩格尔系数（即居民家庭食品消费支出占家庭消费支出的比重）25.6%，农村居民家庭恩格尔系数35.3%。

年末参加城镇职工基本养老保险人数达26.9万人，比上年增加5万人；参加城乡居民基本养老保险89.9万人，增加1.9万人；参加失业保险18.3万人，人数与上年基本持平；参加工伤保险18.7万人，人数与上年基本持平；参加生育保险18.1万人，增加0.1万人。

全年全市纳入城市最低生活保障的居民4.7万人，比上年减少0.2万人，发放城市低保资金1.8亿元，发放资金与上年基本持平；纳入农村最低生活保障的居民7.8万人，比上年减少0.4万人，发放农村低保资金2.1亿元，发放资金比上年增加0.2亿元。

十二、资源、环境和安全生产

全年市区（不包括平鲁区，下同）空气质量二级以上天数247天，比上年增加31天，大气综合污染指数为6.47，比上年下降4.4%。

全年市区污水处理率达到98.6%，与上年持平；城市生活垃圾无害化处理率达到100%；集中供热面积2650万平方米，集中供热普及率达到90.14%，提高0.11个百分点。

全年全市共发生各类安全生产事故25起，比上年减少3起，下降10.7%；死亡29人，比上年增加1人，上升3.6%。其中，道路交通发生事故20起，比上年减少3起，下降13.0%；死亡21人，减少2人，下降8.7%。

忻州市2016年国民经济和社会发展情况

2016年，面对艰巨繁重的工作任务和经济持续下行的压力，全市上下深入学习贯彻习近平总书记系列重要讲话精神，认真贯彻市委“一个指引、两手硬”重大思路和部署，坚持“产业第一、项目至上、企业为重、服务为本”，统筹推进稳增长、促改革、调结构、惠民生、防风险等各项工作，全市经济增长稳步回升，全面建成小康社会迈出新步伐。

一、综　合

据2016年人口抽样调查，年末全市常住人口315.5万人，比上年末增加1.4万人。全年全市出生人口3.5万人，人口出生率 11.1‰；死亡人口2.1万人，死亡率6.7‰；自然增长率4.4‰。

初步核算，全年全市生产总值716.1亿元，按可比价格计算，比上年增长4.7%。其中，第一产业增加值63.3亿元，增长5.1%，占生产总值的比重8.8%；第二产业增加值315.9亿元，增长2.8%，占生产总值的比重44.1%；第三产业增加值336.9亿元，增长6.4%，占生产总值的比重47.1%。

人均地区生产总值22747元，按2016年平均汇率计算为3426美元。

全年全市一般公共预算收入69.2亿元，下降6.0%。税收收入37亿元，下降6.7%，其中，国内增值税、营业税、企业所得税、个人所得税、资源税和城市维护建设税共计完成税收30.2亿元，下降7.4%。一般公共预算支出247.5亿元，增长2.3%。其中，教育、医疗卫生、社会保障和就业、住房保障、公共交通运输、节能环保、城乡社区事务等民生支出199.2亿元，增长9.7%，民生支出占全市一般公共预算支出的比重80.5%。

全年全市居民消费价格比上年上涨0.9%，其中，食品价格上涨2.4%。工业生产者出厂价格下降1.9%，其中生产资料价格下降2.0%，生活资料价格下降1.3%。工业生产者购进价格下降15.4%。

全年全市城镇新增就业3.7万人。转移农村劳动力3.2万人。年末城镇登记失业率3.7%。

二、农　业

全年全市农作物种植面积466.6千公顷，比上年减少4.7千公顷。其中，粮食种植面积423.5千公顷，减少7.5千公顷；蔬菜种植面积11.2千公顷，增加3.4千公顷；油料种植面积24.1千公顷，减少0.2千公顷。在粮食种植面积中，玉米种植面积233.6千公顷，减少5.4千公顷。果园面积17.8千公顷，增加0.1千公顷。

全年粮食产量176.7万吨，增加26.4万吨，增产17.6%。其中，秋粮176.6万吨，增产17.6%。

全年完成造林面积47.0千公顷，下降2.2%。

全年全市猪牛羊肉总产量11.4万吨，下降2.8%。其中，猪肉产量5.9万吨，下降0.3%；牛肉产量0.8万吨，下降18.2%；羊肉产量4.7万吨，下降2.6%。年末生猪存栏43万头，生猪出栏63.1万头。牛奶产量5.9万吨，增长4%。禽蛋产量7.9万吨，增长9.7%。水产品产量0.3万吨，增长3.5%。

年末全市农业机械总动力175.5万千瓦,增长2.9%。机械耕地面积321千公顷，增长0.2%；机械播种面积319.5千公顷；机械收获面积173.8千公顷，增长7.8%。全市农机化经营总收入10.3亿元。

三、工业和建筑业

年末全市规模以上工业企业348家，比上年末减少4家。全年全市规模以上工业增加值增长2.6%。

规模以上工业企业实现主营业务收入517.3亿元，增长4.3%。其中,医药工业实现主营业务收入0.3亿元,增长33.8%；煤炭工业实现131.1亿元，同比12.8%；冶金工业实现174.9亿元，下降0.2%；装备制造业实现67.2亿元，下降0.3%；电力工业实现78.7亿元，增长9.9%；焦炭工业实现23.0亿元，增长27.1%；化学工业实现8.6亿元，下降39.3%；食品工业实现6.6亿元,增长6.5%；建材工业实现13.1亿元，增长0.7%。

规模以上工业实现利税50.1亿元，增长29.7%；规模以上工业利润总额16.8亿元，增长401.9%，其中，国有控股企业利润总额10.4亿元，增长96.2%。规模以上工业企业每百元主营业务收入中的成本82.0元，下降1.0元。

全年全市建筑业实现增加值40.1亿元，增长4.4%。具有建筑业资质等级的总承包和专业承包建筑业企业实现利润2.4亿元，下降25.4%。

四、能　源

全年全市一次能源生产折标准煤3966.0万吨，下降26.7%；二次能源生产折标准煤 1790.8万吨，增长10.7%。

全年全市全社会用电总量95.8亿千瓦小时。其中，第一产业用电2.1亿千瓦小时，占全社会用电量的比重2.2%；第二产业用电59.8亿千瓦小时，占全社会用电量的比重62.4%，其中工业用电57.9亿千瓦小时；第三产业用电23.1亿千瓦小时，占全社会用电量的比重24.1%；城乡居民生活用电10.8亿千瓦小时，占全社会用电量的比重11.3%。

五、固定资产投资

全年全社会固定资产投资1167.7亿元，增长4.3%。

在固定资产投资（不含跨市、农户）中，基础设施投资完成209.2亿元，增长18.1%。

在固定资产投资（不含跨市、农户）中，国有及国有控股投资391.1亿元，增长4.4%；民间投资769.8亿元，增长5.4%。

分登记注册类型看，内资企业和个体经营投资1155亿元，增长4.8%；外商及港澳台商企业投资12.7亿元，下降25.7%。

分产业看，第一产业投资209亿元，下降11.7%；第二产业投资471.1亿元，增长6.4%；第三产业投资487.6亿元，增长10.7%。

全市工业投资471.1亿元，增长6.4%。其中，煤炭工业投资65.5亿元，下降27.4%，非煤产业投资405.6亿元，增长14.7%；传统产业（煤炭、焦炭、冶金、电力）投资合计141.4亿元，增长12%，非传统产业投资合计329.7亿元，增长3.8%。

全年全市在建固定资产投资项目2476个。其中,亿元以上项目385个，计划总投资2116.3亿元，完成投资596.4亿元。

全年房地产开发投资44.1亿元,下降15.8%。其中，住宅投资28.6亿元，下降13.6 %；商业营业用房投资10.7亿元，下降18.9%。

六、国内贸易

全年全市社会消费品零售总额338亿元，增长7.3%。按经营地统计，城镇消费品零售额236.5亿元，增长6.7%；乡村消费品零售额101.5亿元，增长8.9%。按消费形态统计，商品零售额293.3亿元，增长6.0%；餐饮收入额44.8亿元，增长17.3%。

全年全市限额以上单位消费品零售额 118.8 亿元，下降4.3%。其中，限额以上批发零售业单位网上零售额0.01亿元，增长13.3%。

七、对外经济

全年全市海关进出口总额18245 万美元，下降6.4%。其中，进口额185万美元，下降56.6 %；出口额18060万美元，下降6.4%。

全年出口镁及其制品0.04万吨，增长126.6%；出口钢材6.6万吨，下降9.3%。出口机电产品14003 万美元，下降7.4%；出口高新技术产品156万美元，增长 171.2%。

全年进口机电产品32万美元，增长73.4%。

全年全市新设立外商直接投资企业1家；按全口径统计实际使用外商直接投资金额3320.7万美元，下降22.4%。

八、交通、邮电和旅游

年末全市公路线路里程17442.7公里，其中高速公路821.8公里。

年末全市民用汽车保有量29.9万辆（包括三轮汽车和低速货车0.3万辆），比上年末增长10%，其中私人汽车26.3万辆，增长11%。本年新注册汽车3.9万辆，增长18.1 %。年末轿车保有量16.8万辆，增长12.1%，其中私人轿车15.9万辆，增长13.3%。

全年全市完成邮电业务总量43.5亿元。其中，邮政业务总量2.9亿元；电信业务总量40.6亿元。年末移动电话用户273.3万户，其中，3G移动电话用户122.4万户，4G移动电话用户144.6万户。全市宽带接入用户40万户。

全年全市商业住宿设施接待入境过夜游客54697人次，接待国内旅游者3410.9万人次，分别增长5.7%和18.0%；旅游外汇收入1827.9万美元，同比增长6.5%；国内旅游收入326.5亿元，同比增长15.4%；旅游总收入327.6亿元，增长15.1%。

九、金　　融

年末全市金融机构本外币各项存款余额1785.1亿元，比年初增加143.3 亿元，比年初增长8.7%。各项贷款余额777.3亿元，比年初增加 62.4亿元，增长8.7%。

年末全市农村金融合作机构（农村信用社、农村合作银行、农村商业银行）人民币存款余额 548.5 亿元，比年初增加45.5亿元，比年初增长9.0%；人民币贷款余额315.6亿元，比年初增加 21.3亿元，增长7.2%。

全年全市保费收入39.5亿元，增长15.4%。其中，寿险业务保费收入27.2亿元，增长16.7%；健康险业务保费收入2.0亿元，增长77.1%；意外险业务保费收入0.5亿元，增长9.5%；财产险业务保费收入 9.8亿元，增长5.4%。全年支付各类赔款及给付 13.4 亿元，增长 14.2%。

十、教育和科学技术

年末全市共有幼儿园437所，小学504所，普通初中225所，普通高中35所，中等职业教育学校52所，普通高等学校2 所。全市学前教育毛入园率86%，小学学龄儿童净入学率99.9%，高中阶段毛入学率93%。

全年全市专利申请量539件，增长23.3%；其中发明专利申请量155件，增长28.1%。全市专利授权量319件，下降19.4%；其中发明专利授权量55件，下降25.7%。全年新登记科技成果4项。获得山西省科学技术奖2项。国家级企业技术中心1家，市级企业技术中心84家。按照国家高新技术企业认定办法，年末累计高新技术企业27家。

全市2个经济开发区，全年区内税收收入4.0亿元，增长5.3%；企业主营业务收入56.2亿元，下降3.9%。

年末全市共有市、县产品质量监督检验和计量检定技术机构14个，全年监督抽查了108家企业2类3种195批次的产品和商品。全年完成强制检定计量器具2.8万台件。

全市有气象台站16个，开展电话天气自动答询的台站16个。全市气象系统开展人工影响天气业务的单位16个，防雹、增雨累计受益面积为全市区域内，增雨量0.9亿立方米。全市有卫星云图接收站1个。

全年全市发生M4.0—M4.9级地震1次，最大震级4.2级。

十一、文化、卫生和体育

年末全市共有群众艺术馆 1个，文化馆14个，文化站185个，农村文化活动场所4893个。专业艺术表演团体96个。公共图书馆14个。出版报纸1种（不含高校校报）2.2万份，杂志1种、5.6万册。广播电视台14座，电视台2座，调频电视转播发射台17座，一百瓦以上调频电视转播发射台17 座。广播人口覆盖率98.8%，电视人口覆盖率99.0%，有线电视用户11.9万户（不包括忻府区）。

年末全市共有卫生机构(含诊所、村卫生室)5203个，床位12813 张。卫生防疫、防治机构15个，妇幼保健计划生育服务中心15个。全市卫生机构共有卫生技术人员13816人。乡镇卫生院卫生技术人员2079人；城市社区卫生服务中心（站）卫生技术人员264人；防疫、防治卫生技术人员323人，妇幼保健计划生育卫生技术人员639人。全市14个县（市、区）开展了新型农村合作医疗试点工作，有198.8万农民参加了合作医疗。

全市有体育场15个，体育馆12个。全年我市运动员在国内外重大比赛中获金、银、铜牌分别为19枚、22枚和29枚（包括非奥运项目比赛）。全年全市销售中国体育彩票1.1亿元，增长11%。

十二、人民生活和社会保障

全年全市居民人均可支配收入14371元，增长7.1%。按常住地分，城镇居民人均可支配收入24987元，增长6.5%，城镇居民人均消费支出12160元，增长8.8%；农村居民人均可支配收入7025元,增长7.2%，农村居民人均消费支出6650元，增长2.3%。按全市居民五等份收入分组，城镇低收入组人均可支配收入8707元，增长7.0%；农村低收入组人均可支配收入1955元，增长9.7%。城镇居民家庭恩格尔系数(即居民家庭食品消费支出占家庭消费支出的比重）25.7%，农村居民家庭恩格尔系数35.7 %。

年末参加城镇职工基本养老保险42.0万人，比上年末增加0.6万人；参加城乡居民基本养老保险160.1万人，增加0.7万人；参加城镇基本医疗保险66.9万人，增加0.07万人；参加失业保险20.9万人；参加工伤保险22.9万人，增加0.4万人；参加生育保险25.1万人，增加0.1万人。

全年得到城市最低生活保障救济人数72607人，全年共发放城市最低保障资金2.7亿元。25399人纳入农村五保供养。

年末全市城镇有各种社区服务设施14个。其中，综合性社区服务中心2个。各类收养性单位床位数5136张，收养人数3240人。国家抚恤、补助各类优抚对象15957人。全年销售福利彩票2.5亿元，筹集社会福利资金7300万元。

十三、资源、环境和安全生产

年末全市8座中型水库蓄水总量7732.2万立方米。

年末全市森林面积42.7万公顷，森林覆盖率18.4%。

按《环境空气质量指数（AQI）技术规定（试行）(HJ633—2012)》评价，14个县级城市环境空气达标天数范围在263—363 天之间。

黄河、海河流域忻州段共监测5个断面，达到Ⅲ类以上（包括Ⅰ、Ⅱ、Ⅲ类）水质标准的断面占40%，达到Ⅳ类水质标准的断面占60%，达到Ⅴ类水质标准的断面占60%，劣Ⅴ类水质标准的断面占40%。

全年全市各类自然灾害造成直接经济损失8.0亿元，下降74%；农作物受灾面积9.4万公顷，减少73%，其中，绝收面积0.5万公顷，减少96%。

全年全市共发生各类生产经营性事故222起，与去年同期相比下降4.4%；死亡98人，与去年同期相比下降29.5%。全年全市煤炭百万吨死亡率为0.029%。

吕梁市2016年国民经济和社会发展情况

2016年，在市委、市政府的坚强领导下，全市上下深入学习贯彻党的十八大和十八届三中、四中、五中、六中全会精神及习近平总书记系列重要讲话精神，按照省委“一个指引、两手硬”的重大思路和要求，全力推进供给侧结构性改革，全面实施创新驱动、转型升级战略，统筹稳增长、促改革、调结构、惠民生、防风险各项工作，全市经济社会发展取得显著成就，全面建成小康社会迈出坚实步伐，实现了“十三五”良好开局。

一、综　合

据2016年人口抽样调查，年末全市常住人口385.5万人，比上年末增加2.3万人。全年全市出生人口4万人，人口出生率10.34‰；死亡人口1.7万人，死亡率4.45‰；自然增长率5.89‰。

初步核算，全年全市地区生产总值995.3亿元，按可比价计算，增长4.1%。其中，第一产业增加值53.7亿元，增长4.7%，占地区生产总值的比重5.4%；第二产业增加值555.3亿元，增长2.5%，占地区生产总值的比重55.8%；第三产业增加值386.3亿元，增长6.4%，占地区生产总值的比重38.8%。

人均地区生产总值25896元，按2016年平均汇率计算为3899美元。

全年全市一般公共预算收入89.6亿元，下降1.2%。税收收入65.5亿元，增长3.3%；非税收收入24.1亿元，下降11.6%。一般公共预算支出275.1亿元，增长0.3%。其中，教育支出60.5亿元，增长0.2%；科学技术支出1.7亿元，增长57.2%；文化体育与传媒支出4.9亿元，增长3%；社会保障和就业支出37.9亿元，增长17.7%；医疗卫生支出31.9亿元，下降5.2%；节能环保支出7.9亿元，下降3%；城乡社区事务支出15.2亿元，下降24.7%；农林水事务支出41.3亿元，增长14.3%；住房保障支出11.9亿元，增长23.2%。

全市居民消费价格上涨0.6%。其中，食品烟酒价格上涨2.6%，商品零售价格上涨1%。工业生产者出厂价格下降0.6%，其中,生产资料价格下降0.2%，生活资料价格上涨5.4%。工业生产者购进价格下降0.4%。

全年全市城镇新增就业3.2万人，年末城镇登记失业率2.72%。

二、农　业

全年全市粮食播种面积351.4千公顷，比上年减少3.3千公顷；油料播种面积20.4千公顷，比上年减少3.5千公顷；棉花播种面积0.06千公顷，比上年减少0.02千公顷。在粮食播种面积中，玉米播种面积177.3千公顷，比上年减少2.2千公顷；小麦播种面积1.7千公顷，比上年减少0.44千公顷。

全年全市粮食产量111.6万吨，比上年增加39.2万吨，增长54.2%。其中，夏粮0.55万吨，下降31.6%；秋粮111.03万吨，增长55.1%。

全年全市完成造林面积38.2千公顷，增长17%。

全年全市猪牛羊肉总产量8.7万吨，下降7.7%。其中，猪肉产量5.9万吨，下降12.5%；牛肉产量1.6万吨，增长6.5%；羊肉产量1.2万吨，增长0.8%。年末生猪存栏50.9万头，生猪出栏71.7万头。牛奶产量2.8万吨，增长15.5%。禽蛋产量9.5万吨，下降8.5%。水产品产量0.18万吨，下降5.2%。

年末全市农业机械总动力144.2万千瓦，下降52.5%。机械耕地面积245千公顷，增长5.8%；机械播种面积198.6千公顷，机械收获面积121.8千公顷，分别下降0.7%和4.5%。全市农机化经营总收入6.2亿元，下降48.3%。

三、工业和建筑业

年末全市规模以上工业企业448户，比上年末减少23户。全年规模以上工业增加值增长2.6%。

规模以上工业企业实现主营业务收入1482.3亿元，增长3.7%。其中，冶金工业、化学工业和医药工业分别实现主营业务收入265.3亿元、88.7亿元、和2.3亿元，分别下降9.3%、6.5%和13%；煤炭、焦炭、电力、建材、装备和食品工业分别实现主营业务收入595.9亿元、182.6亿元、30.2亿元、37.9亿元、25.9亿元和245.5亿元，分别增长7%、25.3%、12.7%、4.2%、9.8%和1.6%。

全年全市规模以上工业企业实现利税100.6亿元，增长36.7%；应交增值税63亿元，增长14.6%；产成品115.2亿元，下降7.2%；应收账款310.1亿元，增长2.6%；资产负债率80.3%。

全年全市建筑业实现增加值11.2亿元，增长2.8%。具有建筑业资质等级的总承包和专业承包建筑业企业实现利润22 亿元，下降18.8%。

四、能　源

全年全市一次能源生产折标准煤7345万吨，增长11.2%；二次能源生产折标准煤10948万吨，下降22.5%。

全年全市全社会用电总量140.2亿千瓦小时。其中，第一产业用电2.4亿千瓦小时，占全社会用电量的比重1.7%；第二产业用电109.2亿千瓦小时，占全社会用电量的比重77.9%，其中工业用电107.5亿千瓦小时；第三产业用电13.1亿千瓦小时，占全社会用电量的比重9.3%；城乡居民生活用电15.5亿千瓦小时，占全社会用电量的比重11.1%。

五、固定资产投资

全年全市固定资产投资（不含跨市、农户）1118.5亿元，下降4.1%。

在固定资产投资（不含跨市、农户）中，国有及国有控股投资412.3亿元，下降13.6%；民间投资693.9亿元，增长2.1%。

分登记注册类型看，内资企业和个体经营投资1084.2亿元，下降7%；外商及港澳台商企业投资34.2亿元，增长2.3倍。

分产业看，第一产业投资79.6亿元，增长1.3倍；第二产业投资610.3亿元，增长6.6%；第三产业投资428.5亿元，下降23.4%。

全市工业投资610.3亿元，增长6.6%。其中，煤炭工业投资140.6亿元，下降12.9%,非煤产业投资469.7亿元，增长14.2%；传统产业（煤炭、焦炭、冶金、电力）投资合计367.2亿元，增长2.3%，非传统产业投资合计243.1亿元，增长13.7%。

全年全市在建固定资产投资项目1460个。其中，亿元以上项目275个，计划总投资2124.8亿元，完成投资691.7亿元。

全年全市房地产开发投资70.5亿元，增长4.4%。其中，住宅投资53.8亿元，增长5.3%；商业营业用房投资9.8亿元，下降6.7%。

六、国内贸易

全年全市社会消费品零售总额433.7亿元，增长6.8%。按经营地统计，城镇消费品零售额331.1亿元，增长8.8%；乡村消费品零售额102.6亿元，增长1.1%。按消费形态统计，商品零售额372.9亿元，增长4.6%；餐饮收入额60.8亿元，增长23%。

全年全市限额以上社会消费品零售额73.1亿元，下降9.8%。限额以上行业中，批发业9847万元，下降15.2%；零售业67.4亿元，下降11.6%；住宿业4775万元，增长42%；餐饮业4.2亿元，增长28.2%。

七、对外经济

全年全市海关进出口总额2.9亿美元，下降27.5%。其中，进口额1.3亿美元，下降45.8%；出口额1.6亿美元，增长0.2%。

全年出口焦炭38吨，下降99.9%；出口镁及其制品612吨，下降8.1%；出口钢材2万吨，增长116.7%。出口机电产品3863万美元，增长34.5%；出口高新技术产品3063万美元，增长76%。

全年进口铁矿砂154万吨，下降53.2%；进口金额6990万美元，下降60.7%。进口机电产品2403万美元，增长11.9倍。

八、交通、邮电和旅游

年末全市公路线路里程17381.7公里，其中高速公路534.4公里。

年末全市民用汽车保有量320174辆（包括三轮汽车和低速货车2684辆），增长7.8%；其中私人汽车283047辆，增长8.2%。本年新注册汽车33590辆，增长5.6%。年末轿车保有量202776辆，增长8.4%；其中私人轿车189580辆，增长9.3%。

全年全市邮政企业和快递服务企业业务收入（不包括邮政储蓄银行直接营业收入）3.6亿元，增长12%；业务总量3.7亿元，增长36.9%。年末全市固定电话23.8万户，下降25.6%；移动电话用户286.1万户，下降0.6%；宽带接入用户57.8万户，增长19.9%。

全年全市商业住宿设施接待入境过夜游客5517万人次，接待国内旅游者3443.8万人次，分别增长4.3%和28.6%；旅游外汇收入214万美元，增长5.1%；国内旅游收入292.8亿元，增长29%；旅游总收入292.9亿元，增长29%。

九、金融、保险

年末全市金融机构本外币各项存款余额1811.1亿元，比年初增加194.7亿元，增长12%。各项贷款余额950.9亿元，比年初增加58.7亿元，增长6.6%。

全年全市保费收入49亿元，增长21%。其中，财产险保费收入10.7亿元，增长5.9%；寿险保费收入31.5亿元，增长18.4%；意外险保费收入6884.5万元，增长23.8%；健康险保费收入6.1亿元，增长90.6%。

十、教育和科学技术

年末全市共有幼儿园710所，增加23所；小学576所，减少90所；普通中学288所，减少8所；中等职业学校19所，与上年持平；特殊教育学校6所，与上年持平。全市学前教育毛入园率为92.6%，小学学龄儿童净入学率99%，高中阶段毛入学率为95%。

按照国家高新技术企业认定办法，年末全市高新技术企业23家。

全市4个经济开发区（包括高新区）入区企业206家，其中500强投资企业4家。区内税收收入20.5亿元，下降12%；企业主营业务收入371.9亿元，增长10%。

全市有气象台站14个，开展电话天气自动答询台站1个，卫星云图接收站14个，开展人工影响天气业务的单位13个，防雹、增雨累计受益面积100平方公里，增雨量3X10—3亿立方米。

全市有专业综合地震台站2个，市级地震台网中心1个；市县地震观测项目9台项，其中流体3个，大地电场3个，电磁波脉冲仪3个；全市共发生地震44次，最大震级为2月16日汾阳发生M2.3级地震。

十一、文化、卫生和体育

年末全市共有群众艺术馆1个，文化馆13个，文化站162个（其中，乡镇综合文化站148个），农村文化活动场所3112个。专业艺术表演团体11个。公共图书馆14个。出版报纸1种（不含高校校报）、发行2.9万份。广播电视台13座，电视台13座，中短波转播发射台1座，调频转播发射台3座，一百瓦以上电视转播发射台14座。广播人口覆盖率95.1%，电视人口覆盖率99.2%，有线电视用户35万户。

年末全市共有卫生机构(含诊所、村卫生室)4784个，床位1.22万张。卫生防疫、防治机构14个，妇幼保健院（所、站）14个。全市卫生机构共有卫生技术人员1.58万人；卫生院卫生技术员0.3万人，社区卫生服务中心（站）卫生技术人员789人，其中农村乡镇卫生院0.28万人；防疫、防治卫生技术员336人，妇幼保健（所、站）卫生技术人员628人。全市13个县（市、区）开展了新型农村合作医疗工作，有271.86万农民参加了合作医疗。

年末全市有体育场7个，体育馆3个。全年全市销售中国体育彩票2.17亿元。

十二、人民生活和社会保障

全年全市居民人均可支配收入14429元，增长6.2%。城镇居民人均可支配收入24180元，增长5.6%；农村居民人均可支配收入7644元，增长6.3%。按全市居民五等份收入分组，城镇低收入组人均可支配收入7739元，增长6.4%；农村低收入组人均可支配收入2475元，增长8.5%。

年末全市参加城镇职工基本养老保险36.18万人，比上年末增加3.58万人；参加城乡居民社会养老保险184.69万人，比上年末增加2.67万人；参加城镇基本医疗保险84.37万人，比上年末减少0.06万人；参加失业保险32.13万人，比上年末减少0.04万人；参加工伤保险38.02万人，比上年末增加0.16万人；参加生育保险33.63万人，比上年末增加0.18万人。全市13个县（市、区）开展了新型农村合作医疗工作，有271.86万农民参加了合作医疗。

全年全市得到城市最低生活保障救济人数77148人，全年共发放城市最低保障资金3.22亿元。20985人纳入农村五保供养。

年末全市城镇有各种社区服务设施396个，其中综合性社区服务中心58个，各类收养性单位床位数1503张，收养人数1031人，国家抚恤、补助各类优抚对象19186人。全年销售福利彩票4.3亿元，筹集社会福利资金0.8亿元，接受社会捐赠款0.03亿元。

十三、资源、环境和安全生产

全年全市完成水土流失治理43万亩、生态修复22万亩。建成219处农村饮水安全工程和14个水质检测中心，10万农村人口饮水标准得到提升。

按《环境空气质量指数（AQI）技术规定（试行）(HJ633—2012)》评价，市区优良天气数达到287天，比上年增加17天，优良天数比例78.4%，环境空气质量综合指数全省排名第二，市区大气环境质量持续改善。

全市12条河流17个国、省控断面，实际监测断面16个，水质优良（Ⅰ—Ⅲ类）断面5个，占监测断面总数的31%；重度污染（劣Ⅴ类）断面6个，占监测断面总数的38%。

全市未发生重大以上事故，安全生产形势总体平稳。

晋中市2016年国民经济和社会发展情况

2016年，面对错综复杂形势和艰巨繁重任务，全市认真贯彻落实中央、省一系列决策部署，按照省委“一个指引、两手硬”重大思路和要求，围绕“两个全面”奋斗目标，坚持创新驱动、转型升级主基调，主动作为，攻坚克难，经济发展稳中有进、稳中向好，社会事业全面进步，实现了“十三五”良好开局。

一、综　合

据2016年人口抽样调查，年末全市常住人口为3348738人，比上年末增加13044人。全年全市出生人口34074人，人口出生率为10.20‰；死亡人口21031人，死亡率为6.29‰；自然增长率为3.90‰。

初步核算，全年全市生产总值1091.1亿元，比上年增长5.1%。其中，第一产业增加值108.7亿元，增长2.8%，占生产总值的比重为10.0%；第二产业增加值468.2亿元，增长4.9%，占生产总值的比重为42.9%；第三产业增加值514.2亿元，增长5.7%，占生产总值的比重为47.1%。

人均地区生产总值32646元，按2016年平均汇率计算为4858美元。

全年全市一般公共预算收入100.8亿元，比上年增长0.6%。税收收入60.6亿元，下降0.8%，其中国内增值税、营业税、企业所得税、个人所得税、资源税和城市维护建设税共计完成税收44.6亿元，下降0.8%。一般公共预算支出247.3亿元，增长2.6%，用于民生的支出204.1亿元，增长1.3%，占一般公共预算支出的82.6%。其中，城乡社区事务支出增长55.1%、农林水支出增长23.2%、节能环保支出增长4.4%、住房保障支出增长2.2%、社会保障和就业支出增长1.2%、医疗卫生与计划生育支出增长0.2%。

全年市区居民消费价格比上年上涨1.2%，其中，食品烟酒价格上涨3.3%。市区商品零售价格上涨1.3%。全市工业生产者出厂价格下降2.2%，其中生产资料价格下降2.6%，生活资料价格上涨1.7%。工业生产者购进价格下降2.3%。农业生产资料价格上涨0.8%。

全年全市城镇新增就业3.50万人。年末城镇登记失业率2.25%。

二、农　业

全年全市农作物种植面积302.0千公顷，比上年减少5.0

千公顷。其中，粮食种植面积256.8千公顷，减少5.7千公顷；油料种植面积1.8千公顷，减少0.3千公顷；棉花种植面积0.02千公顷。在粮食种植面积中，玉米种植面积215.2千公顷，减少2.1千公顷；小麦种植面积6.1千公顷，减少1.8千公顷。

全年粮食产量184.4万吨，增加8.6万吨，增产4.9%。其中，夏粮2.6万吨，减产24.7%；秋粮181.8万吨，增产5.5%。

全年完成造林面积10.0千公顷，减少43.0%。

全年全市肉类总产量21.2万吨，比上年增长2.9%。其中，猪肉产量11.7万吨，减少5.1%；牛肉产量1.8万吨，增长13.2%；羊肉产量1.8万吨，增长9%；禽肉产量5.8万吨，增长18.2%。牛奶产量14.3万吨，增长1%。禽蛋产量16.1万吨，增长1.8%。水产品产量0.3万吨，减少6.1%。

年末全市农业机械总动力193.5万千瓦，比上年减少49.2%。机械耕地面积27.1万公顷，比上年减少1.5%；机械播种面积25.4万公顷，增长1.2%；机械收获面积14.4万公顷，比上年减少2.0%。全市农机化经营总收入15.1亿元，比上年减少32.0%。

三、工　业

年末全市规模以上工业法人企业501家，比上年末减少7家。全年规模以上工业增加值完成374.3亿元，比上年增长5.0%。

规模以上工业企业原煤产量7503.6万吨，比上年下降15.6%；发电量200.2亿千瓦时，增长2.2%；焦炭产量1108.6万吨，增长4.5%；粗钢产量165.8万吨，下降0.4%。

规模以上工业企业实现主营业务收入1096.0亿元，比上年增长12.5%。其中，煤炭行业、焦炭行业、冶金行业、食品行业、非金属矿制品业、化工行业和医药行业分别实现主营业务收入461.4亿元、128.4亿元、116.6亿元、78.6亿元、68.8亿元、55.7亿元和24.4亿元，分别增长11.9%、18.9%、28.0%、8.2%、9.7%、8.1%和12.9%；机械和电力行业分别实现主营业务收入81.9亿元和47.5亿元，分别下降6.6%和5.6%。

规模以上工业企业实现利税30.4亿元，比上年增长6.7倍；实现利润-20.7亿元，比上年增加26.1亿元。

四、能　源

全年全市全社会用电总量145.2亿千瓦小时。其中，第一产业用电4.0亿千瓦小时，占全社会用电量2.8%；第二产业用电109.5亿千瓦小时，占全社会用电量75.4%，其中工业用电107.3亿千瓦小时；第三产业用电16.0亿千瓦小时，占全社会用电量11.0%；城乡居民生活用电15.7亿千瓦小时，占全社会用电量10.8%。

五、固定资产投资

全年全市固定资产投资1375.8亿元，比上年增长4.8%。

在固定资产投资中，基础设施投资[3]291.8亿元，增长24%。

在固定资产投资中，国有及国有控股投资327.3亿元，增长2.2%；民间投资[4]910.7亿元，增长2.1%。

分登记注册类型看，内资企业投资1321.7亿元，增长3.7%；外商及港澳台商企业投资25.4亿元，增长28.9%；个体经营投资28.7亿元，增长59.4%。

分产业看，第一产业投资184.9亿元，增长49.3%；第二产业投资461.1亿元，下降5.7%；第三产业投资729.9亿元，增长4.3%。

全市工业投资458.6亿元，下降6.1%。其中，煤炭工业投资112.3亿元，增长12.7%；非煤产业投资346.3亿元，下降10.9%。传统产业（煤炭、焦炭、冶金、电力）投资合计221.4亿元，下降4.7%，非传统产业投资合计237.2亿元，下降7.4%。

全年全市在建固定资产投资项目2760个。其中，亿元以上项目487个，计划总投资2576.7亿元，完成投资744.8亿元。

全年房地产开发投资179.0亿元，增长50.6%。其中，住宅投资113.8亿元，增长49.8%。

六、国内贸易

全年全市社会消费品零售总额569.2亿元，比上年增长7.5%。按经营地统计，城镇消费品零售额363.9亿元，增长6.4%；乡村消费品零售额205.3亿元，增长9.4%。按消费形态统计，商品零售额529.9亿元，增长7.3%；餐饮收入额39.3亿元，增长9.8%。

七、对外经济

全年全市海关进出口总额21071万美元，比上年增长2.0%。其中，进口额2890万美元，增长116.8%；出口额18180万美元，下降5.9%。

全年出口焦炭8.7万吨，比上年下降14.3%，出口金额1081万美元，下降26.6%；出口玛钢管件1.2万吨，增长14.4%，出口金额1863万美元，增长0.3%；出口鲜、干水果及坚果1.4万吨，增长70.3%，出口金额1231万美元，增长47.4%；出口陶瓷3387吨，下降29.1%，出口金额463万美元，下降30.8%；出口角钢及型钢5.0万吨，增长10.3%，出口金额1971万美元，增长7.6%；出口玻璃器皿8977吨，增长0.7%，出口金额2619万美元，下降4.2%；出口机电产品8257 万美元，下降7.1%。

全年新签项目（合同）数6个；合同利用外资项目投资

总额12979万美元，下降76.0%；当年实际使用外资金额37870万美元，增长2.1%。

八、交通、邮电和旅游

年末全市公路通车里程15988.2公里，比上年增加77.0公里，增长0.5%；其中高速公路625.0公里，比上年增加64.3公里，增长11.5%。

年末全市民用汽车保有量52.6万辆（包括三轮汽车和低速货车2799辆），比上年末增长9.6%，其中私人汽车47.4万辆，增长10.5%。本年新注册汽车5.8万辆，增长5.3%。年末轿车保有量32.4万辆，增长10.1%，其中私人轿车31.1万辆，增长11.0%。

全年全市完成邮电业务总量61.3亿元。其中，邮政业务总量3.7亿元，电信业务总量57.6亿元。邮政业全年完成邮政函件业务132.4万件，国内普通包裹业务5.4万件，国内标准快递业务量899.4万件。全年全市固定电话用户年末达到34.1万户。年末移动电话用户307.8万户。其中，3G移动电话用户30.7万户，4G移动电话用户186.5万户。年末全市固定及移动电话用户总数达到341.9万户。全市宽带接入用户49.0万户，手机互联网上网人数250.4万人。

全年全市商业住宿设施接待入境过夜游客22.7万人次，增长7.7%，其中，外国人14.5万人次，增长8.0%，港澳台8.2万人次，增长7.2%；接待国内旅游者6335.1万人次，增长26.2%。旅游外汇收入12125.5万美元，增长8.8%，国内旅游收入650.8亿元，增长28.5%，旅游总收入658.2亿元，增长28.2%。

九、金　融

年末全市金融机构本外币各项存款余额2366.1亿元，比年初增加315.9亿元，增长15.4%。各项贷款余额1379.9亿元，比年初增加176.4亿元，增长14.7%。

全年全市保费收入57.2亿元，比上年增长7.7%。其中，财产险业务保费收入15.0亿元，增长3.5%；寿险业务保费收入42.2亿元，增长9.3%。全年支付各类赔款及给付17.3亿元，增长17.8%。

十、教育和科学技术

年末全市普通高等学校16所，普通中学226所，小学678所，幼儿园576所。

全年全市专利申请受理量为1265件，比上年增长27.5%；其中发明专利申请受理量为342件，增长12.5%。全年全市专利授权量为689件，减少3.4%；有效发明专利拥有量391件，增长26.5%。按照国家高新技术企业认定办法，年末累计认定高新技术产业企业84家，比上年增加25家，高新技术企业销售额达63.7亿元。

十一、文化、卫生和体育

年末全市共有群众艺术馆、文化馆12个，艺术表演团50个，公共图书馆11个。年末全市公共图书馆图书总藏量达1266.9千册。年末全市共有电视台11座，广播电台节目11套。有线电视用户40.9万户。广播节目综合人口覆盖率98.52%，电视节目综合人口覆盖率99.72%。

年末全市共有卫生机构（不包含村卫生室及乡村医生、卫生员人数）969个。其中，医院103个，妇幼保健院（所、站）12个，疾病预防控制中心（防疫站）12个。全市卫生机构共有床位15501张，其中，医院床位11279张，卫生院床位3244张。全市卫生机构共有卫生技术人员17581人，其中，执业（助理）医师6813人，注册护士7285人。

年末全市拥有各级体育机关12个，体育运动学校1个。全市共有二级运动员135人，二级裁判员257人。全市体育电脑彩票销售点316个，全年销售中国体育彩票13580万元。

十二、人民生活和社会保障

全年居民人均可支配收入19783元，比上年增长6.2%。按常住地分，城镇常住居民人均可支配收入29149元，增长5.9%；农村常住居民人均可支配收入11525元，增长6.0%。城镇占调查总户数20%的低收入家庭人均可支配收入11485元，增长5.9%；农村占调查总户数20%的低收入者收入3166元，增长9.0%。全年居民人均消费支出10347元，增长5.0%。按常住地分，城镇居民人均消费支出14038元，增长4.3%；农村居民人均消费支出7737元，增长5.5%。城镇居民家庭恩格尔系数（即居民家庭食品消费支出占家庭消费支出的比重）28.0%；农村居民家庭恩格尔系数28.5%。

年末参加城镇职工基本养老保险50.7万人，比上年末增加2.8万人。参加城乡居民社会养老保险154.3万人，增加1.2万人。参加城镇基本医疗保险89.9万人，增加0.4万人。参加失业保险32.3万人，减少0.2万人。参加工伤保险38.7万人，减少0.7万人。参加生育保险34.3万人，增加0.2万人。全市11个县（区、市）全部开展了新型农村合作医疗试点工作，217.3万农民参加了合作医疗，参合率99.61%。

全年全市纳入城市最低生活保障的居民11101人；纳入农村最低生活保障的居民33960人；纳入农村五保供养17172人。全年共发放最低保障资金10769.9万元。

年末全市共有各类提供住宿的社会服务机构75个。其中，老年人与残疾人服务机构58个，提供住宿的社会服务机构床位数15121张。全年全市共有福利彩票销售点306个，福利彩票销售收入30167万元。

十三、资源、环境和安全生产

年末全市森林面积253.6千公顷。全市自然保护区总数

5个，自然保护区面积97.8千公顷，占全市国土面积的6.0%。

按照《环境空气质量标准》（GB3095—2012）中规定的六项污染物评价，2016年全市11个县（市）环境空气优良天数范围在48—267天之间，其中市城区226天；环境空气综合污染指数范围在5.57—12.78之间，其中市城区为7.24。

全年全市河流监测的8个断面中，达到Ⅲ类以上（包括Ⅰ、Ⅱ、Ⅲ类）水质标准的断面6个，占监测断面总数的75.0%；劣Ⅴ类水质标准的断面2个，占监测断面总数的25%。

年末全市城市污水集中处理率95.6%。全市城市生活垃圾无害化处理率93.4%。城市建成区绿化覆盖率达到37.8%。

全年全市安全生产事故死亡169人，煤炭生产安全事故死亡人数3人。全市亿元GDP生产安全事故死亡率0.1549；煤炭生产百万吨死亡率为0.0576；特种设备万台死亡率为零。

阳泉市2016年国民经济和社会发展情况

2016年，面对复杂严峻的经济形势，市委、市政府团结带领全市人民按照省委“一个指引、两手硬”重大思路和要求，坚持稳中求进工作总基调，坚持“四大定位”目标导向，着力推进供给侧结构性改革，认真落实“28字”调产思路，加快转型升级，推进结构调整，加大民生投入，全市经济呈现出缓中趋稳、稳中有进的良好态势，人民生活水平进一步提高，社会保持和谐稳定，全市经济社会发展取得新成就。

一、综　　合

初步核算，全年全市实现地区生产总值622.9亿元，按可比价计算，比上年增长3.4%。其中，第一产业完成增加值 10.2亿元，增长3.5%；第二产业完成增加值299.2亿元，增长1.7%；第三产业完成增加值313.5亿元，增长5.1%；三次产业构成由2015年1.7:49.8:48.5调整为1.7：48.0：50.3。

据2016年人口变动抽样调查，年末全市常住人口为140.36万人，比上年末增加0.53万人。全年全市出生人口1.24万人，人口出生率为8.87‰，比上年下降0.33个千分点；死亡人口0.71万人，死亡率为5.08‰，比上年下降0.1个千分点；自然增长率为3.79‰，比上年下降0.23个千分点。

分城乡看，全市城镇常住人口935845人，比上年末增加14928人，农村常住人口467740人，比上年末减少9626人；城镇化率为66.68%，比上年提高0.82个百分点，居全省第二位。

人均地区生产总值44461元，按2016年平均汇率计算为7138美元，增长3.0%。

全年居民消费价格同比上涨0.7%，其中食品价格上涨2.3%。商品零售价格上涨0.2%。工业品出厂价格下降0.7%，其中生产资料价格下降0.8%，生活资料价格上涨1.3%。工业生产者购进价格下降3.0%。

全年全市城镇新增就业21057人。转移农村劳动力8928人。年末城镇登记失业率3.15%，低于省定4.2%的控制目标。

二、农　　业

全年农作物种植面积5.6万公顷，同比下降2.3%。其中粮食种植面积5.4万公顷，下降3.1%；油料种植面积93.3公顷，增长14.6%。在粮食种植面积中，玉米种植面积4.6万公顷，下降3.1%。

全年粮食总产量25.9万吨，同比增长4.0%。其中，玉米23.9万吨，增长3.4%。

全年肉类总产量2.0万吨，同比增长8.1%。其中，猪肉产量1.5万吨，增长1.8%；牛肉产量0.02万吨，增长20.0%；羊肉产量0.1万吨，增长22.2%。牛奶产量0.7万吨，下降6.4%。禽蛋产量3.4万吨，下降5.4%。水产品产量621吨，下降26.1%。

全年完成造林面积3.1千公顷，下降58.6%；其中，人工造林面积2.8千公顷，下降54.4%。荒山荒地造林面积2.3千公顷。

年末全市农业机械总动力42.1万千瓦，同比增长1.8%。机械耕地面积4.3万公顷，同比下降9.0%；机械播种面积4.3万公顷，机械收获面积1.7万公顷，分别比上年增长0.7%和72.2%。全市农机化经营总收入达到7.1亿元，同比下降12.4%。

三、工业和建筑业

年末全市规模以上工业企业达到125个，实现工业增加值184.4亿元，同比增长2.1%。

规模以上工业企业原煤产量5110.3万吨，下降20.9%。洗煤3409.0万吨，增长4.7%；电力98.3亿千瓦时，增长2.9%。

全年规模以上工业企业实现主营业务收入606.8亿元，同比下降5.7%；实现利税17.6亿元，同比下降22.8%；其中，实现利润总额-21.1亿元，同比多亏9.4亿元；实现税金38.7亿元，同比增长12.2%。企业“两项资金”占用162.6亿元，同比下降0.7%，其中，应收账款138.4亿元，同比增长1.4%；产成品24.2亿元，同比下降11.4%。亏损企业60家，亏损面为48.0%；亏损额28.8亿元，同比增长41.9%。

全年建筑业实现增加值43.7亿元，下降0.6%。具有建筑业资质等级的总承包和专业承包建筑业企业实现利润总额1.0亿元，下降63.0%；上缴税金0.9亿元，下降77.5%。

四、固定资产投资

全年全社会固定资产投资完成617.1亿元，增长2.7%。其中，第一产业投资72.5亿元，增长148.4%；第二产业投资239.6亿元，下降7.9%；第三产业投资305亿元，下降2%。按登记注册类型分，国有经济控股投资303亿元，同比增长1.4%；民间投资306.0亿元，同比增长2.8%，占投资总额的49.6%。

全年固定资产投资建成投产（不含房地产）项目634个，项目建成投产率为77.6%；新增固定资产287.0亿元，固定资产交付使用率为46.5%。

全年房地产开发投资64亿元，增长37.2%。按工程用途分，商品住宅投资51.8亿元，同比增长38.3%；商业营业用房投资6.4亿元，增长87.9%。

五、能　　源

全年一次能源生产折标准煤3761.9万吨，同比下降18.5%；二次能源生产折标准煤234.2万吨，增长0.6%。

全年规上工业综合能源消费量折标准煤512.5万吨，下降1.0%。主要耗能工业企业单位产品能源消耗主要有：吨原煤生产综合能耗7千克标准煤/吨，增长2.5%；炼焦工序单位能耗153.3千克标准煤/吨，下降9.3%；电厂火力发电标准煤耗299.4克标准煤/千瓦时，下降6.1%。

全年全市全社会用电总量71.2亿千瓦时，增长16.3%。其中，第一产业用电0.6亿千瓦时，占全社会用电量0.8%；第二产业用电56.7亿千瓦时，占79.6%，其中工业用电56.2亿千瓦时；第三产业用电8.1亿千瓦时，占11.4%；城乡居民生活用电5.8亿千瓦时，占8.2%。

六、国内贸易

全年社会消费品零售总额完成306.3亿元，增长6.2%。其中，城镇消费品零售额276.9亿元，同比增长6.4%；乡村消费品零售额29.4亿元，增长4.6%。

七、对外经济

全年海关进出口总额13211万美元，下降35.5%，其中，出口额9967万美元，下降34.3%，进口额3244万美元，下降38.9%。

全年全市新设立外商直接投资企业1家；按全口径统计实际使用外商直接投资金额31146万美元，增长2.1%。

八、交通、邮电和旅游

全年交通运输、仓储和邮政业实现增加值44.5亿元，同比增长5.0%。公路线路年末里程5658.2公里，比上年末增加2.4公里。全年铁路货运量4075.1万吨，同比增长5.3%，铁路客运量260.7万人，同比增长0.7%。

年末全市民用汽车保有量达到19.8万辆（包括三轮汽车和低速货车0.1万辆），同比增长7.9%，其中私人汽车17万辆，同比增长9.9%。年末轿车保有量12.1万辆，同比增长8.4%，其中私人轿车11.3万辆，增长9.8%。

全年完成邮电业务总量26.8亿元，增长41.0%。其中，邮政业务总量1.8亿元，增长11.4%；电信业务总量25.0亿元，增长43.8%。移动电话用户年末达到147.2万户，下降1.5%，其中4G移动电话用户年末达83.2万户。全市互联网接入用户达到37.2万户，增长9.7%。

按照旅游统计口径计算，全年全市旅游总收入比上年增长24.1%；截止年末，星级宾馆达到10个，旅行社38个，A级旅游景区（点）11个。

九、财政、金融和保险

一般公共预算收入完成41.3亿元，下降6.5%。其中，税收收入27.3亿元，同比下降8.9%，国内增值税、营业税、企业所得税、个人所得税、资源税和城建税共计完成税收21.8亿元，增速分别为增长81.8%、下降47.1%、下降47.0%、下降12.0%、增长6.8%和增长4.1%。

一般公共预算支出95.7亿元，下降3.9%。其中，农林水事务支出同比下降7.8%，教育支出下降3.6%，社会保障和就业支出增长11.1%，医疗卫生与计划生育支出增长10.7%，节能环保支出增长13.4%，文化体育与传媒支出下降1.5%，城乡社区支出增长10.3%，公共安全支出增长18.8%。

年末全市金融机构本外币各项存款余额1368.0亿元，比年初增长1.1%。各项贷款余额742.6亿元，比年初增长3.0%。

全年保费收入29.6亿元，同比增长9.0%。其中，寿险业务保费收入20.4亿元，增长9.9%；健康险和意外伤害险业务保费收入2.4亿元，增长35.1%；财产险业务保费收入6.9亿元，下降0.3%。支付各类赔款及给付13.8亿元，同比增长13.7%。其中，寿险业务给付6.9亿元，增长38.2%；健康险和意外伤害险业务赔款及给付1.0亿元，增长17.7%；财产险业务赔款5.9亿元，下降6.0%。

十、教育和科学技术

年末全市普通高等学校2所，全年农民实用技术培训7.7万人次。

全年全市专利申请量为1714件，其中发明专利申请量为710件，分别增长70.9%和215.5%；全市专利授权量为382件，增长14.7%，其中发明专利授权量为23件，减少30.3%。

全年共取得市级以上科研成果47项，其中市级30项，省级17项。全年共签订各类技术合同64项，技术合同成交总额26.2亿元，增长45倍。全年新登记科技成果47项。获得省级科学技术奖2项。国家认定企业技术中心1家。市级企业技术中心29家。

十一、文化、卫生和体育

年末全市共有群众艺术馆、文化馆6个、艺术表演团体6个、公共图书馆6个。年末有线电视用户33.2万户。全年共发行《阳泉日报》634万份。

年末全市共有卫生机构(含诊所、村卫生室)1523个，编制床位6954张。妇幼保健院（所、站）6个。全市卫生机构共有卫生技术人员9893人。全市3个农业县全部开展了新型农村合作医疗试点工作，有55万农民参加了合作医疗。

全年我市运动员在国内外重大比赛中获金、银、铜牌分别为24枚、36枚和40枚（包括非奥运项目比赛）。全市销售中国体育彩票6120万元，比上年增长20.4%。

十二、人民生活和社会保障

全市城镇常住居民人均可支配收入27801元，增长5.3%。农村常住居民人均可支配收入12172元，增长5.9%。

城镇占调查总户数20%的低收入户人均可支配收入9290元，增长6.0%；农村占调查总户数20%的低收入户收入4835元，增长8.7%。

年末参加城镇职工基本养老保险28.86万人，比上年增加2.3万人；参加城乡居民养老保险44.06万人，比上年增加0.87万人；参加城镇医疗保险64.4万人，比上年增加0.6万人；参加工伤保险25.78万人，比上年增加0.24万人；参加失业保险25.12万人，比上年增加0.07万人;参加生育保险24.58万人，与上年持平。

全市三区两县的最低工资标准：城区、矿区、郊区为1620元，平定县、盂县为1420元。

全年全市共有城市最低生活保障对象3.53万人，比上年减少0.32万人，农村最低生活保障对象4.06万人，比上年增加0.07万人，0.68万人纳入农村五保供养，全年共发放最低保障资金2.21亿元。比上年增加0.04亿元。

年末全市共有救助站3个。共有各类提供住宿的社会服务机构22个，养老服务机构床位数2105张，各类福利院床位数350张，收养122人。城镇各种社区服务设施480个，其中综合性社区服务中心46个。全年销售福利彩票2.1亿元,筹集社会福利资金1726万元，接收社会捐赠款70.1万元。

十三、资源、环境和安全生产

全市2016年末林地面积13.0万公顷，全市森林覆盖率达28.5%。

2016年，市区大气环境质量达标天数202天，达标天数比例55.2%，PM2.5平均浓度63微克/立方米，同比上升16.7%；PM10平均浓度131微克/立方米，同比上升15.9%；空气质量综合指数7.63，同比上升14.1%，在全省11个地市中排名第9。全市二氧化硫、氮氧化物、化学需氧量、氨氮排放量分别下降4.5%、5.2%、6.94%、4.44%。

全年各类自然灾害造成直接经济损失13.77亿元；农作物受灾面积2.61万公顷，其中，绝收4321.37公顷。

全年共发生各类安全事故207起，下降20.7%；死亡46人，下降27.0%。全年全市煤炭百万吨死亡率为0。

长治市2016年国民经济和社会发展情况

2016年，面对错综复杂的经济形势和下行压力，全市上下在市委、市政府的正确领导下，深入贯彻落实党的十八大和十八届三中、四中、五中、六中全会精神，紧紧围绕省委“一个指引、两手硬”重大思路和要求，励精图治、奋发图强，坚定不移推进供给侧结构性改革，统筹做好稳增长、促转型、调结构、惠民生、防风险各项工作，全市经济社会各项事业都取得新成效，全面建成小康社会迈出坚实步伐。

一、综　合

初步核算，全年全市生产总值1269.2亿元，比上年增长4.6%。其中，第一产业增加值60.1亿元，增长3.4%，占生产总值的比重为4.7%；第二产业增加值646.9亿元，增长2.7%，占生产总值的比重为51.0%；第三产业增加值562.2亿元，增长6.8%，占生产总值的比重为44.3%。第三产业中，金融保险业增加值82.5亿元，增长7.9%；交通运输、仓储和邮政业增加值79.8亿元，增长8.6%；房地产业增加值82.0亿元，增长4.4%。

人均地区生产总值37027元，按2016年平均汇率计算为5574美元。

全年全市公共财政预算收入98.5亿元，增长2.2%。税收收入65.1亿元，增长6.7%，其中国内增值税、营业税、企业所得税、个人所得税、资源税和城建税共计完成税收52.4亿元，增长5.0%。公共财政预算支出233.9亿元，下降

3.3%。其中农林水事务支出增长0.9%，社会保障和就业支出下降6.1%，医疗卫生支出下降1.4%，文化体育与传媒支出增长2.5%，节能环保支出下降3.6%。

居民消费价格比上年上涨0.9%，其中，食品烟酒价格上涨2.5%。商品零售价格上涨0.3%。工业生产者出厂价格上涨3.3%；工业生产者购进价格上涨4.3%。

全年全市城镇新增就业4.06万人。转移农村劳动力3.71万人。年末城镇登记失业率1.96%。

二、农　业

全年全市粮食种植面积242.8千公顷，比上年减少3.5千公顷；油料种植面积2.6千公顷，比上年增加0.6千公顷；棉花种植面积0.03千公顷。在粮食种植面积中，玉米种植面积205.5千公顷，减少1.9千公顷；小麦种植面积5.5千公顷，减少1.9千公顷。

全年粮食产量161.7万吨，比上年增加4.7万吨，增产3.0%。其中，夏粮2.6万吨，减产22.7%；秋粮159万吨，增产3.6%。

全年全市猪牛羊肉总产量8.8万吨，比上年增长6.2%。其中，猪肉产量7.7万吨，增长7.0%；牛肉产量0.38万吨，下降3.5%；羊肉产量0.72万吨，增长3.7%。年末生猪存栏60.4万头，生猪出栏98.9万头。牛奶产量1.76万吨，下降3.8%。禽蛋产量13.8万吨，增长8.1%。

全年全市机械耕地面积237.6千公顷，下降1.6%；机械播种面积223.6千公顷，下降0.3%；机械收获面积123.5千公顷，增长4.8%。

三、工业和建筑业

年末全市规模以上工业企业319家。全年规模以上工业增加值583.1亿元，增长2.5%。

规模以上工业企业原煤产量1.1亿吨，下降8.6%；发电量271.6亿千瓦时，下降2.4%；焦炭产量1378.2万吨，增长0.4%；钢材产量495.3万吨，下降14.1%。

规模以上工业企业实现主营业务收入1264.0亿元，增长13.5%。其中，煤炭、焦炭、冶金和电力工业分别实现主营业务收入623亿元、145.1亿元、157.8亿元和73.5亿元，分别增长17.1%、20.6%、-2.3%和-7.4%；化学、建材、装备制造、医药和食品工业分别实现主营业务收入70.8亿元、27.6亿元、64亿元、34.9亿元、53.5亿元，分别增长0.4%、18.9%、35.6%、14.2%和54.2%。

规模以上工业实现利税154.6亿元，增长106%；实现利润64.1亿元，增长2561.6%。

全年全市建筑业实现增加值50.4亿元，比上年增长5.3%。

四、固定资产投资

全年固定资产投资1514.4亿元，增长5.1%。其中，国有及国有控股投资416.3亿元，下降1.8%。

分产业看，第一产业投资253亿元，增长21.9%；第二产业投资598.3亿元，增长1.1%；第三产业投资663.1亿元，增长3.2%。在第二产业中，工业投资601亿元，增长1.1%。其中，煤炭工业投资109亿元，下降8%。

全年全市在建固定资产投资项目2369个。其中，5亿元以上项目87个，计划总投资1889.2亿元，完成投资430.9亿元。

全年房地产开发投资67.8亿元，下降22.5%。其中，住宅投资48.9亿元，下降21.1%；办公楼投资1.5亿元，下降40%；商业营业用房投资7.3亿元，下降29.8%。

五、国内贸易

全年全市社会消费品零售总额566.6亿元，增长8.0%。其中，城镇消费品零售额459.8亿元，增长8.0%；乡村消费品零售额106.8亿元，增长8.3%。

六、对外经济

全年全市进出口总额7731万美元，下降50.9%。其中，进口额4886万美元，下降60.9%；出口额2845万美元，下降12.4%。

全年全市新设立外商直接投资企业1家；合同利用外商投资736.7万美元，下降97.3%；实际利用外商直接投资47501.6万美元，增长5.3%。

七、交通、邮电和旅游

年末全市公路线路里程11643.0公里，其中高速公路339.2公里。

年末全市民用汽车保有量44.7万辆（包括三轮汽车和低速货车0.67万辆），比上年末增长7.5%，其中私人汽车40.2万辆，增长9.4%。本年新注册汽车5.2万辆，增长4.7%。年末轿车保有量27.4万辆，比上年末增长10.0%，其中私人轿车25.7万辆，增长11.5%。

全年全市完成邮电业务总量59.64亿元。其中，邮政业务总量3.38亿元；电信业务总量56.26亿元。年末移动电话用户达到306.4万户，其中，3G移动电话用户达到27.7万户，4G移动电话用户达到172.6万户。全市互联网接入用户55.1万户，其中，新增互联网用户8.6万户。

全年全市商业住宿设施接待入境过夜游客2.5万人次，接待国内旅游者3751.0万人次，分别增长4.4%和15.0%；旅游外汇收入1560.8万美元，国内旅游收入368.2亿元，旅游总收入369.1亿元，分别增长4.7%、15.1%和15.0%。

八、金　　融

年末全市金融机构本外币各项存款余额2122.2亿元，比年初增加78亿元，比年初增长3.8%。各项贷款余额1196.8亿元，增加64.8亿元，增长5.7%。

全年全市保费收入50.1亿元，增长8.7%。其中，寿险业务保费收入30.9亿元，增长8.3%；健康和意外险业务保费收入5.5亿元，增长23.5%；财产险业务保费收入2.1亿元，下降6.8%；车险业务保费收入11.5亿元，增长6.8%。全年支付各类赔款及给付18.2亿元，增长18.2%。其中，寿险业务保费赔付9.2亿元，增长34.5%；健康和意外险业务保费赔付0.8亿元，下降5.7%；财产险业务保费赔付0.8亿元，下降16.2%；车险业务保费赔付7.4亿元，增长9.6%。

九、教育和科学技术

年末全市普通高等学校5所；中等职业学校47所；普通高中49所；初中160所,小学643所。

全年专利申请量与授权量分别为972件和736件。全年全市共签订各类技术合同91项，技术合同成交总额3.1亿元。

年末全市共有产品质量检验机构1个。全年对71户企业实施了产品认证，对10种产品进行了监督抽查。全市共有法定计量技术机构19个，全年完成强制检定计量器具7.49万台件。

十、文化、卫生和体育

年末全市共有艺术表演团体20个，文化馆14个，公共图书馆14个，公共图书馆藏书量190.8万册，档案馆15个，已开放各类档案161703卷。全市广播电台13座，电视台18座，广播、电视综合人口覆盖率分别达到99.63%和99.57%，年末全市有线电视用户达到47.4万户，其中接收数字信号用户37.1万户。

年末全市共有医疗卫生机构5063个，其中医院、卫生院169个，妇幼保健机构15个，疾病预防控制中心15个，卫生监督机构15个。病床位16290张，其中医院、卫生院11585张。卫生技术人员18712人，其中医生8038人，注册护士7506人，药剂人员960人。乡镇卫生院132个，床位2808张，乡村医生和卫生技术人员6903人。全市新型农村合作医疗参合率98.6%。

全年全市运动员在各类体育比赛中获得世界冠军2个，全国冠军4个，全省冠军62个。

十一、人口、人民生活和社会保障

年末全市总人口为343.54万人，比上年末增加1.5万人。全年全市出生人口3.61万人，人口出生率为10.52‰；死亡人口2.11万人，死亡率为6.16‰；自然增长率为4.36‰。性别比（女=100）为104.12。

全年城镇常住居民人均可支配收入28094元，比上年增长6.4%；农村常住居民人均可支配收入11863元，比上年增长6.9%。城镇居民家庭恩格尔系数（即居民家庭食品消费支出占家庭消费支出的比重）25.6%，农村居民家庭恩格尔系数35.6%。

年末参加基本养老保险205.48万人，其中企业职工46.14万人，参加新型农村社会养老保险138.09万人；参加城镇基本医疗保险99.78万人。其中，参加城镇职工基本医疗保险61.60万人，参加城镇居民基本医疗保险38.18万人。参加失业保险41.32万人；参加工伤保险56.96万人，其中农民工24.31万人；参加生育保险43.85万人。

全年全市纳入城市最低生活保障的居民3.1万人，发放城市低保资金1.3亿元；纳入农村最低生活保障的居民9.9万人，发放农村低保资金2.0亿元。

年末全市各类福利院床位数6431张，收养3076人。城镇各种社区服务设施263个。全年销售社会福利彩票2.6亿元，接收社会捐赠款26万元。

十二、城市建设、资源、环境和安全生产

年末城市交通运营车辆753辆，其中市区公共汽车450辆。出租汽车3181辆，其中市区出租车1801辆。市区有公园4座，总面积127公顷。全年市区供水总量8313万吨，人均日生活用水量162.8升。全年液化气供气总量3650吨，天然气供应量6568.5万立方米，其中生活用天然气2119.1万立方米。燃气普及率93.7%，比上年增长0.7个百分点。市区集中供热面积3840万平方米，其中住宅供热面积3040万平方米。市区污水处理能力27.5万吨/日，全年污水处理量6964万吨。生活垃圾年清运量23.6万吨。

年末全市森林面积429.6千公顷，森林覆盖率30.9%。本年度检查验收合格造林面积20.3千公顷。全市有自然保护区2个，面积46.9千公顷，占全市总面积的3.4%。

年末全市大中型水库蓄水总量2.5亿立方米，比上年增长15.2%。全年总用水量4.93亿立方米。其中，生活用水1.08亿立方米。

全年全市空气质量Ⅱ级以上天数219天。全市达Ⅲ类水质标准的断面比例76.5%。城市集中式饮用水源地辛安泉水质达标率达到100%。

晋城市2016年国民经济和社会发展情况

2016年，面对错综复杂形势和艰巨繁重任务，全市上下认真贯彻落实党中央、国务院和省委、省政府的决策部署，坚持稳中求进工作总基调，自觉践行新发展理念，积极推进供给侧结构性改革，全市经济运行稳中见好，社会发展和谐稳定。

一、综　　合

初步核算，全年全市生产总值1049.3亿元，按可比价格计算，比上年增长3.9%。其中，第一产业增加值49.8亿元，增长0.6%，占生产总值的比重为4.7%；第二产业增加值554.9亿元，增长2.4%，占生产总值的比重为52.9%；第三产业增加值444.6亿元，增长6.3%，占生产总值的比重为42.4%。第三产业中，金融保险业增加值68.7亿元，增长7.5%；交通运输、仓储和邮政业增加值76.1亿元，增长11.4%；批发和零售业增加值62.3亿元，增长3.0%；住宿和餐饮业增加值30.7亿元，增长7.8%；营利性服务业增加值45.7亿元，增长11.7%。人均地区生产总值45271元，按2016年平均汇率计算为6815美元。

全年全市财政总收入169.0亿元，下降12.2%。其中,增值税57.4亿元，下降3.5%；企业所得税25.6亿元，下降27.1%；个人所得税5.7亿元，下降15.8%；营业税10.9亿元，下降37.4%；资源税19.0亿元，下降9.8%。一般公共预算收入89.3亿元，下降4.9%。其中,税收收入55.3亿元，下降5.4%。一般公共预算支出173.2亿元，下降3.9%。其中,科学技术支出下降56.6%，教育支出下降8.0%，农林水事务支出下降0.7%，社会保障和就业支出增长2.4%，文化体育与传媒支出增长4.3%，医疗卫生和计划生育支出增长6.1%，节能保护支出下降15.3%。

居民消费价格比上年上涨0.7%。工业生产者出厂价格下降6.4%，工业生产者购进价格下降0.6%。

全年全市城镇新增就业4.03万人。年末城镇登记失业率1.85%。

二、农　　业

全年全市农作物种植面积180.3千公顷，减少8.9千公顷。其中，粮食种植面积169.0千公顷，减少9.1千公顷；油料种植面积2.1千公顷，增加0.08千公顷；棉花种植面积0.1千公顷，减少0.01千公顷。在粮食种植面积中，玉米种植面积88.3千公顷，减少0.01千公顷；小麦种植面积43.2千公顷，减少3.6千公顷。

全年粮食产量90.1万吨，减少6.2万吨，下降6.4%。其中，夏粮18.5万吨，下降19.7%；秋粮71.6万吨，下降2.2%。

全年完成造林面积1.8千公顷，下降48.6%。其中，经济林面积0.6千公顷，下降61.9%。全年木材产量7255立方米，增长10.5%。

全年全市肉类总产量16.6万吨，下降3.5%。全年猪牛羊肉总产量14.7万吨，下降5.3%。其中，猪肉产量14.0万吨，下降5.4%；牛肉产量0.1万吨，下降10.9%；羊肉产量0.6万吨，下降1.0%。年末生猪存栏103.0万头，下降11.0%；生猪出栏188.1万头，下降5.6%。牛奶产量0.06万吨，增长1.6%；禽蛋产量8.3万吨，增长4.7%；水产品产量0.2万吨，增长4.6%。

全年全市设施蔬菜产量11.0万吨，下降24.2%；食用菌1.2万吨，下降41.8%；蚕茧0.2万吨，下降51.1%；蜂蜜0.2万吨，增长0.5%；药材0.8万吨，下降9.1%。

年末全市农业机械总动力109.7万千瓦，下降56.2%。机械耕地面积147.5千公顷，增长2.1%；机械播种面积129.3千公顷，增长7.5%；机械收获面积95.3千公顷，下降8.8%。全市农机化经营总收入4.9亿元，下降55.3%。

三、工业和建筑业

年末全市规模以上工业企业230家。全年规模以上工业增加值比上年增长2.5%。

全年全社会原煤产量9271万吨，下降1.7%；规模以上工业发电226亿千瓦时，下降0.3%；水泥193万吨，下降9.9%；农用化肥（折纯）259万吨，下降0.9%；焦炭33万吨，下降26.8%；钢材产量354万吨，增长17.6%；生铁417万吨，增长14.5%。

全年规模以上工业企业实现主营业务收入936.1亿元，下降3.2%。其中，煤炭、冶铸和建材工业分别实现主营业务收入457.0亿元、105.9亿元和11.7亿元，分别增长0.1%、10.5%和1.8%；炼焦、电力、煤层气开采、化工、装备制造、医药和食品制造工业分别实现主营业务收入2.9亿元、71.5亿元、47.1亿元、82.0亿元、122.0亿元、4.9亿元和0.9亿元，分别下降19.2%、8.2%、10.0%、17.2%、7.6%、11.5%和12.2%。

规模以上工业实现利税133.2亿元，增长9.0%；实现利润53.4亿元，增长19.2%。

年末全市具有资质等级的总承包和专业承包建筑业企业113家，完成总产值56.1亿元，下降5.9%；房屋施工面积376.3万平方米，增长6.3%；签订合同额为119.4亿元，增长3.1%。

四、固定资产投资

全年全市固定资产投资完成1150.4亿元，增长4.1%。其中，国有及国有控股投资293.3亿元，下降31.7%；港澳台及外商投资43.0亿元，下降24.9%；民间投资817.6亿元，增长32.2%。

在固定资产投资中，第一产业投资120.4亿元，增长87.4%；第二产业投资368.5亿元，下降17.8%；第三产业投资661.5亿元，增长11.6%。在第二产业中，工业投资368.3亿元，下降17.4%。其中，煤炭工业投资66.9亿元，下降55.1%；非煤产业投资301.5亿元，增长1.1%。传统产业（煤炭、炼焦、冶金、电力）投资合计88.5亿元，下降46.7%。

全年全市在建固定资产施工项目2821个。其中，5亿元以上项目61个，计划总投资1390.0亿元，完成投资145.3亿元，占全市固定资产投资的比重为13%。

全年房地产开发投资80.4亿元，增长7.7%。其中，住宅投资58.9亿元，下降2.3%；商业营业用房投资11.0亿元，增长44.1%。

全年房屋新开工面积180.7万平方米，下降49.4%。其中，住宅新开工面积125.3万平方米，下降50.4%。商品房销售面积130.6万平方米，下降14.3%。其中，住宅销售面积126.8万平方米，下降14.7%。商品房销售额60.3亿元，下降3.3%。其中，住宅销售额58.2亿元，下降4.8%。房地产开发企业土地购置面积22.7万平方米，增长0.7%。房地产开发企业本年实际到位资金合计106.2亿元，下降2.7%。其中，国内贷款增长8.9%，自筹资金下降15.5%，其他资金下降8.6%。

五、能　源

全年全市一次能源生产折标准煤7001.4万吨，增长1.0%；二次能源生产折标准煤2836.2万吨，下降5.9%。

全年全市向省外运输煤炭6315万吨，增长6.0%，外运煤炭占原煤产量68.1%。向省外输送电力161.8亿千瓦小时，下降0.2%，外输电量占发电量的71.5%。

固定资产投资中，能源工业投资164.9亿元，下降23.9%。其中，煤炭工业投资66.9亿元，下降55.1%；石油和天然气开采业投资10.6亿元，下降59.8%；石油加工、炼焦及核燃料加工业投资0.8亿元，下降27.9%；电力、热力、燃气及水的生产和供应业投资86.6亿元，增长114.2%。

全年全市全社会用电总量180.0亿千瓦小时。其中，第一产业用电1.6亿千瓦小时，占全社会用电量的0.9%；第二产业用电160.4亿千瓦小时，占全社会用电量的89.1%，其中，工业用电159.4亿千瓦小时；第三产业用电9.7亿千瓦小时，占全社会用电量的5.4%；城乡居民生活用电8.3亿千瓦小时，占全社会用电量的4.6%。

六、国内贸易

全年全市社会消费品零售总额386.2亿元，增长7.6%。按经营地统计，城镇消费品零售额326.5亿元，增长7.5%；乡村消费品零售额59.7亿元，增长8.4%。

七、对外经济

全年全市海关进出口总额6.0亿美元，下降32.8%。其中，进口额4.34亿美元，下降28.1%；出口额1.65亿美元，下降42.8%。

全年出口煤炭14万美元，下降63.0%；出口钢材3304万美元，下降32.2%；出口机电产品13166万美元，下降43.2%；出口高新技术产品4700万美元，下降68.1%；出口电器及电子产品7703万美元，下降56.5%；出口计算机及通信技术产品2576万美元，下降80.2%。

全年进口铁矿砂22913万美元，下降4.6%；进口机电产品16296万美元，下降50.4%；进口集成电路6537万美元，下降57.1%；进口机械设备2316万美元，下降51.1%；进口电子技术产品8058万美元，下降56.3%；进口计算机集成制造技术产品1348万美元，下降58.9%。

全年全市按全口径统计实际使用外商直接投资金额18000万美元，下降30.1%。

八、交通、邮电和旅游

年末全市公路线路里程9134.5公里。其中,高速公路318.6公里。

年末全市民用汽车保有量36.4万辆（包括三轮汽车和低速货车0.3万辆），比上年末增长9.1%。其中,私人汽车32.9万辆，增长11.3%。本年新注册汽车4.4万辆，下降3.3%。年末轿车保有量24.4万辆，增长11.5%。其中,私人轿车23.2万辆，增长12.8%。

全年全市完成邮电业务总量41.5亿元。其中，邮政业务总量1.3亿元；电信业务总量40.2亿元。年末移动电话用户225.0万户。全市宽带接入用户54.3万户，增长24.6%。

年末全市共有A级景区20个。其中，5A级景区1个，4A级景区7个,3A级景区11个，2A级景区1个。共有星级饭店18家。其中，五星级2家、四星级10家、三星级4家、二星级2家。全年全市接待海外旅游者12819人次，接待国内旅游者3885.28万人次，分别增长5.57%和19.76%；旅游外汇收入713.96万美元，国内旅游收入356.34亿元，旅游总收入356.62亿元，分别增长6.26%、20.95%和20.90%。

九、金融、证券和保险

年末全市金融机构本外币各项存款余额1961.2亿元，比年初增加161.1亿元，增长9.0%。各项贷款余额1091.8亿元，比年初增加84.3亿元，增长8.4%。

年末全市农村金融合作机构（农村信用社、农村合作银行、农村商业银行）人民币贷款余额176.3亿元，比年初减少21.7亿元，下降11%;人民币存款余额452.1亿元，比年初增加35.4亿元，比年初增长8.5%。

年末全市共有证券营业部6家，从业人员98人。累计资金开户数130377户，银证转入资金59.9亿元，下降51.9%，新增资产总额-3.5亿元。全年营业收入0.56亿元，下降66.5%；利润总额0.18亿元，下降83.1%。

全年全市保费收入39.0亿元，增长9.1%。其中，寿险业务保费收入27.2亿元，增长13.3%；财产险业务保费收入11.8亿元，增长0.4%。

十、教育和科学技术

年末全市普通高等学校1所，独立设置的成人高等学校1所。高中阶段毛入学率95.5%。

全年全市组织实施各类科技项目34项（省级18项、市级16 项）。在省级项目中，列入重点研发一般项目4项，成果转化项目4项，农村技术承包项目6项，专利推广资助项目2 项，科技重大专项持续支持项目2项。全年全市技术市场交易成交235项，交易额8.32亿元；有效发明专利拥有量340件；省级科技成果鉴定2项。全年全市新认定国家星创天地1个，省民营科技企业7个，省科普基地1个，省众创空间4 个。截止2016年末，全市共有国家星创天地1个，国家科技特派员创业链3个，省级民营科技企业38个，省级科普基地11个，省级创新型企业11个，省级创新型试点企业2个，省级工程技术研究中心4个，省级重点实验室3个，省级科技企业孵化器1个，省级众创空间4个，省级农业科技园区2个，省级星火示范基地3个。

十一、文化、卫生和体育

年末全市共有艺术表演团体10个，新创作首演剧目3个；演出场次3010场，演出收入1692万元；全市共有艺术表演场馆5个，群众艺术馆1个，文化馆6个，美术馆1个，公共图书馆7个，总藏书111万册。

年末全市共有各级医疗卫生机构3201个，其中妇幼保健院（所、站）7个。医院和卫生院床位10.6千张，卫生专业技术人员1.29万人，每千人拥有病床4.9张，每千人拥有医生数2.4人。全市6县（市、区）全部开展了新型农村合作医疗试点工作，新型农村合作医疗参合率99.10%。村卫生室覆盖率100%、县乡村三级医疗机构达标率均为100%。全年各县（市、区）的儿童“五苗”全程接种率以乡镇为单位均达到了90%以上。碘盐覆盖率达到98%，合格碘盐食用率达到92.92%，各种地方病得到了有效控制。全市乡镇卫生监督站覆盖率达到100%。

年末全市拥有各级各类体育场馆5717个，体育锻炼标准达标人数达334320人。全年我市运动员在省级以上重大比赛中获金、银、铜牌分别为38枚、53枚和33枚（包括非奥运项目比赛）。全市销售中国体育彩票17600万元，增长16.1%。

十二、人口、人民生活和社会保障

据2016年人口抽样调查，年末全市常住人口为232.09万人，比上年末增加0.59万人。全年全市出生人口1.94万人，人口出生率为8.36‰；死亡人口1.35万人，死亡率为5.82‰；自然增长率为2.54‰。出生人口性别比为105.32（以女性人口为100）。

全年居民人均可支配收入20578元，增长6.3%。按常住地分，城镇居民人均可支配收入28223元，增长5.9%，城镇居民人均消费支出17355元，增长5.4%；农村居民人均可支配收入11635元，增长6.6%，农村居民人均消费支出9297元，增长13.5%。按全市居民五等份收入分组，城镇低收入组人均可支配收入11220元，增长6.6%；农村低收入组人均可支配收入4705元，增长8.9%。城镇居民家庭恩格尔系数（即居民家庭食品消费支出占家庭消费支出的比重）22.0%，农村居民家庭恩格尔系数24.2%。

年末参加城镇职工基本养老保险42.2万人，比上年末增加2.4万人；参加新型农村社会养老保险110.6万人，减少1.7万人；参加城镇基本医疗保险61.6万人，增加0.7万人；参加失业保险30.3万人，增加0.2万人；参加工伤保险48.0万人，增加0.2万人，其中,农民工19.1万人，减少3.2万人；参加生育保险31.4万人，增加0.4万人。全市共有144.9万农民参加了合作医疗。

年末城镇低保人数13130人，减少5843人；农村低保人数41538 人，减少23351人；农村集中供养五保户1966人；民政部门资助参加合作医疗52912人。优抚对象15568人，享受定期抚恤557人，享受定期补助13400人。全年共发放最低保障资金2.5亿元。全市提供住宿的社会服务机构37个，床位数2627张，年收养救助人数1552人。全市社区养老机构和设施515个。全市福利企业15个，残疾职工250人。福利彩票发行单位1个。全年直接接收捐赠款231.9万元，受益25862人次。

十三、资源、环境和安全生产

全市有自然保护区5个，自然保护区面积达到14.6万公顷。

全年市区环境空气质量二级以上天数达到236天。其中，一级天数68天，增加39天。空气综合污染指数为7.35，较上年增长13.4%。

城市污水处理率达到95.0%；城市生活垃圾无害化处理率达到100%；全市集中供热普及率达到87.5%。

全年全市共发生各类生产安全事故199起，事故死亡

109人。亿元GDP生产安全事故死亡率0.1039，煤矿百万吨死亡率0.1114。

临汾市2016年国民经济和社会发展情况

2016年，面对国内外复杂多变的经济环境，市委、市政府团结带领全市人民，深入贯彻党的十八大和十八届三中、四中、五中、六中全会精神，坚持稳中求进的工作总基调，坚持新发展理念，以推进供给侧改革为主线，统筹推进稳增长、促改革、调结构、惠民生、防风险各项工作，全市经济社会发展取得新成就，全面建成小康社会迈出坚实步伐。

一、综　合

初步核算，全年全市生产总值1205.2亿元，比上年增长3.4%。其中，第一产业增加值96.0亿元，增长3.9%，占生产总值的比重为8.0%；第二产业增加值561.1亿元，增长0.5%，占生产总值的比重为46.5%；第三产业增加值548.1亿元，增长6.6%，占生产总值的比重为45.5%。第三产业中，房地产业增加值59.0亿元，增长8.5%；批发和零售业增加值75.1亿元，增长1.9%；交通运输、仓储和邮政业增加值84.5亿元，增长2.8%。

人均地区生产总值27102元，按2016年平均汇率计算为4080美元。

全年全市公共财政预算收入86.0亿元，下降2.5%。税收收入50.2亿元，下降3.8%。其中，国内增值税、营业税、企业所得税、个人所得税、资源税和城建税共计完成税收38.1亿元，下降1.6%。公共财政预算支出312.6亿元，增长8.9%。其中，城乡社区事务支出增长49.1%，文化体育和传媒支出增长35.7%，节能环保支出增长24.9%，科学技术支出增长23.3%，农林水事务支出增长9.5%，社会保障就业支出增长3.4%，医疗卫生支出增长3.3%。

居民消费价格比上年上涨0.5%。其中，食品价格上涨1.9%。工业生产者出厂价格下降1.1%，其中，生产资料价格下降1.2%，生活资料价格增长5.7%。工业生产者购进价格增长2.0%。

全年全市城镇新增就业5.13万人，转移农村劳动力5.08万人，年末城镇登记失业率2.67%，控制在4.2%的目标范围之内。

二、农　业

全年全市农作物种植面积553.15千公顷，比上年减少6.22千公顷，下降1.1%。其中，粮食种植面积512.53千公顷，减少4.49千公顷；油料种植面积6.48千公顷，减少0.14千公顷；棉花种植面积0.20千公顷，减少0.06千公顷。在粮食种植面积中，玉米种植面积258.34千公顷，增加4.98千公顷；小麦种植面积209.84千公顷，减少9.65千公顷。

全年粮食产量267.9万吨，比上年增产13.4%。其中，夏粮102.9万吨，减产4.0%；秋粮165.1万吨，增产28.0%。

年完成造林37.41千公顷。其中，经济林面积5.84千公顷。全年木材产量27611立方米，增长0.7%。

全年全市猪牛羊肉总产量11.7万吨，比上年增长0.9%。其中，猪肉产量10.3万吨，增长0.8%；牛肉产量0.5万吨，下降9.7%；羊肉产量0.9万吨，增长10.0%。年末生猪存栏85.8万头，生猪出栏124.6万头。牛奶产量3.8万吨，下降2.2%。禽蛋产量12.5万吨，增长9.3%。水产品产量0.7万吨，基本持平略。

年末全市农业机械总动力248.4万千瓦，增长3.5%。机械耕地面积368.91千公顷，比上年下降2.8%，机械播种面积425.76千公顷，增长1.1%，机械收获面积349.88千公顷，增长3.0%。全市农机化经营总收入达到8.64亿元。

三、工业和建筑业

2016年末全市规模以上工业企业355家。全年规模以上工业增加值同比下降0.4%。

规模以上工业企业原煤产量5435.3万吨，下降7.2%；发电量195.0亿千瓦时，下降7.7%；焦炭产量1688.2万吨，下降3.8%；钢材产量1199.7万吨，下降4.9%。

规模以上工业企业实现主营业务收入1244.48亿元，下降2.8%。其中，煤炭、焦炭、冶金和电力工业分别实现主营业务收入431.65亿元、216.03亿元、427.29亿元和45.31亿元，分别增长4.8%、9.6%、-6.8%和-20.3%；化学、建材、装备制造、医药和食品工业分别实现主营业务收入54.98亿元、8.99亿元、32.93亿元、5.24亿元和11.67亿元，分别增长-38.2%、3.8%、15.1%、1.6%和6.8%。

规模以上工业实现利税52.59亿元，增长125.4%；实现利润-3.05亿元，同比减亏90.2%。

全年全市建筑业实现增加值74.1亿元，比上年增长5.8%。具有建筑业资质等级的总承包和专业承包建筑业企业实现利润2.17亿元，增长1.9%。

四、固定资产投资

全年全市固定资产投资完成1394.3亿元，下降0.5%。

在全市固定资产投资中，内资企业投资完成1385.5亿元，下降0.4%；外商及港澳台商企业投资8.4亿元，增长43.0%。

从三次产业看，第一产业投资完成129.0亿元，下降22.6%；第二产业投资完成502.4亿元，增长1.6%；第三产业投资完成762.8亿元，增长3.1%。在第二产业中，工业投资完成508.8亿元，增长3.0%。其中，煤炭工业投资49.4亿元，下降46.2%，非煤产业投资453.4亿元，增长14.0%。传统产业（煤炭、焦炭、冶金、电力）投资合计140.8亿元，下降15.6%，非传统产业（食品、建材、化工、装备制造等）投资合计368.0亿元，增长12.4%。

全年全市在建固定资产投资项目3293个。其中，亿元以上项目180个，计划总投资1121.7亿元，完成投资268.4亿元，占全市固定资产投资的比重为19.3%。

全年房地产开发投资97.5亿元，下降13.4%。其中，住宅投资68.2亿元，下降18.4%；商业营业用房投资19.1亿元，增长12.7%。

五、能　源

全年全市一次能源生产折标准煤3882.46万吨，下降7.22%，二次能源生产折标准煤6825.89万吨，比上年下降0.6%。

全年全市向省外运输煤炭735.61万吨，下降4.86%，外运煤炭占煤炭产量6.53%。

全市能源工业投资完成156.2亿元，下降21.0%。其中，煤炭工业投资49.43亿元，下降46.18%；电力工业投资62.98亿元，增长33.69%；焦化工业投资5.94亿元，增长33.2%。

全年全市全社会用电总量166.47亿千瓦时。其中，第一产业用电4.8亿千瓦时，占全部用电量2.88%；第二产业用电124.62亿千瓦时，占全部用电量74.87%，其中，工业用电122.95亿千瓦时；第三产业用电17.17亿千瓦时，占全部用电量10.31%；城乡居民用电19.88亿千瓦时，占全部用电量11.94%。

六、国内贸易

全年全市社会消费品零售总额609.4亿元，增长6.5%。按经营地统计，城镇消费品零售额485.1亿元，增长6.5%；乡村消费品零售额124.3亿元，增长6.8%。按消费形态统计，商品零售额560.7亿元，增长6.1%；餐饮收入额48.7亿元，增长12.0%。

七、对外经济

全年全市海关进出口总额123956万元，下降33.11%。其中，进口额36509万元，下降55.60%；出口额87446万元，下降15.18%。

全年全市出口机电产品67768万元，下降15.98%；出口高新技术产品40389万元，下降14.54%。

全年进口铁矿砂78.9万吨，下降61.02%，进口金额28400万元，减少63.50%；进口机电产品331万元，下降72.16%。

全年全市新设立外商直接投资企业4家；按全口径统计实际使用外商直接投资金额16616万美元，增长6.1%。全年全市对外经济合作新签合同额18112万美元。

八、交通、邮电

年末全市公路线路里程18540.6公里，其中高速公路518公里，比上年末增长8.95%。

年末全市民用汽车保有量51.2万辆（包括三轮汽车和低速货车0.6万辆），比上年末增长9.7%。其中私人汽车46.8万辆，增长11.0%。本年新注册汽车6.7万辆，增长6.8%。年末轿车保有量33.5万辆，比上年末增长12.1%，其中私人轿车31.9万辆，增长13.3%。

全年全市完成邮电业务总量79.86亿元，增长60.1%。其中，邮政业务总量2.92亿元，增长15.8%；电信业务总量76.95亿元，增长62.5%。年末全市固定电话20.8万部，减少13.2万部，下降38.9%；新增移动电话用户15.1万户，年末达到411.2万户，其中，3G、4G移动电话用户达到253.35万户。移动电话普及率92.5部/百人。全市宽带接入用户79.63万户，增长22.4%。

全年全市接待海外旅游者3.8万人次，接待国内旅游者4024.09万人次，分别增长5.67%和26.70%；旅游外汇收入1588.33万美元，国内旅游收入374.14亿元，旅游总收入375.00亿元，分别增长5.69%、27.25%和27.14%。

九、金　融

年末全市金融机构本外币各项存款余额2139.01亿元，比年初增加172.56亿元，比年初增长8.78%。各项贷款余额1184.16亿元，比年初增加104.85亿元，增长9.71%。

年末全市农村合作金融机构（农村信用社、农村合作银行、农村商业银行）人民币贷款余额555.82亿元，比年初增加7.08亿元，增长1.3%;人民币存款余额881.53亿元，比年初增加40.3亿元，增长4.8%。

年末全市共有上市公司2家。全市辖区证券市场各类证券成交额1457.22亿元，下降23.8%。年末投资者资金账户累计开户数22.73万户，比上年末增长25.23%。

全年全市保费收入66.21亿元，增长19.82%。其中，寿险业务保费收入50.97亿元，增长21.47%；健康险业务保费收入6.68亿元；意外险业务保费收入0.99亿元；财产险业务保费收入15.24亿元，增长14.59%。全年支付各类赔款及给付28.45亿元，增长21.01%。

十、教育和科学技术

年末全市高等院校达到5所。农村幼儿园建设工作进展顺利，规划建筑面积2.78万平方米，24所幼儿园建设完成，总投入资金6031万元。

全年全市受理专利申请1329件，比上年增长10.29%。

受理发明专利申请627件，比上年增长10%。

监督抽查了12大类产品和商品。全市共有法定计量技术机构17个，全年完成强制检定计量器具37141台件。

全市有气象台（站）17个，开展121电话天气自动答询台（站）17个。气象系统开展人工影响天气业务的单位17个，防雹、增雨受益覆盖面积2万平方公里。卫星云图接收站17 个。

全市有专业综合地震台站1个，市级地震台网中心1个，数字测震地震台网1个，数字测震子台7个。

十一、文化、卫生和体育

年末全市共有群众艺术馆1个，文化馆17个，博物馆14个，艺术表演团体17个。广播电视台17座。广播人口覆盖率97.95%，电视人口覆盖率99.2%。全市共有公共图书馆17个，档案馆25个。目前有13个县级图书馆和10个文化馆达到国家三级标准以上。

文化艺术创作硕果累累，创作编排了《琵琶记》《土炕上的女人》《全家福》等很多思想性、艺术性、地域性和观赏性俱佳的剧目。我市7件作品荣获全省第十七届"群星奖"；临汾民歌首次参加广西柳州三月三"鱼峰歌圩"全国山歌邀请赛，并捧回三项大奖；蒲剧古装戏《洗雪铁丘坟》作为全国梆子声腔优秀剧目展演唯一一台90后主演的戏，获得观众与专家的一致好评；市艺校10岁学生周杰摘取小梅花"金花"奖，我市目前共有大、小梅花58朵。2016年，《非物质文化遗产名录图典》出版发行，新增市级非遗项目69项，市级项目达到300项，居全省领先。

年末全市共有卫生机构(含诊所、村卫生室)4821家，其中妇幼保健院(所、站)18家。全市卫生机构共有床位1.98万张，其中医院床位1.51万张，卫生院床位3997张。卫生技术人员2.51万人。全市289.31万农民参加了合作医疗，参合率98.47%。

在山西省第15届运动会2016年年度赛中，临汾市体育代表团共获得金牌27枚、银牌41枚、铜牌42枚，总分1200分。全年共审批国家二级裁判员556名，审批国家二级运动员159 名。全年销售体育彩票2.09亿元。

十二、人口、人民生活和社会保障

据2016年人口抽样调查，年末全市常住人口为445.8万人，比上年末增加2.24万人。全年全市出生人口4.59万人，人口出生率为10.31‰；死亡人口2.35万人，死亡率为5.28‰；自然增长率为5.03‰。人口性别比为105.18。

全年全市居民人均可支配收入17438 元，比上年增长6.7%；居民人均消费支出10038元，比上年增长11.0%。按常住地分，全年城镇常住居民人均可支配收入27085元，比上年增长6.2%；城镇居民人均消费支出13388元，增长7.1%。全年农村常住居民人均可支配收入10005元，增长6.7%；农村居民人均生活消费支出7664元，增长15.7%。城镇占调查总户数20%的低收入家庭人均可支配收入12103元，增长7.1%；农村占人口20%的低收入者收入3460元，增长18.2%。居民家庭恩格尔系数（即居民家庭食品消费支出占家庭消费支出的比重）25.2%。其中，城镇为23.72%，农村为27.1%。

年末参加基本养老保险的人数为252.11万人，比上年增加3.39万人；参加城乡居民社会养老保险参保人数为194.46万人，比上年增加1.63万人；参加城镇基本医疗保险的人数为105.19万人，比上年增加0.33万人；参加失业保险的人数为34.66万人，比上年减少0.25万人；参加工伤保险的人数为50.84万人，比上年增加0.44万人，其中农民工23.51万人；参加生育保险的人数为39.75万人，比去年增加0.12万人。

全年全市纳入城市最低生活保障的居民5.23万人，发放城市低保资金23259.3万元，比上年减少3086.3万元；纳入农村最低生活保障的居民8.53万人，发放农村低保资金23424.2万元，比上年减少1001.5万元。

年末全市各类收养性单位床位数6018张，收养人数2423人。城镇建立各种社区服务机构381个。全年销售社会福利彩票4.25亿元，直接接收社会捐赠款101.5万元。

年末市区建成区新增绿化面积63.13万平方米，绿化覆盖率达到41.14%，人均公共绿地面积12.68平方米。全市建成区新增绿化面积223.02万平方米，绿化覆盖率达到38.39%，人均公共绿地面积10.52平方米。人均道路面积达到13.71平方米。

十三、资源、环境和生产安全

年初耕地保有量758.84万亩。年末全市7座中型水库蓄水总量5878万立方米。全市年平均降水量397.5毫米，比上年增加40.8毫米。

年末全市森林面积970万亩，森林覆盖率31.9%；全市已建成自然保护区3个，自然保护区面积62.66万亩，占全市国土面积的2.1%。

全年市区空气质量好于二级以上天数244天，比上年减少22 天。化学需氧量3.55%、氨氮4.33%、二氧化硫4.39%、氮氧化物4.53%、烟粉尘3.33%。地表水达到Ⅲ类水体的比例为12.5%。地表水劣Ⅴ类水体比例为50%，劣Ⅴ类水体的比例小于62.5%。市区PM2.5浓度均值为74微克/立方米，比上年上升25.4%

年末全市城市污水处理率90.0%，比上年提高3.5个百分点；市区城市生活垃圾无害化处理率连续五年达到100%；全市集中供热普及率85.55%，比上年提高4.5个百分点。

全年森林火灾受害率控制在0.4‰以内，达到了国家和省要求的标准。林业有害生物成灾率0.3‰，严格控制在省要求的3.8‰以下。

全年共发生生产经营性安全事故149起，死亡162人。亿元GDP生产安全事故死亡率为0.1345。煤矿百万吨死亡率为0.0326。

运城市2016年国民经济和社会发展情况

2016年，面对复杂多变的经济形势和持续较大的经济下行压力，市委、市政府主动作为、科学谋划，坚决贯彻省委、省政府“一个指引、两手硬”的重大思路和要求，以加快建设“三市一中心”为目标，深入实施“三动三新”战略，极力稳增长、促改革、调结构、惠民生、防风险，积极推进供给侧结构性改革，全市经济企稳向好，各项事业全面进步，实现了“十三五”良好开局。

一、综　　合

经济增长： 初步核算，全年全市生产总值1222.3亿元，按可比价格计算，比上年增长4.0%。其中：第一产业增加值201.6亿元，增长0.6%;第二产业增加值443.8亿元，增长2.5%；第三产业增加值576.9亿元，增长6.4%。第三产业中，交通运输、仓储和邮政业96.1亿元，增长9.3%；批发和零售业98.3亿元，增长1.1%；金融业72.5亿元，增长7.2%；房地产业46.1亿元，增长12.6%。第一、第二和第三产业增加值占全市生产总值的比重分别为16.5%、36.3%和47.2%，与上年同期相比，一产上升0.1个百分点，二产下降1.2个百分点，三产上升1.1个百分点。

人均地区生产总值23106元，比上年增长3.4%，按2016年平均汇率计算为3479美元。

人口： 据2016年人口抽样调查，年末全市常住人口为530.52万人，比上年末增加3.0万人。男女性别比为104.36（女性为100）。全年出生人口5.95万人，出生率为11.24‰；死亡人口2.96万人，死亡率为5.59‰；自然增长率为5.65‰。常住人口城镇化率达到47.65%，比上年提高1.53个百分点。

就业： 全年全市城镇新增就业人员50400人，转移农村劳动力65723人，城镇下岗失业人员再就业13418人，就业困难人员实现就业3893人。年末城镇登记失业率2.84%。

价格： 全年居民消费价格比上年上涨1.3%。其中，食品烟酒价格上涨2.4%，非食品烟酒价格上涨0.8%。商品零售价格比上年上涨0.7%。工业生产者出厂价格下降2.2%，其中，生产资料价格下降2.5%，生活资料价格上涨0.1%。工业生产者购进价格下降4.4%。

财政： 全年全市财政总收入完成106.1亿元，增长0.6%。一般公共预算收入完成59.1亿元，增长5.0%。其中，税收收入完成39亿元，增长2.4%；非税收入完成20.1亿元，增长10.5%。全年一般公共预算支出287.8亿元，增长3.9%。

二、农　　业

农业产值： 初步测算，2016年全市农林牧渔业总产值完成409.0亿元，按可比价格计算，同比增长0.4%。农林牧渔业增加值完成215.6亿元，增长0.7%。其中，农业167.2亿元，增长0.5%；林业2.5亿元，增长9.2%；牧业30.1亿元，增长0.1%；渔业1.2亿元，增长9.4%；农林牧渔服务业14.6亿元，增长2.3%。

农作物种植面积： 全年农作物种植面积722.3千公顷，比上年下降2.6%。粮食种植面积622.1千公顷，下降3.2%。其中，夏粮312.6千公顷，下降4.6%；秋粮309.5千公顷，下降1.7%（玉米279.7千公顷，下降2.3%）；棉花种植面积6.6千公顷，下降34.1%；油料种植面积11.9千公顷，增长29.9%；蔬菜种植面积54.5千公顷，增长0.6%；果园面积170.6千公顷，下降0.5%，其中，苹果园面积87.5千公顷，下降2.1%。

农产品产量： 全年粮食总产量32.1亿公斤，比上年增加0.02亿公斤，增长0.1%。其中，小麦15.4亿公斤，减产0.3亿公斤，下降2.1 %；秋粮 16.7亿公斤，增产0.4亿公斤，增长2.1%。

畜禽及水产品产量： 全年肉类总产量17.7万吨，增长3.5%。其中，猪肉产量12.0万吨，增长3.8%；牛肉产量0.33万吨，增长12.1%；羊肉产量1.0万吨，增长14.2%;禽肉产量4.2万吨，下降0.6%。禽蛋产量26.4万吨，增长3.4%；奶类产量5.0万吨，下降1.6%。水产品产量2.5万吨，增长0.9%。

林业生产： 全市当年造林面积13126公顷。其中，荒山荒地造林面积4854公顷。年末全市拥有森林面积44.7万公顷，森林覆盖率28.8%。

农业机械： 年末全市农业机械总动力398.5万千瓦，比上年下降44.76 %。机械耕地面积49.7万公顷，机械播种面积52.5万公顷，机械收获面积52.3万公顷。全年农机化经营总收入12.82亿元，同比下降9.39 %。

三、工业和建筑业

工业： 全年全部工业增加值352.7亿元，比上年增长2.3%。规模以上工业企业增加值226.3亿元，增长2.3%。全年规模以上工业产品销售率为97.9%，同比上升1.3个百分点。

在规模以上工业中，分经济类型看，国有企业增加值1.3亿元，下降8.5%；集体企业0.3亿元，下降36.2%；股份制企业209.2亿元，增长0.9%；外商及港澳台商投资企业5.2亿元，下降13.9%；其他企业10.3亿元，增长74.6%。分企业规模看，大型企业增加值99.5亿元，同比下降4.5%，中型企业61.9亿元，增长3.7%；小型企业62.4亿元，增长13.2%；微型企业2.5亿元，下降8.4%。

全市规模以上工业中，五大支柱行业增加值103.0亿元，比上年下降5.1%。其中，黑色金属冶炼和压延加工业下降5.7%，有色金属冶炼和压延加工业增长0.2%，炼焦业下降17.1%，化学原料和化学制品制造业下降1.3%，电力、热力生产和供应业下降9.5%。新型替代行业增加值107.5亿元，增长2.1%，其中，汽车制造业增长62%，非金属矿物制品业增长11.6%，酒饮料精制茶制造业增长6.9%，纺织业增长7.5%，纺织服装、服饰业增长2.2%，木材加工业增长10.9%，医药制造业下降9.4%，农副食品加工业下降0.7%。

全年全市规模以上工业主营业务收入1259.8亿元，比上年下降2.3%；实现利税69.7亿元，增长54.3%；实现利润36.9亿元，增长130.5%。其中，黑色金属冶炼和压延加工业实现利润5.0亿元，增长27.4%；有色金属冶炼和压延加工业4.5亿元，增长179.2%；石油加工炼焦业2.7亿元，增长155.3%；汽车制造业8.0亿元，增长674.4%；农副食品加工业4.3亿元，下降11.3%。全年规模以上工业企业每百元主营业务收入中的成本为88.37元，比上年下降1.51元。年末规模以上工业企业资产负债率为68.8%，比上年末下降8.7个百分点。

建筑业：全年全市建筑业实现增加值93.6亿元，比上年增长1.1%。具有资质等级的总承包和专业承包建筑企业上缴税金4.5亿元，增长17.1%；实现利润2.7亿元，下降20.8%。

四、固定资产投资

固定资产投资：全年全市固定资产投资1483.7亿元，比上年增长8.2%。其中，项目投资1367.4亿，同比增长9.7%。在固定资产投资中，第一产业投资245.3亿元，比上年增长31.3%；第二产业606.0亿元，增长1.8%；第三产业632.5亿元，增长7.5%。在固定资产投资中，国有投资完成245.5亿元，同比增长22.7%；非国有投资完成1238.3亿元，同比增长5.8%，其中，民间投资1187.8亿元，增长3.4%。民生领域、环境保护等短板领域投资快速增长。

房地产开发：全年全市房地产开发投资116.3亿元，比上年下降5.9%。其中，住宅投资88.5亿元，下降5.2%；商业营业用房投资20.5亿元，增长16.0%。年末商品房待售面积231.6万平方米，比上年末减少192.9万平方米。年末商品住宅待售面积162.7万平方米，比上年末减少131.2万平方米。

五、国内贸易

全年全市社会消费品零售总额704.7亿元，比上年增长6.6%。按规模统计，限额以上消费品零售额304.2亿元，下降1.5%；限额以下消费品零售额400.5亿元，增长13.7%。按经营地统计，城镇消费品零售额551.0亿元，增长5.8%；乡村消费品零售额153.7亿元，增长9.6%。按行业统计，商品批发业153.1亿元，增长7.2%；商品零售业466.7亿元，增长5.4%；住宿餐饮业84.9亿元，增长13.0%。

在限额以上企业商品零售额中，粮油、食品类零售额比上年增长16.9%，烟酒类下降3.3%，服装、鞋帽、针纺织品类增长0.5%，化妆品类增长1.8%，金银珠宝类增长4.9%，日用品类增长4.8%，家用电器和音像器材类下降14.5%，中西药品类增长8.9%，家具类下降2.0%，建筑及装潢材料类下降2.3%，石油及制品类下降15.2%，汽车类增长4.0%。

六、对外经济

进出口贸易：全年全市货物进出口总额800872万元，比上年增长9.2%（以美元计价为121304万美元，增长2.5%）。其中，进口586412万元，增长11.0%（以美元计价为88785 万美元，增长4.1%）；出口214461万元，增长4.6%（以美元计价为32519万美元，下降1.7%）。

全年进口铜矿砂29.2亿元，增长7.4%；进口锰矿砂7.7亿元，增长14.6%；进口铬矿砂6.1亿元，下降5.6%；进口大豆11.8亿元，增长70.4%。全年出口机电产品4.8亿元，下降22.6%；出口纺织物5.8亿元，增长15.1%；出口镁及其制品3.1亿元，增长0.8%；出口农产品1.3亿元，增长9.8%。

从进出口商品地区看，在拉丁美洲实现进出口总额30.1亿元，增长31.0%；北美洲14.2亿元，增长172.2%；亚洲13.7亿元，下降29.4%；非洲12.0亿元，下降4.9%；欧洲6.1亿元，下降23.2%；大洋洲4.0亿元，下降22.6%。

利用外资：全年全市合同利用外资总额2904万美元，实际利用外资2229万美元。当年新设立外商直接投资企业1家。

七、交通、邮电和旅游

交通运输：年末全市公路通车里程16085公里，其中，国道1074公里，省道865公里，县道2620公里，乡、村道及专用道11526公里；高速公路598公里。全市公路密度113.4公里/百平方公里。公路客运量2921万人，比上年下降21.7%；公路货运量13432万吨，比上年增长16.0%。公路旅客运输周转量14.5亿人公里，比上年下降18.3%；公路货物运输周转量326.1亿吨公里，比上年增长6.0%。

截止年末运城机场共开通了运城—北京、上海、广州、深圳、成都、天津、昆明、长沙、海口、乌鲁木齐、杭州、南京、厦门、三亚、哈尔滨等14条航线。全年旅客运输量84.32万人，同比增长3.5%；货运量3200吨，增长31.3%；飞机起降总架次21390架次，增长69.7%；有航线架次为7930架次，下降0.4%。

年末全市民用车辆拥有量97.9万辆，比上年末下降0.1%。民用汽车保有量达到66.0万辆（包括三轮汽车和低速货车0.4万辆），比上年末增长15.9%。其中，私人汽车59.4万辆，增长17.3%。本年新注册汽车10.4万辆，比上年增长22.8%。年末轿车保有量41万辆，比上年增长17.9%，其中私人轿车39.4万辆，增长19.0%。年末摩托车保有量17.6万辆，比上年末下降35.3%。年末拖拉机保有量12.2万辆，比上年末增长0.7%。

邮电：全年全市邮电业务总量87.6亿元，比上年增长66.6%。其中，邮政业务总量6.4亿元，增长41.3%；电信业务总量81.2亿元，增长69.0%。邮政业全年完成邮政函件业务128.1万件，包裹业务8.8万件，快递业务量1653.9万件。年末固定及移动电话用户总数达到497.7万户，比上年末增加8.7万户。其中，固定电话38.5万户，移动电话459.1万户。在移动电话用户中，3G用户39.7万户，4G用户271.7万户。电话普及率达到94.1部/百人。其中，固定电话和移动电话普及率分别达到7.3部/百人和86.8部/百人。全市宽带接入用户达到101万户，增长18.0%。

旅游：全年接待国内游客5321.6万人次，增长31.9%。接待入境游客31832人次，增长5.3%。其中，外国人8704人次，增长5.0%；香港同胞8302人次，增长4.6%；澳门同胞5508人次，增长4.2%；台湾同胞9318人次，增长4.5%。全年旅游总收入434.4亿元，增长32.9%。其中，国内旅游收入433.8亿元，增长32.9%；旅游外汇收入914.1万美元，增长7.0%。

八、金融、证券和保险

金融：年末全部金融机构本外币各项存款余额1887.8亿元，比年初增长9.7%,其中人民币各项存款余额1882.5亿元，比年初增长9.6%。全部金融机构本外币各项贷款余额1013.0亿元，比年初增长5.3%,其中人民币各项贷款余额1009.3亿元,比年初增长5.8%。

年末农村金融机构（农村信用社、农商银行、村镇银行）人民币贷款余额418.1亿元，比年初增长2.2%。

证券：全年全市证券市场各类证券成交额984.9亿元，比上年下降42.1%。其中股票成交额919.3亿元，基金成交额41.2亿元，债券成交额0.7亿元。年末投资者资金账户开户总数18.7万户。

保险：年末全市共有保险公司41家，全年保费收入77.9亿元，比上年增长14.9%。其中，财产险保费收入19.2亿元，增长15.7%；人身险保费收入8.7亿元，增长36.5%；寿险保费收入50.0亿元，增长11.6%。全年支付各类赔款及给付24.4亿元，增长15.9%。

九、人民生活和社会保障

人民生活：全年全市居民人均可支配收入16001元，同比增长7.2%。居民人均消费支出9143元，同比增长6.1%。按常住地分，城镇居民人均可支配收入25636元，增长6.6%，城镇居民人均消费支出11405元，增长1.6%；农村居民人均可支配收入9365元，增长7.4%，农村居民人均消费支出7513元，增长9.9%。城镇占调查总户数20%的低收入家庭人均可支配收入8085元，增长7.2%；农村占调查总户数20%的低收入家庭人均可支配收入2688元，增长9.5%。

社会保障：年末全市参加城乡居民社会养老保险281.8万人。城镇职工基本养老保险55.1万人。参加城镇基本医疗保险88.4万人，参加失业保险33.9万人，参加工伤保险66.9万人，参加生育保险40.4万人。

十、教育、科学技术和文化

教育：全年全市普通高等院校招生17796人，在校生55222人，毕业生14338人。各类中等职业学校招生16136人，在校生44249人，毕业生11994人。普通高中招生35356人，在校生109361人，毕业生45820人。初中招生53179人，在校生153532人，毕业生58618人。普通小学招生51414人，在校生286986人，毕业生52341人。特殊教育招生130人，在校生1060人，毕业生69人。在园幼儿数170368人。

科学技术：全年全市受理专利申请1716件，比上年增长37.2%。其中，受理发明专利申请491件，比上年增长31.6%。全市授予专利权952件，减少5.6%。其中，授予发明专利权186件。全年有25个项目列入国家、省各类科技计划，获得项目研究资金1146万元。

年末全市共有产品质量监督检验机构3个，省授权行业建立的检验所（站）1个。全年共监督抽查了380家企业9类、21种、300批次的产品和商品。完成强制检定计量器具30182台件。

全市有国家基本气象观测站3个，国家一般气象观测站10个。气象咨询服务12121电话线路120路。全市气象系统开展人工影响天气业务单位13个，防雹、增雨受益覆盖面积1.0万平方公里，增雨量3亿立方米。全市有卫星云图接收站1个。全年平均气温14.4℃，年平均总降水量504.8毫米，平均总日照时数2057.6小时。

全市有专业综合地震台（站）5个，市级地震台网中心1个，数字测震台网1个，数字测震子台4个，县级地震监测台（站）12个。全年小震活动352次，其中3级以上地震8次。全年M3.0–M3.9级地震5次，全年M4.0–M4.9级地震3次，最大震级4.4级。

文化：年末全市共有艺术表演团体17个，群众艺术馆1个，文化馆14个。公共图书馆13个，馆藏图书142.3万册。博物馆23个，档案馆14个。市级以上重点文物保护单位203处，其中国家级90处，省级79处，市级34处。拥有广播电视台13座，有线电视用户56.8万户。广播人口覆盖率99.5%，电视人口覆盖率99.5%。积极组织参加全国第十七届“群星奖”工作，其中绛县文化馆选送的舞蹈《扫街》获得全国第十七届“群星奖”舞蹈类第一名；成功举办了非物质文化遗产大展示活动；盛大举办运城市第三届文化

“菊花奖”群众书画大赛暨黄河金三角书画展售大集。

体育：全年全市运动员在省级重大比赛项目中获得金牌34枚、银牌30枚、铜牌41枚。全年销售中国体育彩票28000万元，比上年增长10.0%。

十一、卫生和社会服务

卫生：年末全市共有医疗卫生机构5305个。其中医院263个，卫生院183个，社区卫生服务中心（站）95个，诊所（卫生所、医务室）1174个，村卫生室3518个，疾病预防控制中心14个，卫生监督所（中心）14个。卫生技术人员27406人，其中执业医师和执业助理医师10937人，注册护士10522人。医疗卫生机构床位29002张，其中医院20444张，卫生院7130张。

社会服务：年末全市共有各类提供住宿的社会服务机构102个，床位6749张。其中，老年人与残疾人服务机构88个，床位6352张。年末共有社区服务中心118个，社区服务站137个。年末共有4.2万人纳入城市居民最低生活保障，发放城市低保资金及临时补助 21664万元。12.2万人纳入农村居民最低生活保障，发放农村低保资金及临时补助37929万元。1.3万人纳入农村五保供养。全年销售社会福利彩票4.3亿元,接收社会捐赠50万元。

十二、资源、环境和安全生产

资源：年末全市耕地保有量547867公顷。全年国有建设用地供应总量909.4公顷。其中，工矿仓储用地123.4公顷，房地产用地165.8公顷，商业服务用地69.8公顷，基础设施等其它用地550.3公顷。

全年全市平均水资源量133362万立方米，全年总用水量165731万立方米，同比增长2.3%，其中，生活用水15725万立方米，工业用水12550万立方米，农业用水136522万立方米。

全市拥有省级自然保护区1个，自然保护区面积达到86862公顷。

环境：黄河、汾河流域运城段共监测11个断面。其中，达到Ⅲ类以上水质标准的断面4个，达到Ⅴ类水质标准的断面2个，超过Ⅴ类水质标准的断面5个。

全年中心城市空气质量二级以上（含二级）天数为252天。

年末中心城市公园面积达到613.3公顷。绿地面积达到2092.2公顷，同比增长21.1%。中心城市建成区绿化覆盖率达到36.7%。

全年中心城市污水处理率达到91%；城市生活垃圾无害化处理率达到100%；集中供热普及率达到90%；城市燃气普及率达99%。

能耗：初步核算，全年全市规模以上工业能源消费1539.45万吨标准煤，比上年下降0.59%。原煤消费增长0.4%，洗精煤消费下降8.2%，焦炭消费增长21.7%，电力消费增长1.3%。全年全市万元地区生产总值能耗下降3.22%，规模以上工业增加值能耗下降2.91%。

全年全社会用电总量268.2亿千瓦时。其中，第一产业用电15.4亿千瓦时，占全部用电量5.7%；第二产业用电210.5亿千瓦时，占全部用电量78.5%，其中，工业用电207.8亿千瓦时；第三产业用电15.3亿千瓦时，占全部用电量5.7%；城乡居民用电27.1亿千瓦时，占全部用电量10.1%。

安全生产：全年全市安全生产事故死亡54人，同比下降39.3%。其中，生产运营性道路交通事故造成37人死亡，563人受伤，直接经济损失165.43万元。煤矿、危险化学品、道路交通、消防等行业未发生一次死亡10人以上的事故。全年未发生较大及以上食品安全事故。

图书在版编目（CIP）数据

中共山西年鉴·2017 /中共山西省委主办，中共山西省委党史办公室编. —北京：中央文献出版社，2017.12

ISBN 978—7—5073—4603—9

Ⅰ.①中… Ⅱ.①中… ②中… Ⅲ.①中国共产党—工作—山西—2017—年鉴 Ⅳ.①D235.25—54

中国版本图书馆CIP数据核字（2017）第281628号

书 名：中共山西年鉴（2017）

主 办：中共山西省委
编 者：中共山西省委党史办公室
责任编辑：张明娟
出版发行：中央文献出版社
社 址：北京市西四北大街前毛家湾1号
邮 编：100017
网 址：www.zywxpress.com
销售热线：63097018 66183303 66513569
经 销：新华书店
印 刷：山西省煤炭地质制图印务中心
开 本：1/16
字 数：2424千字
印 张：63.125
版 次：2017年12月第1版
印 次：2017年12月第1次印刷

ISBN 978—7—5073—4603—9
定 价：380.00元
